불교 지식의 보물창고

콘사이스판 불교사전을

____________ 께 드립니다.

콘사이스판

불교사전

김승동 편저

민족사

이 책을 내면서

한국의 사상적 바탕은 우리나라 고유의 사상과 불교사상·도교·유교·민족 종교 등이다. 이 가운데서도 특히 불교·도교·유교사상이 핵심이다. 『도교사상사전』은 몇 년 전 저자가 간행한 적이 있고, 불교와 유교는 발생지역과 연관지어 『불교·인도사상사전』, 『유교·중국사상사전』이라는 제목으로 간행했다.

그러던 중 마침 몇 년 전(2007년)에 민족사 윤창화 선생께서, 일반 불자들이 읽고 이해할 수 있는 사전, 대중성이 있는 사전을 만들어 볼 의향이 있는지를 서신으로 물어 왔다. 저자는 이에 부응하여 기존에 나와 있는 『불교·인도사상사전』을 기반으로 하여 1차적으로 3,600여 항목을 선정하였는데, 이 가운데서 다시 삭제할 것은 삭제하고, 고칠 것은 고치고, 추가할 것은 추가하여 총 4,950여 개의 항목을 수록하였다. 되도록 일반 불자들에게 일정한 관점을 심어 주면서도, 친근히 접할 수 있고 편리한 『불교사전』을 상재(上梓)하기 위해서였다.

이 콘사이스판 불교사전이 나오기까지 자료를 정리하고, 초벌 원고를 컴퓨터에 입력·교정·편집하는 일 등은 제주대학교 철학과에 봉직하고 있는 제자(弟子) 김치완 교수가 헌신적인 노력을 기울였다. 저자는 그의 노력에 고마움을 느낀다. 그리고 이 사전이 나오기까지 깊은 관심과 조언을 아끼지 않은 윤창화 사장님께 감사드리며, 민족사 관계 직원 여러분에게도 고마움을 전한다.

2011년 정월

崽岸齋에서

鮮山 김승동 合掌

일러두기

【표제어】

1. 이 사전은 총 4,950여 개의 표제어로 구성되어 있다.
2. 표제어는 불교와 관련된 교리(教理)·사상(思想)·역사·인물·문화·문헌(文獻) 등 불교도가 꼭 알아야 할 기본적인 항목이라고 생각되는 것을 중심으로 뽑았다.
3. 소항목은 가능한 한 간단히 서술하고, 사상사와 관련된 대항목 등은 구체적으로 서술하였다.
4. 표제어의 배열은 한글 가·나·다 순으로 하였으며, 된소리(ㄲ·ㄸ·ㅃ·ㅉ)는 각각 ㄱ·ㄷ·ㅂ·ㅈ 다음에 배열하였다.
5. 표제어는 고딕체 한글로 표시하고 해당 한자(漢字) 또는 원어(原語)를 괄호 속에 병기하되, 원어가 여럿인 경우에는 각 언어의 원어를 열거하였다.
6. 표제어가 인명일 경우, 다음과 같은 원칙으로 표기하였다.
   (1) 본명 이외에 호(號)나 일반적으로 불리는 다른 이름이 있을 경우에는 널리 알려진 쪽을 표제어로 하였다.
   (2) 동양인의 인명은 한글을 표제어로 올린 다음, 괄호 속에 원명과 생몰 연대를 밝혔다.
   (3) 서양인의 인명은 성(姓; family name)을 한글로 올린 다음, 괄호 속에 이름〔personal name〕과 생몰 연대를 밝혔다.
7. 한글 음은 같은데 한자(漢字)가 다른 표제어는 항목을 달리했다.
8. 한글 음도 같고, 한자(漢字)도 같은 표제어가 둘 이 상 나올 때는 하나의 표제어 밑에 일괄하여 (1)·(2)·(3)… 혹은 ①·②·③… 등으로 그 내용과 뜻을 구별하여 나타내 주었다. (1)·(2)·(3)…과 ①·②·③…의 차이는 다음과 같다.

(1) 하나의 표제어에 둘 이상의 뜻이 있으면 (1)·(2)·(3)… 등으로 나누어 표기하였다.

(2) 표제어가 인명 및 서명(書名)이거나, 기타 그 표제어가 담고 있는 기사가 두 건(件) 이상 중복될 때에도 (1)·(2)·(3)… 등으로 나누어 표기하였다.

(3) 표제어가 여러 가지 의미를 담고 있을 때는 ①·②·③…으로 나타냈다.

(4) 이 밖에 표제어가 현저하게 다른 분야에서 각기 상이한 뜻과 내용을 지닐 때는 (1)·(2)·(3)… 등으로 나누어 표기하였다.

9. 좌측 상단의 단어는 그 쪽의 첫 표제어를 나타내고, 우측 상단의 단어는 그 쪽의 마지막 표제어를 나타낸다.

【내용과 용어】

1. 문장은 한글 전용을 원칙으로 하되 필요한 경우에는 괄호 속에 한자나 기타 원어를 표기하였다.
2. 한자는 원칙적으로 정자(正字)를 쓰되, 속자(俗字) 및 약자(略字)로 관용되는 것은 속자와 약자로 쓰고, 병용되는 한자가 있으면 그 한자를 함께 표기하였다.
3. 연대는 모두 서력기원으로 하되, 필요할 경우 왕조(王朝)·연호(年號)·연대(年代)도 보충하였으며, 기원전을 표기할 때는 'B.C.'로 나타내었다.
4. 수치는 아라비아 숫자를 쓰는 것을 원칙으로 하되, 이해의 편의상 한글을 섞어 쓰기도 하였다.
5. 본문 가운데 인용문이 있을 경우는 " "로 나타내고 인용부분 앞이나 뒤에 출전을 밝혔고, 필요한 경우 괄호 속에 원문도 실었다.
6. ' '의 표기 원칙은 다음과 같다.
   (1) 인용문 속의 인용문의 표기.
   (2) 본문 가운데 중요한 단어의 강조.
   (3) 하나의 개념이나 용어에 대한 뜻풀이.
7. 출전을 밝힐 경우 ≪대장경(大藏經)≫ 같은 서적의 집대성은 ≪ ≫로, 전체 서명과 작품명은 『 』로, 그 속의 편(篇)·장(章)·절(節) 등은 「 」으로 나타내었다.
8. 한글음과 동일한 한자어는 ( ) 속에 표기하고, 그 뜻이 같은 한자어는 〔 〕 속에 표기하였다.

9. 한글 표기상의 원칙은 1989년에 개정된 '한글맞춤법규정'에 따랐다.

【부호】

1. 외국어 표시 약어(略語)

(梵) : 산스크리트어
(巴) : 팔리어
(西) : 티베트어
(英) : 영어
(獨) : 독일어
(佛) : 프랑스어
(羅) : 라틴어
(希) : 그리스어
(露) : 러시아어

2. 일반 기호

≪ ≫ : 전서(全書), 대장경(大藏經)
『 』 : 서명, 작품명
「 」 : 편(篇), 장(章), 절(節)
( ) : 인용문이나, 음이 같은 한자(漢字)
〔 〕 : 뜻은 같지만 음이 다른 한자(漢字)
' ' : 주요 단어
" " : 인용문
– : 연대에서 '부터 – 까지'를 연결, 부제(副題)
? : 불분명한 것
; : 용어나 개념을 부연 설명할 때
· : 동일 사항의 나열

ㄱ

가【假】〔英 To borrow, pretend, assume, suppose; unreal, false, fallacious〕 일반적으로 진(眞)이나 실(實) 등에 대하여, 실체가 없는 것을 가리키는데, 허망부실(虛妄不實)함을 말한다. 실체는 없고 이름만이 주어지는 가명유(假名有). 또 방편(方便; upāya)이라는 뜻으로도 사용한다. 천태학(天台學)에서는 삼관(三觀)의 가관(假觀)에서 보살의 행(行)으로서 '가(假; 미혹한 범부의 세계)에 들어간다', 또는 '가(假)에서 나온다'는 술어로 쓴다. 현상으로서의 제법(諸法)이 가(假)라고 하는 것에는 2가(二假)·3가(三假)·4가(四假) 등 여러 설이 있다. 그런데 『대품반야경(大品般若經)』에서는 모든 것에 자성(自性; own nature)이 없는 것을 가리키는 것으로 사용되는데, 범부의 집착을 부수기 위하여 1. 물체는 많은 물(物)이 모여서 만들어지고 있다〔受假〕, 2. 법(法), 그것은 인(因)과 연(緣)에 의해서 생긴 것〔法假〕이다, 3. 모든 것은 이름만 있고〔名假〕, 실체는 없는 것이라고 하는 삼가(三假)를 설하고 있다. 이에 비해서 『성실론(成實論)』에서는, 1. 모든 물체는 인연에 의하여 성립한 것〔因緣假〕이다, 2. 부단히 연속하고 있는 것처럼 보이지만 일순간 마다 생멸개변(生滅改變)하고 있다〔相續假〕, 3. 대소장단(大小長短)은 절대적인 것이 아니고 상대적이기 때문에〔相待假〕 모두 가(假)라고 하는 삼가설(三假說)을 말한다.

가견불대색【可見不對色】 색법(色法; 물질적인 것) 중에서, 눈에는 보이지만 형태가 없고, 장애도 없으며, 극미(極微; pramāṇu)로 되어 있는 것을 말한다. 구체적으로는 그림자·빛·밝음·어둠 등이 여기에 해당한다.

가견유대색【可見有對色】 유견유대색(有見有對色)이라고도 한다. 색법(色法; rūpa)에는 오근(五根; pañca-indriya pañcendriyāni)·오경(五境; pañca-artha)·무표색(無表色; avijñapti-rūpa)의 11종이 있는데, 그 중에서 색경(色境)을 말한다. 눈으로 볼 수 있고, 극미(極微; paramāṇu)로 조직되어 장애되는 것이라는 뜻이다. 곧 눈에 보이기도 하고, 감촉할 수도 있는, 이른바 형체가 있고, 빛깔이 있는 물질을 말한다. 이에 비해서 그림자·빛·밝음·어둠 등은 가견불대색(可見不對色)이라고 한다.

가관【假觀】〔英 The meditation on relative truth, or phenomenal and therefore illusory existence, in comparison with 空 and 中〕 삼관(三觀; 空觀·假觀·中觀) 가운데 하나. 모든 것〔諸法〕은 공(空)한 것이어서 하나도 실재한 것이 없는데, 그 차별되는 모양이 분명한 것은 대개 가(假)의 존재로 본다. 천태에서 가관(假觀)은 곧 한 생각〔一念心〕 속에 3천 가지의 현상을 갖추고 있다고 보는데, 이것을 일념삼천설(一念三千說)이라고 한다.

가구경행【街衢經行】 고려시대에 해마다 민간의 질병과 재액을 물리치기 위하여, 법복(法服)을 입은 스님들이 『인왕반야경(仁王般若經)』을 모신 가마를 앞세워 향불을 들고 북을 치며 개성(開城) 거리를 다니면서 불경(佛經)을 외우던 행사. 고려 정종(靖宗) 12년〔1046〕 3월에 처음으로 시작된 이래 연중행사가 되었다.

가니색가【迦膩色迦】〔梵 Kaniṣka〕 인도 쿠샤나 왕조의 제3대 왕. 월지(月氏) 종족. 간다라 왕국을 세우고 불교를 옹호한 것으로 이름난 국왕. 그는 2세기경 월지국왕이 되었는데 나라의 세력을 널리 떨치고, 불교에 귀의하여 그 진흥에 힘썼다. 그의 대표적인 호불업적(護佛業蹟)을 보면, 일체유부(一切有部; Sarvāstivādin)의 대덕(大德) 협(脇; Pārśva) 존자를 상좌(上座)로 하여 제4결집을 행하였고, 아육왕(阿育王; Aśoka)과 같이 불탑을 많이 건립하여 불골(佛骨)을 봉안했으며, 또 간다라 미술을 보호·장려하였다.

가람【伽藍】〔英 a Buddhist temple; a cathedral〕 승가람마(僧伽藍摩; saṅghārāma)·승가람(僧伽藍)의 준말. 중원(衆園)이라고 번역한다. 여러 스님들이 한데 모여 불도(佛道)를 수행하는 곳. 후세에는 건축물인 전당(殿堂)을 가리키는 용어가 되었다. 절을 통칭하는 말로 사용된다.

가루라【迦樓羅】〔梵 Garuḍa〕 상상의 큰 새. 금시조(金翅鳥)·묘시조(妙翅鳥)라고 번역한다. 새들의 왕으로서, 머리는 매와 비슷하고, 몸은 사람을 닮았으며, 날개는 금빛이고, 머리에는 여의주가 박혀 있다. 입으로 불을 내뿜고, 용을 잡아먹는다고 한다. 대승경전에서는 팔부중(八部衆)의 하나로 자주 인용된다. 한편 밀교에서는 이 새를 대범천(大梵天)·대자재천(大自在天) 등이 중생을 구하기 위해 화현한 것이라 하는데, 문수보살의 화신이라고도 한다. 태장계 외금강부 중에 들어 있다.

가루라법【迦樓羅法】 밀교에서 가루라왕(迦樓羅王)을 본존으로 하여, 병을 제거하고, 풍우(風雨)와 악뢰(惡

雷)를 피하기 위해 닦는 비법.

가릉빈가 【迦陵頻伽】〔梵 Kalaviṅka, 巴 Karavika〕 새 이름. 불교에서 말하는 상상(想像)의 새. 히말라야 산에 사는데, 몹시 아름답고 맑은 소리를 낸다고 한다. 정토만다라 등에서는 사람의 머리에 새의 몸으로 묘사하고 있다. 가라빈가(歌羅頻伽)·갈라빈가(羯羅頻迦)·가릉비가(迦陵毘伽)·가릉빈(迦陵頻)·가루빈(迦婁賓)·가릉(迦陵)·갈비(羯脾)·빈가(頻迦)라고도 하는데, 극락조(極樂鳥)·묘음조(妙音鳥)·선조(仙鳥) 등으로 번역한다.

가리왕 【歌利王】〔梵 Kalirāja Kalingarāja, 英 a King of Magadha noted for his violence; it is said that in a former incarnation he cut off the ears, nose, and hands of the Buddha, who bore it all unmoved〕 석가가 과거세에 인욕선인(忍辱仙人; Kṣāntyṛṣi)으로서 수도할 때에 석가의 팔다리를 끊었다는 녹야원의 임금. 『월인천강지곡(月印千江之曲)』 상(上) 93에 나온다. 가리(迦利·哥利)·갈리(羯利)·가람부(伽藍浮)라고도 쓴다. 범어로는 'Kali'인데, 투쟁(鬪爭)이라고 번역한다.

가명 【假名】〔梵 prajñaptirupādāya, prajñapti-sat, 巴 saṃmuti, 英 unreal names〕 ①가짜로 이름을 붙인다는 뜻. 온갖 사물의 이름은 본래부터 있는 것이 아니고, 후천적으로 가정하여 붙인 것이므로, 모든 이름은 실체와는 맞지 않는 가정적인 이름에 불과하다. ②다른 것을 가차(假借)하여 이름을 얻는다는 뜻. 삼라만상은 모두 인연의 화합으로 생긴 것이며, 하나도 진실한 실체가 없다는 것이다.

가명공 【假名空】『성실론(成實論)』에 따르면, 중생(衆生; sattva)은 오온(五蘊; pañca-skandha)이 모여 이루어진 것이어서, 만약 오온이 흩어지면 중생도 괴멸(壞滅)한다. 이 가운데 실체성의 자성존재(自性存在)는 없다. 그러므로 중생은 가짜 이름이고, 그 괴멸은 곧 공(空)이 된다. 이것이 가명공(假名空)이다.

가명유 【假名有】〔英 Things which exist only in name, i.e. all things are combinations of other things and are empirically named〕 삼유(三有; tri-bhava) 가운데 하나. 항존성(恒存性)이 없이, 다만 여럿이 모인 것에 가짜로 이름만 있는 것. 예를 들면, 사람이라는 명칭도 지(地)·수(水)·화(火)·풍(風)의 사대(四大; catvāri mahābhūtāni)가 한데 화합한 데에 붙여진 것이어서, 사람인 그 자체는 없고, 임시로 이름 지은 명칭으로서만 존재한다고 할 수 있다.

가명종 【假名宗】 중국 제(齊)나라 때 혜광(慧光)의 제자인 담은(曇隱)이 판별한 사종(四宗; 因緣宗·假名宗·不眞宗·眞實宗) 가운데 하나. 만유는 이름뿐이고, 그 실체는 없는 것이라고 말하는 종지(宗旨). 성실종·경량부 따위가 여기에 속한다.

가방화주【街坊化主】거리에 나가 불교와 인연이 없는 사람들에게 인연을 맺어 주고 대신 시물(施物)을 얻어서 사찰 운영이나 불사 등을 돕는 이.

가부좌【跏趺坐】책상다리를 하고 앉는 앉음새. 결가부좌(結跏趺坐). 먼저 오른발을 왼편 넓적다리 위에 놓고, 왼발을 오른편 넓적다리 위에 놓고 앉는 것.

가비라성【迦比羅城】〔梵 Kapilavastu〕가필라국. 석존의 탄생지. 지금의 네팔(Nepal) 타라이(Tarai) 지방. 가비라 선인(仙人)이 있었다고 하여 이렇게 이름 붙였다. 가필라국은 부처님 말년에 강대국인 코살라국에 의하여 멸망하였는데, 5세기 초에 법현(法顯, 약 337-약 422)이 그곳에 갔을 때에는 성터가 이미 황폐되고, 민가 몇 채만 있었을 뿐이라고 전한다.

가사【袈裟】〔梵 kaṣāya, 英 a surplice〕스님들이 장삼 위에, 왼쪽 어깨에서 오른쪽 겨드랑이 밑으로 걸쳐 입는 법복(法服). 승랍에 따라 그 빛깔과 형식에 엄격한 규정이 있음. 가사 중에 5조(五條; 1長1短)로 만든 것은 안타회(安陀會), 7조〔2長1短〕로 만든 것은 울다라승(鬱多羅僧), 9조·11조·13조〔이상 2長1短〕, 15조·17조·19조〔이상 3長1短〕, 21조·23조·25조〔이상 4長1短〕로 만든 것은 승가리(僧伽梨)라고 한다. 안타회(安陀會; antaravāsa)는 주로 실내에서 입는 하의, 작업복인데, 당(唐)의 측천무후(則天武后, 684-704 在位)가 축소하여 선승들에게 준 후로 장삼 위에 입게 되었다. 이것이 오늘날의 낙자(絡子)이다. 울다라승(鬱多羅僧; uttarāsaṅga)은 상의로 안타회 위에 입으며 예불, 경전 강설, 포살 등 보통 때 사원 내에서 입는 옷이다. 승가리(僧伽梨; saṃghāṭi)는 정장으로서 외출, 궁궐 출입, 또는 마을에 나가 걸식할 때 입는 대의(大衣)이다. 인도에서 가사는 승복임.

가사공덕【袈裟功德】가사(袈裟)를 지어서 얻는 공덕.

가상【假相】실재가 아닌 허상(虛相). 인간 세상의 덧없고 거짓된 모양. 인연에 의하여 생겨난 모든 존재〔諸法〕는 모두 가상(假相)에 불과하다. 가(假) 항목을 참조할 것.

가설【加說】부처님이 법을 설할 때에 마지막으로 한 번 더 강조하여 법을 설하는 것. 대자대비심의 발로로서, 제자들은 이 가설(加說) 부분을 가슴 깊이 새겨들어야 한다.

가설【假說】〔梵 gauṇa, guṇa, rajñapti〕①임시로 설명하는 것. 비유적인 표현. 제2의적(第二義的; 梵 gauṇa, guṇa)과 같은 뜻으로, 제1의적(第一義的; 梵 mukhya)과 반대되는 말이다. 실물을 그대로 나타낸 것이 아닌 표현. ②유식설(唯識說)에서는 이것을 두 종류로 나누어, '아(我)와 법(法)과의 가설〔ātma-dharma-upa-cāra〕'이라고 한다. 또한 안혜(安慧; Sthīramati)는 이에 대해 해석하면서 범어(梵語) 'upacāra'를 'prajñāpti'〔알리는 것〕로 바꿔 말한다. ③허언(虛言).

가섭 【迦葉】〔梵 Kāśyapa, 巴 Kassapa〕 가섭(迦攝)·가섭파(迦葉波·迦攝派)라고도 음사(音寫). 음광(飮光)이라 번역한다.

⑴ 마하가섭(摩訶迦葉). 석가모니 부처님의 10대 제자 가운데 한 사람으로, 엄격하게 수행하여 두타제일(頭陀第一)이라고 칭송됨. 바라문 여자와 결혼했으나 부부가 함께 출가하여 부처님 제자가 되었다. 뒷날 경전을 결집(편집)할 때, 좌장(座長)이 되어서 그 회의를 주도했다. 중국 선종에서는 부처님의 정법안장을 전수받은 제자로 존숭한다.

⑵ 가섭 삼형제인 우루빈라가섭(優樓頻螺迦葉)·가야가섭(伽耶迦葉)·나제가섭(那提迦葉)이 있다. 그리고 녹야원에 가서 처음으로 제도한 5비구 가운데 한 사람인 십력가섭(十力迦葉)이 있다.

⑶ 소승 부파불교 가운데 상좌부 계통인 설일체유부에서 분기해 온 음광부(飮光部; kāśyapiya)의 개조(開祖).

⑷ 육사외도(六師外道) 가운데 한 사람으로, 도덕부정론을 주장하는 불란나가섭(不蘭那迦葉; Purana Kassapa)이 있다.

가섭마등 【迦葉摩騰】〔梵 Kāśyapamātaṅga〕 인도의 승려. 축섭마등(竺葉摩騰)·섭마등(攝摩騰)·마등(摩騰)이라고도 쓴다. 중인도 사람으로, 총명하여 대소승(大小乘)의 경·율(經律)에 정통하였다. 서인도(西印度)에서 『금광명경』을 강설하여 이름을 드날렸는데, 후한(後漢) 명제(明帝)의 사신 채음(蔡愔) 등이 간청하여, 67년〔영평 10〕 축법란(竺法蘭)과 함께 중국에 와서 『사십이장경(四十二章經)』 1권을 번역하였다. 이것이 중국 역경(譯經)의 시초이다. 그 뒤 오래지 않아 낙양에서 입적했다.

가섭불 【迦葉佛】〔梵 Kāśyapa Buddha〕 인간의 수명이 2만 세 때에 출현했던 부처님. 석가불(釋迦佛) 이전의 부처. 과거칠불(過去七佛) 가운데 한 분.

가아 【假我】〔英 The empirical ego of the five skandhas〕 가칭으로 이름 붙인 나〔我〕. 일반적으로 '나〔我〕'라고 하는 것은 오온(五蘊)이 화합하여 된 것이므로 참 '나'라고 할 실체가 없다. 따라서 없는 것을 가짜로 이름 붙여서 '나'라고 하는데, 이것을 가리켜 가아(假我)라고 한다.

가야가섭 【伽耶迦葉】 삼가섭(三迦葉) 항목을 참조할 것.

가유 【假有】〔英 The phenomenal, which in reality no more exists than turtle's hair or rabbit's horns〕 삼유(三有; 實有·假有·妙有)의 하나. 속유(俗有)라고도 한다. 이 세상의 모든 현상은 인연이 모여 이루어진 것으로서 참으로 존재하는 것이 아니

다. 그러므로 이 현상을 가유(假有)라고 한다. 실유(實有; sat)에 상대되는 말. 부파불교 가운데 설일체유부 등에서는 각각의 교리에 대하여 가(假)·실(實)의 논쟁이 있었는데, 『반야경』·중관파·삼론종·천태종 등 공관(空觀) 계통의 여러 학파에서는 일체 현상이 모두 인연생기(因緣生起)라 하여 가유(假有)라고 한다. 또한 『성실론』에서는 인성가(因成假)·상속가(相續假)·상대가(相待假)로, 법상종에서는 취집가(聚集假)·상속가(相續假)·분위가(分位假)의 셋이나, 무체수정가(無體隨情假)·유체시설가(有體施設假)의 둘로 나누어 설명하고 있다.

가전연【迦旃延】〔梵 Kātyāyana〕 문식(文飾)·불공(不空)이라 번역. 남인도 사람으로, 석존의 10대 제자 가운데 한 사람. 석존 제자들 중 논의(論議)를 가장 잘하여 논의제일(論議第一)이라고 불렀다.

가제【假諦】 천태학에서 세운 삼제(三諦; The three dogmas) 가운데 하나. 삼라만상은 모두 자성(自性)이 없고 자체도 없어 어느 한 물건도 실재한 것이 없으므로 가(假)라고 하는데, 전개된 현상이 가(假)임을 분명히 아는 것을 가제(假諦)라고 한다.

가지력【加持力】 ①중생을 보호하는 불가사의(不可思議)한 힘. ②여래가지력(如來加持力)의 준말. 삼력(三力)의 하나로, 부처님이 중생을 위해 가지(加持)한 힘.

가지문【加持門】 본지불(本地佛)이 중생을 가호(加護)하고 설법하기 위하여 타수용신(他受用身) 등의 불사의 한 작용이나 힘을 갖춘 방면을 말한다. 본지문(本地門)과 상대된다.

가지법【加持法】 수행방법 가운데 하나. 가지(加持)는 범어(梵語) 'Adhiṣṭhāna'의 역어(譯語). 가(加)는 가피(加被)의 준말로, 불보살의 대비(大悲)의 힘이 수행자에게 더해지는 것을 의미한다. 지(持)는 섭지(攝持)의 준말로, 수행자의 신심(信心)에 부처가 감응하는 것을 의미한다. 그러므로 가지(加持)란 부처의 대자대비한 힘의 가호를 받아 부처와 중생이 하나〔佛凡一體〕인 경지로 들어가는 것을 말한다. 그리고 가지법은 불보살의 가피를 입도록 기원하는 수행방법, 또는 의식(儀式)을 말한다. 불교 교리의 발달에 따라 그 유형이 다양하게 전개되었다. 우리나라의 경우에는 조선시대부터 불공가지법(佛供加持法)과 삼밀가지법(三密加持法)이 전해 내려오고 있다. 불공가지법은 불공을 올린 공덕에 의해서, 삼밀가지법은 신(身)·구(口)·의(意) 삼밀(三密)에 의해서 불보살의 가피력을 구하는 것이다. 밀교(密敎)의 수행자가 손으로 인계(印契)를 맺고 입으로 진언(眞言)을 외워 마음이 삼매에 들면 이 경지에 도달한다고 한다. 특히 민간에서는 부처의 가피력을 입어 병

ㄱ

·재난·부정(不淨)·불길(不吉)을 면하려고 가지법을 수행한다.

가지산파【迦智山派】 신라 구산선문(九山禪門)의 하나. 가지산의 개산조(開山祖)는 신라의 도의(道義)이다. 그는 처음으로 중국 남종선을 우리나라에 들여온 사람으로, 784년〔宣德王 5〕에 당(唐)으로 가서 마조도일(馬祖道一, 709-788)의 제자 서당지장(西堂智藏, 735-814)의 선법(禪法)을 받아 가지고 돌아왔다. 그러나 당시 사람들이 아직 선(禪)을 이해하지 못하자 설악산 진전사(陳田寺)에 은거하였다. 그 후에 그의 가르침을 받은 염거화상(廉居和尙, ?-844)을 거쳐 그의 제자 체징(體澄, 804-880) 때에 가지산〔지금의 전남 장흥군 유치면〕에 보림사(寶林寺)를 세우고, 도의(道義)의 종풍(宗風)을 크게 떨쳐 가지산파를 이루었다. 그의 제자로는 영혜(英惠)·청부(淸負)·의군(義軍) 등이 있다.

가지신【加持身】〔英 The body which the buddha depends upon for his manifestation, i.e. the nirmānakāya〕 본지신(本地身)과 상대되는 말로, 중생을 가지(加持)하는 불신(佛身)이라는 뜻. 중생이 증득하게 하려고, 본지신(本地身; 自受用法身)이 방편으로 근기(根機)에 알맞은 몸을 나타내어 설법 교화할 때의 불신(佛身; 應化身)을 가리킨다.

가타【伽陀】〔梵 Gāthā〕 9부교(部敎) 및 12부경(部經) 가운데 하나. 게송(偈頌)·송(頌)이라고 번역한다. '노래'라는 뜻을 가진 어근(語根) 'gai'에서 파생된 명사. 가요(歌謠)·성가(聖歌) 등의 뜻으로 쓰인다. 지금은 산문체로 된 경전의 1절, 또는 총결 끝에 아름다운 글귀로써 묘한 뜻을 읊어 놓은 운문을 뜻한다. 또한 고기송(孤起頌)·부중송게(不重頌偈)라고도 하는데, 본문의 내용을 거듭 말한 중송(重頌)과는 달리 본문과 관계없이 노래한 운문(韻文)이라는 뜻이다.

가풍【家風】〔英 a family custom〕 종풍(宗風). 문풍(門風)과 같다. ①선종 각파의 행위의 규범. ②선종(禪宗)에서 가르침을 나타낼 때, 각자가 갖는 독자적인 방식이나 지도 방법. 그 종파만이 사용하는 전통적인 가르침의 방식.

가피【加被】〔英 Divine or Buddha aid or power bestowed on the living, for their protection or perfection〕 가우(嘉祐)·가비(加備)·가호(加護)라고도 한다. 부처님의 법력에 의하여 중생이 어려움을 극복하는 것. 부처님이 자비의 힘을 베풀어 중생에게 이롭게 함.

가피력【加被力】 가피(加被) 항목을 참조할 것.

가행【加行】〔梵 prayoga, 英 Added progress intensified effort, earnest endeavour〕 방편(方便; upāya)이라고도 한다. 공용(功用)을 더

행한다는 뜻. 목적을 이루려고 더욱 힘써서 수행하는 일.

가행위【加行位】〔英 The second of the four stages of the 唯識宗 known also as 四加行〕 5위(位) 가운데 하나. 십회향(十廻向)의 열 번째인 법계무진회향(法界無盡廻向)의 마지막에, 참된 유식성(唯識性)에 머물기 위해 난(煖)·정(頂)·인(忍)·세제일(世第一)의 사선근(四善根)을 더하여 닦는 위(位). 앞의 자량위(資糧位)에서 최상의 깨달음을 구하는 데 필요한 자량인 여러 가지 공덕을 이미 닦았으므로, 이 위(位)에서는 견도(見道)에 들어 유식(唯識)의 성(性)에 머물려는 특별한 노력을 더하는 것이다. 이것을 가행위라고 한다.

가행정진【加行精進】①공부하는 사람이 삼대력(三大力)을 얻기 위해 더욱더 힘을 내어 용맹정진하는 것. ②일정한 기간 동안 참선 정진하는 것.

가호【加護】〔英 divine providence; guardianship; blessing; grace〕 불·보살이 힘을 써서 중생을 돕는 것. 부처님이 자비의 힘으로 중생을 보호하여 주는 일.

가화합【假和合】〔英 Phenomena, empirical combinations without permanent reality〕 인연에 따라서 임시로 화합한 것. 불교에서는 사물의 존재란 모두 가화합(假和合)일 뿐, 실재(實在)하는 것은 아니라고 한다.

각【覺】〔英 Bodhi, from bodha, 'knowing, understanding', means enlightenment, illumination. 西 Sems pa〕 불교용어로서의 각(覺)은 몇 가지로 나누어 생각해 볼 수 있다. 첫째, '보리(bodhi; 菩提)'의 신역(新譯)인 각(覺)으로, 사물의 도리를 분명히 아는 것, 미(迷)함을 떠나 진리실상을 증득하는 것, 성불(成佛)의 경지, 불과(佛果)를 얻는 것, 불계(佛界) 등을 의미한다. 소승교에서는 불행의 원인을 번뇌(煩惱; klèsa)라 하였는데, 번뇌를 끊어 버리고 삼혹(三惑; 惑·業·苦)을 끊은 경지를 각(覺)이라고 하였다. 그런데 즉신성불(卽身成佛)을 내세우는 『법화경』 등에서는, 번뇌를 끊지 않아도 각(覺)을 얻을 수 있다고 한다. 둘째, '비타르카(Vitarka; 毘怛迦)'를 각(覺)·심(尋)이라고 번역한다. 관(觀)이 대상의 정밀한 관찰인 데 비해, 대상의 대강만을 식별하는 마음작용을 각(覺)이라고 하는데, 가끔 각관(覺觀)이라고도 한다. 셋째, 『기신론』에서 말하는 각(覺)으로, 아뢰야식의 본체, 곧 진여(眞如)·불(佛)이 각증(覺証)한 진여일실(眞如一實)의 이체(理體)를 말하는데, 불(佛)의 삼신(三身)으로 말하면 법신에 해당하는 것을 각(覺)이라고 하였다. 한편 『대승의장(大乘義章)』 20절을 보면, 각(覺)에는 각찰(覺察)과 각오(覺悟)의 두 가지 뜻이 있다고 하는데, 각찰은 나쁜 일을 살펴보아 아는 것이요, 각오는 진리를 깨닫는 것을 말한다.

각관【覺觀】〔英 Awareness and pondering, acts of intellectuation, later called 尋伺, both of them hindrances to abstraction or dhyāna〕 총체적으로 사고하는 추사(麤思; 굵직한 생각)를 각(覺)이라 하고, 분석적으로 상세히 관찰하는 세사(細思, 작은 생각)를 관(觀)이라고 한다. 신역(新譯)에서는 심사(尋伺)라고 한다.

각근【覺根】 육근(六根) 중에서 안(眼)·이(耳)·비(鼻)·설(舌)·신(身) 오근(五根; pañca-indriya pañcendriyāṇi)을 말한다. 오근(五根)에서 각각 식심(識心)이 생겨나기 때문에, 오근을 법도 있게 잘 사용하면 그대로 법신불의 진리와 합일할 수 있다는 뜻에서 각근이라고 한다.

각모【覺母】〔英 Mother of enlightenment, a title of Mañjuśri as the eternal guardian of mystic wisdom, all Buddhas, past, present, and futures deriving their enlightenment from him as its guardian〕 ①각자(覺者)의 어머니란 뜻. 부처가 될 원인. 수행하는 지혜(智慧)를 말함. ②문수보살(文殊菩薩; Mañjuśri)의 덕호(德號). 문수는 지혜를 위주로 하는데, 지혜가 성불의 바탕이 되므로 각모(覺母)라고 한다.

각분【覺分】 범어 'bodhyaṅga'의 한역(漢譯)으로, 보리분(菩提分)과 같다. 각(覺)의 지분(支分)에 따른 37법(法)을 각분(覺分)이라 한다. 즉 37과(科)의 도품(道品)이다.

각성【覺性】 (1) 〔英 The enlightened mind free from all illusion〕 각지(覺知)하는 성품(性品). 즉 진리를 깨달을 수 있는 소질, 자질, 바탕. 모든 미혹(迷惑)과 번뇌망상을 물리친 청정자성.

(2) 〔1575-1660〕 조선 인조(仁祖) 때의 스님. 호는 벽암(碧巖). 속성은 김(金)씨. 본관은 김해(金海). 임진왜란 때에 해전(海戰)에 참가하여 공을 세웠고, 1612년〔광해군 4년〕 봉은사(奉恩寺) 주지로 있으면서 판선교도총섭(判禪教都摠攝)이 되었다. 인조 때에 승군을 독려하여 남한산성을 쌓아 보은천교원조국일도대선사(報恩闡教圓照國一都大禪師)의 칭호를 받았다. 병자호란 때 의승(義僧) 3천 명을 규합하여 항마군(降魔軍)이라 칭하고, 북상(北上) 도중에 강화가 성립되자 지리산으로 돌아갔다. 그 뒤 규정도총섭(糾正都摠攝)이 되어 적상산성(赤裳山城)에 있으면서 사고(史庫)를 보호하였다. 선(禪)·교(教) 양종(兩宗)과 백가서(百家書)에 통달하였으며, 초서와 예서에 능하였다. 저서에 『선원집도중결의(禪源集圖中決疑)』가 있다.

각승【角乘】 신라 때의 고승인 원효(元曉, 617-686)의 불교를 말함. 각

(角)은 각(覺)과 통한다. 불교를 크게 나누면 소승과 대승으로 구분하는데, 삼승(三乘)·일승(一乘)으로 구분하는 경우도 있다. 원효는 『대승기신론(大乘起信論)』의 사상에 입각하여 중생의 일심(一心)의 두 측면, 곧 본각(本覺)과 시각(始覺)에 중점을 두고, 일체의 교리를 이 두 가지 각(覺)의 이론으로 해석하고 실천하였다. 그가 『금강삼매경론』을 저술할 때 소의 두 뿔〔角〕 위에 붓과 벼루를 놓고 썼으므로, 그때부터 원효의 불교를 각승(角乘)이라고 일컬었다고 한다.

각심【覺心】〔英 The mind of enlightenment, the illuminated mind, the original nature of man〕 본각(本覺)의 묘심(妙心). 즉 일심(一心)의 영성(靈性)은 본래 미망을 여의었기 때문에 각(覺)이라고 한다.

각안【覺岸】〔英 The shore of enlightenment which Buddha has reached after crossing the sea of illusion〕 미혹을 바다에 비유하고 깨달음을 언덕에 비유하여, 미혹에서 깨어남을 각안(覺岸)에 오른다고 한다.

각오【覺悟】〔梵 jāgara, 英 awake, become enlightened, comprehend spiritual reality〕 미혹에서 벗어나 진리를 깨달음. 또는 도리(道理)를 깨달음.

각왕【覺王】〔英 The king of enlightenment, the enlightened king, Buddha; also 覺帝〕 각황(覺皇)·각제(覺帝)라고도 하는데, 부처님을 가리킨다. 부처님은 각(覺)에 자재(自在)하므로 각왕(覺王)이라 한다.

각운【覺雲】① 고려 고종 때의 스님. 생몰연대 미상. 진각국사(眞覺國師) 혜심(慧諶, 1178-1234)이 편찬한 『선문염송』 30권에 대하여 그 요점과 주석을 붙여서 『선문염송설화』 30권을 저술했다. ② 고려 말기의 스님. 호는 구곡(龜谷). 속성은 류(柳). 용성(龍城; 전북 남원) 사람으로, 태고보우(太古普愚, 1301-1382)의 제자. 공민왕의 초청으로 『전등록』을 강의했는데, 왕은 그의 강의를 높이 평하여 『달마절로도강도(達磨折蘆渡江圖)』와 『보현육아백상도(普賢六牙白象圖)』, 그리고 '구곡각운(龜谷覺雲)'이라는 호(號)를 손수 써서 하사했다. 또한 대조계종사선교도총섭숭신진승근수지도도대선사(大曹溪宗師禪敎都摠攝崇信眞乘勤修至道都大禪師)의 법호를 하사했다.

각자【覺者】〔梵 Buddha〕 불타(佛陀)의 번역. 진리를 깨달은 사람. 탐욕(貪)과 분노(嗔), 어리석음(痴, 無知)을 제거하고 모든 욕망과 번뇌로부터 벗어나서 해탈한 분. 니르바나(열반)를 성취한 분. 부처님을 가리키는 경우가 많음.

각지【覺支】〔梵 bodhy-aṅga, 巴 bojjhaṅga〕 각분(覺分)·보리분(菩提分)이라고도 한다. 깨달음을 얻기 위한 수단. 깨달음을 향한 실천의 모든 덕목.

각타【覺他】〔英 To awaken others; to enlighten others〕 남도 깨닫게 하는 것. 자기 스스로도 진리를 깨달으면서, 그와 함께 법을 널리 설하여 다른 사람도 깨달음을 얻게 하는 것. 불타(佛陀)는 자각(自覺)·각타(覺他)의 이행(二行)을 원만히 성취한 사람이다.

각해【覺海】〔英 The fathomless ocean of enlightenment or buddha-wisdom〕 ① 각성(覺性)이 매우 넓고 깊으므로, 이를 바다에 비유하여 각해(覺海)라고 한다. ② 불교를 각해(覺海)라고도 한다. 불법(佛法)은 일체중생을 깨달음의 세계로 인도하려 하고 그 교리가 매우 깊고 넓으므로, 이러한 점을 바다에 비유한 것이다.

각행원만【覺行圓滿】 정각정행(正覺正行)을 말함. 원만구족하게 진리를 깨치고, 지공무사하게 육근(六根)을 작용하는 것. 불생불멸(不生不滅)의 진리와 인과보응의 이치를 다 깨치고, 육근동작이 절도(節度)에 맞는 중도행(中道行)을 하는 것.

각현【覺賢, 359-429】〔梵 Buddhabhadra〕 불타발타라(佛馱跋陀羅)·불현(佛賢)·각현(覺見) 등으로도 불린다. 불타발타라 항목 참조.

각훈【覺訓】 고려 고종(高宗, 1213-1259 在位) 때의 스님. 일명 각월(覺月). 호는 고양취곤(高陽醉髡). 이인로(李仁老)·이규보(李奎報)와 교유가 두터웠고, 문명(文名)이 높았다. 영통사(靈通寺)의 주지를 지냈으며, 고종 3년〔1215〕에 왕명으로 『해동고승전(海東高僧傳)』을 지었다.

간【慳】〔梵 mātsarya, Lobha, 英 matsara, lobha〕 소번뇌지법(小煩惱地法) 가운데 하나. 20수번뇌(隨煩惱) 가운데 하나. 아낌, 인색. 재간(財慳)·법간(法慳)이 있다. 집에서는 재물을, 출가해서는 가르침을 아껴서 베풀지 못하는 정신작용.

간경【看經】 ① 넓게는 경전 공부 일반을 가리킴. ② 불전(佛殿, 대웅전)이나 기타 당우(堂宇)에서 경전을 소리 없이 독송하는 것. 반대로 소리를 크게 내어 읽는 것을 독경(讀經)이라고 하는데 후에는 근행(勤行)·풍경(諷經)과 같은 뜻으로 쓰임.

간경도감【刊經都監】 조선 초기에 불경(佛經)을 간행하기 위해 두었던 관아. 세조(世祖) 7년(1461)에 설치하여 『묘법연화경』·『능엄경』·『부모은중경』 등과 같은 여러 불경을 언해하여 간행하였다. 유신(儒臣)들의 반발로 성종(成宗) 2년〔1471〕에 폐지되었다.

간당【看堂】 ① 선원에서 죽비를 쳐서 주삼시(晝三時 ; 巡堂·放禪·行禪)와 야삼시(夜三時 ; 梵修·開寢·起寢)를 알리는 일. 또는 그 일을 담당하는 소임. 진허 팔관(振虛捌關)의 삼문직지(三門直指)와 백파긍선(白

坡亘璇)의 『선문수경(禪門手鏡)』에 각각 간당규(看堂規)와 간당론(看堂論)이 실려 있음. ② 참선하는 사람들의 마음을 부여잡기 위하여 행하는 의식. 간당틀을 차려 놓고 입선(入禪)과 방선(放禪)하는 것을 말하는데, 매우 복잡하다. 우리나라 선원에서만 행해진 의식임.

간병【看病】선원에서 환자를 간호하는 소임. 원래는 연수당주(延壽堂主), 또는 열반당주(涅槃堂主)라고 함.

간시궐【乾屎橛】공안(公案), 화두(話頭) 가운데 하나. '마른 똥 막대기'라는 뜻. 어떤 승려가 운문(雲門, 864-949)선사에게 물었다. "무엇이 부처입니까?" 운문은 "간시궐(乾屎橛)"이라고 대답했다. 부처, 진리에 대하여 물었는데 '마른 똥막대기'라고 대답한 것임, 이후 간시궐은 선승들이 참구하는 공안, 화두가 되었다. 간시궐에 대해서는 재래식 변소를 휘젓는 긴 장대, 분뇨가 말라붙어 있는 나무막대기, 똥이 쌓여 말라서 막대기처럼 된 것, 혹은 휴지 대용으로 쓰던 막대기 등 여러 설이 있다. 그 어떤 설이든 간시궐은 더러움을 상징한다.

간취【看取】선종(禪宗)의 용어로, 진의(眞意)를 파악하라는 뜻. 간(看)은 주시, 집중, 봄, 알아차림. 취(取)는 어조사.

간탐【慳貪】〔梵 mātsarya-mala, 英 Grudging and greed〕물건을 아껴 남에게 주지 않으며, 탐(貪)내어 구하면서도 만족할 줄 모르는 것. 간(慳; mātsarya; Lobha)이란 자기의 물건을 아깝게 여겨 남에게 줄 줄 모르는 것이며, 탐(貪; tṛṣna; abhidhyā)은 형상 있는 모든 것을 탐내어 구하면서도 만족할 줄 모르는 것이다. 간탐심(慳貪心)이 있으면 이기주의에 떨어지고, 복(福)을 지을 줄도 모르며, 탐욕심으로 악도(惡道)에 떨어진다.

간택【揀擇】〔英 To choose, select〕좋다 나쁘다·사랑한다 미워한다·옳다 그르다·착하다 악하다·깨끗하다 더럽다·아름답다 추하다·길다 짧다·많다 적다·희다 검다 등과 같이 분별하고 취사선택하는 것. 선종(禪宗) 제3조인 승찬(僧璨, ?-606)의 『신심명(信心銘)』에서는, "큰 도를 이루기 위해서는 간택심을 버려서 텅 빈 마음이어야 한다."고 말하고 있다.

간화【揀話】화두를 간택함. 화두를 가려서 선택함. 간(揀)은 간택하다, 화(話)는 화두를 뜻함.

간화【看話】화두를 참구함. 간(看)은 주시, 집중을 뜻하고 화(話)는 화두를 뜻함.

간화결의론【看話決疑論】고려 신종(神宗) 때 보조지눌(普照知訥, 1158-1210)이 지은 책. 1권. 교학자의 지해(知解; 알음알이)의 병을 치단(治斷)하고, 화두참구〔看話〕의 참뜻을 명백히 하기 위하여 지음. 공안(公案)·화두 참구의 방법과 요령, 그리고 화두참구에 열 가지 주의해야 할 점이 있음을 자세히 기술함. 고려 고종(高宗) 2년〔1215〕에 그의 제자인 혜심(慧諶, 1177-1234)이 판각하여 간행하였다. 『보조법어(普照法語)』 속에 들어 있다.

간화선【看話禪】 송대(宋代) 말기 임제종 양기파(楊岐派)의 제5세인 대혜종고(1089-1163)에 의해 성립. '간(看)'은 참구하다, '화(話)'는 화두의 뜻. 화두참구를 통하여 깨달음에 이르는 수행법. 간화의 방법은 근기에 따라 스승이 준 화두를 참구하되, 어미닭이 알을 품듯이 일심으로 참구하고, 고양이가 쥐를 잡듯이 집중하는 것이다. 묵조선을 제창한 조동종의 굉지정각(宏智正覺, 1091-1157)은 대혜의 수행법이 공안(公案)을 참구(參究)하는 데 힘쓰고 선기(禪機)를 사용하는 데만 치우쳤다고 비난하였다.

갈등선【葛藤禪】 진리의 참뜻은 알지 못하고 언어 문자에만 집착하는 선 또는 그런 선객(禪客)을 비방하는 말. 갈(葛)과 등(藤)은 모두 산이나 들에 자생하는 식물인데, 넝쿨이 뻗어 나가는 것을 언어에 비유한 것이다. 참된 공부는 하지 않고 글장난이나 말장난을 좋아하는 선객들을 가리켜 갈등선자라고 한다.

갈마【羯磨; karma】 수계(受戒)·참회(懺悔) 의식(儀式). 계율에 관한 것으로서 선(善)을 일으키고 악을 없애는 의식.

갈마사【羯磨師】 갈마아사리(羯磨阿闍梨; karmācārya). 갈마아사리 항목 참조.

갈마아사리【羯磨阿闍梨】〔梵 karma-ācārya〕 갈마계사(羯磨戒師)라고도 한다. 수계할 때에 삼사(三師) 가운데 하나. 계단(戒壇)에서 구족계를 받는 이에게 지침이 되는 스님. 소승계(小乘戒)에서는 학덕과 법랍을 갖춘 스님을 선정하고, 원돈교(圓頓敎)에서는 문수를 갈마사(羯磨師)로 삼는다.

갈마회【羯磨會】〔英 an assembly for monastic duty〕 금강계(金剛界) 구회만다라(九會曼荼羅)의 중앙회(中央會). 근본회(根本會)·성신회(成身會)라고도 한다. 성신회는 제존(諸尊)의 본체(本體)를 시현(示現)하는 데서 비롯된 말이다. 이 회중(會中)에 37존(尊)·현겁천불(現劫千佛)·20천(天)·4집금강(執金剛)·일천육십일존(一千六十一尊)이 있다.

갈애【渴愛】〔梵 ṭanhā, 英 Thirsty desire or longing; the will to live〕 사제설(四諦說)에 따르면, 고(苦)의 원인은 갈애(ṭanhā)이다. 마치 목마른 자가 물을 갈구하듯이 범부가 오욕(五欲)에 탐착함을 의미하는 것. 갈애의 원인은 무명(無明; avidyā)이다.

감【龕】〔英 a shrine; a coffin〕 불상(佛像)을 모시는 방. 석굴사원의 암벽에 움푹 팬 곳을 만들고, 그 안에 불상·보살상을 새기거나 따로 모셔 예배의 대상으로 삼은 곳이다. 나중에는 독(櫝)·불장, 또는 시체를 넣는 관을 뜻하게 되었다.

감겁【減劫】〔英 The decreasing kalpas in which the period of life is gradually reduced, as the 增劫 are the kalpas of increase〕 주겁(住劫; vivartasthāyin-kalpa) 중에서 사람의 목숨이 무량세로부터 100년마다 한 살씩 줄어 10세에 이르는 것을 제1감겁(減劫), 그 뒤로부터 100년마다 한 살씩 늘어 8만 세에 이르는 것을 제1증겁(增劫), 다시 내려서 10세에 이르는 것을 제2감겁이라고 한다. 이렇게 한 번 오르고 한 번 내려서 제19감겁을 마치고 난 후, 다시 목숨이 늘어 8만 세에 이르는 것을 제20증겁이라고 한다. 이것으로 주겁(住劫)을 마치게 된다. 이 과정을 곧 주겁의 20증감겁(增減劫)이라고 하는데, 제1에서 제19까지 목숨이 줄어드는 시기를 감겁(減劫), 제20까지 목숨이 늘어나는 시기를 증겁(增劫)이라고 한다.

감로【甘露】〔梵 Amṛta, 英 sweet dew, ambrosia, the nectar of immortality〕 아밀리다(阿密哩多)라고 음역하기도 한다. 천주(天酒)·미로(美露)라는 이명(異名)이 있다. 소마(soma)의 즙. 천신(天神)들의 음료. 하늘에서 내리는 다디단 이슬이라 하여 감로(甘露)라고 한다. 감로에는 청(靑)·황(黃)·적(赤)·백(白)의 4종이 있다. 예부터 훌륭한 정사를 행하면 천지가 이 상서(祥瑞)를 내린다고 하였는데, 불전(佛典)에서는 불타(佛陀)의 교법이 중생을 잘 제도함을 비유하는 데 사용하고 있다.

감로다【甘露茶】〔梵 Amṛta, 英 sweet dew, ambrosia, the nectar of immortality〕 감로차. 감로(甘露) 항목을 참조할 것.

감로법【甘露法】〔英 The ambrosial truth, i.e. the Buddha truth〕 부처님의 교법. 부처님의 교법을 믿으면 한없는 공덕과 이익이 있으므로 감로(甘露; amṛta)에 비유한 것.

감로왕【甘露王】〔梵 Amṛta-rāja〕 금강계 5불 중에서 서방 아미타불에 해당하는 부처. 시식할 때에 다른 네 여래와 함께 이 여래의 이름을 부르거나, 번(幡)에 써서 단 위에 모신다. 감로왕여래(甘露王如來)라고도 한다.

감로탱화【甘露幀畵】 아미타불을 주불(主佛)로 하여 그린 탱화. 감로왕탱화(甘露王幀畵), 영단탱화(靈壇幀畵), 하단탱화(下壇幀畵)라고도 한다. 감로왕은 범어 'Amṛta-rāja'를 의역한 것으로, 감로왕여래라고도 한다. 동·서·남·북·중앙의 다섯 부처 가운데 서방(西方)에 있는 아미타불을 가리킨다. 아미타불이 설법할 때에는 비가 때맞춰 오듯 감로와 같은 가르침을 내려주기 때문에 그 덕을 칭송하여 감로왕이라고 한다. 같은 뜻에서 감로탱화는 사찰의 법당 좌우에 있는 영단이나 명부전(冥府殿)에 설치한다. 형식에는 아미타불에 대한 공양의식

(供養儀式)을 묘사한 것과 그렇지 않은 것 두 가지가 있다. 죽은 사람이 아미타불이 다스리는 서방정토에 왕생하기를 기원하여, 그림으로 그 내용을 담아낸 것이다. 이렇게 보면 감로탱화도 다른 기복적인 신앙과 마찬가지로 정토사상과 밀접한 관계가 있다.

감몽구법설 【感夢求法說】 중국의 불교 전래설화 중의 하나. 후한(後漢) 명제(明帝, 57-75 在位)가 꿈에 금인(金人)을 보고, 구법(求法)의 사절을 보냈다고 하는 것. 이 기록은 원굉(袁宏)의 『후한기(後漢紀)』 10권, 효명황제기(孝明皇帝紀)를 비롯하여, 범엽(范曄)의 『후한서(後漢書)』 88권, 서역전(西域傳) 천축국조(天竺國條) 하(下)에 나와 있다. 그 밖에 『모자이혹론(牟子理惑論)』·『사십이장경서(四十二章經序)』·『노자화호경(老子化胡經)』·『명불론(明佛論)』·『명상기(冥祥記)』·『출삼장기집(出三藏記集)』·『고승전(高僧傳)』·『진고(眞誥)』·『수경주(水經注)』·『낙양가람기(洛陽伽藍記)』·『위서(魏書)』·『석로지(釋老志)』 등에서도 나타난다.

감산덕청 【憨山德淸, 1546-1623】 중국 명(明) 나라 때의 스님. 변융·소암·운곡 등에게서 배웠는데, 여산 오유봉에 초암을 짓고 정업(淨業)을 닦았다. 유교와 불교의 융합을 주장하였고, 화엄과 선의 융합도 제시하였다. 저서로는 『법화경통의(法華經通義)』 7권·『원각경직해(圓覺經直解)』 2권·『조론약주(肇論略注)』 6권·『감산대사몽유집(憨山大師夢遊集)』 55권·『감산어록(憨山語錄)』 20권·『중용직해(中庸直解)』·『노자해(老子解)』·『장자내편주(莊子內篇註)』 등이 있다.

감연감행 【減緣減行】 소연(所緣; ā-lambana)을 감하고 행상(行相; a-kāra)을 감한다는 뜻. 연(緣)은 관경(觀境)이니, 관상(觀想)하는 대경(對境), 곧 상계(上界)의 사제(四諦)와 하계(下界)의 사제(四諦) 등의 팔제(八諦)를 가리킨다. 행(行)은 행상(行相)이니, 행해(行解)의 상태, 곧 상계(上界) 사제(四諦)에 속하는 비상(非常)·고(苦)·공(空)·비아(非我)〔이상 苦諦〕, 인(因)·집(集)·생(生)·연(緣)〔이상 集諦〕, 멸(滅)·정(靜)·묘(妙)·이(離)〔이상 滅諦〕, 도(道)·여(如)·행(行)·출(出)〔이상 道諦〕 등의 16행상(行相)과 하계(下界)에 속하는 16행상 등 모두 32행상을 가리킨다. 성문(聲聞)들은 사선근(四善根; 煖·頂·忍·世第一)의 처음부터 인위(忍位; 하인·중인·상인)의 하인까지는 이 상·하 8제(諦) 32행상(行相)을 연환(連環)하여 널리 관하는 것이다. 중인(中忍)부터는 1행(行)씩 감하여 마침내 비상(非常)이나 도(道) 등의 1행상만이 남게 되는 것을 감행(減行), 그 4행상을 감할 때마다 1제(諦)가 저절로 줄어드는 것을 감연(減緣)이라고 한다.

감응 【感應】〔英 Response to appeal or need; Buddha moved to respond〕 느껴 응함. ①중생의 신심(信心)·선근(善根)이 모든 불보살에게 통해서, 그 힘이 나타나는 것. ②정토교에서는 구원받도록 염불하는 중생과 그 중생을 구하려고 하는 아미타불의 자비심이 하나로 합쳐진 상태를 말한다.

감인세계【堪忍世界】〔梵 Sahālokadhātu, 英 The Sahā world of endurance of suffering; any world of transmigration〕 사바(娑婆)·색하(索訶)라 음역. 우리가 살고 있는 세계. 이 세계의 중생들은 십악(十惡)을 참고 견디지만 이 국토에서 벗어나려는 생각조차 없으므로, 이런 중생들 사이에서는 참고 견디지 않고는 살아갈 수 없다는 뜻으로 하는 말. 또는 보살이 중생을 교화하기 위하여 수고를 견뎌 받는다는 뜻으로, 감인세계라고도 한다.

강경의식【講經儀式】강경(講經; to expound the sūtras)할 때 행하는 의식. 그 기원은 신라시대까지 소급된다고 하는데, 다음과 같은 차례로 이루어진다. 먼저 의식의 시작을 알리는 종이 울리면 대중들은 의식이 거행될 장소에 모여 앉는다. 이어 강사(講師)가 법상(法床)에 오르면 대중들은 불타의 명호(名號)를 부르면서 경의를 표하며, 개경게(開經偈)와 연향게(燃香偈)를 화창한다. 이와 같은 기본 의식이 끝나면 개제의식(開題儀式)이 이루어진다. 개제의식이란 공부할 경(經)의 제목과 주제를 설명하는 의식을 말한다. 이어 유나(維那)가 강경회(講經會)를 개최하게 된 동기와 시주자 및 시주물의 명단을 자세하게 보고한 다음, 강사가 강경회를 개최하게 된 동기를 기록한 글을 받아 서원(誓願)을 행한다. 이어서 강사가 강경을 행한다. 이때 복강사(覆講師)가 그 내용을 쉽고 통속적인 말로 해설하여 대중의 이해를 돕는다. 강경이 끝나면 그 내용에 대한 질의와 응답이 이어진다. 이것이 끝난 뒤 한 승려가 허공게(虛空偈)를 도창(導唱)하면 강사는 불전을 향하여 예불한다. 전체 대중이 불(佛)·법(法)·승(僧) 삼보(三寶)에 귀의하는 삼귀의례(三歸儀禮)를 행한다. 전체 강경의식은 여기서 끝나지만, 강경 내용을 더욱 철저히 이해하기 위하여 복강사 한 사람이 강사와 논의를 되풀이한다.

강백【講伯】강사(講師)의 존칭. 강사를 높여 부르는 말.

강사【講師】〔英 An expounder, or teacher〕 ①논의할 때에, 묻는 자의 질문에 답하는 사람. 천태종의 용어. ②승려를 지도하고, 불교를 강설(講說)하는 스님. ③강사는 원래 국사(國師)라고 하였음. 나라마다 한 명씩 임명되어 국분사(國分寺)에 배치되어 있던 승관(僧官). 원래 경전의 강설에 종사하였다.

강승개【康僧鎧】〔梵 Saṃghavarman〕 승가발마(僧伽跋摩)라고 음역한다. 인도 사람. 여러 경전을 두루 배워 깊은 뜻을 통달하였다. 252년〔위나라 가평 4〕 낙양에 와서 백마사(白馬寺)에서 『욱가장자소문경(郁伽長者所問經)』 2권·『무량수경(無量壽經)』 2권 등 4부를 번역하였다. 『역대삼보기(歷代三寶記)』 5권에 나와 있다.

강승회【康僧會, ?-280】 원래 선조는 강거국(康居國) 사람인데, 후에 인도로부터 교지(交趾; 베트남 중부)로 이사하여 그를 낳았다. 10여 세에 양친을 여의었으며, 삼장(三藏)과 육전(六典)에 통달하였다. 남양(南陽)의 한림(韓林)·영천(穎川)의 피업(皮業)·회계(會稽)의 진혜(陳慧) 등 삼현(三賢)에게 도를 배워 불법을 전할 뜻을 품고, 오(吳)나라 적오 10년〔247〕에 중국 건업(建鄴)에 왔다. 오(吳)의 손권은 그를 위하여 강남에 최초로 사찰을 세워 건초사(建初寺)라 하고, 그 지방을 불타리(佛陀里)라고 이름 붙였다. 강승회는 이곳에서 육바라밀의 실천행을 설한 『육도집경(六度集經)』을 비롯하여 『아란염미경(阿難念彌經)』·『경면왕경(鏡面王經)』·『찰미왕경(察微王經)』·『범황왕경(梵皇王經)』 등을 번역하였다. 또한 저서로는 『법경경주해(法鏡經注解)』·『도수경주해(道樹經注解)』·『안반수의경주해(安般守意經注解)』 등을 남겼다. 한편 지겸(支謙)과 마찬가지로 범패에 뛰어났는데, 특히 니원패성(泥洹唄聲)을 전함으로써 일대의 모범이 되었다.

강원【講院】 경(經)을 강설하는 사원. 참선을 주로 하는 곳을 선원(禪院)이라 하고, 계율을 연구하는 곳을 율원(律院)이라 하며, 경(經)을 주로 공부하는 사원을 강원이라고 한다. 우리나라에서는 사찰 안에 설치되어 있으면서 교학(敎學)을 전문적으로 가르치는 교육기관을 의미한다. 현재 우리나라 강원의 학제(學制)로는 사미과(沙彌科)·사집과(四集科)·사교과(四敎科)·대교과(大敎科)가 있다. 사미과에서는 『사미율의(沙彌律儀)』와 『치문경훈(緇門警訓)』을 배우고, 사집과에서는 『도서(都序)』·『서장(書狀)』·『절요(節要)』·『선요(禪要)』 등 네 과목을 배우고, 사교과에서는 『능엄경(楞嚴經)』·『대승기신론(大乘起信論)』·『금강경(金剛經)』·『원각경(圓覺經)』을, 대교과에서는 『화엄경(華嚴經)』을 배운다. 그러나 본래 대교과에서는 『화엄경』 외에도 『선문염송(禪門拈頌)』·『경덕전등록(景德傳燈錄)』을 배우고, 추가로 수의과(隨意科)가 있었는데, 수의과에서는 『법화경(法華經)』 등을 배운다. 최근에는 강원의 교과목을 시대에 맞게 바꾸어야 한다는 논의가 일어나고 있다. 강원의 조직은 강주(講主)와 중강(中講)이 있다.

강주【講主】 강사(講師)에 대한 존칭.

강사 항목을 참조할 것.

강호회【江湖會】선종(禪宗)에서 사방의 승려를 모아 안거의 제도를 행하는 것. 당말(唐末)에 선풍이 크게 드날려, 남악(南嶽, 677-744) 문하의 마조도일(馬祖道一, 709-788)은 강서(江西)에, 청원(靑原, ?-740) 문하의 석두희천(石頭希遷, 700-790)은 호남(湖南)에 있으면서 천하의 납자(衲子)를 지도하였다. 그 덕분에 강서 호남 지방은 선승의 왕래가 매우 빈번하였다. 당시 사람들은 이들 운수승(雲水僧)을 가리켜 '강호(江湖)의 선객(禪客)'이라고 하였다. 이렇게 하여 승려들이 한곳에 모여 안거하는 것을 강호회라고 부르게 되었다. 강호(江湖)라는 말은 여기서 비롯되었다.

개【蓋】〔英 A cover, anything that screens, hides or hinders; to build; then, for〕①번뇌(煩惱; kleśa)를 말함. 수행하는 이가 착한 마음을 내지 못하게 덮는다고 하여 개(蓋)라고 한다. ②본래 인도에서 햇볕이나 비를 가리기 위하여 쓰던 일산(日傘)으로, 대나무 껍질이나 나뭇잎 따위로 만들었던 것인데, 나중에는 불좌(佛座), 또는 높은 좌대를 덮는 장식품을 가리키는 말로 바뀌었다. 곧 나무나 쇠붙이로 만든 것으로서, 법회 때에 법사(法師)의 위를 덮는 도구를 말한다.

개개원상도【箇箇圓常道】〔英 Every single thing is the complete eternal Tao〕화엄·천태에서 설한 깊고 현묘(玄妙)한 교리. 개개의 사물과 산천초목은 물론, 하나의 티끌과 개자씨 같은 미세한 것까지도 모두 원만상주(圓滿常住)의 도(道)를 갖추어 모두 진리의 온전한 체(體)를 지니고 있다는 말. 원(圓)은 완전원만(完全圓滿), 상(常)은 상주불멸(常住不滅)의 뜻인데, 불법(佛法)의 지극한 이치를 가리킨다.

개경게【開經偈】①본경(本經)을 설하기 전에 예비로 설하는 경문(經文). 마치 『법화경』을 본경(本經)으로 삼고 『무량수경』을 개경(開經)으로 삼는 것과 같다. ②경문(經文)을 펼침을 가리킴. 보통 "무상심심미묘법(無上甚深微妙法)·백천만겁난조우(百千萬劫難遭遇)·아금문견득수지(我今聞見得受持)·원해여래진실의(願解如來眞實義)" 등의 게(偈)를 개경게(開經偈)라 일컫는다.

개구즉착【開口卽錯】입을 열면〔말을 하면〕곧 어긋남. 말로 표현하는 그 순간, 그 참모습〔진리〕과는 거리가 멀어진다는 말.

개권현실【開權顯實】〔英 To expose and dispose of the temporary or partial teaching, and reveal the final and real truth as in the Lotus sūtra〕권교(權敎)인 방편을 치우고 진실한 교리를 나타내 보이는 것. 부처님의 일대(一代) 49년 설법 가운데 『법화경』을 설할 때까지 40여

년 동안은 방편교를 진실인 것처럼 말하고 방편이라고 말하지 않았다. 그런데 『법화경』을 설하면서 삼승교(三乘教)는 방편이고 일승교(一乘教), 즉 『법화경』은 진실이라고 하여 방편을 치우고 진실을 나타냈다.

개근현원 【開近顯遠】 『법화경』 앞 14품까지는 석존이 이미 오랜 옛적에 성불하였다는 것을 말하지 않았으므로, 사람들은 모두 석존이 부다가야에서 처음으로 성도한 부처님이라고 믿었다. 그러나 석존은 14품에서 무량겁 전에 이미 성불하였다고 말함으로써 부다가야에서 처음 성불하였다고 믿던 중생의 무지한 소견을 없애 주었다. 이렇게 부다가야에서 비로소 성불하였다고 하는 무지한 소견을 제쳐 놓고, 오랜 옛적에 이미 성불한 부처님을 나타낸 것을 개근현원(開近顯遠)이라고 한다.

개당 【開堂】 (1) 역경원(譯經院)에서 해마다 임금의 생일에 새 경전을 번역하여 성수(聖壽)를 축하하는 의식이 있었는데, 이때 두 달 전에 여러 벼슬아치들이 모여서 번역한 것을 보는 것을 개당이라고 하였다.

(2) 선종(禪宗)에서 새로 주지로 임명된 선승이 절에 부임하여 법당(法堂; 설법하는 장소)을 열어 처음으로 설법하는 행사. 역경원 의식에서 본뜬 것이다.

개산 【開山】 〔英 To establish a monastery; to found a sect〕 처음으로 절을 세우는 것, 또는 그 사람. 예전에는 산골을 개척하여 집을 지었으므로 개산(開山)이라고 하였지만, 후세에는 한 종파(宗派)의 창설자도 개조(開祖), 또는 개산(開山)이라고 하였다.

개산조사 【開山祖師】 절이나 종파를 새로 세운 스님. 곧 절이나 종파의 창시자. 개산(開山)·개산조(開山祖)·개산시조(開山始祖)라고도 한다.

개삼현일 【開三顯一】 〔英 To explain the three vehicles, and reveal the reality of the one method of salvation, as found in the Lotus sūtra〕 삼승(三乘)을 열어서 일불승(一佛乘)을 나타내는 것. 『법화경』 적문(迹門)에서 말하고 있는 법문. 부처의 참뜻은 삼승법을 설하는 것이 아니라, 일체중생을 모두 성불(成佛)시키는 길인 일승묘법(一乘妙法)에 있다는 것을 설한 것이다. 석존은 인도에서 출세하여 보리수 밑에서 성도한 이래 42년에 걸쳐서 방편권교(方便權教)를 설했다. 하지만 『법화경』을 설하면서 개경(開經)인 『무량의경(無量義經)』에서 "40여 년 설법은 아직 진실을 나타내지 않았다."고 하고, 이어서 『법화경』 「방편품」에서는 "세존은 먼 훗날 꼭 진실을 말할 것이다.", "방편을 버리고 무상대도를 설한다."고 하였다. 따라서 「방편품」에서는 『법화경』의 총상(總相)인 십여시(十如是)를 설하고 일념삼천(一念三千)을 밝히는 한편, 이제까지의 여러 경(經)

은 『법화경』을 설하기 위한 방편설로서, 방편설인 삼승은 중생이 지향해야 할 목적이 아니기 때문에 오직 일불승(一佛乘)을 지향해야 함을 말하였다. 이것이 개삼현일(開三顯一)이다. 개삼현일에는 광(廣)과 약(略) 둘이 있다. 약개삼현일(略開三顯一)은 『법화경』 제2「방편품」 처음부터, "우리들이 이 법을 들으면, 곧 대환희심을 내오리다."까지의 반품(半品)을 말하는데, 그 중심은 십여시(十如是)·일념삼천(一念三千)에 있다. 광개삼현일(廣開三顯一)은 「방편품」 산문(散文)의, "그때 세존이 사리불에게 이르시되"에서 「인기품(人記品)」 제9까지의 7품 반(半)을 말하는데, 「방편품」 산문에서는 개시오입(開示悟入)하여 불출세(不出世)의 일대사인연을 설하고, 다음의 제3 「비유품」에서는 삼거화택(三車火宅)의 비유, 제5 「약초유품」에서는 삼초이목(三草二木)의 비유로써 개삼현일을 설하였다. 그리고 제6 「수기품(授記品)」을 거쳐 제7 「화성유품(化城喩品)」에서는 화성보처(化城寶處)의 비유를 들어 거듭 개삼현일을 말하고, 제8 「오백제자수기품」에서는 이 모임에 없는 일체 성문(聲聞)에게 수기(授記)를 하고, 수기를 받은 5백 제자가 계주(繫珠)의 비유를 들어서 불은(佛恩)의 깊음을 말하고, 이어서 제9 「인기품(人記品)」에서는 하근자(下根者)에게도 수기를 밝혔다. 이렇게 「방편품」 산문에서 「인기품」에 이르기까지 넓게 삼승을 열어서 일승을 밝히고 있기 때문에 광개삼현일(廣開三顯一)이라고 한다.

개시오입【開示悟入】〔梵 samādāpana〕 열어〔開〕 보여서 깨달음으로 들어가게 한다는 뜻. 미혹을 깨뜨려서 제법(諸法)의 진실상(眞實相)을 보여 깨닫게 하는 것.

개오【開悟】 지혜(智慧)가 열려 진리를 깨닫는 것을 개오(開悟)라고 한다.

개원석교록【開元釋敎錄】 중국 당(唐)나라 때의 스님인 지승(智昇, 668-740)이 730년에 20권으로 찬(撰)한 것으로, 내용은 총록(總錄)과 별록(別錄) 2부로 되어 있다. 총록은 후한(後漢)시대부터 당시까지의 664년간 역출(譯出)된 경전 2,275부를 연대순·역자별로 배열한 것이고, 별록은 모든 경전을 대소승의 경율론(經律論)·단역(單譯)·중역(重譯)·존본(存本)·결본(缺本) 등으로 분류 정리한 것으로, 그 조직이 매우 정연하여 경록(經錄)의 모범이 되었다.

개자【芥子】〔梵 Sarṣapa, 西 yuṅs-kar〕 ①개자과에 속하는 1년, 또는 2년초(草). 학명(學名)은 Papaver somniferum(var nigrum). ②겨자씨를 바늘 끝에 던져 맞히기 어려운 것 같이, 부처님이 세간(世間; 인간 세상)에 출현하기 어렵다는 것을 비유한 말. ③아주 작은 것을 비유한 말. ④겨자씨와 갓씨의 통칭.

개장【蓋障】 번뇌장(煩惱障; kleśasavarṇa)과 소지장(所知障; jñeya-āvarana). 번뇌장은 번뇌로 인한 장애. 번뇌가 끊임없이 일어나서 깨달음을 성취하지 못하는 것. 인간의 몸은 오온(五蘊)이 화합한 존재에 불과한 것인데도 영구성(永久性) 있는 '나'라고 집착하는 번뇌. 128근본번뇌와 20수번뇌가 이에 속한다. 소지장은 지식에 의한 장애. 아는 것이 너무 많아서 오히려 깨닫지 못하는 것. 탐욕·진에(瞋恚)·우치(愚痴) 등의 번뇌. 그것이 진상을 그대로 알지 못하게 하므로 이들 번뇌를 소지장이라고 한다.

개적현본 【開迹顯本】 개근현원(開近顯遠)과 같음. 해당 항목을 참조할 것.

개전성불 【改轉成佛】 ①악업 짓기를 그치고 선업을 쌓아 가면 누구나 성불할 수 있다는 뜻. 과거에 아무리 많은 악업을 지었다 해도 진심으로 참회하여 날로 선업을 행하면 마침내 성불하게 된다. ②여자의 몸으로는 바로 성불하기 어렵기 때문에, 남자의 몸으로 한 번 바꾼 후에야 성불한다는 뜻. 과거 선천시대의 남녀차별제도 때문에, 여자 몸으로는 성불하기 어렵다는 것을 나타낸 말이다.

개진합응 【開眞合應】 불(佛)의 삼신(三身)에 대한 설명 중 하나. 진(眞)은 진신(眞身)이다. 여기에서 법신(法身)과 보신(報身)이 설정되고, 다시 그 위에 응신(應身)이 더해져서 삼신(三身)이 되었다고 한다.

개폐회 【開廢會】 『법화경』의 의의로 손꼽는 개권현실(開權顯實)·폐권입실(廢權立實)·회삼귀일(會三歸一)의 첫 글자를 딴 말로, 이상의 세 가지 뜻을 나타낸 것이다.

개현 【開顯】 〔英 To open up and reveal; to expose the one and make manifest the other〕 닫힌 것을 열고 숨은 것을 드러내어 진실상(眞實相)을 나타내 보이는 것. 『법화경』「법사품」에서는, "방편의 문을 열고 진실상을 나타내 보이는 것〔開方便門 示眞實相〕"을 개현이라고 한다. 천태대사(天台大師, 538-597)가 『법화현의』 2권에서, "『법화경』의 적문(迹門) 14품에서는 개권현실(開權顯實)·개삼현일(開三顯一)의 법문이, 본문 14품에서는 개적현본(開迹顯本)·개근현원(開近顯遠)의 법문이 설해져 있다."고 하였는데, 이렇게 보면 개현이란 개권현실·개삼현일·개적현본·개근현원의 줄임이라고 할 수 있다. 적문에서는, "『법화경』을 설함에 이르기까지의 부처님의 49년 설법 가운데, 앞의 40여 년간은 방편을 진실같이 설하고 굳이 방편을 방편이라고 하지 않았는데, 지금 『법화경』을 설함에 이르러서는 삼승이 방편〔權〕이고 일승은 진실〔眞〕이라 하여, 방편을 열어서 진실을 나타냄을 개권현실·개삼현일이라."고 말하였다. 그리고 본문에서는, "석존은 『법화경』 적문까지는 시성정각(始成正覺〔近〕)을 설해 왔으나, 『법화경』「여래수량품」 제16에서, '그러나 선남자야. 나는 실로 한량없고 가없는 백천만억 나유타겁(那由他劫) 전에 이미 성불했다.'고 하여 구원실성(久遠實成)을 나타내므로 개적현본·개근현원이라."고 하였다. 그러므로 개현은 천태교학의 대표되는 사상을 말하는 것이라고 할 수 있다.

객 【客】〔梵 āgantuka, 英 a guest, visitor, outsider, merchant〕 ①밖에서 온 것. ②항상 있는 것이 아니라 언젠가는 제거되는 것. ③선(禪)의 수행자. 운수(雲水)의 길에 있는 자(者)라는 뜻. ④주(主)를 이(理)라 하고 객(客)을 사(事)라 하는 경우도 많다. 천차만별의 현상계를 가리킴.

객무도 【客無倒】 십무도(十無倒)의 하나. 일체의 전도(顚倒; viparyāsa)를 여읜 정견(正見)을 무도(無倒)라고 한다. 법계(法界)는 본래 청정한 것이므로, 더럽혀진 것이 다시 깨끗해진다 해도 본래에 따른 것이다. 이 본래에 따른 성질을 그대로 아는 것을 객무도(客無倒)라고 한다.

객선 【客善】 석존 이전부터 세상에 유행하던 충(忠)·효(孝)·인(仁) ·의(義) 등의 선(善)을 구선(舊善)이라고 하고, 석존이 나타나서 처음으로 가르친 삼귀의(三歸依)·계율(戒律) 등의 선(善)을 객선(客善)이라고 한다.

객승 【客僧】〔梵 agantuka, 西 blo-bur du du hons-pa, 英 a traveling priest; a priest on a journey; an itinerant priest〕 절에 손님으로 가 있는 승려. 새로 오는 승려. 수행을 위해 행각하고 있는 승려.

객심 【客心】 ①부처 마음이 아닌 중생 마음. 참 마음이 아니라 거짓 마음. 경계에 끌려 다니고 생사에 얽매인 마음. 청정 원만한 부처 마음이 아니라 번뇌망상 삼독오욕으로 가득한 마음. ②나그네 마음. 모든 일에 있어서 자기 일처럼 걱정하고 아끼고 노력하는 주인 마음이 아니라, 자기와는 아무런 상관도 없다면서 수수방관하는 마음.

객진 【客塵】〔梵 āgantuka-mala, 西 glo gyi dri ma, 英 āgantu-kle- śa, the foreign atom, or intruding element, which enters the mind and causes distress and delusion; the mind is naturally pure or innocent till the evil element enters; v.煩惱〕 번뇌(煩惱)를 가리키는 말. 번뇌는 본체가 아닌 것이므로 객(客)이라고 하고, 미세하고 수가 많으므로 진(塵)이라고 한다.

객진번뇌 【客塵煩惱】〔梵 āgantuka-kleśa〕 객진(客塵; āgantuka)은 번뇌를 뜻함. 객진번뇌란 번뇌를 강조하는 말. 객진 항목 참조.

갱두 【羹頭】 채두(菜頭)라고도 하는데, 총림에서 국을 끓이는 소임(所任)을 가리킴.

거각 【擧覺】 불교에서 스승과 제자가 서로 문답하는 것. 거(擧)는 스승이 공안(公案)을 들어 보이는 것이요, 각(覺)은 그것을 통해서 제자가 깨닫는 것이다.

거래실유종 【去來實有宗】〔英 The heretical sect which believed in the reality of past and future as well as the present〕 거래실유론(去來實有論)이라고도 한다. 외도(外道) 16종(宗) 가운데 하나. 과거와 미래도 현재와 같이 실재(實在)로 있는 것으로서, 가짜로 있는 것은 아니라고 주장하는 승론(勝論) 및 시론(時論)의 두 외도(外道)를 말한다. 소승불교 가운데 설일체유부도 이렇게 말하지만, 거래실유론이라고 할 때는 외도만을 가리킨다.

거불 【擧佛】 불전(佛前)에 기도나 재를 올릴 때 처음에 절하며 부처를 청하는 절차. 범패 중의 하나로 부처의 이름을 부르는 소리이다. 모든 재에 다 사용된다. 부르는 횟수에 따라 삼보통청거불, 오거불, 육거불 등이 있다. 예를 들어, 삼보통청거불은 삼불을 청할 때 외는 염불로서 '나무불타부중광림법회(南無佛陀部衆光臨法會)', '나무달마부중광림법회(南無達磨部衆光臨法會)', '나무승가부중광림법회(南無僧伽部衆光臨法會)'라고 칭한다. 이 세 가지 '거불'은 대개 쓰는 소리로 빨리 부르거나 홑소리로 부른다. 이 밖에도 짓소리 '거불'과 '영산거불(靈山擧佛)'이 있다.

거사 【居士】〔梵 kulapati, gṛhapati, 巴 gaha-pati, 英 A chief, head of a family, squire, landlord. A householder who practises Buddhism at home without becoming a monk〕 재물을 많이 가진 사람. 집에 있는 선비라는 뜻. 남성 불자의 존칭.

(1) 중국에서는 학식과 도덕이 높으면서도 벼슬하지 않는 사람.

(2) 보통 출가하지 않고 가정에 있으면서 불문(佛門)에 귀의한 남자.

(3) 후세에는 남자가 죽은 뒤 법명(法名) 아래 붙이는 칭호로도 사용했다.

거사불교 【居士佛敎】 거사(居士)를 주체로 하는 일종의 혁신운동. 특히 중국의 명(明)나라 말기부터 청(淸)나라를 거쳐 현대에 이르기까지의 근세적인 불교운동을 말한다. 거사(居士)는 원래 재가(在家) 불교도를 말하지만, 송(宋)나라 이후로는 일반 사대부를 지칭하는 말로 널리 쓰였다. 거사들이 중심이 되어 조직한 단체를 거사림(居士林)이라고 한다.

건달바 【乾闥婆】〔梵 Gandharva, 巴 gandhabba〕 (1) 팔부중(八部衆)의 하나. 제석(帝釋)의 음악을 맡은 신. 지상(地上)의 보산(寶山) 중에 있으며, 술과 고기를 먹지 않고 향기만 먹기 때문에 이렇게 부른다. 부처님이 설법하는 자리에 항상 나타나 정법(正法)을 찬탄하고 불교를 수호한다.

(2) 인도에서 음악을 직업으로 하는 사람. 음식의 향기를 찾아 그 문 앞에

가서 춤추고 노래하여 음식을 얻어 살아가기 때문에 이렇게 부른다.
(3) 중음신(中陰身). 중음신은 향기만 맡기 때문에 식향(食香)이라고 하는데, 혹은 다음에 태어날 곳의 냄새를 찾아다니기 때문에 심향행(尋香行)이라고도 한다.

건당 【建幢】 입실(入室)이라고도 한다. 법당(法幢)을 세운다는 뜻. 수행자 가운데 깨달은 것이 뛰어나서 다른 사람의 사표(師表)가 될 만한 수행자는 스승으로부터 법맥을 이어받게 되는데, 이를 건당이라고 한다.

건도 【犍度】 범어(梵語) 'skandhaka', 팔리어 'khandhaka'의 음역. 법취(法聚), 편(篇), 품(品), 장(章), 취(聚)라고도 한역함. 장(章; chapter)이라는 뜻. 같은 종류의 법을 모아서 한 몫씩 묶어 놓는 것. 경론(經論) 중의 부문을 가리키는 명칭. 편장(篇章)에 해당한다.

건명 【乾命】 축원문에 쓰는 남자를 일컬음. 남자를 건명이라 하고, 여자를 곤명(坤命)이라고 한다.

건혜 【乾慧】 실효(實效)가 없는 지혜. 욕심에 젖은 습성이 겨우 다했을 뿐, 아직도 실덕(實德)을 갖추지 못해서 그 효용(效用)을 볼 수 없는 것을 말한다. 『대지도론(大智度論)』 78권에는 삼승공십지(三乘共十地)가 있는데, 그 첫 계위(階位)가 건혜지(乾慧地)이다. 여기에 해당되는 것은 소승의 오정심위(五停心位)·별상념주위(別相念住位)·총상념주위(總相念住位)에 있는 수행자들이다. 이 계위에 있는 사람들의 지혜가 건조(乾燥)하여 순숙(淳熟)되지 않기 때문에 건혜(乾慧)라고 함.

걸립 【乞粒】 절에서 특별히 경비를 쓸 일이 있을 때, 승려들이 패를 짜 각처로 돌아다니며 이집 저집 문전에서 꽹과리를 치고 축복하는 염불을 하여 돈이나 쌀을 구하는 일. 또는 그 승려 패거리들. 시주걸립이라고도 한다.

걸망 【乞網】 〔英 a monk's net (string) knapsack〕 짊어지고 다니는 망태기처럼 만든 바랑.

걸사 【乞士】 비구(比丘; bhikṣu) 삼의(三義; 乞士·破惡·怖魔)의 하나. 비구는 모든 생업(生業)을 끊고 걸식으로 생활하며, 법(法)을 구하여 부처〔佛〕의 혜명(慧命)을 잇기 때문에 걸사(乞士)라고 한다.

검림지옥 【劍林地獄】 〔英 Asipattra, the hell of the forest of swords, or sword-leaf trees〕 지옥(地獄; Naraka; niraya)의 하나. 16소지옥(十六小地獄)의 하나. 뜨거운 철환(鐵丸)이 과일로 달리는, 높이 24유순(由旬)이나 되는 칼 숲이 있는 지옥. 죄인이 임종에 이르러 칼로 배를 가르려고 할 정도로 고통스러워 할 때에, 이 지옥의 옥졸이 거울로 그 칼을 비추어 죄인에게 보이면 이를 얻고자 하면서 숨이 끊어지는데, 이때 칼 숲 속에 태어나게 된다고 한다. 어버이에게 불효하고, 스승과 어른을 존경하지 않고, 험구하고 자비심이 없으며, 특히 칼이나 몽둥이로 남을 괴롭혔던 이가 떨어진다는 지옥.

검수지옥 【劍樹地獄】 16소지옥(小地獄)의 하나. 검림지옥(劍林地獄)과 같음. 검림지옥 항목을 참조할 것.

겁 【劫】〔梵 kalpa, 巴 kappa〕 범어(梵語) 'kalpa'의 음사(音寫)로, 겁파(劫波·劫跛·劫簸)·갈랍파(羯臘波)라고 음역하고, 분별시분(分別時分)·대시(大時)·장시(長時)·시(時) 등으로 번역한다. 곧 헤아릴 수 없는 아득한 시간의 단위를 말한다. 『대지도론』 5권에서는 개자겁(芥子劫)과 불석겁(拂石劫)·반석겁(盤石劫)의 비유를 설하는데, 여기에 따르면 개자겁이란 사방 4천 리 되는 성(城) 안에 개자를 가득 채워 놓고 100년마다 한 알씩 가지고 가서 모두 없어질 때까지의 시간이다. 불석겁은 사방 4천 리 되는 돌산을 천인(天人)이 무게 3수(銖) 되는 천의(天衣)를 입고 100년마다 한 번씩 스쳐 그 돌산이 닳아 없어질 때까지의 기간이다. 그 외에도, 대천세계의 초목을 모조리 한 치〔一寸〕 크기로 잘라서 산가지〔籌〕를 만들어 100년에 한 산가지〔一籌〕씩 취하여 이것을 모두 취하였을 때를 1겁으로 하는 초목겁(草木劫), 갠지스강의 너비 40리(里) 중에 가는 모래를 묻어 놓고 100년에 한 번씩 한 알씩 집어내어 그것을 모두 취할 때를 1겁으로 하는 세겁(細劫), 대천세계를 부수어 작은 티끌〔微塵〕을 내어 그것을 없애 버릴 때를 1겁으로 하는 쇄진겁(碎塵劫) 등이 있다. 한편 세계가 성립하고〔成〕 계속하다가〔住〕 파괴〔壞〕를 거쳐 다음의 성립에 이르기까지〔空〕의 과정을 4겁(四劫)이라 하는데, 이 4겁의 기간을 일대겁(一大劫; a mahā-kalpa)이라고 한다. 성주괴공의 4겁은 각기 20중〔소〕겁(中〔小〕劫)으로 되어 있다고 한다. 『구사론』 12권에 의하면, 사람의 수명 10세에서 8만 년 사이가 점차로〔훗날의 해석으로는 100년에 1세〕 증가하거나 감소하는 기간을 일증(一增), 또는 일감(一減)이라고 하는데, 일증일감의 증감겁(增減劫)을 일중겁(一中劫)으로 하고, 일증이나 일감을 일소겁(一小劫; a small kalpa)으로 한다. 이에 비해 일증일감을 일소겁으로 하는 설도 있다. 『유가사지론』에서는 주겁(住劫) 중의 20중〔소〕겁을 모두 증감겁으로 하지만, 『구사론』에서는 그 가운데 최초의 중겁은 무량세에서 10세로 내려오는 것을 감겁(減劫), 최후의 중겁은 10세에서 8만 세에 이르는 것을 증겁(增劫)이라고 한다. 이것은 주겁(住劫)에 있어서 인간 수명의 증감을 기준으로 분별한 것이지만, 인간 수명의 증감이 없는 성겁(成劫)·괴겁(壞劫)·공겁(空劫) 각각에도 적용시킬 수 있다. 또한 주겁의 20중〔소〕겁의 각각에는 소삼재(小三災; 兵難·疾疫·饑饉), 괴겁에는 대삼재(大三災; 火災·水災·風災)가 일어난다고 한다.

겁외【劫外】이 세계가 변천하는 모양을 성(成)·주(住)·괴(壞)·공(空)의 사대겁으로 말하는데, 이 사대겁 밖에 초연함을 말한다.

겁외춘【劫外春】선종(禪宗)에서는 본래 마음을 겁외춘이라고도 한다. 성·주·괴·공의 사대겁 밖이라는 말로, 상주불멸(常住不滅)하는 별천지라는 뜻이다.

겁탁【劫濁】〔梵 kalpa-kasāya, 英 The impure or turbid kalpa, when the age of life is decreasing and all kinds of diseases afflict men〕 겁파탁(劫波濁). 오탁(五濁)의 하나. 감겁(減劫) 중에 사람의 수명(壽命)이 줄어서 30세에 이르면 굶주림이, 20세에 이르면 질병이, 10세에 이르면 전쟁이 일어나서 세상이 어지럽게 되는데, 이 시기를 겁탁이라고 한다.

겁파【劫波】〔梵 kalpa〕 겁(劫). 겁(劫) 항목을 참조할 것.

겁풍【劫風】대삼재(大三災)의 하나. 사겁(四劫) 중 괴겁시(壞劫時)에 일어나는 풍재(風災). 땅 속의 풍륜(風輪)에서 사나운 바람이 일어나 제삼선천(第三禪天)까지를 온통 바람으로 날려 버린다고 한다.

겁화【劫火】〔梵 yuga-anta-agni, 英 The fire in the kalpa of destruction〕 세계가 괴멸되는 괴겁시(壞劫時)에 일어나는 큰 화재. 괴겁의 삼재(三災) 가운데 하나. 이때 일곱 개의 해가 하늘에 나타나 세상을 모두 불태워 버린다고 한다.

게송【偈頌】운문(韻文)으로 설한 부처님의 가르침. 또는 선승들이 깨달음의 세계를 읊은 시구(詩句).

격력삼제【隔歷三諦】〔英 To differentiate and apprehend the three distinctive principles 空假中 noumenon, phenomenon, and the mean〕 천태(天台) 사교(四教) 가운데 별교(別教)에서 주장하는 것으로, 공(空)·가(假)·중(中) 삼제(三諦)가 서로 막혀 융합(融合)되지 않는 것. 우주의 본체인 진여는 공(空)과 유(有)를 초월한 중도이므로 중제(中諦)이다. 현상인 만법(萬法)은 진실이 아닌 가(假)의 존재이므로 가제(假諦)요, 현상은 그 실체가 없는 것이므로 공제(空諦)라고 한다. 그런데 공제(空諦)와 가제(假諦), 또는 공제(空諦)·가제(假諦)·중제(中諦)와는 서로 일치하지 않고, 서로 막혔다고 하는 것이다.

격별삼구【隔別三句】임제의 제3구(句)인, "무대에서 꼭두각시 놀리는 것을 보아라〔但看棚頭弄傀儡〕. 앉고 서고 하는 것이 모두 속에 들어 있는 사람의 짓이니라〔抽牽元是裏頭人〕."를 백파긍선(白坡亘璇, 1767-1852)은 격별삼구라고 하였다. 그는 유구(有句)·무구(無句)·중구(中句)가 있다고 하는데, 아귀(餓鬼)는 기갈광주(飢渴狂

走)하므로 유구(有句)요, 나한(羅漢)은 필신멸지(疋身滅智)하므로 무구(無句)이며, 불(佛)은 중도(中道)를 설하므로 중구(中句)이기는 하지만, 범성(凡聖)이 각각 다르기 때문에 격별삼구(隔別三句)라고 표현하였다.

격생즉망 【隔生卽忘】 사람이 이 세상에 새로 태어날 때에는 그 전생(前生)의 일을 모두 잊어버리게 되는데, 이처럼 범부(凡夫)나 수행이 얕은 보살이 다음 생(生)을 받을 때도 과거(過去)의 일을 잊어버려 기억하지 못하는 것을 말한다.

격외법문 【格外法門】 형식이나 논리에서 아주 벗어난 법문. 법문을 설하는 형식도 갖추지 않고, 내용에 있어서도 논리를 초월하기 때문에 기상천외한 언행을 하기도 한다.

격외선 【格外禪】 격(格)이란 격식·규격이므로, 격외(格外; Extraordinary)란 격식이나 규격 밖, 곧 격식이나 규격을 초월한다는 뜻이다. 선(禪)은 불심(佛心)을 얻는 방법이므로 언어나 문자로 논의할 수 있는 것이 아니라, 오히려 그것을 초월하고 있으므로 격외선(格外禪)이라고 한다.

격의 【格義】 중국 위진시대(魏晋時代)의 불경(佛經) 해석 방법. 불경이 중국에 전해진 지 얼마 되지 않았을 때이므로, 중국의 불승(佛僧)들은 포교의 편의상 중국철학 특히 그 가운데서도 노장(老莊) 철학의 개념을 동원하여 불경을 해석하였다. 예컨대, 불교의 '순야타(sūnyatā; 空)'가 노장의 '무(無)'로 번역되어 이해되었다. 이렇게 노장의 개념을 통해 불경의 의미〔義〕를 헤아리고자〔格〕 했던 불경 해석 방법을 '격의(格義)'라고 하며, 노장적 색채가 짙던 이 시기의 불교를 '격의불교(格義佛敎)'라고 한다.

격의불교 【格義佛敎】 격의(格義)란 중국인에게 익숙하지 않은 불교 교리를 이해시키기 위하여, 편의상 유교나 노장 등 중국 고유의 사상 가운데서 유사한 개념이나 용어를 빌려 와서 설명 강의했는데, 이것을 격의불교라고 한다. 축법아(竺法雅)나 강법랑(康法朗)에서 비롯되었다고 전한다. 곧 『양고승전』 4권의 축법아전에, "문도 및 세전(世典)에 공유(功有)해도 아직 불리(佛理)를 잘 이해하지 못하므로, 법아가 강법랑 등과 경(經) 가운데 사수(事數)를 외서(外書)에 의배(擬配)하여 이해시키는 예로 삼았는데, 이것을 격의라고 한다."고 하였다. 경(經) 중의 사수(事數)를 외서에 의배한다고 한 것으로 보아, 삼계(三界)·사제(四諦)·오온(五蘊)의 경우와 같이 숫자로 나가는 교리에 관해서는 특히 격의의 해석이 유효하였던 것으로 보인다. 구체적인 예로는, 오계(五戒)를 설명할 때 유교의 오상(五常)을 빌려 설명하는 것 등을 들 수 있다. 그런데 이러한 격의 해석은 불전(佛典)의 번역 단계에도 나타난다. 열반〔Nirvāṇa〕을 무위(無爲), 진여

〔tathatā〕를 본무(本無)라고 번역하여 설명했는데, 부분적으로는 원의(原義)에서는 떨어진 역어(譯語)가 제시되기도 했다. 이러한 번역은 현상면에 나타나는 것을 모두 미유(未有)라고 보고, 그 본(本)에 있는 것은 무(無)라고 하는 하안(何晏, ?-249)·왕필(王弼, 226-249)의 귀무론(貴無論)에서 원용한 것이다. 이처럼 격의불교는 본래는 불교를 중국에 이식하기 위한 일종의 편법이었는데, 실제 이것에 의하여 당시 귀족사회의 지지를 획득할 수 있었다. 하지만 한편으로는 설명이 진행됨에 따라 원의(原義)의 정확한 이해가 등한시되어, 오히려 격의 해석의 정묘(精妙)를 다루는 것을 중시하는 듯한 풍조마저 일어나게 되었다. 그 대표적인 인물이 지둔(支遁, 314-366)이다. 그는 위진(魏晋)시대 사대부 사이에 유행한 청담현학(淸談玄學)에 정통하였는데, 난해한 반야사상에 이것을 절묘하게 적용하여 해설함으로써 그 시대의 총아가 되었다. 다른 한편으로는 격의의 방법이 불교와 중국사상과의 혼합·융회를 촉진하여, 각기 본래의 내용을 서서히 변질시키기도 했다. 격의불교가 내포하는 이와 같은 폐해는 석도안(釋道安, 314-385)과 같은 일부 진지한 학승들에게 인식되어 깊은 반성이 일어나기도 했다. 그러나 시대적 제약과 함께 학식 높은 역경승(譯經僧)을 얻기 힘들었던 당시 상황 때문에 도안(道安) 역시 격의에 의존하여 연구해 나갈 수밖에 없었다. 그러나 도안의 희망은 그의 문하에 의하여 이어진다. 곧 라집(羅什, 344-413)이 장안에 들어와서 반야 계통에 속하는 각종 경론을 격의에 의존하지 않고 정확히 번역하자 외전에 의지함이 없는 바른 연구방법의 길이 열렸던 것이다. 승예(僧叡)·승조(僧肇, 384-414)처럼 라집(羅什, 344-413)의 역경(譯經)에 참여한 학승들은 그 후 격의불교의 비판과 초극을 축(軸)으로 한 강설과 저술을 하는 동시에 중국불교의 기초를 쌓아 갔다.

견【見】〔梵 darśana, dṛṣṭi, 巴 diṭṭhi, 英 seeing, discerning, judgment, views, opinions〕 일반적으로는 견해·의견·주장·생각을 의미한다. 그러나 대체적으로는 편견(偏見), 잘못된 관점, 잘못된 견해를 뜻한다. 이견(二見) 외에도 4견·5견·7견·10견·62견·108견·363견 등 많은 견해가 있다.

견결【見結】〔梵 dṛṣṭi-saṃyojana, 西 baḥi kun tu sbyor ba, 英 the bond of heterodox views, which fastens the individual to the chain of transmigration, one of the nine attachments; v.見結縛〕 구결(九結)의 하나. 부정한 견해라고 하는 번뇌. 오견(五見) 중에서 자기의 신체를 나, 또는 나의 것이라고 보는 견해〔身見〕, 상주(常住), 또는 단멸(斷

滅)하는 것이라고 보는 견해〔邊見〕, 원인과 결과의 법칙〔인과론〕을 부정하는 견해〔邪見〕, 이상 삼혹(三惑)을 말한다.

견대【見大】〔英 visibility (or perceptibility) as one of the seven elements of the universe〕 칠대(七大; 地大·水大·火大·風大·空大·見大·識大) 가운데 하나. 색법(色法)이 법계(法界)에 두루 가득함과 같이, 견(見)의 성품도 법계에 가득 찼으므로 견대(見大)라고 한다. 견대라고만 하고 청대(聽大)·후대(嗅大)라고 하지 않는 이유는, 눈의 보는 성품만을 들어 귀·코·혀·몸·뜻의 듣고·맡고·맛보고·감촉하는 것을 가리키기 때문인데, 이 점에서 근대(根大)라고도 한다.

견도【見道】〔梵 darśanamārga, 英 The way or stage of beholding the truth, i.e. that of the śrāvaka and the first stage of the bodhisattva〕 삼도(三道; 見道·修道·無學道) 중의 하나. 비로소 완전한 지혜〔無漏智〕를 얻어서 4제(四諦)의 이치를 명료하게 보는 위치. 도(道)는 길, 방향으로서 학인진취(學人進取)의 길이다. 삼현(三賢) 사선근(四善根)의 수행을 쌓아서 끊임없이 발생하는 완전한 지혜〔眞智〕이다. 또한 대승의 보살이 사선근의 수행을 마치고 번뇌장(煩惱障)과 소지장(所智障), 이장(二障)을 완전히 끊는 것을 견도(見道)라고 한다. 법상종(法相宗)에서는 수행계위(修行階位)인 5위〔資糧位, 加行位, 通達位, 修習位, 究竟位〕 중 통달위에 위치시키는데, 가행위의 마지막인 세제일위 직후에 무루지를 일으켜 진여(眞如)의 이치를 체달하여, 후천적으로 일어나는 번뇌장·소지장의 종자를 끊고 선천적으로 갖춘 번뇌장의 활동을 아주 눌러 버리는 자리이다. 십지(十地)의 처음인 환희지에 해당된다.

견류【見流】『성실론(成實論)』에서 설한 사류(四流) 가운데 하나. 사상적·관념적 미집(迷執). 견혹(見惑)으로 말미암아 삼계(三界)를 유전하며 벗어나지 못하는 것을 견류(見流)라고 한다.

견문각지【見聞覺知】〔梵 dṛṣṭa-śruta-mata-jñāta〕 감각과 각지(覺知)의 작용. 눈으로 형색(形色)을 보고, 귀로 소리를 듣고, 코·혀·몸으로 냄새·맛·촉감을 알고, 뜻〔意〕으로 법(法)을 아는 것. 심식(心識)이 객관세계에 접촉함을 총칭한 것이다.

견박【見縛】〔英 The bond of the illusion of heterodox opinions, i.e. of mistaking the seeming for the real, which binds men and robs them of freedom〕 이박(二縛), 또는 사박(四縛) 가운데 하나. 삼계의 견혹(見惑)으로, 비리(非理)의 집견(執見)이 사람의 심신(心身)을 속박하여 자유롭지 못하게 하기 때문

에 박(縛)이라고 한다.

견분【見分】견(見)은 주관을 뜻하는데, 상분(相分)을 인식하는 주관의 작용을 견분(見分)이라고 한다.

견사혹【見思惑】〔英 Views and thoughts, in general 見惑思惑 illusory or misleading views and thoughts〕견혹(見惑)과 사혹(思惑). 삼혹(三惑) 중의 하나. 혹(惑; klèsa; vipakṣa)은 번뇌의 다른 명칭인데, 미망심(迷妄心) 곧 대상과 경계에 미혹하여 사리를 잘못 보는 것을 말한다. 견혹은 의식이 대상에 의하여 일어나는 번뇌로, 사물의 이치에 미혹하여 일어나는 신견(身見)·변견(邊見)·사견(私見)·견취견(見取見)·계금취견(戒禁取見) 등의 망견(妄見)이 여기에 해당한다. 사혹(思惑)은 오식(五識; pañcavijñāna)이 색(色)·성(聲)·향(香)·미(味)·촉(觸)의 오경(五境)에 집착하여 일으키는 탐(貪)·진(瞋)·치(痴) 등의 망정(妄情)이다. 『이전경(爾前經)』에서는 이 이혹(二惑)을 끊으면 열반이 얻어지고 삼계의 생사를 면할 수 있다고 한다. 그리고 이것을 끊는 순서로는 먼저 견혹(見惑)을 끊고 다음에 사혹(思惑)을 끊는다고 하였는데, 견혹(見惑)을 끊은 위(位)를 견도위(見道位), 사혹(思惑)을 끊은 위(位)를 수도위(修道位)라고 한다.

견상【見相】〔英 The state or condition of visibility, which according to the 起信論. Awakening of Faith arises from motion, hence is also called 轉相〕삼세(三細) 가운데 하나. 능견상(能見相)의 준말. 진여(眞如)가 불각(不覺) 무명(無明)을 일으키는 동시에 흔들리는 모양을 드러내고, 다시 주관적으로 반연하여 보는 작용과 객관적으로 반연할 경계를 내는데, 그 반연하여 보는 작용을 견상(見相)이라고 한다.

견상이분【見相二分】유식(唯識)에서 인식하는 과정의 의식작용에 세운 사분(四分) 중에서 상분(相分)과 견분(見分)을 가리킨다.

견성【見性】〔英 To behold the Buddha-nature within oneself, a common saying of the ch'an (Zen) or Intuitive school〕선불교의 용어. 자기의 본성을 보는 것. 자기 마음의 불성(佛性)을 확실히 인식하는 것. 조선시대의 선승인 서산(西山, 1520-1604)은 『선가귀감』에서, "교문(敎門)에는 오직 일심법(一心法)만 전하고, 선문(禪門)에는 단지 견성법(見性法)만 전한다."고 하였다.

견성성불【見性成佛】선종의 용어. 당송(唐宋) 때에 만들어진 것으로 추정되는 '교외별전(敎外別傳) 불립문자(不立文字) 직지인심(直指人心) 견성성불(見性成佛)'의 한 구절. 자기의 본성을 보아 부처를 이룬다〔깨닫는다〕는 뜻.

견수【見修】〔英 Views and practice; heterodoxy〕견혹(見惑)과 수혹(修

惑)을 아울러 일컫는 말. 견혹은 견도(見道)에서 끊는 미혹한 번뇌이고, 수혹은 수도(修道)에서 끊는 미혹한 번뇌. 견수이혹(見修二惑)을 끊고 진리를 증득하면 삼계(三界)를 벗어날 수가 있다. 견사혹 항목 참조.

견신 【見身】 아견(我見; atma-dṛṣṭi). 곧 오온으로 이루어진 이 신체(身體)를 나〔我〕라고 하는 견해. 불교에서는 무아(無我)를 설하므로 이것은 바른 견해가 아님.

견실심 【堅實心】〔梵 hṛdaya〕 정실심(貞實心)이라고도 한다. 사심(四心; 肉團心·緣慮心·集己心·堅實心)의 하나. 견고하고 진실한 마음이라는 뜻. 중생이 본래 지니고 있는 참마음. 진여의 실체. 불타가 증득한 이치.

견애 【見愛】〔英 Views and desires, e.g. the illusion that the ego is a reality and the consequent desires and passions〕 견(見)은 일체의 견혹(見惑)이고, 애(愛)는 일체의 수혹(修惑)이다. 전자(前者)는 이치〔理〕에 미혹한 것이고, 후자(後者)는 일〔事〕에 미혹한 것이다. 이(理)는 보편적 이법(理法)인데, 예컨대 제법(諸法; 모든 존재)은 무자성(無自性)이고 공(空)이라고 하는 이치와 같다. 사(事)는 경험사상(經驗事象)으로, 개별적이고 특수한 현상이다.

견애이행 【見愛二行】 ①중생(衆生) 근성(根性)의 2종. 행(行)은 행업(行業)이라는 뜻이다. 견행(見行)은 다른 이의 가르침을 따르지 않고 자기 소견대로 하려는 것이요, 애행(愛行)은 유순하게 다른 이의 가르침을 따르는 것이다. ②번뇌의 2종. 행(行)은 유위법(有爲法)을 통틀어 이름 붙인 것인데, 여기서는 특히 번뇌를 가리킨다. 견행(見行)은 신견(身見) 등 5견·62견·96종의 나쁜 소견을 말하는데, 견혹(見惑)을 통틀어 가리킨 것이기도 하다. 애행(愛行)은 사혹(思惑)을 말한 것인데, 특히 탐애(貪愛)만을 가리키기도 한다.

견연 【見緣】 견분(見分)을 반연하는 그림자. 곧 상분(相分)을 말한다. 주관이 객관을 감각하여 인식할 때는 객관 그 자체를 직접 인식하는 것이 아니라, 반드시 자기 마음속에 먼저 객관의 형상을 그린 후에 그려진 영상(影像)을 객관적인 존재로 인식하는 것이다. 그러므로 이렇게 자기의 주관에 그려진 영상을 견연(見緣)이라고 한다.

견인인 【牽引因】〔梵 Sarvatraga-hetu〕 16인(因) 가운데 하나. 물심(物心) 제법(諸法)은 견(見)·문(聞)·각(覺)·지(知)와 동시에 근본식에 훈습(薰習)을 주고, 이에 따라 여러 가지 물심의 모든 현상을 내는 원인이 되므로 종자(種子; bīja)라고 한다. 이 종자는 현실화되어 특수한 결과를 이끌어 오기 전에도 숨어 있으면서 자체에 대한 어떤 결과를 이끌어 올 성품을 가지고 있으므로, 이 훈습하는 기운, 곧 종자를 견인인(牽引因)이라고 한다.

견일처주지【見一處住地】일체견주지(一切見住地)·견일체처주지(見一切處住地)라고도 한다. 오주지혹(五住地惑) 가운데 하나. 삼계의 견혹을 말한다. 견혹(見惑)이란 미혹된 견해로서, 견도위(見道位)인 사제(四諦)의 이치를 관찰하면 그 미혹이 한꺼번에 없어지므로 견일처(見一處)라고 한다. 그리고 이 혹(惑)이 근본이 되어 여러 번뇌를 일으키고, 그 번뇌의 의지처가 되며, 머물 곳이 된다는 뜻에서 주지(住地)라고 한다.

견제【見諦】〔梵 dṛṣṭa-satya, satya-darśana, 巴 ditthas〕제(諦)는 진리, 즉 진리를 깨달음. 진리를 분명히 보아서 진리를 깨닫는 것. 성문(聲聞)으로 예류과(預流果; 須陀洹果) 이상(以上), 보살로는 초지(初地) 이상의 성자나 그 경지를 말한다.

견지【見地】〔英 The stage of insight, or discernment of reality, the fourth of the ten stages of progress toward Buddhahood, agreeing with the 預流果 of Hinayāna〕삼승공십지(三乘共十地) 가운데 하나. 견도(見道)의 제16심(心)인 도류지(道類智; 色界·無色界의 道諦를 관하여 얻는 지혜)를 얻은 위(位). 장교(藏敎)의 예류과(預流果; 須陀洹果; srotāpanna)에 해당된다. 이 위(位)에서는 삼계(三界)의 견혹(見惑)을 끊어 없애고 사제(四諦)의 이치를 분명하게 보는 것이므로 견지(見地)라고 한다.

견처【見處】〔英 The state of wrong views, i.e. the state of transmigration, because wrong views give rise to it, or maintain it〕유루법(有漏法)의 다른 이름. 신견(身見)·변견(邊見)·사견(私見)·견취견(見取見)·계금취견(戒禁取見) 등과 같은 그릇된 견해를 일으키는 곳이므로 견처(見處)라고 한다.

견취견【見取見】〔梵 Dṛṣṭiparamarśa〕소견을 고집하는 견해라는 뜻. 신견(身見)·변견(邊見)·사견(邪見) 등을 일으키고, 이를 고집하여 진실하고 수승(殊勝)한 것으로 여기는 망견(妄見).

견탁【見濁】〔梵 Dṛṣṭi-kaṣāya, 英 Corruption of doctrinal views, one of the five final corruptions〕업탁(業濁)이라고도 한다. 말법시대에 이르러 나쁜 견해와 교법이 어지럽게 일어나 선(善)을 닦는 이가 없고, 세상이 어지럽게 되는 것을 말한다.

견폭류【見暴流·見瀑流】〔梵 dṛṣṭy-ogha, 巴 diṭṭhi-ogha〕견류(見流)라고도 한다. 폭류는 번뇌를 가리키는 또 다른 말이다. 삼계(三界)의 견혹(見惑)을 말한다. 이 미(迷)가 중생의 선(善)을 표류시키므로 폭류(暴流)라고 하는 것이다. 모두 36견(見)이 있다. 삼계를 통틀어 고제(苦諦) 아래 일어나는 신견(身見)·변견(邊

見)·사견(邪見)·견취견(見取見)·계금취견(戒禁取見)의 오견(五見)과 집제(集諦)와 멸제(滅諦) 아래 사견(邪見)과 견취견(見取見)의 이견(二見), 도제(道諦) 아래 사견·견취견·계금취견의 삼견(三見)이 있으므로, 모두 36견이 된다.

견혹 【見惑】 견도위(見道位)에서 사제(四諦)의 이치를 볼 때 끊는 번뇌. 곧 사성제의 진리를 밝게 보지 못하는 것. 그 자체에 신견(身見)·변견(邊見)·사견(邪見)·견취견(見取見)·계금취견(戒禁取見)·탐(貪)·진(瞋)·치(痴)·만(慢)·의(疑) 등 10종이 있다. 그러나 삼계에서 각기 사제(四諦)를 관찰하여 끊는 번뇌는 사제(四諦) 각각이 다르므로 모두 88사(使)의 견혹(見惑)이 된다. 욕계에는 고제(苦諦) 아래 10사(使)의 견혹(見惑)이 된다. 또한 집제(集諦)·멸제(滅諦) 아래 각 7사(使), 도제(道諦) 아래 8사(使), 도합 32사(使)가 있다. 색계·무색계에는 각기 욕계의 32사에서 4사(使)를 제한 28사(使), 모두 56사(使)가 있으므로, 앞의 32사와 합하여 88사(使)가 되는 것이다. 88사(八十八使) 항목을 참조할 것.

결 【結】 〔梵 Bandhana, 英 knot, tie, bond; settle, wind up; to form〕 결박한다는 뜻. 몸과 마음을 결박하여 자유를 얻지 못하게 하는 번뇌. 여기에는 3결·5결·9결의 구별이 있다.

결가부좌 【結跏趺坐】 〔英 The Buddha's sitting posture with legs crossed and sole upward, left over right being the attitude for subduing demons right over left for blessing, the hands being placed one above the other in similar order〕 좌선(坐禪)할 때 완전한 책상다리를 하고 앉는 가부좌. 오른쪽 발을 왼쪽 허벅지 위에 얹어 놓고, 왼쪽 발을 오른쪽 허벅지 위에 올려놓는다. 왼손바닥을 오른손바닥 위에 겹쳐 배꼽 밑에 편안히 놓는다. 이를 불좌(佛坐), 또는 여래좌(如來坐)라고도 한다. 오른발을 왼쪽 허벅지 위에 놓고 다음에 왼발을 오른쪽 허벅지 위에 놓는 것을 항마좌(降魔坐)라고 하고, 이와 반대로 하는 것을 길상좌(吉祥坐)라고 한다.

결경 【結經】 〔英 The end of a sūtra; also its continuation〕 부처님이 본경(本經)을 설한 뒤에, 다시 결론으로 그 요지를 말한 것. 예를 들면, 『법화경(法華經)』 뒤에 설한 『관보현경(觀普賢經)』이나, 『열반경』에 대한 『상법결의경(像法決疑經)』과 같은 것이다.

결계 【結界】 〔梵 simābandha, 英 A fixed place, or territory; a definite area〕 구역(區域), 또는 제한된 경계라는 뜻. ①불도를 수행하는 데 장애를 없애기 위해서 비구(比丘)의 의·식·주를 제한하는 것. ②마군의 장난을 없애기 위하여 인명법(印明法)에 따라 제정한 도량의 구역. 이것은 밀교(密教)에서 쓰는 법으로, 주로 도량의 정결을 그 목적으로 한다. ③결계지(結界地)의 준말. 수도에 방해가 될 만한 것을 들이지 않는 곳. 가령 어떤 절에는 여자의 출입을 금하는 따위.

결루【結漏】〔英 Bondage and reincarnation because of the passions〕곧 번뇌를 말한다. 번뇌는 신심(身心)을 속박하므로 결(結)이라 하고, 또한 눈이나 귀 등 육근(六根)에 따라 밤낮으로 밖으로 새어 나가므로 누(漏)라고 한다.

결박【結縛】〔英 To tie and knot, i.e. in the bondage of the passions, or delusion〕번뇌의 다른 이름. 번뇌가 몸과 마음을 얽어매어 해탈을 얻지 못하게 한다는 뜻.

결사【結社】〔英 an association, a society〕많은 사람들이 공동의 목적을 달성하기 위하여 상설 단체를 결성하는 일, 또는 그 단체. 특정한 목적이나 관심에 따라 결합하며, 목적을 달성하기 위한 특수한 조직이나 활동을 갖게 된다. 정당·회사·예술단체·종교단체 등이 여기에 속한다. 종교의 경우에는 새로운 발전을 시도할 때, 그 종교단체 안에서 결사를 조직하는 경우가 있다. 우리나라에 있었던 유명한 결사로는 보조국사 지눌(1158-1210)의 정혜결사(定慧結社)와 원묘요세(1163-1245)의 백련결사(白蓮結社)가 있다.

결업【結業】〔英 The karma resulting from the bondage to passion, or delusion〕번뇌로 말미암아 일어나는 악업. 『법원주림(法苑珠林)』 53권에, "결업(結業)을 지으면 삼악도(三惡道)에 떨어진다."라고 하였다.

결의무소외【結疑無所畏】보살 사무소외(四無所畏; 能持無畏·知根無畏·結疑無畏·答報無畏) 가운데 하나. 보살이 여러 사람에게 설법할 때에는 청중으로부터 무슨 질문을 받더라도 자유로이 해결할 수 있으므로, 마음속에 조금의 두려움도 없는 것을 말한다.

결인【結印】〔英 A binding agreement sealed as a contract, employed by the esoteric sect〕인계(印契; mudrā)를 맺음. 계인(契印)·비인(秘印)이라고도 한다. 진언밀교(眞言密教)의 수행자가 수행할 때에, 손가락 끝을 이리저리 맞붙이는 형식. 엄지 끝과 중지 끝이 서로 닿을 만큼 쥔 주먹을 중심으로 하여, 손가락을 한 개·두 개·세 개·네 개씩 펴거나 쥐는 방식에 여러 가지 구분이 있는데, 이것은 불보살의 서원을 나타내는 것이다. 이것을 보고 각 보살을 구별할 수 있다. 인계를 맺는 것은 반드시 스승에게 직접 배우는 것으로, 남에게 보이지 않는 것이 보통이다.

결정보【決定報】결정업(決定業)·정업(定業). 받을 과보가 결정되고, 그 시기까지도 완전히 결정된 업(業). 과거에 지은 업은 먼저 지은 것부터 차례로 받게 되지만, 가벼운 업의 경우에는 먼저 지었다고 해도 뒤에 지은 중한 업에 밀려나 뒤에 받게 되는 경우가 있다. 결정보에는 두 가지 방향이 있다. 하나는 전생(前生)에 지은 업을 그대로 받는 것인데, 이것은 부처나 중생 모두 피하지 못하고 받아야 한다. 또 하나는 스스로의 원력(願力)과 선택에 의해서 다음 생에 업을 받게 되는 것인데, 이 경우에 부처는 원을 세운 대로 이룰 수 있지만, 중생은 그렇지 못하다.

결정성 【決定性】 ① 〔梵 svabhāva〕 결정되어 있는 본성. 실체성. ② 반드시 언젠가는 성문(聲聞)이나 연각(緣覺), 또는 보살(菩薩)이 되어야 할 성(性). 부정성(不定性)·무성(無性)과 대비되는 말이다. ③ 결정성의 이승(二乘), 곧 결정성문종성(決定聲聞種性)·결정연각종성(結定緣覺種性)의 준말이다.

결정업 【決定業】 정업(定業). 받을 과보가 결정되고, 또 그 받을 시기까지 결정된 업(業). 부정업(不定業)에 상대되는 말이다.

결제 【結制】 ① 하안거·동안거 등 일정한 기간을 정해 놓고 수행·경전·교리공부 등을 배우고 연구하는 것. 결제의식을 행하는데, 결제식에서는 이 기간 동안에 정력(定力)을 쌓고, 지혜를 밝히고, 정의(正義)를 세울 것을 다짐한다. ② 스님들이 하안거 첫날인 음력 4월 15일과 동안거 첫날인 음력 10월 15일에 행하는 의식행사.

결제방 【結制榜】 하안거와 동안거 결제에 참여한 스님들이 각자 소임을 정하여 벽에 써 붙인 명부를 말한다. 흔히 용상방(龍象榜)이라고 한다.

결집 【結集】 〔梵 saṁgīti, 英 The collection and fixing of the Buddhist canon; especially the first assembly which gathered to recite the scriptures, Saṅgiti〕 합송(合誦). 본래 뜻은 부처님의 가르침을 함께 외우는 것을 뜻하지만, 여기서는 불교경전의 편집을 뜻하는 말임. 석존 입멸 후 그 가르침을 온전히 전함과 동시에 잘못 전해지는 것을 막기 위하여, 불제자들이 모여서 각기 듣고 기억한 것을 함께 합창함으로써 가르침을 확인, 정리하는 회의가 소집되었다. 이 편찬 회의를 결집(結集)이라 부른다. 인도, 스리랑카에서 모두 4차례의 결집이 행해졌다. 제1결집은 석존 입멸 직후 마하가섭이 5백 인의 불제자를 왕사성 교외의 칠엽굴로 소집하여 결집했다. 아난(Ānanda)이 경(經)을, 우파리(Upāli)가 율(律)을 암송하면 모인 대중들이 협의하여 불설(佛說)임이 맞으면 승인하는 형식으로 진행하여, 삼장 가운데 경장과 율장이 결집(편찬)되었다. 제2결집은 불멸 후 100년경에, 바이샬리(Vaisāli)의 비구들이 10가지 옳지 않은 것〔十事〕을 실행하고 있는 것을 알고, 아난의 제자 야사(Yasas)가 7백 인의 비구를 바이샬리로 소집하여 십사(十事)를 심의했다. 이 결집에서 십사는 비법(非法; 계율에 어긋남)으로 부정되었다. 이로써 십사 실행자들(바이샬리의 비구들)도 이단으로 규정되었다. 이것이 최초로 불교 교단이 상좌부와 대중부 두 파로 분열하게 되는 원인이 되었다. 제3결집은 불멸(佛滅) 200여 년경 아쇼카왕 18년에, 왕의 보호 아래 마가다국의 수도 파탈리푸트라(Pātaliputra)에서 목갈라풋타팃사(Moggaliputta Tissa, 帝須)가 주가 되어 천 명의 비구가 모여서 삼장(三藏)을 확정했다. 제4결집은 불멸 후 400년에 스리랑카의 카니시카(Kaniṣka)왕이 협(脇; Pārśva)과 세우(世友; Vasumitra)를 주로 하여 5백 비구를 모아서 그때에 유행하던 삼장을 모아 놓고 주석을 붙이는 작업을 하게 하였다. 이때 『대비바사론(大毘婆沙論)』이 편집되었으며, 지금까지 암송으로 전해오던 삼장이 문서화되어 책으로 편집, 간행되었다. 제5차와 제6차 결집은 미얀마에서 개최한 바 있다. 현대에 와서 유명한 것은 6번째 결집이다. 이 결집은 상좌부 연대기에 따라 고타마 붓다 열반 2,500주기를 기념하기 위하여 1954년 5월~1956년 5월 미얀마의 수도 양곤에서 열렸다. 인도·스리랑카·네팔·캄보디아·타이·라오스·파키스탄 등지로부터 온 승려들은 이때 상좌부 팔리어 경전 전체 원문을 검토하고 암송하였다.

결택분 【決擇分】 결택이란 결단·간택의 뜻으로 견도위(見道位)를 말한다. 성도(聖道) 곧 불도(佛道)를 수행함에는 지적(知的)인 오류에서 벗어나는 견도위와 다시 나아가 정적(情的) 방면의 모든 속박에서 벗어나는 수도위(修道位), 그리고 수행이 끝나서 얻어지는 최상의 경지인 무학도(無學道)의 세 단계가 있다. 견도(見道)는 성도(聖道, 불도)의 한 부분이므로 결택분이라고 한다.

겸익 【謙益】 백제 율종의 시조. 백제 성왕(聖王) 4년〔526〕에 인도 상가나사(常伽那寺)에 가서 율(律)을 연구하고, 범본(梵本) 『아비담장(阿毘曇藏)』과 『오분율(五分律)』을 가지고 인도승(僧) 배달다(倍達多) 삼장과 함께 귀국하였다. 그 후 흥륜사에서 국내 명승 28인과 함께 율부(律部) 72권을 번역함으로써 백제 율학(律學)의 비조(鼻祖)가 되었다.

겸행육도 【兼行六度】 오품위(五品位; 隨喜品·讀誦品·說法品·兼行六度品·正行六度品) 가운데 하나. 이관(理觀)을 닦으면서 겉으로 육도(六度)의 수행을 겸하는 자리. 앞의 수희(隨喜)·독송(讀誦)·설법(說法)의 삼위(三位)에서는 관심(觀心)을 익히기 위해서 아직 육도를 닦을 겨를이 없었으나, 이 자리에서는 정관(正觀)이 점점 명백해지기 때문에 겸하여 육도의 행을 닦아 관심(觀心)을 돕는다.

경 【境】〔梵 viṣaya·artha·gocara, 巴 visaya·artha·gocara, 英 A region, territory, environment, surroun-dings, area, field, sphere, e.q. the sphere of mind, the sphere of form for the eye, of sound for the ear, etc.〕 'viṣaya'는 인식작용이 미치는 영역, 'Artha'는 대상·목적, 'go-cara'는 범위·장소의 의미이다. 모두 경(境)이라 번역되고 인식대상의 의미로 쓰이지만, 'viṣaya'·'gocara'에는 경계(境界)·경역(境域) 등과 같은 장소적 의미도 있다. 보통 육근(六根)이 인식작용을 일으키는 색경(色境)·성경(聲境)·향경(香境)·미경(味境)·촉경(觸境)·법경(法境) 등 여섯 종류의 대상〔六境〕을 말한다. 또한 경(境)의 의미 가운데 활동구역이라는 의미가 바뀌어서, 일정한 경지, 또는 어느 곳에 도달한 지위(地位)를 경(境)·경계(境界)라고 하기도 한다.

경 【經】〔英 A warp, that which runs lengthwise; to pass through or by, past; to manage, regulate; laws, canons, classics〕 범어 'sū-tra', 팔리어 'sutta'의 음역. 구역(舊譯)에서는 수다라(修多羅), 신역(新譯)에서는 소달람(素呾纜)이라고 함. 선(線)·연(綖)·경(經)·진경(眞經)·계경(契經)이라고 번역한다. 부처님께서 설한 경전, 즉 가르침을 뜻하는데, 본래 경(經)이란 실에 꽃을 꿰어서 화환을 만드는 것처럼 언어문자를 가지고 일체 이의(理義)를 꿰뚫어, 이를 산일(散佚)하지 않는다는 뜻이다. 넓은 의미로는 『대장경』·『일체경』과 같이 경·율·론 삼장을 통틀어 말할 때도 있고, 좁은 의미로 삼장 중 경장(經藏)만을 가리킬 때도 있다. 또한 부처님의 일대 교설을 그 경문의 성질과 형식으로 구분하여 12가지로 나눈 십이분교(十二分教) 중의 하나이다.

경계 【境界】〔梵 gocara, viṣya, ni- mita, 巴 visaya, 西 yul, 英 sphere, region, realm, as above〕 ① 인과(因果)의 이치에 따라서 자신이 부딪히게 되는 생활상의 모든 일들. 생로병사·희로애락·빈부귀천·시비이해·삼독오욕·부모형제·춘하추동·동서남북 등이 모두 경계에 속한다. ② 나와 관계되는 일체의 대상. 나를 주(主)라고 할 때 일체의 대상은 객(客). ③ 시비·선악이 구분되는 한계. 경계(境界)에는 역경(逆境)과 순경(順境), 내경(內境)과 외경(外境) 등의 구분이 있다.

경교 【經教】〔巴 dhamma〕 불경(佛經)의 교리(教理). 즉 경전의 교리. 사성제(四聖諦), 십이인연(十二因緣) 등을 말하는데, 한편으로는 무상(無常), 공(空), 무아(無我) 등의 사상을 포괄한다.

경권 【經卷】 범어 'pustaka'의 한역(漢譯). 부처님의 교법을 적은 경(經)·율(律) 등의 경전. 옛날의 경전은 두루마리〔卷〕로 되어 있었기 때문에 경권(經卷)이라고 한다.

경근 【境根】〔梵 visayani indriyāni〕 감관(感官) 대상으로서의 모든 기관(機關)을 말한다.

경덕전등록【景德傳燈錄】 중국 선종(禪宗)의 역사서. 30권. 중국 송(宋)나라의 도원(道原)이 1004년〔宋 眞宗 景德 1〕에 지은 책으로, 과거칠불(過去七佛)로부터 역대 선종(禪宗) 조사(祖師)들과 5가(五家) 52세(五十二世)에 이르기까지 법을 전한〔傳燈〕 법계(法系)의 차례를 기록한 책. 1권부터 26권까지는 칠불을 비롯하여, 마하가섭에서 청원(青原) 아래로 제11세의 장수법제(長壽法齊)에 이르는 1,712인을 기록하였는데, 그 가운데 954인은 어록(語錄)이 있고 나머지 758인은 이름만 있다. 제27권에는 보지(寶誌)·선혜(善慧)·혜사(慧思)·지의(智顗)·승가(僧伽)·법운(法雲)·풍간(豊干)·한산(寒山)·습득(拾得)·포대(布袋)의 10인과 제방(諸方)에서 잡거(雜擧)·징(徵)·염(拈)·대(代)·별(別)한 말을, 제28권에는 남양혜충(南陽慧忠)에서 법안문익(法眼文益)까지 12인의 법어를 싣고, 제29권에는 찬(讚)·송(頌)·게(偈)·시(詩)를, 제30권에는 명(銘)·기(記)·잠(箴)·가(歌)를 싣고 있다. 1004년에 본서가 완성되어 송(宋)의 진종(眞宗)에게 봉진(奉進)되었는데, 칙명에 따라 양억(楊億) 등이 간삭(刊削)을 가한 후, 1011년〔大中 祥符 4〕 ≪대장경≫에 편입하여 간행하였다. 그 후 1132·1134·1316년에도 간행된 바 있다. 줄여서 『전등록(傳燈錄)』이라고도 하는데, 법을 전수하는 것을 등불을 전수하는 것에 비유한 것이다.

경량부【經量部】〔梵 Sautrāntika〕 유부(有部)에서 갈라져 나온 상좌부 계통의 소승 20부 중의 하나. 서기 4·5세기에 나타난 인도불교의 학파. 불교사상사(佛教思想史)에서 가장 중요한 학파임에도 불구하고, 아직도 역사나 교의(教義) 등에 대하여 분명하게 밝혀져 있지 않다. 종래는 설일체유부(說一切有部)에서 마지막으로 분파된 '경부(經部; Sutravada; Sutrantavada; 『異部宗輪論』에 의하면 1세기 전반에 성립된 학파라고 함)'에서 발전한 학파라고 생각했지만, 지금은 명칭도 주장도 다르므로 이 둘은 관계없는 것으로 생각한다.

경론【經論】〔梵 ākhyāyika〕 삼장(三藏) 중에서 경(經)과 논(論)을 합하여 부르는 말. 경(經)은 부처님의 말씀인 『아함경』·『법화경』·『열반경』 등 경전을 말하고, 논(論)은 부처님의 말씀을 근본으로 하여 그 뜻을 펴 서술한 『유식론』·『구사론』 등을 말한다.

경소【經疏】 경전(經典)과 논소(論疏). 경전은 불설(佛說)이고, 소(疏)는 불제자(佛弟子)나 후인(後人)의 해석.

경안【輕安】〔梵 kāya-citta-karmaṇyatā, 西 Śin tu spyaṅs, 英 Not oppressed, at ease〕 몸과 마음이 경쾌하고 유연한 상태. 일을 행할 때에 마음이 잘 움직이고 적응을 잘하는 것. 착한 마음과 상응하여 일어나서 일을 잘 감당하여, 몸이 편안하고 경쾌하게 되는 작용.

경안 【經眼】 경전을 보고 이해할 만한 안목(眼目). 경전의 뜻을 제대로 파악하는 안목. 두 눈을 뜬 사람이 경전을 보고 그 뜻을 정확히 파악하지 못하는 것을 눈뜬 소경이라고 한다.

경유식 【境唯識】 법상종에서 말한 오종유식(五種唯識; 境唯識·教唯識·理唯識·行唯識·果唯識) 가운데 하나. 유식이란 만물이 오직 의식〔마음〕의 변화로 생긴 것임을 말하는데, 그 중에서 경유식(境唯識)은 경(境)에 나아가 유식의 이치를 밝힌 것이다.

경율론 【經律論】 〔英 sūtras, vinaya, abhidharma śāstras, the three divisions of the Buddhist canon〕 경전을 세 가지로 나눈 것. 총칭하여 삼장(三藏)이라고 한다. 경(經; sūtra)은 부처님이 말씀하신 교법이고, 율(律; vinaya)은 부처님의 제자들이 지켜야 할 규칙이며, 논(論; abhidharma)은 교리를 체계적으로 설명한 것이다.

경장 【經藏】 〔梵 Suttanta-piṭaka, 巴 Sutta-piṭaka, 英 The discourses of Buddha, the sūtra-piṭaka〕 (1) 경(經; suttanta; sutta)은 '날실〔縱糸〕'이라는 뜻인데, 풍부한 의미를 짧은 문장으로 완성시킨 것을 뜻한다. 장(藏; piṭaka)이란 '그릇'이라는 뜻인데, 경 속에는 진리가 담겨져 있다고 생각한 데서 비롯된 말이다. 경장이란 불타의 가르침 가운데 교리 부분을 총괄하여 일컫는 것이다. 경(經)·율(律)·론(論) 3장(藏) 중의 하나이다. 4부아함(四部阿含; āgama)과 5니카야〔pañca-nikāya〕 등의 초기 경장과 많은 대승 경전이 있다.

(2) 절〔寺院〕에서 경전 등 전적(典籍)을 넣어 두는 건물을 경장이라고 한다.

경전 【經典】 (1)〔梵 ārṣa, 英 The sūtra-piṭaka〕 경(經)은 교경(教經), 전(典)은 전상(典常)이라는 뜻. 기본이 되고 근거가 되는 교법. 이것이 변하여, 붓다〔부처님〕가 설한 가르침을 기록한 책을 경전이라고 하게 되었다.

(2) 유교에서는 사서(四書)·삼경(三經) 등 13경(十三經)을 높여 경전이라고 부른다.

경절문 【徑截門】 수행의 여러 단계를 차례로 다 거치지 않고, 곧바로 부처의 경지에 도달하는 수행문(修行門). 고려의 보조국사(普照國師) 지눌(知訥, 1158-1210)은 성적등지문(惺寂等持門)·원돈신해문(圓頓信解門)과 함께 경절문(徑截門)을 수행문으로 둔 바 있다.

경지 【境地】 〔英 a state; a condition; a stage; a field; a sphere; a ground〕 ①몸이나 마음이 놓여 있는 상태. ②자기 나름의 특성으로 이루어진 독자적인 지경 또는 수행한 상태나 깨달은 상태. ③일정한 경계 안의 땅.

경집 【經集】 숫타니파타(Suttanipata). 초기 경전 가운데 소부(小部)에 속하는 경전. 여러 가지 경을 모아 놓았기 때문에 '경집(經集)'이라고 부른다. 형식적으로도 길고 짧은 운문과 산문이 혼합되어 있다. 숫타니파타 항목을 참조할 것.

경찬법회【慶讚法會】사찰·불상·불탑의 조성이나 불경의 간행을 마치고 나서, 이를 경축(慶祝)하기 위해 베푸는 법회. 일종의 낙성법회(落成法會)로서, 근대 이후에는 주로 낙성회라는 용어가 많이 사용된다. 경찬회(慶讚會) 항목을 참조할 것.

경책【警策】① 선방에서 대중이 좌선을 할 때, 권태·졸음 등을 물리치기 위해서 쓰는 채찍이나 나무 막대. 주로 죽비가 사용된다. ② 채찍이나 막대를 가지고, 좌선할 때 권태나 졸음 등을 쫓는 일. 이때 졸다가 맞은 사람은 합장으로 감사의 뜻을 표시한다.

경행【經行】일정한 장소를 왕래하면서 조용히 걷는 것. 좌선 중의 피로를 풀고 졸음을 없애기 위하여 선당 안을 걷는 것.

경허【鏡虛, 1846-1912】조선 말기의 선승. 간화(看話)의 대오하(大悟下)에는 무계무율(無戒無律)이라 외쳤음. 한국 근대 선(禪)의 중흥조(中興祖) 가운데 한 사람. 본명은 동욱(東旭), 법명은 성우(惺牛). 1849년 전주 자동리에서 송두옥(宋斗玉)과 밀양 박씨 사이의 차남으로 출생하였다. 9세 되던 해에 모친을 따라 경기도 안양 청계사에 입산하여, 계허(桂虛)로부터 성우라는 법명을 받았다. 14세 되던 해에 박처사가 청계사에 유숙하면서 그에게 글을 가르쳐 주었더니, 하나를 배우면 열을 알았다고 한다. 계허의 천거로 계룡산 동학사 만화(萬化) 화상을 찾아 불경 및 유·도교의 서적을 독파하고, 23세 때에는 만화의 뒤를 이어 동학사 강사가 되었는데, 법호를 경허(鏡虛)라고 하였다. 31세 때 상경 도중에 천안의 어느 민가에 갔는데, 동네에 호열자〔콜레라〕가 성행하여 앓는 사람, 죽어 가는 사람들이 넘쳐나는 것을 보고 죽음의 문제에 크게 충격을 받고 느낀 바가 있었다. 그래서 동학사로 돌아와 그동안 자신이 강사로 있던 강원을 해산하고 수선(修禪) 정진하였는데, 그러던 중 '소가 되어도 고삐 뚫을 구멍이 없다'고 하는 어떤 사미승의 말을 듣고 활연대오했다고 한다. 32세 때에 호서(湖西)의 서산군 대장사로 옮겨 보임(保任)한 이후로는 이 지역을 두루 다니면서 선풍을 진작시켰다. 50세 때에는 범어사로 가서 영남 최초의 선원을 개설하였으며, 다음 해에는 해인사 조실로 있으면서 「결동수정혜동생도솔동불과계사문(結同修定慧同生兜率同佛果稧社文)」을 지었다. 54세 때는 범어사에서 『선문촬요(禪門撮要)』를 편찬하고, 다음 해 범어사에서 다시 결사(結社)했다. 그 결사의 의지(意旨)는 '정혜(定慧)를 함께 닦으며, 도솔천에 함께 생(生)하며, 어느 때나 함께 길이 도반(道伴)이 되어, 함께 정각(正覺)을 이루자'는 것이다. 56세 때에 해인사와 천장사를 거쳐 삼수갑산에서 만년을 보내다가, 64세 되는 해 갑산 웅이방 도하동에서 입적했다. 그의 문하에서 송만공(宋滿空)·방한암(方漢岩)·신혜월(申慧月)·전수월(全水月)·오성월(吳惺月) 등 이름 있는 선승(禪僧)들이 많이 배출되었다.

경흥 【憬興】 신라 때 스님으로 3대 저술가 가운데 한 사람. 속성은 수(水), 웅천주(熊川州) 사람으로, 18세에 출가. 삼장경론에 통달하여 명성이 높았다. 문무왕의 유언에 따라 신문왕(神文王, 681-692 在位) 때 국로(國老)가 되었다. 삼랑사에 있으면서 오로지 저술에만 힘썼는데, 주로 술찬(述贊)과 경소(經疏)를 지어 경론(經論)에 관한 신앙적 해석에 치중하였다. 그 학설은 대개 법상종(法相宗)의 교설이었다. 저서로는 『대열반경소』 14권·『법화경소』 16권·『구사론초』·『금광명경술찬』 7권·『금광명경약찬』·『해심밀경소』·『아미타경약기』·『미타경술찬』 3권·『관정경소』·『성유식론폄량』 25권·『성유식론추요기』·『성유식론의기』·『유가론소』 10권·『유가석론기』 36권·『현량론소』·『인명이문의초』 등이 있다.

계 【繫】 〔梵 saṃyoga, 西 Idanpa, 英 To fasten, attach to, connect; think of attached to, fix the thoughts on〕 속박·계박(繫縛). 물건에 얽매여 속박되는 것. 번뇌(煩惱)의 다른 이름. 번뇌는 몸과 마음을 속박하여 우리를 자유롭지 못하게 하므로 이렇게 부른다.

계 【戒】 〔梵 Śīla, 巴 Sīla, 英 Precept, command, Prohibition, discipline, rule; morality〕 ①삼학(三學; 계·정·혜)의 하나. 지계(持戒)로서 육도(六度)의 하나이기도 함. 불교 도덕의 총칭. 범어 Śīla는 금제(禁制)를 뜻하는데, 소극적으로는 방비(防非)·지악(止惡)의 힘, 적극적으로는 만선(萬善)이 발생하는 근본이라 하여, 흔히 그 작용에 따라 해석한다. 대승계(大乘戒)와 소승계(小乘戒)의 구별이 있다. 대승계는 삼귀계(三歸戒)·삼취정계(三聚淨戒)·십중금계(十重禁戒)·사십팔경계(四十八輕戒) 등이고, 소승계는 오계(五戒)·팔계(八戒)·십계(十戒) 등의 재가계(在家戒)와 비구의 250계, 비구니의 348계, 사미계, 사미니계 등을 말한다. ②십신(十信)의 제9위(位). 계(戒)로써 마음을 편히 머물게 하는 자리를 말한다.

계 【界】 〔梵 dhātu, 巴 dhātu, 英 Whatever is differentiated; a boundary, limit, region〕 '둔다'·'설치한다'에서 비롯된 말로, 영역·층(層)·토대·성분·요소를 뜻한다. 지·수·화·풍은 지구의 성분으로서 4계(界), 오온이나 감각기관 및 그 활동은

인간의 인식작용의 요소이므로 각자가 계(界)로서 모두 합하여 18계(界)라고 한다. 성분은 서로 구별되기 때문에 종류〔jāti〕·종족〔gotra〕을 뜻한다. 또한 삼계·세계와 같이 공간에 있어서의 일정한 영역을 계(界)라고 하기도 한다. 여기에서 파생하여 본질·본성·일정불변한 성질, 혹은 인(因)·종자의 뜻으로 해석되기도 한다. 법계(法界)란 제법(諸法)이 모인 세계, 법의 본질이라고 해석되지만, 성법(聖法)을 생하는 인(因)이란 해석도 있다. 계(界)를 인(因)의 의미로 사용할 경우, 유식설에서는 종자, 즉 아뢰야식으로 보고, 여래장설에 있어서는 성〔gotra〕, 즉 여래장·불성(佛性)으로 본다. 티베트에서는 'dhātu'가 본질·요소를 뜻할 때는 'khams'로 번역되고, 인(因)·종자·성(性)을 의미할 때는 'rigs'로 번역된다.

계금취 【戒禁取】〔梵 śila-vrata-upādāna, 巴 silabbatūpādāna〕 계금취견(戒禁取見)의 약칭. 또한 계취(戒取)라고 약칭하기도 한다. 계금취견 항목 참조.

계금취견 【戒禁取見】〔梵 Śila-vrata-upādāna, 巴 silabbatūpādāna, 英 Clinging to heterodox ascetic views〕 오견(五見)의 하나. 십수면(十隨眠)의 하나. 사취(四取)의 하나. 계금(戒禁)에 대하여 생기는 그릇된 소견. 곧 인(因) 아닌 것을 인(因)이라 하고 도(道) 아닌 것을 도(道)라 하는 소견. 이를테면, 개나 소 따위가 죽은 뒤에는 하늘에 태어난다고 하여 개나 소처럼 풀과 똥을 먹는 등 개와 소처럼 행동하면서, 이것이 하늘에 태어나는 원인이 되고 바른 길이라고 생각하는 것 따위이다.

계내 【界內】〔英 Within the region, limited, within the confines of the 三界, i.e. the three regions of desire, form, and formlessness, and not reaching out to the infinite〕 ①삼계(三界) 밖의 정토(淨土)에 대하여 삼계(三界)를 말한다. ②불도수행에 장애가 되지 않도록, 계율(戒律)의 규정에 의하여 한정된 지역의 경내(境內)를 말한다.

계내교 【界內敎】 삼계(三界) 중에서 윤회하는 중생에 대하여 견혹(見惑)·사혹(思惑)을 끊고 삼계에서 벗어나는 것을 가르치는 교법. 천태학에서는 장교(藏敎)와 통교(通敎)를 말한다.

계단 【戒壇】〔梵 simā, 巴 simā, 英 The alter at which the commandments are received by the novice〕 계(戒)를 수여하는 장소. 흙이나 돌을 높이 쌓아 올려 식장을 만들기 때문에 단(壇)이라고 한다. 계단(戒壇)에는 소승계단(小乘戒壇)과 대승계단(大乘戒壇)이 있다.

계단석 【戒壇石】 율종(律宗)이나 선종(禪宗)의 모든 사찰 정문에 크게 '금훈주입산문'(禁葷酒入山門)이라 쓴

빗돌. 계단(戒壇) 앞에 세운 돌이라 하여 이렇게 부른다.

계려궐【繫驢橛】나귀를 매어 두는 말뚝이란 뜻. 속박되어 자유롭지 못한 것. 문자(文字)나 언구(言句)에 집착하여 발전할 가능성이 없는 데 비유한 것이다. 또는 쓸데없는 것〔無用之物〕을 말한다.

계력【戒力】〔英 The power derived from observing the commandments. Enabling one who observes the five commandments to be reborn among men, and one who observes the ten positive commands 十善 to be born among devas, or as a king〕계덕(戒德)이라고도 한다. 계율(戒律)을 잘 지킨 공덕·힘을 말함. 계율을 잘 지키면 육도윤회 가운데 악도에 떨어지지 않고, 천상이나 인간세계에 태어난다고 한다.

계명【戒名】계(戒)를 받고 불문(佛門)에 들어오는 사람에게 주는 이름. 불도(佛道)를 수행하려는 사람에게 먼저 계(戒)를 일러주어, 이를 잘 지키고 범하지 않을 것을 서약하게 하고, 동시에 속명을 고쳐 법명(法名)을 준다. 수계명 항목을 참조할 것.

계문【戒文】계율의 조목. 죄를 범하지 못하게 하는 규정을 조목으로 정한 것. 오계·십계·이백오십계·오백계 등 여러 가지가 있다.

계박【繫縛】〔梵 saṃyoga, 巴 bandha, 英 To fasten, tie; tied to e.q. things or the passions〕①번뇌(煩惱; klēsa)의 다른 이름. 번뇌는 마음과 몸을 속박하므로 이같이 말한다. ②몸과 마음을 얽어 묶음. 속박하여 자유롭지 못하게 하는 것.

계법【戒法】〔梵 śila〕계사별(戒四別; 戒法·戒體·戒行·戒相)의 하나. 부처님이 제정한 율법. 예컨대, 비구 250계(戒), 비구니 348계 등이 여기에 해당한다.

계본【戒本】〔梵 prātimokṣa, 巴 pātimokkha, 英 The prātimokṣa〕비구·비구니가 지켜야 할 계(戒)의 조문(條文)을 모은 것. 한역(漢譯) 율(律)에서는 쉬크샤파다(śikṣāpada; 學處)를 계(戒)라고 번역하고, 프라티모크샤(prātimokṣa; 波羅提木叉)를 설하는 것을 설계(說戒)라고 한다. 계본(戒本)의 학처(學處) 수는 일반적으로 비구계(比丘戒)가 250가지이고, 비구니계(比丘尼戒)가 348가지 또는 500가지라고 하지만, 팔리율·십송율·사분율·마하승기율·오분율 및 근본설일체유부비나야(根本說一切有部毘奈耶) 등에서 각각 약간씩의 차이가 있다.

계사【戒師】〔巴 kamma-ācariya, 英 The teacher of the discipline, or of the commandments(to the novice)〕①계화상(戒和尙)·수계사(授戒師)·전계사(傳戒師)라고도 한다. 계(戒)를 내려주는 스승. 수계작법(受

戒作法)의 의식을 담당하는 스승. 갈마사(羯磨師)라고도 한다. 소승에서는 구족계를 받고 10년 이상 지나야 계사의 자격이 있으나, 대승계에서는 직접적으로 석존을 계사(戒師)로 받들고, 불조(佛祖)의 법통을 계승한 스님이 역할을 맡는다. ②수계식(授戒式)에 종사하는 삼사칠증(三師七證)의 스님.

계상【戒相】〔英 The commandments or rules in their various forms〕 계사별(戒四別)의 하나. 계법(戒法)의 조규(條規)에 따라 실지로 행할 때에, 그 행하는 모양의 여러 가지 차별.

계수【稽首】〔梵 vandana, vandi, 英 To make obeisance by prostration〕 구배(九拜) 중에서 가장 정중한 경례(敬禮) 방법. 정례(頂禮)·접족작례(接足作禮)·두면예족(頭面禮足)·오체투지(五體投地)라고도 한다. 계(稽)란 예의를 표시하는 모습을 말하는 것으로, 머리를 땅에 대고 경례하는 것이다. 『주례(周禮)』 춘관(春官) 대축(大祝)에서는, "구배 중 첫 번째가 계수이다."라고 하였고, 당(唐) 초기의 학자인 가공언(賈公彦)의 소(疏)에서는, "계수는 땅에 머리가 닿는 것이요, 돈수(頓首)는 땅에 머리를 조아리는 것이다. 계수와 돈수는 모두 머리가 땅에 닿도록 하는 경례법이지만, 계수는 머리가 오래도록 땅에 닿아 있는 것이며, 돈수는 머리가 땅에 닿는 즉시 드는 것이다."라고 하여 가장 정중한 경례법이라고 하였다. 이것이 불교의 예법에서는 귀명(歸命; 모든 身命을 바쳐 부처님의 가르침을 따름)의 뜻을 표시하는 것이 되었다.

계아실유종【計我實有宗】〔英 The sect that reckons on, or advocates, the reality of personality〕 계아론(計我論)이라고도 한다. 불교에서 일컫는 외도(外道) 16종(宗) 가운데 하나. 내〔我; 아트만〕가 실제로 있다고 생각하는 종파, 학파라는 뜻. 인도의 외도에서는 모두 이것을 주장한다. 이 외도들은 모두 내가 있고, 살타(薩埵)가 있고, 명자(命者)·생자(生者)·양육자(養育者)·삭취취자(數取趣者)가 있다고 하는데, 이것들이 모두 진실하여 영원한 것이라 한다. 또한 '나'는 감각이 작용할 때에 아는 것이라고 한다. 대개 실아(實我), 즉 자아(自我; 아트만)의 존재를 인정하는 것은 인도의 모든 외도들의 공통된 주장이어서, 내가 실제로 있다 없다 하는 것은 외도와 불교의 구별을 결정짓는 기준이 된다. 따라서 어느 특정 일파만을 가리켜 이렇게 부르는 것은 아니다.

계오【契悟】 도(道)를 깨닫는 것. 진리에 합일하는 것. 계(契)는 맞는다는 뜻이고, 오(悟)는 깨닫는다는 뜻이다. 분별망상을 벗어나 진리를 깨닫는 것이다.

계외교【界外教】 욕계(欲界)·색계(色

ㄱ

界)·무색계(無色界)의 번뇌를 끊어 삼계(三界)를 여의고, 삼계 밖의 정토(淨土)에 있는 보살에 대하여 무명(無明)을 끊고 성불(成佛)하는 일을 가르치는 교법이라는 말. 천태에서는 사교(四敎) 가운데서 별교(別敎)와 원교(圓敎)를 계외교(界外敎)라고 한다.

계율 【戒律】〔英 śila and vinaya The rules〕 불교도로서의 생활과 수행의 규범. '계(戒; śila)'와 '율(律; Vinaya)'로 이루어진 합성어(合成語). 'śīla'는 원래 좋은 성질·습관·경향 등을 뜻하는데, 불교에 수용되어서 자발적 결의·내적 정신력 등과 같이 주체적인 의미가 부가되었다. 시라(尸羅)라고 음사(音寫)한다. 한편 삼바라(saṃvara; 억제)·쉬크샤(śikṣā; 學處)·쉬크샤파다(śikṣāpada; 學處) 등을 계(戒)라고 번역하기도 한다. 이에 비해서 비나야(Vinaya)는 원래 제거(除去)·훈련(訓練)·조복(調伏) 등의 의미인데, 교단의 규칙이라는 의미로 사용된다. 계율은 자발적인 결의를 의미하는 '계(戒)'와 규율 유지를 위한 성문규정(成文規定)인 '율(律)'을 합하여 표현한 개념이다. 본래의 어의(語義)의 방향성은 다르지만, 구체적인 조항과 그것을 고수하려는 결의에 의해서 종교적인 청정한 생활이 보증되는 것이므로 양자가 다른 것은 아니다. 다만 원어에 상당하는 실라비나야(Śilavinaya)라는 숙어의 용례는 보이지 않지만, 불교가 수용될 때 중국에서 새롭게 만들어진 개념이라고 생각된다. 중국에서 '계(戒)'는 '억제·명령', '율'(律)은 '금지·억제'를 의미한다. 이렇게 한자(漢子)에 따르면 양자는 큰 차이가 없으므로, 계와 율은 일괄적으로 계율이라 혼용된다. 또한 계(戒)의 원어 중 하나인 삼바라(Saṃvara)는 원래 자이나교의 용어였던 것을 채용한 것인데, '율의(律儀)'라고 번역한다. 이렇게 해서 계(戒)와 율(律)의 용법상의 혼동이 더욱 가속화되었다. 확실하게 지켜야 할 율의(律儀)의 항목을 계(戒)라고 칭한 예가 『아비달마구사론』 등에도 보이지만, 인도에서는 그다지 구별하여 사용하지는 않았다.

[성립사(成立史)] 최초에 붓다는 보름에 한 번 정해진 지역에 비구 전원이 모여 자성(自省)하기 위해서 보살설계회(菩薩說戒會; upavasatha; poṣadha)를 행했다. 바라문교의 신월제(新月祭)·만월제(滿月祭)를 지내기 전날에 행해진 의식 등을 채용한 것이다. 여기서 설해진 『게계경(偈戒經)』이 계율(戒律)의 뿌리라고 인정된다. "일체의 악(惡)을 행해서는 안 되며, 선(善)을 구현하고, 스스로 자신의 마음을 청결하게 해야 한다. 이것이 여러 각자(覺者)들의 가르침이다〔『장아함경』〕."라는 것이 그것으로, 지악(止惡)의 구체적 내용은 오계(五戒)이다. 오계(五戒)는 '살(殺)·도(盜)·음(淫)·망(妄)·주(酒)'를 하지 않는 것인데,

이것들을 범(犯)했을 때에는 고백과 참회에 의해서 죄를 정화(淨化)하도록 하는 강령적(綱領的)인 것이었다. 불교와 인연이 가까운 자이나교에도 금계(禁戒; Vrata)가 정해져 있는데, 거기에도 오계(五戒)가 있다. 불교의 오계(五戒)와 비교해 보면, 5번째의 불소유(不所有)가 불음주(不飮酒)와 다를 뿐, 그 외에는 완전히 같다. 그 배열순서 등에서도 불교의 5계가 자이나교의 영향을 받았음을 알 수 있다. 자이나교에서는 출가·재가 모두 공통적으로 5계를 받는다. 그런데 출가자가 지켜야 할 계율을 대금계(大禁戒), 재가자(在家者)가 지켜야 할 계율을 소금계(小禁戒)라고 부른다. 재가자의 것은 부분적으로 완화된 계율로 이루어져 있다. 불교에서는 이미 간소화된 5계가 정해지고, 그 연장선상에서 다양한 계율의 조항이, 범죄행위가 드러날 때마다 그것을 금(禁)하는 형식으로 정비되었다. 이것에 응해서 5계가 상대화되고, 불교를 통괄하는 강령적인 위치에서 벗어나서 재가계(在家戒)로서 정착되기에 이르렀다. 교단이 형성된 뒤에는 불(佛)·법(法)·승(僧)에 귀의하는 삼귀의(三歸依)를 한 뒤, 재가자와 출가자 등에 각각의 입장에 따라서 다른 계를 받았다. 이것을 칠중(七衆)의 별해탈율의(別解脫律儀), 혹은 음사(音寫)해서 파라제목차(波羅提木叉; prātimokṣa)라고 부르지만, 수지(受持)하는 계(戒)의 종류에 따라서 8종으로 나누기도 한다. 이것들은 자연발생적으로 형성된 교단의 통제와 목적의식의 확인을 위한 방법으로서 확정되어 정비되었던 것이다. 또한 그것에 부수해서 다양한 갈마(羯磨; karman)가 정해졌다. 파라제목차가 수행자 개인이 지켜야 할 규칙인 데 비해서 갈마는 승가(僧伽) 전체의 운영법이라 할 수 있는 것으로, 승가입단(僧伽入團)의 규칙, 포살(布薩)의 방법, 안거(安居)의 규칙, 벌칙 적용의 방법, 재판의 방식 등 다수에 이른다. 이것들도 실제로는 자이나교나 인도의 수행자들에게 일반적이었던 의례와 공통되는 형태였던 것으로 생각된다.

[각종의 계율] 불교도가 되기 위해서는 우선 오계(五戒)를 받아서 재가신자(在家信者; upāsaka; upāsikā)가 되는 과정을 거쳐야 한다. 그 상위(上位)의 재가계(在家戒)로서 팔재계(八齋戒)가 있다. 포살회(布薩會)는 뒤에 재가신자에게도 응용되는데, 매달 여섯 번 사원에 참예하여 이 팔재계(八齋戒)를 지키며 설법을 듣고 승려에게 공양한다. 팔재계는 5계(戒)에, '제6, 춤과 노래를 멀리하고, 장신구를 피하며, 제7, 호화로운 침대에서 자지 않고, 제8, 오후에는 식사를 하지 않는다.'를 첨가한 것으로, 출가자의 생활에 보다 가까운 것으로 되었다. 출가하는 데는 비구(比丘)를 수계사(授戒師; ācārya)로 하여 십계(十戒)를

받고, 사미(沙彌; Śrāmana)·사미니(沙彌尼; Śrāmaṇeri)가 되는 것이 첫 단계이다. 10계는 8계의 제6을 두 개로 나누고, 나아가 제10으로서 '금은재화(金銀財貨)를 쌓아 두지 않는다.'를 더한 것이다. 20세를 지나 승가에 속하기 위해서는 입단 허가를 바라고, 화상(和尙)·갈마사(羯磨師)·교수사(敎授師)의 삼사(三師)와 증명사(証明師) 두 사람, 혹은 일곱 사람 앞에서 심사를 받고 입단을 허가받아 비구(比丘; bhikṣu)·비구니(比丘尼; bhikṣṇi)가 된다. 이때 비구는 부파(部派)에 따라서 다르지만 250계(戒), 비구니는 약 350계를 받는다. 이 의식을 우파삼파다(upasaṃpadā)라고 하는데, 구족(具足)이라고 번역한다. 비구니가 되기 전에는 2년간 정학녀(正學女; Śiksāmāṇā; 式叉摩那)로서 육법계(六法戒)를 수지(受持)해야 한다.

[보살계] 대승불교도들이 수지(受持)하는 계를 대승계(大乘戒), 또는 보살계(菩薩戒)라고 한다. 이것은 부파불교가 출가자(出家者)를 중심으로 교조주의화·번쇄철학화하는 것을, 교단을 떠난 자유로운 입장에서 쇄신하고 붓다에의 회귀(回歸)를 지향(志向)한 운동의 실천면으로 표현된다. 그 대표적인 것의 하나가 십선계(十善戒)이다. 이것은 인과(因果) 도리에 따라서 선악(善惡)의 결과를 초래하는 원인을 3가지 신체적 행위, 4가지 언어적 행위, 3가지 마음의 활동으로 분류한 십선업도(十善業道)를 그대로 계율의 조항으로서, 수행의 덕목으로 삼았던 것이다. '살아 있는 것을 죽이지 말아야 한다. 도둑질을 해서는 안 된다. 간음해서는 안 된다. 거짓말을 해서는 안 된다. 이말 저말〔이간질시키는 말〕을 사용해서는 안 된다. 남을 모독해서는 안 된다. 거만한 말로 남을 우롱해서도 안 된다. 욕심을 내서도 안 된다. 화를 내어서도 안 된다. 사견(邪見)에 빠져서도 안 된다.'로 구성된다. 이것은 초기불교 시대에서부터 성립한 것이지만, 마음의 활동도 대상으로 하는 동기주의적 요소가 있기 때문에 드러나지 않은 행위에 대해 판단을 하기 어렵다는 난점이 있어서 율장(律藏)의 정비에 수반 한계로서의 성격을 상실했다. 그러나 부파 계율이 번잡화·형해화(形骸化)하여 현실에의 대응능력을 잃어버렸으므로, 초기 대승불교에서 자발적 결의로서의 계율의 원점으로 되돌아가, 나아가 중생제도를 시야에 두면서 이 십선계를 대승의 계로서 부활시켰다. 초기에는 재가적 성격이 강하고, 또한 형식주의에서 벗어나 개개인의 자각과 높은 정신을 구하는 운동이었다는 것에 대응하는 것이었다. 보살계는 또한 지계(持戒)를 단순한 지악(止惡)에 머무르지 않고 적극적인 작선(作善)의 행위에까지 끌어올렸으며, 나아가 그것을 이타행(利他行)에 부연해 가는 사상을 전개하였

다. 계율의 이 3가지 방면으로부터의 고찰과 구체적인 계율조항의 설정을 삼취정계(三聚淨戒; śilaṃ-trividhaṃ) 라고 부른다. 『화엄경(華嚴經)』·『해심밀경』 등에 그 선구가 보인다. 그러나 대승교단이 다시 출가주도형으로 변용되면서, 그 규범성을 뛰어넘어서 깨달음을 구하는 또한 타인을 깨닫게 하는 의의를 분명히 하게 되었다. 『유가론(瑜伽論; 『菩薩地持經』)』에 설해진 삼취정계(三聚淨戒)는 제일의 율의계(律儀戒)에 부파불교의 파라제목차(波羅提木叉; prātimokṣa)를 두고, 그 위에 섭선법계(攝善法戒)·요익유정계(饒益有情戒)를 더해서 대승(大乘)의 계(戒)로 삼았던 것이다. 여기에는 대승과 상좌부(上座部)의 대립 및 출가와 재가의 분리에서 재통합의 역사적 경과를 반영하고 있다. 대승계·보살계 항목 참조.

계율종【戒律宗】 계율은 3장(藏) 3학(學)의 하나로서 모든 종파에 통하지만, 당나라 때 오부율(五部律) 중에서 불멸후(佛滅後) 1백년 담무덕(曇無德; Dharmagupta, B.C.4세기경)에 의해 성립된 사분율(四分律)이 크게 전해져서 사분율종(四分律宗), 즉 율종이 생기게 되었다. 여기에는 3종이 있다. 첫째는 상주(相州; 하남성) 일광사(日光寺)의 법려(法礪, 569-635)가 『사분율소(四分律疏)』 10권과 『갈마소』를 지어 상부종(相部宗)이 되니, 그 계통으로 만의·정빈·담일 등의 학장(學匠)이 나왔다. 다음으로, 종남산(終南山)의 도선(道宣, 596-667)이 『사분율행사초(四分律行事鈔)』·『사분율갈마소』·『사분율계본소』·『습유비니의초』·『비구니초』를 지어 계율종을 크게 이루어 남산종(南山宗)이라 하니, 그 계통에 주수·대자·문강·홍경·도안·지인·감진 등이 유명하다. 마지막으로, 장안 숭복사의 동탑에 거주한 회소(懷素, 625-698)가 『사분율개종기(四分律開宗記)』 10권을 지어 동탑종(東塔宗)이 되니, 그 계통에 법신이 있다. 당(唐) 대종(大宗) 때[778] 이 3종의 학장을 모아서 따로 『검정사분율소』 10권을 지어 그 통일을 꾀하였으나, 계체론(戒體論)에 대한 견해 차이 때문에 실패하였다. 3종 가운데 남산종이 가장 성하였다. 한국에서는 신라 진덕여왕(眞德女王, 647-654 在位) 때 고승인 자장(慈藏)율사를 율종의 개조(開祖)로 하고 있다. 근대의 계맥(戒脈)에는 다음과 같은 여러 파가 있다. 먼저 구암사 백파(白坡, 1767-1852)로부터 전하는 일파가 있고, 월출산 대은(大隱)이 지리산 칠불암에서 서응(瑞應)을 얻었다는 일파가 있다. 그리고 중국의 담자산 수운사 혜관에게서 전수한 팔공산 보담으로부터 청화산 석교에게 전한 일파가 있고, 중국 남경의 한 율사에게서 계맥을 전수한 능허(凌虛)가 성월(性月)에게 전한 구월산의 일파가 있다. 또한 통도사에서 자장율사를 멀리 이은 해담의 일파가 있고, 오대산 월정사에서 자장율사를 멀리 이은 연파(蓮坡)의 일파가 있다. 그리고 용연사의 만하(萬下)가 중국의 창도(昌濤)율사에게서 전수한 일파가 있고, 장안사의 한파(漢坡)가 역시 창도율사에게서 전수한 일파가 있다. 그리고 유점사의 영봉(靈峰)이 북경 염화사 덕명(德明)에게서 전수한 일파가 있고, 법주사의 진하(震河)가 중국 천돈사 기선(寄禪)에게서 전수한 일파가 있으며, 보개산 월운(月運)이 북경 원광선사 경연(慶然)에게서 보살계를 전수한 일파가 있다. 일본에는 효겸천황 승보 6년〔754〕에 당(唐)나라의 감진(鑑眞, 688-763)화상이 와서 계율종을 홍통(弘通)하고, 동대초제(東大招提)의 두 절을 본처(本處)로 하여 남도(南都) 6종의 하나가 되었다.

계·정·혜【戒定慧】〔英 Discipline, meditation, wisdom〕 계율·선정(禪定)·지혜의 준말. 이를 총칭해서 삼학(三學; triṇiśikṣāni)이라고 한다. 계(戒)는 몸과 입, 그리고 뜻으로 범하게 되는 악업을 방지하고 올바르게 살아가는 것이다. 정(定)은 산란한 마음을 한곳에 모아 두렷하고 고요한 경지에 머물러 있는 것이다. 혜(慧)는 진리를 깨달아 아는 '바른 지혜'이다. 계(戒)가 아니면 정(定)을 얻을 수 없고, 정(定)이 아니면 혜(慧)를 얻을 수 없기 때문에, 계·정·혜는 함께 닦아야 한다.

계착【繫着】 집착(執着)과 같은 말. 마음이 사물에 집착하고 국집하는 것.

계첩【戒牒】 계(戒)를 받았다는 증서(證書). 화상(和尙)이 누구이고 교수사(教授師)가 누구라는 등 일일이 그 이름을 쓴 다음, 계(戒)를 받고 자기의 의지를 표백(表白)한다. 끝에는 자기의 이름을 기록하여 전계사(傳戒師) 등 십사(十師)가 서명 날인하여 증명한다.

계체【戒體】〔英 The embodiment of the commandment in the heart of the recipient〕 잘못된 일을 막고 나쁜 짓을 그치게 하는 능력을 가진 계(戒)의 본체. 그 본질에 대해서 3종의 이설(異說)이 있다. 1. 색법계체(色法戒體); 계를 받을 때에 몸과 마음에 나타나는 표색(表色)이 사대종(四大種)에 의하여 일종의 색법(色法)을 내고, 이에 따라 방비(防非) 지악(止惡)하는 공능(功能)이 생긴다. 단지 눈으로 볼 수 없으므로 무표색(無表色), 또는 무작색(無作色)이라고 하는데, 계체가 곧 이것이다. 설일체유부에서는 사대(四大)에서 생기는 것이라고 하여, 계체를 색법 중에 포함시킨다. 2. 심법계체(心法戒體); 앞의 말과 같이 무표색(無表色)을 실색(實色)이라고 하지 않고, 계를 받을 때에 일어나는 사(思)라는 심소(心所) 위에 가설한 것이라 하는데, 이 심소의 종자가 상속하여 방비(防非) 지악(止惡)하는 공능을 가지게 됨을 무작계체(無作戒體)라고 한다. 이 계체가 색은 아니지만 수계(受戒)할 때에 몸과 입으로 하는 표색(表色)에 따라 생기고, 그 뒤부터 행동에 일어나는 모든 범계(犯戒)의 잘못됨을 끊기 때문에 색(色)이라고 이름 붙인 것이다. 그 체(體)를 심법(心法)이라고 하는 것이 유식가(唯識家)의 학설이므로, 경량부(經量部)도 이 학설을 채택한다. 3. 비색비심법계체(非色非心法戒體); 앞의 두 가지 학설에 따르지 않는 비물비심(非物非心) 계체설. 『성실론(成實論)』의 주장. 계체의 본질론은 위의 3설을 근거로 하는데, 종파들마다 그 견해를 달리한다.

계체삼종【戒體三種】 계(戒)의 체성(體性; 바탕)을 정하는 데는 대(大)·소승(小乘)을 통하여 세 가지가 있다는 것. 1. 색법(色法); 계(戒)를 받을 때에 신(身)·구(口) 이업(二業)에 발원(發願)의 표색(表色)이 있으니, 그 표색은 사대(四大)에 의하여 생겼으며, 그것은 일종의 색법이다. 또한 그른 것을 막고 악(惡)을 그치는 공능(功能)이 있으니, 그것은 무표색(無表色)이라고 한다. 또한 무작색(無作色)이라고 부르니, 이것이 사대(四大)의 소생(所生)이 되므로 색법(色法)이 되며, 색온(色蘊)에 섭(攝)한다고 한다〔有部의 뜻〕. 2. 심법(心法); 계(戒)를 받을 때에 생각하는 심소(心所)를 발동시켜, 이 심소(心所)의 종자가 상속하여 그른 것을 막고 악(惡)을 그치는 공능(功能)이 있으므로 계체(戒體)를 삼으니, 이것을 수계(受戒)할 때에 표색작용(表色作用)에 의하여 일어나는 것이므로 색(色)이라는 이름을 붙였지만, 실은 심법(心法)이 된다고 한다〔大乘唯識의 뜻〕. 3. 색(色)도 아니요, 심(心)도 아닌 법(法); 계(戒)의 체성은 형질(形質)이 없으므로 색(色)이 아니요, 그것이 연려(緣慮)가 없으므로 심(心)이 아니다. 그러므로 비색비심의 별법(別法)이 된다고 한다〔成實論의 所立〕.

계초심학인문【誡初心學人文】 고려 희종(熙宗) 때 보조국사 지눌(知訥, 1158-1210)이 1205년〔熙宗 1〕 수선사(修禪社)의 낙성과 함께 동사(同社)의 일용청규(日用淸規)로 선포한 글. 1권 1책. 총 908자(字)로 됨. 내용은 사미승(沙彌僧)을 경계(警戒)하고, 중료승(衆寮僧; 一般大衆)을 경책하며, 사당승(社堂僧; 禪房)을 경각(警覺)하고 있는 것으로 되어 있다. 이 글은 중국의 명장(明藏)과 일본의 대정신수대장경(大正新修大藏經) 제48권 등에도 수록되어 있다. 우리나라에서는 고려 고종(高宗) 20년〔1233〕에 발행한 것을 비롯하여, 조선 태조 6년〔1397〕에 상총선사(尙聰禪師)가 왕지(王旨)를 받들어 이를 전국 사원에 청규법(淸規法)으로 시행하게 하였다. 이것이 하나의 조례(條例)가 되어 현재 여러 강원(講院)에서도 사미과(沙彌科)의 교재로 사용하고 있다.

계학【戒學】〔英 The study of the rules or discipline〕 삼학(三學)의 하나. 부처님이 제정한 계율을 배우는 것. 신(身)·구(口)·의(意)로 짓는 악업을 방지하는 것. 계율의 수학.

계향【戒香】〔英 The perfume of the commandment or rules, i.e. their pervading influence〕 계(戒)를 잘 지키면 계행(戒行)이 청정해지고, 계행이 청정해지면 여러 가지 공덕이 쌓여서, 마치 좋은 향내가 멀리 퍼져 나가듯 여러 사람에게 큰 공덕이 미치고 존경을 받게 된다는 뜻.

계행【戒行】 계사별(戒四別)의 하나. 계(戒)를 받은 뒤, 계법(戒法)의 조목에 따라 실천 수행하는 것.

계현【戒賢】〔梵 Śilabhadra; 尸羅跋陀羅, 520-645〕 7세기 중엽 인도 유가행 유식파의 학승. 호법의 제자. 중국 법상종의 개조(開祖)인 현장의 스승. 계현은 무착·세친의 유가(瑜伽) 계통에 속한다. 그는 유교(有教; 阿含 등의 小乘 유부), 공교(空教; 諸部의 반야), 중도교(中道教; 深密 등의 대승)의 삼시교(三時教)를 세워, 당시 중국 삼론종의 근원이 된 지광(智光)의 소승교(小乘教·心境俱有宗), 법상대승(法相大乘·境空心有宗), 무상대승(無相大乘·心境俱空宗)의 삼시교(三時教)와 논쟁했다고 한다. 저서로는 『불지경석(佛地經釋)』이 있다.

고【苦】〔梵 duḥkha, 巴 dukkha, 西 sdug bsṅal, 英 bitterness; unhappiness, suffering, pain, distress, misery, difficulty, 獨 Leiden, 佛 chagrin〕 몸과 마음이 고통스럽고 괴로워서 편안하지 못한 상태. 고(苦)에 대한 인식은 인도 고대부터 있었다. 우파니샤드의 철인(哲人) 야쥬나발키야(Yajñavalkya)는 "그것〔아트만〕과 다르게 있는 것은 고(苦)이다."라고 말했다. 석존 시대의 육사외도 중 파쿠다(Pakudha)는 지(地)·수(水)·화(火)·풍(風)·고(苦)·낙(樂)·명(命)의 7요소를 설하였는데, 그 가운데 다섯 번째가 고(苦)이다. 자이나교에서는 고행에 의하여 업을 멸하고, 수(受)를 멸하고, 일체의 고를 멸진한다고 한다. 『요가수트라』「삼매품」에서는 마음이 산란하면 그 속에 고(苦)·근심〔憂〕·사지(四肢)의 동요, 거친 숨이 함께 있다고 설한다. 상키야〔數論〕 철학에서는 육체가 존속하는 한 천상〔天道〕·축생〔獸道〕·인간〔人道〕의 삼계(三界)는 본질적으로 고(苦)라 하고, 바이세시카〔勝論〕 철학에서는 육구의(六句義) 가운데 두 번째인 덕구의(德句義)에 17종을 들고 있다. 초기불교에서는 '무상한 것은 고이다.', '고는 무아이다.'라고 하여 무상(無常)·고(苦)를 설하였다. 무상·고(苦)란 부자유하기 때문에 그것은 나의 것이 아니다〔無我〕라고 한다. 사법인(四法印) 중 제행무상(諸行無常) 다음에 일체개고(一切皆苦)를 설하는 것도 무상·고를 나타내기 위한 것이다. 『청정도론』에서는 고(苦)를 혐오〔du〕와 공허〔khatuccha〕의 둘로 나누는데, 혐오(嫌惡)되어서 상(常)·낙(樂)·아(我)·정(淨)이 없는 공허한 상태라고 해석한다. 또한 사제설(四諦說) 중 고제(苦諦)는 인생의 현실이 무상·고·공·무아의 모습을 갖는 것을 명시하고 집제(集諦; samudaya-stya)는 고의 원인이 갈애(渴愛; tanhā)임을 나타낸다. 아비달마에서는 오온 중 수(受)에 괴로움〔苦〕·즐거움〔樂〕·괴롭지도 즐겁지도 않음〔捨〕의 삼수(三受)를 말하는데, 고수(苦受)는 심신이 감수하는 고이다. 오수근(五受根)에서는 몸에 느끼는 것을 고수(苦受), 마음에 느끼는 것을 우수(憂受)라고 한다. 고(苦)의 종류로는 이고(二苦; 內苦와 外苦)·삼고(三苦; 苦苦·壞苦·行苦)·사고(四苦; 生老病死의 苦)·오고(五苦; 生老病死苦·愛別離苦·怨憎會苦·求不得苦·五蘊陰苦)·팔고(八苦; 生老病死의 四苦에 愛別離苦·怨憎會苦·求不得苦·五蘊陰苦를 합한 것)·십고(十苦; 生苦·老苦·病苦·死苦·愁苦·怨苦·苦受·憂苦·病惱苦·流轉大苦) 등이 있다.

고고 【苦苦】〔西 sdug bsṅal gyi sdug bsṅal, 梵 duḥkha-duḥkhatā, 英 The pain or painfulness of pain; pain produced by misery or pain〕 삼고(三苦)의 하나. ①중생의 심신(心身)을 괴롭게 하는 고(苦). 기아(飢餓)·질병(疾病)·풍우(風雨)·한열(寒熱)·노역(勞役) 등 고(苦)의 인연이 핍박하여 괴로움이 발생하므로 고고(苦苦)라고 한다. ②유정(有情)의 심신(心身)이 본래 고(苦)인데, 다시 칼과 몽둥이 등의 괴로움이 더하므로 이와 같이 이른다.

고골관 【枯骨觀】 인생이 무상함을 마치 죽은 사람의 썩은 뼈〔枯骨; skeleton〕와 같이 보는 인생관. 수행할 때 고골관을 하여 세상과 육체에 대해 집착을 끊기도 한다.

고·공·무상·무아 【苦·空·無常·無我】〔梵 duḥkha-śūnya-anitya-anātmatā〕 고(苦)·공(空)·비상(非常)·비아(非我)라고도 한다. 고제(苦諦)를 관찰하여 일어나는 4종의 지해(智解)로서, 이를 고제(苦諦)의 사종행상(四種行相)이라 한다. 이 세상의 사물은 중생의 몸과 마음을 핍박하여 괴롭게 하므로 고(苦)요, 만유(萬有)는 모두 인연의 화합(和合)으로 생기는 것이어서 그 어느 것도 실체나 자성(自性)이 있는 것이 아니므로 공(空)이며, 만유는 인연이 흩어지면 문득 없어지는 것이므로 무상이고, 모두 공(空)하고 무상하여 나〔我〕라든가 나의 소유물이라고 고집할 것이 없으므로 곧 무아(無我)라고 관찰함을 말하는 것이다.

고구려불교 【高句麗佛敎】 소수림왕 2년에 순도(順道)가 도래하면서 시작한 고구려의 불교는 고구려인의 저술

ㄱ

과 문헌이 남아 있지 않기 때문에 오늘날 그 면모를 완전하게 알기 어렵다. 따라서 지금까지 전하는 여러 사료(史料)를 통해서 고구려의 불교사상을 개략적으로 짐작해 볼 수밖에 없다. 고구려 초전불교(初傳佛敎)의 성격은 소승불교의 영향도 없지 않지만, 일반적으로 격의불교(格義佛敎)와 권대승불교(權大乘佛敎)가 크게 영향을 끼쳤을 것으로 추정한다. 그런데 고구려 불교학자들 대부분이 외국에서 경교(經敎)를 연구하고 또 활약하였기 때문에, 실제 고구려불교의 교학사상에 대해서는 정확하게 알 수 없다. 다만 사실(史實)들을 통해서 그 연구 경향을 미루어 보면, 삼론공종(三論空宗)의 계통을 많이 연구한 것으로 보인다. 그것을 뒷받침하는 문헌들로는 『양고승전(梁高僧傳)』 8권, 「의해(義解)」 5, 석법도전(釋法度傳)과 『대승현론(大乘玄論)』·『법화현의석첨(法華玄義釋籤)』·『이제장(二諦章)』·『중론소기(中論疏記)』 등을 들 수 있다. 이들 문헌에서는 승랑(僧朗)이 화엄(華嚴)과 삼론(三論)에 뛰어났는데, 특히 삼론학을 집대성하여 중국 신삼론종(新三論宗)의 조(祖)가 되었다고 한다. 그리고 『원형석서(元亨釋書)』 제1 「석혜관전(釋慧灌傳)」 및 본조(本朝) 『고승전』 고려국 사문 「혜관전(慧灌傳)」에는 혜관이 수(隋)에 가서 길장(吉藏)에게 삼론을 배웠고, 영류왕(榮留王) 8년〔625〕에 일본으로 건너가 삼론을 홍전(弘傳)하여 일본 삼론종의 시조가 되었다 한다. 또한 『일본서기(日本書紀)』 제25 및 본조(本朝) 『고승전』 72권, 화주(和州) 원흥사사문(元興寺沙門) 「도등전(道登傳)」에는 도등(道登)이 영류왕(榮留王) 11년〔628〕에 당(唐)으로 가서 길장(吉藏)에게 삼론을 배운 뒤 일본에 건너가 공종(空宗)을 홍전(弘傳)하였다고 한다. 이 밖에도 『속고승전』에는 중국에서 활약한 고구려의 삼론학자로 실법사(實法師; 『속고승전』 「의해편」 14권)와 인법사(印法師; 15권, 「영준전」 참조)의 이름이 있다. 이렇게 외국에서 활약한 고구려의 삼론학자들이 많았다는 것은 고구려에서 삼론학 연구가 성하였거나, 삼론의 강학(講學)이 많았으리라는 것을 반증한다. 삼론학 이외의 것을 보면, 『속고승전(續高僧傳)』 18권, 「석담천전(釋曇遷傳)」에, "지광(智光)이 수(隋)나라 때의 고승 담천(曇遷)과 교분이 두터웠는데, 그는 특히 살파다부(薩婆多部)에 능하여 당대(當代)의 명장(明匠)이었다."고 하였고, 『속고승전』 17권, 「석지월전(釋智越傳)」에서는, "석파약(釋波若, 562-613)이 중국 천태산(天台山)에 들어가 천태종의 창설자 지의(智顗, 538-597)에게서 교관(敎觀)을 전해 받고 신이(神異)로서 이름을 떨치다가 거기에서 생을 마쳤다."고 하며, 『삼국유사』 3권, 탑상(塔像) 4 「고려영탑사조(高麗靈塔

寺條)」에서는, "고구려 용강현인(龍岡縣人)인 보덕(普德)이 항상 평양성에 살았는데, 산방(山方)의 노승(老僧)이 와서 강경(講經)을 청하니 보덕은 굳이 사양하다가 마지못해 가서 『열반경』 40여 권을 강설하였다. 강(講)을 마친 후에는 성(城) 서쪽 대보산(大寶山) 암혈(巖穴) 밑에서 선관(禪觀)을 닦았다."고 한다. 그리고 『해동고승전(海東高僧傳)』 1권, 유통(流通) 1 「석의연(釋義淵)」에서는, "석의연(釋義淵)이 승상(丞相) 왕고덕(王高德)의 부탁에 의하여 평원왕 18년〔576〕에 중국으로 가서 고승 법상(法上, 495-580)에게 『십지론(十地論)』·『지도론(智度論)』·『지지론(地持論)』·『금강반야론(金剛般若論)』 등에 관하여 자세한 것을 알아 가지고 돌아왔다."고 하였는데, 이러한 사실로 보건대 삼론(三論) 이외에도 살파다부(薩婆多部)·천태교관(天台敎觀)·『열반경(涅槃經)』·선관(禪觀)·『십지론(十地論)』·『지도론(智度論)』·『지지론(地持論)』·『금강반야론(金剛般若論)』에 대해 많은 관심이 있었음을 알 수 있다. 또한 『삼국사기(三國史記)』 44권, 열전(列傳) 4 「거칠부전(居柒夫傳)」에서는, 신라 진흥왕 12년〔551〕에 신라로 귀화해 간 혜량(惠諒)이 백좌강회(百座講會)와 팔관법(八關法)을 비로소 베풀게 하였다고 하는데, 이러한 사실로 볼 때 고구려에는 『인왕경(仁王經)』의 호국사상과 팔관재의(八關齋儀)의 실수(實修) 등이 현행(現行)되었거나, 적어도 그 경전들이 지송강설(持誦講說)되었던 것으로 짐작할 수 있다. 『삼국사기』 18권, 「고구려본기」 제6 고국양왕(故國壤王) 9년조에서는, "9년〔392〕 봄에 왕은 사신을 신라로 파견하여 수호(修好)하니, 신라왕은 조카 실성(實聖)을 파견하여 볼모로 삼았다. 삼월(三月)에 왕은 하교(下敎)하여 불법(佛法)을 숭신하여 복을 구하게 하고, 유사(有司)에게 명하여 국사(國社)를 세우고 종묘를 수리하게 하였다."고 하는데, 여기서는 숭신구복(崇信求福)의 불교를 찾을 수 있다. 고국양왕 9년은 불교의 공전(公傳)으로 잡은 소수림왕 2년보다 20년 후이다. 이 기사 가운데 숭신불법구복(崇信佛法求福)이라는 하교(下敎)를 통해서 이 당시 고구려의 국왕을 비롯한 당시 고구려인들의 불교관을 엿볼 수 있다. 곧 불교신앙이 국가적으로 장려되었고, 불교를 복되게 하는 가르침이라고 이해했으며, 숭신(崇信)해서 복(福)을 얻게 되는 것으로 믿었던 것이다. 이렇게 본다면, 그들은 온 백성들이 불법(佛法)을 믿어서 행복하게 살려고 하는 구복신앙을 처음부터 가지고 있었던 것으로 짐작된다.

고뇌 【苦惱】〔梵 daurmanasya, 巴 dukkha-domanassa, 英 misery and trouble; distress〕 ①몸과 마음이 겪는 고통. 생사해탈을 얻지 못한 중생

이 생사의 바다를 헤매느라 괴로워하고 번뇌스러워 함. ②번뇌망상으로 인한 고통. 의·식·주생활에는 아무런 부족함이 없는 사람도 번뇌망상에 사로잡히면 정신적으로 큰 고통을 받게 된다.

고도【苦道】〔英 The path of suffering〕 혹(惑)·업(業)·고(苦) 삼도(三道)의 하나. 번뇌로부터 신(身)·구(口)·의(意)로 짓는 업을 일으키고, 업으로 말미암아 삼계 육도의 고과(苦果)를 받는 것.

고두례【叩頭禮】 머리를 조아린다는 뜻으로, 부처님께 절한 후 예경하고 싶은 마음을 나타내는 것이다. 일배, 삼배, 백팔배, 천팔십배, 삼천배의 마지막 절을 마칠 때 한다. 자신의 발원을 빈다 하여 유원반배(唯願半拜)라고도 한다. 마지막 절을 마치고 오체투지의 상태에서 두 손바닥을 위로 향한 자세에서 팔꿈치를 펴지 말고 머리와 어깨를 든다. 그 후 손을 얼굴 아래서 합장했다가, 손을 풀고 이마를 땅에 댄다. 머리를 들었을 때 시선은 땅을 향하여야 한다. 머리와 어깨를 잠깐 들었다가 다시 이마를 땅에 대는 단순한 동작으로 할 수도 있다.

고락【苦樂】〔英 joys and sorrows〕 고(苦)와 낙(樂). 마음과 몸이 괴롭고 슬픈 것을 고(苦; duḥkha)라 하고, 기쁘고 즐거운 것을 낙(樂; sukha)이라고 한다. 인간이면 누구나 다 고락(苦樂) 속에서 살아간다. 고락에는 우연한 고락이 있고, 지어서 받는 고락도 있다. 또한 정당한 고락이 있으며, 부당한 고락도 있다. 현재 자신이 받고 있는 고락이 정당한 고락인지 정당하지 못한 고락인지를 알아야 한다. 고(苦)에서 또다시 고(苦)를 가져오고, 낙(樂)에서 고(苦)를 가져오는 것은 부당한 고락(苦樂)이다. 고(苦)에서 낙(樂)을 가져오고, 낙(樂)에서 낙(樂)을 가져오는 것은 정당한 고락(苦樂)이다. 그러므로 부당한 고락을 버리고 정당한 고락을 가져오도록 노력하는 것이 마음공부이다.

고려국신조대장경교정별록【高麗國新雕大藏經校正別錄】 고려국신조대장교정별록. 30권. 또는 고려국신조대장교정별록이라고도 한다. 고려 고종(高宗, 1213-1259 在位) 때 개태사(開泰寺)의 주지(住持)였던 수기(守其)가 지음. 고려 때 국본(國本)·거란본(契丹本)·송본(宋本)의 장경(藏經)을 대조 교정하여 틀린 것을 고친 것이다.

고려대장경【高麗大藏經】〔英 The Korean canon of Buddhism, one of the three collections which still exists, in the 海印寺〕 일명 팔만대장경. 합천 해인사에 보관된 대장경판. 고려 현종(顯宗, 1009-1031 在位) 때에 거란군을 물리치기 위하여 새겼던 고려초조본(高麗初雕本) 대장경 1,076부 5,048권을 부인사(符仁寺)에

ㄱ

두었는데, 이것이 1232년〔고종 19〕 몽골병의 침입으로 불탔다. 이에 고종이 다시 몽골군대를 물리치기 위하여 강화(江華)에 대장도감(大藏都監) 본사(本司)와 진주 등지에 분사(分司)를 두고, 1236년〔고종 23〕부터 1251년〔고종 38〕까지 16년 만에 완성한 것이 고려판 대장경으로서, 1,511부 6,802권 81,258판(板)이었다. 처음에는 강화에 판당(板堂)을 짓고 보관하였다가 얼마 안 되어 강화의 선원사(禪源寺)로 옮겼다. 1398년〔조선 태조 7〕 서울 지천사(支天寺)로 임시 옮겼다가 다시 해인사로 옮겼다.

고려불교【高麗佛教】 신라 5백년간의 불교를 불교 향상시대의 불교라고 할 때, 그 전성기의 불교가 침체해졌을 때 신라의 선법(禪法)이 전래되어 선종(禪宗)이 홍기하였다. 하지만 세상 인심을 완전히 구제하지 못하고 있을 즈음에 후삼국을 통일한 고려 태조 왕건(王建)은 불력(佛力)에 의하여 대업을 완수했다고 생각했다. 그래서 불교를 국가창건의 대도(大道)이며 국민광제(國民廣濟)의 대교(大教)로서 숭신(崇信)하게 되었다. 태조가 불교를 숭신하게 된 것은 도선(道詵)의 영향으로, 여기서 연원된 것이 진호국가(鎭護國家)와 비보산천(裨補山川)의 신불사상(信佛思想)이다. 이것이 고려불교의 한 특색을 이루었다. 그런데 이 진호국가와 비보산천의 신불사상은 불교로 하여금 기복(祈福)과 양재(禳災)의 경향으로 흐르게 하여 고려시대의 불교를 저속하게 만들기도 했다. 하지만 태조는 훈요십조(訓要十條)를 후대의 왕(王)들에게 유훈하였으므로, 태조의 신불호교정신은 그 뒤의 역대 왕에게도 이어졌다. 최후의 왕인 공양왕에 이르기까지 신불(信佛)치 않은 왕은 하나도 없었다. 그러나 태조 당시부터 기복양재 진호국가라는 특색을 가지게 된 신불사상은, 한편으로는 ≪고려대장경≫과 같은 거대한 민족문화 사업을 이룩해 놓았으나, 다른 한편으로는 기복양재의 속신적(俗信的) 저속성이 시대정신의 선도적 역량을 발휘하지 못하여, 가끔 요승(妖僧)이 나타나 세상을 어지럽히고 불법을 흐리게 하는 사례가 있었다. 고려시대의 불교는 대각국사(大覺國師) 이전에는 계율종·법상종·열반종·법성종·원융종·선적종의 6종파(宗派)〔5教宗과 禪寂宗〕가 학종(學宗)으로 존재했는데, 대각국사 이후에서 고려 말에 이르기까지는 남산계율종(南山戒律宗)·자은법상종(慈恩法相宗)·중도종(中道宗)·화엄원융종(華嚴圓融宗)·시흥종(始興宗)의 5교종(教宗)과 조계선적종(曹溪禪寂宗), 그리고 천태종(天台宗)을 합쳐서 7종파로 되었다. 6종시대(六宗時代)는 5교(教) 9산(山)으로 통칭하였고, 7종(宗)시대는 5교(教) 양종(兩宗)이라 통칭하였다. 6종(宗) 또는 7종(宗)의 고려 전 시대를 통하여 9산선문(九山禪門)에서는 많은 선장(禪匠)을 배출하여 크게 번성하였다. 특히 나말(羅末) 여초(麗初)는 선종의 전성기라고 할 만하다. 선문(禪門)에 드러난 몇 사람을 살펴보면, 태조 때에 수미산파의 개조인 이엄(利嚴, 870-936)은 조동선(曹洞禪)을 전래하여 왕신(王臣)의 귀의를 얻어서 현풍(玄風)을 크게 떨치며 홍법도생(弘法度生)에 노력하다가 태조 19년에 67세로 입적하였다. 이엄(利嚴)과 동시대에 경보(慶甫, 869-948)가 입당(入唐)하여 무주소산(撫州疏山)에 있는 동산(洞山)의 법제자인 광인(匡仁)에게 참학하여 심인(心印)을 얻어 조동선의 정통을 전래하였다. 또 긍양(兢讓, 878-956)이 석상(石霜)의 뒤를 이은 도연(道緣)에게 나아가서 선법(禪法)을 전래하여 희양산(曦陽山)에서 선문을 열고 조도(祖道)를 홍선(弘宣)하였다. 현휘(玄暉, 897-941)는 성주산조사(聖住山祖師) 무염(無染)의 법사(法嗣)인 심광(深光)에게 배우고 중국에 가서 구봉산하(九峰山下)의 도건(道虔)에게서 심요(心要)를 얻었는데, 귀국 후에는 구산문 중의 성주산 계통의 종풍을 선양하였다. 서당지장(智藏西堂)의 증손(曾孫) 제자인 윤다(允多, 864-945)는 동리산(桐裡山)에서 그의 선풍(禪風)을 진작하였다. 충담(忠湛, 869- 940)은 장순선사(長純禪師)에게 출가하였는데, 뒤에 무주(武州) 영선사에서 구족계를 받고 법상(法相)과 율(律)을 배우고, 다시 입당(入唐) 구법하여 천우년중(天佑年中)에 귀국하여 태조로부터 왕사(王師)의 예우를 받았다. 진공(眞空, 855-935)은 일찍이 출가하여 삼장교의(三藏敎義)를 연찬(硏鑽)하였는데, 설악산 진전사(陳田寺)에 가서 도의국사(道義國師)의 영탑(靈塔)을 참배하고 감모(感慕)하여 무사자오(無師自悟)한 뒤, 법화(法化)를 펴다가 소단산사(小但山寺)에서 태조 20년에 입적하였다. 교종(敎宗)을 보면 신라 말부터 갑자기 성하기 시작한 선(禪)의 영향으로 여러 교종(敎宗)이 그 빛을 감춘 느낌이 없지 않았으나, 화엄교학만은 여전히 그 세력을 잃지 않고 있었다. 신라 말 후삼국 때에 고려 태조와 후백제의 견훤의 복전(福田)이었던 해인사의 희랑(希朗; 왕건의 복전)과 관혜(觀惠; 견훤의 복전)에 의하여 화엄은 북악(北岳)과 남악파(南岳派)로 갈라졌는데, 그 뒤 고려가 후삼국을 통일하고, 탄문(坦文, 900-975)·균여(均如, 923-973)·결응(決凝, 964-1053)·악진(樂眞, 1050-1114)·징엄(澄嚴, 1090-1141)·종린(宗璘, 1124-1175)·지칭(指稱, 1113-1192)·천희(千熙, 1307-1382) 등과 같은 화엄학 대가를 많이 배출하였다. 이렇게 화엄교학은 고려시대를 통하여 선종(禪宗) 교종(敎宗)을 막론하고 많이 연구되고 중시되었다. 고려의 법상종(法相宗)은 그 계통을 잘 알 수 없으나 정현(鼎賢, 972-1054)·해린(海麟, 984-1067)·소현(韶顯, 1038-1096)·혜영(惠永, 1228-1294)·미수(彌授, 1240-1327)·해원(海圓, 1262-1340) 등의 학장(學匠)이 두각을 나타내었다. 이 밖에 법성종(法性宗)·남산계율종(南山戒律宗)·열반종(涅槃宗)·시흥종(始興宗) 등은 종명(宗名)만 보일 뿐, 그 활동상은 거의 알 수 없다. 양종(兩宗)으로서 천태종과 조계종을 보면, 천태종은 중국에서 창종된 것으로 교종(敎宗)의 하나였으나, 고려에서는 대각국사가 숙종 2년〔1097〕에 세워진 국청사(國淸寺)의 주지가 되어 천태교관(天台敎觀)을 개강(開講)한 뒤부터 개립(開立)을 본 이래 선종의 하나로 취급되었다. 그리고 대각(大覺) 이후로 교웅(敎雄, 1076-1142)·덕소(德素, 1119-1174)·요세(了世, 1163-1245)·천인(天因, 1205-1248) 등 많은 고덕(高德)이 배출되어 교관(敎觀)을 상승(相承)하고 종풍을 떨쳤다. 조계종은 신라 말에 전래되기 시작했던 중국 선종의 남종선(南宗禪)이 고려 초에 구산문파(九山門派)를 형성하여 선적종(禪寂宗)으로 통칭되어 왔던 것이다. 조계종이란 명칭이 언제부터 있었는지는 확실치 않으나 조계종지(曹溪宗旨)가 성립된 것은 지눌(知訥, 1158-1210)부터였다. 그는 화엄(華嚴)·천태(天台)·선학(禪學) 등을 정혜겸수(定慧兼修)로서 포괄하고, 그 위에 돈오점수(頓悟漸修)를 제창하고, 조계산 수선사(修禪社)를 창설하고 종풍을 수립했다. 그 뒤 지겸(志謙)·승형(承迥)·혜심(慧諶)·혼원(混元)·천영(天英)·일연(一然)·혼구(混丘)·충지(冲止)·만항(灣港)·복구(復丘) 등의 선장(禪匠)이 나왔지만, 고려 말에 이르러 승단이 부패하고 승려가 타락하자 배불론이 나타났다. 지눌에 의한 조계종으로 내면적 통일은 되었지만 구산문파가 열립(列立)하여 자파(自派)만 옹호함을 능사(能事)로 삼으니, 그때 보우(普愚, 1301-1382)가 구산선문의 병폐를 우려하고 피아(彼我)의 우열을 없애기 위하여 조계종이란 이름으로 9산(山)을 통합하려고 했고, 그 취지를 공민왕에게 헌언(獻言)하여 허락을 받았다. 이렇게 하여 지눌에 의하여 한국 특유의 종지가 확립되어 내면적 통일을 보았고, 공민왕 5년 보우(普愚)에 의하여 외면적으로 통일된 조계종이 이루어졌다.

고목선【枯木禪】①간화선(看話禪)의 입장에서 묵조선(默照禪)을 비판하는 말. 묵조선이 자칫하면 무기공(無記空)에 떨어지기 쉽고, 비활동적이고 소극적이라는 점을 들어 고목선이라 칭한다. ②무기공(無記空)에 떨어진 마음으로 닦는 선(禪). 파자소암(婆子燒庵)이라는 이야기에서 유래한다.

고법지【苦法智】〔梵 duḥkha dharma-jñānaṃ, 英 The knowledge of

suffering and the way of release, one of the 八智〕 8지(智)의 하나. 고제(苦諦)의 이치를 관(觀)하여 얻은 지혜. 모든 법의 진리를 증득하여 아는 지혜이므로 법지(法智)라고 한다. 이는 욕계의 견혹(見惑)을 끊은 지혜이다.

고봉원묘【高峯原妙, 1238-1295】 남악 제21세 설암조흠(雪岩祖欽)의 제자. 성은 서(徐)씨, 휘는 원묘(原妙), 강소(蘇州) 오강(吳江) 사람. 15세에 출가하여 18세에 천태교(天台敎)를 공부했다. 20세에 정자사(淨慈寺)에 들어가 단교(斷橋)화상에게 물었는데, 이때 북간사(北磵寺)에서 처음으로 설암을 참방하였다고 한다. 1261년 삼탑사(三塔寺)에서 깨달아 설암의 법을 이었다. 뒤에 천목산(天目山) 서봉(西峰)에 있으면서 선풍을 드날려 수백 명의 제자를 길러냈다.

고봉화상선요【高峰和尙禪要】 책 이름. 1권 1책. 중국 송(宋)나라 때의 고승인 고봉원묘〔1238-1295〕의 법문을 모아 엮은 책. 우리나라에 전래된 정확한 연대는 알 수 없으나 고려 말부터 유통되었다.

고불【古佛】 ①과거세의 부처. 옛날의 부처. 본래의 부처. ②선에서 생불(生佛)처럼 여기는 고승에게 쓰는 존칭.

고산돈설【高山頓說】『화엄경(華嚴經)』은 세존이 성도한 후 최초로 지혜가 뛰어난 고위보살(高位菩薩)을 모아 놓고 설한 최상의 설법이다. 마치 해가 동천(東天)에 뜰 때처럼 먼저 고산(高山)을 비추므로 고산돈설(高山頓說)이라고 한다. 고산(高山)은 보살의 기류(機類)에 비유한 것이며, 돈설(頓說)은 차제(次第)와 계급을 밟지 않고 대승의 법을 돈설(頓說)한 것을 가리키는 말이다.

고삼론【古三論】 676년〔唐 儀鳳 1〕 일조(日照)가 전한 삼론종(三論宗)에 대하여, 401년〔姚秦 弘始 3〕 구마라집(鳩摩羅什, 344-413)이 전한 삼론종을 말한다. 구마라집이 전한 삼론종은 도생(道生)·승조(僧肇)·도융(道融) 등에게 전해지고, 다시 담제(曇濟)·도랑(道朗)·승전(僧詮)·법랑(法朗)·길장(吉藏) 등에게 전수되었으나, 승전(僧詮)에서 길장(吉藏, 549-623)에 이르는 동안에 본종(本宗)의 교의(敎義)가 크게 이루어져서 길장 이후의 삼론을 신삼론(新三論)이라고 하고, 그 이전을 고삼론(古三論)이라고 한다.

고성제【苦聖諦】〔梵 duḥkha-satya, 英 The first of the four dogmas, that of suffering〕 사성제(四聖諦) 가운데 하나. 줄여서 고제(苦諦)라 한다. 일체는 모두 다 고(苦; 괴로움; 고통)라고 하는 진리. 성스럽다는 뜻에서 '성(聖)'이라 함. 성스럽다는 것은 변할 수 없는 것이라는 뜻.

고승전【高僧傳】 (1) 중국 남조(南朝) 양(梁)나라 때 혜교(慧皎, 497-554)가 지은 책. 『양고승전(梁高僧傳)』이라고도 한다. 13권으로 부록 1권에는 서(序)와 총목록이 있다. 또한 당(唐)의 도선(道宣, 596-667)이 편찬한 『속고승전(續高僧傳; 일명 唐高僧傳)』이 있으며, 송(宋)의 찬녕(贊寧, 918-999)이 편찬한 『송고승전(宋高僧傳)』과 명(明)의 여성(如惺)이 편찬한 『대명고승전(大明高僧傳)』이 있다. 이들은 모두 대체로 『양고승전』의 체제를 따랐는데, 합쳐서 사조고승전(四朝高僧傳)이라고 한다.

(2) 고려 때 각훈(覺訓)이 1215년〔고종 2〕에 왕명을 받들어 지은 『해동고승전(海東高僧傳)』. 전질(全秩) 중 2권만 발견되어 소개되고 있다.

고십현 【古十玄】 중국 당(唐)나라 때 화엄종 승려인 지엄(智儼, 602-668)이 세운 십현문(十玄門)을 고십현(古十玄)이라고 하고, 그의 제자 현수(賢首) 법장(法藏, 643-712)이 세운 십현문을 신(新)십현이라고 한다. 십현문 항목 참조.

고타마 붓다 【Gautama-Buddha, B.C. 543-B.C.463년경】 불교의 개조(開祖). 성(姓)은 고타마(Gautama), 이름은 싯다르타(Siddhārtha). B.C.540여 년 전 네팔의 카필라바스투(Kapilavastu)의 룸비니에서 숫도다나(Suddhodana; 정반왕)의 장자로 태어났다. 16세 때 결혼하여 아들 라훌라(Rāhula)를 낳았으나, 생로병사의 인생문제에 대한 의문을 품어서 29세 때 출가하여 수도생활로 들어갔다. 그는 처음 알라라 칼라마(Alāra-kālāma)와 웃다카 라마풋타(Uddaka-rāmaputta)를 찾아가 선정(禪定)에 의한 수행으로 열반을 얻으려 했으나 만족할 수 없었다. 그는 당시의 수행법으로 유행되었던 고행(苦行)을 닦기 위하여 네란자나(Nairanjana)강 부근의 고행림에서 6년간 계속했다. 그러나 고행의 결과, 육체적인 고행으로는 정신적인 문제를 해결할 수 없다고 생각하고, "일찍이 잠부(Jambu) 나무 밑에서 사유했던 이욕적정(離欲寂靜)만이 진정한 해탈의 길이다. 나는 음식을 먹고 나의 체력을 회복하여 성도(成道)하리라." 하고, 네란자나강〔니련선하〕으로 가서 목욕하고 나뭇가지를 잡고 일어났다. 그때 그 마을 장자의 딸인 난다발라(Nandabala; 수자타)가 주는 유미죽을 먹고 기력을 회복하고는 프라그보디(Prāgbodhi)산 서남쪽 붓다가야(Buddha-gayā)에 있는 피팔라(Pippala) 나무 밑에 쿠샤(Kuśa; 길상초) 풀을 깔고 앉아서, "내가 도를 이루지 않으면 일어나지 않겠다."는 결심으로 삼매에 들어갔다. 이후 49일을 경과하는 동안 모든 탐욕·불평·기갈·애착·태만·두려움·의혹·허식·자만과 명리 등을 극복하고, 드디어 사제(四諦)·삼법인(三法印)·중도(中道)·연기법 등의 이치를 깨달았다. 이때가 그의 나이 35세 때였다. 그 후에 그는 대범천〔Mahābrahmā〕의 권청(勸請)으로 설법을 결심하고, 먼저 알라라와 웃다카 선인(仙人)을 제도하려고 하였으나 그들이 이미 죽고 없었으므로, 교진여 등 다섯 사람에게로 가서, 자신은 '고락의 이변(二邊)을 떠나 중도(中道)에 의해서 마음의 적정(寂靜)을 얻어 생로병사를 떠나게 되었다.'고 설하여 이들을 귀의시켰다. 이로써 불(佛)·법(法)·승(僧)의 삼보(三寶)를 갖추게 되었는데, 이로부터 붓다(Buddha; 覺者)로서 수많은 사람들을 깨닫게 하고, 중생제도를 위하여 각처로 유행(遊行)하다가, 80세에 고향 근처인 쿠시나가라(Kusinagara) 사라쌍수(沙羅雙樹) 밑에서 입멸했다. 석가모니(Sākyamuni; 석가족의 聖者). 줄여서 석존(釋尊)이라고 부른다. 그의 주요 교설로는 사성제(四聖諦)·팔정도(八正道)·삼법인(三法印)·십이연기(十二緣起) 등이 있다.

고타마 싯다르타【Gautama Siddhārtha】 석존(釋尊)이 출가하기 전의 이름. 석가족(釋迦族)의 가문(家門)을 고타마(Gautama, 또는 Gotama; 瞿曇)라고 불렀는데, 고(Go, 또는 Gau)는 소를 뜻하고, 타마(tama)는 최상을 뜻한다. 곧 '가장 훌륭한 소', 또는 '소를 가장 중요하게 여기는 자'라는 뜻이다. 이것은 석가족의 생활과 소를 숭배하는 습속에서 나온 것이다. 한편 '싯다르타(Siddārtha; 悉達多)'란 '모든 것을 성취한', '미덕을 갖춘'이라는 뜻이다.

고제【苦諦】〔梵 Duḥkha-satya, 英 The first of the four dogmas, that of suffering〕 고성제(苦聖諦)의 준말. 사제(四諦)의 하나. 삶은 고(苦)이며 안락할 수는 없다는 것이 절대의 진리이므로 고제(苦諦)라고 한다. 제(諦)는 진리라는 뜻.

고존숙어록【古尊宿語錄】 책 이름. 48권. 남악회양(南岳懷讓) 이하 마조(馬祖)·백장(百丈)·임제(臨濟)·운문(雲門)·진정(眞淨)·불안(佛眼)·동산(東山) 등 40여 명에 이르는 당(唐)·송(宋) 선사들의 어록을 수록한 책. 많은 부분이 『경덕전등록(景德傳燈錄)』에는 없는 것들인데, 남악 이하 선풍(禪風)의 자료로 남겨져 있다. 명(明) 만력(萬歷) 연간에 『북장(北藏)』으로 중수(重修; 증보, 수정)되었고, 이때 대장경 속에 수록 편입되었다. 일본 도종선사(道宗禪師)가 지은 본서 목록 1권이 있다.

고집멸도【苦集滅度】〔英 The four axioms or truths〕 곧 사제(四諦). 미망(迷妄) 속에 살고 있는 중생들의 생존은 그대로 괴로움이고〔苦諦〕, 이 괴로움은 모두 망집(妄執)에서 생기는데〔集諦〕, 이 망집을 완전히 극복한 상태가 열반이며〔滅諦〕, 열반의 경지에 도달하기 위해서는 팔정도(八正道)를 실천해야 한다〔道諦〕고 가르치고 있다.

고칙【古則】 선종의 공안(公案; kō-an)과 같은 말. 고인(古人)들이 들어 보인 어구(語句)는 참선하는 이의 법칙이 되므로 고칙(古則)이라고 한다.

고해【苦海】〔英 The ocean of misery; its limitlessness〕 괴로움이 많은 인간 세계. 삼계(三界), 사바세계를 말한다. 삼계에는 고통이 가득 차서 끝이 없으므로 바다에 비유한 것이다.

고행【苦行】〔梵 duṣkara-carya, tapas, 巴 tapa, dukkara-kārika, 英 Ascetic practices〕 단식·금욕·화중투신(火中投身)·찬물 목욕·발가락 끝으로 서기·두 손 들고 있기·가시나무 위에 눕기 등 여러 가지 방법으로 자기의 몸을 괴롭히고, 육체의 욕망을 억제하며, 견디기 어려운 여러 가지 수행을 통하여 현세의 죄와 더러움에서 벗어나 해탈, 생천(生天), 원망성취(願望成就)·인격완성, 혹은 구원을 받으려고 하는 종교적 행위이다. 인도에는 베다시대부터 바라문들이 제사 때 신비적이고 초자연적인 힘과 지혜를 얻기 위해서 고행을 행하였고, 자이나교에서는 영혼에 달라붙은 업(業)을 소멸하기 위한 중요한 방법으로 사용하였고, 시바파(派)의 나쿨리샤 파슈파타파(派)에서도 고행을 중요시하고 있다. 불교에서는 고행이 몸을 깨끗이 하고 마음을 견고히 하기 위해서 행해지고 있으나, 중도(中道)의 이치에서는 배척되고 있다.

고행외도【苦行外道】 불교 이외의 인도의 비(非)바라문 계통에서 여러 가지 고행을 수행방법으로 하는 집단. 주로 자이나교도들이 고행을 많이 한다.

곤명【坤命】 ①축원문에서 여자(女子; 부인)를 가리키는 말. ②신령(神靈)에게 빌거나 점을 칠 때, 여자가 태어난 해〔生年〕을 가리키는 말.

골쇄관【骨鎖觀】 골상관(骨想觀)·백골관(白骨觀)이라고도 한다. 탐욕을 없애기 위하여 관하는 법. 나와 나의 몸을 백골로 관하는 것. 이 관법(觀法)에는 3단계가 있다. 1. 초습업(初習業); 먼저 자기 한 몸을 백골로 관하고, 나아가 한 집안·한 마을, 그리고 온 세상이 백골로 가득한 것으로 관하며, 다시 그 관(觀)을 깊게 하기 위하여 점점 자기 자신을 백골로 관하는 것. 2. 이숙수(已熟修); 자기 한 몸의 백골 가운데서 먼저 발의 뼈를 제하고 나머지를 관하여 점점 몸 전체의 뼈를 버리고, 또 머리의 반쪽 뼈를 버리고, 조금 남은 머리의 반쪽 뼈에 나아가 관을 여물게 하는 것. 3. 초작의(超作意); 머리의 반쪽 뼈를 제외하고서, 단지 미간(眉間)에 마음을 머물고 고요하게 있으면서 저절로 백골을 관득(觀得)함을 말한다.

공【空】〔梵 Śūnya, Śūnyatā, 巴 Suñña, Suññatā, 英 empty, void, vacant, non-existent. vacuity, voidness, emptiness, non-existence, immateriality〕 비어 있음. 자성(自性)이 없음. 공적(空寂)·공정(空淨)이라고 번역한다. 허무(虛無)나 멸

무(滅無)와는 다른 실상(實相)의 의미이다. 초기불교 경전에서는 존재를 오온·십이처(十二處)·십팔계(十八界) 등 제요소(諸要素)로 분석함으로써 아(我)의 집착에서 이탈하여 공(空)에 머물 것을 가르치는데, 『제일의공법경(第一義空法經)』에서는 공(空)과 연기(緣起)가 밀접한 관계에 있다는 것을 가르친다. 부파불교에 오면, 설일체유부에서는 아공법유(我空法有)를, 『성실론』에서는 아공법공(我空法空)의 이공(二空)을 주장한다. 아공(我空)은 자아(自我)의 실체가 없다는 것이요, 법공(法空)은 객관세계인 모든 존재〔諸法〕가 인연에 의해서 존재할 뿐, 그 항존불변(恒存不變)하는 자성(自性)은 없다는 것을 말한다. 초기 대승경전인 『반야경』은 초기불교의 연기관과 부파불교의 모든 공관(空觀)을 총합하여 일체제법(一切諸法)이 모두 공(空)이라고 주장하고, 그 이법(理法)을 체득하는 것이 무상정등각(無上正等覺)이라고 한다. 용수(龍樹; Nāgārjuna)는 『반야경』에서 지혜를 중시하는 사상이 석존 자신의 실천적인 연기와 중도사상을 직접 계승한 것으로 생각하여, 『중론(中論)』 등의 저작에 의해서 제법(諸法)의 공성(空性)을 추구하여 정교한 이론을 세워 명확히 하려고 했다. 그는 『중론』「관사제품(觀四諦品)」에서, "모든 인연에 따라 생겨지는 현상〔法〕을, 나는 이것을 공(空)이라 하고, 또한 이것을 가명(假名)이라 하고, 또 이것을 중도(中道)라고 칭한다. 일찍이 하나의 현상〔法〕도 인연에 따르지 않고 생(生)한 것은 없으니, 이런 고로 일체 현상은 공(空) 아닌 것이 없다." 고 한다. 이 공사상을 강조한 학파는 중관파(中觀派)와 중국의 삼론종(三論宗)이다.

공가중 【空假中】〔英 unreality, reality and the middle or mean doctrine〕 천태가 세운 삼종(三種), 혹은 삼중관법(三重觀法).

(1) 삼제(三諦). 삼라만상은 공무(空無)한 것이어서, 하나도 실재한 것이 아닌 것을 공제(空諦), 하나도 실재한 것이 아니지만 모든 현상이 뚜렷하게 있으므로 가제(假諦)라고 한다. 그리고 이와 같이 모든 현상은 공(空)도 아니고 유(有)도 아니며, 또 공(空)이면서 유(有)요, 유(有)이면서 공(空)인 것을 중제(中諦)라고 한다.

(2) 삼관(三觀). 위의 삼제(三諦)를 관(觀)하는 방법으로, 공제(空諦)를 관하는 것을 공관(空觀), 가제(假諦)를 관하는 것을 가관(假觀), 중제(中諦)를 관하는 것을 중관(中觀)이라고 한다. 대개 삼제(三諦)는 관할 바의 이치에 대하여 말하고, 삼관(三觀)은 관하는 지혜에 대하여 말한다.

공거천 【空居天】〔英 Devas dwelling in space, or the heavenly regions, i.e. the devalokas and rūpalokas〕 허공 중에 존재하는 여러

가지 신(神)과 그들이 사는 세계. 즉 욕계(欲界)의 야마(夜摩)·도솔(兜率)·화락(化樂)·타화자재(他化自在) 4천(四天)과 색계(色界)의 여러 천(天)을 가리킨다.

공겁【空劫】〔英 The empty kalpa〕 4겁(劫)의 하나. 세계의 공막기(空漠期). 세계가 완전히 괴멸하여 다시 다음 세계가 성립하는 겁(劫)에 이르기까지의 시기를 말한다.

공겁이전【空劫已前】 천지(天地)가 열리기 이전이라는 뜻. 부모미생전(父母未生前)과 같은 말로서, 선종에서는 본래면목과 같은 뜻으로 쓴다.

공견【空見】〔梵 śūnyatā-dṛṣṭi, śūnyatā-pada, 英 The heterodox view that karma and nirvāṇa are not real〕 모든 것은 허무(虛無)·공무(空無)라는 견해. 때론 인과응보의 이치를 믿지 않고 이를 부정하는 그릇된 견해를 가리키기도 함.

공공【空空】〔梵 śūnyatā-śūnyatā, 英 Unreality of unreality〕 18공(空; 內空·外空·內外空·空空·大空·第一義空·有爲空·無爲空·畢竟空·無始空·散空·性空·自相空·諸法空·不可得空·無法空·有法空·無法有法空) 가운데 하나. 육근(六根)·육경(六境)과 그것에 의지한 아(我)·아소(我所)는 모두 실체가 없고, 자성(自性)이 없는 공(空)한 것인데, 그 공(空) 또한 공(空)한 것이라는 뜻. 그러므로 집착할 것이 아니라는 것이다.

공관【空觀】 세계를 공(空)이라고 관하는 것. 우주의 삼라만상은 모두 고정적 실체가 없으므로 공(空)이라고 관하는 것. 모든 존재는 모두 인과관계에 의하여 성립된 것으로서, 이렇게 인연에 따라 생하는 것은 실체, 즉 자성이 없으므로 공(空)이라고 한다. 해탈에 도달함을 방해하는 자아 및 세계에 대한 소유(所有)·집견(執見)·집착(執着)을 없애고, 있는 그대로의 실상(實相)을 보는 것을 말한다. 다시 말해 집착 없는 실재(實在)를 보는 것이다. 소승에서는 아공관(我空觀), 대승에서는 아공(我空)·법공(法空)의 이공(二空)을 말한다. 또한 분석적 고찰에 의하여 공(空)을 아는 것을 석공관(析空觀), 삼라만상의 존재가 그대로 공하다고 보는 체공관(體空觀), 제법이 공하다는 한쪽만 알고 불공의 이치는 알지 못하는 단공관(但空觀), 공(空)도 역시 공하다는 절대부정의 공을 나타내는 적극적인 공관인 부단공관(不但空觀)이 있다. 이상의 석(析)·체(體)·단(但)·부단(不但)의 사공관(四空觀)을 천태에서는 각기 화법사교(化法四教)의 장(藏)·통(通)·별(別)·원(圓)에 짝하는 술어로 한다. 공관은 불교의 여러 학파와 종파에 통하지만, 특히 삼론종·선종·천태종 등에서 중요시한다.

공교【空教】〔英 The teaching that all is unreal〕 삼시교(三時教; 有教·空教·中道教)의 하나. 삼라만상은 모두

공(空)하다는 이치를 말한 교법. 성실론(成實論)·삼론(三論)·『반야경(般若經)』 등이 여기에 속한다.

공대【空大】〔英 Space, one of the five elements〕 오대(五大; 地大·水大·火大·風大·空大) 가운데 하나. 허공을 가리킴. 인도철학에서 25제(諦)의 1과(科).

공덕【功德】〔梵 guṇa, guṇya, 西 yon tan. 英 virtue achieved, achievement〕 좋은 일을 쌓은 공(功)과 불도(佛道)를 수행한 덕(德)을 말한다. 공덕을 해석하는 데에는 여러 가지 설이 있다. 1. 복덕(福德)과 같은 뜻으로, 복(福)은 복리(福利)·선(善)을 수행하는 이를 도와 복되게 하므로 복(福)이라고 하는 것인데, 복(福)의 덕(德)이므로 복덕이라고 한다. 공(功)은 공덕이라고 해석한다. 선(善)을 수행하는 이를 도와 이롭게 하므로 공이라 하고, 공의 덕이라는 뜻으로 공덕이라고도 한다. 2. 공을 베푸는 것을 공이라 하고, 자기에게로 돌아오는 것을 덕이라 한다. 3. 악(惡)이 다함을 공(功), 선(善)이 가득 차는 것을 덕(德)이라고 한다. 4. 덕(德)은 얻었다〔得〕는 것이니, 공(功)을 닦은 뒤에 얻는 것이므로 공덕(功德)이라고 한다.

공덕장【功德藏】①공덕의 장(藏). 곧 많은 선행(先行)을 쌓아 모은 것. ②나무아미타불을 말한다. 아미타불이 성불하기 이전인 법장비구(法藏比丘) 때부터 여러 가지 수행을 쌓아서 아미타불이 되었으므로, 불과(佛果)의 명호(名號) 가운데는 만행(萬行)·만선(萬善)의 공덕이 포함되었다는 의미에서 이렇게 말한다.

공륜【空輪】〔英 The wheel of space below the water and wind wheels of a world〕 ①사륜(四輪)의 하나. 윤(輪)은 원만(圓滿)의 뜻. 이 세계의 가장 밑에 있는 허공. ②오륜(五輪)의 하나. 공대(空大)를 말함. ③탑의 맨 꼭대기에 장식하는 윤상(輪相). 보통 9개의 윤(輪)으로 되어 있으므로 구륜(九輪)이라고 한다.

공리【空理】〔英 The śūnya principle〕 (1) 모든 현상과 사물, 존재가 공(空)하다는 이치. 대승불교의 진리, 진상(眞相)을 나타내는 것. ①모든 현상은 그 실체가 없고, 자성(自性)이 없다는 공(空)의 이치. ②주관적 미집(迷執)인 나〔我〕라는 고집을 없애고, 또 나〔我〕라는 고집이 생긴 근본, 곧 물질적〔物〕·정신적〔心〕 모든 현상〔諸法〕에 대한 객관적 법집(法執)을 없애는 데서 나타나는 진리.

(2) 일반적으로는 쓸데없는 탁상공론을 가리킬 때 공리라는 말을 사용한다.

공마【空魔】〔英 The demons who arouse in the heart the false belief that karma is not real〕 인과의 이치를 부정하는 악마. 모든 것은 공무(空無)·허무(虛無)하다는 의미

에서 인과까지도 부정하는 것. 인과를 부정하는 것은 불법(佛法)을 부정하는 것과 같으므로 마(魔)라고 한다.

공목장 【孔目章】『화엄경내장문등잡공목(華嚴經內章文等雜孔目)』·『화엄경공목장(華嚴經孔目章)』이라고도 한다. 당(唐)나라 때 지엄(智儼, 602-668)이 지은 책. 4권. 지엄은 먼저 『화엄경수현기(華嚴經搜玄記)』를 지어 『60화엄(六十華嚴)』의 연구 방법을 밝혔는데, 그 뒤 현장(玄奘, 602-664)이 귀국해서 삼승진실(三乘眞實) 일승방편(一乘方便)의 신역(新譯) 불교를 주장하여 구역(舊譯) 불교에 타격을 주었다. 그래서 그는 『화엄경(華嚴經)』을 일으키기 위해 그 말을 인용하기도 하였다. 한편 그 말을 공박하기 위하여 『화엄경』 안에서 147개의 문제를 골라내고, 그 낱낱에 대하여 소승(小乘)·대승초교(大乘初敎)·종교(終敎)·돈교(頓敎)·일승(一乘)의 해석들이 다른 것을 알게 하려고 하였다. 제1권은 18장, 제2권은 48장, 제3권은 46장, 제4권은 35장으로 되어 있다.

공무 【空無】〔梵 Śūnya, 英 Unreality, or immateriality, of things, which is defined as nothing existing of independent or self-contained nature〕 ①일체 사물(事物)은 모두 자성(自性)이 없고 공(空)이라는 것. ②니힐리즘. 모두 다 허망한 것이라는 생각. 선종에서는 낙공(落空), 즉 허무주의에 떨어짐을 지칭하는데, 요즘 말로는 '모든 것이 다 쓸데없다.'는 식의 생각을 말한다.

공무변처 【空無邊處】〔梵 Akāśanantyāyatana, 英 the abode of infinite space, the formless, or immaterial world〕 무색계(無色界)의 제1천(天). 물질인 이 육신을 싫어하고, 끝이 없는 허공의 자재(自在)함을 기뻐하며, 또한 허공은 끝이 없다는 이치를 체득하여 태어나는 곳.

공무변처정 【空無邊處定】〔梵 Akaśunant ayatans dhyana, 英 The dhyāna, or meditation connected with the above, in which all thought of form is suppressed〕 허공은 끝이 없음을 사유하는 선정. 이 정(定)을 닦은 사람은 죽은 뒤에 무색계(無色界)의 제1천(天)인 공무변처(空無邊處)에 태어난다고 한다.

공무아 【空無我】〔英 Unreal and without ego〕 ①모든 존재의 본질이 공하고 자아(自我)가 없는 것. 오온이 공하고 무아임. ②공(空)과 무아(無我)의 병칭.

공문 【空門】 ①〔英 The teaching of immateriality, the door to nirvāṇa, a general name for buddhism〕 불교를 가리킨다. 대승불교는 공(空) 사상으로써 근본 뜻을 삼는 것이므로 공문(空門)이라고 한다. ②사문(四門; 有·空·亦有亦空·非有非空) 가운데 하나. 유(有)에 집착함을 다스리기 위하여 온갖 사물을 실체와 자

성(自性)이 없다고 말한 공리(空理)의 법문.

공반야 【共般若】〔英 The interpretation of the prajñāpāramitā that advanced and ordinary students have in common, as contrasted with its deeper meaning〕『반야경』 가운데 심천(深淺)의 두 설이 있는데, 성문·연각·보살을 위하여 공통으로 그 천의(淺義)를 설하는 것을 공반야(共般若)라고 하며, 상위의 보살을 위하여 그 심의(深義)를 설하는 것을 불공반야(不共般若)라고 한다. 천태사교에서 별교(別敎)와 원교(圓敎)가 불공반야(不共般若)에 해당한다.

공부십절목 【功夫十節目】 고려 후기의 선승인 나옹혜근(懶翁慧勤, 1320-1376)이 공부(工夫)하는 사람들에게 제시한 열 가지로서, 원래는 공부선(工夫選)이라 하여 과거시험의 출제였음. 1. 이 세상 사람들은 색(色)을 보되 그 색(色)을 넘어서지 못하고, 귀로 소리를 듣되 그 소리를 넘어서지 못한다. 어떻게 해야 소리와 색(色)을 초월할 수 있는가? 2. 이미 성색(聲色)을 초월했다면 반드시 올바른 공부가 필요하니, 어떤 것이 올바른 공부인가? 3. 공부를 했다면 반드시 공부가 무르익어야 할 것이니, 공부가 익었을 때는 어떠한가? 4. 이미 공부가 익었을 때는 콧구멍〔본래면목〕을 타파해야 할 것이니, 콧구멍을 타파했을 때는 어떠한가? 5. 콧구멍을 타파하면 냉냉담담하고, 전혀 재미가 없고 기력도 없으며, 의식이 미치지 못하여 심행처(心行處)가 멸했으며, 또한 환신(幻身)이 인간 세상에 있는 줄도 모른다 하였으니, 이것이 어떤 때인가? 6. 이 공부가 이루어지면 동(動)과 정(靜)이 간단(間斷)이 없고, 오매불망하여 한 생각도 잃지 아니하여, 마치 개가 뜨거운 기름 솥을 보는 것처럼 핥으려고 해도 핥을 수 없고, 버리려고 해도 버릴 수 없을 때는 어떠한가? 7. 갑자기 120근(斤)이나 되는 무거운 짐을 내려놓는 것처럼 졸지에 꺾이고 갑자기 끊어진 때에 이르러서, 어떠한 것이 그대의 자성인가? 8. 이미 자성을 깨닫고 알았다고 할 때, 본래 작용함과 인연 따라 응용함을 알아야 할 것이니, 어떤 것이 본래의 작용과 인연에 응용하는 것인가? 9. 이미 본성과 작용을 알았다면 생사를 초탈해야 하는 것이니, 죽을 때 어떻게 초탈하는가? 10. 이미 생사해탈을 했다면 그 거처(去處)를 알아야 한다. 사대(四大)가 각각 흩어질 때 어느 곳으로 가는가?

공불이색 【空不異色】 형상 없는 것〔空〕이 형상 있는 것〔色〕과 다르지 않다는 뜻. 『반야심경』에는, "색불이공(色不異空) 공불이색(空不異色) 색즉시공(色卽是空) 공즉시색(空卽是色)"이라는 말이 나온다. 형상 있는 것은 결국은 모두 없어지고 말기 때문에 색불이공이지만, 없어졌다가 다시 형상 있는 것으로 나타나기 때문에 공불이색이다. 공(空)이란 형상 없는 본래 자리요, 색(色)은 형상 있는 현실세계이다. 형상 있는 것은 형상 없는 것으로 바뀌고, 형상 없는 것은 다시 형상 있는 것으로 나타난다. 따라서 공(空)과 색(色)이 다르지 않고 하나라고 하는 것이다.

공삼매 【空三昧】〔英 The samādhi which regard the ego and things as unreal〕 삼삼매(三三昧; 空三昧·無相三昧·無願三昧) 가운데 하나. 일체가 모두 인연에 따라 생기는 것이므로, 아(我)라든가 아소(我所; 나의 것)라든가 하는 것도 역시 그 실체(實體)와 자성(自性)이 없는 것이라고 관찰하는 삼매. 공관(空觀)과 같은 뜻이다. 공삼매를 얻으면 원할 것이 없어서 곧 무원삼매(無願三昧)를 얻게 되고, 무원삼매를 얻게 되면 상념(想念)이 모두 사라져서 무상삼매(無相三昧)를 얻는다. 그러므로 공삼매가 삼삼매 가운데 가장 중요할 뿐만 아니라, 삼삼매 모두를 포괄하고 있다고도 할 수 있다.

공상 【共相】〔梵 sāmānya〕 ①자상(自相; svātman; svarūpa)에 상대되는 말로, 자체에 국한되는 상이 자상(自相)이라면, 다른 것에 통하는 상(相)을 공상(共相)이라고 한다. 예컨대, 오온(五蘊) 가운데 오온 각각의 것은 자상(自相)이고 공(空)·무아(無我) 등의 이치, 생주이멸(生住異滅)의 상(相)과 같은 것은 공상(共相)이다. ② 불공상(不共相)에 상대되는 말로, 다른 것과 공통하지 않고 자기에게만 속한 모양, 즉 특성을 불공상(不共相)이라고 한다면, 다른 것과 함께 느끼고 함께 통하는 것을 공상(共相)이라고 한다.

공상 【空相】〔梵 śūnyatālakṣaṇa, 英 Thinking of immateriality〕 온갖 현상이 모두 공(空)한 모양. 모든 현상은 모두 인연으로 생긴 것이므로, 어느 것이라도 그 자성(自性)이 있는 것이 아니기 때문에, 이를 제법(諸法)의 공상(空相)이라고 한다.

공생 【共生】〔梵 sahaja〕 함께 나는 것. 어떤 물건이 생성할 때에 인(因)과 연(緣)이 화합하여 나게 된다. 인(因; 自性)만으로 날 수도 없고, 연(緣; 他性)만으로 날 수도 없으며, 인(因)과 연(緣)이 한데 합쳐 나게 된다는 것.

공성 【空性】〔梵 śūnyatā, 西 stoṅ pa ñid, 英 The nature of the void, or immaterial, the Bhūtatathatā, the universal substance, which is not 我法 ego and things, but while not void is of the void-nature〕 순야다(舜若多)라고 음역. 모든 존재의 본성·자성(自性)은 본질적으로 그 속성이 공(空)하다는 뜻. 진여(眞如)의 다른 이름. 진여는 우리의 이지(理智)로써는 파악할 수 없고, 아법이집(我法二執)을 떠나 온갖 것은 모두 고정된 실체와 자성이 없다는 공(空)한 이

치를 체득할 때에 실현되는 것이다. 이와 같이 공(空)에 의하여 나타난 실성(實性)이므로 공성(空性)이라고 한다.

공시교 【空始教】〔英 The initial teaching of the undeveloped Mahāyāna doctrines is the second of the five periods of Śākhyamuni's teaching as defined〕 화엄종의 제3조인 현수(賢首, 643-712)가 교판(教判)으로 세운 5교〔小乘教·大乘始教·大乘終教·頓教·圓教〕 중 두 번째인 대승시교(大乘始教) 가운데 하나이다. 대승시교에는 공시교(空始教)와 상시교(相始教)가 있는데, 제법개공(諸法皆空)의 이치를 나타내는 진공무상종(眞空無相宗)·『반야경』·삼론(三論) 등을 공시교(空始教)라 하고, 제법(諸法)을 일단 인정하는 유식법상종(唯識法相宗)·『해심밀경』·유가론 등을 상시교(相始教)라고 한다.

공안 【公案】〔英 Kōan; a catch ethical question for meditation〕 선문(禪門)의 고덕(古德) 언행. 주로 고래(古來)의 선문답을 가리키는데, 이것이 깨달음으로 이르게 하는 규범이 되므로 공안(公案)이라고 한다. 1,700공안이 있다고 하는데, 보통 쓰이고 있는 것은 『벽암록(碧巖錄; 100則)』·『종용록(從容錄; 100則)』·『무문관(無門關; 48則)』 등에 수록된 것이다. 공안(公案)의 자의(字義)는 '공부(公府)의 안독(案牘)'이라는 데서 줄여진 말로서 공문서·법령을 뜻한다. 공정하여 범(犯)하지 못할 법령이며, 그 법령에 의지하여 옳고 그른 것을 판단하는 표준이라는 뜻이다. 이것은 선수행에 있어 조사들의 말과 행동은 깨달음으로 이르게 하는 모범, 준칙으로서 범하지 못할 권위를 가졌고, 또 학인이 깨치고 못 깨친 것을 판정하는 것이라는 데 착안한 것이다. 당송(唐宋) 이후 참선하는 이에게 공안을 주어 공부를 하게 했다.

공안선 【公案禪】 공안(公案)이란 본래 공부(公府)의 안독(案牘), 즉 정부의 공식적인 문서·법령 같은 것을 뜻한다. 선종(禪宗)에서는 뛰어난 선자(禪者)의 깨달음이나 인연·언행 등을 뜻하며, 학인수행(學人修行)의 길잡이, 학인접득(學人接得)의 방법으로 쓰였다. 이 공안을 공부하고 구명하려 하는 선(禪)을 공안선이라고 한다. 선(禪)은 불립문자(不立文字)를 설하며, 일정한 교의(教義)가 없기 때문에 제자는 오직 사승(師僧)의 언행에 의지하여, 스승의 이해를 통해서 스스로 깨달음의 경지로 들어가려는 것으로서, 그런 뜻에서 오경(悟境)에 이른 선승(禪僧)의 언행이 중요시되었고, 이를 기록한 어록(語錄)은 매우 중요한 것이었다. 임제의현(臨濟義玄, ?-867)의 『임제록(臨濟錄)』, 중현(重顯)의 송고백칙(頌古百則)에 원오극근(圓悟克勤, 1063-1135)이 평창(評唱)을 가한 『벽암록(碧巖錄)』, 굉지정각(宏智正覺, 1091-1157)의 송고백칙에 만송행수(萬松行秀, 1166-1246)가 평창을 가한 『종용록(從容錄)』, 무문혜개(無門慧開, 1183-1260)가 48칙(四八則)의 공안에 대하여 평하고 자신의 견해를 첨부한 『무문관(無門關)』 등이 대표적인 공안집이다.

공양 【供養】〔梵 Pūjanā〕 ①공경하는 마음과 정성스러운 마음을 다하여 불(佛)·법(法)·승(僧) 삼보(三寶)나 스승·조상·웃어른들께 음식·재물·향화(香華)·등불〔燈火〕 등을 바치는 일. 공시(供施)·공급(供給)이라고도 한다. ②각종의 의식을 거행한 후에 참석자들이 음식을 먹는 일.

공업 【共業】〔英 deeds of the community, or even of the individual in their effects on the community〕 각각의 사람들이 공동으로 선악의 업을 짓고, 따라서 각각의 사람들이 공동의 고락의 과보를 받는 것. 산하(山河) 등의 의보(依報)가 이것이다. 『대비바사론』 34권에, "이곳에서 유정류(有情類)가 공업(共業)이 증장(增長)하면 세계가 이루어지고, 만약 공업이 다하면 세계가 무너지는 것이다."라고 말하고 있다. 불공업(不共業)에 상대되는 말.

공여래장 【空如來藏】〔英 The Bhūtatathatā in its purity, or absoluteness〕 칠상주과(七常住果)의 하나. 모든 부처님이 증득한 청정법신(淸淨法身)의 체(體). 이 체(體)는 여래(如來)의 한량없는 공덕을 지니고 있으므로 여래장(如來藏)이라 하고, 번뇌와 상응(相應)하지 않으므로 공(空)이라 한다.

공왕 【空王】〔英 The king of immateriality; or spirituality, Buddha, who is lord of all things〕 부처의 다른 이름. 대승의 법(法)을 공법(空法)이라 하고, 부처를 공왕(空王)이라고 한다. 모든 그릇된 집착을 여의고 열반에 들어가는 요문(要門)이 되는 까닭에 이렇게 부른다.

공유력대연 【空有力待緣】 화엄종에서 설하는 인(因)의 6의(六義) 가운데 하나. 원인(原因)에 있어서 그 본체는 공(空)이지만, 그 힘과 작용이 연(緣)을 지어 결과(結果)를 낳는다는 뜻.

공유력부대연 【空有力不待緣】 화엄종에서 설하는 인(因)의 육의(六義) 가운데 하나. 원인의 본체는 공(空)으로, 결과를 낳은 힘과 작용은 모두 그 안에 있어, 다른 연(緣)의 작용에 의존하지 않는다는 뜻이다.

공유무애종 【空有無礙宗】 중국 당나라 때 화엄종의 제4조인 청량징관(淸涼澄觀, 738-839)이 세운 10종(宗) 가운데 하나. 오교(五教) 중에서 대승 종교(終敎)의 취지로서 현수(賢首) 법장(法藏, 643-712)이 세운 진덕불공종(眞德不空宗; 『능가경』, 『대승기신론』 등)에 해당한다. 온갖 현상은 본래 편유(偏有)나 편공(偏空)이 아니어서, 공(空)은 유(有)에 즉(卽)한 공(空)이

ㄱ

기 때문에 유(有)를 방해하지 않고, 유(有)는 또한 공(空)에 즉(卽)한 유(有)이기 때문에 공(空)을 방해하지 않는다. 곧 유(有) 외에 공(空)이 없고, 공 외에 유(有)가 없어, 공과 유가 병립(竝立)함을 방해하지 않는다고 주장한다.

공유이종【空有二宗】〔英 The two schools 空 and 有 in Hinayāna are given as 俱舍 kośa for 有 and 成實 Satyasiddhi for 空, in Mahāyāna 法相 for 有 and 三論 for 空〕 곧 공종(空宗)과 유종(有宗). 불교를 8종(宗)으로 나눌 경우, 그 8종 가운데서 구사종(俱舍宗)은 소승의 유종(有宗)이 되고, 성실종(成實宗)은 소승의 공종(空宗)이 되며, 법상종(法相宗)은 대승의 유종(有宗)이 되고, 삼론종(三論宗)은 대승의 공종(空宗)이 된다.

공일현색【空一顯色】 공중에 있는 순일(純一)한 색(色)으로, 실제로 보는 하늘의 청색을 말한다. 수미산설(須彌山說)에서는 수미산은 사면의 색이 다르고 사주(四洲)의 하늘도 그 색이 달라서, 북주(北洲)는 금색(金色), 동주(東洲)는 은색(銀色), 남주(南洲)는 벽색(碧色), 서주(西洲)는 적색(赤色)으로 나타난다.

공적【空寂】〔英 Immaterial; a condition beyond disturbance, the condition of nirvāṇa〕 일체의 사물은 그 실체(實體), 즉 자성(自性)이 없어서 공무(空無)하다는 것. 또는 그것을 깨닫고 일체의 번뇌 등을 떠난 무심(無心)의 경지를 말한다.

공제【空諦】〔英 The doctrine of immateriality〕 천태에서 세운 공·가·중(空假中)의 삼제(三諦) 가운데 하나. 존재하는 모든 것은 인연에 따라 생멸하는 것이니, 그 본성은 공(空)이라는 것이다. 이것은 진리이기 때문에 제(諦)라 한다. 『법화경』에서 십여시(十如是) 중의 여시성(如是性)이 공제에 해당한다.

공제【空際】〔英 The region of immateriality, or nirvāṇa〕 열반의 다른 이름. 열반은 공적(空寂)의 최종적인 것이 되므로 공제(空際)나 실제(實際)라고 한다.

공종【空宗】〔英 empty school〕 유종(有宗)에 상대되는 말로, 세상에 존재하는 모든 것〔一切諸法〕은 참으로 있는 것이라고 고집하는 그릇된 소견을 물리치고, 존재하는 모든 것은 자성(自性)을 가지고 있지 않기 때문에 공(空)하다는 입장을 가진 종파. 공관(空觀)을 설하며 대승의 반야사상을 주장하는 용수(龍樹; Nāgārjuna)·제바(提婆; Aryadeva; kāna-deva)의 학파〔中觀派〕를 말하고, 중국에서는 삼론종(三論宗)을 말하며, 소승 가운데는 성실종(成實宗)을 말한다. 반면 중국의 법상종(法相宗; 유식)과 설일체유부와 구사종은 유종(有宗)이다.

공즉시색【空卽是色】〔梵 śūnyataiva

rūpam, 英 The immaterial is the material, śunya is rūpa〕 공(空)이 곧 색(色)이라는 뜻. 색즉시공(色卽是空)에 상대되는 말. 『반야심경』에, "사리자야, 색(色)이 공(空)과 다르지 않으며, 공(空)이 색(色)과 다르지 않느니라. 색이 곧 공이 되며, 공이 곧 색이 되느니라. 수(受)·상(想)·행(行)·식(識)도 역시 또한 이와 같으니라〔舍利子 色不異空 空不異色 色卽是空 空卽是色 受想行識 亦復如是〕."고 한다. 이것은 공과 색〔육체; 물질〕을 둘로 보지 말라는 뜻으로 유공불이(有空不二)의 이치를 설한 것이다. 색(色)은 육체〔물질〕로서 형질(形質)을 가지고 있는 것을 말한다. 육체나 물질은 인연에 의하여 생긴 것으로서 실체가 없다. 그러므로 색(色)은 공(空)이다. 그러나 인연이 모이면 물질이 형성된다. 그러므로 공(空)은 색(色)과 다름없다. 실성(實性)에 의해 말하면 색즉시공(色卽是空)이고, 인연(因緣)에 의해 말하면 공즉시색(空卽是色)이다. 그리고 즉시(卽是)라고 하는 것은 불이(不二)를 나타내는 것이다. 즉 중도(中道)의 일실제(一實諦)에 돌아간다.

공즉유 【空卽有】 ①공(空)이 곧 유(有)라는 뜻. 유(有)와 공(空)이 둘이 아닌 유공불이(有空不二)의 이치를 말한 것이다. ②유종(有宗)의 유집(有執)과 공종(空宗)의 공집(空執)을 비판하고 유공양집(有空兩執)을 제거하여 중도(中道)를 세우고 조화를 나타내는 것이 공즉유(空卽有)이다.

공처정 【空處定】〔英 The dhyāna, or meditation connected with the above, in which all thought of form is suppressed〕 자세히는 공무변처정(空無邊處定). 구차제정(九次第定)의 하나. 4무색정(無色定; 空無邊處定·識無邊處定·無所有處定·非想非非想處定) 가운데 하나. 색(色)의 속박을 싫어하여 마음에 색상(色相)을 버리고, 무한한 허공의 자유를 기뻐하여 이와 일치 상응하는 선정(禪定).

공해탈문 【空解脫門】〔英 The gate of salvation or deliverance by the realization of the immaterial〕 삼해탈문(三解脫門; 空解脫門·無相解脫門·無作解脫門) 가운데 하나. 삼라만상은 모두 인연으로 생긴 것이고, 실체가 없고 자성(自性)이 없는 공(空)한 것이므로, 누구나 이 공(空)에 통달하면 곧 해탈을 얻는다고 관(觀)하는 것.

공화 【空華】〔梵 khapuṣpa, gagana-kusuma, 英 flowers in the sky spots before the eyes, illusion〕 허공화(虛空華=花). 공중의 꽃이란 뜻. 허공중에는 본래 꽃이 없는 것이지만, 눈병 있는 사람들에겐 반짝반짝하는 것이 꽃처럼 착각되기도 함. 본래 실재하지 않는 것을 실재하는 것이라고 잘못 아는 것을 비유한 말로서, 번뇌망상을 가리키기도 한다.

과 【果】〔梵 phala, kārya, 英 fruit,

offspring; result, consequence, effect〕 나무의 열매를 뜻함. 인(因; hetu; nimita; pratitya)에 상대되는 말로서 결과를 뜻함. 일체 유위법(有爲法)은 전후상속(前後相續)하는데, 전인(前因)에 대하여 후생(後生)의 법(法)을 과(果)라고 한다.

과 【過】 ①〔梵 vaisami katva, doṣa, 巴 prasaṅga, 西 skyoṅ〕 오류. 논리적인 오류. 논리적인 불일치. ②〔梵 randhra, kliṣṭa, adināva-darśana〕 결점. ③수행에 있어서의 오류. ④악덕. ⑤〔梵 kalo duratikramah〕 싸워 이김. ⑥〔梵 atikrāntatara〕 한층 뛰어나다. ⑦〔梵 uttari〕 '~을 지났다'. ⑧넘어서.

과거세 【過去世】 현재 이전의 세상. 전세(前世)·전생(前生).

과거심불가득 【過去心不可得】 『금강경(金剛經)』에 나오는 말. 마음은 시시각각 지나가므로 과거의 마음도 붙잡을 수 없지만 현재심(現在心)·미래심(未來心)도 찾아볼 수 없다는 뜻.

과거칠불 【過去七佛】〔英 The seven past Buddhas〕 대승불교의 다불(多佛) 사상에 의해서 생긴 것으로, 지난 세상에 출현한 일곱 부처. 즉 비바시불(毘婆尸佛; Vipśyin)·시기불(尸棄佛; Śikhin)·비사부불(毘舍浮佛; Viś-vabhū)〔以上은 과거 장엄겁에 나신 부처〕·구류손불(俱留孫佛; Krakuc-chanda)·구나함모니불(拘那含牟尼佛; Kanakamuni)·가섭불(迦葉佛; Kāśya-pa)·석가모니불(釋迦牟尼佛; Sākya-muni)〔以上은 현재 현겁에 나신 부처〕 등이다.

과거현재인과경 【過去現在因果經】 『과현인과경(過現因果經)』·『인과경(因果經)』이라고도 한다. 구나발다라(求那跋陀羅, 393-468)의 번역. 4권. 사위성 기수급고독원에 있을 때 설한 것으로, 부처님이 자신의 과거 인연을 기술한 경전. 부처님이 과거세에 선혜선인(善慧仙人)이 되어서 보광여래에게 꽃을 뿌려 공양하고, 다음 생에는 성불할 것이라는 수기(受記)를 받았다는 것을 설한 후, 출가·항마(降魔)·성도(成道) 후 법륜을 굴려서 5비구·야사(耶舍)·3가섭(三迦葉)·반비사라왕·사리불·목건련·마하가섭 등을 제도하여 아라한과를 얻은 1,250인(人)에 대하여 설한 경전이다.

과능변 【果能變】〔梵 phalapariṇāma, 西 hbras bur gyur pa〕 제8 아뢰야식 가운데 내포된 종자에서 생긴 8식(識). 종자에 대한 결과로서 8식이 각기 그 힘에 따라 각자의 상분(相分; 우리는 바로 객관의 사물을 인식하는 것이 아니고, 일단 마음에 그 그림자를 그려서 인식한다 하는데, 그 그림자를 상분이라고 함)·견분(見分; 마음이 발동할 적에 상분을 변현하는 동시에 그것을 인식하는 작용이 생기는 것)으로 변현하는 것.

과덕 【果德】〔英 The merits of nir-vāṇa〕 과원덕(果圓德)이라고도 한다. 열반을 과과(果果)라고 하는데, 그 열

반의 네 가지 덕, 곧 상·락·아·정(常樂我淨)의 사덕(四德)을 과덕(果德)이라고 한다.

과두불【果頭佛】 천태에서 일컫는 말. 사교(四敎)에서 말하는 과상(果上)의 부처. 수행을 원인(原因)으로 하고 깨우침을 결과로 하여 부처의 지위(地位)를 얻은 것. 증과(證果)를 경과하여 이룬 불(佛).

과미무체설【過未無體說】 목건련(目乾連)·대중부(大衆部)·일설부(一說部)·설출세부(說出世部)·계윤부(鷄胤部)·화지부(化地部)·경량부(經量部) 등에서 주장하는 설로서, 현재만 실체가 있을 뿐 과거·미래는 아직 형성되지 않았으므로 실체가 없다는 뜻. 특히 유부(有部)에서 파생된 경량부는 유부의 삼세실유(三世實有) 법체항유설(法體恒有說)에 반대하여 과미무체(過未無體) 현재유체설(現在有體說)을 주장했다. 따라서 과미무체설이라면 경량부가 대표적인 것처럼 지목하게 되었다. 그들은 현재는 체(體)와 용(用)이 있기 때문에 실유(實有)라고 할 수 있지만, 과거와 미래는 체와 용이 없기 때문에 실유(實有)가 아니라고 한다. 왜냐하면 이미 있었던 것을 과거라고 하고, 또 앞으로 올 것을 미래라고 하기 때문이다. 즉 과거의 체(體)는 이미 없어졌으니 무체(無體)이며, 또 미래의 체(體)는 아직 형성되지 않았으니 이것 역시 유(有)라고 할 수 없다는 것이다. 이에 대하여 현재는 체(體)와 용(用)이 있기 때문에 실유(實有)라고 한다는 것이다.

과박단【果縛斷】〔英 Cutting off the ties of retribution, i.e. entering nirvāṇa, e.g. entering salvation〕 생사의 고과(苦果)가 나를 계박하여 해탈하지 못하게 하는 것을 과박(果縛)이라 하고, 열반에 들어 생사의 고과(苦果)를 완전히 끊어 버리는 것을 과박단(果縛斷)이라고 한다. 생사고뇌(生死苦惱; 果報)의 속박을 끊어 없애고 해탈을 얻어 열반의 경지에 들어가는 것.

과보【果報】〔梵 vopāka, 巴 vipāka, 英 Retribution for good or evil deeds, implying that different conditions in this (or any) life are the variant ripening, or fruit, of seed sown in previous life or lives〕 ①효과, 결과. ②갚음. 응보(應報). 업(業; karman)의 원인으로 얻은 결과. 과거의 업인(業因), 즉 전에 지은 선업에 의하여 낙과(樂果)를 받고, 악업에 의하여 고과(苦果)를 받는 것을 말한다. 과보에는 총보(總報)와 별보(別報)가 있다. 예를 들면, 사람이면 누구라도 공통적으로 받는 과보를 총보(總報)라 하고, 각자 지은 바에 따라 빈부귀천의 차이가 나는 것은 별보(別報)이다. 또한 금생에 업을 지어서 금생에 받는 과보를 순현보(順現報), 금생에 업을 지어 다음 생〔次生〕에 받는 과보를 순생보(順生報),

금생에 지어서 차후생(次後生)에 받는 과보를 순후보(順後報)라고 한다. ③현장(玄奘, 602-664) 이전의 구역(舊譯)에서는 이숙과(異熟果)와 같은 뜻이었지만, 과(果)와 보(報)로 나누어 볼 때는 동류인(同類因)에 의해 생한 등류과(等流果)를 과(果), 이숙인(異熟因)에 의한 이숙과(異熟果)를 보(報)라고 하는 설도 있다. 또한 과(果)는 인(因)에 대한 결과, 보(報)는 연(緣)에 의한 갚음이라고도 한다. ④빈부고락 등은 모두 과보이지만, 이 중 불행한 것을 인과자(因果者)라 하고, 좋은 것을 과보자(果報者)라고 한다.

과상 【果相】〔英 Reward, retribution, or effect〕 아뢰야(阿賴耶) 3상(相; 自相·果相·因相)의 하나. 유식종(唯識宗)에서는 아뢰야식을 세 방면으로 보아 인상(因相)·과상(果相)·자상(自相)을 세우는데, 아뢰야식을 이숙과(異熟果)로 보는 것을 이 식(識)의 과상(果相)이라고 한다.

과상불 【果上佛】 불과(佛果; 깨달음의 경지)가 완전한 불(佛)을 과상불이라고 한다. 곧 석존은 과거 가섭불 때에는 아직 인지불(因地佛; 수행 중인 부처)이었으나, 금생에 출현하여 보리수 밑에서 정각(正覺)을 성취했으므로 과상불(果上佛)이라 한다.

과위 【果位】〔英 The stage of attainment, or reward as contrasted with the cause-stage, i.e. the deed〕 수행이 성취되어 증득하는 불과(佛果)의 자리. 깨달은 지위. 과지(果地). 각오(覺悟)의 계위(階位)로, 곧 불과(佛果)를 말한다.

과유식 【果唯識】〔英 The wisdom attained from investigating and thinking about philosophy, or Buddha-truth〕 5종유식(五種唯識; 境唯識·教唯識·理唯識·行唯識·果唯識) 가운데 하나. 우주의 궁극적 실재는 오직 마음〔心〕뿐이고, 외계(外界)의 사물은 그것이 변현(變現)한 것에 지나지 않는다는 유식의 이치를 생각하고 관찰하여 얻은 과지(果智)를 밝히는 것.

과지 【果地】〔英 The stage of attainment of the goal of any disciplinary course〕 인지(因地; 수행)에 상대되는 말. 수행에 의하여 깨닫는 결과를 얻은 지위.

과현미래업보지력 【過現未來業報智力】 업이숙지력(業異熟智力)이라고도 한다. 여래(如來)의 열 가지 힘〔十力〕 가운데 하나. 과거·현재·미래의 삼세(三世)에 걸쳐 중생들이 어떤 업인(業因)으로 말미암아 어떤 과보를 받을 것인지를 분명하게 아는 지혜로서 부처가 지닌 지혜의 힘.

곽시쌍부 【槨示雙趺】 선종(禪宗)에서 말하는 삼처전심(三處傳心; the three places where Śākyamuni is said to have transmitted his mind or thought direct and without speech to Kāśyapa) 가운데 세 번째의 것. 사

라쌍수 사이에서 열반하신 후 제자 가섭이 도착하자 관(棺) 속에서 발을 내밀어 마음을 전한 것을 말한다. 세존이 가섭에게 보여 준 교외별전의 세계.

관【觀】①〔梵 Vipaśyanā, Vidarsanā, 西 lhag mthoṅ, 英 To look into, study, examine, contemplate〕망혹(妄惑)을 관찰하는 것. 허망이나 미혹을 잘 분별하여 보는 것. 지(止; Śamatha)의 상대되는 말로 허망(虛妄)·번뇌·모든 존재〔諸法〕의 현상이나 본질 등을 명확히 구명하고 진리를 체달(體達)하는 것. 지(智)의 별명(別名). ②〔梵 Vicāra〕구사(俱舍) 75법(法) 가운데 8부정법(不定法)의 하나. 유식(唯識) 백법(百法) 가운데 4부정법의 하나. 현장(玄奘, 602-664) 이후의 신역(新譯)에서는 사(伺)로 번역한다. 제법의 명칭이나 뜻 등을 상세히 분별하는 정신작용.

관념염불【觀念念佛】아미타불(阿彌陀佛; Amitābha Buddha)을 관찰하며 마음으로 생각하는 것. 염불(念佛)에는 두 가지 뜻이 있는데, 1. 관념하는 뜻으로 해석하여 부처를 관찰 억념하는 것, 2. 칭념(稱念)하는 뜻으로 해석하여 부처의 명호를 부르는 것. 관념염불은 앞의 것을 말한다.

관등【觀燈】〔英 the celebration of the birthday of Buddha〕석존의 탄일〔음력 4월 8일〕을 기념하기 위해 집집마다 등을 달고 거리에는 등대를 세우는데, 대 끝에는 꿩의 꼬리를 묶어 물들인 비단으로 기를 달고, 가족 수만큼 등(燈)을 달아 불을 밝혔다. 또한 작은 민가(民家)에서는 노송(老松) 가지를 등 끝에 매기도 한다. 그 등불이 밝을수록 그 자녀들이 길(吉)할 것이라고 한다. 등의 모양에 따라 수박등·연화등·일월등·거북등·학등·칠성등 등이 있다. 종이에 화약을 싸서 노끈·새끼줄로 얽어매어 불을 댕겨서 꽃불처럼 만들기도 하였다. 이 행사는 신라 중엽 팔관회를 열 때부터 시작하였는데, 조선 때에는 배불(排佛)정책으로 점차 쇠퇴하였다. 그러나 지금은 이날을 '부처님 오신 날'이라 하여 국가 공휴일로 정하고 있는데, 많은 불자들이 각자 다니는 절에서 등불을 달고, 밤에는 전국 각지에서 성대한 제등행진(提燈行進)을 한다. 이날을 관등절(觀燈節)이라고도 하며, 이때의 놀이를 관등놀이라고도 한다.

관무량수경【觀無量壽經】〔梵 Amitāgurdhyāna-sūtra, 英 An important sūtra relating to Amitāyus〕정토삼부경(淨土三部經) 가운데 하나. 『관경(觀經)』이라고 약칭하기도 한다. 424년에서 442년 사이에 서역인 강량야사(畺良耶舍; Kālayaśas)에 의해 한역(漢譯)되었다. 경록(經錄)에는 후한실역(後漢失譯)·동진실역(東晋失譯)·담마하밀다역(曇摩訶密多譯) 등으로 기록하고 있으나, 실제로는 강

ㄱ

량야사의 번역만이 역사적 사실이다. 이 경전은 기원전 6세기 후반, 인도의 비할(Bihāl) 남부 일대를 근거지로 하여 점차 그 세력을 뻗치고 있던 마가다국의 빔비사라(Bimbisāra) 왕과 왕후 위제희(韋提希; Vaidehi), 그리고 태자 아사세(阿闍世; Ajatasatru) 등 부자간의 권력투쟁을 무대로 하고 있다. 석존은 정토에 왕생하고자 하는 위제희를 위해서, 아미타불 및 관음 대세지보살과 극락정토의 장엄(莊嚴)을 관찰하는 법을 설한 것이다.

[성립] 내용적으로 말하면, 『반주삼매경(般舟三昧經)』이나 48원(願)을 설하는 『무량수경(無量壽經)』의 내용을 계승하여 편찬된 경전으로서, 『미생원경(未生寃經)』 등에 있는 아사세 이야기에 바탕을 두고 있다. 『관무량수경』의 '관(觀)' 자는 종교적 실천법의 순서를 가리킨다는 정도의 의미인데, 인도적 원어(原語)의 고찰은 곤란하다. 그러나 이 경전이 한역(漢譯)된 5세기 전반에 '관(觀)' 자를 붙인 많은 경전이 중앙아시아에서 한꺼번에 한역(漢譯)된 점 등으로 볼 때, 4세기경 중앙아시아에서 성립된 이후 여러 가지 전승(傳承)을 거쳐 중국에 전해진 후 강량야사(畺良耶舍; Kālayaśas) 역(譯)으로 완성된 것이라고 볼 수 있다.

[내용] 아사세 태자는 제바달다(提婆達多; Devadatta)의 잔재주를 받아들여, 왕위를 빼앗기 위해 부왕(父王)인 빔비사라를 유폐하여 굶겨 죽이려 하였으나, 왕비 위제희가 소밀(酥蜜)과 밀가루 이긴 것을 자기 목에 칠하고, 또 장신구 속에 주스를 넣어 몰래 왕에게 공급해서 겨우 왕의 생명을 연명시키고 있었다. 아사세 태자는 그 사실을 알고 격분한 나머지 모후(母后)를 살해하려 하지만, 월광(月光)과 기파(耆婆)라는 두 대신(大臣)의 만류로 포기하고 모후를 유폐한다. 우수에 잠긴 위제희는 기사굴산(耆闍堀山; Gijjhakūta pabbata)에 있는 석존(釋尊)에게 구원의 손을 뻗쳐서 왕림해 줄 것을 원하였다. 석존은 궁정 안에 모습을 나타내어 위제희의 요청에 따라 서방극락세계를 보여 주고, 왕생의 법(法)으로 삼복십육관(三福十六觀)을 설하였다. 이것을 들은 위제희는 무생법인(無生法忍)을 얻는다. 이것으로 경(經)은 마무리된다. 이 중에서 삼복(三福)이라고 하는 것은 세복(世福)·계복(戒福)·행복(行福)이며, 16관이란 일상(日想)·수상(水想)·지상(地想)·보수(寶樹)·보지(寶池)·보루(寶樓)·화좌(華座)·상(像)·진신(眞身)·관음(觀音)·세지(勢至)·보(普)·잡상(雜想)·상배(上輩)·중배(中輩)·하배(下輩)의 16관이다. 「상상품(上上品)」에서는 지성심(至誠心)·심심(深心)·회향발원심(廻向發願心)의 삼심(三心)을 설하여 왕생하고자 하는 자의 마음가짐〔安心〕을 보여 주고, 또 「하하품(下下品)」에서는 "영

성부절 구족념칭 나무아미타불(令聲不絶 具足念稱 南無阿彌陀佛)"이라고 설법하여 범부(凡夫)의 왕생을 강조하는 방향으로 전개시키는 것이다. 또한 「하상품(下上品)」의 "합장차수 칭나무아미타불(合掌叉手 稱南無阿彌陀佛)"이라는 문구는 앞의 「하하품(下下品)」문구와 함께, 『아미타경』의 '집지명호(執持名號)'와 『무량수경』의 '문아명호(聞我名號)'·'칭아명(稱我名)'·'문아명자(聞我名字)' 등의 명호(名號)·명자(名字)가 나무아미타불의 6자임을 나타내는 것으로서, 모두 칭명을 강조하는 근거가 된다는 점에서 정토교의 중요한 경전이다.

관문 【觀門】〔英 contemplation or meditation as one of two method of entry into truth, i.e. instruction and meditation〕①관심문(觀心門)의 준말. 관심수행(觀心修行)의 방면. 교상문(敎相門)·해문(解門)·행문(行門)의 대(對). 심(心), 또는 불(佛) 등을 관상(觀想)하는 방면의 실천. 진리를 관하여 사념(思念)하는 실천적 방면의 가르침을 말한다. ②천태종에서 세운 6종 선관(禪觀)인 6묘문(妙門; 數息門·隨息門·止門·觀門·還門·淨門) 가운데 넷째 문. 대경(對境)을 분명하게 관찰하여 경계가 허망한 것인 줄을 아는 관문.

관문십법계 【觀門十法界】 천태(天台)의 정수지관법(正修止觀法)에서 십경(十境)을 십법계(十法界)로 세워서 관하는 것. 십법계(十法界)는 1. 음계입법계(陰界入法界), 2. 번뇌법계(煩惱法界), 3. 병환법계(病患法界), 4. 업상법계(業相法界), 5. 마사법계(魔事法界), 6. 선정법계(禪定法界), 7. 제견법계(諸見法界), 8. 증상만법계(增上慢法界), 9. 이승법계(二乘法界), 10. 보살법계(菩薩法界).

관법 【觀法】〔英 methods of contemplation, or obtaining of insight into truth〕①〔梵 sarva-dharma- parikṣā〕제법(諸法)의 진성(眞性)을 관함. 곧 마음으로 진리를 관념하는 것. 실천수행을 가리키는 말. 관심(觀心)은 주관인 마음을 관하는 것이요, 관법은 객관 대상을 관하는 것이다. 불교 관념론 철학에서는 주관과 객관이 서로 융통하고 상즉(相卽)하므로 관법이 관심과 같다. ②관심(觀心)을 수행하는 방법.

관변계소집 【觀遍計所執】 온갖 분별심으로 이루어진 대상에 대하여 집착하는 것은 오직 허망으로 일어난 것이고, 실체가 없음을 관하는 것. 중생의 망견(妄見)은 실체가 없음을 관하는 것.

관불 【觀佛】〔英 To contemplate, or meditate upon, Buddha〕석존이나 아미타불 등 부처의 모습·공덕 등을 마음속으로 상념하여 관찰하는 삼매. 관불삼매(觀佛三昧)라고도 한다. 입으로 이름을 외우는 구칭염불(口稱念佛)과 상대되는 말. 관불삼매란 부처를 염(念)하여 선정(禪定)으로 들어가며, 그 선정 속에 부처가 나타나 구제의 기별(記別; 예언)을 주는 것으로 알려져 있는데, 『반주삼매경(般舟三昧經)』 등 삼매를 설한 경전에 실려 있다. 구제불(救濟佛)로서 아미타불이나 약사여래·미륵불 등 제불보살은 일체중생을 모두 구제하겠다는 서원을 세우고 있으며, 이 같은 구제불의 사상은 관불삼매에서는 부처의 출현과 그 부처가 수기(授記; 기별)를 준다는 신앙에 의거하여 생겨난 것이다.

관불회 【灌佛會】〔英 the rite of perfuming the image of Buddha on an anniversary of Buddha's birth〕 불생회(佛生會)·욕불회(浴佛會)·용화회(龍華會)·화제(花祭)라고도 한다. 음력 4월 8일 석존의 탄생을 축하하여 행하는 법회. 석존이 강탄할 때, 용(龍)이 하늘에서 내려와서 향탕(香湯)을 부었다고 하는 전설에 의해서 매년 4월 8일에 향탕(香湯)·오색수(五色水)·감다(甘茶) 등을 머리에서부터 붓는다. 이때 불상은 작은 애기불로서 오른손으로 하늘을 가리키고, 왼손으로 땅을 가리킨 입상(立像)으로 20㎝ 정도의 것이 많은데, 태어날 때 "천상천하(天上天下) 유아독존(唯我獨尊)〔巴 aggo harn asmi lokassa〕"이라 선언하였다고 하는 전설을 나타낸 것이다. 이것을 여러 가지 화초로 장식한 화어당(花御堂)에 안치하고 감다(甘茶)를 붓는 것이 일반적이다. 관불행사(灌佛行事)가 인도에서도 행해졌다는 경전의 기술이 있지만, 중국에서는 4세기경부터 행하여졌고, 7·8세기경부터 행사로서 널리 실시되었다고 한다. 스리랑카·미얀마·타이·베트남 등에서는 베사카(vesakha)월의 만월(滿月)의 날〔태양력 5월 15일부터 17일경에 해당함〕에 성대하게 실시한다.

관상 【觀想】〔梵 bhāvanā, 西 sgom pa, 英 To meditate and think〕 ①종교에 있어서 인식 양식의 하나. 넓은 의미로는 실천적 태도와는 상대적인 인식·명상·묵상 등의 정관적 태도. 좁은 의미로는 사상(事象)의 배후에 숨은 초감각적·초월적 존재를 직관하는 것. 신앙에 의한 진리를 논리적인 논증에 의하지 않고 경험적·직관적으로 인식하는 것. ②마음을 하나의 대상〔一境〕에 집중하여 번뇌를 없애는 일. 수행방법의 하나.

관상염불 【觀想念佛】〔英 To contemplate the image of (Amitābha) Buddha and repeat his name〕 단정히 앉아 순일한 마음으로 한 부처의 상호·공덕을 관하여 생각하는 것. 이렇게 삼매에 들면 분명히 부처를 볼 수 있고, 한 부처를 보게 되면 모든 부처를 볼 수 있다고 하는데, 이렇게 닦는 이는 죄장(罪障)이 소멸되어 그 불토(佛土)에 왕생한다고 한다.

관세음보살 【觀世音菩薩】 관세음은

범어로 'Avalokiteśvara'인데, 음역(音譯)하면 '아박로기디습벌라'(阿縛盧枳低濕伐羅)이다. 축법호(竺法護, 231-308)는 광세음(光世音), 구마라집(鳩摩羅什, 344-413)은 관세음(觀世音)이라 번역했다. 산스크리트 이름은 'Ava-lokita-Iśvara'인데, 현장(玄奘, 602-664)은 관자재(觀自在)라 번역했다. 관세음보살을 관음보살·관세자재보살·관세관재보살(觀世觀在菩薩)·구세보살(救世菩薩)·연화수보살(蓮華手菩薩)·대륜보살·정취보살·만월보살·수월보살·군다리보살이라고도 하며, 또 시무외자(施無畏者)·대비성자(大悲聖者)·구세대사(救世大士)라고도 한다. 관세음보살은 대자대비를 근본 서원으로 하며, 미타삼존(彌陀三尊; 아미타불·관세음보살·대세지보살)의 하나로, 아미타불의 왼쪽 협시보살(脇侍菩薩)이다. "세간의 모든 중생들의 소리를 관찰한다."는 뜻이다. 즉 중생들이 보살의 이름을 부르고 도움을 청하는 것을 들으면 즉시 구제한다는 뜻으로 관세음(觀世音)이라 하고, "지혜로 관조하여 자재한 묘과(妙果)를 얻음", 또는 "일체제법(一切諸法)을 관찰하여 중생을 구제하는 데 자유자재한 이"라는 뜻으로 관자재(觀自在)라 하며, "중생에게 온갖 두려움이 없는 무외심(無畏心)을 베푼다."는 뜻으로 시무외자(施無畏者), "자비를 위주로 한다."는 뜻으로 대비성자(大悲聖者), 세상을 구제하므로 구세대사(救世大士)라고 한다. 관세음보살은 여러 가지 몸을 나타내어 중생을 제도한다고 하는데, 곧 구제를 청하는 자의 모습에 따라서 곳곳에 그 몸을 나타내는 대자비의 철저한 보살로서, 현세이익신앙(現世利益信仰) 상에서 인도(印度) 이래로 일반적으로 신앙되었다. 이를 보문시현(普門示現)이라 하며, 33신(身)이 있다고 한다. 왼손에 든 연꽃은 중생이 본래 갖춘 불성(佛性; Buddhatā)을 상징한다. 그 꽃이 핀 것은 불성이 드러나서 성불한 뜻이며, 그 봉우리는 불성이 번뇌에 물들지 않고 장차 성불할 것을 나타낸다. 그는 천수(千手)·천안(千眼)을 가지고서 일체중생을 제도한다. 흔히 성관음(聖觀音)·천수관음(千手觀音)·십일면관음(十一面觀音)·여의륜관음(如意輪觀音)·마두관음(馬頭觀音)·준제관음(准提觀音) 등 6관음을 이야기한다. 이 이외에 성관음(聖觀音)을 근본총체(根本總體)로 하고, 천수·십일면·여의륜·마두·불공견색(不空羂索)·백의(白衣)·엽의(葉衣)·다라(多羅)·대세지(大勢至) 등이 있는데, 이들을 합하여 7관음·33관음 등으로 이야기하기도 한다. 관세음보살이 있는 데〔住處〕를 보타락가(補陀落迦; potalaka)라고 하는데, 인도 남인도 마뢰구타국의 마라야(Malaya) 산(山) 중에 보타락가(補陀落迦)가 있으며, 중국 절강성의 주산열도(舟山列島) 보타산(普陀山) 보제사(普濟寺)를 보타락가(補陀落迦)라고도 한다.

관세음보살보문품 【觀世音菩薩普門品】『법화경』 제25품의 이름. 관세음보살이 널리 문을 열어 묘용(妙用)으로 중생을 제도하기 위해 설한 것. 또는 『관음경』이라고도 한다. 관음경 항목 참조할 것.

관심문 【觀心門】 교문(敎門)·교상문(敎相門)에 상대되는 말. 교문이 이론적인 교리인 데 반하여, 관심문은 실천적인 수행방법으로 마음을 관(觀)하는 법문이다. 유식론에서는 마음이 만법(萬法)의 주체이므로 어느 한 가지도 마음 밖의 것이 없다고 하여, 마음을 관하는 것이 곧 사리(事理)를 구명(究明)하는 것이므로 관심(觀心)이라고 한다.

관욕 【灌浴】 천도재에서 영혼을 씻는 의례. 영혼 천도의식 때 행한다. 부정(不淨)한 것을 몰아내고자 하는 민간신앙과 밀교의 의례가 융합한 것이다. 영혼은 천도의식에 참가하기 위해서 그전에 더럽혀진 몸을 씻게 된다. 의식을 위해 먼저 관욕단(灌浴壇)을 만들어 병풍으로 둘러친 다음 관욕수(灌浴水)를 떠 놓는다. 관욕수 앞에 망인(亡人)의 위패(位牌)를 놓고 주위에 촛불을 밝혀 놓는다. 병풍 밖에서 삼증사(三證師)가 여러 가지 결인(結印)을 하면서 진리를 관한다. 결인은 수인(手印)으로서, 두 손의 손가락 모습으로 이 의식의 상징적 의미를 표현하는 것이다. 이 의식의 결과 망인은 목욕을 하고 새로 불교적 의미가 부여된 옷으로 갈아입고 설법을 듣는 존재가 되었다고 믿는다.

관음경 【觀音經】『법화경』 「관세음보살보문품(觀世音菩薩普門品)」만을 따로 떼어 한 경(經)으로 만든 것. 구자국(龜玆國) 구마라집(鳩摩羅什, 344-413)이 후진(後秦; 姚秦)시대에 한역(漢譯)하였는데, 관음신앙의 근본이 되는 경전이다.

관음시식 【觀音施食】 시식(施食)이란 널리 음식을 베푼다는 뜻이다. 영가 내지 고혼을 천도시키기 위해 음식을 베풀고 부처님 법을 일러주는 것을 말한다. 또는 스님에게 재식(齋食)을 공양하는 것과 아귀(餓鬼)에게 음식을 베풀어 먹이는 의식 등을 말하기도 한다. 천도재에 대표적으로 쓰이는 것이 관음시식이다. 관음시식은 선망부모, 친속, 일체 고혼을 위해서 사명일(四明日; 불탄일. 성도일. 열반일. 백중일), 재일(齋日; 49재. 백일재. 忌日) 그 밖에 좋은 날을 택하여 행하는 것이다.

관음신앙 【觀音信仰】 관음보살에 대한 신앙. 관음신앙의 원류는 『법화경』 제25품 「보문품(普門品)」이다. 여기에서는 누구나 관세음보살의 이름만 부르면 그 공덕으로 7난(難) 3독(毒)을 면하고, 이구양원(二求兩願)을 성취하며, 모든 두려움이 없어진다고 한다. 이것을 관음의 14무외(無畏)라 하는데, 관음은 항상 33종 변신(變身)으로 중생을 제도한다고 하기도 한다. 한편 『80화엄』 제68권의 「입법계품(入法界品)」에서는 이 보살이 남방 해상(海上)의 보달락가산(補怛洛迦山; 『60화엄』 제51권에서는 光明山)에 주(住)하고, 찾아온 선재동자의 질문에 대비행문(大悲行門)을 나타냈다고 하는데, 여기에서 해난구호(海難救護)의 보타락(補陀落) 정토신앙이 생기게 되었다. 『대아미타경』 상권, 『무량수경』 하권에서는 관음보살이 세지보살과 함께 아미타불의 협시(脇侍)로 서방극락에 주(住)하면서 미타(彌陀)의 교화를 돕는 역할을 하고, 『관무량수경』에서는 원생자(願生者)의 임종에 미타(彌陀)·성중(聖衆)과 함께 내영(來迎)한다고 한다. 관음은 밀교에도 많이 채택되어 있는데, 태장계 만다라에서는 중앙의 팔엽원(八葉院)의 서북방, 석가원에서는 석가의 좌협시(左脇侍), 문수원에서는 문수(文殊)의 우협시(右脇侍), 관음원에서는 중앙에 성관음(聖觀音)을 안치하고, 편지원(遍知院)에서는 준지관음, 허공장원에서는 천구관음, 소실지원에서는 십일면관음을 안치한다. 관음신앙은 불교권의 여러 지역에 널리 분포되어 있다. 티베트에서는 대대로 달라이라마가 관음의 화신(化身)이라고 믿어 지금에 이르고 있으며, 자바·수마트라·말레이 반도 등에서도 관음상이 발견되는데, 이로써 남아시아 일대에서도 신앙되었다는 사실을 확인할 수 있다. 중국에서는 축법호의 『정법화경』 역출(譯出, 286), 구마라집의 『묘법연화경』 전역(傳譯, 406), 『첨품』의 보문품중송의 역출〔601〕에 따라서 차츰 관음신앙이 융성해졌다고 할 수 있는데, 육조(六朝)의 정사(正史) 등에서도 관음력(觀音力)에 의한 제재득복(除災得福)의 신앙체험을 적고 있다. 따라서 조상(造像)도 번창했다. 당(唐) 이후 밀교의 유입(流入)과 함께 각종의 관음상이 조상(造像)되었다. 역경(譯經) 방면에서는, 현교의 담무갈(曇無竭; Dharmodgata)이 『관세음보살수기경』을 453년에 번역했는데, 『관음경』과 함께 관음 전문의 2대 성전이 성립했다. 육조시대에 현교에서는 관음의 공덕이익이나 성능 특징이 말해졌고, 당(唐) 이후의 밀교는 그 부분을 부연하여 각종 예참의궤(禮懺儀軌) 조상작탄(造像作坦)의 법을 설하여 신앙의 실제를 가르치게 하였다. 한국에서도 관음신앙은 삼국시대부터 성행하고 있었다. 예컨대, 백제불교에서는 발정(發正)이 양(梁)에서 돌아오는 길에 입었던 관음의 영험이 널리 회자되어 관음신앙이 한층 성행했고, 신라 의상(義湘, 625-702)의 『백화도량발원문』 등에서도 당시 관음신앙의 자취를 미루어 알 수 있다.

관음전【觀音殿】 관음보살을 주불(主佛)로 모셔 놓은 전각(殿閣). 일명 원통전(圓通殿)이라고도 한다.

관자재보살【觀自在菩薩】 범어(梵語) Avalokiteśvara-bodhisattva의 한역(漢譯). 관세음보살의 이칭. 대자대비심을 근본 서원으로 하고, 일체 세간 중생들의 고통 소리를 들어서 고난에서 구제해 편안케 해주는 보살. 중생들의 근기에 따라 신통자재하게 시방국토 어디서나 그 몸을 나타낸다고 해서 관자재라고 한다.

관정【灌頂】 ①〔561-632〕 중국 수(隋)·당(唐) 시대의 스님. 천태종 5대조(祖). 속성은 오(吳), 자는 법운(法雲). 임해(臨海) 장안(章安; 지금의 절강성에 속함) 출신. 그래서 '장안대사(章安大師)'라고도 불린다. 7세에 출가하여 섭정사(攝靜寺) 혜증(慧拯)에게서 배우고, 20세에 구족계를 받았다. 진(陳)의 지덕(至德) 원년〔583〕 천태산에 입산하여 지의(智顗)에게 사사하였다. 지의가 강의한 『법화현의(法華玄義)』·『법화문구(法華文句)』·『마하지관(摩訶止觀)』 등이 그에 의해 집록(集錄)되어 책으로 만들어졌다. 저서로는 『열반경현의(涅槃經玄義)』·『열반경소(涅槃經疏)』·『관심론소(觀心論疏)』·『국청백록(國淸百錄)』·『지자대사별전(智者大師別傳)』 등이 있고, 제자로는 지위(智威)·홍경(弘景) 등이 있다. ②〔梵 Abhiṣecana, Abhiṣeka〕 물을 정수리에 붓는다는 뜻. 본래 인도에서 임금의 즉위식이나 입태자식을 할 때에 바닷물을 정수리에 붓는 의식. ③〔英 Abhiṣecana; Mūrdhābhiṣikta; inanguration or conecration by sprinkling, or pouring water on the head〕 여러 부처가 대자비의 물로써 보살의 정수리에 붓는 것. 등각(等覺) 보살이 묘각위(妙覺位)에 오를 때에 부처가 그에게 관정하여 불과(佛果)를 증득케 한다. 여기에는 여러 부처가 정수리를 만져 수기(授記)하는 마정관정(摩頂灌頂), 말로 수기하는 수기관정(授記灌頂), 광명을 놓아 이롭게 하는 방광관정(放光灌頂)의 3종이 있다.

관정도량【灌頂道場】 ①관정(灌頂)을 행하는 도량(道場). ②불(佛)과 인연을 맺기 위해 사람들을 단(壇) 위에 올려놓고 꽃을 던지는 법회.

관정지장【灌頂智藏】〔梵 abhiṣeka-saṃbhava-jñāna-garbha〕 모든 부처님이 모든 이에게 은혜를 베푸는 진실된 지혜.

관조반야【觀照般若】〔英 wisdom obtained from contemplation〕 삼반야(三般若; 文字般若·觀照般若·實相般若)의 하나. 사리(事理)를 비추어 보는 지혜. 모든 존재와 사물의 실상은 공(空)이다. 이 공의 이치를 관조(觀照)하는 지혜.

관찰정행【觀察正行】 오로지 일심(一心)으로 정토와 아미타불 또는 그 정토의 훌륭한 모습에 마음을 쏟아서, 그것을 관찰하고 그려내는 것. 5종 정행의 하나. 일심(一心)으로 뜻을 쏟아

극락정토와 의(依)·정(正) 이보(二報)를 억념(憶念) 관찰하는 것.

관행【觀行】〔英 Contemplation and (accordant) action〕①마음으로 진리를 관하며, 진리와 같이 몸소 실행함. ②〔梵 yoga-mārga〕자기 마음의 본 성품을 밝게 관조하는 방법. 즉 관심(觀心)의 행법(行法). 즉 관심수행(觀心修行). ③〔梵 yogācāra〕관상적(觀想的) 수행(修行)을 진행하는 요가행자.

관혜【觀慧】〔英 The wisdom which penetrates to ultimate reality〕삼학(三學)과 육도(六度) 가운데 정(定)의 기본이 되는 지혜. 진리를 관하는 지혜.

광【誑】〔梵 Śaṭhya, 英 Imposition, deception, lying〕구사(俱舍)에서는 소번뇌의 하나. 유식에서는 수번뇌(隨煩惱)의 하나. 남을 의혹하게 하는 거짓 마음. 즉 명리를 얻으려는 생각에서 덕 없는 사람이 덕 있는 체하며, 나쁜 사람이 착한 것처럼 보이려는 마음의 작용.

광겁【曠劫】〔梵 A past kalpa; the part of a kalpa that is past〕광(曠)은 '오래'라는 뜻이고, 겁(劫)은 겁파(劫波; kalpa)의 준말. 오랜 시간을 말한다. 많은 겁을 쌓고 쌓은 오랜 시간을 말한다.

광과천【廣果天】〔梵 Bṛhatphala-deva, 英 Bṛhatphala, the twelfth Brahmaloka, the third of form〕과실천(果實天)이라고도 한다. 색계(色界) 18천(天)의 하나. 제4선천(禪天)의 제3위(位). 복생천(福生天) 위, 무번천(無煩天) 아래에 있는 하늘. 제4선천 중에서 범부가 사는 하늘 중에 가장 좋은 곳이다. 이 하늘 사람의 키는 5백 유순, 수명은 3겁이라고 한다.

광교【廣教】〔英 Full or detailed teaching by the Buddha about the duties of the order, in contrast with 略教 general or summarized teaching〕율종(律宗)에서 쓰는 말. 석가모니 부처가 성도한 후 12년간은 오직 제악막작(諸惡莫作) 등의 가르침을 설하여 제자(弟子)의 행법을 금제(禁制)하는 것을 약교(略教)라고 하는 데 대하여, 12년 후에는 제자 가운데 계율과 규칙을 어기는 자들이 점점 늘어 널리 계율(戒律)을 설하여 일일이 지범(持犯)을 보인 것을 광교(廣教)라고 한다.

광란왕생【狂亂往生】십악(十惡)·오역죄(五逆罪)를 지은 사람이 죽을 때에 지옥의 맹렬한 불을 보고, 마음이 어지러워 손으로 허공을 더듬고 몸에 땀을 흘리며 엎치락뒤치락하다가 선지식의 가르침을 들어서, 열 마디나 한 마디의 염불을 부름으로써 정토에 왕생하는 것.

광명【光明】〔梵 prabhā, ābhā, raśmi, 英 light, brightness, splendour, to illuminate〕불(佛)·보살의 몸으로 놓는 빛이나 지혜. 색광(色光)과 심광(心光)으로 나누는데, 색광(色

光)은 외광(外光)·신광(身光)이라고도 하는 것으로, 신체에서 발하는 색상(色相)의 빛이다. 심광(心光)은 내광(內光)·지혜광(智慧光)이라고도 하는 것으로, 마음에서 발하는 지혜의 빛을 말한다. 이러한 불·보살의 광명은 중생을 비추어 여러 가지 이익을 주고, 악마를 항복시키고, 중생을 보호하며 깨우쳐 탐(貪)·진(瞋) 번뇌의 어둠을 깨뜨리고, 불도를 깨닫게 한다.

광명진언【光明眞言】다라니(陀羅尼)의 명칭. 불공관정진언(不空灌頂眞言)·일체제불보살(一切諸佛菩薩)의 총주(摠呪)라고 한다. 이 다라니를 외우면 부처의 광명을 얻어 모든 죄보(罪報)가 소멸되므로 광명진언이라고 한다.

광목천【廣目天】〔梵 virūpākṣa, 巴 virūpakkha〕사천왕(四天王)의 하나. 수미산의 제4층급 서방 백은타(白銀埵)에 있으면서 용신(龍神)·비사사신(毘舍闍神)을 거느리고 세계를 수호함. 서방 구야니주를 수호하며, 다른 3주(洲)를 겸한다고 한다. 그는 입을 벌리고 눈을 부릅떠 위엄으로 나쁜 것을 물리치므로 광목(廣目)·악목(惡目)이라 하였다. 여러 가지 웅변으로 나쁜 이야기를 굴복시키므로 잡어(雜語)라고 한다.

광배【光背】〔英 The halo behind an image〕후광(後光)이라고도 한다. 불·보살의 광명을 상징하여 불상의 배후에 세우는 것. 두광(頭光)과 거신광(擧身光)으로 나누어진다. 두광(頭光)은 원래 백호로부터 발하는 광명이기 때문에, 동양회화에서는 측면도에서도 둥글게 그리고 있다. 불신(佛身)만의 광배는 신광(身光)이라고 하지만 단독의 것은 없고, 두광(頭光)·신광(身光)을 합쳐 거신광(擧身光)이라고 한다.

광음천【光音天】〔梵 Abhāvara-deva〕무량광천(無量光天) 위, 소정천(少淨天) 아래에 있는 하늘. 색계(色界) 제2선천(禪天) 중의 제3천. 이 하늘 중생은 음성이 없고, 말할 때에는 입으로 광명을 내어 말의 작용을 하기 때문에 광음천이라고 한다.

광택사교【光宅四敎】중국 양(梁)나라 때 광택사(光宅寺)의 법운(法雲, 465-527)이 『법화경』「비유품」을 빌려 부처의 일대 교설(敎說)을 네 가지로 나누어 설명한 것. 즉 양거(羊車)는 성문승(聲聞乘), 녹거(鹿車)는 연각승(緣覺乘), 우거(牛車)는 보살승(菩薩乘), 대백우거(大白牛車)는 일불승(一佛乘)에 비유하여 설한 교법이다.

광통삼교【光統三敎】중국 후위(後魏)의 광통(光統)이 부처님의 교설을 점교(漸敎)·돈교(頓敎)·원교(圓敎)로 나눈 것. 점교(漸敎)는 미숙한 자를 위하여 먼저 무상(無常)을, 뒤에는 상(常)을 설하고, 먼저 공(空)을, 뒤에는 불공(不空)을 차례로 설하는 것이다. 그리고 돈교(頓敎)는 이미 익숙한 자를 위하여 일법문(一法門)에서 상(常)

·무상(無常)·공(空)을 한꺼번에 설하는 것이다. 원교(圓敎)는 상달(上達)을 위하여 구경(究竟)의 과해(果海)가 원극(圓極)하고 자재한 법문을 설한 것인데, 이것이 『화엄경』이다.

광홍명집【廣弘明集】 중국 남산율종(南山律宗)의 시조인 도선(道宣, 596-667)이 양(梁)나라 승우(僧祐, 444-518)가 엮은 『홍명집(弘明集)』을 모방하여 엮은 것으로, 불교에 대해 가해진 여러 가지 비난을 분쇄하기 위하여 호교적인 입장에서 쓰인 많은 문헌을 수록하고 있다. 30권. 내용은 제1편 귀정편(歸正篇) 이하 제10편 통귀편(統歸篇)에 이르는 10편으로 되어 있으며, 수록된 문헌은 모두 230여 항에 달한다. 각 편에는 도선의 서(序)와 각 편의 요지가 실려 있다. 본서 중에서 제1편 귀정편과 제2편 변혹편(辯惑篇)은 사상적으로 보아 특히 중요하다.

괘불【掛佛】 ①그림으로 그려서 걸게 된 불상. 괘불정(掛佛幀). ②부처를 그린 그림을 높이 거는 일.

괘불재【掛佛齋】 의식(儀式). 부처의 그림을 내걸고 야외에서 행하는 의식으로서, 야외에 내거는 불화를 괘불이라고 통칭한다. 괘불재는 종교적인 의미보다 민속적인 색채가 더욱 강하다. 이 말은 괘불재가 그 내용보다 괘불 자체가 지니는 신비성이 민중에게 더 호소력을 지닌다는 뜻이다. 특별히 야외에서 괘불재가 열리는 까닭은 보다 구체적인 상황에서, 보다 많은 민중을 상대로 법회를 열 필요가 있었기 때문이다. 괘불재의 순서는 다음과 같다. 먼저 괘불을 내거는 괘불이운(掛佛移運)의식을 행한다. 그다음 범패에 의식무용을 수반한 찬불의식이 뒤따른다. 다음으로 불보살에 대한 귀의정례(歸依頂禮)와 출산게·산화락·헌좌게·다게·축원 등의 의식이 뒤따른다. 의식도량은 괘불 중심으로 행한다. 이 의식은 의식승들이 불단 앞에 정좌하면서 시작하는데, 합장 예배 후 시련의식이 행해진다. 이것은 절문 밖까지 가마를 메고 가서 신앙의 대상을 모셔 오는 의식이다. 상·중·하의 단계별 시련이 있으며, 현재는 하단시련만 행한다. 다음으로 권공(權供)의식에서는 신앙의 대상에게 공양을 올리고, 가피력(加被力)을 입을 것을 기원한다. 찬불의례는 범패와 바라춤을 수반하는데, 찬불가를 불러서 내려오는 불보살을 맞이하는 의식이다. 강림한 불보살에게 헌좌게를 외워서 자리를 권한 다음 공양의례를 행한다. 이어서 축원문 낭독을 통해 재를 개설한 사람들의 소원을 구체적으로 밝힌다. 마지막 단계로 회향식(回向式)과 신앙의 대상을 돌려보내는 의식을 행한다. 소대(燒臺)의식을 끝으로 재는 끝나는데, 이때 차렸던 음식을 나눠 먹는 것을 법식(法食)이라고 한다. 오늘날의 괘불재는 상당히 간소화되었으

ㄱ

며, 많은 부분이 소멸되었다.

괴【愧】〔梵 Apatrāpaya, 英 Ashamed, intp. as ashamed for the misdeeds of others〕 대선지법(大善地法)의 하나. 11선심소(善心所)의 하나. 심소(心所; 마음작용)의 이름. 허물을 부끄럽게 여기는 심리작용.

괴겁【壞劫】〔梵 Saṁvarta〕 사겁(四劫; 成·住·壞·空)의 하나. 세계가 파멸되는 기간. 20중겁을 말한다. 19겁 동안 살던 생류(生類), 곧 지옥·축생·아귀·아수라·인간·천상계에 살던 이 중에서 가장 나쁜 지옥에 있던 이부터 차례로 파멸하고〔有情壞〕, 마지막 1중겁에 일곱 해가 나타나 화재를 일으켜 먼저 지옥에서부터 색계(色界) 초선천(初禪天)까지를 태워 버린다. 그다음에는 수재(水災)를 일으켜 색계 2선천 이하를 떠내려 보내고, 다음은 풍재(風災)를 일으켜 색계 제3천 이하를 불어 없앤다고 한다〔外器壞〕.

괴려차【壞驢車】〔英 A worn-out donkey cart-i.e. Hīnayāna〕 파괴된 나귀 수레라는 뜻. 천태의 십승관법(十乘觀法)에서 10법(法)과 10경(境)이 갖추어지지 않으면 관법이 성립되지 못함을 비유한 것. 중국 당(唐)나라 때 스님인 담연(湛然, 711-782)이 지은 『지관의례(止觀義例)』에, "만일 십경이 없으면 승(乘)은 체(體)가 없고, 10법이 없으면 괴려차라고 이름한다."고 하였다.

굉지광록【宏智廣錄】 굉지정각(宏智正覺, 1091-1157)의 법어를 수록한 책. 9권. 굉지의 시자 보숭(普崇)·법위(法爲)·사암(師巖) 등이 편집하였다. 제1권에는 상당(上堂), 제2권에는 송고(頌古), 제3권 염고(拈古), 제4권 상당어록(上堂語錄), 제5권 소참(小參), 제6권 법어(法語), 제7권 진찬(眞贊), 제8권 게송(偈頌), 제9권 진찬(眞贊)·행업기(行業記)가 실려 있다. 1157년〔소흥 27〕에 간행하였다.

굉지정각【宏智正覺, 1091-1157】 중국 송(宋)나라 때 조동종 계통의 선승. 묵조선 주창자. 자(字)는 굉지(宏智). 습주(隰州; 山西 隰縣) 이(李)씨. 어려서 지혜가 총명했고, 13세 때 정명사(淨明寺) 본종(本宗)에 의해 삭발하고, 진주(晋州) 자운사(慈雲寺) 지경(智瓊)에게 구족계를 받았다. 18세에 사방을 유력했는데, 고목법성(枯木法成), 단하자순(丹霞子淳) 등을 참알하여 드디어 깨달은 바가 있었다. 사주(泗州) 보조사(普照寺)에서 나와 서주(舒州) 태평(太平), 강주(江州) 원통(圓通), 능인(能仁), 진주(眞州) 장로(長蘆) 등을 옮겨 다닌 후, 건염(建炎) 말(末)에 천동사(天童寺)에 머물다가 거기서 입적(入寂)하였다. 시호(諡號)는 굉지선사(宏智禪師)이며, 저서로는 『어록(語錄)』이 있다. 시문(詩文)이 뛰어나서 당시 많은 사대부들이 귀의했다.

교【憍】〔梵 mada, 巴 attān ukkaṃseti, 西 rgyags (pa), 英 Boastful, bragging; self-indulgent〕 심소(心所; 마음작용)의 하나. 구사(俱舍) 75법(法)의 하나. 유식 100법(法)의 하나. 남을 생각하지 않고 자기의 집안·색력(色力)·재물·지위·지혜 등에만 집착하여 마음을 오만하게 가지는 정신작용.

교【敎】〔梵 Pravacana; śāśana, 英 to teach, instruct, inculcate; teaching, precept, doctrine〕 신앙상의 가르침을 의미하는데, 효(効)·훈(訓)의 뜻이다. 『법화현의』 1권 상에는, "성인이 훈계를 하여 사람들을 지도하는 말을 교(敎)"라고 한다. 성인(聖人)이 마음에 가지는 것을 법(法)이라 하고, 법을 말로 나타낸 것이 교(敎)가 된다. 또한 불보살이나 모든 성인의 교법(敎法)을 통틀어 교(敎)라고 한다.

교관【敎觀】〔英 teaching and meditation; the Buddha's doctrine and meditation on it〕 교문(敎門)과 관문(觀門). 교상(敎相)과 관심(觀心)을 말한다. 교상(敎相)은 석가모니 일대의 교설을 자기 종파의 입장에서 분류한 교판(敎判), 곧 이론적인 교리조직이고, 관심(觀心)은 자지 종파가 내세운 진리를 관념하는 것으로, 자기네 주장에 따라 실천하는 수행을 말한다.

교관겸수【敎觀兼修】 교상문(敎相門)과 관심문(觀心門)을 아울러 닦는 것. 교문(敎門)이란 이론적 교리조직을 말하고 관문(觀門)이란 실천적 수행방법을 말한다. 이 이문(二門)은 밀접하여 뗄 수 없는 관계를 가지고 있다. 고려 대각국사 의천(義天, 1055-1101)도 교관겸수를 주장하는데, 그에 있어서 교(敎)란 장(藏)·통(通)·별(別)·원(圓)의 사교(四敎)를 일승(一乘)으로 화하게 하는 교, 즉 천태(天台)의 원융무애한 교리를 뜻하고, 관(觀)이란 지의(智顗, 538-597)의 마하지관(摩訶止觀)을 근거로 하는데, 특히 지관명정(止觀明靜)의 특유한 방법을 조직화한 것이 그의 관행(觀行)의 길이다.

교관이문【敎觀二門】 논리적 교상문(敎相門)과 실천적 관심문(觀心門). 이 두 문은 각 종파에 있어서 독자적인 것이 있는데, 전자(前者)는 석가(釋迦) 일대의 교법을 자기 종의(宗義)로 분별 판단함을 말하고, 후자(後者)는 자파(自派)가 내세우는 진리를 관함을 말한다. 예컨대, 천태종에서는 오시팔교(五時八敎)를 교상(敎相)으로 하고, 일심삼관(一心三觀)으로 관심(觀心)을 삼으며, 진언종에서는 현밀이교십주심(顯密二敎十住心)을 교상으로 하고, 아자본불생(阿字本不生)을 관심으로 하고 있다.

교권증실【敎權證實】 천태학에서 말하는 별교(別敎). 교설은 방편수단의 권교(權敎)이고, 이에 의하여 깨달은 증과(證果)는 진실하다는 말. 곧 별교에서 가르치는 계외(界外)의 근기가 둔한 중생에게 맞추어 차례로 수행하는 것을 말한 것이므로 권(權)이지만, 그 증도(證道)는 중도(中道)의 이치를 본 것이 원교(圓敎)와 같으므로 실(實)이라 한다.

교담미 【憍曇彌】〔梵 Gautamī〕 교담미(喬曇彌)·구담미(俱曇彌)라고도 음역. 석존의 이모인 마하파사파제(摩訶波闍波提; Mahāprajāpati)를 가리킴. 인도의 제2계급인 크샤트리야(Kṣatrya; 刹帝利·왕족) 종족 가운데 한 성(姓). 곧 석가(釋迦) 종족의 일반 여자에 통하는 명칭이다.

교돈기점 【敎頓機漸】 교법(敎法)은 돈극(頓極) 돈속(頓速)한 것이지만, 이를 실제로 수행하는 근기가 점차로 공(功)을 쌓아 이상(理想)에 도달하려고 자력심(自力心)을 가지는 것을 말한다.

교령륜신 【敎令輪身】 성질이 완강하여 교화하기 어려운 중생을 위하여 성낸 형상을 보여 명령을 내리고, 만일 그 명령을 어기면 바로 벌한다고 하는 방편불(方便佛).

교리행과 【敎理行果】〔英 The fruit or results arising from the practice of a religion〕 사법(四法)이라고 한다. 최종적인 목적에 이르는 종교적 수행의 과정을 4단계로 분류한 것. 교(敎)는 언어·문자로써 말하는 교설(敎說), 이(理)는 교리 내용인 도리(道理), 행(行)은 그 도리에 따라 실천하는 수행, 과(果)는 수행의 결과로 체득하는 결과, 곧 깨닫는 것을 말한다. 교(敎)는 이(理)를 나타내고, 이(理)는 행(行)을 일으키며, 행(行)은 과(果)를 얻는 순서로 어떤 종의(宗義)에도 통용되는데, 그 중 교·리·행(敎理行)은 문(聞)·사(思)·수(修)에 해당된다.

교문 【敎門】〔英 A religion, a sect, different religious teachings〕 ①부처님의 가르침은 깨달음에 이르게 하는 문(門)이라는 뜻. 문(門)이라는 것은 가르침, 설법이 똑같지 아니하고 천차만별로 각기 입문방법을 달리한다는 뜻. ②관심문(觀心門)에 대한 교상문(敎相門)의 준말. 교상문은 교학, 곧 이론적 교리 조직의 부문으로, 석존 일대의 교설을 자기네 종파의 입장에서 분류 판별하여 지혜를 닦고 의리를 구명함을 말한다.

교상 【敎相】〔英 The particular teaching of a sect〕 교관이문(敎觀二門)의 하나. ①석존 일대(一代)에 가르친 여러 가지 말씀. ②천태대사(天台大師, 538-597)의 가르침을 조직을 세워 설한 것. ③밀교(密敎)에서 교의(敎義)를 조직적으로 해석·연구하는 부문을 말한다.

교상판석 【敎相判釋】 교판(敎判)이라고 약칭한다. 석존이 일생에 설한 교설을 그 말한 시기의 차례와 내용의 얕고 깊음에 따라 분류, 판별한 것. 교판 항목 참조.

교선일치 【敎禪一致】 교학(敎學), 즉

학문적으로 진리를 탐구하는 것과 선(禪)이 일치한다는 주장. 전자는 천태종·화엄종 등이고, 후자는 소위 선종을 말한다. 교선일치(教禪一致)의 주장은 당(唐) 중기 화엄종의 제4조인 징관(澄觀, 738-839)으로부터 싹터 제5조 종밀(宗密, 780-841)에 의하여 명료한 형태로 나타났다. 종밀은 처음에는 선(禪)을 공부하였는데, 징관의 가르침을 받아 화엄교학에 정통하게 되었다. 그리하여 화엄과 선을 융합·일치시키고자 교선일치론을 주장하였다. 이 교선일치의 사상은 송대(宋代)에 이르러 차차 뚜렷해져서 선과 교종의 융합이 이루어지게 되었다. 오대(五代)와 송초(宋初)의 영명연수(永明延壽, 904-975)의 교선일치 주장을 비롯하여 천태선·화엄선·염불선 등이 두드러졌다. 교종을 배우는 자가 선문(禪門)을 두드리거나, 선에 몸담은 자가 교종의 학문을 탐구하는 일도 흔했다. 또 송대 이후에는 대중적인 염불과 선을 융합시킨 염불선(念佛禪)이 가장 번성하였다.

교수아사리【教授 ācārya】계를 받는 자에게 수계(受戒)의 작법을 교수하는 자.

교시불어【教是佛語】교(教)는 부처님의 말씀이라는 뜻. 서산(西山, 1520-1604)의 『선가귀감』에, "세존께서 세 곳에서 마음을 전하신 것이 선지(禪旨)가 되었고, 부처님께서 일생 동안 말씀한 것이 교문(教門)이 되었다. 그러므로 선은 부처님의 마음〔禪是佛心〕이요, 교는 부처님의 말씀〔教是佛語〕이다."라고 하였고, 『속고금(續古今)』에서도 "교시불어(教是佛語) 선시불심(禪是佛心)"이라고 함. 『도서(都序)』에서는 "경시불어(經是佛語) 선시불심(禪是佛心)"이라고 함.

교외별전【教外別傳】선종의 근본정신을 간명하게 나타낸 말. 불립문자(不立文字)·직지인심(直持人心)·견성성불(見性成佛)의 술어와 함께 선종의 종의(宗義)를 나타내는 표어이다. 선(禪)의 원체험(原體驗)은 문자에 의한 교설(教說)로써 전해 줄 수 있는 것이 아니라, 대상이나 논리적인 사유를 떠난 직접적인 체험을 통하여 스스로 깨달아야 한다는 것.

교유식【教唯識】법상종에서 말하는 오종유식(五種唯識; 境唯識·教唯識·理唯識·行唯識·果唯識) 가운데 하나. 만유(萬有)는 오로지 식(識; 의식)의 변현(變現)에 지나지 않는다고 말하는 교설. 『능가경』·『화엄경(華嚴經)』·『해심밀경』 등의 학설.

교장총록【教藏總錄】『신편제종교장총록(新編諸宗教藏總錄)』. 각 권의 내제(內題)에는 『해동유본현행록(海東有本現行錄)』이라고 하였고, 약칭으로는 『의천목록(義天目錄)』, 또는 『의천록(義天錄)』이라고도 한다. 이것은 인도·중국을 통하여 경·율·론 삼장의 정본(正本) 이외의 주석서인 장소(章疏)만을 수집하여 목록을 편찬한 것으로, 문종(文宗) 27년〔1073〕『대세자집교장발원소(代世子集教藏發願疏)』를 지은 이후 선종(宣宗) 7년〔1090〕 8월까지 25년간 장구한 시간을 두고 국내는 물론 송·요·일본 등지에까지 산재한 주석서를 최대한으로 수집한 것이다. 그 내용은 상·중·하 3권으로 구성되어 있다. 상권은 경(經)의 장소(章疏) 561부(部) 2,586권, 중권은 율(律)의 장소(章疏) 142부 467권, 하권에는 논(論)의 장소(章疏) 307부 1,687권이 각각 수록되었으므로 모두 1,010부 4,740권이다. 교장도감에서 이 목록에 의하여 간행한 것이 바로 ≪고려속장경≫이다. 의천은 서문에서 목록을 편성한 이유를, "일반 대장경의 목록은 『개원석교록(開元釋教錄)』과 같이 완전한 것이 있어 그 유전에 불안이 없으나, 경전의 소초류(疏鈔類)는 없어질까 염려하여 목록을 작성한 것이다."라고 하였다.

교종 【教宗】〔英 the non-zen sect of Buddhism〕 경전의 교설을 바탕으로 하여 사상적으로 하나의 체계를 세우는 종파. 선종(禪宗) 이외의 모든 종파. 한국에서는 고려시대 때 화엄종·자은종·중신종·시흥종·남산종의 5교(教)와 선종으로서 천태종·조계종의 양종(兩宗)이 있었고, 조선조 세종(世宗, 1418-1450 在位) 때에는 조계종·천태종·총남종의 3종(宗)을 합하여 선종(禪宗)으로 하고, 화엄종·자은종·중신종·시흥종 4종(宗)을 합하여 교종으로 하였다.

교증구권 【教證俱權】 천태의 화법사교(化法四教; 藏教·通教·別教·圓教) 중에서 장교(藏教)·통교(通教)를 말한다. 이 둘은 그 교법이나 교에 따라 얻은 깨달음은 모두 방편이고 진실이 아니라는 말이다.

교진여 【憍陳如】〔梵 Kauṇḍinya〕 아야교진여(阿若憍陳如). 교진나(憍陳那). 아야교진여 항목을 참조할 것.

교체 【教體】〔英 The body, or corpus of doctrine; the whole teaching〕 석존 일대(一代) 교법의 체(體). 경체(經體)라고도 한다. 불타가 설한 칠십오법(七十五法)·백법(百法) 중에서 어느 것을 체(體)로 삼을 것인가를 정하는 것. 여기서는 소리를 체로 할 것인지, 명(名)·구(句)를 체로 할 것인지, 마음·진여(眞如)를 체로 할 것인지와 그 밖에도 체(體)로 할 것이 있는가 없는가에 대해서 사람에 따라 의견이 각기 다르다. 자은(慈恩, 632-682)은 사중(四重)의 교체를, 청량(淸凉, 758-839)은 10중의 교체를, 현수(賢首, 643-712)는 사문(四門)의 교체를 말하고 있다.

교판 【教判】〔英 The various divisions of teaching or doctrine〕 교상판석(教相判釋)·교시(教時)·교판(教判)이라고 한다. 주로 중국·한국·일본에서 여러 경론(經論)에 설해진 교설(教說)을 교상(教相; 內容)과 교시(教時; 설해진 때)의 측면에서 체

계화한 것이다. 인도에서 성립한 대소승의 경전이 성립 순서에 관계없이 전해졌기 때문에 다시 분류, 재편성할 필요에서 생겼다.

[중국의 교판사상] ⑴ 가장 오래된 교판론은 구마라집(鳩摩羅什, 344-413) 문하(門下)의 도생(道生, 355-434)의 선정법륜(善淨法輪)·방편법륜(方便法輪)·진실법륜(眞實法輪; 『法華經』)·무여법륜(無餘法輪; 『涅槃經』)의 4종법륜설이다〔『妙法蓮華經疏』〕. 지의(智顗, 538-597)가 설한 『법화현의(法華玄義)』 10권에는 지의 이전의 남삼북칠(南三北七; 江南三師와 北方七師)의 교판을 싣고 있다. 그런데 남북(南北) 양조(兩朝)에서 돈(頓)·점(漸)·부정(不定)이라는 3종 교상(教相)은 공통이다. 남조(南朝)의 삼사(三師)는 『화엄경』을 돈교, 『승만경』·『금광명경』 등을 부정교(不定教)라 하고, 점교의 내용을 달리하고 있다. 1. 호구산(虎丘山)의 급사(岌師)는 유상(有相)·무상(無相)·상주(常住)의 삼시교(三時教), 2. 종애(宗愛)·승민(僧旻)은 무상(無相)과 상주(常住) 사이에 동귀교(同歸教)를 더하여 사시교(四時教), 3. 승유(僧柔)·혜차(慧次)·혜관(慧觀)은 동귀교(同歸教)의 앞에 포폄억양교(褒貶抑揚教)을 더하여 오시교(五時教)를 설하였다. 혜관(慧觀)의 오시교판(五時教判)은 중국불교사상(史上) 교판론(教判論)의 효시로서 널리 유행되고, 후세에 영향을 끼쳤다.

⑵ 천태교학의 기초를 구축한 지의(智顗, 538-597)는 오시팔교(五時八教)의 교판을 설했는데, 천태의 6조 담연(湛然, 711-782)은 이것을 완전히 확립시켰다. 오시(五時)라고 하는 것은 석존의 모든 설법〔경전〕을 내용에 따라 다섯 시기, 즉 오시(五時)로 분류한 것이다. 성도 직후, 『화엄경』이 설해진 화엄시(華嚴時; 21일), 다음은 『아함경』이 설해진 아함시(阿含時; 12년), 대승경전인 『유마경』이나 『승만경』이 설해진 방등시(方等時; 8년), 『반야경』이 설해진 반야시(般若時; 21년), 완전한 가르침으로서의 『법화경』과 『열반경』이 설해진 법화열반시(法華涅槃時; 8년)가 5시(時)이다. 팔교(八教)라고 하는 것은 가르침으로 이끄는 설법의 형식으로서의 화의사교(化儀四教)와 사람들의 성질·능력에 응해서 설해진 가르침의 내용으로서의 화법사교(化法四教)가 있다. 화의사교(化儀四教)라고 하는 것은 곧 불(佛)의 자내증(自內証)을 가르치는 돈교(頓教), 내용이 얕은 것으로부터 점차 깊은 것으로 나아가는 가르침인 점교(漸教), 상호 알려지지 않은 그대로 각각에 맞게 설해진 비밀교(秘密教), 설한 가르침은 일정하지 않지만 듣는 자의 능력에 따라서 체득되는 부정교(不定教)이다. 화법사교(化法四教) 가운데 소승인 삼장교(三藏教)는 장교(藏教)라 하고, 성

문·연각·보살의 삼승(三乘)인 소승교(小乘教), 방등(方等)·반야(般若)·법화열반(法華涅槃)인 대승교(大乘教)에 공통인 것을 통교(通教)라 하고, 성문·연각과 다른 대승의 보살 독자의 것을 별교(別教)라고 하는데, 완전한 『법화경』은 원교(圓教)라고 한다.
(3) 이것에 대해서 삼론종(三論宗)의 대성자(大成者) 길장(吉藏, 549-623)은 이장삼전법륜(二藏三轉法輪)의 교판을 세웠으며, 법상종(法相宗)의 대성자 규기(窺基, 632-682)는 삼교팔종(三教八宗)의 교판을 세웠다. 이에 비해서 화엄종의 제2조 지엄(智儼, 602-668)이나 제3조 법장(法藏, 643-712)은 보다 치밀한 오교십종(五教十宗)이라는 교판을 세웠다. 법장은 지엄이 세운 소승 초(初)·숙(熟; 終)·돈(頓)·원교(圓教)의 5교 교판을 정비하고, 법상종의 팔종(八宗) 교판을 계승하여 '5교 10종'의 교판을 확립하였다. 『화엄경탐현기(華嚴經探玄記)』에 따르면, 5교(教)란 1. 소승교, 2. 대승시교(大乘始教; 法相·三論宗), 3. 대승종교(大乘終教; 『대승기신론』 등), 4. 대승돈교(大乘頓教; 禪宗), 5. 대승원교(大乘圓教; 『화엄경』)를 말한다. 10종(宗)은 1. 법아구유종(法我具有宗; 객관적인 사물인 法도 주관인 我도 모두 實有; 人天乘, 犢子部), 2. 법유아무종(法有我無宗; 法은 三世에 걸쳐서 實有이지만, 我는 無. 說一切有部), 3. 법무거래종(法無去來宗; 현재의 객관사물만이 實有, 과거와 미래의 사물에는 실체가 없다고 함. 大衆部), 4. 현통가실종(現通假實宗; 사물은 과거와 미래에 있어 실체가 없다. 현재에도 오온은 실유이지만, 십이처·십팔계는 실유가 아니다. 說假部·『成實論』), 5. 속망진실종(俗妄眞實宗; 세속의 경우는 假·虛妄이며, 出世間의 佛教만이 眞實. 說出世部), 6. 제법구명종(諸法俱名宗; 일체의 존재는 임시로 이름 붙인 것. 一說部), 7. 일체개공종(一切皆空宗; 일체의 제법은 모두 本來空. 大乘始教), 8. 진덕불공종(眞德不空宗; 일체의 법은 진리 그것으로 드러난다. 大乘終教), 9. 상상구절종(相想俱絶宗; 말·想念을 떠난 진실의 경지를 나타낸다. 頓教), 10. 원명구덕종(圓明俱德宗; 究極·眞實한 圓教의 입장. 大乘의 別教一乘) 등을 말한다.
(4) 영향이 지대했던 교판에는 중국 정토종의 도작(道綽, 562-645)이 석존의 가르침을 성도문(聖道門)과 정토문(淨土門)의 2문으로 나눈 것이 있다. 도작은 자력의 행(行)에 힘쓰고, 이 세상에서 깨달음을 열어 가는 것을 지향하는 성자의 길을 성도문(聖道門), 아미타의 본원(本願)을 믿고서 염불하여 정토(淨土)에 태어나 내세에 깨달음을 얻으려고 하는 범부의 도(道)를 정토문이라 칭하고, 지금의 말법시대는 정토문에 의한 깨달음이 용이하다고 하였다.

[한국의 교판] 한국의 원효(元曉,

617-686)는 부처님의 삼승교(三乘教; 四諦·緣起 등의 經)·삼승통교(三乘通教; 『반야경』·『해심밀경』 등)·일승분교(一乘分教; 『범망경』 등)·일승만교(一乘滿教; 『화엄경』 등)의 4교로 나누고 있다.

[일본의 교판] 일본에서는 진언종의 초조인 구카이(空海, 744-835)가 현밀(顯密)의 2교교판과 십주심(十住心)의 교판을 밝히는 한편, 진언밀교의 타종(他宗)에 대한 우위(優位)를 설하였다. 『비밀만다라십주심론(秘密曼荼羅十住心論)』에서는 1. 이생저양심(異生羝羊心; 다만 본능적 욕망대로 생활하며 羝羊과 하등 다를 것이 없는 사람의 마음), 2. 우동지재심(愚童持齋心; 어떤 사람이라도 무엇인가의 동기에서 반드시 도덕적이고 종교적인 자각을 일으킨다는 것), 3. 영동무외심(嬰童無畏心; 불교 이외의 인도 종교, 중국의 道教나 神仙思想 등), 4. 유온무아심(唯蘊無我心; 佛教의 初門인 聲聞乘의 경지), 5. 발업인종심(拔業因種心; 緣覺乘의 境地), 6. 타연대승심(他緣大乘心; 특히 대승초문의 唯識法相宗), 7. 각심불생심(覺心不生心; 三論宗), 8. 일도무위심(一道無爲心; 天台宗), 9. 극무자성심(極無自性心; 華嚴宗), 10. 비밀장엄심(秘密莊嚴心; 眞言宗)이라는 십주심(十住心)을 설하였다. 이 중 1.-9.가 현교(顯教), 10.은 밀교(密教)인데, 밀교를 가장 높은 가르침으로 위치시키고 있다. 천태종에서는 안연(安然, 841-?)이 장교(藏教)·통교(通教)·별교(別教)·원교(圓教)·밀교(密教)의 5교판을 세웠다. 가마쿠라(鎌倉) 신불교(新佛教)에서는 친란(親鸞, 1173-1262)이 자력난행도(自力難行道)를 수(竪), 타력이행도(他力易行道)를 횡(橫)으로, 수출(竪出; 唯識·三論 등), 수초(竪超; 禪·眞言·法華·華嚴 등), 횡출(橫出; 淨土眞宗 이외의 淨土教), 횡초(橫超; 淨土眞宗)라는 이쌍사종(二雙四宗)의 교판을 세웠다. 또한 일련(日蓮)은 교(教; 가르침의 깊이)·기(機; 수용자의 機根)·시(時; 時代)·국(國; 國土)·서(序; 불법이 유포되는 순서)라는 오의(五義; 五綱)의 교판을 세웠다.

교행신증【教行信證】교행증문류(教行證文類)의 외제(外題). 이것은 진언종(眞言宗)에서 세운 사법(四法)의 이름이다. 교(教)·행(行)·증(証) 3법 외에 다시 신(信)의 일법(一法)을 더 세운 것으로, 진언종의 법문에서 특별히 신심(信心)이 가장 중요함을 보인 것이다. 교(教)는 『무량수경』을 가리킨 것이며, 행(行)은 나무아미타불을 가리키고, 신(信)은 나무아미타불을 믿는 신심(信心)을, 증(證)은 극락에 왕생하여 열반의 증과(證果)를 얻는 것을 말한다.

교화【教化】〔英 To transform by instruction; teach and convert; to cause another to give alms〕①교도감화(教導感化)의 뜻. 중생을 가르

ㄱ

쳐 부처가 되게 하고, 의심하는 이를 믿게 하고, 그릇된 이를 바른 길로 인도하는 것. ②남에게 시물(施物)을 주는 것. ③교훈. 가르침.

구결 【九結】〔英 The nine bonds that bind men to mortality〕 9종의 결박이라는 뜻. 중생을 속박하여 고통을 벗어나지 못하게 하는 아홉 가지의 번뇌. 애(愛; Tṛṣṇā)·에(恚; 瞋恚)·만(慢)·무명(無明; Avidyā)·견(見; 身見·邊見·邪見)·취(取; 見取見·戒禁取見)·의(疑; 因果 등의 도리를 의심함)·질(嫉; 남이 잘되는 것을 좋아하지 않는 심리작용)·견(慳; 아껴서 보시하지 못하는 정신작용) 등이다.

구경 【究竟】〔梵 atyanta, paryanta, 西 mthar thug pa〕 최상(最上)·필경(畢竟)·구극(究極)의 뜻. 예컨대 최고의 깨달음. 곧 부처님의 각(覺)을 구경각(究竟覺)이라 하고, 성자(聖者)의 가장 높은 지위를 구경위(究竟位)라고 한다.

구경각 【究竟覺】〔英 Supreme enlightenment, that of Buddha〕 궁극적인 깨달음. 최상의 깨달음. 『대승기신론』에 불각(不覺)·상사각(相似覺)·수분각(隨分覺)·구경각(究竟覺) 등 사각(四覺)을 말하고 있는데, 그 사각 중의 하나가 구경각이다. 불각은 시각(始覺)의 제1보로 업인과보(業因果報)의 이치를 깨달았으나 아직 혹(惑)을 끊는 지혜가 생기지 않은 것이며, 상사각은 아집을 여의고 아공(我空)의 이치를 깨달았으나 아직 진각(眞覺)을 얻지 못한 것이다. 수분각은 초지(初地)인 정심지(淨心地)에 들어가 일체제법이 다 유식〔오직 정신〕의 소현(所現)임을 깨닫고, 법집(法執)을 끊고 진여법신을 하나하나씩 깨달아 가는 지위이며, 구경각은 근본무명을 끊고 절대 진각(眞覺)을 얻어 본각(本覺)이 나타난 자리이다. 즉 성불의 자리. 『기신론』에서는, "보살의 수행과정이 다하여 방편에 만족하고 일념(一念)이 상응하여 깨달은 마음이 처음으로 일어나지만, 마음에는 처음이라는 상(相)이 없고 아주 작은 염(念)도 멀리하였으므로 심성(心性)을 볼 수 있고, 마음〔心〕이 상주(常主)한 것을 구경각(究竟覺)이라 이름한다."라고 하고, 또 『삼장법수(三藏法數)』 9에서는, "구경(究竟)은 곧 종극(終極)의 뜻을 결정하는 것이다. 그것은 염심(染心)의 근원과 구경종궁(究竟終窮)은 본각(本覺)에서는 같음을 깨달을 수 있으므로 구경각(究竟覺)이라 이름한다."라고 하였다.

구경열반 【究竟涅槃】 궁극의 경지에 들어간 열반. 곧 가장 높은 경지에 이른 부처님의 열반.

구경지 【究竟地】 제10지(地). 이것은 보살의 제10지로, 최후의 계위(階位)이다. 이 계위에서 보살은 대법신(大法身)을 얻어 자재력(自在力)을 갖춘다. 이 계위를 지나 등각(等覺) 묘각

(妙覺)에 이르면 성불하게 되는 것이다.

구경처【究竟處】〔梵 para-sthāna〕궁극의 경지. 절대진리의 경계(境界).

구곡각운【龜谷覺雲】 고려 말기의 스님. 각운 항목을 참조할 것.

구나발타라【求那跋陀羅, 394-468】〔梵 Guṇabhadra〕고대 중인도의 스님. 호는 마하연(摩訶衍). 435년에 광주(廣州)에 왔는데, 문제(文帝)는 그를 송(宋)의 도읍에 맞이하여 기원사(祇洹寺)에 살게 하였다. 문제는 그를 깊이 존경하였는데, 안연지(顏延之)·팽성왕(彭城王) 의강(義康)·남초왕(南譙王) 의선(義宣) 등도 그에게 사사하였다. 효무제도 그를 후히 예우하였는데, 가뭄을 당하여 그에게 기우(祈雨)를 청하기도 하였다. 그는 『잡아함경』·『승만경』·『능가경』·『상속해탈경』·『무량수경』 등을 보운(寶雲)과 법용(法勇)에게 전어(傳語)하게 하여 번역해 냈다.

구나함모니불【拘那含牟尼佛】〔梵 Kanakamuni, 巴 Konāgamana〕줄여서 구나함(拘那含), 구나함모니라고 한다. 과거칠불(過去七佛; 毘婆尸·尸棄·毘舍浮·俱留孫·拘那含·迦葉·釋迦牟尼) 가운데 한 분. 현겁(賢劫) 천불(千佛)의 제2.

구담【瞿曇】 팔리어 'Gotama'의 음역(音譯). 범어로는 'Gautama'이다. ①인도의 성(姓) 가운데 하나. '가장 훌륭한 소'라는 뜻. ②석존의 성명. 고타마〔부처님〕. ③고타마 선인의 후예. ④여래(如來)의 동일어.

구두선【口頭禪】〔英 Mouth meditation, i.e. dependence on the leading of others, inability to enter into personal meditation〕①입으로만 선을 참구하는 것. ②실행이 따르지 않는 헛된 말. ③말만 그럴듯할 뿐, 실제 행동이 뒤따르지 못하는 사람. ④구두삼매와 같은 뜻.

구류손불【俱留孫佛】〔梵 Krakucchanda, 巴 Kakucandha〕과거칠불(七佛) 가운데 한 분. 현겁(賢劫) 천불(千佛) 가운데 한 분.

구류중생【九類衆生】〔英 The nine kinds of birth〕구류생(九類生)이라고도 한다. 과거에 지은 선(善)·악(惡)의 행위에 따라 생(生)을 받는 데는 아홉 가지 형태가 있다. 즉 태생(胎生; 胎로 태어난 것)·난생(卵生; 알로 태어난 것)·습생(濕生; 습한 곳에서 태어난 것)·화생(化生; 변화나 탈바꿈해서 태어난 것)·유색(有色; 빛이 있어 태어난 것)·무색(無色; 빛이 없이 태어난 것)·유상(有想; 생각이 있어 태어난 것)·무상(無想; 생각이 없이 태어난 것)·비유상비무상(非有想非無想; 생각이 있지도 않고, 없지도 않게 태어난 것) 등이다.

구마라집【鳩摩羅什, 344-413】〔梵 Kumārajiva〕동수(童壽)라 번역하고, 라집(羅什)이라 약칭한다. 중국에 있어서 불전(佛典) 번역의 태두(泰斗).

삼론종의 조사(祖師). 구자국 출신. 아버지는 구마라염〔Kumārāyana〕, 어머니는 구자국왕의 누이동생 기바(耆婆; Jiva). 7세에 출가하여 여러 곳을 돌아다녔는데, 인도 서북쪽의 계빈에서 반두달다(槃頭達多; Vandhudatta)에게 소승교를 배우고, 소륵국〔kshgar〕에서 수리야소마(須梨耶蘇摩)에게 대승교를 배우고 구자에 돌아와서 비마라차(卑摩羅叉; Vimalakṣa)로부터 십송율(十誦律)을 배웠다. 이때부터 구자에 있으면서 주로 대승교를 폈는데, 383년〔건원 19〕 전진왕 부견이 구마라집을 얻고자 장군 여광(呂光)을 시켜 구자국을 치게 하였다. 그런데 여광이 구마라집을 데리고 양주(凉州)에 도착해 부견의 패보(敗報)를 듣고는 자기가 왕이 되었다. 그 뒤 후진(後秦)의 요홍이 구마라집을 얻고자 10만 대병(大兵)으로 양(凉)을 쳐서, 401년 구마라집을 모시고 장안(長安)에 돌아와 국빈으로 대우하였다. 구마라집은 장안에 와서 10여 년 사이에 74부 380여 권의 경(經)·율(律)·론(論)을 번역하였다. 제자는 모두 3천 명, 그 중에서 도생·승조·도융·승예를 구마라집 문하의 사철(四哲)이라고 한다. 구마라집의 번역 가운데 『성실론』·『십송율』은 소승에 속하는 것이고, 『대품반야』·『금강반야』·『유마경』·『대지도론』·『중관론』·『십이문론』·『백론』은 반야 계통, 공론(空論) 용수(龍樹) 계통의 불교 연구에 자료를 제공하고 있다. 또한 『묘법연화경』은 천태종·일련종의 근본 성전이 되고, 『아미타경』·『십주비바사론』은 널리 정토교의 소의(所依) 경전으로 된다. 구마라집의 번역은 다방면에 걸쳐 있는데, 주력하고 있는 것은 삼론(三論)·중관불교(中觀佛敎)를 알리는 데 있었다. 413년〔후진 홍시 15〕 8월 장안 대사(大寺)에서 입적했다. 경전 번역을 통하여 중국불교의 기초를 다졌다.

구무간도【九無間道】〔英 In every universe there are nine realms, in every realm there are nine illusions in practice 修, and nine ways of relief; hence the nine ways of overcoming hindrances〕 삼계(三界)를 구지(九地)로 나누고 일지(一地)의 수혹(修惑)을 9품으로 나누어 거친 것부터 차례로 미세한 것까지 끊는 데 각각 9무간도와 9해탈의 두 길이 있다. 수혹을 단절시키는 위치를 무간도(無間道; ānantaryamārga)라고 하고, 단절시켜 버린 위치를 해탈도(解脫道)라고 한다. 그러므로 수혹(修惑)에는 일지(一地)마다 9무간도와 9해탈도가 있다.

구무위【九無爲】〔英 The nine kinds of, and meditations on, 無爲 q.v.〕 부파불교 가운데 대중부 계통에서 주장하는 것으로, 택멸(擇滅)·비택멸(非擇滅)·허공(虛空)·공무변처(空無邊處)·식무변처(識無邊處)·무소유처

(無所有處)·비상비비상처(非想非非想處)·연기지성(緣起支性)·성도지성(聖道支性)을 말한다. 택멸은 택력소득멸(擇力所得滅)이라는 뜻으로, 지혜의 간택력(簡擇力)에 의해서 번뇌의 속박을 여의고 얻은 멸리(滅理), 곧 열반이다. 비택멸은 택멸과 같이 지혜의 간택력에 의하여 얻은 멸(滅)이 아니고, 오직 제법(諸法)이 생기(生起)하는 연(緣)을 빼기 위하여 불생멸(不生滅)을 얻는 멸(滅)이다. 허공은 흔히 말하는 공간(空間)의 의미로서, 다른 것을 장애하지도 않으며 다른 것에 장애를 받지도 않아서 무애(無碍)를 속성으로 하여 색법(色法)이 그 속에서 생멸하게 하는 법이다. 공무변처(空無邊處)는 추색(麤色)을 공(空)하고 미세한 색(色)을 두어서 공무변처정에서 하지(下地)의 혹(惑; 번뇌)을 끊어 공무변처에 태어남을 말한다. 식무변처(識無邊處)는 외공(外空)을 싫어하고 내면(內面)을 향하여 식(識)이 끝없음을 관하여 하지(下地)의 혹(惑)을 끊어서 식무변처천에 태어남을 말한다. 무소유처(無所有處)는 식(識)이 끝없음을 싫어하고 무소유를 관하여 하지(下地)의 혹(惑)을 끊고 무소유천에 생(生)함을 말한다. 비상비비상처는 유상(有想)·무상(無想) 모두를 떠난 상태로서, 하지(下地)의 혹(惑)을 끊고 비상비비상처천에 생함을 말하는 것이다. 연기지성(緣起支性)은 생사유전(生死流轉)의 이법(理法)을 말하고, 성도지성(聖道支性)은 고계환멸(苦界還滅)의 이법(理法)을 말한다.

구무학【九無學】〔英 The nine grades (of arhats) who are no longer learning, having attained go〕 구종나한(九種羅漢)·구종아라한(九種阿羅漢)이라고 한다. 아라한을 9종으로 나눈 것. 1.『구사론』에서는 퇴법(退法)·사법(思法)·호법(護法)·안주법(安住法)·감달법(堪達法)·부동(不動)·불퇴(不退)·혜해탈(慧解脫)·구해탈(俱解脫)로 나누고, 2.『성실론』에서는 퇴상(退相)·수상(守相)·사상(死相)·주상(住相)·가진상(可進相)·불괴상(不壞相)·불퇴상(不退相)·혜해탈(慧解脫)·구해탈(俱解脫)로 나누고, 3.『중아함복전경(中阿含福田經)』에서는 사법(思法)·승진법(昇進法)·부동법(不動法)·퇴법(退法)·불퇴법(不退法)·호법(護法)·주법(住法)·혜해탈(慧解脫)·구해탈(俱解脫)로 나눈다.

구반다【鳩槃茶; kumbhāṇda】 귀신의 일종. 항아리와 같은 모양의 고환(睾丸)을 갖는다는 뜻. 악귀의 무리로, 힌두신화에서는 루드라 신의 지배하에 있다. 불교에서는 사천왕 가운데 증장천왕(增長天王)의 부하로 사람의 정기(精氣)를 빨아먹는 귀신. 말의 머리에 사람의 몸을 한 남방(南方) 증장천왕의 부하이다. 궁반다(弓槃茶)·구반다(究槃茶)·공반다(恭畔茶)·구반

ㄱ

다(拘槃茶)·구반다(俱槃茶)·길반다(吉槃茶)·구변다(拘辨茶)·구만나(鳩滿拏)라고도 음역(音譯).

구방편【九方便】〔英 The nine suitable stages in religious service〕①법회에서 수행하는 법식 이름. 작례(作禮)·출죄(出罪)·귀의(歸依)·시신(施身)·발보리심(發菩提心)·수희(隨喜)·권청(勸請)·봉청법신(奉請法身)·회향(廻向)의 9종 방편으로, 각기 게송이 있어 노래한다. ②밀교에서 비법수행(秘法修行)을 하기 전에 행하는 의식. 건성공경(虔誠恭敬)·참회(懺悔)·귀의(歸依)·자공양(自供養)·발보리심(發菩提心)·수희공덕(隨喜功德)·권청덕운(勸請德雲)·제불주세(諸佛住世)·회향보리(廻向菩提) 등을 말한다.

구변지【九遍知】〔英 The nine forms of complete knowledge of the four axioms and the cutting off of passion, delusion, etc in the processes of 見 and 修, as distinct from 無學〕사제(四諦)의 이치를 모두 아는 것을 변지(遍知)라고 하는데, 변지에는 지변지(智遍知; 四諦의 이치를 두루 아는 無漏智)와 단변지(斷遍知; 그 無漏智에 의해서 번뇌를 끊는 것)가 있다. 단변지(斷遍知)에 욕계견고집단결진변지(欲界見苦集斷結盡遍知)·상이계견고집단결진변지(上二界見苦集斷結盡遍知)·욕계견멸단결진변지(欲界見滅斷結盡遍知)·상이계견멸단결진변지(上二界見滅斷結盡遍知)·욕계견도단결진변지(欲界見道斷結盡遍知)·상이계견도단결진변지(上二界見道斷結盡遍知)·오순하분결진변지(五順下分結盡遍知)·색애결진변지(色愛結盡遍知)·일체결진변지(一切結盡遍知) 등 9종이 있어서 구변지(九遍知)라고 한다.

구부경【九部經】〔英 nine of the Hinayāna twelve classes of sūtras, that is all except the 方廣, 授記 and 無問自說〕경전을 9종으로 분류한 것을 일컬음. ①대승구부(大乘九部)·구분교(九分教)라고도 한다. 십이부경(十二部經) 중에서 인연(因緣)·비유(譬喩)·논의(論義)의 3부를 제한 것. 수다라(修多羅)·기야(祇夜)·가타(伽陀)·이제목다가(伊帝目多伽)·사다가(闍多伽)·아부달마(阿浮達磨)·우타나(優陀那)·비불략(毘佛略)·화가라(和伽羅) 등이다. ②소승구부(小乘九部). 십이부경에서 방광·수기·무문자설의 3부를 제한 것. 수다라·기야·가타·니타나·이제목다가·사다가·아부달마·아바타나·우파제사 등이다. 구분교 항목 참조.

구부득고【求不得苦】〔梵 yad api icchan paryeṣamāṇo na labhate, 西 gaṅ ḥded pa btsal gyis ma rñed pa de yaṅ sdug bsṅal, 英 The pain which results from not receiving what one seeks, from disappointed hope, or unrewarded effort〕팔고

(八苦) 가운데 하나. 어떤 것을 얻으려고 해도 얻지 못하는 데서 오는 괴로움. 여기에는 두 가지가 있는데, 하나는 바라는 것을 구하여도 얻지 못하는 것이요, 또 하나는 많은 공력(功力)을 들이고도 좋은 결과〔果報〕를 얻지 못하는 것이다.

구분교【九分敎】〔巴 nava-aṅga-buddha-sāsana〕 석존의 가르침이 성어(聖語)로써 최초로 정리된 9종류의 유형. 즉 1. 계경(契經), 2. 중송(重頌), 3. 수기(授記), 4. 게송(偈頌), 5. 감흥어(感興語), 6. 본생담(本生譚), 7. 미증유법(未曾有法), 8. 여시어(如是語), 9. 방광(方廣) 등이다. 역사적 사실로 보면, 구부경(九部經)이 먼저 성립되고 그 뒤에 3부경이 추가되어 12부경이 성립된 것으로 보인다. 구부경 항목 참조.

구사론【俱舍論】〔梵 Abhidharma-kosa-sāstra〕 인도 유식학파의 제3조인 세친(世親; Vasubandhu, 약 320-400년경)의 저작. 『아비달마구사론(阿毘達磨俱舍論)』을 약칭한 것으로, 이를 의역(意譯)하여 『대법장론(對法藏論)』이라고도 한다. 내용은 「계품(界品)」·「근품(根品)」·「세간품(世間品)」·「업품(業品)」·「수면품(隨眠品)」·「현성품(賢聖品)」·「지품(智品)」·「정품(定品)」·「파아품(破我品)」으로 되어 있다. 「계품」·「근품」에서는 유부(有部)가 생각한 법(法; dharma)의 의미를 밝히고, 현실을 구성하는 법 75종을 제시, 이것을 다섯 종류〔五位〕로 분류하여 개개의 법의 성질을 설명하고, 다시 법이 지니는 일반적 작용을 6인(因)·4연(緣)·5과(果)로 설명한다. 「세간품」에서는 인간이 사는 세계를 시간적·공간적인 양면에서 설명하고, 「업품」에서는 세간의 존재양식을 결정하는 인간의 업(業)의 성격을 밝히며, 「수면품」에서는 인간이 업을 만드는 원인이 되는 번뇌를 설명한다. 이상은 미혹(迷惑)의 세계에 대한 설명이다. 「현성품」에서는 수행자가 깨닫는 단계와 그 종류를 나타내고, 「지품」에서는 깨달음을 얻는 지혜의 성격과 종류를 나타내며, 「정품」에서는 지혜의 획득 기반이 되는 선정(禪定)에 대하여 설명한다. 이상의 3품(品)은 깨달음의 세계의 설명이다. 「파아품」은 무아(無我)의 입장에서 유아(有我) 사상을 논파한 것이다.

구사종【俱舍宗】〔英 The Abhidharma or Piṭaka school〕 세친의 『구사론(俱舍論)』을 소의(所依)로 하는 종파. 8종의 하나. 남도(南都) 6종의 하나. 논종(論宗)·비담종(毘曇宗)이라고도 한다. 『구사론』을 주로 하여 『사아함경(四阿含經)』 및 『육족론(六足論)』·『발지론(發智論)』의 칠론(七論)과 『발지론』을 해석한 『대비바사론』 등을 소의(所依)로 하는 소승교의 종파. 『구사론』은 세친(世親, Vasubandhu, 약 320-400년경)이 지은 책으로, 설일체유부(說一切有部)의 전통적인 설을 비판하고 소승사상의 진수를 구명한 것인데, 총명론(聰明論)이라고도 한다. 세친 자신은 형인 무착(無着, 310-390경)의 권유에 의하여 소승을 버리고 대승교로 옮겼지만, 『구사론』은 덕혜(德慧; Guṇamati)·세우(世友; Vasumitra)·안혜(安慧; Sthiramati, 470-550경)·진나(陳那; Dignāga, 480경-540경)·칭우(稱友) 등에 의하여 잇따라 해석되어 그 내용이 선양되었다. 중국에서는 소승불교가 비담종(毘曇宗)을 만들었으나, 진(陳)의 진제(眞諦)가 『아비달마구사석론』 22권을 지었고, 이를 근본으로 하게끔 되었으므로 구사종이라 불렀다. 이어서 당(唐)의 현장(玄奘, 602-664)이 『구사론』을 30권으로 개역(改譯)하고, 신태(神泰)·보광(普光)·법보(法寶) 등의 제자가 각기 구사론을 주석하여 소(疏)를 지었다. 그 뒤에도 회소(懷素, 624-697)·규기(窺基, 632-682)·원휘(圓暉)·둔린(遁麟)·혜휘(慧暉) 등이 소승을 연구하였다. 한국에는 신라 때에 전래되었고, 일본에서는 제명천황 4년〔658〕 지통(智通)·지달(智達) 등이 입당(入唐)하여 『구사론』을 전하고, 다시 현방(玄昉, ?-746) 등의 소개를 계기로 홍복사 등에서 널리 수학(修學)된 바 있다. 구사종은 소승이었지만, 대승의 입문으로서 제종(諸宗)에 널리 연구되었다. 교의(敎義)로는 소승 유문(有門)이고, 성실론의 소승 공문(空門)의 교의와 대립하고 있다. 그러나 소의(所依)인 『구사론』은 소승의 대표적 교의로서 많은 학자들에 의하여 연구되어 주석도 많이 지어졌다. 그 교의는 일체제법(一切諸法)을 5위(位) 75법(法)으로 나누어 그 본성을 구명하고, 아공법유(我空法有) 삼세실유(三世實有) 법체항유(法體恒有)를 설하는 것으로 되어 있다. 사제(四諦)의 이치를 관하여 아라한과를 얻어, 무여열반에 들어감을 목표로 한다.

구산선문 【九山禪門】 통일신라 이후 선불교(禪佛敎)가 성할 때 종풍을 떨친 아홉 개의 대표적인 산문(山門). 선문구산(禪門九山), 구산문파(九山門派)라고도 함. 통일신라 이후 선불교가 성할 때, 한국의 선승들이 중국에 가서 선법(禪法)을 전승해 와서 개산하여 종풍을 떨친 아홉 개의 대표적인 산문. 도의(道義)는 마조도일(馬祖道一, 709-788)의 제자 서당지장(西堂智藏, 735-814)의 선법을 배워 장흥 보림사에서 가지산문(迦智山門)을 개창했고, 홍척(洪陟, 817-893)은 남원 실상사에서 실상산문(實相山門)을, 혜철(惠哲, 785-861)은 곡성 태안사에서 동리산문(桐裡山門)을 열어 종풍을 크게 떨쳤다. 그리고 무염(無染, 801-888)은 마조의 문인(門人) 마곡보철(麻谷寶徹)에게서 법을 받아 보령 성주사에서 성주산문(聖住山門)을, 현욱(玄昱, 787-869)은 마조의 문인 장경회휘(章敬懷暉, 745-815)의 법을 얻어 창원 봉림사에서 봉림산문(鳳林山門)을, 범일(梵日, 810-889)은 마조의 문인 염관제안(鹽官齊安, ?-842)의 법을 얻어 강릉 굴산사에서 사굴산문(闍堀山門)을, 도헌(道憲, 824-882)은 남종선의 혜소(慧昭, 774-850)와 사조선(四祖禪)과 신수(神秀, 606-706)의 북종선을 아울러 이은 혜은(惠隱)에게 선풍(禪風)을 이어받아 문경 봉암사에서 희양산문(曦陽山門)을, 도윤(道允, 798-868)은 마조도일의 문인 남전보원(南泉普願, 748-834)의 선법을 이어 능주 쌍봉사에서 그 종풍을 떨쳤고, 그의 제자 절중(折中, 826-900)이 사승(師承)하여 영월 사자산사에서 사자산문(師子山門)의 문풍(門風)을 드날렸다. 위에서 말한 8산문 가운데서는 사굴산파가 매우 성하였다. 그리고 이엄(利嚴, 870-936)은 931년〔경순왕 5〕에 동산양개(洞山良价, 807-869)의 고제(高弟) 운거도응(雲居道膺)에게 선을 배워 해주 광조사에서 수미산문(須彌山門)을 개창했다.

구산팔해【九山八海】〔英 The nine cakravāla, or concentric mountain ranges or continents, separated by eight seas, of a universe〕 인도의 세계구성설에 나타난 산과 바다의 총수. 일소세계(一小世界)의 중심에 최고산인 수미산(須彌山; Sumeru; 一名 妙高山)이 있고, 여기서 물이 나가는 데 8만 유순(由旬), 물이 들어오는 데 8만 유순이 걸린다고 한다. 이 수미산 주위를 일곱 겹으로 둘러싼 칠금산(七金山; 1. 持雙山〔Yugaṃdhara〕, 2. 持軸山〔Iśādhara〕, 3. 擔木山〔Khadiraka〕, 4. 善見山〔Sūdarśana〕, 5. 馬耳山〔Aśvakarna〕, 6. 象鼻山〔Vinataka〕, 7. 持邊山〔Nimiṅdhara〕)이 차례로 있는데, 그 높이는 수미산에서 차츰차츰 1/2씩 감하여 지변산은 625유순이 된다. 이 수미산과 칠금산의 하나하나 사이에 각각 대해(大海)가 팔공덕수(八功德水)로 가득한데, 이것을 내해(內海)라고 하며, 모두 7해(海)가 있다. 지변산에서 36만 3천 2백 88유순 밖에, 철(鐵)로 된 높이와 넓이가 모두 3백 12유순 되는 철위산(鐵圍山; Cakravāda)이 둘러싸고 있는데, 지변산과 철위산 사이의 바다는 외해(外海)라고 한다. 여기는 짠 바다인데, 이 해상의 사방에 사대주(四大洲)가 있다. 우리는 남대주(南大洲) 염부제〔Jambu-dvipa〕에 살고 있다. 따라서 수미산·칠금산(七金山)·철위산을 합하여 9산(山), 7내해(內海)와 1외해(外海)를 합하여 8해(海)가 된다. 이것은 세계의 가장 적은 것이기 때문에 소세계(小世界)라 말한다.

구생기【俱生起】〔英 Arising and born with one; spontaneous〕 번뇌가 일어나는 데 있어서, 사사(邪師)와 사교(邪敎)에 의지하거나 사사유(邪思惟)에 의지하여 후천적으로 일어나면 이 번뇌를 분별기(分別起)라고 한다. 이에 비해서 사사(邪師)·사교(邪教)·사사유(邪思惟) 등의 바깥 연(緣)에 의지하지 않고 나면서부터 갖추어 있는 선천적인 번뇌를 구생기라고 한다.

구생신【俱生神】〔梵 Soha-deva, 英 The spirit, born at the same time as the individual, which records his deeds and reports to Yama〕 어떤 사람과 함께 태어나 항상 그 사람의 양쪽 어깨 위에 있으면서 밤낮을 가리지 않고 선악의 행위를 기록하며, 죽은 뒤에 염마왕에게 아뢴다는 신(神). 왼쪽 어깨에 있는 동명신(同名神; 同名天)이라는 남신(男神)은 그 사람의 착한 행위만을 기록하고, 오른쪽 어깨에 있는 동생신(同生神; 同生天)이라는 여신(女神)은 악한 행위만을 기록한다고 한다. 구생신에 관해서는 『약사본원경(藥師本願經)』·『약사경고적(藥師經古迹)』 하권·『약사경초(藥師經鈔)』 하권·『60화엄경』 45 등에 나온다.

구세【九世】〔英 In past, present and future worlds, each has its own past, present and future, hence nine worlds or ages〕 시간의 흐름을 나타내는 말로 삼세(三世; The tree refined or subtle conceptions)라는 표현을 사용하는데, 과거·현재·미래의 삼세(三世)에 각기 또 삼세를 갖추고 있으므로, 이를 합하여 9세(九世)라고 한다.

구세간【九世間】〔英 The nine lower of the ten worlds, the highest or tenth being the Buddha world; the nine are always subject to illusion, confused by the senses〕 지옥·아귀·아수라·인간·천상·성문·연각·보살·불(佛)의 10종 세간 중 불계(佛界)를 제외한 다른 구계(九界)를 말한다. 이것은 모두 미망(迷妄)을 벗지 못하였으므로 세간(世間)이라고 한다.

구식【九識】〔英 The nine kinds of cognition or consciousness〕 안식(眼識)·이식(耳識)·비식(鼻識)·설식(舌識)·신식(身識)·의식(意識)을 6식(六識)이라 하고, 이것에 말나식(末那識)·아뢰야식(阿賴耶識)·아마라식(阿摩羅識)을 더하여 9식이라고 한다. 식(識)이란 의식으로서 대상을 인식하고 동이(同異)를 분별하는 마음의 작용을 의미한다. 초기불교의 심리학설은 6식설이었으나, 교리의 발달에 따라 8식설이 되고 9식설이 되었다. 법상종의 유식설에서는 일체의 식(識; vijñāna)을 8로 하고, 제8식〔아뢰야식〕으로 모든 현상(現象)의 근본으로 하는 아뢰야연기를 설한다. 그러나 이성(理性; 性이란 體의 의미)을 설하는 성종(性宗)의 유심설(唯心說)에서는 8식 위에 제9식〔아마라식〕, 즉 절대통일의 원리인 진여연기(眞如緣起)를 설한다. 즉 전(前) 8식(八識)의 근원으로서 제9식을 세운다. 진여 항목 참조.

구식십명【九識十名】제9 암마라식(菴摩羅識)의 열 가지 이름. 1. 진식(眞識), 2. 무상식(無相識), 3. 법성식(法性識), 4. 불성진식(佛性眞識), 5. 실제식(實際識), 6. 법신식(法身識), 7. 자성청정식(自性淸淨識), 8. 아마라식(阿摩羅識), 9. 진여식(眞如識), 10. 불가명목식(不可名目識) 등이다.

구심주【九心住】신라의 원효(元曉, 617-686)는 각(覺)의 실천으로 거론하고 있는 오문(五門; 布施·持戒·忍辱·精進·止觀) 중에서 지관문(止觀門)을 설명하면서 지(止)의 구체적 방법으로 구심주(九心住)를 말하고 있다. 구심주(九心住)는 1. 내주(內住; 마음을 내면적으로 안정시켜 산란함을 막음), 2. 등주(等住; 마음을 평등하게 머무름), 3. 안주(安住; 마음을 평안하게 함), 4. 근주(近住; 마음을 대상에서 멀리 하고, 마음을 안으로 가까이 머무르게 함), 5. 조순(調順; 마음을 조절하고 순하게 함), 6. 적정(寂靜; 산란한 마음을 고요하게 함), 7. 최극정(最極靜; 산란한 마음을 극복하여 가장 고요하게 함), 8. 전주일취(專住一趣; 생긴 삼매에 오로지 한 가지 길에 머무름), 9. 등지(等持; 한결같은 마음을 유지함) 등이다.

구십팔사【九十八使】〔英 The Hinayāna ninety-eight tempters, or temptations, that follow men with all subtlety to induce laxity〕 구십팔수면(九十八隨眠)이라고도 한다. 사(使)는 번뇌의 다른 이름. 번뇌는 사람의 마음을 흔들어 놓으므로 사(使)라고 한다. 98이라고 하는 것은 온갖 번뇌의 근본인 탐(貪)·진(瞋)·치(痴)·만(慢)·의(疑)·신견(身見)·변견(邊見)·사견(邪見)·견취견(見取見)·계금취견(戒禁取見)의 10수면을 삼계(三界)·오부(五部)에 배당한 것이다. 곧 욕계의 고제(苦諦) 아래 10종, 집제(集諦)·멸제(滅諦) 아래 각기 7종〔십수면에서 신견·변견·계금취견을 제함〕, 도제(道諦) 아래 8종〔10수면에서 신견·변견을 제함〕과 욕계의 수도(修道) 아래 4종〔貪·瞋·慢·疑〕을 합하여 욕계에 36종이 있고, 색계·무색계에는 진(瞋)이 없으므로 5부에서 이를 제하면 31종이 있다. 따라서 색계 31, 무색계 31, 욕계 36을 합하면 98종이 된다.

구업【九業】〔英 The nine kinds of karma〕 욕계(欲界)와 색계(色界)에 각각 있는 작업(作業)·무작업(無作業)·비작비무작업(非作非無作業)과 무색계(無色界)의 무작업(無作業)·비작비무작업(非作非無作業)·무루업(無漏業)의 9종을 말한다. 작업(作業)은 뜻을 결정한 뒤에 표현되는 외부의 신(身)·구(口) 이업(二業), 곧 동작·언어를 말하고, 무작업(無作業)은 몸과 입으로 외부에 나타난 행위인 표업(表業)이 끝난 뒤에 밖에 나타나지 않고, 각기 선(善)하거나 악(惡)한 업(業)을 상속하는 것이며, 비작비무작업(非作非無作業)은 의업(意業)인 마음의 활동, 또는 정신작용을 말한다. 무루업(無漏業)은 번뇌의 더러움을 벗어난 언어·동작·의념(意念)을 말한다.

구업 【口業】〔英 The work of the mouth〕 삼업(三業)의 하나. 어업(語業)이라고도 한다. 입으로 짓는 업. 곧 말을 말한다. 망어(妄語)·양설(兩舌)·악구(惡口)·기어(綺語)와 같이 입으로 짓는 나쁜 업도 있고, 불망어(不妄語)·불양설(不兩舌)·불악구(不惡口)·불기어(不綺語)와 같이 입으로 짓는 좋은 업도 있다.

구역신역 【舊譯新譯】 ①양(梁)나라 때 승려인 승우(僧祐, 444-518)의 『출삼장기집(出三藏記集)』 1권에는, 서진(西晋) 이전의 역경(譯經)을 구역(舊譯)이라 하고, 그 이후 진(秦)나라 때 구마라집(鳩摩羅什, 344-413) 이후의 역경(譯經)을 신역(新譯)이라 한다. ②특별히 신구역(新舊譯)의 다른 점을 강조하는 것은 당(唐)나라 때의 현장(玄奘, 602-664)이다. 중국 불교학계에서는 현장 이전을 구역(舊譯)이라 하고, 현장부터 신역(新譯)이라 한다.

구요 【九曜】〔梵 Navagraha, 英 The nine luminaries〕 구집(九執)이라고도 한다. 인도에 있는 일종의 역법(曆法). 1. 일요(日曜; Āditya); 태양. 축인(丑寅) 방(方)에 배당. 본지(本地); 관음〔혹은 허공장〕. 2. 월요(月曜; soma); 태음. 술해(戌亥) 방향에 배당. 본지; 대세지. 3. 화요(火曜; Aṅgāraka); 형혹성(熒惑星). 남방에 배당. 본지; 보생불〔혹은 아로가관음〕. 4. 수요(水曜; Budha); 진성(辰星). 북방에 배당. 본지; 미묘장엄신불〔혹은 수면관음〕. 5. 목요(木曜; Bṛhaspati); 세성(歲星). 동방에 배당. 본지; 약사불〔혹은 마두관음〕. 6. 금요(金曜; Śukra); 태백성(太白星). 서방에 배당. 본지; 아미타불〔혹은 불공견삭〕. 7. 토요(土曜; Śanaiścara); 진성(鎭星). 중앙에 배당. 본지; 비로자나불〔혹은 십일면관음〕. 8. 라후(羅睺; Rāhu); 황번성(黃幡星). 축인(丑寅) 방향에 배당. 본지; 비바시불. 9. 계도(計都; Ketu); 표미성(豹尾星). 미신(未申) 방향에 배당. 본지; 불공견삭. 이 구성(九星)은 사람의 나이에 배당하여 길흉을 판단한다고 한다.

구원겁 【久遠劫】 구원겁이란 대단히 긴 오랜 시간, 즉 장시간(長時間)을 가리키는 말이다. 겁(劫)은 인간의 머리로는 셀 수 없는 시간. 겁파(劫波; kalpa)의 약칭.

구원의 법신불 【久遠-法身佛】 부파불교시대에는 불타라고 하면, 29세에 출가하여 35세에 진리를 깨닫고 80세에 입적(入寂)한 고타마 붓다 한 분을 의미했다. 그래서 불타가 입적한 후에 불타의 신격화가 이루어져 보통 사람에게서는 찾아볼 수 없는 32상(相)과 80종호(種好)의 특수한 모습을 갖추었다고 생각했다. 그러나 대승불교가 성립하게 되자, 대승의 여러 경전에서는 이러한 불타를 시간과 공간을 초월한 초인적인 불타로 기술하였다. 『법화경』「여래수량품(如來壽量品)」에서는 붓다가야의 보리수 밑에서 도를 깨닫고 불타가 된 석가는 중생을 제도하기 위하여 일시적으로 인간의 모습으로 이 세상에 출현한 것에 불과하며, 사실은 영원한 과거세에 이미 성불을 완성한 구원실성(久遠實成)의 부처였음을 말하고 있다. 이 부처를 구원(久遠)의 법신불(法身佛)이라고 한다. 법신불사상은 불(佛)이란 곧 진리〔法〕이며, 그 진리〔법〕는 시공을 초월하여 영원불변이기 때문에, 그 법을 깨달은 부처도 진리와 일체(一體)로서 영원불멸의 존재〔法身〕로 여기게 된 것이다.

구유인【俱有因】〔梵 sahabhū-hetu〕 능생(能生) 육인(六因)의 하나. 시간적으로나 공간적으로 함께 있어 자타(自他)가 서로 인과관계를 이루어 도와주는 것을 말한다.

구재일【九齋日】〔英 The nine kinds of days of abstinence on which no food is eaten after twelve o'clock noon and the commends are observed〕 1월·5월·9월은 날마다 재일인데〔3장재〕, 이 밖의 달의 8일·14일·15일·23일·29일·30일〔6재일〕을 합한 아홉 날을 말한다. 이날은 도리천(忉利天; Trāyastriṃśa)의 제석(帝釋; Śakrodevendra)과 사천왕(四天王; Cutur-mahārāja-kāyikas) 등이 인간의 행위를 살피는 날이므로, 특히 계(戒)를 지키고 소식(素食)하며 착한 일에 힘써야 한다고 하고 있다.

구정【九定】 계정혜(戒定慧) 삼학(三學)의 하나인 정(定)을 9종류로 나눈 것. 즉 초선정(初禪定)·이선정(二禪定)·삼선정(三禪定)·사선정(四禪定)·공무변처정(空無邊處定)·식무변처정(識無邊處定)·무소유처정(無所有處定)·비상비비상처정(非想非非想處定)·멸진정(滅盡定; nirodhasamāpatti)을 말한다.

구정육【九淨肉】 비구는 육식(肉食)을 금했지만, 병을 치료하기 위해서, 또는 부득이한 경우에만 다음 9종 정육(淨肉)에 한해서만 먹는 것을 허락하였다. 즉 1. 죽는 것을 보지 않은 고기, 2. 죽는 소리를 듣지 않은 고기, 3. 나를 위하여 죽였다는 의심이 없는 고기, 4. 나를 위하여 죽이지 않은 고기, 5. 목숨이 다하여 스스로 죽은 고기, 6. 새가 먹다 남긴 고기, 7. 죽은 지 오래되어 저절로 마른 고기, 8. 기약하지 않고 대접하는 고기, 9. 전에 벌써 죽은 고기 등이다.

구조상승【九祖相承】〔英 The succession of nine founders of the T'ien-tai school〕 9조는 동토9조(東

ㄱ

土九祖). 9조상승은 중국불교 천태종의 혈맥을 이은 차례. 곧 1. 용수(龍樹), 2. 혜문(慧文), 3. 혜사(慧思), 4. 지의(智顗), 5. 관정(灌頂), 6. 지위(智威), 7. 혜위(慧威), 8. 현랑(玄朗), 9. 담연(湛然) 등의 9조(祖)가 차례로 천태종의 법맥을 계승한 것을 말한다.

구족계【具足戒】〔梵 Upasaṃapadā, 巴 Upasampanna, 英 The complete rules or commandments〕 비구, 비구니가 지켜야 할 계(戒). 비구는 250계, 비구니는 348계, 또는 500계를 지켜야 한다. 구족(具足)이라는 것은 모두 갖추어서 완벽하다는 뜻이다. 구족계를 받으려면 먼저 사미계를 받아야 하고, 사미계를 받은 지 3년이 지난 사람으로서 나이 만 20세 이어야 한다.

구중【九衆】〔英 The 七衆 q.v. plus junior monks and nuns, i.e. novices who have received the eight commandments〕 부처님의 제자를 9종으로 나눈 것. 1. 비구(比丘; 구족계를 받아 지키는 남자 출가승), 2. 비구니(比丘尼; 구족계를 받아 지키는 여자 출가승), 3. 사미(沙彌; 십계를 받아 지키는 어린 남승), 4. 사미니(沙彌尼; 십계를 받아 지키는 어린 여승), 5. 식차마나(式叉摩那; 사미니와 비구니 사이에 2년간 실습, 테스트 과정을 밟는 여승), 6. 우바새(優婆塞; 5계를 받아 지키는 남자 재가신도), 7. 우바이(優婆夷; 5계를 받아 지키는 여자 재가 신도), 8. 출가(出家; 8계를 받아 지키는 남자), 9. 출가니(出家尼; 8계를 받아 지키는 여자) 등이다. 사부대중(四部大衆)은 비구·비구니·우바새·우바이.

구중현【句中玄】 임제삼현(臨濟三玄)의 하나. 말이나 인식(認識) 상에 나타난 진실. 보조국사 지눌(知訥, 1158-1210)은 구중현을 고인의 지혜라 했고, 언구(言句)를 끊은 경지라고 했다. 체중현(體中玄)에서는 시간과 공간을 초월한 마음자리를 알았다 해도 그 알았다는 생각, 알았다는 관념이 아직 남아 있으므로, 제2의 구중현(句中玄)의 도리로 이 고집을 깨뜨려 '불법(佛法)이 이런 것이구나.'라고 하는 생각마저 없앤다고 했다. 조선의 휴정(休靜, 1520-1604)은 구중현을 지름길말〔徑截言句〕들이라고 하고 있다.

구지【九地】〔英 The nine lands〕 삼계(三界)를 9종으로 나눈 것. 1. 욕계오취지(欲界五趣地). 욕계 안에 있는 지옥·아귀·축생·인간·천상의 5취를 합하여 1지(地)로 한다. 2. 이생희락지(離生喜樂地). 색계(色界)의 초선천(初禪天). 3. 정생희락지(定生喜樂地). 색계 제2선천. 4. 이희묘락지(離喜妙樂地). 색계 제3선천. 5. 사념청정지(捨念淸淨地). 색계 제4선천. 6. 공무변처지(空無辺處地). 무색계(無色界)에서 색(色)의 속박을 싫어하는 마음에 색상(色想)을 버리고 한없는 허공을 반연하는 선정을 닦는 곳. 7. 식무변처지(識無辺處地). 다시 공(空)인 생각을 버리고 심식(心識)이 끝없이 확대되는 관상(觀想)에 머물러 선정을 닦는 곳. 8. 무소유처지(無所有處地). 다시 한 걸음 나아가 식상(識想)을 버리고 심무소유(心無所有)라고 관하는 선정을 닦는 곳. 9. 비상비비상처지(非想非非想處地). 식무변처지의 유상(有想)도 버리고 무소유처지의 무상도 여읜 곳.

구차제정 【九次第定】〔英 The samādhi of the nine degrees, i.e. the four dhyānas 四禪, the four realms beyond form 四無色, and the samādhi beyond sensation and thought 滅受想定〕 무간선(無間禪)·연선(鍊禪). 차례로 이어서 닦는 9종의 선정(禪定). 곧 초선차제정(初禪次第定)·이선차제정(二禪次第定)·삼선차제정(三禪次第定)·사선차제정(四禪次第定)·공처차제정(空處次第定)·식처차제정(識處次第定)·무소유처차제정(無所有處次第定)·비상비비상처차제정(非想非非想處次第定)·멸수상차제정(滅受想次第定) 등이다. 이는 초선(初禪)에서 차례로 제2선에 들어가고, 이어 차례차례로 멸진정(滅盡定)에 드는 것이다.

구참 【久參】 오래도록 수행을 쌓은 사람. 오래도록 불도(佛道)에 참학(參學)한 사람. 또는 오래도록 참선 수행을 쌓은 사람.

구칭삼매 【口稱三昧】〔英 The samādhi in which with a quiet heart the individual repeats the name of Buddha〕 일심으로 부처님의 명호(名號)를 소리 내어 외우는 것. 청정일심으로 부처님의 명호를 부르면 그 공덕으로 삼매의 경지에 들어가게 되므로 구칭삼매라고 한다.

구품연대 【九品蓮臺】 정토(淨土)에 왕생하는 이가 앉는 9종의 연화대. 정토의 수행자는 임종할 때에 성중(聖衆)의 마중을 받아, 그들이 가지고 온 연대(蓮臺)를 타고 정토에 간다. 그런데 상품상생(上品上生)에서 하품하생(下品下生)까지 9품이 있으므로 그곳으로 갈 때 타고 가는 연화대도 9품이 있다. 상상품(上上品)은 금강대(金剛臺), 상중품(上中品)은 자금대(紫金臺), 상하품(上下品)은 금련대(金蓮臺), 중상품(中上品)은 연화대(蓮華臺), 중중품(中中品)은 칠보연화(七寶蓮華), 중하품(中下品)은 경(經)에 밝혀 있지 않고, 하상품(下上品)은 보련화(寶蓮華), 하중품(下中品)은 연화, 하하품(下下品)은 금련화유여일륜(金蓮華猶如日輪)에 앉아 왕생한다고 한다.

구품왕생 【九品往生】〔英 The ninefold future life, in the Pure Land〕 『관무량수경』에 나오는 설로서 선악의 업과 수행의 정도에 따라 9종의 극락정토에 왕생한다고 한다. 1. 상품상생(上品上生), 2. 상품중생(上品中生),

3. 상품하생(上品下生), 4. 중품상생(中品上生), 5. 중품중생(中品中生), 6. 중품하생(中品下生), 7. 하품상생(下品上生), 8. 하품중생(下品中生), 9. 하품하생(下品下生)의 구품(九品)이 그것이다. 1. 상품상생이란 지성심(至誠心)·심심(深心)·회향발원심(廻向發願心)의 3종의 마음을 발하여 왕생한다. 이것에 자심(慈心)으로써 살생을 행하지 않고 계행을 갖추는 것, 대승방등경전을 독송하는 것, 육념(六念)을 수행하는 것 등의 3종 중생이 있다. 아미타 정토에 태어나는 것을 원하면 1일 또는 7일에 왕생한다고 한다. 이 사람은 용맹정진하기 때문에 임종 때 아미타 및 여러 보살의 영접을 받고 금강대에 올라 정토에 왕생하는 즉시 무생법인(無生法忍; anutpattika-dharma-kṣānti)을 깨닫게 된다고 한다. 2. 상품중생이란 꼭 방등경전을 수지독송하지 않아도 대승의 제일의(第一義)의 뜻을 이해하여 마음이 경동(驚動)함이 없고, 깊이 인과를 믿어 대승을 비방하지 않는다. 그 공덕에 의하여 성중(聖衆)의 영접을 받아, 왕생 후 하루가 지나면 연화(蓮華)가 열리고, 7일 후에 무상도(無上道)에서 퇴전(退轉)하지 않고 많은 불국(佛國)을 거쳐서 1소겁(小劫)을 경과하여 무생법인을 얻는다고 한다. 3. 상품하생이란 인과를 믿고 대승을 비방하지 않고 그저 무상도심(無上道心)을 일으키는 자이다. 그는 이 공덕으로써 회향하여 왕생하게 되는데, 여러 불국(佛國)을 거쳐 3소겁 후에 환희지(歡喜地)에 왕생한다고 한다. 4. 중품상생이란 오계(五戒)·8계, 또는 여러 계를 지키고 악을 짓지 않는 자이다. 왕생하여 연화가 피고, 즉시에 아라한도를 얻어 삼명(三明)·육통(六通)·팔해탈(八解脫)을 갖춘다. 5. 중품중생이란 1일 1야에 오계(五戒)·8계를 가지고, 또 사미계·구족계를 가지고 위의(威儀)에 빠지는 곳이 없는 자이다. 왕생하고 연화가 피며, 문법환희(聞法歡喜)하여 수다원과(須陀洹果)를 얻어 반겁(半劫)을 경과하여 아라한이 된다. 6. 중품하생이란 부모에게 효도를 다하고 세간에 인자(仁慈)를 행하는 자가 임종시에 아미타불의 본원(本願) 및 불국토의 낙사(樂事)를 듣고 왕생 후 관음·세지(勢至)에게 법을 들어 환희하고, 1소겁 후에 아라한이 된다고 한다. 7. 하품상생이란 대승방등경전을 비방하지 않으나, 그 외에는 많은 악(惡)한 일을 행하고도 부끄러움을 모르는 자이다. 그러나 임종시에 대승 12부경의 제목을 듣고 또 아미타불의 명호를 부르면 50억겁의 생사의 죄를 없애며, 천겁(千劫)의 극중악업(極重惡業)을 없애고 화불(化佛)의 영접을 받아서 정토에 왕생하는데, 칠칠일(七七日; 49일)을 거쳐서 연화가 피고, 관음 세지로부터 법을 듣고 신해(信解)하여 보리심을 일으키고 10소겁을 거쳐서 초지

(初地)에 들어간다고 한다. 8. 하품중생이란 5계·8계·구족계를 범하고 승가물(僧家物)을 훔치고 부정(不淨)한 설법을 하고도 부끄럽지 않은 자이다. 임종시에 바로 지옥에 떨어지려고 할 때, 아미타불의 십력위덕·광명신통과 오분법신(五分法身)을 듣고, 80억겁 생사의 죄를 없애고, 지옥의 중화(衆火)가 변하여 천화(天花)가 되고 화상(花上)의 화불(化佛)에 영입되어 왕생하는데, 6겁을 거쳐서 화개(花開)하고 관음 세지의 설법을 들어서 무상도를 일으킨다. 9. 하품하생이란 오역(五逆)·십악(十惡)의 죄를 짓고 불선(不善)을 행했기 때문에 당연히 지옥에 빠져야 할 죄인이지만, 그러나 임종시에 선지식을 만나 묘법(妙法)을 듣고 마음으로 아미타불의 명호를 열 번 부르면 생각 생각에 80억겁의 생사의 죄를 제거하여 금연화(金蓮華)를 보고 왕생하게 되는데, 12대겁을 거쳐서 연화가 피고 관음 세지의 설법을 듣고 무상보리심을 일으킨다고 한다.

국사【國師】나라의 스승. 신라·고려시대 때 임금이 고승(高僧)에게 내리던 최고의 승직(僧職). 국사로 책봉함과 동시에 존호(尊號)를 내린다. 나라의 스승은 국사, 왕의 스승은 왕사인데, 국사가 더 높다. 국사로 봉해지면 중신(重臣)으로 하여금 조서를 휴대하고 고승이 있는 절로 보내어 도성의 대찰(大刹)이나 내전(內殿)으로 모셔 온다. 왕은 나아가서 국사에게 9배(九拜)를 한다. 모든 행차 등은 거의 왕에 버금갔다고 함. 국사는 생전에 책봉되는 경우도 있고, 사후(死後) 추존(追尊)되는 경우도 많다.

국청백록【國淸百錄】중국 수(隋)나라 때의 스님인 관정(灌頂, 561-632)의 저작. 4권. 천태지의(天台智顗, 538-597)가 천태산 국청사에 있는 동안 설법한 것을 적은 것이다. 입제법(立制法)·경례법(敬禮法) 등과 비문(碑文)에 이르기까지 총망라하여 104조(條)로 편찬하였다. 천태지의대사의 일대 행적을 아는 데 좋은 자료가 된다. 책 끝에 지의의 연보와 사적이 붙어 있다.

국통【國統】신라시대에 전국의 불교를 총괄하던 최고의 승직(僧職). 진흥왕(眞興王) 12년〔551〕에 고구려에서 온 혜량법사(惠亮法師)를 임명한 데서부터 비롯되었다. 대국통(大國統) 사주(寺主).

군습교【捃拾教】군수교(捃收教)라고도 한다. 천태에서 『법화경』을 대수교(大收教)라 하는 데 비해 『열반경』을 일컫는 말. 석존은 『법화경』을 설하여 대중을 교화하였으나, 그래도 빠진 이에게는 『열반경』을 말하였으므로, 이삭을 줍는 것과 같은 가르침의 교라는 뜻으로 『열반경』을 이렇게 말한다.

권교【權教】〔英 Temporary, expedient, or functional teaching,

preparatory to the perfect teaching, a distinguishing term of the Tien-t'ai and Hua-yen sects〕 권·실(權實) 2교(教) 중의 하나. 권(權)은 방편(方便)·수타의(隨他意)·미요의(未了義)를 나타내고, 실(實)은 진실(眞實)의 뜻으로 수자의(隨自意)·내증의(內証意)·구경요의(究竟了義)를 말한다. 권교는 여래가 중생으로 하여금 진실한 이치를 깨닫게 하기 위하여 먼저 그 수단방편으로 말한 방편교를 말한다. 화엄종이나 천태종 등에서는 법상(法相)·삼론(三論) 등을 가리켜 권교라 하고, 자기 종파를 실교(實教)라고 하기도 한다. 각 종파를 보면, 모두 자기 종파는 진실교(眞實教)라 하고 다른 종파를 권교라고 하기 때문에 그 판별이 일정하지 않다. 권실이교 항목 참조.

권교방편【權教方便】『대승의장』 15권에 설해진 네 가지 방편 중의 하나. 권교방편은 부처님이 중생을 인도하기 위하여 적절한 방편을 베풀듯이 정교한 수단을 마련하는 것을 가리킨다. 권(權)은 방편을 뜻함. 권교 항목을 참조할 것.

권대승불교【權大乘佛教】〔英 The temporary, or partial, schools of Mahāyana〕 대승불교 가운데 권대승(權大乘)과 실대승(實大乘) 둘로 나누는데, 화엄·천태 등과 같이 일체개성불(一切皆成佛)을 세우는 종(宗)을 실대승이라 하고, 법상·삼론 등을 권대승이라고 한다. 권대승이란 방편적인 대승이라는 뜻으로서, 법상·삼론은 부처가 중생을 진실한 대승으로 끌어들이기 위한 방편 수단으로 설한 것을 뜻한다.

권속【眷屬】〔梵 parivāra vibuddha〕 권고(眷顧)하는 예속(隷屬)이란 뜻. 곧 추종하여 예속한 것을 말함. 처자(妻子)·도제(徒弟)·노복(奴僕), 또는 불보살을 모시고 수행하는 제존(諸尊), 예컨대, 약사불의 십이신장(十二神將), 부동명왕(不動明王)의 팔대동자(八大童子), 천수관음(千手觀音)의 28부중(部衆)과 같은 유(類)를 말한다.

권속반야【眷屬般若】 오종반야(五種般若; 世界를 비추어 보고 진리에 도달하는 5종의 반야; 實相般若·觀照般若·文字般若·境界般若·眷屬般若)의 하나. 난(煖)·정(頂)·인(忍)·세제일법(世第一法) 등의 모든 지혜나, 계(戒)·정(定)·혜(慧)·해탈(解脫)·해탈지견(解脫知見) 등을 말한다. 이들은 모두 온갖 법을 관조하는 지혜의 일종에 속하므로 권속반야라고 한다. 『삼장법수(三藏法數)』 20권에 나온다.

권수정혜결사문【勸修定慧結社文】 1책. 조계산 제1세인 목우자(牧牛子) 지눌(知訥, 1158-1210)의 저술. 당시 불교도들이 속세에 물이 들어 도(道)를 망각하는 경향이 있음을 개탄하고 동학(同學) 10여 명과 함께 산중에 은둔하여 동지결사(同志結社)하고 예불전경(禮佛轉經)으로 불도에 전심(專心)할 것을 권고한 결사문. 선조 41년〔1608〕에 송광사에서 중간(重刊)하였다.

권실이교【權實二敎】권교(權敎)와 실교(實敎). 임시방편으로 설하는 권교(權敎)와 제법(諸法)의 실상(實相)을 설한 실교(實敎). 법상종에서는 일승교(一乘敎)를 권(權), 삼승교(三乘敎)를 실(實)이라 하고, 삼론종(三論宗)에서는 이승교(二乘敎)를 권(權), 일승교를 실(實)이라 한다. 천태종에서는 『법화경(法華經)』을 실(實)이라 하고, 다른 것을 전부 권(權)이라 한다. 화엄종에서는 삼승교(三乘敎)를 권(權), 일승교(一乘敎)를 실(實)이라 하고, 진언종에서는 성도문(聖道門) 가운데 법상(法相)·삼론(三論)을 권(權), 화엄·천태·밀교·선(禪)을 실(實)이라 한다. 정토문에서는 요문(要門)·진문(眞門)의 교(敎)를 권가(權假), 제18원(願)의 홍원(弘願)을 진실(眞實)의 교(敎)라 한다.

권청【勸請】①지극한 정성으로 부처님에게 설법해 주기를 청하거나, 곧 열반에 들려는 부처님께 오래도록 이 세계에 머물러 계시기를 청하는 일. ②불·보살의 위령(威靈)이나 등상을 초청하여 법당에 봉안하는 것.

궤범사【軌範師】범어 'ācārya'의 한역(漢譯)으로, 제자에게 법식(法式)을 가르치는 스승을 말한다. 아사리(阿闍梨).

궤생물해【軌生物解】법(法; dharma)이라는 글자를 해석한 말. 법은 사람의 궤범(軌範)이 되어 물건에 대한 요해심(了解心)을 내게 한다는 뜻이 있다는 말. 궤생승해(軌生勝解)라고도 한다.

궤지【軌持】〔英 A rule and its observance, intp. as to know the rule or doctrine and hold it without confusion with other rules or doctrines〕법(法)의 의미를 해석할 때에 사용하는 말. 궤(軌)라는 것은 궤측(軌則)·궤범(軌範)의 의미로, 법이 궤범(軌範)이 되어 사람의 마음속에 이해를 생성시킨다는 의미이다. 지(持)는 임지(任持)·유지(維持)의 의미로, 법(法)의 원어인 범어(梵語) '다르마'(dharma)가 '보유하는 것'이라는 의미이므로, 법이 그 본질을 유지하여 그 외의 법과 섞이지 않는다는 취의(趣意)이다.

귀경게【歸敬偈】경전이나 논서(論書) 등을 펼치면 제일 첫 장에 불보살에 대한 귀의경례(歸依敬禮)를 나타내는 구(句)가 있는데, 그것을 귀경게라고 한다. 귀의하는 시구라는 뜻.

귀명【歸命】〔梵 namo, namas, namaḥ, 英 to devote one's life (to the Buddha, etc.) to obey Buddha's teaching〕나무(南無)·나모(南謨)라고 음역하고, 귀명(歸命)·귀례(歸禮)·숭경(崇敬)·구아(救我)·도아(度我)·굴슬(屈膝)이라고도 번역한다.

경례(敬禮)·신순(信順)·귀의(歸依)를 나타내는 말이다. 귀명(歸命)과 귀의(歸依; Saraṇam gacchati)는 원어(原語)는 다르지만 같은 뜻으로 쓰인다. 단지 귀명은 불보살의 이름이나 경(經)의 이름 위에 붙는 것이 통례이다. 당(唐)나라 때 화엄종의 제3조인 법장(法藏, 643-712)이 지은 『대승기신론의기(大乘起信論義記)』 상권에는 귀명의 두 가지 해석이 있는데, 하나는 "귀(歸)가 취향(趣向), 명(命)은 자신의 성명(性命)이므로, 자기의 신명을 다하여 삼보에 귀향(歸向)하는 뜻"이고, 또 하나는 "귀(歸)는 경순(敬順), 명(命)은 제불(諸佛)의 교명(敎命)으로, 즉 여래의 교명(敎命)을 받드는 것을 이름 붙여 귀명(歸命)"이라 한다고 하고 있다.

귀명례 【歸命禮】 신명을 바쳐서 귀의할 것을 다짐하며 머리를 조아려서 예배를 올리는 것. 귀명정례(歸命頂禮)라고도 한다. 귀명 항목 참조.

귀명정례 【歸命頂禮】 귀명하여 정례하는 것. 귀명(歸命)은 의업(意業)의 예(禮)로서 마음으로 삼보에 귀순하는 것이고, 정례(頂禮)는 신업(身業)의 예(禮)로서 머리를 땅에 대고 삼보에 경례(敬禮)함을 말한다. 귀명 항목 참조.

귀의 【歸依】 〔梵 saraṇa, 巴 śaraṇa, 英 To turn to and rely on〕 윤리 개념의 하나. 귀(歸)는 신심(身心)의 귀향(歸向)을 이르고, 의(依)는 의순(依順)을 이르는 것으로서, '신봉(信奉)'과 그 뜻이 거의 유사하다. 불(佛)·법(法)·승(僧)의 삼보에 귀의함을 가리켜 삼귀의(三歸依)라고 한다. 삼귀의한 후에 다시 기타 종교의 교주(敎主)·교의(敎義)에 귀향(歸向)할 수는 없다. 석가모니가 성도한 후에 녹야원에서 초전법륜을 할 때, 교진여 등 다섯 사람이 곧 부처님께 귀의하여 출가제자가 되었다. 그 후에 석가모니는 각지로 다니면서 교화하였는데 불교에 귀의하는 사람들이 많아졌다. 불교 중에서, 삼보에 귀의하는 이라야 비로소 정식 불교도라고 할 수 있다. 삼보에 귀의하는 출가제자 가운데 남자는 비구(比丘)라고 부르고, 여자는 비구니(比丘尼)라고 부르며, 재가제자 가운데 남자는 우바새(優婆塞; upāsaka), 여자는 우바이(優婆夷; upāikā)라고 부른다.

귀의삼보 【歸依三寶】 〔英 To commit oneself to the Triratna, i.e. Buddha, Dharma, saṅgha〕 불(佛)·법(法)·승(僧) 삼보(三寶)에 귀의(歸依)한다는 말. 불(佛; Buddha)은 부처님으로, 중생의 미망(迷妄)을 제거하고 안락(安樂)을 얻게 하므로 귀의하고, 법(法; Dharma)은 부처님이 설한 가르침으로서 일상행동의 규범이 되므로 귀의하며, 승(僧; Sāngha)은 승가로서, 불(佛)이 설한 법(法)을 전승하여 중생에게 전달하고 불(佛)을 대신해 중생을 인도하여 열반에 들게 하므로 귀의한다.

규기【窺基, 632-682】 중국 법상종의 시조. 당나라 때 중국 경조(京兆) 장안 사람. 자는 홍도(洪道)이고, 성은 위지(尉遲)씨로, 선조는 중앙아시아 출신인데, 보통 자은대사(慈恩大師) 기(基)라고 한다. 17세에 출가하여 현장(玄奘, 602-664)의 제자가 되어 광복사(廣福寺)에 있었다. 23세에 칙선(勅選)에 뽑혀 대승(大僧)이 되고, 대자은사(大慈恩寺)에서 현장에게 인도어를 배우고, 25세부터 번역사업에 종사하였다. 현경(顯慶) 4년〔659〕에 28세로 『성유식론』의 번역에 참여하였다. 처음에 현장은 신방(神昉)·가상(嘉尙)·보광(普光)·기(基)와 더불어 세친(世親; Vasubandhu, 약 320-400경)의 『유식삼십송』에 대한 10대 논사들의 주석을 번역할 예정이었는데, 규기가 현장에게 청하여 규기가 호법(護法; Dharmapāla)의 주석을 번역하고, 다른 아홉 가지 주석을 참고로 해서 만든 것이 『성유식론』 10권이다. 이것은 『해심밀경』·『유가론』과 함께 법상종의 근본성전이 된다. 규기는 이 『성유식론』을 주석하여 『성유식론술기(成唯識論述記)』를 쓰고, 다시 『성유식론장중추요(成唯識論掌中樞要)』를 저술하였다. 그 밖의 저서로는 『미륵상생경소』·『무구칭경소』·『금강경찬술』·『반야심경유찬』·『법화현찬』·『아미타경소』·『유식20론술기』·『유가론약찬』·『대승아비달마잡집론술기』·『변중변론술기』·『대승법원의림장』·『인명대소』·『이부종륜론술기』 등이 있어, 그를 백본(百本)의 소주(疏主)라고 부른다. 그는 오대산·태항산 등 각지에서 강의를 하였으나, 주로 장안의 대자은사에서 현장의 뜻을 전하다가 51세로 자은사 역경원에서 입적했다. 그의 『성유식론술기』와 『대승법원의림장(大乘法苑義林章)』에 의하여 법상종의 교학이 성립하였다. 그의 제자로는 법상종의 제2조인 혜소(慧沼, 650-714)가 있다.

규봉종밀【圭峰宗密, 780-841】 중국 당(唐) 덕종·헌종·문종 때의 스님. 중국 화엄종의 제5조인 동시에 선종인 하택종의 제5조이기도 하다. 휘(諱)는 종밀(宗密), 호는 규봉(圭峰)·규산(圭山). 시호는 정혜선사(定慧禪師), 속성은 하(何)씨. 과주 서충〔지금 사천성 순경부 서충현〕 사람. 24세까지는 유학을 배우다가 25세에 수주(遂州) 대운사(大雲寺) 도원(道圓)에게 승이 되어 선(禪)을 배웠다. 어느 날 대중들과 같이 그곳 관리인 임관(任灌)의 집에 초대되어 가서 『원각경』을 두어 장 읽다가 시간이 지나 전문(全文) 12장(章)을 모두 보지는 못하였지만 깨달은 바가 많았다. 이에 『원각경』을 연구하였다. 그 뒤 35세 때에 징관(澄觀, ?-839)이 지은 『화엄경소석』을 보고 그의 제자가 되어 『화엄경』을 연구하고 징관의 법맥을 이어받아 화엄교학을 고양하였다. 그는 선(禪)에도 조예가 깊어 점삼문(漸三門)으로 점수돈오(漸修頓悟)·돈오점수(頓悟漸修)·점수점오(漸修漸悟), 해오문(解悟門)으로 돈오점수(頓悟漸修), 돈삼문(頓三門)으로 돈오돈수(頓悟頓修)·돈수돈오(頓修頓悟)·수오일시(修悟一時) 등 7대돈점(七對頓漸)을 세워 수선(修禪)에 도움을 주었고, 또 『선원제전집도서(禪源諸詮集都序)』를 지어 선교일치를 주장하였으며, 당 말부터 송 이후의 불교 풍조의 기반을 다지게 하였다. 또한 그의 저서 『원인론(原人論)』은 유(儒)·도(道) 2교(敎)를 비판하면서 불교사상 체계 속에 유교와 도교를 짜 맞추려고 한 것으로서 널리 읽혔으며, 『우란분경소(盂蘭盆經疏)』에서는 불교와 중국의 조상숭배와 효도와의 조화와 차이를 명확히 하였다. 그에게는 『신화엄합경론(新華嚴合經論)』·『원각경대소(圓覺經大疏)』·『사분율소(四分律疏)』, 그 밖에 30여 부의 저서가 있다. 회창(會昌) 원년〔841〕 1월 16일 상도(上都) 흥복탑원(興福塔院)에서 62세를 일기로 입적하였다. 종밀 항목도 참조할 것.

규환지옥【叫喚地獄】〔梵 Raurava, 英 The wailing hells, the fourth of the eight hot hells, where the inmates cry aloud on account of pain〕 살생·도둑질·음란한 행위·음주한 사람이 떨어진다는 지옥. 죄업을 지은 사람이 이 지옥에 떨어지면 기름이 끓는 큰 가마솥이나 맹렬한 불꽃이 이는 쇠로 된 방에 넣어져 고통을 받게 된다. 그때 울부짖는 것을 묘사하여 규환지옥이라고 부른다.

균여【均如, 923-973】 고려 광종(光宗) 때의 스님. 화엄학에 뛰어남. 속성은 변(邊)씨이며, 황주(黃州) 사람. 얼굴이 못생겨서 부모가 그를 거리에 버렸다고 하는데, 두 까마귀가 날개로 그를 덮으므로 부모가 회개하고 다시 데려다 길렀다고 한다. 15세 때 종형(從兄) 선균(善均)을 따라 부흥사 식현(識賢)에게 가서 배우고, 뒤에 영통사 의순(義順)에게 수학(受學)하였다. 그리하여 화엄종지를 선양하고 광종(光宗)의 존숭을 받았다. 당시 화엄학은 관혜(觀惠) 문파의 남악(南岳)과 희랑(希朗) 문파의 북악(北岳)의 2파로 나누어져 있었는데, 균여는 북악의 법손(法孫)이면서도 이 두 파를 융화하여 일가(一家)로 만드는 데 힘썼다. 그의 화엄사상은 성상융회사상(性相融會思想)을 발판으로 의상(義湘)의 화엄사상을 이어받아 원교(圓敎)로서의 입장을 분명히 하였고, 의상(義湘, 625-702)의 화엄을 횡진법계(橫盡法界), 법장(法藏, 643-712)의 화엄을 수진법계(竪盡法界)로 나누어 설명하고는, 그 두 법계를 종합하여 주측사상(周側思想)을 강조하였다. 또한 성상융회사상에 입각하여 성속무애사상(聖俗無礙思想)을 펴려고 보현보살의 10대원(願)을 11수(首)의 향가로 지어 사람들에게 널리 전파하기도 하였다. 광종은 귀법사를 지어 그를 주지로 있게 하였는데, 여기서 법화(法化)를 크게 떨치다가 광종 24년〔973〕에 세상을 떠났다. 문하에 담림(曇琳)·조(肇) 등이 있고, 저서로는 『수현방궤기(搜玄方軌記)』 10권·『공목장기(孔目章記)』 8권·『오십요문답기(五十要門答記)』 4권·『탐현기석(探玄記釋)』 28권·『교분기석(敎分記釋)』 7권·『지귀장기(旨歸章記)』 2권·『삼보장기(三寶藏記)』 2권·『법계도기(法界圖記)』 2권·『십구장기(十句章記)』 1권·『입법계품초기(入法界品抄記)』 1권 등이 있다.

극락【極樂】〔梵 Suhāmati, Sukhāvati, 英 Highest joy, name of the Pure Land of Amitābha in the West〕 아미타불의 서방정토를 말한다. 『아미타경』에서는, "오로지 즐거움만 있기 때문에 극락이라고 한다〔但受諸樂 故名極樂〕."라고 하였는데, 대승경전 속에 나오는 여러 정토 가운데 표준으로 되어 있다. 안양(安養)·안락(安樂)·청정(淸淨)·선해(善解)·묘락(妙樂)·일체락(一切樂)·장엄(莊嚴)·정토(淨土)·불국토(佛國土)라고 한다. 극락이라는 말은 구마라집(鳩摩羅什, 344-413)·각현(覺賢, 359-429) 때부터 시작되었다. 극락국·극락정토·극락세계라고도 불린다. 아미타불이 부처가 되기 이전인 법장비구〔Dharmākara〕로 있을 때 원력을 세워서 실현시킨 국토로, 원만무결(圓滿無缺)·자유안락의 이상향을 뜻한다. 정토교·정토종 등의 명칭은 여기서 따온 것이다. 극락세계에 대해서는 여러 경(經)에 산발적으로 설해져 있지만, 『아미타경』·『관무량수결』〔18觀〕·『무량수결』〔48願〕·『왕생론』 등에 비교적 자세히 나와 있다. 여러 정토 중에서 실제상의 신앙으로서 불교사상에 유력한 것은, 미래불인 미륵불의 도솔천과 현재불인 아미타불의 극락세계이다. 전자는 상생사상(上生思想)이 되고 후자는 왕생사상(往生思想)이 되었는데, 후대에 가서는 극락왕생의 사상이 도솔상생의 사상을 압도했다. 그리고 극락을 사실화하여 사바세계에서 서쪽으로 10만억 불토(佛土)를 지나간 곳에 있다는 것으로 할 것인가, 또는 마음의 소현(所現), 즉 자기 마음이 평온하면 그것이 바로 정토라고 하는 유심정토(唯心淨土)로 생각할 것인가에 대해서는 예부터 많은 논의가 있다.

극락전【極樂殿】 사찰 당우 중 하나. 극락정토를 묘사한 법당이다. 사찰 당우 중 대웅전 다음으로 많다. 극락의 주불이 아미타불인 관계로 아미타전이나 무량수전(無量壽殿)이라고도 한다. 중심에 주불(主佛)인 아미타불을 모시고, 관세음보살과 대세지보살이 좌우에 협시보살(脇侍菩薩)로 봉안된다. 후불탱화로는 극락회상도(極樂會上圖)나 극락구품탱화, 아미타탱화가 봉안된다. 극락이 서쪽에 있다고 믿어지기 때문에 극락전의 위치는 서쪽, 방향은 보통 동향이며, 예배자들은 서쪽을 향하게 되어 있다. 우리나라에서는 극락정토왕생 신앙이 강하여 극락전의 내부구조는 대웅전만큼이나 화려하게 꾸며져 있다. 화려한 불단(佛壇) 외에도 여의주(如意珠)를 입에 문 용(龍)이나 극락으로 인도하는 극락조(極樂鳥) 등이 조각되어 있다. 극락전으로는 부석사 무량수전이 가장 유명하다.

극락정토 【極樂淨土】 청정하고 안락한 국토라는 뜻으로서, 극락과 같은 말이다. 다섯 가지 악한 것〔五濁〕이 없고 생로병사를 비롯한 모든 괴로움이 없으며 오직 즐거움만 있는 세계로서, 생사윤회 하는 삼계를 뛰어넘은 영원한 낙토(樂土). 극락 항목을 참조할 것.

극열지옥 【極熱地獄】〔梵 pratāpanaḥ-narakaḥ〕 팔대지옥(八大地獄) 가운데 제7지옥. 이 지옥에 있는 중생은 모두 맹렬한 불꽃을 뿜어내어 서로 해친다고 한다.

근 【根】 ①〔梵 mūla, 英 a root, basis, origin〕 근본이라는 뜻. 선근(善根)의 근(根)이 여기에 속한다. ②〔梵 indriya〕 생성발현(生成發現)하는 힘이 있는 것을 근(根)이라고 한다. 일반적으로는 시각기관〔眼〕·청각기관〔耳〕·후각기관〔鼻〕·미각기관〔舌〕·촉각기관〔身〕 오근(五根)이 있고, 여기에 의(意; manas)를 더하여 육근(六根)이라고 한다. 오근(五根)·육근(六根) 이외에 깨달음에 이르기 위하여 훌륭한 능력을 갖는다고 하는 것에 신(信)·근(勤)·념(念)·정(定)·혜(慧)의 5덕목을 5근으로 설하고, 37조도품 가운데 포함시키고 있다. 또한 이상의 11근〔5근·6근〕에 남(男)·여(女)·명(命)의 3근, 희(喜)·고(苦)·락(樂)·우(憂)·사(捨)의 5수근(受根), 미지당지(未知當知)·이지(已知)·구지(具知)의 3무루근(無漏根)을 더한 22근도 언급하고 있지만, 그 경우는 기능에 의한 분류에 지나지 않는다.

근경계 【根境界】〔西 dbaṅ poḥi groṅ khyer khams〕 육근(六根)·육경(六境; 六塵)·육식(六識)을 말함. 근(根)은 6근으로서 안(眼)·이(耳)·비(鼻)·설(舌)·신(身)·의근(意根), 경(境)은 색(色)·성(聲)·향(香)·미(味)·촉(觸)·법(法)의 육진(六塵), 계(界)는 안식(眼識)·이식(耳識)·비식(鼻識)·설식(舌識)·신식(身識)·의식(意識)의 육식(六識), 그리고 근(根)·경(境)·식(識)을 함께 계(界)라고 이름 붙이는데, 여기서는 제한하여 육식계(六識界)만 계(界)라고 한다.

근경식 【根境識】 육근(六根)·육경(六境)·육식(六識)의 병칭. 뒷글자만 따서 근진식(根塵識)이라고도 한다. 육근·육경·육식에서 앞의 다섯 가지, 즉 오근(五根)·오경(五境)·오식(五識)을 전(前) 십오계(十五界)라 하고,

육근·육경·육식 전체를 십팔계(十八界)라고 한다.

근기【根機】〔梵 indriya, 英 Motive power, fundamental ability, opportunity〕 근(根)은 물건의 근본 되는 힘, 기(機)는 발동이라는 뜻이다. 교법(敎法)을 듣고 닦아 얻는 능력. 가르침을 받는 중생의 능력을 말한다.

근본무명【根本無明】〔英 primal ignorance, the condition before discernment and differentiation〕 지말무명(枝末無明)의 대칭어로서, 원품무명(元品無明)·무시무명(無始無明)이라고도 한다. 일체 번뇌의 근본인 불각미망(不覺迷妄)의 마음을 말한다. 미(迷)의 근원인 무지(無知), 곧 우치(愚痴)한 것을 무명(無明)이라고 하는데, 그 무명에 거칠고 미세한 분별이 있으므로, 천태에서는 이를 12종〔별교〕 혹은 42종〔원교〕으로 나누고 그 중에 가장 미세한 것을 원품(元品)이라고 한다. 이것은 일체중생의 미(迷)의 처음 근본이므로 근본무명이라고 하고, 진여가 비롯함이 없는 것과 같이 이것도 비롯함이 없는 존재이므로 무시무명이라고 한다.

근본번뇌【根本煩惱】〔英 The fundamental illusions, passions, or afflictions〕 번뇌는 일체중생의 심신(心身)을 뇌란(惱亂)하게 한다는 의미로, 그 성질이 강한 것을 근본번뇌, 그 성질이 약한 것을 수번뇌(隨煩惱)라고 한다. 근본번뇌에는 탐(貪)·진(瞋)·치(痴)·만(慢)·의(疑)·악견(惡見)이 있는데, 이 가운데 악견(惡見)을 다시 신견(身見)·변견(邊見)·사견(邪見)·견취견(見取見)·계금취견(戒禁取見)으로 나누어, 전후 합하여 10번뇌를 근본번뇌로 한다. 이 가운데 탐·진·치·만·의 등 5종의 번뇌는 그 성질이 지둔(遲鈍)하여 이를 끊기가 극히 어렵기 때문에 5둔사(鈍使)라 하고, 신견·변견·사견·견취견·계금취견 등 5종의 번뇌는 그 성질이 예리하여 끊기가 쉬우므로 이를 5리사(利使)라고 부른다.

근본법륜【根本法輪】 삼론종(三論宗)의 길장(吉藏, 549-623)이 『법화경』에 의하여 세운 교상판석인 삼전법륜(三轉法輪; 根本法輪·枝末法輪·攝末歸本法輪) 가운데 하나. 『화엄경』의 설법을 말한다. 『화엄경』은 석존이 성도한 뒤 맨 처음 행한 설법으로, 순전히 보살을 위하여 자신의 깨달은 바를 그대로 말한 법문이다. 이 경(經)은 석존이 일생 동안 설법 교화한 근본이며 모든 경(經)의 근본법륜이므로 이와 같이 말한다.

근본불각【根本不覺】 불변절대의 진여(眞如)가 기동(起動)하여 불생멸의 진(眞)과 생멸의 망(妄)이 화합한 아라야식 중에는 각(覺)과 불각(不覺)의 이의(二義)가 있는데, 일체제법을 능생(能生)할 불각의(不覺義)로부터 우주와 인생이 연기하게 된다. 불각(不覺)이란 진여 자체를 여실히 알지 못하는 무명이다. 이 불각에는 근본불각과 지말불각(枝末不覺)이 있다. 근본불각이란 진여를 대상으로 하는 무명을 말하는데, 미진(迷眞)의 무명으로 진여 자체를 자체 그대로 보지 못하는 것을 말한다.

근본불교 【根本佛敎】 후세에 발달 변화한 불교〔즉 부파나 대승불교 등〕에 대하여 원시〔초기〕불교를 가리켜 일컫는 말. 근본〔mula〕이란 지말(枝末)에 대하여 근간기저(根幹基底)인 것을 가리키는 말로서, 일찍이 불교 술어 속에 있었다. 예컨대, 근본법륜(根本法輪)·근본지(根本智)라고 하는 것과 같다. 그러나 초기불교를 근본불교라고 부르기 시작한 것은 1910년 일본의 불교학자 자기정치(姉岐正治)가 지은 『근본불교』에서부터이다. 근본불교란 말은 학문적인 입장에서 쓴 것이지만, 단순한 학문적 입장에서만이 아니고 약간의 신앙적 입장이나 불교관도 있기 때문이다.

근본설일체유부 【根本說一切有部】 〔英 The Sarvāstivādins〕 불멸(佛滅) 후 3백년 경에 상좌부(上座部)에서 한 분파를 이룬 설일체유부(說一切有部)를 말한다. 뒤에 독자부(犢子部) 등 여러 파(派)가 여기서 나왔으므로, 그들 말파(末派)와 구별하기 위하여 근본(根本)이라고 한다.

근본식 【根本識】 〔梵 mūla-vijñāna, 西 rtsa baḥi rnam parśes pa, 英 Original or fundamental mind or intelligence, a name for the ālayavijñāna〕 근식(根識)이라고도 한다. 안식(眼識)·이식(耳識) 등 모든 식(識)이 의지할 곳이 되는 근본 심식(心識). 대중부(大衆部)의 근본식(根本識)은 화지부(化地部)의 궁생사음(窮生死陰), 정량부(正量部)의 과보식(果報識), 상좌부(上座部)의 유분식(有分識)과 명칭은 다르지만 내용은 같다. 근본식(根本識) 사상은 아뢰야식 사상의 뿌리가 된다. 진제삼장(眞諦三藏)은 아타나식과 아뢰야식의 의지식(依止識)과 동일하다고 말하고 있다.

근본심 【根本心】 〔英 Root or fundamental mind〕 삼심(三心; 根本心·依本心·起事心) 가운데 하나. 제8식을 말한다. 제8식은 물(物)·심(心)의 모든 법(法)이 생겨나는 근본이므로 근본심이라고 한다.

근본업도 【根本業道】 선악의 업을 막 지어 마친 때를 말한다. 어떤 업(業)을 짓는 데는 세 시기가 있다. 한창 짓고 있는 것을 가행(加行)이라 하고, 막 지어 마친 것을 근본(根本), 마친 뒤에 다시 뒷일을 하는 것을 후기(後起)라고 한다. 그 업을 막 지어 마친 때의 표업(表業)과 무표업(無表業)을 근본업도(根本業道)라고 한다.

근본지 【根本智】 〔梵 jñāna-sattva〕 바로 진리에 계합하여 능연(能緣)과

소연(所緣)의 차별이 없는 절대의 참 지혜. 이것은 모든 지혜의 근본이며, 또 후득지(後得智)를 내는 근본이 되므로 근본지라고 한다. 구극(究極)의 진리를 체득한 지혜(智慧). 정지(正智)·진지(眞智)·무분별지(無分別智)라고도 한다.

근사남【近事男】삼보(三寶)를 가까이 하여 받들어 섬기는 남자 신도. 우바새와 같음. 우바새 항목 참조.

근사녀【近事女】삼보(三寶)를 가까이 하여 받들어 섬기는 여자 신도. 우바이와 같음. 우바이 항목 참조.

근식【根識】아뢰야식의 18가지 이름 가운데 하나. 안식(眼識)·이식(耳識) 등 모든 식(識)의 근원이 되므로 근식(根識)이라고 한다.

근진【根塵】〔梵 indriya-artha, 西 dbaṅ pa daṅ don, 英 The object or sensation of any organ of sense〕인식주관인 근(根)과 인식대상인 진(塵). 근경(根境)이라고도 한다. 안(眼)·이(耳)·비(鼻)·설(舌)·신(身)의 오근(五根), 또는 의(意)를 더하여 육근(六根)과, 색(色)·성(聲)·향(香)·미(味)·촉(觸)의 오진(五塵), 또는 법(法)을 더하여 육진(六塵)을 말한다.

근행【勤行】〔梵 ārabdha-virya, ghat, 英 Diligently going forward, zealous conduct, devoted to service, worship, etc.〕①항상 선(善)한 일을 부지런히 행함. ②부처 앞에서 독경·예배 등을 부지런히 닦는 것. 근행하는 시간으로는, 하루 종일·6개시(個時)·4개시〔새벽·한낮·해거름·밤중〕·3개시·2개시의 구별이 있다.

금강【金剛】〔梵 vajra〕(1) 금속 가운데서 가장 견고하다는 뜻. 보석으로서의 금강석.

(2) ①제석(帝釋)과 밀적역사(密迹力士) 등이 가지는 금강저(金剛杵). ② (1)의 보석으로서의 금강석을 불교에서는 칠보(七寶)의 하나로 간주하는데, 뜻이 바뀌어 견고하여 깨지지 않는 불과(佛果), 또는 무명(無明)을 없애고 번뇌를 끊는 지혜(智慧)에 비유함.

금강경【金剛經】〔梵 Vajra-cchedikāprajñā-pāramita-sūtra, 英 The Diamond sūtra〕원명은 『금강반야바라밀경(金剛般若波羅密經)』. 줄여서 『금강경』·금강반야경(金剛般若經)』이라고 한다. 원명(原名)의 뜻은 '금강석과 같은 지혜로써 깨달음〔저 언덕〕에 이른다.', 또는 '지혜의 완성'을 의미하는 경전이 된다. 금강석과 같은 지혜로 모든 미망(迷妄)을 깨뜨린다는 의미에서 금강경(金剛經)이라고 하는 것이다. 이 경은 반야지혜의 법문을 설한 경전으로, 『반야경』 600권 가운데 577권에 들어 있는 경(經)이다. 석존이 사위국 기수급고독원에서 수보리 등을 위하여 인식의 세계 등 모든 것은 물거품처럼 실체가 없고 무자성(無自性)·공(空)이며 무아임을 설한 경전이다. 예부터 이 경을 강설하는 이가 많았는데, 특히 후세 선종에서는 육조(六祖) 혜능(慧能, 638-713)이 이 경(經)의 '응무소주(應無所住) 이생기심(而生其心)'이라는 문구에서 대오(大悟)했다고 하여 소의경전(所依經典)으로서 중요시하게 되었다. 이 경은 소승 등 전통적인 불교의 근본교의를 부정 비판하고 있다. 『금강경』 번역으로는 구마라집(鳩摩羅什, 344-413)이 402년〔元興 1〕 장안 초당사에서 번역한 『금강반야바라밀경』, 보리류지(菩提流支; Bodhiruci)가 535년〔大同 1〕 낙양에서 번역한 『금강반야바라밀경』, 진제삼장(眞諦三藏, 499-569)이 566년에 금릉군에서 번역한 『금강반야바라밀경』, 급다(笈多, ?-619)삼장이 590년에 낙양에서 번역한 『금강능할반야바라밀경』, 현장(玄奘, 602-664)이 648년 옥화궁(玉華宮)에서 번역한 『능단금강반야바라밀경』, 의정(義淨, 635-713)이 695년에 불수기사(佛授記寺)에서 번역한 『불설능단금강반야바라밀경』 등이 있고, 주석서(註釋書)로는 인도의 미륵·무착·천친·공덕시, 중국의 승조·진제·지의·혜원·길장·혜정·지엄·혜능·야부·종경, 한국의 원효·대현·함허·연담의 것이 유명하다.

금강경언해 【金剛經諺解】 책 이름. 2권 2책. 『금강경』의 본문과 육조혜능(六祖慧能)의 구결(口訣)에 한글로 토를 달고 번역한 책. 조선 세조(世祖)가 토를 달고 한계희(韓繼禧)가 번역하였으며, 효령대군(孝寧大君)·해초(海超)가 교정하여 세조 10년〔1464〕에 간행하였다.

금강경오가해 【金剛經五家解】 『금강경』 해설서 중 가장 대표적인 책. 저본은 구마라집(鳩摩羅什, 344-413)이 번역한 『금강경』. 여기에 대하여, 쌍림부대사(雙林傅大士, 497-569)의 찬(贊), 육조혜능(六祖慧能, 638-713)의 구결(口訣), 규봉종밀(圭峰宗密, 780-841)의 찬요(纂要), 야보도천(冶父道川)의 송(頌) 등으로 이루어진 책. 이를 바탕으로 하여 함허당(涵虛堂) 득통(得通, 1376-1433)이 『금강경오가해설의(金剛經五家解說宜)』 2권을 지어 첨부했다.

금강경오가해설의 【金剛經五家解說誼】 조선의 선승인 함허득통, 즉 기화(己和, 1376-1433)가 지은 『금강경』의 주석서. 2권. 1457년〔세조 2〕 홍준(弘濬)·신미(信眉) 등에게 명하여 교정 회편(會編)한 것이다.

금강계 【金剛界】〔梵 vajradhātu〕 밀교의 세계관, 실천론의 2대 부문(部門)의 하나. 대일여래(大日如來; Mahāvairocana)의 지혜의 덕(德)을 열어 보인 부문으로, 불(佛)·금강(金剛)·보(寶)·연화(蓮華)·갈마(羯磨)의 5부로 되어 있다. 여래가 깨달은 지덕(智德)은 그 체(體)가 견고하여 번뇌에 빠져도 괴멸하지 않고, 도리어 능히 모든 번뇌를 깨뜨리는 좋은 작용이 있으므로 비유하여 금강(金剛)이라고 한다. 계(界)는 체성(體性)이라는 뜻으로, 모든 유정(有情)은 선천적으로 여래의 지성(智性)을 갖추고 있음을 가리킨다. 이 사상은 『화엄경』을 계승한 『금강정경(金剛頂經)』의 소설(所說)인데, 이것의 도시(圖示)가 금강계만다라(金剛界曼荼羅)이다.

금강계단 【金剛戒壇】 출가 수행자가 계(戒)를 받는 단(壇)을 말함. 금강석과 같이 굳게 계를 지키고, 또한 금강과 같은 날카로운 칼로 천만 가지 번뇌를 물리친다는 뜻에서 이렇게 부른다.

금강계만다라 【金剛界曼荼羅】〔梵 vajradhātumaṇḍala〕『금강정경(金剛頂經)』에서 대비로자나불이 일체의성취보살(一切義成就菩薩)의 청원(請願)으로 자신이 깨달은 것을 구체적으로 보인 것. 모두 9회를 설명하는데, 종인향과(從因向果)의 차례와 중생 교화, 곧 종과향인(從果向因)의 차례가 있다. 그 중에서 종과향인(從果向因)의 차례는 1. 갈마회(羯磨會), 2. 삼마야회(三摩耶會), 3. 미세회(微細會), 4. 대공양회(大供養會), 5. 사인회(四印會), 6. 일인회(一印會), 7. 이취회(理趣會), 8. 항삼세갈마회(降三世羯磨會), 9. 항삼세마야회(降三世摩耶會) 등이다.

금강륜 【金剛輪】〔英 The diamond or vajra wheel, symbolical of the esoteric sects〕 ①땅 밑으로 160만 유순(由旬)을 지나서 수륜(水輪) 위에 있는 세계를 받든다고 하는, 기세계(器世界; 사바세계)의 한 지층인 금륜(金輪). ②석존이 성도할 때에 앉았던 금강좌. 이것은 금강륜이 땅 위로 나타난 것이므로 이와 같이 말한다. ③금강의 법륜(法輪)이라는 뜻. 진언밀교(眞言密敎)를 말한다.

금강부 【金剛部】〔英 Various groups in the two maṇḍalas, each having a 主 or head〕 금강계 5부의 하나. 태장계 3부의 하나. 금강에 속한 부문이라는 뜻으로, 중생의 마음 가운데 본래부터 갖추어져 있는 견고한 지혜는 생사 속에서 영겁(永劫)을 지나도 무너지지 않으며, 능히 번뇌를 깨뜨림이 금강과 같으므로 금강부라고 한다.

금강불괴신 【金剛不壞身】〔英 The diamond indestructible body, the Buddha〕 법신(法身)을 말함. 법신〔진리의 본체〕은 금강과 같이 견고하여 결코 파괴되지 않기 때문에 금강불괴신이라고 한다.

금강삼매 【金剛三昧】 ①금강과 같은 마음이 되어 일체에 걸림이 없이 능히 모든 번뇌를 끊어 버리고 삼매의 경지를 얻는 것. ②삼승(三乘)의 수행자가 최후로 일체 번뇌를 끊어 없애 버리고, 구경과(究竟果)의 삼매를 얻는 것. 금강유정(金剛喩定)·금강정(金剛定)이라고도 한다.

ㄱ

금강삼매경론【金剛三昧經論】원효(元曉, 617-686)가 『금강삼매경』에 대하여 주석한 것으로, 6권 2책으로 되어 있다. 이 책은 서분(序分)·정설분(正說分)·유통분(流通分)으로 되어 있는데, 정설분은 무상법품(無相法品)·무생행품(無生行品)·본각리품(本覺利品)·입실제품(入實際品)·진성공품(眞性空品)·여래장품(如來藏品)·총지품(總持品) 등 7품으로 이루어져 있다. 『금강삼매경론』에서 원효의 독창적인 사상이 가장 집약적으로 표현되고 있는 곳은 서분(序分)이다.

금강승【金剛乘】〔梵 Vajra-yāna, 英 The diamond vehicle, another name of the 眞言 Shingon〕 진언밀교(眞言密教)의 이명(異名). 교법의 예리하고 견고함을 금강에 비유하였다. 밀교는 금강 삼밀(三密)의 업용(業用)을 말하여 자타(自他)의 유정(有情)으로 묘락(妙樂)을 받게 하는 교법이므로, 대승·소승에 대하여 금강승이라고 한다.

금강역사【金剛力士】〔英 The guardian spirits of the Buddhist order; the large idols at the entrance of Buddhist monasteries〕 하늘의 동남서북극(東南西北極)에 있다는 키가 삼천만장(三千萬丈)이나 되는 신(神). 불교에서는 금강저(金剛杵)를 들고 불법을 수호하는 천신으로 보고 있으며, 『형초세시기(荊楚歲時記)』에서는, 12월 8일에 금강역사의 모양을 하여 전염병을 쫓아내는 의식을 한다고 하였다.

금강유정【金剛喩定】〔英 diamond meditation, that of the last stage of the Bodhisattva, characterized by firm, indestructible knowledge, penetrating all reality〕 금강정(金剛定)·금강삼매(金剛三昧)·금강심(金剛心)·정삼매(頂三昧)라고도 한다. 금강이 견고하여 모든 것을 깨뜨리는 것과 같이 모든 번뇌를 끊어 없애는 선정을 말한다. 성문·보살들이 수행을 마치고 맨 마지막 번뇌를 끊을 때에 드는 선정이라고 한다. 소승은 아라한과를 얻기 전에 유정지(有頂地)의 제9품 혹(惑; 번뇌)을 끊는 선정을 말하고, 대승은 제10지(地) 보살이 마지막으로 조금 남은 구생소지장(俱生所知障)과 저절로 일어나는 번뇌장 종자를 한꺼번에 끊고 불지(佛地)에 들어가기 위하여 드는 선정(禪定)을 말한다. 천태에서는 등각(等覺)보살이 원품무명(元品無明)을 끊고 묘각(妙覺)을 성취하기 위하여 드는 선정을 말한다.

금강저【金剛杵】〔英 The Vajra, or thunder bolt〕 수행승, 특히 밀교의 수행승이 참선 수행을 할 때 갖고 있는 법구(法具). 원래 인도에서 사용된 무기로서 번뇌를 끊고 사도 악마를 항복시키는 보리심을 상징한다. 쇠나 구리나 돌로 만드는데, 그 양끝을 한 가닥으로 만드는 것을 독고(獨

鈷), 세 가닥으로 만드는 것을 삼고(三鈷), 다섯 가닥으로 만드는 것을 오고(五鈷)라고 한다. 금강저는 단단한 보리심을 상징하는 것이기 때문에, 이것을 갖지 않으면 불도 수행을 완성하기 어렵다고 한다.

금강정경【金剛頂經】〔梵 Vajraśe-khara-sūtra〕 정식 명칭은 『금강정일체여래진실섭대승현증대교왕경(金剛頂一切如來眞實攝大乘現證大敎王經)』인데, 당(唐)의 불공(不空; Amogavajra, 705-774)이 한역(漢譯)했다. 프랑스의 학자 레비(Lévi)와 이탈리아의 학자 투치(Tucci)에 의해서 발견된 산스크리트문(文)에 의하면, 그 제목은 '*Sarvatathāgata-tattvacrṭṭw-śaṃgrahamahāyānābhisamaya(-nāma)-mahākalparāja*'〔일체 여래의 보편적인 진실을 안은, 대승의 現證이라 불리는 위대한 행위의 規範의 王〕로 되어 있다. 진언종(眞言宗)에서는 금강계(金剛界)·태장계(胎藏界)라는 이계(二界)를 설하는데, 금강계의 성립근거를 이 『금강정경』에서, 태장계의 성립근거를 『대일경(大日經)』에서 구하여, 이 2경(經)을 양부대경(兩部大經)이라 칭하며 가장 중요한 것으로 보고 있다. 이 경전에는 광본(廣本)·약본(略本) 4종이 있었다고 전설적으로 전해지고 있다. 광본(廣本) 3종 중에서, 1. 법이상항본(法爾常恒本)은 지(知)를 본질로 하는 법신(法身)의 대일여래(大日如來)가 항상 설법하고 있다고 생각하여, 이것을 심상(心象)으로써 파악하면 그것이 『금강정경』이라고 하는 것, 2. 남천축(南天竺)의 철탑 안에 안치된 무량송본(無量頌本)은 금강살타(金剛薩埵)가 여래의 칙명으로 전기의 상항본(常恒本)을 결집하여 경전의 형태로 정리, 남부 인도의 철탑 안에 안치하여 기연(機緣)을 기다리고 있었으나, 너무 확대하여 범인(凡人)의 눈에는 보이지 않아 유포되지 않았다는 것, 3. 용맹보살이 송출(誦出)한 십만송본(十萬頌本)은 나가르쥬나〔龍樹; 진언종에서는 특히 龍猛이라고 번역하고 있다〕가 남부 인도의 철탑 안에 들어가 이 경(經)을 기억하고 탑 밖으로 나와 기억한 경(經)을 필사(筆寫)한 즉 십만송이 되었다는 것이다. 전기의 불공(不空)이 번역한 『십팔회지귀(十八會指歸)』에 의하면, 이 십만송은 대일여래가 18회〔18종의 집회〕에서 설법한 것이라고 전해지고 있다. 약본(略本)은 4천송략본(千頌略本)이라 일컬어지는 것인데, 10만송에서의 약출(略出)이다. 이 약본의 일부가 한역(漢譯)되어 오늘까지 전해지고 있다. 불공(不空)이 번역한 『금강정경』은 전기 18회(會) 중의 제1회〔攝大乘現證大敎王은 阿迦尼吒天에서〕와 제6회〔大樂不空瑜伽는 他化自在天에서〕만의 역출(譯出)이며, 상·중·하 3권으로 나누어져 있다. 『금강정경』이라고 일컬어지는 것은, 이 불공(不空) 역(譯)

외에, 1. 당(唐)의 금강지(金剛智, 671-741) 역(譯) 『금강정유가중략출염송경(金剛頂瑜伽中略出念誦經)』 4권이 있는데, 이것은 초회(初會) 4대품(大品)의 약출(略出)이다. 또한 2. 금강지(金剛智, 671-741) 역(譯) 『금강봉루각일체유가유기경(金剛峯樓閣一切瑜伽瑜祇經)』 2권이 있으며, 3. 송(宋)의 시호(施護; Dānapāla) 역(譯) 『불설일체여래진실섭대승현증삼매대교왕(佛說一切如來眞實攝大乘現證三昧大教王)』 30권 등이 있다〔이것은 初會 4 大品 전부를 번역한 것이다〕. 이 밖에 『금강정경』의 이름으로 불리지 않는 『대반야경(大般若經)』 제10회의 반야리취분(般若理趣分)은 150송(頌)으로 되어 있으며, 『금강정경』 제6회 반야리취회(般若理趣會; 大樂不空瑜伽는 他化自在天에서)의 주지(主旨)를 밝힌 것이라고 한다. 일반적으로 불공(不空, 705-774) 역(譯)의 『대락금강불공진실삼마야경(大樂金剛不空眞實三摩耶經)』이 독송된다. 『금강정경』 상·중·하 3권의 내용은 부처가 일체여래의 가피력을 받아 오상관(五相觀)을 닦고 보리도량(菩提道場)에서 깨달음을 얻은 뒤에, 도리천(忉利天; Trāyastriṃśa)에 올라 여러 설법을 행하고 다시 보리도량으로 돌아와 법을 선포하는 것을 설법하고 있다. 오상관(五相觀)이란 통달보리심(通達菩提心)·수보리심(修菩提心)·성금강심(成金剛心)·증금강심(證金剛心)·불심원만(佛心圓滿)의 5상(相)의 관(觀)을 이루어 금강계 대일여래의 몸을 성취함을 말한다. 이 경은 남천축 철탑의 전설이라든지, 오상관이라든지, 보리도량귀환(菩提道場歸還)의 내용이 『화엄경』의 설법과 유사한 점 등 여러 가지 점으로 미루어 볼 때 남부인도에서 성립되었음이 명백하다. 하권(下卷)에서는 특히 밀교에서 사용되는 관정(灌頂)의 제법칙(諸法則)과 진언(眞言), 여러 가지 인(印)·인명(印明) 등을 설법하고 있다.

금강좌 【金剛座】 ①〔梵 vajra-āsana〕 금강(金剛)으로 된 보좌(寶座). 부처님이 보리수 밑에서 성도할 때에 앉은 자리. 마갈타국 부다가야 보리수하(菩提樹下)에 있다. ②금강석과 같은 견고한 선정으로 여러 가지 번뇌를 끊어 없애 불과(佛果)를 증득하는 것.

금광명경 【金光明經】 〔梵 Suvarṇa (pra)bahāsôttamasūtra〕 『금광최승왕경(金光最勝王經)』·『최승왕경(最勝王經)』이라고도 한다. 북량(北凉)의 담무참(曇無讖, 385-433)에 의하여 한역(漢譯)되었다. 4권. 대승경전으로서는 후기에 속한다. 이 경의 소재(素材)·교의(教義)는 『반야』·『법화』·『화엄』, 그 밖의 여러 대승경전에 의거하고 있다. 모두 19품으로 되어 있는데, 「수량품(壽量品)」·「참회품(懺悔品)」·「찬탄품(讚歎品)」·「공품(空品)」 등 4품이 이 경(經)에서의 대승불교 요강을 이루는 핵심적인 부분이다. 그러나 후세에 이 경이 호국 경전으로 숭앙받게 된 것은「사천왕품(四天王品)」·「정론품(正論品)」·「사신품(捨身品)」 등에 기인한다.

금구【金口】 여래(如來)의 말씀. 여래의 몸은 황금빛이므로 그 말씀을 금구(金口)라 한다. 또한 여래의 말씀은 금강(金剛)과 같이 견고하여 무너지지 아니하므로 금구(金口)라 한다.

금구상승【金口相承】〔英 The doctrines of the golden mouth transmitted in the 'apostolio succession' through generations〕 천태종 3상승(相承)의 하나. 금구조승(金口祖承)이라고도 한다. 금구(金口; 부처님)의 설을 받아 24조가 차례로 그 법문을 이은 것을 말한다. 마하가섭(摩訶迦葉)·아난타(阿難陀)·상나화수(商那和修)·말전지(末田地)·우바국다(優婆趜多)·제다가·미자가·불타난제·불타밀다·협(脇)·부나야사·마명·가비마라·용수·가나제바·라후라·승가난제·승가야사·구마라타·사야다·바수반타·마나라·학륵나·사자의 24조 상승(相承)을 말한다.

금륜【金輪】〔英 The metal circle on which the earth rests, above the water circle which is above the wind (or air) circle which rests on space〕 ①금성지륜(金性地輪)이라고도 한다. 사륜의 하나. 수륜 위에 있어서 세계를 받들었다는 한 지층(地層). 수륜(水輪; 땅 밑에 있어서 大地를 받치고 있는 물)이 엉겨 맺혀서 이룬 금의 윤위(輪圍)를 말한다. 두께는 3억 2만 유순, 둘레는 12억 3,456유순, 직경은 36억 10,350유순이다. 이 금륜 위에 수미산(須彌山) 등 9산(山)·8해(海)·4주(洲)를 실었다고 한다. 금륜의 맨 밑을 금륜제(金輪際)라고 한다. ②전륜왕 7보(寶)의 하나. 전륜왕이 즉위할 때에, 동방에 나타나 광명을 발하면서 왕에게 와서 그 다스림을 돕는다는 하늘의 금강륜보(金剛輪寶)를 말한다.

금색세계【金色世界】〔英 The goldenhued heaven of Mañjuśri (wênshu)〕 문수보살의 정토를 말함. 이 나라에는 금화(金華)가 찬란하므로 금색세계라 한다.

금선【金仙】〔英 Golden ṛṣi or immortal, i.e. Buddha〕 부처님을 가리킨다. 존귀하고 숭고하다는 뜻이다.

금시조【金翅鳥】〔梵 Garuḍa, 巴 Garula〕 묘시조(妙翅鳥)라고도 한다. 인도 신화에서 상상의 새. 시(翅)는 금색으로 넓이 336만 리이고 공중을 날아 수미산 아래에 사는데, 용(龍)을 잡아먹는 용맹스러운 새이다. 8부중(部衆)의 하나이다.

금원석원【今圓昔圓】 천태에서 법화열반 때에 설한 원교(圓敎)를 금원(今圓)이라 하고, 그 이전에 설한 원교(圓敎)를 석원(昔圓)이라고 한다.

긍선【亘璇, 1767-1852】 백파긍선(白坡亘璇) 항목을 참조할 것.

기관공안【機關公案】 4종 공안(公案)의 제2공안. 법신의 공안을 벗어나고, 그 경계에 가까워지는 이를 한 번 더 긴요하게 단련하기 위하여 베푼 관문(關門).

기봉【機鋒】 지혜로부터 나오는 예리한 언동.

기사굴산【耆闍堀山】〔梵 Gṛdhrakūṭa, 巴 Gijjhakūṭa〕 인도의 지명. 영취산(靈鷲山)이라고 번역한다. 중인도 마갈타국 왕사성의 동북쪽에 솟아 있어 석존이 설법하던 곳으로 이름난 산인데, 지금의 차타(Chata)산이다.

기세간【器世間】〔英 The world as a vessel containing countries and peoples〕 기세계(器世界)·기계(器界)·기(器)라고도 한다. 3종 세간 가운데 하나. 중생을 수용하는 세간이라는 뜻으로, 사바세계를 가리킨다. 우리가 살고 있는 이 세계, 산하(山河) 대지(大地) 등의 세계가 기세간(器世間)이다.

기세경【起世經】 중국 수(隋)나라 때 사나굴다(闍那崛多; Jñānagupta, 523-600)가 번역. 부처님이 사바제성 가리라 석실(石室)에 있을 때, 공양 후에 항상 설법하던 법당에 모인 여러 비구에게, 세계 국토의 조직·기원·성립·파괴 등 우주만물의 생성 과정을 설한 경이다. 섬부주·울단월주·전륜성왕·지옥·용과 금시조·아수라·사천왕·33천·두전·겁주·세주·최승 등 12품으로 되어 있다.

기수급고독원【祇樹給孤獨園】〔梵 Jetavanānāthapiṇḍadasyārāma〕 기수원(祇樹園)·기원(祇園)·급고독원(給孤獨園)이라고도 한다. 중인도 사위성에서 남으로 1마일 지점에 있다. 기원정사(祇園精舍; Jetavana-vihāra)가 있는 곳으로 부처님이 설법한 유적지. 이곳은 본래 바시닉왕의 태자 기타(祇陀)가 소유한 원림(園林)이었으나, 급고독장자(給孤獨長者)가 그 땅을 사서 석존께 바치고 태자는 또 그 수목을 바쳤으므로, 두 사람의 이름을 합하여 부른 것이다.

기신론【起信論】 대승기신론 항목을 참조할 것.

기신론별기【起信論別記】 신라의 고승 원효(元曉, 617-686)가 지은 『대승기신론(大乘起信論)』의 주석서. 대승기신론별기 항목을 참조할 것.

기어【綺語】〔梵 saṃbhinna-pralāpa, 巴 sampha-ppalāpā〕 십악(十惡)의 하나. 도리에 어긋나며 교묘하게 꾸미는 말. 잡예어(雜穢語)·무의어(無義語)라고도 한다.

기연【機緣】 계기(契機)·기회(機會)·동기(動機).

기원정사【祇園精舍】〔梵 Jetavana-vihāra〕 중인도 사위성에서 남쪽으로 1마일 거리에 있는 기수급고독원에 지은 절. 부처님과 그 제자들이 수도할 수 있도록 하기 위하여 수달장자(須達長者)가 기증. 당시는 7층의 가람으로 자못 장려하였다고 한다.

ㄱ

기타림【祇陀林】〔梵 Jetavana〕중인도 사위국 남쪽 1마일 거리에 있던 기타태자(祇陀太子)의 숲 동산. 수달(須達; Sudatta)장자(長者)가 이 땅을 태자에게 사들여 절을 지어 부처에게 바쳤는데, 이것이 곧 기원정사(祇園精舍)이다.

기화【己和, 1376-1433】조선시대의 스님. 법호는 득통(得通). 당호는 함허. 함허 항목 참조.

긴나라【緊那羅】〔梵 Kiṃnara〕의인(疑人)·의신(疑神)·인비인(人非人)이라고 번역. 가신(歌神)·가악신(歌樂神)·음악신(音樂神)이라고도 한다. 8부중(部衆)의 하나. 사람인지 짐승인지, 또는 새인지 일정하지 않은데, 노래하고 춤추는 괴물. 혹은 사람 머리에 새의 몸을 하거나 말머리에 사람의 몸을 하는 등 그 형상이 일정하지 않다.

길상천【吉祥天】〔梵 Śri-mahadevi〕여신(女神)의 이름. 길상천녀(吉祥天女)·공덕천(功德天)·길상공덕천이라고도 한다. 본래 인도 신화에 나오는 낙걸사명(洛乞史茗; Lakṣmi)의 다른 이름. 애욕신 카마(Kāma)의 어머니. 일찍부터 제석(帝釋)·마혜수라(摩醯首羅; Maheśvara)·비습노(毘濕笯)와 함께 불교에 들어가서 북쪽 비사문천(毘沙門天)을 주처(住處)로 하고, 미래에 성불(成佛)하여 길상마니보생여래(吉祥摩尼寶生如來)라고 부른다고 한다. 밀교(密敎)에서는 태장계 대일(大日)의 변신이라고 하며, 금강계 대일의 변신인 비사문천왕의 아내라고 한다.

길상초【吉祥草】〔梵 kuśa〕상모(上茅)·희생초(犧牲草)·유초(茆初)라고 한다. 습기 있는 땅이나 논에서 자라며, 띠나 박하와 비슷한 풀이다. 길상(吉祥)이라는 이름은 석존이 이 풀을 깔고 보리수 아래 앉아서 성도(成道)한 데서 연유했다고도 하고, 이 풀을 석존에게 바친 이가 길상동자라는 데서 연유했다고도 한다.

길장【吉藏, 549-623】중국 삼론교학(三論敎學)의 대성자(大成者).

[생애] 속성(俗姓)은 안(安)씨. 안식국(安息國; 중앙아시아의 파르티아) 출신의 조부(祖父)가 중국의 남해(南海; 廣東省 廣州)에 이주(移住), 뒤에 교주(交州)와 광주(廣州) 사이에서 살았지만, 길장이 살았던 곳은 금릉(金陵; 南京)이다. 길장(吉藏)이라는 이름은 번역승(飜譯僧)으로 유명한 진제(眞諦, 499-569)에 의해서 붙여진 것이라는 일화가 전한다. 길장은 불교신앙이 돈독한 가정에서 자랐던 것으로 추정된다. 길장의 아버지는 뒤에 스스로 출가했던 사람으로서〔道諒으로 부른다〕, 그 신앙이 깊었던 것을 엿볼 수 있다. 길장은 7세〔또는 11세〕때에, 흥황사(興皇寺) 법랑(法朗, 508-581)에게 출가하여 섭산(攝山; 江蘇省) 서하사(棲霞寺)의 승랑(僧朗, 5세기경)으로 시작되는 신삼론(新三

論)의 학계(學系; 攝嶺相承)를 계승했다. 21세 때, 구족계를 받았다. 589년〔開皇 9〕 수(隋)의 남북통일 후, 절강성(浙江省) 소흥부(紹興府) 회계(會稽)의 가상사(嘉祥寺)에 머물렀기 때문에 가상대사(嘉祥大師)라고 불린다. 그 뒤 개황(開皇) 17년〔597〕, 진왕광(晋王廣; 뒤의 煬帝)으로부터 초빙을 받아 양주(揚州) 혜일도량(慧日道場)에 들어갔다. 나아가 개황(開皇) 19년에 장안(長安)의 일엄사(日嚴寺)에 머물렀다. 장안(長安)에서는 강경(講經)·저작(著作)·집필(執筆)·의론(議論) 그 외의 사업에서 크게 활약하여 명성을 떨쳤다. 당(唐) 무덕(武德) 1년〔618〕 10대덕(大德)의 한 사람으로 임명되어 법무(法務)를 감독하였으며, 실제사(實際寺)·정수사(定水寺)에 머물렀다. 나아가 연흥사(延興寺)에도 머물렀다. 무덕(武德) 6년〔623〕 『사불포론(死不怖論; 현전하지 않음)』을 저술하고, 75세의 생애를 마감했다.

[저작] 길장의 저작으로 현존하는 것으로는 25부〔『彌勒經遊意』는 제외〕가 있고, 그 가운데 『화엄경(華嚴經)』·『유마경』·『승만경』·『금강명경』·『무량수경』·『관무량수경』·『대품반야경』·『금강반야경』·『인왕반야경』·『법화경(法華經)』·『열반경』 등 11의 대승경전에 대해서 18부의 경소(經疏)를 저술하였다. 특히 『법화경』·『유마경』 관계의 경소(經疏)를 많이 저술하였다. 삼론학파(三論學派)의 대성자로서, 『삼론현의(三論玄義)』·『중론소(中論疏)』·『십이문론소(十二門論疏)』·『백론소(百論疏)』를 저술했다.

[사상] 길장은, "여러 대승경전은 도를 드러냄에 있어서 모두 같다."라고 파악하고, 길장 이전에 유행한 돈점오시교판(頓漸五時教判)에서 대승경전의 가치적인 차별을 설정하는 것을 엄격하게 비판하였다. 그와 같은 입장에 서 있었기 때문에 많은 대승경전의 주석서를 저술할 수 있었던 원동력이 되었다. 길장은 자신의 저작에서 삼론(三論)의 근본사상인 공(空; śūnya; śūnyata)·중도(中道; madhyamā pratipat)의 사상에 토대하여 주석을 행하고 있다. 공(空)은 만물의 영원한 본질, 고정적 실체를 인정하지 않는 것이지만, 실천적으로는 대상세계와 자기에 대한 집착을 부정하는 것을 의미한다. 중도(中道)는 유(有)나 무(無)나, 단견(斷見)과 상견(常見) 등의 두 개의 극단을 고집하지 않는 것을 의미한다. 실체를 인정하는 입장을 유소득(有所得; 有得)이라 하고, 실체를 인정하지 않는 것을 무소득(無所得; 無得)이라고 하지만, 무소득공(無所得空)·무소득중도(無所得中道) 등의 개념에 의해서 어떠한 것에도 집착하지 않는 입장을 표명하고, 그 중도(中道)를 자기가 수득(修得)하기 위해서 중도(中道)의 바른 관찰을 의미하는 중도정관(中道正觀) 등의 수행을 주장한다.

김시습【金時習, 1435-1493】조선 단종·세조·예종·성종 때의 학자. 생육신의 한 사람. 서울 태생으로 본관은 강릉, 자는 열경(悅卿), 호는 매월당(梅月堂)·동봉(東峰)·청한자(淸寒子)·벽산(碧山). 시호는 청간(淸簡). 승명(僧名)은 설잠(雪岑). 고려 시중(侍中) 태현(台鉉)의 후손, 일성(日省)의 아들. 3세에 이미 시(詩)에 능했고, 5세엔 『중용』·『대학』에 통하여 신동(神童)으로 이름났다. 1455년〔端宗 3〕 21세 때 삼각산 중흥사에서 공부하다가 수양대군이 단종을 비롯하여 집현전의 많은 학자들을 살해하고 왕위를 찬탈했다는 소식을 듣고 책을 불태워 버린 후 승려가 되어 이름을 설잠(雪岑)이라 하고, 양주의 수락, 수춘의 사탄, 해상의 설악, 월성의 금오 등지를 두루 돌아다니면서 글을 지어 세상의 허무함을 읊었다. 그는 1463년〔世祖 9〕에 책을 사러 서울에 갔다가 효령대군의 권고로 세조의 불경언해(佛經諺解) 사업을 도와 내불당(內佛堂)에서 교정을 맡았고, 1465년에는 경주 남산에 금오산실(金鰲山室)을 짓고 독서와 저작에 전심하였다. 이 무렵에 『금오신화』를 지었다. 1481년〔成宗 11〕 47세에 환속했다가 처가 죽은 뒤에 다시 승려가 되어 홍산의 무량사(無量寺)에서 일생을 마쳤다. 그는 십장문(十章文)이라는 글을 지어 유·불·도(儒佛道) 3교의 어느 한 입장에만 사로잡힘이 없이 독자적인 이론을 전개하였다. 먼저 유가적 측면에서 보면, 그는 정도전(鄭道傳, ?-1398)·권근(權近, 1352-1409)·하륜(河崙) 등의 주자 철학에 반대하는 입장에서 기일원론(氣一元論)을 주장하여 만물의 근원적 존재는 기(氣)이며, 이(理)는 기 자체의 운동 변화하는 법칙성으로 보았고, 태극은 음양의 기(氣)의 태극으로 보았다. 역(易)은 우탁(禹倬, 1262-1342) 계통에 속하는 윤상(尹祥, 1370-1455)에게서 배웠는데, 역본의(易本義)는 시(時)와 의(義)임을 말하고, 시와 의의 관계를 논하여 상황에 따라서 합리적인 행동으로서 의(義)를 통하게 한다고 하였으며, 또 유기적(唯氣的) 입장에서 미신을 반대하고 무신론적 생각을 가져 무교(巫敎)와 풍수설 및 불교의 극락과 지옥설에도 반대한다. 또한 공자(孔子, B.C.551-B.C.479)의 정명사상(正名思想)과 역론(易論)을 근거로 명분론(名分論)을 세웠다. 그리고 불교적 측면에서 보면, 교리면에서 특히 『법화경(法華經)』에 깊은 조예를 보여 『법화찬(法華讚)』을 저술하였다. 그는 선(禪)의 안목으로 『법화경』을 보아 참신한 해설을 붙이고 있는데, 『법화찬』에서 천태종이 선종에 속함을 단언한 것은 또한 그의 탁견이라 하겠다. 그의 선관(禪觀)은 심(心)의 실재(實在)를 인정하고 심(心)은 원명(圓明)하고 무진한 보배라 하고, 차별이 곧 무차별이요, 도(道)의 모습은 무사(無思)요

무려(無慮)라고 하였다. 한편 "불(佛)의 수행은 질(質)이 곧고, 인위조작이 없다. 그 덕은 넓고 넓어 융합함이 있으니 대체 이것을 불승(佛乘)이라 한다." 하고 사심(捨心)·사신(捨身)·사재(捨財)의 삼사(三捨)를 강조하였다. 도가사상에 관해서는 『매월당시집』 3권, 「선도(仙道)」와 『매월당집』 17권, 「잡저(雜著)」에 주로 수진(修眞)·복기(服氣)·용호(龍虎)라는 이름으로 모아져 있다. 그의 단법(丹法)은 내외단(內外丹)을 겸용하되 내단(內丹) 중심으로 기철학(氣哲學)의 바탕 하에 전개되고 있다. 저서 가운데는 『매월당집(梅月堂集)』·『십현담요해(十玄談要解)』·『금오신화』 등이 유명하다.

끽다거 【喫茶去】 공안(화두)의 하나. '차 한 잔 마시시오.' 라는 뜻으로 상대방의 질문이나 말이 핵심을 찌르지 못했을 때 또는 진리에 입각한 말이 아닐 때 꾸짖는 성격의 말임. 어느 날 한 수행승이 조주선사(趙州禪師)를 찾아왔다. 선사가 물었다. "이곳에 와 본 적이 있는가?" "없습니다." 조주선사가 말했다. "차 한 잔 마시게〔喫茶去〕." 또 한 수행자가 찾아왔다. "이곳에 와 본 적이 있는가?" "있습니다." 조주선사는 역시 "차 한 잔 마시게."라고 하였다. 옆에 있던 원주(院主)가 "화상께서는 수행자들이 '와 본 적이 있다'고 해도, '와 본 적이 없다'고 해도 '차 한 잔 마시게'하시니 그것이 무슨 뜻입니까?"라고 하자 조주선사는 "원주"하고 불렀다. 이에 원주가 "예."하고 대답하자 "자네도 차 한 잔 마시게."라고 했다. 이후 끽다거는 화두가 되었다. 다반사(茶飯事)와 같이 중국인에게 끽다(喫茶, 차를 마심)는 일상의 하나이다.

ㄴ

나가세나 【Nāgasena; 那先比丘】〔梵 Nāgasena, 英 The instructor of the king in the Milindapañha〕 B.C.2세기경에 활동한 인도의 스님. 나선(那先). 그리스의 왕 미란타(彌蘭陀; Milinda)와 경론의 깊은 뜻에 관해서 토론하여 그를 설득시켰는데, 그 내용이 『밀린다 팡하(Milinda-pañha; 漢譯『那先比丘經』)』이다. 밀린다왕이 질문한 경전이므로 『밀린다왕문경』이라고도 한다. 나가세나의 사상을 살펴보면, 그는 연기설에 있어서는 12지연기 내지 무명(無明)을 뺀 11지연기, 또는 무명·취(取)·유(有)·생(生)·노사(老死)를 뺀 7지연기로 무아(無我)를 강조하고 있다. 또한 무아설(無我說)에 입각한 식별작용과 기억작용을 설명하고 있는데, 식별작용은 접촉·감수(感受)·표상(表象)·의사(意思)·성찰(省察)·고찰(考察)로 나누어 설명하고 있고, 기억작용은 기억이 일어나는 조건을 17가지로 들어 설명하고 있다. 실천수행론에 있어서는 바른 주의작용(注意作用)과 지혜(智慧)와 다른 선법(善法; 五無漏根·五根·五力·七覺支·八正道·四念處·四正勤·四如意足·四禪·八解脫·四定·八等至)들을 들어 번뇌를 끊어 생사윤회에서 벗어날 것을 주장한다. 열반론에 있어서는 해탈한 자가 전지(全知)한 자는 아니라 하는데, 정신적 해탈을 성취한 자는 이미 좋아하고 싫어하는 감정에서 떠나 버렸고, 감수(感受)가 있더라도 그것에 대해서 갈애(渴愛)나 집착(執着)이 일어나지 않으므로, 육체가 있더라도 문제가 되지 않는다고 한다. 또한 그는 불타(佛陀)의 실재함을 증명하려고 하였다.

나라연 【那羅延】〔梵 Nārāyaṇa〕 인도의 옛 신(神). 천상(天上)의 역사(力士)로서 불법(佛法)의 수호신인데, 나라연천(那羅延天)이라고도 한다. 집금강(執金剛)의 하나로 밀적금강(密跡金剛)과 함께 이천(二天)이라고 한다.

나락 【那落】 나락가(那落迦)라고도 한다.

나락가 【那落迦】〔梵 naraka〕 나락(那落)이라고도 한다. 지옥을 가리킨다. 범어 'nāraka'의 음역(音譯). 또한 범어 'nāraka'의 음역일 때는 지옥 가운데의 중생이란 뜻이다.

나란타사 【那爛陀寺】〔梵 Nālanda, 英 Nalandā, a famous monastery 7miles north of Rājagṛha, built by the king Śakrāditya〕 중인도 마갈타국 왕사성의 북쪽에 있던 사원의 이름. 나란타(那爛陀), 시무염사(施無厭寺)라고 번역한다. 405년 이후에 지은 것으로, 7세기 초에 현장(玄奘, 602-664)법사가 인도에 유학할 무렵에는 인도불교의 중심지였다. 특히 밀교(密教)를 중국에 전한 금강지(金剛智, 671-741)·선무외(善無畏, 637-735) 등은 모두 이 절에서 배출한 명승이었고, 북송(北宋) 초〔980〕에 중국에 온 법현(法賢, ?-1001)·보타걸다(補陀吃多) 등도 이 절 출신 승려들이다.

나무 【南無】〔梵 Namas〕 범어 'Namas'의 음역으로, 남모(南謨)·나모(那謨)·납막(納莫) 등으로 음역되기도 한다. 뜻은 치경(致敬)·귀경(歸敬)·귀명(歸命)·귀의(歸依)·경례(敬禮)·구아(救我)·도아(度我) 등이다. 불교도가 일심(一心)으로 부처를 믿고 존경하는 용어이다. 일상적으로 불(佛)·보살(菩薩)의 명칭, 또는 경전의 제명(題名) 앞에 쓰는데, 존경과 경건한 마음을 나타낸다. 정토종에서는 염불에 대한 찬양을 종지(宗旨)로 하여, 항상 불호(佛號) 앞에 '나무(南無)' 두 글자를 붙였다. 『관무량수경(觀無量壽經)』에서는, "십념(十念)을 빠짐없이 갖춘 것을 일러 나무아미타불(南無阿彌陀佛)이라 한다."라고 하였다.

나무아미타불 【南無阿彌陀佛】〔英 Namo Amitābha〕 6자의 명호(名號)라고 하며, 그 뜻은 아미타불께 귀의한다는 뜻. 귀명무량수각(歸命無量壽覺)·귀의무량수각(歸依無量壽覺), 또는 귀명무량광각(歸命無量光覺)이라고 번역한다. 광명이 무량하고 수명이 무량한 각체(覺體)에 귀의할 수 있도록 아미타불의 구원을 요청하는 뜻에서 수시로 외운다. 정토교에서 서방정토 왕생을 염원하는 사상으로 출발하였으나, 자기 마음이 곧 아미타불이라는 자심미타(自心彌陀)를 염원하는 종파도 있다.

나반존자 【那畔尊者】 독수성(獨修聖)·독성(獨聖). 우리나라에서 말세의 복밭이라고 신앙하는 나한(羅漢). 머리카락이 희고 눈썹이 긴 모양을 나타내는 것으로 보아 빈두로존자(賓頭盧尊者; Pindolabharaḍvāja)를 가리키는 것으로 보인다.

나선비구경 【那先比丘經】〔巴 Milinda-pañha〕 밀린다왕문경. 동진(東晋)시대에 한문으로 번역되었다. 역자는 미상. 2권본과 3권본 등 두 가지가 전하고, 팔리어본도 있다. 나선비구〔나가세나〕와 미란타왕의 문답 요지를 적은 경전이다. 나선비구의 출가 수도 차례를 적고, 이어서 미란타왕과의 문답에 이르러서는 왕이 불교에 대하여 어려운 것을 물으면, 나선비구가 낱낱이 세간에 알려진 사실을 들어 입증하면서 논리적으로 불교교리에 귀납하여 그 이치를 분명하게 말하고 있다. 밀린다왕문경 항목 참조.

나옹혜근【懶翁慧勤, 1320-1376】 고려 충목왕·충정왕·공민왕 때의 선승. 조계(曹溪)의 중흥조(中興祖). 속성은 아(牙)씨. 이름은 혜근(慧勤·惠勤), 구명(舊名)은 원혜(元惠), 호는 나옹(懶翁), 당호는 강월헌(江月軒), 시호는 선각(禪覺)이다. 경북 영덕군 영해 출신. 고려 충숙왕 7년에 부친 서구(瑞具)와 모친 정(鄭)씨 사이에서 태어났다. 20세 때 이웃 친구의 죽음을 보고, '죽음은 무엇이며, 죽으면 어디로 가는가?' 하는 의문을 품고, 공덕산 묘적암에 있는 사굴산파의 요연선사(了然禪師)에게 가서 승려가 된 후 여러 산을 다니다가, 1344년 양주 회암사에서 4년 동안 수행정진하여 개오(開悟)하였다. 충목왕 3년〔1348〕 28세 때에는 원(元)나라 연경의 법원사에서 지공(指空, 1289-1364)을 뵙고 계오(契悟)한 바 있었고, 2년 동안 공부하다가 다시 남쪽으로 가서 평산처림(平山處林, 1279-1361)에게서 법의(法衣)와 불자(拂子)를 받았다. 그 뒤 보타락가산(寶陀洛伽山)에 가서 관음(觀音; Avalokiteśvara)을 친견하고 육왕사와 무주복룡산 등에서 고덕선장(高德禪匠)을 만나고 다시 연경으로 돌아와 원제(元帝)의 청으로 광제사에 머물러 크게 도화(道化)를 떨치다가 법원사에 가서 지공(指空)의 부촉을 받고 공민왕 7년〔1358〕에 15년 만에 귀국하였다. 그 후 요양·평양·동해 등에서 설법했고 오대산 상두암에 있었는데, 공민왕의 청으로 해주 신흥사에 머물렀다. 그 뒤 용문산·원적산·금강산 등지를 다니다가 광명사와 회암사에 머물렀다. 1371년〔공민왕 20〕 왕사(王師)가 되고 송광사 주지를 하다가 다시 회암사에 가 있었다. 나옹은 왕명을 받아 우왕 2년〔1376〕 밀양 영원사로 가는 길에 5월 15일 여주 신륵사에서 열반하였다. 그의 문하(門下)에 자초(自超)·지천(智泉)·승사(昇師)·경원(景源)·법장(法藏)·각굉(覺宏) 등 백여 명이 있었다. 그의 선사상은 지공(指空)의 인도선(印度禪)과 평산(平山)의 임제선의 영향을 받았다. 그는 우주만유가 모두 불신(佛身)이며 산천초목이 모두 그대로 법(法)이요 심(心)이라는 견해를 가지고 있었으며, 자심삼보(自心三寶)와 유심염불(唯心念佛)을 주장했다.

나옹화상어록【懶翁和尙語錄】 책 이름. 1권 1책. 고려 말기의 고승인 나옹화상 혜근(惠勤, 1320-1376)의 법어집(法語集). 초간본은 공민왕(恭愍王) 13년〔1363〕에 제자 각련(覺璉)이 나옹의 상당법어(上堂法語)·착어(着語)·수문(垂文)·서장(書狀) 등을 집록(輯錄)하고, 혼수(混修)가 이를 교정하여 간행한 것으로, 권두에 백문보(白文寶)의 서(序)가 있다. 또한 나옹이 입적한 뒤 다시 손질하여 우왕(禑王) 5년〔1379〕에 재간본이 간행되었고, 3간본은 조선 중종(中宗) 29년〔1534〕 서대사(西大寺)에서 개판한 것으로, 현재 일본에 유출되어 국내에는 전하지 않는다.

나유타【nayuta】〔英 a numeral, 1,000,000, or one million or ten million〕 나유타(那由他)·니유다(尼由多)·나술(那述·那術)이라 음사(音寫)한다. 인도의 수(數)의 단위. 대수(大數)의 하나. 오늘날 사용하고 있는 수의 단위는 '단(單)·십(十)·백(百)·천(千)·만(萬)·십만(十萬)·백만(百萬)·천만(千萬)·억(億)·십억·백억·천억·조(兆)·십조·백조·천조·경(京)·십경·백경·천경·해(亥)…' 등과 같이 사사변지법(四四變之法)이지만, 인도 수의 단위는 '단(單)십(十)·백(百)·천(千)·십천(十千)·백천(百千)·백만(百萬)·구지(俱胝; koti)·십구지·백구지·천구지·십천구지·백천구지·백만구지·나유타(那由他)·십나유타·백나유타·천나유타·십천나유타·백천나유타·백만나유타·아유다(阿由多; Ayuta)·십아유다…'처럼 칠칠변지법(七七變之法)을 쓰고 있다. 따라서 1나유타는 우리 수로는 백조(百兆)에 해당한다. 그러나 불전(佛典) 중에는 천만 혹은 일억·천억·해 등과 같은 이설(異說)들이 나오기도 한다.

나찰【羅刹】〔梵 rakṣasa〕 야차(夜叉; yakṣa)와 함께 비사문천(毘沙門天)의 무리라 하며, 혹은 지옥에 있는 귀신이라고도 한다. 그 여성을 나찰사(羅刹私; rākṣasi)라고 한다.

나하교【奈何橋】〔英 The bridge in one of the hells, from which certain sinners always fall〕 악한 사람이 죽으면 반드시 지나게 되는 음부(陰府)에 있는 다리. 선인(善人)으로 살다가 죽으면 혼(魂)이 금교(金橋)·은교(銀橋)를 지나고, 악인(惡人)으로 살다가 죽으면 혼(魂)이 나하교(奈何橋)를 지난다고 한다. 악산(嶽山) 서남쪽 물이 솟는 곳을 서계(西溪)라 하고, 대곡구(大峪口)에서 시작하여 주성(州城)의 서남에 이르러서 반(泮)으로 유입되는 것을 일러 나하(奈河)라고 한다. 이 물이 흐르는 고리산(高里山) 좌측에 나하교(奈何橋)라는 다리가 있다고 한다.

나한【羅漢】〔英 Arhan, arhat; worthy, worshipful, an arhat, the saint, or perfect man of Hinayāna〕 ①아라한(阿羅漢; arhat)의 약어. 소승불교의 수행에서 극치에 도달한 자. 소승의 깨달음을 얻은 성자. ②불자(佛子; buddhapytra)와 동일.

나한신앙【羅漢信仰】 나한(羅漢)을 대상으로 하는 신앙 형태. 나한은 아라한(阿羅漢; arhan)의 준말이다. 부처의 십대제자 또는 16나한·18나한·5백나한이 신앙의 대상이다. 이들 나

ㄴ

한은 삼명(三明)과 육신통(六神通)·팔해탈법(八解脫法)을 모두 갖추어서 중생들의 소원을 이루어 줄 수 있다고 한다. 대승불교의 전통이 강한 우리나라에서는 나한을 소승(小乘)의 성자(聖者)라 하여 폄하하는 경향이 있으나, 민간에서는 나한에 대한 믿음이 크게 성행하였다.

나한전【羅漢殿】 나한상(羅漢像)을 모셔 놓은 사찰 당우(堂宇)의 하나. 나한이란 아라한(阿羅漢; arhat)의 준말로, 소승불교에서 최고의 성자(聖者)이다. 나한전은 이 나한을 신앙의 대상으로 삼아 석가모니불 좌우에 봉안한 곳이다. 나한전은 보통 오백나한전(五百羅漢殿)과 응진전(應眞殿)으로 나누어진다. 오백나한전은 부처의 제자 가운데 아라한과를 얻은 500명의 아라한을 모신 곳이며, 응진전은 그 중에서도 16나한상을 모신 곳이다. 나한은 중생에게 복덕을 주고 소원을 성취시켜 준다고 하여 우리나라에서 널리 신봉되었다.

나형외도【裸形外道】〔梵 Nirgrantha〕 니건자외도(尼乾子外道; 자이나교)의 하나인 공의파(空衣派). 대공(大空)을 옷으로 삼는다고 하면서, 옷을 벗고 알몸으로 생활하였다.

낙【樂】〔梵 sukha〕 고(苦; duḥkha)에 대립되는 말. 바람직한 상황. 대상〔好緣·好境〕에 있어 심신에 알맞게 좋고, 심신(心身)이 즐거운 상태. 오온(五蘊) 중 감수작용(感受作用)인 수(受; vedanā)에 고(苦)·낙(樂)·불고불락(不苦不樂)의 삼수(三受)가 있는데, 낙수(樂受)란 사랑할 만한 대상에 대한 감수작용을 말한다. 또한 안근(眼根) 내지 구지근(具知根)의 22근(根) 중 외계(外界)를 감수한 인상감각(印象感覺)으로서 낙(樂)·고(苦)·희(喜)·우(憂)·사(捨)의 오수근(五受根)을 헤아리는데, 그 첫째를 낙근(樂根)이라고 한다. 모두 감수작용의 내용을 의미한다. 또한 전오식(前五識)에 느끼는 수(受)는 육체적인 수(受)이기 때문에 신수(身受)라 하고 제육식(第六識)에 느끼는 수(受)는 정신적인 수(受)이기 때문에 심수(心受)라 하지만, 낙(樂)인 신수(身受)를 낙수(樂受), 낙(樂)인 심수(心受)를 희수(喜受)라고도 한다. 선한 업에 의하여 끌리는 과보는 낙(樂)이고, 심신(心身)을 섭익(攝益)하여 심신을 위한다고 할 수 있다. 색계(色界)·초선(初禪)을 제외한 무색계(無色界)의 선업(善業)은 제6의식(意識)에 받는 낙(樂)만을 수(受)의 과보로서 갖고 있기 때문에 심수업(心受業)이라고 한다. 욕계(欲界)에서 색계 제3선(禪)까지의 선업(善業)은 삼수(三受) 중 낙수(樂受)를 가져오기 때문에 순락수업(順樂受業)이라고 한다. 삼락(三樂)이란 십선(十善)을 닦아서 천계(天界)에 생(生)하여 받는 천락(天樂), 선정(禪定)에 들어서 받는 선락(禪樂), 열반을 구경(究竟)하여 얻은 열반락(涅槃樂)을 말한다. 또한 전오식(前五識)으로부터 생(生)하는 외락(外樂), 초선(初禪) 내지 제3선(禪)의 의식(意識)으로부터 생하는 내락(內樂), 무루지(無漏智)로부터 생하는 깨침의 낙(樂)을 받는 법락락(法樂樂)도 삼락(三樂)이라고 한다. 오락(五樂)이란 출가하여 고(苦)를 끊는 출리락(出離樂), 초선에 있어서 욕(欲)과 악(惡)·불선(不善)의 법(法)을 떠난 원리락(遠離樂), 제2선 이상에 있어서 심(尋)·사(伺)를 지식(止息)한 적정락(寂靜樂), 무상보리(無上菩提)를 이룬 보리락(菩提樂), 구경적멸(究竟寂滅)의 열반락(涅槃樂) 등이다.

낙공【落空】 악취공(惡取空)과 같음. 해당항목 참조.

낙미【酪味】〔英 Sour, one of the five tastes〕 오미(五味)의 하나. 젖을 끓여 만든 것을 낙(酪)이라고 한다. 천태에서는 석존의 설법을 화엄·아함·방등·반야·법화 열반의 5시기로 나누고 5미에 배당하였는데, 낙미(酪味)는 아함시(阿含時)에 해당된다.

낙양가람기【洛陽伽藍記】 중국 북위(北魏) 북평(北平; 지금의 河北城 滿城) 사람인 양현지(楊衒之)가 지음. 5권. 내용은 낙양성(洛陽城) 주변에 있는 천여 개 사찰 가운데 큰 가람만 골라 규모, 가람 배치, 당우 이름, 역사 등을 기록한 것이다.

난다【難陀; Nanda】 (1) 한역(漢譯)으로는 환희(歡喜)라 하며, 안혜〔Sthiramati〕와 동시대인으로서 승군(勝軍; Jayasena)의 스승이다. 유식 10대 논사(論師) 중의 한 사람으로, 종자론에 대해서는 신훈설(新薰說)을, 심식(心識)의 인식작용에 대해서는 견분(見分)·상분(相分)의 이분설(二分說)을 주장하였다. 저서로는 『유식삼십론석(唯識三十論釋)』·『유가론석(瑜伽論釋)』 등이 있다.

(2) 부처님의 제자로, 마야부인의 동생인 파사파제(波闍波提; Prajapati)의 아들이며, 석존의 이복동생인 순다라난다(孫陀羅難陀; Sundarananda)와, 본래 소를 먹이던 사람으로서 불제자가 된 목우난다(牧牛難陀), 그리고 서인도 온서니성(城)의 대상주(大商主) 난다의 아들이 있다.

(3) 인도 마우리야 왕조를 세운 찬드라굽타(Chandragupta)에게 나라를 빼앗긴 마가다(Magadha)국의 왕 이름인 난다와 『법화경』 팔대용왕(八大龍王) 중의 하나인 우파난다(upananda; 跋難陀)와 빈자일등(貧者一燈)에 나오는 빈녀(貧女) 난다가 있다.

난승지【難勝地】〔梵 sudurjayā bodhi-sattva-bhūmiḥ〕 보살의 십지(十地) 가운데 제5지. 수혹(修惑)을 끊고 진지(眞智)·속지(俗智)를 조화하는 지위이다.

난야【蘭若】 아란야(阿蘭若; Aranya)의 약칭. 이 말은 공정(空淨)·한정(閑靜)한 처소(處所)라는 뜻이다. 스님들이 거처하는 곳. 『석씨요람(釋氏要覽)』에, "난야(蘭若) 두 글자는 백낙천(白樂天, 772-846)이 설사인(薛舍

人)에게 보낸 시(詩) 가운데, '동(東)으로 안인서(安仁署)를 바라보고, 서(西)로는 자운각(子雲閣)을 임하였네. 길게 휘파람을 불어 연하(烟霞)를 구하고, 걸음을 높여 난야(蘭若)를 찾았네.'"라고 하였다.

난위【煖位】〔梵 uṣma-gata〕 사선근(四善根; catus-kuśala-mūla)의 하나. ①소승에서는 내범(內凡)의 초위(初位). 외범(外凡)인 삼현위(三賢位) 다음에 바로 지혜를 증득하려고 준비하는 자리를 말한다. 난(煖)은 따뜻하다는 뜻으로, 불에 가까이하면 따뜻함을 느끼는 것과 같이, 견도무루지화(見道無漏智火)의 전상(前相)으로 수승한 유루(有漏)의 사제관지(四諦觀智)가 일어나는 자리. ②대승에서는 보살의 제10회향위(廻向位)의 만심(滿心)에서 사선근위(四善根位)를 세운 것. 선정에 의하여 맨 처음의 사심사관(四尋伺觀)을 일으켜서 실재한다고 집착하는 경계가 없다고 관찰하는 자리.

난이이도【難易二道】 용수(龍樹, 150-250경)의 『십주비바사론(十住毘婆娑論)』에 나온다. 정토문(淨土門)에서는 이것을 근거로 하여 부처 일대의 교(敎)를 난행도(難行道)와 이행도(易行道) 2도(道)로 나눈다. 난행도(難行道)는 자기 힘으로 오랫동안 수행한 끝에 깨닫는 법문이고, 이행도는 남의 힘인 염불에 의하여 정토에 왕생하기를 기약하는 법문이다.

난행도【難行道】〔梵 duṣkara〕 이행도(易行道)와 대립되는 말로, 인도의 용수(龍樹; Nāgārjuna)가 『십주비바사론(十住毘婆娑論)』「이행품(易行品)」에서, 보살의 수행 중 십지(十地) 가운데 초지(初地)인 불퇴위(不退位)에 이르는 길을 두 개, 곧 난행도와 이행도로 나눈 데서 비롯된 것이다. 중국의 담란(曇鸞, 476-542)은 『왕생론주(往生論注)』에서 자력·타력이라는 말로 난행도와 이행도를 설명하고, 도작(道綽, 562-645)의 『안락집』에서는 성도문(聖道門)과 정토문(淨土門)으로 나누었다. 난행도는 자기 힘으로 수행하여 깨닫는 것이고, 이행도는 염불에 의하여 정토에 왕생하기를 바라는 것임.

남돈북점【南頓北漸】〔英 Southern immediate, northern gradual〕 중국불교에서 남종(南宗)과 북종(北宗)의 선풍(禪風)이 다른 것을 표현하는 말. 중국 달마의 선종이 제5조 홍인(弘忍, 602-675)에 이르면서 그 밑에서 혜능(慧能, 638-713)과 신수(神秀, 606-706) 두 파〔남돈=남종, 북점=북종〕로 나누어진다. 혜능은 남쪽인 강남(江南)으로 가서 선풍을 드날렸고, 신수는 북쪽인 낙양(洛陽)에 있으면서 선법을 펼쳤는데, 이것을 남종선(南宗禪)·북종선(北宗禪), 남능북수(南能北秀)·남선북선(南禪北禪)·남돈북점이라고 한다. 남돈(南頓)이란 강남지역에서 선을 펼쳤던 혜능의 선을 가리키는데, 그는 수행의 단계를 거치지 않고 한 번에 완전히 깨달을 수 있다는 돈법(頓法)을 주장했고, 북쪽에서 선법을 펼쳤던 신수는 점차적으로 한 단계씩 밟아 올라가서 마지막에 깨닫게 된다는 점법(漸法)을 주장했다. 그래서 혜능 계통을 남돈(南頓), 신수 계통을 북점(北漸)이라 한다. 혜능은 '미(迷)와 오(悟)가 필경 하나이고, 본래무일물(本來無一物)·수증불이(修證不二)의 관점에서 선(禪)의 본뜻을 얻는다.'고 본 데 반하여, 신수는 '수행과 증오(証悟)의 단계를 인정하면서 점차로 수행하는 공덕을 쌓아서 마침내 깨닫는다.'고 하는 교학적 경향을 가지고 있기 때문이다. 그 이후 육조 혜능의 문하는 점차로 성(盛)해서 오가칠종(五家七宗)의 분립을 보는 데까지 이르렀으나, 북점의 신수 문하는 겨우 몇 대(代)에서 그 법계(法系)가 단절되었다.

남방불교 【南方佛教】〔英 Southern Buddhism〕 북방불교(北方佛教)에 대칭되는 말로서, 아시아 남부 지역에 전파된 불교. 그 계통과 형태, 지역에 따라 4유파로 나뉜다. 1. 스리랑카를 중심으로 한 미얀마·타일랜드〔태국〕·라오스·캄보디아 등지에서 팔리어 성전을 근거로 하여 신행하는 남방 상좌부의 불교. 팔리어 경전을 사용하므로 팔리불교라고도 한다. 2. 6-7세기경에 중국에서 들어와서 뒤에 선종(禪宗)을 중심으로 하는 중국풍 대승불교가 성행하는 베트남불교. 3. 오늘날 유적만 찾을 수 있는 캄보디아 크메르(Khmer) 민족의 불교. 4. 옛날 자바·수마트라·말레이시아 등지에서 번영하던 남해불교(南海佛教) 등이다. 남방불교라면 주로 팔리불교를 말한다. 인도 본토로부터 스리랑카에 불교가 전래된 것은 B.C.3세기 아쇼카왕의 왕자로 상좌부의 장로였던 마힌다(Mahinda)에 의한 것이다. 그는 아누라다 성에 대찰〔마하비하라〕을 건립하였다. 그 뒤 B.C.1세기경에 바다가마니 아바야왕이 무외산사(無畏山寺)를 건립함으로써 대사파(大寺派)와 대립하게 되고 뒤에 다시 기타림사파(祇陀林寺派)가 분리하게 되어 3파가 정립하게 되었다. 5세기가 되면서 붓다고사(Buddhaghosa)를 비롯한 교학자(教學者)가 나타나서 교학의 기초가 튼튼해졌다. 미얀마의 불교 수용은 4-5세기경인데, 공식적으로 남방 상좌부 불교를 채용한 것은 11세기 파간왕조의 아나와라타(Anawarata)왕 때로, 그 뒤 스리랑카 계통의 상좌부 불교가 세력을 떨쳤다. 미얀마의 불교는 일반적으로 계율이 엄격하였는데, 특히 계율을 강조하는 슬라간디파와 그와는 견해를 달리하는 마하간디파로 갈라졌다. 타일랜드 왕조는 12세기 이래 상좌부 불교를 채택, 1361년 스리랑카 상좌부 대사파의 법등(法燈)을 국가적 종교로 맞아들였다. 캄보디아·라오스의 상좌부 수용은 14-15세기로서, 타일랜드 민족의 침략 이후이다. 남방 상좌부는 계율을 엄수하여 원시불교 이래의 전통을 보유하고 있고, 팔리어 문헌에는 경율론 삼장 외에 방대한 주석서·강요서(綱要書)·사서(史書)·문법서·시서(詩書) 등이 있어 불교 연구에 많은 공헌을 하고 있다.

남산삼교 【南山三教】 중국 당(唐)나라 때 고승인 도선율사(道宣律師, 596-667)가 사분율종(四分律宗)에서 세운 삼교(三教). 1. 성공교(性空教); 소승교(小乘教)의 여러 법(法)의 성분(性分)을 분석하여 그 자성(自性)이 공무(空無)하다고 보지만, 한편 인연생(因緣生)의 거짓 모습〔假相〕은 인정하는 것. 2. 상공교(相空教); 대승천교(大乘淺教)에서 여러 법의 자성(自性)은 본래 환(幻)과 같아서 공(空)이라고 보아 그 가상(假相)조차도 인정하지 않는 것. 3. 유식원교(唯識圓教); 대승심교(大乘深教)에서 모든 법이 오직 식(識)의 원만한 이치〔圓理〕라고 보는 것.

남삼북칠 【南三北七】 천태의 『법화현의(法華玄義)』 10권에 나오는 중국 남북조시대〔440-589〕에 있었던 불교의 성전 비판을 한 10파의 총칭인데, 양자강을 중심으로 하여 강남(江南) 3가(家)와 강북(江北) 7가(家)의 교판(教判)을 말한다. 『선시초(撰時抄)』에, "남삼북칠이라고 하여 불법 10류(流)로 말하여지는 것은 남에는 3시(時)·4시·5시, 북에는 5시·반만(半滿)·4종(宗)·5종(宗)·6종·2종의 대승·일음(一音) 등인데, 각각 의(義)를 세워서 변(邊)에 집착하여 서로 다툰다."라고 하고 있다. 남삼(南三)이란, 1. 호구산(虎丘山)의 급법사(岌法師)는 돈(頓; 화엄)·점(漸; 아함의 有相教와 반야의 無相教와 열반의 常住教)·부정(不定; 승만)의 3교 중에서 점교에 삼시교(三時教)를 세우고, 2. 종애법사(宗愛法師)는 앞과 같이 3시교이지만 점(漸)을 유상교(有相教)·무상교(無相教)·동귀교(同歸教; 법화)·상주교(常住教)로 나누어 4시교를 설하고, 3. 승유(僧柔)·혜차(慧次)·혜관(慧觀)은 3시교를 설하지만, 점(漸)을 다섯으로 나누어 무상교와 동귀교 사이에 포폄억양교(褒貶抑揚教; 유마)를 넣어 5시교를 세운다. 북칠(北七)이란, 1. 북지사(北地師)의 5시교는 앞의 점교 4시(時)에 다시 인천교(人天教; 提謂經)를 더한 것이고, 2. 보리류지(菩提流支)의 2교는 반자교·만자교인데 소승·대승을 설하며, 3. 광통율사(光通律師)는 인연(因緣)·가명(假名)·광상(誑相)·상주(常住)의 4종(宗)으로 비담(毘曇)·성실(成實)·대품(大品)·열반(涅槃)을 이것에 섭(攝)한다. 4. 호신사(護身寺)의 자궤(自軌)는 앞의 4종(宗)에 법궤종(法軌宗; 華嚴)을 더하여 5종을 세우고, 5. 기사사의 안름(安廪)은 5종교에 진종(眞宗; 법화)과 원종(圓宗; 대집)을 더하여 6종을 설하고, 6. 북지선사(北地禪師) 중 어떤 사람은 유상대승과 무상대승의 2교를 설하며, 7. 또한 어떤 사람은 일음교(一音教; 一佛乘)를 설하고 있다. 이 분류에서 보면, 강남의 3설은 부처의 설법 순서에 따른 것이고, 강북의 7설은 교리의 심천(深淺)에 따라 설을 세운 것이다.

남섬부주【南贍部洲】〔梵 jambū-dvīpa〕 염부제(閻浮提). 수미산의 남쪽에 있는 육지. 곧 우리가 살고 있는 사바세계를 가리킴. 남염부주 항목 참조.

남순【南詢】『화엄경』「입법계품」에 나오는 선재동자(善財童子; Sudhana)가 53선지식(善知識)을 찾아다니며 가르침을 청(請)한 일.

남악마전【南嶽磨磚】 공안의 하나. 남악회양과 그의 제자 마조도일이 나눈 문답. 마조도일(馬祖道一, 709-788)이 전법원(傳法院)에서 날마다 좌선하고 있었다. 스승 남악회양(南岳懷讓, 677-744)은 그가 법기(法器)이지만 좌선에만 매달려 있는 문제점을 자각시켜 주기 위하여 하루는 그에게 가서 "대덕! 좌선해서 무엇을 하려 하는가?"라고 물었다. 그러자 도일은 "부처가 되려 합니다."라고 대답하였다. 이에 남악회양은 그의 암자 앞에서 벽돌을 들더니 돌에다 갈기 시작했다. 도일이 "스님, 벽돌을 갈아서 무엇에 쓰려고 하십니까?"라고 묻자, 남악은 "거울을 만들려고 하네."라고 대답하였다. 도일이 "벽돌을 갈아서 어떻게 거울을 만들 수 있습니까?"라고 되묻자, 남악은 "벽돌을 갈아서 거울을 만들 수 없다면, 좌선을 한들 부처가 될 수 있겠는가?"라고 되물었다. 그래서 도일이 자각하고 "어떻게 해야 하겠습니까?"라고 묻자, 남악은 "사람이 수레를 몰고 가는데 수레가 가지 않으면 수레를 때려야 하겠는가, 소를 때려야 하겠는가?"라고 되물었다. 이 말에 도일은 대답이 없었다. 남악이 "그대는 좌선을 배우는 것인가, 앉은 부처를 배우는 것인가? 만일 앉아서 좌선을 배운다면 선은 앉고 누움에 있는 것이 아니요, 만일 앉은 부처를 배운다면 부처는 일정한 모양이 없으니, 무주(無住)의 법에는 취하거나 버릴 것이 없느니라. 그대가 만일 좌불(坐佛)이 되고자 한다면 이는 부처를 죽이는 것이요, 만일 앉은 모양에 집착하면 그 이치를 달성하지 못하리라."라고 말하였는데, 이에 도일은 제호(醍醐; 가장 좋은 우유)를 먹은 듯하였다고 한다.

남악혜사【南嶽慧思, 515-577】 중국 천태종의 제2조. 성은 이(李)씨. 법휘(法諱)는 혜사(慧思). 남북조 때에 남예주 무진현에서 출생. 15세에 스님이 되고, 20세 때 세상의 무상을 느껴 발심하고 대승경전을 배우며, 항상 산림(山林)에 머물러 선(禪)을 닦았다. 후에 천태종의 개조인 혜문(慧文)에게 귀의하여 일심삼관(一心三觀)의 심요(心要)를 전수받고 법화삼매를 깨달았다. 그 뒤 34세〔548〕 이후에는 시기하는 무리들의 강력한 박해를 받으면서도 곳곳에서 『법화경』을 강의하였는데, 554년〔承聖 3〕 광주(光州) 대소산에 들어가니 문하에 모여든 사람들이 대단히 많았다고 한다. 이어 568년〔光大 2〕에 제자 40여 명과 더불어 남악(南嶽)에 들어가 10년 동안 강석을 펴고 선양하다가 진(陳) 대건 9년〔577〕 6월에 63세로 입적했다. 저서로는 『법화경안락행의(法華經安樂行儀)』 1권·『제법무쟁삼매법문(諸法無諍三昧法門)』 2권·『입서원문(立誓願文)』·『수보살계의(授菩薩戒儀)』 등이 있다. 그 밖에 『대승지관법문(大乘止觀法門)』이 있는데 진위를 의심받고 있다. 제자로는 지의(智顗)·승조(僧照)·혜초(慧超)·혜위(慧威)·혜명(慧命)·영변(靈辨) 및 신라의 신광(神光) 등이 있다.

남악회양 【南岳懷讓, 677-744】 중국 당(唐)나라 때의 선승. 속성(俗姓)은 두(杜). 금주(金州) 안강(安康; 지금의 섬서성에 속함) 사람. 어릴 때부터 불서(佛書)를 매우 좋아하였다. 당(唐) 천수(天授) 2년〔691〕에 형주(荊州) 옥천사(玉泉寺)의 항경(恒景, 634-712) 율사에게 가서 출가하여 계를 받고는 경전을 연구하였다. 나중에 숭산(崇山)의 혜안(慧安, 582-709)이 있는 곳에 가서 선(禪)을 배우고, 또 소주(韶州; 지금의 廣東 韶關)의 조계(曹溪)에 이르러 혜능(慧能, 638-713)을 참알(參謁)하고는, 15년을 모시면서 그의 돈오(頓悟)법문을 모두 배웠다. 선천(先天) 2년〔713〕에 남악(南岳)의 반야사(般若寺) 관음대(觀音台)에 살면서 30여 년 동안 혜능의 선법(禪法)을 널리 전하며 남악(南岳)의 한 계통을 열었으니, 세상에서 남악선사(南岳禪師)라고 일컬었다. 일찍이 벽돌을 가는 것으로 좌선(坐禪)에 비유하여 제자〔마조〕를 깨우쳤는데, 벽돌을 갈아서 거울을 만들 수 없다면 "좌선으로 어찌 성불(成佛)할 수 있는가〔『景德傳燈錄』 卷6〕."라고 하였다. 죽고 나서 대혜선사(大慧禪師)라는 시호(諡號)를 받았다. 제자에 9인이 있는데, 마조도일(馬祖道一, 709-788)이 으뜸이었다. 마조 계통에서 위앙종과 임제종이 나왔다. 그의 설법 가운데 "설사일물(說似一物)"·"여경주상(如鏡鑄像)"·"남악마전(南岳磨塼)" 등이 유명하다.

남양혜충 【南陽慧忠, ?-775】 중국 당나라 때의 선승. 성은 염(苒)씨. 시호는 대증선사(大證禪師). 월주(越州) 제계 사람. 육조 혜능(慧能, 638-713)에게 심인(心印)을 받고 오령(五嶺)·나부(羅浮)·사명(四明)·천목(天目) 등 여러 명산(名山)을 다니다가, 남양(南陽)의 백애산(白崖山) 당자곡(黨子谷)에 들어가 40년 동안 정좌장양(靜坐長養)하고 산에서 내려오지 않았다. 현종이 그 덕풍(德風)을 듣고 서울〔수도〕로 모셨고, 이어 현종·숙종·대종 3대왕으로부터 두터운 예우를 받았다. 그는 항상 남악혜사의 종풍을 사모하였는데, 임금에게 주청하여 형악의 무당산에 태일 연창사를, 당자곡에 향엄 장수사를 창건하고 대장경 1부를 모시게 했다. 당 대종(大宗) 대력 10년〔775〕 12월에 입적했다. 그는 선(禪)이 곧 교(敎)라고 주장하였는데, 공안〔화두〕으로는 국사삼환(國師三喚)·무정설법(無情說法)·무봉탑(無縫塔) 및 원상(圓相) 등이 유명하다.

남염부주 【南閻浮洲】〔梵 jambū-dvīpa〕 남염부제(南閻浮提). 남섬부주·남염부·염부제·염부주라고도 한다. 수미산의 남쪽에 있는 대륙. 수미산을 중심으로 인간세계를 동서남북 4주로 나누는데, 남쪽에 있다고 하여 남염부주·남섬부주라고 한다. 원래는 인도를 가리키는 말이었으나, 점점 우리가 살고 있는 이 세계, 즉 사바세계의 총칭이 되었다.

남전 【南泉, 748-834】 남전보원(南泉普願). 마조도일(馬祖道一, 709-788)의 제자. 속성은 왕(王)씨. 중국 정주(鄭州) 신정(新鄭) 사람. 757년 대외산(大隗山)의 대혜(大慧)에게 가르침을 받고, 30세에 숭악(嵩嶽)에 가서 구족계를 받았다. 뒤에 마조의 문하에 들어가 교학을.버리고 도(道)를 깨달았다. 759년 지양(池陽)의 남전(南泉)에 선원을 짓고 30년 동안 산에서 내려가지 않았는데, 학도가 항상 모여들었다. 학인을 다루는 솜씨가 준엄하여 '남전참묘(南泉斬猫)'와 같은 통쾌한 공안이 있었다. 834년〔唐 文宗 太和 8〕에 87세로 입적했다.

남전대장경 【南傳大藏經】 팔리어 대장경을 일본어로 번역한 책. 65권 70책. 일본 고남순차랑(高楠順次郞) 박사 공적기념회(功績記念會)에서 번역 편집함. 1935년에 시작하여 1941년 2월에 완간. 대장출판주식회사(大藏出版株式會社)에서 간행함. 대장경 항목을 참조할 것.

남종선 【南宗禪】 육조혜능(六祖慧能, 638-713) 계통의 선을 가리킴. 중국 선종(禪宗) 가운데 신수(神秀, ?-706) 계통을 북종선(北宗禪)이라고 하고 혜능 계통을 남종선(南宗禪)이라고 하는데, 그 이유는 강남, 즉 양자강 남쪽에서 활동했기 때문이다. 남돈북점 항목 참조.

남중삼교 【南中三敎】〔英 The three modes of Sākyamuni's teaching as expounded by the teachers south of the yangtze after ch'i dynasty A.D.479-501〕 중국 제(齊)나라 이후에 강남(江南)의 여러 스님들이 돈(頓)·점(漸)·부정(不定)의 삼교(三敎)로써 불교를 분류 판정한 것을 말한다. 1. 돈교(頓敎). 『화엄경(華嚴經)』의 돈설(頓說)을 말한 것. 2. 점교(漸敎). 『아함경(阿含經)』으로부터 『열반경』까지 차례를 따라 설한 것임을 말한 것. 3. 부정교(不定敎). 『승만경』·『금광명경』 등과 같이 돈·

점에 배당할 수는 없으나, 불성(佛性)이 상주(常住)함을 밝힌 것을 말한 것.

납월팔일【臘月八日】음력 12월〔납월〕 8일. 석가모니 부처님이 35세 되던 12월 8일 샛별이 뜰 무렵 중인도 마갈타국 니련하(河)가에 있는 보리수 아래에서 불도(佛道)를 이루던 날. 납팔(臘八)이라고 줄여 쓰기도 한다. 성도재일(成道齋日).

납의【衲衣】〔梵 paṃśukūlica, 巴 paṃśukūlika〕출가 수행승이 입는 옷. 납가사(衲袈裟)·분소의(糞掃衣)라고도 한다. 납(衲)은 깁는다는 뜻으로, 세상 사람들이 입다가 버린 여러 가지 낡은 헝겊을 모아서 누덕누덕 꿰매어 만든 옷이라는 뜻이다. 수행승은 이런 옷을 입기 때문에 승려를 납승(衲僧)이라고도 한다.

납자【衲子】납승(衲僧)이라고도 한다. 선종(禪宗)에서 수행승을 납자라고 말한다.

낭지【朗智】신라 문무왕(文武王, 661-681 在位) 때의 이승(異僧). 삽량주(歃良州) 아곡현(阿曲縣) 영취산(靈鷲山)에 있으면서 이름을 말하지 않고 항상 『법화경』을 강의하였는데, 신통력이 있었다. 661년〔문무왕 1〕경 『추동기(錐洞記)』를 지은 지통(智通, 655-?)은 그의 제자가 되었고, 원효(元曉, 617-686)도 반고사(磻高寺)에 있으면서 그에게 가르침을 받았다. 그가 원효로 하여금 『초장관문(初章觀文)』과 『안신사심론(安身事心論)』을 짓게 하였다. 원성왕 때에 연회(緣會)가 영취산에 있으면서 그의 전기를 지었다.

낭혜【朗慧, 801-888】선문9산의 하나인 성주산파(聖住山派)를 개창한 무염(無染)의 시호. 속성(俗姓)은 김씨. 무열왕의 8세손. 애장왕 2년〔801〕에 태어나 열세 살 되던 해에 출가하였다. 헌덕왕 13년〔821〕에 당나라로 유학하여 수도를 통해 깨달음을 얻었고, 문성왕 7년〔845〕에 귀국하여 당시 웅천〔지금의 보령〕에 있던 오합사(烏合寺)의 주지가 되었다. 이 절에서 선(禪)을 널리 알려 번성하자 왕은 '성주사'라는 절 이름을 내렸다. 진성여왕 2년〔888〕 89세로 입적하자 시호를 '낭혜', 탑 이름을 '백월보광'이라 내렸다. 충남 보령시 성주리 80-2에 국보 8호 정주사 남해화상 백월보광탑비가 남아 있다.

내계【內界】〔梵 adhyātmika, 英 The realm of mind as contrasted with 外界 that of the body〕①중생의 신체를 외계(外界), 중생의 마음을 내계(內界)라고 한다. ②육계(六界; 地·水·火·風·空·識) 가운데 앞의 5계를 외계라고 하는 데 대하여 제6의 식계(識界)를 내계(內界)라고 한다.

내공【內空】〔梵 adhyāta-śunyata, 西 naṅ stoṅ pa ñid, 英 Empty within, i.e. no soul or self within〕18공(空)의 하나. 눈·귀·코·혀·몸·뜻

의 육근(六根)이 공(空)함을 말한다. 육근은 인연에 따라 생긴 것이므로 필경에 공한 것이고, 실제의 자성(自性)은 없으므로 내공(內空)이라고 한다.

내명 【內明】〔梵 adhyātma-vidyā, 西 naṅ gi rig pa, 英 a treatise on the inner meaning, one of the 五明 q.v.〕 인도 학문의 불교적 분류인 오명(五明; 內明·医方明·因明·聲明·工巧明) 가운데 하나. 외적(外的) 학예(學藝)에 대하여, 부처님이 설한 가르침을 내명이라고 한다. 『유가사지론(瑜伽師地論)』 제38권에서 "제불(諸佛)의 말씀을 내명론(內明論)이라 한다."라고 하였고, 『대당서역기(大唐西域記)』 제2권에서는 "내명(內明)이란 오승인과(五乘因果)의 묘리(妙理)를 구창(究暢)한다."라고 하였다.

내범 【內凡】〔英 The inner or higher ranks of ordinary disciples as contrasted with the 外凡 lower grades〕 불도(佛道)를 수행하는 사람 중에서 범부위(凡夫位)에 있는 사람을 구별하여 내범(內凡)·외범(外凡)이라 한다. 범(凡)은 아직 교리를 증득하지 못한 사람을 말하는데, 그 중에서 얼마쯤의 지혜를 가진 사람을 내범(內凡)이라 하고, 그렇지 못한 사람을 외범(外凡)이라 한다. 곧 내범(內凡)은 교리 안의 범부이고, 외범은 교리 밖에 있는 범부(凡夫)이다.

내불당 【內佛堂】 왕실의 불교신앙을 위해 창건되었던 사찰. 궁궐 안에 있으며, 현재의 경복궁 위치에 있었다. 1418년〔세종 1〕 조선조 세종에 의해 처음으로 건립되었으며, 세조 때는 이곳을 중심으로 큰 법회가 열리기도 하였다. 의례는 선왕의 명복을 빌거나 병환의 쾌유를 비는 내용으로 되어 있었다. 억불숭유정책을 썼던 조선시대에 이 사찰은 특이한 존재로서 존재하였다. 내불당 창건 이후 유생들은 계속 철폐를 건의했고, 왕실은 유생들의 반대 속에서도 내불당을 존속시켜야 했다. 조선 중기까지 유지되었으나, 선조 이후에 사라진 것으로 보인다.

내생 【來生】〔梵 paunar-bhavikī, 英 the future life〕 한 번 죽은 후에 다시 태어나는 세상. 후생(後生) 또는 내세(來世)라고도 한다. 지나간 세상을 전생(前生), 현재 세상을 금생(今生), 미래 세상을 내생(來生)이라고 한다. 불교의 입장에서는 이 인생이란 금생에 끝나는 것이 아니고, 전생·금생·내생의 끊임없는 연속〔윤회〕이라고 본다. 가깝게 보면 어제가 전생, 오늘이 금생, 내일이 내생이다. 이와 같이 삼생(三生)은 끊임없이 계속된다.

내세 【來世】 내생(來生).

내연 【內緣】〔英 The condition of perception arising from the five sense〕 ①5식(識)으로 5경(境)을 반연하는 것을 외연(外緣)이라고 하고,

그 반대로 의식이 마음속에서 모든 법(法)을 분별하는 것을 내연(內緣)이라고 한다. ②내인(內因)이라고도 한다. 안에 있어, 결과를 내는 친근한 원인.

내외공 【內外空】〔梵 adhyātma-bahirdhā-śūnyatā, 英 Internal organ and external object are both unreal, or not material〕 18공(空)의 하나. 육근(六根)을 내(內)라 하고, 육진(六塵)을 외(外)라고 한다. 범부(凡夫)는 이 내외법에 붙들려 집착을 일으키는데, 마침내는 내법(內法)·외법(外法)이 모두 일정한 모양이 없고 인연(因緣)의 화합에 따른 것이므로, 내(內)의 인아(人我)도 없고 외(外)의 법아(法我)도 없음을 말한다.

내원궁 【內院宮】 도솔천(兜率天; Tuṣita-deva)에 있는 미륵보살의 정토(淨土). 수미산 꼭대기 하늘 위에 도솔천이라는 천상세계가 있고, 여기에 내원궁(內院宮)·외원궁(外院宮)이 있다. 미륵보살은 내원궁에 있으면서 석가모니불의 교화를 받지 못한 중생을 위하여 설법하고, 장차 인간 세상에 출세할 때를 기다리고 있다고 한다.

내정정 【內定靜】 안으로 마음이 어지럽지 아니하며, 마음이 평화롭고 맑으며, 천만 번뇌를 잠재우는 공부. 염불이나 좌선으로 어지럽게 일어나는 천만 번뇌를 고요하게 잠재워 무념(無念)의 경지에 들어가 온전한 근본 정신을 양성하고, 일이 있어 움직일 때에는 그 뜻을 바르게 가져 비록 잠깐 사이라도 망념(妄念)이 일어나지 않게 하고, 사상(四相)이 텅 비고 육진(六塵)이 깨끗하여 경계에 집착하지도 물들지도 않아서 응무소주 이생기심(應無所住 而生其心)하게 된다. 이와 같이 세 가지 마음공부를 해서 힘을 얻으면 자연히 마음 바다가 평정(平靜)하고 번뇌가 끊어진다. 내정정(內定靜) 공부를 잘하려면 서원과 믿음이 투철해야 하고, 정당한 법을 소중히 알고 존중하며, 희로애락에 가벼이 끌리지 말고, 선후본말을 알고 욕심을 갖지 말아야 한다.

내호마 【內護摩】 밀교(密敎)에서 자기 마음속의 번뇌를 태워 버리는 작법(作法). 화단(火壇)에 향하지 않고, 자기 몸을 단장(壇場)으로 삼고 마음을 맹화(猛火)로 삼아서, 심월륜(心月輪)에 머물러 마음속 번뇌를 불사르는 것. 이호마(理護摩)라고도 한다.

내훈 【內熏】〔英 Inner censing; primal ignorance, or unenlightenment〕 훈(熏)은 '스며들다'·'영향을 주다〔받다〕'는 뜻으로, 선으로 점점 악을 제어하는 것과 같은 것이다. 내훈(內熏)이란 중생의 마음에 있는 본각(本覺) 자체가 무명(無明)에 영향을 주어서 망심(妄心)을 없애고 진여(眞如) 본체에 돌아가게 하려는 작용.

냉난자지 【冷煖自知】 차고 더운 것은 자기 스스로 알아야 한다는 말. 찻잔

속에 담긴 물이 따뜻한지 차가운지는 먹어 본 사람이라야 알 수 있듯이, 진리란 깨달은 사람만이 느낄 수 있고 알 수 있다는 뜻.

네란자강 【Nairañjanānati江】 중인도 마갈타국 가야성의 동쪽에 북으로 흐르는 강(江). 니련선하(尼連禪河)라고도 함. 니련선하 항목 참조.

노사 【老師】 선승의 경칭(敬稱).

노사나불 【盧舍那佛】 노자나불(盧遮那佛)이라고도 쓴다. 비로자나불(毘盧遮那佛)의 약칭. 화엄종의 본존(本尊). 연화장세계의 교주. 해경십불(解境十佛)·행경십불(行境十佛)을 갖춘 불신(佛身).

노스님 〔英 an old (aged) priest〕 은사 스님의 스승. 조항(祖行) 되는 스님. 상(上)노스님이라고도 함.

노자화호경 【老子化胡經】 도교의 책. 중국 동진(東晋) 말의 도사(道士)인 왕부(王浮)가 지은 책. 이 책은 동한(東漢) 말에 "노자가 이적(夷狄; 인도)으로 들어가서 부처가 되었다."라는 전설을 기초로 해서 더 부연하여 만든 책이다. 노자가 일찍이 인도에 가서 오랑캐를 교화하여 성불(成佛)하게 했다는 것인데, 이 말이 시사하는 바는 부처는 곧 노자의 제자라는 뜻이다. 이 책은 도교와 불교가 논쟁하던 시기에 창작된 위서(僞書)로서, 의도는 도교의 위치를 불교보다 높이는 데 있었다. 역사상 도교와 불교가 세력을 다툴 때 도교에서는 이 경전을 전거로 삼아 불교를 비판하고 폄하하였다. 노자화호지쟁 항목 참조.

노자화호지쟁 【老子化胡之爭】 중국불교와 도교가 서로 논쟁하게 되는 시초가 된 역사적 사건. 화호지쟁(化胡之爭)이라고도 한다. 불교가 처음 중국에 전파될 때에 한동안은 황로신선술(黃老神仙術)의 일종으로 간주되었고, 불교 역시 자발적으로 황제(黃帝)·노자(老子, B.C.561-B.C.467)와 결부시켜서 중국 전통신앙과 결합하여 불교를 전파하려고 시도하였다. 동한(東漢) 후기가 되면 사회에는 "이적(夷狄; 인도)으로 갔던 노자(老子)가 곧 부처이다."라는 화호성불설(化胡成佛說)이 생겨났고, 불도동원론(佛道同源論; 불교와 도교의 뿌리는 같음)과 노자전생론(老子轉生論)이 전해지게 되었다. 한말(漢末) 삼국시대에는 노자화호설(老子化胡說)이 널리 퍼졌다. 단, 이 시기의 불교는 이미 중국에서 상당한 영향을 가지고 있었으며, 불교의 이론적 저작인 『모자이혹론(牟子理惑論)』 속에는 화호설(化胡說)을 반대하거나 심지어 도교와 불교는 다르다는 생각이 나타나기 시작하였다. 양진(兩晋) 남북조(南北朝)시대에 불교와 도교는 상당한 발전을 하였으며, 각자 사회의 우위를 점하려고 쌍방이 화호(化胡)문제로 격렬한 논쟁을 벌였다. 진(晋)나라 혜제(惠帝, 290-306 在位) 때 천사도(天師道)의 제주(祭酒) 왕부(王浮)는 불교 승려 백원(帛遠)과 논쟁을 하는 과정에서 도교를 높이고 불교를 누르게 되었다. 동한(東漢) 이래로 노자화호설(老子化胡說)은 『노자화호경(老子化胡經)』으로 만들어지게 되었다. 이 경(經)에 따르면, 노자는 서쪽의 양관(陽關)을 지나 서역(西域)을 거쳐 천축(天竺; 인도)에 이르러 부처로 몸을 바꾸어 호인(胡人; 인도인)들을 교화하면서 불교를 만들었다고 한다. 남북조 때에 도교도(道敎徒)들은 모두 이에 근거하여 불교와 서로 장단점을 다투었다. 남조(南朝) 송(宋)나라 태시(泰始) 3년〔467〕에 도사 고환(顧歡)이 지은 『이하론(夷夏論)』에서는 불교라는 이적(夷狄)의 종교가 중국에 들어온 것으로 생각하였는데, 이 설의 영향이 매우 컸다. 이로부터 승소(僧紹)는 『정이교론(正二敎論)』, 사진(謝鎭)은 『여고도사석이하론(與顧道士析夷夏論)』, 주소(朱昭)는 『난고도사이하론(難顧道士夷夏論)』, 혜통(慧通)은 『박고도사이하론(駁顧道士夷夏論)』 등을 지어 '이하지쟁(夷夏之爭)'을 전개하였다. 이 영향은 위로 조신(朝臣)들의 상소문에 이르게 되었고, 아래로 세속적 논저(論著)에서는 시대마다 논쟁하였다. 북위(北魏) 효명제(孝明帝, 515-528 在位) 때는 최환회(最還會)가 도사 강빈(姜彬)과 궁전 뜰에서 『노자화호경(老子化胡經)』의 진위(眞僞)에 대해 논쟁하였는데, 불법(佛法)을 받드는 효명제에 의해서 강빈이 귀양을 가게 되었다. 수(隋)·당(唐) 때에도 화호지쟁(化胡之爭)은 계속 진행되었다. 수(隋) 개황(開皇) 3년〔583〕에 사문(沙門) 언종(彦琮)은 총 25조로 된 『변교론(辯敎論)』을 지어 노자화호설을 비판하였고, 당(唐) 현경(顯慶) 5년〔660〕에는 사문 정태(靜泰)와 도사 이영(李榮)이 낙궁(洛宮)에서 『노자화호경』의 진위에 대해 논쟁을 하였다. 측천무후(則天武后) 천책만세(天冊萬歲) 2년〔696〕에 복광사(福光寺) 사문 혜징(慧澄)이 전조(前朝) 때 행한 바에 따라서 『노자화호경』에 대한 근절을 부탁하였고, 추관시랑(秋官侍郎) 유여예(劉如睿) 등 팔학사(八學士)들이 의결하도록 칙령을 내렸다. 그러나 한(漢)·수(隋)의 많은 서적에 있는 화호설(化胡說)을 다 없애지 못함으로써 그 명령이 성공하지 못하였다. 당(唐) 중종(中宗) 신룡(神龍) 원년〔705〕 승려와 도사를 내전(內殿)에 불러들여 『노자화호경』의 진위를 판정하게 하였고, 사문 명법(明法)의 항쟁으로 금전(禁殿)의 조칙을 내리고, 위반자에게는 벌을 주었다. 낙경(洛京) 대항관(大恒觀) 주항(主恒)인 도언(道彦) 등이 변론의 표(表)를 올리자 조칙으로 이르기를, "도(道)와 덕(德)의 2편(二篇)과 공(空)과 유(有)의 이제(二諦)는 널리 알리지 않을 수 없는 현문(玄門)이며 묘리(妙理)인데 어찌 거짓된 화호설(化胡說)을 가지고 노군(老君)을 일으키는 종지(宗旨)로 삼으려 하는가?" 라고 하여 청(請)한 바가 받아들여지지 않았다. 그러나 그 이후에도 화호설은 널리 전파되었다. 원(元)나라 때에도 불·도 논쟁은 계속되었는데, 화호설이 논쟁의 중심이 되었다. 헌종(憲宗)·세조(世祖) 연간에 걸쳐 승려와 도사는 여러 차례 『노자화호경』의 진위에 대해 논쟁을 하였고, 세조(世祖) 지원(至元) 18년〔1281〕에 『도덕경(道德經)』 외 나머지 도서(道書)들을 불태워 없애도록 명령하니 『노자화호경』이 제일 먼저 불태워지는 부류에 들었으며, 불교와 도교의 노자화호지쟁(老子化胡之爭)은 이로써 일단락되었다. 역사적·문헌적으로 노자화호설이 도교에서 만든 창작임은 의심의 여지가 없다.

노전 【爐殿】 대웅전(大雄殿)과 그 밖의 법당(法堂)을 맡아보는 승려의 숙소(宿所). 향각(香閣). 향로전(香爐殿). 여기서 발전하여 소임의 이름으로 부르게 되었다.

노파선 【老婆禪】 선에 대하여 노파심으로 지나치게 상세히 설명하는 것. 지나치게 친절, 자상한 것은 도리어 참선자의 대오(大悟)를 전(轉)하여 그르치게 한다는 것. 졸렬(拙劣)한 선(禪), 기개(氣槪)가 없는 선(禪). 노파(老婆)의 상자(傷慈)에 비유한 말.

녹야원 【鹿野苑】〔梵 Mṛgadāva, 英 a famous park north-east of vārāṇaśi, a favourite resort of śākyamuni〕 4대 성지의 하나. 최초의 설법지(地). 지금의 인도 베나레스시의 북쪽 사르나트에 있는 유적지. 중부 인도 파라나국(波羅奈國) 북쪽 성 밖에 있던 동산으로, 붓다가 성도 후 최초로 이곳에서 교진여 등 5비구에게 설법하였다고 한다.

녹원시 【鹿苑時】 아함시. 천태지의의 오시교판(五時敎判) 가운데 하나. 석존이 성도 후 『화엄경』을 설했으나 지혜가 부족한 중생들이 알아듣지 못하자, 그들의 근기에 맞추어 사제법문(四諦法門)인 『아함경』을 설했다고 한다.

논부 【論部】 논장(論藏) 항목 참조.

논사 【論師】 ①삼장(三藏) 가운데서 특히 논장(論藏)의 내용에 통달한 사람. 뒤에는 논(論)을 지어서 불법(佛法)을 드날리는 데 노력한 사람을 일컬음. ②철학자. 교의학자.

논장 【論藏】〔梵 abhidharma-piṭaka, 英 The saurus of discussions or discourses, the Abhidarma piṭaka〕 경장(經藏; sūtra-piṭaka)·율장(律藏; vinaya-piṭaka)과 더불어 삼장(三藏; tri-piṭaka)의 하나. 논서(論書)를 집대성한 것으로, 아비달마장(阿毘達磨藏)·아비담장(阿毘曇藏)·대법장(大法藏·對法藏)이라고도 한다. 붓다의 가르침을 연구한 것을 논(論)이라고 함. 법에 대한 연구라는 뜻에서 '법의 연구〔abhidharma; 對法〕'라 한다. 장(藏; piṭaka)은 그릇·용기(容器)·암기

(諳記)된 것 등의 뜻이다. 붓다의 가르침에 대한 연구, 즉 아비다르마는 붓다가 살아 있을 때부터 제자들 사이에 행해졌던 연구이다. 그러나 경장과 율장의 원형은 초기불교 교단시대에 성립했지만, 논장(論藏)이 확정된 것은 부파교단이 성립한 이후의 일이다. 그 때문에 논장의 내용은 각 부파마다 다르다. 논장의 제작은 B.C.250년 무렵〔근본분열 이후〕부터 시작되어 기원전후 무렵까지 완성된 것으로 보인다. 현재 논장으로 인정되어 남아 있는 것은 남방 상좌부의 팔리(Pāli)7론과 북방 설일체유부의 육족발지(六足發智) 등이 완전한 상태이며, 기타 부파의 몇몇 논서가 불완전한 상태로 남아 있다. 팔리7론은 B.C.250년경부터 B.C.50년경 사이에 성립한 것으로 여겨지며, 붓다고사(Buddhaghosa)가 정한 순서에 따르면 다음과 같다. 1. 『법집론(法集論; Dhammasaṅgaṇi)』, 2. 『분별론(分別論; Vibhaṅga)』, 3. 『논사(論事; Kathāvatthu)』, 4. 『인시설론(人施設論; Puggalapaññatti)』, 5. 『계설론(界說論; Dhātukathā)』, 6. 『쌍대론(雙對論; Yamaka)』, 7. 『발취론(發趣論; Paṭṭhāna)』. 육족발지도 비슷한 시기에 성립한 것으로 추정하는데, 야쇼미트라(Yaśomitra)에 따르면 다음과 같다. 1. 『발지론(發智論; Jñānaprasthāna)』, 2. 『품류족론(品類足論; Prakaraṇapāda)』, 3. 『식신족론(識身足論; Vijñānakāya)』, 4. 『법온족론(法蘊足論; Dharmaskandha)』, 5. 『시설론(施設論; Prajñaptiśāstra)』, 6. 『계신족론(界身足論; Dhātukāya)』, 7. 『집이문족론(集異門足論; Saṃgītiparyāya)』. 팔리7론은 모두 팔리(Pāli)어로 전해져 있고 육족발지는 한역(漢譯)으로 완비되어 있지만, 『시설론』은 한역이 불완전해서 티베트 역을 완전한 것으로 본다. 산스크리트어로는 몇몇 단편만이 발견될 뿐이다. 팔리7론과 육족발지 이외에 다른 부파의 논장으로는 법장부의 것으로 보이는 『사리불아비담론(舍利弗阿毘曇論)』 30권과, 정량부의 것으로 보이는 『삼미저부론(三彌底部論; Saṃmitīya-śāstra)』이 불완전한 상태로 한역되어 전한다. 현장(玄奘)의 『대당서역기(大唐西域記)』 12권에는 유부 67부·상좌부 14부·대중부 15부·정량부 15부·화지부 22부·음광부 17부·법장부 42부 등 여러 부파의 삼장(三藏)을 가져왔다는 기록이 있어서 이들 부파도 논장을 가지고 있었음이 분명하지만, 현장(玄奘, 602-664)은 유부의 논서인 육족발지만 한역하였다.

논종 【論宗】〔英 The Madhyamaka school of the 三論 San-lun; also the Abhidharma, or śāstra school〕 3장(藏) 중에서 논부(論部)에 의해서 세운 종지(宗旨). 구사종(俱舍宗)·성실종(成實宗)·삼론종(三論宗)·법상종(法相宗)과 같은 것.

뇌야삼상 【賴耶三相】 제8 아뢰야식이 가진 3종의 상(相). 곧 자상(自相)·과상(果相)·인상(因相). 제8식 자체에 모든 법의 인(因)이 되고 과(果)가 되는 뜻을 갖추었으므로, 이 체(體)와 의(義)의 차별을 나타내기 위하여 삼상(三相)의 이름을 세운다. 이 삼상은 설명하기 위하여 세운 것이므로 자상(自相) 외에 과상(果相)·인상(因相)이 없고, 이 이상(二相)을 떠나서 따로 자상(自相)이 있는 것도 아니다. 자상의 상(相)은 체상(體相)이고, 나머지 이상(二相)은 의상(義相)이다. 자상(自相)은 제8식 자체의 상, 곧 모든 종자를 간직하고 칠전식(七轉識)에 의하여 모든 종자를 훈장(熏藏)하여 제7식에 집장(執藏)되는 것을 말한다. 과상(果相)은 제8식이 선악의 업으로 생겨난 이숙(異熟)의 과체(果體). 이 식은 이숙(異熟)의 인업(引業)으로 받는 삼계(三界)·오취(五趣)·사생(四生)의 과체이므로 인업소감(引業所感)의 이숙이라고 하는 점으로써 이 식의 과상을 삼는다. 이는 중생 총보(總報)의 과체(果體)인데, 이 총보의 과체로는 업과(業果)와 부단(不斷)·변삼계(遍三界)라는 세 가지 뜻을 갖는다. 업과(業果)는 선악의 업인(業因)으로 생긴 이숙(異熟) 무기(無記)의 과(果)를 말하고, 부단(不斷)은 인위(因位)나 과상(果上)에 본래부터 상속하여 끊어지지 않는 것을 말하고, 변삼계(遍三界)는 욕계·색계·무색계 중에서 어디에나 있는 것을 말한다. 이 세 가지 뜻을 가진 것은 제8식뿐이므로 모든 법의 인(因)이 되는 상(相), 곧 모든 색(色)·심(心) 제법의 종자를 가져 잃지 않고, 만법이 현행하는 과(果)를 낳는 원인이 되는 것을 말한다.

뇌야식 【賴耶識】 아뢰야식의 준말. 아뢰야식 항목을 참조할 것.

뇌야연기 【賴耶緣起】 법상종(法相宗)에서 우주의 삼라만상이 아뢰야식으로 연기(緣起)한다고 하는 학설. 아뢰야식은 제8식으로서 모든 존재, 모든 사물을 싹트게 하는 기능, 즉 종자(種子)를 가지고 있다. 여기에는 선천적으로 있는 본유종자(本有種子)와 현재의 모든 것, 즉 후천적으로 새로 훈부(熏付)한 신훈종자(新熏種子)가 있다. 이 두 가지의 종자가 화합하여 차츰 온갖 차별의 현상을 일으킨다. 이 연기론은 개인적이며 상대적인 유심론(唯心論)이라고도 할 수 있다. 중생 각자의 아뢰야식은 끝없는 과거로부터 상속하여 제각기 자기의 우주 만상을 변현한다고 하는데, 각자의 우주가 교섭함을 말할 때에는 공변(共變)·불공변(不共變)의 학설을 말한다. 산하대지(山河大地)와 같은 것은 각자의 공통한 변현이고, 각자의 심식(心識)·승의근(勝義根) 등은 각자의 독특한 변현이라 한다. 여기에는 공중(共中)의 공(共)·공중(共中)의 불공(不共)·불공중(不共中)의 공(共)·불공중(不共中)의 불공(不共)이라는 구별이 있다. 이상은 미계(迷界)의 생기(生起)를 말한 것이다. 오계(悟界)의 생기(生起)에 대해서는 유루(有漏)의 제8식 가운데 이미 선천적으로 무루(無漏)의 종자를 간직하였는데, 이 무루의 종자는 중생(衆生)이 모든 불·보살의 교법을 듣는 힘을 증상연(增上緣)으로 하고 발전하여 마침내 무루의 증과(證果)를 얻는다고 한다.

누【漏】〔梵 Āsrava〕 번뇌(煩惱)의 다른 이름. 누(漏)는 '흐른다'·'샌다'는 뜻. 번뇌는 눈·귀 따위의 육근(六根)으로, 밤낮 새어나와 그치지 아니하므로 누(漏)라 하고, 또 그치지 않고 우리 마음을 흘러 달아나게 하므로 누(漏)라고 한다.

누진명【漏盡明】〔英 nirvāṇa insight, i.e. into present mortal sufferings so as to ever come all passions or temptations〕 삼명(三明)의 하나. 아라한이 현실 세상의 모든 고통을 알아서 번뇌를 끊고 생사의 속박을 벗어나 열반의 이치를 증득하는 지혜.

누진통【漏盡通】〔梵 Āsravakṣaya-jñāna, 英 The supernatural insight into the ending of the stream of transmigration〕 육통(六通)의 하나. 번뇌의 끊음이 자유자재하며 여실(如實)하게 사제(四諦)의 이치를 깨달아서 다시 삼계(三界)에 미(迷)하지 않는 불가사의한 힘.

능가경【楞伽經】〔梵 Laṅkavatara Sūtra〕 후기 대승방등부의 경전으로, 3종의 이역(異譯)이 있다. 1. 유송(劉宋) 원가 20년〔443〕에 구나발타라(求那跋陀羅)가 번역한 『능가아발다라경(楞伽阿跋多羅經)』 4권, 2. 북위(北魏) 연창 2년〔513〕에 보리류지(菩提流支)가 번역한 『입능가경(入楞伽經)』 10권, 3. 당(唐) 장안 4년〔704〕에 실차난타(實叉難陀) 등이 번역한 『대승입능가경(大乘入楞伽經)』 7권. 이 3본(本)을 비교해 보면, 『능가아발다라경』은 『입능가경』에 비하여 맨 처음의 「제불품(諸佛品)」과 경말(經末)의 「다라니품」, 그리고 「총품」 등 3품이 결여된 일체불어심(一切佛語心) 1품 등이다. 『입능가경』은 18품, 『대승입능가경』은 10품으로 되어 있다. 본 경의 내용은 체계나 단일된 주제 없이 잡다한 편이다. 아마 이 경이 성립될 때까지 유포된 모든 교리를 망라하기에 급급했던 것 같다. 그러나 5법(法)·3성(性)·8식(識)·2무아(無我) 등의 교리가 주제(主題)로 되어 있고, 이 외에 식(識)의 3종상(種相)과 삼식설(三識說)·여래장설·오종종성설(五種種姓說)·유심설(唯心說) 등도 다루고 있다. 대체로 여래장사상과 유식사상을 결합시킨 것으로, 『대승기신론』의 선구적 경전으로 본다. 중국 선종의 달마대사(達磨大師, ?-528)도 이 경이 선(禪)의 종지(宗旨)와 계합하는 것으로 보고 2조 혜가(慧可, 487-593)에게 이 경과 함께 법을 전했다고 하는데,

『금강경』과 더불어 선종의 소의경전이 되기도 하였다.

능가사자기 【楞伽師資記】 당(唐)나라 때 정각(淨覺)이 편찬함. 1권. 『능가사자혈맥기(楞伽師資血脈記)』라고도 한다. 『능가아발다라보경(楞伽阿跋多羅寶經)』을 전지(傳持)하는 사자(師資)의 사적(事蹟)과 심요(心要) 등을 집록(集錄)한 것이다.

능변 【能變】〔梵 pāriṇamika; pāriṇamikī; pāriṇama, 西 gyur pa〕 유식에서 식(識)을 가리킨다. 식(識)은 상분(相分)·견분(見分)을 변하여 나타내는 것이므로 능변(能變)이라고 한다. 이 식(識)에는 이숙식(異熟識)·사량식(思量識)·요별식(了別識)의 3종이 있다.

능소 【能所】〔英 These two terms indicate active and passive ideas〕 ⑴ 능(能)과 소(所). 능(能)은 능동으로서 어떤 행위의 주체를 뜻하고, 소(所)는 그 행위의 목표가 되는 대상 또는 객체를 말한다.

⑵ 능지(能知; 아는 자)와 소지(所知; 알려지는 것)를 줄여 부른 것으로, 인식 주체와 인식 대상을 가리킨다.

능엄경 【楞嚴經】〔梵 Śūraṅgama-sūtra〕 『대불정여래밀인수증요의제보살만행수능엄경(大佛頂如來蜜因修証了義諸菩薩萬行首楞嚴經)』, 또는 『대불정수능엄경(大佛頂首楞嚴經)』의 약칭. 이 경은 중인도 나란타사(那爛陀寺)의 비장본이었는데, 당나라 반자밀제(般刺蜜帝) 등이 705년〔中宗 神龍 1〕에 10권을 번역하여 유포했다고 한다. 이 경의 뜻은 '무한하게 크고 무상최극(無上最極)의 절대적인 깨달음을 성취한 부처가 되기 위해 닦는 보살들의 완전무결하고 견고무비한 육도만행의 수행법을 말한 경전'이라는 뜻이다. 구체적인 주요 내용으로는, 칠처징심(七處徵心), 생사의 근본과 보리열반의 본체, 알 줄 아는 마음자리, 일체만법의 근원, 우주와 중생이 생긴 과정 원인, 무명을 끊는 과정, 생사윤회와 해탈열반의 근본, 중생의 속박과 견성해탈의 둘이 아님, 해탈을 얻는 25종의 깨친 과정과 구체적인 수행과정, 관음보살의 깨친 과정과 공덕, 색계 18천과 무색계 28천에 대한 설명, 이근원통(耳根圓通), 50종의 마(魔)를 설명하고 있다. 이 경은 송대부터 선의 중요한 경전으로 대두되었다. 학자들은 720년경 중국 선종에서 만든 위경이라고 한다.

능엄경언해 【楞嚴經諺解】『능엄경(楞嚴經)』을 한글로 번역한 책. 10권 10책. 세조(世祖)가 친히 우리말로 번역하여 세조 7년〔1461〕에 간경도감에서 간행하였다.

능엄주 【楞嚴呪】〔梵 Sitātapatroṣṇiṣa-dhāraṇi〕 불정주(佛頂呪)라고도 한다. 『능엄경』에서 설하는 신주(神呪). 총 427구(句) 가운데 끝의 8구(句)를 심주(心呪)라고 한다. 『능엄경』 장수소(長水疏)에는, "이 주(呪)는 427

구(句)이다. 앞의 여러 구(句)는 다만 제불보살(諸佛菩薩)과 뭇 현성(賢聖) 등에게 귀명(歸命)하는 것과 주원(呪願)을 펴서 모든 악(惡)과 귀병(鬼病) 등의 난(難)을 제거하는 힘을 입는 것이며, 419까지는 치질타(哆姪他). 이는 기설주왈(旣說呪曰)을 말하는 것이며, 420에 옴(唵)자를 빼 버리면 정주이다. 전(前)과 같이 육시(六時)에 행도(行道)하여 송주(誦呪)하며 일시(一時)에 108번 송(誦)하는데 바로 이 심주(心呪)를 송(頌)한다. 만일 통송(通誦)하면 모든 일이 잘된다."라고 하였다.

능연【能緣】〔英 The conditioning power in contrast with the conditioned, e.g. the power of seeing and hearing in contrast with that which is seen and heard〕 연려(緣慮)하는 마음. 소연(所緣)과 상대되는 말. 반연(攀緣)되는 객관 대상에 대하여 능히 반연하는 마음. 곧 주관 작용. 구사종에서는 6식을, 법상종에서는 8식을 말한다.

능인【能仁】〔英 Mighty in loving-kindness, an incorrect interpretation of Śākyamuni, but probably indicating his character〕 (1) 석가모니(釋迦牟尼; Śakyamuni)의 의역(意譯)으로, 석가(釋迦; Śakya)를 '능(能)'으로 한역했다. 『수행본기경(修行本起經)』 상권에, "석가모니는 중국에서는 능인(能仁)이라고 한다."고 하였고, 『범망경술기(梵網經術記)』 상권에서는, "석가모니는 당(唐)에서 번역하여 능적(能寂)이라 하고, 옛 번역에서는 또한 능만(能滿)·능인(能仁)이라고도 했다."라고 하였다.
(2) 신라 문무왕 때 고승 의상(義湘) 문하의 10덕(德) 가운데 한 사람. 670년〔문무왕 10〕에 동문인(同門人) 표훈(表訓)과 함께 금강산에 표훈사(表訓寺)를 지었다.

능지【能持】〔梵 pālana, 巴 bhāvita-śila, 英 Ability to maintain, e.g. to keep the commandments〕 ①계(戒)를 잘 받아 지키는 것. 수계자(受戒者)가 계(戒)를 수지(受持)하는 것. ②〔梵 adhāra〕 지키는 근거.

능훈사의【能熏四義】 법상종(法相宗)에서 능훈(能熏), 곧 종자(種子)를 훈부(熏付)하는 자격, 혹은 조건으로서 갖추어야 하는 네 가지 뜻을 말한다. 1. 유생멸(有生滅). 생멸하는 법인 것. 생멸이 있으므로 비로소 작용이 있다. 생멸하지 않으면 변화도 작용도 없기 때문이다. 2. 유승용(有勝用). 능연(能緣)하는 작용과 굳센 승용(勝用)이 있는 것. 굳센 승용이란 선(善)이나 염오(染汚) 따위를 말한다. 이것은 색법(色法)과 이숙무기심(異熟無記心) 등으로 구별된다. 3. 유증감(有增減). 증감이 있는 것. 증감이 없는 원만·완전한 불과(佛果)의 선법(善法)은 능훈(能熏)하는 작용이 없다. 4. 능소화합전(能所和合轉). 소훈처(所熏

處)와 화합하는 것. 훈부(熏付)될 바와 같은 때, 같은 곳에 대립하여 서로 여의지 않아야 한다. 이것은 타신(他身)과 앞뒤의 때를 달리하는 것으로 구별된다. 이 4가지 뜻을 가진 것은 7전식(七轉識; 八識)뿐이다.

니련선하【尼連禪河】〔梵 Nairañjanā-nati〕 유금하(有金河)·불락착하(不樂着河)라고 번역. 중인도 마갈타국 가야성의 동쪽에 북으로 흐르는 강의 이름. 항하(恒河)의 한 지류. 석존이 6년 고행하던 끝에, 이 강에서 목욕하고 강을 건너 붓다가야(Buddha-gayā)로 가서 보리수(菩提樹; pippala) 아래에서 성도하였다고 한다. 지금의 파트나주(Patna州)에 위치한 팔구강〔Phalgu河〕, 또는 릴라잔강〔Lilājan河〕이라고도 한다.

니르바나【Nirvāṇa】〔漢 涅槃, 梵 Nir-vāṇa, 巴 Nirbhāna〕 불교에서 도달해야 할 최고 목표. 열반(涅槃)·니원(泥洹)·열반나(涅槃那)라고 음역한다. 멸(滅)·적멸(寂滅)·멸도(滅度)·원적(圓寂)·누진(漏盡)·애진(愛盡)·무명멸(無明滅)·고멸(苦滅)이라고 번역된다. 그 어의(語義)는 명지(明智)에 의하여 번뇌의 불을 불어서 끈다는 뜻. 따라서 니르바나〔열반〕는 번뇌의 불이 꺼져 버린 상태, 즉 번뇌에서 완전히 해방된 해탈의 세계를 가리킨다. 니르바나는 현재 이 육신으로써 올바른 지혜를 갖추어 진리를 증득하는 것, 즉 깨달음을 뜻하며, 결코 죽는 때나 죽은 후는 아니다. 열반에는 유여열반(有餘涅槃)과 무여열반(無餘涅槃)의 2종 열반이 있다. 유여열반이란 완전한 열반이 아닌, 즉 미완(未完)의 열반이라는 뜻으로, 정신적으로는 번뇌를 여의어서 해탈했지만 육체가 있는 한은 육체적인 괴로움으로부터 완전히 자유로울 수 없다는 것이다. 그래서 대두된 것이 무여열반이다. 무여열반은 완전한 열반이라는 뜻으로, 정신적인 열반은 물론 육체마저 사멸(死滅)한 상태가 비로소 완전한 열반이라는 것이다. 한편 대승불교에서는 열반의 의미를 보다 적극적으로 해석하였는데, 생사가 곧 열반〔生死卽涅槃〕이라고 하여 삶과 죽음이 되풀이되는 현실 속에서 열반을 성취할 것을 강조했다. 『대승열반경』에서는 열반에는 4가지 덕(德)이 있다〔涅槃四德〕고 하여 상락아정(常樂我淨) 4가지를 들고 있다. 상(常)은 무상의 반대 개념으로서 열반의 세계는 생멸변화가 없으므로 진정한 상(常; 영원함)이고, 안락하므로 낙(樂)이고, 망집의 자아(自我)를 떠나서 진아(眞我)를 성취했으므로 진정한 아(我)이며, 번뇌의 오염을 여의었으므로 진정한 정(淨; 깨끗함)이라고 하였다. 또한 대승에서는 유여열반과 무여열반 외에 본래자성청정열반(本來自性淸淨涅槃)과 무주처열반(無住處涅槃)을 더하여 4종 열반을 말한다. 본래자성청정열반이란 만유 제법(諸法)의 실성

(實性; 본질)인 진여로서, 그 성품이 청정하여 한량없는 공덕을 갖추고 있으며, 생멸이 없어 적정(寂靜)한 것으로 오직 성자(聖者)만이 스스로 내면으로 증득하는 것〔自內証〕이다. 그리고 무주처열반은 번뇌장과 소지장(所知障)을 끊고 얻는 열반인데, 소지장을 끊었으므로 생사와 열반이 차별 없는 깊은 지혜를 얻어, 생사에도 연연하지 않고 열반에도 안주하지 않는 것을 말한다. 한편 열반은 붓다나 고승의 입적을 뜻하기도 한다. 열반이란 번뇌가 소멸된 상태인데, 소멸되었다는 측면에서는 육체의 소멸도 같기 때문이다.

니카야【Nikāya】 초기불교의 교의(教義, 교리, 뜻, 가르침)를 담은 경전을 총칭하여 '니카야'라고 부른다. 팔리어(Pāli語, 요즘은 주로 '빠알리語'라고 발음함) 원전(原典), 즉 팔리어 대장경을 니카야(Nikāya; 部)라고 하고, 그것을 한역(漢譯)한 것을 '아함경(阿含經; Āgama)'이라고 구분하여 부른다. '니카야(Nikāya)'란 '부(部)'를 뜻하는데, 모두 5부가 있다. 1.디가 니카야(Dīgha-nikāya, 長部, 長部經典); '디가'란 장편(長篇)을 뜻한다. 비교적 내용이 긴 경전들을 모은 것으로 고타마 붓다의 입멸을 다룬 『대반열반경』 등 34개의 긴 경전이 수록되어 있다. 한역 아함경에는 장아함(長阿含, 장아함경)에 해당된다. 2.맛지마 니카야(Majjhima-nikāya; 中部, 中部經典); '맛지마'란 중편(中篇)을 뜻한다. 즉 내용이 중간 정도 길이의 경전을 모은 것인데, 무기설(無記說)에 대하여 독화살의 비유로 설명하고 있는 『전유경』 등 152개의 경전이 수록되어 있다. 한역 아함경에는 중아함(中阿含, 중아함경)에 해당된다. 3.상윳타 니카야(Saṃyutta-nikāya; 相應部); '상윳타'란 '같은 주제'를 뜻한다. 즉 무상, 무아, 연기, 중도, 호흡 집중 등 주제가 같은 경전들을 분류하여 모은 것으로 56개의 주제 아래 2,904개의 경전이 수록되어 있다. 한역 아함경에는 잡아함(雜阿含)에 해당된다. 4.앙굿타라 니카야(Aṅguttara-nikāya; 增支部); '앙굿타라'란 '하나씩 증가한다'는 뜻으로 법수(法數) 1에서 11까지 숫자가 점점 증가한 경전들을 모은 것이다. 예컨대 경전 제목이 '네 가지 속박'의 경우는 4법수(法數)에 속한다. 전체적으로 160장(章)에 2,344개의 경전들이 수록되어 있는데, 짧은 경전의 경우 1쪽 되는 경전도 많다. 한역 아함경에는 증일아함(增一阿含)에 해당된다. 5.쿳다카 니카야(Khuddaka-nikāya; 小部); 소아함(小阿含)으로서 앞의 4부 니카야에 포함되어 있지 않은 경전을 모았는데, 가장 오래전에 성립된 불전인 『숫타니파타』와 유명한 『담마파다〔法句經〕』 등 15개의 경전이 수록되어 있다. 주로 운문 형식의 경전이 수록되어 있다. 아함경·팔리어 성전 항목 참조.

ㄷ

다각【茶角】 우리나라 절에서 차(茶)를 달이는 일을 맡은 소임.

다라니【陀羅尼; dhāraṇi】 총지(總持)·능지(能持)·능차(能遮)라고 번역한다. 본래는 정신을 집중하여 불법(佛法)을 기억하는 것, 또는 그 결과로서 얻어지는 정신집중 상태를 가리키는 말이었는데, 뒤에는 주(呪)로서 재앙을 없애는 등 여러 공덕을 가지는 것으로 생각되었다. 초기불교에서는 원칙적으로 부정적으로 생각했지만, 동남아불교에서는 현재에도 많은 호주(護呪)가 전해지고 있으며, 부파불교 시대의 법장부(法藏部; Dharmaguptāh)도 주장(呪藏; 呪書)을 전했다고 한다. 초기 대승경전인 『법화경』에는 주문(呪文)으로서 다라니가 설해지는데, 이것으로 보건대 대승불교에서 아주 일찍부터 주(呪)로서의 다라니가 전승되었음을 알 수 있다. 후기의 밀교(密敎)가 발전했던 교학에서는, 다라니가 명(明; vidyā)·진언(眞言; mantra)·심진언(心眞言; hṛdaya) 등으로 사용되었다. 이 중에서 심진언은 일음절(一音節)로 된 주문(呪文), 진언은 비교적 짧은 복수(複數) 음절로 된 주문, 다라니는 비교적 긴 복수 음절로 된 주문이라고 원칙적으로 구별하는데, 이 세 가지 구별이 엄밀한 것이라고 할 수는 없다. 다라니에는 우선 귀경사(歸敬辭)가 있고, 다음에 'tad yathā〔卽〕'를 도입하여 다라니의 주부(主部)에 둔다. 주부는 본존(本尊)에서 부르려는 명사(名詞)의 호격(呼格), 어떤 일을 기원(祈願)하려는 동사의 명령법, 그리고 신비적 위력을 가진다고 생각되는 종자, 보통의 언어로서는 표현 불가능한 신비체험을 나타낸다고 생각되는 의미불명어(意味不明語) 등으로 이루어진다. 이는 진언이 순밀(純密)시대에 이르면, "일체법은 자성청정이다〔Oṃ svabhāvaśuddhāh sarvadharmāh〕."라는 식으로 대승불교의 교리 명제 자체를 그대로 쓰는 것과 좋은 대조를 이루고 있다. 대승불교는 그 전개에 따라서 지극히 많은 다라니를 산출했는데, 그 가운데 몇 개는 불격화(佛格化)되어 존숭되었다. 준제관음(准提觀音)·백산개불정(白傘蓋佛頂)·대수구

보살(大隨求菩薩) 등은 각각 준제대다라니·백산개다라니·대수구다라니를 불격화(佛格化)한 것인데, 각각의 본존(本尊)이 있어서 그 다라니가 고안된 것이라기보다는 오히려 먼저 있었던 다라니의 위력을 불격화한 불(佛)이 나오게 된 것으로 본다. 이들 다라니를 불격화한 제존(諸尊)은 'dhāraṇi'라는 말이 여성명사이므로 여신(女神)의 모습을 보이는 것이 많다.

다라니삼매【陀羅尼三昧】〔梵 Dhāra-ṇi-samādhi〕 한량없는 다라니를 내는 선정(禪定) 이름.

다라니장【陀羅尼藏】 오장(五藏; 경장·율장·논장·반야바라밀다장·다라니장) 가운데 하나. 비장(秘藏)이라고도 한다. 다라니는 여러 가지 좋은 법을 가져 잃어버리지 않고, 온갖 무거운 죄를 없애 열반을 속히 깨닫게 하는 미묘한 힘을 가졌으므로 장(藏)이라고 한다.

다라니주【陀羅尼呪】〔梵 dhārani-mantra-pada〕 총지(總持)의 진언(眞言)의 구(句). 주문의 장구(章句). 다라니의 주문. 다라니 항목 참조.

다르마【達磨】〔梵 dharma, 巴 dhamma〕 법(法)이라고 번역한다. 다르마(dharma)는 'dhṛ〔지니다·견디다·지탱하다〕'라는 어근(語根)에서 만들어진 남성명사로, '지탱하고 있는 것'을 뜻했다. 여기에서부터 출발하여 규칙·관습·질서의 뜻으로 사용되고, 나아가서는 '그 자신은 자신 그대로 있으면서 다른 모든 존재를 존재이게끔 하는 질서의 근거'를 뜻하는 말로 발전하였다. 중국학자는 다르마를 '제 성품〔특성〕을 가졌고〔任持自性〕, 사물의 분별력을 일으키게 하는 것〔軌生物解〕'으로 정의하였다. 다르마는 불교의 중심관념이지만, 그 사용은 리그베다 시대까지 소급된다. 베다시대의 다르마는 신(神)의 질서로서 나타나는 리타 브라다(ṛta vrada)와 함께 사용되었다. 그러나 리타 브라다가 신의 절대적 의지로서의 색채가 진한 데 반하여, 다르마는 바루나(varuna) 신과 같은 '인륜(人倫)의 지배자, 도덕적·사법적(司法的) 신(神)의 속성'이라는 뜻으로 사용되었다. 브라흐마나 시대에 와서는 인간 생활에 질서를 주는 다르마 관념이 더 절실해졌는데, 이에 발맞추어 인간의 자각이 높아지자 다르마는 모든 신적(神的)인 세계에서 독립하여 여러 신 위에 놓여서, 마침내는 바라문에 대항하는 크샤트리아가 신봉하는 것이 되었다. 우파니샤드 시대에 와서는 다르마가 유일절대의 진리로 여겨지는데, 그래서 만물이 안주(安住)할 수 있는 까닭도 이것이 존재하기 때문이라고 하여 최고 존재로 인정되기에 이르렀다. 그러나 정통 바라문 계통에서는 아직도 다르마와 제축의식(祭祝意識)을 결부시키고 있었다. 그 후 이 소박한 신에 대한 제축적(祭祝的) 의식(意識)의 세계관이 점점 발달하여 형이상학적 최고 원리가 탐구되고 브라흐만·아트만이 하나라는 범아일여(梵我一如; Brahma-ātma-āikyam) 사상이 형성되자, 다르마는 인간이 행하는 종교적 의무에 불과하기 때문에 브라흐만의 형이상학적 인식에 관여하지 못하는 것으로 보게 되었다. 그래서 바라문 계급에 있어서의 다르마는 일상생활에 질서를 주는 도덕적·법률적 규정으로서만 그 의의를 가지게 되어서, 다르마의 연구는 법전의 편찬 등 특수한 부문의 연구에 속하는 것으로 인식되었다. 불교에 오면, 석존(釋尊)은 가문·인습·형이상학적 독단을 배격하고, 그 대신 마음가짐과 올바른 몸가짐에 의하여 인생에 질서를 주는 것으로 다르마를 생각하였는데, 이러한 관념에 입각하여 여러 가지 설법을 하였다. 그는 열반〔죽음〕에 임하였을 때 다르마를 등불로 삼고 수도의 길을 걸으라고 제자들에게 가르쳤는데, 여기서 말하는 다르마는 인연생기(因緣生起)의 법임을 강조하였다. 불교가 발전하면서 다르마는 여러 가지 개념으로 전개되어 갔다. 법칙·성질·원인·기준·교(敎)·경전 등을 의미하는가 하면, 진실의 최고의 실재로부터 가장 구체적인 경험적 사물을 나타내는 말로도 쓰였다. 설일체유부(說一切有部)에서는 다르마〔法〕를 유위법(有爲法)과 무위법(無爲法)의 두 가지로 나누고, 또 5류(類)로 나누어 오위칠십오법(五位七十五法)으로 설명하였는데, 유식종(唯識宗)에서는 오위백법(五位百法)으로 나누어 만법(萬法)을 설명하기도 한다. 야스퍼스(K. Jaspers, 1883-1969)는 『나가르쥬나(Nāgārjuna)』에서 다르마가 사유의 기본 개념이며, 존재하는 것은 다르마라고 한다. 그리고 다르마는 사물〔Ding〕·속성〔Eigenschaft〕·상태〔Zustand〕·내용〔Inhalts〕·내용의 의식〔Bewußtsein des Inhalts〕·객관과 주관·질서〔Ordnung〕·형태〔Gestaltung〕·법칙〔Gesetz〕·교설〔Lehre〕이라고 하였다.

다르샤나【darśana】 달리사나(達梨舍那)라고 음역(音譯)하고, 견(見)·견해(見解)·관조(觀照)라고 번역한다. 불교에서는 다르샤나를 견(見)이라고 하는데, 깊이 생각하고 추구하여 사리(事理)를 결택(決擇)하는 것을 말한다.

다명구【多名句】 현교(顯敎)가 개념적으로 유일의 진리를 나타내려고 명자(名字)와 문구(文句)를 사용하는 것을 말한다. 또 밀교에서는 한 존재에 무량한 뜻을 포함하고 있으므로, 한 자(字)의 단어 안에 모든 뜻이 압축되어 있다고 한다.

다문부【多聞部】〔梵 Bāhuśrutiya〕 소승 20부(部) 가운데 하나. 불멸(佛滅) 후 200년경에 대중부에서 갈라진 일파. 다문부에서는 여래의 말씀을 세간과 출세간으로 나누어, 무상(無常)·고(苦)·공(空)·무아(無我)·열반적정(涅槃寂靜)을 설하면 출세간(出世間)의 말씀이고 다른 것은 출세간의 가르침이 아니라고 하면서, 대천(大天; Mahādeva)의 5사(事)는 참이라고 한다. 현수(賢首, 643-712)의 10종(宗) 중에서는 법유아무종(法有我無宗)에 해당된다.

다문천왕【多聞天王】〔梵 Vaiśravaṇa, 巴 vessavaṇa〕사천왕(四天王)의 하나. 다문천과 같음.

다보여래【多寶如來】〔Prabhūtaratna〕동방 보정세계(寶淨世界)에 나타났다는 부처. 보살로 있을 때에, "내가 성불하여 멸도한 뒤에 시방세계에서『법화경』을 설하는 곳에는 나의 보탑이 솟아 나와 그 설법을 증명하리라."고 서원한 부처님. 과거 석가모니불이 영산회상에서『법화경』을 설할 때에 땅 속에서 다보탑이 솟아나왔는데, 그 탑 가운데에서 다보여래가 소리를 질러 석가모니불의 설법이 참이라고 증명했다고 한다.

다보탑【多寶塔】①다보여래의 사리탑. 석존이 영취산에서『법화경(法華經)』을 설할 때에 다보여래의 진신사리를 모셔둔 탑이 땅 밑에서 솟아 나왔고, 그 땅 속에서 소리를 내어 석존의 설법을 찬탄하고 증명하였다고 한다. ②옥개(屋蓋) 아래 상층(裳層)을 붙인 단층의 탑. 예전에는 3층으로 되어 있어 아래층에 석가·다보의 두 부처님을 모셨으나, 후세에는 단층으로 둥근 보탑의 둘레에 상층(裳層)을 두고 근본 보탑 위에 옥개를 얹는 것을 말한다. 중국에서는 732년〔唐 玄宗 20〕에 무현(鄮縣)의 동남쪽에 처음으로 세워졌고, 우리나라에서는 751년〔신라 경덕왕 10〕에 김대성(金大城, 701-774)이 불국사에 이 탑을 세웠다. 화강석으로 만들었다. 기대는 단층. 탑신은 1층에서 3층을 받치는 기둥, 2층은 목조건물을 모방, 3층은 8각, 4층은 연화받침의 8각, 옥개석(屋蓋石). 높이 10.4m. 석가탑과 함께 신라시대 탑의 대표작이다. 불국사 경내에 있다. 국보 84호.

다비【茶毘】〔梵 Jhāpita, 英 cremation〕사비(闍毘)·사유(闍維)·사비다(闍鼻多)·분소(焚燒)·연소(燃燒)라고 번역함. 시체를 화장하는 일.

다생겁래【多生劫來】아득한 과거로부터 수많은 생(生)을 살아온 이래. 다생(多生; 여러 생)은 육도세계를 윤회하면서 수많은 생(生)을 받은 것이요, 겁(劫)은 아주 긴 시간을 의미한다.

다생습기【多生習氣】다생(多生; 여러 생)에 걸쳐 육도윤회를 하면서 알게 모르게 익힌 습관과 기운. 사람은 제각기 습관이 다르고 기운이 달라서 성질도 각각이다. 그런데 잘못된 습관이나 기운은 도(道)를 이루는 데 방해가 되므로, 다생습기라고 하면 부정적인 의미가 들어 있다.

다자탑전분반좌【多子塔前分半座】석존이 일찍이 중인도 비야리성 서쪽에 있던 다자탑(多子塔; Pahuputraka)

앞에서 가섭존자를 돌아보고 자리의 반을 내주어 앉게 했다고 한다. 『육조단경서(六祖壇經序)』에 보인다.

다타아가도【多陀阿伽度】〔梵 tathā-gata〕 여래(如來)·여거(如去)라고 함. 여래 항목 참조.

다타아가타【tathāgata】 여래(如來)·여거(如去)라고 한역(漢譯)한다. 부처님의 다른 이름. 불(佛) 십호(十號) 가운데 하나. 의미에 대한 자세한 설명은 여래 항목 참조.

단【壇】〔梵 maṇḍala, 英 an alter〕 만다라(曼荼羅)라고 음역(音譯)한다. 토·목(土木) 등으로 높이 쌓은 제단. 그 모양에 따라서 지륜단(地輪壇; 네모)·수륜단(水輪壇; 둥근 꼴)·화륜단(火輪壇; 세모)·풍륜단(風輪壇; 반달 모양)의 구별이 있다. 흙을 쌓아서 만든 것을 지단(地壇), 물이 흐르듯 어디에나 마음대로 가지고 다닐 수 있도록 나무로 조그맣게 만든 것을 수단(水壇), 호마(護摩; Homa)를 태우는 데 쓰는 것을 화단(火壇), 가는 데마다 본존이 되는 것을 풍단(風壇)이라 한다.

단견【斷見】〔梵 ucchesadarṣana, 英 the view that death ends life, in contrast with 常見 that body and soul are eternal-both views being heterodox〕 상견(常見)과 상대되는 말로, 단멸적(斷滅的)인 견해(見解). 모든 것은 무상(無常)한 것으로서 실재하지 않는다는 단정적인 견해. 따라서 사람도 죽으면 몸과 마음이 모두 없어져서 아무것도 남지 않는다는 생각. 즉 공무(空無)로 돌아간다고 고집하는 그릇된 소견. 이런 견해는 결국 인과(因果)를 부정하고 수행도 노력도 아무 필요가 없다고 생각하게 되므로 비판한 것임. 특히 육사외도 가운데 아지타 케사캄발린의 단멸론을 주장했는데 이에 대한 비판이다. 다스굽타(S. Dasgupta)는 허무주의〔nihilism〕로 번역하고 있지만, 꼭 맞는 해석이라고는 볼 수 없다. 단멸론·단멸상 항목 참조.

단결【斷結】〔英 To snap the bonds, i.e. of passion, etc.〕 결(結)은 결박의 뜻으로, 번뇌(煩惱; klèsa)의 다른 이름. 곧 번뇌를 끊어 없애는 것. 삼계(三界) 가운데의 견수이혹(見修二惑)을 끊어 없애는 것을 말한다.

단공【但空】〔英 only non-existence, or immateriality, a term used by Tien-T'ai to denote the orthodox Hinayāna system〕 소승(小乘)에서 설하는 공(空)으로, 만유제법(萬有諸法)이 공(空)하다는 것만 알고 공하지 않는 불공(不空)의 이치는 모르는 것. 이에 대하여 그 공(空)도 역시 공(空)하다는 절대 부정의 공(空)을 부단공(不但空)이라 한다.

단두법【斷頭法】 4바라이죄. 비구가 범해서는 안 될 사음(邪淫)·투도(偸盜)·살생(殺生)·망어(妄語)의 네 가지 바라이죄(波羅夷罪; parājika)를 말한다. 이 죄를 범하면 비구의 자격을 상실하는데, 마치 사람의 목을 자르면 다시 살아날 수 없는 것과 같으므로 단두법(斷頭法)이라고 한다.

단리수연【但理隨緣】천태별교(天台別教)의 수연설(隨緣說)로서, 본체(本體) 또는 이체(理體)인 진여(眞如)가 연(緣)을 따라서 만유(萬有)를 낸다고 말하는 것. 본체와 현상을 차별하여 우주를 설명하는 것을 말함.

단말마【斷末魔】〔英 Marmacchid, to cut through, wound, or reach vital parts; cause to die〕 말마(末魔; marman)를 찌르면 목숨이 끊어진다는 뜻. 말마〔marman〕는 육체 속에 있는 급소라는 뜻으로, 사절(死節)·사혈(死穴)이라 번역한다. 신체 속에 100여 곳이 있다고 한다. 다른 물건이 이것에 부딪히면 매우 아파서 반드시 죽게 된다. 사람이 죽는 것은 수(水)·화(火)·풍(風) 가운데 어느 한 가지가 많아져서 이 말마(末魔)에 부딪히기 때문이라고 한다. 그러므로 임종에 숨이 끊어지는 것을 단말마라고 한다.

단멸【斷滅】인과가 상속하는 이치가 없다고 물리치는 것을 단멸(斷滅)의 견(見), 즉 단견(斷見)이라고 한다. 사견(邪見) 가운데 극악(極惡)에 속한다. 단멸론 항목 참조.

단멸론【斷滅論】〔梵 ucchedavāda〕 상주론(常住論; śāśvatavāda)에 대칭(對稱)되는 말로서, 육사외도(六師外道) 가운데 아지타 케사캄발린(Ajita-keśakambalin)의 주장이다. 그는 유물론자로서, 인간이란 오직 지(地)·수(水)·화(火)·풍(風)의 4요소만으로 이루어져 있다는 것이다. 따라서 인간이 죽으면 소멸하여 아무것도 없으므로, 현세도 내세도 없고, 선악과(善惡果)도 없으며, 보시(布施)나 제사(祭祀), 그리고 공희(供犧)도 아무 뜻이 없을 뿐 아니라, 부모도, 바라문도 없다고 하였다. 이러한 주장을 단멸론(斷滅論)이라고 한다. 불교에서는 상주론(常住論)과 단멸론(斷滅論)을 모두 배척하고 중도(中道)의 입장을 취한다. 중도의 입장에서 보아야만 올바른 견해〔正見〕를 가질 수 있다는 것이다. 단견(斷見) 항목 참조.

단멸상【斷滅相】①인간은 죽음과 동시에 아무것도 남지 않는다는 극단적인 생각. 따라서 인과를 무시하고 선악 등을 무시하는 것. ②수행인이 스스로 일체의 번뇌망상·사심잡념을 끊어 멸했다는 생각에 집착하는 것. 단멸론 항목 참조.

단바라밀【檀波羅蜜】〔梵 Dānapāramitā〕 단(檀)은 단나(檀那; Dāna)의 준말로, 보시(布施)라고 번역한다. 육바라밀의 하나. 보시에는 재시(財施)·법시(法施)·무외시(無畏施)가 있다. 바라밀은 도(度)·도피안(到彼岸)이라고 번역한다. 고해(苦海)를 건너서 열반의 언덕에 이르는 실천법의 하나이므로 단바라밀(檀波羅蜜)이라고 한다. 보시바라밀 항목 참조.

단상이견 【斷常二見】 단견(斷見)과 상견(常見). 모든 것은 무상(無常)하므로 선(善)이니 악(惡)이니 인과(因果)니 하는 것도 아무 필요 없다고 극단적으로 생각하는 것이 단견(斷見; Ucchedṛṣṭi)이다. 그리고 모든 것은 영원하다고 생각하는 유아론(有我論)이 상견(常見; Śāśvatadṛṣṭi)이다. 이 둘을 단상이견이라고 한다.

단선근 【斷善根】〔梵 Icchantika, 英 To cut off, or destroy, roots of goodness〕 일천제(一闡提)라고 음역한다. 사특하고 나쁜 소견을 일으켜 인과의 이치를 믿지 않아서, 후세에 성불할 인연을 갖지 못한 중생.

단월 【檀越】〔梵 dānapati, 英 an almsgiver patron; various definitions are given〕 타나발저(陀那鉢底)라고 음역(音譯)하고, 시주(施主)라 번역한다. 보시를 행하는 사람. 'dāna'는 시(施), 'pati'는 주(主). 의정(義淨, 635-713)의 『남해기귀내법전(南海寄歸內法傳)』에, "범어인 타나발저(陀那鉢底)를 시주(施主)라고 번역한다. 타나는 시(施)요, 발저는 주(主)이다. 단월(檀越)이라고 하는 것은 본래 바른 번역이 아니다. 나(那)자 위에 타(陀)자를 음역하여 단(檀)이라 하고, 다시 월(越)자를 덧붙인 것이다. 그 뜻은 베풂에 있어 스스로를 생각지 않고 행하면 빈궁함을 넘어설 수 있다는 뜻이다. 어떠한 해석이라도 정본을 벗어나지 않는다."라고 하였고, 『자지기(資持記)』에서는, "단월(檀越)은 단나(檀那)라고 하는데, 와전되고 생략된 것이다. 의정삼장은 타나발저(陀那鉢底)라고 하고, 이것을 시주(施主)라고 번역했다."라고 하였다. 월(越)은 보시의 공덕으로 빈궁의 바다를 넘는다는 뜻이다.

단전밀부 【單傳密符】 스승이 제자에게 법을 전해 줄 때 한 제자에게만 전해 주는 것을 단전(單傳)이라 하고, 대중이 모르게 비밀스럽게 부촉하는 것을 밀부(密符)라고 한다. 과거 불조의 전법(傳法) 방식은 대개가 단전밀부(單傳密符)였다.

단타 【單墮】 바일제(波逸提; pāyattika)의 번역. 계율을 범한 죄의 이름. 단타라는 말은 단지 대중에게 나아가 참회할 정도의 죄인데, 비구에게는 90종, 비구니에게는 178종이 있다.

단하소불 【丹霞燒佛】 중국 등주(鄧州)의 단하천연(丹霞天然, 739-824)이 어느 날 낙동(洛東)의 혜림사(慧林寺)에 이르렀는데, 때마침 겨울이어서 매우 추웠다. 법당에 들어가서 부처님을 보니 목불(木佛)이므로 도끼로 쪼개어서 불을 놓고 있었다. 그 절 원주가 이것을 보고 깜짝 놀라 질책하였다. 단하는 막대기로 재를 헤집으면서, "석가여래의 몸을 화장하여 많은 사리가 나왔다기에, 나도 이 부처님에게서 사리를 받으려 하오."라고 하였다. 원주가 "스님, 목불에서 무슨 사리가 나온단 말이오?"라고 하니 단하가 말하기를, "사리가 안 나올 바에야 나무토막이지, 무슨 부처님이오? 나머지 두 보처불(補處佛)마저 태워 버릴까 보다."라고 하자 원주의 눈썹이 저절로 빠졌다고 한다. 『오등회원(五燈會元)』에 나온다.

단혹설【斷惑說】단혹(斷惑)이란 참된 지혜〔眞智〕로써 미계(迷界)의 원인인 망혹(妄惑)을 끊어 없앤다는 뜻이다. 망혹·미혹을 끊게 되면, 그 결과 깨달은 이치가 나타난다. 소승불교에서는 오정심(五停心)·별상염주(別相念住)·총상염주(總相念住)·사선근(四善根)의 수련을 거쳐 지혜가 점점 쌓이면 삼계(三界)의 견혹(見惑)과 사혹(思惑)이 단멸한다고 하는데, 견도(見道)·수도(修道)·무학도(無學道)로 나누어 설명한다. 견도(見道)는 견제도(見諦道)라고도 하는데, 무루(無漏)의 바른 지혜로 사제(四諦)의 이치를 밝게 비추어 보아, 그릇된 가르침이나 그릇된 사유 등 미혹된 이치를 끊는 것이다. 그리고 수도(修道)는 이미 견도(見道)에서 사제의 이치를 조견(照見)하여 미혹된 이치를 끊었으므로, 다시 나아가 그 진리를 닦고 익혀서 의식주 등의 욕망과 같은 선천적인 삼계의 미사혹(迷事惑) 81품(品)을 끊는 것을 말한다. 또한 무학도(無學道)라는 것은 이미 도를 닦아 마침내 일체 번뇌를 끊고, "나는 이미 고(苦)를 알았고 집(集)을 끊었고, 멸(滅)을 증득했고 도(道)를 닦았다."고 아는 지혜인 진지(眞智)가 생겨서 아라한과를 얻어, 다시 더 닦고 익힐 것이 없는 것이다. 대승불교에서는 각 종파의 교설에 따라 단혹증리(斷惑證理)하는 것이 각각 다르다. 유식종의 오종유식관(五種唯識觀), 화엄종의 일심법계관(一心法界觀), 천태종의 일심삼관(一心三觀), 진언종의 아자본불생관(阿字本不生觀), 정토종의 염불관(念佛觀), 선종의 참선법(參禪法) 등 각각의 수행법에 따라 단혹(斷惑)의 이론도 달라진다. 하지만 대승불교의 대표적인 수행도는 『화엄경』에 나오는 십신(十信)·십주(十住)·십행(十行)·십회향(十廻向)·십지(十地)·등각(等覺)·묘각(妙覺) 등의 52계위(階位)인데, 묘각(妙覺)의 자리에 번뇌가 멸진(滅盡)하고 지혜가 원만하여 자각(自覺)·각타(覺他)·각행원만(覺行圓滿)하여 무상정각(無上正覺)의 불위(佛位)가 된다.

달관진가【達觀眞可, 1537-1603】중국 명(明)나라 신종(神宗) 때의 스님. 오강대호(吳江大湖)의 탄결(攤缺) 사람. 17세 때 호구(虎丘)의 명각(明覺)에게 출가하고, 광산(鑛山)에게 법상(法相), 편융(徧融)에게 화엄(華嚴)을 배웠다. 그는 피폐된 절을 고치고 불법유통을 계획하였는데, 만력 17년〔1589〕 오대산에서 대장경을 판각하기 시작하여 수백 권을 판각하였다. 사상 면에서 그는 성(性)과 정(情)을 구별하는데, 성(性)이 변해서 정(情)이 된 것이라고 한다. 성(性)은 선(禪)에서 말하는 본래면목(本來面目)이요, 정(情)은 망념(妄念)을 의미하는 것이다. 또 지옥과 천당이 객관적으로 실재하는 것이라 보았고, 따라서 영혼윤회설을 주장하였다. 또한 그가 정한 예불(禮佛)의식에는 제종융합사상(諸宗融合思想)이 들어 있다.

달마 【達磨】 (1) 보리달마(菩提達摩; Bodhidharma, ?-528 혹은 536)의 준말. 달마(達磨)라고도 한다. 중국 선종(禪宗)의 제1조 및 창시자. 남인도 사람이라고 전한다. 남조(南朝) 송(宋) 말기에 뱃길로 광주(廣州)에 이르렀고, 북위(北魏)의 낙양(洛陽)으로 갔는데, 후에 숭산(崇山) 소림사(少林寺)에 머물렀다. 9년간 면벽 좌선했다고 전해진다. 후에 혜가(慧可, 487-593)를 만나 『능가경(楞伽經)』 4권을 주었는데, 혜가(慧可, 487-593)가 그의 가르침〔心法〕을 이어받아 선종이 퍼지게 되었다. 그는 깨달음을 성취하는 방법으로 이입사행론(二入四行論)을 제시했다. 이입사행론 항목 참조.

(2) 범어 'Dharma', 팔리어 'Dhamma'의 음역(音譯). 법(法)이라고 번역한다.

(3) 세속에서 염주의 어미구슬〔주불〕을 달마라고 한다. 보리달마가 선종(禪宗)의 초조(初祖)이므로, 염주의 어미구슬을 이에 비유한 것으로 보인다.

달마다라선경 【達磨多羅禪經】 중국 동진(東晋) 때 불타발타라(佛駄跋陀羅; Buddhabhadara; 覺賢, 359-429) 번역. 2권. 계빈국 사문 달마다라(達磨多羅; Dharmatrāta; 法救)가 불조(佛祖)께서 서로 전한 불심인(佛心印)을 우리의 수양으로 얻을 수 있는 구결(口訣)로 보인 것. 수행방편안반회퇴분·수행승도퇴분 등 17단으로 나누어져 있다.

달마서래의 【達磨西來意】 달마대사가 서쪽 땅 인도에서 동쪽 땅 중국으로 온 까닭이 무엇이냐는 말. 조사서래의(祖師西來意)라고도 함. 이는 "불법의 참뜻이 무엇이냐?"는 말로서, 선종(禪宗)에서 화두, 또는 선문답을 할 때에 질문어로 많이 사용한다. 이 뜻을 알면 곧 깨달은 것이라고 한다.

달마안심 【達磨安心】 공안(公案)의 하나. 이조안심(二祖安心)이라고도 한다. 달마(達摩, ?-528)대사가 소림굴에서 면벽(面壁) 좌선을 하고 있었는데, 낙양에서 신광(神光, 487-593)이라는 수행자가 소림사를 찾아와 법을 구하였다. "제 마음이 편치 않습니다. 원하옵건대 스승께서는 저의 마음을 편안하게 해주십시오." 그러자 달마대사는 "그대의 괴로운 그 마음을 나에게 가져오라. 그러면 편안하게 해주리라."고 하였다. 신광이 한참 있다가, "아무리 마음을 찾아보아도 찾을 수가 없습니다." 하니, 달마가 "내 너의 마음을 편안하게 해주었다."고 하였다. 그 말에 활연대오했다. 혜가(慧可)라는 법호를 받고 마침내 달마선법의 제2조(祖)가 되었다.

달마종【達磨宗】달마로부터 이어지는 종풍(宗風). 선종(禪宗)을 말한다.

달성론【達性論】중국 남조(南朝) 때 송(宋)의 하승천(何承天, 370-447)이 지은 책. 종병(宗炳, 379-443)의『명불론(明佛論)』을 비판함. 종병은 정신·영혼은 죽지 않는다는 신불멸론(神不滅論)과 윤회설(輪廻說)을 강조했는데, 하승천은 그것을 비판함. 그의 논지는 사람이 죽어 재〔灰〕로 돌아가는 것은 자연현상이고, 사람에게는 인성(人性)이 있어 새·짐승들과는 다른데, 살생을 하여도 과보를 받지 않을 뿐 아니라, 사람이 죽어 축생류가 될 수 없다고 했다. 뒤에『홍명집(弘明集)』에 수록되었다.

담란【曇鸞, 476-542】중국 남북조시대 정토종의 제3조. 정토교의 선구자. 중국 안문(雁門; 산서성) 사람. 담란(曇巒)이라고도 씀. 어려서 오대산의 영적(靈跡)을 보고 발심출가하여,『중론(中論)』·『백론(百論)』·『십이문론(十二門論)』·『대지도론(大智度論)』 등 사론(四論)을 연구하였다.『대집경(大集經)』 주석에 뜻을 두었는데, 병에 걸려서 신선장수(神仙長壽)의 법을 얻기 위해 양(梁)으로 가서 도사 도홍경(陶弘景, 452-536)으로부터 선경(仙經) 10권을 받아 가지고 낙양으로 돌아왔다. 한편 보리류지(菩提流支; Bodhiruci)로부터는『관무량수경(觀無量壽經)』을 전수받았다. 위왕(魏王)이 그를 존중하여 신란(神鸞)이라 존칭하였다. 병주 대암사(大巖寺)·분주북산(汾州北山)의 석벽(石壁) 현중사(玄中寺)에 머물면서 정토교의(淨土敎義)의 연구실천에 진력하다가, 동위(東魏) 흥화 4년〔542〕에 평요산사(平遙山寺)에서 67세로 입적하였다. 그의 저서인『왕생론주(往生論注)』·『찬아미타불게(讚阿彌陀佛偈)』·『약론안락정토교의(略論安樂淨土敎義)』 등은 정토교의 기초가 되어 정토교가 흥하게 되는 전기를 마련했다. 또한 담란에게는『담란법사태식법(胎息法)』·『담란법사복기법(服氣法)』 등의 저작이 있었다고 전해지는데, 위작으로 추정됨에도 불구하고『달마대사주세류형내진묘용결(達磨大師住世留形內眞妙用訣)』과 함께 ≪도장(道藏)≫에 수록되어 있다. 담란은『관무량수경』의 염불관〔觀想念佛〕에서 전회(轉回)하여 처음으로 칭명염불(稱名念佛)을 수립하였다.

담마【曇摩】범어 'dharma', 팔리어 'dhamma'의 음역(音譯). 담무(曇無)라고도 한다. 법(法)이란 뜻이다. 다르마 항목을 참조할 것.

담마류지【曇摩流支】〔梵 Dharmaruci〕 ①법락(法樂)이라고 번역. 서역 사람. 405년 가을에 중국에 옴. 계율을 잘 알았으므로 여산혜원(廬山慧遠, 334-416)의 청으로 구마라집(鳩

摩羅什, 344-413)과 함께 『십송율(十誦律)』을 번역하였다. 일찍이 장안의 대사(大寺)에 있다가 서울로 오라는 혜관(慧觀)의 청을 받았을 때, "그곳에는 사람도 있고 법도 있어 세상을 이롭게 할 수 있으리니, 내 마땅히 율교(律敎) 없는 곳으로 가리라." 하고는 그 청을 받아들이지 않았다고 한다. ②법희(法希)라 번역한다. 683년 중국에 와서 『대보적경(大寶積經)』 등 53부 111권을 번역하였다. 남인도의 보리류지(菩提流支)가 측천무후(則天武后, 684-704 在位)의 명(命)에 따라 개명하기 전의 이름이다.

담마파다 【巴 Dhammapada】 법구경(法句經). 초기불교의 원시성전 중에서도 『숫타니파타(Suttanipāta)』 등과 함께 그 성립 시기가 가장 오래된 것으로 간주된다. 남방 상좌부의 성전어인 팔리어로 기록되어 있는데, 상좌부가 전승하는 삼장(三藏)에서는 경장 가운데 『소부(小部)』의 2번째에 배치되어 있다.

[경의 제목 및 내용] 팔리어 경전의 제목인 『담마파다』는 '진리의 언어'라는 의미로서 『법구(法句)』, 또는 『법구경(法句經)』 등으로 번역된다. 이 경(經)은 운문(韻文) 형식인 시구(詩句)로 짜여 있으며, 423구(句), 26장(章)으로 이루어져 있다. 시구 중에는 예컨대, "원망은 원망으로써 결코 평화로워질 수 없다. 원망을 버림으로서 평화로워지는 것이다. 이것은 영원한 진리이다〔제5偈〕.", "모든 악을 범하지 않고, 선(善)을 몸에 지니고, 자신의 마음을 편안하게 하는 일 이것이 제불(諸佛)의 가르침이다〔제183게〕." 등처럼 전문 용어와 술어를 사용하지 않고, 알기 쉽고 명료하며 간결한 표현으로 불교의 요지와 요점을 설명하고 있다. 한역(漢譯)으로는 3세기 초에 지겸(支謙)이 번역한 『법구경』 2권이 있다. 단 현재의 한역본(漢譯本)은 '오백게본(五百偈本)'에 기초하여 번역되었지만, 후에 '칠백게본(七百偈本)' 및 '구백게본(九百偈本)'이라는 두 가지 이본(異本)에 의해 2차 개정·증보되었다. 핵심이 되는 부분은 팔리어본과 비교적 잘 일치하지만, 뒤에 상당히 증광(增廣)된 형태를 띠고 있다. 이 『담마파다』에는 각 게(偈)가 설해진 유래나 인연에 대해서 설명한 주석서로 『담마파다타카타(*Dhammapadatthakathā*)』가 있는데, 이것들은 이 경(經)에 대해서 연구할 때 귀중한 참고자료가 된다. 『법구경』은 초기불교의 정수로서 불교경전 가운데서도 가장 많이 애송되며, 10여 개국의 언어로 번역되었다. 오늘날에는 세계인들이 애송하는 책이다.

담무참 【曇無讖; Dharmakṣana, 385-433】 중국 북량(北凉)에서 활약한 역경가(譯經家). 담마참(曇摩讖)·담마라참(曇摩羅懺)·담모참(曇謨懺)이라고도 음역(音譯)하는데, 법풍(法豊)이라는 뜻이다. 중천축 사람으로, 어려서 달마야사(Dharmajaśas)의 제자가 되어 처음에는 소승을 공부했으나, 후에 백두선사(白頭禪師)에게서 『열반경(涅槃經)』을 배우고서 대승에 귀의하여, 20세의 나이에 대소경전 2백여 만언(萬言)을 읽었다고 한다. 왕의 비위를 거슬러 그 나라를 떠나 『대반열반경(大般涅槃經)』의 전분(前分) 12권과 『보살계경(菩薩戒經)』·『보살계본(菩薩戒本)』을 가지고 계빈·구자·돈황을 거쳐 현시(玄始) 원년〔412〕에 고장(古藏)에 들어갔다. 거기서 하서왕(河西王)인 몽손(蒙遜)의 우대를 받으며 그곳 말을 배워서, 혜숭(慧嵩)과 도랑(道朗)에게 수필(受筆)시켜 『대승대반열반경』 초분(初分) 10권과 『대집경(大集經)』·『대운경(大雲經)』·『금광명경(金光明經)』·『보살지지경(菩薩地持經)』·『보살계경』·『보살계본』 등 20여 부를 한역하였다. 또 우전국(于闐國)에서 얻은 『열반경』의 중분(中分)을 현시 3년〔414〕부터 현시 10년〔421〕까지 번역하였다. 이것이 40권 『열반경』, 즉 북본(北本) 『대반열반경』이다. 한편 담무발(曇無發)이 경의 품목이 아직 부족하다고 말하자, 의화 3년〔433〕 3월 후품(後品)을 구하려 서행(西行)하였는데, 몽손은 그가 북위(北魏) 태무제(太武帝, 440-452 在位)의 청을 받아서 가는 것이라고 의심하여 자객을 보내 살해토록 했다. 그때 그의 나이 49세였다.

담선법회【談禪法會】 선(禪) 수행을 위한 법회의 하나. 선(禪)의 학습과 선풍(禪風)의 선양(宣揚)을 목적으로 한다. 고려시대에 성행하였는데, 때로는 국가의 안녕을 기원하는 목적으로도 열렸다.

담연【湛然, 711-782】 형계(荊溪)담연. 중국 당나라 현종·숙종·대종 때의 스님. 속성은 척(戚)씨. 상주 형계사람. 형계(荊溪)에 살았으므로 형계라고 부르는데, 상주 묘락사에 있었으므로 묘락(妙樂)대사라고 하기도 한다. 처음에는 유학자였는데, 727년〔당 개원 15〕 금화의 방암(方巖)에게 지관(止觀)을 배우고, 20세 때 좌계현랑(左溪玄朗, 673-754)에게 교관(敎觀)을 배웠으며, 38세에 승려가 되었다. 의흥 군산향 정락사에 가서 담일(曇一)에게 율장(律藏)을 연구하였다. 현랑이 입적한 뒤에는 교관을 다시 넓히기로 자임(自任)하였다. 천태종의 제5세로서 종풍을 선양하였고, 주석(註釋)을 많이 지었다. 천태지자(天台智者)의 주장을 기록하고, 갖추지 못한 점은 보충하기에 노력하였으므로, 후세에 그를 기주(記主)법사라 하였다. 건중 3년〔782〕 불롱(佛隴)도량에서 72세로 입적하였다. 저서로는 『법화현의석』 10권, 『법화문구기』 13권, 『지관보행』 10권, 『금비론』 3권, 『지관대의』 3권 등이 있다.

담진【曇眞】 고려 예종(睿宗, 1105-1122 在位) 때의 스님. 속성은 신(申)

씨. 자는 자정(子正). 경기도 이천에서 태어났으며, 어려서 출가하여 난원(爛圓)의 제자가 되었다. 문종(文宗) 22년〔1068〕에 대선장(大選場)에 응시하여 대덕(大德)의 법계(法階)를 받았는데, 난원이 입적한 뒤 의천(義天, 1055-1101)의 법맥을 이었다. 선종(宣宗) 2년〔1085〕에, 왕명으로 의천을 수행하고 송(宋)나라로 가서 고승들로부터 많은 가르침을 받았으며, 귀국하여 의천이 속장경(續藏經)을 판각할 때는 교정을 맡아보았다. 예종 2년〔1107〕에 왕사(王師)가 되었고, 동왕 9년에 국사(國師)가 되었다. 『고려사』 96 김인존전(金仁存傳)에 나옴.

담판한【擔板漢】선종에서 쓰는 말로, 널빤지를 한쪽 어깨에 짊어진 사람이라는 뜻. 즉 한쪽만 보고 다른 한쪽은 보지 못하는 편견에 사로잡힌 사람을 말한다. 널빤지를 짊어진 사람은 널빤지에 가려 다른 한쪽은 보지 못한다. 이와 같이 지혜가 열리지 못한 사람은 대개 한쪽밖에 보지 못한다. 양쪽을 두루 볼 수 있어야 사물을 바르게 보고 바르게 판단할 수 있다. 하나의 사상이나 관념에 빠진 수행자.

담징【曇徵, 579-631】고구려 영류왕(榮留王) 때의 스님. 화가. 영양왕(嬰陽王) 21년〔616〕에 백제를 거쳐 일본으로 건너가 일본의 승려 법정(法定)과 함께 기거(起居)하면서 불법(佛法)을 강론하고, 채화(彩畵)·공예(工藝)·종이·먹·칠·연자방아의 제조법을 가르쳐 주었다. 그의 그림 가운데 일본 법륭사(法隆寺)의 금당벽화(金堂壁畵)는 매우 유명하다.

당【幢】〔梵 Dhvaja; ketu, 英 A pennant, streamer, flag, sign〕사찰의 문 앞에 세우는 기(旗). 불·보살의 위신과 공덕을 기리거나, 고승 석덕의 명예를 널리 알리기 위해서, 또는 중생을 제도하고 마군을 굴복시키기 위해서 불전이나 불당 앞에 세운다. 당(幢)에는 대개 불화(佛畵)가 그려져 있는데, 장대〔竿柱〕끝에 용두(龍頭) 모양을 만들고 깃발을 단다. 항상 달아두지는 않고, 기도나 법회 등 의식이 있을 때만 사용한다.

당간지주【幢竿支柱】당간(幢竿; 깃대)을 받쳐 세우기 위한 기둥. 두 개의 기둥을 세워, 그 가운데 깃대〔당간〕를 세우게 만든 것인데, 대체적인 형태는 지주(支柱) 밑에 방형(方形)의 대석을 마련하고, 지주 사이에 원형 간대(竿臺)를 놓아 지주를 고정시키도록 하였다. 지주 안쪽은 장식 없이 수직으로 되어 있고, 당간을 고정하도록 중간에 2-3개소(個所)와 꼭대기에 구멍을 뚫었다. 양측면도 수직으로 되어 있지만, 간혹 세로로 능선을 표시한 예도 있다. 내면을 수직으로 올라가다가 꼭대기에 1단의 굴곡이 있는 것이 대부분이다. 신라 때부터 유래했다.

당래불【當來佛】마땅히 미래세계에 출현하여 이 세상의 모든 중생을 제도할 부처님. 곧 미륵불을 말한다.

당번【幢番】〔梵 patāka〕 기(旗). 긴 깃발. 불당을 장식하는 깃발. 또는 당간(幢竿)에서 늘어뜨린 깃발. 당(幢)은 간두(竿頭)에 용머리 모양을 만들고 비단폭을 단 것이요, 번(幡)은 정혜(定慧)의 손, 혹은 사바라밀(四波羅密)의 발을 본떠서 만든 깃발이다. 지금은 당(幢)과 번(幡)을 하나로 만들어서 장엄으로 달아 놓는다.

당체즉공【當體卽空】〔英 Corporeal entities are unreal, for they disintegrate〕 모든 존재 및 현상은 그 자체가 공(空)이라는 뜻. 실체가 없다는 뜻. 일체(一切)는 분석 또는 해체 과정을 거칠 것 없이 그냥 그대로 공(空)한 것이라는 것. 인연에 의하여 생긴 것은 꿈이요, 헛것이어서 실성(實性)이 없기 때문이라는 것이다.

당체즉시【當體卽是】 현상이나 사물 그대로가 진리라는 뜻. 파도의 당체가 물인 것처럼, 번뇌 그대로가 보리(菩提)이며, 생사(生死)가 곧 열반(涅槃)임을 뜻한다. 이렇게 A 그대로가 B라고 하는 경우를 말한다.

대가섭【大迦葉】〔梵 Mahākāśyapa〕 부처님의 10대 제자 가운데 한 사람인 마하가섭(摩訶迦葉). 대음광(大飮光)·대귀씨(大龜氏)라고 번역한다. 본래 바라문으로서, 석존이 성도한 지 3년쯤 뒤에 부처님에게 귀의하였다. 두타제일(頭陀第一). 석존이 입멸한 뒤 5백 아라한을 데리고 제1결집(結集)을 하면서 그 상수(上首)가 되었다.

대가전연【大迦旃延】〔梵 Mahākātyāyana〕 부처님의 10대 제자 가운데 한 사람. 마하가전연(摩訶迦旃延)·마하가다연나(摩訶迦多衍那)라고도 하는데, 문식(文飾)·불공(不空)이라고 번역한다. 남인도 바라문의 출신으로, 불제자 가운데서 논의제일(論議第一)이다.

대각【大覺】〔梵 bodhir anuttarā, 西 rgyal ba, 英 The supreme bodhi, or enlightenment, and the enlightening power of a Buddha〕 (1) 위대한 깨침. 즉 부처의 깨달음을 말한다. 범부(凡夫)에게는 깨달음이 없고, 성문과 보살에게는 깨달음이 있지만 충분치 못하다. 그래서 성문은 자각(自覺)밖에 못 하고, 보살은 자각각타(自覺覺他)가 있는데도 아직 원만치 못한 것이다. 이에 비하여 부처는 자각각타(自覺覺他)가 함께 원만히 이루어지므로, 불(佛)의 정등각(正等覺)만이 대각(大覺)이라 칭한다.

(2) 부처님의 다른 이름. 『대반열반경(大般涅槃經)』에는, "열반심심(涅槃甚深)의 뜻을 각지(覺知)했기 때문에 불(佛)을 칭하여 대각(大覺)이라 한다."고 하였다.

(3) 중국 임제종의 선승으로, 건장사(建長寺)를 개산(開山)한 송(宋) 서촉 청강(西蜀淸江) 출신인 도융(道融)을 말한다.

(4) 고려 때 천태종의 중흥조(中興祖)

인 의천(義天, 1055-1101)의 시호. 의천(義天) 항목 참조.

대각국사문집 【大覺國師文集】 고려 대각국사 의천(義天, 1055-1101)의 시문집. 33권 2책. 원집 20권에는 서(序)·기(記)·표(表)·사(辭)·장(狀)·서(書)·소문(疏文)·제문(祭文)·진찬(眞贊)·시문(詩文)·시(詩) 등을 실었고, 외집 13권에는 국사에 관한 서(書)·기·진찬·시·비명 등을 실었다. 고려 때의 각판(刻板)이 경남 합천 해인사에 보관되어 있다.

대각회 【大覺會】 포교단체 중의 하나. 1915년에 백용성(白龍城, 1864-1940)이 세운 단체. 종로구 봉익동에 대각사를 창건하고 선종교당(禪宗敎堂)을 설립하여 대각불교사상(大覺佛敎思想)을 민족번영의 원리로 발전시킴. 그것이 대각교(大覺敎)이다. 일제하에서도 불교포교 등 활동을 했으나, 일제의 탄압으로 활발한 활동은 하지 못하였다.

대겁 【大劫】 〔Mahākalpa〕 ①성(成)·주(住)·괴(壞)·공(空)의 4기(期)를 한 번 지내는 기간. 이것을 4중겁(中劫)이라 하는 것과 80중겁이라고 하는 것이 있다. ②가로·세로·높이가 120리 되는 성 가운데 겨자를 가득히 쌓고, 장수천(長壽天) 사람이 3년마다 한 차례씩 와서 한 알씩을 가져가서 그 겨자가 다 없어지는 동안을 말한다. ③가로·세로·높이 120리 되는 큰 돌을 장수천 사람이 3년마다 한 차례씩 와서 3수(銖) 무게의 천의(天衣)로 스쳐 그 큰 돌이 닳아져 없어질 때까지의 기간을 말한다.

대교과 【大敎科】 〔英 The great teaching〕 강원에서 스님들이 경전을 공부하는 이력과목(履歷科目) 중의 하나. 『화엄경(華嚴經)』·『염송(拈頌)』·『전등록(傳燈錄)』을 배운다. 이러한 과목이 어느 때 규정되었는지 자세히는 알 수 없으나, 조선 중엽에 생긴 것으로 추정된다.

대규환지옥 【大叫喚地獄】 〔英 Mahāraurava. The hell of great wailing, the fifth of the eight hot hells〕 8대 지옥의 제5. 규환지옥 밑에 있다. 고통은 앞의 4지옥의 10배, 수명은 8천 세인데, 인간의 8백 세가 화락천의 1일(日) 1야(夜)이며, 화락천의 8천 세가 이 지옥의 1일(日) 1야(夜)이다. 살생·도둑질·음행·음주·거짓말 등을 많이 한 사람들이 간다는 지옥이다.

대기 【待機】 ①스승이 제자를 지도할 때, 제자가 견성(見性)할 때가 무르익기를 기다리는 것을 말함. 제자가 깨달을 시절인연을 기다리는 것. ②어떤 일을 추진할 때 그 일이 성공할 기회를 기다리는 것.

대기대용 【大機大用】 사량분별심을 떠난 자성(自性)의 혜광(慧光)을 통하여 천만사리(千萬事理)를 건설하는 것. 깨달음의 원숙한 경지에서 나오는 자유자재한 활동력. 살활자재(殺

ㄷ

活自在)한 활동력.

대기설법【對機說法】 병(病)에 따라 약(藥)을 주는 것처럼, 듣는 이의 근기에 알맞은 교법을 말하여 주는 것.

대념【大念】〔英 Invoking Buddha with a loud voice; meditating on Buddha with continuous concentration〕 ①마음속에서 부처님을 위대하게 생각하는 것.『대집경(大集經)』「염불삼매품(念佛三昧品)」에 나온다. ②큰 소리로 염불하는 것.『정토군의론(淨土群疑論)』 7권에 나온다.

대다라니【大陀羅尼】 ①신묘장구대다라니처럼 다라니 가운데서도 구절이 긴 것을 대다라니라고 한다. ②다라니를 아름답게 일컫는 말. 다라니(dhāraṇi)는 총지(總持)라고 번역한다. 이는 한 자(字) 한 구(句)에도 한량없는 뜻을 지니고 있다는 뜻이다. 따라서 이것을 번역하면 한 가지 뜻에만 국한되어 전체 뜻을 다 포괄할 수가 없다. 또 본래 진언(眞言)·밀어(密語)로서 비밀스럽다는 의미도 있기 때문에 번역하지 않음. 그러나 근래에는 언어학이 발달하여 번역하고 있는데, 상당 부분은 올바른 번역이 이루어지고 있다.

대당내전록【大唐內典錄】〔英 A catalogue of the Buddhist foray in the Tang dynasty A.D.664〕 중국 당나라 때 율종 남산종의 개조인 도선(道宣, 596-667)이 지은 것으로, 『내전록(內典錄)』 또는 『도선록(道宣錄)』이라고도 한다. 664년에 서명사(西明寺)에서 기록한 것으로, 번역된 모든 경전의 목록이다. 모두 10편으로, 2,262부 7천여 권의 불전(佛典)을 싣고 있다. 제1-5권은 역대(歷代) 중경전(衆經傳) 역소종록(譯所從錄), 제6-7권은 역대(歷代) 중경번본(衆經飜本) 단중전역유무록(單重傳譯有無錄), 제8권은 역대(歷代) 중경견입장록(衆經見入藏錄), 제9권은 역대(歷代) 중경학요전독록(衆經學要轉讀錄), 제10권은 궐본록(闕本錄)·중국인 도속(道俗)의 술작시해록(述作詩解錄)·별생경록(別生經錄)·의의경록(疑疑經錄)·역대(歷代) 중경목록(衆經目錄)·감응록(感應錄) 등으로 되어 있다.

대당서역기【大唐西域記】 12권. 중국 당나라 때 현장(玄奘, 602-664)이 지은 책. 줄여서『서역기(西域記)』라고 한다. 현장이 629년〔唐 太宗 3〕에 장안을 떠나 서역·인도를 두루 돌아다니다가 645년〔唐 太宗 19〕에 돌아오기까지 보고 들은 것을 기록한 여행기이다. 아기니국(阿耆尼國)에서 구살단나국(瞿薩旦那國)에 이르는 138국의 풍속·문화·국정 등의 여러 사실을 기록하고 있다. 그 기술이 정확하고 참고한 자료가 풍부하여 당시 그 지방의 형편, 특히 불교의 정세를 아는 데 중요한 책으로 손꼽힌다.

대대【對待】 상의대대(相依對待)와 같음. 대립(對立)하면서 서로 끌어당기는 관계. 상대가 존재함에 의하여 비로소 자기가 존재한다고 하는 관계. 상호 대립하면서 상호 의존하는 관계를 말한다. 대대(對待)의 논리적 특성은, 1. 대대관계는 무엇보다도 상반적(相反的)인 타자(他者)를 적대적인 관계로 보는 것이 아니라, 자신의 존재성을 확보하기 위한 필수적인 존재로서 요구하는 관계라는 점이 부각된다. 2. 상반적 또는 상호 모순적 관계를 상호 배척하는 관계로 보는 것이 아니라 상호 성취의 관계, 더 나아가 운동의 추동력의 근거로 본다는 점이다. 3. 대대(對待)관계에 있는 양자(兩者)는 대대관계에 있다는 그 자체로서 균형과 조화를 이루고 있는 것으로 규정하려는 경향이 강하다는 것이다. 4. 대대는 공간적 관계에 머무르지 않고 시간적 관계성을 포섭한다는 점이다. 불교의 연기(緣起)나 『주역』의 음양(陰陽)의 설명에서 많이 나타난다.

대덕【大德】①고려시대, 교종(敎宗)·선종(禪宗)의 법계(法階)의 하나. 대선(大選)의 위, 대사(大師)의 아래이다. ②조선시대, 교종(敎宗) 법계(法階)의 하나. 중덕(中德)의 위, 대선사(大禪師)의 아래이다. ③도(道)가 높은 스님을 가리키는 말.

대도무문【大道無門】대도(大道)로 들어오는 길은 특정한 문(門)이 설정되어 있지 않다. 대도(大道)는 장벽이 없다. 차별이 없다는 말. 대도(大道)는 불법(佛法)을 가리킨다. 불법의 진리는 특정한 형태도 없고, 그것을 배우기 위한 특정한 방법〔門〕도 없다. 불법을 배우려고 하는 뜻이 있기만 하면 어떤 곳, 어떤 방법에 의해서도 도(道)에 들 수 있다는 뜻. 『정법안장(正法眼藏)』「변참(徧參)」에 보인다.

대도사【大導師】〔梵 nāyaka, 英 The great guide, i.e. Buddha, or Bodhisattva〕불·보살의 존칭. 중생을 가르쳐 인도한다는 뜻으로 하는 말. 위대한 안내자.

대만다라【大曼荼羅】〔英 The great mandala〕4종 만다라 가운데 하나. 『대일경(大日經)』「구연품(具緣品)」에서 설하는 내용에 근거하여 제존(諸尊)의 모습을 그림으로 그린 것. 부처님의 깨달음의 세계를 그림으로 표시한 것.

대명주【大明呪】큰 광명으로 중생의 어리석음을 깨우쳐 주는 주문이라는 뜻. '반야바라밀다(般若波羅蜜多)'를 대명주(大明呪)라고 한다. 반야의 지혜는 무시무종하고 불생불멸하며, 시방삼세를 두루 비추는 불멸의 광명을 가졌다. 그리고 능히 육바라밀과 팔정도를 행하고, 능히 정사(正邪)를 구별하며, 능히 무명번뇌를 끊어 버리며, 참 지혜의 광명을 나타내게 하는 아주 밝은 주문이다.

대목건련【大目犍連】〔梵 Mahāmaudgalyāyana〕부처님의 10대 제자 가운데 한 사람. 목건련 항목 참조.

ㄷ

대반니원경【大般泥洹經】 중국 진(晋)나라의 법현(法顯, 약 337-약 422)이 번역함. 6권. 『니원경(泥洹經)』이라고도 하는데, "여래상주(如來常住) 실유불성(悉有佛性)" 등의 뜻을 설하였다. 니원(泥洹)은 열반(涅槃)과 같은 뜻이고, 반(般)은 입(入)이라는 뜻이다.

대반야바라밀다경【大般若波羅蜜多經】〔梵 Mahā-prajñāpāramitā-sūtra〕 600권으로 된 『반야경(般若經)』의 일대총서(一大叢書)인데, 줄여서 『대반야경』이라고 한다. 처음에는 아주 작은 경전에서 시작하였다가 점점 증대되어 현재와 같이 방대한 경전이 된 것으로 추정한다. 이 점은 인도에서 중국으로 구전(口傳)된 것이 2부(部)·3부·4부·8부로 되어 있고, 각 계통의 학설이 한(漢)·위(魏)·양진(兩晋)·남북조(南北朝)로 내려갈수록 그 부수(部數)가 증가된 것으로도 알 수 있다. 구전된 8부의 내용이 어떤 것인지를 알기 위해 이미 번역된 경전에 맞추는 문제가 전개되기도 하였지만, 당(唐) 현장(玄奘, 602-664)에 의하여 600권의 『대반야경』이 역출(譯出)됨으로써 종지부를 찍었다. 이 경(經)은 양이 많기 때문에 별로 연구되지 못하였고, 일반적으로 대반야전독(大般若轉讀)의 의식용(儀式用) 경전으로서 악마퇴거(惡魔退去)를 위해 유포되었다.

대반열반【大般涅槃】〔梵 Mahāparinirvāṇa〕 완전한 열반, 위대한 열반이라는 뜻으로, 대입멸식(大入滅息)·대멸도(大滅度)·대원적입(大圓寂入)이라 번역한다. '위대한 열반에 들다'는 뜻인데, 일반적으로는 '죽음'을 뜻한다. 다만 그것이 단순한 육체적 죽음보다는 번뇌와 고통으로부터 벗어난 해탈(解脫)의 경지, 즉 열반의 경지를 성취하고 때가 되어 생을 마감했다는 의미를 가지고 있다.

대반열반경【大般涅槃經】 『열반경(涅槃經)』이라고 약칭한다. 석존의 입멸(入滅)에 대해서 기록한 경전. 소승·대승의 두 가지 『열반경』이 있다. 『소승열반경』은 주로 역사적 사실을 기록한 것으로서, 입멸 전후에 걸쳐 유행(遊行)·발병(發病)·대장장이 아들인 춘다의 공양·최후의 유훈(遺訓)·멸후의 비탄·사리 8분(分) 등을 중요하게 다루었는데, 법등명, 자등명의 유훈도 여기에 나온다. 그런데 『대승열반경』은 교리를 주로 하며, 열반이란 사실에 불타론(佛陀論)을 부여하고 불교의 이상을 묘사하였다. 곧 법신이 상주(常住)한다는 근저〔法身常住說〕에서 누구나 본래 불성(佛性)을 갖추고 있다고 역설〔一切衆生 實有佛性〕하며, 열반을 적극적으로 상락아정(常樂我淨)이라고 해석하여 소승의 소극적 열반론에 반대하는 태도를 보인다. 『소승열반경』으로는 『불반니원경』 2권·『대반열반경』 3권·『반니원경』 2권·『장아함경 제이분유행경』

및 『*Mahāparinibbāna sutta*〔팔리어〕』 등이 있다. 지금 남아 있는 『대승열반경』으로는 『방등반니원경』 2권·『대반니원경』 6권·『대반열반경』 40권·『사동자삼매경』 3권·『대비경』 5권·『대반열반경 후분』 2권을 비롯하여, 남송(南宋) 때에 혜관(慧觀)·혜엄(慧嚴) 등이 담무참 번역을 법현(法顯) 번역과 대조·수정한 『대반열반경』 36권 등이 있다. 이 밖에 한문 번역으로서 지금은 전하지 않는 것으로는 『호반니원경』 2권·『대반열반경』 2권·『대반니원경』 2권·『반니원경』 20권의 4부가 있다. 주석서로는 보량(寶亮)이 지은 『열반경집해』·혜원(慧遠)의 『열반경의기』·길장의 『열반경유의(涅槃經遊意)』·천태(天台)의 『열반경소(涅槃經疏)』 등이 있다.

대방광불화엄경 【大方廣佛華嚴經】 줄여서 『화엄경』이라고 함. 화엄경 항목을 참조할 것.

대방광원각수다라료의경 【大方廣圓覺修多羅了義經】 줄여서 『원각경』이라고 부름. 원각경 항목을 참조할 것.

대방등다라니경 【大方等陀羅尼經】 『방등단특다라니경(方等檀特陀羅尼經)』·『방등다라니경』·『단특다라니경』이라고도 한다. 중국 북량(北涼)의 법중(法衆)이 번역. 4권. 모두 5분으로 되어 있다. 제1분 1·2에는 뇌음(雷音) 비구의 선법행(善法行) 성취를 마왕 조다라(祖荼羅)가 방해하려 하자, 뇌음이 화취(華聚)보살에게 청하여 이 대방등다라니를 전해서 마왕의 방해를 없앴다는 것이 밝혀져 있다. 수기분 2에는 뇌음비구가 『대방등다라니경(大方等陀羅尼經)』을 아난에게 부촉하여 후세에 유포하게 하였다는 것이 적혀 있다. 그리고 「몽행품(夢行品)」에는 석가세존이 문수보살에게, 장래에 이 경을 수지시키려는 자는 몽상에 의해서 자신의 덕행을 판단할 것을 밝혔다. 몽상에는 12가지가 있음을 밝혔는데, 그 가운데 한 가지의 몽상을 볼 때는 7일간의 행법을 실수(實修)할 것이니, 그 행 중에는 관음보살과 화취보살의 두 천사(天士)가 도량에 나타나서 석가모니법 중에서 마하단다라니를 수행한다는 고사가 있다고 한다. 「호계품(護戒品)」의 4에는 비구로서 사중금계(四重禁戒)를 범한 자는 87일간 매일 이 다라니를 1,400번 외워서 그 죄를 참회하고, 비구니로서 팔중금계를 범한 자는 97일간 날마다 이 다라니를 49번씩 염송하여 그 죄를 참회할 것이라고 한다. 「오부사의연화분(五不思議蓮華分)」 5에 묘음성겁(妙音聲劫)에 묘음당화(妙音幢花)라고 칭하는 나라가 있는데, 그 국왕을 엄신(嚴身)이라고 부른다. 이 엄신왕은 항상 십선(十善)으로 중생을 교화하고 있다고 한다. 남악(南嶽)의 혜사(慧思, 515-577)는 이 경을 7년간이나 걸쳐서 수행하고 육근(六根)이 청정함을 얻었다고 하는데, 천태산의 지의(智顗, 538-597)는

『방등삼매행법』 1권을 지어서 이 법의 수행방법을 보이고 있다.

대방등대집경 【大方等大集經】『대집경(大集經)』이라고 약칭한다. 60권. 수(隋)나라 때 초제사(招提寺)의 승려인 승취(僧就)가 엮음. 앞부분은 북량(北凉) 담무참(曇無讖, 385-433)이 번역하였고, 후반부는 수(隋)의 나련제야사(那連提耶舍, 490-589) 등이 번역하였다. 불타(佛陀)가 성도(成道)한 지 16년 만에 대중이 보살의 법장(法藏)을 받을 만한 근기가 된 것을 보고, 불타가 욕계와 색계의 중간에 대도량(大道場)을 열어 시방(十方)의 불·보살과 천룡(天龍)·귀신을 모아서 깊고 미묘한 대승법문을 설한 것. 영락·다라니자재왕보살·보녀·불현보살·해혜보살·무언보살·불가섭보살·허공장보살·보당분·허공목분·보계보살·무진의보살·일밀분·일장분·월장분·수미장분·시방보살 등 17품으로 되어 있다. 대집경 항목을 참조할 것.

대방편 【大方便】〔英 Mahapāya; a great appropriate means, or expedient method of teaching by buddhas and bodhisattvas〕 불·보살의 광대한 수단과 방법. 중생의 근기에 잘 맞도록 여러 가지 좋은 방법으로 지도하여 구제하는 것.

대백우거 【大白牛車】〔英 The great ox cart in the Lotus sūtra parable of the burning house, i.e. Mahāyāna〕『법화경』「비유품」에 있는 비유. 보살승(菩薩乘)을 비유한 것이라 하기도 하고, 불승(佛乘)을 비유한 것이라고도 한다.

대번뇌지법 【大煩惱地法】〔梵 kleśa-mahābhūmika〕 악심(惡心)과 유부무기(有覆無記)에 상응하는 정신작용. 치(痴)·방일(放逸)·해태(懈怠)·불신(不信)·혼침(惛沈)·도거(掉擧)의 6법.

대범천 【大梵天】〔梵 Mahābrahman〕 ①색계(色界) 18천(十八天)의 하나. 색계 초선천(初禪天)의 제3으로서, 대범천왕(大梵天王)이 살면서 사바세계(娑婆世界)를 거느린다. 이 천왕의 키는 1유순(由旬) 반, 수명은 1겁(劫) 반이라고 한다. ②33천(天) 가운데 하나. 대범(大梵)은 천(天) 중의 천(天)이다.

대변재천 【大辯才天】〔梵 Sarasvatī〕 노래·음악을 맡은 여신으로, 장애 없는 언변을 가져 불법(佛法)을 유포하여 목숨을 길게 하고, 원수를 쫓으며, 재산이 느는 이익을 준다고 한다. 형상은 머리에 흰 뱀으로 장식된 보배관을 쓰고, 오른손에 칼을, 왼손에는 보배구슬을 들고 있다. 대변천(大辯天)·대변공덕천(大辯功德天)·변재천(辯才天)·미음천(美音天)·묘음천(妙音天)·변재천(辯才天)이라고도 한다.

대보리심 【大菩提心】〔梵 mahābodhi-citta〕 깨달음을 얻으려고 하는 마음. 열반·해탈을 성취하고자 하는 마음. 자리이타(自利利他)를 완성하고 싶다고 추구하는 마음. 중생을 제도하고 생사를 초월한 마음. 대(大)는 '위대하다'·'훌륭하다'는 뜻. 보리는 깨달음, 심(心)은 바라는 마음.

대보살【大菩薩】〔英 a great bodhisattva〕 자리이타의 대원(大願)을 발하여 불도(佛道)를 수행하는 보살 중에서 이미 불퇴위(不退位)에 이른 보살. 곧 초주(初住)·초지(初地) 이상의 보살.

대보적경【大寶積經】〔英 The sūtra of this name(Mahā-ratnakūta) tr. by Bedhirucicin abridged form and others〕 한역(漢譯) 및 티베트어역(譯) ≪대장경≫에 수록되어 있는 성전(聖典)의 총서(叢書). 120권. 성립연대 불명. 49장으로 구성되어 있는데, 십여 명의 역자가 산스크리트어 원전에서 번역한 것을 706년에서 713년에 걸쳐 보리류지(菩提流支)가 편집하여 오늘날과 같은 모습으로 만든 것이다. 보리류지는 이 중에서 26장 39권 반을 새로 번역하고, 이미 번역되어 있던 23장 89권 반을 적당히 배열하여 49장 120권으로 만들었다. 보리류지 역(譯)의 26장 가운데서도 15장은 그 이전에 다른 역자에 의해 번역된 적이 있는 것이므로, 11장만이 최초의 번역이라고 할 수 있다. 보적(寶積; Ratnakuta)이란 보물을 쌓는 것, 즉 법보(法寶)를 누적(累積)했다는 뜻이다.

대비【大悲】〔梵 mahākaruṇā, 英 great pity; i.e. greatly pitiful, a heart that seeks to save the suffering〕 ①남의 괴로움을 보고 가엽게 여겨 구제하려는 마음을 비(悲; karuṇa)라 하는데, 불보살의 대비심이 깊고 크기 때문에 대비(大悲)라고 한다. ②관세음보살의 다른 이름.

대비바사론【大毘婆沙論】〔梵 Abhidharmamahāvibhāsaśāstra〕 정식 명칭은 『아비달마대비바사론(阿毘達磨大毘婆沙論)』인데, 줄여서 『바사론(婆沙論)』이라고도 한다. 카트야야니푸트라(Kātyāyaniputra)의 『발지론(發智論)』의 축차적(逐次的) 광석(廣釋)으로, 부파불교의 가장 유력한 설인 설일체유부(說一切有部)의 교리를 근본적으로 밝힌 저작이다. 또한 소승불교의 대표적 전적(典籍)이다. 그 성립연대는 2-3세기경이라고 하며, 카슈미르국에서 5백여 명의 아라한이 편집한 것이라고 전한다. 단순히 『발지론』의 어의(語義)를 주석하는데 그치지 않고, 당시 여러 부파의 주장과 또 불교 외의 유력한 철학적 학설 등의 주장을 소개하면서 평자(評者)로서 냉혹히 비판하는 점으로 볼 때, 당시 인도사상계에 일종의 백과사전 역할을 한 것으로 볼 수 있다. 본론의 특징은 초기불교 이래의 인공(人空·我空)론을 철저히 하고, 동시에 법유(法有)사상을 주장한 점에 있다.

대비심【大悲心】〔梵 mahā-karuṇā〕 모든 중생들의 괴로움을 없애려는 마음. 곧 불보살의 마음. 대비 항목을 참조할 것.

대비원력【大悲願力】모든 중생을 구제하려고 하는 대자비의 원력(願力). 대비 항목을 참조할 것.

대비주【大悲呪】〔梵 kārunika〕천수다라니(千手陀羅尼). 『천수경』에서 설하고 있는 84구(句)의 다라니. 이것을 독송하면 육신의 중죄를 제거할 수 있다고 한다.

대사【大士】〔梵 mahāsattva〕①덕행(德行)이 있는 사람. 즉 보살을 '대사(大士)'라고 부른다. ②현명한 사람. 훌륭한 사람. 뛰어난 사람. 위대한 사람〔巴 paṇḍita〕. ③재가(在家)의 보살을 가리킴.

대사【大師】〔英 Great teacher, or leader, one of the ten titles of a Buddha〕①부처님을 대도사(大導士)라는 의미에서 대사라고 한다. 또 고승의 존칭으로 사용된다. 조선시대 이후 우리나라에서 승속(僧俗)을 막론하고 승려에 대하여 대사라 일컬었다. 유생들은 승려의 노소를 가리지 않고 대사라고 불렀고, 승려들 사이에서도 자기의 동류나 손아래 되는 이에 대해서 대사라고 불렀다. 특히 사판(事判)이나 강당에서는 대사라 하고, 선원(禪院)에서는 수좌(首座)라고 했음. ②고려시대 교종·선종의 법계의 하나. 대덕(大德)의 위, 중대사(重大師)의 아래이다. ③조선시대 교종의 법계의 하나. 대덕(大德)의 위, 도대사(都大師)의 아래이다.

대사일번【大死一番】①한번 크게 죽는다는 뜻으로, 과거에 가지고 있던 모든 생각과 분별을 놓아 버리고 텅 빈 마음으로 수행에 전념하는 것. ②이 한 생 태어나지 않은 셈치고 자신의 모두를 바쳐서 수행정진하는 것. ③아상이나 아만 등 자기를 모두 버리는 것.

대삼재【大三災】괴겁(壞劫)의 20증감겁(增減劫) 마지막 겁에 이 세상을 파괴하는 화재(火災)·수재(水災)·풍재(風災)를 말한다. 이 삼재(三災)는 각각 차례로 일어나서 세계를 파괴한다. 먼저 화재가 일곱 번 일어난 뒤에 수재가 한 번 있고, 다시 화재가 일곱 번 일어난 뒤에 수재가 한 번 있다. 이와 같이 일곱 번 화재가 있은 뒤마다 한 번 수재가 일어나고, 일곱 번 수재 뒤에는 다시 일곱 번의 화재를 거쳐 한 번의 풍재가 있다. 그래서 삼재를 한 번 도는 데는 56번의 화재와 7번의 수재와 1번의 풍재가 있다. 그러므로 모두 64번의 대재(大災)가 있다.

대색【大色】정색(正色; 青·黃·赤·白·黑의 다섯 색)과 정색(正色)을 화합한 색. 정색(正色)에 정색(正色) 이외의 색을 화합하면 간색(間色)이 되는데, 비구의 옷 색으로 사용할 수 있다. 정색상호(正色相互)의 화합은 대색화합(大色化合)이라 하는데, 괴색(壞色)은 되지 않는다.

대선사【大禪師】고려와 조선시대 선종 법계의 하나. 고려시대에는 최고의 법계였고, 조선시대에는 선사(禪師)의 위, 도대선사(都大禪師)의 아래였다.

대선지법【大善地法】〔梵 kuśala-mahābhūmikāḥ〕온갖 선심(善心)에 따라 일어나는 정신작용. 신(信)·불방일(不放逸)·경안(輕安)·사(捨)·참(慚)·괴(愧)·무탐(無貪)·무진(無瞋)·불해(不害)·근(勤)의 10법을 말한다.

대세지【大勢至】〔梵 Mahāsthāma-prāpta〕보살의 이름. 아미타불의 오른쪽 보처(補處). 마하살타마발라발다(摩訶薩駄摩鉢羅鉢哆)라 음역한다. 대정진(大精進)·득대세(得大勢)라고도 번역한다. 아미타불에게 자비문·지혜문이 있는데, 관세음은 자비문을 표하고 대세지는 지혜문을 표한다. 이 보살의 지혜 광명이 모든 중생에게 비쳐 3도(途; 지옥·아귀·축생)를 여의고 위없는 힘을 얻게 하므로 대세지라고 한다. 또 발을 디디면 삼천세계와 마군의 궁전이 진동하므로 대세지라고 한다. 형상은 정수리에 보배 병을 얹고 아미타불의 오른쪽에 있는데, 염불하는 수행자를 맞아 갈 때에는 합장하는 것이 통례이다.

대세지보살【大勢至菩薩】〔梵 Mahā-sthāma-prāpta〕보살의 이름. 득대세(得大勢)·대세(大勢)·세지(勢至)라고도 한다. 아미타불의 오른쪽에 모신 보처(補處)로 지혜문을 맡고 있음. 이 보살은 지혜의 광명으로 일체중생을 널리 비추어, 삼도(三途)의 고통을 여의고 위없는 힘을 얻게 하므로 대세지라고 한다.

대수【大樹】〔英 Great trees, i.e. bo-dhisattvas, cf.三草〕삼초이목(三草二木) 가운데 큰 나무. 천태에서는 별교(別教)의 보살을 대수(大樹)라 하고, 법상종에서는 지상(地上)의 보살을 대수(大樹)라 하며, 삼론종에서는 팔지(八地) 이후의 보살을 대수(大樹)라 한다.

대수교【大收教】천태에서 『법화경』을 말한다. 봄에 씨를 뿌리고 여름에 김을 매고 가을에 곡식을 거두는 것과 같이, 부처님이 처음 『화엄경』을 설한 뒤부터 교화한 공으로 중생의 근기가 성숙하게 되었으므로, 이에 『법화경』을 설하여 삼승(三乘)을 평등하게 일불승(一佛乘)에 들어가게 하였으므로 대수교라고 한다. 군습교(捃拾教)에 상대되는 말이다.

대승【大乘】〔梵 mahāyāna〕소승(小乘)에 대립되는 말로, 산스크리트어 '마하야나(mahāyāna; 摩訶衍那·摩訶衍)'를 번역한 것이다. 승(乘; yāna)은 실어 나른다는 뜻. 즉 중생을 태우고 깨달음의 세계로 운반하는 것, 즉 불도(佛道) 내지 불타의 가르침을 의미한다. 승물(乘物)은 배와 수레이다. 전자〔배〕는 생사의 고해(苦海)를 건너는 배, 또는 생사윤회의 이 언덕〔此

岸]에서 열반의 저 언덕[彼岸]으로 건너가는 법선(法船) 등의 비유이고, 후자[수레]의 예로서 가장 유명한 것은 『법화경』「비유품」에 나오는 세 가지 수레[三車], 즉 양이 끄는 수레[羊車], 사슴이 끄는 수레[鹿車], 소가 끄는 수레[牛車]의 비유이다. 승(乘)은 전화(轉化)되어 소승(小乘; hinayāna)·대승(大乘; mahāyāna)·일불승(一佛乘; ekabuddhayāna) 등으로 사용된다. 대승(大乘)이란 큰 승물(乘物)을 의미하는데, '큰 승물'이란 큰 가르침이라는 뜻으로 자리이타의 가르침을 뜻한다. 반면 소승이란 자기의 구제에만 집착하고 타인을 제도하는 것은 돌아보지 않는다고 하여 대승불교도들이 던진 폄칭(貶稱)이다. 『십이문론』「관인연문(觀因緣門)」에, "마하연(摩訶衍)은 이승(二乘; 성문·연각)보다 위이다. 그래서 대승이라 한다."고 말한다. 대승불교는 대립을 초월하여 성문승(聲聞乘)·연각승(緣覺乘)이라 불리는 이승(二乘)의 수행자들을 유화(宥和) 포섭해 가려는 교리를 발전시켰다. 이것이 이른바 일승(一乘)의 교리이다. 이 일승의 교리에 대하여 『화엄경』에서는, "일체제불(一切諸佛)은 오직 일승으로서 생사를 벗어남을 얻게 된다."고 하였는데, 『승만경』의 「일승장(一乘章)」에서도 같은 내용을 설한다. 특히 이 일승의 교리는 『법화경』「방편품」의 설법이 유명하다. 「방편품」에서는, 부처가 이 세상에 출현한 가장 큰 목적은 모든 사람이 다 각기 부처가 되는 것이라고 설한 직후에 다음과 같이 일승을 주장한다. "사리불아! 나는 일승을 처음으로 하여 법을 설한다. 즉 불승(佛乘; buddhayāna)이 그것이다. 사리불아! 제2, 혹은 제3의 승(乘)은 있을 수 없다." 그러나 삼승(三乘)이라는 명칭은 「방편품」에서는 보이지 않고 「비유품」에서 보인다. 삼승이란 성문승·연각승[獨覺乘·辟支佛乘]·보살승[佛乘]을 말하는데, 이 중에서 대승에 해당되는 것은 보살승(菩薩乘)과 불승(佛乘)이다. 이 대승도 권대승(權大乘)과 실대승(實大乘)으로 나누어진다.

대승경전【大乘經典】[梵 vaipulya-sūtrāni] 대승불교의 경전. 『화엄경』·『법화경』·『유마경』·『열반경』·『금강경』 등 대승불교시대에 성립된 경전. 서력기원을 전후하여 불탑(佛塔)을 거점으로 출가자와 재가자를 포함한 다양한 그룹의 불교도 집단이 탄생했다. 이것을 대승불교라고 한다. 출가자 중심의 부파불교와는 다른 입장에서 새로운 불보살 관념을 중심으로 하는 대승불교의 운동을 일으켰다. 이들은 기존의 불교, 즉 소승불교를 자기 자신만을 위하는 소승이라고 배격하고, 대중 모두를 위하는 불교를 부르짖었다. 모두가 큰 가르침[大乘]에 의하여 깨달음으로 나아간다는 신조 아래 새로운 경전을 성립시키고 신봉자를 모았다. 운동이 확대되면서 출가교단, 다른 그룹과의 접촉이 일어났고, 그래서 경전 자체도 보정(補正)·증광(增廣)·정비(整備)되었다. 시대가 경과하면서 대승불교의 기치 아래 새로운 신앙, 사상그룹이 다수 형성되어 차례차례로 여러 경전이 성립했다. 대승경전으로 현재 전해지고 있는 것만으로도 한역(漢譯)으로 약 1,200부(部), 티베트어역(譯)으로 약 1,900부에 이르고 있다. 대승경전은 그 어느 것이나 역사적인 인물로서의 석존에 의해 설해진 불설(佛說)이라는 것을 표방하고 있다. 그들은 다불(多佛)사상을 도입하여, 역사적인 석존과 그 설법은 시공을 뛰어넘어 그 내용이 진리〔법〕라면 그것은 다 불설(佛說)이라고 규정했다. 이 생각은 자기가 직접 불(佛)과 대면할 수 있다고 하는 대승불교도의 자신(自身)을 깊게 하고 경전의 내용을 풍부하게 하는 방향으로 나아갔다. 대승경전은 성립 시기에 따라 크게 셋으로 나눈다. 용수 이전의 대승경전을 초기 대승경전, 그 이후 세친까지를 중기 대승경전, 또 그 이후 밀교의 성립까지를 후기 대승경전이라고 한다. 초기 대승경전으로는 『육바라밀경(六波羅蜜經)』·『보살장경(菩薩藏經)』·『삼품경(三品經)』·『아촉불국경(阿閦佛國經)』·『반야삼매경(般若三昧經)』·『수능엄삼매경(首楞嚴三昧經)』·『반야경(般若經)』·『화엄경(華嚴經)』·『무량수경(無量壽經)』·『아미타경(阿彌陀經)』·『관무량수경(觀無量壽經)』·『법화경(法華經)』 등이 있다. 중기 대승경전으로는 『대방등여래장경(大方等如來藏經)』·『앙굴마라경(央掘魔羅經)』·『유마경(維摩經)』·『승만경(勝鬘經)』·『대반열반경(大般涅槃經)』·『해심밀경(解深密經)』·『능가경(楞伽經)』·『금광명경(金光明經)』·『지장십륜경(地藏十輪經)』 등이 있다. 후기 대승경전으로는 『문수사리근본의궤경(文殊師利根本儀軌經)』·『대일경(大日經)』·『금강정경(金剛頂經)』 등이 있는데, 주로 밀교 관계 경전이 주류이다.

대승계【大乘戒】 보살이 지켜야 할 계율. 보살계(菩薩戒〔梵 bodhisattva-saṃvara〕)라고도 한다. 『범망경』에서 말한 10중계(重戒)·48경계(輕戒), 『선계경(善戒經)』에서 말한 삼취정계(三聚淨戒) 등을 말한다. 종파에 따라 여러 가지로 부른다. 천태종에서는 원돈계(圓頓戒), 진언종에서는 삼매야계(三昧耶戒), 선종에서는 무상심지계(無常心地戒)라고 한다.

대승기신론【大乘起信論】〔梵 Mahā-yāna-śraddhotpāda-sāstra〕 대승불교의 개요서(槪要書)로서 명성이 높은 논서(論書)이다. 예부터 중국·한국·일본에서 활발하게 읽혔다. 일반적으로 마명(馬鳴; Aśvaghosa) 작(作), 진제(眞諦, 499-569) 역(譯)으로 전해지지만, 실차난타(實叉難陀; Śikṣā-nanda, 652-710)의 이역(異譯)도 있

다. 오래전부터 위찬(僞撰)이라는 논의가 있었다. 근래 일본 불교학자 우정백수(宇井伯壽, 1882-1963) 등은 인도 찬술설(撰述說)을 주장하고, 망월신형(望月信亨) 등은 중국 찬술설을 주장하였다. 이 문제는 오늘날의 학계에서도 아직 결정이 나지 않았지만, 최근 진제(眞諦; Paramārtha) 역(譯)은 중국 지론종(地論宗) 계통에 가까운 것이 아닐까 하는 설도 나오고 있다.

[구성과 내용] 『대승기신론』은 대승불교사상의 개요서로서 매우 치밀한 구상 하에 체계화되었다.『기신론』에서는 일심(一心; 중생심)에 심진여문(心眞如門)과 심생멸문(心生滅門)을 세워, 심생멸문에서는 여래장과 생멸심의 화합을 아뢰야식으로 하여, 이것으로부터 미혹된 세계의 전개를 설명한다. 또 아뢰야식의 두 가지 측면으로 각(覺)과 불각(不覺)을 들고, 각(覺)은 다시 시각(始覺)과 본각(本覺)으로 나눈다. 불각(不覺; 깨닫지 못한 미혹)에서 본각으로 향하는 과정이 시각(始覺)이다. 또한 본각은 내재적인 측면에서 이미 깨달아 있는 상태임과 더불어 수행을 통하여 도달해야 하는 목표이다. 수행을 통하여 본각으로 돌아가는 것이 시각(始覺)의 역할이다. 우선 전체가 「서분(序分)」·「정종분(正宗分)」·「유통분(流通分)」의 삼분(三分)으로 나누어져 있다. 「서분」은 귀경송(歸敬頌), 「유통분(流通分)」은 회향송(廻向頌)이 있어서, 그 사이의 본론이 「정종분(正宗分)」이 된다. 「정종분」은 인연분(因緣分)·입의분(立義分)·해석분(解釋分)·수행신심분(修行信心分)·권수이익분(勸修利益分)의 오분(五分)으로 나누어진다. 인연분에서는 이 『대승기신론』의 의의, 목적을 서술하고 있다. 입의분은 본서의 근본주장을 간결하게 서술한 것이며, 해석분은 이에 대해 부연 해설한 것이다. 수행신심분은 수도론(修道論)을 서술하고, 권수이익분은 그 이익에 대해서 서술함으로써 사람들에게 불도(佛道)를 권장한다. 이렇게 해서 대승불교의 세계관·인생관과 수행론을 조화롭게 설하려고 하였다. 게다가 입의분·해석분에서는 일심(一心)·이문(二門)·삼대(三大)의 교리가 전개되고, 「수행심신분」에서는 사신(四信)·오행(五行)이 설명된다. 이 일심(一心)·이문(二門)·삼대(三大)·사신(四信)·오행(五行)이라는 논(論)의 골격에서는 아주 주도면밀한 구성이 엿보인다. 이 가운데 「입의분」에는 대승(大乘)에 법(法)과 의(義)의 둘이 있는데, 여기서 법(法)이란 중생심(衆生心)을 가리킨다. 곧 중생인 우리의 마음속에 진여로 가는 길과 생멸로 가는 길 두 가지가 내재되어 있다는 것이다. 특히 여기에서 대(大)의 의미는 체대(體大)·상대(相大)·용대(用大)의 삼대(三大)로 나타난다. 중생심(衆生

心) 일심(一心)의 존재 그 자체〔體〕·속성〔相〕·기능〔用〕 각각이 위대한 측면을 갖고 있다고 할 것이다. 「해석분」은 현시정의(顯示正義)·대치사집(對治邪執)·분별발취도상(分別發趣道相)의 3단계에 의해 구성되지만, 알다시피 현시정의(顯示正義) 내에 앞의 일심(一心)·이문(二門)·삼대(三大)의 교리가 해설되고 있다. 이문(二門)은 심진여문(心眞如門)과 심생멸문(心生滅門) 두 가지가 있고, 심진여문은 의언진여(依言眞如)와 이언진여(離言眞如)로 구별한다. 심생멸문(心生滅門)에 관해서는 '의여래장(依如來藏), 유생멸심(有生滅心)'으로 시작하여, 그 불생불멸(不生不滅)과 생멸의 화합으로 비일비이(非一非二)한 것을 '아뢰야식'이라고 한다. 이하에서는 각(覺)·불각(不覺)의 의미가 설해지는데, 여기에서 '본각(本覺)'이라는 유명한 말이 나타난다. 또한 심생멸(心生滅)의 인연을 명확히 하는 형식으로서 아뢰야식 및 업식(業識)·전식(轉識)·현식(現識)·지식(智識)·상속식(相續識)·의식(意識; 分別事識)이라고 하는 식(識)에 의한 현상세계 성립의 과정에 대한 설명도 나온다. 그 외 염법(染法) 또는 정법(正法)이 생기하는 원인으로 4종법의 훈습(熏習)이 있다고 하는데, 진여(眞如)에 의한 훈습과 무명(無明)에 의한 훈습이라는 『대승기신론』 특유의 설이 설해져 있다. 이 4종 훈습법에 따라서 미계(迷界)에의 유전(流轉)과 각계(覺界)에의 환멸(還滅)이 설명되는 것이다. 대치사집(對治邪執)은 인아견(人我見)·법아견(法我見)을 파(破)한 것인데, 인아견(人我見)의 5종은 모두 대승의 교의에 대한 삿된 견해〔邪解〕이고, 법아견(法我見)은 이승(二乘)의 법의 실유설(實有說)과 다를 바 없다. 분별발취도상에서는 신성취발심(信成就發心)·해행발심(解行發心)·증발심(証發心)이라는 형태로 수도(修道)의 단계가 설명되고 있다. 수행심신분에서는 진여(眞如) 및 삼보(三寶)에 대한 '신(信; 四信)'과 시(施)·계(戒)·인(忍)·진(進)·지관(止觀)의 '오행(五行)'이 설해진다. 이 오행은 결국 6바라밀에 상당하는 것이다. 또한 지관문(止觀門)에서는 소위 마사(魔思)에 관해서도 비교적 상세하게 해설하고 있다.

[사상의 특징] 위에서 살펴본 것처럼 『대승기신론』에서는 유식설이나 여래장사상을 의식적으로 받아들일 뿐 아니라, 나아가 이 둘을 조화시키려고 한다. 또한 『대승기신론』의 이문(二門)은 중관파(中觀派)의 이제설(二諦說)에 상당한다. 예컨대, 심진여문(心眞如門)의 이언진여(離言眞如)는 팔불(八不)에 의해 교시된 희론적멸(戱論寂滅)의 세계와 같은 것이다. 결국 『대승기신론』의 중요한 테마는 어떻게 생멸문에서 진여문에 이르는가 하는 점이다. 예컨대, 해석분(解釋分)의 현시정의(顯示正義)의 말미에

는 다음과 같이 되어 있다. "또한 다음에 생멸문으로부터 진여문에 드는 것을 현시한다. 소위 오음(五陰)을 추구하면 색(色)과 심(心)으로 된다. 육진(六塵)의 경계는 필경 무념(無念; 무번뇌)이다. 심(心)에는 형상이 없는데 이것을 시방(十方)으로 추구하여 끝내 불가득함으로 해서 성취된다. 만약 능히 관찰해서 심(心)의 무념(無念)함을 안다면 곧 수순(隨順)하여 진여문에 들 수 있기 때문에" 무념(無念)의 세계를 앎으로써 진여 그 자체를 안다고 한다. 이것은 현시정의(顯示正義)의 심진여(心眞如)의 설명과 마찬가지로, "만약 일체의 법을 설할지라도 능설(能說)·가설(可說)함이 없고, 염(念)할지라도 또한 능념(能念)·가념(可念)이 없음을 안다면 이것을 수순(隨順)하다고 이름하며, 만약 염(念)을 떠난다면 득입(得入)이라고 한다."라고 되어 있는 것과 같다. 한편 수행심신분에서는 '지(止)'의 수습을 이렇게 설명하고 있다. "무릇 지(止)를 수습하는 것은 정처(靜處)에 머물고 단좌(端坐)하여 생각〔意〕을 바르게 하고, 기식(氣息)에 매이지 않고, 형색(形色)에 매이지 않고, 공(空)에 매이지 않아, 일체의 제상(諸想)·염(念)에 수순해서 일체를 여의고 또한 생각〔想〕을 제거했다는 생각〔除想〕까지도 버린다. 일체법은 본래 무상(無相)하여 염념생(念念生)하지 않고 염념멸(念念滅)하지 않는다. 또한 심(心) 외에 수순하여 경계(境界)를 염(念)하고 다음의 심(心)으로 해서 심(心)을 여읨을 얻는다." 이처럼 실천면에서 보아도 공관(空觀)의 존재방식은 철저하다. 이것을 보면 중관파(中觀派)의 사상과도 친밀하다. 이렇게 『대승기신론』은 승의제·세속제의 이제설(二諦說)을 우선 현시(顯示)하고, 세속제(世俗諦)에 의해 여래장설·유식설을 독자적으로 조립(組立)하고 있다고 할 수 있다. 즉 중관파의 사상을 근본으로 하여 그 위에 여래장설과 유식설을 종합하고 체계화시키고자 한 것으로, 그 속에서 인도 대승불교의 사상사 전체를 수용하고 있는 것이다. 원래 『대승기신론』은 사실상 진여(眞如)에 증입(證入)하였을지라도, "아직 정정취(正定聚)에 들지 못한 중생"을 위해 어떻게 믿음〔信〕을 성취시켜 정정취(正定聚)에 들게 하여 불퇴(不退)의 자리〔位〕에 머무르게 할 수 있는지를 테마로 하는 것이다. 「수행신심분(修行信心分)」은 오로지 그 자체의 교설로 되어 있고, 더욱이 여기에 오문(五門)의 수행은 오히려 사신(四信)을 성취하기 위한 것이다. 여기에 '대승기신(大乘起信; 대승에 대한 믿음을 일으킴)'이라는 제명(題名)의 의미가 있다. 또한 오문(五門)의 수행이 가능하지 않은 사람에게는 염불이라는 수승한 방편이 있다는 것도 설하고 있다. 그래서 『기신론』은 정토교(淨土敎)와도 깊은 관련성을 지닌다.

[영향] 이 논서와 가장 가까운 것은 물론 화엄종이다. 현수법장(賢首法藏, 643-712)은 『대승기신론의기(大乘起信論義記)』를 저술하였는데, 그의 주석은 그 후에 『대승기신론』 연구의 표준이 되었다. 그 외에 천태 사상에도 큰 영향을 끼쳐 『대승기신론』을 하부(下敷)한 천태교학이 일부〔山外派〕에 나타나게 되었다. 그 결과 심지어 일본의 천태본각법문(天台本覺法門)과도 연결된다고 할 수 있다. 『대승기신론』의 주석서로는 수(隋) 혜원(慧遠, 523-592)의 『의소(義疏)』 2권, 신라(新羅) 원효(元曉, 617-686)의 『소(疏)』 2권, 법장(法藏, 643-712)의 『의기(義記)』 2권을 『대승기신론』의 삼소(三疏)라고 한다. 종밀(宗密, 780-841)의 『대승기신론주소(注疏)』 4권은 『의기』에 의해서 본론에서 주석하고, 송(宋) 자선(子璿)의 『대승기신론필삭기(筆削記)』 6권은 종밀의 『주소』를 다시 해석한 것이다. 명(明) 덕청(德淸)의 『대승기신론직해(直解)』, 일본의 담예(湛睿)의 『교리초(教理鈔)』 19권 등은 모두 법장의 『의기』를 기초로 한 것이다. 다만 명(明) 지욱(智旭, 1599-1655)의 『열망소(裂網疏)』 2권만이 다른 것과 달리 당역(唐譯)의 『기신론』을 풀이한 것이다.

대승기신론소별기【大乘起信論疏別記】 2권 1책. 원효(元曉, 617-686) 지음. 간행 연대 미상. 그가 쓴 『대승기신론소(大乘起信論疏)』의 초고(草稿). 『기신론』의 대의(大意)와 저술의 취지 등을 인연분(因緣分)·입의분(立義分)·해석분(解釋分)·수행신심분(修行信心分)으로 나누어 설명하였다.

대승방등경전【大乘方等經典】 『화엄경』·『법화경』 등의 대승경전을 말한다. 방등(方等; vaitulya)이란 방정(方正)·평등(平等)이라는 뜻이다. 가로로 시방(十方)에 뻗치는 것을 방(方), 세로로 범부(凡夫)와 성인(聖人)에 통한 것을 등(等)이라고 한다.

대승불교【大乘佛教】〔梵 Mahāyāna〕 기원전 1세기경에 흥기한 새로운 불교 운동. 대승(大乘)의 원어인 마하야나(mahāyāna)는 '많은 것을 실을 수 있는 큰 수레'라는 뜻으로서 대승경전이나 대승불교의 가르침을 의미한다. 이 호칭은 출가자와 재가자를 문제 삼지 않고 모든 사람이 다 붓다와 동일한 깨달음〔無上正等覺〕에 이를 수 있다는 것이다. 나아가 대승불교도들은 종래 전통 불교〔소승〕를 자신의 깨달음〔번뇌를 끊은 아라한의 지위를 획득하는 것〕에만 몰두하는 출가자 중심의 '작은 수레〔小乘; Hinayāna〕'라고 비판함으로써 대승경전의 우위성과 정당성을 강조하였다.

[성립의 경위] 붓다 멸후(滅後) 300년이 지났을 무렵, 불교는 이미 인도 및 그 주변 지역의 여러 계층 사람들에게 수용되었다. 이 당시 인도 전통의 제식(祭式) 중심의 바라문교는

ㄷ

불교에 자극을 받아 인도 각지의 습속적인 여러 신앙을 적극적으로 수용하고, 그것을 전면에 내세우면서 점차 힌두교로 변모되어 가는 시대였다. 이러한 시대적인 배경에서 탄생한 대승불교의 두드러진 특징 중의 하나는 재가신도들의 활발한 종교참여였다. 그리고 이 운동의 최초기의 거점이 된 곳은 붓다의 유골(遺骨; 舍利)을 안치(安置)한 불탑이었다. 당시의 많은 재가신도에게 있어 붓다는 경모의 대상 이상으로서, 그의 유덕(遺德)에 의해 인간을 넘어선 초월적인 존재로 생각되기에 이르렀다. 이러한 재가신도들의 소망에 부응하여 인도 각지에서 많은 불탑이 기진(寄進), 건립되었다. 여기에 참여하는 재가신도들과 법사들은 『본생경(本生經; Jātaka)』이나 불전(佛傳)을 제작하면서, 종래와는 다른 붓다관과 보살관을 피력하게 되었다. 대승(大乘)은 일명(一名) '보살승(菩薩乘)'이라고도 불리는 것처럼 보살정신을 이상(理想)으로 한다. '보살(菩薩; Bodhisattva)'은 이미 『본생경』 등 불전문학(佛傳文學)에 나타나는데, 여기서 붓다는 전생에 수행할 적에 보살이었다고 하여, 붓다의 전생의 호칭으로 나타나고 있다. 대승불교도들이 이 말을 중시한 것은 수행자의 모델을 아라한(阿羅漢)이 아닌 전생의 붓다에게서 보았기 때문이다. 그런데 그들은 이 보살의 개념을 '깨달음〔bodhi〕이 확정된 유정(有情; 衆生, sattva)'이나 '깨달음을 본성으로 하는 자'로 이해하기보다는 '깨달음을 추구하는 유정〔중생〕', 나아가 '자신과 타자의 깨달음을 획득하려고 하는 유정'으로 해석의 비중을 옮겼고, 그래서 출가와 재가에 상관없이 깨달음을 추구하는 자, 또는 이 운동을 지지하는 자는 남녀노소 모두를 보살이라 부르게 되었다.

[초기 대승경전] 이러한 보살관을 모티브로 하여 성립한 것이 『반야경(般若經)』이다. 이 경전은 불탑신앙이 고조되었을 때, 여기에 안치된 붓다의 유골은 지혜의 상징으로서 숭배할 만한 지혜〔般若婆羅蜜〕이고, 아울러 그것을 설한 경전 그 자체라는 것을 강조했다. 그리고 이 지혜의 획득이야말로 보살, 즉 대승의 수행자에게 가장 중요한 과제라고 생각하였으며, 이 지혜에 의해 파악된 세계의 존재방식을 '공(空)'이라고 불렀다. 『화엄경』은 깨달음의 세계를 극명하게 묘사하면서, 그러한 세계를 궁극으로 하는 보살의 수행단계나 구법(求法)의 이야기 등을 골자로 한다. 유마힐(維摩詰; Vimalakīrti)은 『유마경』에서 많은 불제자에게 공(空)·불이(不二)의 법문(法門)을 다양한 각도에서 알 수 있도록 가르치면서, 동시에 그 법문을 구하는 보살의 존재방식을 설한다. 그런데 대승은 또한 '불승(佛乘)'이라고도 부른다. 왜냐하면 보살도의 궁극이 붓

다의 지위(地位; 佛位·佛地)에 있기 때문이다. 따라서 대승경전 중에는 붓다의 본질, 지혜, 수행시대의 서원(誓願), 그리고 그 서원과 함께 구제를 설한 경우가 적지 않다. 『법화경』에 의하면, 붓다는 원래 먼 옛날에 성도(聖道)를 이루어 무한한 수명을 얻었다고 한다. 그럼에도 불구하고 붓다가 이 세상에 태어나서 입멸, 즉 죽음을 맞이하는 현상적인 모습을 보여주는 것은 모든 중생에 대해 붓다가 나타난 의미를 이해시켜, 그것에 의해 깨달음으로 이끌려는 자비심 때문이라고 말한다. 또한 모든 수행자는 본래 흰 연꽃에 비유되어 바른 법〔『법화경』〕에 의해 붓다와 같은 지혜를 획득하는 것이 가능하고, 그런 의미에서 모든 사람은 붓다의 자식〔佛子〕이라고 설한다〔一乘思想〕. 『법화경』의 이러한 설은 그 후 『여래장경(如來藏經)』이나 『승만경(勝鬘經)』, 혹은 『대승열반경(大乘涅槃經)』 등에서 여래장사상·불성사상을 전개하는 토대가 된다. 다른 한편 붓다의 수행시대 동안의 서원〔本願〕에 근거해서 모든 사람이 구제된다고 설한 대표적인 경전이 『아미타경』 등의 정토계(淨土系) 경전이다. 이 계통의 경전에서는 보살보다는 부처를, 종교 실천에 대해서는 행(行)보다는 신(信)을 강조한 점에서 『법화경』이나 여래장(如來藏) 계통의 여러 경전에 가깝다. 다만 불신론(佛身論)의 관점에서 보면, 아미타불이 『법화경』에서처럼 구원실성(久遠實成)의 불(佛)과 같은 법신불(法身佛)이 아니라 법장비구(法藏比丘; Dharmākara)가 서원을 행하고 그 서원을 모두 성취함으로써 이루어진다는 점에서 법신(法身; 受容身)의 성격을 가진다.

[인도에서의 교리적 전개] 이상과 같이, 초기의 대승경전을 포함해서 기원후 2, 3세기경부터 대승경전의 교리에 관한 아비다르마(abhidharma), 즉 법의 해석학이 전개되었다. 그 최초의 논사(論師)가 나가르쥬나〔龍樹, A.D.150년경-250년경〕이다. 그는 '공(空)＝무자성(無自性)＝연기(緣起)'의 도리를 설명함으로써 공(空)에 대한 오해를 불식시키는 동시에 그것이 붓다의 진의(眞意)와 합치한다는 것을 논증하고자 하였다. 또 나가르쥬나 이후 100년 정도 사이에 대승경전이 더욱 증가했는데, 앞에서 서술한 여래장 계통의 경전이나 『해심밀경(解深密經)』 등의 유식사상을 설한 경전이 나타났다. 아상가〔無着, 395년경-470년경〕와 바수반두〔世親, 400년경-480년경〕 형제는 대승류(大乘類)의 유가(瑜伽) 체계를 정비하는 가운데 8식(八識)으로 이루어진 식(識)의 전변론(轉變論)과 그 식(識)의 미(迷)·오(悟)의 존재방식을 변계소집성(遍計所執性)·의타기성(依他起性)·원성실성(圓成實性)이란 삼성설(三性說)로써 전개하였다. 이것은 대

ㄷ

승불교의 실천 이론이 심화하였음을 의미하는 동시에, 사상적으로는 종래의 존재론적 및 의미론적인 시점이 위주가 된 논의에서, 인식론적인 관점이 위주가 되는 접근으로 문제 관심이 바뀌었음을 의미한다. 그리고 이것을 계기로 대승불교 가운데 아상가(Asaṅga; 無着, 395경-470경)의 흐름을 선두로 하여 유가행파(瑜伽行派; 唯識派)가 독립된 한 파로서 형성된다. 또한 같은 유가행파의 흐름을 갖는 디그나가〔陳那, 480년경-540년경〕는 바른 지식수단〔pramāṇa〕의 논의를 통해 불교류(佛敎流)의 인식론 및 논리학을 확립하였다. 다르마키르티〔法稱, 600년경-660년경〕는 그 후 불교 내외의 논쟁에 기초하여 이것을 발전시켰다. 한편 디그나가 논리학의 방법을 답습하면서도 유식설에 대한 적극적인 비판을 전개한 바바비베카〔淸辨, 490년경-570년경〕는 나가르쥬나를 조사(祖師)로 하는 중관파(中觀派)라 자칭한다. 그는 광의(廣義)의 귀류논법(歸謬論法)을 구사하는 붓다팔리타〔佛護, 470년경-540년경〕의 주석방법과 내용에 비판을 가한다. 뒤에 같은 중관파로 자인(自認)한 찬드라키르티〔月稱, 600년경-650년경〕는 붓다팔리타의 입장을 옹호하면서 반대로 바바비베카를 비판한다. 후대 티베트에서는 이것에 토대하여 자립논증파(自立論証派)와 귀류논증파(歸謬論証派)로 분열했다고 하는 전승(傳承)이 정착한다. 또한 8세기 이후의 후기 중관파 시대가 되면 유식설을 어떠한 관점에서 자신들의 학설 가운데 수용하려는 학장(學匠)들의 활약도 목격할 수 있다. 이와 병행해서 후기 유식파 논사들의 주된 관심은 인식 내에 있는 형상(形象; ākāra)은 진실인가 허위인가라는 문제로 나아가게 된다.

대승비불설【大乘非佛說】 대승경전은 석존이 설한 친설이 아니라는 것. 이러한 논의는 대승불교 흥기에 곧이어 존재했을 것으로 생각되는 승우(僧祐, 444-518)가 지은 『출삼장기집(出三藏記集)』 13권의 주자행(朱子行)의 전기(傳記) 가운데 이미 비불설(非佛說)에 대한 기사(記事)가 나타난다. 인도에서 비불설(非佛說) 논의가 무성했던 시기는 무착(無着, 310-390경)·세친(世親, 약 320-400)·진나(陳那, 480경-540경)·호법(護法, 6세기경)·계현(戒賢, 520-645) 등의 시기로 추정된다. 『바수반두〔세친〕법사전』에는, "소승을 지키고 이와 다른 대승을 믿지 말라. 마하연(摩訶衍; 대승), 이것은 불설에 벗어난다고 했다."라고 되어 있고, 또한 『대승장엄경론』 「성종품(成宗品)」 제2에는, "어떤 사람들은 저 대승을 부처가 설한 것이 아니라고 의심한다."라고 하며, 『현양성교론(顯揚聖教論)』 20권에도 비불설(非佛說)의 교의가 보인다. 또한 『자은전(慈恩傳)』 4권에는, "어떤 나라의 승려 전체는 소승을 배우고 대승을 믿지 않는다."는 기록이 있는데, 이처럼 대승불교가 전통적 교단으로부터 비불설(非佛說)이라는 비판을 받았음을 알 수 있다. 근세에 이르러 대승 비불설에 대한 제기는 일본의 학자 도미나카 나카모토(富永仲基, 1715-1746)에 의하여 이루어졌다. 그는 작고〔31세〕하기 1년 전에 간행한 『출정후어(出定後語)』에서 대승경전은 소승경전에서 첨가된 것으로서 불설은 아니라고 주장하였다. 그러나 당시로서는 그의 주장이 받아들여지지 않았다. 터무니없는 주장이라고 비판했으며, 불교 교단으로부터 배척을 받았다. 그의 주장을 요약하면, 초기경전인 『아함경』과 대승경전을 검토해 보면 대승경전은 불멸(佛滅) 후 약 500년경에 만들어진 것으로서 결코 불설(佛說)이 아니며, 『아함경』 등을 바탕으로 조금씩 첨가되어 이루어졌다는 가상설(加上說)을 발표했다. 이러한 그의 설은 당시로서는 비판을 받았지만, 근대 메이지(明治)시대에 이르러 서구와 학문적 교류가 이루어지면서 그의 주장이 경탄할 만한 정밀함과 정확성을 지니고 있음이 확인되었다. 오늘날 서구 및 일본학계에서는 모두 인정하고 있고, 우리나라에서도 대부분 인정하고 있다. 다만 현재 우리 학계에서는 친설은 아니지만 불타의 사상을 바탕으로 성립된 것이라는 견해를 제시하고 있다. 대승불교국의 입장에서 적절한 제시이기도 하다.

대승선【大乘禪】 대승불교의 선. 곧 대승불교의 가르침을 뜻함. 규봉종밀은 선을 외도선, 범부선, 소승선, 대승선, 최상승선의 다섯 가지로 분류했다. 규봉종밀이 말하는 대승선은 아법 2공(我法二空)의 이치를 깨달아 닦는 선.

대승시교【大乘始敎】 화엄종의 교판인 오교(五敎) 중의 하나. 대승시교는 대승의 초문(初門)으로 상시교(相始敎)와 공시교(空始敎)의 2종이 있다. 『해심밀경(解深密經)』·『유식론』 등 오성(五性)을 분별하고, 의타(依他)의 만법(萬法)을 건립하는 것을 상시교(相始敎)라 하고, 『반야경』·삼론 등 제법개공(諸法皆空)을 설하며 무소득(無所得) 평등을 나타내는 것을 공시교(空始敎)라 한다. 이 이교(二敎)는 일체중생 실유불성(一切衆生 悉有佛性)의 뜻을 설하지만, 소승으로서 대승에 처음 들어온 이에게 말한 얕은 교법이므로 시교(始敎)라고 한다.

대승오부【大乘五部】 대승경전의 다섯 가지로, 『화엄경』·『반야경』·『대집경』·『법화경』·『열반경』 등을 일컫는 말.

대승오위【大乘五位】 (1) 대승에서 유위(有爲)·무위(無爲)의 온갖 법을 5종으로 분류한 것. 1. 심법(心法) ; 사물을 인식하는 마음. 여덟 가지로 나눔. 2. 심소법(心所法) ; 심법에 따라 일어나는 것. 51가지가 있다. 3. 색법

(色法); 질애(質碍)하는 특성이 있는 물질. 11가지가 있다. 4. 불상응법(不相應法); 심법과 색법에 따르지 않는, 물질도 아니고 마음도 아닌 것. 24가지가 있다. 5. 무위법(無爲法); 인과관계를 여의어 상주불변하는 것으로, 6종이 있다.

(2) 대승에서 불도(佛道)를 수행하는 데 5종의 계위(階位)를 세운 것. 1. 자량위(資糧位); 불도에 나아갈 양식을 저축하는 자리. 2. 가행위(加行位); 다음 위(位)에 나아가기 위하여 특별히 노력하는 자리. 3. 통달위(通達位); 공(空)하여 내〔我〕가 없는 진리를 통달한 자리. 4. 수습위(修習位); 진리를 본 뒤에 다시 닦아서 장애를 없애는 자리. 5. 구경위(究竟位); 번뇌를 끊고 진리를 증(證)하여 불과(佛果)에 이른 자리.

대승의장【大乘義章】중국 수(隋)나라의 혜원(慧遠, 523-592)이 지은 것으로, 불교 용어를 실은 일종의 사전. 20권. 1. 교법취(敎法聚; 經典編) 3항목, 2. 의법취(義法聚; 敎義編) 26항목, 3. 염법취(染法聚; 斷惑의 실천편) 60항목, 4. 정법취(淨法聚; 証理의 실천편) 133항목, 5. 잡법취(雜法聚; 雜論編) 29항목으로 되어 있다. 복잡한 교리를 간명하고 상세하게 열기(列記)하였는데, 행문(行文)도 명쾌하여 예부터 지금까지 불교 연구의 좋은 참고서가 되었다.

대승입능가경【大乘入楞伽經】줄여서 입능가경(入楞伽經), 능가경(楞伽經)이라고 한다. 능가경 항목 참조.

대승종교【大乘終敎】화엄종의 교판(敎判)인 5교(敎) 가운데 하나. 『능가경』·『기신론』 등에서 진여연기(眞如緣起)의 도리를 설하여 일체 성불을 제창한 것.

대승행【大乘行】〔梵 mahayana-yoga, mahāyāna-carita〕성불을 목적으로 수행하는 자리(自利)와 동시에 타인의 깨달음도 추구하는 이타(利他)가 원만한 수행방법. 6바라밀 등의 보살행을 말한다.

대승현론【大乘玄論】중국 수(隋)나라의 길장(吉藏, 549-623)이 지은 책. 『대승현의(大乘玄義)』·『대승현장(大乘玄章)』·『대승현(大乘玄)』이라고도 한다. 5권. 이 책에서는 삼론종(三論宗)의 교리의 중심이 되는 연기(緣起)·공(空)·중도(中道)·이제(二諦)·이지(二智) 등을 논하고 있으며, 당시 학계의 논의 대상이던 불성(佛性)·열반(涅槃)·일승(一乘)·정토(淨土) 등의 중요 개념을 상세히 밝히고 있다. 이제의(二諦義)·팔불의(八不義)·불성의(佛性義)·일승의(一乘義)·열반의(涅槃義)·논석의(論釋義) 등 8부분으로 되어 있다.

대심【大心】〔梵 mahātmya-aśaya〕대보리심(大菩提心), 즉 큰 보리를 구하는 광대한 원심(願心)을 대심(大心)이라 한다. 『지도론(智度論)』 41권에서, "방편심(方便心) 가운데 드는 것을 대심(大心)이라 한다."고 하는데, 선종 계통에서는 어디에도 집착하지 않는 불편부당(不偏不黨)한 마음을 대심이라 하였다.

대심범부 【大心凡夫】 큰마음을 낸 중생. 깨달은 중생. 곧 보살을 뜻한다. 보조지눌(普照知訥, 1158-1210)의 『원돈성불론(圓頓成佛論)』에, "말세에 큰마음을 일으킨 중생〔大心凡夫〕으로 하여금, 생사의 세계에서 모든 부처의 부동지(不動智)를 단번에 깨달아서 발심한 근원을 삼게 한 것이다."라고 하였다.

대안반수의경 【大安般守意經】 중국 후한(後漢) 때에 안세고(安世高)가 번역함. 3권. 안반은 범어로, 수식관(數息觀)을 가리키는 말이다. 좌선하면서 내쉬고 들이쉬는 숨을 세어, 산란함을 방지하고 뜻을 지키게 하는 방법을 적어 놓고 있다. 안반수의경 항목을 참조할 것.

대어 【代語】 선종(禪宗)의 용어. ①사장(師匠; 스승)이 앞에 있는 학인 대중에게 교시(敎示)하는 말을 하고 그 답을 기다릴 때에, 대중 가운데 답하는 이가 없으면 사장이 대신하여 답하는 말. ②옛날 공안(公案)을 들어 보일 때에, 고인(古人)이 말하지 못한 것을 스승이 대신 해석하는 것. ③스승과 제자가 문답하다가 제자가 답하지 못할 때에, 곁에 있던 사람이 대신 답하는 것.

대오선 【待悟禪】 깨달아지기를 기다리는 선(禪), 바라는 선(禪)이라는 뜻. 묵조선에서는 간화선을 '깨달음을 기다리는 선〔待悟禪〕'이라고 하여 비판함.

대웅보전 【大雄寶殿】〔英 the main 〔inner〕 temple; the main building 〔sanctuary〕 (of a temple)〕 본존불상(本尊佛像)을 모신 불당(佛堂)의 이름. 절의 본당(本堂). 안에는 석가의 상(像)이 안치되어 있다. 대웅(大雄; Mahā-vira)은 위대한 영웅이라는 뜻으로 부처님을 가리키는 말이다.

대원경지 【大圓鏡智】〔英 Great perfect mirror wisdom, i.e. perfect all-reflecting Buddha-wisdom〕 사지(四智)의 하나. 불과(佛果)에서 처음으로 얻게 되는 지혜. 맑고 큰 거울에 한 점의 티끌도 없으면 우주의 삼라만상을 그대로 비추어 주는 것처럼, 세상 만법(萬法)을 있는 그대로 비추어 주는 부처님의 큰 지혜. 유루지(有漏智)의 단계를 넘어서 얻게 되는 무루지(無漏智).

대위덕 【大威德】〔英 mahātejas. of awe-inspiring power, or virtue, able to suppress evil-doers and protect the good〕 대위(大威)와 대덕(大德). 악(惡)을 조복(調伏)하는 힘이 있으므로 대위(大威)라 하고, 선(善)을 수호하는 공(功)이 있으므로 대덕(大德)이라 한다.

대인법계 【大忍法界】〔英 The great realm for learning patience i.e.

ㄷ

the present world〕 사바세계(娑婆世界; sahālokadhātu)를 말함. 『영락본업경(瓔珞本業經)』 상권에, "4종의 비색중생(非色衆生)은 모두 화생(化生)한 것이며, 오륜제(五輪際)에 이것이 하나의 불찰(佛刹)이 되며, 이를 대인법계(大忍法界)라 한다."라고 했다.

대일경【大日經】〔梵 Mahāvairocanābhisambodhi-vikurvitādhiṣṭhāna-vaipluya-sūtrendra-rājanāma dharmaparyāya〕 대표적인 밀교 경전. 정식 명칭은 『대비로자나성불신변가지경(大毘盧遮那成佛神變加持經)』인데, 그 뜻은 '대일여래(大日如來)가 깨달음의 신통력에 의해 기적을 나타내 보인 가호(加護)를 설한 대승경전의 왕자(王者)'라는 의미이다. 산스크리트본은 일부의 단편, 소위 한역의 음사를 제외하고는 현존하지 않으며, 선무외(善無畏)의 한역(漢譯)과 9세기 초엽에 인도의 승려 시렌트라 보디와 티베트의 번역관 페르첵크가 공역(共譯)한 티베트어역이 있다. 7세기 초기에 서인도에서 성립했다고 생각되며, 최초의 본격적인 밀교(密教) 경전이다. 한역(漢譯)은 7권 36품으로 되어 있지만, 제7권 5품은 의궤(儀軌)를 설한 부수적인 부분이다. 티베트어역으로는 한역(漢譯)의 앞 6권 31품에 해당하는 것을 7권 29품으로 하는데, 한역과는 다른 의궤(儀軌) 7권이 그 뒤에 이어지고 있다. 주로 교리를 설한 최초의 「주심품(住心品)」과 이에 기반하여 구체적인 실수(實修)를 설하고 있는 「구연품(具緣品)」 이하로 나누어진다. 「주심품(住心品)」에서는 우선 깨달음의 지혜를 얻는 것은 깨달음을 구하는 마음〔菩薩心〕을 바탕으로 하고, 대비(大悲)를 근간으로 하여 수단방법을 궁극으로 해야 한다고〔三句〕 서술한다. 또한 깨달음은 있는 그대로 자신의 마음을 아는 것이라고〔如實知見心〕 하면서, 범부(凡夫)의 마음에서 점차 향상시켜 순세(順世)의 팔심(八心)·세간적인 60심(心)이라고 하는 마음의 다양한 상(相)을 밝히고 있다. 「구연품(具緣品)」에서는 만다라의 조단법(造壇法), 아사리(阿闍梨)와 제자의 자격 등을 설하고, 제3 「식장품(息障品)」 이하에서는 만다라를 묘사한 부수적인 사항, 'a〔阿〕' 한 자(字)에 함축되어 있다고 하는 120의 진언(眞言) a〔地〕·va〔水〕·ra〔火〕·ha〔風〕·kha〔空〕의 5자(字)를 행자(行者) 신체의 5개소에 상응시키는 오자엄신관(五字嚴身觀), 종자(種子)·삼매야형(三昧耶形)·존형(尊形)의 삼종본존관(三種本尊觀) 등 밀교의 기본적인 행법(行法)을 다양하게 설하고 있다. 이 설명을 토대로 하여 묘사된 것이 대비태장만다라(大悲胎藏曼荼羅)이다. 인도에서는 7세기 후반에 나란타 사원에서 연구된 것이 중국의 승려 무행(無行)의 보고로 알려졌고, 8세기에는 붓다게샤

야에 의해 2본(本)의 주석서〔『大日經廣釋』·『要義釋』〕가 만들어졌다. 한편 티베트에서는 9세기 전반에 시렌트라 보디와 페르첵크에 의해서 역출(譯出)되었다. 그러나 뒤에 성립한 유가(瑜伽) 탄트라 계통의 밀교가 융성해졌으므로, 양국(兩國)에서는 그다지 중요시되지는 않았다. 한역(漢譯)에는 8세기에 선무외(善無畏, 637-735)와 그의 제자 일행(一行, 673-727)에 의해 번역된 것이 있다. 일행(一行)은 그때 『대일경소(大日經疏)』라는 주석을 저술했는데, 이 책을 뒤에 다시 손보아 『대일경의석(大日經義釋)』이라 하였다. 앞의 것은 진언종(眞言宗)에서, 뒤의 것은 천태종(天台宗)에서 중시되었다. 일본에는 이미 나라(奈良)시대에 전해졌지만, 구카이(空海, 774-835)가 소의경전(所依經典)의 하나로 삼아 진언종(眞言宗)을 창시하면서 크게 주목을 받았다. 진언종에서는 뒤늦게 성립한 『금강정경(金剛頂經)』과 함께 '양부(兩部)의 대경(大經)'이라고 불렀다. 한편 『대일경』에서는 대일여래도 중생도 본래는 평등하다고 하는 이평등문(二平等門)을 설하고, 『금강정경』에서는 중생의 지혜로부터 불지(佛智)에 대한 마음을 설명하는 지차별문(智差別門)을 설하였지만, 양자가 별도의 것이 아니라는 것이다.

대일여래 【大日如來】〔梵 Mahāvairocana〕 진언밀교의 교주(教主)·본존(本尊). 마하비로자나(摩訶毘盧遮那)라고 음역한다. 변조여래(遍照如來)·변조존(遍照尊)·광명변조(光明遍照)·변일체처(遍一切處) 등으로 번역한다. 우주 삼라만상의 진리·법칙을 불격화(佛格化)한 법신불(法身佛)로서, 모든 불(佛)·보살(菩薩)을 만들어 내는 근본불(根本佛)이다. 비로자나(毘盧遮那)란 일(日; 해), 또는 광명(光明)의 뜻이다. 모든 것을 비추는 햇빛과 일체중생을 건지려는 여래(如來)의 지혜의 빛이 비슷하다는 뜻으로 대일여래(大日如來)라고 부른다. 대일여래에는 본지법신(本地法身)과 가지수용신(加持受用身)의 2종의 신(身)이 있다고 하지만, 구극에 있어서는 무이무별(無二無別)이라고 설한다. 본지법신(本地法身)은 여래의 절대위(絶對位)인 자증극위(自證極位)를 나타내는데, 가지수용신(加持受用身)은 설법의 교주(教主)를 나타내고 있다. 진언종(眞言宗) 신의파(新義派)에서는 법신(法身)인 대일여래가 자증극위로 설한 것이 『대일경』이라고 하는 본지신설법(本地身說法)을 주장하고, 고의파(古義派)에서는 『대일경』이 단지 중생을 가호(加護)하기 위해 설해진 것이라고 주장한다. 진언밀교에서는 태장(胎藏)·금강(金剛) 양계(兩界)의 만다라의 쌍방에 대일여래를 중존(中尊)으로 하고 있다. 1. 태장계의 대일여래; 태장계의 중대(中台) 팔엽원(八葉院)의 중존(中尊)으로 되어,

팔엽의 연화에 앉은 보당(寶幢) 등의 4불(佛)이나 보현보살 등의 4보살에 둘러싸여 있다. 대일여래의 이덕(理德), 즉 불멸의 진리를 나타낸 것이 태장계의 대일여래이며, 이법신(理法身)이다. 보살형(菩薩形)을 하고 있고, 보통은 금색(金色)이지만 백색(白色)일 때도 있다. 모습은 손에 법계정인(法界定印)을 맺고 결가부좌를 하고 있다. 2. 금강계의 대일여래; 오대일륜(五大日輪)의 중앙륜(中央輪) 오존(五尊)의 중존(中尊)으로 되고 지법신(智法身; 지혜)을 나타내고 있다고 한다. 불괴금강광명심전(不壞金剛光明心殿) 가운데 있어서 오상원만(五相圓滿)하여 처음으로 정각(正覺)을 이루었다고 한다. 금강계 대일여래의 모습은 머리는 수발(垂髮)로, 오지(五智)의 보관(寶冠)을 타고 있고, 회채경묘(檜綵輕妙)한 천의(天衣)를 입고 있다. 손으로 지권인(智拳印)을 맺고 있고, 그 몸은 청백(淸白)이고 결가부좌를 하고 있다고 한다. 이 2종의 대일여래는 2종이면서 일체(一體)라는 이른바 금태불이(金胎不二)의 법을 나타낸다. 진언종에서는 대일여래의 본의(本義)에 관해서, 석존을 대일여래의 화신(化身)으로 생각하고, 이불(二佛)은 별체(別體)라고 하고 있지만, 대일여래의 삼신(三身)이 모든 곳에 걸쳐 있어서 대일여래가 최고의 불(佛)이라고 한다. 천태종에서는 석존의 이칭(異稱)이 대일여래이고 대일여래와 석존은 일불(一佛)인데, 법신이 대일여래이고 응신(應身)이 석존이라고 한다.

대의단【大疑團】큰 의심〔의문〕덩어리. 간화선에서 화두참구를 말함. 화두에 대하여 '이게 무엇인가?' 하는 의문, 문제의식, 탐구심을 뜻하는데, 전신(全身)이 문제의식 그 자체가 된 상태라는 뜻에서 대의단이라고 한다.

대자【大慈】〔梵 mahā-maitri, 英 Great mercy, or compassion〕커다란 자비를 베푸는 것. 넓고 큰 자비. 대자대비와 동일. 부처님의 크고 끝없는 자애(慈愛). 구별해서 말하면, 자(慈; 梵 maitri, 巴 mettā)는 인도어에서 친구〔梵 mitra, 巴 mitta〕라는 말에서 나온 추상명사로, 모든 사람에게 우정을 갖는 것, 중생에게 즐거움을 주는 것이다. 이에 비해서 비(悲; Karuṇa)는 타인의 고통을 제거하는 것이다.

대자대비【大慈大悲】〔英 Great mercy and great pity〕불보살의 넓고 큰 자비. 적극적으로 즐거움을 주는 것을 자(慈)라 하고, 소극적으로 괴로움을 없애는 것을 비(悲)라고 한다.

대자비【大慈悲】①부처님의 넓고 큰 자비. ②〔梵 mahā-kāruṇika〕부처님. ③18불공불법(不共佛法) 가운데 대자(大慈). ④관세음보살에 관해 말함. ⑤세속의 사람. 예컨대, 유마거사(維摩居士)에 관해서도 말함.

대자재【大自在】〔英 Iśvara, self-existent, sovereign independent, absolute, used Buddhas and bodhisattvas] 최고의 자유(自由). 절대자유. 무슨 일이라도 마음대로 할 수 있는 넓고 큰 역량(力量). 부처님의 해탈을 가리키는 말이다.

대자재천 【大自在天】〔梵 Maheśvara〕 눈은 셋, 팔은 여덟이고, 흰 소를 타고, 흰 불자(拂子)를 들고 있는 큰 위덕을 가진 신(神)의 이름. 외도(外道)들은 이 신을 세계의 본체 또는 창조의 신이라 하여, 이 신이 기뻐하면 중생이 편안하고, 성내면 중생이 괴로우며, 온갖 만물이 죽어 없어지면 모두 이 신에게로 돌아간다고 한다. 이 신을 비자사(毘遮舍)라 부르기도 하고, 초선천(初禪天)의 임금이라 하는데, 이사나(伊舍那)라 하여 제6 천주(天主)라고도 한다.

대장경 【大藏經】〔英 the complete collection of Buddhist Sutras〕 불교경전의 총칭. 원래는 한문(漢文)으로 된 불교서적을 가리켰으나 뒤에는 모든 종류의 불교관계의 서적을 가리키게 되었다. 일체경(一切經)·삼장경(三藏經)이라고도 하는데, 줄여서 장경(藏經)이라고도 한다. 중국에서는 2세기 후반부터 불전 번역사업이 시작되어 11세기 말까지 거의 중단 없이 계속되었다. 한역사업이 진전되면서 번역된 경론(經論) 목록으로서 4세기 말에는 『종리중경목록(綜理衆經目錄)』이 간행되었고, 6세기 초에는 『출삼장기집(出三藏記集)』이 작성되었다. 여러 경전과 삼장(三藏)을 북위(北魏)에서는 일체경(一切經), 남조(南朝)의 양(梁)에서는 대장경(大藏經)이라고 불렀다. 대장경의 편찬에 일정한 기준이 정해진 것은 당(唐)나라 때의 지승(智昇, 668-740)에 의한 『개원석교록(開元釋敎錄; 730)』부터였다. 그는 이 책에서 육조(六朝) 이래의 경전분류법을 답습해서 대·소승의 삼장과 현성집전(賢聖集傳) 3가지로 크게 구별하였다. 그런 바탕 위에 대장경에 편입할 만한 불전의 총수를 1,076부(部) 5,048권으로 결정하였다. 목판인쇄에 의한 최초의 대장경은 송대(宋代)의 971년〔宋 太祖 開寶 4〕에서 983년〔宋 太祖 太平興國 8〕에 걸쳐 촉(蜀)에서 판각되었고, 수도(首都)인 개봉(開封)에서 인쇄 출판되었다. 그 인쇄본은 그 후 서하(西夏)·고려(高麗)·일본(日本) 등 인접한 여러 나라에 기증되었다. 후한(後漢) 명제(明帝) 때부터 원(元)나라 초기까지 약 1200년 사이에 1,440부 5,586권〔『至元錄』에 의함〕의 경전이 번역되었는데, 그 뒤 그 주석서도 당시 왕의 재가를 받아 편입되고 새로 간행할 때마다 부수를 늘려 오늘날 장경(藏經)의 규모를 이루었다. 중국에서는 촉본(蜀本)·사계본(思溪本·湖州本·浙本·宋本)·항주본(杭州本·元本)·만력본(萬曆本·楞伽本·明本)·속장(續藏)·용장(龍藏) 등이 있다. 한국에서는 1011년

〔고려 현종 2〕 왕명으로 판각, 1068년〔문종 22〕 각장(刻藏) 사업이 일어나 고려본(高麗本)이 완성되었으나 그 뒤 고려본은 불타고, 1236년〔고종 23〕 촉본·거란본과 고려본을 대조 교정하여 16년 뒤에 완성하였는데, 이것이 지금 해인사에 보관되어 있는 고려대장경이다. 일본에서는 나라(奈良)·헤이안(平安)시대에 도래승(渡來僧)이나 입송승(入宋僧)에 의해 대장경이 수입되었는데, 1648년에는 남광방천해(南光坊天海)에 의해 관영사판(寬永寺版; 天海版)이 완성되었고, 1681년에는 철안도광(鐵眼道光)에 의해 황벽판(黃壁版) 일체경(一切經)이 완성되었다. 1885년〔明治 9〕에는 ≪대일본교정축각대장경(大日本校訂縮刻大藏經; 縮刷藏)≫, 이어 1905년〔光武 9〕에는 ≪대일본교정훈점대장경(大日本校訂訓点大藏經; 卍字藏)≫, 나아가 1912년〔大正 1〕에는 ≪대일본속장경(大日本續藏經; 卍字續藏·續藏)≫이 완성되었다. 그 후 불교계 및 불교연구에 지대한 영향을 끼친 고남순차랑(高楠順次朗)·도변해욱(渡邊海旭)이 감수(監修)한 ≪대정신수대장경(大正新修大藏經; 大正藏)≫이 출판되었다. 고려대장경(高麗大藏經)을 저본(底本)으로 하고 기타 제본(諸本)을 교합(校合)해서 거의 11년의 세월을 거쳐 1934년〔昭和 9〕에 완성된 이 대장경은 정편(正編) 55권·속편(續編) 30권·「소화법보목록(昭和法寶目錄)」 3권·도상부(圖像部) 12권 등 100권으로 되어 있는데, 국내외로 널리 사용된다. 티베트에서는 대장경을 티베트어로 번역하기 위한 준비작업으로, 먼저 언어를 통일하기 위하여 814년 에치테 등에 의해 『번역명의대집(飜譯名義大集)』 및 『이권본역어집(二卷本譯語集)』이 편찬되면서, 산스크리트에서 티베트어로 번역어가 확립되었다. 이를 기준으로 하여 그 이전에 번역되었던 여러 불전도 다시 개정되어, 인도인 학승(學僧)과 티베트인 번역관의 공역(共譯)이라는 형태를 기준으로 하여, 많은 경론의 번역작업이 재차 진행되었다. 844년〔일설에는 836년〕에는 번역불전의 목록으로서 『덴카르마 목록』이 작성되는데, 이 목록은 730여 개의 경론명(經論名)을 기재하고 있다. 티베트 대장경에서는 칸귤〔佛說의 번역〕과 텐귤〔論書의 번역〕이라는 두 가지 분류 개념을 사용하여 전자에는 경전을, 후자에는 주석문헌 및 논서를 배속하였다. 이러한 분류에 의해서 편찬된 최초의 대장경이 14세기 초의 구(舊)나르당 대장경이다. 이것은 판본(版本)이 아닌 사본(寫本) 형태의 대장경이다. 판본에 의한 최초의 대장경은 중국 명나라 영락제(永樂帝) 때인 1410년에 개판(開版)되었다. 여기에는 북경판(北京版), 데르게판(版), 신(新)나르당판(版), 초네판(版)의 4대 판본이 있다. 또한 1934년에는 라사판이 개

판(開版)되었다. 이 외에 만문(滿文)·태문(傣文)·몽문(蒙文)·서하문(西夏文)으로 된 장경(藏經)이 있으며, 팔리어로 된 대장경과 이것을 일본에서 번역한 ≪남전대장경(南傳大藏經)≫도 있다.

대장도감【大藏都監】1236년〔고려 고종 23〕에 대장경을 조각(彫刻)하기 위해 임시로 설치했던 관청. 본사(本司)는 강화(江華)에 두고, 분사(分司)는 진주(晋州) 부근에 두어 사업을 분담하게 하였다. 1232년〔고종 19〕 몽골병의 침략으로 초조본(初彫本) 대장경이 소실되자, 군신(君臣)들이 다시 발원(發願)하여 착수하였는데, 시작한 지 16년 만인 1251년〔고종 38〕에 완성되었다. 이것이 오늘날 전해 오는 고려대장경이다.

대적광전【大寂光殿】사찰에 본존불을 모신 전각 이름. 대적광전의 주불(主佛)·본존불은 비로자나불이다. 대적광이라는 말은 일원(一圓)의 진리를 깨쳐 청정자성(淸淨自性)에 합일(合一)된 마음을 말한다.

대적정【大寂定】〔英 The samādhi which the Tathāgata enters, of perfect tranquillity and concentration with total absense of any perturbing element〕①대적정삼매(大寂定三昧)·대적정묘삼마지(大寂定妙三摩地). 정(定)은 선정(禪定)·삼매(三昧)·삼마지(三摩地)라고도 한다. 마음을 하나의 대상에 집중시켜서 흐트러뜨리지 않는 것을 말한다. 대적정은 여래(如來)가 드는 선정인데, 모든 산란에서 떠나 마침내 적정(寂靜)하다는 뜻에서 대적(大寂)이라고 한다. ②대열반(大涅槃)을 말한다. 절대적정의 경지이므로 이렇게 말한다. ③석존이 무량수여래회(無量壽如來會)를 설할 때에 들었던 미타삼매(彌陀三昧). 모든 부처님의 대열반을 모두 갖춘 아미타불을 생각하는 선정이다.

대종사【大宗師】고승대덕(高僧大德)을 일컫는 존호(尊號).

대종조색【大種造色】〔梵 Mahā-bhūta-bhautika〕지(地)·수(水)·화(火)·풍(風) 사대(四大)에서 이루어진 여러 가지 물체. 자연세계를 말함.

대중부【大衆部】〔梵 Mahāsaṁghika〕마하승기부(摩訶僧祇部)라고 음역한다. 부파불교의 대표적인 한 파(派). 진보적·자유주의적이다. 불멸후(佛滅後) 백여 년에 보수적인 상좌부에 대항하여 분열하였다. 그 후 일설부(一說部), 설출세부(說出世部), 다문부(多聞部), 설가부(說假部), 제다산부(制多山部) 등이 분파하였다. 중인도에서 남인도에 많이 유포되었는데, 아프간 지방에도 미친 것으로 추정된다. 대승적 색채가 강하고 대승의 성립에 관여되었다. 이 계통의 사상적 입장은 연기설(緣起說)인데, 상좌부 계통의 실유설(實有說)과 완전히 반대이다. 삼세(三世)에 대해서는 과미

ㄷ

무체설(過未無體說)을 취하며, 존재의 무실체설(無實體說)을 밀고 나가 가명설(假名說)을 주장하였다〔일설부〕. 세간법은 가명무실체(假名無實體), 출세간법은 진실유(眞實有)라고 주장한다〔설출세부〕. 또 유위법(有爲法)을 규정하는 이법(理法)으로서 9무위(無爲)를 세운다. 심성론(心性論)에서는 심성본정설(心性本淨說)을 취한다. 사향사과(四向四果)를 설할 때도 아라한과를 최후의 목적으로 하지 않고 불타(佛陀)가 되는 것을 목적으로 했다. 또 석존을 초인시(超人視)하는 경향이 강하다.

대중부불교【大衆部佛敎】 상좌부가 보수파 장로(長老)들에 의해 형성된 데 비해서, 대중부(大衆部)는 진보파인 혁신적인 사람들에 의해 출발되었다. 결국 불교교단이 분열되는 계기가 이 진보파들이 신설을 제안하였기 때문인데, 이렇게 보면 부파분열의 주역들이 대중부를 조직한 셈이다. 혁신파 비구들의 분파 행동에 공명하는 사람들이 많았던 것으로 추정된다. 그래서 이들을 많은 사람들의 모임이라는 뜻인 마하상기카(Mahāsaṃghika; 大衆部)라고 불렀다. 이 대중부불교는 상좌부가 수행에 의해 아라한과를 얻는 것은 모두 불타와 같다는 견해를 취한 데 비해서, 불타를 초월적인 인격으로 숭경(崇敬)하였다. 그리고 부처의 육신에는 보통 사람과는 다른 32상(相) 80종호(種好)라는 상호(相好)가 갖추어져 있고, 아무리 수행을 해서 아라한과를 얻어도 현세에서는 도저히 부처와 동일하게 될 수 없다는 등, 불타에 대한 한없는 존숭(尊崇)의 염(念)을 강조하였다. 또한 상좌부, 특히 유부(有部)가 아공법유(我空法有)의 입장에서 개인아(個人我)는 없으나 법(法; 事物)의 본성은 과거·현재·미래의 삼세(三世)에 걸쳐 항상 실재한다고 하는 '삼세실유(三世實有) 법체항유(法體恒有)'를 근본적인 입장으로 삼은 데 비해서, 대중부는 사물이 현재의 한 순간만은 진실한 존재이지만, 과거·미래의 2시(時)에는 존재하지 않는다는 '현재유체(現在有體) 과미무체(過未無體)'를 근본 입장으로 한다. 한편 미혹(迷惑)의 인생〔즉 生死〕도, 미혹 없는 인생〔즉 涅槃〕도 한 현상(現象; 假名)에 불과하다고 주장하며, 중생의 심성은 본래 청정한 것이지만 객진번뇌(客塵煩惱) 때문에 뒤덮여 부정(不淨)한 일상심(日常心)이 되어 버린다는 등 매우 진보적인 자유사상을 포함하고 있으며, 훗날 대승불교가 탄생할 기반을 갖추었다.

대지도론【大智度論】〔梵 Mahāprajñāpāramitāupadeśa〕 100권. 인도의 용수(龍樹, 150-250경)가 저술하고 구마라집이 번역함. 산스크리트 원본은 전하지 않고 구마라집(鳩摩羅什, 343-413) 역(譯)만이 전한다. 이 책은 『마하반야바라밀경(摩訶般若波羅蜜

經; 90品 27卷)』을 자세히 풀이한 것으로, 줄여서 『지도론』이라고 한다. 이 중에서 전반 34권은 「대품(大品)」 초품(初品)의 주석이다. 그러나 근래의 연구 가운데는 『중론(中論)』의 저자인 용수(龍樹)의 작품이 아니라 설일체유부(說一切有部)에서 출가하여 유부(有部)의 아비다르마를 배운 후에 대승(大乘)의 '공(空)' 사상을 만나고 나서 전향한 인물에 의해 저술된 것을 구마라집이 많이 가필(加筆)한 것이라고 하거나, 심지어 구마라집 자신의 저작이라고 하는 설도 있다. 본서의 작자는 설일체유부의 기본적 입장인 '일체〔법의 자성〕는 실유(實有)한다.'라고 하는 명제(命題)를 공(空)의 입장에서 비판하면서도, 경전을 분석 관찰함에 있어서는 아비다르마를 불설(佛說)로 보는 것을 수용하고, 오히려 주석하기 위한 근거로 삼는다. 그리하여 공(空)을 적극적으로 표현하고 모든 것을 '공(空)'이라는 마음의 형태로 나타낸다. 그것이 여여(如如)한 것이며, 사물의 진실(眞實; 法性)이고 모든 존재의 진실한 모습〔諸法實相〕이라는 것을 강조한다. 또한 이것들을 이해하는 데는 세간인(世間人)·소승의 수행자·대승의 보살이라는 3종의 단계가 있는데, 이것을 아래에서부터 위로 앞의 것을 초월하면서 나아가는 도정(道程)으로 파악한다. 그 경우, 세간인·소승의 수행자를 버림 없이 수행하여 대승보살의 단계로 이끄는 것이다. 이 점이 『대지도론(大智度論)』의 특징이다. 물론 『대지도론』은 『반야경(般若經)』의 주석이기 때문에 기본적으로는 『반야경』의 교설을 충실히 해설하려는 입장을 갖고 있다. 그래서 '반야바라밀'의 해석에 있어서도 이것은 보살의 가르침으로서, 보살을 용감하게 하여 불퇴전(不退轉)의 위치에 들게 하기 위해 불가결한 것이라고 한다. 또한 대비(大悲)를 포함해 제법실상을 밝히고, 언어표현이나 유무(有無)의 이견(二見)을 초월한 중도(中道)를 표방한다. 불타(佛陀)는 이 지혜에 의해 다양한 신변(神變)을 현시(顯示)하여 공덕(功德)을 거듭 주었다. 그러므로 반야바라밀은 중생의 괴로움을 구제하고 불도(佛道)로 이끌어 성문법(聲聞法)을 수득하도록 하는 것인데, 이것은 대품계반야(大品系般若)의 교설과 일치한다. 무엇보다 본서의 최대 특색은 「초품(初品)」의 해설에 보이듯이 상세한 주석 방식에 있다. 3종의 단계의 강조나 반야바라밀과 대비(大悲)를 중시하는 교리적인 특색도 행해지기 때문에, 그 주석에는 근본유부율(根本有部律)의 경론(經論)을 아주 풍부하게 인용하고 있는데, 이 중에 용수의 제자 아리야데바〔聖提婆〕의 『사백론(四百論)』과 손제자(孫弟子) 라후라바드라〔羅睺羅〕의 『찬반야바라밀게(讚般若波羅蜜偈)』도 인용되고 있다. 또한 불전(佛典)이나 대소승(大小乘)의 『본생경(本生經)』에서 여러 일화를 취하고 있어, 때때로 대승불교의 백과전서적 역할을 하고 있다. 한편 중국에서는 여산(廬山)의 혜원(慧遠, 334-416)〔『大智度論抄』〕, 혜영(慧影, 549-618)〔『大智度論疏』〕, 승간(僧侃)·승조(僧肇, 384-414)·담영(曇影)에 의해, 일본에서는 일숭(日崇)〔『大智度論類衆標目錄』〕, 신행(信行, 540-594)·증진(証眞) 등에 의해 주소(注疏)가 지어졌는데, 용수가 저술한 『중론(中論)』·『십이문론(十二門論)』, 그의 제자 제바(提婆)가 저술한 『백론(百論)』의 삼론(三論)에 본서(本書)를 합해 사론(四論)이라 칭하고 많은 연구를 행하였다.

대집경【大集經】〔梵 Mahāsaṃnipāta-sūtra〕 정식 명칭은 『대방등대집경(大方等大集經)』이다. 대승불교에 속하는 경전으로, 17품 60권으로 되어 있다. 성립 연대는 3세기에서 6세기경인데, 전반의 약 30권은 북량(北凉)의 담무참(曇無讖, 385-433)이 번역했고, 후반은 지엄(智嚴)·나련제나사(那連提那舍)·안세고(安世高) 등이 번역했다. 대집(大集)이란 말은, 다수의 불(佛)과 보살이 집회하는 중에 여러 가지 법의 수(數)나 법의 상(相)이 설교되는데, 여기서 생긴 법을 모았다는 것을 의미한다. 이 경은 붓다가 성도한 지 16년 만에 대중이 보살의 법장(法藏)을 받을 만한 근기가 된 것을 보고, 붓다가 욕계와 색계의 중간에 대도량을 열고 시방(十方)의 불·보살과 천룡(天龍)·귀신을 모아서 설하였던 깊고 미묘한 대승법문이다. 전반을 통해서 엿볼 수 있는 것은 대승의 반야(般若)의 공(空) 사상인데, 여기에 밀교(密敎)의 여러 요소와 민간에 보급되었던 통속 신앙이 더해졌다.

대천세계【大千世界】 삼천대천세계의 약칭. 사대주(四大洲)와 일월(日月), 그리고 제천(諸天)을 일세계라 하고, 일천세계를 소천세계, 소천세계의 천 배를 중천세계, 중천세계의 천 배를 대천세계라고 한다. 무한히 큰 세계를 말한다.

대천오사【大天五事】 대천오사망어(妄語). 석존 입멸 후 백여 년경에 학승 대천(大天; Mahādeva)이 전통적 보수주의 불교를 반대하고 내세운 5개조의 새로운 주장을 말한다. 대천비구의 망령된 주장이라고 하여 망어(妄語)라고 한다. 1. 여소유(餘所誘). 아라한에게는 번뇌로 누실(漏失)하는 일은 없지만, 천마(天魔)가 와서 요란하게 유혹할 때에는 아라한이라고 해도 부정(不淨; 정액)이 흘러나올 수 있다는 것〔몽정할 수 있다는 것〕. 2. 무지(無知). 아라한이라고 해도 자신이 해탈했는지 모를 수도 있다는 것. 3. 유예(猶豫). 아라한은 번뇌장과 의혹은 끊었으나 세간적인 일에 대해서는 결정하지 못할 수도 있다는 것. 4. 타령입(他令入). 경문에서는 아라한이 혜안(慧眼)으로 말미암아 자신의 해탈을 스스로 안다고 하였으나, 그래도 남이 가르쳐 주어야만 비로소 아는 이도 있다는 것. 5. 도인성고기(道因聲故起). 아! 괴롭구나 하는 소리를 내어 무상·고(苦)·무아 등 사제를 통절하게 느껴서 성도(聖道)에 들어가는 일이 있다는 것.

대천오사망어【大天五事妄語】대천오사 항목 참조.

대철위산【大鐵圍山】〔梵 Mahācakravāla, 英 The great circular 'iron' enclosure〕하나의 세계를 에워싸고 있는 철산을 철위산이라 한다. 대·소의 구분이 있는데, 대천세계를 둘러싸고 있는 것을 대철위산이라고 한다. 철위산 항목 참조.

대총상법문【大總相法門】〔英 The Bhūtatathatā as the totality of things, and Mind 心眞如 as the Absolute, v.起信論〕진여(眞如)의 실체. 우주의 본체인 마음자리, 곧 진여는 광대무변하여 모든 것을 포섭하지 않는 것이 없으므로 대(大)이고, 동시에 보편 평등하여 차별을 여의었으므로 총상(總相)이며, 수행자가 가야 할 궤범이므로 법(法)이며, 관조하는 지혜가 드나드는 문이라는 뜻으로 문(門)이라고 한 것이다. 『대승기신론』의 표현으로 진여를 뜻함.

대치【對治】〔英 To respond or face up to and control〕번뇌를 끊는다는 뜻이다. 여기에는 4종류가 있다. 1. 염환대치(厭患對治); 이른바 가행도(加行道)이다. 견도(見道) 이전에 있어서 고집이제(苦集二諦)를 연(緣)하여 깊이 싫어하고 미워하는 마음을 일으킴을 말한다. 2. 단대치(斷對治); 무간도(無間道)를 말한다. 무간도에서 사제(四諦)를 연(緣)하여 바르게 번뇌를 끊음을 말한다. 3. 지대치(持對治); 해탈도(解脫道)를 일컫는다. 무간도 다음에 해탈도를 일으켜, 다시 사제를 연하여 그 무간도에서 얻은 택멸(擇滅)의 얻음〔得〕을 지님으로써 끊어 버린 번뇌가 다시 일어나지 못하게 함을 말한다. 4. 원분대치(遠分對治); 승진도(勝進道)를 가리킨다. 해탈도 다음에 승진도에 들어가서, 다시 사제를 연하여 끊어 버린 혹(惑)을 다시 멀리 굴려 보냄을 말한다. 이 가운데 정대치(正對治)는 둘째인 무간도단(無間道斷)이다.

대치조개【對治調開】십승관법(十乘觀法)의 제7. 조도대치(助道對治)라고도 한다. 제6의 도품조적(道品調適)에 의하여 깨닫지 못하는 것은 사악(事惡)이 이선(理善)을 가린 탓이니, 다시 오정심(五停心)·육도(六度)의 행을 닦아 사악을 대치하고 이선(理善)을 도와 개발하는 것을 말한다.

대통신수【大通神秀】신수 항목 참조.

대통지승불(여래)【大通智勝佛(如來)】〔梵 Mahābhijñānābhibhū〕3천 진점겁(塵點劫) 전에 이 세상에 나타나신 부처의 이름. 『법화경』에 나오는 부처님으로서 대통지승이라고도 한다.

대품반야경【大品般若經】〔梵 Pañcaviṃśatisāhasrikā-prajñā-paramitā〕 중국 후진(後秦) 때 구마라집(鳩摩羅什, 344-413)이 번역한 것〔404〕이 현존한다. 이역(異譯)으로 『광찬반야(光讚般若)』 및 현장(玄奘, 602-664)의 『대반야경(大般若經)』이 있는데, 일반에게는 구마라집이 번역한 것이 가장 익숙하다. 성립은 1세기 전후, 내용은 사태의 진여(眞如)를 다하는 것이 우리의 진실한 태도이며, 그 때문에 공관(空觀)에 의하지 않으면 안 된다고 한다. 이렇게 일체개공(一切皆空)의 이치를 아는 것을 반야바라밀(般若波羅蜜), 즉 구경지(究竟智)라고 한다. 이 공관(空觀)의 지(智)를 자타(自他) 모두에게 실천적으로 조명하는 것이 보살인데, 보살은 초발지(初發智) 이래 오랜 실천을 거쳐 불퇴전(不退轉)에 이르지 않으면 안 된다고 한다. 그리고 보시·지계·인욕·정진·선정·반야〔지혜〕의 육도(六度)로 나누어서 실천을 설명하는 한편, 이 도종지(道種智)에서 일체지(一切智)를 통해 일체종지(一切種智)를 가지고 반야바라밀로 한다.

대해인【大海印】 큰 바다의 물 위에 삼라만상이 나타나는 것. 보살의 삼매(三昧)에 온갖 법이 함장(含藏)된 것을 해인삼매(海印三昧; sāgara-mudra-samādhi)라고 한다.

대해팔부사의【大海八不思議】 바다에 갖추어져 있는 8종의 부사의(不思議)한 공덕. 불법(佛法)의 공덕을 나타내는 비유로 쓴다. 1. 점점 깊어지는 것, 2. 깊어서 바닥을 알 수 없는 것, 3. 한가지로 짠맛인 것, 4. 조수가 시간을 어기지 않는 것, 5. 여러 가지 보배를 가진 것, 6. 큰 중생이 사는 것, 7. 송장을 묵히지 않는 것, 8. 여러 강물과 큰 비가 들어가도 늘지도 줄지도 않는 것 등이다.

대현【大賢】 신라 경덕왕(景德王, 742-764 在位) 때의 고승. 유가종(瑜伽宗)의 시조. 신라 3대 저작가 중의 한 사람. 대현(大賢)을 태현(太賢)이라고도 발음한다. 자호(自號)는 청구사문(靑丘沙門). 남산(南山) 용장사(茸長寺)에 머물다가 혜공왕 8년〔772〕에 이르러 불국사(佛國寺)로 옮겨 그곳에서 만년(晩年)을 마쳤다. 그가 용장사에 있을 적에 돌미륵을 돌면, 미륵도 따라서 얼굴을 돌렸다고 한다. 법상종의 전량(銓量)은 그 이치가 깊어서 분석하기 어려운 것인데, 그가 홀로 『성유식론학기(成唯識論學記)』를 지어서 그릇된 점을 고침으로써 깊은 이치를 열어 놓았으므로 우리나라의 후진과 중국의 학자들이 모두 그것을 안목으로 삼았다고 한다. 그 밖에 전하는 말에 따르면, 원측(圓測, 613-696)의 제자인 도증(道證)의 제자 대현(大賢)이라고도 하는데, 이와 관련된 확실한 기록은 볼 수 없다. 다만 그의 문하에 회암(檜岩)·운암(雲岩)·

귀엄(龜嚴) 등이 있었다고 한다. 저서는 55부 110여 권이라고 하지만, 현존하는 것으로는 『성유식론학기』 8권·『보살계본종요(菩薩戒本宗要)』 1권·『범망경고적기(梵網經古迹記)』 2권·『약사경고적기(藥師經古迹記)』 1권 등 5부 15권이 있다.

대혜도경종요 【大慧度經宗要】 『마하반야바라밀다경(摩訶般若波羅蜜多經)』에 대해 원효(元曉, 617-686)가 해설한 책. 1권 1책. 이 책은 『마하반야바라밀다경』의 전체 요지를 설명한 술대의(述大意), 이 경의 주제를 적은 현경종(顯經宗), 이 경의 제목을 설명한 석제명(釋題名), 이 경을 저술한 목적을 설명한 명연기(明緣起), 이 경이 불교의 다른 가르침 가운데서 차지하는 위치를 설명한 판교(判敎) 등으로 구성되어 있다.

대혜보각선사서 【大慧普覺禪師書】 중국 송(宋)나라 때 선승인 대혜종고(大慧宗杲, 1089-1163)선사의 편지를 모은 책. 줄여서 『대혜서장(大慧書狀)』·『대혜서(大慧書)』·『서장(書狀)』이라고도 한다. 대혜서장 항목 참조.

대혜서장 【大慧書狀】 정식 책명은 『대혜보각선사서(書)』인데 줄여서 『서장(書狀)』이라고 함. 중국 송(宋)나라 때 선승인 대혜종고(大慧宗杲, 1089-1163)선사의 편지를 모은 책. 42인(人)의 62장(狀)으로 편집되었는데, 대지(大旨)는 삿된 소견(所見)을 물리치고 바른 소견을 갖게 하는 데 있다. 우리나라 사집과(四集科)의 하나로 되어 있다. 『서장』에는 고려말기판(高麗末期板)·고달산불봉사판(高達山佛峯寺板; 1387)·쌍계사판(雙溪寺板; 1604)·송광사판(松廣寺板; 1608)·영천사판(靈泉寺板; 1630)·용장사판(龍藏寺板; 1635)·운흥사판(雲興寺板; 1681)·봉암사판(鳳岩寺板; 1701)·해인사판(海印寺板)·만상회판(卍商會板; 1936) 등이 있다.

대혜종고 【大慧宗杲, 1089-1163】 중국 남송(南宋)의 휘종·고종 시기에 활약한 임제종의 선승으로 간화선을 성립시킴. 성은 해(奚)씨. 선주녕국(宣州寧國) 사람. 호는 대혜(大慧), 시호는 보각선사(普覺禪師). 13세에 출가하여 16세 때 동산(東山) 혜운원(慧雲院)의 혜제(慧齊)를 모시고, 17세에 구족계를 받았다. 처음에는 조동종의 삼로(三老) 좌하(座下)에서 오래도록 참구하여 그 종지(宗旨)를 얻었고, 그 후 대위산의 모철(慕喆), 동림의 조각(照覺), 개선의 지순(智珣) 문(門)을 거쳐서 잠당문준(湛堂文準)에게 참알(參謁)하여 제자가 되었다. 문준(文準)이 입적하자 장상영(張商英)에게 가서 탑명(塔銘)을 구하니, 장상영은 한번 보고는 뜻이 계합하여 조석으로 담론하고 그가 있는 암자의 이름을 묘희(妙喜)라고 하였다. 그다음에는 동경(東京) 천녕에 주(住)하고 있는 원오극근(圓悟克勤, 1063-1135)을 참알하여 그 법을 전해 받았다. 이때부터 이름이 높아져 우승상 여공(呂公)의 주청(奏請)에 의하여 자의(紫衣)와 불일(佛日)의 호(號)를 받았고, 1137년〔紹興 7〕 위공(魏公)의 청으로 경산사에 있다가, 1141년〔紹興 11〕에 강화파의 모함을 받아 형주에서 10년 동안 귀양살이를 하였다. 그동안 『정법안장(正法眼藏)』 6권을 지었다. 그 후 매주로 옮겼다가 효종의 특사를 받고, 칙명에 의해 아육왕사 주지가 되었다. 1158년〔紹興 28〕 다시 칙명으로 경산사(徑山寺) 주지로 있다가, 1161년에는 명월당으로 퇴거하였다. 1163년에 대혜선사(大慧禪師)의 호를 받고, 그 해 8월에 입적했다. 그는, "곧 마음이 부처요, 다시 따로 부처가 없다. 곧 부처가 이 마음이요, 다시 따로 마음이 없다."고 하였다. 처음으로 공안 속에서 핵심어나 선사의 답어를 뽑아서 화두화하여 수행자들에게 참구하도록 했으며, 간화(看話)를 강력히 주장함과 동시에 조동종 굉지정각(宏智正覺, 1190-1257)의 묵조선(默照禪)을 비판하였다. 연구자들은 그가 묵조를 비판한 것은 그 대상이 굉지정각이 아니고 그의 사형인 진헐청료(眞歇淸了, 1089-1153)라고 한다.

대화【大化】〔英 The Transforming teaching and work of a Buddha in one life time〕 불(佛)의 교화, 또는 불타(佛陀) 일생의 변화를 말한다. 『법화현의(法華玄義)』에, "설교의 요점은 대화(大化)가 그 전부이다."라고 하고 있다.

대화상【大和尙】〔英 Great monk, senior monk, abbot〕 ①승려의 존칭. ②수계사(授戒師)를 화상이라 하고, 화상으로서 나이가 많고 덕이 높은 이를 대화상(大和尙)이라고 한다.

대흑천【大黑天】〔梵 Mahākāla〕 인도의 신 이름. 마하가라(摩訶迦羅)라고 음역(音譯)하고, 대흑신(大黑神)이라고 번역하기도 한다. 인도의 신(神)으로, 삼보를 옹호하여 먹을 것이 넉넉하다고 한다. 대흑천에는 비구대흑(比丘大黑)·마하가라대흑녀(摩訶迦羅大黑女)·왕자가라대흑(王子迦羅大黑)·신타대흑(信陀大黑)·야차대흑(夜叉大黑)·마가라대흑(摩迦羅大黑)의 6종이 있다. 또 전투신(戰鬪神)·총신(塚神)·귀신왕(鬼神王)이라고도 한다. 지금 인도에서 이 대흑천의 여체(女體)를 '깔리'라고 하는데, 대자재천의 후비(后妃)라고 한다.

덕산방【德山棒】 중국 당(唐)나라 때의 선승인 덕산선감(德山宣鑑, 782-865)은 수행자(修行者)를 지도, 교육하면서 방(棒)을 즐겨 사용하여 덕산방(德山棒)이라는 별칭이 붙었다. 방(棒)으로 수행자를 치는 일이 많았다는 것은 그의 엄격한 지도 모습을 가리키는 말이다. 방(棒)·할(喝) 항목을 참조할 것.

덕산선감【德山宣鑑, 782-865】 중국 당(唐)나라 문종·무종·선종 때의 선승. 검남(劍南) 사람. 속성은 주(周)씨.

어려서 출가하여 율장(律藏)을 깊이 연구하였고, 항상 『금강경』을 강설해서 주금강(周金剛)이라고 했다. 남방으로 가다가 길가에서 떡 파는 노파로부터 『금강경』에 보면 과거심(過去心)·미래심·현재심 불가득이라고 하였는데 스님은 어디에 마음을 두겠느냐는 질문을 받았으나 답변하지 못하고, 그의 지시로 용담숭신(龍潭崇信)에게 가서 크게 깨달았다고 한다. 예양(澧陽)에서 30년을 머물다가 당(唐) 무종(武宗)의 폐불 때에 독부산(獨浮山)의 석실(石室)에서 난을 피하였다. 대중(大中, 847-860) 연간에 불교를 부흥할 때 무릉태수 설연망(薛延望)의 청으로 덕산정사(德山精舍)에 들어가 종풍을 떨쳤다. 시호는 견성대사(見聖大師).

덕소 【德韶, 891-972】 천태덕소 항목 참조.

데바달다 【提婆達多; Devadatta】 인도 사람. 데바달도(提婆達兜)·제바달(提婆達)·조달(調達)이라고 음사(音寫)하고, 천열(天熱)·천수(天授)·천여(天與)라고 번역한다. 곡반왕(斛飯王)의 아들로서 난타(難陀)의 형이라는 설, 그리고 감로왕(甘露王)의 아들로서 난타의 아우라는 설도 있다. 어려서부터 석존에게 적대감을 가졌다고 한다. 그리하여 석존이 준 흰 코끼리를 때려죽이기도 하고, 야수대신(耶輸大臣)의 딸 야수다라와 다투기도 하였다고 한다. 후에 석존이 출가하여 부처가 되자, 그 역시 출가하여 제자가 되었다. 그러나 교만한 마음을 가지고 있었을 뿐 아니라, 주로 명문명리(名聞名利)의 생각이 강해서, 석존으로부터 대중(大衆) 앞에서 질책받은 것을 원망하여 별도로 새로운 교단을 만들었다. 그리고 석존의 위세를 시기하여 아사세왕과 결탁하여 석존을 없애려고 하였으나 뜻을 이루지 못하였다. 『법화경』 「데바달다품」 제12에서는, 데바달다가 석존의 과거세의 수행 스승이고, 무량겁 후에 천왕여래(天王如來)가 될 것이라고 적고 있다. 이것은 용녀(龍女)의 여인성불(女人成佛)처럼 악인성불(惡人成佛)을 나타낸 것이다. 데바달다에 대한 기존의 평은 앞과 같은데, 근래에는 이런 평가는 왜곡되었고 오히려 근본주의자, 원칙주의자였다고도 한다.

도 【度】 ①〔英 To ferry the living across the sea of reincarnation to the shore of nirvāṇa〕 제도(濟度)라고 한다. 고해(苦海)에서 괴로워하는 이를 구제하여 열반의 피안에 이르게 하는 것. 고통의 윤회를 물 흐르는 데 비유하여 그 흐름을 벗어나서 피안(彼岸)에 건너간다는 뜻. 도(渡)의 뜻으로 변하여, 교화하는 것도 도(度)라고 한다. ②〔梵 pāramitā〕 바라밀다(婆羅蜜多)라고 음역(音譯)하고, 도피안(到彼岸)이라 번역한다. 이상(理想)의 경지인 피안(彼岸; 열반)에 도달하는 보살수행의 총칭.

도【道】 (1)〔英 The way of bodhi, or enlightenment leading to nirvāna throug spiritual stages〕 진리, 즉 보리(菩提; Bodhi)를 도(道)라고 할 때도 있고, 정도(正道)·사도(邪道)라고 할 때처럼 길, 방법의 뜻으로 쓸 때도 있다. 그리고 삼악도(三惡道)·삼선도(三善道)라고 할 때처럼 윤전(輪轉)이라는 뜻으로 쓸 때도 있고, 인도(人道)·불도(佛道)라고 할 때처럼 밟고 다니는 길이란 뜻인 궤로(軌路)라는 뜻으로 쓸 때도 있다.

(2) 도(道)라는 명사는 중국 선진(先秦)의 전적(典籍) 가운데 매우 광범위하게 응용되어 있다. 그 뜻은 합리(合理)·정당(正當)·치평(治平)·도로(道路)·이상(理想)·방법(方法)·통달(通達)·공(公) 등을 포괄하는데, 이 외에도 하늘에는 천도(天道), 땅에는 지도(地道), 사람에게는 인도(人道), 스승에게는 사도(師道), 임금에게는 군도(君道), 신하에게는 신도(臣道)가 있으며, 지(智)·인(仁)·용(勇)과 오륜(五倫)과 관련해서도 모두 도(道)라고 한다. 도(道)는 본래 도로(道路)라는 의미이지만, 도로란 사람이 그것에 의하여 가는 것이므로, '간다.', '행한다.', 행하기 위한 '기술', '방법' 등의 의미가 생겼으며, 그래서 진실성이 있는 것으로 생각되었다. 중국 철학에서는 도(道)를, "말로 표상(表象)해낼 수 있는 도(道)는 항구불변한 도(道)가 아니고, 이름 지어 부를 수 있는 이름은 참다운 이름〔名〕이 아니다〔『老子』 1장〕."라고 한 것처럼 본체론적 의의(意義)로, "도(道)는 천지를 생하고 덕(德)은 현인(賢人)을 낳는다〔『管子』「四時篇」〕."고 한 것처럼 우주론적 의의로, "인(仁)이란 것은 별것이 아니다. 사람인 이상 누구나 다 가지고 있는 도리이다. 그러므로 사람은 이 고유의 도리 그대로 행하면 이것이 바로 도(道)라는 것이다〔『孟子』「盡心下」〕."라고 한 것처럼 인생론적 의미로, "도(道)란 다스림의 경리(經理)다〔『荀子』「正名篇」〕."라고 한 것처럼 정치적 의의로도 사용하고 있다. 중국 철학사상(中國哲學史上) 2대 조류인 유가(儒家)와 도가(道家)에서 보면, 공자(孔子, B.C.551-B.C.479)나 맹자(孟子, B.C.372-B.C.289)는 도(道)라는 것을 주로 사람이 지켜야 할 규범, 인륜(人倫)으로 사용했는데, 이후로 유학자들은 이것을 추구하고 실천하는 것을 목표로 했다. 그러나 노자(老子, B.C.561-B.C.467)나 장자(莊子, B.C.369-B.C.286)는 우주 만물의 근원·근본원리, 말하자면 '절대'에 가까운 개념으로 사용하였는데, 이것이 그 학설의 근간이 되었다. 또 유가(儒家) 쪽에서도 『역(易)』이나 『중용』의 사상에서는 공자나 맹자의 도의 개념에 노·장의 요소를 가미하여 이론적인 면을 강화하였으며, 그것을 받아들인 송대(宋代)의 유학자들은 이

(理)라는 개념에 의해서 도(道)를 설명하면서, 이것을 중심문제로 하여 이론을 발전시켰다. 불교에서는 예부터 불타가 깨달은 진리를 한 자로 '도(道)'라고 표시하였는데, 최근에는 잘 쓰지 않는다.

도간경 【稻稈經; Śālistambasūtra】 성립 연대 미상. 근본 교리인 연기설(緣起說)을 벼가 그 씨〔因〕에서 시작하여 논·수력(水力)·햇빛·인력(人力) 등의 여러 조건〔緣〕이 상호작용함으로써 열매〔果〕를 맺게 되는 것에 비유하여 교설한 경전이다. 소량이지만 중요한 것으로, 비유의 평이(平易)함도 곁들였으므로 불교 외의 철학문헌에도 많이 인용된다. 한역(漢譯)으로는 5종이 간행되어 있고, 티베트어역(譯) 1종이 현전한다.

도거 【掉擧】〔梵 auddhatya, uddhata, 英 Ambitious, unsettled〕 심소(心所; 마음작용, 즉 번뇌)를 이름. 대번뇌지(大煩惱地)의 하나. 20수번뇌(隨煩惱)의 하나. 정신을 흔들어 딴 데로 달아나게 하는 마음의 작용. 끊임없이 문득문득 떠오르는 번뇌망상, 잡념, 마음이 안정되지 않는 것은 도거하는 마음 때문이라 한다. 선에서는 매우 큰 번뇌로 규정한다.

도관쌍류 【道觀雙流】 도(道)는 화도(化道), 남을 교화하는 것. 관(觀)은 공관(空觀), 공(空)한 이치를 관하는 것. 스스로 공리(空理)에 있으면서 남을 교화하는 것을 말한다. 이는 천태종에서 통교(通敎) 10지(地) 중의 제9 보살지에서 닦는 상(相)을 나타내는 데 쓰는 말이다.

도교 【道敎】〔英 Taoism〕 중국에서 발생한 민족종교. 중국 고대의 잡다한 신앙을 기반으로 하여 선인(仙人)이 되는 것을 이상(理想)으로 하는 신선(神仙)사상에다 음양오행, 복서(卜筮), 역(易), 천문(天文), 점성(占星) 등을 더하였는데, 유교와 불교사상에서도 영향을 받으면서 발전했다. 불로장수(不老長壽)의 진인(眞人; 仙人)이 되는 것을 궁극의 목적으로 하지만, 서민에 있어서는 현세이익의 가르침으로 수용되었다. 그 성립과정에서 볼 때, 본래는 특정한 교조(敎祖)나 교설(敎說)을 갖고 있지 않았지만, 후세에 교단이 정비되면서 노자(老子, B.C.561-B.C.467)를 시조로 하게 되었다. 본래 노자의 사상〔道家〕과 도교는 전혀 별개의 것인데, 도교의 교의(敎義)를 정비하기 위하여 도가의 사상을 유입(流入)한 것이다. 또 원대(元代)에는 여러 종류의 경적(經籍)을 정리하여 ≪도장(道藏)≫이라 칭했다. 북위의 구겸지(寇謙之, 363-448)가 불교를 취입(取入)하여 교의를 정리하면서 왕법적(王法的)인 신천사도(新天師道)를 제창했는데, 태무제(太武帝)가 여기에 공감했으므로 국가적인 종교로서 불교에 대립하는 데까지 발전하여, 폐불(廢佛)사건이 일어났을 때는 불교를 압도하기도 했다. 당대(唐代)에 이르러서는 당(唐)의 왕실이 노자와 같은 이(李)씨였기 때문에, 도교를 동족(同族)의 종교라 하여 중시해서 세력이 크게 신장되었다. 특히 현종(玄宗, 712-756 在位)은 도교를 깊이 신앙하여 여러 가지 보호를 가했지만, 그 때문에 교단이 타락하여서 많은 사회악의 원인이 되기도 하였다. 송대(宋代)에도 조정의 존신(尊信)을 얻어 성행했는데, 특히 휘종(徽宗, 1100-1125 在位)은 광신적이었다. 그는 불교 승니(僧尼)의 명칭도 전부 도교적으로 바꾸고 스스로를 교주도군황제(教主道君皇帝)라 부르는가 하면, 불법(佛法)의 승니에게는 환속을 명(命)하기까지 하였다. 금(金)나라 시대에 혁신운동이 일어나 전진도(全眞道), 태일도(太一道), 진대도(眞大道)의 3파가 성립했는데, 징기스칸(Jinghiskhan, 1206-1227 在位)이 전진교(全眞教)의 장춘진인(長春眞人)을 도사(導師)로 하여 번영했지만, 세조(世祖) 쿠빌라이(Kubilai, 1260-1294 在位) 때에 불교와 논쟁하여 패(敗)하고 타격을 받아서 교단적으로 쇠퇴하였다. 한편 민중 사이에는 뿌리가 강한 신앙을 얻어서 여러 가지 교의(教義)가 섞인 그대로 현세이익을 추구하여 믿어졌으며, 일종의 종교사회를 현출(現出)했지만 현대 중국의 근대화 과정에서 미신으로 배격받았다. 한국에 도교가 전래된 연대는 확실치 않지만, 『삼국사기』 근구수왕조(條)를 참작하면 375년 이전에 도가(道家)의 용어가 통용되었던 것으로 볼 수 있고, 백제 때의 산경전(山景塼)에 도사 비슷한 인물이 그려져 있는 것을 볼 때 신선사상 내지 도교의 영향이 있었다는 것을 알 수 있다. 신라에는 선도성모설화(仙桃聖母說話), 옥보고, 우륵 등의 신선설, 신라사선설화(新羅四仙說話)의 성립, 물계자의 신선설 등이 도교적 영향에 의한 것으로 볼 수 있다. 그러나 대체로 삼국시대에는 도교사상이 아직 민중과는 밀착되지 못하였는데, 일시 고구려에 있었던 일을 제외하고는 역시 불교에 압도되어 부분적으로 불교사회 속에 침투되는 데 그쳤다. 통일신라시대의 도교는 우리의 무속신앙과 중국의 오두미교적 요소가 혼합되어 바탕을 이루고, 그 위에 노장(老莊)의 무위사상, 추연(鄒衍, B.C.305경-B.C.240경)의 음양오행설, 한대(漢代)의 참위사상 등이 혼융한 것으로서 원효, 의상, 최치원, 최승우, 김암, 도선 등에 가탁(假託)한 설화가 나타났다. 특히 김가기, 최승우, 자혜 등 3인의 중국 종남산 광법사 수련설화와 최치원의 청학동 신선설은 우리나라 도교의 연원으로서 후대에 크게 신봉되어, 각종 비기(秘記)와 이적(異蹟)의 기록을 낳았다.

도량【道場】〔英 Truth-plot, Bodhi-maṇḍala circle, or place of enlightenment〕 도법(道法)을 행하는

장소. 무릇 송경(誦經)·예참(禮懺)하고 제초(祭醮)를 세워, 도(道)를 행하는 곳을 도량이라고 한다.

도량석【道場釋】의례의 하나. 새벽 예불 전에 도량을 깨끗이 하기 위해 행하는 의식이다. 우리나라에서는 사찰을 도량이라고 하는데, 도량은 모든 불보살이 도(道)를 얻은 곳 또는 성도를 위하여 수행을 하는 곳을 뜻한다. 도량을 깨끗이 한다는 의미로 아침 일찍 도량 주변을 돌면서 신묘장구대다라니·사방찬(四方讚)·도량찬(道場讚)·참회게(懺悔偈) 등을 목탁을 두드리면서 읊는다. 현재 새벽 3시에 일어나는 나라는 우리나라뿐이다. 중국·일본은 4시이다.

도류지【道類智】〔梵 mārga-anvaya-jñāna, 英 The wisdom obtained through insight into the way of release in the upper realms of form and formlessness〕 8지(智)의 하나. 색계(色界)·무색계(無色界)의 도제(道諦)를 관하여 얻는 지혜. 이 지혜는 먼저 욕계의 도제(道諦)를 반연하던 법지(法智)와 같은 종류이므로 유지(類智)라고 한다. 유식종(唯識宗)에서는 이를 견도(見道)의 지(智)라 하고, 구사종(俱舍宗)에서는 수도(修道)에 딸린다고 한다.

도류지인【道類智忍】욕계(欲界)의 도제(道諦)를 관한 뒤에 명확하게 인지(認知)하는 마음을 말한다. 도류지(道類智)를 얻기 전에 일어나는 마음.

도륜【道倫】둔륜(遁倫)이라고도 함. 신라 때의 유식학승. 자은대사 규기(窺基, 632-682)의 제자로, 현장 문하 법계에 속하는 혜소(慧沼)·지주(智周)보다 선배로서, 700년 전후에 당(唐)에서 활약했던 것으로 보인다. 저서로는 현장이 번역한 『유가사지론(瑜伽師地論)』을 주석한 『유가륜기(瑜伽倫記)』가 있다.

도리삼세【道理三世】법상종(法相宗)에서 세우는 3종 3세의 하나. 종자증당삼세(種子曾當三世)라고도 한다. 현재라는 일법에 도리로써 가설(假說)한 삼세(三世). 현재의 법은 과거의 인(因)에 따라 나타난 것이므로, 그 현재법의 인(因)을 가정하여 과거라 이름하고, 현재법은 미래에 반드시 과(果)를 이끌어 오는 뜻이 있으므로, 그 과(果)를 가정하여 미래라고 이름하는 것이다. 곧 현재 1찰나의 법 위에 과거의 인(因)과 미래의 과(果)를 세워서 가정하여 삼세(三世)를 말하는 것이다.

도리천【忉利天】〔梵 Trāyastriṃśa, 巴 Tāvatiṃsa〕 욕계육천(欲界六天)의 제2천. 도리(忉利)는 범어의 음사(音寫)인데, 정식으로는 달리야달리사(怛唎耶怛唎奢)라고 쓰고, 33이라고 번역한다. 도리천(忉利天)은 33천(天)이라고도 한다. 욕계육천은 1. 사왕천(四王天), 2. 도리천(忉利天), 3. 야마천(夜摩天), 4. 도솔천(兜率天), 5. 화락천(化樂天), 6. 타화자재천(他化

自在天) 등인데, 도리천은 남섬부주(南贍部洲)의 위에 8만 유순(由旬; yojana) 되는 수미산(須彌山; Sumer-parvata) 꼭대기에 있다. 중앙에 사면이 8만 유순씩 되는 선견성(善見城: 喜見城)이라는 큰 성이 있고, 이 성 안에 제석천(帝釋天; Śakrodevendra)이 거주한다. 선견성을 중심으로 하여 사방에 각 8성(城)이 있는데, 여기에는 그 권속 되는 천중(天衆)이 살고 있다. 사방 8성인 32성에 선견성을 더하여 33이 된다. 이 33천이, 반달의 3재일(齋日)마다 성 밖에 있는 선법당(善法堂)에 모여서 법 같고 법 같지 못한 일을 평론한다는 것이다. 도리천의 중생들은 음욕을 행할 때에는 변하여 인간과 같이 되지만, 다만 풍기(風氣)를 누설하기만 하면 열뇌(熱惱)가 없어진다고 한다. 키는 1유순, 수명은 1천 세, 도리천의 1주야는 인간세상의 백년에 해당한다. 처음 태어났을 때는 인간의 6세 되는 아이와 같으며, 빛깔이 원만하고 저절로 의복이 입혀져 있다고 한다.

도법지 【道法智】〔梵 marga-dharma-jñāna, 英 The wisdom attained by them; the wisdom which rids one of false views in regard to mārga, or the eightfold noble path〕 팔지(八智; 苦法智·苦類智·集法智·集類智·滅法智·滅類智·道法智·道類智)의 하나. 욕계의 도제(道諦)의 이치를 관하여 얻은 지혜. 모든 법의 진리를 증득하는 지혜이므로 법지(法智)라고 한다. 이는 욕계의 도제(道諦)에 미(迷)한 견혹(見惑)을 끊는 지혜이다.

도법지인 【道法智忍】 멸제(滅諦)를 맺은 후, 욕계(欲界)의 도제(道諦)에 대하여 확실히 아는 마음을 말함. 도법지(道法智)를 얻으려고 하기 전에 일어난다. 팔인(八忍)·십육심(十六心)의 하나이다.

도생 【道生, 355-434】 중국 진(晉)나라 때의 유명한 학승. 속성은 위(魏), 하북성 거록현 사람. 처음에 축법태(竺法汰)에게 출가하여 도를 배웠으므로 성(姓)을 축(竺)이라 하였다. 청원사에서 교화를 펴다가 융안〔397-401〕 때 여산으로 들어가 혜원(慧遠, 334-416)에게 사사하기를 7년, 그 뒤에 혜예·혜엄·혜관 등과 함께 장안사로 가서 구마라집(鳩摩羅什, 344-413) 문하에서 교학을 연구하였다. 경시(更始) 1년〔409〕 강남으로 돌아가서 춘원사(春園寺)에서 『유마경』·『법화경』·『니원경(泥洹經)』 등의 의소(義疏) 외에 『불성당유론(佛性當有論)』·『법신무색론(法身無色論)』·『불무정토론(佛無淨土論)』 등을 저술하고, 선불수보(善不受報)·돈오성불설(頓悟成佛說)·천제성불설(闡提成佛說) 등을 주장하다가 교계로부터 빈척되어, 건강(建康)을 떠나 강소성 소주 호구산에 은거하였다. 그 후 담무참(曇無讖, 385-433)에 의해서 『대승열반경』 40

권이 역출되자 교계(敎界)에서도 그의 주장이 옳다는 것을 알게 되었다. 만년에는 여산으로 돌아왔는데, 송(宋) 원가(元嘉) 11년〔434〕에 입적했다. 제자로는 보림(寶林)·법보(法寶)·도유(道猷) 등이 있다.

도서 【都序】 책명. 정식으로는 선원제전집도서(禪源諸詮集都序)라고 한다. 선교일치(禪敎一致)를 제창하기 위하여 중국 화엄종(華嚴宗) 제5조인 규봉종밀(圭峰宗密, 780-841)이 지은 책. 선원제전집도서 항목 참조.

도선 【道詵, 827-898】 신라 문성왕·헌안왕·경문왕·헌강왕·진성여왕 때의 선승. 전남 영암 지방 출신으로, 성은 김(金)씨이다. 15세 때에 월유산 화엄사에서 승려가 된 후 화엄학을 공부했으나, 846년 서당지장의 선(禪)을 전해 온 동리산(桐裏山) 혜철(惠哲, 785-861)선사 문하에서 깊은 경지를 터득하였다. 이후 그의 명성이 크게 드러나 신라 왕궁에까지 초청되어 법문을 열었을 정도였다. 도선은 신라 말 국운이 차츰 기울기 시작한 당시 신라인의 호국안민(護國安民)의 현세이익을 구하는 관념에 맞게끔 선근공덕사상을 중심으로 음양오행과 지리풍수 도참위(圖讖緯) 설을 가미하여 도선비기(道詵秘記)를 남겼다. 도선비기는 지리쇠왕설(地理衰旺說)·지리순역설(地理順逆說) 내지 사탑비보설(寺塔裨補說)을 내용으로 한다. 그에 따르면, 지형이나 지세는 국가나 개인의 길흉과 밀접한 관계를 가지는 것으로 지리(地理)에서도 쇠왕(衰旺)·순역(順逆)이 있는데, 마치 인체(人體)에 쑥을 놓고 뜸을 뜨듯이 사탑(寺塔)을 쑥으로 삼아 쇠처(衰處)나 역처(逆處)에 뜸질한다면 삼재(三災)가 가시고 국조(國祚)가 길이 연장될 것이라고 하였다. 그래서 개성 내 16사원(寺院)과 전국을 36구(區)로 나누어 이 나라에 사원을 세우도록 구상하여, 전국을 돌아다니며 산수(山水)의 순역과 쇠왕을 점쳤다. 도선의 도참설에 따른 신불사상(信佛思想)은 그 뒤 미신가나 야심가들에게 이용되는 경우가 많았고, 사후(死後) 그의 명성도 비기(秘記)의 유행에 따라 한층 확대되어 갔다.

도성제 【道聖諦】 〔梵 mārga-satya, 西 lam gyi bdenpa, 英 Mārga, the dogma of the path leading to the extinction of passion, the fourth of the four axioms, i.e. the eight-fold noble path v. 八聖道〕 열반에 이르기 위한 길이라는 성스러운 진리. 사성제 가운데 하나. 도성제에 이르는 방법, 길로서 팔정도를 들고 있다. 사성제의 결론, 목적 부분에 해당된다. 줄여서 도제(道諦)라고 한다.

도솔래의상 【兜率來儀相】 팔상도의 첫 번째. 도솔천에서 내려오는 모습, 곧 잉태하는 순간. 부처님이 태어나서 열반하실 때까지의 중요한 행적(行蹟)을 여덟 단계의 그림으로 표현한 팔상도

(八相圖)의 하나. 마야 왕비가 40세가 넘도록 태자를 낳지 못했는데, 하루는 꿈에 여섯 개의 상아를 가진 흰 코끼리 한 마리가 하늘에서 내려오더니 왕비의 옆구리를 통해 몸속으로 들어오는 것이었다. 왕비가 이 꿈을 정반왕에게 이야기했더니, 왕이 기뻐하며 유명한 점술가들을 불러 해몽하도록 하였다. 이에 점술가들은 "왕자님을 낳으실 꿈입니다. 태어날 아기는 전륜성왕(轉輪聖王; 고대 인도의 이상적 제왕)이 되거나 만약 출가한다면 만 중생을 구제하는 붓다가 될 꿈"이라고 해몽하였다. 그래서 도솔래의상은 일반적으로 마야 왕비의 꿈에 흰 코끼리를 탄 호명보살이 마야 왕비의 몸속으로 들어간다는 내용을 담고 있다.

도솔천 【兜率天】〔梵 Tuṣita-deva〕 욕계 6천(天)의 하나. 수미산 꼭대기에서 12만 유순 되는 곳에 있는 천계(天界)로서, 칠보(七寶)로 된 궁전이 있고, 한량없는 하늘 사람이 살고 있다. 여기에 내(內)·외(外)의 2원(院)이 있다. 외원(外院)은 천중(天衆)의 욕락처(欲樂處)이고, 내원(內院)은 미륵보살의 정토(淨土)라고 한다. 미륵은 여기에 있으면서 설법하여 남섬부주(南贍部洲; 사바세계)에 하생하여 성불할 시기를 기다리고 있다. 이 하늘은 아래에 있는 사왕천·도리천·야마천이 욕정에 잠겨 있고, 위에 있는 화락천·타화자재천이 들뜬 마음이 많은 데 대하여, 잠기지도 들뜨지도 않으면서 오욕락에 만족한 마음을 내므로 미륵 등의 보처보살이 있다고 한다. 이 하늘 사람의 키는 2리, 옷 무게는 일수(一銖) 반, 수명은 4천 세, 인간의 400세가 이 하늘의 1주야라고 한다.

도신 【道信, 581-651】 중국 당나라 때의 선승. 선종의 제4조. 기주 광제(廣濟) 사람. 속성은 사마(司馬), 시호는 대의(大醫) 선사. 14세에 승찬을 만나서 출가한 뒤 길주(吉州), 구강(九江)을 거쳐 여산의 대림사(大林寺)에서 10여 년간을 머물렀다. 624년에 기주 황매현(黃梅縣)의 파두산(破頭山)으로 옮겨 30년간 문도 오백 명과 함께 정주하면서 사부대중을 교화하였다. 이 정주 생활이 선(禪)의 사상과 수행관에 커다란 변화를 가져왔다. 즉 5백 명이나 되는 많은 대중이 집단생활을 하자, 신도의 보시만으로는 지탱할 수 없었을 뿐 아니라 국가의 보조도 없어서 자연히 자급자족의 경제체제를 취할 수밖에 없었다. 그래서 경작과 잡역에 종사하면서 수행하였는데, 그러다 보니 선을 체험적 정신적으로 하게 되었고, 따라서 선을 체험적 정신적으로 해석하는 수행관을 갖기에 이르렀다. 이러한 입장은 마침내 선을 출가자뿐 아니라 널리 일반에게도 개방하여 일상생활에 전개시키는 계기가 되었다. 또 집단생활을 하기 위해서는 전체의 질서를 유지하고 모든 행사가 정연하게 행해져야 하기 때문에, 선원생활의 규범인 청규(淸規)를 형성하려는 기운이 나타나게 되었다. 도신의 선(禪)은 좌선관심(坐禪觀心)을 중시한다. 그 사상의 강령은 오문(五門) 또는 오방편(五方便)에 있는데, 그 중에서도 수일불이(守一不移)야말로 선의 요체라 말하고 있다. 그는 법을 홍인(弘忍, 602-675)에게 전했으며, 영휘 2년〔651〕 72세로 입적했다. 저서로는 『보살계법(菩薩戒法)』 1권, 『입도안심요방편법문(入道安心要方便法門)』이 있다.

도안 【道安, 314-385】 중국불교의 개척자. 반야학 본무종(本無宗)의 대표적 인물. 동진(東晋) 때 불도징(佛圖澄, 232-348)의 제자로, 성은 위(衛)씨. 상산 부류〔하북성 기현〕 사람. 12세에 출가하여 불도징에게 사사(師事)하였다. 양양〔호북성 양양현〕의 단계사(檀溪寺)에 있을 때는 그 명성을 따르는 자가 많아서, 문필가로 알려진 습착치(習鑿齒) 같은 사람도 그와 깊은 교류를 맺었다. 그는 양양에 15년간을 살았는데, 전진(前秦) 왕 부견(符堅, 357-385 在位)은 강북을 통일한 뒤 도안의 명성을 듣고, 10만 대군을 보내 양양을 공략하여 도안과 습착치를 장안으로 모셔 왔다. 이때부터 7년간 장안의 오중사(五重寺)에 머물렀는데, 승도가 항상 수천 명이나 되었다고 한다. 이렇게 홍교(弘敎)에 전념하다가 건원 21년〔385〕 72세를 일기로 입적하였다. 그는 경문의 깊은 뜻을 연구하여 그 참뜻을 더듬어 찾기 위해서 불전(佛典)을 주석하여, 『광찬절중해(光讚折中解)』·『광찬초해(光讚抄解)』·『반야절의략(般若折疑略)』·『도행집이주(道行集異注)』·『요본생사경주(了本生死經注)』·『인본욕생경주촬행(人本欲生經注撮解)』·『안반수의경해(安般守意經解)』·『음지입경주(陰持入經注)』·『대도지경주(大道地經注)』 등을 저술하였고, 『안반주』·『음지입경』·『인본욕생경』·『요본생사경』·『십이문경』·『도행반야경』·『증일아함경』·『도지경』·『십법구의경』·『아비담』·『비구대계』 등의 서문(序文)을 썼으며, 『합방광광찬략』을 해석하였다. 그는 또 후한시대부터 서진에 이르기까지의 역경(譯經)의 시대와 경(經)을 번역한 사람들을 검토하는 한편, 불전의 진위를 판별하기 위하여 동진의 홍넌 2년〔364〕에 『종리중경목록(綜理衆經目錄; 道安錄이라고 약칭함)』 1권을 찬술하였다. 그리고 계율을 중시하여 이를 연구 정비해서 『승니궤범(僧尼軌範)』·『법문청식이십사조(法門淸式二十四條)』를 판정하였고, 『사시예문(四時禮文)』을 지었다. 또한 종래의 승려들의 성(姓)이 같지 않은 것을 석(釋)씨로 통일할 것을 주장했다. 한편 미륵신앙자로도 유명하다. 그의 제자로는 혜원(慧遠)·혜지(慧持)·담익(曇翼)·법우(法遇)·담휘(曇徽)·담계(曇戒)·도립(道立)·혜영(慧永)·도원(道願)·담옹(曇邕)

ㄷ

등이 있다.

도원【道元, 1200-1253】 일본 가마쿠라(鎌倉)시대 중기의 선승. 일본 조동종(曹洞宗)의 개조. 법명은 희현(希玄), 시호는 불성전동국사(佛性傳東國師)·승양대사(承陽大師).

[생애] 아버지는 내대신(內大臣) 구아통친(久我通親; 일설에는 大訥言通具). 13세에 출가를 결심하여 그 해 천태좌주(天台座主) 공원(公圓)에게 머리를 깎고 수계(受戒)를 받았다. 불법방(佛法房) 도원(道元)이라는 이름으로 천태교학을 수학하였지만, 후에 하산(下山)하여 삼정사(三井寺)의 공윤(公胤)을 방문한다. 히예산(比叡山)을 내려온 계기가 된 것은 천태종에서는 '본래본법성(本來本法性) 천연자성신(天然自性身)〔사람은 본래 부처의 깨달음의 본질을 갖추고 있다〕' 라고 하는데, 그렇다면 굳이 왜 발심(發心)하여 수행할 필요가 있는가 하는 의문이 일어났기 때문이다. 이 의문에 대해 공윤(公胤)은 직접 답하지 않고 송(宋)나라에 가서 선종(禪宗)을 배울 것을 권하였다고 한다. 그 후 건인사(建仁寺)로 가서 영서(榮西, 1141-1215)의 제자 명전(明全) 밑에서 참학하였다. 1223년〔貞應 2〕 스승 명전과 함께 입송(入宋)하여 여러 절을 참방하고 임제계(臨濟系)의 선승을 찾아가 많은 사서(嗣書)를 보는 것을 허락받았다. 26세인 1225년〔嘉祿 1〕 조동종의 천동여정(天童如淨)에게 입문하여, 그로부터 '신심탈락(身心脫落; 몸도 마음도 집착을 떠나 자재한다)'이라는 법어를 듣고 크게 깨달아 인가(印可)를 받았다고 한다. 또 그해 여정(如淨)으로부터 선계(禪戒)를 받았다. 28세인 1227년〔安貞 1〕 여정(如淨)으로부터 사서(嗣書)·부용도계(芙蓉道楷)의 법의(法衣)·자찬(自贊)의 정상(頂相) 등을 받아 정법(正法)에 의한 중생구제의 원(願)을 세우고 귀국하였다. 같은 해 지관타좌(只管打坐)의 종지(宗旨)를 선양하여 일본에서 도원선(道元禪) 일본 선교(宣敎)의 효시가 된『보권좌선의(普勸坐禪儀)』를 완성하고 1231년〔寬喜 3〕에는『정법안장(正法眼藏)』·『판도화(辦道話)』를 완성한다. 34세인 1233년〔天福 1〕 심초(深草)에 일본 최초의 순수한 선원(禪院)인 관음도리흥성보림선사(觀音導利興聖寶林禪寺)를 열어 승속(僧俗)을 교화하는 한편,『정법안장』 집필을 계속하였다. 그해 일본 달마종(達磨宗)의 고운회장(孤雲懷奘)이 입문하여『정법안장수문기(正法眼藏隨聞記)』의 필록(筆錄)을 개시하였다. 1235년〔仁治 2〕 일본 달마종의 월전파착사(越前波著寺)의 각선회감(覺禪懷鑑)이 입문하여 교세가 번성하게 되지만, 히예산(比叡山)의 압력이 드세져 1243년〔寬元 1〕 속가의 제자인 파다야의중(波多野義重)의 청을 받아 월전(越前)으로 내려간다. 같은 해, 그곳에 대불사(大佛寺; 永平寺)를

창건한다. 월전(越前)에 내려온 전후는 도원(道元)의 필력(筆力)이 가장 충실했던 시기로, 주저(主著)인 『정법안장(正法眼藏)』도 이 시기에 집필되었다. 그 후 도원(道元)은 출가지상주의적 경향이 강해지고, 선(禪)의 수행장(修行場)으로서 영평사(永平寺)의 정비와 법계(法系)를 이을 제자 양성에 전력한다. 1247년〔寶治 1〕 북조시뢰(北條時賴)의 초정으로 일시 가마쿠라(鎌倉)로 내려간다. 1253년〔建長 5〕 영평사 주지직(住持職)을 회장(懷奘)에게 물려주고 54세로 입적(入寂)하였다.

[사상의 특징] 도원은 좌선(坐禪)이 석가가 보리수 아래에서 깨달음을 얻게 된 기원이며, 이것이 발전되어 불조(佛祖) 대대로 계승된 정법(正法)의 법문(法門)이 된 것이라고 파악하였다. 그리고 좌선은 깨달음을 얻기 위한 수단이 아니라 그 자체가 목적이 된다는 '지관타좌(只管打坐; 오로지 참선)'를 주장하였다. 좌선의 수행에 철저함으로써 자기가 본래 구비하고 있는 깨달음이 현현(顯現)된다고 생각했기 때문이다. 이러한 '본증묘수(本證妙修; 본래적인 깨달음 위에서의 수행)'라는 수행과 깨달음의 불리일체성(不離一體性)을 '수증일등(修證一等)'이라고 한다. 도원(道元)이 히예산을 하산(下山)하게 된 의문이 이것에 의해 해결된다. 본래 부처야말로 부처로서의 본성을 현현하기 위해 발심수행(發心修行)이 필요한 것이다. 여기에서 도원(道元)은 수행불요론(修行不要論)에까지 이르렀던 천태본각법문(天台本覺法門)을 초극(超克)할 수 있었다. '본증묘수(本證妙修)'는 중국선(中國禪)에서는 볼 수 없는 도원(道元)의 독자적인 것이라고 평가된다. 심지어 깨달음에 관해 도원은 지금의 유한한 자신으로부터 전(全) 시간, 전(全) 공간, 전(全) 존재를 파악하는 것이라고 한다. 『판도론(辦道論)』의, "단지 일인(一人) 일시(一時)의 좌선이라 할지라도 여러 존재와 일체가 되고 여러 시간과 완전히 하나로 되기 때문에 무한한 진실세계 가운데 영원불변한 부처의 작용을 행한다. 그때 전존재(全存在)가 동시에 수행함과 동시에 깨닫는 것이다."라고 하는 말은 이것을 단적으로 보여 준다. 또 그 유한자로부터 무한한 전체를 파악하려고 추구하는 과정에서 도원(道元)은 철학적인 의미를 되새길 수 있는 독자적인 언어론·존재론·시간론을 전개하였다.

[저작] 주요한 저작으로서는 독특한 언어표현을 구사하여 깨달음의 세계를 해명한 것으로, 일본어로 쓴 최고의 철학서로 간주되는 『정법안장(正法眼藏)』, 좌선을 정전(正傳)의 불법(佛法)으로서 널리 일반적으로 권장한 『보권좌선의(普勸坐禪儀)』, 제자에 대해 수행의 마음 자세를 설한 『학도용심집(學道用心集)』, 선원(禪院)에

서의 일상 수행생활을 제정한 『영평청규(永平淸規)』, 송나라에 있을 때에 여정(如淨)의 가르침을 기록한 『보경기(寶慶記)』 등이 있다.

도의【道義】 신라 선덕왕(善德王, 780-785 在位) 때의 선승. 성은 왕(王)씨, 법호는 명적(明寂), 북한군(北漢郡) 출신. 신라 37대 선덕왕 5년〔784〕에 입당(入唐)하여 광주 보단사에서 비구계를 받고, 조계산으로 가서 육조의 영당(影堂)을 참배하였다. 강서(江西)의 홍주 개원사(開元寺)에 가서 서당지장(西堂智藏, 735-814)에게 가르침을 받고 법을 이어받은 뒤 이름을 도의(道義)라 고쳤다. 그로부터 다시 백장산 회해(懷海, 720-814)에게 가서 법요(法要)를 받았다. 헌덕왕 13년〔821〕에 귀국하여 선법(禪法)을 유포해서 국민으로 하여금 안심입명을 얻게 하고자 하였으나, 당시 사람들은 경교(經教)만 숭상하고 무위(無爲)의 법을 믿지 않았으므로 시기가 아직 오지 않았음을 알고, 강원도 양양군 설악산 진전사(陳田寺)에서 40년간 안거 수도하다가 법을 염거(廉居)에게 전하고 입적하였다. 그는 경교(經教)를 배척하고 문장을 쓰지 않았으며, 별전심인(別傳心印)하며, 무념무수(無念無修)를 강조하였다. 후세에 가지산(迦智山) 선파(禪派)의 개조(開祖)로 일컬어졌다.

도작【道綽, 562-645】 중국 수·당 때의 스님. 성은 위(衛)씨. 서하선사(西河禪師)라고도 한다. 산서의 태원분지, 병주문수(并州汶水) 사람으로 14세에 출가하여 경론을 많이 익혔다. 특히 『열반경』을 연구하여 24번을 강설하였다. 대업 연중〔605-617〕에 문수 석벽곡의 현충사에 이르러, 담란(曇鸞, 476-542)의 비문을 보고 감동하여 열반종을 버리고 정토문(淨土門)에 들어갔다. 그는 정토신앙을 갖게 되면서부터 『관무량수경(觀無量壽經)』을 강설하기 2백 회, 매일의 칭명염불(稱名念佛)의 수는 7만 번이나 될 정도로 열렬한 염불실천자가 되었다. 그의 저서 『안락집(安樂集)』 2권은 북위 담란의 교학을 이어받아 말법시의 도래와 그 시대의 사람들을 위해서 전수염불(傳修念佛)의 도를 설한 것이다. 그는 그 가운데 『관무량수경』의 입장을 취하여 용수(龍樹)의 난이이도(難易二道), 담란의 자력타력의 설을 받아, 일대의 불교를 성도문(聖道門)과 정토문(淨土門)의 2문으로 나누어서 교상을 판석하였다. 그리고 자력으로 난행도를 닦아 이 땅에서 입성(入聖)하는 가르침을 성도문(聖道門)이라 하고, 타력의 이행도(易行道)의 염불로써 정토에 왕생하는 가르침을 정토문(淨土門)이라 하며, 이 정토문이야말로 말법인 오늘 이 시대와 이 사회 민중에 가장 적합한 교법이라고 결론지었다. 도작은 민중의 교화에 가장 힘을 쏟았는데, 목환자로 염주를 만들어서 지방의 도

속남녀에게 염불을 권하고, 문맹자에게도 전수염불의 방법으로서 팥으로 수를 헤아리는 소두염불(小豆念佛)을 가르치는 등, 시기상응(時機相應)한 전수염불의 홍통(弘通)에 힘썼다. 이로 말미암아 태원·진양·문수의 산서 분지의 주민 중 7세 이상인 자는 모두 염불을 할 줄 알았다고 한다. 그는 정관 19년 84세로 현충사에서 입적하였다. 그의 가르침은 제자인 선도(善導, 613-681)에 의해서 장안 진출을 보게 되었다.

도제 【道諦】〔梵 mārga-satya〕 사제(四諦; 苦諦·集諦·滅諦·道諦)의 하나. 도성제 항목 참조.

도종성 【道種性】〔英 The nature possessing the seed of Buddhahood〕 육종성(六種性)의 하나. 십회향(十廻向)의 보살을 말한다. 보살이 이 자리에서 처음으로 올바르게 중도관(中道觀)을 닦았으므로 도(道)라 하고, 능히 불과(佛果)를 낳으므로 종(種)이라 한다.

도종지 【道種智】『지도론(智度論)』에서 밝히고 있는 삼지(三智) 가운데 하나로, 여러 가지 차별이 있는 일체의 도법(道法)을 배워서 중생을 제도하는 보살의 지혜이다. 삼제(三諦) 가운데 가제(假諦)의 지(智)이다.

도첩 【度牒】 고려·조선시대에 관아에서 발행하던 출가(出家)의 공인장(公認狀). 도패(度牌)라고도 한다. 승려의 신분증명서 구실을 하였는데, 승려가 죽거나 환속하게 되면 국가에 반납하게 된다. 원래 이 도첩제도는 국가에 대한 납세의무를 저버리고 장정이 함부로 승려가 되는 것을 막아 국가의 인적 자원을 확보하는 데 도움을 얻기 위한 것이었다. 조선시대에는 억불책의 하나로 이 제도를 더욱 강화하였다. 현재에는 국가에서 발행하지 않고, 단일 계단에서 수계한 후 교구 본사 주지의 요청에 의해 총무원〔총무원장〕이 발행하고 있다. 승려로서 불교의 명예를 훼손하는 큰 죄를 범했을 경우 도첩을 몰수하게 된다.

도첩제 【度牒制】 승려제도. 승려가 출가하려면 국가의 승인을 받아야 하는 제도이다. 교세의 인적 기반을 약화하려는 억압의 목적에서 비롯되었다. 중국 남북조시대에 시작되어 당나라에서 제도화되었으며, 우리나라에서는 고려 말부터 제도화되었다. 조선시대부터 강화된 도첩제는 시행과 폐지를 거듭하였으나, 엄격하게 실행되지는 못하였다. 태조 때에는 100-200필의 정전(丁錢)을 바쳐야 승려가 될 수 있었으며, 세조 때에는 선·교양종의 본사에서 실시하는 시험에 합격하고 포 30필을 바쳐야 했다. 1492년〔성종 23〕에 도첩제가 폐지되었으며, 1541년〔중종 31〕에는 승인호패법(僧人號牌法)이 시행되었다. 1550년〔명종 5〕에는 다시 도첩제가 실시되었으나 1566년〔명종 21〕에 다시 폐지되었으며, 현실적으로 승려의 출가는 묵인되었다. 1610년〔광해군 2〕에 다시 승인호패법이 시행되었다가 1612년〔광해군 4〕에 폐지되었다. 승려들은 국가적 토목공사에 동원되거나, 관리와 결탁함으로써 도첩이나 승인호패를 지급받기도 하였다.

도총섭【都摠攝】조선시대 때 승병(僧兵)을 지휘 통솔하던 최고의 승장(僧將). 선조(宣祖) 25년〔1592〕 임진왜란이 일어났을 때 휴정(休靜, 1520-1604)에게 팔도 도총섭을 제수하고, 각 도에 총섭(摠攝)을 2인씩 두어 승병을 지휘하게 하였다가, 뒤에 남한산성(南漢山城)과 북한산성(北漢山城)에 각각 총섭을 두어 승병을 지휘하게 하였다.

도태교【淘汰教】천태교학에서 세운 오시교(五時教) 가운데 제4시의 『반야경』의 가르침을 말한다. 모두 공(空)의 이치를 설하여 일체의 고정된 망집(妄執)을 타파하는 것이므로 이렇게 말한다.

도품【道品】도분(道分)·보리분법(菩提分法)이라고도 한다. 도(道)의 품류(品類). 열반의 세계에 이르는 여러 가지 수행법. 여기에 사념처(四念處)·사정근(四正勤)·사여의족(四如意足)·오근(五根)·오력(五力)·칠각지(七覺支)·팔정도(八正道) 등의 37종이 있다. 이를 삼십칠도품(三十七道品)·삼십칠보리분법(三十七菩提分法)·삼십칠조도품(三十七助道品)이라고 한다.

도품조적【道品調適】천태종에서 대경(對境)을 관찰하는 관법(觀法)인 십승관법(十乘觀法) 가운데 제6법. 제5 식통색(識通塞)의 관법에 의하여 깨닫지 못한 것은, 아직 삼십칠도품(三十七道品)을 쓰기에 시기가 알맞지 못한 때문이다. 그러므로 제6법에서 도품(道品)을 낱낱이 가려, 그 중 자기의 근기에 알맞은 것으로써 묘리(妙理)에 들어가는 것을 말한다.

도피안【到彼岸】〔梵 pāramitā, 巴 pha rol tu phyin pa〕 생사의 고해(苦海)를 초월하여 열반의 언덕에 도달하는 정도(正道)를 말한다. 『지도론(智度論)』 12에, "바라(波羅)는 중국어로 피안(彼岸)이며, 밀(蜜)은 도(到)라는 뜻이다. '저쪽 언덕으로 건너가다' 또는 '도달하다'는 뜻으로서, 곧 열반의 세계에 도달함, 불도(佛道)를 성취하는 것을 도피안(到彼岸)이라고 한다.

도헌【道憲, 824-882】통일신라시대 때의 선승. 9산(山) 중 희양산문(曦陽山門)의 개산자(開山者). 그는 헌강왕 때 경북 문경군 가은면에 있는 희양산 봉암사에서 희양산문을 개산하여 종풍(宗風)을 크게 떨쳤다. 그의 종풍은 혜은(惠隱)에게서 이어받은 신수(神秀, 606-706)의 북종선(北宗禪)과 혜소(慧昭)에게서 이어받은 혜능(慧能, 638-713)의 남종선(南宗禪)을 아울러 가졌으므로 다른 산파(山派)와 그 경향이 달랐다.

도회【掉悔】〔英 Discontent and regret, ambition and repining〕 도(掉)는 흔들림을, 회(悔)는 뉘우침을 뜻한다. 마음이 들떠서 흔들리고 뉘우치는 것은 모두 마음의 안정을 빼앗는 번뇌이다. 오개(五蓋; 貪慾·瞋恚·睡眠·掉悔·疑法) 가운데 하나이다.

도후진여【道後眞如】 도전진여(道前眞如)와 대칭되는 말로, 실도(實道)를 증득한 뒤의 지위. 곧 초지(初地) 이상을 말한다. 이 자리에서는 깨달은 도(道)가 나타나, 진여(眞如)가 번뇌에 가리지 않고 진실한 작용을 하는 것을 도후진여라고 한다.

독각【獨覺】〔梵 pratyekabuddha, 巴 paccekabudda〕 발랄예가불타(鉢刺翳伽佛陀)라고 음역하는데, 연각(緣覺)이라고도 번역한다. 항상 적정(寂靜)을 낙(樂)으로 하여 혼자 스스로 수행하여 깨닫는 것. 스스로 깨달은 자를 독각(獨覺)이라고 한다. 여기에는 인각유독각(麟角喩獨覺)과 부행독각(部行獨覺)의 두 종류가 있다. 인각유독각은 기린의 뿔과 같이 반려(伴侶) 없이 독신으로 수행 증득한 이를 말하고, 부행독각은 몇 사람이 한곳에 모여 수행하여 증득한 이를 말한다.

독경【讀經】〔英 sutra-chanting〕 ① 소리를 내어서 경(經)을 읽는 것. 간경(看經)의 반대. ②경전을 읽는 것.

독두무명【獨頭無明】〔英 Distinctive kinds of unenlightenment, one of the two kinds of ignorance〕 2종무명·5종무명의 하나. 불공무명(不共無明)이라고 한다. 탐(貪)·진(瞋)·치(痴)·만(慢)·의(疑)·악견(惡見)의 육대혹(六大惑) 가운데에 무명(無明; 痴)이 홀로 일어나 다른 오대혹(五大惑)과 함께 행하지 않는 것을 독두무명이라고 한다.

독두의식【獨頭意識】 법상종에서 제6 의식(意識)을 네 가지로 나눈 것 가운데 하나. 팔식 중 제6 의식이 전오식(前五識)을 짝하지 않고 홀로 일어나는 것을 말한다. 여기에는 정중독두의식(定中獨頭意識)·산위독두의식(散位獨頭意識)·몽중독두의식(夢中獨頭意識)의 3종이 있다.

독성각【獨聖閣】 사찰 당우의 하나. 독성각은 스승 없이 홀로 깨우친 독각성자(獨覺聖者)를 모신다. 일반적으로 나반존자(那畔尊者)를 봉안한다. 우리나라의 독성각은 독성신앙에 단군신앙을 결합시켜 독특하게 전개되었는데, 한국불교 토착화의 좋은 자료가 되고 있다. 조선시대에 와서 사찰의 한 당우로 자리 잡은 것으로 보인다. 독성각에는 나반존자상 외에도 후불탱화인 독성탱화(獨聖幀畵)를 봉안한다. 탱화만 봉안하는 사찰도 많다. 나반존자는 말법중생에게 복을 주는 성자로서, 현재에도 서민층에서는 독성각에서 불공을 드리는 이들이 많다.

독성탱화【獨聖幀畵】탱화의 일종. 독성존자(獨聖尊者)를 묘사한 그림이다. 사찰의 당우인 독성각(獨聖閣)에 봉안된다. 또는 삼성각(三聖閣)에 산신(山神)·칠성탱화(七星幀畵)와 같이 모시기도 한다. 독성탱화는 수독성탱(修獨聖幀)·나반존자도(那般尊者圖)라고도 한다. 보통 16나한탱화와 같은 구도법으로 그린다. 독성은 남인도의 천태산(天台山)에 있다가 말세 중생을 위하여 출현하였다고 하며, 복을 구하는 신도들의 경배대상이 되고 있다.

독송【讀頌】〔英 recitation; intonation〕 소리 내어 읽거나 욈. 독(讀)은 글자를 보면서 읽는 것이요, 송(頌)은 글자를 보지 않고 외는 것이다.

독영경【獨影境】〔英 Imaginary or illusory conditions, ideal and unsubstantial〕 삼류경(三類境; 性境·獨影境·帶質境)의 하나. 주관이 제멋대로 그려낸 영상(影像)으로, 전혀 객관적인 존재성이 없는 것을 말한다. 주관이 객관에 관계없이 단독으로 생각해 낸 환영(幻影)이므로 본디부터 본질이 없고, 또 주관을 여의고 스스로 제 모양이 있는 것도 아니다. 마치 제6식이 허공의 꽃이나 거북의 털을 반연하는 것과 같다.

독자부【犢子部】〔梵 vātsiputriya〕 소승 20부 가운데 하나. 불멸 후 300년경에 설일체유부에서 갈라져 나온 학파. 만유(萬有)를 유위(有爲)의 삼세(三世)와 무위(無爲), 불가설(不可說)의 오장(五藏)으로 나누어 설명하고, 중생에게는 실아(實我; 아트만)가 있다고 주장한다. 이것은 진무아(眞無我)의 이치에 어긋나므로, 이 학파를 불법(佛法) 안의 외도(外道), 또는 불법을 빙자한 외도〔附佛法外道〕라고 한다.

독행무명【獨行無明】불공무명(不共無明)과 같음. 제6 의식(意識)하고만 합하는 무명. 다른 식(識)이나 탐(貪) 등의 근본번뇌와는 합하지 않고 홀로 일어나는 것. 이것을 또 주독행무명(主獨行無明)·비주독행무명(非主獨行無明)의 2종으로 나눈다.

독행불공무명【獨行不共無明】제6 의식(意識)에만 합하는 무명(無明). 다른 식(識)이나 탐심(貪心) 등의 근본적인 번뇌와는 합하지 않고 홀로 일어나는 무명을 말한다. 이에 주독행무명(主獨行無明)과 비독행무명(非獨行無明)의 두 가지가 있다.

돈각【頓覺】〔英 Immediate apprehension or enlightenment as opposed to gradual development〕 차례를 밟아 점수(漸修)하지 않고 한 번에 깨달음을 얻는 것을 일컬음.

돈교【頓敎】①설법의 내용으로 보아 빨리 깨닫게 하는 가르침, 또는 속히 깨달음을 얻을 수 있다고 주장하는 교법(敎法)을 돈교(頓敎)라 하고, 반대로 점차적으로 단계를 밟아서 깨달음에 도달할 수 있다고 하는 교법을 점교(漸敎)라고 한다. 또는 처음부터 낮은 교리부터 설하여 높은 교리로 올라가는 것을 점교, 곧바로 높은 가르침〔교리〕을 설하는 것을 돈교라고 한다. 경전으로서는 『화엄경』을 돈교의 가르침이라고 한다. 돈점 항목 참조. ②화엄종의 교판(敎判)인 5교(敎) 중의 하나. 화엄종에서 『유마경』처럼 돈기(頓機; 돈오할 수 있는 자질)에 대해서 언구(言句)에 의하지 않고, 수행의 차례를 세우지 않고, 말이 끊어진 진여(眞如)를 가르친 교법. ③천태팔교(天台八敎) 가운데 화의사교(化儀四敎) 중의 하나이며, 천태삼교(天台三敎; 화의사교 가운데 秘密敎를 제외한 頓敎·漸敎·不定敎) 중의 하나. 천태종에서 소승·대승의 차례에 따르지 않고 바로 처음부터 대승인 일불승(一佛乘)의 법을 말한 것. 곧 『화엄경』의 설법을 말한다. ④남중삼교(南中三敎)의 하나. 제(齊)나라 이후에 강남의 제사(諸師)들이 3교를 세웠는데, 그 가운데 돈교는 불타가 성도(成道) 후 처음에 여러 보살들을 위하여 『화엄경』을 설한 것을 말한다. ⑤광통(光通) 3교의 하나. 후위(後魏)의 광통이 세운 것인데, 한 법문에서 상(常)과 무상(無常), 공(空)과 불공(不空) 등을 구족하게 말한 것. 한 때에 모든 법문을 구족하게 설한 교를 말한다. ⑥2교(敎)의 하나. 정영(淨影)·혜관(慧觀)·지장(智藏)·법운(法雲)·보리류지(菩提流支) 등은 소승·대승의 차례를 거치지 않고 바로 처음부터 대승의 교리를 한꺼번에 깨달은 중생에 대하여 설법한 교법을 말하고, 정토종의 선도(善導)는 수행의 지위를 점차로 거치지 않고, 속히 증과(証果)를 얻는 『관무량수경(觀無量壽經)』·『아미타경(阿彌陀經)』 등에서 말한 바와 같은 교법을 말한다.

돈기【頓機】〔英 The capacity, or opportunity, for immediate enlightenment〕 돈오(頓悟)할 근기, 자질, 바탕. 소승을 거쳐 대승에 이른다는 순서에 따르지 않고, 처음부터 바로 대승의 깊고 미묘한 교리를 듣고는 이내 깨닫는 사람. 곧 돈교(頓敎)를 믿는 사람.

돈단【頓斷】〔英 The immediate school and sūtra of the Mahāyāna, i.e. the Hua-yen〕 오랜 시간을 두고 점차로 번뇌를 끊는 것이 아니고, 일시에 많은 번뇌를 모두 끊어 버리는 것. 이를테면, 진리를 알지 못하는 미(迷)인 견혹(見惑)과 번뇌 등을 단번에 끊는 것을 말한다. 여기엔 금강과 같은 지혜가 있어야 한다.

돈대【頓大】〔英 To cut off at one stroke all the passions, etc.〕 『화엄경』을 가리킨다. 돈(頓)은 돈교(頓敎), 대(大)는 대승교(大乘敎)이다.

돈법【頓法】 돈오(頓悟)를 설한 가르침. 점법(漸法)과 상대된다. 돈오 항목 참조.

돈성제행【頓成諸行】〔英 The immediate fulfillment of all acts, processes, or disciplines〕 원융문(圓融門)에 의지하여 수행하는 이가 하나의 미혹을 끊으면 곧 일체의 미혹을 모두 끊게 되고, 일행(一行)을 닦으면 곧 일체행(一切行)이 모두 원만한 도행(道行)을 이루게 됨을 말한다.

돈오【頓悟】〔英 Instantly to apprehend, or attain to Buddha-enlightenment, in contrast with Hinayāna and other methods of gradual attainment〕 돈료(頓了)라고도 한다. 점오(漸悟)와 상대됨. 번거로운 의식과 장기간의 수행을 필요로 하지 않고, 갑자기 하루아침에 진리를 깨닫는 것. 즉 활연히 깨닫게 되는 것을 가리킨다. 『돈오입도요문론(頓悟入道要門論)』에서는, 돈(頓)이란 망념(妄念)을 홀연히 제거함이고, 오(悟)란 무소득(無所得)을 깨닫는 것이라고 하는데, 돈오란 이 생(生)을 떠나지 않고 곧 해탈을 얻는 것으로 보았다. 돈오를 처음 제창한 이는 축도생(竺道生, ?-434)이다. 혜달(慧達)은 『조론소(肇論疏)』에서 도생(道生)이 주장한 『돈오성불론(頓悟成佛論)』을 인용하여, "대저 돈(頓)이란 이(理)를 밝히는 것과 불가분적이며, 오(悟)는 지극히 빛남을 이름이다. 불이(不二)의 오(悟)로써 불분(不分)의 이(理)를 일치시키고, 이지(理智)의 성냄을 푸는 것이다."라고 하였다. 불교의 이(理)는 불가분적인 전체이기 때문에 오(悟) 역시 단계를 나눌 수 없다고 하여, 당시에 논쟁을 일으켰다. 수(隋)·당(唐) 때에 각 종파가 형성 발전되면서 돈(頓)·점(漸)의 논쟁이 더욱 격렬해졌다. 『선원제전집도서(禪源諸詮集都序)』 3권에, "먼저 점수(漸修)한 이후에 돈오하게 된다는 말이 있고〔漸修頓悟〕, 돈수(頓修) 이후에 점오(漸悟)한다는 말이 있으며〔돈수점오〕, … 먼저 돈오(頓悟)를 해야 비로소 점수(漸修)할 수 있다는 말도 있으며〔돈오점수〕 … 돈오돈수(頓悟頓修)라는 말도 있다. … 법(法)에는 돈점(頓漸)이 없으니 돈점(頓漸)이란 기(機; 사람)에 있다는 말도 있다."고 하였다. 선종(禪宗) 가운데 점수를 주장한 계통은 북종(北宗)의 신수(神秀, 606-706)이고, 돈오를 주장한 계통은 남종(南宗)의 혜능(慧能, 638-713)이다. 선종의 돈오설은 송명이학(宋明理學)에 많은 영향을 끼쳤다.

돈오돈수【頓悟頓修】 깊고 묘한 진리를 단번에 깨치고, 한꺼번에 수행을 다 성취하는 것.

돈오보살【頓悟菩薩】 이승(二乘)의 수행을 거치지 않고 바로 보살의 도위(道位)에 들어가는 사람. 또는 점차적인 방법을 따르지 않고 빠른 방법을 택하여 깨달음을 얻는 사람〔보살〕.

돈오요문【頓悟要門】 중국 당(唐)나라 때의 대주혜해(大珠慧海)가 지은 책. 2권. 명(明)의 묘협(妙叶)이 대주

혜해의 『돈오입도요문론(頓悟入道要門論)』과 『제종소문어록(諸宗所問語錄)』을 합쳐서 상·하 2권으로 편성하고, 권말에 『달마대사안심법문(達磨大師安心法門)』을 붙여서 1374년 『돈오요문(頓悟要門)』이라 이름 붙여 간행하였다.

돈점 【頓漸】〔英 Immediate, or sudden, attainment in contrast with gradualness〕 (1) 돈점이의(頓漸二義). 돈속(頓速)과 점차(漸次)의 뜻. 부처님의 설법 형식에서 말하면, 단박에 깨침을 설한 『화엄경』은 돈(頓), 근기에 맞추어 점차 깨침을 말한 『아함경』·『방등경』·『반야경』 등의 여러 경은 점(漸)이다. 또 사상의 내용에서 말하면, 일정한 차례에 따르지 않고 한 번에 해탈을 얻는 것을 말한 것은 돈교이고, 원칙적으로 차례를 밟아서 점차로 해탈하도록 하는 가르침은 점교이다. 그리고 수행의 과정에서 말하면, 돈교에 의하여 속히 증오(証悟)를 얻는 것은 돈(頓), 점교에 의하여 수행해서 점차로 얕은 데서 깊은 데로 나아가는 것은 점(漸)이다. 선(禪)에서 돈점(頓漸) 문제는 하택신회(荷澤神會, 685-760)가 육조혜능의 사상에 의거하여 신수(神秀, ?-706)의 북종선을 공격하기 위하여 제기했는데, 이것이 그의 4대 법손(法孫)인 규봉종밀(圭峰宗密, 780-841)에 오면 더욱 구체적으로 논술되어 7대돈점(七對頓漸)을 말한다. 즉 그는 점(漸)의 3문(三門)으로서 점수돈오(漸修頓悟)·돈수점오(頓修漸悟)·점수점오(漸修漸悟)를, 해오문(解悟門)으로는 돈오점수(頓悟漸修)를, 돈(頓)의 3문(三門)으로서 돈오돈수(頓悟頓修)·돈수돈오(頓修頓悟)·수오일시(修悟一時)를 말한다. 이에 반해 청량징관(清凉澄觀, 738-839)은 7대돈점(七對頓漸)으로 돈오점수(頓悟漸修)·점수돈오(漸修頓悟)·점수점오(漸修漸悟)의 점삼대(漸三對)는 중하근(中下根)을 위하여, 돈오돈수(頓悟頓修)·돈수돈오(頓修頓悟)·수오일시(修悟一時)의 돈삼대(頓三對)는 이념상근(離念上根)을 위하여, 본구일체(本具一切)의 일대(一對)는 숙세상근이지(宿世上根利智)를 위하여 세우고 있다. 규봉종밀과 청량징관의 돈점상(頓漸上)의 차이는 진리를 회복해 나가느냐〔圭峰〕, 진리를 형성해 나가느냐〔清凉〕의 차이점과 돈필중심주의(頓畢中心主義)와 점훈공성주의(漸薰功成主義)의 이념의 차이에서 비롯된 것이라고 할 수 있다.

(2) 돈점이교(頓漸二敎). 정영(淨影)은 대승으로 들어가는 돈오의 근기에 대해서 말한 『화엄경』·『유마경』·『승만경』 등을 돈교, 소승에서 마음을 고쳐 대승에 들어가는 점입(漸入)의 근기를 위하여 말한 『법화경』·『열반경』 등을 점교라 하고, 천태(天台)는 부처가 성도한 이후 보살을 위하여 설한 대승의 법인 『화엄경』을 돈교, 소승

의 근기를 점차로 대승에 이끌기 위하여 설한 『아함경』·『방등경』·『반야경』을 점교라고 한다. 현수(賢首, 643-712)는 언어 문자를 초월하여 말과 생각이 끊어진 법문, 이를테면, 『유마경』의 설묵불이(說默不二)와 같은 것을 돈교, 언어로써 지위 점차를 말하여 점점 수학(修學)을 가르친 법문을 점교라고 한다. 선도(善導, 613-681)는 단박에 증오(証悟)를 얻는 법인 『관무량수경』·『아미타경』 등에서 말한 정토 염불의 법문을 돈교, 점차로 수학하여 오랜 뒤에 증과를 얻는 법인 『영락경(瓔珞經)』 등을 점교라고 한다.

돌 【咄】 ①선(禪)에서 선문답을 하거나 선지(禪旨)를 펼 때, 말과 행동으로 표현할 수 없는 경지를 표현하는 데 쓰이는 의성어. ②사물의 진면목은 사량분별이 끊긴 것이기 때문에 이 같은 표현을 씀. 자신의 말과 행동 또는 상대의 말과 행동을 꾸짖는 뜻으로도 쓰임. 곧 쯧쯧.

돌길라 【突吉羅】 〔梵 duṣkṛta, 巴 dukkata〕 악작(惡作)·악설(惡說)이라 번역한다. 계율의 죄명으로, 몸과 입으로 지은 나쁜 업을 말한다. 250계 가운데 이부정(二不定)·백중학(百衆學)·칠멸쟁(七滅諍)은 여기에 속한다. 혹은 칠취계(七聚戒)라고 하기도 한다. 이 돌길라죄를 범한 이는 등활지옥(等活地獄)에 떨어진다고 한다.

동교일승 【同敎一乘】 화엄종에서 말한 것으로, 삼승교(三乘敎)도 일승교(一乘敎)와 필경은 같다고 하는 것. 삼승은 그 말한 것은 일승과 다르지만, 실상은 일승과 별로 다를 것이 없고 모두 일승에서 나뉜 것이므로, 삼승의 법문을 수행하여도 귀결처는 일승이다. 이와 같이 일승이 삼승이 되고, 삼승은 일승이 되어서 삼승과 일승이 서로 융통하므로 동교일승(同敎一乘)이라 한다.

동귀교 【同歸敎】 중국 남북조시대의 스님인 혜관(慧觀)이 전하는 오시(五時) 가운데 하나. 동귀교는 『법화경』으로 삼승을 회통(會通)하여 일승에 돌아가게 하는 근기의 가르침을 말한다.

동류조업 【同類助業】 동류선근(同類善根)이라고도 한다. 정토에 왕생하기 위하여 올바른 실천행인 5종의 정행(正行), 곧 독송(讀頌)·관찰(觀察)·예배(禮拜)·칭명(稱名)·찬탄공양(讚嘆供養) 중에서 앞의 3행과 뒤의 1행을 말한다. 이 4종은 제4의 칭명과 같이 아미타불이 왕생할 업으로 직접 서원을 결정한 정정(正定)의 업은 아니지만, 칭명을 도와서 마찬가지로 왕생 정토를 목적으로 한 실천행이므로 동류의 조업(助業)이라 한다.

동만다라 【東曼荼羅】 태장계(胎藏界)의 만다라(曼荼羅). 태장계는 본유(本有)의 이성(理性)을 보여 주고, 금강계는 수증(修證)의 과상(果相)을 보여 주는 것이므로 이계(二界)가 서로 상대된다. 태(胎)는 인(因), 금(金)은 과(果)이므로, 인만다라(因曼荼羅)와 과만다라(果曼荼羅)라 일컫는다. 배치하는 방위는 태(胎)는 동위(東位), 금(金)은 서위(西位)이며, 만물이 동(東)에서 발(發)하여 서(西)에서 성(成)하며, 동(東)은 인상(因相), 서(西)는 과상(果相)을 갖추고 있다.

동밀 【東密】〔英 The eastern esoteric or Shingon sect of Japan, in contrast with the Tien-t'ai esoteric sect〕 일본 진언종의 밀교를 말함. 그 근본도량인 동사(東寺; 教王護國寺)의 이름에 연유한다. 천태종의 태밀(台密)에 대해 이르는 것임.

동별이교 【同別二教】 화엄종 교판의 하나. 화엄일승의 내용을 동교(同教)와 별교(別教)로 나눈 것. 1. 별교일승(別教一乘). 일승교(一乘教)는 삼승교(三乘教)와 아주 다르다는 뜻. 『화엄경』에서 말한 사사원융(事事圓融)의 법문은 삼승교에서는 전혀 밝히지 않은 것으로, 부처님이 깨달은 세계를 그대로 설한 것이다. 그 교의(教義)의 입각지는 삼승(三乘)과는 전혀 다르다. 그래서 『화엄경』 법문을 별교일승이라 한다. 2. 동교일승(同教一乘). 삼승교나 일승교가 필경엔 한가지라는 뜻. 일승과 삼승은 그 말한 것이 아주 다르다 하더라도 삼승의 법문은 본디 일승과 달리한 것이 아니고, 모두 일승에서 나누어진 것이므로 삼승의 법문을 닦아도 목적은 일승이다. 이와 같이 일승이 삼승이 되고, 삼승이 일승이 되어 3과 1이 서로 융통하므로 이를 동교일승이라 한다.

동분 【同分】〔梵 sabhāgatā, 英 of the same class or orden〕 ①심불상응법(心不相應法)의 하나. 많은 물건 가운데서 같은 종류를 뜻함. 모든 법으로 하여금 서로 비슷하고 서로 같게 하는, 물질도 아니고 정신도 아닌 법을 말한다. 이를테면, 사람은 사람끼리, 원숭이는 원숭이끼리 저절로 비슷하고 서로 같은 것은 모두 이 동분에 의한 것이다. 이것을 중생동분과 법동분 2종으로 나눈다. ②육근(六根)·육경(六境)·육식(六識). 곧 5관과 대상경계와 인식작용의 셋이 서로 교섭되어 자기의 업(業)을 이루는 것을 동분(同分)이라 한다. 이를테면, 안근(眼根)은 색채나 형태 등의 대상을 취하는 것을 자업(自業)이라 하고, 시각(視覺)은 색채·형태 등을 인식하는 것을 자업이라 하며, 색채나 형태 등은 눈 및 시각을 위하여 대상경계가 되는 것을 자업이라 한다. 이와 같이 6근·6경·6식의 셋이 상대하는 동시에 자기의 작용을 가지므로 동분이라 한다. 분(分)은 자기의 작용이란 뜻이다.

동분인 【同分因】〔梵 sabhāga-hetu〕 인(因)과 과(果)가 선악을 같이하는 경우의 인(因)을 말함. 진제(眞諦, 499-569)나 현장(玄奘, 602-664)은 동류인(同類因)이라고 번역하였다.

ㄷ

동사【同事】〔巴 samānattata, 梵 samāna-arthata, 西 don ḥthun paho, 英 working together〕 ①협력하는 것. 서로 도와주고 협동하여 일을 하는 것. 일을 공동으로 하는 것. ②중생과 같이 일에 종사하여 중생을 구하는 것. ③〔梵 eka-kāryatva, any-onya-ekakār yatva〕 같은 일을 같이 하는 것.

동사섭【同事攝】불·보살이 중생을 교화하기 위하여 그들과 사업·이익, 고락을 같이하고 길흉화복을 함께함으로써 진리의 길로 이끌어 들이는 방법을 말한다.

동사열전【東師列傳】조선 말기의 스님인 범해(梵海)가 지은 것으로, 역대 유명한 스님들의 행적을 쓴 책이다. 아도(阿道)로부터 이 책 저작 당시까지를 다루었는데, 조선시대의 스님들이 많이 수록되어 있다. 1215년〔고종 2〕에 각훈(覺訓)이 쓴 『해동고승전(海東高僧傳)』과 함께 승전(僧傳)의 쌍벽을 이룬다.

동산법문【東山法門】중국 선종(禪宗)의 5조인 홍인(弘忍, 602-675)의 교단을 말한다. 4조이자 그의 스승인 도신(道信, 580-651)은 양자강 중류에 가까운 기주(蘄州) 쌍봉산(雙峰山)에서 선법(禪法)을 펼쳤고, 5조이자 제자인 홍인(弘忍)은 쌍봉산(雙峰山) 동쪽 황매산에서 법(法)을 폈으므로 이 교단을 동산법문(東山法門)이라고 한다.

동산수상행【東山水上行】공안(公案)·화두(話頭). 운문문언(雲門文偃)에게 어떤 스님이 "어떤 것이 제불(諸佛)의 출신처입니까?" 하고 물었다. 이에 운문은 "동산이 물 위로 간다."라고 대답했다. 예부터 공안〔화두〕으로 널리 참구되고 있음.

동산수초【洞山守初, 910-990】중국 송(宋)나라 때의 선승. 봉상(鳳翔; 지금의 섬서에 속함) 부(傅)씨. 운문문언(雲門文偃, 864-949)의 제자. 법명은 수초(守初). 법호는 동산(洞山). 시호(諡號)는 종혜(宗慧; 혹은 崇慧)대사(大師). 16세 때 위주(渭州) 공동(崆峒) 지심(志諗)에게 출가하고, 경주(涇州) 정원(淨圓)에게 구족계를 받았으며, 뒤에 장사(長沙)에 이르러 운문문언(雲門文偃)에 의해 깨달음을 얻었다. 동산(洞山)에 머물며 법을 크게 펴 나갔다. 태평흥국(太平興國) 6년〔981〕 조정에서 휘호(徽號)와 자의(紫衣)를 내렸다. 산(山)에 머문 지 40년, 순화(淳化) 1년〔990〕에 입적했다. 그의 법어 가운데는 '마삼근(麻三斤)' 화두가 유명하며, 저서로는 『어록(語錄)』이 있다.

동산양개【洞山良价, 807-869】중국 당(唐)나라 문종·무종·선종 때의 선승. 조동종의 개조(開祖). 청원(青原, ?-740) 문하의 제4세, 운암담성(雲巖曇晟)의 제자. 중국 절강성 소흥부 회계 사람으로, 속성은 유(兪), 시호는 오본대사(悟本大師)이다. 어려서 출가하여 『반야심경(般若心經)』을 배우다가 '무안이비설신의(無眼耳鼻舌身意)'의 뜻을 물었는데 그 은사가 대답하지 못하자, 오예산 진묵에게 가서 참선을 시작하게 되었다. 21세에 숭산에서 구족계를 받았다. 그 후 여러 곳으로 다니다가 남전보원(南泉普願, 748-834)을 찾고, 위산영우(潙山靈祐, 771-853)에게 참알(參謁)했다가, 위산의 지시로 운암담성을 찾아가서 "혜충국사의 말에 무정이 설법한다고 하였는데, 무정의 설법은 어떤 이가 듣습니까?"라고 하자, "무정의 설법은 무정이 듣나니라."고 대답하였고, "화상도 들으십니까?"라고 묻자, "내가 듣는다면 너는 나의 설법을 듣지 못할 것이다."라고 한 데서 선지(禪旨)를 깨달아 운암(雲巖, 782-841)의 법을 이었다. 당(唐) 대중 말년에 신풍산에서 학도를 가르쳤고, 그 뒤에 여릉도 고안현에 있는 동산 보리원으로 옮겨 종풍을 선양했다. 동산이란 이름은 여기서 생긴 것이다. 그의 법을 이은 자가 26명이 있는데, 대표적인 사람이 조산본적(曹山本寂, 846-901)·운거도응(雲居道膺)·소산광인·용화거둔·화엄휴정·금장 등이다. 그의 사상을 전하는 책은, 『보경삼매가(寶境三昧歌)』·『현중명(玄中銘)』·『신풍음(新豊吟)』 등인데, 이 책들에 공통되는 근본사상은 보경삼매(寶境三昧)에 있다. 『보경삼매가』는 4언(言) 94구(句)로 되어 있는 책으로, 여시지법(如是之法), 불조밀부(佛祖密付)의 법(法)은 편정회호(偏正回互)의 현지(玄旨)를 보여 주고 있다는 것이다. 그가 학인을 접화하는 방법으로는 학인 진수향상(進修向上)의 과정에 공훈오위설(功勳五位說)이 있고, 학인의 근기를 시험하는 삼삼루(三滲漏)가 있으며, 학인접화법(學人接化法)에 삼로(三路)가 있다.

동산오위【洞山五位】조동종의 개조인 동산양개(洞山良价, 807-869)가 제창한 5위(位)를 말함. 동산양개가 수행인을 접화(接化)하는 수단으로, 편정회호(偏正回互)의 이치에 의하여 정중편(正中偏)·편중정(偏中正)·정중래(正中來)·편중지(偏中至)·겸중도(兼中到) 등 5위의 분별을 개시(開示)한 것.

동시구족상응문【同時具足相應門】화엄의 십현문(十玄門)의 하나. 십현문의 총설이라고도 할 만한 부문. 우주간에 있는 한량없는 사물은 시간적으로나 공간적으로나 일체(一體)의 연기(緣起)관계가 있으며, 또 시간적으로 보면 제각기 한 법 위에 모든 법을 갖추고서도 앞과 뒤, 처음과 나중의 차별이 분명하여 서로 섞이지 않는 것을 보인 부문.

동시즉【同時卽】'즉(卽; anantram; samanantara)'이라는 글자가 동시라는 뜻으로 사용되는 경우에는 동시즉이라고 한다. 이를테면 '빛이 오면 어둠이 사라진다.'라고 할 때, 시간의 간격이 없이 오는 것을 나타내는 경우에 쓴다. 이시즉(異時卽)에 대응된다.

동안거 【冬安居】 겨울 동안 스님들이 한곳에 모여 수행하는 것. 중국·한국·일본의 선사(禪寺)에서 여름 안거 외에, 음력 10월 15일부터 이듬해 1월 14일까지 외출을 금하고 좌선 수행하는 것. 인도 등지에서는 여름 안거뿐이다. 동양 3국에서 겨울 안거를 하는 것은 춥기 때문이다. 또 시기가 좌선하기에 알맞은 까닭도 있겠지만, 『범망경(梵網經)』의 고입난처계(故入難處戒) 중에서, "불제자는 항상 두타행을 하며 겨울과 여름에 좌선할 것이니라." 한 데에 기인한 것으로 추정된다.

동정일여 【動靜一如】 ①동(動)과 정(靜)이 한결같아 잠시라도 도(道)에서 떠나지 않는 것. ②화두참구에서 동정(動靜)에 한결같음을 말함. 일심, 한결같은 마음으로 잠시도 화두를 놓치지 말고 참구해야 함을 말함.

동진주 【童眞住】 〔梵 kumārabhūta〕 십주(十住)의 제8위. 제9위인 왕자주(王子住) 앞에 있기 때문에 동진(童眞)이라고 불린다.

동체대비 【同體大悲】 〔英 means fellow feeling and compassion, looking on all sympathetically as of the same nature as oneself〕 불·보살이 법성(法性)의 한결같은 이치를 달관하고, 중생이나 자기가 같은 몸이라고 인식하고 있는 데서 일어나는 자비심. 중생의 괴로움을 그대로 자기의 괴로움인 줄로 여기어 어여삐 여기는 것.

동체무명 【同體無明】 무시무명(無始無明). 천태의 교설에 의하면, 이 생명의 근본번뇌는 깊은 곳에 은장(隱藏)되어 있고, 법계와 더불어 동체(同體)여서 원실중도(圓實中道)의 현현(顯現)에 장애(障礙)가 된다고 한다.

동체삼보 【同體三寶】 본체론적으로 불·법·승 삼보는 하나, 곧 동체(同體)라는 뜻. 삼보(三寶)는 진여법신을 본체로 삼고 있기 때문임. 곧 진여법신에 갖추어져 있는 완전무결한 불성을 불보(佛寶), 그 고요한 법성을 법보(法寶), 화합의 덕상(德相)을 승보(僧寶)라 한다. 이것은 진여를 갖추고 있는 본질적인 측면에서 말한 것이다.

동탑종 【東塔宗】 중국 당나라 때 회소(懷素, 625-698)가 세운 사분율종(四分律宗)의 하나. 회소는 처음에 현장(玄奘, 602-664)에게 수학하였고, 법려(法礪, 569-635)에게 사사(師事)하였는데, 『사분율』을 연구하다가 법려의 『사분율소(四分律疏)』에 불만을 느끼고 『사분율신소(四分律新疏)』를 저술하여 새로운 학설을 주장하였다. 그가 장안 숭복사의 동탑(東塔)에 거주하였기 때문에 그 학파를 동탑종(東塔宗)이라고 한다. 제자 법신(法愼)이 이어받았으나, 그 법계는 점차로 불명하게 되었다.

동토구조 【東土九祖】 중국에서 천태종이 계승한 용수(龍樹, 150-250경)·혜문(慧文)·혜사(慧思, 515-577)·지의(智顗, 538-597)·관정(灌頂, 561-632)·지위(智威)·혜위(慧威)·현랑(玄朗, 673-754)·담연(湛然, 711-782)을 말한다.

두두물물【頭頭物物】사물 하나하나. 사물마다 낱낱이.

두두시도【頭頭是道】우주의 모든 현상은 하나하나가 서로 특수한 형태를 가지고 존재하지만 구극(究極)의 입장에 있는 그대로를 본다면, 그것들은 그대로 절대의 진여(眞如) 그 자체의 형태를 나타낸다고 하는 것.

두순【杜順, 557-640】중국 수(隋)·당(唐) 때의 스님. 화엄종의 개조 . 옹주(雍州) 만년(萬年) 사람. 속성은 두(杜), 이름은 법순(法順), 호는 제심존자(帝心尊者)이다. 18세에 출가하여 인성사(因聖寺)의 승진(僧珍)을 모셨다. 뒤에 종남산의 동편 여산(驪山)에 숨어 살며 정업(定業)을 닦았는데, 당시의 학구적 풍조에 만족하지 않고 스스로 『화엄경』의 현지(玄旨)를 체득하고자 법계에 오입해야 할 관문을 보였다. 그리고 『오교지관(五敎止觀)』·『법계관문(法界觀門)』을 저술하여 『화엄경』 사상을 삼관(三觀)으로 요약 정리하였고, 불교의 가르침을 판단하여 오문(五門)으로 나누었다. 또 십현문(十玄門)의 단서를 열어 화엄종의 교강을 크게 떨쳤다. 당시 당태종의 귀의를 받고서, 항상 여러 곳을 돌아다니며 아미타불을 염(念)하라고 권하고, 『오회문(五悔文)』을 지어 정토(淨土)를 찬탄하였다. 법을 지어 지엄(智嚴)에게 전하고, 정관(貞觀) 14년 11월에 84세로 의선사(義善寺)에서 입적하였다. 후세에 그를 화엄종 초조(初祖)라 부른다. 제자로는 지엄·달(達)법사·번현지(樊玄智)가 있으며, 저서로는 위의 책 이외에 『십문실상관(十門實相觀)』·『회제종별견송(會諸宗別見頌)』 등이 있다.

두타행【頭陀行】두타(dhūta)란 번뇌의 티끌을 떨어 없애고, 의식주(衣食住)에 탐착하지 않으며, 청정하게 불도(佛道)를 수행하는 것을 말한다. 여기에는 1. 재아란야처(在阿蘭若處; 人家를 멀리 떠나 산 숲이나 광야의 한적한 곳에 있는 것), 2. 상행걸식(常行乞食; 항상 밥을 빌어서 생활함), 3. 차제걸식(次第乞食; 빈부를 가리지 않고 차례로 걸식함), 4. 수일식법(受一食法; 한 자리에서 먹고 거듭 먹지 아니함), 5. 절량식(節量食; 발우 안에 든 것만으로 만족함), 6. 중후부득음장(中後不得飮漿; 정오가 지나면 과일즙이나 사탕 따위도 먹지 아니함), 7. 착폐납의(着弊衲衣; 헌 옷을 빨아 기워 입음), 8. 단삼의(但三衣; 重衣·上衣·內衣밖에는 쌓아 두지 아니함), 9. 총간주(塚間住; 무덤 곁에 있으면서 無常觀에 편리하게 함), 10. 수하지(樹下止; 있는 곳에 애착을 여의기 위하여 나무 밑에 있는 것), 11. 노지좌(露地坐; 나무 아래에서 자면 습기·새

똥·독충의 해가 있으므로 露地에 앉는 것), 12. 단좌불와(但坐不臥; 앉기만 하고 눕지 않음) 등 12두타행이 있으나, 그 중에서 흔히 걸식하는 행만을 말한다.

둔근【鈍根】〔英 of dull capacity, unable to receive Buddha-truth〕 이근(利根)에 대응하는 말로, 지혜와 덕행이 예민하지 못한 사람. 우둔(愚鈍)한 근기(根機; 자질)를 말한다.『법화경』「약초유품」에, "정견사견(正見邪見) 이근둔근(利根鈍根)"이란 말이 나온다. 선에서는 이근(利根)은 지능이 빠른 사람, 둔근은 우직한 사람으로 평하여 오히려 둔근(鈍根)이 빨리 깨닫는다고도 말한다.

둔륜【遁倫】 신라 때 스님. 도륜(道倫) 항목 참조.

득도【得道】〔英 To obtain the way, or the religion〕 ①대도(大道)를 깨달은 것. 곧 개오(開悟)를 말한다. ②불교에 입문하여 계를 받고 스님이 되는 것.

등각【等覺】〔梵 samyak-saṁbodhi, 英 absolute universal enlightenment, omniscience, a quality of and term for a Buddha〕 ①부처님의 다른 이름. 등(等)은 평등, 각(覺)은 각오(覺悟)의 뜻. 모든 부처님이 깨달은 것은 한결같이 평등하므로 등각(等覺)이라 한다. ②보살이 수행하는 지위의 단계 중에서 제51위(位)를 이름. 이는 보살의 극위(極位)로서, 그 지혜가 만덕(萬德)이 원만한 부처님과 같다는 뜻으로 등각이라 한다. 또 등(等)은 등급의 뜻인데, 이 보살의 각(覺)이 부처님의 묘각(妙覺)까지 1등급이 있으므로 등각이라 한다.

등기선【等起善】〔梵 samutthānena kuśalāḥ〕 사종선(四種善)의 하나. 자성선(自性善)·상응선(相應善)과 함께 일어나는 몸·입의 표업(表業)·무표업(無表業)과 불상응행법(不相應行法)을 말한다.

등류【等流】〔梵 niṣyanda, 英 outflow, regular flow, equal current〕 등(等)은 비슷한 것, 류(流)는 같은 종류의 두 가지가 서로 비슷함을 이른다. 인류(因流)에서 과(果)가 나오고, 본류(本流)에서 말(末)이 나와 인과(因果)와 본말(本末)이 서로 비슷한 것을 이른다. 같은 무리가 상속하는 것을 말한다.

등류과【等流果】〔梵 niṣyada-phala, 英 Like effects arise from like causes, e.g. good from good, evil from evil〕 6인(因) 중에서 동류인(同類因)·변행인(遍行因)으로 생기는 결과. 인과관계에서 원인(原因)이 선하면 결과〔果〕도 선하고, 원인이 악하면 결과도 악한 것처럼, 원인과 같은 결과를 말한다.

등류습기【等流習氣】〔梵 niṣyanda-phala〕 명언습기(名言習氣)·명언종자(名言種子)라고도 한다. 등류(等流;

niṣyanda)는 같은 종류라는 뜻이고, 습기(習氣; vāsanā)는 종자(種子)의 다른 이름이다. 제8식에 감추어진 종자가 그로부터 일어나는 결과인 언행과 사상이 되어서 신(身)·구(口)·의(意)에 나타나는 현행법과 비슷할 때, 그 종자를 등류습기(等流習氣)라고 한다. 악(惡)한 인(因)에서 악한 결과〔果〕가 나오고, 선(善)한 인(因)에서 선한 결과〔果〕가 나오고, 무기인(無記因)에서 무기과(無記果)가 나오는 것과 같이 자기와 비슷한 과(果)를 내는 종자를 등류습기라 한다.

등류심 【等流心】 오심(五心; 率爾心·尋求心·決定心·染淨心·等流心)의 하나. 바깥 경계와 어울려 생기는 마음이 앞뒤가 바뀌지 않고 계속되는 것을 말한다. 이를테면, 염심(染心)은 염심과 어울리고, 정심(淨心)은 정심과 어울리는 것을 말한다.

등무간연 【等無間緣】〔梵 samanantara-pratyaya, 英 Uninterrupted continuity, especially of thought, or time〕 사연(四緣; 因緣·等無間緣·所緣緣·增上緣)의 하나. 심(心; 마음)·심소(心所; 번뇌)가 전념(前念)·후념(後念)으로 옮아 변할 때에, 전념에 없어진 마음이 뒤에 생기는 마음을 끌어 일으키는 원인이 되는 것을 말한다. 불교에서는 두 마음이 한꺼번에 일어난다고 하지 않으므로, 마치 두 사람이 외나무다리를 건널 때처럼 전념(前念)이 원인을 제공해 주지 않으면 후념이 생기지 못한다고 한다. 이때에 전념·후념의 심(心)·심소(心所)의 수는 설사 많거나 적거나 같지 않더라도, 그 주체는 앞뒤가 평등하여 하나이므로 등(等)이라 하고, 후념은 전념과의 사이에 설사 얼마간의 시간이 경과한다 하더라도 다른 마음이 그 사이를 뜨게 하지 않고 곧 생기므로 무간(無間)이라 한다. 이 등무간연은 심성(心性)에만 국한되고, 다른 법에는 통하지 않는다. 또 아라한이 열반에 들려는 최후심(最後心)의 심·심소를 제하고는 모든 마음의 작용은 반드시 이 관계를 가지는 것이라 한다.

등신불 【等身佛】 자기의 키와 똑같은 크기로 만든 불상(佛像).

등정각 【等正覺】〔梵 samyaksaṃbuddha, 英 complete perfect knowledge; Buddha-knowledge〕 ①붓다의 십호(十號) 가운데 하나. 정등각(正等覺)·정변각(正遍覺)·정변지(正遍智)라고도 한다. 붓다는 두루하고 평등하며, 바른 이치를 깨달았으므로 이렇게 부른다. ②등각(等覺).

등지 【等持】〔梵 samādhi, 英 Holding oneself in equanimity, a tr. of samādhi〕 요가 수행의 8부문 가운데서 최상(最上)의 지위에 있는 단계. 마음이 마치 텅 빈 것처럼 되어, 대상만이 빛나는 상태이다. 이 등지(等持)는 삼매(三昧)라고도 하는데,

여기에 이르러서는 하나도 없이 허공과 같이 되는 것이다.

등지【等至】〔梵 samāpatti, 英 A name for fixation of the mind, or concentration in dhyāna〕 정(定)의 다른 이름. 마음과 몸이 평등·안온해지는 것을 등(等)이라 한다. 정(定)은 사람으로 하여금 이 등(等)의 상태에 이르게 하므로 등지(等至)라 한다.

등활지옥【等活地獄】〔英 The first of the eight hot hells, in which the denizens are chopped, stabbed, ground, and pounded, but by a cool wind are brought back to life〕 팔열지옥(八熱地獄)의 하나. 남섬부주(南瞻浮洲) 아래 1천 유순(由旬; 30리 혹은 40리) 되는 곳에 있다는 지옥. 이 지옥에 나는 중생은 서로 할퀴고 찢으며, 옥졸들도 쇠몽둥이를 가지고 죄인을 때려 부수고 칼로 살을 찢는다고 한다. 죄인이 죽으면 서늘한 바람이 불어와서 다시 살아나게 되는데, 혹은 옥졸이 쇠갈퀴로 땅을 두들기면서 살아나라고 하거나, 혹은 공중에서 나는 소리를 듣고 되살아나게 된다고 한다. 그런데 이렇게 다시 살아나서 전과 같이 죄를 받는다고 하여 등활이라고 한다. 산목숨을 죽인 이가 이 지옥에 떨어진다고 한다.

디가 니카야 니카야 항목 참조.

디그나가【Dignāga】 진나(陳那) 항목 참조.

라마교【喇嘛教】〔英 Lamaism〕 티베트의 불교. 라마(bla-ma)는 직역하면 상인(上人)이라는 의미로서, 사장(師匠)·선지식(善知識)·친우(親友) 등과 동의(同義)로 쓰인다. 본디 학덕이 높은 승려나 대승원(大僧院)의 장로(長老)를 부르는 호칭이었으나, 오늘날 라마교도는 각자의 사장(師匠; 스승)을 라마라고 부르고 있다. 티베트에서는 특히 살아 있는 개인으로서의 라마가 불(佛)·법(法)·승(僧) 삼보(三寶) 이상으로 소중한데, 라마는 보살의 덕인 지혜와 자비와 힘의 3자(者)를 여실히 구현하는 것이라고 생각되고 있기 때문에, 이 라마에 대해서 정신적·물질적으로 봉사하는 것이 불도(佛道) 성취의 지름길이라고 생각하는 데 이르렀다. 라마는 이처럼 일반인과 구별되지만, 라마 사이에도 계급조직이 있어서 보통승(普通僧)과 귀족승(貴族僧)으로 나누어진다. 귀족승이란 귀족 출신의 승려라는 의미가 아니고, 고덕자(高德者)의 화신(化身)인 승려라는 의미인데, 한 사원(寺院)에 30명가량 있으며, 특별한 취급을 받는다. 이들의 화신 라마의 최상위에 있는 것이 달라이 라마인데, 정교(政教) 양권을 지배하고 티베트인 일반의 종교적 통념에 따라 관음보살의 화신으로 생각되어 성관자재(聖觀自在)라 존칭한다. 라마교는 교조를 북인도에서 온 파드마삼바바(Padma-sambhava; 蓮華生)로 삼는데, 그는 나란타사(那爛陀寺)에서 밀교를 수학하고 유가계(瑜伽系)의 불교를 배웠다고 한다. 747년 티베트 왕의 초청으로 귀국하여 티베트 고유의 종교인 뵌(Bön)교를 불교에 흡수하는 방법을 생각해 내어, 그들이 숭배하는 여러 신을 불보살의 화신이라고 하며 신교·구교를 융합하였다. 교조(教條)를 제정하고 삼예사(Samyās寺)를 지어 산타라크쉬타(Sāntarakṣita; 寂護)를 초대 주지로 삼고, 라마(Lāma) 승단을 조직하며, 한자 및 산스크리트 경전을 번역하여 라마교의 장경(藏經)을 편성하였다. 그 뒤 10세기에 란다르마(Laṅ Dharma)왕의 탄압으로 한동안 쇠하였으나, 몇 해를 지나 다시 세력을 회복하였다. 1038년 동인도 벵갈주의 명승 아티샤(Atiṣa)가

와서 신풍(新風)을 일으키고, 다시 그 교계(教系)에 쫑카파(Tsom-kha-pa; 宗喀巴, ?-1417)가 나서 계율 중심의 종풍을 확립하게 되자 라마교는 매우 풍성하게 되었다. 13세기 후반에 이르러 원나라 세조의 보호를 받아 몽골 대제국의 국교가 되었고, 그 뒤 역대 조정의 외호에 의하여 크게 융성하여 정치·종교의 두 가지 권한을 지배하게 되었다. 15세기 초에 교단은 쫑카파의 종풍을 이은 개혁적 황모파(黃帽派)와 보수적 홍모파(紅帽派)로 분열하여 오늘에 이르렀다. 홍모파의 티베트불교는 16세기 후반에 몽골에 전해지고, 17세기에는 외몽골·내몽골·만주·화북 등지에 전파되었다. 18세기에 몽골족의 일파인 부리아트(Buriat)족에 전해지고, 현재 시베리아 각지에서 동으로 캄차카에 이르는 지역에까지 전해졌다고 한다. 한편 칼마크(Kalmak)족에 전해진 불교는 돈(Don)강, 우랄강 사이에까지 퍼졌다. 티베트에서 발달한 불교를 라마교라 한 것은 근세 이후의 유럽인들이다. 최근 인도 다람살라에 있는 달라이 라마는 티베트불교를 라마교라고 부르는데 대하여 이의를 제기하고, 라마교 대신 티베트불교로 써 줄 것을 요청했다.

라자그리하 【Raja-grha】 고대 중인도 마가다국〔마갈타국〕의 수도. 지금의 벵갈주(州). 왕사성(王舍城)이라 번역한다. 파트나(Patna)시의 남방 비하르 지방의 라즈기르(Rajgir)가 그 옛터이다. 왕사성 항목을 참조할 것.

라후라 【羅睺羅】 ①〔梵 Rāhula〕 석존의 아들. 후에 출가하여 석존의 제자가 되었다. 밀행제일(密行第一). 사미(沙彌)의 시초. 16나한(羅漢)의 한 사람. ②라후라발타라(羅睺羅跋陀羅; Rāhulabhadra)의 약칭. 3세기경의 인도 학자. 제바(提婆; Aryadeva)의 후계자로, 처음에는 소승불교를 배웠는데, 용수(龍樹; Nāgārjuna)에게도 배웠다고 한다. 저술로는 티베트 장경(藏經) 안에 『보살행경청정경의략섭(菩薩行境清淨經義略攝)』이 현존하며, 그 밖에 『중론(中論)』 초품(初品)의 해석, 반야찬탄(般若讚嘆)의 게(偈), 법화찬탄(法華讚嘆)의 게(偈)가 있다.

룸비니 【Lumbini】 남비니(藍毘尼)라고 음역한다. 석존이 태어난 곳으로, 중인도 카필라 성의 동쪽에 있던 동산. 지금의 연합주 지방 코라스크풀주(州)의 북쪽에 해당한다. 바그반푸르(Bhagvānpur)의 북쪽 2마일 파데리아(Paḍeria) 부근이다. 여기에는 아쇼카왕의 돌기둥과 마야부인당(摩耶夫人堂) 등이 있다.

ㅁ

마【魔】〔梵·巴 māra, 英 demon, 獨 Dämon, 佛 démon〕마(魔), 또는 마라(魔羅; māra)의 준말. 몸과 마음을 요란케 하여 수행과 선법(善法)을 방해하고, 좋은 일을 깨뜨려 수도에 장애가 되는 것을 말한다. 구역(舊譯)의 경론에서는 마라(魔羅)라고 하였으나, 양(梁)나라 무제(武帝, 502-549 在位) 때부터 마(魔)로 쓰고 있다.

마갈타【摩竭陀】〔梵 Magadha〕중인도에 있던 옛 왕국. 그 성(城)은 둘레 8백 마일인데, 북쪽은 황하에 이르고, 서쪽은 베나레스, 동쪽은 히란야 파르바타(Hiranya Parvata; 지금의 몽기르), 남쪽은 키라나 사바르나(Kiraṇa Savarṇa; 지금의 싱훔)에 이른다. 불교와 관계가 가장 깊은 나라였다. 석존 생존 시에는 빈바사라왕이 왕사성(王舍城)에 도읍을 정하고 이 나라를 다스렸는데, 문화가 크게 발달하였다. 석존은 이 나라의 니련선하(尼連禪河)가에서 성도(成道)하였다. 그래서 임금이 석존을 위하여 죽림정사(竹林精舍; venuvana)를 지었는데, 그의 아들 아사세왕도 불교의 외호자가 되어 제1회의 불전(佛典)을 결집하게 하였다. 그로부터 200년 뒤 전나라급다왕 때에 도읍을 항하 가에 옮겨 화자성(華子城)이라고 하였다. 뒤에 아육왕이 나와 이 화자성에 서울을 정하여 전 인도에 세력을 떨치고, 크게 불교를 일으켜 성의 동남쪽에 계원사(雞園寺)를 짓고, 여러 곳에 보탑(寶塔)을 세웠다. 이 밖에도 이 나라에는 마하가섭이 선정에 든 계족산(雞足山; Kukkuṭapāda)과 역대 여러 임금의 외호에 의하여 불교 교학의 중심지가 된 나란타사(那爛陀寺; Nālanda) 등, 불교와 관련된 유적이 많다.

마군【魔軍】〔巴 jhaṣadhvaja-bala, 英 The army of Māra〕줄여서 마(魔), 마라. 악마(惡魔)의 군병(軍兵). 부처님이 성도(成道)할 때에 제6천(天)의 마왕(魔王)이 그의 권속을 거느리고 와서 성도를 방해하자, 신통력으로 이들 모두를 항복시켰다고 한다. 또 수행이나 불도를 방해하는 일체의 악한 일을 마군이라 한다. '마구니'는 마군의 변음이다.

마니【摩尼】〔梵 mani, 英 a jewel,

gem, precious stone, A bright luminous pearl, symbol of Buddha and his doctrines〕 주(珠)·보(寶)·이구(離垢)·여의보주(如意寶珠)·여의주(如意珠)라고 번역한다. 이 구슬은 용왕(龍王)의 뇌 속에서 나온 것이라 하는데, 사람이 이 구슬을 가지면 독(毒)이 해칠 수 없고, 불에 들어가도 타 버리지 않는 공덕이 있다고 한다. 일설에는 제석천왕이 가진 금강저(金剛杵)가 아수라(阿修羅)와 싸울 때 부서져서 사바세계〔이 세상〕에 떨어진 것이 변한 것이라고 하기도 한다. 그 밖에 지나간 세상의 모든 부처님의 사리(舍利)가 불법(佛法)이 멸(滅)할 때에 모두 변하여 이 구슬이 되어 중생을 이롭게 한다고도 한다.

마니보주 【Mani寶珠】 주(珠)·보(寶)·이구(離垢)·여의보주(如意寶珠)·여의주(如意珠)라고 번역한다. 마니 항목을 참조할 것.

마두관음 【馬頭觀音】〔梵 Hatagriva〕 태장계관음원(胎藏界觀音院)의 일존(一尊). 6관음의 하나. 관세음을 자성신(自性身)으로 삼고, 머리에 말의 머리를 이고 있으므로 마두관음·마두대사(馬頭大士)·마두명왕(馬頭明王)이라 한다. 말의 머리를 이고 있는 것은 전륜성왕(轉輪聖王)의 보마(寶馬)가 사방으로 내달리면서 위력으로 굴복시키는 것처럼, 생사(生死)의 큰 바다를 건너다니면서 사마(四魔; 煩惱魔·五蘊魔·死魔·天魔)를 항복시키는 큰 위신력과 정진력을 나타내는 것이다. 또 무명(無明)의 무거운 업장을 먹는다는 뜻도 있다. 주로 축생들을 교화하여 이롭게 한다고 한다.

마등가 【摩登伽】〔梵 Mātaṅga〕 교일(憍逸)·악작업(惡作業)이라 번역한다. 인도의 하층계급으로, 길거리를 청소하는 등 비천한 직업을 가진 남자의 통칭. 여자는 마등기(摩登祇; matangi)라고 한다.

마등가경 【摩登伽經】〔梵 Sardalakarnavadana〕 중국 오(吳)나라의 축율염(竺律炎)·지겸의(智謙儀)가 번역. 2권. 마등가녀(摩登伽女)가 출가귀의한 인연에 대하여 사성평등(四姓平等)을 설하고, 28수(宿)와 그 제법(諸法) 등을 설하고 있다.

마라 【魔羅; māra】 마(魔)·악마(惡魔)·살자(殺者)·탈명(奪命)·능탈명자(能奪命者)·장애(障礙) 등으로 번역한다. 사람의 생명을 빼앗고, 좋은 일을 방해하고 고민하게 만드는, 나쁜 귀신을 가리킨다. 마라(māra)는 '죽이는 것'이라는 의미를 가지기 때문에, 인류 최초의 사자(死者)로서 인간의 생명을 빼앗아 영계(靈界)의 왕(王)이라고 불리는 야마(yama)와 상통하는 의미로 쓰이기도 한다. 마(魔)는 욕계(欲界) 제6 타화자재천(他化自在天)의 왕으로 천마(天魔)라 불리는데, 야마와는 구별된다. 지옥·아귀·축생·인간 육욕천(六欲天)이 욕계의 생존자라고 말하므로, 욕계의 최고천(最高天), 즉 인간으로 말하면 최고경지처(最高境地處)에 마(魔)가 산다는 말이 되어서 아주 흥미롭다. 마(魔)의 종류에는 여러 설이 있지만, 욕탐(欲貪)·불환희(不歡喜)·기갈한열(飢渴寒熱)·애착(愛着)·수면(睡眠)·경포공외(驚怖恐畏)·호의혹(狐疑惑)·진애분노(瞋恚忿怒)·경리쟁명(競利爭名)·우치무지(遇痴無知)·자거긍고(自擧矜高)·항상훼타인(恒常毁他人) 등 12군(軍)이 유명하다. 이 12가지를 분석해 보면, 인간의 번뇌·미(迷)함을 나타낸다. 이와 같이 마(魔)에는 미(迷)함과 번뇌의 마군(魔軍)이 있는데, 마(魔)가 욕계 제6천(天), 즉 욕계의 경지(境地)의 최고위에 주(住)하기 때문에, 번뇌 및 미(迷)함은 인간이 최고로 노력 정진하고 있는 상태에 나타나서, 만원(滿願) 성취의 장애가 된다고 생각하였다. 인도문학에서 마라는 애욕의 신 카마(Kāma)와 동일시되기도 한다. 한편 마(魔)의 유혹을 극복하는 것과 마(魔)를 퇴치하는 것을 항마(降魔; māra-jaya; māra-vijaya; māra-bhañjaka)라고 한다.

마라난타【摩羅難陀】인도의 고승. 384년〔침류왕 1〕 동진(東晋)으로부터 백제에 들어와 한산(漢山)에 절을 짓고 사문(沙門) 열 사람을 만들었다고 하는데, 이것이 백제불교의 시작이라고 함. 『해동고승전』에 그 기록이 보인다.

마명【馬鳴; Aśvaghoṣa】2세기경에 활약한 중인도 마갈타국의 대승논사(大乘論師). 인도의 위대한 시인(詩人)으로 추앙됨. 불멸 후 6백 년경에 중인도 사케타에서 태어났다. 처음에는 바라문교의 승려로 세상에 알려졌지만, 북인도에서 온 협(脇)비구〔일설에는 富那奢라고 함〕에게 설복되자 그의 제자가 되어 불법을 배웠다. 그 뒤부터 마갈타국을 중심으로 중인도 각처에서 전도하기 시작했다. 그런데 그 당시 쿠샤나왕조의 카니시카왕이 중인도를 정복하고 배상금 대신에 마명을 데리고 북인도로 돌아갔다. 마명은 이렇게 해서 북쪽의 월지국에 들어가서 왕의 보호를 받으며 대승불교를 선전하는 데 힘썼으므로, 예부터 그를 대승불교의 시조라고 말하게 되었다. 마명은 불교뿐만 아니라 문학과 음악에도 조예가 깊어 마갈타국에 있을 때에 뇌타화라(賴咤和羅)라는 가곡을 지은 일이 있으며, 몸소 악사들과 어울려 왕사성에서 이 가곡을 연주하여 연기(緣起)의 이법(理法)을 가르쳤는데, 그 결과 성중의 5백 왕자가 출가한 일도 있다. 저서로는 『대승기신론(大乘起信論)』 1권, 『대장엄론경(大莊嚴論經)』 15권, 『불소행찬경(佛所行讚經)』 5권 등이 있다.

마삼근【麻三斤】화두. 어느 수행자가 동산수초(洞山守初, 807-869)선사에게 "무엇이 부처입니까?"라고 물으니, 동산이 "마삼근(麻三斤)"이라 대답했다. 마삼근은 삼베 실〔絲〕 3근이 라는 뜻.

마애불【磨崖佛】 정식으로는 마애석불(磨崖石佛)이라고 한다. 자연의 암석이나 구릉(丘陵)에 새긴 불상.

마야부인【摩耶夫人】 범어(梵語)로는 'Mahā-māya'라고 하는데, 대술(大術)·대환(大幻)·대지모(大智母)·천후(天后)라 번역한다. 마야(摩耶)라 줄여서 쓰기도 한다. 고타마 싯다르타〔붓다〕의 모친이다. 싯다르타 태자를 낳은 지 7일 만에 죽었는데 도리천에 태어났다고 한다.

마왕【魔王】〔英 The king of māras, the lord of the sixth heaven of the desire-realm〕 천마(天魔) 가운데 우두머리. 욕계(欲界) 제6천(天)인 타화자재천의 주(主). 그는 항상 마(魔)의 부하를 거느리고 사바세계를 향하여 갖가지 장애를 일으키고, 수행을 방해하므로 마왕 파순(波旬; pāpiyas; pāpiman)이라고 한다. 하지만 대승의 법문(法門)에서는 계위(階位)가 높은 보살이 대방편력으로 마왕으로 화현(化現)하여 중생을 교화하는 경우도 있다고 한다.

마이트레야【Maitreya, 4세기경】 음사해서 미륵(彌勒)이라 한다. 아상가, 바수반두 형제에 대한 기술과 유식사상의 성립에 얽힌 전승에 따라 그 존재가 추정, 또는 가정되는 인도불교 사상가. 유식사상의 개조로 지목된다.

[마이트레야와 미륵보살] 유식사상의 실질적 대성자인 아상가(Asaṅga; 無着, 395경-470경/310경-390경)가 유식의 교의를 설한 논전(論典)을 도솔천이라는 천상세계에 머무는 미륵보살로부터 교수(敎授)했다는 중국·티베트의 전승(傳承)이 있다. 또한 유식사상 계통에 속하는 문헌에도 『유가사지론(瑜伽師地論)』을 필두로 하여 미륵보살이 설한 것을 아상가가 지었다고 전하므로, 그 성립에 있어 아상가 이외의 인물과 관련성이 있다. 이들 소전(所傳)은 어느 것이나 특히 유식사상 문헌의 성립사를 생각할 때 아상가에 선행하는 유식사상의 개조가 실재한다는 해석의 여지를 갖고 있다. 그래서 우정백수(宇井伯壽, 1882-1963)는 전승(傳承)에 나오는 미륵보살은 역사적 사실을 반영한 결과로서 마이트레야는 아상가의 스승에 해당하는 실재한 불교사상가라 하여 그 생몰년을 논하고, 마이트레야와 아상가의 저작을 구별하였다. 우정백수의 마이트레야 실재설은 때로는 내외의 학계에서 찬성을 얻었지만, 현재는 이 미륵보살의 해석도 다양해서, 아상가의 명상 중의 영감을 나타내는 것, 문헌의 실제 내용을 구상한 인물을 지시 호칭하는 것으로 보존되어 온 것, 선행하는 유식계의 수행자 집단을 지시하는 것 등 여러 가지 설이 있다.

[미륵의 오론(五論; 五法)] 이것과 연관해서 중국에서는 '미륵의 오론(五論; 五法)', 티베트에서는 '미륵의

오법(五法)'이라는 5부의 논전(論典)이 미륵의 저작으로 언급되어 왔다. 전자는 『유가사지론』·『불별유가론』·『대승장엄경론송』·『중변분별론송』·『금강반야경론송』·『구경일승보성론송』·『현광장엄론송』을 들고 있다. 이 가운데 『대승장엄경론』은 '대승을 장엄한 경론'이라는 뜻으로, 그 권두(卷頭)에서 불교의 정수는 대승에 있다는 것을 선언하고 있다. 이 책의 구성은 『유가사지론』의 일부를 이루는 보살지의 것과 거의 일치하고 주로 대승 수행자의 이상상인 보살의 실천을 다양한 관점에서 서술하고 있는데, 그 가운데 유식설 및 여래장 사상을 언급하고 있다. 이 책은 아상가의 주저 『섭대승론』에도 자주 인용되고 있는데, 『중변분별론』과 더불어 유식사상 확립에 이바지한 바가 매우 크다. 또한 최근의 연구는 5부의 논전을 모두 미륵에게 소급하는 것은 후대에 성립한 것이라는 것을 보여 준다. 어찌 되었건 이 마이트레야로 상징되는 유식사상의 성립사를 둘러싸고 야기되는 여러 문제는 더 많은 문헌적 고찰과 정확한 연구를 기다리지 않을 수 없다. 미륵 항목을 참조할 것.

마장 【魔障】〔英 Māra-hindrances〕 '마(魔)의 장애'라는 뜻으로, 불도(佛道) 수행에 방해가 되는 일을 마장이라고 한다.

마조도일 【馬祖道一, 709-788】 중국 당(唐) 현종·숙종·대종 때의 선승. 성은 마(馬)씨. 한주(漢州) 습방(什邡) 사람. 어려서 자주(資州)의 당화상(唐和尙)에게 삭발하고, 유주(渝州)의 원율사(圓律師)에게 구족계를 받았다. 개원연중(開元年中, 713-741)에 남악회양(南岳懷讓, 677-744)에게 가서 9년 동안 사사(師事)하여 심인(心印)을 받았다. 그 후 남악을 떠나 건양(建陽)의 불적령(佛迹嶺)·임천(臨川)·서리산(西裏山)·공공산(龔公山)·홍주(洪州) 등지에서 가르침을 펴자 수행자들이 운집하여 선풍(禪風)을 드날렸다. 8백 명의 문하(門下) 중 입실자(入室者)만 해도 백장(百丈)·대매(大梅)·염관(鹽官)·남전(南泉) 등 84인(人)이 있었다. 이처럼 남악의 종풍이 도일에 의해서 천하에 떨치게 되었다. 788년〔貞元 4〕에 80세로 건창(建昌)의 석문산(石門山)에서 입적하였는데, 시호는 대적선사(大寂禪師)라 하고, 세상에서는 강서에서 법을 폈다고 하여 '강서(江西) 마조(馬祖)'라고 부른다. 자심(自心)이 불(佛)이라 하면서, 중생을 떠나서는 따로 부처가 없다고 하였다. 자심(自心)을 불료시(不了時)는 미(迷)인데 미(迷)한 즉 중생이며, 요시(了時)는 오(悟)인데 오(悟)한 즉 불(佛)이라 하였고, 또한 평상심(平常心)을 도(道)라고 하였다.

마지 【摩旨】 부처 앞에 올리는 공양〔밥〕을 말한다. 마지(摩旨)란 '맛있는 음식'이라는 뜻으로, 마지를 담는 그릇을 마지불기(摩旨佛器)라 한다.

마칼리 고살라 【Makkhali Gosāla; 末伽利拘舍利, ?-B.C.392】 인도철학 인물. 육사외도(六師外道) 가운데 사명외도(邪命外道)의 개조(開祖). 그가 속해 있는 종교는 아지비카(Ājivika)교라 칭한다. 그는 모든 생물이 영혼·지(地)·수(水)·화(火)·풍(風)·허공·득(得)·실(失)·고(苦)·락(樂)·생(生)·사(死)의 12요소로 되어 있는데, 뒤의 6종이 실체라고 보았다. 영혼은 물체와 같은 것으로 생각하여 모든 원소나 동·식물에도 존재하고 있는 것이라고 하는 한편, 무인론(無因論)·숙명론을 내세워 모든 생명을 가진 것은 오직 운명과 환경, 그리고 천성에 의한 필연적인 힘으로부터 되는 것이요, 인간의 힘으로는 어찌할 수 없는 것이라고 하였다. 따라서 우리 인간의 생활도 자연 그대로 버려두면 되는 것이고, 업(業)에 의해서 규정되는 것도 아니므로 그대로 자연에 맡겨서 840만 겁(劫)의 윤회를 겪는 동안에 고(苦)가 전부 소멸되어 제 스스로 해탈할 수 있다고 주장하고 있다. 그의 교설은 뒤에 자이나교에 흡수되었다.

마하 【摩呵】 삼마하다(三摩呵多; samāhita)의 약칭. 번역하여 등인(等引)이라 한다. 마음에 평등(平等)을 끌어들임. 승정지(勝定地)로 심(沈)과 도(掉)를 떠나 평등이 되게 하는 것. 정전(定前)에서 가행(加行)하는 것이므로 능인(能引)이라 한다.

마하 【摩訶; Maha】 크다, 위대하다는 뜻.

마하가섭 【摩訶迦葉】 석가모니의 10대 제자 중 한 명. 가섭 항목 참조.

마하가전연 【摩訶迦旃延】 석가모니의 10대 제자 중 한 명. 가전연 항목 참조.

마하목건련 【摩訶目犍連】 석가모니의 10대 제자 중 한 명. 목건련 항목 참조.

마하반야바라밀 【摩訶般若波羅蜜】 〔梵 Mahā-prajnāpāramitā〕 큰 지혜로 저 언덕으로 건너간다〔到彼岸〕는 뜻. 지혜는 깨달음을 성취하게 하는 바탕이 되기 때문임.

마하반야바라밀다심경 【摩訶般若波羅蜜多心經】 〔梵 Maha prajñāparamita-hṛdaya-sūtra〕 중국 당나라 때의 현장(玄奘, 602-664)이 번역. 1권. 줄여서 『반야심경(般若心經)』·『심경(心經)』이라고 한다. 마하(摩訶; mahā)는 넓고 크다는 뜻이며, 반야(般若; prajñā)는 지혜(智慧), 바라밀다(波羅蜜多; pāramita)는 도피안(到彼岸)·도무극(度無極), 심(心)은 골자·핵심, 경(經)은 성인이 설하신 불변의 진리를 기록한 책이라는 뜻이다. 그러므로 마하반야바라밀다심경이란 '넓고 큰 지혜로 저 언덕에 이르게 하는 핵심이 되는 경전'이라는 말. 오온(五蘊)·삼과(三科)·십이인연(十二因緣)·사제(四諦)의 법을 들어 온갖 법이 다 공(空)하다는 이치를 설한 경전이다. 보살이 이 이치를 관찰하면 일체 고액(苦厄)을 면하고, 필경에는 열반(涅槃)을 성취하여 아뇩보리(阿耨

菩提)를 증득한다고 함. 260여 자에 불과한 작은 경(經)이지만, 『대반야경』의 정요(精要)를 뽑아 모은 것으로서 여러 나라에 널리 유통되고 있다. 다른 번역으로는 후진의 구마라집(鳩摩羅什, 344-413)이 번역한 『마하반야바라밀대명주경』 1권, 당의 보리류지(菩堤流支)가 번역한 『반야바라밀다나제경』 1권, 당의 반야·이언 등이 번역한 『반야바라밀다심경』 1권, 당의 법월(法月)이 번역한 『보변지장반야바라밀다심경』 1권, 당의 지혜륜이 번역한 『반야바라밀다심경』, 송의 시호(施護)가 번역한 『성불모반야바라밀다경』 1권 등이 있다.

마하살【摩訶薩】〔梵 Mahāsattva〕 마하살타(摩訶薩埵)의 약칭. 대유정(大有情)·대사(大士)라고 번역한다. 보살의 미칭(美稱). 보살은 자리이타의 대원(大願)·대행(大行)이 있으므로 마하살이라 하는데, 부처님을 제하고는 중생 가운데서 맨 윗자리에 있으므로 대(大)자를 더하여 대사(大士)·대유정(大有情)이라 한다.

마하승기율【摩訶僧祇律】 사부율(四部律; caturvarga-vinaya)의 하나. 상좌부 계통의 독자부(犢子部)에서 전한 율(律)인데, 중국 동진 때 불타발다라(Buddhabhadra)와 법현이 건강의 도장사(道場寺)에서 416년〔義熙 12〕부터 418년까지 번역한 40권이 있다. 처음에 비구계를 말하고, 다음에 비구니계를 말하였다.

마하연【摩訶衍】 ①〔梵 mahāyāna〕 대승이라 번역한다. 성문·연각의 교법을 소승이라 하고, 보살의 교법을 대승이라 한다. ②강원도 금강산 법기봉(法起峯) 아래에 있는 절. 신라 문무왕(文武王) 1년〔661〕에 의상(義湘)이 창건하였다. 현재 남아 있는 건물은 조선 순조(純祖) 31년〔1831〕에 월송(月松)이 중건한 것이다. 『신증동국여지승람』 47, 강원도 회양(淮陽)에 나온다.

마힌다【Mahinda, B.C.약 300-B.C. 200】 스리랑카〔실론〕불교의 초전자(初傳者). 인도 마우리아 왕조 아쇼카왕의 아들, 또는 아우. 20세에 출가하여 32세에 스리랑카로 건너가 60세에 입적할 때까지, 국왕 데바남피야 팃샤(Devānampiya Tissa)를 비롯하여 도민(島民)을 교화하고, 사원(寺院)·정사(精舍)를 건립하였으며, 교단을 설립하여 스리랑카불교의 기초를 확립하였다.

만【慢】〔梵 māna, 西 ṅa rgyal, 英 haughty, pride, arrogance〕 16혹(惑)의 하나. 교만, 아만으로서, 자기 자신을 너무 높이고 남을 능멸하는 것. 칠만(七慢)·구만(九慢)의 구별이 있다.

만【卍】〔梵 Svastika, 巴 Svatthika〕 길상(吉祥; śri)의 표상. 중국에서는 색박실저가(塞縛悉底迦)라고 음역(音譯)한다. 길상(吉祥)·유락(有樂)·덕상(德相)·경복(慶福)·행운(幸運) 등으

로 번역함. 예부터 불교에서뿐만 아니라 인도교와 서양에서도 사용하였다. 불교에서는 길상해운상(吉祥海雲相; 만덕원만한 모양)으로서 부처의 가슴에 그렸는데, 불심인(佛心印)이라고 설명하였다. 부처의 발자국에 있는 65형상 가운데 하나라고도 한다.

만공월면【滿空月面, 1871-1946】근대 정혜사(定慧寺)의 선승. 성은 송(宋)씨, 휘(諱)는 월면(月面), 호는 만공. 1871년〔고종 12〕 전북 정읍군 태인면에서 출생. 15살 때 서산(瑞山) 천장사에 가서 태허(泰虛)선사에게서 스님이 되었고, 활구선(活句禪)을 참구(參究)하다가 1895년 7월 25일 새벽에 종송(鍾頌)의 '응관법계성 일체유심조(應觀法界性 一切唯心造)'란 구절을 듣는 순간 활연 대오하였다. 경허(鏡虛, 1849-1912)의 법을 이어받고 그의 제자가 되어 덕숭산 정혜사·금강산 유점사에서 선풍(禪風)을 떨쳤다. 1946년 4월 76세를 일기로 정혜사에게 입적하였다.

만다라【曼荼羅】만다라는 범어 'maṇdala'의 음사(音寫)로, 만다라(曼荼羅)·만타라(曼陀羅)·만달라(曼怛羅)라고도 쓰는데, 줄여서 만다(曼荼)라고도 한다. 도량(道場)·단(壇)·공덕취(功德聚)·윤원구족(輪圓具足)이라고 번역한다. 방원(方圓)의 단(壇)을 구축하여 제불(諸佛)을 안치하고 공양예배하는 도량을 만다라라고 하는데, 이것은 원시적인 의미이다. 단(壇)은 평탄하기 때문에 평등(平等)이라고도 번역한다. 윤원구족(輪圓具足)이란 것은 의역(義譯)인데, 만다라에는 모든 교리가 집합되어 있으므로 만덕(萬德)이 귀입(歸入)하여 완전 원만한 것이라고 하는 뜻이다. 한편 윤원폭주(輪圓輻輳)라고도 한다. 마치 수레바퀴의 여러 살이 한곳으로 몰려 있듯이, 만다라의 제존(諸尊)은 중앙의 본존(本尊)에 귀입하여 다신일체(多身一體)의 뜻을 가지고 있다. 또 중앙본전의 제덕(諸德)이 나타나서 주위의 제존(諸尊)으로 되기 때문에 마치 연꽃이 펴서 스스로 장엄함과 같은 취지가 있다. 그러므로 장엄(莊嚴)·발생(發生)·적집(積集)의 뜻이라고도 한다. 이와 같이 부연(敷衍)된 의의(意義)로서는 자기를 중심으로 한 하나의 만다라이다. 사만상대(四曼相大) 같은 것은 이런 뜻에서 나온 것이다. 그런데 밀교사상이 발달하면서 숭배수법(崇拜修法)의 대상으로서 제불(諸佛)의 취회(聚會)한 단장(壇場)이라고 하는 본의(本義)가 점차로 변하여서, 드디어 만다라를 중심으로 하여 심원한 종의(宗義)가 조직되기에 이르렀다. 이 만다라를 그림에 나타낸 것이 보통 이른바 만다라인데, 밀교의 금강계만다라(金剛界曼荼羅)·태장계만다라(胎藏界曼荼羅)의 양부(兩部) 만다라를 비롯하여 『법화경(法華經)』의 회처(會處)를 도시(圖示)

한 법화만다라, 극락정토의 모양을 묘사한 당마(當麻)만다라, 정토삼부경(淨土三部經)의 만다라 등 여러 가지가 있다.

만법【萬法】〔英 All things, everything that has noumenal or phenomenal〕 ①인식의 세계, 의식 속의 모든 현상. 모든 사물. 일체의 존재. 제법(諸法). 만유일체(萬有一切). 삼라만상의 의미. ②현상(現象)이 되어서 나타난 진리를 만법이라고 한다.

만법귀일【萬法歸一】 공안(公案) 가운데 하나. 모든 현상은 하나의 진리로 귀결한다는 뜻. '만법귀일(萬法歸一) 일귀하처(一歸何處)'라는 화두는 선종(禪宗)에서 널리 쓰고 있는 화두(話頭)이다.

만법유식【萬法唯識】 의식 속에서 형성된 모든 현상, 그리고 현상계의 모든 것은 오직 의식(意識)의 작용, 마음의 작용이라는 것. 유심론.

만법일심【萬法一心】〔英 Myriad things but one mind〕 의식에 의하여 형성된 모든 현상, 모든 세계, 의식에 의하여 구상화된 모든 것은 모두 한마음〔一心〕으로 인하여 형성되었다는 유심론적 견해. 삼계유심(三界唯心)·일체유심조(一切唯心造)와 같은 말.

만법일여【萬法一如】〔英 The absolute in everything〕 만법(萬法)이란 모든 현상과 사물, 그리고 일체제법(一切諸法)의 총칭. 만법과 일체제법은 동의어로서, 곧 마음의 세계〔心法〕, 마음작용〔心所〕, 의식 속의 모든 현상을 뜻한다. 일여(一如)란 '하나'라는 뜻. 곧 불이(不二)를 뜻함. 무차별. 일체제법은 본래 인연에서 생긴 것으로 무상(無常)·무아(無我)이며, 고정불변한 실성(實性)이 없는 무자성(無自性), 공(空)이므로 만법일여(萬法一如)라고 한다.

만선동귀교【萬善同歸敎】『법화경(法華經)』의 가르침을 가리킴. 『법화경』이 모든 경전을 총합하여 하나로 돌아가게 하는 것이라는 뜻에서 이렇게 말한다. 중국 수(隋)나라 때의 천태종의 개조인 지의(智顗, 538-597)는 만선동귀교로서의 『법화경』을 최고로 보았다.

만선동귀집【萬善同歸集】 중국 송(宋)나라 때의 선승으로 법안종(法眼宗)의 제3조요, 정토종(淨土宗)의 제6조인 영명연수(永明延壽, 904-975)가 지은 것으로, 6권〔신수대장경에는 상·중·하 3권〕으로 되어 있다. 내용은 뭇 선(善)이 모두 실상(實相)으로 돌아감을 밝혀 놓았다.

만송행수【萬松行秀, 1166-1246】 중국 금(金)나라 때의 선승. 조동종(曹洞宗) 청원(靑原, ?-740) 하(下)의 23세(世) 선승. 하내(河內; 江南省)에서 출생하여 자주대명사(磁州大明寺)의 설암만(雪巖滿) 아래에서 대오(大悟)한 뒤에 만송헌(萬松軒)을 지어 거기에 머물렀다. 장종(章宗)의 귀의를 받고 여러 큰 절에 머물다가, 뒤에 종용암(從容庵)에 은퇴하여 굉지(宏智, 1091-1157)의 고칙(古則) 백송(百頌)을 평석(評釋)한 『종용록(從容錄)』을 저술하였다. 엄격한 수선(修禪)에 정진하면서 화엄교학에도 정통하였고, 불교뿐만 아니라 유학(儒學)과 기타 제학(諸學)에도 풍부한 지식을 갖고 있었다. 문하에는 종륜(從倫)·복우(福祐)·이순보(李純甫) 등이 있다.

만업 【滿業】〔英 The fruit, or karma, which fills out the details of any incarnation, as distinguished from 引業, which determines the type, e.g. man, animal, etc., of that incarnation〕 별보업(別報業)이라고도 한다. 별보(別報)의 결과를 끌어 오는 업(業). 별보라고 하는 것은 총보(總報) 위에 나타나는 제각기 다른 과보. 이를테면, 사람으로 태어나는 것은 총보, 사람 중에서 남녀·귀천·현우(賢愚)·미추(美醜) 등의 차별이 있는 것은 별보(別報)라 하는데, 이 별보를 받게 되는 업을 만업(滿業)이라 한다.

만일회 【萬日會】 정토종에서 시행하는 의식. 아미타불의 정토(淨土)인 극락세계에 나기를 기원하여, 천일(千日)이나 만일(萬日) 동안 나무아미타불을 부르며 수행하는 것을 말한다. 우리나라에서도 신라 경덕왕 6년〔747〕에 금강산 건봉사(乾鳳寺)에서 2백여 명이 모여 만일회(萬日會)를 열어 신라 혜공왕 11년〔775〕에 마쳤는데, 그 가운데 31명이 극락왕생하였다고 한다. 조선 후기에 다시 미타신앙이 성행하면서 만일회도 부흥되어 건봉사·망월사(望月寺) 등에서 세 번이나 열렸다고 한다.

만자교 【滿字教】 2교(教)의 하나. 소승교(小乘教)를 반자교(半字教)라고 하는 데 비해서, 대승교(大乘教)는 뜻이 원만하여 글자가 완성된 것과 같으므로 만자교(滿字教)라고 한다. 천태종에서는 통(通)·별(別)·원(圓)의 3교를 말한다.

만참 【晩參】 주지나 방장이 야간에 행하는 법문. 조간설법(朝間說法)을 조참(早參; 朝參)이라 하고, 오후〔申時〕 설법, 또는 저녁 공양 후의 설법을 만참(晩參), 또는 모참(暮參)이라고 한다. 법상(法床)에 오르지 않고 흔히 저녁 공양 후에 아무 격식 없이 편안히 법문하는 것을 소참(小參), 또는 만소참(晩小參)이라고 한다.

만트라 【mantra】 문자·언어의 뜻. 종교적으로는 찬가(讚歌)·제사(祭詞)·주문(呪文) 등을 나타내는 말인데, 인도에서는 베다성전이나 그 본문인 상히타를 가리킨다. 한편 탄트라교에서는 샤크티〔性力〕 숭배 의례에서 사용하는 기도문, 요가학파에서는 음성에 의한 수행법을 의미한다. 대승불교에서는 제불(諸佛)을 상징하는 산스크리트 문자, 또는 불타(佛陀)에 대한 찬가나 기도를 상징적으로 표현한 특정한 말을 가리킨다. 한자로는 진언(眞言), 밀교에서는 다라니라고 부르며, 이것을 독창(讀唱)하고 관상(觀想)함으로써 해탈할 수 있다고 믿는다. 후에 이 법리(法理)를 준행하는 종파를 진언종이라고 부르게 되었다.

만행 【萬行】 ① 수행자들이 불도를 성취하기 위하여 닦는 일체의 모든 선(善)한 행위. ② 안거 기간 동안 수행을 마친 승려가 한곳에 머물지 않고 자유롭게 두루 다니면서 닦는 온갖 수행. 행각(行脚)이라고도 한다.

말나식 【末那識】 〔梵 mano-vijñāna〕 정식 명칭은 '말나(末那)라 이름하는 식(識; mono-nāma-vijñāna)'인데, 약칭하여 말나(末那; manas), 또는 마나식(識)이라고도 한다. 자아(自我)나 법(法)을 사량(思量)하는 식(識). 심(心)의 작용을 9종으로 나눈 9식(識) 가운데 제7식에 해당한다. 사량식(思量識). 말나(末那; manas)는 사량(思量)이라는 뜻인데, 의(意)라고 번역한다. 제6식의 의식(意識; mano-vijñāna)과 구별하기 위하여 음사(音寫)한 것이다. 대상에 따라 미추(美醜), 호오(好惡), 총별(總別) 등을 요별(了別)하는 활동〔제6意識〕 안에 있으면서, 자아를 사랑하고 법에 집착하며 번뇌가 솟구치는 단계에서 법공(法空; 대상의 공함)을 증득하는 단계까지의 마음의 영역이 7식(識)이다. 유식설에서는 제8아뢰야식을 의지하여 생(生)하고, 또 제8식을 아(我)라고 오인(誤認)하는 식을 말한다. 아치(我痴), 아견(我見), 아만(我慢), 아애(我愛)의 4번뇌와 상응하여 부단히 일고 있는 자아의식(自我意識)인데, 중생 미망의 근본이다.

말법사상 【末法思想】 〔梵 saddharma-vipralopa〕 석가 멸후, 불교를 정법(正法)·상법(像法)·말법(末法)의 삼시(三時)로 구분한 것 가운데 하나. 정법시대란 불타(佛陀)의 교설〔教〕과 그것에 따른 실천이나 수행〔行〕, 그 결과로서 깨침〔證〕의 3가지를 구비했던 시대이다. 이에 비해 상법시대는 깨침〔証〕을 얻은 것은 없어졌지만, 가르침〔教〕과 수행〔行〕은 존속하는 시대이다. 말하자면 정법(正法)의 모상(模像)인 시대이다. 말법시대란 교설만 있고 아무도 이것을 행하지 않아서 깨달음〔証〕도 없는 시대이다. 이 삼시(三時)를 통과하면 교법마저도 없는 법멸(法滅)의 시기에 들어간다고 한다. 일반적으로 말법이라고 말하는 경우, 삼시(三時)의 최후 시기와 그것을 지난 법멸의 시기라는 양쪽을 가리키고 있다. 정법, 상법을 구분하는 데 있어서는, 양자 모두 각 5백 년씩, 양자 모두 각 천 년씩, 어느 한쪽을 5백 년으로 하고, 다른 쪽을 천 년으로 하는 등, 모두 4개의 설이 있다. 그래서 말법시대의 시작도 불멸 후 천 년, 1500년, 2천 년을 지낸 때라는 설이 있다. 이 가운데 어느 것을 채용하고, 또 불멸(佛滅) 연대를 어떻게 설정하느냐에 따라 역사상 말법의 개시 시기는 크게 변하지만, 말법(末法)의 기간은 모두 1만 년으로 거의 일치하고 있다. 정법, 상법, 말법이란 말은『법화경』,『대승동성경(大乘同性經)』 등에서 찾아볼 수 있는데, 이 사상은 모처럼 여래(如來)의 빛나는 교법이 있어도 시대가 말세로 내려갈수록 중생의 자질이 점점 저하(低下)되어 수행하지 않고, 그래서 깨달음에 이르지 못하는 것에 대하여 맹렬한 반성과 동시에 발분(發奮)하게 함으로써, 도리어 이와 같은 시기의 중생에게 알맞은 대처법(對處法)을 낳게 되었다. 중국의 문헌에서는 북제(北齊) 혜사(慧思, 515-577)의 남악사선사립서원문(南岳思禪師立誓願文)에 이 말이 나오는데, 그 자신이 말법기의 제82년째 태어났다고 말하면서, 여러 경전을 서사(書寫)하여 미륵의 세상에 전하려 한다고 맹세한다. 수(隋)의 신행(信行, 540-594)은 말법시대에 출현하는 사견(邪見)을 가진 사람들을 구하는 종교로서 삼계교(三階敎)를 말하였고, 당(唐)의 도작(道綽, 562-645)이나 선도(善導, 613-681) 등은 중생도 닦기 쉬우면서 불(佛)의 본의(本意)에도 알맞은 가르침으로서 정토교를 강조했다. 한국에서 이 말법사상은 미륵신앙과 함께 삼국시대부터 전해졌는데, 특히 구한말 사회적인 불안으로 말세사상과 더불어 신흥종교에 많이 파급되어 그들의 교리 안에 수용되었다. 일본에서는 원신(源信, 942-1017), 원공(源空, 1132-1212) 등이 말법사상에 따라서 정토사상을 넓혀 나갔으며, 일련(日蓮, 1222-1282)·최징(最澄, 767-822) 등이 이러한 사상을 바탕으로『법화경』에 의해 해탈해야 함을 가르쳤다.

말사【末寺】〔英 a brach〔subordinate〕temple〕본산(本山)이나 본사(本寺)의 관할 아래에 있는 규모가 작은 사찰.

말세【末世】〔梵 paścima-kāla, 英 The third and last period of a Buddhakalpa〕① 윤리·도덕·정치·풍속 등이 아주 쇠퇴한 시대. 불안·혼란·위기가 감돌아 살기 두려운 시대. ② 성인의 가르침이 끊어지고 대도정법이 쇠퇴하여, 인의(仁義) 대도를 행하지 못하고 사도(邪道)와 권모술수가 횡행하는 시대.

맛지마 니카야 니카야 항목 참조.

망분별【妄分別】진여(眞如)가 평등무차별하며 일여(一如) 함을 알지 못하고, 무명(無明) 때문에 선악(善惡)이나 미추(美醜) 등의 차별적인 망견(妄見)을 일으키는 것을 말한다.

망어【妄語】〔梵 mṛṣā-vāda, 巴 musā-vāda, 英 The commandment against lying, either as slander, or false boasting, or deception〕십악(十惡)의 하나. 입〔口〕의 네 가지 허물 가운데 하나. 허광어(虛誑語)라고도 한다. 진실하지 못한 말을 하는 것.

거짓말.

망어계【妄語戒】거짓말을 하지 말라는 계율. 망어(妄語) 항목 참조.

망진환원관【妄盡還源觀】화엄의 수행실천문인 화엄관문(華嚴觀門)을 서술한 책. 현수법장(賢首法藏, 643-712)이 지음. 1권. 정식 명칭은 '수화엄오지망진환원관(修華嚴奧旨妄盡還源觀)'이다. 거짓〔妄〕이 다하면 근원으로 돌아간다는 뜻인데, 그는 서문에서 "실상의 법이 눈앞에 있지만 도리어 이름과 형상에 따르므로 객관으로만 인식되는 것이다. 그래서 그 심오한 뜻을 추려 뽑아서 무진법계의 성품, 곧 자기 일심(一心)의 본체와 그 작용을 직관하게 한 것이 곧 망진환원관이다."라고 하였다. 1체(體), 2용(用), 3변(遍), 4덕(德), 5지(止), 6관(觀)의 6문을 열어, 화엄의 관법을 닦아서 일심본원(一心本源)에 환귀(還歸)하도록 가르치고 있다.

망집【妄執】〔梵 abhiniveśa, 英 False tenets, holding on to false views〕 미망(迷妄)의 집념(執念)·허망한 현상에 집착하는 것. 깨달음을 방해하는 집착심.

맹귀우목【盲龜遇木】〔英 It is as easy for a blind turtle to find a floating log as it is for a man to be reborn as a man, or to meet with a Buddha and his teaching〕 『열반경』에 있는 이야기. 사람의 몸을 받아 세상에 태어났지만 불법(佛法) 만나기는 더욱 어렵다는 것을 비유한 말. 목숨을 헤아릴 수 없을 만큼 오래 산 눈먼 거북이가, 바다 가운데 있으면서 백 년마다 한 번씩 물 위로 올라와 숨을 쉬는데, 그때 구멍 뚫린 나무토막을 만나야만 그 구멍에 머리를 들이밀고 숨을 쉴 수 있다는 것. 그런데 바다에서 그런 나무토막을 만나기는 거의 불가능하다는 것이다.

면벽【面壁】〔英 To sit in meditation with the face to a wall〕 ①좌선(坐禪)의 다른 이름. 벽을 향하고 앉아서 좌선하는 것. ②세상일을 등지고 두문불출하면서 수행에 힘쓰는 것.

멸【滅】①범어(梵語) 니르바나(Nirvāṇa)의 역어(譯語). 열반의 체는 적멸(寂滅)하므로 멸(滅)이라 한다. ②범어 니로다(Nirodha; 尼樓陀)의 역어. 사제 가운데 멸제(滅諦)를 말한다. ③범어 비나야(Vinaya)의 역어(譯語). 즉 계행. 계행은 능히 모든 악을 멸하므로 멸(滅)이라고 한다.

멸류지【滅類智】팔지(八智)의 하나. 색계(色界)·무색계(無色界)의 멸제(滅諦)를 반연하여 얻는 무루지(無漏智)로서 욕계(欲界)의 멸제(滅諦)를 관(觀)하는 법지(法智)와 비슷하므로 유지(類智)라고 한다. 상이계(上二界)의 멸제(滅諦)에 미(迷)한 견혹(見惑)을 끊는 지혜이다.

멸법지【滅法智】〔英 The knowledge or wisdom of the dogma of

extinction〕 8지(智)의 하나. 욕계(欲界)의 멸제(滅諦)를 반연하여 얻는 무루지(無漏智)로서 그 법(法)의 이치를 아는 지혜이므로 법지(法智)라 한다. 욕계의 멸제(滅諦)에 미(迷)한 견혹(見惑)을 끊는 지혜.

멸빈【滅擯】〔梵 pravāsana, 英 Blotting out the name and the explosion of a monk who has committed a grievous sin without repentance〕 비구가 죄를 범하고도 참회하지 않고 뉘우치는 마음이 없을 때에 교단에서 추방하는 것.

멸제【滅諦】〔梵 Nirodha-āryasatya, 英 the third of the four dogma, the extinction suffering, which is rooted in reincarnation, v.四諦〕 사제(四諦)의 하나. 깨달음의 목표, 곧 열반을 말한다. 멸(滅)은 멸무(滅無)의 뜻. 번뇌를 없애므로 멸(滅)이라 하고, 그 이치가 진실하므로 제(諦)라 한다.

멸진정【滅盡定】〔梵 Nirodhasamāpatti, 西 ḥgog paḥi sñoms par ḥjug pa〕 멸수상정(滅受想定)이라고도 한다. 이무심정(二無心定)의 하나. 육식(六識)의 심(心; 마음)·심소(心所; 번뇌)를 멸진(滅盡)하여 일어나지 못하게 하는 선정을 말한다. 불환과(不還果) 이상의 성자(聖者)로서 열반(涅槃)의 상(想)에 가입(假入)되면 이 정(定)에 들어갈 수 있다. 지극히 긴 것은 7일인데 비상천(非想天)에 속하고, 외도(外道)에서 들어가는 무심정(無心定)으로 무상정(無想定)이라 하며, 제4선(禪)에 속한다.

멸혹론【滅惑論】 중국 남조(南朝)시대 양(梁)나라 학자인 유협(劉勰, 465-522경)이 쓴 책. 도교도(道敎徒)들이 불교를 일컬어 파국(破國; 나라를 망하게 함)·파가(破家)·파신(破身)하게 하는 종교라고 비난한 삼파론(三破論)을 미혹한 논리〔惑論〕라고 비판한 데서 비롯된 명칭이다. 도교의 양생연형(養生練形)의 술법을 비판하면서, 선(禪)으로써 수련하고 지혜를 넓혀서 수행성불(修行成佛)할 것을 말하고 있다. 불교는 파국(破國)·파가(破家)·파신(破身)하는 것이 아니라, 오히려 나라의 경계를 한정짓지 않고 널리 중생을 구제하는 것으로서, 이것이 최선의 묘법이라는 점을 강조하였다. 이에 비해서 도교는 '신선이 되고자 하는 보잘것없는 도'에 불과한 것인데, 이것은 미혹되고 허망한 것이 극에 달한 것이라고 비판하였다. 이러한 주장은 나중에 『홍명집(弘明集)』에 수록되었다.

명【明】〔梵 Viayā, 巴 vijjā, 英 knowledge〕 ①지혜(智慧)의 다른 이름. 『불지론(佛地論)』 1권에서, "의(義)가 밝은 사람은 혜(慧)로써 자성(自性)을 삼기 때문에 혜(慧)는 어두운 업장을 깨뜨린다. 그러므로 명(明)이라고 한다."라고 했다. ②진언(眞言)의 다른 이름. 『대승의장(大乘義

章)』 14권에서, "진언(眞言)은 능히 무명번뇌의 암장(闇障)을 깨뜨리므로 명(明)이라 한다. 그리고 입으로 설하는 것을 진언(眞言)이라 하고, 몸으로 화현(化現)하는 것을 명(明)이라 하는데, 부처님은 밝고 밝은 속에서 밝고 밝은 설법을 하셨기 때문에 명(明)이라고 한다."라고 하였다.

명 【名】 ①『능가경』에서 말하는 5법(五法; 相·名·分別·正智·如如)의 하나. 사물 위에 가정적으로 붙인 명칭. ②십이인연(十二因緣)의 하나인 명색(名色; nāmarūpa)의 명(名)은 심법(心法)을 가리킨다. 심왕(心王)·심소(心所)는 크고 작아 모양이 없고, 단지 이름만 붙인 것이므로 명(名)이라 한다.

명고승전 【明高僧傳】 정식 명칭은 『대명고승전(大明高僧傳)』이다. 사서(史書). 명(明)나라 때 천태산(天台山) 자운사(慈雲寺) 여성(如惺)이 지음. 8권. 역경(譯經), 의해(義解), 습선(習禪)의 3류(類)로 구성되어 있다. 남송(南宋)과 원(元), 그리고 명(明)의 만력(萬曆) 45년〔1617〕에 이르는 시기에 살았던 고승들의 전기(傳記). 모두 '정전(正傳)' 138인이고, 71인(人)이 덧붙여져 있다. ≪대장경≫에 수록되었다.

명근 【命根】〔英 A root, or basis for life, or reincarnation, the nexus of Hinayāna between two life periods〕 불상응행법(不相應行法)의 하나. 구사종(俱舍宗)에서는 수명(壽命)을 뜻한다. 유식종(唯識宗)에서는 8식의 명언종자(名言種子) 중에 생식(生識) 주식(住識)의 작용이 있다고 하는데, 이 주식(住識)의 작용은 제8식으로 하여금 일정한 기간에 상속시키는 작용, 제팔총보(第八總報)의 과체(果體)를 상속시키는 것을 가정적으로 명근(命根)이라는 이름을 붙였다. 그런데 따로 명(命)의 실체(實體)가 있는 것은 아니라고 하였다.

명도무극 【明度無極】〔英 An old intp. of prajñā 明 pāramitā 度, the wisdom that ferries to the other shore without limit〕 반야바라밀의 고역(古譯)이다. 반야는 명(明), 바라밀은 도(度) 혹은 도무극(度無極)이라 한다. 신역(新譯)에서는 반야를 혜(慧), 바라밀을 도피안(到彼岸)이라고 한다. 무극(無極)·피안(彼岸)은 모두 열반(涅槃)을 말하며, 생사의 바다를 건너서 열반의 무극에 도달하는 것을 도무극(度無極)·도피안(到彼岸)이라 한다.

명별의통 【名別義通】〔英 Different in name but of the same meaning〕 천태종(天台宗)의 용어. 별교(別敎)의 가르침을 빌려서 통교(通敎)의 뜻을 밝힌 것. 보살위(菩薩位)의 십지(十地)에서 견사이혹(見思二惑)의 단혹(斷惑)에 배분(配分)하거나 이승(二乘)의 과(果)에 배분하는 것처럼 명(名)은 별교(別敎)라 하고, 의(義)는

ㅁ

통교(通敎)라 한다.

명부사자【冥府使者】〔英 Lictor, or messengers of Hades〕 사람이 죽으면 일단 생전(生前)의 잘잘못에 대한 심판을 받게 되는데, 이때 죽은 사람의 혼을 저승으로 잡아가는 심부름을 하는 귀신이 명부의 사자(使者)이다. 명부의 사자는 검정색 옷을 입고 나타나는 것으로 전해 오고 있다. 명부십왕 항목 참조.

명부십왕【冥府十王】 사후의 세계를 심판하고 다스린다는 저승세계〔冥府〕의 열 명의 왕. 명부의 판관(判官). 명부시왕이라고도 함. 진광대왕(秦廣大王)·초강대왕(初江大王)·송제대왕(宋帝大王)·오관대왕(五官大王)·변성대왕(變成大王)·염라대왕·태산대왕(泰山大王)·평등대왕(平等大王)·도시대왕(都市大王)·오도전륜대왕(五道轉輪大王) 등을 말한다. 인도에서는 염라대왕을 야마신이라고 하는데, 그는 죽은 사람의 사후(死後)의 일을 심판한다고 믿었다. 중국에서는 염라대왕 이외에도 진광대왕·초강대왕 등 명부십왕이 사후의 세계를 다스린다고 하였다. 사람이 죽으면 7·7일과 백일, 소상(小祥), 대상(大祥) 때 각각 이들 명부십왕의 심판을 받는다고 믿었다. 이러한 신앙이 불교와 더불어 우리나라에 들어와 오늘날까지 널리 퍼졌다.

명부전【冥府殿】 지장보살(地藏菩薩)을 주(主)로 삼고 십대왕(十大王)을 봉안한 절 안의 전각(殿閣). 시왕전(十王殿)이라고도 한다.

명색【名色】〔梵 nāma-rūpa〕 명(名; nāman)과 색(色; rūpa)으로, 우리를 포함한 일체의 존재를 나타낸다. 이런 의미에서는 오온(五蘊)과 같다. 수상행식(受想行識)에 해당하는 명(名)은 정신적 측면을, 또 양자(兩者)에 공통된 색(色)은 물질적 측면을 나타낸다. 원래 우파니샤드에 있어서 명색(名色)이란 아트만에 의한 세계 전개의 결과로 나타난 현상세계의 명칭〔nāman〕과 형태〔rūpa〕를 의미하는 것이었다. 그래서 현상세계의 일체를 나타내는 말로 사용되었다. 불교에서도 초기에는 아트만에 관한 부분을 빼고 우파니샤드에서 말하는 의미를 그대로 빌려서 썼다. 명색은 연기설(緣起說)에 있어서 중요한 개념이다. 연기설은 고(苦)를 중심으로 하는 조건을 붙인 연쇄인데, 여러 가지 미완성의 형식 속에서 명색과 식(識)이 상호 조건이 되면서 상호 의존함을 설한 것이다. 요컨대 식(識)을 연(緣)하여 명색이 있고, 명색(名色)을 연하여 식(識)이 있다고 하는 것이다. 이렇게 양자의 상호의존을 근본원인으로 하여 우리들의 고(苦)가 생긴다고 한다. 즉 주관과 객관의 대립이 고(苦)의 원인이라고 하는 것이다. 여기에서는 식(識)으로 주관적인 면을, 명색으로 객관적인 면을 나타내고 있다. 이렇게 보면 여기서 말하는 명색도 우파니샤드적인 용법을 이어받은 것이라고 할 수 있다. 그러므로 명칭과 형태라고 하는 의미를 가지고 있다고 해도 좋을 것이다. 한편 식(識)이 정신적인 면에서 차츰 중요한 지위를 점유해 가는 과정, 즉 단순한 주관으로서의 식(識)에서 심(心) 전체를 통괄하는 것을 의미하는 것으로 변용(變容)하면서, 명색도 스스로 우파니샤드적인 명칭과 형태라는 의미를 벗어나게 되었다. 그래서 단순한 주관으로서의 식(識)과, 명칭과 형태를 하나로 포함하는 것과 같은 의미처럼 되었다. 그 결과 명(名)으로 주관적인 면을 나타내고, 색(色)으로 객관적인 면을 나타내게 되었다. 완성된 12연기(緣起)에서는 고(苦)의 근본원인이 식(識)과 명색(名色)의 상호의존보다도 더 구명(究明)되어 무명(無明)에까지 이르렀다. 식(識)도 명색(名色)도 다 그 계열 속에 포함되었지만, 식(識)이 더 근본적이라고 생각되어서, 그 관계도 상호의존적이지 않고 일방적인 조건에 따르고 있다. 곧 식(識)을 연(緣)으로 해서 명색이 있고, 식(識)의 지멸(止滅)에 의하여 명색도 지멸(止滅)한다고 하는 관계로 된 것이다. 이 경우 전통적 해석에 따르면, 칼라라(Kalala; 歌羅羅)의 위(位)가 되는데, 육체와 정신을 구비하고 있지만 오근(五根) 등이 아직 형성되지 않은 상태라고 할 수 있다.

명심견성【明心見性】 선종(禪宗)의 기본사상 가운데 하나. 자기 마음에 본래 갖추고 있는 반야지혜(般若智慧)로써 자심진성(自心眞性)을 깨달아서 아는 일종의 내성적(內省的)인 수행방법. 이후에 송·명(宋明)시대 주관적 유심론 철학자들인 육구연(陸九淵, 1139-1193)·왕수인(王守仁, 1472-1528) 등은 이 용어를 원용하여, 심(心)·성(性)·이(理)는 모두 하나로서, 이 모든 것은 심(心) 속에 존재하므로, 자신의 마음을 수련하는 공부를 거치기만 하면 곧 진리를 인식할 수 있다〔見性〕고 주장하였다.

명안【明眼, 1646-1710】 조선 숙종 때의 스님. 성은 장(張)씨, 자는 백우(白愚), 호는 석실(石室)·설암(雪巖). 진주 사람. 1657년〔효종 8〕 12세에 지리산 덕산사(德山寺)의 성각(性覺)에게 출가했고, 그 뒤 무영탄헌(無影坦憲)의 문하에서 정토에 태어나고자 오직 염불왕생문에 몰두하였다. 1709년〔숙종 35〕에는 지리산의 칠불암(七佛庵)에 주석하면서 70여 명의 동지를 모아 서방도량을 결성했는데, 이해 겨울 회계의 왕산사(王山寺)로 옮겼다가, 이듬해 4월 13일에 64세로 입적하였다. 그는 1690년〔숙종 16〕 가을 대원사에서 『화엄경』 「입법계품」을 판각했고, 1705년〔숙종 31〕 가을에는 『심경약소연주기(心經略疏連珠記)』를 편찬하였다. 저서로는 『백우수필(白愚隨筆)』 1권이 있다.

ㅁ

명안종사【明眼宗師】 밝은 안목을 가진 종사. 불법(佛法)과 선(禪)에 대하여 훤히 꿰뚫어 알고 있는 고승. 정법(正法)에 대하여 안목을 갖춘 선승.

명언종자【名言種子】 2종자(二種子; 名言種子·業種子)의 하나. 명언습기(名言習氣; 名言熏習)·등류습기(等流習氣)라고도 한다. 제8식 색심(色心)이 제법(諸法)을 내는 친인연종자(親因緣種子)를 말한다. 명언(名言)에 따라 훈습하여 이루어지는 것이므로 명언종자(名言種子)라 한다. 명언(名言)에는 표의명언(表義名言)과 현경명언(顯境名言)의 2종이 있다. 표의명언은 모든 법(法)을 말하며 표시하는 명(名)·구(句)·문(文)인데, 제6식은 이 명언에 의하여 모든 법을 변하여 종자를 제8식에 훈부(勳付)하는 것이다. 현경명언은 제7식의 견분(見分)이 직접 대상경계를 반연하여 지금 있는 모든 법의 종자를 제8식에 훈성(熏成)함을 말한다. 심(心; 마음의 본체)과 심소(心所; 마음의 작용)가 경계를 반연하여 나타내는 것이 마치 이름이 법을 나타내는 것과 같으므로 명언이라고 이름 붙였다.

명종심【命終心】 생사해탈을 얻지 못한 사람이 마지막 목숨이 끊어지려 할 때에 갖는 마음. 이때에 4가지의 애착심을 갖게 된다고 한다. 1. 현재의 자기 자신에 대해 애착을 일으킨다. 2. 현재의 가족에 대해 애착을 일으킨다. 3. 현재의 논밭·집·재산 등에 대해 애착을 일으킨다. 4. 미래의 자신에 대하여 후유(後有)의 애착을 일으킨다. 중생은 이 4가지의 애착에 따라서 다음 생의 몸을 받게 된다. 이 4가지 애착 중에서 앞의 3가지는 다음 생에 대해 간접적인 원인이 되고, 마지막의 애착은 다음 생을 받게 될 직접적인 원인이 된다. 그러므로 최후 일념을 청정하게 가지고 큰 서원을 세워야 다음 생에 악도에 떨어지지 않고 선도에 나게 된다고 한다.

명탁【命濁】〔梵 āyuṣ-kaṣāya, 英 one of the 五濁, turbidity or decay of the vital principle, reducing the length of life〕『법화경』「방편품」제2에 나오는 오탁(五濁; 劫濁·煩惱濁·衆生濁·見濁·命濁)의 하나. 수탁(壽濁)이라고도 한다. 중생의 수명이 점차 짧아지는 것. 말세(末世)에 이르면 사람들의 수명이 번뇌나 그릇된 견해 때문에 10세까지 짧아진다고 한다.

명행족【明行足】〔梵 Vidyācaraṇa-saṃpanna, 英 knowledge-conduct-perfect〕 부처님 십호(十號)의 하나. 명(明)은 아뇩다라삼먁삼보리, 곧 큰 지혜란 뜻이며, 행족(行足)은 각족(脚足)의 뜻이므로 계·정·혜 삼학(三學)을 말하는 것이다. 부처님이 계·정·혜 삼학의 수행을 통하여 밝고 큰 지혜를 얻는다는 뜻이다. 또 명(明)은 천안(天眼)·숙명(宿命)·누진(漏盡)의 삼명(三明), 행(行)은 신(身)·구(口)·의(意)의 삼업(三業), 족(足)은 만족의 뜻인데, 부처님은 삼명과 삼업을 만족하게 갖추었으므로 명행족(明行足)이라 한다.

명호【名號】〔英 a name, or title, especially that of Amitābha〕 불·보살의 이름을 가리킴. 체(體)를 드러내는 것을 명(名)이라 하며, 명(名)이 밖에 드러나 천하(天下)에서 부르는 것을 호(號)라 한다. 명(名)과 호(號)는 그 체(體)가 하나이다.

모연문【募緣文】 절에 재물을 기부하도록 권(勸)하는 글. 권선문(勸善文)이라고도 한다.

모자이혹론【牟子理惑論】 중국 후한(後漢) 때 모자(牟子)가 지은 책. 현존하는 『이혹론(理惑論)』은 삼국시대 이후의 것이다. 이 책은 37장으로 나누어져 모두 문답체로 기술되어 있는데, 내용은 유불도(儒佛道) 3교의 동이(同異)와 우열(優劣)을 논한 것으로, 위진(魏晋) 남북조시대의 3교 관계를 이해하는 데 매우 중요한 역할을 하고 있다. 양(梁)나라 승려인 승우(僧祐, 444-518)의 『홍명집(弘明集)』 1권에 수록되어 있다. 저자는 후한(後漢)의 거사(居士) 모자(牟子)이다. 이혹(理惑)이라는 것은 미혹을 다스린다고 하는 의미이다. 불교에 의문을 지닌 사람이 제출한 37조의 질문에 대하여 모자(牟子)가 답해서 질문자의 미혹을 푸는 체제로 되어 있다. 『이혹론』의 첫머리에 실려 있는 서문에 의하면 모자는 후한 말 사람이다. 전란을 피해서 교주(交州) 창오군(蒼梧郡; 廣西壯族 자치구)에 숨어 살았다. 그 학식을 인정받아 교주자사(交州刺史)인 주부(朱符)로부터 관에 초빙받았지만 사퇴하고, 불도(佛道)와 『노자(老子)』의 연구에 전념했다. 이 서문에 쓰인 역사상 사건의 기술은 『후한서』 도겸전(陶謙傳)이나 『삼국지』 오서(吳書)·설종전(薛綜傳)의 기사 등과 같기 때문에, 이 모자의 사적(事跡)도 신빙성이 높은 것으로 추정된다. 그러나 『수서(隋書)』 「경적지(經籍志)」에서는 자부(子部)·유가류(儒家類)에 후한 초의 사람인 모융(牟融)의 저술로서 『모자(牟子)』 2권을 저록(著錄)하고, 『홍명집』에 수록되어 있는 『이혹론』의 제목 밑에는, "일(一)에 말하기를, 창오태수모자박전(蒼梧太守牟子博傳)"이라고 주를 다는 등 애매한 점이 있고, 내용적으로도 삼국(三國) 오(吳)시대에 한역된 경전에 근거한 기술이 보이는 등의 이유에서 후세의 가탁설(假託說)이 나오는 등 저자와 찬술 연대에 관해서는 여러 가지 설이 있다. 37조의 문답 내용은 불타(佛陀)의 전기, '불(佛)'과 '도(道)'의 의미, 사문의 출가수도의 생활방식, 윤회전생, 이(夷; 오랑캐)·하(夏; 중국)의 문제, 신선술과 불도(佛道)의 관계 등 여러 가지이다. 중국 고유의 사상·가치관의 입장에서 소박한 의문을 제출한 질문자에 대해서 모자(牟子)는 『논어』나 『노

ㅁ

자』의 글을 많이 인용하면서 설명하고 있다. 모자는 벽곡장생(辟穀長生)을 설명하는 신선가에 대해서는 엄한 비판을 하고 있지만, 불교의 출가수도주의는 유교의 효(孝)의 도덕과 모순되는 것은 아닌가라는 지적에 대해서, 대덕(大德)을 중시하고 소사(小事)에 매이지 않는 것은 중국 성인의 도이기도 하다라고 변명하는 등, 불교와 유가·도가사상의 사이에 절충·융합을 도모하려고 하는 경향이 보인다. 이것은 육조(六朝)시대 이후의 유불일치론(儒佛一致論), 또는 삼교일치론(三教一致論)의 연원을 이루는 것으로서 주목된다.

목건련【目犍連】〔梵 Maudgalyāyana〕 부처님의 10대 제자 중 신통제일(神通第一). 중인도 왕사성 근방에 있던 구리가림(林) 바라문의 아들로서, 처음에는 사리불과 함께 파리사파 외도(外道)인 산자야에게 가서 도를 배웠는데, 사리불이 5비구의 한 사람인 아설시(阿說示; Aśvajit)를 만나 불법(佛法)을 깨달은 뒤 서로 손을 잡고 죽림정사(竹林精舍)에 가서 부처님의 제자가 되었다. 불교에 귀의한 뒤에는 여러 고장으로 다니면서 불교를 전파하다가 부처님보다 먼저 입적했다. 그가 어머니를 제도한 일은 『우란분경(盂蘭盆經)』에 나와 있다.

목어【木魚】〔英 The wooden fish; there are two kinds, one round for use to keep time in chanting the other long for calling to meals〕 목탁(木鐸). 불가(佛家)나 도가(道家)의 법기(法器) 중의 하나. 나무를 깎아 고기 모양을 만든 뒤, 속을 파내어 행사 때 쓰는 기구. 독경·염불·예배할 때에도 쓰고, 공양할 때나 대중을 모을 때에도 사용한다. 『무상비요(無上秘要)』에서는, "목어(木魚)의 맑은 소리는 속세 사람들을 깨워서 깨닫게 한다."라고 하였다.

목우도【牧牛圖】 심우도(尋牛圖). 본성을 찾아 수행하는 단계를 소를 찾는 것에 비유해서 묘사한 선화(禪畵). 심우도 항목을 참조할 것.

목우십도송【牧牛十圖頌】 중국 송(宋)나라 때 보명화상(普明和尚)이 지은 게송. 열 개의 목우도(牧牛圖)에 일일이 송(頌)을 붙여, 길들지 못한 검은 소가 차차 길이 잘든 흰 소로 변해 가다가 마침내는 일원상(一圓相)만 나타나는 경지를 그림과 시구로써 운치있게 엮어 마음공부와 대조되도록 하였다. 그 순서는 1. 미목(未牧; 길들기 전), 2. 초조(初調; 길들기 시작하다), 3. 수제(受制; 길들어 가다), 4. 회수(回首; 머리를 돌이키다), 5. 순복(馴伏; 길들었다), 6. 무애(無礙; 걸림이 없다), 7. 임운(任運; 자유롭다), 8. 상망(相忘; 서로 잊어버렸다), 9. 독조(獨照; 홀로 비치다), 10. 쌍민(雙泯; 일원상만 나타났다) 등으로 되어 있다. 십도송은 보명(普明)과 곽암(郭庵)의 게송이 있다. 곽암의 게송은 심우도 항목 참조.

목우자수심결【牧牛子修心訣】 고려의 고승 지눌(知訥, 1158-1210)의 저술. 선수행의 필독서, 이론서로서 정혜쌍수(定慧雙修)와 돈오점수(頓悟漸修)를 주장하였다. 1467년〔世祖 13〕 간경도감(刊經都監)에서 국역으로 간행된 언해판은 보물 제770호. 혜각존자 신미(信眉)가 국역하였다. 언해판은 간경도감의 성격 및 초기의 훈민정음 연구에 귀중한 자료로도 평가되고 있다. 수심결 항목 참조.

목우행【牧牛行】 마음을 길들여 가는 것. 사람의 마음을 소에 비유해서 소를 먹이듯이 차례차례로 마음을 닦아 가는 것을 목우행이라고 한다.

목탁【木鐸】 (1) 〔英 a (wood) block (in a Buddhist temple)〕 둥글게 만든 목어(木魚)를 우리나라에서는 목탁(木鐸)이라 한다.
(2) 유교에서, 천하(天下)에 문교(文教)를 행하는 사람이라는 의미로 공자(孔子, B.C.551-B.C.479)를 가리키는 말. 『논어(論語)』「팔일편(八佾篇)」에서 유래한다. 『주례(周禮)』 천관(天官), 『예기(禮記)』 명당위(明堂位) 등에 의하면, 옛날에는 조정에서 백성들에게 정교(政教)를 주지(周知)시킬 때 문사(文事)에 관계되는 일은 목탁을 흔들어서 백성들의 이목(耳目)을 집중시켰고, 군사(軍事)에 관계되는 일은 금탁(金鐸)을 흔들어 관(官)의 지시와 명령을 백성들에게 전달하였다. 이러한 원래의 의미가 전변(轉變)하여 세상에 문교를 행하는 사람이나 지도자를 가리키는 말로 바뀌게 된 것은 『논어』 「팔일편」에서 의봉인(儀封人)이 공자를 목탁에 비유한 데서부터이다.

몰량대인【沒量大人】 보통 사람으로서는 인품이나 역량을 도저히 짐작할 수 없는 큰 인물. 진리를 크게 깨쳐 활살자재·생사자유하는 큰 도인을 일컫는 말.

몰현금【沒絃琴】 현(絃; 줄) 없는 거문고〔琴〕를 말함. 일체의 상대적인 생각을 초월한 곳에 존재하는 절대적인 경지. 상식이나 사량분별을 초월한 깨달음의 경지를 비유한 말. 불립문자(不立文字)의 취의(趣意)를 표시하는 말.

몽산화상【蒙山和尙, 1231-1308?】 중국 원(元)나라 스님. 이름은 덕이(德異). 강서성(江西省) 여릉도(廬陵道) 시양(時陽) 고안현(高安縣) 사람. 시양이 당나라 때에는 균주(筠州)였기 때문에 고균(古筠)비구라고 하기도 하였고, 강소성 송강현(松江縣) 전산(殿山)에 있었으므로 전산화상이라기도 하였으며, 휴휴암(休休庵)에 있었으므로 휴휴암주(休休庵主)라고도 불렸다. 고산(鼓山)의 완산(皖山) 정응선사(正凝禪師, 1191-1274)의 법을 이었다. 그가 교화한 시기는 원나라 세조(世祖) 때로, 고려의 충렬왕 때이다. 그래서 고려의 고승·문사(文士)들

ㅁ

과 문필의 거래가 많았다. 그의 저서 가운데 『몽산화상법어』가 있는데, 우리나라에서는 많은 선승들이 읽었다. 『법어약록(法語略錄)』·『수심결(修心訣)』 등은 조선 중엽에 한글로 번역되기까지 하였다.

묘【妙】〔梵 mañju, sat, su, 英 mystic, wonderful〕 불가사의(不可思議)함. 절대무비(絶待無比)의 뜻. 『법화유의(法華遊意)』에서는, "묘(妙)는 정미심원(精微深遠)함을 말한다."라고 했고, 『대일경소(大日經疏)』 1권에서는, "묘(妙)는 명의상(名義上)으로나 무엇에 비겨도 이를 능가하는 것이 없다."라고 하였다.

묘각【妙覺】〔英 The wonderful enlightenment of Mahāyāna〕 불과(佛果)를 말한다. 보살 수행의 지위 점차인 제52위(位). 등각위(等覺位)에 있는 보살이 다시 1품의 무명을 끊고 이 지위에 들어간다. 온갖 번뇌를 끊어 버린 부처의 경지.

묘관찰지【妙觀察智】〔梵 pratyavekṣaṇā-jñāna〕 사지(四智)의 하나. 제6식을 바꾸어 얻은 지혜. 묘(妙)는 불가사의한 힘을 말함. 관찰(觀察)은 모든 법을 살피는 것. 모든 법을 관찰하여 정통하고, 중생의 근기를 알아서 불가사의한 자재(自在)의 힘을 나타내며, 절묘하게 법을 설하여 여러 가지 의심을 끊게 하는 지혜.

묘법【妙法】〔梵 Saddharma, 英 The wonderful law or truth〕 가장 뛰어나고 불가사의한 법을 묘법(妙法)이라고 한다. 제법실상(諸法實相)을 설한 법문(法門)이나 아미타불의 서원(誓願), 일승(一乘)의 법(法)을 묘법이라고 한다. 특히 『법화경』을 가리킨다.

묘법연화경【妙法蓮華經】〔梵 Saddharmapuṇḍarīkaṃ-sūtra〕 『법화경(法華經)』이라고 약칭한다. 중국 전진(前秦)의 구마라집(鳩摩羅什, 344-413)이 한역(漢譯)한 책이다. 이역본(異譯本)으로는 286년에 축법호(竺法護, 231-308)가 한역한 『정법화경(正法華經; 10권 27품)』, 601년에 사나굴다(闍那崛多, 523-600) 등이 번역한 『첨품묘법연화경(添品妙法蓮華經; 7권 27품)』 등이 있다. 그 밖에 산스크리트본(本)에서 옮긴 영역(英譯)·프랑스어역(譯)·티베트어역·몽골어역·일어역(譯) 등이 있다. 국역본(國譯本)으로는 세조(世祖) 8년〔1462〕에 간경도감(刊經都監)에서 윤사로(尹師路) 등이 왕명을 받들어서 번역·간행한 『묘법연화경언해(妙法蓮華經諺解)』가 있다. 한역(漢譯)된 3본 중에는 구마라집이 번역한 원전(原典; 7권 28품)이 가장 오래된 것인데, 현존하는 산스크리트본(本; 니포르版)보다 오래된 것으로 보는 이유는 제본(諸本) 사이에 권수나 품수(品數)에 이동(異同)이 있는데, 구마라집 번역의 원본이 가장 양(量)이 적고 체제도 잡히지 않은 것으로 보이기 때문이다. 구마라집이나 축법호, 그리고 사나굴다와 같은 『법화경』의 한역자(漢譯者)들은 모두가 서역(西域)에서 출행하여 중국에 귀화한 학승(學僧)들인데, 특히 구마라집은 서역 구자국(龜茲國)에서 태어난 인도의 승려로서, 전진 왕 부견(符堅)이 구자국을 공략하여〔384〕 그를 중국으로 모셔 왔다. 이후 401년 장안(長安)으로 들어와 많은 경전을 번역했다.

[성립] 『법화경』의 성립은 3기〔상세하게 나누면 4期〕를 거쳐서 3류(類)로 분류된다. 최초로 성립된 제1류는 약 10장〔序品·方便品·譬喩品·信解品·藥草喩品·授記品·化城喩品·五百弟子受記品·授學無學人記品·隨喜功德品〕으로, 이것이 최초로 정리된 『법화경』의 원형이다. 이어서 제2류 11장〔法師品·見宝塔品·勸持品·安樂行品·從地涌出品·如來壽量品·分別功德品·法師功德品·常不輕菩薩品·如來神力品·屬界品〕 등이 증보(增補)되었다. 여기에 제3류 7장〔藥王菩薩本事品·妙音菩薩品·觀世音菩薩普門品·妙莊嚴王本事品·普賢菩薩勸發品〕이 보충되어 현재와 거의 같은 형태가 이루어졌다. 현재의 『법화경』과 거의 유사한 원본이 이미 3세기 초에 나가르쥬나(Nāgārjuna, 150-250경) 찬(撰) 『대지도론(大智度論)』에 인용되었다. 한편 축법호(竺法護)는 중국 진(晋)나라 무제(武帝, 265-290) 때인 286년에 스승을 따라 서역에 가서 산스크리트 원전(原典)을 가지고 돌아와 경전번역에 종사했다. 36개 국어에 능통한 학승(學僧)에 의해 한역(漢譯)되었기 때문에 2세기 말에는 현재의 형태로 일단 정리된 것으로 보인다. 그런데 이들 3가지 사이에는 사상(思想) 혹은 형식상의 발달에 있어서 상위(相違)하거나 모순되는 부분이 있으므로 일시에 정리된 것이 아니라 연대적(年代的)인 차이가 있었던 것으로 추정할 수 있다. 가령 제3류의 각장(各章)은 제각기 다른데, 아마도 이미 유포(流布)되어 있던 포교용(布教用) 소경(小經)을 편집하여 『법화경』에 넣은 것이 아닐까 하는 추정을 가능하게 한다. 실제로 이 장들은 장행(長行; 散文)만 있고 중송(重頌)이 없으며, 각기 다른 입장을 강조하고 있다. 이에 비해서 제1-2류는 정리가 잘 되어 있어 장행(長行)과 중송(重頌)을 모두 갖추고 있을 뿐만 아니라, 『법화경』의 일관된 입장에서 『법화경』 그 자체를 강조하고 있다. 이렇게 보면 이 두 가지가 성립 연대에서 확실히 차이가 난다고 할 수 있다. 또한 제1-2류를 비교하면 제1류에서는 곳곳에서 법행(法行)을 설법하면서도 청문(聽聞)·수지(受持)·풍송(風誦)·해설(解說)처럼 경권(經卷) 없이도 할 수 있는 법행(法行)만을 설법하였는데, 제2류가 되면 "이 『법화경(法華經)』"이라 불러서 '어떤 『법화경』'이란 경전이 있다는 것을 예상하게 하며, 또한 이 경전의

청문·수지·풍송·해설은 물론 독(讀)·서사(書寫)·공양(供養)처럼 경권(經卷) 없이는 할 수 없는 법행(法行)을 덧붙여 설법하고 있다. 요컨대 제2류는 제1류를 『법화경』으로 인정한 연후의 증보라고 할 수 있다. 이러한 사실은 용어가 상위(相違)한 데서도 발견할 수 있는데, 제2류에서는 경전(經典; sūtra)과 함께 경권(經卷; pustaka)이라는 단어를 쓰고 있다. 그런데 수트라(sūtra)는 일반적으로 사용되는 용어이지만, 푸스타카(pustaka)는 책이란 뜻이어서 암송(暗誦)·전승(傳承) 시대의 경전에는 쓰이지 않았다. 이렇게 제1류에 사용되지 않았던 푸스타카라는 용어가 제2류에 와서 사용되고 있는 사실은 제2류가 후기에 성립된 것임을 증명하는 것이다. 한편 사상(思想)에서 모순되는 점도 있다. 예컨대, 제1류에서는 군데군데에 사리탑(舍利塔; stūpa)의 건립과 예배를 권장하고 있지만, 제2류에선 그것을 부정〔「法師品」·「分別功德品」〕할 뿐 아니라, 그것보다는 경탑(經塔)의 건립과 예배·공양을 강조하고 있다. 이러한 경탑의 예배는 『법화경』을 부처의 화신(化身)으로 보고〔「如來神力品」〕 탑(塔) 안에 안치하여 예배하는 것에서 비롯된 것이다. 결국 사상적 발달이나 모순이라고 할 수밖에 없는 점이 인정되기 때문에 두 가지 사이에는 상당한 세월의 격차를 인정하지 않을 수 없다. 그래서 현형(現形)의 성립을 2세기 말(末)로 본다면 원시형(原始形)인 제1류의 성립은 아마 2세기 초엽이었던 것으로 추정한다. 이상은 구마라집이 번역한 『법화경』 원본이 인도에서 성립한 것에 대한 개요인데, 구마라집이 번역할 당시에는 7권 28품이었던 것이 한본(漢本)의 현행 8권 28품의 경(經)으로 되기까지에도 사정이 있다. 구마라집이 번역한 후인 양(梁)나라 때 서역(西域)을 여행하고 돌아온 법헌(法獻)은 그가 사경(寫經)해서 가지고 온 「제바달다품 제12(提婆達多品第十二)」의 1품을 법의(法意)와 함께 역출(譯出)했는데, 이 1품이 우선 『법화경』에 삽입되어 7권 28품이 되었다. 이어서 수(隨)나라 인수원년(仁壽元年, 601년)에 『첨품묘법연화경』이 번역되자, 이 경(經)의 「관세음보살보문품게송(觀世音菩薩普門品偈頌)」이 『법화경』에 포함되면서 권수도 8권으로 늘어났다. 이렇게 해서 현행 8권 28품의 경전이 이루어졌는데, 이 책이 널리 유포된 것은 당(唐)나라 때로, 이 같은 사실은 당(唐)의 지승(智昇, 668-740)이 지은 『개원석교록(開元釋敎錄)』 등의 기록만으로도 충분히 증명된다.

[내용] 『법화경』은 교법(敎法)으로서의 태도를 뚜렷이 밝히고, 법화(法華)의 가르침이 보살법(菩薩法)임을 되풀이하여 선언하고 있다. 보살법〔bodhisattba-avavāda〕이란 보살에 대한 교계(敎戒)라는 뜻인데, 여기서

말하는 보살이란 승속(僧俗)·남녀를 불문하고 대승『법화경』을 보전하는 모든 자를 가리킨다. 이런 주장은 산스크리트·한(漢) 양(兩) 2본(本)에서 모두 8회씩 반복 주장되어 있으므로, 비록 예전에는 간과(看過)되어 왔지만 본래의 방침이란 걸 알 수 있다. 그리고 이 주장으로 보건대『법화경』이 일체중생인 대중을 위하여 설법된 가르침이라는 것도 알 수 있다. 사실 이 점이야말로 소승과 다른 것이며 일반적인 대승의 여러 경전의 태도와도 다르다는 것을 알아야 한다. 법화의 교리는 모두 이 같은 입장에서 서술되어 있는데, 이 입장을 따르면 제1류에서 근간을 이룬 교리는 법(法)·비(譬)·인(因)·삼주(三周)의 설법이다. 먼저「방편품」에서 대승불승(大乘佛乘)과 소승이승(小乘二乘)을 대비시켜 가며 일승즉삼승(一乘卽三乘)·삼승즉일승(三乘卽一乘)을 말함으로써 부처의 지혜를 터득케 하려는 것이 법설주(法說周)인데, 개회의(開會義)를 그 내용으로 한다. 다음에는「비유품」으로, 삼거화택(三車火宅)의 비유를 설하고, 앞에 든 개회의(開會義)를 비유로 말하는 것이 두 번째 비설주(譬說周)다. 끝으로 화성(化城)의 비유를 설하고, 이와 더불어 삼천진점(三千塵點)의 구원의(久遠義)를 말해서 부처의 자비로운 화도(化導)의 기나긴 인연을 설명함으로써, 주로 시간적으로 불타관(佛陀觀)을 서술한다. 이것에 의하여 또한 개회의(開會義)를 이해시켜 부처의 지혜를 터득케 하려고 하므로 인연설(因緣說)이라 불린다. 이 삼주(三周)의 설법으로 사리불존자 이하의 제자·신도들이 모두 기별되기에 이른다. 기별(記別; vyākaraṇa)이란 부처가 수행하는 사람에게 내리는 성불(成佛)의 예언이다. 이것을 수기(授記)라고도 한다. 이 수기는 3종으로 나뉜다. 지혜(智慧)가 제1로 일컬어지는 사리불존자만이 법설주(法說周)로 수기(授記)되는데, 4대 성문〔大迦葉·須菩提·大迦旃延·目連〕은 제2종에 속해서 비설주(譬說周)로 수기가 되며, 부루나존자 등 5천 명 및 아난존자를 비롯한 2천 명 및 그 밖의 대중은 제3주(周)의 인연설(因緣說)을 듣고 비로소 수기가 되었다. 단 여인(女人)의 수기만은 여기에 명기(明記)되어 있지 않은데, 제2류「권지품(勸持品)」에 와서야 야수타라 비구니 등에 관해서 설법하였다. 이와 같이 3종의 수기를 설하고, 대중을 제3주에 속하게 하여 간절히 타이르고 있는 점에서 법화보살법의 특색을 볼 수 있다. 다음 제2류의 근간을 이루는 교리는 원형『법화경』을 예상한 연후의 경탑건립사상(經塔建立思想)인데, 이 경탑의 종교적 의의를 해설하기 위해서 다보탑(多宝塔)이 용출(涌出)되며, 탑(塔) 속에 석가(釋迦)·다보(多宝) 두 부처가 나란히 앉아 있다고 하는, 희귀한 본존형식

(本尊形式)이 상세히 설명된다. 다보탑은 다보여래의 사리탑으로 과거불(過去佛)을 뜻하고, 나란히 안치된 석가모니는 현신불(現身佛)이므로 석존 설법 및 그 기록인 경전에 융합된다. 이 다보탑에 의해 석존의 유품인 『법화경』을 봉안하고, 이것을 본존으로 삼아 믿고 수행하면 그 경탑(經塔)이 그대로 과거불 및 현신불이 되어 현현(顯現)한다고 가르친다. 이와 같이 경탑의 건립과 예배를 강조한 결과, 한편 사리탑의 건립을 부정하기〔法師品·分別功德品〕에 이르는데, 이것도 『법화경』의 특징적인 교리이다. 이러한 경탑(經塔)의 종교적 설명에 얽혀서 재차 불타관이 시간적으로 간절히 설명〔「如來壽量品」〕되는데, 이에 덧붙여서 구원(久遠)의 본불(本佛)과 그 본연의 자세에 대해 해설하였다. 이 본불설(本佛說)에 이어서 『법화경』의 특색인 부촉(付囑)이 행해진다. 이 부촉은 이미 「보탑품(宝塔品)」에서 제창되어 있는데, 말세(末世)에 있어서의 『법화경』의 수지(受持)가 어려울 것이라고 역설〔「勸持品」〕된 후, 「신력품」과 「촉루품」의 2품으로 행해진다. 그런데 산스크리트본(本)과 한역(漢譯)을 대조해서 정독(精讀)하면 이 부촉은 경전에 대한 부촉이 아니다. 종래 해석으로는 땅에서 솟아난 여러 보살의 우두머리인 상행보살(上行菩薩)에게 부촉되는 것인데, 이것을 별부촉(別付囑)이라 하며 「촉루품」의 부촉을 총부촉(總付囑)이라 부르고 있다. 그러나 「신력품」에서 부촉으로 간주하는 것은 천태계(天台系『法華文句』)뿐이며, 타가(他家)는 모두 「촉루품」에 부촉한다고 말할 뿐 아니라 산스크리트·한역(漢譯) 모두 「신력품」에 부촉한다고 하는 말이 없다. 또한 「촉루품」의 부촉도 경전이 아니라 보리심(菩提心; 證覺)의 부촉으로 되어 있는 게 사실이다. 따라서 땅에서 솟은 보살의 우두머리인 4보살〔上行·無 行·淨行·安立行〕도 그 이름에 의해 말세(末世)에 있어서의 법화신행자(法華信行者)의 수행과 본연의 자세를 가르친 것이며, 이와 같은 마음가짐으로 수행하면 여래(如來)는 언제든지 증각(證覺)을 내려주신다〔「촉루품」〕고 주장한다. 이것이 『법화경』 부촉의 뜻인데, 다른 경들이 아난·대가섭과 같은 역사상 유명한 인물에 대하여 부촉을 말하는 것과는 그 유(類)를 달리하고 있다. 제3류는 실천수행론인데, 2세기 무렵에 행해졌던 여러 가지 신앙에 바탕을 둔 수행형태 혹은 행자(行者)의 범례(範例)를 들고 법화신앙으로 귀일시키고 있다. 약왕보살·묘음보살·관세음보살·보현보살 등 여러 보살에 대한 신앙 또는 지국(持國)·비사문(毘沙門)·귀자모신(鬼子母神) 등 여러 신(神)에 대한 신앙이 그것이다. 여기에 속하는 「제바품」이 악인(惡人) 제바달다의 성불과 용녀(龍女)의 성불을 설하

고 있는 것도 역시 이 선(線)에 따른 것이다.

[평가] 인도에서는 이미 용수(龍樹)·세친(世親) 등 논사(論師)에 의해서 널리 찬양되고, 본경(本經)의 영향에 의해 법화부(法華部) 제경(諸經)의 성립을 보았는데, 『대승열반경』의 불신상주설(佛身常住說)이나 일천제성불의(一闡提成佛義) 등도 법화사상에서 영향 받은 것으로 볼 수 있다. 한편 『열반경』이 남송(南宋) 무제(武帝) 때 그 서울인 건강(建康)으로 전래하여 교상판석(教相判釋)이 발달하자 『법화경』은 항상 비판의 대상이 되었으며, 열반종의 오시교판(五時教判)에서는 제5시(第五時) 상주교(常住教)인 『열반경』보다 뒤떨어지는 제4시 동귀교(同歸教)라고 비방했다. 천태(天台)는 제5시 법화제호미설(法華醍醐味說)을 강조하였지만 법상종은 유식설을 내세우고 있기 때문에 오성각별(五性各別)·일승방편(一乘方便)을 설하여 반대하고, 진언계(眞言系)는 삼밀(三密)이 다 갖추어지지 않았기 때문에 법화는 밀교만 못하다고 헐뜯기도 하였다.

묘심 【妙心】〔英 The mind or heart. wonderful and profound beyond human thought〕 ①불가사의한 마음. 마음의 움직임을 헤아릴 수 없는 것을 묘(妙)라고 부른 것이다. ②천태(天台)의 교판에 의하면, 별교(別教)에 있어서는 부처님의 진심을 말하고, 원교(圓教)에 있어서는 직접적으로 범부(凡夫)의 망심(忘心)을 말한다.

묘용 【妙用】 ①지극히 신묘불가사의한 진리의 작용. 곧 진공묘유(眞空妙有)의 조화. 진리는 공허하고 텅 비어 있으나, 그 없는 가운데 묘용이 나타나 온갖 조화를 자유자재로 부린다. 우주의 삼라만상, 만물의 생로병사, 춘하추동 사시의 변화, 일월성신과 풍운우로 상설의 조화 등은 다 진리의 묘용에서 나타나는 것이다. ②이무애(理無碍) 사무애(事無碍)의 큰 힘을 얻은 불보살의 능력. 대자대비로 만능 만덕을 갖춘 능력이 곧 묘용이다.

묘청 【妙淸, ?-1135】 고려 인종 때 서경(西京) 출신의 스님. 일명(一名) 정심(淨心). 서경(西京)의 임원역(林原驛)이 풍수지리설 상으로 가장 길한 곳, 즉 대화세(大花勢)라고 해서 궁(宮)을 그곳으로 옮기면 금(金)나라가 폐백을 가져오고, 36국이 모두 신첩(臣妾)이 된다는 참언을 내세웠다. 그리고 그 참언에 근거해서 서경의 임원역에 신당(神堂)을 짓고, 그 안에 고유의 산신숭배와 불교·유교·도교·팔관·음양지리 등의 사상을 절충하여 호국백두악태백선인실덕문수사리보살(護國白頭嶽太白仙人實德文殊師利菩薩) 등 팔성(八聖)을 모셨다. 또한 도참설에 근거하여 서경천도론·칭제건원론(稱帝建元論)·금국정벌론

(金國征伐論)을 내세웠는데, 김부식 등과 같은 개경 귀족·사대주의자들의 반대로 뜻을 이루지 못했다. 그래서 1135년 서경에서 반란을 일으켜 국호를 대위국(大爲國), 연호를 천개(天開)라 하였으나 실패하고, 부하인 조광(趙匡)에게 살해되었다.

묘희세계 【妙熹世界】〔英 The realm of profound joy, the country of vimalakirti 維摩居士, who is stated to have been a contemporary of Śākyamuni〕 유마거사(維摩居士)가 살고 있는 세계의 이름. 동방(東方)에 있는 아촉여래(阿閦如來; akṣobhya buddha)의 정토(淨土).

무 【無】〔梵 asat, abhāva, anupapatti, nāstita, 西 ḥthad pa ma yin, 英 Sanskrit A, or before a vowel An, similar to English un-, in, in a negative sense; not, no, none, non-existent〕 ①유(有)와 상대되는 무(無). 존재하지 않음〔非存在〕. 공무(空無). 아무것도 없는 것. ② 상대적인 유(有)·무(無)의 무(無)를 초월한 무(無). 묘무(妙無). ③만물의 근본이나 본원으로 생각되는 무(無). 『노자(老子)』 40장에서는, "천하의 만물은 유(有)에서 생(生)하고, 유(有)는 무(無)에서 생한다."라고 하였고, 『장자(莊子)』에서도 "태초에 무(無)가 있었다〔天地篇〕.", "만물은 무유(無有)에서 나온다〔庚桑楚篇〕."라고 하였으며, 왕필(王弼, 226-249)도 "천하의 물(物)은 모두 유(有)로써 생(生)하나 유(有)의 비롯됨은 무(無)를 근본으로 한다〔『老子注』 40장〕."라고 하였다.

무간도 【無間道】〔梵 ānantaryamārga〕 사도(四道; 加行道·無間道·解脫道·勝進道) 또는 이도(二道; 無間道·解脫道)의 하나. 구역(舊譯)에서는 무애도(無礙道)라고 하였다. 번뇌를 모두 끊음. 빈틈없는 지혜, 무애(無礙)의 지혜로서 번뇌를 모두 끊는 단계.

무간삼매 【無間三昧】 ①단절됨이 없는 삼매. 완전한 정신 집중. 몰입. ② 생멸멸생(生滅滅生)과 유화전변(流化轉變)의 이치를 관하여 무아(無我)의 상태에 들어가는 것.

무간업 【無間業】〔梵 Anantarya, 英 The unintermitted karma, or unintermitted punishment for any of the five unpardonable sins〕 무간지옥(無間地獄)에 떨어질 악업. 즉 오역죄(五逆罪)를 말하는데, 오역죄를 범하면 반드시 무간지옥에 떨어지므로 무간업이라 한다.

무간지옥 【無間地獄】〔梵 Avici, 英 The avici hell, the last of the eight hot hells, in which punishment, pain, form, birth, death continue without intermission〕 지옥 가운데 가장 고통이 심한 지옥. 잠시도 쉬지 않고 고통이 계속되는 지옥. 범어 '아비치(Avici)'를 음역하여 아비지옥(阿鼻地獄)이라고도 한

다. 부모나 스승을 죽이는 등 오역죄(五逆罪) 가운데 하나를 범하거나, 인과(因果)를 무시하고 사·탑(寺塔)을 파괴하면 무간지옥에 떨어진다고 한다. 남섬부주 아래 2만 유순 되는 곳에 있다고 한다.

무거무래【無去無來】〔英 Neither going nor coming, eternal like the dharmakāya〕①법신여래(法身如來)가 상주(常住)하고 있다는 뜻. 우리의 본래 마음은 여여자연하여 생멸거래가 없으므로 오고 감이 없는 것이다. ②인간의 육신은 생멸변화가 있지만, 마음은 여여자재하여 오는 것도 아니요, 가는 것도 아니라는 뜻.

무견【無見】〔梵 adarśana, 巴 adassana〕①이견(二見; 有見·無見)의 하나. 모든 존재는 실체가 없다고 고집하는 견해. 유견(有見)과 상대되는 말. ②단견(斷見). 사람의 몸과 마음은 죽으면 끝난다고 하는 단견(斷見). 상견(常見)에 상대되는 말이다.

무공덕【無功德】아무 공덕도 없다는 말. 양무제(梁武帝, 502-549 在位)가 달마대사(?-528)에게 불법을 크게 숭상하고 보호 장려한 자신의 공덕이 얼마나 되느냐고 물었는데, 달마대사는 '무공덕(無功德)'이라고 대답한 데서 유래한다. 이 말의 뜻은 아무리 불사공덕(佛事功德)이 크다 할지라도 마음속에 공덕을 지었다는 생각이 남아 있으면 아무런 공덕이 없다는 것으로, 무주상보시(無住相布施)·무루보시(無漏布施)를 뜻한 것이다.

무공용【無功用】〔梵 anabhogena, akaraniya, 英 without effect〕일을 하려고 계획하는 일이 없이 자연에 맡기는 것. 힘쓰지 않아도 저절로 되는 것.

무공적【無孔笛】구멍이 없는 피리. 피리는 구멍이 뚫려 있어야 소리가 나는데 구멍이 없는 것. 인간의 생각이나 사유로는 파악할 수 없는 선(禪)의 경지, 또는 인간의 청정한 본래 마음을 무공적(無孔笛)이라 표현한다.

무괴【無愧】〔梵 Anapatrapya〕부끄러움을 모르는 것. 구사종(俱舍宗)에서는 가장 악한 마음의 하나, 유식(唯識)에서는 20수번뇌(隨煩惱) 가운데 하나를 가리키는 말. 남을 고려하지 않고 마음대로 악한 짓을 하면서도 조금도 부끄러운 마음이 없는 것.

무구【無垢】〔梵 vimala; amala, 英 undefiled, stainless〕①일체의 번뇌망상이나 삼독, 오욕이 없는 청정한 우리의 본래 마음. ②꾸밈새 없이 자연 그대로 순박함. ③잡된 것이 섞이지 않고 순수함. ④아무런 죄나 허물이 없음. ⑤유마거사의 다른 이름.

무구식【無垢識】〔梵 amala-vijñāna, 英 Amala, undefiled or pure knowing or, knowledge, formly considered as the ninth, later as the eighth vijñāna〕아말라식(Amala識)의 번역. 아뢰야식의 별칭(別稱). 구역(旧譯)에서는 무구식(無垢識)을 제

9식이라 하는데, 신역(新譯)에서는 제9식을 따로 세우지 않고 제8식의 청정한 부분을 무구식이라고 한다.

무구지 【無垢地】〔英 The stage of undefilement, the second stage of a bodhisattva〕 이구지(離垢地)의 다른 이름. 이구지는 보살 제2지(地). 한편 등각(等覺)의 보살을 무구지보살(無垢地菩薩)이라고 한다.

무기 【無記】〔梵 avyākṛta, 巴 avyākata, 英 Unrecordable (either as good or bad), neutral, neither good nor bad〕 해답을 얻을 수 없는 것. 근본적으로 분명하게 설명할 수 없는 것, 또는 판별·구별할 수 없는 것. 크게 나누어 세 가지로 쓰인다. ①『전유경』에서 어떤 사람이 불타께 다음과 같이 물었다. 예컨대, 이 세계(世界)는 상주(常住; 영원한 것)인가 무상(無常)인가, 세계는 유한(有限)한가 무한(無限)한가, 영혼과 신체는 다른가 동일한가, 여래(如來)는 죽은 후에 존재하는가 존재하지 않는가, 혹은 존재하기도 하고 존재하지 않기도 하는가 등이다. 이런 물음에 대해서 불타는 일체 언급〔대답〕을 하지 않았다. 이것을 무기(無記)라고 한다. 불타(佛陀)가 해답하지 않은 이유는, 이런 질문들은 희론으로서 무익(無益)하고 법(法)에 적합하지 않고 출리(出離; 해탈)·이욕(離欲)·적멸(寂滅)·적정(寂靜)·증지(証智)·정각(正覺)·열반(涅槃)으로 인도하는 논의가 못 되기 때문이었다. ②아비달마불교에 있어서 법(法) 및 업(業)을 규정하는 선(善)·악(惡)·무기(無記)의 3성질 중의 하나이다. 이 경우의 무기란 선으로도 악으로도 구별 분류되지 않는 중간적 성질을 의미한다.『아비달마구사론(阿毘達磨俱舍論)』에는 18계(界)·22근(根)·심(心)·심소(心所)·20심(心)·업(業)·98수면(隨眠) 등에 대해서 이 3성질의 관점에 의한 분류 설명이 보인다. ③무기(無記)에는 유신견(有身見)·변집견(辺執見)을 가지고 수도(修道)를 방해하는 유부무기(有覆無記)와 번뇌를 갖지 않는 무부무기(無覆無記)가 있다. 욕계(欲界)에서는 업(業)의 과보로서 생(生)하는 심(心), 위의(威儀) 공교(工巧) 및 신통변화를 할 때의 마음 등은 무부무기, 색계(色界)에서는 공교(工巧)를 할 때의 심(心)을 제(除)한 3종의 마음, 무색계(無色界)에 있어서는 업의 과보로서 생하는 마음만이 무부무기가 된다.

무기공 【無記空】 좌선 중에 화두를 망각한 상태. 화두를 놓친 상태. 또는 적적(寂寂)한 가운데 성성(惺惺)하고, 성성한 가운데 적적해야 하는데, 균형을 잡지 못한 혼몽한 상태.

무기근 【無記根】 22근(根)을 선(善)·악(惡)·무기(無記) 삼성(三性)으로 나누는데, 눈·귀·코·입·몸의 오근(五根)과 남·여 이근(二根)과 명근(命根)은 그 성질이 선(善)도 아니고 악(惡)

도 아니므로 무기(無記)라고 한다. 『품류족론(品類足論)』에서는 무기애(無記愛)·무기견(無記見)·무기만(無記慢)·무기무명(無記無明)으로 분류하고 있다.

무기업 【無記業】 삼성업(三性業)의 하나. 선업과 악업 어디에도 속하지 않으며, 선악의 어떠한 과보도 받지 않는 업을 가리킨다. 무기(無記) 항목을 참조할 것.

무기왕생 【無記往生】 4종 왕생(四種往生; 正念往生·狂難往生·無記往生·意念往生)의 하나. 평생토록 신심을 잃지 않고 염불한 사람은 임종 때에 비록 심신이 쇠약하여 무기(無記)가 되어 선악을 기억, 구분하지 못하고 염불을 하지 못하더라도, 전에 염불한 공덕에 의하여 반드시 왕생하게 되는 것을 말한다.

무념 【無念】 〔英 without a thought; without recollection〕 번뇌 망념이 없는 것. 사념(邪念)이 없는 것. 즉 정념(正念)의 다른 이름.

무대 【無對】 〔梵 apratigha〕 유대(有對)와 상대된다. 극미에 의해 만들어지지 않는 무장애(無障礙)의 의처(依處)·법처(法處)를 이름. 장애되는 것이 없음.

무등등주 【無等等呪】 〔梵 asama-sama-mantra〕 반야바라밀다주의 네 가지 이름 중의 하나. 곧 대신주(大神呪)·대명주(大明呪)·무상주(無上呪)·무등등주(無等等呪)가 반야바라밀다주의 네 가지 이름이다. 무등등주란 신령스런 주문이요, 지극히 밝은 주문이며, 위가 없는 주문이기 때문에 대등할 만한 것이 없는 주문이란 뜻이다. 누구나 반야의 지혜를 깨치면 무상·정등·정각(無上·正等·正覺)을 얻어 마침내 성불(成佛)하기 때문에 무등등주라고 한다.

무량겁 【無量劫】 〔梵 ākalpāt, kalpeṣv anekeṣu〕 한량없는 오랜 시간. 아승기겁(阿僧祇劫)이라고도 한다. 헤아릴 수 없는 아득한 시간.

무량광 【無量光】 〔梵 apramāṇābha, 英 Immeasurable, or infinite light or splendour〕 ①진리를 크게 깨친 사람의 지혜광명. ②아미타불의 광명. 아미타불의 광명은 헤아릴 수 없고, 그 공덕은 한없이 커서 삼세에 이르도록 다함이 없기 때문에 무량광(無量光)이라 한다.

무량국토 【無量國土】 ①한량없이 많은 국토. 이 우주에는 인간의 국토만 있는 것이 아니라, 금수·초목·벌레·곤충에 이르기까지 각각 그들의 세계, 그들의 국토가 있어 그 수가 헤아릴 수 없이 많음. ②삼천대천세계. 수미산을 중심으로 사방에 사대주(四大洲)가 있고, 그 바깥 주위를 대철위산(大鐵圍山)으로 둘러쌌다고 한다. 이것을 1세계 또는 1사천하(四天下)라 한다. 1사천하를 1천 개 합한 것을 1중천세계, 중천세계 1천 개 합한 것을 1대천세계라 한다.

ㅁ

무량사제【無量四諦】천태학(天台學)에서 별교사제(別教四諦)를 말한다. 별교에서는 진여(眞如)가 거꾸로 무명(無明)의 훈습(熏習; 영향)에 의하여 한량없이 미오(迷悟)·인과(因果)의 현상을 드러내므로 사제(四諦)도 한량없는 모양이 있다고 한다.

무량수【無量壽】〔英 Boundless, infinite life, a name for Amitābha, as in 無量壽佛〕①한량이 없이 오래 사는 목숨. ②무량수불(無量壽佛)을 줄여서 이르는 말.

무량수경【無量壽經】정토 3부경의 하나. 2권. 『불설무량수경(佛說無量壽經; 梵 Amitābhayūha-sūtra, 西 Ḥphags-pa ḥod-dpag-med-kyi bkod-pa shes-by-ba theg-pa chen-poḥi mdo)』의 통칭(通稱)으로 『대무량수경(大無量壽經)』이라고도 함. 위(魏) 가평(嘉平) 4년〔252〕에 낙양(洛陽)에 온 강승개(康僧鎧; Saṃghavarman)가 번역한 대승불교 경전의 하나. 이 경의 원형은 1세기를 전후하여 인도에서 정토(淨土) 경전으로 성립되었다고 알려졌다. 석존이 왕사성 기사굴산에서 사바세계에 출현한 본뜻인 타력(他力)의 법문을 설한 것. 상권에서는 아미타불이 본래 법장보살이던 때에 모든 중생을 구제하기 위해 세자재왕불(世自在王佛)의 처소(處所)에서 48원(願)을 세우고 수행한 결과 서원이 이루어져, 지금은 아미타불이 되어 서방(西方)에 정토(淨土)를 마련하고 중생으로 하여금 '나무아미타불(南無阿彌陀佛)'의 6자 명호를 듣고 믿게 하여 구제하는 것을 말한다. 하권에서는 중생이 왕생하는 인과(因果), 곧 중생이 아미타불의 정토에 왕생하는 데는 염불왕생과 제행(諸行)왕생의 두 가지 법이 있다는 것을 밝히고, 중생이 정토에 왕생한 뒤에 받는 여러 가지 낙(樂)에 대하여 말하고 있다. 이 경(經)은 다른 정토교계(淨土教系) 경전과 함께 한역(漢譯)되고 나서부터 담란(曇鸞, 476-542)·도작(道綽, 562-645)·선도(善導, 613-681) 등에 의해 중시되어 중국 정토교를 대성하게 하는 계기가 되었다.

무량수경종요【無量壽經宗要】신라의 원효(元曉, 617-686)가 『무량수경(無量壽經)』에 대하여 논술한 책. 1권 1책. 취지는 4장으로 나누어 논술하였는데, 제1장은 교(教)의 대의, 제2장은 이 경의 종지(宗旨), 제3장은 사람을 들어서 분별하였다. 그는 이 책 속에서 『무량수경』의 종지가 정토(淨土)의 인과(因果)를 밝히는 것으로, 불명(佛名) 혹은 불상(佛像)을 생각하여 끊임없이 오직 불(佛)만을 생각하고 다른 생각이 없다는 데 있다고 하였다. 또 그는 예토(穢土)와 정토(淨土)의 구별에 대해서, "무릇 중생의 심성은 융통하여 걸림이 없으니, 태연하기가 허공과 같고 잠잠하기가 오히려 대해(大海)와 같다. 허공과 같으므로 그 체(体)가 평등하여 차별상

(差別相)이 없음을 얻을 수 있으니, 어찌 깨끗한 곳과 더러운 곳이 있겠는가. 오히려 큰 바다와 같으므로 그 성(性)이 윤활하여 인연에 따르되 거스름이 있을 수 없으니, 어찌 움직이고 멈추는 때가 있겠는가."라고 하여, 사바세계인 예토(穢土)와 극락인 정토(淨土)는 본래 한마음〔一心〕이라 하였다. 그는 일심(一心)을 일승(一乘)으로 보고, 태연하고 잠잠하며 넓고 호탕한 심성을 구극적 원리로 삼았다.

무량수불 【無量壽佛】 아미타불(阿彌陀佛, Amitāyus Buddha; Amitābha Buddha)을 번역한 이름. 정토삼부경(淨土三部經) 가운데 소경(小經)에서는 제목을 범명(梵名)인 『아미타경(阿彌陀經)』으로 붙이고, 대경(大經)에서는 번역명을 써서 『무량수경(無量壽經)』이라 제목을 붙이고 있다. 아미타(阿彌陀)에는 무량광(無量光; 광명이 한량없음, 곧 무한한 광명)과 무량수(無量壽; 수명이 한량없음)의 두 가지 뜻이 들어 있다.

무량의경 【無量義經】 법화(法華) 3부경의 하나. 1권. 담마가타야사(曇摩伽陀耶舍)가 481년〔건원 3〕에 광주 조정사(朝亭寺)에서 번역하였다. 『법화경』의 서설(序說)이라고 할 수 있어서, 예부터 『법화경』의 개경(開經)이라고 했다. 덕행·설법·십공덕 등 3품으로 되어 있다.

무루 【無漏】 〔梵 anāsrava, 巴 anassava, 西 zag pa med (pa), 英 no drip, leak of flow〕 유루(有漏)의 대칭어. 누(漏; āsrava)란 누설, 누락의 뜻으로 번뇌의 이명(異名). 번뇌를 소멸시켜서 속박으로부터 벗어난 것을 무루(無漏)라 한다.

무루계 【無漏界】 〔梵 anāsrava-dhātu〕 무루(無漏; 번뇌가 없음)의 세계. 열반(涅槃)의 세계.

무루과 【無漏果】 〔英 The result of following the way of 戒, 定 and 慧, i.e. purity, meditation, and wisdom, with liberation from the passions and from lower incarnation〕 무루(無漏)의 청정한 지혜로써 수행하여 깨달은 경지. 사제(四諦) 가운데 멸제(滅諦)가 여기에 해당됨. 열반.

무루도 【無漏道】 〔英 The way of purity〕 모든 번뇌를 여윈 무루의 지혜〔無漏智〕로써 닦는 수행. 소승에서는 견도위(見道位) 이후의 성자(聖者)가 16행상(行相)으로써 사제(四諦)의 이치를 관하는 지혜를 말하고, 대승에서는 진여(眞如)의 이치를 본 근본지(根本智)와 만유 제법의 현상을 보는 후득지(後得智)와 같은 것을 말한다. 이 도(道)로써 견혹(見惑)과 수혹(修惑)을 모두 끊어 버린다.

무루법 【無漏法】 〔梵 anāsravā-dharmāh, 英 The way of purity, or escape from the passions and lower transmigration〕 번뇌(煩惱)와 오염(汚染)을 여읜 청정(淸淨)한

진리, 즉 삼승(三乘)이 증득한 계정혜(戒定慧)와 열반을 말한다.

무루업【無漏業】〔梵 anāsrava-karman〕 오염되지 않은 행위(行爲). 깨달음에 이르게 하는 청정한 행위. 또는 과실(過失)을 일으킬 수 있는 힘을 수반하지 않은 활동을 말한다.

무루인【無漏因】〔英 Passionless purity as a cause for attaining nirvāna〕 무루청정(無漏淸淨)의 계정혜로써 열반과를 증득(証得)한 것을 무루인(無漏因)이라 하는데, 사제(四諦) 가운데 도제(道諦)를 말한다.

무루정【無漏定】 출세간선(出世間禪)이라고도 한다. 견도위(見道位) 이상의 성자(聖者)가 무루지(無漏智)를 발하는 선정. 오계(悟界)에 이르는 연(緣)이 된다.

무루종자【無漏種子】 제8 아뢰야식 가운데 선천적으로 갖추고 있는 무루(無漏; 청정)의 종자(種子). 이 종자가 있으므로 보리(菩提; bodhi)의 인(因)이 되어 깨달음을 얻을 수 있다. 그러나 여기에는 성문승(聲聞乘)의 종자와 연각승(緣覺乘)의 종자와 보살승(菩薩乘)의 종자가 있으므로 장차 얻어질 증과(証果; 깨달음)도 서로 다르다.

무루지【無漏智】〔梵 jñānasmianā-aravasmin, 英 passionless, or pure, wisdom, knowledge, or enlightenment〕 진리를 증득하고, 모든 번뇌를 여읜 청정한 지혜. 완전한 지혜. 소승에서는 사제(四諦)의 이치를 얻은 지혜. 대승 유식(唯識)에서는 무루지(無漏智)에 근본지(根本智)와 후득지(後得智) 2가지가 있다고 한다. 근본지는 진여(眞如)의 이치를 증득한 무분별지(無分別智)를 말하고, 후득지는 그 근본지를 바탕으로 다시 갖가지 현상적인 모든 것을 확실하게 아는 지혜를 말한다.

무명【無明】〔梵 avidyā, abhāsvara, 巴 avijja, 英 ignorance, and in some senses Māyā; illusion〕 지혜가 없는 상태. 곧 어리석음. 무지(無知)와 같은 뜻. 12연기 가운데 첫 번째로서 무명으로 인하여 업(業=行)을 짓고, 업으로 인하여 나머지가 연달아 일어나게 된다는 것. 초기경전에서는 12연기의 첫 번째로서 무명(無明)을 말하고 있고, 설일체유부에서는 대번뇌지(大煩惱地)의 하나로 거론하고, 유식파(唯識派)에서는 근본번뇌의 하나로 취급한다. 『대승기신론』에서는 번뇌 망념(妄念)을 일으키는 것이 무명(無明)이라고 한다.

무명업장【無明業障】 무명(無明)·무지로 인하여 지은 온갖 죄업의 장애. 무명업장은 해탈을 방해한다. 그러므로 무명에서 벗어나지 못하면 선악을 잘 가리지 못하므로 죄업을 짓게 되고, 해탈을 얻을 수가 없다.

무명장야【無明長夜】 중생이 근본적인 무지(無知) 때문에 번뇌 망념 속에서 유전하며 암흑의 생활을 하는 것을 긴 밤에 비유한 것이다.

무명초【無明草】출가 입산하거나 계를 받을 때 긴 머리카락을 자르게 되는데, 그 머리카락을 무명초(無明草)라고 한다. 세속생활을 버리고 출가 수행하는 것은 무명을 끊고 지혜를 얻기 위한 것이라는 뜻에서 이렇게 말한다.

무문관【無門關】⑴ 공안집(公案集). 중국 남송 때 임제종 선승인 무문혜개(無門慧開, 1183-1260)가 지은 책으로서, 48개의 고칙(古則; 공안)을 선별하여 수록한 다음 자신의 촌평(寸評)을 붙인 책. 간화선 수행에서 안목을 열어 주는 공안집임. 1228년〔紹定 1〕46세 때 여름에 복주(福州) 영가(永嘉)의 용상사(龍翔寺)에서 수행자를 위해 고칙48칙(古則四十八則)을 염제(拈提; 고칙을 제시하여 이를 評唱함)하고, 평창과 송(頌)을 가해서 『무문관(無門關)』이란 제목을 붙이고, 더불어 찬술이유(撰述理由)를 말한 자서(自序)를 첨부하여 그해 겨울에 간행하였다. 『벽암록』·『종용록』과 함께 옛날부터 선림(禪林)과 일반에게 널리 애용되었다. 특히 제1칙 「조주구자(趙州狗子)」의 공안이 유명한데, 여기서 염제(拈提)되는 무자(無字)야말로 종문(宗門)의 일관(一關)이며, 이 일관을 이름하여 무문관이라 한다고 기술되어 있다.
⑵ ①육근문을 닫아걸고 육근동작이 천만경계에 끌려가지 않는 것. 곧 무심으로 작용하는 것. ②오랜 기간 밀폐된 집 속에서 외부와 접촉하지 않고 용맹정진하는 것.

무문종【無門宗】〔英 The unsectarian, ch'an or meditative sect, so called because it claimed to drive its authority directly from the mind of Buddha〕선종(禪宗)을 말한다. 무문(無門)은 불심(佛心)의 다른 이름이다.

무문혜개【無門慧開, 1183-1260】중국 남송(南宋) 때 임제종 선승. 천룡사(天龍寺)의 광화상(曠和尙)에게서 법을 배우고, 1246년〔南宋 理宗 6〕에 칙령에 의해 항주에 호국인왕사(護國仁王寺)를 세웠다. 저서로는 『선종무문관(禪宗無門關)』이 있다.

무법공【無法空】18공(空)의 하나. ①만법(萬法)이 소멸한 그 멸(滅)까지도 공무(空無)한 것. ②현재법을 유법(有法)이라는 데 대해서 과거·미래의 법을 무법(無法)이라 한다. 과거나 미래에 있는 법(法)은 공(空)하여 없다는 것.

무봉탑【無縫塔】난탑(卵塔). 이음새가 없는 탑이라는 뜻으로, 형체도 없고 모양도 없는 탑을 말한다. 『벽암록』 제18칙에는 남양혜충(南陽慧忠, ?-755)이 입적할 때 숙종에게 이음새가 없는 무봉탑을 만들어 줄 것을 간청하는 선문답이 실려 있다. 무봉탑은 자취와 흔적이 없는 것을 뜻함. 몰종적(沒蹤跡)과 같은 말로서 무집착,

공(空)을 뜻한다.

무분별【無分別】〔梵 Nirvikalpa, 英 non-discriminating〕①분별(分別)이 없는 것. 사물을 분석·구별하여 고찰하지 않는 것. ②오식(五識)의 활동에 대한 것. ③망상(妄想)을 여읜 것. 정념(情念)의 분별을 떠나 바른 진지(眞知)를 체득한 것. ④시비선악(是非善惡)을 판별할 능력이 없는 것.

무분별심【無分別心】〔英 The mind free from particularization, especially from affection and feeling〕분별심이 없는 마음. 정념(情念)의 분별을 여읜 심식(心識). 사물을 분석·구별하지 않는 것.

무분별지【無分別智】〔梵 nirvikalpa-jñāna, akalpa-avikalpanatā, 英 The unconditioned or passionless mind as above〕분별하지 않는 지혜. 무분별심(無分別心). 진여(眞如)를 올바르게 체득하는 지혜. 부처의 지혜. 『섭대승론석(攝大乘論釋)』 12권에서, "만약 지(智)와 취(取)하는 것이 다르지 않으면 평등이 일어나며, 이를 무분별지라 한다."라고 하였다.

무비신【無比身】〔英 The incomparable body (of the Buddha)〕이 세상에서 견줄 수 없는 몸. 곧 부처를 가리켜서 하는 말. 『석보상절(釋譜詳節)』 6권에 나온다.

무사【無事】〔梵 nirvastuka; nirvastukatā〕①아무 일이 없음. 편안함. ②번뇌망상이 없는 것을 말함.

무사시귀인【無事是貴人】『임제록』에 나오는 말. 일〔번뇌〕 없는 사람이 가장 귀한 사람이라는 뜻. 상식적인 생각이나 분별에 기초하여 부처라든지 깨달음과 같은 것들을 구하지 않고, 단지 인간 본래의 모습에 철저한 그대로의 사람이야말로 귀한 사람이라는 뜻.

무상【無相】〔英 Animitta; nirābhāsa, without form, or sign; no marks, or characteristis〕①형태나 모습이 없는 것. 공(空)의 이칭(異稱). 모든 사물에는 고정적·실체적인 모습이라고 할 수 있는 것은 없다는 뜻. 그러므로 실상(實相)은 무상(無相)이고 무상은 실상이다. ②존재하지 않는 것. 무(無)의 특질. ③차별의 상(相)을 떠나 있는 것. 차별대립의 모습을 초월해 있는 것. 무차별의 상태. ④집착을 떠난 경지. ⑤불교 수행자의 최고 경지인 공(空)·무상(無相). 무원(無願) 중의 하나. ⑥적멸열반(寂滅涅槃)을 말한다.

무상【無常】〔梵 anitya, 巴 anicca, 英 Impermanent〕변화하는 것. 하나의 사물이나 모습이 일정한 상태〔常〕로 있지 않고 매 순간마다 부단히 변모해 감을 뜻함. 영원〔常〕하지 못한 것. 특히 인간 등 살아 있는 모든 것은 반드시 사멸(死滅)하는 것. 혹은 건강한 자가 병들고 청년이 늙어 가는 것 등. 변화 그 자체가 달갑지 않고 바람직하지 않은 방향으로 변화해 가는 것. 제행무상(諸行無常). 불교에서는 제행무상(諸行無常; Anityā bata saṃskārāh)을 삼법인(三法印)의 하나로 정하여 기본적인 교리로 삼고 있고, 또 고제(苦諦)에서 말하는 4행상(四行相; 無常·苦·空·無我)의 하나이다. 아비달마불교에서는 무상을 이론적으로 설명하여, 제법(諸法; 모든 존재)이 찰나마다 멸하는 것〔kṣanika; 刹那滅〕이라 하고, 그 변화의 과정을 생주이멸(生住異滅)로 나누었다. 생주이멸은 유위(有爲)의 4상(相)이라고 부르지만, 무상은 유위법의 공통적인 특질이다. 이와는 달리 무위법은 상주불변(常住不変)이고 생멸이 멸한 상태, 시간을 초월한 존재로 보았다. 대승불교에서는 열반을 얻은 불(佛)도 상주영원(常住永遠)으로 되고 상락아정(常樂我淨)의 4덕(德)을 갖춘 것으로 설해진다. 유식설에서는 아(我)와 모든 존재〔諸法〕는 모두 변계소집성(遍計所執性; 부단한 집착)에 의하여 생긴 가구(假構)로서 비존재(非存在)이며, 상주(常住; 항상된 것)가 아니라는 것이다. 또 의타기(依他起; 緣起)의 존재로서 무상한 것이며, 수행의 완성태〔圓成實性〕도 진여로서는 불변이지만 유구(有垢)에서 무구(無垢)로 바뀌는 점에서 무상이라 한다. 이것은 본성청정(本性淸淨)인 심(心; 如來藏)이 수행에 의해서 객진(客塵; 번뇌)을 벗어나서 청정하게 되는〔離垢淸淨〕 것이고, 도제(道諦)에 관한 무상이다. 또 논리학〔因明〕에서는 '만들어진 것은 무상이다.' 라는 명제(命題)를 세워 말〔śabda; 聲〕을 유례(喩例)로 하지만, 이것은 미맘사학파가 베다성전(聖典)의 영원성을 주장하여 성상주론(聲常住論)을 설하는 것과 대립한다.

무상고공무아【無常苦空無我】〔梵 anitya-duḥkha-śunya-anatmata〕 모든 것은 무상(無常)하고, 일체는 고통〔苦〕스러운 것이며, 공(空)한 것으로, 영원히 변하지 않는 주체는 없다〔無我〕고 하는 말. 무상·고·공·무아를 붙인 말.

무상과【無想果】 14불상응법(不相應法)의 하나. 색계(色界) 사선천(四禪天)의 제4선에 8천(天)이 있고, 그 중 제3의 광과천(廣果天)에 무상천(無想天)이 있다. 무상정(無想定)에 의하여 얻은 결과물. 이곳에 태어난 이는 처음 날 때와 이 하늘에서 죽어 다른 데에 태어나려고 할 때는 마음이 있지만, 중간 오백대겁(五百大刦)의 오랜 동안에는 심왕(心王; 마음의 본체)·심소(心所; 마음의 갖가지 현상; 번뇌)가 모두 없어져 몸만 있을 뿐이므로 오로지 비정(非情)과 같다. 이 무심(無心)의 위(位)를 무상과(無想果)라 한다.

무상보리【無上菩提】〔梵 mahābodhi, paramabodhi〕 최고의 깨달음. 가장 완전한 부처의 깨달음.

무상보시【無相布施】무주상보시(無住相布施). 마음속에 아무런 상(相)이 없이 하는 보시. 보시를 할 때에 내가 무엇을 누구에게 주었다는 생각이 없이 텅 빈 마음으로 하는 보시. 오직 베풀기만 할 뿐 보답을 바라지 않는 보시.

무상사【無上士】〔梵 anuttara, 巴 anuttaro purisa-dhamma-sāratthi, 英 The peerless nobleman, the Buddha〕부처의 십호(十號) 가운데 하나. 범어 아뇩다라(阿耨多羅; Anuttara)의 번역. 부처님은 유정(有情) 가운데서 가장 높아서 위〔上〕가 없는 대사(大士)라는 뜻.

무상살귀【無常殺鬼】무상은 덧없는 것, 살귀(殺鬼)는 죽음을 맡은 신. 순간순간마다 노소귀천을 가리지 않고 목숨을 거두어 가는 죽음의 손길. 곧 속절없이 흘러가는 시간을 뜻함.

무상삼매【無相三昧】〔梵 animitta cetaḥ-samādhiḥ〕삼매의 하나. 열반은 모양〔相〕이 없는 것이라고 관(觀)하는 삼매. 대립과 차별, 상대성을 떠난 삼매.

무상승【無上乘】〔梵 yāna-ānuttarya〕대승(大乘)의 다른 이름. 교법(敎法)이 지극함을 찬탄하여 일컫는 말.

무상심지계【無相心地戒】선종(禪宗)에서 전하는 계(戒)를 무상심지계라 한다. 선종에서는 무상(無相), 즉 공(空)하여 얻을 것이 없는 마음〔心地〕으로 계체(戒體)를 삼고, 『범망경(梵網經)』의 십중사십팔경계(十重四十八輕戒)로 계상(戒相)을 삼는다. 대승계를 말함.

무상열반【無上涅槃】①최상의 열반. 다른 것과는 비교할 것이 없다는 뜻. ②부처의 깨달음. 부처〔佛〕는 완전한 열반을 성취하여 외도(外道)나 이승(二乘)이 깨달은 것보다 월등하기 때문에 이렇게 말한다. ③소승(小乘)의 열반에 대하여, 대승(大乘)의 열반을 일컬음.

무상정【無想定】〔英 The concentration in which all thinking ceases, in the desire to enter avṛha, v. above〕대승 24불상응법(不相應法)의 하나. 소승 14불상응법의 하나. 2무심정(無心定)의 하나. 무상천(無想天; āsaṃjñika)에 태어나는 인(因)이 되는 선정(禪定). 모든 번뇌를 없애므로 이렇게 부른다. 외도(外道)는 이 정(定)을 닦아 무상과(無想果)를 얻으면 참 열반을 얻는 것이라고 생각한다.

무상정등정각【無上正等正覺】아뇩다라삼먁삼보리(阿耨多羅三藐三菩提; Anuttara sammyak sambodhi)의 신역(新譯). 바르고 방정(方正)한 최상의 깨달음. 불타(佛陀)의 깨달음을 말함. 불타의 깨달음은 가장 높고 진실하고 바른 이치를 깨달아 증득했으므로 이렇게 말한다.

무상정변지【無上正徧智】〔梵 anuttara-samyaksaṃbodhi, 巴 anuttarasamma-saṃbodhiḥ〕 아뇩다라삼먁삼보리(阿耨多羅三藐三菩提)의 구역(舊譯). 불타(佛陀)의 지혜. 더 이상 위가 없는 최고의 지혜. 올바르고 알지 못하는 것이 없다는 뜻에서 이렇게 말한다.

무상종【無相宗】삼론종(三論宗)은 반야(般若)에서 설한 제법개공(諸法皆空)을 종지(宗旨)로 삼으므로, 다른 종파에서 무상종(無相宗)이라 한 것이다.

무상천【無想天】〔梵 āsaṃjñika, 西 ḥdu śes med pa〕 색계(色界) 4선천(四禪天; 初禪天·二禪天·三禪天·四禪天) 가운데 제4선천(第四禪天)에는 팔천(八天; 無雲·福生·廣果·無煩·無熱·善見·善現·色究竟天)이 있는데, 그 가운데 광과천(廣果天)에 속한 하늘이다. 유부(有部)와 경량부(經量部) 상좌부에서는 따로 무상천(無想天)을 더하여 구천(九天)이라고 한다. 이 하늘에 태어나면 모든 번뇌가 없으므로 이같이 말한다.

무색계【無色界】〔梵 ārūpya-dhātu, 藏 gzugs mad paḥi khams, 英 the heavens without form, immaterial, consisting only of mind in contemplation〕 삼계(三界; 欲界·色界·無色界)의 하나. 색계(色界) 위에 있는데 물질을 여읜 순 정신적 존재의 세계. 색계가 물질에 얽매여 자유를 얻지 못하므로 자유로운 무색계로 들어감. 이 세계에는 온갖 형색(形色)은 없고, 수(受)·상(想)·행(行)·식(識)의 사온(四蘊), 즉 정신적인 것만 있다. 여기에 공무변처(空無辺處)·식무변처(識無辺處)·무소유처(無所有處)·비상비비상처(非想非非想處)의 4천(天)이 있다.

무생【無生】〔梵 anutpanna, ajāti, 英 not born, without being born or produced; uncreated; no rebirth〕 ①무생멸(無生滅)·무생무멸(無生無滅). 모든 존재의 실상〔諸法實相〕은 생멸이 없다는 것. ②아라한(阿羅漢; arhan)·열반(涅槃; nirvāṇa)의 뜻을 번역한 것. 다시 미계(迷界)의 생(生)을 받지 않는다는 뜻으로 쓰인다.

무생관【無生觀】①모든 사물과 현상의 본성은 무생무멸(無生無滅)이라고 관하는 것. 생(生)을 고집하는 일 없고, 멸(滅)을 고집하는 일 없이 생(生)과 멸(滅)의 둘을 모두 초월하는 무생무멸(無生無滅)의 관점. 천태에서 말하는 통교(通教)의 공관(空觀)으로, 장교(藏教)의 생멸관에 반대한다. ②화엄에서 말하는 이공관(二空觀)의 하나.

무생법인【無生法忍】〔梵 anutpattika-dharma-kṣānti〕 이인(二忍; 衆生忍·無生法忍)·삼인(三忍; 音響忍·順忍·無生法忍) 중의 하나. 줄여서 무생인(無生忍)이라고도 한다. 생멸(生滅)이 없는 무생무멸(無生無滅)의 진여실상, 불생불멸의 진리. 인(忍)은 인(印)

ㅁ

으로서 불변(不變)을 뜻함.

무생사제【無生四諦】『열반경』에서 설한 4종사제(四種四諦; 生滅四諦·無生四諦·無量四諦·無作四諦)의 하나. 천태에서는 통교(通敎)의 법문(法門)에 속함. 미오(迷悟)의 인과(因果)는 모두 환화(幻化)이기 때문에 실제로 생멸하지 않는 것이며, 생멸이 곧 무생멸(無生滅)이 되므로 무생사제(無生四諦)라 한다. 이는 장교(藏敎)의 생멸사제(生滅四諦)와 약간 다르다.

무생생【無生生】상대적 생멸을 초월한 절대적 영생(永生). 앞의 '생(生)'은 생멸(生滅)의 생(生)이고 뒤의 '생(生)'은 상대적 생멸의 생(生)을 부정한 영생(永生)의 생(生)이다.

무생신【無生身】〔英 The immortal one, i.e. the Dharma-kāya〕부처〔佛〕의 법신(法身). 열반, 곧 무생(無生)의 이치를 증오(證悟)한 것.

무생지【無生智】〔梵 jñāna-ajati, 英 The final knowledge attained by the arhat, his release from the chain of transmigration〕①성문과(聲聞果) 10지(智)의 제10. 아라한의 구극(究極)의 지혜. 이미 삼계(三界)의 번뇌를 모두 끊어서 다시는 삼계에 생(生)을 받지 않는 아라한과의 지혜. ②무생무멸(無生無滅)의 이치를 증득한 대승보살의 지혜.

무성유정【無性有情】불성(佛性)이 없는 중생. 불성(佛性)이 없어서 영원히 부처나 성문·연각이 되지 못하고, 생사계에 드나들며 겨우 5계(戒)나 십선계(十善戒)를 닦아서 인간이나 천상에 나는 것을 최고로 삼는 중생.

무소구행【無所求行】구하는 마음이 없는 행(行). 선종(禪宗)의 초조(初祖)인 보리달마(菩提達磨, ?-536)의 이입사행론(二入四行論) 가운데 4행(四行; 報寃行·隨緣行·無所求行·稱法行)의 하나.

무소득【無所得】〔梵 aprāptitva, 英 Now here, or nothing obtainable, the immaterial universal reality behind all phenomena〕무상(無相)의 진리를 체득하여 마음속에 집착·분별함이 없는 것. 즉 공혜(空慧). 분별없는 지혜를 말한다.

무소설【無所說】한 번도 설한 바가 없음. 많은 설법을 했지만 설했다는 의식이 없는 것. 법을 법이라고 하면 이미 법이라는 것에 집착하는 것이므로 법에 집착하지 말 것을 가르친 것이다.

무소연식지【無所緣識智】〔西 dmigs pa med paḥi rnam par rig pa dmigs pa〕연(緣; 근거)이 될 만한 것이 없는데 인식의 세계에는 상존하는 것. 과거·미래, 혹은 꿈속에 나타난 형상(形像) 등은 실체가 없지만 인식 속에서는 성립된다.

무소외【無所畏】〔梵 viśārada〕①마음속에 아무런 두려움이 없음. 본래 면목을 발견해서 아무것에도 막히지 않고 조금도 두려움 없이 자신 있게 법을 설하는 것. ②삼학을 수행해 가는 데 있어서 부딪치는 온갖 장애와 어려움에 조금도 두려워하거나 막힘이 없이 수행정진함. ③불안과 공포를 벗어나 마음속에 평화와 안정을 얻음.

무소유【無所有】①공(空)의 다른 이름. ②아무것도 소유하지 않음. ③〔梵 anu paladhi〕무지각(無知覺)인 것. ④〔梵 asal-lakṣaṇa〕무상(無相; Ani-mitta)과 동의어.

무소유처【無所有處】〔梵 ākiṃcan-ya-āyatana〕무소유처천(無所有處天)이라고도 한다. 무색계(無色界) 4천(天)의 제3. 식무변처(識無邊處)에서 소연(所緣)이 아주 없는 줄로 관(觀)하여 무소유(無所有)의 앎을 얻고, 그 수행한 힘으로 나게 되는 곳.

무소작【無所作】〔梵 anabhisaṃs-kāra〕①참된 진리를 깨닫게 되면 해야 할 수행은 아무것도 없다는 뜻. ②수행이나 또는 무엇을 한다는 의식이 없는 것. ③인위적인 것이 없는 것.

무수겁【無數劫】〔梵 kalpa-asaṃ-khyeya〕아승기겁(阿僧祇劫)의 번역. 한량없는 겁. 아주 오랜 시간을 가리킨다.

무승국【無勝國】〔英 The unexcelled land, the pure land located west of this universe〕석가여래의 정토. 『열반경(涅槃經)』24권에서는, "사바세계에서 서방으로 42항하사(恒河沙) 등의 불국토를 지나면 저 세계가 있어, 무승(無勝)이라 이름한다. 그 국토를 무승이라 하는 이유는 그 땅은 평등하고 아름다워서, 서방의 안락세계와 같다. 또한 만월세계(滿月世界)와 같기도 하다. 내 저 땅에서 중생을 교화하였고, 이 염부제(閻浮提) 가운데 현재도 법륜(法輪)을 전한다." 고 하였다.

무실공【無失空】〔梵 anavakāra-śu-nyatā, 西 dor ba med pa stoṅ pañid〕여러 가지의 사물은 일시적인 집합체이기 때문에 이산하고 파괴되는 상을 갖고 있어 공(空)이라고 하는 것.

무심【無尋】〔梵 avitarka〕중간정(中間定; Dhyānātara-samādhi)에서부터 유정(有頂; bhava-agara)에 이르기까지의 선업이 심(尋)의 작용을 동반하지 않는 것.

무심【無心】〔梵 acitta, 西 sems med pa〕①무망심(無妄心)·무번뇌심(無煩惱心). 곧 번뇌 망념이 없는 마음. 분별심이 없는 마음. 청정심. ②무의식. 의식함이 없는 마음. 공(空)한 마음. ③비심(非心).

무심정【無心定】〔梵 samāpattiaci-tte〕멸진정(滅盡定) 4가지 이름 가운데 하나. 성자(聖者)가 번뇌 망념을 모두 없애고 적정(寂靜)하기를 바라서 닦는 선정(禪定).

무심합도【無心合道】무심히 도(道; 진리)에 합함. 진리에 합일하고자 하는 의식 없이 합하는 것. 수행이 무르

ㅁ

익어서 의식하지 않아도 매사에 진리에 합일하는 것.

무아【無我】〔梵 anātman, nirātman, anātmaka, nirātmika, nairātmya, 巴 anāttan, 西 bdag med pa, 英 no ego, no soul, impersonal, no individual existence〕 아(我; ātman)·자아(自我; 實体)가 없음. 불교의 기본교리 가운데 하나. 특히 우파니샤드와 힌두교에서 말하는 유아설(有我說; 아트만)을 부정하는 학설로 불교 교리의 특색으로 손꼽힌다. 여기서 아(我)·자아(自我)란 곧 아트만(ātman)으로서 이는 상일주재(常一主宰), 영원불멸의 존재이고, 유일(有一)의 실재(實在)이자 실체(實體)이다. 동시에 이것은 개인의 기관(器官), 기능, 생각 등을 자유로이 지배하는 것으로 해석된다. 현대철학 용어로는 영혼과 같다. 그러나 불교에서는 아트만이나 영혼 같은 실체는 없다는 것이다. 그것이 무아(無我)다. 한편 이것은 비아(非我), 즉 '그것은 내가 아니다.', '나의 것이 아니다.'라는 개념이기도 하다. 육체나 정신의 여러 기능은 모두 내 것이 아니고, 나도 아니고, 내 자아(自我)도 아니다. 마찬가지로 6근(根)을 통해 포착되는 것은 모두 아(我)가 아니다. 인간, 즉 이른바 '나(我; 自我)'라고 하는 존재는 정신과 육체로 구성되어 있다. 즉 색(色)·수(受)·상(想)·행(行)·식(識) 등 오온(五蘊)을 소재(素材; upā- dana)로 하여 조립된 존재에 지나지 않는데, 그 다섯 가지 요소들이 흩어지고 나면 불변(不變)의 존재, 항구적인 존재는 없다는 것이다. 그래서 오온 속에는 나의 것이라고 할 수 있는 것이 없다는 뜻에서 오온무아(五蘊無我)라고 한다. 더 나아가 하나의 인격체만 무아인 것이 아니라 객관적인 모든 존재와 현상, 사물도 실체가 없는 무아라고 해석된다. 그 경우의 아(我)란 사물의 고유한 본성 혹은 실체라고 설명된다. 이 해석에는 제행(諸行)을 무자성(無自性)·공(空)으로 보는 것, 혹은 무실질(無實質; asāraka), 허결(虛欠; tuccha)로 보는 것과 관련이 있다. 대승불교에서는 무아를 공(空)의 뜻으로 해석한다. 즉 아(我; 나)·법(法; 객관적인 존재)도 모두 공(空)이라는 의미로, 인법이공(人法二空) 혹은 인법이무아(人法二無我)라 부른다. 그리고 모든 것은 연기적(緣起的)이며 자성(自性)이 없는 존재이므로 무아(無我)·공(空)이라는 것이다. 무아설은 원래 신체라든가 재산·처자·권속 등을 내 것이라고 생각하고 그것을 집착하고 그것을 자아로 인식하는 데서 생기는 아집(我執)의 문제를 해결하기 위하여 제시한 방법이었다. 아집이 곧 고뇌, 번뇌를 일으키게 하는 원동력이기 때문이었다. 따라서 꼭 형이상학적인 실체로서의 아트만의 유무(有無)를 논한 것은 아니었다. 오히려 아집(我執)을 제거하고, 고뇌를 떠나, 열반을 성취하라는 의미가 더 강하다. 그러나 무언가 영혼〔아트만〕 같은 것이 있다고 생각한다면 그 역시 속박과 집착의 대상이 되며, 그것은 결국 불교의 최고 가치관인 열반을 성취할 수 없으며, 동시에 무아의 가르침과는 상치되는 학설이 된다. 한편 무아설의 확립에 따라서 사후(死後)의 운명을 짊어져야 할 아트만의 존재가 부정되고, 업설(業說)과의 관계에서 윤회의 주체가 무엇인가 하는 논의가 일어났다. 그 결과, 독자부에서는 비즉비리온(非卽非離蘊)의 아(我)와 같은 일종의 실체적 존재를 상정(想定)하는 학설도 나타났다. 유식학파에서는 아뢰야식을 주장했다. 아뢰야식은 무아와 윤회의 문제를 해결하기 위한 훌륭한 설이지만, 아뢰야식을 윤회의 주체로 본다면, 그 역시 아트만적인 범위에서 벗어날 수 없다는 견해도 있다.

무애【無礙】 막히거나 거칠 것이 없음, 장애나 지장이 없음, 모든 대상과 경계에 구속, 구애됨이 없는 자유자재함을 뜻한다. 즉 괴로움의 뿌리인 번뇌 망상으로부터 무애함, 삶과 죽음에 무애함, 애착과 집착으로부터 무애함, 자신이 설정해 놓은 관념의 틀과 벽, 도그마로부터 무애함(해탈)을 뜻한다. 무애란 본래 화엄의 이사무애(理事無碍, 이치와 사물의 무애), 사사무애(事事無碍, 사물과 사물 간의 무애) 법계관에서 나온 말로 관념의 벽을 초월한 법계관으로 공(空)을 뜻한다. 또 반야심경에서 말하는 심무가애(心無罣礙) 역시 무애의 정의이다. '무엇이든지 마음대로 하는 것'이 곧 '무애(罣礙)'라고 오인하여 무절제한 행동이나 막행막식 등 계율 파괴적인 행동은 주의해야 한다.

무애가【無礙歌】 신라 태종 무열왕 때 원효(元曉, 617-686)가 지어 불렀다는 노래. 원효가 파계하고 한때 속인 행세를 하며 소성거사(小姓居士)라고 불릴 때에, 광대들이 큰 바가지를 들고 춤추고 노는 것을 보고 이 노래를 지어 부르며 방방곡곡을 돌아다녔다고 한다. 일설에는 원효가 파계했을 때 호리병박을 어루만지면서 저잣거리에서 이 노래를 부르며 춤을 추었다고도 한다. 무애(無礙)란 『화엄경』의 "일체무애인 일도출생사(一切無礙人 一跳出生死)"라는 구절에서 유래한 말이다.

무애지【無礙智】〔英 The omniscience of Buddha〕 부처의 지혜. 어떤 것에도 거리낌이 없이 모든 사리(事理)를 다 알아 통달자재한 지혜. 『화엄경』「십주품(十住品)」에 나온다.

무언무설【無言無說】 ① 모든 언설(言說)을 초월하는 것. ② 단지 침묵하고 있는 것만으로 멍하니 좌선(坐禪)을 하고 있는 상태. 중국 남송(南宋) 때의 선승인 대혜종고(大慧宗杲, 1089-1163)는 묵조선(默照禪)을 무언무설(無言無說)로 비난하고 있다.

무언염불【無言念佛】 선종(禪宗)의 입

ㅁ

장에서 실천하는 염불. 구칭염불(口稱念佛)에 반대되는 것.

무여의열반【無餘依涅槃】〔梵 nirupadhiśesaṃ nirvāṇam, 英 Anupadhiśepa, the nirvāṇa state in which exist no remainder of the karma of suffering〕 4종 열반의 하나. 남아 있는 것이 없는 완전한 열반. 정신적으로 번뇌망상 등이 소멸되었을 뿐만 아니라, 육체적인 괴로움까지 완전히 벗어 버린 상태. 현재의 신체까지 멸(滅)해 없어진 곳에 나타나는 것이므로 이렇게 부른다. 줄여서 무여열반이라고도 함.

무연대비【無緣大悲】아무런 연고(緣故) 없이 베푸는 자비. 평등하여 치우침이 없는 대비(大悲). 중생에 대하여 차별을 일으키지 않는 대비. 대비(大悲)는 광대(廣大)한 비심(悲心)을 말한다.

무연법계【無緣法界】무차별 평등의 뜻. 무연(無緣)은 아무런 연고가 없다는 뜻으로, 피차(彼此)의 경계(境界)를 분별하지 않는 것. 법계(法界)는 법(法)의 유한(有限)을 말한 것이다.

무연승【無緣乘】〔英 The vehicle, or method, of the subjective mind, by which all existence is seen as mental and not external〕 삼계(三界)가 오직 마음의 소산이므로, 이 마음 밖에는 다른 연(緣)의 법(法)이 없다는 것을 관해서 보리(菩提)의 도(道)를 행(行)하는 것을 말한다.

무연자비【無緣慈悲】3종 자비의 하나. 개인적인 연고나 친분이 없이 베푸는 자비. 오온(五蘊)의 공적(空寂)한 이치를 관하고 일으키는 자비(慈悲). 즉 일체중생에 대하여 고통을 없애고 낙(樂)을 주려는 부처님의 자비. 무연대비 항목을 참조할 것.

무염【無染, 801-888】신라 헌강왕(憲康王) 때의 선승. 구산선문 가운데 성주산문(聖住山門)의 개조(開祖). 신라 태종 무열왕의 8대손. 속성은 김(金)씨. 호는 무주(無住), 무량(無量). 시호는 대랑혜(大朗慧). 13세에 설악산 오색석사(五色石寺)에서 승려가 되었다. 법성(法性)을 수년 동안 섬기고, 부석사 석징(釋澄)에게 『화엄경』을 배웠다. 822년경 당(唐)에 건너가 남산 지상사(至相寺)에서 『화엄경』을 묻고, 불광사(佛光寺) 여만(如滿)에게 법을 물었으며, 마곡보철(麻谷宝徹)에게 법인(法印)을 받았다. 845년〔문성왕 7〕 귀국하여 김양(金陽)의 청으로 웅천(熊川)의 오합사(烏合寺)에 머물러 선풍을 날렸다. 문성왕이 이 절을 성주사(聖住寺)라 개명하였다. 88세에 입적했다. 비(碑)가 충청남도 보령군(保寧郡) 성주사지(聖住寺趾)에 남아 있다.

무외【無畏】〔梵 vaiśāradya, abhaya, 英 Fearless, dauntless, secure, nothing and nobody to fear〕 확신. 두려움이 없는 것. 두려움을 갖지 않는 것. 진리에 대해 바르게 알고, 어떠한 불안, 의혹도 없는 것.

무외시【無畏施】〔梵 abhayadāna, 英 the bestower of fearlessness, a title of Kuan-yin〕 법시(法施)·재시(財施)와 함께 삼시(三施)의 하나. 중생들에게 두려움을 없애 주는 보시. 중생들에게 공포, 두려움을 제거해 주는 것. 관세음보살을 시무외자(施無畏者)·시무외보살(施無畏菩薩)이라고도 함. 관세음보살은 33신(身)을 나타내어 일체중생을 교화하며, 모든 중생을 두려움이 없는 편안한 데에 있게 하므로 이렇게 말한다.

무욕【無欲】〔梵 virāga〕 탐욕(貪欲)을 떠난 것. 욕망·욕심이 없는 것.

무우수【無憂樹】〔英 Jonesia Aśoka Roxb., the tree under which śakyamunis said to have been born〕 나무 이름. 석가모니불이 이 나무 아래에서 탄생하고, 과거칠불 가운데 비바시불도 이 나무 아래에서 성도(成道)하였다는 전설에 따라 불교 신자들이 매우 신성시하는 나무. 인도 남부와 스리랑카가 원산지로서 가로수·방풍수·관상수로 많이 심는다.

무위【無爲】〔梵 asaṃskṛta, 巴 asaṁkhata, 西 ḥdus ma byas, 英 non-active, passive, natural〕 만들어진 것이 아닌 것. 작위(作爲)·조작성이 없는 것. 자연적인 것. 즉 인연화합에 의하여 생성 소멸하는 모든 존재〔諸法〕를 유위(有爲)라 칭하고, 반대로 위작(爲作)·조작을 떠나 상주(常住)이고 불생불멸한 것을 무위(無爲)라고 한다. 초기불교에서는 최고의 이상인 열반을 가리켜서, 생멸이 없다는 점을 들어 무위라고 불렀다. 부파불교에서는 불변화(不變化)의 관점에서 유위법(有爲法)과 대립하는 것, 혹은 유위법의 근저(根底)에 있는 것으로 무위법을 생각하게 되었다. 부파불교의 설일체유부에서는 택멸무위(擇滅無爲)·비택멸무위(非擇滅無爲)·허공무위(虛空無爲) 등 삼무위(三無爲)를 주장하고, 대승불교의 유식파에서는 허공무위(虛空無爲)·택멸무위(擇滅無爲)·비택멸무위(非擇滅無爲)·부동무위(不動無爲)·상수멸무위(想受滅無爲)·진여무위(眞如無爲) 등 육무위(六無爲)를 주장한다.

무위공【無爲空】〔梵 asaṃkṛta-śūnyatā, 西 ḥdus ma byas stoṅ pa ñid〕 18공(空)의 하나. 생(生)·주(住)·이(異)·멸(滅)이 없는 공(空). 모든 무위법(無爲法)의 공(空)한 것을 말한다.

무위도【無爲道】 생멸(生滅)이 없는 경지. 법의 진실한 그 자체는 생멸변화가 없고, 하여도 함이 없는 진리라는 뜻. 곧 실상·열반·보리를 가리키는 말이다.

무위법【無爲法】〔梵 asaṃskṛtadharma, 英 anything not subject to cause, condition, or dependence〕 범어 'asaṃskṛtadharma'의 의역(意譯). 줄여서 무위(無爲)라고도 한다.

ㅁ

유위법(有爲法)과 상대된다. 위(爲)란 인위적인 것, 작위적인 것, 만든다는 뜻인데, 인연으로 생긴 것임을 가리킨다. 무위법(無爲法)이란 모든 현상의 참다운 체성(体性)이며, 최종 진리이다. 실상(實相)·법성(法性)·진여(眞如)·열반(涅槃)과 같은 의미를 포함하고 있다. 『대비바사론』 제76에서는, "만약 법(法)이 생(生)도 없고 멸(滅)도 없고, 인(因)도 없고 과(果)도 없다면, 무위(無爲)의 모습〔相〕을 얻을 것인데, 이것이 무위(無爲)의 뜻이다."라고 하였다. 대중부에서는 9무위(九無爲)를, 설일체유부에서는 3무위(三無爲)를, 유식(唯識)에서는 6무위(六無爲)를 들고 있다. 무위 항목 참조.

무위법신【無爲法身】〔英 Asaṃskṛta dharmakāya, the eternal body of Budha not conditioned by cause and effect〕 법신불(法身佛)을 말한다. 법신은 진여법성(眞如法性)이어서, 인연에 의하여 생멸하는 것이 아니므로 이렇게 부른다.

무위생사【無爲生死】〔梵 asaṃskṛtaḥ saṃsāraḥ, 英 The birth-and-death of saint, i.e. without any action〕 변이생사(變易生死)를 말함. 인연의 속박을 벗어 버린 생사(生死). 무위(無爲)의 성자(聖者)가 누리는 생사이므로 이렇게 부른다. 『승만경』 법신장(法身章)에 보인다.

무위실상【無爲實相】 생멸을 여의고 인과관계를 초월한 진실된 모습을 말한 것.

무위진인【無位眞人】 중국 당(唐)나라 때 임제종의 개조인 임제의현(臨濟義玄, ?-867)의 말로, 42위(位), 52위(位) 등의 계위차별에 떨어지지 않는 참 사람〔眞人〕. 곧 깨달은 사람. 범성(凡聖)·미오(迷悟)·상하(上下)·귀천(貴賤) 등을 초월하여 아무것에도 막힘이 없는 해탈한 사람. 세속의 기준으로는 규정할 수 없는 진실한 사람. 본래면목에 통한 사람을 말한다.

무위해탈【無爲解脫】〔巴 asaṃkhata-vimutti〕 무위의 해탈. 조작 없는 해탈. 곧 열반을 말함.

무이【無二】〔梵 advaya, 西 gñis su med pa〕 ①하나, 곧 두 개의 대립이 없는 것. 불이(不二; 不異). ②제2의 것이 없음. ③허망분별(虛妄分別)의 능취(能取)와 소취(所取)의 대립이 없는 것. ④이심(二心)이 없다는 뜻.

무이역무삼【無二亦無三】〔梵 ekaṃ hi yanām dvitiyaṃ na vidyate tṛtiyaṃ hi naivāsti kadāci loke〕 『법화경(法華經)』 「방편품」의 한 구절. 일승(一乘)에 대립하는 이승(二乘)도 삼승(三乘)도 없는 것. 일승 외에 제2의 실천법도 없고, 제3의 실천법도 없다는 뜻. 부처가 되는 길은 단 하나 일불승밖에 없다는 것.

무일물【無一物】 ①무상(無相; 모양, 형체가 없음)의 경지. 즉 공(空)의 경지. ②진리의 본체에 합일된 경지로서, 아무런 물욕이 없는 생활태도를 말한다. ③청정자성을 말한다. 청정자성에는 본래 아무것도 없기 때문에 본래무일물이라 한다. ④번뇌가 없는 마음 상태. ⑤아무것도 가진 것이 없다는 말. 곧 무소유.

무자성 【無自性】〔梵 niḥsvabhāva, 英 Asvabhāva; without self-nature, without a nature of its own, no individual nature〕 자성(自性; svabhāva)이 없는 것. 일체의 현상은 인연(因緣)에 의하여 생긴 것이고, 본질적인 자성〔그 자체의 성질, 고유한 본성〕은 존재하지 않는다는 것. 공(空)의 이칭(異稱). '오온으로 구성된 우리는 무아〔五蘊無我〕이다.' 또는 '일체는 모두 공(空)이다.' 그리고 모든 것은 인연에 의한 연기적인 것으로서, 사물이나 현상에는 고정된 실체가 없음. 따라서 무자성(無自性)·공(空)이라 한다.

무자화두 【無字話頭】 화두(話頭) 가운데 하나. 조주무자(趙州無字). 구자무불성(狗子無佛性) 화두를 말함. "어떤 스님이 조주선사(趙州禪師, 778-897)에게 '개에게도 불성(佛性)이 있습니까?'라고 물었다. 선사가 '무(無)'라고 대답했다. 그 스님이 '위로는 모든 부처님과 아래로는 개미 벌레까지도 모두 불성이 있다고 했는데, 어째서 개에게는 없습니까?'라고 다시 묻자, 선사는 '업식성(業識性)이 있기 때문이다.'라고 대답했다. 또 다른 스님이 '개에게도 불성이 있습니까?'라고 묻자, 이번에는 '유(有)'라고 했다. 그 스님이 '불성이 있다면 어째서 저 가죽부대〔개〕 속에 들어갔습니까?'라고 묻자, 선사는 '그가 알고도 짐짓 범하는 까닭이다.'라고 대답했다〔『五燈會元』 제4〕."는 데서 무자화두가 나왔다.

무작 【無作】〔梵 akarmaka, 英 not creating; uncreated; not doing; inactive, physically or mentally〕 ①무위(無爲). 생멸이 없는 이치. 무위(無爲)의 법성. 열반의 다른 이름. ②마음에 하고자 하는 의식이 없이 하는 일. ③신(身)·구(口)·의(意)의 동작을 빌리지 않고 저절로 상속하는 것. 무작색(無作色).

무작교 【無作敎】 천태종의 교법(敎法)을 말함. 천태종에서는 모든 선악(善惡)은 본질적으로 자연적인 것이며, 인위적으로는 할 수 없다고 가르치므로 이렇게 말한다.

무작대계 【無作大戒】 무표색(無表色). 무작색(無作色)이라고도 한다. 계법(戒法)은 소위 무작색(無作色)의 일종. 색법(色法)이 계체(戒體)가 되므로 무작(無作)이라 하며, 소승계(小乘戒)와 사미계(沙彌戒)에 대하여 대승계(大乘戒·大僧戒)를 대계(大戒)라 한다.

무작삼신 【無作三身】 천태학의 용어. 천태에서는 법신(法身), 보신(報身)과 응신(應身; 化身)을 삼신(三身)이라 하는데, 수행의 원인(原因)을 거칠 필요 없이 다시 부처를 이루어 개출(開出)하는데, 이것은 중생이 본래 곧 부처요, 부처에는 3종의 자태(姿態)가 있다는 것이다.

무쟁 【無諍】〔梵 nirdvanfva, 西 rt-sod med, 英 without strife, debate, or contradiction; passionless〕 ①철저하게 공(空)의 이치에 안주(安住)하여 다른 것과 다투는 일이 없는 것. ②쟁(諍)은 번뇌의 다른 이름, 무쟁(無諍)은 무번뇌(無煩惱; 번뇌가 없는 것).

무쟁삼매 【無諍三昧】〔英 The samādhi in which there is absence of debate or disputation, or distinction of self and other〕 철저히 공(空)의 이치에 안주(安住)하여 다른 것과는 다툼이 없는 선정(禪定)을 말한다. 『금강경략소(金剛經略疏)』에서는, "무쟁삼매는 공(空)의 이치를 안 것, 피(彼)와 아(我)를 모두 잊어버리고 중생을 고뇌(苦惱)하지 않게 하며, 또한 중생들이 번뇌가 일어나지 않게 하기 때문이다."라고 했다.

무저 【無底】〔巴 anantavat〕 ①공간적으로 한정(限定)되어 있지 않은 곳. ②밑을 알 수 없이 깊다는 뜻. 사유(思惟)를 초월한 불(佛)의 경지를 말함. ③선종(禪宗)에서 일체의 집착을 여읜 해탈을 말한다.

무저발 【無底鉢】 몰저강(沒底舡)이라고도 함. 밑이 없는 발우라는 뜻으로, 일체의 집착을 떠난 해탈의 경지를 뜻함.

무정설법 【無情說法】 ①무정물(無情物)이 법을 설함. 산천초목처럼 감정이 없는 물건도 말없는 가운데 각각 본분에 맞는 설법을 한다는 말. ②무정물과 같이 아무런 감정이 없는 사람이 하는 설법.

무제공 【無際空】〔梵 anavarāgra-śunyatā 西 thog ma daṅ tha ma ned pa stoṅ pa nid〕 16공(空)의 제10. 시작도 끝도 없는 생사윤회(生死輪廻)의 존재가 모두 공(空)이라는 말. 『변중변론(辨中辺論)』에 보인다.

무제토 【無際土】 끝이 없는 세계. 끝이 없는 불토(佛土)를 말함. 전 우주에 걸쳐서 한정이 없고 남김 없는 나라라는 뜻이다.

무종성 【無種性】〔英 The nature without the seed of goodness and so unable to escape from the stream of transmigration〕 법상종(法相宗)에서 세운 오성(五性)의 하나. 선근(善根)이 없이는 생사(生死)를 벗어날 수 없다는 것. 무성유정(無性有情; 불성이 없는 중생)이라고도 한다.

무주 【無住】〔梵 apatiṣṭhāna, 英 not abiding; impermanence; things having no independent nature of their own, they have no real existence as separate entities〕 자성(自性)을 가지지 않고 아무것에도 주착(住着)하지 아니함. 무집착과 동의

어. 공(空)의 이칭(異稱).

무주상보시【無住相布施】보시(布施)의 참된 자세를 일컫는 말로서, 보시했다는 생각, 보시했다는 의식 없이 보시하는 것을 말함. 순수하지 못한 마음으로 보시를 하게 된다면 보시했다는 아상에 빠지게 됨. 남에게 베풀었다는 생각을 가지는 것은 이미 집착이며 나와 남을 구분한 결과이다. 따라서 진정한 보시는 공(空)한 마음으로 해야 한다는 것.

무주처열반【無住處涅槃】〔梵 apratiṣṭhita-nirvāṇa〕 4종 열반의 하나. 열반의 세계에 집착하거나 안주하지 않는 열반. 소지장(所知障)을 끊고 얻는 진여(眞如). 지적(知的) 장애를 끊으면 생사(生死)와 열반의 차별이 없는 줄을 아는 깊은 지혜를 얻어, 생사를 싫어하지도 않고 열반을 기뻐하지도 않아서, 생사에도 열반에도 머무르지 않는 것, 이것을 무주처열반이라고 한다.

무지【無知】〔梵 mahalaka, 獨 Unwissenheit, 英 Ignorant; ignorance; absence of perception〕 탐(貪)·진(瞋)·치(痴) 삼독 가운데 하나로서, 어리석음, 무명(無明)을 가리킨다. 곧 어떤 사물이나 사건의 본질을 알지 못하는 것, 또는 그 본질을 알지 못하면서 막연히 판단하는 것을 뜻한다.

무지【無智】〔梵 ajñā〕 ①지혜(智慧)가 없는 것. 무지(無知). ②불교의 진리인 무상·무아·공(空)의 이치를 모르는 것, 또는 그것을 이해하지 못하는 것.

무지장【無知障】〔梵 ajñāna-āvaraṇa〕 무지(無知)에 의한 장애(障礙). 이 가운데의 지(知)는 지혜해(智慧解)이다.

무진【無瞋】〔梵 adveṣa〕 성냄·분노가 없는 것. 삼선근(三善根; 無貪善根·無瞋善根·無痴善根)의 하나. 자기를 배반하는 사람이 있을지라도 조금도 성내는 일이 없는 마음 상태.

무진등【無盡燈】〔英 The one lamp which is yet limitless in the lighting of other lamps〕 ①부처님의 가르침을 등불에 비유한 것. 부처님의 가르침은 수많은 중생을 제도하므로 무진등이라 한다. ②등불을 밤낮으로 켜도 다함이 없다는 말로서, 선종 사원에서 장명등을 가리킨다.

무진법계【無盡法界】〔英 The immaterial realm out of which all things come〕 화엄에서 말하는 사법계(四法界) 중 사사무애법계(事事無碍法界)를 말한다.

무진법계【無塵法界】진(塵)은 육진(六塵)으로서 삼계(三界)의 제법(諸法)을 말하고, 법계는 진리의 이명(異名). 이체(理體)는 청정하여 삼계의 일체 제법이 오직 이연(理緣)으로 말미암아 일어나며 이치 밖에 대상 경계〔塵境〕가 없으므로 무진법계(無塵法界)라고 한다. 『기신론』에서, "삼계(三界)는 허위(虛僞)로서, 그것은 오직 마음에서 생기는 것, 마음을 여의면 육

ㅁ

진경계(六塵境界)가 없다."고 하였다.

무진연기【無盡緣起】화엄의 세계관. 일체 제법은 상호 인(因)과 연(緣)이 되어 끝없이 연기함을 말함. 사물마다 서로 관련 교착(交錯)하여 일(一)과 다(多)가 서로 합하고 하나 되어 줄기와 곁가지가 구족한 것이, 마치 보배 구슬로 만들어진 제석천(帝釋天)의 그물처럼 구슬 그림자가 서로 비추어 다함이 없는 것과 같다고 설한 것을 말한다.

무진의【無盡意】〔梵 Aksayamatir bodhisattvaḥ〕『화엄경』에 나오는 보살 이름. 일체 사상(事象)의 인연과보(因緣果報) 등이 무진(無盡)한 것을 터득하고 깨침을 구하는 마음을 발하여, 위로는 무진한 제불(諸佛)의 공덕을 구하고, 아래로는 무진한 중생을 구제하는 것을 본의로 하는 보살이기 때문에 무진의보살이라 한다.

무진장【無盡藏】〔英 The inexhaustible treasury〕①다함이 없는 재보를 가진 장(藏). 무진한 재물을 넣는 창고〔藏〕. ②다함이 없는 덕(德)을 지니고 있는 것. ③수(隋)나라 신행(信行, 540-594)의 교단이 만든 경제기구. 다소를 묻지 않고 신자의 희사(喜捨)를 축적하여 저리(低利)로 신용 융자했음. ④서민의 금융기관으로서 사원에 설치되었던 옛 금융기관. 중국의 남북조시대부터 설치되었음.

무진최승【無盡最勝】〔梵 akṣayatva-paramatā, 西 zad miśes pa dam pa〕보살(菩薩)의 10종의 수행〔십바라밀〕이 가장 뛰어난 이유 가운데 한 가지. 보살은 이 10종의 수행을 깨달음을 얻기 위한 실천행으로 함.

무차대회【無遮大會】〔英 pañca pariṣad〕누구든지 동참할 수 있는 법회. 보시(布施) 정신에 기초하여 베풀어지는 의식(儀式). 이 대회에는 수행자를 비롯하여 일반 세속인 모두가 참여하여 보시가 베풀어진다. 즉 무차대회가 열리면 모든 중생들에게 불법의 공덕을 나눈다는 의미에서 잔치를 벌이고 재물을 나누어 주기도 하며, 불법을 가르치거나 불경에 대하여 서로의 의견을 나누는 자리가 마련되기도 한다. 무차대회가 열린 기록을 살펴보면 고려의 태조 신흥사(新興寺)에서 개최한 바 있는데, 이로 보건대 무차대회는 고려시대 때 주로 베풀어지던 의식으로 추정된다.

무차법회【無遮法會】무차대회(無遮大會). 원래는 성범(聖凡)·도속(道俗)·귀천(貴賤)·지우(智愚)·선악(善惡)·상하(上下)의 구별 없이 일체 평등으로 재시(財施)와 법시(法施)를 행하는 법회이다. 뒤에 도교에서 인용하여, 시방법계(十方法界) 수륙중생(水陸衆生)을 널리 제도하는 법연(法筵)을 무차법회(無遮法會)라 하였다.

무차선회【無遮禪會】오늘날 우리나라에서 무차대회, 무차회, 무차법회를 가리키는 말. 선(禪)을 공부하는 사람들의 모임을 가리키는 좁은 의미로 쓴다.

무차회【無遮會】무차대회, 무차법회, 무차선회와 같은 말.

무착【無着】(1) 아상가(Asaṅga, 310경-390경). 인도 대승불교의 유식사상을 체계화한 사상가. 아승가(阿僧伽)라 음사(音寫)한다. 북인도 간다라국 장부성(丈夫城; Puruṣapura)의 카우시카(Kauśika) 성(姓)의 바라문가에 출생하였다. 3형제 중 장자인데, 그의 동생이 바로 세친〔Vasubandhu〕이다. 처음에는 소승불교를 수학하고 후에 중인도 아유다국에서 미륵〔Maitreya〕으로부터 교시를 받아 대승공관(大乘空觀)을 깨치고, 그 밖의 교설도 배우고 이들을 종합해서 능가·유식계통의 대승불교를 확립했다. 그는 대승에 입교한 후, 초기에는 『반야경』과 『중론』을 연구했고, 그 후는 미륵의 학설을 정리한 저작을 남겼다. 또한 자기의 교학을 조직적으로 집대성하여 『섭대승론』을 저작하였다. 그는 대승이 불설(佛說)이라는 것을 10가지 이유를 들어 논증하고, 아뢰야식에 대한 조직적인 설명을 가하며, 종자의 육의설(六義說), 소훈처(所熏處)의 4의설(四義說), 3자성설(自性說)과 아뢰야식의 관계 및 유식무경설(唯識無境說) 등을 주장하였다. 저서로는 『섭대승론』·『현양성교론(顯揚聖教論)』·『현양성유론송(顯揚聖類論頌)』·『대승아비달마집론』·『대승장엄경론』·『능단금강반야바라밀다경론송』 등이 있다. 아상가·세친·미륵 항목 참조.
(2) 어떠한 것에도 집착심이 없는 것. 애착·탐착·집착·편착이 없는 것. 곧 자유해탈을 얻은 경지.

무착행【無着行】〔英 Unfettered action, power to overcome all obstacles〕 어떠한 것에도 집착함이 없는 행동. 대상을 대할 때 항상 무심(無心)으로 대하는 것. 미래의 일을 미리 생각하지도 않고, 과거의 일에도 아무런 미련 없이, 오직 경계〔대상〕가 오면 행동하고, 경계가 지나가고 나면 다 잊어버리는 것.

무참【無慚】〔梵 asthāna, 西 ṅo tsha med pa, 英 Ahrika, without shame, shameless〕 나쁜 짓을 하고도 마음에 부끄러움이 없는 것. 대단히 나쁜 생각 가운데 하나. 20수번뇌(隨煩惱) 가운데 하나.

무체【無體】①〔梵 abhāva, abhāvatā, dharma-abhāva〕 무(無)와 동일. 실체가 없는 것. 실재하지 않는 것. ②〔梵 mṛṣā, 西 mun pa〕 암암(暗闇). 암흑, 미망, 허망. ③무리한 것. ④〔梵 aśarīra, 西 lus med pa〕 신체가 없는 것.

무탐【無貪】〔梵 alobha, 西 ma chags pa〕 마음에 탐욕이 없는 것. 삼선근(三善根) 가운데 하나. 십일선(十一善) 가운데 하나. 탐착하지 않는 정신작용.

무표【無表】〔梵 avijñapti〕 밖으로 드

러나지 않는 행위. 신(身)·구(口)·의(意) 삼업(三業)의 행위가 겉으로 나타나지 않는 것. 잠재적인 것. 무표색, 무표업의 준말.

무표색 【無表色】〔梵 avijñapti-rūpa〕 3색(三色; 五根·五境·無表色)의 하나. 무작색(無作色)·무교색(無教色)이라고도 한다. 무표업 항목 참조.

무표업 【無表業】〔英 The invisible power conferred at ordination〕 표면에 나타나지 않는 행위. 행위자의 내면에 숨겨져서 외부에 드러나지 아니하므로 타인은 인지(認知)할 수 없는 행위. 잠재적인 것. 무표, 무표색과 동의어.

무학 【無學】〔梵 aśaikṣa, 英 no longer learning, beyond study, the state of arhatship, the stages requiring study〕 모두 다 배워서 더 이상 배우거나 수행할 것이 없다는 뜻. 극과(極果)의 의미. 즉 모든 번뇌를 다 끊어 없애고, 소승의 최고위인 아라한과를 얻은 이를 말한다. 이 지위에 이르면 더 배울 것이 없으므로 무학(無學)이라 하는데, 이 자리를 무학위(無學位)라고 한다.

무학위 【無學位】 무학 항목 참조.

무학자초 【無學自超, 1327-1405】 고려 말기와 조선 초기의 선승. 성은 박(朴)씨, 이름은 자초(自超), 호는 무학(無學), 헌호(軒號)는 계월헌(溪月軒), 시호는 묘엄존자(妙嚴尊者), 탑호(塔號)는 자지홍융(慈智弘融), 삼기현(지금의 경남 합천군 삼가면) 출신. 부(父) 인일(仁一)과 모(母) 채(蔡)씨 사이에서 충숙왕 14년에 출생하였다. 18살 때 소지(小止)선사를 스승으로 사미계를 받고 이어 비구계를 받았다. 용문산을 거쳐 부도암에 있으면서 1346년〔고려 충목왕 2〕에 『능엄경』을 보다가 깨달은 바 있었으며, 1349년에 진주(鎭州) 길상사에 있다가, 그 후 1352년〔공민왕 1〕 묘향산 금강굴에서 활연 대오하였다고 한다. 1352년 가을에는 연도(燕都; 북경)에 들어가 지공(指空, 1289-1364)을 만났으며, 1354년 1월 법천사에서 나옹혜근(懶翁慧勤, 1320-1376)을 만나 같이 지내다가 1356년에 귀국하였다. 나옹혜근이 천성산 원효암으로 돌아와 있을 때 찾아가서 불자(拂子)를 받았는데, 그 뒤 오래지 않아 의발을 전해 받았다. 1392년 65세 공민왕의 왕사(王師)로 책봉되었는데, 그해 7월에 이성계가 조선을 건국하면서, 10월에는 태조의 국사로 추대되었다. 1398년 늙음을 핑계로 하직하고, 용문사·회암사·금강사·진불암 등을 돌아다니다가, 태조 5년에 금강사에서 입적했다. 문하(門下)에 기화(己和)·장휴(莊休)·보경(寶鏡)·도사(道師)·해징(海澄)·혜진(惠眞)·조림(祖琳) 등이 있었다.

무후생사 【無後生死】〔英 no more birth-and-death, the bodhisattva who will not again be subject to the wheel of transmigration〕 7종생사(七種生死; 分段生死·流來生死·反出生死·方便生死·因緣生死·有後生死·無後生死)의 하나. 무유생사(無有生死)라고도 한다. 등각위(等覺位)에 있는 보살. 이 보살은 무명(無明)을 깨뜨리고 불생불멸하는 불과(佛果)에 들어가 다시 다음 생을 받지 않는다는 뜻이다.

묵조선【默照禪】언어나 생각을 끊고 묵묵히 앉아서 자성(自性)을 관조하는 선 수행법. 좌선할 때 화두나 공안을 들지 아니하고 적적성성(寂寂惺惺)한 마음을 유지하여 좌선하는 공부법. 묵조선은 중국 송(宋)나라 때 조동종의 선승인 굉지정각(宏智正覺, 1091-1157)에 의해서 성립되었다. 그는 "묵조의 수행법은 마음을 무심(無心)·무사(無事)하게 하는 것이다.", "담담하고 묵묵히 좌선에 전념하는 그 모습이 바로 선이다.", "일체의 언구(言句; 사량분별)를 뛰어넘어 묵묵히 좌선하면 저절로 불성〔본성; 자성〕이 드러난다."는 것이다. 또 묵조선의 방법은 육근작용(六根作用)의 문을 막고 지관타좌(只管打坐)하여 한 기운을 오래 조절하면 자연 적조원명(寂照圓明)한 본연의 빛이 밝아진다고 한다. 굉지는 달마(達磨, ?-528)가 혜가(慧可, 487-593)에게 벽관(壁觀)을 전할 때, '외식제연(外息諸緣)'이라 한 데 묵(默)의 뜻이 들어 있고 '요요상지(了了常知)'라 한 데 조(照)의 뜻이 들어 있으니, 묵조선의 원천은 달마에게 있다고 하였다. 묵조선이라는 명칭은 묵조 계통에서 쓴 말이 아니다. 이 명칭은 대혜종고가 묵묵히 앉아 있는 선〔默照禪〕이라는 뜻에서 비판적으로 한 말인데, 굉지정각은 그 말을 그대로 받아들여 묵조선이라 한 것이다. 한편 굉지는 간화선을 비난하여 대오선(待悟禪)·제자선(梯子禪)이라 하였다.

묵호자【墨胡子】신라의 스님. 아도(阿道) 항목을 참조할 것.

문두루법회【文豆婁法會】문두루비법 항목 참조.

문두루비법【文豆婁秘法】신라와 고려 때 행하던 밀교(密敎)의 비법(秘法). 문두루법회에서 행해진 비법으로서 『삼국유사(三國遺事)』에 의하면, 문두루비법은 신라의 명랑(明朗)에 의해서 처음으로 행해졌다. 명랑은 선덕왕 4년〔635〕 당나라에서 귀국할 때 『불설관정복마봉인대신주경(佛說灌頂伏魔封印大神呪經)』을 가지고 왔는데, 이것을 문두루비법이라고도 하였다. 문두루비법은 방위신(方位神)을 모시는 것으로서 호국적인 신앙인데, 국가 안위를 위하여 열렸다. 명랑은 문무왕 11년〔671〕 낭산 신유림(神遊林)에 밀단(密壇)을 마련하고 동서남북과 중앙, 즉 5방에 신상을 모시고, 유가승 12명과 함께 문두루비법 법회를 열었다. 특히 문두루진언과 밀교가 지니고 있는 의궤(儀軌)에 의해 법회를 열자 신라를 침공하려던 당나라 병선(兵船)이 침몰하였다고 해서, 신라에서 새로운 법회로서 숭앙받게 되었다. 그 뒤 문무왕 19년〔679〕 명랑은 사천왕사를 중심으로 문두루법회를 권장하고, 국태민안과 국가 비보(裨補)를 기원하였다. 또한 명랑과 김유신이 세운 원원사(遠願寺)는 통일신라시대의 문두루비법의 중심사원이 되었다. 문두루비법을 가지고 개최한 법회를 문두루법회라고 한다.

문사수【聞思修】〔梵 śruta-cintā-bhāvanā〕 문(聞)과 사(思)와 수(修). 문(聞)은 불법(佛法)을 듣고 배우는 것이요, 사(思)는 이것을 사유하는 것이며, 수(修)는 불도(佛道)를 실천 수행하는 것을 말한다. 지혜와 깨달음을 성취하는 3가지 방법임.

문수【文殊】〔梵 Mañjuśrī〕 대승불교, 특히 『반야경』 계통의 불교 경전(經典)에서 중요한 역할을 하고 있는 보살의 이름. 반야지혜를 상징함과 동시에 반야지혜의 체현자(體現者)로서, 실천행을 나타내는 보현(普賢; Samantabhadra)과 더불어 석가모니불의 협시(脇侍)이다. 전설에는 남인도 안다라국 출신이라고 하며, 『반야경』의 작자라고도 하지만, 그 실재성은 분명하지 않다. 한편 문수는 반야지혜를 상징하는데, 반야지혜는 깨달음을 성취하게 하는 모체가 되므로 불모(佛母)라고도 한다. 예부터 인도·중국·한국·일본 등지에서 널리 신앙되었다. 문수보살 항목을 참조할 것.

문수보살【文殊菩薩】〔梵 Mañjuśri〕 대승보살. 구역(舊譯)에서는 문수사리(文殊師利)·만수시리(滿殊尸利)라고 했고, 신역(新譯)에서는 만수실리(曼殊實利)라고 한다. 신·구 6역(譯)이 있다. 묘덕(妙德)·묘수(妙首)·보수(普首)·유수(濡首)·경수(敬首)·묘길상(妙吉祥). 문수(文殊)와 만수(曼殊)는 묘(妙)의 뜻. 사리(師利)·실리(實利)는 두(頭)·덕(德)·길상(吉祥)의 뜻이다. 문수사리법왕자(文殊師利法王子)라고도 한다. 보현보살과 짝하여 석가모니불의 보처로서 왼쪽에 있는데, 지혜를 맡음. 머리에 오계(五髻)를 맺은 것은 대일(大日)의 5지(智)를 나타낸 것이다. 오른손에는 지혜의 칼을 들고, 왼손에는 꽃 위에 지혜의 그림이 있는 청련화를 쥐고 있다. 사자를 타고 있는 것은 위엄과 용맹을 나타낸 것이다. 1자문수·5자문수·8자문수·1계문수·5계문수·아문수(兒文殊) 등의 종류가 있어 모양이 각기 다르다. 이 보살은 석존의 교화를 돕기 위하여 일시적으로 방편으로 나타나서 보살의 자리에 있다고도 한다.

문수신앙【文殊信仰】 문수(文殊)보살을 받드는 신앙. 주로 중국·한국에서 신앙하고 있으며, 특히 오대산과 인연이 깊다. 이 문수보살의 신앙은 예부터 행해져 왔던 것으로 보는데, 인도·서역(西域) 등에서는 그 숭배에 관한 기사가 적다. 물론 『법현전』·『대당서역기』의 마투라(Mathura)의 기록에는 이 보살의 스투파(stūpa; 탑)가 있지만 드물다. 『화엄경〔60화엄〕』 29권 보살주처품(菩薩住處品)에는 동북방에 보살의 주처가 있어서 청량산(淸凉山)이라 이름하는데, 여기서 문수보살이 일만 대중을 위하여 설법한다고 하였다. 그리고 『문수사리법보장다라니경』에서는, 남섬부주의 동북방에 있는 대진나국(大振那國) 오정산(五頂山)에서 문수보살이 거주한다고 하였다. 여기에 근거하여 중국에서 문수신앙은 산서성 오대산을 중심으로 하여 번성했다. 북위(北魏)의 영변(靈辨)은 이 산에 청량사(淸凉寺)를 지었는데, 북제(北齊) 때에는 절이 2백여 곳에 이르렀으며, 보현의 아미산, 관음의 보타낙산과 함께 중국 3대 영산(靈山)의 하나로 꼽힌다. 문수신앙은 수·당 때 최성기를 맞이했다. 지금도 중국의 산서성(山西省) 오대산(五臺山)에서 1만 보살과 함께 있다고도 한다. 한국에서는 신라 진덕여왕(眞德女王, 647-654 在位) 때의 스님인 자장(慈藏)이 입당(入唐)하여 문수진신(文殊眞身)을 친견하고 귀국한 뒤 강원도 오대산에 문수도량을 세웠다. 성덕왕은 오대산에 진여원(眞如院)을 짓고 문수의 상을 안치하였으며, 화엄사(華嚴社)를 결사(結社)했다고 한다. 우리나라 문수신앙의 대표적인 성지이다.

문혜【聞慧】〔梵 śrutamayī prajñā, 西 thos pa las byuṅ baḥi śes rab〕 ①가르침을 들어 요해(了解)하는 지혜. ②법(法)을 사유하는 것을 말함. ③들어서 배우는 것.

문훈습【聞熏習】〔梵 śrutavāsana, 西 thos paḥi bag chags〕 ①들음으로써 생긴 잠재여력. 특히 부처님의 가르침을 듣고, 후에 진실에 눈뜨는 인(因)이 되는 것을 가리킴. ②부처님의 가르침을 종종 들어 일어나는 지혜. ③법계에서 흘러나온 청문(聽聞)이 남긴 영향력.

물【物】①〔巴 pāṇa〕 생명. 생물. ②〔梵 jagat〕 중생. 세상 사람들. ③〔梵 bhāva〕 물건. ④〔梵 vastu, 西 dṅos pa〕 물체. 실체. 사물. 현상으로서 감각 경험되는 사물 일반을 가리킨다. ⑤실체의 본성. 자성(自性)과 동일. ⑥〔梵 arthāḥ〕 외계(外界)에 실재하는 것. ⑦〔梵 tattva〕 상키야학파에서 내세우는 원리. ⑧〔梵 saṅkhāra〕 잠재적 형성력. ⑨일물(一物)과 동일. 심성(心性)을 말함.

물아일여【物我一如】①대상의 세계, 즉 경계와 자아의 의식이 융합하여 하나로 되는 것. 대상계의 다양성을 자아의식에 의해 통일하여 세계와 내가 불가분하게 융합하여 하나로 된 것. ②사물과 내가 둘이 아닌 하나. 객관과 주관, 대상과 자기가 하나가 된 것.

미【迷】〔梵 hbirinti, māyā, 西

hphyan pa, 英 delude, deceive, confuse, mislead〕 미혹(迷惑)·미망(迷妄)·미집(迷執). 제법(諸法)의 이치를 여실(如實)히 깨닫지 못하고 전도망집(顚倒妄執)함을 말한다.

미【微】〔梵 āveṣa, 英 Taste, flavour; the sense of taste〕 ①7개의 극미(極微)의 양(量)을 말함. ②극미(極微)한 것. ③감각에 잡히지 않는 미묘한 것을 말함.

미간백호상【眉間白毫相】〔梵 ūrṇā-keśa, 西 mdsod spu〕 부처님의 32상(相) 가운데 하나. 미간(眉間)에 백호(白毫)가 난 형상(形相)을 말함.

미래불【未來佛】 미래에 나타날 부처님. 특히 미륵(彌勒; Maitreya)보살을 가리키는데, 미륵보살은 지금 도솔천(兜率天)에서 대기 중에 있고, 56억 7천만 년 후에 이 세상에 내려와 중생들을 구원한다고 한다.

미륵경【彌勒經】 미륵보살의 세계를 말한 경전. 미륵육부경(彌勒六部經)의 약칭(略稱). 즉 『미륵하생경(彌勒下生經)』·『미륵내시경(彌勒來時經)』·『미륵하생성불경(彌勒下生成佛經)』·『미륵대성불경(彌勒大成佛經)』·『미륵상생경(彌勒上生經; 鳩摩羅什 번역)』·『미륵하생성불경(彌勒下生成佛經; 義淨 번역)』을 말한다.

미륵대성불경【彌勒大成佛經】 미륵성불경 항목을 참조할 것.

미륵보살【彌勒菩薩】〔英 Maitreya bodhisattva〕 대승불교의 보살. 자씨보살(慈氏菩薩)이라고도 한다. 미륵보살은 미래에 미륵불(彌勒佛)로 성불하여 중생을 제도하리라고 믿는 보살이다. 이 미륵보살은 인도 바라내국의 바라문 가문에서 탄생하여 석가모니의 가르침을 받고 미래에 성불할 것이라는 수기(授記)를 받은 후에 도솔천에 올라가 지금도 그곳에서 사람들에게 설법을 하고 있다고 한다. 미륵보살은 석가모니가 열반에 든 지 56억 7천만 년이 지나서 사바세계에 나타나 화림원(華林園) 안의 용화수(龍華樹; puṃnāga; nāga-puṣpa) 아래에서 성불하여 3회의 설법을 통하여 모든 중생을 제도한다고 한다. 미륵신앙은 대승불교의 종말론적 구원신앙의 대표적 형태로서, 우리나라에서는 삼국시대 이후 널리 유행하였다. 미륵보살이 나타나서 중생을 제도하는 세계를 용화세계라고 한다. 미륵불 항목 참조.

미륵불【彌勒佛】 미륵보살 항목 참조.

미륵삼부경【彌勒三部經】『미륵상생경(彌勒上生經; 佛說觀彌勒菩薩上生兜率天經)』, 『미륵하생경(彌勒下生經; 佛說彌勒下生經)』, 『미륵대성불경(彌勒大成佛經; 佛說彌勒大成佛經)』을 미륵삼부경이라고 한다.

미륵상생경【彌勒上生經】 455년경 중국 송대(宋代)의 저거경성(沮渠京聲)이 한역(漢譯)한 대승불교의 경전으로, 정식 명칭은 『관미륵보살상생도솔천경(觀彌勒菩薩上生兜率天經)』,

또는『미륵보살반열반경(彌勒菩薩般涅槃經)』이다. 불타(佛陀)가 우바리의 물음에 답하여, 청중의 한 사람인 미륵보살〔阿逸多〕이 12년 후에 도솔천에 태어날 것을 예언, 누구든지 미륵보살의 이름을 외우면 이 미륵의 정토에 왕생할 수 있다고 설(說)한 경(經)이다. 미륵신앙을 설한 경으로는 이 경(經) 외에『미륵하생경(彌勒下生經)』,『미륵하생성불경(彌勒下生成佛經)』,『미륵대성불경(彌勒大成佛經; 구마라집 번역)』,『미륵하생성불경(彌勒下生成佛經)』,『미륵래시경(彌勒來時經; 역자 不明)』이 전해지는데, 모두 합하여 미륵육부경(彌勒六部經)이라고 부른다. 한편『상생경』은 이 하생경류(下生經類)의 뒤에 제작되어 미륵신앙을 완성시킨 것이다.

미륵성불경【彌勒成佛經】 책 이름. 1권. 우리나라 미륵신앙의 근본 경전 중의 하나.『미륵상생경(彌勒上生經)』·『미륵하생경(彌勒下生經)』과 함께『미륵대성불경』이라고도 하는데, 우리나라에서는 구마라집(鳩摩羅什, 344-413)의 한역본이 널리 유통되어 왔다. 이 경은 구원(久遠)한 미래에 미륵이 이 세상에 태어나서 부처가 되고, 용화삼회(龍華三會)의 법회를 통하여 수십억의 중생을 제도하는 것을 주제로 삼는다. 경전의 내용은 미래 용화세계의 상황, 미륵의 탄생과 성장, 미륵의 출가와 성도, 미륵불의 설법과 제도, 미륵불의 입멸(入滅) 등으로 구성되어 있다.

미륵신앙【彌勒信仰】 미륵보살·미륵불에 대한 신앙. 미륵신앙을 직접 서술한 경전을 6개 모아서 미륵 6부경이라고 하는데,『하생경(下生經)』과『상생경(上生經)』둘로 나눌 수 있다.『하생경』은 미륵이 장래 하계(下界; 인간세계)에 내려와서 중생을 구제하는 것을 설한 것인데, 이것은 메시아사상을 가지고 있다.『상생경』은 인간이 수행에 의하여 사후(死後)에 도솔천에 나서 거기서 미륵의 교화를 받는다고 하는 것을 설한 경전으로서, 전통적인 오도(悟道)의 관념을 나타내고 있다. 이 미륵신앙은 일찍이 인도에서 발생하여 미륵경전을 성립시키고, 그 교리적 발전에 상당하였던 것으로 추정한다. 중국에는 법현과 현장에 의하여 전래되었고, 4세기에서 5세기에 걸쳐서 미륵경전이 번역되었다. 초창기의 중국 미륵정토사상은 아미타정토사상과 유사성을 지니고 유포되었다. 한국에서는 삼국시대부터『미륵하생경』을 중심으로 성행하던 미륵신앙이 고려시대에 이르면 일반 민중에게 대중화되어 더욱 성행되었다. 조선시대에는 억불정책 속에서도 미륵신앙만은 암암리에 계속 이어져 왔다. 특히 곳곳에 있는 수많은 미륵불상에서도 짐작할 수 있다.

미륵전【彌勒殿】 미륵보살이나 미륵불을 봉안한 전각. 우리나라에서는 국보 제62호인 전라북도 김제군 금산면 소재 금산사(金山寺)의 미륵전이 대표적이다. 미륵전(彌勒殿)은 도솔천에서 미륵보살이 설법하는 것과 미륵보살이 도솔천에서 사바세계로 내려와 중생들을 제도하는 것을 기원하는 건축물이다. 미륵전 내부는 불상을 비롯하여 미륵불의 3회 설법을 표현하는 탱화 등으로 장식한다. 미륵전은 미륵불이 사바세계의 용화수(龍華樹) 아래에서 중생들에게 설법을 한다고 해서 용화전(龍華殿)이라고도 부른다.

미륵하생경 【彌勒下生經】 미륵 6부경의 하나. 308년〔서진의 태안 2〕 축법호(竺法護, 231-308) 번역. 미륵보살이 당래세에 도솔천으로부터 하생(下生)하여 용화수(龍華樹) 아래서 성도한 뒤, 3회의 설법으로 중생을 제도할 것을 말하였다.

미륵하생성불경 【彌勒下生成佛經】 미륵육부경(彌勒六部經)의 하나. 후진(後秦) 홍시 4년〔402〕 구마라집(鳩摩羅什, 344-413)이 번역. 1권. 미륵보살의 국토·시절·종족·축가·성도·전법륜·도인·견가섭 등에 대하여 자세히 적고 있다.

미상응 【未相應】 진여(眞如)와 합일하지 아니함. 또는 번뇌와 어울리지 아니함.

미오인과 【迷悟因果】〔英 In the four axioms, theat of 'desumulation' is caused by illusion, with suffering as effect; that of 'the way' is caused by enlightenment, with extinction (of suffering) as effect〕 미(迷)의 인과(因果)와 오(悟)의 인과(因果). 사제(四諦)에서 보면, 미망의 인(因)은 집제(集諦)의 번뇌이고, 미망의 과(果)는 고제(苦諦)의 생사(生死)이다. 그리고 증오(證悟)의 인(因)은 도제(道諦)의 수행이고, 증오의 과(果)는 멸제(滅諦)의 열반(涅槃)이다.

미오일여 【迷悟一如】〔英 the two are aspect of the one reality, as water and ice are the same substance〕 미혹, 즉 깨닫지 못함과 깨달음이 하나라는 뜻. 미혹도 깨달음도 모두 무자성(無自性)으로서, 본래 동일한 것이라는 관점. 차별심을 갖지 말라는 뜻이다. 번뇌는 자성이 없으며 자성이 없으므로 공(空)이라 하는데, 이미 번뇌가 없다면 어찌 깨달음이 있을 수 있는가. 번뇌는 공(空)이요 깨달음도 공(空)이니 공체(空體)는 하나로, 그것을 일여(一如)라 한다. 이것이 공종(空宗)의 뜻이다. 또한 번뇌는 얼음과 같고 깨달음은 물과 같으니, 번뇌와 깨달음은 동체(同體)이며 이를 일여(一如)라 한다. 이것이 성종(性宗)의 뜻이다.

미증유 【未曾有】〔梵 Adbhuta, 英 never yet been, non-such, rare, marvellous〕 희유(希有). 뜻밖의 일에 대한 감탄사의 총칭. 이제까지, 아

직 한 번도 있은 적이 없음. 일찍이 그런 일은 없었음.

미타【彌陀】〔英 Amitabha〕 아미타불(阿彌陀佛, Amitayus Buddha; Amitābha Buddha)의 약칭. 아미타불 항목 참조.

미타도량【彌陀道場】 아미타불(阿彌陀佛)을 신앙하는 도량. 미타도량은 아미타불에 귀의하여 서방정토의 세계에 왕생할 수 있기를 기원하는 법회이다. 아미타불에 공양하고 한 가지 마음으로 염불을 외우는 의식을 행한다. 특히 아미타불 신앙의 특징이라고 할 수 있는 염불 수행법이 잘 나타나 있다. 우리나라에서는 삼국시대부터 오늘날에 이르기까지 이 의식이 거행되고 있다.

미타신앙【彌陀信仰】 아미타불을 믿음으로써 정토에 태어나려고 하는 신앙. 극락정토에 왕생하고자 하는 신앙. 미타신앙은 『관무량수경』·『무량수경』·『아미타경』·『반주삼매경』 등의 경전을 중심으로 전개되었는데, 우리나라에는 삼국시대부터 미타신앙이 있었다. 특히 신라시대 때 미타신앙이 성행했는데, 그 특성으로는 1. 현실 위주의 성격, 2. 선인선과(善因善果)의 신앙 성격, 3. 소승겸수(小乘兼修)의 왕생신앙(往生信仰), 4. 신라 정토에의 강한 희원적(希願的) 신앙 성격을 들 수 있다. 통일신라시대에는 원광(圓光, ?-630), 자장(慈藏), 원효(元曉, 617-686), 의상(義湘, 625-702), 경흥(憬興), 의적(義寂), 대현(大賢), 법위(法位), 현일 등에 의하여 미타정토신앙이 성행하였다. 고려시대에는 지눌(知訥, 1158-1210), 요세(了世, 1153-1245), 천인(天因, 1205-1248), 천책(天頙), 운묵, 일엄, 혜영, 보우(普雨, 1515-1565), 나옹혜근(懶翁慧勤) 등과 같은 조계·천태·밀교 계통 스님들의 주도하에 미타신앙이 행해졌다. 조선조에 와서는 함허득통(涵虛得通), 청허휴정(淸虛休靜), 정관일선(靜觀一禪), 허응보우(虛應普雨), 편양언기(鞭羊彦機), 백암성총(栢庵性聰), 연담유일(蓮潭有一), 백파긍선(白坡亘璇) 등 많은 고승들에 의해서 미타신앙이 고양되었는데, 조선 말기에는 사찰에 염불당을 두어 만일회(萬日會)를 베풀고 정토왕생을 기원하였다. 만일회 중에서도 건봉사의 만일회가 특히 유명하였다.

미현진실【未顯眞實】〔英 The unrevealed truth, the Truth only revealed by the Buddha in his final Mahāyāna doctrine〕『법화경(法華經)』 이전에 설한 경전에서는 아직 그 진실상을 나타내지 아니했다는 뜻. 『법화경』에 설해져 있는 삼승(三乘)의 가르침은 일승(一乘)인 『법화경』을 설하기 위한 방편이라는 것이다.

민절무기종【泯絶無寄宗】 당(唐)나라 종밀(宗密, 780-841)이 그때까지의 선종(禪宗)을 3종으로 나눈 가운데 하나. 공(空)을 종지(宗旨)로 하여 신봉하고, 일체의 사물은 모두 가(假)의 존재이므로 의지·기탁(寄託)할 것이 없다고 설한 종지를 말하는 것. 석두희천(石頭希遷, 700-790) 계통과 우두종(牛頭宗)의 경산도흠(徑山道欽, 715-793)까지의 계통을 가리킨다.

밀교【密教】〔英 esoteric or yoga school〕 비밀교(秘密教)의 약칭. 비밀이 설해져 표면에서 알 수 없는 가르침이라는 것. 현교(顯教; 顯示教)에 대비되는 말. 둘을 합하여 현밀(顯密) 2교(教)라 한다. 『대지도론』 4권에 "불법에 2종이 있다. 그 하나는 비밀(秘密)이고, 다른 하나는 현시(顯示)이다."라고 하고, 진언밀교에서는 대일여래가 설한 교법을 금강살타(金剛薩埵)가 결집하여 남인도의 철답에 넣었는데, 후에 용수(龍樹, 150-250)가 끄집어내어 용지(龍智), 선무외(善無畏, 637-735), 금강지(金剛智, 671-741), 불공(不空, 705-774)을 거쳐 중국에 퍼졌다고 한다. 7세기 중엽 『대일경』·『금강정경』이 성립하여 교리체계가 확립되었고, 바라문교나 힌두교의 종교의식을 취하여 발전했다. 선무외 등에 의하여 중국에 전해져서 중국의 진언종이 되었다. 우리나라에는 신라시대 혜통(惠通)이 중국 당나라에 들어가 선무외 삼장으로부터 인결(印訣)을 받아 와 진언종〔밀교〕을 열었고, 불가사의(不可思議)는 불공삼장에게, 명랑(明朗)은 당에 들어가 진언의 신인(神印)을 얻어 와 신인종(神印宗)을 개창했으며, 밀본(密本)도 밀교〔진언종〕의 고승으로 전한다. 신인종의 광학(廣學)과 대연(大緣)은 고려 초에 개성에 현성사(賢聖寺)를 세워 진언밀교의 근본도량으로 삼았다. 조선시대에 이르러 신인종은 통폐합에 의하여 폐종되었다. 일본에는 구카이(空海, 744-835)가 입당(入唐)하여 진언밀교를 일본에 전하여 도지(東寺)를 본산(本山)으로 하는 동밀(東密)의 진언종이 되었다. 또 전교(傳教, 767-822)대사가 전한 천태종에 자각(慈覺), 지증(智証)이 진언(眞言)의 교를 넣은 것을 태밀(台密)이라 한다. 한편 8세기에 티베트에 전해진 밀교는 라마교로 되어 유포되었다. ①동밀〔眞言密教〕에서는 법신의 대일여래가 설한 비오(秘奥)의 3밀(密), 즉 신밀(身密)·어밀(語蜜)·의밀(意密)의 법문을 가르친다. 불(佛)의 내증(內証)을 설한 깊은 법문이기 때문에 비밀(秘密)이라고 한다. 『대일경』, 『금강정경』, 『소실지경』 등에 설해진 금강·태장 양부의 법문을 가리킨다. 그리고 보신·응신의 석존이 중생의 근기에 따라 출현하여 설한 수타의(隨他意)의 법문인 현교는 대일여래의 자수법락(自受法樂)의 설법에 비하면 못하다고 내세운다. ②태밀〔天台宗의 密教〕에서는 삼승교를 현교, 일승교(一乘教)를 밀교로 한다. 밀교 중에서도『화엄경』·『법화경』등의 법성진여(法性眞如)의 묘리(妙理)를 설하지만, 진언(眞言)·인상(印相) 등을 밝히고 있지 않기 때문에 이밀교(理密教)라 하고,『대일경』·『금강정경』등은 양쪽을 다 설하고 있기 때문에 사리구밀교(事理俱密教)라 한다. 이(理)는 같으나 사(事)에 있어서 더 낫다〔理同事勝〕고 하였다.

밀라레파【Mi-la-ras-pa, 1052-1135】 티베트불교 카규파(Bkan-brgyud-pa)의 고승. 1040년 네팔 국경 근방 갸낫사(Kya-na-tsa)에서 출생. 아명(兒名)은 두파가(Thos-pa-dgah). 처음엔 암흑의 도를 배워 행하였으나, 나중엔 마르파의 제자가 되어 장기간 엄한 고행을 닦고 스승의 비장한 술(術)을 전수받았다. 높은 산복동혈(山腹洞穴)에서 명상하였고, 자초(刺草)를 상식(常食)하고 검소한 생활로 일생을 보냈다. 대표적인 저술로는『십만송(十萬頌)』이 있다.

밀린다왕문경【Milinda王問經】『밀린다팡하(*Milinda-pañhā*)』, 또는 나선비구〔나가세나비구〕가 설한 경전이라고 하여『나선비구경(那先比丘經)』이라고도 한다. 그런데 경(經)이라고 하지만 불설(佛說)이 아니며, 팔리어삼장에서는 장외(藏外)에 들어 있다. B.C.2세기 후반에 서북 인도를 지배한 그리스인의 박트리아 국왕 밀린다〔메난드로스〕가 불교승 나가세나〔那先比丘〕에게 교리에 대해서 질문하면, 나가세나비구가 이에 답하는 대화 형식으로 된 성전오로서, 그 성립 시기는 B.C.1세기 후반에서 A.D.1세기 전반 사이이다. 내용은 대별해서 3편 내지 4편으로 되어 있는데, 제1편은 밀린다와 나가세나의 전생(前生)이야기를 서술한 서론과 두 사람이 3일간에 걸친 대화 끝에 밀린다가 제자가 되는 이야기, 제2편은 밀린다가 불교 교리상의 어려운 문제를 들어 그 해답을 나가세나에게 구한 대화, 제3편은 수행자가 지켜야 할 덕목(德目)을 비유로써 풀이한 대화이다.

밀린다팡하【Milinda-pañhā】 밀린다왕문경(Milinda王問經) 항목 참조.

밀엄정토【密嚴淨土】〔英 The Pure Land of Vairocana〕 밀엄국(密嚴國). 대일여래(大日如來)의 정토.『밀엄경(密嚴經)』,『금강정일체유기경(金剛頂一切瑜祇經)』에서 말한 것으로, 금강계(金剛界)·태장계(胎藏界)의 법신이 의지한 장소.『화엄경(華嚴經)』에서 말한 화장세계(華藏世界)와 정토교에서 말한 극락세계는 밀엄정토의 다른 이름. 밀엄은 3밀(密)로 장엄한 대만다라 도량이다.

밀종【密宗】 밀교·진언승(眞言乘)·금강승(金剛乘)이라고도 함. 중국불교 종파의 하나. 스스로 칭하기를, 법신불(法身佛)인 대일여래(大日如來)가 심오한 비밀로 된 교지를 전수받고 '진실(眞實)'로써 가르침을 말한다고 하였으므로 붙인 이름이다. 밀교에 대하여, 현재 일반적으로는 7세기 후 인도 대승불교의 한 파가 바라문교 일부 교의(教義)를 결합시켜 만든 것이라고 하는데, 고도로 조직화된 주술(呪術)·의례(儀禮)·민속신앙(民俗信仰)을 그 특징으로 한다. 『대일경(大日經)』·『금강정경(金剛頂經)』·『소실지경(蘇悉地經)』을 주요 경전으로 삼는다. 당(唐) 개원(開元) 4년〔716〕 선무외(善無畏, 637-735)가 『대일경』을 가지고 와서 제자들과 함께 번역을 하여 펴냈고, 개원 8년 금강지(金剛智, 671-741) 및 그의 제자 불공(不空, 705-774)이 『금강정경』을 전입(傳入)하였고, 불공(不空)의 해석을 기점(基点)으로 잇따라 밀교가 수입되어 중국 밀종(密宗)이 성립되었다. 만물과 제불(諸佛) 그리고 중생은 모두 육대(六大; 地·水·火·風·空·識)로 이루어졌다고 생각했다. 육대(六大) 가운데 오대(五大; 地·水·火·風·空)를 색법(色法)이라 하여 '태장계(胎藏界)'에 귀속시켰으며, 식(識)은 심법(心法)이라 하여 '금강계(金剛界)'에 귀속시키면서도 '색(色)'·'심(心)'은 둘이 아니므로 금강계와 태장계는 하나이고, 양자는 우주만유를 포용하면서 동시에 심(心) 속에도 갖추어져 생(生)한다고 생각하였다. 불(佛)과 중생의 체성(體性)은 서로 같으니, 중생이 만일 법(法)에 의거하여 '삼밀가지(三密加持; 三密로써 중생이 佛凡一體의 경지로 들어감)', 즉 손으로 인계(印契)를 맺고, 입으로 진언(眞言)을 암송하고, 마음으로 불존(佛尊)을 보는 것을 닦으면 신(身)·구(口)·의(意) 삼업(三業)이 청정하게 되어 부처의 신(身)·구(口)·의(意)와 상응하게 되는데, (현재의) 몸 그대로 부처가 된다〔卽身成佛〕. 밀교는 불교의 각 종파를 현(顯)·밀(密) 2교로 나누어서, 스스로는 밀교(密教)라고 칭하고 기타 종파는 모두 현교(顯教)라고 칭하였다. 밀교의 의궤(儀軌)는 복잡해서, 단(壇)의 설치나 공양, 그리고 송주(誦呪)는 물론 관정(灌頂) 등에 대해 모두 엄격한 규정이 있으며, 반드시 아사리(阿闍梨; 지도자)를 통해 비밀리에 전수된다. 금강지(金剛智, 671-741)를 밀종(密宗)의 제1조(祖)로 하였다. 금강지는 불공(不空, 705-774)에게 전했고, 불공은 혜과(惠果, ?-805)에게 전했기 때문에 불공을 제2조, 혜과를 제3조로 삼는다. 혜과에게까지 전해진 후에는 곧 쇠미해졌다. 서기 8세기부터 11세기까지 인도의 밀교가 중국 서장(西藏) 지구에 들어와서, 서장밀교의 전통을 세우고 '장밀(藏密)'이라고 불렀다. 우리나라에는 신라시대 때 혜통·명랑·밀본 등에 의하여 전래되었고, 일본에는 구카이(空海, 744-835)에 의하여 전해져 진언종(眞言宗)을 세우고 '동밀(東密)'이라고 불렀다.

ㅂ

바가바드기타【Bhagavadgītā**】** 인도 정신을 대표하는 가장 중요한 힌두교의 성전(聖典). 오늘날 전하는 인도의 대서사시 『마하바라타』의 제6권 제23장부터 제40장에 걸친 전(全) 18장 700 시절(詩節)이 『바가바드기타』를 구성하고 있다. 바가바드란 지복자(至福者), 주신(主神)을 의미하고, 기타는 노래〔歌〕를 의미하므로, 바가바드기타란 '주신의 노래'가 된다. 『마하바라타』의 테마는 서북 인도에서 전개된 바라타족의 왕위계승전쟁이다. 이 동족 간 골육상잔의 전쟁은 판다바(Pāṇḍava) 5형제와 사촌인 카우라바(Kaurava) 100형제들 간의 싸움이다. 『바가바드기타』는 이 대전쟁의 시작과 함께, 산자야라는 마부가 눈먼 드리타라쉬트라왕에게 전황(戰況)을 이야기해 주는 형식으로 되어 있다. 그 중에서도 중심 내용은 판다바군(軍)의 5왕자 중의 한 사람인 아르쥬나(Arjuna)와 그의 마부 크리슈나〔실은 비슈누신의 화신〕의 대화 과정을 산자야가 드리타라쉬트라왕에게 보고하는 것이다. 아르쥬나는 전투가 시작되려고 할 때 적군에 있는 친족이나 동족의 모습을 보고 전의(戰意)를 잃어서, 동족을 죽여 승리를 얻는 것보다는 스스로 죽음을 택하려고까지 했다. 이에 대하여 그의 마부로 나오는 크리슈나가 왕족의 의무를 설하고, 최고신에 대한 성신(誠信)을 말하며 전의를 상실한 아르쥬나를 고무한다고 하는 것이 이 성전(聖典)의 큰 줄거리이다. 특히 크리슈나가 말하는 종교적·철학적 교설이 예부터 인도인의 마음을 깊이 사로잡아 국민문학으로서 사랑을 받아 왔다. 그 교설의 특색은 해탈의 길로서 카르마 요가(Karma-yoga; 勤行)와 박티 요가(bhakti-yoga; 信行)를 설하는 점에 있다. 요가는 마음의 평정을 간직하고 사상(事象)에 사로잡히지 않는 경지를 가르치고 있다. 먼저 카르마 요가란, 행위의 요가이고 사회윤리의 적극적 실천의 도를 말한다. 박티 요가란, 최고신인 비슈누에 대한 절대귀의 신앙에 의한 구제의 길이 된다. 이것은 인도사상사(印度思想史) 상에서 본격적으로 일신교적인 신앙이 말해지고 있다고 하는 점에서 큰 특색을 갖는다. 그 외에 상키야 요가, 베단타 등 당시 성했던 여러 가지 사조를 받아들여 누구에게나 가까워지기 쉽게 하고 있다. 또『바가바드기타』의 성립 연대는 약 1세기경에 현재의 모습으로 되었다고 추정되며, 원래는 바가바드의 이름으로 비슈누신을 신앙하고 있던 바가바타파의 성전이었던 것이 후에『마하바라타』속에 편입되었다고 한다.

바라문【婆羅門】〔梵 Brāhamaṇa〕인도의 사회계급제도인 사성(四姓) 가운데 가장 높은 지위에 있는 종족으로서, 사제(司祭)계급이다. 그들의 생활에는 범행(梵行)·가주(家住)·임서(林棲)·유행(流行)의 4시기가 있다. 어렸을 때에는 부모 곁에 있다가, 좀 자라면 집을 떠나 스승을 모시고『베다』를 학습한다. 장년기에 이르면 다시 집으로 돌아와 결혼하여 사는데, 늙으면 집안 살림을 아들에게 맡기고 숲 속에 들어가 수행한 뒤에 다시 밖으로 나와 사방으로 떠돌아다니며 세상의 모든 일을 초탈하고 남들이 주는 시물(施物)로써 생활한다고 한다.

바라문교【婆羅門敎】〔英 Brahmanism〕특정한 개조(開祖)가 없는 고대 인도의 종교. 불교 흥기 이전에 바라문계급을 중심으로 베다성전에 근거하여 발달한 종교인데, 그 이후 인도 토착의 여러 요소와 결합하여 성립해 온 힌두교와 구분하려고 서양 학자들이 붙인 호칭. B.C.1500년경을 전후하여 아리아인들은 아프가니스탄에서 힌두큐슈산맥을 넘어서 판잡(五河)지방에 진입한 이후로, 차츰 동쪽으로 옮겨가면서 점차 정주(定住)하여 농경에 종사함으로써 씨족농촌사회를 확립했다. 이때 바라문계급을 정점(頂点)으로 하는 사성제도(四姓制度; varṇa)가 발달되었다. 아리아인들은 긴 세월에 걸쳐서 가지고 있던 신앙형태를 인도에 가지고 와서 발전시켰는데, 인도에 들어올 때부터 약 B.C.500년경 사이에 거대한 베다성전군(聖典群)이라는 결실을 맺었다. 힌두교도는 오늘에 이르기까지 이 베다성전을 절대시하고 있다. 이 성전은 수세기에 걸쳐서 성립한 것이어서 내용이 복잡다양하고 간단히 개설(槪說)하기는 곤란한데, 아리아인들이 인도 진입 이전부터 가지고 있던 자연신 숭배·종교의례·주술(呪術)을 비롯하여 고도의 철학적 사변의 흔적까지도 포함하고 있다. 가장 오래된 성전인『리그베다』에 나오는 신들의 수는 한정되어 있지 않지만, 예부터 33신(神)이 천(天)·공(空)·지(地) 및 수중(水中)에 있다고 믿었다. 본질적으로 다신교이지만, 신들의 속성이나 호칭이 동일한 경우도 있어서 개성이 적은데, 그래서 베다의 종교를 단일신교〔monotheism〕라고 하기도 한다. 신들의 대부분은 자연계의 구성요소나 자연현상들을 신격화한 자연신(自然神)이다. 물론 의인화(擬人化)되어서 자연과의 관계가 불분명한 경우도 있고, 제사(祭祀)의 여러 요소 등이 신격화된 경우도 있다. 힌두교에서 최고신(最高神)으로 자리 잡은 시바나 비슈누도 아직 맹아적(萌芽的)이고 유력하지 않지만, 이미 등장하고 있다. 베다성전 전체에 제식만능주의적(祭式萬能主義的)인 경향이 강하지만, 사상적으로 일관된 것은 『리그베다』에서 시작해서 우파니샤드에 이르러 정점(頂点)에 달(達)하는 우주 유일의 근본원리를 탐구하는 것이다. 근본원리로서 여러 가지가 상정되었으나 브라흐만〔梵〕이 가장 유력한데, 개인의 본체인 아트만〔我〕과 동일시되어 범아일여(梵我一如; Brahma-ātma-āikyam)의 설로 잘 알려져 있다. 또 우파니샤드에서 성립된 윤회·업·해탈 등의 사상은 이른바 육파철학(六派哲學)을 비롯하여 인도 사상·문화의 중핵(中核)이 되었고, 불교와 함께 아시아 여러 민족에게 넓고 깊은 영향을 주고 있다. 예컨대, 바라문교의 신들 중 무용신(武勇神) 인드라(Indra)나 하신(河神) 사라스와띠(Sarasvati) 등은 제석천(帝釋天)이나 변재천(辨財天) 등으로 한국에서도 존숭되고 있을 정도이다.

바라밀【波羅蜜】〔梵 pāramitā, 巴 pārami, pāramitā〕 중국 당(唐)나라 때의 스님인 현장〔602-664〕 이후의 신역(新譯)에서는 바라밀다(波羅蜜多)라고 음역(音譯)한다. 이 말의 의미에 대해서는 여러 가지 의견이 있지만, 다음과 같이 크게 두 가지로 구별할 수 있다. 1. pāramitā의 어원은 '최고'·'최상'을 의미하는 형용사 parama인데, 그것의 여성명사인 pārami에 '상태'를 의미하는 동시에 추상명사를 만드는 어미인 tā를 붙여 pāramitā로 했다는 설이 있다. 이 설에 따르면 그 어의(語義)는 '성취, 최상, 완성'이 된다. 2. 한역(漢譯)과 티베트어역(譯)에서는 pāramitā의 어원이 pāra〔彼岸〕인데, pāram〔彼岸에〕+ita〔이른다; 到〕라고 하는 과거수동분사를 여성형으로 하여 pāramitā라 했다고 하는 설을 따른다. 그래서 한역에서는 '도피안(到彼岸)'이나 '도(度)' 등으로 번역하고, 티베트어역에서는 'pha rol tu phyin pa'라고 번역한다. 한역자(漢譯者)들은 이 밖에도 바라밀에 여러 가지 의미가 있다고 보아서 굳이 의역(意譯)하지 않고, 바라밀 혹은 바라밀다라고 음역해 왔다. 그런데 초기불교경전에는 pārami라는 말이 주로 나왔다가 나중에 pāramitā라는 말이 나타난다. 초기불교에서는 『자타카(*Jātaka*; 본생담)』 등에서 10바라밀을 설하였고, 부파불교시대에 이르러서는 유부(有部)의 『대비바사론』 등에서 시(施)·계(戒)·정진(精進)·지혜(智慧)의 4바라밀을, 초기대승불교시대에서는 『반야경』에서 계(戒)·정(定)·혜(慧)의 3학(學)을 기반으로 하여 반야바라밀을 중심으로 한 6바라밀을 주장했다. 6바라밀이란 보시(布施)·지계(持戒)·인욕(忍辱)·정진(精進)·선정(禪定)·지혜(智慧; 般若)바라밀을 말한다. 이 6바라밀은 『법화경』 등의 대승경전에도 계승되었다. 그리고 『화엄경』·『금광명경』 등에서는 위의 6바라밀에 지(智)·원(願)·역(力)·방편(方便)을 더하여 10바라밀을 설하였는데, 이 외에도 『승만경』에서는 상(常)·락(樂)·아(我)·정(淨)의 4바라밀을, 남방불교에서는 보시·계·사세(捨世)·혜(慧)·정진·인욕·진실·결의(決意)·자(慈)·사(捨)의 10바라밀을 말하고 있다. 5바라밀은 6바라밀 중 반야바라밀을 제외한 보시·지계·인욕·정진·선정을 말한 것이다.

바라이【波羅夷】〔梵 pārājikā, 英 The first section of the Vinaya piṭaka containing rules of expulsion from the order, for unpardonable sin〕 계율 가운데 가장 무겁고 엄한 계율. 이 계율을 범하면 승려로서 생명이 없어지고 자격을 잃게 되는데, 승단에서 쫓겨나 함께 살 수 없을 뿐 아니라, 길이 불법(佛法)에서 버림을 받아서 죽은 뒤에는 아비지옥(阿鼻地獄; avici)에 떨어진다고 한다. 비구의 경우에는 살생(殺生)·투도(偸盜)·사음(邪淫)·망어(妄語)를 4바라이죄라고 한다.

바라이죄【波羅夷罪】〔梵 pārājikā〕 계율 가운데 가장 무겁고 엄한 계율을 범한 죄. 승단에서 추방되는 죄. 바라이 항목을 참조할 것.

바라제목차【波羅提木叉】〔梵 prātimokṣa, 英 emancipation, deliverance, absolution〕 계본(戒本)·계율의 조목. 계율의 세 이름 가운데 하나로, 바라제목차(婆羅提木叉)·발라저목차(鉢喇底木叉)라고도 음역한다. 별해탈(別解脫), 또는 처처해탈(處處解脫)이라고 번역한다. 칠중(七衆)이 받는 계율로, 각각 신체·언어로 짓는 허물을 따로따로 방지하는 계율이다.

바라춤【婆囉-】 의식무용의 하나. 불전(佛前)에서 재(齋)를 올릴 때 천수다라니(千手陀羅尼)를 외면서 추는 춤으로, 제금(提琴)보다 큰 기발라(嗜哱囉)를 양손에 들고 춤춘다.

바루【pātra】 스님들이 사용하는 식기. 발우의 비칭(卑稱). 발우 항목을 참조할 것.

바루공양【-供養】 스님들의 식사(食事) 의식. 발우 항목을 참조할 것.

바수반두【Vasubandhu, 약 320-약 400】 세친(世親)·천친(天親). 인도 요가행파(yoga行派)의 제3조(祖). 무착(無着, 310-390경)의 동생이면서 제자이다. 유식설(唯識說)을 비롯하여 불교의 여러 설에 널리 통하여 이를 넓혔다. 처음에 소승(小乘)에 들어가 간다라(Gandhāra) 계통의 유부(有部)에서 『대비바사론(大毘婆沙論)』을 연구하여 『구사론(俱舍論)』〔30권〕을 저술하였으나, 뒤에 무착(無着)의 지도에 의하여 요가행파로 전환하였다. 그 학풍은 객관적·조술적(祖述的)·비판적·계몽적이며 다면적이지만, 주관적 주장은 삼간 것으로 추정한다. 세친 항목을 참조할 것.

바이샬리 【Vaisali】 베살리라고도 한다. 고대 인도의 도시. 비하르주 북서부의 파트나 북쪽에 위치하였는데, 간다크 강을 끼고 있다. 고대 리차비 공화국의 수도로서, 초기불교와 자이나교와 밀접한 관계가 있다. 자이나교의 창시자인 마하비라가 태어난 곳인데, 붓다도 이곳을 여러 번 방문했다고 전한다. 5세기에는 법현(法顯)이 이곳을 순례해서 주요 승원과 사찰에 대한 기록을 남겼다. 불멸 후〔B.C.483경〕 불교도들의 2차 결집이 열려 출가자의 행위규범을 규정한 곳이기도 하다. 오늘날에는 바사르라고 알려진 마을이 들어서 있다.

바일제 【波逸提】〔梵 pāyattika, 巴 pācittiya, 英 A sin causing one to fall into purgatory〕 육취계(六聚戒)의 하나. '타(墮)'로 번역한다. 계율 가운데 비교적 가벼운 것인데, 이를 범한 이는 범계(犯戒)에 관련된 재물을 내놓거나 다른 이에게 참회하면 그 죄가 없어진다고 한다. 하지만 만일 규정에 따라 참회하지 않으면 지옥에 떨어질 죄업을 구성하는 것이므로 타(墮)라고 하는 것이다. 여기에는 니살기바일제(尼薩耆波逸提; Naiḥsargika-pāyattika)와 바일제(波逸提; pāyattika)의 2종이 있다. 앞의 것은 사타(捨墮)로, 뒤의 것은 단타(單墮)라고 번역한다. 사타(捨墮)에는 30계(戒)가 있으므로 30사타, 단타(單墮; pāyattika)에는 90계가 있으므로 90단타라 한다. 사타는 재물을 버리고 참회하는 것인 데 비해서, 단타는 버릴 재물이 없는 것이므로 다만 다른 이에게 참회만 하는 것이라는 점에서 다르다. 계상(戒相)을 8단(段)으로 나누는 경우는 이 둘을 따로 취급하지만, 5편(篇)이나 7취(聚)로 할 때는 일괄하여 바일제라고 총칭한다.

ㅂ

박 【縛】〔梵 bandhana, badhyate, 巴 bandhana, 西 ḥchin ba, 英 Bondha. tie, attchment, bind, bond. another name for kleśa-afflications, the passions, etc., which bind men〕 번뇌(煩惱; klèsa)의 다른 이름. 번뇌가 사람을 속박하여 자유롭지 못하게 하며, 삼계(三界)에 계박(繫縛)하고 연속하여 열반(涅槃)을 얻지 못하게 하므로 박(縛)이라고 한다.

박가범 【薄伽梵】 범어(梵語) 'bhagavat'의 주격(主格)인 'bhagavān'을 음역(音譯)한 것으로, 세존(世尊)이라 한역한다. 부처님의 존호로, 온갖 덕(德)을 성취하였다는 뜻에서 박가범이라고 한다. 보통 '바가범'이라고 발음한다.

박지 【薄地】〔梵 tanū-bhūmi, 英 poor

land, i.e. the world, as full of trouble] ①삼승공십지(三乘共十地)의 하나. 삼승인(三乘人)은 사혹(思惑)이 곧 공(空)하다고 알고, 육품(六品)의 무간도지(無間道智)를 일으켜 욕계(欲界) 사혹(思惑)의 6품을 끊고, 제6의 해탈을 증득한다. 이렇게 그 혹(惑; 번뇌)을 끊어서 욕계(欲界)의 혹(惑)이 점점 적어지므로 박지(薄地)라 한다. 장교(藏敎)의 2과(果)와 같다. ②통교(通敎) 십지(十地)의 하나. ③하열(下劣)한 범부(凡夫)를 박지범부라고 한다.

반가부좌【半跏趺坐】반가좌(半跏坐)·반가부(半跏趺)라고도 한다. 왼쪽 다리를 구부려 오른쪽 넓적다리 위에 얹고 앉거나, 혹은 오른쪽 다리를 왼쪽 넓적다리 위에 올려놓고 앉는 자세. 전가부좌(全跏趺坐)를 여래좌(如來坐)라고 하는 데 비해서, 이 자세는 보살좌(菩薩坐)라고 한다. 한편 왼다리로 오른다리를 누르고 앉는 것을 길상좌(吉祥坐), 오른다리로 왼다리를 누르고 앉는 것을 항복좌(降伏坐), 또는 항마좌(降魔坐)라고 한다.

반가사유상【半跏思惟像】왼쪽 다리를 내리고 오른쪽 다리를 얹은 반가부좌 자세로, 왼손은 오른쪽 다리의 발목을 잡고, 오른 팔꿈치는 무릎 위에 붙인 채 손가락을 뺨에 살짝 대고 깊은 생각에 잠겨 있는 보살상. 원래는 부처가 출가하여, 중생구제라는 큰 뜻을 품고 고뇌하는 태자사유상(太子思惟像)에서 유래했다. 인도에서는 3세기경 간다라와 마투라 조각에 나타난다. 중국에서는 5세기 후반 윈강(雲岡) 석굴에서 이미 나타나지만, 6세기 후반 북제시대에 가장 성행했으며, 명문을 통해 주로 태자사유상으로 제작되었음을 확인할 수 있다. 이에 비해서 우리나라와 일본의 반가사유상은 미륵보살로 추정된다. 석가모니 이후에 나타날 미륵불이 지금 미륵보살로서 태자사유형의 자세를 취하는 것이 자연스럽기 때문이다. 또한 신라에서는 화랑을 미륵과 연결시켜 흔히 미륵보살반가상(彌勒菩薩半跏像)이라고 불렀다. 삼국시대인 6세기 후반부터 유행하기 시작하여 통일신라 초기까지 많은 반가사유상이 금동 또는 석조로 만들어졌는데, 이것은 당시의 신앙경향을 단편적으로 보여 주는 것이기도 하다. 대표적인 예로는 국립중앙박물관에 있는 국보 제78호와 국보 제83호의 금동미륵보살반가상을 비롯하여 봉화에서 출토된 반가사유상을 들 수 있다. 일본에서는 아스카(飛鳥)시대와 하쿠호(白鳳)시대에 많이 제작되었는데, 특히 고류사(廣隆寺)에 있는 목조반가사유상은 국보 제83호의 반가사유상과 거의 같은 형태일 뿐만 아니라, 우리나라에 많은 적송(赤松)으로 만들어진 점이나 당시 삼국과 일본 간의 교류관계 등을 고려해서 우리나라에서 제작된 상으로 추정한다.

반만이교 【半滿二教】〔英 The half and the complete doctrines, i.e. Hinayāna and Mahāyāna〕 석존 일대의 가르침을 판별하여 반자교(半字教; 小乘)와 만자교(滿字教; 大乘)로 한 것. 『열반경(涅槃經)』에서는 반자를 소승경, 만자를 대승경에 비유하였는데, 이것에 근거하여 이 경의 번역자인 담무참(曇無讖; Dharmakṣna, 385-433)이 부처님의 일대 교설을 반자·만자의 2교로 판별하여 소승을 반자교, 대승을 만자교라고 하였다.

반승 【飯僧】 고려 때 스님들에게 재식(齋食; 공양)을 베풀던 일. 재승(齋僧)이라고도 한다. 천재지변·질병(疾病)·재난(災難)이 있을 때 불력(佛力)으로 이를 막기 위해서 궁중에서 소재도량(消災道場)·인왕도량(仁王道場)·보성도량(宝星道場) 등 각종 도량을 자주 베풀었으며, 지방에서도 각종 불교행사를 가지게 되어 자주 반승을 하였는데, 이때 수만 명의 스님들이 참석하였다는 기록이 『고려사』에 많이 나온다. 이로 말미암아 왕실의 경제가 바닥나는 일도 있어서 훗날에는 횟수가 줄어들었다.

반야 【般若】〔梵 prajñā, 巴 paññā, 英 to know, understand, wisdom〕 지혜(智慧). 법(法)의 참다운 이치에 계합한 최상의 지혜. 대상을 분석하여 판단하는 인식작용. 식(識)을 넘어 순간적으로 존재 전체의 본질을 '있는 그대로' 직관하여 파악하는 진실한 지혜·예지를 의미하는데, 가장 깊은 의미로서의 이성이라 할 수 있다. 이 반야〔지혜〕에 의하여 불타(佛陀)가 될 수 있으므로 불모(佛母)라고도 한다. 초기불교에서는 수행자가 반드시 실천해야 할 삼학(三學)의 하나로 보았는데, 이것을 획득하는 것이 절대적정(絶對寂靜)의 경지인 열반이라 해서 중요하게 여겼다. 이러한 반야 중시 사상은 초기 대승불교의 선구적 경전인 『반야경(般若經)』에 계승되었는데, 6바라밀 가운데 반야바라밀이 여기에 해당한다.

반야경 【般若經】〔梵 prajñāpramitā-sūtra, 英 The wisdom sūtras〕 정식으로는 「반야바라밀다(般若波羅蜜多; prajñāpāramitā)」, 즉 '지혜의 완성'을 설(說)하는 경전군(經典群)이라고 하는데, 따라서 단독의 경전을 말하는 것이 아니다. 그 원형은 기원전 100년경 남인도에서 성립하여 점차로 증광 발전되면서 북방으로 전해져, 많은 불교사상에 지속적으로 영향을 주었다. 그동안 여러 가지 요소가 붙어나서 몇몇 종류의 단독 경전이 형성되기도 했지만, 그 주요한 교설은 『대반야바라밀다경(大般若波羅蜜多經; *Mahāprajñāpāramitā-sūtra*)』을 바탕으로 하여 편찬되었다. 여기에서 처음으로 '대승(大乘; Mahāyāna)'이라는 말이 쓰였고, 성문(聲聞)·연각(緣覺)이라는 전통적인 수행자의 실체적인 사고에 대한 명확한 비판이 '보살의 가르침'으로서 선언되었다. 또한 불탑숭배(佛塔崇拜)에 근거한 경권숭배(經卷崇拜)를 강조하는 등, 초기대승불교의 대표적인 경전으로서 새로운 불교운동의 중핵(中核)이 되었다.

[반야경의 성립과 구성] 이 경전은 한역(漢譯)된 것만 해도 42종, 티베트어로 번역된 것이 36종인데, 그 절반은 서로 다른 문헌이다. 이 밖에 범어본(梵語本)도 있다. 이것들은 약 천 년에 걸쳐 증광(增廣)·축소(縮小)·파생(派生)을 반복한 방대한 문헌군(文獻群)이지만, 그 전개를 크게 나누어 보면 1. 원시반야경전의 형성(B.C. 100-100), 2. 경전의 증광기(增廣期; 100-300), 3. 교설(敎說)의 개별화와 운문화(韻文化) 시기〔300-500〕, 4. 밀교화(密敎化) 시기〔500-1200〕로 나눌 수 있다. 『반야경』은 초기 대승경전의 선구로서, 대략 기원전 100년경부터 차례로 일정한 형태를 갖추기 시작하여, 그 후로는 위에서 본 것처럼 각지에 퍼졌다. 그동안 긴 세월에 걸쳐 많은 반야경전군이 제작되어 이어졌다. 그 중에서 주요한 반야경이 『마하반야바라밀다(摩訶般若波羅密多; *Mahāprajñāpāramitā*)』라고 말해지면서, 동일한 골격을 가지면서도 점차 다른 외관을 갖추기에 이르렀다. 그 전개의 발단은 『팔천송반야(八千頌般若)』를 원형(原型)으로 보는 것인데, 그래서 이것을 제1의 '원시반야경전의 형성'이라고 한다. 그리고 제2의 '경전의 증광기'에 있어서 『이만오천송반야(二萬五千頌般若)』를 시작으로 하는 대품반야계(大品般若系)의 많은 유사본이 성립하였다. 이에 비해서 그 중의 특정 주제를 강조하면서 별개의 경전을 성립해 온 흐름도 있다. 제3은 '교설의 개별화와 운문화의 시기'이다. 이 시대에는 종래에는 중요하게 다루지 않았던 운문(韻文)에 의한 요약도 행해졌다. 비교적 소부(小部)의 경전으로 잘 정리된 내용을 가진 『금강반야(金剛般若)』·『승천왕반야(勝天王般若)』·『문수반야(文殊般若)』·『선용맹반야(善勇猛般若)』 등이 바로 그 경전이다. 최후의 전개는 '밀교화 시기'로, 이로써 반야(般若)는 불모(佛母)로 신격화되고 여러 가지 만트라(mantra)나 종자(種子), 밀교적인 의궤(儀軌)가 나타나게 된다.

[경전의 주제(主題)] 이 많은 경전군은 다양한 형식과 주제를 가지고 있음에도 불구하고, 일괄해서 반야경이라 말한다. 이때는 구미(歐美)의 학자들이 이 경전을 종종 불교적 그노시스(gnosis) 경전이라 말하는 것처럼, 깨달음으로 인도하는 불지(佛智)라는 면을 강조한 것이다. 그 교설의 근저에 있는 것은 실체관(實體觀)을 부정하는 공관(空觀)이다. 이 경(經) 자체에서 반복 서술되는 '부정

(否定)'은 언어에 대응하는 실체적인 존재 따위는 있을 수 없다는 공(空) 자체를 말하는데, 이를 통하여 역으로 공(空) 자체가 근원적인 사물의 존재방식이라고 선언하는 것이다. '반야(般若)'란 사물과 일체 현상을 꿰뚫어 보는 지혜를 말하기 때문에, 이 지혜의 완성이 경전의 주제이다. 더욱더 집요하게 반복되는 부정적 논술은 읽고 듣는 자가 실제로 공체험을 깊게 해 가는 면에서도 효과가 있는 것으로 생각되었다. 이렇게 지(智)를 추구하는 경향이 점차 깊어져, 12처(處) 등 모든 것을 분석적으로 아는 성문·연각의 지(智), 삼승(三乘)의 도(道)에 모든 중생을 구제한다는 보살(菩薩)의 지혜, 모든 형상(形相)의 차별을 여실하게 아는 제불(諸佛)의 지혜라는 대승의 실천 계위(階位)에 기초하는 삼지(三智)로 발전한 것도 중요하다.

반야공【般若空】대승불교의 대표적 사상인 반야와 공(空)을 합친 말. 반야란 지혜를 뜻하는데, 그 지혜는 일체를 공(空)으로 보는 지혜이다. 일체를 공(空)으로 보는 지혜라는 뜻에서 붙여서 반야공이라고 부른다.

반야바라밀【般若波羅蜜】〔梵 prajñāpāramitā, 英 The acme of wisdom, enabling one to reach the other shore, i.e. wisdom for salvation〕신역가(新譯家)는 반야바라밀다(般若波羅蜜多)라고 음사하였다. 대승보살의 수행덕목인 6바라밀 혹은 10바라밀의 하나. 반야(般若; prajñā)는 지혜라는 뜻이고, 바라밀(波羅蜜; pāramitā)은 도(度) 또는 도피안(到彼岸)이라는 뜻이다. 보살이 모든 존재〔諸法〕의 실상(實相)을 비쳐 보는 지혜로서 고(苦)·번뇌의 이 언덕〔此岸〕을 건너 열반의 저 언덕〔彼岸〕에 도달한다는 뜻에서 반야바라밀이라 한다. 이 반야바라밀은 다른 바라밀보다도 그 비중이 클 뿐만 아니라 다른 바라밀을 성립시키는 근거가 된다. 그러므로 『지도론』에서는, "반야바라밀은 제불(諸佛)의 어머니이고, 부모 가운데 어머니의 공(功)이 가장 크기 때문에 부처는 반야를 그 어머니로 삼는다〔佛母〕."고 밝힌 바 있다.

반야보살【般若菩薩】〔梵 prajñāpāramitābodhisattva, 英 wisdom as a female bodhisattva in the Garbhadhātu group〕『대반야경』의 본존으로서, 밀호는 대혜금강(大慧金剛)이다. 태장계 만다라의 지명원에 그려져 있다. 보관(寶冠)을 쓰고, 갑주(甲冑)를 입었는데, 여섯 개의 팔이 달린 형상이다. 왼편의 첫 번째 손은 범협(梵篋)을 쥔 채 가슴에 대고, 두 번째 손은 손바닥을 위로 향하여 배꼽 아래에 두며, 셋째 손은 약손가락을 구부려 엄지손가락과 합하고, 또 오른편의 첫손은 약손가락을 구부려 지화(持華)의 인(印)과 같이 가슴에 대고, 둘째 손은 여원(與願)의 인(印)을 하였으며, 셋째 손은 약손가락만 구부렸다.

반야부 【般若部】 일체 경전을 크게 구별하면서 여러 종류의 『반야경』을 총칭하여 반야부(般若部)라고 하였는데, 여기에는 『대반야경』 이하 21경(經) 736권이 포함되어 있다.

반야사상 【般若思想】 초기 대승불교사상 가운데 하나. 공사상(空思想)을 주된 내용으로 한다. 『반야경』 계통의 경전과 용수(龍樹; Nāgārjuna)의 중관철학(中觀哲學)에 잘 나타나 있다. 반야사상에 따르면, 모든 현상세계는 실체가 없는 공(空)에 불과하다. 생멸(生滅)의 헛된 망상만을 반복할 뿐, 영원불변의 고정된 실체를 갖고 있지 못하다. 따라서 일체만물은 자성(自性)을 지니지 못하고 있다. 스스로 자기다움이라고 지칭할 만한 것이 어디에도 존재하지 않는다. 반야의 지혜는 바로 이렇게 제법(諸法)의 실상(實相)이 공(空)임을 깨닫는 지혜를 일컫는 것이다. 결국 제법이 공(空)하며 모든 현상적 차별상(差別相)들이 헛된 것에 불과하다는 사실을 깨닫게 되면 부처와 중생, 열반과 생사 등의 차별 또한 사라져 버리고 부처의 가르침도 공(空)에 불과함이 드러난다. 구제하는 자도 공(空)이며, 구제받는 중생도 공(空)이다. 가르침은 진리의 세계로 인도하는 수단에 불과할 뿐이다. 반야사상의 실천적 수행은 이러한 철저하게 부정적인 공사상에 기초한다. 보살행(菩薩行)의 진정한 의미는 보살과 중생의 구별이 사라진 경지에서 수행될 때 드러나는 것이다.

반야선 【般若船】〔英 The boat of wisdom, the means of attaining nirvāṇa〕 반야용선(般若龍船)이라고도 한다. 곧 지혜(智慧)의 배. 부처가 그 지혜로써 범부중생을 제도하는 일을, 물에 빠진 사람을 배로 구원하는 데에 비유한 말. 인간 세상을 고해(苦海)라고 비유할 때, 우리는 반야의 배를 타고 그 고해를 건너서 이상(理想)의 피안(彼岸)으로 건너간다. 사나운 바다를 건너가려면 반드시 배를 타야 하듯이 고해인 세상을 건너서 극락세계로 가려면 반드시 반야선(般若船)을 타야 하는 것이다.

반야시 【般若時】〔英 The prajñā period, the fourth of the five periods of the Buddha's teaching〕 천태지의(天台智顗, 538-597)가 주장한 오시(五時; 華嚴時·阿含時·方等時·般若時·法華涅槃時)의 제4. 제3 방등시(方等時)에서 8년간 『유마경(維摩經)』·『금광명경(金光明經)』·『능가경(楞伽經)』·『승만경(勝鬘經)』·『무량수경(無量壽經)』 등 방등부의 여러 경을 설하고 난 뒤, 22년 동안 제부(諸部)의 『반야경(般若經)』을 설한 시기를 말한다.

반야심경 【般若心經】〔梵 prajñāpāramita-hṛdaya, 英 The sūtra of

the heart of prajñā〕 정식으로는 『반야바라밀다심경(般若波羅蜜多心經)』이라고 한다. 그 뜻은 '지혜를 완성하는 핵심적인 경전' 또는 '반야지혜로 번뇌의 강을 건너 저 언덕에 도달하게 하는 핵심적인 경전'이라는 뜻이다. 흐리다야(hṛdaya)란 심장(心臟)이라는 뜻으로, 간요(肝要)·정요(精要)·정수(精髓)를 뜻한다. 이 경전의 중심사상은 공(空)이다. 한문 번역으로는 현장(玄奘, 602-664)의 것이 유명하고, 언해본으로는 조선 세조 9년〔1463〕에 한계희(韓繼禧) 등이 왕명에 의해 간경도감에서 간행한 『반야바라밀다심경언해〔1권 1책〕』가 있다. 마하반야바라밀다심경 항목을 참조할 것.

반야학【般若學】중국 위진남북조시대 불교의 사상 유파. 위진(魏晋)시대 선학(禪學)과 함께 불교 양대 학파 가운데 하나. 교리의 연구에 치중하였는데, 주로 남방에서 유행하였다. 동한(東漢) 말년에 지루가참(支婁迦讖; Lokarakṣa)이 『반야도행품경(般若道行品經)』을 번역해 내면서부터 반야류 경전은 끊임없이 중국으로 흘러들어 와서, 위진남북조의 여러 대를 거쳐서 현학(玄學)의 영향 하에 하나의 학풍을 형성하였는데, 다양한 『반야경』 역본(譯本)을 출현시켰다. 요진(姚秦) 시기에 구마라집(鳩摩羅什, 344-413)은 장안(長安)에서 『반야경』을 번역하면서, 인도의 용수(龍樹, 150-250경), 제바(提婆)의 중관학설(中觀學說)을 계통적으로 번역해 내었다. 하지만 이 이전에도 반야사상 방면을 드러내면서 이미 육가칠종(六家七宗) 학파를 형성한 바 있다. 나중에 구마라집은 반야종지(般若宗旨)의 계통적 소개로 반야학(般若學)을 선전하고 강론하였다. 당시에는 반야이론에 관한 연구를 반야학(般若學)이라고 일컬었는데, 위진남북조 시기에 불교의 기초이론이 되었다. 당시의 명승(名僧)과 명사(名士)는 모두 반야학을 강의하는 능력으로 그들의 학술 지위를 높였다. 그러나 그들이 강의한 반야학은 일반적으로 위진현학을 보충, 발휘하는 데 그쳤으므로, 인도중관학파가 공종(空宗)을 선양한 원의(原義)와 부합하는 데에는 미진하였다. 나중에 승조(僧肇, 384-414)의 『조론(肇論)』이 세상에 알려지면서 용수(龍樹; Nāgārjuna, 150-250경)나 제바(提婆; Aryadeva)의 반야종지를 비교적 성실하게 소개하였지만, 당시의 중국학술계에서 이해하는 자는 적었다. 영향이 가장 컸던 사람은 도안(道安, 314-385), 혜원(慧遠, 334-416) 등인데, 이들은 모두 중국현학의 사고방식에 따라 반야종지를 해석하였다. 반야학의 영향은 심원하여 삼론종(三論宗), 천태종(天台宗), 화엄종(華嚴宗) 등의 종파에도 영향을 끼쳤다.

반연【攀緣】〔英 Something to lay

hold of, a reality, cause, basis; used for 緣 g.v.〕 대경(對境; 대상과 경계)에 의지한다, 혹은 끄달린다는 뜻. 마음이 자기 혼자 일어나지 못하는 것이 마치 칡덩굴이 나무나 풀줄기가 없으면 감고 올라가지 못하는 것과 같으며, 또 노인이 지팡이를 짚고야 일어나는 것처럼, 마음이 일어날 때는 반드시 대경(對境)을 의지해서 일어난다. 이것을 반연(攀緣)이라고 하는데, 마음이 대상에 의존하여 일어난다는 뜻임과 동시에 마음이 대상에 끄달려 간다는 두 가지 뜻을 가지고 있다. 따라서 이 반연은 일체 번뇌의 근본이 된다.

반열반【般涅槃】〔梵 parinirvāṇa, 英 quite extinguished, quite brought to an end〕 완전한 열반, 진정한 열반. 부처님이 깨달은 열반이라는 말. 무명번뇌의 속박에서 완전히 해탈하여 자유를 얻고, 진리를 궁구하여 적멸무위의 법을 깨달아 불생불멸의 자리, 법신의 진실한 자리로 돌아가는 것. 입멸(入滅)·멸도(滅道)·원적(圓寂)이라고도 한다.

반자교【半字敎】 소승교(小乘敎)를 가리킨다. 반자(半字)란 글자가 원만하지 못하다는 뜻으로, 소승교의 교리가 완전하지 못한 것에 비유한 것이다. 그런데 이 비유는 아버지가 어리석은 아들에게 먼저 반자(半字)를 가르치고, 만자(滿字)를 가르치지 않는다고 한 『열반경』의 비유에 따른 것이다.

반주삼매【般舟三昧】〔梵 pratyutpannasamādhi〕 반주(般舟; pratyutpanna)는 불립(佛立)이라고 번역한다. 이 삼매를 행하면 제불(諸佛)이 현전(現前)하게 된다. 『대집현호경(大集賢護經)』에서는 사유제불현전삼매(思惟諸佛現前三昧)라 한다. 또 상행도(常行道)라 번역한다. 이 삼매를 행할 때는 7일이나 혹은 90일로 미리 일정 기간을 정하고, 그동안에 신(身)·구(口)·의(意) 3업(業)으로 마음을 가다듬어 온전히 하며, 정행(正行)을 가지면서 조금도 게을리하지 않는 것이다. 천태(天台)에서는 상행삼매(上行三昧)라 한다.

발【鉢】 발다라(鉢多羅; 梵 pātra, 巴 patta, 英 a bowl, vessel, receptacle, an amsbowl)의 준말. 응기(應器)·응량기(應量器)라고 번역한다. 비구가 사용하는 밥그릇인 발우(鉢盂). 이것을 가지고 다니면서 밥을 비는 것을 탁발(托鉢; piṇḍapāta)이라 하는데, 비구가 먹는 분량은 이 한 그릇으로 제한한다. 발우 항목 참조.

발가선【跋伽仙】〔梵 Bhārgava, Bhagava〕 인도의 선인(仙人). 석존이 출가한 후에 맨 처음 스승으로 섬겼던 선인인데, 석존이 이 선인과 여러 가지 문답을 한 뒤 그가 닦는 수행법이 해탈을 얻는 참 도(道)가 아님을 알고는 수론파(數論派; Sāṃkhya學派)의 학자인 아라라 카라마(Ālāra Kālāma)에게로 갔다고 한다.

발고여락【拔苦與樂】부처님이나 보살이 중생(衆生)의 고통을 제거하고 복락(福樂)을 주는 것. 고통을 없애는 것은 비(悲)이고, 즐거움을 주는 것은 자(慈)이다.

발기【發起】〔梵 samuttāna, 巴 ukkoṭeti, 英 To spring up, begin, develop, stimulate〕①미혹(迷惑)이 일어나는 것. ②〔巴 ukkoṭeti〕마음을 일으키는 것. 깨달음을 구하려고 결의하는 것. ③〔梵 ārabdha〕사물을 일으키는 것. ④발기서(發起序)의 약어. 증신서(證新序)의 대구(對句). 경전 본문을 설하기 시작하는 동기·인연 등을 진술하는 서문 부분.

발낭【鉢囊】발대(鉢袋)라고도 한다. 천으로 주머니를 만들어서 발우(鉢盂)를 넣는 자루.

발무인과【撥無因果】인과(因果)의 도리(道理)가 없다고 주장하는 그릇된 소견(所見). 즉 인과의 도리를 부정하는 것.

발보리심【發菩提心】〔梵 bodhi-citta-utpādanata, bodhi-citta-utpāda〕무상(無上)의 깨달음으로 향하려고 하는 마음을 일으키는 것. 깨달음을 구하는 마음을 일으키는 것.

발설지옥【拔舌地獄】입으로 나쁜 말을 한 사람이 떨어지는 지옥. 철정(鐵釘)으로 그 혀를 뽑는다고 한다.

발심【發心】〔梵 citta-utpāda, cittasya-utpādanā, bodhicitta-samutpāda, 英 Mental initiation or initiative, resolve, make up the mind to; to start out for bodhi, or perfect enlightenment〕구도(求道)의 생각을 일으키는 것. 불도(佛道)에 들어가서 깨달음의 지혜를 얻으려고 하는 의지를 일으키는 것. 보리심(菩提心)을 일으키는 것.

발심수행장【發心修行章】신라의 고승인 원효(元曉, 617-686)의 저작. 1권. 1책 706자(字). 세상은 무상하므로 발심하여 수행할 것을 강조한 글. 모든 부처님께서께서 적멸열반(寂滅涅槃)에서 법락(法樂)을 누리심은 무량겁으로부터 수행정진하신 결과이며, 중생이 윤회에서 벗어나지 못하는 것은 애욕(愛慾) 때문이라는 것이다. 그러므로 세상에 연연하지 말고 빨리 수행할 것을 당부하고 있다. 고래(古來)로부터 사미승들에게 읽히고 있다.

발업윤생【發業潤生】미혹(迷惑)으로 인하여 업(業)을 짓고, 미혹에 의하여 다음 생(生)을 받는〔潤〕것. 유식종에서는 이것을 번뇌의 두 가지 작용으로 보아 미계(迷界)에 유전하는 근원을 삼는다. 곧 번뇌로 인하여 언어·동작 등 여러 가지의 소작(小作)을 일으키는 것을 발업(發業)이라 하고, 죽을 때에 탐애(貪愛)의 번뇌가 있어서 자체와 자기가 머물러 있던 경계에 연착(戀着)하고, 이로 말미암아 중유(中有)가 생(生)을 받는 것을 윤생(潤生)

이라 한다. 앞의 것은 후천적으로 일어나는 번뇌요, 뒤의 것은 선천적으로 존재하는 번뇌이다.

발우【鉢盂】〔梵 pātra〕 발다라(鉢多羅)라고 음역(音譯)한다. 응기(應器)·응량기(應量器)라고 한역(漢譯)함. 스님들이 사용하는 식기. 줄여서 발(鉢)이라고도 한다. 밥그릇, 국그릇, 반찬그릇, 물그릇 등 모두 4개이다. 바루는 발우의 와전으로 속어이다. 바루때·바리때 역시 속어이다.

발우공양【鉢盂供養】 발우는 스님들이 사용하는 식기(食器)이고, 공양이란 식사를 가리키는 불교용어이다. 따라서 발우공양은 승가에서 행하고 있는 식생활문화이자 지켜야 할 규범으로, 여러 가지 절차에 따라 발우로 공양을 한다. 발우에 담긴 음식은 절대로 버려서는 안 된다. 발우공양이 진행되는 동안 죽비를 쳐서 공양의 진행단계를 알리게 되며, 게송(偈頌)을 외워서 공양의 의미를 갖는다.

발원【發願】〔梵 praṇidhānaṃkṛ, praṇi dhā, praṇdabhāti, 英 To vow, resolve〕 ①소원이나 서원을 일으키는 것. 깨달음을 구하는 마음이나 정토를 완성하고, 사람들을 구제하려는 마음을 일으키는 것. 정토교에서는 자기가 수행하는 선(善)을 향하여 왕생(往生)을 원하는 마음을 회향발원심(回向發願心)이라 한다. ② 천태에서 세운 오품제자위(五品弟子位)의 하나.

발원문【發願文】 원문(願文)이라고도 한다. 법회(法會)할 때에 시주(施主)의 소원을 적은 표백문(表白文)을 말한다. 또 스님들이 수행할 때 세운 원(願)을 적은 글을 말한다.

방거사【龐居士】 방온(龐蘊, ?-808). 중국 당(唐)나라 숙종·대종 때의 거사. 성은 방(龐), 이름은 온(蘊), 자는 도현(道玄), 형주 형양현 사람. 석두에게 가서 선지를 얻고, 뒤에 마조도일(馬祖道一, 709-788)에게 가서 법을 이었다. 하지만 삭발하지 않고 온 집안이 함께 불교에 입문하였다. 뒤에 양양(襄陽)에 머물렀으므로 사람들이 양양(襄陽) 방거사(龐居士)라 불렀다. 임기응변에 능하였다고 하는데, 시(詩)와 게송(偈頌) 3백여 편이 있다. 그에게는, "예쁜 눈, 송이송이 다른 곳에 떨어지지 않네〔好雪片片不落別處〕."라는 공안(公案)이 있다. 『방거사어록』이 있음.

방광대장엄경【方廣大莊嚴經】〔梵 Lalitavistara-sūtra〕 불경(佛經)의 하나. 중국 당(唐) 영순 2년〔683〕 지바가라(地婆訶羅)가 번역한 12권의 경전이다. 『대장엄경(大莊嚴經)』이라 약칭한다. 대승사상에 입각하여 부처님의 일생을 기록한 전기로서, 부처님의 전기를 담고 있는 여러 불전(佛傳)들 가운데서도 특히 중요성을 인정받고 있는 경전이다. 전체 27품의 내용에는 부처님의 탄생 인연부터 성도 후 초전법륜에 이르기까지 상세히 기록되어 있다. 동일한 원본에 대한 번역이 총 4차례에 걸쳐서 이루어졌다는 기록이 남아 있으나, 현재 전하는 것은 제2역(譯)과 제4역뿐이다. 제2역은 축법호(竺法護, 231-308)가 308년〔永嘉 2〕 서진(西晋)시대 때 번역한 『불설보요경(佛說普曜經)』이며, 지바가라의 번역본은 가장 나중에 이루어진 것으로서 제4역이라 불린다. 전체 27품에 담겨 있는 내용은 부처님이 정거천자(淨居天子)의 청을 받고 나서 자신의 일생을 말해 주는 형식으로 이루어져 있다.

방등경 【方等經】〔梵 Vaipulya-sūtrāṇi〕 ①대승경전의 총칭. ②12부경(部經)의 하나. 비불략(毘佛略; vaipulya). 방등부 항목 참조.

방등부 【方等部】〔英 The sūtras taught during the 方等時, last-named period〕 대승(大乘) 방등(方等)에 속하는 부류(部類). 대승경전 가운데 『화엄경(華嚴經)』·『반야경(般若經)』·『법화경(法華經)』·『열반경(涅槃經)』 등 4부(部)의 경을 제외한 다른 모든 경전을 일컫는 말. 방등경(方等經)이라고도 하는데, 방등(方等)이란 방정(方正)하고 광대하다는 뜻이다.

방등삼매 【方等三昧】〔英 One of t'ien-t'ai's methods of inducing samādhi, partly by walking, partly by sitting, based on the 大方等陀羅尼經〕 중국 천태종(天台宗)의 지의(智顗, 538-597)가 세운 반행반좌(半行半坐)삼매. 참회해서 죄업을 멸하기 위한 방법. 먼저 12몽왕(夢王)의 하나를 얻어서 그 호지(護持)를 받는 것. 이 삼매(三昧)의 방법에 신개차(身開遮)·구설묵(口說默)·의지관(意止觀)의 세 가지가 있다. 1. 도량을 돌며, 다음에 앉아 생각하여 도는 것과 생각하는 것을 번갈아 하되, 행(行)·좌(坐)의 둘을 개(開)로 하고, 주(住)·와(臥)의 둘을 차(遮)하는 것. 2. 돌 때에는 한 번 돌 때마다 주문을 외우며, 행보(行步)와 송주(誦呪)를 반씩 하고, 느리고, 급하고, 높고, 낮은 것에 없게 하며, 앉을 때에는 송주를 그치고, 침묵을 지킨다. 3. 마하단특다라니(摩訶袒特陀羅尼)를 생각하여 바로 실상중도(實相中道)의 공(空)에 도달하고, 다음에 낱낱 사물을 헤아리면서 이를 관찰하는 것이다. 그 공관(空觀)을 하는 것은 죄업을 소멸하는 것을 주로 하기 위하여 일공일체공(一空一切空)의 뜻에 의하여 공(空)·가(假)·중(中)의 삼관(三觀)을 합하여 일공관(一空觀)으로 만든 것이다.

방등시 【方等時】〔英 The third of the five periods of T'ien-t'ai 五時教〕 오시(五時)의 하나. 부처님이 『유마경(維摩經)』·『금광명경(金光明經)』·『능가경(楞伽經)』·『승만경(勝鬘經)』·『무량수경(無量壽經)』 등 방등부(方等部)에 속한 여러 경(經)을 말씀하신 때. 곧 성도(成道) 후 13년부터 20년

까지의 8년 동안.

방부【榜付】스님들이 타사(他寺)에 가서 일정 기간 거주하기를 청하는 일. 안승(安僧)과 같은 뜻이다. 입방 항목을 참조할 것.

방상【方相】〔英 Square, four square, one of the five shapes〕 오종결계(五種結界; 方相·圓相·鼓形相·半月相·三角相) 가운데 하나. 수류(水流)·수목(樹木)·도로(道路) 등을 가지고 경계로 하거나, 혹은 사방에 돌을 세워 나무를 심고, 사각(四角)에 한하여 경계로 삼는 것.

방생【放生】〔英 To release living creature as a work of merit〕 생류(生類)를 놓아준다는 뜻. 산채로 잡힌 것들을 자유로이 해방시켜 주는 것을 말한다. 여기서 한 걸음 더 나아가 잡혀 있는 생류를 구조(救助)하여 주는 것도 방생이라 할 수 있다. 이 방생사상은 자비정신에서 나왔는데,『범망경(梵網經)』등에서 방생을 강조하고 있다.

방생법회【放生法會】방생(放生; To release living creature as a work of merit)·방생회(放生會)라고도 한다. 다른 사람이 잡아 놓은 산 물고기·날짐승·길짐승 따위를 사서 살려 보내는 의식. 살생(殺生)과 반대되는 선업(善業)인데, 살생을 금하는 것은 소극적인 선행이요, 방생하는 것은 적극적인 선행이다. 대개 음력 3월 3일이나 8월 15일에 행하지만, 지금은 일정한 때 없이 행한다. 살생을 금하고 생명을 사랑하는 정신을 기르려고 행한다.『금광명경(金光明經)』에 이에 대한 내용이 나온다.

방생회【放生會】다른 사람이 잡은 산 물고기·날짐승·길짐승 따위를 사서 방생(放生)하는 모임. 방생법회 항목 참조.

방선【放禪】좌선(坐禪)이나 간경(看經) 또는 화두(話頭) 공부를 계속하다가 쉬는 것.

방장【方丈】①『유마경』의 주인공인 유마거사의 작은 거실로서 사방으로 1장(丈) 되는 방. 본래는 선종 사찰에서 주지(住持)의 거실(居室)을 방장(方丈)이라고 했는데, 현재 우리나라에서는 총림의 최고 어른 스님을 방장이라고 부른다. ②〔英 An abhot, 寺主 head of a monastery〕 주지(住持)를 가리키는 말.

방편【方便】〔梵 Upāya, 英 convenient to the place, or situation, suited to the condition, opportune, appropriate〕 ①중생을 교화하기 위하여 각자 근기에 맞는 방법과 수단으로 깨우치고 교화하는 것. 중생을 제도하기 위하여 여러 가지 수단 방법을 강구하는 것, 또는 그 수단 방법을 방편이라고 한다. 따라서 넓게는 부처님의 가르침과 설법, 경전, 말씀 등은 모두가 방편이 된다. ② 근기(根機)가 아직 성숙하지 못하여 깊고 묘한 가르침을 받아들일 수 없는 이를 위하여, 수단 방법으로써 권도(權道)를 시설한 낮은 법문. ③권도(權道)로 통달하게 하는 지혜. 불보살이 여러 가지 수단 방법을 써서 중생을 진실한 대도(大道)로 이끌어 들이는 권지(權智).

방편력【方便力】〔梵 upāya-kausalaya〕 일을 성공시키기 위한 방법론적인 지혜의 힘. 방편의 작용. 중생을 인도하기 위한 여러 방법을 고안하여 세상에 펼치는 지혜의 작용.

방편바라밀【方便波羅蜜】〔梵 upāya-pāramitā〕 10바라밀의 제7. 보살이 방편으로 여러 형상을 나타내어 중생을 제도하는 일. 무상(無上)의 회향방편선교(廻向方便善巧)와 일체중생을 제도하는 발제방편선교(拔濟方便善巧)의 두 가지가 있다.

방편유여토【方便有餘土】〔英 One of the T'ien-t'ai 四土 Four Lands, which is temporary, as its occupants still have remains to be purged away〕 4토(四土; 凡聖同居土·方便有餘土·實報無障碍土·常寂光土)의 하나. 방편토·유여토라고도 한다. 성문이나 연각의 경지를 얻은 이나, 십지(十地) 이전의 보살들이 가서 태어나는 삼계(三界) 밖의 정토(淨土). 이들은 모두 방편으로 공관(空觀)을 닦아서 견혹(見惑)·사혹(思惑)을 끊었으나, 아직 중도관(中道觀)을 닦지 못해서 무명의 번뇌를 다 끊지 못했기 때문에 그 국토를 방편유여토(方便有餘土)라고 한다.

방편지【方便智】〔梵 upāyajñāna, 英 the wisdom or knowledge of using skilful means (for saving others)〕 방편에 숙달한 지혜. 또는 방편을 행하는 지혜. 권지(權智)라고도 함. 중생을 이끌기 위해 각종의 수단을 써서 세간에 작용하는 지혜. 『대승의장(大乘義章)』 10권에 나온다.

방하착【放下着】 방하(放下; To put down, let down, lay down)라고도 한다. 착(着)은 강조하는 말. 손을 아래로 늘어뜨린다는 뜻으로, 무엇에 집착한 마음을 다 놓아 버린다는 말. 집착심을 다 놓아 버리고 텅 빈 마음을 갖는 것. 아무것에도 걸림이 없이 무심의 경지에 들어가는 것.

방·할【棒·喝】 선종(禪宗)에서 참선자들을 교육할 때, 그들이 질문한 것에 대해 때때로 직접적인 답을 주지 않고 막대기〔棒〕로 때리거나 큰 소리로 고함〔喝〕을 질러 상대방을 각성·깨닫게 하는 방법. 주로 분별심에 빠진다거나 올바르지 못한 생각을 하고 있을 때 사용하는데, 그 중 할(喝)은 상대방을 칭찬할 때도 쓰는 때가 있다. 방(棒)을 가장 많이 사용한 선승은 당대(唐代)의 덕산선감(德山宣鑒, 782-865)이고, 할(喝)은 임제의현(臨濟義玄, ?-867)이다. 그래서 '덕산(德山) 방(棒), 임제(臨濟) 할(喝)'이라는 말이 있게 되었다.

방행【放行】 선승이 수행자를 지도할

때 쓰는 방법의 하나로, 수행자를 잠시 방임(放任)해서 자주적(自主的)으로 수행 공부하도록 하는 일. 공부를 잘하고 있기 때문임.

방회【方會, 992-1049】중국 북송(北宋) 진종·인종 때, 임제종(臨濟宗) 양기파(楊岐派)의 개조(開祖). 양기방회 항목을 참조할 것.

백고좌【百高座】사자좌(師子座) 백 개를 만들어 놓고 고명(高名)한 스님을 모셔다가 설법하는 큰 법회. 신라 진평왕(眞平王) 35년[613]에 수(隋)나라 사신 왕세의(王世儀)가 왔을 때 황룡사(皇龍寺)에서 베푼 것이 그 시초이다. 백고좌회(百高座會)·백고좌도량(百高座道場)·백좌설경(百座說經)·백좌도량(百座道場)·백좌강회(百座講會)·백좌법회(百座法會)·백좌회(百座會)라고도 한다.

백곡처능【白谷處能, 1617-1680】조선 인조·효종·현종 때의 부휴선수(浮休善修, 1543-1615)의 문손(門孫). 벽암파(碧巖派)에 속하는 스님. 성은 김씨, 자는 신수(愼守), 호가 백곡(白谷)이다. 일찍부터 출가하여 속리산에 살았는데, 한양으로 가서 동양위(東陽尉) 신익성(申翊聖)의 문하에서 한문과 유학을 배워 그 문장이 뛰어났다. 그 뒤 쌍계사에 가서 벽암의 제자가 되었다. 그곳에서 팔도선교십육종도총섭(八道禪敎十六宗都摠攝)이 되기도 하였으나, 3개월 만에 사임하고 말았다. 그 뒤 속리산·청룡사·성주사·계룡산 등에서 법석을 열고, 대둔사 안심암에 오래 머물렀다. 숙종 6년 봄 금강사에서 대법회를 열고, 7월에 세상을 떠났다. 백곡은 문장이 뛰어나 당대 일류명사들과 교류가 깊었는데, 그의 시문(詩文)은 일세(一世)를 펼쳤다. 특히 그는 「간폐석교소(諫廢釋敎疏)」를 지어 조선시대의 척불책(斥佛策)과 배불론(排佛論)을 논파(論破)하였다. 그 뒤에 나온 문집〔白谷集〕에는 정집(正集) 외에 속권(續卷)이 있다. 그의 제자로는 구암승각(龜巖勝覺)·식영진명(息影眞明)·법형일호(法泂一湖)·옥명시영(玉明示瑛)·회선일명(懷善一明)·초화성정(楚華性靜) 등이 있다.

백골관【白骨觀】백골의 모습을 관하는 수행방법. 집착을 없애기 위하여, 송장의 피부와 근육이 다 썩어 없어지고 백골만이 앙상하게 붙어 있거나 백골조차 낭자하게 흩어져 버린 모습을 관(觀)하는 것.

백련결사【白蓮結社】①중국 동진(東晋) 때 정토종의 개조인 여산(廬山) 혜원(慧遠, 334-416)이 동지 123명과 함께 연 백련사(白蓮社)라는 염불결사(念佛結社). 혜원이 402년 7월에 반야대정사(般若台精舍)의 아미타불상 앞에서 염불삼매(念佛三昧)를 닦는 것에서 시작되었다. 백련결사 창립에 즈음하여 결사원(結社員)들은 아미타불상 앞에서 재회(齋會)를 행하고 서원(誓願)을 세워 서방왕생을 염원하였다. 여기에 모인 이들은 삼세(三世)에 걸친 선악(善惡)의 응보(應報)를 확신하였다. 또한 삼세의 업보를 제거할 수 없음을 알고, 조석(朝夕)으로 수행해도 업보에 걸려 죄업(罪業)에서 빠져나올 수 없는 자신들을 구제해 줄 대상, 즉 아미타불을 간절히 생각하고 관념삼매(觀念三昧)를 얻기 위해 백련결사를 결성하였다. 이들 구성원 123명 중에는 유유민(劉遺民, 350-410)·종병(宗炳, 375-443)·장야(張野, 350-418)·주속지(周續之, 386-448)·뇌차종(雷次宗, 375-443) 등이 유명한데, 동림십팔현(東林十八賢)의 이름도 전한다. 여산의 염불결사를 백련결사라고 부르게 된 것은 후대의 일이다. 전설에 따르면, 사령운(謝靈運, 385-433)이 여산에 이르러 혜원을 한 번 보고 숙연한 마음으로 복종하여 사찰에 대(臺)를 축조하고, 『열반경』을 번역했다고 한다. 또한 연못을 파고 백련(白蓮)을 심었는데, 혜원과 함께 정토(淨土)의 업(業)을 닦기 위해 백련사(白蓮社)라 이름 붙였다고 전한다. ②고려 고종 3년〔1216〕 원묘 요세(圓妙了世, 1163-1245)가 전남 강진 만덕산 백련사에서 전개했던 결사(結社). 천태종 결사로서, 『법화경』에 입각한 참회행과 미타정토신앙을 강조했다.

백론 【百論】〔梵 śata-śastra〕 삼론(三論)의 하나. 삼론종 근본성전의 하나. 제바(提婆; Deva)가 당시의 외도(外道)에 대항하여 용수(龍樹)의 사상을 고취한 것인데, 백게이십품(百偈二十品)이었기 때문에 백론(百論)이라고 불렀다. 현재 번역되어 있는 것은 전반(前半)의 십품오십게(十品五十偈)뿐이다. 그 십품(十品)이란 사죄복(捨罪福)·파신(破神)·파일(破一)·파이(破異)·파정(破情)·파인중유과(破因中有果)·파인중무과(破因中無果)·파상(破常)·파공(破空)을 말한다. 예컨대, 인식론적으로 일다(一多), 인과(因果), 유신(有神), 상단(常斷) 등의 여러 문제를 공관(空觀)의 입장에서 비판한 것이다. 이 책은 구마라집(鳩摩羅什, 344-413)이 404년〔요진 홍치 4〕 4월에 요흥(姚興)의 명을 받들어 2권으로 번역한 것인데, 그 역(譯)이 완전하지 못해서 406년에 초당사에서 개역(改譯)하였다. 이것이 현존의 『백론』이다. 주석서로는 길장·도빙의 『소(疏)』가 각 2권씩 있고, ,원강의 『소(疏)』가 3권이 있는데, 《속장경》 속에 수록되어 있다.

백백업 【白白業】 백(白)은 선(善)이란 뜻으로, 곧 색계(色界)의 선업(善業)이다. 색계의 선업은 그 업의 성품도 선하고, 얻어지는 결과도 청정하므로 백(白)자를 거듭해서 백백업(白白業)이라 한다.

백법 【百法】〔英 The hundred divisions of all mental qualities and their agents, of the 唯識 school〕 유식학(唯識學)에서 우주와 인생을

ㅂ

설명하기 위하여 일종의 유심론에 입각하여 정신·물질의 모든 현상을 백가지 요소로 분석한 것. 심법(心法; 마음)의 8식(識)과 심소유법(心所有法; 마음의 작용, 현상)의 5편행(遍行)·5별경(別境)·11선(善)·6번뇌(煩惱)·20수번뇌(隨煩惱)·4부정(不定)과 색법(色法)의 5근(根)·5경(境)·법처소섭색(法處所攝色)과 불상응행(不相應行)의 24와 무위(無爲)의 6을 말한다.

백불【白佛】〔英 To tell the Buddha〕①부처님께 사유(事由)를 고백하는 것. 백(白)은 여쭙는다는 뜻이다. ②선종(禪宗)에서 소(疏)를 지을 때나 회향을 할 때에 부처님을 찬탄하는 어구(語句).

백비【百非】사구백비 항목을 참조할 것.

백암성총【栢庵性聰, 1631-1700】조선 효종·현종·숙종 때의 스님. 호는 백암(栢庵). 13세 때에 출가하였고, 18세에 지리산으로 들어가 취미수초(翠微守初, 1590-1668)에게 배알한 뒤 9년 동안 배워 법을 이었다. 30세에 이르러 명산을 역유(歷遊)하면서, 송광사·징광사·쌍계사 등의 여러 사찰에서 강의했다. 숙종 7년〔1671〕에 큰 배가 서해의 임자도에 표착했는데, 그 배에는 명나라 평림(平林)거사가 교간(校刊)한 『화엄경소초(華嚴經疏鈔)』와 『대명법수(大明法數)』·『금강경회현기(金剛經會玄記)』·『기신기(起信記)』·『정토보서(淨土寶書)』 등 190권이 있었다. 성총은 이들 경론들을 간행해서 세상에 홍포시켰다. 이 때문에 불교학자들에게 존경을 받아 일대 대종사로 추존되었다. 숙종 26년에 쌍계사 신흥암에서 입적하였다. 저서로는 『정토보서(淨土寶書)』·『치문집주(緇門集註)』·『백암집(栢庵集)』·『지험기(持驗記)』 등이 있고, 제자에는 수연(秀演)·석보명안(石寶明眼) 등이 있다.

백업【白業】흑업(黑業)에 반대되는 말로, 백(白)은 선(善), 흑(黑)은 악(惡)이란 뜻에서 비롯된 말이다. 백업(白業)이란 선(善)한 과보를 받을 선한 작업. 곧 선업을 가리킨다.

백용성【白龍城, 1864-1940】근대의 고승. 이름은 상규(相奎), 법명은 진종(震鍾), 용성은 법호이다. 전북 남원 출신. 16세에 합천 해인사에서 화월(華月)에게 승려가 되어, 21세에 양산 통도사에서 선곡(禪谷)율사로부터 구족계를 받은 뒤, 40세 때까지 주력(呪力)과 선(禪)을 중심으로 전통적인 한국불교의 종맥을 확고하게 다져 갔다. 그 뒤 민중불교운동과 구국의 대열에 헌신하여 곳곳에 선원과 포교당을 세워 많은 민중을 교화하고, 3·1독립운동의 민족대표로 활약하였는데, 이 때문에 2년간 옥고를 치르기도 하였다. 삼장역회(三藏譯會)를 조직하여 많은 저술을 출판하면서 경전의 한글화 작업을 착수하였다. 한편 불교 본연의 독자성을 새롭게 부각시키고 진면목(眞面目)을 드러낼 수 있는 교의(教義)로서 '각(覺)'에 창안하여 대각교(大覺教)를 창립하였는데, 12각지(覺支)를 행동강령으로 하여 대각교 운동을 전개하였다. 61세에는 박한영과 함께 잡지 『불일(佛日)』을 냈고, 그 이듬해에는 도봉산 망월사에서 만일참선결사회를 조직하여 선의 대중화에 힘을 기울였으며, 64세 때에는 선농일치(禪農一致)를 제창하면서 경남 함양 백운산을 개간하여 화과원이라는 농장을 경영했다. 이와 더불어 대각교 의식을 새로 만들어 모든 의식과 염불까지도 우리말로 행하게 하였고, 대각일요학교를 세워 어린이 교화에도 깊은 관심을 보였다. 65세부터 입적할 때까지 말년에는 주로 저술과 번역에 종사하여 많은 역저를 남겼는데, 77세 되던 해 2월 24일에 입적하였다. 저서로는 『귀원정종(歸源正宗)』·『각해일륜(覺海日輪)』·『수심론(修心論)』·『청공원일(晴空圓日)』 등이 있다. 백용성은 우주만유의 궁극적인 본원을 법신각성이라 하였는데, 각성(覺性)에서 미세한 움직임이 있은 후에 아라야식이 생기며, 본각과 아라야식과 우주만상은 일체(一體)로서 상즉(相卽)해 있다고 하였다. 또한 인간이 법신각성을 깨닫지 못하고 무지와 어리석음 때문에 고(苦)가 생긴다고 하였다. 선(禪) 중에서는 임제의 간화선풍(看話禪風)을 으뜸으로 보고 임제법맥과 임제종호(臨濟宗號)가 당당대도(堂堂大道)라 주장한다. 그리고 인(仁)의 원리가 유교의 핵심적인 원리라고 생각하였는데, 인(仁)이 천지의 근본이며 생명의 근원이라 하였다. 한편 맹자의 성선(性善)에 대해서는 천연본유지선(天然本有之善)과 촉기감발지선(觸機感發之善)의 두 뜻이 있다고 하면서, 인성(人性)의 최정밀처(最精密處)를 인(仁)이라 보았다. 그 밖의 천론(天論)·태극론·생사관·차별관에 대해서는 불교의 입장에 입각해서 비판적이었다.

백우거【白牛車】『법화경(法華經)』에 나오는 삼수(三獸; 羊·鹿·白牛) 가운데 하나인 흰 소가 끄는 수레를 말하는 것으로, 최상승법(最上乘法)을 비유한 말.

백유경【百喩經】〔梵 śatāvadāna-sūtra, 英 The sūtra of the 100 parables, tr. by Guṇavṛddhi, late fifth century〕 492년에 소제(蕭齊)의 구나비지(Guṇavṛddhi; 求那毘地; 德進·安進)가 번역. 4권. 『백비경』·『백구비유집경』·『백구비유경』이라고도 한다. 승가사나(僧伽斯那)가 중생을 교화하여 불도에 이끌어 들이려고 이용했던 비유나, 불교를 이해시키려고 편의상 든 비유 가운데서 98종을 뽑아 모은 경전이다.

백운경한【白雲景閑, 1299-1375】고려 말기의 고승(高僧). 경한(景閑)은 법명. 1351년〔고려 충정왕 3〕 원(元)

나라 호주(湖州)에 건너가서 석옥청공(石屋淸珙, 1271-1351)에게 법을 묻고, 1353년〔공민왕 2〕 1월에 도를 크게 깨쳤다고 한다. 1375년〔고려 우왕 1〕에 천녕(川寧) 취암사(鷲岩寺)에서 입적했다. 저서로는 『백운화상어록(白雲和尙語錄)』이 있다.

백운화상 초록 불조직지심체요절【白雲和尙抄錄佛祖直指心體要節】 불조직지심체요절(佛祖直指心體要節), 직지(直指), 또는 직지심경(直指心經) 등으로 불린다. 직지심체요절은 백운화상 경한(景閑)이 선(禪)의 요체를 깨닫는 데 필요한 내용을 뽑아 1372년〔공민왕 21〕에 펴낸 것으로, 원나라에서 받아 온 불조직지심체요절의 내용을 대폭 늘려 상·하 2권으로 엮은 것이다. 불조직지심체요절 항목을 참조할 것.

백일갈마【白一羯磨】〔梵 Jñaptidivitiyā·Karmavācanā, 英 To discuss with and to the body of monks the proposals or work to be undertaken〕 백이갈마(白二羯磨)라고도 한다. 무슨 일을 결정할 때 시행하는 작법의 한 가지. 대중 가운데서 무슨 일을 행하려고 할 적에, 대중을 모으고 먼저 그 일의 내용을 세밀히 사뢰는 것을 백(白)이라 하고, 다시 일의 가부를 물어 일을 결정하는 것을 갈마(羯磨)라 한다. 이렇게 1백(白)과 1갈마로써 일을 결정하므로 백일갈마라 하고, 또 1백(白)과 1갈마를 합하여 백이갈마(白二羯磨)라고도 한다.

백의관음【白衣觀音】〔梵 pāṇḍaravāsinī〕 33관음 가운데 하나. 대백의(大白衣)·백처관음(白處觀音)이라고도 한다. 항상 흰옷을 입고, 흰 연꽃에 앉아 있는 관세음보살. 태장계만다라의 관음원 제3렬 제7위에 그려졌다.

백장청규【百丈淸規】 중국 당나라 때 선승인 백장회해(百丈懷海, 720-814)가 제정한 선림(禪林)의 규범(規範). 백장이 작성한 이 청규(淸規)는 당말까지는 거의 그대로 전해 내려왔는데, 송대에 와서 시대의 추이와 함께 청규의 내용에도 약간의 변화가 생겨, 백장이 제정한 그대로를 선사(禪寺)에서 행하지 않는 경향이 있었다. 남송 말의 일산요만(一山了萬)·운옥자한(雲屋自閑)·회기원희(晦機元熙) 등이 백장이 제정한 옛 청규(淸規)를 부활·간행하려고 시도했지만, 그 뜻을 이루지 못한 채 모두 입적하고 말았다. 1355년〔元 順帝 15〕 백장산(百丈山) 주지(住持) 동양덕휘(東陽德輝)가 순제(順帝)의 칙명을 받아서 백장의 청규가 통일되지 못한 채 있는 것을 바로잡으려고 했으나, 이때는 이미 백장의 청규 원형이 상실된 뒤여서 애써 구하려고 했는데도 불구하고 얻을 수 없었다고 한다. 당말(唐末)에서 원초(元初)에 걸친 국내의 소란 때문에 전적(典籍)이 소실된 것이 많았는데, 이 청규도 그때 없어진 것으로 추정된다. 덕휘는 1103년〔宋 徽宗 2〕에 종색(宗賾)에 의해 이루어진 『선원청규(禪苑淸規)』, 1274년〔甲戌〕 유면(惟勉)에 의해 편찬된 『함순청규(咸淳淸規)』, 1311년〔辛亥〕 일함(日咸)에 의해 만들어진 『선림비용청규(禪林備用淸規)』 등 여러 청규를 자료로 하여, 백장의 청규 원형을 찾아서 편찬한 다음, 청규에 통달하고 있던 소은대흔(笑隱大訢)의 교정을 받아 전권(全卷) 9장(章), 상·하 2권본(卷本)으로 완성했다. 이것은 칙명에 의한 편찬이었기 때문에 『칙수백장청규(勅修百丈淸規)』라고 이름 붙였다. 순종은 이 신편(新編) 『백장청규(百丈淸規)』를 간행하여 천하의 승원(僧院)에 주었고, 명(明)의 태종(太宗)도 이것을 전국 승원에 반행(頒行)하였으며, 영종(英宗)도 이것을 복간하여 송포했기 때문에 결국 모든 승원(僧院)에서 이 청규를 준수하기에 이르렀다. 청(淸)에서도 의윤(儀潤)의 『백장청규증의기(百丈淸規證義記)』 같은 명저(名著)가 나왔다. 『칙수백장청규』는 원래의 『백장청규』와 구별되어야 하지만, 오늘날 일반적으로 『백장청규』라고 할 때는 이 『칙수백장청규』를 가리키는 경우가 많다. 그러나 『칙수백장청규』는 원대에 중편한 것으로서 백장회해가 제정한 것과는 다른 것들이 많이 들어 있다는 점에 주의해야 한다. 9장은 제1 축리장(祝釐章), 제2 보은장(報恩章), 제3 보본장(報本章), 제4 존조장(尊祖章), 제5 주특장(住特章), 제6 양서장(兩序章), 제7 대중장(大衆章), 제8 절랍장(節臘章), 제9 법기장(法器章) 등이다.

백장회해【百丈懷海, 720-814】 중국 당나라 대종·덕종·헌종 때의 선승. 성(姓)은 왕(王)씨, 복주 장락현 사람으로서, 서산(西山) 혜조(慧照)에 의하여 승려가 되고, 형산(衡山) 법조(法朝)에 의하여 구족계를 받았다. 마조(馬祖, 709-788)가 남강(南康)에서 교화함을 듣고 찾아가서 6년 동안 섬겨 인가(印可)를 받았다. 홍주(洪州) 신오계(新吳界)의 대웅산에 있으면서 종풍을 선양했는데, 많은 학인(學人)들이 몰려들어 마침내 그 절을 백장산 대지성수선사(大智聖壽禪寺)라 하고, 그를 백장선사(百丈禪師)라 하였다. 불매인과(不昧因果)를 말하였고, 심성(心性)은 무염(無染)하여 본자원성(本自圓成)하므로 단지 망연(妄緣)을 여의면 여여불(如如佛)이라고도 하였다. 일일부작(一日不作)이면 일일불식(一日不食)의 시범을 몸소 보였다. 또 선종 사원의 생활규범인 백장청규(百丈淸規)를 제정하여 시행함과 동시에, 종래 율종 사찰에서 당우 한 채를 얻어서 더부살이로 생활, 수행하고 있는 선원을 독립시켜 최초로 선종 사원〔총림〕을 창건, 창설했다. 선종이 하나의 종파로 성장, 발전한 것은 백장회해에 의해서이다. 시호는 대지선사(大智禪師)·각조선사(覺照禪師)·홍종묘행선사(弘宗妙行禪師)이다.

백제불교【百濟佛敎】 백제 침류왕 원년〔384〕에 인도승 마라난타(摩羅難陀)가 백제에 불교를 전한 후 성왕(聖王, 523-553 在位)에 이르는 약 140년간의 백제불교는 구복숭신(求福崇信)의 불교였다. 이에 비해서 부여 천도 이후 성왕이 불교를 장려하면서 계율 중심의 경향을 나타내기 시작하였는데, 이러한 경향이 백제불교의 한 특색을 이루었다. 교학적(教學的)인 경향에 따라 열반·법화·삼론·성실론의 연구가 계율학과 더불어 연구되었고, 신앙적인 면에서는 관음신앙·미륵신앙 등의 불보살에 대한 신앙과 사경공덕신앙(寫經功德信仰) 및 영혼천도의 공덕신앙이 성행했다. 이런 백제 불교신앙의 특성은 첫째로는 호국적 행사불교의 흔적을 찾아볼 수 없다는 점, 둘째로는 경전내용에 충실한 신앙이 성행했다는 점, 셋째로는 호국불교에 의한 국가적 행사불교를 통한 신앙이라기보다는 국민 각자의 개개인이 실천하고 생활화하는 바탕을 가진 신앙으로서, 다만 국가가 이를 장려·보호함으로써 불교적 윤리규범에 의한 사회체제를 형성하려 하였던 점을 들 수 있다.

백척간두진일보【百尺竿頭進一步】 백척이나 되는 높은 장대 위에서 한 발 더 내딛으라는 말로, 깨달은 후에는 깨달음에도 집착하지 말라, 또는 중생세계로 나아가라는 뜻이다. 백척간두와 같은 막다른 골목에서 한 걸음 더 나아가면 죽을 것 같지만, 사실은 이를 통해서 크게 살아나게 된다는 말이다.

백파긍선【白坡亘璇, 1767-1852】 조선 정조·순조·헌종 때 율(律)을 겸수(兼修)한 선사(禪師). 성은 완산이씨(完山李氏), 법명은 긍선, 호는 백파(白坡). 무장현〔전북 고창 부근〕 사람. 12세에 선운사 시헌(詩憲)장로에게서 승려가 되어 대경(大經)을 수학한 뒤, 초산〔井邑〕 용문암에 가서 설파상언(雪坡尙彦, 1710-1791)에게서 서래(西來)의 종지(宗旨)를 배웠고, 영귀산 귀암사(龜岩寺)에서 설봉회정(雪峰懷淨, 1678-1738)의 법통을 이어받아 백양산 운문암에서 개당(開堂)했다. 1830년〔純祖 30〕 귀암사로 되돌아와 가람을 중건하고 선강법회(禪講法會)를 열었는데, 이로써 선문중흥(禪門重興)의 종주(宗主)로 추앙받았다. 김정희가 쓴 선운사의 비에 "화엄종주(華嚴宗主) 백파대율사(白坡大律師) 대기대용지비(大機大用之碑)"라 액(額)하고, "한국에 근래 율사가 없었는데, 백파가 가히 해당된다." 하였는데 이것으로 보건대 그의 사상은 선(禪)·화엄(華嚴)·율(律)을 겸하고 있었다. 저서로는 『정혜결사문(定慧結社文)』·『선문수경(禪門手鏡)』·『법보단경요해』·『오종강요기(五宗綱要記)』·『선문염송기』·『금강팔해경(金剛八解鏡)』·『선요기(禪要記)』 등이 있다.

백팔번뇌【百八煩惱】〔英 The 108 passions and delusions〕 중생의 108가지 번뇌. 백팔결(百八結)이라고도 한다. 백팔번뇌를 계산하는 방법에는 세 가지가 있다. 첫째는, 6근(六根; 안이비설신의)이 6경(六境; 색성향미촉법)을 대상으로 각각 호(好; 좋음)·오(惡; 나쁨)·평등(平等; 좋지도 않고 나쁘지도 않은 것)의 세 가지를 일으키므로 12×3=36번뇌, 여기에 과거·현재·미래 3세를 곱하면〔36×3세〕 108번뇌가 된다. 둘째는, 6근에 고(苦)·락(樂)·사(捨; 즉 不苦不樂)의 3수(三受)가 있어 18번뇌, 또 6근에 호(好)·오(惡)·평(平)의 3종이 있으므로 18번뇌, 양자를 합한 36번뇌에 과거·현재·미래 3세를 곱하면〔36×3세〕 108번뇌가 된다. 셋째는, 인식작용에서 생기는 견혹(見惑)의 번뇌 88가지와 의지의 작용에서 생기는 수혹(修惑)의 번뇌 10가지와 탐진치(貪瞋痴) 등의 근본번뇌 10가지를 합하여 108번뇌가 된다.

백팔수주【百八數珠】 108개를 꿴 염주. 『목환자경』에 의하면, 목환자 108개를 꿰어 수주(數珠)를 만들어 돌리면서 삼보를 생각하면, 108의 결업(結業)을 없애고, 최고의 뛰어난 결과를 얻는다고 하였다. 108의 결업은 108의 번뇌에 대한 것. 또한 108삼매의 공덕과 108존(尊)의 공덕과 본유(本有) 수생(修生)의 54위를 표시한다. 염주 항목을 참조할 것.

백화도량발원문【白花道場發願文】 신라시대의 고승인 의상(義湘, 625-702)이 낙산사(洛山寺)의 관음굴(觀音窟)에서 기도할 때에 지은 발원문(發願文). 300자 미만의 짧은 글이다.

번【幡】〔梵 paṭṭa-dāma〕 깃발. 증번(繒幡)·당번(幢幡)이라고도 한다. 불보살의 덕을 기리고 도량의 장엄을 나타내기 위하여 사용한다. 사찰에 커다란 행사가 열릴 때 주변 건축물에 매단다. 번의 종류에는 정번(庭幡)·관정번(灌頂幡)·평번(平幡)·사번(絲幡)·옥번(玉幡) 등이 있다.

번뇌【煩惱】〔梵 klèsa, 巴 kilesa, 西 ñon moṅs pa, 英 'pain, affliction, distress', 'care, trouble'〕 번뇌의 이칭에는 혹(惑)·염(染)·염오(染汚)·수면(隨眠)·누(漏)·결(結)·박(縛)·전(纏)·사(使) 등이 있다. 인간의 정신과 마음을 뇌란(惱亂)하게 하는 것, 괴롭게 하는 것이라는 의미. 깨달음의 최고 장애물로서, 이것이 제거된 것을 열반, 해탈, 깨달음이라고 한다. ①번뇌라는 말은 본래 해탈에 이르는 데 방해되는 불선(不善)·부정(不淨)한 정신 상태를 나타내는 많은 술어 중의 하나였으나, 차츰 그러한 심리작용이나 정신상태를 전체적으로 가리켜서 표현하거나 각각〔不善不淨〕의 특색에 응한 명칭을 가진 개개의 심리상태를 총칭하는 경우에 쓰이

ㅂ

게 되었다. 그래서 사람의 심신(心身)을 뇌란(惱亂)케 하고 악을 짓게 하는 정신상태 일반을 표현하는 말로 쓰이게 되었다. 초기불교에서 말하는 번뇌 중에서 최초로 거론되어야 할 것은 탐(貪; rāga)·진(瞋; dveṣa)·치(癡; moha) 삼독(三毒)으로서, 이것들은 가장 기본적인 3종류의 번뇌이다. 이 가운데 탐(貪)은 좋은 대상에 대한 집착이요, 진(瞋)은 좋지 않은 대상에 대한 반감(反感)·혐오·분노·불유쾌 등이다. 이 탐과 진이 정적(情的)인 번뇌인 데 비해 치(癡)는 지적(知的)인 번뇌라 할 수 있는데, 사제(四諦)나 연기(緣起) 등 불교에서 말하는 바른 도리(道理)에 대해서 무지(無知)한 것을 가리킨다. 이 치(癡)는 12연기의 최초에 위치하는 무명(無明; avidyā)과 같다. 어리석음으로서 곧 자기에 대한 강한 집착으로 말미암아 올바른 도리가 헛보여 그릇된 판단·분별을 일으켜서, 결과적으로 모든 번뇌의 근원이 된다. 이 탐(貪)·진(瞋)·치(癡)를 기초로 하여 탐(貪)·진(瞋)·치(癡)·만(慢)·의(疑)·견(見) 등 6종의 근본번뇌가 나오는데, 다시 견(見)을 신견(身見)·변견(辺見)·사견(邪見)·견취견(見取見)·계금취견(戒禁取見) 등 다섯으로 나누어 오리사(五利使)라 한다. 그리고 앞의 탐·진·치·만·의는 오둔사(五鈍使)라 하여, 이 오리사(五利使)와 오둔사(五鈍使)를 합하여 십근본번뇌(十根本煩惱; the ten fundamental passions)라 한다. 『구사론(俱舍論)』에서는 이치에 미(迷)한 견혹(見惑)에 88, 사리(事理)에 미(迷)한 수혹(修惑) 10 및 10전(纏)을 더하여 108번뇌라 하고, 유식(唯識)에서는 견혹 112에 수혹 16을 합하여 128의 번뇌를 든다. 또 파생적인 번뇌는 수혹(隨惑)·지말번뇌(枝末煩惱)라 하며, 『구사론』은 19, 유식에서는 20을 든다. ②요가파에서는 마음작용의 배후에 있어서 인간존재를 규정하는 근원적인 악(惡)과 같은 것을 가리키는데, 무명(無明), 자기의식(自己意識), 탐욕(貪欲), 증오(憎惡), 생존욕(生存欲) 등 5가지가 있다고 한다. 무명은 모든 것은 무상(無常)·부정(不淨)·고(苦)·비아(非我)임에도 불구하고 항상(恒常)·청정(淸淨)·낙(樂)·자아(自我)로 잘못 아는 것이다. 이 무명(無明)은 단순한 지혜의 결여(缺如)가 아니고 적극적인 다른 종류의 지식이고 실재(實在)한다. 이것은 가장 근본적인 번뇌로서, 다른 번뇌의 기초가 되므로 인간을 포함한 일체 우주가 다시 성립하는 근거라고까지 한다. 그리고 이것에는 가능체〔종자〕, 쇠퇴, 차단, 성(盛)함, 태워 버림의 다섯 상태가 있다고 생각했다. 자기의식(自己意識)이란 피향수자(被享受者)인 통각(統覺)과 향수자(享受者)인 자아(自我)를 동일시하는 것이다. 탐욕(貪欲)은 낙(樂)에 따라 일어난다. 낙(樂)을 경험한 자가 낙을 생각함으로써 낙(樂)에 대한 바람·갈망·욕망을 일으키는 것을 말한다. 증오(憎惡)는 고(苦)에 따라 일어난다. 고(苦)를 경험한 자가 고(苦)를 생각함으로써 고(苦)에 대하여 거절·분노·살의(殺意)·성냄을 일으키는 것을 말한다. 생존욕(生存欲)이란 생(生)에 대한 열망(熱望)을 가리킨다. 이것은 갓 태어난 아이도, 벌레도 가지고 있고, 감관지(感官知)에 의해서도 추론(推論)에 의해서도, 성전(聖典)에 의해서도 이해할 수 없는 죽음에 대한 공포이다. 이 번뇌〔생존욕〕는 선인(善人)에게도, 악인(惡人)에게도, 또 극도로 무감각한 자에게 있어서도 보이는 동시에 윤회와 해탈을 아는 현자(賢者)에게까지도 일어난다. 죽음의 공포는 죽음이 고(苦)라는 경험이 있는 것을 가리키고, 죽음에 대한 고통의 기억 또는 잠재인상(潛在印象)이 전생(前生)의 것을 추지(推知)시킨다고 주장하고 있다. 마치 껍질이 벗겨졌든지 탄 쌀알에 발아(發芽)능력이 없는 것과 같이 번뇌에 싸인 잠재업은 과보를 발동시키지만, 번뇌가 벗겨졌든지 번뇌의 종자를 태워 버린 상태에 있는 잠재업(潛在業)은 과보를 발동시키지 않는다. 그래서 고행·자습(自習)·염신(念神; 신을 생각함)이라 하는 실천요가에 의하여 번뇌를 약하게 하고, 명상이라 하는 선정(禪定)에 의하여 제거하고 정신과 물질을 식별하는 지혜에 도달하면 무명(無明)이 멸(滅)하기 때문에 따라서 번뇌 전체도 소멸한다. 그 후도 잠세력(潛勢力)이 잔존하지만 아무 결과도 낳지 않는다. 이 잠세번뇌업(潛勢煩惱業)은 육체의 죽음에 의하여 제거된다.

번뇌습【煩惱習】〔梵 kleśa, 英 The habit or influence of the passions after they have been cut off〕 번뇌의 습기(習氣)를 말한다. 이미 번뇌를 끊었어도 여전히 잔기(殘氣)가 남아 있는 것.

번뇌업고【煩惱業苦】〔英 The store of moral affliction, or defilement, contained in the five 住地, q.v.〕 탐(貪)·진(瞋) 등 무명(無明)의 번뇌에 의하여 선악의 업(業)을 지으며, 그 선악의 업에 의하여 삼계(三界)의 고락(苦樂)을 감지(感知)하는 것. 혹(惑)·업(業)·고(苦)라고도 한다.

번뇌장【煩惱障】〔梵 kleśasavarṇa, 西 ñon moṅs pahi sgribpa, 英 The barrier of temptation, passion, or defilement, which obstructs the attainment of the nirvāṇa〕 ① 이장(二障; 煩惱障·解脫障, 煩惱障·所知障)의 하나. 인간의 몸은 오온(五蘊)이 화합한 존재에 불과한 것인데도 영구성(永久性) 있는 '나'라고 집착하는 번뇌. 128근본번뇌와 20수번뇌(隨煩惱)가 이에 속한다. 이는 중생의 몸과 마음을

번거롭게 하여 열반을 장애하고 생사(生死)에 유전케 하므로 번뇌장(煩惱障)이라 한다. ②3장(三障; 煩惱障·業障·報障)의 하나. 탐(貪)·진(瞋)·치(癡) 등의 번뇌가 자주 일어나서 불도(佛道) 수행에 장애가 됨을 말한다.

번뇌즉보리【煩惱卽菩提】〔英 The passions, or moral applications, owe bodhi, i.e. the one is included in the other〕 번뇌 그대로가 곧 보리(菩提)라는 것. '생사(生死) 즉 열반(涅槃)'이라는 말과 함께 쓴다. 중생의 미견(迷見)으로 보면 미망(迷妄)의 주체인 번뇌와 깨달음의 주체인 보리(菩提)가 딴판이지만, 깨달은 눈으로 보면 두 가지가 그대로 하나이어서 차별이 없다. 그런데 이 두 가지가 하나로서 차별이 없다는 근거에 두 가지가 있다. ①『열반경』 등에서 말하는 소극적 제법실상론(諸法實相論)으로 보면, 온갖 현상은 모두 공(空)한 것이어서 번뇌라고 집착할 것도 없고 보리라고 집착할 것도 없으므로, 미견(迷見)으로 집착하는 번뇌와 보리는 다 같이 공(空)하다고 하는 것이다. 삼론종(三論宗)과 선종(禪宗)에서는 이러한 처지에서 중생들의 집착을 떼어 버리고 공적무상(空寂無相)한 경지에 들어갈 것을 가르치고 있다. ②천태(天台)의 적극적 제법실상론이나 『화엄경』의 법계연기론(法界緣起論)으로 말하면, 미망(迷妄)의 현실 밖에 따로 깨달아야 할〔覺悟〕 실재를 인정치 아니하므로 번뇌 그 자체가 곧 보리(菩提; 깨달음)라고 말하는 것이다. 이렇게 보면 곧 번뇌가 실상이며 법계의 실덕(實德)이므로 그대로 보리라고 하는 의미가 되는데, 번뇌를 깨뜨리지 않고 그대로 보리로 요달(了達)하는 것이다.

번뇌탁【煩惱濁】〔梵 kleśa-kasāya, 英 The impurity, or defiling nature of the passions〕 오탁(五濁)의 하나. 말세가 되어 삼독(三毒)의 번뇌가 극성스럽게 일어나, 중생의 몸과 마음을 흐릿하고 어지럽게 하는 일이 심한 때.

번역명의집【飜譯名義集】 중국 남송(南宋) 때의 스님인 법운(法雲, 1088-1158)이 지음. 7권. 여러 가지 범명(梵名)을 들어 해석한 책. 1권에는 10종통호(通號) 제1에서 승가중명(僧伽衆名) 제13까지, 2권에는 8부(部) 제14에서 시분(時分) 제24까지, 3권에는 제왕(帝王) 제25에서 현색(顯色) 제38까지, 4권에는 총명삼장(聰明三藏) 제39에서 중선행법(衆善行法) 제48까지, 5권에는 삼덕비장(三德秘藏) 제49에서 반만서적(半滿書籍) 제54까지, 6권에는 당범자체(唐梵字體) 제55에서 음계입법(陰界入法) 제58까지, 7권에는 사탑단당(寺塔壇幢) 제59에서 통론이제(統論二諦) 제64까지의 여러 편을 수록하였다. 최후에 속보(續補)라고 하여, 명행족(明行足)으로 찰마(刹摩)에 이르는 수십 항을 해석하였다. 뒤에 『제승법수(諸乘法數)』·『석씨요람(釋氏要覽)』과 함께 불학삼서(佛學三書)라고 하였다.

벌유 【筏喩】〔梵 kālopano dharma-paryāyaḥ, 英 Raft parable. Buddha's teaching is like a raft, a means of crossing the river, the raft being left when the crossing has been mad〕 석가모니불의 교법을 뗏목에 비유하는 말. 뗏목을 타고 강을 건너가게 되면 뗏목을 버리게 된다. 만약 강을 건너 육지에 도달했는데도 뗏목을 가지고 가려면 오히려 방해만 된다. 마찬가지로, 부처님의 교법도 열반의 피안에 도달하기까지 필요한 뗏목과 같은 것이다. 해탈을 얻고 난 후에는 불법도 버려야 한다. 그때에도 불법(佛法)을 버리지 못하면, 이것이 곧 법박(法縛)이다.

범 【梵】〔梵 Brahman〕 ①범어 브라흐만(Brahman)의 음사(音寫)로, 인도 정통 바라문교 사상의 최고 원리요, 세계창조의 근원이다. 뒤에 바라문교의 신(神)이 되어 브라흐마(Brahmā; 梵天)가 된다. 또 바라문교의 성직자를 나타내는 브라흐마나(Brāhmaṇa)의 음사(音寫)이기도 하다. ②범(梵)에는 '더럽힘이 없는 것', '적정(寂靜)'·'청결'·'이욕(離欲)' 등의 뜻이 있다. 『아비달마구사론』 24권에, "계경(契經)에 '불(佛)을 설하여, 또 범(梵)이라 이름하고, 또 적정이라 이름하고, 또 청량(淸凉)이라 이름한다.'고 했다."고 기술하고 있다. ③범천(梵天)이 불교에 들어와서는 불법(佛法)의 수호신의 하나가 되는데, 이때 대범천왕(大梵天王)이라고도 한다. 색계(色界) 18천(天)의 하나로 초선천(初禪天)에 머물고, 사바세계를 다스린다.

범 【凡】 ①〔梵 bāla〕 어리석음. ②미혹(迷惑). 세속(世俗). ③〔英 All, everybody〕 범부(凡夫). 범인(凡人).

범망경 【梵網經】〔梵 Brahmajāla〕 대승의 계(戒)를 설한 경(經). 계본(戒本)의 일종. 정식으로는 『범망경로사나불설보살심지법문품 제십(梵網經盧舍那佛說菩薩心地法門品 第十)』이라고 한다. 범본(梵本)은 120권 60품이지만, 번역된 부분은 그 가운데 보살심지품(菩薩心地品)뿐이다. 범망(梵網)이란 인타라망(因陀羅網)을 가리키는 것인데, 경(經)에서 설한 내용이 중중무진(重重無盡)하고 모든 것을 다한다는 의미이다. 이 경은 동진(東晋) 안제(安帝) 의희(義熙) 2년〔406〕에 요진(姚秦)의 구마라집(343-413)이 한역한 이래 대승의 계본(戒本)으로서 많이 연구되어서, 지의(智顗, 538-597)·부오(傅奧)·법장(法藏, 643-712)·의적(義寂)·태현(太賢) 등이 주석하였다. 이 경에 의하여 행하는 수계(授戒)를 대승원돈계(大乘圓頓戒)라고 한다. 상·하 2권 중 하권이 바른 계본(戒本)인데, 별책으로 보살계경(菩薩

戒經), 혹은 범망경계본이라고도 부른다. 보살의 심지법문으로서의 계상(戒相)을 설한 것이고, 십중계(十重戒)와 48경계(輕戒)로 되어 있다. 현재 주석(註釋) 가운데 중국에서 나온 것만도 ≪속장경≫에 16부(部)가 있는데, 그 중에 지의의 『천태계소(天台戒疏)』와 태현의 『고적기(古迹記)』 등이 널리 쓰인다.

범망경보살계본【梵網經菩薩戒本】계본(戒本)의 일종. 줄여서 『범망경(梵網經)』이라고 한다. 범망경 항목 참조.

범본【梵本】〔英 Sūtras in the Indian language〕범어(梵語; Sanscrit)로 쓴 불경(佛經).

범부【凡夫】〔梵 Bālapṛthagjana, 英 Every man, the worldly man, the sinner〕평범(平凡)한 사람. 불교에서는 지혜가 얕고 우둔한 중생을 범부라 한다. 대승·소승을 막론하고 견도(見道) 이전으로 올바른 이치를 깨닫지 못한 이는 모두 범부이다. 그 가운데서 사선근위(四善根位)를 내범(內凡)이라 하고, 삼현위(三賢位)를 외범(外凡)이라 하는데, 외범 이하는 저열한 범부라 한다.

범부선【凡夫禪】오종선(五種禪)의 하나. 당(唐)의 종밀(宗密, 780-841)이 선(禪)을 외도선(外道禪)·범부선(凡夫禪)·소승선(小乘禪)·대승선(大乘禪)·최상승선(最上乘禪)의 다섯 가지로 분류한 것 가운데 하나. 종밀(宗密)은 인과(因果)의 도리(道理)를 잘 믿으면서도 이 세상을 싫어하여 하늘〔天〕에 태어날 것을 바라는 것이 범부선(凡夫禪)이라고 한다.

범성동거토【凡聖同居土】〔英 This world, where saints and sinners dwell together〕사토(四土; 凡聖同居土·方便有餘土·實報無障碍土·常寂光土) 가운데 하나. 동거토(同居土)라고 약칭한다. 범부와 성인이 함께 섞여 사는 국토. 정토와 예토의 2종이 있다. 사바세계와 같은 것은 동거예토이고, 극락세계와 같은 것은 동거정토이다.

범성불이【凡聖不二】범성일여(凡聖一如)와 같음. 범부와 성인이 차별 있는 듯이 보이지만, 그 본성인 진여는 똑같다고 하는 것.

범승【梵僧】〔英 A monk from India. Also a monk who maintains his purity〕①인도(印度)의 승려. 서역에서 온 승려. ②깨끗하게 계행(戒行)을 지키는 승려.

범아일여【梵我一如】〔梵 Brahma-ātma-āikyam〕우주의 최고원리인 브라흐만과 개인의 중심인 아트만이 동일불이(同一不二)라는 것. 인도철학에서 브라흐만의 말기에 이르면 브라흐만과 아트만의 동일성이 자각되었으나, 우파니샤드에 와서는 보다 더 확실히 인식되어 우파니샤드철학의 중심을 이룬다. 『찬도기야 우파니샤드』 가운데 포함되어 있는 산딜리야(Sāṇḍilya)의 교의(教義) 중에도, "이는 곧 심장의 내부에 있는 나의 아트만이다. 이는 브라흐만이다."라는 말이 있고, 우파니샤드 말기에는, "이 아트만은 브라흐만이다〔ayam ātmā brahma〕.", "나는 브라흐만이다〔aham brahmā śmi〕.", "너는 그것이다〔tat tvam asi〕.", 또는 "브라흐만은 일체 우주로서 이 아트만이다.", "아트만을 아는 자는 동시에 브라흐만을 아는 자이다."라는 구절이 나타난다. 베단타파에서도 브라흐만과 아트만의 관계에 대한 교설이 중심과제로 나타나는데, 특히 상카라파는 이 최고범(最高梵)과 동일(同一)의 최고아(最高我)만을 진실재(眞實在)라 한다. 따라서 다른 것은 마야(māyā)라 하고, 모든 것을 이 유일한 진실재로 환원한다. 그들은 이 범아일여의 진지(眞知)에 도달하는 것을 해탈이라고 한다.

범어【梵語】〔英 Brahma language, Sanskrit, the Sanskrit alphabet〕 산스크리트어(語). 인도 고대의 언어. 완성된 언어라는 뜻으로, 속어(俗語)에 대해서 아어(雅語)라는 의미이다. 인도·유럽어족에 속하는데, 가장 오랜 행태를 유지하고 있다. 현대 유럽의 여러 언어와 동일 조어(祖語)에서 파생하였다. 불교가 퍼지면서 동아시아 여러 나라에도 전해졌다.

범일【梵日, 810-889】 신라 홍덕왕·문성왕·헌안왕·경문왕 때의 9산선문 가운데 사굴산파(闍崛山派)의 개조. 속성은 김(金)씨. 일명(一名) 품일(品日). 15세에 출가하여 수학하다가 홍덕왕 6년〔831〕에 당(唐)에 가서 염관제안(鹽官齊安, ?-842)의 법을 얻고, 문성왕 9년〔847〕에 돌아왔다. 귀국하여 굴산사〔강원도 강릉〕를 세우고 종풍(宗風)을 크게 펼쳤다. 이리하여 40여 년간 경문(景文)·헌강(憲康)·정강(定康) 등 왕조의 귀의를 받다가 진성왕 3년〔889〕에 입적했다. 통효국사(通曉國師) 범일의 언행(言行)에서는 특이한 것이 있는데, 진귀조사(眞歸祖師)에 대한 것이다. 석가불이 오도(悟道)한 뒤 다시 설산으로 들어가서 진귀조사(眞歸祖師)의 가르침을 받고 무상정각(無上正覺)을 얻었다는 것이다. 범일의 문하에는 낭원개청(朗圓開淸)·낭공행적(朗空行寂) 등 10성(聖)이 나와 문풍(門風)을 이어 사굴산파를 이루었는데 매우 번성하였다.

범종【梵鍾】 대종(大鍾)이라고도 한다. 종 가운데 가장 큰 종으로서, 사원에서 대중을 모으기 위해서나 때를 알리기 위하여 치는 종. 주로 법회나 설법, 조석 예불, 큰 행사 등이 있을 때 친다. 흔히 종루(鐘樓)에 달아 두며, 모양과 크기는 일정치 않다. 높이는 4척, 지름은 2척쯤으로 하는 것이 통례. 범종(梵鐘)이란 '청정한〔梵〕 사원의 종(鐘)', 즉 '범찰(梵刹)에서 쓰는 종'이라는 뜻이다. 혹은 청정한 불사에 사용하는 종이란 뜻. 범종은 중국에서 예부터 행하던 종과 인도의 건추(犍椎)에서 본받아 만든 것이다. 우리나라에서는 큰 종을 과거에는 '인경'이라고도 했는데, 이것은 인정(人定)이 변한 말이라고 한다. 인정(人定)이란 조선시대에 밤에 통행을 금하기 위하여 치던 일로, 저녁 10시 즉 이경(二更)에 쳤음. 범종을 치는 타종법에 대하여, 오늘날 우리나라 사찰에서는 아침 예불 때는 28번, 저녁 예불 때는 33번을 치는데, 그것은 삼계 28천과 33천에까지 그 소리가 울리기를 기원하는 의미라고 한다. 그러나 본래 중국 총림과 『선원청규』 등 청규서에는 조석 모두 108번을 치도록 되어 있고, 오늘날 중국, 일본 총림도 모두 108번을 친다. 아침에는 28번 치고 저녁에는 33번 치는 것은, 조선시대 서울, 경주 등 도시에서 통금을 알릴 때 각각 28번과 33번을 쳤는데, 그것을 답습한 것이라고 본다. 즉 새벽 5시에 통금해제를 알릴 때 치는 오경종은 33번 치고, 저녁 10시 통금이 시작됨을 알리는 종〔二更鐘이라고 함〕은 28번을 쳤다. 저녁에 28번을 쳤던 것은 하늘의 28수(二十八宿)에게 밤의 안녕을 기원한 것이고, 새벽에 33번을 친 것은 33천에게 그날의 무사함을 기원한 것이다.

범중천【梵衆天】〔梵 Brahma-pāriṣaday-deva〕 색계(色界) 초선천(初禪天)의 첫째 하늘로, 대범왕(大梵王)이 영솔(領率)하는 천인(天人)들이 이곳에 살기 때문에 범중천(梵衆天)이라고 한다.

범천【梵天】〔梵 Brahmadeva〕 인도사상에서 만유(萬有)의 근원인 브라흐만(Brahman; 梵)을 신격화한 것인데, 불교에 들어와서는 색계(色界)의 초선천(初禪天)으로 여겨졌다. 여기에는 범중천(梵衆天; Brahmakāyika)·범보천(梵輔天; Brahmapurohita)·대범천(大梵天; Mahābrahman)의 3천(天)이 있는데, 그것을 총칭하여 범천(梵天)이라 한다. 일반적으로는 대범천을 가리킨다. 대범천은 제석천(帝釋天)과 함께 부처님, 불교를 보호하는 호법신(護法神)으로 나타난다.

범천왕【梵天王】〔梵 Brahma〕 범왕(梵王)·대범천왕(大梵天王)이라고도 한다. 색계(色界) 초선천(初禪天)의 주(主)로서, 색계 대범천의 높은 누각에 거주하는데, 시기(尸棄)·세주(世主) 등과 같은 별명으로 부르기도 한다. 인도의 전설에 따르면 겁초(劫初)에 광음천에서 이 세계에 내려와서 대범천왕이 되어 만물을 만들었다 하는데, 비뉴천(毘紐天)의 배꼽에서 나온 천 잎 연꽃 가운데서 이 범왕을 낳고, 아들 여덟을 낳아 일체 만물의 근원이 되었다고도 한다. 불교에서는 제석(帝釋)과 함께 정법(正法)을 옹호하는 신(神)이라고 하는데, 부처님이 세상에 나올 때마다 반드시 제일 먼저 설법하기를 청한다고 한다. 항상 부처님을 오른편에서 모시는데, 손에는 흰 불자(拂子)를 들고 있다고 한다. 줄여서 범천이라고도 한다.

범패【梵唄】①음절이 굴곡승강(屈曲昇降)하여 곡조에 맞게 읊조리는 소리. 곧 성명(聲明)을 말함. ②4법요(法要)의 하나. 법회를 시작할 때에 처음으로 '여래묘색신(如來妙色身)'의 게송을 읊으면서 부처님의 높고 큰 덕을 찬탄하는 것. 이 범패에 의하여 시방세존의 상호(相好)가 구족하고, 모든 근(根)이 열예(悅豫)하므로 큰 공덕을 성취한다고 한다.

범행【梵行】〔梵 Brahmacara, 英 pure living〕①청정행(淸淨行). 더럽고 추한 음욕을 끊는 것을 말한다. ②오행(五行; 聖行·梵行·天行·嬰兒行·病行)의 하나. 공(空)·유(有)의 양쪽에 치우쳐 물들지 않고, 맑고 깨끗한 자비심으로 중생의 고통을 건지고 낙(樂)을 주는 보살행(菩薩行).

법【法】 1. 불교의 진리, 2. 부처님의 가르침, 3. 경전, 4. 규범〔계율〕, 5. 존재·사물, 6. 물질과 정신의 온갖 것, 7. 인식작용이나 의식의 대상 등 법(法)에는 여러 가지 뜻이 있다. 그 밖에 규율·헌법·법칙(法則) 등의 뜻도 포함되어 있다. 법성(法性) 항목을 참조할 것.

법거량【法擧量·法去量】 선문답(禪問答). 법(法)·선법(禪法)을 거량(擧量·去量; 재어 보다), 즉 스승이 제자를, 또는 도반들끼리 깨달음의 정도를 견주어 보는 문답. 선사와 선사, 또는 선사와 제자 사이에 주고받는다. 또 스승에게서 깨침을 점검받는 방법이기도 함. 선은 화두(話頭)나 공안을 참구해서 깨침을 얻는데, 수행자가 깨달음을 얻었는지 여부를 판단할 기준이 없으므로 법거량을 통하여 간파, 확인한다.

법계【法界】〔梵 dharmadhātu, 巴 dhamma-dhātu, 西 chos kyi khams, 英 realm of dharma〕 법(法)의 종류, 법의 영역, 정신의 세계, 마음의 세계, 심의식의 세계. 본래 18계(界)의 하나로서, 『대비바사론』 71권에서는, 과거·현재·미래에 걸쳐서 의식의 대상이 되는 것을 가리킨다. 일체법을 통틀어 법계라고 함. 대승에서는 계(界; dhātu)를 본성(本性) 또는 요인(要因)으로 해석하여 법계와 진여(眞如)를 동의(同義)로 봄. 예컨대, 『대반야경』「법계품」에서는 불허망성(不虛妄性)이고, 불변이성(不變異性)이며, 제법(諸法)의 진여(眞如)라고 한다. 또한 『대보적경』 피갑장엄회(被甲莊嚴會)에서는, "제법원리(諸法遠離)의 상(相)을 이름하여 법계라 한다."라고도 하였다. 『섭대승론』 하권(下卷) 등에 법계에 변행(遍行)·최승(最勝)·승류(勝流)·무섭(無攝)·상속불이(相續不異)·무염정(無染淨)·종종무별(種種無別)·부증감(不增減)·지자재의지(智自在依止)·업자재의지(業自在依止)의 십의(十義)를 헤아리는 것은 이 상주불변(常住不變)·일미평등(一味平等)한 진여(眞

如)의 세계로서 법계의 특징을 자세히 말한 것으로 볼 수 있다. 이러한 법계의 사상은 아시아 한역(漢譯) 불교권에 있어서 한층 더 활발하게 전개되었는데, 천태교학의 십법계론·일념삼천론, 화엄교학의 5법계론·4법계론·법계연기론, 밀교교학의 육대무애연기론(六大無碍緣起論)·오지오불론(五智五佛論) 등이 그것이다.

법계관【法界觀】『화엄경』에서 말하는 법계(法界)로 증입(證入; 깨닫는)하는 관법(觀法). 곧 진공관(眞空觀)·이사무애관(理事無碍觀)·주변함용관(周遍含容觀)을 말한다. 법계삼관 항목 참조.

법계궁【法界宮】〔西 chos kyi dbyiṅs kyi pho bran〕 광대금강법계궁(廣大金剛法界宮)의 약칭. 태장대일여래(胎藏大日如來)의 궁전. 의처(依處)는 마혜수라천(摩醯首羅天)인데, 고불(古佛)이 보리(菩提)를 성취한 곳이므로 광대금강법계궁(廣大金剛法界宮)이라고도 한다. 금강유(金剛喩)의 실상지(實相智)가 법계의 지성(智性)이 되며, 곧 이(理)와 지(智)가 묘합(妙合)하는 곳이다.

법계도【法界圖】비로사나불의 대선정(大禪定; 海印三昧의 觀法)의 도시(圖示). 특히 의상(義湘, 625-702)의 『화엄일승법계도(華嚴一乘法界圖)』를 가리킨다. 화엄일승법계도 항목을 참조할 것.

법계도기총수록【法界圖記叢隨錄】2권. 정확하게는 『화엄일승법계도기총수록(華嚴一乘法界圖記叢隨錄)』이라고 한다. 저자가 누구인지는 알 수 없는데, 10세기 후반 이후의 편찬으로 본다. 의상의 제자들이 『화엄일승법계도』를 해석한 책들 가운데 중요한 부분을 가려서 엮은 책으로, 여기서 인용된 문헌은 『대기(大記)』·『법융대덕기(法融大德記)』·『진수대덕기(眞秀大德記)』 등 50여 종이다. 의상과 그의 10대 제자들의 학설이 소개되어 있어, 의상 이후 융성하게 발전했던 신라 화엄학의 연구에 매우 귀중한 문헌이다. 화엄일승법계도기총수록 항목을 참조할 것.

법계삼관【法界三觀】화엄에서 법계의 진리를 증득하기 위해 닦는 3종(種)의 관법(觀法)을 말한다. ①진공관(眞空觀). 정신적·물질적인 모든 법(法)은 실성(實性; 실체)이 없으므로 유(有)와 공(空)의 두 가지 집착을 떠난 진공(眞空)인 것으로 보는 것. ②이사무애관(理事無碍觀). 평등한 이법(理法; 이치)과 차별 있는 사법(事法; 현상)은 분명하게 존재하면서도 서로 융합하는 것이라고 보는 것. ③주변함용관(周遍含容觀). 우주간의 온갖 물건이 서로서로 일체를 함용하고 있는 것으로 보는 것 등을 이른다.

법계신【法界身】〔英 The Dharmakāya (manifesting itself in all beings)〕 ①불(佛)의 삼신(三身) 가운데 법신(法身)을 말한다. 불(佛)의

법신(法身)이 법계중생(法界衆生)에 두루하여 감응(感應)하는 불신(佛身)이므로 법계신(法界身)이라고 한다. ②법계(法界)는 중생(衆生)의 심법(心法), 즉 마음의 세계이다. 이 마음이 능히 제법(諸法)을 생(生)하므로 법계라 하며, 또 이 법계심(法界心)이 만법(萬法)의 불신(佛身)을 생(生)하므로 불신(佛身)을 가리켜 법계신(法界身)이라 한다.

법계연기 【法界緣起】〔英 The Dharmadhātu as the environmental cause of all phenomena, everything being dependent on everything else, therefore one is in all and all in one〕 화엄종의 중요 명제이면서 기본 교의(敎義). 법계무진연기(法界無盡緣起)·무진연기(無盡緣起)·성기연기(性起緣起)라고도 한다. '법(法)'이란 내적(內的)으로는 마음, 곧 심의식의 세계를 뜻하고, 외적(外的)으로는 모든 존재와 사물을 가리킨다. 그리고 '계(界)'란 영역이며 성(性)이다. '법계(法界)'란 곧 법성(法性)을 의미한다. 이 명제의 의미는 일체 만물은 모두 법계(法界)에서 생기(生起)한다는 것이다. 화엄종의 제2조인 지엄(智儼, 602-668)이 최초로 법계연기설을 제창하면서 이르기를, 『화엄경』은 법계연기에 대한 설명이라고 하였다. 화엄종의 제3조인 법장(法藏, 643-712)은 지엄(智儼)의 법계연기사상을 계승 발전시켜 연기(緣起)의 인분(因分)과 성해(性海)의 과분(果分)으로써 세간(世間)과 출세간(出世間)의 실상(實相)을 분석하였다. 연기인분(緣起因分)은 무진원융(無盡圓融)한 상태로서 우주만물로 간주되며 서로 상통하여 인과(因果)를 이루므로, 일물(一物)의 인(因)으로 만물(萬物)의 과(果)가 이루어지고, 만물의 인(因)으로 일물의 과(果)가 맺히니, 일(一)이 곧 일체(一切)이고 일체(一切)가 곧 일(一)로서 서로의 상입(相入)이 수없이 거듭함에 다함이 없다고 하였다. 성해과분(性海果分)은 말로써 설명할 수 없는 제불(諸佛)들의 경계(境界)이다. 이 때문에 무진연기(無盡緣起)라는 말이 있게 되었다. 법계연기란 세간과 출세간의 일체 현상을 모두 선천적 법성(法性)에서 생기(生起)한 것으로 보고 있다. 법성(法性)이란 '일심(一心)'이다. 일심(一心)의 본성과 본질은 또한 선심(善心)·여래장(如來藏)·여래장 자성청정심(如來藏自性淸淨心)이다. 세간과 출세간의 일체 현상은 모두 청정심(淸淨心)에서 연(緣)하여 생기(生起)한 것이다. 일심(一心)을 떠나서 다른 물(物)은 없기 때문에 성기연기(性起緣起)라는 말이 있게 되었다. 제불(諸佛)의 경계(境界) 역시 '법성(法性)'에서 나온 것이며 '일심(一心)'에서 나온 것으로, 법성과 일심은 서로 어울리고 순응한다. 법성은 모두 세간과 출세간의 일체 제법(諸法)이 되며, 제불(諸佛)과 중생(衆生)이 교철(交徹)하고, 정토(淨土)와 예토(穢土)가 서로 융통하고, 세속(世俗)과 불국(佛國)이 서로 원융무애하게 하는 바탕이 된다. 법계연기설은 사중(四重)의 법계(法界), 즉 '사(事; 현상)'·'이(理; 본체)'·'이사무애(理事無碍; 통일)'·'사사무애(事事無碍)'로 설명된다. 화엄종의 제4조인 징관(澄觀, 738-839)은 특히 '이(理)'·'사(事)'에 의거하여 일체를 포함하는 법계(法界)가 드러난다는 사상을 중시하였다. 그는 법계란 총상(總相)으로서 사(事)와 이(理)를 포괄함에 아무런 장애를 갖지 않는 것이며, 연기(緣起)란 체(體)의 대용(大用)이라고 하였다. 사법계(事法界)란 세속의 사물 등을 차별로써 인식하는 것으로 불지(佛智)의 범위에 속하지 않는 것이다. 이법계(理法界)란 사물의 보편성을 인식하는 것이지만, 아직도 완전한 불지(佛智)는 못 된다. 이사무애법계(理事無碍法界)란 이(理)와 사(事)를 연계시켜 보는 것인데, 이(理)와 사(事) 서로를 꿰뚫어 무애(無碍)하지만 아직도 불지(佛智)의 최고 단계는 아니다. 사사무애법계(事事無碍法界)란 이(理)가 사(事)에 융화되어 사사간(事事間)에 받아들여져 융합함에 무애(無碍)하며 서로가 서로를 포함함이 무궁하며 무진하다. 이 단계를 깨닫는 것은 불지(佛智)인 최고 단계이다. 사사무애설(事事無碍說)은 화엄종의 독특한 설법이며, 법계연기론의 중심이 되는 이론이다. 법계연기설은 사물의 보편연계, 인과관계, 본질 및 현상관계와 연결되며 중국 고대 철학적 사유의 전향적 흔적을 반영하고 있다. 그 논지의 본질은 주관적 허구와 유심적 사상이며, 연기(緣起)의 최후 귀결점인 불경(佛境)을 철저히 신비주의화하고 있음을 알 수 있다.

법계장【法界藏】〔英 The treasury or storehouse or source of all phenomena, or truth〕 법계가 곧 진리이고, 진리장(眞理藏)이 곧 여래장(如來藏)이다. ①여래장(如來藏)의 오명(五名) 가운데 하나. 일체의 사상(事象)이 곧 여래의 자성(自性)임을 말한다. 여래장과 같음. ②법계(法界)에는 제불(諸佛)이 편재(遍在)한다는 것.

법고【法鼓】 선종 사원에서 법당의 동북쪽에 달아 놓은 큰 북. 주지의 상당(上堂)·소참(小參)·보설(普說)·입실(入室) 등의 법요의식이 있을 때 친다. 근래 우리나라에서는 아침저녁 예불 때와 법식(法式)을 거행할 때 이 북을 친다. 한편으로는 사찰에서 쓰는 북을 모두 법고라고 부르기도 한다. 여러 가지 행사나 의례에서 사용된다. 단순히 하루의 일과시간을 알리기 위한 도구로도 사용되지만, 바깥채비처럼 특정한 의례에서 중요한 악기로 사용되기도 한다. 특히 법고의 테두리와 가죽을 채로 두드리면서

추는 법고춤이 있다. 또한 법고는 부처의 말씀을 상징하기도 한다. 즉 불법(佛法)이 온 세계에 전해지는 것, 널리 세간에 전해지는 것을 북소리가 널리 퍼지는 데 비유한 것이다. 불법을 전하는 것을 '법고를 울린다.'고 표현하는 이유가 여기에 있다. 법고를 울림으로써 중생의 모든 번뇌를 없앤다는 의미가 깃들어 있다. 불교에서 사용되는 악기 중에서 범종(梵鐘)이 지옥에 있는 중생을 제도하기 위한 도구이고, 운판(雲版)이 날아다니는 생물들을 위한 것이며, 목어(木魚)가 물속에 사는 중생들을 위한 것이라면, 법고는 축생(畜生)을 제도하기 위한 것이다.

법공【法空】〔梵 dharma-śūnyatā, 英 The emptiness or unreality of things, everything being dependent on something else and having no individual existence apart from other things〕색심(色心; 물질적·정신적)의 모든 법(法)인 만유는 모두 인연이 모여서 생기는 가짜 존재로서 실체(實體)가 없는 것이므로, 모든 존재의 본체는 공무(空無)한 것을 말한다.

법공양【法供養】〔梵 Dharma pūjā, 英 Serving the Dharma, i.e. believing, explaining, keeping, obeying it, cultivating the spritual nature, protecting and assisting Buddhism〕2종 공양의 하나. ①보살행을 닦아서 불법을 수호하고 중생을 이롭게 하는 것. 이것은 교법으로써 여래에게 공양하는 것이므로 법공양(法供養)이라고 한다. ②부처님 말씀이 담긴 경전을 보시하는 것.

법구경【法句經】시구 형식으로 이루어진 경전으로서 초기불전에 속한다. 담마파다라고 한다. 담마파다 항목을 참조할 것.

법구비유경【法句譬喩經】중국 서진(西晉) 때 스님인 법거(法炬)가 번역함. 4권 39품으로 되어 있다. 『대의출요경(大意出曜經)』과 같은데, 차례는 다르다.

법기보살【法起菩薩】보살의 하나. 금강산의 주존(主尊)으로, 『화엄경(華嚴經)』의 일만이천불보살 중에서 가장 주(主)가 되는 보살. 그 모든 권속과 함께 이 산 가운데서 설법하고 있다고 한다. 『화엄경』「보살주처품(菩薩住處品)」에 나온다.

법난【法難】역사상 불교 교단이 받은 박해. 중국에서는 특히 '삼무일종(三武一宗)의 법난(法難)'이라 하여, 북위(北魏)의 무제(武帝), 북주(北周)의 무제(武帝), 당(唐)의 무종(武宗)과 후주(後周)의 세종(世宗) 때의 법난을 대표로 한다. 우리나라에서는 조선시대 태종 때와 연산군 때의 법난이 대표적인 것으로 손꼽힌다.

법념처【法念處】〔梵 dharma-smṛty-upasthāna, 西 chos dran pa ñe bar bshag pa, 英 The position of

ㅂ

insight into the truth that nothing has reality in itself] 사념처(四念處; 身念處·受念處·心念處·法念處) 가운데 하나. 제법(諸法)은 무아(無我)라고 관하는 수행.

법담【法談】〔英 a Buddhist sermon 〔homily〕〕 ①법의(法義)에 대한 담화(談話). 즉 설법(說法), 찬탄(讚嘆), 담의(談議) 등을 말함. ②선사(禪師)들이 서로 법을 묻고 대답함.

법당【法堂】〔英 The chief temples, so called by the ch'an(Zen) sect; amongst others it is 講堂 preaching hall〕 설법당(說法堂)의 준말로서 강당과 같음. 법을 설하는 집. 선원 총림에서 설법·상당법어 등을 설하고 종지(宗旨)를 설하는 등 온갖 법식을 행하는 곳. 다른 종파에서 말하는 강당에 해당한다. 칠당가람(七堂伽藍)의 제도에 의하면, 불상을 모신 불전(佛殿) 뒤에 있다. 불전이 있는 절에서는 이 법당에 불상을 봉안하지 않지만, 불전이 따로 없는 곳은 이 법당에 본존불을 봉안하고 본당(本堂)이라 한다. 우리나라에서는 흔히 대웅전과 법당을 구분하지 않고 같이 부르는데, 불상을 모신 곳은 불전(佛殿) 혹은 대웅전이고 법당은 강당을 뜻하므로 구분해야 한다. 중국은 구분하고 있다.

법당【法幢】〔英 The standard of buddha-truth as an emblem of power over the hosts of Māra〕 ①불법(佛法). 당(幢)은 깃발창. 불법을 기(旗)에 비유한 것. 불법의 기치. ②선종(禪宗)에서 설법이 있을 때 포고(布告)하는 기치(旗幟)를 말함. 대법의 소재를 표명하는 표시임. ③작은 깃발을 상부에 꽂은 창의 머리에 용머리 장식을 붙이고, 비단을 늘어지도록 한 것.

법등【法燈】〔英 The lamp of dharma, which dispels the darkness of ignorance〕 부처님이 말씀하신 교법. 미(迷)한 세계의 캄캄한 마음을 밝게 해주기 때문에 등불에 비유한 것이다.

법락【法樂】〔英 religious joy, in contrast with the joy of common desire〕 ①불법의 묘하고 깊은 맛에 맛 들여 즐김. 또한 선수행을 닦고 덕을 쌓아서 마음이 즐거운 것. ②법회를 마칠 때, 아름다운 음악을 하거나 시(詩)·노래를 지어서 부처님께 공양하는 것.

법랍【法臘】 승려가 계를 받은 이후 연수(年數)를 세는 말로서, 승랍(僧臘)·계랍(戒臘)·하랍(夏臘)·법세(法歲)라고도 함. 구족계를 받은 이후부터 햇수를 기준으로 산출함. 선원에서는 이 햇수에 의해서 앉는 자리 등 차서(次序)를 정한다.

법랑【法朗】 (1) 신라에 선법(禪法)을 가장 먼저 전한 스님. 선덕여왕(632-647 在位) 때 사람으로 추정되는데,

언제 입당(入唐)하고 언제 귀국했는지는 알 수 없다. 다만 중국 선종의 제4조인 도신(道信, 580-651)에게서 법을 배우고 돌아와 신행(神行)에게 법을 전했다고 한다.

(2) [507-581] 중국 삼론종을 세운 스님. 중국 서주 패(沛) 땅 사람. 속성은 주(周). 21세에 청송(青松)에게 출가하고 양도에 가서 공부하여 대명사의 단(彖)율사에게서 율을 전수받았고, 남간사의 선사(仙師)에게서 『성실(成實)』을 배웠으며, 뒤에 죽간사의 정공(靖公)에게 『비담(毘曇)』을 배워 그 이름이 사방에 떨쳤다. 그 뒤 섭산 서하사에 가서 승전(僧詮)에게 『지도론(智度論)』·『삼론(三論)』·『화엄경(華嚴經)』 등을 배웠다. 진(陳)의 영정 2년[558]부터 25년간 칙명에 의하여 흥황사에 머물면서 『화엄경』·『대품반야경』·『중론』·『백론』·『십이문론』·『지도론』 등을 강설했는데, 청법대중이 천여 명이었다. 문하에 25철(哲)이 있었다고 하는데, 그 중에서 길장·나운·법안·혜철·법징·도장·혜각·진관 등이 유명하다.

법려【法礪, 569-635】중국 당나라 고종·태종 때 사분율종(四分律宗)의 일파인 상부종(相部宗)의 개조(開祖). 중국 조주 사람. 속성은 이(李)씨. 영유(靈裕)에게 출가하여 정홍에게서 『사분율』을 배워 날로 그 공업(功業)이 크게 떨쳤다. 항주의 연공(淵公)을 따라 5년 동안 불법의 대의(大義)를 듣고 강남(江南)에 있으면서 『십송율(十誦律)』을 배우고 업(鄴)에 돌아와 교화를 펼쳤다. 전후 40여 번이나 율을 강설하고, 정관 9년 10월에 상주(相州; 하남성) 일광사(日光寺)에서 입적했다. 저서로는 『사분율소(四分律疏)』·『갈마소(羯磨疏)』·『사참의경중서(捨懺儀輕重敍)』 등이 있고, 제자로는 만의(滿意)와 회소(懷素) 등이 있다.

법력【法力】[英 The power of Buddha-truth to do away with calamity and subdue evil] ①설일체유부(說一切有部)에서는 체득한 법(法; 다르마)의 힘을 말함. ②가르침의 힘. 불법의 공덕. 불·보살의 위신력(威信力)을 중생에게 떨쳐 이익을 주는 것. 불법(佛法) 수행의 결과 얻게 되는 힘. 즉 중생교화의 제도력.

법륜【法輪】[梵 Dharmacakra, 英 the wheel of the Law] 교법(教法), 불타(佛陀)의 가르침을 말함. 불타의 교법이 중생의 번뇌망상을 없애는 것이, 마치 전륜성왕의 윤보(輪寶)가 산과 바위를 부수는 것과 같으므로 법륜(法輪)이라 한다. 또 교법은 한 사람 한곳에 머물러 있지 않고 수레바퀴처럼 끊임없이 계속 굴러서 여러 사람에게 전해지기 때문에 법륜이라 한다.

법맥【法脈】선종(禪宗)에서 전해 내려오는 법통(法通)의 계보. 선종에서는 스승의 깨달음을 제자에게 전수하

ㅂ

는 인맥(人脈)이 이어져 내려오는데, 이것을 법맥이라 한다. 최초의 법맥은 과거칠불(過去七佛)로서 석가모니가 활동하기 이전에 이미 이어져 내려왔다고 한다. 이 설에 따르면 비바시불(毘婆尸佛)·시기불(尸棄佛)·비사부불(毘舍浮佛)·구류손불(拘留孫佛)·구나함모니불(俱那含牟尼佛)·가섭불(迦葉佛)로 법맥이 이어져 내려오다가 석가모니로 이어졌다는 것이다. 이러한 법맥은 석가모니→가섭→달마(達磨)에 의하여 중국에 전해졌다. 우리나라에서 선종의 법맥은 범일(梵日)이 처음으로 중국에서 들여온 이래 지금까지 이어지고 있다. 특히 신라시대에 중국 육조혜능의 법맥을 이어받아 20여 개의 선문(禪門)이 개창되었는데, 대표적인 산문을 들어서 구산선문(九山禪門)이라고 한다.

법멸【法滅】〔英 The extinction of the Law, or Buddhism, after the third of the three stage 正像末〕 오랜 세월이 흘러 불법(佛法)이 멸진(滅盡)하는 일. 정법시대 500년, 상법시대 1천 년, 말법시대 1천 년을 지나면 불법이 소멸한다고 하는 것. 정법시대·상법시대·말법시대를 삼시(三時)라고 하는데, 이 삼시가 지나면 불법이 모두 소멸해 없어진다고 한다. 그런데 삼시의 기간에 대해서는 여러 가지 설이 있다.

법명【法明】〔梵 Dharmaprabhāsa, 英 brightness of the law, a Buddha who will appear in our universe in the Ratnāvabhāsa-kalpa in the a realm called su-viśuddha 善淨, when there win be no sexual difference place by transformation〕 제법(諸法)의 사상(事相)을 조명(照明)하여 그 이치를 분별(分別)하는 것.

법무거래종【法無去來宗】 중국 화엄종의 제3조인 현수(賢首, 643-712)가 세운 10종(宗) 가운데 하나. 일체 제법(諸法) 가운데서 현재법(現在法)과 무위법(無爲法)은 존재하지만, 아(我)와 과거, 미래의 법은 공무(空無)하다고 말하는 대중부(大衆部) 등의 교(敎)를 말한다.

법무아【法無我】〔梵 dharma-nairātmya, 英 Things are without independent individuality〕 모든 존재는 모두 인연에 따라 생긴 것이므로 참다운 실체가 없음을 말하는 것.

법무자성【法無自性】〔梵 dharma-niḥsvabhāvatva-upadesa〕 모든 존재〔法〕 모든 모습〔사물; 법〕은 고정된 실체〔自性〕가 없다고 하는 가르침.

법박【法縛】〔梵 dharma-grāha〕 법(法), 즉 교리의 이론에 집착하고, 거기에 속박되어, 교법(敎法)을 듣고도 진실한 뜻을 깨닫지 못하거나, 실행하는 데 도리어 구속되는 것. 법(法)을 자유자재로 활용하지 못하고, 법이론 때문에 도리어 얽매여 자승자박하는 것.

법보【法寶】⑴〔巴 dhamma-ratana, 英 Dharma-treasure, the Law or Buddha-truth〕불(佛)·법(法)·승(僧) 삼보(三寶)의 하나. 부처님의 교법〔가르침〕은 세간의 보배처럼 소중하다는 뜻에서 법보(法寶)라 한다. 또는 깊은 불교의 진리를 말한다.
⑵ 중국 열반종의 스님. 현장(玄奘, 602-664)에게 공부하여 『구사론소(俱舍論疏)』 30권을 지음. 703년〔장안 3〕에 복선사·서명사에서 의정(義淨, 635-713) 등과 함께 증의(證義)가 됨. 저서로는 『구사론소』·『일승구경설불론』 3권이 있음. 『구사론소』는 보광(普光)의 소(疏)와 함께 광(光)·보(寶) 2기(記)라 하여 지금까지 전한다.

법보시【法布施】〔英 The almsgiving of the Buddha-truth. i.e. its preaching or explanation〕①보시(布施) 중의 하나. 불타의 가르침을 다른 사람에게 가르쳐 주어 제도받게 인도해 주는 것. 대중들에게 경전이나 불서(佛書)를 보시하는 것. 법시(法施)·법공양(法供養)이라고도 한다.

법복【法服】〔梵 kāṣāya, vastra〕스님들이 입는 옷. 법의(法衣)·삼의(三衣)의 총칭. 삼의(三衣)에 법제(法制)가 있으니, 법제(法制)대로 지은 것을 법복이라 한다.

법사【法社】재가·출가 합동의 신앙 단체. 혜원(慧遠, 334-416)의 백련사로부터 비롯되었는데, 당(唐) 말기에서 송대(宋代)에 걸쳐 번성하였다. 사인(私人)의 재물보시로 하여 재(齋)의 비용을 충당하였다.

법사【法師】〔梵 dharma-bhāṇaka, 英 A Buddhist teacher, master of the Law〕불법(佛法)에 정통(精通)하고 청정한 행(行)을 닦아서 세간(世間)의 모범이 되어 중생을 교화하는 스님. 후세에는 불법(佛法)을 강설(講說)하는 이를 일반적으로 법사라고 하게 되었다.

법사【法嗣】우리나라에서는 흔히 법맥을 전해 준 스승이나 법맥을 계승한 제자를 말한다. 전법사의 준말로 쓰인다.

법사【法事】〔英 Religious affairs, e.g. assemblies and services; discipline and ritual〕①불법(佛法)을 널리 선전하는 일이나, 불법을 수행하는 일. ②불사(佛事)라고도 한다. 죽은 이의 명복을 빌거나, 죄를 소멸하기 위하여 독경·공양 등을 베푸는 일.

법상유식【法相唯識】법상(法相)이란 심법(心法)의 내용, 법(法)의 내용 또는 모양. 즉 심식의 모습. 유식(唯識)이란 모든 것은 오직 심식의 작용이라는 뜻. 법상과 유식은 같은 뜻으로 쓰임.

법상자【法上資】법상좌(法上佐). 법제자(法弟子)·수법제자(受法弟子)라고도 한다. 법맥을 전해 주어 상속한 제자. 법제자 항목을 참조할 것.

ㅂ

법상종【法相宗】〔英 Fa-hsiang or Dharmalakṣaṇa sect〕 중국 13종(宗)의 하나. 남도(南都) 6종의 하나. 유식종(唯識宗)·자은종(慈恩宗)·은리원실종(恩理圓實宗)·보위승교종(普爲乘教宗)이라는 별칭도 있다. 중국 당나라 때 현장(玄奘, 602-664)과 규기(窺基, 632-682)가 세웠다. 제법(諸法)의 성상(性相; 본성과 모양)을 분별하고 체계화하는 것을 목적으로 하는 대승의 학파(學派)이다. 『해심밀경(解深密經)』·『유가사지론(瑜伽師地論)』·『성유식론(成唯識論)』 등 6경(經) 11론(論)을 근본 경전으로 한다. 『해심밀경』 「일체법상품(一切法相品)」에 의하여 만법(萬法)의 성상(性相)을 판단하기 때문에 법상종(法相宗)이라 한다. 소승의 6식(六識) 위에 말나식(末那識)·아뢰야식(阿賴耶識)의 2식(識)을 세워서 8식(識)으로 하고, 제법(諸法)은 모두 아뢰야식의 반영(反映)이므로 아뢰야식이 없으면 제법(諸法)도 없다고 한다. 교의(教義)를 보면, 교판(教判)에 삼시(三時)와 오성각별(五性各別)이 있고, 교지(教旨)에 삼성삼무성(三性三無性)·오위백법(五位百法)·오중유식관(五重唯識觀) 등이 있다. 중국에서는 규기(窺基, 632-682)·혜소(彗沼, 650-714)·지주(智周) 등이 유명하고, 한국에서는 신라 때 진표율사(眞表律師, 718-752)가 전하여 5교 중의 하나가 되었다. 일본에서는 도소(道昭)가 653년에 입당(入唐)하여 현장(玄奘, 602-664)에게 법상을 배우고 돌아와 법륭사의 도하(道賀), 약사사의 행기(行基, 668-749)에게 전했다.

법상학파【法相學派】 동아시아에서 대승불교의 유식사상을 연구하는 학파. 법상종(法相宗)이라고도 한다. 연구는 대승의 아비달마의 성격을 가진 것으로, 이 측면에서 법상종의 상(相; 성질)을 연구하는 학파라고 불린다. 법상종은 현장(玄奘, 602-664)에 의해서 인도유식사상이 중국으로 이전(移轉)한 것에서 시작한다. 현장은 『해심밀경(解深密經)』·『유가사지론(瑜伽師地論)』·『섭대승론(攝大乘論)』 등 많은 유식문헌을 번역하고, 세친(世親, 약 320-400년경)의 『유식삼십송(唯識三十頌)』의 상세한 주석서인 『성유식론(成唯識論)』도 번역하였다. 이것이 법상종의 근본성전이다. 하지만 중국 법상종의 종조(宗祖)는 현장이 아니라 그의 제자인 자은대사(慈恩大師) 규기(規基, 632-682)이다. 규기는 현장의 번역사업을 돕는 한편, 『성유식론술기(成唯識論述記)』·『성유식론추요(成唯識論樞要)』 등을 저술하고, 중국 법상교학의 기반을 구축하였다. 규기 이후는 혜소(慧沼, 650-714)·지주(智周)가 계승했다. 혜소(慧沼)는 『성유식론요의등(成唯識論了義燈)』을, 지주(智周)는 『성유식론연비(成唯識論演秘)』를 저술하였다. 이 두 권의 책과 앞의 『추요(樞要)』를 합해서 '유식(唯識)의 3대소(三大疏)'라고 하는데, 이것들이 법상교학의 기준을 이루게 되었다. 불교의 기본학으로서 모든 종파에 의해서 연구되었다.

법석 【法席】 법회(法會)에서 스님들이 불경(佛經)을 읽는 자리.

법성 【法性】 〔梵 dharmatā, 英 Dharma-nature〕 'dharmatā'는 인도의 일반적인 어의(語義)는 '일상(日常)의 규정', '세상의 관습'이라는 정도의 의미인데, 불교에서는 제법(諸法; 모든 존재와 사물)의 진실한 본성, 변함이 없는 법(法)의 성질, 정신적·물질적인 제법(諸法)의 체성(體性), 본성, 만유의 본체를 말하고 진리를 나타내는 말의 하나이다. 실상(實相)·묘유(妙有)·진선(眞善)·묘색(妙色)·실제(實際)·필경공(畢竟空)·여여(如如)·열반·허공(虛空)·불성(佛性)·여래장·중실리심(中實理心)·비유비무중도(非有非無中道)·제일의제(第一義諦)·미묘세계(微妙世界)·진여(眞如) 등과 같은 이명(異名)이 있다. 『잡아함경』 30권에서는, 여래(如來)의 출세(出世)와 출세하지 않음에 관계없이 법성(法性)은 존재한다고 한다. 여래가 스스로 법성을 깨달아서 등정각(等正覺)을 이루게 되었다는 것은 초기불교 이래로 일관되게 이야기되었지만, 대승불교 특히 용수(龍樹, 150-250경)에 이르러서는 반야공관(般若空觀)에 따라서 이 사상이 비약적으로 발전했다. 『대지도론』 32권에는 차별상(差別相)과 실상(實相)이 있어, 차별상〔各各相〕은 고정적인 성(性)을 갖고 있지 않기 때문에 불가득(不可得)이고 공(空)이다. 이 공을 법성이라고 한다. 법성이란 제법(諸法; 모든 존재)의 실상(實相; 진실상)이고, 마음속의 무명(無明)과 여러 번뇌를 제거한 청정한 실관(實觀)에 의하여 제법(諸法)의 참된 본성을 얻는 것이므로, 법성은 단순히 이론상의 말이 아니라 실천이 뒷받침된 용어라고 할 수 있다. 특히 구마라집(鳩摩羅什, 344-413)이 이 의미를 가진 'dharmatā'·'bhūta-tathatā'의 원어(原語)를 실상(實相)으로 하여 공(空)의 뜻을 포함시켜 대승불교의 기치로 표방했기 때문에 의미하는 것은 다양하다. 몇 가지 예를 들면, 1. 법(法)인 것. 법이 법으로서 성립하는 까닭〔『소품반야』〕, 2. 연기의 이법(理法)이 정해져 있는 것, 3. 법의 자성〔『중론』·『대일경』〕, 4. 존재의 진실불변한 본성. 존재를 존재이게 하는 것〔『화엄경(華嚴經)』〕, 5. 사물의 본성, 진리의 본질, 사물의 진실한 본성. 진여(眞如)와 같다〔『유마경』·『대지도론』〕, 6. 존재의 보편적인 상태〔『변중변론』〕, 7. 완전한 본래적인 성질. 법계(法界)와 같다〔『보성론』〕, 8. 공(空)인 본성. 공(空)과 같다〔『조론』〕, 9. 법 그것, 진실 그것〔『임제록』〕, 10. 모든 현상을 관통하고 있는 절대적인 진리〔『都序』〕, 11. 모든

ㅂ

존재의 현상적 차별의 상(相)을 초월한 진실불변하고 절대평등한 본성〔『비밀안심』·『교행신증』〕 등이다.

법성게【法性偈】신라의 고승 의상(義湘, 625-702)이 당(唐)의 지엄(智儼, 602-668)에게서 『화엄경』을 수학한 다음, 그 뜻을 간추려서 게송으로 지은 시(詩). 7언(言) 30구(句) 210자(字)로 되어 있다. 그 내용은 『화엄경』에서 말하는 진리〔法〕, 즉 법성을 압축 요약하여 표현한 것이다. 곧 자기 자신의 수행을 어떻게 완성하고 남의 수행을 어떻게 인도하느냐 하는 것과 수행의 방편과 수행의 공덕 등에 대해 명쾌하게 밝힌 것으로 평가받는다. 의상조사법성게 항목 참조.

법성신【法性身】법신(法身)과 같음. 법신 항목 참조.

법성종【法性宗】〔英 The sects, e.g. 華嚴, 天台, 眞言 Hua-yen, Tien-t'ai, Shingon, which hold that all things proceed from the bhūtatathatā, i.e. the Dharmakāya, and that all phenomena are of the same essence as the noumenon〕 ①성종(性宗)이라고도 한다. 제법(諸法)의 내용을 분석하여 체계화하는 법상종에 대하여, 제법(諸法)의 본성(本性)을 설하는 삼론(三論)·화엄종(華嚴宗) 등을 말한다. ②중국 송(宋)나라 때 영명사(永明寺)의 연수(延壽, 904-975)가 설한 삼종(三宗) 가운데 하나. 중국 화엄종의 법장(法藏, 643-712)이 세운 5교인 소승교·대승시교(大乘始敎)·돈교(頓敎)·원교(圓敎) 가운데 종교(終敎)·원교(圓敎)를 의교(依敎)로 하고, 진여법성(眞如法性)이 연(緣)에 따라서 제법(諸法)을 일으킨다고 하는 종지(宗旨)를 세우는 화엄·천태·진언(眞言) 등의 대승종(大乘宗)을 말한다. ③신라 5종의 하나로 문무왕 때 원효(617-686)가 분황사에서 개창한 종파로, 분황종(芬皇宗)·해동종(海東宗)·원효종(元曉宗)이라고도 한다.

법시【法施】〔梵 dharma-dāna, 英 The almsgiving of the Buddha-truth, i.e. its preaching or explanation〕 보시(布施) 중의 하나. 법보시의 준말로서, 다른 사람에게 부처님의 가르침을 가르쳐 주어 제도받게 인도해 주는 것. 법보시 항목 참조.

법신【法身】〔梵 dharmakāya, 英 Dharmakāya it approaches the western idea of 'spiritual'〕 진리의 본체. 또는 진리를 본체로 하는 부처〔佛〕. 불변(不變)의 진리, 진리 그 자체를 가리킴. 상주보편(常住普遍)의 법성(法性)을 말한다. 삼신(三身; 法身·報身·應身)의 하나로 법불(法佛), 법신불(法身佛), 자성신(自性身), 법성신(法性身)이라고도 한다. 또는 자성신(自性身)·수용신(受容身)·변화신(變化身)의 하나이다. 곧 법신여래(法身如來). 법신불 항목 참조.

법신불【法身佛】〔英 The Dharmakāya Buddha〕 진리 그 자체로서의 불(佛). 진리불(眞理佛). 불교사(佛敎史)에서 불타관(佛陀觀)을 보면 육신불과 법신불〔진리불〕로 나누는데, 소승 유부(有部)에서는 생신불(生身佛)과 법신불(法身佛)로 나누었다. 여기서 말하는 법신불이란 후세 삼신불(三身佛) 가운데 보신불(報身佛)에 가깝다. 오늘날의 삼신사상(三身思想)은 마명의 『대승기신론』에서 비롯되는데, 용수에 이르러서는 종래의 불신(佛身)설을 종합하여 법화이신(法化二身)을 말했다. 그런데 그가 말하는 법신(法身) 속에는 법신과 보신을 함유하고 있다. 그 후 무착은 『섭대승론』 하권(下卷)에서 자성신(自性身)·수용신(受容身)·변화신(變化身)을 말했는데, 자성신은 제불(諸佛)의 법신이고, 수용신은 응신(應身)에, 변화신은 화신(化身)에 해당한다. 세친은 한편으로는 미륵·무착의 설에 준(準)하여 개응합진(開應合眞)의 삼신설(三身說)을 인증하고 있으나, 다른 한편으로는 『무상의경(無上依經)』의 설과 같이 개진합응(開眞合應)의 설을 취하고 있다. 이와 같은 삼신설은 『금강경』에서도 찾아볼 수 있는데, 법신불이 점차로 우주적 성격을 띠게 되었고, 우주의 이법(理法)이 곧 불타(佛陀)의 근원신(根源身)이 되었음을 알 수 있다.

법신사리【法身舍利】 법사리(法舍利)라고도 한다. 부처님이 말씀하신 깊고 미묘한 교법을 말한다. 생신사리(生身舍利)와 상대된다.

법신체성【法身體性】 법신의 체성은 각 유파(流派)에 따라 다르다. ①소승(小乘)은 이성(理性)을 논하지 않고 다만 오분공덕(五分功德; 戒·定·慧·解脫·解脫知見)으로 법신을 삼아 오분법신(五分法身)이라 한다. ②대승(大乘)의 삼론종(三論宗)은 실상(實相; tattvasya laksannam; bluta-samjna)으로 법신을 삼는다. ③법상종(法相宗)은 법신에 2종을 세웠다. 삼신(三身)이 모두 갖추어진 법신과 삼신 가운데의 법신이다. ④화엄종과 천태종 등의 일승종(一乘宗)은 법신에 해섭(該攝)·분상(分相)의 2문(門)을 세웠다. 또한 분상문(分相門)은 3신 중에 소증(所證)하는 이(理)가 법신이 되고, 능증(能證)하는 지(智)가 보신이 되어 법상종과 같다. 그러나 그 이(理)는 삼론종의 공리인 실상과 같지 않으며 법상종의 진여와 같지 않고, 만유를 총해(總該)하는 한 개의 진법계(眞法界)이다. ⑤진언종(眞言宗)은 육대(六大; 地·水·火·風·空·識)를 법신으로 삼는다.

법아【法我】〔英 A thing per se, i.e. the false notion of anything being thing in itself, individual, independent and not merely composed of elements to be disintegrated〕 객관의 물질적〔物〕·정신적〔心〕 현상 등 제법(諸法)에 실로 체

성(體性; 실체)이 있다고 집착하는 마음. 곧 법집(法執).

법아견【法我見】〔英 The false view as above, cf. 我見〕 객관의 물질적〔物〕·정신적〔心〕 제법(諸法)에 각각 참된 체성(體性; 실체)이 있다고 고집하는 잘못된 소견을 말하는데, 그것이 곧 법집(法執)이다. 법아 항목을 참조할 것.

법아구유종【法我俱有宗】 아(我)와 법(法), 곧 주관과 객관이 모두 실재한다고 주장하는 학파.

법안【法眼】〔梵 dharma-cakṣus, 英 The dharma-eye able to penetrate all things〕 ①5안(五眼; 肉眼·天眼·慧眼·法眼·佛眼)의 하나. 일체법을 분명하게 비춰 보는 눈. 보살은 이 눈으로 모든 법의 진상을 잘 알아 중생을 제도한다. ②승강(僧綱)의 하나인 승도(僧都) 등에게 주는 승려의 계급. 정식으로는 법안화상위(法眼和尙位)라고 하는데, 나중에는 불사(佛師)·회사(繪師)·가인(歌人) 등에게도 이 계급을 주었다.

법안문익【法眼文益, 885-958】 중국 당말(唐末)에 선종의 일파인 법안종(法眼宗)을 연 사람. 청량문익(淸凉文益)이라고도 함. 중국 여항(餘杭) 사람으로, 7세 때 전위(全偉)에게 가서 승려가 되고, 뒤에 장경혜릉(長慶慧稜)과 나한계침(羅漢桂琛)에게 공부하여 계침(桂琛)의 법을 받았다. 처음 임천주(臨川州)의 숭수원(崇壽院)에서 지냈는데, 그때 남당주(南唐主) 서경(徐璟)의 청으로 금릉의 보은선원(報恩禪院)에 들어갔다. 뒤에 청량사(淸凉寺)에 있으면서 종풍(宗風)을 크게 떨쳤다. 그의 문하에 천태덕소·영은청용·귀종의유 등 43명의 훌륭한 제자를 배출하였다. 그는 『종문십규론(宗門十規論)』을 지어 당시 선문(禪門)의 십폐(十弊)에 대해서 말하였다.

법안종【法眼宗】〔英 Fa-yen sect, one of the five Zen schools〕 중국 선종(禪宗)의 일파. 설봉의존(雪峰義存, 821-908)의 제자인 현사사비(玄沙師備, 835-908)와 그 법계인 법안문익(法眼文益, 885-958)에 의해서 법안종이 형성되었다. 법안종은 오월불교(吳越佛敎)의 융성지인 항주(杭州)·명주(明州)·태주(台州)를 잇는 절강지방에서 융성하였다. 문익(文益)은 석두(石頭, 760-790)의 선풍을 좋아하여 『참동계(參同契)』에 대한 주해를 지었는데, 그의 사상은 극히 교학적으로 기울어져 선정(禪淨)의 융합과 화엄의 원리(圓理)·삼계유심(三界唯心)·만법유식(萬法唯識)의 이치 등을 설하였다. 문익은 건강의 청량사에 있으면서 당말(唐末)에서 송초(宋初)까지 문풍(門風)을 크게 떨쳤다. 그의 문하에서 천태덕소·영은청용·귀종의유 등 43명의 훌륭한 제자를 배출하였고, 또 덕소(德韶, 891-972)의 문하에 영명연수(永明延壽, 904-975)가

나서 명주(明州)의 설두산에 있다가 뒤에 오월왕(吳越王)의 청으로 영은산 신사(新寺)에서 『종경록』 100권을 지었다. 이때 고려왕이 그의 학덕을 사모하여 학승 36명을 보내어 공부하게 하였다. 법안종은 교학적이었기 때문에 점차로 선(禪)의 진면목을 잃어 5가(家) 중에서 일찍 쇠망하기에 이른다.

법어【法語】〔英 Dharma-words, religious discourses〕①정법(正法)을 말한 언어(言語). 불법(佛法)을 말하는 이야기. ②법문상(法門上)의 요의(要義)를 평이하게 서술한 것.

법열【法悅】〔英 religious exultation 〔ecstasy〕〕 법(法)을 듣거나 생각하거나 실천함으로써 생기는 기쁨.

법왕【法王】〔梵 Dharmarāja, 英 King of Law, Buddha〕①불타는 법(法)에 자재하고 가장 뛰어난 가르침을 설하기 때문에 높여서 법왕이라 한다. 『법화경』「비유품」·「약왕품」, 『무량수경』 하(下)에 나타난다. ②바른 법(法)에 따라서 통치하는 국왕. 항상 법재(法財)로써 모든 사람에게 베풀기 때문에 법왕이라 한다.

법요【法要】〔英 The essentials of the Truth〕①교법(敎法) 가운데 요의(要義). 법(法)의 요체, 핵심. ②법용(法用)이라고도 한다. 멸죄(滅罪)·추조(追弔) 등을 위하여 수행하는 송경(誦經)·범패(梵唄) 등의 작법(作法). ③사찰 또는 불교에서 행하는 각종 행사 및 천도재를 법요·법요식이라고 한다.

법우【法雨】〔梵 dharma-varṣa, 英 The rain of Buddha-truth which fertilizes all brings〕 부처님의 교법(敎法). 비가 초목들을 적셔 잘 자라나 꽃이 피고 열매를 맺게 하는 것처럼, 부처님의 가르침도 미혹한 중생들로 하여금 깨달음을 얻게 하므로 이렇게 부른다.

법우【法友】 부처님의 가르침을 함께 배우고 실천하는 도반, 친구.

법운지【法雲地】〔英 The tenth bodhisattva-tage, when the dharma-clouds everywhere drop their sweet dew〕①불법(佛法)이 구름처럼 덮인 땅이라는 뜻으로, 보살이 거처하는 곳을 가리키는 말. ②보살이 수행하는 계위(階位) 52위(位) 가운데 제50위(位)를 말한다. 수혹(修惑)을 끊고 끝없는 공덕을 구비하고서 사람들을 이롭게 하는 일을 행하여 대자운(大慈雲)이 되는 지위이다.

법원주림【法苑珠林】중국 당(唐)나라 때 율종(律宗)의 승려인 도세(道世, ?-683)가 지음. 이 책은 세계관에서부터 법승(法僧)의 삼보(三寶)에 관한 여러 문제를 수집하고 내외의 전적(典籍)을 광범위하게 이용하면서 해석한 백과전서식 저작이다. 현경년간(顯慶年間, 656-660)에 현장삼장(玄奘三藏, 602-664)이 경율의 번역을 시작한 이래 도세는 그 사업에

ㅂ

참여하여 서명사(西明寺)에 머물렀으며, 도선(道宣, 596-667)과 함께 율(律)을 연구하면서 경율론(經律論) 삼장을 널리 섭렵했다. 이 방대한 불교관계 전적 가운데서 학도의 편리를 위해 요항(要項)을 발췌하고 분류하여 편집한 것이 100권으로 된 이 책이다. 각 권은 내용에 따라 다시 몇 부로 나누어지는데, 예를 들어 「천불권(千佛卷)」의 경우, 칠불부(七佛部)·종성부(種姓部)·강태부(降胎部)·출태부(出胎部)·시양부(侍養部)·점상부(占相部)·유학부(游學部)·납비부(納妃部)·염고부(厭苦部)·출가부(出家部)·성도부(成道部)·설법부(說法部)·열반부(涅槃部)·결집부(結集部) 등 15부로 구분되어 있어서 모두 688부가 된다. 각 항목은 먼저 1권의 취지를 요약한 대의(大意)를 설명하고, 다음에 경문(經文)을 인용하면서 여러 가지 영험실례(靈驗實例) 등을 들고 있다. 이렇게 함으로써 검색(檢索)하는 데는 편리하지만 각 권(卷)의 목차 구분 방법이 정리되지 않아 실용적인 면에서 불충분하다고 할 수 있다. 이것을 편집하는 데 10년이 걸렸다고 전한다. 이엄(李儼)의 서(序)가 있다. 인용된 경율론기(經律論記) 등은 400종 이상에 달하는데, 그 중에는 위서(僞書)·잡서(雜書)·도서(道書) 등도 다수 포함되어 있어 오늘날 일문(逸文)이 되는 귀중한 자료도 적지 않다.

법유아무종 【法有我無宗】〔英 The Sarvāstivādins who while disclaiming the reality of personality claimed the reality of things〕 화엄종에서 판단한 10종(宗) 가운데 제2종(宗). 소승(小乘)의 살바다부(薩婆多部) 등이다. 제법(諸法)의 체(體)는 인연(因緣)의 소생(所生)으로 된 실체이며, 나〔我〕는 제법(諸法)의 가화합(假和合)으로 이루어진 것이며, 그 성(性)은 허무한 것으로 보는 학파이다.

법의 【法衣】〔英 The religious dress, general name of monastic garments〕 승의(僧衣)·승복(僧服)·법복(法服)이라고도 한다. 비구·비구니가 입는 옷. 처음에는 삼의(三衣), 곧 가사를 일컫던 것인데, 후세에는 가사 밖에 장삼(長衫)·편삼(編衫)·군자(裙子)·직철(直綴) 등을 입게 되었으므로, 이것들도 모두 법의(法衣)라 부른다. 법복 항목을 참조할 것.

법이자연 【法爾自然】〔英 According to rule, naturally〕 제법(諸法)이 천연(天然) 자연(自然)과 같은 상태에 있다는 것. 있는 그대로를 나타낸다는 말이기도 하다.

법인 【法印】〔梵 Dharma-uddāna, 英 The seal of Buddha-truth, expressing it reality and immutability, also its universality and its authentic transmission from one Buddha or patriarch to another〕 정통의 교의(教義)인 것을 설

명하는 규준, 즉 인표(印標). 불교와 다른 교를 나누는 표준. 일반적으로 삼법인(三法印)·사법인(四法印)을 말한다. 단지 대승(大乘)에서는 일반적으로 현상즉실재(現象卽實在)·일즉다(一卽多)의 입장에 서는 것으로, 특히 소승교(小乘敎)와 같은 입각지가 아님을 나타내기 위하여 실상인(實相印), 즉 일법인(一法印)으로 한다.

법장【法藏】 (1) 〔英 Dharma-store〕 ①불(佛)이 설한 교법 또는 경전을 가리키는 말. 경전은 많은 법문, 온갖 법의 진리를 갈무리하고 있으므로 법장(法藏)이라 한다. ②진여법성(眞如法性)인 여래장(如來藏). 진여법성은 오직 부처님만이 알기 때문에 불법(佛法)이라 하고, 일체공덕을 지녔으므로 장(藏)이라 한다. ③법장비구〔Dharmākara〕. 아미타불이 부처가 되기 전 보살 때의 이름. 법장비구 항목 참조. ④소승 20부 가운데 하나인 법장부〔Dharmaguptāh〕의 개조. 담무덕(曇無德)이라 음역한다.

(2) ①북주(北周) 때 승려로, 무제가 폐불(廢佛)을 단행할 즈음에는 자개산에 숨어 있다가, 양견(楊堅)의 불교부흥정책 때에는 양견의 명에 의하여 120인(人)의 도승(度僧)을 검교(檢校)하였다. ②〔637-714〕 중국 수(隋)나라 때 삼계교(三階敎)의 승려. 12세 때에 정역사(淨域寺)의 흠선사(欽禪師)에게 사사하고 두타걸식을 행하였다. 692년〔如意 1〕 측천무후의 제도를 받들어 동도(東都) 대복선사(大福先寺)에서 무진장(無盡藏)을 검교(檢校)하고, 장안년간(長安年間, 701-704)에는 다시 화도사(化度寺)에서 무진장을 검교하였다. 이어 천복사 대덕(大德)이 되었다. 입적한 후에는 화장하여 신행의 탑 우측에 모셔졌다. ③중국 당나라 때 화엄종의 제3조(祖)인 현수대사(賢首大師) 법장(法藏, 643-712). 향상대사(香象大師)·화엄화상(華嚴和尙) 등으로도 존칭된다. 장안에서 출생하여 지엄의 문인으로 들어가 아직 재속(在俗)의 몸으로 화엄의 심의를 더하였다. 뒤에 출가하여 태원사로 들어가 측천무후의 두터운 귀의를 받았다. 법장은 그때 28세, 비로소 삭발하고 승려가 되었다. 그는 칙서에 따라 태원사에서 『화엄경(華嚴經)』을 강의했는데, 무후가 이를 훌륭하게 여겨 현수(賢首)대사라는 호를 내렸다. 또 번역사업에도 종사하였고, 실차난타(實叉難陀)의 『화엄경』 역장(譯場)에도 참가하였다. 이 『신역화엄경(新譯華嚴經)』은 칙서에 의하여 낙양의 불수기사(佛授記寺)와 궁중의 장생전(長生殿)에서 강의하였고, 무후의 외호 하에 화엄종은 더욱 융성해 갔다. 『화엄경』을 강하기 30여 회에 이르고, 저술도 『탐현기(探玄記)』·『오교장(五敎章)』·『기신론의기(起信論義記)』·『화엄경전기(華嚴經傳記)』 등 30여 부 60여 권이 있다. 중종 선천 원년〔712〕에 70세로 장안 대

ㅂ

천복사에서 입적하였다. ④〔1350-1428〕 조선의 승려. 호는 고봉(高峰), 속성은 김(金)씨. 본관은 신주(神主). 20세에 출가하여 구족계(具足戒)를 받았으며, 승과(僧科)에 급제하였으나 명리(名利)를 버리고 입산수도(入山修道)하던 중 나옹(懶翁, 1320-1376)을 만나 스승으로 삼고 법맥을 이었다. 명산대찰을 찾아 소요하다가 안동(安東)의 청량산(淸凉山)에 청량암(淸凉庵)을 짓고 선정(禪定)을 닦았으며, 조선 정종(定宗) 원년〔1399〕에 송광사(松廣寺)를 옛 모습대로 복원하였다. 세종(世宗) 10년〔1428〕에 입적하였다.

법장부【法藏部】〔梵 Dharmaguptāh〕 소승 20부(部) 가운데 하나. 담무덕(曇無德)이라고 음역한다. 불멸후(佛滅後) 300년경에 상좌화지부(上座化地部)에서 갈려 나온 일파. 개조는 목건련(目乾連) 법호(法護)인데, 교리로는 오장사상(五藏四相) 등을 말하고 있다.

법장비구【法藏比丘】〔梵 Dharmākara〕 아미타불(阿彌陀佛; Amitāyus Buddha; Amitābha Buddha)이 부처가 되기 전 보살 때의 이름. 세자재왕불(世自在王佛)에게 48원을 세우고, 수행 성불하여 아미타불이 되면 극락세계를 세울 것이라고 원력을 세웠는데, 드디어 아미타불이 되어 지금 극락세계에서 중생을 교화하며, 항상 법(法)을 설하고 있다고 한다.

법제자【法弟子】 제자. 불법(佛法)에 대하여 가르침을 받는 제자. 건당제자(建幢弟子)·입실제자(入室弟子)가 원래 말이고 법제자는 약칭이다.

법지【法智】〔梵 dharma-jñāna, 英 Dharma-wisdom, which enables one to understand the four dogmas 四諦〕『대지도론』에서 말하는 십지(十智)의 하나. 법(法)에 대한 지혜. 고(苦)·집(集)·멸(滅)·도(道) 사제(四諦)의 이치를 관하는 지혜.

법진【法塵】〔英 A mental object, any direct mental perception, not dependent on the sense organs〕 육진(六塵)의 하나. 온갖 법이 의근(意根)의 대경(對境)이 되어 정식(情識)을 물들게 하는 것. 12처(處)에서는 법처(法處)라 하고 18계(界)에서는 법계(法界)라 한다. 6근과 6경(境)을 서로 대비(對比)하여 말할 때에는 법경(法境)이라 한다.

법집【法執】〔英 Holding to things as realities, i.e. the false tenet that things are real〕 ①객관인 물질적〔物〕·심적(心的)인 현상을 실재하는 것인 줄로 잘못 알아서 집착하는 것. ②교법(敎法)에 얽매어 그것을 집착하고, 도리어 진정한 깨달음을 얻지 못하는 것.

법집【法集】①〔巴 dhamma-sangani〕 스리랑카의 분별상좌부(分別上座部) 칠론(七論)의 하나. 일체법(一切法)을 분류하여 해설한 것. ②불회(佛

會)와 같다. 불교도를 모아 강법(講法)하는 것.

법집별행록절요병입사기 【法集別行錄節要并入私記】 고려 때 지눌(知訥, 1158-1210)이 지은 책. 1권 1책. 1579년〔조선 宣祖 12〕에 간행. 중국 당(唐)의 고승인 하택신회(荷澤神會, 685-760)가 지은 『법집별행록』의 번잡한 내용을 간략히 줄이고 저자 자신의 의견을 붙인 것이다. 절요 항목 참조.

법집요송경 【法集要頌經】 1세기경 인도의 논사 달마다라(達磨多羅; Dharmatrata; 法救)가 지은 것을 인도승(印度僧) 천식재(天息災, ?-1000)가 송(宋)나라에 와서 번역하였다. 4권. 『출요경(出曜經; udānavarga)』 33품(品)의 법게(法偈)이다.

법체 【法體】〔梵 svabhāva, 英 Embodhiment of the Law, or of things〕 ① 모든 존재〔法〕의 체성(體性). 만유(萬有) 제법(諸法)의 실체(實體). ② 정토교에서는 아미타불의 명호(名號), 또는 염불을 법체(法體)라고 말한다. ③ 승려의 자태, 출가한 이의 육체를 말한다.

법체항유 【法體恒有】〔梵 svabhāvaḥ sarvada cāsti〕 모든 존재·모든 사물〔諸法〕의 체성(體性), 곧 만유의 실체는 과거·현재·미래의 삼세(三世)에 걸쳐 항상 있다는 말. 20개 부파의 하나인 설일체유부의 사상을 대표하는 학설.

법통 【法統】〔英 a religious tradi- tion〕 불법(佛法)의 전통. 법맥의 전통.

법현 【法顯, 약 337-약 422】 중국 동진(東晋) 때의 역경승(譯經僧). 성은 공(龔)씨. 평양(平陽) 무양(武陽; 西山襄垣) 사람. 어릴 때 출가하여 20세 때 비구계를 받았다. 항상 경(經)·율(律) 등의 불전(佛典)의 부족함을 느껴, 399년〔융안 3〕에 혜경(慧景)·도정(道整)·혜응(慧應) 등 10여 명과 함께 경전을 구하러 육로로 인도를 목표로 장안(長安)을 떠났다. 말할 수 없는 고난 끝에 총령(葱嶺)을 넘어 6년 되던 해에 중인도의 승가시국에 도착하여 불적(佛跡)을 찾아가서 마하타국(摩訶陀國)에 이르러, 천왕사(天王寺)에서 경율론(經律論)을 얻었다. 그곳에서 3년간 머물면서 범어(梵語)와 범서(梵書)를 배운 후 다시 사자국(師子國)으로 가서 2년간 모든 경전을 구하며 머물렀으나, 동행자들이 도중에서 죽거나 각지에 잔류하여 자신만 남게 되었다. 법현은 여러 곳에서 구한 여러 경전과 불상을 가지고 해로(海路)를 통해서 413년〔義熙 9〕에 청주 장광〔山東省 青州長廣〕에 도착하였고, 그 이듬해 남경(南京)에 들어가 서역기행(西域紀行)을 썼다. 이것을 『불국기(佛國記)』, 『법현전(法顯傳)』이라고 한다. 그 후 건강(建康)에 와서 『마하승기율(摩訶僧祇律)』·『방등니원경(方等泥洹經)』·『대반니원경(大般泥洹經)』·『잡장경(雜藏經)』 등 많

ㅂ

은 경전을 번역하였는데, 형주(荊州)의 행사(幸寺)에서 86세로 입적했다.

법현전【法顯傳】중국 동진(東晋)의 역경승인 법현(法顯, 약 337-약 422)이 인도에서 여행한 일을 기록한 것. 1권. 『불국기(佛國記)』라고도 하는데, 현장(玄奘, 602-664)의 『대당서역기(大唐西域記)』와 더불어 인도불교사(印度佛敎史) 연구에 좋은 자료가 된다.

법호【法號】승려의 아호(雅號). 스승으로부터 받은 이름. 입적한 승려의 시호(諡號).

법화경【法華經】〔Saddharma-puṇḍarīka-sūtra〕『묘법연화경(妙法蓮華經)』의 약칭. 대승 초기의 경전 가운데 하나로, 1세기 전반경에 성립되었다. 『법화경』의 사상은 본문(本門)과 적문(迹門)·제법실상(諸法實相)으로서의 십여시설(十如是說)·일대인연설(一大因緣說)·회삼승귀일승사상(會三乘歸一乘思想)·구원본불사상(久遠本佛思想)·사바즉정토설(娑婆卽淨土說)·관음신앙(觀音信仰)·개권현실(開權顯實)의 교설 등이 있다. 자세한 것은 묘법연화경 항목 참조.

법화경언해【法華經諺解】책 이름. 7권. 조선 세조(世祖, 1455-1468 在位)가 『법화경(法華經)』에 구결을 달고 언해(諺解)한 책. 간경도감에서 간행하였다.

법화도량【法華道場】『법화경』을 중심으로 형성된 의례. 『법화경』에 대한 강의를 비롯하여 법화삼매(法華三昧)와 법화참법(法華懺法)이 있다. 특히 법화삼매와 법화참법에서 종교적 성격이 두드러지게 나타난다. 법화삼매란 죄업을 참회하는 수행방법으로서 그 경전적 근거를 『법화경』에 두고 있다. 아침·낮·해질녘·초저녁·밤중·새벽 등 여섯 때를 통하여 참회·권청(勸請)·수희(隨喜)·회향(廻向)·발원(發願) 등의 다섯 가지 종류의 참회의식을 거행한다. 그리고 법화삼매의 참회의식을 수행하는 구체적인 방법으로는 세 가지가 있다. 첫째는 몸을 앉거나 누워서 행하는 신개차(身開遮)이다. 둘째는 『법화경』을 외우기만 하고 말을 하지 않는 구설묵(口說默)이다. 세 번째는 의지관(意止觀)으로, 여기에는 유상행(有相行)과 무상행(無相行)이 있다. 유상행은 선정(禪定)에 들지 않고 여러 가지 동작을 취하면서 『법화경』을 외우는 것을 말하고, 무상행은 심오한 선정에 들어가 현상세계의 실상(實相)을 깨닫는 것을 말한다. 한편 법화참법은 줄여서 참법이라고도 한다. 『법화경』을 읽으면서 죄업을 참회하는 수행법이다. 진(陳)나라 때 문제(文帝, 559-566 在位)가 태극전(太極殿)에서 무차대회(無遮大會)를 열고 법화참법을 행하였다고 전해진다.

법화문구【法華文句】중국 수(隋)나라 때 지의(智顗, 538-597)가 지은 책. 20권. 진도(陳都; 南京) 광택사(光宅

寺)에서 강설한 『법화경(法華經)』의 자자구구(字字句句)의 주석을 제자인 관정(灌頂, 561-632)이 필록(筆錄), 수정·증보한 것으로 도생(道生)·법운(法雲) 등 『법화경』 주석자들의 설을 비판하면서 천태교학의 입장에서 해설하고 있다. 그 해석법의 특색은 인연(因緣)·약교(約敎)·본적(本迹)·관심(觀心)의 사종석(四種釋)이라 지칭하는 것으로, 생략된 경우를 제외하고는 자구(字句)마다 이것을 인용하고 있다. 총(總)으로는 대과(大科) 3분에서 서품을 서분(序分)으로 하고, 방편품으로 제17 분별공덕품의 19항게(行偈)까지를 정종분(正宗分), 이하 끝까지를 유통분(流通分)으로 하였다. 별(別)로는 일경(一經)에 본문(本門)·적문(迹門)을 세우고 각각 서분·정종분·유통분으로 나누었다.

법화사상 【法華思想】 『법화경』을 중심으로 하여 전개된 사상. 『법화경』에는 관음신앙·불탑신앙(佛塔信仰) 등과 같이 대중의 신앙적 욕구에 부합하는 측면도 있지만, 무엇보다도 사상적 측면에서 고려되어야 할 것이 회삼귀일(會三歸一)의 사상이다. 이 사상은 보살·연각·성문의 삼승(三乘)을 교화하여 일승(一乘)인 불승(佛乘)으로 귀일케 한다는 것을 골자로 하는데, 삼승의 가르침은 결국 하나의 크나큰 깨달음의 세계로 합일된다는 것이다. 『법화경』의 핵심적인 내용에 기초하여 법화사상을 체계화시킨 인물은 중국 수(隋)나라 때의 지의(智顗, 538-597)인데, 그는 천태종(天台宗)을 창시하였다. 우리나라에서는 신라 때 법융(法融)이 중국에서 법화사상을 배우고 돌아온 이래로 오늘날까지 가장 영향력 있는 불교사상 가운데 하나로 이어져 내려오고 있다. 특히 원효(元曉, 617-686)의 법화사상 연구는 주목할 만한 업적으로 평가받고 있다. 원효의 『법화경』에 관한 연구서로서 『법화경종요(法華經宗要)』가 있다.

법화삼매 【法華三昧】 삼제원융(三諦圓融)의 묘리(妙理)를 수행하여 중도(中道)의 깨달음을 장해(障害)하는 무명(無明)을 끊는 것을 법화삼매라고 한다.

법화삼부경 【法華三部經】 법화부(法華部)의 3경(經). 『무량의경』·『묘법연화경』·『보현관경』을 말한다.

법화열반시 【法華涅槃時】 『법화경』과 『열반경』이 설해진 8년간의 시기(時期). 천태지의〔538-597〕의 오시교판 가운데 하나. 곧 오시(五時) 가운데 최후(最後). 천태지의에 의하면 『법화경』은 비돈(非頓)·비점(非漸)·비비밀(非秘密)·비부정(非不定)이며 마지막에 최고(最高)·구극(究極)의 가르침을 부여하는 것이며, 일광(日光)에 비유하면 정오(正午)에 이르러 고산(高山) 유곡(幽谷)을 가리지 않고 대지(大地) 전체를 구석구석까지 모두 비추는 것과 같은 것이라고 한다. 『열반경』은 석존이 입멸(入滅)에 앞서 일일일야(一日一夜; 하루 종일) 동안 설법을 하셨다고 한다. 내용상 최후의 설법이라고 하여 제5시(時)에 들어간다.

법화종요【法華宗要】 책 이름. 7권. 신라시대 원효(元曉, 617-686)가 지음. 구체적으로는 『법화경종요』라고 하는데, 『법화경』의 핵심을 요약한 책이다.

법화참법【法華懺法】 줄여서 참법(懺法)이라고도 한다. 『법화경』을 읽으면서 죄업을 참회하는 법. 563년〔진나라 천가 4〕에 문제(文帝, 559-566 在位)가 태극전(太極殿)에 무차대회(無遮大會)를 베풀고, 방등다라니법·금광명경참과 함께 행하였다. 천태지의(天台智顗, 538-597)가 그 법을 기록하여 『법회삼매참의』 1권을 지었다. 이것을 초출(抄出)한 것이 세상에 유행된 법화참법(法華懺法)이다.

법화칠유【法華七喩】 『법화경』에서 말한 일곱 가지의 비유. 1. 화택유(火宅喩; 「비유품」), 2. 궁자유(窮子喩; 「신해품」), 3. 약초유(藥草喩; 「약초유품」), 4. 화성유(化城喩; 「화성유품」), 5. 의주유(衣珠喩; 「수기품」), 6. 의자유(醫子喩; 「수량품」), 7. 계주유(髻珠喩; 「안락행품」) 등이다. 칠유 항목을 참조할 것.

법화현론【法華玄論】 중국 수(隋)나라 때 길장(吉藏, 549-623)이 지음. 10권. 삼론(三論)의 교지(敎旨)에 의하여 『법화경』을 개론(槪論)한 것. 내용은 홍경방법(弘經方法)·대의(大意)·석명(釋名)·입종(立宗)·결의(決疑)·수문석의(隨文釋義) 등 6부로 나누고, 홍경방법(弘經方法)에 석법사의(釋法師義)·명홍경방법(明弘經方法)·명홍경실의(明弘經失義)·논홍경난의(論弘經難義)·명번역연기(明飜譯緣起)·명강경연기(明講經緣起)·명소홍의경(明所弘義經) 등 7의(意)로 나누었으며, 5권 이하는 글을 따라 해석하고 있다.

법화현의【法華玄義】 중국 수나라 때 천태종의 개조인 지의(智顗, 538-597)가 지은 책. 20권. 『법화경현의』·『현의』·『묘현(妙玄)』이라고도 한다. 『법화경』에 대한 독특한 관점·견해를 서술한 것이며, 동시에 불교에서 법화의 위치와 자기가 파악한 것을 널리 드러낸 책. 593년에 지의(智顗)가 강설한 것을 제자인 관정(灌頂, 561-632)이 필록(筆錄)한 것이다. 내용은 칠번공해(七番共解)·오중각설(五重各說)의 2종인데, 칠번공해는 석명(釋名)·변체(辨體)·명종(明宗)·논용(論用)·판교(判敎)의 5중(重)을 표장(標章)·인증(引證)·생기(生起)·개합(開合)·요간(料簡)·관심(觀心)·회의(會意)의 7번(番)으로 공해(共解)한 것이요, 오중각설은 위의 5중에 낱낱이 해설한 것이다. 오중각설 가운데 제1 석명단에는 『묘법연화경』의 5자(字)를 해석, 제2 변체단에는 경체(經

體)를 밝히고, 제3 명종단에는 일경(一經)의 종(宗)을 밝히고, 제4 논용단에는 용(用)을 밝히고, 제5 판교단에는 5시(時) 8교(教)의 교판을 밝혔다.

법회【法會】〔英 An assembly for worship or preaching〕 ①설법하고 공양하기 위한 모임. ②불법(佛法)을 강설하기 위한 모임. ③스님들과 신도가 한곳에 모여 불사(佛事)를 행하는 모임.

베다【吠陀; veda】 베다는 'vid〔알다〕'에서 나온 말로 지(知)·지식(知識)이라는 뜻인데, 뒤에 성전(聖典)을 가리키는 말로 바뀌었다. 협의(狹義)의 베다는 성구(聖句) '만트라(mantra)'의 집성(集成)인 『본집(本集)』, 즉 상히타(saṃhitā)를 가리키며, 넓은 의미의 베다는 『본집』과 『제의서(祭儀書; 브라흐마나)』, 『삼림서(森林書; 아란냐카)』 및 『오의서(奧義書; 우파니샤드)』 등 4가지를 총괄한 것이다. 자세한 설명은 베다성전 항목 참조.

베다성전【veda聖典】 기원전 1000년 이후로 접어들어 카스트적인 농촌사회의 성립과 함께 제사가 중요시되었다. 제사의 의례는 후대로 갈수록 더욱더 까다롭고 복잡화되었는데, 이 제사와 관계된 어구(語句)나 문장(文章) 등이 집대성되어 『베다성전』이 편찬되었다. 『베다』는 바라문교의 근본 성전의 총칭으로서 모두 4가지 베다가 있다. 1. 『리그베다(Ṛg-*veda*)』; 여러 신(神)에 대한 찬가(讚歌)를 집성한 것으로서, 제관(祭官)이 여러 신(神)을 제단(祭壇)으로 청(請)할 때 부르는 가영을 모은 책. 2. 『사마베다(*Sāma-veda*)』; 가영(歌詠)을 집성한 것으로서, 제식(祭式) 때 가영(歌詠)을 관장하는 제관(祭官)이 부르는 가영을 모은 책. 3. 『야쥬르베다(*Yajūr-veda*)』; 제사(祭詞)를 집성한 것으로서, 제물을 바치고 제사의 실무를 담당하는 제관이 부르는 가영을 모은 책. 4. 『아타르바베다(*Atharva-veda*)』; 재앙을 물리치는 양재(揚災)·주저(呪詛) 등 주로 주문(呪文)을 모은 책. 처음에 이것은 『베다성전』의 권위를 인정받지 못했지만, 후에 베다에 넣게 되어 제식(祭式) 전반을 총감하는 제관(祭官; 브라흐만)에 속하게 되었다. 각 베다 본집에 부수하는 문헌으로서 『브라흐마나〔祭儀書〕』와 『아란냐카〔森林書〕』와 『우파니샤드〔奧義書〕』가 있다. 『브라흐마나』는 각 베다 본집에 대한 설명적 문헌이다. 이것은 제사의 실행 방법을 규정하며, 혹은 찬가·제사(祭詞)의 의의나 목적을 설명하였다. 그 밖에 제사의 기원 등을 밝혔는데, 많은 신화와 전설을 함유하고 있다. 『아란냐카』는 특히 삼림(森林) 속에서 전수(傳授)되어야 할 비의(秘義)를 말하고 있으므로 이러한 명칭이 붙었는데, 제식에 관한 설명을 하면서도 철학적 문제에 대해서 언급하고 있다. 이상의 『본집(本

集)』·『제의서(祭儀書)』·『삼림서(森林書)』·『오의서(奧義書)』 등을 총괄하여 '베다'라고 하며, 이것을 천계문학(天啓文學; śruti)이라 부른다. 인도인은 일반적으로 천계문학을 인간의 저작이라 여기지 않고, 옛 성선(聖仙)이 신비적 영감(靈感)에 의하여 감득한 계시로 인식하고 있다. 4베다는 동시에 성립된 것이 아니다. 『리그베다』 본집 이외는 대부분 기원전 1000년부터 500년까지 순차적으로 성립된 것으로 보인다.

베다종교【veda宗敎】 베다종교란 B.C.1500년경부터 1200년경에 걸쳐 인도의 북서부에 침입한 아리아인들이 공희(供犧)를 중심으로 전개한 제사(祭祀) 중심의 종교이다. 그 밑바탕에는 인도 원주민족의 원시신앙의 흔적을 엿볼 수 있으며, 아리아인의 인도·게르만적 요소 외에 제신(諸神)과 영웅의 명칭, 의식(儀式) 등에 인도·이란적이라고 할 수 있는 경향을 지니고 있다. 그 종교생활의 특색은 하늘·해·달·풍우·산천 등의 자연현상이 갖는 신비력을 신격화하고, 그것을 숭배하는 소박한 다신교(多神敎)이다. 그것은 순수한 인도적인 것이라고 하기보다는 아리아인이 그들의 고향인 카프카즈 지방을 방황하고 있었던 무렵의 풍습이 반영되었다고 할 수 있는데, 예컨대 천신(天神)숭배에서는 이란의 아후라 마즈다에 해당하는 바루나 신의 존재를 찾아볼 수 있다. 이와 같은 자연신적 성격의 제신(諸神)에게 희생을 바치거나 신덕(神德)을 찬양하는 주문을 외워 제신(諸神)의 은혜를 받으려는 공희(供犧)를 중심으로 한 종교를 일반적으로 '베다종교'라고 부른다. 그것은 베다라고 하는 인도의 오랜 문헌에 의해 알려져 있기 때문이다. 후기 베다 중에는 이미 일신교(一神敎)로 발전되는 추세가 있어서 매우 많은 추상신(抽象神)이 나타났는데, 예를 들면, 조일체신(造一切神; Viśva-karma)·기도주신(祈禱主神; Brahmaṇaspati)·원인(原人; Puruṣa) 등이 있다. 거기에는 비록 영혼 관념이 있기는 하지만, 아직 영혼윤회(靈魂輪廻)의 사상과 신앙은 생겨나지 않았는데, 이후의 바라문교와 인도교(印度敎)의 형성에 중요한 영향을 미쳤다.

벽관【壁觀】〔英 The wall-gazer, applied to Bodhidharma, who is said to have gazed at a wall for nine years. Also a name for the meditation of the Zen school〕 벽(壁)을 향하여 참선하는 일. 달마(達磨, ?-528)가 숭산(嵩山) 소림사(少林寺)에서 벽을 마주하여 9년을 지내니 세상 사람들이 벽관바라문(壁觀婆羅門)이라 일컬었다 한다. 면벽(面壁).

벽송지엄【碧松智儼, 1464-1534】 조선 연산군·중종 때의 스님. 호는 야로(埜老). 당호는 벽송(碧松), 속성은 송

(宋)씨. 부안 사람. 28세 때 허종(許琮)의 군대에 들어가서 여진(女眞)과 싸워 공을 세웠으며, 계룡산 와초암에 가서 조계(祖溪)에게 출가하고, 연희(衍熙)에게 『능엄경』을, 정심(正心)에게서 전등(傳燈)의 비밀한 뜻을 배웠다. 지리산에 있으면서 지견이 더욱 밝아지고, 계행이 청정하여 총림의 종사(宗師)가 되었다. 『도서(都序)』와 『절요(節要)』로 초학자들을 지도하여 여실한 지견을 세우게 하고, 『선요(禪要)』와 『어록(語錄)』으로 지해(知解)의 병을 없애고 활로(活路)를 열어주었다. 조선 중종 29년 수국암에서 『법화경』을 강의하다가 입적했다.

벽암각성 【碧巖覺性, 1575-1660】 조선 선조·광해군·인조·효종 때의 스님. 호는 벽암, 자는 징원(澄圓), 속성은 김(金)씨. 보은 사람. 9세에 아버지를 여의고, 10세에 화산(華山)의 설묵(雪默)을 스승으로 섬겨 14세에 승려가 되었다. 부휴(浮休, 1543-1615)를 따라 속리산·금강산·덕유산·가야산 등으로 다니면서 경을 공부하였고, 초서·예서를 잘 썼다. 임진왜란 때 산중에서 피난하면서도 공부를 쉬지 않았다. 20여 년 동안 부휴(浮休, 1543-1615)에게서 진수(眞髓)를 체득하였고, 계행이 청정하였다. 쌍계사·화엄사·송광사를 중건하였고, 광해군 때에 판선교도총섭(判禪教都摠攝)이 되고, 인조 때 남한산성을 쌓을 때에는 팔도도총섭(八道都摠攝)이 되어 승려들을 거느리고 3년 만에 공사를 마쳤다. 보은천교(報恩闡教) 원조국일(圓照國一) 도대선사(都大禪師)의 직함을 제수받았다. 병자호란 때 항마군을 조직하였고, 그 뒤 사신으로 일본에 가다가 중도에서 병으로 사퇴하고, 86세로 화엄사에서 입적했다. 저서로는 『도중결의(圖中決疑)』 1권·『간화결』 1권·『선문상의초』 1권 등이 있고, 법제자로는 처능(處能)이 있다.

벽암록 【碧巖錄】 10권. 정식으론 『불과원오선사벽암록(佛果圜悟禪師碧巖錄』)이라고 함. 중국 송(宋)나라 때 원오극근(圜悟克勤, 1063-1135)이 설두중현(雪竇重顯)의 『송고백칙(頌古百則)』에 수시(垂示)·착어(着語)·평창(評唱)을 붙인 책으로, 『종용록(從容錄)』과 쌍벽을 이루는 간화·임제 계통의 공안집(公案集). 책 이름은 원오(圜悟)가 거주한 협산(夾山) 영천선원(靈泉禪院)에 걸려 있던 액자에서 발췌한 것이다. 각칙(各則)은 수시(垂示; 序言), 본칙(本則; 公案), 본칙에 대한 평창(評唱; 講評), 송고(頌古; 시에 의한 비평), 송고(頌古)에 대한 평창(評唱)이라는 구성으로 이루어져 있다. 수시는 본칙에 대한 뜻을 간접적인 어법으로 나타낸 것이며, 착어는 코멘트이고, 평창은 산문 형식의 해설이다. 『벽암록』은 선의 세계를 심오하게 표현했는데, 특히 문학성이 풍부해서 많은 사람이 애호하였다. 대단히 난해한 공안집으로서 선(禪)의 진수를 우회적으로 표현하고 있다. 이후 참선자들이 좌선에 몰두하기보다는 『벽암록』을 독파하는 데 집중하게 되자, 그의 제자 대혜종고(大慧宗杲, 1089-1163)는 오히려 수행에 해로운 것이라고 하여 그 판본(板本)을 모두 소각하였다고 한다. 그러나 이는 단지 전해 오는 이야기일 뿐, 구체적인 자료가 없다. 현재 유통되고 있는 여러 가지 본(本)은 1300년〔元 成宗 大德 4〕에 원(元)의 장명원(張明遠)이 '종문(宗門) 제일의 서(書)'의 비명(屝名)으로 중간(重刊)한 것을 저본으로 하여 간행한 것들이다. 일승(日僧) 도원(道元)이 송(宋)에서 수행할 때 보관하다가 가져왔다는 이본(異本) 『벽암록파관격절(碧巖錄破關擊節)』이 존재하는데, 본칙의 순서 등에 많은 차이가 나타나 초고본(草稿本)의 형태를 알려주는 것으로서 그 자료 가치가 매우 높다.

벽지불【辟支佛】〔梵 pratyekabuddha, 巴 pacceka-buddha, 英 One who seeks enlightenment for himself, defined in the Lotus sūtra as a believer who is deligent and zealous in seeking wisdom, loves loneliness and seclusion, and understands deeply the nidānas〕 벽지가불타(辟支迦佛陀)의 약어(略語). 구역(舊譯)에서는 연각(緣覺), 신역(新譯)에서는 독각(獨覺)이라 한다. 인연법을 관하여 깨침으로 연각이라 하고, 혼자 수행하여 깨달음을 얻기 때문에 독각이라 한다.

변견【邊見】〔英 The two extreme views of annihilation and personal immortality〕 오견(五見)의 하나. 내 몸이 있다고 아견(我見)을 일으킨 뒤에, 내가 죽은 뒤에도 항상 있다든가〔常〕, 아주 없어진다든가〔斷〕 라고 하는 어느 한쪽에 치우친 견해.

변계소집성【遍計所執性】〔梵 parikalpitaḥ svabhāvaḥ, 英 The nature that maintains the seeming to be real〕 법상·유식에서 마음의 작용을 그 성질상 셋으로 나눈 것 가운데 하나. 우리의 주관적인 망정(妄情)으로 말미암아 공(空)임에도 불구하고 정말로 있는 것으로 여겨서 집착하는 모습을 말한다. 변계소집성이란 두루 분별하여 집착의 대상으로 삼는 성질을 뜻하는데, 번뇌망상, 중생심을 일컫는다. 모든 현상은 망정상(妄情上)으로는 있지만, 그 실제적 이치로는 없는 정유이무(情有理無)한 것이다. 『섭대승론』 제4에는 이 변계소집성의 모양을 '새끼줄을 착각하여 뱀〔蛇〕으로 본 것'과 같음에 비유하고 있다.

변상도【變相圖】 그 내용을 그림으로 나타낸 것. 경전이나 불교설화, 정토(淨土)·지옥 등의 모습을 주제로 한 그림. 중생을 제도하기 위해 시각적인 방법을 동원한 것이다. 밀교에서는 만다라(曼荼羅)라고도 한다.

변성남자 【變成男子】〔英 To be transformed from a female to a male〕 여자가 변하여 남자가 된다는 뜻. 여성에게는 오장(五障)이 있어 부처가 될〔깨달을〕 수 없기 때문에, 이 세상에서 혹은 정토에서 태어나 남신(男身)을 얻은 뒤에 성불(成佛)함. 『법화경』 범본(梵本)에는 "strindriyam antarhitaṃ puruṣendriyam prādurbhūtam〔女根이 없어지고 男根이 나타남〕"이라고 하였다. 『법화경』 「제바품(提婆品)」에 나온다.

변역생사 【變易生死】〔英 Mortal changes, or a body that is being transformed from mortality〕 ① 미혹(迷惑)의 세계를 여의고 윤회를 초월한 성인(聖人)의 생사. 삼계(三界)를 초월한 성인(聖人)들의 생사(生死). ②변역신(變易身)을 받는 보살(菩薩)의 생사. 보살의 몸은 원력에 따라서 변화할 수 있기 때문에, 그 명(命)이 한정이 없고 변역신을 받게 된다. ③현실세계에서 생사(生死)가 서로 바뀌는 모양.

변재 【辯才】〔英 Ability to discuss, debate, discourse〕 뛰어난 언변. 절묘하게 법과 뜻을 말하는 언변. 변설(辯舌)의 재능. 강론에 뛰어난 것. 정영(淨影)의 『화엄경소(華嚴經疏)』에, "언(言)은 능히 변(辯)이 되고, 어(語)는 능히 재교(才巧)이다. 그러므로 변재(辯才)이다."라고 하였고, 길장대사 가상의 『법화소(法華疏)』 2권에는, "신속하게 기(機)에 응(應)하는 것을 변(辯)이라 하고, 문채(文采)를 함(含)하는 것을 재(才)라 한다."라고 하였다.

변재천 【辯才天】〔梵 Sarasvati〕 대변천(大辯天)·음묘천(音妙天)·미음천(美音天)·변천(辯天)·대변재공덕천(大辯才功德天)이라고도 한다. 베다(Veda)에서는 인도 오하(五河; 펀잡) 지방의 하신(河神)으로 숭배되었는데, 나중에는 범천(梵天)의 비(妃)로 설명되었다. 음악(音樂)·변재(辯才)·재복(財福)·지혜(智慧)의 덕(德)을 갖춘 천녀형(天女形)으로, 길상천(吉祥天)과 함께 가장 많이 신앙되었다. 불교에 들어와서는 『금광명최승왕경』 「대변재천녀품(大辯才天女品)」에 상술되어, 오래전부터 조상(造像)하였다. 원래 강(江)의 여신(女神)이었으므로, 호숫가와 해변에 사당이 있다.

변정론 【辨正論】 중국 당나라 때 스님인 법림(法琳, 572-640)이 지은 호법서(護法書). 621년〔唐 高祖 武德 4〕 도교의 도사(道士)인 부혁(傅奕, 555-639)이 '불법을 폐(廢)하는 것 11조'를 상주(上奏)했을 때 법림은 『파사론(破邪論)』을 저술하여 그 실시를 중지시켰으나, 626년 부혁(傅奕)의 제자인 도사 이중경(李仲卿)이 『십이구미론(十異九迷論)』을, 유진희(劉進喜)가 『현정론(顯正論)』을 쓰는 등 도교측에서도 불교를 비난하므로, 법림은 불교의 우월성을 주장하기 위해 이 책을 지었다. 이 책은 삼교치도(三教治道)·십대봉불(十代奉佛)·불도선후(佛道先後)·석이사자(釋李師資)·십유(十喩)·구잠(九箴)·기위도본(氣爲道本)·신훼교보(信毁交報)·품조중서(品藻衆書)·출도위류(出道僞謬)·역대상승(歷代相承)·귀심유지(歸心有地)의 12편으로 구성되어 있다.

변정천【遍淨天】〔梵 subhakiṇṇa-deva, 英 The heaven of universal purity, the third of the third dhyāna heavens〕 천신의 일종. 색계 제3선천의 제3천. 이 하늘은 맑고 깨끗하며, 쾌락이 가득 찼다는 뜻으로 변정이라고 한다. 여기에 사는 천인의 키는 64유순, 수명은 64겁(劫)이라고 한다.

변제정【邊際定】 색계(色界)의 제4정려(靜慮; 禪定)을 말함. 변제(邊際; anta)는 최승(最勝)이라는 뜻으로, 제4정려는 이하의 삼정려(三靜慮)에 비하여 심(尋)·사(伺)·고(苦)·락(樂)·우(憂)·희(喜)·입식(入息)·출식(出息)의 팔재환(八災患)이 없고, 지(止)와 관(觀)이 균등(均等)하여 가장 뛰어난 정(定)이므로 변제정(邊際定)이라고 한다.

변지소연단【遍知所緣斷】 단혹(斷惑)의 4인(因)의 하나. 변지소연(遍知所緣)의 경(境)에 의하여 번뇌를 끊는 것. 견혹(見惑) 안에는 고(苦)·집(集) 이제(二諦) 아래 자계연(自界緣)의 혹(惑)과 멸(滅)·도(道) 이제(二諦) 아래 무루연(無漏緣)의 혹(惑)에 의해서 끊는다. 즉 그 번뇌가 소연(所緣)하는 경(境)의 사제리(四諦理)를 관(觀)하여 변지(遍知)하는 데 이르므로 능연(能緣)의 번뇌는 자연히 단멸(斷滅)된다.

변집견【邊執見】〔梵 antagraha-dṛṣti〕 비뚤어지고 극단적인 것에 집착하는 견해. 상견(常見)과 단견(斷見)을 말함. 변견(邊見)이라고도 한다.

변행【遍行】〔梵 sarvatra-ga〕 ①모든 곳을 향하여 움직이는 마음작용〔心作用〕. 번뇌가 특정의 대상에 제한되는 일 없이 모든 것에 널리 미쳐서 작용하는 것. 촉(觸; spaśa)·작의(作意; manaskāra)·수(受; vedanā)·상(想; saṃjañā)·사(思; cetanā)는 선(善)·악(惡)·무기(無記)의 삼성(三性)에 통하여 일체의 마음에 점차로 일어난다. 그렇기 때문에 변행(遍行)이다. ②널리 작용하는 것.

변행혹【遍行惑】 삼계(三界)와 구지(九地) 가운데 자계(自界)·자지(自至)의 오부(五部; 見道에서의 四諦의 觀行과 이를 重修하는 修道)에 넘쳐 흐르는 활동과 오부(五部)의 법(法)을 오염시키는 혹(惑; 번뇌)을 말한다. 고제(苦諦)의 진리에 미(迷)한 오견(五見; 身見·邊見·邪見·見取見·戒禁取見)과 의(疑)와 무명(無明)의 7혹(惑)과 집제(集諦)의 진리에 미(迷)한 사견(邪見)·견취견(見取見)·의(疑)·무명의 4혹(惑)이 합하여 11이 되는데, 삼계에 각각 있으므로 33혹이 된다. 98사(使) 가운데 그 밖의 것을 비변행(非遍行)의 혹(惑)이라 한다.

변화법신 【變化法身】 밀교에서 말하는 4종법신·5종법신 가운데 하나. 구제해야 할 상대가 있으면 법신을 변화시켜 구제하고, 연(緣)이 없어지면 소멸하기 때문에 변화법신이라고 한다. 여래의 법신은 중생의 종류에 응하여 여러 가지 모양으로 변하여 나타나므로 이렇게 이른다.

변화신 【變化身】〔梵 Nirmāṇika-kāya, Nirmāṇa-kāya, 英 The nirmāṇakāya, i.e. transformation-body, or incarnation-body〕 화신(化身)·화불(化佛)·화신불(化身佛)·색신(色身)·응화신(應化身)이라고도 번역한다. 삼신(三身) 가운데 하나. 이승(二乘)과 범부(凡夫)를 교화하기 위하여 성소작지(成所作智; Kṛtya anusthāna jñana)의 힘에 의하여 화현(化現)한 불신(佛身). 석가불(釋迦佛)과 같이 중생교화를 위하여 출현하는 색신여래(色身如來)를 말한다. 『섭대승론』 하권(下卷)에, "변화신〔化身〕은 법신(法身)으로써 의지(依止)를 삼는다. 도솔천에 주(住)하여 있다가 이 세상에 태어나 수도 고행 끝에 무상보리(無上菩提)를 이루어 법륜(法輪)을 굴리며 대열반(大涅槃)을 나투기 때문이다."라고 하였다.

별경심소 【別境心所】〔梵 Vibhāvanā, 英 the ideas, or mental states, which arise according to the various object. or condition toward which the mind is directed, e.g. if toward a pleasing object, then desire arises〕 변행심소(遍行心所)의 상대어. 온갖 마음에 두루 통하여 일어나지 않고, 각각 다른 경계에 대하여 일어나는 심소(心所; 마음작용). 예컨대, 즐거운 경계를 만나면 욕망심이 일어나고, 결정을 필요로 하는 상황을 만나면 승해(勝解; adhimokṣa; 뛰어난 지해)의 마음이 일어나는 것과 같다. 이 별경심소에는 욕(欲)·승해(勝解)·염(念)·정(定)·혜(慧)의 5종이 있다.

별교 【別教】 ①천태학(天台學)에서 말하는 화법사교(化法四教)의 하나. 석존이 근기가 둔한 중생들에게 '만유는 우리의 미(迷)한 소견으로 보면 현상〔事〕 면(面)에서는 차별이 있지만, 이치(理致) 면으로 보면 평등하여 차별이 없으므로, 이 미견(迷見)을 벗어나서 평등한 이치를 깨달으라.'고 가르치신 교법. 장교(藏教)·통교(通教)가 삼계 안의 좁은 세계관에 입각한 것이라면, 별교는 삼계 밖의 넓은 세계관에 위치하고, 또 차별한 사상(事象)을 평등한 이체(理體)에 돌려보내서 사리(事理)의 상즉(相卽)을 말하는 것이다. 오히려 뒤의 원교(圓教)와 같이 융통무애한 이치에는 이르지

ㅂ

못했고, 또 장교·통교·원교와는 다른 교(教)이므로 별교(別教)라고 한다. ②〔英 The 'different' teaching of the 華嚴宗〕 별교일승(別教一乘)의 약칭. 화엄종의 교판.

별교사문【別教四門】 별교(別教)에서 오직 중도(中道)의 이치에 의하여 위위지행(位位之行)을 닦는데, 4가지 문〔四門〕이 있다. 첫째는 유문(有門)으로서, 허망지색(虛妄之色)이 다하고 따로 묘색(妙色)이 있음을 관하여 불성(佛性)이라고 한다. 둘째는 공문(空門)으로서, 여래장(如來藏)도 공(空)하고 대열반(大涅槃)도 공함을 관하는 것이다. 셋째는 역유역공문(亦有亦空門)으로서, 진공(眞空)과 묘유(妙有)를 함께 관하는 것이다. 넷째는 비유비공문(非有非空門)으로서, 오직 중(中)의 이치를 관하고 사구(四句)를 여의고 백비(百非)를 끊고 언어도(言語道)가 끊어진 것이다.

별교일승【別教一乘】 2교(教)의 하나. 화엄종에서 말하는 것으로, 일승교는 삼승교와 아주 딴판이므로 이렇게 부른다. 『화엄경』에서 말한바 사사물물(事事物物)의 원융상즉(圓融相卽)을 말한 법문은 삼승교(三乘教)에서는 밝히지 못하고, 부처님의 깨달은 경계를 그대로 말한 것이기 때문에 그 교의(教義)의 입각지는 삼승과는 현격히 다르므로 『화엄경』의 법문을 별교일승(別教一乘)이라 한다.

별리수연【別理隨緣】〔英 The 理 is the 眞如 Bhūtatathatā, which one school says is different in operation, while another asserts that it is the same, for all things are the Chên-ju〕 또는 단리수연(但理隨緣)이라고도 한다. 원리수연(圓理隨緣)과 상대된다. 천태종에서 말하는 별교(別教)의 수연설(隨緣說). 본성(本性)·진리(眞理)인 진여(眞如)가 인연에 의해 만유(萬有)를 생기(生起)한다고 설하는 것. 즉 본체와 현상을 차별하여 우주를 설명하는 것이다.

별문유식【別門唯識】 총문유식(總門唯識)의 상대적인 말. 오위(五位) 각자에 대하여 유식을 주장하는 입장. 즉 심왕(心王; 마음의 본체)은 식(識) 자체이므로 유식이고, 심소(心所; 마음의 작용)는 식(識)과 상응(相應)하는 것이다. 색(色)은 식(識)의 소변(所變)이고, 불상응행(不相應行)은 식(識)의 분위(分位)이며, 무위(無爲)는 식(識)의 실체로서 식(識)을 떠난 것은 아니므로 오위(五位) 각자가 유식이라고 주장하는 것이다.

별상【別相】〔梵 Viśeṣa, 英 differentiation, difference, one of the 六相 of the Hua-yen school〕 ①만유의 각개(各個)가 서로 다른 차별한 모양. 곧 사사물물(事事物物)의 각기 다른 모양. ②총괄적인 모양인 총상(總相) 위에 있는 부분적 모양. 예를 들면, 인간은 총상이고, 어리석거나

어진 것, 가난하거나 부유한 것, 귀하거나 천한 것, 곱거나 추한 것 따위는 총상 위에 있는 별상이다.

별상삼관【別相三觀】〔英 The three views of the 別教 in regard to the absolute, the phenomenal, the medial 空假中 as separate ideas〕 3종 3관의 하나. 천태(天台) 사교(四教)의 하나인 별교(別教)의 삼관(三觀)으로서 공제(空諦)·가제(假諦)·중제(中諦)의 셋을 따로따로 관하는 것.

별신론【別申論】 대승·소승의 모든 경전 가운데서 특별히 어느 한 경전만의 뜻을 부연하여 기록한 논(論). 『대비바사론』은 부처님이 세상에 계실 때 별도로 비담설(毘曇說)을 말하였고, 『대지도론(大智度論)』은 『대반야경』의 뜻을 별도로 말한 것이고, 『십지론』은 『화엄경』의 「십지품(十地品)」을 별도로 해석한 것이므로 별신론(別申論)이라 한다.

별의의취【別義意趣】〔梵 arthāntarā-bhiprāya〕 4의취(四意趣; 平等意趣·別時意趣·別義意趣·衆生樂欲意趣) 가운데 하나. 대승경전을 듣고 깨닫는 이는 지난 세상에서 많은 부처님을 만났기 때문이라고 말함과 같은 것이다. '별도의 의미'라는 말로서, 대승법은 과거세에 여러 부처님을 만난 숙선(宿善)에 의해서만 알 수 있는 것이라는 뜻으로, 이는 교법을 존중하게 여기는 의미이다.

별접통【別接通】 별입통(別入通)이라고도 한다. 화법사교(化法四教)의 제2인 통교보살(通教菩薩) 가운데서 지혜가 수승한 이가 별교(別教)의 이해(理解)를 일으키고, 나아가 별교의 사람이 되는 것. 별교(別教)로써 통교(通教)에 접속시킨다는 뜻으로 별접통(別接通)이라 한다.

별좌【別座】 전좌(典座)라고도 한다. 부처님이나 스님들에게 공양(供養)할 반찬과 음식을 관리, 또는 만드는 일을 맡은 소임. 본래는 좌복·침구·평상 등 기구를 맡는 소임이었다.

ㅂ

별체삼보【別體三寶】 삼종삼보(三種三寶; 同體三寶·別體三寶·住持三寶)의 하나. 별개의 것으로 간주된 삼보. 대승과 소승의 삼보를 말함. 대승에서는 삼신여래(三身如來; 佛寶), 이공(二空)의 이(理; 法寶), 삼현십성(三賢十聖; 僧寶)을 삼보로 하고, 소승에서는 장륙(丈六)의 신(身)〔佛寶〕, 사제(四諦)·십이인연·생공(生空)의 교(教)〔法寶〕, 사과(四果)·연각(緣覺)〔僧寶〕을 삼보로 한다.

별해탈【別解脫】 범어(梵語) 'prātimokṣa〔波羅提木叉〕'의 의역(意譯). 신체·언어로 짓는 허물을 따로따로 방지하는 계율.

별향원수【別向圓修】〔英 The 向 of the 別, i.e. the Separatist or Differentiating School, is the 修 of the 圓 or Perfect School; i.e. when the 別教 Bodhisattva reaches the stage of the 十迴向, he has reached the 修 stage of the perfect nature and observance according to the 圓教 or Perfect School〕 십향원수(十向圓修)라고도 한다. 천태사교(天台四教)의 교판에 의한 것. 별교보살(別教菩薩)도 십회향(十廻向)의 지위에 이르면 그 닦은 바 행덕(行德)이 사(事)와 이(理)에 화융(和融)하여서 점차로 원교(圓教)의 성덕(性德)과 맞게 되므로 별향원수(別向圓修)라고 한다.

별혹 【別惑】〔英 Delusions arising from differentiation, mistaking the seeming for the real〕 삼혹(三惑) 가운데서 진사혹(塵沙惑)과 무명혹(無明惑)은 따로 보살만이 끊는 번뇌이므로 별혹이라 한다.

보개 【寶蓋】〔英 A canopy above an image or dais, decorated with gems〕 ①상륜(相輪)의 보륜(寶輪)과 수연(水煙) 사이에 있는 닫집 모양의 부분. ②보주(寶珠) 같은 것으로 장식한 천개(天蓋).

보거 【寶車】〔英 The precious cart, i.e. the one vehicle, the Mahāyāna〕 여러 가지 보배로 장엄한 대백우거(大白牛車). 『법화경』「비유품」에 나오는데, 일승(一乘)의 법(法)에 비유한 것임.

보관삼매 【普觀三昧】 관자재보살(觀自在菩薩; Avalokiteśvarabodhisattva)의 삼매(三昧). 즉 보안삼매(普眼三昧)를 말함. 이 삼매에 들어갈 때 능히 염념(念念)하는 중간에 보안(普眼)으로 두루 보아서 밝음이 구족(具足)하므로 보관삼매(普觀三昧)라고 한다.

보권 【寶卷】 당(唐)나라 때 사원(寺院)의 속강(俗講)에서 발전되어 이루어진 일종의 민간문학의 형식. 불교 고사가 많아서 인과응보를 선양하고 있다. 칠자구(七字句), 십자구(十字句)의 운문(韻文)을 사용함을 주로 하며, 간혹 산문(散文)도 사용한다. 현존하는 『향산보권(香山寶卷)』은 일반적으로 송(宋)나라 보명화상(普明和尙)의 작품으로 생각된다. 송(宋)·원(元) 이후에는 민간의 고사에서 발췌한 보권(寶卷)이 날로 유행하였으며, 민간종교는 언제나 보권의 형식으로 종교경권(宗教經卷)을 만들었다. 보권(寶卷)마다 통상 24품(品)으로 나뉘고, 경사(經詞)는 백문(白文), 개경게(開經偈), 분향찬(焚香贊)과 수경게(收經偈)를 제외하고는 모두 주운비(駐雲飛), 황앵아(黃鶯兒), 산파양(山坡羊), 안아락(雁兒落), 방장대(傍妝臺) 등의 곡패(曲牌)로 구성되고, 삼자양구(三字兩句), 사자일구(四字一句)의 방자강(梆子腔), 십자란탄조(十字亂彈調)를 사용하여 송창(誦唱)하기에 편하도록 하는 경우가 많았다. 명(明)나라 말기의 백련교(白蓮教) 계통의 무위교(無爲教), 또는 나교(羅教)·홍양교(紅陽教)·백양교(白陽教)·원돈교(圓

頓敎)·팔괘교(八卦敎) 등의 종교결사에 보권이 이용되었는데, 이들 결사의 종교가 하층사회 내지 이단적 사회집단을 배경으로 하였고, 때에 따라서는 반체제적 성격으로 돌변하는 경향을 나타내고 있어서 특히 주목되었다. 만력(萬曆, 1573-1619) 전후는 보권(寶卷) 간인(刊印)의 극성기였고, 이후로 곧장 민국(民國) 초년까지 계속 끊어지지 않았다. 그 중에서 명(明)에서 청(淸)의 도광(道光) 이전까지의 보권에는 민간종교의 경전이 많아서, 봉건조정에 의해 이단으로 간주되어 엄하게 다스려졌다. 동치(同治) 이후의 보권(寶卷)은 내용에 있어서 대부분 권선(勸善)과 고사(故事)를 말하였는데, 강소성과 절강성 일대에서 특히 유행하였다.

보당여래【寶幢如來】〔梵 Ratna-ketu〕 태장계(胎藏界) 중대(中臺) 팔엽원(八葉院) 중 동방(東方)의 존(尊)이다. 얼굴빛은 적백색(赤白色)으로 해가 처음 뜰 때의 빛이다. 보당(寶幢)은 보리심(菩提心)으로 만행(萬行)을 통솔하여 사마군중(邪魔軍衆)을 항복시키는 표지(標識)이다. 밀호(密號)는 복취금강(福聚金剛). 이는 여래가 제팔식(第八識)을 전환시켜서 대원경지(大圓鏡智)의 성취로 얻은 것인데, 이 경지(鏡智)는 일체지덕(一切智德)을 함장(含藏)하였으므로 복수(福壽)라고 한다. 왼손은 주먹을 쥐어 협(脇)에 안치(安置)하고, 오른손은 드리워 땅에 닿는다. 금강계(金剛界)에서는 아촉여래(阿閦如來)라 하고 밀호(密號)도 같다. 4종법신(四種法身) 가운데 자수용신(自受用身)이 된다.

보등삼매【普等三昧】〔梵 samantā-nugata〕 삼만다가다(三曼多伽多)라 음역(音譯)한다. 평등삼매(平等三昧)·보편삼매(普遍三昧)라고도 한다. 한량없는 여러 부처님을 동시에 뵈옵는 선정(禪定). 즉 과거·현재·미래의 여러 부처님을 동시에 뵈옵는 선정. 『무량수경』에 나온다.

보리【菩提】〔梵 bodhi, 英 from budh; knowledge, understanding, perfect wisdom〕 원어인 '보디(bo-dhi)'의 어근은 산스크리트 'budh'에서 유래한 말로서, '보리(菩提)'라 음사한다. '깨닫다'라는 의미. 석존(釋尊)이 깨달음을 얻은 뒤 그 깨달은 내용을 중생에게 설법한 것으로서, 이것이 초기불교의 성립이다. 붓다 깨달음의 근본체험, 즉 세계와 인간의 진실한 존재방식에 관한 근원적이고 완전한 인식, 즉 최상의 깨달음이라고 부르는 무상정등각(無上正等覺; anuttara-samyak-saṃbodhi; 阿耨多羅三藐三菩提)을 의미한다.

[보리(菩提)의 내용] 붓다가 깨달은 진리는 고집멸도(苦集滅道) 4제(四諦)이다. 그 외에 삼법인(三法印)·중도(中道)·연기(緣起)의 이치 등도 이야기되고 있다. 사제(四諦)는 인간의 생을 본질적으로 고(苦)라고 하는

인식〔苦諦〕에서 출발하는 개념이다. 고(苦)는 본질적으로 욕망의 갈구(渴求), 즉 갈애(渴愛; kama-tanha)에서 유래한다〔集諦〕. 이 고(苦)와 집(集)을 자각한 붓다는 자신의 경지를 갈애(渴愛)가 고요해진 열반(涅槃)의 경지임을 자각하고 난 뒤, 고(苦)와 고(苦)의 원인을 극복하려는 중생들에게 초월의 세계, 즉 고(苦)가 멸(滅)한 열반의 세계를 제시한다〔滅諦〕. 그리고 이 멸(滅)에 이르는 수행방법으로 중도(中道)인 팔정도(八正道)가 제시되었다. 이 팔정도는 갈애를 소멸시키고 열반을 성취하기 위한 방법론인 동시에 실천철학이다. 이 팔정도는 오늘날 우리 모두에게도 적용될 수 있는 가르침이다.

보리달마사행론 【菩提達磨四行論】 중국 선종(禪宗)의 개조인 보리달마(菩提達磨, ?-536)의 사상을 설명한 것으로, 『선문촬요(禪門撮要)』·『소실일서(小室逸書)』에 수록되어 있다. 이입사행론(二入四行論) 항목을 참조할 것.

보리도등론 【菩提道灯論】 논서(論書). 인도의 고승 아티샤(Atiśa, 982-1054)가 용수(龍樹)·무착(無着)·불타발타라(佛馱跋陀羅) 등 각가(各家)의 학설을 모아 만들었다. 모두 69송(頌) 반(半)으로 되어 있고, 불교 수습(修習)의 총 과정을 천술(闡述)하고, 수습법의 요의로 삼사도(三士道)의 수행차례를 강조하고 있다. 『보리도거론(菩提道炬論)』이라고도 한다.

보리도량 【菩提道場】 ①보살이 성도한 곳. 또는 성도를 얻으려고 수행하는 곳. ②석가모니가 도를 닦아 처음으로 깨달음을 얻은 보리수 아래의 금강좌.

보리도차제론 【菩提道次第論; Byaṅ-chub lam-gyi rim-pa】 티베트불교 황모파(黃帽派)의 개조(開祖)인 쫑카파(Tson-kha-pa, 1357-1419)가 지은 것으로, 황모파의 근본 성전(聖典)으로 사용되고 있다. 모두(冒頭)에서 12세기 티베트로 들어온 인도인 아티샤한테 받아 이은 교리의 정통성과 수학(修學)의 마음가짐을 말하고, 본론으로 들어가서는 수학자(修學者)의 단계를 상·중·하의 3사(士)로 나누어 각기 그 단계에서 배워야 할 도(道)로서 인천승(人天乘), 성문(聲聞)·연각(緣覺)의 이승(二乘) 및 대승(大乘)의 가르침을 설한다. 그리하여 대승도(大乘道)인 상사(上士)의 길을 6바라밀의 수습, 특히 최후의 선정(禪定)과 지혜(智慧)에서 찾아내고, 인도불교의 중관파와 유가행파〔유식파〕 2가지 설의 기본으로서 『반야경』의 현관설(現觀說)을 중시하여, 이것을 마지막이자 최상의 단계라고 한다. 결론으로는 밀교〔金剛乘〕에의 도입(導入)을 말하고 있다.

보리류지 【菩提流支; Bodhiruci】 중국 남북조시대의 역경승(譯經僧). 도희(道希)·각희(覺希)라 번역한다. 중국 지론종(地論宗)의 조(祖). 북인도 사람으로, 경·율·론 삼장에 정통하였다고 전한다. 선무제 영평 1년〔508〕에 낙양에 와서, 왕의 명으로 영녕사(永寧寺)에 머물면서 『금강반야경』·『입능가경』·『십지경론』·『열반론』 등 39부 127권의 경론(經論)을 번역했다. 또 담란에게 『관무량수경』을 전수(傳授)하여, 뒤에 정토교를 홍통(弘通)케 하였다.

보리살타 【菩提薩埵】〔梵 Bodhisattva, 英 Bodhisattva, a being of enlightenment〕 보리삭다(普提索多)·모지살달박(冒地薩怛縛)이라고도 쓴다. 줄여서 보살(菩薩)이라고 함. 각유정(覺有情)·개사(開士)·대사(大士)·고사(高士)·대심중생(大心衆生)·시사(始士)라고 번역한다. 깨달음을 얻으려고 수행하는 자, 혹은 일반적으로 대승불교에 귀의한 자, 큰 서원을 세우고 육바라밀을 수행하며 상구보리(上求普提) 하화중생(下化衆生)을 추구하는 자, 삼아승기(三阿僧祇) 겁(劫)의 긴 세월에 자리이타(自利利他)의 행(行)을 닦아 51위(位)의 수행 계단을 지나 드디어 불과(佛果)를 증득하는 자, 대승에서는 성불하는 것을 목적으로 하므로 재가(在家) 출가(出家)를 막론하고 대승불교의 가르침을 수행하는 자를 모두 보살(菩薩)이라고 한다. 보살 항목 참조.

보리수 【菩提樹】 ①나무 이름. 붓다가 이 나무 아래에서 깨달았다고 하여 보리수라고 함. ②고려시대에, 화엄교학(華嚴敎學)을 강설(講說)하는 데 쓰던 의기(義記)의 하나. 『균여전(均如傳)』 4, 입의정종분(立義定宗分)에 나온다.

보리심 【菩提心】〔梵 bodhi-citta, 英 The mind for or of bodhi; the mind that perceives the real behind the seeming, believe in moral consequences, and that all have the Buddha nature, and aims of Buddhahood〕 위로는 보리(菩提; 깨달음)를 구하고, 아래로는 중생(衆生)을 교화하려는 마음. 깨달음〔보리〕을 추구하는 마음. 이 마음의 내용은 "한없는 중생을 다 제도하리라〔衆生無邊誓願度〕, 끝없는 번뇌를 다 끊으리라〔煩惱無盡誓願斷〕, 한량없는 법문을 다 배우리라〔法門無量誓願學〕, 위없는 불도를 모두 다 증득하리라〔佛道無上誓願成〕."라고 하는 네 가지 큰 서원〔四弘誓願〕을 세우고 그것을 성취하려는 마음이다.

보림 【保任】 보호임지(保護任持)의 뜻. 깨친〔頓悟〕 이후에 지혜를 닦는 과정. 또는 깨달은 것을 더욱 연마, 단련시키는 과정. 공부인(工夫人)이 진리를 깨친 후, 안으로 자성(自性)이 요란하지 않게 잘 보호하고, 밖으로는 경계에 부딪쳐도 유혹당하지 않게 잘 지켜 나가는 것을 말한다. 보임이라고 부르기도 함. 점수(漸修)와 같은 뜻.

보림전 【寶林傳】 중국 당(唐)나라 때 스님인 지거(智炬)가 불조(佛祖)의 전등(傳燈) 차례를 기록한 책. 10권. 이것이 선가(禪家) 전등록(傳燈錄)의 시초이다. 801년〔唐 정원 17〕 지거(智炬)가 칠불(七佛) 28조(祖)의 게송을 가지고, 조계(曹溪)에 가서 승지(勝持)삼장과 함께 참고·보정(補訂)하였는데, 당(唐)의 여러 종사(宗師)의 전법기연(傳法機緣)을 아울러 기록하고 절 이름을 따서 『보림전(寶林傳)』이라고 하였다. 「부법장인연전(付法藏因緣傳)」에는 칠불(七佛)과 여러 조사(祖師)의 전법게(傳法偈)가 없고 제7조 바수밀(婆須密)의 이름을 싣지 않았는데, 이 책에서 비로소 기록했다. 그 뒤부터 선종사(禪宗史)를 기록하는 이들은 모두 이것에 의거했다. 선종 28조(祖)설을 처음으로 주장한 책. 하지만 이 책에는 의심할 만한 것이 많다. 따라서 대부분 명교계숭(明橋契崇)이 지은 『전법정종기』 11권 이후의 책들을 쓰고 이 책은 신용하지 않았다.

보문품【普門品】〔梵 samanta-mukha-parivarta〕「관세음보살보문품(觀世音菩薩普門品)」을 줄여서 부르는 말. 『법화경』 38품(品) 가운데 제25품 관음보살을 위하여 보문원통(普門圓通)의 덕(德)을 설한 것이므로 「보문품(普門品)」이라 이른다. 33신(身)을 시현(示現)하여 널리 일체중생이 불도(佛道)에 원통(圓通)하도록 한 것이다.

보살【菩薩】〔梵 bodhisattva〕 범어(梵語) 'bodhisattva'를 음사(音寫)하여 보리살타(菩提薩埵)라 하는데, 줄여서 보살(菩薩)이라 한다. 보디(bodhi; 菩提)는 붓다(buddha; 佛陀)와 같은 어원(語源)인 'budh'에서 나온 것으로 '깨침'을 의미하는 말이고, 삿트바(sattva; 薩埵)는 'as'에서 만들어진 '존재(存在)·유(有)' 등을 나타내는 말이다. 현장(玄奘, 602-664) 이전의 한역(漢譯)에서는 보통 '중생(衆生)'이라고 번역하였다. 또 옛날에는 '개사(開士)·각유정(覺有情)'이라 번역되기도 했는데, 보살이란 용어는 구마라집(鳩摩羅什; Kumārajiva, 343-413)에 의하여 사용되었다고 한다. 또 인도에서 중국에 불전(佛典)이 전해질 때 음(音)의 변화가 생겨서 'bodhi-sattva'가 'bot sat'로 되고, 그것이 보살로 번역된 것이라고 하는 설도 있다. 보살이란 말은 불교에서 쓴 독자적인 용어로, 『자타카(*Jātaka*)』를 포함한 광의(廣義)의 불전문학(佛傳文學) 계통에서 나온 것으로 생각된다. 『논사(論事)』나 『발지론(發智論)』 등에 보살이 언급되어 있는 것으로 보아 B.C.2세기에는 보살의 관념이 있었던 것으로 보인다. 이 어의(語義)에 대해서는 '보리(菩提)를 구하고 있는 유정(有情; 중생)', '위로는 보리를 구하고 아래로는 중생을 구제하는 사람', '깨달았지만 (중생제도를 위하여) 아직은 중생세계에 있는 사람' 등 여러 해석이 있다. 히라카와 아키라(平川 彰)는 보살 관념의 출현을 연등불이 과거세에 바라문이었던 석존에게 성불의 예언〔授記〕을 주었다고 하는 자타카〔본생담〕 가운데 연등불 수기(授記)에서 구하고, 수기를 얻은 것과 얻지 않은 것을 구별할 필요성 때문에 보살이란 말이 만들어졌다고 한다. 부파불교에서는 석존의 성도(成道) 이전의 수행시대와 과거세 전생 때 보살로서의 석존 등에서 나온 말이라고 생각하지만, 모두 불타(佛陀)가 정각(正覺)을 이루기 이전에 부른 이름이다. 불타 전기(佛傳)에는 석가보살이 3아승지겁의 수행을 행하고 십지(十地)의 위(位)에 올라서 일생보처(一生補處; 다음 생에는 성불한다는 뜻)에 이르고, 다음 생에 성불하는 것을 적고 있다. 이에 대하여 대승경전에 등장하는 보살은 신앙의 대상으로서의 대보살(大菩薩)을 빼면 거의 일반인이라고 생각되고 있다. 대승에서 보살은 중생구제를 위한 보살로 전개되어, 위로는 보리를 구하고 아래로는 중생을 교화한다. 특히 자기 자신을 제도하기 전에 먼저 타인을 제도한다〔깨닫게 한다〕고 하는 이타행으로서의 보살행이 강조되고 있다. 한편 보살이란 명칭은 대승 논사(論師)의 칭호로서도, 혹은 중국 역경승(譯經僧)이나 고승의 존칭으로도 쓰였다. 오늘날 한국에서는 일반적으로 여성 불자들을 '보살', '보살님'이라고 부른다. 이것은 우리나라에서만 그렇게 부르고 있는데 언제부터, 왜 그렇게 부르게 되었는지 정확히는 알 수 없다. 여성 불자들이 '자비심이 많기 때문에' 또는 보시를 많이 하기 때문에 그렇게 되었다는 설이 있다.

보살계【菩薩戒】〔梵 bodhisattva-saṃvara, 英 The rules are found in the sūtra of this name, taken from the 梵網經〕 대승의 보살들이 받아 지니는 계율. 통틀어서 삼취정계(三聚淨戒; Śilam-trividhaṃ)를 말한다. 범망위종(梵網爲宗)과 유가품승(瑜伽稟承)의 2류(類)가 있다. 범망위종(梵網爲宗)은 『범망경』에 의하여 수계(受戒)하는 것으로, 계상(戒相)은 그 경에서 말한 십중대계(十重大戒)와 48경계(輕戒)로서, 삼취정계 가운데 섭률의계(攝律儀戒; sabhara-śi-lam)에 해당한다. 유가품승(瑜伽稟承)은 『유가사지론』의 보살지품인 『선계경』에 의한 것으로서, 섭률의계는 소승비구가 받아 지니는 250계이다.

보살계위【菩薩階位】 보살이 처음에 보리심을 일으켜서 수행의 공을 쌓아 불과(佛果; buddhaphala)에 이르기까지의 계위(階位). 경론마다 차이가 좀 있다. 예컨대, 발심(發心) 등 십주설(十住說)이 보살의 모든 계위를 나타내 보인 것처럼 생각되었지만, 후세에 와서는 계위설(階位說)에 역사적인 발전이 있었던 것 같다. 예전부터『영락본업경』의 52위설이 그 명의(名義)도 정비되고 그 위차(位次)에도 결함이 없다고 하여 널리 인용되었다. 52위란 십신(十信)·십주(十住·十解)·십행(十行)·십회향(十廻向)·십지(十地)·등각(等覺)·묘각(妙覺) 등을 가리킨다.

보살도【菩薩道】〔梵 bodhisattva-carī〕 깨달음을 구하는 보살이 닦을 길. 보살행을 말한다. 별교법(別敎法)에 있어서는 보시·지계·인욕·정진·선정·지혜의 6바라밀을 설하고, 52위(位)를 수행단계를 거쳐 오랜 세월 동안 수행하지 않으면 안 된다고 말하였다.

보살마하살【菩薩摩訶薩】〔梵 Bhodhisattva Mahāsattva〕 ①보살에 대한 극존칭으로 위대한 보살이라는 뜻. ②보살에는 많은 계위(階位)가 있으므로, 그 가운데 십지(十地) 이상의 보살을 표시하기 위하여 다시 마하살이라 한 것.

보살법【菩薩法】〔梵 bodhisattva-caryā〕 보살의 실천. 생사(生死)에 머물지 않고 열반에도 머물지 않는다고 하는 것. 보시(布施)·지계(持戒) 등 육바라밀(六波羅蜜; ṣat-pāramitā)을 가리킨다.

보살승【菩薩乘】〔梵 bodhisattva-yāna, 英 One of the 'five vehicles'〕 삼승(三乘)·오승(五乘)의 하나. 성불을 목적으로 보살들이 수행하는 육바라밀 등의 법문. 이 법문은 보살로 하여금 번뇌의 세계를 벗어나 깨달음에 이르게 하므로 이렇게 부른다. 그러므로 보살의 기류(機類)를 바로 보살승(菩薩乘)이라고 한다.

보살영락본업경【菩薩瓔珞本業經】 중국 요진(姚秦) 때에 축불념(竺佛念)이 번역. 줄여서 『영락본업경』·『영락경』·『본업경』이라고도 한다. 보살이 수행할 계차(階次)인 본업영락의 42현성(賢聖) 행위를 밝힌 것이다. 상권에는 제1 집중품(集衆品), 제2 현성명자품(賢聖名字品), 제3 현성학관품(賢聖學觀品)이 실려 있고, 하권에는 제4 석의품(釋義品), 제5 불모품(佛母品), 제6 인과품(因果品), 제7 대중수학품(大衆受學品), 제8 집산품(集散品) 등이 실려 있다. 이 경전의 42현성은 『60권화엄경』에 의한 것으로 보인다. 왜냐하면 대중수학품(大衆受學品)의 끝부분에 『화엄경』의 7처(處) 8회(會)의 설법처와 말씀하신 가르침을 싣고 그 법문을 들은 자는 모두 육입(六入) 명문(明門)에 들었다고 말하고, 그 후에 제8회(會)의 설법이 있어 동일한 6입 명문을 설한다고 말하기 때문이다. 그러나 각 계위에 있는 보살의 심행(心行)의 내용에 이르러서는 화엄에만 구애되지 않고 자유롭게 이를 보완하고 있다. 부분적으로 말하자면 이 경전은 『보살본행경』·『법망경』·『인왕반야경』·『보살지지론』·『우바새계경』 등과 뗄 수 없는 관계를 가지고 있다. 이 경전은 육조시대에는 전파된 흔적이 전혀 없다. 전하기로는 수(隋)나라의 천태(天台, 538-597)대사가 이 경전에 주목한 최초의 사람이다. 그는 경문을 상당히 익숙하게 인용하여 자신의 학설을 전개하고 있다. 주석서로는 원효(元曉, 617-686)의 소(疏) 하권만이 전해지고 있다. 일본 ≪속장경≫ 제61책에 수록되어 있는데, 「현성학관품(賢聖學觀品)」의 제9 관심(觀心)으로부터 경(經)의 마지막까지를 주석하고 있다. 의천(義天)의 『신편제종교장총록』 제2, 해동유본견행록(海東有本見行錄)에 따르면 이 소(疏)는 원래 3권이었다고 한다.

보살오지 【菩薩五智】〔英 The five fold knowledge of the Bodhisattva〕 통달지(通達智)·수념지(隨念智)·안립지(安立智)·화합지(和合智)·여의지(如意智)를 가리킨다. 통달지는 능히 꿈을 깨어 제법(諸法)을 통달하는 지혜이며, 수념지는 능히 과거사(過去事)를 기억하여 잊지 않는 지혜이고, 안립지는 능히 오행(五行)을 건립(建立)하여 다른 사람을 시켜 수습(修習)하는 지혜이며, 화합지는 일체법(一切法)을 관하여 인연을 따라 화합하는 지혜이고, 여의지는 뜻대로 만족치 아니함이 없는 지혜를 말하는 것이다.

보살정성 【菩薩定性】 유식종에서 말하는 오성(五性) 중의 하나로, 본래부터 부처가 될 종자(種子)를 갖춘 이를 보살정성(菩薩定性)이라 한다.

보살지 【菩薩地】 통교(通敎) 10지(地)의 제9. 불과인행(佛果因行)을 닦는 자리를 말하는 것.

보살지지경 【菩薩地持經】〔梵 bodhisattva-bhūmi, 西 rnal-ḥbyor spyod-pahi sa las byaṅ-chub-sems dpaḥi sa〕 중국 북량(北涼)시대에 담무참(曇無讖, 385-433)이 번역함. 10권. 줄여서 보살지경(菩薩地經), 보살지지(菩薩地持), 지지경(地持經)이라고도 한다. 『유가사지론(瑜伽師地論)』의 보살지(菩薩地) 부분인 제35권부터 제56권까지의 내용을 초역(抄譯; 발췌 번역)한 것이다. 전체 내용은 3단(段) 총 27품으로 이루어져 있는데, 보살지의 여러 수행방법과 그 공덕을 말하고 있다.

보살행 【菩薩行】〔梵 bodhisattva-caryā, 英 The way or discipline of the bodhisattva, 自利利他, i.e. to benefit self and benefit others, leading to Buddhahood〕 부처가 되기를 목적으로 하는 수행으로서 자리(自利)·이타(利他)가 원만(圓滿)한 대행(大行). 곧 육바라밀(六波羅蜜) 등을 실천 수행하는데, 그 가운데서도 자비가 특징이다.

보생불 【寶生佛】〔梵 Ratna-saṃbhava, 英 Ratnasaṃbhava, one of the five Dhyāni-Buddhas, the central figure in the soutern 'diamond' maṇdala. The realm of subhūti on his becoming Buddha〕 오지여래(五智如來)의 하나. 금강계만다라팔엽연대(金剛界曼荼羅八葉蓮臺)의 남방월륜(南方月輪)의 중앙에 위치한 부처님. 대일여래(大日如來)의 평등성지(平等性智)로부터 나온 보(寶)·광(光)·당(幢)·소(笑)의 네 금강보살(金剛菩薩)의 일체 재물과 보배를 맡은 부처님이라 한다. 보생여래(寶生如來)·보생(寶生)이라고도 한다.

보설【普說】선종에서 행했던 설법(說法)으로 널리 정법(正法)을 설한다는 뜻. 선종 사찰에서 대중들에게 행했던 법문을 말하는데, 상당법문이 정형화된 법문이라면 이것은 많은 대중들을 상대로 진행되는 강설(講說) 성격의 법문임. 송대(宋代)에 시작되었다.

보성론【寶性論】〔梵 Ratngotravibhāga Mahāyānottaratantraśāstra〕『보성분별대승최상요의론(寶性分別大乘最上要義論)』이라고도 한다. 인도 대승불교의 여래장(如來藏; tathagata-garbha) 사상을 설명한 대표적 논저. 이 책은 1. 여래장장(如來藏章), 2. 보리장(菩提章), 3. 공덕장(功德章), 4. 불업장(佛業章), 5. 칭찬공덕장(稱讚功德章)으로 구성되어 있다. 티베트전(傳)에서는 통칭으로 『웃타라탄트라(*Uttaratantra*)』라고 부른다. 티베트에서는 송(頌)이 미륵(彌勒)의 작, 산문의 주석이 무착(無着)의 작이라고 전하는데, 중국에서는 전체가 사라마티(sāramati; 堅慧) 작(作)인 것으로 보고, 성립 연대도 4세기 말에서 5세기 초로 본다.

보승여래【寶勝如來】시아귀법(施餓鬼法)에 있어서 보생여래(寶生如來)를 보승여래(寶勝如來)라고 한다.

보시【布施】〔梵 dāna, 英 The sixth pāramita, alms giving, i.e. of goods, or the doctrine, with resultant benefits now and also here after in the forms of reincarnation, as neglect or refusal will produce the opposite consequences〕 베풀어 주는 것. 부자가 가난한 자에게 재물을 베풀어 주고, 마음이 부(富)한 자가 마음이 가난한 자를 가르치고 깨치게 하는 것. 대승불교에서 깨달음을 성취하는 덕목인 6바라밀 가운데 하나로서, 맨 처음에 열거되고 있다. 이 보시의 행위는 아마 인류의 역사와 함께 선(善)으로 인식되어 장려되었기 때문에 여러 종교에 공통되는 덕목이다. 이미 우파니샤드에서부터 바라문들이 베다학습·제사·보시·고행·단식 등의 수양에 의하여 아트만을 알고 무니(muni; 성자)가 되게끔 노력한다는 취지의 기술(記述)이 있는데, 이것이 힌두교에 와서 사주기설(四住期說)과 관련하여 설명되었다. 곧 가주기(家住期)에는 제사와 보시가 의무로 되어 있고, 임주기(林住期)에는 고행·단식을 행하여 아트만을 안다고 하는 것으로 정착되었다. 바라문교에서는 제사를 통하여, 보시에 의해서 바라문을 만족시킴으로써 신들의 은총을 받고 천상(天上)에 태어날 수 있다고 가르친다. 특히 죄업과 악몽을 없애고 장수(長壽)를 얻기 위해서 하는 가장 중요한 보시를 대보시(大布施)라 부르는데, 자기 몸무게만큼의 황금이나 소〔牛〕 천 마리, 땅, 여자 노예나 젊은 처녀 등을 바친다. 자이나교에서도 업멸진(業滅盡)의 불가결한 방법의 하나로서 보시를 들고 있는데, '보시〔施與〕는 자타(自他)의 이익을 위하여 자물(自物)을 베푸는 것이다.'라고 규정한다. 석존도 널리 사람들에게 보시할 것을 권장했다. 그는 불제자나 빈궁한 사람들에게 의식(衣食) 등을 보시하면 좋은 큰 결과가 얻어진다고 설하였다. 특히 『심지관경』에서는 주는 자와 받는 자와 주는 물건의 삼자(三者)가 청정하여 공(空)한 상태가 되지 않으면 안 된다고 하여 보시가 무탐(無貪)·무착(無着)·청정(淸淨)을 본질로 해야 함을 나타냈다. 보시에는 재시(財施; 재물을 보시함)와 법시(法施; 법을 설함; 가르침)의 2시(施)와 여기에 무외시(無畏施; 공포·두려움을 없애 줌)를 더하여 3시(施)가 있는데, 이 외에도 4시·9시·10시 등의 분류가 있다. 이 보시는 육념(六念; 念佛·念法·念僧·念戒·念天·念施)의 하나이며, 사섭법의 하나이며, 육바라밀(六波羅蜜; 布施·持戒·忍辱·精進·禪定·智慧)의 하나로 되어 있다.

보시바라밀 【布施波羅蜜】 6바라밀 가운데 하나. 보시를 통하여 깨달음에 이름. 보시 항목을 참조할 것.

보신 【報身】〔梵 saṃbhoga-kaya〕 삼신(三身)의 하나. 수행을 통하여 지은 한량없는 원(願)과 행(行)의 결과로 얻어진 만덕(萬德)이 원만(圓滿)한 불신(佛身). 즉 깨달음을 성취한 것, 깨달아 부처가 된 것을 말한다. 보신에는 보통 자수용보신(自受用報身)과 타수용보신(他受用報身)의 2종이 있다. 자수용보신은 증득한 법열(法悅)을 자기만 느끼고 다른 이와 함께하지 않는 것을 말하고, 타수용보신은 다른 이도 같이 이 법열을 받을 수 있게 하는 것, 즉 중생을 제도하는 것을 말한다.

보신불 【報身佛】 삼신불(三身佛; 法身佛·化身佛·報身佛) 가운데 하나. 보신 항목 참조.

보왕삼매 【寶王三昧】〔英 The King of Treasures samādhi, achieved by fixing the mind on Buddha〕 염불삼매(念佛三昧)를 아름답게 표현하는 말. 염불은 여러 가지 삼매 가운데에서도 지극히 보배롭기 때문에 이렇게 말한다.

보요경 【普耀經】〔英 Lalitavistara-sūtra〕 중국 서진 때에 축법호(竺法護; Dharmarakṣa)가 308년에 번역. 8권. 『방등본기경』이라고도 한다.

석존의 탄생으로부터 출가·행도(行道)·항마·성정각(成正覺) 그리고 초전법륜까지의 사적을 설한 경전. 논강신품에서 촉루품까지 30품으로 되어 있다. 다른 번역으로는『방광대장엄경(方廣大莊嚴經; 唐나라 때 地婆訶羅가 683년에 번역함)』이 있고, 범본(梵本)은 1877년 미도라가 번역한 것과 1902년 레후만이 번역한 것이 있다. 한편 후고는 1848년에 서장본을 프랑스어로 번역하였는데, 1892년에는 다시 범본에서 번역하였다. 쟈바의 보르브돌 옛터에는 이 경에서 말한 것을 그림으로 그려 돌에 새긴 것이 있다.

보우【普雨, 1515-1565】조선 중종·인종·명종 때의 고승. 호는 허응당(虛應堂)·나암(懶庵). 15세에 금강산 마하연암에서 삭발한 뒤, 주로 금강산 주위의 각 사암(寺庵)에서 참선과 경학(經學) 연구에 전심했다. 강원감사 정만종의 천거로 문정왕후의 신임을 얻어 1548년〔명종 3〕봉은사 주지가 되었고, 1550년〔명종 5〕선교(禪敎) 양종을 부활시켰다. 1551년 선종판사가 되어 윤원형 등과 합심하여 3백여 사찰을 국가공인 정찰(淨刹)로 하고, 도첩제(度牒制)에 따라 2년 동안 4천여 명의 승려를 뽑는 한편, 승과(僧科)를 실시했다. 이후 춘천 청평사 주지로 있다가 1559년〔명종 14〕다시 봉은사 주지가 되었는데, 나중에는 도대선사(都大禪師)에까지 올랐다. 1565년〔명종 20〕문정왕후가 죽자 잇따라 배불상소(排佛上疏)가 나오고, 유림(儒林)들의 기세에 밀려 승직(僧職)을 삭탈당하고 제주도로 귀양 갔는데, 당시 제주목사였던 변협(邊協)에게 살해당했다. 선승(禪僧)인 그에게 있어서 선(禪)이란 실아실법(實我實法)에 집착하고 있는 능소심경(能所心境)을 능단(能斷)하고 돈료무아(頓了無我)하여 본자원명(本自圓明)한 자심(自心)만 오료(悟了)한다면, 무생법인(無生法忍)을 얻어 불과(佛果)를 증득할 수 있다는 것이다. 선법(禪法)으로는 남악선사의 선법을 좋아한 것으로 보인다. 교관(敎觀)에서는 '교시제불어(敎是諸佛語)'·'경시성불지정로(經是成佛之正路)'라 하며, 경전 중에서도 일승원돈(一乘圓頓)의 묘전(妙典)이요, 중교(衆敎)의 강종(綱宗)인『화엄경』을 최고 경전으로 보았는데, 이로써 그의 불교관이 성립되었다. 보우의 일정론(一正論)은, 유교의 모든 사상을 화엄 일리상(一理上)에 융섭하고, 여기에 다시 선미(禪味)를 가하여 이루어진 것인데, 이러한 것들로 그의 유불융합사상(儒佛融合思想)을 알 수 있다. 저서로는『허응당집(虛應堂集)』·『선게잡저(禪偈雜著)』가 있다.

보응【報應】〔英 Recompense, reward, punishment〕①인과의 법칙에 따라서, 은혜를 입으면 갚고 은혜를 베풀면 받게 되는 것. ②진리에 대한 기도의 정성을 쏟으면 쏟는 만큼 진리의 응답이 있다는 것. ③법신·보신·응신의 삼신(三身) 가운데 보신(報身)과 응신(應身)을 말한다.

보인삼매 【宝印三昧】 제법실상(諸法實相; tattvasya laksana)을 관(觀)하여 제법무아(諸法無我), 제행무상(諸行無常), 열반적정(涅槃寂靜)의 삼법인(三法印; Tridharma-laksana)을 몸소 얻은 삼매.

보적경 【寶積經】〔梵 maharatnakuta-sūtra〕 경전의 하나. 보물을 쌓아 놓은, 즉 법보(法寶)의 누적이라는 뜻을 가진 경전으로, 보통 원명에 따라 『대보적경』이라고 한다. 120권으로 편집되어 있는데, 단독경이 아니라 여러 경(經)들을 모아서 편집한 혼합경이다. 당(唐)나라 때에 보리류지(菩提流支)가 왕명으로 그 당시까지 유포되었던 경전들을 모아서 이미 번역되어 있던 23권과 뜻이 통하지 않는 것을 다시 번역한 15권과 아직 번역되지 않은 12권을 번역하여 편집한 것으로, 주로 보리류지가 번역했다. 하지만 축법호(竺法護, 231-308)·의정(義淨, 635-713)·달마급다(達摩笈多, ?-619) 등 명성 높은 번역가들의 한역(漢譯) 부분도 많은 양을 차지하고 있다. 이 『보적경』 120권은 49회 77품으로 되어 있는데, 매 회는 엄밀한 의미에서는 보살의 실천덕목·보리심의 행위 등을 주제로 하였다.

보조지눌 【普照知訥, 1158-1210】 고려 명종·신종·희종 때의 선승. 속성은 정(鄭)씨, 자호(自號)는 목우자(牧牛子)이며, 황해도 서흥 사람이다. 8세에 출가하여 조계(曹溪)의 종휘(宗暉)에게 득도(得度)·수학(修學)하였다. 명종 12년〔1182〕 25세에 승과(僧科)에 합격한 후, 얼마 되지 않아서 남유(南遊)하여 창평 청원사에서 머물렀다. 여기서 『육조단경』을 읽다가 '진여자성(眞如自性)이 한 생각을 일으키므로 인하여 육근이 비록 견문각지(見聞覺知)하더라도 진여자성은 만상(萬像)에 물들지 않고 항상 자재(自在)하다.'는 구절에서 깨친 바가 있었다. 또한 명종 15년〔1185〕에 하가산 보문사에서 이통현(李通玄, 646-740)의 『화엄론』을 깊이 연구하고, 마음을 원돈관문(圓頓觀門)에 두었다. 때마침 득재(得才)가 팔공산 거조사에서 청(請)하였으므로 그곳으로 가서 정혜사(定慧社)를 조직하고, 제종(諸宗)의 고승들을 널리 맞아들여 습정균혜(習定均慧), 즉 정혜쌍수의 정진을 함께하니, 따르는 자가 많았다. 거조사는 좁고 대중의 수도처로는 적합하지 않아 순천 송광산 길상사로 정혜사를 옮기기로 하고 신종(神宗) 원년〔1198〕 그곳으로 가는 도중 지리산 상무주암에 머물면서 마음을 닦는 한편 외연(外緣)을 끊어 마음의 근원을 밝혔는데, 어느 날 『대혜어록(大慧語錄)』의 "선(禪)은 고요한 곳〔靜處〕에도 있지 않고, 또한 시끄러운 곳에도 있지 아니하며, 일용응연처(日用應緣處)에도 있지 않고 사량분별처(思量分別處)에도 있지 않다." 는 구절에서 문득 크게 깨달은 바가 있었다. 신종 3년〔1200〕에 길상사로 옮겨서 11년 동안 청중을 거느리고 법을 설하며 선(禪)을 닦게 하자, 사방에서 많은 이들이 모여들었다. 수행자들에게 『금강경』을 지송(持誦)하도록 항상 권하였고, 법을 세우고 의(義)를 말할 때는『육조단경』을 전거(典據)하였으며, 또한 이통현의 『화엄론』과『대혜어록』을 매우 중시하였다. 그리고 성적등지문(惺寂等持門)·원돈신해문(圓頓信解門)·간화경절문(看話徑截門)의 3문(門)을 열어 대중을 교화하니, 이에 의하여 수행하고 따르는 자가 많았으며, 선학(禪學)의 성함이 근고(近古)에 비할 수 없었다. 억보산의 백운암·적취암, 서석산의 규봉암·조월암은 모두 지눌이 창건한 사찰이며, 그가 수선(修禪)했던 도량이다. 희종 6년에 52세로 세상을 떠나자 희종이 불일보조국사(佛日普照國師)라는 시호를 내렸다. 저술에는『정혜결사문(定慧結社文)』·『계초심학인문(誡初心學人文)』·『수심결(修心訣)』·『진심직설(眞心直說)』·『원돈성불론(圓頓成佛論)』·『간화결의론(看話決疑論)』·『염불요문(念佛要門)』·『화엄론절요(華嚴論節要)』·『법집별행록절요병입사기(法集別行錄節要幷入私記)』 등이 있으며, 문하(門下)에는 혜심·정선·수우·충담·담령·곽조·몽선·인민·정성 등 제자가 많았다. 최근 그의 저술 가운데 『진심직설』은 보조지눌의 저술이 아니라는 견해가 제시되었다.

보처보살【補處菩薩】장래 부처님이 되어 앞의 부처님의 위(位)를 보충해야 할 보살.

보처삼매【寶處三昧】〔英 The samādhi of the precious place, the ecstatic trance of Śakyamuni by which he dispensed powers and riches to all beings〕석가세존의 삼매. 세존이 이 삼매에서 천부팔부(天部八部)의 제3원의 제중(濟衆)을 화현(化現)해서 공덕의 재보를 일체에 베풀므로 보처삼매라 한다.

보청【普請】널리 청한다는 뜻. 선종 사찰에서 행하는 노동으로서, 오늘날 사찰에서 말하는 울력과 같은 말이다. 다른 말로는 작무(作務)라고 하는데, 보청은 4조도신과 5조홍인 때부터 시작되었지만, 선원청규에서 제도로서 구체화한 것은 백장회해로부터 시작되었다.

보토【報土】〔英 The land of reward, the Pure Land〕(1) 불정토(佛淨土)의 하나. 보살이 세운 서원(誓願)이 완성될 때 보살은 그 나름의 서원에 따라 독자적인 불(佛)이 될 수가 있다. 그 불(佛)이 주(住)하는 곳을 말한다. 보신(報身)의 정토(淨土).

(2) 아미타불이 본원(本願)의 성취에 의해서 세운 정토. 아미타불의 원(願)·행(行)의 결과로 나타난 세계.

(3) 중생이 자기의 업보로써 태어난 국토.

보특가라【補特伽羅】〔梵 Pudgala, 西 gaṅ zag〕 범어 푸드갈라(Pudgala)의 음역. 사람. 개체. 생명(生命)·존재(存在) 등을 뜻하는데, 아트만의 일종이다. 부파불교 가운데 독자부에서는 이 보특가라〔푸드갈라〕가 윤회의 주체라고 주장했다. 푸드갈라 항목 참조.

보현보살【普賢菩薩】〔梵 Samantabhadra, 西 byaṅ chub sems dpaḥ sems dpaḥ chen po kun to bzaṅ po〕 삼만다발타라(三曼多跋陀羅)라고 음역되는데, '넓게 뛰어남'이라는 뜻이 있으므로 편길보살(遍吉菩薩)이라고 한역하기도 한다. 경전에서는 문수보살(文殊菩薩; Mañjuśri)과 함께 상수(上首)의 보살로 등장하며, 『화엄경』「보현행원품」 등에서는 문수보살과 함께 10대원(大願)의 발원자로 되어 있다. 보현보살은 문수보살과 함께 석존의 좌우보처인데, 문수는 사자를 타고 왼쪽에 앉아 있고, 보현은 흰 코끼리를 타고 오른쪽에 위치하고 있다. 또 문수가 지혜를 나타내는 데 비해서, 보현은 실천행을 나타낸다. 보현십원 항목 참조.

보현삼매【普賢三昧】 ①보현보살(普賢菩薩)을 본존으로 하고, 제법실상(諸法實相)의 이치를 관(觀)하여 죄장(罪障)을 참회하는 삼매. 이 삼매를 이루면 흰 코끼리를 탄 보현보살이 도량에 나타난다고 한다. ②몸·입·뜻의 3밀(三密)이 부처님의 3밀과 상응(相應)하면 즉시에 보현보살의 몸을 이루는 것을 말함. ③보현·문수 두 보살은 한 쌍의 법문으로, 보현은 온갖 삼매를 담당하고 문수는 온갖 반야를 담당하여 부처님의 교화를 도우므로, 문수 반야에 대하여 보현삼매(普賢三昧)라 한다.

보현십원【普賢十願】 보현보살이 발원한 열 가지 큰 소원. 1. 모든 부처님을 예경(禮敬)한다. 2. 여래를 찬양한다. 3. 공양을 널리 올린다. 4. 업장을 참회한다. 5. 공덕을 따라서 기뻐한다. 6. 법륜을 굴리기를 청한다. 7. 부처님께서 항상 세상에 머물기를 청한다. 8. 항상 부처님을 따라서 배운다. 9. 항상 중생을 따른다. 10. 널리 모두 회향한다. 열 가지 소원은 모든 보살들의 행원(行願)을 대표함. 모든 보살이 발심 수행하는 것을 보현(普賢)의 원해(願海)에 들어간다고 한다.

보현행【普賢行】〔梵 samantabhadra-caryā〕 보현보살의 실천을 뜻함. 『화엄경』「입법계품」에는 보현 자신의 말로써 실행이 나타나고 있는데, 그러한 것이 잘 정리된 것이「보현행원품(普賢行願品)」에 나오는 보현십원(普賢十願)이다. 보현십원 항목 참조.

보현행원【普賢行願】보현보살의 행(行)과 원(願). 보현십원 참조.

보현행원가【普賢行願歌】보현십원가(普賢十願歌). 고려 광종 때 균여(均如, 923-973)가 지은 불교가요〔향가〕. 불교 대중화를 위하여 보현보살의 십원행(十願行)을 노래로 지은 것으로 모두 11수이며, 이두문자로 표기되어 있다. 『삼국유사』에 실린 신라가요인 14수와 더불어 훌륭한 향가문학으로 간주되고 있다. 해인사에 보관되어 있는 판본(板本)으로 『대화엄수좌원통양중대사균여전(大華嚴首座圓通兩重大師均如傳)』 가운데 실려 전한다. 예경제불가(禮敬諸佛歌)·칭찬여래가(稱讚如來歌)·광수공양가(廣修供養歌)·참회업장가(懺悔業障歌)·수희공덕가(隨喜功德歌)·청전법륜가(請轉法輪歌)·청불주세가(請佛住世歌)·상수불학가(常隨佛學歌)·항순중생가(恒順衆生歌)·보개회향가(普皆廻向歌)·총결무진가(總結無盡歌) 등이다. 이 노래는 본래 『화엄경(華嚴經)』, 특히 40화엄의 보현보살 10종행원에 의거하여 지어진 노래이다. 이 『화엄경』에서 선재동자가 문수보살에 의하여 보리심을 발하고 53선지식을 차례로 방문하는데, 최후에 보현보살을 만나서 불가설(不可說)의 불타(佛陀)의 훌륭한 공덕을 들으며 십대행원(十大行願)을 듣는다. 균여는 이 십대행원을 근간으로 하여 보현행원가(普賢行願歌)를 지었으며, 모든 사람이 부르고 외우도록 하였다. 이 십대원은 실제 행(行)으로써 중생을 구제하려는 동체대비(同體大悲)인 화엄사상을 최고 목표로 한다. 번역은 보현십원 항목 참조.

보현행원품【普賢行願品】『대방광불화엄경부사의해탈경계보현행원품(大方廣佛華嚴經不思議解脫境界普賢行願品)』의 약칭. 『화엄경(華嚴經)』「입법계품(入法界品)」에 해당하는 『40화엄경(四十華嚴經)』 속의 법문이다. 당(唐)나라 때 반야(般若)가 번역. 선재동자가 문수보살에 의해 보리심(菩提心)을 내어 53선지식을 차례로 찾아가서 도(道)를 묻고, 마지막으로 보현(普賢)에 이르렀을 때 보현보살이 설하신 법문(法門)이다.

복【福】①〔梵 puṇya〕공덕(功德). 선(善). 가치 있는 행위. ②〔梵 dharma, puṇya〕법(法)을 실행함으로써 생(生)하는 좋은 결과. 선행의 결과. ③〔梵 puṇya〕욕계(欲界)의 선업(善業).

복덕【福德】〔梵 puṇya-anubhāva, 英 Things for turning off, e.g. water, as tiles do〕선행(善行)과 선행에 대한 결과로서 받는 행복과 이익. 복스러운 공덕.

복덕자량【福德資糧】〔英 The nutriment of blessedness, i.e. deeds of charity〕①2종 자량(資糧)의 하나. 보시하는 착한 행위를 철저하게 하여 불과(佛果)를 얻는 자량으로 삼는 것. ②4종 자량의 하나. 지난 세상

에 복덕을 닦았으므로 지금에 재물이 풍부하고, 좋은 교법을 얻어 수행하여 증과(證果)에 도달할 자량을 삼는 것.

복전 【福田】〔巴 puññakkhetta, dakṣṇiṇīya, 英 The field of blessedness〕 복(福; punya)이 나오는 밭. 복을 장만하는 밭. 복을 심고 가꾸고 수확하는 터전. 농부가 밭에 씨를 뿌려 수확하는 것처럼 불·법·승 삼보를 공양하고, 부모의 은혜에 보답하며, 가난한 사람을 불쌍히 여겨 선행을 베풀면 복덕이 생긴다. 이때 그 원인이 되는 삼보·부모·가난한 사람 등이 복전(福田)이 된다. 중생들은 불보살을 복전으로 삼고, 불보살들은 중생들을 복전으로 삼게 된다.

복혜구족 【福慧具足】 ①복덕(福德)과 지혜가 충분히 갖추어져 있음. ②육바라밀을 충분히 갖춤. 육바라밀 가운데 보시(布施)·지계(持戒)·인욕(忍辱)·정진(精進)·선정(禪定)을 복(福), 지혜(智慧)를 혜(慧)라고 한다.

본각 【本覺】〔英 Original bodhi〕 본래의 깨달음. 본래 깨달아 있는 상태. 본지(本地)의 각(覺), 본시(本時)의 각(覺)이라 한다. 이각(二覺; 始覺·本覺)의 하나. 삼각(三覺; 始覺·本覺·究竟覺)의 하나. 『대승기신론』에서는 중생의 심체(心体)는 본래 망념을 떠나 영명허곽(靈明虛郭), 허공계(虛空界) 같고 어느 곳에 기울어진 바가 없는 것으로 법계일상(法界一相)이고, 여래의 평등법신(平等法身)이다. 이 법신에 의하여 설한 이름이 본각(本覺)이라 한다. 본각사상 항목 중에서 본각 개념의 전개 부분 참조.

본각사상 【本覺思想】 일본 중세의 천태사상의 한 조류로서 '천태본각사상(天台本覺思想)'이라고도 부른다.

[본각 개념의 전개] '본각'이란 개념은 무엇보다 『대승기신론(大乘起信論)』에 나타나는 것으로서, 인도의 경론(經論)에서는 그 원어를 찾아볼 수 없다. 그러나 사상적인 원천은 인도의 여래장·불성(佛性)의 개념에서 찾을 수 있는데, 중생에게 내재(內在)해 있는 불성〔깨달음의 가능성〕·여래장에 기초한다. 『대승기신론』도 그러한 흐름에서 저술된 것으로, 일심(一心; 衆生心)에 '심진여문(心眞如門)'과 '심생멸문(心生滅門)'을 세워, 심생멸문에서는 여래장과 생멸심의 화합을 아뢰야식으로 하여, 이것으로부터 미혹된 세계의 전개를 설명한다. 그 아뢰야식의 2가지 측면으로서 '각(覺)'과 '불각(不覺)'을 들고, '각(覺)'은 다시 '시각(始覺)'과 '본각(本覺)'으로 나눈다. 불각(不覺)에서 본각으로 수행해 가는 과정이 시각(始覺)이다. 또한 본각은 내재적인 깨달음과 더불어 목표로서의 깨달음이다. 이와 같이 본각은 불각(不覺)보다 시각(始覺)과 대조되는 상대적인 개념으로서 절대적인 중심을 차지하는 것은 결코 아니다. 그런데 중국의 화엄사상이 『대

ㅂ

승기신론』을 섭렵하여 발전되는 가운데 본각 개념의 새로운 전개를 보여 주고 있다. 특히 화엄 4조(祖)인 징관(澄觀, ?-839)과 5조인 종밀(宗密, 780-841)에 이르러 근원적인 주체로서의 마음이 강조되고 그것이 본각(本覺)이라고 불리게 되었다. 일본에서는 일찍이 구카이(空海, 774-835)가 『석마하연론(釋摩訶衍論)』을 사용하여 본각 개념을 중시하였다. 중세 일본 천태의 본각사상으로서는 '본각문(本覺門)'과 '시각문(始覺門)'을 세워 본각문이 시각문보다 우월한 것으로 생각하였다. 시각문은 본각을 내재하는 것으로 보아 그것을 현재화시켜 수행단계로서 시각(始覺)을 세운 데 반해, 현상세계에 이미 현현(顯現)한 것으로 생각하여 여기에서 현상세계를 그대로 절대(絶對)라고 긍정하는 사상이 전개되었다.

[일본 천태에서 본각사상의 전개] 일본 천태의 본각사상은 구전법문(口傳法門)의 형태를 갖고서 전개된다. 이러한 흐름에는 '혜심류(慧心流)'와 '단나류(檀那流)'가 있지만, 이것은 양원(良源)의 제자에게 혜심원(慧心院) 원신(源信, 942-1017)과 단나원(檀那院) 각운(覺運, 953-1007)이 있어 이류(二流)로 나누어졌기 때문이다. 그러나 실제로는 이류(二流)가 형성된 것은 조금 시대를 거슬러 내려가 헤이안(平安) 후기 무렵으로 생각된다. 또한 혜심류는 본각문, 단나류는 시각문의 입장에 서는 것이라고 하지만, 이것은 혜심류 쪽에서 말하는 것일 뿐이지 양류(兩流)의 입장에 그 정도로 뚜렷한 차이는 나타나지 않는다. 또한 구전법문의 형태를 갖고서 전개되었기 때문에 문헌의 형성시기가 반드시 명확한 것은 아니고, 심지어 이들 문헌이 원신(源信)이나 나아가 최징(最澄, 767-822)에까지 소급되기 때문에 한층 혼란스러운 것이다. 일반적으로 말하자면 본각사상 문헌은 헤이안(平安) 후기 무렵에 만들어져 가마쿠라(鎌倉)시대 말기〔14세기 전반〕 무렵에 체계적인 정리가 이루어져 이후 에도(江戶)시대에 들어서 비판을 받아 쇠퇴할 때까지 계승되었다. 주요한 문헌으로서는 『본각찬석(本覺讚釋)』·『진여관(眞如觀)』·『삼십사개사서(三十四箇事書)』·『수선사결(修禪寺決)』·『한광류취(漢光類聚)』·『일첩초(一帖抄)』·『이첩초(二帖抄)』 등을 들 수 있다.

[사상적 특징] 본각사상의 두드러진 특징은 속세의 인간존재의 방식과 현상세계를 그대로 절대라고 보아 긍정하는 데 있다. 무엇보다 대승불교에서는 번뇌즉보리(煩惱卽菩提), 생사즉열반(生死卽涅槃) 등으로 말하면서 현상적 사실과 궁극적 진리가 '즉(卽)'의 관계로 연결되는데, 이것은 불(佛)의 입장에 이르고 깨달음에 도달할 때 비로소 말할 수 있는 것이지 범부(凡夫)의 상태나 현상세계가 그

대로 긍정되는 것은 아니다. 그렇지만 본각사상에서는 범부의 상태나 현상세계가 그대로 변화되는 것 없이 절대적으로 긍정되는 것이다. 예컨대, 『삼십사개사서(三十四箇事書)』에는, "세간상상주(世間相常住)란 견고부동(堅固不動)함을 상주(常住)라고 하는 것은 아니다. 세간이란 무상(無常)의 의미이고 차별의 의미이다. 무상은 무상한 것이기 때문에 상주로서는 의미를 잃고, 차별은 차별이기 때문에 상주로서의 의미를 잃지 않는다." 등으로 말한다. 이로부터 이(理)·사(事)의 관계에 대해서 사(事)를 이(理)보다 높이 평가하게 되었으며, 사상주(事常住)·사실상(事實相) 등으로 정식화되었다. 본문사원(本門事圓)이란 것은 『법화경(法華經)』의 적문(迹門)이 이(理), 본문(本門)을 높게 평가하는 것이다. 또한 범부(凡夫)의 상태를 그대로 긍정하는 것으로부터 이즉성불(理卽成佛)이 주장되어 수행이 필요 없게 된다. 다시 말해 범부에서 성인으로의 전환이 전혀 생각되지 않는 것은 아니지만 일념성불(一念成佛)이 주장된다. 또한 중세 천태 독자의 교판에서는 관심(觀心)을 본문(本門)보다 위에 두는 것에 따른 실천의 지향과 연결된다.

[영향] 본각사상은 후대에 와서는 극단적인 현실 긍정에서 나타난 타락사상이라고 격렬하게 비판받았고, 가탁(假託)에 의한 문헌의 수많은 날조가 있었다고 하여 문헌주의의 입장에서도 비판을 받았는데, 중세 일본 사상에 상당히 광범위하게 영향을 미쳤다. 불교 테두리 안에서는 가마쿠라(鎌倉)시대의 소위 신불교와의 관계가 문제로 되었다. 친란(親鸞, 1173-1262)·도원(道元, 1200-1253)·일련(日蓮, 1222-1282) 등은 본각사상을 비판하면서도 그 영향을 강하게 받은 것으로 평가된다. 또한 본각사상에 있어 현상적 사실을 본질보다 높게 평가하는 태도는 본지수적설(本地垂迹說)에 있어 본지로 있는 불(佛)보다도 일본의 현실 중에 수적(垂迹)한 신(神)을 높게 평가하는 것이 되어, 불교로부터 신도(神道)의 자립을 촉진하였다. 그 외, 중세 문예와 예능이론에도 그 영향력은 지대하다.

본각진여【本覺眞如】〔英 The 眞如, i.e. bhūtatathatā, is the 體 corpus, or embodiment〕 상(相)을 중심으로 말하면 본각(本覺)이라 하고, 체(体)를 중심으로 말하면 진여(眞如)라 한다. 또한 본각은 능증(能証)의 지(智)가 되며, 진여(眞如)는 소증(所証)의 이(理)가 된다. 이 이(理)와 지(智) 두 가지는 법신여래(法身如來)의 전체가 된다.

본래공【本來空】〔英 That all things come from the void, or Absolute, the 眞如〕 만유제법(萬有諸法)은 모두 본래 본질적으로 공(空)한 것으로서 실유(實有)하는 것이 아니라는

것. 즉 인연이 화합하여 생긴 것이므로, 집착할 만한 아무것도 없는 빈 것이라는 뜻.

본래면목【本來面目】본래의 모습. 천연 그대로 있고, 조금도 인위적인 조작을 더하지 않은 모습. 사람마다 본래 갖추어 있는 심성(心性). 본성(本性). 선종의 제6조 혜능(慧能, 638-713)이 처음으로 쓴 말.

본래무일물【本來無一物】① 우주 만유는 본래 가화합된 존재이고 실재하는 것이란 없으므로 아무것도 집착할 것이 없다는 말. ② 우리의 본래 성품, 곧 청정한 자성은 본래 한 물건〔티끌; 번뇌〕도 없이 허공처럼 맑다는 말. 공(空)·본공(本空)을 뜻함.

본래성불【本來成佛】본래부터 깨달은 부처라는 뜻. 중생의 근본 심성이 곧 부처라는 말. 지금은 탐진치 번뇌에 가려 있는 중생이지만, 본래는 탐진치에 오염되지 않는 부처라는 뜻. 일체중생이 모두 불성을 갖고 있다고 한다면 그것은 본질적으로는 부처와 다르지 않다. 다만 현재는 번뇌에 오염되어 있으므로 중생이라는 것이다. 비유하면 본래는 깨끗한 거울이었는데 먼지가 묻어 오염되었다는 것. 그러므로 그 먼지를 닦아내면 깨끗한 거울이 되는 것과 같다.

본무【本無】〔梵 apūrvo bhāvaḥ〕① 본래 무(無)라는 것. 근원적인 무(無). 이에 근거를 두고 동진(東晋) 초기에는 본무설(本無說; 非有에서는 有가 전혀 없으며 非無에서는 無가 전혀 없다는 說)이 유행하였다. ②이전(以前)에 존재(存在)하지 않은 것. 중국 격의불교 시대에는 공(空)을 본무(本無)라고 표현하였다.

본문【本門】『법화경』 28품 가운데서 후반(後半) 14품〔第15「從地涌出品」에서 第28「普賢菩薩勸發品」까지〕을 말한다. 여기에서 석존은 "나는 부다가야의 보리수 아래에서 처음으로 성도(成道)한 신불(新佛)이 아니고, 근본을 따져 보면 과거 구원겁(久遠劫) 전에 이미 성불한 고불(古佛)이니, 지금의 내가 그대로 오랜 옛적에 성도한 본불(本佛)이다."라고 말하였는데, 이것을 본문(本門), 본문개현(本門開顯)이라 하고, 그 부처를 본문불(本門佛)이라고 한다. 이와는 반대로 부다가야에서 처음 성도한 부처임을 밝힌 부분을 적문(迹門)이라고 하는데, 그 뜻은 이미 오래전에 깨달은 본불(本佛; 本門)이 자취를 드러낸 것〔垂迹〕에 지나지 않는다는 뜻.

본문십묘【本門十妙】천태지의(天台智顗, 538-597)는 『법화현의(法華玄義)』에서 『법화경』 제목 중 묘(妙)자를 해석하면서, 본문·적문에 각각 10종의 묘(妙)를 세운 가운데 인(因)·과(果)·국토(國土)·감응(感應)·신통(神通)·설법(說法)·권속(眷屬)·열반(涅槃)·수명(壽命)·이익(利益)의 열 가지에 묘(妙)를 말한 것.

본분【本分】①본래부터 갖추고 있는

분제(分際). 나면서부터 불성(佛性)을 가지고 있다는 인간의 본래 모습. 미망(迷妄)이나 깨달음에 무관(無關)한 절대적인 자리. ②본래의 마음. 마음의 본성(本性). 본향(本鄕).

본분인【本分人】①인간 본래의 모습으로 되돌아간 사람. 훌륭한 수행승(修行僧). 깨달은 사람. ②본분사(本分事)인 깨달음에 충실한 수행자. 주로 선종에서 많이 사용하는 말.

본분종사【本分宗師】본분(本分)의 일을 체득한 선승. 본분(本分)은 본래부터 갖추고 있는 분제(分際), 미(迷)와 오(悟)의 구애를 받지 않는 절대의 경지(境地). 곧 본지(本地)를 뜻한다.

본불【本佛】〔英 The Buddha-nature within oneself; the original Buddha〕①자기 마음에 있는 불성(佛性). ②끝없는 옛적에 성도한 불(佛). 즉 본문(本門)의 불(佛). ③말불(末佛)에 상대되는 말로, 화신불(化身佛; 分身佛)에 대하여 근본인 법신불(法身佛)을 말한다.

본불생【本不生】아자본불생(阿字本不生; Akāra-ādyanutpāda). 밀교 교리의 근본 뜻. 본불생(本不生)이라는 말은 본연적 실재를 의미하는데, 후천적으로 창조하지 않은 것임을 표현한 것이다. 아(阿)자는 모든 말과 소리의 근본으로서 어떠한 소리, 어떠한 말이라도 반드시 아(阿)자를 포함하지 않은 것이 없다. 따라서 본초적(本初的)인 것이며, 모든 다른 원인에 의하여 생긴 것이 아닌 것이다. 그리하여 본불생의 뜻을 알기에 편리하므로 아자에 붙여 일체제법·본초불생의 뜻을 알게 하는 것이다.

본사【本事】①〔梵 Itivṛttaka, 巴 Itivuttaka〕12부경의 하나. 경전 가운데, 불제자들의 지난 세상에 대한 행업(行業)·사실 등을 말한 부분. ②〔梵 pūrvayoga〕전세(前世) 중의 일.

본사【本師】〔英 The original Master or teacher. Śākyamuni〕보통 석가모니불을 가리켜 부르는 말이다. 어떤 때는 자기가 믿는 종파의 조사(祖師)를 말하는 때도 있다.

본산【本山】〔英 Native hill; a monk's original or proper monastery〕일종(一宗)·일파(一派)의 본부(本部)가 되는 큰 절. 우리나라에는 현재 25개 본산(本山; 本寺)이 있다. 본산에 예속된 절을 말사(末寺)라 한다.

본생경【本生經】〔梵 jātaka, 英 Stories of the Buddha's previous incarnations〕12부경(十二部經)의 하나. 부처님의 전생 일을 기록한 경전. 전생에 하신 육도(六度)의 행업 등을 말한 부분. 팔리어 삼장(三藏)에는 550종의 본생(本生)을 기록하였고, 한역 대장경에는 『생경』·『백연경』·『잡보장경』 등이 여기에 속한다. 본생담 항목 참조.

본생담【本生譚】〔梵 Jātaka〕부처님의 전생 생활을 묘사한 설화. 많은 사람들은 부처님께서 깨달으신 만고불변의 진리는 너무나도 위대하고 큰 것으로서, 이것은 단순히 출가 후 6년 동안 고행만으로는 이루어질 수 없는 것이라고 생각하였다. 그래서 붓다의 고행은 무한한 시간 위에 끊임없이 연결되고 무수한 세계 가운데로 한없이 확대되어 전생의 모습을 이야기 형식으로 만들게 되었다. 이야기에 등장하는 모습은 사람에 국한하지 않고 동물·금수·신화·전설에 이르기까지 모두 부처님의 전생의 모습에 가탁(假託)되어 수많은 본생설화가 탄생되었다.

본성【本性】〔英 The spirit one possesses by nature; hence, the Buddha-nature〕 인도철학 용어. ①본래부터 가진 성질. 천성(天性). ②상주불변(常住不變)한 절대의 진실성. 본래 고유의 성덕(性德). 본체〔prakṛti〕. ③상키야학파에 있어서 근원적 근본원질(根元的根本原質; mūla-prakṛti). ④고살라의 설(說)에 있어서 만유의 본성을 가리킨다〔bhāva〕.

본식【本識】〔英 The fundamental vijñāna〕 제8식(第八識)을 가리킨다. 이 식(識)이 모든 식(識)과 일체제법(一切諸法)의 근본(根本)이 되므로 본식(本識)이라 한다.

본연【本然】①〔梵 dehastha〕 본래부터 자신(自身)에게 갖추어져 있는 것. ②언제부터인지 알 수 없는 때부터〔無始〕 원래 가지고 있다는 뜻임.

본원【本願】〔梵 purva-praidhana, 英 The original vow, or vows, of a Buddha or bodhisattva〕 ①본(本)은 인(因)의 뜻. 원래 인지(因地; 깨닫기 전, 즉 수행단계)에서 세운 광대한 원(願). 그것을 본원(本願)이라 한다. 본(本)은 근(根)의 뜻. ②근본적인 서원(誓願). 본래의 서원. 보살의 마음은 광대하여 서원이 무량(無量)하다. 중생을 제도, 교화하기 위한 원(願), 오직 이 원(願)이 근본이 되므로 본원이라 한다. 아미타불의 48원과 약사여래의 12원과 같은 것이다.

본원원돈일승【本願圓頓一乘】 타력염불(他力念佛)의 법문. 6자염불은 아미타불의 본원으로 일체의 선근공덕을 모두 섭수(攝受)한다. 이것을 절실히 믿는 이는 한꺼번에 큰 이익을 얻어 극락세계에 가서 타인과 함께 성불한다. 범부나 성자가 균일하게 들어가는 절대 평등한 일승법(一乘法)이라는 뜻에서 본원원돈일승(本願圓頓一乘)이라 한다.

본원일실대도【本願一實大道】〔英 The great way of the one reality of Amitābha's vows〕 타력염불(他力念佛)의 법문. 석존의 설법은 모두 아미타불의 본원에 들어가는 작은 길이고, 본원타력의 염불만이 대열반(大涅槃)에 이를 수 있는 진실한 큰 길이라고 주장하는 말.

본유【本有】〔梵 pūrvakāla-bhava, 英 Originally or fundamentally

existing; primal existence〕 ①본래적인 존재. 처음부터 있는 것. ②실재(實在). ③선천적으로 있는 것. ④사유(四有; 中有·生有·本有·死有)의 하나. 나서 죽을 때까지의 몸〔身〕. ⑤현재세(現在世)의 신체(身體). ⑥본래부터 실재한다는 말. ⑦본래구유(本來具有)의 뜻. ⑧본래 고유한 것.

본유설【本有說】제8 아뢰야식에 잠재되어 있는 종자(種子)로 모두 본래부터 선천적으로 고유(固有)한 것이고, 새로 훈습(薰習)이나 노력에 의하여 생긴 것이 아니라는 학설. 종자는 본래 제8식의 공능(功能)의 작용이므로 끝없는 옛적부터 갖추어져 있는 것이고, 훈습은 다만 그 공능을 증장(增長)하고 양성하는 데에 불과한 것이다. 만약 선천적으로 본유(本有)한 것이 아니라면 오성(五性)이 각각 다르다는 뜻은 아무 의미가 없게 된다. 이것이 인도의 승려인 호월(護月; Candragupta)의 설(說)로 법상종(法相宗)의 이의(異義)이다.

본유수생【本有修生】〔英 The 本有 means that original dharma is complete in each individual, the 眞如法性之德 the virtue of bhūtathatā dharma-nature, being 具足無缺 complete without lack; the 修生 means the development of this original mind in the individual, whether saint or common man, to the realization of Buddha-virtue〕 본유(本有)와 수생(修生)을 말함. 본유(本有)는 범부(凡夫)와 성자(聖者)가 똑같이 본래부터 선천적으로 모두 갖추고 있어 결함이 없는 진여(眞如) 법성(法性)의 덕(德)을 말함. 수생(修生)은 관행(觀行)의 힘으로 말미암아 그 본유(本有)의 덕(德)을 개발하여 수행한 결과로서 후천적으로 점점 나타나는 불덕(佛德)을 말한다. 본유(本有)의 덕(德)은 정적(靜的)이며 이론상의 존재이므로 수생(修生)의 과정에 들어가기 전에는 없다고도 하고, 수생(修生)의 덕(德)은 동적(動的)이며, 사실상(事實上)의 존재이지만 그 덕(德)이 일어나는 원동력은 본유(本有)의 덕이다. 그래서 본유와 수생은 서로 의지하여 성립된다.

본적사상【本迹思想】본(本)은 본체(本體), 법신. 적(迹)은 현상(現象), 화신. 천태교의(天台敎義)에 의하면, 『법화경』 후반은, 인간 고타마 붓다는 쿠시나가라에서 입멸했지만 그 본체는 영원한 것으로서 이미 오랜 과거세부터 불타(佛陀)였다는 것을 밝힌 것이므로 이것은 '본문(本門)'이고, 전반, 즉 14품 이전은, 초역사적인 불타(佛陀)가 중생구제를 위해 이 세상에 나타나서〔化身〕, 붓다가야에서 개오(開悟)하여 성불의 모범이 된, 역사적인 불타의 면(面)을 밝힌 것이므로 '적문(迹門)'이라고 함. 이 본적사상(本迹思想)은 후에 '본지수적설(本地垂迹

說)' 등의 유력한 사상으로 발전했다.

본적이문【本迹二門】〔英 A division of the saving all beings, e.g. kuanyin with thirty-three forms〕 천태종(天台宗)에서 『법화경』을 해석하는 데 쓰는 본문(本門)·적문(迹門). 본(本)은 본지(本地). 즉 부처님〔석존〕은 구원겁(久遠劫)부터 본래 깨달은 부처〔本來佛; 法身〕였다는 것. 그리고 적(迹)은 석존이 중생을 제도, 교화하기 위하여 화신의 몸을 받고 부다가야에서 깨달은 수적(垂迹)을 가리킴. 문(門)은 이 두 문〔二門〕의 설법에 의하여 실상(實相) 이치에 들어가는 문호를 뜻한다. 구체적으로 설명하면, 『법화경』 28품 가운데 앞의 14품을 적문의 설, 뒤의 14품을 본문의 설이라 한다. 적문의 설이란 것은 석존이 부다가야에서 성도(成道)함으로부터 이 법화회상에 이르는 40여 년 동안 설한 모든 경전은 삼승을 일승으로 끌어들이기 위한 방편설이라는 것이다. 따라서 삼승은 권(權; 방편)이고, 일승은 실(實)이 됨. 권(權)을 제치고 실(實)을 나타냄을 말한 것이다. 본문의 설이란 것은 석존이 정반왕궁에서 탄생하여 부다가야에서 성도한 것은 중생제도를 위하여 일시적으로 나타낸 것〔化身〕으로 진실한 몸이 아니라는 것. 진실한 몸은 바로 이미 오랜 옛적에 성불(成佛)한 법신(法身)이라는 뜻. 적(迹)을 제치고 본(本)을 나타냄을 말한 것이다.

본존불【本尊佛】①으뜸가는 부처라는 뜻으로, '석가모니불'을 이르는 말. ②대웅전 등 전각에 모셔진 주불(主佛).

본지【本地】〔英 Native place, natural position, original body〕 본원(本源)·본체(本體), 본래적 상태.

본지수적설【本地垂迹說】 스스로 깨닫고 남도 깨닫게 하는 불(佛)의 본지신(本地身)이 중생제도를 위하여 여러 가지 화신의 모습이 되어 나타난다는 뜻. 본래 본·적(本·迹)이문(二門)의 사상에서 나온 것이며, 중국과 한국에서도 있었으나 일본에 와서 구체화되었다. 즉 일본의 신(神)들은 불(佛)의 본지신(本地身; 법신)의 수적(垂迹; 화신)이라고 하는 설인데, 나라(奈良)시대의 행기(行基, 668-749) 등에 의하여 제창되었다.

본지풍광【本地風光】 선(禪)에서 자기의 본래 마음을 형용하는 말. 언어로써 형용할 수 없는 본래의 경지, 본래의 모습. 곧 언어도단(言語道斷)의 입정처(入定處)란 뜻으로, 부모미생전(父母未生前)·천지미분전(天地未分前)의 소식을 말한다. 본래면목(本來面目)과 같은 뜻.

본초불【本初佛】〔梵 Adibuddha〕 티베트교에서 신봉되고 있는 우주의 근원으로서의 불(佛). 음양불(陰陽佛).

본칙【本則】 수시(垂示)의 본거(本據)가 되는 고칙(古則). 선문(禪門)에서 내려오는 고칙(古則)에는 많은 착어

(着語)와 평창(評唱), 그리고 그 밖의 여러 가지 해설과 평석(評釋)이 붙으므로, 그것과 구별해서 고칙(古則) 자체를 가리켜 본칙이라고 부른다.

본혹 【本惑】〔英 The root or origin of delusion〕 이혹(二惑)의 하나. 근본혹(根本惑)·근본번뇌(根本煩惱)라고도 한다. 미계(迷界)에서 감득(感得)되는 근본번뇌로, 합하면 탐(貪)·진(瞋)·치(痴)·만(慢)·의(疑)·악견(惡見)의 6종이 되고, 나누면 탐(貪)·진(瞋)·치(痴)·만(慢)·의(疑)·신견(身見)·변견(邊見)·사견(邪見)·견취견(見取見)·계금취견(戒禁取見)의 10종이 되며, 다시 견(見)·수(修) 이혹(二惑)으로 나누어지며, 삼계(三界)에 분배(分配)하면 견혹(見惑)이 88사(使)로 수혹(修惑)을 합하여 98종이 된다고 한다.

봉림산파 【鳳林山派】 신라 선종 구산문(九山門)의 하나인 봉림산문(鳳林山門)의 별칭. 장경회휘(章敬懷暉, ?-815)의 법을 이은 현욱(玄昱, 787-868)이 문성왕(文聖王) 때 창원(昌原)의 봉림사(鳳林寺)에서 선(禪)을 가르쳐 선풍(禪風)을 떨쳤다. 이 선풍은 심희(審希, 855-923)를 거쳐 찬유(燦幽, 869-958)로 이어졌고, 융제(融諦)·경제(景諦) 등 5백여 명의 인재가 있었다.

부 【覆】 ①〔梵 mrakṣa〕 자신의 잘못을 엄폐하는 것. ②니(尼)의 팔기계(八棄戒)의 하나. 타인의 죄를 숨겨 대중 앞에서 이야기하지 않는 것. ③〔梵 nivṛta〕 미혹으로 덮인 것. ④〔梵 mrakṣa, ātmanovadyapracchādana, 西 ḥchaḥ〕 20수번뇌의 하나. 자기의 죄악을 은폐하는 마음작용.

부다가야 【佛陀伽倻; Buddhagaya】 인도 북동부의 비하르주 가야의 남쪽 약 10㎞에 있는 성지. 갠지스강 지류에 있다. 부처님이 도를 깨달은 땅으로, 석존의 4대 성지 가운데 하나이다. 석존은 6년 고행 후에 이곳의 보리수 밑에서 정좌하여 사유한 끝에 마침내 크게 깨달아 불타(佛陀)가 되었다고 한다. 불멸후(佛滅後) 아쇼카왕이 큰 탑과 정사를 지었다. 4세기에는 실론 왕에 의해 대보리사〔대각사〕가 건립되어 불교문화의 중심지가 되었다. 현재 보리수나무 아래에는 석존이 정좌하였다고 전해지는 금강보좌가 있다. 그 주위에는 돌을 조각한 난간이 일부 남아 있어 초기 불교미술의 단면을 엿보게 한다.

부단공 【不但空】〔英 'Not only the void'; or, non-void〕 필경공(畢竟空)·무소득공(無所得空)이라고도 한다. 유(有)를 인정치 않는 공(空)을 단공(但空)이라 하고, 그 공(空)도 역시 공(空)하다는 절대 부정의 공을 부단공(不但空)이라고 한다. 『중론(中論)』의 삼제게(三諦偈)에서 근원하고, 이것은 천태사교(天台四敎) 중의 통교적(通敎的) 공관(空觀)이다.

부단중 【不但中】 곧 천태(天台)의 중제(中諦). 공(空)·가(假)의 두 가지를 여의고, 따로 중도(中道)의 한 이치가 있다고 하는 것을 단중(但中)이라 하고, 공(空)·가(假) 두 가지와 직결되어 있는 것을 부단중이라고 한다. 이것을 원교(圓敎)의 중관(中觀)이라 한다.

부대사【傅大士, 497-569】중국의 재가 거사로서 도력이 뛰어난 사람. 선혜대사(善慧大士)라고 함. 성은 부(傅), 이름은 흡(翕), 자는 현풍(玄風). 16세에 결혼하여 두 아들을 두었고, 24세부터 불도(佛道)에 뜻을 두어 수행정진하였다. 스스로 쌍수림하당래해탈선혜대사(雙樹林下當來解脫善慧大士)라고 불렀다. 낮에는 품을 팔고 밤에는 아내와 함께 설법하기 7년 만에 소문이 사방에 떨쳐 천하의 명승들이 모여들었다. 세상에서는 쌍림부대사, 동양대사(東陽大士)라고 불렀다.

부도【浮圖】〔梵 Buddha stūpa〕부두(浮頭)·부도(浮屠)·불도(佛圖)라고도 쓴다. 구역가(舊譯家)에서는 불타(佛陀)의 전음(轉音)이라 하는데, 신역가(新譯家)에서는 스투파, 곧 탑의 전음이라고 한다. 후세에는 흔히 스투파(stūpa)와 통용되었는데, 우리나라에서는 스님의 사리나 유골을 넣은 것을 부도(浮圖)라 한다. 중국에서는 옛적에 승려를 가리키는 말로 쓰기도 하였다.

부동업【不動業】색계(色界)　무색계(無色界)의 선업(善業). 색계·무색계의 업(業)은 선정(禪定)의 힘에 의한 것으로서, 초선업(初禪業)은 반드시 초선의 결과를 받고 이선업은 반드시 이선(二禪)의 결과를 받아 업(業)과 결과가 틀리지 아니하므로 부동업(不動業)이라 한다.

부동여래【不動如來】부동불(不動佛). 동방(東方) 아촉여래(阿閦如來)를 말한다. 아촉(阿閦; akṣobhya)을 번역하여 부동(不動)이라고 한다.

부동지【不動地】〔梵 acala bhūmih, 英 The eighth of the ten stages in a Buddha's advance to perfection〕보살(菩薩) 십지(十地) 가운데 제8지(第八地). 수혹(修惑)을 끊고 이미 완전한 진여(眞如)를 얻었으므로 다시 동요되지 않는 지위이다.

부루나【富樓那】〔梵 Pūrṇa〕인도 교살라국 사람. 바라문 종족 출신. 아버지는 가비라성주(迦毘羅城主), 정반왕의 국사. 가정은 큰 부자로서 부처님과 생년월일이 같다. 대단히 총명하여 어려서 4베다·5명을 통달하였다. 속세를 싫어하여 입산(入山) 수도하였다. 부처님이 성도하여 녹야원에서 설법하심을 듣고 친구들과 함께 귀의하였다. 아라한과를 얻었는데 언변이 훌륭하여 불제자 중에 설법제일(說法第一)이라 불렸다. 뒤에 여러 곳으로 다니며 인격과 설법으로써 중생교화에 힘썼다.

부모미생전【父母未生前】부모로부터 이 세상에 출생하기 이전의 소식. 일념미생전·천지미분전과 같은 말로서 분별 망상이 일어나기 이전을 뜻함. 또는 우리의 본래면목을 가리키는 말. 일원상의 진리를 설명하는 말이기도 함.

부모은중경【父母恩重經】부모의 은혜가 대단히 소중함을 설한 경전. 중국에서 지은 경전으로서 부모의 은혜가 한량없이 크고 깊음을 10대은(大恩)으로 나누어 설했다. 이 경전은 효사상(孝思想)을 중시하는 중국 전통의 문화·정서에 맞추어 제작된 위경(僞經)이다. 그러나 시사하는 바는 역사적 사실을 떠나서 효도에 있다. 이 경에 대하여『개원록(開元錄)』십팔의혹재상록(十八疑惑再詳錄)에는 "경(經)에 정란(丁蘭)·동암(董黯)·곽신(郭臣) 등을 인용하였으므로 후인(後人)의 저서임을 알 수 있다."라고 하였다.

부목【負木】절에서 땔나무를 하여 들이는 사람. 불목지기·시두(柴頭)·화목한(火木漢)이라고도 한다.

부사의【不思議】〔梵 acintya-pra bhāvatā〕①불가사의(不可思議)의 약어. 생각을 초월하여 있는 것. ②생각해 볼 수도 없는 놀라운 일. ③능취(能取)의 마음이 없는 것. ④보통 생각으로는 미루어 헤아릴 수 없는 것.

부사의공【不思議空】〔英 The void beyond thought or discussion, a conception of the void, or that which is beyond the material, only attained by Buddhas and bodhisattvas〕①제일의공(第一義空). 불·보살이 체득한 공(空)은 유무(有無)의 공이 아니고 공한 것까지도 공한 중도실상의 공(空)을 말함. 이승(二乘)이나 범부는 헤아려 알 수 없는 공이므로 부사의공(不思議空)이라 한다. ②대일여래(大日如來)의 대공삼매(大空三昧)를 말한다. 이 대공(大空)은 미묘하여 사량할 수 없으므로 부사의공이라 한다.

부사의단【不思議斷】해탈이라면 일반적으로 번뇌를 끊어 버리고 열반에 드는 것을 말한다. 천태에서는 더욱 깊고 특별한 방식으로 해탈을 설명하는데, 즉 해탈은 번뇌를 반드시 끊어 없애지 않아도 얻을 수 있다고 한다. 이것은 '번뇌 즉 보리'라는 말과 같은 것이다. 따라서 여기에서 번뇌는 해탈을 얻는 데 알맞은 법문이 된다. 번뇌를 남기면 언제나 스스로 경계할 뿐 아니라, 번뇌를 빌려서 방편으로 하고, 중생과 함께 오염(汚染)의 경계에 처하여, 기회를 보아서 인화(引化)하여 각오향상(覺悟向上)케 한다. 이 가운데 참으로 자신도 깨닫고 타인도 깨닫게 하는〔自度度他〕뜻이 있다. 이것이 천태원교(天台圓敎)의 해탈방식이다. 비록 번뇌를 끊지 않아도 번뇌에 물들지 아니한다. 이것이 바로 부사의단(不思議斷)이다. 단(斷)은 번뇌에 물들지 않으면서 해탈을 얻는다는 뜻이다. 부사의(不思議)는 '부단번뇌(不斷煩惱)'라는 말이다. 이런 법은 표

ㅂ

면이 모순된 성분을 가지고 있는 것처럼 보여서 일반적인 사고로 이해할 수 없기 때문에 '부사의(不思議)'라고 한다.

부사의변역생사【不思議變易生死】〔英 Ineffable changes and transmigrations; i.e. to the higher stages of mortality above the traidhātuka or trailokya 三界〕 2종 생사 가운데 하나. 삼계(三界)의 생사(生死)를 여읜 몸이 된 뒤에 성불(成佛)하기까지의 성자(聖者)가 받는 삼계(三界) 밖의 생사(生死). 변역은 그전 형상을 변하여 딴 모양을 받는 것이니, 이 성자들은 무루(無漏)의 비원력(悲願力)으로 말미암아 분단생사(分段生死)하는 추열(麤劣)한 몸을 변화하여 무루의 선정의 힘의 도움으로 묘용(妙用)이 헤아릴 수 없으므로 이렇게 이른다.

부사의해탈【不思議解脫】중국 수(隋)나라 때 천태종의 개조(開祖)인 천태지의(天台智顗, 538-597)는 해탈을 2종류로 나누는데, 번뇌를 끊고서 열반을 성취하는 것을 사의해탈(思義解脫)이라 하고, 번뇌를 끊지 않고서 열반을 성취하는 것을 부사의해탈(不思議解脫)이라 한다. 전자(前者)는 장교(藏教)와 통교(通教)의 해탈(解脫)이고, 후자는 별교(別教)와 원교(圓教)의 해탈이다. 부사의해탈의 관념의 근거는 '성구(性具)'이다.

부설거사【浮雪居士】신라 선덕여왕(善德女王, 632-647 在位) 때의 거사. 성(姓)은 진(陳)씨. 속명(俗名)은 광세(光世). 자는 의상(宜祥), 법명(法名)은 부설(浮雪). 경주에서 출생. 15세에 출가하여 불국사(佛國寺)의 원정(圓淨)에게 오계(五戒)를 받았다. 그의 도반(道伴)으로서 재주와 지혜가 뛰어난 영희(靈熙)·영조(靈照), 두 사람과 같이 두류산(頭流山)에 들어가 법왕봉(法王峰) 밑에 묘적암(妙寂庵)을 짓고 10년간 정진하였다. 이후 오대산으로 가던 도중에 두릉(杜陵)의 백련지(白蓮池) 구무원(仇無怨)의 집에서 머물다가 주인의 딸 묘화(妙花)의 간청에 의하여 영희·영조 두 스님과 이별하고 거사생활을 하면서 아들 등운(登雲), 딸 월명(月明)을 낳았지만, 자성을 반조(反照)하는 공부를 게을리하지 않았다. 죽은 뒤에 영희·영조가 화장하여 사리(舍利)를 얻어서 묘적암 남쪽에 부도를 세웠다고 한다.

부습윤생【扶習潤生】①천태학에서 설한 것으로, 통교(通教)의 보살이 서원력(誓願力)에 의하여 남은 습기(習氣)를 붙들어 삼계(三界)에 수생(受生)하여 중생을 이익(利益)되게 하는 것. ②장교(藏教)의 보살은 번뇌를 조복(調伏)시키고 인(因)을 행하므로 이런 일이 없고, 별교(別教)와 원교(圓教)의 보살은 중도(中道)의 응본(應本)이 되므로 하지 않는다고 한다.

부용영관【芙蓉靈觀, 1485-1571】조선

중종·명종 때의 스님. 호는 부용(芙蓉)·은암(隱巖)·연선도인(蓮船道人)이다. 그는 진주 사람으로 미천한 집안에서 출생하여 13세에 집을 나와 덕이산(德異山)에 들어가 고행선자(苦行禪子)에게 3년을 배우고 머리를 깎았다. 17세에 신총(信聰)에게 나아가 교학(敎學)을 탐구하고, 다시 위봉(威鳳)에게서 선(禪)을 배웠다. 다시 조우(祖愚)·학매(學梅)·조운(祖雲) 등 선사를 두루 찾고, 그 뒤 지리산에서 벽송지엄(碧松智嚴)을 만나 법을 묻고 20여 년 동안의 숙의(宿疑)를 풀고 그의 법을 얻었다. 그는 선조 4년 87세로 고성 연곡사에서 입적했다. 그의 법을 이은 제자에는 조선불교의 역사상 큰 비중을 차지하는 2대 고승인 휴정(休靜, 1520-1604)과 선수(善修, 1543-1615)가 있었고, 그 밖에 법융·영응·정원·신옹·진기·도의 등이 있었다.

부인사【符仁寺】경상북도 대구시(大邱市) 동구(東區) 신무동(新武洞) 팔공산(八公山) 남쪽 중턱에 있는 절. 부인사(符印寺·夫人寺)라고도 한다. 신라 선덕여왕(善德女王, 632-647 在位) 때에 창건하였으며, 고려 현종(顯宗) 때부터 문종(文宗) 때에 이르기까지 이곳에 도감(都監)을 설치하여 판각한 대장경판이 소장되어 있었으나, 고종(高宗) 23년〔1236〕에 몽골의 침입으로 소실되었다. 지금의 건물은 1930년대에 지은 것이다.

부자재【不自在】〔梵 Eśvara, 英 not independent, not one's own master, under governance〕아이습벌라(阿伊濕伐囉)라 음역한다. 자재하지 못함. 번뇌망상 등에 구애되어 해탈하지 못하는 것. 구속됨.

부전【副殿】우리나라에서 지전(知殿)을 속되게 부르는 호칭. 불당(佛堂)을 맡아 관리하는 소임.

부정【不淨】〔英 unclean, common, vile〕①종교적으로 깨끗하지 못한 상태. ②마음이 깨끗하지 못함. 청정하지 못함. ③행동이 깨끗하지 못함.

부정【不定】〔英 Unfixed, unsettled, undetermined, uncertain〕①율장의 용어. 수행승이 실제로 죄를 범하고 있는지 어떤지, 또는 어떠한 죄에 해당하는 것인가 확정할 수 없는 것과 같은 죄. ②〔梵 aniyata, 西 mames pa〕정해지지 않음. ③정해져 있지 않은 것. ④부정취(不定聚)와 동일. ⑤때와 경우에 따라서 일어나는 마음작용. 즉 일정한 것이 없는 마음작용〔心所〕. ⑥이해의 방법이 다른 것. ⑦〔梵 asadbhūta〕실재하지 않다. ⑧〔梵 asamāhita〕선정(禪定)에 들어가 있지 않음. ⑨〔梵 ariścita, anaikāntika〕인명(因明)에 있어서 어떤 개념이 갑(甲)과 비갑(非甲) 양쪽으로 겹쳐 있는 것. 부정인(不因)의 약어. ⑩부정종성(不定種性)의 약어. 깨달음의 부처의 위(位)에도 이르지만, 물러나서는 이승(二乘)으로도 타락할 가능성을 가진 중생. ⑪불확정. 확실하지 않음. 믿을 수 없음.

부정관【不定觀】〔英 Direct insight without any gradual process of samādhi〕 천태에서 세운 3종 관문(觀門)의 하나. 초관(初觀)인 실상(實相)도 아니며, 또한 얕은 데서부터 깊은 곳으로 순서대로 들어가는 것도 아니다. 어떠한 법을 닦든지 간에 과거(過去) 숙습(宿習)이 발(發)한 것으로 활연히 개오(開悟)하여 실상(實相)을 증득하는 것은 부정관(不定觀)이 됨. 천태대사(天台大師, 538-597)가 진상서(陳尙書)를 위하여 모상(毛喪)을 시켜 지은 『수선육묘문(修禪六妙門)』은 부정관(不定觀)의 법(法)이다.

부정관【不淨觀】 오정심관(五停心觀)의 하나. 탐욕심을 다스리기 위하여 육신의 부정(不淨)한 모양을 관(觀)하는 것. 이것에는 구상(九想)으로 자신의 부정(不淨)을 관하는 것과 오부정(五不淨)으로 타신(他身)의 부정을 관하는 것이 있다.

부정교【不定教】〔英 Indeterminate teaching〕 천태팔교(天台八教) 중 화의사교(化儀四教) 가운데 하나. 현밀부정교(顯密不定教). 부처님〔佛〕이 근기(根機)가 한결같지 않은 상대자에 대하여 골고루 그 요구에 응하기 위하여, 듣는 이가 제각기 따로 이해할 수 있도록 말한 절묘한 교법. 그 법석에 참석한 사람들은 서로 알면서도 제각기 다르게 이해하는 줄을 알지 못하므로, 이것을 인지법부지(人知法不知)라 한다.

부정법【不定法】〔巴 aniyatadhamma〕 부정죄(不定罪)에 관한 규정(規定). 부정(不定) 항목 ① 참조.

부정육【不淨肉】〔英 'unclean' flesh, i.e. that of animals, fishes, etc., seen being killed, heard being killed, or suspected of being killed〕 소승(小乘)의 계율 가운데 죽이는 것을 보거나 혹은 죽는 소리를 듣거나 자신을 위해 잡은 고기 등 의심나는 고기는 청정하지 못한 고기라 하여 먹지 않는다. 그러나 대승교(大乘教)에서는 정(淨) 부정(不淨)을 막론하고 모두 금지한다. 성질이 부정하여 불제자로서는 결코 먹지 못할 육류(肉類).

부정종성【不定種性】 오성(五性)의 하나. 삼승(三乘)의 무루(無漏) 종자(種子)가 있으므로 정진(精進)하면 불(佛)이 될 수도 있고, 물러서면 이승(二乘)으로 떨어질 수도 있는 소질을 가진 중생.

부정지법【不定地法】〔英 One of the six mantal conditions, that of undetermined character, open to any influence good or evil〕 심소(心所) 육품(六品)의 하나. 그 성질이 선(善)·악(惡)·무기(無記)의 삼성(三性)에 광통(廣通)하고, 또한 대지법(大地法)과 같이 일체의 마음이 짝을 따라 일어나지는 않는 마음작용의

총칭. 심(尋)·사(伺)·수면(睡眠)·악작(惡作)·탐(貪)·진(瞋)·만(慢)·의(疑)가 여기에 속한다.

부즉불리【不卽不離】〔英 Neither the thing itself nor something apart, e.g. the water and wave〕 붙어 있지도 않고 떨어져 있지도 않음을 말함. 물과 파도처럼 두 모양이 하나도 아니고〔不卽〕, 그렇다고 떨어져 있는 것도 아닌 것〔不離〕을 말함. 『생천경(生天經)』에, "부즉불리(不卽不離)하기 때문에 집착할 필요가 없다."라고 하였다.

부증불감【不增不減】〔英 Neither adding nor subtracting; nothing can be added or taken away〕 ① 더하지도 않고 덜하지도 않다는 말로, 본래성품 또는 부처의 지혜를 설명하는 말. 성품의 본체는 증감·구별의 상대가 끊어졌고, 성품의 작용도 역시 증감이 없다. 부처의 지혜, 곧 반야의 지혜는 우주에 가득한 것이기 때문에 아무리 보탠다고 해도 더 많아지는 것이 아니요, 아무리 사용한다 해도 더 줄어드는 것이 아니다. ② 공(空), 또는 광대무변한 허공을 설명하는 말. 공(空)·허공은 더 넓어지지도 않고 더 줄어들지도 않으며, 가운데와 변두리의 구별도 없는 것이다.

부촉【付囑】〔英 To deliver, entrust to〕 다른 이에게 부탁하는 것. 부처님은 설법한 뒤에 청중 가운데서 어떤 이를 가려내어 그 법의 유통(流通)을 촉탁하는 것이 상례(常例)였다. 이것을 부촉(付囑)·촉루(囑累)·누교(累教)라 한다. 경문(經文) 가운데서 부촉하는 일을 말한 부분을 부촉품이라 한다.

부파불교【部派佛教】 여러 부파로 나누어진 시기의 불교를 총칭하는 말. 불멸후 100년 후부터 시작되어 기원전 20개 부파로 나누어짐.

[부파불교의 실상] 불교의 급속한 팽창과 발전은 일면 교단 자체의 질서면에서 많은 문제를 제기하였는데, 그 때문에 드디어 교파분열을 초래하였다. 불멸후 100년경 아쇼카왕시대에 이르러 불교 교단은 계율 해석을 놓고 전통적 보수파인 상좌부(上座部; athavirāh)와 진보적 자유파인 대중부로 분열하였으며, 그 후 약 백 년 동안 대중부(大衆部; Mahāṁghika) 계통에서 또 여러 파로, 그리고 상좌부 계통에서도 여러 갈래로 분열하여 모두 18개의 부파가 성립했다. 이것을 부파불교라고 하며, 근본 2부인 상좌부와 대중부, 그리고 지말(枝末) 18부를 합하여 소승 20부라고 한다. 이 중에서도 상좌부 계통인 설일체유부·독자부·정량부·화지부·경량부가 특히 중요하다. 이와 같이 여러 부파의 분열은 B.C.100년경에 거의 완료된 것으로 본다. 각 부파는 자기 파(派)의 교설에 권위를 부여하고 정통설임을 증명하기 위해서, 각 부파마다 자신들의 입장에서 종래의 성전을 다시

편찬, 집대성하였다. 여기서 경장과 율장이 성립했는데, 그 내용은 부파마다 다소 차이가 있었다. 여러 부파들이 서로 다투었기 때문에 석존의 교설에 대한 구명(究明)이 행해져, 교설의 설명 및 주석(註釋)·정리·분류·이해, 그리고 여러 학설 사이의 모순제거 등에 대한 노력이 있었다. 이와 같은 연구의 결과를 기록한 논서(論書)를 아비달마(阿毘達磨; abhidharma)라 하고, 그 총체를 논장(論藏)이라 한다. 대부분의 부파들은 각기 삼장(三藏)을 소유하고 있었던 것 같지만 대개 다 산실(散失)돼 버렸고, 오늘날에는 주로 스리랑카 상좌부의 삼장과 부파 가운데 가장 세력이 컸던 설일체유부에서 편찬한 논장이 많이 전한다. 우리나라에 전해진 삼장도 설일체유부 계통에서 편찬한 것이 대부분이다.

부휴선수【浮休善修, 1543-1615】조선 명종·선조 때의 스님. 선수의 호는 부휴(浮休)이며, 속성은 김(金)씨. 중종 38년 전북 남원지방의 오수에서 태어났다. 일찍이 출가하여 지리산에 들어가 신명(信明)장로에게 득도하고, 뒤에 부용영관(芙蓉靈觀, 1485-1571)에게 나아가 그 심법(心法)을 얻었다. 독서를 많이 하였고, 글씨에도 뛰어났으며, 사명유정(泗溟惟政, 1544-1610)과 함께 그 명성이 떨쳐 당시 세상에서 이난(二難)이라 하였다. 임진왜란 때 덕유산 바위굴에서 피난하였는데, 난리가 평정된 후 해인사에 있으면서 명장(明將) 이종성(李宗城)을 만났는가 하면, 구천동에서 『원각경』을 읽다가 큰 구렁이를 제도하였다고 전한다. 광해군 6년〔1614〕 송광사를 거쳐 칠불암에 갔다가 다음 해 제자 벽암(碧巖, 1575-1660)에게 법을 부촉하고 입적했다. 5년 후 광해군이 홍각등계(弘覺登階)라는 시호를 내렸다. 그 문하의 제자 중에는 벽암각성·송암계익·퇴정응묵·대가희옥·송계성현·고한희언·해련선택·보감혜일·환적인문·포허담수 등이 유명한데, 벽암파(碧巖派)·뢰정파(雷靜派)·대가파(待價派)·송계파(松溪派)·고한파(孤閑派)·환적파(幻寂派)·포허파(抱虛派) 등 7파(派)로 나뉘어 문풍(門風)을 날렸다. 이와 같이 부휴선수의 법맥은 연면(連綿)하여 서산휴정(西山休靜, 1520-1604)의 문하와 더불어 오늘날 한국불교의 승단을 이루고 있다. 부휴선수의 사상은 금강혜안(金剛慧眼)을 증득하여 언망려절(言忘慮絶)한 제법실상(諸法實相)의 법성(法性)을 관파(觀破)하고, 무명번뇌를 멀리 여윌 것을 강조하는 선사상이다. 그의 선풍은 무자공안(無字公案)을 제기하는 조주(趙州, 778-897)의 간화선(看話禪)을 조사관문(祖師關門)으로 하였는데, 이 문풍(門風)을 계승 공부하여 선문(禪門)의 퇴강(頹綱)을 정돈하는 데 전력하였다. 저서로는 『부휴당집』 5권이 있다.

북방불교【北方佛敎】기원전 3세기경에 아육왕(阿育王)이 전도사를 파견한 뒤 인도 북부에서 발달하여 티베트·중국·한국·일본 등에 전해진 불교를 총칭한다.

북종선【北宗禪】북점선. 남종선(南宗禪)에 대한 말. 중국의 선풍(禪風)은 초조 달마(達磨, ?-536)로부터 5조 홍인(弘忍, 602-675)까지는 한 계통이었다. 그러나 홍인의 문하에서 혜능(慧能, 638-713)과 신수(神秀, ?-706) 두 사람이 나타나면서 북종선(北宗禪)과 남종선(南宗禪)으로 갈라졌다. 신수는 지역적으로 북쪽에서 크게 교화를 펼쳤으므로 북종선·북점선이라 하고, 혜능은 강남에서 법을 폈으므로 남종선이라 한다.

분다리【分陀利】〔梵 puṇḍarika〕분다리가(分陀利迦)·분다리화(分陀利華)라고도 쓴다. 백련화(白蓮華)·묘호화(妙好華)·백엽화(百葉華)라고도 한다. 연꽃에 청(青)·황(黃)·적(赤)·백(白) 4종이 있는 가운데 백련화(白蓮華)가 제일 고귀한 것이므로, 『법화경』에는 염불하는 이를 칭찬하여 "사람 가운데 분다리"라고 하였다.

분단생사【分段生死】〔英 the condition and station resulting from good or bad karma in the three realms and in the six paths〕미망의 세계 속에 있는 범부(凡夫; 인간·중생)의 생사(生死). 육도(六道)로 윤회하는 범부들의 생사. 분단(分段; Bhāgya)은 분한(分限)과 형단(形段)이란 뜻. 범부는 각기 업인(業因)에 따라서 신체에 크고 작으며 가늘고 굵은 형단이 있고, 목숨이 길고 짧은 분한이 있어 분분단단(分分段段)으로 생사윤회하므로 분단생사라 한다.

분별【分別】〔梵 vibhaga, vikalpa〕모든 사리(事理)를 사량(思量)·식별(識別)하는 것. 옳고 그름, 선과 악, 잘잘못을 분별, 구별하는 것. 그러나 선에서는 이것저것 분별하는 것은 번뇌망상을 일으키는 원인이 된다고 하여 비판한다.

분별망상【分別妄想】분별심과 망상심. 분별에 사로잡힌 마음은 번뇌망상을 불러온다는 말.

분별사식【分別事識】〔梵 vastu-prativikalpa-vijñāna, 英 The third of the three kinds of perception 識, i.e. real manifest and reasoned (or inferred); it includes all the eight 識 except the ālaya-vijñāna〕『능가경(楞伽經)』에서 설한 삼식(三識)의 하나. 전6식(前六識). 안식·이식·비식·설식·신식·의(意)의 전(前)6식은 6근(六根)을 통하여 그 대경(對境)인 6진(六塵; 6경)을 대하며, 과거·현재·미래에 걸쳐 자타(自他)의 여러 가지 사상(事相)을 분별하고 사려(思慮)하기 때문에 이렇게 부른다.

분별상【分別相】〔梵 vikalpa-lakṣa-

ㅂ

ṇa〕 우리의 주관적 망정(妄情) 때문에 정말 있는 것처럼 나타나는 상(相)을 말한다. 변계소집성(遍計所執性)과 같다.

분별식【分別識】〔英 The discrimina-ting perception, i.e. of 意 mind, the sixth 根 organ〕 제6의식(意識). 이 식(識)은 대경(對境)을 향하여 여러 가지로 생각하고 식별(識別)하는 작용이 있으므로 이렇게 말한다.

분별심【分別心】 진리에 대하여 여러 가지로 달리 분별하고 차별하는 마음. 또는 일반적으로 분별하는 마음.

분별지【分別智】〔梵 vivekajña, 英 Differentiating knowledge, discrimination of phenomena, as contrasted with 無分別智 the knowledge of the fundamental identity of all things〕 인도철학 용어. ①생멸변화하는 물리적〔物〕·정신적〔心〕인 모든 현상을 분별하는 지혜. 무분별지(無分別智)와 상대된다. ② 프라크리티(prakṛti)와 푸루샤(puruṣa)가 본래 다른 것임을 아는 지혜.

분소의【糞掃衣】 세속 사람이 버린 헌 옷을 주워다 빨아서 지은 가사(袈裟). 이 버린 옷은 똥을 닦은 헝겊과 같으므로 분소의(糞掃衣)라 한다. 또 이 헌옷 조각조각을 기워 모아서 만든 옷이므로 납의(衲衣)라고도 한다. 비구가 이 옷을 입는 것은 탐심을 여의기 위한 것이다.

분신【分身】〔梵 ātabhāva-nirmata, 英 parturition; in Buddhism it means a Buddha's power to reproduce himself ad infinitum and anywhere〕 곧 화신(化身). 불·보살이 중생을 교화하기 위하여 그 몸을 나누어 곳곳에 화현하는 것. 또 변화하여 나타난 몸.

분양선소【汾陽善昭, 947-1024】 중국의 선승. 법명은 선소(善소), 태원(太原) 사람, 속성은 유씨(兪氏)다. 도량과 식견이 넓고 깊어 겉치레가 없고, 큰 뜻을 품어 무슨 글이든 스승에게 배우지 않고도 저절로 통달하였다. 어릴 때 부모를 여의고 세상이 싫어져 출가하였는데, 선지식 70여 명을 찾아보고 그들의 묘한 종지를 모두 터득하였다고 전한다. 『송고백칙(頌古百則)』, 『공안대별백칙(公案代別百則)』, 『힐문백칙(詰問百則)』 등의 저작에서 '공안(公案)' 해석에 대한 통일된 형식과 답안을 제시함으로써 이른바 '요로설선(繞路說禪)'의 방법이 유행하게 되었는데, 그를 이어 수많은 선사들이 모두 송고(頌古)를 지었다. 특히 대혜선사의 스승인 원오극근의 『벽암록』에 이르러 문자선이 극에 이르렀다.

분위등류【分位等流】 눈·귀 등 6식(識)은 각각 제 종류의 종자(種子)에서 나서 빛·소리 등 6경(境)에 대하여 능히 반연〔能緣〕하는 작용을 하므로 이것을 등류과(等流果)라 한다. 이 경우에 안식(眼識) 등은 각각 색(色) 등의 육경(六境)과 분위(分位; Avasthā)를 같이하고 일어나는 것이므로 분위등류(分位等流)라 한다.

분통대승【分通大乘】 일부분은 대승에 통한다는 말. 중국 당(唐)의 승려로, 중국 화엄종의 제3조인 현수(賢首, 643-712)의 용어. 10종(宗) 가운데 처음 6종(宗)의 제법단명종(諸法但名宗)과 속망진실종(俗妄眞實宗)에도 통하는 명칭. 이 6종(六宗)은 모두 소승교(小乘敎)인데, 그 가운데 진제(眞諦)·속제(俗諦)가 모두 이름만 있는 것이라고 주장하는 제법단명종(諸法但名宗)과, 불교(佛敎) 이외의 세계에서 인식하는 진리인 속제(俗諦)는 허망하다고 하면서, 불교에서 말하는 근본적 진리인 진제(眞諦)를 진실하다고 하는 속망진실종(俗妄眞實宗)의 2종의 교의(敎義)가 소승교(小乘敎) 가운데서는 가장 높은 것으로서, 그 일분(一分)은 대승(大乘)에 통하는 바가 있으므로 분통대승(分通大乘)이라고 한다.

불【佛】〔梵·巴 Buddha〕 불타(佛陀)의 준말. 깨달은 사람〔覺者; 붓다〕·지혜를 소유한 사람〔智者〕이라는 뜻. 각(覺)에는 각찰(覺察)이라는 뜻도 있다. 번뇌를 각찰(覺察)하여 해(害)가 되지 않도록 하므로 이를 일체지(一切智)라 한다. 또 제법(諸法)의 사리(事理)를 각지(覺知)하여 자신은 물론 능히 타인을 깨닫게 하므로 불(佛)이라 한다. 이 불(佛)을 진리적 측면에서 말할 때는 '불(佛)', '부처〔붓다〕'라 하고 인격체로 말할 때는 '부처님'이라고 한다.

불가득【不可得】〔梵 anupalabhya; alabhya, 英 Beyond laying hold of, unobtainable, unknowable, unreal, another name for 空 the void〕 최고의 진리. 공(空)의 다른 이름. 모든 것〔諸法〕은 공(空)한 것이므로, 아무리 얻으려고 해도 얻을 실체가 없다는 뜻.

불가득공【不可得空】〔梵 anupalambha-śūnyatā〕 18공(空)의 하나. 무소유공(無所有空)이라고도 하며, 말과 생각이 모두 끊어진 곳에 세우는 공(空)이다. 만유(萬有)의 진상(眞相)은 유(有)도 아니며, 우리가 생각하는 것과 같은 공(空)도 아니다. 이 말과 생각이 끊어진 때를 가(假)로 공(空)이란 이름을 붙여서 불가득공(不可得空)이라 한다.

불가사의【不可思議】〔英 Beyond thought or description, v. 不思議〕 도(道)가 현묘(玄妙)하고, 이치가 미묘(微妙)하며, 현상이 신기(神奇)하여, 마음으로 생각할 수 없고, 말로 형용할 수 없는 것.

불가사의경【不可思議經】〔英 A name for the 華嚴經 Hua-yen sūtra〕『화엄경(華嚴經)』의 다른 이름. 『지도론(智度論)』 33권에, "불(佛)이 모든 보살을 위하여 불가사의경(不可思議經)

을 설하였으나, 사리불과 목련은 좌우에 있어도 듣지 못하였다. 이들은 대승법(大乘法)을 들을 인연이 아니기 때문이다."라고 하고 있다.

불각【不覺】〔梵 abudha; apratisaṃvedaka, anirdhārya, 英 Unenlightened, uncomprehending, without spiritual insight the condition of people in general, who mistake the phenomenal for the real, and by ignorance beget karma〕 각성(覺性)의 주체(主體)가 무명(無明)에 엄폐되어 깨닫지 못한 상태에 처하는 것. 마음〔心〕의 본성(本性)에 대한 미망(迷妄). 진여(眞如)의 실성(實性)을 여실(如實)히 알지 못하는 것인데, 불각에 의하여 업(業)을 짓고 고(苦)의 과보를 받는다. 불각(不覺)의 원인은 무명(無明) 때문이고, 무명에는 근본무명(根本無明)과 지말무명(枝末無明)이 있는데, 전자는 미진(迷眞) 즉 진여(眞如)가 자신을 숨기는 것이요, 후자는 기망(起妄) 즉 무명이 진여를 덮는 것이다.

불각현행위【不覺現行位】〔英 The first two of the 十地 of the saint, in which the illusion of mistaking the phenomenal for the real still arises〕 십지(十地) 중의 앞의 이지(二地)인 환희지(歡喜地)·이구지(離垢地)를 말함. 이 지위는 성자(聖者)의 지위이지만, 오히려 가끔 저절로 번뇌가 일어나므로 불각현행위(不覺現行位)라 한다.

불계【佛戒】 불도를 닦는 사람이 받드는 계율. ①『범망경』에서 설한 대승계(大乘戒)를 말한다. ②밀교(密敎)의 삼마야계(三摩耶戒)를 말한다. ③보통 부처님이 설한 계법(戒法)을 가리킨다.

불고불락수【不苦不樂受】〔梵 aduḥkha-asukhā vedanā, 西 sdug bsṅal yaṅ ma yin bde ba yaṅ ma yin paḥi tshor ba, 英 the state of experiencing neither pain nor pleasure〕 삼수(三受; 苦受·樂受·捨受)의 하나. 사수(捨受)라고도 한다. 고(苦)의 결과도 받지 않고 낙(樂)의 결과도 받지 않는 것. 고락의 결과와는 무관한 것.

불공【佛供】〔英 An offering to Buddha〕 부처님께 올리는 공양. 부처님께 향·등·꽃·차·과일 따위로 공양하는 것. 한국의 사원에서는 사시(巳時; 9시-11시)에 올리는 마지를 말한다. 사시(巳時; 11시)에 불반(佛飯)을 올리고 행함. 또는 수시로 공물을 올리고 신자를 위해 기도하는 것도 불공(佛供)이라 한다.

불공【不空; Amoghavajra, 705-774】 진언종부법(眞言宗付法)의 제6조(祖), 중국 4대 역경가(譯經家) 중의 한 사람. 북인도 출신으로 개원 7년〔719〕에 15세의 나이로 금강지(金剛智, 671-741)의 제자가 되어 범본(梵本)『실담장(悉曇章)』과 『성명론(聲明論)』을 공부하였다. 20세에 구족계를 받고, 후에는 금강지의 역경사업을 보좌하며 밀교의 깊은 뜻을 깨쳤다. 개원 29년〔741〕에 금강지가 입적하자, 그의 유명을 받들어 비밀경전의 범본을 가져오려고 인도에 들어갈 뜻을 세웠다. 그는 사자국으로 가서 국빈의 예우를 받았다. 용지아사리(龍智阿闍梨)를 만나 『십팔회금강정경(十八會金剛頂經)』 등을 받고, 다시 비밀경전 범본 1,200권을 얻어 천보 5년〔746〕에 장안으로 돌아왔다. 현종은 칙명을 내려 홍려시〔외국 사신 숙소〕에 머물게 하고, 궁중에는 내도량(內道場)을 설치하여 스스로 관정(灌頂)을 받았다. 숙종 때에는 건원중〔758-760〕에 내전에 들어가 호마도량(護摩道場)의 법을 베풀어 임금을 위한 전륜왕위칠보관정(轉輪王位七寶灌頂)을 주었다. 대종은 그에게 특진시홍려경(特進試鴻臚卿)을 내리고, 대광지삼장(大廣智三藏)이란 호를 주었다. 그가 대력 9년〔774〕에 입적하자 대변정광지불공삼장화상(大辨正廣智不空三藏和上)이란 시호를 내렸다. 불공의 역경사업으로는 『금강정일체여래진실섭대승현증대교왕경』·『금강정오비밀수행염송의궤』·『발보리심론』 등 110부 143권이 있다고 하나, 모두 불공의 번역이라 하기에는 문제가 있다. 그의 제자 중 함광(含光)·혜초(慧超)·혜과(惠果)·혜랑(慧朗)·각초(覺超)·원교(元皎)를 6철(哲)이라 한다.

불공무명【不共無明】〔梵 avidyā-āveṇika, 英 Distinctive kinds of unenlightenment〕 ①독두무명(獨頭無明). 『구사론』에서 탐(貪)·진(瞋)·치(痴) 등의 열 가지 번뇌와 상응(相應)하지 않고 홀로 일어나는 무명(無明)을 말한다. ②유식종(唯識宗)에서는 항행불공무명(恒行不共無明)과 독행불공무명(獨行不共無明)으로 나누어 설명한다. 항행불공무명은 제7 말나식(末那識)에만 상응하는 무명(無明)·탐(貪)·진(瞋) 등의 근본 혹(惑; 번뇌)과 상응하여 일체 범부(凡夫)에서 항상 간단(間斷)없이 일어나면서도 다른 육식(六識)과 상응하는 무명과는 공통되지 않은 것이며, 독행불공무명은 제6식하고만 상응하는 무명, 다른 식(識)이나 탐(貪) 등의 근본 혹(惑)과는 상응하지 않고 홀로 일어나는 것이다.

불공반야【不共般若】〔英 The things special to bodhisttvas in the 般若經 in contrast with the things they have in common with śrāvakas and pratyeks-Buddhas〕 『반야경』 가운데 설한 보살의 교법(教法)을 가리킨다. 보살만을 위하여 말한 것이고 성문(聲聞)·연각(緣覺)에는 공통하지 않은 반야의 법문.

불공법【不共法】〔梵 āvenika-buddhadharma, 英 The characteristics, achievements, and doc-

ㅂ

trine of Buddha whch distinguish him from all others〕 자기와 다른 이가 따로따로 받는 법으로서, 다른 이와 공통하지 않는 독특한 법. 각기 개별적으로 받는 것. 예컨대, 제 몸은 저 한 사람의 업(業)으로 받는 것과 같은 것 따위이다. 부처에게는 18불공법이 있다.

불공업【不共業】〔英 Varied, or individual karma〕 2업(業)의 하나. 공업(共業)의 상대적인 말로, 사람마다 각자가 지은 업이 다르므로 각자의 업인(業因)에 의해 과보도 달리 받게 되는 업을 불공업이라고 한다. 개인이 과거에 지은 바의 업(業).

불공여래장【不空如來藏】〔梵 aśunyaḥ tathāgata-garbhaḥ, 英 The realm of phenomena〕『승만경(勝鬘經)』에 나오고 있는데, 불공진여(不空眞如)라고도 한다. 여래장(如來藏), 곧 진여(眞如) 자체에 온갖 덕이 구족하여, 무슨 덕이나 갖추지 못한 것이 없고 무슨 법이나 나타내지 못하는 것이 없는 것. 공여래장(空如來藏)에 상대되는 용어.

불과【佛果】〔英 buddhaphala, 英 the Buddha fruit, the state of Buddhahood〕 불도(佛道)를 수행한 인(因)으로 말미암아 도달하는 부처님 지위〔佛位〕.

불괴법【不壞法】〔巴 apabhaṅgu, 英 Two kinds of arhats practise the 白骨觀 skull meditation, the dull who consider the dead as ashes, the intelligent who do not, but derive supernatural powers from the meditation〕 백골관(白骨觀)으로 성취하는 아라한(阿羅漢)에 2종이 있다. 자질이 둔한 사람은 다시 백골(白骨)에 집착할까 두려워, 소골관(燒骨觀)으로 그 뼈마저 재〔灰〕가 될 생각을 한다. 이것을 괴법(壞法)이라 한다. 자질이 영리한 사람은 소골(燒骨)로 사람이 재가 되는 생각을 하지 않고, 그의 미간(眉間)에서 팔색(八色)의 광명을 방출(放出)하는 모양을 말미암아 수련함으로써 신통을 얻는다. 이를 불괴법(不壞法)이라 한다. 이 두 가지는 혜해탈(慧解脫)과 구해탈(俱解脫)에 해당한다.

불교【佛教】〔英 Buddhism, 獨 Buddhismus, 佛 Buddhisme〕 인도의 고타마 붓다(Gautama-Buddha)의 가르침에서 비롯된 종교. 정신적·심적(心的)인 고통·괴로움·번민·속박으로부터 해탈·자유를 추구하는 종교. 붓다(Buddha; 부처)는 B.C.5세기경 지금의 네팔 변경에 살고 있던 석가족 출신이다. 그는 당시의 우주의 절대적인 원리 내지 창조신〔브라만〕을 부정하고 반베다적 자유사상가의 한 사람으로서 연기법(緣起法)을 기초로 사제·팔정도·삼법인·12연기 등을 설하여 많은 사람들로 하여금 진리를 깨달아 해탈·열반의 길에 들도록 가르쳤다. 붓다〔佛陀; Buddha〕에 의해 성립된 불교는 인도에서 다양한 형태로 전개 발전하였다. 그것을 역사적으로 분류하면, 원시〔초기〕불교, 부파불교, 대승불교, 밀교 등 4개의 형태로 분류된다. 그 후 불교는 인도에서 A.D.12세기를 전후하여 자취를 감추게 되었지만 오늘날 세계 4대 종교로 되어 있다. B.C.3세기경에 등장하여 인도를 최초로 통일한 마우리야왕조의 아쇼카왕에 의하여 불교는 인도를 벗어나 스리랑카에 전래되었는데, 그것이 남방불교의 시원(始源)이 되어 동남아시아에 전해졌다. 한편 서력기원을 전후하여 인도에서는 기존의 보수적이고 유아적(唯我的)인 소승불교에 비해서, 보살도의 실천을 이상으로 삼는 대승불교가 성립하여 발전하게 된다. 이 대승불교는 중앙아시아를 거쳐 중국, 한국, 일본에 전래되어 종교적·사상적으로 지대한 영향을 미치며 각각 발전해 왔다.

불교가사【佛敎歌辭】석가모니의 무량공덕을 송영(頌詠)하고 불법(佛法)의 깊은 뜻을 나타낸 가사. 불교가사의 특징은 1. 대부분의 작가가 스님이며 간혹 거사도 있으나 불교와 밀접한 관계에 있는 사람이고, 2. 내용은 부처님의 덕(德)을 기리고 불교수행에 힘쓰도록 권하는 것이며, 3. 종교적인 교훈을 읊은 가사여서 내용이 비슷하고 개성적인 작품이 극히 드물며, 4. 주로 절에서 판각한 목판본과 항간에 전하는 필사본 및 포교용 책자 속에 들어 있다는 점 등이다. 불교가사는 우리나라 가사문학의 연원이 된 것으로서 꾸준히 발전되어 내려오다가 20세기 초엽 개화기에 이르러 개화가사의 형태를 갖추었다. 대표적인 불교가사로는 가사문학의 연원이 되는 고려시대 나옹화상의 왕생가(往生歌)·낙도가(樂道歌)·심우가(尋牛歌)·회심곡·귀산곡(歸山曲)·태평곡(太平曲)·청학동가(青鶴洞歌) 등을 손꼽을 수 있다.

불교대전【佛敎大典】책 이름. 한용운(韓龍雲, 1879-1944)이 대장경 속에 있는 명구를 발췌하여 편집한 현대적 불교성전. 한용운은 『조선불교유신론』을 탈고한 뒤인 1912년부터 통도사에서 고려대장경 1,511부 6,802권을 낱낱이 열람하고, 그 가운데서 1,000여 부의 경·율·론으로부터 중요한 내용을 발췌하였다. 따라서 『불교대전』은 축소한 8만대장경이라 할 수 있는데, 『조선불교유신론』보다 1년 늦은 1914년에 발행되었다. 그 구성을 보면, 제1 서품, 제2 교리강령품, 제3 불타품, 제4 신앙품, 제5 업연품, 제6 자치품, 제7 대치품, 제8 포교품, 제9 구경품(究竟品) 등으로 되어 있고, 다시 장(章)과 절(節)로 세밀하게 분류되어 있다.

불구【佛具】〔英 Buddhist alter fittings; articles used on a Buddhist alter; accessories of a Buddhist shrine] 불전(佛殿)에 장엄으로 쓰이는 온갖 기구. 천개(天蓋)·당번(幢幡)·화만(華鬘)·향로·화병·다기·촛대·범종·목탁·요령 따위.

불국토【佛國土】〔梵 Buddhakṣetra, 英 The country of the Buddha's birth〕 부처가 있는 나라. 부처의 교화가 넘치는 나라. 극락정토(極樂淨土)를 이르는 말이다. 또는 깨달으면 그곳이 불국이므로 깨달음의 세계를 뜻하기도 한다.

불국토사상【佛國土思想】 신라 진덕여왕(眞德女王, 647-654 在位) 때 자장(慈藏)율사가 제창한 사상. 불교에서 말하는 극락정토〔불국토〕가 구현된 세계는 시공간적으로 멀리 떨어진 곳에 있는 것이 아니라, 바로 우리가 살고 있는 이 현실세계가 바로 정토임을 강조한 사상. 『화엄경』의 법계연기설(法界緣起說)의 영향을 받은 것으로, 현상세계가 곧바로 열반의 세계임을 강조하는 법계연기설은, 지금 여기가 곧 정토가 실현된 곳이라는 불국토사상에 이론적 기초가 됨은 말할 것도 없다. 신라의 불국토사상은 신라의 모든 지역이 어느 곳을 막론하고 정토임을 역설한다. 자장은 신라의 불교는 과거로부터 오늘날에 이르기까지 이미 있었던 종교로, 신라가 불교와는 깊은 인연을 갖고 있는 이상국이라고 하였다. 또한 자장은 오대산(五臺山)을 문수보살이 거처하는 정토라고 소개하기도 하였다. 자장 이외에도 의상(義湘, 625-702)을 비롯한 여러 고승들이 불국토사상의 전개에 끼친 영향은 지대하다. 오대산과 금강산을 불보살들의 거주처로 삼고 도량의 중심지로 특별한 의미를 부여한다든가, 낙산사(洛山寺)의 창건에 얽힌 설화 등은 이러한 불국토사상의 융성을 설명해 주고 있다. 이 밖에도 불국사의 대웅전·극락전·비로전이 각각 석가모니불과 아미타불, 비로자나불의 정토를 현세에 구현하려는 의도를 담고 있다는 사실을 통해서도 불국토사상의 내용을 이해할 수 있다.

불기【佛旗】 ①불교를 상징하는 깃발〔旗〕. 의식행사 때에 당간지주에 내걸었던 깃발. ②신자협회의 창립자로서 회장을 지낸 미국의 올코트 대령이 실론〔스리랑카〕에서 불교부흥운동을 돕던 중 1885년 고안하여 사용하다가 1950년 스리랑카에서 발족한 세계불교도우의회〔WFB〕의 회기(會旗)로 채택한 깃발. 현재 우리나라를 비롯하여 동남아 불교국에서 사용하는 불교기(旗)는 청·황·적·백·주황 이렇게 5색으로 된 깃발〔오색기〕을 사용하고 있는데, 이 오색기는 1950년 스리랑카에서 열린 세계불교도우의회에서 채택된 것이다. 우리나라는 이 이전에는 주로 만자(卍字)를 깃발로 사용했다.

불기【佛紀】〔英 Buddhist Era〕 불교의 기원(紀元)으로 헤아리는 햇수. 불

교의 기원은 석가모니 부처님이 열반〔입적〕한 연도, 즉 불멸(佛滅)로부터 산출한다.

불단【佛壇】〔英 a Buddhist alter〕 불상(佛像)을 안치하는 단(壇). 그 재질에 따라 석단(石壇)·토단(土壇)·목단(木壇) 등이 있는데, 후세 수미단(須彌壇)이 여기에 해당한다. 협의(俠義)로는 사원 내 불당이나 재가(在家)에 설치한 불상안치(佛像安置)의 감실(監室)과 같은 것을 불단이라고 한다.

불당【佛堂】〔英 a Buddhist temple; a Buddhist sanctum〕 부처, 또는 불상을 모셔 두는 곳. 불전(佛殿)·불각(佛閣)·불우(佛宇)·범전(梵殿).

불도【佛道】〔英 The way of Buddha, leading to Buddhahood〕 ①범어 보리(菩提)의 신역(新譯)은 각(覺), 구역(舊譯)은 도(道)라 하는데, 불교의 가르침, 불교의 진리를 뜻함. ②불과(佛果)에 이르는 길. 부처님이 말씀하신 교법.

불도징【佛圖澄, 232-348】 중국 후조(後趙)불교의 중심이 되어 활약했던 스님. 서역 구자국(龜玆國) 사람. 속성은 백(帛)씨. 일찍이 계빈국(罽賓國)에 가서 설일체유부(說一切有部) 계통의 소승불교를 배웠다. 서진(西晉) 영가 4년〔310〕에 돈황을 거쳐 낙양에 와서 동진(東晋) 영화 4년〔348〕에 업도(鄴都)에서 입적했다. 영적 능력의 소유자로서 신통력이나 주술 또는 예언에 뛰어나, 후조왕(後趙王) 석륵(石勒)과 석호(石虎)의 존경을 받았다. 문도가 1만 명에 가까웠고 사찰도 893개소나 되었다고 하는데, 제자로는 도안(道安)·축법아(竺法雅)·승랑(僧朗)·법수(法首)·법조(法祚)·법상(法常)·승혜(僧慧)·도진(道進)·법태(法太)·법화(法和)·안령수니(安令首尼) 등이 있다.

불락인과 불매인과【不落因果 不昧因果】 백장야호(百丈野弧)의 공안에 나오는 말. 불락인과(不落因果)는 인과의 이치에 떨어지지 않는다는 말로서 인과를 부정하는 것이고, 불매인과(不昧因果)는 '인과의 이치에 어둡지 않다.', '인과를 분명히 인식하고 있다.'는 말로서 인과를 인정하는 것임. 백장선사(百丈禪師, 720-814) 문하에 한 노인이 와서 말하기를, "저는 과거생에 제자들의 물음에 불락인과라 대답했다가 오백생을 여우의 몸을 받았습니다. 이제 저를 위하여 여우 몸을 벗어날 법문을 설해 주십시오."라고 하였다. 이에 백장선사는 "불매인과"라고 대답하였다. 이 말에 그 노인이 여우의 몸을 벗고 천도받게 되었다는 이야기다.

불료【不了】〔英 Not to bring to a finish, not to make plain, not plain, not to understand; incomprehensible〕 ①〔梵 anavadhārita, anavabodhaka, anirdhārya, abodha, saṃmūḍha, saṃmo-

ㅂ

ha〕 이해(理解)하지 않는 것. ②〔梵 avyakta〕 뚜렷하게 나타나지 않는 것. 비변이(非變異). 미개전자(未開展者). ③까닭을 모르는 것. ④〔梵 abuda, 西 byis pa〕 우자(愚者).

불료의교【不了義敎】 요의교(了義敎; Teaching of the whole truth)에 상대되는 용어. ①방편 수단으로 말만 하고서, 진리의 진실한 뜻을 분명하게 나타내지 않는 교법. 완벽하지 못한 교법. 법상종(法相宗)에서 삼시교(三時敎; 有敎·空敎·中道敎) 중에 초시(初時)의 유(有)와 2시(時)의 공(空)을 불료의(不了義)라 한다. ②분명하지 못한 가르침. 외도(外道)의 가르침과 같은 것. 선도(善導, 613-681)는 부처님 말씀은 요의교(了義敎)이고 보살의 말씀은 불료의교(不了義敎)라고 하였다.

불립문자【不立文字】〔英 The 禪 Ch'an or intuitive school does 'not set up scriptures'〕 선종(禪宗)의 근본 취지를 나타내는 말 중의 하나. 선종에서는 법(法)이란 것은 마음으로써 마음에 전하는 것이므로 따로 언어문자를 세워 말하지 않는 데 참뜻이 있다고 한다.

불망어【不妄語】〔梵 mṛṣavādāt prativiratiḥ, 西 rdsun du smra ba spoṅ ba, 英 no false speaking〕 진실(眞實)을 지켜 진리에 순종(順從)하는 것. 거짓, 또는 망령된 말을 하지 않는 것. 허망부실(虛妄不實)한 말을 하지 않는 것.

불망어계【不妄語戒】 5계 중의 하나. 거짓말을 하지 않는 것.

불멸【佛滅】〔英 Buddha's nirvāṇa〕 석존의 입적·열반(涅槃). 석존의 목숨이 마쳐짐. 중생〔인간〕들에게는 죽었다고 하고 부처님에게는 열반·입멸(入滅)이라고 함. 열반은 멸(滅)·멸도(滅度)라 번역하므로 부처님이 돌아가신 것을 불멸(佛滅)이라 한다. 불멸 연대에는 여러 가지 설이 있다. 우리나라에는 B.C.1027년〔주나라 소왕 26〕 갑인 4월 8일에 태어나서 B.C.949년〔목왕 53〕 임신 2월 15일에 입멸하였다는 말이 예부터 전한다. 그 밖에도 스리랑카에서 전하는 B.C.543년설, 태국과 미얀마에서 전하는 B.C.544년설, 쥬노르(Jurnour)의 B.C.485년설, 『중성점기』에 의한 B.C.485년설, 커닝험(Cunningham)의 B.C.477년설, 또 그가 후년에 말한 B.C.478년설, 막스 뮐러(Max Müller)의 B.C.477년설, 플리트(Fleet)의 B.C.483년설, 스미스(V. Smith)의 B.C.487년설 등이 전한다. 그런데 1956년 네팔 수도 카트만두에서 열린 제4차 세계불교도대회에서 불멸 연대를 통일하여 불멸후 2500년을 1956년으로 결정하였다. 일본의 우이 하쿠쥬(宇井伯壽)는 B.C.386년, 나카무라 하지메(中村元)는 B.C.383년경이라고 보았다.

불모【佛母】 ①〔英 The prajñā-pāramitā, mother or begetter of all

Buddhas〕 반야의 지혜. 모든 부처, 깨달은 자는 반야의 지혜를 바탕으로 깨달음을 성취하게 되므로 반야지혜를 불모(佛母)라 한다. 반야지혜가 있어야 깨달음을 성취하여 붓다가 될 수 있기 때문임. ②〔英 The mother of the Mahāmāya〕 석가모니불의 어머니인 마야(Māyā)부인을 가리킴. ③절에서 불상(佛像)을 그리는 사람. ④지혜를 상징하는 문수보살.

불반니원경【佛般泥洹經】 중국 서진(西晋) 때 백법조(白法祖)가 번역. 2권. 줄여서 『니원경(泥洹經)』이라고도 한다. 부처님의 입멸과 그 전후 사정을 밝혔다. 80세로 입멸할 당시 부처님의 모습을 알 수 있는 귀중한 경전이다. 내용은 법현이 번역한 『대반열반경』과 크게 다르지 않다.

불방일【不放逸】〔梵 apramāda, 巴 appamāda, 英 No slackness or looseness; concentration of mind and will on the good〕 게으름〔放逸〕 피우지 않는 것. 마음을 다하여 일심으로 수행 정진하는 것. 방종(放縱)하지 않고 선행(善行)과 수행에 전심(專心)하는 것. 대선지법(大善地法)의 일종이다.

불범일체【佛凡一體】〔英 Buddha and the common people are one, i.e. all are of Buddha-nature〕 불심(佛心)과 범부(凡夫)의 마음이 일체라는 뜻. 본질적인 입장에서 하는 말.

불법【佛法】〔梵 Buddhadharma, 英 the Dharma or Law preached by the Buddha, the principles underlying these teachings, the Truth attained by him, its embodiment in his being Buddhism〕 ①부처님이 말씀하신 교법(敎法). ②부처님이 깨달은 진리. ③부처님이 깨달은 진리를 불법(佛法)이라 하는데, 확대하여 일체제법(一切諸法)을 모두 불법(佛法)이라고 하기도 함.

불법승【佛法僧】 부처님〔佛〕과 부처님의 가르침〔法〕, 그리고 승가〔僧〕를 가리키는 말. 삼보 항목을 참조할 것.

불보【佛寶】 ①삼보(三寶; 佛法·法寶·僧寶)의 하나. 부처님은 스스로 진리를 깨닫고 다른 사람을 깨닫게 하여 세상의 귀중한 보배와 같으므로 이와 같이 말한다. 석가모니불, 또는 모든 부처의 존칭. ②원각대지(圓覺大智), 또는 원각묘지(圓覺妙智)의 경지를 불보(佛寶)라 한다.

불보살【佛菩薩】〔梵 Buddha-Bhodhisattva〕 부처님과 보살을 아울러 일컫는 말. 불(佛)은 붓다·불타(佛陀)의 준말. 깨달은 분이라는 뜻. 보살은 깨달음의 경지가 부처님 다음가는 분. 후대에는 성불하기 위하여 수행에 힘쓰는 이는 모두 보살이라고 부름.

불본행집경【佛本行集經】〔梵 Buddha-carita saṁgraha〕 『본행집경(本行集經)』이라고도 한다. 북인도의 스님 사나굴다(闍那崛多; Jñānagupta)

가 587-591년 사이에 중국 불교학자와 공동으로 한역(漢譯)한 것으로, 석존의 탄생으로부터 출가·성도 등 일대(一代) 사실을 말하고, 불제자의 귀의에 관한 인연까지 기록하고 있다. 법장부(法藏部)의 불전(佛傳)으로, 내용은 60장의 세목(細目)으로 구분되어 있는데, 대개 3부로 구성되어 있다. 제1부는 불타의 전생담이 수록되었는데, 탄생하기까지 5장으로 구성되었다. 제2부는 재속기(在俗期)·수행기(修行期)·정각(正覺)을 얻어 전도를 개시하기까지의 32장으로 되어 있다. 제3부는 전도가 시작된 이래, 가르침을 받고 불제자가 된 사람들의 열전(列傳)으로 15장으로 구성되어 있다.

불사【佛事】〔梵 buddha-kārya, buddha-kṛtya, 英 Buddha's affairs, the work of transforming all beings〕①부처의 교법을 널리 전하기 위해서 행하는 모든 일. ②절에서 행하는 건축 등 각종 행사. 제사·법회·기도 등 모든 일.

불사리【佛舍利】부처님의 유골(遺骨). 후대에는 화장 후에 나온 구슬 모양의 영롱한 물체를 사리라고 함. 불사리(佛沙利)라고도 쓴다.

불사음계【不邪婬戒】5계(戒) 가운데 하나. 재가 남자 신도인 우바새(優婆塞)와 여자 신도인 우바이(優婆夷)가 다른 이의 아내나 남편과 음행하는 일을 금지한 계율. 출가(出家)한 이〔스님〕에게는 일체 음행을 금지하였으므로 불음계(不婬戒)라 한다.

불살생【不殺生】〔梵 ahiṃsā, 英 The first commandment, Thou shalt not kill the living〕살생하지 말라는 계율. 살아 있는 것을 죽이거나 그 생명을 빼앗는 것은 죄가 크기 때문임. 넓은 의미에서는 신(身)·어(語; 口)·의(意)의 어떤 행위에 의해서라도 살아 있는 것을 해치지 않는 것. 또한 적극적으로는 살아 있는 것을 보살피고 보호하는 것을 뜻한다. 불살생은 생명의 존귀성, 자비사상을 바탕으로 탄생한 것이다. 아힘사(ahiṃsā; 불살생)는 고대 인도인의 윤리관의 핵심을 이룬다. 특히 불교와 자이나교(Jaina教)에서는 이것을 윤리조항의 제1에 두고서 중시하였다〔불교의 五戒; 不殺生·不偸盜·不妄語·不婬·不飮酒, 자이나교의 五大誓; 不殺生·不妄語·不偸盜·不婬·無所有. 五戒에서 불교와 자이나교의 차이점은 끝에 있는 불음주와 무소유임〕. 불살생의 기원은 분명하지 않지만, 아마도 살생을 기피하는 비아리안계의 종교적 토양에 뿌리를 두고 있다고 본다. 이것을 바탕으로 불교나 자이나교를 배태시킨 고대 동인도의 고행자들은 출가생활상의 주요한 윤리덕목의 하나로 정하고 있다. 불교와 자이나교에서는 희생양을 수반하는 바라문교〔힌두교〕의 제사를 엄격하게 비판하였는데, 우파니샤드시대 이후에는 힌두교에서도 점차 불살생의 관념을 수용하여 중시하였다. 다만 제식에서 희생양의 살해, 정의의 전쟁에서 살육, 사회 질서의 유지를 위한 처형 등은 도덕적으로 선이라고 하여 문제시하지 않는다. 특히 소〔牛〕를 성스럽게 취급하는 관념은 불살생과는 기원을 달리하지만, 불살생의 보급과 함께 그 금기도 확대된 것이라고 볼 수 있다. 불살생의 의미에서 육식이 금기시되었던 것은 대승불교에 이르러서이다. 한편 자이나교에서는 재가자에게도 아힘사〔불살생〕의 준수를 요구하여 식물의 종류나 직종에 관해서도 엄격하게 제한하였다〔다만 당초에는 육식이 일부 인정되었던 흔적도 보인다〕. 자기의 정화와 생물세계의 보호를 목적으로 동물과 식물 그리고 그 외 모든 생물에 대하여 윤리적 배려를 구한 것인데, 이것이 불교나 자이나교 모두 아힘사(ahiṃsā)를 최고의 다르마로서 존숭하게 된 이유이다. 불살생은 아쇼카의 통치이념인 법칙문에도 들어 있다. 현대의 간디가 제창한 비폭력주의는 전통적인 아힘사의 윤리사상에 입각한 것으로서, 내적인 자기억제에 의해서 타자로 하여금 적의를 버릴 것을 이상으로 삼았다. 그것에 의해서 사회적인 불공정이나 착취의 문제를 평화적으로 해결하려고 시도한 것이다.

불살생계【不殺生戒】5계(戒) 가운데 하나. 생명을 죽이는 것을 금지한 계율. 불살생 항목 참조.

불상응심【不相應心】진여심(眞如心), 혹은 심진여(心眞如)를 가리킨다. 진여는 청정하여 번뇌와는 상응〔합일〕하지 아니하므로 불상응(不相應)이라 한다.

불상응행【不相應行】〔梵 cittaviprayukta, cittaviprayuktaḥ saṃskāraḥ, 英 Action non-interrelated (with mind)〕 5위(位) 가운데 하나. 심불상응행법(心不相應行法)의 약칭. 구체적으로는 심불상응행온(心不相應行蘊)·비색비심 불상응행법(非色非心 不相應行法)이라 하고, 줄여서 심불상응행(心不相應行)·불상응행법(不相應行法)·불상응법(不相應法)이라고도 한다. 물질도 아니고, 정신도 아니며, 심왕(心王; 마음의 본체)과 상응(相應)하는 심소(心所; 마음작용)도 아니면서도, 오히려 실재(實在)하는 것을 말함. 구사종에서는 14종으로, 유식종에서는 24종으로 나눈다.

불선업【不善業】선(善)한 행위가 아님. 선업(善業; 좋은 결과)을 받을 수 있는 일이 아님.

불설【佛說】〔梵 Buddha-vacana, 英 Buddha's preaching, the Buddha said〕 부처님이 설하신 것. 또는 부처님이 말씀하신 법. 흔히 모든 경(經)의 첫머리에 이 두 자를 붙이는데, 그것은 그 경전이 부처님의 친설임을 밝힘과 동시에 성문·연각·보살·인

(人)·천(天) 등의 설(說)과 구별하기 위한 것임. 그러나 보살이 말한 법도 부처님의 인가를 받은 것은 불설(佛說)과 같이 본다.

불설대반니원경 【佛說大般泥洹經】 〔梵 Mahāpari-nirvāṇa-sūtra〕 줄여서 『니원경(泥洹經)』이라 한다. 중국 동진(東晋) 때〔418년〕 법현(法顯, 약 337-약 422)이 번역함. 6권. 대승불교의 최고 이상인 열반(涅槃)을 설명하고 상(常)·락(樂)·아(我)·정(淨), 법신상주(法身常住)·여래상주(如來常住), 일체중생 실유불성(悉有佛性) 등을 강조하고 있는 것이 주요 내용이다. 각 품의 이름은 제1 서품(序品), 제2 대신보살품(大身菩薩品), 제3 장자순다품(長者純陀品), 제4 애탄품(哀歎品), 제5 장수품(長壽品), 제6 금강신품(金剛身品), 제7 수지품(受持品), 제8 사법품(四法品), 제9 사의품(四依品), 제10 분별사정품(分別邪正品), 제11 사제품(四諦品), 제12 사도품(四倒品), 제13 여래성품(如來性品), 제14 문자품(文字品), 제15 조유품(鳥喩品), 제16 월유품(月喩品), 제17 문보살품(問菩薩品), 제18 수희품(隨喜品) 등이다.

불성 【佛性】 〔梵 Buddhatā, 英 The Buddha-nature〕 부처가 될 수 있는 가능성. 깨달음을 성취할 수 있는 가능성, 바탕, 속성. 불교의 발상지인 인도에서 '불성(佛性; Buddhadhātu)'은 '불(佛)로서의 본질', '불(佛)이 될 수 있는 가능성'을 의미한다. 여래가 될 수 있는 바탕을 함장하고 있다는 뜻에서 '여래장(如來藏; tathāgatagarbha)'과 동의어로 쓰인다. 초기불교에서는 수행을 해도 아라한 정도의 성자는 될 수 있어도 고타마 붓다 같은 부처〔즉 붓다〕가 될 수 있다고는 생각하지 못했다. 불(佛)은 오직 석가모니 부처님 한 분으로서 그 외(外)는 인정하지 않았다. 그러나 대승불교가 전개되면서 중생으로서의 보살(菩薩)이 등장함과 동시에, 적극적으로 보살은 물론 중생이라면 누구나 다 붓다가 될 수 있다고 하였는데, 모든 중생이 본래 부처가 될 수 있는 본질을 갖고 있다는 것을 주장하는 여래장·불성사상이 그 대표적인 것이다. 불성사상(佛性思想)을 정리한 논서로서 세친(世親, 약 320-400경)의 『불성론(佛性論)』이 알려져 있는데, 이것은 『구경일승보성론(究竟一乘寶性論)』과 거의 같은 내용을 가지고 있고, 진제(眞諦, 499-569)에 의한 『보성론(寶性論)』의 개편으로 보인다. 그런데 이 사상이 동아시아로 와서는 중생의 깨달음의 가능성을 둘러싸고 인도에서는 나타나지 않았던 논의가 전개되는데, 그것을 여래장사상(如來藏思想)과 구별해서 '불성론'이라 일컫는다. 불성론(佛性論)은 기본적으로 『대승열반경』과 유식계 논서〔『유가사지론』〕를 제재(題材)로 하여 일승(一乘)·삼승논쟁(三乘論爭)과 서로 내밀하게 연관되어 전개된다. 『열반경』에서는 본질적으로 "모든 중생에게는 불성이 있다〔一切衆生 悉有佛性〕."고 설명하는 한편, 구제로부터 제외된 일천제(一闡提)도 성불할 수 있다고 말한다. 또 유식계(唯識系)의 논서에서는 중생의 깨달음에 대한 능력의 차별을 설정하여 성문정성(聲聞定性)·독각정성(獨覺定性)·보살정성(菩薩定性)·부정성(不定性)·무성(無性)으로 분류한다〔五性各別〕. 일천제(一闡提)의 존재나 오성각별(五性各別)의 설(說)은 대승에서 모든 평등한 구조를 설명하는 소위 일승사상(一乘思想)과 모순되기 때문에 중국·한국·일본에서 그 해석을 둘러싸고 많은 논의가 발생하였다.

[중국·한국·일본에서의 전개] 5세기 초 중국승 법현(法顯, 약 337-약 422)과 각현(覺賢, 359-429)이 『니원경(泥洹經)』을 번역하고 담무참(曇無讖, 385-433)이 『대반열반경(大般涅槃經)』을 번역하자, 불성(佛性)과 아울러 일천제(一闡提)를 설명하고 있는 『열반경』은 많은 불교인들의 관심을 모았다. 이어 '열반종(涅槃宗)'으로서 총괄되는 학파를 형성하기에 이른다. 당시의 불성을 둘러싼 해석의 다양성은 길장(吉藏, 549-623)의 『대승현론(大乘玄論)』에 11명의 대표적인 이설을 전하고 있는 것에서도 알 수 있다. 여기에서의 논의는 불성이 태어나면서부터 얻어진 생득적(生得的)인 것인지, 또는 태어난 이후에 얻은 후득적(後得的)인 것인지, 그리고 선근이 결여된 일천제(一闡提)는 성불이 불가능한 것인지 아닌지에 있다. 도생(道生)은 선근이 없는 천제도 성불할 수 있다는 일천제성불설(一闡提成佛說)을 명확히 내세웠다. 또한 불성의 존재방법에 대해서는 생득적(生得的)인 것을 '이불성(理佛性)', 후득적(後得的)인 것을 '행불성(行佛性)'의 이름으로 불러 구별하는 것이 당시의 대세로서, 마침내 이 입장은 법상종(法相宗)에 계승된다. 이불성(理佛性)이 가능태로서의 존재에 머문다면, 행불성(行佛性)은 현실태가 된 불성이라 생각해도 좋다. 또 천태지의(天台智顗, 538-597)는 『대반열반경』에서 설한 정인불성(正因佛性; 모든 것에 불성이 갖추어져 있다는 이론), 요인불성(了因佛性; 理를 비추는 지혜), 연인불성(緣因佛性; 지혜를 일으키는 원인이 되는 善行)의 구별을 채용하여 정인(正因)을 생득적(生得的), 나머지를 후득적(後得的)으로 보는 '삼인불성설(三因佛性說)'을 명확히 내세우고, 천태교학의 불성 해석의 기초를 마련하였다. 이러한 분석적 경향의 출현은 이론면과 실천면의 구별이 불성이란 한 마디로는 불명료하기 때문에 새로운 구별 기준을 제시하고 있다. 대부분의 학자들은 이불성(理佛性)의 존재는 모든 중생에게 인정하지만, 수행과 관련되는 행불성

(行佛性)에 대해서는 의견을 달리한다. 특히 당대(唐代) 현장(玄奘, 602-664)의 문하생 시대가 되면서 법상교학(法相敎學)의 입장에서 『유가사지론(瑜伽師地論)』에서 설명하는 오성각별(五性各別)에 기초하여 불성을 설명하는 사람이 나오기 시작하자 논쟁은 더욱 격렬해졌다. 현장(玄奘) 문하이면서 영윤(靈潤)·법보(法寶)는 『열반경』의 입장에서 오성각별(五性各別)을 비판했는데, 이에 대해서 신태(神泰)나 법상종(法相宗)의 제2조인 혜소(慧沼, 650-714)가 반론을 전개했다. 또 신라의 의영(義榮)은 신태(神泰)에게 재반론하는 등 뜨거운 논쟁이 전개되었다. 일본에서는 천태종의 개조 최징(最澄, 767-822)이 『법화경』에 근거한 일승사상(一乘思想) 선양(宣揚) 때문에 법상종의 덕일(德一)과 대결하여 양자 사이에 오랫동안 논쟁이 전개되었다. 불성논쟁·일승사상 항목 참조.

불성논쟁 【佛性論爭】 이 논쟁은 인도·중국, 그리고 한국·일본에서 전개되었는데, 불성(佛性)의 유무를 중심적인 논점으로 하기 때문에 불성논쟁(佛性論爭)이라고 부른다. 이것은 여래장(如來藏)을 중심으로 하는 유심계(唯心系) 사상과 아뢰야식을 중심으로 하는 유식계(唯識系) 사상의 대립이라고 할 수 있다. 인도에서는 세친(世親, 320-400경) 시대에 이미 이론(異論)이 있었다고 한다. 불성이란 본래 갖추어져 있는 것인가, 아니면 새롭게 형성되는 것인가? 이에 관해서 승군(勝軍; Jayasena)·호월(護月; Candragupta)·호법(護法; Dharmapāla)에서 의견이 갈라지게 되었다고 도륜(道倫; 遁倫)의 『유가론기(瑜伽論記)』 8권 하(下)는 전하고 있다. 중국에서는 『열반경』의 전역(全譯)과 함께 논쟁이 발생하고 라집(羅什, 344-413) 문하(門下)의 축도생(竺道生, ?-434)에서 최초의 불성논쟁이 일어났다. 그는 '당유(當有)'라는 말을 사용하여 일체중생에게 모두 불성이 있다고 함으로써 개성설(皆性說)을 지지하였다. 그 후 일승사상은 혜원(慧遠, 523-592)·길장(吉藏, 549-623)·지의(智顗, 538-597) 등에 이어졌다. 7세기 중엽 현장(玄奘, 602-664)의 번역이 완성되자 신역(新譯)의 경론에 의해서 다시 논쟁이 일어났다. 현장의 제자에 의해서 다른 견해가 제출되었다. 열반종의 종통(宗統)을 받았던 영윤(靈潤)과 신역(新譯)의 입장에 선 신태(神泰) 및 같은 열반종의 전통을 이어받은 법보(法寶), 그리고 법상(法相) 제3조라고 부르는 혜소(慧沼, 650-714)와의 사이에서 논쟁이 제기되었다. 이때의 논쟁에는 진제(眞諦, 499-569)가 번역한 경론과 현장의 신역과의 상위(相違)라는 측면이 있다. 그들 사이에는 『유가사지론』 52권에 언급된 "진여소연연종자(眞如所緣緣種子)가 진여를 무루

(無漏)의 지혜로 하는가, 진여의 편재성(偏在性)을 매개로 해서 모든 중생에 내재하는 것을 인정하는가." 등에서 쟁점이 발전하였다. 법보(法寶)는 『일승불성구경론(一乘佛性究竟論)』을 저술하고, 그에 대해 혜소(慧沼)는 『일승불승혜일론(一乘佛乘慧日論)』을 저술하여 각각의 입장에서 서로 논쟁을 벌였다.

불성론【佛性論】 4-5세기 인도의 천친(天親; Vasubandhu)이 짓고, 중국 진(陳)나라 때 진제(眞諦, 499-569)가 번역함. 4권. 소승과 외도 및 대승일파의 사견(邪見)을 비판하고, 불성 즉 여래장(如來藏)을 체계적으로 논한다. 여기서 대승 일파의 사견이란 주로 악취공(惡取空)과 무불성설(無佛性說)을 말한다. 『구경일승보성론(究竟一乘寶性論)』과 함께 모든 중생에게 본래부터 불성이 갖추어져 있음을 주장하는 대표적인 논서이다. 구성은 제1「연기분(緣起分)」, 제2「파집분(破執分)」, 제3「현체분(顯體分)」, 제4「변상분(辯相分)」 등 4분으로 되어 있다. 「연기분」에서는 일체중생 실유불성(一切衆生 悉有佛性)이라는 설과 의의·목적을 밝히고, 「파집분」은 파소승집품(破小乘執品)·파외도품(破外道品)·파대승견품(破大乘見品)으로 구성되어 있는데, 여기서는 소승의 무불성설(無佛性說), 여러 외도의 아트만(ātman)론, 대승불교 중의 무(無)에 대한 집착을 논파하여 이제(二諦)와 비유비무(非有非無)의 입장을 밝히고 있다. 「현체분」은 삼인품(三因品)·삼성품(三性品)·여래장품(如來藏品)으로 구성되어 있는데, 여기서는 불성의 본질을 규정하고 여래장의 의미를 논한다. 「변상분」은 자체상품(自體相品)·명인품(明因品)·현과품(顯果品)·사능품(事能品)·총섭품(摠攝品)·분별품(分別品)·계위품(階位品)·변만품(辯滿品)·무변이품(無變異品)·무차별품(無差別品) 등 10품으로 되어 있는데, 여기서는 불성의 특징을 여래장의 여러 관점에서 설명하며, 법신과 삼신(三身)을 설명하고 있다. 이 불전(佛典)은 『승만경』, 『불설무상의경(佛說無上依經)』, 『불설해절경(佛說解節經)』 등 많은 불전을 인용하고 있는데, 그 중에서도 특히 『구경일승보성론』과의 관계가 매우 밀접하여 『보성론』에 근거하여 저술된 것으로 추측하고 있다. 불성논쟁·일승사상 항목 참조.

불세존【佛世尊】 부처의 열 가지 존칭〔十號〕 가운데 하나. 『성실론(成實論)』에 의하면 십호(十號) 가운데 불(佛; Buddha)은 제9호이고, 세존(世尊; Bhagavat; Lokanatha; Lokajyestha)은 제10호가 되는데, 합(合)하여 불세존(佛世尊)이라 한다. 『지도론(智度論)』에 의하면, 불(佛)은 제10호가 되고, 세존(世尊)은 십호(十號)의 존덕(尊德)을 갖춘 총호(總號)이며, 세존(世尊)의 범명(梵名)은 박가범(薄伽

梵)이라 한다.

불소행찬경 【佛所行讚經】〔梵 Buddhacarita〕 1-2세기경에 인도의 논사(論師)인 마명(馬鳴; Aśvaghoṣa)의 저작. 붓다차리타 항목 참조.

불승 【佛乘】〔梵 buddha-yāna, 英 The Buddha conveyance or vehicle〕 일불승(一佛乘)·일승(一乘)이라고도 한다. 중생들을 싣고 불과(佛果)에 이르게 하는 가르침. 부처님이 말씀하신 교법 가운데 대승불교를 가리킴.

불신 【佛身; buddhakāya】 부처의 신체. 불신론 항목을 참조할 것.

불신론 【佛身論】 불타관(佛陀觀)을 교리적으로 조직한 이론(理論). 불신(佛身; buddhakāya)이란 붓다의 신체를 의미한다. 불(佛)이란 무엇이며, 그 본질이 무엇인가에 대한 문제에 관해서는 여러 가지의 고찰이 이루어졌는데, 특히 불(佛)의 신체를 어떻게 볼 것인가 하는 방법에 대한 역사적 전개를 '불신론(佛身論)'이라고 한다. 불신론은 불교도의 붓다에 대한 인격신앙과 법신앙(法信仰)을 관련하여 정합(整合)한 것으로서 중요하다.

[불(佛)의 특성과 불타 숭배] 붓다의 재세(在世) 당시부터 제자·신자는 불(佛)을 초인적 존재로 간주하는 경향이 있었다. 입멸후(入滅後) "법과 자기 자신을 의지처로 삼으라."는 마지막 가르침에 관계치 않고 불(佛)을 신격화하는 흐름이 강해진다. 붓다의 신체에는 보통의 인간에게서는 찾아볼 수 없는 긴 혀〔長舌〕, 40개의 치아〔四十齒〕 등 32대인상(大人相)이 있고, 또한 십력(十力)·사무소외(四無所畏) 등의 우수한 능력이 갖추어져 있다고 생각되었다. 한편 붓다에 대한 숭배와 추모하는 마음으로부터 붓다를 대신할 불(佛)을 모색하여 과거불, 미래불이라는 관념이 생겨났다. 또한 '법(法)의 의의(意義)'를 인식함으로써 불(佛)의 본질은 다름 아닌 붓다가 깨달은 영원한 법이고, 그것이 불(佛)의 본질적 신체, 즉 법신(法身)이라는 사상이 성립한다.

[이신불(二身佛)] 붓다의 육신, 즉 신체인 색신〔rūpakāya〕과 불(佛)이 깨달은 법으로서의 법신(法身)으로 이분(二分)하는 불신론(佛身論)을 이신설(二身說)이라 한다. 이것은 기원 4세기경까지의 불신론의 주류를 형성하였지만, 내용상으로는 사상적 변화가 있었다. 역사적 존재로서의 붓다에 대한 숭배와 찬탄하는 마음이 강했던 초기불교에서는 색신(色身; 육신)이 중심이 되었으며, 법신(法身)은 '법(法)의 모임'이라는 정도의 의미에 지나지 않았다. 부파불교시대, 설일체유부는 십력(十力) 등의 불덕(佛德)이나 불(佛)의 교법(敎法)은 무루(無漏; 번뇌가 없는 것)의 법신이고, 그것이야말로 불(佛)의 위대한 색신을 장엄하게 하는 것이라고 설명한다. 대승불교는 법신에 중점을 둠으

로써 색신은 무상한 것으로 파악한다. 『대지도론(大智度論)』에서는 불신(佛身)을 법신(法身)과 생신(生身)으로 나누어, 생신을 석가불(釋迦佛)이라고 하는 명확한 이신설(二身說)이 세워졌다. 그 후 법신·색신의 이신설은 많은 여러 대승경전에서 일반적인 것으로 된다. 색신이란 생멸의 현실신(現實身)을 가리키고, 법신이란 불멸의 진리와 일체가 된 영원신(永遠身)으로 법성(法性)과 동일시되었다. 또 법신의 보편성, 색신의 구체성 중 어떤 것에 역점을 두는가에 따라 같은 이신설이라도 경전 간에 상이성이 나타난다. 더욱이 『법화경(法華經)』같이 법신이 아닌 구원불(久遠佛)이라는 구체적인 불타관을 설하는 경전도 있다.

[삼신설(三身說)] 4-5세기에는 법신의 보편성과 색신의 구체성을 겸비한 불신으로서 보신(報身; saṃbhogakāya)이 설정된다. 보신은 '수용·향수(享受)'의 뜻으로, 깨달음의 결과를 향수한다는 의미이다. 보신은 보살이 발원·수행한 결과 완전한 공덕을 갖춘 불신을 의미하는데, 그 대표적인 부처가 아미타불이다. 아미타불은 깨닫기 이전 법장비구로서 48원을 세워 수행한 결과 보신불인 아미타불이 되었다는 것이다. 또 석존의 육신, 즉 색신은 다름 아닌 법신이 중생구제를 위해 이 세상에 응현(應現)한 인격신이라고 재해석되어 응신(應身; 化身; nirmāṇakāya)이라고 칭해진다. 이것이 법신·보신·응신〔화신〕의 삼신(三身)이다. 또 유식파에서는 1. 자성신(自性身; svābhāvikāya), 2. 수용신(受用身; sāṃbhogikakāya), 3. 변화신(變化身; nairmāṇikakāya)의 삼신(三身)을 내세운다. 1.은 법신에 해당한다. 2.는 깨달음을 달성하여 법을 수용하는 불(佛)로 보신에 해당한다. 깨달음의 과보를 향수(享受)한다는 점에서는 자리(自利)이기 때문에 '자수용신(自受用身)'이다. 그리고 타수용신(他受用身)은 중생들에게도 같은 깨달음을 수용시킨다는 이타적인 면은 응신(應身)에 해당된다. 응신〔화신〕은 특히 초지(初地; 보살수행의 최종단계) 이하의 보살이나 성문·독각(獨覺) 등 중생들을 위해 나타나는 것으로 설명된다. 여러 경론(經論)에서 삼신(三身)의 호칭과 해석은 일정하지 않다.

[사신설(四身說)] 유식파의 『성유식론(成唯識論)』은 수용신을 자수용신(自受用身)과 타수용신(他受用身)으로 나누어 법신, 변화신을 합해 사신설(四身說)을 세운다. 천태종에서는 법신·보신·응신·화신을 사신(四身)으로 한다. 또 여래장과 아뢰야식의 관계를 설명하는 『능가경』은 화불(化佛), 공덕불(功德佛), 지혜불(智慧佛), 여여불(如如佛)이라는 4종의 불신(佛身)을 세운다. 화불은 화신(化身)에, 공덕불·지혜불은 보신(報身)

ㅂ

에, 여여불은 법신(法身)에 상당한다. 이 설이 원형이 되어 밀교(密敎)에서는 자성(自性)·수용(受用)·변화(變化)·등류(等流)의 사신(四身)을 모두 법신으로 간주하여 '사종법신(四種法身)'이라고 한다. '등류신(等流身)'은 불(佛)이 교화대상과 같은 종류의 생명체가 되어 출현하는 불신(佛身)이다. 그리고 유식설로부터 발전한 오지(五智)와 사신(四身)이 대일여래(大日如來)를 중심으로 하는 오불(五佛)과 결합된다.

불심 【佛心】〔英 The mind of Buddha, the spiritually enlightened heart〕 ① 대자대비한 부처의 마음. 만능(萬能)·만덕(萬德)·만지(萬智)를 갖춘 여래의 마음. ② 진리를 크게 깨달아 세상의 번뇌에 물들지 않는 마음. 생사거래에 끌려 다니지 않는 마음.

불심인 【佛心印】〔英 The seal of the Buddha heart or mind〕 선종(禪宗)의 용어. 불인(佛印)이라고도 한다. 불심인증(佛心印証)의 뜻. 선종, 특히 묵조선에서는 수증일여(修証一如)라 하여 깨달음〔悟〕과 깨닫기 위하여 수행하는 것을 구별하지 않는다. 수행 그 자체가 곧 깨달음이라는 뜻에서 불심인(佛心印)이라 한다.

불심종 【佛心宗】 선종(禪宗)의 다른 이름. 선종은 경전에 의하여 종(宗)을 세운 것이 아니고, 바로 부처님의 심인(心印)을 전해 받았으므로 불심종(佛心宗)이라 한다.

불어 【佛語】〔梵 buddha-vacana, 英 The words, or sayings, of Buddha〕 ①부처님의 말씀. 여기에 수자의어(隨自意語)·수타의어(隨他意語)·수자타의어(隨自他意語)의 3종이 있다. ②불교어(佛敎語)라고도 한다. 불교에서만 쓰는 전문적인 특별한 말. 예컨대, 번뇌·열반 같은 말들이다.

불유교경 【佛遺敎經】 정식으로는 『불수반열반약설교계경(佛垂般涅槃略說敎誡經)』이라고 하는데, 줄여서 『유교경(遺敎經)』 또는 『불유교경』이라 한다. 구마라집(鳩摩羅什, 344-413) 번역. 1권. 이 경전은 부처님이 사라쌍수에서 입멸하려 할 때에 마지막으로 모든 제자들을 위하여 설한 경(經)이므로 부처님의 유언이라고 할 수 있다. 부처님이 입멸한 뒤에 제자들이 가야 할 바를 가르쳐 보인 것인데, 바라제목차(波羅提木叉; 계율)를 스승으로 삼고, 안이비설신 5근(根)을 제어하며, 마음을 경계하여 다구(多求; 욕망)·수면(睡眠; 게으름)·진에(瞋恚; 분노)·공고(貢高; 아만심)·첨곡(諂曲; 아첨)을 여의고, 팔대인각(八大人覺)을 닦아서 방일(放逸)에 흐르지 말고, 항상 적정한 곳을 구하여 정진할 것을 당부한 것이다. 주석서로는 마명(馬鳴)의 『유교경론』, 수수(守遂)의 『유교경보주』, 도패(道霈)의 『유교경지남』 등이 있다.

불은 【佛恩】 부처님의 은혜. 중생을 구

원하려는 부처님의 자비로운 은혜.

불음주계【不飮酒戒】5계(戒)의 하나. 불도(佛道)를 수행하는 이는 온갖 술을 마시지 못하게 금지한 계율.

불이【不二】〔梵 advaya, 英 No two, non-duality the one and undivided, the unity of all things〕 현상세계에서 서로 대립하는 두 가지 사상과 사물이 근원적으로는 상즉(相卽; phenomenal identity)해 있으며 둘이 아닌 하나인 것. 현상세계의 모든 존재는 인연(因緣)에 의해 성립한 것이고, 그것 자체의 고정적 실체가 존재하지 않는다는 것〔無我〕이다. 특히 대승불교에서는 모든 실체적 사고를 배제하고 설일체유부(說一切有部)가 세운 존재의 요소로서의 법(法; 다르마)조차 고유한 실체성을 인정하지 않는다. 모든 법은 무자성(無自性)이고 공(空)이므로 불이(不二)라고 파악하였다. 이후 모든 법은 연기적인 존재로서 무자성(無自性)·공(空)이라고 하는 공사상(空思想)이 불교의 일반적인 경향이 되었다. 공(空)을 매개로 한 입장〔空觀〕에 서면, 현상세계에서 대립하는 두 가지, 예컨대, 미추(美醜)·현우(賢愚)·대소(大小)·고락(苦樂)·생사(生死) 등은 각각 그 본성에 있어 전부 무자성(無自性)·공(空)이다. 따라서 양자의 진실한 존재방식으로서는 불이(不二)다. 이상과 같이 불교에서 말하는 불이(不二)는 공관(空觀)에 근거해서 대립하는 두 가지 공성(空性; śūnyatā)이 나타나고, 그 공성을 통해서 이자(二者)의 상즉(相卽)이 성립하는 것이다. 『유마경(維摩經)』「입불이법문품(入不二法門品)」에서는 생(生)과 멸(滅), 선(善)과 악(惡), 윤회(輪廻)와 열반(涅槃) 등 모든 것이 불이(不二)로 설명되어 있다. 중국불교에서는 상즉(相卽)이라고 하여 불이(不二)와 동일한 개념이 형성되어 '즉(卽; anantram; samanantara)'의 이론이 전개되었다. 예컨대, 삼론(三論)의 길장(吉藏, 549- 623)은 '이불이(二不二) 불이이(不二二)'라 하고, 이자(二者)의 불이(不二)와 더불어 이(二)와 불이(不二)의 상즉(相卽)을 설하였는데, 이것을 자신의 무득정관(無得正觀)의 기본적 입장으로 삼는다. 또한 천태(天台)에서도 이와 같이 '이이불이(二而不二) 불이이이(不二而二)'라 하고, 나아가서는 구체적 현실〔事〕의 중시라는 경향을 가미시켜 '즉사이진(卽事而眞)'이라는 현실 긍정적 사상을 만들어 냈다. 또한 불이(不二)에 관해 천태종의 6조인 담연(湛然, 711-782)은 『법화현의석참(法華玄義釋籤)』에서 십불이문(十不二門)을 세웠는데, 이후 천태교학에서 이것이 중시되어 별도로 제시되기에 이른다.

불이법문【不二法門】불이(不二)에 대한 법문. 『유마경』에 나오는 말로서 상대적인 차별을 초월한 절대평등의 경지. 차별 없는 이치를 나타내는 법문.

불자【佛子】〔梵 bhagavataḥ putra, 英 Son of Buddha; a bodhisattva; a believer Buddhism〕 ① 부처님의 교법을 배우고 신봉하는 사람들. 곧 불교 신자. ②일체중생 모두 불성(佛性)을 갖추고 있어 부처가 될 수 있으므로 불자라 한다. ③계(戒)를 받아 출가 수행하는 사람.

불자【拂子】 ①원래는 파리나 모기를 쫓는 데 사용하던 물건이었으나, 지금은 선승들이 법문할 때, 또는 설법할 때 번뇌를 물리치는 상징적인 표지(標識)로 사용하고 있다. ②먼지떨이.

불적【佛跡】〔英 a place sacred to Buddha; a spot sacred to Buddhism; the Holy Land of Buddhism〕 부처님의 자취. 부처님의 발자취. 석가의 유적. 부처님과 관계있는 유적.

불전【佛殿】 부처님, 불상을 모신 전각. 대웅전을 가리킴.

불전【佛傳】 고타마 붓다의 전기문학(傳記文學). 넓은 의미로는 생애만이 아니라 전생의 모든 이야기〔『자타카』〕도 포함한다. 붓다의 전기는 신화적 전설에 싸여 있다. 최초기의 불전도 입멸 직후에 편찬된 것이 아니라, 오히려 붓다에 대한 추억이 희미해질 무렵에 이르러 제자들의 기억에 의지해서 구전(口傳)되었던 것을 정리해서 만들어진 것이다. 불전문학(佛傳文學)에서 붓다의 생애는 다음 8가지 중요한 피크를 가지고 있다. 1. 하천(下天; 천계로부터 인간계로 내려온다), 2. 입태(入胎; 母胎에 머무르다), 3. 탄생, 4. 출가, 5. 항마(降魔; 魔의 유혹을 물리치다), 6. 성도(成道), 7. 설법, 8. 입멸(入滅; 열반). 이 8가지의 사건을 팔상(八相; Eight aspects of the Buddha's life)이라고 한다. 팔리어로 쓰인 것에는, 출가에 대한 것은 『숫타니파타』에 있고, 성도(成道)로부터 설법에 걸친 일들은 율장(律藏) 『마하바가』 등에 전해지고, 입멸(入滅)에 관해서는 깊은 감동을 자아내는 『대반열반경(大般涅槃經)』 등이 있다. 산스크리트 문헌의 대표적인 것에는 다양한 불전 설화를 전하는 『마하바스투(*Mahāvastu*)』가 있다. 이들 이외의 부파불교 문헌으로는 불교문학의 백미인 『붓타차리타(*Buddhacarita*)』가 있다. 대승계 불전 중에서는 붓다의 이상적 생애를 그린 『라리타비스타라(*Lalitavistara*)』가 중요하다. 이러한 문헌은 붓다를 찬양하는 새로운 대승불교운동의 전개에 지대한 영향을 끼쳤다. 불전도(佛傳圖)는 멀리 기원전 2세기로 거슬러 올라가 유적에 이미 나타나고 있다. 후대에는 위에서 서술한 팔상(八相)과 일부 다른 석가(釋迦) 팔상도(八相圖)가 유행했다.

불전【佛典】〔英 Buddhist literature; the Buddhist scriptures

〔sutras]〕 불교의 경전(經典). 불경(佛經).

불조【佛祖】〔英 The Buddha and other founders of cults〕 ①불교의 개조(開祖). 즉 석가모니. ②부처님과 조사(祖師). 불(佛)은 삼세제불(三世諸佛), 조(祖)는 역대의 조사(祖師)를 말한다. ③선종에서는 불(佛)도 조사라 하고, 또 조사를 옛 부처〔古佛〕라고 일컫기도 하며, 부처와 조사를 구태여 구별하지 않고 동격(同格)으로 보는 경향이 많다.

불조역대통재【佛祖歷代通載】 1341년〔元 至正 원년〕에 염상(念常, 1282-1344)이 지음. 22권. 중국의 고대로부터 원나라 순종 원통 1년〔1333〕까지 역대 황실(皇室)의 사실을 간략히 기록하고, 그동안 여러 고승들의 전기와 불교에 관한 여러 가지 사적을 기록한 것. 제1권에는 목록, 제2권에는 칠불게(七佛偈)·창소지론기세간품, 제3권에는 반고왕에서 주나라 강왕까지, 4권 이후 끝까지는 소왕(昭王) 때 석존 탄생에서 원나라 순종 때에 이르기까지 편년체(編年體)로 불교의 사건을 기록하고 있다.

불조원류【佛祖源流】 정식 명칭은 『서역중화해동불조원류(西域中華海東佛祖源流)』이다. 조선시대 월저도안(月渚道安, 1638-1715)의 5세손인 사암(獅嵓) 채영(采永)이 지음. 1권. 나옹이 처음 만들고, 월저(月渚)가 다시 간행한 불조의 전법원류족자(傳法源流簇子)를 토대로 하여, 채영이 다시 여러 고승들의 법맥을 채록(採錄)하였고, 1764년〔조선 영조 40〕에 여러 큰 스님네들을 전주 송광사에 모아 의정(議定)한 뒤에 간행한 것이다. 판본(板本)이 송광사에 간직되었는데, 순천 송광사 승려 벽담(碧潭) 행인(幸仁)이, 청허파만 자세히 기록하고 부휴의 문손(門孫)은 적게 실린 것에 불만을 품고 판본을 불태워 버렸다. 이 책에서 처음으로 태고보우(太古普愚, 1301-1328)를 종조(宗祖)로 삼았다.

불조직지심체요절【佛祖直指心體要節】 고려 말기의 경한(景閑, 1299-1375)이 선대의 여러 부처와 조사(祖師)의 게송(偈頌)·법어·설법 등에서 선(禪)의 요체(要諦)에 관한 내용을 뽑아 엮은 책. 정식으로는 『백운화상초록불조직지심체요절(白雲和尙抄錄佛祖直指心體要節)』이라고 함. 줄여서 직지심체요절(直指心體要節), 또는 직지(直指)라고 한다. 1372년〔공민왕 21〕에 초록한 수고본(手稿本)으로서, 『경덕전등록(景德傳燈錄)』, 『오등회원(五燈會元)』 등의 사전(史傳) 관계 문헌을 참고하였다. 상권에는 7불과 석가모니로부터 제1조(第一祖) 마하가섭(摩訶迦葉) 이하 28존(尊) 및 중국의 5조사, 그리고 그 법통을 이은 안국대사(安國大師)까지 수록하였다. 하권에는 아호대의화상에서 법안문익(法眼文益, 885-958)선사에 이르는 역대 조사의 법어·게송 등을 수록하였는데, 신라 대령선사(大領禪師)의 것도 간략하게 서술하였다. 이 책의 주제인 '직지심체'는 '직지인심 견성성불(直指人心 見性成佛)'이라는 오도(悟道)의 명구를 줄인 것이다. 중심 주제인 직지심체는 사람이 마음을 바르게 가졌을 때 그 심성이 곧 부처님의 마음임을 깨닫게 된다는 것이다. 전 세계에 남아 있는 금속활자로 인쇄된 책 중에서 가장 오래된 것으로, 2001년 9월 4일 『승정원일기』와 함께 유네스코 세계기록유산에 등재되었다. 현존하는 것은 하권 1책뿐인데, 1900년대 말 콜랭 드 프랑시 주한 프랑스 공사가 프랑스로 가지고 갔으며, 1377년 흥덕사 간본(刊本)으로서 세계에서 가장 오래된 주자본(鑄字本)이다. 현재 프랑스 국립도서관에 소장되어 있다. 이는 독일 구텐베르크의 활자보다 78년 이상 앞선다.

불조통기【佛祖統記】 중국 남송(南宋) 말기의 천태종 승려인 지반(志磐)이 천태교의 전통을 기록한 책. 본기(本紀) 8권, 세가(世家) 2권, 열전(列傳) 12권, 표(表) 2권, 지(志) 30권으로 되어 있다. 천태의 정통을 기록하는 데 주안점을 두었는데, 후세 사람들에게는 법운통색지(法運通塞志)가 가장 편리한 것이라고 평가된다. 17권에 걸쳐서 중국불교의 성쇠흥망의 자취를 상세히 기록하였다. 그 기사(記事)의 신빙성에 대해서는 논란의 여지가 있으나, 불교가 중국에 유전(流傳)된 이래 큰 사건을 개관할 수 있다는 데 특색이 있다.

불종성【佛種性】〔英 Those of the Buddha-clan, Buddhists〕 일체중생에게 본래부터 갖추어져 있는 불성. 즉 부처가 될 수 있는 성품. 불종(佛種)·불성(佛性)과 같은 말.

불지【佛智】〔梵 buddha-jñāna〕 진리를 깨달은 부처님의 지혜. 공간적으로는 시방(十方)에 가득 차고, 시간적으로는 삼세(三世)를 관통하는 완전하고 원만한 지혜. 이러한 지혜를 근본으로 해서, 대자대비심으로 일체중생을 제도하게 된다.

불지【佛地】〔梵 Buddha-bhūmi, 英 The Buddha stage〕 ①중생이 수행하여, 보살의 경지를 거쳐 최후에 도달하게 되는 부처님의 경지. ②부처님의 땅. 부처님의 나라. 곧 불국토·극락정토를 말한다. 불찰(佛刹)·불토(佛土)도 같은 의미로 쓰인다.

불지견【佛知見】 우주의 궁극적 진리를 깨쳐 밝게 비추어 보는 부처님의 지혜. 곧 불지(佛智). 불종지(佛種智)를 지(知)라 하고, 불안(佛眼)을 견(見)이라 한다.

불타【佛陀】〔梵 Buddha〕 부도(浮圖·浮屠)·부타(浮陀·部陀)·부두(浮頭)·발타(勃駄)·모타(母駄)·몰타(沒駄)라고도 음역하며, 각자(覺者; 깨달은 이)라고 번역한다.

⑴ 불교의 개조(開祖)인 고타마 붓다(Gotama Buddha). 고타마 붓다 항목

참조.
(2) 석존(釋尊)과 동격(同格)의 삼세시방(三世十方)의 제불(諸佛).
(3) 절〔寺〕의 본존(本尊), 기타 널리 신앙의 대상으로 되는 것. 삼보(三寶)의 하나.
(4) 깨친 사람.

불타발타라【佛馱跋陀羅; Buddhabhaclara, 359-429】불현(佛賢), 각현(覺賢) 등으로도 불린다. 북천축 사람으로, 5세에 고아가 되었고, 17세에 출가하였는데, 선(禪)과 율(律)을 가지고 명성을 떨쳤다. 인도에 법을 구하러 갔던 지엄(智嚴)의 청으로 중국의 청주 동래군에 이르렀으나, 구마라집(鳩摩羅什, 344-413)의 명성을 듣고 장안으로 갔다. 그는 '고요함을 지켜 무리에 휩쓸리지 말라'고 하여 오로지 덕행을 강조하였으나, 도항(道恒) 등으로부터 배척당하여 제자인 혜관(慧觀) 등 40여 인과 더불어 남쪽으로 피하였다. 410년경에 혜원이 그들을 맞아들여 여산에 들어갔고, 거기서 선경(禪經)을 번역하면서 강의도 하였다. 그 후 형주에 가서 건강의 도량사(道場寺)에서 번역사업에 종사하다가, 원가 6년〔429〕에 70세로 입적하였다. 그가 번역한 경으로는 『달마다라선경』〔413년경〕·『마하승기율』〔416년〕·『대반니원경』〔417년〕·『대방광불화엄경』〔418-420〕·『무량수경』〔421〕 등이 있고, 그 밖에도 다른 경들을 많이 번역하였다.

불타야사【佛陀耶舍】〔梵 Buddhayaśas〕 각명(覺名)이라 번역한다. 계빈국 사람. 바라문종족으로 처음에는 외도(外道)를 섬기다가, 13세에 불교에 귀의하여 대승·소승 경전을 읽고 27세에 비구계를 받았으며, 글읽기를 일삼았다. 뒤에 사륵국에 가서 태자 달마불다의 존경을 받아 궁중에서 공양받았다. 그때 이 나라에 있던 구마라집(鳩摩羅什, 344-413)에게 『아비담』과 『십송율』을 배웠다. 뒤에 구마라집이 중국에 갔다는 말을 듣고 장안에 따라와 소요원(逍遙園)의 신성(新省)에 있었고, 구마라집이 『십주경』을 번역할 때, 함께 의심나는 것을 물어서 글과 뜻을 결정하였다. 399년에서 416년〔홍시 때〕에 『사분율』·『장아함경』·『사분승계본』을 번역하고, 412년〔의희 8〕에 여산에 들어가 백련사(白蓮寺)에 참예하였다. 그 뒤에 본국에 돌아가 『허공장보살경』을 얻어 장사꾼에게 부탁하여 양주(凉州)의 승려들에게 전하였다고 한다.

불퇴【不退】〔梵 Avinivartaniya〕 아비발치(阿鞞跋致)·아유월치(阿惟越致)라 음역한다. 불퇴전(不退轉)이라고도 한다. 퇴(退)는 퇴보의 뜻. 한번 도달한 수행의 단계로부터 뒤로 물러나거나 수행을 퇴폐하는 일이 없는 것. 그 지위를 불퇴위(不退位)라 한다. 여기에 지위상의 불퇴, 수행상의 불퇴, 항상심의 불퇴, 주처상(住處上)의 불퇴(不退) 등이 있다.

불퇴전【不退轉】〔梵 avivartika, apunarāvṛttita, 英 Never receding, always progressing, not backsliding, or losing ground; never retreating but going straight to nirvāna〕 불보살이 수행정진으로 부처〔佛〕의 경지에 도달한 후, 다시는 범부(凡夫)의 세계로 되돌아가지 아니하는 것. 어떠한 역경·난경에 부딪치더라도 부처 되는 공부를 조금도 쉬지 않고, 계속 정진하여 물러가지 아니하는 것.

불퇴전법륜【不退轉法輪】〔英 The never-receding Buddhavehicle, of universal salvation〕 줄여서 불퇴륜(不退輪)이라 한다. 불·보살의 설법을 법륜(法輪; Dharmacara)이라 하는데, 보살이 이 법륜을 얻으면 더욱 정진(精進)하여 퇴실(退失)하지 않기 때문에 불퇴전(不退轉)이라 한다. 또 설하는 이치가 진(進)만 있고 퇴(退)가 없으므로 불퇴전이라 하기도 한다. 한편 불퇴(不退)의 법(法)을 증득하여 법륜을 굴리므로 불퇴전이라 하고, 중생으로 하여금 퇴전치 않게 하므로 불퇴전법륜(不退轉法輪)이라고 한다.

불퇴전지【不退轉地】 다시 물러서는 일이 없는 위(位). 불퇴전(不退轉)의 지위(地位). 불퇴전 항목을 참조할 것.

불투도계【不偸盜戒】 오계(五戒)의 하나. 불여취계(不與取戒)라고도 한다. 남의 재물을 훔치지 말라는 계율. 뒤에는 남에게 베푼다고 하는 보시 자선(慈善)의 적극적인 내용도 포함되게 되었다.

불환과【不還果】〔梵 Ānāgāmin, 英 The fruits, fruition, or rewards of the last〕 아나함(阿那含)이라 음역. 성문사과(聲聞四果) 가운데 하나. 욕계(欲界)의 구품(九品) 수혹(修惑)을 다 끊고 남은 것이 없으므로, 다시 욕계로 돌아오지 않는 지위〔不還果〕에 도달한 성자(聖者).

붓다【Buddha】 깨달은 사람〔覺者〕. 본래는 진리를 터득하여 고통의 세계로부터 해탈한 사람을 뜻하는 보통명사였는데, 불교의 개조인 고타마 붓다 이후 석존을 지칭하는 고유명사로 정착되었다. 고타마 붓다, 불타 항목을 참조할 것.

붓다가야【Buddha-gaya】 부다가야라고도 한다. 중부 인도 갠지스강의 지류. 니련선하(尼蓮禪河) 부근에 있는 도시. 비하르주(Bihar州) 가야(Gaya) 남쪽 8㎞ 지점에 있는 석가가 성도한 성지. 석가가 6년간의 고행 끝에 보리수 밑에서 도(道)를 깨달아 불타가 되었으므로 보리도량(菩提道場)이라고도 한다. 4세기경에 스리랑카왕 메가반나에 의하여 대보리사(大菩提寺; 大覺寺)가 건립되어 교학의 중심으로 번영하였다.

붓다고사【Buddhaghoṣa】 불음(佛音). 중인도 부다가야 지방 사람으로 약 4세기 말에서 5세기에 활약한 소승불교의 논사(論師). 『청정도론(淸淨道論)』의 저자. 원명은 음(音)인데 불교에 귀의한 이후 불음(佛音)으로 개명(改名). 4세기 말에 북인도 부다가야 부근 브라흐만계급의 가정에서 출생하였는데, 생애에 관해서는 여러 설이 있어서 일정하지 않다. 『소사(小史)』에 따르면 훌륭한 브라흐만의 전통교육을 받았고 3베다 및 기타 전적에 정통하였으며, 달변이었다. 인도를 유학할 때 어떤 불교의 장로 이파다(梨婆多)를 만났는데, 이파다의 변론에 설복하고는 곧바로 불교로 믿음을 바꾸었다. 이파다의 지도로 경론(經論)을 닦고 익혀 날로 정진하였고, 『발지론(發智論)』·『수승의론(殊勝義論)』을 지었다. 이파다는 그가 불교의 교리를 저술하려는 포부를 가지고 있다는 사실을 알아차리고는, 그를 당시 초기불교 자료가 풍부하게 보존되어 있는 실론〔지금의 스리랑카〕으로 보냈다. 그는 422년경에 실론에 도착하였는데, 대사(大寺)의 대정진당(大精進堂)에 기거하면서 승호장로(僧護長老)의 지도 아래 승가라문소석(僧伽羅文疏釋) 및 상좌부 교의를 깊이 연구하였다. 상당한 기간의 학습을 하고는 불교의 주요 교리에 대한 강요를 논술한 『비숫디마가(*Visuddhimagga*; 淸淨道論)』를 썼다. 『청정도론』은 주로 상좌부의 유심론 철학이론에 대해 쓴 것인데, 외재적 현상에는 영원한 것이 없고 독자적으로 존재하지 못하며 단지 심(心)의 존재에 따라서만 존재할 수 있다고 보았다. "해탈(解脫)은 반드시 내심(內心)에서 구해야 한다. 마음〔心〕에 번뇌가 가로막고 있으면 해탈을 할 수 없다. 불교의 가르침에 따라 번뇌를 없애고 마음을 청정하게 하면, 그것이 바로 해탈"이라는 것이다. 『청정도론』은 상좌부철학과 관련된 백과전서의 일부로서, 학술계와 종교계에서 매우 중시되고 있다. 근대에 들어 한문(漢文), 영어, 불어, 독일어로 번역되었으며, 우리나라 말로도 번역되었다.

붓다차리타 【Buddhacarita】 인도 불승(佛僧)인 마명(馬鳴; Aśvaghosa)이 불타(佛陀)의 생애에 관해서 읊은 서사시. 한역(漢譯)으로는 『불소행찬경(佛所行讚經)』이라고 한다. 북량(北涼)의 담무참(曇無讖)이 번역. 5권. 석존의 탄생으로부터 열반과 사리를 8분하는 데 이르기까지 석존의 생애를 기록하고 있다. 1권에서는 생·처궁·염환·이욕·출성, 2권에서는 차익환·입고행림·합궁우비·추구태자, 3권에서는 병사왕예태자·답병사왕·아라람울두람·파마·야유삼보리·전법륜, 4권에서는 병사왕제제자·대제자출가·화급고독·부자상견·수기원정사·수재취상조복·암마라녀견불, 5권에서는 신력주수·이사별·열반·대반열반·탄열반·분사리 등 모두 28품으로 구성되어 있다.

붓다팔리타 【Buddhapālita, 470경

ㅂ

-540경】 불호(佛護). 나가르쥬나가 지은 『중론』에 대한 8대 주석가의 한 사람으로, 인도 중관귀류논증파의 대표적인 인물이다. 저작으로는 『중론』의 주석서〔『佛護注』〕의 티베트어역만이 현존한다. 이 『중론불호주(中論佛護注)』의 23장 17게 이하는 나가르쥬나 자신의 것으로 여겨지는 『중론』 주석서인 『무외주(無畏注)』와 일치한다. 같은 시대의 불교논리학의 분야에서 디그나가의 활약이 두드러지는데, 이 『불호주』에서는 디그나가의 영향을 찾아볼 수 없다. 이 점에서는 『중론』의 주석을 지은 바바비베카〔清辯〕와 현저한 차이가 난다. 나가르쥬나는 『중론』에서 '딜레마'나 '테트라렘마(Tetralemma)' 등을 이용하여 반대론자의 설을 부정하고 있는데, 붓다팔리타는 그것들 하나하나의 선언지에 대해, 즉 두 가지 혹은 4개의 프라상가를 도입해서 주석을 가하고 있다. 이 주석서에 나타난 붓다팔리타의 논증식은 바바비베카의 『반야등론(般若燈論)』에서 "비판의 여지가 있는 문장〔sāvakāśavākya〕"이란 이름으로 비판을 받게 된다. 그러나 찬드라키르티〔月稱〕는 자신의 『중론』 주석서인 『프라산나파다』에서, 바바비베카에 의한 붓다팔리타의 비판을 정당하지 못한 것으로 도리어 바바비베카의 논증식을 '자립논증(自立論證; svatantrānumāna)'이란 이름 하에 비판하고 있다. 이것을 계기로 하여 방법론을 둘러싸고 중관파는 두 가지 흐름으로 분열된다. 후대의 티베트불교에서는 일반적으로 중관파를 바바비베카의 방법론을 계승하는 사람들을 '중관자립논증파'로, 한편 붓다팔리타·찬드라키르티의 방법론을 계승하는 사람들을 '중관귀류논증파'로 분류한다.

브라흐만 【Brahman】 한자로 범(梵)이라고 음사(音寫)한다. 브라흐마나 시대 이래로 우주의 근본원리를 의미한다. 인도철학사에서 중요한 술어의 하나로, 리그베다 이래 빈번히 사용되었지만, 그 어원(語源)과 원의(原意)에 대해서 여러 가지로 말하고 있다. 일반적으로는 '신성하고 주력(呪力)에 찬 베다의 기도(祈禱)의 말', 즉 베다의 찬가·제사(祭詞)·주사(呪詞)를 말하는데, 나중에 다시 그것에 내재하는 '신비력'을 뜻하게 되었다. 그러나 제식만능(祭式萬能)의 기운이 농후하게 됨에 따라, 제식(祭式)에서 쓰는 기도의 말 내지 그 신비력이 신들도 지배하는 힘이라 인증되어, 드디어 제식을 중시하는 브라흐마나 문헌에서 '우주의 근본원리'에까지 높여진 것이라고 생각된다. 한편 새로운 설로서는, 우주의 제현상(諸現象)을 밀접하게 연관시키고 있는 수수께끼라 하고, 또 '만유의 지주(支柱)로 되어 있는 힘'의 관념이 후세에 이르기까지 브라흐만의 개념의 근저(根底)라고 한다. 그 어의(語義)가 무엇이든, 고(古)우파니샤드시대에는 우주의 근본원리라는 것은 자명한 것이 되어 드디어는 우파니샤드의 중심교설이 되었고, 그 결과 우파니샤드의 핵심적 사상인 범아일여(梵我一如)사상을 낳았다. 이 우파니샤드에 입각해서 성립한 베단타철학은 이 브라흐만의 탐구를 목적으로 하는데, 베단타철학이 인도의 주요 사상 조류가 되면서 인도철학을 꿰뚫는 중요한 개념의 하나로 되었다. 한편 브라흐만의 남성어(男性語)는 보통 'Brahmā'로 표기되는데, 이것은 신격화한 최고신, 즉 범천(梵天)을 의미한다. 바라문(婆羅門), 혹은 베다의 제(祭) 전반(全般)을 총감(總監)하는 제관(祭官)도 의미한다. 브라흐만의 표기와 각 표기의 뜻은 다르다. 1. 브라흐만; 전지, 전능, 불변, 영원, 초월적인 존재로 아트만과 동일시됨. 2. 브라흐마(Brahma); 힌두의 신으로 창조신, 범천으로 한역됨. 3. 브라흐민(Brahmin), 브라흐마나(Brāhmana); 제관계급, 학자, 스승. 바라문은 브라흐민을 뜻한다.

비 【悲】 ①〔梵 paridevana, parideva, 巴 paridevayanti, 西 smres-ṅags〕 슬프다. 비탄. ②〔梵 anukampā, anukampana, karuṇa, kāruṇya〕 불쌍히 여김. 동정. 가엾게 여김. ③〔西 snīṅrje〕 괴로움을 없애다. 괴로움을 제거해 줌.

비구계 【比丘戒】 비구(比丘)로서 지켜야 하는 250가지 계(戒)를 말한다.

비구·비구니 【比丘·比丘尼】 출가수행자. 비구(比丘)는 범어(梵語) 'bhikṣu'의 음사(音寫)로, 파번뇌(破煩惱)·포마(怖魔) 등으로 번역한다. 출가하여 구족계(具足戒; 250戒)를 받은 남자 스님. 비구니(比丘尼)는 범어 'bhikṣuṇī'의 음사로, 걸사녀(乞士女)·근사녀(近事女) 등으로 번역한다. 출가하여 구족계〔348戒 혹은 500戒〕를 받은 여자 스님. 사중(四衆)·칠중(七衆)으로 분류할 때에, 먼저 비구와 비구니를 들고 있다.

비구니건도 【比丘尼犍度】 율장 가운데서 비구니가 지켜야 하는 규정에 대해 기술한 장(章).

비구니계 【比丘尼戒】 비구니가 지켜야 하는 348계율. 보통 500계(戒)라 한다.

비구니팔경계 【比丘尼八敬戒】 비구니가 지켜야 할 팔법(八法). 즉 1. 백세의 비구니라도 새로 비구계(比丘戒)를 받은 비구를 보거든 일어나 맞아 예배하고, 깨끗한 자리를 펴고 앉기를 청해야 한다. 2. 비구니는 비구를 흉보거나 꾸지람하지 못한다. 3. 비구니는 비구의 죄를 들어, 그 허물을 말하지 못한다. 4. 식차마나는 이미 육법(六法)을 배웠으므로 대중 스님네를 따라서 대계(大戒) 받기를 구해야 한다. 5. 비구니가 승잔죄(僧殘罪)를 지었을 때는 반드시 반달〔15일〕 안에 이부대중이 있는 가운데서 참회해야

ㅂ

한다. 6. 비구니는 반달마다 비구대중 가운데서 가르쳐 줄 사람을 구해야 한다. 7. 비구가 없는 곳에서 여름 안거를 하지 못한다. 8. 여름 안거를 마치거든 마땅히 비구대중 가운데 가서 자자(自恣)할 스님을 구해야 한다.

비구승【比丘僧】〔梵 bhikṣu-saṃgha〕①수행승(修行僧)의 교단. 수행승의 모임. ②결혼하지 아니하고 혼자 수행하는 스님.

비구육물【比丘六物】비구가 항상 몸에 가지고 다녀야 하는 6종의 용구(用具). 즉 승가리(僧伽梨; 외출·법문할 때 입는 가사)·울다라승(鬱多羅僧; 예불·예참·간경·좌선할 때 입는 가사)·안타회(安陀會; 작업복)·발달라(鉢呾羅; 발우)·니사단(尼師但; 좌구)·발리살리벌나(鉢哩薩哩伐拏; 물속에 있는 벌레를 걸러 주는 녹수낭) 등이다.

비나야【毘奈耶】〔梵 vinaya, 英 moral training〕비나야(鼻那夜·毘那耶)·비니(毘尼)·비니가(鞞尼迦)라고도 쓰며, 삼장(三藏)의 하나인 율장(律藏). 부처님이 설한 계율(戒律). 멸(滅)·율(律)·조복(調伏)이라 번역한다. 계율로 모든 허물과 잘못을 소멸하므로 멸(滅)이라 하고, 세간의 율법으로 죄의 경중을 결정, 판단하므로 율(律)이라 하며, 신(身)·구(口)·의(意)의 작업(作業)을 조화(調和)하여 여러 요건(要件)을 제복(制伏)하므로 조복(調伏)이라 한다. 계율, 율장 항목 참조.

비담【毘曇】〔梵 Abhidharma, 巴 Abhidhamma〕아비담(阿毘曇)의 약칭. 무비법(無比法)·대법(對法)이라 번역한다. 신역(新譯)은 아비달마(阿毘達磨)라 한다. 논장(論藏)의 총명(總名)이다. 보통은 소승 살바다부의 논장인 『발지론』·『육족론』·『바사론』·『구사론』 등을 말한다.

비담종【毘曇宗】소승불교 중에서 논장(論藏)을 중요하게 여기는 일파. 비담은 팔리어 아비담마(Abhidhamma)를 음역한 것으로, 범어(梵語)의 아비달마(Abhidharma)와 같이 논장을 말한다. 원래 소승불교는 경장(經藏)과 율장(律藏)을 중요하게 여겼으나, 점점 지혜로써 우주 인생을 해석하는 철학적인 발달을 거듭하고, 이에 따라 논장에 중점을 두게 되었다. 그 시조는 불멸후 300년 초에 인도에서 태어난 가다연니자(迦多衍尼子; Kātyāni-putra)로서, 그는 『발지론(發智論)』을 지어 소승불교의 철학을 조직하였다. 그 이전의 논장에는 『육족론(六足論)』 6부가 있었고, 그 뒤에는 『발지론』을 자세히 해석한 『아비달마대비바사론(阿毘達磨大毘婆沙論)』과 이것을 비평한 『구사론(俱舍論)』이 있다. 이 종파의 교리는 소승 20부 중에 설일체유부(說一切有部; sarvāstivādin)라고 일컫는다.

비람강생상【毘藍降生相】석가모니 부처님의 생애를 그린 여덟 가지 그림 가운데 두 번째 그림. 마야부인이 당시 습속(習俗)에 따라 친정인 카필라성(城)으로 가던 도중에 룸비니(Lumbini) 동산의 무우수(無憂樹) 밑에서 태자를 탄생한 것을 가리킴.

비로자나 【毘盧遮那】〔梵 Vairocana〕 비로사나(毘盧舍那)·로사나(盧舍那)·자나(遮那)라고도 쓰며, 변일체처(遍一切處)·광명변조(光明遍照)·변조(遍照)라고 번역한다. 부처님의 신광(身光)·지광(智光)이 이사무애(理事無碍)의 법계에 두루 비추어 원명(圓明)한 것을 의미함. 부처님의 법신(法身)을 나타내는 칭호. ①법상종에서는 비로자나는 법성상주(法性常住)의 이신(理身)으로 무위법(無爲法)이라 하여 로사나(盧舍那)와 다르다고 한다. 로사나는 자비와 지혜를 구족한 색신화합(色身和合)의 세신(細身), 석가모니는 비지(悲智)의 화용(化用)인 시현색신(示現色身)의 추신(麤身)이니, 모두 유위법(有爲法)에 속한다고 한다. 이 셋을 차례로 자성(自性)·수용(受容)·변화(變化)의 삼신(三身)에 배당한다. 그리고 이 삼신에는 완연히 구별을 두어 융통무애(融通無碍)하지 못하다고 한다. ②천태종에서는 비로자나·로사나·석가모니의 3신으로써 법신(法身)·보신(報身)·응신(應身; 化身)에 배당하면서도, 이 셋은 융즉무애(融卽無碍)하여 하나도 아니며 다르지도 않다고 한다. 결국 비로자나 등이 체(體)는 같으나 이름만 다른 것에 불과하다고 한다. ③화엄종에서는 십신구족(十身具足), 융삼세간(融三世間)의 법계신운(法界身雲)을 세우고, 법신·보신·응신의 말을 쓰지 않으므로 비로자나·로사나·석가모니를 삼신으로 보지 않고, 가야(伽耶)에 출현한 석가모니불을 그대로 비로자나불의 일대법신(一大法身)으로 본다. 그러므로 비로자나·로사나·석가모니는 동일한 불신(佛身)을 달리 일컬음에 불과하다고 한다. ④진언종에서는 현교(顯敎)의 여러 종파의 말과 달라서, 진언종의 심오하고 신비한 불신관(佛身觀)에 의하여 비로자나는 대일법신(大日法身)이라고 해석한다.

비로자나불 【毘盧遮那佛】〔梵 Vairocana〕 줄여서 노사나불(盧舍那佛)·자나(遮那)라고도 한다. 원래는 태양(太陽)이란 뜻인데, 부처의 지혜가 광대무변함을 상징하는 화엄교(華嚴敎)의 본존(本尊)이다. 무량겁해(無量劫海)에 공덕을 닦아 정각(正覺)을 얻는 연화장세계의 교주(敎主)이다. 천엽(千葉)의 연꽃에 앉아, 오른손은 시무외인(施無畏印), 왼손은 여원인(與願印)으로 한다. 『화엄경』·『범망경』에서 설하고 있다. 법상종(法相宗)에서는 노사나(盧舍那)·석가불(釋迦佛)을 수용(受用)·변화(變化) 이신(二身)으로 하고, 비로사나불을 자성신(自性身)으로 하여 구별하며, 천태종에서는 비로자나불·노사나불·석가불을 법신(法身)·보신(報身)·응신(應身)의 3신(身)으로 짝하여, 구경(究竟)의 묘경(妙境)에 현현(顯現)하는 것을 비로자나불로 한다.

비로전 【毘盧殿】 비로자나불(毘盧遮那佛; Vairocana)을 모신 전각.

비밀결집 【秘密結集】〔英 The collection of mantras, dhāranis, etc. and of the Vajradhātu and Garbhadhātu literature, attributed to Ānanda, or Vajrasattva, or both〕 금강계와 태장계 양부(兩部)의 대경(大經)은 모두 아난(阿難)이 결집(結集)했다 하고, 혹은 금강수보살(金剛手菩薩)이 정(正)이며 아난(阿難)이 부(副)가 되었다고 하며, 혹은 양부(兩部)와 잡부(雜部)가 모두 금강수보살이 수지결집(受持結集)하였다 하나, 뒤의 양설(兩說)은 『육바라밀경(六波羅蜜經)』에서 말한 금강수(金剛手) 수지다라니문(受持陀羅尼門)의 설이라 한다.

비밀교 【秘密教】 ①천태학에서 세운 화의사교(化儀四教)의 하나. ②진언종(眞言宗)의 총명(總名). ③원교(圓教)의 별명(別名).

비밀도차제론 【秘密道次第論】〔西 G-nags-nim chen-mo〕 티베트불교 황모파(黃帽派)의 개조인 쫑카파(Tsonkha-pa; 宗喀巴, 1355-1419)가 지은 책. 이 책은 밀교(密教)의 개혁을 주장한 책으로, 전(全) 962페이지에 달하는 대작(大作)이다. 전체를 14장으로 나누어 우선 불교 일반의 개설을 논하여 밀교의 위치를 밝히고, 제2장부터 제4장까지는 작밀도(作密道)·행밀도(行密道)·유가밀도(瑜伽密道)·무상유가밀도(無上瑜伽密道) 등에 대한 수습(修習)의 차제(次第)를 서술하는 것으로 전체의 약 3분의 1을 할애하고 있다. 제5장에서 마지막 장까지는 무상유가밀교의 도차제(道次第)를 더욱 상세히 얘기한 것으로서, 그 중심은 생기차제(生起次第) 및 구경(口徑)차제의 2차제(次第)와 이 두 가지의 수습(修習)을 해명하는 데 두고 있다.

비밀부정교 【秘密不定教】 화의사교(化儀四教)의 하나. 비밀교라고도 한다. 부처가 상대자의 소양과 지식이 한결같지 아니한 이들에게 다 같이 그 요구에 맞도록 하기 위하여, 듣는 이가 제각기 따로따로 이해할 수 있도록 말씀하신 절묘한 교법. 이 교는 듣는 이들이 제각기 다른 이가 들은 교법이나, 그 뜻을 서로 알지 못하는 것을 특색으로 한다. 이를 인법구부지(人法俱不知), 또 동청이문(同聽異聞)·호상부지(互相不知)라고 한다.

비밀장 【秘密藏】 비밀(秘密)한 법장(法藏)을 말함. 매우 심오하여 오직 불(佛)과 불(佛)만의 세계로서 보통 사람으로서는 알 수 없는 법문이므로 밀(密)이라 하고, 또한 여래가 심법(深法)을 호념(護念)하여 그 그릇이 아니면 은비(隱秘)하고 설시(說示)하지 아니하므로 비(秘)라 한다. 비밀장(秘密藏)의 명칭은 모든 경(經)에 있는데 심심비극(深甚秘極)을 나타내는 통명(通名)이다. 『원각경(圓覺經)』에, “오직 막힘이 없는 대비(大悲)를 원(願)하고, 오직 보살을 위하여 비밀장(秘密藏)을 연다.”라고 하였다.

비바사론 【毘婆沙論】〔梵 vibhāṣā-śāstra〕 광설(廣說)·종종설(種種說)이라 번역. 율(律)이나 논(論)을 해석한 책을 총칭하여 『비바사론(毘婆沙論)』이라 하는데, 이것은 통명(通名)이다. 따로 『비바사론』이라고 제목 붙인 것은 장경(藏經) 속에 4부가 있다. 곧 1. 『아비달마대비바사론』, 2. 『비바사론(毘婆沙論)』, 3. 『오사비바사론』〔이상은 小乘〕, 4. 『십주비바사론』〔대승〕인데, 그 외에도 율부에는 『선견율비바사』가 있다.

비바시불 【毘婆尸佛】〔梵 Vipaśyin〕 과거칠불(七佛)의 하나. 승관(勝觀)·정관(淨觀)·승견(勝見)·종종견(種種見)이라 번역.

비법 【非法】 ①〔梵 akalpika adharma, adharmeṇa〕 부정(不正)한, 부당(不當)한 것. ②〔梵 adharma〕 옳지 못한 것. 도리에 어긋난 것. 악사(惡事). 종교적인 규정에 대한 위배(違背). ③유익(有益)함이 없는 것.

비보사찰 【裨補寺刹】 도참사상과 풍수지리설에 의거하여 지은 절. 불교가 도참사상과 결합한 결과이다. 신라 말기와 고려 초기에 걸쳐 활동한 스님인 도선(道詵, 827-898)의 영향을 받아 세워졌다. 도선은 도참사상과 풍수지리설을 토대로 하여 신라의 멸망과 고려의 건국을 예언하였다. 그의 저서인 『도선비기(道詵秘記)』에 따르면, 명소(名所)에 사찰을 지으면 국운이 융성해진다고 하였다. 고려시대에 세워진 비보사찰은 3천 8백여 곳이라 한다.

비비상 【非非想】 비상비비상처(非想非非想處)의 줄인 말. 무색계(無色界; ārūpya-dhātu)의 제4천(天). 이 하늘은 삼계(三界)의 맨 위에 있으므로 유정천(有頂天; akaniṣṭha)이라고도 한다. 일반적인 사유로 이해될 수 있는 것이 아님을 가리킨다. 『수능엄경(首楞嚴經)』 9권에, “성(性)의 부동(不動)함을 알고서 멸(滅)할 것을 다 연구함에, 다함이 없는 가운데에서 실(實)을 발(發)하고 성(性)을 다하며, 있는 것 같으면서도 있지 않고, 다한 것 같으면서도 다한 것이 아니니, 이와 같이 한결같음을 이름하여 비상비비상처(非想非非想處)라 한다.”라고 하였다. 뒤에 이것을 빌려, 사람들이 실제(實際)를 이탈하여 환상에 의해 능히 이룰 수 없는 사정을 비유하여 ‘상입비비(相入非非)’라고 하였다.

비사리결집 【毘舍離結集】 제2결집(第二結集)을 말한다. 소승 삼장(三藏) 가운데 비나야장(毘奈耶藏)의 결집. 불멸(佛滅)후 100년에 비사리국에 10개의 비법(非法)〔十事非法〕이 일어났으므로, 장로 야사(耶舍)비구가 비사리성 파리가원(波利迦園)에서 7백 명의 대중을 소집하여 이 10개의 비법을 논의해서 율장을 정화하였다. 『사분율(四分律)』 54·『십송율(十誦律)』 60·『오분율(五分律)』 30·『승기율(僧祇律)』 33·『비니모경(毘尼母經)』 4·『선견율(善見律)』 1·『서역기(西域記)』 7 등의 책에 같은 내용이 기록되어 있다.

비사문천 【毘沙門天】〔梵 Vaiśravaṇa〕 다문천(多聞天)이라 한다. 사천왕 가운데 비사문천의 왕이다. 불교 중에 있는 호법(護法)의 천신(天神)이며 복을 베푼다. 『법화의소(法華義疏)』에 의하면, 이 천(天)은 항상 여래의 도량을 보호하며 법을 들으므로 다문천(多聞天)이라 한다. 금강계만다라의 서방에 위치한 야차주(夜叉主)이며, 태장계만다라의 외금강부원(外金剛部院) 북방의 문 쪽에 있다. 이 천(天)은 길상천과 같이 예부터 항상 부부가 된다.

비상비비상처 【非想非非想處】〔梵 naiva-saṃjñā-nāsaṃjñā-āyatana, 巴 neva-sañña-nāsaññāyatana〕 비유상비무상처(非有想非無想處)라고도 한다. 무색계의 제4천. 삼계(三界)의 맨 위에 있으므로 유정천(有頂天)이라고도 한다. 이곳에는 사바세계와 같은 거친 생각이 없으므로 비상(非想) 또는 비유상(非有想), 그러나 세밀한 생각이 없지 않으므로 비비상(非非想) 또는 비무상(非無想)이라 한다. 비유상이므로 외도들은 참 열반처〔眞涅槃處〕라 하고, 비무상이므로 불교에서는 이것도 생사가 있는 곳이라 한다. 비비상 항목 참조.

비색 【非色】〔梵 arūpa, arūpin, 英 formless, i.e. without rūpa, form, or shape, not composed of the four elements〕 색(色)이 되지 못하는 것. 오온(五蘊) 중에서 색온(色蘊) 이외의 수(受)·상(想)·행(行)·식(識)의 4온(蘊)을 가리켜 말함.

비시식 【非時食】〔梵 pūrvāhṇa eva bhojī, 巴 vikāle khādan-iyaṃ vā bhojaniyaṃ vā khādati, 英 to eat out of hours, i.e. afternoon〕 식사 시간이 아닐 때 먹는 것. 즉 정오(正午)를 지나서 식사하는 것을 말함. 계율 가운데서 금제하여 계법(戒法)으로 삼는데, 팔재계(八齋戒) 또는 십계(十戒) 중에 정오(正午)를 지나서 먹지 말라는 계와 비구계(比丘戒)의 비식시계(非食時戒)가 바로 이것이다. 대개 불도(佛道)를 수행하는 사람으로 하여금 식욕(食欲)을 절제하게 한 것이다.

비아 【非我】 인도철학 용어. ①아트만이 아닌 것〔anātman〕. 16행상(行相)의 하나. ②무아(無我)와 동의어〔nairātmya〕. ③일체법(一切法)은 나의 것이 아니다. ④나는 존재하지 않는다. 나의 것이 아니다〔namana〕. 무아 항목 참조.

비안립진여【非安立眞如】〔英 The Bhūtatathatā, the absolute as it exists in itself〕 진여(眞如)에 진여(眞如)·여상(如常) 등 여러 가지 뜻이 있음을 안립진여(安立眞如) 또는 안립제(安立諦)라 한다. 그리고 진여의 체성(體性)이 본래 말로 표현할 수 없고 마음으로 생각할 수 없어서 적멸무위(寂滅無爲)한 것을 비안립진여(非安立眞如) 또는 비안립제(非安立諦)라 한다. 안립진여는 진여의 모양이고 비안립진여는 진여의 체성을 나타낸다. 『기신론』에서는 이를 의언진여(依言眞如)와 이언진여(離言眞如)로 표현하고 있다.

비유【非有】〔梵 abhāva, asat, vibhava, 英 non-being, 獨 Nichtsein, 佛 non-être, 希 me on〕 '존재하지 않는 것〔abhāva; asat; asattva〕'·'소멸하는 것'·'없게 되는 것〔vibhava〕'·'없는 것' 등의 의미로 사용되는데, 천태에서는 공(空; Śūnya; Śūnyatā)과 같은 뜻으로 사용하고 있다.

비정성불【非情成佛】〔英 The insentient become (or are) Buddha, a tenet of the 圓敎, i.e. the doctrine of pan-Buddha〕 천태에서 주장하는 것으로, 중도불성(中道佛性)이 법계(法界)에 가득 차 있으므로 초목·국토 따위의 무정물도 모두 성불(成佛)할 수 있다는 것.

비즉비리온아【非卽非離蘊我】 상일주재(常一主宰)의 아(我)는 확실히 존재하지만, 그것은 오온(五蘊; 색수상행식)과 분리〔離〕되어 있는 것도 아니고, 그렇다고 오온과 하나〔卽〕인 어떤 존재도 아니어서, 비즉비리(非卽非離)의 관계에 있다고 하는 견해(見解). 소승 20부 가운데 독자부(犢子部; vātsiputriya)에서 세우는 주장이다. 흔히 보특가라〔푸드갈라〕라고 한다. 푸드갈라 항목 참조.

비천상【飛天像】〔英 an image of a flying fairy (maid)〕 하늘에 살면서 하계 사람과 왕래한다는 여자 선인(仙人)을 그린 그림.

비택멸【非擇滅】 ①〔梵 apratisaṃkhyā-nirodha, 西 so sor brtags min pas ḥgog pa, so sor brtags pas mayin pas ḥgog pa〕 사택(思擇; 바른 관찰력)에 의하지 않는〔모든 종류의 存在生起의〕 절멸(絶滅)의 뜻. 택력(擇力; 지혜)에 의하지 않고 얻는 멸(滅). 다르마〔法〕를 생(生)할 만한 연(緣)이 없기 때문에 번뇌 등이 생기지 않는 것. 생(生)하여야 할 연(緣)이 결여되어 있기 때문에 다르마가 생하지 않고, 즉 자연히 멸(滅)한 상태에 있는 것. ②지혜의 힘〔擇力〕에 의해 장해(障害)를 단절(斷切)하여 비로소 나타나는 것이 아니고, 본래 청정(淸淨)한 진여(眞如)를 말함. 또 유위법(有爲法)이 생(生)할 가능성이 연(緣)을 결(缺)하여 영구히 생할 수 없게 된 곳에 나타나는 진리를 말함.

비택멸무위【非擇滅無爲】① 3무위의 하나. 지혜의 간택(簡擇)·판정력(判定力)에 의지하지 않고, 다만 유위법(有爲法)이 스스로 다 없어지는 곳에 나타나는 무위. 일어날 인연이 모두 소멸되어서 다시 일어날 수 없는 데 이른 것이다. ② 6무위의 하나. 진여는 본래 청정하고 변화가 없는 것이며, 지혜의 간택하고 판정하는 힘에 의하여 나타나는 것이 아니므로 비택멸무위(非擇滅無爲)라 하며, 또 진여는 유위법(有爲法)의 연(緣)이 없는 곳에 나타나는 것이므로 비택멸무위라 한다.

비파사나【vipaśyana】비바사나(毘婆舍那), 비발사나(毘鉢舍那), 위빠사나, 위파사나라고도 한다. 능견(能見), 정견(正見), 관찰(觀察), 관(觀)이라고 번역한다. 자세히 관찰하여 잘못됨이 없게 하는 것. 빠슈(Paś; 보다)라는 동사에서 파생한 말로, 어떤 것을 '봄〔觀〕'이라는 의미다. 바른 직관. 명확히 관찰하는 것. 위빠사나 항목을 참조할 것.

비파사론【毘婆沙論】〔梵 vibhāṣā-śāstra〕광설(廣說)·종종설(種種說)이라 번역. 비바사론 항목을 참조할 것.

비화경【悲華經】〔梵 karuṇapuṇḍarika-sūtra〕중국 북량(北凉)의 담무참(曇無讖, 385-433) 번역. 10권. 전법륜·다라니·대시·제보살본수기·단바라밀·입정삼매의 6품으로 구성되어 있음. 처음에는 비화존불이 성불하던 일로부터 그 본생(本生)을 말하고, 과거 항하사 아승지겁 전에, 아미타불 등과 함께 보장여래(寶藏如來)의 회상에서 수기 받던 일을 기록하였는데, 뒤에 이 경을 해료일체다라니문(解了一切陀羅尼門)·시현제불세계(示現諸佛世界), 또는 대비연화(大悲蓮華)라고 이름 붙인 것을 보여〔示〕받아 지니기를 권하였다. 다른 번역으로『대승대비분다리경』8권,『한거경』10권〔법호 번역〕,『비화경』10권〔도공 번역〕등이 있다.

비흑비백업【非黑非白業】〔英 Neither black nor white karma, karma which does not affect metempsychosis either for evil or good; negative or indifferent karma〕무루업(無漏業; anāsrava-karman)이니, 흑(黑)은 악(惡)한 업(業), 백(白)은 착한 업을 표시한다. 무루업은 성품이 염오(染汚)가 아니므로 비흑(非黑)이라 하고, 유루(有漏)의 선한 과보를 받는 것이 아니므로 비백(非白)이라 한다.

빈도【貧道】범어(梵語) 'śramaṇa'의 옛 번역. ①덕이 부족한 도인(道人)이라는 말로서, 주로 자신을 낮추어 부르는 겸양어로 쓰인다. ②현세의 복도 갖추지 못한 빈궁한 도인.

빈두로신앙【賓頭盧信仰】빈두로(賓頭盧; Piṇḍolabharadvāja)는 빈두로파라타(賓頭盧頗羅墮)를 말하는데, 16나한(羅漢) 가운데 하나로 백두장미

(白頭長眉)를 가진 나한(羅漢)이다. 원래 발차국(跋蹉國) 구사미성 보상(輔相)의 아들이다. 어렸을 때 불교에 귀의하고, 출가하여 구족계를 받고 여러 곳으로 다니며 전도하였다. 석존이 성도한 지 6년에 이 나한이 왕사성에서 신통을 나타냈다가 외도(外道)들의 조소를 받았으므로, 석존이 이후로는 부질없이 신통을 나타내지 말라 하고 서구야니주에 가서 교화하게 하였다. 뒤에 다시 돌아오게 되었는데, 석존의 명을 받아 열반에 들지 않고 남인도의 마리산에 있으면서 불멸후(佛滅後)에 중생을 제도하며 말세의 공양을 받아 대복전(大福田)이 되었으므로, 주세(住世) 아라한이라고 일컫는다. 후세에 인도 대승 절에서 문수(文殊)를 상좌(上座)로 함에 대하여, 소승 절에서는 빈두로(賓頭盧)를 상좌로 하는 풍속이 생겼다. 중국불교에서 빈두로존자에 대한 숭배는 동진(東晋)의 도안(道安, 314-385)으로부터 시작되고, 송(宋)나라 태초(泰初) 말기〔471〕에 법현·법경 등이 처음으로 그의 형상을 그려 공양하였다. 한국에서는 독성(獨聖)·독수성(獨修聖)·나반존자(那畔尊者)라 하여 절마다 봉안하고 있다.

빈자일등 【貧者一燈】〔英 a widow's mite〕 ①설화. 빈녀일등(貧女一燈)이라고도 한다. 비록 가난하지만 정성스럽게 공양하는 한 개의 등잔불은, 큰 부자가 정성심 없이 공양하는 만 개의 등잔불보다도 훨씬 가치 있다는 말. 이 말의 유래는 석가모니불이 아사세왕의 초청을 받아 왕궁에서 설법하고 밤이 깊어 기원정사로 돌아가는데, 왕은 대궐에서 절까지 가는 길에 수만 개의 등불을 켜서 공양하였다. 이때 가난한 노파가 거리에서 구걸한 돈으로 기름을 사서 등불 한 개를 켜서 공양하였다. 이 한 개의 등불은 왕의 수만 개의 등불보다 더 밝았고, 새벽이 되어 왕의 등불은 다 꺼졌으나 노파의 한 개의 등불은 꺼지지 않았다. 이를 보고 붓다가 목련에게, "저 노파는 일찍부터 수많은 부처님을 공양하였으니 장차 부처가 되리라."고 말한 데서 비롯되었다. ②어떤 일을 하는 데 있어서 물질의 많고 적음보다는 정신이 더 소중하다는 말.

빔비사라 【Bimbisāra】 빈바사라(頻婆沙羅)·빈두사라(頻頭娑羅)라고도 쓴다. 중인도 마갈타국 임금. 석존이 성도(成道)한 후 최초로 귀의한 왕. 가란타(迦蘭陀)에 죽림정사(竹林精舍; veṇuvana)를 지어 바쳤다. 또 부처님이 오래 계시면서 설법하시던 영축산 꼭대기에 오르내리기 쉽도록 돌층대를 쌓았다고 한다. 고살라부인과 위제희부인은 모두 왕의 비(妃)로서, 역시 불법(佛法)에 독실하게 귀의하였다. 나중에 태자 아사세(阿闍世)에게 갇혀 감옥에서 죽었다. 그때는 부처님 멸도(滅道) 8년 전이고, 그가 임금이 된 지 50년 되던 때였다.

ㅂ

사【思】〔梵 cetanā, citta-abhisaṃskāra, 巴 sems pa, 英 Think, thought; turn to the attention〕10대지법(十大地法)의 하나. 5변행심소(五遍行心所)의 하나. 조작(造作)이라는 뜻. 자석에 쇠붙이를 움직이게 하는 힘이 있는 것처럼, 대상, 즉 경계(境界; sphere; region; realm; as above)에 대하여 마음을 움직이게 하여 선(善)·악(惡)·무기(無記)의 업(業)을 짓게 하는 정신작용. 구체적인 행동을 일으키는 의지작용(意志作用)을 말한다. 이 의지작용을 통해서 행위가 선(善) 혹은 악(惡)이 된다.

사【捨】〔梵 upekṣā, 巴 dīyate yena, 英 neglect, indifference, abandoning〕①3수(受)·5수(受)의 하나. 고(苦)·락(樂)·우(憂)·희(喜)처럼 치우친 감각이 아니고, 심신(心身)에 고통도 즐거움도 느끼지 않는 일종의 무덤덤한 감각작용. ②대선지법(大善地法; kuśalamahābhūmika)의 하나. 마음이 침울하지도 않고 부동(浮動)하지도 않는 중용(中庸)을 얻은 정신작용을 말함.

사【事】〔梵 vastu, vṛtti, dravya, 巴 kāya-saṅkhāra, 西 rdsas〕일반적으로는 일, 사물, 일어난 일 등의 뜻. 불법(佛法)에서는 사상(事相)·사법(事法)을 나타낸다. 이(理)의 상대적인 말. 일체제법의 차별적인 현상면(現象面)을 말한다. 또 연기(緣起; pratityasamutpada)에 의하여 일어나는 만유의 현상을 말한다. 이(理)가 보편성·평등성인 데 비하여, 사(事)는 개별성·차별성을 갖는다. 우주 삼라만상의 사상(事相)이 사(事)이고 사상(事相)을 꿰뚫는 보편의 법칙이 이(理)이다. 석존 시대에는 이 이치를 깨치고 설하는 것이 목적이었는데, 그 구체적인 수행을 사(事)라고 했다. 그래서 사(事)를 통하여 이(理)를 깨치는 것을 큰 일로 보았기 때문에 사(事)보다 이(理)를 초월적인 것으로 생각했다. 그러나 오늘날에는 사(事)라는 사고방식이 근본적으로 달라, 이(理)는 법리(法理) 법칙이고, 사(事)는 그 법(法)에서 나타난 구체적 사실을 말한다.

사가【四假】①『삼론현의(三論玄義)』

에서 설한 인연가(因緣假)·수연가(隨緣假)·대연가(對緣假)·취연가(就緣假)를 말한다. 이 사가(四假)는 모두 십이부경(十二部經)인 8만의 법장(法藏)에 섭취되므로, 사제(四諦)가 사가(四假)를 구용(具用)한다. 다만 『지도론(智度論)』에서는 인연가를 많이 썼고, 『중론(中論)』·『십이부론(十二部論)』에서는 취연가를, 『백론(百論)』에서는 대연가를 흔히 썼다고 한다. ② 『성실론(成實論)』에서 설한 인생가(因生假)·연성가(緣成假)·상대가(相待假)·상속가(相續假)를 말한다.

사가어록 【四家語錄】 6권. 편자 미상. 중국 선종(禪宗)의 6조 혜능(慧能, 638-713)의 법손(法孫)인 마조도일(馬祖道一, 709-788)·백장회해(百丈懷海, 720-814)·황벽희운(黃檗希運, ?-850)·임제의현(臨濟義玄, ?-867) 등이 차례로 상승한 네 조사의 어록을 모은 것이다.

사가행 【四加行】 ①대승의 법상종에서는 난(煖)·정(頂)·인(忍)·세제일(世第一) 등 사선근(四善根; catuṣ-kuśala-mūla)을 오위(五位) 가운데 방행위(方行位)로 삼았기 때문에, 사가행(四加行)은 사선근(四善根)의 다른 명칭이다. ②유식(唯識) 오위(五位) 가운데 제2의 가행위(加行位). 난(煖)·정(頂)·인(忍)·세제일법(世第一法)의 4종으로 차별하므로 사가행(四加行)이라 한다.

사가행위 【四加行位】 사선근위(四善根位)·순결택분(純決擇分)이라고도 한다. 보살계위(菩薩階位)인 5위(位)의 두 번째. 난(煖)·정(頂)·인(忍)·세제일법(世第一法) 등 4위(位)는 십회향(十迴向)의 지위가 원만하여 다음 통달위(通達位)에 이르기 위해 특히 애써서 수행(修行)하는 자리이다.

사개법요 【四箇法要】 대법회 때에 반드시 행해야 하는 법회의 작법(作法). 처음에 4구(句)의 게송을 범패 형식으로 부르는데, 소리 중에서 보면(譜面)이 가장 길어, 이것으로 제연(諸緣)을 멈추고 마음을 가라앉힌다. 이어서 산화(散華)라고 하여 또 4구의 게를 부르면서 꽃을 던져 악귀를 쫓아내고, 불상을 깨끗이 한다. 이때 던지는 꽃은 하계(下界)의 정토를 의미한다. 셋째로 범음(梵音)이라고 하는 8구(句)의 게(偈)의 정음(淨音)을 부르며, 삼보(三寶)에게 공양한다. 그리고 넷째로 손에 석장(錫杖)을 들고 3절 33구의 게(偈)를 부르며, 각 절의 끝에 석장을 흔든다. 이것을 아집석장(我執錫杖)이라고 한다.

사거 【四車】 〔英 The four vehicles 四乘 of the Lotus sūtra〕 『법화경』 「비유품」에서 말하는 양거(羊車; 聲聞乘에 비유함)·녹거(鹿車; 緣覺乘에 비유함)·우거(牛車; 菩薩乘에 비유함)·대백우거(大白牛車; 一佛乘에 비유함)를 말한다.

사겁 【四劫】 〔英 The four kalpas, or epochs, of a world〕 성·주·괴·

공(成·住·壞·空) 항목 참조.

사겁우주설【四劫宇宙說】 세계가 구성되면서부터 무너져 없어지는 동안을 성겁(成劫)·주겁(住劫)·괴겁(壞劫)·공겁(空劫)의 4기로 나누어 설명한 것이다. 성겁(成劫)은 세계가 처음 생기는 기간이고, 주겁(住劫)은 생겨서 존재하고 있는 기간이며, 괴겁(壞劫)은 차차 파괴되는 기간이고, 공겁(空劫)은 다 없어져 공무(空無)한 기간이다. 이 각 기간을 20중겁(中劫)이라 하는데, 380중겁을 일대겁(一大劫)이라 한다. 이 우주는 성·주·괴·공을 반복한다고 한다. 성주괴공 항목 참조.

사견【邪見】〔梵 asad-dṛṣṭi, dṛṣṭi-kaṣāya, 巴 diṭṭhi, diṭṭhi-gata, 西 log par lta ba, 英 a wrong view〕 십악(十惡)의 하나. 주로 인과(因果)의 도리를 무시하는 옳지 못한 견해. 온갖 망견(妄見)은 다 정리(正理)에 어긋나는 것이므로 사견(邪見)이라 한다. 특히 인과의 도리를 무시하는 것은 그 허물이 중대(重大)하므로 사견이라 한다.

사경【四鏡】〔英 The four resemblances between a mirror and the bhūtatathā in the Awakening of Faith 起信論〕 본각(本覺)의 체상(體相)에 4종이 있듯이, 경(鏡)에도 네 가지 뜻이 있다. 1. 여실공경(如實空鏡). 진여(眞如)의 체(體)가 본래 공적(空寂)하여 일체의 망상(妄想)을 여의는 것이, 마치 공경(空境)이 일체 외물(外物)의 체(體)를 여의는 것과 같아서 여실공경(如實空鏡)이라 한다. 공진여(空眞如). 2. 인훈습경(因熏習鏡). 진여(眞如)의 각체(覺體)가 무량(無量)의 성덕(性德)을 갖추어 정법(淨法)의 인(因)이 되는 것이, 마치 경체(鏡體)가 능히 만상(萬象)을 나타낸 것과 같으며, 이 정법(淨法)의 인(因)이 능히 중생의 망심(妄心)을 내훈(內薰)함에 따르므로 인훈습경(因熏習鏡)이라 한다. 불공진(不空眞). 3. 법출리경(法出離鏡). 진여(眞如)의 각체(覺體)가 중생의 번뇌 가운데 매장되어 있으므로 여래장(如來藏)이라 한다. 그리고 번뇌(煩惱)의 진(塵)을 여의고 순일정명(純一淨明)한 것이, 정경(淨鏡)을 마치(磨治)함과 같이 구(垢)를 여의기에 법출리경(法出離鏡)이라 하는데, 이는 진여(眞如)의 체(體)이다. 4. 연훈습경(緣薰習鏡). 진여(眞如)의 각체(覺體)가 전(纏)을 나갈 때 물기(物機)에 응(應)하여 무변(無邊)한 묘용(妙用)이 있어 현신(現身)하거나 주언(主言)한다. 그러나 중생의 망심(妄心)을 외훈(外薰)함에 따라 외연(外緣)의 훈습(薰習)이 되므로 연훈습경(緣薰習鏡)이라 한다. 명경(明鏡)을 고대(高台)에 두고 수용(受用)하는 것과 같음을 진여(眞如)의 용(用)이라 한다.

사경【寫經】〔英 To copy the scriptures〕 법보(法寶)인 경전을 정성들여 기록하는 일. 사경(寫經)을 할 때

는 한 자〔一字〕 한 자에 지극한 공경심으로 정성과 신심을 다하여 임해야 한다. 사경(寫經)에는 한 자를 쓰고 세 번 절하여 쓴 일자삼례경(一字三禮經)과 한 줄을 쓰고 세 번 절하여 쓴 일행삼례경(一行三禮經)이 있다. 그리고 날짜에 따라 여러 날 동안 쓴 점사경(漸寫經)과 하루에 다 쓴 돈사경(頓寫經)이 있고, 또 재료에 따라 먹으로 쓴 묵서경(墨書經), 금으로 쓴 금자경(金字經), 은(銀)으로 쓴 은자경(銀字經)이 있다. 제본의 형태에 따라서는 두루마리로 한 권자본(卷字本), 병풍처럼 접어서 첩(帖)으로 한 절첩본(折帖本), 오른쪽 가장자리를 실로 꿰맨 선장본(線裝本)이 있다. 사경(寫經)의 공덕으로는, 1. 어리석고 어둡던 마음이 밝아지고 총명해진다, 2. 심한 번민과 갈등이 가라앉고 편안한 마음을 회복한다, 3. 오랜 병고가 무너지고 심신(心身)이 건강해진다, 4. 속세의 업장이 소멸되고 그 마음은 무한한 기쁨과 환희심으로 충만된다, 5. 원하는 바 모든 소원이 이루어지고 한량없는 부처〔佛〕의 가피력을 지닌다, 6. 인내력과 정진력이 뛰어나 어려운 일 없이 모든 일이 원만히 성취된다는 것 등을 들 수 있다. 사경(寫經)의 시초는 종려나무의 껍질인 패엽(貝葉)에 범어(梵語)를 기록한 패엽불전(貝葉佛典)이며, 기원 전후로 하여 인도 서북부에서 일기 시작한 대승불교운동은 재가신도의 신앙을 중시했기 때문에, 부처의 가르침을 넓히기 위해 불경(佛經) 유포(流布)를 위한 사경공덕이 강조되었다. 한국에 현존하는 최고(最古)의 사경은 통일신라시대 때 백지에 먹으로 쓴 『대방광불화엄경』인데, 고려시대에는 사경이 행해져 국가에서 사경원(寫經院)을 설치하기도 하였다.

사계【四戒】〔英 Four stages in moral development〕 해탈계(解脫戒)·정공계(定共戒)·도공계(道共戒)·단계(斷戒)를 말한다. 1. 해탈계. 계사(戒師)로부터 계(戒)를 받고, 신중(身中)에 계체(戒體)를 체득하며, 신(身)·구(口)의 악업을 해탈하는 것. 이에 따라 사미(沙彌)와 비구(比丘) 등의 차별이 생긴다. 2. 정공계(定共戒). 색계(色界)의 사선정(四禪定)에 들어가면 신(身)에 계체(戒體)가 생겨서 방비지악(防非止惡)의 효과가 있다. 3. 도공계(道共戒). 견도(見道)에서 이상의 무루도(無漏道)를 증(証)하면 무루도에 방비지악(防非止惡)의 계체(戒體)가 공생(共生)한다. 4. 단계(斷戒). 탐(貪)·진(瞋)·치(痴) 등을 끊고 도과(道果)를 성취하므로 단계(斷戒)라 한다.

사계성도【四階成道】〔英 The four Hinayāna steps for attaining Buddhahood, i.e. the myriad deeds of the three asaṅkhyeya kalpas〕 소승교(小乘教)에서 성도(成道)하는 데 4단계가 있다는 것을

가리킨다. 1. 삼아승기겁(三阿僧祇劫)의 만행(萬行). 2. 백대겁(百大劫)의 상호업(相好業). 3. 최후신(最後身)이 하팔지(下八地)의 혹(惑)을 끊는 것. 4. 도량(道場)에 앉아서 34심(心)으로 비상(非想)의 혹(惑)을 끊고 성불하는 것이다. 사계성불(四階成佛)이라고도 한다.

사고【四苦】〔梵 Catvāriduḥkhāni, 英 four pains〕 네 가지 형태의 고통. ①생고(生苦). 태(胎)에 들어가서 태에서 나올 때까지의 고통. ②노고(老苦). 출생해서부터 죽을 때까지의 쇠변(衰變)하는 동안에 받는 고통. ③병고(病苦). 병들었을 때에 받는 몸과 마음의 고통. ④사고(死苦). 목숨이 마칠 때의 고통. 죽을 때의 고통.

사고팔고【四苦八苦】〔英 the whole gamut of pains〕 1. 생고(生苦; 胎에 들어가서 胎에서 나올 때까지의 고통), 2. 노고(老苦; 출생해서부터 죽을 때까지의 衰變하는 동안에 받는 고통), 3. 병고(病苦; 병들었을 때 받는 몸과 마음의 고통), 4. 사고(死苦; 목숨이 마칠 때의 고통 등 4종의 고뇌(苦惱)를 4고(四苦; catvāriduḥkhāni)라 한다. 여기에 5. 애별이고(愛別離苦; 사랑하는 사람과 이별하는 고통), 6. 원증회고(怨憎會苦; 원한 관계에 있는 사람과 만나는 고통), 7. 구부득고(求不得苦; 구해도 얻지 못하는 고통), 8. 오음성고(五陰盛苦; 五陰이 치성한 데서 오는 고통)의 4가지를 더하여 팔고(八苦)라고 한다. 『열반경』 12권 등에서 설하고 있다. 석존이 녹야원에서 설한 사제(四諦) 가운데 고제(苦諦)의 설법 중에 밝힌 것인데, '모든 고통'·'가장 큰 고뇌'·'고통'을 나타내는 말로 바뀌었다.

사공정【四空定】〔梵 catasra-ārūpya-samāpattaya, 巴 catasso-āruppa-samāpattiya〕 사무색정(四無色定)이라고도 한다. 12문선(門禪) 가운데 사선(四禪)을 말한다. 즉 공무변처정(空無邊處定)·식무변처정(識無邊處定)·무소유처정(無所有處定)·비상비비상처정(非想非非想處定)을 말한다.

사공처【四空處】〔梵 catuarūpa〕 사무색(四無色)이라고도 한다. 무공계(無空界)의 사처(四處)를 말한다. 사공처정(四空處定)을 닦아 얻어지는 정보(正報)라고 한다. 곧 공무변처(空無邊處; 虛空處·空處)·식무변처(識無邊處; 識處)·무소유처(無所有處)·비상비비상처(非想非非想處; 非有想非無想處)를 말한다. 이 사처(四處)는 오온(五蘊)에서 색온(色蘊)이 없는 것으로, 수(受)·상(想)·행(行)·식(識)의 사온(四蘊)이 가화합(假和合)하여 정보(正報)하므로 색신(色身)이 없다. 그리고 의보(依報)할 국토(國土)와 궁전(宮殿)이 없으므로 무색계(無色界)라 하는데, 공처(空處)라고 하기도 한다.

사과【四果】〔梵 catvāri phalāni,

phala-abhava, 英 The four phala〕 (1) 수행도(修行道)의 4가지 성과. 소승에서 깨달음을 얻은 결과, 곧 견도(見道) 이후의 정과(正果)의 4단계. 곧 1. 수다원과(須陀洹果; 預流果), 2. 사다함과(斯陀含果; 一來果), 3. 아나함과(阿那含果; 不還果), 4. 아라한과(阿羅漢果; 無學果)를 말한다.
(2) 안립과(安立果)와 가행과(加行果)와 화합과(和合果)와 수습과(修習果)를 말한다. 『구사론』 6권에 보인다.

사교【四教】〔英 Four teachings, doctrines, or schools〕 ①중국 수(隋)나라 때의 고승이면서 천태종의 개조인 천태지의(天台智顗, 538-597)가 세운 교판(教判). 화법사교(化法四教)와 화의사교(化儀四教)가 있다. 석존이 일생 동안 설한 말씀을 내용에 따라 장교(藏教)·통교(通教)·별교(別教)·원교(圓教)로 분류한 것을 화법사교(化法四教)라 하고, 설법하는 방법에 따라 돈(頓)·점(漸)·비밀(秘密)·부정(不定)으로 나눈 것을 화의사교라 하는데, 화법사교와 화의사교를 합해서 팔교(八教)라 한다. ②우리나라 전통 강원의 교과과정의 하나. 사교과(四教科)라고도 함. 사집과(四集科) 다음에 배우는 네 가지 경전, 즉 『능엄경』·『대승기신론』·『금강경』·『원각경』을 말함.

사교삼관【四教三觀】 천태에서 내세우는 교(教)·관(觀)의 두 문〔二門〕을 말한다. 교문(教門)에 사교(四教), 관문(觀門)에 삼관(三觀)을 내세웠기 때문에 이렇게 부른다.

사교삼신【四教三身】 천태에서 세운 장(藏)·통(通)·별(別)·원(圓)의 교판. 장(藏)·통(通) 이교(二教)의 불(佛)은 응신(應身), 별교(別教)의 불(佛)은 자타수용신(自他受用身; 報身), 원교(圓教)의 불(佛)은 법신(法身)이 된다. 응신과 수용신은 모두 법신 가운데 끌어 잡을 수 있으니, 다른 삼교(三教)는 원교(圓教) 중에 끌어 잡을 수 있다.

사교입선【捨教入禪】 교학을 버리고 선으로 들어감. 선가(禪家) 수행관(修行觀)의 하나. 선(禪)의 입장에서 보면 교(教)는 정도가 낮으며 선(禪)은 정도가 높고 존귀하여서 상근기(上根機)의 사람이 아니면 접근할 수 없다는 것이다. 그러므로 '교(教)에서부터 기틀을 닦아서 선문(禪門)으로 들어오기 때문에 교(教)가 필요한 것이고, 교(教)에서 닦은 뒤에는 그것을 몽땅 내버리고 선(禪)으로 들어가야 한다.'는 것이 사교입선(捨教入禪)의 수행관이다. 특히 우리나라 선원에서 많이 강조한다.

사구【死句】 선종에서 쓰는 용어. ① 진리를 깨치지 못한 사람의 언어. 글속에 진리가 담겨 있지 않은 것. ②언어적 풀이나 해석이 가능한 어구, 또는 해석할 수 있는 공안이나 화두. 논리적 접근이 가능한 어구(語句). 이와는 달리 활구(活句)는 언어적 풀이나 해석, 또는 논리적 접근이 불가능한 어구.

사구게【四句偈】〔梵 catuṣ-pādikā-gāthā〕 사행시(四行詩). 사구(四句)로 된 시송(詩頌). 예컨대, "제악막작(諸惡莫作) 중선봉행(衆善奉行) 자정기의(自淨其意) 시제불교(是諸佛教)"와 같은 것. 게(偈; gāthā)는 9부교(部敎)의 하나. 12부경(部經)의 하나로 '노래'라는 뜻을 가진 어근(語根) 'gai'에서 파생된 명사. 가요(歌謠)·성가(聖歌)라는 뜻으로 쓰인다. 즉 해당 경전의 핵심을 사구(四句)로 나타낸 게송.

사구백비【四句百非】 사구분별(四句分別)·사구문(四句門)이라 하여 변증법의 한 형식. 사구(四句)는 정립(定立)·반정립(反定立)·긍정종합(肯定綜合)·부정종합(否定綜合)이다. 예컨대, 유(有)와 무(無)로 만유제법(萬有諸法)을 판정할 때에, 제1구의 유(有)는 정립, 제2구의 무(無)는 반정립, 제3구의 역유역무(亦有亦無)는 긍정종합, 제4구의 비유비무(非有非無)는 부정종합. 처음 2구를 양단(兩單), 뒤의 2구를 구시구비(俱是俱非) 또는 쌍조쌍비(雙照雙非)라 한다. 백비(百非)는 부정(否定)에 부정을 거듭하는 것으로서, 사물의 진상을 알기 위하여 몇 번이고 부정을 거듭하는 것. 또는 참으로 사물의 진상을 알기 어려울 때에 쓰임. 중생들이 유무(有無)의 견해에 빠지지 않게 하기 위한 것임. 백(百)은 큰 수를 든 것이요, 비(非)는 비유(非有)·비무(非無)·비일(非一)·비이(非二) 등과 같이 부정하는 것이다. 온갖 것을 모두 비(非)라고 부정하므로 백비(百非)라 한다. 또 백 가지 비(非)를 만들기도 하는데, 일(一)·비일(非一)·역일역비일(亦一亦非一)·비일비비일(非一非非一)과 이(異)·비이(非異)·역이역비이(亦異亦非異)·비이비비이(非異非非異)와 무(無)·비무(非無)·역무역비무(亦無亦非無)·비무비비무(非無非非無)의 16을 과거·현재·미래에 곱하면 48이 되는데, 또 이것을 이미 일어난 것〔已起〕과 아직 일어나지 않은 것〔未起〕에 곱하면 96이 되며, 여기에 일(一)·이(異)·유(有)·무(無)의 근본 4구를 더하면 100이 된다. 이 백을 모두 비(非)라 하는 것을 백비라 한다.

사구분별【四句分別】〔梵 catuṣkoti, 英 The four terms of differentiation〕 하나의 테마에 관해서, 긍정·부정·긍정종합·부정종합 등과 같은 4개의 논법. 거듭된 긍정과 부정을 통하여 보다 본질에 가깝게 접근하는 방법. 아함경전에서 대표적인 사구분별로는 다음과 같은 것이 있다. '세계는 1. 영원하다. 2. 무상(無常)하다. 3. 영원하기도 하고 혹은 무상하기도 하다. 4. 영원함도 아니고 무상(無常)함도 아니다.' 또는 '여래(如來)는 사후(死後)에 1. 생존한다. 2. 생존하지 않는다. 3. 생존하거나 혹은 생존하지 않는다. 4. 생존하는 것도 아니고 생존하지 않는 것도 아니다.'이다. 불타(佛陀)는 이것들 가운데 어느 것이 바른 것인가에 대한 질문에 결코 답하지 않았다고 전한다. 이것을 다른 말로는 무기(無記)라고 하는데, 무기란 불가지론(不可知論)에 대하여 단정적인 대답을 하지 않은 것이다. 동시에 단(斷)·상(常) 그 어디에도 치우치지 않고 중도를 통하여 진실에 다가가고자 했던 것이라고 할 수 있다. 『중론(中論)』에서는, "일체는 진실이다. 혹은 비진실이다. 진실이고 비진실이다. 비진실도 아니고, 진실도 아니다. 이것이 불(佛)의 가르침이다."라고 하였다. 주석가 가운데는 이것은 '중생을 가르치기 위한 교육적 단계'라고 하는 사람도 있다. 사구는 일반적으로 1. A. 2. non A. 3. A and non A. 4. neither A nor non A의 형식으로 표현된다.

사굴산파【闍崛山派】구산문파(九山門派)의 하나. 신라 말의 선승인 범일(梵日)이 831년〔홍덕왕 6〕에 입당(入唐)하여 마조(馬祖)의 문인 염관제안(鹽官齊安, ?-842)의 법을 얻었고, 847년〔문성왕 9〕에 돌아와 강원도 굴산사(崛山寺)를 세우고 종풍(宗風)을 떨쳤는데, 그의 문하에서 개청·행적 등 10성(聖)이 나와 문풍을 이어 사굴산파를 이루었다.

사기【私記】〔英 a private record〕개인적인 주석(註釋). 『사기(私記)』는 조선 후기에 많이 씌어졌다. 대표적인 인물이 호암체정(虎巖體淨, 1687-1748)의 제자 연담유일(蓮潭有一, 1720-1799)과 설파상언(雪坡尙彦, 1707-1791)의 후학 인악의소(仁岳義沼, 1746-1796)이다. 그들은 모두 조선 후기의 큰 강사로서, 예부터 경론(經論)을 강의하던 여러 강사들의 학설을 모아 거기에 자기의 견해를 덧붙여, 대교(大敎)·사교(四敎)·사집(四集) 등에 대하여 훈고(訓詁)하여 만든 책이다. 그 후로는 여러 강사들이 이 연담·인악 두 스님의 『사기(私記)』에 의거하여 후학(後學)을 가르쳤다. 남방의 강사들은 흔히 『연담사기』를, 북방의 강사들은 흔히 『인악사기』를 주로 하였다. 나중에는 사교는 『인악사기』를, 대교는 『연담사기』를 쓰는 일이 많았다.

사난【四難】중생이 부처님을 만나서 정법을 듣기가 어려움을 네 가지로 분류해 설명하는 것. 1. 치불난(値佛難); 부처님을 만나기가 어려운 것, 2. 설법난(說法難); 인연이 성숙하지 못하여 설법하기 어려운 것, 3. 문법난(聞法難); 부처님의 교법을 능히 듣기 어려운 것, 4. 신수난(信受難); 부처님의 교법을 믿고 받아 지키기가 어려운 것을 말한다.

사념주【四念住】〔梵 catvāri smṛty upasthānāni, 巴 cattāro sati-paṭṭhānani〕구역(舊譯)에서는 사념처(四念處), 신역(新譯)에서는 사념주(四念住)로 번역한다. 깨달음을

얻기 위한 4종의 수행방법. 사관상법(四觀想法), 4종의 심정(心靜)의 내관(內觀). 곧 신념주(身念住)·수념주(受念住)·심념주(心念住)·법념주(法念住)의 넷을 말함. 신(身)은 부정(不淨)하고, 수(受)는 고(苦)이며, 심(心)은 무상(無常)하고, 법(法)은 무아(無我)라고 관하는 것이다. 구체적인 설명은 사념처 항목 참조.

사념처【四念處】〔梵 smṛty-upathāna, 巴 cattāri satipatthānāni〕(1) 신(身; kāya)·수(受; vedanā)·심(心; citta)·법(法; dhamma)에 대한 관법. 사념주(四念住)·사념처관(四念處觀)·사념(四念)·사의지(四意止)라고도 한다. 소승의 수행 가운데 하나로, 소승의 수행자가 삼현위(三賢位)에서 오정심관(五停心觀) 다음에 닦는 관(觀). 신념처(身念處)·수념처(受念處)·심념처(心念處)·법념처(法念處)를 말하는데, 이 사념처를 통한 수행은 지혜가 바탕이 된다. 신념처(身念處)는 부모에게 받은 육신이 부정하다고 관(觀)하는 것이고, 수념처(受念處)는 우리의 마음에 낙이라고 하는 것은 참 낙이 아니라 모두 고통이라고 관하는 것이며, 심념처(心念處)는 우리의 마음은 항상 그대로 있는 것이 아니라 늘 변화생멸하는 무상한 것이라고 관하는 것이다. 법념처(法念處)는 위의 셋을 제하고, 다른 만유에 대하여 실로 자아(自我)인 실체가 없으며, 또 나에게 속한 모든 물건을 나의 소유물이라고 하지만 실상 모두 일정한 소유자가 없다고 무아관(無我觀)을 하는 것이다. 이 사념처관을 신(身)·수(受)·심(心)·법(法)의 순서로 따로따로 관(觀)하는 것을 별상념처관(別相念處觀), 종합하여 관하는 것을 총상념처관(總相念處觀)이라 한다.

(2) 중국 수나라 때 천태종의 개조인 지의(智顗, 538-597)가 강의하고, 장안대사(章安大師) 관정(灌頂, 561-632)이 지은 책. 4권. 제1권은 장교생멸(藏教生滅)의 사념처(四念處), 제2권은 통교불생(通教不生)의 사념처(四念處), 제3권은 별교무량(別教無量)의 사념처(四念處), 제4권은 원교무작(圓教無作)의 사념처(四念處)에 관해서 설하고 있다.

사념처관【四念處觀】소승을 닦는 사람은 오정심(五停心)을 관한 뒤에 사념처관(四念處觀)을 닦는다. 오정심에 의해서 수행인의 어지러운 마음〔亂心〕을 그치게 하는 것을 사마타(奢摩他; sāmatha; 止)라 하고, 사념처(四念處)에 의하여 수행인의 관혜(觀慧)를 발(發)하는 것을 비파사나(毘婆舍那; vipaśyana; 위빠사나; 觀)라 한다. 1. 신념처관(身念處觀). 몸의 부정(不淨)함을 관하는 것. 2. 수념처관(受念處觀). 받음이 고(苦)가 됨을 관하는 것. 3. 심념처관(心念處觀). 마음이 무상(無常)함을 관하는 것. 4. 법념처관(法念處觀). 존재〔法〕는 무아(無

我)임을 관하는 것. 사람들은 고제(苦諦)의 의신(依身)으로서 신(身)·수(受)·심(心)·법(法)의 사의(四義)가 있으므로, 신(身)·수(受)·심(心)·법(法)에 따라 부정(不淨)·고(苦)·무상(無常)·무아(無我)를 관하여, 차례로 상(常)·락(樂)·아(我)·정(淨)의 4종의 전도(顚倒)를 파(破)하므로 겨우 4자(者)가 있을 뿐, 더하지도 멸하지도 않은 것이다. 이 사념처(四念處)는 지혜로 관하는 것으로서, 지혜가 능히 신(身)·수(受)·심(心)·법(法)이 관하는 곳을 염(念)하게 하므로 염처(念處; smṛtyupasthāna)라 한다.

사다함【斯陀含】〔梵 sakṛd-āgāmin, 巴 sakad-āgāmin, 英 once more to arrive, or be born〕 사다함과(斯陀含果). 일래(一來)라는 뜻으로, 다시 한 번만 더 환생(還生)하면 깨닫는 자(者)라는 뜻이다. 직역하면 '한 번 오는 것'이라는 의미이다. 천(天)이나 인계(人界)에 다시 한 번만 환생하여 깨닫고, 그 이후는 더 이상 사후에 천(天)이나 인계(人界)에 출생하는 일이 없다. 이같이 반드시 한 번 천상(天上)과 인간계(人間界)를 한 번 더 왕래(往來)하기 때문에 일왕래과(一往來果)라고도 한다. 성문사과(聲聞四果)의 제2위(位).

사다함과【斯陀含果】〔梵 sakṛdāgāmi-phala〕 사다함 항목 참조.

사대【四大】〔梵 Catvāri mahābhūtāni, 巴 Cattāri māhābhūtāni, 英 The four elements of which all things are made〕 물질계를 구성하고 있는 네 가지 원소. 지(地)·수(水)·화(火)·풍(風)을 말한다. 사대종(四大種)·사계(四界)라고도 한다. 우리 인간의 육체는 4대로 구성되어 있다고 함. 지(地)는 견고한 것, 즉 고체(固體)로서 뼈〔骨〕에 해당되며, 수(水)는 젖는 것, 즉 수분으로서 물에 해당되며, 화(火)는 온기〔煖〕이며, 풍(風)은 움직이는 것〔動〕으로서 동력(動力)에 해당한다.

사대보살【四大菩薩】①〔英 The four great Bodhisattvas of the Lotus Sūtra〕 법화의 사대보살. 미륵(彌勒)·문수(文殊)·관음(觀音)·보현보살(普賢菩薩)을 말함. ②사도사(四導師)와 같음. 상행(上行)·무변행(無邊行)·정행(淨行)·안위행(安位行)의 사대보살. ③보현(普賢)·허공장(虛空藏)·관자재(觀自在)·문수(文殊) 등 네 보살을 말함.

사대성지【四大聖地】붓다〔부처님〕가 태어나신 룸비니(Lumbini; 藍毘尼), 성도(成道)하신 붓다가야(Buddha-gaya; 佛陀伽耶), 처음으로 법륜(法輪)을 굴리신 녹야원(鹿野苑; Mṛgadāva), 그리고 최후로 열반(涅槃)에 드신 쿠시나가라(Kuśinagara; 拘尸那揭羅)를 말한다.

사대주【四大洲】〔梵 catur-dvipaka〕 고대 인도의 세계관을 나타내는 말로서, 수미산(須彌山; Sumeru-parvata)의 사방을 둘러싼 바다 가운데 있는 네 개의 대륙. 수미산의 동쪽에 승신주(勝身洲), 서쪽에 우화주(牛貨洲), 남쪽에 남섬부주, 북쪽에 구로주(俱盧洲)가 있다. 이 네 개의 대륙 가운데 남섬부주에만 사람이 살고 있는데, 남섬부주는 염부제(閻浮提; jambu-dvipa)라고도 하며, 세속세계·고통의 세계이다.

사대천왕【四大天王】〔英 The four deva-kings of the four quarters, guardians in a monastery〕 사천왕(四天王)이라고도 한다. 제석천(帝釋天)의 신하로, 지국천(持國天)·증장천(增長天)·광목천(廣目天)·다문천(多聞天)을 말함. 사천왕 항목을 참조할 것.

사대화합【四大和合】 모든 것은 지(地; 견고한 성질)·수(水; 물의 성질)·화(火; 열의 성질)·풍(風; 동력의 성질)이라는 4원소의 집합(集合)을 뜻함. 모든 유형의 존재는 사대의 화합·합성으로 인하여 이루어졌다는 것. 사대 항목을 참조할 것.

사덕【四德】〔英 The four nirvāṇa virtues, or values, according to the Mahāyāna Nirvāṇa sūtra〕 ① 대승의 열반(涅槃)에 갖추어져 있는 상(常)·락(樂)·아(我)·정(淨)의 네 가지 덕(德). ⓐ상(常)은 상주(常住)의 뜻, 열반은 시간과 공간을 초월하여 생멸변화가 없이 영원한 것. ⓑ낙(樂)은 안락(安樂)의 뜻, 생멸변화가 없는 열반의 세계에는 생사의 고뇌가 없고, 무위안락(無爲安樂)한 덕이 있는 것. ⓒ아(我)는 망아(妄我)를 여읜 진아(眞我)를 말함. 8대자재(八大自在)의 덕을 갖춘 아(我)를 표시하는 것. ⓓ정(淨)은 청정의 뜻, 혹(惑)·업(業)의 고통을 여의고, 청정한 과덕(果德)이 있음을 말함. ②전륜왕의 4가지 덕. ⓐ대부(大富). 무수한 보배·논밭·주옥(珠玉) 등이 천하에 비할 수 없이 많은 것. ⓑ단정주호(端正姝好). 용모가 수승하여 천하에 비할 것이 없는 것. ⓒ무질병(無疾病). 더위나 추위가 침범치 못하고, 자재하게 음식애요(飮食愛樂)함이 천하에 비할 데 없는 것. ⓓ장수(長壽) 등이다.

사도【四倒】〔英 The four viparyaya〕 사전도(四顚倒)의 준말. 네 가지 뒤바뀐 견해. 사바세계와 그 속의 모든 존재는 무상(無常)하고, 무락(無樂)하고, 무아(無我)이며, 무정(無淨)한 것인데도 불구하고 상(常)·락(樂)·아(我)·정(淨)하다고 집착하는 것.

사도【四道】〔英 The Tao or road means the nirvāṇa-road; the 'four' are rather modes of progress, or stages in it〕 열반의 세계에 이르는 네 가지 길로서, 가행도(加行道)·무간도(無間道)·해탈도(解脫道)·승진도(勝進道)를 말한다. 가행도는 청정한 마음으로 계행을 닦는 것이요, 무간도는 번뇌와 혹업(惑業)을 끊는 것이요, 해탈도는 진리를 바

로 깨닫는 것이요, 승진도는 해탈한 후에 정혜(定慧)를 더욱 닦아 가는 것이다.

사등【四等】〔英 The four virtues which a Buddha out of his infinite heart manifests equality to all〕 자(慈; maitri)·비(悲; karunā)·희(喜; muditā)·사(捨; upekṣa)의 사무량심(四無量心)을 가리킨다. 평등(平等)한 마음을 일으키기 때문에 등(等)이라 한다.

사띠【Sati, 正念】'마음챙김', '알아차림', '주의집중', '깨어있음' 등. 사마타(Samatha, 止), 위빠사나(Vipassana, 觀)와 관련된 용어. 이 말이 본격적으로 우리나라에서 사용되기 시작한 것은 위빠사나 수행법이 들어온 1990년 이후로서 얼마 되지 않는다. 따라서 사띠에 대한 우리말 번역어는 아직 통일되어 있지 않으나 '마음챙김(mindfulness)', '알아차림(awareness)', '주의집중(bare attention)', '관찰하는 마음(observing mind)', '깨어있음(自覺)' 등으로 번역하고 있으며, 한역어는 염(念)·정념(正念, 바르게 기억하여 잊어버리지 않음)이다. 그 의미는 몸과 마음의 움직임을 주시, 관찰하는 것, 또는 대상을 알아차림, 대상에 주의를 기울이는 것, 대상을 있는 그대로 관찰하는 것 등이다. 곧 사물이나 대상을 놓치지 않고 포착 또는 알아차리는 민첩한 심리활동을 말함. 중국 선불교의 용어로는 성성(惺惺, 깨어 있음)과 같다. 리스 데이비스의 빠알리-영어사전(Pali-English Dictionary, 1921-1925 p.672)에는 memory(기억), recognition(인식), consciousness(의식), intentness(주목, 주시), mindfulness(마음챙김, 주의깊음) 등으로 번역하고 있다.

사라쌍수【娑羅雙樹】두 그루의 사라나무. 사라(娑羅, śāla)는 인도 원산의 교목(喬木)으로 재질이 견고하다. 그래서 중국에서는 견고수(堅固樹)라고 한역했다. 팔리본 『대반열반경』에는 석존이 80세로 구시나가라에서 열반하실 때, 이 두 그루의 사라나무〔사라쌍수〕 사이에 몸을 기댄 채 열반했다고 한다.

사량【思量】〔英 Thinking and measuring, or comparing; reasoning〕 ① 잘 생각하는 것. 사고하는 것〔梵 mimāmsā, citana, cinta, manaskāra, vicraṇā, vitark, 巴 ceteti, parivimsate, 西 rtog pa〕. ② 의(意; manas)의 본질적 기능. ③ 생각·고찰·사려 등 지적 작용. ④ 사리를 생각하여 헤아린다는 뜻. 사색하고 고찰하는 것. ⑤ 사려분별〔梵 anuparamāna〕. ⑥ 선에서는 분별심을 가리킴.

사량계교【思量計較】① 모든 일에 대해서, '어느 것이 나에게 이익인가 손해인가'를 헤아리고 비교하며 저울질하는 것. ② 정법과 바른 스승을 의심하고 저울질하는 것. ③ 인의(仁義) 대

ㅅ

도를 버리고 권모술수를 좋아하는 것. ④ 정법을 놓고 사도(邪道)나 사술(邪術)에 마음을 빼앗기는 것. ⑤ 선에서는 분별심을 가리킴.

사량능변식【思量能變識】〔英 The seventh vijñāna, intellection, reasoning〕 8식 가운데 제7인 말나식(末那識; mano-vijñāna). 이 식(識)은 견분(見分)·상분(相分)을 변현(變現)하며, 제8식의 견분(見分)을 자세히 사량(思量)하여 자아(自我)라고 집착하는 견해를 일으키므로 사량능변식(思量能變識)이라 한다.

사량분별【思量分別】 헤아리고 비교분별하는 것. 사량계교와 같음.

사력【四力】〔英 The four powers for attaining enlightenment〕 ① 번뇌를 끊는 4가지 정신적 활동으로, 신력(信力)·정진력(精進力)·정력(定力)·혜력(慧力)을 말한다. ② 보리심(菩提心)을 일으키게 하는 4가지 방법으로 자력(自力)·타력(他力)·인력(因力)·방편력(方便力)을 말한다. ③ 불도수행(佛道修行) 가운데 기도를 올려서 성불(成佛)하기 위한 4가지 중요한 힘인 신력(信力)·행력(行力)·불력(佛力)·법력(法力)을 말한다.

사론【四論】〔英 Four famous śastras〕 사론종(四論宗)의 근본 전적(典籍). 용수(龍樹; Nāgarjuna, 150-250경)가 지은『중론(中論)』4권·『십이문론(十二門論)』 1권·『대지도론(大智度論)』100권과, 제바(提婆; Deva)가 지은『백론(百論)』2권을 말한다. 모두 구마라집(鳩摩羅什, 344-413)이 번역하였다.

사론종【四論宗】 삼론종(三論宗)의 근본 전적(典籍)인『중론(中論)』·『백론(百論)』·『십이문론(十二門論)』과『대지도론(大智度論)』을 근본 경전으로 삼는 종파. 담란(曇鸞, 476-542)을 개조(開祖)로 하고, 적극적 공론(空論)을 주장하는 파(派)이다. 북지(北地)의 삼론(三論)이라고도 하는데, 남지(南地)의 삼론과는 다르다.

사료간【四料簡】 임제의현(?-867)의 교상(敎相). 탈인불탈경(奪人不奪境)·탈경불탈인(奪境不奪人)·인경양구탈(人境兩俱奪)·인경구불탈(人境俱不奪). 사람을 빼앗고 경계를 빼앗지 않는 것〔탈인불탈경〕은 하등 근기들을 다루는 법이고, 경계를 빼앗고 사람을 빼앗지 않는 것〔탈경불탈인〕은 중등 근기들을 다루는 법이며, 사람과 경계를 함께 빼앗는 것〔인경양구탈〕은 상등 근기들을 다루는 법이고, 사람과 경계를 함께 빼앗지 않는 것〔인경구불탈〕은 격 밖〔格外〕의 사람을 다루는 법이라고 함.

사리【舍利】〔梵 śarira, 巴 sarīra〕 본래는 뼈〔骨〕·유골(遺骨)·신골(身骨)을 가리키는 말이었는데, 후대에는 영롱한 구슬을 가리키는 말이 되었다. 한편 사리는 숭배(崇拜)의 대상이 되어 사리탑(舍利塔) 등이 만들어지기에 이르렀다. 신역에서는 신골

(身骨)·유신(遺身)·영골(靈骨)이라고 한다. 한량없는 6바라밀 공덕으로 생기며, 또 계(戒)·정(定)·혜(慧)를 닦은 결과 생기는 것으로, 매우 얻기가 어렵고, 사리 숭배가 제일가는 복전(福田)이 된다고 한다.

사리권실【事理權實】 일체 차별의 사상(事相)은 권법(權法)이 되고, 상주 불변의 진리는 실법(實法)이 된다. 곧 제법(諸法)의 두 글자는 권법(權法)을 나타내고, 실상(實相)의 두 글자는 실법(實法)을 표시한다. 이것이 십쌍 권실(十雙權實)의 제일쌍(第一雙)으로 권실(權實)의 근본 표준이 된다.

사리불【舍利弗】〔梵 śāriputra〕 석존의 10대 제자 가운데 한 사람. 사리푸트라. 지혜제일이라 한다. 사리불다(舍利弗多)·사리자(舍利子)라고도 쓴다. 그는 마갈타국 왕사성 북쪽 나라(那羅)촌에서 출생하여, 처음에는 육사외도의 한 사람인 산자야(Sañjaya Belatthiputta)에게 사사(師事)했는데, 산자야가 죽은 뒤 석존의 제자 아설시(阿說示; Aśvajit)로부터 부처님이 설한 인연법(因緣法)을 듣고, 목건련과 함께 붓다의 제자가 되었다. 석존의 제자가 된 후 외도(外道)들을 설복시켜서 많은 사람들을 귀의시켰다고 한다. 석존보다 먼저 입적했다.

사리삼천【事理三千】 중국 당(唐)나라 때 천태종의 형계담연(荊溪湛然, 711-782)이 한 말로, 사조(事造)의 3천과 이구(理具)의 삼천을 말한다. 사조(事造)라 함은 일념의 작용, 곧 한 생각〔一念〕 속에 3천 가지나 되는 만법을 변작(變作)하여 차별적으로 현상하는 방면이요, 이구(理具)라 함은 일념 중에 일체 만법〔三千〕을 갖춘 것을 말한다. 모든 법은 이구(理具)인 동시에 사조(事造)라는 것. 사리일념삼천(事理一念三千)이라고도 함. 일념삼천 항목 참조.

사리자【舍利子】 사리불(舍利弗; Śāriputra)을 말함. 사리불 항목 참조.

사리탑【舍利塔】〔梵 śarira-stūpa〕 부처님의 사리를 안치한 탑. 또는 고승의 사리를 안치한 탑.

사마외도【邪魔外道】 정도(正道)를 방해하는 삿된 말과 그런 행위를 하는 것을 사마외도라고 한다. '사마(邪魔)'란 곧 '악마(惡魔)'이며, 악귀(惡鬼)·악신(惡神)의 총칭이다. '외도(外道)'란 본래 석가모니가 생존할 당시의 육사외도(六師外道)와 96종 외도(外道)를 가리키는데, 뒤에는 불교 이외의 기타 종교의 계파나 학설을 널리 지칭하였다. 오늘날은 이단사설(異端邪說)에 많이 비유하고 있다.

사마타【奢摩他】〔梵 sāmatha〕 깨달음을 성취하기 위하여 잡념과 산란한 마음을 끊어버리고 정신(마음)을 하나의 대상에 고정, 집중하는 수행법. 지(止)·지심(止心)·적정(寂靜)·능멸(能滅)이라고 함. 외계(外界)의 사물이나 대상을 향한 감각기관을 제어하여 마음의 움직임(번뇌, 잡념)을 가라앉히는 것. 마음을 한곳에 집중, 몰입시킨 결과 잡념이 사라지고 마음이 고요(寂靜)해진 상태. 삼매, 선정의 다른 이름. 사마타는 대상(표상)에 대한 집중, 즉 대상에 집중하는 삼매〔定〕 수행이고, 위빠사나는 법에 대한 통찰로서 모든 존재는 무상(無常)·고(苦)·무아(無我)임을 통찰하는 반야〔통찰지, 慧〕 수행임. 천태지의(天台智顗)는 사마타를 '지(止),' 위빠사나를 '관(觀)'으로 번역함. 지(止)는 정(定)이고 관(觀)은 혜(慧). 천태의 지관수행법이란 곧 사마타와 위빠사나를 동시에 닦는 수행법임.

사만 【四曼】 4가지 만다라(曼荼羅). 1. 대만다라(大曼荼羅). 불·보살의 상호(相好)가 구족한 것을 말함. 곧 조각·회화·날주(捏鑄)의 불상. 2. 삼마야만다라(三摩耶曼荼羅). 삼마야(三摩耶)는 본래의 서원(誓願), 곧 이상(理想)을 뜻함. 보살상 등 존상(尊像)이 가지고 있는 도검(刀劍)·윤보(輪寶)·연화·보주(宝珠)와 손으로 결(結)한 인계(印契). 3. 법만다라(法曼荼羅). 불·보살 등 각 존상의 명칭에서 그 첫 자를 범자(梵字)로 표시한 것. 예컨대, 문자에 의하여 조직한 것. 이를 넓은 뜻으로 해석하면, 경전의 온갖 문자와 그 밖에 다른 여러 가지의 언어·문자·명칭도 법만다라라고 할 수 있다. 4. 갈마만다라(羯磨曼荼羅). 불·보살이 중생을 제도하기 위한 여러 가지의 위의(威儀)·활동을 말하는데, 쇠붙이로 붓고 흙으로 빚거나, 나무나 돌로 조각하고 종이나 천에 그려서 나타난 위의까지를 말함. 이것을 사만상대(四曼相大)라고도 함.

사만상즉 【四曼相卽】 4종 만다라가 서로 융통하여 불리(不離)의 관계에 있는 것.

사만성불 【四滿成佛】 신만(信滿), 해만(解滿), 행만(行滿), 증만(証滿) 성불(成佛)을 말함. 1. 신만성불(信滿成佛)은 십신(十信)의 만위(滿位), 곧 최상위에서 만법이 불생불멸하고 청정하고 평등함을 믿는 것. 2. 해만성불(解滿成佛)은 십주(十住)의 만위(滿位)에서 깊이 모든 법의 체성인 진여를 깨달아, 생사·열반의 생각이 일어나지 않고, 두려운 마음과 구하는 마음이 없는 것. 3. 행만성불(行滿成佛)은 등각위(等覺位)에서 무명번뇌가 모두 끊어져서, 자기가 바라고 원하던 것과 수행이 완성되는 것. 4. 증만성불(証滿成佛)은 묘각위(妙覺位)에서 부사의(不思議)한 불과(佛果)를 증득하는 것.

사명당집 【泗溟堂集】 조선 선조 때 사명당(泗溟堂) 유정(惟政, 1544-1610)의 시문집. 1612년〔광해군 4〕 제자 혜구(惠球) 등이 처음으로 수집 간행. 효종(孝宗) 3년〔1651〕에 공봉산인(公峰山人) 성일(性一) 등이 다시 중간. 시(詩) 100수 가량인데, 대개 전쟁 때 없어지고 남은 것이다. 책 끝에 해안

(海眼)이 편찬한 사명당의 행적(行蹟)이 실려 있다. 서문은 허균(許筠)이 지었고, 발문은 성일(性一)이 썼다.

사명외도 【邪命外道】 불교에서 인도의 비바라문(非婆羅門) 계통에 속하는 육사(六師)외도 가운데 마칼리 고살라(Makkhali-Gosāla)의 집단을 사명외도(邪命外道), 또는 사명파(邪命派)라 한다.

사명유정 【泗溟惟政, 1544-1610】 조선 선조(宣祖) 때의 고승·의병장. 속성은 임(任)씨. 유정(惟政)은 법명(法名). 자는 이환(離幻). 호는 사명당(四溟堂·泗溟堂)·송운(松雲)·종봉(鍾峯). 시호는 자통홍제존자(慈通弘濟尊者). 본관은 풍천(豊川). 명종(明宗) 11년〔1556〕에 승과(僧科)에 급제, 선조 8년〔1575〕에 묘향산에서 휴정(休靜, 1520-1604)의 법을 이어받았다. 임진왜란(壬辰倭亂, 1592-1598) 때 승병을 모집하여 승군도총섭(僧軍都摠攝)이 되었고, 의령(宜寧)에서 왜군을 격파하였다. 정유재란(丁酉再亂, 1597) 때에는 울산·순천 등지에서 전공을 세웠고, 전란 후 일본에 건너가서 강화를 맺었으며, 포로 3천 5백 명을 인솔하여 귀국하여, 그 공으로 가의대부(嘉義大夫) 행룡양위 대호군(行龍驤衛大護軍)에 올랐다. 초서(草書)를 잘 썼다. 밀양(密陽) 표충사(表忠祠), 묘향산 수충사(酬忠祠)에 봉향되었다. 저서에 『사명집(泗溟集)』이 있다.

사명지례 【四明知禮, 960-1028】 중국 송(宋)나라 태종(太宗)·진종(眞宗) 때 천태종의 스님. 자는 약언(約言). 속성은 김(金)씨. 사명(四明) 사람. 7세에 태평 홍국사에서 승려가 되고, 20세에 보운(寶雲)에게 천태학을 배우고, 배은원에서 전도에 힘썼다. 원청(源淸)·홍민(洪敏) 등이 천태의 이관(理觀)은 오로지 법성(法性)을 말하는 것이라고 주장하는 데서 발단하여, 그들과 여러 번 논란을 왕복하여 천태의 본뜻을 발휘하였다. 또 이독성악(理毒性惡)의 문제에 대하여 지원(智圓)·함윤(咸潤) 등과 논쟁하였다. 그 공으로 법지대사(法智大師)의 호를 받았다. 송(宋) 천성 6년 1월에 대중을 모아 놓고 설법하다가 염불을 몇 백 번 하고 입적했다. 후세에 사명존자(四明尊者)라고 하였다. 저서에 『관음현소기(觀音玄疏記)』·『금광명현의습유기(金光明玄義拾遺記)』·『금강명문구기(金剛明文句記)』·『관경소묘종초(觀經疏妙宗鈔)』·『십이문지요초(十二門指要鈔)』 등이 있다.

사무기 【四無記】 선악 등 도덕적 성질의 분류에 삼성(三性; 善·惡·無記)이 있는데, 선도 아니고 악도 아니어서 선악(善惡)의 결과를 불러올 힘이 없는 무기성(無記性)을 네 가지로 나눈 것. 여기에는 유식가(唯識家)에서 말하는 능변무기(能變無記; 無記의 心·心所)·소변무기(所變無記; 無記의 色法·種子)·분위무기(分位無記; 無記의 不相應法)·승의무기(勝義無記; 虛空

ㅅ

과 非擇滅)의 4종이 있고, 또 이숙무기(異熟無記; 선악의 業종자를 增上緣으로 하여서 얻는 과보)·위의무기(威儀無記; 앉고 서는 동작 등을 일으키는 마음의 성질이 선도 악도 아닌 것)·공교무기(工巧無記; 글씨를 쓰거나 그림을 그리고 물품을 만들며 노래 부르는 등과 같이, 마음의 성질도 선도, 악도 아닌 것)·변화무기(變化無記; 定力으로 사람과 궁전 등을 變作하는 마음도 선도, 악도 아닌 것)의 4종으로도 설명된다.

사무량심【四無量心】〔梵 Catvāri-apramāṇacittāni, 巴 cattasso ap-pamaññāyo, 英 the four immeas-urables, or infinite Buddha-states of mind〕 네 가지 고귀한 마음가짐. 자(慈)·비(悲)·희(喜)·사(捨)의 네 가지 마음을 말한다. 이 네 가지 마음은 많은 중생에게 무량한 복을 주기 때문에 무량심이라 부르는데, 일체중생에게 평등하게 이익을 주므로 사등심(四等心)이라고도 한다. 자무량심(慈無量心)이란 중생에게 즐거움을 주려는 마음이요, 비무량심(悲無量心)이란 중생의 고(苦)를 벗겨 주려는 마음이고, 희무량심(喜無量心)이란 중생에게 기쁨을 주고자 하는 마음이요, 사무량심(捨無量心)이란 중생을 평등하게 생각하여 사랑하고 미워하는 마음을 버리는 마음이다. 『대지도론』 20권에 보면, "자심(慈心)을 닦는 것은 중생 가운데의 진각(瞋覺; 노여움·분노)을 제거(除去)하기 위해서이고, 비심(悲心)을 닦는 것은 중생 가운데의 뇌각(惱覺)을 제거하기 위해서이며, 희심(喜心)을 닦는 것은 중생의 불열락(不悅樂)을 제거하기 위해서이며, 사심(捨心)을 닦는 것은 중생 가운데의 애증(愛憎)을 제거하기 위한 것"이라고 한다.

사무색정【四無色定】 사공정(四空定)이라고도 한다. 공무변처정(空無辺處定)·식무변처정(識無辺處定)·무소유처정(無所有處定)·비상비비상처정(非想非非想處定)을 말한다. 공무변처정(空無辺處定)은 먼저 색(色)의 속박을 싫어하여 벗어나려고 색(色)의 상(想)을 버리고, 무한한 허공관을 닦는 선정(禪定)이요, 식무변처정(識無辺處定)은 다시 더 나아가 정신의 세계〔內識〕가 광대무변하다고 관하는 선정이며, 무소유처정(無所有處定)은 식(識)인 상(想)을 버리고 심무소유(心無所有)라고 관하는 선정이요, 비상비비상처정(非想非非想處定)이란 것은 앞의 식무변처정은 무한한 식(識)의 존재를 관상(觀想)하므로 유상(有想)이고, 무소유처정은 마음이 존재하지 않는 것을 관상하므로 비상(非想)인데, 이것은 유상(有想)을 버리고 비상(非想)을 버리는 선정이므로 비상비비상처정이라 한다.

사무색천【四無色天】 사공천(四空天), 사공처(四空處)라고도 한다. 사공처정(四空處定)을 닦아서 나는 곳. 1. 공무변처(空無邊處). 줄여서 허공처(虛空處), 공처(空處)라고 함. 허공무변정(虛空無邊定)을 닦아서 나는 하늘. 2. 식무변처(識無邊處). 줄여서 식처(識處)라고 함. 식무변처정을 닦아서 나는 하늘. 3. 무소유처(無所有處). 무소유처정을 닦아서 나는 하늘. 4. 비상비비상처. 비유상비무상처(非有想非無想處)라고 함. 비상비비상처정을 닦아서 나는 하늘이다.

사무소외【四無所畏】〔梵 catvāri-vaisāradyāni〕 사무외(四無畏)라고도 한다. 불보살이 설법할 적에, 두려워하는 것이 없고 용맹하고 안온한 덕을 말한다. 불(佛)의 사무소외와 보살의 사무소외가 있다. 1. 불의 사무소외; 『증일아함경』 19권·『구사론』 27권 등에 나오는 정등각무외(正等覺無畏)·누영진무외(漏永盡無畏)·설장법무외(說障法無畏)·설출도무외(說出道無畏)이다. 정등각무외는 일체 모든 법을 평등하게 깨달아 다른 사람의 힐난을 두려워하지 않음이요, 누영진무외는 온갖 번뇌를 끊었으므로 외난(外難)을 두려워하지 않음이요, 설장법무외는 보리(菩提)를 장애하는 것을 말하되 '악법(惡法)은 장애되는 것'이라고 말해서 다른 사람의 비난을 두려워하지 않음이요, 설출도무외는 고통세계를 벗어나는 요긴한 길을 표시해서 다른 사람의 비난을 두려워하지 않음이다. 2. 보살의 사무소외; 『대지도론』 5권에 나오는 능지무소외(能持無所畏)·지근무소외(知根無所畏)·결의무소외(決疑無所畏)·답보무소외(答報無所畏)이다. 능지무소외는 교법을 듣고 명구문(名句文)과 그 의리(義理)를 잊지 아니하여 남에게 가르치면서 두려워하지 않음이요, 지근무소외는 대기(對機)의 근성이 예리하고 우둔함을 알아서 알맞은 법을 말해 주어 두려워하지 않음이요, 결의무소외는 다른 사람의 의심을 판결하여 적당한 대답을 하여 두려워하지 않음이요, 답보무소외는 여러 가지 문난(問難)에 대하여 자유자재하게 응답하여 두려워하지 않음이다.

사무애변【四無礙辯】〔梵 catasraḥ pratiṣamvīdaḥ〕 ⑴ 사무애지(四無礙智)·사무애해(四無礙解)라고도 한다. 마음의 방면으로는 지(智) 또는 해(解)라 하고, 입의 방면으로는 변(辯)이라 한다. 불·보살의 4종의 무애자재한 이해를 표현하는 능력이다. 1. 법무애(法無礙; darama-pratisaṃ- vid)는 온갖 교법에 통달한 것. 2. 의무애(義無礙; artha-pratisaṃvid)는 온갖 교법의 요의(要義)를 아는 것. 3. 사무애(辭無礙; nirukti-pratisaṃvid)는 여러 가지 말을 알아 통달치 못함이 없는 것. 4. 요설무애(樂說無礙; prtibhāna-prtisaṃvid)는 온갖 교법을 알아 중생의 근기에 맞게 자유자재하게 설법하는 것 등이다.

⑵ 4종 변설(辯舌). 즉 소변(小辯)·대변(大辯)·쌍변(雙辯)·무량변(無

ㅅ

量辯)을 말한다.

사무애지【四無碍智】불·보살이 갖추고 있는 언어적 능력을 말한다. 지혜가 바탕이 되기 때문에 사무애지라고 함. 또 무슨 교법(教法)이든 걸림없이 다 이해하기 때문에 사무애해(四無碍解), 자재하게 설법하기 때문에 사무애변(四無碍辯)이라고 한다. 사무애: 1. 법무애(法無碍)는 불교의 법(法, 진리)에 통달함을 말하고, 2. 의무애(義無碍)는 온갖 교법의 뜻(핵심)에 통달함을 말하고, 3. 사무애(辭無碍)는 여러 가지 말(언어)에 통달함을 말하고, 4. 요설무애(樂說無碍)는 중생의 근기에 맞게 자유자재하게 설법하는 것을 말한다.

사문【沙門】〔梵 śramaṇa, 巴 samaṇa, 英 a Buddhist priest(monk)〕 팔리어 '사마나(samaṇa)'에서 유래된 서역어(西域語)의 음사어(音寫語). '종사하는 사람'·'정진(精進)하는 사람'·'도인'. 본래 고대 인도에 있어서의 반(反)베다적·반(反)바라문적인 출가수행자를 가리키지만, 중국·한국·일본 등에서는 불교 출가자를 가리킨다. 사문은 원의적(原義的)으로는 종래의 전통적인 정신적 원리인 베다성전(聖典)이나 바라문의 권위를 인정하지 않는 비정통적인 사상가라는 의미이므로 자유사상가로 불렸다. 사문의 특징은 출가주의(出家主義)라는 점이다. 바라문이 가정을 가지고 혈통을 특히 중히 하는 데 비해서, 사문은 가업(家業)·가족·재산·지위·명예 등의 세속적 생활의 일체를 버리고 유행(遊行)의 생활을 보내는 데에 그 특징이 있다. 그렇기 때문에 사문은 유행자(遊行者; parivrājaka), 비구(bhikṣu), 이속자(離俗者; saṃnyāsin), 무니(muni) 등으로도 불렸다. 사상적으로 보면, 베다의 종교가 제식만능주의(祭式萬能主義)인 데 비해, 사문의 종교는 업〔karman〕과 윤회〔samsāra〕의 사상에 입각하여 고(苦)의 세계에서 해탈을 얻으려고 하는 것이 그 목적이었다. 따라서 출가유행(出家遊行)하고 수행에 노력하는 것이 사문도(沙門道)의 상태였다. 불교경전이 전하는 육사외도(六師外道)라 불리는 사상가들은 모두 사문이고, 또 62견(見) 혹은 자이나교 경전에 전하는 363견(見)도 대부분 사문의 사상으로, 이 시대에 있어서 그들의 활약상을 보여 주고 있다. 또 교단의 확립과 교의(教義)의 정리에 나아가는 단계에서, 사문을 행도수승(行道殊勝)·선설도의(善說道義)·전도생활(傳道生活)·위도작예(爲道作穢)로 구별하고 있다.

사문유관【四門遊觀】〔英 The four distresses observed during his wanderings by the Buddha when a prince-birth, age, disease, death〕 사문출유(四門出遊)라고도 한다. 석가모니 부처님이 출가하기 이전 태자

로 있을 때, 가비라성 밖으로 놀러 나갔다가 동문 밖에서는 노인을, 남문 밖에서는 병자를, 서문 밖에서는 죽은 사람을, 북문 밖에서는 출가승을 보고, 생로병사의 고통으로부터 해탈하려고 출가수행을 결심했다고 한다.

사문유관상【四門遊觀相】석존의 일대기를 그린 팔상도(八相圖) 가운데 세 번째 그림. 성장한 싯다르타 태자가 사방의 문으로 나가 중생들의 고통을 보고 인생무상을 느껴 출가를 결심하게 되는 장면을 네 가지 모습으로 묘사한 것이다. 사문유관 항목을 참조할 것.

사문사과【沙門四果】'성문사과'라고도 함. 사문 즉 출가수행자(스님)로서 가장 높은 단계의 성자의 지위인 아라한과에 도달하기까지의 네 단계를 말한다. 계위(階位). 성문사과·사향사과 항목 참조.

사미【沙彌】〔梵 śrāmaṇera, 巴 sāmaṇera, 英 a novice〕한 사람의 비구가 되기 이전의 도제승(徒弟僧). 7세 이상 20세 미만의 출가한 남자로 10계(戒)를 받은 승려. 소년승(少年僧). 식자(息慈)·식악(息惡)·행자(行慈)·근책남(勤策男)이라 번역한다.

사미【四微】〔英 The four minutest forms or atoms perceptible to the four senses of sight, smell, taste, or touch〕색(色)·향(香)·미(味)·촉(觸) 등 4종류의 극미(極微)를 말함. 『성실론』에서는 이 사미(四微)를 색법(色法; 물질)의 원소라고 보아서 사미(四微)에 의해 지(地)·수(水)·화(火)·풍(風)의 사대(四大)를 구성하고, 사대(四大)에 의해 오근(五根)을 구성한다고 주장한다.

사미【四味】〔英 The four 'tastes'; the T'ien-t'ai definition of the four periods of the Buddha's teaching preliminary to the fifth, i.e. that of the Lotus sūtra〕사종락(四種樂)·사무죄락(四無罪樂)이라고도 한다. 출가미(出家味)·이욕미(離欲味)·적멸미(寂滅味)·도미(道味)를 말한다. 출가미(出家味)는 출가한 사람이 재가(在家)의 여러 가지 난(難)을 벗어나서 이욕계(離欲戒)를 받을 적에 있는 법미락(法味樂)이요, 이욕미(離欲味)는 출가한 사람이 욕악불선법(欲惡不善法)을 여의고 초선(初禪)의 이생희락(離生喜樂)을 얻는 곳에 있는 법미락(法味樂)이요, 적멸미(寂滅味)는 이선(二禪) 이상으로 멸진정(滅盡定)까지에서 각관(覺觀)·희락(喜樂)·색상(色相) 등을 멸(滅)하는 곳에 있는 법미락(法味樂)이다. 그리고 도미(道味)는 무루성도(無漏聖道)에서 번뇌를 다 끊은 곳에 있는 법미락(法味樂)이다.

사미계【沙彌戒】〔梵 śrāmaṇera-pravra〕근책율의(勤策律儀)라고도 한다. 사미가 지켜야 할 열 가지 계문〔十戒〕. 1. 중생을 죽이지 말라. 2. 훔치지 말라. 3. 음행하지 말라. 4. 거짓말하지 말라. 5. 술을 마시지 말라. 6. 꽃다발을 쓰거나, 향수를 바르지 말라. 7. 노래하고 춤추며, 풍류 잡히지 말고, 가서 구경하지도 말라. 8. 높고 넓은 큰 평상에 앉지 말라. 9. 때 아닌 적에 먹지 말라. 10. 제빛인 금이나, 물들인 은이나 다른 보물들을 가지지 말라. 사미니계도 이와 같다.

사미니 【沙彌尼】〔梵 śrāmaṇerikā〕 근책녀(勤策女)라고 번역한다. 정식 스님인 비구니가 되기 이전, 즉 7세에서 20세 미만의 여성 출가승. 출가하여 십계(十戒)를 받아 지니는 나이 어린 여자 스님.

사미니계경 【沙彌尼戒經】 후한(後漢) 시대〔147-220〕에 번역. 역자 미상. 1권. 사미니 10계와 그 공능을 설하고 있다. 사미니 10계란 1. 불살생(不殺生), 2. 부도(不盜), 3. 불음일(不淫泆), 4. 불양설악구(不兩舌惡口), 5. 불음주(不飮酒), 6. 부지향화면수(不持香華綿繡), 7. 부좌고상(不坐高床), 8. 불청가무(不聽歌舞), 9. 불취진보(不聚珍寶), 10. 식불실시(食不失時)이다. 번역은 바로 앞의 사미계 항목 참조. 끝부분에, "사미니가 10계를 받아 이를 잘 행하면 500계가 자연히 구족된다. 비유하자면 나무의 뿌리가 편안하여 썩지 않으면 기둥·가지·잎·열매가 자연히 무성해지는 것과 같다."고 하여 사미니 10계의 공능을 설하고 있다. 이 경전은 『역대삼보기』에서 후한(後漢) 때 실역(失譯)되었다고 말하고 있고, 『개원록』에서도, "실역(失譯). 후한록(後漢錄)에서 수습, 편입하여 전함"이라 하므로, 그다지 오래된 것이 아니라 동진(東晋) 이후의 것으로 본다.

사미율의 【沙彌律儀】 사미 스님들이 배우는 계율에 관한 책. 명(明)나라 주굉(袾宏, 1536-1615)이 『사미십계법병위의(沙彌十戒法竝威儀)』와 『사미위의(沙彌威儀)』·『불설사미십계의칙경(佛說沙彌十戒儀則經)』 등에서 중요한 내용을 발췌하여 편집하였다. 처음 승려가 된 사미(沙彌)가 지켜야 할 십계(十戒)와 크고 작은 행동 규범을 서술한 책이다. 이 책은 조선 중기 이후에 우리나라에 채택되어 여러 차례 각판되었다. 현존하는 것 중 가장 오래된 것은 1908년 해인사 간행의 『수계의(受戒儀)』에 합본된 것이다. 1950년 자운(慈雲)스님의 한문본과 1960년 운허(耘虛)스님의 국역본, 1965년 일타(日陀)스님의 편역본이 있다.

사바라밀 【四波羅蜜】 ①열반(涅槃)에 갖추어져 있는 상바라밀(常波羅蜜; 常住의 완성)·낙바라밀(樂波羅蜜; 至福의 완성)·아바라밀(我波羅蜜; 자아의 완성)·정바라밀(淨波羅蜜; 청정의 완성)의 4가지를 말함. ②사바라밀보살(四波羅蜜菩薩; 금강계만다라의 中尊인 大日如來의 전후좌우에 있는 4명의 女菩薩을 가리킴)을 말한다.

사바라이 【四波羅夷】 승단에서 추방

되어 비구 자격이 상실되는 네 가지 중죄(重罪). 사음(邪淫)·도둑질·사람을 죽이는 것·깨닫지 못했으면서도 깨달았다고 거짓말하는 것. 이상 4가지를 범하면 승단에서 추방된다. 추방시키는 것을 사타법(捨墮法)이라고 한다.

사바세계【娑婆世界】〔梵 sahā, 英 this world〕우리가 살고 있는 이 세계를 말한다. 사바(娑婆)는 범어 사하(sahā)의 음사(音寫). 고통을 감내하는 세계라는 뜻에서 감인세계(堪忍世界; sahāloka-dhātu)라고도 한다. 이 세계에 거주하고 있는 것은 자연계의 압박은 물론, 십악(十惡)이나 탐(貪)·진(瞋)·치(痴)의 3종 번뇌 등을 견뎌내고, 또 그것을 감수하고 있는 점에서 인토(忍土)·감인토(堪忍土)·인계(忍界)라 한역(漢譯)한다. 석존(釋尊)이 나타나서 교화하는 세계.

사바하【娑婆訶】〔梵 svāhā〕사박하(莎嚩訶·莎嚩賀)·사하(莎訶)라고도 쓰는데, 구경(究竟)·원만(圓滿)·성취(成就)·산거(散去)의 뜻이 있다. 진언(眞言)의 끝에 붙여 성취를 구하는 말〔~하여 주소서〕. 또 부처님을 경각(敬覺)하는 말이라고도 한다. 원래는 신(神)에게 물건을 바칠 때 쓰던 어구(語句)라고 한다. 스바하 항목 참조.

사박【四縛】〔英 The four bandhana〕사결(四結)이라고도 한다. 네 가지 번뇌. 곧 욕애신박(欲愛身縛)·진에신박(瞋恚身縛)·계도신박(戒盜身縛)·아견신박(我見身縛)을 말한다. 욕애신박(欲愛身縛)은 욕계의 중생이 사랑하는 오욕(五欲)에 집착하여 여러 가지 번뇌 악업을 일으켜 삼계(三界)의 고통에서 벗어나지 못하는 것이요, 진에신박(瞋恚身縛)은 욕계의 중생이 제 뜻에 불만인 것에 대하여 성을 내고, 그리하여 번뇌 악업을 일으켜 삼계에 몸이 얽매여 고해(苦海)에서 벗어나지 못하는 것이요, 계도신박(戒盜身縛)은 외도가 계율이 아닌 것을 계율이라 하고, 그 때문에 죄를 범하여 삼계에서 벗어나지 못하는 것이요, 아견신박(我見身縛)은 아견을 위하여 번뇌 악업을 더하여 삼계에서 벗어나지 못하는 것을 말한다.

사방불신앙【四方佛信仰】신앙형태의 하나. 동서남북의 사방위(四方位)에 각각의 부처를 모시고 신봉하는 신앙이다. 『금광명경』과 『관불삼매경(觀佛三昧經)』에 의하면, 동방에 아촉불(阿閦佛), 남방에 보상불(宝相佛), 서방에 무량수불(無量壽佛), 북방에 천고음불(天鼓音佛)을 모신다. 한편 『대보적경』에 의하면, 동방에 집길상왕불(集吉祥王佛), 남방에 사자용맹분신불(師子勇猛奮迅佛), 서방에 마니적왕불(磨尼積王佛), 북방에 바라기왕불(婆羅起王佛)을 안치한다. 『대승대방광불관경(大乘大方廣佛冠經)』에 의하면, 동방에 정수최상길상여래(定手最上吉祥如來), 남방에 무변보적여래(無邊寶積如來), 서방에 대광명조

ㅅ

여래(大光明照如來), 북방에 보개화보요길상여래(宝開花普曜吉祥如來)를 모신다. 『대일경(大日經)』에 의하면, 동방에 보당불(寶幢佛), 남방에 대근용불(大勤勇佛) 또는 개부화왕불(開敷華王佛), 서방에 무량수불(無量壽佛), 북방에 부동불(不動佛) 또는 고음불(鼓音佛)을 봉안한다. 『지구다라니경(智炬陀羅尼經)』에 의하면, 동방에 지구여래(智炬如來), 남방에 금광취여래(金剛聚如來), 서방에 실오여래(室悟如來), 북방에 뇌음왕여래(雷音王如來)를 봉안한다. 『공작왕주경(孔雀王呪經)』에 의하면, 동방에 약사유리광불(藥師琉璃光佛), 남방에 정방불(定方佛), 서방에 무량수불, 북방에 칠보당불(七寶堂佛)을 모신다. 『금강정유가중약출염송경(金剛頂瑜伽中略出念誦經)』에 의하면, 동방에 아촉불(阿閦佛), 남방에 보생불(寶生佛), 서방에 아미타불(阿彌陀佛), 북방에 불공성취불(不空成就佛)을 모신다. 신라에서는 동방에 약사여래, 남방에 미륵불, 서방에 아미타불, 북방에 석가모니불을 모셨다.

사방승가【四方僧伽】사방 어느 곳에서 온 수행승(修行僧)이라도 받아들이는 교단. 불교 승가, 승단의 이칭.

사범주【四梵住】사무량심(四無量心)을 가리킨다. 범주(梵住; 梵·巴 brahma-vihāra)는 절묘(絶妙)한 경지(境地)라는 뜻이다. 후세에는 범천(梵天)의 머무는 곳이라는 의미로 이해되었다. 사무량심 항목 참조.

사법【四法】〔梵 catur-dharma, 英 There are several groups of four dharma〕①법보(法寶) 가운데 4종의 법, 즉 교법(敎法)·이법(理法)·행법(行法)·과법(果法)을 말한다. ②보살이 수행하는 사법(四法)으로는, '보리심(菩提心)을 버리지 않음, 선지식(善知識)을 버리지 않음, 감인(堪忍)과 애락(愛樂)을 버리지 않음, 아란야(阿蘭若)를 버리지 않음' 등을 말하고 있다. ③『점찰경(占察經)』에서는 성불(成佛)하는 데 있어서 사법(四法)으로 신해행증(信解行証)을 들고 있다.

사법계【四法界】〔英 The four dharma-realms of the Hua-yen school〕화엄종의 중요한 교의(敎義)로서, 본체의 각 방면을 사종(四種)의 법계(法界)로 나누어 관찰한 것. 4종의 세계관이라는 말과 같다. 사법계란 사법계(事法界)·이법계(理法界)·이사무애법계(理事無碍法界)·사사무애법계(事事無碍法界)를 말한다. 사법계(事法界)는 차별의 현상계를 가리키는 것이요, 이법계(理法界)는 차별을 넘은 진리의 세계를 가리키는 것이요, 이사무애법계(理事無碍法界)는 현상계와 실체계(實體界) 간에 일체불이(一體不二)의 관계에 있는 것이요, 사사무애법계는 현상계의 낱낱의 사물이 서로 장애되지 않고 중중무진(重重無盡)하게 상융(相融)하는 것을 말한다. 낱낱 사물 가운데 우주의 중중무진한 연기(緣起)를 표현하는 것이다. 이것을 사법계관(四法界觀)이라고도 한다.

사법본말 【四法本末】〔英 The alpha and omega in four laws or dogmas〕 일체제법무상(一切諸法無常)이 초법(初法)의 본말(本末)이며, 일체제행고(一切諸行苦)가 제이법(第二法)의 본말(本末)이며, 일체제행무아(一切諸行無我)가 제삼법(第三法)의 본말(本末)이고, 열반영적(涅槃永寂)이 제사법본말(第四法本末)이니, 모두 여래가 설하신 것이다. 『증일아함경』에 보인다.

사법인 【四法印】 불교의 근본 교의(教義)를 4가지로 표시한 것. 제행무상인(諸行無常印; 모든 것은 무상함)·제법무아인(諸法無我印; 모든 존재는 나라고 할 수 있는 실체가 없음)·열반적정인(涅槃寂靜印; 열반의 세계는 평온, 고요함)·일체개고인(一切皆苦印; 모든 것은 고통이고 괴로운 것임)을 말함. 법인(法印; Dharma-uddāna)이란 온갖 법의 인신(印信)·표장(標章)을 뜻하는데, 곧 불변의 진리라는 의미이다.

사법인 【四法忍】〔梵 dharma-kṣanti 英 The seal or impression of the four dogmas, suffering, impermanence, non-ego, nirvāṇa〕 사법지인(四法智忍)이라고도 한다. 4종의 진리를 인지(忍持)하는 태도. 고법지인(苦法智忍)·집법지인(集法智忍)·멸법지인(滅法智忍)·도법지인(道法智忍)을 말함.

사변 【四變】 아뢰야식 스스로 종자(種子)가 인연이 되어 근진기계(根塵器界) 등 상(相)을 변현(變現)하는 것. 이는 공업(共業) 불공업(不共業)의 소감(所感)에 의하여 공상(共相)과 불공상(不共相)의 2종이 있다. 공상(共相)은 많은 사람이 동감(同感)하는 것을 말하고, 불공상(不共相)은 자변(自変)하여 자용(自用)하는 것을 말한다. 1. 공중공(共中共), 2. 공중불공(共中不共), 3. 불공중불공(不共中不共), 4. 불공중공(不共中共) 등 4종으로, 공(共)·불공(不共)이 설명된다.

사병 【四病】〔英 The four ailments, or mistaken ways of seeking perfection〕 『원각경(圓覺經)』에서 말한 4종의 병(病). 1. 작병(作病). 작은 마음으로 조작하는 것. 마음으로 여러 가지 행을 지어서 원각(圓覺)을 구하려는 것. 2. 임병(任病). 생사를 끊지도 않고, 열반을 구하지 않고 일체(一切)에 맡겨서 원각을 구하려는 것. 3. 지병(止病). 모든 생각을 그치고, 고요하고 평등하게 하여 원각(圓覺)을 구하려는 것. 4. 멸병(滅病). 온갖 번뇌를 소멸하고 6근(六根)과 6진(六塵)을 고요하게 하여 원각을 구하려는 것.

사본상 【四本相】 삼라만유를 생멸(生滅) 변화(變化)하게 하는 근본원리인 생(生)·주(住)·이(異)·멸(滅)의 사상

(四相)을 말한다. 이것은 만유에 작용하며, 또 다른 본상(本相)과 거기에 부수(附隨)하는 수상(隨相)과 작용을 한다. 예컨대, 생상(生相)은 만유를 생(生)하게 하는 동시에 다른 주(住)·이(異)·멸(滅)과 그 수상(隨相)을 나게 하는 것과 같다.

사부대중【四部大衆】〔英 The four varga, i.e. bhikṣu, bhikṣuni, upāsaka and upāsikā〕 사부중(四部衆)·사중(四衆)·사부제자(四部弟子)라고도 한다. 불교교단을 구성하는 4부류의 집단으로, 비구(比丘)·비구니(比丘尼)·우바새(優婆塞; 남자 신도)·우바이(優婆夷; 여자 신도)를 말한다.

사부아함【四部阿含】〔英 The four Āgamas 四阿笈摩, or divisions of the Hinayāna scriptures; 長阿含 dirghāgamas, "long" works, cosmological; 中阿含 madhyamāgamas, metaphysical; 雜阿含 sāṁyuktāgamas, general, on dhyāna, trance, etc.; 增一阿含 skottarikāgamas, numerically arranged subjects〕 초기불교에서 부파불교에 걸쳐 형성된 초기불교 경전을 총칭하여 아함경(阿含經)이라고 한다. 아함(阿含)이라는 것은 전승된 성전이나 교설을 뜻하는 범어(梵語) 아가마(āgama)를 음사(音寫)한 것이다. 분류하면 4가지가 있는데, 그것을 4부아함이라고 한다. 사부아함이란, 1. 장아함(長阿含), 2. 중아함(中阿含), 3. 잡아함(雜阿含), 4. 증일아함(增一阿含)이다. 1. 장아함(長阿含)이란 비교적 긴 경(經)을 모은 것인데, 고타마 붓다의 열반〔죽음〕을 다룬 『열반경(涅槃經)』 등이 포함되어 있다. 2. 중아함(中阿含)은 중간 정도 길이의 경을 모아 놓은 것인데, 무기설(無記說)에 대하여 독화살의 비유로 설명한 『전유경』 등이 포함되어 있다. 3. 잡아함(雜阿含)은 비교적 짧은 경(經)을 내용에 따라서 분류해 놓은 것인데, 연기(緣起)를 상세하게 설한 여러 경(經)들이 포함되어 있다. 4. 증일아함(增一阿含)은 비교적 짧은 경(經)을 모은 것인데, 그 주제에 포함되어 있는 숫자에 의해 분류하고, 숫자 순서로 배열하였다. 초기불교의 여성관을 시사하는 『옥야녀경(玉耶女經)』 등이 포함되어 있다.

사분【四分】(1)〔英 The 法相 Dharma lakṣaṇa school divides the function of 識 congnition into four〕 법상종에서 만법 유식(唯識)의 교의(敎義)를 토대로 하여, 우리가 인식하는 과정을 말하는데, 의식작용을 4단으로 나눈 것. 1. 상분(相分). 우리는 바로 객관의 사물을 인식하는 것이 아니고, 일단 마음에 그 그림자를 그려서 인식한다 하고, 그 그림자를 상분(相分)이라 한다. 2. 견분(見分). 마음이 발동할 적에 상분을 변현하는 동시에 그것을 인식하는 작용이 생기는 것. 3. 자증분(自証分). 견분은 거울에 그림자를 나타내는 것과 같으므로, 이에 통각적(統覺的) 증지(証知)를 주는 작용이 필요하니, 이 작용을 자증분이라 한다. 4. 증자증분(証自証分). 자증분을 증지(証知)하는 작용. 자증분과 이것은 서로 증지하는 것이므로 제5분(分)을 필요로 하지 아니한다. 이것은 호법(護法; Dharma-pāla)의 이론이다.

(2) 화엄대판(華嚴大判)에는 일경(一經)을, 1. 신분(信分), 2. 해분(解分), 3. 행분(行分), 4. 증분(証分)으로 나누고 있다.

사분율【四分律; Caturvarga-vinaya】〔英 The four-division vinaya or discipline of the Dharmagupta school, divided into four sections of 20, 15, 14 and 11 chüan〕사대계율서(四大戒律書)의 하나. 북인도의 불타야사(佛陀耶舍; Buddhayaśas)가 법장부(法藏部)의 율(律)을 암기하여 장안(長安)으로 와서 중국인 도함(道含)의 도움으로 장안중사(長安中寺)에서 410-412년간에 번역했다. 처음에는 40권으로 했으나 후에 60권으로 나누었다. 전체를 4개의 부분으로 나누었으므로 『사분율』이라 한다. 『사분율』은 내용적으로 3부분으로 나뉜다. 제1은 승려가 지켜야 할 계율의 각 조문의 주석(註釋)에 대한 부분, 제2는 교단의 운영을 설명하는 건도부(犍度部), 제3은 이상 양부분(兩部分)의 보충적 설명을 하고 있다. 『사분율』의 주석서로는 혜광(慧光)의 『약소』 4권, 법려(法礪)의 『중소』 10권, 지수의 『광소』 20권, 도선(道宣)의 『행사소』 13권, 『계소』 8권, 『업소』 8권, 『섭비니의초』 4권, 『비구니초』 3권 등이 있다.

사분율종【四分律宗】불멸(佛滅) 후 100년에, 우바국다(優婆鞠多; Upaǵupta)의 다섯 제자 가운데 한 사람인 담마국다(曇摩鞠多)가 지은 『사분율(四分律)』을 근본성전으로 하고 세운 종지(宗旨). 담마국다(曇魔鞠多; Dharmagupta)를 개조(開祖)로 하고, 남산(南山)의 도선(道宣, 596-667)이 크게 이룩하였다.

사불가득【四不可得】〔英 The four unattamables, perpetual youth, no sickness, perrennial life, no death〕사람들이 얻으려 해도 얻을 수 없는 네 가지. 1. 항상 젊음을 얻지 못하는 것. 2. 병이 없음을 얻지 못하는 것. 3. 장수(長壽)를 얻지 못하는 것. 4. 죽지 않음을 얻지 못하는 것. 결국 사람은 늙기 마련이고, 병으로 고통 받게 마련이며, 수천 년 수만 년 살 수 없고, 죽지 않을 수 없는 것이다.

사불가사의【四不可思議】〔英 The four things of a Buddha which are beyond human conption〕사람으로서 상상하기 어려운 것 네 가지. 1. 중생불가사의; 중생들이 나는 원인과 돌아가는 결과를 알기 어려운

ㅅ

것. 2. 세계불가사의; 세계가 생성 변괴(變壞)하는 시종(始終)을 헤아리기가 어려운 것. 3. 용경계불가사의(龍境界不可思議); 용이 자유로 비를 내리어 천하를 적셔 주는 것을 헤아리기 어려운 것. 4. 불경계불가사의(佛境界不可思議); 모든 부처님의 경지를 중생의 안목으로써 헤아리기가 어려운 것.

사불가설【四不可說】 남본(南本) 『열반경(涅槃經)』 19권 「광명변조고귀덕왕보살품」에서 말한 4종 불가설. 중국 수(隋)나라 때 천태종의 개조인 지의(智顗, 538-597)는 이것이 사교(四教)의 이치를 나타낸 것이라 하여 각각 4교에 배당한다. 1. 생생불가설(生生不可說). 장교(藏教)에서 물(物)·심(心)의 온갖 법이 생기는 인연과 생긴 물(物)·심(心)의 온갖 법을 다 실유(實有)라 하면서도, 그 이치는 말하기 어려움. 2. 생불생불가설(生不生不可說). 통교(通教)에서 물(物)·심(心)의 온갖 법이 생기는 인연과 생긴 물·심의 온갖 법이 그 체(體)가 모두 공(空)하다고 하면서도, 그 이치는 설명하기 어려움. 3. 불생생불가설(不生生不可說). 별교(別教)에서 불생인 진여(眞如)가 연(緣)을 만나 십계(十界)의 모든 현상을 낸다 하면서도, 그 이치는 설명하기 어려움. 4. 불생불생불가설(不生不生不可說). 원교(圓教)에서 진여(眞如)의 이체(理體)와 십계(十界)의 모든 현상이 아무런 차별이 없다고 하면서도, 그 이치는 말과 글로써 표현하기 어려움.

사불생【四不生】〔英 That a thing is not born or not produced of itself, of another, of both, of neither〕 용수(龍樹; Nāgārjuna)의 『중론』 「관인연품(觀因緣品)」 제1의 16게(偈) 가운데 제3게(偈)에 나오는 불자생(不自生)·불타생(不他生)·불공생(不共生)·불무인생(不無因生)을 말한다. 제법(諸法)은 결코 스스로를 원인으로 하여 생겨난 것도 아니고〔不自生〕, 다른 것을 원인으로 하여 생겨난 것도 아니고〔不他生〕, 자(自)와 타(他)의 양자를 원인으로 하여 생겨난 것도 아니며〔不共生〕, 원인이 없이 생겼던 것도 아니다〔不無因生〕.

사빈주【四賓主】 (1) 임제종에서 사료간과 함께 학인을 교화하는 데 쓰는 법. 빈(賓)은 학인, 주(主)는 스승. 스승과 학인이 문답할 때에 혹은 스승의 견처(見處)가 우수하고, 혹은 학인의 견처가 스승보다 우수한 경우 등이 있다. 이 관계를 4가지로 나눈 것이다. 1. 빈중빈(賓中賓). 미중미(迷中迷)라고도 하니, 학인이 어리석어서 스승의 교화를 받으면서도 알아차릴 수 없는 경우. 2. 빈중주(賓中主). 학인의 견처(見處)가 스승보다 우수하여, 스승(師家)가 학인에게 심경(心境)이 관파(觀破)되는 경우. 3. 주중빈(主中賓). 스승에게 학인을 교화할 만한 역량이 없는 경우. 4. 주중주(主中主). 스승이 스승으로서 갖출 역량을 제대로 구비한 경우를 말한다.

(2) 조동종에서는 빈(賓)을 미(迷)에, 주(主)를 오(悟)에 비유하여 미중미(迷中迷)·미중오(迷中悟)·오중미(悟中迷)·오중오(悟中悟)로 하기도 하고, 또 빈을 용(用)으로 주를 체(體)로 하여, 용중용(用中用)·용중체(用中體)·체중용(體中用)·체중체(體中體)로도 사용하고 있다.

사사명식【四邪命食】4가지 부정(不淨)한 생활법(生活法). 곧 1. 하구식(下口食), 2. 앙구식(仰口食), 3. 방구식(方口食), 4. 유구식(維口食)을 말한다. 하구식(下口食)은 논·밭을 갈며 탕약(湯藥)을 지어서 생활하는 것이요, 앙구식(仰口食)은 천문학(天文學)을 연구하여 이것으로 생활하는 것이며, 방구식(方口食)은 부호(富豪)에게 아첨하여 교묘한 말과 잘 보이려는 그들의 뜻에 영합(迎合)하여 넉넉한 수입(收入)으로 생활하는 것이고, 유구식(維口食)은 주술(呪術)이나 점치고 관상(觀相) 보는 것을 배워 사람의 길흉을 보아주고 생활하는 것이다. 비구(比丘)는 원래 걸식생활을 본의(本義)로 하는 까닭에 다른 수단으로 생활하는 것은 모두 사명식(邪命食)이라 한다.

사사무애관【事事無碍觀】현상계(現象界)의 일체 사상(事象)이 서로 융합되어 있어서 장애(障碍)가 되는 것은 아무것도 없다고 보는 것. 사사무애법계 항목을 참조할 것.

사사무애법계【事事無碍法界】〔英 phenomena are interdependent〕사법계(四法界)의 하나. 화엄종의 세계관의 하나로, 현상계의 낱낱 사물이 서로 장애되지 않고, 중중무진(重重無盡)하게 서로 융합되어 있다는 것. 우주의 중중무진한 연기(緣起)를 보이는 법문.

사산비명【四山碑銘】신라 말기의 학자인 최치원(崔致遠, 857-?)이 지은 금석문. 성주산(聖住山) 성주사(聖住寺)의 『낭혜화상백월보광탑비(郎慧和尙白月葆光塔碑; 일명 無染和尙碑銘)』, 지리산 쌍계사의 『진감선사대공탑비(眞鑑禪師大空塔碑; 일명 진감화상비명)』, 초월산(初月山)의 『대숭복사비(大崇福寺碑)』, 희양산 봉암사의 『지증대사적조탑비(智証大師寂照塔碑; 일명 지증화상비명)』 등 네 곳의 산 이름을 빌려서 '사산비명(四山碑銘)'으로 통칭한다. 이 비명들은 모두 왕명에 의하여 찬술되었는데, 최치원이 당(唐)에서 귀국하여 은거하기 이전에 이루어졌다. 원문은 현재 파편으로 발굴된 『대숭복사비명』을 제외한 3개의 비(碑)가 남아 있다. 이 책의 주해본은 여러 종류가 출판되었다.

사상【事相】〔梵 lakṣmakhya, 英 phenomenon, affair, practice〕① 본체인 진여에 대하여 현상계의 낱낱

차별된 모양. ②밀교에서는 교상(教相)에 대하여 조단(造壇)·관정(灌頂)·인계(印契) 등의 위의행법(威儀行法)을 말함.

사상【四相】〔梵 catvārik lakṣaṇāni, 巴 Cattāri lakkhaṇāni, 英 The four avasthā, or states of all phenomena, i.e. 生住異滅 birth, being, change (i.e. decay), and death〕 여러 가지 4상(相)이 있다. 불교에서 인간의 일평생을 4기(期)로 나눈 일기사상(一期四相, 또는 果報四相), 현상계의 생멸변화의 모습을 넷으로 나눈 사유위상(四有爲相), 장식사상(藏識四相)과 중생이 분별심을 일으켜 집착하는 대표적인 소견을 4개 들어 말한 아인사상(我人四相), 중생이 깨달은 경계에 대하여 잘못 알아 집착하는 네 가지인 지경사상(智境四相)이 있다. 1. 일기사상(一期四相)은 생(生)·로(老)·병(病)·사(死)를 말한다. 2. 사유위상(四有爲相)은 만물이 변천하는 생(生)·주(住)·이(異)·멸(滅)을 말한다. 즉 만유의 생기(生起)의 모습이 생상(生相), 지주(支柱)의 모습이 주상(住相), 변화의 모습이 이상(異相), 사멸(死滅)의 모습이 멸상(滅相)이다. 3. 아인사상(我人四相)은 아상(我相)·인상(人相)·중생상(衆生相)·수자상(壽者相)을 말하는데, 오온(五蘊)이 화합하여 생긴 몸과 마음에 실재의 아(我)가 있다고 하는 생각. 아인사상 항목을 참조할 것. 4. 지경사상(智境四相)은 아상(我相)·인상(人相)·중생상(衆生相)·수명상(壽命相)을 말하는데, 깨달음〔悟〕을 집착하여 아(我)라 하는 것이 아상(我相), 집착하지 않는다는 데 집착하여 아(我)가 오(悟)하였다는 마음이 있는 것이 인상(人相), 아상·인상을 여의었으면서도 오(悟)의 상(相)에 집착하는 것이 중생상(衆生相), 중생상의 위에 한 걸음 나아간 것이나, 아직도 능각(能覺)의 지혜를 가지는 것이 수명상(壽命相)이다.

사상선【事上禪】 일 속에서 하는 선(禪)공부. 특히 노동을 하면서 하는 선공부. 무시선(無時禪) 무처선(無處禪)과 같은 뜻이다.

사생【四生】〔梵 catasro yonayaḥ, 英 the four forms of birth〕 ①모든 생명체를 그 출생 방식에 따라 네 가지로 분류한 것. 태생(胎生; jarāyu-ja)·난생(卵生; aṇḍa-ja)·습생(濕生; saṃsveda-ja)·화생(化生; upapāduja)의 네 가지. 태생은 사람이나 축생과 같이 모태(母胎)에서 태어나는 것이요, 난생은 새나 물고기처럼 알로 태어나는 것이며, 습생은 지렁이나 벌레, 혹은 곤충처럼 습한 곳에서 태어나는 것이며, 화생은 벌레가 변하여 나비가 되는 것처럼 형태를 변화하여 태어나는 것이다. 이 사생은 모두 깨치지 못한 미혹의 세계에 존재하는 것이다. 그러므로 언제나 육도세계를 윤회하게 된다. ②인간의 마음상태를 사생에 비유해서 설명하는 것. 태생은 인간의 오랜 습성, 난생은 어리석은 성품, 습생은 사견(邪見)에 끌려가는 마음, 화생은 육도윤회에 떨어지는 것을 말한다.

사생육도【四生六道】사생(四生)은 생류(生類)를 그 출생의 형태상에서 넷으로 분류한 것. 태생(胎生; jarāyu-ja)·난생(卵生; aṇḍa-ja)·습생(濕生; saṃsveda-ja)·화생(化生; upapāduja)을 말한다. 육도(六道)는 중생이 업인(業因)에 따라 윤회하는 길을 여섯으로 나눈 것. 지옥도(地獄道; narakagati)·아귀도(餓鬼道; preta-gati)·축생도(畜生道; tiryagyoni-gati)·수라도(修羅道; asura-gati)·인간도(人間道; manuṣya-gati)·천도(天道; deva-gati)를 말한다. 인간은 태생(胎生)이지만, 축생은 태생·난생·습생이 있으며, 천(天)과 지옥의 중생은 화생(化生)이며, 중유(中有; antarā-bhava)도 화생(化生)이다.

사생자부【四生慈父】육도사생·일체생령의 자비스러운 아버지라는 뜻으로, 일체중생을 자비로써 제도해 주는 부처님을 말한다. 부처님은 만 중생을 하나도 버리지 않고 친자식처럼 사랑하고 아껴 준다고 하여 사생자부(四生慈父)라고 한다.

사석【四釋】천태지의(天台智顗, 538-597)가 『법화경』을 해석할 때 쓴 4가지 형식인 인연석(因緣釋)·약교석(約教釋)·본적석(本迹釋)·관심석(觀心釋)을 말한다. 인연석(因緣釋)은 외도교(外道教)와 구별하기 위하여 불교가 생긴 인연을 해석한 것이고, 약교석(約教釋)은 부처님 일대(一代)의 가르침을 나누어 사교(四教)로 하였으나 같은 문장에서도 4교의 견해가 같지 않아 이 해석을 썼다. 본적석(本迹釋)은 불신(佛身)에 본지(本地)·수적(垂迹) 이문(二門)이 있다. 불신(佛身)에 이문(二門)이 있으므로 교법(教法)에도 이문(二門)이 있다 하여 『법화경』을 본문(本門)·적문(迹門)으로 나누어 해석한 것이다. 관심석(觀心釋)은 낱낱 사물에 대하여 그 진성(眞性)을 자기 마음에 관(觀)하는 해석법.

사선【四禪】〔梵 catur-dhyāna, 英 The four dhyāna〕(1) 사선정(四禪定), 사정려(四靜慮)라고도 한다. 색계(色界)의 선정으로서 초선(初禪)에서 제4선(第四禪)까지 4가지 단계적 경지. 욕계(欲界)의 미(迷)함을 넘어서 색계에 이르는 4단계의 명상(瞑想)을 말한다. 1.초선(初禪); 감각적 쾌락과 욕망 등 옳지 못한 것에서 벗어나 사유와 숙고, 명상을 통하여 기쁨과 즐거움을 얻는 경지(선정). 2.제2선(第二禪); 사유와 숙고를 멈추고 삼매(집중)를 통하여 기쁨과 즐거움을 얻은 경지(선정). 3.제3선(第三禪); 초선과 2선의 경지인 기쁨과 즐거움이 없어지고 마음이 평온하며 분명하게 알아차림을 통하여 몸으로 즐거움을 느끼는 경지. 4.제4선(第四禪); 괴로움과 즐거움을 느끼

ㅅ

는 감정이 없어져서 괴롭지도 즐겁지도 않으며(不苦不樂), 마음이 평정, 평온하여 모든 번뇌가 일어나지 않는 경지. (2)사선천(四禪天)의 줄임.

사선근【四善根】〔梵 catuṣ-kuśala-mūla, 英 The four good roots, or sources from which spring good fruit of development〕 사선근위(四善根位)·사가행위(四加行位)라고도 한다. 보살의 계위(階位)인 오위(五位)의 제2. 난(煖)·정(頂)·인(忍)·세제일(世第一). 이 4위는 10회향의 지위가 원만하여, 다음 통달위(通達位)에 이르기 위하여 특히 애써서 수행하는 자리. 또 이를 순결택분(純決擇分; nirvedhabhāgiya)이라고도 함.

사선정【四禪定】〔梵 catur-dhyāna, 英 The four dhyāna〕 사선(四禪)이라고도 함. 색계(色界)의 초선(初禪)에서 제4선(禪)까지의 네 가지 단계적 경지(境地). 사선 항목을 참조.

사선천【四禪天】 사선정(四禪定)을 닦아서 나는 색계(色界)의 4가지 영역. 또는 거기에 존재하는 제천(諸天; 神들)을 말한다. 초선천(初禪天)에는 범중천(梵衆天)·범보천(梵輔天)·대범천(大梵天)이 있고, 이선천(二禪天)에는 소광천(小光天)·무량광천(無量光天)·광음천(光音天)이 있으며, 삼선천(三禪天)에는 소정천(少淨天)·무량정천(無量淨天)·변정천(遍淨天)이 있다. 그리고 사선천(四禪天)에는 무운천(無雲天)·복생천(福生天)·광과천(廣果天)·무상천(無想天)·무번천(無煩天)·무열천(無熱天)·선견천(善見天)·선현천(善現天)·색구경천(色究竟天)이 있으니, 초선천에 3천(天), 이선천에 3천(天), 삼선천에 3천(天), 사선천에 9천(天)으로, 모두 합하여 색계 18천(天)이 있다.

사섭법【四攝法】〔梵 catuḥ-saṃgraha-vastu, 英 four all-embracing (bodhisattva) virtues〕 사섭사(四攝事)·사섭초문(四攝初門)·사섭행(四攝行)이라고도 하며, 줄여서 사섭(四攝)이라고도 한다. 불보살들이 중생을 구제하기 위한 적극적인 4가지 행동덕목으로, 보시섭(布施攝; dāna- saṃgraha)·애어섭(愛語攝)·이행섭(利行攝)·동사섭(同事攝)을 말한다. 보시섭(布施攝)은 상대편이 좋아하는 재물이나 법을 보시하여 친절한 정의(情誼)를 감동케 하여 이끌어 들이는 것이요, 애어섭(愛語攝; priya- vāditā-saṃgraha)은 부드럽고 온화한 말을 하여 친해서 이끌어 들이는 것이요, 이행섭(利行攝; arthakṛtya- saṃgraha)은 언어·동작·의념(意念)에 선행(善行)으로 중생을 이익케 하여 이끌어 들이는 것이며, 동사섭(同事攝; samānārthatā-saṃgraha)은 상대편의 근성(根性)을 따라 변신(變身)하여 친하며, 행동을 같이하여 이끌어 들이는 것이다. 이 사섭법(四攝法)은 사무량심보다도 더 적극적인 중생교화의 방법이라고 할 수 있다.

사섭사【四攝事】〔梵 catvāri saṃgraha vastūni, 巴 cattāri saṃgaha-vattūni〕 사람들을 구하는 4가지 방법. 사람을 이끄는 4가지의 수단. 사람들을 불교로 이끌어 들이는 4가지의 방법. 불교를 실천하는 사람이 갖추어야 할 네 종류의 미덕. 즉 보시(布施)·애어(愛語)·이행(利行)·동사(同事) 등이다. 보시는 베풀어 주는 것이요, 애어(愛語)는 상냥한 말을 사용하는 것이며, 이행(利行)은 선행을 도모하는 것이고, 동사(同事)는 협동하는 것을 말한다. 사섭법(四攝法)이라고 한다.

사성【四姓】〔梵 cātur-varṇa, 西 rigs bshi, 英 The four Indian 'clans' or castes〕 고대 인도의 4종 사회계급. 브라흐마나(brāhmaṇa; 婆羅門·淨行者·司祭)·크샤트리야(kṣatrya; 刹帝利·왕족)·바이샤(vaiśya; 吠舍·毘舍·商人)·수드라(śūdra; 修多羅·戍陀羅·노예)를 말한다. 사성(四姓) 가운데 브라흐마나가 가장 존귀하며, 다음은 크샤트리야, 바이샤, 수드라 순(順)이다. 이것을 사성계급(四姓階級)이라고 하는데, 상위 계급은 하위 계급과 같이 다니지도 않으며, 식사도 함께 하지 않는다. 이 제도는 고대부터 성행했으며, 오늘날에도 차이는 있지만 여전히 존재한다. 사성계급 최하위계급인 수드라 밑에 또 불가촉천민(不可觸賤民)이라 하여 접촉 불가능한 천민계급이 있다.

사성【四聖】①〔英 The four kinds of holy men〕 십계(十界)에서 범(凡)과 성(聖)이 나누어질 때 성문(聲聞)·연각(緣覺)·보살(菩薩)·불(佛)의 4계(四界)를 사성(四聖)이라 하고, 나머지는 육범(六凡)이라 한다. ②구마라집(鳩摩羅什, 344-413)의 문인(門人)인 도생(道生)·승조(僧肇)·도융(道融)·승예(僧叡) 등 4인을 관중사성(關中四聖)·집문사성(什門四聖)이라 한다. ③선림(禪林)에서 아미타불(阿彌陀佛)·관세음보살(觀世音菩薩)·대세지보살(大世至菩薩)·대해중보살(大海衆菩薩)을 사성(四聖)이라 한다.

사성육범【四聖六凡】 불(佛)과 중생(衆生)을 총괄하여 10종으로 나눈 것. 혹은 십계(十界)라 이름한다. 그 가운데 4종은 성자(聖者)이고 6종은 범부(凡夫)이므로 사성육범(四聖六凡)이라 한다. 사성(四聖)은 불(佛)·보살(菩薩)·연각(緣覺)·성문(聲聞)이고, 육범(六凡)은 삼계 내의 6종의 범부중생인 천(天)·인(人)·아수라·축생·아귀·지옥을 말한다.

사성제【四聖諦】〔梵 catur-ārya-satya, 巴 catur-anya-sacca, 英 The four dogmas, or noble truth, the primary and fundamental doctrines of Śākyamuni, said to approximate to the form of medical diagnosis〕 제(諦; satya; sacca)란 불변(不變)의 진리라는 뜻. 사제(四諦)·사진제(四眞諦)라고도 한다. 4가지 진리라는 말로서, 초기불교의 가

르침〔教說〕 가운데 하나이자, 석존이 녹야원에서 최초로 설법한 내용이다. 사성제는 고성제(苦聖諦)·집성제(集聖諦)·멸성제(滅聖諦)·도성제(道聖諦). 1. 고성제(苦聖諦; duḥkha-satya)는 현실의 모습을 나타낸 것인데, 현실의 인생은 고(苦)라는 것. 2. 집성제(集聖諦; samudaya-satya)는 고(苦)의 이유, 근거, 원인을 말한 것인데, 고의 원인은 갈애(渴愛; 집착, 애착)라는 것. 3. 멸성제(滅聖諦; Nirodha-ārya-satya)는 깨달을 목표, 곧 괴로움이 소멸된 열반을 가리킴. 4. 도성제(道聖諦; mārga-satya)는 열반에 이르는 방법으로 팔정도(八正道)를 말하고 있다. 이 사성제는 이와 같이 고(苦)의 제시 및 그 원인을 추적해 올라감과 동시에 그 원인을 제거하는 방법을 설하는 것으로, 불교의 대표적인 진리인 동시에 가장 기본적인 가르침이다. 사제 항목 참조.

사성지 【四聖地】 부처님의 생애와 가장 관계가 깊은 4곳의 성지(聖地). 1. 룸비니. 석존의 탄생지. 현재 네팔의 타라이 지방. 2. 부다가야(Buddha-gaya). 부처님이 성도하신 곳. 3. 녹야원(鹿野苑; Mṛgadāva). 부처님이 아야교진여 등 다섯 비구에게 처음으로 가르침을 펴신〔初轉法門〕 곳. 4. 구시나가라(拘尸那揭羅; Kusinagara). 부처님이 열반하신 곳. 이 네 곳을 4성지라고 한다.

사수 【四修】 〔梵 caturdhā hi bhāvanā〕 수행하는 형태를 넷으로 나눈 것. (1) 성도문(聖道門)의 설. 1. 무여수(無餘修; 복덕과 지혜의 두 가지가 資量을 닦아 남음이 없는 것), 2. 장시수(長時修; 3대 아승기겁 동안 수행하여 게으름이 없는 것), 3. 무간수(無間修; 정진 노력하여 찰나찰나마다 닦아 쉬지 않는 것), 4. 존중수(尊重修; 배우는 바 三寶를 공경하고 존중하는 것) 등이다.

(2) 정토문(淨土門)의 설. 1. 공경수(恭敬修; 아미타불과 일체 聖衆을 공경하고 예배하는 것), 2. 무여수(無餘修; 진심으로 아미타불의 명호를 부르며, 일체 聖衆을 專念하고 생각하여 예찬하고, 다른 행을 쉬어 하지 않는 것), 3. 무간수(無間修; 마음과 마음이 상속하여 다른 業을 섞지 않고, 또 貪瞋번뇌로써 間隔하지 않는 것), 4. 장시수(長時修; 눈앞의 了修를 목숨이 있는 데까지 수행하여 도중에 그치지 않는 것) 등이다.

사수정 【四修定】 〔梵 catasraḥ-samādhi-bhāvanā, 巴 catasso samādhi-bhāvanā〕 『집이문론(集異門論)』 7권에 나오는 것으로 1. 현법락주(現法樂住)를 획득하기 위한 수정(修定), 2. 가장 훌륭한 지견(知見)을 획득하는 수정(修定), 3. 뛰어난 분별혜(分別慧)를 획득하는 수정(修定), 4. 제루영진(諸漏永盡; 더러움이 영구히 없어지는 것)을 획득하는 수정(修定), 이상의 4가지를 말한다.

사숙【師叔】 스승〔師僧〕의 사형(師兄)이나 사제(師弟)를 일컫는 말.

사승【師僧】 승려. ①승려를 높여 부르는 말. ②〔英 a bonze (Buddhist priest) to whom one looks up as one's guide (father in faith)〕 승려가 자기의 스승을 이르는 말.

사승가【四乘家】 천태종에서 성문(聲聞)·연각(緣覺)·보살(菩薩)의 삼승(三乘) 밖에 일불승(一佛乘)을 세우는 일파(一派)를 부르는 명칭.

사승교【四乘敎】 중국 양(梁)나라 때 광택사(光宅寺)의 법운(法雲, 467-529)이 세운 교판(敎判). 『법화경』에 비유로서 설하는 양(羊)·사슴〔鹿〕·소〔牛〕가 끄는 삼거(三車)와 대백우거(大白牛車)를 합하여 사승교라고 함. 각각 한 실천법을 나타낸다고 한다. 『법화경』 이전의 성문·연각·보살의 삼승교(三乘敎)와 『법화경』이 밝히는 일승교(一乘敎)를 합하여 말한 것이다.

사시마지【巳時摩旨】 사시(巳時; 오전 9시부터 11시까지)에 부처님 앞에 올리는 공양. 사시(巳時)의 정시(正時)는 10시이다.

사식【思食】〔梵 vicitra-āhāratā〕 의사식(意思食)이라고도 한다. 생각으로 음식을 먹는 것. 즉 자기가 좋아하는 음식을 간절히 생각함으로써 생존상태를 좀 더 연장시키는 것. 예컨대, 어린아이가 대들보에 달린 주머니와 매실(梅實)을 보자마자 목마른 것을 그치는 것과 같다.

사식주【四識住】〔梵 catasraḥ sthitayaḥ, catagro vijñña-sthitayaḥ, 巴 cattasso vinnāṇa-ṭṭihitiyo〕 4가지의 것에 인식작용이 막히는 것. 인간 존재를 구성하는 5가지의 구성요소인 오온(五蘊) 중, 4가지 것에 막히는 것. 물질적인 것〔色〕·감수작용〔受〕·표상작용〔想〕·형성작용〔行〕은 막히지 않는데 인식작용〔識〕이 막히는 것. 막히는 일이 없게 되면 해탈을 구할 수 있다고 한다. 즉 색(色)·수(受)·상(想)·행(行)의 사온(四蘊)에서, 식(識)이 특별히 생겨나 지주(止住)하는 것. 색식주(色識住)·수식주(受識住)·상식주(想識住)·행식주(行識住)의 4가지를 말한다.

사신【捨身】〔英 Bodily sacrifice, e.g. by burning, or cutting off a limb, etc.〕 신명(身命)을 돌보지 않는 종교적 각오. 한역불전(漢譯佛典)에 보이는 역어(譯語). 보살의 자비행을 철저하게 실행하기 위하여, 제 몸을 죽여 다른 이에게 주거나, 또는 은혜를 갚기 위하여 팔이나 몸을 태우는 것. 사신(捨身)은 도덕적 태도의 최후의 수단이다.

사신【四身】〔英 The four kāya, or 'bodies'〕 ①『능가경(楞伽經)』에서는 화불(化佛)·공덕불(功德佛)·지혜불(智慧佛)·여여불(如如佛)을 들고 있는데, 화불(化佛)은 화신(化身), 공덕불(功德佛)과 지혜불(智慧佛)은 보

신(報身), 여여불(如如佛)은 법신(法身)이다. ②유식론(唯識論)에서는 자성신(自性身)·타수용신(他受用身)·자수용신(自受用身)·변화신(變化身)을 들고 있다. ③천태에서는 법신(法身)·보신(報身)·응신(應身)·화신(化身)을 들고 있다.

사신【四信】〔英 The four right objects of faith and the five right modes of procedure〕⑴『기신론』수행신심분(修行信心分)에 나온 말. 신근본(信根本)·신불(信佛)·신법(信法)·신승(信僧)을 말한다. 1. 신근본(信根本)은 우주만유의 근본, 인류의 참 생명인 유일(唯一) 실재의 진여(眞如)를 믿음이고, 2. 신불(信佛)은 진여(眞如)의 현현(顯現)인 불타(佛陀)를 믿음이며, 3. 신법(信法)은 부처님이 증득하신 진여의 공덕을 말한 교법을 믿음이며, 4. 신승(信僧)은 교법을 실현시켜 자리이타(自利利他)의 행(行)을 부지런히 하여 향상(向上)을 기약하는 승려를 믿음이다.

⑵ 천태종(天台宗)에서『법화경(法華經)』「분별공덕품」의 말에 의하여 부처님의 수명을 들음에 대하여 현재 4신(四信)을 세운 것. 염신해(念信解)·약해언취(略解言趣)·광위인설(廣爲人說)·심신관성(深信觀成)이 그것이다. 1. 염신해(念信解)는 부처님의 수명이 한량없다는「여래수량품」의 설법을 듣고, 모든 법은 본래 무작(無作)이고 법계가 일여(一如)하다고 믿고 신해(信解)를 내면 공덕이 한량없다는 것이고, 2. 약해언취(略解言趣)는 부처님의 수명이 한량없다는 말과 뜻을 알고, 나아가 남에게 말해 주면 여래의 위없는 지혜를 일으킨다고 하는 것이며, 3. 광위인설(廣爲人說)은 널리 그 말을 듣고, 알아서, 널리 남에게 말해 주고, 널리 공경하면 일체종지(一切種智)를 내게 된다고 한다. 4. 심신관성(深信觀成)은 부처님의 목숨이 무한하다는 말을 듣고, 깊은 마음으로 믿으며, 또 부처님은 항상 영취산에 계시는 줄로 믿는 것을 말한다.

사신족【四神足】〔梵 catur-ṛddhi-pādāḥ, 巴 cattāro iddhipādā〕4가지 자재력을 얻는 근거. 초자연의 신통력을 얻기 위한 4종류의 기초(基礎). 깨달음을 얻기 위한 실천수행법의 하나로, 욕신족(欲神足)·권신족(勸神足)·심신족(心神足)·관신족(觀神足)을 말한다. 욕신족(欲神足)은 뛰어난 삼매를 얻고자 바라는 것이고, 권신족(勸神足)은 뛰어난 삼매를 얻으려고 노력하는 것이며, 심신족(心神足)은 마음을 다스려 뛰어난 삼매를 얻고자 하는 것이고, 관신족(觀神足)은 지혜를 가지고 사유관찰(思惟觀察)하여 뛰어난 삼매를 얻는 것이다. 신(神)이란 신통을 말함. 묘용(妙用)의 헤아리기 어려운 것을 신(神)이라 한다. 족(足)이란 인(因; 원인처)으로서 즉 선정(禪定)을 가리킨다. 신통을 일으키는 원인이므로 신족(神足)

이라 한다. 사여의족(四如意足; catvāra-ṛddhipāda)과 같다.

사실단 【四悉檀】〔英 The four siddhanta〕 부처님의 설법을 세계실단(世界悉檀)·각각위인실단(各各爲人悉檀)·대치실단(對治悉檀)·제일의실단(第一義悉檀) 등 4종류로 나눈 것. 1. 세계실단(世界悉檀); 부처님이 범부(凡夫)의 심정에 응하여, 중생의 소망에 따라 세계의 법을 말하며, 듣는 자를 환희시키는 것. 2. 각각위인실단(各各爲人悉檀); 부처님이 중생의 소질이 깊고 얕음에 따라 각각의 사람에게 알맞은 법을 설하여 선을 행하게 하는 것. 3. 대치실단(對治悉檀); 부처님께서 탐욕이 많은 자에게는 자비의 마음을 가르치고, 어리석음이 많은 자에게는 인연관을 가르쳐서 중생의 악병(惡病)을 없애는 것. 4. 제일의실단(第一義悉檀); 중생의 능력이 성숙했을 때, 부처님이 제법실상(諸法實相)을 설하여, 진실의 깨달음에 들어가는 것이다. 실단(悉檀)은 범어(梵語) 'siddhānta'의 음역(音譯)으로, 가르침을 세우는 것. 종의(宗義)·정설(定說)이라고 하는 의미이다.

사심 【四心】 ①육단심(肉團心)·연려심(緣慮心)·집기심(集起心)·견실심(堅實心). 『선원제전집도서(禪源諸詮集都序)』에 있다. ②지혜심(智慧心)·방편심(方便心)·무장심(無障心)·승진심(勝眞心). 이 4가지 청정한 공덕을 얻으면 오념문(五念門)의 행을 완료하여 정토(淨土)에 가서 난다고 한다. 『정토론(淨土論)』에 있다. ③직심(直心)·발행심(發行心)·심심(深心)·보리심(菩提心). 이것은 육도행(六度行)의 근본이 된다. 『유마경(維摩經)』에 있다. ④사무량심(四無量心)의 줄임말.

사십구재 【四十九齋】 사람이 죽은 지 49일 만에 올리는 천도재. 불교에서 가장 중요시하는 사후의 예(禮)는 49재(齋)이다. 경(經)에 설한 바에 의하면, 사람의 존재 형태를 넷으로 구분할 수 있는데, 1. 생유(生有), 2. 사유(死有), 3. 본유(本有; 生에서 死까지의 생애), 4. 중유(中有; 이생에 죽어서 다음 生까지를 말함)가 그것이다. 그런데 중유(中有)의 정상적인 기간이 49일이다. 즉 사람이 죽은 뒤에는 일반적인 경우 49일이면 중유(中有)가 끝나고 다음 생(生)이 결정된다. 그러므로 다음 생이 결정되기 전인 48일째에 정성을 다하여 영혼의 명복을 비는 것이 49재이다. 그런데 이 49재는 크게 하는 방법과 소규모로 하는 방법이 있는데, 1. 상주권공재(常住勸供齋)는 가장 간단한 것으로 우선 불(佛)·법(法)·승(僧) 삼보(三寶)에 예경(禮敬)하고, 향(香)·등(燈)·다(茶)·화(花)·과(果)의 5가지 공양(供養)을 드리고, 끝으로 영혼을 위로하여 법어(法語)와 염불로써 천도를 행하는 의식이다. 2. 시왕각배재(十王各拜齋)는 앞의 삼보(三寶) 외에 다시 영혼의 선악을 심

ㅅ

판하는 명부세계(冥府世界)의 염라대왕 등 10대왕에게 예배 공양하여 명복을 비는 것이며, 3. 영산작법재(靈山作法齋)는 가장 범위가 큰 의식이니, 갖추어 하자면 하루 한나절이 소요된다.

사십위 【四十位】〔英 The 'forty bodhisattva positions' of the 梵網經〕『범망경(梵網經)』 상(上)에서 보살의 단계를 4가지의 십위(十位)로 나눈 것. 1. 십발취(十發趣). 십주(十住)의 위(位)로서, 대승의 수행자는 이 위에 이르러서야 비로소 불지(佛地)로 나아가려고 하는 까닭에 발취(發趣)라고 부른다. 사심(捨心)·계심(戒心)·인심(忍心)·진심(進心)·정심(定心)·혜심(慧心)·원심(願心)·호심(護心)·희심(喜心)·정심(頂心)의 열 가지. 2. 십장양(十長養). 대행(大行)의 위(位)로서, 이 위에 들어가 선근(善根)을 늘리므로 장양(長養)이라고 이름한다. 자심(慈心)·비심(悲心)·희심(喜心)·사심(捨心)·호어심(好語心)·익심(益心)·동심(同心)·정심(定心)·혜심(慧心)의 열 가지. 3. 십금강(十金剛). 십회향(十廻向)의 위(位)로서, 이 위에 들어가 견고하게 선근을 쌓으므로 금강이라고 부른다. 신심(信心)·염심(念心)·회향심(廻向心)·달심(達心)·직심(直心)·불퇴심(不退心)·대승심(大乘心)·무상심(無相心)·혜심(慧心)·불괴심(不壞心)의 열 가지. 4. 십지(十地).

사십이위 【四十二位】〔英 The forty-two stages, i.e. all above the 十信 of the fifty-two stages〕 보살이 수행하여 깨달음에 이르는 단계를 십주(十住)·십행(十行)·십회향(十廻向)·십지(十地)·등각(等覺)·묘각(妙覺)의 42위(位)로 한 것. 천태종(天台宗)의 원교(圓敎)에서 말하고 있다.

사십이장경 【四十二章經】〔英 The 'sūtra of Forty-two sections'〕 불교의 요지(要旨)를 42장으로 나누어 간명하게 말한 경전. 양(梁)의 혜교(慧皎, 497-554)가 쓴 『고승전』에서는 가섭마등(迦葉摩騰)과 축법란(竺法蘭)이 『사십이장경』 1권을 번역했다고 하는데, 그것이 중국역경의 시작이라고 기록하고 있다.

사십팔경계 【四十八輕戒】『범망경(梵網經)』이 설하는 대승계 가운데 하나. 십중계(十重戒)는 중대한 죄목이고, 비교적 경미한 죄가 48경계(輕戒)이다. 1. 스승과 벗을 공경하라. 2. 술을 마시지 말라. 3. 고기를 먹지 말라. 4. 5신채(辛菜)를 먹지 말라. 5. 계를 범한 이는 참회시켜라. 6. 법사에게 공양을 올리고, 법을 청하라. 7. 법문하는 데는 가서 들어라. 8. 대승을 그르게 여기지 말라. 9. 병난 이를 잘 간호하라. 10. 죽이는 기구를 마련해 두지 말라. 11. 나라의 사신이 되지 말라. 12. 나쁜 마음으로 장사하지 말라. 13. 비방하지 말라. 14. 불을 놓지 말라. 15. 딴 법으로 교화하지 말라. 16. 이양(利養)을 탐내지 말고, 옳게 가르치

라. 17. 세력을 믿고 달라고 하지 말라. 18. 아는 것 없이 스승이 되지 말라. 19. 두 가지로 말하지 말라. 20. 팔려가 죽거나, 고생할 것을 사서 놓아주고, 죽는 것을 구제하라. 21. 성나는 대로 때려 원수를 갚지 말라. 22. 교만한 생각을 버리고, 법문을 청하라. 23. 교만한 생각으로 잘못 일러주지 말라. 24. 불법을 잘 배우라. 25. 대중을 잘 통솔하라. 26. 혼자만 이양(利養)을 받지 말라. 27. 별청(別請)을 받지 말라. 28. 스님네를 별청하지 말라. 29. 나쁜 업으로 살지 말라. 30. 좋은 때를 공경하라. 31. 값 치르고 구해내라. 32. 중생을 해롭게 하지 말라. 33. 나쁜 것을 생각하지 말라. 34. 잠깐이라도 소승을 생각하지 말라. 35. 원을 세우라. 36. 서원을 세우라. 37. 위험한 데 다니지 말라. 38. 높고 낮은 차례를 어기지 말라. 39. 복과 지혜를 닦으라. 40. 가려서 계를 일러주지 말라. 41. 이양(利養)을 위하여 스승이 되지 말라. 42. 계(戒)를 받지 않은 이에게 포살하지 말라. 43. 계(戒) 범할 생각을 내지 말라. 44. 경전에 공양하라. 45. 중생을 항상 공양하라. 46. 높은 상에 앉아서 법문하라. 47. 옳지 못한 법으로 제한하지 말라. 48. 불법을 파괴하지 말라 등이다.

사십팔원 【四十八願】〔英 The forty-eight vows of Amitābha that he would not enter into final nirvāṇa or heaven, unless all beings shared it; the lists vary〕 아미타불(阿彌陀佛)이 법장비구(法藏比丘; Dharmākara) 때 세자재왕불(世自在王佛) 처소에서 세운 서원. 48원의 명칭은 주석자(註釋者)에 따라 다르지만 대요(大要)는 다음과 같다. 1. 무삼악취원(無三惡趣願), 2. 불경악취원(不更惡趣願), 3. 실개금색원(悉皆金色願), 4. 무유호추원(無有好醜願), 5. 숙명지통원(宿命智通願), 6. 천안지통원(天眼智通願), 7. 천이지통원(天耳智通願), 8. 타심지통원(他心智通願), 9. 신경지통원(神境智通願), 10. 속득루진원(速得漏盡願), 11. 주정정취원(住正定聚願), 12. 광명무량원(光明無量願), 13. 수명무량원(壽命無量願), 14. 성문무수원(聲聞無數願), 15. 권속장수원(眷屬長壽願), 16. 무제불선원(無諸不善願), 17. 제불칭양원(諸佛稱揚願), 18. 염불왕생원(念佛往生願), 19. 내영인접원(來迎引接願), 20. 계념정생원(係念定生願), 21. 삼십이상원(三十二相願), 22. 필지보처원(必至補處願), 23. 공양제불원(供養諸佛願), 24. 공구여의원(供具如意願), 25. 설일체지원(說一切智願), 26. 나라연신원(那羅延身願), 27. 소수엄정원(所須嚴淨願), 28. 견도량수원(見道場樹願), 29. 득변재지원(得辨才智願), 30. 지변무궁원(智辯無窮願), 31. 국토청정원(國土清淨願), 32. 국토엄식원(國土嚴飾願), 33. 촉광유연원(觸光柔輭願), 34. 문명득인원(聞名得忍願), 35. 여인

왕생원(女人往生願), 36. 상수범행원(常修梵行願), 37. 인천치경원(人天致敬願), 38. 의복수념원(衣服隨念願), 39. 수락무염원(受樂無染願), 40. 견제불토원(見諸佛土願), 41. 제근구족원(諸根具足願), 42. 주정공불원(住定供佛願), 43. 생존귀가원(生尊貴家願), 44. 구족덕본원(具足德本願), 45. 주정견불원(住定見佛願), 46. 수의문법원(隨意聞法願), 47. 득불퇴전원(得不退轉願), 48. 득삼법인원(得三法忍願) 등이다. 이상의 48원을 요약하면, 섭법신원(攝法身願) 섭정토원(攝淨土願) 섭중생원(攝衆生願)의 세 가지로 나눌 수 있다. 그러나 이 삼의(三義)는 48원의 하나하나에 통한다고 할 수 있다. 그런데 법장이 수행할 때 48원을 세운 것은 널리 일체중생을 구제하려는 자비로부터 나온 것이라고 본다면, 48원은 18. 염불왕생원에 집중 통일된다고 할 수 있다. 그래서 제18원을 왕본원(往本願)이라고도 한다. 칭명염불(稱名念佛)은 쉽게 행하고 널리 여러 근기에 통하고 최승(最勝)의 덕(德)을 갖춘 것으로 보고, 염불왕생의 본원(本願)을 고조(高調)하는 것이 정토종 등의 주장이다.

사쌍팔배【四雙八輩】 소승(小乘) 사향사과(四向四果)의 성자(聖者)를 말한다. 향(向)과 과(果)는 한 쌍(雙)으로 4종의 쌍(雙), 곧 팔배(八輩)를 말하는 것이다. 사향사과(四向四果) 항목을 참조할 것.

사아뢰야설【四阿賴耶說】 설일체유부의 『증일아함경』에 나오는 애아뢰야(愛阿賴耶)·낙아뢰야(樂阿賴耶)·흔아뢰야(欣阿賴耶)·희아뢰야(憙阿賴耶)를 말한다. 인도 유가행파(瑜伽行派 Yogācāra)의 학자인 무성(無性; Asvabhāva)은 과거·현재·미래로 분류하였는데, 애아뢰야(愛阿賴耶)는 세간중생들이 누구나 아뢰야식을 탐착(貪着)하고, 낙아뢰야(樂阿賴耶)는 현재를 애락(哀樂)하는 아뢰야식을 의미한다. 흔아뢰야(欣阿賴耶)는 과거세에 흔탐(欣貪)하였던 아뢰야식을 의미하고, 희아뢰야(憙阿賴耶)는 미래세(未來世)를 희탐(憙貪)하여 미래에 생길 아뢰야식을 의미한다고 하였다. 중생들은 과거·현재·미래에 항상 아뢰야식성(阿賴耶識性)을 바라고 즐거워하며 희구하는데, 이에 대한 대표적인 이름을 애아뢰야설(愛阿賴耶說)이라고 한다.

사아함【四阿含】『아함경(阿含經)』의 한역(漢譯)에는 4종이 있다. 즉 『장아함경(長阿含經; 22권)』, 『중아함경(中阿含經; 60권)』, 『증일아함경(增一阿含經; 51권)』, 『잡아함경(雜阿含經; 50권)』 등이다. 사부아함(四部阿含) 항목 참조.

사안락행【四安樂行】〔英 The four means of attaining to a happy contentment, by proper direction of the deeds of the body; the words of the mouth; the thoughts of the mind; and the resolve (of the will) to preach to all the Lotus sūtra〕 ①『법화경(法華經)』「안락행품」에 있는 말. 부처님이 오탁악세(五濁惡世)에서 『법화경』을 널리 퍼뜨리려는 이들에게 자행화타(自行化他)를 온전케 하기 위하여 말씀한 4가지 법. 이 4법을 쓰면 중생이 몸과 마음에 위험과 걱정되는 일이 없고, 안락한 일을 얻는다고 한다. 신안락행(身安樂行)·구안락행(口安樂行)·의안락행(意安樂行)·서원안락행(誓願安樂行) 등이다. ②『화엄경소』에서 나온 것. 필경공행(畢竟空行)·신구무과행(身口無過行)·심무질투행(心無嫉妬行)·대자비행(大慈悲行) 등이다.

사여실지관【四如實智觀】 유식종(唯識宗)에서는 가행위(加行位)에서 모든 법의 명(名)·의(義)·자성(自性)·차별(差別)의 4종을 관(觀)하여 가유실무(假有實無)라 하는 사심사관(四尋伺觀) 다음에, 다시 이 관지(觀智)에 의하여 자기의 식(識)에 있는 명(名)·의(義)·자성(自性)·차별(差別)의 4법 역시 내식(內識)을 여의고는, 실유(實有)한 것이 아니라고 아는 관법(觀法).

사여의족【四如意足】〔梵 catvāra-ṛddhipāda〕 사여의분(四如意分)·사신족(四神足)이라고도 한다. 여의(如意)는 뜻대로 자유자재롭게 한다는 말이고, 족(足)은 신통이 일어나는 각족(脚足)이 된다는 뜻이다. 이 선정을 얻는 방법에 욕(欲)·정진(精進)·심(心)·사유(思惟)의 넷이 있으므로, 일어나는 원인에 의하여 정(定)을 나눈다. 욕여의족(欲如意足)·정진여의족(精進如意足)·심여의족(心如意足)·사유여의족(思惟如意足)이 사여의족(四如意足)이다.

사연【四緣】〔梵 catvāraḥ pratyayāḥ〕 물(物)·심(心)의 온갖 현상은 4가지 인연으로 생긴다는 것. 인연(因緣)·등무간연(等無間緣)·소연연(所緣緣)·증상연(增上緣). 인연(因緣; hetu-pratyaya)은 직접의 자과(自果)를 인(因)과 연(緣)으로 함. 등무간연(等無間緣; samanantara-pratyaya)은 심(心; 마음의 본체)·심소(心所; 마음작용)가 다음 생각을 일으키게 하는 것. 소연연(所緣緣; ālambana-pratyaya)은 마음이 작용하는 대경(對境). 소연(所緣)은 마음에 대하여 연(緣)이 되어서 활동을 일으키는 것이므로 소연연(所緣緣)이라 함. 증상연(增上緣; adhipati-pratyaya)은 유력증상연(有力增上緣)과 무력증상연(無力增上緣)이 있다. 전자는 다른 현상〔法〕이 생기는 데 힘을 주는 연(緣)이고, 후자는 다른 현상이 생기는 것을 장애하지 않는 연(緣)이다.

사왕천【四王天】〔梵 Catur-mahārāja-kāyikās, 英 the four heavens of the four deva-kings, i.e. the lowest of the six heavens of desire〕 사천왕(四天王)이 있는 하늘. 또는 4천왕(天王). 욕계 6천(天)의 하나. 수미산 중턱, 해발 4만 유순에 있는 4하늘. 지국천(持國天)·증장천(增長天)·광목천(廣目天)·다문천(多聞天) 등이다. 키는 반 유순(由旬), 수명은 5백세〔1주야가 인간의 50년이라 함〕, 이 4천(天)의 왕은 33천(天)의 주(主)인 제석천(帝釋天)을 섬기며, 8부(部) 귀신을 지배하여, 불법(佛法)에 귀의(歸依)한 이들을 보호한다고 한다. 사천왕(四天王).

사위성【舍衛城】〔梵 Śrāvasti〕 중인도(中印度) 코살라국의 수도. 석가모니불 재세시에 바사익왕·유리왕이 살았다. 성 남쪽에는 유명한 기원정사(祇園精舍; Jetavana-vihāra)가 있었다. 사위성을 사위국이라고도 하는데, 이는 남쪽의 코살라국과 구별하기 위하여 성 이름을 나라 이름으로 한 것이다. 지금의 인도 곤라주의 세트마헤트에 해당된다.

사유【四有】〔梵 bhava-catuṣṭaya〕 중생들이 윤회전생하는 일기(一期)를 넷으로 나누어 설명하는 말. 1. 중유(中有); 전생과 금생 또는 금생과 내생의 중간에 있는 몸. 2. 생유(生有); 금생에 입태하는 맨 처음의 몸. 3. 본유(本有); 태어나서 죽을 때까지의 몸. 4. 사유(死有); 금생의 목숨이 끊어지는 찰나. 욕계와 색계의 유정물은 모두 이 사유(四有)를 갖추고 있다.

사유수【思惟修】 선(禪; dhyāna, jhāna)의 구역(舊譯). 마음을 하나의 대상에 경주(傾注)하여 정신을 통일하는 수행.

사은【四恩】 네 가지 은혜. 『아차말보살경(阿差末菩薩經)』에는 보시(布施)·인애(仁愛)·이익(利益)·등여(等與)를, 『정법념경(正法念經)』에는 부모은(父母恩)·여래은(如來恩)·설법은(說法恩)·사(師)의 은(恩)을, 『석씨요람(釋氏要覽)』에는 부모은(父母恩)·사장은(師長恩)·국왕은(國王恩)·시주은(施主恩)을, 『심지관경(心地觀經)』에는 부모은(父母恩)·중생은(衆生恩)·국왕은(國王恩)·삼보은(三宝恩)을 들고 있다. 일반적으로는 부모의 은혜·스승의 은혜·국왕의 은혜·시주의 은혜를 말한다.

사의단【四意斷】〔梵 catvāri, samyak prahāṇāni, 巴 cattāro samma-ppadhānā〕 사정근(四正勤)과 같다. 사정근(四正勤) 항목을 참조할 것.

사자분신삼매【師子奮迅三昧】〔梵 Siṃha-vijṛmbha-samādhi〕 사자빈신삼매(師子嚬伸三昧)·사자위삼매(師子威三昧)라고도 한다. 사자가 분신(奮迅)하면 그 동작이 민첩한 것처럼, 여래(如來)가 대위력(大威力)을 나타내는 선정(禪定)을 비유한다.

사자산문【師子山門】 사자산파(師子山派)라고도 한다. 신라 9산문(山門)의 하나. 당(唐)나라에 가서 남전보원(南泉普願, 748-834)의 법을 받아온 도윤(道允, 798-868)이 문성왕(文聖王) 때 사자산(師子山; 지금의 영월에 있음)의 흥녕사에서 개칭한 선문.

사자상승 【師資相承】 스승이 제자에게 법을 전해 주고, 제자는 그 법을 이어받아 다시 제자에게 전해 줌으로써 그 법맥이 끊어지지 않게 하는 것.

사자상전 【師資相傳】 스승과 제자 사이에 이루어지는 법의 전승 형태를 가리키는 말. 사자상승(師資相承)과 같다.

사자좌 【獅子座】 〔梵 siṁhāsana, 英 A lion throne, or couch〕 ①부처의 자리·부처의 경지. 부처님이 모든 사람들 속에 있는 것이 마치 사자가 뭇 동물들 속에 있는 것처럼 우뚝 높다고 해서 이와 같이 말한다. ②부처님이 앉는 상좌(上座). 부처님은 인간에서 가장 높은 지위에 있는 분이므로 부처님이 설법할 때 앉는 높고 큰 상을 사자좌(獅子座)라고 한다.

사자후 【獅子吼】 〔梵 simhanada, 英 The lion's roar, a term designating authoritative or powerful preaching〕 ①부처님의 설법. 사자가 한 번 크게 부르짖으면 뭇 짐승이 놀라는 것처럼, 부처님이 한 번 설법하면 뭇 악마가 굴복하게 된다는 뜻에서 이렇게 말한다. ②크게 부르짖어 열변을 토하는 연설을 비유하는 말.

사쟁 【四諍】 율종(律宗)에서 비구들이 일으키는 4가지 다툼. 곧 언쟁(言諍)·멱쟁(覓諍)·범쟁(犯諍)·사쟁(事諍)을 말한다. 1. 언쟁(言諍)은 교리에 대하여 옳고 그름을 논쟁하는 것이요, 2. 멱쟁(覓諍)은 비구들의 허물을 들추어내서 없애려고 하는 논쟁이며, 3. 범쟁(犯諍)은 비구 등이 죄를 범하고도 아직 드러나지 않았을 때에 그 죄상이 명백하지 아니하므로 이를 의논함에 생기는 논쟁이고, 4. 사쟁(事諍)은 비구가 수계(受戒) 또는 참회하는 작법에 대하여 이를 평론할 적에 의견이 일치되지 않는 데서 생기는 논쟁이다.

사정 【四定】 〔英 The four dhyāna heavens of form, and the four degrees of dhyāna corresponding to them〕 유식에서 가행위(加行位)의 사선근(四善根)을 닦을 때 그 체(體)인 명득정(明得定)·명증정(明增定)·인순정(印順定)·무간정(無間定)을 말한다. 명득정(明得定)은 난위(煖位)에서 하품심사관(下品尋伺觀)으로 대경(對境)이 공무(空無)함을 관하는 정(定)이고, 명증정(明增定)은 정위(頂位)에서 상품심사관(上品尋伺觀)으로 대경이 공무(空無)함을 관하는 정(定)이며, 인순정(印順定)은 인위(忍位)에서 하품여실관(下品如實觀)을 일으켜 대경(對境)이 공무(空無)함을 인정하고 뒤에 자기 심식(心識)이 공무함을 관하는 정(定)이며, 무간정(無間定)은 세제일위(世第一

位)에서 상품여실지(上品如實智)를 일으켜 자기의 심식이나, 그 대경이 모두 공무(空無)함을 인가(印可), 인허(認許)하는 정(定)이다. 여기서 바로 견도(見道)에 들어가 진리를 보게 된다.

사정근【四正勤】〔梵 catvāri-samyakprahānāni, 英 The four right efforts〕사정단(四正斷)·사정승(四正勝)·사의단(四意斷)이라고도 한다. 열반에 나아가기 위하여 수행함에 37류가 있는 가운데 사념처(四念處) 다음에 닦는 법(法). 선(善)을 더욱 자라게 하고 악(惡)을 멀리 여의려고 부지런히 수행하는 4가지 법. 1. 이미 생긴 악(惡)을 없애려고 노력함. 2. 아직 생기지 않은 악(惡)은 미리 방지하려고 노력함. 3. 이미 생긴 선(善)을 더욱더 자라게 하려고 노력함. 4. 아직 생기지 않은 선(善)은 생기도록 노력함을 말한다.

사정단【四正斷】〔梵 samyak prahāna〕①사정근(四正勤)을 말한다. ②단단(斷斷)·율의단(律儀斷)·수호단(隨護斷)·수단(修斷)을 말한다. 일어나는 악(惡)을 끊고 또 끊으므로 단단(斷斷)이라 하고, 계율을 지키고 위의(威儀)를 갖추어서 악(惡)이 일어나지 못하게 하므로 율의단(律儀斷)이라 하며, 무루의 정도(正道)를 순서에 따라 수호하여 퇴몰(退沒)하지 않도록 하며, 악법이 일어나지 못하게 하므로 수호단(隨護斷)이라 하며, 능히 닦음으로써 정도(正道)를 수행하며 그것을 생장(生長)하도록 하여 모든 악을 끊어 없애므로 수단(修斷)이라 한다.

사정려【四靜慮】〔梵 catvāri-dhyānāni, 英 The four dhyāna (heavens)〕혹은 사선(四禪)·색계정(色界定)이라고도 한다. 사선 항목 참조.

사정정【四淨定】〔英 The 'pure' dhyāna, i.e. one of the 三定 Three dhyānas; this dhyāna is in four parts〕사선(四禪)·사무색(四無色)의 8지(八地)의 정(定)에 미정(味定)·정정(淨定)·무루정(無漏定)의 3종이 있다. 그 가운데 정정(淨定)에 순퇴분정(順退分定)·순주분정(順住分定)·순승진분정(順勝進分定)·순결택분정(純決擇分定) 등 4종의 분별이 있다. 1. 순퇴분정(順退分定); 미정(味定)을 수순하여 장차 본정(本定)의 자리로 물러난 것. 2. 순주분정(順住分定); 정(定)의 당분(堂分)에 주(住)하여 물러나지도 않고 나아가지도 않는 자리. 3. 순승진분정(順勝進分定); 정력(定力) 증진이 상지(上地)의 정(定)한 자리에 따르는 것. 4. 순결택분정(純決擇分定); 결택은 무루지(無漏智)의 이름으로 정정(淨定)의 힘을 더욱 증진하여 무루지에 순(順)하고 무루정(無漏定)을 소의(所依)하는 자리를 일으키는 것. 이상의 차례는 번뇌·자지(自地)·상지(上地)·무루(無漏)의 순(順)으로 하는 것이다.

사정취【邪定聚】〔梵 mithyātva-niyata-rāśi〕 삼정취(三定聚; 正定聚·邪定聚·不定聚)의 하나. 사성정취(邪性定聚)와 같음. 깨달은 일이 없는 중생(衆生)을 말함.

사제【四諦】〔梵 catvāriārya-satyāni, 巴 catu-sacca, 英 Four Noble Truths〕 불교의 근본교설로서 네 가지 성스러운 진리. 고제(苦諦)·집제(集諦)·멸제(滅諦)·도제(道諦)를 말함. 사성제(四聖諦)의 약칭. '사진제(四眞諦)'라고도 한다. 4가지는 다음과 같다. 1. 괴로움〔苦諦〕; 인생은 괴로운 것이라는 뜻. 괴로움에는 탄생〔혹은 再生〕, 늙음, 병듦, 죽음으로부터 오는 괴로움과, 사랑하는 사람과 헤어짐, 미워하는 사람과의 만남, 구하여도 얻지 못함, 그리고 오음(五陰; 색수상행식), 즉 정신적·육체적으로 번뇌와 욕망이 치성해서 받는 괴로움 등 이상의 8가지 종류가 있다. 이러한 분석은 현실세계란 즐거움은 없고 괴로움뿐이라는 것, 그것이 곧 진실이라는 것을 보여 준다. 2. 괴로움이 일어나는 원인〔苦集〕; 괴로움의 원인은 집착·욕망, 즉 갈망(渴望; 愛)이며, 갈망의 대상은 사람들이 욕구(欲求)하는 것, 생존, 소멸이라는 3종류이다. 3. 괴로움의 소멸〔苦滅〕; 갈망과 욕망이 소멸된 열반의 세계. 열반의 세계는 안온하다는 것. 4. 괴로움의 소멸에 이르는 방법〔苦滅道〕; 열반에 이르는 방법은 1. 올바른 견해〔正見〕, 2. 올바른 의지〔正思〕, 3. 올바른 말〔正語〕, 4. 올바른 행위〔正業〕, 5. 올바른 생업(生業; 正命), 6. 올바른 노력〔正精進〕, 7. 올바른 사념(思念; 正念. 곧 마음 챙김. 알아차림으로서 사띠), 8. 올바른 정신통일〔正定〕 등 팔정도(八正道)이다. 사성제 항목 참조.

사제【師弟】 ①법계(法系) 상으로 아우뻘 되는 사람. ②같은 스승의 제자로서, 나보다 나중에 입산(入山), 수계한 사람. 법제(法弟)라고도 한다.

사종【四宗】〔英 The four kinds of inference in logic common, prejudged or opposing, insufficiently founded, arbitrary〕 ①인명(因明)의 종법(宗法)에 4종(種)이 있는데, 그것을 사종(四宗)이라고 한다. 곧 변소허종(遍所許宗; 눈으로 色을 보는 것과 같음을 말함. 彼此가 다 共許한 것)·선승품종(先承稟宗; 불제자가 불제자를 향하여 諸法이 모두 空하다고 주장하는 것과 같은 것)·방빙의종(傍憑義宗; 소리가 무상하다고 주장하는 것과 같이 無我의 뜻을 傍憑하여 나타내는 것)·불고론종(不顧論宗; 前의 三宗을 除하고는 立者를 따라 즐기며 하고자 하는 대로 다시 돌아봄이 없는 것) 등을 말한다. ②제(齊)나라 때 대행사(大行寺)의 담은(曇隱)이 세운 교판. 인연종(因緣宗; 立性宗)·가명종(假名宗; 破性宗)·부진종(不眞宗; 破相宗)·진종(眞宗; 顯實宗) 등이다.

ㅅ

사종도리【四種道理】『해심밀경』 5권에 나오고 있는 1. 관대도리(觀待道理; 相待道理), 2. 작용도리(作用道理; 因果道理), 3. 증성도리(証成道理; 成就道理), 4. 법이도리(法爾道理; 法然道理)를 말한다. 1. 관대도리(觀待道理): 인연으로 생겨서 생멸 변화하는 물(物)·심(心)의 현상인 유위법(有爲法)은 반드시 인과(因果)를 대대(對待)하여 인(因)은 과(果)를 낳고, 과(果)는 인(因)을 연유하여 변하지 않는 이치를 내는 것. 2. 작용도리(作用道理): 인연이 생기는 유위법이 반드시 가지가지 업용(業用)을 짓는 작용이 있으므로 작용도라 한다. ③증성도리(証成道理): 현량(現量)·비량(比量)·성교량(聖教量)에 의하여 증성(証成)하는 진정한 도리를 말하는 것. 4. 법이도리(法爾道理): 여래(如來)의 출세(出世)와 불출세(不出世)에 관계없이 본래 법계(法界)에 안주하는 자이도리(自爾道理)를 말하는 것이다.

사종무명【四種無明】 유식설(唯識說)에서 무명(無明; avidyā)을 수면무명(隨眠無明), 전무명(纒無明), 상응무명(相應無明), 불공무명(不共無明) 등 4종류로 나눈 것. 1. 수면무명(隨眠無明)은 생류(生類)에 따라서 아라야식에 잠재하는 무명의 종자를 말하며, 2. 전무명(纒無明)은 전박(纒縛)이라고도 하는데, 생류(生類)의 심성(心性)에 달라붙어, 생사에 집착하게 하는 무명이 현세에 나타나 있는 것을 말하며, 3. 상응무명(相應無明)은 근본번뇌인 탐욕 등과 결부되어 일어나는 무명을 말하며, 4. 불공무명(不共無明)은 탐욕 등에 결부되어 일어나지 않고, 단독으로 일어나는 무명을 말한다. 즉 무명을 종자인 수면(隨眠; anuśaya)과 현세에 나타나 있는 전(纒; prayāvasthāna)의 두 가지로 나누고, 전(纒)을 또한 상응(相應)·불공(不共) 두 가지로 나눈 것으로, 수면은 아라야식에, 상응은 전6식(前六識)에, 불공(不共)은 전6식(前六識)·말나식(末那識)에 해당된다.

사종방편【四種方便】『대승기신론』에서 대승의 믿음을 성취한 보살이 진여(眞如)를 나타내기 위하여 닦는 4가지 수행. 곧 행근본방편(行根本方便)·능지방편(能止方便)·발기선근증장방편(發起善根增長方便)·대원평등방편(大願平等方便). 1. 행근본방편(行根本方便)은 다음 2행(行)의 근본이 되는 것. 보살은 큰 지혜가 있으므로 생사해(生死海)에 있으면서 열반의 증(証)에 주(住)하고, 열반에 주(住)하면서 생사해(生死海)에 와서 중생을 섭화(攝化)한다. 이것은 진여(眞如)의 불변(不變)과 수연(隨緣)의 두 뜻이 계합한다. 2. 능지방편(能止方便)은 소극적 자리(自利)의 행(行)으로 죄업을 참회하고, 나쁜 것을 자라지 못하게 하는 것이다. 이것은 진여(眞如)가 일분(一分)의 악법(惡法)도 머물러 두지 않는 뜻에 계합한다.

3. 발기선근증장방편(發起善根增長方便)은 적극적 자리(自利)의 행(行)으로 삼보(三寶)에 공양·예배하고, 신심(信心)을 증장(增長)하여 보리(菩提)를 구하는 것이다. 이것은 진여(眞如)의 자성(自性)이 청정하여 우치(愚痴)한 장(障)을 여의는 뜻에 계합한다. 4. 대원평등방편(大願平等方便)은 보살이 다른 중생을 깨닫게 하기 위하여 시간적으로 미래제(未來際)를 다하고, 공간적으로 일체중생을 빠짐없이 제도하려는 평등한 대원(大願)을 세우는 것이다.

사종법신【四種法身】밀교(密敎)에서 대일여래(大日如來; Mahāvairocana)에 대하여 말하는 네 가지 법신. 자성법신(自性法身)·수용법신(受用法身)·변화법신(變化法身)·등류법신(等流法身)을 말한다. 1. 자성법신은 온갖 법의 본체로서 삼세(三世)에 상주(常住)하는 불신(佛身)이며, 이를 이(理)·지(智)의 두 방면으로 보아, 이법신(理法身)·지법신(智法身)으로 나누는데, 이법신은 육대(六大) 중의 앞에 오대(五大)를 내용으로 하는 불(佛)로서 태장계 만다라의 대일여래이고, 지법신은 제6의 식대(識大)를 내용으로 하는 불(佛)로서 금강계의 대일여래. 2. 수용법신(受用法身)은 온갖 법의 자성인 절대계로부터 상대계에 나타난 사불(四佛)의 세계이니, 여기에는 2종이 있다. 첫째 자수용법신(自受用法身)은 스스로 증득한 경지를 스스로 맛보는 불신(佛身)이요, 둘째 타수용법신(他受用法身)은 십지(十地) 보살을 위하여 법을 말하는 불신(佛身)이다. 3. 변화법신은 십지(十地) 전의 보살과 이승(二乘)과 범부를 위하여 설법하는 법신이니, 석존과 같이 기류(機類)를 따르고 국토에 응하여 나타나는 불(佛)이다. 4. 등류법신은 불계(佛界)를 제(除)한 다른 세계에 응하여 여러 가지 형태를 나타내며 설법하는 불신(佛身)이니, 관세음보살의 32응신과 같은 것이다.

사종불선【四種不善】『구사론』 14에서 나오는 승의불선(勝義不善)·자성불선(自性不善)·상응불선(相應不善)·등기불선(等起不善) 등 4종류의 불선(不善). 1. 승의불선(勝義不善)은 진리의 진실한 의의에 따라, 불선(不善)의 뜻을 정하는 것. 이 뜻에 의하면 일체의 유루법(有漏法), 곧 생사법은 모두 불선(不善)하다는 것이다. 이 가운데 비록 선과 불선이 있으나, 모두 고(苦)로 자성(自性)을 삼아 극히 안은(安隱)하지 않음이 오히려 불치병과 같다는 것이다. 2. 자성불선(自性不善)은 본질적으로 그 성질이 불선(不善)한 것이다. 무참(無慚)·무괴(無愧)와 탐·진·치(貪·瞋·痴)가 이에 딸린다. 3. 상응불선(相應不善)은 무참·무괴, 탐·진·치 삼독(三毒)과 상응하는 심(心)·심소(心所)를 말한다. 4. 등기불선(等起不善)은 신업(身業)과 어업(語業)을 말하는 것이다. 자성불선·

상응불선에 따라 일어나는 몸·입의 표업(表業)·무표업(無表業)과 불상응행법(不相應行法)을 말한다.

사종불토【四種佛土】천태학에서 석존(釋尊) 일대의 설법을 네 가지로 나누는데, 장교(藏敎)·통교(通敎)·별교(別敎)·원교(圓敎)이다. 그리고 그 원칙에 따라 불토(佛土)에도 동거토(同居土)·방편유여토(方便有餘土)·실보토(實報土)·적광토(寂光土)가 있다. 동거토는 범부와 성인이 섞여 사는 삼계(三界) 안에 있는 세계요, 방편유여토는 성문(聲聞)이나 연각(緣覺)으로 과(果)를 얻은 이나, 십지(十地) 이전의 보살들이 가서 태어나는 삼계(三界) 밖의 정토(淨土)이며, 실보토는 중도(中道)의 이치를 증득한 이가 가서 나는 정토이며, 적광토(寂光土)는 진리와 지혜가 일치된 각자(覺者)가 거주하는 세계이다.

사종삼매【四種三昧】〔英 The four samaya〕 천태지의(天台智顗)가 마하지관에서 세운 4가지 삼매. 1. 상좌삼매(常坐三昧): 90일을 기한으로 하여 한 부처를 향하여 단정히 앉아서 진리의 참모습을 생각하는 삼매 수행. 2. 상행삼매(常行三昧): 역시 90일을 기한으로 하여 늘 도량이나 불상 주변을 돌면서 아미타불을 부르는 삼매 수행. 3. 반행반좌삼매(半行半坐三昧): 7일이나 21일을 기한으로 하여 불상 주위를 돌기도 하고〔半行〕 좌선하기도 하면서〔半坐〕 참회·독경하는 수행. 4. 비행비좌삼매(非行非坐三昧): 기간이나 동작에 관계없이 자신의 뜻대로 닦는 삼매 수행.

사종삼보【四種三寶】1. 일체삼보(一體三寶) 또는 동체삼보(同體三寶)·동상삼보(同相三寶). 삼보의 각각에 각각의 의미가 있는 것을 말함. 깨달음의 의미가 있는 것이 불보(佛寶), 궤범(軌範)의 의미가 있는 것이 법보(法寶), 계(戒)를 지키고 화합하는 것이 승보(僧寶)임. 또한 승(僧)에게는 관지(觀智)가 있는 것이 불보(佛寶), 궤범이 있는 것이 법보(法寶), 화합이 있는 것이 승보(僧寶)임. 2. 이체삼보(理體三寶). 진여(眞如) 그 자체에 각성(覺性)·법상(法相)·무위쟁과(無違諍勝)의 3가지를 들어 삼보라 한 것. 3. 화상삼보(化相三寶)·별체삼보(別體三寶)·진실삼보(眞實三寶). 대승의 삼보에서는 제불의 삼신(三身)을 불보, 육도(六度)를 법보, 성자를 승보라 하고, 소승에서는 육체를 가진 화신(化身)을 불보, 사제(四諦)·12인연의 법을 법보, 사과(四果)·연각(緣覺)을 승보로 한 것을 말함. 4. 주지삼보(住持三寶). 불멸후에 있는 삼보에 대해서 말함. 목불(木佛)·화상(畵像)을 불보(佛寶), 삼장(三藏)의 문구를 법보(法寶), 스님을 승보(僧寶)라 한다.

사종선【四種禪】『능가경』 제3권 「집일체법품(集一切法品)」에 나오는 선정(禪定)의 4가지. 우부소행선(愚夫所行禪)·관찰의상선(觀察義相禪)·반연진여선(攀緣眞如禪)·여래청정선(如來淸淨禪; 諸如來禪)을 말한다. 1. 우부소행선(愚夫所行禪)은 외도(外道)나 성문(聲聞)·연각(緣覺)이 인무아(人無我)의 아공(我空)에 집착하여 자기와 타인의 몸을 무상(無常)·고(苦)·부정(不淨)한 모습〔相〕으로 관찰하여 무상멸정(無想滅定)을 추구하는 것을 말한다. 2. 관찰의상선(觀察義相禪)은 인무아(人無我)와 법무아(法無我) 등 아법이공(我法二空)의 입장에서 제법(諸法)의 뜻과 모습〔義相〕을 관찰하는 것을 말한다. 3. 반연진여선(攀緣眞如禪)은 인무아(人無我)니 법무아(法無我)니 하는 공(空)의 도리(道理)에 집착한다면, 이것은 공(空)에 치우친 것으로서 중도(中道)의 입장에서 벗어나 분별심과 허망한 생각을 낸 것이므로, 진여(眞如)를 여실(如實)히 알아서 분별(分別)을 일어나지 않게 하는 선(禪)을 말한다. 4. 여래청정선(如來淸淨禪)은 깨달음의 지혜를 얻어 스스로 해탈하여 불지(佛地)에 들어가 법락(法樂)을 받으며, 다시 중생을 위하여 부사의(不思議)한 깨달음의 지혜를 실천하는 것이다. 이 4종선은 서로 동등한 관계가 아니고 얕고 깊음이 있는데, 우부소행선이 가장 낮은 단계이며, 여래청정선이 최고의 단계이다.

사종성불 【四種成佛】『점찰경(占察經)』상(上)에 나오는 신만성불(信滿成佛)·해만성불(解滿成佛)·행만성불(行滿成佛)·증만성불(証滿成佛) 등을 말한다. 1. 신만성불(信滿成佛)은 종성지(種性地)의 결정(決定)에 의하여 신(信)에서 제법이 불생불멸하고, 청정평등(淸淨平等)하여 원(願)하고 구(求)함이 없는 것이요, 2. 해만성불(解滿成佛)은 해행지(解行地)에 의하여 깊이 법성(法性)을 해득(解得)하고 무조무작(無造無作)하여 생사(生死)의 생각과 열반의 생각을 일으키지 않으므로 마음에는 두려움과 즐거움이 없는 것이며, 3. 행만성불(行滿成佛)은 구경(究竟)의 보살에 의하여 일체의 무명법장(無明法障)을 제(除)하고 보리(菩提)의 원(願)을 행하여 모두 구족한 것을 말한다. 4. 증만성불(証滿成佛)은 정심지(淨心地)에 의하여 무분별(無分別)한 적정법지(寂靜法智)와 불가사의한 승묘(勝妙)의 공덕을 얻는 것을 말한다.

사종세속제 【四種世俗諦】 법상종(法相宗)에서 진(眞)·속(俗)을 4가지로 나눈 이종사제(二種四諦) 가운데 하나. 곧 세간세속제(世間世俗諦)·도리세속제(道理世俗諦)·증득세속제(証得世俗諦)·승의세속제(勝義世俗諦)를 말한다. 1. 세간세속제(世間世俗諦)는 유명무실제(有名無實諦)라고도 하는데, 이름만 있고 실체는 없는 것이다. 예컨대, 노끈을 뱀으로 잘못 보는 것과 같은 따위이다. 2. 도리세속제(道理世俗諦)는 수사차별제(隨事差別諦)라고도 한다. 도리상으로 차별하여 말하는 것이다. 예컨대, 세계(世界)를 구성한 요소인 오온(五蘊)·십이처(十二處)·십팔계(十八界) 등 도리에 맞게 차별하여 알기 쉽도록 한 것이다. 3. 증득세속제(証得世俗諦)는 방편안립제(方便安立諦)라고도 한다. 논리적으로 차별하여 말하는 미(迷)의 인과(因果)와 오(悟)의 인과(因果)의 사제(四諦)를 말한 것이다. 이것은 전미개오(轉迷開悟)의 수단으로 말한 것이므로 방편안립제라고 한다. 4. 승의세속제(勝義世俗諦)는 이공진여(二空眞如)이다. 성자(聖者)만이 알 수 있는 것을 가(假)라 하고, 말에 의하여 이공(二空)의 이름을 세웠으므로 가명안립제(假名安立諦)라 한다.

사종승물 【四種僧物】 승려가 소유하는 집물(什物)을 4가지로 나눈 것. 1. 상주(常住)의 상주(常住). 절에 속한 것으로 승려가 사용함. 논밭·기구 따위. 2. 시방(十方)의 상주(常住). 길가에 나아가 시방(十方)에서 오고 가는 승려에게 공양하는 죽과 밥. 3. 현전(現前)의 현전(現前). 시주가 절에 가서, 그 절 승려에게 보시하는 공물(供物). 4. 시방(十方)의 현전(現前). 시주(施主)가 절에 가서 시방의 승려를 청하여, 오는 승려들에게 보시하는 공물(供物).

사종십이인연 【四種十二因緣】 1. 찰나(刹那). 이는 찰나에 12지(支)를 세운 것. 찰나 사이에 탐심을 일으켜 살생을 행하여 12지(支)를 구유(具有)한 것. 즉 탐은 무명으로 살생을 행하도록 생각하며, 이 행을 생각하여 살생하는 사람을 요별(了別)하여 모든 경계의 일에 미치는 것. 이 식(識)은 그 식(識)이 가지고 있는 색(色)·상(想)·행(行)의 삼온(三蘊)을 명색(名色)이라 하며, 명색은 총(總), 육처(六處)는 별(別)이라 하며, 별(別)은 반드시 총(總) 안에 주(住)하는데, 주하는 바가 곧 이 육처(六處)이다. 의처(依處)가 근(根)이 되어 그 나머지 식(識)이 근(根)에 합하므로 심소(心所)가 생기는 것을 촉(觸)이라 하며, 촉(觸)을 거느리는 심소(心所)를 수(受)라 한다. 탐(貪)은 곧 애(愛)가 되어 탐과 같이 상응하는 모든 번뇌를 취(取)라 하고, 이것을 의지하여 일어나는 신(身)·어(語) 이업(二業)을 유(有)라 하며, 이같이 모든 법이 생기는 것을 생(生)이라 하고, 그 법이 변화하는 것을 노(老)라 하며, 그 법이 끝에 가서 쇠멸하는 것은 사(死)라 한다. 그러므로 찰나에 완전히 12지(支)가 함께 있는 것이다. 2. 연속(連續). 이는 12지(支)의 인과가 끊임없이 일어나는 것을 말한다. 3. 분위(分位). 이는 나누어진 위치란 뜻이다. 차별한 데에 세워진 위치. 4. 원속(遠續). 이는 순후수업(順後受業)과 부정수업(不定受業)에 의하여 앞의 분위(分位)의 오온(五蘊)이 격월(隔越)하여 생기므로 비롯함이 없이 원속(遠續)의 인과를 따르는 것이다.

사종연기 【四種緣起】 1. 업감연기(業感緣起), 2. 뇌야연기(賴耶緣起), 3. 여래장연기(如來藏緣起), 또는 진여연기(眞如緣起), 4. 법계연기(法界緣起) 또는 법계무진연기(法界無盡緣起)·무진연기(無盡緣起)를 말한다.

사종열반 【四種涅槃】 법상종에서 열반을 4종류로 나누어서 말한 것. 1. 만유 근본의 진여(眞如)를 말하는 본래자성청정열반(本來自性淸淨涅槃), 2. 번뇌장을 단멸하여 나타난 진여를 말하는 유여의열반(有餘依涅槃), 3. 마음에 번뇌장을 끊고, 나아가 오온(五蘊)이 화합하고 있는 신체도 멸하여 적정하게 된 무여의열반(無餘依涅槃), 4. 번뇌장과 소지장(所知障)을 끊고, 생사(生死)와 열반(涅槃)은 차별이 없다고 하는 깊은 지혜를 얻어, 열반에도 머물지 않고 생사(生死)를 싫어하지 않으며 중생을 교화하며, 더욱이 생사에 집착하지 않는 완전히 미혹을 떠난 무주처열반(無住處涅槃) 등이다.

사종왕생 【四種往生】 정념왕생(正念往生)·광란왕생(狂亂往生)·무기왕생(無記往生)·의념왕생(意念往生)을 말한다. 1. 정념왕생(正念往生)은 『아미타경(阿彌陀經)』에서 설한 심부전도(心不顚倒) 즉득왕생(卽得往生)이다. 2. 광란왕생(狂亂往生)은 이 사람의 일생(一生)이 악업(惡業)으로 지옥의 맹화(猛火)가 일시에 몰려와 핍박하여 괴롭혀서 광란할 때 선지식(善知識)을 만나서 일성(一聲) 혹은 십성(十聲)의 염불을 지어 극락에 왕생하는 것이요, 3. 무기왕생(無記往生)은 이 사람은 평생에 귀명신심(歸命信心)을 발득(發得)하였으므로 임종 때에 과거의 업인(業因)에 의하여 비록 심신(心神)이 쇠약하여 무기(無記)가 되어 능히 염불하지 못하나 종전의 염불로 반드시 왕생을 얻는 것이요, 4. 의념왕생(意念往生)은 만약 사람이 임종(臨終) 때에 비록 출성(出聲)하지 않고 불(佛)을 칭(稱)하여 오직 뜻으로 아미타불을 염(念)하여서 곧 왕생을 얻는 것이다.

사종자량 【四種資糧】 『유가론(瑜伽論)』에서 설한 복덕자량(福德資糧)·지덕자량(智德資糧)·선세자량(先世資糧)·현법자량(現法資糧)을 말한다. 1. 복덕자량이란 보시(布施) 지계(持戒) 등의 선근공덕(善根功德)을 말하고, 2. 지덕자량은 정관(正觀)을 수습(修習)하여 묘지(妙智)를 근구(勤求)하는 것을 말하고, 3. 선세자량은 숙세(宿世)에 쌓인 선근(善根)에 따라 금생에 스스로 완전 구비된 복(福)과 지혜(智慧)가 자량이 됨을 말하고, 4. 현법자량(現法資糧)은 금생에 수습(修習)한 복과 지혜가 자량(資糧)이 됨을 말한다.

사종중도 【四種中道】 줄여서 4중(四中)이라고도 함. 중도(中道)를 설명하는 데 네 가지를 세우는 것. 즉 1. 대편중(對偏中), 2. 진편중(盡偏中), 3. 절

ㅅ

대중(絶待中), 4. 성가중(成假中)을 말한다. 1. 대편중(對偏中). 단견(斷見)·상견(常見)의 견해를 갖고 있는 이의 병(病)을 고쳐 주기 위한 중도. 2. 진편중(盡偏中). 단견·상견의 견해를 여읜 곳에 나타내는 중도. 3. 절대중(絶待中). 단견·상견의 잘못된 소견을 없앤 곳에 이를 다시 소탕(掃蕩)하기 위하여 말하는 중도. 중(中)도 아니고 편(偏)도 아닌, 말할 길 없고 생각할 수 없는 경지를 억지로 중도라 이름함. 4. 성가중(成假中). 가(假)를 성립하기 위한 중도.

사종화엄경【四種華嚴經】천태학에서 『화엄경(華嚴經)』의 내용을 구분하여 4종으로 나눈 것. 즉 1. 전분화엄(前分華嚴), 2. 후분화엄(後分華嚴), 3. 시장화엄(時長華嚴), 4. 법계화엄(法界華嚴)을 말한다. 1. 전분화엄(前分華嚴): 부처님이 성도하신 후 삼칠일의 설법. 8회 가운데 앞의 7회를 말하는 것. 2. 후분화엄(後分華嚴): 삼칠일 이후의 설법으로, 제8회의 「입법계품(入法界品)」을 말함. 이 회 가운데는 사리불(舍利佛) 등의 성문이 좌중에 있었으므로 삼칠일의 설법이 아님을 알 수 있다. 3. 시장화엄(時長華嚴): 삼칠일 후에 부처님께서 장차 이 세상이 다할 때에 그 기(機)를 대하여 화엄의 법을 설한 것. 그 가운데 부처님 일대 중의 시장화엄을 아난(阿難)이 결집하여 삼칠일에 설한 전분화엄의 뒤에 부촉한 것으로, 즉 후분화엄을 말하는 것. 4. 법계화엄(法界華嚴): 이것은 경질(經帙)에 의하지 아니하고 일대교(一代教) 가운데 법계와 이치를 설한 통칭이다.

사주지【四住地】〔英 The four states or conditions found in mortality; wherein are the delusions of misleading views and desires〕줄여서 사주(四住)라 한다. 삼계(三界)의 견(見)·사(思)의 번뇌를 4가지로 구별하는 것. 주지(住地)라 함은 일체 번뇌를 내는 근본 의지처라는 뜻이다. 삼계(三界)의 일체 견혹(見惑)을 견일체주지(見一切住地)라 하고, 사혹(思惑)을 욕계(欲界)·색계(色界)·무색계(無色界)의 순서로 나누어 욕애주지(欲愛住地)·색애주지(色愛住地)·유애주지(有愛住地)라 한다. 이 사주지(四住地)에 무명주지(無明住地)를 더하여 오주지(五住地)라 한다.

사중금계【四重禁戒】〔巴 cattaro pārājikā, 英 The four grave prohibitions, or sins, 四重罪 pārājikās〕줄여서 사중(四重), 사중죄(四重罪), 사중금(四重禁)이라고도 한다. 4바라이(四波羅夷)를 말한다. 음계(婬戒; abrahmacarya), 도계(盜戒; adattādana), 살계(殺戒; vadha anirṁsa), 망어계(妄語戒; uttaramanuṣyadharma)의 네 가지. 이 계를 범(犯)하면 다시 승니(僧尼)가 되는 것을 엄금하기 때문에 중금(重禁)이라 부른다. 이

것을 범하면 사중죄(四重罪)라 하고, 또 행위가 중죄(重罪)가 되기 때문에 성중계(性重戒)라 한다.

사중죄【四重罪】 네 가지 큰 죄. 사바라이(四波羅夷; pārajika). 음계(婬戒)와 도계(盜戒), 살생계(殺生戒)와 망어계(妄語戒)를 범(犯)하는 죄(罪)를 말한다. 비구가 이것을 범(犯)하면 교단에서 추방된다. 바라이·사바라이 항목을 참조할 것.

사지【四智】〔英 The four forms of wisdom of a Buddha according to the 法相 Dharmalakṣana school〕 불과(佛果)의 사지(四智). 법상종에서 세우는 바 여래(如來)의 4지(智). 즉 대원경지(大圓鏡智)·평등성지(平等性智)·묘관찰지(妙觀察智)·성소작지(成所作智). 1. 대원경지(大圓鏡智; ādarśa-jñāna)는 유루(有漏)의 제8식을 전(轉)하여 얻은 무루(無漏)의 지혜로, 이것은 거울에 한 점의 티끌도 없이 삼라만상이 그대로 비추어 모자람이 없는 것과 같이 원만하고 분명한 지혜이므로 대원경지라고 한다. 2. 평등성지(平等性智; samatā-jñāna)는 제7식을 전(轉)하여 얻은 무루의 지혜로 통달위(通達位)에서 그 일부분을 증득하고 불과(佛果)에 이르러 그 모두를 증득한다. 일체 모든 법과 자기나 다른 유정들을 반연하여 평등일여(一如)한 이성(理性)을 관하고 나와 너라는 차별심을 여의어 대자비심을 일으키며 보살을 위하여 여러 가지로 교화하여 이익케 하는 지혜이다. 3. 묘관찰지(妙觀察智; ptatyavekṣaṇā-jñāna)는 제6식을 바꾸어 얻은 지혜로, 모든 법을 관찰하여 정통하고 중생의 근기를 알아서 불가사의하고 자재한 힘을 나타내며 절묘하게 법을 설하여 여러 가지 의심을 끊게 하는 지혜이다. 4. 성소작지(成所作智; kṛtyānuṣṭhāna-jñāna)는 불과(佛果)에 이르러 유루의 전5식(前五識)과 그 상응(心品)하는 마음을 버린 지혜로, 십지(十地) 이전의 보살과 이승(二乘)·범부 등을 이익되게 하기 위하여, 시방(十方)에서 여러 가지 일을 보여 각기 이익을 얻게 하는 지혜이다.

사지【四知】〔英 The four who know the workings of one's mind for good or evil-heaven, earth, one's intimates, and oneself〕『중아함경(中阿含經)』 55권에, 사람이 만일 선악의 마음을 일으키면, 천(天)·지(地)·타인·자신의 넷이 곧바로 이를 안다고 하였다. 또 하늘이 알고, 신이 알고, 내가 알고, 네가 안다고 하여 뇌물을 거절한 고사도 있다.

사집【四集】 우리나라 전통 강원의 사집과(四集科) 교과목. 사미과(沙彌科) 다음에 배우는 4가지 책. 즉『서장(書狀)』·『도서(都序)』·『선요(禪要)』·『절요(節要)』.

사찰령【寺刹令】 한국불교를 통제하기 위해 공포한 일제(日帝)의 법령.

전문 7조와 부칙으로 구성되어 1911년 6월 3일에 공포되었고, 7월 8일에는 전문 8조의 시행규칙이 공포되었다. 일제는 식민통치의 일환으로 한국의 사찰에 대한 규제정책이 필요하게 됨에 따라 이 법령을 제정·공포하였는데, 이로 인하여 한국불교는 조선총독부 감독 아래 예속되었다. 그 내용을 보면, 제1조에서는 사찰의 병합·이전·폐사·사원 명칭의 개칭 등을 총독의 허가 아래 시행하도록 규정하였고, 제2조는 사찰의 기지(基地)와 가람이 지방장관의 허가를 받아야 함을 규정하였다. 제3조는 본사와 말사의 관계·승규(僧規)·법식(法式) 등을 따로 규정하여 총독부의 관장 아래 두었다. 제4조는 주지의 권한 축소, 제5·6조는 사찰의 재산권 박탈, 제7조는 사찰의 독립적 권한에 대한 간섭의 가능성을 열어 놓고 있다. 처음에는 30개 본산이었으나 1924년 화엄사가 추가되어 31개 본산이 되었다.

사참 【事懺】 참회하는 두 가지 법 가운데, 예불(禮佛)·송경(誦經) 등의 작법(作法)으로 허물을 고백하여 참회하는 일. 이참(理懺)의 상대적인 말. 이참은 마음으로 참회하는 것임.

사처십륙회 【四處十六會】〔英 The sixteen assemblies, or addresses in the four place where the 大般若經 complete prajñāpāramitā is said to have been delivered〕 대반야경 설법에 대한 것으로 사처(四處)는 1. 왕사성의 영취산, 2. 사위국의 급고독원, 3. 타화자재천궁, 4. 왕사성 죽림정사의 백로지(白鷺池)인데, 16회 가운데 영취산에서 설(說)한 것이 1·2·3·4·5·6·15회(會)이고, 급고독원에서 설한 것이 7·8·9·11·12·13·14회(會)이며, 타화자재천궁에서 설한 것이 십회(十會)이고, 백로지에서 설한 것이 16회이다.

사천왕 【四天王】〔梵 cātur-mahā-rāja-kāyikā devāḥ, 英 the Four Devas; the four heavenly guardians of Buddhism〕 수미산 중복(中腹)에 있는 사왕천(四王天)의 주(主). 제석천왕을 섬기며, 불법(佛法) 수호를 염원으로 하고, 불법에 귀의하는 사람을 수호하는 호법신(護法神). 지국천(持國天)은 동방을, 증장천(增長天)은 남방을, 광목천(廣目天)은 서방을, 다문천(多聞天; 毘沙門天)은 북방을 수호한다. 육욕천(六欲天)의 제2에 위치한다. 큰 사찰 입구에 세워진 사천왕문(四天王門)에 보면 양쪽에 사천왕 조각상이 세워져 있다.

사취 【四取】〔梵 catuḥ-parāmarśa, 英 The four attachments〕 삼계(三界)의 번뇌를 4가지로 나눈 것. 욕취(欲取)·견취(見取)·계금취(戒禁取)·아어취(我語取) 등이다. 이것은 12인연 가운데 9번째인 취지(取支)를 자세히 구별한 것이다. 취(取)는 집취(執取)·집지(執持)의 뜻인데,

삼계의 허망한 모습에 집착하여 육취(六趣)의 생(生)을 취하므로, 번뇌를 취(取)라 한다.

사취【四趣】〔梵 durati, 英 the four evil directions or destinations〕 사악취(四惡趣)의 준말. 지옥, 아귀, 축생, 아수라 등을 말한다.

사타법【捨墮法】〔梵 cattāri akaraṇiyani〕 비구(比丘) 자격을 잃어 불교의 집단에서 추방되는 4종의 중죄(重罪). 살(殺)·도(盜)·음(婬)·망어(妄語)의 사바라이죄(四波羅夷罪)를 말한다. 사중죄, 바라이, 사바라이 항목을 참조할 것.

사택력【思擇力】〔梵 pratisaṃkhyāna-bala, 巴 paṭis aṃkhāna-bala, 英 power in thought and selection (of correct principles)〕 잘 생각함으로써 악(惡)을 끊고 뭇 선(善)을 닦는 것. 심사숙려(深思熟慮)함으로써 악(惡)을 끊고 선(善)을 닦을 수 있는 사상능력(思想能力).

사판승【事判僧】 조선 후기에 생겨난 명칭으로, 이판승(理判僧)의 상대적인 말. 사원(寺院)의 운영과 제반 사무(寺務)를 관장하는 승려를 말한다. 이판승은 수행승을 일컫는 말이다.

사폭류【四暴流】〔梵 catvāra oghāḥ, 巴 cattaro oghā〕 사류(四流)라고도 한다. 홍수가 나무·가옥 따위를 떠내려 보내는 것처럼 폭류는 선(善)을 떠내려 보낸다는 뜻으로서, 번뇌(煩惱; klèsa)를 말한다. 1. 욕폭류(欲瀑流), 2. 유폭류(有瀑流), 3. 견폭류(見瀑流), 4. 무명폭류(無名瀑流)를 말한다. 1. 욕폭류(欲瀑流)는 욕계에서 일으키는 번뇌요, 2. 유폭류(有瀑流)는 색계·무색계의 번뇌이며, 3. 견폭류(見瀑流)는 삼계(三界)의 견혹(見惑) 중에 사제(四諦)마다 각각 그 아래서 일어나는 신견(身見)·변견(邊見) 등의 그릇된 견해이다. 4. 무명폭류(無名瀑流)는 삼계(三界)의 사제(四諦)와 수도(修道)에 일어나는 우치(遇痴)의 번뇌로 모두 열다섯이 있다.

사행【四行】〔梵 catasraḥ pratipadāḥ, 巴 catasso patipadā, 英 The four disciplinary processes〕 보리(菩提)·복덕(福德)·지혜(智慧)·갈마(羯磨; 계율)의 4가지를 사행(四行)이라 한다.

사향사과【四向四果】 불제자들이 불타의 가르침을 듣고 수행함으로써 아라한(阿羅漢; arhat)이라는 최고의 이상적인 경지에 도달할 수 있다는 것. 이 아라한의 경지에 도달하는 데는 4향 4과라고 부르는 위계(位階)가 있다. 아래 단계에서부터 말해보면 예류향(預流向)·예류과(預流果), 일래향(一來向)·일래과(果), 불환향(不還向)·불환과(果), 아라한향(阿羅漢向)·아라한과(果)이다. '향(向)'이란 '과(果, 결과)'를 향하여 수행해 가는 단계인데, 이것을 단계〔向〕와 도달해야 하는 경지〔果〕로 나누어서 설명한 것이 4향 4과이다. 1. 예류

(預流)는 수다원(須陀洹)이라고 음역(音譯)되는데, 깨달음의 길을 하천에 비유하여 그 흐름에 참여한 것, 즉 불도수행에 대한 확신이 생긴 상태를 말한다. 2. 일래(一來)는 사다함(斯陀含)이라고 음역되는데, 수행의 경지가 완전하지 못해서 한번 퇴보했다가 다시 되돌아오는 것. 즉 한번 반복하는 것을 의미한다. 3. 불환(不還)은 아나함(阿那含)이라고 음역되는데, 더 이상 반복하는 일이 없다는 것을 의미한다. 4. 아라한향(阿羅漢向)은 아라한과(阿羅漢果)에 이르기까지의 위계(位階)로서, 아라한과에 이르면 무학위(無學位)로서 더 이상 배울 것이 없고 번뇌가 다하였으며, 해야 할 바를 다하였기 때문에 완전히 해탈하여 열반의 경지에 이른다.

사현관【事現觀】 삼현관(三賢觀; 見現觀·緣現觀·事現觀)의 하나. 무루(無漏)의 지혜(智慧)와 이것에 상응(相應)하는 사상(四相)이 공동(共同)으로 한 사업(事業)을 이루는 것. 예를 들면, 심(心)·심소(心所)에 고(苦)라고 아는 동시에 무표색(無表色)과 사상(四相)이 심(心)·심소(心所)를 도와서 고(苦)라고 알게 함과 같은 것을 말한다.

사형【師兄; 舍兄】 ①같은 스승 밑에서 먼저 출가하여 제자가 된 선배, 불법(佛法)을 공부한 선배. ②나이나 학덕이 자기보다 높은 사람을 존경하여 일컫는 말. 법형(法兄)이라고도 함.

사혜【思慧】〔梵 cintā-mayi prajñā, 巴 bsam pa las byuṅ bahi śes, 英 The wisdom attained by meditating〕 삼혜(三慧; 聞慧·思慧·修慧)의 하나. 생각하고 고찰함에 의하여 얻은 지혜. 사려(思慮)로부터 생겨나는 지혜.

사홍서원【四弘誓願】〔英 The four universal vows of a Buddha or bodhisattva〕 불자들이 공통적으로 갖는 네 가지 큰 서원. 1. 중생무변서원도(衆生無邊誓願度); 고해에서 헤매는 한량없는 중생들을 남김없이 다 제도하겠다는 서원. 2. 번뇌무진서원단(煩惱無盡誓願斷); 한량없이 많은 번뇌를 남김없이 다 끊어 버리겠다는 서원. 3. 법문무량서원학(法門無量誓願學); 한량없이 많은 부처님의 법문을 남김없이 다 배우고 실천하겠다는 서원. 4. 불도무상서원성(佛道無上誓願成); 무상대도인 불도(佛道)를 기필코 이루겠다는 서원. 이 사홍서원에서 보면, 1.은 이타(利他)의 서원이요, 2. 3. 4.는 자리(自利)의 서원이다. 이 사홍서원은 『심지관경(心地觀經)』 9권에, "1. 일체중생을 건지기를 서원한다. 2. 일체번뇌를 끊기를 서원한다. 3. 일체 법문을 배우기를 서원한다. 4. 일체 불과(佛果)를 증득하기를 서원한다."라고 한 데에 근거하고 있다.

사후관【死後觀】 죽은 뒤 인간의 모습에 관한 종교적 관념. 죽음은 태초 이래 인간의 종교적 관념을 자극하는 계기가 되어 왔다. 각 종교에서는 죽음을 시간적인 끝으로 생각하지 않고, 항상 내세로 향하는 과정으로 생각하였다. 그러므로 장례식은 죽은 사람을 내세로 보내는 종교의식이다. 그래서 장례식을 치르지 못한 사람은 내세로 가지 못하고 현세와 내세의 중간에서 헤매고 있다는 관념까지 생겨났다. 인간이 죽어서 가는 내세에 대한 관념은 종교마다 상이하다. 무속(巫俗)에서는 사람이 죽으면 저승〔九泉·黃天·陰府·幽都·염라국〕으로 간다고 한다. 죽은 사람은 저승에 가서 최후의 판관(判官)인 염라대왕, 또는 시왕(十王)으로부터 '극락으로 갈 것인지', 아니면 '지옥으로 갈 것인지'를 판결받는다. 그 판결의 기준은 효(孝)와 집안 화목 등 인간세계의 기준과도 같다. 불교에서는 일반적으로 사후에도 선과 악에 따라 윤회한다고 믿었다. 생사(生死)를 무수한 삶과 죽음이 되풀이되는 윤회(輪廻; saṃsāra)로, 그리고 선인선과(善因善果) 악인악과(惡因惡果)를 가져오는 인과응보의 반복으로 생각한다. 인간은 죽어서 인과응보에 따라 끊임없이 육도를 윤회한다는 것이다. 따라서 불교에서 깨달음을 얻지 못하는 인간에게는 영원한 축복이나 영원한 저주라는 관념은 없다. 기독교에서는 죽음이 원죄(原罪; original sin)에서 기인한다고 생각한다. 죽은 사람은 하느님 앞에서 심판을 받고 천국이나 지옥으로 간다. 그리스도를 따르는 사람은 세상이 끝나는 날 그리스도와 함께 부활하여 영생(永生)을 얻게 된다. 따라서 기독교인들은 육체적인 죽음을 잠자는 상태로 보며, 죽음을 두려워하지 않고 오히려 바람직한 것으로 간주하기까지 한다. 유교(儒敎)에서는 사람이 죽으면 조상을 포함해서 먼저 죽은 사람들을 만날 수 있다는 관념이 있지만, 성리학에서는 귀신은 기(氣)의 굴신(屈伸)·왕래(往來) 또는 음양의 소장(消長)이라고 생각하여 인간이 죽어서 일정 시기가 지나면 결국 자연으로 돌아간다고 생각하였다. 이와 같이 각 종교의 사후관을 살펴보면, 대체로 종교들은 인간의 죽음을 영원한 끝으로 보지 않고, 또 다른 삶의 시작으로 여기고 있다는 것을 알 수 있다.

사훈습【四薰習】『대승기신론』에 나오는 말. 진(眞)과 망(妄)이 서로 훈습하여 염법훈습(染法薰習)·정법훈습(淨法薰習)의 둘이 되고, 또 염법훈습에서 무명훈습(無明薰習)·망심훈습(妄心薰習)·망경계훈습(妄境界薰習)의 셋으로 나누어진다. 1. 무명훈습(無明薰習); 망염(妄染)의 현상을 일으키는 근본원인. 이것이 진여(眞如)를 훈습하여 망심(妄心)을 낸다. 2. 망심훈습(妄心薰習); 망심이 반대로 무명을 훈습하여 깨닫지 못하는 생각을 강하게 하므로 망경계(妄境界)를 나타낸다. 3. 망경계훈습(妄境界薰習); 망경계가 다시 망심을 훈습하므로 염착(念着)하는 마음이 일어나 차례로 여러 가지 업(業)을 지어 몸과 마음의 고통을 받는다. 4. 정법훈습(淨法薰習); 염법(染法)의 현상을 멸하고, 진여(眞如) 본체에 환원하려는 작용의 방면에서 이름 붙인 것이다. 무명을 훈습하여, 무명을 이기면 정법(淨法)이 나타나고, 무명(無明)의 힘이 세면 염법(染法)의 현상이 일어나 근본 업식(業識)이 생긴다.

삭취취【數取趣】〔英 A definition of Pudgala, i.e. all beings subject to transmigration〕 범어 푸드갈라(pudgala)의 한역(漢譯). 음역(音譯)으로는 보특가라(補特伽羅)이다. 일체중생, 즉 유정(有情)이 유전(流轉)하면서 여러 번 제취(諸趣)를 취한 것. 구역(舊譯)으로는 인(人)이라 한다. 푸드갈라 항목 참조.

산가·산외【山家山外】 중국 천태종의 2파(派) 이름. 천태종 제11조(祖) 고론(高論; 淸竦) 문하에서 의적(義寂, 919-987)·지인(志因) 두 사람이 나왔고, 의적(義寂) 문하에서 의통(義通, 927-988)이, 지인(志因) 문하에서 오은(晤恩)이 나와 각기 천태교학에 대하여 자신들의 견해를 세웠는데, 의적(義寂) 문하를 산가파(山家派)라 부르고, 지인(志因) 문하를 산외파(山外派)라고 한다. 산외파라고 한 까닭은 정통파가 아니라는 것을 지칭하기 위해서이다. 산가파가 실상론적 교의를 주장한 데 반하여, 산외파는 유심론적(唯心論的) 교의(敎義)를 주장한 것으로 구분된다.

산공【散空】〔梵 anavakāra-śunyata, 英 To scatter paper money, etc., as offerings〕 지혜(智慧)로 분해하면 공(空)이 되는 것. 예컨대, 개인존재[중생; 인간]를 여러 요소로 분해하면 아무것도 남지 않음. 18공(空)의 하나.

산문【山門】〔英 The gate of a monastery; a monastery〕 ①절을 총칭하는 말. ②절의 누문(樓門). 곧 삼문(三門)을 말한다. 건물의 문은 하나이지만, 삼문이라고 하는 것은 열반의 세계로 들어가는 세 가지 해탈문(解脫門)을 가리키는 것으로, 공문(空門)·무상문(無相門)·무작문(無作門)이다.

산문출송【山門出送】 승려로서 큰 죄를 지은 자에게 승려의 자격을 박탈하고 절에서 쫓아내는 제도. 그 방법은 대중회의(大衆會議; 대중공사)를 열고 승단(僧團)에서 쫓아내기로 결정하는데, 구체적으로는 의발(衣鉢)과 도첩(度牒)을 빼앗고 속복(俗服)을 입혀서 산문(山門) 밖으로 내쫓는다.

산선【散善】〔英 Goodness cultivated during normal life, not as 定善, i.e. by meditation〕 ①일상적인 산란(散亂)한 마음으로 부지런히 선

근(善根)을 닦는 것을 말함. 이에 반해 마음을 가다듬어서 행하는 선행을 정선(定善)이라고 한다. ②밀교(密敎)에서 교리에 따르면, 일체의 현교(顯敎)는 산선문(散善門)이 되고, 밀교(密敎)는 삼마지문(三摩地門)이 된다고 한.

산스크리트어【sanskrit語; 梵語**】** 고대 인도의 표준 문장어. 인도·이란어파에 속한다. 그 이름은 '완성〔수식〕된 언어〔saṁskṛtā bhāṣā〕'에서 유래된 것으로, 당시의 속어에 대한 아어(雅語)임을 의미하는데, 중국 등지에서는 범천(梵天)이 만든 언어라는 전설에 따라 범어(梵語)라고도 한다. 넓은 뜻의 산스크리트어는 베다어〔vedic sanskrit〕와 고전범어〔classical sanskrit〕로 대별되는데, 전자는 기원전 1000년경부터 발달하여 바라문교의 근본 성전인 베다(veda)에 사용되었다. 그 후 많은 변천과 정리를 거쳐 기원전 4세기경의 문전가(文典家) 파니니(panini)에 의하여 집대성, 규격화한 것이 후자의 고전범어이다. 이것이 다시 카티야야나(kātyāyana)·파탄잘리(patañjali) 등의 수보(修補)·주석(註釋)을 거쳐 완비되고, 문학·종교·철학·학술서류 등 일체의 문장어로서 널리 사용되었으며, 파니니문법의 규정을 떠나는 것은 허용되지 않았다. 지금도 인도 지식계급 사이에 살아 있으며, 자유롭게 쓰고 이야기하는 사람도 적지 않다. 그 밖에 『마하바라타』·『라마야나』의 서사시 범어 고전범문학〔10세기경〕의 흠정시조미문체(欽定時調美文體; kāvya)·이야기체〔口語體〕로 대표되는 평이체(平易體)·불교성전에 사용되는 불교범어 등 산스크리트어는 수종으로 나눌 수 있지만, 그 특색을 가장 잘 나타낸 고전미문체가 가장 대표적인 것이라고 할 수 있다. 산스크리트어는 불교·자이나교의 문전류에도 사용되어 근대 인도·아리아어의 제문학, 남인도의 드라비다어 제문학, 인도차이나·동남아시아 제도의 문학에도 큰 영향을 주었지만, 10세기경부터 다수의 근대 인도 방언의 발달, 이슬람교도의 침입 등에 의하여 점차 그 세력을 잃었으므로, 고전어로서 그 존재의의가 있을 뿐이다. 그 서체(書體)는 데바나가리(Devanāgari) 문자를 사용하는데, 13모음·35자음이 있다.

산스크리트어성전【sanskrit語聖典**】** 불타(佛陀)가 속어를 사용했던 것처럼 불교도들도 처음에는 속어를 사용하고 있었으나, 점차 문장어(文章語)로서의 아어(雅語)인 산스크리트어〔梵語〕를 사용하게 되었다. '산스크리트'란 '완성된'이라는 말로부터 유래하는데, 기원전 3세기경 문전가(文典家)인 파니니에 의해 집대성된 표준 문장어이다. 특히 기원전 1세기경에 생겨났다고 하는 대승불교 경전에는 속어가 섞여 있는 것도 있지만, 대부분 산스크리트어로 설법되어 있다.

따라서 극소수를 제외한다면 산스크리트어로 쓰인 경전은 거의 다 대승경전이다. 반면 팔리어로 쓰인 경전은 초기불전〔5부 니카야〕이다. 산스크리트어는 점점 인도 본토에서는 그 전승(傳承)이 중단되었다. 따라서 산스크리트 경전은 대부분 산일(散佚)되어 버리고 말았으며, 인도의 변경(邊境)과 네팔·티베트·중앙아시아의 각지에서 그 일부분의 사본(寫本)이 발견되었을 뿐이다. 그러나 방대한 한역성전(漢譯聖典)의 원전(原典)은 대부분이 산스크리트였던 것으로 보아 당연히 중국에 그 원본이 있을 것으로 여겨지는데, 돈황(燉煌)에 밀봉된 일부의 것과 일본에 전해진 약간의 것을 제외하고는 오늘날 거의 없어지고 말았다.

산승【山僧】 스님이 자기 자신을 지칭하는 말. 도회지가 아닌 산속에서 살고 있는 스님이라는 뜻. 겸양어임.

산타라크쉬타【Sāntarakṣita, 寂護, 705-762/725경-788경】 후기 인도불교 고승, 철학자. 동벵갈 출신. 나란타 승원에서 활동하다가 티베트 왕의 초청으로 티베트에 가서 불교 전도에 힘쓰다가 그곳에서 입적하였다. 티베트 삼예사(寺)의 좌주(座主)로 선임되어 13년간을 머물면서 처음으로 티베트인 승려에게 구족계(具足戒)를 내렸다. 또한 인도 불교철학의 정수(精髓)를 전하여 티베트불교를 부흥시킴과 동시에 많은 사상적 영향을 끼쳤다. 저서에는 『진리강요(眞理綱要; *Jattvasaṃgraha*)』·『베다·니야야주(註)』·『중관장엄론(中觀莊嚴論; *Madhyamakālaṃkara*)』과 이에 대한 자신의 주석(注釋) 등이 있다. 그 가운데 『진리강요』는 26장 3,640여 게(偈)의 운문으로 구성된 작품으로 직제자 카마라쉬라의 주(註)를 포함한 범어(梵語) 원전이 남아 있다. 이 책은 8세기 중엽의 인도 육파철학(六派哲學)·문법학파·자이나교·유물론·불교의 설일체유부·독자부(犢子部) 등의 학설을 소개한 후에 다르마키르티〔法稱〕의 논리학을 이용해 논박하면서, 끝에 가서는 붓다의 일체지(一切智)에 대한 증명을 시도한 백과전서적인 대작(大作)이다. 인용 소개된 학설 가운데 대작(大作)의 일부와 니야야학파 내의 비정통 학설 등이 자주 나타난다. 따라서 이와 같은 내용을 확인할 수 있다는 의미에서도 이 책의 자료적 가치는 지극히 높다. 『베다 니야야주(註)』는 다르마키르티의 후기 저작인 주(註)와 범어 원전이 남아 있지만, 이 책에서도 니야야학파 내의 비정통파의 여러 학설이 언급되어 있으며, 불명확한 점이 많은 전후의 6-8세기 니야야학파의 동향 일부를 알 수 있는 귀중한 자료이다. 한편 『중관장엄론』은 97게(偈)의 운문(韻文)으로 구성된 작품으로, 자주(自註)·카마라쉬라주(註)와 함께 티베트어 역(譯)만 남아 있는데, 『진리강요』에서 전용(轉用)되거나 후대의 논서(論書)에 인용된 게(偈)를 상당히 포함하고 있기 때문에 부분적으로 범어 원전을 파악할 수 있다. 이 책에서 산타라크쉬타는 8세기 당시에 유력했던 불교의 설일체유부·경량부·유식파의 형상진실론(形象眞實論)과 형상허위론(形象虛僞論), 그리고 중관파(中觀派)의 여러 학설을 낮은 차원에서 높은 차원으로 이르는 철학의 단계로서 이해하고 있다. 그 가운데 중관파의 입장을 최고의 위치에 두어 각 학설의 존재의의를 해명함으로써 불교철학 여러 학파의 종합화를 시도하였다. 즉 그는 인식론적으로는 기본적으로 다르마키르티학설에 입각하여 외계실재론(外界實在論)에 대해 유식설을 주장하면서, 궁극적으로는 인식자체의 실재성도 부정하는 중관파의 입장을 취하였다. 이와 같이 산타라크쉬타는 유가행유식파에 속하는 디그나가〔陳那〕, 다르마키르티〔法稱〕의 인식론·논리학을 중시하여 체계적으로 정리한 점에서 같은 중관파의 바바비베카〔淸弁〕와 찬드라키르티〔月稱〕의 경우와는 상당한 견해의 차이를 보인다. 또한 그는 티베트에 의해 유식파와 중관파를 종합한 유가행중관파(瑜伽行中觀派)의 조사(祖師)로 평가받고 있다.

살바다부【薩婆多部】〔梵 Satvāsti-vāda, 英 the doctrine that all things are real, the school of this name, v. 有 and 一切有〕 부파불교 가운데 설일체유부(說一切有部)를 말한다. 가다연니자(迦多衍尼子; kātyāyaniputra)를 종조(宗祖)로 하는 부파. 소승 20부(部)의 하나. 설일체유부를 줄여서 일체유부(一切有部)·유부(有部)라고도 한다. 일체는 없는 것이지만 순간순간은 있다고 주장하는 부파. 그것을 대표하는 말이 삼세실유(三世實有) 법체항유(法體恒有)이다. 과거·현재·삼세는 실제 있고 모든 존재의 실체〔法體〕도 있다는 뜻이다.

살불살조【殺佛殺祖】 부처도 죽이고 조사도 죽인다는 말이지만 원래 전달하고자 하는 의미는, 불(佛)·조사(祖師)를 수행상(修行上)의 지표(指標)로 삼되 그것에 사로잡히지 말라는 뜻이다. 사로잡히면 그 역시 집착이기 때문이다. 백척간두진일보(百尺竿頭進一步)와 같은 의미이다.

살인도활인검【殺人刀活人劍】 큰 법력을 갖춘 선승(禪僧)이 수행자를 지도할 때에 살활자재의 기능을 검도(劍刀)에 비유한 말. 살리고 죽이는 것을 자유자재롭게 하는 것인데, 그 뜻은 번뇌망상과 분별심이 많은 수행자에겐 그것을 죽여 주고〔殺人刀〕 지혜가 없는 사람에겐 그것을 살려 준다〔活人劍〕는 뜻이다.

살타【薩埵】〔梵 sattva, 英 being, existence, essence, nature, life, sense〕 ①정(情)·유정(有情)·중생(衆

生). 생명이 있는 자(者)를 말한다. 중국 당(唐) 현응(玄應)이 지은 『현응음의(玄應音義)』 23권에, "유정(有情)은 범어의 살타(薩埵)인데, 살(薩)은 유(有), 타(埵)는 정(情)이므로 유정(有情)이라 하며, 유정은 중생을 말한다." 라고 하였다. ②보리살타(菩提薩埵)의 약칭. ③수론학파(數論學派)가 말하는 삼덕(三德)의 하나. ④진언종(眞言宗)의 금강살타(金剛薩埵)의 준말.

삼가 【三假】 〔梵 prajñāti〕 ①수가(受假)·법가(法假)·명가(名假). 중생들이 모든 현상을 실아(實我; 불변의 실체)·실법(實法; 실제적 현상)이라고 믿는 미혹된 생각을 없애고, 모든 법(法; 현상)이 다 공(空)한 이치를 체달하게 하기 위하여 『대품반야경』 제2권에서 말한 것. 수가(受假)란 중생 자체가 오온(五蘊)이 뭉쳐진 것으로, 초목이 사대(四大)로 이루어진 것처럼 적취(積聚)된 것을 말한다. 법가(法假)란 오온과 사대 그 자체가 허가(虛假)로서 실(實)답지 못한 것을 말하며, 명가(名假)란 모든 법(法)에 붙인 이름이 생각에 의하여 가(假)로 세운 것을 말한다. ②인성가(因成假)·상속가(相續假)·상대가(相待假). 『성실론』의 설. 『마하지관』 제5권에 인용됨. 인성가(因成假)는 물(物)·심(心)의 모든 법은 인연에 의하여 생긴 것이므로 그것이 가(假)임을 말하는 것이요, 상속가(相續假)는 물·심의 모든 법이 앞뒤 생각이 끊어지지 않고 상속하는 것을 말하며, 상대가(相待假)는 대조하여 보는 데 의하여 대(大)·소(小), 장(長)·단(短), 강(强)·약(弱) 등이 일정하지 아니함을 가(假)라고 한 것이다.

삼가귀감 【三家龜鑑】 조선 명종(明宗) 때 고승인 서산휴정(西山休靜, 1520-1604)의 저작. 유(儒)·불(佛)·도(道) 삼가(三家)의 귀감(龜鑑)을 적은 책이다. 불가귀감(佛家龜鑑)은 『선가귀감(禪家龜鑑)』으로, 여기에는 선(禪)·교(敎)의 정의, 참선 수행의 요체·핵심, 그리고 선종(禪宗) 5가(家)에 관한 설명 등이 실려 있다.

삼가섭 【三迦葉】 〔英 Three brothers kāśyapa, all three said to be disciples of the Buddha〕 인명(人名). 석존의 제자인 우루빈라가섭(優樓頻螺迦葉), 가야가섭(伽耶迦葉), 나제가섭(那提迦葉) 3형제를 말한다. 가섭(迦葉)은 성(姓), 이름은 살고 있는 곳의 이름을 따서 붙인 것이다. 우루빈라와 가야는 촌락과 성, 나제는 강〔河〕이라는 뜻. 가야성 동편에 흐르는 니련선하(尼連禪河; Nairañjanānati) 주변에 살았으므로 이렇게 불렀다. 부처님의 교화를 받고 불교에 귀의하였다고 한다.

삼거 【三車】 〔梵 Triyāna, 英 The three vehicles across saṁsāra into nirvāna〕 『법화경』 「비유품」에서 말한 양거(羊車)·녹거(鹿車)·우거(牛車). 성문(聲聞)·연각(緣覺)·보살

(菩薩)에 비유한 것임.

삼거가 【三車家】〔英 The Dharma-lakṣaṇa school of the Three Vehicles, led by the 法相宗〕『법화경(法華經)』에서 말하는 양거(羊車)·녹거(鹿車)·우거(牛車) 3거(三車) 가운데, 우거(牛車)는 대백우거(大白牛車)와 같다고 해석하는 학파. 즉 4거(四車)가 아닌 3거(三車)라고 주장하는 학파로 삼승가(三乘家)라고도 한다. 불교는 성문승(聲聞乘; 羊車)·연각승(緣覺乘; 鹿車)·보살승(菩薩乘; 牛車) 3승(乘)을 위한 가르침으로, 따로 대백우거(大白牛車)에 배당되는 가르침이란 없다는 것. 그들이 삼론종(三論宗)의 길장(吉藏, 549-623)과 법상종(法相宗)의 자은규기(慈恩窺基, 632-682)이다. 그러나 천태에서는 우거와 대백우거는 다른 것이라고 하여 4거(四車)를 주장함.

삼결 【三結】〔巴 tisaṃyojanāni, 英 The three ties〕견결(見結)·계취결(戒取結)·의결(疑結). 견결(見結)은 아견(我見; 我가 있다고 하는 견해)이고, 계취결(戒取結)은 사계(邪戒; 삿된 계율)를 행하는 것이며, 의결(疑結)은 정리(正理; 바른 이치)를 의심하는 것이다. 견혹(見惑) 가운데 이 3가지 과오(過誤)가 가장 중(重)하므로, 이 삼결(三結)로 견혹(見惑)을 총칭한다. 이 삼결(三結)을 끊으면 예류과(預流果; 須陀洹)가 된다고 함.

삼경 【三更】밤을 다섯〔五更〕으로 나눈 것 가운데 3번째로서 밤 11시부터 새벽 1시까지. 초경(初更)은 저녁 7시-9시, 2경(二更)은 밤 9시-11시, 3경(三更)은 밤 11시-새벽 1시, 4경(四更)은 새벽 1시-3시, 5경(五更)은 새벽 3시-5시.

삼경일론 【三經一論】〔英 The three sūtras and one śāstra on which the Pure Land sect bases its teaching〕정토교의 소의(所依) 경론(經論)으로 『불설무량수경(佛說無量壽經)』 2권, 『불설관무량수경(佛說觀無量壽經)』 1권, 『불설아미타경(佛說阿彌陀經)』 1권, 그리고 천친(天親; Vasubandhu)이 지은 『정토론(淨土論)』 1권을 말한다.

삼계 【三界】〔梵 tri-dhātu, trayo dhātavaḥ, tri-loka, 西 khams gsum pa, 英 Trailokya or Triloka; the three realms〕(1) 유형·무형의 전체 세계를 말함. 욕계(欲界)·색계(色界)·무색계(無色界)로서 삼유(三有)라고도 한다. 욕계〔kāma-dhātu〕는 식욕(食欲)·음욕(淫欲)·수면욕(睡眠欲) 등의 5욕이 강한 세계인데, 천상계(天上界)와 천하계(天下界)로 나눈다. 천상계는 육도(六道) 가운데 천도(天道), 천하계는 인도(人道)·수라·축생·아귀·지옥 등을 말함. 색계〔rūpa-dhātu〕는 욕계와 같은 탐욕은 벗어났으나 아직 색애(色愛), 즉 형(形)에 대한 애착 또는 관념이 남아 있는 세계이다. 무색계〔ārūpa-dhātu〕는 형체

〔색계〕도 없고 다만 정신적인 세계이지만, 아직 유애(有愛), 즉 존재에 대한 욕망이 남아 있는 세계이다. 이상과 같이 삼계를 6도(六道)나 또는 28천과 관련지어 해석하는 경우도 있고, 우리의 정신〔마음〕과 관련지어 해석하는 경우도 있다. ⑵ 과거·현재·미래 삼세(三世)를 삼계(三界)라고도 하고, 삼천세계(三千世界)를 줄여서 삼계(三界)라고도 함.

삼계교【三階教】 중국 수(隋)·당(唐) 시대에 장안(長安)을 중심으로 꽃피운 신흥불교. 개조는 하북성(河北省) 출신인 신행(信行, 540-594)이다. 신행은 17세부터 48세까지 32년간 수행의 동지들을 구했는데 겨우 네 사람만 얻었다고 한다. 그들이 바랐던 것은 신(身)·명(命)·재(財)를 버리고 조의(粗衣; 허름한 옷)·조식(粗食; 허름한 음식)·조주(粗住; 허름한 거처)의 엄격한 수행생활〔頭陀乞食行〕을 영위하며, 부단히 일체불(一切佛) 일체중생(一切衆生)을 공양(供養)하여 성불(成佛)에 이르도록 하는 것이었다. 삼계교(三階教)는 이것을 '보진보정불법(普眞普正佛法)', 또는 '제삼계불법(第三階佛法)'이라고 불렀다. 신행은 인생의 대부분을 상주(相州; 河南州安陽縣)에서 보냈지만 589년〔隋 文帝 開皇 9〕에 수(隋)의 재상(宰相) 고영(高穎)의 초대로 장안(長安)으로 들어가 진적사(眞寂寺; 뒤의 化度寺)의 삼계원(三階院)에 머물렀다. 신행의 저작으로는 『삼계불법(三階佛法)』 4권과 『대근기행지법(對根起行之法)』 30여 권 등이 있다. 금세기(今世紀) 돈황사본(燉煌寫本)의 발견, 특히 시취경휘(矢吹慶輝)의 연구에 의해서 그 전모가 밝혀졌다.

[사상적 특징] 1. 주로 사람들의 불도(佛道) 수행의 소질과 능력의 차이에 의해서 제1계(階)·제2계(階)·제3계(階)라는 3단계의 불교의 존재방식의 영역을 제기한다. 제1계는 일승(一乘), 제2단계는 삼승(三乘), 제3계는 공견유견중생(空見有見衆生), 즉 일천제(一闡提; 成佛의 능력이 전혀 없는 자)이다. 2. 지금의 시대는 말법악시(末法惡時)의 제3계에 해당된다. 악세계 악시 악중생(惡世界 惡時 惡衆生)의 제3계에는 마땅히 제3계 불법을 배워야 한다. 3. 제3계 불법의 중심은 '보경(普敬)'과 '인악(認惡)'의 실천이다. '보경(普敬)'은 일체중생을 장래적으로 불(佛)로서 철저하게 공경(恭敬)하는 것이고, '인악(認惡)'은 자기 일신(一身)에 대해서 철저하게 악(惡)을 인정하는 것이다. 이 실천에 의해서 비로소 일천제(一闡提)의 구제의 길이 열린다.

[종교활동] 1. 엄한 두타걸식(頭陀乞食)의 수행. 주야(晝夜) 6시의 예참행(禮懺行)·보경관(普敬觀)·인악관(認惡觀)·공무상관(空無相觀) 등의 관법(觀法)의 실천을 중시한다. 2. 제3계의 수행은 심오한 산중이 아니라

사람들이 거주하는 취락에서 행하는 것이며, 『법화경』의 상불경보살(常不輕菩薩)의 실천〔普敬의 사상에 기초하여 道를 행하는 모든 사람들을 예배하는 行〕을 수학(修學)한다. 3. 보시(布施)에 의해서 과거의 일체 죄악을 모두 소멸시키는 무진장시(無盡藏施)의 사상에 기초하며, 무진장〔金庫〕을 경영한다. 7세기 중반경에 화도사(化度寺)의 무진장원(無盡藏院)이 크게 유행하여, 사람들은 앞을 다투어 보시(布施)하고, 모인 전백금옥(錢帛金玉)은 헤아릴 수가 없을 정도로 많았다. 보시된 재물은 빈민 구제에 사용되고 무이자(無利子) 무증문(無証文)으로 대출되기도 하였다.

[이단성(異端性)] 보경(普敬)과 인악(認惡)의 사상이 화엄종(華嚴宗)의 지엄(智儼, 602-668) 등의 공감을 얻은 반면, 아미타불(阿彌陀佛) 일불(一佛)을 신앙대상으로 하는 정토교(淨土教)와의 사이에는 격렬한 논쟁이 전개되었다. 제삼계불법(第三階佛法)은 석존의 가르침에는 없는 말로 신행(信行)에 의해서 설해졌는데, 이 이단적 교조신앙이나 종합적 불교의 지향이 오히려 배타성을 강하게 띠게 되어 무진장원(無盡藏院)의 비대화(肥大化)를 초래하였다. 신행(信行)이 죽은 후, 600년〔隋 文帝 開皇 20〕에서 725년〔隋 玄宗 開元 13〕에 걸쳐서 국가에 의한 다섯 번의 탄압을 받았다. 송대(宋代) 초두 이후의 활동 궤적은 일정하지 않다.

삼계구지 【三界九地】 욕계(欲界)·색계(色界)·무색계(無色界)의 삼계(三界; Trailokya; Triloka)를 다시 구지(九地; The nine lands)로 나눈 것. 오취잡거지(五趣雜居地)·이생희락지(離生喜樂地)·정생희락지(定生喜樂地)·이희묘락지(離喜妙樂地)·사념청정지(捨念淸淨地)·공무변처지(空無邊處地)·식무변처지(識無邊處地)·무소유처지(無所有處地)·비상비비상처지(非想非非想處地) 등이 구지(九地)이다.

삼계도사 【三界導師】 삼계의 일체중생을 깨달음의 세계로 이끌어 주는 큰 스승이란 뜻. 부처님을 말한다.

삼계유심 【三界唯心】〔梵 tribhava-cittamātra〕 삼계유일심(三界唯一心)·삼계소유 유시일심(三界所有 唯是一心)이라고도 한다. 삼계의 모든 현상은 단지 일심(一心; 마음)에서 나타난 것이라는 뜻이다. 곧 외계(外界)의 모든 현상의 실재성을 인정하지 않고 일심(一心)을 떠나 따로 사물이 존재하지 않은 이치를 말한 것이다. 이 일심(一心)에 대해, 『유식론』에서는 아뢰야연기(阿賴耶緣起)를 말하고, 『기신론』에서는 진여연기(眞如緣起)를 말하고 있다.

삼계일심 【三界一心】〔英 The triple world is but one mind〕 삼계(三界)는 모두가 마음에서 생겨난 것이라는 뜻. 삼계유심 항목 참조.

삼계화택 【三界火宅】〔梵 ādipta-āgāra-sadṛśatraidhātuka, 英 The burning house of the triple world, as in the Lotus Sūtra parable〕 삼계(三界)에는 번뇌가 많아, 중생을 괴롭힘이 마치 불타는 집과 같음을 비유한 것. 번뇌와 괴로움이 그칠 사이 없는 인간세계는 마치 불이 활활 타오르고 있는 집과 같다는 뜻으로, 괴로움이 가득 찬 이 세계를 말함.

삼고 【三苦】〔梵 triduḥkhatā, 英 The three kinds of duḥkha pain or suffering〕 고고(苦苦)·괴고(壞苦)·행고(行苦)를 말한다. 고고(苦苦)란 몸이 고(苦)의 연(緣)에서 생겨 온갖 고통을 받는다는 것을 말하고, 괴고(壞苦)란 자기 뜻에 애착을 느끼던 것이 괴멸하는 때에 이르러 받게 되는 고통을 말하며, 행고(行苦)란 세간(世間)의 모든 현상은 변화가 끝이 없다는 것을 말한다.

삼과 【三果】〔英 The third of the Hinyāna 四果 four fruits or results〕 ①소승사과(小乘四果) 가운데 제3과(果)인 불환과(不還果)를 말한다. ②천태학(天台學) 소설(所說)의 장(藏)·통(通)·별(別) 삼교(三教)에 있어서 깨달음의 과보(果報). 장교(藏教)는 소승(小乘)의 과보(果報)이고, 통(通)·별(別) 이교(二教)는 대승(大乘)의 과보(果報)이다.

삼과 【三科】 오온(五蘊)·십이처(十二處)·십팔계(十八界)를 삼과라고 한다. 줄여서 온(蘊)·처(處)·계(界)라고도 함.

삼관 【三觀】〔英 The three studies, meditations, or insights〕 관법(觀法)의 내용을 3종으로 나눈 것. ①천태삼관(天台三觀); 천태종(天台宗)에서 세우는 공관(空觀)·가관(假觀)·중관(中觀)을 말한다. ②법계삼관(法界三觀); 화엄종(華嚴宗)에서 세우는 진공관(眞空觀)·이사무애관(理事無碍觀)·주변함용관(周遍含容觀)을 말한다. ③남산삼관(南山三觀); 남산율종(律宗)에서 세우는 성공관(性空觀)·상공관(相空觀)·유식관(唯識觀)을 말한다. ④삼종삼관(三種三觀); 『종경록(宗鏡錄)』에서 세우는 별상삼관(別相三觀)·통상삼관(通相三觀)·일심삼관(一心三觀)을 말한다. ⑤자은삼관(慈恩三觀); 법상종(法相宗)의 자은(慈恩, 632-682)이 세운 유관(有觀)·공관(空觀)·중관(中觀)을 말한다.

삼관 【三關】 황룡혜남(黃龍慧南)이 처음으로 제시한 세 관문. 수행자가 통과하지 않으면 안 되는 관소(關所). 즉 생연(生緣)과 불수(佛手)와 여각(驢脚)임. 생연(生緣)의 단(斷)과 부단(不斷), 아수(我手)와 불수(佛手), 여각(驢脚)과 불각(佛脚)과 같이 항상 대립적으로 보는 편견을 버리고 계속 수행에 힘쓴다면 진짜 깨달음이 열린다고 한다. 『황룡어록(黃龍語錄)』에 보인다.

삼광 【三光】 ①〔英 In the second

dhyāna of the form-world, there are the two deva regions-少光天, 無量光天, and 光音天〕 색계(色界)의 제2선(禪)에 있는 소광천(少光天)·무량광천(無量光天)과 광음천(光音天)의 삼천(三天)을 삼광(三光)이라 한다. ②해·달·별을 가리키는 말.

삼교【三教】〔英 The three teaching〕 ①유교(儒教)·불교(佛教)·도교(道教)를 일컬음. ②남중(南中)의 삼교. 점교(漸教)·돈교(頓教)·부정교(不定教). ③광통율사(光通律師)의 삼교. 점교(漸教)·돈교(頓教)·원교(圓教). ④남산(南山)의 삼교. 성공교(性空教)·상공교(相空教)·유식원교(唯識圓教). ⑤삼시교(三時教)의 약칭.

삼교합일【三教合一】 유불도(儒佛道) 3교(教)를 회통 융합하여 하나로 보려는 사상적 태도. 당(唐)의 한퇴지(韓退之, 768-824)는 『원도(原道)』·『원성(原性)』을 지어 불교를 공격하였는데, 이에 대항하여 규봉종밀(圭峰宗密, 780-841)은 『원인론(原人論)』을 지어 불교의 입장에 서면서도 한편으로는 유교와 결합하는 요소를 보였다. 이고(李翶, 772-841)는 『복성서(復性書)』를 지어 『중용』에 바탕을 두었으면서도 불교의 내용도 받아들였다. 그리고 주돈이(周敦頤, 1017-1073)의 태극도(太極圖)는 도교적인 성격을 가지고 있으며, 그 수양법으로 정(靜)을 내세웠는데, 이런 것은 선(禪)과 서로 통한다고 하겠다. 정이(程頤, 1033-1107)·주희(朱熹, 1130-1200)의 이기설(理氣說)은 밖으로는 불교나 도교를 배격하면서도 한편으로는 화엄·천태사상을 받아들였다. 우리나라에서는 보우(普雨, ?-1565)가 일정론(一正論)을 주장하여 유불(儒佛) 융합을 제창하였고, 휴정(休靜, 1520-1604)도 삼교회통(三教會通)을 주장하여 유·불·선 3교는 교의 형상에 있어서는 서로 다르지만 마음을 밝혀 미혹에서 깨닫는 일의(一義)에 있어서는 서로 같다고 한다. 또한 최제우(崔濟愚, 1824-1864)는 삼교원융론(三教圓融論)을 천도교의 교리로 하여 사상적 체계를 이루고 있다.

삼구투과【三句透過】 중국 당(唐)의 선승(禪僧)인 백장(百丈, 720-814)의 수행법. 초선(初禪)에서는 긍정하거나 부정하는 하나의 입장을 지키고, 중선(中禪)에서는 초선의 입장을 버리며, 후선(後禪)에서는 초선의 입장을 버렸다는 생각〔知解〕도 버린다는 구조를 가진 수행법(修行法)이다. 이것은 학인이 설법이나 문답을 통하여 올바른 지해(知解)를 연다고 하더라도, 그것은 하나의 입처(入處)를 지시하는 방편(方便)이며, 궁극적으로는 그 지해(知解)를 벗어나 불가사의(不可思議)한 마음의 깨달음을 얻어야 올바른 입처(入處)에 들어갈 수 있다는 것이다.

삼국유사【三國遺事】 고려 충렬왕 때 일연(一然, 1206-1289)이 지은 책. 5

권. 고대(古代) 및 고구려·신라·백제의 역사, 그리고 불교의 여러 가지 역사 및 고승, 설화 등에 대하여 쓴 사서(史書). 주로 불교사에 관한 자료가 많다. 왕력편(王曆篇)에서는 삼국과 가락국의 왕대(王代)와 연표를 실었고, 기이편(紀異篇)에서는 고조선 이하 고대국가의 흥폐·신화·전설 등과 통일신라시대, 후삼국시대의 역사 62편의 글을 실었다. 흥법편(興法篇)에서는 3국에 각각 불교가 전해진 사실을 서술하였고, 탑상편(塔像篇)에서는 불상(佛像)과 불탑(佛塔)에 얽힌 갖가지 설화, 특히 신라를 중심으로 하여 모았다. 의해편(義解篇)에는 신라 고승들의 설화 13편을, 신주편(神呪篇)에는 밀본(密本) 등 밀교승(密教僧)들이 보여 준 신통이 소개되어 있다. 감응편(感應篇)에는 일반 신자들의 신행(信行) 설화가, 피은편(避隱篇)에는 고승들의 이적(異蹟)이, 효선편(孝善篇)에는 효행담과 미담이 5편 실려 있다. 김부식의 『삼국사기』가 정사(正史) 중심이라면 『삼국유사』는 정사(正史)에서 수록하지 않은 것을 중심으로 엮었다. 우리의 것을 찾으려는 입장이 강하다.

삼귀례 【三歸禮】 불(佛)·법(法)·승(僧) 삼보에 귀경(歸敬)함을 적은 글. 삼귀의 항목을 참조할 것.

삼귀의 【三歸依】〔梵 Triśaraṇa, Śarana-gamana, 英 The three surrenders to, or 'formulas of refuge' in, the three Precious Ones 三寶, i.e. to the Buddha, the Dharma, the Saṅgha〕 부처님〔佛; buddha〕과 법(法; 가르침; dharma)과 승가(僧伽; saṅgha)의 삼보(三寶)에 귀의하는 것. 삼귀계(三歸戒)·삼귀례(三歸禮)·삼귀의례(三歸儀禮)라고도 함. 귀의(歸依; Saraṇa)란 귀순·의지함을 말한다. 팔리어로 'Buddhaṃ saraṇam gacchāmi〔부처님에게 귀의하여 받든다〕', 'Dhammaṃ saraṇam gacchāmi〔법에 귀의하여 받든다〕', 'Saṅghaṃ saraṇam gacchāmi〔승가에 귀의하여 받든다〕'라고 3번 복창한다. 한문으로는 "귀의불양족존(歸依佛兩足尊)·귀의법이욕존(歸依法離欲尊)·귀의승중중존(歸依僧衆中尊)"이라고 하고 한글로는 "거룩한 부처님께 귀의합니다.", "거룩한 가르침에 귀의합니다.", '거룩한 스님들께 귀의합니다."라고 한다.

삼난 【三難】〔英 The three hardships, or sufferings in the three lower paths of transmigration〕 ①인간에게 매우 어려운 일 세 가지. 인간으로 태어나기가 어렵고, 인간으로 태어났지만 불법(佛法)을 만나기가 어려우며, 인간으로 태어나 불법을 만났어도 부처님을 만나서 가르침을 받기가 매우 어렵다는 것. 이 세 가지를 이루면 삼난을 돌파했다고 한다. ②삼악도의 고통. 곧 지옥·아귀·축생계에 태어나 고통을 받는 것. 이 경우에는 삼악도에 떨어지지 않고 인간으로 태어난 것이 삼난을 돌파한 것이다. ③세계의 종말기에 일어난다는 대화(大火)·대풍(大風)·대수(大水)의 재난.

삼념주 【三念住】〔梵 tryaveṇika, triṇi smṛty-upasthānani, 英 Whether all creatures believe, do not believe, or part believe and part do not believe, the Buddha neither rejoices, nor grieves, but rests in his proper mind and wisdom〕 삼념처(三念處)라고도 한다. 초념주(初念住)·제이념주(第二念住)·제삼념주(第三念住). 여래(如來)에게만 있는 덕의 하나. 남의 비난과 칭찬에도 불구하고 조금도 마음이 동요하지 않는 것. 1. 초념주(初念住). 중생이 설법을 듣고 기뻐해도 우쭐하지 아니하고 마음이 평정(平靜)한 것. 2. 제이념주(第二念住). 귀를 기울여 듣지 않아도 걱정하지 않고 마음이 태연한 것. 3. 제삼념주(第三念住). 한 사람은 열심히 듣고 한 사람은 전혀 듣지 아니함을 보고도 걱정하는 마음을 일으키지 않는 것. 항상 마음이 평정한 것.

삼념처 【三念處】 신역(新譯)으로는 삼념주라 한다. 초념처(初念處)·제이념처(第二念處)·제삼념처(第三念處)를 말한다. 삼념주 항목 참조.

삼능변 【三能變】 이숙능변(異熟能變)·사량능변(思量能變)·요경능변(了境能變). 유식학에서 온갖 물(物)·심(心) 현상은 식(識)이 변해서 나타난 것이라고 보고, 변현(變現)하는 식(識)을 셋으로 나눈 것. 1. 이숙능변(異熟能變; 제1능변)은 제8식, 2. 사량능변(思量能變; 제2능변)은 제7말나식, 3. 요경능변(了境能變; 제3능변)은 제6의식(意識)과 전오식(前五識). 이 셋을 능변이라 함은 능변에 인능변(因能變)과 과능변(果能變)이 있음에 근거하여 말한 것이다. 제8식은 2능변의 뜻이 있고, 제7식과 전6식은 과능변의 뜻만 있다.

삼대 【三大】〔英 The three great characteristics of the 眞如 in the 起信論 Awakening of Faith〕 체대(體大)·상대(相大)·용대(用大)를 말한다. 한 물건의 본체〔体〕와 속성〔相〕과 작용(作用)이 절대(絶對)라는 뜻이다. 『대승기신론』에 의하면, 일심(一心)의 근본체성은 불생불멸(不生不滅)하고 부증불감(不增不減)하며 평등무차별하여 광대무량한 것으로서, 이를 체대(體大)라고 한다. 또한 그 광대무변한 심체상(心體上)에는 원래부터 부사의(不思議)한 성공덕(性功德)이 원만구족하여 한량없는 지혜(智慧)와 덕상(德相)이 항상 단절되지 아니하므로, 이를 상대(相大)라고 한다. 그런데 이와 같은 심체상(心體上)의 무량성덕(無量性德)은 인과(因果)에 따라 세간(世間)·출세간(出世間), 유위(有爲)·무위(無爲) 등

일체 제법의 무한한 업용(業用)을 나타내고 있으며, 일체 제불은 물론 모든 보살들이 이 법(法)을 의지하여 여래(如來)의 경지에 도달하게 되므로, 이를 용대(用大)라고 한다.

삼덕 【三德】〔梵 tri-guṇa, 英 The three virtues or powers〕 ①제불(諸佛)의 자리이타(自利利他)의 세 가지 덕으로, 지덕(智德)·단덕(斷德)·은덕(恩德). 지덕(智德)은 불(佛)이 평등한 지혜로 일체의 것을 아는 덕이요, 단덕(斷德)은 불(佛)이 온갖 번뇌를 다 끊어 남김이 없는 덕이며, 은덕(恩德)은 불(佛)이 중생을 구제하려는 서원으로 말미암아 중생을 구하여 해탈케 하는 덕이다. ②열반을 얻은 이에게 갖춘 세 가지 덕으로, 법신덕(法身德)·반야덕(般若德)·해탈덕(解脫德)을 들고 있는데, 법신덕은 미계(迷界)의 고과(苦果)를 벗어나서 상주불멸하는 불(佛)의 본체를 얻음이요, 반야덕은 만유의 실상(實相)을 아는 참된 지혜를 갖춤이요, 해탈덕은 지혜에 의하여 참다운 자유를 얻음을 말한 것이다. ③『구사론』에서는 제불인과(諸佛因果)의 3덕(德)으로 인원덕(因圓德)·과원덕(果圓德)·은원덕(恩圓德)을 들고 있다.

삼도 【三途】 삼악도 항목 참조.

삼도천 【三途川】〔英 the River Styx〕 삼뢰천(三瀨川)·장두하(葬頭河)라고도 한다. ①사람이 죽어서 저승으로 가는 길 도중에 있다고 하는 강. 삼도내라고 한다. 죽은 지 7일이 되면 이곳을 건너게 되는데, 물살이 빠르고 느린 여울이 셋이 있어 생전에 지은 업에 따라 건너는 곳이 다르다고 한다. 이 강에는 지나가는 사람의 옷을 빼앗고 생전의 죄를 묻는 할아범과 할멈이 있다고 한다. ②극선(極善)도 없고 극악(極惡)도 없는 사람이 죽어서 저승길로 가는 중간에 있다고 하는 내〔川〕.

삼도팔난 【三途八難】 지옥·축생·아귀의 삼악도와 부처님을 만나지 못하고 정법을 듣지 못하는 여덟 가지의 큰 재난(災難). 곧 재지옥난(在地獄難)·재축생난(在畜生難)·재아귀난(在餓鬼難)·재장수천난(在長壽天難)·재북울단월주난(在北鬱單越洲難)·농맹음아(聾盲瘖瘂)·세지변총(世智辯聰)·불전불후(佛前佛後)이다. 팔난 중에서 처음 셋은 고통이 너무 심해서 법을 들을 수 없고, 다음의 둘은 즐거움이 너무 많아서 법을 듣지 못하며, 세지변총(世智辯聰)은 세상의 지혜가 너무나 뛰어나 법을 듣지 못하고, 농맹음아(聾盲瘖瘂)는 보지도 듣지도 못하기 때문에 법을 듣지 못하며, 불전불후(佛前佛後)는 부처님이 계시지 않기 때문에 법을 듣지 못하는 것이다. 그러므로 이 삼도팔난을 돌파해야만 불법(佛法)을 들을 수 있는 것이다.

삼독 【三毒】〔梵 tri-doṣapaha, 西 ñes pa gsum ḥjoms, 英 The three poisons, also styled 三根〕 삼근(三

根)·삼쇠(三衰)라고도 한다. 탐욕(貪欲; rāga)·진에(瞋恚; dvesa)·우치(愚痴; moha)의 세 가지. 이 세 가지 인간의 심성을 악하게 하고 갖가지 업과 번뇌를 일으키게 하므로 삼독, 삼독번뇌라고 한다. 탐욕은 욕망·욕심으로서 자기의 뜻에 맞는 일이나 물건을 애착하여 탐내고 만족할 줄을 모르는 것, 진에는 분노·증오로서 자기의 마음에 맞지 않는 일이나 대상에 대하여 미워하고 분하게 여겨 몸과 마음이 편안치 못한 것, 우치는 무지(無知)로서 현상과 도리에 대하여 마음이 어둡고 어리석은 것을 말한다. 이 탐진치(貪瞋痴)를 독(毒)이라 한 것은, 온갖 번뇌가 중생을 해치는 것이 마치 독사나 독룡(毒龍)과 같기 때문이다〔『大乘義章』 五本〕. 또 『열반경』에서는, "독(毒) 가운데 독(毒)은 삼독(三毒)을 능가하는 것이 없다." 고 하였다.

삼돈방【三頓棒】 세 번 몽둥이로 치는 것. 돈(頓)은 횟수의 뜻. 어떤 해석에 따르면, 일돈(一頓)은 십방(十棒)이고, 삼돈방(三頓棒)은 30방(棒)을 치는 것이라 한다. 또 다른 해석에 의하면 일돈(一頓)은 20방이고 삼돈방(三頓棒)은 60방(棒)이 된다고 함. 몽둥이로 수행자를 책동(策動)하기 위하여 치는 수가 많은 것을 말함. 잘못 수행하고 있음을 꾸짖는다는 뜻인데, 실제 몽둥이로 10방이나 30방을 쳤다는 기록은 없다. 번뇌망상이 많아서 많이 맞아야 한다는 상징적인 의미라고 생각됨.

삼등류【三等流】 진등류(眞等流)·가등류(假等流)·분위등류(分位等流). 등류(等流; nisyanda)란 평등(平等) 유류(流類)의 뜻으로, 인(因)·과(果)의 성질이 같음을 말한다. 1. 진등류(眞等流). 과(果)의 성질이 인(因)의 성질과 같은 것. 2. 가등류(假等流). 과(果)가 인(因)과 비슷한 것. 곧 지난 세상에 남을 죽여 생명을 짧게 한 이가 금생에 단명(短命)하는 경우와 같은 것. 3. 분위등류(分位等流). 분위(分位)에서 과(果)가 인(因)에 흡사한 것. 예를 들면, 8식(識) 중에 전육식(前六識)이 대상으로 육경(六境)을 반연할 때에, 6식이나 6경이 다 같이 제8식 중의 각 종자(種子)로부터 발현하는 것이므로 분위가 각각 같은 것이다.

삼등지【三等持】 (1) 삼정(三定)이라고도 한다. 1. 미등지(味等持; āsvādana-samāpatti); 선정(禪定)이 탐번뇌(貪煩惱)와 상응(相應)하여 일어나는 것. 2. 정등지(淨等持; śudha-samāpatti); 애욕·탐욕 등이 없는 백정(白淨)의 법(法)과 상응하여 일어나는 선정(禪定). 3. 무루등지(無漏等持; anāsrava-samāpatti); 애욕(愛慾)과 상응하지 않는 출세성도(出世聖道)의 정(定)을 말한다.

(2) 공등지(空等持)·무상등지(無相等持)·무원등지(無願等持)를 말함. 삼삼매(三三昧).

(3) 유심유사등지(有尋有伺等持)·무심유사등지(無尋有伺等持)·무심무사등지(無尋無伺等持)를 말한다.

삼량 【三量】〔梵 tri-vidhaṃ pramāṇam, pramāṇa-traya, 巴 tshad ma gsum〕 ①법상종에서 심(心; 마음의 본체)·심소(心所; 마음의 작용)가 자기 앞에 나타난 대상을 아는 모양을 셋으로 나눈 것. ㉠능량(能量). 대상에 대해서 헤아리는 마음이니 척도(尺度)와 같다. ㉡소량(所量). 헤아릴 대상으로, 포백(布帛)과 같다. ㉢양과(量果). 그 결과를 아는 것으로, 몇 자 몇 치와 같다. ②㉠현량(現量). 마음이 현재의 현상을 그대로 양지(量知)하는 것으로, 안식(眼識)이 색(色)에 대함과 같은 것. ㉡비량(比量). 현재에 나타나지 않은 경계를 추측해 아는 것으로, 연기를 보고 불이 있는 줄 아는 것과 같다. ㉢비량(非量). 현전한 경계, 또는 현전치 않은 경계를 잘못 인식하는 것으로, 환화(幻華)를 보거나 안개를 연기로 잘못 보고 불이 있는 줄 아는 것과 같다.

삼론 【三論】〔英 The three śastras translated by Kumārajiva, on which the 三論宗 Three śāstra school (Mādhyamika), basis is its doctrine〕 삼론종(三論宗)의 소의경전(所依經典). 곧 용수(龍樹; Nāgariuna, 150-250경)가 지은 『중론(中論; 青目釋·羅什譯)』 4권, 『십이문론(十二門論; 羅什譯)』 1권과 용수(龍樹)의 제자 제바(提婆; Deva)가 지은 『백론(百論; 婆藪釋·羅什譯)』 2권을 말한다.

삼론교 【三論教】 (1) 진제(眞諦, 499-569), 현장(玄奘, 602-664)이 석가(釋迦)의 일대교법(一代教法)을 3단계로 나눈 것. 곧 1. 전법륜(轉法輪); 부처가 성도(成道)한 후에 제법(諸法)의 실유(實有)와 인아(人我)의 공(空)을 설한 것. 이것은 소승(小乘)의 가르침을 말한다. 2. 조법륜(照法輪); 그 후에 부처가 반야(般若)의 가르침을 설하여 제법(諸法)이 모두 공(空)하다는 이치를 설한 것. 이것은 반야(般若)와 중관(中觀)의 가르침을 말한다. 3. 지법륜(持法輪); 30년 후 불본(佛本) 『해심밀경(解深密經)』 등 비유비공(非有非空)의 중도(中道)를 설한 것. 이것은 유식(唯識)의 가르침을 말한다. (2) 삼론종(三論宗)의 길장(吉藏, 549-623)이 『법화경』 「신해품(信解品)」에 의거해, 『화엄경』에서 설한 것과 같은 근본법륜(根本法輪), 소승제경(小乘諸經)에서 설한 것과 같은 지말법륜(枝末法輪), 『법화경』에서 설한 것과 같은 섭말귀본법륜(攝末歸本法輪)으로 나눈 것.

삼론사석 【三論四釋】 삼론종(三論宗)에서 어구(語句)에 대하여 해석하는 4종 방법. 곧 의명석의(依名釋義)·인연석의(因緣釋義)·현도석의(顯道釋義)·무방석의(無方釋義)를 말한다. 『삼론대의(三論大義)』에 나온다. 진속(眞俗)에 의하여 설명해 보면, 1. 의명석의(依名釋義)는 진(眞)은 진실하다는 뜻이지만, 속(俗)에서는 부허(浮虛)하다는 뜻으로 해석하는 것과 같다. 2. 인연석의(因緣釋義)는 진(眞)에서는 속(俗)의 뜻으로, 속(俗)에서는 진(眞)의 뜻으로 해석하는 것과 같다. 진(眞)은 곧 홀로 진(眞)의 뜻만이 아니고, 속(俗)의 인연에 따라 진(眞)이 되며, 속(俗)도 스스로 속(俗)이 되는 것이 아니고 진(眞)의 인연에 따라 속(俗)이 되니, 이는 그 인연에 따라 그 뜻을 해석하는 것이다. 3. 현도석의(顯道釋義)는 진(眞)은 진(眞)이 아니고, 속(俗)은 속(俗)이 아니라는 뜻으로 해석하는 것과 같다. 왜냐하면 인연석의(因緣釋義)에서 진(眞)이 이미 속(俗)의 뜻이 되므로 진(眞)이 진(眞)이 아니며, 속(俗)이 속(俗)이 아니라는 것으로 진(眞)과 속(俗)이 다 서로 집착함이 없이 무상(無相)의 진리를 나타낸 것이다. 4. 무방석의(無方釋義)는 진(眞)에서는 일체법(一切法)으로 뜻을 삼고, 속(俗)도 또한 일체법으로 뜻을 삼는 것이다. 현도석의(顯道釋義)에서 일체(一切)의 상(相)을 떨어 버려 법(法)의 무상(無相)함을 알며, 무상(無相)의 법(法)을 석(釋)하여 일체를 능현(能現)함이 물이 방원(方圓)의 상(相)을 떠나서 방원(方圓)의 상(相)을 득현(得現)하는 것과 같다. 이 사의(四義)를 차례로 논하면, 의명석의는 자성(自性), 인연석의는 인연(因緣)을 설하여 자성(自性)의 병(病)을 동(動)하며, 현도석의는 집병(執病)을 파(破)하여 실상(實相)의 무상(無相)을 증(證)하며, 무방석의는 무상(無相)의 실상(實相)에서부터 무방(無方)의 작용을 기(起)하는 것이다.

삼론종【三論宗】〔英 The San-lun Mādhyāmika〕 중국불교 13종(宗)의 하나. 공종(空宗)·성종(性宗)·무상종(無相宗)·중관종(中觀宗)·무상대승종(無相大乘宗)·무득정관종(無得正觀宗)·파상종(破相宗)이라고도 한다. 인도 대승불교의 중관계(中觀系)에서 시작되어 중국에서 크게 번성한 종파. 종명(宗名)은 용수(龍樹; Nāgārjuna)의 『중론(中論)』·『십이문론(十二門論)』과 제바(提婆; Deva)의 『백론(百論)』 등 3부(部)의 논(論)을 종파 성립의 근거로 하기 때문에 삼론종(三論宗)이라 한다. 그들은 제법공무상(諸法空無常)·팔불중도(八不中道)의 이(理)를 내세우는데, 역사적인 전개를 보면, 문수(文殊; Aśvaghoṣa)·마명(馬鳴; Mañjuśri)·용수(龍樹; Nāgārjuna)에까지 이르러 2파로 나누어진다. 그 중 1파는 용수(龍樹)·제바(提婆)·라후라(羅睺羅)·청목(靑目)·사거왕자수리야소마·수리야발타·구마라집(鳩摩羅什, 344-413)으로, 다른 1파는 용수(龍樹)·용지(龍智)·청변(淸辯, 약 490-570)·지광(智光)·사자광(師子光)으로 이어진다. 또한 구마라집 문하에서 승조(僧肇, 384-414)·승예(僧叡)·도생(道生, 355-434)·도융(道融)·혜관(慧觀) 등의 인물들이 나오고, 다시 도생·담제·도랑·승전·법랑·길장 차례로 이어왔는데, 승전(僧詮)에서 길장(吉藏, 549-623)에 이르는 동안에 교의(教義)를 크게 이루었다. 길장 이전을 고삼론(古三論), 그 이후를 신삼론(新三論)으로 구별한다. 특히 중국에서는 구마라집〔343-413〕이 『중론』·『십이문론』·『백론』·『지도론』을 번역하고, 그 제자들이 모두 삼론 대의(大義)를 연구했는데, 길장에 이르러 크게 번성하다가 선종(禪宗)이 들어오면서부터 점점 쇠퇴하였다. 한국에서는 일찍부터 삼론학이 발달했는데, 고구려의 승랑(僧朗)은 중국 신삼론종의 조(祖)가 되었고, 혜관(慧灌)은 일본 삼론종의 시조가 되었으며, 도등(道登)·실법사(實法師)·인법사(印法師) 등 여러 명의 삼론학자가 있었다. 백제에는 혜현(惠現, ?-630)·관륵(觀勒) 등이 삼론에 조예가 깊었고, 신라의 원효(元曉, 617-686)도 삼론에 밝았다.

삼론학파【三論學派】 삼론(三論)은 나가르쥬나〔龍樹〕의 『중론(中論)』과 『십이문론(十二門論)』, 아리야데바〔提婆〕의 『백론(百論)』 등 세 논서(論書)를 말한다. 인도에서 펴낸 이 세 논서의 사상에 기초해서 중국에서 성립, 전개된 불교학파를 삼론학파(三論學派)라고 한다. 이러한 의미에서는 인도나 티베트에서 『중론』의 사상을 중심으로 전개된 중관파(中觀派)와는 구별된다. 삼론학파의 성립은 5세기 초(初)에 구마라집(鳩摩羅什, 344-413)에 의해서 삼론(三論)이 한역(漢譯)된 것이 발단이 된다. 그 뒤에 라집(羅什)의 제자인 승예(僧叡)·승조(僧肇)·축도생(竺道生)·담영(曇影) 등에 의해서 삼론(三論)과, 라집이 한역한 『성실론(成實論)』 등의 연구가 시작되었다. 그 당시 남조(南朝)의 불교계는 『성실론』을 중시하는 경향이 강하였지만 고구려의 승랑(僧朗)이나 승전(僧詮), 법랑(法朗), 혜포(慧布), 지변(智弁), 혜용(慧勇) 등에 의한 삼론(三論)의 연구와 보급에 의해 삼론학파는 성실학파를 압도하는 세력으로서 성장하였다. 그리고 수(隋)의 길장(吉藏, 549-623)에 의해서 삼론학파가 대성(大成)하였다. 길장의 저작으로는 삼론 각각에 대한 주석서 외에 삼론의 사상을 종합한 『삼론현의(三論玄義)』라는 강요서(綱要書)도 있다. 중국에서는 당대(唐代) 이후에 화엄사상이나 법상(法相), 유식사상이 유행함에 따라 삼론학파가 급속하게 쇠락했다. 한편 일본의 경우는 추고(推古) 33년〔625〕에 길장의 제자인 고구려의 혜관(慧灌)에 의해서 전해진 것이 최초이다. 혜관은 원흥사(元興寺)에 머물면서 삼론학의 보급에 힘썼다. 그 뒤 혜관의 제자인 지장(智藏)이나 그 제자인 도자(道慈) 등도 입당(入唐)하여 삼론학을 배워 귀국한 후 각각 법륭사(法隆寺), 대안사(大安寺)에 머물면서 삼론학을 확대시켰다.

삼론현의【三論玄義】 중국 수(隋)나라 때 삼론종(三論宗)의 교리를 조직하여 대성한 길장(吉藏, 549-623)이 지은 책. 2권. 597년경 양주(揚州; 강소성) 혜일도량(慧日道場)에서 저술. 현의(玄義)는 '오묘한 의의(意義)'라는 의미이다. 전체의 구성은 총론(總論; 大歸를 서술)과 각론(各論)의 2문(二門)으로 구성되어 있다. 총론은 타설(他說)의 오류(誤謬)에 대한 비판과 자설(自說)의 정당성 제시로 구성되어 있다. 비판의 대상은 불교 이외의 사상, 유(有)에 사로잡혀 있는 소승불교(小乘佛敎), 공(空)에 사로잡혀 있는 소승불교〔成實〕, 대승불교를 자칭하면서도 치우친 사고방식에서 완전히 벗어나지 못한 학파〔삼론 이외의 학파〕 등의 4종이다. 비판의 방법은 우선 상대의 주장이나 역사를 개관하여 그 위에 문답형식으로 비판을 가하고 있다. 삼론학파의 입장으로 구성된 불교개론의 양상을 띤 책이다. 또한 외도(外道)의 비판은 인도의 불교 이외의 사상뿐만 아니라 중국의 『노자』·『장자』·『주역(周易)』의 사상에 대해서도 광범위하게 이루어지고 있다. 자설(自說)이 정당성을 제시하는 부분에서는 사람의 정당성을 밝힘으로써 중관파(中觀派)의 개조인 나가르쥬나(Nāgārjuna, 150-250경)의 정당성이 표명되어 있고, 법(法)의 정당성을 드러냄으로써 『중론(中論)』을 필두로 하는 삼론(三論)의 정당성이 선양되었다. 후반 부분의 각론에서는, 인도에서 불교 제파(諸派)의 전개를 추적하여 삼론(三論)이 작성되기에 이른 사상사적 경위를 밝히고, 삼론이라는 이름의 유래, 삼론의 중심사상, 삼론의 공통성과 독자성 등에 관해서 서술하고, 마지막으로 중(中)과 관(觀)과 논(論)의 3자에서 『중론(中論)』의 제명(題名)을 해석하고 있다. 이 책의 전체에 일관하는 사상은 중도(中道)·이제(二諦)·무소득(無所得)의 사상이며, 그 정리(正理)를 깨닫는 것이 정관(正觀)이라고 하는 것이다.

삼류경【三類境】 법상종(法相宗)의 교의(敎義). 인식의 대상인 소연(所緣)의 경(境; 대상)을 그 성질에 따라 고찰하여, 성경(性境)·독영경(獨影境)·대질경(帶質境)의 세 종류로 나눈 것이다. 이 설은 자은(慈恩, 632-682)의 『의림장(義林章)』이나 『유식추요(唯識樞要)』에 처음 나타난 학설이지만, 학자들은 현장(玄奘, 602-664)에 의하여 인도에서 전승(傳承)되었을 것으로 추정하고 있다. 성경(性境)이란 주관과 다른 종자에서 생겨, 주관의 성질의 선·악에 좌우되지 않고, 계계(界繫)를 달리함을 말한다. 곧 오관(五官)에 비추어 오는 것을 오식(五識)이 대상으로 하여 인식하는 객관세계; 제8식의 상분(相分)을 말한다. 독영경(獨影境)이란 주관이 단독으로 현출(現出)한 환영(幻影)이고, 따로 객관적 존재가 없으니, 눈병 난 사람의 눈앞에 보이는 환영(幻影)과 같은 것이다. 8식으로는 제6식의 대경으로서의 토끼 뿔, 거북의 털 따위처럼 실존하지 않는 것을 말하는 것이다. 대질경(帶質境)이란 본질은 있으나 그대로 영사되지 않는 경(境; 대상)을 말한다. 곧 노끈을 뱀으로 잘못 아는 것과 같이, 노끈은 있으나 그것은 노끈일 뿐 뱀은 아니다. 주관이 오인하는 뱀은 대질경이니, 8식으로 말하면 제7식이 제8식의 견분(見分)을 연취하여 실아(實我)라는 집견(執見)을 일으킴과 같으며, 제6식이 과거를 추상(追想)함과 같은 것이다.

삼륜신【三輪身】부처님과 보살, 혹은 부처님과 보살의 중생교화의 모습에, 자성륜신(自性輪身)·정법륜신(正法輪身)·교령륜신(教令輪身)의 세 종류가 있는 것을 말함. 윤(輪; cakra; wheel)은 번뇌를 깨뜨리는 것을 무기인 윤보(輪寶)에 비유한 말이다. 각각의 3종은 의궤(儀軌)에 있는데, 3종으로 정리한 것은 일본 밀교의 설이다. 대개 대일여래(大日如來)처럼 부처님 자체는 자성륜신(自性輪身), 대일여래의 별체(別體)인 반야보살(般若菩薩)처럼 부처님이 보살의 모습으로 나타나서 가르치심을 말하고, 중생을 교화하는 것은 정법륜신(正法輪身), 대일여래(大日如來)의 별체(別體)인 부동명왕(不動明王)처럼, 통상의 모습으로 교화하기 어려운 중생을 위해 부처님이 분노한 모습으로 명령하여 교화하는 것은 교령륜신(教令輪身)이라고 한다.

삼륜청정【三輪淸淨】〔梵 tri-maṇḍala-pariśuddhi〕보시(布施)를 할 때에 주는 사람·받는 사람·주는 물건, 이 세 가지가 모두 깨끗〔청정〕해야 한다는 것. 곧 보시하는 사람은 내가 누구에게 무엇을 주었다는 생각〔의식〕없이 보시하는 것, 보시를 받는 사람은 받았다는 생각이 없어야 함, 보시한 물건은 훔친 물건이나 부정한 물건이 아니어야 함. 이와 같이 세 가지가 모두 텅 빈 마음으로 보시를 해야만 참다운 보시가 된다는 것이다.

삼마발제【三摩跋提】〔梵 samāpatti, 英 in the state of samādhi〕선정(禪定)의 일명. 등지(等至)라 번역. 삼마발저(三摩鉢底)라고 음사하기도 한다. 혼침, 도거의 번뇌를 여의고 마음이 평정해지는 것. 삼매 항목 참조.

삼마제【三摩提; 三摩諦】〔梵 samādhi, 西 tiṅ ṅe ḥdsin〕범어(梵語) 'samādhi'의 음사어. 삼마지(三摩地)와 같음. 삼매와 같음. 삼매 항목을 참조할 것.

삼마지【三摩地】〔梵 samādhi〕정(定)이라 번역한다. 마음을 한곳에 모아 산란치 않게 하는 정신작용. 삼마디(三摩地)·삼마제(三摩提)·삼마제(三摩諦)라고도 한다. 삼매와 같음. 삼매 항목을 참조할 것.

삼망집 【三妄執】〔西 gsum bskal pa〕 (1) 밀교에서 세운 것으로, 육대혹(六大惑) 가운데 견혹(見惑)을 제(除)하고 남은 탐(貪)·진(瞋)·치(癡)·만(慢)·의(疑)의 오대혹(五大惑)에서 얻는 160심(心)을 망집(妄執)이라 하며, 이 망집에는 1. 추망집(麤妄執), 2. 세망집(細妄執), 3. 극세망집(極細妄執)이 있다. 이 추망집을 없애는 데는 일아승기겁(一阿僧祇劫)이 걸리고, 삼망집을 없애는 데는 삼겁(三劫)이 소요된다고 한다.

(2) 아집(我執)·법집(法執)·무명(無明)의 혹(惑)을 가리킨다.

(3) 삼겁망집(三劫妄執)이라고 한다. 초겁(初劫)의 혹(惑), 이겁(二劫)의 혹(惑), 삼겁(三劫)의 혹(惑)을 가리킨다.

삼매 【三昧】〔梵 samādhi, 英 concentration; absorption〕 범어 사마디(samādhi)의 음사어. 삼마대(三摩帶)·삼마제(三摩提)·삼마지(三摩地)라고도 음사한다. 의역(意譯)으로는 정(定)·정수(正受)·조직정(調直定)·정심행처(正心行處)·식려응심(息慮凝心)이라고 한다. 선정(禪定; dhyāna), 곧 마음을 한곳에 모아 움직이지 않게 하며, 마음을 바르게 하여 망념에서 벗어나는 것으로, 불교의 중요한 수행방법 가운데 하나이다. 『대지도론』 5권에, "마음이 한곳에 머물러 움직이지 않는 것을 이름 붙여 삼매"라 하고, 같은 책 28권에는, "일체 선정(禪定)은 역시 이름 붙여 정(定)이라 하고, 또 이름 붙여 삼매"라고 한다 하며, 『대승의장』 9권에는, "심체(心體)는 적정(寂靜)하여 사란(邪亂)을 여의므로 삼매(三昧)라 한다."고 하였다. 삼매(三昧)와 거의 같은 의미의 말로는 삼마발지(三摩鉢底; samāpatti; 等至), 또는 삼마히다(三摩呬多; samāhita; 等引)라는 말이 있다. 이 삼매(三昧)라는 말은 불교에 한정되지 않고 요가의 체계에서도 광범위하게 사용되고 있다. 특히 불교에서는 내재와 초월이 동일하다는 근본적 존재 이해를 바탕으로, 그 내면에의 침잠(沈潛) 단계가 계층 구조에 있어서 세계의 구조와 역대응적(逆對應的)으로 대응된다고 한다. 곧 욕계(欲界)·색계(色界)·무색계(無色界)라는 이른바 삼계(三界)는 욕망을 원리로 하는 일상의식의 세계인 욕계(欲界)를 산지(散地)로서, 색계(色界)는 선정(禪定) 내지 삼매(三昧)의 진전에 대응하여 초선천(初禪天) 내지 제 4 선천(禪天), 그리고 무색계(無色界)는 공무변처천(空無邊處天)·식무변처천(識無邊處天)·무소유처천(無所有處天)·비상비비상처천(非想非非想處天)의 사무색정천(四無色定天)으로 나뉘어서 삼계구지(三界九地)의 계층을 구성한다. 나아가 고타마 붓다의 깨달음은 이 무색정(無色定)을 초월한 어떤 삼매(三昧)의 경지이며, 그것이 어떤 특정한 내실을 포함하는 것이라고 상상되기 때문에, 후대에 전개된 대승불교, 예컨대, 『화엄경(華嚴經)』의 '해인삼매(海印三昧) 가운데 동시병현(同時炳現)의 설(說)'처럼, 그 경전은 불(佛)이 어떤 특정한 시간에 측정한 삼매에 들어가서 출정(出定)한 후, 그 삼매의 내용을 말한다고 하는 형식을 취한 것이 일반적이다. 나아가 『반주삼매경』이나 『수능엄삼매경』과 같이 그 특정한 삼매의 이름을 경(經)의 제목으로 게시하여 그 내실(內實)을 상세하게 서술하는 경전이 많이 저술되기에 이르렀다.

삼먁삼보리 【三藐三菩提】〔梵 samyaksambodhi〕 구역(舊譯)에서는 정변지(正遍智)·정변지도(正遍知道)·정진도(正眞道)라 하고, 신역(新譯)에서는 정등각(正等覺)·정등정각(正等正覺)이라 한다. 부처님이 깨달으신 지혜, 진리.

삼먁삼불타 【三藐三佛陀】〔梵 samyaksambudha〕 정변지(正遍智)·등정각(等正覺)·정등각(正等覺)이라 번역한다. 부처님이 깨달은 바르고 결점 없는 지혜.

삼명육통 【三明六通】 삼명(三明)과 육통(六通). 아라한(阿羅漢)이 갖추고 있는 덕(德). 삼명(三明; tisoro vidyāḥ)은 숙명명(宿命明)·천안명(天眼明)·누진명(漏盡明)을 말한다. 명(明; vidyā)은 지명(智明)·지증명(智証明)이라고도 한다. 숙명명은 자기와 남의 지난 세상에 생활하던 상태를 아는 것이요, 천안명은 자기나 다른 사람의 다음 세상의 생활 상태를 아는 것이며, 누진명〔누진통〕은 지금 세상의 고통을 알아 번뇌를 끊는 지혜를 말한다. 육통(六通)은 천안통(天眼通)·천이통(天耳通)·타심통(他心通)·숙명통(宿命通)·신족통(神足通)·누진통(漏盡通)을 말한다. 통(通; abhijña; abhijñana)은 통력(通力)·신통(神通)이라고도 하는데, 작용이 자재(自在)하여 무애(無碍)함을 통(通)이라고 한다. 천안통은 육안으로 볼 수 없는 것을 보는 신통이요, 천이통은 보통 귀로는 듣지 못할 소리를 듣는 신통이요, 타심통은 사람의 마음을 자재하게 아는 신통이며, 숙명통은 지나간 세상의 생사를 자재하게 아는 신통이며, 신족통은 여의통(如意通)이라고도 하는데, 불가사의(不可思議)하게 경계를 변하여 나타내기도 하고 마음대로 날아다니기도 하는 신통이며, 누진통은 자유자재로 번뇌를 끊는 신통이다.

삼무성 【三無性】 삼무자성(三無自性)이라고도 한다. 법상·유식에서 미(迷)·오(悟)의 일체 제법(諸法)을 유(有)의 관점에서 변계소집성(遍計所執性)·의타기성(依他起性)·원성실성(圓成實性)으로 나눈 삼성설(三性說)에 대하여, 공(空)의 관점에서 상무성

(相無性)·생무성(生無性)·승의무성(勝義無性)을 세운 것. 상무성(相無性; lakṣana-niḥsvabhāvatā)이란 변계소집성에 의하여 앞에 나타난 것은 그림자에 불과한 것이므로 그 존재에 객관성이 없다는 것이다. 생무성(生無性; utpatti-niḥsvabhāvatā)은 여러 인연에 의하여 성립하는 의타기성(依他起性)의 것은 일시적으로 가현(假現)한 것에 불과하고 그 자신만으로 생기는 것이 아니기 때문에 생무성이라고 하는 것이다. 승의무성(勝義無性; paramārtha-niḥsvabhāvatā)은 진여가 만유의 근원인 원성실성, 곧 절대법이므로 아무런 모양도 없음을 말한 것이다. 이 3무성은 각각 의의를 달리하지만, 이것에 의하여 『반야경』의 공(空), 곧 무자성(無自性)의 내용을 정밀하게 규정하는 동시에 모든 법(法)의 존재 관계를 표명하고 있다고 할 수 있다. 반야공사상의 입장에서 유식의 관점을 부수는 것임. 삼성(三性; 변계·의타·원성)에 대해서는 삼성·삼성설(三性說) 참조.

삼무애【三無碍】보살(菩薩)이 지니고 있는 무애자재(無碍自在)한 작용의 세 가지. 총지무소괘애(總持無所罣碍)·변재무소괘애(辯才無所罣碍)·도법무소괘애(道法無所罣碍)를 말한다. 1. 총지무소괘애(總持無所罣碍)란 대총지를 얻어 선법(善法)을 잃지 않고, 악법(惡法)을 내지 않으며, 또 온갖 언어 문자와 만반의 일을 다 알아 잊어버리지 않는 자재한 힘을 말한다. 2. 변재무소괘애(辯才無所罣碍)란 큰 변재를 얻어 근기에 맞는 교법을 말하여 알게 하는 데 자재한 것을 말한다. 3. 도법무소괘애(道法無所罣碍)란 큰 지혜를 얻어 대승교·소승교와 언어 문자에 대해서 알지 못함이 없는 것을 말한다.

삼무위【三無爲】〔梵 tri-vidham asaṃskṛtam, 西 ḥdus ma byas rnam gsum〕소승(小乘)의 설일체유부(說一切有部)에서 무위(無爲)에 허공무위(虛空無爲)·택멸무위(擇滅無爲)·비택멸무위(非擇滅無爲)를 세우는 것. 1. 허공무위란 걸림이 없는 것을 성(性)으로 하여, 다른 것을 장애하거나 또는 장애가 없는 공간, 또는 허공과 같은 것을 말한다. 2. 택멸무위란 수멸무위(數滅無爲)라고도 하는데, 지혜의 간택력(簡擇力)에 의하여 번뇌를 끊는 곳에 나타나는 적멸한 진리를 말한다. 3. 비택멸무위란 비수멸무위(非數滅無爲)라고도 하는데, 지력(智力)에 의하지 않고, 생기는 인연을 궐(闕)한 까닭으로 얻는 적멸한 무위를 말한다. 택멸무위가 인위적인데 반해 비택멸무위는 자연적인 것이다.

삼무일종법난【三武一宗法難】중국 역사상 4차에 걸쳐 제왕(帝王)이 불교에 가한 재액(災厄). 북위(北魏) 태무제(太武帝)의 금불(禁佛), 북주(北周) 무제(武帝)의 금불(禁佛), 당(唐)

무종(武宗)의 금불(禁佛), 후주(後周) 세종(世宗)의 금불(禁佛), 이것을 삼무일종(三武一宗)의 금불(禁佛), 또는 삼무일종(三武一宗)의 법난(法難)이라고 한다. 1. 북위(北魏) 태무제(太武帝) 태평진군(太平眞君) 7년〔446〕 불경·불상 등을 불태우고 승려들을 묻어 죽임. 2. 북주(北周) 무제(武帝) 건덕(建德) 3년〔574〕 도교·불교를 폐지하고, 사원 4만여 곳을 헐어 왕공(王公)에게 주고, 승려·도사 4만여 명을 군민에 충당. 3. 당(唐) 무종(武宗) 회창(會昌) 3년〔843〕 절 4만여 곳을 헐어 버리고, 승려 26만 인을 환속시킨 것. 4. 후주(後周) 세종(世宗) 현덕(賢德) 2년〔955〕 사사로 승니를 득도(得度)시키는 것을 금하여, 부모를 모실 이가 없는 사람의 출가를 허락하지 않고, 나라에서 준 간판이 없는 사찰을 폐하고, 동상·종경(鍾磬)을 녹여서 돈을 만든 것.

삼문【三門】〔梵 Trividha-dvāra, 英 The three gates〕 ①온(蘊)과 처(處)와 계(界)의 3가지 체계. ②깨달음을 방해하는 장해(障害)를 없애는 3종의 문(門). 곧 지혜문(智慧門)·자비문(慈悲門)·방편문(方便門). ③중앙과 좌우의 3개의 문이 연결되어 있는 것. ④삼혜(三慧)라는 것으로 문혜(聞慧)를 이문(耳門), 사혜(思慧)를 심문(心門), 수혜(修慧)를 중도관문(中道觀門)이라고 부른다. ⑤교(敎)·율(律)·선(禪)이라고 하는 것. ⑥산문(山門). 선종사원의 정문. 산문(山門)을 삼해탈문(三解脫門)에 비유해서 말함. 곧 열반에 들기 위한 공문(空門)·무상문(無相門)·무작문(無作門)의 3가지 해탈문을 사원의 문에 비유하였다. 통로가 반드시 3개는 아니어도 된다.

삼밀【三密】〔梵 tri-guhya, 英 The three mystic things〕 우리의 활동을 동작(動作)·언어(言語)·사유(思惟)의 3방면인 신구의(身口意)로 나눈 것으로, 통불교(通佛敎)에서는 삼업(三業)이라고 하지만, 밀교에서는 삼밀(三密)이라 하여, 열반의 당체(當体)도, 추구자의 실천도 함께 이 삼밀(三密)로 나타난다. 부처님 쪽에서 하면, 모든 존재(存在), 모든 언어(言語), 모든 활동(活動)이 미묘한 진리〔無相의 三密〕이다. 중생은 인(印)을 맺고, 진언을 송(誦)하며, 본존(本尊)을 염(念)하는 데〔有相의 三密〕 따라서 대각(大覺)을 성취한다고 하는 것이 밀교 실천의 요체(要諦; 三密用大)이다.

삼밀가지【三密加持】 삼밀유가 항목 참조.

삼밀유가【三密瑜伽】 삼밀가지(三密加持). 유가(瑜伽; yoga)는 상응(相應)이라 번역한다. 진언(眞言)의 행법(行法)으로서 우리의 신(身)·구(口)·의(意) 3업이 본래 부처님의 삼밀(三密)과 동등하여 차별이 없음을 아는 것인데, 실천적 수행방법으로는 손으로 인(印)을 결(結)하고, 입으로 주문을 외우며, 뜻으로 자기는 본래 불보살임을 알아서 중생과 불(佛)은 본성이 같고, 범부와 불(佛)은 본체(本體)가 동일한 관을 한다. 여기에 우리의 3업이 부처님의 삼밀(三密)과 일치하고, 호상섭입(互相涉入)하여 걸림이 없으며, 내가 불(佛)에게 들어가고, 불(佛)이 나에게 들어오는 일여(一如)한 경지에 도달하는 것을 삼밀유가(三密瑜伽), 또는 삼밀가지(三密加持)라 한다.

삼밀행 【三密行】 신(身)·구(口)·의(意)의 삼밀(三密)의 행법(行法). 중생이 손에 인(印)을 결(結)하고, 입으로 진언을 외우며, 뜻으로 본존(本尊)을 생각하는 실천법. 또는 중생의 신(身)·어(語)의 행위나 사념(思念) 그대로가 삼밀(三密)이다. 곧 인간의 사려(思慮)가 미치지 못하는 불가사의한 깨달음의 체(體; 본체)·상(相; 모양)·용(用; 작용)에 중생과 불(佛)이 일체(一體)가 된다고 설한 것.

삼반야 【三般若】 〔英 The three prajñās, or perfect enlightenments〕 ①문자반야(文字般若)·관조반야(觀照般若)·실상반야(實相般若)를 말한다. 문자반야는 문자로 나타낸 『반야경』이 반야(般若)의 지혜는 아니지만, 반야를 전현(詮顯)하는 방편이므로 이렇게 부른다. 관조반야는 모든 법의 실상(實相)을 관조(觀照)함이 반야 지혜의 작용이고, 관조하는 체(體)인 지혜는 반야이므로 이렇게 부른다. 실상반야는 모든 법의 실상(實相)·무상(無相)·공적(空寂)은 반야가 아니지만, 반야의 지혜를 내는 것이므로 이렇게 부른다. ②방편반야(方便般若)·관조반야(觀照般若)·실상반야(實相般若)를 말한다. 방편반야는 제법(諸法)을 분별하는 권지(權智)를 말하며, 관조반야는 실상(實相)을 관조하는 실지(實智)를 말하고, 실상반야는 반야의 이체(理體)가 되며 본래 중생이 갖춘 것이 된다. 일체허망의 상(相)을 여의는 것은 반야의 실상(實相)이며, 이는 소증(所証)하는 이체(理體)가 된다.

삼백사십팔계 【三百四十八戒】 〔英 The 348 rules for a nun〕 비구니(比丘尼)가 준수해야 될 계문의 수. 『사분율(四分律)』에 의하면, 8바라이(波羅夷), 17승잔(僧殘), 30사타(捨墮), 178단제(單提), 8제사니(提舍尼), 100중학(衆學), 7멸쟁(滅諍) 등을 합하면 348계(戒)가 된다.

삼법 【三法】 (1) 〔英 The three dharma i.e. the Buddha's teaching〕 교법(敎法)·행법(行法)·증법(証法)을 말한다. 교법(敎法)은 석존이 일대(一代)에 설한 12분교(分敎)를 말하고, 행법(行法)은 교(敎)에 따라 수행하는 사제(四諦)와 십이인연(十二因緣)과 육도(六度)를 말하며, 증법(証法)은 행(行)에 의하여 과(果)를 증(証)하는 보리(菩提)와 열반(涅槃)을 말한다.

(2) 〔?-739〕 신라시대의 승려. 문무왕 16년〔676〕에 의상(義湘)에게 구족계

ㅅ

를 받았으며, 경장(經藏)과 율장(律藏)에 능통하였다. 중국의 육조혜능(六祖慧能, 638-713)의 선풍(禪風)을 사모하여, 김유신(金庾信, 595-673)의 부인인 법정(法淨)의 도움으로 중국에 건너가서 육조의 정상(頂相)을 받들고 돌아와, 지금의 쌍계사(雙磎寺) 터에 모시고, 선정(禪定)을 닦다가 효성왕 3년〔739〕에 입적하였다.

삼법륜【三法輪】①전법륜(轉法輪)·조법륜(照法輪)·지법륜(持法輪). 진제(眞諦, 499-569)삼장이 석존 일대(一代)의 가르침을 셋으로 분류한 것이다. 전법륜(轉法輪)은 삼시교(三時教) 중의 유교(有教)를 말함이니, 녹야원(鹿野苑)에서 인공법유(人空法有)의 이치를 말한 것으로, 곧 소승교(小乘教)를 가리킨다. 조법륜(照法輪)은 제2시(時)의 공교(空教)를 뜻하는데, 제1시에 허락한 물(物)·심(心) 모든 법의 존재를 부정하고, 일체가 모두 공(空)하다고 말한 것으로, 곧『반야경』등의 대승교(大乘教)를 가리킨다. 지법륜(持法輪)은 제2시 중도교(中道教)를 뜻하는 것이니, 제1시에서는 법체(法體)의 존재를 허락하고, 제2시에서 온갖 것의 존재를 부정한 편유편공(偏有偏空)의 교(教)에 대하여, 비유비공(非有非空)인 중도(中道)의 이치를 나타낸 것으로, 천태종·화엄교 등의 대승교를 가리킨다. ②삼전법륜(三轉法輪), 곧 시전(示轉)·권전(勸轉)·증전(証轉), 또는 근본(根本)·지말(枝末)·섭말귀본(攝末歸本)의 삼법륜을 말한다.

삼법묘【三法妙】천태종의 적문(迹門) 십묘(十妙) 가운데 하나. 삼법(三法)은 삼궤(三軌)이니, 진성궤(眞性軌)·관조궤(觀照軌)·자성궤(資成軌)를 가리킨다. 진성궤(眞性軌)는 일체 법의 체(體)이니, 거짓되지도 않고 고쳐지지도 않는 실성(實性)이다. 관조궤(觀照軌)는 미(迷)한 정(情)을 없애고 진리를 개현하는 지혜의 작용이다. 자성궤(資成軌)는 관조하는 지혜를 돕는 수행이다.

삼법인【三法印】〔梵 Tridharma-laksana, 英 The three signs or proofs of a Hinayāna sūtra－non-permanence, non-personality, nirvāna〕 불교의 근본 교의(教義)를 셋으로 요약한 것. 제행무상인(諸行無常印)·제법무아인(諸法無我印)·열반적정인(涅槃寂靜印). 1. 제행무상(諸行無常; Anityā bata saṃskārāh)이란 모든 현상, 모든 존재는 무상하다는 것. 고정〔常〕되어 있지 않고 시시각각으로 변모해 간다는 것. 따라서 영원성〔常〕을 갖고 있지 않다는 것. 2. 제법무아(諸法無我; niratmanah sarva-dharmah)란 모든 존재〔諸法〕는 고정불변의 존재〔我〕, 영원불변하는 실체〔我〕가 없다는 것. 나의 소유, 나의 것〔我〕이라고 할 수 있는 것이 없다는 것. 그러므로 애착·집착할 수 없다는 것이다. 3. 열반적정

(涅槃寂靜; samtam nirvanam)이란 욕망과 번뇌망상이 소멸된 정신세계는 평온하고 안온하다는 것. 이상 세 가지는 불교의 가르침을 나타낸 기본적·핵심적인 교리이다. 여기에 일체개고(一切皆苦; 모든 것은 괴로움이다)를 추가하여 사법인(四法印)을 말하기도 한다. '인(印)'은 도장을 찍은 것처럼 불변의 진리를 뜻한다.

삼보 【三寶】〔tri-ratna, ratna-traya, 英 The tree precious; 佛 Buddha, 法 Dharma, 僧 Saṅgha〕 불교를 구성하고 있는 기본적 세 요소인 불(佛; buddha)·법(法; dharma)·승(僧; saṇgha)을 말한다. 불(佛)은 교조(教祖) 및 교주로서의 불타(佛陀), 법(法)은 그 불타의 가르친 교설·교법, 승(僧)은 승가(僧伽)로서 불타의 교설을 실천하는 단체를 말한다.

삼보리 【三菩提】 ①범어(梵語) 'saṃbodhi'의 음역(音譯). 아뇩다라삼먁삼보리(阿耨多羅三藐三菩提)의 약칭. 무상정등정각(無上正等正覺)이라고 하는데, 더 이상 위〔上〕가 없는 가장 완벽한 깨달음이란 뜻이다. ②증과상(證果上)의 지혜에 3가지를 세운 것으로 성문보리(聲聞菩提)·연각보리(緣覺菩提)·제불보리(諸佛菩提)를 말한다. ③불과(佛果)를 3가지로 나눈 것으로 진성보리(眞性菩提)·실지보리(實智菩提)·방편보리(方便菩提)를 말한다.

삼보물 【三寶物】 ①불(佛)·법(法)·승(僧) 삼보에 소속된 물건. 불물(佛物)에는 불상(佛像)·향화(香華)·번개(幡蓋)·전당(殿堂) 등이 속하고, 법물(法物)에는 경권(經卷)·지필(紙筆)·상함(箱函)·건파(巾帊) 등이 속하며, 승물(僧物)에는 승방(僧房)·전원(田園)〔常住僧物〕·의발(衣鉢)·곡채(穀菜)〔現全僧物〕 등이 속한다.

삼보사찰 【三寶寺刹】 우리나라의 3대 사찰로, 불보사찰·법보사찰·승보사찰. 불보(佛寶)사찰로는 경상남도 양산시 하북면 영취산에 있는 통도사(通度寺). 법보(法寶)사찰로는 경상남도 합천군 가야산에 있는 해인사(海印寺). 승보(僧寶)사찰로는 전라남도 승주시 송광면 조계산에 위치한 송광사(松廣寺)이다.

삼복 【三福】〔英 The three felicity〕 불도를 수행하는 사람이 얻게 되는 세 가지의 복(福). 곧 세복(世福)·계복(戒福)·행복(行福)이 그것이다. 세복(世福)은 세상에서 선업·선행을 쌓아 얻게 되는 복이요, 계복(戒福)은 부처님이 제정한 계율을 지켜 얻게 되는 복이며, 행복(行福)은 스스로 불도를 수행하면서 다른 사람을 불문(佛門)에 들어오도록 인도하여 얻게 되는 복이다. 이 삼복을 세선(世善)·계선(戒善)·행선(行善)이라고도 한다.

삼복업 【三福業】〔英 The three things that bring a happy lot-almsgiving, impartial kindness and love, pondering over the demands of the life beyond] 『증일아함경(增一阿含經)』에서 말하고 있는 시복업(施福業)·평등복업(平等福業)·사유복업(思惟福業) 등을 말한다. 시복업(施福業)은 빈궁한 사람에게 시여(施與)하고, 그로 말미암아 세(世)·출세(出世)의 복리(福利)를 얻는 것이다. 평등복업(平等福業)은 평등한 자비심으로써 일체중생을 애호하여 세(世)·출세(出世)의 복리를 이루는 것이다. 사유복업(思惟福業)은 지혜(智慧)로써 출리(出離)의 법(法)을 사유·관찰하여 출세(出世) 복선(福善)의 업(業)을 삼는 것을 말한다.

삼부경 【三部經】 불경 중에서 특별히 뽑은 세 경전. ①호국삼부경은『법화경』·『인왕경』·『금강명경』. ②미륵삼부경은『미륵상생경(彌勒相生經)』·『미륵하생경(彌勒下生經)』·『미륵성불경(彌勒成佛經)』. ③대일여래(大日如來)의 삼부경(三部經)은『대일경(大日經)』·『금강정경(金剛頂經)』·『소실지경(蘇悉地經)』. ④법화삼부경은『법화경(法華經)』·『무량의경(無量義經)』·『관보현경(觀普賢經)』. ⑤정토삼부경은『무량수경(無量壽經)』·『관무량수경(觀無量壽經)』·『아미타경(阿彌陀經)』.

삼분가 【三分家】 법상종(法相宗)에서 인식과정을 설명하는 데 의식작용을 셋으로 나누어 상분(相分)·견분(見分)·자증분(自証分)으로 하는 일파(一派)를 말한다. 진나(陳那: Dignāga, 400경-480경)가 여기에 속한다.

삼분별 【三分別】 심식(心識)으로 인식하는 작용의 세 가지. 자성분별(自性分別)·수념분별(隨念分別)·계탁분별(計度分別)을 말한다. 자성분별(自性分別)은 앞에 있는 대상을 그대로 깨닫고, 추측하고 사고(思考)하지 않는 단순한 정신작용을 말한다. 수념분별(隨念分別)은 지나간 일을 추억하여 여러 가지 생각을 돌리는 정신작용을 말한다. 계탁분별(計度分別)은 널리 삼세(三世)에 걸쳐 아직 현실로 나타나지 않은 일들을 미루어 상상하는 정신작용을 말한다.

삼불성 【三不成】 진(晋)나라 도안(道安, 314-385)의 『정토론(淨土論)』에서 정토(淨土)와 예토(穢土)의 본체본질(本體本質)에 따라 일이(一異)를 논하여 3종 불성(不成)의 뜻을 세운 것. 곧 일질불성(一質不成)·이질불성(異質不成)·무질불성(無質不成)을 말한다. 1. 일질불성(一質不成). 부처님이 발가락으로 땅을 누를 때, 예토가 변하여 정토가 되는 것은 두 세계가 동일한 본질에 의한 것이 아니라고 보는 것. 2. 이질불성(異質不成). 정토·예토의 둘이 정심(淨心)·예심(穢心) 앞에 나타나 같을 때, 같은 곳에 있으나, 서로 장애되지 않음은 이질(異質)의 두 가지가 존재하는 것이 아니라고 하는 것. 3. 무질불성(無質不成). 정토·예토는 같은 곳에 나타날지라도 무(無)로써 유(有)를 내는 것이 아니고, 반드시 정업(淨業)·예업(穢業)의 차별에 의하여 세계상을 나타낸다고 하는 것을 말한다.

삼불성 【三佛性】〔英 The three kinds of Buddha-nature〕 불성(佛性)의 개발됨이 필연이냐 우연이냐를 셋으로 나눈 것. 1. 자성주불성(自性住佛性). 중생에게 본래 갖추어져 있는 불성. 2. 인출불성(引出佛性). 본래 갖추어져 있는 불성을 학습하고 수양한 결과로 끌어내는 것. 3. 지득과불성(至得果佛性). 수행을 완료하여 본래 갖추어져 있는 불성을 개발하여 마치는 것 등이다.

삼불퇴 【三不退】〔英 The three non-backslidings, i.e. from position attained, from line of action pursued, and in dhyāna〕 위불퇴(位不退)·행불퇴(行不退)·염불퇴(念不退)를 말한다. 위불퇴(位不退)란 이미 닦아 얻은〔修得〕 경지를 퇴실(退失)하지 아니하는 것이요, 행불퇴(行不退)는 닦은 행법(行法)을 퇴실(退失)하지 아니하는 것이며, 염불퇴는 정념(正念)에서 퇴전(退轉)하지 아니하는 것이다. 이 삼불퇴(三不退)는 보살(菩薩)의 행위(行位)에 적용한 것으로 여러 종파에 따라 다르다. 예컨대, 법상종에서는 만법(萬法)의 수인(修因)에 의하여 십주(十住)의 위(位)에 들어가서 유식관(唯識觀)을 성취하고, 다시는 악업(惡業)에 떨어져서 생사에 유전(流轉)하는 자리로 물러남이 없는 것을 위불퇴(位不退), 이미 초지(初地)에 들어가서 진유식관(眞唯識觀)을 성취하여 이타행(利他行)이 퇴실(退失)하지 않는 것을 행불퇴(行不退), 팔지(八地)를 버리고 무공용지(無功用地)를 얻어서 염념(念念)하여 진여해(眞如海)에 들어감을 염불퇴(念不退)라고 한다.

삼사 【三事】 ①6근(六根)·6경(六境)·6식(六識), 곧 육근이 육경을 만나서 6식(六識)을 내는 것. 『불소행찬경(佛所行讚經)』에, "육근과 육경이 인연이 되어 육식이 일어나고, 셋이 모여 촉(觸)이 생기니 마음이 연(緣)을 따라 옮아간다."라고 하였다. ②탐(貪)·진(瞋)·치(痴)의 3종 근본번뇌(根本煩惱)를 말한다.

삼사칠증 【三師七證】〔英 The three superior monks and a minimum of seven witnesses required for an ordination to full orders〕 비구(比丘)가 구족계(具足戒)를 받는 데는 반드시 3사(三師)와 7증(七證)을 갖추어야 한다. 3사(三師)는 계화상(戒和尙; 바로 戒를 주는 사람)·갈마사(羯磨師; 表白과 羯磨文을 읽는 사람)·교수사(敎授師; 威儀와 作法을 敎授하는 사람)를 말하고, 7증(七證)은 7인(人)의 증명사(證明師)이다. 만약 변방(邊方)에 있으면 삼사(三師)와 이증(二證)으로 감(減)할 수 있다고 한다.

삼삼매 【三三昧】〔英 The three

ㅅ

samādhis, or the samādhi on three subjects] ①공삼매(空三昧)·무상삼매(無相三昧)·무원삼매(無願三昧)를 가리킨다. 무상(無相)·무원(無願)은 모두 공(空)의 이칭이다. 일체가 공(空)함을 사유하는 삼매. ②유각유관삼매(有覺有觀三昧)·무각유관삼매(無覺有觀三昧)·무각무관삼매(無覺無觀三昧). ③분수삼매(分修三昧)·공수삼매(共修三昧)·성정삼매(聖正三昧). 분수삼매(分修三昧)는 정(定)·혜(慧) 중의 어느 하나만을 수행하는 것이요, 공수삼매(共修三昧)는 정·혜를 함께 닦는 삼매이며, 성정삼매(聖正三昧)는 성문(聲聞) 4과 중의 예류과(預流果) 이후에 닦는 삼매이니, 정·혜가 일시에 갖추어져 해탈하는 것이다.

삼삼조사【三三祖師】 선종(禪宗)의 33조사(祖師). 보리달마를 포함한 서천(西天)의 28조(祖)와 중국의 2조 혜가, 3조 승찬, 4조 도신, 5조 홍인, 6조 혜능을 합쳐서 말한 것이다. 서천이십팔조 항목 참조.

삼상【三相】〔梵 trilakṣaṇa, 英 The three forms or positions〕(1) 망정(妄情)에 의한 언설(言說)과 가명(假名) 때문에 모든 존재와 사물〔諸法〕의 명칭들을 설정하고 집착하는 변계소집상(遍計所執相; parikalipta-lakṣaṇa)과 십이연기(十二緣起)에서 보여주는 것과 같이 제법(諸法)이 연(緣)에 의하여 생기(生起)하는 의타기상(依他起相; paratanta-lakṣaṇa), 그리고 일체법(一切法)의 진여(眞如)의 모습인 원성실상(圓成實相; pariniṣpanna-lakṣaṇa)을 말한다.

(2) 물체상에 갖추어져 있는 세 모양으로, 표상(標相)·형상(形相)·체상(體相)을 말한다. 표상은 연기는 불〔火〕이 있다는 것을 표하는 것과 같은 것이고, 형상은 물건의 형체, 방(方)·원(圓)·장(長)·단(短) 등이요, 체상은 실체를 말하는 것이니, 불〔火〕의 실체는 물질을 뜨겁게 한다는 것 등이다.

(3) 물적(物的) 현상 위에 있는 세 모양으로, 가명상(假名相)·법상(法相)·무상상(無相相)을 말한다. 가명상은 물적 현상이나 중생이 잠깐 존재하는 것으로 항구성(恒久性)이 없지만, 그 위에 가명(假名)을 세운 것일 뿐이요, 법상(法相)이란 5온·12처·18계의 모든 법이 인연에 의하여 세운 것이므로 그 실체가 없는 것을 나타낸 것이다. 무상상(無相相)은 위와 같이 물(物)·심(心)의 모든 현상이 실체적으로 인정할 모양이 없다는 것이다.

(4) 유위법(有爲法)의 3가지 특성으로 생(生)·주(住)·멸(滅)이라고 하는 삼유위상(三有爲相)을 말한다.

(5) 인(因)의 삼상(三相).

(6) 여래(如來)의 설법이 일상일미(一相一味)인 것을 형용한 해탈상(解脫相)·이상(離相)·멸상(滅相)을 말한다.

(7) 삼세(三細)와 같다. 무명업상(無明業相)·능견상(能見相)·경계상(境界

相)을 말한다.

삼생【三生】〔英 The three births, or reincarnations, past, present, future〕삼세전생(三世轉生)을 가리킨다. ①과거·현재·미래. ②전생(前生)·금생(今生)·내생(來生). ③전생·이승·저승. ④견문생(見聞生)·해행생(解行生)·증입생(証入生). 화엄종에서는 이 3생을 지내어 성불(成佛)한다고 한다.

삼생성불【三生成佛】화엄종(華嚴宗)에서 세운 것으로, 성불(成佛)에 이의(二義)가 있다. 1. 삼생(三生)을 과거·현재·미래의 삼세(三世)에 짝 지우면 과거생(過去生)은 부처님을 보고 법을 들어 불(佛)의 종자를 심고, 금생은 십신(十信)을 완전히 하여 십지(十地)의 해행(解行)에 이르며, 내세(來世)의 생(生)을 증(証)하고 과해(果海)에 들어가서 곧 삼생(三生)에 성불(成佛)하는 것이므로 삼생성불(三生成佛)이라 한다. 2. 견문(見聞) 등 삼생(三生)이 각자 일생(一生)에 성불(成佛)하는 것.

삼선근【三善根】〔梵 triṇi kuśalamūlāni, 巴 trini kusalamūlāni, 英 The three good 'roots', the foundation of all moral development〕온갖 선(善)의 근원이 되는 무탐선근(無貪善根)·무진선근(無瞋善根)·무치선근(無痴善根)의 삼근(三根)을 말한다. 일체 선법(善法)은 모두 이 삼근(三根)에서 나오는 것인데, 구체적으로 표현되는 것이 보시(布施)·자비(慈悲)·지혜(智慧)이다.

삼선도【三善道】〔英 The three good or upward directions or states of existence〕삼악도(三惡道)에 상대되는 말. 축생·아귀·지옥을 삼악도라 하는 데 대하여 천도(天道)·인도(人道)·수라(修羅)를 삼선도(三善道)라 한다.

삼성【三性】〔梵 trayaḥ svabhāvāḥ, 英 The three types of character〕①불교에서 사람의 성품을 선성(善性)·악성(惡性)·무기성(無記性; 선도 악도 아닌 것)으로 나눈 것. ②법상유식에서 사리미오(事理迷悟)의 일체제법(一切諸法)을 그 성질상으로 보아 변계소집성(遍計所執性)·의타기성(依他起性)·원성실성(圓成實性)으로 나눈 것. 변계소집성〔parikalpita-svabhāva〕이란 이것저것 구상화하여 집착한다는 뜻으로, 우리가 어떠한 대상을 인식했을 경우, 그 주관적인 착각으로 말미암아 일어나는 거짓의 망상 경계를 말한다. 의타기성〔para-tantra-svabhāva〕이란 타(他)에 의하여 생기한다는 뜻으로, 인연(因緣)에 의하여 생기(生起)하는 모든 현상은 실체가 없는 가유(假有)인 것을 말한다. 원성실성〔pariniṣpanna-svabhāva〕이란 의타기성(依他起性)의 근본을 이루고 있는 본체적 진리로서 구체적으로 진여(眞如)를 말한다. 진여 자체는 시간과 공간적으로 우주에 가득하여 있지 않은 곳이 없고, 생멸변화하지 않고 인연으로 성립된 허망한 존재가 아니라 일체법의 실성(實性)이 되는 것이다.

삼성각 【三聖閣】 칠성(七星)·산신(山神)·독성(獨聖)의 세 신을 모신 사찰 내의 건물. 이것은 한국불교의 독특한 것으로, 거의 모든 사찰에 있다. 절에 따라서는 독성과 산신·용왕을 봉안하는 경우도 있고, 때로는 고려 말의 삼대 성승(聖僧)인 지공(指空, 1289–1346)·나옹(懶翁, 1320–1376)·무학(無學, 1327–1405)의 삼성(三聖)과 칠성·독성을 봉안하기도 한다.

삼성삼무성 【三性三無性】 유식설(唯識說)에서 사(事)·이(理)·미(迷)·오(悟)의 일체 모든 법을 그 성질상으로 보아 3성으로 나누고, 그 3성에 관하여 공(空)의 관점에서 3무성을 주장하는 것을 말한다. 3성이라는 것은 1. 변계소집성(遍計所執性; parikalpita-svabhāva), 2. 의타기성(依他起性; paratautra-svabhāva), 3. 원성실성(圓成實性; parinișpanna-svabhāva)이며, 3무성은 1. 상무성(相無性; lakșaṇa-niḥsvabhāvatā), 2. 생무성(生無性; utpatti-niḥsvabhāvatā), 3. 승의무성(勝義無性; paramārtha-niḥsvabhāvatā)의 셋이다. 삼성(三性)에 대해서는 삼성 항목 ②와 삼성설 항목을 참조하고, 삼무성(三無性)에 대해서는 삼무성 항목과 삼성설 항목을 참조할 것.

삼성설 【三性說】 삼성(三性; trisvabhāva)설은 유가행유식학파(瑜伽行唯識學派; 유식학)가 제시한 것으로, 깨달음에 이르기 위한 실천론의 하나이다. 즉 현실세계를 3종의 특징〔lakșaṇa; 相〕, 혹은 성질상〔존재양상; svabhāva; 自性·性〕의 관점에서 제시한 것으로서 독립된 3종의 실체가 있는 것은 아니다. 이 3종은 'parikalpita-svabhāva', 'paratautra-svabhāva', 'parinișpanna-svabhāva'인데, 현장(玄奘, 602–664)은 차례대로 변계소집성(遍計所執性)·의타기성(依他起性)·원성실성(圓成實性)이라 번역했다. 변계소집성이란 주관적인 생각, 망상에 의하여 구상화된 현상을 사실화하여 집착하는 것. 의타기성이란 독립적으로 생기(生起)하지 못하고 연기의 법칙에 의하여 생기하는 것. 원성실성이란 변계소집성이나 의타기성이 아닌 근본을 이루고 있는 진리로서 진여를 뜻함. 이것을 풀어서 설명한다면, '망상(妄想)과 집착(執着)이라는 성질', '다른 존재에 의해서 생기(生起)하는 성질', '완전하게 성취된 성질'을 의미한다.

[총론(總論)] 나가르쥬나(Nāgārjuna, 150–250경)는 『중론(中論)』 등에서 『반야경』의 공(空)을 철저하게 파고 들어가서 부정적 표현으로 이것을 논증하였다. 그리고 이 공(空)의 수행자〔보살〕는 어떻게 실현하는가라고 하는 실천이론으로서 제출된 것

이 삼성설이다. 불(佛)의 깨달음의 차원〔勝義〕에서 범부(凡夫)의 미혹한 차원〔世俗〕을 본다면, 후자는 현상세계를 언어(言語)·개념(槪念)에 기초한 논리(論理)·분별(分別)에 의해서 파악하려고 한 것인데, 여기에 미혹(迷惑)이 일어나는 원인이 있다. 결국 분별에 의해서 보이는 인식세계는 가상세계(假想世界; 遍計所執性)이며, 있는 그대로의 모습인 진여(眞如)와는 거리가 멀다. 그것은 가상세계가 원래 언어 등의 요인에 의해서 일어나는 허망한 분별〔依他起性〕의 반영에 지나지 않기 때문이며, 수행에 의해서 그 가상세계를 버릴 때, 진실세계의 있는 그대로의 모습〔圓成實性〕이 저절로 수행자에게 현현(顯現)하는 것이다. 결국 의타기성(依他起性)에 대한 철저한 인식을 바탕으로 변계소집성이 소멸됨으로써 원성실성(圓誠實性)을 획득하게 된다. 허망분별, 결국 활동하는 식(識)은 독립 자존하는 것이 아니라 다른 것에 의해서 일어나는 성질이라는 의미에서는 『반야경』이나 나가르쥬나의 『중론(中論)』 이래, 모든 것은 실체가 없다. 결국 무자성(無自性), 공(空)이라는 사상과 상통한다. 그러나 유식의 삼성설은 어디까지나 그와 같은 세 가지 특징·성질이 있다는 유(有)의 관점이다. 그러나 반야공사상을 내세우는 중관학파에서는 무자성(無自性)·공(空)의 관점에서 근본적으로 부정한다. 그것이 삼성은 자성이 없다는 삼무자성설(三無自性說)이다. 주관적 망상에서 구상화된 변계소집의 가상세계는 실재하지 않는 것이며, 공의 관점에서 보면 형상이 없다는 것〔無自性說〕이다. 다음 연기의 법칙에 의하여 생기(生起)한 것〔依他起性〕은 일시적인 가현(假現)에 지나지 않으므로 비록 눈앞에 생기해 있지만 자성이 없다는 것〔生無自性〕이다. 승의(勝義; 깨달음)인 원성실성은 본래 있는 진여 그 자체이므로 승의(勝義)도 무자성이며 공(空)이라는 것〔勝義無自性〕이다. 이것을 삼무자성(三無自性)이라고 한다.

[이론의 발달사] 삼성설의 기원을 반드시 명확하게 규정할 수는 없다. 용어로서는 보이지 않지만, 그 원형으로서 어느 정도 확고한 것은 『유가사지론(瑜伽師地論)』 「본지분(本地分)」 가운데 최고층(最古層)에 속하는 「보살지(菩薩地)」의 「진실의품(眞實義品)」에 보인다. 다만 이론으로서 완성되어 있는 것은 『해심밀경(解深密經)』이라고 생각된다. 『해심밀경』은 『유가사지론』 최신부(最新部) 「섭결택분(攝決擇分)」에 서문(序文)을 제외한 전문(全文)이 인용되고 있다. 이 「섭결택분」 속에 삼성설(三性說)은 나아가 '이분의타기(二分依他起)'의 편린(片鱗)이 보인다. 『중변분별론(中邊分別論)』에서 처음으로 의타기성(依他起性)은 '허망한 분

별'이라고 상정된다. 『섭대승론』은 이 생각을 계승하면서 의타기(依他起)에는 염오(染汚)와 청정(清淨)의 두 측면이 있다고 하는 '이분의타기(二分依他起)'의 설을 자세하게 논하고 있다. 『유식삼십송(唯識三十頌)』에서는 이상의 내용이 종합적으로 삼성(三性)·삼무성설(三無性說)로서 수록되어 있다. 뒤에 중관파(中觀派)는 이 삼성설(三性說) 및 여기에 보이는 공성(空性)의 해석을 실유론(實有論)이라고 비판한다.

삼세 【三世】〔梵 loka-traya, 英 The three periods〕 삼제(三際; trayo'n-tāḥ)라고도 한다. 과거세·현재세·미래세. 또는 전세(前世; 전생)·금세(今世; 금생)·내세(來世; 내생). 세(世)란 천류(遷流) 또는 격별(隔別; 間隔)의 의미인데, 모든 존재〔諸法〕가 생멸변화하여 떨어져 가는 과정을 말한다. 삼세는 시한(時限)의 3종, 즉 과거세〔tita-adhvan〕·현재세〔pratyutpanna-adhvan〕·미래세〔anāgatodhva; aparanta〕를 가리킨다. 유부(有部)에서는 삼세는 실유(實有)이며 일체제법(一切諸法)의 체성(体性)은 모두 항상 있다〔恒有〕라고 설하기 때문에, 세(世)의 이동(異同)의 기준을 어디에 두는가에 관하여 여러 가지 설이 있다. 제법(諸法)의 작용이 아직 일어나지 않은 것을 미래, 작용이 일어나 있을 때를 현재, 작용이 이미 멸(滅)한 것을 과거라고 하는 것이 통설(通說)이다. 경량부(經量部)에서는 과거와 미래가 실유(實有)는 아니고 각각 이미 있는 것〔已有〕·현재 있는 것〔當有〕의 가체(假体)로, 현재의 법만이 실체라 한다. 그 외에 화지부(化地部)·대중부(大衆部) 등의 소승 부파에서도 여러 논이 있고, 대승에서는 과미무체(過未無体) 현재유체(現在有体)의 설을 내세워 경량부에 동조하고 있다. 삼세의 구분에도 여러 가지 설이 있다. 유식은 도리(道理)의 삼세(三世)·신통의 삼세·유식의 삼세 등 3종으로 나누고 있고, 화엄에서 내세우는 9종삼세(九種三世)·10종삼세는 유명하다.

삼세 【三細】〔英 The three refined or subtle conceptions〕 『대승기신론』에서, 일심(一心)인 진여(眞如)를 우주의 근본으로 하고, 여기에 일체 현상을 내는 것을 무명(無明) 때문이라고 설명하는데, 이 무명을 근본불각(根本不覺)과 지말불각(枝末不覺)으로 나눈다. 1. 무명업상(無明業相). 진여가 무명에 의하여 차별적 현상을 내게 되는 첫걸음으로서, 아직 주관·객관이 갈라지기 전의 상태. 2. 능견상(能見相). 무명업상이 주관·객관으로 갈라져 대립된 때에 그 주관적 방면을 말함. 3. 경계상(境界相). 능견상인 주관의 앞에 나타나는 객관적 대상의 경계. 진여본성에 계합하지 않는 허망한 상태를 말함.

삼세간 【三世間】〔英 There are two

definitions ① the realms of 器 matter, of 衆生 life, and 智正覺 mind, especially the Buddha's mind. ② The 五陰 psychological realm (mind), 衆生 realm of life, and 國土 or 器 material realm〕 ① 과거·현재·미래가 천류(遷流)함을 세(世)라 하고, 저것〔彼〕과 이것〔此〕이 간격(間隔)되는 것을 간(間)이라 한다. 이는 유위법(有爲法; 세속의 기준)의 별명(別名)으로, 일체유위법(一切有爲法; 세속의 기준)을 분류하면, 오음세간(五陰世間; 五衆世間)·중생세간(衆生世間; 假名世間)·국토세간(國土世間; 器世間)의 3세간이 된다. ②기세간(器世間; 國土世間)·중생세간(衆生世間)·지정각세간(智正覺世間)으로도 나누는데, 이 삼세간은 여래(如來)의 교화(敎化) 위에 세운 것이다.

삼세불【三世佛】①석가·아미타불·미륵의 3불(佛)을 말한다. ②과거, 현재, 미래 삼세(三世)의 불(佛)을 말한다. ③동방 정류리세계(淨流璃世界)의 약사불(藥師佛), 사바세계의 석가모니불, 서방 극락세계의 아미타불을 말한다.

삼세삼천불【三世三千佛】〔英 The thousand Buddhas of each of the three kalpas〕 과거세 장엄겁(莊嚴劫)의 1천불과 현재세 현겁(賢劫)의 1천불과 미래세 성수겁(星宿劫)의 1천불을 합하여 삼천불(三千佛)이라 한다. 이 가운데 현겁(賢劫)은 현재겁(現在劫)의 천불(千佛)이 나타나는 시대인데, 경론(經論)에서 논하는 것과 출몰(出沒), 은현(隱現)은 일정하지 않다.

삼세실유 법체항유【三世實有 法體恒有】〔英 The sarvāstivādaḥ school maintains that as the three states are real, so the substance of all things is permanent〕 설일체유부(說一切有部)의 근본 교의(敎義)를 나타내는 말. 삼세실유(三世實有)란 시간적으로 과거·현재·미래는 실제 있다는 뜻이고, 법체항유(法體恒有)는 공간적으로 모든 존재〔法〕의 체성〔실체〕이 실제 존재한다는 것을 말한다.

삼세심불가득【三世心不可得】〔英 Mind, or thought, past, present of future is momentary, always moving, unreal and cannot be laid hold of〕 마음은 찰나(刹那)에 생멸(生滅)하여 미래심(未來心)은 아직 이루어지지 못했기 때문에 얻을 수 없고, 과거심(過去心)은 이미 사라졌기 때문에 얻을 수 없고, 현재심(現在心)은 잠깐도 머물지 않기 때문에 얻을 수 없다는 뜻. 이것을 삼세심불가득(三世心不可得)이라 한다. 『금강경(金剛經)』에 나오는 말이다.

삼세양중인과【三世兩重因果】 12연기를 과거·현재·미래의 삼세(三世)에 걸쳐 양중(兩重)으로 겹쳐 연쇄적으로 일어난다는 해석. 업감연기(業感緣起)를 바탕으로 하면, 과거(過去)의 인(因)인 무명과 행(行)에 의해서 현재(現在)의 과(果)인 식(識)·명색(名色)·육입(六入)·촉(觸)·수(受)를 받고, 현재의 인(因)인 애(愛)·취(取)·유(有)에 의해서 미래(未來)의 과보(果報)인 생(生)·노사(老死)를 받는다는 것. 이렇게 과거·현재·미래의 삼세에 걸쳐 12개의 각지(各支)가 앞뒤로 중첩되어 있다고 하여 삼세양중인과(三世兩重因果)라고 한다. 부파불교시대에 형성된 학설로서, 현재는 이 해석이 대세임. 그러나 고통의 발생과 소멸 과정을 설명한 것이라는 해석도 있다. 십이연기 항목 참조.

삼세육추【三細六麤】〔英 The three refined, or subtle conceptions, in contrast with the 六麤 cruder or common concepts, in the Awakening of Faith 起信論〕『대승기신론』에서 밝힌 교설. 삼세와 육추. 삼세(三細; 섬세한 번뇌)는 무명업상(無明業相)·능견상(能見相)·경계상(境界相)으로 근본무명(根本無明)의 모습〔相〕이고, 육추(六麤; 거친 번뇌)는 지상(智相)·상속상(相續相)·집취상(執取相)·계명자상(計名字相)·기업상(起業相)·업계고상(業繫苦相)으로 지말무명(枝末無明)의 모습〔相〕이다. 일심진여(一心眞如)가 근본무명의 망심에 의하여 처음으로 기동(起動)을 내는 시초를 무명업상(無明業相)이라 하고, 무명업상이 주관·객관으로 갈라져 대립할 때에 주관적 심(心)작용을 능견상(能見相)이라 하며, 능견상의 주관 앞에 나타나는 객관적 대상의 경계를 경계상(境界相)이라 한다. 이로부터 미망(迷妄)의 모양〔번뇌〕이 생기게 되는데, 이 미망의 모양을 자세하게 밝힌 것이 육추(六麤)이다. 지상(智相)은 주관적 심작용(心作用)인 능견상이 객관적 대상인 경계상을 반영하되 그 실성(實性)을 알지 못하고, 마음 밖에 다른 존재인 줄로 잘못 집착하고 시비선악의 판단을 내려, 사랑하고 미워하는 생각에 사로잡히는 모양이다. 상속상(相續相)은 이 사랑하고 미워하는 망념이 상속하면서 좋은 것에는 즐거워하는 느낌을 일으키고, 미운 것에는 걱정하는 생각을 일으켜 그치지 않고 상속하는 모양이다. 집취상(執取相)은 전상(前相)에 대한 즐겁고 걱정되는 느낌이 단순한 주관적 감정인 줄을 알지 못하고, 객관의 경계인 줄로만 믿어 대경(對境)에 깊이 집착하는 모양이다. 계명자상(計名字相)은 우리가 대경(對境)의 선악을 분별할 뿐만 아니라, 다시 이름을 붙이고, 그 이름에 집착하여 모든 번뇌를 내는 모양이다. 기업상(起業相)은 이름에 집착하게 되면 반드시 행위가 따르는 것인데, 이 집착하는 생각으로 짓는 언어와 동작을 말한다. 업계고상(業繫苦相)은 언어동작으로 지은 모든 업인(業因)에 속박되어 반드시 받게 되는 미(迷)의 고과(苦果)를 말한다.

삼세인과【三世因果】업(業)의 인과 관계가 과거·현재·미래 삼세에 걸쳐 이루어지고 있다는 학설. 업감(業感)의 이치를 설명하는 것으로서, 과거의 인(因)에 의하여 현재의 과(果)를 받고, 현재의 인(因)에 의하여 미래의 과보를 받는 것을 말한다. 12연기 중 무명(無明)·행(行)〔과거의 인〕에 의하여 식(識)·명색(名色)·육입(六入)·촉(觸)·수(受)〔현재의 과〕를 받고, 애(愛)·취(取)·유(有)〔현재의 인〕에 의하여 생(生)·노사(老死)〔미래의 과〕를 받는다고 하는 것 따위이다. 삼세양중인과 항목 참조.

삼세제불【三世諸佛】삼세(三世)에 출현(出現)한 여러 부처님. 『법화경(法華經)』「방편품」과 『관무량수경』에 보인다.

삼수【三受】〔梵 tri-vedanā, 西 tshor ba gsum, 英 The three states of Vedanā, i.e. ensation are divided into painful, pleasurable, and freedom from both 苦, 樂, 捨〕세 가지 감각. 고수(苦受)·낙수(樂受)·사수(捨受; 不苦不樂)를 말한다. 고수(苦受)는 외계(外界)와의 접촉에 의하여 몸과 마음에 받는 괴로운 감각이요, 낙수(樂受)는 외계와의 접촉에 의하여 마음과 몸으로 받는 즐거운 감각이요, 사수(捨受)는 몸과 마음에 고통도 즐거움도 느끼지 않는 일종의 무감각작용이다.

삼수【三修】〔英 The three ways of discipline〕①무상수(無常修)·비락수(非樂修)·무아수(無我修)를 말한다. 소승의 성문들이 법신상주(法身常住)의 이치를 알지 못하고, 다만 모든 존재가 무상(無常)한 것만을 관하는 것이 무상수(無常修), 일체법 중에 저절로 열반적정의 낙이 있는 줄을 알지 못하고, 다만 괴로운 한쪽만을 관하는 것이 비락수(非樂修), 자재무애한 진아(眞我)가 있는 줄을 알지 못하고, 오온(五蘊)이 가(假)로 화합한 가아(假我)를 대상으로 하여 무아(無我)를 관하는 것이 무아수(無我修)이다. ②상수(常修)·낙수(樂修)·아수(我修)를 말한다. 보살은 법신(法身)의 체(体)가 상주불멸함을 알고, 성문(聲聞)이 무상하다고 집착하는 것을 파하는 것이 상수(常修), 모든 법 중에, 스스로 열반적정의 낙이 있음을 알고, 성문이 괴롭다는 고집을 파하는 것이 낙수(樂修), 진아(眞我)의 자재무애함을 알고, 성문의 무아집(無我執)을 깨뜨리는 것이 아수(我修)이다.

삼수업【三受業】〔英 The karma or results arising from the pursuit of courses that produce pain, pleasure, or freedom from both〕삼수(三受)의 과보를 부르는 업. 고(苦)·낙(樂)·사(捨; 不苦·不樂)에 따라 세 번 받는〔三受〕이숙과(異熟果)

의 업(業)을 말하는 것. 낙(樂)에 따라 업을 받고, 고(苦)에 따라 업을 받고, 불고(不苦)와 불락(不樂)에 따라 업을 받는 것을 말한다.

삼승 【三乘】〔梵 tri-yāna, 英 three vehicles, or conveyances which carrying living beings across saṁsāra or births and deaths to the sheres of nirvāṇa〕 성문승(聲聞乘)·연각승(緣覺乘)·보살승(菩薩乘)을 합쳐 이르는 말. 사람을 태우고 각각 그 깨달음에 이르게 하는 가르침〔教法〕을 승(乘)이라 한다. 1. 성문승은 소승이라고도 하는데, 사제(四諦)의 이치를 깨닫고 그것에 의하여 아라한과를 얻는 것. 2. 연각승은 벽지불승(辟支佛乘)이라고도 하는데, 12인연의 이치를 깨닫고, 그것에 의하여 벽지불과를 얻는 것. 3. 보살승은 대승이라고도 하는데, 육바라밀의 행(行)을 닦아서 최고의 진리인 무상보리(無上菩提)를 깨닫는 것.

삼승가 【三乘家】〔英 The Dharma-lakṣaṇa school of the three vehicles, led by the 法相宗〕 성문(聲聞)·연각(緣覺)·보살(菩薩)의 세 기류(機類)를 따로따로 세우는 학파 또는 종파. 곧 법상종(法相宗) 등을 말한다.

삼승공십지 【三乘共十地】 통교십지(通教十地)라 칭한다. 『지도론(智度論)』 78권에서 설한 것으로, 성문·연각·보살 삼승의 공통되는 십지(十地)이다. 천태종의 사교(四教) 가운데 통교를 말한다. 십지는 건혜지(乾慧地)·성지(性地)·팔인지(八人地)·견지(見地)·박지(薄地)·이구지(離垢地)·이판지(已辦地)·지불지(支拂地)·보살지(菩薩地)·불지(佛地) 등이다.

삼승별교 【三乘別教】 삼승(三乘; 성문·연각·보살)의 가르침은 보편적인 가르침〔通教〕이 아니고 별다른 가르침〔別教〕이라는 뜻. 대승에서 하는 말. 삼승의 세 가지는 모두 진실이 아니고 일불승으로 가기 위한 방편이라는 것.

삼승십이분교 【三乘十二分教】 삼승은 성문승·연각승과 보살승을 말하고, 십이분교(十二分教)는 형식 방면에서 불전(佛典)을 12종으로 나눈 것이다. 곧 삼승십이분교는 불교의 모든 경론(經論)을 가리킨다. 일체경 또는 대장경과 같은 뜻임.

삼승진실 일승방편 【三乘眞實 一乘方便】〔英 The 三乘家 consider the Triyāna as real and the 'one vehicle' of the Lotus school as merely tactical, or an expedient form of expression〕 법상종(法相宗)에서는 중생의 기류(機類)를 5성(五性)으로 나누는데, 이 다섯 가지 기류는 본래 제8식(識) 중의 종자가 각각 따로 나타난 결과라고 하고, 이렇게 말하는 교리를 진실(眞實)이라 한다. 그리고 원융무애한 교의(教義)를 말하는 일승교(一乘教)는 다만 특수한

기류를 이끌어 들이기 위하여 베푼 방편적인 가르침이라는 것이다. 법상종의 학설로서, 이것은 삼승은 모두 방편의 교설이고 일승만이 진실을 나타낸 가르침이라는 『법화경』의 설과 다름.

삼승통교 【三乘通敎】 삼승(三乘)은 보편적인 가르침〔通敎〕이라는 뜻. 삼승과 불승(佛乘)이 모두 진실하다고 보는 것. 삼승과 일승이 모두 진실한 반야지혜에 이른다. 그러므로 통교(通敎)의 눈에는 진실한 것뿐이다.

삼시교 【三時敎】 (1) 〔英 The three periods and characteristics of Buddha's teaching as defined by the Dharmalakṣana school〕 법상종에서 석존 일생의 설교를 유교(有敎)·공교(空敎)·중도교(中道敎)의 세 시기로 나눈 것. 유교(有敎)는 소승교로서, 실재하는 아(我)가 있다는 외도(外道)의 망집(妄執)을 타파하기 위하여 아공법유(我空法有)를 말한 교이다. 공교(空敎)는 물심(物心)의 온갖 현상을 만드는 변치 않는 실체가 있다고 믿는 사람에게 모든 법이 다 공(空)하다고 말한 『반야경』 등의 말이다. 중도교(中道敎)는 위의 2교와 같이 유(有)나 공(空)의 한쪽만을 믿는 이를 위하여 우주의 진성(眞性)을 깨닫게 하려고 유에도 치우치지 않고 공에도 치우치지 아니한 중도의 묘리(妙理)를 말한 『해심밀경』·『화엄경』 등의 말이다.
(2) 인도의 지광(智光; jñānaprabha)이 석존 일생의 설교를 초시(初時) 심경구유(心境俱有)·이시(二時) 경공심유(境空心有)·삼시(三時) 심경구공(心境俱空)의 셋으로 나눈 것인데, 1. 초시 심경구유는 녹야원에서 사제(四諦)의 법을 말하여 마음과 경계가 모두 있다고 인정하는 교(敎)요, 2. 이시 경공심유는 조금 수승한 기류(機類)를 위하여 일체 만유는 식(識)이 변해서 이룬 것이라는 유식(唯識)의 이치를 말한 교이며, 3. 삼시 심경구공은 이미 유(有)라고 허락한 마음도 부정하여 온갖 법이 모두 공(空)하다는 평등한 이치를 말한 교를 가리킨다.

삼시도 【三示導】 〔梵 trini-prātihāryāṇi, 巴 tiṇi-pātiharyāni〕 보살이 지옥의 괴로움을 보고, 이것을 구제하는 3종의 시도(示導). 시도(示導)란 불가사의한 신통력을 나타내는 것이다. 1. 신변시도(神變示導); 신변력(神變力)을 나타내어 구제한다고 함. 2. 기설시도(記說示導); 기억하여 잊지 않고 설교하여 구제함. 3. 교계시도(敎誡示導); 자비심을 일으켜서 가르치고 경계(警戒)하여 구제함. 『구사론』「집이문론(集異門論)」에 나온다.

삼신 【三身】 〔梵 Trikāya, 英 The threefold body or nature of a Buddha〕 불신(佛身)을 그 성질상으로 보아 셋으로 나눈 것. 법신(法身)·보신(報身)·화신(化身; 應身). 법신은 불(佛)의 진리성과 지혜를 합하

여 이치와 지혜가 둘이 아니[理智不二]라고 하는데, 그것이 불(佛)의 본체라 하여 법신(法身)이라 이름한다. 보신(報身)은 깨닫기 이전 원력에 따라 나타난 불신(佛身)으로, 6바라밀의 어려운 수행을 견디고 정진 노력한 결과로 얻은 불신(佛身)을 말한다. 화신(化身)은 진리의 본체[진여]를 보지 못하는 이를 제도하기 위하여 나타나는 불신(佛身)으로, 석가모니와 같은 불(佛)을 말한다. 법상종에서는 자성신(自性身)·수용신(受用身)·변화신(變化身)으로 나누는데, 자성신은 법신, 수용신 가운데 자수용신(自受用身)은 보신, 타수용신(他受用身)과 변화신은 화신에 해당한다.

삼신불 【三身佛】[梵 Trikāya] 불신(佛身)을 그 성질상으로 보아 셋으로 나눈 것. 삼신(三身) 항목을 참조할 것.

삼신삼덕 【三身三德】[英 The 三身 are as above the 法·報·應; the 三德 are 法·般 and 解] 삼신(三身)은 법신(法身)·보신(報身)·응신(應身; 화신)이며, 삼덕(三德)은 법신(法身)·반야(般若)·해탈(解脫)이다. 삼신과 삼덕 두 가지를 배대(配對)하면 법신은 법신의 덕(德)이요, 보신은 반야의 덕이요, 응신은 해탈의 덕이다.

삼심 【三心】[英 The three minds or hearts] (1) 『관무량수경(觀無量壽經)』에서는 지성심(至誠心)·심심(深心)·회향발원심(廻向發願心)을 3심이라 하는데, 이 3심을 갖춘 사람은 반드시 정토(淨土)에 왕생한다고 한다.

(2) 중국 북송(北宋)의 연수(延壽, 904-975)가 지은 『종경록(宗鏡錄)』에서는 근본심(根本心)·의본심(依本心)·기사심(起事心)을 들어 각각 제8식·제7식·제6식에 짝 지우고 있다.

(3) 『무량수경』에서는 지심(至心)·신락(信樂)·욕생아국(欲生我國)의 셋을 3심(心)이라 한다.

(4) 인도의 마명(馬鳴; Aśraghosa)이 지은 『기신론』에서는 신성취발심(信成就發心)의 내용을 셋으로 나누어 직심(直心)·심심(深心)·대비심(大悲心)을 3심이라고 한다.

(5) 환희지(歡喜地) 등 십지(十地) 하나하나에 수행의 지위마다 처음 그 지위에 들어갈 때를 입심(入心), 그 지위에 머물러 있는 동안을 주심(住心), 장차 그 지위에서 나와 다음 지위로 가려는 때를 출심(出心)이라 하여, 입심·주심·출심을 3심이라 한다.

(6) 중국 당(唐)나라 때 스님인 도작(道綽, 562-645)은 『안락집』에서 신심(信心)을 순심(淳心)·일심(一心)·상속심(相續心) 등 3심으로 나누고 있다.

삼십삼관음 【三十三觀音】[英 The thirty-three forms in which Kuan-yin is represented] 『법화경』「보문품(普門品)」에 관음(觀音)에 33신(身)이 있음을 설하고 있다. 1. 양류관음(楊柳觀音), 2. 용두관음(龍頭觀

音), 3. 지경관음(持經觀音), 4. 원광관음(圓光觀音), 5. 유희관음(遊戲觀音), 6. 백의관음(白衣觀音), 7. 연와관음(蓮臥觀音), 8. 농견관음(瀧見觀音), 9. 시약관음(施藥觀音), 10. 어람관음(魚籃觀音), 11. 덕왕관음(德王觀音), 12. 수월관음(水月觀音), 13. 일엽관음(一葉觀音), 14. 청경관음(靑頸觀音), 15. 위덕관음(威德觀音), 16. 연명관음(延命觀音), 17. 중보관음(衆寶觀音), 18. 암호관음(岩戶觀音), 19. 능정관음(能靜觀音), 20. 아녹관음(阿耨觀音), 21. 아마제관음(阿麼提觀音), 22. 엽의관음(葉衣觀音), 23. 유리관음(瑠璃觀音), 24. 다라존관음(多羅尊觀音), 25. 합리관음(蛤蜊觀音), 26. 육시관음(六時觀音), 27. 보좌관음(普慈觀音), 28. 마랑부관음(馬郎婦觀音), 29. 합장관음(合掌觀音), 30. 일여관음(一如觀音), 31. 불이관음(不二觀音), 32. 지련관음(持蓮觀音), 33. 쇄수관음(灑水觀音) 등으로 33관음이 그 형체가 각각 다르다.

삼십삼천 【三十三天】〔梵 Trayas-trimśās, 英 The Indra heaven, the second of the six heavens of form〕 욕계(欲界) 6천〔四王天·忉利天·夜魔天·兜率天·化樂天·他化自在天〕의 하나인 도리천(忉利天)을 말함. 『정법염처경(正法念處經)』 25권에 의하면, 33천의 이름은 1. 주선법당천(住善法堂天), 2. 주봉천(住峰天), 3. 주산정천(住山頂天), 4. 선견성천(善見城天), 5. 발사지천(鉢私地天), 6. 주구타천(住俱吒天), 7. 잡전천(雜殿天), 8. 주환희원천(住歡喜園天), 9. 광명천(光明天), 10. 파리야다수원천(波利耶多樹園天), 11. 험안천(險岸天), 12. 주잡험안천(住雜險岸天), 13. 주마니장천(住摩尼藏天), 14. 선행지천(旋行地天), 15. 금전천(金殿天), 16. 만영처천(鬘影處天), 17. 주유연지천(住柔軟地天), 18. 잡장엄천(雜莊嚴天), 19. 여의지천(如意地天), 20. 미세행천(微細行天), 21. 가음희락천(歌音喜樂天), 22. 위덕륜천(威德輪天), 23. 월행천(月行天), 24. 염마사라천(閻摩娑羅天), 25. 속행천(速行天), 26. 영조천(影照天), 27. 지혜행천(知慧行天), 28. 중분천(衆分天), 29. 주륜천(住輪天), 30. 상행천(上行天), 31. 위덕안천(威德顔天), 32. 위덕염륜천(威德焰輪天), 33. 청정천(淸淨天) 등이다.

삼십이상 【三十二相】〔梵 Dvātriṁśadvarala kṣana, 英 The thirty-two lakṣaṇas, or physical markes of a cakravati〕 부처님의 몸에 갖춘 32가지 남다른 표상(標相)을 말한다. 32대인상(大人相)·32대장부상(大丈夫相)이라고도 한다. 이 상(相)을 갖춘 사람은 세속에 있으면 전륜성왕이 되고, 출가하면 불타(佛陀)가 된다고 한다. 32상(相)이란, 1. 몸이 깨끗한 상〔身淸淨相〕, 2. 몸이 단정히 곧고 엄숙한 상〔身端正持重止肅相〕, 3. 몸이 반듯하여 기울어지지 않는 상〔身正直不傾動相〕, 4. 몸이 자마금빛인 상〔身

紫磨金色相〕, 5. 뼈마디가 고리로 연결된 상〔骨際如鉤鎖連結相〕, 6. 털구멍에서 향취가 나는 상〔毛孔出異香相〕, 7. 목 주위에 둥근 광명이 있는 상〔身邊光圓大相〕, 8. 빛이 몸에 밝게 비치는 상〔光明照身相〕, 9. 이마 위에 상투 같은 살이 내민 상〔頂上肉髻相〕, 10. 눈이 금빛 같은 광채가 있는 상〔眼光如金精相〕, 11. 머리털이 청람금색처럼 유연한 상〔頭髮靑藍金色柔軟相〕, 12. 얼굴이 둥근 달 같은 상〔面具滿足如明月相〕, 13. 눈썹이 초승달 같은 상〔眉如初月相〕, 14. 양미간에 백호가 있는 상〔眉間百毫相〕, 15. 눈이 길고 넓은 상〔眼修廣相〕, 16. 코가 높고 구멍이 드러나지 않는 상〔鼻隆高不露孔相〕, 17. 귓바퀴가 어깨까지 늘어진 상〔耳輪輻垂肩相〕, 18. 뺨이 풍부하고 가득 찬 상〔頰豐滿相〕, 19. 입에서 묘한 향기가 나는 상〔口生妙香相〕, 20. 혓바닥이 넓고 길며 얇은 상〔舌廣長薄相〕, 21. 한 소리가 여러 소리로 들리는 상〔聲報衆聲相〕, 22. 두 손이 무릎 아래까지 내려오는 상〔兩手過膝下相〕, 23. 무릎뼈가 견고한 상〔膝骨堅固相〕, 24. 발가락에 천륜폭 무늬가 있는 상〔足下千輪輻文相〕, 25. 발이 땅 위에 4치 떠서 걷는 상〔足離地四寸而行相〕, 26. 손과 발이 비단처럼 부드러운 상〔手足如錦柔軟相〕, 27. 머물 때 안정감이 태산 같은 상〔住時安如泰山相〕, 28. 위엄이 일체를 누르는 듯한 상〔威鎭一切相〕, 29. 법을 설하되 상을 여읜 상〔說法離相相〕, 30. 이가 희고 가지런히 빽빽한 상〔齒白齊密相〕, 31. 중생을 평등하게 유익하게 하는 상〔等視衆生饒益相〕, 32. 악한 중생도 보면 기쁘게 하는 상〔惡心衆生見則和悅相〕 등이다.

삼십일본산【三十一本山】 1911년에 조선총독부에서 조선사찰령을 반포하면서 사찰령 시행규칙을 반포하였는데, 이에 따라 우리나라 전국 사찰을 31구역으로 나누고, 매 구역마다 본산(本山) 하나씩을 둔 것. 경기도; 광주 봉은사, 양주 봉선사, 수원 용주사, 강화 전등사. 충청북도; 보은 법주사. 충청남도; 공주 마곡사. 경상북도; 달성 동화사, 영천 은해사, 의성 고운사, 문경 금룡사, 경주 기림사. 경상남도; 합천 해인사, 양산 통도사, 동래 범어사. 전라북도; 전주 위봉사, 금산 보석사. 전라남도; 해남 대흥사, 장성 백양사, 순천 송광사, 선암사, 구례 화엄사. 강원도; 간성 건봉사, 고성 유점사, 평창 월정사. 황해도; 신천 패엽사, 황주 성불사. 평안남도; 평양 영명사, 평원 법흥사. 평안북도; 영변 보현사. 함경남도; 안변 석왕사. 함경북도; 함흥 귀주사 등이다. 이 31본산 제도는 해방이 될 때까지 시행되었다.

삼십종외도【三十種外道】 인도 고대에 있었던 32종의 종교 사상가들. 불교에서는 그들의 말이 진리의 말이 아니라고 하여 외도(外道)라고 한다.

삼십칠조도품【三十七助道品】〔梵 Bodhipakṣika dharma, 英 The thirty-seven conditions leading to bodhi, or Buddhahood〕 37도품(道品)이라고도 한다. 열반을 성취하기 위하여 닦는 37가지의 실천행. 4염처(念處; 身念處·受念處·心念處·法念處)·4정근(正勤; 斷斷·律儀斷·隨護斷·修斷)·4여의족(如意足; 欲如意足·精進如意足·心如意足·思惟如意足)·5근(根; 信根·精進根·念根·定根·慧根)·5력(力; 信力·精進力·念力·定力·慧力)·7각분(覺分; 念覺支·擇法覺支·精進覺支·除覺支·喜覺支·定覺支·捨覺支)·팔정도(八正道; 正見·正思·正語·正業·正命·正精進·正念·正定)이다. 『장부경전(長部經典)』 3에는 사리불이 불타에게, "37품의 법을 모든 선법(善法)이라 하고, 비구들은 이 모든 선법에서 유루(有漏)를 단진(斷盡)하고 무루(無漏)를 얻으며, 심해탈(心解脫)·혜해탈(慧解脫)하여 이미 현전(現前)의 제법(諸法)에서 이와 같이 자신의 뛰어난 지혜〔勝智〕를 성취하고 필경에는 안주(安住)합니다. 세존이시여, 이야말로 모든 선법(善法) 가운데 최상인 것입니다."라고 하여 37도품을 찬양하고 있다.

삼십칠존 【三十七尊】〔英 The thirty-seven, heads in the Vajradhātu or Diamond-realm maṇḍala〕 만다라(曼荼羅; maṇḍala)에는 태장계와 금강계의 두 가지가 있는데, 금강계 만다라 9회(會) 중 갈마회(羯磨會)에 있는 제존(諸尊)을 말한다. 중앙에 대일(大日)·동방 아촉·서방 아미타·남방 보생·북방 불공성취의 5불(佛)과 금강(金剛)·보(寶)·법(法)·갈마(羯磨)의 4바라밀보살과 살타(薩埵)·애(愛)·왕(王)·희(喜)·광(光)·소(笑)·당(幢)·보(寶)·법(法)·이(利)·어(語)·인(因)·아(牙)·업(業)·호(護)·권(拳)의 16보살과 희(喜)·만(鬘)·가(歌)·무(舞)의 내사공양(內四供養)과 구(鉤)·색(索)·쇄(鎖)·영(鈴)의 4섭보살과 소향(燒香)·화(華)·등(燈)·도향(塗香)의 외사공양(外四供養)의 4보살 등이다. 37의 수(數)는 37보리분법(菩提分法; 四念處·四正勤·四如意足·五根·五力·七覺支·八正道)을 가리킨다. 각오(覺悟)의 경지에 이르는 37종의 덕성을 상징하고 있다.

삼아승기겁 【三阿僧祇劫】〔梵 tri-kalpa-asaṃkhyeya, 英 The three great asaṁkhyeya kalpa〕 보살이 성불하는 햇수〔年數〕이다. 아승기겁(阿僧祇劫; Asaṃkhyeya)은 헤아릴 수 없는 긴 시간을 뜻한다. 보살의 계위(階位)에 50위(位)가 있는데, 이것을 3기(期)로 구별한다. 십신(十信)·십주(十住)·십행(十行)·십회향(十廻向)의 40위(位)는 제일아승기겁(第一阿僧祇劫)이 되고, 십지(十地) 가운데 초지(初地)로부터 제7지(地)까지는 제2아승기겁이 되고, 제8지에서부터 제10지까지는 제3아승기겁이 되는데, 십지(十地)를 마치면 곧 불과(佛果)이다. 삼대아승기겁(三大阿僧祇劫)

이라고도 한다. 아승기겁 항목 참조.

삼악【三惡】〔英 The three evil gati, or paths of transmigration〕①삼악도(三惡道; 地獄道·餓鬼道·畜生道)의 준말. ②『대법거다라니경(大法炬陀羅尼經)』에 있는 말로, 심성(心性)이 독하여 좋은 말을 듣지 않거나, 항상 질투심을 품고 남이 자기보다 훌륭함을 미워한다거나, 자기보다 훌륭한 줄 알면서도 부끄러움을 품고 묻지 않는 것 등을 삼악(三惡)이라고 한다.

삼악도【三惡途(塗,道)】육도세계 중에서 지옥(地獄; 巴 niraya; 黃泉)·아귀(餓鬼; petti-visaya; 祖靈)·축생(畜生; tiracchāna-yoni; 動物)의 세계를 말한다. 죄악을 많이 범한 과보로 태어나서 온갖 고통을 받는 세계. 삼도(三途)·삼악취(三惡趣)라고도 한다.

삼악취【三惡趣】삼악도(三惡道). 중생이 살아 있을 때 나쁜 일을 하여 사후에 태어나는 곳으로, 지옥(地獄)·아귀(餓鬼)·축생(畜生)을 말한다. 삼악도 항목을 참조할 것.

삼안거【三安居】〔英 The three months of summer retreat, varṣāḥ〕하안거를 시기적으로 셋으로 나눈 것. 구역가(舊譯家)는 전(前)·중(中)·후(後)의 3기(期)로 나누어 4월 15일에 시작하는 것을 전안거(前安居)라 하고, 5월 15일에 시작하는 것을 후안거(後安居)라 하며, 그 중간에 시작하는 것을 중안거(中安居)라 하는데, 날짜〔日數〕는 똑같이 90일이다.

삼업【三業】〔梵 trīṇi karmāṇi, 英 The three conditions, inheritances, or karma, of which there are several group〕업(業)을 1. 신업(身業)·구업(口業)·의업(意業), 2. 선업(善業)·악업(惡業)·무기업(無記業), 3. 유루업(有漏業)·무루업(無漏業)·비유루비무루업(非有漏非無漏業), 4. 순락수업(順樂受業)·순고수업(順苦受業)·순불고불락수업(順不苦不樂受業), 5. 낙보업(樂報業)·고보업(苦報業)·불고불락보업(不苦不樂報業), 6. 순희수업(順喜受業)·순우수업(順憂受業)·순사수업(順捨受業), 7. 복업(福業)·비복업(非福業)·부동업(不動業), 8. 시성업(施性業)·계성업(戒性業)·수성업(修性業), 9. 과거업·미래업·현재업, 10. 욕계계업(欲界繫業)·색계계업(色界繫業)·무색계계업(無色界繫業), 11. 학업(學業)·무학업(無學業)·비학비무학업(非學非無學業), 12. 순현업(順現業)·순생업(順生業)·순후업(順後業), 13. 곡업(曲業)·예업(穢業)·탁업(濁業) 등과 같이 3종으로 나눈 것.

삼업청정【三業淸淨】몸〔身〕·입〔口〕·마음〔意〕으로 악업(惡業)을 짓지 않는 것. 곧 십악업(十惡業)을 짓지 아니하고 십선업(十善業)을 짓는 것.

삼연【三緣】〔梵 tri-saṃgati-pratyaya, 英 The three nidānas or links with the Buddha resulting from calling upon him, a term of the Pure Land sect〕 친연(親緣)·근연(近緣)·증상연(增上緣). 염불(念佛)하는 자만이 아미타불의 광명을 성취할 수 있다는 것. 중생이 입으로 염불을 하고 부처님께 예배하고 생각하면, 부처님은 이를 보고 듣고 알아서, 부처님과 중생의 신(身)·구(口)·의(意)가 합하는 것을 친연(親緣)이라고 한다. 부처님은 항상 곁에서 모시고 견득(見得)하는 이의 앞에 몸을 나타냄을 근연(近緣)이라고 한다. 평생 부처님의 명호를 칭념(稱念)하면 끝없는 옛적부터 지은 죄업이 소멸되고 죽을 때에 성중(聖衆)과 함께 와서 맞아 감을 증상연(增上緣)이라고 한다.

삼연자비 【三緣慈悲】『대승의장(大乘義章)』 14권에 나오는 말로, 근기에 따라 일으키는 세 가지 자비. 곧 중생연자비(衆生緣慈悲)·법연자비(法緣慈悲)·무연자비(無緣慈悲)를 말한다. 중생연자비란 친한 사람이나 친하지 않은 사람을 막론하고 친한 사람과 똑같이 보아서 베푸는 자비요, 법연자비는 우주만유가 오온(五蘊)의 가합(假合)인 것을 알고, 물(物)·심(心)의 본체가 공(空)인 줄 알아서 일체의 번뇌가 없어진 성자가 일으키는 자비이며, 무연자비는 온갖 차별의 견해를 여의고 모든 법의 실상을 아는 부처님만이 갖는 자비이다.

삼열반 【三涅槃】 천태학에서 세운 성정열반(性淨涅槃)·원정열반(圓淨涅槃)·방편정열반(方便淨涅槃)을 말한다. 1. 성정열반(性淨涅槃)은 만법(萬法)의 실성(實性)인 진여(眞如)를 말하며, 본래 불생불멸(不生不滅)하여 더럽히거나 깨끗하게 할 수도 없는 것을 말하며, 2. 원정열반(圓淨涅槃)은 지혜로 번뇌를 끊은 것을 말하며, 3. 방편정열반(方便淨涅槃)은 지혜로 진리를 깨달은 뒤 중생을 제도하기 위하여 출현하고 연(緣)이 다하면 입멸(入滅)하는 것을 말한다.

삼온 【三蘊】〔英 The three kinds of skandhas, aggregations, or combinations, into which all life may be expressed according to the 化地 or Mahiṇāsakāh school〕 우주 간에 존재한 물(物)·심(心)의 온갖 현상을 셋으로 나눈 것. 소승(小乘)의 일파인 화지부(化地部; mahīsāsakah)에서 주장하는 염온(念蘊)·일기생온(一期生蘊)·궁생사온(窮生死蘊)을 가리킨다. 찰나에 생멸하는 심식(心識; 마음·정신)을 염온(念蘊), 목숨이 있는 동안 상속(相續)하는 심식(心識; 마음·정신)을 일기생온(一期生蘊), 중생이 금강유정(金剛喩定)을 얻어 생사가 없는 경계에 도달하기까지 상속하는 것을 궁생사온(窮生死蘊)이라고 한다. 소승에서 말하는 제6식 이상에 있는 심식(心識).

삼욕【三欲】〔英 The three lusts〕3종의 욕망. ①형모욕(形貌欲; 미남·미녀)·자태욕(姿態欲; 아름다운 자태)·세촉욕(細觸欲; 고운 피부)을 말한다. ②음식욕(飮食欲)·수면욕(睡眠欲; 잠)·음욕(婬欲; 정욕)을 말한다.

삼원관【三圓觀】조선 명종(明宗) 때 스님인 보우(普雨, ?-1565)가 제시한 일념원각(一念圓覺)·일념원현(一念圓顯)·일념원성(一念圓成)의 삼원(三圓)에 의해서 원융자재(圓融自在)해진다고 보는 관법(觀法). 1. 일념원각(一念圓覺)이란 한 생각이 뚜렷이 밝아짐이니, 마치 태양이 중천(中天)에 있으면 시방세계(十方世界) 어느 곳에나 막히고 구김 없이 융통하는 것과 같은 것이니, 일념(一念)의 법신(法身)을 원만히 깨달아 행함이 곧 화엄의 표준사상이다. 2. 일념원현(一念圓顯)이란 한 생각이 밝아서 현실에 응용하여 막힘이 없어 크게 드러남이니, 이는 법신(法身)의 현현(顯現)으로 한 생각이 전 세계에 막힘이 없이 드러남을 이름이다. 이 이치를 보면, 만물이 사는 제법계(諸法界)가 상주설법(常住說法)하는 것을 알 수 있다. 3. 일념원성(一念圓成)이란 어느 곳 어느 세계나 결국 한 생각을 넘지 못하는 것이니, 전체의 하나와 개체의 하나가 원성(圓成)하는 조화(造化)가 있음을 본 것이다.

삼유【三有】〔梵 tri-bhava, 巴 ti-bhava, 英 The three kinds of phave, or existence〕①유(有; bhava)는 존재(存在)라는 뜻으로, 욕유(欲有)·색유(色有)·무색유(無色有)를 말한다. ②생유(生有; 처음 태어나는 일찰나)·본유(本有; 生에서 死에 이르는 동안)·사유(死有; 죽는 일찰나). ③유루(有漏)의 다른 이름. ④수론학파(數論學派)가 세우는 선성유(善成有)·성득유(性得有)·변이유(變異有)를 말한다.

삼유대【三有對】〔英 The three sets of limitation on freedom〕장애유대(障礙有對)·경계유대(境界有對)·소연유대(所緣有對)를 말한다. 대(對)는 애(礙; 障礙·拘礙)의 뜻. 1. 장애유대(障礙有對)는, 같은 장소에 한 물체가 있으면 다른 물체는 존재할 수 없는 것을 말하고, 2. 경계유대(境界有對)는 대경(對境)의 물체에 구속되는 것. 즉 감각과 감수(感受)하는 기관(器官)은 그 대상에 한정된다는 것. 3. 소연유대(所緣有對)는 육식(六識)과 그를 짝지어 일어나는 마음작용과는 각각 대상되는 것에 구속되어 자유를 얻지 못함을 말한다. 따라서 경계와 소연(所緣)과는 같은 육식의 대상인 육경(六境)에 대하여 세운 것이다.

삼율의【三律儀】계율의 3가지. 즉 별해탈율의(別解脫律儀)·정려율의(靜慮律儀)·무루율의(無漏律儀)를 말한다. 1. 별해탈율의. 별해탈계(別解脫戒)라고도 한다. 육체〔身〕와 입〔口〕으로 짓는 악(惡)을 따로 방지하여 악을 짓지 않도록 노력함. 2. 정려율의. 정공계(定共戒)라고도 한다. 색계정(色界定)에 든 이는 스스로 신(身)·어(語)의 허물을 멀리하므로 정(定)과 함께 계체(戒體)를 얻는다. 3. 무루율의. 도공계(道共戒)라고도 한다. 무루심을 일으키면 스스로 신(身)·어(語)의 허물을 멀리하므로 계체도 동시에 얻는 것. 뒤의 둘은 정심(定心)이 무루심과 함께 일어나므로 수심전(隨心轉)이라 하고, 별해탈율의는 이에 반(反)하므로 불수심전(不隨心轉)이라 한다.

삼의【三衣】〔英 The three regulation garments of a monk, 袈裟 kāṣāya〕 비구가 입는 의복 3가지. 승가리(僧伽梨)·울다라승(鬱多羅僧)·안타회(安陀會)를 말한다. 1. 승가리〔saṃghāti〕는 마을이나 궁중에 들어갈 때 입음. 2. 울다라승〔uttarāsaṃga〕는 안타회 위에 입는 옷임. 3. 안타회〔antarvāsaka〕는 절 안에서 작업할 때, 또는 평상에 누울 때 입는다. 삼의(三衣)는 모두 방형(方形)이며 여러 개의 작은 조각을 이용하여 꿰매었으므로 그 조수(條數)에 따라 삼의(三衣)로 나눈다. 5조(條)는 안타회가 되고, 7조(條)는 울다라승이 되며, 9조(條) 이상이 승가리가 된다.

삼의일발【三衣一鉢】 수행승들이 지니고 있는 개인적인 물건. 곧 세 가지 옷〔三衣; 僧伽梨·鬱多羅僧·安陀會〕과 한 개의 발우를 말한다. 승가리(saṃghāti; 大衣·重衣)는 마을이나 궁중에 들어갈 때 입는 옷으로, 9조(條)부터 25조(條)까지 있다. 울다라승(uttarāsaṃga; 上衣·上着衣·中價衣)은 예불·독경·경강·포살 등을 할 때 입는 것으로 7조(條)로 되어 있다. 안타회(antarvāsa; 中衣·中着價衣)는 절 안에서 작업할 때, 또는 평상에 누울 때 입는 것으로, 5조(條)로 되어 있다.

삼인【三因】〔英 The three causes〕 ①『왕생예찬』의 말. 정토에 가서 나는 삼인(三因). 지성심(至誠心)·심심(深心)·회향발원심(廻向發願心). ②『성불론』 제2권에 있는 말. 응득인(應得因; 眞如)·가행인(加行因; 菩提心)·원만인(圓滿因; 加行). 진여는 보리심을 일으켜 불(佛)이 됨을 얻게 하는 인(因)이란 뜻이고, 보리심은 더욱 선행(善行)을 힘써 닦아 불(佛)이 되게 한다는 뜻이며, 이렇게 가행(加行; 더욱 정진하는 것)으로 말미암아 인과를 원만하게 한다는 뜻이다. ③보살수행의 과정에 있는 3종의 인(因). 이숙인(異熟因)·복인(福因)·지인(智因). ④『성실론』의 말. 생인(生因)·습인(習因)·의인(依因). 생인(生因)은 만법을 내는 인(因)이요, 습인(習因)은 닦아 익혀 더욱더 결과를 크게 하는 인(因)이요, 의인(依因)은 의지해서 일어나는 원인이 되는 것인데, 예컨대 눈과 색(色)은 시각을 내는 의인이다.

삼인불성【三因佛性】 천태학에서 설하는 불성설(佛性說)로서, 삼불성(三

佛性)이라고도 한다. 삼인불성은 정인불성(正因佛性)·요인불성(了因佛性)·연인불성(緣因佛性)을 말한다. 정인불성(正因佛性)은 본래 갖추고 있는 진여(眞如)의 이치를 말하고, 요인불성(了因佛性)은 진여의 이치를 비추는 지혜를 말하며, 연인불성(緣因佛性)은 지혜를 도와 정인(正因)을 개발하는 6바라밀의 수행을 말한다.

삼인삼과 【三因三果】〔英 The three causes produce there three effects〕 보살수행 가운데 3종의 인(因)과 3종의 과보(果報). 1. 이숙인(異熟因)·이숙과(異熟果); 현재에 지은 선악의 행(法)에 의하여 내세에 그 보(報)를 받는 것. 2. 복인(福因)·복과(福果); 현세에 보시·지계·인욕 등의 행(行)을 닦아 현세·내세에 복을 받고, 중생도 이익 되게 하는 것. 3. 지인(智因)·지과(智果); 현세에 지혜를 가다듬고, 복(福)의 시비(是非)·정사(正邪)를 판정하며, 여러 가지 수단으로 교화사업에 힘쓰는 것.

삼자 【三自】〔英 Three divisions of the eight-fold noble path〕 ①팔정도(八正道)를 자조(自調)·자정(自淨)·자도(自度)로 분류한 것. 이는 이승(二乘)의 성자(聖者)가 닦을 계학(戒學)·정학(定學)·혜학(慧學)으로서, 정어(正語)·정업(正業)·정명(正命)은 자조(自調; 持戒), 정념(正念)·정정(正定)은 자정(自淨; 修禪), 정견(正見)·정사유(正思惟)·정정진(正精進)은 자도(自度; 智慧)이다. ②구족하게는 삼자일심마하연법(三自一心摩訶衍法)이다. 자체(自體)·자상(自相)·자용(自用). 어느 편으로 보든지, 일체를 뛰어넘는 일심(一心). 『대승기신론』의 일심(一心). 『화엄경(華嚴經)』의 일진법계(一眞法界)를 말한다.

삼자성 【三自性】〔梵 tri-svabhāva〕 유식(唯識)에서 존재〔法〕의 성질을 3종으로 나누어 고찰한 것. 변계소집성(遍計所執性)·의타기성(依他起性)·원성실성(圓成實性). 삼성(三性)·삼성설 항목 참조.

삼장 【三藏】〔梵 Tripiṭaka, 巴 Tipiṭaka〕 불교성전(佛敎聖典)의 총칭. 경전류(經典類)를 그 형식이나 내용에 따라서 3종으로 분류·정리한 것으로 구체적으로는 경(經)·율(律)·론(論) 3가지를 말한다. '장(藏)'의 원어인 피타카(piṭaka)는 '상자'라는 뜻으로, 용기(容器)와 내용물을 포함한 호칭이다. 경(經)은 경전으로서 부처님의 말씀을 기록한 것을 말하고, 율(律)은 계율·규칙·규율 등 승단의 법규를 기록한 것이며, 논(論)은 논서(論書)로서 경에 대한 연구서·해설서이다. '장(藏)'자를 붙여서 경장·율장·논장이라고 한다.

[경·율·론의 의미와 내용] 삼장(三藏) 가운데 우선 경장(經藏; sūtra-piṭaka)은 불(佛), 즉 석존의 교설·가르침을 집성(集成)한 것으로, 드물게 불제자(佛弟子)에 의한 설법이나 교

설의 부연 등도 포함된다. 율장(律藏; vinaya-piṭaka)은 상가(saṃgha), 즉 출가자(出家者)를 구성원으로 하는 승단의 관리·운영 등에 관한 일종의 규칙집으로, 이 중에는 개인으로서 지켜야 할 계(戒)도 포함된다. 한편 논장(論藏; Abhidharma-piṭaka)은 부처의 설법이나 교리의 요점 등을 후대에 각 부파들이 해석한다든지 부연해서 기술한 것을 모은 것으로, 일종의 철학서라고 할 수 있다. 이 삼장(三藏)은 거의 모든 부파가 지니고 있었던 것으로 추정된다. 현재 완전한 형태로 전해지고 있는 것은 남방상좌부, 소위 팔리어 삼장이다.

[팔리어 삼장(三藏)의 구성과 관련 경전] 팔리어 삼장은 율(律)·경(經)·론(論)의 순서로 이루어져 있다. 율장(律藏)은 주로 교단의 의식이나 관리, 운영의 방식 등에 관한 것을 모은 「건도부(健度部; khandhaka)」와, 계(戒)의 조문(條文)과 그것에 대한 해설을 모은 「경분별(經分別; sutta-vibhaṅga)」, 그리고 그것들을 보충한 「부수(付隨; parivāra)」의 3부로 나뉜다. 다음으로 경장(經藏)은 비교적 긴 경을 34개 정도 모아 놓은 「장부(長部; Digha-nikāya)」와, 길지도 짧지도 않은 경들을 152개 모아 놓은 「중부(中部; majjhima-nikāya)」, 짧은 경들을 중심으로 일정한 방침에 따라 정리 분류하여 모아 놓은 「상응부(相應部; saṃyutta-nikāya)」와 「증지부(增支部; aṅguttara-nikāya)」 및 사부아함(四部阿含)에 포함되지 않는 것을 15경(經) 정도 모아 놓은 「소부(小部; khuddaka-nikāya)」 등 다섯 개의 부(部)로 구성된다. 또한 마지막의 논장에는 『담마상가니(Dhammasaṅgaṇi; 法集論)』, 『비방가(Vibhaṅga; 分別論)』, 『푸갈라파나띠(Puggala-paññatti; 人施設論)』, 『카타바투(Kathāvatthu; 論事)』, 『야마카(Yamaka; 雙論)』, 『파타나(Paṭṭhāna; 發趣論)』, 『다투카타(Dhatukatha; 界說論)』 등이 포함된다. 한편 이 삼장 중에 처음의 율장(律藏)에 해당하는 한역경전(漢譯經典)은 여러 부파의 것이 섞여 5부로 전해졌으며, 또한 경장에 수록된 것도 최후의 소부(小部)를 제외한 「장(長)」·「중(中)」·「잡(雜)」·「증일(增一)」 등 4개의 『아함경(阿含經)』만 전해지고 있다. 논장(論藏)은 앞에서 거론한 7서(書)는 하나도 한역(漢譯; 또는 티베트어역)되지 않았다. 논장(論藏)은 남방상좌부와는 다른 설일체유부의 것이 종합되어 한역(漢譯)되었다. 그런데 한역 『육족론(六足論)』·『발지론(發智論; 集異門足論)』 등의 족(足)이라는 말이 붙은 여섯 논서(論書)와 발지론(發智論)으로 통칭된 7부의 책 가운데는 앞의 팔리어 논장의 7서(書)와 공통되는 것은 하나도 보이지 않는다.

[자료적 의미] 이상과 같이 경(經)과 율(律) 2장(藏)은 적어도 그 골격

부분은 부파분열 이전에 이미 성립했을 것으로 생각되고, 논장(論藏)만은 부파분열 뒤에 성립되었을 것으로 추정된다. 따라서 부파분열 이전의 소위 초기불교에 관해서 연구할 때에도 앞의 2장(藏)이 가장 기본적이며, 근본적인 자료가 된다. 실제로 원시불교 또는 초기불교라고 하는 것도 주로 팔리어와 한역(漢譯) 각각의 경(經) 및 율(律)의 비교 연구라는 것에 의해서 가능했다. 이와 같이 최후의 논장(論藏)은 초기불교라기보다는 오히려 그 뒤의 부파불교 연구를 위한 기본 자료라고 하는 편이 더 적절할 것이다. 역시 이 삼장(三藏)이라는 구분법 및 그 내용이 확립되고 고정되었지만, 거기에 포함되지 않은 것은 일괄해서 「장외(藏外)」라고 한다. 그런데 「장외(藏外)」 중에서도 삼장(三藏) 못지않게 중요한 경전류(經典類)가 많다. 이와 같이 경전류를 경율론(經律論) 삼장(三藏)으로 나누는 방식은 뒤의 대승불교에서도 거의 그대로 사용되었다. 그러나 중국에서는 그와 같은 구분법으로는 불충분하였기 때문에 대장경 또는 일체경(一切經)의 이름으로 전체의 불교전적을 총칭하게 되었다.

삼장교 【三藏教】〔英 A T'ien-t'ai name for Hīnayāna, whose tripiṭaka is ascribed to Mahā-Kāśyapa〕 천태학(天台학)에서 말하는 화법사교(化法四教) 가운데 하나. 삼장교라고 하는 것은 대승·소승을 통한 말이지만, 특히 이것은 소승교의 이칭이다.

삼장법사 【三藏法師】〔英 A teacher of the Law〕 경(經)·율(律)·론(論) 삼장(三藏)에 정통하고 이를 널리 유포(流布)하는 스님에 대한 존칭.

삼장법수 【三藏法數】『대명법수(大明法數)』·『대명삼장법수(大明三藏法數)』라고도 한다. 중국 명(明)나라 때 일여(一如, 1352-1425) 등이 지음. 50권. 1419년〔成祖 17〕 왕명으로 대장경 중에서 법수의 명목과 이에 따른 해석을 모아 종류별로 배열한 책. 명목(名目); 일심(一心)에서 8만 4천 법문까지. 단어 수는 1,600여 개.

삼재 【三災】〔梵 saṃvartani, 英 The three calamities〕 인도에서는 시간을 계산할 적에 산수로 미칠 수 없는 긴 시간을 겁(劫; kalpa)이라고 하는데, 삼재란 겁말(劫末)에 일어나는 세 가지 재해(災害)로, 소삼재(小三災)와 대삼재(大三災)가 있다. 소삼재(小三災)는 일주겁(一住劫) 가운데에 20증감겁(增減劫)이 있는데, 그 감겁(減劫)의 끝에 일어나는 도병재(刀兵災)·질역재(疾疫災)·기근재(飢饉災)를 말한다. 대삼재(大三災)는 주겁(住劫)을 지나면 괴겁(壞劫)에 들어가는데, 괴겁에 20증감겁이 있고, 처음 19증감겁에 유정세간(有情世間)이 무너지고, 최후의 1증감겁에 기세간(器世間)이 무너진다. 이 기세간을 파괴하는 재해로는 화재(火災)·수재(水災)·풍재(風災)가 있는데, 이것을 대삼재(大三災)라고 한다.

삼재팔난【三災八難】이 세상의 크고 작은 온갖 재난. 삼재(三災)는 수재(水災)·화재(火災)·풍재(風災), 또는 전쟁·질병·가난을 말한다. 팔난(難)은 부처님을 만나 가르침을 듣는 데 장해가 되는 여덟 가지를 말한다. 재지옥난(在地獄難)·재축생난(在畜生難)·재아귀난(在餓鬼難)〔이상 세 곳은 고통이 많아서 불법을 듣지 못한다고 한다〕·재장수천난(在長壽天難)·재북울단월난(在北鬱單越難)〔이상의 두 곳은 즐거움이 너무 많아서 불법을 듣지 못한다고 한다〕·농맹음아난(聾盲瘖瘂難)·불전불후난(佛前佛後難)·세지변총난(世智辯聰難) 등을 말한다. 또는 왕난(王難)·적난(賊難)·화난(火難)·수난(水難)·병난(病難)·인난(人難)·비인난(非人難)·독충난(毒虫難) 등을 팔난이라고 하기도 한다. 결국 삼재팔난(三災八難)이란 인간 세상의 크고 작은 온갖 고통과 어려움을 말하는 것인데, 삼재는 천재지변을 말하고, 팔난은 중생으로서 부처님을 만나지 못해서 불법을 배우지 못하는 것을 말한다.

삼전도【三顚倒】〔英 The three subversions or subverters; (evil) thoughts, (false) views, (a deluded) mind〕 중생에게 있는 3종류의 전도(顚倒; viparyāsa). 1. 심전도(心顚倒); 자기의 진심을 자각하지 않고, 대상에 대해 망령되이 분별(分別)을 일으킴. 2. 견전도(見顚倒); 대상은 본디 존재하지 않고 마치 허공에 나타나는 꽃과 같음을 모르고, 그것을 실재라고 보는 견해를 가짐. 3. 상전도(想顚倒); 대상을 있는 그대로 알 수 없어 망상 집착을 일으킴.

삼전법륜【三轉法輪】〔英 The three turns of the law wheel when the Buddha preached in the Deer Park〕 ①시전(示轉)·권전(勸轉)·증전(証轉). 석존이 세 번 사제(四諦)의 가르침을 설한 것. 시전(示轉)은 '이것은 고(苦), 이것은 집(集), 이것은 멸(滅), 이것은 도(道)'라고 그 모양을 보인 것이고, 권전(勸轉)은 '고(苦)를 알라, 집(集)을 끊어라, 멸(滅)을 증득하라, 도(道)를 닦으라.'고 권한 것이며, 증전(証轉)은 석존이 스스로 고(苦)를 알아 집(集)을 끊고, 멸(滅)을 증득하려고 도(道)를 닦은 것을 보여 다른 이로 하여금 깨닫게 하는 것이다. ②근본(根本)·지말(枝末)·섭말귀본(攝末歸本)의 삼법륜. 삼론종에서 석존의 50년 동안 설법을 분류한 것. 『화엄경』에서 말한 교법을 근본법륜, 지혜가 얕은 이에게 일불승(一佛乘)의 가르침을 열어 보이기 위하여 먼저 삼승의 가르침을 말씀함을 지말법륜, 최후에 법화·삼론의 교와 같이 3승을 말한 교법을 일불승(一佛乘)에 귀입(歸入)하여 말함을 섭말귀본법륜이라고 한다.

삼정【三定】〔梵 trayaḥ samādha-yaḥ, 巴 tayo samādhī〕 3종의 선정(禪定). 유심유사삼마지(有尋有伺三摩地)·무심유사삼마지(無尋有伺三摩地)·무심무사삼마지(無尋無伺三摩地)를 말한다. 삼등지(三等至; 三等持)와 같음. 심(尋)·사(伺)는 모두 마음이 밖을 향해 치닫는 것〔번뇌〕을 말한다. 단지 정도(程度)의 차이가 있을 뿐이다. 삼마지(三摩地)는 선정(禪定)의 실천이다.

삼정육【三淨肉】〔英 The three kinds of 'clean' flesh〕 부처님이 병이 든 비구에게만 먹을 것을 허락한 세 가지 고기. 1. 자기를 위하여 죽인 것이 아닌 고기. 2. 자기를 위하여 죽인 것이라는 말을 듣지 않은 고기. 3. 자기를 위하여 죽인 것이 아닌지 의심되지 않는 고기. 곧 고기 집에서 파는 것이나, 저절로 죽은 것 따위의 고기를 말한다.

삼제【三諦】〔英 The three dog-mas〕 현상세계 일체 사물의 진실한 존재방식을 시사하는 3종의 진리. 삼론(三論)과 천태(天台)의 학설로 공(空)·가(假)·중(中)의 삼제(三諦). 삼제설(三諦說)은 진속(眞俗) 2제설(二諦說) 위에 중제(中諦; 中道第一義諦)를 더한 것으로서, 중국에서 성립한 『보살영락본업경(菩薩瓔珞本業經)』과 『인왕반야경(仁王般若經)』 등에서 볼 수 있다. 정영사(淨影寺) 혜원(慧遠, 523-592) 등도 언급하고 있다. 그러나 이것을 가장 중시한 것은 천태지의(天台智顗, 538-597)이다. 그는 이 삼제설(三諦說)을 제법실상(諸法實相)의 근본원리에 의거해서 천태사상(天台思想)을 구축했다. 지의에 의하면 연기(緣起)에 의해서 생긴 모든 존재〔諸法〕는 그 본성은 공(空)이다. 본성은 공(空)이지만 현상적으로는 존재하는데 그것은 가상(假象)이라는 것이다. 그러나 이것은 공(空)·가(假)의 대립이 있다. 천태지의는 공(空)과 가(假) 양자를 지양시키는 입장에서 중(中)이라는 존재방식을 제시하고 있다. 이상과 같이 3종의 진리, 곧 삼제(三諦)가 성립하지만, 제법의 실상은 삼제(三諦)가 각각 격별(隔別)되어 있는 것이 아니라 중(中)이면서 동시에 공(空)이고 가(假)인 것처럼, 공가중(空假中)의 삼제(三諦)가 각각 다른 이제(二諦)를 동시에 성립시키는 것이다. 즉 즉공(卽空)·즉가(卽假)·즉중(卽中)이다. 이와 같이 삼제가 각각 상호간에 상즉(相卽)한 존재방식을 원융(圓融)의 삼제(三諦)라고 하고, 이것이 제법실상의 원리라고 한다. 천태지의는 이처럼 원융적인 삼제(三諦)를 강조하고 있는데, 이 원융의 삼제를 증득하는 것이 일심삼관(一心三觀)의 관법(觀法)이다. 공관(空觀)에 의해서 제법의 공성(空性)을 인식하고, 가관(假觀)에 의해서 제법(諸法)의 현실성을 긍정하고, 나아가 중관(中觀)에 의해서 양자를 지양한다. 이 공가중(空假中)의 삼관(三觀)을 일심(一心)에서 동시에 성립시킴으로써 원융의 삼제(三諦)가 증득되는 것이다. 지의(智顗)의 삼제설(三諦說)은 가제(假諦)를 세워서 속제(俗諦)로서의 현실을 적극적으로 긍정했다는 점에서 그 특징이 보인다.

삼제원융 【三諦圓融】 천태의 교학사상 가운데 하나. 삼제(三諦)란 공제(空諦)·가제(假諦)·중제(中諦)를 말한다. 제(諦; satya)란 진리를 뜻하며, 진실하여 허망하지 않음〔不妄〕이라는 뜻이다. 삼제원융이란 우주의 진상을 말하는 세 가지 도리로서, 공(空)·가(假)·중(中) 삼제가 따로 떨어진 별개가 아니라 원융하여 분리할 수 없다는 것이다. 즉 공(空)을 단순히 공한 것으로 보지 않고, 공(空)도 가(假)·중(中)을 포괄하고 있고, 가(假)도 공(空)·중(中)을 포괄하고 있고, 중(中)도 공(空)·가(假)를 포괄하고 있어서, 3과 1이 원융(圓融)하여 1도 아니요 3도 아니며, 1이기도 하고 3이기도 하다는 것이다. 공제이면서 가제·중제이고, 가제이면서 공제·중제이며, 중제이면서 공제·가제이기 때문에 무애자재라고 한다.

삼존불 【三尊佛】 본존불(本尊佛)과 좌우 양편에 모시고 있는 불보살을 함께 일컫는 말. 대표적인 삼존불로는 아미타불과 관세음보살·대세지보살로 이루어진 미타삼존불(彌陀三尊佛), 그리고 약사여래·일광보살·월광보살로 구성된 약사삼존불(藥師三尊佛), 석가여래·문수보살·보현보살로 이루어진 석가삼존불(釋迦三尊佛)이 있다.

삼종 【三宗】 (1) 〔英 The three of 法相宗, 破相宗 and 法性宗〕 영명연수(永明延壽, 904-975)가 세운 삼종(三宗)으로서 법상종(法相宗)·파상종(破相宗)·법성종(法性宗)을 말한다. 유식종(唯識宗)은 법상종(法相宗)이고, 삼론종(三論宗)은 파상종(破相宗)이며, 화엄종(華嚴宗)과 천태종은 법성종(法性宗)이다. 법상종은 현상제법(現象諸法)을 강조하고, 파상종은 현상제법의 연기무성(緣起無性)을 강조하며, 공(空)을 주장한다. 법성종은 불성(佛性)을 강조한다.

(2) 주옹(周顒, ?-485)이 『삼론종(三論宗)』에서 말하는 공(空)·가(假)·불공가(不空假)의 3종.

삼종갈마법 【三種羯磨法】 수계(受戒)·참회(懺悔) 등의 갈마(羯磨; karman)에 대해, 백일(白一)·백이(白二)·백사(白四)의 3종류가 있는 것을 말함. 1. 백일(白一; jñapti-karman)은 단백(單白)이라고도 하는데, 그것을 중승(衆僧)에게 한 번 고(告)하는 것만으로 갈마가 설립되는 것을 말하고, 2. 백이(白二; jñapti-dvtiya-karman)는 한 번 표백(表白)하여 대중에게 알리고, 한 번 갈마문을 올려서 가부(可否)를 판단하는 것을 말하며, 3. 백사

ㅅ

(白四; jñāpti-caturtha-karman)는 한 번 표백(表白)하고, 3번 갈마문을 올려서 가부(可否)를 판단하는 것을 말한다.

삼종견혹 【三種見惑】〔英 Three classes of delusive views, or illusions〕 견혹(見惑)의 3가지. 1. 구생견혹(俱生見惑); 나면서부터 본래 갖추고 있는 번뇌. 2. 추리견혹(推理見惑); 어떤 일을 만날 적마다 추리하여 일어나는 번뇌. 3. 발득견혹(發得見惑); 지식이 생김으로 인하여 점점 얻게 되는 번뇌를 말한다.

삼종계 【三種戒】 삼종율의(三種律儀)라고도 한다. 나쁜 짓을 막는 계율을 그 성질상으로 보아 셋으로 분류한 것. 별해탈계(別解脫戒)·정공계(定共戒)·도공계(道共戒)를 말한다. 별해탈계는 산란한 마음에 있는 계(戒)요, 정공계·도공계는 입정심(入定心)에 있는 계(戒)이다. 앞의 것은 악(惡)·무기심(無記心)일 때에도 계체(戒體)는 상속하여 마음을 따라 움직이지 아니하므로 불수심전계(不隨心轉戒)라 하고, 뒤의 둘은 정(定)에서 나오면 없으므로 수심전계(隨心轉戒)라고 한다.

삼종공양 【三種供養】〔英 Three modes of serving〕『십지론(十地論)』 3권에 나오는 1. 이공양(利供養), 2. 경공양(敬供養), 3. 행공양(行供養)을 말한다. 이공양(利供養)은 향화(香花)·음식(飮食) 종류의 공양이고, 경공양(敬供養)은 찬탄과 공경을 표시하는 것이며, 행공양(行供養)은 관행공양(觀行供養)이라고 하는데, 부처님의 교법(敎法)을 믿고 잘 간직하여 수행하며 화엄의 관법(觀法)인 사사무애관(事事無碍觀)을 하는 것.

삼종관법 【三種觀法】 세 가지 관심(觀心) 방법. 탁사관(托事觀)·부법관(附法觀)·약행관(約行觀)을 말한다. 탁사관은 마음대로 어떤 사물을 대상으로 하여 관념하는 것. 부법관은 마음대로 사제(四諦) 등의 법상(法相)을 나의 한 생각에 부탁(附托)하여 원융무애한 줄로 관념하는 것과 같은 것이다. 약행관은『마하지관』에 말한 관법의 방법에 의하여 일념삼천(一念三千)의 묘한 이치를 관념하는 것과 같은 것이다.

삼종교상 【三種敎相】〔英 The three modes of the Buddha's teaching of the Southern sects〕 중국 남삼북칠가(南三北七家)에 통용되는 교판으로, 돈교(頓敎)·점교(漸敎)·부정교(不定敎)를 말한다.『법화현의(法華玄義)』 10권에, "남북에 세 가지 교상설(敎相說)이 통용되니, 첫째는 돈(頓), 둘째는 점(漸), 셋째는 부정(不定)이다. 화엄(華嚴)은 보살을 위한 것이니, 마치 해가 높은 산을 비추는 것과 같아 돈교(頓敎)라 부른다. 삼장(三藏)은 소승인을 위하여 먼저 반자(半字)를 가르친 것이므로 유상교(有相敎)라고 한다. 12년 후에 대승인을 위하여 오시반야(五時般若) 내지 상주(常住)를 설하니 이름하여 무상교(無相教)요, 이 둘을 모두 점교(漸教)라 한다. 따로 한 경이 있으니, 돈교도 아니고 점교도 아니며, 불성이 상주함을 밝히니 『승만』·『광명』 등이 이것으로, 그 이름이 편방부정교(偏方不定教)이다. 이 세 뜻이 두루 공통으로 쓰인다."라고 하였다.

삼종근기 【三種根機】 임제종(臨濟宗)의 개조인 의현(義玄, ?-867)이 수행자의 역량을 중하근기(中下根機)·중상근기(中上根機)·상상근기(上上根機)로 나눈 것. 『임제록(臨濟錄)』 시중(示衆)에, "제방(諸方)의 학인(學人)들이 찾아올 때, 나는 여기에서 3가지 근기로 끊는다. 중하근기가 오면 경계(境界)는 빼앗지만 그 법(法)은 없애지 않고, 중상근기가 오면 경계와 법을 모두 빼앗고, 상상근기가 오면 경계와 법과 사람을 모두 빼앗지 아니하고, 격을 벗어난 견해를 가진 사람〔出格見解人〕이 오면 여기에서 곧 전체로 작용하며 근기(根機)를 매기지 아니한다."라고 하였다.

삼종단 【三種斷】〔英 The three kinds of uccheda-cutting off, excision, or bringing to an end〕 번뇌를 끊는 3종의 방식. ⑴ 1. 자성단(自性斷); 지혜가 일어날 때 번뇌와 무명을 자성(自性)이 응당히 끊으므로 자성단이라 함. 2. 불생단(不生斷); 법공(法空)을 얻을 때 삼도의 악도에서 영원히 고(苦)가 다시 일어나지 못하게 하므로 불생단이라고 함. 3. 연박단(緣縛斷); 마음속의 번뇌를 끊으면 경계를 만나도 탐욕과 증오〔貪瞋〕가 일어나지 않으며, 다소 경계에 끌려가더라도 염착(染着)을 내지 않으므로 연박단이라고 함.

⑵ 1. 견소단(見所斷); 성문(聲聞) 수행자가 초과(初果)인 수다원과에서 번뇌를 끊고 이치를 보는 것을 견도(見道)라 하는데, 88사(使)의 번뇌를 끊는 것을 말함. 2. 수소단(修所斷); 성문의 수행자가 제2과·제3과인 사나함·아나함과에서 진(眞)을 닦고 번뇌를 끊는 것을 수도(修道)라고 하는데, 삼계(三界)의 10수면(十睡眠)의 번뇌를 끊는 것을 말함. 3. 비소단(非所斷); 성문 제4과인 아라한과에서 삼계(三界)의 번뇌를 이미 끊고 무루과(無漏果)를 얻으며, 다시 더 끊을 번뇌가 없으므로 비소단이라고 함. 『아비달마품류족론(阿毘達磨品類足論)』 3권에 보인다.

삼종발심 【三種發心】 세 종류의 발심(發心; citta-utpāda). ①『대승기신론』에서 설한 것으로, 신성취발심(信成就發心; 初住에서 제10住에 이르러 信心을 성취하고자 하는 사람이 보리심을 내는 것)·해행발심(解行發心; 十行 내지 十廻向의 자리에서 이치를 이해하고 道를 행하는 사람이 보리심을 내는 것)·증발심(証發心; 初地에서 十地에 이르는 자리로 法性을 증득하고

자 하는 사람이 보리심을 내는 것)을 말함. ②수(隋)의 혜원(慧遠, 523-592)이 말한 것으로, 상발심(相發心)·식상발심(息相發心)·진발심(眞發心)을 말한다. 수행자가 현실의 삶 속에는 불행(不幸)이 있고 열반 속에는 복리(福利)가 있다고 하여 현실을 버리고 열반을 취향하는 것처럼, 명상(名相)에 따라 싫어하거나 좋아하는 발심이 '상발심(相發心)'이요, 한 걸음 더 나아가 모든 존재〔諸法〕가 평등함을 깨닫고, 현실의 삶과 열반은 본성(本性)이 적멸하다는 사실을 알아서 싫어할 현실도 없고 추구해야 할 열반도 없어져 마음이 정도(正道)에 귀착하게 됨이 '식상발심(息相發心)'이다. 또한 보리(菩提) 진성(眞性)이 자기로부터 유래됨을 알아 밖에서 구하고자 하는 마음을 버리고 자기 자신의 마음으로 귀착시키는 것을 '진발심(眞發心)'이라고 한다.

삼종변역생사【三種變易生死】1. 마음의 미세한 생멸. 생각마다 달라서 이리저리 옮겨감을 변(變)하고 바뀐다 하여 변역(變易)이라 하는데, 이것은 범부(凡夫)와 성인(聖人)이 같다. 2. 무루업(無漏業)에 의하여 얻어지는 법신(法身). 마음의 변화가 걸림이 없어 능히 변하고 능히 바뀌므로 변역(變易)이라 하며, 대승과 소승이 같다. 3. 진증(眞証)의 법신(法身). 은(隱)과 현(顯)이 자재하여 능히 변하고 능히 바뀌므로 변역이라 하는데, 법신(法身)이 생사(生死)에서 벗어나지 못하고 아직 무상(無常)한 사법(死法)이 되어 신상(身上)이 변역함에 따라 생사(生死)가 결정되므로 변역이라 한다. 이는 오직 대승(大乘)에만 있다.

삼종보리심【三種菩提心】밀교의 진언 수행자의 보리심을 행원보리심(行願菩提心)·승의보리심(勝義菩提心)·삼마지보리심(三摩地菩提心)의 셋으로 나눈 것. 1. 행원보리심(行願菩提心); 수행하면서 원(願)을 발하므로 행원(行願)이라 함. 원(願)은 일체중생이 모두 불성을 갖고 있다는 사실을 생각하여 대승의 법으로 모두 제도하고자 소원하는 것이다. 행(行)은 이 사홍서원의 행을 닦는 것이다. 2. 승의보리심(勝義菩提心); 하열한 가르침을 끊고 뛰어난 가르침〔勝義〕을 수행하므로 승의(勝義)라 한다. 3. 삼마지보리심(三摩地菩提心); 삼마지(三摩地)의 수행자는 신해지(信解地)에 들어가 삼밀(三密)이 상응하는 오부비관(五部秘觀)을 닦고, 제불(諸佛)의 자행화타(自行化他)하는 만덕(萬德)을 모두 균등하게 갖고 있으므로 등지(等持)라 하며, 유정계(有情界)에 들어가 평등(平等)을 섭수(攝受)하여 호념(護念)하므로 등념(等念)이라 하고, 이르지 못하는 곳이 없으므로 등지(等持)라 한다. 앞의 두 가지는 현교(顯教)에 통하고, 뒤의 한 가지는 오직 밀교(密教)뿐이다.

삼종사교【三種四教】천태에서 말하는 장(藏)·통(通)·별(別)·원(圓)의 화법사교(化法四教)에 방등(方等)의 사교(四教), 별교(別教)의 사교(四教), 열반(涅槃)의 사교(四教) 등 3종교가 있는 것을 말한다.

삼종삼관【三種三觀】〔英 The three types of meditation on the principles of the 三諦 q.v., i.e. the dogmas of 空, 假, 中〕공(空)·가(假)·중(中) 삼제(三諦)의 이치를 보는 관심(觀心)에 3종의 분별과 뜻이 있다고 한다. 별상삼관(別相三觀)·통상삼관(通相三觀)·일심삼관(一心三觀). 별상삼관(別相三觀)은 별도(別途)에서 삼제(三諦)를 관하는 것이요, 통상삼관(通相三觀)은 일관(一觀) 가운데서 삼제(三諦)를 모두 아는 것이며, 일심삼관(一心三觀)은 일념(一念)의 마음에서 삼제(三諦)를 관(觀)하는 것이다.

삼종삼세【三種三世】〔英 Three kinds of past, present, and future as into according to 道理, 神通, and 唯識〕법상종(法相宗)에서 말하는 과거·현재·미래의 삼세(三世)에 있는 세 가지, 곧 도리삼세(道理三世)·신통삼세(神通三世)·유식삼세(唯識三世). 도리삼세는 현재 일찰나에 현재의 인(因)인 과거와 그 과(果)인 미래를 가정(假定)으로 세운 것이요, 신통삼세는 지혜 신통력으로써 과거·미래의 모양을, 현재에 관하는 위에 가정(假定)으로 세운 것이며, 유식삼세는 범부의 미(迷)한 생각 위에 과거·미래의 사물이 나타나지만 모두 실체가 없는 것이므로, 이것도 가정으로 세운 것이다. 신통삼세는 깨달은 마음에 세우고, 유식삼세는 미(迷)한 마음에 세운 것이 다르다.

삼종상【三種相】〔英 The three kinds of appearance〕①표상(標相)·형상(形相)·체상(體相). 『인명대소(因明大疏)』에 나타나는 것으로, 표상은 사물의 표치가 되는 모양을 말하고, 형상은 길고 짧고 모나고 둥근 모양을 나타내는 것이다. 체상은 체질을 말하는 것인데, 열(熱)은 불〔火〕의 체상인 것과 같은 것이다. ②가명상(假名相)·법상(法相)·무상상(無相相). 『지도론(智度論)』에 나타나는 것으로, 가명상은 중생과 사물은 여러 인연이 모여 이루어진 것으로서, 생멸변화를 면치 못하는 것을 항상 있는 것처럼 생각하여 명자(名字)를 세우고, 집착을 일으키는 것을 말하고, 법상은 오온(五蘊)·십이처(十二處)·십팔계(十八界)는 진지(眞智)로 관하면 없는 것이나, 미견(迷見)으로는 실제로 있다는 집착을 일으키는 것을 말하며, 무상상은 위의 이상(二相)이 없는 것을 미집(迷執)하여 실제로 있다고 생각을 일으키는 것을 말한다.

삼종상【三種常】〔英 A Buddha in his three eternal qualities〕『대승장엄경론(大乘莊嚴經論)』에서 설하

고 있는 3종의 상주성(常住性). 1. 본성상(本性常). 법신불은 본성이 상주하여 무생무멸하는 것. 2. 부단상(不斷常). 보신불은 항상 간단없이 생기(生起)하는 것. 3. 상속상(相續相). 화신불은 입멸한 후에 다시 화현하여 끝내 단절하지 않은 것 등을 말한다.

삼종색 【三種色】〔英 Three kinds of rūpa〕 ①가견유대색(可見有對色)·불가견유대색(不可見有對色)·불가견무대색(不可見無對色)을 말한다. 가견유대색은 눈에 보이고 형체가 있는 물체를 말하고, 불가견유대색은 보이지는 않으나 다른 것과 구별할 수 있는 것, 오관(五官)과 성(聲)·향(香)·미(味)·촉(觸)의 사경(四境)을 말하고, 불가견무대색은 무표색(無表色)을 말한다. ②현색(顯色)·형색(形色)·표색(表色)을 말한다. 현색은 청(靑)·황(黃)·적(赤)·백(白) 등의 색깔을 말하고, 형색은 길고 짧고 모나고 둥근 것 등의 모양을 말하며, 표색은 앉고 눕고 드나드는 등 움직이는 모양을 말한다. ③현색·형색(形色; 表色을 포함)·무표색(無表色)을 말한다.

삼종생 【三種生】 불도를 장해(障害)하는 3종의 사악한 상법(想法), 즉 상생(想生; 의식이 잡란하여 청정을 얻을 수 없는 것)·상생(相生; 마음이 바깥 경계에 속박되어 자재할 수 없는 것)·유주생(流注生; 마음에 미세한 邪念의 작용이 있는 것). 『능엄경』의 설로서, 중국 당나라 때 선승인 위산영우〔771-853〕가 제시함.

삼종선 【三種禪】 ①중국 수(隋)나라 때 천태종의 개조인 지의(智顗, 538-597)가 말한 세간선(世間禪)·출세간선(出世間禪)·출세간상상선(出世間上上禪).

삼종세간 【三種世間】〔英 There are two definitions: ① The realms of 器 matter, of 衆生 life, and 智正覺 mind, especially the Buddha's mind. ②The 五陰 psychological realm (mind), 衆生 realm of life, and 國土 or 器 material realm〕 ①화엄에서는 기세간(器世間)·중생세간(衆生世間)·지정각세간(智正覺世間)을 말한다. 기세간은 우리가 살고 있는 국토를 가리키고, 중생세간은 부처님 이외의 온갖 중생을, 지정각세간은 모든 부처님들을 가리킨다. ②천태에서는 중생세간(衆生世間)·국토세간(國土世間)·오음세간(五陰世間)을 말하는데, 국토세간은 기세간(器世間)과 같고, 오음세간은 오온세간(五蘊世間)이라고도 하는데, 색(色)·수(受)·상(想)·행(行)·식(識)을 말한다. ③수론학파(數論學派; sāṃkhya)에서는 천상·인간·축생을 3종세간으로 세우고 있다.

삼종욕 【三種欲】〔英 Three kinds of desire〕 중생에게 있는 세 가지 욕심. 곧 음식욕(飮食欲)·수면욕(睡眠欲)·음욕(婬欲) 등을 말한다.

삼종원융 【三種圓融】〔英 Three kinds of unity or identity of (a)事理 phenomena with substance, (b)事事 phenomena with phenomena, (c)理理 substance with substance〕 화엄종에서 세운 사리원융(事理圓融)·사사원융(事事圓融)·이리원융(理理圓融). 1. 사리원융(事理圓融); 사(事)는 파도와 같고 이(理)는 물과 같아서, 물과 파도와 같이 분리되어 있지 않은 것. 즉 진여(眞如)가 곧 만법이요, 만법이 곧 진여이며, 생사(生死)가 곧 열반이라고 설하는 것. 2. 사사원융(事事圓融); 파도와 파도가 분리되어 있지 않은 것. 즉 사(邪)와 정(正)이 둘이 아니요, 번뇌가 곧 보리임을 설한 것. 3. 이리원융(理理圓融); 물과 물같이 일미융화(一味融和)한 것. 만성(萬聖)이 갖춘 진리가 일미(一味)인 것.

삼종유 【三種有】〔英 Three kinds of existence〕 이름과 실체가 있는 것을 유(有)라 하는데, 유(有)에는 상대유(相待有)·가명유(假名有)·법유(法有) 등 셋이 있다. 상대유는 상대적으로 있는 것. 장(長)에 대한 단(短), 심(心)에 대한 경(境)과 같은 것이다. 가명유는 여러 가지가 모여서 가정(假定)으로 일물(一物)을 이루는 것이니, 오온이 가(假)화합하여 인간을 이루고 있는 것과 같은 것이다. 법유는 색(色)·심(心)의 모든 법은 인연으로 생기는 것이고 본래 자성이 없지만, 거북의 털이나 토끼의 뿔과 같이 아주 없는 것은 아니므로, 이를 법유라 한다.

삼종자비 【三種慈悲】〔英 The three reasons of a bodhisattva's pity〕 중생연자비(衆生緣慈悲)·법연자비(法緣慈悲)·무연자비(無緣慈悲) 등의 세 가지 자비를 말한다. 1. 중생연자비(衆生緣慈悲); 중생을 혈육으로 보는 자비. 즉 시방(十方)의 모든 중생을 보되 혈육과 같이 생각하여, 고통을 없애고 즐거움을 주려는 마음에서 일어나는 자비. 2. 법연자비(法緣慈悲); 불법을 가르쳐 주는 자비. 즉 번뇌의 속박을 벗어나 모든 법(法)이 다 공(空)한 이치를 깨달은 삼승(三乘)의 성자(聖者)가, 고통을 없애고 낙(樂)을 주기를 바라는 중생에게 그가 바라는 바와 같이 해주는 자비. 3. 무연자비(無緣慈悲); 아무런 연고 없이 베푸는 자비. 즉 일체 법이 실성(實性)이 없고 모두 허망(虛妄)한 줄로 관하고는, 무연(無緣)의 불심(佛心)으로 미망(迷妄)의 세계에 살고 있는 중생을 불쌍히 여겨 진지(眞智)를 얻게 하려는 자비이다.

삼종지관 【三種止觀】〔英 Three T'Ien-t'ai modes of entering dhyāna〕 천태에서 관법(觀法)에 대하여 세 가지를 세운 것. 점차지관(漸次止觀; 漸次觀)·부정지관(不定止觀; 不定觀)·원돈지관(圓頓止觀; 圓頓觀)을 말한다. 점차지관은 사다리에 올라가는 것처럼 낮은 데서부터 높은 데에

ㅅ

이르러, 드디어 실상의 관법에 도달하는 것이요, 부정지관은 기류(機類)에 의하여 심(深)·천(淺)이 서로 앞서기도 뒤서기도 하여, 관법이 반드시 점차가 있는 것이 아님을 말하는 것이요, 원돈지관은 처음부터 바로 실상을 반연하여, 행(行)·해(解)가 모두 돈속(頓速)함을 말한다.

삼종참법 【三種懺法】〔英 Three modes of repentance〕 죄악(罪惡)을 참회하는 세 가지 방법. 곧 작법참(作法懺)·취상참(取相懺)·무생참(無生懺)을 말한다. 1. 작법참(作法懺); 규정된 작법(作法)에 따라 부처님 앞에 참회함. 2. 취상참(取相懺); 정(定)에 들어 참회하고자 하는 생각을 하면서, 불·보살이 와서 정수리를 만져 주는 것과 같은 서상(瑞相)을 얻기 바라는 것. 3. 무생참(無生懺); 마음을 바로 하고 단정히 앉아 무생무멸(無生無滅)의 실상(實相)을 관하여 무명번뇌를 끊는 것이다.

삼주설법 【三周說法】 천태에서 『법화경』을 본문(本門)·적문(迹門)을 나눈 가운데 적문 설법의 중심인 부분을 셋으로 구분한 것. 법설주(法說周)·비유설주(譬喩說周)·인연설주(因緣說周)를 말한다. 법설주는 부처님께서 지혜가 수승한 이에게 십여실상(十如實相)의 이치를 말하여, 삼승과 일불승의 법을 말한 부분이요, 비유설주는 부처님께서 그 다음가는 이들에게 삼거(三車)와 대백우거(大白牛車)의 비유로써 삼승과 일불승의 법을 말한 부분이요, 인연설주는 가장 저열한 지혜를 가진 이들에게 삼천진점겁(三千塵點劫) 전에 대통지승불(大通智勝佛) 회상에서 16왕자가 『법화경』을 복강(覆講)할 때에, 벌써 씨를 심어 연(緣)을 맺었던 인연에 의하여 묘법(妙法)을 말씀한 부분을 말한다.

삼중법계 【三重法界】〔英 The three meditations, on the relationship of the noumenal and phenomenal, of the 華嚴宗 Hua Yen School〕 화엄에서 말하는 사법계(四法界) 가운데 이법계(理法界)·이사무애법계(理事無碍法界)·사사무애법계(事事無碍法界). 사법계 항목 참조.

삼즉일 【三卽一】〔英 The three vehicles are one, i.e. the three lead to bodhisattvaship and Buddhahood for all〕 대승원교(大乘圓敎)에서 주장하는 것으로, 삼승교(三乘敎)가 곧 일승교(一乘敎)라고 하는 것. 소승에서는 삼승교 밖에 일승교를 세우지만 대승에서는 삼승교 그대로가 일승교의 내용임을 보인 것이다.

삼지 【三智】〔英 The three kinds of wisdom〕 ①도종지(道種智)·일체지(一切智)·일체종지(一切種智). ②세간지(世間智)·출세간지(出世間智)·출세간상상지(出世間上上智). ③외지(外智)·내지(內智)·진지(眞智). ①의 도종지(道種智)는 보살이 중생을 교

화할 때에 세간·출세간, 유루·무루의 도를 말하는 지혜이고, 일체지(一切智)는 모든 법의 총체적 모양을 아는 지혜이며, 일체종지(一切種智)는 부분적 모양을 아는 지혜이다. ②의 세간지(世間智)는 범부나 외도의 지혜요, 출세간지(出世間智)는 성문·연각의 지혜이며, 출세간상상지(出世間上上智)는 불·보살의 지혜이다. ③의 외지(外智)는 바깥으로 물질적 현상계를 대상으로 하여 관찰하는 지혜요, 내지(內智)는 안으로 번뇌를 대상으로 하여 이를 끊고, 해탈경에 이르는 지혜이며, 진지(眞智)는 열반적정(涅槃寂靜)의 경지에 이르러 나타나는 지혜이다.

삼직 【三職】 ①동사율종(東寺律宗)의 삼직(三職)으로, 계화상(戒和尙; 戒和上), 갈마사(羯磨師), 교수사(敎授師)를 말한다. ②우리나라에서 주지(住持)를 돕는 감무(監務), 감사(監事), 법무(法務)인데, 현재는 총무(總務), 교무(敎務), 재무(財務)를 말한다.

삼진여 【三眞如】 〔英 Three aspects of the bhūtatathatā, implying that it is above the limitations of form, creation, or a soul〕 (1) 무상진여(無相眞如)·무생진여(無生眞如)·무성진여(無性眞如). 모든 법의 진실한 체(體)는 말도 없고 생각도 끊어진 것이므로, 망정(妄情)이 집착(執着)할 실성(實性)이 없다는 것. 이 삼진여(三眞如)는 『유식론』에서 설한 삼매〔三無〕에 의하여 세운 것.
(2) 1. 선법진여(善法眞如). 진여가 인연을 따라 선법(善法)이 되는 것을 말함. 2. 불선법진여(不善法眞如). 진여가 인연을 따라 불선법이 되는 것을 말함. 3. 무기법진여(無記法眞如). 진여가 인연을 따라 무기(無記)가 되는 것을 말하는 것이다.

삼처연화장세계 【三處蓮華藏世界】 밀교에서는 삼처(三處)의 화장세계를 세웠다. 그 까닭은 『대일경(大日經)』에 삼중(三重)의 불신(佛身)을 세웠는데, 1. 가지신(加持身), 2. 본지신(本地身), 3. 행자신(行者身)이 그것이다. 가지신(加持身)은 타수용보신(他受用報身)이 아미타불이며, 그 주처(住處)의 이름은 화장세계로, 이곳에서 서쪽으로 십만억정토(十萬億淨土)를 지나야만 그곳이 나온다 한다. 본지신(本地身)은 대일여래로서, 이 불(佛)이 머무는〔住〕 곳의 이름은 화장세계요, 높이가 넓이가 끝이 없어 상대를 초월하여 중간과 변방(辺方)을 정(定)하지 못하며, 서방십만억 되는 곳이 오부중(五部中) 불부(佛部)로 자성법신(自性法身)의 주처(住處)이다. 행자신(行者身)은 곧 우리 자신이다. 일체중생의 간률다심(干栗多心)이 법(法)에 팔엽형(八葉形)으로 되었는데, 이는 팔엽(八葉)의 심련화(心蓮華)를 뜻하며, 따라서 화장세계라고 부른다.

삼처전심 【三處傳心】 〔英 The three

places where Śākyamuni is said to have transmitted his mind or thought direct and without speech to Kāśyapa] 선종(禪宗)에서 석존이 세 곳에서 가섭(迦葉)에게 마음을 전했다는 것. 1. 영산회상의 염화미소(拈花微笑), 2. 다자탑(多子塔) 앞에서 자리를 나눈 것〔多子塔前分半座〕, 3. 쌍림(雙林)의 관(棺) 속에서 발을 내민 것〔雙林樹下由棺出足〕. 부처님은 자신의 본마음, 즉 부처님이 선심(禪心; 正法眼藏; 涅槃妙心)을 이렇게 세 곳에서 가섭에게 전했다는 것이다. 중국 선불교에서 자신들만이 오리지널한 불교라고 주장하는 것은 여기에 뿌리를 두고 있다.

삼천대천세계 【三千大千世界】〔英 Tri-sahasra-mahā-sahasra-loka-dhātu; a great chiliocosm〕 줄여서 삼천세계(三千世界)라고도 한다. 우리가 살고 있는 세계는 수미산(須彌山; Sumeru-parvata)을 중심으로 하여, 사방에 사대주(四大洲)가 있고, 그 바깥 주위가 대철위산(大鐵圍山)으로 둘러싸여 이루어졌다고 한다. 이것을 일세계(一世界) 또는 일사천하(一四天下)라 하는데, 일세계를 천 개 합한 것을 일소천세계(一小千世界)라 하고, 일소천세계를 천 개 합한 것을 일대천세계(一大千世界)라 한다. 이 일대천세계(一大千世界)는 소천(小千)·중천(中千)·대천(大千) 3종의 천(千)이 있으므로 삼천대천세계(三千大千世界)라 한다. 이 삼천대천세계는 한 분의 부처님이 교화하고 있는 나라〔세계〕이다.

삼천세간 【三千世間】 간단히 '삼천(三千)'이라 한다. 천태에서는 만유(萬有)를 통틀어 삼천세간(三千世間)이라 한다. 지옥·아귀·축생·아수라·인간·천상·성문·연각·보살·불(佛)을 십계(十界)라 하고, 원융(圓融) 호구(互具)의 이치에 의하여 10계가 십계를 갖추었으므로 100계가 되고, 낱낱 백계(十界)마다 성(性)·상(相)·체(體)·역(力)·작(作)·인(因)·연(緣)·과(果)·보(報)·본말구경(本末究竟)의 10여시(如是)의 뜻이 있으므로 천여(千如)가 되고, 다시 천여(千如)에 3종 세간을 곱하여 삼천세간(三千世間)이 된다고 한다.

삼천진점겁 【三千塵點劫】〔英 The kalpa of the ancient Buddha Mahābhijñābhibhū, mentioned in the Lotus Sūtra〕 대통지승여래(大通智勝如來; 大通衆慧)가 출현한 뒤, 극히 오랜 세월을 지낸 것을 뜻하는 말. 『법화경』「화성유품」 처음에 나온다. 삼천대천세계를 부수어 먹물을 만들고, 동방으로 1천 국토를 지나서 크기가 먼지만한 한 점을 떨어뜨리는데, 이렇게 하여 그 먹물이 다 없어진 뒤에 지나온 국토를 죄다 가루로 만들어서, 티끌 하나를 일겁(一劫)으로 헤아리는 것이다. 이를 모두 계산하여 3천진점겁이라고 한다. 진점겁(塵點劫)은 진묵겁(塵墨劫)이라고도 한다.

삼청정심 【三清淨心】 성불(成佛)하는 도(道)에 합당한 세 가지의 청정심. 곧 무염청정심(無染淸淨心)·안청정심(安淸淨心)·낙청정심(樂淸淨心)을 말한다. 무염청정심이란 자기 자신을 위하여 즐거움을 구하지 않는 마음이요, 안청정심이란 일체중생이 고뇌를 벗어 버리고 즐거움을 얻게 하는 마음이요, 낙청정심이란 일체중생으로 하여금 극락세계에 태어나서 한량없는 즐거움을 얻게 하는 마음이다.

삼초이목 【三草二木】〔英 A parable in the Lotus sūtra〕『법화경』「약초유품」에서 설한 오승(五乘)의 기류(機類)를 말함. 곧 삼초(三草)는 1. 소초(小草; 人天乘), 2. 중초(中草; 聲聞·緣覺), 3. 상초(上草; 藏敎의 보살)를 말하고, 이목(二木)은 1. 소수(小樹; 通敎의 보살), 2. 대수(大樹; 別敎의 보살)를 말한다.

삼취 【三聚】〔英 The three group〕 ①정정취(正定聚)·사정취(邪定聚)·부정취(不定聚)의 세 가지로, 삼정취(三定聚)라고도 한다. 취(聚)는 취류(聚類)·취집(聚集)의 뜻인데, 사람들의 소질(素質)을 분류 취집(聚集)하여 셋으로 나눈 것이다. 정정취(正定聚)란 정법(正法)을 성취하여 바로 깨달을 수 있음이 정해진 사람들이고, 사정취는 사악(邪惡)을 행하여 사악한 세계에 떨어지게 된 것이 정해진 사람들을 말하며, 부정취는 정(正)을 만나면 정(正)으로, 사(邪)를 만나면 사(邪)에 빠지는 부정(不定)의 사람들을 말한다. 소승·대승유식, 화엄, 진언, 진종(眞宗) 등에서는 각각 자신들의 종의(宗義)에 맞추어서 이것을 설명하고 있다. ②일체유위법(一切有爲法)을 ㉠색(色; 物質)·㉡심(心; 精神)·㉢비색비심법(非色非心法; 물질도 정신도 아닌 것) 3종으로 나눈 것. ③삼취정계(三聚淨戒)의 약칭.

삼취정계 【三聚淨戒】〔梵 Śilaṃ-trividhaṃ, 英 The three cumulative commandments〕 대승보살의 계법(戒法)을 총칭하는 말. 섭률의계(攝律儀戒)·섭선법계(攝善法戒)·섭중생계(攝衆生戒)의 셋으로 나누어진다. 섭률의계는 일체 계율을 수지(受持)한다는 것이고, 섭선법계는 일체의 선법(善法)을 닦아 계율로 삼는다는 것이고, 섭중생계는 일체중생의 유익을 위한 것을 계로 삼는 것을 말한다. 대승·소승의 온갖 계법이 모두 이 가운데 소속되므로 섭(攝)이라 하고, 그 계법이 본래 청정하므로 정(淨)이라 한다. 대승·소승·출가·재가를 막론하고 모두 이 계를 받는다. 따라서 삼취정계를 받는다는 것을 총수(總受)라고 한다. 『화엄경』·『범망경』·『점찰경』·『유식론』 등에서 설하고 있다.

삼토 【三土】 정토(淨土)를 3종으로 구별하여 하는 말. 법성토(法性土; 法身

土)·보토(報土; 報身土)·화토(化土; 應身土)의 삼토(三土)로, 법상종(法相宗)에서는 법신토·보신토·응신토의 삼불토(三佛土), 유식설(唯識說)에서는 법성토(法性土)·수용토(受用土)·변화토(變化土)라 한다.

삼통력【三通力】〔英 Three aspects of the omniscience of Buddha〕 보득통력(報得通力)·수득통력(修得通力)·변화통력(變化通力)을 말한다. 보득통력은 욕계·색계·무색계의 중생이 그 과보로서 저절로 얻는 통력이요, 수득통력은 성문·연각·보살이 수행을 완성하여 얻는 통력이요, 변화통력은 부처에게 있는 통력으로서 여러 가지 몸과 여러 가지 국토를 변현하는 등 자재무애한 통력이다.

삼퇴굴【三退屈】〔英 The three feelings of oppression that make for a bodhisattva's recreancy-the vastness of bodhi; the unlimited call to sacrifice; the uncertainty of final perseverance〕 보살(菩薩)의 오위(五位) 가운데, 제1 자량위(資糧位) 사이에 3종의 퇴굴(退屈)이 있다. 1. 보리광대굴(菩提廣大屈); 무상보리(無上菩提)가 광대심원하다는 말을 듣고 퇴굴하는 마음〔포기심〕을 내는 것. 2. 만행난수굴(萬行難修屈); 보시하는 만행이 매우 닦기 어렵다는 말을 듣고 퇴굴하는 마음〔포기심〕을 내는 것. 3. 전의난증굴(轉依難證屈); 이전의(二轉依)의 묘과(妙果)를 증득하기 어렵다는 말을 듣고 퇴굴하는 마음〔포기심〕을 내는 것. 이 삼퇴굴을 치료하는 것을 삼연마(三練磨)라 하는데, 제1은 대보리(大菩提)를 증득한 이를 거론하여 자심(自心)을 연마하는 것이고, 제2는 자기의 뜻이 즐거움을 알아서 자심(自心)을 연마하는 것이며, 제3은 타(他)의 추선(麤善)을 거론하여 자신을 연마하는 것을 말한다.

삼평등관【三平等觀】 진언종(眞言宗)의 중요한 관법. 중생의 삼밀(三密)과 대일법신(大日法身)의 삼밀(三密)이 일미(一味) 평등함을 관함. 수관(修觀)할 때에 유상(有相)·무상(無相)의 삼밀을 나눈다. 유상(有相)은 손으로 인(印)을 만들고, 입으로 진언(眞言)을 외우며, 마음을 삼매의 경지에 두는 등 일정한 형식에 의하여 수행하는 것이요, 무상(無相)은 특정한 형식에 의하지 않고, 손을 들거나 발을 움직임이 모두 신밀(身密)이요, 입을 벌리고 소리를 내는 것이 모두 구밀(口密)이며, 마음을 일으키고 생각을 내는 것이 모두 의밀(意密)임을 말한다. 여기에 범부(凡夫)의 삼업(三業)과 부처의 삼밀이 서로서로 섭입(涉入)하여, 실지로 범부 그대로 부처인 경지를 맛보는 것을 말한다.

삼표업【三表業】 신(身)·구(口)·의(意)의 표면적 행위. 표업(表業; vijñapta)은 몸과 입으로 행동하고 말하는 것. 이 입으로 말하고 몸으로 행동하는 것〔言行〕은 드러나서 타인이 알 수가 있는 작용이므로 표업이라고 한다.

삼품무명【三品無明】보살의 수행 계위 중 십지(十地)의 초지(初地)에 들어갈 때에 끊는 무명번뇌의 삼품류(三品類). 상품(上品)·중품(中品)을 파(破)하는 데는 십지(十地)의 전위(前位)인 십회향위(十廻向位)에 있으나, 하품(下品)의 무명을 끊고는 처음으로 십지(十地)에 들어간다고 한다.

삼학【三學】〔梵 triṇiśikṣāni, 巴 tisso sikkā, 英 The 'three studies' or vehicles of learning-discipline, meditation, wisdom〕계(戒)·정(定; 선정)·혜(慧; 지혜)로서 진리를 깨달으려는 이가 반드시 닦아야 할 세 가지. 학(學)이란 수행·실천을 뜻함. 구체적인 명칭은 증상계학(增上戒學; adhiśilam śikṣā)·증상심학(增上心學; adhicittam śikṣā)·증상혜학(增上慧學; adhiprajñaṃ śikṣā). 증상(增上)이란 증가(增加)시킴을 뜻함. 줄여서 계학(戒學)·정학(定學)·혜학(慧學), 또는 계(戒; śila)·정(定; dhyāna)·혜(慧; prajñā) 삼학(三學)이라고 한다. 계(戒)는 행위와 언어로 나쁜 짓을 하지 않고 몸을 보호하는 계율을 말한다. 정(定)은 선정(禪定)으로서 심의식(心意識)의 흔들림을 그치고 고요하고 편안한 경지를 성취하는 수행법. 혜(慧)는 지혜로서 번뇌를 없애고 진리를 철견(徹見)하는 수행법.

삼현【三玄】중국 임제선에서 3가지 강목(綱目)으로 나누어 나타낸 가르침. 현중현(玄中玄)·구중현(句中玄)·체중현(体中玄)을 말한다. 현중현(玄中玄)은 말 그 자체로서의 진리, 구중현(句中玄)은 말이나 인식상에 나타난 진리, 체중현(体中玄)은 실천 가운데 나타난 진리이다. 『선가귀감』에서는 삼현 가운데, 체중현(体中玄)은 삼세가 한 생각〔三世一念〕이라는 것 등이고, 구중현(句中玄)은 지름길말〔단도직입적인 말; 徑截言句〕들이며, 현중현(玄中玄)은 양구(良久)·방(棒)·할(喝) 같은 것들이라고 하였다.

삼현관【三現觀】현관(現觀)은 현등각(現等覺; abhisaṃbodhi)이란 뜻이다. 현전에 평등하게 경계를 관하는 것이니, 무루지(無漏智)로서 사제(四諦)의 이치를 관하는 것에 세 가지가 있다. 1. 견현관(見現觀). 무루지로써 사제(四諦)의 이치를 관찰함. 2. 연현관(緣現觀). 무루지와 이 지혜와 함께 일어난 심(心; 마음)·심소(心所; 마음의 작용)가 사제를 관찰함. 3. 사현관(事現觀). 무루지와 이 지혜와 함께 일어난 심(心; 마음)·심소(心所; 마음의 작용)와, 이들과 짝지어 일어나는 무표색(無表色)과 생(生)·주(住)·이(異)·멸(滅)의 사상(四相)을 말함.

삼현위【三賢位】삼현(三賢)의 계위(階位). ①소승에서는 오정심위(五停心位)·별상념주위(別相念住位)·총상념주위(總相念住位)를 말한다. 이들은 성위에 들어가기 위한 방편위(方便位)이다. ②대승은 보살수행의 지위인 십주(十住)·십행(十行)·십회향(十回向)의 삼계위(三階位)를 말한다.

삼혹【三惑】〔英 A Tien-t'ai classification of the three delusions, also styled 三煩惱; 三漏; 三結; 三垢; trials or temptations; leakages, uncleannesses, and bonds〕 삼장(三障)·삼번뇌(三煩惱)·삼루(三漏)·삼결(三結)·삼구(三垢)라고도 한다. ①삼종 근본번뇌인 탐(貪)·진(瞋)·치(痴)를 말한다. ②천태에서는 일체의 망혹(妄惑)을 세 가지로 나누어, 견사혹(見思惑)·진사혹(塵沙惑)·무명혹(無明惑)이라 하는데, 견사혹은 견도(見道)와 수도(修道)에서 끊는 견혹(見惑)과 수혹(修惑)이다. 견혹은 우주의 진리를 알지 못하여서 일어나는 번뇌요, 수혹은 개개 사물의 진상을 알지 못하여서 일어나는 번뇌이니, 본체가 공(空)인 줄 모르는 까닭으로 생기는 번뇌가 견사혹(見思惑)이다. 진사혹(塵沙惑)은 현상이 가(假)인 줄 모르는 까닭으로 일어나는 번뇌이며, 무명혹(無明惑)은 중도(中道)의 실상(實相)을 몰라서 일어나는 번뇌이다. 이 삼혹 중에 견사혹은 성문·연각·보살이 함께 끊을 수 있는 것이므로 통혹(通惑)이라 하고, 진사혹(塵沙惑)과 무명혹(無明惑)은 보살만이 끊는 것이므로 별혹(別惑)이라 한다. 또 견사혹은 삼계(三界) 안의 이(理)·사(事)에 미(迷)하여 삼계의 생사를 받으므로 계내혹(界內惑)이라 하고, 진사혹과 무명혹은 삼계(三界) 안의 사람은 물론이고, 삼계 밖에도 있는 번뇌이므로 계외혹(界外惑)이라 한다.

상【相】〔獨 Bild, 梵 lakṣaṇa, avasthā, saṃjñā, liṅga nimitta-saṃjña, nimitta, 英 a 'distinctive mark, sign', 'indication, characteristic', 'designation', External appearance〕 ①외계(外界)에 나타나 마음의 상상(想像)이 되는 사물의 모상. ②추론(推論)을 위한 실마리. 증인(証因). ③논리학에 있어서의 정의(定義). ④특질·특징·양태(樣態)·양상(樣相)·성질·상태(狀態)·경지(境地)·실질(實質). ⑤교호(交互)·보조(輔助)·부조(扶助). ⑥흔적을 남겨 두고 싶다고 하는 것. ⑦유루(有漏)·유위상(有爲相).

상【常】〔梵 Nitya, śāśvata, 英 prolonged, constant, always, unceasing〕 ①변화하지 않고, 멸하지 않고, 상주(常住)하는 것. ②영원한 진리라는 뜻. ③끝이 없이 무변광대한 것. ④절대(絶對)라는 뜻.

상【想】〔梵 saṃjña, 英 To think, meditate, reflect, expect; a function of mind〕 십대지법(十大地法)의 하나. 오변행심소(五遍行心所)의 하나. '이것은 청색이며, 황색이

아니다.' 등과 같이 대상의 특수성, 내지 특질을 인지하는 지각작용. 감각기관을 통해 얻어진 감각적 소재를 통합하여 하나의 상으로 구체화시키는 작용이다. 대상이 무엇인지를 인지하는 데에는 언어가 필요하다. 따라서 이 상(想)이라는 심작용을 통하여 말이 시작된다. 수(受)가 정적인 심리작용의 근본이라면, 이 상(想)은 지적인 심리작용의 근본이다.

상가 【saṃgha】 승가(僧伽)라 음역(音譯)하고, '승(僧)'이라 약칭한다. 불교수행을 하는 이들의 집단. 교단·승단(僧團)이라는 의미. 귀의(歸依)의 대상으로서 불보(佛寶), 법보(法寶)와 함께 삼보(三寶)의 하나로 존중된다. 상가(saṃgha)의 원래 뜻은 집단·회합(會合)·공동체로서 아쇼카왕시대에서는 불교교단을 가리킨다. 불교에서 상가의 시원(始原)은 초전법륜(初轉法輪)의 대상이었던 5비구(比丘)들이다. 이들은 고타마 붓다의 가르침을 존숭하는 작은 집단이었지만, 뒤에 점점 확장되어 각 지역, 각 시대의 교단을 상가(saṃgha)라고 칭한다.

[의의(意義)와 내용] 상가는 불교가 종교로 존속하기 위한 필요불가결한 요소이다. 상가에서 불(佛)의 교법이 실천된다. 동시에 제자를 교육하고 불법(佛法)을 이어 가는 장(場)이기도 하다. 나아가 재가자(在家者)를 지도하는 사명을 가진다. 상가의 주요한 구성은 구족계(具足戒)를 받은 남성·여성 출가자, 즉 비구(比丘; bhikṣu)·비구니(比丘尼; bhikṣuṇi)이다. 미성년의 구성원은 남성을 사미(沙彌; śrāmaṇera), 여성을 사미니(沙彌尼; śrāmaṇerikā) 혹은 식차마나(式叉摩那; Śikṣamāṇa)라고 부른다. 실제로는 비구의 상가와 비구니의 상가가 존재하며, 각각 자치조직을 형성하고 있다. 이것이 양(兩) 승가(僧伽)이다. 또한 현실에서 운영되고 있는 상가, 특정의 시간·장소에서 특정수의 비구·비구니의 집단을 현전승가(現前僧伽)라고 한다. 어떤 곳에서는 최저 4인 이상의 비구에 의해서 조직된다. 이것에 대해 장래의 출가자도 염두에 둔 이념적인 것이 사방승가(四方僧伽)이다. 승가(僧伽)의 수행생활의 규칙은 율(律; vinaya)이며, 그 집성(集成)이 율장(律藏; The vinaya-pitaka)이다. 처음에는 상가가 하나였으나 붓다 입멸(入滅) 100년 뒤에 분열하여 각지에 개별적인 교단이 성립하게 된다. 이것을 부파불교라고 한다. 각각의 교단(敎團)은 독자적인 율장을 가지고 있었다. 또한 대승불교 성립 이후 재래(在來)의 상가를 소승이라 부르고, 그것과 구별되는 보살인 가나〔菩薩; gana〕라고 하는 대승교단이 생긴다. 후자에서는 재가·출가의 구별을 명확하게 하지 않는다.

상견 【常見】〔梵 Śāśvata-dṛṣti, 巴 Sassatadiṭṭhi, sassata-vāda, 英

ㅅ

The view that (personality) is permanent〕 ①이견(二見)의 하나. 단견(斷見; annihilationism)에 상대되는 말로, 모든 것은 상주(常住; 영원불멸)한다는 견해(見解). 이른바 'eternalism'이다. 예컨대, 사람은 죽으나 자아(自我)는 없어지지 않으며, 오온(五蘊)은 과거나 현재나 미래에 상주불변(常住不變)한다고 고집하는 그릇된 견해 같은 것이다. ②상유(常有)에 사로잡히는 생각.

상계【上界】〔梵 ūrdhva, 英 The regions of form and formlessness〕 ①색계(色界)와 무색계(無色界)를 말함. ②천상계(天上界)의 준말. 하계(下界; 地上)에 상대하여 말함. ③천상계에 있는 제석천(帝釋天; 인드라신) 등과 같은 천상에 있는 신(神)들. 그들의 하루는 인간의 50년 또는 100년에 해당한다고 한다.

상공【相空】〔梵 lakṣaṇa-śūnyata〕 제법(諸法)에는 성(性)·상(相) 두 가지가 있는데, 성(性)이 공무(空無)인 것을 성공(性空)이라 하고, 상(相)이 공무(空無)한 것을 상공(相空)이라 한다. 소승(小乘)에서 밝힌 것을 성공(性空)의 분(分)이라 하고, 『반야경(般若經)』 등에서 설한 것을 상공(相空)의 분(分)이라 한다.

상구보리 하화중생【上求菩提 下化衆生】〔英 Above to seek bodhi, below to save all〕 대승보살이 도를 구하는 마음. 이상(理想)으로는 보리(菩提; 깨달음)를 구하고, 동시에 현실적으로는 중생을 교화한다는 말. 상구보리는 자신을 위하는 자리행(自利行)이고, 하화중생은 타인을 위하는 이타행(利他行)이다.

상근기【上根機】 불법(佛法)을 수행할 수 있는 근기〔자질〕를 상·중·하로 나누었을 때 가장 뛰어난 사람으로, 성불을 쉽게 할 수 있는 사람. 이런 사람은 대도정법을 보고 들으면 바로 판단과 신심이 생겨나서 자신하고 수행정진하게 되고, 어떠한 경계에도 마음이 끌리지 않으며, 게으름을 부리지 않는다. 또한 큰 지혜가 열려 우주만물을 모두 부처로 알아, 언제 어디서나 상주설법을 잘 듣고 항상 상생선연(相生善緣)을 맺어, 날을 기약하고 성불제중(成佛濟衆)의 대업(大業)을 성취하게 된다.

상당【上堂】〔英 To go into the hall to expound the doctrine; to go to a temple for the purpose of worship, or bearing presents to the monks〕 선종(禪宗)의 용어. 상당법어(上堂法語), 상당법문, 상당설법이라고도 한다. 주지가 정식으로 수미단(須彌壇; 法床)에 올라 행하는 설법. 주지가 법을 설하기 위해 법당으로 나가는 것. 임제의현(臨濟義玄, ?-867)·동산양개(洞山良价, 807-867) 때에는 주지가 수시로 법당으로 올라가 대중을 위해 설법문답을 하였다. 10세기 말부터는 상당(上堂)도 의식

화하고 행하는 날도 정례화되었는데, 매월 1일, 15일, 또는 5일, 10일, 15일, 20일, 25일, 30일 등과 같이 날을 정하여 행하고, 또는 달마조사의 기일(忌日) 등 특정한 축일(祝日)에 행한다.

상당법문【上堂法門】조실이나 방장 또는 큰 스님이 법상(法床)에 올라가서 하는 법문. 상당(上堂) 항목 참조.

상대【相待】〔梵 apekṣa, 英 The doctrine of mutual dependence or relativity of all things for their existence〕상호의존(相互依存). 이것과 저것이 서로 맞서 비로소 존재하는 것. 예컨대, 세 선(線)이 상대(相待)하여 비로소 삼각(三角)을 이룬다. 만일 한 선이 없으면 삼각은 존립하지 못하는 것과 같은 것이다.

상대【相大】〔英 The greatness of the potentialities, or attributes of the Tathāgata〕삼대(三大)의 하나. 상(相)은 자체의 내용·모양. 대(大)는 보편(普遍)하다는 뜻이다. 이르지 않는 데가 없는 것. 진여(眞如)의 모양이 절대임을 말한 것이다. 『대승기신론(大乘起信論)』에 나온다.

상대지관【相待止觀】지(止)와 부지(不止), 관(觀)과 불관(不觀), 능관(能觀)과 소관(所觀), 법성(法性)과 무명(無明) 등 이자(二者)가 상대(相對)하거나 대립하고 있는 것을 관하는 것을 말한다.

상락아정【常樂我淨】〔英 Four pāramitas of knowledge; eternity, bliss, personality, purity, the four transcendental realities in nirvāṇa, v. nirvāṇa sūtra〕①열반의 4덕(德). 『열반경(涅槃經)』에 의하면, 열반의 경지는 생멸 변천함이 없으므로 상(常)이고, 생사의 고통을 여의어 무위(無爲) 안락하므로 낙(樂)이고, 망집(妄執)의 아(我)를 여의고 8대자재(八大自在)가 있는 진아(眞我)이므로 아(我)이며, 번뇌의 더러움을 여의어 담연청정(湛然淸淨)하므로 정(淨)이라고 한다. ②범부의 사도(四倒)·사전도(四顚倒). 범부의 네 가지 잘못된 견해. 상(常)은 항유성(恒有性)이 없는 것을 항상(恒常)하다고 생각하는 것이요, 낙(樂)은 낙(樂)이 아닌 것을 낙이라 여기는 것이요, 아(我)는 오온(五蘊)의 일시적인 중합체(衆合體)를 아(我)라고 여기는 것이며, 정(淨)은 더러운 것을 깨끗하다고 생각하는 범부의 망견(妄見)이다. 사덕(四德) 항목 참조.

상륜【相輪】〔英 The sign or form of wheels〕윤상(輪相)·구륜(九輪)이라고도 한다. 탑의 최상부. 탑의 최상층의 지붕보다도 윗부분을 말함. 아래부터 탑 위의 구륜(九輪) 아래에 있는 사각대·복발(伏鉢)·청화(請花)·구륜(九輪)·구륜 상부에 있는 불꽃 모양의 장식·용거(龍車)·보주(寶珠) 등 일곱 부분으로 이루어진다. 인도의 탑 형식이 전해진 것이다. 노반(露盤)은 기초 부위, 복발(伏鉢)은 반원구상으로 원래의 탑신에 해당한다. 그 위의 청화(請花)는 탑신의 정상에 있어 평두(平頭)인데, 그것에 스투파의 산개(傘蓋)의 숫자가 더하여 구륜(九輪)이 된 것이다. 보협인탑(寶篋印塔)의 경우에는 복발(伏鉢)·청화(請花)·구륜(九輪)·보주(寶珠)에 의해 이루어진다.

상무성【相無性】〔梵 lakṣaṇa-niḥsvabhāvatā, 西 mts han ñid ño bo ñid med pa, 英 unreal in phenomena e.g. turtle-hair or rabbit's horns〕 상무자성(相無自性)이라고도 한다. 변계소집성(遍計所執性)은 주관인 생각으로 볼 때는 실(實)이라고 하지만, 객관으로 볼 때는 그 상(相)이 실제로 있는 것이 아님을 말한 것이다.

상배관【上輩觀】〔英 The fourteenth of the sixteen contemplations of a Amitābha school, with reference to those who seek the Pure Land with sincere, profound, and altruistic hearts〕 정토 3부경의 하나인 『관무량수경(觀無量壽經)』에 16관법(觀法)을 말한 것 가운데 제14관법. 대승을 배우는 범부가 극락세계에 왕생하는 모양을 관상(觀想)함.

상법【像法】〔英 Saddharma-pratirūpaka, the formal or image period of Buddhism〕 삼시(三時)의 하나. 정법시대와 차이는 있지만 거의 비슷한 시대라는 뜻. 불멸후(佛滅後) 5백년〔혹은 1천년〕의 정법(正法) 시기가 지난 뒤 1천년 동안. 정법 때에는 교(敎)·행(行)·증(證)이 갖추어져 있지만, 상법 때에는 교(敎)·행(行)만 있다고 한다.

상부종【相部宗】 종파. 사분율종(四分律宗) 3파의 하나. 당나라 법려(法礪, 569-635)의 법맥을 계승하고, 그의 『사분율소(四分律疏)』까지 의용(依用)하는 일파. 법려가 상주(相州) 일광사(日光寺)에 있었으므로 상부종이라 한다. 만의(滿意)·정빈(定賓)·담일(曇一) 등이 이 종(宗)에 속하는 사람들이다.

상분【相分】〔英 An idea, a mental eject; a form〕 심법(心法) 사분(四分)의 하나. 객관(客觀)의 형상(形相), 즉 경(境)을 가리킨다. 인식작용을 일으킬 때, 그와 동시에 인지(認知)할 그림자를 마음 가운데 떠오르게 하여 대상으로 삼는다. 이것을 상분(相分)이라 한다.

상불경보살【常不輕菩薩】〔梵 śadāparibhūta, 英 The monk who never slighted others, but assured all of Buddhahood, a former incarnation of śākyamuni〕 『법화경(法華經)』 제7권에 있는 보살이나 재가자·출가자를 가리지 않고 만날 때마다 절을 하고는, "나는 당신들을 공경하고 감히 업신여기지 않노니, 당신들은 마땅히 보살도를

수행하며 반드시 성불(成佛)하게 되리라."고 하였다. 이 말을 듣고 욕하고 꾸짖으며, 해치는 이가 있어도 노여워하지 않고, 늘 이와 같은 말을 되풀이했다고 전한다. 항상 타인을 업신여기지 않는 보살, 타인을 가벼이 여기지 않는 보살이라는 뜻에서 상불경보살(常不輕菩薩)이라는 이름이 붙었다.

상사 【上士】〔英 The superior disciple, who becomes perfect in profiting himself and others〕 보살(菩薩)을 말함. 자기만 해탈하려 하고 남을 해탈케 하려고 생각하지 않는 이를 중사(中士), 두 가지 모두 생각이 없는 이를 하사(下士)라고 하는데 대하여, 자타(自他)를 함께 해탈하도록 하려고 생각하는 보살을 상사(上士)라고 부른다.

상사각 【相似覺】〔英 The approximate enlightenment which in the stages of 十住, 十行 and 十廻向 approximates to perfect enlightenment by the subjection of all illusion〕『대승기신론』에서 각(覺)을 설명하되, 무명번뇌를 끊는 작용으로 보아 시각(始覺)의 사위(四位)를 나눈 것 가운데 제2각을 상사각이라 한다. 참된 깨달음〔覺〕이 아니라, 비슷한 각(覺)이란 뜻이다.

상사즉 【相似卽】〔英 One of the six of such identities, similarity in form〕 상사즉불(相似卽佛). 천태에서 수행하는 지위인 육즉위(六卽位)의 제4. 상사(相似)는 두 물건이 비슷하다는 뜻이다. 오(悟)와 비슷하고, 또 성자(聖者)의 지위와 비슷함을 말한다. 곧 삼천 삼제(三諦)의 관념이 상속하고, 그 공이 쌓여 안으로 견혹(見惑)·사혹(思惑)이 다하고, 우리의 육근(六根)이 청정하여 눈으로는 삼천계(三千界)의 안팎을 밝게 보고, 귀로는 삼천계의 안팎 소리를 분명히 듣는 등의 수승한 작용이 나타나는 지위.

상상구절종 【相想俱絶宗】〔英 One of the ten school, as classified by Hsien-Shou of Hua-Yen, which sought to eliminate phenomena and thought about them, in favour of intuition〕 중국 당(唐)나라 때 고승으로 화엄종의 제3조인 현수(賢首, 643-712)가 세운 10종(宗)의 하나. 『유마경』 등에서 말한 교(敎). 만유의 모양이나 이를 인식하는 심상(心想)이 함께 생각할 수 없다고 말한 종지(宗旨).

상속 【相續】〔梵 saṃtati, saṃtāna, 英 continuity, especially of cause and effect〕 'saṃtati', 'saṃtāna'는 끝없는 흐름, 즉 생각〔의식〕이나 사물의 연속·계속을 의미하는데, 따라서 상속이란 사물의 인과관계, 특히 의식이나 업(業)의 인과관계를 나타낸다. 인간을 한 사람의 개인(個人)으로서 볼 경우, 세포는 항상 신진대사(新

陳代謝)를 되풀이하고, 정신면에서도 항상 변화를 하고 있다. 인간을 이와 같이 찰나멸(刹那滅)의 존재로 포착하고, 거기에 윤회(輪廻)의 주체가 되는 아트만〔自我〕이라고 하는 고정적인 실체는 세우지 않는〔無我〕 것이 불교의 기본 이념이다. 따라서 불교에서는 현실에서 우리들이 일개인(一個人)으로서 자기동일성을 가지는 근거로서, 우리들의 심(心), 혹은 의식(意識)이 끊임없이 흐르고 있다는 것을 들고 있는 것이다. 이 심(心)의 흐름을 '심상속(心相續)'이라 한다. 이 심(心)의 흐름은 단지 일개인의 현세(現世)에 그치지 않고 무한한 과거에서 미래에 이르기까지 삼세(三世)에 걸쳐서 끊임없이 계속되는 것이다〔結生相續; prabandha〕. 거기서 행위〔業〕의 인(因)과 과(果)라고 하는 것을 생각하는 경우에는, 항상 상속(相續)이라고 하는 것을 염두에 두고 포착한다. 선(善), 혹은 불선(不善)한 행위의 영향력〔種子·習氣〕은 심(心)의 흐름 속에 심어져서, 이것이 새로운 과(果)를 낳게 한다. 이 경우 상속의 전변(轉變)이라 해서 상속 중에서 전(前)과 후(後), 그리고 성(性)이 다른 것이 된다. 예컨대, 선(善) 혹은 불선(不善)의 행위의 인(因)에서 이것과 성질이 다른 무기(無記)의 과(果)가 생하는 것과 같은 일이다. 이와 같은 생각은 특히 아뢰야식을 근저(根柢)로 하는 유식(唯識)사상에 있어서 독특한 발전을 했다. 곧 아뢰야식도 또 무한한 과거에서 끊임없이 생명을 되풀이하고, 전(前)의 순간의 식(識)이 인(因)이 되어서 다음 순간의 식(識)을 과(果)로서 낳는 인과의 흐름, 즉 상속으로서 포착하는 것이다.

상속식【相續識】〔英 Continuity-consciousness which never loses any past karma or fail to mature it〕『대승기신론』 5식(識)의 하나. 객관대상에 대하여 망(妄)으로 염(染)하다거나 정(淨)하다는 집착이 항상 상속하여 끊어지지 않는 식(識). 그 모양은 과거세로부터 비롯된 선악의 업력을 머물게 하여 잃지 않게 하며, 그 업력에 대하여 현재·미래의 과보를 성숙하게 하여 어긋남이 없게 한다. 또 현재의 사실이나 과거에 생겼던 일들을 홀연히 생각해 내어 이에 집착하며, 또 미래의 일에 상상을 더하여 근심하고 기뻐하는 것은 모두 이 식(識)에 의해 거칠게 분별하는 모양에 지나지 않는다.

상속심【相續心】〔英 A continuous mind, unceasing thought〕 삼심(三心)의 하나. ①하나의 생각이 끊어지지 않고 계속 상속되는 것. ②다른 생각은 하지 않고, 오직 아미타불(阿彌陀佛)만 생각하는 것. 그 마음이 끊임없이 상속하는 것. 상속 항목을 참조할 것.

상승선【上乘禪】〔英 The Mahāyāna Zen school, which considers

that it alone attains the highest realization of Mahāyāna truth〕 대승선(大乘禪)이란 말로, 모든 사람이 모두 수행할 수 있는 선(禪). 또는 가장 깊고 넓은 선(禪)이라는 뜻.

상유식【相唯識】 성유식(性唯識)과 위유식(位唯識)의 상대적인 말로서, 유식의 모양을 밝혀 유식의 뜻을 삼은 것. 실성(實性)인 이체(異體)를 의지하여 성립된 의타기성(依他起性)이 물(物)·심(心)의 만법을 밝힌 유식의 부문(部門)을 말한다.

상윳타 니카야【Saṃyutta-nikāya】 5부 니카야 가운데 하나. 상응부(相應部)라 번역함. 비교적 짧은 경을 내용에 따라 분류하여 모아 놓은 것임. 연기(緣起) 등 주로 교리적인 주제가 많음. 니카야, 아함경 항목 참조.

상응법【相應法】 심(心; 마음)·심소(心所; 마음의 작용)의 다른 이름. 동시에 일어나는 한 무더기의 심·심소에 소의평등(所依平等)·소연평등(所緣平等)·행상평등(行相平等)·시평등(時平等)·사평등(事平等) 등과 같은 다섯 가지 뜻이 있으므로 상응법이라 한다.

상응심【相應心】 번뇌와 밀접하게 결부되어 작용하는 마음을 상응심이라 하고, 그렇지 않은 마음을 불상응심이라 한다. 반야류지(般若流支)가 번역한 『유식론』에서는, 미망의 식(識)은 상응심이고, 진여 바로 그것이다. 자성청정심(自性清淨心)은 불상응심이라고 한다. 『대승기신론』에서는, 분별망집의 추잡한 마음은 상응심이고, 아뢰야식은 자성청정심과 무명이 화합해서 하나로 되었기 때문에 불상응심이라고 한다.

상응인【相應因】〔梵 saṃprayuktakahetu〕 6인(因)의 하나. 불교에서 심리(心理)를 설명할 때, 그 작용에 주(主)와 반(伴)을 나누어 심왕(心王; 마음의 본체)과 심소(心所; 마음의 작용)로 한다. 상응인은 이 심왕·심소가 오의평등(五義平等), 즉 소의평등(所依平等)·소연평등(所緣平等)·행상평등(行相平等)·시평등(時平等)·사평등(事平等) 등에 의하여 평등하게 화합하는 것을 뜻한다. 소의평등은 안식(眼識)·이식(耳識) 등 6식(識)이 안(眼)·이(耳) 등 6근(六根)을 소의(所依)로 할 때에, 심소도 심왕과 똑같은 소의로 인하여 일어나는 것이며, 소연평등은 심소가 심왕과 동일한 대상〔所緣〕을 취하는 것이요, 행상평등은 심왕·심소가 똑같은 심상(心象)을 마음에 떠오르게 하는 것이요, 시평등은 심왕·심소의 작용이 동시인 것이요, 사평등은 심왕·심소가 상응하는 한 심상(心象) 중에 심왕의 체(体)가 하나인 것처럼, 심소의 체도 각각 하나인 것을 말한다. 이렇게 심왕과 심소가 동시에 상응화합하는 것을 상응인이라 한다.

상자【上資】 상좌(上佐)라고도 씀. 제자(弟子)·도제(徒弟)를 말함. 상좌에는 은상좌(恩上佐, 사미계를 받을 때 맺은 제자)·법상좌(法上佐, 법을 전해 받은 법제자, 수법제자)·수계상좌(受戒上佐, 수계제자) 등의 구별이 있음.

상적광토 【常寂光土】 적광토(寂光土)라고도 한다. 우주의 진리를 국토라고 보는 것. 여기에 주(住)하는 부처를 법신불(法身佛)이라고 한다. 이 법신불도 불타(佛陀)가 증득한 진리를 말하는 것이어서 체(體)는 다르지 않다. 다만, 불신관(佛身觀)의 발달에 따라, 주(住)하는 이와 주(住)할 바 국토를 분립하여 법신(法身)이라 하는데, 이를 적광토(寂光土)라 한 것이다. 그러므로 적광토라 함은 진리가 있는 곳, 곧 우주 전체를 말한다.

상종 【相宗】 성종(性宗)에 상대되는 말로, 천태종·화엄종과 같이 본체의 문제에 치중하기보다는, 만유의 모든 현상의 모양〔相〕을 주로 연구하는 종지(宗旨). 구사종·법상종과 같은 것이다.

상좌 【上佐】 윗사람, 즉 스승을 돕는다는 뜻으로 제자를 가리킴. 상자(上資)와 같은 말. 상자 항목 참조.

상좌부 【上座部】〔梵 athavirāḥ, 巴 Theravāda, 英 The school of presiding elder, or elders〕 부파불교 가운데 근본 2부 중 하나. 남전(南傳)에 의하면, 불멸후(佛滅後) 100년경에 베살리(Vesāli)의 바찌(Vajji)족을 중심으로 한 동방교단에서 계율에 관한 십사(十事)의 비이(非異)를 범하고 있는 것을 서방교단에 속하는 야사(Yasa) 장로가 적발하였다. 이것을 계기로 하여, 사방 교단의 대표자가 모여 그의 비법(非法)을 바로잡는 동시에 제2결집〔毘耶離結集〕을 계획하였다. 이 계통을 상좌부〔長老派〕라 하는데, 이에 복종하지 않고 따로 모여 결집을 한 이들을 대중부(大衆部)라고 한다. 그 뒤 약 200년에 걸쳐서 상좌부와 대중부가 각각 다시 분열을 되풀이하였으므로, 불교교단은 약 20부파로 분열되었다. 그 중에서도 상좌부 계통에 속하며, 북인도에서 세력을 확장하여 쿠샤나왕조에 극히 융성했던 설일체유부(說一切有部)는 기원전후에 흥기한 대승불교의 전개에 큰 영향을 끼쳤다. 다른 한편 기원전 3세기에 아쇼카왕의 아들 마힌다(Mahinda, B.C. 약 300-B.C.200)에 의해 남방의 스리랑카에 전해져 미얀마나 태국·캄보디아·라오스 등의 동남아시아 여러 나라에 전파되었는데, 오늘날 이곳은 '남방상좌부'라고 일컬어진다.

[사상(思想)] 계율을 엄격히 준수하는 출가주의를 지향하여, 계율·선정·지혜의 삼학(三學)을 닦는 것을 기본으로 하는 상좌부사상은 아비담마〔아비다르마〕라는 말에서 나타나듯이, 석존이 설한 담마〔다르마; 法〕를 연구하고 명확하게 하는 것에서 깨달음의 지혜를 획득하고자 하는 것이다. 북전의 상좌부계 부파로 있는 설

일체유부에서는 물질〔色〕·심(心)·심의 속성〔心所〕·심불상응행(心不相應行)·무위(無爲)의 5분야로, 75개의 실재하는 법을 가르치고, 그 법의 분석에 의해서 미혹한 세계의 구조와 깨달음의 세계에 대해서 명확하게 하였다. 마음의 속성 중에서도 번뇌의 고찰에서는 사성제(四聖諦)에 미혹한 98의 수면(隨眠; 번뇌)인 것을 세우고, 그것을 끊는 단계로서, 사선근위(四善根位)·견도위(見道位)·수도위(修道位), 그리고 최고의 무학도위(無學道位)를 서술하고 있다. 이것에 대해 남방상좌부에서는 선심(善心)·불선심(不善心)·무기심(無記心)을 욕계(欲界)·색계(色界)·무색계(無色界)·출세간(出世間)으로 배당하여 89심(心)으로 분류하였고, 출세간의 선심(善心)을 수습(修習)하는 것을 권장하였다. 그리고 그렇게 수행함으로써 획득할 수 있는 지혜에 의해 계(戒)의 청정, 심(心)의 청정, 견해(見解)의 청정, 의심을 극복하는 청정, 도(道)와 비도(非道)를 구별하는 지혜를 얻는 청정, 도를 행하는 것에 의해 지혜를 획득하는 청정, 예류도(預流道) 등 네 가지 도의 지혜를 얻는 청정의 7단계를 거쳐 최종의 아라한과(阿羅漢果)를 목적으로 설한다. 미혹의 세계에서 완전히 벗어나 윤회하지 않는 것을 깨달음으로 생각한다는 점에서 대승불교와는 매우 다르다. 상좌부불교 항목 참조.

상좌부불교【上座部佛敎】불멸후(佛滅後) 100년의 근본분열로 교단이 두 부파로 나누어졌는데, 그 중 보수파인 상좌〔長老派〕의 사람들에 의한 일파가 상좌부(上座部; sthavirāḥ)이다. 이 상좌부는 불멸후 300년 초에 본상좌부(本上座部)와 설일체유부(說一切有部)로 나뉘었는데, 본상좌부는 히말라야 지방으로 옮겨 설산부(雪山部)라고 불렸으며, 카슈미르 지방을 본거(本據)로 하여 세력을 확장하였다. 그리고 그 후의 분파에 의한 8부 성립은 모두 설일체유부에 의해 이루어졌는데, 따라서 유부는 상좌부 계통의 여러 부파 중 최대 부파였다. 후에 대승불교가 일어나서 소승불교를 비판했는데, 그 대상은 바로 유부에게 집중되었다. 그래서 상좌부불교라고 하면 당연히 설일체유부가 그 중심을 차지하게 되었다. 원래 본상좌부(本上座部; 雪山部)와 유부는 입장의 차이가 있는데, 본상좌부가 경과 율을 중시한 데 비하여, 유부에서는 논(論)을 중시하였다. 논은 교법에 대한 연구로서의 아비달마인데, 유부(有部)가 전거(典據)로 삼은 것은 기원전 2세기 카트야야니푸트라(Kātyāyaniputra; 迦多衍尼子)가 저술한 『육족발지(六足發智)』로, 이의 연구가 활발히 행해졌다. 그 결과 기원 2세기의 쿠샨왕조의 카니쉬카왕의 보호 아래 연구 성과에 대한 집대성이 이루어져, 『대비바사론(大毘婆沙論)』

200권의 대저(大著)로 발전하게 되어 유부의 교의가 완성되었다. 비바사(毘婆沙)란 '분석', 또는 '주석'이라는 뜻으로, 『발지론』을 축어적(逐語的)으로 해석하면서 다른 여러 부파의 교설을 백과전서처럼 이용하고, 이를 유부의 입장에서 비판한 것이다. 그러나 이 『대비바사론』이 너무 방대해서 강요서(綱要書)가 따로 만들어지게 되었는데, 특히 4세기에 세친(世親)이 지은 『구사론』(俱舍論)이 가장 뛰어난 것으로 중시되었다. 또한 세친은 유부(有部)에서 최후로 분파하여 경전만을 의지하는 경량부(經量部)에 속하는데, 유부의 교리는 비판적으로 해설되었다. 이처럼 유부로 대표되는 상좌부불교는 교리적인 연구면에서 크게 진전하여 학문불교적인 색채가 농후했으며, 불교의 정통적인 사상을 이어받는 부파로서의 역할을 하였다. 상좌부 항목 참조.

상주교【常住敎】『열반경(涅槃經)』에서 말한 가르침. 온갖 중생에게 보편적으로 불성(佛性)이 상주(常住)하고 있음을 인정하며, 어떤 것이든지 기연(機緣)이 익숙해지면 반드시 성불(成佛)한다고 말하였으므로 상주교(常住敎)라고 한다.

상즉【相卽】〔英 phenomenal identity, e.g. the wave is water and water the wave〕 이것과 저것이 서로 직결(直結)되어 있는 것. 맞물려 있는 상태. 상즉 또는 즉(卽)은 불이(不二)·일여(一如)를 뜻함. 파도이면서 곧 물, 물이면서 곧 파도라고 하는 것과 같은 것이다.

상즉상입【相卽相入】화엄교학의 연기사상(緣起思想). 상즉(相卽; phenomenal identity)이란 서로 맞물려 있다는 말로서 일(一)과 다(多)의 관계를 말한 것이다. 즉 일(一)이 있으므로 다(多)가 성립하며, 또한 다(多)에 의해 일(一)의 가치가 드러날 수 있으므로, 일(一)과 다(多)는 밀접불리(密接不離)한 것이다. 상입(相入; Mutual entry)이란 일(一)의 작용은 전체의 작용에 영향을 주며, 전체의 작용에 의해서 일(一)의 작용이 드러날 수 있으므로, 이것도 또한 밀접불리(密接不離)라고 하는 것이다. 어떠한 것에도 작용이 있으나, 체(體)의 방면에서 모든 것이 하나라고 하는 것이 상즉(相卽)이요, 용(用)의 방면에서 모든 것이 하나라고 하는 것이 상입(相入)이다. 모든 것이 그물눈처럼 서로 엉겨 있는 것을 말한다. 개체(個體; 一)의 존재와 작용은 그대로 전체(全體; 多)의 존재와 작용이 된다는 세계관이다.

상품【上品】〔英 Superior order, grade, or class〕 최상의 극락정토. 상품(上品)에도 상품상생(上品上生)과 상품중생(上品中生), 그리고 상품하생(上品下生)이 있다.

상품상생【上品上生】극락세계에 왕생하는 9품 중의 하나. 구품연대 항목을 참조할 것.

상품연대【上品蓮臺】구품연대 항목을 참조할 것.

상품왕생【上品往生】『관무량수경』에서 구품(九品)의 왕생을 설하는 가운데에서, 상상품(上上品)의 왕생, 곧 상품상생(上品上生)·상품중생(上品中生)·상품하생(上品下生)을 말한다. 구품왕생 항목을 참조할 것.

상품중생【上品中生】극락세계에 왕생하는 9품 중의 하나. 구품연대 항목을 참조할 것.

상품하생【上品下生】극락세계에 왕생하는 9품 가운데 하나. 구품연대 항목을 참조할 것.

색【色】〔梵 rūpa, 西 gzugs, 英 outward appearance, form, colour, matter, thing〕넓은 의미에서 색(色)은 오온(五蘊) 가운데 색온(色蘊), 곧 물질일반을 의미한다. 또 명색(名色) 가운데 색(色)과도 동의(同義)이다. 색은 지수화풍(地水火風)의 사대종(四大種; 四大·大種)과 사대소조색(四大所造色; 所造色)의 2종이 있다. 사대소조색이란 사대에 의하여 만들어진 것이지만, 사대와는 전혀 다른 물질이다. 협의(狹義)의 색(色)은 안근(眼根)에 의하여 포착된 대상, 곧 오경(五境) 중의 색경(色境)을 말한다. 한편 색(色)은 형색(形色; saṃsthāna-rūpa)과 현색(顯色; varṇarūpa)으로 나눌 수 있다. 형색(形色)은 눈으로 보고 몸으로 느껴 인식하는 물질인데, 여기에는 장(長)·단(短)·방(方)·원(圓)·고(高)·하(下)·정(正)·부정(不正)의 8종이 있다. 현색(顯色)은 드러나게 볼 수 있는 색채인데, 여기에는 청·황·적·백·구름·연기·티끌·안개·그림자·햇빛·밝음·어두움의 12종이 있다. 이 가운데에서 청·황·적·백의 4종을 본색, 다른 8종은 이 4종의 차별이라고 한다.

색계【色界】〔梵 rūpa-dhātu, 西 gzugs kyi khams, 英 any material world, or world of form〕삼계(三界)의 하나. 욕계(欲界)보다 한 단계 위에 있으며, 음욕·식욕 등의 탐욕은 사라졌으나, 아직 무색계와 같이 완전히 물질을 여의어서 순정신적인 것이 되지 못한 중간의 물적(物的)인 세계. 물질적으로 집착하고 있는 세계. 선정(禪定)의 얕고, 깊고, 거칠고, 묘함에 의해 크게 나누어 사선(四禪)으로 하고, 다시 18천(天)으로 나눈다.

색계십팔천【色界十八天】색계(色界)에 있는 모든 하늘. 초선천(初禪天)의 3천(三天; 梵衆天·梵輔天·大梵天), 2선천의 3천(三天; 小光天·無量光天·光音天), 3선천의 3천(三天; 少淨天·無量淨天·徧淨天), 4선천의 9천(九天; 無雲天·福生天·廣果天·無想天·無煩天·無熱天·善見天·善現天·色究竟天) 등을 말한다.

색법【色法】〔梵 Rūpa〕물질·형상적인 것으로서 심법(心法; 마음)에 대칭되는 말. 삼유위법(三有爲法; 色法·心法·非色非心法)의 하나. 사리오법(事理五法; 心法·心所法·色法·不相應法·無爲法)의 하나. 오온(五蘊)의 하나. 물질성(物質性)의 존재(存在). 안(眼)·이(耳)·비(鼻)·설(舌)·신(身)의 대상은 모두 색법(色法)이다.

색불이공【色不異空】『반야심경』에 나오는 말로, 색(色)은 공(空)과 다르지 않다는 뜻. 색(色)이란 눈에 보이고 형상이 있는 현상세계 사물을 뜻하고, 공(空)이란 색(色)과 반대로 눈에 보이지 않고 형상도 없는 본체 세계를 뜻한다. 현상세계에 있는 모든 사물〔色〕은 인연에 따라 나타난 것이므로 영원히 존재하는 것이 아니다. 인연이 다하면 결국 공(空)으로 돌아가고 만다. 그래서 색(色)이 공(空)과 다르지 않다는 것이다.

색신【色身】〔梵 rūpa-kāya, 英 The physical body〕①빛깔과 형상이 있어 눈으로 볼 수 있는 몸. 곧 인간의 육신. ②불보살의 상호신(相好身). 빛깔도 형상도 없는 법신(法身)에 대하여 빛깔과 형상이 있는 신상(身相)을 말한다.

색심불이문【色心不二門】천태 관심(觀心) 십불이문(十不二門)의 하나. 색(色)·심(心)이 둘이 아님을 증득하는 법문. 삼라만상을 통틀어 색(色)·심(心)의 둘로 나누고, 이 색·심의 대립적·차별적 존재를 부정하여, 본래 융묘(融妙)한 법임을 표시한 법문. 이 문제의 해석에 대해서 산외파(山外派)는 유심론적 입장을 취하여, 색·심 등의 삼라만유가 필경에 우리의 일심(一心)에서 벗어나지 않는 것이므로, 차별된 모든 법을 모두 심성(心性)의 하나에 돌려보내 필경에 둘이 아니라고 말한다. 이에 비해 산가파(山家派)는 실상론적 입장에서, 일체 모든 법인 색·심의 당처(當處)가 곧 삼천(三千) 삼제(三諦)의 묘한 법이어서 색즉삼천(色卽三千)·심즉삼천(心卽三千)이거니와, 이는 한 개의 3천이므로 필경에 둘이 아니라고 한다.

색즉시공【色卽是空】〔梵 rūpani śunyatā〕 공즉시색(空卽是色)의 대칭. 『반야심경』에서는, "색불이공(色不異空) 공불이색(空不異色) 색즉시공(色卽是空) 공즉시색(空卽是色) 수상행식(受想行識) 역부여시(亦復如是)"라고 하였다. 색(色)이란 형질(形質) 있는 일체 만물을 의미하는데, 그것은 인연소생(因緣所生)이요, 본래 실유(實有)가 아니기 때문에 그대로 공(空)이다. 이것을 색즉시공이라고 한다. 즉시(卽是)란 '곧·바로'로서 사물의 당체(當體) 그대로를 가리킨다. 그러나 한편 공(空)이라 해도 인연소생(因緣所生)의 색상(色相; 물질적 현상)은 엄연히 있다. 이것을 공즉시색이라 한다. 실성(實性)으로부터 말하면 색즉시공(色卽是空=眞諦), 인연(因緣)으로부터 말하면 공즉시색(空卽是色=俗諦)이다.

색진 【色塵】〔英 The quality of form, colour, or sexual attraction, one of the 六塵〕 육진(六塵)의 하나. 안근(眼根)·안식(眼識)의 대경(對境)으로, 곧 물질세계를 말하는데, 진성(眞性)을 더럽히고 번뇌를 일으키는 까닭에 진(塵; artha; viṣaya; gocara)이라고 한다. 곧 황(黃)·적(赤)·백(白)·청(靑) 등의 현색(顯色)과 남(男)·여(女)·형(形)·색(色) 등의 염오(染汚)된 정식(情識)을 색진(色塵)이라고 한다.

생령 【生靈】〔英 The mind or intelligence of the living; a living intelligent being; a living soul〕 생자(生者)의 신식(神識; 정신)을 말함.

생멸 【生滅】〔梵 utpādanirodha, 巴 Utpānirodha〕 ①번뇌망상이 기멸(起滅)하는 것을 일컬음. ②하나의 존재가 태어났다가 사라지는 것을 일컬음. 인연의 화합에 의해서 아직 있지 않은 현상이 있게 되는 것을 생(生)이라 한다. 이에 비해 인연의 이산(離散)에 의해서 이미 있던 현상이 없게 되는 것을 멸(滅)이라 한다. 생(生)이 있는 것은 반드시 멸(滅)이 있다. 유위법(有爲法)이 이것이다. 생멸에도 찰나생멸(刹那生滅)과 일기생멸(一期生滅)이 있는데, 찰나생명은 일찰나인 눈 깜짝할 사이에 있는 생멸이요, 일기생멸은 시간의 길고 짧음은 물론이고 났다가 없어질 때까지의 동안이니, 생과 멸을 나누어 말한다.

생멸문 【生滅門】『대승기신론』에서 말하는 이문(二門; 진여문과 생멸문) 가운데 하나. 여래장(如來藏)의 일심(一心)이 인연을 따라 생멸하며 차별된 모습을 일으키므로 생멸문(生滅門)이라고 한다. 진여와 무명이 서로 영향을 주는 것〔相熏〕. 곧 무명이 진여를 훈(熏)하여 염법(染法)이 생기고, 진여가 무명을 훈(薰)하여 환멸(還滅)의 정법(淨法)을 일으킨다. 이것이 수연진여(隨緣眞如)가 되어 무명의 연(緣)인 진여와 화합한다. 그러므로 진여문은 여래장심(如來藏心)의 체(體)가 되고, 생멸문(生滅門)은 여래장심의 상(相)이 된다.

생멸법 【生滅法】 생멸의 법칙. 일체 모든 존재와 사물, 그리고 마음의 현상은 모두 인연에 의해서 일어나고 멸하므로 상주성(常住性; 영원성)이 없다는 것이다.

생멸심 【生滅心】 우리들의 일상의 심식(心識)으로, 이것은 모두 찰나에 생멸하여 상주성(常住性; 고정 불변성)이 없기 때문에 생멸심(生滅心)이라고 한다.

생법이공관 【生法二空觀】 생공관(生空觀)과 법공관(法空觀)을 말한다. 생공관은 아집(我執)인 주관적 미집(迷執)을 없애 아(我)는 공(空)하다고 관(觀)하는 것이요, 법공관은 아집에 의하여 일어나는 근본, 물(物)·심(心)의 모든 현상에 대한 객관적 미집(迷執)을 없애고 물(物)·심(心)의 모든 법을 공(空)하다고 관(觀)하는 것이다.

생사【生死】〔梵 Jāti-maraṇa, 英 birth and death; rebirth and re-death〕 중생의 일생(一生) 시종(始終)을 말함. 이에 분단생사(分段生死)와 변역생사(變易生死)의 구별이 있다. 분단생사는 6도(道)로 윤회하는 범부들의 생사요, 변역생사는 삼계(三界)에 생사하는 몸을 여읜 뒤로 성불(成佛)하기까지의 성자(聖者)가 받는 삼계 밖의 생사이다.

생사대해【生死大海】〔梵 saṃsāra-mahāarṇava, 西 ḥkhor baḥi rgya mthso chen po〕 인간의 생로병사(生老病死)하는 모든 현상을 큰 바다에 비유한 말. 대는 형용사로 무변(無邊)이라는 뜻이 있다.

생사열반【生死涅槃】〔梵 saṃsāra-nirvāna, saṃsāra-sānty-ekara-sa, 英 Mertality is nirvāṇa〕 생사(生死)와 열반(涅槃). 생사는 현실적이고 경험적인 경지이며, 윤회적이고 유전적(流轉的)인 계역(界域)이다. 열반은 이상적이고 초월적인 경지이며, 환멸적(還滅的)이고 공적적(空寂的)인 계역(界域)이다. 양자의 관계에 관해서 소승(小乘)에서는 양자는 동시병존(同時竝存)할 수 없고, 생사 가운데 열반이 없으며, 열반 가운데 생사가 없으므로 사람은 생사를 버리고 열반에 들어가야 한다고 한다. 대승에서는 원융적(圓融的)인 관점을 취하여 생사즉열반(生死卽涅槃)이라고 한다.

생유【生有】〔英 One of four forms of existence〕 사유(四有; 生有·本有·死有·中有) 가운데 하나. 탁태(托胎)하는 첫 몸을 말한다.

생자필멸【生者必滅】〔英 All living things must die(are bound to die); No living thing is free from decay(is immortal)〕 생(生)의 시초가 있는 것은 반드시 그 끝이 있어서 사멸(死滅)하게 된다는 말. 우주만물의 무상전변(無常轉變)함을 나타내는 말. 태어난 것은 반드시 죽는 이치에 따라, 인생도 삶이 있으면 죽음이 있는 것은 당연한 진리이다.

생전예수재【生前豫修齋】 생전은 죽기 이전. 예수(預修)란 미리 닦는 것. 재(齋)는 공양. 즉 생전에 미리 복을 닦는 일. 살아생전에 부처님께 공양을 올려 미리 자신의 천도재를 지내는 것. 그것을 생전예수재라고 한다. 재(齋)는 제사(祭祀)의 의미가 아니고 '밥'·'공양'을 뜻함.

생주이멸【生住異滅】〔英 Birth, stay, change (or decay) death〕 생상(生相)·주상(住相)·이상(異相)·멸상(滅相)을 줄인 말. 우주만유의 온갖 현상이 생멸 변이하는 모양을 네 가지로 분류해서 설명한 것. 생상은 만유가 생성하는 모양이요, 주상은 만유가 유지 존속하는 모양이요, 이상은 만유가 변화하여 달라지는 모양이요, 멸상은 만유가 없어져 버리는 모양이다. 생주이멸은 유위법(有爲法)을 설명하는 말이다. 이것을 사상(四相)이라고 한다.

생천 【生天】〔梵 deva-janman, svargamā-ruh, 英 The heavens where those living in this world can be reborn〕

[인도 일반의 생천사상] 인도에서는 예부터 현세에서 선업(善業)·복덕을 쌓으면 사후세계에는 천상에 태어날 수 있다고 생각했다. 『리그베다』에서는 육체는 죽음과 더불어 멸하지만 영혼〔아트만〕은 불멸이고, 사자(死者)의 영(靈)은 야마(yama)가 지배하는 천계(天界)에 간다. 거기는 광명·가무(歌舞)·음곡(音曲)이 충만한 이상경(理想境)인데, 이곳에서 전에 죽은 부조(父祖)나 혈연자(血緣者)를 다시 만날 수도 있다. 이와 같은 천계에 태어나기 위해서는 생전(生前)에 신(神)께 제사를 올리거나 바라문에게 재물을 희사하지 않으면 안 된다. 또 여러 가지 서계(誓戒)를 지키고 고행을 실천하지 않으면 안 된다. 전장(戰場)에서 전사한 용사(勇士)들도 천상계에 태어난다. 브라흐마나 문헌에서도 이렇게 생각했다. 그러나 천계(天界)의 복락(福樂)은 영원한 것이 아니고, 때로는 천계에서 재사(再死)하여 하계(下界; 인간세계)로 내려오는 일도 있다고 생각하였다. 특히 재사(再死)를 피하기 위해서는 특별한 제사를 행하고, 여러 가지 선행(善行)을 닦지 않으면 안 된다고 한다. 바이세시카파는 베다의 규정에 따라서 행동한다면 다르마(dharma; 法)가 그 사람에게 생겨, 사후생천(死後生天; abhyudaya)할 수가 있다. 다만 윤회를 벗어날 수는 없다. 윤회를 벗어나기 위해서는 이 학파가 세운 6원리〔實體·性質·運動·普遍·特殊·內屬〕의 연구와 요가의 실천을 행해야 한다고 설한다.

[불교의 생천사상] 불교는 인도 일반의 인과업보설을 취하여 시론(施論)·계론(戒論)·생천론(生天論)을 설했다. 석존은 불교의 도리를 전혀 모르는 사람들을 이끌 경우에는 먼저 수행자나 곤궁한 사람에게 베풀어 주고, 다음은 살생과 도적질을 하지 말고 간음, 거짓말을 하지 말라 등의 계(戒)를 지키고 복덕을 쌓는다면, 그 공덕으로 사후(死後)에는 반드시 천국에 태어나서 행복하게 된다고 설했다. 이어서 욕망과 악(惡), 그리고 이욕(離欲)의 공덕을 설한 뒤 사제(四諦)·팔정도(八正道)의 가르침을 설하였다. 생천론(生天論)은 불교로 이끌기 위한 초보적 가르침, 혹은 악업을 하면 지옥에 떨어진다고 하는 가르침과 함께 방편론이라고도 볼 수가 있다.

샨티데바 【Śantideva】 7세기 후반부터 8세기 전반에 활약한 인도불교 사상가. 티베트의 전승(傳承)에 따르면, 그는 중관귀류논증파(中觀歸謬論證派)에 속하지만 다른 여러 논사와의 영향관계는 명확하지 않다. 또한 티베트의 역사서에 나타난 생애는 다분히 전설적인 요소를 포함하고 있다. 그래서 나란타사원에서 학습한 것 이외에는 사실 그대로 받아들일 수 없다. 저작에는 『학처집성(學處集成; 大乘集菩薩學論)』과 『입보리〔보살〕행론(入菩提〔菩薩〕行論)』이 있다. 전자는 직접 자신이 지은 27개의 게(偈)와 이에 대한 신중한 해설만으로 구성했는데, 여러 경전에서 인용한 내용으로 논의를 전개시킨다. 후자는 스스로 지은 시게(詩偈)만으로 이루어져 있으므로, 앞의 책과 서로 보완적인 형태로 편집된 것이라고 할 수 있다. 여기서 나타나는 사상은 우선 보리심(菩提心)을 내고, 그 후에 육바라밀(六波羅蜜)을 중심으로 한 보살행(菩薩行)을 실천한다. 그리고 그 궁극에 가서는 반야바라밀의 공관(空觀)에 오입(悟入)하는 것을 목적으로 한다. 다른 논사와 비교하자면, 같은 공관(空觀)을 설할지라도 여기에 이를 때까지의 대승보살행의 실천을 극히 중시한다는 점이다. 따라서 무엇보다 실천적인 공관(空觀)을 주장했다는 점이 가장 중요한 특징이다.

서당지장【西堂智藏, 735-814】 중국 당(唐)나라 대종·덕종·헌종 때의 선승. 선종의 남악회양 계통인 마조도일(馬祖道一, 709-788)의 고제(高弟). 속성은 요씨(寥氏). 건화인(虔化人)으로서, 8세에 출가하여 25세에 구족계를 받았고, 풍골(風骨)이 비범하였으며, 마조(馬祖)가 공공산(龔公山)에 있을 때 참알하여 심요(心要)를 얻었다. 사당정원(師唐貞元) 7년에 개당(開堂)하였고, 헌종 원화(元和) 9년에 80세의 나이로 입적하였다. 건주(虔州)·서당(西堂)에 있었으므로 서당(西堂)으로 알려져 있다. 신라의 9산문(山門) 가운데 서당의 선(禪)을 이어받은 것으로는 가지산파·실상산파·동리산파 등이 있다.

서방극락세계【西方極樂世界】 아미타불이 거주하는 정토세계·극락세계로서, 불교도가 믿는 이상세계이다. 그곳에는 고통은 없고 다만 여러 가지 낙(樂)만 있으므로 극락세계라 한다. 『아미타경(阿彌陀經)』에서는, 서방극락세계는 우리가 사는 사바세계〔석가모니가 교화를 행하는 현실세계〕에서 10만억불토(十萬億佛土)만큼 멀리 있다고 한다. 그곳에는 4개의 보(宝)가 둘러싸여 있고, 황금이 땅을 장식하고 있으며, 주야육시(晝夜六時)로 꽃비가 오며, 만타라화(曼陀羅花)가 있고, 여러 새가 조화로운 음을 내어, 한바탕의 미묘한 풍경을 연출한다. 만약 중생이 아미타불의 설법을 듣고, 오로지 한마음으로 그 명호를 부르며, 또 행주좌와(行住坐臥; 일상생활)하는 동안에도 잊어버리지 않고 여러 선(善)을 널리 닦으면, 아미타불이 앞으로 와서 맞이하여 서방극락세계로 왕생케 된다는 것이다.

중국불교의 정토종(淨土宗)은 바로 아미타불의 명호에 전념하여, 죽은 후에 서방극락세계에 왕생함을 최고의 목적으로 삼는 종파이다.

서방정토 【西方淨土】〔英 Sukhāvatī or Paradise〕 아미타불(阿彌陀佛)의 정토(淨土). 곧 극락세계. 서방에는 다른 여러 나라도 있거니와, 『아미타경』에, "여기서 서쪽으로 10만억국토를 지나서 한 세계가 있으니, 이름을 극락이라 한다."라고 한 데서 말미암아, 특히 아미타불의 국토를 서방정토라 한다. 서방극락세계 항목 참조.

서분 【序分】 서설(序說)이라고도 한다. 불경(佛經)에서 머리 부분을 여는 것으로, 여기서는 경(經) 전체의 취지를 서술하고 있다.

서산주부 【西山住部】〔梵 Avaraśa-ilā〕 소승 20부(部)의 하나. 불멸후(佛滅後) 200년〔B.C.345〕경에 대중부(大衆部)에서 갈려 나온 일파. 주장하는 바는 대중부와 큰 차이가 없다.

서산휴정 【西山休靜, 1520-1604】 조선 명종·선조 때의 고승. 속성은 최씨. 본관은 완산(完山), 아명(兒名)은 여신(汝信), 자는 현응(玄應), 호는 청허(淸虛)·서산(西山), 별호는 백화도인(白華道人)·풍악산인·두류산인·묘향산인·조계퇴은·병로(病老) 등이고, 휴정은 법명이다. 평안도 안주(安州) 태생으로, 10세 전에 양친을 잃고 고아가 되었다. 안주목사를 따라 서울로 올라와 반재(泮齋)에서 공부하였으나 마음에 맞지 않으므로, 동급생 몇 사람과 같이 지리산에 들어가 숭인(崇仁)이 주는 경전을 공부하고, 숭인의 주선으로 부용영관(芙蓉靈觀, 1485-1571)을 찾아 문하에서 3년간 사사(師事)하고 21세 때에 깨친 바 있어, 그때 비로소 승려가 되었다. 그 후 도솔·두류·오대·금강산 등을 주유(周遊)하고, 30세 되는 해에 승과에 급제하여 승과대선(僧科大選)에서 중덕(中德)·대덕(大德)으로 누진(累進)하였다가 교종판사에 이르렀고, 다시 선종판사에 임명되어 승직(僧職)의 절정에 이르렀다. 37세 때에 스스로 선종판사의 직을 그만두고, 7년에 걸쳐 금강·지리·오대·태백산 등의 이름난 절을 내왕한 뒤, 묘향산에 들어앉아 법을 강(講)하자, 제자들이 문정(門庭)에 넘치고, 그 법명(法名)은 팔도강산에 떨쳤다. 임진왜란이 일어나자 전국의 의승군(義僧軍) 5천을 이끌고 남하(南下)하여 평양·개성의 전투에서 대공(大功)을 세워 정이품(正二品) 당상경(堂上卿)에 올랐다. 그의 법을 이어받은 제자는 70여 명이 되는데, 그 가운데서도 사명유정(泗溟惟政, 1544-1610)·편양언기(鞭羊彦機, 1581-1644)·소요태능(逍遙太能, 1562-1649)·정관일선(靜觀一禪, 1533-1608) 등 네 사람은 가장 대표적인 제자로서, 서산문하(西山門下)의 사대파(四大派)를 이루었다. 휴정은 선조 37년 묘향산 원적암에서 85세의 나이로 입적했다. 저서로는 『청허집(淸虛集)』·『선가귀감(禪家龜鑑)』·『선교석(禪敎釋)』·『운수단(雲水壇)』 등이 있다. 그의 사상은 선위본(禪爲本)의 선교회통(禪敎會通)과 삼학회통(三學會通)·선념회통(禪念會通)·삼교회통(三敎會通)으로 그 특색을 나타낼 수 있다.

서원【誓願】〔梵 praṇidhāna, 羅 vôtum, 英 vow, 獨 Gelubde, 佛 voeu〕 서원에 해당하는 산스크리트어 '프라니다나(praṇidhāna)'의 의미는 '기원하다'·'맹세하다' 등의 뜻이 있다. 특히 대승불교에서는 보살이 스스로 깨달음을 얻고, 다른 중생(衆生)을 구제할 것을 맹세하거나, 또는 소원하는 것을 말한다. 초기불교 문헌에서는 천계(天界)에 태어나고 싶은 소망 따위가 프라니다나와 비슷한 말로 표현된 사례가 있다. 다만 그런 것들이 재가적(在家的)인 교설이라는 점에서, 불교 본래의 입장에서는 부정적으로 보는 경우가 적지 않다. 부파불교 문헌에서는 석가의 과거세의 설화로서 자신이 장래 부처가 되는 일을 맹세하는 내용이 나타나는데, 이는 뒤에 대승보살의 서원에 해당하는 토대가 되었다고 하겠다. 서원사상을 일반적으로 파악할 수 있는 것은 대승경전에서이다. 대승보살은 깨달음을 구하는 소망을 세워 그 성취를 목표로 수행한다. 그 과정에서 일체중생을 구할 수 없으면 도를 깨치지 않겠다고 맹세하는 보살〔지장보살 등〕도 있다. 보살의 그러한 서약을 서원(誓願)이라고 한다. 서원은 어느 보살에게나 볼 수 있는 일반적인 서원과 보살 개개인에 따른 특유한 서원으로 구별된다. 전자에는 사홍서원과 『화엄경』에 설명되어 있는 보현보살의 십대원(十大願)이 유명하고, 후자로는 아촉불의 12원, 약사여래의 12원, 아미타불의 48원 등이 대표적인 것들이다. 또한 서원 속에는 본원(本願; pūrvapraṇidhāna)의 의미도 있는데, 문자 그대로 '본래의 서원', '이전의 서원' 혹은 '과거세상의 서원'이라는 의미로, 부처가 되기 이전 보살이었던 때에 세워진 서원을 일컫는다. 한편 대승불교 가운데에서도 정토교에서는 서원 또는 본원사상을 특히 중요시한다. 모든 생물이 아미타불의 극락정토로 구원을 얻어서 득도(得道)할 수 있다는 『무량수경』에서 설명한 아미타불의 서원은 많은 불교도들에게 매력적인 것이었다.

서장【書狀】①책 이름. 강원 교과과목의 하나로서, 중국의 대혜선사(大慧禪師, 1089-1163)가 사대부들과 주고받은 편지를 모은 책. 간화선의 텍스트. ②서간문(書簡文). 대혜서장 항목 참조.

서천이십팔조【西天二十八組】선종(禪宗)의 법맥으로 부처님의 법을 이어온 인도(印度)의 28조(祖). 곧 1. 마하가섭(摩訶迦葉), 2. 아난타(阿難陀),

3. 상나화수(商那和修), 4. 우바국다(優波趜多), 5. 제다가(提多迦), 6. 미자가(彌遮伽), 7. 바수밀다(婆須密多), 8. 불타난제(佛陀難提), 9. 불타밀다(佛陀密多), 10. 바율습박〔脇尊者〕, 11. 부나야사(富那耶舍), 12. 마명(馬鳴), 13. 가비마라(迦毗摩羅), 14. 용수(龍樹), 15. 가나제바(迦那提婆), 16. 라후라다(羅睺羅多), 17. 승가난제(僧伽難提), 18. 가야사다(伽耶舍多), 19. 구마라다(鳩摩羅多), 20. 사야다(闍夜多), 21. 바수반두(婆須槃頭), 22. 마나라(摩拏羅), 23. 학륵나(鶴勒那), 24. 사자존자(獅子尊者), 25. 바사사다(婆舍斯多), 26. 불여밀다(佛如密多), 27. 반야다라(般若多羅), 28. 보리달마(菩提達磨) 등이다.

서품 【序品】 서론(序論)과 같은 말. 불경(佛經) 가운데 실마리 부분. 또는 『법화경』 28품(品) 가운데 제1품을 가리키기도 한다.

석가모니 【釋迦牟尼】〔梵 Śākyamuni〕 불교의 개조. 석가(釋迦; Śakya)는 종족 이름이고, 모니(牟尼; muni)는 성자(聖者)란 뜻이니, 즉 석가씨(釋迦氏)의 성자(聖者)란 말. 고타마 붓다, 또는 불타 항목 참조.

석가세존 【釋迦世尊】 '석가모니'를 높여 부르는 말. 줄여서 석존, 세존이라고 함. 세존 항목을 참조할 것.

석가신앙 【釋迦信仰】 개조(開祖) 고타마 붓다〔Śākya-muni; 석가모니〕에 대한 숭배에서 발생한 신앙의 총체. 석가에 대한 신앙은 석가 생존 당시부터 시작된 것이지만, 시초는 제자나 신자들이 그의 가르침을 진리로서 받아들이게 되면서부터이다. 그리고 석가 자신은 교법을 근거로 하며 그 외의 것은 신앙의 대상으로 삼지 않았듯 교법 중시의 태도를 보였다. 그러나 그의 사후에는 석가의 '인격'에 대한 추모 의식이 발생하여, 석가의 인격과 삶이 깃든 곳은 성지(聖地)가 되고, 그의 유골(遺骨)은 사리탑에 안치되어 숭배의 대상이 되었다. 불교도는 석가의 죽음을 '열반에 든다.'라고 표현하면서, 성지를 순례하고 그 유골을 탑에 안치시켜, 이것을 석가의 인격과 가르침을 상징하는 것으로 숭배했다. 석가신앙은 그의 인격에 대한 숭배라는 측면을 지닌다. 불멸 후 석가의 모습은 법륜(法輪)·보리수(菩提樹)·보좌(宝座)·불족적(佛足跡) 등에 의해서 표현되었다. 그러나 기원후 1·2세기경에는 조각상인 불상(佛像)으로서 구체적으로 표현되며, 석가에 대한 신앙은 한층 발전하였다. 그의 모습은 신비화되어 32상(相) 80종호(種好)라고 하는, 위대한 인물에게만 나타나는 특이한 신체적 특징을 갖추게 되며, 모든 덕을 갖춘 완전한 인물로서 묘사되었다. 또한 석가의 이상화(理想化)는 문학으로서도 그려진다. 붓다의 덕행(德行)에 대한 찬미는 『이티붓타카(*Itivuttaka*; 如是語)』·『자타카(*Jataka*; 本生譚)』라는 스타일을 낳게 되고, 『붓다차리타(*Buddhacarita*; 佛所行讚)』·『라리타비스타라(*Lalitavistara*; 普曜經)』 등 많은 전기(傳記)문학〔佛傳〕이 탄생하였다. 이들 불전문학의 형성도 석가신앙의 한 형태이다. 그러한 석가를 추모하는 신앙은 널리 불교권에 확산되어, 중국·티베트·한국·일본의 독자적인 불교문화의 핵심을 담당한다.

석가여래행적송 【釋迦如來行蹟頌】 고려 충숙왕(忠肅王, 1313-1330, 1332-1339 在位) 때에 운묵무기(雲默無寄)가 지음. 2권 1책. 석가여래의 행적〔일생〕을 시구 형식으로 서술한 책. 사바세계의 성(成)·주(住)·괴(壞)·공(空), 겁수(劫數)의 장(長)·단(短)·삼계(三界)와 오취(五趣)의 수복우열(壽福優劣), 고락의 차별, 여래(如來)의 방편으로 수류시현(隨類示現)하는 4토(土), 3신(身), 오시(五時) 설법의 연월차제, 제경부내(諸經部內)의 반(半)·만(滿)과 편(偏)·원(圓), 본(本)·적(迹)·권(權)·실(實), 내지 불멸(不滅) 후의 유법유행(遺法流行)하는 융이처근(隆夷處近), 후학들의 수행입도(修行入道)하는 방편 등을 명료하게 서술하고 있다.

석경 【石經】 돌 위에다 새긴 경전. 불경을 새긴 것 가운데 가장 큰 규모는 현재 중국 직예성 순천부 방산현에 있는 화엄석경(華嚴石經)이다. 이것은 수나라 지원(智苑)이 대업 때〔605-616〕 그 사업을 시작하였는데, 지원이 죽은 뒤에는 그의 제자 도공(導公)·의공(儀公)·섬공(暹公)·법공(法公) 등이 계속하여 사자(師資) 5대에 걸쳐 『화엄경(華嚴經)』·『열반경』·『반야경』·『보적경』을 새겨 그 태반을 마치고, 요나라 때 이르러 『대반야경』의 나머지와 『대보적경』의 전부를 새겨, 비로소 대승 4대부경이 완성하였다.

석두희천 【石頭希遷, 700-790】 중국 당나라 대종·덕종 때 선승. 속성은 진(陳)씨. 단주(端州) 고요(高要; 지금은 廣東에 속함) 사람. 청원행사(青原行思, ?-746)의 법을 이어받음. 저서로는 참동계(參同契)가 있다.

석문의범 【釋門儀範】 불교의식집. 안진호(安震湖)가 집대성하여 편찬한 책. 상하 2권 1책. 전통적인 불교의식의 정신을 살릴 수 있는 간결하고 새로운 의범(儀範)이 필요하다는 인식하에 1933년에 편찬을 시작, 1935년 4월에 완성, 간행하였다. 상권은 황엽보도문(黃葉普渡門)이라 하여, 제1편은 각단예경문, 제2편은 기도에 따른 각종 고유 및 축원문, 제3편은 각종 예식 때 독송하는 송주, 제4편은 불공·천도 등에 관한 재공(齋供), 제5편은 각단 및 각종 행사 관련 법식문(法式文)으로 구성되어 있다. 하편에서는 포교의 현대화를 위해 포교방식의 개선, 출판물에 의한 지상포교, 불편한 벽지민을 위해 서신포교·성가포교 등을 들고 있다.

석보상절【釋譜詳節】24권 24책. 조선 세종(世宗) 29년〔1447〕 왕명으로 수양대군(首陽大君)·김수온(金守溫) 등이 엮음. 세종의 비(妃) 소헌왕후(昭憲王后)의 명복을 빌기 위하여 석가모니의 가계와 그 일대기를 기록한 책으로, 중국 북제(北齊) 때의 고승 승우(僧祐)가 편찬한 『석가보(釋迦譜)』와 당(唐)나라 도선(道宣)이 편찬한 『석가씨보(釋迦氏譜)』를 참조하여 편찬하고, 한글로 번역하여 놓았다.

석선바라밀차제법문【釋禪波羅蜜次第法門】 중국 천태종의 개조인 지자대사(智者大師, 538-597)가 강의한 것을 제자 법신(法愼)이 태건(太建) 3년〔571〕 와관사(瓦官寺)에서 기록하고, 관정(灌頂, 561-632)이 다시 수정한 책이다. 내용은 천태삼지관(天台三止觀) 가운데 점차지관(漸次止觀)을 설한 것이다. 줄여서 선바라밀(禪波羅蜜)이라고 한다.

석씨계고략【釋氏稽古略】 원(元) 지정(至正) 14년〔1354〕 각안(覺岸, 1286-?)이 지은 승사(僧史). 4권. 불교를 중심으로 하는 3교의 사실(事實)을 편년체(編年體)로 기술하였던 것으로, 불조역대통재(佛祖歷代通載)와 같은 형태의 승사(僧史)이다.

석옥청공【石屋清珙, 1271-1351】 중국 원(元) 초기 때 선승. 임제종의 제18대 법손(法孫). 소주(蘇州) 상숙(常熟) 사람으로, 남송(南宋) 도종(度宗) 때 태어났으나, 주로 원대(元代) 선(禪)이 쇠퇴하는 때 살았던 사람이다. 성은 온(溫)씨. 처음 고봉(高峰)에게서 3년 동안 만법귀일(萬法歸一) 화두를 참구하였으나 얻은 바가 없었고, 뒤에 급암종신(及庵宗信)을 만나 서래밀지(西來密旨)를 깨닫고, 그의 법을 이었다. 호주(湖州) 땅 하무산(霞霧山)에서 종풍을 선양했는데, 고려의 태고보우(太古普愚, 1301-1382)는 그의 법을 이어받아 우리나라 임제종의 종조(宗祖)가 되었다.

석장【錫杖】〔梵 khakkhara, 英 a priest's staff; a crosier; a crosier〕 극기라(隙棄羅)라 음역(音譯)한다. 성장(聲杖)·지장(智杖)이라 번역한다. 승려가 짚는 지팡이. 지팡이의 상부(上部)는 주석(朱錫), 중부(中部)는 나무, 하부(下部)는 뿔·아(牙)를 사용하였다. 지팡이 머리는 탑 모양으로 만들고, 큰 고리를 끼웠는데, 그 고리에 작은 고리 여러 개를 달아, 길 갈 때에 땅에 굴려 소리를 내서 짐승·벌레 따위를 일깨우는 것이다. 또 남의 집에 가서 밥을 빌 때, 자기가 온 것을 그 집 사람에게 알리기 위하여 흔드는 것이다. 우리나라에서는 육환장(六環杖)이라 한다.

석전한영【朴漢永, 1870-1948】 근현대의 스님. 호는 영호(映湖), 아호는 석전(石顚), 전북 완주 출신. 19세에 출가하여 금산화상에게 득도하였다. 21세 때 장성 백양사 운문암에 있던 김환응(金幻應, 1857-1929)을 만나서 법을 이었는데, 이때 당호(堂號)를 영호(映湖)라고 하였다. 설유화상(雪乳和尙)에게 법을 이은 다음날 구암사(龜岩寺)에서 성황리에 강회(講會)를 열었다. 39세에 서울에 올라와 한용운·금파와 더불어 불교유신운동을 시작하였다. 41세 때에 원종(圓宗)의 종정(宗正)인 이회광이 동경에 가서 일본 조동종과 한국불교를 합종(合宗)시키려 하자 한용운·진진응·김종래 등과 함께 반대하였고, 임제종의 전통을 확립하였다. 44세 때에 『해동불교』를 창간하였고, 47세 때에는 불교중앙학림(佛教中央學林)의 강사가 되었다. 이후 서울 개운사에서 학인을 양성했고, 해방이 되자 조선불교중앙총무원의 초대 교정(教正)이 되었다. 76세 때에 내장사에 내려와 쉬다가 79세에 입적하였다. 그는 화엄사상에 주체를 두는 한편, 선(禪)의 문제도 다루었다. 먼저 『육조단경』의 본래무일물(本來無一物)과 불성본청정(佛性本淸淨)에 대해서는 원래 돈황석실사본에 "불성본청정"이라고 되어 있던 것을 후세에 "본래무일물"로 개전(改傳)되어 방자행(放恣行)을 하는 자를 낳게 했다고 하였다. 그리고 구(具)와 증(証)의 문제에 대해서는 오행합일(悟行合一)의 입장에서 개구(皆具)나 개증(皆証)이나 의미상으로는 일치하므로 문제되지 않는다고 보았다. 한편 '본래무일물'적 사상을 경계(警戒)하여 상대적으로 신회(神會)의 위치를 설정하려고 하였고, 선가(禪家)의 불입문자설(不立文字說)이 조사(祖師)의 친언(親言)이 아니라 선가(禪家)의 한쪽에서 부연시킨 것이라고 보았다. 불교유신(佛教維新)과 관련해서는 1. 받들어 높임을 바라지 말고 허심박학(虛心博學)을, 2. 게으르고 산만하지 말고 용맹정진을, 3. 자신만을 위하지 말고 망아리생(忘我利生)을, 4. 아깝다고 인색하지 말고 희사원통(喜捨圓通)을, 5. 어리석음을 감추지 말고 호문광익(好問廣益)해야 할 것을 주장하여, 포교의 시대화를 부르짖었다.

석제환인 【釋提桓因】〔梵 Śakrā-devānām Indra〕 석가제바인다라(釋迦提婆因陀羅)라고 음역(音譯)한다. 수미산 꼭대기에 있는 도리천의 주(主)인 제석천을 말한다. 줄여서 석제(釋帝)·제석(帝釋)이라 한다. 석제환인의 석(釋)은 석가(釋迦)에서, 제환(提桓)은 제바(提婆)에서, 인(因)은 인다라(因陀羅)에서 온 것이다.

석존 【釋尊】 석가세존의 준말로서 '석가모니'를 높여 부르는 말. 세존 항목을 참조할 것.

선 【禪】〔梵 dhyāna, 巴 jhāna, 英 To level a place for an alter, to sacrifice to the hills and fountains; to abdicate, Adopted by Buddhists for dhyāna, 禪 or 禪那, i.e. meditation, abstraction, trance〕 인도에서 예부터 전해지는

수행방법의 하나. 불교에서도 실천의 기본 형태 중의 하나가 되었지만, 수행자들에게는 일상적인 휴식의 자세이기도 한다. 석가도 선정(禪定)에 의한 해탈지견〔깨달음〕을 얻어, 초기에는 계율을 지키고 선정을 닦아 지혜를 얻는 것을 목적으로 하였다. 시간 공간의 변화와 함께 개념과 사상의 변화가 일어났지만, 거기에는 언어의 문제·행위문제·종파문제 등 종교의 다양한 문제가 내재해 있다.

[어의(語義)] 선(禪)은 산스크리트어 'dhyāna'의 음사어(音寫語)이다. 어근(語根)은 'dhyai〔정념〕', 그러나 '선(禪)'은 직접 산스크리트 음(音)을 본뜬 것이 아니고, 그 속어형 'jhāna〔禪那〕'를 음사(音寫)한 것인데, 그 어미의 모음을 따 'jhan'을 본뜬 것이라고도 한다. 한편 중국에서 '선(禪)'은 '천자(天子)가 행하는 하늘의 제사, 천자가 지위를 양도하는 일' 등을 의미하기 때문에, 이런 오해를 막기 위해 'dhyāna'의 의역어인 '정(定)'과 '사(思)'를 덧붙여, '선정(禪定)'·'선사(禪思)' 등으로 표기하게 되었다. 이 밖에 '정려(靜慮)'·'사유수(思惟修)'·'기악(棄惡)'·'공덕총림(功德叢林)' 등으로도 해석된다. 이렇게 여러 가지로 표현하는 것은 목적·효과 등 의미가 다양하기 때문인데, 선(禪) 그 자체에 다의성(多義性)이 내포되어 있음을 나타내고 있다. 동의어로서 사마디〔三昧; 等持〕·사마파티〔三昧; 等至〕가 있는데, 이것들도 선(禪)·선정(禪定)으로 해석되는 경우가 있다. 그러나 선(禪)은 음사어이기 때문에, 이들은 드야나라는 말로써 선정을 표시할 뿐만 아니라, 다르게 나타내기도 한다. 그 외에 요가(yoga)·아디칫타(adhicitt; 定)·사만타〔等引; 定〕·사마타·비파사나〔위빠사나〕 등 동의어는 여러 갈래로 전한다. 일반적으로 음사는 그 개념에 해당하는 술어가 없는 경우에 쓰이기 때문에, 이 경우에도 중국에서는 적절한 대응 개념이 없었다.

[선정(禪定)] 수행방법으로서의 선(禪), 선정(禪定)·좌선(坐禪)의 기원은 아리아인 침입 이전의 인도 원주민 가운데 찾아볼 수 있다. 인더스 문명의 유적 중 하나로, 모헨조다로의 출토품 가운데 선정(禪定)을 모방한 인장이 그것이다. 한편 판잡지방에 침입한 아리아인에게 있어서는, 타파스〔苦行〕에 의해 신통력 획득을 지향하고 선정을 실천하려는 흔적을 초기에는 볼 수 없다. 또 같은 아리아인에 의한 유럽 고대문명 가운데에도 선정처럼 보이는 실천형태는 찾을 수 없기 때문에, 인도 아리아인의 소위 바라문 문화가 원주민의 요가를 흡수해 가는 과정에서 받아들여진 것으로 생각된다. 타파스와 요가는 인도에 의한 종교실천의 쌍벽을 이루고, 선정은 이 요가에 포함되지만, 타파스와의 관계와 요가와의 상위도 명백하지

는 않다. 불교에 있어서 선정은 요가에 있는 다양한 '아사나〔자세〕'의 바리에이션은 갖지 않고 정좌(靜坐)와 한결같았다. 이런 정신통일을 실현하는 선정은 수단인지 목적인지 초기에는 확실하지 않았다. 이윽고 깨달음에 달하는 수단으로서 위치가 더해졌지만, 선종 우선을 설명하는 선경류(禪經類)도 많고, 또 선정에 의해 발현하는 지혜와 같은 것으로 간주하는 사고도 있으며, 발달한 선사상에서는 일상적 영위 전체에 부연되어 수양과 해탈의 합일을 설명하는 것도 있다. 선정은 다양한 기본사상처럼 인도에서 예부터 내려오는 관습과 사상을 받아들이고 거기에 새로운 의의를 부여하여 세계화시킨 것으로, 불교 내부에서도 다양하게 전개되었다. 선정의 구체적 실천방법과 선정의 심화와 관련해서는 여러 단계와 그 실천의 성과, 또 다른 교리 사상과의 관계 등과 같은 여러 가지 해석이 나왔고, 그만큼 복잡한 사상적 분화가 이루어졌다. 이렇게 다양한 부류와 규정은 모두 다양한 부파, 혹은 경·론의 입장과 세계관에 입각하고 있으며, 거기에 대응하는 것이다.

[각종의 선관(禪觀)] 붓다가 최초에 행한 설법〔초전법륜〕의 내용은 사제(四諦)·팔정도(八正道)였다고 전한다. 사제(四諦; 4가지 진리)는 존재론에서 해탈론에 이르는 불교사상의 기본적 골격을 형성하고 있는데, 그 구체적 실천법은 도제(道諦)의 내용을 이루고 있는 '팔정도(八正道; 8가지 바른 생활실천)'이다. 이 가운데의 제8 정정(正定)이 선정에 해당되는데, 반대로 이상의 경지는 선정 실천에 집약되는 구조를 갖고 있다. 뒤의 교리연구시대〔부파·아비달마시대〕에는 '정정(正定)'의 구체적 내용으로서 선정의 단계를 4가지로 분류한 '사선(四禪)'을 제시했다. 사선설(四禪說)은 석가가 생존해 있을 당시, 사문(沙門; śramaṇa)이라 불리는 자유사상가들이 행했던 선정을 원형으로 하는데, 그것은 관념적 세계관인 '삼계(三界)'에 맞추어 재편성한 것으로, 욕계(欲界; 욕망의 세계) 위에 상정된 색계(色界; 청정한 세계)에서의 실천으로 보았다. '초선(初禪)'에서 단계적으로 선정을 심화시키고, '4선'에서는 고락을 초월해 마음의 평정·청정한 상태가 되고, 이 단계에 도달해 마음과 지식의 활동이 조화해 해탈을 얻을 수 있다고 한다. 신체에의 관심을 축으로 전개하는 선관이라 할 수 있으나, 이에 대해 '무색계(無色界; 고도의 정신세계)'의 선정, 결국 마음의 움직임에 관심을 보인 선관이 '사무색정(四無色定)'이다. 이 가운데 마음에는 뭔가 대상이 없다고 관찰하는 제3 무소유처정(無所有處定)은 외도(外道)의 스승인 아라라 카라마(Ālara kālāma)에 의해, 상(想)도 아니고 무상(無想)도 아니라고 관찰하는 제4

비상비비상처정(非想非非想處定)은 웃다카 라마풋타(Uddaka-Rāmaptta)에 의해서 설명되었다고 전하는데, 석가도 정각(正覺; 완전한 깨달음) 전에는 이러한 선정을 행하였다. 이 사선(四禪)·사무색정(四無色定)은 당초에는 관계없는 것으로 설명됐지만, 그 뒤 정리되어 팔등지(八等至)로 이름 붙여진 데다가 '멸진정〔마음의 움직임이 완전하지 않았던 삼매〕'을 더하면서 구차제정(九次第定)의 교리 체계가 정립되었다. 부파불교시대에는 교리의 관찰 연구가 상세화하여, 선정에 관해서도 다양한 분류와 분석이 이루어졌다. 그 중에서도 유부(有部)의 선관(禪觀)인 오정심관(五停心觀)과 남방상좌부(南方上座部)의 선관인 사십업처(四十業處) 등이 유명하다. 모두가 선정의 심화를 정밀하게 관찰한 것으로 번쇄철학의 범주에 들어간다. 해탈(解脫)은 일반적으로 난해하며 반드시 계통적이라고는 할 수 없고 간단히 나열할 수 없다고 생각되는 일도 있다. 대승의 선관은 삼학(三學)의 발전형이다. 육바라밀(六波羅蜜)의 제5 선바라밀에 해당된다. 대승경전은 엄청난 수에 달하지만, 여러 가지가 독자적인 세계관과 수도(修道) 이론을 가지며, 거기에 선정의 위치를 더하고 있다. 또 선경(禪經)이라고 부르는 선관의 이론과 실천을 천명하는 경전도 다수 중국에 가져가서 중국의 실천불교의 발전에 큰 영향을 끼쳤다. 대승선관에 대해 하나의 개념으로 논할 수는 없지만, 점점 좌선 그 자체에는 바리에이션은 남지 않으므로, 소승의 선관도 거의 완전히 계승되어 거기서 사변적인 해석이 많이 더해지는 결과가 되었다. 예컨대, 『대지도론』에서는 선정(禪定)을 분류해, 33종·65종·500종을 든다.

선가 【禪家】〔英 The ch'an sect〕 ① 선종(禪宗), 선불교. ②참선하는 집. 선종 항목을 참조할 것.

선가귀감 【禪家龜鑑】 조선 명종(明宗) 때 선승인 서산휴정(西山休靜, 1520-1604)이 지은 책. 2권 1책. 1564년〔명종 19〕 간행. 선어록 가운데 수행에 참고가 되는 중요한 어구를 발췌하여 수록한 다음 자신의 견해를 첨부한 선서(禪書). 선불교의 귀감이라는 뜻에서 선가귀감이라고 함. 책 뒤에는 중국 선종의 오가(五家)의 특징과 그에 대한 평(評)을 첨부했는데, 특히 임제종을 특필하고 있다. 1579년〔선조 12〕 금화도인(金華道人)이 한글〔언해〕로 번역. 1610년〔광해군 2〕 중간(重刊). 1958년 청구대학 『국어국문학연구자료집』 제5집에 영인 간행되었고, 1949년과 1962년 조계종 선학원에서 쉬운 현대어를 풀이해서 활판본으로 간행하였다. 참선자의 안목과 선승이 지켜야 할 자세를 강조하고 있다.

선가오종 【禪家五宗】 중국 선종의 다섯 종파. 위앙종(潙仰宗)·임제종(臨濟宗)·조동종(曹洞宗)·운문종(雲門

宗)·법안종(法眼宗)을 말한다. 당나라 중·후기(中後期)에 크게 발전한 선종은 당말(唐末) 오대(五代)를 거치면서 다섯 파로 분립하였다. 가장 먼저 백장(百丈, 720-814)의 제자 위산영우(潙山靈祐, 771-853)와 그의 제자 앙산혜적(仰山慧寂, 815-891)에 의하여 위앙종이 성립되었다. 황벽희운(黃檗希運, ?-850)의 제자 임제의현(臨濟義玄, ?-867)은 임제종을 성립시켰고, 청원(青原) 계통에서 나온 운암담성(雲巖曇晟, 807-869)의 제자 동산양개(洞山良价, 807-869)와 그의 제자 조산본적(曹山本寂, 840-901)은 조동종을, 설봉의존(雪奉義存, 822-908)의 제자 운문문언(雲門文偃, 864-949)은 운문종을, 법안선사(法眼禪師) 청량문익(清凉文益, 885-958)은 법안종을 개창하여 종풍을 선양했는데, 5종 가운데서는 위앙종이 비교적 빨리 쇠퇴하였고, 임제종과 조동종은 오늘날까지 계승·발전되고 있다.

선객【禪客】①선(禪)을 닦는 사람. ② 선수행을 하는 스님. 주로 참선을 하는 스님.

선견율비바사【善見律毗婆沙】〔梵 Samantapasādica〕『선견율(善見律)』이라고도 한다. 불음(佛音; Buddhaghosa)이 지은 것을 중국 소제(蕭齊) 때〔488〕 승가발다라(僧伽跋陀羅)가 번역. 18권. 율(律)에 관한 5대 논서(論書) 가운데 하나. 소승율 전반에 대한 주석서인데, 주석 원본에 대해서는 알려져 있지 않다. 흔히 『사분율』에 대한 주석이라고 말하지만 일치하지 않는 부분이 많으며, 오히려 팔리본 율장과 일치하는 점이 많다. 전체 내용 구성은 서문·4바라이법·13사(事)·부정법(不定法)·30니살기(尼薩耆)·90사(事)·바라제제사니(波羅提提舍尼)·중학법(衆學法)·7멸쟁법(滅諍法)·비구니계(比丘尼戒)·건타가(騫陀伽)·율행출품(律行出品) 등을 중심으로 서술하고 있다.

선경【禪經】선정(禪定)의 뜻을 밝힌 경전. 『수행도지경(修行道地經)』·『좌선삼매경(坐禪三昧經)』·『달마다라선경(達摩多羅禪經)』·『선법요해경(禪法要解經)』·『치선법비요법경(治禪法秘要法經)』 등이 대표적인 선의 경전이다.

선관책진【禪關策進】중국 명(明)나라 때 선승(禪僧)인 운서사(雲棲寺)의 주굉(朱宏, 1532-1612)이 지음. 1권. 역대 선승들의 법어(法語)와 수행담 등을 찬집(撰集)하여 후학(後學)을 격려한 선문(禪門)의 책이다. 전집(前集)과 후집(後集)으로 나누는데, 전집은 제조사법어절요(諸祖師法語節要), 제조(諸祖) 고공절략(苦功節略)의 이문(二門)으로 구성하였고, 후집(後集)은 제경인증절략(諸經引証節略)의 일문(一門)을 세워, 모두 삼부(三部)로 되어 있다. 특히 선수행의 신심을 불러일으키게 하는 글이 많다.

선교【禪敎】〔英 The teaching of all

Ch'an sect〕 ①선종(禪宗)의 가르침. ②선종과 교종. ③선(禪)과 교(敎)·경(經)·율(律)·론(論)에 표현된 법문을 교(敎), 교외별전(敎外別傳)의 다른 취지를 선(禪)이라 한다.

선교【善巧】〔梵 kauśalya, naipuṇa, 西 mkhas pa, 英 clever, skillful, adroit, apt〕 선권곡교(善權曲巧)의 뜻. 아주 뛰어나고 절묘하게 동작하는 것. 부처님이 중생을 제도할 적에, 그 근기에 맞추어 수단 방법을 쓰는 것을 가리켜 선교방편이라고 함.

선교방편【善巧方便】〔梵 upāya-kauśalya〕 중생의 근기에 맞도록 절묘하게 여러 가지 수단 방법을 동원해서 중생을 정법으로 인도하는 것.

선교안심지관【善巧安心止觀】 천태 십승관법(十乘觀法)의 제3관법(觀法). 교안지관(巧安止觀)이라고도 한다. 진정하게 보리심을 내도 참된 깨달음을 얻을 수 없을 때 다시 고요하고 분명한 지관(止觀)의 행을 닦아, 법성(法性)의 이치에 마음을 두게 하는 관법(觀法).

선교양종【禪敎兩宗】 배불정책을 폈던 조선조는 태종 7년〔1407〕 종래의 11종, 즉 조계종·천태소자종·법화종·총지종·남산종·화엄종·도문종·자은종·중도종·신인종·시흥종을 조계종·천태종·총남종·화엄종·자은종·중신종·시흥종 등 7종으로 통폐합하였다. 그 뒤 세종 6년〔1424〕에는 조계종·천태종·총남종을 합쳐 선종으로 하고, 화엄종·자은종·중신종·시흥종을 합쳐 교종으로 하여 선종과 교종으로 통폐합하였는데, 이것을 선교양종이라고 한다. 서울 흥천사를 선종도회소(禪宗都會所)로, 흥덕사를 교종도회소로 하였는데, 그 후에는 이것마저 흐지부지되었다.

선교일치【禪敎一致】 서로 대립되는 입장에 있는 선(禪)과 교(敎)를 하나로 융합하려는 주장. 불교는 오랫동안 선과 교로 나뉘어 서로 대립 배척하는 입장이었다. 이는 불타(佛陀)의 참뜻이 아니다. 그러므로 선(禪)이나 교(敎)는 불타의 가르침을 전해 주는 방법의 차이일 뿐임을 알아서, 선과 교가 서로 이해 화합 융통하여 함께 힘을 모아 불법을 널리 펴는 데 노력하자는 것이 선교일치사상이다.

선근【善根】〔梵 Kuśala-mūla, 英 Good roots, good qualities〕 ①좋은 과보를 받을 만한 좋은 씨앗이란 뜻. 착한 마음과 행동으로 선근을 심으면 반드시 좋은 결과〔善果〕를 맺는다고 한다. ②온갖 선을 나타내는 근본이라는 뜻. 『품류족론(品類足論)』에서 말하는 무탐(無貪)·무진(無瞋)·무치(無癡)와 같은 것이다. ③선을 행하고자 하는 마음.

선근공덕【善根功德】 선근(善根; kuśala-anukūla)을 심게 되는 공덕. 선근은 좋은 결과를 가져오는 씨앗이 된다. 그래서 선근이 곧 공덕이 된다는 말. 선근 항목을 참조할 것.

선기【禪機】선의 핵심을 절묘하게 표출한 언어나 행동·대화. 선종(禪宗)에서 가르침을 전하는 방법. 또는 상대방을 깨닫게 하는 방법의 하나. 스승과 제자 또는 동학(同學)들이 서로 마주 보고서 일상어, 또는 고사성어, 고칙(古則) 등을 사용하여 암시적 방법으로 옆을 두드리고 치면서 우회적으로 상대방에게 그것을 듣게 함으로써 말한 즉시 크게 깨닫게 하는 것을 가리킨다. 때때로 한 마디 말, 한 마디 행위 가운데 '기요비결(機要秘訣)'을 함유하고 있어서 사람에게 계시를 주어서 기틀〔자질〕에 따라 이해하게 한다는 데서 이런 명칭을 붙였다. 『경덕전등록(景德傳燈錄)』 14권에 당(唐)의 석두선사(石頭禪師, 700-790)와 제자의 문답이 기록되어 있는데, "묻기를, '무엇이 선(禪)입니까?'라고 하니, 스승이 대답하기를, '푸른색 벽돌이다.'라고 했다. 또 묻기를, '무엇이 도(道)입니까?'라고 하니, 스승이 대답하기를 '나무 조각이다.'"라고 하였다. 여기서는 '푸른색 벽돌'·'나무 조각'을 사용하여 상대방의 의식적인 활동을 끊고, 도(道)는 있지 않은 데가 없으며, 발생하는 모든 일이 모두 선(禪)임을 암시한 것이다. 또한 선정(禪定)의 요체를 깨닫는 것을 일러 선기(禪機)라고 부르기도 한다.

선나【禪那】〔梵 dhyāna, 巴 Jhāna, 英 abstract contemplation〕 6바라밀의 하나. 타연나(馱衍那)라고도 쓰며, 선(禪)이라고 약칭한다. 정려(靜慮)·사유수(思惟修)·정(定)이라 번역한다. 진정한 이치를 사유(思惟)하고, 생각을 안정케 하여 산란치 않게 하는 작용. 선(禪) 항목을 참조할 것.

선나바라밀【禪那波羅蜜】〔梵 dhyāna-pāramita〕 6바라밀의 하나. 정도(定度)·정도피안(定到彼岸)이라고 번역한다. 선(禪)바라밀·정(定)바라밀·선정(禪定)바라밀·정려(靜慮)바라밀이라고도 한다. 진리를 올바로 사유(思惟)하며 조용히 생각하여 마음을 한곳에 모아 산란하지 않게 하는 것. 이것이 번뇌가 출렁이는 생사(生死)의 바다를 건너 열반(涅槃)의 언덕에 이르는 수행법(修行法)이다.

선남자【善男子】〔梵 kula-putra, kula-duhitṛ, 英 Good sons, or sons of good families, one of the Buddha's terms of address to his disciples, somewhat resembling 'gentleman'〕 ①본래는 좋은 집안의 자식을 뜻함. 불전(佛典)에서는 일반적으로, 고귀해서 유덕한 청년, 훌륭한 젊은이, 재가신자(在家信者)의 젊은이, 존경할 만한 젊은이를 가리킨다. 나아가 바른 신앙을 가진 사람 등으로도 이해된다. ②비구(比丘)에 대해서는 사용하지 않고, 보살에 대해서만 사용하는 말. ③자비(慈悲)를 뜻하기도 한다.

선도【善導, 613-681】 중국 당(唐) 태종·고종 때의 정토교(淨土敎)의 제1

인자. 선도(善道)라고도 쓴다. 중국 사주(泗州; 안휘성) 사람이라고 하기도 하고, 임치(臨淄; 산동성) 사람이라고 하기도 한다. 성(姓)은 주(朱)씨. 어려서 밀주(密州)의 명승(明勝)법사를 따라 출가하여 『법화경(法華經)』·『유마경』을 배웠는데, 서방변상(西方變相)의 그림을 보고 정토(淨土)에 태어나기를 원하였다고 한다. 나중에 구족계를 받고 묘개율사(妙開律師)와 함께 경전을 찾던 결과, 『관무량수경』을 얻어 그것에 전념하게 되었다고 전한다. 그 후 산서(山西)의 현중사(玄中寺)에 가서 도작(道綽, 562-645)의 제자가 되어 『관무량수경』의 강(講)을 듣고 수행하여 염불(念佛)을 행했다. 뒤에 종남산(終南山) 오진사(悟眞寺)·장안(長安)의 광명사(光明寺) 등을 전전(轉轉)하면서, 사람들에게 칭명염불(稱名念佛)을 권하고, 30년간 정토의 법문을 연설(演說)했다. 주된 저서로는 『관무량수경소(觀無量壽經疏)』·『왕생예찬(往生禮讚)』·『반주찬(般舟讚)』·『관념법문(觀念法門)』 등이 있는데, 이들 저작들에서 정토종의 교의(敎義)를 정리하고 있다. 왕생예찬게(往生禮讚偈)에서는 '천중무일(千中無一)'이라 설하고, 염불 이외의 잡행(雜行)을 닦는 자는 천 명 중에서 한 명도 성불하지 못한다고 한다. 당나라 고종 영융 2년에 69세로 입적했다. 제자로는 『석정토군의론(釋淨土群疑論)』의 저자인 회감(懷感)과 회운(懷惲) 등이 있다. 선도의 영향을 받은 사람으로는 법조(法照)·소강(少康)·법연(法然)과 원신(源信) 등이 있다.

선림 【禪林】 참선 수행자가 많이 모여 있는 선원(禪院)·총림(叢林)·선종(禪宗)·선문(禪門).

선림보훈 【禪林寶訓】 2권. 중국 송(宋)나라 때 선승인 대혜종고(大慧宗杲, 1089-1163)와 용상사규(龍翔士珪, ? -1146, 호 竹庵)가 옛 선승들의 어록과 전기 가운데서 후학들에게 귀감이 될 만한 사례 1백여 편을 모아 서술한 것을 동오(東吳)의 정선(淨善)이 순희 연간(1174-1189)에 다시 증보하여 3백여 편으로 만들었음. 간본(刊本)에 따라 다소 내용의 차이가 있음. 주석서로는 명(明) 대건(大建)이 교정한 『선림보훈음의(-音義)』, 장문가(張文嘉)의 『선림보훈합주(-合註)』, 행성(行盛)의 『선림보훈염송(-拈頌)』 등이 있다.

선무외 【善無畏】 ①〔梵 Śubhakarasiṃha, 637-735〕 수바게라승하(戍婆揭羅僧訶)·수바가라(輸婆訶羅)라고 음역하고, 정사자(淨獅子)라고 번역한다. 선무외(善無畏)는 원어의 뜻에 기초하여 번역한 것이다. 중국 진언밀교(眞言密敎)의 승려, 금강지(金剛智)·불공(不空)과 합하여 3삼장(三藏)이라 불린다. 인도의 오다국(烏茶國)의 태자로 태어나서 13세에 왕위에 올랐으나, 형(兄)이 이것을 시기했기 때문에 느낀 바 있어 왕위를 형에게 양보하고 출가했다. 여러 나라를 다니면서 불전(佛典)을 배우고, 나란타사(那爛陀寺)에서 달마국다(達摩掬多)를 스승으로 섬기면서 유가삼밀(瑜伽三密)의 가르침을 받았다. 당(唐) 개원(開元) 4년〔716〕 중국에 건너가, 장안(長安)에서는 현종(玄宗)의 칙명을 받아서 홍복사(興福寺) 및 서명사(西明寺)에 머물고, 경전의 번역에 종사했다. 일행(一行, 673-727)의 도움을 받아서 『대일경(大日經)』 7권을 번역하고, 『대일경소(大日經疏)』 20권을 편찬하고, 다시 『소바호동자경(蘇婆呼童子經)』 3권을 번역했다. 번역이 끝나서 인도로 돌아가려고 청했으나, 현종이 허락하지 않아 개원 23년〔735〕 99세로 죽을 때까지 밀교를 선양했다. 뒤에 홍려경(鴻臚卿)으로 추증(追贈)되었다. ②〔西 dge bas dbugs phyin pa〕 선(善)을 행함으로써 괴로움을 면하고, 마음이 안정되며, 두려움이 없어지는 것.

선문【禪門】①선종(禪宗). ②선정(禪定)의 문(門)에 들어간다는 뜻. 불문(佛門)에 들어간 이를 말함.

선문구산【禪門九山】구산선문(九山禪門)이라고도 한다. 통일신라 이후 선불교(禪佛敎)가 성할 때, 종풍을 떨친 아홉 개의 대표적인 산문(山門). 구산선문 항목을 참조할 것.

선문답【禪問答】①선(禪)을 주제로 나누는 문답 형식의 대화. 참선하는 사람들끼리 진리를 찾기 위해 주고받는 대화. 법거량, 법담이라고도 한다. ②주어진 문제와는 상관없이 한가로이 주고받는 이야기를 풍자하는 말.

선문보장록【禪門宝藏錄】3권 1책. 고려 충렬왕(忠烈王) 19년〔1293〕에 백련사(白蓮社)의 제4세인 진정국사(眞靜國師) 천책(天頙) 지음. 여러 선사(禪師)들의 어록(語錄)을 발췌하여 간명하게 기술한 책. 진귀조사설(眞歸祖師說) 등이 실려 있는데, 선 우월성을 강조하고 있는 책이다. 찬자에 대한 이설이 많다. 조선 중종(中宗) 26년〔1531〕에 지리산의 철굴암(鐵窟庵)에서 간행된 판본이 전한다.

선문수경【禪文手鏡】조선 순조(純祖) 때 백파긍선(白坡亘璇, 1767-1852)이 지은 책인데, 중국 선종의 5종(五宗)의 강요와 어구를 임제(臨濟)의 3구에 배대(配對)하여 설명하고 도표를 만든 것이다. 백파긍선은 일대의 선교(禪敎)를 임제의 3구(句)로써 3분하여, 제1구를 얻으면 불조(佛祖)의 스승이 될 수 있고, 제2구를 얻으면 인천(人天)의 스승이 될 수 있겠으나, 제3구는 자기 한 사람도 구제할 수 없다고 하였다. 그는 육조혜능(六祖慧能, 638-713) 이후의 5가(家) 종풍(宗風)을 규정하여, 임제종을 제1의 조사선(祖師禪), 위앙·법안·조동 등 3종은 제2구인 여래선이라 하고, 제3구의 의리선(義理禪)은 변계망정(徧計妄

情)에 불과하다고 비판하였다. 여기에 초의의순(草衣意恂, 1786-1866)과의 논쟁이 있었다.

선문염송【禪門拈頌】 고려 고종 때 선승인 혜심(慧諶, 1178-1234)이 편찬한 선(禪)의 공안집. 30권. 1226년〔고종13〕 혜심이 조계산 수선사에 있을 때 엮은 것으로, 본래 선문(禪門)은 불립문자(不立文字)라 하나, 그 근원을 얻으려면 그 흐름을 찾지 않을 수 없으므로, 모든 불조(佛祖)가 염(拈)하고 송(頌)한 약 1,125칙(則)을 모아서 오종론도(五宗論道)의 자료로 삼았다. 중국·한국을 통틀어 최대의 공안집으로서 그 자료적 가치는 매우 높다. 특히 중국의 선어록이나 선문헌에도 없는 송(頌)과 염(拈)들도 있는데, 이로 본다면 당시까지 있던 모든 선관계 어록은 다 수집했음을 알 수 있다. 1244년 대장도감(大藏都監) 남해분사(南海分司)에서 개판되었으며, 조선시대에는 1635년〔인조 14〕 보성 대원사에서도 개간(開刊)되었다. 근래엔 설봉학몽(雪峰鶴夢)이 현토(懸土)한 『현토선문염송』이 간행되었다. 『선문염송』의 해설서로는 혜심의 제자인 각운(覺雲)이 쓴 『선문염송설화(禪門拈頌說話)』 30권과 일연(一然)이 지은 『선문염송사원(禪門拈頌事苑)』, 그리고 연담유일(蓮潭有一, 1720-1799)이 쓴 『염송착병(拈頌着柄)』 3권이 대표적이다.

선문염송설화【禪門拈頌說話】 고려 고종(高宗, 1213-1259 在位) 때 각운(覺雲)이 진각(眞覺, 1178-1234)국사가 혜심(慧諶)이 편찬한 『선문염송』에 대하여 자세한 해설을 붙인 것. 30권 5책. 조선 때는 불교 배척으로 산사(山寺)에 깊이 간직되었던 것을 천은자(天隱子), 별호를 삼교료부(三教了父)라 하는 처사가 서문을 써서, 1686년〔숙종 12〕에 묘향산의 선정암(禪定庵)에서 개판한 것이 전하고 있다.

선문촬요【禪門撮要】 조선 말기의 선승 경허성우(鏡虛惺牛, 1849-1912)가 달마(達磨, ?-528) 이래의 여러 선사들이 선학(禪學)의 지침으로 삼았던 글을 모은 책. 2권 2책. 상권에는 달마의 『혈맥론(血脈論)』·『관심론(觀心論)』·『사행론(四行論)』, 홍인(弘忍, 602-675)의 『최상승론(最上乘論)』, 황벽(黃檗, ?-850)의 『완릉록(宛陵錄)』·『전심법요(傳心法要)』, 몽산덕이(蒙山德異, 1232-1308)의 『몽산법어(蒙山法語)』, 무이(無異, 1575-1630)의 『선경어(禪警語)』 등에서 중국 선사들의 글을 수록하였고, 하권에는 지눌(知訥, 1158-1210)의 『수심결(修心訣)』·『진심직설(眞心直說)』·『정혜결사문(定慧結社文)』·『간화결의(看話訣疑)』, 천책(天頙)의 『선문보장록(禪門寶藏錄)』, 지안(志安, 1664-1729)의 『선문강요집(禪門綱要集)』, 휴정의 『선교석(禪教釋)』 등과 같은 한국 선사들의 저작을 수록하고 있다. 상권이 1907년〔융희 1〕 7월 경북 청도 호거산(虎

踞山) 운문사(雲門寺)에서 초간되었고, 하권은 이듬해 부산 동래 범어사(梵魚寺)에서 초간되었다.

선바라밀【禪波羅蜜】〔梵 dhyāna-pāramita〕 6바라밀 가운데 하나. 구역(舊譯)은 정도(定度), 신역(新譯)은 정도피안(定到彼岸). 선정(禪定)은 찰나에도 수없는 번뇌가 기멸(起滅)하는 생사해(生死海)를 건너 열반(涅槃)의 언덕에 이르는 수행법을 말함.

선법【禪法】〔英 Methods of mysticism〕 좌선·참선하는 법. 경(經)이나 논(論)에 의지하지 않고, 스스로 참선을 통해서 마음을 찾고 깨치는 법. 또는 마음에서 마음으로 부처의 심인(心印)을 전해 주는 일.

선법요해【禪法要解】 중국 후진(後秦) 때〔402-412〕 구마라집(鳩摩羅什, 344-413)이 번역함. 2권. 부정관(不淨觀)을 닦아서 5개(蓋)를 없애는 수행과 4선(禪) 및 4무량심(無量心)·4무색정(無色定)·6신통(神通) 등에 대해서 설명하고 있다. 특히, 음욕이 많은 사람이 닦아야 할 수행법이 바로 부정관이라는 것을 말하는데, 부정(不淨)에도 오염부정(汚染不淨)과 비오염부정(非汚染不淨)이 있음을 말한다. 수행자는 마땅히 생각을 고요히 하여 번뇌를 떠나고 마음을 안정시키는 것이 가장 중요하며, 그러한 마음에서 중생을 구제하려는 자비심이 우러나온다. 이 경(經)에서는 모든 불도(佛道) 수행의 귀결점은 고통을 떠나 열반을 성취하는 것이며, 그 목적을 성취하기 위해서 닦아야 할 필수적인 선(禪) 수행 방법을 제시하였다.

선병【禪病】〔英 The ills of meditation i.e. wandering thoughts, illusions〕 ①일체(一切)의 망념(妄念)을 말한다. 망념은 선정(禪定)의 병마(病魔)가 된다. ②선정(禪定)을 닦는 사람에게 일어나는 여러 가지 병마를 말하는 것. 치선병비요법(治禪病秘要法) 2권이 있는데, 선병(禪病)과 치료법에 대하여 자세히 설명하고 있다. 선병이란 선에 대한 잘못된 견해에서 오는 문제점이다. 예컨대, 선수행을 하여 깨달으면 초인적인 능력 등 신비스러운 힘이 생길 것으로 기대하는 것 등으로, 오판(誤判)에서 오는 망상들이 모두 선병이다.

선불장【選佛場】 부처를 뽑는 곳, 부처를 선발하는 곳. 즉 좌선당을 가리킴.

선비요법경【禪秘要法經】 중국 후진(後秦) 때〔402-412〕 구마라집(鳩摩羅什, 344-413)이 번역. 3권. 줄여서 『선비요법(禪秘要法)』이라 한다. 여러 가지 관법(觀法), 즉 계념법(繫念法)을 설하였다. 먼저 일반적인 관법을 보이고, 이어서 부정관(不淨觀)·백골관(白骨觀)으로부터 풍대관(風大觀)에 이르는 30종의 관법과 별종의 4대(大)관법을 설하였고, 이와 같은 관법이 점차로 쇠퇴하게 될 것을 예언하였다.

선사【禪師】〔英 Zen master. A

master, or teacher, of meditation, or of the Ch'an school〕 ①참선 수행을 오래도록 닦은 스님에 대한 존칭. ②유가종(瑜伽宗)의 고승(高僧)을 가리키는 말. ③고려·조선시대, 선종(禪宗)의 법계(法階)의 하나. 고려시대에는 삼중대사(三重大師)의 위이고 대선사(大禪師)의 아래였으며, 조선시대에는 중덕(中德)의 위이고 대선사(大禪師)의 아래였다.

선삼종【禪三宗】중국 당(唐)나라 때 종밀(宗密, 780-841)이 당시의 중국 선종을 내용적으로 세 가지로 분류한 것. 1. 식망수심종(息妄修心宗), 2. 민절무기종(泯絶無寄宗), 3. 직현심성종(直顯心性宗). 종(宗)이란 종파 개념이 아니고 선풍, 학풍, 또는 수행방법을 성격별로 구분한 것이다. 식망수심종(息妄修心宗)은 혜능(慧能, 638-713) 문하의 남종(南宗)에서 북종(北宗) 신수 계통의 점수선(漸修禪)을 말하는 것이며, 민절무기종(泯絶無寄宗)은 석두(石頭, 700-790)·우두(牛頭, 594-658) 문하를 말하며, 직현심성종(直顯心性宗)은 하택(荷澤, 685-760)의 돈오점수(頓悟漸修)와 홍주종(洪州宗)의 돈오선(頓悟禪)을 말한다.

선생자경【善生子經】『육방예경(六方禮經)』. 육방예경 항목을 참조할 것.

선서【善逝】〔梵 sugata, 英 well departed; a title of Buddha〕 부처님의 십호(十號) 가운데 하나. 부처님은 여실(如實)하게 열반의 세계로 가셔서 다시 생사(生死)의 바다에 빠지지 않기 때문에 이렇게 부른다.

선시불심 교시불어【禪是佛心 敎是佛語】선(禪)은 부처님의 마음이요, 경전은 부처님의 말씀이라는 뜻. 선(禪)과 교(敎)를 구별해서 교(敎)보다 선(禪)이 더 우월함을 나타내는 말. 경전만 읽어서는 부처님의 말씀밖에 배우지 못하므로, 선(禪)을 닦아야 비로소 부처님의 마음을 깨칠 수 있다는 말. 불교의 궁극 목적은 반드시 선을 닦아야 하는 것임을 강조한 말로 사용되고 있다.

선실【禪室】〔英 a room for contemplation; a meditation chamber; a Buddhist priest〔monk〕〕 ①선정(禪定)을 닦는 사람의 거실(居室). 좌선하는 집. ②속가(俗家)와 멀리 떨어진 곳에서 수도하는 암자(庵子).

선심【禪心】①선(禪)을 닦는 마음. 선의 경지에 들어간 마음. 곧 적정무위(寂靜無爲)한 마음. ②청정한 마음. ③일체의 분별사량이 없는 마음.

선악【善惡】〔梵 Śubha-āsubha, 英 good and evil; virtue and vice; goodness and badness〕 ①『보살영락경(菩薩瓔珞經)』에서는 이치에 따르는 것〔順理〕을 선(善)이라고 하고, 이치에 어긋나는 것〔違理〕을 악(惡)이라고 한다. ②『대승의장(大乘義章)』 7권에는, "순(順)은 선(善)이 되고 위(違)는 악(惡)이 된다."라고 하였다.

③정영(淨影)은 3종의 선악을 말하였는데, 첫째, 순익(順益)은 선(善)이 되고 위손(違損)은 악이 된다. 둘째, 순리(順理)가 선이 되고 위리(違理)는 악이 된다. 셋째, 삼체(三體)가 순(順)한 것은 선(善)이 되며, 삼체(三體)에 위(違)한 것은 악이 된다고 하였다.

선어【禪語】 선종(禪宗)이나 선원(禪院), 그리고 선어록 등 선에서 사용하고 있는 말.

선어록【禪語錄】 ①선승(禪僧)·선사(禪師)들의 말씀〔語錄〕. ②선사들의 말씀을 수록한 책. 선서(禪書)라고도 함.

선업【善業】〔梵 sucarita, śubhaṃ karma, 英 a good deed〕 좋은 행위. 좋은 결과를 받을 수 있는 행위. 몸과 입, 마음의 동작과 언어. 오계(五戒)와 십선(十善) 등의 선한 행위.

선오후수【先悟後修】 깨닫고 난 뒤에 계속해서 수행을 해야 함을 가리키는 말. 먼저 깨닫는다는 것은 인식으로서 견성(見性)의 경지를 말하고, 계속해서 수행한다는 것은 성불(成佛)을 말한다. 견성한 사람이 성불의 수행을 계속하지 않으면 도로 어두워지게 됨. 돈오점수와 같은 말.

선우【善友】〔梵 Kalyāṇamitra〕 하리야낭밀달라(賀里也曩蜜怛羅)라고 음역(音譯)한다. 선지식(善知識)·선친우(善親友)·친우(親友)·승우(勝友)라고 한다. 부처님의 정도(正道)를 가르쳐 보여, 좋은 이익을 얻게 하는 스승이나 친구. 나와 마음을 같이하여 선행을 하는 사람을 말한다.

선원【禪院】 참선(參禪)·좌선을 주로 하는 전문 수행도량. 우리나라에서는 선방(禪房)이라고도 한다. 선(禪)을 가르치고 선법(禪法)을 닦는 전문 교육기관이다.

선원제전집도서【禪源諸詮集都序】 중국 당(唐)나라 때 고승인 규봉종밀(圭峰宗密, 780-841)이 지은 책. 우리나라에서는 사집과(四集科)의 하나. 『도서(都序)』라고 약칭한다. 3권으로 구성. 『선원제전집(禪源諸詮集)』은 본래 예부터 전해 오는 선(禪) 계통의 언구(言句)·게송(偈頌) 등을 모은 101권으로 된 책이었는데, 완전히 일실(逸失)되어 현재 전혀 알려져 있지 않다. 이 책은 그에 대한 도서(都序), 즉 전체적인 서문(序文)이다. 1062년 요조(遼朝)의 숭천황태후(崇天皇太后)에 의해 처음으로 간행되었다.

선원청규【禪苑清規】 중국 송(宋)나라 때 자각종색(慈覺宗賾, 생몰연대 미상)이 엮음. 10권. 백장청규(百丈清規)의 뒤를 이어 선원(禪院)에서 준수해야 할 여러 가지 규칙, 규범을 정한 책. 원부 연간〔1098-1100〕에 편집을 시작하여 숭녕(崇寧) 2년〔1103〕에 완성. 숭녕청규(崇寧清規)라고도 함. 선종의 현존하는 청규서로는 최고(最古)로서, 백장회해(百丈懷海)의 고청규(古清規)에 토대를 두고 시대의 추이에 따라 널리 제방(諸方) 총림의 현상을 파악하여 새로 선원의 규칙·규율·행사·제도 등에 대하여 서술하고, 상당(上堂)·감원(監院)·지객(知客)·화주(化主) 등 77항목으로 나누어 설명함. 특히 8권의 좌선의(坐禪儀)와 귀경문(龜鏡文)은 후에 청규서에 계승되었음. 현재 통용되고 있는 선원청규(禪苑淸規)는 가태(嘉泰) 2년〔1202〕에 중간된 것으로서, 우리나라 고려시대에 전해진 고려본(高麗本)과 비교하면 보충 부분이 많음.

선인선과 【善因善果】〔英 Sow virtue, and the harvest will be virtue. As you sow, so shall you reap〕 선업(善業)을 닦으면 반드시 좋은 결과를 얻게 된다는 말. 복(福)과 지혜(智慧)를 함께 닦으면 반드시 복혜구족(福慧具足)하게 된다고 함.

선자 【禪者】 ①선승(禪僧). 선법(禪法)을 익히는 자(者). 선(禪)의 수행자. ②〔梵 dhyātṛ〕 명상하는 사람.

선재동자 【善財童子】〔梵 Sudhana〕『화엄경(華嚴經)』「입법계품(入法界品)」에 나오는 구도자(求道者). 어린 동자승이 깨달음을 성취하기 위해 53 선지식을 두루 찾아뵙고, 맨 나중에 보현보살을 만나서 10대원(大願)을 들은 후, 깨달음의 세계〔法界〕로 들어감〔入〕을 이루었다고 한다.

선정 【禪定】〔英 Ch'an is dhyāna, probably a transliteration; ting is an interpretation of samādhi. Ch'an is an element in ting, or samādhi, which covers the whole ground of meditation, concentration, abstraction reaching to the ultimate beyond emotion or thinking〕 계정혜(戒定慧) 삼학(三學)의 하나. 육바라밀(六波羅蜜)의 하나. 마음을 하나의 대상에 집중하여, 산란함을 막고 번뇌를 끊어서 깊이 진리를 사유하는 경지에 들어가는 것. 선정(禪定)을 나타내는 말 중에 팔리어로는 'samādhi〔定·定意·靜慮·思惟修〕'·'jhāna〔禪·禪那·靜慮·思惟修〕'·'samapātti〔定·三摩鉢底·等至〕'·'samatha〔止·奢摩他〕'·'cittekaggatā〔心一境性〕'·'yoga〔瑜伽〕' 등이 있는데, 이들 번역어 중에서 구역어(舊譯語)인 '사유수(思惟修)'와 신역어(新譯語)인 '정려(靜慮)'가 원어(原語)에 충실한 번역이라고 볼 수 있다. 선정(禪定)은 'jhāna'의 음사어(音寫語)인 선(禪)과 번역어(飜譯語)인 '정(定)'이 결합된 말로서, 초기불교 경전에서는 구별 없이 사용되고 있다. 이처럼 선정(禪定)을 의미하는 팔리어 'jhāna'와 'samādhi'의 어원을 살펴보면, 먼저 'jhāna'는 'jhāyati'와 'jhāpeti'의 두 어원을 가지고 있는데, 'jhāyati'는 '생각하다'·'명상하다'·'불태우다'라는 의미이고, 'jhāpeti'는 '불태워 버리다'·'불을 놓다'·'요리하다'라는 의미이다. 여기서 '불태워 버리다'라는 것은 집중과 통찰을 방해하는 '정신적 더러움'을 불태워 없앤다는 상징적 의

미를 담고 있다. 이에 반해 'samādhi'의 어원은 'sam-ā-dhā'로부터 비롯되었다고 하는데, 어근 'dhā'는 '마음이나 주의를 대상으로 향하게 하거나 고정시키는 것'·'숙고하다'라는 의미이므로 '마음의 통일 또는 집중'을 가리킨다. 이와 같이 'jhāna'와 'samādhi'는 공통적으로 '명상하다'·'마음을 한 대상에 집중하다'라는 의미를 가지고 있으므로, 이것은 곧 선정(禪定)이 내적(內的) 통찰력을 증진하는 수행법임을 말해 주고 있다.

선정바라밀【禪定波羅蜜】 육도(六度)의 하나. 정려바라밀(靜慮波羅蜜)과 같음. 범어(梵語) 'dhyāna-pāramitā'의 음역(音譯)으로, 선나바라밀(禪那波羅蜜)·선정바라밀다(禪定波羅蜜多)·선바라밀(禪波羅蜜)이라고도 한다. 선정(禪定)의 완성(完成)이라는 뜻이다.

선정사상【禪定思想】 불타가 정각(正覺)을 이룬 후 처음으로 설한 내용이 사제(四諦)와 팔정도(八正道)이다. 팔정도는 깨달음에 이르는 구체적인 방법인데, 그 가운데 정정(正定)이 곧 선정이며, 이 정정(正定)의 구체적 내용이 4선(禪)이다. 그리고 무색계(無色界)의 선정으로 사무색정(四無色定), 즉 공무변처정(空無邊處定)·식무변처정(識無邊處定)·무소유처정(無所有處定)·비상비비상처정(非想非非想處定)을 설하는데, 이 사선·사무색정은 처음에는 서로 관계가 없었지만, 뒤에 정리되어 팔등지(八等至)라 불렸다. 이것에 다시 멸진정(滅盡定)을 더한 것이 구차제정(九次第定)이다. 멸진정이란 심(心)의 활동이 전혀 없어진 삼매(三昧)를 말한다. 수행의 단계에서 보면, 아라한과(阿羅漢果) 다음인 불환과(不還果; 阿那含)에 해당되는데, 이 선정은 비교적 후대에 성립된 것이다. 또 대승불교에서는 멸진정에 있어서도 잠재의식은 활동하고 있고, 따라서 열반에는 들어가지 않는다고 되어 있다. 부파불교시대에는 선정(禪定)도 교리학(教理學)의 대상이 되어 선정의 심화(深化)의 단계를 관찰하고 분석적으로 기술한 것, 또는 구체적 방법을 분류한 것이 많이 나타났으나, 그 해설은 번쇄하고 난해하다. 부파의 대표적인 선관(禪觀)으로서는 유부(有部)의 선관과 남방상좌부(南方上座部)의 선관이 있는데, 유부(有部)의 선관은 『발지론(發智論)』이나 『대비바사론(大毘婆沙論)』에 자세히 설해져 있고, 다시 『구사론(俱舍論)』에 정리되어 있다. 그것에 의하면 범부(凡夫)에게는 삼현(三賢)과 사선근(四善根)의 단계가 있고, 삼현(三賢)의 위(位)로 선정(禪定)을 익힌다고 되어 있다. 삼현이란 오정심(五停心)·별상념주(別相念住)·총상념주(總相念住)이다. 오정심이란 마음의 허물을 정지시키는 5종의 관법(觀法)으로 부정관(不淨觀)·자비관(慈悲觀)·인연관(因緣觀)·계분별관(界分別觀)·수식관(數息觀) 등이다. 이 오정심관법이 완성되면 다시 보다 높은 관법에 나아가지만, 수행의 진전에 따라서 더욱 고도의 선관(禪觀)이 상정된다. 남방상좌부의 선관은 『청정도론(淸淨道論; visuddhimagga)』에 자세히 설해져 있다. 『청정도론』은 계(戒)·정(定)·혜(慧) 삼학(三學)을 자세히 설명한 것인데, 그 가운데서도 정학(定學; 선정)을 더욱 자세하게 분류하여 사십업처(四十業處)로 설하고 있다. 사십업처란 십변처(十遍處)·십부정관(十不淨觀)·십수념(十隨念)·사범주(四梵住)·사무색정(四無色定)·식염상(識厭想)·사계차별관(四界差別觀) 등이다. 이 사십업처〔kammaṭṭhāna〕를 수습하여 현법락주(現法樂住) 비발사나(毘鉢舍那)·신통(神通)·범천계(梵天界)에 생하는 것, 멸진정(滅盡定)을 얻는다고 설하고 있다. 대승불교의 선정은 육바라밀 가운데 제5 선정바라밀(禪定波羅蜜)이 설해진 것이 일반적이다. 바라밀행은 이타행(利他行)에 의하여 자리행(自利行)도 완성하는 구조로 되어 있고, 그것을 행하는 자를 보살(菩薩)이라 한다. 대승경전은 많은 수가 있는데, 대개가 선정에 대하여 설하고 있고, 각자 자기 나름대로 세계관과 수도이론을 가지고 거기서 선정을 분류하는데, 23종·65종·500종을 헤아린다. 또 『능가경(楞伽經)』에서는 우부소행선(愚夫所行禪)·관찰의선(觀察義禪)·반연여선(攀緣如禪)·여래선(如來禪) 등의 사선설(四禪說)을 말하고 있다. 중국에 선종(禪宗)이 성립하기 이전에도 선적인 수행문이 전하여 왔는데, 후한(後漢) 때의 안세고(安世高)는 안반선(安般禪), 곧 수식선(數息禪)을 주로 하여, 사념처(四念處)와 사정근(四正勤) 등의 37도품(道品)을 실수(實修)하였고, 후한의 구마라집(鳩摩羅什, 344-413)은 『좌선삼매경(坐禪三昧經)』·『선비요경(禪秘要經)』·『사유략요법(思惟略要法)』을 번역하고, 불타발타라(佛馱跋陀羅, 359-429)가 『달마다라선경(達磨多羅禪經)』과 『관불삼매경(觀佛三昧經)』을 번역한 뒤로 대승선(大乘禪)이 유행하였다. 그 뒤 중국 남쪽에서는 여산(廬山, 334-416)의 염불선(念佛禪)이, 북쪽에서는 현고(玄高, 402-444)·승주(僧周)·혜광(慧光)·승조(僧稠, 480-560)의 지관선(止觀禪)이 유행하였다. 그리고 북위(北魏) 선무제(宣武帝) 영평 원년〔508〕에 낙양에 온 륵나마제(勒那摩提; Ratnamati)는 『일승불보성론(一乘佛寶性論)』과 『법화경론(法華經論)』 등을 번역하였는데, 그 제자로 도방(道房)·승정(僧定)·승달(僧達, 475-556) 등이 선을 전하였다. 달마 이전 후한 말부터 위(魏)·양(梁) 남북조시대에 이르기까지 4백년간은 대소승선법(大小乘禪法)이 유행했으나 종파로 발전하지는 않았다.

선정쌍수【禪淨雙修】선(禪)과 염불을 함께 닦는 수행법. 선정일여(禪淨一如)의 수행법으로, 정토선(淨土禪)의 용어.

선종【禪宗】〔英 The ch'an, meditative or intuitional, sect usually said to have been established in China by Bodhidharma〕선(禪)을 실현하는 방법을 자각적으로 제시하는 일파. 불심종(佛心宗)이라고 한다. 선(禪)이 독립된 종파로서 성립한 것은 육조(六祖) 혜능(慧能, 638-713) 이후로서, 마조도일(馬祖道一, 709-788)의 제자 백장(百丈, 720-814) 때에 이르러서이다. 그러나 거슬러 올라가면 초조인 보리달마(菩提達磨, ?-536)에서 시작된다. 초조 달마가 인도에서 중국에 온 것은 470년 전후이다. 달마와 양무제의 대화에서 알 수 있듯이 처음에는 받아들여지지 않았다. 이후 달마의 선(禪)은 2조 혜가(慧可, 487-593)·3조 승찬(僧璨, ?-606)·4조 도신(道信, 581-651)·5조 홍인(弘忍, 602-675)으로 이어졌고, 6조에 가면 6조 혜능(慧能, 638-713)의 남종선(南宗禪; 南頓禪)과 신수(神秀, 606-706)의 북종선(北宗禪; 北漸禪)의 분화가 생기게 된다. 신수는 달마가 전한 『능가경』에 의해 단계적 수선(修禪) 방법인 정좌선정적(靜坐禪定的; 고요하게 앉아 있는 것) 선풍(禪風)으로써 중국 북부에서 활약했고, 혜능은 돈오(頓悟)의 방법으로 강남지역에서 활동했다. 남종선·북종선이라는 말은 지역적인 명칭으로 남북(南北)이라는 데서 나온 말이다. 북종선 계통은 신수 입적 후 얼마 지나지 않아 그 계통이 끊어졌고, 혜능의 남종선은 5가7종의 분파를 이루면서 크게 발전했다. 이후 선은 남종선 일색이 되었다. 혜능의 제자로 남악회양·청원행사·하택신회가 있다. 회양(懷讓, 677-744)은 화두선(話頭禪)이 성하게 되는 시원을 이룬 사람이고, 행사(行思, ?-740)는 묵조선(默照禪)의 원천을 이룬 시조이며, 신회(神會, 685-760)는 하택종(荷澤宗)을 이루어 지해선(知解禪)의 방향으로 나아간다. 회양의 제자 마조도일(馬祖道一, 709-788)에 이르러 할(喝)을 쓰는 선기(禪機)가 나타났고, 도일의 제자 백장회해(百丈懷海, 720-814)는 선원의 규칙을 담은 『백장청규(百丈淸規)』를 지어 작무근로(作務勤勞)의 수도적인 의의를 강조하였다. 한편 그의 법제(法弟) 혜해(慧海)는 『돈오요문론(頓悟要門論)』을 지어 선의 보급에 힘썼다. 회해의 후계자인 황벽희운(黃蘗希運, ?-850)은 『전심법요(傳心法要)』를 남겨 일심(一心)을 깨닫는 길을 밝혔고, 그의 제자 임제의현(臨濟義玄, ?-867)은 독특한 기풍을 가지고 임제종의 초조(初祖)가 되었으며, 4할(喝)·4빈주(賓主)·4료간(料簡) 등으로 수행자를 지도했다. 또 조주종심(趙州從諗, 778-897)

은 겸허(謙虛)·쇄탈(洒脫)·자애(慈愛)의 풍격으로 유명하였고, 규봉종밀(窺峰宗密, 780-841)은 화엄학승으로서 교선(敎禪)일치를 주장하고 『선원제전집도서(禪源諸詮集都序)』를 남겼다. 회해의 제자 위산영우(潙山靈祐, 771-853)와 그의 제자 앙산혜적(仰山慧寂, 815-891)에 의하여 위앙종이 성립되었다. 청원행사(靑原行思)에 이어 석두희천(石頭希遷, 700-790)은 참동계(參同契)를 만들고, 차별과 평등의 상즉전환(相卽轉換)의 자유를 주장하였다. 석두의 문하에 유엄(惟儼)이 있었는데, 그 제자 담성(曇晟)을 거쳐서 동산양개(洞山良价, 807-869)에 오면 조동종(曹洞宗)이 성립한다. 양개(良价)는 체계적인 선풍을 일으키고, 『보경삼매가(寶境三昧歌)』를 지었으며, 오위(五位)의 설에 의하여 선생활의 제상(諸相)을 개괄하였다. 그의 문하에 도응(道膺)·본적(本寂)이 있어 조동종풍을 남겼다. 청원행사 계통의 운문문언(雲門文偃, ?-949)은 간결한 수단으로 운문종조(雲門宗祖)가 되었고, 법안문익(法眼文益, 885-958)은 선교(禪敎) 융합의 풍에 의하여 법안종을 창시했다. 이상 선종 흥륭기의 5가(家)에 송나라 때 황룡혜남(黃龍慧南, 1002-1069)의 황룡파(黃龍派)와 양기방회(楊岐方會, 992-1049)의 양기파(楊岐派)를 보태어 오가칠종(五家七宗)이라 한다. 또 당송(唐宋) 2대에 걸친 시문(詩文)의 융성은 선(禪)의 표현에도 영향을 주었다. 이런 상황 속에서 공안(公案)의 집대성 시기를 만나게 된다. 운문종의 설두중현(雪竇重顯, 980-1052)은 선의 공안(公案) 백칙(百則)을 송(頌)하여 『설두송고(雪竇頌古)』를 이루었다. 후에 원오극근(圓悟克勤, 1063-1135)이 이에 수시(垂示)·착어(著語)·평창(評唱)을 더한 것이 『벽암록(碧巖錄)』으로서, 남송(南宋) 때 양기파의 무문혜개(無門慧開, 1183-1260)가 지은 『무문관(無門關)』과 더불어 유명하다. 송나라 때에는 임제종 계통의 대혜종고(大慧宗杲, 1089-1163)에 의하여 간화선(看話禪)이 성립되고, 조동종의 굉지정각(宏智正覺, 1091-1157)에 의하여 묵조선(默照禪)이 성립되었다. 이후 묵조선은 크게 발전하지 못했으나, 간화선은 발전하여 큰 선풍을 일으켰다. 선은 당송시대에는 크게 융성하여 중국불교를 대표했는데, 원대(元代) 이후에는 그다지 융성하지 못했다. 특히 원(元)·명(明)·청대(淸代)에는 선(禪)과 정토(淨土)가 합한 선정일치(禪定一致)의 경향으로 흘렀다.

선종영가집 【禪宗永嘉集】 당나라의 선승 영가현각(永嘉玄覺, 647-713)이 선종(禪宗)의 교리를 알기 쉽게 풀이한 것. 조선시대에 우리말로 풀이한 언해본(諺解本)이 전한다. 영가집(永嘉集) 항목을 참조할 것.

선종판사 【禪宗判事】 조선시대 선종

ㅅ

(禪宗)을 총괄하던 최고의 승직(僧職). 또는 그 승직에 있는 사람. 도대선사(都大禪師)로 임명하였다.

선지【禪旨】 선의 본질, 핵심. 선종의 주의강령(主義綱領)을 말로써 표명(表明)하면 불립문자(不立文字)·교외별전(教外別傳)·직지인심(直指人心)·견성성불(見性成佛)이다. 달마(達磨, ?-528) 이전의 불교 제종파(諸宗派)는 경론(經論)에 의하여 각자의 주장을 세워 가지만, 달마 이후 선종에서는 모든 경론은 달을 가리키는 손가락과 같은 것이므로, 진리는 언어(言語)나 문자(文字)에 의지할 것이 아니라, 언외(言外)의 묘리(妙理)를 스스로 보고 깨닫는 데 있다고 하였다. 교리를 생각하거나, 모든 계행(戒行)을 떠나서, 직접 사람의 마음을 직시하여 깨달음을 얻게 해야 한다고 한다.

선지식·악지식【善知識·惡知識】 선지식(善知識; kalyāṇamitra)은 정직·유덕(有德)한 벗으로, 다른 이로 하여금 고통의 세계에서 벗어나 열반의 세계에 이르게 하는 사람. 남녀·노소·귀천을 가리지 않고, 모두 불연(佛緣)을 맺게 하는 사람을 말한다. 악지식(惡知識; pāpamitra)은 악법(惡法)·사법(邪法)을 설하여, 중생을 미혹하게 하고, 불도수행을 방해하고, 불행에 빠지게 하는 사람을 말하는데, 악우(惡友)·악사(惡師)와 같다.

선찰【禪刹】 선사(禪寺). 선(禪)의 도량(道場). 선종(禪宗)의 절.

선풍【禪風】 ①선(禪)이 크게 유행하거나 홍성한 것을 바람이 크게 부는 것에 비유한 말. ②선사(禪師)의 독특한 가르침이나 지도 방법, 스타일.

선학【禪學】〔英 the dogmatics of Zen Buddhism; the doctrine of the Zen sect〕선법(禪法)의 이론으로서, 중국불교의 중요 학설. 선의 정식 명칭은 산스크리트 dhyāna〔禪那〕로서, '정려(靜慮)'·'사유수(思惟修)' 등으로 의역(意譯)한다. 고요한 가운데 사려(思慮)하며, 마음속으로 오직 한 대상에 집중하여, 의리(義理)를 사려하는 데에 깊이 들어감을 가리킨다. '선나(禪那)'는 지관(止觀)이라고도 하는데, '지(止)'는 마음의 안정(安靜)이고, '관(觀)'은 어떤 하나의 사물을 사려(思慮)함이다. 선(禪)은 정(定)의 일종으로서, 중국불교에서는 종종 선(禪)과 정(定)을 병칭하여 '선정(禪定)'이라고 하는데, 그 뜻이 비교적 광범위하다. 선을 수행방법으로 삼는 데에도 소승과 대승의 차이가 있으나, 그 공동의 목적은 신체의 안정과 정신의 집중을 통하여 근본적으로 번뇌(煩惱; klèsa)와 악(惡; akuśala)을 제거하고 선을 행하며 어리석음을 지혜로 바꾸어 정신의 해탈(解脫; mokṣa; vimukti)을 얻는 것이다. 중국의 선학(禪學)은 동한(東漢) 후기의 안세고(安世高)와 지루가참(支婁迦讖)에 의하여 선(禪) 경전이 번역되면서 시작되었다. 삼국시대 오(吳)의 강승회(康僧會, ?-280), 진대(晉代)의 석도안(釋道安)과 지도림(支道林)은 모두 선을 중시하였다. 나중에 구마라집(鳩摩羅什, 344-413)과 불타발타라(佛陀拔陀羅)도 선학의 흥기를 추진하였다. 한(漢)·위(魏)·진(晉) 시기에 유행한 선법에는, 안세고가 번역한 『안반수의경(安般守意經)』에 의해 창도된 안반선(安般禪)과 지루가참이 번역해 낸 『반주삼매경(般舟三昧經)』·『수능엄삼매경(首楞嚴三昧經)』에 의해 창도된 염불선(念佛禪)이 있었고, 구마라집이 번역한 『선비요법경(禪秘要法經)』과 불타발타라가 번역한 『달마다라선경(達摩多羅禪經)』에 의해 창도된 오문선(五門禪), 그리고 구마라집이 선관(禪觀)과 공관(空觀)을 연계시킨 데서 연유한 실상선(實相禪) 등이 있었다. 남북조(南北朝)시대에는 정치상황이 다름으로 말미암아, 남방(南方)에서는 의리에 편중되고, 북방에서는 선법에 치중되었다. 북위(北魏)의 효문제(孝文帝)는 불타선사(佛陀禪師)에게 숭산(崇山)의 소실(少室)에 소림사(小林寺)를 세워 주어 선승들이 집거(集居)하는 곳으로 삼았는데, 이후부터 선법이 크게 행해졌다. 북위 때의 저명한 선사인 보리달마(菩提達摩, ?-536)는 소림사에서 선을 닦았는데, 그는 후에 중국 선종의 초조(初祖)로 받들어졌다. 북제(北齊)의 혜문(慧文)은 실상선(實相禪)을 받들어 행하였는데, 그의 선법은 혜사(慧思, 515-577)에게 전해졌고, 혜사는 지의(智顗, 538-597)에게 전해 주었으며, 지의는 강동(江東)에서 실상선을 전파하여 남방선법의 성행을 일으켜서 의리에 편중되던 학풍을 전변(轉變)시켰다. 중국의 불교학은 남북조 말기가 되자 남북사회의 경제적 발전에 따라, 남북 고승들의 학설은 점차 종합적 조화의 추세를 드러내어 학파를 형성하기 시작하였다. 달마와 그의 제자들에 의한 선종의 출현은 중국불교사상 가장 중요한 사건이다. 중국 선종의 사상은 『좌선삼매경(坐禪三昧經)』·『달마다라선경(達摩多羅禪經)』 중의 염불법문(念佛法門)에서 유래한다. 보리달마(菩提達摩, ?-536)·혜가(慧可, 487-593)·승찬(僧燦, ?-606)·도신(道信, 581-651)·홍인(弘忍, 602-675)이 차례로 전하였다고 하는데, 홍인의 가르침은 후에 신수(神秀, 606-706)의 북종선(北宗禪)과 혜능(慧能, 638-713)의 남종선(南宗禪)으로 분화되었다. 이것을 남능북수(南能北秀)라고 한다. 혜능은 제자인 하택신회(荷澤神會, 685-760) 등에 의하여 선종의 6조(六祖)로 전해져 남종이 선종의 정통이 되었다. 또 불교 가운데 세력이 가장 크고 가장 오래 흘러 전해졌으며, 영향이 가장 큰 종파가 되었다. 혜능의 남종선은 문하(門下)인 남악회양(南岳懷讓, 677-744)·청원행사(青原行思, ?-740)에게 전해졌고, 마조도일(馬祖道一, 709-788) 시대에 이르러 일상생활 속에 융회(融會)하여 행주좌와(行住坐臥) 어묵동정(語默動靜) 간에도 선법을 체현할 수 있다고 하였다. 이 때문에 인도불교사상 및 중국 기타 교파의 사상과 아주 큰 차이가 났다. 선종선법의 유행은 기타 교파와의 모순을 야기하고, 또 이로 말미암아 선교(禪教)를 조화시키는 추세가 나타났다. 중당(中唐)시대의 종밀(宗密, 780-841)과 당말오대(唐末五代)와 북송(北宋) 사이에 법안종(法眼宗)의 연수(延壽, 904-975)는 교학적 바탕을 화엄에 두고 선과 교(教)를 조화시켰다. 이로 말미암아 화엄사상과 선학이 서로 융합된 화엄선(華嚴禪)이 탄생하였다. 그리고 『화엄경』을 바탕으로 한 화엄선은 송명이학(宋明理學)에 큰 영향을 끼쳤다. 송대 선종의 유파(流波)는 모두 통치자의 지지에 힘입었고, 저명한 선사는 언제나 상층의 인물과 교류하여, 사상적으로 갈수록 현실 긍정적으로 발전하였다. 이로 말미암아 선학사상의 발전에 현저한 변화가 발생하여 문자선(文字禪)과 간화선(看話禪)과 묵조선(默照禪)을 출현시켰다. ①문자선(文字禪); 연수(延壽, 904-975) 이래의 선종이 비록 교리를 중시하였지만, 진정으로 전거(典據)를 삼아 시비를 판단하는 것은 역시 선배 선사의 어구였다. 전해진 어구가 간략하고 이해하기 어려웠기 때문에, 당시 선승들은 게송(偈頌)으로써 넌지시 그 뜻을 표현했다. 이 때문에 일반적으로 참선자들은 문자에서 선의(禪意)를 추구하려고 하였다. ②간화선; 송나라 때 임제종 계통의 대혜종고(大慧宗杲, 1089-1163)는 문자선(文字禪)을 비판하였다. 그는 조사의 어구 가운데서도 선승의 답어나 핵심적인 어구를 뽑아 화두라는 것을 만들었다. 그리하여 오직 화두(話頭)만 참구(參究)할 것을 주장하였다. ③묵조선(默照禪); 조동종(曹洞宗)의 정각(正覺, 1091-1157)은 간화선을 반대하고 적묵정조(寂默靜照), 즉 정좌간심(靜坐看心)의 선법을 제시하였다. 실제상에 있어서 이것은 북종의 선법이었다. 선학은 중국 고대의 철학, 특히 수(隋)·당(唐)철학의 중요 부분이 되어, 기타 철학유파에 대하여 중요한 영향을 주었다. 선학이 선양한 유심주의(唯心主義)의 심성학설은 정호(程顥, 1032-1085)·정이(程頤, 1033-1107)·주희(朱熹, 1130-1200)·육구연(陸九淵, 1139-1193)·왕수인(王守仁, 1472-1528) 등에 의해 흡수되어 이학유심주의(理學唯心主義) 체계의 사상연원의 하나가 되었다. 또 권위를 불식하고 경전을 불신하라는 구호는 이지(李贄, 1527-1602)·담사동(譚嗣同, 1865-1898) 등에 이용되어 봉건 정통사상을 공격하는 데 쓰였다.

선화 【禪和】〔英 Meditation associates, fellow-monks〕 선화자(禪和

子)라고도 한다. 선화(禪和)는 참선(參禪)하는 사람, 선승(禪僧)을 가리키고, 화자(和子)의 화(和)는 친근한 사람을 가리킨다.

선화 【禪畵】 명상을 강조하는 선종(禪宗)의 영향을 받아 그린 그림, 또는 그렇게 형성된 화파(畵派). 명상을 중요시하는 선종의 사상과 그것과 관련되는 것을 소재로 삼았다. 선종의 이상은 각각 특별한 예술양식으로 표현되기도 했는데, 그 중에서 전형적인 것은 선(禪)에 몰입한 사람이 득도의 순간에 갑작스럽게 느낀 직관적·개별적인 깨달음을 넓은 화면에 단색의 먹을 사용하여 암시적으로 그리는 것이다. 이것은 전통적으로 일반 수묵화의 발전과 긴밀한 관계를 맺고 전개되었는데, 그 소재는 주로 달마(達磨)를 비롯한 조사상(祖師像)·출산석가(出山釋迦)·한산(寒山)·습득(拾得)·풍간(豊干)·포대(布袋)·나한(羅漢)·십우도(十牛圖) 등이었다. 중국에서는 남송대에 목계(牧谿)·옥간(玉間)·양해(梁楷) 등을 중심으로 전개되었다. 선화는 사물을 있는 그대로 재현하기보다 암시적으로 표현하는 것이지만, 때로는 흰옷을 걸친 관음보살상이라든지 치밀한 선과 색채로 처리한 선종의 대가 및 역사적 인물들의 초상을 담기도 한다. 중국인들은 선화를 특별히 평가하지 않았지만, 선화의 특출한 수묵필치는 일본인들의 관심을 끌었다. 일본 무로마치시대(室町時代; 1338-1573)에 선화와 그 배경을 이룬 선종사상은 광범위한 영향을 미치기 시작하여 회화·건축·꽃꽂이는 물론, 하이쿠〔俳句〕에서 다도(茶道)에 이르기까지 모든 예술 분야에 자극제가 되었다. 우리나라에는 고려시대에 유입되어 선승들과 문인화가들의 교양 대상이 되기도 했다. 수묵의 「양류관음도」가 고려 중기에 한생(韓生)에 의해 제작되었는가 하면, 공민왕이 달마도와 출산석가도를 그렸다는 기록도 남아 있다. 조선 중기 이전의 유작으로는 이상좌(李上佐)의 전칭 작품과 이정(李霆)·이징(李澄)·김명국(金明國)·한시각(韓時覺)의 작품들이 알려져 있다. 조선 후기에는 도석인물화가 유행하면서 선화도 많이 그렸는데, 윤두서(尹斗緖)·윤덕희(尹德熙)·심사정(沈師正)·김홍도(金弘道)·김득신(金得臣)·이수민(李壽民) 등을 중심으로 전개되었다. 조선 말기에는 장승업(張承業)에 의해 장식적이고 기교적인 측면이 강조되었는데, 이러한 경향은 안중식(安中植)과 조석진(趙錫晋)을 통해 근대 화단으로 계승되어 지운영(池雲永)·김은호(金殷鎬)·노수현(盧壽鉉) 등이 유작을 남겼다.

선화자 【禪和子】 종사(宗師)가 학인(學人)을 존칭하는 말. 선승(禪僧). 선화(禪和). 선화자(禪和者).

선회 【禪會】 참선(參禪)의 모임. 선(禪)을 닦고 익히는 실천적인 집회(集會).

설가부【說假部】〔梵 Prajñāptivādinaḥ, 英 The prajñāptivādinaḥ school〕 분별설부(分別說部)·다문분별부(多聞分別部)·시설론부(施設論部)라고도 한다. 불멸후 200년〔B.C. 444-B.C.345〕경에 대중부에서 분열한 학파. 대가전연(大迦旃延; Mahākātyā-yana)의 제자가 널리 전파했다고 한다. 세간법·출세간법에 대해서 가법(假法)이 있고 실법(實法)이 있다고 주장하므로 이렇게 부른다. 현수(賢首, 643-712)는 이를 10종(宗) 중의 현통가실종(現通假實宗)에 배당한다.

설두중현【雪竇重顯, 980-1052】 중국 송(宋)나라 초기의 선승. 수녕부(遂寧府; 四川省에 속함) 사람. 성은 이(李)씨, 자는 은지(隱之). 송(宋) 태평흥국(太平興國) 5년〔980〕에 출생. 성도(成都) 보안원(普安院) 인선(仁銑)에게 가서 승려가 되었다. 촉(蜀)을 나와 양양(襄陽)에 가서 석문총선사(石門聰禪師)의 회하(會下)에 참예하여 머물기를 3년, 수주북탑(隨州北塔)에 가서 지문광조(智門光祚)를 배알하고 머무르기 5년, 깊이 그 도(道)를 얻었다. 지주(池州) 경덕사(景德寺)에서 수좌(首座)가 되고, 대중을 위하여 승조(僧肇, 383-414)의 『반야론(般若論)』을 강의하였다. 천거되어 소주(蘇州) 취봉사(翠峰寺)를 감독하였다. 뒤에 명주(明州) 설두산(雪竇山) 자성사(資聖寺)에 머무니, 납자들이 운집하여 법도(法道)가 크게 흥하였다. 31년간 자성사에 머무니, 문인제자(門人弟子)들이 많았다. 세수(世壽) 73세에 입적하였는데, 입적 후 인종(仁宗)은 명각선사(明覺禪師)란 호를 하사하였다. 저서로는 『명각선사어록(明覺禪師語錄)』 6권·『폭천집(瀑泉集)』·『조영집(祖英集)』·『동정어록(洞庭語錄)』·『설두개당록(雪竇開堂錄)』·『염고집(拈古集)』·『설두후록(雪竇後錄)』·『설두습유(雪竇拾遺)』 등이 있다.

설봉의존【雪峰義存, 821-908】 중국 당(唐)나라 때 선승. 덕산선감(德產宣鑑)의 제자. 남안(南安; 지금의 福建省에 속함) 사람. 성은 증(曾)씨. 휘(諱)는 의존(義存), 호(號)는 설봉(雪峰). 12세에 아버지를 따라 포전(莆田) 옥윤사(玉潤寺)에 가서 경현율사(慶玄律師)의 시동(侍童)이 되었다. 18세에 유주(幽州) 보찰사(宝刹寺)에서 수계(受戒)하였다. 그 후 덕산(德山)을 만나 제자가 되어 섬기다가, 마침내 명산(名山)을 순례하면서 선장(禪匠)을 찾아뵙고, 862년〔咸通 3〕 다시 부용산으로 돌아왔다. 870년〔咸通 11〕 행실(行實)의 청에 의하여 복주(福州) 서쪽 2백리 상골산(象骨山)에 가서 암자를 짓고 있었다. 이 산은 민월(閩越; 복건성)의 승지(勝地)로서 겨울엔 눈이 제일 먼저 내리므로 설봉(雪峰)이라 한다고 함. 스님의 이름이 널리 퍼지자 당(唐) 희종(僖宗)은 진각선사(眞覺禪師)라는 호(號)와 자가사(紫

袈裟)를 하사했으며, 뒤에 민(閩)으로 돌아가서 민왕(閩王)의 후의를 받았다. 후량(後梁) 태조(太祖) 개평(開平) 2년[908] 8월에 법랍 59세, 세수 87세로 입적하였다. 제자로는 운문문언(雲門文偃)·현사사비(玄沙師備)·장경혜릉(長慶慧陵)·보복종전(保福從展)·경청도부(鏡淸道怤) 등이 있다.

설산부【雪山部】〔梵 Haimavatāḥ, 英 the Himālya school〕 불교 소승 20부파의 하나. 근본상좌부(根本上座部)·상좌제자부(上座弟子部)·설산주부(雪山住部)라고도 한다. 불멸 후 3백년 초에 가다연니자(迦多衍尼子; Kātyāyaniputra)가 나와서 상좌부(上座部)의 교의(敎義)를 개선하기 시작하자, 이를 긍정하지 않는 구습(舊習)의 무리가 설산에 들어가 일파를 이루었다. 가다연니자의 무리인 설일체유부가 논장(論藏)을 소중히 여기는 데 비해서, 이 부(部)에서는 경장(經藏)을 소중히 여기는데, 다른 교의는 유부(有部)와 큰 차이가 없다. 현수(賢首, 643-712)는 이를 10종(宗) 중의 아공법유종(我空法有宗)에 해당시키고 있다.

설일체유부【說一切有部】〔梵 Sarvāstivādin, 英 The sarvāstivāda realistic school〕 소승 20부파 가운데 하나. 줄여서 유부(有部)라고 함. 성근본설일체유부(聖根本說一切有部)·살바다부(薩婆多部)·설인부(說因部)·인론선상좌부(因論先上座部)·일체어언부(一切語言部)라고도 한다. 부파불교 가운데 가장 큰 세력으로서 독특한 실재론적 경향을 갖는 교리체계를 확립해, 대승불교의 성립과 전개에 지대한 영향을 끼친 부파이다.

[유부의 성립과 전개] 붓다 사후 약 100년에 걸쳐 일어난 교단의 근본분열에서, 상좌부와 대중부 두 부파가 생긴 이후 20여 개에 달하는 분파가 생겼는데, 유부(有部)는 그 가운데 상좌부 계통의 부파로서 가장 컸다. 오늘날 전하고 있는 『아함경』과 팔리대장경은 대부분 유부 계통의 것이다. 부파 전개의 역사는 논서(論書)의 성립과 교리적 논쟁에서 찾아볼 수 있다. 유부는 다수의 논서를 편찬하였는데, 이 가운데 초기에 편찬된 주요한 7론(論)은 예전부터 육족·발지(六足·發智)로 일관되게 표현해 왔다. 그러나 육족론(六足論; 『集異門足論』·『界身足論』·『識身族論』·『施設足論』·『品類足論』·『法蘊足論』)이라고 부르는 6권의 논서는 성립 경위가 명확하지 않기 때문에, 그것들을 하나의 묶음으로 취급하는 것은 문제가 있다. 또 유부(有部) 내부도 크게 나누어, 카슈미르를 근거지로 한 주류파와 간다라지방을 중심으로 전개한 비주류파의 두 가지 계통이 존재한다. 전자에 속하는 논서에는 유부의 교리를 확립했다고 일컬어지는 『발지론(發智論)』과 그 주석서인 『대비바사론(大毘婆沙論)』이 있다. 유부의 논사

(論師)들은 이『대비바사론』을 저술한 점에서 비바사사(毘婆沙師; Vaibhāṣika)라고도 부른다. 한편 논서로서는『아비담심론(阿毘曇心論)』·『잡아비담심론(雜阿毘曇心論)』과 유부의 교과서라고 일컬어지는『아비달마구사론(阿毘達磨俱舍論)』등이 있다. 유부는 이러한 논서를 편찬하는 과정에서, 다른 부파는 따라갈 수 없는 치밀한 관점에서 독자적인 아비달마의 교리체계를 확립해 가장 유력한 부파가 되었다. 이 부파에서 다시 경량부(輕量部) 등 몇 개 부파로 나누어졌다.

[사상적 특징] 유부는 존재와 현상, 인간의 정신작용 일체를 요소로서의 법을 포착해, 그와 같은 법이 연속적으로 계속 존재해 가는 것이 아니라, 한순간 생성하고 소멸하면서 연속한다고 한다. 이런 '찰나멸상속(刹那滅相續)'의 논리를 주장해, 이에 근거해 '무상(無常)'의 사상에 저촉되지 않도록 했다. 게다가 제법(諸法)은 그 자체로 구비되는 여러 특성을 지니며〔法體恒有; 모든 존재의 본체는 있다〕과거 현재 미래의 삼세(三世)에 걸쳐 실재한다〔三世實有〕고 설명하고, 그 위에 인간은 과거와 미래의 일을 인식할 수 있으며, 또한 과거 업의 과보를 받게 된다고 생각하였다. 이것이 '삼세실유설(三世實有說)'로서 유부의 근본적 입장이다. '설일체유부〔일체는 있다고 설하는 부파〕'라는 명칭도 여기에서 유래한 것이다. 유부는 또 번뇌의 기초로 행해진 행위가 고통의 생존을 가져온다고 한다. 이른바 혹(惑)·업(業)·고(苦)로서 인간은 미혹하기 때문에 업(業)을 짓고 그로 인하여 괴로움을 받는다는 것이다. 이것을 업감연기(業感緣起)라고 하는데, 인간의 존재를 오온(五蘊)의 상속에 의해서 파악하고 있다. 이러한 주장에는 무아사상을 벗어나지 않는 동시에 업의 과보를 받는 윤회적 생존의 주체를 모순 없이 설명하려는 의도가 있다. 요소로서의 법은 색(色; 물질)·심(心; 마음의 본체)·심소(心所; 심리작용)·심불상응행(心不相應行; 물질 및 심리작용 이외의 법)·무위(無爲; 작용하지 않는 법)라는 5가지 카테고리로 분류된다. 유부 독자의 법체계에 조직되어 있지만, 그 최종적인 형태를 나타내는 것이 다섯가지 카테고리 각각에 11·1·46·14·3의 법〔色法11法·心王1法·心所有46法·不相應行 14法·無爲 3法〕을 열거하는『구사론』의 설명이다. 중국·한국·일본에서는 이를 오위칠십오법(五位七十五法)이라 한다.

설출세부【說出世部】〔梵 Lokottara-vādin, 英 The lokottaravādinaḥ school〕소승 20부파 가운데 하나. 출세설부(出世說部)·출세간어언부(出世間語言部)라고도 한다. 불멸후(佛滅後) 200년〔B.C.444-B.C.345〕중반경 대중부에서 갈려 나온 일

파. 이 부파의 교리는 세간(世間)의 전도(顚倒)된 법은 혹업(惑業)의 번뇌로부터 생긴 것으로, 이에 의하여 업을 짓고 업에 의하여 고통의 결과를 받는다는 것이다. 이와 같이 세간의 온갖 법은 전도(顚倒)로부터 일어나는 것이므로 가짜 이름뿐이요, 실체(實體)가 없다. 하지만 출세간법(出世間法)은 이와 반대로 전도로부터 일어나는 것이 아니므로, 그 도법(道法)과 도과(道果)는 모두 실유(實有)라고 한다. 그렇기 때문에 그 세운 뜻에 따라 이름을 설출세(說出世)라 했다. 현수(賢首, 643-712)는 10종(宗) 중의 속망진실종(俗妄眞實宗)에 배대시킨다.

섭【攝】〔梵 saṃgraha-samanupraveśa, saṅgahā loke, paryāpanna, sattva-akhyā, 英 To collect, gather together, combine control, ossist〕 ①포함함. 포함시키다. ②포함하여 의미함. ③거두다. 끌어안다. 거두어들이다. ④포용하는 것. ⑤관계함. 소속함. 포함됨. ⑥유정(有情)에 관계되는 것. ⑦종합함.

섭대승론【攝大乘論】〔梵 Mahāyāna-samparigaha-śāstra, 英 a collection of mahāyāna śāstras, ascribed to Asaṅga〕 줄여서 『섭론(攝論)』이라고도 하고, 『광포대승론(廣苞大乘論)』이라고도 한다. 일종의 불교통일론이며 섭론종(攝論宗)의 근본성전이다. 무착(無着; Asaṅga)의 저작인데, 『대승아비달마경(大乘阿毘達磨經)』「섭대승품(攝大乘品)」의 해석이라고도 한다. 현존하는 한역본(漢譯本)에는 북위의 불타선다(佛陀扇多) 역(譯) 2권〔531년〕, 양(梁)의 진제(眞諦, 499-569) 역(譯) 3권〔563년〕, 당(唐)의 현장(玄奘, 602-664) 역(譯) 2권〔648-649〕이 있다. 진제가 번역한 것을 양론(梁論), 현장이 번역한 것을 당론(唐論)이라고도 한다. 진제의 양론(梁論)에 의거하여 살펴보면, 전부 10장(章)으로 나뉘어 있는데, 제1 응지의지상(應知依止相)에서는 만유의 근본식인 아뢰야식을 설명하고, 제2 응지승상(應知勝相)에서는 삼성(三性)을, 제3 응지입승상(應知入勝相)에서는 만법유식(萬法唯識)을, 제4 입인과승상(入因果勝相)에서는 육도(六度)의 수행을, 제5 입인과수차별승상(入因果修差別勝相)에서는 십지(十地)의 계위(階位)를, 제6·제7·제8에서는 계정혜(戒定慧)의 삼학(三學)을, 제9에서는 열반을, 제10 지차별승상(智差別勝相)에서는 불과삼신(佛果三身)을 말하고 있다. 요컨대, 이론과 실천, 곧 섭론(攝論)의 형이상학과 윤리를 설하는데, 모두 대승의 교의가 소승에 비해서 뛰어난 까닭을 주장한 것이다. 그 가운데 아뢰야식과 삼성을 논하는 것이 소론(所論)의 중심인데, 아뢰야식에 의하여 만법유식이라 설하는 점은 유식종(唯識宗)과 비슷하지만, 아뢰야의 설명이 유식종과 다르다. 유식종에서는 아뢰야를 다만 망식(妄識)으로 보지만, 『섭대승론』에서는 아뢰야의 일면은 진식(眞識)이고 다른 일면은 망식(妄識)이어서 진망화합식(眞妄和合識)이라고 본다. 또한 망(妄)의 일면에서는 차별의 미계(迷界)를 생(生)하고 이 망(妄)을 제거하여 진(眞)의 현현(顯現)함이 깨달음이라고 한다. 이 책의 불교사상적인 의의는, 『해심밀경』을 시작으로 하는 경전이나 마이트레야에 귀착되는 경전에서 점차 이론화가 진행되어, 유식사상을 처음으로 정리함과 동시에 실천론을 함축하여 그때까지의 교리에 새로운 의미를 첨부하여 대승의 독자적인 불교체계를 수립한 점에 있다. 그 과정에서 아쇼카는 부파불교가 정비한 교리를 전편에 걸쳐 채용하고, 중관파(中觀派)에 의한 대승적인 연기(緣起) 이해를 삼성설 등으로 정리하여 선행하는 사상적인 자산을 자유롭게 활용하고 있다. 본서의 범어(梵語) 원전은 전해지지 않고 한역(漢譯) 4본과 티베트어역 1본이 있다. 이 중에 진제(眞諦, 499-569)가 번역한 한역(漢譯)은 이것에 의거해 중국에서 섭론종(攝論宗)이 흥기할 정도로 중요하다. 또한 당대(唐代)에 이 진제 역(譯)을 비판하여 다시 번역한 현장(玄奘)의 역(譯)은 법상종(法相宗)의 기본 전적(典籍)의 하나로서 중시되었다.

섭론종 【攝論宗】 중국불교 13종(宗)의 하나. 『섭대승론(攝大乘論)』을 근본경전으로 하는 종파로, 진제(眞諦, 499-569)가 개조(開祖)이다. 진제는 단순히 『섭대승론』을 번역한 것만이 아니고, 강설홍통(講說弘通)하여 널리 영향을 주어서, 하나의 새로운 종(宗)으로서 당시의 불교계에 사상상(思想上)의 한 세력을 형성했다. 그 교의(敎義)는 아뢰야식으로서 일체 만유의 근본기인(根本起因)으로 하는 유식론(唯識論)이다. 만유는 모두 일심일식(一心一識)의 현현(顯現)과 관찰오료(觀察悟了)하는 것이 전미개오(轉迷開悟)하는 소이(所以)라고 한다. 그러나 유식종에서는 아뢰야식을 망식(妄識)으로 하고, 지론종(地論宗)에서는 진식(眞識)으로 하는 데 비해, 섭론종에서는 진망화합식(眞妄和合識)으로 본다. 또 실천론으로서는, 아뢰야를 미망(迷妄)하게 하는 자아의 분별작용을 멸(滅)하면 그 정분(淨分), 즉 우주의 본체인 절대심(絶對心)이 나타나기 때문에, 모든 속박을 벗고 자유해탈의 경지에 이른다고 한다. 섭론종의 계통에 관해서 『정토초학초(淨土初學鈔)』에서는 남지(南地)·북지(北地) 양가(兩家)가 있다고 전하는데, 남지파(南地派)는 진제(眞諦)·법태(法泰)·정숭(靖嵩)·승종(僧宗)·승인(僧忍)·법준(法准) 등으로 대표되고, 북지파(北地派)는 담연(曇延)·혜휴(慧休)·혜원(慧遠)·정업(淨業) 등으로 대표된다. 섭론종은 현장(玄

奘, 602-664)이 법상종(法相宗)을 전한 후에는 그에 밀려서 세력이 쇠약하게 되어, 드디어 자취를 감추었다.

섭률의계【攝律儀戒】〔梵 sabhara-śīlam〕 삼취정계(三聚淨戒) 가운데 하나. 대승보살이 행위·언어·의념(意念)에 걸쳐 악(惡)을 없애고 온갖 선계(善戒)를 보존하는 계율.

섭말귀본식【攝末歸本識】유식종(唯識宗)에서 만유(萬有)가 유식(唯識)으로 변현(變現)한 것임을 관하는 관법인 오중유식관(五重唯識觀)의 하나. 유식종에서 상분(相分)과 견분(見分)은 식(識)의 자체분(自體分)에서 분리되어 나온 것이라 하므로, 이 상분과 견분을 자체분에 거두어 돌려보내서 유식의 이치를 관(觀)함.

섭선법계【攝善法界】〔梵 kuśala-dharma-saṃgrahakam śilam〕 일체의 선(善)을 모두 하나하나 실행하는 것을 계(戒)로 삼는 것. 일체의 선(善)을 닦는 계(戒). 작선문(作善門)·작지계(作持界)라고도 하는데, 삼취정계(三趣淨戒) 가운데 제2계(戒).

섭수【攝受】〔梵 saṃgrāhya, 巴 pa-ryādāna, 英 Together, father up, receive〕 중생의 사정을 받아들여 진실된 가르침으로 들어가게 하는 것, 또는 부처님의 자비심으로 중생을 섭수 용납하여 화육(化育)하는 것을 말한다.

섭취문【攝取門】정토교의 근본경전인 삼부경(三部經; 『무량수경』·『관무량수경』·『아미타경』) 가운데 『무량수경(無量壽經)』에서는, 오역죄(五逆罪)를 범한 사람과 부처님의 정법(正法)을 비방한 사람은 극락세계에 가서 나지 못한다고 했으나, 『관무량수경(觀無量壽經)』에서는 오역죄(五逆罪)를 지은 사람도 왕생(往生)할 수 있다고 하였는데, 억지문(抑止門)은 아미타불의 방편설(方便說)이요, 섭취문(攝取門)은 결정설(決定說)이라 한다.

성【聖】〔梵 Ārya, sādhu, 巴 ariya, 英 holiness, 獨 das Heilige, 佛 Saintet'e〕 ①종교의 본질적 요소로, 이론적으로는 파악되지 않고, 기도·명상·회개 등을 할 때 체험되는 종교적 가치. ②성인(聖人). 성인이란 지혜가 깊고 무량(無量)하며 자비심이 광대무변(廣大無邊)한 사람. 과거·현재·미래를 통찰하여 잘못이 없는 사람. 즉 불(佛)을 말한다. ③지덕(智德)이 다른 사람보다 뛰어나고 만사에 통달하고 만세(萬世)의 사표(師表)가 되는 것.

성겁【成劫】〔梵 Vivarta-Kalpa, 英 one of the four kalpas, consisting of twenty small kalpas during which worlds and the beings on them are formed〕 사겁(四劫) 가운데 하나. 세계가 이루어지는 동안의 20중겁(中劫)을 말함. 세계가 괴멸한 뒤, 20중겁(中劫)의 공무(空無)한 기간을 지낸 뒤에, 중생의 업증

상력(業增上力)에 의하여 미풍(微風)을 일으켜 풍륜(風輪)이 된다. 다음은 풍륜 위에 수륜(水輪)이 생기고, 수륜(水輪) 위에 금륜(金輪)이 생기는데, 거기에 수미산·칠금산·사대주가 성립된 다음에 야마천 등의 여러 천처(天處)를 이루는 것을 말한다.

성경【性境】 삼류경(三類境: 性境·獨影境·帶質境)의 하나. 삼류경(三類境) 항목을 참조할 것.

성공교【性空教】〔英 One of the three 南山 Nam-shan sects which regarded the nature of things as unreal or immaterial, but held that the things were temporally entities〕 도선(道宣, 596-667)이 세운 삼교(三教) 가운데 하나. 소승교(小乘教)를 말한다. 사물의 상(相)을 보고 바로 공(空)하다고 관하지 못하므로, 체성(體性)을 분석하여 그 성질에 대하여 공(空)한 줄을 보는 것이므로 이렇게 부른다.

성교【聖教】〔梵 āpts-śruti, 英 The teaching of the sage, or holy one; holy teaching〕 바른 이치〔正理〕에 합하는 것을 성(聖)이라 하고, 성인(聖人)의 가르침을 성교(聖教)라 한다. 『독각경(獨覺經)』에, "이 성교(聖教)를 듣고 차례차례 개오(開悟)해 간다."라고 하였고, 『종륜론술기(宗輪論述記)』에, "성인은 정(正)이다. 바른 이치〔正理〕에 합하는 것을 성(聖)이라 하며, 이치에 합하고 신(神)에 통함을 정(正)이라 하고, 이의 설교(說教)를 성교(聖教)라 한다."라고 하였다.

성기【性起】 ①〔梵 tathāgata-gotra-saṃbhava-artha, 英 Arising from the primal nature, or bhūtatathatā, in contrast with 緣起 arising from secondary causes〕 화엄의 학설. 연기(緣起)에 상대되는 말. 우주 만유와 갖가지 심적(心的)인 현상은 모두 상항불변(常恒不變)하는 본성으로부터 나타난다고 하는 학설. 『탐현기(探玄記)』 16권에, "변개(變改)되지 않은 것을 성(性)이라 하고, 그 덕용(德用)이 나타나는 것을 기(起)라 한다."라고 하였는데, 이 성기설(性起說)에서는 불변(不變) 불역(不易)하는 법성(法性) 진여(眞如)의 이치가 본래 불가사의(不可思議)한 공덕과 묘용(妙用)을 갖추어 지니고 있어, 그 덕용(德用)이 현기(現起)되어 세계가 구현(具現)된다는 것이다. ②고려시대, 화엄교학(華嚴教學)을 강설(講說)하는 데 사용하던 의기(義記)의 하나. 『균여전(均如傳)』 4, 입의정종분(立義正宗分)에 보인다.

성도문【聖道門】〔英 The ordinary schools of the way of holiness by the processes of devotion, in contrast with immediated salvation by faith in Amitābha〕 이문(二門)의 하나. 정토종(淨土宗), 정토진종(淨土眞宗)의 정토문(淨土門)을

제외(除外)한, 기타 법상(法相)·천태종(天台宗) 같은 것을 중국에서는 범부에서 성인에 이르는 도(道)라 하며, 통틀어 성도문(聖道門)이라 한다.

성도절【成道節】깨달음을 이룬 날. 석가모니불이 6년의 수행 끝에 마침내 우주의 진리를 깨친 날. 곧 음력 12월 8일.

성명【聲明】①〔梵 śābda-vidyā, 英 One of the 五明 five sciences〕오명(五明)의 하나. 5종의 학설 중에 언어·문자의 학문. 어법(語法)·훈고(訓詁)를 연구하는 것. ②범패(梵唄). 미묘한 음성으로 불덕(佛德)을 찬탄하는 소리.

성문【聲聞】〔梵 śrāvaka, 巴 sāvaka, 英 a hearer〕3승의 하나. 석존의 음성〔말씀〕을 들은 불제자(佛弟子)를 말한다. 대승불교에서는 3승 가운데 성문과 연각(緣覺)은 폄하하여 소승이라 하고, 보살은 대승이라 한다. 부처님의 교법에 의하여 사제(四諦)의 이치를 관하고 스스로 아라한(阿羅漢)이 되기를 목표로 하는 불도수행자를 말한다. 『대승의장(大乘義章)』에서는 2종성문으로 소승에 집착하여 대승의 묘리(妙理)에 어두운 우법성문(愚法聲聞)과 대승의 이(理)를 알아 개심(改心)하고 대승에 귀의하는 불우법성문(不愚法聲聞)을 말하고 있으며, 3종성문으로는 우법성문(愚法聲聞; 소승교의 성문)·칭실성문(稱實聲聞; 대승시교의 성문)·가립성문(假立聲聞; 대승종교의 성문)을 말한다. 그리고 『법화론(法華論)』에서는 결정성문(決定聲聞; 아라한과를 얻는 것이 정해져 있는 성문)·증상만성문(增上慢聲聞; 아직 깨닫지 못했는데 깨달았다고 생각하여 慢心을 일으키는 성문)·퇴보리심성문(退菩提心聲聞; 대승을 물리치고 소승을 배우고 있는 성문. 退大聲聞이라고도 한다)·응화변성문(應化變聲聞; 불보살이 중생교화를 위하여 변화한 성문. 變化聲聞이라고도 한다) 등 4종성문을 말하고 있으며, 『법화경(法華經)』에서는 앞의 4종성문에다 대승성문(大乘聲聞; 佛道聲聞)을 더하여 5종성문을 말하는데, 대승성문이란 불도(佛道)를 다른 이에게 설하여 듣게 하고, 소승의 경지에 안주하지 않고 불과(佛果)에 돌아가게 하는 성문을 말한다.

성문사과【聲聞四果】성문(聲聞)들이 깨닫는 4단계. 1. 수다원(須陀洹; Srotāpana); 예류과(預流果)라고도 한다. 불도에 처음 참례하여 들어간 지위. 2. 사다함(斯陀含; Sakṛdāgamin); 일래과(一來果). 욕계 9지(地)의 사혹(思惑) 9품 중에서 앞의 6품을 끊고 아직 3품이 남았으므로 인간과 천상에 한 번 왕래하면서 생(生)을 받아야 하는 지위. 3. 아나함(阿那含; Anāgāmin); 불환(不還)·불래(不來). 사다함과에서 남은 3품 혹(惑)을 마저 끊고 욕계에 나지 않는 지위. 다시 욕계로 오지 않으므로 불래(不來)라고 한다. 4. 아

ㅅ

라한(阿羅漢; Arhan); 응공(應供)·불생(不生)·이악(離惡) 등. 3계의 견혹(見惑)·사혹(思惑)을 끊고 공부가 완성되어 존경과 공양을 받을 수 있는 성인의 지위. 사향사과 항목 참조.

성문승【聲聞乘】〔梵 śrāvakayāna, 英 the śrāvaka vehicle or sect, the initial stage, Hinayāna〕이승(二乘) 또는 삼승(三乘)의 하나. 성문(聲聞) 항목 참조.

성불【性佛】〔英 The Dharmakāya 法性佛〕 천태학의 용어. 행경(行境) 10불(佛)의 하나. 변치 않는 진성(眞性)을 밝게 비추어 보는 지혜를 체성(體性)으로 하는 불(佛).

성불【成佛】 부처가 됨. 즉 깨달음을 성취하여 부처와 같은 존재가 됨.

성불도놀이【成佛圖-】 고유 놀이의 하나. 교훈적인 놀이로, 오락을 통해 수행과 교리체계를 이해하게 하는 데 그 목적이 있다. 놀이 방법은 서산대사(西山大師)의 『고기(古記)』와 이능화(李能和)의 『중간기(重刊記)』에 수록되어 있다. 육면에 각각 나무아미타불(南無阿彌陀佛) 여섯 자의 한 글자씩을 쓴 주사위를 세 개 가지고, 던져서 나온 글자에 따라 놀이판을 옮겨가는 것이다. 이 놀이판에는 육도윤회(六道輪廻)의 길이 모두 묘사되어 있으며, 최후에는 해탈(解脫)의 경지에 이르러 대각(大覺)에 도달하는 것이 제시되어 있다. 이 놀이는 성불(成佛) 이념을 놀이와 여가 시간에도 활용한 것이다. 놀이에 참가한 사람이 모두 대각에 도달하여야만 끝나는 규칙이 특징으로, 보살사상을 구현한 것으로 볼 수 있다. 또한 남녀노소를 막론하고 먼저 성불한 사람의 법문을 듣게 되어 있는 것은 평등사상의 표현이라고 볼 수 있다.

성상【性相】〔梵 bhāva-lakṣana, 英 The nature (of anything) and its phenomenal expression〕 ①성(性)과 상(相)을 합친 말. 사물의 본질〔性〕과 현상〔相〕을 개괄해서 말할 때 쓰인다. 여기서 말하는 성(性)은 법성(法性)으로, 사물의 내재적(內在的) 불가개변적(不可改變的)인 본질·본체·본원(本源)을 가리킨다. 한편 상(相)은 법상(法相)을 말하는 것으로, 사물의 밖으로 나타난 현상으로 분별 인식할 수 있는 것을 말한다. ②성상이종(性相二宗), 즉 법성종(法性宗)과 법상종(法相宗)을 말한다.

성상불이【性相不二】 본체(本體)와 상상(相狀)이 둘이 아님. 본체와 현상이 평등일여(平等一如)이고, 본래 둘이 아니라는 뜻이다.

성상이종【性相二宗】 법성종(法性宗)과 법상종(法相宗)을 말한다. 1. 법성종을 줄여서 성종(性宗)이라 하는데, 성(性)은 법성(法性), 불성(佛性)의 뜻이다. 일체 만유는 동일한 법성으로 생겼으며, 일체중생은 모두 성불(成佛)할 성품이 있다고 말하는 종지(宗旨)를 가졌다. 삼론종·화엄종·진언종

·천태종 등이 여기에 속한다. 2. 법상종을 줄여서 상종(相宗)이라 하는데, 상(相)은 법상(法相)의 뜻이다. 모든 현상을 오위(五位) 75법(法)·오위 100법 등으로 분류한 것을 본뜻으로 하는 종지(宗旨)를 가졌다. 구사종·법상종이 여기에 속한다.

성성리생【聖性離生】〔英 The life of holiness apart or distinguished from the life of common unenlightened people〕 유식(唯識)에서는 성성(聖性)이라 하고, 구사(俱舍)에서는 정성(正性)이라 하나, 그 뜻은 같다. 무루지(無漏智)를 생(生)하여 번뇌(煩惱)를 끊음을 성성(聖性)이라 한다. 성문(聲聞)과 연각(緣覺)의 이승(二乘)은 견도(見道)의 자리에 들어가서 일분(一分)의 무루지를 생하고, 분별(分別)에서 생기는 번뇌장(煩惱障)을 끊으며, 보살(菩薩)은 일분(一分)의 무루지(無漏智)를 생하고, 번뇌(煩惱)와 소지(所知)의 이장(二障)을 끊어서, 일분(一分)의 성성(聖性)을 얻고, 영원히 이성(異性; 凡夫)의 생(生)을 여의는 것을 성성(聖性)이 생(生)을 여읜다고 한다.

성성적적【惺惺寂寂】 선종(禪宗)에서 많이 쓰는 말로서, 성성(惺惺)은 초승달처럼 항상 정신을 맑고 깨끗하게 가지라는 뜻. 좌선을 할 때는 혼침(惛沈; styāna; 졸음 등)이나 도거(悼擧; Ambitous; unsettled; 번뇌망상 등) 등에 떨어지지 말고 맑은 정신을 가지라는 뜻. 일상생활 속에서는 경계에 마음을 빼앗기지 말라는 뜻. 간화선에서는 화두를 놓치지 말라는 뜻으로 쓰인다. 적적(寂寂)은 마음이 지극히 고요한 상태. 번뇌가 일어나지 않는 상태. 참선할 때는 성성함과 적적함을 잘 유지하라고 함. 적적성성(寂寂惺惺)이라고도 한다.

성소작지【成所作智】〔梵 Kṛtya-anuṣṭhāna-jñāna, 西 bya ba nan tan du grub paḥi ye'ses〕 사지(四智; 大圓鏡智·平等性智·妙觀察智·成所作智) 가운데 하나. 사지(四智) 항목을 참조할 것.

성실론【成實論】〔梵 Satyasiddhi-śastra〕 인도의 하리바르만(Harivarman; 訶梨跋摩)이 지은 책으로 구마라집(鳩摩羅什, 344-413)에 의해 411-412년에 번역되었다. 내용은 발취(發聚)·고제취(苦諦聚)·집제취(集諦聚)·멸제취(滅諦聚)·도제취(道諦聚)의 5취(聚) 202품(品)으로 분류된다. 발취〔1-35품〕는 불법승의 삼보(三寶)에 대한 설명이다. 고제취〔36-94품〕에서는 현실을 구성하는 심리적 요소와 물질의 요소에 대해서 설명한다. 집제취〔95-140품〕에서는 업(業)과 번뇌에 대해서 설명한다. 멸제취〔141-154품〕에서는 열반에 대해서 설명하고, 도제취〔155-202품〕에서는 깨달음을 실현하기 위한 지혜와 선정(禪定)에 대하여 설명한다. 이 책에서는 설일체유부의 삼세실유(三世實有)

ㅅ

에 반대하고 경량부(經量部)의 과미무체(過未無體)에 동의하고 있으며, 유부(有部)의 실유(實有)사상이나 일부 대승(大乘) 중 악취공(惡取空)의 사상을 지양(止揚)하고 중도(中道)사상을 드러내고 있다. 또한 유부(有部)의 중음(中陰)사상을 부인하고, 사제(四諦)의 점현관설(漸現觀說)을 반대하여 돈현관설(頓現觀說)을, 아라한(阿羅漢)의 유퇴(有退)를 반대하여 무퇴(無退)를, 심성본부정(心性本不淨)에 반대하여 심성본정(心性本淨)을 주장하였다. 번뇌에 있어서는 대중부의 심불상응(心不相應)보다 유부(有部)의 심상응(心相應)에 따르고 있으며, 만법(萬法)의 분류를 5위 84법, 5위 87법으로 분류하고 있는데, 심소유법(心所有法)의 별체(別體)를 부인한다. 또 제법연기관(諸法緣起觀)·아법양공설(我法兩空說)·본성불관(本性佛觀)·멸제(滅諦), 곧 열반(涅槃)·이제(二諦)와 중도(中道)를 말하고 있다. 이 책을 라집·승예·지자·법장은 소승경전으로, 법운·승민·지장 등은 대승경전으로 취급한다.

성실종【成實宗】〔英 Satyasiddhi sect, based upon the Satyasiddhi śāstra of Harivarman〕 인도의 하리바르만(Harivarman; 訶梨跋摩)의 『성실론』을 소의경전(所依經典)으로 하는 종파(宗派). 중국 13종(宗) 가운데 하나. 『성실론』에서는 자아(自我)도 법(法)도 공(空)이라 하는 인법이공(人法二空)을 설하는 한편, 만물이 모두 공(空)이고 무(無)라고 한다. 이 공관(空觀)에 기초하여 수행의 단계를 27현성(賢聖)으로 분별(分別)하여 번뇌에서 벗어난다고 설하였다. 소승 중에서는 가장 진보된 교의(敎義)로 되어 있다. 411-412년에 구마라집(鳩摩羅什, 344-413)에 의하여 한역(漢譯)되고, 제자인 승예(僧叡)가 그것을 설교하여 초당(初唐)까지 융성했다. 그러나 삼론종이 융성하게 되면서 『성실론』이 소승이라 단정짓게 되었고, 그 이후부터 쇠퇴하였다. 우리나라에서는 고구려 영류왕(榮留王, 618-642 在位) 때 혜관(慧灌)이 수나라에 가서 가상사 길장(吉藏, 549-623)에게 삼론종과 성실종의 깊은 뜻을 배웠고, 신라의 원광(圓光, ?-630)이 진(陳)나라에 가서 성실종을 전해왔으며, 원효(元曉, 617-686)도 『성실론소』 10권을 지었다. 624년 혜관이 이 종(宗)을 일본에 전하여 성실종이 남도(南都) 6종의 하나로 되지만, 결국 1종(宗)을 이루지 못하고, 삼론종과 함께 학습되는 데 불과하였다.

성유식론【成唯識論】〔梵 Vidyā-mātra-siddhi-siāstra〕 6세기에 인도에 나타난 호법(護法; Dharmapāla)·친승(親勝; Bandhusri)·화변(火辯; Citrabhan)·덕혜(德慧; Gunamati)·안혜(安慧; Sthiramati)·난다(難陀; Nanda)·정월(淨月; Sudhacandra)·승우(勝友; Visesamati)·최승자(最勝子; Jinaputra)·지월(智月; Jñānacandra) 등의 저작을 현장(玄奘)이 1부 10권으로 번역한 책이다. 현장(玄奘, 602-664)의 최초 계획으로는 10인의 저술을 각각 별도로 번역하고자 했으나, 그 저술들은 모두 세친(世親, 약 320-400년경)의 『유식삼십송(唯識三十頌)』의 주석(註釋)인 관계로 주석서의 성격상 견해가 다른 곳은 물론 주석의 상세함이 다른 점이 있거나 서로 같은 곳도 여러 군데여서 중복되는 곳이 많이 생겼다. 그리하여 현장은 자은사(慈恩寺) 규기(窺基, 632-682)의 의견을 받아들였는데, 현장이 인도에 유학하던 시절 유식(唯識)의 사(師) 계현(戒賢; Śilabhadra, 520-645)이 호법(護法; Dharmapāla)의 제자로 그 설을 계승했으므로 호법의 저작을 중심으로 했다. 하지만 이견(異見)이 있는 것은 다른 학파의 설이라 할지라도 이것을 소개하여 서로 비교할 수 있도록 하는 한편, 다른 파에 속하는 사람의 것이라 하더라도 호법보다 상세한 주석을 하고 있을 경우에는 그것을 채용하였다. 다만 거의 비슷한 경우에는 호법을 위주로 하였고, 호법의 학설을 정당하다고 보는 입장에서 10사(師)의 저작을 정리하여 1부 10권으로 한역(漢譯)하였다. 이 책에서는 초월계와 현실계의 이원론적(二元論的) 입장에 서면서도 현상계를 실재적(實在的)이라 보고, 아뢰야식(阿賴耶識)의 경험적 활동을 중하게 여겨 도리세속제(道理世俗諦)에 의한 유식설을 조직하였다. 그 인식론에 있어서는 본질의 의의를 강조하고, 유식이라는 것은 대상이 식(識)으로부터 떨어지지 않은 것, 즉 불리식(不離識)의 뜻이라고 해석하여 실재론(實在論)에 기울어졌다. 또 모든 존재의 특수성에 실존성(實存性)을 인정하여 팔식체별론(八識體別論)·오성각별론(五性各別論)을 주창하였다. 이 책은 현장에 의해서 번역된 까닭에 이 책을 기간(基幹)으로 하여 중국의 법상종(法相宗)이 창시되기에 이르렀다.

성인 【聖人】〔梵 ārya-jana, 羅 Sancti, 英 Saint, 獨 Heilige(r), 佛 Saint(e)〕 인류 최고의 사표(師表). 인격(人格)과 품덕(品德)이 가장 높은 사람. 최고의 이상적인 인격. 지덕(知德)의 최고 표준. 지혜가 심심무량(甚深無量)하고 자비심이 광대무변한 사람, 과거·현재·미래를 통하여 그름이 없는 사람, 즉 불(佛)을 성인이라 한다. 또한 견도(見道) 이상 되는 사람을 성인이라 할 때도 있다. 대승(大乘)에서는 초지(初地) 이상을, 소승(小乘)에서는 초과(初果) 이상을 성인이라 한다.

성적등지문 【惺寂等持門】 고려 보조지눌(普照知訥, 1158-1210)이 만든 삼문(三門; 惺寂等持門·圓頓信解門·看話徑截門) 가운데 하나. 지눌은 삼문을 열어 사람을 접화(接化)했는데, 성적등지문은 당(唐)나라 때 하택신회(荷澤神會, 685-760)의 입장을 따르고 있다. 성적등지문의 내용은 주로 『정혜결사문(定慧結社文)』, 『절요(節要)』, 『수심결(修心訣)』 등에서 찾을 수 있는데, 정(定)과 혜(慧)를 아울러 고루 닦아야 한다는 것이다.

성정이문 【聖淨二門】 정토교(淨土敎)에서 석존 일대(一代)의 가르침을 성도문(聖道門)과 정토문(淨土門)으로 판별(判別)한 것. 사바세계에서 스스로 정근노력(精勤努力)하여 성불하는 법(法)을 가르친 교법(敎法)을 성도문(聖道門)이라 하고, 아미타불의 구제를 믿으며 염불하여 정토(淨土)에 왕생하며 성불할 것을 가르친 교법을 정토문(淨土門)이라 한다. 도작(道綽, 562-645)이 지은 『안락집(安樂集)』에 나와 있다.

성정해탈 【性淨解脫】 중생의 본성(本性)이 청정하여 번뇌의 속박과 오염되지 않은 모양을 말한다.

성종 【性宗】 성상이종(性相二宗)의 하나. 공성이종(空性二宗)의 하나. 법성종(法性宗)의 약칭. 현상 차별의 세계를 초월하여 만유제법의 진실한 체성(體性)을 논(論)하는 종지(宗旨).

성·주·괴·공 【成·住·壞·空】 곧 사겁(四劫). 우주의 진화·순환·변천하는 과정을 시간적으로 네 단계로 분류해서 설명하는 말. 성겁(成劫)·주겁(住劫)·괴겁(壞劫)·공겁(空劫)을 말한다. 성겁은 우주가 처음 생기는 기간이요, 주겁은 우주가 생겨서 존재하고 있는 기간이며, 괴겁은 존재하고 있던 우주가 차차 파괴되어 가는 기간이요, 공겁은 우주가 다 없어졌다가 다시 성겁에 이르기까지의 기간을 말한다. 성주괴공(成住壞空)에는 전체적 성주괴공과 부분적 성주괴공이 있다. 전체적 성주괴공은 우주 전체가 시간적으로 성주괴공으로 변화하는 현상이고, 부분적 성주괴공은 같은 시간에도 한쪽에서는 성(成)이, 다른 한쪽에서는 주(住)가, 또 다른 쪽에서는 괴(壞)가, 또 공(空)의 현상이 일어나는 것을 말한다.

성주산파 【聖住山派】 통일신라 이후 9산선문(九山禪門)의 하나. 무염(無染, 800-888)이 마곡보철(麻谷寶徹)의 법을 이어받은 뒤, 문성왕 7년〔845〕에 귀국하여 남포(藍浦; 충남 보령군 미산면) 성주사(聖住寺)에 머물면서 선풍을 떨쳤는데, 이를 성주산파(聖住山派)라 한다. 그 문하에 승량(僧亮)·보신(普愼)·현영(玄影)·영원(靈源)·심광(深光)·자인(慈忍)·원장(圓藏) 등 2천여 명이 있었다.

성중 【聖衆】 성자(聖者)의 무리라는 뜻으로 불(佛)·성문(聲聞)·연각(緣覺)·보살(菩薩) 등 성인의 대열에 있는 이들에 대한 총칭.

성총 【性聰, 1631-1700】 조선 숙종(肅宗) 때의 스님. 호는 백암(栢庵). 백암성총 항목 참조.

성태 【聖胎】 〔英 The womb of holiness which enfold is and develops the bodhisattva〕 십주(十住)·십행(十行)·십회향(十廻向)의 삼현위(三賢位)의 경지에 오른 이들을 성태(聖胎)라고 함. 성인(聖人)이 되는 씨앗이라는 뜻으로, 자기가 가지고 있는 종자로써 인(因)을 삼고 좋은 벗으로써 연(緣)을 삼아서, 정법(正法)을 듣고 닦아 본성(本性)을 길러 초지(初地)에 이르는 것.

세간【世間】〔梵 loka-dhātu, sarva-loka, idam ja gat, loka, 西 hjig rten, 巴 vohāramattena, 英 The world; in the world〕 ①일반 사회·세상·세속(世俗)·세계와 같은 뜻. 세(世)는 격별(隔別)·천류(遷流)의 뜻이고, 간(間)은 내부에 있는 것, '간격'이라는 뜻이다. 세상의 모든 사상(事象)·사물(事物)을 가리킨다. 『불성론(佛性論)』 2권에서는 세(世)에는 대치(對治)·부정주(不靜住)·허망(虛妄)의 의미가 있다 한다. ②육도(六道)를 가리킨다. 지옥·아귀·축생·수라·인(人)·천계(天界)의 미(迷)의 세계를 말한다. 출세간(出世間)에 대한 말. 또 『대지도론』 63권에서는, "세간은 삼계(三界)이다."라고 하고 있다. ③차별(差別)의 뜻을 나타낸다. 3세간·2종세간·6세간 등을 말한다. 예컨대, 삼세간으로 화엄종에서 세우는 기세간(器世間)·중생세간(衆生世間)·지정각세간(智正覺世間), 또 천태종에서 세우는 중생세간(衆生世間)·국토세간(國土世間)·오음세간(五陰世間) 등이다.

세간법【世間法】〔梵 Saṃvyavahārā laukikāh〕 ①사바세계·중생계의 가치관이나 기준. 또는 미혹한 세계에서 일어나고 있는 모든 것. ②육도에 윤회하고 있는 중생세계의 법. ③열반의 세계가 출세간(出世間)의 세계라면 깨닫지 못한 미혹한 세계, 고(苦)의 세계는 모두 세간법임. 곧 사제(四諦) 가운데 고(苦)와 집(集)의 이제(二諦)를 말한다.

세간지【世間智】〔英 Worldly knowledge, i.e. that of ordinary men and those unenlightened by Buddhism〕 삼지(三智; 世間智·出世間智·出世間上上智)의 하나. 세속지(世俗智)·세지(世智)·속지(俗智)·유류지(有漏智)라고도 한다. 범부(凡夫)와 외도(外道)의 삿된 지혜. 또는 세간 일반의 보통 지혜. ,

세간출세간【世間出世間】〔梵 laukika-lokottara〕 세출세간(世出世間)이라고도 한다. 세간과 출세간. 세간은 세속으로서 중생의 세계, 미혹의 세계, 속제(俗諦)이다. 출세간은 불문(佛門)으로서 부처, 깨달은 이의 세계, 열반의 세계. 진제(眞諦).

세세생생【世世生生】 세세(世世)는 미래세의 복수, 또는 대(代)의 복수. 생생(生生)은 내생(來生)의 복수. 영겁을 통해서 끊임없이 생사를 되풀이하는 것을 가리키는 말.

세속【世俗】〔英 laukika; common or ordinary things, custom, experiences, common or worldly way (or views)〕 ①중생들이 사는 세상. 속세 또는 세간이라고도 한다. 티끌세상, 삼독오욕과 약육강식의 현실세계. ②중생심을 가진 사람들이 사는 세상.

세속오계【世俗五戒】 신라 진평왕 때에 원광(圓光, ?-630)이 화랑에게 준 다섯 가지의 교훈, 즉 사군이충(事君以忠; 충성으로써 임금을 섬길 것)·사친이효(事親以孝; 효도로써 부모를 섬길 것)·교우이신(交友以信; 친구간의 교제는 신의로써 할 것)·임전무퇴(臨戰無退; 전쟁에 임해서는 물러서지 말 것)·살생유택(殺生有擇; 살생은 가려서 할 것)이다. 이 세속오계는 『삼국유사(三國遺事)』 의해(義解) 원광서학(圓光西學)에 나오는데, 어떤 이는 유교의 덕목인 충효신용인(忠孝信勇仁)에 의한 것이라고 하고, 또 어떤 이는 한국 고유사상을 바탕으로 제가사상(諸家思想)에서 정립시킨 것이라고도 함.

세속지【世俗智】〔梵 Saṃvṛti-jnana, 巴 sammuti-ñāṇa〕 세속적인 지혜. 범부나 중생의 지혜(智慧). 분석적 지혜. 세속지는 참다운 지혜가 아니므로 최고 진리는 볼 수 없다고 함. 세간지(世間智)라고도 한다.

세속제【世俗諦】〔梵 Saṃvṛtisatya, 西 kun rdsob bden pa, 英 common principles, or axioms〕 세제(世諦)·속제(俗諦)라고도 한다. 세속의 입장에서 성립되는 진리. 현실적·경험적·세간적 진리. 이것은 감성(感性; sensibility)과 지성(知性; understanding)에 의해서 성립되는 진리로서, 차별성(差別性)과 상대성(相對性)을 갖고 있다. 『변중변론(辯中邊論)』 중권(中卷)에, "세속제에는 3종이 있다. 즉 1. 가세속(假世俗), 2. 행세속(行世俗), 3. 현료세속(顯了世俗) 등이다. 이 삼세속(三世俗)은 그 차제(次第)와 같이 삼근본진실(三根本眞實)에 의하여 건립된다."라고 하였다. 속제 항목 참조.

세제일법【世第一法】〔梵 Laukikagradharma, 英 The highest of the 四加行位〕 사가행위(四加行位)의 4번째. 세속적인 사람, 세속적인 지혜 가운데 최상위. 일체를 취할 것도 취할 대상도 없는 공무(空無)로 보아서 바로 견도(見道)의 경지에 들어간 것.

세존【世尊】〔梵 Bhagavat, Lokanatha, Lokajyesth a, 英 world's most venerable, or Lokanātha, Lord of worlds〕 바가범(婆伽梵)·로가나타(路迦那他)·로가야슬라(路迦惹瑟吒)라 음역한다. ①부처님 10호(號) 가운데 하나. 부처님은 온갖 공덕을 원만히 갖추어 세간(世間)을 이익이 되게 하며, 세간에서 가장 존중을 받으므로 세존(世尊)이라고 한다. 또한 세상에서 가장 높으시므로 이렇게 부른다. ②석존(釋尊)을 말함.

세친 【世親】〔Vasubandhu, 약 320-400년경〕 인도불교의 최성기(最盛期)에 출현하여, 모든 대승불교학에 정통한 대학장(大學匠). 바수반두(婆藪槃豆)·벌소반도(伐蘇畔度)라 음역하고 천친(天親)이라고도 한다. 북인도 간다라국의 코시카(Kausika) 성(姓)의 바라문 집안에서 출생했다. 처음에는 설일체유부로 출가하여 카슈미르국에 가서 그곳에 전해진 『대비바사론(大毘婆沙論)』 등 유부의 교학을 학습한 뒤, 자국(自國)에 돌아와서 『구사론(俱舍論)』을 지었다. 그 후 형(兄)인 무착(無着; Asaṅga, 310-390경)의 권유에 의해서 대승에 귀의하여 무착의 저서를 연구하고 주석하였다. 또 한편으로는 외교(外敎)의 교학도 논평하였는데, 인명학(因明學)에 정통하였고, 대승경전을 석론(釋論)하는 등 많은 저술을 남겼다. 그의 대승의 저서로는 『중변분별론(中辺分別論)』·『백론(百論)』·『섭대승론석(攝大乘論釋)』·『금강반야바라밀경론(金剛般若波羅密經論)』·『묘법연화경우바제사(妙法蓮華經優婆提舍)』·『무량수경우바제사원생게(無量壽經優婆提舍願生偈)』·『승사유범천소문경론(勝思惟梵天所問經論)』·『십지경론(十地經論)』·『결정장론(決定藏論)』·『불성론(佛性論)』·『유식삼십송(唯識三十頌)』·『유식이십론(唯識二十論)』 등이 있는데, 이 외에도 많은 저서가 있다.

소겁 【小劫】〔梵 antara-kalpa, 英 intermediate kalpa〕 사람 목숨을 앗아가는 8만 세에서부터 백 년마다 1세씩 줄어들어 10세에 이르는 동안을 감겁(減劫)이라 하고, 10세로부터 백 년마다 1세씩 늘어 8만 세에 이르는 동안을 증겁(增劫)이라 하니, 『구사론(俱舍論)』에서는 1증겁과 1감겁을 각각 1소겁(小劫)이라 하고, 『지도론(智度論)』에서는 1증겁과 1감겁을 합하여 1소겁이라 한다.

소능취 【所能取】〔梵 grahya-grāhaka〕 소취(所取)와 능취(能取). 소취는 알 수 있는 것, 곧 인식의 대상 객관이고, 능취는 아는 것, 곧 주관·인식주관(認識主觀)이다.

소량 【所量】〔梵 prameya, 英 That which is estimated; the content of reasoning, or judgment〕 헤아릴 바가 되는 것을 말함. 『성유식론』 2권에서 인식과정을 4분(分)으로 세운 가운데에 견분(見分)을 능량(能量), 자증분(自証分)을 양과(量果)라고 하는 데 대하여, 상분(相分)을 소량(所量)이라 한다.

소마주 【soma酒】 공희(供犧) 중심인 베다의 종교의례에서는 제신(諸神)에게 산양(山羊)의 고기 등 희생물과 곡식·젖 등의 농산물 및 축산물을 바쳤는데, 그 가운데 소마주를 가장 소중하게 여겼다. 이것은 일종의 신주(神酒)로서 소마초(草)를 가공하여 만든, 흥분성이 강한 술이라고 하는

데, 그 황홀한 도취감 때문에 신비스러운 영력(靈力)과 관련된 것으로 생각되었다. 이후 소마주 자체도 신격화되기에 이르렀다. 그래서 『리그베다』에는 소마신에 대한 찬가가 많이 나온다. 소마주를 바치는 의식으로는 아그니 슈트마가 대표적이다. 신전이나 신상(神像)이 아직 없던 시대였으므로, 대개의 경우 들판의 빈터에 제단을 설치하고 성화(聖火)를 밝혀 아그니의 신에게 희생의 산양을 바치고, 제관(祭官)이 부르는 찬가에 따라 신주를 짜내어 내림(來臨)한 제신(諸神)에게 바쳤다고 한다.

소번뇌지법 【小煩惱地法】〔梵 parittа-kleśabhūmikāḥ, upakleśabhūmikāh, 英 The ten lesser evils or illusions, or temptation〕 설일체유부(說一切有部)와 구사종(俱舍宗)에서 우주 간의 온갖 법(法)을 75요소로 나눈 것 가운데 악(惡)과 상응하는 특수한 성질이 있는 마음작용. 분(忿)·부(覆)·간(慳)·질(嫉)·뇌(惱)·해(害)·한(恨)·첨(諂)·광(誑)·교(憍)의 열 가지를 말한다.

소부 【小部】〔巴 khuddhakanikāya〕 팔리어 경장(經藏) 5부(五部) 가운데 하나. 모두 경(經) 15부(部)를 수록하고 있다. 즉 『소송(小誦)』·『법구경(法句經)』·『자설경(自說經)』·『여시어경(如是語經)』·『경집(經集)』·『천궁사경(天宮事經)』·『아귀사경(餓鬼事經)』·『장로게(長老偈)』·『장로니게(長老尼偈)』·『본생경(本生經)』·『의석경(義釋經)』·『무애변도경(無碍辯道經)』·『비유경(譬喩經)』·『불사경(佛史經)』·『약용장(若用藏)』 등이 실려 있다.

소삼재 【小三災】『구사론(俱舍論)』 12권에 보인다. 세계가 이루어지는 때부터 파괴되어 공무(空無)로 돌아가기까지를 4기로 나눈 4겁 가운데 주겁(住劫)에 20증감(增減)이 있는데, 감겁(減劫) 끝에, 인간의 수명이 10세 때 일어나는 세 가지 재난. 1. 도병재(刀兵災) : 그때 사람들이 탐욕으로부터 진심(瞋心)을 일으켜 손에 잡히는 것들이 모두 날카로운 칼이 되어 서로 찔러 죽이되, 7일 7야를 연속하여 사바세계에 겨우 만 명이 남는다고 한다. 2. 질역재(疾疫災) : 앞의 말과 같은 여러 가지 허물이 있으므로, 야차·악귀 등이 독기를 토하여 질병을 유행시켜 죽는 이가 많다. 7월 7일 동안 계속하여 사바세계에 겨우 1만 명이 남는다고 한다. 3. 기근재(饑饉災) : 위와 같은 허물이 있으므로 천(天)·용(龍)이 노여워하여 비를 내리지 아니하여, 온갖 곡식들이 다 죽어 흉년이 들어 굶주림이 계속하기를 7년 7월 7일을 연속한 끝에, 사바세계에 겨우 1만 명이 남는다고 한다. 그 일어나는 시기에 대하여는 여러 말이 있다. 소승에서는 1감겁 말(末)마다 일재(一災)씩 일어나 20겁 중에 차례로 삼재가 반복한다고 하고, 대승에서는 사람 목숨 30세 때는 기근재, 20세 때는 질역재, 10세 때는 도병재가 일어난다고 한다.

소소영령 【昭昭靈靈】 견문각지(見聞覺知)할 줄 아는 마음을 말함. 불매지심(不昧之心).

소승 【小乘】 〔梵 Hinayāna, 英 The small, or inferior wain, or vehicle〕 대승(大乘; mahāyāna)에 상대되는 말로, 성문(聲聞)과 연각(緣覺) 2승(二乘)을 가리킴. 대승에서 그 이전의 불교도들을 폄하하여 부르는 말로서, 타인의 구제보다는 자기 자신의 구제에 먼저 힘씀. 소승불교 항목 참조.

소승계 【小乘戒】 〔英 The commandments of the Hinayāna, also recognized by the Mahāyāna〕 『범망경(梵網經)』에서 말한 십중(十重)·사십팔경계(四十八輕戒)를 대승계(大乘戒)라 하는 데 대하여 『사분율(四分律)』·『십송율(十誦律)』 등에서 말한 계율을 말한다.

소승교 【小乘教】 중국 당(唐)의 종밀(宗密, 780-841)이 나눈 5교파 가운데 제2교(教). 이 교법을 가진 자는 무아관(無我觀)을 닦고, 탐(貪)·진(瞋)·치(癡) 등 여러 번뇌를 끊어 없애며, 제업(諸業)의 지식(止息)을 구하고, 아공(我空)으로써 주된 진여(眞如)의 이치를 취하여 아라한과(阿羅漢果)를 얻는다고 한다. 소승불교 항목을 참조할 것.

소승불교 【小乘佛教】 〔英 Hinayāna Buddhism〕 대승불교에 상대되는 말로, 대승 이전의 모든 불교, 즉 부파불교시대에 형성된 20개 부파와 그것에 속하는 경율론(經律論)을 가리킨다. 소승이란 작은 탈 것이라는 말이지만, 그 뜻은 작은 가르침, 넓지 못한 가르침, 하열한 가르침〔불교〕, 완성도가 떨어지는 가르침〔불교〕 등으로 후대에 성립된 대승불교에서 붙인 폄칭이다. 또 중생 구제보다는 자기 자신의 구제, 학도(學道)를 우선시하는 가르침이라는 뜻이다. 소승불교라는 이름은 대승불교에서 그 이전의 모든 불교를 폄칭(貶稱)한 것인데, 소승 쪽에서는 스스로를 소승(小乘)이라고 말하지 않았다. 그러므로 부파불교(部派佛教)라고 하는 것이 더 올바른 표현이다. 부파불교는 계율이나 교리 해석상의 의견대립 등에서 분파했는데, 아비달마(阿毘達磨)인 번쇄철학(煩瑣哲學)을 발달시켰다. 소승십팔부 항목 참조.

[소승불교와 초기 대승불교의 차이점] 형식상으로 보면, 1. 소승은 출가(出家; 比丘·比丘尼) 2중(二衆)을 대상으로 하고, 대승은 출가 2중〔비구·비구니〕과 재가(在家)의 신남(信男; 우바새)·신녀(信女; 우바이), 즉 사부대중(四部大衆)을 대상으로 한다. 2. 소승은 타율적(他律的) 전통 준수를 중시하고 부파교단(部派教團)을 주(主)로 하며, 대승은 무애자재한 보편적 개인의 활동을 중시한다. 3. 소승

ㅅ

은 번쇄한 분석(分析)이 주(主)인데, 대승은 간명(簡明)하고 종합적이다. 내용상으로 보면, 1. 소승은 불제자인 성문은 아라한을 최고 목표로 하고, 대승은 스스로 불타(佛陀)가 될 것을 최고 목표로 한다. 누구나 이타행(利他行)으로써 보살(菩薩)이 될 수 있다고 하며, 이것을 보살승(菩薩乘)이라 한다. 2. 소승은 불타(佛陀)를 초인(超人)으로 보아 부처님은 오직 한 분이라 하는 데 반하여, 대승은 무수한 세계에 응(應)하여 그 서원(誓願)에 따라 다불(多佛)이 있음을 인정하고, 그 전 과정에 있는 보살도 다수(多數)임을 인정한다. 3. 소승은 아공법유(我空法有)의 75법(法), 삼세실유(三世實有)의 상식적 실재론(實在論) 등을 주로 주장하는 데 반하여, 대승은 주로 가명무실체(假名無實體)의 아법이공(我法二空)을 사상적 근거로 한다. 4. 소승은 심소부정(心所不淨; 마음이 깨끗지 못함)이라 하는 데 반하여, 대승은 심성본정(心性本淨)과 불성본유(佛性本有)를 주장한다. 5. 소승은 열반(涅槃)을 소극적인 회신멸지(灰身滅智)라 생각하는 데 반하여, 대승은 생사열반(生死涅槃)에 집착하지 않는 무애자재한 활동이라 생각한다.

소승선 【小乘禪】 아공(我空; ātma-śūnyatā)의 이치를 깨닫고 닦는 선(禪). 당(唐)의 규봉종밀(圭峰宗密, 780-841)이 선(禪)을 외도선(外道禪)·범부선(凡夫禪)·소승선(小乘禪)·대승선(大乘禪)·최상승선(最上乘禪)의 5가지로 나눈 것 가운데 하나인데, 소승교를 받들고 그 가르침을 실천하는 선(禪)을 말한다.

소승십팔부 【小乘十八部】 〔英 A chinese list of the 'eighteen' sects of the Hinayāna, omitting mahāsāṅghikāh, sthavira, and Sarvāstivādah as generic schools〕 『이부종륜론(異部宗輪論)』에 근거한 설. 붓다가 입멸한 지 100년 만에 대천(大天; Mahādeva)에 의하여 상좌부(上座部)와 대중부(大衆部)의 두 파로 나누어졌다. 200년경에는 대중부에서 일설부(一說部)·제다산부(制多山部)·계윤부(鷄胤部)·다문부(多聞部)·설가부(說假部)의 5부(五部)가 나왔다. 상좌부(上座部)는 300년 초에 화지부(化地部)와 독자부(犢子部)가 나오고, 독자부에서 법상부(法上部)·현주부(賢住部)·정량부(正量部)·밀림산부(密林山部)가 나왔다. 다음에 화지부에서 설일체유부(說一切有部)·음광부(飮光部)·설전부(說轉部)·경량부(經量部)·법장부(法藏部)가 나와서 모두 16부인데, 여기에 본가(本家)인 상좌(上座)·대중(大衆) 2부(二部)를 더하면 소승 18부가 된다. 이 시대를 부파불교시대라고 한다. 명칭과 숫자는 문헌마다 조금씩 차이가 있다. 부파불교, 소승불교 항목 참조.

소승이십부 【小乘二十部】 소승불교의 20파. 이 20파는 북방불교에서 말하는 것이고, 남방불교에서는 18부를 말하고 있다. 북방의 소전(所傳)에 따르면, 석존 입멸 후 백여 년 후에 대천(大天)이라고 하는 비구가 계율과 교단 운영 등에 대하여 5개 조항에 이르는 새로운 주장을 했다. 전통교단에서는 이것을 망언으로 간주하여 대천오사망언(大天五事妄言)이라고 한다. 이때 불교는 마하데바에 따라서 5개조를 인정하는 자유주의 일파와 그 신설(新說)을 거부하는 보수주의 일파로 분열했다. 전자를 대중부(大衆部; mahāsāṁghika), 후자를 상좌부(上座部; Theravāda)라고 한다. 이것이 소승교 최초의 분열이다. 그 후 불멸 400년에 이르는 약 300 년 동안 대중부로부터 8부(部)가 분파되고, 상좌부에서 10부가 분파되었으며, 대중(大衆)·상좌(上座)의 본파(本派)를 합하여 소승 20부가 되었다. 즉 대중부로부터는 최초에 일설부(一說部)·설출세부(說出世部)·계윤부(鷄胤部) 등 세 파가 분열되고, 다음에 대중부의 본파(本派)로부터 다문부(多聞部)·설가부(說假部)의 2분파가 나오고, 다음 불멸후 300년 초경에 대중부의 본파로부터 제다산부(制多山部)·서산주부(西山住部)·북산주부(北山住部)의 세 파가 나왔다. 그래서 본파와 합하여 대중부는 9부가 되었다. 상좌부는 불멸후 300년 초에 근본상좌부〔雪山部〕와 설일체유부(說一切有部)의 2파로 나누어졌는데, 불멸 후 300년 중엽에는 설일체유부로부터 독자부(犢子部)가 나왔고, 다시 독자부로부터 법상부(法上部)·현주부(賢住部)·정량부(正量部)·밀림산부(密林山部)의 네 파가 나왔다. 그 후 설일체유부의 본파로부터 화지부(化地部)가 나왔고, 화지부로부터 법장부(法藏部; 曇無德部)가 나왔다. 또 불멸후 300년 말경에는 설일체유부의 본파로부터 음광부(飮光部)가 나오고, 400년 초기에는 다시 본파로부터 경량부(經量部)가 파생되었다. 이상과 같이 분파하여 상좌부는 모두 11부(部)가 되었는데, 상좌부 계통과 대중부 계통을 합하면 모두 20부파가 된다.

소아【小我】〔英 the self; the ego; the relative (empirical) ego〕①우주의 절대적인 대아(大我)와 구별되는 현상계의 나. 본능에 따르는 나. ②자기반성의 결과, 대상화하는 자아(自我)에 대하여 대상화(對象化)된 자아(自我)을 말한다. ③인류 전체에 대한 나 개인. ④전체의 이익보다도 자기 개인의 이익을 앞세움.

소연【所緣】〔梵 ālambana, 西 dmigs pa, 英 That upon which something rests or depends, hence object of perception〕마음으로 인식하는 대상. 6식(六識)의 대상으로 인식되는 6경(六境)과 같은 것.

소욕지족【少欲知足】〔梵 saṃtoṣaṃ param āsthāya yena tena, 英 content with few desires〕많이 구

(求)하지 않고 소욕(小欲)으로 만족할 줄 아는 것. 『열반경』에, "욕(欲)이 적은 사람은 구(求)하지도 취(取)하지도 않으며, 만족할 줄 알면 적게 얻어도 후회하지 않는다."라고 하였다.

소의【所依】〔梵 āśraya, 英 Āśraya, that on which anything depends, the basis of the vijñānas〕 ①의지(依支), 의거(依據)하는 대상. 바탕, 뿌리를 두고 있는 대상. 소의의 경(經)·론(論)이라 하면, 어떤 종지(宗旨)를 근본으로 삼고, 그에 의하여 세운 경(經)·론(論)을 말한다. ②유식(唯識)에서는 의(依)와 소의(所依)를 나누어, 일반적으로 번갈아 서로 의지함을 의(依)라 하고, 소의(所依)라 함은 의지하여진다는 뜻이니, 마음 안의 육처(六處)에 국한하여 말한다. 위주(爲主)·취자소연(取自所緣)의 네 조건을 구비하는 데서 구유(俱有)의 소의라고 한다고 한다. 곧 8식에 대하여 말하면 전(前)5식에는 동경의(同境依; 5감관)·분별의(分別依; 제6식)·염정의(染淨依; 제7식)·근본의(根本依; 제8식)가 있고, 제6식에는 제7식·제8식이 있고, 제7식·제8식은 번갈아 구유의(俱有依)가 된다고 한다.

소의경전【所依經典】 개인이나 종파에서 신행(信行)이나 교의상(敎義上)으로 의지하는 경전(經典)을 말한다. 예컨대, 화엄종(華嚴宗)의 소의경전은 『화엄경』이고, 천태종(天台宗)의 소의경전은 『법화삼부경』, 정토종(淨土宗)의 소의경전은 『정토삼부경』 등과 같은 것이다. 오늘날 조계종의 소의경전은 대승경전 전체이지만, 그 중에서도 『금강경』을 소의경전으로 삼고 있다.

소인【所因】〔梵 nimitta〕 기본(基本)이 되는 것. 기본으로 하여 일어나는 원인(原因).

소재도량【消災道場】 재앙을 물리치기 위해 베푸는 의식, 또는 법회. 『균여전(均如傳)』 9, 감응항마분(感應降魔分)에 나온다.

소지의【所知依】〔西 śesbya baḥi gnas, 英 That on which all knowledge depends, i.e. the ālayavijñāna, the other vijñānas being derived from it〕 알아야 할 것의 의거하는 바. 유식설(唯識說)에서 아뢰야식을 말함. 이 식(識)은 알아야 할 본연의 근본이므로 이렇게 부르는데, 세 가지 종류의 존재형태를 갖는 모든 것의 근저(根底)를 가리킨다.

소지장【所知障】〔梵 jñeya-āvarana, 英 The barrier of the known, arising from regarding the seeming as real〕 번뇌장(煩惱障; kleśāvarṇa)에 상대되는 말. 유식론에서 말하는 2장(二障; 煩惱障·所知障) 가운데 하나. 지장(智障)이라고도 한다. 탐(貪)·진(瞋)·치(痴) 등의 번뇌가 알아야 할 바[所知]의 진상을 알지 못하게 하므로 이들 번뇌를 소지

장(所知障)이라 하며, 진지(眞智)가 발현함을 장애하는 점에서 지장(智障)이라 한다. 이에 대하여 번뇌장은, 인간의 몸은 오온(五蘊)이 화합하여 성립된 존재에 불과한 것인데도 불구하고 영구성(永久性)이 있는 '나'라고 집착하는 번뇌이다.

소참【小參】〔英 Small roup, a class for instruction outside the regular morning or evening services〕 약식 법문. 선원에서 정기적·정식적인 설법을 상당(上堂)·대참법문(大參法門)이라고 하고, 비정기적인 설법, 수시로 설법하는 것을 소참이라고 한다. 참(參)은 대중(大衆)을 모아 법을 설하는 것. 후대에는 아침 법문인 조참(早參)과 저녁 법문인 만참(晩參)을 모두 소참이라고 하였다. 소참은 법당·방장 등에서 설법하였다.

소천세계【小千世界】〔梵 sahasraś cūḍiko loka-dhātuḥ, 英 A small chiliocosm, consisting of a thousand worlds each with its Mt. Sumeru, continents, seas, and ring of iron mountains〕 세계(世界)는 수미산(須彌山; Sumeru-parvata)을 중심으로 하는데, 그 사방주위를 철위산(鐵圍山; Cakravāda)이 둘러싸고 있다고 한다. 그리고 그 위로 일(日)·월(月)·사왕천(四王天)·도리천(忉利天)·야마천(夜摩天)·도솔천(兜率天)·화락천(化樂天)·타화자재천(他化自在天)을 포함한 욕계(欲界)와 색계(色界) 초선(初禪)의 범중천(梵衆天)·범보천(梵輔天)·대범천(大梵天)을 포함해서 세계라고 말한다. 이 세계의 일천(一千) 개를 일소천세계(一小千世界)라 한다. 제2선천(禪天)은 이것을 덮었다고 한다.

소초【疏鈔】 경전의 해설서. 경(經)을 해석한 것을 소(疏), 소(疏)에 대한 부연설명을 초(鈔)라고 한다.

소취능취【所取能取】〔梵 grāhya-grahaka, grāhyan grahakañ〕 소취(所取)와 능취(能取). 인식(認識)의 대상(對象)과 인식의 주체(主體).

소품반야【小品般若】〔英 kumārajiva's abbreviated version, in ten chūan, of the Mahā-prājñā-pāramitā-sūtra〕 『소품경(小品經)』이라고도 한다. 불경(佛經) 이름. 『대품반야(大品般若)』와 상대되는 말. 편폭(篇幅)이 비교적 짧으므로 이렇게 부른다. 일반적으로는 동한(東漢) 말에 지루가참(支婁迦讖; Lokarakṣa)이 번역한 『도행반야경(道行般若經; 10권)』, 삼국(三國) 오(吳)나라 때 지겸(支謙)이 번역한 『대명도무극경(大明度無極經; 6권)』, 후진(後秦) 때 구마라집(鳩摩羅什, 343-413)이 번역한 『소품반야경(小品般若經; 10권)』, 당(唐)나라 때 현장(玄奘, 602-664)이 번역한 『대반야경(大般若經)』 제사회(第四會)를 가리킨다. 이 4가지는 대체로 같은 본(本)으로 다른 번역에 속한다.

ㅅ

소훈사의【所熏四義】법상종의 용어. 종자(種子)를 훈습(熏習)케 하는데, 4속성이 있어야 한다고 함. 4속성이란, 곧 1. 견주성(堅住性; 始終이 동일한 性類의 것으로, 또 常恒不斷하고 상속하는 성질), 2. 무기성(無記性; 善·惡에 치우치지 아니한 中性), 3. 가훈성(可熏性; 그 자체가 다른 것에 의지하여 일어나지 않고 자재한 세력이 있으며, 또 堅密하지 아니한 성질), 4. 화합성(和合性; 所熏處인 識은 能熏處와 同時同處에서 능히 和合될 성질)을 말하는데, 이것을 가진 것은 오직 제8식뿐이라고 한다.

속가【俗家】〔英 a layman's house〕 ①승려가 출가하기 전에 머물던 집. 자신이 태어난 집. ②재속(在俗)의 사람. 재가(在家). 속인(俗人).

속강【俗講】중국 당(唐)나라 때 민중(民衆)을 대상으로 하는 불교 강설(講說). 원인(圓仁, 794-864)의 『입당구법(入唐求法) 순례행기(巡禮行記)』에 의하면, 문숙(文叔)이라는 속강승(俗講僧)이 칙명(勅命)을 받아서 장안(長安)의 대사원(大寺院)에서 정기적으로 속강(俗講)을 개최했는데, 이때 도교(道敎)의 속강도 도관(道觀)에서 행했다고 전한다. 그런데 최근 돈황(燉煌)에서 속강의식을 기록한 문서나 강경문(講經文)·변문(變文)·연기(緣起) 등이 발견되어 중만당기(中晩唐期)에 있었던 속강의 전모가 상당히 구체적으로 알려지게 되었다. 심원한 불교교의의 중심에 효(孝)를 두고, 오락적으로 억양변화(抑揚變化)의 곡조(曲調)를 가지고, 때로는 변상도(變相圖)를 병용(併用)하여 민중이 싫증내지 않게 강설했기 때문에 민중들의 호응도 컸다. 여기서 설백(說白)과 시구(詩句)를 호용(互用)하여 되풀이하는 문학양식이 생겼다.

속고승전【續高僧傳】중국 당(唐)나라 초기 남산율종(南山律宗)의 조(祖)인 도선(道宣, 596-667)이 지은 책. 30권. 502년부터 645년까지 144년간의 명승(名僧) 석덕(碩德)의 사적을 기록한 것인데, 역경(譯經)·의해(義解)·습선(習禪)·명률(明律)·호법(護法)·감통(感通)·유신(遺身)·독송(讀誦)·흥복(興福)·잡과(雜科)의 10편으로 되어 있다.

속망진실설【俗妄眞實說】대중부(大衆部)에서 파생된 설출세부(說出世部; Lokottaravādinaḥ)에서 주장하는 이론. 세속적인 법(法)은 모두가 망집(妄執)에 의한 것이므로 진실로 있는 것이 아니라 거짓이며, 진제적(眞諦的)인 출세간법(出世間法)만이 진실한 존재라고 함.

속장경【續藏經】대장경을 간행할 때 빠졌던 것을 모아 다시 간행한 속편(續編)대장경. 고려 초기 대각국사(大覺國師) 의천(義天, 1055-1101)이 주도했다. 고려 현종 때 간행한 초조대장경(初雕大藏經; 1011년 고려 현종 2년에 시작하여 1068년 문종 21년에 완성됨)에 누락된 것을 의천이 1085년〔고려 宣宗 2〕에 송(宋)나라로 가서 3천여 권의 장(章)·소(疏)를 수집하여, 1086년〔宣宗 3〕에 고려로 귀국하였다. 이때 거란 등에서 수집한 불경도 함께 모아 『신편제종교장총록(新編諸宗教藏總錄)』이라는 불경 목록을 만들었다. 이후 흥왕사(興王寺)에 교장도감(教藏都監)을 두고 간행하여 1086년〔宣宗 3〕에 완성하였다. 대구 부인사(符仁寺)에 보관했는데 고려 말 몽골의 침입 때 타 버리고, 지금은 그 목록과 인쇄본 일부가 일본 교토(京都)의 남선사(南禪寺)와 대마도, 해인사(海印寺) 등에 남아 있다.

속제 【俗諦】〔梵 saṃvṛti-satya, 巴 sammuti-sacca, 英 common principles, or axioms〕 진제(眞諦)에 상대적인 말로, 세제(世諦)라고도 한다. 속(俗)은 속사(俗事), 또는 세속(世俗)의 사람이라는 의미이다. 인연법에 의하여 일어나는 모든 사상(事相)을 속(俗)이라 한다. 또 세속 사람의 아는 바를 속(俗)이라 한다. 제(諦)란 진실한 도리를 의미한다. 곧 속사상(俗事上)의 도리를 속제라 하고, 또 세속 사람의 아는 바의 도리를 속제(俗諦)라 한다.

손상좌 【孫上佐】 상좌(上佐)의 상좌(上佐). 즉 손제자(孫弟子).

솔도파 【率都婆】〔梵 stūpa〕 수투파. 탑(塔). 솔도파(窣都婆)·소도파(素堵波)·수두파(藪斗波)·소투파(蘇偸婆)·탑파(塔婆)라고도 쓰며, 대취(大聚)·방분(方墳)·원총(圓塚)·영묘(靈廟)·고현처(高顯處)·공덕취(功德聚)라고도 번역한다. 유골이나 경전을 넣기도 한다. 특히 영지(靈地)의 표시로나 가람 건축의 한 장엄으로 세우는 건축물. 3층·5층 등 지붕이 있는 높은 것은 탑(塔)이라 하고, 작은 판탑파(板塔婆)는 솔탑파·탑파라 통칭한다.

송고 【頌古】 선종(禪宗)에서 불조(佛祖)들이 문답한 고칙(古則)·공안(公案)의 뜻을 운문체의 게송으로 밝힌 것.

송고승전 【宋高僧傳】 중국 송나라 때 불교사가(佛教史家)인 찬영(贊寧, 918-999)이 엮음. 이 책은 혜교(慧皎, 497-554)의 『양고승전』, 도선(道宣, 596-667)의 『속고승전』에 이어 당(唐)·오대(五代)·송초(宋初) 고승의 전기를 수록한 것으로, 모두 정전(正傳) 533인(人), 부견(附見) 130인(人)을 수록하고 있다. 송(宋) 태종의 칙명(勅命)으로 980년〔宋 太宗 5〕 항주(杭州)에서 착수하여 약 8년 동안에 완성, 988년 10월에 태종에게 바쳤다. 중국 중세 불교사를 연구하는 데 중요한 자료이다.

쇄쇄낙락 【灑灑落落】 대해탈(大解脫)의 상태. 쇄쇄(灑灑)는 마음에 더러움이 없는 깨끗한 모양이고, 낙락(落落)은 물건에 속박되지 않은 모양이다. 사물에 걸림이 없는 크게 깨달은 사람의 경지를 형용한 말이다.

수【受】〔梵 vedanā, 英 To receive, be, bear; intp. of Vedanā, 'perception', 'knowledge obtained by the senses, feeling sensation.'〕①정신작용의 하나. 오변행심소(五遍行心所)의 하나. 바깥 경계를 마음에 받아들이는 정신작용. 감수작용(感受作用)을 말함. 불쾌한 대상을 괴롭다〔苦〕고 감수하는 작용과 즐거운 대상을 즐겁다〔樂〕고 감수하는 작용, 불쾌하지도 즐겁지도 않은 대상을 괴롭지도 즐겁지도 않다〔不苦不樂〕고 감수하는 작용을 말한다. 고와 낙의 감수작용으로부터 집착이 일어난다. ②십이연기(十二緣起)의 일곱 번째〔受支〕. ③오온(五蘊)의 하나〔受蘊〕. ④선악업인 과보(果報)를 각 개인이 받아들이는 것. ⑤속박 또는 속박의 조건을 유지함. ⑥질료(質料)로서 받는 것. ⑦취(取)와 같음. ⑧받을 준비를 함. ⑨주어진 물건을 받는 것. ⑩계법을 받는 것. ⑪가르침을 보존함. ⑫훈계·덕행. ⑬승인함. ⑭팔리어 'āyatana'의 한역(漢譯). 입(入) 또는 처(處)의 뜻. ⑮결점을 몸에 익히는 것.

수계【受戒】〔英 To receive, or accept, the commandments, or rules〕불교도(佛敎徒)는 일정한 의식(儀式)을 통하여 계율을 받는다. 대(大)·소승(小乘)의 계법(戒法)에는 5계(戒)·8계·10계·구족계(具足戒)·보살계(菩薩戒) 등이 있다. 5계와 8계는 재가(在家)의 남녀 불교도가 마땅히 지켜야 할 계(戒)의 조목을 가리키고, 10계는 사미(沙彌)와 사미니(沙彌尼)가 받는 계(戒)의 조목이며, 구족계는 '대계(大戒)'라고 칭하기도 하는데, 비구(比丘)와 비구니(比丘尼)가 받는 계율이고, 보살계는 대승(大乘)의 보살승(菩薩乘)이 받는 계율이다.

수고우【水牯牛】화두(話頭)의 하나. 검은 암소. 조주(趙州, 778-897)가 남전(南泉, 748-834)에게 "유(有)를 안 사람이 죽은 뒤에 어디로 향해 갑니까?" 하고 묻자 남전이 답하기를, "산(山) 앞의 단월(檀越) 집에 한 마리 수고우가 되어 가나니라."라고 하였다. 조주가 "스님의 가르쳐 주심을 감사하나이다."라고 하자 남전이 말하기를, "어젯밤 삼경에 달이 창에 비쳤더라."라고 하였다. 수(水)는 소 빛깔이 검은 것을 뜻하고, 고우(牯牛)는 암소를 말한다.

수기【授記】〔梵 vyākaraṇa〕①부처〔佛〕가 제자에 대해 장차 반드시 부처가 될 것이라고 예언해 주는 것. ②불경(佛經) 12부 가운데 하나. 석가모니의 설법 형식의 일종이기도 함.

수기설법【隨機說法】①부처님이 수행자들의 근기를 보아서, 거기에 맞게 설법하는 것. ②스승이 제자의 근기〔이해 수준; 지식 수준; 능력〕에 따라 설법하는 것. ③대중을 상대로 설교할 때에 소질과 지식 정도에 맞추어서 이해할 수 있도록 가르치는 것. 대기설법(對機說法)이라고도 한다.

수능엄경 【首楞嚴經】〔梵 Śurāṅga-masamadhi-sūtra, 西 Ḥphags-pa dpaḥ-bar-ḥgro-baḥi tin-ṅe-ḥdsin-shes-bya-ba theg-pachen-poḥi mdo〕 중국 후진(後秦) 때〔402-412〕 구마라집(鳩摩羅什, 344-413)이 번역. 2권. 정식으로는 『불설수능엄삼매경(佛說首楞嚴三昧經)』이라고 한다. 삼매 중에서 으뜸이라는 수능엄삼매에 대해서 설한 경전. 『대방광불화엄경』과 『유마힐소설경』·『묘법연화경』의 사상에 앞서는 것으로 간주되기 때문에 대승경전들 중에서 중요한 위치를 차지하고 있다. 후한(後漢)의 지루가참(支婁迦讖; Lokarakṣa)이 초역(初譯)한 이래로 모두 8번의 번역이 이루어졌으나, 현재 본 경(經) 이외에는 남아 있지 않다. 광본(廣本)으로서 당(唐)나라 때 반자밀제(般剌蜜帝; Pra-miti)가 번역한 『능엄경(楞嚴經; 大佛頂如來密因修証了義諸菩薩萬行首楞嚴經)』 10권이 있으나 내용이 다르며, 많은 학자들은 그것〔『능엄경』〕을 위경(僞經)으로 간주한다.

수능엄삼매 【首楞嚴三昧】〔梵 Śuraṁgamasamādhi, 英 Śuraṃgama dhyāna or samādhi〕 보살이 닦는 정(定)의 하나. 마음을 텅 비우고 청정히 하여 허공과 같이 하는 삼매. 신역으로는 수릉가마(首楞伽摩)라 음역한다. 건상(健相)·견고(堅固)·용건(勇健)·건행(健行) 등이라고 번역. 수능엄삼매는 10지(十地) 보살만 얻을 수 있으며, 초지(初地)에서 9지(地)에 있는 보살들은 얻을 수 없다고 한다.

수다라 【修多羅】〔梵 sūtra, 巴 sutta〕 범어 'sūtra', 팔리어 'sutta'의 음역(音譯). ①면(綿)·조(條)·선(綖)이라 한역(漢譯)한다. 물건을 뚫어 얽어매는 끈. ②경(經)·계경(契經)·직설(直說)·성교(聖敎)·법본(法本)·선어경(善語經)이라고 한역(漢譯)한다. 부처님이 설한 가르침을 후세에 전하는 장구(章句)를 말한다. 경전(經典).

수다원 【須陀洹】〔梵 srotāpanna〕 성문(聲聞) 4과(果) 가운데 하나인 첫째 과(果). 입류(入流)·예류(預流)·역류(逆流)라고 번역하는데, 범부(凡夫)의 자리를 버리고 성인(聖人)의 유(流)에 들어갔으므로 입류(入流)라 하고, 무루(無漏)의 도(道)에 처음 참례하여 들어갔으므로 예류(預流)라 하며, 나고 죽는 바다의 흐름을 거슬러 열반에 들어가므로 역류(逆流)라고 한다. 성문사과(聲聞四果)의 하나. 성문사과·사향사과(四向四果) 항목 참조.

수다원과 【須陀洹果】〔梵 Srotaāpatti-phala〕 성문사과(聲聞四果)의 하나. 성문사과·사향사과(四向四果) 항목 참조.

수다원향 【須陀洹向】 성문사과(聲聞四果)의 하나. 성문사과·사향사과(四向四果) 항목 참조.

수달장자 【須達長者】 수달(須達; su-datta)은 석가모니불과 같은 시대에 인도 사위성에 살던 큰 부호. 기원정

ㅅ

사(祇園精舍; Jetavana-vihāra)를 지어 석가모니불에게 드렸다고 한다. 자비심이 많아 가난한 사람들에게 많이 보시하였으므로 급고독장자(給孤獨長者)라고도 한다.

수·당불교 【隋唐佛敎】 수·당 시대는 중국불교가 새로운 전개를 보인 시대였다. 남북의 분열을 통일한 수(隋), 그 뒤를 이은 당(唐)은 세계사적으로도 공전(空前)의 번영을 이룩하였는데, 이러한 통일국가의 시대가 새로운 불교를 요청하게 되었다. 이리하여 특정의 경론에 입각한 새로운 종파가 형성되고, 중국인 자신에 의한 불교의 체계화·조직화가 진행되었다. 수·당 이전에도 비담종(毘曇宗)·섭론종(攝論宗)·성실종(成實宗)·지론종(地論宗)·열반종(涅槃宗) 등과 같이 종(宗)으로 일컬어지는 것이 있었지만, 이들은 엄밀한 의미에서 학파(學派)였고, 뒤의 종파와는 다른 것이었다. 학파로부터 종파로의 발전을 촉진한 계기가 된 것은 사원경제의 독립과 교판(敎判)의 확립이다. 수대(隋代)에 지의(智顗, 538-597)가 대성시킨 천태종(天台宗)은 『법화경(法華經)』을 최고의 위치에 놓아서 독자적인 교판을 확립하여 처음으로 종파를 만들어 냈다. 당대(唐代)에 들어와서 법장(法藏, 643-712)이 『화엄경(華嚴經)』을 중심으로 불교를 체계화하여 '사사무애(事事無礙) 중중무진(重重無盡)'의 화엄교리를 완성했다. 또한 도선(道宣, 596-667)은 계율을 연구하여 율종(律宗)을 창시하고, 현장(玄奘, 602-664)·규기(窺基, 632-682)는 인도의 새로운 유가유식설(瑜伽唯識說)을 기초로 하여 법상종(法相宗)을 열었다. 아울러 선무외(善無畏, 637-735)·금강지(金剛智, 671-741)·불공(不空, 705-774) 등에 의하여 밀교(密敎)도 융성했다. 천태종·화엄종이 수·당 불교의 사상적 절정을 이루었다고 한다면, 선종(禪宗)과 정토교(淨土敎)는 당 중기에서 만당(晩唐) 오대, 그리고 송대에 크게 발전하여 불교의 중국화·민중화에 커다란 역할을 하였다. 선종(禪宗)은 3조(祖) 승찬(僧璨, ?-606)·4조 도신(道信, 581-651)을 거쳐 5조 홍인(弘忍, 602-675) 무렵에 이르러 도속(道俗)의 귀의자가 급증하게 되었는데, 6조 혜능(慧能, 638-713)은 그때까지 없었던 도시에 대한 포교를 중시하였다. 혜능의 계통은 남종(南宗)이고, 신수(神秀, 606-706)의 계통은 북종(北宗)이라 부르는데, 이렇게 2파로 갈라진 채 각기 교선(敎線)을 유지하였으나, 얼마 뒤에 북종은 쇠퇴하고 말았다. 정토교는 담란(曇鸞, 476-542) 이후 도작(道綽, 562-645)·선도(善導, 613-681)가 나와 구칭염불(口稱念佛)을 보급하여 민중들의 환영을 받았고, 그래서 많은 신자를 획득할 수 있었다. 845년〔會昌 5〕의 폐불(廢佛)과 연속된 전란으로 말미암아 불교는 심각한 타격을 받아서 노동, 즉 일일부작 일일불식(一日不作 一日不食)을 표방한 선종과 민중의 마음속 깊이 파고든 정토교만 살아남고 도시 중심, 교학 중심의 종파는 90%가 절멸(絶滅)하였다.

수대【水大】〔梵 āpas, 英 The element water, one of the four elements 四大〕 물의 원소(元素). 사대(四大)의 하나. 온갖 물질에 두루 통하고 있는 원소. 젖는 습성이 물의 본성임. 사대(四大) 항목 참조.

수도【修道】〔梵 bhāvanā-mārga, 巴 bhāvahāmagga, 英 To cultivate the way of religion〕 3도(道)의 하나. 견도위(見道位)에서 온갖 지적(智的)인 미혹(迷惑)을 벗어나고, 다음에 정(情)·의(意)로부터 일어나는 온갖 번뇌의 속박을 벗어나려는 수양을 쌓는 기간. 소승에서는 사향(四向) 사과(四果) 중에서 일래향(一來向)·일래과(一來果)·불환향(不還向)·불환과(不還果)·아라한향(阿羅漢向)의 기간. 대승에서는 초지(初地)에서 제10지(地)까지의 기간.

수라【修羅】〔梵 asura, 英 Demons who war with Indra〕 아수라(阿修羅)라고도 한다. 육도세계의 하나. 오로지 싸우기만을 좋아하는 귀신의 세계. 그래서 난장판을 아수라장이라고 한다. 그러나 사람으로서 마음속에 시기·질투·교만이 가득 찼다거나, 남과 싸우기를 좋아한다거나, 무슨 일이든 비판만 한다면 그 역시 수라의 세계이다.

수라지옥【修羅地獄】 아수라(阿修羅) 지옥. 귀신의 일종으로서 하루 종일 싸움만 한다고 함. 그 주거(住居)는 수미산의 아래인 대해저(大海底)에 있다고 한다.

수량품【壽量品】〔英 The chapter in the Lotus sūtra where Buddha declares his eternity〕 ①『묘법연화경』의 「여래수량품」. 『법화경』의 제16품. 여래의 수명은 무한하여 끝없는 옛적부터 미래세(未來世)를 통하여 이 세계에 출생하여 중생을 교화하고 있다는 것. ②『금광명경』의 제2품. 여래의 목숨은 한량이 없지만 단명한 몸을 나타내는 것은 생사계(生死界) 중의 중생을 교화하기 위한 것임을 밝힘. ③『60권화엄경』의 제26품. 『80권화엄경』의 제31품. 심왕(心王)보살이 세계 겁수(劫數)의 장단을 말한 부분이다.

수륙재【水陸齋】〔英 The festival of water and land〕 의식(儀式)의 하나. 수륙회(水陸會)·수륙도량(水陸道場)·비제회(悲濟會)라고도 한다. 물이나 육지에 있는 외로운 영혼〔孤魂〕과 배고픈 귀신〔餓鬼〕에게 부처님 가르침과 음식〔法食〕을 공양하는 법회이다. 중국에서는 양무제(梁武帝, 502-549 在位)가 금산사에서 시행한 것이 처음이며, 우리나라에서는 고려시대 때인 971년〔光宗 22〕 수원 갈양사(葛陽寺)에서 혜거국사(惠居國師, ?-

974)가 처음 시행하였다.

수면【隨眠】〔梵 Anuśaya, 英 Yielding to sleep, sleepness, drowsiness, comatose, one of the kleśa, or temptations〕 ①번뇌의 다른 이름. 번뇌는 늘 중생을 따라다니므로 수(隨)라 하고, 그 작용이 아득하여 알기 어려움이 마치 잠자는 상태와 비슷하므로 면(眠)이라 한다. 또한 중생을 좇아다녀 마음을 혼미하게 하는 것이 마치 잠자는 것과 같으므로 이렇게 이른다. ②번뇌의 종자. 온갖 번뇌의 종자는 항상 중생을 따라다니면서 제8 아뢰야식 속에 면복(眠伏)해 있으므로 수면이라 한다. 또 중생을 따라다니며 더욱 허물을 더하게 함이 마치 사람이 잠자기를 좋아하여 오래 자는 것과 같으므로 이렇게 부른다.

수미산【須彌山】〔梵 Sumeru-parvata〕 묘고(妙高)·묘광(妙光)·안명(安明)·선적(善積)이라 번역한다. 불교의 우주관. 사대주(四大洲)의 중앙. 금륜(金輪) 위에 우뚝 솟은 높은 산. 둘레에 칠산(七山) 팔해(八海)가 있고, 또 그 밖에 철위산(鐵圍山)이 에워싸고 있어, 물속에 잠긴 것이 8만 4천 유순(由旬), 물 위에 드러난 것이 8만 4천 유순이며, 꼭대기는 제석천, 중턱은 사왕천(四王天)의 주처(住處)라 한다.

수미산문【須彌山門】 신라 선종(禪宗)의 9산(山) 가운데 하나. 수미산파(須彌山派)라고도 한다. 경순왕(敬順王, 927-935 在位) 때 왕건(王建)의 청(請)으로 이엄(利嚴, 870-936)이 해주(海州)에 광조사(光照寺)를 지어 개산(開山)하였다. 처광(處光)·도인(道忍) 등이 이 파(派)에서 배출되었다. 선문구산, 구산선문 항목 참조.

수번뇌【隨煩惱】〔梵 upakleśa, 藏 ñe baḥi ñon moṅs pa, 英 sequent, or associated kleśa-trials, or evils, either all of them as always dogging the footsteps〕 수혹(隨惑)이라고도 한다. ①온갖 번뇌. 일체 번뇌는 모두 몸과 마음에 따라 뇌란(惱亂)하게 하므로 수번뇌(隨煩惱)라고 한다. ②근본번뇌에 수반하여 일어나는 번뇌. 구사종(俱舍宗)에서는 이를 방일(放逸)·해태(懈怠)·불신(不信)·혼침(惛沈)·도거(掉擧)·무참(無慚)·무괴(無愧)·분(忿)·부(覆)·간(慳)·질(嫉)·뇌(惱)·해(害)·한(恨)·광(誑)·첨(諂)·교(憍)·수면(睡眠)·회(悔)의 19종을 들고 있고, 유식종(唯識宗)에서는 분·한·부·뇌·질·간·광·첨·해·교〔以上은 小隨惑〕, 무참·무괴〔以上은 中隨惑〕, 도거·혼침·불신·해태·방일·실념(失念)·산란(散亂)·부정지(不正知)〔以上은 大隨惑〕의 20종을 들고 있다.

수보리【須菩提】〔梵 Subhūthi〕 석존의 10대 제자 가운데 한 사람. 『금강경』에서 부처님께 공(空)의 이치에 대하여 질문함. 온갖 법이 공(空)한 이치를 깨달은 첫째가는 제자. 그래서 해공제일(解空第一)이라고 한다. 『증일아함경』에 그의 전기가 나오고 있다.

수상문정혜【隨相門定慧】고려 때의 고승인 지눌(知訥, 1158-1210)의 용어. 그는 『수심결(修心訣)』에서 수상문정혜(隨相門定慧)와 자성문정혜(自性門定慧)를 말하고 있다. 수상문정혜는 하근기(下根機)가 닦는 방법으로, "자성(自性)에 비추어 천만 가지로 흐트러진 마음을 하나로 모으고, 법(法)을 택하여 공(空)의 이치를 보아서 혼침과 산란을 제거하여 무위(無爲)의 경지에 들어가게 하는 것"이다.

수선사【修禪社】고려 보조지눌(普照知訥, 1158-1210)이 전개한 결사운동(結社運動). 정혜사(定慧社)를 송광사(松廣寺)로 옮기고 나서 바꾼 이름. 지눌이 33세 때 득재(得才)가 팔공산(八空山) 거조암(居祖庵; 지금의 銀海寺 山內 암자)에 있으면서 지눌을 청하자, 그곳으로 가서 도반 34명과 더불어 정혜쌍수(定慧雙修) 습정균혜(習定均慧)를 목표로 정혜사(定慧社)라는 결사운동을 조직하였다. 지눌은 43세 때〔선종 3〕 사명(寺名)을 길상사(吉祥寺)에서 송광사(松廣寺)로, 산명(山名)을 송광산(松廣山)에서 조계산(曹溪山)으로 바꾸어 조계(曹溪)의 선풍을 진작(振作)시켰다. 그리고 결사(結社)의 명칭도 정혜사가 인근 절과 이름이 같아서 수선사(修禪社)로 바꾸었다.

수성불이문【修性不二門】천태학의 관심(觀心)인 십불이문(十不二門) 가운데 하나. 수덕(修德)과 성덕(性德)이 둘이 아님을 말한 부문. 곧 수덕은 성덕이 온통 그대로 일어나고, 성덕은 수덕 자체가 온통 그대로 있는 것임을 보인 의문(義門). 성덕은 중생이 찰나의 일념에 3천 묘법이 본래부터 갖추고 있지만, 미망(迷妄)의 세계에 있어서는 이를 알지 못하므로, 수행에 의하여 철저히 비춰 볼 필요가 있다. 그러나 이 수행은 성덕이 본래 갖추어져 있는 전작용(全作用)이므로 성덕 본구(本具)의 전체를 여의고는 존재할 수 없다. 그러므로 수행작용은 성덕 전체가 그대로 일어난 것이며, 성덕은 수행 자체가 그것이니, 곧 필경에는 둘이 아님을 말한 것이다.

수습【修習】〔梵 paricaryā〕 몸에 익히는 것. 학습·수행. 빠짐없이 행하는 것. 몸에 익숙할 때까지 수행(修行)하는 것.

수습위【修習位】유식에서 일체만법이 유식(唯識)의 변현(變現)이라고 하는 이치를 관수(觀修)하는 데 세운 5위(位) 중에 제4계위(階位). 앞의 통달위에서 공무아(空無我)의 진리를 관한 뒤에, 다시 더 닦아서 온갖 장애를 끊는 지위. 삼학(三學; 見道·修道·無學) 중의 수도(修道)에 해당. 자세히 말하면 초지(初地)의 주심(住心)

에서 제10지의 출심(出心)까지이다. 이 기간에 10바라밀의 수행을 하면서 10중(重)의 장애를 끊고, 10종의 진여(眞如)를 증득하는 지위이다.

수시 【垂示】 수어(垂語)·시중(示衆)이라고도 한다. 『벽암록』 등 공안집(公案集) 첫머리에 등장하는 글로서 서론 격에 해당한다.

수식관 【數息觀】〔梵·巴 āna-apāna, 英 To count the breathing in order to calm mind and body for meditation〕 오정심관(五停心觀)의 하나. 내쉬는 숨과 들이쉬는 숨을 세어 잡념 등 마음이 산란(散亂)한 것을 방지하는 방법.

수심결 【修心訣】 보조국사 지눌(知訥, 1158-1210)이 돈오점수(頓悟漸修)의 선(禪) 수련법을 원칙으로 한, 이른바 마음을 닦아 깨닫는 핵심을 적은 글. 그의 나이 41세 이후의 작품. 『보조법어』 속에 수록되어 있다.

수연가 【隨緣假】 삼론종(三論宗)에서 말하는 사가(四假; 因緣假·隨緣假·對緣假·就緣假) 가운데 하나. 중생의 근기에 따라 여러 가지 방편으로 말하는 것. 예컨대, 유(有)라 함을 듣고 깨달을 이에게는 유(有)를 말하고, 공(空)이라 함을 듣고 깨달을 수 있는 이에게는 공이라 말하고, 비유비무(非有非無)라 함을 듣고 깨달을 수 있는 이에게는 비유비무라 말하며, 또 삼승법을 듣고 깨달을 이에게는 삼승법을 말하는 것과 같은데, 이런 것은 모두 방편수단으로 베푸는 가(假)의 교(敎)이다.

수연불변 【隨緣不變】〔英 Ever changing in conditions yet immutable in essence〕『대승기신론(大乘起信論)』과 화엄종(華嚴宗) 계통에서 말하는 사상. 수연(緣)은 외부의 인연에 따라 움직이는 것. 즉 인연에 따라 대응하고 행동, 생활하는 것. 불변(不變)은 인연에 응하여 행동, 활동하지만 본체는 불변이라는 뜻. 진여가 만상(萬相)에 따라 변현하지만 본체는 불변임.

수연진여 【隨緣眞如】〔英 The absolute in its phenomenal relativity〕 진여(眞如), 곧 우주의 본체는 불변부동(不變不動)이지만, 마치 물이 바람에 의하여 물결이 일어나는 것처럼 외부의 무명(無明)인 연(緣)에 응하여 삼라만상을 낸다. 그러나 이 물결은 물의 성질을 잃지 아니하는 것처럼, 삼라만상은 진여의 본성(本性)을 잃어버리는 것은 아니다. 그리하여 만법이 곧 진여요, 진여가 곧 만법인 것이다. 이 외연(外緣)에 의하여 만법(萬法)을 내는 부문에서 진여를 수연진여(隨緣眞如)라 한다.

수연행 【隨緣行】 사행(四行; 報怨行·隨緣行·無所求行·稱法行) 가운데 하나. 보리달마(菩提達磨, ?-528)가 설한 것으로, 모두가 인연에 의해 생기는 것으로 알고 도(道)에 수순(隨順)하는 것.

수용신【受用身】〔梵 sāṁbhogya, sāṁbhogika-kāya, 英 The Saṁbhogakaya〕 삼신(三身)의 하나. 수용신에는 자수용신(自受用身)과 타수용신(他受用身)이 있다. 자수용신은 다른 보살이 보고 들을 수 없는 불신(佛身)으로서, 자기가 얻은 법락(法樂)을 자기만이 즐겨하는 몸이요, 타수용신은 십지(十地)의 초지(初地) 이상의 보살이 볼 수 있고, 자기가 받는 법락을 다른 보살에게도 주는 불신(佛身)이다. 이를 법신(法身)·응신(應身)·화신(化身)의 삼종신에 배당하여 자수용신을 법신, 타수용신을 응신이라 하며, 또 법신(法身)·보신(報身)·응신(應身)에 배당하여 자수용신을 보신, 타수용신을 응신이라 하고, 또는 2신(身)을 모두 보신이라 하는 등 여러 학설이 있다. 『섭대승론(攝大乘論)』 하권(下卷)에, "수용신이란 제불(諸佛)이 갖가지 국토(國土)와 보살대중의 법회에 현현하는 불신(佛身)으로서, 그것은 법신(法身)을 의지(依止)로 삼는다. 그리하여 제불의 청정불토(淸淨佛土)와 대승의 법락(法樂)을 수용하는 인(因)이 된다."라고 하였다.

수용토【受用土】〔英 The realm of the Saṁbhogakāya〕 삼불토(三佛土)의 하나. 수용토(受用土)에는 자수용토(自受用土)와 타수용토(他受用土) 2종이 있다. 자수용토(自受用土)란 부처님께서 수행하던 때, 자기의 증과(證果)가 원만하기를 원하여 수행이 완성되어 감득(感得)한 끝없이 넓은 정토를 말하며, 타수용토(他受用土)란 부처님께서 수행하던 때, 남을 구제할 원을 세워 수행한 결과로 감득한 정토를 말한다.

수원승도【隨院僧徒】 고려시대에 사원(寺院)에 딸려 노역(勞役)에 종사하던 승도(僧徒). 수원승도는 군현(郡縣)의 거주민과 같이 각자의 생업(生業)이 따로 있으면서 사원에 부속되어, 사원이 소유한 전답(田畓)을 경작하고, 축산·양조 등의 노역에 종사하였다. 차츰 그 수가 많아져 한 사찰에 무려 천 수백 명 정도에 이르게 되었는데, 국가 유사시에 이들의 인적(人的) 자원을 동원하여 승병(僧兵)을 조직한 일도 여러 번 있었다.

수월관음【水月觀音】〔英 Kuan-yin, gazing at the moon in the water, i.e. the unreality of all phenomena〕 33관음의 하나. 달이 비치는 바위 위에 모습을 나타내 한 잎사귀의 연꽃 위에 서 있는 모습의 관음. 또한 수면에 비친 달을 바라보고 있는 관음. 청정을 뜻함.

수윤불이문【受潤不二門】 천태에서 말하는 관심(觀心) 10불이문(十不二門)의 하나. 『법화경(法華經)』「약초유품」에 있는 비유 중, 큰 비의 젖음〔潤〕을 받는〔受〕 3초(草)·2목(木)과 이것들에게 젖음을 주는 큰 비를 토대로 하여 둘이 아닌 법문을 밝힌 부문. 곧 수(受)는 인천승(人天乘)·성문·연각·장교(藏敎)의 보살·통교(通敎)의 보살·별교(別敎)의 보살을 말하고, 윤(潤)은 이것들에게 교익(敎益)을 주는 사시(四時) 3교(敎)를 가리킴. 이 받는 것과 젖음은 『법화경』 이전의 교(敎)에서는 전혀 다른 것이지만, 원교(圓敎) 곧 『법화경』에 이르러서는 한 땅〔一地〕에서 난 것〔所生〕, 한 비〔一雨〕로 젖게 함〔所潤〕이라 하여, 교익(敎益)과 교익을 받는 행인(行人)은 함께 융회민합(融會泯合)하여 온전히 하나라고 말한다.

수자견【壽者見】①〔梵 jiva-dṛṣṭika〕 개아(個我)에 대한 집착의 견해가 있는 자. 영혼을 실재시(實在視)하는 자. ②〔梵 jiva-dṛṣṭi〕 개아에 대한 견해. 아트만의 일종. 수자상(壽者相)으로서 『금강경』에 나오는 사상(四相) 가운데 하나.

수자상【壽者相, jiva】『금강경』에 나오는 사상(四相; 我相·人相·衆生相·壽者相)의 하나. 수자견(壽者見)과 같음. 불멸의 영혼이 있다는 생각, 개아에 대한 집착, 영혼을 실재시하는 견해. 수자견·아인사상 항목을 참조할 것.

수재【水災】〔巴 āpo-dhātu pakuppati, 英 The calamity of water, or flood〕 대삼재(大三災) 가운데 하나. 4겁(劫) 중의 괴겁(壞劫) 때에 일어나는 수재(水災). 괴겁마다 화(火)·수(水)·풍(風) 삼재(三災)가 번갈아 일어나서 세계를 무너뜨리는데, 먼저 제7번 괴겁에는 화재(火災)가 차례로 일어나고, 제8번의 괴겁에는 수재(水災)가 일어나 큰 비가 세차게 내리며, 지하(地下)에서는 수륜(水輪)이 솟아 제2선천 이하를 괴멸하고, 제9번의 괴겁부터 다시 7번의 화재가 일어나고, 그 뒤에 또 1번의 수재가 있고 하여, 이렇게 수재는 7번의 화재가 지난 뒤에 일어나 제2선천 이하를 탕진(蕩盡)한다고 한다. 이 수재를 7번 지낸 뒤에 풍재(風災)가 일어난다고 한다.

수좌【首座】〔英 The chief seat, president, chief〕 ①선종(禪宗)의 소임 가운데 하나로, 승당(僧堂)에서 으뜸이 되는 자리. 또는 그 자리에 있는 사람. 승당 내에서는 가장 으뜸이므로 제1좌(第一座)라고 함. 수행승들에게 참선을 지도하고 선원의 교육을 담당함. 방장이 없을 때엔 수좌가 그 역할을 대신한다. ②노승(老僧)을 대접하여 일컫는 말. ③고려시대, 교종(敎宗)의 법계(法階) 가운데 하나. 승과(僧科)에 합격한 사람에게 대선(大選)이라는 법계(法階)를 주고, 그 위에 대덕(大德)·대사(大師)·중대사(重大師)·삼중대사(三重大師)·수좌(首座)·승통(僧統)의 법계가 있었음. 선종(禪宗)에는 대선·선사(禪師)·대선사(大禪師)의 법계가 있음. 오늘날에는 일반적으로 젊은 선승을 수좌라고 부른다.

수주【數珠】〔英 A rosary; to tell

beads, which consist of various numbers, generally 108〕 염주(念珠). 염불, 108배 등 숫자를 세는 데 사용되기 때문에 수주(數珠; 念珠)라고 한다. 108염주는 108번뇌를 상징한다.

수증【修證】〔梵 samudāgama〕 ① 수행(修行)하여 불법(佛法)·진리(眞理)를 증오(證悟)하는〔깨닫는〕 것. ② 수행(修行)과 증오(證悟). 수행은 실천이고, 증오는 혜해(慧解)이다.

수증불이【修證不二】 선종(禪宗), 특히 묵조선에서 좌선(坐禪)의 깊은 뜻을 밝힌 말. 수행과 증오(證悟; 깨달음)가 둘이 아니라는 말. 좌선은 증오하기 위한 방편이 아니고 수행 그 자체, 수행하는 그것이 바로 깨달음의 세계라는 뜻. 곧 증(證)이 수행이요, 수행이 증(證)이라는 말.

수지【受持】〔梵 dhārayati, 巴 samādinna, 英 To receive and retain, or hold on to, or keep (the Buddha's teaching)〕 수(受)는 영수(領受), 지(持)는 억지(憶持). 받아서 잘 지키는 것. 신력(信力)으로 하므로 수(受)라 하고, 염력(念力)으로 하므로 지(持)라고 한다. 『승만보굴(勝鬘寶窟)』 상권에, "처음에 영수(領受)하여 마음에 두는 것을 수(受)라 하고, 끝에 가서 기억하여 잊지 않는 것을 지(持)라 한다."라고 하였다.

수처작주【隨處作主】 어디, 어디서나, 어떤 상황에서도 주체가 된다는 말. 어떠한 경우에 처하더라도 항상 자기의 주체성(主體性)을 확립하여, 어떤 것에도 사로잡히지 않고 언제나 주체가 되어 자유자재(自由自在)로운 행동을 하는 것.

수철【秀澈, 817-893】 신라 문성왕·헌안왕·경문왕·헌강왕 때의 선승. 실상산(實相山)의 제2조(祖). 밀양 형원사의 개조(開祖). 실상산문(實相山門)인 홍척(洪陟, 817-893)의 문인. 어려서 부모를 여의고, 약관에 연허(緣虛)에게 계를 받고 승려가 되었다. 천종(天宗)에게 경(經)을 배우고, 경주 복천사(福泉寺)에서 윤법(潤法)에게 구족계를 받았다. 그는 선(禪)을 닦으면서도 경(經), 특히 『화엄경』을 연구했는데, 867년〔신라 경문왕 7〕경 경문왕이 청해서 교(敎)와 선(禪)의 동이(同異)를 묻고, 헌강왕도 공경해서 심원사(心源寺)에 있게 하였다. 그 후 제자 수인(粹忍)·의광(義光) 등을 남악(南岳)에 보내어 승지(勝地)를 찾게 하고 실상산에 들어갔다. 『조선선교사(朝鮮禪教史)』에 나온다.

수하항마상【樹下降魔相】 석가모니불이 중생을 제도하기 위해 나타내 보인 여덟 가지 변상(變相) 가운데 여섯 번째. 즉 보리수나무 아래에서 깨달음을 얻고 난 다음 모든 마군(魔軍)을 항복시켰음을 뜻하는 그림. 팔상도 항목 참조.

수행【修行】 깨달음, 열반〔마음의 평온〕을 성취하기 위하여 몸과 마음을 수련하는 것. 불교의 수행에는 여러 가지가 있다. 화두참구를 통하여 깨달음을 성취하는 간화선, 묵묵히 언설(言說)을 끊고 자성(自性)을 관하는 묵조선, 자신의 일거수일투족을 관찰하는 위빠사나, 사미타 수행, 그 밖에 경전 사경, 염불, 기도 등 여러 가지이다.

수행도지경【修行道地經】〔梵 yogā-cāra-bhūmi sūtra〕『수행경(修行經)』이라고 약칭한다. 승가라찰(僧伽羅刹)이 지은 것을 중국 서진(西晋) 때〔284〕 축법호(竺法護)가 번역함. 7권 30품으로 구성되어 있다. 불멸(佛滅) 후 약 7백년 뒤에 건타라(乾陀羅)의 가니색가왕(迦尼色迦王) 시대의 논사였던 승가라찰(僧伽羅刹; saṁgha-rakṣa)이 저술한 경(經)이다. 수많은 경전에서 언급하는 수행의 과정에 대하여 일목요연하게 정리하고, 오음(五陰) 등의 법상(法相)과 삼승(三乘)의 행법(行法) 등에 대해서도 상술(詳述)하고 있다.

수행본기경【修行本起經】중국 후한(後漢) 때〔A.D.197〕 강맹상(康孟詳)·축대력(竺大力) 번역. 2권. 부처의 과거 인연으로부터 성도하기까지를 설하고 있다. 부처의 여러 전기 가운데 『중본기경』이 있는데, 『수행본기경』이 성도(成道) 이전의 전기를 설하는 것이라면, 『중본기경』은 성도 이후의 행적을 설하고 있다. 두 불전의 끝부분과 시작부분은 잘 연결되고 있어서 마치 자매경전인 것처럼 보인다. 이 책은 제1 현변품(現變品)·제2 보살강신품(菩薩降身品)·제3 시예품(試藝品)·제4유관품(遊觀品)·제5출가품(出家品) 등 5품으로 구성되어 있다.

수혜【修慧】〔梵 bhāvanā-mayīpra-jñā, 巴 paññā bhāvanā, 西 bsgom pa las byuṅ baḥi śes rab〕 삼혜(三慧; 聞慧·思慧·修慧) 가운데 하나. 수행·수습(修習)으로 말미암아 얻은 지혜. 성찰(省察)로 말미암아 얻은 지혜.

수혹【修惑】〔英 Illusion, such as desire, hate, etc. in practice or performance, i.e. in the process of attaining enlightenment〕 이혹(二惑; 見惑·修惑) 가운데 하나. 구역(舊譯)에서는 사혹(思惑)이라 하고, 신역(新譯)에서는 수혹(修惑)이라고 한다. 도(道)를 닦아 탐(貪)·진(瞋)·치(痴) 등 미사(迷事)의 혹(惑)을 끊는 것. 그 혹(惑)에 81가지가 있다.

수희공덕【隨喜功德】〔梵 anumoda-nā-puṇya〕 ①타인이 지은 공덕(功德)을 따라 기뻐하는 것. 함께 칭찬하는 것. 그 결과 자신도 또한 공덕을 얻는 것. ②타인이 공덕을 쌓는 것을 보고 자신의 일과 같이 기뻐하는 것.

숙겁【宿劫】숙세(宿世; a former ex-istence)라고도 한다. 지난 과거세. 전생. 불교에서는 무한한 과거로부터 무한한 미래에까지 생(生)이 계속해서 윤회한다고 본다. 과거 생의 경우에 있어서도 또 무한한 과거생이 있었다고 보아서 숙업(宿業) 또는 숙세(宿世)라고 한다.

숙명지【宿命智】〔梵 pūrvanivāse-jñāna〕 전생의 일을 아는 지혜. 석존이 6년 고행 끝에 보리수 밑에서 깨달음을 얻었을 때에, 그날 밤 초분(初分)에 숙명지(宿命智; 숙명통)를 얻고, 제2분(分)에 천안지(天眼智; 천안통; divyacakṣuś)를 얻고, 제3분에 인과연관의 지혜인 누진지(漏盡智; 누진통)를 얻었다고 한다.

숙명통【宿命通】〔梵 pūrvanivāsā-nusmṛti, 英 Buddha-knowledge of all forms of previous existence of self and others〕 육통(六通)의 하나. 또는 숙명지통(宿命智通)이라고도 한다. 자기나 다른 사람의 지나간 세상에 있었던 모든 일을 훤히 다 아는 신통력. 신통력의 크고 작음에 따라서 과거의 한 세상, 두 세상 또는 천만 세상을 알게 되는 차이가 있다고 한다. 숙명지와 같음.

숙생【宿生】 과거세(過去世). 숙세(宿世)·숙겁(宿劫)이라고도 한다. 숙겁 항목 참조.

숙습【宿習】〔梵 pūrva-abhyāsa, 英 The practices habits or deeds of or inherited from former existence〕 전(前)부터 익혀 온 습관(習慣). 과거세(過去世)로부터 훈습해 온 번뇌의 습기(習氣). 숙세(宿世)의 버릇. 이전의 습관적인 사고(思考).

숙업【宿業】〔梵 pūrva-karma, 英 Former karma, the karma of previous existence〕 숙행(宿行)이라고도 한다. 전세에서 지은 선(善)·악(惡)의 업인(業因)을 말함. 『장아함경(長阿含經)』 1권에, "숙업이란 전세부터 이루어진 일이다."라고 하였고, 『순정이론(順正理論)』 25권에, "연식(緣識)을 수행(修行)하는 사람은 숙업으로 나타난다."라고 하였다.

숙연【宿緣】〔英 causation or inheritance from previous existence〕 과거세(過去世)의 인연(因緣). 인간이 숙세에 윤회전생하면서 선악의 업인에 따라 맺게 되는 인연. 상생 또는 상극의 온갖 인연.

숙인【宿因】〔英 Good or evil cause in previous existence〕 지난 세상에 지은 업인(業因). 선업(善業)·악업(惡業)에 통함. 『화엄경』 75권에, "숙인(宿因)은 절대로 없어지지 않는다."라고 하였고, 『구법고승전(求法高僧傳)』 하권에, "숙인(宿因)이 감회(感會)하여 금세(今世)에 과보(果報)로 눈앞에 나타난다."라고 하였다.

순결택분【順決擇分】〔梵 nirvedha-bhāgiya〕 사선근위(四善根位)의 하나. 결택분(決擇分)인 견도(見道)의 무루지(無漏智)에 순(順)하여 무루지(無漏智)를 내게 하는 지위(地位)이므로 이렇게 말한다.

순경【順境】 마음먹은 일이 뜻대로 잘 되어 가는 경우. 또는 순조로운 환경. 역경(逆境)에 상대되는 말로서 수행에 방해되는 것이 없고, 모든 일이 수행이 잘되도록 도와주는 여건. 그러나 순경이 오히려 나태심을 일으키게 하거나, 교만 또는 자만에 빠지게 하기도 함. 그래서 수행인은 역경보다 순경을 오히려 조심해야 한다고 한다.

순고수업【順苦受業】〔梵 duḥkha-vedanīya-karma〕 고통의 감각을 감득시키는 데 이르는 업(業). 욕계(欲界)의 불선업을 말한다.

순관【順觀】 12연기 설명에 있어 12가지 현상 사이의 인과관계는 무명(無明)으로부터 시작해서 노사(老死)까지 이어지는데, 이것을 순관(順觀)이라 한다. 즉 "무명(無明)이 있기 때문에 행(行)이 있고, 행(行)이 있기 때문에 식(識)이 있고, 식(識)이 있기 때문에 명색(名色)이 있다. 명색(名色)이 있기 때문에 촉(觸)이 있고, 촉(觸)이 있기 때문에 수(受)가 있고, 수(受)가 있기 때문에 애(愛)가 있다. 애(愛)가 있기 때문에 취(取)가 있고, 취(取)가 있기 때문에 유(有)가 있고, 유(有)가 있기 때문에 생(生)이 있고, 생(生)이 있기 때문에 노사(老死)와 슬픔과 고뇌가 있다."이다. 이와 반대로 노사로부터 거슬러 올라가는 것을 역관(逆觀)이라고 한다. 그런데 『상윳타 니카야』 12권에는, "무명이 멸하면 행(行)이 멸하고, 행이 멸하면 식(識)이 멸하고(……)"라는 방식으로 멸해 가는 것을 역관으로 설하고 있는데, 이것을 택하는 학자도 많다.

순도【順道】 4세기 때의 인물로 처음 고구려에 불교를 전한 스님. 그는 고구려 소수림왕 2년〔372〕에 전진(前秦)의 왕 부견(符堅)의 사신과 함께 불상과 불경을 가지고 고구려에 왔다고 한다. 이에 고구려 군신들은 그를 크게 환영하고는 우리나라 최초의 사원인 초문사(肖門寺; 혹은 省門寺)를 지어 머물게 하여 불교를 포교하게 하였다고 하는데, 초문사는 뒤에 홍국사(興國寺)로 이름이 바뀌었다. 일설에는 동진(東晋)에서 왔다고도 함.

순락수업【順樂受業】〔梵 sukha-vedanīya-karma〕 3수업(三受業) 가운데 하나. 즐거운 감각을 받을 업(業). 욕계(欲界)로부터 색계(色界) 제3선천(第三禪天)까지의 과보(果報)를 받는 좋은 행위(行爲).

순밀【純密】 순수밀교(純粹密敎)를 말한다. 순수밀교 항목을 참조할 것.

순복분【順福分】〔梵 puṇya-bhāgīyaṃ〕 바람직한 과보를 만드는 선행. 바라는 과보를 느낄 수 있는 5계·10선의 선근(善根)을 말한다.

순부정수업【順不定受業】 4업(業) 가운데 하나. 순부정업(順不定業)이라고도 한다. 현세에서 지은 행위 중에서 그 과보를 받을 생(生)이 아직 정해지지 않은 것을 말함.

순부정업【順不定業】 4업(四業)의 하나. 순부정수업(順不定受業)의 약칭.

순불고불락수업【順不苦不樂受業】〔梵 aduḥkha-asukha-vadanīya-karma〕

삼수업(三受業) 가운데 하나. 순비이업(順非二業)이라고도 한다. 색계(色界) 제3선천(第三禪天) 이상에서 고락(苦樂)의 감각이 없는 세계에 나는 원인(原因)이 되는 행위.

순생업 【順生業】〔梵 upapadya-vedya, upapadya-vedanīya〕 3시업(時業)의 하나. 순생수업(順生受業)이라 한다. 현세에 선·악의 행위를 지어 다음 생(生), 곧 오는 세상에 과보를 받는 행업(行業).

순수밀교 【純粹密教】 대략 4세기에서 7세기의 밀교(密教) 이전을 잡부밀교(雜部密教)라 하고, 7세기에서 8세기 중엽까지를 순수밀교(純粹密教)라 하는데, 이는 제2기에 속한다. 『금강정경』으로 대표되는 순수밀교는 중국·한국·일본 등지로 전해졌다.

순숙 【順熟】〔梵 vaipākika〕 성품이 아주 온순해지고, 성질이 부드럽고 진실하게 되는 것. 마음공부가 차츰 발전해 가는 것. 중생이 변하여 차츰 부처가 되어 가는 것을 마음공부가 순숙(順熟)된다고 한다.

순신관 【循身觀】〔梵 Kāya-anupaśyi, 英 The meditation which observes the body in detail and considers its filthiness〕 사념처관(四念處觀)의 하나. 곧 신념처관(身念處觀). 몸의 부정을 관찰할 때에 머리에서 발끝까지 차례로 관하여 36물(物)이 모두 깨끗하지 못하다고 관하는 것. 『대일경소(大日經疏)』 3권에, "순신관(循身觀)을 닦을 때에 이 몸은 36물(物)이 집성(集成)된 것으로, 5종 부정(不淨)은 악로(惡露)가 충만(充滿)함을 보고, 마침내 이를 위하여 탐애(貪愛)를 내지 아니한다."라고 하였다.

순야 【舜若】〔梵 śūnya〕 범어 'śūnya'의 음역(音譯)으로, 공(空)을 뜻함. 곧 무자성(無自性)을 가리킴. 그 명사(名詞)는 순야다(舜若多; 梵 śūnyatā)인데, 공성(空性)이라는 뜻이다.

순현업 【順現業】〔梵 dṛṣṭadharma-vedaniyaṃ karma〕 3업의 하나. 금생(今生)에 업을 지어 이 세상에서 그 과보를 받는 행업(行業). 순현수업(順現受業)의 줄인 말.

순후업 【順後業】〔梵 aparaparyāya-vedanīya〕 순후수업(順後受業)의 줄인 말. 현세에 지은 행업(行業)을 삼생(三生) 이후에 받는 과보.

숫타니파타 【Suttanipāta; 經集】 경전의 하나. 초기불교 성전(聖典) 중에서도 가장 오래된 경전. '소부(小部)'의 제5번째 경전.

[경전 및 구성] 제목 '숫타'는 '경(經)'이라는 뜻이고, '니파타'는 '모으다[集]'라는 뜻이다. 따라서 전체적으로는 '경(經)의 집성(集成)'·'경편(經編)' 정도의 의미로서, '경집(經集)' 등으로 번역한다. 이 경은 제목에서도 알 수 있듯이, 처음부터 하나의 체계적인 경전으로 작성되거나 편집된 것은 아니고, 이미 존재하던 여러 작은

경〔小經〕을 하나로 정리·편성한 것이다. 구성은 크게 「사(蛇)장〔Uraga-vagga〕」·「작은 장(章)〔Cūla-vagga〕」·「큰 장(章)〔Mahā-vagga〕」·「팔구(八句)의 장〔Aṭṭhaka-vagga〕」·「피안의 장(章)〔Parāyana-v.〕」이라는 5개의 '장(章; 정확히는 '部')'으로 구성되어 있다. 각 장(章)은 제1장에서 점차 12·14·12·16·18의 '경(經; 小經)'으로 이루어지고, 전체적으로는 총 72개의 '경(經)'이 포함되어 있다. 또한 이들 '경(經)'에는 예컨대, 제1장의 제1경에는 '사경(蛇經; Uraga-sutta)', 제2경에는 '다니야(Dhaniya-sutta)' 등과 같이 각각의 경에 이름이 붙여 있다(단지 마지막 제5장만은 '학생 아지타의 질문〔Ajitamānava-pucchā〕'과 같이 '질문〔pucchā〕'으로 되어 있어 경의 이름이 나타나지 않고 있다). 한편 각 경의 본문은 여러 구(句) 내지 수십 구의 게송(偈頌; 운문의 시)으로 구성되어 있는데, 합산하면 1,149구에 달한다. 단지 본경(本經)의 경우 『담마파다』 등과는 다르고, 장행(長行; 산문)에서 나타난 서론이나 결론의 구를 가진 경도 전혀 없는 것도 아니지만, 그런 경우에도 본문 자체는 거의 대부분이 비슷한 게송으로 나타나고 있다.

[내용] 이 경은 제목에서 알 수 있는 바와 같이 여러 작은 경전을 모은 것〔經集〕이지만, 중심적인 내용, 더구나 분량으로 보아 가장 많은 것은 출가제자 및 재가제자와 신도들에 대한 교설이다. 그리고 그것들은 주로 운문의 형태로서 전문적인 술어를 사용한 것이 아니라, 평이하고 간결한 표현을 사용하고 있다. 예컨대, 제1장 제1경인 '사경(蛇經)'에서는, "분노가 일어나는 것을 제압하는 사람은 이 언덕과 저 언덕을 모두 떠난다. 뱀이 묵은 허물을 벗어 버리듯"이라고 하여, 뱀이 묵은 허물〔껍질〕을 벗어 버리듯 수행자도 분노와 애욕으로부터 해탈하라고 말하고 있다. 또는 배화(拜火)를 직업으로 하는 바라문에 대해 제사의 의의 등을 설한 제3장 제4경〔순다리까〕에서는, 인간의 귀천을 결정하는 것은 가계나 출신 등이 아니라 어디까지나 그 자신의 행위에 있다고 하여, 카스트제도를 부정함과 동시에 만인 평등이라는 불교의 근본 입장을 나타내고 있다. 그 외, 특히 제3장 중에서는 석존 탄생시 아시다선(仙)에 의한 점상(占相), 혹은 출가 후의 왕사성(王舍城)에 있는 빔비사라 왕과의 회견 등 일부 불전(佛典)에 속하는 것 등에 관한 기사나 기술도 포함되어 있어 주목된다.

[같은 계통의 경전(經典)] 이 경과 같은 내용이나 취지를 가진 경전은 알려져 있지 않지만, 제4장에 관해서만은 삼국시대 오(吳)의 지겸(支謙) 역(譯) 『의족경(義足經)』 2권이 전한다. 그 한역 경(經)도 팔리어본과 같이 16경(經)으로 이루어지고, 각각의

경의 본문〔게송 부분〕도 기본적으로는 거의 일치한다. 다만 한역의 경우에는 각 경의 경전이 어느 것이나 팔리어와는 다른데, 배열과 순서도 10항목 이상으로 다른 등 차이가 나타난다. 또한 팔리어본과는 달리 한역의 각 경에는 본문 외에 각각의 경이 설해진 유래에 대한 서술이 산문으로 첨부되어 있다.

[자료적 의의] 이 경(經)이 현재와 같은 형태로 정리되어서 그 이름으로 불리게 된 것은 부파불교 이후라고 생각되지만, 본경(本經)을 구성하는 개개의 경(經)은 그보다도 먼저 성립되었는데, 기원전 3세기 아쇼카왕 이전으로 거슬러 올라간다. 그리고 제4, 제5의 2장은 장(章) 제목이 그대로 경(經) 제목으로서, 다른 경(經)이나 율(律) 등에 인용·언급되고 있다. 그 밖에도 언어적으로 매우 오래된 양상을 갖추고 있어 가장 오래된 경전일 것으로 추측된다. 이 경은 부파 이전, 이른바 초기불교를 연구할 때 가장 기본적이며 또한 가장 중요한 자료의 하나이다.

슈라바스티【Śrāvasti】 실라벌(室羅筏)·실라벌실지(室羅筏悉底)·시라바제(尸羅婆提)라고 음역(音譯)하고, 사위성(舍衛城)이라 한역(漢譯)한다. 중인도 코살라국의 도성(都城). 부처님이 계실 때는 바사닉왕·유리왕이 살았는데, 성(城) 남쪽에는 기원정사(祇園精舍)가 있었다. 또 사위(舍衛)를 나라 이름, 즉 사위국(舍衛國)이라고 하는 것은 남쪽의 코살라국(kosala國; 憍薩羅國)과 구별하기 위해 성(城) 이름을 나라 이름으로 한 것이다. 그 위치에 대해서는 지금의 콘다(Conda)주 셋트마헷트(Setmahet)라고 밝혀졌다. 사위국〔사위성〕에서 『금강경』이 설해졌음.

스바하【Svāhā】 원래는 베다(veda)의 제사에서 신들에게 공물(供物)을 바칠 때 외운 문구(文句)이다. 예컨대, "인드라신에게 스바하, 아그니신에게 스바하"와 같이 외움. 이것이 대승불교에 받아들여졌는데, 우리나라에서는 흔히 '사바하'라고 부르고 있으나 '스바하'가 원어이다.

습기【習氣】〔梵 vāsanā, 西 bar chags〕 ①오래전부터 익혀 온 습관, 습성, 버릇. 줄여서 습(習)이라고도 한다. 습관, 습성은 자기도 모르는 사이에 나타나서 깨달음을 방해하고 번뇌를 일으킨다. 주로 나쁜 의미로 사용되고 있다. ②종자의 다른 이름. 모든 식(識)이 현기(現起)할 때에 그 기분을 제8식에 훈습(熏習)시키는 것이 종자이므로 이렇게 말함.

습생【濕生】〔梵 saṃsvedajā, 英 Moisture-born; born in damp or wet places〕 사생(四生)의 하나. 습한 곳에서 태어나는 생물(生物). 뱀·지렁이·모기·귀뚜라미·쥐며느리·나비·이〔蝨〕 등으로서 습기에 의지하여 살아가는 유(類)이다.

습인습과【習因習果】〔英 The continuity of cause and effect, as the cause so the effect〕 용수(龍樹)가 지은 『대지도론(大智度論)』에서는 전념(前念)의 선(善)을 습속(習續)하여 후념(後念)의 선(善)을 일으키고, 내지(乃至) 전념(前念)의 무기(無記)를 습속(習續)하여 후념(後念)의 무기(無記)를 일으키는 것이라고 한다. 전(前)은 습인(習因)이 되고, 후(後)는 습과(習果)가 된다. 일체의 색심(色心)에 통하며 선(善)·악(惡)·무기(無記)의 삼성(三性)에도 통한다.

승【僧】〔梵 saṃgha〕 승가(僧伽). 화(和)·중(衆)이라고 번역한다. 4인 이상의 비구가 모여서 중(衆)이 된다고 한다. 신역가(新譯家)는 3인 이상이라 한다. 『대지도론(大智度論)』에, "승가(僧伽)를 번역하면 중(衆)이다. 많은 비구가 한곳에서 화합(和合)하는 것을 승가라 한다."라고 하였다. 우리나라에서는 '스님'이라고 한다.

승가【僧伽】〔梵·巴 saṃgha, 英 an assembly, collection, company, society〕 승단(僧團)·교단(敎團). 원래의 뜻은 일정한 목적을 위하여 많은 사람들이 하나로 연합된 단체를 일컫는 말. 출가 수행자들의 교단을 가리키는 말. 곧 화합대중이란 뜻.

승가람【僧伽藍】〔梵 saṅghārāma, 英 a Buddhist temple; a cathedral〕 승가람마(僧伽藍摩)의 약어. 가람(伽藍)이라고도 하며, 중원(衆園)이라 한다. 사원의 통칭이다.

승가리【僧伽梨】〔梵 saṃghāṭi〕 삼의(三衣) 가운데 하나. 중의(重衣)·합의(合衣)라고 번역한다. 설법하거나 마을에 나가 걸식할 때 입는 옷.

승가발타라【僧伽跋陀羅; Saṃghabbadra】 4세기경 북인도 가습미라국 사람. 중현(衆賢)이라 번역한다. 살바다종(薩婆多宗)의 명장(名匠)임. 중현 항목을 참조할 것.

승과【僧科】 고려·조선시대에 승려에게 보이던 과거시험. 고려 광종(光宗) 때에 과거제도가 시행됨에 따라 실시된 것으로서, 조선 중종(中宗) 때에 폐하였다가 명종(明宗) 초기에 다시 회복하였다. 과거의 대과(大科)에 해당하는 교종선(敎宗選)과 선종선(禪宗選)이 있었고, 소과(小科)에 해당하는 참학(參學)이 있었는데, 대과(大科)에 합격하면 대선(大選)이라는 초급 법계(法階)를 주었다. 대선 위에 여러 등급의 법계가 있는데, 다음과 같다. 도표 참조.

고려	교종:	대선→대덕(大德)→대사(大師)→중대사(重大師)→삼중대사→수좌(首座)→승통(僧統)
	선종:	대선→대덕→대사→중대사→삼중대사→선사(禪師)→대선사(大禪師)
조선	교종:	대선→중덕(中德)→대덕→대사→도대사(都大師)
	선종:	대선→중덕→선사→대선사→도대선사(都大禪師, 또는 判敎宗師)

승기율【僧祇律】〔梵 Mahāsāṃghika-vinaya〕 마하승기율(摩訶僧祇律)의 약칭으로, 대중부(大衆部)의 율장(律

藏)을 말한다. 마하승기율 항목을 참조할 것.

승니【僧尼】〔英 Monks and nuns〕 승(僧)과 니(尼). 출가(出家)한 남자와 출가한 여자.

승당【僧堂】〔英 a hall where Buddhist priests sit in meditation; a meditation hall〕 선종(禪宗)에서 승려가 일상생활을 하며 좌선판도(坐禪辦道)하는 당(堂; 집; 건물; 당우). 선당(禪堂)·좌선당(坐禪堂)·성승당(聖僧堂)·운당(雲堂)·선불장(選佛場)이라고도 한다. 승당은 동쪽을 향하게 하고 전후(前後)에 출입구를 둔다. 동쪽의 출입구를 전문(前門)이라 하고, 서쪽의 출입구를 후문(後門)이라 한다. 승당의 중앙에는 문수(文殊)·가섭(迦葉)·포대화상 등과 같은 성승(聖僧)상을 안치하는데, 주로 승형문수상을 안치한다. 승당은 수행승들이 수행·생활하는 공간이다. 여기서 좌선·취침·공양 일체를 해결한다. 큰 승당은 문수상을 중심으로 앞을 전당(前堂), 뒤를 후당(後堂)이라고 한다. 가장 큰 승당은 남송시대 천동사와 경산사 승당으로서, 천동사 대승당은 크기가 890평이 되었다.

승도【僧徒】〔英 monks; priest〕 수행(修行)·습학(習學)하는 승려의 무리. 『자전(字典)』에, "도(徒)는 중(衆)이며 제자(弟子)다."라고 하였다. 승중(僧衆)이 많으므로 도(徒)라고 하며, 스승에 대(對)하므로 도(徒)라고 하는 것이다.

승랍【僧臘】 삭발하고 구족계(具足戒)를 받은 날을 기준으로 승려생활을 한 햇수〔年數〕를 말하는 것. 법랍·좌랍(坐臘)·하랍(夏臘)이라고도 함.

승랑【僧朗】 고구려 삼론종의 학승. 장수왕(長壽王, 413-491 在位) 후기에 요동에서 출생하여 30세쯤 되었을 때 중국에 들어가 승조(僧肇, 384-414) 계통의 삼론학을 배우고 다시 남방으로 내려가 교화사업에 착수하였다. 회계산 강산사를 거쳐 종산 초당사에 머물다가 다시 떠나 약 30년간 운수행각을 하였는데, 섭산 첩하사의 주지가 되어 삼론학을 홍포(弘布)하였다. 그의 사상은 이제합명중도(二諦合明中道) 이제중도위체설(二諦中道爲體說)로 나타낼 수 있다.

승록사【僧錄司】 고려·조선 초기에 사원(寺院)을 감독하고, 승적(僧籍)·작첩(爵牒)·도첩(度牒) 등에 관한 일을 맡아보던 관아. 조선 세종(世宗) 6년〔1424〕에 폐지하였다.

승만경【勝鬘經】〔梵 *Srīmālādevi-simhanādasūtra*〕 대승불교 경전의 하나로, 여래장설(如來藏說)을 서술한 대표적인 경전. 구체적으로는 『승만사자후일승대방편방광경(勝鬘師子吼一乘大方便方廣經)』이라 하며, 『사자후경(師子吼經)』이라 약칭하기도 한다. 4-5세기경에 성립함. 내용은 사위국 바사닉왕의 딸로서 아유타국왕 우칭(友稱)에게 시집간 승만부인이 세존께 자기의 일승사상(一乘思想)·여래장사상을 여쭈고, 부처님이 이를 기쁘게 받아들인 것을 적고 있다. 이 경의 일승(一乘)사상은 『법화경(法華經)』의 그것을 계승하고 있는데, 여래장사상은 『법계무차별론』·『보성론』·『불성론』·『무상의경(無上依經)』·『능가경』·『대승기신론』 등으로 계승되어 발전하여 대성(大成)되었다. 한역(漢譯)으로는 구나발타라(求那跋陀羅)가 번역한 것이 있다.

승만부인【勝鬘夫人】〔梵 Śrimāla Mālyaśri〕 인도(印度) 사위국(舍衛國) 바시닉왕(波斯匿王; prasenajit)의 딸. 어머니는 말리(末利). 번역하여 만(鬘)이라 하며, 부인의 범명(梵名)은 시리마라(尸利摩羅)다. 시리(尸利)는 번역하여 승(勝)이라 하며, 마라(摩羅)는 번역하여 만(鬘)이라 한다. 아유사국(阿踰闍國)의 왕인 우칭(友稱)의 부인으로, 『승만경(勝鬘經)』의 중심인물로 등장한다.

승방【僧坊】 ①승가람마(僧伽藍摩; 梵 saṃghārāma, 巴 ajjhārāma). 즉 가람(伽藍)과 같음. ②승방(僧房; saṃghiko vihāro)이라고도 함. 일반적으로 승려들이 거주하는 방을 말한다.

승병【僧兵】〔英 a monk soldier; a fighting monk〕 승려들로 조직된 군대. 무장한 승려, 또는 그 집단. 전쟁에 참가하는 승려. 조선 선조 25년〔1592〕 임진왜란 때에 승의병(僧義兵)이 처음 있었으며, 뒤에도 남한산성과 북한산성 치영(治營)과 주요 사찰에는 승병(僧兵)이 있어 무사(武事)를 연습하도록 했다.

승보【僧寶】〔梵 Saṅgha, 英 the idealized church, the third member of the Triratna〕 삼보(三寶) 가운데 하나. 불법(佛法)을 실천 수행하는 스님. 귀중하고 존경할 대상이므로 보배에 비유하여 승보(僧寶)라 한다.

승사【僧史】 ①스님들의 전기(傳記). 일반적으로는 불교사(佛教史)를 가리킴. ②낭야(瑯邪; 山東 臨沂 北)의 왕건(王巾)이 지은 『고승전(高僧傳)』 등이 있음.

승속【僧俗】〔英 Monks and the laity〕 출가(出家)와 재가(在家). 출가를 승(僧)이라 하고 재가를 속(俗)이라 한다.

승예【僧叡】 중국 진(秦)나라 때, 4세기 후반에서 5세기 초에 걸쳐 활동한 고승(高僧). 위군장락(魏郡長樂; 河南省) 사람. 18세에 출가하여 승현(僧賢)의 제자가 되어 여러 경론(經論)에 통했다. 구마라집(鳩摩羅什, 344-413)이 장안(長安)에 왔을 때는 그의 가르침을 받아 역경(譯經)에 참가하였다. 도융(道融), 담영(曇影), 승조(僧肇, 384-414)와 함께 라집(羅什) 문하 사성(四聖)의 한 사람이다. 『성실론(成實論)』 번역을 마친 후 바로 이 논을 강의해서 라집의 칭찬을 받은 것은 유명한 일인데, 선법(禪法)에도 관심이 깊었다. 귀의(歸依)한 제자 중에는 속인(俗人)이 많았다고 전해진다. 라집(羅什)이 번역한 『중론(中論)』, 『백론(百論)』, 『십이문론(十二門論)』, 『대품(大品)』, 『소품(小品)』, 『법화(法華)』, 『유마(維摩)』, 『사익(思益)』, 『자재왕(自在王)』, 『선경(禪經)』 등의 서문(序文)을 지었다.

승원【僧院】〔英 a temple〕 승려가 거처하는 건물. 사원(寺院). 절. 가람.

승의【勝義】〔梵 paramārthika, paramārtha, 西 dam paḥi don, don dam pa, 英 Beyond description, that which surpasses mere earthly ideas〕 승(勝; parama)과 의(義; artha)의 복합어로 된 말. 승(勝)이란 가장 뛰어난〔最勝〕 무분별지(無分別智), 의(義)는 알려질 것·관찰될 것·이해될 것이라는 뜻. 즉 가장 뛰어난 가르침, 교의(教義), 지혜. 그러니 승의(勝義)는 최승(最勝)의 무분별지(無分別智)에 의해서 알려질 세계, 최승한 무분별지가 작용하는 세계라는 뜻이다.

승의개공종【勝義皆空宗】 법상종(法相宗)의 입장에서 『반야경』이나 삼론종(三論宗)의 가르침을 말함. 자은대사(慈恩大師) 규기(窺基, 632-682)가 명명(命名)한 것이다.

승의근【勝義根】〔英 The surpassing organ〕 마음을 일으켜 바깥 대경(對境)을 감각하며 내계(內界)에 식(識)을 일으키는 것. 오관(五官)의 신경(神經)에 해당된다.

승의제【勝義諦】〔梵 paramārtha-satya, 西 don dam paḥi bden pa, 英 The superior truth, enlightened truth as contrasted with worldly truth〕 진제(眞諦)·제일의제(第一義諦)라고도 한다. 승의(勝義)라 함은 수승(殊勝)한〔가장 뛰어난〕 지혜, 제(諦)는 변치 않는 진리를 말한다. 법상종(法相宗)이 세운 이제(二諦) 가운데의 하나.

승잔법【僧殘法】〔梵 saṃgha-avaśeṣa, 巴 saṃghādisesa〕 승(僧), 또는 승가에 남겨 둔다는 뜻. 죄를 범했어도 아직은 중죄를 범한 것이 아니므로 추방하지 않고 승가의 일원으로 존속시키는 것. 소승의 율장(律藏)에 있는 계 가운에 바라이죄 다음가는 중죄(重罪)로, 이것을 범한 자는 일정기간 승려의 자격이 박탈되고 교단이 정하는 벌을 받아야 한다., 이 벌은 6일간의 금족(禁足)을 규정하는데, 죄를 범하고 숨는 경우는 숨은 일수만큼 다시 별거(別居)당하게 된다. 죄의 참회는 20인 이상의 승려가 동석(同席)한 장소에서 행한다.

승적【僧籍】 스님들의 이름·법명·수계연도·본적·주소지 등을 기록한 호적(戶籍). 승적은 소속된 본사(本寺)와 중앙 총무원 등에서 관리함.

승전【僧傳】 승려들의 전기(傳記). 『삼국유사(三國遺事)』에서 승전(僧傳)이라고 한 것은 『해동고승전(海東高僧

傳)』을 가리킨다. 우리나라에서는 통일신라시대 때부터 편찬되었다고 하는데, 최치원(崔致遠, 857-?)도 승전을 찬술한 것으로 알려져 있다.

승조【僧肇, 384-414】 중국 동진(東晋) 안제(安帝) 때의 학승. 속성은 장(張)씨. 경조(京兆) 장안(長安; 지금의 西安) 사람. 구마라집(鳩摩羅什, 344-413)의 문하 가운데 해공제일(解空第一)로, 사철(四哲; 道恒·僧叡·僧碧·僧肇)의 한 사람. 처음에는 노장사상(老莊思想)을 좋아하였으나, 뒤에 오(吳)의 지겸(支謙)이 번역한 『유마경』을 읽고 출가하여 대·소승을 배웠다. 구마라집이 아직 고장(姑藏)에 있을 때, 그 명성을 듣고 18세에 문하가 되었으며, 뒤에 승예와 함께 라집의 번역사업을 도왔다. 『대품반야경』이 역출되었을 즈음인 홍시(弘始) 7년〔405〕을 전후하여 『반야무지론』을 지었는데, 이 책에 대해서 동진불교의 거장이던 여산의 혜원(慧遠, 334-416)이나 유유민(劉遺民)도 감탄했다고 하며, 407년〔義熙 3〕에 지은 『주(注)유마힐경』도 오늘에 이르기까지 광채를 발하고 있는 명저이다. 그의 저서로는 『조론(肇論; 물불천론·불진공론·반야무지론·열반무명론)』, 『주유마힐경』, 『백론서(百論序)』, 『장아함경서』, 『보장론』 등이 있다.

승직【僧職】 승려의 직책. 수계(授戒)·관정(灌頂) 등의 의식 및 사원의 운영을 맡아보는 직무. 곧 승관(僧官).

승찬【僧璨, ?-606】 중국 선종의 제3조(祖). 서주인(徐州人). 2조 혜가(慧可, 487-593)의 종요(宗要)를 잇고, 서주 환공산에 은거(隱居), 후주(後周) 무제(武帝)에 의한 파불(破佛)의 법난시(法難時)에는 대호현 사공산을 왕래하며 일정한 주소 없이 10여 년을 보냈으나 세상 사람들이 알지 못했다고 한다. 593년〔수 개황 13〕 4조 도신(道信, 581-651)에게 의발(衣鉢)을 전하고 나부산에 있다가 2년 후 다시 환공산으로 가서 크게 교화했다. 대업 2년 10월에 입적함. 당나라 현종이 감지선사(鑑智禪師)라는 시호를 내렸다. 그는 "중생은 본래 부처다.", "지극한 도는 어려움이 없으나, 오직 간택(揀擇; 분별; 차별심)함이 병이다.", "다만 증애(憎愛)하지 않으면 확트여 명백하리라." 등 간결하면서도 직설적(直說的)인 법문을 했다. 저서로는 『신심명(信心銘)』이 있다.

승통【僧統】 ①신라시대에 전국의 불교를 통솔하던 승직(僧職). 진흥왕(眞興王) 12년〔551〕에 혜량법사(惠亮法師)를 승통으로 삼아 교단을 지도 육성하게 하였는데, 이 승통 밑에 대도유나(大都維那)와 도유나랑(都維那娘)을 두어 각각 비구교단과 비구니교단을 관장하게 하였다. 한편 선덕여왕(善德女王, 647-654 在位) 때 자장율사(慈藏律師)의 귀국과 함께 그를 국통(國統)으로 삼았는데, 같은 승직이다. ②고려시대 교종(敎宗)의 최고 법계(法階). ③조선시대에 교종(敎宗)·선종(禪宗)의 양종(兩宗)을 통솔하던 승직. ④조선시대에 승군(僧軍)을 통솔하던 승직의 하나.

시각 【始覺】〔英 The initial functioning of mind or intelligence as a process of 'becoming'〕 ①가르침을 듣고 수행하여 비로소 얻어지는 깨달음. 처음으로 깨닫는 것. 본각(本覺)이 있기 때문에 그것에 따라서 불각(不覺)이 있고, 그 불각의 입장에서 깨닫고자 수행하는 것이 시각(始覺)이다. 『대승기신론』에 나오는 말. ②자기에게 본래불성(本來佛性)이 갖추어져 있지만, 그 가르침을 들음으로써 비로소 깨달음을 성취〔始覺〕하는 것. 영원한 옛날부터 미(迷)해 있었던 중생의 마음이 아미타불(阿彌陀佛)의 염불문(念佛門)에 의하여 비로소 깨닫는 것을 말한다.

시교 【始敎】〔英 According to T'ien-t'ai, by the Avataṁsaka(kegon) school〕 대승시교(大乘始敎). 현수(賢首, 643-712) 오교(五敎)의 하나. 소승으로서 처음으로 대승에 들어온 이에게 말한 얕은 교법. 여기에 상시교(相始敎; 『해심밀경』·『유식론』에서 말한 것)와 공시교(空始敎; 『반야경』·『중관론』 등에서 말한 것)의 둘이 있다.

시기불 【尸棄佛】〔梵 Śikhi〕 ①과거칠불(七佛) 가운데 두 번째 부처님. 과거 장엄겁(莊嚴劫)에 출현한 일천불(一千佛) 가운데 제999불(佛). ②범천(梵天)의 다른 이름.

시다림 【尸茶林】〔梵 śita-vana〕 시타림(尸陀林)이라고도 한다. 시타(śita)는 한(寒)이고, 바나(vana)는 임(林)이다. 곧 한림(寒林)으로서 시체를 버리는 곳, 묘소이다. 후대, 특히 우리나라에서는 사람이 죽은 직후에 하는 천도 염불을 시다림·시달림이라고 한다.

시라바라밀 【尸羅波羅蜜】〔梵 śila-pāramita〕 계법(戒法)을 지키는 것을 완전히 이룬 것. 계(戒)의 완벽함. 계(戒)의 완성.

시무외인 【施無畏印】 부처님이 중생에게 무외(無畏)를 베푸는 인상(印相). 팔을 들고 다섯 손가락을 펴서 손바닥을 밖으로 향하여 물건을 주는 모양을 한 인상.

시물 【施物】〔梵 piṇḍa〕 보시(布施)하는 물품(物品).

시방 【十方】〔梵 daśa-diś, 英 ten directions〕 동(東; 震)·서(西; 兌)·남(南; 離)·북(北; 坎)의 사방(四方)과 동북(東北; 艮)·동남(東南; 巽)·서남(西南; 坤)·서북(西北; 乾)의 사유(四維; 사이; 간방)와 상(上)과 하(下)를 합하여 시방(十方)이라고 한다.

시방삼세 【十方三世】 우주 전체. 시방(十方; daśa-diś)은 우주의 공간적인 표현이며, 삼세(三世; loka-traya)는 과거 현재 미래로서 우주의 시간적인 표현이다.

시봉【侍奉】(부모나 스승을) 모시고 받듦. 봉시(奉侍).

시분【時分】〔英 Time-division of the day, variously made in Buddhist works〕 인도의 역법(曆法)에서 주야를 나눈 것 가운데 4종이 있다. ①육시설(六時說). 낮 3시, 밤 3시로 나눔. 『아미타경』에 나온다. ②팔시설(八時說). 『서역기(西域記)』에 나온다. ③십이시설(十二時說). 『대집경(大集經)』에서 말한 십이신수(十二神獸)의 말에 의한 것. 예부터 중국·한국·일본에서 많이 쓰고 있다. ④삼십시설(三十時說). 『구사론』·『지도론』·『대일경소』 4권에 나타난다.

시식【施食】〔英 To bestow food (on monks), and on hungry ghosts〕 음식을 베푼다는 뜻으로, 죽은 사람을 위하여 천도하는 재(齋)를 올리는 것. 선망부모(先亡父母)나 일체 고혼(孤魂)에게 법식(法食)을 주면서 법문을 일러주고, 경전을 읽으며 염불하는 등의 의식을 행하는 법식(法式).

시심마【是甚麽】'이것이 무엇인가'라는 뜻을 갖고 있는 의문사. 흔히 우리말로는 '이뭣고'라고 하는데, 선어록에 자주 등장한다. 우주 인생의 모든 이치에 대한 근본적인 의문. 선종(禪宗)에서 불법(佛法)의 진리를 깨치기 위한 화두(話頭)의 하나. 시심마(是什麽)라고도 씀.

시심시불【是心是佛】〔英 This mind is Buddha; the mind is Buddha〕 우리의 이 마음이 곧 부처이다, 또는 우리의 이 마음이 곧 깨달음의 대상이라는 뜻. 그러므로 다른 데서 찾지 말라는 것. 『관무량수경』에 있는 말로서, 부처를 생각하기 때문에 관상(觀想)하는 이 마음이 곧 불(佛)이 된다는 말에서 따온 것인데, 선에서는 그 뜻을 압축하고 구체화시켜서 시심시불(是心是佛)이라고 한 것임. 즉심시불(卽心是佛)과 같은 뜻.

시심작불【是心作佛】〔英 This mind is Buddha〕 ①즉심시불(卽心是佛)과 같음. ②이 마음이 불(佛)을 만든다는 뜻.

시왕【十王】〔英 The ten kings presiding over the ten departments of purgatory〕 불교·도교에서 명계음부(冥界陰府)에 있다고 하는 십전명왕(十殿冥王). 명부십왕 항목 참조.

시은【施恩】①시주(施主)에게서 받는 은혜. ②은혜를 베풂.

시자【侍者】스승이나 어른, 큰 스님을 곁에서 모시면서 그 시중을 드는 소임. 아난이 부처님의 시자로 있었던 것이 그 시초이다.

시절인연【時節因緣】따뜻한 봄날이 되어 꽃이 피는 것을 시절인연이라고 한다. 때가 되었다는 뜻. 이와 마찬가지로 수행인이 스승의 가르침을 따라 끊임없이 수행 정진하면, 때가 와서 마침내 진리를 깨치게 된다. 이를 깨달음의 시절인연이 왔다고 한다. 모든 사람은 다 본래 성품을 갖고 있기 때문에 수행에 따라 빠르고 늦음의 차이는 있지만, 때가 되면 마침내 깨닫게 됨을 말함.

시해탈 【時解脫】〔梵 vimuktiḥ sāmayikī, 巴 sāmayika vimutti〕 둔근(鈍根)의 무학(無學)이 때를 만나 정(定)에 들어가서 번뇌의 계박(繫縛)에서 해탈하는 것. 또는 승연(勝緣)의 시기(時機)를 만나지 못하면 멸진정(滅盡定)에 들어가지 못하므로 대시(待時)라 하지만, 그 마음은 번뇌장(煩惱障)에서 벗어났으므로 해탈이라 한다.

시흥종 【始興宗】 종파. 오교양종(五敎兩宗) 가운데 어느 종파에 속하는가에 대해서는 여러 가지 설이 있다. 일본학자 고교형(高橋亨)은 정토종(淨土宗)으로 보았고, 이능화(李能和)와 권상로(權相老)는 천태종(天台宗)에 속한다고 보았으며, 김영수(金映遂)는 열반종(涅槃宗)으로 보았다.

식 【識】〔梵 vijñāna, 巴 viññāana, 英 the art of distinguishing, or perceiving, or recognizing, discerning, understanding, comprehending, distinction, intelligence, … wisdom〕 대상을 분별·식별하는 인식작용. 원래 의미는 '나누어〔vi〕 안다〔jña〕'는 뜻으로, 분별(分別) 곧 분석적으로 아는 것을 말한다. 6근(六根; 인식기관)과 6경(六境; 대상)을 연(緣)으로 하고, 그 작용을 일으킨다. 또는 그 인식의 결과를 지칭하는 수도 있으나, 이때에는 보통 'vijñapti'를 원어로 한다. 보통 세속적 인식의 경우에 쓰는데, 지(智; jñāna)나 혜(慧; prajñā)와는 구별된다. 초기불교 이래 식(識)은 심적(心的) 작용을 총칭하는 용어의 하나로서 광범위하게 사용되었다. 보통 심적 작용을 통칭하는 말에는 심(心), 의(意), 식(識)이 있는데, 이 세 가지 개념은 동의어로 취급한다.

[유가행파(瑜伽行派; 유식파) 이외] 식(識)은 초기불교와 부파불교뿐만 아니라, 대승불교에서도 기본적으로는 안식(眼識)·이식(耳識)·비식(鼻識)·설식(舌識)·신식(身識)이라는 다섯 가지 감각기관과 이 다섯 가지를 통하여 종합적으로 판단하는 의식(意識)인 6식(六識)을 가리킨다. 또한 식(識)은 오온(五蘊), 십팔계(十八界), 십이지연기(十二支緣起) 등에서 각 설을 구성하는 요소의 하나로서 사용된다. 세계를 물질〔色〕과 정신〔受想行識〕으로 나누어 설하는 오온설(五蘊說)에서 식(識)은 심적 작용, 특히 판단작용에 역점을 둔다. 십팔계설(十八界說)에서는 감관과 그 대상의 접촉에 의해서 발생하는 심적 작용을 가리키며, 십이지연기설(十二支緣起說)에서는 고(苦)의 최대의 원인인 무명(無明)으로부터 행(行)이 발생하고, 그것으로부터 물질과 정신세계를 생출하는 원인으로 되는 식(識)이 발

ㅅ

생된다고 한다.

[유가행파(瑜伽行派; 유식파)] 심적 작용을 6식(六識)으로서 파악하는 초기불교 이래의 여러 부파에서는, 업(業)의 담지자(擔持者)인 일체 유정(有情; 중생)의 동일성을 보증하는 식(識)으로, 그 식은 금생에서 내생으로 이어지는 연속성을 가진 존재이다. 또한 부파불교에서는 미혹한 존재가 업(業)의 결과로서 윤회할 때 그 윤회의 주체를 다양하게 설정하기도 한다. 마찬가지로 유가행파〔유식파〕도 윤회의 주체이자 그 업을 저장하는 장소로서의 아뢰야식(阿賴耶識)을 상정한다. 이것을 종자(種子)라고도 부르는데, 이 종자를 저장하고 있는 식을 일체종자식(一切種子識)이라고 한다. 이 잠재적인 아뢰야식은 6식(六識)과 동시에 동일한 유정(有情; 중생)에서 별개로 존재한다. 게다가 업의 결과는 아뢰야식에 저장 성숙되어 미래에 여러 가지 모습으로 나타나는 시스템을 가진다. 그래서 이것을 이숙식(異熟識)이라고 부르고, 거기에 6식(六識)과 아뢰야식의 중층구조가 성립하게 된다. 아뢰야식의 기본개념은 『유가사지론(瑜伽師地論)』 전체가 완성될 무렵에 완성되었지만, 후대 아뢰야식을 칭하여 제8식(第八識)이라 할 때 제7식(第七識)인 말나식(末那識)은 『유가사지론』이나 『현양성교론(顯揚聖教論)』 등에서는 명확하지는 않고, 『대승장엄경론(大乘莊嚴經論)』에 약간 암시되어 있으며, 아상가(Asaṅga; 無着, 310경-390경)의 『섭대승론(攝大乘論)』에는 비교적 새로운 부분으로 성립했다고 생각된다. 요소의 집합체에 지나지 않는 자기이면서 자기의 근원이라고 느끼는 아뢰야식을 자기존재와 같다고 잘못 생각하는 아견(我見; 내가 있다고 잘못 생각하는 것) 등을 원인으로 발생하는데, 최종적으로는 6식(六識) 및 아뢰야식과 다른 제7식(第七識)으로 되었다. 그때 전통적 용어인 심의식(心意識)으로부터 의(意)를 채용한 명칭이 나왔다고 생각한다. 원래 동의어인 심의식(心意識)은 차례로 아뢰야식과 말나식, 그리고 6식이라고 이해되어서, 결과적으로 삼층구조를 설명하는 개념들이 되었다. 그래서 마나스(manas)가 지닌 자아의식의 성격은 식(識)의 연속적 흐름을 보증하는 아뢰야식을 자아(自我)라고 오인하게 된다. 이렇게 8식(八識)의 구조를 정비하는 과정에서 원래는 요가 수행의 실천에 기초해서 명사의 대상이 식(識)을 기축(基軸)으로 묘출(描出)되는 과정을 식(識)의 활동으로 하고, 모든 대상〔現象世界〕은 식의 활동에 지나지 않는다고 표현되었다. 그리고 마침내 바수반두〔Vasubandhu; 世親, 약 320-400경〕의 『유식이십론(唯識二十論)』, 『유식삼십송(唯識三十頌)』 등에 이르러서는 모든 대상, 결국 전 우주가 식의 활동에 의해서 나타난

가상세계라고 하게 되었다. 그 결과 이른바 유심론적 경향이 강하게 되었다. 그것은 중국 법상교학(法相敎學) 등에 강한 영향을 주어서, 결국 유심론으로서의 체계를 정비하게 된다. 이 아뢰야식에 의하여 나타난 세계는 미혹한 세계이지만, 요가의 수행에 의해서 깨달음의 세계에 도달하면 같은 식은 변질하여 결국 번뇌에 흔들리지 않는 정화(淨化)된 식이 된다. 그때 진여(眞如)가 나타나게 된다. 즉 오염이 바로 청정으로 변이(變異)하는 것이 아니라, 불계(佛界)에서 끝이 없는 청정한 요소가 수행자에게 유입되어 결국 정화하게 된다. 이 정화의 과정 및 결과를 '존재의 기층의 전환'이라고 부르고, 성과로서 정화(淨化)된 식(識)을 지(智)라고 표현한다. 이 지(智)는 최종적으로 사지(四智; 大圓鏡智, 平等性智, 妙觀察智, 成所作智)를 갖추게 되며, 아뢰야식이 전화하여 대원경지(大圓鏡智)로 되는 등, 8식과의 대응관계를 맺게 된다. 법상교학(法相敎學)의 『성유식론(成唯識論)』 등에서는 나아가 심(心)에 속한 식(識)과 심의 작용에 속한 지(智)라고 하는 아비달마적으로 구별되는 범부의 존재가 결과하는 분류상의 모순을 대원경지상응심(大圓鏡智相應心) 등으로 조작함으로써 해소한다. 이와 같이 식(識) 이론 전체는 안정된 법상유식교학(法相唯識敎學)에 조직적으로 구성된다.

식계 【識界】〔梵 vijñāna-dhātu, 巴 viññāṇa-dhātu, 英 the elements of consciousness, the realm of mind, the sphere of mind, mind as a distinct realm〕 식(識)의 영역(領域), 곧 육식(六識)을 가리킨다. 육식의 식계(識界)는 십팔계 중 여섯 번째에 속한다. 식(識) 항목 참조.

식당작법 【食堂作法】 총림(叢林)의 스님들이 대법회시 재당(齋堂; 식당) 등의 장소에서 설판제자(設辦齋者; 법회의 주(主) 시주자)가 준비한 공양을 받고, 모든 스님들은 그 보답으로 법(法)공양을 베푸는 의식. 일상의 공양과 달리 공양시(供養時)의 의식문이 범음과 범패로 행해지는데, 이때 사물(四物)을 비롯한 각종 법구가 동원되고, 승무(僧舞)도 베풀어지는 복잡하고 장엄한 규모의 예식이다. 이후에는 각종 시식(施食)과 염불의식을 의미하는 용어로 사용되기도 했다.

식망수심종 【息妄修心宗】 중국 당(唐)나라 때 고승인 종밀(宗密, 780-841)이 선(禪)을 내용상 세 가지로 분류한 것 가운데 하나. 망(妄)을 그치고 마음을 닦는 종(宗)이라는 의미로, 주로 신수(神秀, ?-706) 계통의 북종선(北宗禪)을 가리킨다.

식무변처 【識無邊處】〔梵 vijñānā-nantyāyatana, 英 The Brahma-loka of limitless knowledge or perception〕 사무색계(四無色界)의 제이(第二). 무변식처(無邊識處)·식

무변처지(識無邊處地)·무량식처대(無量識處大)·식입처(識入處)라고도 한다. 공무변(空無邊)을 싫어하여 식무변(識無邊)의 정(定)에 따라 초래(招來)되는 이숙생(異熟生)인 과보(果報)를 말하는 것.

식무변처정【識無邊處定】〔英 The dhyāna corresponding to it〕 심식(心識)은 무변(無邊; 끝이 없음)하다고 관(觀)하는 정신통일. 무색계(無色界)의 제이(第二). 식무변처천(識無邊處天)의 선정(禪定)을 말함. 사무색정(四無色定)의 하나. 식처정(識處定)이라고도 한다. 사무색정 항목 참조.

식변【識變】〔英 mental changes〕 일체 만법(萬法)은 오직 식(識)의 소변(所變)이 됨을 말함. 법상(法相)의 독특한 법문(法門)임.

식불【式佛】 과거칠불(過去七佛)의 두 번째. 식(式)은 팔리어 'Sikhin'의 음역(音譯)으로 시기불(尸棄佛)을 가리킨다. 과거 장엄겁(莊嚴劫)에 출현한 일천불(一千佛) 가운데 제999불(佛).

식심【識心】 ①육식(六識)이나 팔식(八識)이 되어 활동하는 마음. 육식이나 팔식의 심왕(心王; 마음의 본체). 심(心) 자체. ②정신과 마음, 또는 정신작용과 마음작용을 가리키는데, 분별적 사고의 마음으로서 우리의 마음, 곧 중생심을 뜻한다.

식온【識蘊】〔梵 vijñāna-skandha, 英 one of the five aggregates or attributes〕 오온(五蘊)의 하나. 구별·판별의 의미. 외계(外界)에 대하여 사물의 모든 모습을 식별(識別)하는 마음작용. 곧 안식(眼識)·이식(耳識)·비식(鼻識)·설식(舌識)·신식(身識)·의식(意識)을 통틀어서 식온(識蘊)이라 한다.

식일원론【識一元論】 인식대상이 마음 밖에 독립하여 존재하는 것을 부정하고, 인식현상의 실재만을 인정하는 유가행파(瑜伽行派; 유식)의 학설. 이에 따르면 주관과 객관은 모두 동질의 마음, 곧 식(識)이다. 주관인 마음은 객관이 된 마음을 대상으로 하여 직접 인식한다. 그러나 이 경우 그 객관이 된 마음은 외부에 존재하는 사물의 모사도 표상도 아니다. 인식의 대상은 식(識) 자체, 마음 자체이다. 『해심밀경』「분별유가품」과 『분별유가론』에 처음으로 등장한다.

식전변【識轉變】〔梵 vijñāna-pariṇama〕 식(識)의 변화. 식(識)의 전변(轉變). 식의 잠재적 가능력(可能力)이 현세화(現勢化)되고, 현세적(現勢的)으로 나타난 여러 가지 사상(事象)이 그 여력(餘力)을 잠재의식으로 남기는 것.

식차마나【式叉摩那】〔梵 śikṣamāṇa〕 사미니로서 구족계(具足戒)를 받으려는 사람. 학법녀(學法女), 정학녀(正學女), 학계녀(學戒女)라 번역. 사미니로서 비구니에 이르는 2년 동안의 과정을 식차마나(式叉摩那)라 한다. 이 동안에 사근본(四根本) 육법

(六法) 등의 행법(行法)을 수련시켜 구족계를 받을 만한가를 시험하며, 또 이 기간에 아기를 배었는지 여부를 확인한다.

식통색【識通塞】천태종(天台宗) 십승관법(十乘觀法)의 제5. 제4관법인 파법변(破法遍) 다음에 어떤 행상(行相)이 법성(法性)에 통입(通入)하고, 어떤 행상(行相)이 법성(法性)을 폐색(閉塞)하는가를 분별하여, 통입(通入)함을 남기고 폐색함을 버리는 것.

신【神】①귀신. 사자(死者)의 영혼. ②천신(天神). ③정신. 살아 있는 자의 생각·마음. ④신묘(神妙)함. 매우 신묘하여 일반적인 사고나 생각으로는 미칠 수 없는 것. ⑤영묘하여 헤아릴 수 없음. 불가사의함을 일컫는 말. 불교, 특히 선(禪)에서는 지혜 작용이 뛰어나서 헤아릴 수 없음을 가리킬 때 사용한다. ⑥정신, 영혼. 고대 중국에서는 영혼을 가리키는 의미로도 쓰였음.

신【信】〔梵 śraddhā, 英 Faith, to believe〕①구사(俱舍)의 대선지법(大善地法; 信·不放逸·輕安·捨·慚·愧·無貪·無瞋·不害·勤)의 하나. 우리의 심왕(心王; 마음의 본체)과 심소(心所; 마음의 작용)로 하여금 대경(對境)을 올바르게 인식하게 하며 마음에 의혹이 없게 하는 정신작용. ②신심. ③사법(四法; 信·解·行·証)의 하나. ④오근(五根; 信·進·念·定·慧根)의 하나. ⑤수행하는 계제(階梯)인 52위(位)의 초(初). 10신(信)을 말한다.

신관【身觀】〔梵 kāya-ānupaśyin, 巴 kāya-anupassin〕신체(身體)에 대한 관상(觀想). 즉 육체의 무상성(無常性)을 관하여 이것에 연연, 집착하지 않는 것이다.

신구의삼업【身口意三業】몸과 입, 그리고 마음으로 짓는 업을 삼업(三業)이라고 함. 삼업 항목 참조.

신근【信根】〔梵 śraddhāeindriya, 英 Faith, one of the five roots or organs producing a sound moral life〕(1) 삼보(三寶)와 사제(四諦)의 이치를 믿음.

(2) 정도(正道; 四念處觀)와 조도(祖道; 五停心觀)를 신앙하여 일체 무루(無漏)의 선정해탈(禪定解脫)을 생기(生起)하는 것.

신근【身根】〔梵 kāya-indriya, 西 lus khi dban po, 英 the organ of touch〕촉각 방면의 기능. 육근의 하나. 신식(身識)으로 하여금 접촉을 감각하게 하는 기관, 곧 몸을 말한다.

신남【信男】〔梵 upāsaka〕우바새(優婆塞; upāsaka), 즉 남성(男性) 신자(信者).

신녀【信女】〔梵 upāsikā, 英 A female devotee, who remains at home〕여성(女性)으로 세속에 있으면서 불교를 믿는 사람. 불법(佛法)을 신수(信受)하여 삼귀(三歸)·오계(五戒)나 팔재계(八齋戒)를 받은 여자. 우바이(優婆夷)라고 함.

신념주【身念住】〔梵 kāyasmṛty-upasthāna〕 십유색처(十有色處; 眼耳鼻舌身色聲香味觸)와 무표색(無表色)을 말함.

신념처【身念處】〔梵 kāya-smṛty-upasthana, 西 lus dran pa ñe bar bsag pa〕 4념처(四念處)의 하나. 몸을 부정(不淨)하다고 관하는 수행. 이것에 의하여 신체에 대한 집착을 제거한다.

신도【神道】 (1) 육도(六道) 중 천도(天道)·아수라도(阿修羅道)·귀도(鬼道)의 총칭.

(2) 인도의 오화이도설(五火二道說) 가운데 이도(二道)의 하나로, 신도(神道)는 사후에 범계(梵界; 깨끗한 세계, 즉 천상)에 갔다가 다시 이 세상으로 돌아오지 않는 길. 즉 다시 윤회하지 않는 길. 조도(祖道)는 같은 천상이라도 선업이 다하면 다시 하계(下界)로 내려오는 곳으로 윤회하는 곳.

(3) 일본 민족의 전통적 신앙. 일본 고래(古來)의 민족 종교는 원래 원시사회의 주술에서 출발하고 농업의 발생과 함께 촌락의 공동 농경의례(共同農耕儀禮)로서의 제사를 수반하는 것이었다. 그러나 곧 이 원시종교는 도래(到來)한 유교나 불교 등과 구별해야 하기 때문에 신도(神道)의 형태를 취하기에 이르렀다. 이미 나라(奈良) 헤이안(平安)시대부터 신불습합(神佛習合)이나 불보살이 중생제도를 위해 신기(神祇)로 화신(化身)했다고 하는 본지수적설(本地垂迹說)이 행해지고 있었는데, 이것을 합리화시킨 것이 가마쿠라(鎌倉)시대의 양부신도(兩部神道)이며, 다시 불교의 지배를 벗어나서 독자성을 주장하기 시작한 것이 남북조(南北朝)시대의 이세신도(伊勢神道; 度會神道)와 무로마치(室町) 말기의 길전신도(吉田神道; 卜部神道)이다. 도쿠카와(德川)시대에는 유학〔朱子學〕에 의한 해석을 시도한 산기암재(山崎闇齋, 1618-1682)의 수가신도(垂加神道), 또 유불의 영향을 모두 배척하고 고전에 의한 고신도(古神道)에의 복귀를 제창하는 본거선장(本居宣長) 등의 복고신도(復古神道)가 등장했다. 자기 민족의 우월과 황실의 존엄을 특히 강조하는 이 복고신도의 신화적인 성격은 당시에 있어서의 국민주의(國民主義)의 발생과 함께 그의 유약함을 반영하고 있다. 민간 신앙적인 교파신도(敎派神道; 신도 13파; 條成派, 大成教, 神習教, 神理教, 神富教, 大社教, 實行派, 扶桑派, 富士派, 黑住教, 金光教, 天理教, 禊教)와 구별되어, 오로지 천황제(天皇制) 옹호를 주안으로 한 신사신도(神士神道)는 메이지(明治) 이래 국수주의나 군국주의의 유력한 이데올로기적 지주(支柱)의 역할을 했다.

신돈【辛旽, ?-1371】 고려 공민왕(恭愍王) 때의 승려. 법명은 편조(遍照). 자는 요공(耀空). 호는 청한거사(淸閑居士). 본관은 영산(靈山). 공민왕의 신임을 얻어 대권을 장악하였다. 공민왕 14년〔1365〕 진평후(眞平侯)에 올랐으며, 이듬해에 전민변정도감(田民辨正都監)을 설치하고 판사(判事)에 취임하여, 토지제도의 개혁을 단행하였다. 동왕 16년에 집현전태학사(集賢殿太學士)에 올랐지만, 뒤에 백성들의 원성이 높아 왕의 신임을 잃게 되자, 동왕 20년에 반역을 획책하였다. 이 일이 발각되어 수원(水原)에 유배되어 참형(斬刑)되었다. 『고려사』 132, 「신돈전(辛旽傳)」에 나온다.

신라불교【新羅佛教】 신라 제19대 왕 눌지왕(訥祗王, 417-458 在位) 때 고구려의 묵호자(墨胡子)를 통하여 들어온 불교는 약 4백 년간 꾸준히 이어왔는데, 크고 작은 절들이 무수히 서고, 이름난 고승들이 연달아 나왔으며, 정치와 사회에 끼친 영향이 매우 켰다. 신라에 불교가 들어온 내력에 대해서는 여러 가지 설이 있으나, 불교를 수용한 이유는 창생을 위하여 복(福)을 닦고 죄(罪)를 멸(滅)하기 위해서였다고 한다. 불교가 공인된 것은 법흥왕 14년〔527〕 이차돈(異次頓, 503-527)의 순교를 계기로 해서이다. 신라불교는 고구려를 거쳐 들어온 북방 계통과, 양(梁)·진(陳) 등을 통하여 들어온 남방 계통의 것이 비교적 빨리 합류된 것으로 추정된다. 이후 약 100년간은 백제·일본 등지의 불교와 같이 왕법적(王法的) 색채가 강한 것이 특색인데, 삼국을 비교해서 살펴보면 신라의 불교는 불국토사상(佛國土思想)과 호국사상(護國思想)이 중심사상으로 되어 있다. 불국토사상을 살펴보면 신라인들은 현재세(現在世)에만 불법(佛法)을 믿는 불교국(佛教國)이 아니라 오랜 과거로부터 불법과는 인연이 깊다고 믿고 있었다. 그 예로는 『삼국유사(三國遺事)』 아도기라(阿道基羅) 조(條)와 낭지승운보현수(朗智乘雲普賢樹) 조 및 가섭불연좌석(迦葉佛蓮座石) 조 등에서 찾아볼 수 있는데, 거기에는 가섭불(迦葉佛) 때의 절터가 여러 곳에 있다고 기술되어 있다. 그리고 신라인들은 신라가 전불(前佛)인 가섭불 때부터 불교와 인연이 있는 나라이며, 가장 수승(殊勝)한 불연국(佛緣國)으로서 새로운 동방(東方)의 진불국(眞佛國)이라고 자부했는데, 한 걸음 더 나아가 신라 그 자체가 불국정토(佛國淨土)라는 현실정토사상(現實淨土思想)을 이룩하기에 이르렀다. 그래서 그들은 신라 땅에다 화장세계(華藏世界)를 현현(顯現)하며, 신라의 현신불(現身佛)을 성불(成佛)하게 하는 신앙사상을 보여 주었다. 호국사상을 보면, 그들은 호국불사(護國佛事)로서 백고좌회(百高座會)와 팔관회(八關會)를 베풀었다. 백고좌법회(百高座法會)의 소의경전(所依經典)은 『불설인왕반야바라밀경(佛說仁王般若波羅密經)』으로, 신라인들은 국난발양(國難祓禳)·왕질퇴치(王疾退治)·천재지변(天災地變)의 식멸(息滅)을 위하고 국가의 안태(安泰)를 기원하기 위해서 백고좌회를 베풀었다. 또한『팔관재경(八關齋經)』을 소의경전으로 하는 팔관회는 가정 중심의 개적(個的)인 수습법(修習法)이라 할 수 있으나, 신라에서는 국가 사회적인 법회 의식으로서 행하였기 때문에 팔관제(八關齊)라 하지 않고 팔관지법(八關之法), 팔관연회(八關筵會), 또는 팔관회라고 했던 것이다. 신라의 팔관회는 그 목적이 사치와 방일(放逸)의 모든 불선(不善)을 지양(止揚)하고 참된 선행을 수습(修習)함으로써 국가 사회의 안녕 질서를 위하고, 나태와 방일과 사치와 낭비적인 생활을 떠난 근검정도(勤儉正道)로 국민생활을 바로잡아 국가사상의 순화와 새로운 국민도덕의 수립을 기하려고 하였던 것이다. 또 신라가 곧 불국토라고 하여 신라는 호국사찰(護國寺刹), 호법도량(護法道場)이 아닌 곳이 없었다. 교학적인 측면에서 보면 원광(圓光, ?-630)을 비롯하여 자장(慈藏)의 계율사상, 그리고 원효(元曉, 617-686)의 일심사상(一心思想), 원측(圓測, 613-696)의 유식사상, 의상(義湘, 625-702)의 화엄사상 등이 융성했다. 신라 하대 경덕왕 이후에는 교학불교(教學佛教)가 침체되고 선불교(禪佛教)가 성행하였다. 처음으로 신라에 선불교(禪佛教)를 전한 사람은 신행(信行)이다. 그는 4조 도신(道信, 581-651)의 법을 이은 법랑(法朗)과 신수(神秀, 606-706)의 손제자인 북종선(北宗禪)의 지공(志空)의 법을 전수했다. 신행에 의하여 전래된 북종선은 그 뒤 준범에게 전하여 혜은을 거쳐 도헌(道憲)에 이르렀으나, 나중에 혜능(慧能, 638-713)의 남종선(南宗禪)에 압도당하고 만다. 남종선은 도의(道義)·홍척(洪陟)·혜철(慧哲)·범일(梵日)·심희(審希)·절중(折中)·도헌(道憲)·무염(無染)·이엄(利嚴) 등에 의하여 구산선문(九山禪門)의 개립(開立)을 보게 되었다. 이후 한국불교는 선불교로 흐르게 되었다.

신라불국토설【新羅佛國土說】신라 선덕왕(善德王, 632-647 在位) 때 자장율사(慈藏律師)가 완성한 설. 불교가 처음 신라에 들어왔을 때, 신라 사람들은 국가신(國家神) 숭배사상과 자급자족(自給自足)하는 기질이 강해서 새 종교인 불교를 적극적으로 받아들이지 않았다. 이 문제를 극복하고자 신라 왕족은 부처가 태어난 인도의 종족과 같으며, 신라 땅은 과거불(過去佛)이 설법하던 곳이므로 불교는 새로운 종교가 아니라 본국(本國) 고유의 것이라는 설을 제시한다. 그래서 불교를 배척하던 경향은 없어지고, 불교가 정착하는 데 크게 공헌하게 되었다. 중국의 백마사(白馬寺) 불사리탑(佛舍利塔)을 아쇼카왕이 세웠다는 창건설, 그리고 일본의 본지수적설(本地垂迹說)과 같은 것이다.

신라유식학파【新羅唯識學派】 원측(圓測, 613-696) 계통의 유식학파. 당의 현장(玄奘, 602-664)이 인도의 계현(戒賢, 520-645)에게 유식학(唯識學)을 배워서 규기(窺基, 632-682)에게 전하니, 규기는 호법(護法; Dharmapāla)을 정의(正義)로 하는 심리학적인 유식학설을 중심으로 중국의 법상종(法相宗)을 세웠다. 한편 원측은 같은 현장에게 배웠으나, 당시 인도와 중국에 성행하고 있는 이질적 유식사상에 다른 대승경론(大乘經論)의 사상을 부가하여 안혜(安慧, 470-550경)를 중심으로 한 다른 유식사상을 세웠다. 이에 원측의 학설을 따르는 제자들이 많이 나와 한 학파를 이루었는데, 이것을 신라유식학파라 한다. 원측의 제자로는 도증(道証), 승장(勝莊), 태현(太賢) 등이 유명하다.

신라의 계학【戒學】 통일신라시대의 계학(戒學)은 원효(元曉, 617-686), 태현(太賢), 의적(義寂) 등의 고승에 의해서 발전을 보았다. 이들은 한결같이 대승계율인 『범망경(梵網經)』을 중심으로, 각각 『범망경보살계본사기(梵網經菩薩戒本私記)』·『범망경고적기(梵網經古迹記)』 등이 남아 있는 것으로 보아, 대중불교의 윤리생활에 크게 관심을 가졌던 것으로 생각된다. 『범망경』 소설(所說)의 10중금계 가운데 그 제1 살생계에 대하여 의적(義寂)은 그 동기가 선심(善心)에 의한 자비살생의 경우이거나 그 결과가 무궁한 공덕을 가져온 살생의 경우라면 죄로 규정하지 않았다. 그러나 태현(太賢)은 이 설을 전폭적으로 지지하지 않았다. 또 자찬훼타계(自讚毁他戒)에 있어서 원효(元曉)는 물질적으로 5전(錢) 이상을 바라는 마음만 있다면 자찬하거나 훼타하면 중죄(重罪)가 된다고 하고, 태현은 자찬과 훼타의 두 행위 모두가 중죄라고 했다. 당시 이들의 계학은 일본에 많은 영향을 주었으며, 일본의 율종학승(律宗學僧) 청산(淸算)·예존(叡尊) 등은 『범망경고적기』를 크게 애호하였다.

신라정토사상【新羅淨土思想】 원효(元曉, 617-686)의 『무량수경종요(無量壽經宗要)』와 『유심안락도(遊心安樂道)』는 신라 정토학의 개척적인 논저이다. 정토학의 핵심적 문제의 하나인 십념(十念)에 대하여 원효는 현료문(顯了門)과 은밀문(隱密門)으로 나누었다. 누구나 다 실천하기 쉬운 현료문의 십념은 『관무량수경』에서 설한 '나무아미타불(南無阿彌陀佛)' 여섯 자의 명호(名號)를 부르는 것이고, 실천하기 어려운 은밀문의 십념은 『미륵발문경』의 자심(慈心) 등의 10념으로 하였다. 또 『무량수경』에서 설한 10념은 은밀문과 현료문을 함께 설한 것이라 함으로써 『무량수경』과 『관무량수경』의 10념을 서로 한 체계 안에 담아 넣었다. 특히 정토사상에서 미륵계 경전에 설한 10념을 아울러 다룬 것은 신라 정토사상의 전통이 되었다. 그는 또 『관무량수경』에서 5역10악(五逆十惡)의 중죄자에게 극락왕생을 허용한 것은 참회를 할 줄 알기 때문이며, 오역비방정법자의 왕생을 거부한 『무량수경』의 소설은 그들이 전혀 참회를 할 줄 모르기 때문이라고 했는데, 이것은 두 경(經)의 모순을 화쟁하려는 의도이다. 이승(二乘)을 정성(定性; 사후 가는 곳이 정해진 사람)과 부정성(不定性; 사후 가는 곳이 아직 정해지지 않은 사람)으로 나누어 정성이승이 무여열반 후에 다시 왕생극락할 수 있다고 한 반면에, 경흥(憬興)은 정성이승의 왕생을 허용하지 않았다. 이로 인하여 신라정토사상의 2대 조류를 가져오게 하였다.

신멸·신불멸논쟁【神滅·神不滅論爭】 중국 육조시대(六朝時代, 3-6세기)에 불교가 보급되면서 전개된 사후(死後) 영혼의 존속을 둘러싸고 벌어진 논쟁. '신(神)'은 정신으로 영혼을 뜻하는데, '육체가 죽으면 영혼도 함께 없어진다〔神滅〕'는 중국 전통의 사상과, '죽어도 영혼은 없어지지 않고 존속한다〔神不滅〕'는 불교 사이에 벌어진 논쟁. 중국에서는 한 존재〔인간〕가 태어났다가 죽는 것을 '기(氣)'가 모였다가 흩어지는 자연의 한 과정으로 보는 장자(莊子, B.C.369-B.C.286)의 사상과, 사후(死後) 영혼의 존속을 부정하는 환담(桓譚, B.C.40-A.D.31)의 『신론(新論)』, 그리고 왕충(王充, 27-99경)의 『논형(論衡)』에서 볼 수 있듯이 영혼의 존재를 부정하였다. 그러나 불교는 영혼을 주장하였다. 불교가 중국에 수용된 초기에는 불교는 '삼세인과(三世因果)'를 설한 가르침으로서 이해되었고, 인과응보(因果應報)나 윤회전생(輪廻轉生)의 주체로서 '신(神; 영혼)'은 사후에도 존속한다고 하였다. 유교(儒敎)의 정통사상에서는 조령(祖靈)에 대한 장제의례(葬祭儀禮)의 존속이 당연히 전제되었다. 그리고 불교는 신앙적으로 영혼을 인정하면서도, 철학적으로는 무상(無常)·무아(無我)를 주장하여 영혼에 상당하는 아트만(atman=我)이나 푸루샤(puruṣa=神我)의 상주성(常主性)을 인정하지 않았다. 그것은 '무아(無我)'나 '무상(無常)'을 역행하는 외도(外道)의 설로서 부정되었다. 이 논은 일찍이 후한말(後漢末)의 모자(牟子)가 저술한 『모자이혹론(牟子理惑論)』에 보인다. 동진말(東晋末)의 혜원(慧遠, 334-416)은 『사문불경왕자론(沙門不敬王子論)』에서 사후(死後) '신', 즉 영혼의 존속과는 별도의 '형(形=육체)'에 대한 전이(轉移)를 논술함과 동시에〔形盡神不滅章〕, '형(形)'의 속박을 벗어나 '신(神)'을 근원의 도에 일치시키는 것이 열반이라고 설하였다〔求宗不順化章〕. 그의 제자 종병(宗炳, 375-443)에 이르면 '신(神)' 개념은 오히려 깨달음의 당체로서의 의의를 갖게 된다. 그는 『명불론(明佛論)』에서 '신(神)'을 형이하(形而下)의 변화를 초월한 상주불변(常主不變)한 것으로 파악하여 '신(身)'의 속박을 벗어난 '신(神)'의 실현을 '법신(法身)'의 실현, 즉 성도(成道; 깨달음)로 파악하였다. 나아가 양(梁)의 무제(武帝, 502-549 在位)로 돌아가 『입신명성불의기(立神明成佛義記)』에 이르면 '신(神)'의 불멸이 명확하게 성불(成佛)의 근거가 된다. 이에 대해 정신〔영혼〕은 없다는 '신멸론(神滅論)'은 불교를 비판하는 유교적 지식인으로부터 발생하였다. 동진(東晋)시대 하승천(何承天, 370-447)의 『달성론(達性論)』은 사후 '신(神)'의 존속을 부정하고 불교의 응보설(應報說)이나 윤회전생설(輪廻轉生說)의 기반을 붕괴하고자 하였다. 양(梁)나라 범진(范縝, 450-510년경)은 불교의 폐해(弊害)를 제거하고 유가적 통치 질서를 회복하기 위해 『신멸론(神滅論)』을 저술하여 불교의 이론적 기반에 타격을 가하였다. 그는 '형(形)'과 '신(神)'을 본질과 작용의 관계로 파악하여 형신일체론(形神一體論)에 입각해 '형(形)'의 죽음에 의해 '신(神)'이 멸하는 것을 논증하고, 또한 도가사상에서 유래하는 '자연' 개념을 사용해 불교 인과론을 비판하였다. 범진의 논에 대해 소침(蕭琛, 478-529)·조사문(曹思文)·심약(沈約, 441-513)·양무제(梁武帝) 등이 서로 이어서 반론을 저술하여 논쟁은 최고조에 달하였다. 신멸·신불멸 논쟁은 인도와는 정신적 전통을 달리하는 중국이 불교를 수용할 당시에 직면하여 피할 수 없는 과제였지만, 그것이 순전히 이론적 탐구로서보다는 오히려 정치성을 띤 유교와 불교의 대결 형식으로 전개되었다는 데 특징이 있다. 그 가운데 불교·유교로 본래의 생사관과는 다른 관점을 주장하기에 이르렀지만, 그러한 논쟁을 통해 중국불교는 끝내 중국적 특징을 현현(顯顯)하게 되었다.

신명 【身命】〔梵 kāya-jīvita, jīvita, praṇa, 英 Body and life; bodily life〕 내 몸과 나의 수명(壽命)을 말함. 몸〔身〕은 사대(四大)가 체(體)가 되고 명(命)은 수(壽)와 난(煖)과 식(識)이 체(體)가 된다. 『법화경(法華經)』「권지품(勸持品)」에, "나는 신명(身命)을 아끼지 않고 다만 무상도(無上道)를 아낀다."라고 하였다. 여기서 신명을 아끼지 않는다는 것은 일심(一心)으로 온몸을 바친다는 뜻이다.

신묘장구대다라니 【神妙章句大陀羅尼】『천수경(千手經)』에 포함된 고대 산스크리트어〔梵字〕로 이루어진 기도문. 그동안 국내에서는 그 의미 파악이 불가능하며 의미를 알 필요 없이 그저 외우기만 하면 관세음보살의 자애로운 보살핌을 받아 신비한 힘을 얻게 되는 주문으로 여겨졌다. 그런데 최근 언어학적인 연구가 진행

ㅅ

되어 비교적 정확한 해석을 하고 있는데, 주로 관세음보살을 부르는 단어가 많으며, 간혹 인도의 신(神) 이름도 나온다. 그리고 우리나라에서 유통되고 있는 『신묘장구대다라니』는 인도의 불공〔Amoghavajra, 746-776〕에 의해 전해진 것이라는 주장이 제기되었다.

신무실【身無失】〔梵 nāsti tathāgatasya skhalitam, 西 de bshin gśegs pala ḥkhrulba med pa〕 18 불공법(不共法)의 하나. 무수겁(無數劫) 아래 계(戒)·정(定)·지(智)·비(悲)로써 신체(身體)를 정화시켜 여러 가지 공덕(功德)이 구족하여 일체 번뇌가 전부 사라짐. 그러므로 신체 행위 방면에는 과실(過失)이 없다는 것.

신무표업【身無表業】 몸으로 짓는 업은 없어지지 않고 그대로 남아서 반드시 다음 생에 업보(業報)를 받게 되는 잠재력. 표면적으로는 드러나지 않지만 내생의 언젠가는 받게 되는 과보.

신변【神變】〔梵 prātihārya, 英 supernatural influences causing the changes in natural events; miracles; miraculous transformations〕 불보살이 중생을 교화하기 위하여 초인적(超人的)인 힘으로써 여러 가지 신상(身相)과 동작(動作)으로 변현(變現)하는 것. 신력(神力)으로 불가사의한 동작을 변현한다.

신불습합【神佛習合】 일본의 신기신앙(神祇信仰)과 불교가 결합〔習合〕된 형태로서 신불혼효(神佛混淆)라고도 한다. 원시적인 민족종교인 신도(神道)에 비하여 불교는 훨씬 발달한 관념형태, 교의(敎義)체계를 가지고 있었기 때문에, 일본에 전파되는 과정에서 재래의 신관념을 포섭하고 융화시켜서 그 정착을 도모한 것인데, 고대불교의 다신교적(多神敎的) 성격이 그것을 용이(容易)하게 했다고 할 수 있다. 다른 한편 독자적으로 조직된 교의를 갖지 못한 신도(神道)의 입장에서는, 불교와 결합함으로써 교리의 이론체계화를 도모할 수 있었다. 이미 나라(奈良)시대에 팔번신(八幡神)이 최초의 신불습합의 신으로 나타났는데, 이는 한편으로는 불교의 수호신으로서 불법(佛法)을 즐거이 수호한다는 호법선신(護法善神)이라는 불교사상에 따르는 것이었다. 또한 신(神)은 불법(佛法)에 의하여 구제되는 것을 바란다고 하는 신신이탈사상(神身離脫思想)도 생겨나서, 드디어 헤이안(平安) 중기에는 신(神)은 보살의 권현(權現; 화신)이고 불(佛)의 임시적인 모습이라고 하는 본지수적(本地垂迹)의 사상이 확립되었다. 최징(最澄, 767-822)이나 구카이(空海, 744-835)도 신불습합사상을 활용하여 교세(敎勢)를 튼튼히 하고, 히에산(比叡山)·고야산(高野山)의 개산(開

山)에 즈음하여 각기 신들을 권청(勸請)하여 재(齋)를 올린 바 있다. 신불습합은 메이지유신(明治維新) 때에 신불분리(神佛分離)에 따라 해소(解消)되었지만, 그 기본적 성격이 일본의 종교 관념과 형태를 크게 규정했다고 할 수 있다.

신삼구사의삼【身三口四意三】〔英 The three commandments dealing with the body, prohibiting taking of life, theft, unchastity, the four dealing with the mouth, against lying, exaggeration, abuse, and ambiguous talk, the three belonging to the mind, covetousness, malice, and unbelief〕 십악(十惡)을 신(身)·구(口)·의(意)의 셋에 배당한 것. 몸〔身〕으로 짓는 것으로는 살생(殺生)·투도(偸盜)·사음(邪淫)의 셋을, 입으로 짓는 것으로는 망어(妄語)·기어(綺語)·악구(惡口)·양설(兩舌)의 넷을, 뜻〔생각〕으로 짓는 것으로는 탐욕(貪慾)·진에(瞋恚)·우치(愚癡; 즉 邪見)의 셋을 배당하여 말하는 것이다.

신수【神秀, 606-706】중국 당나라 태종·고종·중종 때의 선승. 북종선(北宗禪)의 개조. 속성은 이(李)씨. 하남성(河南成) 진류(陳留) 사람으로, 어릴 적에 서생(書生)이 되어 강표(江表)에 유문(遊問)하여 노장(老莊)과 서경(書經)과 주역(周易)의 대의(大義), 그리고 삼승경론(三乘經論), 사분율의(四分律儀), 훈고음운(訓詁音韻) 등에 통하였다고 한다. 625년〔武德 8〕에 홍인(弘忍, 602-675)을 방문하여 그의 제자가 되었다. 홍인이 입적한 뒤에 강릉 당양산에 있으면서 측천무후(則天武后, 674-704 在位)의 귀의를 받고, 장안·낙양(洛陽) 양경(兩京)의 법주(法主)로서 무후(武后)·중종(中宗)·예종(睿宗)의 국사(國師)가 되었다. 낙양에 머물기 6년, 706년〔神龍 2〕 2월에 낙양(洛陽) 천궁사(天宮寺)에서 입적했다. 그의 북종선은 혜능(慧能, 638-713)의 남종선과는 달리 점오(漸悟)의 방법을 사용하고 있다. 시호는 대통선사(大通禪師).

신수대장경【新修大藏經】정식명칭은 ≪대정신수대장경(大正新修大藏經)≫. 대정(大正)이란 일본의 대정년간(大正年間, 1912-1925)에 기획 간행(刊行)되었기 때문이다. 곧 대정(大正) 11년〔1922〕부터 소화(昭和) 9년〔1934〕까지 13년간의 노력으로 일본불교학계가 총동원되어 완성한 대장경이다. ≪고려대장경≫을 모본(母本)으로 했으며, 총 1만 1천 9백 70권의 경전과 문헌이 수록되어 있다. 양적으로 ≪고려대장경≫의 2배쯤 되며, 세계 최대의 대장경이다. 최초 기획했을 때의 대표는 고남순차랑(高南順次郎)과 도변해욱(渡邊海旭)이 중심이 되었고, 끝맺음은 소야현묘(小野玄妙)과 우정백수(宇井伯壽) 등이 맡았다. 내용은 우리나라의 ≪고려대장경≫

을 비롯하여 인도의 범어(梵語)와 팔리어, 그리고 중국의 한역경전(漢譯經典)을 비교 검토하여 이를 총망라한 재편집이라는 데 특색이 있다. 대소승(大小乘)의 경·율·론 삼장을 각각 구분하여 편찬했고, 단편으로 된 경론까지도 모두 집대성시켰다.

신수봉행 【信受奉行】〔英 In faith receive and obey, a sentence found at the end of sūtras〕 여래(如來)가 설한 법을 믿고〔信〕 받아들여서〔受〕 봉행(奉行)하는 것. 모든 경(經)의 끝에는 항상 이 말이 있다.

신수심법 【身受心法】〔梵 kāya-vic-citta-dharma〕 내관(內觀)의 대상인 신체와 감각, 그리고 마음과 갖가지 사고(思考)의 대상. 곧 사념처(四念處)를 말한다. 사념처 항목 참조.

신식 【身識】〔梵 kṛyavijñāna, 西 lus kyi rnam par śes pa, 英 cognition to the objects of touch, one of the five forms of cognition〕 5식(識)·6식·8식 가운데 하나. 객관대상을 촉경(觸境)으로 하고, 이를 분별하여 아는 작용. 곧 봄으로써 바깥 경계와 접촉하여 분별, 인식하는 감각.

신심 【信心】〔梵 adhyāśaya, dharma-adhimukti, prasāda, śraddha, 英 A believing mind which receives without doubting〕 믿는 마음. 신(信)이란 자신이 배운 것, 이해한 법(法)에 대하여 의심이 없음을 말한다. 여기에는 미신(迷信)·정신(正信)·해심(解心)·앙심(仰心)이 있고, 자력신(自力信)·타력신(他力信) 등의 구별이 있다. 곧 의심이 없는 청정한 마음으로 불도(佛道)를 확실히 믿고 따르는 것을 뜻한다. 신심을 의지해서 지혜를 얻고 불도(佛道)를 닦아서 깨달음이 깊어지게 되는 것이므로, 신심은 불교의 첫 관문이 된다.

신심 【身心】〔巴 saṃkhāra, viññānam, 英 Body and mind, the direct fruit of the previous life〕 몸과 마음. 오온(五蘊) 가운데 색온(色蘊)은 신(身)이 되고, 수상행식(受想行識)의 네 가지는 심(心)이 된다.

신심명 【信心銘】 중국 선종(禪宗)의 제3조인 승찬(僧璨, ?-606)이 지은 책. 1권. 본문(本文)은 구절(句節)마다 넉 자로 되었고, 146구(句), 584자(字)의 운문체(韻文体)로 된 1편(一篇)의 저작이다. 간단명료하여 직절하게 선리(禪理)의 극치(極致)를 노래하고 있다.

신심일여 【身心一如】 육체와 정신이 둘이 아닌 하나라는 말. 육체와 정신을 서로 이원적(二元的)인 상대 대립의 관계로 보는 것이 아니라, 한 물체의 양면처럼 보는 견해. 정신을 떠난 육체가 따로 있을 수 없고, 육신을 떠난 정신이 따로 있을 수 없다고 보는 입장.

신심탈락 【身心脫落】 육체와 정신이 일체의 집착에서 벗어나 자유자재함을 얻는 경지. 이는 좌선(坐禪)의 궁극처이다.

신아【神我】〔梵 puruṣa, 英 The soul, the spiritual ego, or permanent person, which by non Buddhists was said to migrate on the death of the body〕 인도철학의 용어. 푸루사(puruṣa)를 신아(神我)라고 번역한다. 수론학파(數論學派)에서 세운 25제(二十五諦)의 하나. 만유를 조성하는 이원(二元) 중 물질적 본체를 자성(自性; prakṛti)이라고 하는 데 대하여, 이에 작용을 미치게 하여 물질세계를 현출(現出)하도록 하는 정신적 본체를 신아(神我; puruṣa)라고 하는데, 아트만과 같은 개념이다.

신앙【信仰】〔希 pistis, 羅 fides, 英 faith, To believe in and look up to, 獨 Glaube, 佛 foi (ot)iman〕 인도의 정신사는 제사(祭祀)의 종교가 해탈구도의 종교로 점차 수용되어 가는 과정으로 파악될 수 있다. 해탈구도(解脫求道)의 핵심은 신적(神的)인 최고 존재에 대한 신앙과 귀의(歸依)에 있다. 따라서 신앙 및 신앙에 대한 사색을 중시하는 것은 오히려 고대보다 중세 이후부터라고 할 수 있다. 이렇게 말하는 것은 베다 제사종교가 신앙과 관계없다는 것이 아니라, 그것이 후대의 박티(bhakti; 信愛)적인 힌두교의 복잡미묘한 제사의례와 연결되기 때문이다.

[슈라드하] 베다적인 종교에서 신앙과 밀접한 관계를 맺는 개념을 '슈라드하(śraddha)'라고 한다. 이 말은 인도 유럽어의 뿌리라고 할 만큼 그 유래가 지극히 오래된 것으로, 아마 '마음을 방치하는 것', 즉 '마음을 맡기는 것'이 본래의 의미일 것이다. 결국 슈라드하는 마음속으로부터 솟아나는 저항 없는 진솔한 감정으로, 반드시 신에 대한 신앙만을 가리키는 것은 아니었다. 범어(梵語)의 문헌에서는 슈라드하가 단지 강력한 욕망을 의미하는 경우가 있다. 베다 종교의 시대적 변천에 따라, 또한 『리그베다』에서 우파니샤드에 걸친 여러 문헌의 내용적 차이에 따라 슈라드하는 다양한 모습을 띠고 있다. 특히 고대에서는 이 말이 신의 존재를 믿는 것, 결국 기독교적인 신앙의 의미와 합치된다. 『리그베다』에서는 슈라드하는 신들, 특히 인도 신에 대한 신뢰를 의미하는 경우가 많다. 브라흐마나에서 소위 제사 절대주의가 확립되면서 슈라드하는 개개의 신격으로부터 벗어나 제사 그 자체와 결부하려는 시도가 나타나는데, 제식(祭式)에 대한 헌신, 제식(祭式)의 효력을 기대하는 신뢰와 확신을 일컬을 경우가 많다. 제사의 집행에서는 제관인 바라문에게 많은 보수를 주지 않을 수 없다. 이 때문에 슈라드하는 아끼는 마음 없이 주는 보시의 희열과 같은 의미로 사용되기도 했다. 바라문교, 힌두교에

서 매우 중요한 의미를 지닌 조상공양의 의식이 슈라드하라고 불리는 것은 슈라드하라는 말이 보시와 밀접한 관련을 갖기 때문일 것이다. 우파니샤드에서 설해지는 오화이도설(五火二道說)에서도 슈라드하가 매우 중요한 의미를 갖고 있다. 후대가 되면 슈라드하라는 말이 사람의 연설을 진실하다고 믿는 의미로 사용될 경우가 많았지만, 이 용법은 파생적인 것에 불과하다.

[불전(佛典)에 나타난 신앙〔믿음〕] 팔리어의 불전(佛典)에서는 믿음을 나타내는 다양한 말이 나타나지만 중요한 것은 사드하(saddha), 파사다(pasāda), 아드히무티(adhimutti)이다. 사드하는 베다 이래의 슈라드하를 계승한 것이지만, 불법승(佛法僧)에 대한 귀의신앙의 의미로서 사용되는 경우가 많다. 파사다는 불법에 접한 마음이 더러움을 벗어나 맑고 깨끗하게 되는 것을 가리킨다. 아드히무티는 '신승해(信勝解)'라고 흔히 번역되지만 믿음에 의한 일종의 환희를 의미하는 것이다. 불교에서는 믿음을 매우 중시한다. 부처나 보살에 대한 신앙이든, 또는 경전에 대한 신앙이든 신앙〔믿음〕이 없이는 출발 자체가 무의미하고 좋은 결실도 맺지 못하기 때문이다. 불탑신앙, 사리신앙, 아미타불신앙, 기타 관음신앙, 지장신앙 등 매우 많다. 다만 아무 뜻도 모르고 믿는 맹신(盲信)은 위험성을 내포하고 있으므로 이런 점은 유의해야 한다.

신업【身業】〔梵 kāya-karman, 英 The karma operating in the body〕 삼업(三業)의 하나. 몸으로 짓는 온갖 행위와 동작. 육체적으로 짓는 신업(身業)에는 살생(殺生), 투도(偸盜), 사음(邪淫)이 있다.

신여의통【身如意通】〔梵 Ṛiddhividhi-jñāna, 英 the power to transfer oneself to various region seat will, also to change the body at will〕 육통(六通)의 하나. 신족통(神足通; 身足通)·신경통(神境通)이라고도 한다. 때에 맞게 크고 작은 몸을 나타내며, 자기의 생각대로 움직일 수 있는 통력(通力).

신외무물【身外無物】 사람의 몸 밖에는 한 물건도 더 없다는 뜻으로, 무엇보다도 몸이 귀중함을 이르는 말. 육체는 비록 지수화풍 사대(四大)가 일시적으로 모인 것으로서 실체가 없는 거짓이라 하나, 또한 색신여래(色身如來)임도 분명한 것이요, 복(福)과 혜(慧)를 닦는 근본임도 잊어서는 안된다. 몸이 거짓이라는 것은 육신에 대한 집착에서 벗어나야 한다는 뜻. 신외무물(身外無物)이란 허무주의나 무기공(無記空)에 떨어지지 말라는 가르침이다.

신율가【新律家】 사분율(四分律)과 오분율(五分律)은 구역(舊譯)의 율(律)이라고 하고, 의정(義淨, 635-713)이 번역한 유부율(有部律)은 신율(新律)이라 한다. 유부율을 근본 전적(典籍)으로 하는 일파를 신율가(新律家)라고 한다.

신인명【新因明】인도 진나(陳那; Dignāga, 480경-540경)의 논리학이 획기적인 진보를 이루었기 때문에, 그 이전의 불교논리학을 고인명(古因明)이라고 하고 진나의 논리학을 신인명(新因明)이라고 부른다. 진나는 직접지각(直接知覺)과 추론(推論)만을 인식의 정당한 방법으로 하고, 또 추론에 대하여 이유개념(理由概念)의 세 가지 특질이나 구구인(九句因)을 세워 세 명제(命題)로부터 된 추론식(推論式)에 의한 논증(論証)을 행하는 등 종래의 불교논리학을 개혁하였다. 그 사상은 법칭(法稱; Dharmakirti)에 의하여 계승되어 정밀화되었다.

신인종【神印宗】신라의 명랑(明朗)이 632년〔진덕여왕 1〕당에 가서 법을 배우고 돌아와 세운 종파. 진언종의 별파로, 근본도량(根本道場)은 금산사(金山寺)·경주의 원원사(遠願寺)·돌백사와 개성의 현성사 등이다. 고려 초의 광학(廣學)·대연(大緣)은 신인종의 고승인데, 이 종은 조선 태종(太宗) 7년〔1407〕에 중도종(中道宗)과 합하여 중신종(中神宗)이 되었다. 중신종(中神宗)은 세종(世宗) 6년〔1424〕에 교종(教宗)에 합쳐졌다.

신장【神將】부처님과 불교를 보호하는 신격화된 무장(武將). 그 중에서도 우리나라에서는 화엄신장을 가리키는 경우가 많다. 그 이유는 『화엄경』에 많은 신장들이 등장하여 화엄의 설법을 듣고 보호하고자 하기 때문이다.

신족통【神足通】〔梵 ṛddhi-prātihārya, 英 The power to transfer oneself to various regions at will, also to change the body at will〕육통(六通)의 하나. 신여의통(身如意通)을 말함. 때에 따라 크고 작은 몸을 나타내어, 자기의 생각대로 움직이는 신통력.

신중【神衆】불교와 불법을 지키는 선신(善神). 선신 가운데는 대범천왕(大梵天王), 삼십삼천(三十三天), 사천왕(四天王), 염마왕(炎摩王), 신중(神衆), 난타(難陀), 용왕(龍王), 십륙선신(十六善神), 십이신장(十二神將), 이십오부중(二十五部衆) 등이 있다. 경전에 많이 나타나는데, 이들은 어느 한 경전을 설하는 법회(法會)가 있을 때마다 그 설법을 듣고 감격에 넘쳐서, 자진하여 후세에 이 경(經)을 설하는 법사(法師)가 있다면 그 법사와 경을 보호해 드리겠다고 부처님께 서원하였다. 그래서 이들 여러 선신(善神)을 통칭하여 신중(神衆)이라 한다. 신중은 인도의 토착신을 불교에서 호법신으로 받아들인 데 연유(緣由)하고 있으나, 그 세대와 지역이 갈라짐에 따라 여러 가지 토착신과 영합(迎合)하면서 복잡한 신앙 형태로 변천되었다.

신중단【神衆壇】 중단(中壇)·신장단(神將壇)이라고도 한다. 불법(佛法)을 수호하는 화엄신장(華嚴神將)을 모신 단(壇).

신중탱화【神衆幢畵】 신장(神將)을 그림으로 그려 벽에 거는 족자.

신지【神智】〔英 Spiritual wisdom, divine wisdom which comprehends all things, material and immaterial〕 자재(自在)하게 사리(事理)를 철견(徹見)하는 지혜를 말함. 『무량수경』 상권에, "신지(神智)가 통달했다."라고 하였다.

신통력【神通力】〔梵 vikurvā, ṛddhi〕 ①초인적인 힘. ②성자(聖者)가 지니는 6가지의 불가사의한 힘. 곧 육신통(六神通). 육신통은 천안통(天眼通)·천이통(天耳通)·타심통(他心通)·숙명통(宿命通)·신족통(神足通)·누진통(漏盡通) 등이다.

신편제종교장총록【新編諸宗敎藏總錄】 고려시대 대각국사 의천(義天, 1055-1101)이 지은 불교경전 및 전적(典籍) 도서목록. 교장총록(敎藏總錄)·의천목록(義天目錄)이라고도 한다. 3권 1책. 1090년〔선종 7〕 우리나라의 경전과 요(遼)·송(宋) 등에서 모아 간행한 경전과 소(疏) 1,085부, 4,857권의 목록을 만든 것. 이 인본(印本)은 최근 전남 조계산 송광사에서 발견되었고, 일본에도 몇 권이 전한다. 흥왕사판(興王寺版)이라고도 한다. 교장총록 항목 참조.

신표업【身表業】〔梵 kāya-vijñapti, 西 lus kyi rnam par rig byed〕 오업(五業) 가운데 하나. 몸에 나타난 행위. 몸으로 짓는 온갖 동작을 말한다.

신해수지【信解受持】 신해행증(信解行證)과 수지독송(受持讀誦)의 준말. 불법(佛法)의 진리를 듣고 믿고 깨쳐서, 늘 불법의 진리를 떠나지 않는 것. 진정한 의미에서 불법활용(佛法活用)을 말한다.

신해탈【信解脫】〔梵 adhimokṣa, 西 mos pa〕 신해(信解)라고도 한다. ① 명료하게 이해하여 확신함. ②부처의 가르침을 듣고 믿으며, 그것을 수행하여 수도(修道)하는 경지에 이른 성자(聖者).

신해품【信解品】『법화경』 28품 가운데 제4품. 신(信)은 남의 말을 듣고 의심치 않는 것이요, 해(解)는 자기 마음속으로 깨달아 아는 것이다.

신해행증【信解行証】〔英 Faith, interpretation, performance, and evidence or realization of the fruit of Buddha's doctrine〕 불도(佛道) 수행의 첫 단계는 먼저 법(法)을 믿고〔信〕, 다음에 그 법을 요해(了解)하고, 그 법을 실천〔行〕하여 마침내 열반을 증득〔證〕하는〔깨닫는〕 것이다.

신행【身行】 ①몸이 행하는 선악의 업을 말함. ②〔巴 attano katāni akatānica〕 자기 자신의 행위. ③〔巴

kāya-saṅkhāra] 신체에 관한 잠재적 형성력.

신행결사 【信行結社】 불교도들의 수행을 위한 모임. 어떤 목표를 정하여 그것을 이룰 때까지 한곳에서 오랜 기간 수행에 힘쓴다. 대표적인 것으로는 신라 정신대왕(淨神大王)의 태자 보천(宝川)이 제의하여 설치한 강원도 오대산(五臺山)의 오대사(五臺社), 758년[경덕왕 17]에 금강산 원각사에서 결성한 미타만일회(彌陀萬日會), 지눌(知訥, 1158-1210)이 설립한 조계산 수선사(修禪社)와 요세(了世, 1153-1245)가 설립한 만덕산의 백련사(白蓮社), 조선시대의 염불결사인 건봉사와 망월사의 만일회(萬日會) 등을 들 수 있다.

신행일치 【信行一致】 신앙과 수행이 하나가 되는 것. 진리를 믿는 데서 그치지 않고, 반드시 믿는 만큼 실천 수행하는 것. 믿기만 하고 실천이 없으면 공리공론이 된다.

신화엄경론 【新華嚴經論】 당(唐)나라 때[729] 이통현(李通玄, 646-740)이 지은 책. 40권. 실차난타(實叉難陀, 652-710)가 번역한 『신화엄경』에 대하여 그 현지(玄旨)를 밝히고, 아울러 경문(經文)을 따라 해석한 것이다. 문전(文前)에 십문(十門)을 세웠는데, 1. 의교분종(依宗分宗)을 밝히고, 2. 의종교별(依宗教別)을 밝히고, 3. 교의차별(教義差別)을 밝히고, 4. 성불동별(成佛同別)을 밝히고, 5. 견불차별(見佛差別)을 밝히고, 6. 설교시분(說教時分)을 발히고, 7. 정토권실(淨土權實)을 밝히고, 8. 섭화경계(攝化境界)를 밝히고, 9. 인과연촉(因果延促)을 밝히고, 10. 회교시종(會教始終)을 밝히고 있다.

신회 【神會, 685-760】 중국 당(唐) 현종 때의 선승. 양양(襄陽; 지금의 湖北省 지역) 사람. 속성은 고(高)씨. 14세에 출가하여 소주(韶州) 조계(曹溪)에서 육조 혜능(慧能, 638-713)을 만나서 돈오법문(頓悟法門)을 전수받았다. 6조가 입적한 뒤 20년간 조계의 돈오법(頓悟法)이 침몰되고, 신수(神秀)의 점수법(漸修法)이 낙양에서 성행하고 있을 때에 낙양에 들어가 혜능의 가르침을 널리 폈고, 무념(無念)을 으뜸으로 삼을 것을 주장하였다. 낙양 하택사(荷澤寺)에 머물고 있었기 때문에 하택대사라고 불렀다. 저술에 『현종기(顯宗記)』·『신회어록(神會語錄)』 등이 있다.

신훈가 【新熏家】 만법유식(萬法唯識)을 주장하는 인도의 유식학자 가운데, 제8 아뢰야식 중에 감추어져 있는 종자로서 8식(八識) 가운데 7식(七識)이 활동할 때마다 훈부(勳府)하는 종자(種子)만을 인정하고, 본연적(本然的)으로 제8식 중에 존재하는 종자를 인정하지 않는 일파(一派). 난타(難陀; Nanda)·승군(勝軍; Prasenajit) 등이 이 학파의 대표적인 인물이다.

신훈종자 【新熏種子】 유식에서 제8

아뢰야식 중에 있는 종자(種子)에 선천적으로 존재한 것과 후천적으로 여러 가지 정신작용에 의하여 훈부(熏附)한 것을 나누는데, 후자의 것을 신훈종자(新熏種子)라 한다.

실념【失念】〔梵 smṛti-māśa, 西 brjed ṅas〕 20수번뇌(隨煩惱)의 하나. 대경(對境)을 분명히 기억하지 못하는 정신작용. 좋은 일은 밝게 기억하지 못하면서 나쁜 일은 기억하는 것 등을 말한다.

실단【悉檀】〔梵 Siddhānta〕 부처님이 중생을 교화하는 방법. 이에 4실단〔世界悉檀·各各爲人悉檀·對治悉檀·第一義悉檀〕이 있다. 실단(悉檀)은 성취〔완성〕의 뜻인데, 일정한 교설(教說)을 가리키는 말로 바뀌었다.

실담【悉曇】 범어(梵語) 'Siddhaṃ'의 음역(音譯)으로, 실담(悉談)이라고도 한다. 성취(成就)·길상(吉祥)의 뜻. 즉 고대 인도의 범자(梵字)를 가리킴. 범천(梵天)에 의하여 만들어졌다고 하여 범자(梵字) 범어(梵語)라고 한다. 모두 47개 자모(字母)인데, '마다(摩多; 母音, 즉 元音)' 12개, '체문(體文; 父音, 즉 轉音)' 35개이다. 『대당서역기(大唐西域記)』 2권에, "그 문자를 상세히 설명하면, 범천(梵天)에 의하여 만들어진 것으로서, 원시(原始) 때에 법칙을 드리운 47언(言)이다. 사물에 가탁하여 합성(合成)하고, 일을 따라 굴리어 사용하며, 흐름에 따라 지파(支派)로 퍼져, 그 원류가 점차로 넓어졌다."라고 하였다.

실대승교【實大乘教】〔英 The real Mahāyāna, freed from Temporal, relative, or expedient ideas〕 권대승교(權大乘教)에 상대되는 말로, 진실의 구극적(究極的) 대승교. 대승교 중에서, 방편을 겸하지 아니한 진실한 교법을 말한 가르침. 천태(天台)·화엄(華嚴)·선(禪) 등이 여기에 속한다.

실법【實法】〔梵 dravya, bhūta, sāra〕 상주불변의 실재(實在). 잠깐 있는 존재를 가법(假法)이라 하는 것에 비해서, 상항불변(常恒不變)하는 법을 실법(實法)이라 한다.

실법종【實法宗】 남산율종(南山律宗)의 교상판석(教相判釋)의 하나. 인도 소승불교 상좌부(上座部)의 일파. 곧 설일체유부(說一切有部)인 살바다유부파(薩婆多有部派). 이 종파에서는 만유제법(萬有諸法)은 과거·현재·미래에 걸쳐 항상 실유(實有)한다고 주장하므로 이렇게 부른다.

실보토【實報土】〔英 The land of Buddha-reward in Reality free from all barriers that of the bodhisattva, the third of the four 'lands' of T'ien-t'ai〕 천태(天台)에서 4종 불토(佛土)를 말하는 가운데 제3. 실보무장애토(實報無障碍土)의 약칭. 중도(中道)의 이치를 증득한 이가 가서 태어나는 정토(淨土).

실상【實相】〔梵 tattvasya laksannam, bluta-samjna, 英 Reality, in contrast with 虛妄; absolute fundamental reality, the ultimate, the absolute〕 '허상(虛相)'이나 '가상(假相)'이 아닌 진실한 모습. 또는 현실의 있는 그대로의 모습을 의미한다. 불교 전통 이전의 중국에는 없었던 말로서 불전(佛典)을 한역(漢譯)할 때 만들어진 용어이다. (1) 모든 사물의 진실한 모습. 있는 그대로의 모습. 진실한 본성. 진리. 참된 모습.

(2) 진실이라고 하는 생각. 진실의 관념. 본체·실체·진상(眞相) 등이 본래의 어의(語義)이다. 모든 것의 있는 그대로의 진실한 모습을 말하는데, 진실한 이법(理法)·불변(不變)의 이(理)·진여(眞如)·법성(法性)이라는 뜻으로 쓰인다. 원어(原語)는 'dharamatā, bhūtatathatā' 등이고, 불(佛)의 깨달음의 내용으로 하는 본연(本然)의 진실을 의미하는데, 일여(一如)·실성(實性)·열반(涅槃)·무위(無爲) 등도 실상(實相)의 이명(異名)으로 될 만큼 많은 의미를 품고 있다. 구마라집(鳩摩羅什, 344-413)의 번역에는 공(空)의 뜻도 포함시켜서 용수(龍樹, 150-250경) 이래 강조되었다. 제법실상(諸法實相)을 설하는 것은 대승불교의 표치(標幟)이고, 소승불교의 삼법인(三法印)에 대하여 제4에 '실상인(實相印)'을 든다. 모든 존재의 진실한 상태를 말한다. 제법실상이라는 말이 의미하는 내용은 각 종파(宗派)마다 다른데, 각자의 입장에서 최후의 궁극적인 것을 나타낸 말이다. 이 실상(實相)의 모습은 일반적으로 말이나 마음으로 추측할 수 없는 것이라고 한다. 천태(天台)에서는, 가장 완전한 자기발견의 장(場)을 말하고, 본질〔理〕도, 현실〔事〕도 따로 있는 것이 아니라 일체 사물이 완전히 조화하고 있는 세계가 미(迷)한 범부(凡夫)에서 바로 숭고한 불(佛)을 볼 수 있는 세계로 생각되어 현상즉실재(現象卽實在), 차별즉평등(差別卽平等) 등으로 표현된다. 선종(禪宗)에서는 제법실상(諸法實相)을 불조(佛祖)의 현성(現成), 본래의 면목(面目)으로 하고, 정토종(淨土宗)은 미타(彌陀)의 명호(名號)를 실상법(實相法)으로 생각하는 등 여러 가지 해석이 있지만, 진여(眞如)인 실상을 현실에 이어나가 양자의 융합상즉(融合相卽)을 논하고, 대승불교의 현실 긍정적 태도를 논리적으로 해명하는 점에서는 공통적이다.

실상론【實相論】 실상(實相)을 주로 하여 모든 것의 본체를 해명하려고 하는 사고방식. 여기에는 법체유공론(法体有空論)·무상개공론(無相皆空論)·유공중도론(有空中道論)·제법실상론(諸法實相論)·사사무애론(事事無碍論)·즉사이진론(卽事而眞論) 등 많은 이론이 있다.

실상무상【實相無相】〔英 Reality is

Nullity] 우주 만유의 실제 모습. 곧 실상은 형상이 없다는 뜻. 즉 공(空)·공성(空性)을 뜻함. 형상 있는 것은 일시적인 것일 뿐, 영원불변하는 것이 아니다. 형상 없는 것이야말로 진정한 우주의 참모습이라는 것.

실상반야【實相般若】 모든 현상의 실상(實相)·무상(無相)·공적(空寂)은 반야(般若)가 아니지만, 반야의 지혜를 내는 것이므로 실상반야라 한다.

실상산파【實相山派】 신라 선종 9산문파 가운데 한 파. 신라 때 홍척(洪陟, 817-893)이 당(唐)으로 가서 마조도일(馬祖道一, 709-788)의 제자인 서당지장(西堂智藏, 735-814)의 법을 이어 826년에 귀국하여 지리산 실상사(實相寺; 전남 남원 산내면)에 있으면서 선법(禪法)을 선양하니, 이에 실상산파가 형성되었다. 여기에는 편운(片雲)·수철(秀澈) 등과 같은 제자가 천여 명이나 있어서 그 문풍(門風)을 떨쳤다.

실상열반【實相涅槃】 특히 중관학파(中觀學派)가 제창하는 것으로, 세간의 모든 것[諸法]은 그 실상(實相)이 필경에 공(空)이어서, 생(生)도 없고 멸(滅)도 없으니 열반적정(涅槃寂靜)하다. 그러므로 세간과 열반, 열반과 세간의 구별은 없다. 이 설은 대승불교가 세속사회에 깊이 들어가 종교활동을 진행하는 중요한 근거가 된다.

실아【實我】 [英 The true ego, in contrast with the 假我 phenomenal ego] 실재적인 '나[我]'·'자아(自我)'·'아트만(ātman)'. 자기에게 아(我)라고 하는 실재적 존재를 인정하여 주재력(主宰力)이 있다고 보는 것. 순세외도(順世外道; Lokāyata)와 불교(佛敎)는 비록 그 논거(論據)는 다르지만 둘 다 실아(實我)를 부정한다. 그러나 힌두교와 자이나교(Jaina敎)는 이를 인정하고 있다.

실오【實悟】 진실한 깨달음. 거짓이 아닌 실제적인 깨달음.

실유【實有】 [梵 sat, asti, astitva, dravya] 허망(虛妄)하지 않고, 사실(事實)이라는 뜻. 범부(凡夫)는 일체 제법이 인연에 따라 생김을 알지 못하고, 그 실성(實性)이 없는 것을 실유(實有)한 것으로 집착하고 있다고 말한다.

실증【實證】 [英 an actual proof; corroborative evidence] 실제로 수행해서 깨닫는 것. 비증(比證)에 상대된다.

실지【悉地】 [梵 siddhi, 英 accomplishment, complete attainment, perfection, proof, truth, supernatural powers] 성취(成就)라 번역. 진언(眞言) 수행자가 도달하는 깨달음의 경지. 곧 손으로 인(印)을 결(結)하여 우리의 동작으로 하여금 부처님의 작업과 같게 하며, 입으로 진언을 외워 부처님의 진언과 같게 하며, 뜻으로 중생과 부처가 둘이 아니라고 관하여 부처님의 의업(意業)과 같게 함. 이와 같이 삼밀(三密; tri-guhya)의 수행을 체달하여 비로소 부처에게서 자기를 보고, 자기에게서 부처를 보는 경지에 도달한다.

실차난타 【實叉難陀】〔梵 Śikṣānanda, 652-710〕 중국 당(唐) 중종 때의 역경승(譯經僧). 학희(學喜)라 번역. 우전인(于闐人)으로, 695년〔証聖 1〕에 『화엄경(華嚴經)』 범본을 가지고 낙양에 와서 보리류지(菩提流志)와 의정(義淨) 등과 더불어 이를 번역하였는데, 699년〔聖曆 2〕에 80권을 완성하였다. 이것이 『80권본화엄경』으로서 오늘날 우리나라 강원 및 불교도들이 공부하고 있는 『화엄경』이다. 이에 대한 방대한 주석이 청량징관의 『화엄경소초』이다. 그는 그 후 낙양의 청선사(淸禪寺)와 동도의 불수기사에서 『입능가경』·『문수수기경』 등 19부를 번역하였다. 704년〔장안 4〕 노모(老母)를 뵙기 위하여 우전국에 갔다가, 708년〔경룡 2〕 다시 중국 장안에 와서 번역사업에 종사하다가 710년〔경운 1〕에 입적했다.

실참 【實參】 진실한 수행, 실제적인 선(禪)의 수행.

심 【尋】〔梵 vitarka, 西 rtog pa, 英 To seek; investigate; to continue; investigate〕 자기 앞에 나타나는 사상(事象)에 대하여 그 의리(義理)를 탐구하는 정신작용. 추구작용(推究作用). 아비달마(阿毘達磨)가 세운 일종의 심소(心所; 마음의 작용)로, 부정법(不定法)에 속한다.

심 【心】〔梵 cītta, manās, vijñāna, cetas, 英 mind, 獨 Seele, 佛 âme〕 눈 등의 외부기관에 대한 내부기관 및 그 작용이나 기능의 총체. 감각기관에 해당되지만 일부의 베단타학파는 감각기관에 포함시키지 않는다. 상키야학파에서는 근본물질〔프라크리티〕로부터 전개한 것, 베단타학파에서는 원소의 집합으로 생기(生起)한 것이라고 한다.

[심(心)을 의미하는 말] 범어(梵語)에는 심(心)에 상당하는 말이 많고, 용법도 일정하지 않다. 최고(最古)의 문헌인 『리그베다』에서는 심장(心臟)을 의미하는 'hṛd'나 'hṛdaya'가 동시에 심(心)을 의미하지만, 이 말이 답습된 것은 아니었다. 주된 말은 다음과 같다. ①'citta'는 안다는 것을 의미하는 동사 어근에서 유래하는데, 정신기능 일반을 가리킨다. ②'manas'는 생각한다는 것을 의미하는 동사어근에서 유래하는데, 특히 여섯 번째의 감각기관 및 그 작용을 가리킨다. ③'vijñāna'는 인식한다는 것을 의미하는 동사어근에서 유래하며, 인식〔識〕을 가리키는데, 불교에서는 심(心)이라는 의미로 사용되기도 한다. 이것 외에 심(心)의 통치로서 내부기관을 의미하는 'antaḥkaraṇa'라는 말이 사용되기도 한다. 심(心)의 작용에 의해서 'buddhi'나 'ahaṃkāra'나 'manas'라는 말을 사용

ㅅ

하는 경우도 있다. 어떤 말이 사용되든 인도에서는 기관(器官)으로서의 심(心)과 그 작용을 시사하는 말을 구별하지 않고 사용하는 경향이 강하며, 용법도 일정하지 않다. 『대승기신론』에서는 우리의 마음〔衆生心〕 속에 진여(眞如)로 가는 길〔眞如門〕과 생멸문(生滅門; 중생의 길) 두 가지가 내포되어 있다고 한다. 주관자가 그 마음을 어떻게 처리하느냐에 따라 갈라진다. 번뇌망상을 제거하면 그것이 곧 진여로 가는 길이고, 번뇌망상을 일으키면 그것이 곧 중생으로 가는 길이다. 진여로 가는 길은 깨달음〔覺〕의 길이고, 중생의 길은 불각(不覺), 미혹의 길이다.

[심(心)의 작용(作用)] 우선 요가학파에서는 『요가수트라』가 요가를 심(心)의 작용의 지멸(止滅)이라고 정의하고 있지만, 심(心)의 작용에는 바른 인식, 그릇된 인식, 분별, 수면(隨眠), 기억의 다섯 종류를 들고 있다. 이 가운데 바른 인식은 지각·추론·언어라는 바른 인식수단에서 생기(生起)한 인식이며, 그릇된 인식이라고 하는 것은 대상에 기초하지 않은 인식이며, 분별은 대상에 기초하지 않지만 언어에 기초한 인식이라 할 수 있다. 상키야학파는 'buddhi〔統覺器官〕', 'ahaṃkāra〔自我器官〕', 'manas〔思考器官〕'라는 3종의 내부기관(內部器官)을 인정한다. 5종의 감각기관〔눈 등〕과 5종의 운동기관〔손 등〕이라는 외부기관은 과거·현재·미래의 존재를 대상으로 한다. 'buddhi'의 작용은 '이것은 사람이다.' 등의 대상에 대한 판단이며, 'ahaṃkāra'의 작용은 '나는 그것에 관계하지 않는다.'라는 대상에 대한 자기의 관계 지음이며, 'manas'의 작용은 '이것은 …이다.', '이것은 …이 아니다.'라는 대상에 대한 사고(思考)이다. 베단타학파에서는 아드바이따파(派)가 후대에 이르러 내부기관에는 의문(疑問)·판단(判斷)·자기(自己)의 관계 지음·기억(記憶)이라는 4종의 작용이 있는데, 이들의 작용의 상위(相違)에 의해서 하나의 내부기관이 'manas', 'buddhi', 'ahaṃkāra', 'citta'로서 정리된다. 그러나 'citta'는 'buddhi'에 포함되고, 'ahaṃkāra'는 'manas'에 포함된다는 해석도 있다. 한편 니야야·바이세시카학파는 'manas'를 실체(實體)의 하나로서 파악한다. 그리고 그것이 낙(樂) 등을 파악하는 감각기관이며, 개개의 신체에 존재하며, 무수히 존재하며, 원자(原子)가 크며 상재(常在)라고 생각한다. 이 'manas'에는 위에서 기술한 바와 같은 작용을 특별하게는 고찰하고 있지 않지만, 아트만에는 지식(知識)·낙(樂)·고(苦)·욕망(慾望)·증오(憎惡)·노력(努力)·선(善)·악(惡)이라는 성질이 있기 때문에 아트만에도 심(心)의 일면이 있다.

[심(心)과 인식의 생기(生起)] 심(心)은 인식의 생기(生起)와 깊은 관

련을 가지고 있다. '나는 즐겁다' 등의 명제는 심(心)의 내부의 인식에 관계할 뿐만 아니라, '이것은 물병이다' 등이라고 한 외부대상의 인식에도 관계한다. 니야야·바이세시카학파는 어떠한 인식이든 'manas'와 아트만의 접촉이 필요하다고 생각한다. 가령, 지각의 경우, 대상과 감관의 접촉, 감관과 'manas'의 접촉, 마나스와 아트만의 접촉처럼 설명하고 감관이 파악한 대상의 정보는 'manas'를 매개로 하여 아트만에 전달된다. 한편 요가학파와 상키야학파, 그리고 베단타학파는 'citta'나 'buddhi'나 'antaḥkaraṇa'가 눈 등의 감각기관을 통해서 신체의 외부에 유출하여 대상의 형상을 변용하고, 거기에 아트만이 그림자를 드리우고 인식이 생기한다고 하는 특이한 설을 주장한다. 생기(生起)한 인식은 니야야·바이세시카학파에 의하면 아트만의 성질이지만, 요가학파 등에 의하면 'citta' 등의 성질이라고 주장한다.

심검당【尋劍堂】스님들이 거처하는 당우. 지혜의 칼을 찾는 집이라는 뜻으로, 대웅전 아래에 있다.

심공【心空】〔英 Mind-space, or mind spaciousness, mind holding all things, hence like space〕①심성(心性)이 광대하여, 만상(萬象)을 함용(含容)함이 대허공(大虛空)에 비유하므로 심공(心空)이라 한다. ②마음이 스스로 장애(障碍)를 여의면 공적무상(空寂無相)하므로 심공(心空)이라 한다. ③마음에 번뇌망상 등이 텅 비워진 상태.

심구삼천 색구삼천【心具三千 色具三千】송대(宋代) 천태종(天台宗) 산가파(山家派)와 산외파(山外派)가 각각 주장하는 이의(異議)의 하나. 심구삼천(心具三千)은 산외파의 원청·경소·지원 등의 주장으로, 유심론(唯心論)의 입장에서 색(色)·심(心) 중에는 오직 일념(一念)의 심성(心性)에만 삼천(三千)의 온갖 법을 모두 갖추고 있다고 하고, 마음 밖의 색법(色法), 곧 물질계의 낱낱에는 없다는 것. 색구삼천(色具三千)은 산가파(山家派)의 지례(知禮, 960-1028) 등의 주장으로, 실상론(實相論)의 입장에서 색심(色心)의 낱낱 법에 모두 3천의 온갖 법을 모두 갖추고 있다고 말한다.

심념주【心念住】〔梵 citta-smṛty-upāsthana〕심념처(心念處)와 같음. 마음은 무상(無常)하다고 관하는 수행(修行). 심념처 항목 참조.

심념처【心念處】〔梵 citta-smṛty-upasthāna, 西 sems dran pa ñe bar bshag pa〕심념주(心念住)라고도 한다. 마음은 무상(無常)하다고 생각하는 것. 마음은 무상하다고 관하는 수행(修行). 사념처(四念處)의 하나.

심량【心量】〔梵 citta-mātra, 英 mind-measure; the ordinary man's calculating mind〕①마음의

국량, 마음의 크기. 경계·대상을 포용하고 수용할 수 있는 마음의 양. ②마음이 번뇌망상을 일으켜 갖가지로 바깥 경계를 헤아리는 것을 범부의 심량(心量)이라 하고, 마음이 텅 비어 주관도 객관도 없이 무심의 상태가 된 것을 불보살의 심량이라 한다.

심련【心蓮】〔英 The lotus of the mind or heart〕 현교(顯敎)에서는 자성심(自性心)의 청정한 성질이 연화(蓮華) 같다고 하여 심련(心蓮)이라 하는데, 밀교(密敎)에서는 심장(心臟)의 형상이 연화 같다고 하여 심련이라 한다.

심마【心馬】〔英 The mind like a horse〕 미친 말이 산과 들을 날뛰며 돌아다니듯이, 마음이 잠시도 가만히 있지 않고 바깥 대상에 끌려 다니는 것을 비유하는 말. 중생의 마음은 텅 비지 못해서 잠시도 가만히 있지 않고 천만 경계에 끌려 다니며, 온갖 죄업을 짓게 된다.

심무가애【心無罣礙】〔梵 acitta-avaraṇa〕 마음에 속박되는 일이 없다는 뜻. 즉 미오(迷悟)·생사(生死)·선악(善惡) 등의 의식(意識)으로부터 마음이 자유로운 것. 『반야심경』에서는 공(空)의 이치를 깨달으면 모든 공포로부터 벗어난다고 함.

심무종【心无宗】 중국 동진(東晋) 때 반야학(般若學) 육가칠종(六家七宗) 가운데 하나. 이 종(宗)의 창시자는 진(晋)의 승려인 지민도(支愍度; 支敏度), 도원(道垣) 등이다. 심허(心虛)를 중시하여 주관적으로 외물(外物)에 집착하지 말 것을 요구하였으나, 다만 외부적인 존재를 부정하는 것은 아니었다. 그들은 마음〔心〕은 공(空)하지만, 존재물〔色境〕은 공(空)하지 않다고 생각하였다. 승조(僧肇, 384-414)는, "마음이 없다는 것은 만물에 무심하다는 것이지, 만물이 없다는 것은 아니다. 곧 얻는 것은 정신의 고요함이요, 잃는 것은 사물이 공허하다는 것이다〔『不眞空論』〕."라고 하였다. 길장(吉藏, 549-623)은 이 파의 대표인물로 온법사(溫法師)를 들고 있다〔『中論疏』〕.

심법【心法】〔梵·巴 citta, 梵 vijñāna, citta-saṃtāna, 英 mental dharmas, idea-all 'things' are divided into two classes 色 and 心 physical and mental〕 우주만유를 색(色)·심(心)의 둘로 분류할 때는 심왕(心王; 마음)·심소(心所; 마음의 작용)를 말하고, 오위(五位)로 분류할 때는 심왕(心王)만을 말한다. 심적(心的)·정신적인 모든 세계와 현상. 마음이 외부와의 접촉, 즉 마음이 대상을 만나서 일어나는 갖가지 심적(心的)·정신적인 현상을 심법이라고 한다.

심불【心佛】〔英 The Buddha within the heart; from mind is Buddhahood〕 ①화엄종에서 말하는 행경십불(行境十佛: 수행한 결과로 깨달아 얻는 一佛身의 경계를 열

가지로 나눈 것. 곧 1. 正覺佛, 2. 願佛, 3. 業報佛, 4. 住持佛, 5. 化佛, 6. 法界佛, 7. 心佛, 8. 三昧佛, 9. 性佛, 10. 如意佛) 가운데 하나. 만유의 본체인 절대인 마음을 불(佛)이라 한다. ②마음 속에 나타나는 불(佛).

심불상응행법【心不相應行法】〔梵 citta-vippayukta-dharma, 巴 citta-vippayutta-dhamma, 英 The functioning of the mind not corresponding with the first three of the 五法 five laws of which this is the fourth〕 심불상응행(心不相應行)이라고도 한다. 마음과 상응〔합일〕하지 않는다는 뜻이다. 이와는 반대로 마음과 상응〔합일〕하는 것은 심상응(心相應)이다. 물질도 아니고 정신도 아니면서 실재(實在)하는 것을 말하는데, 구사종(俱舍宗)에서는 여기에 14종을 설했고, 유식종(唯識宗)에서는 24종을 들었다.

심사【尋伺】〔梵 vitarka-vicāra〕 구역(舊譯)으로는 각(覺)·관(觀). 찾고〔尋求〕, 살피는〔伺察〕 심리작용. 심(尋)은 대상에 대하여 그 뜻과 이치를 대강 찾는 것이요, 사(伺)는 한 걸음 더 나아가 세밀하게 분별하고 살피는 정신작용이다.

심상【心想】〔英 Thought; the thoughts of the mind〕 의식심왕(意識心王)의 사상(思想)임. 『관무량수경』에, "제불여래(諸佛如來)는 법계신(法界身)으로 일체중생의 심상(心想; 마음과 생각) 가운데 들어간다. 그러므로 너희들이 마음으로 불(佛)을 생각할 때에 이 마음은 32상(相)과 80수형호(隨形好)가 된다. 이 마음의 불(佛)이 되며 이 마음이 불(佛)이다. 제불(諸佛)의 정변지해(正遍智海)는 심상(心想)을 따라 생긴다."라고 하였다.

심상속【心相續】〔梵 citta-saṃtāna〕 마음의 흐름. 생각이 끝없이 상속됨. 심념(心念)이 끊이지 않고 생(生)했다가 멸(滅)하고, 멸했다가 생하여 서로 이어짐. 단절(斷絶)됨이 없는 것을 말한다.

심생멸문【心生滅門】〔英 The two gates of mind, creation and destruction, or beginning and end〕 『대승기신론』에서 설한 2문(二門; 心眞如門·心生滅門) 가운데 하나. 진여심〔心眞如〕이 무명(無明)으로 인하여 마음에 번뇌망념이 생멸(生滅)하는 현상.

심성【心性】〔梵 citta-dharmatā, 英 Immutable mind-corpus, or mind-nature〕 ①불변(不變)하는 심체(心體)로, 자성(自性) 곧 여래장심(如來藏心)의 청정(淸淨)한 마음이란 뜻. 천태(天台)에서 세운 사교(四敎) 중에서 별교(別敎) 이하는 심성(心性)을 세워 십계(十界)의 3천의 법(法)을 갖추었다 한다. 『원각경(圓覺經)』에, "정(淨)으로 마음을 깨치고 지(知)로 심성(心性)을 깨친다." 하였고, 『기신론의기(起信論義記)』 중권(中卷)에, "심성(心性)이라 함은 생(生)하지도 멸(滅)하지도 않는다." 하였으며, 『법화현의(法華玄義)』 4권에, "심성(心性)은 즉시(卽是) 즉공(卽空) 즉가(卽假) 즉중(卽中)이다."라고 하였다. ② 심(心)과 성(性) 이 둘에 대하여 공종(空宗)과 성종(性宗)의 설명은 같지 않으나, 오직 선종(禪宗)은 심(心)과 성(性)은 털끝만한 차별도 없다고 한다. 『황벽전심법요(黃檗傳心法要)』에, "심(心)과 성(性)이 다르지 않아서, 성(性)은 곧 심(心)이 되며, 심(心)이 성(性)과 다르지 않음을 조(祖)라 한다."라고 하였다.

심성본정설 【心性本淨說】〔梵 sva-citta-śuddhi〕 심(心)의 본성은 본래 맑고 깨끗하다는 설. 이 설에 의하면 번뇌는 일시적으로 심(心)에 부착한 것이고 본래 있는 것이 아니라는 것이다. "심성본정·객진번뇌(心性本淨·客塵煩惱)", 또는 "자성청정심·객진번뇌염(自性淸淨心·客塵煩惱染)" 등과 병칭(倂稱)하는 일이 많다. 초기경전에서는 『증지부(增支部; AN.I.6.1.2)』·『상응부(相應部; SN.22.100)』·『잡아함〔10의 12〕』 등에 나타나고 있으나 명확히 설하지는 않고, 부파불교에 있어서 대중부(大衆部)가 이 설을 주장하고 있다. 그리고 대승불교는 이 심성본정설이 모든 경론(經論)의 밑바탕에 흐르고 있는 기본학설이 되는데, 여러 가지 교리와 결부되어 있다.

심소 【心所】〔梵 caitasa, 西 Sems las byuṅ ba, 英 mental conditions, the attributes of the mind〕 심소유법(心所有法)을 말한다. 의식작용의 본체, 즉 마음을 심왕(心王)이라 하고, 마음의 작용, 즉 객관대상을 인식하는 정신작용을 심소(心所)라고 한다. 구사종에서는 46법〔46종〕, 유식종에서는 51법〔51종〕을 세우고 있다.

심소법 【心所法】〔英 Mental conditions, the attributes of the mind, especially the moral qualities, or emotions, love, hate, etc.〕 심소(心所; 마음의 작용)라고 줄여서 부르기도 한다. 심왕(心王; 마음의 본체)의 소유(所有)가 된다고 하여 심소(心所)라고 하는데, 탐욕〔貪〕과 증오〔瞋〕 등 특별한 마음작용〔번뇌망상〕이 심법(心法)이다. 소승의 『구사론(俱舍論)』에서는 44법〔44종〕이 있고, 대승의 『유식(唯識)』에서는 51법〔51종〕이 있다고 한다.

심식 【心識】〔梵 cetas, citta-vijñāna, 巴 viññāṇa, 英 The mind and its contents〕 허망분별(虛妄分別)을 인식하는 주체. 소승의 『구사론(俱舍論)』에서는 심(心)과 식(識)을 동체이명(同體異名)이라 하고, 대승의 『유식(唯識)』에서는 심(心)과 식(識)을 별체(別體)로 보고 있다.

심안 【心眼】〔英 The eye of the

mind, mental vision〕 사물을 관찰하고 식별하는 마음의 눈. 육안(肉眼)에 상대되는 말. 혜안(慧眼)·법안(法眼)·도안(道眼) 등을 통칭하는 말. 육신으로 보는 눈은 일정한 한계 이내의 것만 볼 수 있으나, 마음의 눈은 지혜로써 보기 때문에 시방삼세의 일을 다 볼 수 있다. 불보살의 지혜를 심안(心眼)이라 한다.

심여공화사【心如工畵師】『화엄경(華嚴經)』 10권에 나오는 말로, 마음은 화가(畵家)와 같이 여러 가지 오음(五陰)을 만든다는 뜻. 유심사상(唯心思想)을 나타내고 있는 말이다.

심연상【心緣相】마음의 사유(思惟)와 분별(分別)에 따라 일어나는 상대상(相對相). 우리의 생각과 분별. 즉 주관적인 분별을 말한다.

심왕【心王】〔梵 Citta, 英 The mind, the will, the directive or controlling mind, the functioning mind as a whole〕 의식작용의 본체. 마음〔心〕의 본체, 마음〔心〕 자체. 객관 대상을 향하여 그 일반상(一般相·總相)을 인식하는 정신작용. 여기에 6식·8식·9식의 구별이 있다.

심외무법【心外無法】심외무별법(心外無別法)의 준말.

심외무별법【心外無別法】마음 외에는 별도로 진리〔法〕가 없다는 말. 즉 우리가 깨달아야 할 진리는 마음으로서, 마음 밖에는 따로 어떤 진리〔法〕가 없다는 말. 마음을 떠나서 만법을 생각할 수 없다는 뜻.

심외무불 성외무법【心外無佛 性外無法】고려 보조국사 지눌(知訥, 1158-1210)이 지은 『수심결』에 나오는 말. 마음을 떠나서 따로 부처가 없고, 본래 성품을 떠나서 따로 불법(佛法)이 없다는 말. 그러므로 마음을 찾고 성품을 깨치고 보면 원만 평등한 도리를 알게 된다는 것.

심우도【尋牛圖】십우도(十牛圖)라고도 한다. 중국 송나라 때 선승인 곽암사원(郭庵師遠)이 만들고 게송을 붙임. 선종(禪宗)에서 본성회복의 길을 소를 찾는 것에 비유하여 그린 그림. 선(禪)의 10가지 수행단계를 그림으로 나타낸 것인데, 우리나라에는 중국 송대 보명(普明)의 것과 곽암(廓庵)의 것이 전래되었다. 보명의 것은 소를 길들인다는 뜻에서 '목우도(牧牛圖)'라고 부르고, 곽암의 것은 소를 찾는다는 의미에서 '심우도'라고 부른다. 곽암의 심우도는 1. 심우(尋牛; 소를 찾는다), 2. 견적(見跡; 소의 자취를 보았다), 3. 견우(見牛; 소를 보았다), 4. 득우(得牛; 소를 얻었다), 5. 목우(牧牛; 소를 길들인다), 6. 기우귀가(騎牛歸家; 소를 타고 집으로 돌아온다), 7. 망우존인(忘牛存人; 소는 잊어버리고 사람만 남았다), 8. 인우구망(人牛俱忘; 사람도 소도 함께 잊었다), 9. 반본환원(返本還源; 다시 현실세계로 되돌아 왔다), 10. 입전수수(入鄽垂手; 시장바닥에서 제도중생한

다) 등의 10단계로 구성되어 있다. 보명(普明)의 십도송(十圖頌)에 대해서는 목우십도송 항목 참조.

심원의마【心猿意馬】〔英 The heart like a monkey and the mind like a horse-restless and intractable〕 의마심원(意馬心猿)이라고도 한다. 우리의 마음이 외계(外界)를 반연하여 고요하지 못한 모양을, 원숭이가 까불고 말이 달아나는 데 비유한 것이다. 『참동계(參同契)』에, "마음의 원숭이가 안정하지 못하고 뜻의 말이 사방으로 달리니, 신기(神氣; 정신)가 밖으로 산란하다."라고 하였다.

심의식【心意識】〔西 sems clan yid dan rnamd par śes pa, 英 Mind, thought, and perception (or discernment)〕 심(心)은 범어 'citta〔質多〕'의 번역으로 집기(集起)를 뜻하고, 의(意)는 범어 'manas〔末那〕'의 번역으로 사량(思量)을 뜻하고, 식(識)은 범어 'vijñāna〔毘若南〕'의 번역으로 요별(了別)을 뜻한다. 구사종(俱舍宗)에서는 심왕(心王; 마음)에 6식(六識)을 세워 심왕의 작용에 대하여 그 이름을 달리한다. 곧 1. 심(心); 온갖 심리작용을 집합하여 일으키므로 집기(集起)의 뜻이 있다. 2. 의(意); 여러 가지 대경(對境)을 헤아리고 생각하므로 사량(思量)의 뜻이 있다. 3. 식(識); 대경(對境)을 요별(了別)하는 뜻이므로 식(識)이라 한다. 이 3가지는 모두 6식의 다른 이름이라 한다. 유식종(唯識宗)에서는 8식(八識)을 통틀어 심·의·식의 세 뜻이 있다고 한다. 즉 제8식은 온갖 종자를 모았고 또 종자로 하여금 활동케 하므로 심(心)이라 하고, 제7식은 대경(對境)을 항상 살펴 사량(思量)하는 뜻이 뛰어나므로 의(意)라 하고, 전6식(前六識)은 자기 앞의 대경(對境)을 잘 식별하는 작용이 뛰어나므로 식(識)이라고 부른다고 하였다.

심인【心印】〔梵 citta-mudrā, 英 Mental impression, intuitive certainty〕 (1) 심(心)은 불심(佛心), 인(印)은 인가(印可)·인증(印證)이란 숙어로서, 확증이라는 뜻이 있다. 이는 언어(言語)·문자(文字)로써 표현할 수 없는 부처님 자내증(自內証)의 심지(心地)이다. 문자나 언어에 의하지 아니한 불타(佛陀) 내심(內心)의 실증(實証).

(2) 마음과 마음이 서로 인증(印証)하는 것을 일러 심인(心印)이라 한다.

심일경성【心一境性】〔梵 Citta-eka-agratā, 西 sems rtse gcig pa, 英 one of the seven dhyāna 定, the mind fixed in one condition〕 선정(禪定)의 다른 이름. 선정이 정신을 일정한 대상에 머물게 하는 성품이 있으므로 이렇게 말한다. 삼매의 이칭. 즉 마음〔心〕을 하나의 경〔一境; 대상〕에 집중한다는 뜻으로서 삼매와 동의어로 쓰임. 『대승기신론』에 나오는 용어.

심종【心宗】〔英 The intuitive sect〕 불심종(佛心宗)의 약칭으로, 선종(禪宗)을 말한다. 『도서(都序)』 하권에, "전(傳)한 바의 심종(心宗)은 실로 삼존(三尊)을 꿰었다."라고 했다.

심지【心智】〔梵 citta-jñāna, 英 mind and knowledge or the wisdom of the mind〕 심(心)을 체(體)라 하고, 지(智)를 용(用)이라 하며, 체용(體用)을 병칭하여 심지(心智)라 한다. 『인왕경(仁王經)』 가운데에, "심지(心智)가 적멸(寂滅)하면 연(緣)이 없어도 비친다."라고 하였다.

심지【心地】〔英 Mind, from which all things spring〕 마음바탕. 마음자리. 마음이 일체만법을 내는 것이 마치 땅에서 나무나 풀 등을 내는 것과 같으므로, 비유해서 심지(心地) 또는 심전(心田)이라 한다. 또 마음은 삼업(三業) 중에 가장 수승하므로 이렇게 말한다.

심지법문【心地法門】중국 당(唐)나라 때 선승(禪僧)인 황벽희운(黃蘗希運, ?-850)의 『전심법요(傳心法要)』에, "이른바 심지법문(心地法門)이란 만법이 모두 이 마음을 바탕으로 펼쳐지는 것이니, 경계를 만나면 마음이 있고 경계가 없으면 마음도 없다."라고 그 의미를 밝히고 있다. 마조(馬祖, 709-788)는, "무엇을 일컬어 심지법문이라 하고, 무엇을 일컬어 무진등(無盡燈)이라고 하는가. 일체법은 모두 마음법이고 일체의 이름은 모두 이 마음의 이름이다. 만법이 모두 마음으로부터 생겨나므로 마음이 만법의 근본이다."라고 하였다.

심진여문【心眞如門】〔英 The mind as bhūtatathatā, one of the 二門 of the 起信論 Awakening of Faith〕 마명(馬鳴; Aśvaghoṣa)이 지은 『대승기신론』에 있는 말. 『대승기신론』에서는 일심(一心)에 진여문(眞如門; 心眞如門)과 생멸문(生滅門; 心生滅門)의 2문(二門)을 설정했는데, 그 가운데 심진여문(心眞如門)은 일심(一心)의 본체인 진여의 방면을 말한 것이다. 즉 우리의 마음〔衆生心〕속에는 진여의 마음〔眞如心〕과 생멸의 마음〔生滅心; 번뇌심〕이 공존하고 있는데, 심진여문은 그 가운데 오염되지 않은 진여심을 가리킨다. 반면 심생멸문(心生滅門; 生滅門)은 그 가운데 번뇌망상의 방면을 지칭한다. 비유하면 광석 가운데 금(金)은 진여이고 돌〔石〕은 생멸심이 된다. 그러므로 마음이 번뇌를 제거하면 진여이고 번뇌를 일으키면 생멸문이다.

심해탈【心解脫】〔梵 mukta-citta, 巴 ceto-vimutti〕 이해탈(二解脫; 慧解脫·心解脫)의 하나. 탐욕을 끊은 결과 애욕을 여의고, 마음에 생각하는 대로 자유경(自由境)에 노닐 수 있음을 말함.

심행처멸【心行處滅】마음의 작용이 미치지 못하는 경지. 곧 사량분별(思量分別)과 시비장단(是非長短)이 끊

ㅅ

어진 경지를 말한다. 분별심이 단절된 경지.

십견 【十見】〔英 The ten (wrong) views〕 바른 도리에 대한 열 가지의 미혹(迷惑)된 견해. 신견(身見)·변집견(邊執見)·사견(邪見)·견취견(見取見)·계금취견(戒禁取見)·탐견(貪見)·에견(恚見)·만견(慢見)·무명견(無明見)·의견(疑見) 등을 말한다.

십경 【十境】〔英 Ten objects of or stages in meditation 觀 in the T'ien-t'ai school〕 중국 수(隋)나라 때 천태지의(天台智顗, 538-579)가 강의하고 제자 관정(灌頂)이 기록한 『마하지관』에 있는 내용. 즉 천태의 십승관법(十乘觀法)의 대경(對境)으로서, 차례로 관하게 하는 열 가지. 1. 음경(陰境); 색(色)·수(受)·상(想)·행(行)·식(識)의 오음(五陰). 특히 제5의 식(識)을 관함. 2. 번뇌경(煩惱境); 제1관(觀)에 따라 과거부터 쌓은 탐진(貪瞋) 등의 중혹(重惑)이 나타나므로 이를 관함. 3. 병환경(病患境); 앞의 2관을 닦음에 의하여 병이 나는 일이 있으므로 그 병의 근원을 관함. 4. 업경(業境); 끝없는 옛적부터 지은 선·악의 업상(業相)이 나타나므로, 지관(止觀)을 방해하지 않도록 이를 관하여 퇴치함. 5. 마사경(魔事境); 온마(蘊魔)·번뇌마·사마(死魔)·천마(天魔) 중 천마가 와서 침범하므로 이를 관함. 6. 선정경(禪定境); 마군을 퇴치하려고 선정에 들어가서는 도리어 선미(禪味)에 탐착하여 속박하게 되므로, 이를 관경(觀境)으로 함. 7. 제견경(諸見境); 선정을 관하므로 진리와 비슷한 견해나 법을 듣고 깨달은 듯한 지혜가 생기는 등 사견사해(邪見邪解)의 여러 가지 혹(惑)이 생기므로, 이를 관경으로 함. 8. 만경(慢境); 사견사해를 그치고 평정(平靜)한 마음이 나타나거든, 이를 깨달은 경지로 잘못 알아 거만한 마음을 내므로, 이를 관함. 9. 이승경(二乘境); 거만한 마음이 없어지면 다시 공적한 것을 좋아하여 이승심(二乘心)에 떨어지므로, 이를 관할 필요가 없다. 10. 보살경(菩薩境); 이승심(二乘心)이 없어지면 다시 사교(四敎) 중의 전 3인 장교(藏敎)·통교(通敎)·별교(別敎)의 보살심이 생기므로, 이를 관하여 지식(止息)을 요한다.

십계 【十界】〔梵 daśa-dhātavaḥ〕 10종류의 중생(衆生) 세계. 미계(迷界)와 오계(悟界)의 열 가지 계급. 십법계(十法界)라고도 한다. 『법화경(法華經)』에서는 지옥·아귀·축생·아수라·인간·천상〔以上 六凡〕·성문·연각·보살·불(佛)〔以上 四聖〕을 말한다. 『이취석론』에서는 육범(六凡) 중에서 아수라를 빼고 사성(四聖) 가운데 불(佛)을 나누어 권불(權佛)·실불(實佛)로 하여 십계(十界)라 한다.

십계 【十戒】〔梵 śikṣāpada, 英 The ten prohibitions for the layman〕 (1) 사미·사미니가 지켜야 할 열 가지

계율. 1. 죽이지 말라. 2. 훔치지 말라. 3. 음행하지 말라. 4. 망령된 말을 하지 말라. 5. 술을 마시지 말라. 6. 꽃다발을 쓰거나 향을 바르지 말라. 7. 노래하고 춤추고 풍류에 휩싸이지 말며, 일부러 가서 구경하지도 말라. 8. 높고 넓은 큰 평상에 앉지 말라. 9. 때 아닌 때에 먹지 말라. 10. 금·은 다른 보물을 갖지 말라.

(2) 보살이 지니는 열 가지 정계(淨戒). 1. 보요익(普饒益), 2. 불수(不受), 3. 부주(不住), 4. 불회한(不悔恨), 5. 무위쟁(無違諍), 6. 불손뇌(不損惱), 7. 무잡예(無雜穢), 8. 무탐구(無貪求), 9. 무과실(無過失), 10. 무훼범계(無毁犯戒).

(3) 보살이 중생에게 지키게 하는 십계. 1. 금계(禁戒), 2. 청정계(淸淨戒), 3. 선계(善戒), 4. 불결계(不缺戒), 5. 불석계(不析戒), 6. 대승계(大乘戒), 7. 불퇴계(不退戒), 8. 수순계(隨順戒), 9. 필경계(畢竟戒), 10. 구족계(具足戒).

(4) 천태종에서는 원돈계(圓頓戒; The rules of the T'ien-t'ai school, especially for attaining immediate enlightenment as above)로서 의용한다.

(5) 10선(十善).

(6) 십중금계(十重禁戒) 등이다.

십금강심 【十金剛心】〔英 Ten characteristics of the 'diamond heart' as developed by a bodhisattva〕 금강과 같이 굳은 보살의 마음 열 가지. 1. 각료법성(覺了法性); 보살이 무량무변한 대원심(大願心)을 발하여 일체 미묘한 법문(法門)을 요해(了解)하여 남김이 없게 하고자 서원하므로 이렇게 부른다. 2. 화도중생(化度衆生); 보살은 무상열반도(無上涅槃道)로 시방의 무량무변한 일체중생을 제도하여 모두 삼악도에서 벗어나게 하므로 이렇게 부른다. 3. 장엄세계(莊嚴世界); 보살은 시방세계의 무량무변한 것을 모두 궁진(窮盡)하지 못하여, 나는 제불국토(諸佛國土)의 최상(最上) 장엄한 장구(裝具)로 장엄하게 한다 하므로 장엄세계라 한다. 4. 선근회향(善根回向); 보살은 여러 가지 수행한 선근(善根)으로 최상의 불과(佛果; 깨달음)인 보리(菩提)와 법계(法界)의 중생을 모두 회향시킨다고 하므로 선근회향이라 한다. 5. 봉사대사(奉事大師); 보살은 닦은 선근공덕으로 무량무변한 일체제불께 봉사 공양하여 조금도 빠짐이 없게 하므로 봉사대사라 한다. 6. 실증제법(實証諸法); 보살은 제법실상(諸法實相)의 이치를 실(實)도 허(虛)도 아니며, 유(有)도 무(無)도 아님을 모두 진실증지(眞實証知)하므로 이렇게 부른다. 7. 광행인욕(廣行忍辱); 보살은 중생에게 여러 가지 고난과 고통을 당하지만, 모두 참고 받아서 증오와 원망하는 마음이 없으므로 광행인욕이라 한다. 8. 장시수행(長時修行); 보살은 미래세겁(未來世劫)이 무량무변하여 모두 궁진(窮盡)할 수 없으나, 내저 겁(劫)이 다하도록 보살도를 행하여 중생을 교화하여 영원히 피권(疲倦)하지 않으므로 장시수행이라 한다. 9. 자행만족(自行滿足); 보살이 묘행(妙行)을 건립(建立)하여 마음이 주(主)가 되며, 심체(心體)가 적정(寂靜)하여 일체의 공덕선근을 원만히 하여 최상의 보리도(菩提道)를 구족하므로 이렇게 부른다. 10. 영타원만(令他願滿); 보살의 자행(自行)이 이미 가득하여 자비의 마음이 전(轉)하여 다시 증상(增上)하므로 해탈을 구하는 자는 열반의 도를 가르치고, 불법(佛法)을 구하는 자는 대승의 법을 설하여 모두 그 원심(願心)을 만족하게 하므로 이렇게 부른다.

십념 【十念】〔英 The ten repetitions of an invocation〕 ①『증일아함경』에 나오는 10종의 염(念). 염불(念佛)·염법(念法)·염승(念僧)·염계(念戒)·염시(念施)·염천(念天)·염휴식(念休息)·염안반(念安般)·염신(念身)·염사(念死)를 말한다. 이 십념을 행하면 대과보(大果報)를 얻고, 감로(甘露)의 법미(法味)를 맛본다고 한다. ②『무량수경』·『관무량수경』에서 설(說)하는 정토종(淨土宗)이 세우는 바의 십념. 이 십념에 대해서 담란(曇鸞, 476-542)은 『관경(觀經)』의 십념을 수(數)의 10이 아니라 아미타불을 염(念)하여 그 명호(名號)를 오로지 불러서 왕생(往生)의 인(因)을 완성하는 것이라 하고, 선도(善導, 613-681)는 십념을 십성칭명(十聲稱名)으로 해석하고 있다.

십념왕생 【十念往生】〔英 These ten invocations will carry a dying man with an evil karma into the Pure-Land〕『관무량수경』 하품하생에 나오는 말. 오역죄(五逆罪)를 지은 사람이라도 죽을 때에 선지식의 가르침을 따라 지성으로 열 번만 나무아미타불(南無阿彌陀佛)을 부르면 극락세계에 태어난다는 말.

십념처 【十念處】〔英 A bodhisattva's ten objects of thought or meditation〕 보살이 지혜로써 항상 관념(觀念)하는 대경(對境) 열 가지. 1. 신념처(身念處; 이 몸은 고정적인 실체가 없고, 不淨이 가득 찬 줄을 관하여 몸으로 일어나는 여러 가지 不善을 피함), 2. 수념처(受念處; 苦를 樂이라 함과 같은 감각의 착오를 관하여 愛着을 내지 않으며, 또 성을 내지 않는 것), 3. 심념처(心念處; 마음이 無常·苦·無我·不淨인 것을 常·樂·我·淨하다고 고집하던 잘못됨을 관하여 이를 조복함), 4. 법념처(法念處; 여실하게 貪·瞋 등의 악법을 관하여 이를 끊고 慈悲 등의 善法을 좋아함), 5. 경계념처(境界念處; 좋고 나쁜 對境이 모두 허망하여 實有가 아닌 모양을 관하여 貪着과 瞋恚를 여의는 것), 6. 아란야념처(阿蘭若念處; 비구가 사는 아란야〔寂靜處; Araṇya〕에 있으면서

無諍行·寂靜行을 닦아 도리에 맞게 수행함), 7. 도읍취락념처(都邑聚落念處; 촌락에 다니더라도 酒色雜技가 있는 곳에 접근하지 아니함), 8. 명문이양념처(名聞利養念處; 명문이양의 장소에 있어서는 그 假相임을 관하여 잠깐의 집착심도 일으키지 아니하며, 다른 중생과 함께 고통 받는 이를 資養함), 9. 여래학문념처(如來學問念處; 三世 諸佛과 같이 悟境에 이르는 학문을 생각하여 청정심을 일으키며, 존경심을 내어 부지런히 노력함), 10. 단제번뇌념처(斷諸煩惱念處; 온갖 번뇌가 생기는 인연을 구명하여 이를 모두 끊는 것) 등이다.

십대논사 【十大論師】『유식삼십송(唯識三十頌)』을 해석한 인도의 10명의 논사(論師). 곧 1. 호법(護法; Dharmapāla), 2. 덕혜(德慧; Gunamati), 3. 안혜(安慧; Śthiramati), 4. 친승(親勝; Bandhśri), 5. 환희(歡喜; Nanda), 6. 정월(淨月; Śudhacandra), 7. 화변(火辯; Citrabhāṇa), 8. 승우(勝友; Viśesamitra), 9. 승자(勝子; Jinaputṛa), 10. 지월(智月; Jñānacandra) 등을 말한다.

십대제자 【十大弟子】〔英 The ten chief disciples of Śākyamini〕 석존(釋尊)의 제자 중에 가장 탁월했던 10명의 제자. 지혜제일(智慧第一)의 사리불(舍利弗), 신통제일(神通第一)의 목건련(目犍連), 두타제일(頭陀第一)의 대가섭(大迦葉), 천안제일(天眼第一)의 아나율(阿那律), 해공제일(解空第一)의 수보리(須菩提), 설법제일(說法第一)의 부루나(富樓那), 논의제일(論議第一)의 가전연(迦旃延), 지계제일(持戒第一)의 우바리(優波離), 밀행제일(密行第一)의 라후라(羅睺羅), 다문제일(多聞第一)의 아난다(阿難陀). 『유마경』 상권, 『관정경』 제8권에 나온다.

십덕 【十德】〔英 The ten virtues, powers, or qualities of which there are several groups〕 ⑴ 십종(十種)의 덕행(德行). 덕(德)이란 인간의 도리를 깨달아 행위를 나타내는 능력. 인격자의 요소 및 불보살이 갖추고 있는 특질. 법사(法師)의 십덕은 1. 법(法)의 뜻을 잘 알고 있다, 2. 널리 선설(宣說)할 수 있다, 3. 대중 앞에서 두려워하는 일이 없다, 4. 변재(辯才; 뛰어난 설법)를 중단하는 일이 없다, 5. 절묘하게 방편을 사용하여 법을 설한다, 6. 법에 틀리는 일이 없이 가르침대로 수행한다, 7. 위의(威儀)를 구족(具足)하고 있다, 8. 용맹하게 정진한다, 9. 신심(身心)을 함께 게으르지 않는다, 10. 인욕(忍辱)의 힘을 성취한다〔『화엄경소』 43권〕 등이다. 그리고 제자의 십덕은 1. 신심(信心), 2. 종성(種姓)이 청정한 것, 3. 삼보(三寶)를 공경한다, 4. 심지(深智)로 몸을 장엄한다, 5. 참아서 게으름이 없다, 6. 지계(持戒)가 청정하여 결함이 없다, 7. 인욕(忍辱), 8. 탐욕이 없다. 9. 용기가 있고 장엄하다. 10. 서원과 수행을 굳게 갖는다〔『大日經疏』 4권〕 등이다. 장자의 십덕은 1. 성귀(姓貴), 2. 위고(位高), 3. 대부(大富), 4. 위맹(威孟), 5. 지심(智深), 6. 연기(年耆), 7. 행정(行淨), 8. 예비(禮備), 9. 상탄(上歎), 10. 하귀(下歸)〔『法華文句』 5권〕이다. 그리고 천태(天台)의 십덕은 1. 자해불승(自解佛乘), 2. 득다라니(得陀羅尼), 3. 제경홍이법(帝京弘二法), 4. 은거산곡(隱居山谷), 5. 위이국사(爲二國師), 6. 강인왕반야(講仁王般若), 7. 위주상삼례(爲主上三禮), 8. 탄지훤전(彈指喧殿), 9. 현오법화원의(玄悟法華圓意), 10. 낙설변류사(樂說弁流瀉)〔『法華私記緣起』〕 등이다.

⑵ 신라의 의상(義湘)의 문인(門人) 중에서 뛰어난 열 사람의 대덕(大德). 곧 오진(悟眞)·지통(智通)·표훈(表訓)·진정(眞定)·진장(眞藏)·도융(道融)·양원(良圓)·상원(相源)·능인(能仁)·의적(義寂)을 말한다.

십력 【十力】〔梵 Daśa-balāni, 巴 Dasa-balāni, 英 The ten powers of a Buddha〕 ⑴ 부처〔佛〕에게만 갖추어진 열 가지 지혜의 능력. 1. 도리와 도리에 반(反)하는 모든 것을 바르게 아는 능력〔處非處智力〕. 2. 과거·현재·미래에 걸친 행위와 그 응보(應報)와의 인과관계를 바르게 아는 능력〔業異熟智力〕. 3. 선(禪)의 수행에 따라 일어나는 순차적(順次的)인 경계(境界)와 심천(深淺)을 바르게 아는 능력〔靜慮解脫等持等至智力〕. 4. 근기〔능력〕의 우열(優劣)을 바르게 아는 능력〔根上下智力〕. 5. 중생의 판단을 바르게 아는 능력〔種種勝解智力〕. 6. 중생의 생(生)과 행위를 바르게 아는 능력〔種種界智力〕. 7. 인(人)·천(天) 등이 여러 가지 세계에서 받는 생(生)과 그 행위의 인과를 바르게 아는 능력〔遍聚行智力〕. 8. 전생(前生)의 온갖 일을 상기하여 바르게 아는 능력〔宿主隨念智力〕. 9. 중생이 죽을 때와 태어날 때를 바르게 알고, 내세에 받을 선악의 세계와 선악의 행위의 완성 등을 바르게 아는 능력〔死生智力〕. 10. 스스로의 번뇌가 없어져 다시는 윤회의 세계에 태어나지 않음을 바르게 알고, 또 타자(他者)의 번뇌가 끊기는 것도 바르게 알아 그르침이 없는 능력〔漏盡智力〕.

⑵ 보살이 갖추고 있는 열 가지 지력(智力). 1. 심심력(深心力), 2. 증상심심력(增上深心力), 3. 방편력(方便力), 4. 지력, 5. 원력, 6. 행력, 7. 승력(乘力), 8. 신변력, 9. 보리력(菩提力), 10. 전법륜력(轉法輪力).

십륙공 【十六空】『반야경(般若經)』 488권에, 1. 내공(內空), 2. 외공(外空), 3. 내외공(內外空), 4. 공공(空空), 5. 대공(大空), 6. 승의공(勝義空), 7. 유위공(有爲空), 8. 무위공(無爲空), 9. 필경공(畢竟空), 10. 무제공(無際空), 11. 산공(散空), 12. 본성공(本性空), 13. 자성공(自性空), 14. 일체법공(一

切法空), 15. 무성공(無性空), 16. 무성자성공(無性自性空)을 16공(空)이라 하고 있다.

십륙관【十六觀】〔英 The Sixteen meditations of Amitabha on the setting sun, water(as ice, crystal, etc.), the earth, and so on〕 아미타불의 불신(佛身)과 국토를 관상(觀想)하는 16종의 방법. 『관무량수경(觀無量壽經)』에서 위제희(韋提希) 부인과 다음 세상에 날 중생들을 위하여 극락세계에 태어나는 한 방편으로 제시(提示)한 수행법. 1. 일관(日觀), 또는 일상관(日想觀); 떨어지는 해를 보아서 극락정토를 관상(觀想)함. 2. 수관(水觀), 또는 수상관(水想觀); 극락의 대지가 넓고 평탄함을 물과 얼음에 비교하여 관상함. 3. 지상관(地想觀); 분명하게 극락의 대지를 관상함. 4. 보수관(保樹官); 극락에 있는 보수(寶樹)의 묘용(妙用)을 관상함. 5. 보지관(寶池觀); 극락에 있는 연못의 8공덕수의 묘용을 관상함. 6. 보루관(寶樓觀); 극락의 5백억 보루각(寶樓閣)을 관상함. 7. 화좌관(華座觀); 7보(寶)로 장식한 부처님의 대좌(臺座)를 관상함. 8. 상관(像觀); 형상과 관상하는 데서 나타나는 금색상(金色像)을 관상함. 9. 진신관(眞身觀); 진정한 부처님의 몸을 관상함. 10. 관음관(觀音觀). 11. 세지관(勢至觀); 곁에서 모시고 있는 관음·세지 두 보살을 관함. 12. 보관(普觀); 극락의 주불(主佛)인 아미타불과 그를 위요한 온갖 것을 두루 관상함. 13. 잡상관(雜想觀); 우둔한 이를 위하여 1장(丈) 6척의 아미타불상을 관상케 하는 것. 14. 상배관(上輩觀). 15. 중배관(中輩觀). 16. 하배관(下輩觀); 각기 상·중·하의 3류(類)가 있으니, 각자가 자기에게 적당한 행업으로 왕생할 것을 관상하는 것이다.

십륙국사【十六國師】 고려 때 순천(順天) 송광사(松廣寺) 출신의 16명의 국사(國師)를 말한다. 명종(明宗) 때의 보조국사(普照國師) 지눌(知訥, 1158-1245)이 송광사를 세우고, 거기에 정혜사(定慧社)란 단체를 만들어 돈오점수(頓悟漸修)·정혜쌍수(定慧雙修)를 강론하였는데, 지눌을 비롯하여 나중에 16명의 국사가 나왔으므로 그들을 16국사라 총칭하게 되었다. 즉 1. 보조지눌(普照知訥), 2. 진각혜심(眞覺慧諶), 3. 청진몽여(淸眞夢如), 4. 진명혼원(眞明渾圓), 5. 원오천영(圓悟天英), 6. 원감충지(圓鑑冲止), 7. 자정(慈靜), 8. 자각(慈覺), 9. 담당(湛堂), 10. 혜감만항(慧鑑萬恒), 11. 자원(慈圓), 12. 혜각(慧覺), 13. 각진복구(覺眞復丘), 14. 정혜(淨慧), 15. 홍진(弘眞), 16. 고봉법장(高峰法藏) 등을 말한다.

십륙라한【十六羅漢】 십륙나한이라고도 함. 16명의 아라한(阿羅漢). 곧 석가모니불의 명령으로 길이 이 세상에 있으면서 불법(佛法)을 수호하기로 서원한 불제자(佛弟子)를 말한다. 1. 빈도라발라타사(賓度羅跋囉墮闍; Piṇḍola-bharadvāja), 2. 가낙가벌차(迦諾迦伐蹉; Kanakavatsa), 3. 가낙가발리타사(迦諾迦跋釐墮闍; Kanakabharadvāja), 4. 소빈타(蘇頻陀; Suvinda), 5. 낙구라(諾矩羅; Nakula), 6. 발타라(跋陀羅; Bhadra), 7. 가리가(迦理迦; Kālika), 8. 벌사라불다라(伐闍羅弗多羅; Vajraputra), 9. 수박가(戍博迦; Jīvaka), 10. 반탁가(半託迦; Panthaka), 11. 라후라(羅睺羅; Rāhula), 12. 나가서나(那伽犀羅; Nāgasena), 13. 인게타(因揭陀; Iṅgada), 14. 벌나바사(伐那婆斯; Vanavāsi), 15. 아시다(阿氏多; Ajita), 16. 주다반탁가(注茶半託迦; Cūḍapanthaka) 등이다.

십륙심 【十六心】〔梵 ṣoḍaśa-citta〕 견도위(見道位)에서 일어나는 16종의 관심(觀心). 팔인팔지(八忍八智)와 같음. 1. 고법지인(苦法智忍), 2. 고법지(苦法智), 3. 고류지인(苦類智忍), 4. 고류지(苦類智), 5. 집법지인(集法智忍), 6. 집법지(集法智), 7. 집류지인(集類智忍), 8. 집류지(集類智), 9. 멸법지인(滅法智忍), 10. 멸법지(滅法智), 11. 멸류지인(滅類智忍), 12. 멸류지(滅類智), 13. 도법지인(道法智忍), 14. 도법지(道法智), 15. 도류지인(道類智忍), 16. 도류지(道類智). 한창 혹(惑)을 끊는 지위를 인(忍)이라 하고, 이미 혹(惑)을 끊어 마친 지위를 지(智)라고 한다.

십만억불토 【十萬億佛土】〔英 The Happy Land, i.e. Amitābha's paradise in the West, beyond ten thousand million Buddha-realms〕 ①중생(衆生)이 사는 사바세계와 서방극락세계의 중간에 있는 국토(國土)의 수효. ②그와 같이〔10만억〕 많은 번뇌망상을 모두 제거하면 왕생극락, 즉 낙토(樂土)인 깨달음의 세계를 성취할 수 있다는 뜻.

십명 【十明】 십지(十地)의 보살이 갖추고 있는 열 가지 지명(智明). 십통(十通)이라고도 한다. 『화엄경(華嚴經)』 28권, 「십명품(十明品)」 제23에 나온다. 1. 중생의 선악 등과 같은 마음의 차별을 모두 아는 선지타심지명(善知他心智明·善知他心明). 2. 일체중생의 후생(後生)에 있어서 받는 바 선악의 제취(諸趣), 고락(苦樂) 및 여러 가지 사원업행(思願業行) 등을 모두 관견(管見)하는 무애천안지명(無礙天眼智明·天眼明). 3. 구세안(九世眼)을 얻기 때문에 과거세(過去世)의 일체세계의 자타(自他)의 본사(本事) 및 과거 제불(諸佛)의 인과를 모조리 억념(憶念)하는 심입과거제겁무애숙명지명(深入過去際劫無碍宿明智明·宿明明). 4. 일체세계에 있어서 미래의 무량한 중생 업보의 상(相) 및 미래 제불(諸佛)의 인과 등을 아는 심입미래제겁무애지명(深入未來際劫無碍智明·未來際智明). 5. 무애(無碍)의 천이(天耳)를 성취하고 시방세계의 원근(遠近) 등 모든 음성을 마음대로 듣고, 여래의 설한 바도 모조리 들어서 잊어버리지 않고, 널리 묘법(妙法)을 설하여 중생을 구하는 무애청정천이지명(無碍淸淨天耳智明·天耳明). 6. 12신력(神力)을 얻어 일체세계의 현재 제불(諸佛)의 처소에 가서 불(佛)을 찬탄공양하고, 항상 정법(正法)을 듣고 무량한 행(行)을 닦는 안주무외신력지명(安住無畏神力智明·神力智明). 7. 무량한 세상의 중국변국(中國邊國)뿐만 아니라, 천룡(天龍) 인비인(人非人) 등의 일체의 언음(言音) 및 그 법(法)과 의(義)를 모두 아는 분별일체언음지명(分別一切言音智明·分別言音智明). 8. 일체의 색계(色界)를 알고 있고, 무색(無色)의 법계에 들어, 그 소응(所應)에 따라서 무량무변의 색신(色身)을 변현(變現)하여 중생을 구하는 출생무량아승기색신장엄지명(出生無量阿僧祇色身莊嚴智明·色身莊嚴智明). 9. 일체법의 진실의(眞實義)를 알고 무애자재의 지용(智用)을 갖추는 일체제법진실지명(一切諸法眞實智明·眞實智明). 10. 멸진정(滅盡定; 일체를 滅盡하는 三昧)에 있어서 적연부동(寂然不動)하게, 그리고 대자비를 저버리는 일이 없고 일체보살행을 만족하는 일체제법멸정지명(一切諸法滅定智明·滅定智明) 등을 말한다.

십묘 【十妙】〔英 The ten wonders, or incomprehensible〕 중국의 천태대사(天台大師, 538-597)가 『법화경(法華經)』의 제목 『묘법연화경』 중에서 묘(妙)자를 해석할 적에 적문(迹門)의 십묘(十妙)와 본문(本門)의 십묘(十妙)를 말한 것. 1. 적문(迹門)의 십묘(十妙)는 『법화경』의 앞의 14품에 나타난 석존에 나아가, 그 성도(成道)의 인과(因果)·자행화타(自行化他)에 대하여 십묘를 세운 것. 경묘(境妙)·지묘(智妙)·행묘(行妙)·위묘(位妙)·삼법묘(三法妙)·감응묘(感應妙)·신통묘(神通妙)·설법묘(說法妙)·권속묘(眷屬妙)·이익묘(利益妙) 등이고, 2. 본문(本門)의 십묘는 『법화경』의 뒷 14품의 구원실성(久遠實成)의 불(佛)에 나아가 자행(自行)의 인과·화타(化他)의 능화(能化)·소화(所化)에 대하여 묘부사의(妙不思議)를 말한 것이다. 본인묘(本因妙)·본과묘(本果妙)·본국토묘(本國土妙)·본열반묘(本涅槃妙)·본수명묘(本壽命妙)·본감응묘(本感應妙)·본신통묘(本神通妙)·본설법묘(本說法妙)·본권속묘(本眷屬妙)·본이익묘(本利益妙) 등이다.

십무진장 【十無盡藏】〔英 The ten boundless treasuries of a bodhisattva〕 보살(菩薩)의 열 가지 무진장(無盡藏; The inexhautible treasury). 신장(信藏)·계장(戒藏)·참장(慚藏)·괴장(愧藏)·문장(聞藏)·시장(施藏)·혜장(慧藏)·염장(念藏)·지장(持藏)·변장(辯藏). 화엄종(華嚴宗)에서

석존(釋尊) 일대의 교법을 분류하는 명목으로, 열 가지가 모두 다함이 없는 덕을 함장(含藏)하였다는 뜻으로 무진장(無盡藏)이라 한다. 십장(十藏)의 차례는, 신장(信藏)은 불법(佛法)에 들어가는 처음에 수행하는 터전이 되므로 이를 들고 있으며, 다음에 행(行)을 시작하려면 먼저 허물을 여의어야 하므로 계장(戒藏)을 말하고, 만일 계(戒)를 범하면 참괴(慚愧)해야 할 것이므로 참장·괴장을 밝히고, 다음에 선(善)에 나아가려면 널리 들어야 하므로 문장(聞藏)을 말하고, 또 말씀한 대로 수행하여 보시(布施)·지혜를 쌍으로 닦아 정념(正念)으로 하여금 더욱 밝게 하여야 하므로 염장(念藏)을 밝히고, 정념이 밝으면 억지(憶持)해야 할 것이므로 지장(持藏)을 세우고, 그리하여 남을 교화해야 하므로 변장(辯藏)을 세워서 자리이타(自利利他)의 수행을 완수하게 하였다.

십문화쟁론【十門和諍論】신라 원효(元曉, 617-686)가 지은 책. 이 책은 백가(百家)의 이론(異論)을 모아서 십문(十門)으로 분류하고, 난구(難句)·이설(異說)을 모아 정리하여 일승불교(一乘佛教)를 지향하는 총화(總和)의 이론을 제시한 것이다. 원래는 2권 1책으로 되어 있었으나, 지금은 서문과 본문 9장만이 남아 있다.

십바라밀【十波羅蜜】〔梵 deśa-pāramita, 英 The ten pāramitās or virtues transporting to nirvāna〕 유식론(唯識論)에서 십바라밀을 세우고 십승행(十勝行)이라 하여, 보살십지(十地)의 행법(行法)이 된다고 한다. 바라밀(波羅蜜)은 도(度)·도피안(到彼岸)이라 번역한다. 보살은 이를 수행하여 중생을 제도하며, 생사(生死)의 미해(迷海)에서 벗어나고 열반(涅槃)의 언덕에 이르게 한다. 1. 단나바라밀(檀那波羅蜜; Dānapāramitā; 布施), 2. 시라바라밀(尸羅波羅蜜; Śilapāramitā; 持戒), 3. 찬데바라밀(羼提波羅蜜; Kśantipāramitā; 忍辱), 4. 비리야바라밀(毘梨耶波羅蜜; Viryapāramitā; 精進), 5. 선나바라밀(禪那波羅蜜; Dhyānapāramitā; 禪定), 6. 반야바라밀(般若波羅蜜; Prajnāpāramitā; 智慧), 7. 오파야바라밀(烏波野波羅蜜; Upāyapāramitā; 方便), 8. 바라니타나바라밀(波羅尼陀那波羅蜜; Pranidanapāramitā; 願), 9. 바라바라밀(波羅波羅蜜; Balapāramitā; 力), 10. 야양낭바라밀(惹孃囊波羅蜜; Jñānapāramitā; 智) 등 열 가지이다.

십법계【十法界】〔英 The ten dharma-worlds〕 십계(十界)라고도 한다. 십(十)은 지옥(地獄)·아귀(餓鬼)·축생(畜生)·수라(修羅)·인(人)·천(天)·성문(聲聞)·연각(緣覺)·보살(菩薩)·불(佛)을 가리키고, 법계(法界; dharmadhātu)란 만유(萬有)의 모든 영역을 말한다. 삼라만상이 모두 십계(十界)의 범주에 들어가 서로 다른 경계

(境界)를 형성하는 것을 십법계(十法界)라 한다.

십법행 【十法行】〔梵 daśadhā dharma-caritam, 英 Ten ways of devotion to the Buddhist sūtras〕 불도(佛道)에 계합하는 열 가지 행위. 1. 서사(書寫); 경·율·론 3장을 써서 길이 보존케 함. 2. 공양(供養); 경전이 있는 곳을 부처님의 탑묘(搭廟)와 같이 존중함. 3. 시타(施他); 남을 위하여 정법을 말하며, 또는 경전을 남에게 주어 널리 교화함. 4. 체청(諦聽); 남이 경을 읽거나 강의하는 것을 일심으로 자세히 들음. 5. 피독(披讀); 경전을 읽으며 외우는 것. 6. 수지(受持); 부처님네의 교법을 받아 지님. 7. 개연(開演); 부처님의 교법을 말하여 남들로 하여금 믿고 알게 함. 8. 풍송(諷誦); 소리를 내어 경문·게문(偈文) 등을 읽어, 남들로 하여금 좋아하는 마음을 내게 함. 9. 사유(思惟); 부처님이 말씀한 법의(法義)를 생각하고 헤아리고 기억하여 잊지 아니함. 10. 수습(修習); 부처님이 말씀한 법을 몸소 수행하여 퇴실(退失)치 않음 등이다.

십불 【十佛】 ①『정토경(淨土經)』에서는, 동방부동여래(東方不動如來)·남방일월광여래(南方日月光如來)·서방무량수여래(西方無量壽如來)·북방무량광엄통달각혜여래(北方無量光嚴通達覺慧如來)·하방일체묘법정리상방화왕승덕광명여래(下方一切妙法正理常放火王勝德光明如來)·상방범음여래(上方梵音如來)·동남방최승광대운뢰음광여래(東南方最勝廣大雲雷音光如來)·서남방최승일광명칭공덕여래(西南方最勝日光名稱功德如來)·서북방무량공덕화왕광명여래(西北方無量功德火王光明如來)·동북방무수백천구지광혜여래(東北方無數百千俱胝廣慧如來)를 들고 있다. ②지엄(智儼, 602-668)이 지은 『화엄공목장』 2권에서는, 해경(解境) 십불(十佛)로 중생신·국보신·업보신·성문신·벽지불신·보살신·여래신·지신·법신·허공신을, 행경(行境) 십불로는 정각불·원불·업보불·주지불·화불·법계불·심불·삼매불·성불(性佛)·여의불을 들고 있다. ③『화엄경(華嚴經)』에서는, 가섭여래·구나함모니불·구루손불·비사부불·시기불·비바시불·불사불·제사불·바두마불·정광불을 들고 있다. ④『십주비바사론』 이행품(易行品)에서는, 동방무우계(東方無憂界) 선덕여래(善德如來)·남방환희계(南方歡喜界) 전단덕여래(栴檀德如來)·서방선세계(西方善世界) 무량명여래(無量明如來)·북방무동계(北方無動界) 상덕여래(相德如來)·동남방월명계(東南方月明界) 무여래(無憂如來)·서남방중생계(西南方衆生界) 보시여래(寶施如來)·서북방중음계(西北方衆音界) 화덕여래(華德如來)·동북방안온계(東北方安穩界) 삼승행여래(三乘行如來)·상방중월계(上方衆月

ㅅ

界) 광중덕여래(廣衆德如來)·하방광세계(下方廣世界) 해덕여래(海德如來) 등을 말하고 있다.

십불선도【十不善道】 십불선업도(十不善業道)라고도 한다. 10종의 불선(不善; 惡) 행위의 도(道). 십불선업도 항목을 참조할 것.

십사【十使】〔英 The ten messengers, deluders, fundamental passions〕 오리사(五利使)와 오둔사(五鈍使). 오리사는 신견(身見)·변견(邊見)·사견(邪見)·견취견(見取見)·계금취견(戒禁取見)을 말하고, 오둔사는 탐욕(貪欲)·진에(瞋恚)·무명(無明)·만(慢)·의(疑)를 말하는데, 이들은 그 성품이 예리하고 우둔함에 의하여 항상 마음을 어지럽게 하는 번뇌이다. 번뇌를 사(使) 이외에 혹(惑)·수면(隨眠)·염(染)·누(漏)·결(結)·박(縛)·액(軛)·전(纏)·폭류(暴流) 등으로도 나타낸다.

십사무기【十四無記】〔梵 caturdaśa-avyākṛta〕 부처님이 대답하지 않고 침묵한 14가지 무의미한 질문. 십사난(十四難)이라고도 함. 1. 이 세계는 영원한가? 2. 세계는 무상한가? 3. 세계는 영원하기도 하고 무상하기도 한가? 4. 세계는 영원하지도 무상하지도 않은가? 5. 세계는 유한한가? 6. 세계는 무한한가? 7. 세계는 유한하기도 하며 무한하기도 한가? 8. 세계는 유한하지도 무한하지도 않은가? 9. 여래는 사후에도 존재하는가? 10. 여래는 사후에 존재하지 않는가? 11. 여래는 사후에 존재하기도 하고 존재하지 않기도 하는가? 12. 여래는 사후에 존재하는 것도 존재하지 않는 것도 아닌가? 13. 영혼과 육체는 같은가〔하나인가〕? 14. 영혼과 육체는 다른가? 등이다.

십사비법【十事非法】 붓다가 입멸 한 후 100년경에 베살리(Vesāli; 毘舍離)의 바찌(Vajji; 跋闍)족을 중심으로 한 비구들이 다음의 열 가지는 율(律)에 위반되지 않는다고 하여 행했는데, 서방교단에 속해 있는 야사(耶舍)비구가 적발하여 논의 결과 이 열 가지〔十事〕는 모두 율에 어긋난다〔非法〕고 판정했다. 열 가지에 대해서는 차이가 좀 있다. 십사(十事)란, 1.염사정(鹽事淨); 원칙적으로 비구는 음식물을 비축할 수 없는데, 베살리의 비구들은 소금은 비축해 두었다가 식사에 써도 된다는 것. 2. 이지정(二指淨); 정오가 지나면 먹을 수 없다는 오후불식에 대하여, 정오가 지나 해 그림자의 길이가 손가락 두 마디 이내에서는 먹어도 된다는 것. 3.취락간정(聚落間淨); 율(律)에는 공양은 한 번 탁발해서 오전 중에 한 번만 먹도록 되어 있는데, 오전 중이라면 다른 마을에 가서 또 탁발하여 먹어도 된다는 것. 4.주처정(住處淨); 율(律)에는 포살은 정해진 곳(즉 界)에서만 하도록 규정되어 있는데, 그 지역 안에서는 몇 사람이 다른 곳에서 따로 포살해도 된다는 것. 5.수희정(隨喜淨); 갈마(수계)를 행할 때는 삼사칠증의 정족수를 갖추어야 하는데, 나중에 승인을 얻으면 갈마를 해도 된다는 것. 6.구사정(舊事淨); 선례(先例) 즉 스승이 하던 것을 관례적으로 따르면 율(律)에 위반되어도 죄가 되지 않는 것. 7. 생화합정(生和合淨); 오후불식이지만, 아직 응고되지 않은 우유는 마셔도 된다는 것. 8.수정(水淨); 불음주지만, 아직 발효되기 전(술이 되기 전)의 야자즙은 마실 수 있다는 것. 9. 좌구정(坐具淨); 좌구(방석)의 크기는 정해져 있으나 몸이 크고 작음에 따라 좌구의 크기를 바꾸어도 된다는 것. 10. 금보정(金寶淨); 비구는 금·은·돈 등을 받으면 안 된다는 규정에 대하여 받아 두었다가 나중에 써도 된다는 것. 베살리 지역의 비구들은 이 열 가지는 규율에 어긋나지 않으므로 시대에 맞게 융통성을 갖자고 주장했으나, 전통적인 비구들은 율에 어긋난다고 판정했다. 이 사건으로 말미암아 융통성을 갖자는 진보파(대중부)와 전통을 고수하자는 보수파(설일체유부)는 분열하였다. 여기서 무려 18개 파가 또 분열하여 부파불교시대를 열었다.

십삼관【十三觀】정선(定善)의 구체적 내용. 열셋의 순서에 따라 정토(淨土)를 관(觀)하는 것. 1.일상관(日想觀), 2.지상관(地想觀), 3.보수관(寶樹觀), 4.보지관(寶池觀), 5.보루각관(寶樓閣觀), 6.화좌관(華座觀), 7.상상관(像想觀), 8.아미타불관(阿彌陀佛觀), 9.관음관(觀音觀), 10.세지관(勢至觀), 11.보왕생관(普往生觀), 12.잡상관(雜想觀), 13.수상관(水想觀) 등이다.

십선【十善】〔英 The ten good characteristics, or virtues〕 십선도(十善道), 또는 십선계(十善戒)라고도 하는데, 몸〔身〕·말〔口〕·뜻〔意〕으로 십악(十惡)을 범하지 않는 제계(制戒)를 말한다. 곧 불살생(不殺生)·불투도(不偸盜)·불사음(不邪婬)·불망어(不妄語)·불양설(不兩說)·불악구(不惡口)·불기어(不綺語)·불탐욕(不貪欲)·불진에(不瞋恚)·불사견(不邪見)을 말한다.

십선계【十善戒】〔英 The ten commandments〕 십선(十善)이라고도 한다. 불교의 재가 수행자가 지켜야 할 열 가지 계율. 십선 항목을 참조할 것.

십선업【十善業】〔英 The excellent karma resulting from practice of the ten commandments〕 몸·입·뜻(身·口·意)으로 짓게 되는 열 가지 선한 업(業). 곧 몸으로는 살생하지 않는 것, 도둑질하지 않는 것, 음행하지 않는 것이며, 입으로는 거짓말하지 않는 것, 꾸미는 말을 하지 않는 것, 험담하지 않는 것, 이간질하지 않는 것이며, 뜻으로는 탐욕심을 내지 않는 것, 화내지 않는 것, 사견(邪見)을 갖지 않는 것 등이다.

십송율【十誦律】〔梵 daśabhāṇavāra-vinaya〕 설일체유부(說一切有部)의 율장(律藏). 범어 원전은 없고 한역본(漢譯本)이 있다. 한역본은 북인도의 불야다라(弗若多羅; Puṇyatāra)가 구마라집(鳩摩羅什; Kumārajiva, 343-413)과 공동으로 번역을 시작했으나,

3분의 2를 번역하고 불야다라가 입적했기 때문에, 다시 담마류지(曇摩流支)가 공역자(共譯者)가 되어 번역을 완성, 58권이 되었다. 그러나 번역문이 불완전하여 후에 북인도의 비마라차(卑摩羅叉)가 내용을 개정, 61권이 되었다. 1송에서 제3송까지의 20권은 250계, 제4송 8권은 수계(受戒)·포살(布薩)·자자(自恣)·안거(安居)·피혁(皮革)·의약·의(衣)의 7법(法), 제5송 7권은 가치나의(迦絺那衣)·구사미(俱舍彌)·첨파(瞻波)·반다로가(般茶盧伽)·회(悔)·차(遮)·와구(臥具)·쟁사(諍事)의 8법, 제6송 6권은 조달사(調達事) 등의 잡법(雜法), 제7송 6권은 니율(尼律), 제8송 4권은 증일법(增一法), 제9송 4권은 우바리문(優波離問), 제10송 4권은 비니분별(毘尼分別)을 해설하고 있다.

십승관법 【十乘觀法】 천태(天台) 지의(智顗, 538-597)가 『마하지관(摩訶止觀)』 5권에서 10권까지 설한 내용. 원돈지관(圓頓止觀)을 닦기 위한 10종의 관법(觀法)을 말함. 십법성승관(十法成乘觀)·십중관법(十重觀法)·십종관법(十種觀法)·십승관심(十乘觀心)·십관(十觀)이라고도 한다. 소관(所觀)의 대경(對境)인 지관(止觀)의 십경(十境)에 대하여, 지관(止觀)을 닦는 중생의 능관(能觀)의 쪽에서 세운 10종의 관법이다. 1. 관불사의경(觀不思議境), 2. 기자비심(起慈悲心) 또는 진정발보리심(眞正發菩提心), 3. 교안지관(巧安止觀) 또는 교수지관(巧修止觀)·선교안심지관(善巧安心止觀), 4. 파법변(破法遍), 5. 식통색(識通塞), 6. 수도품(修道品) 또는 도품조적(道品調適), 7. 대치조개(對治調開) 또는 조도대치(助道對治), 8. 지차위(知次位) 또는 지위차(知位次), 9. 능안인(能安忍) 또는 안인(安忍), 10. 무법애(無法愛) 또는 이법애(離法愛) 등이다. 1.의 관불사의(觀不思議)가 근본이 되고 다른 9승(乘)은 그것을 닦기 위한 보조로서 세워진 것이다. 상중하(上中下)의 근기(根機) 위에서 보면, 1.의 관불사의경(觀不思議境)은 상중하 근기가 모두 통하는 관법이지만, 별(別)로서는 상근(上根)의 관법이다. 2. 기자비심(起慈悲心)에서부터 7. 대치조개(對治調開)에 이르기까지는 중근(中根)의 관법이고, 8. 지차위(知次位)에서부터 10. 무법애(無法愛)까지는 하근(下根)의 관법이 된다. 곧 상근(上根)의 사람은 제1 관불사의경으로 득도(得道)하지만, 중근(中根)의 사람은 제1에서 제7까지의 관법에 의해서 득도(得道)하고, 하근(下根)의 사람은 최후의 십승(十乘)까지 전부 수행하지 않으면 득도(得道)하지 못한다고 한다.

십신 【十信】〔英 The ten grades of bodhisattva faith〕 대승보살이 수행하는 과정에 52위(位)를 설하고 있는데, 그 가운데 제1위(位)에서 제10위(位)까지를 십신(十信)이라 한다. 불

다. 불도수행에는 믿음이 제일의 요건이기 때문에, 입신(入信)의 과정을 열 가지로 나누어 수행의 단계를 설한 것이다. 십신심(十信心)이라고도 한다. 열 가지는 경(經)에 따라 이름을 달리하고 있으나, 『보살영락본업경(菩薩瓔珞本業經)』「현성명자품」에 의하면 신심(信心), 염심(念心), 정진심(精進心), 혜심(慧心), 정심(定心), 불퇴심(不退心), 회향심(廻向心), 호심(護心), 계심(戒心), 원심(願心)이다.

십악 【十惡】〔梵 Daśākuśala, 英 The ten 'not right'〕 불교에서 말하는 열 가지의 악(惡). 십악업(十惡業)·십불선업(十不善業)·십불선업도(十不善業道)·십악업도(十惡業道)라고도 한다. 신삼(身三)·구사(口四)·의삼(意三)을 합하여 열 가지 악업이 된다. 살생(殺生)·투도(偸盜)·사음(邪婬)은 몸〔身〕으로 행하는 3악(惡)이고, 망어(妄語)·기어(綺語)·악구(惡口)·양설(兩舌)은 입〔口〕으로 짓는 4악(惡)이며, 탐욕(貪欲)·진에(瞋恚)·우치(愚痴) 또는 사견(邪見)은 마음으로 짓는 3악(惡)인데, 이것을 합하여 10악이라 한다.

십악팔사 【十惡八邪】 십악업(十惡業)과 팔사행(八邪行). 십악업은 몸·입·뜻〔身·口·意〕으로 짓게 되는 열 가지 악(惡)한 업(業), 곧 살생·투도·사음·망어·기어·악구·양설·탐욕·진에·사견을 말하고, 팔사행은 팔정도(八正道)를 잘못 수행하는 것으로서 사견(邪見)·사사유(邪思惟)·사어(邪語)·사업(邪業)·사명(邪命)·사정진(邪精進)·사념(邪念)·사정(邪定)을 말한다. 흔히 서방정토 극락세계가 십만 팔천 리 밖에 있다고 하는 말에 대해서, 육조 혜능(慧能, 638-713)은 각자 갖고 있는 십악팔사(十惡八邪)를 제거해 버리면 거기가 곧 서방정토 극락세계라고 했다.

십여시 【十如是】〔梵 ye ca yathā ca yādṛśaś ca yal-lakṣanāś ca yat-svabhāvāś ca te dharonā iti, 西 chos de dag gaṅ yin pa daṅ, ji ita bu yin pa daṅ ci ḥdra ba daṅ mtshan ñid gaṅ yin pa daṅ, ṅo bo ñid ci yin pa yaṅ mkhyen to, 英 The ten essential qualities, or characteristics〕 십여(十如)라고도 한다. 적극적 제법실상론(諸法實相論), 즉 천태교리(天台教理)의 근거이다. 『법화경(法華經)』「방편품」 1절의, "제법실상(諸法實相) 소위제법(所謂諸法) 여시상(如是相) 여시성(如是性) 여시체(如是體) 여시력(如是力) 여시작(如是作) 여시인(如是因) 여시연(如是緣) 여시과(如是果) 여시보(如是報) 여시본말구경등(如是本末究竟等)"의 문(文)에 의하여 상(相)·성(性)·체(體)·역(力)·작(作)·인(因)·연(緣)·과(果)·보(報)·본말구경(本末究竟) 등 10종의 여시(如是)를 세우고, 제법(諸法)은 모두 이 십여시(十如是)를 갖추었다고 한다. 곧 모든 현상은

각기 이와 같은 모양을 갖고 있으며〔如是相〕, 그에 합당되는 성질을 갖고 있으며〔如是性〕, 이와 같은 모양과 성질에는 상(相)과 성(性)이 의지하는 이와 같은 본체를 가지고 있으며〔如是體〕, 이와 같은 본체〔體〕에는 이와 같은 힘이 있으며〔如是力〕, 이와 같은 힘에는 이와 같은 작용이 있으며〔如是作〕, 이와 같은 작용을 하면 이와 같은 원인을 갖게 되고〔如是因〕, 이와 같은 원인을 갖게 되면 이와 같은 연(緣)을 갖게 되며〔如是緣〕, 이와 같이 하여 이와 같은 결과가 나타나며〔如是果〕, 이와 같은 결과에는 이에 의한 이러한 과보를 갖게 되니〔如是報〕, 이런 보(報)는 다시 이에 의한 상(相)을 갖게 되는 것이다. 이와 같이 모든 현상은 모두 같이 상(相; 本)으로부터 보(報; 末)까지의 조건을 모두 갖추고 있는 것이다〔如是本末究竟等〕. 천태에서는 십계(十界) 중에는 어떠한 세계에든지 찰찰진진(刹刹塵塵)이 모두 이 십여시의 원리를 갖추고 있어 삼제원융(三諦圓融)이 된다고 한다.

십연생구【十緣生句】〔西 gshi bcu, 英 Ten illusions arising from environmental conditions〕 밀교에서, 인연에 의하여 생긴 만유의 모든 현상은 그 자성이 없다는 것을 10가지 비유로써 표시한 것. 곧 환(幻)·양염(陽焰)·몽(夢)·영(影)·건달바성(乾闥婆城)·향(響)·수월(水月)·부포(浮泡)·허공화(虛空華)·선화륜(旋火輪) 등이다.

십우도【十牛圖】〔英 The ten ox-pictures〕 중국 송(宋)의 선승인 곽암사원(廓庵師遠)이 지은 것이라고 하기도 하고, 청거(淸居)가 지은 것이라고 하기도 함. 대개는 곽암(廓庵)이 자서(自序)와 게송(偈頌)을 지어 선(禪)을 닦아 마음을 수련하는 순서를 표시한 것이라고 한다. 십우(十牛)는 심우(尋牛)·견적(見跡)·견우(見牛)·득우(得牛)·목우(牧牛)·기우귀가(騎牛歸家)·망우존인(忘牛存人)·인우구망(人牛俱忘)·반본환원(返本還源)·입전수수(入廛垂手)이다. 우리의 마음을 소에 비유하여, 소를 찾고 얻는 순서와 이미 얻은 뒤에 주의할 점을 설명하고 있다. 심우도 항목 참조.

십이문론【十二門論】〔梵 Dvādaśa-nikaya-śāstra〕 인도의 용수(龍樹; Nāgārjuna)가 지은 책으로, 삼론종(三論宗)의 주요한 논서 중의 하나이다. 십이문(十二門)이란 관인연문(觀因緣門)·관유과무과문(觀有果無果門)·관연문(觀緣門)·관상문(觀相門)·관유상무상문(觀有相無相門)·관성문(觀性門)·관인과문(觀因果門)·관작자문(觀作者門)·관삼시문(觀三時門)·관생문(觀生門) 등이다. 용수는 이 십이문에 따라서 공관(空觀)과 중도(中道)를 밝히며, 공(空)사상에 입각하여 그릇된 실재론적 견해들을 논파하고 있다. 한역으로는 409년 구마라집(鳩摩羅什, 344-413)이 번역한 『십이문론』1권이 있고, 주석서로는 길장(吉藏, 549-623)의 『십이문론소(十二門論疏)』6권, 『약소(略疏)』1권, 법장(法藏)의 『십이문론종치의기(十二門論宗致義記)』2권, 담영(曇影, 549-618)의 『십이문론소(十二門論疏)』1권이 있다.

십이부경【十二部經】〔梵 dvādaśa-aṅga-dharma-pravacana, 英 Twelve divisions of the mahāyāna canon〕부처님의 교설을 그 경문의 성격과 형식으로 구분하여 12가지로 나눈 것. 1. 수다라(修多羅; Sūtra; 契經; 산문체로 설한 것), 2. 기야(祇夜; Geya; 重頌·應頌; 산문체로 된 내용을 다시 운문체로 설한 것), 3. 수기(授記; Vyākaraṇa; 경 중에 말한 뜻을 문답 해석하고, 또는 제자가 다음 세상에 날 곳을 예언한 것), 4. 가타(伽陀; Gāthā; 諷頌·孤起頌; 운문체로 설한 것), 5. 우다나(優陀那; Udāna; 無問自說), 6. 니다나(尼陀那; Nidāna; 緣起·因緣; 부처님을 만나서 설법을 듣게 된 인연을 설한 것. 주로 서품이 여기에 해당됨), 7. 아바다나(阿波陀那; Avadāna; 譬喩; 비유로써 가르침을 설한 것), 8. 이티붓타카(Itivṛttaka; 如是語·本事; 불제자들의 과거 인연을 설한 것), 9. 자타가(闍陀伽; Jātaka; 本生; 부처님의 과거세 이야기), 10. 비불략(毘佛略; Vaipulya; 方廣·方等), 11. 아부타달마(阿浮陀達摩; Adbhuta-dharma; 未曾有法·希有法; 부처님의 불가사의한 신통력을 설한 것), 12. 우바데사(優波提舍; Upadeśa; 論議; 교리에 대하여 문답한 것) 등으로 나눈다.

십이분교【十二分敎】형식 방면에서 불전(佛典)을 12종(種)으로 나눈 것이다. 삼승십이분교, 십이부경 항목을 참조할 것.

십이신장【十二神將】〔英 The twelve spirits connected with the cult of 藥師 the Master of Healing〕약사여래(藥師如來)에 딸린 12야차신(夜叉神). 궁비라(宮毘羅; 미륵보살 子神)·벌절라(伐折羅; 勢至菩薩 丑神)·미기라(迷企羅; 彌陀如來 寅神)·안저라(安底羅; 관음보살 卯神)·알니라(頞儞羅; 如意輪觀音 辰神)·산저라(珊底羅; 虛空藏菩薩 巳神)·인타라(因陀羅; 地藏菩薩 午神)·파이라(波夷羅; 문수보살 未神)·마호라(摩虎羅; 大威德明王 申神)·진달라(眞達羅; 보현보살 酉神)·초두라(招杜羅; 大日如來 戌神)·비갈라(毘羯羅; 석가여래 亥神). 이들은 약사불 명호를 외우면서 공봉(供奉)하는 이를 두호하여, 온갖 고난에서 벗어나 모든 소원을 이루게 한다고 한다.

십이악률의【十二惡律儀】〔英 The twelve bad occupations〕율의(律儀; saṃvara; saṃvi)는 부처님의 제법(諸法)을 따라 위의(威儀)를 정제(整齊)하는 것인데, 이 악률의는 그 제법에 위반되는 12종의 나쁜 행위. ①소승 유부(有部)에서는 도양(屠羊)·도

ㅅ

계(盜戒)·도저(屠猪)·포조(捕鳥)·포어(捕魚)·엽수(獵獸)·겁도(刦盜)·괴회(魁膾; 사형을 집행하는 일)·전옥(典獄)·박룡(縛龍)·전구(煎狗)·저강(罝琼; 그물이나 덫을 놓아 작은 짐승을 잡는 일) 등을 들고 있다. ②대승(大乘)에서는 도아(屠兒)·괴회(魁膾)·양저(養猪)·양계(養鷄)·포어(捕魚)·엽사(獵師)·망조(網鳥)·포망(捕蟒)·주룡(呪龍)·옥리(獄吏)·작적(作賊)·왕가상차포적(王家常差捕賊) 등을 들고 있다.

십이연기【十二緣起】〔梵 Dvādasa pratityasamutpādāh, 巴 Dvādasa paticcasamuppāda〕 사제(四諦), 삼법인(三法印), 오온(五蘊), 팔정도(八正道) 등과 함께 불교의 가장 중요한 교리 가운데 하나. 십이인연(十二因緣)이라고도 한다. 1. 무명(無明), 2. 행(行), 3. 식(識), 4. 명색(名色), 5. 육입(六入), 6. 촉(觸), 7. 수(受), 8. 애(愛), 9. 취(取), 10. 유(有), 11. 생(生), 12. 노사(老死)로서, 미혹한 중생계의 열두 가지 인과관계, 즉 연기(緣起)를 표시한 것이다. 무명(無明; Avidyā)은 무지(無知)·우치(遇痴)로서 미(迷)의 뿌리임. 행(行; saṃskāra)은 구성(構成)한다는 뜻으로서 무지로부터 나와 다음의 의식작용을 일으키는 업인(業因), 즉 활동. 식(識; Vijñāna)은 식별(識別), 즉 의식작용. 명색(名色; Nāma-rūpa)은 물(物)과 심(心), 즉 육체와 정신. 육입(六入; Ṣad-āyatanāni)은 안이비설신의(眼耳鼻舌身意)의 육근. 촉(觸; Sparśaḥ)은 6경(六境)으로서 외계(外界)의 사물과 접촉을 뜻함. 수(受; Vedanā)는 외계와의 접촉으로부터 느끼는 쾌락, 고통. 애(愛; tṛṣṇa)는 고(苦)를 피하고 쾌락을 취하고자 하는 마음. 취(取; Upādāna)는 자기가 갖고자 하는 것을 소유하는 것. 유(有; Bhava)는 존재로서 애취(愛取)에 의하여 미래의 과(果)가 있게 하는 것. 생(生; Jati)과 노사(老死; Jarāmaraṇa)는 태어남, 늙고 죽음. 이 십이연기는 해석에 따라서는 번뇌와 괴로움이 발생하는 과정을 설명한 것으로 해석하는 경우도 있지만, 지금까지는 대체로 과거, 현재, 미래로 이어지는 삼세윤회설에 바탕하고 있다. 즉 과거의 인(因)인 무명과 행에 의하여 현세(現世)의 몸을 받는데, 맨 처음 모태에서 식(識)이 활동하고, 다음엔 정신〔名〕과 육체〔色〕가 형성되며, 그다음에는 구체적으로 눈·귀·코·혀·육체·의식 등 감각기관인 육입〔육근〕이 형성된다. 그 후 드디어 모태로부터 나와서 외계와 접촉〔觸〕을 하고, 그로부터 쾌락과 괴로움을 느낀다〔受〕. 이상 식(識)으로부터 수(受)까지는 현재의 결과이다. 애(愛)는 좋아하는 마음, 취(取)는 취하는 것, 유(有)는 존재를 뜻한다. 이 셋은 현재의 행위로서, 미래세의 생(生)·노사(老死)를 발생케 하는 원인이 된다. 그다음 미래세에 있어서 생(生)·

노사(老死)를 발생시킨다. 무명과 행(行)은 과거의 원인으로서 현세를 낳게 하고, 식(識)·명색·육입·촉·수(受) 다섯은 현재의 과(果)로서 과현일중(過現一重)의 인과(因果)가 된다. 다음에 현재의 애·취·유는 미래의 과(果)인 생·노사를 초래하는 인(因)으로서 현미일중(現未一重)의 인과가 된다. 이것을 과거·현재·미래의 삼세에 걸쳐 중첩되어 있다고 하여 삼세양중인과설(三世兩重因果說)이라고 한다. 즉 윤회의 인과관계를 과거·현재·미래 삼세에 따라 나누어 설명한 것으로, 이렇게 해서 전생과 금생, 내생으로 이어지는 윤회는 끝이 없다는 것이다. 한편 이와는 달리 십이연기를 사제(四諦) 가운데 첫 번째와 두 번째인 고제(苦諦)와 집제(集諦)를 원주적(圓周的)으로 풀이한 것으로 보는 해석이 있다. 고인고과(苦因苦果)의 관계를 끊으면 열반을 성취하게 되는데, 그것이 곧 멸제(滅諦)와 도제(道諦)이다. 다시 말하면 12연기를 삼세의 인과관계로 해석하지 않고, 인간의 고뇌〔고통〕, 곧 번뇌의 발생과 소멸이 이상과 같은 12가지 과정을 거쳐서 발생과 소멸을 반복한다고 해석하는데, 상당한 타당성을 갖고 있다. 그리고 12연기를 순서대로 관찰하는 순관(順觀)과 거꾸로 거슬러 관찰하는 역관(逆觀)이 있다. 순관은 발생 과정이고 역관은 소멸시키는 과정이다. 순관은 무명이 있으면 행이 있고, 행이 있으면 식이 있고… 생(生)이 있으면 노사가 있다는 형식. 역관은 노사(老死)로부터 역(逆)으로 관찰하는 것이다〔『상윳타 니카야』 12〕. 그런데 이와는 다른 방식의 역관도 있다. 즉 무명이 없으면 행이 없고, 행이 없으면 식이 없고… 생(生)이 없으면 노사가 없다는 형식〔『상윳타 니카야』 12, 율장 대품〕. 지금은 후자의 설을 중시하는 편이다.

십이인연【十二因緣】〔梵 Dvādaśāṅgika-pratitya-samutpāda, 英 the twelve nidānas〕 십이연기(十二緣起)·십이연생(十二緣生)·십이지(十二支)라고도 한다. 십이연기 항목을 참조할 것.

십이입【十二入】〔梵 Dvādaśayatanāni, 巴 Dvādaśāyatanāni〕 십이처(十二處)의 구역(舊譯). 오늘날에는 십이처라고 한다. 안이비설신의(眼耳鼻舌身意)의 육근(六根)과 그 대상인 색성향미촉법(色聲香味觸法)의 육경(六境)을 말함. 십이처 항목을 참조할 것.

십이입처【十二入處】〔梵 Dvādaśayatanāni, 巴 Dvādaśāyatanāni〕 십이처(十二處). 십이처 항목을 참조할 것.

십이지연기【十二支緣起】〔梵 Dvādaśāṅgika-pratitya-samutpāda, 英 the twelve nidānas〕 십이연기(十二緣起)·십이연생(十二緣生)·십이인연(十二因緣)이라고도 한다. 십

이연기 항목을 참조할 것.

십이진여 【十二眞如】〔英 The twelve aspects of the bhūtatathata〕 십이무위(十二無爲)·십이공(十二空)이라고도 한다. 진여(眞如)의 열 두 이름. 즉 진여(眞如)·법계(法界)·법성(法性)·불허망설(不虛妄說)·불변이성(不變異性)·평등성(平等性)·이생성(離生性)·법정(法定)·법주(法住)·실제(實際)·허공계(虛空界)·부사의계(不思議界)를 말한다.

십이처 【十二處】〔梵 Dvādaśayatanāni, 巴 Dvādaśāyatanāni〕 구역(舊譯)에서는 십이입(十二入)이라고 하였다. 안이비설신의(眼耳鼻舌身意)의 육근(六根)과 그 대상인 색성향미촉법(色聲香味觸法)의 육경(六境)을 십이처(十二處)라 한다. 십이처(十二處)의 체(體)를 실유(實有)로 할 것인가, 가법(假法)으로 할 것인가에 대해서는 이설(異說)이 있다.

십인 【十因】 유식종(唯識宗)에서 인과관계에 대하여 세운 4연(四緣)을 다시 분석하여 열 가지로 나눈 것. 1. 수설인(隨說因); 언어를 말함. 우리가 견문각지(見聞覺知)함에 따라 그 뜻을 말하기 때문. 2. 관대인(觀待因); 심신이 낙(樂)을 구하여 수용할 때에 그 얻은 데 대하여, 구하는 원인이 된 것을 관대인이라 한다. 예컨대, 고(苦)는 낙(樂)의 관대(觀待)이고, 기갈(飢渴)은 음식의 관대이다. 3. 견인인(牽引因); 습기(習氣)를 말함. 물심(物心)의 온갖 현상은 견문각지할 때마다 아뢰야식에 훈습(熏習)하며, 이것이 원인이 되어서 장차 연(緣)을 만나면 물심의 온갖 현상을 내거니와, 이것이 아뢰야식 중에 있어서 아직 현실로 특수한 과(果)를 끌어오지 아니하였을 때에, 벌써 그 자체에 어떤 결과를 인생(引生)할 정성(定性)이 있으므로 종자(種子)를 견인인(牽引因)이라 한다. 4. 생기인(生起因); 위에 말한 종자가 진정한 자과(自果)를 내는 편에서 종자를 말하는 것. 5. 섭수인(攝受因); 유루법·무루법이 성립하는 데 섭수(攝受)하는 것을 말하니, 무간멸(無間滅)·경계(境界)·근(根)·작용·사용(士用)·진실견(眞實見)의 여섯을 말함. 6. 인발인(引發因); 아뢰야식 중의 종자와 현행(現行)이 선(善)·악(惡)·무기(無記)의 3성질을 갖추어, 자기의 동류(同類)나, 자기 이상으로 수승(殊勝)한 힘이 있는 온갖 현상을 인발(引發)하는 것. 7. 정이인(定異因); 온갖 법의 자성공능(自性功能)의 차별성을 말함. 곧 선인(善因)은 선과(善果)를, 악인(惡因)은 악과(惡果)를, 물(物)은 물(物), 심(心)은 심(心), 이와 같이 각자가 다른 것과 다른 결정된 자성이 자성의 원인인 것을 말함. 8. 동사인(同事因); 제1을 제하고 제2 관대인에서 제7 정이인까지의 여러 인(因)과 같이, 과(果)를 끌어오며 과(果)를 이루기 위하여 화합하여 일을 함께하는 인(因)을 말함. 9.

상위인(相違因); 과(果)를 내는 것과 과(果)를 내는 데 장애가 되는 것. 10. 불상위인(不相違因); 과(果)를 내며, 과(果)를 이루는 데 그것을 순익(順益)하는 것을 말함.

십일면관음【十一面觀音】〔梵 Ekadaśa-mukha, 英 The eleven faced Kuanyin〕대광보조관음(大光普照觀音)이라고도 한다. 아수라도(阿修羅道)에 있는 것들을 구제하는 보살. 머리 위에 11개의 얼굴이 있는 관음으로서 전후좌우(前後左右)의 10면(面)은 보살이 수행하는 계위(階位)인 십지(十地)를 표하고, 맨 위의 불면(佛面)은 불과(佛果)를 표시한다. 이것은 중생의 11품류(品類)의 무명번뇌를 끊고, 불과(佛果)를 얻는 뜻을 상징하였다. 또 11면의 배열은 여러 경에 나타난 것이 일정하지 않다.

십일종【十一宗】조선 태종(太宗, 1400-1418 在位) 때 우리나라에 있던 불교 종파. 조계종(曹溪宗)·총지종(總持宗)·천태소자종(天台疏字宗)·천태법사종(天台法事宗)·화엄종(華嚴宗)·도문종(道門宗)·자은종(慈恩宗)·중도종(中道宗)·신인종(神印宗)·남산종(南山宗)·시흥종(始興宗) 등이다.

십종방편【十種方便】〔英 Ten kinds of suitable aids to religious success〕『화엄경(華嚴經)』「이세간품(離世間品)」에 나오는 10가지 방편으로, 보시방편(布施方便)·지계방편(持戒方便)·인욕방편(忍辱方便)·정진방편(精進方便)·선정방편(禪定方便)·지혜방편(智慧方便)·대자방편(大慈方便)·대비방편(大悲方便)·각오방편(覺悟方便)·전불퇴법륜방편(轉不退法輪方便) 등을 말한다.

십주【十住】〔英 The ten stages, or periods〕별교(別敎)에서 설(說)하는 보살의 수행의 위(位)이고, 52위(位)의 계위(階位)의 제11위에서 제20위까지를 말한다. 보살이 십신(十信)위를 닦아 올라가서 마음이 본체계, 곧 진법체(眞法體)에 편안하게 머무는 경지라는 뜻으로 지은 이름이다. 십신의 마지막 위에서 닦은 종가입공관(從假入空觀)의 관법이 완성되면, 절대의 지혜인 진무루지(眞無漏智)를 내고 마음이 진제(眞諦)의 이치에 안주하는 단계에 들어간다. 이것이 십주의 처음인 1. 발심주(發心住)이다. 여기서 다시 닦아 올라가면 2. 치지주(治地住; 항상 空觀을 닦아 심지를 청정하게 다스리는 지위), 3. 수행주(修行住; 萬善萬行을 닦는 지위), 4. 생귀주(生貴住; 정히 佛의 기분을 받아 여래 종에 들어가는 지위), 5. 구족방편주(具足方便住; 佛과 같이 자리이타의 방편행을 갖추어 相貌가 결함이 없는 지위), 6. 정심주(正心住; 용모가 佛과 같을 뿐만 아니라, 마음도 똑같은 지위), 7. 불퇴주(不退住; 심신이 한데 이루어 날마다 더욱 자라나고 물러서지 않는 지위), 8. 동진주(童眞

ㅅ

住; 그릇된 소견이 생기지 않고 보리심을 파하지 않는 것이 마치 童子가 천진하여 애욕이 없는 것과 같아서 佛의 10身 靈相이 일시에 갖추어지는 지위), 9. 법왕자주(法王子住; 佛의 가르침에 따라 智解가 생겨, 다음 세상에 佛位를 이을 지위), 10. 관정주(灌頂住; 보살이 空·無相을 觀하여 無生智를 얻는 지위)를 따라 법력이 높아지고 이어서 십행(十行)의 첫째인 환희행(歡喜行)에 나아간다.

십주심【十住心】 진언종(眞言宗) 교상판석(教相判釋)의 하나. 『대일경(大日經)』「십주심품(十住心品)」에 중생심(衆生心)의 발전 상태를 10종으로 나누어 말한 것을 불교 각 종파에 배대(配對)하여 현교(顯教)·밀교(密教)의 천(淺)·심(深), 승(勝)·열(劣)을 적시(的示)한 것이다. 이생저양심(異生羝羊心)·우동지재심(愚童持齋心)·영동무외심(嬰童無畏心)·유온무아심(唯蘊無我心)·발업인종심(拔業因種心)·타연대승심(他緣大乘心)·각심불생심(覺心不生心)·일도무외심(一道無畏心)·극무자성심(極無自性心)·비밀장엄심(秘密莊嚴心) 등을 말한다.

십중금계【十重禁戒】〔英 The ten pārajika, or a monk's most serious sins〕 십중대계(十重大戒)라고도 한다. 대승(大乘)의 계율로, 보살이 지니는 가장 중요한 계율. 1. 불살생계(不殺生戒), 2. 불투도계(不偸盜戒), 3. 불사음계(不邪淫戒), 4. 불망어계(不忘語戒), 5. 불음주계(不飮酒戒), 6. 불설과죄계(不說過罪戒), 7. 불자찬훼타계(不自讚毀他戒), 8. 불간계(不慳戒), 9. 부진계(不瞋戒), 10. 불방삼보계(不謗三寶戒) 등이다.

십중장【十重障】〔英 The ten weighty bodhisattva hindrances, according to the 別教, which are respectively overcome by entry into the 十地〕 별교(別教)의 보살이 수행하는 계위(階位)인 52위(位) 중 십지(十地)에서 각 일지(一地)마다 일장(一障)씩 점단(漸斷)하는 열 가지 번뇌. 1. 이생성장(異生性障); 범부의 성질인 번뇌장(煩惱障). 소지장(所知障)의 종자를 끊고 성성(聖性)을 얻는 것으로, 초지(初地)에 들어갈 적에 끊는 장애. 2. 사행장(邪行障); 삼업(三業)으로 죄를 범하게 하는 번뇌. 제2지에 들어갈 적에 끊는 장애. 3. 암둔장(闇鈍障); 구생기(俱生起) 소지장의 1분이니, 듣고 생각하는 경계를 잊게 하는 번뇌. 제3지에 들어갈 적에 끊는 장애. 4. 미세번뇌현행장(微細煩惱現行障); 온갖 법이 실유(實有)하다고 고집하는 번뇌. 제4지에 들어갈 적에 끊는 장애. 5. 어하승반열반장(於下乘般涅槃障); 보살이 생사를 싫어하고 열반을 좋아하는 것이 하승(下乘; 二乘)과 같게 하는 번뇌. 제5지에 들어갈 적에 끊는 장애. 6. 추상현행장(麤相現行障); 사제(四諦) 중의 고(苦)·집(集)을 염(染)이라 하고, 멸(滅)·도

(道)를 정(淨)이라 하여, 서로 차별하고 집착하여 일어나는 번뇌. 제6지에 들어갈 적에 끊는 장애. 7. 세상현행장(細相現行障); 고·집의 유전(流轉)과 멸·도의 환멸(還滅)을 믿어 생멸하는 세상(細相)이 있다고 집착하여 일어나는 번뇌. 제7지에 들어갈 적에 끊는 장애. 8. 무상중작가행장(無相中作加行障); 무상관(無相觀)을 자재하게 일어나지 못하게 하는 번뇌. 제8지에 들어갈 적에 끊는 장애. 9. 이타중불욕행장(利他中不欲行障); 이타(利他)보다도 자기의 이익을 위하여 수행하려는 번뇌. 제9지에 들어갈 적에 끊는 장애. 10. 어제법중미득자재장(於諸法中未得自在障); 온갖 법을 두루 반연하는 데 자재하지 못하게 하는 번뇌. 제10지에 들어갈 적에 끊는 장애이다.

십지 【十地】〔梵 Daśa-bhūmayaḥ, daśa-bhū, 西 sa bcu〕 불도 수행자의 수행 단계, 경지를 열 가지로 나눈 것. 지(地)란 능생(能生), 소의(所依)의 뜻이고, 그 위(位)에 주(住)하여 그 위(位)의 법을 가짐으로써 과(果)를 생성하는 것을 말한다. 교(敎)의 심천(深淺)에 따라 설해지는 십지의 내용도 다르다. 주된 것은 삼승(三乘)을 공통하여 세운 삼승공십지(三乘共十地)와 대승보살의 십지(十地)이다. 이 외에 불(佛)의 십지(十地), 성문(聲聞)의 십지, 연각(緣覺)의 십지가 있다. ⑴ 삼승공십지(三乘共十地)는 통교십지(通敎十地)라고도 하는데, 성문·연각·보살의 삼승에 공통한 것이고, 사제(四諦)·12인연·6바라밀을 행하고 견사혹(見思惑)을 끊고 깨달음을 얻는 경지를 말한다. 1. 건혜지(乾慧地), 2. 성지(性地), 3. 팔인지(八人地), 4. 견지(見地), 5. 박지(薄地), 6. 이구지(離垢地), 7. 이변지(已弁地·已作地), 8. 벽지불지(辟支佛地), 9. 보살지(菩薩地), 10. 불지(佛地). ⑵ 대승보살의 십지는 보살수행의 계단인 52위(位) 가운데 십신(十信)·십주(十住)·십행(十行)·십회향(十廻向)을 닦고 난 다음의 단계인 제41위로부터 제50위까지를 말한다. 1. 환희지(歡喜地; 처음으로 佛智에 접하고 大道를 보고 희열에 찬 위), 2. 이구지(離垢地; 戒를 지켜서 더러움을 떠나 淸淨으로 되는 위), 3. 발광지(發光地; 지혜광명이 개발하는 위), 4. 염혜지(焰慧地; 지혜가 치성하여 情見의 장애를 태우는 위), 5. 난승지(難勝地; 眞俗二智의 조화를 얻는 위), 6. 현전지(現前地; 無爲眞如의 眞相이 나타나는 위), 7. 원행지(遠行地; 멀리 이승의 깨침을 넘어 광대무변의 진리계에 도달한 위), 8. 부동지(不動地; 修惑을 끊고 이미 완전한 진여를 얻었으므로 다시 동요되지 않는 위), 9. 선혜지(善慧地; 진여를 체득하여 그 묘용을 나타나는 위), 10. 법운지(法雲地; 修惑을 끊고 끝없는 공덕을 구비하고서 사람에 대하여 이익 되는 일을 행하여 大慈雲이 되는 위) 등을 말한다. 이상의 십지에서 보면, 초지(初地)인 환희지에서 견혹(見惑)을, 2지(地)인 이구지 이상에서 점차로 수혹(修惑)을 끊는 것으로 되어 있다. 또 이 십지를 보시·지계·인욕·정진·선정·지혜·방편·원(願)·역(力)·지(智) 등의 10바라밀에 배당하기도 한다. 그런데 보살수행의 기간인 삼대아승기겁(三大阿僧祇劫) 중, 처음 환희지까지에 일대아승기겁, 제7지까지의 수행에 제2아승기겁을 요한다고 한다.

십지【十智】〔梵 daśa-jñānāni, 英 The ten forms of understanding〕 ⑴ 소승불교에서 말하는 열 가지 지혜. 1. 세속지(世俗智; 세속의 일에 대하여 일어나는 지혜), 2. 법지(法智; 欲界의 苦集滅道를 대경으로 하고 일어나는 지혜), 3. 유지(類智; 色界·無色界의 고집멸도를 대경으로 하고 일어나는 지혜), 4. 고지(苦智), 5. 집지(集智), 6. 멸지(滅智), 7. 도지(道智), 8. 타심지(他心智; 남의 마음을 아는 지혜), 9. 진지(盡智; 일체의 번뇌를 다 끊었을 때 생기는 지혜), 10. 무생지(無生智; 勝智利根의 보살이 일으키는 지혜).

⑵ 부처님의 열 가지 지혜. 1. 삼세지(三世智), 2. 불법지(佛法智), 3. 법계무애지(法界無碍智), 4. 법계무변지(法界無辺智), 5. 충만일체지(充滿一切智), 6. 보조일체세간지(普照一切世間智), 7. 주지일체세계지(住持一切世界智), 8. 지일체중생지(知一切衆生智), 9. 지일체법지(知一切法智), 10. 지무변제불지(知無辺諸佛智).

⑶ 걸림이 없는 변재(辯才)를 내는 지혜. 1. 무애지(無碍智), 2. 무치지(無痴智), 3. 무외지(無畏智), 4. 무실지(無失智), 5. 무량지(無量智), 6. 무승지(無勝智), 7. 무해지(無懈智), 8. 무탈지(無奪智), 9. 무단지(無斷智), 10. 무착지(無着智) 등이다.

십지경론【十地經論】 인도의 세친(世親; Vasubandhu)이 『화엄경』 「십지품(十地品)」을 별역(別譯)한 것이 『십지경(十地經)』인데, 그것을 다시 해석한 책. 508년에 보리류지(菩提流支; Bodhiruci)와 늑나마제(勒那摩提; Ratnamati), 그리고 불타선다(佛陀扇多; Buddhaśānta)의 3인이 동일한 장소인 대극전(大極殿)에서 한역함. 12권. 보살이 수행하는 계위(階位)를 내용으로 하였는데, 처음 3지(地)는 세간의 선법(善法)에 의지하여 말하고, 다음 4지(地)는 3승 기류(機流)의 수행하는 행상(行相)에 붙여 말하고, 나중 3지는 일승(一乘)의 교법에 의탁하여 말하고 있다. 이 책에서는 제8식을 아뢰야식(阿賴耶識)이라 하고, 제7식을 아다나(ādāna)식이라고 하였다. 중국 육조시대에 지론종(地論宗)의 주요 경전이다.

십지보살【十地菩薩】 보살의 수행 단계 52위 가운데 제41위에서 52위 사이에 있는 보살. 보살로서는 최고의 경지에 도달한 자이다.

십지품【十地品】〔英 The twenty second chapter of the sixty-chapter version of the 華嚴經, the twenty-sixth of the eighty chapter version〕『화엄경(華嚴經)』 가운데서 십지보살(十地菩薩)이 수행하는 상태를 자세히 말한 장(章). 『60권화엄경』에서는 제22품, 『80권화엄경』에서는 제26품에 해당된다.

십진여【十眞如】〔英 The ten aspects of the bhūtatathatā〕 우주 만유에 가득 찬 본체인 진여(眞如)는 본래 절대이므로 나눌 수 없다. 그러나 그 덕상(德相)을 나타내며, 또 이를 증지(證知)하는 과정에 구별이 있으므로 분류하는 일이 있다. 이 십진여(十眞如)는 보살이 십지(十地)에서 진여를 분증(分證)하는 승덕(勝德)으로 보아서, 초지(初地)에서 제십지(第十地)까지 차례로 1. 변행진여(遍行眞如), 2. 최승진여(最勝眞如), 3. 승류진여(勝流眞如), 4. 무섭수진여(無攝受眞如), 5. 유무별진여(類無別眞如), 6. 무염정진여(無染淨眞如), 7. 법무별진여(法無別眞如), 8. 부증감진여(不增減眞如), 9. 지자재소의진여(智自在所依眞如), 10. 업자재등소의진여(業自在等所依眞如) 등으로 가립(假立)한 것이다.

십통【十通】〔英 Ten supernatural powers〕 (1) 『화엄경(華嚴經)』「이세간품(離世間品)」에 나오는 것. 1. 숙명통(宿命通), 2. 천이통(天耳通), 3. 타심통(他心通), 4. 천안통(天眼通), 5. 현신력(現神力), 6. 현다신(現多身), 7. 왕래속질(往來速疾), 8. 능장엄찰토(能莊嚴刹土), 9. 현화신(現化身), 10. 누진통(漏盡通) 등이다.

(2) 『화엄대소(華嚴大疏)』 31권에 나오는 것. 1. 타심통(他心通), 2. 천안자재청정통(天眼自在淸淨通), 3. 숙왕지통(宿往智通), 4. 지겁통(知劫通; 久遠劫의 일을 아는 것), 5. 천이지통(天耳智通), 6. 무체성지통(無體性智通; 諸法의 無性의 理에 통달하여 變現이 自在하고 뭇 중생을 넓게 이익케 함), 7. 선분별어언통(善分別語言通; 능히 일체의 언어에 통달함), 8. 색신지통(色身智通; 능히 無色에서 色을 나타내어 留礙됨이 없는 것), 9. 일체법통(一切法通; 일체법의 사리에 통달하여 알지 못함이 없는 것), 10. 멸정지통(滅定智通; 大寂定 가운데 모든 威儀를 能現하여 定히 흩어져도 장애함이 없는 것) 등이다.

십팔계【十八界】〔梵 aṣṭādaśa dhātavaḥ, 英 The eighteen dhātu, or realms of sense〕 육근(六根)·육경(六境; 六塵)·육식(六識)을 합하여 십팔계(十八界)라 한다. 삼과(三科; 五蘊·十二處·十八界)의 하나.

십팔공【十八空】 18종의 공(空)을 말한다. 불(佛)이 여러 가지 사견(邪見)을 파(破)하기 위하여 설한 것인데, 『반야경』의 18공(空)과 『법화경

(法華經)』「안락행품」 제14에 나오는 18공이 있다. 『반야경』에서 말하는 18공은 1. 내공(內空; 六根이 空), 2. 외공(外空; 六境이 空), 3. 내외공(內外空; 육근·육경의 十二處가 공), 4. 공공(空空; 空이라고 觀하는 것이 공), 5. 대공(大空; 十方世界가 공), 6. 제일의공(第一義空; 諸法實相이 공), 7. 유위공(有爲空; 因緣에 따라 生한 有爲의 諸法이 공), 8. 무위공(無爲空; 인연의 造作을 여읜 일체의 無爲法이 공), 9. 필경공(畢竟空; 일체의 유위법·무위법이 필경 다 공), 10. 무시공(無始空; 일체법은 無始의 법이지만 無始 그 자체도 또한 공), 11. 산공(散空; 유위법은 인연이 다하면 흩어 없어지니 공), 12. 성공(性空; 一切諸法의 그 본성은 공), 13. 자상공(自相空; 諸法의 總別二相이 공), 14. 제법공(諸法空; 諸法은 모두 實의 相이 없는 공), 15. 불가득공(不可得空; 제법 가운데 본체를 구해도 不可得이 공), 16. 무법공(無法空; 존재하지 않는 것도 공), 17. 유법공(有法空; 因緣和合하여 生한 諸法도 공), 18. 무법유법공(無法有法空; 무법, 유법이라도 공) 등이다. 『법화경』「안락행품」 제14에는 1. 여실상(如實相; 第一義空), 2. 불전도(不顚倒; 內空), 3. 부동(不動; 外空), 4. 불퇴(不退; 內外空), 5. 불전(不轉; 空空), 6. 여허공(如虛空; 大空), 7. 무소유성(無所有性; 畢竟空), 8. 일체언도단(一切言語道斷; 一切空), 9. 불생(不生; 有爲空), 10. 불출(不出; 無爲空), 11. 불기(不起; 無始空), 12. 무명(無名; 性空), 13. 무상(無相; 自相空), 14. 시무소유(實無所有; 不可得空), 15. 무량(無量; 有爲空), 16. 무변(無辺; 無法空), 17. 무애(無碍; 無法有法空), 18. 무장(無障; 散空)을 들고 있다.

십팔불공법 【十八不共法】〔梵 Āvenikadharma, 英 the eighteen different characteristics of a Buddha as compared with bodhisattva〕 십팔불공불법(十八不共佛法)이라고도 한다. 부처님에게만 있는 공덕(功德)으로, 성문·연각의 이승(二乘)이나 보살에게는 함께하지 않는 18가지의 독특한 법을 말한다. 소승에서의 18불공법은 십력(十力)·사무소외(四無所畏)·삼념주(三念住; 제1念住·제2念住·제3念住)·대비(大悲) 등을 말하고, 대승에서의 18불공법은 1. 제불신무실(諸佛身無失), 2. 구무실(口無失), 3. 염무실(念無失), 4. 무이상(無異想), 5. 무부정심(無不定心), 6. 무부지이사(無不知已捨), 7. 욕무감(欲無減), 8. 정진무감(精進無減), 9. 염무감(念無減), 10. 혜무감(慧無減), 11. 해탈무감(解脫無減), 12. 해탈지견무감(解脫知見無減), 13. 일체신업수지혜행(一切身業隨智慧行), 14. 일체구업수지혜행(一切口業隨智慧行), 15. 일체의업수지혜행(一切意業隨智慧行), 16. 지혜지과거세무애무장(智慧知過去世無碍無障), 17. 지혜지미래세무애

무장(智慧知未來世無碍無障), 18. 지혜지현재세무애무장(智慧知現在世無碍無障) 등을 들고 있다.

십행 【十行】〔英 The ten necessary activities in the fifty-two stages of a bodhisattva〕 보살의 수행계위(修行階位)인 52위(位) 가운데 제21위에서 제30위까지를 말한다. 삼혹(三惑) 가운데 견사(見思), 진사(塵沙)의 혹(惑)을 끊은 불퇴(不退)의 위를 말한다. 1. 환희행(歡喜行), 2. 요익행(饒益行), 3. 무진한행(無瞋恨行), 4. 무진행(無盡行), 5. 이치난행(離治亂行), 6. 선현행(善現行), 7. 무착행(無着行), 8. 존중행(尊重行), 9. 선법행(善法行), 10. 진실행(眞實行)이 여기에 속한다. 십행의 위(位)에 대해서 천태대사(天台大師, 538-597)는 육종성(六種性) 중의 성종성(性種性)에서 내범(內凡)의 위(位)로 하고 있다.

십현 【十玄】 화엄종의 중요한 교의(敎義). 상즉상입(相卽相入)하는 무애연기(無碍緣起)의 현묘한 이치를 열 가지 문(門)으로 나누어 설명한 것. 화엄일승십현문(華嚴一乘十玄門)·일승십현문(一乘十玄門)·십현문(十玄門)·십현연기무애법문(十玄緣起無礙法門)·십현연기(十玄緣起)라고도 한다. 화엄종의 제2조 지엄(智儼, 602-668)이 『화엄일승법문(華嚴一乘法門)』에서 세운 것을 고십현(古十玄), 제자인 법장(法藏, 643-712)이 『화엄경탐현기(華嚴經探玄記)』 1권에서 서술한 것을 신십현(新十玄)이라 한다. 고십현에서는 1. 동시구족상응문(同時具足相應門; 모든 現象, 萬象이 동시에 상응하여 照應하는 것), 2. 인타라망경계문(因陀羅網境界門; 帝釋天宮에 있는 寶珠의 그물이 다른 구슬의 그림자를 비추는 것과 같이, 萬象은 相卽相入하여 重重히 影現해서 끊임이 없는 것), 3. 비밀은현구성문(秘密隱顯俱成門; 一法과 多法은 서로 隱顯이 있지만, 緣起의 관계에 있어서 동시에 존재하는 것), 4. 미세상용안립문(微細相容安立門; 一은 多를 품고 多는 一을 넣으니, 一多는 서로 파괴하지 않고 질서 정연히 되어 있는 것), 5. 십세격법이성문(十世隔法異成門; 과거 현재 미래의 三世에 또 三世를 갖춘 九世가 되고, 다시 그 구세가 상즉상입하여 一念에 수렴되고, 一念과 九世가 합하여 十世가 된다. 곧 시간에 約하여 一多의 상즉상입을 설한 것), 6. 제장순잡구덕문(諸藏純雜具德門; 一念을 純으로 하고, 一念에 具足하는 萬行을 雜으로 하고, 純雜相互방해하지 않고 어지러워지지 않는 것), 7. 일다상용부동문(一多相容不同門; 萬象의 활동에 대하여 一과 多는 서로 작용하지만, 항상 一多의 相을 잃지 않는 것), 8. 제법상즉자재문(諸法相卽自在門; 一法과 多法의 體가 상호 通入하여 一卽多, 多卽一이라는 것), 9. 유심회전선성문(唯心廻轉善成門; 一切諸法은 본래 청정한 마음에서 일어나고, 一心 외의 실재는 없는 것), 10. 탁사현법생해문(託事顯法生解門; 智에 約하여 설하면 緣에 따라서 일어나는 諸事象은 모두 佛性의 나타남이고, 현상계의 사물 그대로가 진리라는 것)을 설하고 있다. 또한 신십현(新十玄)에서는 순서가 다소 변경되어 있고, 인타라망경계문을 인타라망법계문(因陀羅網法界門), 제장순잡구덕문을 광협자재무애문(廣狹自在無碍門), 유심회전선성문을 주반원명구덕문(主伴圓明具德門)으로 하고 있다. 이 십현(十玄)을 다시 다른 각도에서 설한 육상(六相)과 함께 십현육상(十玄六相)으로도 쓰이고 있다.

십현담 【十玄談】 중국 당(唐)나라 때 동안상찰(同安常察)이 지은 10수(首)의 게송(偈頌). 심인(心印)·조의(祖意)·현기(玄機)·진이(塵異)·연교(演教)·달본(達本)·환원(還源)·회기(廻機)·전위(轉位)·일색(一色)으로 되어 있다.

십현문 【十玄門】 〔英 The ten philosophic ideas expressed in two metrical versions, each line ending with 門〕 화엄종의 기본 교의(教義) 중의 하나. 또한 십현연기(十玄緣起)라고도 하는데, 이는 법계연기(法界緣起)의 중요한 내용이다. 그리고 일체사물을 관찰할 때 현상을 원융무간(圓融無間)한 것으로 보기 때문에, 십현무애(十玄無碍)·십무애(十無碍)라고도 부른다. 현문(玄門)·연기(緣起)·법계(法界)·무애(無碍) 등의 말은 모두 각각의 의미를 지니고 있다. 이 중에서 현문(玄門)은 현묘지문(玄妙之門)을 말하며, 연기(緣起)는 인과관계 속에서 사물은 일정한 조건에 의해 생기변화(生起變化)한다는 것으로, 이로써 사물의 현상이 생겨나는 원인을 설명하고 있다. 법계(法界)는 진여(眞如)를 말하며, 그 뜻은 영원한 진리가 된다. 그리고 무애(無碍)는 사물은 상호원융하며 각각 장애가 없음을 말하는 것이다. 지엄(智儼, 602-668)이 세운 십현문(十玄門)을 고십현(古十玄)이라 하고, 법장(法藏, 643-712)이 수정한 것을 신십현(新十玄)이라고 한다. '십현문'의 내용과 순서는 계속해서 바뀌었다. 일반적으로 통행되는 정론(定論)은 징관(澄觀, 738-839)의 『화엄경소(華嚴經疏)』 가운데 있는 것이다. 1. 동시구족상응문(同時具足相應門); 불법(佛法)은 하나의 전체로서 비록 수많은 법문으로 나뉘지만, 그와 동시에 상응하여 연기(緣起)를 이루고 성불(成佛)의 근거가 됨은 같다. 2. 광협자재무애문(廣狹自在無碍門); 각각의 법문은 일체의 교리를 포함하고 있으며, 또 개별적인 특징을 가지고 있고, 스스로 무애(無碍)함에 있다는 것을 가리킨다. 3. 일다상용부동문(一多相容不同門); 각각의 법문은 비록 피차의 구별이 있지만, 임의의 어떠한 법문이라도 자신 이외의 나머지 법문을 포용할 수 있다. 4. 제법상즉자재문(諸法相卽自在門); 각각의 법문은 상호의존하며 원융자재한다. 5. 비밀은현구성문(秘密隱顯俱成門); 각각의 법문은 감추기도 하고 드러나기도 하지만, 모두 불과(佛果)를 성취할 수 있는 때를 갖추고 있다. 6. 미세상용안립문(微細相容安立門); 일체의 법문은 모두 일념(一念) 가운데 갖추어져 있다. 7. 인타라망경계문(因陀羅網境界門); 인도 전설에 나오는 제석천궁(帝釋天宮)에 걸려 있는 무수한 보석의 그물에 비유한 것으로, 만물은 서로를 포함하고 여러 겹으로 겹쳐 있으며 일체의 경계를 이룬다는 말이다. 또한 각 법문도 서로 연관되어 드러남이 무궁무진하다는 것을 말한다. 8. 탁사현법생해문(託事顯法生解門); 한 가지 일을 가지고서 일체 만법이 모두 연기관계에 있다는 것을 드러낸다. 불교는 또한 여러 가지 상황을 여러 가지 법문으로 표현하지만 여러 가지 법문은 모두 같은 법문을 나타내기 때문에, 사람들은 올바른 이해를 할 수 있다. 9. 십세격법이성문(十世隔法異成門); 일념(一念) 가운데 구세(九世)가 있으며, 구세는 또 일념과 같으니 합하여 십세(十世)가 되고, 십세는 서로 구별이 있지만 또한 서로를 말미암아 성립된다. 10. 주반원명구덕문(主伴圓明具德門); 사물의 관계는 하나가 주(主)가 되면 나머지 관련된 것이 반(伴)이 되니 일물(一物; 主)이 생겨나면 만물(萬物; 伴)이 따라서 생겨난다. 불법(佛法)은 이로써 어떤 하나의 법문이 주(主)가 되면 나머지 법문은 반(伴)이 되어 피차는 원명(圓明)하며 구덕(俱德)이 성취된다. 십현문은 상즉상입(相卽相入) 사상을 핵심으로 삼아 불교 각 법문의 통일성과 포용성, 그리고 연속성을 밝히고, 신비한 유심론으로 드러나고 있지만, 인식론상으로는 어느 정도 의미를 지니고 있다. 십현문 사상을 밝힌 저작으로는 지엄(智儼, 602-668)의 『화엄일승십현문(華嚴一乘十玄門)』, 법장(法藏, 643-712)의 『화엄일승교의분제장(華嚴一乘教義分齊章)』, 『탐현기(探玄記)』, 『금사자장(金獅子章)』과 징관(澄觀, 738-839)의 『화엄소초(華嚴疏鈔)』 등이 있다.

십현연기 【十玄緣起】 법계의 일체제법(一切諸法)은 시간적으로 상의상승(相依相承) 계기속생(繼起續生)하여 고금의 별(別)이 없이 일맥관통하는 것인 동시에, 공간적으로도 상자상관(相資相關) 상의상성(相依相成)하여 처소(處所)를 가리지 않고 만차일체(萬差一切)의 관계에 있는 것이다. 이것을 사사무애법계(事事無碍法界)라 하며 이 내용을 설명하는 것이 십현연기(十玄緣起)이다.

십현육상 【十玄六相】 화엄종의 교의에서 십현연기무애법문(十玄緣起無礙法門)과 육상원융(六相圓融)은 중요한 것이므로, 이 둘을 아울러 부르는 말.

십호【十號】〔英 Ten titles of a Buddha〕 부처의 열 가지 칭호. 여래십호 항목 참조.

십회향【十廻向】〔梵 Daśa-Pariṇāmanā〕 보살이 중생의 제도를 위해 이타행(利他行)을 닦은 십행위(十行爲)에서의 온갖 공덕을 중생을 위해 돌려주고, 불과(佛果)를 향해 더욱 가까이 접근하는 지위인데, 보살의 수행계위(修行階位) 52위 중 제31위로부터 제40위까지의 높은 지위에 나아간 보살들을 일컫는다. 여기에 1. 구호일체중생이중생상회향(救護一切衆生離衆生相廻向; 救護衆生廻向), 2. 불괴일체회향(不壞一切廻向; 不壞廻向), 3. 등일체불회향(等一切佛廻向), 4. 지일체처회향(至一切處廻向), 5. 무진공덕장회향(無盡功德藏廻向; 無盡藏廻向), 6. 수순평등선근회향(隨順平等善根廻向), 7. 수순등관일체중생회향(隨順等觀一切衆生廻向), 8. 진여상회향(眞如相廻向), 9. 무박무착해탈회향(無縛無着解脫廻向), 10. 법계무량회향(法界無量廻向) 등이 있다.

싯다르타【梵 Siddhārtha, 巴 Siddhattha】 싯달타, 실달다(悉達多), 살바실달다(薩婆悉達多)라고 음역하기도 한다. 고타마 싯다르타 항목을 참조할 것.

쌍림열반상【雙林涅槃相】 석가모니불이 중생을 제도하기 위하여 일생 중에 나타내 보인 여덟 가지 변상(變相) 가운데 여덟 번째. 쿠시나가라(Kusinagara; 拘尸那揭羅) 사라쌍수(沙羅雙樹) 아래의 숲 속에서 열반(涅槃)에 든 것을 말한다.

ㅇ

아【我】〔梵 aham asmad, atmān, ahaṃkāra, svayaṃ-bhū, puruṣa, 英 I, my, mine; the ego, the master of the body, compared to the ruler of a country〕 일반적으로는 정신과 육체의 결합체인 자기(自己)를 말한다. 서양철학에서는 자아(自我)라 하고, 동양철학에서는 아(我)라 부른다. (1) 특히 초기·부파불교 및 『아함경』에서는, 모든 것은 오온(五蘊)이 가화합(假和合)한 존재로서 아(我)의 본체는 없다고 하는 무아설(無我說)을 세운다.

(2) 서양철학에서는 소크라테스(Sokrates, B.C.469-B.C.399), 플라톤(Platon, B.C.427-B.C.347)을 선구로 하는 관념론에 의한 정신아(精神我)의 흐름과 경험의 통일체로 본 아리스토텔레스(Aristoteles, B.C.384경-B.C.322경)의 '누우스(nous)'라는 개념에서 시작되는 흐름이 있다. 중세에는 그리스도교에 의해 아(我)의 존재가 부정되었다. 그런데 근세에 들어서 아(我)의 발견에 의해 정신아(精神我)를 우선하는 데카르트(Descartes, 1596-1650)의 관념론, 칸트(Kant, 1724-1804)의 선험적 자아 등이 나오게 되었다. 이에 대하여 피히테(Fichte, 1796-1879)나 헤겔(Hegel, 1770-1831)은 외계(外界)를 이성, 곧 자아의 표상(表象)이라고 하여 자아를 형이상학화·절대화하였다. 한편으로 마르크스(Marx, 1818-1883)는 자아를 사회적 계급의 일성원(一成員)으로서 취급했다.

(3) 동양철학의 여러 가지 아(我) 개념 가운데, 중국사상에서는 개인주의의 입장에서 생활의 모든 것은 일개(一個)의 생명을 위해서 있다고 하는 양주(楊朱, B.C.450경-B.C.380)의 위아(爲我)와 노자(老子, B.C.561-B.C.467)의 무위자연(無爲自然)을 취지로 하는 허무주의(虛無主義)의 입장이 있다. 고대 인도의 우파니샤드철학에서는 주체(主體)로서 실재(實在)하는 것, 주재(主宰)하는 것으로서의 아(我; ātman)가 강조되어 우주아(宇宙我·梵)와 동일하다는 범아일여(梵我一如)를 주장한다. 아트만 항목 참조.

(4) 수론학파(數論學派; Sāṃkhya學

派)에서 세운 신아(神我), 순수정신, 영아(靈我). 범어(梵語)의 'puruṣa' 등이다.

아가마 【Āgama; 阿迦摩】 아함(阿含)을 가리킨다. 아함 항목을 참조할 것.

아견 【我見】〔梵 atma-dṛṣti, ātmagrāha, pudgala-dṛṣṭi, 西 bdag tu rta ba 英 The erroneous doctrine that the ego, or self, composed of the temporary five skamdhas, is a reality and permanent〕 ①신견(身見; satkā-dṛṣṭi)이라고도 한다. 오견(五見; 身見·邊見·邪見·見取見·戒禁取見)의 하나. 아(我)가 있다는 생각. 아(我)에 집착함을 말함. '나'란 5온이 화합한 것으로서 참으로 '나'라고 할 것이 없는데도 '내'가 있는 줄로 잘못 아는 견해이다. 『기신론(起信論)』에서는, "일체사집(一切邪執)은 모두 아견(我見)을 의지한 것이다. 만일 아견을 떠나면 사집(邪執)이 없어진다."라고 했다. ②말나식의 본질이 되어 있는 4번뇌 가운데 하나. 아치(我癡)로 인하여 자아(自我)가 존재한다고 보는 것이다. 순간순간 생멸하며 상속해 가는 아뢰야식을 변치 않는 존재인 자아(自我)라고 잘못 집착하는 것이다.

아공 【我空】〔梵 Ātma-śūnyatā, 英 Illusion of the concept of the reality of the ego, man being composed of elements and disintegrated when these are dissolved〕 생공(生空)·인공(人空)·인무아(人無我)라고도 한다. 아(我)가 공했다는 뜻으로 실존하는 아(我)가 없는 것. 보통 우리가 '나'라고 하는 것을 분석해 본다면 그것은 5온이 화합한 것으로, 참으로 '나'라고 할 것이 없다는 것. 따라서 공무(空無)한 것임을 말함.

아공법공 【我空法空】 아공(我空)과 법공(法空). 아공(我空; Ātma-śūnyatā)이란 중생(衆生)은 5온이 화합한 것이므로 나〔我〕라고 할 실체(實體)가 없다는 것이고, 법공(法空; dharma-śūnyatā)은 모든 객관적인 대상과 존재, 그리고 의식의 대상도 공(空)하다는 것임.

아공법유 【我空法有】 설일체유부에서 주장하는 학설. 아(我)는 오온(五蘊)이라는 여러 가지 요소(要素)가 가화합(假和合)하여 성립된 것이므로 실체〔我〕란 있을 수 없다는 것. 그러나 가아(假我)를 구성하는 제요소인 5온은 삼세에 걸쳐서 불멸항존(不滅恒存)한다는 것이다. 이것을 아공법유라고 하는데, 이러한 아공(我空)의 이치를 실천수행하여 체달(體達)하고자 하는 입장에서는 석색입공관(析色入空觀)이나 석공관(析空觀)이라고 부른다.

아공진여 【我空眞如】〔英 The Hinayana doctrine of impersonality in the absolute, that in truth there is no ego〕 무아(無我)의 진리

를 말한다. 진여란 상주(常住)하여 불변하는 진리를 말한다. 이 진리는 아집(我執)을 버린 무아(無我)의 진체(眞體)이기 때문에 아공진여(我空眞如)라고 한 것이다.

아귀【餓鬼】〔梵 preta, 巴 peta, 西 Yidwags 英 pretas, hungry spirits, one of the three lower destinies〕 범어(梵語) 'preta'는 '죽은 이'란 뜻인데, 귀(鬼)라고 번역한 이유는 중국에서 죽은 이의 영(靈)을 귀신이라고 하기 때문이다. 베다의 가정내(家庭內)의 제사(祭祀)를 기록한 『*Gṛhya sūtra*』 가운데에는 'preta'에 대한 의례(儀禮)가 기록되어 있는데, 사후(死後) 1년이 경과했을 때 'sapiṇḍikaraṇa'라 칭하는 의례를 행해야 한다고 한다. 'sapiṇḍa'란 조령(祖靈)과 같은 piṇḍa, 곧 '공물(供物)의 단자(団子)에 관계하는 자격이 있는 자'란 말이고, 'sapiṇḍikarana'란 '조령(祖靈)과 같은 piṇḍa에 관계하는 자격을 가진 자에게 하는 의례', 곧 사자(死者)를 조령에 한 패 되게 하는 의례를 말한다. 'preta'란 죽어서 이제까지 'sapiṇḍikarana'를 행하지 않는 단계의 사자(死者)를 가리켰다. 『*Gṛhya sūtra*』는 'preta'에 대한 의례를 적고 있다. 예컨대, 일종의 조령제(祖靈祭)인 'śraddha'의 하나인 에곳디슈다·수랏다를 사후(死後) 1년 사이 매월 특정한 날에 실천해야 하는 것이 적혀 있다. 불교에서는 윤회사상에 따라서 전생(前生)에 탐(貪)과 질투의 행위를 한 자가 받는 생존의 상태를 가리키는 말이 되었다. 오취(五趣)·육취(六趣) 중의 하나이다. 『유가사지론(瑜伽師地論)』에서는 아귀를 3종으로 분류하여 설명하며, 이들 아귀는 염마(閻魔; yama-raja)의 지배 아래에 있다고 한다.

아귀도【餓鬼道】6도(六道)의 하나. 3악도(三惡道; 三惡趣)의 하나. 아귀가 될 업인(業因)을 지은 이가 가는 길. 곧 아귀들이 모여 사는 세계. 불교에서는, 남섬부주(南贍部洲; jambūdvīpa; 우리가 살고 있는 이 지구)의 밑 5백 유순(由旬)에 있는데, 길이와 넓이가 모두 3만 6천 유순이라 한다. 이곳에 사는 중생들은 음식을 보면 불로 변하여 늘 굶주릴 뿐 아니라 항상 매를 맞는다고 한다.

아나율【阿那律】〔梵 Aniruddha〕 부처님의 10대 제자 가운데 한 사람. 천안제일(天眼第一). 가비라성의 석가족. 석가모니의 종제(從弟). 부처님이 귀국하였을 때 아누림에까지 따라와서 난타·아난타·데바 등과 함께 출가하였다. 부처님 앞에서 졸다가 부처님의 꾸중을 듣고 밤새도록 자지 않고 수행 정진하다가 눈이 멀었다. 그러나 그 뒤 천안통(天眼通)을 얻어 불제자(佛弟子) 중 천안제일이 되었다. 경전을 결집할 때 장로로서 원조한 공이 컸다.

아나함과【阿那含果】〔梵 Anāgāmin〕

성문사과 가운데 제3과. 불환(不還)·불래(不來)라고 번역한다. 욕계(欲界)의 번뇌를 끊어 없애 버린 성자(聖者)의 이름. 이 성자는 다시는 윤회하지 않기 때문에 불환(不還)·불래(不來)라 한다. 성문사과(聲聞四果), 사향사과 항목 참조.

아난다【ānanda】아난(阿難)·아난타(阿難陀). 붓다의 종제(從弟). 부처의 십대제자 가운데 다문제일(多聞第一, 부처님의 가르침을 가장 많이 들음). 약 25년간 부처를 시봉했다. 부처님이 입멸한 직후 왕사성(王舍城; raja-grha)에서 결집을 할 때 법(法), 곧 경장(經藏)을 송출(誦出)했다고 한다.

아뇩다라삼먁삼보리【阿耨多羅三藐三菩提】〔梵 Anuttarasamyaksaṃbodhi, 巴 Anuttarasammāsambodhi, 英 unexcelled complete enlightement, an attribute of every Buddha〕불교 최상의 이상(理想)인 불과(佛果)의 지혜〔佛의 깨우침〕. 더 이상 위가 없는 최고의 지혜·깨달음을 뜻함. 아뇩보리(阿耨菩提)라고 약칭한다. 아뇩다라(阿耨多羅)는 무상(無上; 최고)을 뜻하고, 삼먁삼보리는 정변지(正徧智; 모든 것을 바르게 아는 지혜; 완전한 지혜)·정등정각(正等正覺; 바르고 평등한 깨달음)을 뜻한다. 구역(舊譯)에서는 무상정변지(無上正徧智), 혹은 무상정변도(無上正徧道; 최고로 완전한 진리)라 하고, 당(唐) 이후의 신역(新譯)에서는 무상정등정각(無上正等正覺; 최고의 바른 깨달음)이라 한다. 정각(正覺)은 그 약칭이다.

아도【阿道】아도(阿道)에 대해서는 동명이인(同名異人), 동명동인(同名同人) 등 이설이 많다. ①아도(阿道)=묵호자(墨胡子)로서 눌지왕〔혹은 미추왕〕 때 고구려로부터 신라 일선군(一善郡; 선산)에 들어와 모례(毛禮)의 집에 굴방을 만들고 지냈다. 이때에 양(梁)에서 사신이 가지고 온 향의 사용법을 일러주고, 향을 태워 공주의 병도 고쳤다고 한다. 그래서 왕이 매우 기뻐하여 흥륜사(興輪寺)를 지어 주고, 불법을 펼치게 하였다. 그 후 영흥사(永興寺)를 창건하여 살았는데, 미추왕이 죽자 백성들이 그를 해치려 하므로 모례의 집에 돌아가 굴을 파고 문을 봉하고 영영 나오지 않았다고 전한다. 『삼국사기』에서는 이 일을 눌지왕 때 일로서 묵호자라는 이름으로 기록하고 있으나, 『삼국유사(三國遺事)』에서는 미추왕 때의 일로서 아도라는 이름으로 기록하고 있다. ②고구려 중천왕(中川王, 248-270 在位) 때의 승려. 아도(我道)·아두(阿頭)·아두삼마(阿頭三麽)라고도 한다. 아버지는 위(魏)나라 사람 아굴마(我堀摩), 어머니는 고구려 사람 고도녕(高道寧). 5세에 출가하여 16세 때 위(魏)나라에 가서 아버지 아굴마에게 근친(覲親)하였고, 19세 때에 다시 고구려에 돌아왔다. 미추왕(味鄒王) 2년[263]에 신라에 가서 왕가(王家)에 불교를 전파하려다가 실패하여 숨어 있었다. 성국공주(成國公主)의 병을 고쳐 준 공으로 불교의 전도를 허가받고, 흥륜사(興輪寺)를 지었다.

아라한【阿羅漢】〔梵 arhat(arhant), 巴 arahant, arhat 英 an enlightened, saintly man〕 나한(羅漢)이라 약칭하는데, 응(應)·응공(應供, 응당 공양받을 만한 사람)이라고 한역(漢譯)한다. 'arahant'는 '가치 있는'·'값있는 이'란 의미를 가진 'arh'에서 파생된 말로서, '존경할 만한 사람'·'공양을 받는 데 적합한 사람[應供]'·'존경되어야 할 수행자'·'수행 완성자' 등의 의미를 가진다. 성문사과(聲聞四果; 須陀洹·斯陀含·阿那含·阿羅漢) 가운데 가장 윗자리로, 삼계(三界)의 견혹(見惑)·사혹(思惑)을 끊고 공부가 완성되어 존경과 공양을 받을 수 있는 성인의 지위이다. 훗날 대승불교에서는 아라한을 소승의 성자에 불과하다고 폄하했다. 응공 항목 참조.

아라한과【阿羅漢果】〔梵 arhat-phala, 英 The fruit of arhat discipline〕 아라한·성문사과·사향사과 항목 참조.

아라한향【阿羅漢向】 아라한·성문사과·사향사과 항목 참조.

아란야【阿蘭若】〔梵 Āraṇya, 英 from araṇya 'forest'〕 시끄러움이 없는 한적한 곳으로, 수행하기에 적합한 숲 속·넓은 들·모래사장 등을 가리키는 말. 보통 촌락에서 1구로사(拘盧舍; krośa; 1구로사는 2km)나 반구로사쯤 떨어진 곳이다. 무쟁성(無諍聲)·한적(閑寂)·원리처(遠離處)라 번역한다. 사원의 이칭.

아뢰야【阿賴耶】〔梵 ālaya, 西 kung-shi 英 an abode, resting-place, intp. as 無沒 non-disappearing〕 심식(心識)의 이름. 8식(八識)을 가리킴. 구칭(舊稱)은 아리야(阿梨耶). 번역하여 무몰(無沒; 없어지지 않음). 아뢰야식은 선악 등 일체를 몰실(沒失)하지 않기 때문에 무몰(無沒)이라고 함. 신칭(新稱)은 아뢰야(阿賴耶). 번역하여 장(藏). 선악 등 일체 사물의 종자(種子)를 함장(含藏)하였다는 뜻. 아뢰야식 항목 참조.

아뢰야식【阿賴耶識】〔梵 ālayavijñāna, 西 kun gshi rnam (par) śes (pa), 英 'the receptable intellect or consciousness'; 'the originating or receptacle intelligence'; 'basic consciousness'〕 유가행유식파(瑜伽行唯識派)가 주장하는 근본의 마음을 말한다. 음역(音譯)은 아뢰야식(阿賴耶識)·아리야식(阿梨耶識)이고, 의역(意譯)은 함장식(含藏識; 모든 것을 저장, 간직함)·택식(宅識)·무몰식(無沒識; 없어지지 않음)으로서, 흔히 제8식, 또는 제8 아뢰야식이라고 한다. 종래의 소승 부파불교에서는 6식(六識)밖에 세우지 못했지만, 유가행파

는 이들 육식 속에서 생사윤회를 계속하는 한 항상 활동을 계속하는 근본적인 마음을 생각하여, 그것에 아뢰야식이라는 이름을 붙였다. 이 식(識)이 최초로 설해진 경전은 『해심밀경(解深密經; *saṃdhinir-mocana-sūtra*)』이다. 본래 아뢰야〔ālaya〕라는 말은 '물건을 모두 넣는 창고〔含藏〕' 내지 '곳간〔藏〕' 또는 선악을 잃어버리지 않고 간직하는 의식〔無沒識〕을 의미하지만, 구체적으로 살펴보면 1. 숨는 것, 2. 받아들이는 것, 3. 집착하는 것 등의 3가지 의미가 있다. 이 세가지의 의미에 응하여 아뢰야식에는 다음 3종의 특질이 있다. 1. 신체 안에 숨은 아뢰야식. 당초(當初)는 이 식(識)은 신체 안에 숨고, 신체를 말하자면 생리적으로 유지해 가는 근원적인 마음이라고 생각되었다. 신체 안의 구석구석까지 편재(遍在)하여 잠자거나 깨어도 마음의 심층에서 활동을 계속하고, 신체를 부패하는 일이 없이 계속 유지하는 존재, 우리의 마음과 육체를 지배하는 존재〔마음〕라고 생각했다. 2. 모든 종자를 받아들이는 아뢰야식. 아뢰야식은 일체종자식(一切種子識)이라고도 하는데, 표층적(表層的)인 신구의(身·口·意)의 삼업(三業)의 영향이 종자가 되어 머무는 장소로 생각해 왔다. 무엇인가가 어떤 과거에 지은 업의 결과가 종자가 되어 아뢰야식 안에 훈습(薰習)된다. 그렇게 심어진 종자는 아뢰야식 안에서 성장 발달하고, 연(緣)을 얻어 또 새로운 업이 되어서 싹을 내는데, 그 업은 또 새로운 종자를 심는다. 이렇게 우리들은 말하자면 표층적인 심(心; 現行識)과 심층적인 심(心; 아뢰야식)의 상호 인과적이고 유기적인 관계에 의하여 계속 존속해 간다고 하는 아뢰야식연기설(阿賴耶識緣起說)을 생각해 내기에 이르렀다. 이렇게 일체가 아뢰야식에서 만들어진 것이라고 하는 입장에서, 유가행파는 유식설(唯識說)을 주장한다. 아뢰야식은 한편에서는 안식(眼識) 내지 말나식(末那識)의 7식(七識)을 생함과 동시에, 다른 한편에서는 신체와 자연계〔器世間〕를 생하고, 그것들을 유지하고, 인식을 계속하고 있다고 한다. 3. 집착의 대상으로서의 아뢰야식. 유가행파는 아뢰야식과 나란히 하여, 또 하나의 심층적인 심(心), 즉 말나식(末那識)이라고 하는 자아집착심(自我執着心)을 세운다. 이 심층적인 자아집착심의 대상이 아뢰야식이다. 아뢰야식은 찰나에 생해서 멸하는 것이고, 결코 상일주재적(常一主宰的)인 아(我; 아트만)가 아니다. 그러나 아뢰야식에서 생한 말나식이 자기를 생하게 한 아뢰야식을 보고, 그것을 '나'라고 잘못보고 그것에 집착하는 것이다. 나중에는 아뢰야식에 능장(能藏)·소장(所藏)·집장(執藏)의 3면(三面)의 구분이 있다고 생각되기에 이르렀다. 능장이란 능히

〔자력으로〕 종자를 넣어 두고 있다는 뜻이고, 소장이란 종자를 간직하는 곳〔所〕이라는 뜻이며, 집장이란 말나식에 의하여 집착된다고 하는 면을 각각 말한다. 아뢰야식의 이명(異名)으로서는 일체종자식 외에 이숙식(異熟識)·아타나식(阿陀那識)·무구식(無垢識) 등이 있는데, 무구식(無垢識; 阿末羅識)은 더럽힘이 없어진 무구청정(無垢清淨)한 아뢰야식을 말한다. 아뢰야식 안에서 모든 더럽혀진 종자를 제거하고, 아뢰야식을 가장 청정하고 더럽힘 없는 대원경지(大圓鏡智; 완전하고 깨끗한 지혜)로 전화(轉化)시키는 것, 이것이 유가행파의 궁극적인 목적이다. 한편 아뢰야식은 선악 등 모든 업(業)이 자동적으로 간직되기 때문에 윤회의 주체로 설정되었다. 그것이 아뢰야식 연기설이다. 즉 모든 업이 아뢰야식에 저장되었다가 다음 생〔윤회〕을 결정한다는 것이다.

아뢰야식 연기론【阿賴耶識 緣起論】『해심밀경』·『유가사지론』·『성유식론』 등의 경론(經論)을 소의경전(所依經典)으로 하는 유식학(唯識學), 법상학파(法相學派)에서 주장하는 연기설. 종래는 업감연기설이 보편적이었다. 그런데 업감연기설(業感緣起說)의 난점으로는 업(業)이 어느 곳에 저장되었다가 그 결과를 초래하는가 하는 점을 지적할 수 있는데, 유식학에서는 아뢰야식에 저장된다는 것이다. 즉 모든 업은 아뢰야식에 저장되었다가 선악에 따라 다음 생을 받는다는 것이다. 아뢰야식이 윤회의 주체라는 것이다.

아리야식【阿梨耶識】 제8식인 아뢰야식(阿賴耶識)을 말함. 아뢰야식의 이칭.

아마라식【阿摩羅識】〔梵 amala-vijñāna〕 아말라식(阿末羅識)·암마라식(菴摩羅識)이라고도 음역(音譯)한다. 아마라(amala)는 무구(無垢)라는 뜻. 곧 아마라식은 무구식(無垢識)·청정식(清淨識)이기 때문에 본체를 취하여 진여식(眞如識)이라고도 한다. 안(眼)·이(耳)·비(鼻)·설(舌)·신(身)·의(意)의 전6식(前六識), 말나(末那; 제7識), 아뢰야(阿賴耶; 제8識)의 8식은 모두 번뇌망상에 물드는 염위(染位; 迷의 境界)라 보고, 그것과 별도로 물들지 않는 정위(淨位; 悟의 境界)의 식을 세워 아마라식이라 한다. 아마라식은 식 그 자체가 제8 아뢰야 이외에 따로 있다고 보는 견해와 아라마식은 아뢰야식의 정위(淨位), 곧 아뢰야식의 과명(果名)에 불과하다고 하여 식체(識體)를 따로 두지 않는 견해가 있다. 섭론종〔舊譯家〕에서는 이것을 제9식으로 하고, 법상종〔新譯家〕에서는 제8식의 정분(淨分)으로 한다.

아만【我慢】〔梵 Asmimāna, atmamāna, 西 bdag tu ṅa rgyal, 英 exalting self and depreciating

ㅇ

others; self-intoxication, pride〕 ①나를 믿으며 스스로 높은 체하는 교만. 오만한 아집(我執)으로 마음에 뽐내는 것. ②자아(自我)가 존재한다는 아견(我見)으로 인하여 '나는 …이다.'라고 교만해 하는 마음작용.

아말라식【阿末羅識】〔梵 amala-vijñāna〕 아마라식 항목을 참조할 것.

아미타경【阿彌陀經; Sukāvati-Vyuha】 후진(後秦) 홍시(弘始) 4년〔402〕 구마라집(鳩摩羅什, 344-413)에 의해서 한역(漢譯)되었다. 정토계(淨土系)의 여러 종파(宗派)에서 사용하는 정토삼부경(淨土三部經; 『무량수경』·『관무량수경』·『아미타경』) 가운데 하나. 내용은 사위국 기수급고독원에서 사리불(舍利弗; Śāriputra)을 상대로 한 석존의 설법인데, 극락국토의 모양과 국토의 주(主)인 아미타불(阿彌陀佛)의 광명과 무량무변한 수명, 그리고 그 세계에 태어나기 위해서는 아미타불의 명호(名號)를 외워야 한다는 것을 설하며, 육방무량(六方無量)의 제불(諸佛)이 이 석가의 설법을 찬탄하고 증명하면서 특별히 왕생을 권한다는 것을 설하고 있다.

아미타불【阿彌陀佛】〔梵 Amitāyus Buddha, Amitābha Buddha〕 서방극락세계의 교주(敎主). 무량수불(無量壽佛)·무량광불(無量光佛)이라 번역한다. 경문(經文)에 의하면 다음 3종이 있다. ①정토삼부경(淨土三部經) 중 『무량수경』에 나오는 부처님. 일반적으로 아미타(阿彌陀)·미타(彌陀)라고 말하면 이 부처〔佛〕를 가리킨다. 과거 헤아릴 수 없는 무수겁(無數劫)에 법장(法藏; Dharmākara)보살이 세자재왕불(世自在王佛)을 스승으로 하여 48원(願)을 세웠는데, 지금으로부터 10겁 이전에 원(願)을 성취하여 아미타불이 되어, 지금도 서방극락세계에서 설법하고 있다고 한다. ②『법화경(法華經)』「화성유품(化城喩品)」 제7에 나오는 부처님. 삼천진점겁(三千塵点劫)의 16왕자 중 9번째이고, 성도(成道)하여 서방극락세계에 주(住)하고 있다. ③『법화경』「약왕품(藥王品)」 제23에 나오는 부처님. 말법(末法)에 여인(女人)이 『법화경』을 듣고 경전의 말씀과 같이 수행하면 아미타불의 정토에 왕생한다고 한다. 석존(釋尊) 분신(分身)의 아미타를 말한다.

아법구유종【我法俱有宗】〔英 The school that regards the ego and things as real〕 화엄학(華嚴學)에서 말하는 10종(十宗) 가운데 하나. 인천승(人天乘)과 소승(小乘)의 독자부(犢子部) 등을 말한다. 아(我)와 법(法)이 모두 실제 있다〔實有〕고 주장하는 종파.

아법이공【我法二空】 인법이공(人法二空)·아법구공(我法俱空)이라고도 한다. 공(空; sūnyatā)을 설하는 데 쓰는 보통의 표어(標語). 불교에서는 모든 집착은 미혹하기 때문이라고 본다. 아아소(我我所), 곧 아집(我執)에 대한 미혹한 집착을 없애야 함을 설하는 것이 아공(我空; ātma-śūnyatā)이고, 아집에 의해서 나오는 근본, 즉 물심(物心) 등 제법(諸法)에 대한 객관적 법집(法執)을 제거할 것을 설하는 것이 법공(法空; dharma-śūnyatā)이다.

아법이집【我法二執】 아집(我執; ātma-graha)과 법집(法執; dharma-graha)의 병칭. 인법이집(人法二執)·생법이집(生法二執)·이집(二執)이라고도 한다. 아집은 아(我)에 대한 집착으로서 영원한 존재, 즉 불멸(不滅)의 아(我)가 있다고 집착하는 것이고, 법집(法執)은 모든 객관적 존재가 공(空)한 것이 아니라 실체가 있다고 보는 견해, 즉 집착.

아비규환【阿鼻叫喚】〔英 Avici and Raurava, two of the eight burning hells in Buddhism〕 아비지옥(阿鼻地獄; Avici)과 규환지옥(叫喚地獄; Raurava)을 합쳐서 말한 것. 아비지옥은 팔열지옥 가운데 가장 밑에 있는 대지옥으로, 무간지옥(無間地獄)이라고도 한다. 규환지옥은 팔열지옥의 하나로, 이 지옥에 떨어진 죄인은 물이 끓는 큰 가마 속이나 뜨거운 쇠집 속에 들어가야 하는데, 고통을 견디지 못하여 울부짖는다고 한다.

아비달마【阿毘達磨】〔梵 abhidharma, 巴 abhidhamma〕 부파불교의 각 파가 붓다〔고타마 붓다〕의 교설을 요약 발전시켜서 만든 체계와 그것을 기록한 논서(論書)를 총칭하여 '아비달마'라고 한다. 아비담(阿毘曇)·비담(毘曇), 또는 단순히 논(論)으로 한역(漢譯)된다. 뒤에 경(經)·율(律)과 함께 불교성전의 총칭〔三藏〕 가운데 하나가 되었다. 붓다 교설에 대한 고찰은 초기불교 경전 가운데 아비담마카타(abhidhamma-katha; 법에 관한 의논)나 마티카(matika; 논제의 요약) 등의 말이 있으므로 이미 초기부터 사용되었으나, 본격적으로 사용한 것은 부파불교이다. 아비달마의 원의(原意)는 아비(abhi; …에 관해서)+다르마(dharma; 법)='법의 연구'이며 '대법(對法)'이라고 한역된다. 뒤에는 아비(abhi; 뛰어난)+다르마(dharma; 법)='뛰어난 법'의 의미로도 해석되어 승법(勝法)·무비법(無比法)이라고도 번역된다. 즉 붓다 교설〔法〕에 대한 해석을 뜻한다. 후대의 교학자에 의하면 2종의 아비달마가 있다고 한다. 1. 승의(勝義) 아비달마는 깨달음을 얻기 위한 '무구(無垢)의 지혜(智慧)'이며, 2. 세속(世俗) 아비달마는 그것을 얻기 위한 교의를 나타낸 '논서(論書)'이다.

[아비달마 논서(論書)] 아비달마 논서는 2세기경부터 저작되기 시작했으며, 현존하는 것 가운데 가장 완비된 것은 북인도 설일체유부의 7론(論)과 스리랑카 상좌부의 7론이다. 이어서 이 7론을 주석한 2차적 아비

달마 논서가 다수 저작되었다. 전자에는 『아비달마대비바사론(阿毘達磨大毘婆沙論)』, 『아비담심론(阿毘曇心論)』, 『아비달마구사론(阿毘達磨俱舍論)』 등이 있으며, 후자에는 『비슷디막가(*Visuddhimagga*; 淸淨道論)』, 『앗타살리니(*Atthasalini*; 法集論注)』, 『아비담맛타·상가하(*Abhidhammattha samgaha*; 攝阿毘達磨義論)』 등이 있다. 다른 부파의 것으로는 정량부의 『삼미저부론(三彌底部論)』 등 몇 편만이 남아 있다. 아비달마 논서의 발달에는 1. 경전에 대한 주석, 2. 각 부파 독자의 교의의 창조, 3. 그 조직화 등의 3단계가 있다.

[설일체유부의 사상-四法印을 중심으로] 아비달마는 붓다의 가르침을 충실하게 해석하고자 하는 입장에서 일어났기 때문에, 불교의 교의(敎義) 규정〔四法印〕에 따라서 설일체유부(說一切有部)를 중심으로 기술하고자 한다. 유부〔설일체유부〕는 '제행무상(諸行無常)'에 관해서, 초기〔원시〕불교의 적집설(積集說; ārambhavāda)에서 한 걸음 나아가 세계의 구성요소로서 75법(法)을 상정하였다. 그리고 독특한 '삼세실유(三世實有)'설에 기초하여 5위75법(五位七十五法)의 체계를 세워서 무상의 구조와 인과율을 세밀하게 고찰하였다. 다음으로 '일체개고(一切皆苦)'에 관해서는 고(苦)의 원인인 번뇌와 업(業)을 심도 깊게 규명하였다. '제법무아(諸法無我)'에 관해서 유부(有部)는 무아설(無我說)을 충실하게 고수하여, 인간존재〔五蘊〕가 순간순간 서로 유사하게 이어져 간다는 '오온상속(五蘊相續)'설을 주장하였지만, 과거의 기억 등 인간에게 일관되게 흐르는 의식의 설명에 약점이 있었다. 이것에 대해서 독자부(犢子部)는 '비즉비리온(非卽非離蘊)의 아(我)'를, 화지부(化地部)는 '궁생사온(窮生死蘊)'을, 대중부(大衆部)는 '근본식(根本識)'을, 정량부(正量部)는 '불실괴(不失壞)'를, 그리고 경량부(經量部)는 '종자(種子)'를 언급하면서 무아설의 모순을 해소하려고 하였다. '열반적정(涅槃寂靜)'에 관해서 유부(有部)는 열반에 이르는 수행단계를 명확하게 규정하고, 열반을 '유여의열반(有餘依涅槃; 육체가 존속하고 있는 열반)'과 '무여의열반(無餘依涅槃; 육체가 소멸한 열반)'의 2종류로 나누어, 후자가 진실한 열반이라고 하였다. 한편 스리랑카 상좌부는 특히 심(心)을 상세하게 분류하여 89심(心) 또는 121심(心)을 주장했다. 또한 대중부와 화지부는 유부(有部)의 '삼세실유(三世實有)'에 반대하여 '현재유체(現在有體) 과미무체(過未無體)'설을 주장하였다. 대중부는 또한 유부(有部)의 불신유루설(佛身有漏說)에 대해서 신심(身心) 모두 무루(無漏)의 불타를 강조하였으며, 또한 인간의 심(心)이 본래 번뇌와 결합하고 있다는 유부의 생각

에 대하여 심성본정설(心性本淨說)을 주장하였다. 나아가 보살〔붓다의 전생〕은 원해서 악취(惡趣)에 태어났다고 주장하였다. 대중부의 이러한 설은 뒤의 대승불교의 교리에 가까운 것이라고 불린다. 아비달마의 전개는 유부의 '삼세실유'설에 대한 『대비바사론(大毘婆沙論)』의 비유자(譬喩者; Dṛṣṭantika), 『성실론(成實論)』의 슈리나다, 『아비달마구사론』의 세친(世親) 등의 '현재유체(現在有體) 과미무체(過未無體)'에 근거한 반론(反論)에 의해서 아비달마, 즉 붓다의 교설에 대한 해석이 최고조에 달하였는데, 이들 주장이 후대의 불교 존재론과 인식론에 미친 영향은 매우 크다.

아비달마구사론【阿毘達磨俱舍論】〔梵 Abhdharma-kośa-bhāṣya〕 5세기〔혹은 4세기〕에 바수반두(Vasubandu; 世親, 320-약 400)에 의해서 저술된 아비달마불교의 대표적인 논서(論書). 설일체유부(說一切有部; 有部)의 교리를 체계화하면서 요약하고 있지만, 한편으로 바수반두의 경량부적(經量部的) 입장도 선명하게 보인다. 또한 부파불교와 대승불교, 특히 유식불교와의 접점(接点)에도 위치하고 있는 중요한 문헌이라 할 수 있다. 본서의 제목 이름은 범어(梵語)의 발음을 한자에 의해서 음사(音寫)한 것인데, 그 의미를 취해서 『대법장론(對法藏論)』이라고 번역하기도 한다. 그 경우 '대법(對法)'은 아비달마의 번역으로 법, 즉 '교리에 대한 연구'라는 의미이다. 그리고 '장(藏)'은 코샤(kośa)의 번역으로, '용기(容器)'의 의미이다. 또한 범어 이름에 붙어 있는 '바샤(bhāsya)'는 '주석서(註釋書)'라는 의미이다.

[성립의 사정] 설일체유부는 실재론적 경향을 띤 독특한 교리체계를 확립한 부파인데, 그 중에서 카슈미르에 본거지를 두고 있는 유부와 간다라를 중심으로 번영한 유부 등 두 개의 계통이 존재하고 있었다. 간다라 출신의 바수반두(Vasubandu; 世親, 320-약 400)가 저술한 『구사론』은 시문(詩文; 카리카)을 앞에 두고, 그 위에 산문의 주석(註釋; 바샤)을 붙인 체제나 장을 세운 것이다. 본문의 내용 등으로 보면, 분명하게 후자의 계통에 속한다. 이 계통에서는 『아비담심론(阿毘曇心論)』을 시작으로 몇 종류의 논서가 작성되었지만, 『구사론』은 그 가운데서도 특히 달마다라(達磨多羅; Dharmatrāta; 法救)의 『잡아비담심론(雜阿毘曇心論)』을 기저에 두고, 나아가 카슈미르 유부의 교리를 확립했다고 전하는 『발지론(發智論)』과 그 주석서인 『대비바사론(大毘婆沙論)』 등 각종의 논서의 설을 참고하여 저술한 것이다. 본서는 '이론이 뛰어난 것을 정설로 하는 입장〔理長爲宗〕'에서 집필되었다고 말하지만, 대개의 경우 바수반두 자신의 입장인 경량부의 주장을 정설로

삼고 있으며, 그 입장에서 유부의 설을 비판하고 있다. 최근의 연구에 의하면 바수반두는『구사론』집필의 시점에 이미 형(兄)인 아상가(Asaṅga; 無着)에 의해서 저술되었다고 전하는 유식불교의 『유가사지론(瑜伽師地論)』을 알고 있었으며, 그 영향을 받고 있었던 것으로 유추할 수 있다. 그는 본서를 집필한 뒤『석궤론(釋軌論)』과『성업론(成業論)』등을 저술하여 한층 경량부적인 경향을 선명하게 한 뒤, 유식사상으로 전향하여『유식이십론(唯識二十論)』,『유식삼십송(唯識三十頌)』등 많은 저작을 저술하였다.

[논서의 구조] 『구사론』의 구성은 사성제(四聖諦)를 그대로 장(章)의 구성방식으로 사용하고 있다. 즉 제1장과 제2장의「계품(界品)」과「근품(根品)」을 총설(總說)로 하고, 제3장의「세간품(世間品)」은 고제(苦諦), 제4장과 제5장의「업품(業品)」과「수면품(睡眠品)」은 집제(集諦), 제6장의「현성품(賢聖品)」은 멸제(滅諦), 제7장과 제8장의「지품(智品)」과「정품(定品)」은 도제(道諦)에 해당한다. 마지막 제9장「파아품(破我品)」은 독립된 논문이 부수의 논의로서 부가된 것이다.

[내용과 사상적 특징] 「계품(界品)」에서는 현상세계나 인간을 형성하고 있는 기본적인 요소로서의 법(法)을 분석하고, 유위(有爲)·무위(無爲)·유루(有漏)·무루(無漏)·오온(五蘊)·십이처(十二處)·십팔계(十八界) 등에 관해서 해설하고 있다.「근품(根品)」에서는 인간의 심리작용으로서의 여러 가지 법〔다르마〕이나, 물질·정신과 관계가 없으면서도 현상계의 각종의 작용을 담당하고 있는 각종의 법, 원인이나 결과〔六因·四緣·五果〕의 관계 등의 고찰을 행했다. 중국·한국·일본에서 5위75법으로서 정설화된 유부 독자의 법체계는 이「계품」과「근품」에서 서술되고 있다. 다만 법의 수는 75라고 명기되어 있지는 않다.「세간품」에서는 인도의 우주관과 세계관 및 십이연기(十二緣起)에 기초한 윤회의 생존양상을 논하였다.「업품」에서는 윤회의 생존의 근본적인 원인이라고 보이는 업의 문제를 각종의 형태로 고찰하였다.「수면품」에서는 생존의 고통을 만드는 원인으로서의 번뇌에 관해서 98수면 등을 중심으로 논하고 있다. 모든 법의 본질은 과거·미래·현재에 걸쳐서 실재하고 있다고 본다. 유부의 근본적 주장인 삼세실유성(三世實有性)은 이 장에서 고찰되고 있으며, 바수반두는 경량부의 입장에서 이것을 비판하고 있다.「현성품」에서는 깨달음에 이르는 수행의 단계를 논하였고,「지품」에서는 불교에서 설하고 있는 지혜를 십지(十智)로 해설하였다.「정품」에서는 수행의 수단으로서의 선정(禪定; 명상)에 관해서, 사선(四禪)·사무

색정(四無色定) 등 각종의 종류가 해설되고 있다. 끝으로 「파아품」에서는 불교의 근본 테마인 무아(無我)에 관해서, 독자부(犢子部)가 주장하는 실아적(實我的) 푸드갈라〔개인존재〕설 등이 비판적으로 고찰되고 있다. 기본적으로 법을 5개의 카테고리로 집약한 오위설(五位說)과 번뇌와 업을 현실의 고(苦)와 관련해서 윤회의 생존을 설한 업감연기설(業感緣起說) 등 설일체유부의 교리를 종합하면서 해설하고 있지만, 한편에서는 유부의 삼세실유설에 대하여 현재만을 실재한다고 보는 현재유체(現在有體) 과미무체설(過未無體說)이나 스스로 행한 업이 종자로서 잠재적으로 잔존한다고 보는 설 등 경량부의 입장에 기초해서 자기의 설을 전개하였다.

[번역과 전파] 『구사론』의 범어(梵語) 사본은 20세기가 되어서야 티베트에서 발간되었으며, 그것에 의해서 근대의 불교연구는 비약적으로 발전하였다. 본서는 중국에 전하여 564년에 파라마라타(Paramārtha; 波羅末陀; 眞諦, 499-569)에 의해 한역(漢譯)되었고, 나아가 현장(玄奘, 602-664)에 의해서 651년〔唐 高宗 永徽 2〕에 다시 한역되었다. 현장의 번역이 나타나자 그 문하에 의해서 많이 연구되기도 하였고, 또한 다른 곳으로 유포되기에 이르렀다. 본서에는 티베트어역도 있다. 티베트불교에서 유부의 교리를 논할 때에는 대부분의 경우 『구사론』에 의거하고 있다. 주석서도 인도·티베트·한국·일본 등에서 다수 저술되었다.

아비지옥【阿鼻地獄】〔梵 avici, 英 Avici, the lowest hell of Buddhism; the veriest hell; pandemonium〕 팔열지옥(八熱地獄) 가운데 가장 밑에 있는 대지옥. 남섬부주 아래 2만 유순 되는 곳에 있는 몹시 괴롭다는 지옥. 괴로움을 받는 것이 끊임없으므로 아비지옥이라 한다. 오역죄(五逆罪)의 하나를 범하거나, 인과를 무시하고, 절이나 탑을 무너뜨리거나, 성중(聖衆)을 비방하고, 공연히 시주 물건을 먹는 이는 이 지옥에 떨어진다고 한다.

아사리【阿闍利】〔梵 Ācārya, 英 a master in esoteric Buddhism〕 제자의 행위를 교정(矯正)하며, 그의 사범(師範)이 되어 지도하는 고승을 경칭하는 말. 제자를 교육하는 스승에 화상(和尙)과 아사리의 두 종류가 있다. 화상은 세속의 부모와 같이 한번 정해지면 변경할 수 없다. 반면 아사리는 학교의 교사와 같이 공부할 때의 스승이기 때문에 변할 수도 있다. 제자를 교수(敎授)하여 그 궤범이 되기 때문에 궤범사(軌範師), 또는 정행(正行)으로 의역(意譯)한다.

아사세왕【阿闍世王】〔梵 Ajātaśatru, 巴 Ajātasattu〕 중인도 마갈타국의 왕. 아버지는 최초로 부처님께 귀의한 군주인 빔비사라왕(Bimbisāra王;

頻婆娑羅王)이고, 어머니는 위제희(韋提希; Vaidehi)이다. 왕이 늙도록 자식이 없음을 걱정하여 신에게 빌었는데, 어떤 관상쟁이가 말하기를 '비부라산에 있는 선인이 죽으면 자식으로 태어난다.'고 하였다. 그런데 왕은 그때를 기다리지 않고 선인을 죽이니 부인이 곧 아이를 배었다. 이 아이는 나기 전부터 원한을 품었다는 뜻으로 미생원(未生怨)이라 하였다. 태어날 적에 관상쟁이로 하여금 점치게 하니 '아이가 원한을 품었다.'라고 하였다. 장성한 태자는 뒤에 새 교단을 조직하려는 야심을 가진 제바달다(提婆達多; Devadatta)의 꾐에 빠져, 부왕을 죽이고 어머니를 가두는 등의 역적죄를 감행하였다. 그러나 뒤에 부처님에게 귀의하여 교단의 외호자가 되어 불경을 첫 번째 결집〔편찬〕하는 대사업을 완성하였다. 불멸후 24년에 죽었다.

아상【我相】〔梵 ātma-saṃjñā, 英 Egoism, the concept of the Ego as real〕 나〔我〕라는 관념. ①아인사상(我人四相)의 하나. 오온(五蘊)이 화합하여 조직된 것을 실아(實我)로 여기는 것. 영원불멸하는 내 것, 즉 자아〔아트만〕가 있는 줄로 생각하는 것. ②지경사상(智境四相; 我相·人相·壽者相·衆生相)의 하나. 증득한 것에 집착하여 이것을 '나'라고 집착하는 것.

아상가【Asaṅga, 395경-470경/310경-390경】 인도의 불교사상가인 무착(無着). 유식사상의 대성자(大成者). 카슈미르 지방의 푸루샤푸루〔지금의 파키스탄〕 사람. 바라문 가문에서 3형제의 장자(長子)로 태어났으며, 바로 아래 동생은 『아비달마구사론(阿毘達磨俱舍論)』 등으로 유명한 바수반두〔世親〕이다. 처음에는 부파불교의 일파〔說一切有部 혹은 化地部라고 한다〕에 출가해서 불교를 배웠지만, 소승(小乘) 공관(空觀)의 한계에 부딪히자 인도의 야요디아 지방으로 옮겨간 뒤 대승불교로 전향하였다. 또한 소승에서 활약하고 있던 바수반두〔世親〕를 대승으로 인도했다. 대승에 뜻을 둔 이후의 아상가에 관한 전승(傳承)은, 중국·티베트 등에 전하는 것이 있는데 모두가 신비적인 색채를 띤다. 한 예로 유식설은 천상(天上)에 있는 미륵(彌勒; 마이트레야)보살의 가르침을 받아 설했다고 전한다. 이 전승이 말하는 미륵의 해석은 아상가 독자(獨自)의 저작의 확정을 비롯하여 유식사상의 문헌사와 밀접하게 관련을 맺고 있으므로, 학계에 정설(定說)은 없다.

[저작과 사상] 아상가의 저작으로 현재 거의 이론(異論)이 없는 것은, 유식설의 입장에서 대승불교의 이론과 실천 양면에 걸쳐 체계화를 이룬 『섭대승론(攝大乘論)』과 부파불교의 아비달마 교학을 계승하면서 마찬가지로 유식설에 특징적인 교의를 가진 것으로 정리된 『아비달마집론(阿毘

達磨集論)』, 그리고 『유가사지론(瑜伽師地論)』과 밀접한 관련을 가지고 있으면서도 독자적인 구성을 갖춘 『현양성교론(顯揚聖教論)』이 있다. 이 가운데 '아비달마의 집성(集成)'을 의미하는 『아비달마집론(阿毘達磨集論)』은 5장으로 구성되어 있다. 우선 제1장에서 다르마의 전통적 분류인 오온(五蘊)·십이처(十二處)·십팔계(十八界)를 사용해서 각각의 교의(教義) 개념을 수(受)·상(相)·정의(定義)·배열순서·어의(語義)·포함관계(包含關係) 등 12가지 관점에서 상세하게 논하고 있다. 나머지 4장은 '결택(決擇)'을 제시하고 있다. 차례로 사제(四諦)·교법(教法)·공덕(功德)의 획득(獲得)·토론(討論)과 거기서 사용되는 논리를 취급하고 있다. 여기서는 사제(四諦) 중에 우주론·번뇌·업(業) 등의 기술과 함께 삼성설(三性說) 및 교법 가운데 부처의 가르침을 학습의 대상으로 한 '유식성(唯識性)'의 체득이 언급되는 등 여러 곳에 유식설의 교의가 제시되고 있다. 또한 대승의 수행자인 보살과 소승의 수행자인 성문의 대비(對比)도 특히 실천이나 교법의 관점에서 강조되고 있다. 한편 『현양성교론(顯揚聖教論)』은 「섭사품(攝事品)」으로부터 「섭결택품(攝決澤品)」까지 모두 11장으로 나누어 편집한 것이다. 이 두 권의 책에서는 부파불교를 격렬하게 비판하고 있는데, 비판의 주체는 중관학파이다. 또 이 책에서는 대승의 입장에서 소승에 대한 우월을 보이기에 충분한 교리체계를 확고하게 정비하려는 아상가의 의도를 볼 수 있다. 그리고 대승의 독자성의 이론적 근간으로서 아상가가 종합한 것이 『섭대승론』의 아뢰야식과 삼성설(三性說)을 중심으로 한 유식설이다. 이런 의미에서 아상가는 유식사상의 대성자임과 동시에, 이론과 실천을 완비한 대승불교의 체계를 확립한 사람이라 할 수 있다.

아소【我所】〔梵 svaka, ātmīya, 巴 mamaṅkāra, 藏 bdag gi〕 나에게 딸린 것으로, 나에게 집착되는 사물. 곧 나의 소유물. 아지소유(我之所有)의 약칭. 또 아소사(我所事)라 칭한다.

아소견【我所見】〔梵 ātmīya-dṛṣṭi, 英 The incorrect view that anything is really mine, for all things are but temporal combinations〕 '나의 소유(所有)', '나의 것'이라고 집착하는 편견(偏見). 즉 일체의 사물이 거짓으로 존재하는 것〔假有〕임에도 불구하고 그러한 사실을 인식하지 못한 채 그릇되게 '나의 것', '나의 소유'라고 고집하는 편견.

아쇼카왕【Aśoka, 阿育王】 생몰연대는 미상(未詳). 마우리아(Maurya)왕조 제3대 왕〔B.C.268-B.C.232 在位〕. 인도 최초의 통일자인 찬드라굽타(Candragupta)의 손자. 빈두사라(Bindusāra)의 아들. 아육(阿育)이라고 한역(漢譯)한다. 인도 최초의 대제국(大帝國)을 건설한 것으로 전한다. 서출(庶出)이면서도 장형(長兄)을 제치고 즉위하였다. 그 뒤 어떤 비구에 의해서 불교로 개종하였다. 기원전 261년의 카린가 정복에 의해서 전쟁의 비참함과 죄악성을 몸으로 통감하고서, 자비와 평화를 설하는 불타(佛陀)의 가르침을 깊게 체험한 이후, 열심히 신봉하는 불교도가 되었다. 왕은 무력에 의한 영토확장정책을 포기하고, 다르마, 즉 불법(佛法)에 의한 평화적인 국가건설을 표방하였다. 그 다르마를 확장하면서 왕은 전국 각지에 많은 석주(石柱)를 세우고, 암벽을 깎아서 거기에 법칙(法勅; 법의 敎勅)을 새겨 두었다. 스스로도 법(法)의 실천에 힘쓰고, 이상(理想)의 실현을 위해서 노력하는 한편, 국내에서 제대로 법을 행하고 있는가를 조사하려고 법대관(法大官)을 임명하여, 5년마다 법의 순찰을 행했다. 여기서 말하는 다르마란, 현재 남아 있는 법칙(法勅)의 비문(碑文)에 따르면 만인에 의해서 지켜져야 할 법으로서, '인간의 본질은 평등하다.'는 붓다의 가르침에 따른 것이다. 살아 있는 모든 생물들을 자애(慈愛)로써 대하고, 진실을 말하며, 관용과 인내를 행하며, 가난한 자를 도와야 한다는 것이 골자이다. 왕은 법칙 이외에 불적(佛蹟)에는 기념 비석을 세웠으며, 승단(僧團)에 막대한 기부를 하는 한편, 국내외에 법을 확대하기 위하여 사자(使者)를 파견하였다. 이 강대한 왕의 귀의(歸依)에 의해 불교는 인도 전 국토로 교세가 확장되었고, 더 나아가 국경을 초월하여 아시아 전체로 전파되는 결정적인 계기가 되었다. 불사리탑(佛舍利塔: 붓다의 유적을 기념하는 탑) 8기 가운데 7탑의 유골을 재분할해서 8만 4천 개의 탑을 세웠다는 전승(傳承)도 유명하다. 당(唐)나라 때의 승려인 법현(法顯, 337경-422경)과 현장(玄奘, 602-664)이 인도를 방문했을 때에 그 탑들 가운데 남아 있던 몇 개가 지금까지도 현존하고 있다. 이 조탑(造塔) 전설은 중국·한국·일본에 큰 영향을 끼쳤으며, 육왕산신앙(育王山信仰)을 낳았다.

아수라 【阿修羅, asura】 인도 리그베다 시대에는 신(神)이나 최고신을 의미했지만, 후대에는 전혀 그 반대로 악마(惡魔)를 의미하게 되었다. 이 말의 어원 해석에 관해서는 여러 가지 설이 있다. 후대에 악마를 의미하는 것은 'a'와 'sura'로 나누어 '신〔sura〕이 아닌〔a〕 것'이라는 해석으로 비천(非天)이라고 한역(漢譯)되었다. 불교에서는 육도 가운데 하나로서, 십계의 하나에 두었다. 줄여서 수라(修羅)라고도 하는데, 그 모습이 인간도 아니고〔非人〕, 그렇다고 천인(天人)도 아니라고 함. 주로 싸움을 좋아한다고 함.

아수라장 【阿修羅場】 참혹한 현장을

가리키는 말. 인도 리그베다 시대에는 최고신(神)을 의미했지만, 후대에는 악마를 의미하게 되었다. 인도의 서사시 『마하바라타』에는 비슈누신의 원반에 맞아 피를 흘리고 있는 아수라들의 시체가 산처럼 겹겹이 쌓여 있는 모습이 묘사되어 있다. 피비린내 나는 전쟁터를 아수라장이라 부르는 것도 여기에서 유래되었다. 그러므로 아수라장은 눈뜨고 볼 수 없는 끔찍한 현장을 가리키는 말이다. 아수라 항목 참조.

아수라지옥【阿修羅地獄】아수라(阿修羅)는 수미산의 아래인 대해저(大海底)에 있다고 한다. 수라지옥 항목을 참조할 것.

아승기【阿僧祇】〔梵 asaṃkhya, Asaṅkhyeya〕아승기야(阿僧企耶)·아승가(阿僧迦)·아기(阿祇)라고도 쓰고, 무수(無數; 헤아릴 수 없음)·무진수(無盡數; 다 셀 수 없음)라 번역한다. 인도에서는 큰 수, 헤아릴 수 없는 수를 '아승기'라고 말한다. 그리고 아승기겁(阿僧祇劫)은 헤아릴 수 없는 긴 기간을 말한다.

아승기겁【阿僧祇劫】〔梵 asaṃkhyeyaiḥ kalpair, kalpa-asaṃkhyeya〕아승기는 '셀 수 없다'는 뜻이고, 겁은 무한한 시간을 뜻한다. 합하여 셀 수 없는 무한한 시간. 아승기 항목 참조.

아승지【阿僧祇】아승기(阿僧祇)의 오기(誤記).

아야교진여【阿若憍陳如】〔梵 Ajñāta kauṇḍinya〕인도 가비라국의 바라문 종족으로 점을 잘하였다. 고타마 싯달타가 출가하여 니련선하(尼連禪河) 강가에 있는 산속에서 고행할 때 모셨던 다섯 사람 가운데 한 사람. 그는 싯달타〔부처님〕가 고행을 포기하고 수자타(Sujata)에게 우유죽을 받는 것을 보고 타락하였다고 하여 부처님 곁을 떠나 녹야원(鹿野苑; Mṛgadāva)에 가 있었다. 그 후 싯달타가 깨달음을 이룬 후, 녹야원에서 행한 사성제(四聖諦) 가르침을 듣고 처음으로 불제자(佛弟子)가 된 사람이다.

아육왕경【阿育王經】〔梵 Aśokāvadāna〕중국 양(梁)나라 때〔512〕승가바라(僧伽婆羅, 479-524) 번역. 10권. 불법(佛法)을 지켜 번성하게 했던 아육왕(阿育王)의 전기이다. 제1 생인연품(生因緣品), 제2 견우파급다인연품(見優婆笈多因緣品), 제3 공양보리인연품(供養菩提因緣品), 제4 구나라인연품(鳩那羅因緣品), 제5 반암마륵시인연품(半菴摩勒施因緣品), 제6 불기우파급다인연품(佛記優婆笈多因緣品), 제7 불제자전수법장인연품(佛弟子傳授法藏因緣品), 제8 우파급다제자인연품(優婆笈多弟子因緣品) 등 8품으로 구성되어 있다. 이 불전은 안법흠(安法欽)이 번역한 『아육왕전』 7권과 동본이역으로서 모두 10권이지만, 내용은 안법흠의 번역본보다 더 적다.

아인사상【我人四相】〔英 The four ejects of the ego in the Diamond sūtra〕 아상(我相)·인상(人相)·중생상(衆生相)·수자상(壽者相)의 4상(四相)을 말한다. 아상(我相; ātma-samiñā)은 오온(五蘊)이 일시적으로 모여서 형성된 이 육체와 정신〔오온의 화합체〕에, 고정된 실체, 영원불변의 실체인 자아가 있다고 판단하여 집착하는 것을 뜻한다. 오온의 가(假) 화합체를 '진정한 자기'라고 집착하는 생각으로 아트만(ātman)을 가리킨다. 인상(人相; pudgala)은 인간이라는 실체가 존재한다는 생각. 중생상(衆生相; sattva-samiñā)은 살아 있는 생명체가 존재한다는 생각. 수자상(壽者相; jiva)은 불멸의 영혼이 있다는 생각. 자신은 이러한 영혼을 가진 존재라는 생각. 이상의 4상은 모두 아트만의 일종이다. 종래는 달리 해석했지만, 최근 산스크리트 금강경 연구가 이루어짐에 따라 보다 명확한 해석을 하게 되었다.

아일다【阿逸多】〔梵 Ajita〕 미륵보살의 자(字). 신역에서는 아제다(阿制多)·아씨다(阿氏多)라 음역한다. 무능승(無能勝)이라고 번역한다. 가장 뛰어나다는 뜻. 미륵 항목 참조.

아자관【阿字觀】 진언밀교의 관법(觀法) 가운데 하나. 우주 인생을 한 개 아자(阿字)로 하여 관하는데, 영리한 사람, 둔(鈍)한 사람에 의하여 산심관(散心觀)·정심관(定心觀)이 있고, 또 관(觀)하는 대상과 방법에 따라 소리·글자·실상(實相)의 관이 있다. 1. 소리를 관한다는 것은 숨을 내쉴 적마다 아자(阿字)를 부르되, 소리마다 마음을 집중하면 망상이 저절로 없어지고, 진여(眞如)에 합일한다고 하며, 2. 글자를 관한다는 것은 글씨를 그리든가, 또는 자기의 마음에 지름〔經〕 1척 5~6촌의 달과 그 가운데 8엽(葉) 연화를 그리고, 그 위에 네모진 금빛 아자(阿字)를 관하되, 다른 생각이 섞이지 않으면 망념이 다하고, 본각(本覺)의 심불(心佛)이 나타난다고 하며, 3. 실상(實相)을 관한다는 것은 아자본불생(阿字本不生)의 실다운 이치를 관하는 것이다. 이를 통하여 일체만유는 생멸변화하는 것이지만, 실로는 무시무종(無始無終)의 존재로서 끝까지 상주하는 것임을 체달하게 된다.

아자본불생설【阿字本不生說】〔梵 A-kāra-ādyanutpāda〕 ①밀교에서는 범자(梵字)의 아(阿; a)라는 자(字)의 의의(意義)를 '근본', '불생(不生)의 실재(實在)'를 의미한다고 하고, 모든 사물은 본래적으로 진실한 것이고, 종교적으로 보면 모두 대일여래(大日如來)가 증득(證得; 깨달음)한 것에 다름 아니라고 하는 뜻. ②아자(阿字)는 본래 있는 것이고, 다른 것에 의해 새로 생기는 것이 아니라는 것.

아제아제바라아제바라승아제모지사바하【揭諦揭諦波羅揭諦波羅僧揭諦菩提薩婆訶】 범어(梵語) 'gate gate pāragate pārasaṃgate bodhi svāhā'의 음역(音譯)으로, 이것은 『반야심경(般若心經)』에 나오는 주문(呪文)·진언(眞言)이다. 아제(揭諦)는 '건너간다.'는 말이니, '아제 아제'는 '건너간다, 건너간다.'는 것이요, '바라아제'는 '저편으로 건너간다.'는 것이니, 미혹된 이편 언덕에서 깨달음의 저편 언덕으로 가는 것이다. '바라(波羅)'는 '저편'이라는 뜻이며, '승아제(僧揭諦)'는 '도달한다, 맺어진다, 함께한다.'는 뜻이다. 따라서 '바라승아제(波羅僧揭諦)'라 함은 범부중생이 부처님의 세계에 도달해서 부처님과 함께한다는 것이다. 그 다음 '모지(菩提)'는 보리, 즉 '깨달음'을 말하는 것이요, '사바하(娑婆訶)'는 '속히 성취(成就)하다', '만족한다.'라는 뜻이다.

아지비카【ājivika】아지바카(ājivaka)라고도 한다. '생활〔ājīva〕을 얻는 방편으로 수행을 하는 자'라는 뜻. '사명외도(邪命外道)'·'사명파(邪命派)'라고 한다. 아지비카 교도 가운데 대표적인 사람은 마칼리 고살라(Makkhali Gosāla)이다. 이 파(派)는 불타(佛陀)시대 때 융성하였는데, 불교와 자이나교에 버금가는 세력을 가지고 있었다고 한다. 그의 학설은 숙명론으로, 인간을 비롯한 생명체의 운명은 숙명적으로 결정되어 있다는 것이다. 따라서 인간의 삶은 원인도 없고〔無因論〕, 결과도 없다고 하였다. 이러한 사고방식 때문에 인간의 노력은 일체 인정하지 않고, 개인의 권위도 무시한다. 이 학파는 기원후(紀元後)에는 세력을 잃었는데, 훗날 자이나교에 흡수되었다고 한다.

아진타【阿軫陀】〔梵 acintya〕범어 'acintya'의 음역(音譯)으로, 불가사의(不可思議), 사람의 사고 범위를 초월한 바깥을 말한다.

아집【我執】〔梵 ātma-grāha, 英 holding to the concept of the ego〕①내〔我〕가 오온(五蘊)의 가화합(假和合)이라는 것을 알지 못하고, 내〔我〕가 실재하는 줄로 집착하는 소견. ②이치의 시비곡직(是非曲直)에 표준이 없이 자기의 의견에만 집착하여 아(我)를 고집하는 것. ③대아(大我)를 발견하지 못하고 소아(小我)에만 집착하는 것.

아촉불【阿閦佛; akṣobhya buddha】아촉은 'akṣobhya'의 음사(音寫)로, 아촉파(阿閦婆)·아추파(阿芻派)·아촉비(阿閦鞞)·아촉(阿閦) 등으로도 표현하고, 부동(不動)·무동(無動; 마음에 동요가 없음)·무진애(無瞋恚)·무노(無怒)라고 의역(意譯)한다. 대승불교에 있어서 아주 예전부터 신앙된 현재불(現在佛)로, 동방묘희국(東方妙喜國)에서 법(法)을 설하고 있다고 한다. 마음이 흐트러지는 일이 없었기 때문에 'akṣobhya', 즉 부동(不動)이라고 함. 이 불(佛)에 대해서는 『아촉불국경(阿閦佛國經)』에 나와 있는 묘사가 가장 오래된 것이고, 또 대표적인 것이다. 그러나 이 신앙은 그다지 성(盛)하지 않았고, 미타신앙(彌陀信仰)으로 대체되었다.

아타나식 【阿陀那識】〔梵 ādāna-vijñāna, 西 len paḥi rnam par śes pa〕 제8식, 혹은 제7식의 별명(別名). 현장(玄奘, 602-664)·자은(慈恩, 632-682)의 법상종(法相宗·新譯家)에서는 아타나(阿陀羅; Ādāna)를 아뢰야식(阿賴耶識)의 별명(別名)으로 하고, 집지(執持)라 번역한다. 선악업(善惡業)의 종자〔作用 혹은 세력〕와 우리들〔有情〕의 신체를 유지하고, 집지(執持)하여 잃어버리지 않게 하기 때문에 집지식(執持識)이라 한다. 그러나 지론종(地論宗)·섭론종(攝論宗) 등의 제파(諸派; 舊譯家)에서는 제7식이라 한다. 혜원(慧遠, 523-592)은 『대승의장』에서 아타나식을 무해(無解)라 번역하고, 무명식(無明識)·업식(業識)·전식(轉識)·현식(現識)·지식(智識)·상속식(相續識)·망식(忘識)·집식(執識)의 여덟 가지 이명(異名)을 나열했다. 그리고 아뢰야를 진여(眞如·眞識)로 하고, 아타나를 무명(無明·忘識)으로 하여 둘을 따로 한다. 이들 2종의 견해의 차이는 팔식가(八識家; 法相宗)와 구식가(九識家; 眞諦의 섭론종 등), 뢰야연기론(賴耶緣起論)과 진여연기론(眞如緣起論)의 상위(相違)에 의한다.

아트만 【ātman】 인도철학상의 중요한 개념을 표현하는 술어. 팔리어의 아탄(attan)에 해당한다. 육체와 정신의 주재자, 불사(不死), 영원불변의 실체, 영혼 등으로 해석한다. 해석이나 해설 등에서 원어(原語)를 그대로 사용하고 있는 것은 '아(我)'나 '자아(自我)' 등의 한어(漢語)가 기계적으로 배당하고 있어서 뜻을 한정하는 경우가 많다는 점이다. 그런데 최고(最古)의 리그베다 이후 실로 다양한 문맥에서 사용되고 있어, 개개의 의미를 특정(特定)하는 것은 곤란하다.

[어원 해석과 다양성] '호흡한다(aṇ-)', '바람이 분다(vā-/av-)', '간다(at-)'라는 동사에서 파생된 말로 본다는 등과 같은 어원 해석적 접근도 옛날부터 성행했으나, 아직 정설은 없다. 개체(個體; 생명체) 존재의 실질을 이루는 것으로서의 아트만, 지적(知的) 정신적 활동의 진정한 담당자로서의 아트만, 불멸의 개체원리로서의 아트만 등으로 말할 수 있다. 그러나 이 경우 브라흐만에도 이미 빈번하게 나타나는 것으로서, 자기 자신을 의미하는 재귀대명사적(再歸代名詞的) 용법과 사물 상호〔A와 B의 아트만〕간의 주종관계(主從關係)를 반영하는 것으로서의 A는 B의 아트만이라고 하는 기술용법(記述用法)이 있다는 점에도 주의해야 한다. 가장 오래된 리그베다 이래 서서히 현저하게 되었는데, 우주 및 세계와 인간존재가 의존해 있는 절대 유일의 뿌리를 모색하는 과정에서 소박한 인격신

을 떠나서 결국 인도인이 찾아낸 것이 추상적인 존재, 우주의 절대적 근본원리인 '범(梵)', 즉 브라흐만이었다. 그리고 개체(個體)의 원리를 찾아낸 것이 아트만〔我〕이다.

[바라문 철학 제파(諸派)의 아트만관] 고(古)우파니샤드 가운데 웃다라카 아루니(Uddalaka-Aruṇi)의 절대유(絶對有)에 있어 절대 진실로서의 아트만설, 샨딜리아(Śāṇdilya)의 범아일여설(梵我一如說), 야즈냐발키야(Yajñavalkya)에 의한 절대불가촉(絶對不可觸)의 아트만 본질설 등으로 구체화되었다. 동시에 아트만 사상은 인도철학의 하나의 특징적인 사상이라 할 수 있는 윤회사상과 결합하면서, 윤회의 주체로서 아트만을 성찰하는 단계로 나아갔다고 말할 수 있다. 왜냐하면 인간 최고의 이상이 제식만능(祭式萬能)에 관계하는 생천(生天)에서, 시간의 경과에 따라 윤회로부터의 해탈로 바뀌게 되면서 윤회의 주체로서의 아트만이 동시에 해탈의 주체로서의 아트만이라고 하는 사실을 각각의 사변 가운데 어떻게 합리적으로 위치 지울 것인가가 과제로 되었기 때문이다. 따라서 무수히 가능한 개체원리로서 아트만의 다양성에 입각한 합리적 시스템을 구축한 것이 이후 인도철학사상 전개의 실질이었다고 할 수 있다. 그 대표가 우파니샤드의 일원론이다. 그리고 그 우파니샤드에 의해서 베단타학파의 학장(學匠) 샹카라(Śaṅkara, 700-750)는 환영주의적(幻影主義的)인 불이일원론(不二一元論)의 '아트만, 즉 브라흐만을 설정하고 그 외는 모두 마야〔幻影〕와 같아서 실재(實在)하지 않는다.'는 입장이다. 그 밖에 같은 베단타학파에서 실천 종교적 색채를 강조하는 입장보다 행위 주체로서의 아트만〔個我·命我〕과 우주의 절대적 근본원리로서의 브라흐만=아트만〔絶對我〕의 차이성을 고려한 라마누자(Rāmānuja, ?-1137) 등의 피한정불이일원론(被限定不二一元論)과, 양자의 차이성을 확실하게 강조하는 마드흐바(Madhva, 1197-1276) 등의 아트만 이원론(二元論)이 출현했다. 또한 아트만, 곧 푸루사를 우주의 질료인으로서의 근본물질인 프라크리티와는 다른 독립적인 생명〔精神〕원리로 보고서 물심(物心)의 이원론의 입장을 취한 상키야학파와 요가학파가 있다. 그 외에는 행위경험 주체로서의 다수의 아트만을 세계를 구성하는 여러 카테고리의 하나로 설정하여 그대로 용인해서 독자적인 경험론적 자연철학을 전개시킨 바이세시카학파와 그것에 동조하는 니야야학파의 다원론(多元論)도 있다. 이러한 자연철학적인 다원론적 아트만관을 기본적으로는 인용하면서도 사후(死後) 윤회의 주체로서 아트만의 항구성을 선양(宣揚)하고 가장 정통적인 바라문철학을 전개한 것이 미맘사학파이다.

ㅇ

다르마의 실천인 제식행위(祭式行爲)의 담당자로서 아트만과 그 과보를 받는 주체로서의 아트만의 동일성을 설한 것이다.

[불교의 아트만관] 이러한 정통바라문 계통의 여러 실재론적 아트만관과는 별도로 독자적인 아트만철학을 모색한 것이 최고(最古) 우파니샤드의 성립이고, 이와 궤(軌)를 같이하면서 나타난 것이 자이나교와 불교이다. 지바〔靈魂〕와 아지바〔非靈魂〕의 이원적 사유에 기초한 세계관을 확립한 자이나교는 제식을 포함한 행위의 일체를 부정적으로 파악하고, 베다성전의 권위를 부정하였다. 하지만 아트만관에 있어서는 아트만의 실재와 윤회설을 무조건적으로 용인하고 있다는 점에서 인도 정통사상과 다르지는 않다. 여기에 비해서 불교의 입장은 무아론(無我論)이다. 일반적으로 우주의 근본원리로서의 브라흐만과 같은, 이른바 영원불변하는 고정된 실체, 즉 아트만과 같은 존재는 없다는 것이다. 불교의 무아론은 위에서 기술한 각종의 유아론(有我論)과는 분명히 대립되는 사상이지만, 그 사상의 전개 및 구체화에 의해서 내용상으로는 더욱 다채롭게 전개되었다. 하지만 불교의 무아론(無我論)은 아직도 그 내용이 명쾌하게 밝혀지지 않은 것 같다. 불교사상은 매크로(macro)한 존재 위에 구상된 윤회사상과 마이크로(micro)한 존재양식을 표현한 것이라고 할 수 있는 연기사상(緣起思想)을 전면에 제시하여, 인간존재의 시간적 위기적 측면을 해명하는 데 많은 공헌을 했다. 그 중심사상은 제법무아(諸法無我; 일체의 존재는 아트만이 없다) 등의 정형구(定型句)에 의해서 집약적으로 설명되었고, 나아가 대승(大乘)의 '공(空)'사상으로 귀결되었다. 다른 한편 불교에서는 방편으로서 윤회사상도 용인하고, 또한 일부의 파(派)에서는 해탈이나 깨달음〔涅槃〕의 계기로서 적극적으로 불성(佛性)이나 여래장(如來藏) 등을 인정하지만, 이 입장이 정통바라문 계통의 아트만관이 불교 가운데 구체화한 것이라는 학설은 주목된다.

아티샤【Atiśa, 982-1054】 티베트불교의 개혁자. 벵갈 지방의 가우루 왕가 출신. 비할 지방의 대사(大寺) 웃단드느다푸라(Uddand nddapura)사(寺)에서 수계하고, 대승교학(大乘教學)을 배운 다음 금강승(金剛乘) 밀교의 중심인 비크라마쉬라(Vikrama-śila)사(寺)의 상좌(上座)가 되었다. 1038년경에 티베트에 입국하여 번역가 린첸삼포와 함께 역경(譯經)에 종사하면서 많은 제자들을 양성하고, 티베트불교의 정화(淨化)와 흥륭(興隆)에 노력하였다. 그의 설은 생전에는 그다지 받아들여지지 않았지만, 후세에 미친 영향은 매우 커서 문수(文殊)의 화신이라 불리고, 또 라마교도 중에서 가장 계율을 존중하는 카담파(Bkah gdam pa; 甘丹派)의 조(祖)로 추앙되기에 이르렀다. 저서로는 유명한 『람림(Lam-rim; 菩提道燈論)』·『행집등(行集燈)』 등 20여 종이 있다.

아포하【apoha】 배제(排除)라는 뜻. 논리학을 확립한 유식파(唯識派)의 거장(巨匠)인 진나(陣那; Dignāga, 480경-540경)가 현량(現量; 直接知)과 비량(比量; 推理)의 구별을 명백히 하기 위해서 기초로 한 학설. 법칭(法稱; Dharmakirti)을 비롯한 후기 논리학자도 이것에 따라서 발전시켰다.

아함경【阿含經】〔梵 Āgama〕 초기불교에서부터 부파불교에 걸쳐서 형성된 초기불교 경전의 총칭. 고타마 붓다의 초기 불교사상을 아는 데 중요한 자료이다. 불교의 성전을 대장경(大藏經)이라 한다. 대장경은 ≪경장(經藏)≫, ≪율장(律藏)≫, ≪논장(論藏)≫의 삼장(三藏)으로 분류하는데 아함경은 경장(經藏)에 속한다. 아함(阿含)이라고 하는 말은 전승되어 온 성전이나 그 교설을 뜻하는 범어 아가마(āgama)의 음사어(音寫語)이다.

[성립] 고타마 붓다의 사후(死後), 그와 그의 제자들의 교설은 중기 인도어로 구송(口誦)되어 전해졌다. 아함경은 그 과정에서 점차 내용이 발전하여 4개 또는 다섯 부분으로 완성되기에 이르렀다. 이 과정에서 동인도 방언(方言)에서 여러 방언으로 바뀌어 인도 각지에 광범위하게 유포되었다. 그 뒤 교단이 분열되어 부파불교시대에 오면 아함경(阿含經)은 각 부파에서 각각 독자적으로 한층 발전해 가는 한편, 부파 고유의 성전(聖典) 언어가 확립되었다. 그러므로 현존하는 아함경은 각 부파의 전승에 따라 내용이나 언어에서도 상당히 다르다. 심지어는 그 호칭까지 다른 경우도 있다. 언어에 관해서 2, 3개의 예를 들면, 남방상좌부(南方上座部)에서는 중기 인도의 팔리어로, 설일체유부(說一切有部)에서는 초기에는 인도어의 서북지방 방언〔마가다어〕으로, 뒤에는 점차 산스크리트화되어 아함경이 전해졌다. 이 설일체유부를 전형(典型)으로 하여 각 부파마다 정도의 차이는 있지만, 아함경의 언어는 점차 산스크리트어에 가깝게 되었다.

[내용] 아함경은 다음의 네 개 내지 다섯의 부분으로 성립되지만, 그 각각의 내용은 부파에 따라서 상당한 차이가 있다. 대부분의 부파에서는 아가마(āgama)라고 부르지만, 남방상좌부에서는 니카야(nikāya; 部)라 부른다. 1. 장아함(長阿含; Dīgha-āgama); 남방상좌부에서는 디가 니카야(Dīgha-nikāya; 長部)라 한다. 비교적 긴 경(經)을 모은 것인데, 고타마 붓다의 입멸을 다룬 『대반열반경』 등이 포함되어 있다. 2. 중아함(中阿含; Madhyama-āgama); 남방상좌부

에서는 맛지마 니카야(Majjhima-nikāya; 中部)라 한다. 중간 정도의 길이의 경(經)을 모아 놓은 것인데, 무기설(無記說)에 대하여 독화살의 비유로 설명하고 있는 『전유경』 등이 포함되어 있다. 3. 잡아함(雜阿含; Saṃyukta-āgama); 남방상좌부에서는 상윳타 니카야(Saṃyutta-nikāya; 相應部)라 한다. 비교적 짧은 경(經)을 내용에 따라서 분류하여 모아 놓은 것인데, 연기(緣起)를 상세하게 설한 여러 경들이 포함된다. 4. 증일아함(增一阿含; Ekottarika-āgama); 남방상좌부에서는 앙굿타라 니카야(Aṅguttara-nikāya; 增支部)라 한다. 비교적 짧은 경(經)을 모은 것인데, 그 주제에 포함되어 있는 숫자에 의해서 분류하고 숫자의 순서로 배열하고 있다. 초기불교의 여성관을 시사하는 『옥야녀경(玉耶女經)』 등이 포함되어 있다. 5. 소아함(小阿含; Kṣudraka-āgama); 때로는 잡장(雜藏)이라고 한다. 남방상좌부에서는 쿳다카 니카야(Khuddaka-nikāya; 小部)라고 한다. 위에서 말한 4아함이나 4부에 포함되어 있지 않은 것을 위주로 비교적 짧은 운문의 경전을 모아 놓은 것이다. 그런데 설일체유부에서는 이것을 제5아함이라 부르지 않고, 삼장(三藏)의 범위 밖에 두는 경우도 있다. 가장 오래전에 성립된 불교의 성전이라고 생각되는 『숫타니파타』의 말미(末尾) 2장(章)이나, 불교성전 중에 가장 유명한 『담마파다〔法句經〕』 등 아주 오래전에 성립된 경전 등이 여기에 포함되어 있다.

[텍스트] 아함경은 구송(口誦)으로 전승(傳承)되어 왔지만 뒤에는 서사(書寫)도 행해진 결과, 문헌 등의 자료로서 현존한다. 그런데 대승불교가 일어나서 소승을 열등한 가르침이라고 비판하면서, 동시에 그 경전인 아함경도 비판했다. 대승불교가 주류인 중국이나 한국, 일본에서는 경시되었지만, 동남아시아에서는 남방상좌부의 불교가 신봉되었기 때문에 현재에 이르기까지 성전으로서 존숭되고 있다. 그 원전은 영국의 Pali Test Society에서 로마자로 전사(轉寫)된 것이 출판되었다. 일본어역으로는 ≪남전대장경(南傳大藏經)≫ 속에 전부 번역되었다. 그 외, 최근의 부분역으로 여러 종류가 있다. 기타 부파의 것으로는 인도 원전은 거의 없어졌지만, 그 단편이 중앙아시아 불교 유적 등에서 발견되어 출판되고 있다. 우리나라에서는 최근 한국성전협회, 초기불전연구원에서 상당량 번역, 간행되고 있다. 한편 한역대장경에는 4아함이 번역되었지만, 모두 전승한 부파가 다르다. 그 중 장아함(長阿含)은 법장부(法藏部), 중아함(中阿含)은 카슈미르의 설일체유부(說一切有部), 잡아함(雜阿含)은 근본설일체유부(根本說一切有部)에 속한다고 생각되며, 증일아함(增一阿含)은 전승 부파가

분명하지 않다. 또한 소아함(小阿含)으로 분류할 수 있는 여러 부(部)의 경전도 한역되었다. 팔리어 성전 항목 참조.

아함부 【阿含部】〔英 Hinayāna〕 아함(阿含)에 속해 있는 경전. 원래는 불설(佛說)의 총칭(總稱)이었으나, 훗날 대승경전이 성립되어 모든 아함(阿含)경전을 소승경전이라고 부른 이후로 점차 소승경전의 이명(異名)이 되었다. 북방불교에서는 장아함(長阿含; Dīgha-āgama)·중아함(中阿含; Madhyama-āgama)·잡아함(雜阿含; Saṃyukta-āgama)·증일아함(增一阿含; Ekottarika-āgama)을 4아함이라 하였으며, 여기에 속하는 것을 총칭하여 아함부(阿含部)라 하였다. 남방에서 전하는 것은 4아함(四阿含) 이외에 소부(小部)인 쿳다카 니카야(Khuddaka-nikāya)가 추가되어 5부 니카야가 되었다. 『지원록(至元錄)』 6에는 111부(部) 337권이 나와 있다.

아힘사 【ahiṃsā】 불살생(不殺生)·불상해(不傷害) 등으로 번역되는데, 적극적으로는 자비(慈悲)·박애(博愛)가 된다. 이 말이 인도의 문헌에 등장하는 것은 『찬도기야 우파니샤드(*Chāndogya upaniṣad*)』가 최초이다. 그 후 『바가바드기타(*Bhagavad gita*)』나 『마누(Manu)법전』에도 설해져 있다. 특히 『마누법전』에서는 육식(肉食)의 금지와 관련하여 아힘사가 거론되고 있다는 점이 주목할 만하다. 육식의 금지는 죽는 동물에 대한 연민(憐愍)에서 일어난 것인데, 이 정신이 불교나 자이나교에 이어진 것이다. 그러나 바라문교나 힌두교에서 말하는 아힘사는 모순을 갖고 있다. 왜냐하면 바라문교나 힌두교에서는 공희(供犧)가 인증되어 동물을 죽여서 제단에 공물로 올리는 것이 중요한 종교행위이기 때문이다. 따라서 그러한 공희(供犧)를 폐지하지 않는 한 아힘사는 성립할 수 없다. 또한 『바가바드기타』에서 설하는 아힘사도 크샤트리야계급〔왕족〕의 본무(本務)인 전쟁에 있어서는 살인행위가 용인되고 있고, 더 나아가서는 칭찬되는 덕목이기 때문에 철저한 아힘사를 주장한 것으로 보기는 힘들다. 인도사상사에 있어서 철저한 아힘사를 주장한 것은 자이나교와 불교인데, 이 두 종교는 상인층(商人層)을 신자로 가진 자유종교였으므로, 농경민을 배경으로 하는 바라문교·힌두교의 전통에 속박되는 일이 적었다. 그래서 공희(供犧)를 폐지하고 철저한 아힘사를 주장할 수 있었던 것이다. 현대에는 간디(M. K. Gāndhi, 1869-1948)가 아힘사에 입각하여 비폭력주의의 철학을 전개했다.

악견 【惡見】〔梵 dṛṣṭi, kleśa-ātmika-dṛṣṭih, 巴 pāpakaṃ dittigataṃ, 英 Evil or hetrodox views〕 백법(百法)의 하나. 6번뇌의 하나. 모든 법(法; 진리)에 대하여 가지는 잘

못된 견해. 『성유식론(成唯識論)』 6에서는, "무엇을 악견(惡見)이라 하느냐. 모든 체리(諦理; 진리)에 대하여 전도(顚倒)와 추탁(推度; 억측)과 염혜(染慧; 염오된 지혜)로 성(性)을 삼는 것이다."라고 하고 있다.

악구 【惡口】〔梵 paruṣa, 巴 pharusā vācā, 英 Evil mouth, evil speech〕 십악(十惡)의 하나. 신역에서는 추악어(麤惡語)라고 한다. 남을 성내게 하는 나쁜 말. 『법계차제상(法界次第上)』의 상(上)에, "타인에게 악언(惡言)을 하여 그가 성내게 하는 것을 악구(惡口)라 한다."라고 했다.

악귀·악귀신 【惡鬼·惡鬼神】〔梵 duṣṭa-citta, 英 Evil demons and evil spirits, yakṣas, rākṣasas, etc.〕 심령(心靈)이 사악(邪惡)한 중생(衆生). 불도수행(佛道修行)을 방해하고, 사람의 공덕이나 수명을 빼앗으며, 국가·사회에 대하여 천재지변(天災地變)이나 사상의 혼란을 일으키게 하는 아귀도(餓鬼道)의 중생을 말한다. 악귀에는 야차(夜叉; 能噉鬼), 나찰(羅刹; 速疾鬼), 구반다(鳩槃茶; 冬瓜鬼), 아귀(餓鬼), 부단나(富單那; 臭鬼), 길자(吉蔗; 起尸鬼), 비타라(毗陀羅; 起屍鬼), 건타(犍馱; 黃色鬼·赤色鬼), 오마륵가(烏摩勒伽; 烏色鬼), 아발마라(阿跋摩羅; 青色鬼), 귀자모신(鬼子母神) 등이 있다.

악도 【惡道】〔英 Evil ways〕 ①현세에서 악업(惡業)을 지은 결과, 장차 받게 될 고통의 세계. 육도 중에서 지옥도·아귀도·축생도·수라도. ②주색낭유·허랑방탕한 길. ③나쁘고 험한 길.

악률의 【惡律儀】〔英 Bad, or evil rules and customs〕 선율의(善律儀)와 상대되는 말로, 악계(惡戒)·불률의(不律儀)라고도 한다. 『열반경』 29에서는 이를 16종, 『대방편불보은경』 6에서는 12종, 『구사론』에서는 17종을 들고 있다. 도살(屠殺)하는 것으로 직업을 삼는 것. 『법화경(法華經)』 「안락행품(安樂行品)」에서는, "향기를 가까이하지 말고, 돼지·양·닭·개 등의 가축을 기르지 말고, 사냥이나 물고기를 잡는 모든 악률의를 하지 말라."고 하였다.

악마 【惡魔】〔梵 māra, 英 devil, Evil māras, demon enemies of Buddhism, 獨 Teufel, 佛 diable〕 불도(佛道)의 성취, 착한 일을 방해하는 악귀신(惡鬼神)을 말한다. 마(魔)는 범어 마라(māra; 죽이는 자)를 음사(音寫)한 마(魔)에 귀(鬼)를 붙여서 지은 중국불교의 조어(造語)이다. 또한 죽음의 신〔閻魔; yama〕을 가리키기도 한다. 마군(魔軍), 즉 악마의 군세(軍勢)란 욕망·혐오·갈애·집착·근심·수면·공포·의심·노여움·허영심·강정(强情)·어리석음·자만·경멸 등이 치성함을 말한다. 따라서 불교에서 말하는 악마는 외적 존재를 가리키는 것이 아니고, 인간의 내면적·심리적인 작용을 가리키는 것임을 알 수 있다. 후세에 이르면 악마는 4개로 분류된다. 1. 번뇌마(煩惱魔), 2. 오온마(五蘊魔), 3. 사마(死魔), 4. 욕계 제6천(欲界第六天; 인간의 최고 경지)인 타화자재천마(他化自在天魔)인데, 이것들을 사마(四魔)라고 한다. 악마는 정진을 하고 있을 때에 나타나서 수도를 방해한다. 이것을 칭해서 속세에서는 '악마가 나타난다.'라고 한다. 깨달음을 완성하기 위해서는 이 악마를 퇴치하지 않으면 안 된다. 고타마 붓다(Gautama-Buddha, B.C.543-B.C.463경)도 예외 없이 보리수 아래에서 선정에 들어갔을 때 여인의 모습을 한 악마의 유혹을 받았으며, 다음으로 마군(魔軍)의 습격을 당했다. 이것을 굴복시킨 것을 항마(降魔; māra-jaya)라고 부른다. 붓다는 그 뒤 비로소 참된 깨달음을 얻었다고 전한다. 여기서 여인의 모습을 한 악마란 이성에 대한 갈등을 형상화한 것이다.

악설【惡說】칠취(七聚)의 하나. 나쁜 언설(言說). 쓸데없는 논의(論議)를 하는 것. 악구 항목을 참조할 것.

악어【惡語】〔梵 durākhyāta〕악구와 같음. 바르지 못한 말이나 언설(言說).

악업【惡業】〔梵 duścarita, pāpa-karma, saṃdoṣś, 巴 pāpaṃ kamma, 英 Evil conduct in thought, word, or deed, which leads to evil recompense〕몸·입·뜻〔身·口·意〕으로 짓는 업으로서, 악한 과보를 받을 행위. 곧 살생·투도·사음·망어·기어·악구·양설·탐욕·진에·사견 등의 십악업. 몸으로 짓는 악업이 세 가지, 입으로 짓는 악업이 네 가지, 뜻으로 짓는 악업이 세 가지라 하여 신삼구사의삼(身三口四意三)이라 한다.

악인악과【惡因惡果】〔英 An evil cause produces an evil effect. Sow evil and reap evil. They that sow wickedness reap the same〕나쁜 업을 지으면 반드시 나쁜 과보를 가져오게 된다는 말. 선인선과(善因善果)에 상대되는 말.

악지식【惡知識】〔梵 pāpa-mitra〕타인을 악한 곳으로 유도하는 스승이나 벗. 즉 악(惡)한 사우(師友)를 말한다. 선지식(善知識)의 상대어.

악취【惡趣】〔梵 durgati, apāya, 巴 duggati, 西 ṅan ḥgro, 英 The evil directions, or incarnations〕악업을 지은 결과 내생에 태어나는 곳. 3악취〔지옥·아귀·축생〕·4악취〔지옥·아귀·축생·아수라〕·5악취〔지옥·아귀·축생·아수라·인간〕·6악취〔지옥·아귀·축생·아수라·인간·천상〕로 분류한다. 주로 이 가운데 3악도〔지옥·아귀·축생〕를 지칭한다.

악취공【惡取空】〔梵 duryṛhitaśunyatā, 英 To have evil ideas of the doctrine of voidness, to deny the doctrine of cause and effect〕 완공(頑空)·벽취공(僻取空)이라고도 한다. 현상계의 모든 것은 '실체가 없다' 즉 공(空)하다는 것을 오인(誤認)하여, 아주 공무(空無), 단무(斷無)한 것으로 착각하는 것. 곧 허무주의(니힐리즘)로서 중도를 모르는 편공(偏空, 나쁜 공견)에 빠진 것을 악취공(惡取空)이라 한다.

안거【安居】〔梵 vārṣika, varṣa, 巴 vassa, 英 Tranquil dwelling〕 원래는 우기(雨期)를 뜻함. 하안거는 음력 4월 15일부터 7월 14일까지이고, 동안거는 음력 10월 15일부터 다음해 1월 14일까지임. 이 기간 동안 외출을 금하고 수행하는 제도. 본래 바라문 사이에 행하던 것을 석존이 채용하였다. 안거(安居)의 시작을 결제(結制), 그 마침을 해제(解制)라 하고, 안거 기간을 2분(二分)하여 전안거(前安居), 후안거(後安居)로 나누기도 한다. 동안거는 중국·한국 등 북방에만 있는데 선종(禪宗)에서 시작되었다.

안광낙지【眼光落地】①'눈빛이 땅에 떨어질 때'라는 말로서 죽을 때를 뜻함. ②번뇌망상이 완전히 끊어질 때를 뜻함.

안근【眼根】〔梵 cakṣurindriya, 英 The organ of sight〕 5근(五根)의 하나. 안식(眼識)이 있는 곳으로, 안식으로 하여금 형태·색채 등을 감각케 하는 시각기관(視覺機官). 곧 눈을 말한다.

안락【安樂】〔梵 巴 sukha, 西 bde ba, 英 Happy; ease (of body) and joy (of heart)〕 ①몸은 편안하고, 마음은 즐거운 것. 몸에 위험이 없어 편안하고, 마음에 걱정과 번뇌가 없어 즐거운 것. ②마음과 기운이 평안하고 걱정이 없어 즐거운 것.

안락법문【安樂法門】①마음을 안락·안온하게 해주는 말씀. ②선(禪)에서 말하는 불조(佛祖) 정전(正傳)의 좌선(坐禪). 바른 좌선은 몸은 편안하게 하고 마음은 즐겁게 해준다는 뜻에서 안락법문(安樂法門)이라고 한다.

안락세계【安樂世界】극락세계(極樂世界)라는 말과 안양세계(安養世界)라는 말을 합하여 하는 말. 극락정토(極樂淨土)를 가리킨다.

안락십승【安樂十勝】중국 법상종의 시조인 당(唐)나라 자은대사(慈恩大師, 632-682)가 설한 극락세계의 특징 10가지. 1. 화생(化生)들이 사는 곳이고, 2. 화생(化生)의 수명은 길고, 3. 국경에 얽매이지 않고, 4. 깨끗한 곳이라 욕심이 없고, 5. 여인(女人)이 살지 않고, 6. 언제나 수행하는 곳이며, 7. 추예(醜穢)함이 없으며, 8. 국토가 장엄하고, 9. 항상 부처님을 생각하여 마음을 흐트러지지 않게 하며, 10. 십념(十念)으로 왕생한다.

안락정토【安樂淨土】아미타불의 국토(國土). 즉 극락(極樂; Suhāmati; Sakhāvati)과 같은 말.

안락행【安樂行】〔梵 sukha-vihāra〕

마음을 편안하고 안락·안온하게 하는 언행. 『법화경』「안락행품」에 그 내용과 조목이 자세히 나온다. 또 『법화경』에는 악세에 이 경전을 널리 펴고자 하는 보살이, 자신을 위해서라도, 다른 이를 가르치기 위해서도 마음을 쏟아야 할 신심상(身心上)의 실천방법이 설해져 있다.

안립진여 【安立眞如】 7진여(眞如)의 하나. 진여 자체는 생멸의 변화가 없지만, 중생(衆生)이 받는 고통과 만유가 진여를 본체로 하여 성립한 까닭에, 이 방면에서 보이는 진여를 안립진여라고 한다. 곧 고(苦)의 실성(實性)으로서의 진여(眞如)를 말함.

안반 【安般】〔梵 Ana-apāna〕 오정심관(五停心觀)의 하나. 안나반나(安那般那)의 준말인데, 수식관(數息觀)이라고도 한다. 안나(安那)는 내뿜는 숨이며, 반나(般那)는 들이쉬는 숨인데, 이 숨을 헤아려 마음의 흔들림을 막는 것으로, 선관(禪觀)의 첫 문이 된다. 안반(安般)수행을 계속하면 1. 계율을 잘 소지하게 됨, 2. 소욕(小欲), 소사(小事), 소무(小務)함, 3. 음식에 대해 욕심을 내지 않음, 4. 잠에 빠지지 않음, 5. 한적한 곳에서 모든 시끄러움을 떠남, 6. 모든 망상을 끊음, 7. 신통을 이룸, 8. 몸이 피로하지 않음, 9. 눈은 대상을 싫어하거나 즐겨하지 않음, 10. 관(觀)을 따라 즐거이 머묾 등의 이익을 얻을 수 있다.

안반수의경 【安般守意經】 중국 후한(後漢) 때 안세고(安世高)가 번역함. 안반(安般; Ana-apāna)은 수식관(數息觀)이라고 한다. 좌선을 하면서 내쉬고 들이쉬는 숨을 세어 산란함을 방지하고, 뜻을 지키는 법을 기록하고 있다.

안세고 【安世高】 생몰년(生沒年)은 불명. 중국 후한(後漢)불교의 대표적인 번역가. 그의 전기는 『출삼장기집(出三藏記集)』 13권과 『양고승전(梁高僧傳)』 1권에 기록되어 있다. 이름은 청(淸), 자는 세고(世高). 안식국왕(安息國王)과 정실부인의 사이의 태자였다. 안식국 출신의 사문이었기 때문에 안세고(安世高)라 불렸다. 안식국(安息國; Parthia)의 왕자였으나, 부왕이 죽은 후 왕위를 숙부에게 사양하고 출가했다. 아비담(阿毘曇)·선관(禪觀) 등을 닦고, 건화연간(建和年間, 147-149)에 중국 낙양(洛陽)에 와서 170년〔건령 3〕까지 『안반수의경(安般守意經)』 등 35부 41권의 경전을 역출(譯出)하고, 중국불교의 기초를 닦았다.

안수고인 【安受苦忍】 ①삼인(三忍; 耐怨害忍·安受苦忍·諦察法忍)의 하나. 질병·물〔水〕·불〔火〕·칼 등의 고통이 있더라도 참고, 마음을 움직이지 않는 것. ②부처를 이루겠다고 하는 큰 뜻을 세워 추위·더위 등의 고통을 참는 것.

안심 【安心】〔英 To quiet the heart, or mind; be at rest〕 근심 걱정

ㅇ

이 없어 마음을 놓음. 사견(邪見)과 불안(不安)을 떠나서 불(佛)의 정법(正法)에 안주(安住)한 마음상태를 말한다. 담란(曇鸞, 476-542)의 『왕생론주(往生論註)』에는, "수행하여 안심(安心)의 집에 이르러야 할 것이다."라고 하고, 담연(湛然, 711-782)의 『지관보행(止觀輔行)』에는, "법성(法性)으로서 스스로 그 마음을 편히 하기 때문에 안심(安心)이라 한다." 라고 한다. 이 안심이란 말은 특히 정토문(淨土門)에 있어서 많이 사용하는 말인데, 정토종에서는 염흔심(厭欣心)을 총안심(總安心)으로 하고, 지성심(至誠心)·심심(深心)·회향발원심(廻向發願心)의 삼심(三心)을 별안심(別安心)으로 하여, 함께 행자(行者)가 일으키는 마음으로 하고 있다.

안심입명【安心立命】〔英 Spiritual peace and enlightenment; calm resignation (to fate)〕①생사의 이치를 깨달아서 내세(來世)의 안심을 얻으려는 일. ②마음을 편안하게 가지고 몸을 천명(天命)에 맡김. 어떠한 일에 대해서도 태연부동한 것. 생로병사의 이치를 깨달아서 죽음을 두려워하지 않으며, 인생을 살아가면서 희로애락(喜怒哀樂)을 태연히 받아들이는 것. ③마음의 평안함을 체득하여 생사번뇌를 초월한 것.

안양정토【安養淨土】〔英 Amitābha's Happy Land in the western region, which is his domain〕아미타불의 정토인 극락의 다른 이름. 안양국(安養國)·안양계(安養界)·안양토(安養土) 등이라고도 한다. 마음을 편하게 하고 몸을 기르므로 안양(安養)이라고 한다.

안타회【安陀會】3의(衣)의 하나. 일을 할 때나 누울 때 입는 옷. 안타는 범어(梵語) 'antaravāsaka'의 부분적 음역(音譯)이다. 이 원어는 안달파사(安呾婆娑)·안다파사(安多婆娑)·안다위(安多衛)·안타라발살(安陀羅跋薩)로 음역되며, 속옷·중의(重衣)·겉옷·중착의·하의(下衣)라고 한역(漢譯)한다. 선종에서 사용하는 낙자(絡子)가 여기에 해당한다.

안혜【安慧, 470-550경】인도 유식의 십대논사(十大論師; 世親의 『유식 30頌』을 주석한 10인의 논사) 가운데 한 사람. 범명(梵名)은 Sthiramati, 서남 인도의 나라국(羅羅國) 사람. 무착(無着)·세친(世親)의 학설을 계승한 무상유식설(無相唯識說)의 입장을 취했다. 저서에는 『대승중관석론(大乘中觀釋論)』 9권, 『중변분별론복주(中辺分別論復註)』 등이 있다. 여기에서는 무착·세친의 저작을 충실히 해석하고, 전통적 입장에서 간결 선명(宣明)하게 하려고 노력했다.

알음알이 ①선에서 말하는 사량분별심, 또는 지해(知解)를 뜻함. ②꾀. 바른 수단. 영리한 수단.

암마라식【菴摩羅識】아마라식(阿摩羅識) 항목을 참조할 것.

암선【闇禪】암증선사(闇證禪師)·암증(暗証)·암증선(暗證禪)·암선비구(暗禪比丘)·암선법사(暗禪法師)·맹선(盲禪) 등으로 부르고 있다. 암증선(暗證禪) 항목을 참조할 것.

암중선【暗證禪】〔英 A charlatan who teaches intuitional meditation differently from the methods of that school; an ignorant preceptor〕스승의 인가도 없이 스스로 크게 깨쳤다고 다른 사람에게 자랑하는 사람이 설하는 선(禪). 맹선(盲禪)이라고도 한다.

앙구식【仰口食】사사명식(四邪命食; 下口食·仰口食·方口食·維口食)의 하나. 비구가 천문을 보고 풍우(風雨)를 연구하는 술수(術數)의 학문으로써 의식을 구하여 생활하는 일.

앙굴마라【央掘摩羅】〔梵 Aṅgulimāla〕인도의 불제자(佛弟子). 12세에 마니 발타라 바라문을 스승으로 섬겼다. 스승이 출타하였을 적에 스승의 아내에게 유혹을 당하였으나 거절함. 이에 스승은 아내의 모함을 받아들여 앙굴마라에게 여러 나라로 다니면서 천 사람을 죽여, 천 개의 손가락으로 영락〔목걸이〕을 만들어 가지고 돌아오면 법을 일러주겠다고 하였다고 한다. 앙굴마라는 999명을 죽였는데, 나중에 친어머니를 죽이려 하였다. 그러다가 부처님을 만나 정법을 듣고 귀의하였다고 한다. '앙구리마라'라고도 함.

앙굿타라 니카야【Aṅguttara-nikāya】5부 니카야 가운데 하나. 증지부(增支部)라고 번역한다. 비교적 짧은 경(經)을 모은 것인데, 그 주제에 포함되어 있는 숫자에 의해서 분류하고 숫자의 순서로 배열하고 있다. 1법(法)에서 11법에 이르기까지 차례로 각 법수에 따라 배열한 뒤, 다시 각 품으로써 구분하여 정리하였다. 전체 52품에는 총 471개의 소경이 들어 있다. 니카야 항목 참조.

앙산혜적【仰山慧寂, 815-891】중국 당나라 무종·선종·의종·희종 때의 선승. 중국 선불교에서 5가7종의 하나인 위앙종(潙仰宗)을 연 사람. 성은 섭(葉)씨. 호는 앙산(仰山), 시호는 지통대사(智通大師). 소주(韶州) 회화(懷化) 출생으로, 17세 때 왼손의 약손가락과 새끼손가락을 끊어 결심을 보이고 승려가 되었다. 탐원(耽源)에게서 선(禪)의 현묘한 뜻을 깨닫고, 다시 위산영우(潙山靈祐, 771-853)를 뵙고 깊은 경지에 도달했다. 15년 동안 위산에 있다가, 뒤에 앙산(仰山)으로 옮겨서 선풍을 선양하여 위앙종을 크게 이룩하였다. 그는 원상(圓相)을 그려 선지(禪旨)를 나타냈으며, 학인에게는 늘 회향반조(廻向反照)를 가르쳐서 여실히 닦을 것을 강조하였다. 대순 1년 소주 동평산에서 77세의 일기로 입적했다.

애【愛】〔梵 kāma, bhakti, 希 agapē, erōs, philia, 羅 caritas, amor, cupiditas, amicitia, 英 love, 獨 liebe, 佛 amour] 사랑·자비·신애(信愛)·애정·애욕·성욕. 인도에서는 애(愛)를 카마(kāma)와 박티(bhakti)라고 한다. 인도에서 애(愛)는 이미 우주론적 원리로서 베다성전(veda聖典)에 등장한다. 『리그베다』에서 카마(kāma)는 우주성립 전개의 원동력으로 나타난다. 이것은 의욕(意慾) 일반을 의미한다. 다만 이 말은 후세의 힌두교에 이르면 성욕(性慾)·애욕(愛慾)의 의미를 강하게 띤다. '다르마(dharma; 종교적 의무)', '아르타(artha; 財)'와 함께 이 '카마'는 성애(性愛)의 의미를 띠면서 인생의 3대 목적을 형성한다. 또한 신의 카마는 활과 화살을 지니고서 젊은 남녀의 심장을 쏘는 것에 전념하고 있지만, 시바신을 유혹하려다 실패하고, 시바신의 제3의 눈에서 나온 불빛에 의해서 타 버렸다고 한다. 그 이후 형체가 없는 것이 되어 버렸다고 신화는 전하고 있다. 나아가 성애에 관한 구체적인 지침서인 『카마수트라』가 저작되고, 카주라호의 힌두사원이나 아잔타 석굴에는 남녀가 포옹하는 남녀합환(男女合歡)의 모습이 부조(浮彫)되거나 묘사되어 있다. 이 카마 이외에 인간을 결합시키는 정서적인 애착(愛着; sneha) 등 다수의 애(愛)를 표현하는 원어가 있지만, 그 중에서도 종교적으로 중요한 의미를 지니는 것으로서 '박티(bhakti; 信愛)'를 들 수 있다. 이것은 헌신성(獻身性)을 수반하는 사랑을 의미하고, 인격신에 대한 절대적인 사랑도 이 말에 의해서 표시된다. 힌두교의 성전 『바가바드기타』는 지혜의 길, 행위의 길, 박티의 길 등 3종을 설하고 있다. 그 뒤 철학자 라마누자(Rāmānuja, ?-1137)는 박티를 강조하는 대중적 나라야나(Narayana) 숭배를 강조하였다. 이것은 뒤에 베단타 철학자에 의해서 체계화에 성공하였다. 이처럼 박티는 카마 등의 말과 비교해서 애(愛)의 대상이 인격신이라는 점에서 가치적으로 다른 것이라 말할 수 있다.

[불교에서의 애(愛)와 자비(慈悲)] 초기불교에서 애(愛)를 나타내는 말에는, '애욕(愛慾; kāma)', '갈애(渴愛; tanhā; tṛṣṇā)', '애(愛; piya; priya)', '친애(親愛; pema; preman)' 등이 있다. 이 중 앞의 두 말은 인간의 생존에서 근원적인 것이고 미혹한 생존과 결합하기 때문에 제거되어야 할 번뇌라고 생각하였다. 이것에 대해서 뒤의 두 말은 부정되어야 할 성격과 동시에 타자에 대한 사람의 마음이라는 의미를 지닌다. 예를 들면, '애어(愛語; peyyavajja; pemaniya-vāda)'는 보시(布施)·이행(利行)·동사(同事)와 함께 사회생활에 필요한 4덕목인 '사섭사(四攝事; catvāri samgraha vastūni)'를 구성한다. 나아가 불교에서 가장 중요한 애(愛)의 개념으로서

'자비(慈悲)'가 있다. 이것은 타인에게 즐거움을 주는 '자(慈; metta)'와 타인의 고통을 제거하는 '비(悲; karunā)'의 합성어(合成語)이다. 나아가 이것들은 타인의 즐거움을 보고서 기뻐하는 '희(喜; priti)', 타인에 대해서 애증(愛憎)이나 친노(親怒)의 마음이 없는 평등심이 '사(捨; upekṣā)'와 함께 '사무량심(四無量心)'이라는 덕목을 구성한다. 대승경전에서의 애(愛)의 개념은 기본적으로 초기불교의 경우와 같다. 다만 불(佛)·선지식(善知識; 훌륭한 지도자)·보살(菩薩)·법(法; 가르침)·보리(菩提; 깨달음)라고 했던 종교적 대상에 대한 애(愛)는 초기불교보다 훨씬 적극적으로 긍정되고 있다. 예를 들면, 애(愛; preman)는 깊은 존경(gaurava; 恭敬)이나 정신(淨信; prasada; 信樂)과 함께 사용되고, 애락(愛樂)은 그 뜻이 일정하지 않지만 불신(佛身)이나 불(佛)의 무량(無量)한 공덕(功德)을 바라는 의미로서 자주 사용되었으며, 더욱이 불(佛)의 가르침이나 진리 그 자체를 체득하려는 애법(愛法)도 대승경전에 자주 등장한다. 게다가 자비는 숭고한 이상적인 애(愛)라는 점에서 많이 설해 왔다. 한역경전에서는 자비(慈悲) 외에 자(慈)와 비(悲)가 따로 사용되기도 하며, 각종의 숙어를 만들고 있다. 자심(慈心)·자민(慈愍)·자애(慈哀)·자념(慈念)·자애(慈愛)·자은(慈恩)·자경(慈敬)·자인(慈仁)·자관(慈觀)·대자(大慈)·인자(仁慈)·정자(淨慈) 혹은 비심(悲心)·비민(悲愍)·비원(悲願)·비련(悲戀)·비관(悲觀)·대비(大悲)·정비(淨悲) 등이 그 예이다. 또한 불·보살들의 중생에 대한 숭고한 애(愛)를 대자대비(大慈大悲)라 부른다. 특히 중생에 대한 부처님〔佛〕의 자비는 부모가 아들을 사랑하는 것에 비유된다. 후대의 대승불교의 경론(經論)에는 중생연(衆生緣)·법연(法緣)·무연(無緣)의 3종의 자비가 설해진다. 애(愛)와 자비(慈悲)는 공통점도 있지만, 애(愛)는 성애(性愛) 등의 욕망을 수반하고, 상대에 대한 독점욕을 강하게 지님과 동시에 증오로 바뀔 수 있는 감정이며, 또한 그 대상이 한정되고 있는 감정이다. 이것에 반해서 자비는 애증(愛憎)의 대립을 초월하여 요구하는 것이 없는 절대의 애(愛)로서, 일체의 살아 있는 존재에 작용하는 것이다. 자비는 불교가 중국어로 번역될 때 유교(儒教)의 인애(仁愛)와 묵가(墨家)의 겸애(兼愛)를 결합한 의미로 중국인에게 이해되었다.

애락【愛樂】〔梵 ruci, tṛṣṇā, abhirata, 巴 abhinanbāti, 英 The joy of right love, i.e. the love of the good〕 세간(世間)·출세간(出世間)의 선법(善法)을 신락(信樂)하는 것. 『유식론(唯識論)』6에, "세간·출세간의 선법(善法)을 닦아 증득함을 애락(愛樂)한다."라고 하였다.

ㅇ

애박【愛縛】은애분별(恩愛分別)의 정(情)에 계박(繫縛)되는 것. 특별히 남녀(男女)의 애련(愛戀)의 정(情)에 속박되는 것을 가리킨다.

애별리고【愛別離苦】〔梵 priya-viprayoga-duḥkha, 英 The suffering of being separated from those whom one loves〕팔고(八苦)의 하나. 사랑하는 사람과 헤어져야 하는 고통. 부모·형제·처자·애인·친구 등과 생별(生別) 또는 사별(死別)할 때 받는 고통.

애어【愛語】〔梵 priya-ākhyāna, priya-vaditā, 巴 peyya-vajja, peyya-vācā, 西 sñan par smra ba〕①사섭법(四攝法)의 하나. 친애의 정을 나타내는 말. 부드러운 말. 불보살이 중생을 불문(佛門)으로 인도하기 위해 사랑스러운 말을 하는 것. ②남에게 듣기 좋은 말을 하는 것.

애욕【愛欲】〔英 Love and desire; love of family〕①〔梵·巴 kāma, 梵 icchā, anunaya〕탐애(貪愛)·친애(親愛). ②〔kāma-guṇāḥ〕안이비설신 등 오관(五官)에 대한 대상의 애련향락(愛戀享樂). ③〔巴 kilesa〕애욕에 집착하는 맹목적 충동. ④〔梵 maithuna〕성애(性愛)에 대한 향락.

애착【愛着】〔梵 tṛṣṇā, 巴 taṇhā, upaya, 英 The strong attachment of love; the bondage at desire〕①사랑·사랑하는 물건, 사랑하는 사람에 대한 지나친 집착. ②사랑하고 아끼는 마음으로 끊고 단념하지 못하는 것. ③자기의 소견이나 소유물을 지나치게 아끼고 집착하는 것.

애행【愛行】〔英 Emotional behaviour, or the emotions of desire, as contrasted with 見行 rational behaviour〕①견애이행(見愛二行). ②애욕(愛欲)의 정(情)이 많은 것을 애행(愛行)이라 하고, 추리(推理)가 많은 것을 견행(見行)이라 한다. 행은 곧 심행(心行)이며, 심(心)의 활동이다.

야단법석【野壇法席】〔英 a bustle; a (great) stir; a fusse; a row; a bobbery; a hurly-burly; a pother〕들판에 단(壇)을 만들고 대중(大衆)을 모아 임시로 설법하는 자리. 준비 없이 임시로 마련했기 때문에 주최측이 분주하게 돌아다녔는데, 그 의미가 바뀌어서 많은 사람이 한곳에 모여 몹시 소란하게 구는 일을 말하게 되었다.

야마【Yama】인도의 신명(神名). 야마신의 이름은 이미 『리그베다』에서 등장하는데, 그 기원은 적어도 인도·이란 시대로 거슬러 올라간다. 조로아스터 경전인 『아베스타(Avesta)』에서는 이것에 해당하는 신(神)을 '이마'라고 부른다. 베다시대 최초기(最初期)에는 야마가 그다지 중요한 신이 아니었지만, 『리그베다』 제10권이나 『아타르바베다』, 그리고 상히타 류(類), 브라흐마나 문헌 등에 가끔씩 언급되면서 차츰 베다의 여러 신 사이에서 하나의 독특한 지위를 차지해 갔다. 『리그베다』 제10권에 수록되어 있는 야마와 누이동생 야미 사이에 벌어진 문답체의 시편(詩篇)은 특히 유명하다. 야마는 보통 명계(冥界; 저승세계)의 주(主)로 보이지만, 그 성격과 배경은 복잡하고 수수께끼에 차 있어 쉽게 포착하기 어렵다. 또한 시대의 추이(推移)와 더불어 다른 모양을 나타내기도 한다. 『리그베다』에서는 태양신 비바스벳트의 아들인 야마가 최초의 사자(死者)로서 황천(皇天)의 나라에 가서 그대로 조령(祖靈)들의 주(主)로서 명계(冥界)에 군림(君臨)했다고 하는 신화가 전한다. 한편 베다시대에 야마는 두 마리의 개〔犬〕를 거느리는 사자(死者)의 신(神)으로 여겨 무서워하는 한편, 사람을 죽음으로부터 보호하는 자혜로운 신으로서도 숭앙되었는데, 야마세계는 일종의 낙토(樂土)로 생각되었다. 그런데 바라문 소년 나치게다스가 명부(冥府)에 내려와 야마와 철학문답을 한다는 유명한 『카타우파니샤드』 이야기의 원형으로 볼 수 있는 내용은 이미 『리그베다』에 나타나고 있다. 야마는 후대로 내려올수록 사신(死神)으로 생각되어 무리듀·안다카·카라 등의 별명(別名)을 갖게 되었다. 또한 야마가 다르마나 다르마나쟈로 불리고 최고(最高)의 법(法)의 집행자, 정의(正義)의 감시자라고 보인 것은 이 신(神) 본래의 성격을 시사하는 것으로 볼 수 있다. 한편 윤회전생설이 인도인의 마음에 깊이 뿌리내리면서 야마는 명계(冥界)의 주(主)라기보다는 오히려 옥졸(獄卒)을 거느리고 사자(死者)를 벌하는 지옥의 왕으로 되었다. 그래서 방금 죽어 가는 사람의 베갯머리에 야마신의 사자(死者)가 나타나 지옥으로 데리고 가는 모양이 서사시 푸라나 곳곳에 묘사되어 있다. 불전(佛典) 중에서 야마, 곧 야마천(夜摩天), 염마천(焰摩天)은 대부분 지옥의 왕, 옥졸의 주(主)로서 등장한다.

야마천 【夜摩天】〔梵 Suyāma-deva〕 욕계(欲界) 6천(天)의 제3천. 공거(空居) 4천(天)의 하나. 수야마천(須夜摩天)·염마천(焰摩天)·염천(焰天)이라고도 한다. 선시천(善時天)·시분천(時分天)이라 번역한다. 시간을 따라 쾌락을 받으므로 시분천이라 한다. 지상에서 16만 유순(由旬; yojana) 위에 있다. 이 천상 사람의 키는 2유순, 옷의 길이는 4유순, 넓이는 2유순이며, 무게는 3수(銖)이다. 처음 태어나면 그 모습이 인간의 7세 아이와 같고, 얼굴이 원만하며, 의복은 저절로 마련되고, 수명은 2천 세이다. 그 하늘의 1주야는 인간의 200년, 인간의 세월로 그 하늘의 2천 세를 환산하면 14억 4백만 년이 된다.

야보도천 【冶父道川】 중국 송(宋)나라 때 선승(禪僧). 속성은 적(狄), 자

(字)는 실제(實際), 이름은 삼(三). 젊어서 군(軍)에서 궁수(弓手)로 있다가 발심하여 출가하였다. 그의 『금강경야보송(金剛經冶父頌)』은 경(經)의 교의적(敎義的)·언어문자적 풀이가 아닌 격외적(格外的)·조사선적(祖師禪的) 경지를 잘 드러내고 있어 선가(禪家)에 널리 알려져 있다.

야사【耶舍】〔梵 yaśas〕야수타(耶輸陀)·야사타(耶舍陀)라 음역하고, 명문(名聞)·명칭(名稱)이라 번역한다. 중인도 바라내국 장자, 선각의 아들. 인생의 무상함을 통감하고 염세하는 마음을 내어, 집을 떠나 석존에게 와서 교화를 받고 불제자가 되었다. 그의 부모와 아내는 야사의 출가를 슬피 여겨 석존이 있는 데까지 따라왔다가, 부처님의 교화를 받고 불문(佛門)에 귀의하였다. 이들 부부가 부처님이 성도(成道)하신 후 첫 우바새·우바이 제자가 되었다.

야소다라【耶輸陀羅】〔梵 Yaśodhara〕⑴ 석존의 외사촌. 석존이 출가하기 전 실달다 태자 때의 비(妃). 태자 나이 19세에 그를 맞이하여 아들 라후라(羅睺羅)를 낳고, 성도하신 후 5년째 되던 해에 이모 마하파사파제(摩訶波闍婆提)와 5백 명의 석가족 여자들과 함께 출가하여 비구니가 되었다.

⑵ 밀교(密敎)의 태장계(胎藏界) 관음원(觀音院)의 일존(一尊).

야압자【野鴨子】화두. 중국 당(唐)나라 때 선승인 마조(馬祖, 709-788)가 제자 백장(百丈, 720-814)과 함께 길을 가다가 들오리가 날아가는 것을 보고, 마조가 '이것이 무엇인가?'라고 묻자, 백장이 '들오리입니다.'라고 대답했다. 마조가 '어디로 가는가?'라고 묻자, 백장이 '날아갔습니다.'라고 대답했다. 그러자 마조가 백장의 코를 비틀었는데, 백장이 아픈 소리를 하였다. 그때 마조가 '그래도 날아갔느냐?'라고 한 데서 이렇게 부르게 되었다.

야차【夜叉】〔梵 yakṣa, 英 a (female) demon; a (she-) devil〕 8부중(部衆)의 하나. 나찰과 함께 비사문천왕(毘沙門天王)의 권속으로 북방을 수호한다. 이에 천야차(天夜叉)·지야차(地夜叉)·허공야차(虛空夜叉)의 3종이 있다. 천야차·허공야차는 날아다니지만 지야차는 날지 못한다.

야호선【野狐禪】〔英 Wild-fox meditators, i.e. non-Buddhist ascetics, heterodoxy in general〕 ① 선가(禪家)에서 선(禪)의 참뜻을 모르거나 잘못하는 외도선(外道禪)을 일컫는 말. ②아직 선(禪)의 세계를 깨치지 못했는데도 스스로 깨쳤다고 자부하는 사람. 또는 그런 일. ③제대로 알지 못하면서 아는 체하거나 스스로 만족하는 사람.

약교석【約敎釋】천태지의(天台智顗, 538-597)가 『법화경』을 해석하는 데 사용한 4석(四釋) 가운데 하나. 같은 문자와 장구(章句)에서도 4교(四敎)의 깊고 얕은 데에 따라 그 의미가 같지 않다고 해서, 한 문구를 해석할 때마다 4교(四敎)의 입장으로 각각 다르게 해석한 것을 말한다.

약사본원경【藥師本願經】〔梵 Bhagavato bhaiṣajyaguruvaiḍūryaprab hasyapūrvapraṇidhānaviśeṣavistāra-sūtra〕 정식으로는 『불설약사여래본원경(佛說藥師如來本願經)』이라고 한다. 중국 수(隋)나라 때〔616〕 달마급다(達摩笈多; Dharma-gupta, ?-619)가 번역. 1권. 『약사경(藥師經)』 5역(譯) 가운데 하나. 내용은 동쪽에 있는 불국토인 정유리국(淨琉璃國)에 머물고 있는 약사여래는 12가지의 대서원을 세우고 모든 중생들을 위해서 보살행을 베풀고자 하였으므로, 모든 중생들이 약사여래를 잘 믿고 진심으로 약사여래의 이름을 외운다면, 12대원에 따라서 모든 고통에서 벗어나 복을 받게 된다는 것이 이 경의 주요 내용이다.

약사여래【藥師如來】〔梵 Bhaiṣajyaguru, 西 Sman gyi bla〕 약사유리광여래(藥師琉璃光如來)의 약칭(略稱). 대의왕불(大醫王佛)이라 한다. 불교에서 널리 신앙되었던 여러 부처님 가운데 하나. 동방 정유리국(淨琉璃國)의 교주(敎主)로, 이 약사여래는 과거에 12대원(大願)을 발하여 이 세계 중생의 질병을 치료하고, 수명을 연장하며, 재화(災禍)를 소멸하고, 의식(衣食)을 만족케 하며, 부처의 행을 닦아 무상보리(無上菩提)의 묘과(妙果)를 증득하게 하겠다고 서원하였다. 큰 연꽃 위에서 왼손에는 약병을 들고 오른손으로는 시무외인(施無畏印)을 맺는 형상이 일반적이지만, 오른손을 들고 왼손을 내리는 등 여러 가지가 있다.

약사전【藥師殿】 약사유리광여래(藥師琉璃光如來; 곧 藥師如來)를 모신 전각. 약사당(藥師堂)이라고도 한다.

약산유엄【藥山惟儼, 751-834】 중국 당(唐)나라 때 선승. 속성은 한(韓)씨. 산서성 강주(絳州; 山西 新絳) 사람. 17세에 조양(潮陽) 서산(西山) 혜조(慧照)에 의해 출가하고, 773년〔大曆 8〕에 형악(衡嶽) 희조(希澡)에게 계(戒)를 받았다. 경론(經論)에 박통(博通)하고, 계율을 엄격하게 지켰다. 나중에 석두희천(石頭希遷, 700-790)에게 갔다가, 다시 마조도일(馬祖道一, 709-788)에게 참학(參學)하여 한 말에 깨달았다. 3년을 머물고 석두(石頭)에게 돌아가 법을 이었다. 예주(澧州) 약산(藥山)에 있으면서 설법교화했기 때문에 약산(藥山)이라고 불렀으며, 834년〔太和 8〕에 84세로 입멸하였다. 시호는 홍도대사(弘道大師).

약상보살【藥上菩薩】〔英 Bhaisajyasamudgata, bodhisattva of healing, he whose office, together with his brother, is to heal the sick〕 25보살의 하나. 약왕보살(藥

王菩薩)의 동생으로, 전광명(電光明)이라고도 한다. 극히 단정하면서도 화려한 형상(形象)인데, 두 손에 영락(瓔珞)의 짐대〔幢〕를 받들고 있다.

약석【藥石】총림이나 선원에서 쓰는 말로서 저녁공양을 가리킴. 본래 선원총림에서는 오후불식(午後不食)의 법에 따라 저녁공양은 하지 않았다. 그러나 점진적으로 저녁공양을 하게 되었는데, 허기와 기갈을 치료한다는 의미에서 저녁공양을 약석(藥石)이라고 했다. 약석이란 돌로 만든 침(針)을 뜻한다. 고대에는 돌로 침을 만들었음.

약왕보살【藥王菩薩】〔梵 Bhaiṣajya-rāja, 英 Bhaiṣajya-rāja Bodhisattva, the elder of two brothers, who was the first to decide on his career as Boddhisattva of hearing, and led his younger brother to adopt the same course〕25보살의 하나. 관약왕(觀藥王)이라고도 한다. 과거세에 유리광소여래(瑠璃光昭如來)가 있었다. 여래가 멸도한 후에 비구 일장(日藏)이 출현하였는데, 총명하여 여러 대중에게 대승(大乘)의 평등대혜(平等大慧)를 연설하였다고 한다. 이때 대중 가운데 성수광장자(星宿光長者)가 아우와 함께 설법을 듣고 마음으로 기뻐하여, 과실과 좋은 약으로 비구와 대중에게 공양하고 대보리심을 내었다. 그때의 장자가 지금의 약왕보살, 그 아우가 약상보살(藥上菩薩)이다. 약왕보살은 미래에 성불하여 누지여래(樓至如來), 혹은 정안불(淨眼佛)이 되리라고 한다. 이 보살은 항상 대비의 약으로 일체중생의 혹업(惑業)을 치료하고, 즐거움을 주는 데 자재를 얻었다고 한다. 또한 일찍 몸을 태워 부처님께 공양할 적에, 그 불〔火〕이 1천 2백 세가 되도록 꺼지지 않았다고 한다. 몸이 단정하면서도 화려하고, 왼손에 짐대〔幢〕를 가진 형상이다.

약행관【約行觀】3종 관법(觀法; 托事觀·附法觀·約行觀)의 하나. 『마하지관(摩訶止觀)』에 관행(觀行)을 닦는 방법에 따라, 일념(一念)의 망심(妄心)을 소관(所觀)의 경계로 정하여 놓고, 심성(心性) 그대로가 즉공(卽空)·즉가(卽假)·즉중(卽中)이라고 관하는 것을 말한다.

양거【羊車】〔梵 aja-ratha, 英 The inferior, or śrāvaka, form of Buddhism〕삼거(三車)의 하나. 삼거(三車)는 양거(羊車; 양이 끄는 수레), 녹거(鹿車; 사슴이 끄는 수레), 우거(牛車; 소가 끄는 수레)인데, 각각 성문승(聲聞乘)·연각승(緣覺乘)·보살승(菩薩乘)에 비유한 것이다. 양(羊)이 끄는 수레는 성문승을 말한다.

양견신【兩肩神】동명신(同名神)과 동생신(同生神)을 말함. 동명신은 모든 중생의 왼쪽 어깨 위에 있으면서 밤낮으로 그 사람의 선업(善業)을 기록한다는 남신(男神)이고, 동생신은 모든 중생의 오른쪽 어깨 위에 있으면서 밤낮으로 그 사람의 악업(惡業)을 기록한다는 여신(女神)이다. 이 양신(兩神)은 그 기록한 것을 염마왕에게 아뢴다고 한다.

양계만다라 【兩界曼荼羅】 금강계만다라(金剛界曼荼羅)와 태장계만다라(胎藏界曼荼羅). 이것은 진언밀교(眞言密教)의 근본만다라(根本曼荼羅)이다.

양고승전 【梁高僧傳】 중국 남조(南朝) 양(梁)나라 무제(武帝) 때의 학승(學僧)인 혜교(慧皎, 497-554)가 519년〔梁 천간 18〕에 지음. 본전(本傳) 13권, 서록(序錄) 1권으로 되어 있다. 이 책은 정전(正傳)·부전(附傳) 합하여 5백 명을 수록하였는데, 종래 사전(史傳)을 널리 고찰하여 구성·저술한 것이다.

양구 【良久】 잠시 말없이 있는 것. 잠시 침묵하고 있는 것. 어떤 외도(外道)가 불타(佛陀)에게 '말하지도 말고 말 안 하지도 말고 진리를 가르쳐 달라.' 하자, 불타가 양구(良久)하였다. 그러자 그 외도가 깨우쳐서 불타를 찬탄하였다는 것이 이와 관련한 첫 번째 기록이다. 또 『유마경』에서 불이법(不二法)에 대하여 여러 보살들이 제각기 말하는데, 유마힐은 양구하여 여럿의 칭찬을 받았다는 기록도 있다. 그 뒤로 선종에서 법담(法談)을 하는 데 양구를 많이 쓰고 있다.

양기방회 【楊岐方會, 992-1049】 중국 북송(北宋) 진종·인종 때의 임제종 양기파(楊岐派)의 개조. 속성은 냉(冷). 원주의춘(遠州宜春; 지금의 江西에 속함) 사람. 20세에 균주(筠州; 지금의 江西 高安) 구봉산(九峰山)에 이르러 승려가 됨. 뒤에 담주(潭州; 湖南 長沙)에 가서 석상초원(石箱楚圓, 986-1039) 문하에서 선원의 일을 보좌하다가 법을 얻은 후에는 사임하고 구봉으로 돌아왔다. 후에 원주 양기산에 있으면서 법을 전했는데, 이름이 사방에 떨쳐서 양기방회(楊岐方會)라고 불렸다. 임제의 선풍을 계승하여 현묘한 이치를 내어 그 법통을 양기파라 하는데, 제자로는 송단(宋端)·인용(仁勇) 등 12명이 있다. 언행을 모은 것으로 『양기방회화상어록(楊岐方會和尙語錄)』 1권·『양기방회화상후록(楊岐方會和尙後錄)』 1권 등이 있다.

양기파 【楊岐派】 중국 선가(禪家) 7종(宗) 가운데 하나. 임제종의 자명초원(慈明楚圓, 986-1039) 문하인 양기방회(楊岐方會, 992-1049)가 개창한 종파. 방회의 문하에 백운수단·보령인용 등 법제자가 있었는데, 특히 『벽암록』 편찬자 원오극근과 간화선의 거장 대혜종고에 의하여 크게 성(盛)하였다.

양류관음 【楊柳觀音】〔英 Kuan-yin with the willow-branch〕 버드나무가 바람에 나부끼듯이, 자비심이 많아서 중생의 서원을 잘 들어주는 관세음보살을 일컫는 말. 33관음의 하

ㅇ

나. 형상은 오른손에 버들가지를 들고 왼손은 젖가슴 위에 대어 대자비(大慈悲)의 자태를 지었다.

양미순목 【揚眉瞬目】 눈썹을 올리고 눈을 깜박거리는, 극히 일상적인 동작. 선승(禪僧)이 수행자를 인도할 때의 일거수일투족(一擧手一投足)으로서, 언어도단의 선의 세계를 표현할 때 많이 쓰임.

양설 【兩舌】〔梵 paiśunya, 巴 pisuṇā vācā〕 10악(惡)의 하나. 구업사악(口業四惡; 兩舌·綺語·妄語·惡口)의 하나. 한 입으로 두 말을 하는 것. 양쪽 사람에 대하여 번갈아 서로 다른 말을 하는 것. 그리하여 양쪽 사람의 사이를 이간하여 불화케 한다. 신역(新譯)에서는 이간어(離間語)라고 한다.

양족존 【兩足尊】〔梵 dvi-pada-uttama, 英 The most honoured among men and devas〕 부처님의 존호. 부처님은 두 발을 가진 인류 중에서 가장 높고 귀한 분이라는 뜻. 또는 대원(大願)과 수행(修行), 지혜(智慧)와 복덕(福德)을 원만히 갖추었다는 뜻.

양종판사 【兩宗判事】 조선 중기의 승직. 선종(禪宗)과 교종(敎宗)의 판사(判事). 고위 승직(僧職)의 하나이다. 『경국대전(經國大典)』 5권, 형전(刑典) 금제(禁制)에 나온다.

어록 【語錄】〔英 analects; sayings〕 학자·승려·지도자들이 행한 평소의 말을 모아서 기록한 글. 어록이라는 말은 『당서(唐書)』 예문지(藝文志)에 의하면, 공사상(孔思尙)의 『송제어록(宋齊語錄)』에서 비롯되었다. 『주자어류(朱子語類)』·『전습록(傳習錄)』·『이자수어(李子粹語)』 등이 이에 속한다. 불교에서는 특히 선승들의 법문을 어록이라고 많이 지칭한다. '어록'이라고 하는 형태가 선종에서 채용된 것은 '돈오(頓悟)'와 깊은 관계가 있다. 선승은 깨달음의 체현자로서 불타(佛陀)와 완전히 동등한 지위가 부여되었기 때문에, 어록도 불타(佛陀)가 남긴 경전과 같이 절대시되고 기록되었던 것이다. 특히 마조(馬祖, 709-788) 이후의 선에서는 어록 이외에 별도로 사상적 표현법은 없었다고 해도 과언이 아니다. 이리하여 선은 어록을 통하여 스스로를 충분히 표현하는 수단을 삼았다. 어록의 원형은 『논어』에 보이는 것처럼 중국의 전통에도 있었다. 그 의미에서도 어록의 성립은 중국인에 의한 불교의 탄생을 상징하는 사건이었다. 이리하여 당대(唐代)에는 많은 어록이 나타나고, 각각 선자(禪者)의 개성을 반영해서 백화요란(百花繚亂)의 맛을 보였다.

어묵동정 【語默動靜】 말하고 침묵하고 움직이고 앉아 있음. 곧 일상적인 언동의 일체를 가리킴. 행주좌와(行住坐臥)와 짝이 되어 쓰임.

어밀 【語密】 구밀(口密)이라고도 한다. 여래(如來) 삼밀(三密)의 하나. 밀교(密敎)에서 일체의 말과 음성을 말한다. 곧 구업(口業). 불(佛)의 입장에서 보면, 대일여래(大日如來)의 말씀은 미묘 불가사의하며 범부(凡夫)가 알 수 없는 것이므로 밀(密)이라고 한 것이다. 또한 중생의 측면에서는, 중생은 대일여래의 법신(法身)과 일체 불이(一體不二)하여 불(佛)과 같이 미묘한 말을 갖추어서 본래부터 다른 사람이 엿볼 수 없는 것이므로 밀(密)이라고 하는 것이다.

어업【語業】〔梵 vāk-karman, 巴 vaci-kamma, 英 The karma produced by speech〕 삼업(三業)의 하나. 입으로 짓는 업(業). 구업(口業)이라고도 함. 어업에는 표업(表業)과 무표업(無表業)이 있다. 언어는 자신의 의사를 외부로 나타내는 행위이므로 표업이라고 함. 따라서 표업은 입에서 나오는 말을 뜻함. 무표업은 표업에 따라 다음에 결과를 받을 원인이 되는 업을 뜻함. 구업 항목 참조.

억상분별【憶想分別】〔梵 saṃkalpa, saṃjñā-vikalpa〕 ①마음으로 이것저것 생각함. ②생각으로 이것저것 분별함.

언교【言敎】〔梵 vijñapti, 英 The teaching of Buddha as embodied in wards〕 ①말로써 남을 교화하는 것. 불보살이나 성현들의 가언(嘉言)·선행(善行), 또는 모범이 되는 좋은 말을 많이 해주어 본받게 함. 모든 사리를 타일러서 가르치는 것. ② 불보살·성현들이 말로써 가르친 교훈.

언어도단【言語道斷】①〔英 unspeakable; unutterable〕 진리의 본체·본래 마음을 설명하는 말. 진리의 본체는 언어로써는 도저히 설명할 수도 없고, 우리의 본래면목 역시 언어로써는 접근하거나 설명이 불가능하다는 뜻. 그것을 '언어가 끊어졌다〔言語道斷〕.'고 표현한다. ②〔英 absurd; preposterous〕 말문이 막힌다는 뜻. 하도 어처구니가 없어서 말로써는 어떻게 설명할 수 없다는 말.

업【業】〔梵 karman, 巴 kamman, 英 'action, work, deed', 'moral duty', 'product, result, effect'〕 인도철학의 용어. 동사의 어근(語根) √kṛ〔하다·만든다〕로부터 파생한 명사로서, 그 뜻은 하는 일·하는 것·하는 힘 등을 의미한다. 여기서 파생되어 작용(作用)·행위(行爲)·제사(祭祀) 등을 가리키게 되었으며, 인도에서는 널리 사용된 중요한 용어이다. 특히 윤회설(輪廻說)과 결부한 후로 업(業)은 윤회전생(輪廻轉生)을 있게 하는 일종의 힘〔力〕으로서, 단순히 표면적인 행위를 가리키는 데 그치지 않고, 과보(果報)를 동반하는 잠재적인 힘을 적극적으로 가리키게 되었다. 이러한 생각이 강하고 깊게 인도사상계에 침투한 결과, 업설(業說)을 뺀 어떠한 사상적 표명도 있을 수 없을 정도로 중요한 개념이 되었다. 윤회설의 기원은 정해진 것은 아니지만, 우파니샤드시대가 되어 오화이도(五火二道)에 의한 윤회설이 명료하게 이야기되면서, 그와 함께 윤회의 원동력으로서의 업설(業說)이 급속하게 부상했다. 고(古)우파니샤드 이래, 윤회의 원동력인 업(業)은 인도철학 여러 학파의 수많은 탐구의 목적이 되었다. 수행자가 전 생애에 걸친 수행의 동기, 혹은 해탈해야 할 대상으로 여겼던 것이 업(業)이었다. 업(業)과 진실지(眞實知)를 깨닫는 것에 의한 해탈의 관계는 이렇게 이해된다. 이미 과보를 낳는 작용이 잠세적으로 존재하는 잠재업(潛在業; anārabdha-karman)을 소멸시킬 수 있는 것은 진실지(眞實知; tattva-jñāna)이다. 그러나 '이미 과보를 낳기 시작한 업〔prārabdha-karman〕'은 그 과보를 받는 것〔bhoga〕 이외에는 없다.

[업과 삼스카라(saṃskāra; 行)] '행하다'·'행동하다'라는 의미를 합하면 '잠재적인 능력'을 함께 표현하고 있다는 점에서 삼스카라는 때로 업(業)과 같은 의미로 사용되기도 한다. 삼스카라는 지속력·습관력·생명력·기억력〔잠재인상〕 등을 말하는 지속작용 등을 가리키는 용어로서, 학파를 초월하여 사용된다. 한편 삼스카라는 존재(存在)·완성(完成)·정화(淨化)라는 의미로도 사용되는 다의적(多義的)인 말이다. 비슷한 의미로는 '베가(vega)'가 있는데, 이것은 특히 관습력이나 운동에너지의 의미로서 사용된다. 자이나교처럼 업(業)을 힘〔動力〕으로서가 아니라 물질로서 파악하려는 사고방식도 있다. 행위의 결과 영혼의 어딘가에 붙어 있는 미세한 입자로서 영혼을 속박하는 것이기도 하다.

[요가학파] 요가학파에서는 살아있는 존재가 윤회전생을 끊임없이 반복하는 가운데 각종의 다양한 행위를 하면 마음속에 무수한 잠세력(潛勢力; 삼스카라)이 축적된다고 설명한다. 여기서 말하는 잠세력은 잠재인상과 번뇌, 그리고 업으로 구성된다. 잠재인상은 번뇌로 인해 행위할 때 계속적인 영향을 미친다. 업(業)의 축적은 다음의 생존상태를 결정하고, 수명·형태·속성을 규정한다. 번뇌는 멈추지 않는 욕망으로서 행위를 일어나게 하므로 업(業)의 원인이 된다. 번뇌, 특히 무지(無知)가 요가에 의해서 제거되면, 그것을 원인으로 하는 업(業)이 새로운 결과를 낳지는 않는다. 또한 작용을 드러내고 있는 업(業)이 남김없이 다하게 되면 윤회는 소멸되고, 육체의 죽음과 함께 완전한 해탈을 달성한다.

[바이세시카학파] 불이일원론학파(不二一元論學派)는 업(業)의 본질을 무지(無知; avidya)의 이미지 구성능력, 즉 의식 속에 영상을 리얼하게 구성할 뿐만 아니라, 그 영상에 기초한 고정관념을 만들어 내는 능력에서 찾

았다. 살아 있으면서 해탈한 사람에게도 '작용을 개시한 업(業)의 향수(享受)가 남아 있다.'라는 것처럼 단순한 이미지를 구성하는 능력, 곧 어떤 무지의 흔적이 있다. 물론 새로운 육체 등 윤회의 토대가 되는 무지의 흔적은 찾아볼 수 없다. 따라서 이원론적으로 대립하는 세계를 생생하게 눈으로 볼 수 있는 존재로서 영상화하거나 실질적인 기능을 맡고 있는 것처럼 느끼게 되는 무지의 이미지 구성능력은 깨달음에 의해서 줄어들지 않고, 삶의 과정에서 계속해서 기능(機能)한다. 소위 바차루리아리띠와 같은 업(業)의 이미지 구상작용(構想作用)의 적극적인 관계는 대승불교의 유가행유식파(瑜伽行唯識派)가 설한 업(業)과 아뢰야식의 구상작용의 관계와 극히 유사성이 높다. 불교를 일으킨 석존은 신아(神我; 푸루샤) 등 절대자의 존재를 부정하는 입장에서 '나는 업론자(業論者)다.'라고 하여 업에 의한 자기책임을 전개하고, 업에 의한 윤회전생을 설하였다. 업은 일반적으로 행위(行爲)라고 번역되지만 업(業)의 여세(餘勢)는 어떤 형태로 행위자에게 미친다는 것이고, 또 그 여세(餘勢)가 무엇인가의 형태로 행위자에게 좋거나 혹은 좋지 않은 영향을 끼친다는 것 등을 뜻한다. 불교에서 업을 설한 것은 우리의 인생에 불가피하게 엄습하고 있는 고(苦)나 낙(樂), 불고불락(不苦不樂)의 원인을 업(業)에서 구하기 때문이다. 특히 고(苦)의 원인을 번뇌에서 찾고 번뇌에 기초한 업(業)이 장애를 일으킨다고 하는 혹(惑; 번뇌)·업(業)·고(苦)의 원환적(圓環的) 존재방식을 십이지(十二支)의 연기(緣起)로서 제시한 것이 업감연기설(業感緣起說)이다. 이것은 무명(無明)이라는 미혹(迷惑)으로부터 행(行)이라는 업(業)이 생기고, 그리고 식(識)·명색(名色; 정신과 물질)·육입(六入; 감각영역)·촉(觸; 감촉)·수(受; 감수)라는 고과(苦果)를 가져온다. 그리고 이 과(果)는 나아가 애(愛)와 취(取; 집착)라는 미혹으로부터 유(有; 미혹한 생존)라는 업(業)을 일으키고, 생(生; 再生)과 노사(老死)라는 결과를 가져온다는 형태로 윤회한다고 설한다.

[부파불교시대의 업론] 1. 설일체유부(說一切有部). 업(業)의 분류로서는 일반적으로 신(身)과 어(語)와 의(意)의 삼업(三業)이 있다. 그런데 부파불교시대에 이르러 '업(業)의 본체[자성]는 무엇인가'가 논의되었다. 설일체유부는 의업(意業)과 신업(身業)·어업(語業)으로 대별(大別)하였는데, 신업(身業)·어업(語業)은 의업(意業)인 사(思; 意思의 움직임)의 뒤에 표면화된 것, 타자(他者)에게 인지(認知)되는 형태로 나타난 것이라고 생각하였다. 이것은 의업(意業)의 의사(意思)가 직접적으로 인지되지는 않고, 다만 표면화된 신(身)·어(語) 이

업(二業)에 의해서 역(逆)으로 탐지(探知)될 수 있다는 것, 그리고 표면화되고 보다 객관화된 것에 의해서 업(業)을 본다는 생각에서 비롯된 것이다. 그래서 신업(身業)·어업(語業) 두 업(業)만 표업(表業; vijñapyā-khya-karman)이라 하는데, 표업이란 구체적으로 드러난 것을 뜻한다. 요컨대, 신(身)·어(語) 이업(二業)을 통해서 의업(意業)의 사(思; 의사)를 확실하게 인지하려는 자세가 나타난 것으로 볼 수 있다. 또한 설일체유부는 찰나멸(刹那滅)을 취하는 한편, 표업(表業)의 본체〔자성〕를 형색(形色; 長·短 등의 형태)과 성(聲; 음성)이라는 물질로 이해하기 때문에, 표업은 일찰나(一刹那)에 그 범위 내에서 점점 소멸되지 않을 수 없다. 따라서 그 뒤의 시간까지 표업의 습성을 보호 유지하는 능력이 있다고 할 수는 없다. 거기서 표업의 습성을 보호 유지하는 것으로서 별도로 무표업(無表業)이라는 것을 세운다. 이 무표업은 법처(法處)에 속하는 물질에 해당한다. 물질이면서 색처(色處)에 속하지 않는 것은 마음에 의해서만 인식되는 것이기 때문이다. 나아가 의업(意業)에 무표업을 세우지 않는 것은 의업의 자성(自性)은 의사(意思)이므로 색법(色法; 물질로서의 존재)이 아니다. 따라서 색법에 의해서 야기되는 업(業), 즉 표업의 습성〔無表業〕에 관해서도 생각할 필요가 없기 때문이다. 의업(意業)은 다만 사이업(思已業)인 신(身)·어업(語業)이 드러남으로써 비로소 업(業)으로서 의의를 지닌다고 생각한다. 이와 같이 동기(動機)보다도 결과를 중시하는 것이 설일체유부에서 주장하고 있는 업론(業論)의 특색이다. 2. 경량부(經量部). 업(業)에 대해서 경량부는 신표(身表; 신체가 표현하는 모양)와 신표업(身表業; 신체를 통해서 표현되는 작용)을 구별하는데, 신표는 인정되지만 신표업은 인정되지 않는다는 입장을 취한다. 신표업의 자성(自性)은 물질의 형색(形色)이라고 하는 설일체유부를 비판하여 형색은 색의 원자〔顯色〕가 집합할 때 발생하는 장(長)·단(短) 등의 여러 가지 형태에 지나지 않는 것이며, 그 형태 자체는 실체를 가지고 존재하는 것이 아니다. 따라서 형색은 임시의 모습이며, 형색인 신표도 사력(思力)이 개념의 형태로 드러난 것에 지나지 않으므로 실체(實體)를 가진 업(業)이라 할 수 없다. 그러므로 사(思; 意思의 움직임)를 신(身)·어(語)·의업(意業) 모두의 자성이라고 한다. 경량부에서도 설일체유부와 같이 의업(意業)을 사업(思業), 신(身)·어업(語業)을 사이업(思已業) 등으로 구별하지만, 사업(思業)·사이업(思已業)이라 해도 자성은 어디까지나 사(思)이므로, 사업(思業)은 여차여차한 것을 이룬다고 생각하는 '사유(思惟)의 사(思)〔saṃkalpacetanā〕'이며, 사이업(思已業)은 전에 사유한 것을 통해서 신(身)·어(語) 상(上)에 동작을 일으키는 '작사(作思)의 사(思)〔kriyā-cetanā〕'라고 해석하여, 이것은 사(思)의 구별에 지나지 않는다고 주장한다. 또한 업(業)의 여세(餘勢)에 관해서는 물질적이며, 또한 정신적인 종자(種子)가 존속한다고 주장한다. 이 사고는 대승불교의 유가행파가 주장한 것으로, 의식(意識)의 근저에 항상 지속하는 아뢰야식이 존재하며, 업(業)의 여세(餘勢)는 습기(習氣)로서 축적된다고 설한다. 3. 남방상좌부(南方上座部). 남방상좌부는 업(業)의 본체를 사(思)라고 하는 점에서 경량부(經量部)와 같지만, 사(思)와 상응하는 일군(一群)의 제법(諸法)까지도 업(業)으로 본다. 이 '사(思)와 상응하는 일군의 제법(諸法)'이라고 하는 것은 탐욕(貪慾)·진에(瞋恚)·사견(邪見)·무탐(無貪)·무진(無瞋)·정견(正見)의 여섯과 칠보리분(七菩提分)·팔성도지(八聖道支)의 합계 21법(法)을 말하며, 이것들이 신업(身業)의 문(門)이라고 칭하는 바의 '신표(身表)'에서 일어나고, 그리고 이 사(思)에 의해서 살생 등이 행해질 때 그 사(思)가 신업(身業)이라 한다. 이 신표는 경량부가 이해한 신표(身表)·어표(語表)보다 훨씬 추상적 혹은 관념적인 것으로 사(思)가 신표라는 형태를 취하여 자신을 표출하고, 그 신표가 연(緣)이 되어 풍대(風大)가 색신(色身)을 움직이게 하는데, 여기서 업(業)이 성립한다고 하는 업론(業論)을 고찰하고 있다. 이것은 결과가 발생하기 이전의 심오한 동기라는 측면에서 파악하는 사고방식으로서, 행위를 동기보다 표면화된 결과의 측면에서 파악하려는 설일체유부와는 커다란 차이점이 있다.

[여러 가지 업(業)] 업(業)은 앞에서 설명한 삼업(三業)이나 이업(二業; 表業·無表業) 외에도, 1. 개별적인 업〔不共의 업〕과 공통적인 업〔共業〕, 2. 고수(苦受)를 가져오는 악업〔順苦受業〕과 낙수(樂受)를 가져오는 선업〔善業順樂受業〕과 불고불락수(不苦不樂受)를 가져오는 선업〔善業順不苦不樂受業〕, 3. 과보(果報)를 현세에 가져오는 업〔順現法受業〕과 내세에 가져오는 업〔順次生受業〕과 나아가 그것보다 더 위에 과보를 가져오는 업〔順後次受業〕의 삼시업(三時業), 4. 과보가 확정하고 있는 업〔定業〕과 시기를 확정할 수 없는 업〔不定業〕 등으로 분류하여 해석하고 있다. 하지만 어찌 되었든 악업(惡業)을 끝나게 하고 선업(善業)을 닦아야 할 것임을 시사하고 있다.

업감연기【業感緣起】 연기론(緣起論)의 일종. 모든 세계와 중생은 업력(業力)에 의하여 생성과 소멸〔緣起〕을 반복〔윤회〕한다는 것. 『구사론(俱舍論)』·『바사론(婆沙論)』 등에서 설하고 있다. 중생〔人生〕 및 세계가 무엇에 의해서 발생하고, 무엇에 의해 이루어지는가를 설명한 것 가운데 하나. 초기 불교시대부터 중생 및 세계는 중생 각자의 업(業)의 힘〔力〕에 의하여 생성한 것이므로 각자의 의지에 대한 고려는 중요한 논제(論題)로 보지 않았다. 우리는 몸〔身〕·입〔口〕·뜻〔意〕으로써 업력(業力)을 생(生)하고, 다시 그것은 잠재적인 세력이 된다. 이 잠재적인 세력(勢力; 業因)은 끝나지 않고 반드시 그 결과(結果; 業果)를 가져오게 된다〔感果〕. 인생도 세계도 모두 이 업(業)의 결과라고 한다면, 인생 세계가 천차만별함에 따라서 업도 역시 천차만별일 수밖에 없다. 이 경우에 미계(迷界; 중생계), 즉 유루(有漏)의 업인업과(業因業果)와 오계(悟界), 즉 무루(無漏)의 업인업과가 있지만, 보통 업감연기는 미(迷)의 세계를 설명하는 데 쓰인다. 즉 중생에는 육도 등의 차별이 있어, 모두 각각 주체인 중생〔正報〕과 중생이 머무는 국토〔依報〕가 있다. 사람에 대해서 말하면 인신(人身)과 이 세계이다. 그런데 중생의 신(身), 즉 정보(正報)는 부모 때문이 아니고, 전세(前世)에서 스스로 뿌린 업력(業力)의 종자에 의하여 지금 이 과보를 받은 것이라 한다. 그 순서는 먼저 사유(死有)로부터 중유(中有), 중유로부터 생유(生有), 생유로부터 본유(本有)로 하여, 무시이래 번뇌에 의해서 업(業)을 만들고 업력(業力)에 의하여 윤회전생이 이루어진다고 한다. 또 우리의 심신(心身)은 전세(前世)의 업에 의하여 좌우될 뿐만 아니라, 국토 즉 의보(依報)도 역시 물질의 여러 원소(元素)를 집합, 이산(離散)시켜서 세계를 생성시킨다. 이것은 업의 힘에 의한 것이다. 이 가운데 사람은 사람으로서 공통의 몸〔身〕과 세계를 가진다. 그래도 그 사이에는 전혀 같은 것이 없다. 이 보편성과 특수성을 설명하는 것이 공업(共業)과 불공업(不共業)이다.

업계고상 【業繫苦相】〔英 The suffering state of karma-bondage〕 육추(六麤; 智相·相續相·執聚相·計名字相·起業相·業繫苦相)의 하나. 육추(六麤) 항목을 참조할 것.

업력 【業力】〔英 The power of karma to produce good and evil fruit〕 지은 업에 의하여 선(善) 또는 악(惡)의 결과를 가져오는 힘을 말한다. 선업(善業)을 지으면 좋은 결과〔樂果〕를 발생케 하는 힘이 있고, 악업(惡業)을 지으면 고통스러운 결과〔苦果〕를 발생케 하는 힘을 업력이라고 한다.

업보 【業報】〔梵 karma-vipāka, 英 Karma-reward; the retribution of karma, good or evil〕 업의 결과〔業果〕. 업인(業因)과 과보(果報). 선악(善惡)의 업에 의해 받는 고락(苦樂)의 과보(果報). 선업은 선과(善果)를 가져오고, 악업은 악과(惡果)를 가져오게 된다.

업설 【業說】 불교의 골격을 이루는 학

설의 하나. 업설이 성립하려면 첫째, 선인낙과(善人樂果) 악인고과(惡因苦果)의 인과설(因果說)과 둘째, 인(因)과 과(果) 사이를 연결하는 어떤 세력, 셋째, 인(因)과 과(果) 사이의 인격적 동일설〔이른바 자업자득〕 등과 같은 여러 조건이 필요하다. 인도의 정통파 사상이나 자이나교에도 각각 독자적인 업설(業說)이 있었지만, 가장 자세히 연구된 것은 불교이다. 업 항목을 참조할 것.

업식【業識】〔英 Activity-consciousness in the sense that through the agency of ignorance an unenlightened mind beings to be disturbed (or awakened)〕 일체 유정(有情; 중생)을 유전(流轉)·윤회하게 하는 근본식(根本識). 업을 짓게 하는 의식. 『기신론』에 나오는 오의(五意; 業識·轉識·現識·智識·相續識) 가운데 하나. 진여(眞如)의 일심(一心)이 무명(無明)으로 인하여 처음으로 움직이는 한 생각을 가리킴. 삼세(三細) 가운데 업상(業相)과 같다. 『기신론』에, "하나를 이름하여 업식(業識)이라 한다. 이것은 무명력(無明力)을 가리키는데, 깨닫지 못한 마음이 움직이는 까닭이다."라고 하였다.

업식성【業識性】 업을 짓게 하는 의식. 사량분별심. 또는 '중생심'이라고도 한다. 마음속에서 일어나는 분별심. 또는 자기중심적 의식작용으로, 그 속에는 욕망이 내포되어 있다.

업식종자【業識種子】 제8 아뢰야식을 말한다. 업식(業識)은 진여(眞如)의 일심(一心)이 무명(無明)의 힘에 의하여 처음 기동되는 것이요, 종자(種子)는 아뢰야연기설의 견지에서 보면 만유의 물심현상(物心現象)이 아뢰야식에서 발생, 전개된다고 한다. 이렇게 내 마음의 세력이 아뢰야식에 감추어져 있는 것을 종자라고 함.

업연【業緣】〔英 Karma-cause, karma-circumstance, condition resulting from karma〕 행위의 간접적 조건. 업(業)이나 과보(果報)를 성립케 하는 여러 인연, 또는 업으로 맺는 인연을 말한다. 일반적으로 중생의 업력(業力)과 업으로 맺은 모든 인연을 뜻하는데, 열반을 얻은 불보살들에게는 업연이라는 말을 잘 사용하지 않는다. 업연에는 선연(善緣)과 악연(惡緣)이 있는데, 될수록 선연(善緣)을 짓기에 힘써야 한다.

업인【業因】〔英 The deed as cause; the cause of good or bad karma〕 업보(業報)의 씨. 인업(因業)이라고도 한다. 고락(苦樂)의 과보(果報)를 받을 원인인 선악(善惡)의 행위를 통칭한다.

업장【業障】〔梵 karma-āvaraṇa, 英 the screen, or hinderance, of past karma, hindering the attainment of bodhi〕 삼장(三障)의 하나. 악업(惡業)의 장애(障碍). 언어·동작, 또는 마음으로 악업을 지어 정도(正道)를

ㅇ

방해하는 장애.

여【如】〔梵 tathā〕 ①시간·공간을 초월하여 변하지 않은 자체. 제법(諸法)의 본체(本體). 이체(理體)·이성(理性)·진여(眞如) 등을 말하는 경우. ②현상 그대로의 모양. 으레 그렇다〔法爾自然〕는 것을 말하는 경우. ③평등하여 차별이 없다는 뜻. 일여(一如)·여동(如同)이라 말하는 경우. ④사물이 서로 비슷한 것을 나타내는 경우 등에 사용하는 말.

여래【如來】〔梵 tathāgata, 英 a tathagata; a person who has attained Buddhahood〕 수행을 완성한 사람에 대한 칭호로서, 불교뿐만 아니라 고대 인도의 여러 종교에서 사용되었다. 처음에는 붓다〔석존〕의 호칭이었지만, 그 후에는 과거의 제불(諸佛)에 대해서도 사용되었다. 특히 대승불교에서는 중생구제의 측면에서 본 부처의 이명(異名)이 된다. '타타가타'의 본래 뜻은 명확하지 않지만, 자이나교의 오래된 성전(聖典)에서는, '윤회를 뛰어넘은 해탈자로서 다시는 인간 세계에 태어나지 않는다.'라고 설명하고 있다. 원시불전에서도 동일한 어의(語義)로 사용되었는데, 이렇게 보면 이 말의 본래 뜻은 불교·자이나교의 사문(沙門)들 사이에서 이미 사용되고 있었던 것으로 추정된다. '타타가타(tathāgata)'는 복합어로서 1. 'tathā+gāta', 또는 2. 'tath+āgāta'로 분해된다. 불교교리의 전개와 더불어 'tathā〔그와 같이〕'는 진여(眞如)·진리의 의미가 부여되고, 'gāta〔이해한〕', 또는 'āgāta〔도달한〕'와 결합하여, 1. '진리에 이르는 자', 2. '진리로부터 온 자' 두 가지 종류로 해석된다. 따라서 '타타가타'에는 부처의 깨달음과 중생구제라는 의미가 모두 포함되어 있다. 티베트어 'de bzhin gshegs pa'는 1.이지만, 한역불전(漢譯佛典)에서는 2.의 해석에 의해 '여래'로 번역했다. 여래 십호(十號)는 부처의 여러 가지 측면을 표현하는 10가지 다른 이름으로, 경전에서 불명(佛名)을 들 때에 열거된다. 1. 여래(如來), 2. 응공(應供; arhat), 3. 정변지(正遍智; samyaksaṃbuddha), 4. 명행족(明行足; vidyācaraṇasaṃpanna), 5. 선서(善逝; sugata), 6. 세간해(世間解; lokavid), 7. 무상사(無上士; anuttara), 8. 조어장부(調御丈夫; puruṣadamyasārathi), 9. 천인사(天人師; śastadevamanuṣyānām), 10. 불(佛; buddha)·세존(世尊; bhagavat) 등의 10종이다. 불(佛)과 세존(世尊)을 나누고, 7.·8.을 하나로 헤아리거나, 세존을 제외하는 경우도 있다. 남방불교에서는 여래를 총칭으로 해서 이하를 10호(號)로 한다. 또는 1.·2.·3.으로 10호를 대표하는 경우가 많다. 『십주비바사론(十住毘婆娑論)』 1권에는 1. 진실에 이른다, 2. 실상(實相)에 도달하여 그 뜻에 통달한다, 3. 스스로 삼해탈문(三解脫門)에 도달하고, 또 중생을 거기에 도달시킨다. 4. 사제(四諦)를 본다. 5. 6바라밀의 실천을 통하여 불(佛)의 경지에 도달한다. 6. 사공덕처(四功德處)에 의하여 불(佛)의 경지에 도달한다. 7. 일체의 가르침의 진리성에 따라서 불(佛)이 된다. 8. 보살의 십지(十地)를 거쳐 구극(究極)의 깨달음에 이른다. 9. 여실(如實)한 팔성도(八聖道)가 실현된다. 10. 반야바라밀과 방편으로 깨달음에 이른다. 11. 가서 돌아오지 않는다고 하는 등과 같은 11가지의 의미를 적고 있다. 이 가운데 최후의 의미로 해석하면 여거(如去)가 되고, 앞의 열 가지 의미로서는 여래(如來)가 된다. 어느 쪽이든 여(如)라는 문자를 여실(如實)이라고 이해해서, 그것을 불교의 여러 가지 교의(敎義)에 끼워서 거기에 내지(來至)한다고 하는 의미로 해석한 것이다.

여래선 【如來禪】 ①여래청정선(如來淸淨禪). 조사선(祖師禪)에 상대되는 말로, 규봉종밀(圭峰宗密, 780-841)이 세운 5종선 가운데 최상승선이다. 자심(自心)이 본래 청정하여 원래 번뇌가 없고, 무루지성(無漏智性)이 본래 구족하여 이 마음이 곧 부처와 다름이 없다는 이치를 깨닫고, 이 이치에 의하여 닦는 선(禪)이다. 여래선이란 말은 『능가경』에 있는 말이지만, 처음 이 명칭을 쓴 것은 마조 계통의 조사선이다. 그들은 그 이전의 선을 여래가 설한 경전과 문자에 의존하고 있다고 하여 여래선(如來禪)이라고 명명했다. 문자의 알음알이인 이(理)에 떨어져 달마가 전한 진선미(眞禪味)에 도달하지 못했다고 하면서 여래선을 지칭하여 일명 의리선(義理禪)이라고 했다. 반대로 자신들은 달마조사의 진수를 간직하고 있다고 했는데, 조사선(祖師禪)이라는 말도 여기서 생기게 되었다. 즉 조사선은 달마의 정전(正傳)인 석가의 마음을 마음으로 아는 참된 선(禪)인 데 비해, 여래선은 『능가경』·『금강반야경』 등 여래의 교설에 의거하여 깨닫는 선(禪)이라는 것이다. 그러나 규봉종밀(圭峰宗密, 780-784)은 여래선사상을 교선일치(敎禪一致)라고 하였다. ②4종선의 하나. 여래의 깨달음에 들어가서 모든 중생의 본디 구족한 부사의(不思議)한 이치를 깨닫는 선(禪)을 말한다.

여래식 【如來識】 〔梵 tathāgata-garbha〕 불식(佛識)·여래태(如來胎)라고도 한다. 제8 아뢰야식(阿賴耶識)을 일체중생의 근본식(根本識)이라 하고, 제8 아뢰야식 위에 제9 암마라식(菴摩羅識)을 세운 것이다. 이 식(識)은 일체의 무명번뇌를 떠난 청정(淸淨)한 것이라 한다. 다만 중국의 신역가들은 제8식 이외에 따로 제9암마라식(菴摩羅識; 阿摩羅識)을 인정하지 않고, 정계(淨界)의 제8식을 여래식이라고 한다.

여래십호 【如來十號】 부처님의 열 가

지 칭호. 1. 여래(如來; 梵·巴 tathāgata; 진리를 체현한 분), 2. 응공(應供; 梵 arhat, 巴 arahat; 존경과 공양을 받을 분), 3. 정변지(正遍知; 梵 samyak-saṃbuddha, 巴 sammā-saṃbuddha; 정확한 깨달음에 도달한 분), 4. 명행족(明行足; 梵 vidyā-caraṇa-saṃpanna, 巴 vijjācaraṇa-saṃpanna; 지혜와 덕행을 갖춘 분), 5. 선서(善逝; 梵·巴 sugata; 깨달음의 세계에 도달한 분), 6. 세간해(世間解; 梵 lokavid, 巴 lokavidū; 세간에 대해서 잘 아는 분), 7. 무상사(無上士; 梵·巴 anuttara; 가장 뛰어난 분), 8. 조어장부(調御丈夫; 梵 puruṣadamya-sārathi, 巴 purisadamma-sārathi; 인간을 잘 이끌어 교화하는 분), 9. 천인사(天人師; 梵 śāstā devamanusyānām, 巴 satthā devamanusasānām; 인간과 신의 스승이 되는 분), 10. 불세존(佛世尊; 巴 Buddho Bhagavā; 깨달은 이, 세상에서 가장 존귀하신 분). 세존(世尊)의 원어는 'bhagavat'이다. 이것은 고대 인도에 있어 제자가 스승에 대한 경칭(敬稱)이었는데, 그 후 인도교(印度教; 힌두교)에서 다시 신(神)의 칭호로 되었다.

여래장 【如來藏】〔梵 tathāgata-garbha, 英 the Tathāgata womb or store〕 대승불교 가운데서 모든 중생에게 불(佛), 즉 여래가 되는 가능성이 있음을 주장하고, 이것을 '여래(如來)가 될 태아(胎兒)'라는 의미에서 여래장(如來藏)이라 부른다. 또 '불(佛)이 되는 인(因)'이라는 의미에서 불성(佛性)이라고 부르는 사상. 여기서 말하는 여래장·불성이란 깨달아서 부처·여래가 될 수 있는 가능성을 뜻한다. 여래장사상은 『화엄경(華嚴經)』「성기품(性起品)」에서 여래의 지혜가 활동하는 데 있어서의 보편성을 주장하는 것, 또는 『법화경(法華經)』에서 삼계(三界)의 중생을 모두 불자(佛子)로 보는 일승사상(一乘思想) 등을 계승하고, 『여래장경(如來藏經)』에서, "일체중생은 여래를 그 안에 갖고 있다."고 선언한 데서 비롯된다. 그 후 『승만경』이나 『부증불감경』에 의해서 이론적으로 심화(深化)되었다. 또한 『열반경』은 같은 주장을 '일체중생 실유불성(一切衆生 悉有佛性)'이라는 말로 표명(表明)했다. 『여래장경』의 성립은 용수(龍樹; Nāgārjuna, 150-250경)보다 뒤〔3세기 후반 이후〕로 추정된다. 또 5세기 초경 유가행파의 손에 의하여 『보성론(寶性論)』이 저술되어 여래장사상이 체계적으로 서술되었다. 여래장(如來藏)은 예부터 자성청정심(自性清淨心)이라 불린 것을 그 내용으로 하고 있고, 거기에서 깨침의 근거를 구하게 되었다. 하지만 번뇌가 객진(客塵; agantuka), 곧 일시적 부착물에 불과하고 본래공(本來空)인 데 비해서, 자성청정한 여래의 성(性)은 여래의 법신(法身)과 같고 무위(無爲)인 진여

(眞如)로 되었다. 한편 성(性)은 본성〔prakṛti〕 외에 기대(基台; dhātu; 界), 또는 종성(種姓; gotra)의 뜻도 품고 있다. 동시에 여래장은 깨침을 얻은 이전의 이름으로서, 깨치면 법신(法身)이라 부르게 된다고 하는 것처럼 구별하여 사용되었는데, 전자(前者)를 유구진여(有垢眞如), 후자를 무구진여(無垢眞如)라고 하거나, 각각 본성청정(本性淸淨)과 이구청정(離垢淸淨)이라고 부르기도 한다. 여래장의 어의(語義)에 관해서는 세 가지로 구분할 수 있다. 곧 1. 법신(法身)의 편재성(偏在性)에서 보아, 중생은 우주대(宇宙大)의 여래법신(如來法身)의 태아(胎兒)들이고, 모두 법신(法身) 안에 있다. 2. 진여(眞如)의 무차별성으로부터 말해서, 중생은 그 안에 여래와 같은 진여(眞如)를 태아(胎兒)로서 가지고 있다. 3. 여래의 종성(種姓)이 있다는 의미에서, 중생은 여래로 되어야 할 종(種)을 태아(胎兒)로서 가지고 있다. 이것은 『불성론(佛性論)』이 말하는 소섭장(所攝藏)·은복장(隱覆藏)·능섭장(能攝藏)의 세 가지 뜻에 해당하지만, 거기에는 여래장이 번뇌에 덮여 있는 것〔有垢眞如〕, 인위(因位)의 여래장에 이미 여래의 모든 덕성(德性)이 구비되어 있는 것〔不空如來藏〕이 강조되고 있다. 여래장사상은 유가행파 안에서 체계가 갖추어져 원성실성(圓成實性)이나 불(佛)의 삼신설(三身說)의 기본이 되었지만, 불(佛)이나 여래장의 실유성(實有性)을 강조하는 점에서 중관파는 방편설로 보았다. 그러나 일승(一乘)사상의 입장에 선다는 점에서 유가행파의 삼승(三乘)이나 오성각별설(五性各別說)과 대립하고, 후대에는 중관파(中觀派) 안에서 그 위치를 회복하였다. 한편 중국에서 여래장사상은 『열반경』의 불성사상(佛性思想)과 함께 일찍부터 중시되었고, 뒤에는 『대승기신론』에 의하여 여래장연기종(如來藏緣起宗)의 이름을 얻어 존중되었다.

여래장사상【如來藏思想】 여래장(如來藏)은 '타타가타 가르바(tathāgata-garbha)'라고 하여 여래태(如來胎)라고도 한다. 태(胎)란 보태와 태아의 쌍방을 뜻하는데, '그 태내에 불(佛)을 잉태한 것'과 '성장해서 불(佛)이 될 태아'라는 두 가지 뜻이 포함되어 있다. 태생적(胎生的)으로 여래(如來; 佛)가 될 수 있는 가능성을 갖추고 있음을 말하는 것으로, 이를 여래장 또는 불성(佛性)이라고도 한다. 곧 현실적으로 범부(凡夫)의 마음은 미혹(迷惑)과 더러움에 뒤덮여 있지만, 그 본성은 청정하므로〔自性淸淨心〕, 수행에 의해 청정한 본성을 회복하면 그것이 곧 여래(如來)라고 역설한다. 이처럼 인간의 미혹과 깨달음, 일상심(日常心)과 여래장의 관계를 역설한 것이 여래장연기설(如來藏緣起說)이다. 이 여래장사상은 인도에서는 유식설보다 먼저 성립되었다. 따라서 중관(中觀)이나 유식(唯識)사상과는 다른 계통을 이루고 있다. 관련 경전은 제2기 대승경전인 『승만경(勝鬘經)』을 비롯하여 『여래장경(如來藏經)』·『무상의경(無上依經)』·『부증불감경(不增不減經)』, 『대승대반열반경(大乘大般涅槃經)』, 세친(世親)의 『불성론(佛性論)』·『섭대승론석론(攝大乘論釋論)』, 견혜(堅慧)의 『대승법계무차별론(大乘法界無差別論)』·『구경일승보성론(究竟一乘寶性論)』 등에 조직적으로 기술되어 있다. 그러나 아직 이 시대에는 아뢰야식과 여래장의 관계에 대해서는 명확한 논설이 없었다. 그러다가 제3기 대승경전으로서 『능가경(楞伽經)』·『밀엄경(密嚴經)』·『대승기신론(大乘起信論)』 등이 출현하게 되자 아뢰야식과 여래장의 조화가 이루어져 여래장연기설이 대성되었다. 유식설에서 아뢰야식이란 미혹의 근거로서 깨달음의 능력이 없는 것으로 되어 있지만, 『대승기신론』에서는 아뢰야식에 미혹〔不覺〕과 깨달음〔覺〕의 두 성질이 있다고 보고, 어째서 미혹의 현실이 성립되는가, 또는 어떻게 하면 오도(悟道)로 향할 수가 있는가를 유전문(流轉門)과 환멸문(還滅門)에 의거하여 역설하고, 미오(迷悟)는 둘이면서 동시에 둘이 아니라는〔不二〕 것을 주장하였다. 여래장 항목을 참조할 것.

여래장연기설 【如來藏緣起說】 여래장사상의 기본적 입장을 전제로 하여, 여래장과 번뇌(煩惱), 또는 여래장과 미혹(迷惑)의 세계 전체와의 관계를 적극적으로 해석하려고 하는 것이 여래장연기설(如來藏緣起說)이다. 여래장 계통의 여러 경론(經論)에서는 청정한 법신(法身)이지만 번뇌가 강하면 그 번뇌에 의해서 오염된다는 것이다. 그러나 여래장사상에서 교리의 중심·핵심은 곧바로 중생심(衆生心; sattva aśaya; mānā-sattva-citta), 즉 우리의 의식(意識) 영역을 추급(追及)해서 나온 것이 아니라, 여래법신(如來法身)·여래지(如來智) 등에 대한 고찰을 통해서 나온 것이었다. 곧 여래장연기설에서는 중생심에 있어서 여래장의 존재나 존재의 근거를 주장하는 것보다, 오히려 그와 같은 여래장의 관념을 전제로 하여 미오염정(迷悟染淨)으로 된 중생의 세계, 미혹한 마음의 영역을 어떻게 설명할 것인가에 주안점을 두었다. 여래장연기란 말은 중국 화엄종의 현수법장(賢首法藏, 643-712)이 쓴 『대승기신론의기(大乘起信論義記)』에 나오는 것이 최초이다. 거기서는 인도 전래(傳來)의 일체 경론(經論)을 4종(四宗)으로 나누어, 1. 수상법집종(隨相法執宗; 小乘諸部의 입장), 2. 진공무상종(眞空無相宗; 용수·제바의 所立, 『般若』 등의

經과 中觀 등의 論의 所說), 3. 유식법상종(唯識法相宗; 無着·世親의 소립, 『解深密』 등의 經과 『瑜伽』 등의 論)에 대하여, 4. 『능가(楞伽)』·『밀엄(密嚴)』 등의 경(經)과 『기신(起信)』·『보성(寶性)』 등의 소설(所說)을 여래장연기종(如來藏緣起宗)이라고 불렀는데, 그것은 사(事)를 만나서 이(理)를 나타내는 2.의 입장과, 이(理)에 의하여 사(事)의 차별을 일으키는 3.의 입장을 지양(止揚)한 이사융통무애(理事融通無碍)의 세계를 나타내는 입장이고 위치이다. 이미 『화엄경』「십지품」이나 『십지경(十地經)』의 제6현전지(現前地)의 경문에 "삼계 유일심작(三界 唯一心作) 십이인연 분개의심(十二因緣 分皆依心)"이라는 구(句)가 있고, 초기 여래장 계통 경전인 『승만경』에도 "생사자 의여래장(生死者 依如來藏)"이라거나 "유여래장 고설생사(有如來藏 故說生死)"라고 해서 여래장이 염정(染淨)의 의지(依止)가 됨을 설하고 있다. 그런데 『승만경』이나 그것을 이은 『보성론』에서는 여래장이 중생의 생사의지처(生死依支處)라는 점을 중요하게 다루지 않았다. 이 문제를 중요하게 다룬 것은 『대승기신론』인데, 여기서는 여래장과 무명(無明)을 일체(一體)로 보아서 아뢰야식(阿賴耶識; 제8식)을 세웠다. 그래서 현실적으로 중생의 미혹됨〔迷〕이 생존의 심식면(心識面)에서 전개되는 양상〔心生滅門〕, 그리고 무명의 단진(斷盡)이 이루어져야 한다는 것을 연기(緣起)의 이론을 적용하여 조직적으로 나타냈다. 위의 『대승기신론의기』 가운데 4.의 입장은 여래장 계통의 여러 경론을 넓게 생각하고 있는 것 같으나, 법장(法藏, 643-712)의 화엄교학에서 여래장연기설의 실질(實質)은 『기신론』의 심생멸문(心生滅門)의 설명과 그것에 대한 법장이 이해한 내용을 나타낸다고 생각할 수도 있다.

여래지【如來地】〔梵 tathāgata-bhūmi〕 여래(如來)의 경지(境地). 부처의 경지.

여래지【如來智】〔梵 tathāgata-jñāna〕 여래의 인격(人格)을 성취하는 지혜(智慧). 곧 불지(佛智)를 말한다.

여래청정선【如來淸淨禪】 여래선이라고도 한다. 조사선(祖師禪)에 상대되는 말로, 규봉종밀(圭峰宗密, 780-841)이 세운 5종선 가운데 최상승선이다. 여래선 항목을 참조할 것.

여사미거 마사도래【驪事未去 馬事到來】 여사미료 마사도래(驪事未了 馬事到來)라고도 한다. 나귀의 일이 끝나지 않았는데 말의 일이 닥쳤다는 뜻이다. 8세기 중국 당(唐)나라 때 위앙종의 선사 영운지근(靈雲志勤)에게서 비롯된 화두로, 번뇌가 쉼 없이 일어나는 것을 뜻한다고 전한다.

여시【如是】〔梵 Evaṃ, 英 thus, so; so it is; so let it be〕 ①육성취(六成就)의 하나. 신성취(信成就). ②법이

ㅇ

여연(法爾如然)하다는 뜻. 제법실상(諸法實相)의 그대로를 표시하는 말. ③믿는 진리로서 잘못이 없음을 표시하는 것. 당(唐)의 원조(元照, ?-1116)는, "이치에 계합함을 여(如), 그릇됨〔非〕이 없는 것이 시(是)라 한다."라고 해석하였다. ④신심이 확실하여 의심이 없는 것을 표시하는 말. 현수법장(賢首法藏, 643-712)은, "여(如)는 순(順), 시(是)는 신(信), 또 시(是)는 인정함이니, 인순신수(印順信受)하는 것을 여시(如是)라 한다."고 해석하였다. ⑤'그렇다'는 뜻. 다른 이의 이해를 긍정할 때 쓴다.

여시아문【如是我聞】〔梵 Evaṃ mayā śrutam〕 6성취 중의 신성취(信成就)·문성취(聞成就) 둘에 해당. 경전의 첫머리에 사용하는 말로, '내가 이와 같이 들었다.', '이러한 법은 부처님이 설하신 것이므로 그대로 믿고 의심하지 않는다.'는 뜻. 석가모니불이 열반한 후 가섭을 중심으로 경전을 편찬할 때, 아난이 모든 경전의 처음에 붙인 말이다. 아문여시(我聞如是)·문여시(聞如是)라고도 한다.

여시어경【如是語經】 십이부경(十二部經)의 하나. 『본사경(本事經; Itivṛttaka; ityukta)』의 다른 이름. 여시어(如是語)는 속어형 itivuttaka를 범어(梵語) ityuktaka로 환언하여 번역한 것이라 생각된다. 부처님이 제자·보살·성문 등에게 과거세(過去世)의 행업(行業)·사력(事歷)을 설한 경문을 말한다.

여실【如實】〔梵 yathā-bhūtam, 英 Real, reality, according to reality〕 진실한 이치에 계합하는 것. 실상(實相)과 같고 실성(實性)과 같은 것. 여(如)는 평등하다는 뜻이고, 실(實)은 불허(不虛)의 뜻이다. 진여(眞如)의 이명(異名).

여실수행【如實修行】〔梵 yathāvad-bhāvikatā, 西 ji lta ba bshin yod pa〕 진여(眞如)에 의하여, 진리적 방향으로 수행하여 여러 가지 주관적인 의욕(意欲)을 멀리 여의는 것.

여실지견【如實知見】〔梵 evaṃjñāna, evam-darśana, 英 To know and see the reality of all things as does the Buddha〕 실상(實相)과 같이 지견(知見)하는 것. 『법화경(法華經)』「수량품(壽量品)」에, "부처님은 삼계(三界)의 일을 실상(實相)과 같이 훤히 보고 안다."라고 하였다.

여엄【麗嚴, 862-930】 나말여초의 선승. 시호는 대경(大鏡). 탑호(塔號)는 현기(玄機). 속성은 김(金)씨. 본관은 경주(慶州). 9세 때 무량수사(無量壽寺)에서 승려가 되어 주종법사(住宗法師)에게서 법(法)을 배우고, 19세에 구족계를 받았다. 뒤에 교종(敎宗)에서 선종(禪宗)으로 개종하고 당나라에 가서 운거대사(雲居大師)의 심인(心印)을 얻었고, 효공왕(孝恭王) 12년〔908〕에 귀국하여 소백산(小白山)

에 은거하였다. 고려 태조(太祖) 때에 보리사(菩提寺)에서 입적했다. 그의 비(碑)가 현재 경복궁에 있다.

여여【如如】〔梵 tathatā, tathātva, tattva, 英 The 眞如 chên-ju or absolute〕『능가경(楞伽經)』에서 설하는 오법(五法; 相·名·分別·正智·如如) 가운데 하나. 정지(正智)에 계합하는 이체(理體), 곧 진여(眞如). 만유제법(萬有諸法)의 이체(理體)는 동일 평등하므로 여(如)라 하고, 하나의 여(如)에 일법계만차(一法界萬差)의 제법(諸法)을 갖추어 어느 것이든지 체(體)로 말하면 여(如)이다. 여(如)의 뜻이 하나만이 아니므로 여여(如如)라고 한다. 여(如)하고 여(如)하다는 뜻. '여(如)' 항목 참조.

여의【如意】〔英 At will; according to desire; a monial emblem, originally a short sword〕①〔梵 ṛddhi〕초자연적이고 불가사의(不可思議)한 역량(力量). ②〔梵 anuruddha〕승려가 가지는 일종의 도구. 설법·법요·논의할 적에 가지는 것. 원래는 뿔이나 대나 나무 같은 것으로 사람의 손가락처럼 만들어서 등의 가려운 데를 긁는 기구이다. 곧 등긁이인데, 강의하는 승려가 혼자서 글을 기록하여 두고 참고하는 데 쓰는 것을 여의라고도 한다.

여의륜관음【如意輪觀音】〔梵 Cintāmaṇi cakra〕여의보주(如意寶珠)의 삼매에 들어 있으면서, 뜻과 같이 설법하여 육도중생의 고통을 덜어주고, 세간·출세간 이익을 주는 것을 본뜻으로 하는 보살. 형상은 전신이 황색이고 여섯 개의 손을 가지고 있는 모양이다. 오른쪽의 상수(上手)는 사유(思惟)하는 모양이고, 다음 손에는 여의보주를 들고 있으며, 그다음 손에는 염주를 달았다. 왼쪽의 상수(上手)로는 광명산(光明山)을 누르고, 다음 손에는 연꽃을, 그다음 손에는 금륜(金輪)을 들었다. 이 여섯 개의 손은 육도를 구제한다는 표지이다. 두 팔만 있는 상도 있다.

여의보주【如意寶珠】〔梵 Cintāmaṇi〕여의주(如意珠)라고도 한다. 이 구슬은 여러 가지 바라는 것을 내기 때문에 여의보주(如意寶珠)라고 한다. 여의륜관음(如意輪觀音)은 두 손에 이 보주를 가졌고, 사갈라용왕(娑竭羅龍王)의 궁전에도 있다고 한다. 밀교(密敎)에서는 이것을 그 종(宗)의 극비밀로 여기는데, 대비복덕원만(大悲福德圓滿)의 표시로 삼는다.

여의자재【如意自在】세상의 모든 일에 통달하는 큰 능력을 얻어서 모든 일을 자기의 뜻대로 자유자재하는 것. 부처님의 활살자재(活殺自在)하고 신통자재한 능력을 나타내는 말.

여의족【如意足】〔梵 ṛddhi-pāda, 英 magical psychic powers of ubiquity〕사람으로 하여금 삼명(三明) 육통(六通)의 힘〔능력〕을 자기 뜻대로 얻게 하는 선정(禪定). 이 정(定)을

얻는 수단에 욕(欲)·정진(精進)·심(心)·사유(思惟)의 넷이 있으므로 사여의족(四如意足)·사신족(四神足)이라 한다.

여의주【如意珠】〔梵 Cintāmaṇi, 英 a fabulous gem, the philosopher's stone〕 여의보주(如意寶珠)라고도 함. 여의보주 항목을 참조할 것.

여인결계【女人結界】〔英 'Women forbidden to approach' a sign placed on certain altars〕 여인금제(女人禁制). 영장(靈場)의 일정한 구역을 한계로 하여 여인들이 오지 못하게 하는 것. 여인(女人)은 수행인의 마음을 산란케 하여 수도에 장애가 되므로 출입을 금한다.

여인성불【女人成佛】 고대 인도에서는 여성(女性)의 지위를 대단히 낮게 보아서, 여성은 범천왕(梵天王)·제석(帝釋)·마왕(魔王)·전륜왕(轉輪王)·불(佛) 등 5종이 될 수 없는 장애가 있다고 하였을 뿐만 아니라, 정토(淨土)에는 여성이 없다고 생각했다〔단 天女는 있음〕. 이것은 모든 사람이 불(佛)의 깨달음이 실현(實現)된다고 하는 대승불교의 가르침과 모순되므로, 여성의 몸을 남성으로 변하게 하여서 이 문제를 해결하려고 한 것이다. 여인왕생(女人往生)은 『무량수경』에서 설하는 아미타불 48원의 제35원(願)에 의하면, 여성도 정토에 왕생하여 남자의 몸이 된다고 한다. 『법화경(法華經)』에는 용왕(龍王)의 8세 된 딸이 문수보살의 인도(引導)에 의하여 남신(男身)이 되어서 남방세계에서 성불(成佛)하였다고 한다. 이 문제는 『수마제보살경(須摩提菩薩經)』·『대보적경(大寶積經)』·『무소유보살경(無所有菩薩經)』 등에도 논의되어 있다.

여환삼매【如幻三昧】〔梵 māya-upama-samādhi〕 마술하는 사람이 요술을 부리는 것처럼 작용이 자재(自在)한 삼매(三昧)라는 말. 마술하는 사람이 제 뜻대로 남녀나 군병들을 만들어 내지만 모두 공(空)한 것이어서 조금도 구애되지 않는 것처럼, 보살이 삼매에 들어가면 중생을 제도하는 상을 인식하지 않고, 교화하는 작용이 자유자재하다는 것을 말한다.

역【力】〔梵 bala, 西 stobs, 英 Power, strengh, of which there are several categories〕 역용(力用)·지력(智力) 등을 뜻하는데, 여러 가지 명수(名數)로 사용한다. 예컨대, 자력(自力)과 타력(他力) 같은 이력(二力)이 있다. 자력(自力)은 자기의 힘을 쓰는 것이고, 타력(他力)은 남의 힘을 빌리는 것이다. 주로 정토문(淨土門)에서 사용하는데, 중생(衆生)의 삼학(三學)을 자력(自力)이라 하고, 아미타불(阿彌陀佛)의 본원(本願)을 타력(他力)이라고 한다. 또한 사택력(思擇力), 수지력(修智力), 공덕력(功德力), 여래가지력(如來加持力), 법계력(法界力), 법력(法力), 불력(佛力), 신력

(信力), 오력(五力), 십력(十力) 등 여러 가지가 있다.

역관 【逆觀】〔英 The inverse method in meditation〕 12연기를 역(逆)으로 관찰하는 것. 연기설은 일반적으로 윤회의 과정을 12지(支) 연기로 설명한다. 그러나 12연기는 어떤 과정을 거쳐 고(苦)가 발생하는지에 대한 고찰로서, 어떤 원인과 조건에 의해서 고뇌가 생기는지, 그리고 어떤 인연과 조건에 의해서 고뇌를 멸할 수 있는가 하는, 이른바 인생의 현실과 그 초극(超克) 방법을 분명하게 하기 위한 것이었다. 이 방법에 역관(逆觀)과 순관(順觀)이 있다. 고(苦)가 발생하는 연기관계를 순서대로 설명하는 것이 연기의 순관(順觀)이라면, 거꾸로 고뇌를 정화(淨化)해 가는 순서, 즉 고뇌를 소멸시켜서 열반(涅槃)의 세계로 돌아가는 관계를 설명한 것이 연기의 역관(逆觀)이다. 순관은 "무명이 멸하기 때문에 행(行)이 멸한다. 행(行)이 멸하기 때문에 식(識)이 멸한다. 식이 멸하기 때문에 명색(名色)이 멸한다. 명색이 멸하기 때문에 육입(六入)이 멸한다. 6입이 멸하기 때문에 촉(觸)이 멸한다. 촉이 멸하기 때문에 수(受)가 멸한다. 수가 멸하기 때문에 애(愛)가 멸한다. 애가 멸하기 때문에 취(取)가 멸한다. 취가 멸하기 때문에 유(有)가 멸한다. 유가 멸하기 때문에 생(生)이 멸한다. 생이 멸하기 때문에 노사·우비고수뇌의 갖가지 고(苦)가 멸한다."로 설명된다. 그리고 역관은 우비고수뇌로부터 거슬러 올라가는 것임.

역대삼보기 【歷代三寶記】 중국 북주(北周)의 승려인 비장방(費長芳)이 597년〔開皇 17〕에 지은 것으로, 『개황삼보록』·『삼보록』·『장방록』이라고도 한다. 석존 탄생 이래의 연보(年譜)와 중국에서 역대로 번역한 경론(經論) 이름을 기록한 책. 15권. 1권에는 제년상(帝年上; 周·秦), 2권에는 제년차(帝年次; 前漢·新王·後漢), 3권에는 제년하(帝年下; 魏·晋·宋·齊·梁·周·大隋)를 적었는데, 권마다 처음에 총술(總述)을 쓰고, 연보(年譜)는 각 왕조의 제왕·연호·간지(干支)를 대조하고, 가장 중요한 사항을 연차적으로 기록하였다. 4권에서 12권까지는 경전 번역록인데, 역대의 역경승을 쓰되 그 번역한 경 이름·번역한 연대·장소·별역본(別譯本)·출거(出據) 등을 주(註)로 기록하였다. 제13권에는 대승경전의 입장록(入藏錄), 제14권에는 소승경전의 입장록, 15권에는 『상개황삼보록표』·『총목서』·『총목(總目)』·『고경록』 등을 기록하였다.

역류 【逆流】〔梵 srota āpatti, pratisroto-gāmin, 西 Chuhi zlog phyogs su hgroba, 英 To go against the current, i.e. the stream of transmigration, and enter the path of nirvāṇa〕 ①생사의 흐름을 거슬러 깨닫는 길로 나아

가는 것. ②소승 사과(四果) 중 수다원(須陀洹; srotāpanna)을 일컫는 말.

역수 【逆修】〔英 To observe in contrary order; to observe before death the Buddhist rites in preparation for it〕 ①죽은 뒤의 명복을 빌기 위하여 죽기 전에 미리 천도재를 올리는 것. 예수(豫修)라 한다. ②죽은 사람의 명복을 빌기 위하여 닦는 수행. 그러나 공덕의 대부분은 닦은 자가 받는다고 한다. ③미망(迷妄)을 가지고 행동하여 진리에 어긋나는 것. ④젊은 사람이 먼저 죽고, 늙은 사람이 그 명복을 빌기 위하여 수행하는 것.

역순삼매 【逆順三昧】 순(順)·역(逆)의 모든 현상〔諸法〕에 자재(自在)함을 얻은 선정. 『지도론(智度論)』 47에, "이 삼매를 얻으면 제법 가운데 순(順)·역(逆)을 자재로 한다."라고 하였다.

역연 【逆緣】〔英 Resisting accessory cause; as goodness in the 順 or accordant cause so evil is the resisting cause of the Buddha way〕 ①불법(佛法)을 비방한 일이 오히려 불보살의 은혜를 받아 불문(佛門)에 들어가는 인연이 되는 일. ②나이 많은 사람이 나이 어린 사람을 공양하거나, 생전의 원수를 공양하는 일. ③서로 좋지 않은 상극의 인연.

연 【緣】〔梵 pratyaya, ālambana, Kṛtya, karaṇiya, 巴 paccaya, dhātārammaṇa, 西 dmigs pa〕 ①순익자생(順益資生)의 뜻. 물건이 생길 때에 원인이 되는 것. 그리고 결과를 내는 데 도움이 되는 힘. 만일 인(因)과 연(緣)을 나누어 말하면, 가까운 원인을 인(因)이라 하고, 멀리 도와주는 것을 연(緣)이라 한다. ②연려(緣慮)의 뜻. 심식(心識)이 객관대상을 생각해서 아는 것. ③연유(緣由)의 뜻. 유연중생(有緣衆生)·소연연(所緣緣)의 뜻.

연각 【緣覺】〔梵 Pratyeta-buddha, 巴 Pacceka-buddha〕 이승(二乘)·삼승(三乘)·십계(十界)의 하나. 범어에서는 벽지불(辟支佛)·벽지필륵지저가(辟支畢勒支底迦)·벽지가라(辟支迦羅) 등으로 말하고, 독각(獨覺)·연일각(緣一覺)·인연각(因緣覺) 등으로도 번역한다. 누구의 지도도 받지 않고 스스로 12연기의 이치를 관찰하여 깨달았으며, 자리(自利)에는 노력하지만 이타(利他)에는 마음이 없는 성인(聖人)이라고 한다. 대승불교에서는 성문(聲聞)과 더불어 소승(小乘)이라 한다.

연각승 【緣覺乘】〔梵 pratyeka-buddha-yāna, 英 The 'middle conveyance' period, characterized as that of the pratyeka-buddha, who is enlightened by the twelve nidānas〕 이승(二乘)·삼승(三乘)의 하나. 연각(緣覺)의 의미를 깨닫는 경지에 도달하는 '탈 물건〔敎法〕'이란

뜻. 12인연을 관(觀)하여 진공(眞空)의 이치를 깨닫는 교법(敎法).

연기【緣起】(1) 〔梵 pratityasamutpada, 巴 paṭccasamuppāda, 英 Arising from conditional causation〕 원어(原語)는 연(緣)하여 일어나는〔起〕 것이라는 뜻이다. 마음이 활동·행위·생(生)하는 데 있어서, 여러 가지 존재나 상태나 운동에 대하여 그 하나하나에 일정한 원인(原因)-조건(條件)-결과(結果)라고 하는 관계성(關係性)을 세우는 사상. 이 연기(緣起)라는 역어(譯語)가 현장(玄奘, 602-664)에 의하여 고정되기 이전에, 라집(羅什, 344-413) 등은 인연(因緣)이라고 번역했다. 연기에 있어서 일종의 인과관계성은 이시(異時)와 동시(同時)에 모두 적용되는데, 후자는 논리적으로도 해석되며, 이때는 이유(理由)-귀결(歸結)로 된다. 한편 이시(異時)의 경우 모든 시간의 시원(始原)과 종극(終極)으로, 무기(無記)를 꿰뚫은 석존의 근본적 입장과 그 철저한 현실응시에 의하여 '모두 생기(生起)한 존재는 소멸한다.'라고 하는 석존의 깨침으로 완결(完結)하게 정비되었다. 초기의 자료, 예컨대 『숫타니파타』 867의 "쾌·불쾌에 연(緣)하여 욕망이 있다."거나, 동(同) 1050의 "집착에 연(緣)하여 세상의 여러 가지 고(苦)가 있다."거나, 동(同) 1109의 "애집(愛執)의 단(斷)에 연(緣)하여 열반이 있다." 등으로, 이른바 이지간(二支間)의 관계, 즉 두 가지와의 관계가 언급되는데, 때로는 삼지(三支)나 다지(多支)로 확대되기도 한다. 이때의 '연(緣)하여'는 '-nidāna'·'-paṭica'·'-paccaya' 등으로 표현되는데, 격어미(格語尾)의 변화로 나타내는 예도 적지 않다. 산문(散文)의 초기경전에서는 연기설이 정리되어 확고한 것이 되었고, 이로써 여러 사상의 기초에 두게 되었다. 예컨대, '연기를 보는 자는 법(法)을 보고, 법을 보는 자는 연기를 본다.' 등으로 설해졌다. 관계하는 각지(各支)의 수(數)가 증가되어 5지(支)·6지·9지·10지(支) 등을 거쳐서 12연기설이 성립되었는데, 12연기설의 뒤에 제지(諸支)의 말을 빼고 "이것이 있을 때 저것이 있고, 이것이 생(生)할 때 저것이 생한다. 이것이 없을 때 저것이 없고, 이것이 멸(滅)할 때 저것이 멸한다."라고 하는 간략화된 공식도 만들어졌다. 석존이 붓다가야의 보리수 밑에서 처음으로 깨달은 내용을 12인연(因緣)이라고 설명한 자료(資料)가 율장(律藏) 대품이나 『우다나(Udana)』에 보이는 것에서, 12연기를 석존의 자내증(自內証)의 법문(法門)으로 보는 설도 있다. 하지만 초기불교 자료에는 여러 연기설이 난삽하게 뒤섞인 채로 설해져 있는데, 그것들에 대한 지금까지의 문헌학적·사상적인 연구에 의하면 이 설은 매우 의심스럽다. 연기설에 있어서의 두 개 조목, 또는 여러 가지 조목 사이의 관계성 추구는 초기불교의 여러 설에 반영되었다. 그 가운데서도 사제(四諦)설은 고(苦)와 집(集), 집(集)과 멸(滅), 고(苦)와 멸(滅), 멸(滅)과 도(道)로 되어 있다. 그 집(集)은 연기(緣起)의 기(起)로 하여 가끔 교환(交換)되어 생(生)하는 것과 같다. 사제설에 따르면, 애집(愛執)에 연(緣)하여 고(苦)가 일어난다고 하는 집제(集諦), 그것을 멸(滅)한 즉 열반을 설한 멸제(滅諦), 그리고 그 실현의 방법으로 8정도를 말하는 도제(道諦)가 따라붙는다. 초기불교에 나오는 연기설은 부파(部派) 가운데 특히 업(業)사상과 맺어져 업감연기설(業感緣起說)이 되었다. 또 12연기설을 과거-현재-미래에 적용하여 삼세양중인과(三世兩重因果)가 세워졌는데, 이것을 시간적·태생학적(胎生學的) 해석이라 부른다. 이 외에 인(因)-연(緣)-과(果)를 자세히 분할하여 6인(六因)과 4연(四緣)과 5과(五果)를 들고, 또 찰나(刹羅)·연박(連縛)·분위(分位)·원속(遠續)의 4연기설(四緣起說), 기타가 있어 더욱더 정밀화된다. 대승불교의 연기설은 시대나 논사(論師)에 따라 여러 가지가 있지만, 대표적인 것으로는 법상종에서 주장하는 뢰야연기설(賴耶緣起說)이 있고, 뢰야연기설에서 한 걸음 더 나아가 보편적 유심체(唯心体)를 설정하여 그로부터 주객관계(主客關係)의 일체 만유제법이 전개하는 것이라고 설하는 진여연기설(眞如緣起說), 화엄종에서 주장하는 법계연기설(法界緣起說), 밀교(密敎)에서 주장하는 육대연기설(六大緣起說), 일련종에서 주장하는 불계연기설(佛界緣起說) 등이 있다.

⑵ 신라 경덕왕(景德王, 742-765 在位) 때의 고승. 지리산 화엄사(華嚴寺)의 중창주이다. 홍덕현(興德縣) 출신. 출가하여 도학(道學)을 성취한 뒤 여러 명산을 두루 다녔다는 설과 인도에서 왔다는 설 등이 있다. 이름도 대체로 연기(緣起)·연기(烟起) 또는 연기(烟氣)로 쓰는데, 연(鷰)을 타고 우리나라에 왔다고 해서 연기(鷰起)라 부르기도 한다. 전설에 따르면 어머니와 함께 지리산에 와서 화엄사를 중창하고, 화엄학(華嚴學)을 널리 현양하였다 한다. 최근에 경덕왕 때 제작된 신라화엄경사경(新羅華嚴經寫經)이 발견되었는데, 이 사경의 발문에 의하면 그의 주재하에 경덕왕 13년〔754〕 8월에 사경을 시작하여 그 이듬해 2월에 완성했다고 하였다. 그가 창건한 사찰로는 홍덕의 연기사(烟起寺), 나주의 운흥사(雲興寺), 지리산의 천은사(泉隱寺)와 연곡사(鷰谷寺), 곤양의 서봉사(栖鳳寺), 산청의 대원사(大源寺) 등이 있다. 저서에는 『대승기신론주망소(大乘起信論珠網疏)』·『대승기신론사번취묘(大乘起信論捨繁取妙)』·『화엄경개종결의(華嚴經開宗決疑)』·『화엄경요결(華嚴經要

結)』·『화엄진류환원락도(華嚴眞流還元樂圖)』 등이 있었다고 하지만 현재 전하지 않는다.

연기법【緣起法】〔梵 pratiyasamutpāda〕 인연생기(因緣生起)의 이법(理法). 불타(佛陀)가 깨친 내용으로, 나를 포함한 이 세상의 모든 것〔諸法〕은 고정된 것, 일정불변한 것이 아니라 수시로 변화하는 여러 가지 조건에 의존함으로써 이루어진 것이라는 것. 이 조건관계를 연기(緣起)라고 하는데, 이 연기의 이법(理法)은 "이것이 있으므로 저것이 있고, 이것이 생기므로 저것이 생긴다. 이것이 없으므로 저것이 없고, 이것이 멸하므로 저것이 멸한다."는 말로 단적으로 표현된다.

연담유일【蓮潭有一, 1720-1799】 조선 영조·정조 때의 승려. 자는 무이(無二), 호는 연담(蓮潭), 속성은 천(千)씨. 화순 사람. 선교(禪敎)의 대장(大匠). 18세에 법천사 성철(性哲)에게 승려가 되고, 안빈심(安貧諶)에게 구족계를 받았다. 해인사의 호암체정(虎巖体靜)을 수년 동안 모시면서 밀지(密旨)를 얻었을 뿐만 아니라, 당시의 노숙(老宿) 용암(龍巖)·풍암(楓巖)·상월(廂月)·용담(龍潭)·영해(影海)·설파(雪坡) 등과 사자(師資)의 관계, 또는 법우(法友)의 관계에서 문학(問學)한 바 있다. 31세 때 보림사(寶林寺)에서 처음으로 강석(講席)을 연 뒤, 30여 년을 사방의 대소암(大小庵)에게 선교(禪敎)를 강설하여 많은 학인(學人)을 깨우쳤으며, 정조 23년에 80세로 입적했다. 저서에는 『화엄유망기(華嚴遺忘記)』 5권, 『원각사기(圓覺私記)』 2권, 『현담사기(玄談私記)』 2권, 『사집수기(四集手記)』, 『금강하목(金剛鰕目)』 1권, 『기신사족(起信蛇足)』 1권, 『제경회요(諸經會要)』 1권, 『염송착병(拈頌着柄)』 2권, 『도서절요석요(都序節要析要)』 2권, 『연담집(蓮潭集)』 4권 등이 있다. 연담사기(蓮潭私記)는 인악사기(仁岳私記)와 아울러 강학계(講學界)의 지보(至寶)로 삼는다.

연등불【燃燈佛】〔梵 Dipaṃkara Tathāgata〕 정광불(錠光佛)의 번역 이름. 석가모니불이 과거세에 보살로 수행할 때에 '미래세에 반드시 성불하리라.'는 수기(授記)를 준 부처.

연등회【燃燈會】 신라시대부터 고려시대까지 행해졌던 국가적 연중 경축행사의 하나로, 음력 정월 15일〔뒤에는 2월 15일〕에 온 나라가 집집마다 등불을 켜고 제전을 지내며, 춤과 노래로 밤을 지새웠다. 또 연등회는 불교의례 가운데 하나로, 등공양(燈供養)을 주요 의례절차로 한다. 등(燈)은 어두운 무명(無明)을 제거하여 지혜의 밝은 광명을 비추고자 하는 염원을 나타낸다. 특히 『법화경(法華經)』「약왕보살본사품(藥王菩薩本事品)」에서는 등공양의 공적이 무량하고 위대함을 말하고 있다. 따라서 연등회는 등을 부처에게 공양함으로써 밝은 지혜의 세계로 나가기를 기원하는 불교의례라고 할 수 있다.

연등회요【聯燈會要】선종(禪宗) 사서(史書). 중국 송(宋)나라 때 항주(杭州) 정자사(淨慈寺)에 있던 회옹(晦翁) 오명(悟明)이 지음. 『선종회등록(禪宗會燈錄)』이라고도 한다. 30권. 과거칠불(過去七佛)로부터 천동정각(天童正覺, 1091-1157)의 법사(法嗣)에 이르는 선종(禪宗) 오가(五家)의 전등법계(傳燈法系)를 들어서 그것에 주된 기연문답(機緣問答)을 집록(集錄)한 책.

연려심【緣慮心】〔梵 citta, 英 The rational cogitating mind〕외계(外界)의 사물(事物)을 보고 생각하는 마음. 총 8식을 말한다. 4종심(四種心; 肉團心·緣慮心·積聚精要心·堅實心)의 하나. 범어(梵語) 질다(質多; citta)의 번역으로, 사물을 분별하고 생각하는 마음이다.

연비【燃臂】향불로 팔을 태우는 수계의식. 계를 받는 마음의 굳은 약속의 징표. 이는 부처께서 가르쳐 주신 진리를 깨닫기 위해서는 자신의 육신도 바칠 것을 맹세하는 의식이다. 연비에 얽힌 이야기로는 중국 선종의 제1대 조사인 달마(達磨, ?-536)가 불법을 간절히 원한다면 그 믿음을 보이라고 말했을 때, 제자인 혜가(慧可, 487-593)가 자신의 팔을 칼로 끊어서 달마에게 바쳤다는 단비(斷臂) 일화가 유명하다. 그 후 불법에 대한 믿음과 일체중생을 제도하겠다는 서원의 표징으로, 팔뚝의 일부나 손가락을 불에 태우는 의식이 공식적으로 행해지게 되었다. 팔뚝의 일부분을 태우는 연비는 출가자의 경우에 예외 없이 행하는데, 계를 받을 때 참회와 서원을 하면서 밀랍을 칠한 굵은 실이나 삼베 심지에 불을 붙여 살갗을 태운다. 재가자의 경우에도 오계를 받는 수계식(受戒式) 때 연비를 하는데, 요즘에는 향불로 따끔하게 지지는 정도로 그친다.

연상【緣相】〔梵 pratyaya-lakṣaṇa〕생각에 반연(絆緣)된 모양. 『원각경(圓覺經)』에, "육근(六根)과 사대(四大)가 몸 안팎으로 합성(合成)함에, 망령된 연기(緣氣)가 몸 안에 쌓여서 연상(緣相)과 같으므로, 가명(假名)으로 '심(心)'이라 한다."라고 하였다.

연생【緣生】〔梵 pratitya-samutpadā, pratyaya-utpanna, 英 produced by causal condition〕①많은 인연(因緣)으로 발생, 태어나는 것. 세간의 일체 현상〔有爲法〕을 가리킨다. 연기(緣起)와 같으나, 연기는 원인(原因)에서 말하는 것이고, 연생(緣生)은 결과적인 입장에서 세운 명목(名目)이다. ②연이생(緣已生)·연(緣)으로 말미암아 생기는 결과.

연연【緣緣】〔梵 ālambana-pratyaya, 英 The reasoning mind, or the mind reasoning〕사연(四緣; 因緣·等無間緣·緣緣·增上緣) 가운데 하나.

소연연(所緣緣). 심식(心識)을 능연(能緣), 객관계(客觀界)를 소연(所緣)이라 한다. 심식은 소연(所緣)인 객관계를 연(緣)으로 하여 비로소 작용을 일으킬 수 있으므로, 심식을 내게 하는 연(緣)이 된다는 뜻으로 객관계를 소연연(所緣緣)이라 한다.

연일 【緣日】〔英 The day of the month on which a particular Buddha or bodhisattva is worshipped, he being in special charge of mundane affairs on that day, e.g. the 5th is Maitreya, 15th Amitābha, 25th Mañjuśri, 30th Śākyamuni〕 유연일(有緣日; 인연 있는 날)의 약어(略語). 어떤 불·보살이 사바(娑婆)에 인연이 있는 날을 말함. 또한 결연일(結緣日)의 뜻. 중생과 그 부처가 결연(結緣)하는 날이다. 30불·보살을 30일에 분배(分配)하면, 1일은 정광불(定光佛), 2일은 연등불(燃燈佛), 3일은 다보불(多宝佛), 4일은 아촉불(阿閦佛), 5일은 미륵보살(彌勒菩薩), 6일은 이만등불(二萬燈佛), 7일은 삼만등불(三萬燈佛), 8일은 약사여래(藥師如來), 9일은 대통지승불(大通智勝佛), 10일은 일월등명불(日月燈明佛), 11일은 환희불(歡喜佛), 12일은 난승여래(難勝如來), 13일은 허공장보살(虛空藏菩薩), 14일은 보현보살(普賢菩薩), 15일은 아미타불(阿彌陀佛), 16일은 다라니보살(陀羅尼菩薩), 17일은 용수보살(龍樹菩薩), 18일은 지장보살(地藏菩薩), 19일은 일광보살(日光菩薩), 20일은 월광보살(月光菩薩), 21일은 무진의보살(無盡意菩薩), 22일은 시무외보살(施無畏菩薩), 23일은 득대세지보살(得大勢至菩薩), 24일은 관음보살(觀音菩薩), 25일은 문수사리보살(文殊師利菩薩), 26일은 약상보살(藥上菩薩), 27일은 로자나여래(盧遮那如來), 28일은 대일여래(大日如來), 29일은 약왕보살(藥王菩薩), 30일은 석가여래(釋迦如來)의 연일(緣日)이다.

연종보감 【蓮宗宝鑑】『여산연종보감염불정인(廬山蓮宗宝鑑念佛正因)』·『우담보감(優曇宝監)』이라고 한다. 중국 원(元)나라 여산(廬山) 동림사(東林寺) 선법당주(善法堂主) 우담보도(優曇普度, ?-1330)가 찬집(撰集)한 책. 10권. 염불(念佛)의 요지(要旨)를 널리 기술(記述)한 것으로, 1권은 염불정인(念佛正因) 14장, 2권은 염불정교(念佛正教) 19장, 3권은 염불정종(念佛正宗) 8장, 4권은 염불정파(念佛正派) 22장, 5권은 염불정신(念佛正信) 6장, 6권은 염불정행(念佛正行) 14장, 7권은 염불정원(念佛正願) 7장, 8권은 염불왕생(念佛往生)·왕생정결(往生正訣) 12장, 9권은 염불정보(念佛正報) 5장, 10권은 염불정론(念佛正論) 12장으로 되어 있다. 각 권마다 처음에는 총설(總說)을 쓰고, 그 아래는 경론(經論)의 요문(要文)을, 고덕(古德)의 행장과 교어(教語)를 기록했다.

연화대 【蓮花臺】〔英 Lotus throne for images of Buddhas and bodhisattva〕 연대(蓮臺)·연화좌(蓮花座)·화좌(華座)·화대(華臺)라고도 한다. 불보살이 앉는 연화의 대좌(臺座)로서, 극락계에 있다고 한다. 연화는 진흙 속에서 피어나도 진흙에 물들지 않는 덕이 있어서 불보살이 앉는 자리로 삼는다. 더러운 국토에 있으면서도 세상 풍진을 여의고 청정하여 신통자재함을 나타낸다. 정토에 왕생하는 사람은 열반하면 성중(聖衆)의 마중을 받아 그들이 가지고 온 연대(蓮臺)를 타고 정토로 가는데, 그의 품위(品位)에 따라 상품상생(上品上生)에서부터 하품하생(下品下生)까지 구품(九品)이 있으므로 구품연화대라 한다. 상상품은 금강대(金剛臺), 상중품은 자금대(紫金臺), 상하품은 금련대(金蓮臺), 중상품은 연화대(蓮花臺), 중중품은 칠보연화(七宝蓮花), 하상품은 보련화(宝蓮華), 하중품은 연화(蓮華), 하하품은 금련화유여일륜(金蓮華猶如日輪)에 앉아서 정토에 왕생한다고 한다. 중하품은 경(經)에서 밝히지 않았다.

연화삼유 【蓮華三喩】 천태에서 『법화경』의 본문(本門)·적문(迹門)의 개현(開顯)을 비유하는 데 연화의 세 모양으로 한 것. ⑴ 적문의 3유. 1. 위련고화(爲蓮故華); 위실시권(爲實施權)에 비유. 부처님이 법화경 회상에서 먼저 권교(權敎; 방편)를 설한 것은 미숙한 중생을 실교(實敎)로 유인하기 위한 것. 마치 화판이 연실을 양성하기 위하여 피는 것과 같음. 2. 화개연현(華開蓮現); 개권현실(開權顯實)에 비유. 부처님이 조금 익어진 중생을 위하여 권교 중에 실교를 포함하여 나타낸 것은 마치 꽃이 피면 연실이 나타남과 같음. 3. 화락연성(華落蓮成); 폐권입실(廢權立實)에 비유. 부처님이 근기(根機)가 완전히 익은 중생에게 권교를 폐지하고 실교를 세운 것은 마치 꽃이 떨어지고 연실이 성숙함과 같음.

⑵ 본문(本門)의 3유. 1. 위련고화(爲蓮故華); 종본수적(從本垂迹)으로 붓다가야에서 처음 성불한 적문(迹門)의 부처님은 구원실성(久遠實成)의 본문의 부처를 개현하기 위하여 생긴 것을 비유. 2. 화개연현(華開蓮現); 개적현본(開迹顯本)으로 붓다가야에서 성도한 부처님은 화신(化身)이라 제치고, 구원의 본불을 나타내는 데 비유. 3. 화락연성(華落蓮成); 폐적립본(廢迹立本)으로 적문의 화신불을 폐하고 구원의 본불을 성립함에 비유.

연화장세계 【蓮華藏世界】〔梵 Padma-garbha-lokadhātu, 英 The lotus world or universe of each Buddha for his saṁbhogakāya〕 십연화장장엄세계해(十蓮華藏莊嚴世界海)·연화장장엄세계해·십연화장세계(十蓮華藏世界)·연화대장세계(蓮華臺藏世界)·화장세계(華藏世界)·화

장계(華藏界)라고도 한다. 비로자나불의 정토(淨土)로, 그 정토는 무진(無盡)한 청정세계가 층층이 겹쳐서 서로 합해져 있는 모양이 흡사 연씨〔蓮瓣〕가 서로 겹치는 것과 같음에 비유한 것인데, 세계 형성의 모습은 『화엄경』「화장세계품」, 『범망경』 등에 나타나 있다. 요컨대, 무진연기(無盡緣起; 法界緣起)의 내재적(內在的) 이치를 구체적으로 나타낸 것이다. 비로자나의 해석 여하에 따라서 이 이름은 광범위하게 사용되는데, 아미타불의 극락이나 『대일경(大日經)』의 태장계(胎藏界)에 적용되기도 한다. 곧 일반적으로 제불 보신(報身)의 정토에 해당된다.

연훈습경【緣熏習鏡】『대승기신론』에서 진여(眞如) 자체의 내용과 성질을 밝히기 위하여 설명한 사경(四鏡; 如實空鏡·因熏習鏡·法出離鏡·緣熏習鏡) 가운데 하나. 연(緣)은 중생이 발심수행하는 외부의 연, 훈습(薰習)은 외부로부터 훈(熏; 영향을 받음)하는 것, 경(鏡)은 비추는 작용에 비유한 것이다. 곧 번뇌의 더러움이 없는 진여(眞如) 본각(本覺)의 경지에 이르면, 중생의 마음을 모두 알아보고 온갖 차별된 근기에 따라 여러 가지 몸을 나타내며, 여러 가지 법을 말하여 일체중생으로 하여금 선근공덕을 닦게 하는 인연이 된다. 또한 발심수행하는 시각(始覺)의 지혜를 일으키게 할 외훈(外熏)이 되는 부사의(不思議)한 작용이 있으므로, 진여를 연훈습경이라 한다.

열반【涅槃】〔梵 Nirvāṇa, 巴 Nibbāna〕 열반은 팔리어 닙바나(nibbāna)의 음사(音寫)로, 멸(滅)·멸도(滅度)·적멸(寂滅) 등으로 번역한다. 산스크리트어 니르바나(nirvāṇa)는 'nir〔끄다; 消〕'와 'vāṇa〔불다; 吹〕'의 합성어로서 '불을 불어 끈 상태〔吹消狀態〕'를 뜻한다. 즉 탐진치 '삼독(三毒)의 불〔火〕을 불어서 끈 상태'라는 뜻이다. 또한 'nibbāna'를 'nibbana〔無藪林〕'의 파생어로 보아서 '번뇌의 숲이 없는 상태'라고 하는 설도 있다. 열반은 마음이 평온하고 적정(寂靜)한 경지에 있는 것을 말하는 것으로, 석존이 도달한 지고(至高)의 깨달음의 경지를 나타냄과 동시에 불교의 최종적인 목표가 되었다. 열반이라는 개념이 성립하게 된 상황을 이해하기 위해서는, 불교 탄생에 이르는 고대 인도사상의 두 가지 흐름, 즉 재가생활(在家生活)에 입각한 정통바라문 사상과 출가유행자(出家遊行者)인 사문(沙門; sramana)을 파악하지 않으면 안된다. 베다를 계승한 바라문 사상은 의례를 중심으로 하는 고도의 해석학을 발전시켜 카스트제에 기반을 둔 사회질서에 입각하면서 반복되는 시간〔윤회〕 가운데 행복한 카스트로서의 내세를 획득한다는 종교체제를 구축하였다. 이러한 사상의 발전은 머지않아 일부의 바라문들을 의례행위보다 그 의미의 추구에 매달리게 하여, 현세(現世)의 질서라는 일선(一線)을 그리는 개인적인 구제의 탐구로 몰아세웠다. 카스트 질서로부터 이탈한 유행자(遊行者; 수행자)들은 이 조류에 합류하여 사회적 가치관 내에서의 구제를 버리고, 윤회로부터 해방을 목표로 하는 종교관을 형성하기 시작했다. 열반은 이러한 유행자의 흐름에 따른 개념인데, 해탈(解脫; moksa)·적정(寂靜; santi) 등의 동의어(同義語)에도 그 배경이 반영되어 있다. 원어(原語) 속에 품은 부정적(否定的) 계기(契機)는 초기불교 경전인 『숫타니파타(Suttanipāta)』에 '갈애(渴愛)·욕망(慾望)의 멸(滅)', '집착(執着)의 멸(滅)'이 열반이라고 설한 것에서도 찾을 수 있다. 이것이 전화(轉化)하여 형성된 열반은 '불사(不死)·적정(寂靜)·불멸(不滅)'이며, '허망(虛妄)이 아닌 진리'이며, '의심을 넘고, 고뇌를 떠나 열반을 즐기고 탐욕을 제거하며, 신(神)들을 포함한 세계를 인도한다.', '바른 법(法)을 알고, 열반의 경지를 구한다.', '열반에 도달하기 위하여', '고(苦)를 종멸(終滅)시키기 위하여', '불(佛)이 설한 많은 말씀 중에서 최상(最上)' 등으로 표현하여 열반을 가장 높이고 있다. 동시에 산문(散文)의 초기경전에서는, '열반을 상념(想念) 사유(思惟)한다.'고 하면서도 '열반을 사유(思惟)치 않고, 열반을 자기의 것으로 생각하지 않는다.'고 설하는 등, 열반이 다시 집착의 대상이 되는 것을 경계하고 있다. 이와 같이 이중부정(二重否定)을 열거함으로써 일종의 초월(超越)을 강조한다. 즉 열반이라고 하는 참 초월이 이루어지고서야 해탈·깨달음·보리(菩提)가 획득될 수 있다. 그러므로 초기불교사상의 핵심을 삼법인(三法印)으로 정리할 즈음에, 제행무상(諸行無常) 제법무아(諸法無我)와 함께 열반적정(涅槃寂靜)이 세워져 현재에 이르렀다. 열반이라는 말은 불교 이외에 자이나교 등 인도의 여러 학파에서도 궁극의 이상(理想)으로 들고 있다. 그러나 열반의 안락한 세계를 얻은 불타(佛陀)도 육체를 가지고 있는 한은 풍열노병(風熱老病) 등의 고(苦)를 면할 수 없다는 측면에서 완전한 열반[parinirvāṇa; 般涅槃]은 달성되지 않는다고 하여 입멸(入滅) 이전을 유여열반(有餘涅槃), 입멸 후에 얻어지는 것을 무여열반(無餘涅槃)이라 부르게 되었다. 이 무여열반에 있어서는 전적으로 그 어떤 제약도 없는, 완전하고 진실한 열반이 실현된다고 한다. 그런데 후대의 부파불교에서는 오히려 육체적 생명이 없어지는 것을 회신멸지(灰身滅智)라 하고, 이것이 진정한 열반이라는 설이 나타났다. 그리고 일체를 완전히 초월한 열반은 생사(生死)의 구속은 물론, 열반에도 구애받지 않고 무애자재(無碍自在)함. 이것을 무주처열반(無住處涅槃)

이라고 불렀다. 용수(龍樹; Nāgārjuna)는 부파불교, 특히 유부(有部)의 고정적인 사상〔三世實有, 法體恒有〕을 뛰어넘어 세속의 미혹으로부터 멀리 격절(隔絶)한 곳에 있는 열반의 세계를, 그 독자의 연기(緣起)-무자성(無自性)-공(空)의 사상에 따라서 회복하고, 새삼 생사즉열반(生死卽涅槃)의 상태를 보임으로써, 열반을 일상 세속의 실천과의 연관 위에서 수립했다. 이것이 대승불교 열반관(涅槃觀)의 기반이 되었고, 그 결과 광범위한 보살행을 뒷받침하게 된 것이다. 또한 많은 교학(教學)에 있어서는 열반을 반야(般若)·법신(法身)·법성(法性)·진여(眞如) 등과 동일시하여 여러 가지 설을 전개하고 있다.

열반경【涅槃經】〔梵 Mahāparinirvāṇasūtra〕『열반경』에는 아함에 속하는 『소승열반경(小乘涅槃經)』과 대승경전인 『대승열반경(大乘涅槃經)』이 있는데, 이 두 경은 이름은 같지만 내용은 90%가 다르다. 『소승열반경』은 범어, 팔리어, 티베트어, 중국어 등 여러 가지 본(本)이 있는데, 이것들은 고타마 붓다가 쿠시나가라에서 입멸(入滅)하기까지의 최후 여행의 상황과 붓다의 장의(葬儀) 등의 모습을 묘사하고 있다. 거기에는 붓다의 마지막 가르침이라고 말할 수 있는, 즉 '모든 것은 변화한다. 게으르지 말고 열심히 정진하라.', '내가 죽은 뒤에는 가르침과 계율을 스승으로 삼고, 스스로를 귀의처로 삼고, 법을 귀의처로 삼아라.'라는 최후의 가르침과 입멸 후 불탑(佛塔)의 기원 등이 설해져 있다. 한편 『대승열반경』은 이 『소승열반경』을 기초로 해서 만든 것이기 때문에 성립 시기는 늦다〔4-5세기경〕. 자료로서는 티베트어·중국어 역이 존재하고, 일부는 범어(梵語) 사본(寫本)으로 발견되었다. 이 『대승열반경』의 요점은, 역사적으로 알려진 붓다의 입멸은 사실은 중생을 교화하기 위하여 임시로 받은 육신의 모습일 뿐, 진실 즉 법신은 영원불멸이라는 것이다. 또한 붓다의 본질은 불성(佛性)·여래장(如來藏)으로서 모든 중생이 자기 안에 소유하고 있다고 하였다. 이것을 '일체중생 실유불성(一切衆生 悉有佛性)'이라는 말로 나타내고 있다. 이렇게 해서 모든 중생은 다 성불(成佛)할 수 있다고 했으며, '일천제(一闡提)'도 성불할 수 있다는 것이다. 더구나 여기서 말하는 불성의 원어는 'Buddhadhātu'로서, 그것은 붓다의 본질이면서, 동시에 붓다의 유골이나 그것을 수습(收拾)한 불탑(佛塔)도 의미한다. 불성사상(佛性思想)은 그러한 의미에서 불탑신앙(佛塔信仰)을 내화(內化)하는 것이라고 할 수 있다. 이 경(經)은 또한 계율에 있어서도 그때까지 전통불교에서는 허락되었던 육식을 금지하는 등 독자적인 설을 수립하였다. 이러한 설은 중국, 한국, 일본의 동아시아

불교에 커다란 영향을 주었는데, 『대승열반경』에 대한 주석서도 전한다.

열반당【涅槃堂】연수당(延壽堂)·성행당(省行堂)·무상원(無常院)이라고도 하는데, 병(病)든 승려가 치료하는 곳, 또는 입적할 때까지 거처하는 곳이다.

열반도【涅槃圖】석가모니 부처님이 구시나가라성 밖의 사라쌍수 아래에서 입적하였을 때의 광경을 그린 그림. 일반적인 열반도는 머리를 북쪽으로 두고 옆으로 누워 있는 황금색 석가모니불을 둘러싸고, 그 주위에 여러 제자들을 비롯하여 보살·천룡(天龍)·귀축(鬼畜)까지도 통곡하고 있으며, 하늘에서도 구름을 타고 석가모니불의 임종에 참석하려는 마야부인의 일행이 그려져 있다. 인도의 간다라 석조(石造) 부조도(浮彫圖)에 표현된 이래 불전도(佛傳圖)의 주제(主題)가 되었고, 중국에서는 열반변상(涅槃變相)이라고 해서 사원의 벽화로 그려졌다.

열반락【涅槃樂】〔梵 ātma-sukha-nirvāṇa, 英 nirvāṇa-joy or bliss〕열반은 생사의 고해에서 벗어나 해탈을 얻고 모든 번뇌가 끊어진 경지이기 때문에, 가장 큰 즐거움이라 하여 열반락(涅槃樂)이라 한다. 세상의 즐거움은 허망하고 무상한 것이지만 열반락은 영원한 것이므로, 수행인이 구하는 것은 곧 열반락이다.

열반묘심【涅槃妙心】열반의 경지는 불생불멸의 진리와 인과응보의 이치를 절묘하게 깨친 마음이라는 뜻에서 열반묘심(涅槃妙心)이라 한다.

열반상【涅槃相】〔英 The 8th sign of the Buddha, his entry into nirvāṇa〕화신불(化身佛)이 중생에게 열반의 모습을 나타내어 보이는 것. 석가모니불이나 기타 모든 부처님이나 모든 성인이 열반하는 모양이 열반상이다.

열반적정【涅槃寂靜】〔梵 samtam Nirvānam〕삼법인(三法印; Tridharmalaksana)의 하나. 오직 열반만이 무상(無常)과 괴로움, 더러움 등 온갖 번뇌가 끊어진 고요한 경지〔세계〕라는 것이다. 열반적정인(涅槃寂靜印)은 불교의 종교적 실천이성의 요청에 따라, 마땅히 생사의 고해와 온갖 번뇌의 결박에서 해방되어 괴로움이 영원히 없고 항상 고요하고 안온한 절대의 이상경(理想境)을 가리킨 말이다.

열반종【涅槃宗】〔英 The school based on the 大涅槃經 Mahāparinirvāṇa Sūtra〕중국불교의 한 종파. 열반이 최대 이상(理想)임을 가르친 『대승열반경』을 소의경전(所依經典)으로 하여 성립한 종파이기 때문에 열반종이라 한다. 412년 북량(北涼)의 담무참(曇無讖, 385-433)이 『대반열반경(大般涅槃經)』 북본(北本)을 번역한 데서 성립, 그 뒤 남북조시대에 도장사(道場寺) 혜관(慧觀) 등은 이 북본(北本)과 그전에 번역한 동진

(東晋)의 법현(法顯, 약 337-약 422) 역본을 교합(交合) 수정하여 『남본열반경』을 만들고, 이 경에 의하여 교판(敎判)을 정했다. 혜정(慧淨)을 비롯하여 송조(宋朝)에 많은 영재(英才)를 배출하였다. 이어서 승혜(僧慧)·승종(僧宗)·보량(宝亮)·법운(法雲)·정영(淨影)·법려(法礪)·도선(道宣)·법보(法宝) 등이 이 열반종의 연구 확장에 노력하여 일시 융성했지만, 천태종의 발흥과 함께 병합되었다. 우리나라에서는 신라 무열왕(武烈王, 654-661 在位) 때에 보덕(普德)이 개종(開宗)한 뒤, 원효(元曉, 617-686)·의상(義湘, 625-702)·경흥(憬興)·대현(大賢) 등이 『열반경』의 소초(疏鈔)를 지어 경의 뜻을 밝혔다. 이 종은 요컨대, 불성(佛性)의 본구(本具)와 보편, 열반의 상주(常住)와 불변(不變)을 설함에 있어서 일체중생 실유불성(一切衆生 悉有佛性) 열반상주무유변역(涅槃常住 無有變易)의 『열반경』의 경의(經意)에 입각해 있다. 일체중생에게 불성의 보편을 설하기 때문에 일천제(一闡提)도 성불한다고 한다. 불성에는 법신·반야·해탈의 3덕(德)이 갖추어져 있는데, 열반은 이 불성을 개발하여 증오(証悟)한 결과를 가리키는 것이다. 소승불교에서 말하는 회신멸지(灰身滅智)라는 소극적인 열반론에 반(反)하여, 대승열반에는 상락아정(常樂我淨)의 4덕(德)이 있으며, 불성(佛性)의 개발(開發)을 종의(宗義)로 한다.

열반회【涅槃會】 열반기(涅槃忌)·불기(佛忌)·상락회(常樂會)라고도 한다. 석존이 입멸한 날에 부처님을 추모하는 법회. 해마다 2월 15일에 연다. 이날에는 열반상(涅槃像)을 모시고 『열반경』·『유교경(遺教經)』 등을 읽어 부처님의 은혜를 갚는 뜻을 나타낸다.

열중【悅衆】 ①〔梵 karma-dāna〕 갈마다나(羯磨陀那)라고 음역(音譯)한다. 지사(知事)라 번역. 중승(衆僧)의 규율을 맡은 이. ②사원의 규율과 기강을 담당하는 소임으로 유나(維那)와 같다. 중국 후진(後秦) 홍시 때에 설치한 승직의 하나. 승주(僧主)의 부관(副官).

염【念】〔梵 smṛti, 巴 sati〕 정신〔mind〕, 주의력〔attentiveness〕, 앎〔awareness〕. ①심소(心所; 마음의 작용)의 이름. 구사종으로는 대지법(大地法)의 하나. 주관인 마음이 객관인 대경(對境)을 분명히 기억하여 잊어버리지 않는 정신. 또 심(心)이 발동(發動)하여 삼세(三世)에 천류(遷流)함을 염(念)이라 한다. ②관념, 관찰하는 것. 불체(佛體)와 제법(諸法)의 이치 등을 마음에 생각하여 보는 작용. ③칭념(稱念). 불(佛)의 명호(名號)를 부르는 것. ④마음에 생각하는 것. 심념(心念)이 이에 해당된다. ⑤보살의 수행단계 중 십신(十信) 가운데 제2위. ⑥삼십칠도품(三十七道品)

가운데 오력(五力; 信·精進·念·定·慧) 중의 하나. ⑦천태(天台)의 관문(觀門)으로서 25방편(方便)을 들고 있는데, 그 가운데 행오법(行五法)의 하나. ⑧시간의 단위. 매우 짧은 시간을 일념(一念)으로 해서 일찰나(一刹那)와 동일하거나, 그것의 90분의 1 내지 60분의 1로 본다.

염 【染】 ①〔梵 saṃkleśa, kliṣta, 巴 saṃkilesa〕 불순(不純)한 것. 번뇌(煩惱)·염오심(染汚心). 더럽혀진 마음. ②〔梵 abhikāma〕 마음이 유혹되는 것. 사로잡힘. ③집착, 염착(染着)의 뜻. ④〔梵 rāga〕 탐내는 것. ⑤〔梵 reṇu, 西 rdul〕 티끌에 비유되는 더러움. ⑥사바(娑婆). 금세(今世)를 가리킴.

염고 【拈古】 선종에서, 옛 선승이나 선지식들이 수행자를 깨달음으로 인도하기 위하여 제시한 문제, 즉 고칙(古則)이나 공안(公案)에 대하여 평석(評釋)하여 자기의 견해를 나타내는 것을 말함. 염제(拈提)라고도 함.

염관양종 【念觀兩宗】 정토교(淨土敎)의 근본 경전인 정토삼부경(淨土三部經) 중 『관무량수경』에서 경문(經文)을 해석하는 두 가지 관점〔바탕〕. 즉 관불위종(觀佛爲宗)과 염불위종(念佛爲宗)의 두 가지. 관불위종은 경(經)에 나타난 뜻, 곧 경문대로 보아서 부처님의 모습을 관념함으로 근본을 삼는 것이고, 염불위종은 경(經)에 숨어 있는 뜻, 곧 경문 속에 숨은 뜻으로 보아서 나무아미타불(南無阿彌陀佛)의 6자 명호를 일컫는 것으로 근본을 삼는 것이다.

염관제안 【鹽官齊安, ?-842】 중국 당(唐)나라 목종·경종·문중·무종 때의 선승. 당(唐)의 왕족으로, 성은 이(李)씨이며, 법명이 제안(齊安)이다. 선대(先代)에 월(越)로 옮겨 살게 되어 해문군(海門郡)에서 태어났다. 운종(雲宗)선사에게 출가하고, 남악지엄율사(南嶽智嚴律師)에게 구족계를 받았다. 후에 대적(大寂)선사 마조도일(馬祖道一)이 공공산(龔公山)에서 교화를 편다는 말을 듣고 찾아가 입실(入室)을 허락받았다. 원화(元和) 말에 월주(越州)의 법락사(法樂寺)에 살았는데, 법흔(法昕) 등 많은 사람들의 귀의를 받고 도화(道化)를 떨쳐 찾아오는 무리들이 많았다. 후에 항주(抗州) 염관현(塩官縣) 해창원(海昌院)에서 주석(住錫)하다가 회창(會昌) 2년에 입적하였다. 시호는 오공대사(悟空大師)이다.

염념상속 【念念相續】 수행자가 생각을 한곳에 집중하여 전념(前念)과 후념(後念) 사이에 다른 생각이 끼어들지 않게 하는 것. 곧 한 가지 생각이 지속되는 것. 삼매와 동의어.

염라대왕 【閻羅大王】〔梵 yama, 羅 Pluto, 英 the King(Ruler, Judge) of Hell〕 지옥을 관장하는 신(神). 인도신화의 야마(yama)에서 온 말로, 인류 최초로 죽은 자가 되어 남쪽 지

하에 살면서 망자(亡者)의 생전행위(生前行爲)에 따라 천상이나 인간, 또는 지옥 등 어느 한쪽으로 보낸다고 한다. 불교에서는 외호신(外護神)으로 받아들여, 야마천(夜摩天) 천계의 왕으로서 온건하게 묘사된다. 또는 사자(死者)를 심판(審判)하는 명부(冥府)의 왕이 되기도 한다. 도교(道教)에서는 음부십전 명왕(冥王)의 제5전(殿)을 염라왕(閻羅王)이라 한다.

염마왕【閻魔王】〔梵 yama-raja〕 유명계(幽冥界)의 왕. 염마(閻魔)·염라(閻羅)·라사(邏社)라 쓰며, 저승세계의 수령으로서 사후(死後)의 유명계(幽冥界)를 지배하는 왕. 본래 인도 베다시대의 야마(yama)신으로 불교 가운데 섞여 들어와 발달된 것이다. 후세에 발달된 밀교에서는 태장계 만다라의 외금강부 중에 있어서, 호세팔천(護世八天)·시방호법신왕(十方護法神王)·십이천(十二天)의 하나이다. 중국에 와서는 도교의 사상과 섞여 십왕(十王)의 하나가 되었는데, 우리나라에서도 이 사상을 계승하였다. 염라대왕 항목을 참조할 것.

염마천【焰魔天】〔梵 yama〕 호세천(護世天)의 하나. 20천(天)의 하나. 밀교에서 염마왕(焰魔王)을 말한다. 도상(圖像)은 염마왕과 달리 물소를 타고 인두당(人頭幢)을 든다. 연수(延壽)·제재(除災)의 염마천법(焰魔天法)을 닦는다.

염법【染法】〔梵 rāga, 西 chags pa can chos〕 정법(淨法)에 반대되는 말. 염오법(染汚法)의 준말. 근본번뇌(根本煩惱)와 수번뇌(隨煩惱). 그 대상으로 반연하는 물심(物心)의 제법(諸法)·악성(惡性)·유부무기성(有覆無記性)의 법(法)을 말함. 착하고 깨끗한 마음을 물들이는 것이므로 염법(染法)이라 한다.

염부단금【閻浮檀金】〔梵 jambū-nada-suvaṃṇa〕 염부단금(炎浮檀金)·염부나제금(閻浮那提金)·염부나다금(閻浮那陀金)이라고도 한다. 염부수(閻浮樹) 밑에 있는 하수(河水)를 염부단(閻浮檀)이라고 함. 그리고 이 하수(河水)에서 나는 금(金)을 염부단금이라 한다.

염부수【閻浮樹】 인도에 널리 분포된 교목. 학명은 'Eugenia jambolana'. 잎 길이 4-5촌. 엽맥(葉脈)이 가늘고, 엽면(葉面)은 미끄럽고 광택이 있다. 4-5월경에 누르스름한 작은 꽃이 핀다. 과일은 새알만하고, 익으면 자색이 되고 맛은 떫고 시다.

염부제【閻浮提】〔梵 jambu-dvīpa〕 남염부주·남섬부주라고 함. 남염부주 항목 참조.

염불【念佛】〔梵 buddha-anusmṛti, buddha-manasikāra, 英 To respect the name of a Buddha, audibly or inaudibly〕 불도 수행자가 닦는 수행 가운데 하나. 오정심(五停心)·삼념(三念)·육념(六念)·십념(十念)의 하나. 염불(念佛)의 불(佛)은 불

신(佛身)·불명(佛名)을 뜻하고, 염(念)은 억념(憶念)·관념(觀念)·사념(思念)·칭념(稱念)·심념(心念) 등을 뜻한다. 불(佛)을 생각〔憶念〕하거나, 불(佛)의 이름을 입으로 부르는 것〔稱名〕. 인도에서는 마음으로 불(佛)을 억념(憶念)하는 것이 원의(原義)였지만, 중국을 거쳐서 특히 한국·일본에 와서는 입으로 아미타불(阿彌陀佛)의 이름을 부르는 것으로 이해되는 경우가 많다. 인도 초기불교 문헌에서는 불(佛)·법(法)·승(僧)·계(戒)·시(施)·천(天)을 염(念)하는 육념〔六隨念〕, 또한 육념(六念)에서 발전된 십념(十念)의 첫 번째로서 염불(念佛)이 전한다. 이 경우의 염불은 소위 부처님의 열 가지 명호〔如來十號〕를 염(念)하는 것으로 설명되고 있다. 또한 이 염불의 결과로서 마음이 고요한 상태로 된다는 것이 설해졌는데, 후에는 염불(念佛)이 선정(禪定)〔三昧〕과 하나라는 선정일치(禪定一致) 또는 염불선(念佛禪)의 바탕이 되기도 했다. 대승불교에서는 좀 더 다양한 내용을 받아들이면서 전개되었다. 염불의 내용으로는 불(佛)의 10종 칭호(稱號)를 염(念)하는 것만이 아니라 32상(相)과 신통력(神通力), 불(佛)에 갖추어진 뛰어난 여러 가지 특성, 법신불(法身佛)을 염(念)하는 것에 이르기까지, 불(佛)을 어떠한 것으로서 염(念)하는가 하는 점에 있어서 여러 가지 전개가 보인다. 또한 대승불교에서는 시방세계에 있어서 제불(諸佛)의 존재를 전제하기 위해 염(念)하게 되는 대상도 역사상의 붓다 한 사람에 한정되지 않는다. 그 중에서도 특히 아미타불을 염(念)하는 것이 정토계 경전에서 중시되어 왔다. 또한 염불이 선정(禪定)과 밀접하게 관련되어 있다는 점, 염불이 불(佛)을 눈앞에서 보게 한다〔見佛〕는 사고방식, 더구나 정토경전(淨土經典) 등에서 염불에 의해 아미타불의 불국토(佛國土; 극락)에 왕생할 수 있다는 점 등은 염불의 다양한 전개를 이야기하는 증거의 일부로 들어도 좋다. 중국·한국·일본에서 염불은 널리 수용되고 있는데, 특히 중국승 선도(善導, 618-681)는 『관무량수경(觀無量壽經)』에 대한 주석(注釋) 가운데에서 '염불삼매(念佛三昧)란 입으로 불(佛)의 이름을 부르는 것, 즉 칭명염불(稱名念佛), 구칭염불(口稱念佛)'이라고 하여 완전히 새로운 해석을 했다. 이 해석은 선도(善導)의 독창적인 해석으로서, 이후부터 염불은 입으로 부처의 이름을 부르는 것이라는 개념이 성립했다. 어쨌든 이 해석에 의해 염불(念佛)은 범부(凡夫)에게도 가능한 실천행(實踐行)의 하나로서 인식되었으며, 이후 염불의 보급에 큰 도움이 되었다.

염불당【念佛堂】염불로 정토왕생의 수행을 하는 불당(佛堂). 한국의 불교는 교학·선·염불이 중심인데, 교학을 배우는 곳을 강원, 선(禪)을 닦는 곳을 선원(禪院), 염불을 하는 곳을 염불당(念佛堂)이라고 한다. 따로 염불당이 있는 것이 아니고 불당이 염불당인 셈이다.

염불만일회【念佛萬日會】정토교에서 하는 의식의 하나. 아미타불의 정토(淨土)인 극락세계에 나기를 기원하여 만일(萬日) 동안 나무아미타불을 부르며 도(道)를 닦는 것을 말한다. 우리나라에서도 경덕왕 6년〔747〕에 금강산 건봉사(乾鳳寺)에서 2백여 명이 모여 만일회(萬日會)를 열어 혜공왕 11년〔775〕에 마쳤는데, 그 가운데 31명이 극락왕생하였다고 한다. 조선 후기에 다시 미타(彌陀)신앙이 성행하면서, 만일회도 부흥되어 건봉사·망월사(望月寺) 등에서 세 번이나 열렸다고 한다.

염불문【念佛門】아미타여래를 전념(專念)하여 정토〔극락〕에 왕생하는 수행. 염불하여 극락세계에 왕생하는 것을 가르친 법문.

염불삼매【念佛三昧】〔英 The samādhi in which the individual whole-heartedly thinks of the appearance of the Buddha, or of the Dharmakāya, or repeats the Buddha's name〕①청정일심으로 염불을 계속하여, 마침내 부처도 나도 없고 아미타불 소리만 우주에 가득 차게 되는 것. ②염불에 의하여 사심잡념을 없애고 영지(靈智)가 열려 부처의 진리를 보게 되는 것. ③생각이 다른 데에 흩어지지 않고 일심불란하게 아미타불의 이름을 부르고, 부처만을 생각하는 것.

염불선【念佛禪】염불(念佛)과 선을 합해서 수행하는 선(禪). 오조법연(五祖法演) 문하에 의해서 상당히 보급됨. 또한 송대(宋代)·명대(明代)의 선종(禪宗)에서도 선정일치(禪淨一致)의 경향을 많이 볼 수 있는데, 특히 송대의 선승 영명연수(永明延壽)가 그 대표적인 인물이다. 명청(明淸)대에는 '염불자수(念佛者誰)', '염불자시수(念佛者是誰; 염불하는 자는 누구인가)'라는 화두까지 탄생하였다.

염불왕생【念佛往生】〔英 This is the basis or primary cause of such salvation〕아미타불을 믿고 일심으로 그 명호(名號)를 부르면, 그 염불하는 한 가지만으로 극락세계에 왕생한다는 것. 염불은 인(因), 왕생은 과(果)인데, 이것은 타력의 인과이다. 아미타불의 대비원력의 회향에 말미암은 것이다.

염불요문【念佛要門】『염불인유경(念佛因由經)』이라고도 한다. 고려의 선승 보조지눌(普照知訥, 1158-1210)이 지은 책 이름. 이 책에는 오정심(五停心)·오장(五障)·오탁(五濁)·십종염불을 설명하고, 십악(十惡) 팔사(八邪)를 끊고 십선을 닦아 과거의 허물을 뉘우치며, 열 가지 염불〔戒身念佛·戒口念佛·戒意念佛·動憶念佛·靜憶念佛·語持念佛·默持念佛·觀想念佛·無

心念佛·眞如念佛]로 업을 삼아 정진해 나가면, 죽어서 극락세계 구품연대의 상품(上品)에 태어난다고 한다.

염불종【念佛宗】〔英 The sect which repeats only the name of Amitābha〕 ①아미타불의 명호(名號)를 불러서 극락세계에 왕생하기를 원하는 종파. 당(唐)의 도작(道綽, 562-645)·선도(善導, 613-681) 등 여러 고승이 널리 알렸다. ②어떤 교문의 이름이 아니라 염불을 권하는 종지의 총칭. 정토문(淨土門) 염불문(念佛門) 정토교(淨土敎)를 가리킨다.

염오【染汚】〔梵 kliṣṭa, 英 Soiled, contaminated, impure, especially by holding on to the illusory ideas and things of life〕 번뇌의 다른 이름. 번뇌는 그 자체가 부정하고 더러운 것이므로 이렇게 말한다. 선(善)·악(惡)·무기(無記)의 삼성(三性)에 배대(配對)하면, 염오는 악성과 유부무기성(有覆無記性)에 통한다.

염정【念定】〔英 Correct memory and correct samādhi〕 염(念)은 정념(正念), 정(定)은 정정(正定). 정념(正念)이란 것은 참된 지혜로 정도를 생각하여 삿된 생각이 없는 것이다. 정정(正定)은 참된 지혜로써 산란하고 흔들리는 생각을 여의고 몸과 마음을 고요하게 하고, 진공(眞空)의 이치를 관하여 가만히 있어서 마음을 움직이지 아니하는 상태를 가리킨다. 『삼국유사(三國遺事)』 4, 의해(義解) 원광서학(圓光西學)에 보인다.

염주【念珠】〔英 To tell beads; a (Buddhist) rosary〕 수주(數珠). 염불(念佛)하는 수(數)를 헤아린다는 뜻. 108개로 된 염주가 기본적인 것인데, 1,080개나 54개로 된 염주도 있다. 108개로 된 염주는 108종의 번뇌를 끊어 없애는 것을 나타낸 것이다.

염즉생【念卽生】 아미타불의 서원(誓願)을 한마음〔一心〕으로 믿으면 바로 극락정토에 태어나게 된다는 뜻.

염혜지【焰慧地】〔梵 arciṣmati-bhūmi, 西 ḥocl ḥpro ba can〕 보살 10지(十地)의 제4. 정진바라밀을 성취하여 수혹(修惑)을 단절하고, 지혜를 많이 쌓는 단계를 말함. 모든 번뇌의 싹을 태워 없애며 깨달음을 얻는 데 도움이 되는 불꽃같은 지혜가 생기므로 염혜지(焰慧地)라 한다.

염화미소【拈花微笑】〔英 Buddha held up a flower and kāśyapa smiled〕 염화시중(拈花示衆)의 미소(微笑). 석가모니불이 가섭에게 이심전심(以心傳心)으로 불법(佛法)의 진리를 전한 이야기. 선(禪)의 기원을 설명하기 위하여 예부터 전하는 이야기. 석가모니불이 영산회상의 법좌에 올라 아무 말 없이 꽃 한 가지를 들고서 대중을 둘러보았다. 아무도 그 뜻을 몰랐으나, 오직 가섭존자만이 그 뜻을 깨닫고 미소로써 답하였다. 이에 석가모니불이 '나에게 정법안장 열반묘심 실상무상 미묘법문이 있으니, 이를 가섭에게 부촉하노라.'라고 하였다고 한다. 이것이 곧 삼처전심(三處傳心)의 하나인 영산회상거염화(靈山會上擧拈花)이다. 여기서부터 선(禪)을 '염화시중의 미소', '이심전심의 비법'이라 표현하기 시작하였다.

영가【靈駕】중음신(中陰神) 상태로 있을 때의 영혼. 이생에서 명(命)을 마치고 떠난 영혼이 다음 생의 생명을 받기 이전까지의 상태를 말한다. 이 기간에 영혼은 새 몸을 받기 위하여 여기저기 돌아다닌다고 한다. 새 몸을 받을 곳으로 가야 하기 때문에 영가라고 말한다. 영가로 있을 때에 천도재를 올림.

영가집【永嘉集】선서(禪書). 중국 당(唐)나라 때 영가현각(永嘉玄覺, 665-713) 지음. 1권. 『선종영가집(禪宗永嘉集)』·『영가선종집(永嘉禪宗集)』이라고도 한다. 정(定)에 들 적에 주의할 것과 수행하는 과정을 적은 책. 주석서로는 유계(幽溪)가 지은 『영가집주석서(永嘉集註釋書)』 2권, 송(宋)의 행정(行靖)이 지은 『영가집방주(永嘉集傍註)』 2권, 명(明)의 전등(傳燈)이 지은 『영가집집주(永嘉集集註)』 2권이 있다.

영가현각【永嘉玄覺, 665-713】중국 당나라 고종·중종·예종 때의 선승(禪僧). 속성은 대(戴), 자는 명도(明道), 호는 일숙각(一宿覺), 시호는 무상대사(無相大師)·진각대사(眞覺大師). 8세에 승려가 되어 경·론을 널리 연구하였는데, 특히 천태(天台) 지관(止觀)에 정통하였다. 처음에는 온주(溫州) 용흥사에 있다가 스스로 선암을 짓고 선관(禪觀)을 닦았으며, 뒤에 육조 혜능(慧能, 638-713)을 만난 후 깨달음을 얻었다. 저서로는 『선종영가집(禪宗永嘉集)』, 『관심십문(觀心十門)』, 『증도가(證道歌)』 등이 있다. 특히 『증도가』는 승찬(僧璨, ?-606)의 『신심명』과 함께 선의 이치, 선의 세계를 밝힌 것으로 평가받고 있다.

영락경【瓔珞經】『보살영락경(菩薩瓔珞經)』, 『대영락경(大瓔珞經)』, 『현재보경(現在報經)』이라고도 한다. 요진(姚秦)의 축불념(竺佛念)이 376년에 번역하였다. 14권. 보살의 법(法)·육도(六度)·사제(四諦)·유식(唯識) 등의 여러 가지 법문을 말한 경. 보칭·식공·장엄도수·용왕욕태자·법문·식계·제불권조·여래·음향·인연으로부터 무아·등승·삼계 등의 45품으로 나누어져 있다.

영명연수【永明延壽, 904-975】중국 오대(五代) 송(宋)의 교체기의 선승. 법안종의 제3조. 속성은 왕(王), 자는 중현(仲玄). 시호는 지각선사(智覺禪師). 전당(錢塘; 지금의 절강성 항주) 사람. 30여 세에 사명(四明; 지금의 절강성 영파) 취암(翠岩)에게 계를 받고, 뒤에 천태(天台) 덕소(德韶, 891-972)국사에게서 선지(禪旨)를 깨달아 전법(傳法) 제자가 되었다. 그 뒤 주(周)의 광순(廣順) 2년[952]에 명주(明

州) 설두산(雪竇山; 지금의 浙江省 奉化縣 西, 余姚縣 南)으로 가서 법을 전했으며, 당말 오대 때에는 오(吳) 월왕(越王) 전숙(錢俶)의 청을 받아들여 영명사(永明寺; 澤慈寺)에서 15년을 머물렀는데, 제자가 1,700명이었다. 그는 일심(一心)을 종지(宗旨)로 삼고, 선교일치(禪教一致) 성상통합(性相統合)을 창도하였으며, 선정쌍수(禪淨雙修)를 주장하고 정토종의 실천에 힘썼다. 저서로는 『종경록(宗鏡錄)』 100권, 『만선동귀집(萬善同歸集)』 6권, 『유심결(唯心訣)』, 『신서안양부(神栖安養賦)』 등이 있다.

영산법회 【靈山法會】 석존이 영취산(靈鷲山)에서 설법하던 광경을 상징적으로 재현하는 의식.

영산전 【靈山殿】 사원(寺院) 가람 가운데 석존의 팔상성도(八相成道)의 그림을 봉안하고 있는 당우(堂宇).

영산재 【靈山齋】 49재 가운데 하나. 죽은 지 49일이 되는 날에 죽은 영혼의 명복을 비는 불교의례가 49재이다. 이 49재에는 상주권공재(常住勸供齋), 시왕각배재(十王各拜齋), 영산재(靈山齋)가 있다. 이 중에서 영산재는 가장 규모가 큰 의례로, 상당한 시간이 소요된다. 영산재는 석가모니가 영취산에서 설법한 영산회상(靈山會上)을 재현하고, 영혼의 명복을 빈다는 의미가 담겨 있다. 이 영산재가 진행되는 절차는 매우 복잡하다. 우선 의례가 열릴 장소를 신성화시키는 절차로서 괘불이운(掛佛移運)이 있다. 이것은 석가모니의 영산회상을 그린 불화를 영산재를 행하는 장소로 인도해 오는 것을 말한다. 이러한 자리가 마련되면 제단이 설치되는데, 상·중·하 3개의 단이 놓인다. 상단은 불단(佛壇), 중단은 불단을 옹위할 신중단(神衆壇), 하단은 죽은 사람의 영혼을 위해 마련되는 제단이다. 이렇게 제단이 마련되면 불보살과 죽은 영혼을 제단으로 모셔 오는 의식이 진행된다. 이것이 끝나면 불보살에게 공양을 드리고 죽은 영혼이 극락왕생하기를 바라는 찬불의례가 뒤를 잇는다. 영혼을 위한 축원문이 읽혀지며, 영산재에 참여하는 모든 대중들이 다 함께 회향의례(廻向儀禮)를 벌이기도 한다. 영산재는 끝으로 자리에 모신 불보살들을 다시 보내는 봉송의례(奉送儀禮)로 이루어진다. 영산재에는 범패(梵唄)와 춤〔승무〕 등의 불교 예술이 공연되기도 한다.

영산회상 【靈山會上】 영산회상도 항목을 참조할 것.

영산회상곡 【靈山會上曲】 879년〔신라 헌강왕 5〕에 처용(處容)이 개운포(開雲浦; 지금의 울산)에 나타나서 이상한 얼굴과 야릇한 복색으로 춤추고 노래한 일이 있었는데, 뒷사람이 그것을 본받아 처용무(處容舞)라 하였다. 조선 세종 때에 처용무의 곡절로 다시 노래를 짓고, 이름을 봉황음(鳳皇吟)이라 하였다. 1460년〔세조 5〕 그 제도를 증가하여 대합악(大合樂)으로 연주하였는데, 이것이 영산회상곡이다.

영산회상도【靈山會上圖】 석존이 영취산에서 대중들에게 『법화경』을 설법하는 장면을 묘사한 그림. 주로 석가여래를 봉안하는 대웅전을 비롯하여 영산전이나 대적광전의 후불탱화로 건다. 석가여래를 화면 중앙에 배치하고 그 좌우에 문수·보현보살, 그리고 아미타불과 관음·대세지보살, 약사불과 일광·월광보살을 그려 넣는 것이 가장 일반적이다. 그 밖에 팔대보살·십대제자·범천·제석천·사천왕·팔부중·화불(化佛) 등을 그려 넣기도 한다. 이 그림을 봉안하는 의미는 부처님을 믿고, 부처님의 설법을 들으려 하는 마음에 있다.

영우【靈祐, 771-853】 중국 위앙종(潙仰宗)의 초조(初祖). 위산영우 항목 참조.

영지불매【靈知不昧】 영묘(靈妙)한 인지(認知)·인식함을 갖추고 있어서 모든 일에 분명하여 어둡지 않은 것. 즉 우리의 마음을 뜻한다. 우리의 마음은 신통스럽게도 삼라만상 등 모든 것을 항상 인지(認知)하고 느끼고 깨닫기 때문임. 때론 영지를 여래장심(如來藏心)·불성(佛性)과 동일시하기도 한다.

영취산【靈鷲山】〔梵 Gṛdhrakuta-parvata〕 영축산이라고도 읽는다. 기사굴산(耆闍堀山)의 번역. 중인도 마갈타국 왕사성 부근에 있는 산. 부처님이 설법하시던 곳. 이 산에는 신선들이 살았고, 또 독수리가 많이 있었으므로 영취산, 또는 취두(鷲頭)·취봉(鷲峰)·취대(鷲臺)라고도 한다. 또 산의 모양이 독수리의 머리와 비슷해서 이렇게 불렀다는 설도 있다.

영혼【靈魂】〔希 psyche, 羅 anima, 英 soul, 獨 Seele, 佛 ame〕 (1) 인도(印度); 『리그베다』로 대표되는 베다 성전(聖典)에서는, 인간의 육체는 죽음과 함께 멸하지만 그 영혼은 불멸(不滅)한다고 믿었다. 이 영혼은 아수(asu; 生氣), 또는 마나스(manas; 意; 思考)라고 불렀는데, 후에는 프라나(Prāṇa; 氣息), 아트만〔自我〕 등으로 표현되기도 했다. 이 가운데서 특히 아트만은 우파니샤드의 중심개념이 되었다. 베다성전에서는 사후(死後) 육체를 떠난 영혼은 마치나 화신(火神) 아그니의 날개를 타고 최고천(最高天)인 야마(yama) 천국에 도달하여, 그곳에서 다시 완전한 신체를 얻는다고 생각하였다. 뒤의 우파니샤드에서는 화장(火葬)된 사자(死者)의 영혼은 달·비〔雨〕·지상의 식물·정자(精子)가 되고, 신도(神道; 해탈한 사람이 가는 길)를 따라 브라흐만에 도달하거나 조도(祖道; 善人이 가는 길)를 따라 지상(地上)에 재생한다고 설해졌다. 전자는 '오화설(五火說)', 후자는 '이도설(二道說)'이라고 부르는데, 대표적 윤회사상이 이 시점에서 형성되었던 것이다. 이 윤회로부터의 완전한 해방, 즉 해탈(解脫)이 우파니샤드의 궁극의 목표가 되었다. 불교(佛敎)와 거의 동시대에 일어났고, 반베다(反veda)의 입장을 취한 자이나교의 형이상학에 있어서 우주는 세계와 비세계로 이루어져 있는 것으로 생각되었는데, 이 세계는 영혼과 비영혼인 네 가지 실체(實體)로 나누어진다고 생각되었다. 이 영혼의 본질은 정신작용이지만, 동식물뿐만 아니라 지(地)·수(水)·화(火)·풍(風)의 네 가지 원소(元素)에도 깃들어 있으므로, 여기서 이른바 물활론적(物活論的)인 특징을 발견할 수 있다. 다음으로 자이나교의 실천론에 의하면 인간은 신체〔身〕·말〔語〕·심(心)에 의해 행하는 행위〔業〕 때문에 미세한 물질이 영혼에 붙어 업신(業身)을 형성하여, 지옥·동물·인간·신의 4종의 상태로 윤회한다. 반대로 고행에 의해 이전의 업(業)의 작용을 없애고, 나아가 새로운 업의 유입(流入)을 막는 수행 방법인 '제어(制御; 욕망 억제)'를 행하면, 업의 속박이 없어진 영혼이 상승하여 최종적으로 해탈의 경지를 얻는다고 생각되었다. 한편 불교에서는 모든 존재는 여러 가지 조건에 의해 성립하고 무상(無常)·무아(無我)라고 하여 영혼의 존재, 즉 아트만을 부정하였다. 다만 불교 초기에는 이 무아를 '영혼이 없다.'는 의미 외에도 '그것은 나의 것이 아니다.'라는 비아(非我)의 의미로도 많이 사용되었다. 이를 통해서 집착을 떠나 열반의 성취를 지향했다.

(2) 중국에서는 영혼을 정신적 활동을 담당하는 양(陽)의 영기(靈氣)인 '혼(魂)'과 육체적 활동을 담당하는 음(陰)의 영기(靈氣)인 '백(魄)'으로 나누어 이해하였다. 영혼은 살아 있는 개인의 생명과 정신활동의 원리이지만, 때로는 살아 있는 사람의 신체에서 떨어져 다른 사람이나 동물에 깃들기도 한다고 생각했고, 꿈도 영혼이 떠나는 것에 의해 일어나는 현상이라고 이해했다. 신체에서 떠난 영혼이 여러 가지의 이상한 현상을 일으킨다는 이야기가 육조(六朝)·당대(唐代)의 지괴소설(志怪小說)이나 전기소설(傳奇小說)에 많이 기록되어 있다. 사람이 죽으면 영혼은 그 신체에서 빠져 나오지만, 중국에 있어서도 다른 나라와 같이 사자(死者)의 영혼이 새의 모습을 하고 있다는 관념을 찾아볼 수 있다. 사자의 영혼은 오랜 시간을 지나 정화되지만, 인류의 조상들이 사는 원시시대의 낙원으로 돌아가는 것으로 의식한 듯이 보인다. 그러나 후에는 태산(泰山)에 사자(死者)의 영혼이 모인다고 하는 관념이 생겼고, 불교(佛敎) 명계관(冥界觀)의 영향을 받아 사자의 영혼이 지옥에서 염라왕의 재판을 받는다고 하는 관념도 생겼다. 또한 조령(祖靈)이 되기 전의 사자의 영혼, 특히 천수(天

壽)를 다하지 못하고 비명(非命)에 쓰러진 사람의 영혼은 강한 에너지를 가지고 있어서 산 자에게 해를 끼친다고 해서 공포의 대상으로 생각했다. 다만 살아 있는 사람에게 무언가 힘을 미치려고 하는 사자의 영혼이 실제 존재하는지에 대한 문제와 관련해서는, 예부터 여러 가지 견해가 있었다. 유가(儒家)는 초자연적인 사실에 대해서는 언급하지 않는다고 하는 이성적인 태도를 취했다. 그러면서도 한편으로는, 예를 들어 제사하는 장소에 사자의 영혼이 내려오는지 아닌지는 몰라도 제사를 지낼 때는 영혼이 들어올 수 있도록 문을 조금 열었다. 조상의 영혼을 제사하는 것은 자손인 산 자의 예(禮)로서 중요하다고 생각하였다. 또한 중국불교에서는 본래의 불교사상과는 달리 윤회전생의 주체로서 사후에도 존속하는 영혼의 존재가 필요하다고 해서, 배불론자(排佛論者)들과의 사이에 신멸(神滅; 영혼은 멸한다)·신불멸(神不滅; 영혼은 멸하지 않는다)논쟁이 일어나기도 했다.

예류과【預流果】〔梵 Srota-āpatti-phala〕 성문(聲聞) 4과(四果)의 하나. 수다원(須陀洹). 입류(入流)·역류(逆流)·예류(預流)라 번역. 삼계(三界)의 견혹(見惑)을 끊고 처음으로 무루도(無漏道)에 드는 지위. 견도(見道) 16심 중의 제16심. 이것은 수도위(修道位)의 처음으로 견도(見道)·수도(修道)의 둘을 갖춘 최초가 된다.

예불【禮佛】〔英 a rite offered before a statue of Buddha〕 ①합장공경하여 부처님에게 예배하는 것. ②한국의 사원(寺院)에서는 조석(朝夕)으로 부처님께 하는 독경(讀經)을 말한다.

예수재【豫修齋】 사후 극락왕생을 위하여 생전(生前)에 불전(佛前)에 공양을 올리는 것. 죽은 후에 행할 천도재를 살아생전에 미리 해두는 것. 넓게는 사람이 살아서 지혜를 밝히고 복을 지으며 경(經)을 읽고 하는 것 등은 다 예수재라 할 수 있다.

예토【穢土】〔英 This impure world, in contrast with the Pure Land〕 정토(淨土)의 상대적인 말로, 더러움으로 가득 찬 국토. 삼계육취(三界六趣)를 말한다. 범부(凡夫)가 살고 있는 이 사바세계를 예토(穢土)라 한다.

오가칠종【五家七宗】〔英 Divisions in China of the, 禪 Ch'an, Intuitive or Meditative school〕 중국 남종선(南宗禪) 분파의 총칭. 운문종·법안종·위앙종·임제종·조동종·임제종 황룡파·임제종 양기파. 중국 선종은 5조 홍인(弘忍, 602-675) 이후에 6조 혜능(慧能, 638-713)의 남종선과 신수(神秀, 606-706)의 북종선(北宗禪)으로 나누어진다. 남종선은 혜능의 문하인 청원행사(青原行思, ?-746) 계통에 운문문언(雲門文偃, 864-949)이

나와서 운문종(雲門宗)이 창시되었고, 청량문익(淸凉文益, 885-958)에 의해서 법안종(法眼宗)이 창시되었다. 한편 남악회양(南岳懷讓, 677-744)의 제자 마조도일(馬祖道一, 709-788), 도일의 제자 백장회해(百丈懷海, 720-814), 그리고 백장의 제자 위산영우(潙山靈祐, 771-853)와 그 제자인 앙산혜적(仰山慧寂, 815-891)에 의해 위앙종(潙仰宗)이 창시되고, 역시 백장회해의 제자인 황벽희운(黃蘗希運, ?-850), 그리고 그의 제자인 임제의현(臨濟義玄, ?-867)에 의해 임제종이 창시되었다. 또 약산유엄(藥山惟儼)의 계통에서 동산양개(洞山良价, 807-869)와 그 제자인 조산본적(曹山本寂, 846-901)이 나와서 조동종(曹洞宗)이 개창되었다. 이상 운문종·법안종·위앙종·임제종·조동종을 오가(五家)라 부르는데, 5종 중에서 임제종이 가장 우세하였다. 송대에 이르러서는 임제종에서 황룡혜남(黃龍慧南, 1002-1069) 계통의 황룡파(黃龍派)와 양기방회(楊岐方會, 992-1049) 계통의 양기파(楊岐派)로 나누어졌는데, 이것들을 합쳐서 오가칠종(五家七宗)이라 부르고 있다.

오간【五慳】〔梵 Pañca-mātsarya, 巴 pañca-macchariya, 英 The five kinds of selfishness, or meanness〕 5종의 간린(慳吝). 1. 주처간(住處慳); 자기만 그 처소에 있고 다른 사람을 들지 못하게 함. 2. 가간(家慳); 자기만이 그 집에 출입하고, 다른 사람은 쓰지 못하게 함. 설사 다른 사람에게 허락하더라도 자기가 우선권을 가지는 것. 3. 시간(施慳); 자기만 그 시물(施物)을 받으며, 설사 다른 사람에게 주더라도 자기보다 적게 줌. 4. 칭찬간(稱讚慳); 자기만을 칭찬케 하고, 설사 다른 사람을 칭찬케 하여도 자기 이상으로 하지 못하게 함. 5. 법간(法慳); 자기만 경(經)의 깊은 뜻을 알고, 다른 사람은 알게 하지 않는 것 등이다.

오개【五蓋】〔梵 Pañca āvaraṇāni, 巴 Pañca nivaraṇā, 藏 sgrib pa iṅa, 英 The five covers〕 오장(五障)이라고도 한다. 능히 심성(心性)을 가려 선법(善法)을 낼 수 없게 하는 5가지. 1. 탐욕개(貪欲蓋); 오욕에 집착함으로써 심성을 가림. 2. 진에개(瞋恚蓋); 성내는 것으로써 심성을 가림. 3. 수면개(睡眠蓋); 마음이 흐리고 몸이 무거워짐으로써 심성을 가림. 4. 도회개(掉悔蓋); 마음이 흔들리고 근심함으로써 심성을 가림. 5. 의법(疑法); 법에 대하여 결단이 없이 미룸으로써 심성을 가리는 것 등이다.

오겁사유【五劫思惟】〔英 The five kalpas spent by Amithābha thinking out and preparing for his vows〕 아미타불이 과거 법장보살이던 때, 극락정토를 건설하여 중생을 구제하기 위하여 큰 서원을 내기 전에, 5겁(劫)이란 세월 동안 홀로

생각하여 공부를 하던 일을 말함. 이 5겁사유 하던 때의 침사초췌(沈思憔悴)한 상태를 조각이나 그림으로 조성한 아미타불상을 5겁사유의 아미타라고 한다.

오견 【五見】 다섯 가지 잘못된 견해. 유신견(有身見)·변집견(邊執見)·사견(邪見)·견취견(見取見)·계금취견(戒禁取見). 1. 유신견(有身見; satkāya-dṛṣṭi)은 우리는 오온이 합하여 이루어진 존재로서 영원하지 못한데도 어떤 영원불변의 실체적 자아가 있다고 상정하고, 그것에 의하여 자신을 둘러싸고 있는 모든 환경적 사물도 자기의 것으로 생각하는 견해이다. 2. 변집견(邊執見; The two extreme views of annihilation and personal immortality)은 일체는 죽음에 의하여 무(無)로 된다고 하는 단멸론(斷滅論)과 일체가 영원불변하다고 하는 상주론(常住論)의 양극단에 기울어진 견해이다. 3. 사견(邪見; asad-dṛṣṭi)은 불교교의의 근본인 바른 인과관계의 도리를 부정하여 인과가 없다고 하는 견해이다. 4. 견취견(見取見; Dṛṣṭi-parāmarśa)은 자신의 견해만 바르다고 생각하여 그것만 고집해서 다른 견해는 모두 틀렸다고 하는 견해이다. 5. 계금취견(戒禁取見; Śila-vrata-upādāna)은 사도(邪道)에 집착하여 그것을 닦음으로써 생천(生天)이나 열반을 얻을 수 있다고 하는 견해이다. 이것들은 인과의 이법에 따른 불교의 바른 실천법에 어긋나는 견해들이다.

오견정 【五見定】 수행자가 삼매(三昧), 특히 정의삼매(定意三昧)에 들어 관찰해야 할 다섯 가지 관찰 단계를 말하는데, 1. 초견정(初見定)은 머리에서 발끝에 이르기까지 피부의 안과 밖은 부정한 머리털, 눈물… 등으로 가득 차 있어 부정(不淨)하므로 하나도 취할 것이 없다고 관(觀)하는 것을 말한다. 2. 이견정(二見定)은 이빨과 백골을 부정(不淨)하다고 관하는 것이다. 3. 삼견정(三見定)은 심식(心識)이 어디에 머무는가를 관하여, 그것은 금세에도 후세에도 해탈하지 못하고 있음을 관하는 것이다. 4. 사견정(四見定)은 계속해서 심식(心識)을 관찰하여, 식(識)이 금세(今世)에는 끊어져 해탈하지만 후세(後世)에는 끊어지지 않아 해탈하지 않음을 관하는 것이다. 5. 오견정(五見定)은 거듭 심식(心識)을 관하여, 그것이 금세와 후세 모두 둘을 함께 끊고 함께 해탈한다고 관하는 것이다.

오계 【五戒】 (1) 재가불자가 지켜야 할 다섯 가지 계율〔五戒·五學處·五大施〕. 즉 불살생(不殺生)·불투도(不偸盜)·불사음(不邪淫)·불망어(不妄語)·불음주(不飮酒).

(2) 인도 자이나교에서는 수행자가 지켜야 할 5가지 계율로 불살생(不殺生)·불망어(不妄語)·불도(不盜)·불음(不淫)·무소유(無所有)를 들고 있다.

오고【五苦】〔英 The five forms of suffering〕 오고(五苦)에 대해서는 두 방면에서 설명하고 있다. ①미계(迷界)의 5도는 고통만 있고 즐거움은 없다는 것. 곧 제천고(諸天苦)·인도고(人道苦)·축생(畜生苦)·아귀고(餓鬼苦)·지옥고(地獄苦) 등. ②인간에 대한 5종의 괴로움. 생고(生苦)·노고(老苦)·병고(病苦)·사고(死苦)·애별리고(愛別離苦), 또는 생고·노고·병고·사고·옥고(獄苦), 또는 생로병사고(生老病死苦)·애별리고(愛別離苦)·원증회고(怨憎會苦)·구부득고(求不得苦)·오음성고(五陰盛苦) 등을 들고 있다.

오공덕【五功德】〔巴 pañca-ānisamsa〕 ⑴『유행경(遊行經)』에 나오는 다섯 개의 이익. 즉 1. 열심히 하므로 식(食)이 풍부하게 된다. 2. 좋은 명성(名聲)이 널리 퍼진다. 3. 자신(自信)이 있고 혼미(昏迷)치 않는다. 4. 평안(平安)히 죽는다. 5. 죽은 후에 좋은 곳에 간다.

⑵ 정토(淨土)에 왕생(往生)한 후에 얻는 5개의 공덕. 1. 근문(近門; 佛의 깨달음에 접근한다), 2. 대회중문(大會衆門; 聖衆과 한 무리가 된다), 3. 택문(宅門; 修行을 완성한다), 4. 옥문(屋門; 법열을 얻는다), 5. 원림유희지문(園林遊戲地門; 중생을 인도한다) 등이다.

오과회심【五果廻心】『열반경』에 나오는 말. 소승(小乘)의 오과성자(五果聖者)가 마음을 돌려 대승(大乘)으로 전향하는 연한(年限)이 오래고 짧은 것. 수다원과의 성자(聖者)는 열반을 얻은 후 8만겁을 지나 회심(廻心)하고, 사다함과는 6만겁, 아나함과는 4만겁, 아라한과는 2만겁, 벽지불(辟支佛)은 10천겁을 지나 회심하여 드디어 대승으로 전향하여 불과(佛果)를 얻는다고 함. 대승에서 하는 말.

오관【五觀】〔英 The five meditations referred to in the Lotus 25〕 ⑴『법화경(法華經)』에서 설하는 5종의 관법(觀法)으로, 진관(眞觀)·청정관(淸淨觀)·광대지혜관(光大智慧觀)·비관(悲觀)·자관(慈觀)을 말한다. 진관(眞觀)은 진실한 도리를 관찰하여 견사혹(見思惑)을 끊는 공관(空觀), 청정관(淸淨觀)은 견사혹(見思惑)의 물듦을 제거한 청정한 신체에 진사혹(塵沙惑)을 단멸(斷滅)하는 가관(假觀), 광대지혜관(廣大智慧觀)은 무명혹(無明惑)을 단멸(斷滅)하여 광대한 지혜를 얻는 중관(中觀), 비관(悲觀)은 위의 삼관(三觀)으로써 중생을 관찰하여 그 고뇌를 없애는 것, 자관(慈觀)은 위의 삼관(三觀)으로써 중생을 관찰하여 중생에게 낙(樂)을 주는 것이다.

⑵ 오안(五眼), 즉 육안(肉眼)·천안(天眼)·혜안(慧眼)·법안(法眼)·불안(佛眼)으로 보는 것이 서로 달라서 생기는 차이를 말한다. 육안(肉眼)은 색(色)의 거친 모양을 관하고, 천안

(天眼)은 색(色)의 인과의 세밀한 상을 관하고, 혜안(慧眼)은 색법심법(色法心法)의 거칠고 세밀한 상과 공제(空諦)의 이치를 관하며, 법안(法眼)은 색심(色心)의 인과의 추한 상과 세밀한 상과 가제(假諦)의 모든 법(法)을 관하며, 불안(佛眼)은 앞의 4관(觀)을 겸하고 중도불성(中道佛性)의 이치를 관한다.

(3) 공양할 때 생각하는 다섯 가지로, 1. 나에게 이 음식물이 오기까지 얼마나 많은 공이 든 것인가를 생각함, 2. 자기의 덕행이 공양을 받을 만한가를 헤아려 생각하여 봄, 3. 마음을 방비하고 허물을 여의는 데는 삼독(三毒)보다 더한 것이 없는 줄을 관함, 4. 밥 먹는 것을 약으로 여겨 몸이 여윔을 치료함에 족한 줄로 관함, 5. 도업(道業)을 성취하기 위하여 이 공양을 받는 줄로 관함 등이다. 이와 같이 공양물을 중히 여기라는 뜻이다.

오교구산 【五敎九山】 신라불교가 한창 성할 때, 경교(經敎)를 공부하는 종파가 다섯 개, 선법(禪法)을 닦는 종파가 아홉 개라고 하는데, 이들 제교파를 합칭(合稱)하는 말. 5교(五敎)는 열반종(涅槃宗; 무열왕 때 보덕이 세움)·남산종(南山宗; 戒律宗; 선덕왕 때 慈藏이 세움)·화엄종(華嚴宗; 문무왕 때 元曉와 신문왕 때 義湘이 각각 세움)·법상종(法相宗; 경덕왕 때 眞表가 세움)·법성종(法性宗; 시대와 開祖는 확실치 않음), 9산(九山)은 실상산(實相山; 洪陟이 남원 실상사에서 開山)·가지산(迦智山; 體澄이 장흥 寶林寺에서 道義를 宗祖로 삼고 開山)·사굴산(闍崛山; 범일이 강릉 崛山寺에서 개산)·동리산(桐裏山; 慧哲이 곡성 泰安寺에서 개산)·성주산(聖住山; 無染이 창원 聖住寺에서 개산)·사자산(獅子山; 道允이 화순 雙峯寺에서 종풍을 떨치고 제자 折中이 영월 興寧寺에서 개산)·희양산(曦陽山; 智詵이 문경 鳳巖寺에서 개산)·봉림산(鳳林山; 玄昱이 창원 봉림사에서 개산)·수미산(須彌山; 利儼이 경순왕 5년 해주 廣照寺에서 개산)의 아홉이다.

오교양종 【五敎兩宗】 1260년〔고려 원종 1〕부터 1418년〔조선 태종 18〕까지 우리나라 불교의 각 종파를 총칭하던 말. 오교양종의 오교(五敎)는 열반종·계율종·법성종·원융종·법상종을 말하고, 양종(兩宗)은 천태종과 조계종을 말한다. 뒤에 열반·계율·법성·원융·법상종은 시흥종(始興宗)·남산종(南山宗)·중도종(中道宗)·화엄종(華嚴宗)·자은종(慈恩宗)으로 불렸는데, 조선조의 세종 때에 이르러 선교양종(禪敎兩宗)으로 통합 정리되었다.

오근 【五根】 〔梵 Pañca-indriya Pañcendriyāṇi〕 ①〔英 The five roots〕 감각(感覺)을 일으키는 5종의 기관(器官). 오관(五官)에 해당한다. 안근(眼根; 눈)·이근(耳根; 귀)·비근(鼻根; 코)·설근(舌根; 혀)·신근(身根; 육체).

②〔英 The five spiritual organs or positive agents〕 37도품 가운데 신근(信根)·정진근(精進根)·염근(念根)·정근(定根)·혜근(慧根)의 5가지를 말한다.

오념문【五念門】〔英 The five devotional gates of the Pure-Land sect〕 오념(五念)이라고도 한다. 아미타불의 정토에 왕생하는 행업(行業)을 오문(五門)으로 나눈 부문. 곧 예배문(禮拜門)·찬탄문(讚歎門)·작원문(作願門)·관찰문(觀察門)·회향문(廻向門). 문(門)이란 입출(入出)의 뜻. 앞의 4문은 안락정토(安樂淨土)에 드는 문이요, 회향문은 이타교화(利他敎化)로 나가는 문이다.

오대【五大】〔梵 pañca(mahā-)bhūtāni, 英 The five elements〕 지(地; pṛthivī)·수(水; āpas)·화(火; tejas)·풍(風; vāyu)·공(空; ākāśa)을 오대(五大)라 한다. 상키야학파·불교에서 세우는 원리이다. 우파니샤드 이래로 인정되었는데, 바이세시카학파가 확립한 만물의 구성요소인 사대(四大)에다 공(空)을 더한 것이다. 고전 상키야 학설에 의하면 오유(五唯)에서 생겨난다고 하는데, 그 생기는 방법에는 성유(聲唯)→공대(空大), 촉유(觸唯)→풍대(風大), 색유(色唯)→화대(火大), 미유(味唯)→수대(水大), 향유(香唯)→지대(地大), 또는 성유(聲唯)→공대(空大), 성(聲)·촉유(觸唯)→풍대(風大), 성(聲)·촉(觸)·색유(色唯)→화대(火大), 성(聲)·촉(觸)·색(色)·미유(味唯)→수대(水大), 성(聲)·촉(觸)·색(色)·미(味)·향유(香唯)→지대(地大)를 들고 있다. 불교에서는 구사(俱舍)·유식(唯識) 등에 오대(五大)가 보이지만, 이것을 본체관(本體觀)의 위에 응용하여 다시 깊은 의의(意義)를 부여한 것은 밀교뿐이다. 밀교는 지수화풍공식(地水火風空識)의 육대(六大)를 근본원리로 하여 우주와 인생 전반을 해석했는데, 물(物; 前五大)·심(心; 識大) 이원(二元)을 근본적으로 조화하고 과거 유심론적으로 기울어진 교리에 유물론적 근거를 주었다. 밀교에서는 오대(五大) 가운데 지대(地大)에 대하여 그 성덕(性德)은 견(堅), 작용은 지(持), 색(色)은 황(黃), 형(形)은 방(方), 자의(字義)는 본불생(本不生)으로 말한다. 수대(水大)에 대하여 그 성덕은 습(濕), 작용은 섭(攝), 색은 백(白), 형은 원(圓), 자의는 이언설(離言說)로 말한다. 화대(火大)에 대하여 그 성덕은 난(煖), 작용은 열(熱), 색은 적(赤), 형은 삼각(三角), 자의는 무진구(無塵垢)로 말한다. 풍대(風大)에 대하여 그 성덕은 동(動), 작용은 장양(長養), 색은 흑(黑), 형은 반월(半月), 자의는 이인연(離因緣)으로 말한다. 공대(空大)에 대하여 그 성덕은 무애(無碍), 작용은 불장(不障), 색은 청(靑), 형은 단형(團形), 자의는 등허공(等虛空)으로 말한다.

오대명왕 【五大明王】〔英 The five Dharmapālas〕 오대존(五大尊)·오대존명왕(五大尊明王)이라고도 한다. 분노한 형상을 나타내는 부동(不動)·항삼세(降三世)·군다리(軍荼利)·대위덕(大威德)·금강야차(金剛夜叉)의 다섯 명왕(明王). 이는 9식에서 변한 몸으로, 안팎 마장(魔障)의 항복을 받기 위하여 나타내는 다섯 부처님의 교령륜신(敎令輪身)이다.

오덕 【五德】〔英 The five virtues, of which there are various definitions〕 오종덕성(五種德性). 오행지덕(五行之德). ①비구(比丘)의 5덕. 포마(怖魔)·걸사(乞士)·정계(淨戒)·정명(淨命)·파악(破惡). ②병(病)을 간호할 적에 행할 5종의 덕. 환자의 먹을 것과 먹지 못할 것을 아는 것, 환자의 대소변과 가래침과 토한 것을 더럽게 여기지 않는 것, 자비심으로써 하고 생활을 위하여 하지 않는 것, 약과 먹을 것을 잘 보살펴 주는 것, 병인(病人)을 위하여 법을 설할 수 있는 것. ③안거경일(安居竟日; 旧曆 7月 16日)에 사람들이 수행 중에 범한 죄과(罪過)를 참회할 때 꼭 갖추지 않으면 안 될 2종의 5덕으로, 자자(自恣)의 5덕〔불애(不愛)·불에(不恚)·불포(不怖)·불치(不痴)·자자(自恣)〕과 거죄(擧罪)의 5덕〔때를 앎·진실·이익·柔軟·慈心〕. ④스승으로서 갖추어야 할 계사(戒師)의 오덕. 지계(持戒)·십랍(十臘)·율장(律藏)을 앎·선사(禪思)에 통함·혜장현(慧藏玄)을 궁(窮)함. ⑤정(定)에 주(住)하는 보살이 처음 얻는 5덕. 생선취(生善取)·생귀가(生貴家)·구승근(具勝根)·수남신(受男身)·억숙명(憶宿命).

오도 【五道】〔梵 gati-pañcaka, 英 idem 五趣〕 오취(五趣)라고도 한다. 중생이 업(業)에 따라 왕래하는 곳. 지옥(地獄)·아귀(餓鬼)·축생(畜生)·인도(人道)·천도(天道)를 말함.

오도 【五度】〔英 The five pāramitās-almsgiving, commandment keeping, patience, under provocation, zeal, and mediation〕 육도(六度) 중의 앞의 다섯. 즉 보시(布施)·지계(持戒)·인욕(忍辱)·정진(精進)·선정(禪定)의 5바라밀을 말한다. 도(度)는 바라밀을 뜻함.

오도송 【悟道頌】 고승이 우주와 인생의 진리를 깨닫고 나서 그 경지나 기쁨을 나타낸 게송〔시구〕, 또는 노래. 깨침의 경지를 짧은 게송으로 표현한 것.

오둔사 【五鈍使】〔梵 pañca-kleśa, 英 The five dull, unintelligent, or stupid vices or temptations〕 오리사(五利使)의 상대적인 말. 탐욕사(貪欲使)·진에사(瞋恚使)·무명사(無明使)·만사(慢使)·의사(疑使) 등과 같은 다섯 번뇌. 이 번뇌는 곳에 따라 멋대로 행동하는 것으로, 성품이 둔할 뿐 아니라 수행자의 마음을 구사(驅使)하는 것이므로 오둔사(五鈍使)

라 한다.

오등회원【五燈會元】 선종사서(禪宗史書). 20권. 송(宋)의 보제(普濟, 1179-1253)가 『경덕전등록(景德傳燈錄)』, 『천성광등록(天聖廣燈錄)』, 『연등회요(聯燈會要)』, 『건중정국속등록(建中靖國續燈錄)』, 『가태보등록(嘉泰普燈錄)』 등 다섯 가지 등록(燈錄)을 모아서, 거기서 중요한 것을 뽑아 편찬한 책. 여기에는 과거의 칠불(七佛), 서천의 27조, 동토 6조로부터 남악의 17대 덕산연(德山涓)까지의 선승들의 전기(傳記)가 수록되어 있어 선종을 연구하는 데 필요한 자료이다.

오력【五力】〔梵 Pañca balāni, 英 the five powers of faculties〕 ①수행하는 데 필요한 다섯 가지 힘. 즉 신력(信力)·진력(進力)·염력(念力)·정력(定力)·혜력(慧力). ②불가사의한 작용이 있는 5종의 힘. 곧 정력(定力)·통력(通力)·차식력(借識力)·원력(願力)·법위덕력(法威德力).

오류천【五類天】〔英 The five kinds of devas〕 1. 상계천(上界天); 색계(色界)와 무색계(無色界)의 제천(諸天). 2. 허공천(虛空天); 욕계(欲界)의 6천(六天) 중 야마천(夜摩天) 이상의 4천(四天)이며, 이는 허공(虛空)에 거(居)하는 것이다. 3. 지거천(地居天); 욕계(欲界) 6천(天) 중의 사왕천(四王天)·도리천(忉利天). 이는 수미산(須彌山)에 주(住)하는 것이다. 4. 유허공천(遊虛空天); 일월성수(日月星宿)를 말함. 5. 지하천(地下天); 용(龍)·아수라(阿修羅)와 염마왕(閻魔王) 등임.

오륜【五輪】〔英 The five wheels, or things that turn〕 ①윤(輪)은 모든 덕(德)을 구비했다는 뜻. 5는 오대(五大). 오대(五大)는 모든 덕을 구비하여 모자람이 없으므로 이렇게 부른다. 곧 지륜(地輪)·수륜(水輪)·화륜(火輪)·풍륜(風輪)·공륜(空輪)이 오륜(五輪)이다. ②오체(五體)의 다른 이름. 오체투지(五體投地)의 예배를 오륜투지라고 하는 따위. ③오륜탑파(五輪塔婆)의 준말. 오륜탑파는 지(地)·수(水)·화(火)·풍(風)·공(空)의 오대(五大)를 표시하는 석탑으로, 방형(方形)·원형(圓形)·삼각형(三角形)·반원형(半圓形)·여의주형(如意珠形)의 5석(石)을 포개고, 각 돌에 5대의 종자 야·가·라·바·나 자(字)를 새긴 것이다. ④오른쪽 무릎, 왼쪽 무릎, 오른손, 왼손, 머리 등과 같은 다섯은 모두 윤상(輪狀)과 같으므로 오륜(五輪)이라고 한다. ⑤금강계(金剛界)의 오해탈륜(五解脫輪)을 가리킨다.

오리사【五利使】〔英 Five of the ten 'runners' or lictors, i.e. delusions〕 오둔사(五鈍使)의 상대적인 말. 곧 신견사(身見使)·변견사(邊見使)·사견사(邪見使)·견취사(見取使)·계금취사(戒禁取使) 등을 말한다. 이는 진리를 추구하여 일어나고, 성질이 날카로워 중생의 마음을 몰고 가므로 오리사(五利使)라고 한다.

오망상【五妄想】『능엄경』에 나오는 설로서, 색(色)·수(受)·상(想)·행(行)·식(識)의 오온(五蘊)은 망상 위에 있는 것으로 실유(實有)가 아니라는 것. 1. 견고망상(堅固妄想); 색온(色蘊). 중생의 몸. 2. 허명망상(虛明妄想); 수온(受蘊). 오근(五根)으로 바깥 경계를 촉(觸)하는 것. 3. 융통망상(融通妄想); 상온(想蘊). 마음은 허망하지만 마음을 따라 움직이는 몸은 실재(實在)이어서, 이 허(虛)와 실(實)이 같지 아니한 것을 융통 연관하는 망상. 4. 유은망상(幽隱妄想); 행온(行蘊). 중생의 색신(色身)은 그때그때 변화하여 쉬지 아니하거니와, 그 상태가 은밀하여 알기 어려운 것. 5. 전도망상(顚倒妄想); 식온(識蘊). 중생의 식심은 허망하고 전도하여 빨리 흐르는 물과 같이 잠시도 정지하지 못하는 것이다.

오매일여【寤寐一如】①꿈과 깬 이후의 현실을 둘로 보지 말라는 것. 즉 꿈과 꿈 아님을 분별하지 말라는 것. 불이(不二), 일여(一如)를 뜻함. ②자나깨나 한결같음. 일심(一心)을 뜻함.

오무간업【五無間業】〔梵 pañcā-ānantarya, 英 The five karma, leading to the avici hell〕오역죄(五逆罪)를 말함. 이 오종의 악업을 지은 이는 반드시 잠시도 고통이 끊이지 않는다는 무간지옥에 떨어져 고통을 받는다고 한다.

오무간죄【五無間罪】오역죄(五逆罪). 무간지옥에 떨어지는 5개의 역죄(逆罪). 1. 아버지를 죽이는 것, 2. 어머니를 죽이는 것, 3. 아라한을 죽이는 것, 4. 불신(佛身)에서 피를 내는 것, 5. 불교교단의 단결을 깨는 것 등이다. 이들은 사후에 무간지옥에 떨어진다고 함.

오무간지옥【五無間地獄】〔梵 pañcānantarīyāṇi, 英 The uninterrupted or on-interval hell〕팔대지옥(八大地獄) 가운데 아비지옥(阿鼻地獄)을 말함. 아비지옥은 잠시도 고통이 끊어지는 일이 없다고 하여 무간지옥(無間地獄)이라고 한다. 주로 고통이 끊임없이 계속된다는 의미로 사용된다. 5종의 무간(無間)은 다음과 같다. 1. 취과무간(趣果無間); 이 지옥의 고과(苦果)를 받는 죄업은 순현업(順現業)이나 순생업(順生業)으로, 조업(造業)과 수과(受果)의 사이에 결코 다른 생(生)을 격(隔)함이 없는 것. 2. 수고무간(受苦無間); 고(苦)를 받는 데 간격이 없는 것. 3. 시무간(時無間); 고(苦)를 받는 시간이 끊임없는 것. 4. 명무간(命無間); 목숨이 항상 계속되어 끊임없는 것. 5. 형무간(形無間); 넓이 8만 유순 되는 지옥에 몸이 꼭 차서 조그마한 틈도 없는 것.

오미【五味】〔英 The five flavours, or stages of making ghee, which is said to be a cure for all ailments〕⑴ 음식물의 5종의 맛. 신맛〔酸〕·쓴맛〔苦〕·단맛〔甘〕·매운맛〔辛〕·

짠맛〔鹹〕.
(2) 우유가 정제(精製)될 때에 생기는 다섯 단계의 맛. 유미(乳味)·낙미(酪味)·생소미(生蘇味)·숙소미(熟蘇味)·제호미(醍醐味). 천태종에서는 석존의 일대성교(一代聖教)를 화엄·아함·방등·반야·법화열반의 오시(五時)로 나누어, 이를 오미(五味)에 배당하여 그 내용을 비교하는 데 쓰는데, 『법화경(法華經)』을 제호미(醍醐味)에 비유하였다. 또 『육바라밀경』에서는 오미(五味)를 오장(五藏; 索呾纜·毘奈耶·阿毘達磨·般若波羅蜜多·陀羅尼門)에 비유하고 있다.

오미선 【五味禪】〔英 Five kinds of concentration〕 일반적으로 오미선(五味禪)은 외도선(外道禪)·범부선(凡夫禪)·소승선(小乘禪)·대승선(大乘禪)·최상승선(最上乘禪) 등 5종 선법(禪法)을 가리킨다.

오바라밀 【五波羅蜜】〔巴 pañca-pāramitā, 英 The five pāramitās〕 6바라밀 가운데 지혜(智慧; 般若波羅蜜)를 뺀, 보시(布施)·지계(持戒)·인욕(忍辱)·정진(精進)·선정(禪定) 등을 말한다.

오방색 【五方色】 밀교에 두 가지의 설이 있다. 하나는 동방(東方)을 청(靑), 서방(西方)을 백(白), 남방(南方)을 적(赤), 북방(北方)을 흑(黑), 중앙(中央)을 황(黃)이라고 하는 것으로, 이는 세속법에 따른 것이다. 또 하나는 동방을 황(黃), 남방을 적(赤), 서방을 백(白), 북방을 흑(黑), 중앙을 청(靑)이라고 하는 것이다. 이것은 선무외(善無畏, 637-735)가 전한 것이다.

오방오지 【五方五智】〔英 The five Dhyāni-Buddhas of the five regions〕 밀교에서 오방(五方)의 오불(五佛)에 오지(五智)를 배당한 것. 동방 아촉불(阿閦佛)은 대원경지(大圓鏡智), 남방 보생불(寶生佛)은 평등성지(平等性智), 서방 아미타불(阿彌陀佛)은 묘관찰지(妙觀察智), 북방 불공여래(不空如來)는 성소작지(成所作智), 중앙 대일여래(大日如來)는 법계체성지(法界體性智)에 배당하였다.

오백나한 【五百羅漢】 석가모니불의 제자인 5백 명의 나한. 나한(羅漢; Arhan; arhat)은 아라한과를 증득하여 존경과 공양을 받을 만한 성자라는 뜻이다. 석가모니불에게 5백의 큰 제자가 있었다고도 하고, 석가모니불 입멸 후 제1 결집 때 5백 비구가 참여했다고도 하는데, 불멸(佛滅)후 6백년경의 『비바사론』 결집 때 모인 5백 나한이라고도 한다. 뒷날 중국·한국·일본 등지에서 5백 나한에 대한 숭배가 성행하게 되었는데, 특히 중국 사찰에서는 나한전을 크게 세우고 받든다.

오법 【五法】 ①〔梵 pañca-dharma, 英 The five Laws or categories〕 『능가경』에서, 제법(諸法)의 자성(自性)을 분별하여 5종으로 하는 것. 곧 상(相; 삼라만상의 모양)·명(名; 만상

의 이름)·분별(分別; 모양과 이름의 근본 되는 허망한 마음)·정지(正智; 허망분별을 여의고 제법의 무자성의 진리를 아는 바른 지혜)·여여(如如; 정지로 증득하는 제법의 본체) 등이다. ②만유제법을 색(色)·심(心)·심소(心所)·심불상응행(心不相應行)·무위(無爲)의 오종(五種)으로 나누는 것. ③불지(佛地)의 5법. 곧 청정법계(淸淨法界)·대원경지(大圓鏡智)·평등성지(平等性智)·묘관찰지(妙觀察智)·성소작지(成所作智). ④25방편 가운데 행오법(行五法)이 있는데, 여기에서의 5법이란 낙욕(樂欲; 妄見을 여의고 선정지혜를 얻으려는 욕망)·정진(精進; 계행을 지니고 五蓋를 버리는 것)·전념(專念; 俗事를 낮게 여기고 선정지혜를 존중하는 것)·교혜(巧惠; 속사의 즐거움과 선정지혜의 즐거움의 득실·경중을 비교하는 것)·일심(一心; 專念과 巧惠를 더욱 명료하게 하는 것) 등을 말한다. ⑤곧 오온(五蘊).

오부니카야 【五部 nikāya】 초기불교의 가르침을 담은 팔리어(Pāli語) 원전을 남방상좌부에서는 니카야(nikāya)라고 하는데, 니카야에는 5부 니카야가 있다. 1. 장부(長部; Dīgha-nikāya), 2. 중부(中部; Majjhima-nikāya), 3. 상응부(相應部; Saṃyutta-nikāya), 4. 증지부(增支部; Aṅguttara-nikāya), 5. 소부(小部; Khuddaka-nikāya). 1. 장부(長部)는 장아함(長阿含)에 해당되고, 2. 중부(中部)는 중아함(中阿含)에, 3. 상응부(相應部)는 잡아함(雜阿含)에, 4. 증지부(增支部)는 증일아함(增一阿含)에 해당된다. 5. 소부(小部)는 아함에 비교하면 소아함(小阿含; 雜藏)에 해당되는데, 4부 아함이나 4부에는 들어가 있지 않다. 비교적 짧은 운문의 경전을 모아 놓은 것이다.

오부대승경 【五部大乘經】 〔英 The five chief Mahāyāna sūtra〕 (1) 대장경 중에 있는 대승경전을 5종으로 분류한 것. ①중국 당(唐)나라 때 지승(智昇, 668-740)이 지은 『개원석교록(開元釋敎錄)』에서는 반야부·보적부·대집부·화엄부·열반부로 분류한다. ②중국 명(明)나라 때 지욱(智旭, 1596-1655)이 지은 『열장지진(閱藏知津)』에서는 화엄부·방등부·반야부·법화부·열반부로 분류한다. (2) 천태지의(天台智顗, 538-597)는 『법화현의(法華玄義)』에서 『화엄경』·『대집경』·『대품반야경』·『법화경』·『열반경』을 열거했다.

오부율 【五部律】 〔英 The first five Hinayāna sects-Dharmagupta, Sarvāstivāda, Mahiśāsaka, Kāśyapīya, and Vātaiputriya〕 불멸후(佛滅後) 100년경에 우바국다(優婆趨多; upagupta) 문하에서 전해 오던 율장으로서 5부로 나뉜 것. 곧 담무덕부율〔四分律〕·살바다부율〔十誦律〕·미사색부율〔五分律〕·가섭유부율〔解

脫律〕·바추부라부율〔摩訶僧祇律〕 등이다.

오분율 【五分律】〔英 The Mahiśāsaks vinaya, or five divisions of the law according to that school〕 미사색부오분율(彌沙塞部五分律)의 준말. 424년〔경평 2〕에 불타습(佛陀什)과 축도생(竺道生)이 번역함. 30권. 미사색부에서 전하는 율(律). 초분에서는 비구율, 제2분에서는 비구니율, 제3분에서는 수계법·포살법·안거법·자자법·의법·피혁법·약법·식법·가치나의법, 제4분에서는 멸쟁법·갈마법, 제5분에서는 파승법·와구법·잡법·위의법·차포살법·별주법·조복법·비구니법·오백집법·칠백집법을 밝히고 있다.

오분향 【五分香】〔英 The five kinds of incense, or fragrance, corresponding with the 五分法身〕 오분법신(五分法身)을 향(香)에 비유한 것. 곧 계신(戒身)은 계향(戒香), 정신(定身)은 정향(定香), 혜신(慧身)은 혜향(慧香), 해탈신(解脫身)은 해탈향(解脫香), 해탈지견신(解脫知見身)은 해탈지견향(解脫知見香)에 비유하였다. 오분향례(五分香禮).

오불 【五佛】〔梵 pañcabuddha, 英 The five Dhyāni-Buddhas of the Vajradhātu and Garbhadhāru〕 ① 밀교에 있어서 금강계, 태장계 만다라의 중앙에 위치하는 대일여래와 그 주위 사방에 배치된 4불(佛)을 말한다. 금강계에서는 대일여래(大日如來; 中央)·아촉불(阿閦佛; 東)·보생불(寶生佛; 南)·아미타불(阿彌陀佛; 西)·불공성취불(不空成就佛; 北)을 말하고, 태장계에서는 대일여래〔中央〕·보생여래〔東〕·개부화왕여래〔南〕·무량수여래〔西〕·천고뢰음여래〔北〕를 5불(五佛)로 하고 있다. ②『법화경(法華經)』에서는 삼세(三世), 시방의 제불(諸佛)과 석존을 말하는데, 모두 같이 일불승(一佛乘)을 개현(開顯)한 불(佛)로 본다.

오비구 【五比丘】〔英 The first five of Buddha's converts〕 석존이 출가할 때 부왕(父王)의 명으로 태자를 모시고 함께 고행하던 이를 부처가 성도한 후에 녹야원에서 처음 교화하여 비구가 된 다섯 사람. 여기에도 몇 가지 설이 있다. 1. 아야교진여(阿若喬陳如)·아습비·마하마남·바데·바부, 2. 아야교진여·알비·마하남·발데·바파, 3. 교진여·아사바사·마하나마·발데리가·바사파, 4. 요본제(了本際)·정원(正願)·대호(大號)·인현(仁賢)·정어(正語), 5. 구린·알폐·마남구리·발데·십력가섭 등이다.

오사망어 【五事妄語】〔英 The five things fallaciously explained by Mahādeva, as stated in the Kathāvatthu〕 불멸후 백여 년경에 학승인 마하데바(Mahādeva; 大天)가 전통적 보수주의의 불교를 반대하고 내세운 5개조의 새로운 주장. 곧

1. 아라한에게는 번뇌로 정액이 누실(漏失)되는 일은 없으나, 천마(天魔)가 와서 요란하게 유혹할 때에는 부정(不淨; 정액)이 흘러나옴을 면치 못한다〔餘所誘〕, 2. 아라한은 염오무지(染汚無知; 번뇌)는 없으나, 불염오무지(不染汚無知)는 존재한다〔無知〕, 3. 아라한은 수면성(隨眠性)의 의(疑)는 없으나, 처비처(處非處)의 의(疑)는 남아 있어서 도리에 맞고 안 맞는 것을 분명히 알지 못하는 경우가 있다, 4. 경문에서는 아라한이 성혜안(聖慧眼)으로 자신의 해탈을 스스로 깨달아 증득한다고 하였으나, 남의 가르침을 따라 비로소 아는 이도 있다〔他令入〕, 5. 사제(四諦) 등의 성도(聖道)를 일으키게 함에는 지극한 마음으로 소리를 내어 불러야 한다〔道因聲故起〕는 것 등이다. 이때 불교는 마하데바에 따라서 5개조의 새로운 설을 인정하는 자유주의 일파와 그 설을 거부하는 보수주의 일파로 분열하게 되었다. 전자를 대중부(大衆部), 후자를 상좌부(上座部)라 한다. 상좌부의 입장에서는 마하데바의 오사(五事)를 망어(妄語)라 하고 있다. 이것을 대천오사, 또는 대천오사망어(大天五事妄語)라고도 한다.

오상성신관 【五相成身觀】〔英 A Contemplation of the five stages in Vairocana Buddhahood〕 밀교(密教)에서 금강계법(金剛界法)에 의하여 오상(五相)의 차례를 지나 범부(凡夫)의 몸 그대로 본존(本尊)의 몸이 되는 관법. 이 관법은 지식의 개발을 주로 하는 점진적인 것이다. 1. 통달보리심(通達菩提心), 2. 수보리심(修菩提心), 3. 성금강심(成金剛心), 4. 증금강심(證金剛心), 5. 불신원만(佛身圓滿). 이것으로 즉신성불(卽身成佛)하는 이상(理想)이 실현되어, 몸과 마음이 본존(本尊)과 일체불이(一體不二)함을 얻는다고 한다.

오서 【五瑞】 좋은 일이 있을 조짐을 보여 주는 다섯 가지 상서(祥瑞). 광명이 대천세계를 비추고, 땅이 열여덟 가지 모양으로 움직이며, 마왕궁(魔王宮)이 가려지고, 해와 달과 별이 다 밝지 아니하며, 팔부(八部)가 다 놀라는 일을 이른다. 『월인천강지곡(月印千江之曲)』 상(上), 기(其) 13에 보인다.

오성각별설 【五性各別說】 유식설의 한 계통인 법상(法相)에서 주장하는 설로서, 중생의 성품에는 선천적으로 보살정성(菩薩定性)·연각정성(緣覺定性)·성문정성(聲聞定性)·삼승부정성(三乘不定性)·무성유정(無性有情) 등 5종의 구별이 있다는 것이다. 본래부터 부처가 될 무루(無漏)종자를 갖춘 이는 보살정성, 벽지불이 될 무루종자를 갖춘 이는 연각정성, 아라한이 될 무루종자를 갖춘 이는 성문정성이며, 두 가지 종자나 세 가지 종자를 갖춘 이는 삼승부정성인데, 여기에도 부처가 될 수 있는 종자와 아라한이 될 수 있는 종자를 갖춘 이는 보살·성문부정성, 부처가 될 수 있는 종자와 벽지불이 될 수 있는 종자를 갖춘 이는 보살·연각부정성, 아라한이 될 종자와 벽지불이 될 종자를 갖춘 이는 성문·연각부정성, 아라한이 될 종자와 벽지불이 될 종자와 부처가 될 종자를 모두 갖춘 이는 성문·연각·보살부정성 등이 있다. 그리고 성문·연각·보살의 무루종자는 없고, 다만 인승(人乘)이나 천승(天乘)이 될 유루종자(有漏種子)만을 갖춘 이는 무성유정(無性有情)이라 한다. 법상종의 이 오성각별설은, 누구나 다 성불할 수 있다고 하는 천태종의 학설과 논쟁을 불러일으켰다.

오성종 【五性宗】 법상종(法相宗)을 말한다. 법상종에서는 중생의 성품에 선천적으로 성문정성(聲聞定性)·연각정성(緣覺定性)·보살정성(菩薩定性)·부정성(不定性)·무성(無性)의 오성각별설(五性各別說)을 세우는데, 이 오종의 차별은 변치 않는다고 주장하기 때문에 법상종을 오성종이라고도 한다.

오승 【五乘】 〔梵 pañca-yānāni, 英 The five vehicles conveying to the karma-reward which differs according to the vehicle〕 승(乘; yāna)은 싣는다는 뜻. 사람을 실어 이상(理想)의 세계〔涅槃〕에 도달시키는 5종류의 가르침. 일반적으로 성문·연각·보살의 삼승(三乘)에 인(人)·천(天)을 더하여 인승(人乘)·천승(天乘)·성문승(聲聞乘)·연각승(緣覺乘)·보살승(菩薩乘)을 말한다. 인승과 천승은 세간에 태어나게 하는 것이므로 세간승(世間乘), 성문승·연각승·보살승은 미계(迷界)를 벗어나 깨달음의 세계로 인도하기 때문에 출세간승(出世間乘)이라 한다. 천태에서는 인승(人乘)·천승(天乘)·성문연각승(聲聞緣覺乘)·보살승(菩薩乘)·불승(佛乘)을, 화엄에서는 소승(小乘)·성문승·연각승·보살승·일승(一乘)을, 그 외에 천승(天乘)·범승(梵乘)·성문승·연각승·제불여래승(諸佛如來乘), 또는 성문승·독각승(獨覺乘)·무상승(無上乘)·종종성승(種種性乘)·인천승(人天乘) 등을 오승(五乘)으로 하고 있다.

오시설 【五時說】 ①석존의 49년 동안의 설법을 천태대사(天台大師, 538-597)가 판석(判釋)하여 다섯 시기〔五時〕로 나눈 것. 오시교판(五時敎判)이라고도 함. 『법화경(法華經)』을 최고로 두고 설법의 순서에 따라 오시(五時)로 구분하였다. 즉 다음과 같이 순서대로 설했다는 것. 제1 화엄시(華嚴時); 석존이 깨달음을 이룬 후 21일간 『화엄경』을 설한 시기. 제2 아함시(阿含時; 鹿苑時); 12년 동안 녹야원에서 『아함경』을 설한 시기. 제3 방등시(方等時); 8년간 『유마경』·『금광명경』·『능가경』·『승만경』·『무량수경』 등 방등부〔대승〕 경전을 설한 시기. 제4

반야시(般若時); 21년간 반야부의 여러 경전을 설한 시기. 제5 법화열반시(法華涅槃時); 8년간 『법화경』과 『열반경』을 설한 시기. 부처님이 성도 후 이와 같이 순서대로 설했다는 것. ② 중국 남북조시대 유송(劉宋)의 도장사 혜관(慧觀)이 석존의 일대교설을 판단하여 돈교(頓教)·점교(漸教)의 2교(教)로 하였는데, 점교 중에 다시 시간의 차례에 따라 삼승별교(三乘別教; 삼승인들을 위하여 따로따로 말한 교법)·삼승통교(三乘通教; 삼승이 함께 듣는 교법)·억양교(抑揚教; 보살을 찬양하고 성문을 억제한 교법)·동귀교(同歸教; 삼승을 會同하여 一乘으로 돌아가는 교)·상주교(常住教; 佛性이 常住하다는 교)의 5시로 나누었다. ③소제(蕭齊) 유규(劉虯)가 오시(五時)를 인천교(人天教)·유상교(有相教)·무상교(無相教)·동귀교(同歸教)·상주교(常住教)로 나누었다.

오시팔교 【五時八教】〔英 A T'ien-t'ai classification of the Buddha's teaching into five periods and eight kinds of doctrine〕 천태지의(天台智顗, 538-597)의 교판(教判). 석존의 여러 가지 설법을 모두 『법화경』을 설하기 위한 준비로 보고, 불교경전을 전체적으로 다섯 시기〔五時〕로 분류하여 체계를 지은 것. 49년간의 설법을 시간적으로 판단하여 오시(五時)로 구분한 것으로서, 『법화경』을 최고(最高)로 설정해 놓고 분류했다. 오시설(五時說), 오시교판(五時教判)이라고도 함. 팔교(八教)는 화의사교(化儀四教), 곧 교화하는 형식에서 불교를 돈교(頓教)·점교(漸教)·비밀교(秘密教)·부정교(不定教)의 넷과 화법사교(化法四教), 곧 교리의 내용에서 분류한 장교(藏教)·통교(通教)·별교(別教)·원교(圓教)의 넷을 말한다.

오신 【五身】〔梵 pañca-kāya〕 5종의 불신(佛身). 법성생신(法性生身)·공덕법신(功德法身)·변화법신(變化法身)·허공법신(虛空法身)·실상법신(實相法身). 법성생신은 원만상주(圓滿常住)하는 법성(法性)의 본체로부터 나온 불신(佛身)이요, 공덕법신(功德法身)은 만행(萬行)의 공덕으로 말미암아 이루어진 불신이요, 변화법신(變化法身)은 중생의 근기를 따라 필요한 몸을 나타내는 불신(佛身)이요, 허공법신(虛空法身)은 허공에 가득한 대법신(大法身)이요, 실상법신(實相法身)은 모양도 없는 무상무위(無常無爲)의 진묘(眞妙)한 불신이다. 이 가운데 처음의 둘은 보신이고, 뒤의 2신(二身)은 법신이며, 세 번째가 화신이다.

오신채 【五辛菜】〔英 The five forbidden pungent roots〕 오훈채(五葷菜)라고도 한다. 다섯 가지 매운 맛이 나는 채소. 불교에서는 세파·달래·김장파·마늘·무릇을, 도가(道家)에서는 부추·자총이·마늘·평지·무릇을 말함. 수도(修道)하는 자는 이것을 기피한다.

오신통【五神通】〔英 The five supernatural powers〕①오통(五通)·오신변(五神變)이라고 한다. 5종의 자재(自在)부사의(不思議)한 묘한 작용. 천안통(天眼通)·천이통(天耳通)·숙명통(宿命通)·타심통(他心通)·신족통(神足通)을 말한다. ②『보살처태경(菩薩處胎經)』에 있는 말. 발이 땅을 밟지 아니함, 사람의 심명(心命)을 아는 것, 눈은 천리 밖에까지 보는 것, 부르면 곧 이르는 것, 돌과 절벽에 구애되지 않는 것 등이다.

오심【五心】〔英 The five conditions of mind produced by objective perception〕객관대상을 인식할 때 순차로 일어나는 5종의 마음. 1. 솔이심(率爾心); 처음 경계에 작용하는 찰나의 마음. 2. 심구심(尋求心); 대상이 무엇임을 알려고 추구하는 마음. 3. 결정심(決定心); 대상이 어떤 것임을 결정하는 마음. 4. 염정심(染淨心); 대상을 결정한 후에 원한이 있는 이에게는 악심을, 친한 이에게는 선심을, 원한도 친함도 없는 이에게는 사심(捨心)을 내는 것과 같은 마음. 5. 등류심(等流心); 염심(染心)·정심(淨心)이 시시각각으로 상속하여 앞의 마음과 같은 것이 계속하는 마음.

오십삼존불【五十三尊佛】〔英 Fifty-three past Buddhas, of wich the lists vary〕『관약왕약상이보살경(觀藥王藥上二菩薩經)』에 53불(佛)이 나오는데, 이 53불의 이름을 부르면 나는 곳마다 시방의 여러 부처님을 만날 수 있고, 지극한 마음으로 예배하면 사중(四重) 오역죄(五逆罪)가 없어져서 깨끗해진다고 한다. 우리나라에서는 금강산 유점사에 53불상을 봉안하고 있다.

오십삼선지식【五十三善知識】『화엄경(華嚴經)』「입법계품」에서 선재동자(善財童子; Sudhana)가 문수보살의 법문을 듣고 남방으로 향하여 차례차례로 찾아가서 법문을 들은 53인의 선지식(善知識; kalyṇamitra). 1. 덕운비구, 2. 해운비구, 3. 선주비구, 4. 미가장자, 5. 해탈장자, 6. 해당비구, 7. 휴사우바이, 8. 비목구사선인, 9. 승열바라문, 10. 자행동녀, 11. 선견비구, 12. 자재주동자, 13. 구족우바이, 14. 명지거사, 15. 법보계장자, 16. 보안장자, 17. 무염족왕, 18. 대광왕, 19. 부동우바이, 20. 변행외도, 21. 육향장자, 22. 바시라선사, 23. 무상승장자, 24. 사자빈신비구니, 25. 바수밀녀, 26. 비슬시라거사, 27. 관자재보살, 28. 정취보살, 29. 대천신, 30. 안주지신, 31. 바산바연저, 32. 보덕정광야신, 33. 회목관찰중생야신, 34. 보구묘덕야신, 35. 적정음해야신, 36. 수호일체중생야신, 37. 개부수화야신, 38. 대원정진야신, 39. 묘덕원만야신, 40. 구바석종녀, 41. 마야불모, 42. 천주광천녀, 43. 변우동자사, 44. 중예동자, 45. 현승우바이, 46. 견고해탈장자, 47. 묘월장자, 48. 무승군장자, 49. 적정바라문, 50. 덕생동자, 51. 미륵보살, 52. 문수보살, 53. 보현보살 등 53인이다.

오십오위【五十五位】『능엄경』에서는 불도 수행자의 계위(階位)를 55위(位)로 나누어 설명하는데, 처음 건혜지(乾慧智)를 지나서 십신(十信)·십주(十住)·십행(十行)·십회향(十廻向)·사가행(四加行)·십지(十地)를 낱낱이 다 지나 올라가야 성불하게 된다고 한다.

오십이위【五十二位】〔英 The fifty-two stages in the process of becoming a Buddha〕 대승보살의 계위(階位). 불도 수행자인 보살의 향상수행(向上修行) 계급을 52단계로 나누어 십신(十信)·십주(十住)·십행(十行)·십회향(十廻向)·십지(十地)·등각(等覺)·묘각(妙覺)으로 한 것. 앞의 51위(位)는 수행의 인(因)이고, 최후의 1위(位), 즉 묘각(妙覺)은 수행의 과(果; 결과)이다.

오악도【五惡道】 오취(五趣)·오악취(五惡趣)·오도(五道)라고도 한다. 미계(迷界)를 지옥·아귀·축생·인간·천상의 다섯으로 분류한 것. 오악취 항목을 참조할 것.

오악취【五惡趣】 오취(五趣)·오악도(五惡道)·오도(五道)라고도 한다. 미계(迷界)를 지옥·아귀·축생·인간·천상의 다섯으로 분류한 것. 그 중에 지옥·아귀·축생은 순전한 악업으로 가는 곳이고, 인(人)·천(天) 둘은 선악(善惡)이 반반인 사람이 가는 곳이다. 이것은 모두 미(迷)한 인연에 의하여 가서 나는 곳이므로 악취라고 한다.

오업【五業】〔英 The five kinds of karma; of whish the group are numerous and differ〕 5종의 업(業). ①『대비바사론(大毘婆沙論)』에서는 순현법수업(順現法受業)·순차생수업(順次生受業)·순후차수업(順後次受業)·시분부정이숙정업(時分不定異熟定業)·시분부정이숙부정업(時分不定異熟不定業)을 들고 있다. ②『대승아비달마잡집론(大乘阿毘達磨雜集論)』에서는 취수업(取受業)·작용업(作用業)·가행업(加行業)·전변업(轉變業)·증득업(証得業)을 말한다. ③『석대승론(釋大乘論)』에서는 구제재횡(救濟災橫)의 업(業)·구제행비방편(救濟行非方便)의 업(業)·구제행비방편(救濟行非方便)의 업·구제악도(救濟惡道)의 업·구제행신견(救濟行身見)의 업·구제승(救濟乘)의 업을 들고 있다. ④『왕생론(往生論)』 하권(下卷)에서는 신업(身業)·구업(口業)·의업(意業)·지업(智業)·방편지업(方便智業) 등을 들고 있다.

오역죄【五逆罪】〔梵 pañcānantharys〕 무간지옥에 떨어질 다섯 가지의 큰 악행. 오역(五逆)·오무간업(五無間業)이라고도 한다. 소승의 오역죄와 대승의 오역죄가 있다. 소승의 오역죄는 1. 아버지를 죽이는 것, 2. 어머니를 죽이는 것, 3. 아라한을 죽이는 것, 4. 화합승단을 파괴하는 것, 5. 부처의 몸에 피를 내는 것. 대승의 오역죄는 1. 탑(塔)·사(寺)를 파괴하고, 불경·불상을 불사르며, 삼보의 재물을 훔치는 것, 2. 삼승법(三乘法)을 비방하고 성교(聖教)를 천하게 여기는 것, 3. 출가 수행승을 욕하거나 부리는 것, 4. 소승의 오역죄를 범하는 것, 5. 인과의 이치를 믿지 않고, 악구(惡口)·사음(邪淫) 등의 열 가지 불선업(不善業)을 짓는 것 등이다.

오오백년【五五百年】〔英 The five periods each of 500 years〕 오오백세(五五百歲)·오개오백년(五個五百年)이라고도 한다. 불멸(佛滅)후 불교의 성쇠상태를 5백년을 한 주기로 하여 5시기로 구획한 것. 1. 제1 오백년; 지혜가 있어 해탈의 과(果)를 증득하는 사람이 많아 불법이 계속되는 때이므로 해탈견고(解脫堅固) 시기(時期). 2. 제2 오백년; 선정(禪定)을 닦는 사람이 많아 불법이 계속되는 때이므로 선정견고(禪定堅固) 시기. 3. 제3 오백년; 불경(佛經)을 많이 배워 독송·학습하는 이가 많은 때이므로 다문견고(多聞堅固) 시기. 4. 제4 오백년; 절이나 탑을 세우는 이가 많을 때이므로 탑사견고(塔寺堅固) 시기. 5. 제5 오백년; 점점 불법이 쇠미하여 옳다, 그르다, 승하다, 못하다 하는 등 논쟁이 많은 때이므로 투쟁견고(鬪爭堅固) 시기라고 한다.

오온【五蘊】〔梵 pañca-skandha, 巴 pañca-kkhandha, 英 The five skandhas, pañcaskandha〕 오취온(五取蘊)·오음(五陰)·오중(五衆)·오취(五聚)라고도 한다. 인간이라고 하는 존재를 다섯 가지 요소로 분석한 것임. 오온의 '온(蘊; skandha)'은 '집적(集積)'·'집합체(集合體)'를 의미한다. 한역어(漢譯語)의 온(蘊)도 '모아 쌓은 것', 곧 화합하여 모인 것을 의미한다. 인간은 곧 색(色; rūpa)·수(受; vedahā)·상(想; saṃjnā)·행(行; saṃskāra)·식(識; vijñāna)의 다섯으로 구성되어 있다고 한다. 1. 색(色)이란 물질이라는 의미로서 우리의 신체를 말한다. 2. 수(受)란 감수작용(感受作用)을 말한다. 즉 외부의 자극이나 대상에 대하여 감각(感覺)·지각(知覺)하는 것인데, 그 받아들이는 방법에는 괴로움〔苦〕·즐거움〔樂〕·괴롭지도 않고 즐겁지도 않음〔不苦不樂〕의 3종류가 있다. 쾌(快)·불쾌(不快), 그 어느 것도 아니라고 하는 3가지이다. 3. 상(想)이란 표상작용(表象作用)을 말하는데, 감수(感受)한 것을 색(色)이나 형태에 있어서 마음 안에 생각해 내고 표상(表象)하여 개념화하는 것이다. 대상은 꼭 외부만이 아니고, 기억의 내용 등도 포함된다. 4. 행(行)이란 의지작용(意志作用; 思)을 말하는데, 대상에 대하여 스스로의 의지에 따라 적극적으로 활동하는 작용,

혹은 넓게 잠재적인 형성력〔業〕을 가리킨다. 5. 식(識)이란 식별작용(識別作用)을 말하는데, 종합적으로 판단, 판별, 구별하는 것을 말한다. 또 심작용(心作用) 전체를 통괄(統括)하는 활동도 있다. 우리 인간은 이와 같이 크게 나누면 색수상행식 오온으로 구성되어 있는데, 색(色)은 물질면이고 수상행식(受想行識)은 정신면이다. 오온이 자아(自我; 아트만)에 대한 취(取; upādana), 즉 집착의 원인이라고 하는 것에서 오취온(五取蘊)이라 부르는 일도 있다. 또 뒤에는 오온(五蘊)으로 우리를 포함한 모든 존재를 의미하는 일도 있다. 그 경우에 색(色)은 물질 일반, 행(行)은 수(受)·상(想)·식(識) 이외의 심(心)의 활동의 모든 것을 포함하는 것으로 확대 해석된다. 우리는 자기 자신 안에 중핵(中核)이 되어 스스로를 지배하고 있는 것과 같은 영원한 실체(實體)를 상정(想定)하고, 그것에 집착하여 자기 자신에 매여 있다. 그리고 기대와 현실의 다름에 따라 고뇌하고 불안에 빠져 버린다. 그러나 우리는 오온으로 분석하여 잘 관찰해 보면, 그와 같은 상정(想定)이 얼마나 잘못된 것이고, 영원한 실체 등은 어디에도 없다는 것을 알게 된다. 이처럼 오온설은 단순히 우리의 존재를 분석할 뿐만 아니라, 우리를 그릇된 자아의식(自我意識)으로부터 해방시키고 있다. 우리는 생멸하는 존재라는 사실에서 무상(無常)인 것이다. 한편 우리에게는 상주(常住; 영원성)를 구하려는 욕망이 있다. 그것은 앞의 사실에 반(反)하는 것이고, 이것에 의해서 고(苦)가 생한다. 그러므로 그것이 상주불변(常住不變)의 자아가 아니라는 사실을 바르게 인식하면 고(苦)에서 해방된다. 색(色) 내지 식(識)은 무상(無常)이다. 무상한 것은 고(苦)이고, 고(苦)인 것은 나의 것이 아니다〔非我〕. 나도 아니고, 나의 것이 아니고, 나의 자아(自我)도 아니라고 바르게 인식해야 함을 말하고 있다. 이것이 그 후 이른바 무아설(無我說)로 발전하게 되었다. 오온은 무아설의 이론적 바탕이 된다. 그래서 '오온무아(五蘊無我)'라고 한다. 오온에 대한 고찰은 인간존재에 대한 불교적 분석이라고 할 수 있다.

오온가화합 【五蘊假和合】 중생은 자아(自我)라고 하는 실재가 존재하는 것이 아니라, 다만 색(色)·수(受)·상(想)·행(行)·식(識)의 오온(五蘊)이 인연에 따라 잠깐 결합한 것에 불과하다는 것. 그러므로 그것을 영원한 '나〔我〕'라고 집착하거나 착각하지 말라는 것이다.

오온개공 【五蘊皆空】 인간〔중생〕은 몸과 마음, 즉 오온(五蘊)으로 이루어져 있지만, 그 오온을 하나하나 분석해 보면 고정불변하는 영원한 실체는 없다〔無我〕는 것. 모두가 자성(自性)이 없는 텅 빈 공(空)한 것이라는 뜻. 『반야심경』의 핵심 문구이다. 공(空)의 이론적 바탕도 오온이다. 오온개공이 의미하는 바는, 오온으로 구성된 자기 자신을 영원한 것으로 착각하여 집착하지 말라는 것이다.

오욕 【五欲】〔梵 kāma-guṇāḥ, kāmaih, 英 The five desires〕 (1) 오묘욕(五妙欲)·오욕덕(五欲德)·묘오욕(妙五欲)·오묘색(五妙色)·오묘(五妙)라고도 한다. 색(色)·성(聲)·향(香)·미(味)·촉(觸)의 5종이 물질경계〔物境〕를 탐닉하고 추구하여 그로써 일어나는 정욕을 말한다. 『대지도론(大智度論)』 17권에서는 "오욕이란 것을 드러내 보니, 이름하여 색·성·향·미·촉의 미묘한 것이라." 하였다. 이를 일러 5종의 물질경계라 하고, 이 5종의 물질경계가 능히 순결한 마음을 더럽히고 정확한 이지(理智)를 어둡게 한다고 하는데, 티끌과 흙 속의 오물과 같으므로 오진(五塵)이라고도 부른다. 불교에서는 이것이 중생의 생사유전의 직접적인 원인이 되고 있다고 본다.

(2) 오욕으로 재욕(財欲)·색욕(色欲; 性欲)·음식욕(飮食欲)·명예욕·수면욕(睡眠欲)을 들고 있다〔『화엄대소초(華嚴大疏鈔)』 27, 『삼장법수(三藏法數)』 24〕.

오욕락 【五慾樂】〔梵 pañca-kāna-guṇaḥ〕 ①오욕을 충족시켜서 얻는 즐거움. 곧 인간의 세상락. 처자·권속·재물·지위·명예·향락 등 형상 있는 물건이나 환경에 의하여 만족하는 즐거움. ②오관(五官)을 통해서 얻는 즐거움. 시각·청각·후각·미각·촉각으로 느끼는 즐거움.

오위 【五位】〔英 The five categories, or divisions〕 ①유위(有爲)·무위(無爲)의 일체 제법을 5류(類)로 나눈 것. 곧 색법(色法; 물질)·심법(心法; 정신·사물을 의식하는 마음)·심소법(心所法; 心法에 따라 일어나는 정신작용)·불상응법(不相應法; 心法에 따르지 않는 것. 물질도 아니고 마음도 아니면서 法인 것)·무위법(無爲法; 인과관계를 여의어 상주불변하는 법) 등을 말한다. ②불도(佛道) 수행상 5종의 계위(階位). 즉 자량위(資糧位)·가행위(加行位)·통달위(通達位)·수습위(修習位)·구경위(究竟位)를 말한다. ③사람이 태내(胎內)에서 자라나는 순서를 5위로 나눈 것. 즉 갈라람(羯邏藍)·알부담(頞部談)·폐시(閉尸)·건남(鍵南)·발라사카(鉢羅奢佉)를 말한다. ④선종의 철리(哲理)와 참선하는 공부를 5종의 요목으로 묶은 것. 선(禪)의 철리(哲理)를 주(主)로 한 정편오위(正偏五位). 곧 정중편(正中偏)·편중정(偏中正)·정중래(正中來)·편중지(偏中至)·겸중도(兼中到)와 실천하는 공부를 주로 한 공훈오위(功勳五位), 곧 향(向)·봉(奉)·공(功)·공공(共功)·공공(功功)을 말한다.

오위백법 【五位百法】 법상종(法相宗)

에서 일체만유를 분류하여 심왕법(心王法) 8, 심소유법(心所有法) 51, 색법(色法) 11, 불상응행법(不相應行法) 24, 무위법(無爲法) 6으로 한 것을 말한다.

오음성고 【五陰盛苦】〔英 The mental and physical suffering arising from the full-orbed activities of the skandhas 五陰, one of the eight sufferings〕 오음(五陰; 색수상행식)이 치성해서 일어나는 고통으로서 팔고(八苦) 가운데 하나.

오음세간 【五陰世間】『대지도론』 등에서 말하는 삼종세간(三種世間; 衆生世間·五陰世間·國土世間) 가운데 하나. 오온세간(五蘊世間)·오중세간(五衆世間)이라고도 한다. 십계(十界)의 오음(五陰; 色·受·想·行·識) 각각에 차별이 있음을 말한다.

오인 【五因】〔英 The five causes〕 ① 모든 원인을 나누어 5종으로 한 것. 곧 생인(生因; 모든 초목의 씨와 惑業)·화합인(和合因; 善과 善心, 不善과 不善心, 無記와 無記心이 화합함과 같은 것)·주인(住因; 山河 樹木은 大地에 의하여 止住하고, 중생은 4대 번뇌에 의하여 주함과 같은 것)·증장인(增長因; 의복, 음식 등에 의하여 몸이 커지고, 부모에 의하여 자식이 크는 것과 같은 것)·원인(遠因; 부모의 정혈에 의하여 몸이 생기고, 국토에 의지하여 도적의 난을 면하고, 呪力에 의지하여 傷害를 벗어남과 같은 것) 등이다. ②지(地)·수(水)·화(火)·풍(風) 사대(四大)가 만든 색법(色法)에 대하여 원인이 되는 5종의 구별. 곧 생인(生因; 四大가 화합하여 색법을 냄)·의인(依因; 사대가 색법에 따른 바 되어 그 所依가 됨)·입인(立因; 사대가 색법을 유지하여 현재에 存立케 함)·지인(持因; 사대가 색법을 유지하여 끊어지지 않게 하는 것)·양인(養因; 사대가 색법을 더 커지게 하고 발달시키는 것) 등이다.

오인 【五忍】〔英 The five stages of bodhisattva-kṣānti, patience or endurance according to the 別敎〕 보살의 단계를 5종으로 나눈 것. 1. 복인(伏忍)은 번뇌를 끊지 못하였으나 관해(觀解)를 익혀, 이를 굴복시키고 일어나지 못하게 하는 지위. 곧 십주(十住)·십행(十行)·십회향(十廻向)의 보살, 2. 신인(信忍)은 관하는 마음이 진전되어 증득(證得)할 법을 믿고 의심치 않는 지위. 곧 초지(初地)·2지(二地)·3지(三地)의 보살, 3. 순인(順忍)은 앞의 믿음에 의하여 다시 더 나은〔勝〕 지혜를 연마하여 무생(無生)의 증과(證果)에 순하는 지위. 곧 4지·5지·6지의 보살, 4. 무생인(無生忍)은 제법무생의 진리를 깨달아 아는 지위. 곧 7지·8지·9지의 보살, 5. 적멸인(寂滅因)은 여러 가지 번뇌를 끊어 버리고, 청정·무위·담연적정에 안주(安住)하는 지위. 곧 10지·등각(等覺)·묘각(妙覺)의 지위에 있는 보살 등을 말한다.

오입【悟入】①〔英 To apprehend or perceive and enter into (the idea of reality)〕 진리에 깨달아 들어감. ②〔英 Name of a Kashmir monk, sugandhara〕 범어로 'Skandhila〔塞建地羅·索建地羅〕'. 북인도 카슈미르 사람. 설일체유부의 학자. 4·5세기에 있던 세친(世親; Vasubandhu, 약 320-400경)·중현(衆賢; Saṃghabhadra)의 스승. 세친이 『구사론육백본송(俱舍論六百本頌)』을 지어 카슈미르의 승려들에게 보냈을 때, 오입(悟入)은 홀로 알기 어려운 게송을 읽어 알고 유부(有部)의 바른 뜻이 아님을 경고하였다고 한다. 저서로는 『입아비달마론』·『중사분비바사론』 등이 있다.

오장【五障】〔英 The five hindrances or obstacles〕 ①오애(五礙)라고도 한다. 여자가 가진 5종의 장애. 곧 범천왕이 되지 못함, 제석이 되지 못함, 마왕이 되지 못함, 전륜성왕이 되지 못함, 부처가 되지 못함 등이다. ②보살이 수도하는 데 장애가 되는 5종. 곧 악도장(惡道障)·빈궁장(貧窮障)·여신장(女身障)·형잔장(形殘障)·희망장(喜忘障) 등이다. ③오선근(五善根)에 장애가 되는 것. 곧 기(欺)·태(怠)·진(瞋)·한(恨)·원(怨). ④심성(心性)을 가려서 선법(善法)을 낼 수 없게 하는 5가지. 곧 오개(五蓋; 貪欲·瞋恚·睡眠·掉悔·疑法).

오전【五轉】〔英 The five evolutions, or developments〕 진언행(眞言行)의 보리심(菩提心)이 깊어지는 것을 오위(五位)로 구분한 것. 1. 발심(發心)은 보리심을 일으켜 불과(佛果)를 구하는 마음, 2. 수행(修行)은 삼밀(三密)의 행을 닦아 불도에 나아가는 행, 3. 증보리(證菩提)는 수행하는 원인으로 과덕(果德)을 증(證)하는 것, 4. 입열반(入涅槃)은 과덕이 이미 원만하여 불생불멸의 진리인 열반에 드는 것, 5. 방편구경(方便究竟)은 이상의 4덕을 원만히 구비하는 것 등을 말한다. 이 5위는 한 마음이 점점 나아가는 데 불과하므로 오전(五轉)이라 한다.

오정심【五停心】 오정심관(五停心觀)이라고도 하는데, 탐진치(貪瞋痴) 등의 혹장(惑障)을 정지하는 5종의 관법(觀法). 5법(法)을 닦아서 5과(過)를 정지하는 뜻. 오관(五觀)이라고도 한다. 이 오정심은 대·소승에 통하고 범성보살(凡聖菩薩)에 통한다. 또 정(定)에 따라서 오문선(五門禪)이라 이름하고, 혜(慧)에 따라서 오정심관이라 이름한다. 1. 수식관(數息觀), 2. 부정관(不淨觀), 3. 자비관(慈悲觀), 4. 인연관(因緣觀), 5. 계방편관(界方便觀), 또는 염불관(念佛觀)의 5종을 말한다. 또 이 오관을 닦아서 혹장(惑障)을 극복한 소승 성문의 위(位)를 말하는데, 칠현(七賢) 가운데 삼현(三賢)의 제1을 가리킨다. 1. 수식관은 지식념(持息念)이라고도 말하고, 범어

(梵語)로 안나반나(安那般那)·아나아파나(阿那阿波那; Ānāpāna)라 한다. 아나(阿那)는 출식(出息), 아파나(阿波那)는 입식(入息)을 말하는데, 입선(入禪)하여 들이쉬고 내쉬는 숨을 1에서 10까지 되풀이해서 셈으로써 마음의 산란을 다스리는 관(觀). 2. 부정관(不淨觀)은 몸의 부정(不淨)을 관하여 탐욕의 마음을 다스리는 관. 3. 자비관(慈悲觀)이란 자비를 관하여 질투·진번뇌(瞋煩惱)를 다스리는 관. 4. 인연관(因緣觀)이란 연기관(緣起觀)이라고도 하는데, 12인연을 관하여 우치(愚痴)를 다스리는 관. 5. 계방편관(界方便觀)이란 계분별관(界分別觀)·석계관(析界觀)·무아관(無我觀)·염불관(念佛觀)이라고도 하는데, 지(地)·수(水)·화(火)·풍(風)·공(空)·식(識)의 육계(六界)를 관하여 수행 또는 깨달음에 장애가 되는 것을 다스리는 것이다.

오조【五祖】〔英 The five axioms〕 ①화엄종의 오조. 중국 화엄종의 오조사(五祖師). 곧 두순(杜順, 557-640), 지엄(智儼, 602-668), 현수(賢首, 643-712), 징관(澄觀, 738-839), 종밀(宗密, 780-841)을 말한다. ②정토종의 5조. 중국 정토교의 5조사. 곧 담란(曇鸞, 476-542), 도작(道綽, 562-645), 선도(善導, 613-681), 회감(懷感), 소강(少康, ?-805)을 말한다. ③선종 33조사 가운데 한 사람인 중국 선종의 제5조 홍인(弘忍, 602-675)을 말한다. ④오조산(五祖山)에서 선을 펼친 중국 송나라 때 임제종 출신 선승인 오조법연(五祖法演).

오조가사【五條架裟】〔英 The monks robe of five patches or lengths, also termed 下衣 as the lowest of the grades of patch-robes〕 오조의(五條衣)·오조(五條)라고도 한다. 가사는 여러 조각으로 오린 것을 기워서 보자기같이 만든 옷이다. 안타회(安陀會)는 5조이므로 오조가사라 한다.

오조법연【五祖法演, 1024-1104】 중국 송(宋)나라 때 임제종의 선승. 금주 사람. 속성은 등(鄧)씨. 35세 때에 출가하여 유식을 배움. 뒤에 남방으로 가서 원조종본(圓照宗本, 1014-1099)을 참배하고 백운수단(白雲守端)의 가르침을 받고 깨달았다. 만년에 호북성 오조산(五祖山)에서 크게 교화를 펼쳐서 원오극근(圓悟克勤) 등 유명한 제자를 배출했다. 오조산에 있었기 때문에 오조법연이라고 부름. 처음으로 조주의 '무(無)'자를 선 수행의 근본 화두로 참구하도록 했다. 『오조법연선사어록』이 있음.

오조설【五照說】『화엄경』 34권 「보왕여래성기품(寶王如來性起品)」에, "여래의 정각(正覺)도 이와 같이 헤아릴 수 없고 끝없는 법계에 지혜의 태양이 되어 항상 무량한 지혜의 광명을 놓아, 먼저 보살마하살의 모든 산왕(山王)을 비추고, 다음에 성문을 비추며, 차례로 결정선근중생을 비추어 근기에 따라 교화를 받게 한다. 그런 연후에 일체중생 내지는 사정(邪定)까지도 다 비추어 미래에 이익을 얻게 하는 동일한 인연을 지으나 여래의 지혜의 빛은 그러한 생각을 내지 않는다."라는 곳에서 찾을 수 있는데, 이것은 보살(菩薩)·연각(緣覺)·성문(聲聞)·결정선근중생(決定善根衆生)·일체중생(一切衆生)·사정(邪定) 등 근기의 깊고 얕음에 따른 부처의 교화순서를 다섯 단계로 나타낸 것이다.

오종법사【五種法師】〔英 The five kinds of masters of the Law〕 천태종(天台宗)에서 경(經)을 신행(信行)하고 홍포(弘布)하는 5종의 인물. 수지(受持)·독경(讀經)·송경(誦經)·해설(解說)·서사(書寫)의 법사(法師).

오종성【五種性】〔英 The five germ-natures, or roots of bodhisattva development〕 ⑴ 보살의 인행(因行)으로부터 과(果)에 이르는 행위종성(行爲種姓)을 6위로 나누어 육종성(六種性)이라 하는데, 육종성 가운데 불과(佛果)인 묘각성(妙覺性)을 뺀 습종성(習種性)·성종성(性種性)·도종성(道種性)·성종성(聖種性)·등각성(等覺性)을 말한다. 습종성은 십주위(十住位)로서, 공관(空觀)을 연습하여 견혹(見惑)·사혹(思惑)을 깨뜨리는 성(性)이다. 성종성(性種性)은 십행위(十行位)로서, 공(空)에 머물지 않고 나아가 가성(假性)을 분별하는 성(性)이다. 도종성(道種性)은 십회향위(十廻向位)로서, 중도(中道)의 묘관(妙觀)을 닦아 온갖 불법을 통달하는 성(性)이다. 성종성(聖種性)은 십지위(十地位)로서, 중도의 묘관에 의하여 무명(無明)의 일분을 깨뜨리고 성위(聖位)에 증입하는 성(性)이다. 등각성(等覺性)은 다음의 묘각(妙覺)에 대하여 오직 한 등급의 차가 있을 뿐으로, 앞의 모든 위(位)보다 나은 위(位)이다.

⑵ 오성각별성(五性各別性)의 오성(五性)과 같음.

오종성문【五種聲聞】 천태지의(天台智顗, 538-597)가 『법화경(法華經)』 뜻에 의하여 『법화론』에서 설한 4종 성문에 다시 1종을 추가하여 5종으로 한 것. 1. 구습소성문(久習小聲聞); 오랜 과거세부터 소승을 익히다가 금세에 도(道)가 성숙하여 소승의 가르침을 듣고 소승의 증과를 깨달은 이, 2. 퇴대성문(退大聲聞); 본래 대승을 익혀 수행하다가 후에 피로하여 생사를 싫어하고 대승에서 퇴타하여 소승의 증과를 취한 이, 3. 응화성문(應化聲聞); 앞의 구습소성문·퇴대성문을 교화하기 위하여 여러 불보살이 안으로 대승의 도로 인도하는 이, 4. 증상만성문(增上慢聲聞); 관하는 지혜가 미열한 이가 아직 사가행위에도 들지 못하였으면서 조금 얻는 바가 있으면 스스로 증과하였다고 하며 마음에 교만심을 더하는 이, 5. 불도성문(佛道聲聞) ; 대승성문(大乘聲聞)이라고도 함. 불도라는 말을 모든 사람에게 듣게 하여 소승 열반에 머물지 않고 마침내 대승의 실제 이치에 돌아가게 하는 이 등이다.

오종유식 【五種唯識】〔英 The five kinds of wei-shih, or idealistic representation in the sūtras and śāstras as summed up by Tzu-ên 慈恩 of the 法相宗 Dharmalakṣaṇa school〕 모든 경론(經論)에서 말한 유식(唯識)의 글과 의미를 모두 종합해서 경유식(境唯識)·교유식(教唯識)·이유식(理唯識)·행유식(行唯識)·과유식(果唯識)의 5종으로 분류한 것. 법상종(法相宗)의 분류.

오종유위 【五種有爲】 근본무명(根本無明)·생(生)·주(住)·이(異)·멸(滅)의 다섯을 말한다. 뒤의 넷은 유위법이 반드시 지나야 하는 단계이다. 근본무명은 유위법을 성립시키는 기초이다. 유위법은 곧 연기법으로, 시공(時空)으로 제한을 받는 존재이다.

오종일승 【五種一乘】 화엄에서 시교(始教)·종교(終教)·돈교(頓教)·원교(圓教)의 4교에 따라 각각 일승(一乘)이란 이름을 세워, 별교일승(別教一乘)·동교일승(同教一乘)·절상일승(絶想一乘)·불성일승(佛性一乘)·밀의일승(密意一乘)의 5종으로 나눈 것.

오종장 【五種藏】〔英 The five 'stores', or the five differentiations of the one Buddha-nature〕 5종의 여래장. 곧 1. 여래장(如來藏), 2. 정법장(正法藏), 3. 법신장(法身藏), 4. 출세장(出世藏), 5. 자성청정장(自性淸淨藏)을 말한다. 1. 여래장(如來藏)은 물심(物心)의 제법(諸法)이 여래의 자성을 드러내지 않고 무아(無我)를 상(相)으로 하므로 여래장이라고 한다. 2. 정법장(正法藏), 또는 법계장(法界藏)은 성자가 사념처관(四念處觀) 등을 닦을 때 이 성품을 대상으로 하므로 정법장이라 한다. 3. 법신장(法身藏)은 일체의 성자가 정성(正性)을 믿고 수행하여 열반 4덕과 일체 여래의 공덕을 얻으므로 이 성품을 법신장이라고 한다. 4. 출세장(出世藏), 또는 출세간상상장(出世間上上藏)은 불성(佛性)이 세간의 허망한 상(相)을 여의고 진실하여 무너지지 않는다는 뜻에서 출세장이라 한다. 5. 자성청정장(自性淸淨藏)은 일체법이 불성(佛性)에 따르면 사특함을 여의고 청정하여 크게 이익이 되고 어기면 더러워져서 손상하므로 자성청정장이라 한다.

오지 【五智】〔梵 pañca-jnana, 英 The five kinds of wisdom〕 5종의 지혜. (1) 밀교(密教)에서 말하는 성소작지(成所作智)·묘관찰지(妙觀察智)·평등성지(平等成智)·대원경지(大圓境智)·법계체성지(法界體性智) 등 여래가 지닌 5가지 지혜. 성소작지는 전오식(前五識)을 전환시켜 얻은

ㅇ

지혜, 묘관찰지는 제6식을 전환시켜 얻은 지혜, 평등성지는 제7 말나식(末那識)을 전환시켜 얻은 지혜, 대원경지는 제8 아뢰야식(阿賴耶識)을 전환시켜 얻은 지혜, 법계체성지는 제9 아마라식(阿摩羅識)을 전환시켜 얻은 지혜이다.

(2) 『대무량수경』에서는 아미타불의 지(智)를 불지(佛智)·부사의지(不思議智)·불가칭지(不可稱智)·대승광지(大乘廣智)·무등무륜최상승지(無等無倫最上乘智)로 나타내는데, 불지(佛智)는 총명(總名)이요, 다른 것은 별명(別名)이다.

(3) 『성실론』에서는 성자(聖者)가 증득하는 지(智)를 법주지(法住智)·니원지(泥洹智)·무쟁지(無諍智)·원지(願智)·변제지(邊際智) 등 다섯으로 나타낸다.

(4) 『섭대승론』에서는 보살의 오지(五智)로 통달지(通達智)·수념지(隨念智)·안립지(安立智)·화합지(和合智)·여의지(如意智) 등을 들고 있다.

오지작법【五支作法】〔英 The five parts of syllogism〕 인명(因明; Hetu-vidyā)에서 신인명 이전, 즉 구인명(舊因明)에서 종(宗)·인(因)·유(喩)·합(合)·결(結)의 오지(五支)를 세워서 자기의 주장이 옳다는 것을 입증하는 방법. 예를 들면, 종(宗; 주장); 저 산에 불이 났다. 인(因; 이유); 연기가 있기 때문에. 유(喩; 비유); 굴뚝과 같다. 굴뚝에서 연기와 불을 보라. 합(合; 적용); 이와 같이 저 산에 연기가 있다. 결(結; 결론); 그러므로 저 산에 불이 났다. 이상과 같은 다섯 가지 전개방법으로 자신의 주장이 옳음을 입증한다. 오분작법(五分作法)이라고도 함.

오천축【五天竺】〔英 The five regions of India, North, South, East, and Central〕 지금의 인도. 인도 전부를 편의상 동(東)·서(西)·남(南)·북(北)·중(中)으로 구분 짓는 명목. 『서역기』에는 동인도 6국〔항하의 河口지방〕·남인도 6국〔데칸고원을 중심으로 한 반도지방〕·서인도 11국〔신도하 하류지방〕·북인도 21국〔신도하 상류·중류지방〕·중인도 30국〔항하의 상류·중류지방〕으로 나누고 있다.

오체투지【五體投地】 ①최상의 경례법. 두 무릎을 땅에 꿇고, 두 팔을 땅에 대고 머리를 땅에 닿도록 절을 하는 것. ②스승에게 제자가 신성을 다 바치는 것. 오륜투지(五輪投地)·오륜착지(五輪着地)·거신투지(擧身投地)·투지례(投地禮)라고도 한다.

오취【五趣】〔梵 gatayah pañca, 英 The five gati, i.e. destinations, destinies: the hells, hungry ghosts, animals, human beings, devas〕 오악취(五惡趣)·오도(五道)·오유(五有)라고도 한다. 취(趣; yāti; gāmin; gati)는 중생의 업인(業因)에 의하여 나아간다는 곳. 즉 지옥·아귀·축생·인간·천상을 말함.

오취온【五趣蘊】〔英 The five tenacious bonds, or skandhas, attaching to mortality〕 오온(五蘊). 오온은 유루(有漏)·무루(無漏)에 통하고, 오취온은 유루뿐이다. 취는 번뇌의 다른 이름. 번뇌는 온(蘊)을 낳고 온(蘊)은 번뇌를 생하므로 온(蘊)을 취온(趣蘊)이라 한다.

오취윤회【五趣輪迴】취(趣)는 중생의 업인(業因)에 의하여 나아간다는 곳인데, 여기에는 지옥·아귀·축생·인간·천상의 5종이 있으므로 오취(五趣)라고 한다. 중생은 자기의 지은 바 업인(業因)에 따라 지옥·아귀·축생·인간·천상의 다섯 곳으로 윤회한다는 것이다. 오취 항목을 참조할 것.

오탁【五濁】〔梵 Pañca-kasāya, 英 The five kaṣya periods of turbidity, impurity, or chaos〕 오재(五滓)·오혼(五渾)이라고도 함. 말세에 이르러 점점 세상이 혼탁해지는 모습을 다섯 가지 징조로 분류한 것. 『법화경(法華經)』「방편품」 제2에 오탁으로 겁탁(劫濁)·번뇌탁(煩惱濁)·중생탁(衆生濁)·견탁(見濁)·명탁(命濁)을 들고 있다. 겁탁(劫濁)은 기근과 질병, 전쟁이 그칠 사이가 없어서 편안하게 살 수 없는 재난의 시대. 번뇌탁(煩惱濁)은 사람의 마음이 탐진치 등 번뇌로 가득하여 편안히 살 수 없는 현실. 중생탁(衆生濁)은 사람이 악한 행위만을 행하여 인륜 도덕을 돌아보지 않고 나쁜 결과를 두려워하지 않는 것. 견탁(見濁)은 말법시대에 이르러 사견(邪見)·사법(邪法)이 다투어 일어나 부정한 사상으로 혼탁해지는 현실. 명탁(命濁)은 인간의 수명이 30세, 20세로 단축되어 드디어 10세에 이르는 것. 이 오탁사상은 말법사상과 연관이 있다. 곧 태고(太古)일수록 인간세상은 완전한데, 점차로 세상이 내려옴에 따라 인심이 악화된다고 보는 것이다.

오탁악세【五濁惡世】오탁으로 가득찬 죄악의 세상. 말법시대의 현상. 겁탁·견탁·번뇌탁·중생탁·명탁 등의 오탁이 가득 찬 말세를 말한다. 오탁 항목 참조.

오팔무집【五八無執】8식(八識) 가운데 전오식(前五識)인 안식(眼識)·이식(耳識)·비식(鼻識)·설식(舌識)·신식(身識)과 제8식은 과거를 회상하거나 과거·현재·미래에 걸쳐 가지가지로 억측하는 기능은 없다. 따라서 자아(自我)에 대한 주관적 미집(迷執)인 아집(我執), 또는 물(物)·심(心) 제법(諸法)에 대한 객관적인 미집(迷執)인 법집(法執)이 없는데, 이것을 오팔무집(五八無執)이라 한다.

오팔식【五八識】〔英 The five sense perceptions and the eighth or Ālāya vijñāna, the fecundating principle of consciousness in man〕 안(眼)·이(耳) 등 오식(五識)에 제8 아뢰야식을 더하여 칭한 것이다. 이 2종식은 모두 현량(現量)으로 무

아법(無我法)의 이집(二執)이 된 것인데, 불과(佛果)에 이를 때 오식(五識)은 성소작지(成所作智)가 되고, 팔식(八識)은 대원경지(大圓鏡智)가 된다. 오팔무집 항목 참조.

오품【五品】〔英 A division of the disciples, in the Lotus sūtra, into five grades-those who hear and rejoice〕 천태의 학설. 원교(圓教)를 수행하는 이로서, 십신(十信) 이전의 5종 계급. 외범위(外凡位)에 해당하며, 육즉위(六卽位) 중에는 관행즉(觀行卽)의 위에 해당한다. 1.「수희품(隨喜品)」은 실상법을 듣고 스스로 기뻐함과 동시에 다른 이를 기쁘게 하는 것이니, 안으로는 공(空)·가(假)·중(中)의 3관법(觀法)으로 공(空)·가(假)·중(中)의 삼제(三諦)를 관하고, 밖으로는 5회(悔)로써 정진 노력하여 이해하는 지위, 2.「독송품(讀誦品)」은 안으로는 전과 같이 원관(圓觀)을 닦으며 다시 읽고 외우는 지위, 3.「설법품(說法品)」은 마음의 관해(觀解)가 수승하여 이를 강설하여 남을 이롭게 하고 교화하는 공이 몸으로 돌아오는 지위, 4.「겸행육도품(兼行六度品)」은 이관(理觀)을 닦는 한편 육도를 닦는 지위, 5.「정행육도품(正行六度品)」은 원관(圓觀)이 점점 익어지고 자행화타(自行化他)하는 사리(事理)가 구족하여 자재하게 육도의 행을 닦는 자리 등이다.

오하분결【五下分結】〔巴 pañca-orambhāgiyani, yojanāni, 英 The five bonds in the lower desire-realms, i.e. desire dislike, self, heretical ideals, doubt 貪, 瞋, 我, 邪戒, 疑〕 하분(下分)은 욕계(欲界), 결(結)은 번뇌. 중생을 하계(下界)인 욕계(欲界; kāmadhātu)에 얽어매어서 해탈하지 못하게 하는 5종의 번뇌. 즉 탐결(貪結; 탐욕심), 진결(瞋訣; 분노·노여움), 치결(痴結; 어리석음·무지), 신견결(身見結; 오온을 영원한 자아로 착각하는 것), 계취견결(戒取見結; 삿된 방법을 고집하는 잘못된 소견), 의결(疑結; 의심, 즉 사성제 등 진리에 대한 의심)을 말한다.

오행【五行】〔英 The five lines of conduct〕 ①오온(五蘊)을 말한다. ②보살이 수행하는 다섯 가지 실천법. 첫째, 성행(聖行)·범행(梵行)·천행(天行)·영아행(嬰兒行)·병행(病行)〔『涅槃經』〕. 둘째, 보시행(布施行)·지계행(持戒行)·인욕행(忍辱行)·정진행(精進行)·지관행(止觀行)〔『起信論』〕을 말한다. ③색(色)·성(聲)·향(香)·미(味)·촉(觸) 등 오경(五境)의 다른 이름으로도 사용한다.

오화이도설【五火二道說】 오화설(五火說)과 이도설(二道說)을 합쳐서 오화이도설이라 한다. 이 설은『브리하드-아란냐카 우파니사드』와『찬도기야 우파니사드』에 나오는 것으로, 윤회와 업을 설하게 되면서 중요한 위치를 차지하게 되었다. 이 설을 주장한 대표적인 인물은 프라바하나-자이바리(Pravāhana-jaivari)이다. 오화설은 1. 사람이 죽어 화장을 하면 그 영혼은 달에 들어가서〔月入〕 2. 비가 되어 지상으로 내려옴〔降雨〕. 3. 쌀·보리 등 음식이 되어 4. 남자의 몸속에 들어가 정자(精子)가 되어 5. 여자의 몸, 즉 모태에 잉태되어 태어남. 이와 같은 과정을 거쳐서 윤회를 반복한다는 것. 이도설(二道說)은 신도(神道)와 조도(祖道)이다. 신도란 앞의 오화(五火)의 이치를 알고 숲 속에 들어가 수행하는 자는, 사후에 화장(火葬)을 하면 브라흐만의 세계로 인도되어 다시는 고통스러운 이 세상으로 돌아오지 않는다고 한다〔더 이상 윤회하지 않음〕. 조도(祖道)란 제사(祭祀), 정행(淨行), 보시 등을 믿는 자는 사후에 오화의 과정에 따라 윤회한다고 한다. 앞의 신도는 윤회로부터 완전히 벗어나지만, 조도는 윤회의 굴레에서 벗어나지 못한다. 비록 선업을 지어서 천상에 태어난다고 해도 복이 다하면 하계(下界)로 내려와 윤회한다는 것이다. 그리고 이 신도나 조도의 어디에도 들어갈 수 없는 악인(惡人)은 제3의 곳에 떨어져서, 아침에 태어나서 저녁에 죽는 보잘것없는 하루살이가 된다고 한다.

오훈 【五葷】〔英 The five forbidden pungent roots. idem 五辛〕 불가(佛家)나 도가(道家)에서, 자극성이 있어서 먹으면 음욕(淫慾)과 분노(憤怒)가 유발된다고 하여 먹기를 꺼리는 다섯 가지 채소. 불가에서는 마늘·부추·파·달래·흥거(興渠)를 오훈이라고 하고, 도가에서는 마늘·자총이·부추·평지·무릇을 오훈이라고 한다.

옥야경 【玉耶經】 중국 동진 태원 때〔376-396〕에 축담무란(竺曇無蘭; 法正)이 번역. 1권. 급고독(給孤獨)장자의 자부 옥야가 그 생가의 부귀를 믿고 항상 부도(婦道)에 위반하는 행위를 많이 했다. 장자가 부처님을 청하여 가르치심을 빌었으므로 부처님이 부녀자의 도리를 옥야에게 말씀한 경(經). 다른 번역으로 『옥야녀경』·『아속달경』〔유송 구나발타라 번역〕과 『증일아함경』 제49 비상품(非常品) 중의 한 경〔동진 승기데바 번역〕이 있다.

온식 【蘊識】〔英 The skandha of intelligence, or emotion〕 ①유정(有情)이란 말. 심식을 쌓았다는 의미. 함식(含識)과 같다. ②식(識)이란 말. 식은 오온 중의 하나.

온처계 【蘊處界】〔梵 Skandha-āyatana-dhātu, 英 The five skandhas, twelve 處 āyatana or bases, and eighteen 界 dhātu or elements〕 오온(五蘊)·십이처(十二處)·십팔계(十八界)의 준말. 이 셋은 중생이 자아(自我)의 존재를 고집하는 미혹을 깨뜨리기 위하여 세운 것이다.

옴 【唵; oṃ】 주문(呪文). 처음에 놓는

비밀스러운 말. 범어(梵語) 자음(字音)의 하나. 이 자음의 명칭을 프라나바(praṇava)라 한다. 베다 영창(詠唱)의 처음과 끝에 발음되는 성스러운 자음이다. 베다시대에 옴(唵)은 이미 신비적인 의미를 가지는 것으로 생각되었다. 예컨대, 『사마베다』 소속의 우파니샤드인 『찬도기야 우파니샤드』는 사만〔歌詠〕을 영창하는 제관(祭官; 歌詠僧; udgātṛ)에 속하는데, 이 제관에 의하여 멜로디에 응해서 가영되는 우드기타라 칭하는 사만의 주요부분에 대하여, 그 처음에 부르는 옴(oṃ)과의 관련 밑에서 설명하고 있다. 그리고 그 설명은 우파니샤드의 맨 처음부분에 두고 있다. 그 가운데서 "우드가트리는 우드기타를 옴이라는 자음으로서 염상(念想)하는 것이 좋다. 그 때문에 그는 우드기타를 옴이라 영창하는 것이다."라고 말한다. 또 우드기타를 지(地), 수(水), 초(草), 인간, 말, 가영의 시절(詩節)을 포함하기 때문에 사만의 엣센스라고 한다. 우드기타가 그 엣센스 중의 엣센스라 한다. 그리고 '옴'을 우드기타로서 염상하는 것은 모든 욕망을 달성하는 것이 된다고 한다. 또 그 후에 코에서 나오는 숨과 우드기타와의 관련을 서술하는데, 이것은 옴이라고 발음할 때 비음(鼻音)이 코의 기식(氣息)을 통과함에 따라서 발음되기 때문이다. 다시 또 그 후에 숨〔氣息〕이 우드기타와 관련하여 설명되는 것은 옴의 'o'가 입에서 나오는 숨에 따라서만 발음되는 것으로 추정된다. 여기에서 발전하여 우드기타는 우주적인 규모로 설명되었다. 곧 여기에 보이는 자음 '옴'을 단순한 성스러운 것으로서의 범위를 넘어서 우주적 규모의 신비성으로 이해하는 것이다. 또 『만도기야 우파니샤드』는 옴을 '아(a), 우(u), 음(m)'의 삼음(三音)으로 분석하여, 그들을 각기 각성한 상태의 바이슈바나라, 꿈을 보고 있는 상태의 다이샤사, 숙수(熟睡)의 상태에 있는 프라즈나에 붙인 뒤, 제4의 것으로서 요소를 갖지 않고 가까이하기 어렵고 다양성을 가지지 않고 길상(吉祥)하고 불이(不二)한 것으로서의 자음(字音) 옴을 들고, 다시 그것이 아트만이라 하고 있다. 여기에 보이는 옴은 분명히 아트만으로서의 절대성 밑에 서술되고 있다. 또한 후세 힌두교에서는 브라흐만신, 비슈누신, 시바신을 세워서 이들 삼신이 점차로 세계의 창조, 세계의 유지, 세계의 파괴를 행한다고 하는 소위 삼위일체설을 세우지만, 옴을 구성하는 a를 비슈누신에, u는 시바신에, m을 브라흐마신에 붙여서 그 절대적인 일체성을 나타내는 일도 있다. 밀교에서는 a는 발생, u는 유지, m은 종극(終極)의 의미를 둠에 따라 옴은 일체 소리의 근본 본질 귀결이므로, 일체만법은 이 한 글자 속에 귀속된다고 해석한다.

옴마니반메훔 【唵嘛呢叭彌吽】〔梵 om

maṇi padme hūṃ〕 옴마니발메훔〔唵磨抳鉢銘吽〕이라고도 한다. 티베트불교 신자가 외우는 주문. '오! 연꽃 위의 마니주여'라고 하는 기원의 뜻. 연화수(蓮花樹)보살에게 귀의하여 극락왕생하기를 바라면서 부르면 죽은 후에 육취에 들어가서 유전하는 재액(災厄)을 벗는 공덕을 얻는다고 한다. 또한 몸에 지니거나 손에 가지거나 집안에 두어도 같은 공덕이 있다고 믿는다. 이것을 육자대명주(六字大明呪)라고 하는데, 티베트불교도들은 '나무아미타불'처럼 외운다.

완공【頑空】 편공(偏空)·무기공(無記空)이라고도 한다. 일체는 모두 공한 것〔一體皆空〕이라 하여 공견(空見)에만 집착하는 것. 진공묘유(眞空妙有), 또는 공적영지(空寂靈知)가 진리임을 모르고 공(空)에 집착하면 완공(頑空)이 되고, 영지(靈知)가 없는 공적(空寂)에 집착하면 허무적멸이 된다. 형상 있는 것에 대한 집착에서도 벗어나고 형상 없는 것에 대한 집착에서도 벗어나야 비로소 중도의 이치, 곧 참 진리를 깨칠 수가 있다는 것이다.

완릉록【宛陵錄】 중국 당(唐) 경종·문종·무종·선종 때의 선승인 황벽희운(黃檗希運, ?-850)의 법어집. 일반적으로 『전심법요』에 포함되는 것으로 취급하는데, 그 상부(上部)를 『황벽단제선사 전심법요』, 하부(下部)를 『황벽단제선사 완릉록』으로 구분한다. 배휴(裴休, 797-870)가 서문에서 밝힌 것처럼, 그가 강서(江西)의 종릉(鍾陵)에 관찰사로 있을 때인 회창(會昌) 2년〔842〕에 용흥사(龍興寺)에서 대사께 문법하던 것을 필록(筆錄)해 두었다가, 황벽 입적 이후 그 대강을 문인들에게 보내어 청법(聽法) 당시의 장로(長老)들과 대중의 증명을 얻어서 세상에 유포시킨 것이다. 『전심법요』는 배휴가 종릉과 완릉 두 곳에서 문법하던 것을 직접 기술한 것이며, 『완릉록』은 배휴가 완릉의 개원사에서 문법하던 기록을 바탕으로 해서 뒤에 시자들 측에서 엮은 것으로 추정된다. 그래서 『완릉록』에는 『전심법요』와 더러 중복된 내용이 있다. 황벽희운의 출생 및 출가 인연에 관해서 짤막하게 언급하고 있으며, 여러 선사들을 찾아 문답하고 거량(擧揚)하던 행적들이 나타나 있다. 송나라 신종 원풍(元豐) 8년〔1085〕에 편찬되었다가, 명나라 만력(萬曆) 17년〔1589〕에 재편된 『사가어록(四家語錄)』에 실려 있다. 원풍 8년판의 『4가어록』에는 『완릉록』의 전반부만 실렸으나, 명나라 때 재편하면서 『천성광등록(天聖廣燈錄)』 제8권에서 그 후반부를 옮겨 증보(增補)한 것으로 확인된다. 우리나라에서는 광서(光緖) 9년〔1883〕 감로사(甘露社)에서 『법해보벌(法海寶筏)』 가운데 『전심법요』와 『완릉록』을 포함시켜 간행하였다는 기록이 있다. 현재 『전심법요』와 『완릉록』 유통본은 융희(隆熙) 원년〔1907〕 운문사(雲門寺)에서 간행한 『선문촬요(禪門撮要)』와 융희 2년〔1908〕 범어사(梵魚寺)에서 간행한 『선문촬요』 상권에 실려 있는데, 여기에도 『완릉록』 후반부는 포함되지 않았다.

왕사성【王舍城】〔梵 Raja-gṛha〕 붓다시대의 강국인 마가다국의 수도. 중인도에 위치하고 있으며, 붓다가 교화를 펼쳤던 중심지로서, 지금의 벵갈주(州). 파트나(Patna)시의 남방 비하르 지방의 라즈기르(Rajgir)가 그 옛터라고 한다. 석존의 설법은 대부분 이곳에서 행해졌으며, 불교에 관한 유적도 많다.

왕오천축국전【往五天竺國傳】 통일신라시대 성덕왕(聖德王) 26년〔727〕에 혜초(慧超, 704-787)가 지음. 1권. 인도 5개국과 주변 여러 나라를 순례하고 돌아와서 그 견문을 적은 여행기. 1908년에 프랑스의 동양학자 펠리오(Pelliot)가 중국 감숙성(甘肅城)의 돈황석굴에서 발견하여 세상에 알려졌다. 이 책에는 당시 인도 및 서역〔중앙아시아〕 각국의 종교·문화·풍속 등에 관한 기록이 실려 있다. 당시 인도불교는 대소승이 함께 수행하는 곳도 있고, 혹은 소승, 또는 대승만 있는 곳도 있으며, 황폐된 절, 어느 곳에는 3천 명이나 살고 있는 곳도 있다고 함. 사료적 가치가 큰 책이다. 원래는 3권이었던 것으로 보이는데, 현존본은 그 약본(略本)으로, 앞뒤 부분이 떨어져 나갔다.

외도【外道】〔梵 Tirthaka, Tirthika, 英 Outside doctrines; non-Buddhist〕 ①외교(外敎)·외학(外學)·외법(外法)이라고도 한다. 불교에서는 불교 이외의 다른 종교, 다른 학문은 모두 외도라고 부른다. 인도불교에서 대표적인 외도로는 6명이 있는데, 이것을 육사외도(六師外道)라고 한다. ②바른길을 어김. 정도(正道)를 놓고 사도(邪道)를 닦음.

외도선【外道禪】 인도불교에서 요가 등 불교 이외의 선정(禪定) 수행을 모두 외도선이라고 함. 외도의 수행법.

외무소구【外無所求】 나의 본래 마음 이외에는 바깥 경계로부터 아무것도 구하는 것이 없다는 말. 나의 참마음 밖의 경계〔대상〕는 어느 것 하나도 진실하고 영원한 것이 없다. 부귀영화 희로애락 등 현실세계의 모든 것은 거짓이며, 일시적인 현상일 뿐이다. 경계에 마음이 끌려가는 것이 번뇌망상이다.

외무위【外無爲】〔英 Unmoved by externals, none of the senses stirred〕 객관대상에 마음이 움직이지 않는 것. 곧 눈으로 빛을 보지 않고, 귀로 소리를 듣지 않고, 코로 냄새를 맡지 않고, 입으로 맛을 보지 않고, 몸으로 세활(細滑; 곱고 부드러운 여자의 살결)을 접촉하지 않고, 마음으로 망념을 생각하지 않음을 말한다.

『불설대안반수의경(佛說大安般守意經)』 2권에 나온다.

외불방입【外不放入】 중국 원(元)나라 말기의 선승인 몽산덕이(蒙山德異, 1232-1306?)가 지은 『휴휴암좌선문』에 나오는 말. 마음 바깥의 경계가 마음속으로 들어오지 못하는 것. 청정 자성을 회복하지 못한 사람은 좋은 사물을 보면 갖고 싶어하는 욕심이 일어난다. 경계를 대할 때마다 바깥 경계가 마음속으로 들어와 욕심을 일으키므로, 정신을 내 마음속으로 들어오지 못하게 하는 공부, 곧 선(禪) 수행이 필요한 것이다.

외전【外典】〔英 rules or tenets non-Buddhist〕 외서(外書)라고도 한다. 인도에서 불교 이외의 책. 불교서적을 내전(內典)이라고 부름. 불서(佛書) 외의 다른 책은 모두 외전(外典)이라고 한다.

요가【yoga; 瑜伽】 광의로는 명상을 뜻하지만, 협의로는 고행 등과 같은 인도의 전통적인 심신통일의 기술을 총칭한다. 또 협의로는 고대 인도의 육파철학 가운데 하나인 요가학파(Yoga學派)에서 시작하는, 해탈을 목적으로 하는 실천철학 체계를 가리킨다. 요가라는 말은 유즈(yuj; 맺는다; 결부한다; 연결한다)라는 어근에서 파생한 것이다. 그런데 원래 이 '맺는다'·'결부한다'·'연결한다'고 하는 행위가 무엇과 무엇의 사이의 연결인가 하는 것은 분명하지 않다. 요가라는 말이 후대의 각 학파에서 여러 가지로 사용되고 있는 원인도 그 유즈(yuj)라고 하는 어근의 의미가 애매한 데서 비롯된 것으로 볼 수 있다. 우선, 먼저 정신통일을 위하여 심(心)과 신체(身體)를 결부시킨다고 하는 것이 생각된다. 또한 그 정신통일에 의한 절대자와의 합일을 말하는 유즈는 원래 말을 수레에 연결하는 것처럼 '연결시키는 것'을 의미하는데, 거기서 비유적으로 활동적이고 정력적이고 목적이 있는 이용을 의미한다고도 한다. 원래의 의미와는 별개로, 요가는 정신을 통일하고 절대자와의 합일, 혹은 해탈로 이르는 수단 방법으로 발전해 갔다. 역사적으로 보면 요가라는 말이 출현한 것은 고(古)우파니샤드인 『타이티리야 우파니샤드(*Taittiriya upaniṣad*)』에 'yoga atma'라는 형태로 처음 나타난다. 그러나 그 의미는 명확하지 않다. 고(古)우파니샤드 중기가 되면 이 말이 의도하는 바는 어느 정도 명확하게 되었는데, 『카타 우파니샤드(*Katha-Upariṣad*)』에서는 'adhyatma-yoga〔내적 요가〕'라는 표현이 나타난다. 다시 후기가 되면 예컨대, 『마이트리 우파니샤드(*Maitri-Upaniṣad*)』에서는 명확하게 "존재의 모든 조건을 놓아 버리는 것"이 요가라고 하고 있다. 이런 의미에서의 요가는 그보다 옛날의 문헌에서도 찾을 수 있다. 타파스(tapas)와 관련되어 논하기도 하는

데, 후자가 외적인 것에 의한 수단으로 생각되는 데 비해 전자는 내적인 수단으로 생각되므로 이 둘 사이에는 거리가 있다. 요가와 같은 명상의 기원은 매우 오래되었는데, 이미 인더스문명의 유적에 요가수행을 본뜬 모양·문양 등이 발견된 것으로 볼 때, 아리아족 침입 이전부터의 인도 고유의 것으로 생각되고 있다. 베다시대에서 'yogakṣema'라는 복합어가 사용되고 있는데, 일반적으로 '재산의 획득과 보지(保持)'라고 하지만, 거기서 지복(至福)·번영(繁榮)·생계(生計)를 의미하는 것을 의미하기도 했다. 푸라나(purāṇa) 문헌에서도 요가라는 전문용어로 쓰이고 있는데, 『아그니푸라나(*Agni-purāna*)』 372장에서는, "개아(個我; jivātman)와 최고아(最高我; paramātman)의 합일"을 요가라고 하고 있다. 또한 인도의 서사시 『마하바라타(*Mahābhārata*)』에서는 해탈의 수단으로서 요가의 어의를 상당히 명확하게 서술하였다. 이 요가의 수행은 요가파에 오면 팔지설(八支說)로 조직된다. 불교에서도 선정(禪定)과 삼매(三昧)를 포함한 의미로 요가를 말하는데, 유식파에서는 만법유식(萬法唯識)을 인식, 체득하는 지관(止觀)을 요가라 하며, 그 수행을 요가행이라 한다.

요가행파 【Yoga行派】 유식학파(唯識學派). 인도에서 중관학파와 더불어 인도 대승불교를 형성하는 학파. 『해심밀경(解深密經)』 유가론을 근본으로 하고, 요가행, 즉 관상(觀想)의 실천을 하며, 이론적 바탕은 유식설이다. 그래서 요가행파라고 하며, 유식파(唯識派)라고도 한다. 인도불교의 중후기에 존속하였고, 설일체유부와 같이 일체법을 조직적으로 분류하여 정밀한 인식론·심리론·실천론을 구성하였다. 그 학적 성립에 있어서는 대승 중관학파(中觀學派) 및 소승부파, 특히 유부설의 영향이 적지 않다. 개조는 미륵(彌勒; Maitreya, 약 270-350)이고, 제2조 무착(無着; Asaṅga, 310-390경)이 대성하여 그 제자 세친(世親; Vasubandhu, 320-400경)에 의하여 확장되었다. 세친 이후 많은 학자가 배출되어 학설이 분립되었다. 세친의 『유식삼십송』을 주석한 사람으로 호법(護法)·덕혜(德慧)·안혜(安慧)·친승(親勝)·난타(難陀)·정월(淨月)·화변(火辯)·승우(勝友)·최승자(最勝子)·지월(智月)의 십대논사(十代論師)의 이름이 전하고 있다. 그 외에 진나(陳那; Dignāga, 480경-540경)·무성(無性; Asvabhāva)·친광(親光)·계현(戒賢)·승군(勝軍) 등이 있다. 티베트대장경 가운데 작품을 남긴 비니타데바(Vinitadeva) 등 여러 명의 학자가 알려져 있다. 그 중에서 덕혜(德慧)·안혜(安慧)·난타(難陀)·승군(勝軍)·호법(護法)·계현(戒賢)은 사제(師弟)관계 또는 하나의 계통을 이루고, 진나(陳那)-무성(無性)-

호법(護法)-친광(親光)이 하나의 사상 계통을 이룬다. 중요한 학자는 진나·안혜·난타·호법으로, 각각 일파를 이루고 있다. 이 밖에 유식설과 여래장설을 결합한 일파가 있는데, 그 파에서 편찬한 경전이 『능가경(楞伽經)』이다. 현장(玄奘, 602-664) 이전에 중국에 전한 유식설인 지론종(地論宗)·섭론종(攝論宗)의 설에는 여래장설이 포함되어 있다. 한편 인도에서는 진나의 계통을 독립된 일파로 보아서, 이것을 '논리에 따르는 유식파' 또는 유상유식파(有相唯識派)라고 하는데, 무착, 세친의 고파(古派)인 '성전(聖典)에 따르는 유식파'나 무상유식파(無相唯識派)와 구별하여 전자를 육식설(六識說), 후자를 8식설이라고 보기도 한다. 일반적으로 인도에서는 진나계 유식설이 중요시되는데, 여래장설과 결합한 유식설은 중국에서처럼 유행하지 않았다.

요령【搖鈴·鐃鈴】〔英 a handbell〕 불가(佛家)에서 법요(法要)를 행할 때 흔드는 기구. 솔발(鏲鈸; 군령이나 경고를 발할 때 울리는, 놋쇠로 만든 종 모양의 큰 방울)보다 좀 작다.

요사채【寮舍-】〔英 a temple dormitory (for Buddhist monks)〕 승려들이 식사를 마련하는 부엌과 식당, 잠자고 쉬는 공간을 가리키는 말이다. 또한 신도들이 잠깐 쉬고 음식을 먹을 수도 있는 공간이다. 생활에 필요한 모든 시설이 한데 모여 있다. 주로 불전(佛殿; 대웅전) 좌우에 있다.

요세【了世, 1163-1245】 고려 고종 때의 승려. 원묘요세 항목 참조.

요의경【了義經】〔英 The sūtras containing it. Mahāyāna counts all Hinayāna sūtras as 不了義經〕 진실하고 극진(極盡)한 뜻을 분명하게 밝힌 경전. 대승(大乘)에서 보면 소승(小乘)은 다 불료의경(不了義經)이지만, 대승·소승 경전 각각에서도 요의(了義)와 불료의(不了義)가 있다.

요자나【yojana】 유순(由旬)·유연(由延)·수선나(踰繕那)라고 음역(音譯)한다. 인도에서 거리의 단위. 1요자나는 약 7마일, 또는 약 9마일. 4크로샤(Krośa), 또는 8크로샤. 제왕(帝王)이 하루에 행군하는 거리라고 한다. 중국에서는 40리, 또는 30리의 거리이다. 단, 고대 중국의 1리는 6정(六町)이었다.

욕계【欲界】〔梵 kāmaḍhātu, 西 ḥdod paḥi khams, 英 The realm, or realms, of desire for food, sleep, and sex, consisting of souls in purgatory〕 삼계(三界)의 하나. 지옥·아귀·축생·아수라·인간·육욕천(六欲天; 四王天·忉利天·夜摩天·兜率天·化樂天·他化自在天)의 총칭. 식욕(食欲)·수면욕(睡眠欲)·음욕(淫欲) 등 욕심으로 가득 차 있으므로 욕계라 한다.

욕계육천【欲界六天】 욕계(欲界)의 육욕천(六欲天). 곧 사왕천(四王天)·도리천(忉利天)·야마천(夜摩天)·도솔천(兜率天)·화락천(化樂天)·타화자재천(他化自在天)을 말한다. 욕계 항목을 참조할 것.

욕두【浴頭】선원(禪院)의 소임(所任) 가운데 하나. 6지사(六知事)인 지욕(知浴) 아래에 딸린 소임으로, 욕실(浴室)을 당직(當直)하는 행자(行者)를 말한다.

욕불【浴佛】관불(灌佛)과 같음. 불상에 향수를 뿌리는 것. 불상을 씻으면 그 공덕이 많다고 한다.

욕불회【浴佛會】관불회(灌佛會)라고도 한다. 음력 4월 8일 석존의 탄생을 축하하여 행하는 법회. 석존의 강탄(降誕) 때, 용(龍)이 하늘에서 내려와서 향탕(香湯)을 부었다는 전설에 따라서 매년 탄생일인 음력 4월 8일에 탄생불(誕生佛)에게 향탕(香湯)·오색수(五色水)·감다(甘茶) 등을 머리에서부터 붓는다. 탄생불은 오른손으로 하늘을 가리키고, 왼손으로 땅을 가리키는 입상(立像)인데, 크기는 20㎝ 정도이다. 태어날 때, "천상천하 유아독존(天上天下 唯我獨尊)"이라고 선언했다는 전설을 조각으로 나타낸 것이다. 이것을 여러 가지 화초로 장식한 화어당(花御堂)에 안치하고 감다(甘茶)를 붓는 것이 일반적이다. 관불행사(灌佛行事)는 인도에서도 행해졌다는 경전상의 기록이 있다. 중국에서는 4세기경부터 행해졌다고 한다.

욕애【欲愛】〔梵 Kāmatṛṣṇa, 巴 Kāma-tanhā, 英 love inspired by desire, through any of the five senses〕범부중생이 욕계의 모든 경계에 대해 탐애하는 것. 불보살이 대도정법을 좋아하는 것을 법애(法愛)라 하고, 이에 상대해서 중생이 욕계의 모든 일에 욕심을 내는 것을 욕애(欲愛)라 한다.

용맹정진【勇猛精進】〔英 Bold advance, or progress〕항상 용기 있게 나아가 수행을 게을리하지 않는 것. 주로 음력 12월 1일에서 8일까지 석존의 성도(成道)를 기념하여 행한다. 7일 동안 장좌불와(長坐不臥)의 좌선정진이 계속되는데, 한잠도 허용되지 않는다.

용상방【龍象榜】우리나라 절에서 큰 일〔불사〕을 치를 때, 또는 하안거나 동안거 결제 때에 대중의 맡은 소임을 정하여 방(榜)을 붙이는 것. 소임〔직책〕명칭과 맡은 사람의 이름을 써서 붙이는데, 좌측에서 우측으로는 주지·총무·교무·재무 등 사무직을 쓰고, 우측에서 좌측으로는 입승·선덕 등 수행직을 쓴다. 써서 큰 방 벽 상단에 붙인다. 그것을 용상방이라고 하는데, 모두 용이나 코끼리 같은 존재라는 뜻이다.

용성【龍城, 1864-1940】근대의 고승. 백용성 항목을 참조할 것.

용수【龍樹; Nāgārjuna, 150-250경】인도의 승려. 인도 초기 대승불교의 교학을 대성시킨 점에서 제2의 석가

(釋迦), 또는 후세의 각 종파에 영향을 끼친 점에서 8종(宗)의 조사(祖師)라 한다. 남인도 비다르바(Vidharbha)국의 바라문(婆羅門) 출신으로, 어릴 때 4베다 등의 바라문교의 모든 성전(聖典)에 통하고, 20세가 넘어서는 천문·지리·의학·역수(曆數) 등의 모든 학술 기예(技藝)에 통달하여, 이미 그 명성이 사방에 떨쳤다. 그리하여 교만심을 일으켜 친구 세 사람과 공모(共謀)하여 욕정(欲情)을 마음껏 즐기고 쾌락에 탐닉하다가, 어느 날 우연히 욕망이 고(苦)의 원인이 됨을 깨닫고 염세(厭世) 출가하여 산중의 일불탑(一佛塔)에 나아가, 그곳 주승(住僧)에 의하여 귀불(歸佛) 수계하였다. 처음에는 소승불교를 수학하다가 후에 대승불교로 옮겼는데, 당시에 존재하던 모든 경전에 정통하여 이들을 통일함으로써 대승불교 교의(教義)를 확립하였다. 활동지역은 대교사라국을 주로 하였으며, 샤타바하나(Śātavāhana) 왕조의 귀의를 받았다. 그의 주요 저술로는 『대지도론(大智度論)』·『십주비바사론(十住毘婆沙論)』·『중론(中論)』·『십이문론(十二門論)』·『순중론(順中論)』·『대승중관석론(大乘中觀釋論)』·『보리자량론(菩提資糧論)』·『대승이십송론(大乘二十頌論)』·『회쟁론(廻諍論)』·『십팔공론(十八空論)』 등이 있다. 주요 사상으로는 파사현정론(破邪顯正論)·일체개공론(一切皆空論)·진속이제설(眞俗二諦說)·팔불중도설(八不中道說)·제법실상설(諸法實相說)·연생무성설(緣生無性說)·삼제중도설(三諦中道說)·공무상설(空無相說)·진신(眞身)과 화신(化身)의 불신관(佛身觀) 등이 있는데, 후계자로는 데바(Deva)·라후라바드라(Rāhulabhadra)가 있다.

용신팔부 【龍神八部】 불법(佛法)을 수호하는 신(神)들. 천(天; Deva)·용(龍; Nāga)·야차(夜叉; Yakṣa)·아수라(阿修羅; Asura)·가루라(迦樓羅; Garuḍa)·건달바(乾闥婆; Gandharva)·긴나라(緊那羅; Kinnara)·마후라가(摩喉羅伽; Mahoraga) 등이다.

용화삼회 【龍華三會】 미륵보살은 56억 7천만 년 후에 용화수 아래에서 성불하여 화림원(華林園)에 모인 대중에게 세 번 설법하게 되는데, 첫 번째 설법에서 96억 인이 아라한과를 얻게 되고, 두 번째 설법에서 94억 인이 아라한과를 얻게 되며, 세 번째 설법에서 92억 인이 아라한과를 얻게 된다고 한다. 이와 같이 미륵불의 세 번 설법을 용화삼회라 한다.

용화세계 【龍華世界】 미래불인 미륵부처가 출현하여 교화할 세계 이름. 미래세. 『미륵하생경』에 따르면, 용화세계가 펼쳐지면 땅은 평평하고 날씨는 화창하여 춥지도 덥지도 않고, 바람은 봄바람처럼 산들산들 아주 부드럽게 분다고 한다. 농사를 짓지 않아도 곡식이 저절로 자라고, 옷도 나무에서 열린다고 하는 이상적인 세계이다.

우거【牛車】〔梵 go-ratha, 英 Bullock cart〕①소가 끄는 수레. ②『법화경(法華經)』에서 설하는 삼거(三車) 가운데 하나로, 보살승(菩薩乘)에 비유된다.

우다나【憂陀那】범어(梵語) 'udāna'의 음역(音譯). 자설경(自說經). 십이부경(十二部經) 중에 물음 없이 자설(自說)한 경(經)을 말함. 묻는 사람이 없이 부처님이 법(法)을 자설(自說)하는 것.

우담바라【優曇鉢羅】〔梵 Uḍumbara〕뽕나무과(科)에 딸린 무화과의 일종. 학명은 Ficus Gol merata. 나무 크기는 한 길 남짓하고, 잎은 4-5촌(寸). 뾰족한 끝이 가늘고, 꽃은 암수의 구별이 있다. 3천년 만에 한 번 꽃이 핀다고 해서, 아주 드문 일이 일어나는 것을 비유한다.

우담발화【優曇鉢華; 優曇鉢花】범어(梵語) Uḍumbara의 번역으로, 우담바라(優曇鉢羅)라고도 한다. 우담바라 항목을 참조할 것.

우두법융【牛頭法融, 594-658】중국 수(隋)·당(唐)나라 때 우두선(牛頭禪)의 개조(開祖). 윤주(潤州) 연릉(延陵) 사람. 속성은 위(韋)씨. 19세에 유학을 연구, 『대반야경』을 읽다가 진공(眞空)의 이치를 통달하였다. 뒤에 모산(茅山)의 경법(炅法)스님 밑에서 승려가 되어 수학하였다. 643년〔정관 17〕금릉(金陵) 우두산(牛頭山) 유서사(幽棲寺) 북쪽 바위 아래에 선실(禪室)을 짓고 선관(禪觀)을 닦았다. 하루는 4조 도신(道信, 581-651)이 와서 일러줌을 받고 심요(心要)를 깨달았다. 이로부터 사방에서 도속(道俗)들이 모여 와 교화를 받게 되었는데, 문인(門人)이 100인이 넘었다. 652년〔영휘 3〕그 고을 원인 소원선(蕭元善)의 청으로 건초사(建初寺)에서 『대품(大品)』을 강설하니 천 명의 청중이 들었다고 한다. 657년 건초사에서 입적했다.

우두선【牛頭禪】우두종(牛頭宗)·우두류(牛頭流)라고도 한다. 중국 선종의 일파. 달마의 4대 법손으로 도신(道信, 580-651)의 제자인 우두법융(牛頭法融, 594-658)이 종조(宗祖). 법융이 금릉 우두산(牛頭山) 유서사(幽棲寺)의 북암석실(北巖石室)에 있으면서 선풍을 선양하니, 그의 문인이 100인이 넘었다. 그에 뒤이어 지암(智巖)·혜방(慧方)·법지(法持)·지위(智威)·혜충(慧忠, ?-775)·현소(玄素)·도흠(道欽, 715-793)·도림(道林) 등의 고승이 많이 나서, 우두산에서 법융의 종풍을 크게 떨쳤다. 이를 우두선이라고 한다. 일체개공(一切皆空), 곧 필경공(畢竟空)으로써 종지를 삼았다. 그 계통은 당나라 초기에 끊어졌다.

우두종【牛頭宗】선종 가운데 하나. 법융(法融, 594-658)의 계통은 우두산(牛頭山)에 머물렀기 때문에 우두종이라고 부른다. 우두선 항목 참조.

우란분경【盂蘭盆經】『불설우란분경(佛說盂蘭盆經)』의 약칭. 서진(西晋) 때 축법호(竺法護; Dharmarakṣa) 번역. 1권. 우란분의 연기(緣起)와 수법(修法)을 설하였다. 목련존자가 죽은 어머니의 고통을 구하던 일을 설한 경전. 참고서로는 당(唐) 종밀(宗密)이 찬(撰)한 『우란분경소(盂蘭盆經疏)』 2권, 당(唐) 종밀소(宗密疏)와 송(宋) 원조(元照) 기(記)가 있는 『우란분경소신기(盂蘭盆經疏新記)』 2권, 송(宋) 보관(普觀) 술(述)의 『우란분경소회고통금기(盂蘭盆經疏會古通今記)』 2권, 명(明) 지욱(智旭)의 신소(新疏)를 도방(道昉)이 참정(參訂)한 『우란분경신소(盂蘭盆經新疏)』 1권, 『우란분경전주(盂蘭盆經箋註)』 등이 있다.

우란분재【盂蘭盆齋】우란분회(盂蘭盆會)·우란재(盂蘭齋)라고도 한다. 음력 7월 보름날에 행하던 불사(佛事)로, 조상의 넋을 위로 공양하고 아울러 불보살과 중생에게 음식을 공양하여 부모의 은혜를 갚는 것을 말한다. 우란분회란 우란분재를 올리는 법회이다. 『고려사』 18, 의종세가(毅宗世家) 추(秋) 7월 병신(丙申)에, 봉원전(奉元殿)에서 임인(壬寅)에 우란분재를 설(設)했다는 기록이 나온다.

우란분회【盂蘭盆會】〔梵 Ullambana, 英 the Festival of the Dead (on the 15th day of the seventh moon)〕 돌아가신 부모님을 지옥에서 구제하기 위하여 여는 불교의례. 『우란분경(盂蘭盆經)』에 기초하여 열리는 법회이다. 우란분재(盂蘭盆齋)·우란재(盂蘭齋)라고도 한다. 우란분이란 도현(倒懸; 거꾸로 매달림)이라는 뜻으로 '심한 고통'을 뜻한다. 『우란분경』에 의하면, 석존의 제자 목련존자가 육신통을 얻어 돌아가신 어머니의 생활을 보니, 어머니는 지옥에서 굶주리고 목마른 아귀의 고통을 받고 있었다. 음식을 드렸으나 곧 불로 변하고 말았다. 어머니를 구제할 방도를 부처님께 묻자, 부처님은 7월 15일에 스님들에게 공양을 드리면 전생과 이생의 일곱 부모가 구제될 수 있다고 가르친다. 7월 15일은 하안거 해제일로서 90일 동안 참선수행에 들어갔던 스님들이 수행을 끝내는 날이다. 깨달음을 얻은 사람이 많기 때문에 이날 공양을 하면 많은 복을 얻을 수 있다는 것이다. 보통 백중날이라고 한다. 오늘날에도 이 우란분회를 행한다. 『사물기원(事物紀原)』에, "오늘날에는 7월 15일마다 승니(僧尼)에게 공양함을 일러 우란재(盂蘭齋)라고 한다. 『우란분경』에서는 '목련(目連)의 어머니가 죽어 아귀(餓鬼) 속에 태어났는데, 부처께서 말씀하시기를, 시방(十方)의 여러 승려의 힘으로 구제할 수 있으므로 7월 15일에 온갖 맛

있는 과일을 분(盆)에 담아 시방의 대덕에게 공양해야 한다고 하셨다.'고 하였다. 후대에는 화식(華飾) 내지 나무나 대〔竹〕를 잘라 온갖 기술을 다하는 뜻으로 확장되었다. 지금은 사람들이 대〔竹〕로 둥근 시렁을 만들어 그 꼭대기에 연잎을 달고서 안에 온갖 음식을 쌓아 두고, 목련이 어머니를 구하는 화상(畵像)을 놓아두고는 제사지내는 곳에 가지고 가는 것을 말하니, 그 뜻을 잃음이 매우 심하다." 라고 하였다.

우루빈라가섭【優樓頻螺迦葉】〔梵 Uruvilvā-kāśyapa〕 불제자(佛弟子)인 세 가섭 가운데 한 사람. 우루빈라는 중인도 가야성 부근의 지명. 우루빈라는 그 촌락에 있는 사화외도(事火外道; 불을 섬기는 외도)의 수행자였는데, 부처님의 교화를 받고 제자 5백인과 함께 귀의하게 되었다고 한다. 3가섭 항목을 참조할 것.

우바리【優婆離】〔梵 Upāli〕 석가모니불의 10대 제자 가운데 한 사람. 계율을 잘 지켰기 때문에 지계제일(持戒第一)이라고 부른다. 우파리 항목을 참조할 것.

우바새【優婆塞】〔梵 upāsaka〕 칠중(七衆)의 하나. 근사남(近事男)·근선남(近善男)·근숙남(近宿男)·청신사(淸信士)라 번역한다. 세속에 있으면서 불교를 믿는 남자. 재가(在家) 남자 신도. 우리나라에서는 흔히 '거사(居士)'·'처사(處士)'라고 부른다. 이들은 5계를 받는다.

우바이【優婆夷】〔梵 upāikā〕 근사녀(近事女)·근선녀(近善女)·청신녀(淸信女)라고 번역한다. 세속에 있으면서 불교를 믿는 여자. 재가(在家) 여자 신도. 우리나라에서는 흔히 '보살님'이라고 부른다. 이들은 5계를 받아 수지한다.

우슬착지【右膝着地】 고대 인도의 예법. 제자가 가르침을 청할 때에 행하는 다섯 가지 의식(儀式) 중의 하나. 오른쪽 무릎을 땅에 꿇음. 다섯 의식이란, 1. 자리에서 일어남, 2. 의복을 단정히 함, 3. 오른쪽 어깨를 벗어 걷어 메고, 오른쪽 무릎을 땅에 꿇는 것, 4. 합장하고 존안(尊顔)을 우러러보아 눈을 잠깐도 움직이지 아니함, 5. 일심으로 공경스럽게 묻는 것이다.

우안거【雨安居】〔梵 Varṣās, 英 the rainy season, when was the summer retreat〕 우계(雨季)의 정주(定住). 여름 우기에는 일정한 장소에 정주(定住)하여 외유행(外遊行)을 하지 않음. 하안거(夏安居)라고 하며, 이 기간〔음력 4월 15일-7월 14일〕 동안은 밖으로 다니지 않고 수행 정진한다. 하안거 항목 참조.

우요삼잡【右遶三匝】〔梵 dakṣin-kṛtya〕 인도의 예법. 고대 인도에서 스승이나 귀인에게 존경을 표시할 때의 예법. 오른쪽으로 세 번 도는 것. 부처님을 중심으로 하여 오른쪽으로 세 번 도는 것을 말한다.

우전국【于闐國】우전국(于殿國)·우전국(于塡國)이라고도 한다. 고대 중앙아시아에 있었던 왕국의 이름. 중국 당(唐) 중종 때 『80권화엄경』을 한역(漢譯)한 실차난타(實叉難陀, 652-710)의 출신국. 티베트인들은 리국(Liyul)이라고 부르는데, 현재 타림분지에 있는 호탄(Khŏtan) 오아시스에 해당한다.

우파니샤드【Upaniṣad】인도의 대표적 철학 고전 가운데 하나. 『바가바드기타』와 함께 쌍벽을 이룸. 우파니샤드는 심오한 철학서로서 아트만〔자아〕·업(業)·윤회사상 등은 모두 여기서 시작되고 있다. 우파니샤드라고 하는 말의 원의(原義)는 분명하지 않다. 어원에 대해서는 몇 가지 설이 있다. 대개는 '좀 더 가까이 오라. 내 그대를 위하여 설명하리라.'는 뜻으로 스승 밑에서 비밀리에 전수되는 오의(奧義)·비전(秘傳)을 의미한다. 처음에는 철학에 한정되지 않고, 개개의 학문이나 기법(技法)에 관한 비전(秘傳)을 각기 우파니샤드라고 불렀던 것으로 생각된다. 오늘날 보통 우파니샤드라고 할 때는 베다문헌의 일부로 하는 독특한 철학서(哲學書)를 가리키는데, 오의서(奧義書; 깊은 뜻을 담고 있는 책)라고도 번역한다. 또한 우파니샤드는 베다의, 적어도 슈루티(Śruti) 부분의 최종부(最終部)이기 때문에 베단타(Vedānta)라고 부르기도 한다. 원래 독립으로 만들어진 우파니샤드는 브라흐마나(brāhmaṇa)나 아란야카(āraṇyaka)의, 또 때로는 상히타(saṃhitā)의 일부 내지는 부편(付篇)이라는 형태로 전승(傳承)되었으므로 특정한 베다학파에 속하는 것이다. 예컨대, 이름 높은 『브리하드아란야카 우파니샤드(*Bṛhadāraṇyaka-upaniṣad*)』는 백야주르 베다의 바자사네인(vajasaneyin)파의 『샤타파타 브라흐마나(*Śatapatha-brahmaṇa*)』의 종장(終章) 『브리하드 아란야카(*Bṛhad-āraṇyaka*)』의 후반부를 들 수 있다. 제(諸) 우파니샤드의 성립연대, 불교흥기의 전후관계에 대하여 확실한 것은 알 수 없으나, 언어·운율·내용 등에서 볼 때 그 성립 시기는 브라흐마나 아란야카가 만들어진 시대에 이어지는 것으로 추정된다. 가장 오래된 것은 『브리하드아란야카 우파니샤드(*Bṛhadāraṇyaka Upaniṣad*)』와 『찬도갸 우파니샤드(*Chāndogya-Upaniṣad*)』의 2편(篇)이고 『카우시타키 우파니샤드(*Kausitaki-Upaniṣad*)』 등이 그다음이다. 우파니샤드에서는 브라흐마나에 보인 제식(祭式)지상주의를 대신해서, 전반적으로 제사에 대한 고행(苦行)·명상(瞑想)·유행(遊行), 그리고 그들의 실천에 의하여 얻어지는 지혜(智慧)의 우월이 나타난다. 그러나 이것은 단순한 제식(祭式)에 대한 부정이 아니라, 제사사상을 깊게 하면서 그것을 넘어서 새로운 형이상학을 만들어 내려고 한 사색의 산물이다. 이 사색의 하나의 귀결이 '너는 그것이다(tat tvam asi).' 등의 구(句)로 나타난다. 이것이 브라흐만·아트만 동일설, 이른바 범아일여설(梵我一如說)이다. 후세 베단타의 학장(學匠) 샹카라(Śaṇkara, 700-750)는 주로 이 범아(梵我)설을 체계화한 스스로의 불이일원론(不二一元論)으로 우파니샤드의 장구(章句)를 해석하였다. 그러나 우파니샤드의 철학사상은 오히려 잡다한 것으로, 그 내용은 브라흐만에 대한 사변(思辨) 외에도 일종의 윤회설인 이도설(二道說), 성어(聖語) 옴(唵)의 비의(秘義), 옛 상키야설, 루드라(Rudra) 신앙 등 실로 다양하다. 전반적으로 인간을 하나의 소우주(小宇宙)로 보고, 이것과 대우주, 제사, 베다 등과의 대응관계를 찾는다고 하는 사유방법이 특징적이다. 이상에서 말한 베다성전의 일부로 하는 우파니샤드에 대하여, 베다시대 이후에 만들어진 우파니샤드를 신우파니샤드라고 총칭한다. 보통 5군(群)으로 분류되는데, 각각 시바신앙, 비슈누신앙, 유행(遊行), 요가, 샤크티(Śakti)신앙을 내용으로 하고 있다. 근세 17세기 무갈의 왕족 다라쉬코(Dāra Shikōh)는 학자들에게 명하여 우파니샤드를 페르시아어로 번역하게 했다. 이 페르시아어역(語譯) 『우프네카트(*Oupunek'hat*)』는 다시 19세기 초 앙퀘틸 뒤페론(Ānquetil Duperron)에 의하여 라틴어로 번역되었는데, 이것으로 우파니샤드가 서양에 소개되어서 A. 쇼펜하우어〔1788-1860〕 등의 철학에도 많은 영향을 주었다.

우파리【Upāli】 석존의 10대 제자 가운데 한 사람. 한역(漢譯)으로는 우파리(優波離·優婆離). 석존의 고향 카필라밧투(Kapilavatthu)의 이발사였는데, 이후 출가하였다. 계율에 조예가 깊고 불제자(佛弟子) 가운데 지계제일(持戒弟一)이라 한다. 불멸후(佛滅後) 교단의 최장로(最長老)의 한 사람이 되어, 왕사성(王舍城)에서 제1결집을 할 때에는 율(律)을 외워 내었다.

운묵무기【雲默無寄】 고려 충숙왕(忠肅王, 1313-1330/1332-1339 在位) 때의 백련사(白蓮寺) 계통에 속하는 고승. 법명은 무기(無寄), 호는 부암(浮庵). 불인정조(佛印靜照) 국사에 의하여 승려가 되었다. 상상과(上上科)에 뽑혔고, 만년에는 시홍산에서 절을 창건하고 『법화경』과 『아미타경』을 외우며, 불화(佛畵)를 그리고 20년 동안 사경(寫經)했다. 저서로는 『석가여래행적송』 2권이 있다.

운문문언【雲門文偃, 864-949】 중국 당말(唐末)의 선승. 운문종(雲門宗)의 창시자. 속성은 장(張)씨. 고소(姑蘇) 가흥(嘉興; 지금의 절강에 속함) 사람. 출가 후 처음에는 목주(睦州; 절강성 건덕(建德)에 있음) 도명(道明; 陳尊宿)을 참배하였다가 뒤에 다시 설봉(雪峰) 의존(義存)에게 참배하여 그 인가를 받았다. 후에 이름난 절들을 두루 방문하였는데, 조계(曹溪)에 가서 육조 혜능(慧能, 638-713)의 탑에 예불을 드렸으며, 최후로 복주(福州) 영수(靈樹)에 이르러 힘써 나아가 상수(上首)가 되어 그 법석(法席)을 이었다. 만년에는 소주(韶州; 지금 廣東 韶關에 있음) 운문산(雲門山) 광태선원(光泰禪院)에 있으면서 가르침을 펼쳤기 때문에 운문이라고 한다. 선풍(禪風)은 함개건곤(函蓋乾坤)·절단중류(截斷衆流)·수파축랑(隨波逐浪)이라 하였는데, 후에 이를 운문삼구(雲門三句)라 칭했다. 제자로는 징원(澄遠)·연밀(緣密)·자상(子祥) 등 61명이 있다. 간시궐, 일일시호일(日日是好日) 등 유명한 공안〔화두〕을 많이 남겼다.

운문삼구【雲門三句】화두(話頭)의 하나. "사(師; 운문)가 말하기를 '나에게 삼구(三句)가 있으니, 너희 모든 사람에게 보이리라. 일구(一句)는 함개건곤(函蓋乾坤)이며, 일구(一句)는 절단중류(截斷衆流)이며, 일구(一句)는 수파축랑(隨波逐浪)이다. 만일 변론할 수 있다면 참학(參學)할 능력이 있는 것이며, 변론을 하지 못한다면 장안로상(長安路上)에 곤곤지(輥輥地)이다.' 하였다〔五燈會元 15, 德山緣密章 人天眼目中 雲門宗部〕."라고 하였다. 운문삼구는 『기신론(起信論)』에 의한 것이다. 제1구는 일심문(一心門)이며, 제2구는 진여문(眞如門)이며, 제3구는 생멸문(生滅門)이다.

운문종【雲門宗】중국 운문산의 문언(文偃, ?-949)을 종조(宗祖)로 한 선종(禪宗)의 1파(派). 문언의 문하에 많은 인재가 모였으나, 그 가운데 소주덕산(韶州德山)의 연밀(緣密), 수주쌍천산(隨州雙泉山)의 사관(師寬), 양주동산(襄州洞山)의 수초(守初), 익주청성(益州青城)의 향림원 징원(香林院澄遠) 등이 각각 선풍을 크게 드날렸다. 향림(香林) 문하에 지문광조(智門光祚)가 상족(上足)이고, 지문(智門) 밑에는 설두중현(雪竇重顯, 980-1052)이 『벽암록(碧岩錄)』 100칙(則)에 송문(頌文)을 지어 종풍(宗風)을 융성하게 했다. 운문종은 이 여러 선사에 의하여 송대(宋代)에 극히 융성했는데, 송말(宋末)에 이르러서는 송초(宋初)와 같은 융성한 모습이 없었고, 원대(元代)에 와서 점점 쇠퇴하다가, 결국 명대(明代)에 이르러서는 그 법맥이 단절되었다.

운서주굉【雲棲袾宏, 1532-1612】중국 명(明) 신종(神宗) 때의 고승. 자는 불혜(佛慧), 호는 연지(蓮池). 절강 인화(仁和) 사람. 유생(儒生)으로 지내다가 30세에 출가하여, 변융(辯融)에게서 화엄을, 그리고 소암(笑巖)에게서 선(禪)을 받아, 평생 "사생사대(死生事大)하다."라는 것을 경책으로 삼아 정토에 귀의하여 지계염불(持戒念佛)하였다. 그는 융경 5년〔1571〕에 항주운서사(杭州雲棲寺)로 들어가서 염불삼매에 들면서 교화에 전력하였다. 승속(僧俗)의 제자들이 천여 명이나 되었으며, 선정동귀설(禪淨同歸說)을 취하고 화엄교설에 의하여 설명하면서 제종융합(諸宗融合)의 신불교제창에 힘썼다. 그리고 신(信)·원(願)·행(行)의 세 가지를 구족하는 것을 정업(淨業)의 필수조건으로 하였다. 저서로는 『치문숭행록(緇門崇行錄)』·『아미타경소(阿彌陀經疏)』·『왕생집(往生集)』·『범망경계소발은(梵網經戒疏發隱)』·『죽창수필(竹窓隨筆)』·『선관책진(禪關策進)』·『자지록(自知錄)』·『수륙의궤(水陸儀軌)』·『운서공주규약(雲棲共住規約)』 등이 있는데, 모두가 『운서법휘(雲棲法彙)』 전 32책에 수록되어 있다.

운수납자【雲水衲子】〔英 an itinerant priest (monk); a wandering (mendicant) monk〕 ①운납(雲衲)·운수라고도 한다. 여러 곳으로 스승을 찾아 도를 묻기 위하여 돌아다니는 승려. ②탁발승(托鉢僧)을 구름과 물에 비유하여 부르는 말.

운판【雲板】 선종(禪宗)에서 재당(齋堂; 식당)이나 부엌에 달고 공양시간을 알리기 위하여 울리는 기구. 청동(靑銅)으로 된 판(板)을 구름 모양으로 만들었다고 하여 운판이라고 한다. 죽이나 밥을 끓일 때에 3번 치므로 화판(火板)이라고도 하는데, 공양시간에는 길게 치므로 장판(長板)이라고도 한다.

울다라승【鬱多羅僧】〔梵 uttara-āsaṅga〕 3종의 가사〔三衣〕 가운데 하나. 상의(上衣)·상착의(上着衣)라고 하며, 7조(條)의 천 조각으로 만들어진다. 예송(禮誦)·포살(布薩) 등에 사용된다.

울단월【鬱單越】〔梵 uttara-kuru〕 수미 4주의 하나. 울달라구로(鬱怛羅矩嚕)·울다라구류(鬱多羅究留)·울달라월(鬱怛羅越)이라 음역(音譯)한다. 승생(勝生)·승처(勝處)·최승(最勝)·최상(最上)이라 번역한다. 수미산의 북쪽에 있다. 보통 북구로주(北俱盧州)라 한다.

원각【圓覺】〔英 Complete enlightenment potentially present in each being〕 불보살들의 원만(圓滿)한 깨달음. 원만하고 모두 갖추어서 조금도 결함이 없는 깨침. 곧 대원정각(大圓正覺)을 말한다.

원각경【圓覺經】〔梵 Mahāvaipulya-pūrṇabuddhaṣūtra-prasannṇrtbasūtru〕 정식으로는 『대방광원각수다라요의경(大方廣圓覺修多羅了義經)』이라고 한다. 693년〔唐 長壽 2〕에 북인도의 승려 불타다라(佛陀多羅; 붓다트라타)에 의하여 한역(漢譯)되었다고 전하는데, 산스크리트 원전(原典)은 발견되지 않았다. 중국에서 위작(僞作)되었다고 하는 설이 있다. 그러나 이 경은 대승(大乘) 원돈(圓頓)의 교리를 말하고 있어 중국 선종과 화엄종 등에서는 중시되었는데, 그 주석서로 간행된 것만도 종밀(宗密, 780-841)의 『원각경대소』 12권, 『원각경대초』 13권, 『원각경약소』 5권, 『원각경약초』 12권을 비롯하여 30여 종 정도가 있다. 이 경은 문수사리(文殊師利)·보현(普賢)·보안(普眼)·금강장(金剛藏)·미륵(彌勒)·청정혜(淸淨慧)·위덕자재(威德自在)·변음(辨音)·정제업장(淨諸業障)·보각(普覺)·현수(賢首) 등 12명의 보살이 각자에게 질문하고, 부처가 이것에 대해 일일이 대답하는 형식이다. 이 문답은 통일된 불교학설을 순서대로 말하고 있는 것으로, 그 학설 내용을 요약하면 다음과 같다. 세상에는 원각(圓覺)이라고 이름하는 대다라니문(大陀羅尼門)이 있어서, 거기서 청정(淸淨)의 진여(眞如)나 보리(菩提)·열반(涅槃)·바라밀(波羅蜜)과 같은 모든 이상적(理想的)인 것을 유출하는 것이다. 이 대원각(大圓覺)은 우리 가운데에도 구비되어 있는데, 본래 청정영묘(淸淨靈妙)한 것이다. 그럼에도 우리는 무명번뇌(無明煩惱)로 덮여 있어서 명철하게 보지 못한다. 이를 명철하게 보고 실증하기 위해서는 그 사람 자질에 따른 상(上)·중(中)·하(下)의 3단계 정신통일의 좌선수행에 의하지 않으면 안 된다고 하고, 그 방법을 자세히 설명하고 있다. 이 경이 널리 독송, 연구되고, 또 수많은 주석서(註釋書)가 만들어져서 불교수행의 길잡이가 되었다고 하는 것은 본서가 위와 같은 훌륭한 이론과 실천을 말하고 있을 뿐만 아니라, 그 문사(文辭)가 유려하고 사상은 심원하며, 철학적으로나 문학적으로 뛰어난 작품이기 때문이다.

원감록【圓鑑錄】고려 충렬왕(忠烈王, 1275-1308 在位) 때 조계산 제6세 원감국사(圓鑑國師) 충지(沖止, 1266-1292)의 시문을 수집한 책. 3권 1책. 이 책은 그의 시(詩) 324편, 보유(補遺) 5편, 문(文) 5편, 소(疏) 46편, 표(表) 5편 및 부록 등으로 되어 있다.

원광【圓光, ?-630】신라 진평왕 때의 고승. 성은 박(朴), 일설에는 설(薛). 진한(辰韓) 사람. 삼기산(三岐山)에서 공부하다가, 25세에 진(陳)나라에 유학하여 여러 곳에서 경율론을 연구하였는데, 특히 『성실론』·『열반경』에 통달하였다. 589년 수나라에 가서 섭론종을 연구하고, 오(吳)나라에 가서는 『반야경』을 강의하였다. 600년〔진평왕 22〕에 귀국하여 운문사(雲門寺)에 있었다. 608년〔진평왕 30〕 고구려가 변방을 자주 침범하므로, 왕명에 의하여 걸사표(乞師表)를 지어 수나라에 보냈다. 그는 특히 귀산(貴山)과 추항(箒項)에게 세속오계(世俗五戒)를 일러준 것으로 유명하다.

원교【圓敎】〔英 The perfect, or comprehensive doctrine〕 원만한 교법이란 뜻. 『화엄경(華嚴經)』에서 설한 '원만인연수다라(圓滿因緣修多

羅)', 또는 원만경(圓滿經)이란 말에서 비롯되었다. 북위(北魏)의 혜광(慧光)이 점(漸)·돈(頓)·원(圓)의 3교를 세우고 『화엄경』을 원교라 한 것을 비롯하여 현수(賢首, 643-712)는 소(小)·시(始)·종(終)·돈(頓)·원(圓)의 5교(教)를 세워 제5에 원교를 두고 『화엄경』을 원교로 삼았다. 그리고 천태종에서는 부처님의 모든 말씀을 교리적으로 구분하여 화법사교(化法四教)를 세웠는데, 장(藏)·통(通)·별(別)·원(圓)으로 하여 제4에 원교를 두어, 『법화경(法華經)』·『열반경』이 이에 해당된다고 하였다.

원교종【圓教宗】 율종(律宗)의 교판(教判)에서 제교(諸教)에 셋을 세운 것 가운데 하나. 제팔식(第八識) 중에 훈습(熏習)으로서 유지(維持)되고 있는 심소(心所)의 종자(種子)를 계체(戒體)로 하는 유식원교(唯識圓教)의 설을 원교종이라 한다. 때로는 사분율종(四分律宗)도 포함시킨다.

원당【願堂】 죽은 사람의 화상(畵像)이나 위패(位牌)를 모시고 그 원주(願主)의 명복을 빌던 곳. 삼국시대에도 원당이 있었는지 기록상으로는 확실치 않으나, 신라에 원당전(願堂典)이란 관청이 있었던 것으로 보건대 이미 원당이 있었을 것으로 추측된다. 고려 때에 크게 성행하였다. 명종 5년〔1175〕에는 의종(毅宗)을 희릉(禧陵)에 장사지내고, 그 화상(畵像)을 해안사(海安寺)에 봉안(奉安)하여 원당(願堂)으로 삼은 일이 있었으며, 충선왕(忠宣王) 3년〔1311〕에는 홍천사(興天寺)를 원(元)나라 진왕(晋王)의 원당(願堂)으로 정한 일이 있었다. 고려에서는 왕족뿐만 아니라 일반 귀족들도 앞을 다투어 지방의 여러 곳에 원당을 세웠기 때문에 그 폐단이 몹시 심하여, 충선왕(忠宣王)이 즉위하면서는 양반들의 원당(願堂) 건립을 일절 금할 것을 명한 일도 있었다. 그러나 원당의 건립은 여전해서 조선조까지도 계속되었다. 태조(太祖)의 계비(繼妃) 강씨(康氏)가 죽자, 태조(太祖)가 서울 서부(西部) 황화방(皇華坊)의 정릉(貞陵)에 장사지내고 그 옆에 흥천사(興天寺)를 세워 그 원당(願堂)으로 한 것을 필두로 해서, 그 뒤에는 역대의 왕이나 왕비의 능(陵) 근처에 대부분 원당이 세워졌다. 태종(太宗)은 그의 비(妃)가 죽었을 때 옛 습관을 버리고 원당을 세우지 않았다. 정조(正祖) 즉위년〔1776〕까지도 각 도(道)에 있는 원당에서 생기는 폐단이 많았으므로, 명령을 내려 각 경사(京司), 각 궁방(宮房)의 원당을 일체 없애고, 이미 건축한 것을 헐어 버리고, 신축을 엄금한다는 것을 법전화(法典化)함으로써, 그 뒤로는 사실상 금하게 되었다.

원돈교【圓頓教】 ①원(圓)이 곧 돈(頓)이란 교. 곧 천태(天台)의 교법. ②원교(圓教)이면서 돈교(頓教)라는 뜻. 천태종에서 『화엄경(華嚴經)』을 가리킨다.

원돈성불론【圓頓成佛論】 화엄의 대의를 밝힌 책. 1권. 고려 신종 때의 고승인 지눌(知訥, 1158-1210)의 저술. 이통현(李通玄, 646-740)의 『화엄론』 40권을 3권으로 절요(節要)하여 저술한 뒤에, 다시 이 3권의 종지(宗旨)를 작은 논(論)으로 축약하여 저술한 것이 이 『원돈성불론』이다. 문답식으로 서술되어 있는데, 초발심(初發心)의 신위(信位)에서 무명분별(無明分別)의 중생심(衆生心)이 곧 제불(諸佛)의 부동지불(不動智佛)임을 깨닫고, 십신초위(十信初位)에 들어가서 만행(萬行)을 닦아 마침내 성불위(成佛位)에 이른다는 요의를 주지(主旨)로 한다. 특히 그 가운데 원돈수증(圓頓修證)의 관문(觀門)은 역대 어느 화엄종사(華嚴宗師)의 이론보다 뛰어나다고 평가된다.

원돈신해문【圓頓信解門】 고려의 지눌(知訥, 1158-1210)이 삼문(三門; 惺寂等持門·圓頓信解門·看話徑截門)을 열어 사람을 접화했는데, 그 중의 하나이다. 지눌은 이 문(門)에서 선(禪)만이 정각(正覺)을 이루는 것이 아니라, 교(教; 『화엄경』)를 통해서도 정각하고 성불할 수 있다는 구체적 방안을 제시했다. 지눌은 이통현(李通玄, 646-740)의 『화엄론(華嚴論)』을 보고, 이통현의 성기론적(性起論的) 화엄론의 입장에서 교(教)가 선(禪)으로 통할 수 있는 근본원리를 발견한 것이다.

원두【園頭】 선원(禪院)의 소임 가운데 하나. 채소밭의 경작을 전적으로 관장하여, 대중들에게 채소를 공급하는 소임.

원력【願力】〔梵 āvedhavaśa, praṇidhāna-balika〕 보살이 부처가 되기 전에 세우는 바람. 그 바람을 실현시킬 수 있는 능력이 있어야 한다는 의미에서 원력(願力)이라 표현한다. 서원(誓願)·본원력(本願力)·숙원력(宿願力)·대원업력(大願業力)·행원(行願)이라고도 한다. 보살이 목표로 세우는 원력은 대체로 부처가 되고자 하는 것과 중생을 교화 구제하는 것, 이 두 가지로 구분할 수 있다. 보현보살이 세운 10가지 원력 등이 있다.

원만구족【圓滿具足】 ①진리에 대한 표현의 한 가지. 모자람이나 결함 없이 모든 것을 두루 갖춘 진리. ②불보살의 인격. 불보살은 원만구족한 일원상의 진리를 본받아서 일상생활에 그대로 활용하기 때문에 원만구족한 인격을 갖추었다고 함. ③육근동작이 법도에 맞음. 일원상의 진리는 육근동작을 통해서 현실에 나타나기 때문에, 법도에 맞는 육근동작은 원만구족하여 지공무사(至公無私)한 것이 된다.

원만행【圓滿行】 ①진리를 바르게 깨달아서 바르게 행동하는 것. 곧 정각정행(正覺正行). ②원근친소와 희로애락에 끌리지 않고 법도 있게 행동하는 것. 어느 한쪽에 치우치지 않고 과불급(過不及)이 없는 중도행(中道行).

원명구덕종【圓明俱德宗】화엄종의 십종판석(十種判釋; 1. 我法俱有宗, 2. 法有我無宗, 3. 法無去來宗, 4. 理通假實宗, 5. 俗妄眞實宗, 6. 諸法但名宗, 7. 一切皆空宗, 8. 眞德不空宗, 9. 相想俱絶宗, 10. 圓明俱德宗) 중 제10. 화엄원교(華嚴圓敎)를 말한다. 화엄에서는 현상 차별의 만유 각각이 일즉일체(一卽一切)로서 사(事)와 사(事)가 상즉무애(相卽無碍)하여, 개개 사물 중에 우주의 중중무진(重重無盡)한 이치가 들어 있다고 함. 낱낱 현상에 모두 일체의 공덕을 갖추었다는 교리를 말하는 종지라는 뜻으로, 화엄원교를 원명구덕종이라고 일컬었다.

원묘요세【圓妙了世, 1163-1245】고려 고종 때의 고승. 전남 강진 만덕산 백련사에서 미타참회의 백련결사를 조직함. 자는 안빈(安貧), 속성은 서(徐)씨. 경남 의령〔신번현〕 사람. 12세에 강양 천락사에서 균정(均定)에게 승려가 되고 천태학을 배운 다음, 22세에 승선(僧選)에 뽑혔다. 1198년〔신종 1〕 가을에 동지 10여 명과 더불어 명산을 유력, 처음으로 영동산 장연사에서 개당설법(開堂說法)하였다. 당시 보조지눌이 팔공산(八公山)의 회불갑에 있으면서 참선하기를 권하자 곧바로 가서 법우(法友)가 되었으며, 얼마 후 보조지눌의 정혜결사(定慧結社)에 동참하였다. 1208년〔희종 4〕 일생산 약사사에서 천태사상을 강의하다가 활연히 깨달았다. 1206년〔고종 3〕 전남 강진의 신도 최표 등의 청에 의하여 만덕사 옛터에 80여 간의 절을 창건하고, 천태종 백련결사(白蓮結社)를 조직하였다. 교해(敎海)가 호한(浩澣)하여 학자들이 알지 못할까 염려하여 중요한 것을 뽑아 『삼대부절요』를 지어 유통시켰다. 고종 32년 만덕사 별원에서 83세로 입적했으며, 시호는 원묘국사(圓妙國師). 만덕산 백련사의 제1세가 된다.

원바라밀【願波羅蜜】〔梵 Praṇidhāna-pāramitā, 英 The vow pāramitā〕 10바라밀 가운데 하나. 바라밀(波羅蜜)은 도피안(到彼岸)·도(度)라고 번역한다. 피안인 이상경에 도달하려는 보살수행의 총칭. 지금은 이러한 수행을 완성하고자 하는 희망을 가리킨다.

원불【願佛】〔英 A Buddha of the vow, who passes through the eight forms of an incarnate Buddha v. 權〕 ① 10종 불(佛)의 하나. 8상으로 성도(成道)한 화신불(化身佛)은 수행 때의 서원을 성취한 부처님이므로 원불(願佛)이라 한다. ② 우리나라 속어(俗語)로는 자기가 일생 동안 모시고 예경하는 불상을 말한다.

원불교【圓佛敎】한국의 박중빈(朴重彬, 1891-1943)이 1916년에 대각(大

覺)을 이룬 후에 불법(佛法)을 주체로 삼아 개창(開創)한 종교. 전라남도 영광군 백수면 길룡리에서 진리적 종교의 신앙과 사실적 도덕의 훈련을 제창하고, '물질이 개벽되니, 정신을 개벽하자.'는 개교표어를 내걸고 개교하였다. 1924년에는 총부를 전라북도 익산시 신룡동으로 옮겨 불법연구회(佛法硏究會)라는 임시 명칭을 걸고 교화·교육·자선 방면에 활동하였다. 소태산(少太山) 박중빈의 종통을 이은 정산(鼎山) 송규(宋奎)가 1948년 4월에 불법연구회라는 임시교명을 원불교(圓佛敎)라는 정식명칭으로 바꾸었다. 1962년부터는 대산(大山) 김대거(金大擧, 1914-1998)가 교단을 이끌었고, 오늘날에는 좌산(左山) 이광정(李廣淨)을 거쳐 경산(耕山)이 이끌고 있다. 원불교의 기본 교서를 종합 수록한 책으로는 『원불교전서(圓佛敎全書)』가 있는데, 여기에는 원불교교전(圓佛敎敎典)·불조요경(佛祖要經)·예전(禮典)·정산종사법어(鼎山宗師法語)·원불교교사(圓佛敎敎史)·원불교교헌(圓佛敎敎憲)·성가(聖歌) 등이 차례로 실려 있다. 원불교의 종교적 특징은 한국(韓國)의 민족종교, 병행조화의 종교, 생활 속의 종교, 대화의 종교라고 할 수 있다. 원불교의 교리 중에서 중요한 것은 일원상(一圓相)·사은사요(四恩四要)·삼학팔조(三學八條)이다. 이들 중 가장 근원적인 사상은 일원상(一圓相)이다. '일원상의 내용은 사은(四恩)'인데, 4은이란 천지은(天地恩)·부모은(父母恩)·동포은(同胞恩)·법률은(法律恩)이다. 연기법(緣起法)의 선용(善用)의 측면은 보은(報恩)이 되고, 연기법의 불선용(不善用)의 측면은 배은(背恩)이 된다. 이 양 측면에서 인간을 연기법의 선용의 측면으로 나아가도록 인도하고 있다. 이렇게 사은(四恩)을 생성(生成)의 원리, 신앙(信仰)의 근원, 윤리(倫理)의 원천으로 설명하고 있다. 또한 원불교에서는 결함된 차별(差別)의 세계를 일원(一圓)의 진리에 바탕하여 평등(平等)의 세계로 개조하기 위한 방안으로 권장하는 것으로서 자력양성(自力養成)·지자본위(智者本位)·타자녀교육(他子女敎育)·공도자숭배(公道者崇拜) 등의 사요(四要)를 말한다. 한편 원만한 인격을 이루어 일원(一圓)의 진리를 실현하는 기본 강령으로는 정신수양(精神修養)·사리연구(事理硏究)·작업취사(作業取捨)의 삼학(三學)을 들고, 삼학수행추진의 원동력으로서 신(信)·분(忿)·의(疑)·성(誠)의 진행사조와 수행추진에 방해되는 불신(不信)·탐욕(貪慾)·나(懶)·우(愚)의 사연사조(捨捐四條)를 말하고 있다. 위에서 든 사은사요(四恩四要)는 인생(人生)의 요도(要道)요, 삼학팔조(三學八條)는 공부(工夫)의 요도(要道)인데, 인생의 요도는 공부의 요도가 아니면 사람이 능히 그 길을 밟지 못할 것이고, 공부의 요도는 인생의 요도가 아니면 사람이 능히 그 공부한 효력을 다 발휘하지 못할 것이라고 한다. 원불교의 교도의 의무로는 조석심고의 의무·법회출석의 의무·보은헌공의 의무·입교연원의 의무가 있고, 교단기념일로는 신정절〔1월 1일〕·대각개교절〔4월 28일〕·석존성탄절〔음력 4월 8일〕·법인절〔8월 21일〕·육일대재〔6월 1일〕·명절대재〔12월 1일〕 등이 있다.

원상【圓相】 중생의 마음은 빛도 없고 형상도 없어 장단방원(長短方圓)으로 표현할 수 없지만, 마음이 평등주원(平等周圓)한 뜻을 표시하기 위하여 원형으로 표상한 것. 곧 ○. 흔히 선종에서 쓰고 있으며, 원불교에서는 신앙의 대상과 수행의 표본으로 삼고 있다.

원성실성【圓成實性】〔梵 pariniṣpanna, pariniṣpanna-svabhāva, 西 yoṅs sugrub paḥi ṅobo Tñid, 英 The perfect true nature, abso- lute reality; the bhūta-tathatā〕 3성(性) 가운데 하나. 만유의 본체인 진여(眞如)에 대해서 말한 것. 진여의 자체는 우주에 가득하여 있지 아니한 곳이 없고, 생멸변화하지 않고, 인연으로 성립된 허망한 존재가 아니다. 이 세 뜻을 갖춘 것은 진여뿐이므로 이렇게 일컫는다.

원시불교【原始佛敎】〔英 Primitive Buddhism, early Buddhism〕 최초기의 불교. 고타마 붓다로부터 시작하여 적어도 기원전 1세기, 즉 부파불교로 이행하기까지의 불교를 가리킨다. 원시불교라는 말은 좁은 의미로서 고타마 붓다와 그 직계제자의 불교를 가리키는 데 사용하는데, 교리적인 말로는 근본불교(根本佛敎)라고 하고, 소대승으로 나눌 때는 소승불교라고 한다. 최근에는 초기불교(初期佛敎)라고 부르는 학자들이 많다. '원시'라는 말이 미개함을 내포하고 있기 때문이다.

[교의(敎義)·교리(敎理)·가르침·사상] 원시불교의 주요 교리를 분류하여 제시하면 다음과 같다. 1. 원시〔초기〕불교의 교리 전반에 관한 것으로는 사제(四諦)와 연기(緣起). 2. 원시불교의 세계관이나 인간관에 관한 것으로는 윤회(輪廻), 삼법인(三法印), 무상(無常), 무아(無我), 무기(無記), 다르마〔法〕, 오온(五蘊), 식(識), 삼스카라(Samskara; 行爲), 번뇌, 업(業). 3. 원시불교의 실천수행에 관한 것으로는 중도(中道), 삼학(三學), 계율(戒律), 자비(慈悲), 불살생(不殺生), 삼매(三昧), 평등사상(平等思想). 4. 원시불교의 이상이나 목표에 관한 것으로는 깨달음, 열반(涅槃), 해탈(解脫), 삼보(三寶), 불(佛), 여래(如來) 등이다.

[자료와 방법론] 원시불교를 이해하는 자료는 주로 『아함경(阿含經)』과 율장(律藏)이지만, 이것들을 사용할 때에 신중을 기할 필요가 있다. 우선 현존의 초기불전(佛典)에는 후대

부파불교시대에 이르러 각 부파의 독자적 사상 발전이 포함되어 있기 때문에 그것을 변별, 고려해야 한다. 일반적 방법으로서 다른 부파의 초기불전을 비교하여 내용이 틀린 부분에는 부파불교시대의 발전이 반영되어 있다고 보고, 다른 부파와의 사이에 공통하는 부분만을 원시불교시대의 것으로 간주한다. 또한 이러한 공통부분에도 다양한 혹은 시대마다 상반되는 내용을 포함하고 있다. 따라서 초기불전은 이미 원시불교시대에 상당한 발전이 있었음을 알 수 있다. 그러나 이와 같은 발전적 관점과는 다른 입장에서 초기불전을 파악하는 방법론도 있다. 1. 현존하는 초기불전은 고타마 붓다라는 인물의 직접적인 설법을 전하고 있는, 혹은 적어도 거기에는 전체를 일관하고 있는 사상이 있다고 생각하여, 교설 간의 상위는 표면상, 표현상의 차이에 지나지 않으며, 그것은 청중의 근기에 맞추어서 설법했기 때문에 문체나 문맥의 차이가 있다고 파악하는 방법, 2. 초기불전에 보이는 고타마 붓다나 그 직제자의 교설에는 불교 이외의 각종의 사상이 혼입되어 있는데, 이 복합물이 교설의 차이를 낳았다고 파악하는 방법, 3. 초기불전은 성립연대가 불명확하기 때문에 성립연대가 명확한 각문(刻文) 자료 등에서 원시불교를 이해하려는 방법론 등이 있다. 1.은 초기불전에 기술되어 있는 고타마 붓다의 교설을 직설이라고 믿고서 의심하지 않는 부파불교 이래 전통적인 사고방식이며, 문헌자료에 대한 비판적 관점이 경시되고 있다. 2.는 초기불전에 설해진 고타마 붓다나 그 직제자의 여러 사상 가운데 특정한 것 이외에는 불교사상이라고 인정하지 않고 불교 내부의 다양성을 부정하려는 점에 문제가 있다. 3.에서는 각문(刻文) 자료에 나타난 불교사상은 단편적이고 원시불교의 교리 전체를 이해하는 데 무리가 있다.

원오극근【圓悟克勤, 1063-1135】중국 송(宋) 휘종·흠종·고종 때 임제종의 선승. 중국 팽주(彭州) 숭녕(崇寧) 사람. 성은 낙(駱), 자는 무착(無着), 호는 원오(圓悟)·불과(佛果), 시호는 진각선사(眞覺禪師), 극근(克勤)은 그의 휘(諱; 법명)이다. 유가(儒家) 집안에서 출생하여, 어릴 적에 묘적원(妙寂院) 자성(自省)에게 출가했다. 문희(文熙)·민행(敏行)을 따라 경론을 연구하고, 뒤에 임제종의 제5조 법연(法演, ?-1104)의 법을 이었다. 불안(佛眼)·불감(佛鑑)과 함께 5조 문하의 3불(佛)이라 일컫는다. 성도(成都)의 소각사(昭覺寺)에 있다가 남유(南遊)하여 장무진(張無盡)거사에게 『화엄』을 강의하고, 그의 청에 따라 벽암(碧巖)에 머물렀다. 학도(學徒)를 위하여 설두(雪竇, 980-1052)의 『송고백칙(頌古百則)』을 강의하고, 이것을 엮어 『벽암록(碧巖錄)』을 만들었다. 뒤에 안사부(安沙府) 도림사(道林寺)에서 불과선사(佛果禪師)라는 호(號)를, 금릉(金陵)의 장산(蔣山)에서 원오선사(圓悟禪師)라는 호를 받았다. 만년에 소각사에 돌아와 소흥 5년에 입적했다. 문하에 대혜종고(大慧宗杲, 1089-1163)·호구소륭(虎丘紹隆, 1077-1136)이 있고, 저서로는 『원오불과선사어록(圓悟佛果禪師語錄)』·『벽암록(碧巖錄)』이 있다.

원융 【圓融】〔英 Complete combination; the absolute in the relative and vice versa〕 원(圓)은 주편(周遍; 두루함)의 뜻이고, 융(融)은 융통융화(融通融和)의 뜻. 차별상을 인정하지 않고 원융무애(無碍)한 것〔梵 paripūrna〕.

원융무애 【圓融無碍】 원만(圓滿)하고 융통(融通)해서 거리낌도 없고 막힘도 없는 것. 대도(大道)나 불보살(佛菩薩)에 대한 표현이다. 원융무애하지 않으면 무상대도(無上大道)가 될 수 없고, 원융무애한 인격이 아니면 불보살이 될 수 없다.

원융문 【圓融門】 이문(二門)의 하나. 원융상섭문(圓融相攝門)의 줄인 말. 화엄종에서는 『화엄경』의 설에 따라서 항포문(行布門)과 원융문(圓融門)의 두 문〔二門〕을 세웠다. 화엄교의에서 보살이 수행하여 나아가 깨달아서 부처가 됨〔佛果〕을 얻는 지위에 대하여, 항포문(行布門)에서 일위(一位)를 얻으면 일체 위(位)를 얻어 단박에 성불한다고 하는 것.

원융부 【圓融府】 고려 공민왕(恭愍王) 5년〔1356〕에 왕사(王師) 보우(普愚, 1301-1382)를 위하여 설치한 관아 이름. 즉 원융부(圓融府). 원융부는 당시 고려불교의 중앙통제기구였다. 『고려사』 39, 공민왕세가(恭愍王世家) 5년 하(夏) 4월 계유(癸酉)에 나온다.

원융사상 【圓融思想】 모든 사상을 분립·대립의 관계로 보는 것이 아니라, 더 높은 차원에서 하나로 보는 한국불교 특유의 사상 가운데 하나.

원융삼제 【圓融三諦】〔英 The three dogmas of 空假中 as combined, as one and the same, as a unity, according to the T'ien-t'ai inclusive or perfect school〕 천태교학에서 실상(實相)을 설명한 것. 『중론(中論)』에 근원하고 있다. 만유(萬有)는 일면(一面)에서 보면 공(空), 일면에서 보면 가(假; 有·現象)인데, 그 실상은 비유비공(非有非空) 역유역공(亦有亦空)의 절대중도(絶對中道)이다. 일공일체공(一空一切空), 일가일체가(一假一切假), 일중일체중(一中一切中), 즉공즉가즉중(卽空卽假卽中)이기 때문에 원융(圓融)의 삼제(三諦)라고 부른다. 즉 만유의 인연생멸을 있는 그대로 보고 실체(實體)로서 집착되어야 할 것이 없음을 공(空)으로 본다〔空觀〕. 그리고 또 공(空)에 머무르지 않고 공(空)의 공(空)으로서 현실 안에 생성(生成)해 가고, 거기에 각 사물이 역연히 있는 것을 본다〔假觀〕. 또한 공즉가(空卽假), 가즉공(假卽空)으로서 전체 약동적인 원융실상(圓融實相)을 파악한다〔中觀〕. 그리고 공(空)으로써 만유를 보면 모두 공(空), 가(假)로써 보면 모두가 가(假), 중(中)으로써 보면 모두가 중(中)이다. 이 공(空)·가(假)·중(中)의 상즉(相卽)에 의하여 일체만유(一切萬有)는 본래 있어야 할 곳을 밝히고 생(生)하게 되는 것이다. 이에 대해서 본유의 본체를 중도(中道)로 하고, 현실상(現實相)을 공(空)·가(假)로 보고 나눠서 그들 사이의 상즉(相卽)을 설함에 이르지 못한 것을 격력삼제(隔歷三諦)라고 한다.

원음【圓音】①일원상의 진리를 전해주는 말씀. 진리의 말씀. 법된 말씀. ②원만구족한 부처님의 말씀. ③모난 데가 없이 원만하고 화합하는 말씀. 다른 사람을 제도해 주고 좋은 길로 이끌어 주는 말씀.

원이삼점【圓伊三點】실담(悉曇)의 이자(伊字)의 모양이 3점으로 되었으므로 이렇게 말한다. 이자삼점(伊字三點) 항목 참조.

원적【圓寂】〔梵 parinirvāṇa, 英 the perfection of all virtue and the elimination of all evil, release from the miseries of transmigration and entrance into the fullest joy〕①열반(涅槃)을 구역(舊譯)에서는 멸도(滅度), 신역(新譯)에서는 원적(圓寂)이라 번역한다. 번뇌 잡염의 세계를 여의고 청정한 열반계에 들어가는 것. 원만(圓滿)한 적멸(寂滅)의 뜻. ②스님이 사망한 데 대한 일종의 미칭(美稱). 『석씨요람(釋氏要覽)』 하권에, "석가모니의 사망을 열반(涅槃), 원적(圓寂), 귀진(歸眞), 귀적(歸寂), 멸도(滅度), 천화(遷化), 순세(順世)라고 하는데, 모두가 같은 뜻으로서 편의에 따라 부른다."라고 하였다.

원접별【圓接別】천태(天台)의 화법사교(化法四敎) 가운데 별교(別敎)의 근기(根機)가 교중(敎中)에 말한 부단중(不但中)인 원교(圓敎)의 이치를 통달하여 원교에 들어감을 말한다.

원접통【圓接通】천태의 화법사교(化法四敎) 가운데 통교(通敎)의 근기(根機), 즉 지혜가 수승한 보살이 부단중(不但中)인 원교(圓敎)의 교리를 체달하여 원교에 들어감을 말한다.

원종【圓宗】〔英 The sect of the complete or final Buddha-truth, i.e. T'ien-t'ai〕진실 원만한 교리를 말하는 종파. 진(陳)의 기사사(耆闍寺) 출신의 안름(安廩, 507-583)이 인연종(因緣宗)·가명종(假名宗)·부진종(不眞宗)·진종(眞宗)·상종(常宗)·원종(圓宗) 등의 6종을 세운 것 가운데 하나로, 『화엄경(華嚴經)』에서 설한의 원융구덕(圓融具德)의 법문을 가리킴. 그러나 천태종이 성하면서 원돈일실(圓頓一實)의 종지(宗旨)를 고취시키는 천태종의 별칭(別稱)이 되었다. 화엄종·천태종과 같은 것.

원종문류【圓宗文類】고려 문종 때의 고승인 대각국사 의천(義天, 1055-1101)이 편찬한 책. 화엄원종(華嚴圓宗)의 교리를 요약하고 역대 여러 사람들의 저술을 모아 편집한 것으로, 본래 22권이었으나 현재 남아 있는 것은 제1권, 제4권, 제22권 등 3권뿐이다.

원주【院主】사주(寺主)·원재(院宰)라고도 한다. 선원(禪院)의 한 소임(所任)인 감원(監院)의 옛 이름. 한 사찰이나 승료(僧寮)의 살림살이를 맡는 직책.

원증회고【怨憎會苦】〔梵 apriya-samprayoga-duḥkha, 西 mi sdug ba daṅ ḥphrad paḥi sdug bsṅal, 英 One of the eight sufferings, to have to meet the hateful〕팔고(八苦)의 하나. 미워하는 사람, 싫어하는 사람, 원수 같은 사람과 함께 살지 않을 수 없는 고통. 사랑하지 않는 사람과 함께 모여서 사는 고통.

원찰【願刹】①죽은 사람의 화상(畵像)이나 위패(位牌)를 모시고, 그 원주(願主)의 명복을 빌던 법당(法堂). ②(전날의) 소원을 부처님에게 빌기 위해 세운 절. 원당(願堂) 항목 참조.

원측【圓測, 613-696】신라 선덕여왕·진덕여왕·무열왕·문무왕 때의 고승으로서 유식학의 대가. 이름은 문아(文雅), 법명은 원측이다. 그는 신라의 왕손(王孫)으로서 3세 때 출가하였고, 15세 때에 당(唐)에 유학하여 법상(法常)과 승변(僧辨) 2사(師)에게 유식학을 배웠다. 원래 타고난 자질이 총명하여 6국(國)의 말에 통하였는데, 명성이 천청(天聽)에까지 미쳐 당(唐) 태종으로부터 도첩을 받기까지 하였다. 장안(長安)의 원법사(元法寺)에 있으면서 비담·구사·바사 등 고금의 장소(章疏)를 통효하였으며, 그 뒤 칙명에 의하여 서명사(西明寺)에 머물렀으므로 그를 서명(西明)이라 일컫기도 한다. 현장(玄奘, 602-664)이 인도에서 돌아와 많은 경론(經論)을 번역하였을 때 이를 모두 이해하였다고 하는데, 특히 유가론(瑜伽論)과 유식론(唯識論)을 강의하였다. 또 측천무후(則天武后, 684-704 在位)의 귀의를 받았는데, 본국에서도 그 명성을 듣고 신문왕이 여러 차례 귀국할 것을 청하였지만 무후가 허락하지 않았다. 중인도인 지바하라(地婆訶羅)와 제운반야(提雲般若)의 역장(譯場)에서는 증의(証義)가 되었으며, 그 학덕(學德)이 일세(一世)에 뛰어났다. 낙양(洛陽) 불수기사(佛授記寺)에서 84세의 나이로 세상을 떠났다. 제자에는 도증(道證)·승장(勝莊)·자선(慈善) 등이 있었다. 원측의 유식사상을 보면, 불경(佛經)의 삼계유심(三界唯心)을 일분(一分)으로, 무착(無着; Asaṅga, 310-390경)과 세친(世親; Vasubandhu, 320경-400경)의 상급견(相及見)을 이분(二分)으로, 진나(陳那; Dignāga, 480년경-540년경)의 상견(相見)에 자증(自証)을 가한 것을 삼분(三分)으로, 호법(護法; Dharmapāla)의 상견(相見)과 자증(自証)에 다시 증자증(証自証)을 가한 것을 사분(四分)으로 보았다. 심의식(心意識)의 삼종별의(三種別義)에 관해서는 집기심(集起心)·사량의(思量意)·요별식(了別識)을 유별(類別)하여, 그것이 제8식·제7식, 그리고 나머지 6식에 해당함을 밝혔으며, 8식의 성상(性相)을 설해서 유식전변(唯識轉變)의 근원을 밝혀 미오(迷悟)의 분제(分齊)를 설명하였다. 한편 6식을 일체(一體)로 보고, 7식과 8식을 별체(別體)로 보았으며, 진제(眞諦, 499-569)의 구종식(九種食)을 비판하고 있다. 또한 일성개성설(一性皆成說)을 주장하고, 삼성(三性) 삼무성(三無性)을 설하였다.

원타타지【圓陀陀地】원타타(圓陀陀)라고도 한다. 원(圓)은 원만(圓滿), 타타(陀陀)는 곱고 아름답다는 뜻이다. 둥글고 아름답기가 구슬과 같은 것을 나타내는 말.

원통전【圓通殿】관세음보살을 모신 전각. 이 전각이 사찰의 주된 전각일 때 원통전, 또는 원통보전이라고 한다. 사찰 내의 여러 전각 중 하나일 때는 관음전이라고 부른다. 중국에서는 관세음보살의 자비를 강조하여 대비전이라고도 한다. 이 전각에는 관세음보살을 단독으로 모신다. 협시로 남순동자와 해상용왕이 있지만, 이들은 대부분 후불탱화로 표현한다. 관세음보살상은 봉오리 상태의 연꽃을 왼손에 들고, 오른손에는 감로병을 들고 있다. 불상 뒤에는 대부분 관음탱화가 있다. 우리나라에서 대표적인 것으로는 보물 제916호로 지정된 법주사 원통보전과 낙산사 원통보전이 있다.

원품무명【元品無明】〔英 Primal ignorance〕근본무명(根本無明), 무시무명(無始無明)이라고도 한다. 미(迷)의 근원인 무지(無知)를 무명(無明)이라 하고, 그 무명에 거칠고 미세한 분별이 있으므로 천태교학에서는 이를 12종〔별교〕, 혹은 42종〔원교〕으로 나누고, 그 중 가장 미세한 맨 처음의 무명을 원품(元品)이라 한다. 이것은 일체중생의 미(迷)의 처음 근본이므로 근본무명, 진여(眞如)가 나온 데가 없는 것과 같이 이것도 나온 데가 없는 존재이므로 무시무명이라 한다.

원행지【遠行地】〔梵 dūraṃgamā bodhisattvabhūmiḥ, 英 The seventh stage of the bodhisattva, in which he leaves the world of phenomena and enjoys mystic contemplation〕보살(菩薩) 십지(十地) 가운데 제7지의 이름. 이 땅의 보살이 순무상관(純無相觀)에 주(住)하여 과세간(過世間)과 이승(二乘)의 유상행(有相行)을 벗어났으므

ㅇ

로 원행지(遠行地)라고 한다. 『유식론(唯識論)』 9에, "7인 원행지는 무상주공용(無常住功用)의 후변(後邊)에 이르면 과세간(過世間)과 이승도(二乘道)에 나가기 때문이다."라고 하였다.

원효【元曉, 617-686】 신라 선덕여왕·진덕여왕·무열왕·문무왕 때의 고승. 속성은 설(薛)씨. 이름은 서당(誓幢). 진평왕 39년〔617〕에 압량군 남불지촌(南佛地村)에서 태어남. 어렸을 때부터 명석하고 품은 뜻이 웅대하였다. 진덕여왕 2년〔29세〕에 황룡사에 출가하였고, 진덕여왕 4년〔650〕에 당(唐)으로 구법(求法)하러 가다가 실패하였다. 이후 문무왕 원년〔661〕에 의상(義湘, 625-702)과 함께 다시 당나라로 수학(修學)하러 가던 중, 당항성 부근의 어느 무덤가에서 잠을 자다가 목이 말라 물을 먹는다는 것이 해골에 고인 물을 마셨다. 다음날 아침 곁에서 뒹굴고 있는 해골을 발견한 그는 더러운 생각을 떨쳐 버릴 길이 없었다. 이에 크게 느낀 바가 있었다. 일찍이 부처님께서 '번뇌를 일으키면 갖가지 괴로움이 일어나고 번뇌를 소멸시키면 모든 괴로움이 사라진다.'고 하셨는데, 이 이치가 해골을 보고 느낀 점과 다르지 않음을 깨치게 되었다. 삼계유심(三界唯心) 만법유식(萬法唯識)의 원리를 깨달은 그는 당에 가서 법을 배울 필요가 없으므로, 의상(義湘, 625-702)만 보내고 되돌아와 독학하기로 작정하였다. 그 뒤 분황사에 있으면서 독자적으로 통불교(通佛敎; 元曉宗·芬皇宗·海東宗)를 제창하여 민중 속에 불교를 보급하는 데 노력하였다. 또 그는 요석공주와 인연을 맺음으로써 설총(薛聰)을 낳았다. 스스로 파계한 원효는 소성거사(小性居士)라 자칭하면서 무애도(無碍道)의 실천에 힘썼다. 신라의 3대 저작가로서 『금강삼매경론』 등 99부 3백여 권의 저서를 남겼고, 그가 취급한 경론은 화엄·열반·법화·염불·계율·유식·섭론(攝論)·지론(地論)·성실(成實)·비담(毘曇) 등의 분야에 퍼져 있어, 우리나라에서는 그를 10종(宗)의 종조(宗祖)로 보고 있다. 대표적인 사상에는 화쟁논리(和諍論理)와 일심(一心)사상이 있다. 이 외에도 각(覺)의 원리, 각(覺)의 실천, 정토(淨土)사상 등을 찾을 수 있다.

원효종【元曉宗】 오늘날 한국불교의 여러 종파 가운데 하나. 신라의 원효(元曉, 617-686)를 종조(宗祖)로 하며, 원효의 통불교(通佛敎) 이념과 대승행원(大乘行願)을 받들어 만선동귀(萬善同歸)의 지상불국(地上佛國)을 건설함을 그 종지(宗旨)로 한다. 1963년 12월에 문교부에 등록. 1973년 6월 이법홍(李法弘)이 총무원장으로 취임하여 서울 창신동 안양암에 원효종 총무원 간판을 달고 사찰불법쟁점에 관한 분류 등의 장난(障難)을 타개(打開)하면서 10여 년간 헌신했는데, 현재 등록사원 260개소, 종도(宗徒) 10만 명에 이른다.

월등삼매경【月燈三昧經】〔梵 Sarvadharma-svabhāvasamatā vipañcitasamādhirāja-sūtra〕 중국 고제(高齊) 때〔557〕 나련제야사(那連提耶舍, 490-589)가 번역. 10권. 이 경(經)에는 삼매(三昧)에 대한 수식어로서 월등(月燈)이라는 단어가 붙어 있다. 그 까닭은 삼매를 닦으면 마치 달빛이 길을 훤히 비추는 것처럼 쉽게 깨달음에 이를 수 있기 때문이다. 『월등삼매경』이 다른 경전들과 구별되는 독특한 점으로서 경문 곳곳에 여러 행으로 이루어진 게송이 나오는데, 모두 60여 수에 이른다. 경의 주요 내용은 부처님이 월광(月光) 동자보살에게 삼매를 설명하고, 그 공덕에 대해서도 가르쳐 주는 것으로 되어 있으며, 서분(序分)·정종분(正宗分)·유통분(流通分) 등의 세 부분으로 구성되어 있다. 이 경은 삼매를 통해서 일체 모든 법의 체성(體性)은 평등하고 희론이 없다는 것을 깨닫고, 궁극적인 부처의 경지에 이를 것을 강조하고 있는 대승불교 초기의 경전이다.

월인석보【月印釋譜】 조선 세조(世祖) 5년〔1459〕에 신미(信眉)·학조(學祖) 등 고승과 김수온(金守溫) 등 11명의 문신들의 도움을 받아 세조가 엮음. 세종(世宗)이 지은 『월인천강지곡(月印千江之曲)』을 본문으로 하고 자신이 지은 『석보상절(釋譜詳節)』을 설명부분으로 하여 합편한 것으로, 훈민정음(訓民正音) 창제 이후 제일 먼저 나온 불경(佛經) 언해서(諺解書)이다. 현재 1·2·7·8·9·10·17·18·21권만이 전한다.

월인천강지곡【月印千江之曲】 3권 3책. 조선 세종(世宗) 29년〔1447〕에 소헌왕후(昭憲王后)의 명복을 빌기 위하여 수양대군(首陽大君) 등이 왕명으로 지은 찬불가(讚佛歌). 현재 상권 1책과 중권의 낙장(落張)만이 전하고 있다.

월지국【月支國; 月氏國】〔西 Kuṣana, 英 The Yüeh-chich, or 'Indo-Scythians'〕 서역(西域)에 있던 큰 왕국(王國). 불교국으로서 지루가참을 비롯한 많은 승려가 중국에 불경(佛經)을 전했다.

월칭【月稱】〔梵 Candrakīrti〕 7세기 인도의 학자. 그는 중관파(中觀派)가 불호(佛護; Buddhapālita)계의 프라상기카(Prāsaṅgika)파와 청변(淸辯; Bhāvaviveka)계의 스바탄트리카(Svātantrika)파로 분열되어 논쟁을 벌였을 때, 불호(佛護)의 학설을 계승하여 청변을 매우 비판하고 공격하였다. 용수·제바의 책을 주석하여 그들 교학의 본뜻을 서술하였고, 『입중관론(入中觀論)』·『중관오온론(中觀五蘊論)』 등의 책을 지어, 그의 뒤를 이은 샹카라(Śaṃkara) 등과 더불어 후기 인도불교사상에서 높이 평가되고 있다. 그 유파(流派)는 후에 티베트에 들어와서 현재까지 전승되어 중요시되고 있다. 찬드라키르티 항목 참조.

위경【僞經】불설(佛說)이라는 이름을 빌려 위조한 경전. 불타가 친히 설한 경전이 아닌 후대에 만들어진 경전. 예부터 위경(僞經)이라고 하는 것은 중국에서 새로 만든 경론만을 지목하였고, 인도에서 전해 온 것은 소대승 경전 구분 없이 모두 진경(眞經)이라 하였다. 위경은 그 시대 또는 그 지역의 문화와 습합하기 위하여 만들어졌는데, 간혹은 한 집단의 이념적 경전이 필요해서 만들어지는 경우도 있다.

위덕【威德】〔梵 tejas, anubhava〕두려운 것을 위(威)라 하고, 사랑스러운 것을 덕(德)이라 한다. 『법화가상소(法華嘉祥疏)』 7권에, "두려우면 위(威), 사랑스러우면 덕(德)이라 하는데, 절복(折伏)을 위(威), 섭수(攝受)를 덕(德)이라고도 한다."라고 하였다.

위빠사나【vipaśyana】수행법의 하나. 산스크리트어인 빠슈(Paś, 보다)에서 파생한 말로, 어떤 것을 '봄'이라는 의미. 한역으로는 관(觀)·관찰(觀察)로서 통찰지(洞察智)를 뜻함. 위빠사나란 마음을 하나로 집중〔專心〕하여, 지혜로써 무상(無常)·고(苦)·무아(無我)나 불(佛)·법(法) 등을 염상, 관찰하여 깨달음을 체득하는 것임. 일상관(日想觀), 월륜관(月輪觀), 구상관(九想觀)처럼 각종의 구상적인 모습을 마음에 떠올려 관하는 초보적인 것에서부터 교의나 불교철학적 사변을 관하는 것에 이르기까지 그 내용은 다양하다. 가령 소승은 석공관(析空觀; 모든 사물을 분석하여 공이라 보는 것), 대승은 즉공관(卽空觀; 모든 사물의 당체를 곧 그대로 공이라고 체득하는 것)이라든가, 명상을 떠나서 진여의 이치와 합하는 이관(理觀), 불(佛)이나 정토(淨土)를 관하는 사관(事觀), 또는 12연기의 이치를 관하는 데, 그 성질·능력에 따라서 상상(上上)·상(上)·하지관(下智觀)이라고 이름하는 등 여러 가지 분류가 있다. 또한 호흡을 관하는 것을 수식관(數息觀), 부정(不淨)·오정심(五停心)·이제(二諦)·중도(中道)·실상(實相)·오중유식(五重唯識) 등을 관하는 것을 각각 '관'이라는 이름을 붙여서 수행 실천법으로 한다. 위빠사나는 법에 대한 통찰로서 모든 존재는 무상·고·무아임을 통찰하는 반야(통찰지, 慧) 수행이고, 사마타는 대상(표상)에 대하여 집중하는 삼매(定) 수행임. 천태지의(天台智顗)는 사마타를 '지(止),' 위빠사나를 '관(觀)'으로 번역함. 지(止)는 정(定)이고 관(觀)은 혜(慧). 천태의 지관수행법이란 곧 사마타와 위빠사나를 동시에 닦는 수행법임. 위빠사나는 미얀마 등 남방불교의 대표적인 수행법으로 우리나라에 알려진 것은 1990년대 초 이후이다.

위산영우【潙山靈祐, 771-853】중국 당(唐)나라 때의 선승. 위앙종의 초조(初祖). 속성은 조(趙)씨. 복주장계(福州長溪; 지금의 福建 霞浦 남쪽) 사람. 15세에 출가하여 건선사 법상(法常)

에게 승려가 되었다. 23세 때 천태산에 들어가 한산(寒山)을 만나고, 국청사(國淸寺)에 이르러 습득(拾得)을 만나 '담(潭)에 우(遇)하지 않으면 즉 지(止)하라.'는 예언적 일구(一句)를 얻었다. 곧 강서상담(江西湘潭)에 이르러 백장(百丈, 720-814)을 알현하고 그의 제자가 되었다. 원화〔806-820〕 말년 백장회해의 명을 받아 대위산(大潙山)에서 교화를 펼쳤는데 군민이 다투어 왔다. 그래서 절을 짓고 선교하기를 42년, 참학(參學)의 무리가 운집하여 그 수가 1천에 이르러 교화가 삼상(三湘)에 떨쳤다고 한다. 후에 회창(會昌) 법난(法難)을 만나 머리를 기르고 민간인이 되어 어리석은 무리들과 섞이지 않을 수 없었다. 하지만 도예(道譽)가 다시 세상에 알려져 배휴(裵休)·최군(崔群) 등에게 존숭되기에 이르렀다. 시호는 대원선사(大圓禪師), 탑명(塔名)은 청정(淸淨). 입실제자가 앙산혜적(仰山慧寂, 815-891)·향엄지한(香嚴智閑) 등 41인이 되는데, 그의 언행(言行)은 『담주위산영우선사어록(潭州潙山靈祐禪師語錄)』 1권으로 집록되어 있다. 근엄하면서 면밀한 종풍(宗風)을 선양하였고, 사상은 백장(百丈)과 큰 차이가 없다. 단도직입(單刀直入)의 돈오법문(頓悟法門)을 제창하여, "범(凡)·성(聖)의 분별심이 다하면 본체가 드러나며, 진상이사불이(眞常理事不二)로 즉 여여불(如如佛)임을 아는 데 있다〔『경덕전등록』 9권〕."라는 법어(法語)로써 학인(學人)을 가르쳐 지도하였다. 제자 앙산혜적(仰山慧寂, 815-891)과 함께 5가7종의 하나인 위앙종을 개창했다.

위신력【威信力】〔梵 tejas〕 부사의(不思議)한 위력(威力). 위광(威光). 불과위(佛果位)에 있는 존엄하고 측량할 수 없는 부사의한 힘.

위앙종【潙仰宗】 중국 선종 5가(家)의 하나. 당나라 위산영우(潙山靈祐, 771-853)를 개조(開祖)로 하고, 앙산혜적(仰山慧寂, 815-891)이 대성했기 때문에 위앙종이라 한다. 150여 년 후 송나라에 이르러 5가(家) 중에서 제일 먼저 자취를 감추었다. 그 이유는 근엄한 선풍이 강남지역의 풍토에 적합하지 않았고, 원상(圓相)은 더욱 복잡화하여 일반에 보급되기 어려웠다. 또 이것은 결국 일반 불자들과 멀어지게 되었고, 그 지역의 지지를 얻지 못했기 때문이다.

위음나반【威音那畔】 최초의 부처님 이름. 선에서는 일체의 사량분별심이나 대대(對待)가 나타나기 이전의 소식(消息), 상태(狀態), 자기의 본래면목을 가리키는 말로 바뀌었다. 이 세계의 본원상태(本源狀態)로 우주의 실상을 나타낸다. 위음왕불, 위음이전과 동의어.

위음왕불【威音王佛】〔梵 Bhiṣma-garjita(-nirghosa)-svara(-raja)〕 『법화경(法華經)』 「상불경보살품」에 나

ㅇ

오는 부처. 오랜 옛날 공겁(空劫) 때에 맨 처음 성불한 부처님이라고 한다. 선에서는 본분향상(本分向上). 근본 뜻을 나타낸다. 위음나반·위음이전 항목 참조.

위음이전【威音以前】①위음왕불(威音王佛)이 이 세상에 나타나기 이전의 모습. 위음왕불은 과거 세계의 최초의 부처로서 그 출세 이전, 즉 차별심이나 분별망상 또는 언설(言說) 등이 나타나기 이전의 본래의 모습을 말한다. 선에서는 '본래면목(本來面目)' 또는 부모미생전(父母未生前)과 같은 의미로 쓴다. ②향상제일의제(向上第一義諦)를 표시하는 말. 『조정사원(祖庭事苑)』에 위음왕 이전은 실제(實際)의 이치 자리〔理地〕를 밝힌 것이고, 위음왕 이후는 불사문중(佛事門中; 방편, 현상적인 것)을 밝힌 것이라고 하였다.

위의【威儀】〔梵 īrya-patha, iryāpatha, ceṣtita, samudācāra-vistiṃ ṇam, 西 spyod lam, 英 Respect-inspiring deportment〕 위엄 있는 용모. 곧 손을 들고 발을 내딛는 것이 모두 규칙에 맞고 방정(方正)하여 숭배할 생각을 내게 하는 태도.

위제희【韋提希】〔梵 Vaidehi〕 중인도 마갈타국 빔비사라왕의 부인. 아사세왕의 어머니. 비제희(毘提希)·비타제(鞞陀提)·폐제혜(吠題呬)라고 음역(音譯)한다. 『관무량수경』의 중심인물. 부인의 사적에 여러 설이 있다. 1. 교살라국과 가시라국을 통칭하는 바사닉왕의 누이동생. 2. 비제하국의 대신인 사가라(娑迦羅)가 다른 대신의 질투로 구파라(瞿波羅)·사자(師子) 두 아들과 함께 비야리로 도망하였는데, 뒤에 사자가 바사비녀를 출생, 비제하국과 관계가 있으므로 위제희라고 하였다고 한다.

위타천【韋馱天】〔梵 Skanda〕 불법(佛法)을 수호하는 신장. 위천장군(韋天將軍)이라고도 한다. 사천왕(四天王) 가운데 남방 증장천(增長天)의 8장의 하나. 32천(天)의 우두머리. 일설에 의하면 중국 당(唐)나라 때 위타천신이 도선(道宣, 596-667)율사를 배알한 후부터 가람에 모시게 되었다. 또 마군(魔軍)이 와서 부처님 사리를 도둑질해 갔을 때 추적하여 찾아왔다고 하는데, 이것은 아마도 『열반경』에 제석천이 부처님 다비하는 데 와서 두 치아를 주웠다가 나찰에게 하나를 빼앗겼다는 데서 비롯된 것으로 보인다.

위파사나【vipaśyana】 위빠사나 항목 참조.

유【有】〔梵 bhava〕 무(無)·공(空)에 대한 대립어로 존재(存在)의 뜻이고, 보통 미계(迷界)의 존재를 유(有)라 한다. 미계윤회(迷界輪廻)의 인과관계는 없어지지 않는 것을 의미한다. 삼유(三有)·사유(四有)·구유(九有)·이십오유(二十五有) 등의 설명이 있다.

유가불교【瑜伽佛教】 유가행파(瑜伽行派). 유가행 유식학파와 같음. 해당 항목 참조.

유가사지론【瑜伽師地論】〔梵 Yogācārabhūmi〕 유식종(唯識宗)의 주요 경론 가운데 하나. 중국에 전하는 것은 미륵(彌勒; Maitreya)의 작품이라 하고, 티베트에 전하는 것은 무착(無着; Asaṅga)의 작품이라 한다. 성립 연대는 불명(不明). 한역(漢譯)에 의하면 100권인데, 본지분(本地分; 제1-50권)·섭결택분(攝決擇分; 제51-80권)·섭석분(攝釋分; 제81-84권)·섭이문분(攝異門分; 제84권)·섭사분(攝事分; 제85-100권)의 5개 부분으로 이루어졌다. 본지분에서는, 1. 오식신상응지(五識身相應地), 2. 의지(意地), 3. 유심유사지(有尋有伺地), 4. 무심유사지(無尋有伺地), 5. 무심무사지(無尋無伺地), 6. 삼마희다지(三摩呬多地), 7. 비삼마희다지(非三摩呬多地), 8. 유심지(有心地), 9. 무심지(無心地), 10. 문소성지(聞所成地), 11. 사소성지(思所成地), 12. 수소성지(修所成地), 13. 성문지(聲聞地), 14. 독각지(獨覺地), 15. 보살지(菩薩地), 16. 유여의지(有餘依地), 17. 무여의지(無餘依地)의 17단계(地)로 나누고, 요가행이 진전되는 정도에 따라 해야 할 수행과 그것에 수반하는 각종의 교리를 말한 것이다. 본지분 중에서는 보살지가 특히 중요한데, 보살지의 구성은 『대승장엄경론』의 그것과 거의 동일하다. 섭결택분은 이 삼승(三乘)에 걸친 본지분의 가르침의 중심점을 자설(自說)에 의해 결정하는 부분인데, 『해심밀경』을 인용하면서 아뢰야식을 기본으로 하는 유식설을 전개하고 있다. 나머지 3분(分)은 경전해석의 규칙 따위를 제시한 부록과 같은 부분이다. 『유가론(瑜伽論)』·『광석제경론(廣釋諸經論)』·『십칠지론(十七地論)』이라고도 한다. 한역은 현장(玄奘, 602-664)이 번역한 『유가사지론〔100권〕』 외에, 부분적인 번역으로는 담무참(曇無讖, 385-433)의 『보살지지경(菩薩地持經)』, 구나발마(拘那跋摩, 371-431)의 『보살계경(菩薩戒經)』, 진제(眞諦, 499-569)의 『결정장론(決定藏論)』 등이 있다. 유가행파 특유의 이론에서, 그〔이론〕 발전 경위를 개관해 보면 다음과 같다. 종자설(種子說)은 이미 본지분(本地分)의 성문지(聲聞地)·보살지(菩薩地)에 보이는데, 선악을 비롯한 모든 것의 근원의 의미로서 'dhātu〔界〕'·'gotra〔種姓〕'와 유사하다. 본지분의 새로운 전개에서 『해심밀경(解深密經)』을 거쳐 섭결택분(攝決擇分)으로 이행하는 가운데 대승불교화하여, 번뇌·업(業)의 잔향(殘香)으로서의 'yāsanā〔훈습·習氣〕'의 사상과 결합한다. 삼성설(三性說)은 『반야경』·『십지경(十地經)』을 원류로 하고 「보살지진실의품(菩薩地眞實義品)」에서 원형을 갖추는데, 『해심밀경』에서는 거의 완성되고, 섭결택분(攝決擇分)에 계승되고 있다. 아뢰야식은 본지분의 성문지·보살지나 섭사분(攝事分)에는 전혀 언급이 없고 본지분의 다른 부분에 단편적으로 보이는데, 『해심밀경』의 '아다나식'에 대한 언급은 없다. 그렇지만 섭결택분에서는 상세하게 이 식(識)이 검토되고, 나아가 『해심밀경』의 거의 전문을 인용해서 활용하고 있다. '전의(轉依)'는 본지분의 성문지에서는 행자가 실천행에 의해 괴로움을 떠나 유쾌함을 얻는 체험을 주로 하고, 보살지에서는 유쾌함이 없이 불(佛)의 자재력을 얻는 것이 암시되고 있다. 그 외 무여의지(無餘依地)에서는 육체의 사후(死後)에도 획득한 진리를 영속하고 싶다고 하는 희망이 느껴지고, 섭결택분에서는 그것들 전체가 계통지워지고, 그 과정에서는 '전의(轉依)'라는 것이 행자가 스스로를 정화하는 것이 아니라 불(佛)의 작용에 의해 정화되는 것이 된다. 도달점으로서 '전의(轉依)'가 완전히 정화된 진리〔진여〕와 같게 되어 대승불교화가 완성된다. 이상과 같이 『유가사지론』 100권 중에 유가행파 초기의 단계에서 대승불교화의 여러 단계를 볼 수 있고, 오랜 세월에 걸쳐서 편찬된 것임을 알 수 있다.

유가파【瑜伽派】 인도 육파철학 가운데 하나인 요가학파. 개조(開祖)는 파탄잘리(Patañjali, B.C.150-?)이다. 학파로서 성립된 것은 불멸(佛滅)후 기원전 450-350년경인데, 수론파(數論派)의 학리(學理)를 이어 그 실제적 방면을 발전시키고, 관행명상(觀行冥想)하는 힘에 의하여 최상신(最上神) 이스와라(Iśvara)와 합일(合一)하는 것을 목적으로 한다. 『유가경』은 이 학파의 성전(聖典)으로서, 관행하는 방면을 가르친 것이다. 이 학파는 지금도 성행하고 있다.

유가행파【瑜伽行派】〔梵 Yogācāra〕 요가(yoga; 瑜伽)의 실천〔ācāra〕을 기반에 두면서, 이론적으로는 유식설이라는 독자적인 교의를 확립해 나간 학파로, 유식학파를 말함. 유가행 유식학파라고도 하는데, 중관파와 쌍벽을 이루는 인도 대승불교의 학파 이름. 곧 유식학·유식사상을 가리킨다. 의정(義淨, 635-713)의 『남해기귀내법전(南海寄歸內法傳)』 1권에서 중관(中觀)과 대비적(對比的)으로 언급되는 유가(瑜伽)란 바로 이와 같은 학파 이름을 의미한다. 그러나 이 한역어는 인도 육파철학 중의 요가파나 다른 인도철학 용어와 구별이 명확하지 않기 때문에, 유식학파는 근대에 이르러 유가행파(瑜伽行派)라는 역어(譯語)가 설정되었는데, 오늘날에는 이 명칭이 거의 일반적으로 쓰이게 되었다. 유가행파란 『유가사지론』을 바탕으로 성립했다고 보는 학자도 있는 한편, 이러한 일련의 전적(典籍) 중에서 설하는 대승적 관법(觀法)의 특질을 본의(本意)대로 따르면 유가

(瑜伽; yoniśo-manasikāra-yoga)에 있다고 해석하여, 그것을 이 학파의 기조(基調)로 보는 학자도 있다. 전자(前者)의 입장과 같은 것으로는 세친(世親; Vasubandhu, 320경-400경)의 『연기경석(緣起經釋)』 가운데 『유가사지론자(瑜伽師地論者)』인 학파명(學派名)이 쓰여 있는 것이 주목된다. 『유가사지론』에 대하여 중국전(中國傳)에서는 미륵설(彌勒說), 티베트전(傳)에서는 무착(無着)조(造)로 되어 있으나 어느 쪽도 단정할 수 없다. 그러나 유가행파의 시조(始祖)를 전통적으로는 무착(無着; Asaṅga, 310-390경)으로 본다. 유식설은 무착(無着)과 세친(世親)의 단독 저작에 의하여 비로소 간결하게 체계를 이루었다고 보기 때문이다. 그 후 유가행파는 진나(陳那; Dignāga, 480경-540경)와 법칭(法稱; Dharmakirti)에 의하여 제기된 논리학 및 인식론상의 문제를 둘러싸고 복잡하게 나누어졌다. 그러나 그 전개의 기본적인 상태는 인식의 소여(所與)로서의 형상(形象; ākāra; 相)을 실재(實在)로 보는 유형상지식론(有形象知識論; Sākāra-jñāna-vada; 有相唯識派)과 그것을 비실재(非實在)로 보는 무형상지식론(無形象知識論; Nirākāra-jñāna-vada; 無相唯識派) 등 크게 둘로 나누어진다.

유견 【有見】〔梵 sanidarśana, asti-vanniśrita, bhava-dṛṣṭi, asti-dṛṣṭi, 英 The visible, but it is used also in the sense of the erroneous view that things really exist〕 ①〔梵 sanidarśana〕 눈에 보이는 것. 색(色)을 유견(有見)이라 한다. ②〔梵 astivanniśrita〕 모든 것이 유(有)라고 주장하는 설. 이 세상의 일들을 모두 유(有)라고 집착하는 것. 모든 존재에 고정적 실체가 있다는 것을 인정하고, 그것을 영구적으로 자신의 것으로 소유할 수 있다고 생각하는 견해. ③〔梵 asti-dṛṣṭi〕 인과(因果)가 있다고 간주하는 견해.

유경무식 【唯境無識】〔英 Realism as opposed to 唯識無境 Idealism〕 경(境; 대상으로서의 물질 일반)만 있고 식(識; 인식주체로서의 정신활동 일반)은 없다고 하는 것. 육사외도 가운데 아지타 케사캄발린의 순세외도(順世外道; Lokāyata)파는 지(地)·수(水)·화(火)·풍(風)의 사대(四大)는 극미(極微)하나 항상 실재(實在)하다고 하여 4원소의 존재만을 인정하고, 정신을 부정하는 유경무식(唯境無識; 지금의 唯物論)을 세웠다. 그러나 청변(淸辯; Bhāvaviveka, 약 490-570)은 진제(眞諦) 가운데 심(心)과 경(境)이 모두 진공(眞空)하다고 주장하고, 속제(俗諦) 가운데는 유경무식(唯境無識)을 세워서 호법(護法; Dharmapāla)의 유식무경(唯識無境)에 대립시켰다. 내식(內識)에는 경(境)과 심(心)이 있어 심(心)은 반드시 경(境)에 의탁(依託)하여 일어나기 때문이라 한다.

유공중삼시교【有空中三時敎】법상종에서 석존 일생의 교설을 세 시기로 나누어 총칭하는 말. 유교(有敎)·공교(空敎)·중도교(中道敎)를 말한다. 유교(有敎)는 소승불교로서, 실재하는 아(我)가 있다는 외도의 망집(妄執)을 깨뜨리기 위하여 아공법유(我空法有)를 말한 가르침이고, 공교(空敎)는 물(物)·심(心)의 온갖 현상에 변치 않는 실체가 있다고 믿는 사람에게는 모든 법이 다 공〔一切皆空〕하다고 말한 『반야경』 등의 가르침이고, 중도교(中道敎)는 유(有)나 공(空)의 한쪽만을 믿는 단견인(斷見人)을 위하여 우주의 진성(眞性)을 깨닫게 하려고 유(有)에도 치우치지 않고 공(空)에도 치우치지 않는 중도의 이치를 설한 가르침.

유교【有敎】제법(諸法)을 유(有)로 하는 교의(敎義). 소승의 제법실유(諸法實有)의 설. 법상종(法相宗)의 유(有)·공(空)·중(中)의 삼시교판(三時敎判) 가운데 초시(初時)의 유교(有敎). 또한 급법사(岌法師)의 삼교(三敎), 혜관(慧觀)의 오교(五敎), 유규(劉虬)의 오교(五敎) 중의 유상교(有相敎) 등이 유교(有敎)이다.

유교경【遺敎經】정식으로는 『불수반열반약설교계경(佛垂般涅槃略說敎誡經)』이라고 한다. 중국 후진 때 구마라집(鳩摩羅什, 344-413)이 번역함. 1권. 석존께서 성도(成道) 후 40여 년 동안 교화(敎化)를 마치고 쿠시나가라의 외곽 사라쌍수에서 열반에 들려 하면서 제자들을 위하여 말씀한 최후의 가르침. 불멸후 모든 제자들의 나아갈 길을 지시하였는데, 바라제목차(波羅提木叉; prātimokṣa; 계본)를 스승으로 삼고, 마음을 경계하며, 3독 5욕의 번뇌를 억제하고, 다구(多求)·수면(睡眠)·진에(瞋恚)·공고(貢高)·첨곡(諂曲) 등의 삿된 일을 버리고, 팔대인각(八大人覺)을 닦아 퇴전하지 말고 항상 고요한 곳을 구하여 정진하라고 말씀한 것이다.

유나【維那】〔梵 karma-dāna〕선원총림의 6지사(六知事)의 하나로서 대중의 규율·기강을 담당하고 있는 소임. 유(維)는 강유(綱維), 나(那)는 범어(梵語) '갈마타나(羯磨陀那)'의 준말. 기강을 뜻한다.

유대【有對】대애(對礙)가 있는 것. 3종이 있다. 1. 장애유대(障礙有對); 손과 손, 돌과 돌이 서로 장애됨과 같이 두 물건이 동시에 동일한 공간을 차지할 수 없는 것. 물질적 존재인 5기관과 대경(對境)인 5경(境). 2. 경계유대(境界有對); 대상에 구속되어 다른 것에 대하여 자유롭지 못한 것. 6기관(器官)·6식(識)과 함께 일어나는 정신작용은 바깥물질계의 형(形) 색(色) 이외에 작용하지 못함과 같은 것. 3. 소연유대(所緣有對); 6식(識) 및 이와 함께 일어나는 정신작용은 그 대상인 6경(境)에 구속되어 자유롭지 못한 것. 이렇게 경계(境界)와 소연(所緣)은 마찬가지로 외계의 6진(塵)을 말하는 것이나, 하나는 동작하는 장소라는 뜻으로 경계(境界)라 하고, 하나는 그것을 반연(攀緣)하여 일어난다는 뜻으로 소연(所緣)이라 한다.

유루【有漏】〔梵 Sāsrava, 巴 Sassava〕 무루(無漏; anāsrava)의 상대적인 말로, '루(漏)가 있다.'는 뜻. 루(漏; āsrava)란 누설(漏泄)의 의미로서, 번뇌를 뜻함.

유루도【有漏道】〔梵 Sāsravamārga, 英 The way of mortal saṁsāra〕 번뇌를 제거하지 못한 유루적인 수행, 수도(修道). 세간도(世間道)·세속도(世俗道)라고도 한다.

유루법【有漏法】〔梵 sa-āsrava, sāsrava-dharma, 西 Zag pa daṅ bcas paḥi chos〕 무루법(無漏法)의 상대적인 말. 번뇌가 있는 법이라는 말로서, 유위법(有爲法)과 같음. 번뇌를 제거하지 못한 세속적인 것. 사제(四諦) 가운데는 고(苦)·집(集) 2제(二諦)에 해당함.

유루심【有漏心】 번뇌에 속박된 마음. 곧 번뇌망상·사심잡념·사량계교심 등을 말한다.

유루업【有漏業】〔梵 sāsrava karman〕 세속적·정욕적(情欲的) 행위(行爲). 번뇌를 끊지 못하는 행위.

유루지【有漏智】 세속의 사물에 작용하는 지혜. 아무리 수련해도 번뇌를 끊지 못하는 지혜. 세속적인 지혜.

유마거사【維摩居士】『유마경(維摩經)』의 주인공. 범어 'Vimalakīrti'의 음사(音寫)인 유마힐(維摩詰)의 약칭. 정명(淨名)·무구칭(無垢稱; 더러움, 즉 번뇌가 없다는 평판이 있는 사람) 등으로 번역한다. 유마경 항목 참조.

유마경【維摩經】〔梵 Vimalakīrnirdeśa-sūtra〕『유마힐소설경(維摩詰所說經)』·『불가사의해탈경(不可思議解脫經)』·『정명경(淨明經)』이라고도 한다. 초기 대승경전의 하나로, 기원 2세기경에 성립된 것으로 추정된다. 바이샬리의 부호인 유마(維摩; Vimalakīrti)거사가 병으로 부처님이 설하는 법회에 참석하지 못하자, 부처님을 대신하여 문수보살이 여러 성문(聲聞)과 보살들을 데리고 문병하러 갔다. 그때에 유마(維摩)는 여러 가지 언변과 신통으로 불가사의한 해탈상을 나타내고, 무주(無住)의 근본으로부터 일체법이 성립하는 것과, 삼라만상을 들어 모두 불이(不二)의 일법(一法)으로 귀착시키는 법문을 보인다. 최후에 유마는 침묵〔維摩의 一默〕으로써 진리란 불가언(不可言) 불가설(不可說)임을 강조한다. 중국 선불교에 지대한 영향을 준 경전으로서 선경(禪經)으로 여긴다. 한역(漢譯)은 188년〔後漢 靈帝 中平 5〕에 엄불조(嚴佛調)가 번역한 것이 처음이며, 지겸(支謙)·축숙란(竺叔蘭)·축법호(竺法護, 291-308)·기다밀(祇多蜜) 등의 번역도 있으나, 현재는 지겸(支謙)

의 번역만 남아 있다. 그 뒤 구마라집(鳩摩羅什, 344-413)이 406년〔東晋 安帝 義熙 2〕에 번역한 『유마힐소설경』이 오늘날에 이르기까지 가장 광범위하게 읽히고 있다. 현장(玄奘, 602-664)이 번역한 것〔650〕도 있다. 한역은 어느 것이나 「불국품(佛國品)」·「방편품(方便品)」·「제자품(弟子品)」·「보살품」·「문질품(問疾品)」·「부사의품(不思議品)」·「관중생품(觀衆生品)」·「불도품(佛道品)」·「입불이법문품(入不二法門品)」·「향적불품(香積佛品)」·「보살행품(菩薩行品)」·「견아촉불품(見阿閦佛品)」·「법공양품(法供養品)」·「촉루품(囑累品)」 등 14품으로 되어 있다. 티베트어역(譯)은 12품으로 되어 있다.

유마힐경【維摩詰經】〔梵 Vimalakīrnirdeśa-sūtra〕『유마힐소설경(維摩詰所說經)』·『불가사의해탈경(不可思議解脫)』·『유마경(維摩經)』이라고도 부른다. 유마경 항목 참조.

유마힐소설경【維摩詰所說經】 유마경 항목 참조.

유무【有無】 ①〔梵 bhāva-abhāva〕 유(有)와 무(無). 존재(存在)와 비존재(非存在). 불교에서는 이 두 개의 극단적인 견해를 물리친다. ②〔梵 asad-bhāva〕 유(有)의 무(無). ③〔梵 sāta-asāta〕 쾌(快)·불쾌(不快). ④〔梵 samāropa-apavāda〕 사물(事物)을 있다고 보고, 또 없다고 보는 것. 사물을 참으로 있다고 보는 것도, 참으로 없다고 보는 것도 모두 그릇된 견해라고 한다.

유부【有部】〔梵 Sarvāstivāda, 英 the school of the reality of all phenomena〕 소승불교의 일파. 설일체유부(說一切有部)의 준말. 설일체유부 항목을 참조할 것.

유분식【有分識】〔梵 bhavaṅga, 英 Discrimination, another name for the ālaya-vijñāna〕 삼계(三界)를 나타내는 원인이 되는 식(識). 모든 지말식(枝末識)을 전변(轉變)하는 일체종자식(一切種子識), 또는 이숙식(異熟識) 및 생명체로서 잠재의식(潛在意識)과 같다. 유분식(有分識)의 유(有)는 삼계(三界)라는 뜻이고, 분(分)은 인(因)이란 뜻으로서 삼계(三界)에 두루 편만하여 항상 윤회(輪廻)하는 총인(總因)이라는 말이다.

유불도논쟁【儒佛道論爭】 중국에서 유교(儒敎)와 불교(佛敎), 도교(道敎) 사이에 벌어진 논쟁. 한대(漢代) 이래 교학(敎學)으로서의 지위를 확보해 왔던 유교가 위진남북조시대를 맞아 점차 퇴조하고, 민간신앙으로 전파되어 오던 도교가 점차 사상적인 틀을 갖추게 된다. 또 인도에서 전래된 불교가 급속하게 전파됨에 따라 삼교(三敎) 간의 사상적 대립이 첨예화되면서부터 유교와 불교, 도교 사이의 논쟁이 본격화되었다. 이 최초의 충돌에서 불교는 외래종교라는 면이 지적되어 이하지변(夷夏之辨; 오랑캐의 논리)에 입각한 비판을 받았으며, 일부 유학자들은 불교의 영혼불멸설이나 인과응보설에 대한 이론적 비판을 가하기도 하였다. 그러나 불교의 독특한 이론이 당시 지배자들에게 수용됨으로써 불교의 세력은 점차 확대되어 갔다. 위진남북조시대 초기에 이미 주요한 지위를 점하고 있던 도교는 불교에 대한 우위성을 입증하기 위해 노자(老子, B.C.561-B.C.467)가 인도에 가서 석가(釋迦, B.C.543-B.C.463경)가 되었다는 노자화호설(老子化胡說)을 주장하였으나 실효를 거두지 못하였다. 그에 비해 불교는 육조시대(六朝時代) 말기에서부터 당대(唐代)에 걸쳐 여러 종파(宗派)를 성립시키는 등 확고부동한 위치를 구축하였다. 이러한 불교 세력의 확장은 유교와 도교에 영향을 주어, 도교는 그 교리를 더욱 심오한 철학적 체계로 정비하기 시작하였으며, 유교는 선진유학(先秦儒學)에 바탕하면서도 이기론(理氣論)과 심성론(心性論)을 발전시켜 형이상학적 변모를 갖추는 데에 있어 어느 정도 불교의 이론을 흡수하게 되었다. 따라서 당대(唐代)에서부터 송대(宋代)에 걸쳐 진행된 3교 간의 논쟁은 이전의 감정적·풍속적 논의에서 벗어나 철학적 면모를 보다 강하게 지녔는데, 원대에 와서는 유례없는 논쟁을 벌여 상호간에 심한 정치적 타격을 주었다. 결국 서로 융합하는 길을 택하게 되었다.

유상【有常】〔巴 sassata〕영원히 존재하는 것. 이 세상의 모든 것은 무상(無常)·무아(無我)·공(空)이 아니라 영원하다는 것.

유상【有相】〔梵 sa-lakṣaṇa, liṅgin, 英 determination〕①인연에 의하여 생멸하는 모든 일. 이것은 일시적인 것일 뿐, 영원한 것은 아니다. ②형상이 있는 모든 것. 볼 수 있고 나타낼 수 있는 것. ③존재하는 모든 일.

유상보시【有相布施】다른 사람에게 보시를 하고 나서 보시를 했다는 관념과 생각이 남아 있는 것.

유상종【有相宗】법상종(法相宗)의 다른 이름. 우주간의 물심현상(物心現象)을 오위백법(五位百法)으로 나누고, 상(相)에 대해서만 자세히 말하기 때문에 다른 종파에서 이렇게 부른다.

유석질의론【儒釋質疑論】현존하는 『유석질의론』의 판본(板本)에는 저작자의 이름이 명시되어 있지 않지만, 학계의 일반적인 견해로는 조선시대의 고승 함허기화 득통(涵虛己和 得通, 1376-1433)의 저술로 보고 있다. 상·하 양권 1책인 이 책은 상권에 7문답, 하권에 12문답, 도합 19개의 문답형식으로 구성되어 있는데, 먼저 서론에서 유교·불교·도교의 3교에 대한 도(道)를 간략하게 언급한 다음, 불성(佛性)의 미묘하고 부사의(不思議)함과 불법의 광대무변함을 밝혔다. 이어서 유학자와의 문답을 통하여 당시 유생들의 불교에 대한 그릇된 견해를 바로잡고, 불법(佛法)의 참된 뜻을 밝혀 불교의 우위성을 논변하며, 그들의 배불이론에 대한 반론(反論)을 펴고 있다. 이 책은 불교입문서로서도 훌륭한 가치를 지니고 있으며, 또 조선조 초기의 불교사상을 이해하는 데 있어서도 귀중한 문헌이 된다. 1582년〔선조 15〕에 경기도 용인 서봉사(瑞鳳寺)에서 1책으로 간행하였다. 1984년 동국대학교 역경원에서 현대불교신서(現代佛敎新書) 51번 책으로 번역 출판하였다.

유성【有性】〔梵 satta, 英 To have the nature〕 본디 '존재성(存在性)'이라는 뜻이지만, 특히 바이세시카(Vaiśesika)학파에서는 구의(句義; padārtha)의 하나인 사마냐(samanya)의 최상의 것을 말한다. 따라서 외연(外延)은 무한대로 넓어서 만유(萬有)를 포함하고 내포(內包)는 극소이며 다만 유성(有性)이 있을 뿐이라고 한다. 곧 이 학파에서는 만상(萬象)을 실체(實體)라고 보고 있기 때문에 최고의 범주라고도 할 수 있다. 브하바(Bhāva)라고 할 때도 있다.

유성출가상【踰城出家相】 여덟 가지 변상(變相), 즉 팔상(八相) 가운데 제4번째인 성(城)을 넘어 출가하는 모습. 팔상도 항목 참조.

유순【由旬】〔梵 yojana〕 인도 이수(里數)의 단위. 왕(王)의 하루 순행(巡行) 거리. 40리〔혹은 30리〕에 해당. 또 대유순은 80리, 중유순은 60리, 소유순은 40리라고 한다. 리(里)도 시대에 따라 그 거리가 같지 않다. 1리가 360보(步), 1,080척이라면, 1유순은 6마일의 22분의 3에 해당된다.

유식【唯識】〔梵 vijñapti-mātratā, 西 rnam par rig pa tsam〕 ①오직 심식(心識)뿐이라는 말. 삼라만상은 심식(心識) 밖에 실존하는 것이 아니라는 것. ②유식종(唯識宗)의 준말. 유식사상·유식종 항목을 참조할 것.

유식론【唯識論】〔梵 Vimśakakārika, 西 Ni-śu-paḥi tshig-lebur-byas-pa〕 인도의 세친(世親; Vasubandhu)이 지었고, 중국 후위(後魏) 때〔538-542〕 반야류지(般若流支; P-rajñāruci)가 번역. 1권. 이 논서는 진제(眞諦, 499-569)가 번역한 『대승유식론』, 현장(玄奘, 602-664)이 번역한 『유식이십론』과 함께, 세친이 지은 『유식이십론』에 대한 번역 3종 가운데 하나로서, 시기적으로는 가장 먼저 번역되었다. 그 주요 내용은 삼계(三界)란 오직 마음뿐이며, 마음 밖에는 달리 대상이 있는 것이 아님을 밝히고 있다.

유식무경【唯識無境】〔梵 nirbhāsa〕 오직 내심(內心)만 있고 마음 외〔心外〕에는 다른 경(境; 대상)이 없는 것. 유식학에 의하면, 일체 외계(外界)의 대상, 즉 경(境)은 모두 심식(心識)의 변현(變現)으로, 그 존재성(存在性)은 식(識)에 의한다고 한다.

유식사상【唯識思想】유식(唯識; vijñāpti-mātra)의 사상을 신봉하는 학파를 유가행파(瑜伽行派; yogācāra), 유가행 유식학파, 또는 유식론자(唯識論者; vijñānavadin)라 하는데, 중관파(中觀派)와 함께 인도 대승불교의 2대사조(二大思潮)를 형성했다.

[역사] 유식사상의 원류; 예를 들면, 『화엄경(華嚴經)』에는 '삼계유심(三界唯心)' '심여공화사(心如工畵師) 화종종오음(畵種種五陰)'이라고 하는 구절들이 있는데, 이러한 구절은 불도 수행자의 실천수행의 체험에 기초한 것이라고 할 수 있다. 부파의 교단에는 아비달마사(阿毘達磨師; 이론가)와 유가사(瑜伽師; 실천가)가 있었는데, 이 유가사 중에서 점차로 유식사상이 형성되어 왔던 것이다.

[무착(無着)과 세친(世親)] 유가행파 그 자체는 무착(無着; Asaṅga, 310-390경)에 의해 시작되었다. 그는 친동생인 세친(世親; Vasubandhu, 320경-400경)과 함께 유식교의의 이론적 정합화·체계화를 수행했다. 무착은 전설에 의하면 미륵보살에게 가르침을 듣고 이것을 기술했다고 한다. 최근에는 미륵(彌勒; Maitreya, 270경-350)을 무착 이전이라고 생각하는 학자도 있다. 미륵의 논서와 무착의 저작 사이에 어떤 학설적인 차이가 있기 때문에 이러한 주장이 나오지만, 그러나 귀경송(歸敬頌)을 분석해 보면, 모두 무착·세친이 편집했다고 보는 설도 있다. 초기 유식론서 가운데 '미륵(彌勒)의 오법(五法)'이라고 불리는 것이 있는데, 그 중에서도 『변중변론송(辨中邊論頌)』·『대승장엄경론송(大乘莊嚴經論頌)』이 대표적이다. 무착은 『섭대승론(攝大乘論)』·『현양성교론(顯揚聖教論)』을 지었다. 또한 티베트의 전승에서는 유식의 가장 중요한 문헌인 『유가사지론(瑜伽師地論)』의 저자가 무착으로 되어 있지만, 한역(漢譯)에는 미륵으로 되어 있다. 오늘날에는 무착 이전에 이미 『유가론(瑜伽論)』 전체가 이루어져 있었다고 보는 설이 유력하다. 세친은 『아비달마구사론(阿毘達磨俱舍論)』과 『성업론(成業論)』 등도 저술했다. 또 그는 미륵·무착의 유식론서에 주석을 쓰고, 나아가 『유식이십론』·『유식삼십송』을 지었다. 세친에는 '고세친(古世親)'·'신세친(新世親)'의 두 사람이 있었다는 설도 있지만, 대개 학계에서는 한 사람으로 보는 경향이 강하다. 『유식삼십송』은 유식의 전 교리를 30개의 시(詩)로 정리한 것으로, 그 후의 유가행파에 큰 영향을 주었다.

[세친 이후의 전개] 세친 이후의 대표적인 논사로서 안혜(安慧; 스티라미티, 470-550경), 무성(無性; 아스바브하바), 호법(護法; 달마파라) 등이 있다. 이 가운데 호법의 입장을 중심으로 한 상세한 『유식삼십송』에 대한 주석서가 『성유식론(成唯識論)』

인데, 이 책은 중국·한국·일본의 법상종 근본성전이 되었다. 안혜와 호법 사이에는 유식의 파악방식에 큰 차이가 있다. 그것이 바로 '무상유식(無相有識)'과 '유상유식(有相有識)'의 차이이다. 그러나 『성유식론』이 전하는 안혜(安慧)의 설이 진짜로 안혜 자신의 설인가는 의문의 여지가 있고, 또 무상유식과 유상유식이 어떻게 다른가에 대해서도 해명을 필요로 한다. 한편 불교논리학의 위대한 논사에 진나(陳那; 디그나가, 480경-540경)가 있다. 진나는 유식의 식(識)의 논리화에 큰 영향을 주었다. 다만 진나의 사상이 유식에 전면적으로 근거하는 것인가 어떤가는 향후 더 연구해야 한다.

[중심사상] 유식에는 식(識)을 단순한 주관으로는 보지 않는다. '식(識)의 소연(所緣; 대상)은 오직 식(識)의 소현(所現)뿐'〔『해심밀경』〕이라는 구절에 보이듯이, 식(識) 중에는 이미 대상면이 있는데 이것을 인식하는 것이다. 그러므로 외계의 대상을 직접 인식하는 것은 아니다. 식(識) 안의 대상면과 주관면을 '상분(相分)' '견분(見分)'이라고 부른다. 이 외에 '자증분(自證分; 自體分)', '증자증분(證自證分)'을 설하지만, 식(識)에는 적어도 상분·견분이 있다. 식의 이러한 존재방식을 『유식삼십송』은 '전변(轉變)'이라는 말로 표현하고, 『성유식론』은 그것을 '식(識)의 체(體)가 굴러서 2분(二分)과 비슷하다.'라고 했다.

[8식(八識)] 유식은 이와 같이 이분(二分; 相分, 見分)을 갖춘 것이 8종류가 있다고 설한다. 안식(眼識)·이식(耳識)·비식(鼻識)·설식(舌識)·신식(身識)의 '5식(五識)'은 감각의 식(識)이다. 여섯 번째인 '의식(意識)'은 판단·추리·추상 등에 관계하는 것으로, 소위 지성(知性)이다. 그런데 일곱 번째로 '말나식(末那識; 마나스)'이 있는데, 이 말나식은 내〔我〕가 항상〔常〕하다고 집착하는 식이다. 나아가 다음에 제8식을 세운다. 8식은 일반적으로 '아뢰야식(阿賴耶識; 알라야식)'이라고 이름한다. 아뢰야식에도 상분·견분이 있지만, 그 상분은 물질적 환경과 신체와 식(識)활동의 인(因)이 되는 것〔종자〕이다〔단지 모두 不可知이다〕. 이 물질적 환경은 안식(眼識) 등의 감각의 근거가 되는 것으로 칸트(Kant, 1724-1804)의 물자체(物自體)에 해당한다. 그러나 그것은 어디까지나 아뢰야식이라고 하는 식(識)인 것이다. 이러한 팔식은 찰나멸이라고 해서 찰나 찰나에 생해서는 없어지고, 다시 생해서는 없어지고 있다. 이 중 오감(五感)의 식(識)이나 의식(意識)은 일어나지 않을 때도 있지만, 아뢰야식은 무시무종(無始無終)이며, 끊임없이 계속된다. 이 아뢰야식에 칠전식(七轉識)의 활동이 훈습되어 생사윤회가 계속된다고 설명

한다.

[삼성설(三性說)] 이상이 한편의 우리 모습이다. 이 중 앞의 다섯 가지인 안이비설신은 오감의 식으로서, 분별·판단하는 능력이 없다. 또 각 식(識)마다에 나누어져 있다. 결국 안식에서 신식(身識)까지는 따로따로 단순히 순간순간에만 인식한다. 이것들을 일괄해서 인식하는 것은 제6의 의식이다. 이때 언어를 작용하는 것이 큰 역할을 담당한다. 감각마다 다른, 나아가 변화하고 있는 유동적인 세계에 대해서 언어를 적용해서 그것을 실체화하고 나아가 이것에 집착한다. 여기에 본래 없는 것을 있다고 생각하는 잘못된 견해, 즉 전도망상(顚倒妄想)이 있다. 유식은 미혹의 상태를 이와 같이 설명한다. 이상과 같이 없는 것, 실존하지 않는 것을 있다고 집착하는 것을 '변계소집성(遍計所執性)'이라 하며, 8식 전체의 흐름의 세계를 '의타기성(依他起性)'이라고 한다. 의타기성은 연기적 존재로서 공(空)을 본성으로 하고, 그 공성 자체를 더욱 나누어서 '원성실성(圓成實性)'이라고 한다. 원성실성이라는 것은 본래부터 완성되어 있는 것으로서, 자성청정(自性淸淨)의 사상이나 유구진여(有垢眞如)의 사상과도 결합한다. 이상 변계소집성·의타기성·원성실성을 '삼성설(三性說)'이라고 한다.

[오위백법(五位百法)] 유식은 단순히 오직 '식(識)=심왕(心王)'만 있다고 하는 것이 아니다. 식(識)을 심왕(心王; 마음; 마음의 본체)이라고 하는데, 심왕과 함께 일어나는 여러 가지 기능별의 각각의 심을 '심소(心所; 마음의 작용)'라고 한다. 심(心)을 하나로 보지 않고 다원적인 심의 복합체로 보는 것이다. 심왕·심소의 구별은 아비다르마〔법의 분석〕에서 설하는 것으로, 유식은 오위백법(五位百法)의 분석을 설한다. '오위(五位)'라는 것은 심왕(心王)·심소(心所)·색(色)·불상응(不相應)·무위(無爲) 등 5개의 범주이다. 이 중 '무위법(無爲法)'은 결국 진여(眞如) 그 자체로서, 다른 4개〔유위법〕의 본성에 다름 아니다. '불상응법(不相應法)'은 색·심왕·심소 위에 가립(假立)된 것으로, 실법(實法)이 아니다. '색(色)'은 심왕·심소의 상분에서 발견된다. 이리하여 참된 다르마는 심왕·심소만으로 이루어지고, 이 심왕〔마음〕·심소〔마음의 작용, 움직임〕를 분석한 것이 유식이다. 이들 법(法)에 대하여 상세하게 분석하고 있는〔대승아비달마〕 종파가 '법상종(法相宗)'이다.

[수도론(修道論)] 그런데 이와 같이 자신이나 사물을 실체시하는 것, 또는 그것들에 대하여 집착하는 것이 근거가 없다는 것을 알면, 그 집착에서 해방되어 본래의 자기를 실현하려고 하는데, 그로부터 수도론이 발생한다. 유식의 수도론은 오위에 의해

조직되어 있다. 즉 자량위(資糧位)·가행위(加行位)·통달위(通達位)·수습위(修習位)·구경위(究竟位) 등 오위(五位)이다. '자량위'는 수행의 길을 가기 위한 기초적인 힘을 기르는 단계이고, 6바라밀 등을 닦는다. '가행위'는 수행을 행하는 자가 하나의 깨달음에 도달하기 위한 특별한 행을 닦는 단계로 유식관(唯識觀)을 닦는다. 여기서는 세계가 오직 식(識)뿐이라고 관찰해 가지만, 유식이라고 하는 이해조차도 초월해야만 한다고 한다. '통달위'는 유식관이 이루어져, 무분별지(無分別智)가 일어나고 진여(眞如)를 경험하는 단계로 '견도(見道)'라고도 한다. 무분별지가 일어나면 곧 후득지(後得智)도 일어난다. 견도(見道)에서 하나의 각(覺)을 얻지만, 그것으로 모든 것이 해결된 것은 아니고 아뢰야식에 물들어 있는 번뇌 등의 요인을 정화하지 않으면 안 된다. 그 수행이 '수습위'로 십지(十地)의 수행을 행한다. 이것이 완성되면 '구경위'에 도달하고 불(佛)이 되는 것이다.

[불신론(佛身論)] 불(佛)이란 '깨달은 자'를 뜻하지만, 이것을 유식에서 설명하면 8식이 완전히 사지(四智)로 변화, 승화된 것이다. 곧 아뢰야식은 '대원경지(大圓鏡智)'로, 말나식은 '평등성지(平等性智)'로, 제6의 의식은 '묘관찰지(妙觀察智)'로, 앞〔前〕 오식(五識; 안이비설신)은 '성소작지(成所作智)'로 변한다. 이 불(佛)에 관해서 유식은 자성신(自性身)·수용신(受用身)·변화신(變化身)의 삼신(三身)에 의한 불신론(佛身論)도 가지고 있다. 소위 법(法)·보(報)·화(化)의 삼신설이다. 이 중 '자성신'은 진여(眞如)와 같고, 존재의 실성 그 자체이다. 이것을 불신론에서는 자성신(自性身)이라고 부른다. '수용신'은 사지(四智)의 전부이다. 수행의 과보를 수행하는 것이지만, 여기에 자수용신(自受用身)과 타수용신(他受用身)의 구별을 설하기도 한다. 자수용(自受用)은 지금까지의 수행의 공덕을 스스로 수용한다. 타수용(他受用)은 다른 것에 수용시키는 것이다. '변화신'은 범부의 감각에 나타난 영상으로서의 불(佛)로, 그것을 낳는 것은 성소작지(成所作智)이다. 그러한 이타(利他)의 작용의 근저에는 평등성지(平等性智)가 작용하고 있다. 삼신(三身)에 대해서는 3종의 불토(佛土)를 설한다. 자성신에 대한 법성토(法性土) 외에 보토(報土)·화토(化土)의 구별도 설한다. 덧붙여서 말하면 유식에서는 범부가 보토(報土)에 태어나는 것을 인정하지 않고, 염불의 가르침을 방편적인 것으로 본다.

[삼승사상(三乘思想)] 이 외에 유식은 일승사상(一乘思想)을 어떤 특별한 의도를 가진 것으로 보고, 삼승진실(三乘眞實)을 주장했다. 곧 원래 보살로서 수행해서 불(佛)이 될 수 없다는 것이다. 이 입장은 현실을 응시한

것이라고 할 수도 있지만, 대승(大乘)의 이상(理想)인 일체중생 실유불성(一切衆生 悉有佛性)의 사상에서 먼 것이고, 중국 등의 교상판석(教相判釋; 교학 구분)에 있어서는 종종 낮은 입장의 대승불교로 간주하게끔 한 요인이 되었다.

유식삼십송 【唯識三十頌】 인도의 세친(世親; Vasubandhu)의 최만년(最晩年)의 저작. 초기 인도 유가행 유식학파의 사상〔『유가사지론』·『해심밀경』에서 『섭대승론』까지〕을 집대성하고 체계화하여 30개의 운문시송(韻文詩頌)으로 정리한 책. 『유식이십론(唯識二十論)』이 대외적인 파사론(破邪論)인 것에 대하여, 『유식삼십론』은 현정론(顯正論)이라는 성질을 지닌다.

[문헌사적 흐름] 『유식삼십송』은 초기 유가행파의 사상을 완성시킨 세친의 최만년 저작이라고 하는 이유 때문에 중요시되기도 하지만, 짧은 30개의 시송(詩頌)이어서 이 저작에서 그 사상체계를 아는 것은 결코 쉽지 않다. 게다가 『이십론』과 달리 그 자신의 주석서도 남아 있지 않기 때문에, 그 사상을 아는 데는 다른 저작인 무착(無着; Asaṅga) 등의 논서에서 추정해야 하고, 후의 『유식삼십송』에 대한 주석서의 해석을 참고로 해야 한다. 『유식삼십송』이 중요시되고 있는 가장 큰 이유는 중국·일본의 법상종(法相宗) 전통에 의한 것이다. 중국 법상종의 기반이 되는 『성유식론(成唯識論)』은 『유식삼십송』에 대한 인도의 10종의 주석을 바탕으로 번역한 것이지만, 그러나 그 가운데서도 주축이 되는 것은 호법(護法; Dharmapāla; 達摩波羅)의 학설이다. 호법의 설을 주축으로 해서, 현장(玄奘, 602-664)이 그의 제자 자은대사(慈恩大師) 규기(窺基, 632-682)의 의향을 반영하여 취사선택하고 조직해서 역출(譯出)한 것이기 때문이다. 범어본(梵語本)은 세친(世親)의 본송(本頌)과 안혜(安慧; Sthiramati; 悉恥咤末底)의 주(注)뿐이고, 다른 것은 현존하지 않는다. 그 이외에는 티베트어역에 비니타데바의 부주(副注)가 있다. 한역은 현장이 번역한 『성유식론』 외에, 현장이 번역한 『유식삼십론송(唯識三十論頌)』과 진제(眞諦)가 번역한 『전식론(轉識論)』이 있을 뿐이다. 따라서 인도의 십석(十釋)을 원전과 비교 검토하는 것은 불가능하다. 나아가 호법(護法)의 다른 저작인 범어본·티베트어역도 현존하지 않으므로, 그의 사상을 직접 검증하는 것도 어렵다. 따라서 『성유식론』은 번역 과정에서도 알 수 있듯이, 세친(世親) 본래의 사상이라고 하기보다는 중국 법상교학의 독자적인 사상체계를 가지는 책이라고 할 수 있다.

[내용] 우선 언어로 표현되어 있는 현상세계는 '식(識)이 변현(變現)하고 있는 상태〔識의 활동=識轉變〕'인

데, 그것을 나누어 보면 아뢰야식과 말나식, 그리고 6식(六識)의 3층 구조를 가지는 총 여덟 가지 식〔八識〕으로 분류된다. 즉 일체종자식(一切種子識)으로서의 아뢰야식과 이것을 자아(自我)로 잘못 알아서 자아의식을 일으키는 말나식(末那識; 마나스), 그리고 인식세계를 인식하는 6식(六識)을 심(心) 및 각각의 심(心)에 부수하는 마음의 작용〔心所〕과 함께 분석하는데, 심소(心所)의 분석에 많은 부분을 할애하고 있다. 그 분석을 통해서 현상세계·가상세계는 결국 '활동하는 식(識; 了別)'에 지나지 않는다고 한다. 다음으로 그 진리를 깨닫기 위한 실천이론인 삼성(三性)·삼무성설(三無性說)이 제시된다. 그리고 수행단계에 상응하는 부분을 지나 최종적으로 깨달음을 완성한 상태를 보인다. 그리고 최종게(最終偈)에서는 해탈신(解脫身)과 법신(法身)을 제시해서, 소승에 대한 대승의 우위성을 주장하고 있다. 논(論) 전체를 보면, 8식설(八識說)·삼성설(三性說) 등 유가행파의 중요한 이론에 근거하여 간결하게 서술된 것을 알 수 있지만, 특히 범부(凡夫)의 번뇌 등의 마음의 작용〔心所〕을 설명하는 데 역점이 두어져 있다. 그 이전의 유가행파 논서에는 보이지 않는 'vijñāna-pariṇāma'라고 하는 용어를 처음으로 받아들인 점도 중요하다. 이것이 경량부(經量部) 특유의 'saṃtati-pariṇāma-viśesa〔相續轉變差別; 無我說·刹那滅說에 서 있으면서도 현재에만 주목하는 경우, 먼 과거의 업은 담당자의 마음의 흐름 가운데서 상속되고, 그것이 특수한 변화를 일으켜서 다음의 業을 낳는다고 業理論을 증명하는 것〕'의 발전 형태라고 한다면, 경량부가 유가행파에 독립, 선행해서 존재했던 것이 확인되고, 세친(世親)이 경량부에서 유가행 유식학파로 전향하는 과정에서 가져온 것이 된다. 이 점도 포함하여 여러 요소를 분석·고찰해 보면, 『유식삼십송』은 경량부적 성격을 강하게 가지고 있다고 평가된다.

유식이십론【唯識二十論】〔梵 vijñaptimātratāsiddhi vimsatikā kārikā〕 인도의 승려인 세친(世親; Vasubandhu, 약 320-400년경)이 지은 책. 이 책은 『유식삼십송(唯識三十頌)』과 함께 유식설(唯識說)을 확립한 대표적 작품이다. 중국에서는 현장(玄奘, 602-664)역, 진제(眞諦, 499-569)역, 보리류지(菩提流支) 번역 등 3종이 있는데, 그 중 현장이 번역한 것이 잘 읽힌다. 20편의 송문(頌文)으로 되어 있으며, 세친 자신의 주석이 붙어 있다. 이 책에서 그는 소승의 설을 주장한 실재론자(實在論者)에 의해 제안된 것으로 상상되는 유식설에 대한 논란을 설정하여 비판·배격하고, 대상계가 비유(非有)라는 것을 명확히 하고 있다. 유식설의 논증 때문에 업(業)의 이론과 함께 몽중(夢中)

의 경험이 자주 인증되고 있으며, 유식학파가 다른 학파에 대한 이론적 대결의 태도를 명확히 나타낸 작품이라는 점에 의의가 있다.

유식종【唯識宗】〔英 The Dharma-laksana sect 法相宗, which holds that all is mind in its ultimate nature〕 법상종(法相宗)이라고도 한다. 이 종(宗)은 만유(萬有)는 단지 식(識; 心)의 변현(變現)에 지나지 않는다고 설하기 때문에 유식종이라고 한다. 유식의 대표적인 경전은 『해심밀경(解深密經)』이지만 논(論)으로는 『유가사지론(瑜伽師地論)』이다. 그러나 정돈된 근본성전은 세친(世親, 320-400경)의 『유식삼십송(唯識三十頌)』·『유식이십론(唯識二十論)』이다. 그리고 6세기에 나온 호법(護法) 등 십대논사(十大論師)가 『유식삼십송』을 주해(註解)한 것을 약찬(略纂)한 『유식론(唯識論)』 10권이 중요시된다. 중국에서는 당(唐)의 현장(玄奘, 602-664)이 『성유식론(成唯識論)』을 번역하여 유식사상을 자은(慈恩; 窺基, 632-682)에게 전했다. 자은은 많은 저술로써 본종(本宗) 교의(敎義)를 대성(大成)했다. 곧 『성유식론술기(成唯識論述記)』 20권·『유식론추요(唯識論樞要)』 4권이 그것이다. 자은의 제자 혜소(慧沼, 774-850)는 『유식요의등(唯識了義燈)』 13권을, 그 제자 지주(智周)는 『유식연비초(唯識演秘鈔)』 14권을 지었다. 『추요(樞要)』 이하의 세 책은 유식삼대소(唯識三大疏)라 하기 때문에 유식종 교의(敎義) 연구에 없어서는 안 될 책이다. 한국에서는 진표(眞表)가 경덕왕〔742-765 在位〕 때에 금산사(金山寺)에 근본 도량을 개창하여, 그 문하에 영심(永深)·보종(寶宗)·신방(信芳)·체진(體珍)·진회(珍悔)·진선(眞善)·석충(釋忠) 등 많은 제자가 배출되었다. 영심은 속리산 법주사(法住寺)를 창건하였고, 영심의 제자 심지(心地)왕사가 동화사(桐華寺)를 창건하여 진표의 점찰법회를 계승하였다. 유식종의 종의(宗義)는 유심론(唯心論)이고 만유는 아뢰야식의 연기(緣起)한 것이라고 설하기 때문에 아뢰야연기설이라 불린다. 그 연기의 주체인 능변(能變)의 초(初)는 제8식이지만, 이능변(二能變)은 제7식이고, 삼능변(三能變)은 6식(識)이다. 내심(內心)에서 외경(外境)을 변현(變現)하는 것이기 때문에 '삼계유일심(三界唯一心) 심외무별법(心外無別法)'이라 한다. 또한 만유를 분류하여 오위백법(五位百法)으로 한다. 또 만유의 진실재(眞實在)와 허망을 분명히 하기 위하여 삼성(三性)을 설한다. 또 식(識)이 외계(外界)를 관조하는 데 대한 동작을 견분(見分)·상분(相分)·자증분(自證分)·증자증분(證自證分) 등 사분(四分)으로 나누어 설명한다. 그리고 유식의 이(理)를 증오(證悟)하는 방법으로서 오중유식관(五重唯識觀)을 설하고, 중생의 해탈에 대하여는 오성각별(五性各別)을 설하여 영구히 해탈하지 못하는 자가 있다고 설하는데, 자종(自宗)의 삼승교(三乘敎)를 진실로 하고 다른 일승교(一乘敎)를 가설(假說)로 한다. 그러므로 일반적으로 유식종을 권대승(權大乘)이라고 부른다.

유식중도【唯識中道】 일체만법이 아뢰야식(阿賴耶識)의 변한 바로서, 비유비공(非有非空)의 중도(中道)라고 하는 뜻. 변계소집성(遍計所執性)·의타기성(依他起性)·원성실성(圓成實性)의 3성으로 말하면, 변계는 공(空), 의타와 원성은 유(有)이다. 변계를 고집하는 법은 모두 허망한 영상(影像)이고 실유(實有)의 법이 아니므로 이것을 정유리무(情有理無)라 하고, 실성(實性)의 종자로부터 변하여 생긴 의타기(依他起)의 제법은 상주(常住)하는 실체는 아니지만 무(無)라고도 할 수 없으므로 여환가유(如幻假有)라 한다. 그러나 원성실성의 진여(眞如)는 진공묘유(眞空妙有)의 법으로서, 그 체는 공적(空寂)하지만 진실원만한 실재이다. 일체만법은 모두 이 3성을 가진 것이므로 공(空)·유(有)의 양면이 있는 것으로 유(有)라고도, 공(空)이라고도 단정할 수 없으므로 이것을 비유비공(非有非空)의 중도라 한다. 이렇게 삼성을 상대하여 의논하는 것을 삼성대망(三性對望)의 중도라 한다. 또한 삼성에 대하여 각각 의논하더라도 마찬가지로 변계소집성은 정유리무(情有理無), 의타기성은 여환가유(如幻假有), 원성실성은 진공묘유(眞空妙有)이므로, 모두 제각기 비유비공(非有非空)이어서 중도이다. 이것을 일법중도(一法中道)라 한다.

유식학파【唯識學派】〔梵 vijñānavādin〕 유식설은 이미 『해심밀경』·『대승아비달마경』 가운데 설파되고 있지만, 유식파의 개조(開祖)는 미륵(彌勒; Maitreya, 약 270-350경)이다. 그는 『유가사지론』·『대승장엄경론』·『중변분별론』 등을 지었다. 미륵의 가르침을 받아서 유식설을 조직적으로 논술한 사람은 무착(無着; Asaṅga, 310-390경)과 그의 동생 세친(世親; Vasubandhu, 약 320-400경)인데, 이들에게서 유래하는, 경식구공(境識俱空)을 주장하는 진실유식설(眞實唯識說)은 인도에서는 무상유식파(無相唯識派)라 불린다. 이것이 진제(眞諦; Paramārtha)삼장에 의하여 중국에 전달되어 섭론종(攝論宗)으로 발전하였다. 이에 대하여 일단 식(識)의 존재를 인정하는 입장, 즉 경공심유(境空心有)의 방편유식설(方便唯識說)은 유상유식파(有相唯識派)가 주장한 것으로서, 진나(陳那; Dignāga, 480경-540경)에서 시작하여 무성(無性; Asvabhāva)을 거쳐 호법(護法; Dharmapāla)에 이르러 대성하였다. 이것이 현장(玄奘, 602-664)삼장에 의하여 중국에 전해져 법상종(法相宗)이 되었다. 진나(陳那)는 『인명정리문론(因明正理門論)』 등을 저작하였다. 그는 지식근거로서 직접지각과 추론(推論)의 두 종류만은 승인하면서, 직접지각은 분별을 떠난 것이어서 내용이 없는 것이지만, 추론의 작용이 가(加)해짐으로써 구체적인 지식으로서 성립한다고 한다. 또한 보편의 존재를 부인하여, 그것은 타자(他者)의 배제(排除)에 의하여 부정적으로 구성된 것에 불과하다고 한다. 따라서 참뜻으로 말하는 개별자란 작용의 어느 순간에 불과하다고 한다. 그는 신인명(新因明)을 확립하였다. 상갈라주(商羯羅主; Śaṃkara-svāmi)의 『인명입정리론(因明入正理論)』은 그 입문서인데, 중국·한국에서는 인명(因明)의 근본책으로 많이 연구되었다. 진나의 논리사상은 법칭(法稱)에 의해서 더 한층 세밀한 것이 되었다. 그에 의하면 각 순간이 승의(勝義)에 있어서 어떤 것이다. 우리는 각 순간의 연속으로서 의식(意識)의 흐름을 상정(想定)하여 개인의 연속적 존재를 인정하고 있으나, 그것은 사유에 의하여 구성된 것에 불과한 것이라고 한다. 그는 또 논거(論據) 그 자체로부터 인도되어 나오는 추론과 결과를 논거로 하는 추론을 구별하였다.

유심 【唯心】〔梵 citta-mātra, 英 Idealism, mind only, the theory that the only reality is mental, that of the mind〕 모든 것은 마음〔心〕의 나타남이라는 것. 마음〔心〕을 떠나서는 일체의 것은 존재하지 않는다는 것이다. 초기불교 이래 마음이 차지하는 위치는 중대할 뿐 아니라, 그 의미도 넓고 깊다. 예컨대, 『잡아함경』에서는, "마음이 번뇌〔心惱〕하기 때문에 중생이 번뇌〔衆生惱〕하고 마음이 깨끗〔心淨〕하기 때문에 중생이 깨끗〔衆生淨〕하다."라고 한다. 뒤에 아비달마에서는 심(心)을 더욱 상세하게 분석하면서 심식론(心識論)이 발달했다. 대승경전에서도, "보살정토(菩薩淨土)를 얻으려면 그 마음을 맑게 해야 하고, 그 마음이 맑음에 따라서 불토(佛土)도 맑다〔『유마경』〕.", "삼계(三界)는 오직 이 자심(自心)이라고 보고, 아(我)·아소(我所)를 떠나면 동작(動作)도 없고 내거(來去)도 없다〔『능가경』〕."고 한다. 특히 『화엄경(華嚴經)』 「십지품(十地品)」에서, "이 삼계(三界)에 속하는 것은 단지 마음〔心〕뿐이다〔tad idaṃ cittamātraṃ yad idaṃ traidhātukam〕."라고 한 것은 불교사상에 있어서의 유심론(唯心論)을 대표하는 것이라 할 수 있다.

유심안락도 【遊心安樂道】 1권 1책. 신라시대의 고승 원효(元曉, 617-686) 지음. 찬자 자신의 저서인 『무량수경종요(無量壽經宗要)』를 더욱 깊이 부연(敷衍)하여 정토사상을 논술한 책.

ㅇ

극락〔정토〕과 지옥 등 사바세계〔예토〕와 생사와 열반이 모두 일심(一心; 마음) 속에 있다고 한 점은 매우 탁월한 관점이다.

유심정토【唯心淨土】 극락정토는 오직 내 마음속에 있을 뿐 마음 밖에는 없다는 말. 마음이 평온하면 극락〔정토〕이고, 번뇌망상으로 괴로우면 그것이 곧 지옥이라는 것이다.

유여열반·무여열반【有餘涅槃·無餘涅槃】〔梵 sopadhiśeṣa-nirvāṇa, anupadhiśeṣa-nirvāṇa, 英 Incomplete nirvāṇa〕 정확하게는 유여의열반(有餘依涅槃)·무여의열반(無餘依涅槃)임. 의(依)란 의신(依身)의 의미인데, 이 신체(身體)를 가리킨다. 유여열반이란 수행으로 괴로움의 원인인 번뇌는 끊었으나, 아직도 과거의 업보(業報)로 받은 신체가 멸하지 못한 열반이며, 무여의열반은 현재의 신체까지 멸(滅)해 없어진 상태〔죽음〕를 말함. 육체가 남아 있는 한 괴로움으로부터 완전히 벗어날 수 없다는 것〔有餘涅槃〕. 따라서 육체까지 벗어야만 완전한 열반에 도달할 수 있다〔無餘涅槃〕는 뜻.

유연중생【有緣衆生】 ①과거 전생에 불·보살과 깊은 인연을 맺은 일이 있는 중생. ②불법(佛法)과 인연이 있어서 부처님을 믿는 중생.

유위【有爲】〔梵 saṃskṛta, 巴 saṃkhata, 英 Functioning, effective; phenomenal, the processes resulting from the law of karma〕 무위(無爲)의 상대적인 말로, 위(爲). 유위(有爲)란 위작(爲作)·조작(造作)의 뜻이다. 즉 인(因)과 연(緣)의 화합(和合)에 의하여 만들어진 모든 존재, 모든 현상〔諸法〕을 의미한다. 만들어진 것에는 반드시 생멸(生滅)이 있고 무상(無常)이 있다. 유위(有爲)의 법(法)에는 반드시 생주이멸(生住異滅)의 사상(四相)이 있다. 구사종(俱舍宗)에서는 일체제법(一切諸法)을 오위칠십오법(五位七十五法)으로 나누는데, 이 가운데 3무위(無爲)를 제외한 모든 것〔72法〕은 유위법이다. 유식(唯識)에서는 오위백법(五位百法) 가운데 6무위(無爲)를 제외한 94법이 유위법이다.

유전【流轉】〔梵 saṃsārita, saṃsarati, saṃsṛti, 英 transmigration〕 ①무명번뇌에 의하여 삼계육도를 표류하고 생사윤회가 끊임없이 계속되는 것. 번뇌망상·삼독오욕으로 인하여 끊임없이 육도를 윤회하고 생사바다에 헤매 다니는 것. ②일정한 직업이나 거주지가 없이 여기저기 떠돌아다니는 것. 인생이 방랑자나 집시처럼 여기저기 떠돌아다니는 것을 인생유전이라 한다.

유전문【流轉門】〔英 The way of transmigration〕 환멸문(還滅門)의 상대되는 말로, 끝없는 옛적부터 어리석음, 즉 무명(無明)번뇌로 말미암아 업(業)을 지어 육도(六道)에 윤회하면서 고락(苦樂)을 받아 그치지 않는 방면을 말한다. 『기신론』에서는 불각(不覺)의 면에서 염연기(染緣起)의 유전문(流轉門)을 설하였다. 유전 항목을 참조할 것.

유정 【有情】〔梵 Sattva, 巴 Satta, 英 sentience〕 '정식(情識)을 가지는 것'이라는 의미로서 중생과 동의어. 생명(生命)을 가지고 있는 것으로서 생물 중 동물류(類)를 말한다. 생존, 즉 유(有; Bhava)에 속하면서 개체적 생명을 영위하는 것을 모두 유정(有情)이라 한다. 당나라 현장(玄奘, 602-664) 이전에는 중생(衆生)이라 번역하고, 현장 이후에는 유정(有情)이라 번역하고 있다.

유정세간 【有情世間】〔梵 sattva-loka〕 세간(世間)을 둘이나 셋으로 나눈 것 중의 하나. 정식(情識; 마음)을 가진 자가 살아가는 세계. 생존하는 세계라는 뜻. 유정계(有情界). 자연환경에 대해, 그곳에서 활동하고 살아가는 존재를 말한다. 중생세간과 같은 뜻이다.

유정천 【有頂天】〔梵 akaniṣtha〕 비상비비상천(非想非非想天)의 다른 이름. 삼계(三界)를 9지(九地)로 나눈 가운데서 이 하늘은 무색계(無色界)의 최상천(最上天)이므로, 유(有)의 정(頂)이란 뜻으로 유정천이라 한다.

유종 【有宗】 유교(有敎)라고도 한다. 인간의 존재를 구성하는 여러 요소가 실재한다는 것을 인정하는 입장. ①공종(空宗)의 상대어. 만유를 유(有)·공(空)에 편중되지 않고 해석하는 것이 불교의 입장인데, 가유(假有)임에도 불구하고 현실의 형상을 잡으려고 하는 것이 유(有)의 견해이다. 대표적인 것이 소승의 설일체유부(說一切有部)이다. 대승불교에서는 유식설(唯識說)을 말하는 법상종(法相宗)이 이에 속한다. ②구사종(俱舍宗)·설일체유부(說一切有部)의 교리를 받들므로 이렇게 말한다.

유주물 【有主物】〔英 Things that have an own〕 소유주가 있는 물건. 삼보물(三宝物)과 별류물(別類物)로 나눈다. 1. 삼보물 가운데 불물(佛物)은 불상·사리·부처님의 의발·불당의 장엄·불탑 등이고, 법물(法物)은 경론(經論) 등의 서적·비법(秘法) 등에 쓰는 권질(卷秩)이나 물건 등이며, 승물(僧物)은 대중들이 먹는 곡식·과자·승려들이 받은 시물(施物)·죽은 비구의 유물·어떤 비구에게 나누어 준 것 등이다. 2. 별류물은 적물(賊物)·관물(官物)·신물(神物)·귀물(鬼物)·천물(天物)·광인물(狂人物)·축물(畜物)·수호주(守護主) 있는 물건 등이다.

유통분 【流通分】 삼분(三分; 서분·정종분·유통분) 가운데 하나. 해당 경전이 오래 유통되기를 바라는 내용임. 정종분(正宗分) 다음에 나오며, 설한 교법(敎法)을 후세에 유전하기 위하여 제자에게 위촉하는 부분. 그 경

(經)의 결론에 해당한다.

유표업【有表業】〔梵 vijñapti, 西 rnam par rig byed, 英 The manifested activities of the 身口意 body, mouth, and mind in contrast with their 無表業 unmanifested activities〕 표시할 수 있는 업(業)이란 뜻. 몸〔身〕의 표업은 취하고, 버리고, 굽히고, 펴는 동작이고, 말〔口〕의 표업은 자기의 의사를 발표하는 언어이며, 뜻〔意〕의 표업은 탐(貪)·진(瞋) 등의 번뇌이다. 『구사론』에서는 몸과 입에서만 표업(表業)을 세우고, 유식에서는 몸과 입과 뜻에 걸쳐 세운다.

유학【有學】〔梵 saiksa, sekha, 英 in Hinayāna those in the first three stages of training as arhats, the fourth and last stage being 無學 those beyond the need of further teaching or study〕 아직 더 배워야 하고 닦아야 할 것이 있다는 말로서, 더 배워야 할 것이 없는 무학(無學)에 상대되는 말. 소승(小乘) 성자(聖者)의 하나인 성문(聲聞; śrāvaka)이 온갖 번뇌를 끊으려고 계(戒)·정(定)·혜(慧) 삼학(三學)을 닦는 지위. 수행과 증과(證果)의 단계로는 사향〔四向; 소승들이 닦는 4가지 계위(階位)〕으로, 증과(證果)를 위하여 수행하되 아직 과(果)에 이르지 못한 단계. 곧 사향(四向; 須陀洹向·斯多含向·阿那含向·阿羅漢向)과 사과(四果; 小乘 證果의 4계위, 즉 須陀洹果·斯多含果·阿那含果·阿羅漢果) 중에서 아라한과(阿羅漢果)를 뺀 앞의 4향과 3과의 단계이다.

유행경【遊行經】 3권. 『장아함경』 제2에서 제4까지. 아사세왕(阿闍世王; Ajātaśatru)이 이웃 나라를 정벌하는 것에 대해 물으니, 널리 비구를 위하여 7법과 6법을 설하고, 입열반·분사리(分舍利)에 관한 것을 두루 설한 경전이다. 『불반니원경(佛般泥洹經)』 2권·『대반열반경』 3권·『반원경』 2권 등은 모두 동본이역(同本異譯)이다.

육가칠종【六家七宗】 중국 동진(東晋)시대 반야학(般若學)의 파별(派別). 동한(東漢) 말기 지루가참(支婁迦讖; 支讖)이 『도행반야경』을 번역한 이래 인도 반야경전이 중국에 들어오기 시작했는데, 위진(魏晋) 때에는 불교학자들이 현학(玄學)의 관점에서 『반야경』을 이해하고 논석(論釋)하는 과정에서 여러 파가 생기게 되었다. 6가(六家)란 도안(道安, 314-385)의 본무종(本無宗), 지도림(支道林, 314-366)의 즉색종(卽色宗), 우법개(于法開)의 식함종(識含宗), 도일(道壹)의 환화종(幻化宗), 우도수(于道邃)의 연회종(緣會宗), 지민도(支愍度)의 심무종(心無宗)이고, 7종이란 위의 육종과 본무종(本無宗)에서 갈라져 나온 축법심(竺法深; 竺法汰)의 본무이종(本無異宗)을 합해서 말하는 것이다. 그 당시에는 본무종(本無宗), 즉색종(卽

色宗), 심무종(心無宗) 3가(家)가 가장 유력했다.

육경 【六境】〔梵 ṣaḍ viṣayāḥ, 英 The six fields of the senses, i.e. the objective fields of sight, sound, smell, taste, touch, and idea (or thought)〕 육진(六塵)·육망(六妄)·육쇠(六衰)·육적(六賊)이라고도 한다. 육식(六識)이 인식하는 대경(對境), 즉 색경(色境)·성경(聲境)·향경(香境)·미경(味境)·촉경(觸境)·법경(法境)을 말한다. 『구사론』 2권에, "육근(六根)·육식(六識)의 열둘은 내·외를 이름한 것으로 색(色) 등의 육경(六境)에 해당되는 바를 일컫는다."고 하였다.

육관법 【六觀法】『본업경』에 있는 6종의 관법(觀法). 곧 1. 주관(住觀), 2. 행관(行觀), 3. 향관(向觀), 4. 지관(地觀), 5. 무상관(無相觀), 6. 일체종지관(一切種智觀)을 말한다.

육군비구 【六群比丘】『붓다 당시에 악행을 일삼은 난타(難陀)·발난타·가류타이·천나·아설가(阿說迦)·불나발 등 6명의 비구.

육근 【六根】〔梵 ṣaḍ-indriya, 英 The six indriyas or sense-organs〕 안(眼)·이(耳)·비(鼻)·설(舌)·신(身)·의(意)의 6개의 감각(感覺)·인식기관(認識器官)을 말한다. 시각(視覺)·청각(聽覺)·후각(嗅覺)·미각(味覺)·촉각(觸覺)의 감각(感覺)과 의식(意識)을 관리함.

육근청정 【六根淸淨】〔英 The six organs and their purification in order to develop their unlimited power and interchange, as in the case of a Buddha〕 ①육근정(六根淨)이라고도 한다. 안(眼)·이(耳)·비(鼻)·설(舌)·신(身)·의(意)의 육근(六根)이 대경(對境)을 대하여 집착심을 끊음. 또는 육근이 각각 그 대상을 만나도 오염되지 않게 하는 것. 오염된 것을 청정하게 함을 뜻함. 청정이란 무집착을 뜻함.

육단심 【肉團心】〔梵 hṛdaya, 英 the physical heart〕 사심(四心)의 하나. 심장을 말한다. 의근(意根)의 의탁처로서, 그 모양이 팔판(八瓣)의 육엽(肉葉)으로 이루어졌다고 한다.

육대 【六大】〔英 The six great or fundamental things or elements〕 지(地)·수(水)·화(火)·풍(風)·공(空)·식(識)을 육대(六大) 또는 육계(六界)라 한다. 만유(萬有)를 생성시키는 원소로서 우주에 가득하기 때문에 대(大)라 한다. 식물 등 무정물은 전오대(前五大)의 소성(所成)이고, 동물·인간 등 유정(有情)은 육대(六大)의 소성(所成)이다. 이 육대(六大)의 뜻은 현·밀(顯密) 2교(敎)에 통하는 설이지만, 현교(顯敎)에서는 만유를 육대의 가화합(假和合)으로 하고, 능히 만유를 생성시키는 육대(六大)도 소생(所生)된 만유도 함께 무상한 가상(假象)이고 불변(不變)하는 실재

(實在)는 아니라고 한다. 그런데 밀교에서는 육대의 체성(体性)은 불변의 실재(實在)라고 하여, 이것을 체대(体大)로 하고 사만(四曼)을 상대(相大)로 하며 삼밀(三密)을 용대(用大)로 하여 육대연기론을 주장한다. 또한 현교(顯教)의 여러 종파에서는 만유의 생성연기(生成緣起)를 논하는 데 있어서, 물심(物心) 가운데에서는 심(心)을 근본으로 하고 사리(事理) 가운데에서는 이(理)를 주로 하여, 심본물말(心本物末)의 유심연기(唯心緣起)나 이승사열(理勝事劣)의 진여연기론(眞如緣起論)을 세운다. 한편 밀교의 육대연기론은 전오대(前五大)는 물(物), 식대(識大)는 심(心)으로서, 물심이원(物心二元)은 각 절대(絶待)의 실재(實在)이고 불리상즉(不離相卽)한 것으로서 본말경중(本末輕重)이 없으므로 물(物)로서 보면 만상(萬象)이 다 물(物)이 되고, 심(心)으로서 보면 우주는 모두 심(心)이 된다. 그리고 육대〔物心〕 외에 진여(眞如) 법성(法性) 등의 추상적 실재(實在) 원리를 세우지 않고, 구체적·활동적 사상(事象), 즉 육대를 제법(諸法)의 본체로 하여, 절묘하게 물심이원(物心二元)을 조화(調和)했다. 따라서 다원(多元)이나 절대일원론(絶對一元論)이라고 해야 할 것이다. 이 육대체대(六大体大)의 사상은 밀교의 철학 및 종교론의 근저(根柢)를 이루고 있다.

육대연기설【六大緣起說】 연기설의 하나. 세간(世間)도 중생(衆生)도 모두 지(地)·수(水)·화(火)·풍(風)·공(空)·식(識)이라는 6가지 구성요소로 되어 있는데, 그것들은 절대(絶對)의 진리〔法界〕를 본성(本性)으로 하여 서로 무애섭입(無碍涉入)의 관계에 있다고 한다. 일본 진언종(眞言宗)의 개조인 구카이(空海, 774-835)가 주장한 설(說)이다.

육도【六道】〔英 The six ways or conditions of sentient existence〕 중생이 업(業)에 따라 윤회하는 6가지 세계. 미(迷)한 세계. 유전(流轉)하는 곳. 육취(六趣)와 같다. 지옥도(地獄道)·아귀도(餓鬼道)·축생도(畜生道)·수라도(修羅道)·인간도(人間道)·천도(天道)를 말한다. 육도 가운데 지옥·아귀·축생을 삼악도(三惡道), 수라·인간·천상을 삼선도(三善道)라 한다.

육도【六度】〔英 The six things that ferry one beyond the sea of mortality to nirvāṇa, i.e. the six pāramitās〕 보살이 수행하는 6가지 덕목. 곧 보시(布施)·지계(持戒)·인욕(忍辱)·정진(精進)·선정(禪定)·지혜(智慧)의 육바라밀을 말한다.

육도만행【六度萬行】 보시·지계·인욕·정진·선정·지혜의 육도(六度; 六波羅蜜)는 일체의 선행이 근본이기 때문에, 넓게 말하면 만행(萬行)이 되고 합치면 여섯이 된다는 것을 가리킨다. 정토문(淨土門)에서는 염불 이외의 모든 선행을 말한다.

육도윤회【六道輪廻】생사윤회에 있어서 천상·인간·아수라·지옥·아귀·축생 6도에 윤회하는 것을 말한다.

육도집경【六度集經】중국 오(吳)나라 때의 승려인 강승회(康僧會, ?-280)가 251년에 번역함. 8권. 12부경 중 『본생경』에 속하는 경전. 6도의 차례에 따라 보살행에 관한 인연을 유취(類聚)한 것이다. 1권에서 3권까지의 25장은 시도(施度)로서 보살본생·살바달왕본생·빈인(貧人)본생 등을 말하고, 4권의 15장은 계도(戒度)로서 청신사(淸信士)본생·상왕(象王)본생 등을 말하며, 5권의 13장은 인도(忍度)로서 보살본생·섬도사(睒道士)본생 등을 말하고, 6권의 19장은 진도(進度)로서 범인(凡人)본생·미후왕(彌猴王)본생 등을 말하며, 7권의 9장은 선도(禪度)로서 득선법(得禪法)·비구득선(比丘得禪) 등을 말하고, 8권의 9장은 명도(明度)로서 순라태자(順羅太子)본생 등을 말하였다.

육륜【六輪】〔英 The six kinds of cakravati, or wheelkings, each allotted to one of the 六位〕천태교학에서 『본업영락경』의 뜻을 취하여 원교(圓敎)의 육위(六位)를 나타내는데 쓰는 육륜(六輪). 철륜〔十信〕·동륜〔十住〕·은륜〔十行〕·금륜〔十廻向〕·유리륜〔十地〕·마니륜〔等覺〕을 말함. 철과 동 등은 값이 높고 낮으므로 십신·십주 등의 관지(觀智)에 위아래가 있음을 나타내고, 윤(輪)은 깨뜨리는 뜻이니, 이 여러 지위에서 번뇌를 끊는 것을 뜻한 것이다.

육묘문【六妙門】천태교학에서 세운 6종의 선관(禪觀). 이 묘(妙)가 열반에 들어가는 문이므로 묘문(妙門)이라 한다. 1. 수식문(數息門); 몸과 마음을 조화하여 숨을 세어 1부터 10까지 셈으로써 마음을 고요하게 하는 관문. 2. 수식문(隨息門); 숨 헤아리기를 그치고, 미세한 마음으로 들이쉴 적에는 들어감을 알고 내쉴 적에는 나가는 것을 알아서, 마음이 산란하지 않게 하는 관문. 3. 지문(止門); 마음을 집중하고 생각을 고요히 하는 관문. 4. 관문(觀門); 대경(對境)을 분명하게 관찰하여 경계가 허망한 것임을 아는 관문. 5. 환문(還門); 바꾸어 능관(能觀)하는 마음으로 돌아가 마음의 허망무실(虛妄無實)함을 아는 관문. 6. 정문(淨門); 마음이 부주불착(不住不着)하여 망상이 일어나지 않고 청정한 관문.

육무외【六無畏】진언(眞言) 수행자의 보리심(菩提心). 일념(一念)의 공덕에 6종의 차별이 있는 것. 곧 1. 선무외(善無畏); 삼귀(三歸)·오계(五戒)·십선(十善) 등의 세간의 선(善)을 받아 지녀 삼도(三途)의 업을 여의고, 마음이 태연한 경지를 얻는 것. 2. 신무외(身無畏); 부정관(不淨觀)을 닦아 몸의 액박(厄縛)을 해탈하고 두려울 것

없는 경지를 얻는 것. 3. 무아무외(無我無畏); 일체법에서 무아의 상(相)을 관하여 인공(人空)을 증(証)하고, 인아(人我)의 액박(厄縛)을 여의어 두려울 것 없는 경지에 머무르는 것. 4. 법무외(法無畏); 오온(五蘊) 등의 법성상상(法性相狀)을 공(空)이라고 관(觀)하여 법집(法執)에 미혹함이 없는 경지에 머무르는 것. 5. 법무아무외(法無我無畏); 만법은 다 마음으로 변하여 된 것이라고 관하여 마음 밖에 경계가 없는 줄을 알아 법집(法執)의 액박을 여의고 두려울 것 없는 경지에 머무르는 것. 6. 평등무외(平等無畏); 만법이 하나의 진실한 진여임을 요달하고, 유위(有爲)·무위(無爲)·능소(能所)·본말(本末)의 차별이 없고 융통무애하다고 관하여, 다시 아무런 집착도 남기지 않고 평등법계에 머무르는 것 등이다.

육무위 【六無爲】 유식에서 무위법(無爲法)이 어떤 것인지를 설명하기 위하여 가설(假說)로 6종의 이름을 세운 것. 1. 허공무위(虛空無爲); 걸림 없음을 성품으로 하여 다른 것을 장애하거나 다른 것에 장애됨이 없이 허공·공간과 같은 무위. 2. 택멸무위(擇滅無爲); 지혜로 간택·판정하는 힘에 따라 얻는 무위. 3. 비택멸무위(非擇滅無爲); 지혜의 힘에 의지하지 않고, 생길 인연이 없어서 나타나는 무위. 4. 부동무위(不動無爲); 제4선(禪)에 들어가서 선정의 장애를 여의고 얻는 무위. 5. 상수멸무위(想受滅無爲); 멸진정(滅盡定)에 들어 상(想)과 수(受)를 멸한 곳에 나타나는 무위. 6. 진여무위(眞如無爲); 진여가 곧 무위(無爲)임을 말한다.

육바라밀 【六波羅蜜】 〔梵 ṣaṭ-pāramitā, 英 the Six pāramitās〕 대승불교에서 보살이 열반에 이르기 위하여 실천해야 하는 6종의 실천덕목. 바라밀〔pāramitā〕은 도피안(到彼岸; 피안=열반에 도달하다)·도(度; 건너가다)라고 번역한다. 1. 보시(布施; dāna); 베풀어 주는 것. 여기에는 재시(財施)·법시(法施)·무외시(無畏施)가 있다. 재시는 재물을 보시하는 것이고, 법시는 부처님 가르침을 일러주는 것이고〔설법〕, 무외시는 마음의 불안, 공포, 두려움 등을 제거해 주는 것이다. 2. 지계(持戒; śila); 계(戒)를 지키는 것. 3. 인욕(忍辱; kṣānti); 고난을 감내하는 것. 4. 정진(精進; vyāyāma; utsaha); 진실한 도(道)를 닦기에 힘쓰고 게으르지 않는 것. 5. 선정(禪定; dhyāna); 정신을 통일하고 안정시키는 것. 6. 지혜(智慧; prajñā); 참된 지혜를 얻는 것 등이다.

육방예경 【六方禮經】 〔梵 Śigālovāda-sūtra〕 『시가라월육방예경(尸迦羅越六方禮經)』의 약칭. 『시가라월육문배경』·『나월육향예경』·『시가라육방배경』이라고도 한다. 팔리어 원전에는 'Singālovādasuttanta'라 하여 장부 제31경에 수록되어 있다. 한역

(漢譯)으로는 『선생자경(善生子經)』, 『장아함경』 제12경의 『선생경(善生經)』 및 『중아함경』 제19경의 『선생경』 등의 이역본(異譯本)이 있다. 이 경은 장자의 아들 시가라월〔善生〕이 부친의 유언에 따라 목욕을 하고 동서남북과 상하의 육방을 향해 절하고 있는데 대하여 석존께서 그 뜻을 일러주는 동시에 재가자로서 지켜야 할 실천규범을 말씀하신 것으로, 초기 불교 경전 가운데 재가자의 윤리를 가장 요령 있게 설한 경전이다. 자식된 도리, 부부의 도리 등 인간의 도리에 대하여 설한 경전이다.

육범사성 【六凡四聖】 십계(十界)를 나누어 6종의 범부계(凡夫界)와 4종의 성자계(聖者界)로 나누는 것. 지옥·아귀·축생·아수라·인간·천상의 6계를 육범(六凡), 성문(聲聞)·연각(緣覺)·보살(菩薩)·불(佛)의 4계를 사성(四聖)이라 함.

육사성취 【六事成就】 보살이 6바라밀의 행(行)을 성취하기 위하여 닦는 여섯 가지 일. 즉 공양(供養)·학계(學戒)·수비(修悲)·근선(勤善)·이훤(離諠)·요법(樂法)을 성취하는 것.

육사외도 【六師外道】 석존과 거의 동시대인 기원전 5-6세기경, 고대 중인도(中印度; 갠지스강 중류 유역)에서 많은 제자와 세력을 갖고 있었던 자유사상가 가운데 대표적인 6인. 석존의 가르침과는 다르기 때문에 외도(外道)라 일컬어졌다. 1. 산자야 벨라티풋타(Sañjaya Belatthiputta); 형이상학적 회의론자, 불가지론자(不可知論者). 진리나 형이상학적인 문제들에 대해서는 구체적으로 알 수 없으므로 일체 판단을 중지하든가 혹은 그때그때 생각에 따라 말하면 그것이 곧 진리라는 것. 그래서 '기분파'라고도 함. 석존의 십대제자 가운데 사리불과 목건련이 이 파였다는 점에서 상당한 영향력이 있었던 것으로 보인다. 2. 아지타 케사캄발린(Ajita Keśakamlin); 철저한 유물론자, 쾌락론자, 순세파(順世派)로서, 윤리도덕을 부정하고 현실적 쾌락이 인생의 목적임을 주장함. 인생이란 지수화풍의 모임과 흩어짐에 불과하며, 죽어서 화장하면 사대(四大)는 모두 본래로 돌아가고 영적인 것은 아무것도 없다(무아)는 것. 따라서 생전에 잘 먹고 잘 노는 것(쾌락)이 최고라는 것. 제사, 기도, 도덕, 종교 등 엄숙주의를 반대했다. 3. 마칼리 고살라(Makkhali Gosāla); 극단적인 운명론, 숙명론자, 자연론자. 인간을 포함한 모든 생명체의 운명은 이미 숙명적으로 결정되어 있기 때문에 우리의 의지로는 바꿀 수 없다는 것. 오랫동안 윤회전생을 하다보면 언젠가는 자연적으로 해탈하게 된다는 것. 이들을 불교에서는 사명외도(邪命外道)라고 한다. 4. 푸라나 캇사파(Purana Kassa-pa); 도덕부정론자. 윤리 도덕과 인과응보를 부정함. 선악은 사회적 관념에 의한 임시적인 것으로서 선악의 결과나

업보 등은 없다고 주장. 무인과론자(無因果論者)라고도 함. 5. 파쿠다 캇차야나(Pakudha Kaccāyana); 상주론자, 불멸론자. 인간을 포함한 모든 생명체는 절대 불변의 7요소 즉 지·수·화·풍·고·락·생명의 집합과 흩어짐에 불과하다는 것. 다만 죽더라도 7요소 자체는 불생불멸이므로 죽이는 자도, 죽는 자도 없다는 것. 7원소설(七原素說)의 주장자로 무인론자(無因論者). 6. 니간타 나타풋타(Nigaṇṭha Nātaputta); 자이나교의 개조. 나체 수행자들로 경전에서는 니건타(尼乾陀)라고 함. 극단적인 고행과 불살생을 주장함. 윤리적 엄숙주의며 6사외도 가운데 불교와 관련성이 가장 많다. 깨달은 후에는 마하비라(Mahavira)라고 불려짐. 『사문과경(沙門果經〔Sāmañña-phala-sutt〕; 南傳 長部〔Digha-nikāya〕)』에 그들의 사상이 잘 설해져 있다.

육상 【六相】〔英 The six characteristics found in everything〕 총(總)·별(別)·동(同)·이(異)·성(成)·괴(壞)의 6가지 방면에서 본 존재의 있는 모양. 총상(總相)은 만유의 모든 현상을 한 체(体)로 잡아 관찰하는 평등적 부문, 별상(別相)은 부분적으로 관찰하는 차별적 부문, 동상(同相)은 낱낱 차별이 동일한 목적을 향하여 서로서로 협력 조화하는 동일적인 부문, 이상(異相)은 낱낱이 제각기 본위(本位)를 지켜 피차의 고유한 상태를 잃지 않고 서로 다른 점이 있는 것, 성상(成相)은 낱낱이 서로 의지하여 동일체(同一体)의 관계를 이룬 것, 괴상(壞相)은 낱낱이 어떤 일체(一体)인 관계를 가졌지만 오히려 각자의 본위(本位)를 잃지 않는 것을 말한다. 화엄교학에서는 이 6상(六相)이 만유제법과 낱낱의 법에서 서로 융통하다고 함.

육상원융 【六相圓融】 화엄학의 용어. 무진연기(無盡緣起)의 원리를 6가지로 설명한 것. 곧 법계에 있는 모든 것을 총상(總相)·별상(別相)·동상(同相)·이상(異相)·성상(成相)·괴상(壞相)의 6상(六相)으로 설명한 것인데, 6상 가운데 총(總)·별(別)은 바탕〔体〕을, 동(同)·이(異)는 모양〔相〕을, 성(成)·괴(壞)는 작용〔用〕을 말한 것이며, 또한 총(總)·동(同)·성(成)의 3상(三相)은 평등한 방면〔圓融門〕이요, 별(別)·이(異)·괴(壞)의 3상(三相)은 차별적 방면〔行布門〕을 말한 것이다. 이렇듯 우주만유는 평등즉차별(平等卽差別), 차별즉평등(差別卽平等)의 원리에서 불가분리(不可分離)의 관계를 가지고 안팎을 이루어 무한히 생성발전하고 있다는 것이다. 육상연기(六相緣起)라고도 한다.

육성취 【六成就】〔英 six perfections found in the opening pharase of each sūtra〕 경전의 서문(序文)에 6종의 성취의 뜻이 있는 것을 말한다. 예컨대, 1. 여시(如是)는 신성취(信成就), 2. 아문(我聞)은 문성취

(聞成就), 3. 일시(一時)는 시성취(時成就), 4. 불(佛)은 주성취(主成就), 5. 재기사굴산등(在耆闍崛山等)은 처성취(處成就), 6. 여대비구중(與大比丘衆)은 중성취(衆成就)이다. 이와 같은 여섯 가지 조건을 갖추어서 그것이 곧 불타의 설법임을 입증하므로 육성취라 한다.

육시【六時】〔英 The six 'hours' or periods in a day〕⑴ 하루를 낮 3시·밤 3시로 구분하여 6시라 한다. 아침〔晨朝〕·낮〔日中〕·해질녘〔日沒〕·초저녁〔初夜〕·밤중〔中夜〕·새벽〔後夜〕 등을 말한다.
⑵ 찰나·달찰나〔120찰나〕·납박(臘縛; 60달찰나)·모호율다(牟呼栗多; 30납박)·시(時; 5모호율다)·1일1야〔6시〕.

육식【六識】〔梵 sad-vijnanani, sad-vijnama〕 안(眼)·이(耳)·비(鼻)·설(舌)·신(身)·의(意)의 육근(六根)이 색(色)·성(聲)·향(香)·미(味)·촉(觸)·법(法)의 육경(六境)을 만나서, 보고〔見〕·듣고〔聞〕·냄새 맡고〔嗅〕·맛보고〔味〕·닿고〔觸〕·아는〔知〕 여섯 가지 구별작용을 하는 것, 곧 안식(眼識)·이식(耳識)·비식(鼻識)·설식(舌識)·신식(身識)·의식(意識)을 말한다. 특히 제6의 의식(意識)은 선(善)·악(惡)·호(好)·추(醜)·총(總)·별(別)·애(愛)·증(憎)을 총체적으로 구별하기 때문에, 소승불교에서는 제6식(第六識)을 심왕(心王; 마음의 본체)으로 세우고 있다. 대승불교에서는 6식에 더하여 7식, 8식, 9식까지 설명하고 있다.

육식동체설【六識同体說】 안(眼)·이(耳)·비(鼻)·설(舌)·신(身)·의(意)의 6식(六識)은 역할·기능·작용은 각각 다르지만 본체는 같다는 뜻. 같은 본체로부터 나오는 서로 다른 작용이란 설. 경량부(經量部) 『성실론(成實論)』 등에서 주장하고 있는데, 특히 『성실론』에서는 육창일원(六窓一猿)의 비유로써 육식동체설을 설하고 있다.

육신보살【肉身菩薩】 ① 생신보살(生身菩薩). 즉 부모(父母)로부터 받은 몸으로 보살(菩薩)의 지위에 이른 사람을 말한다. 일체중생과 같은 모양으로 육신을 가진 보살. ② 선지식에 대한 존칭.

육신통【六神通】〔梵 sad-abhijnah, 英 The six transcendental, or magical, powers〕 6통(六通)이라고도 한다. 신(神)은 매우 신묘(神妙)하여 일반적인 상식으로는 헤아릴 수 없는 것, 즉 불가사의(不可思議)함을 뜻함. 통(通)은 무애(無碍)라는 뜻. 삼승(三乘)의 성자(聖者)가 신묘(神妙)하여 측량할 수 없는 무애자재(無碍自在)한 6종의 지혜를 얻은 신통. 곧 천안통(天眼通; 육안으로 볼 수 없는 것을 보는 신통)·천이통(天耳通; 보통 귀로는 듣지 못할 음성을 듣는 신통)·타심통(他心通; 다른 사람의 의사를 자재하게 아는 신통)·숙명통(宿命通;

지나간 세상의 생사를 자재하게 아는 신통)·신족통(神足通; 如意通; 不思議하게 경계를 변하여 나타내기도 하고 마음대로 날아다니기도 하는 신통)·누진통(漏盡通; 자재하게 번뇌를 끊는 힘) 등이다.

육십이견【六十二見】〔英 The sixty-two 見 or views, of which three groups are given〕 62종의 잘못된 견해. 석존 재세(在世)시대에 주장되었던 이교도(異敎徒)의 사상을 62종으로 분류한 것.『열반경』에서는 보살이 떠나야 할 신견(身見)·변견(邊見)·사견(邪見)·계금취견(戒禁取見)·견취견(見取見) 등에서 62견이 생한다고 하고 있다.

육염심【六染心】〔英 The six mental 'taints' of the Awakening of Faith 起信論〕 근본무명(根本無明)의 망심(妄心)에 의하여 개발되고 나타나는 망염(妄染)의 심상(心相). 1. 집상응염(執相應染); 자기 앞에 나타나는 온갖 모양에 집착하여 번뇌를 일으키는 오염된 마음〔染心〕. 육추 중의 집취상(執取相)·계명자상(計名字相)에 해당. 2승은 아라한위(位), 보살은 삼현위(三賢位)에서 끊는다. 2. 부단상응염(不斷相應染); 객관대상을 반연하여 생기는 분별심(分別心)이 상속하는 지위. 6추 중의 상속상(相續相)에 해당. 삼현위로부터 십지(十地)의 처음인 정심지(淨心地)에서 끊는다. 3. 분별지상응염(分別智相應染); 6추 중의 지상(智相)에 해당. 제2지로부터 제7에서 끊는다. 4. 현색불상응염(現色不相應染); 삼세(三細) 중의 경계상(境界相)에 해당. 아뢰야식 중의 객관적 대상으로서 우리가 분별하는 지혜를 초월한 경계. 제8지에 이르러 여읜다. 5. 능견심불상응염(能見心不相應染); 아뢰야식 중의 주관적 마음작용으로서 삼세(三細) 중의 능견상(能見相)에 해당. 제9지에서 여읜다. 6. 근본업불상응염(根本業不相應染); 삼세(三細) 중의 무명업상(無明業相)에 해당. 진여(眞如)란 근본무명에 의하여 처음으로 움직이는 마음의 모양. 미(迷)의 본원이 되는 것. 보살진지(菩薩盡地; 등각금강심위)로부터 불과해탈도(佛果解脫道)에 들어갈 적에 전부 끊는다.

육욕【六欲】〔英 The six sexual attractions arising from colour; form, carriage; voice (or speech); softness (or smoothness); and features〕 6종의 욕락(欲樂; 욕망)을 육욕(六欲)이라 한다. 곧 1. 색욕(色慾); 청·황·적·백·흑 등 빛깔에 대한 탐욕. 2. 형모욕(形貌欲); 미모(美貌)에 대한 탐욕. 3. 위의자태욕(威儀姿態欲); 걸음 걷고, 앉아 웃고 하는 등의 애교에 대한 탐욕. 4. 언어음성욕(言語音聲欲); 말소리·음성·노래에 대한 탐욕. 5. 세활욕(細滑欲); 이성의 부드러운 살결에 대한 탐욕. 6. 인상욕(人相欲); 남녀의 사랑스러운 인상

에 대한 탐욕 등이다.

육욕천【六欲天】 욕계(欲界)에 속하는 6종의 천(天)을 말하는데, 육욕(六欲)·욕천(欲天)이라고도 한다. 『구사론』 8권에, 육욕천으로 1. 사왕천(四王天), 2. 도리천(忉利天), 3. 야마천(夜摩天), 4. 도솔천(兜率天), 5. 화락천(化樂天), 6. 타화자재천(他化自在天)을 들고 있다. 사왕천은 수미산 제4층급의 사방에 있는 지국천(持國天)·증장천(增長天)·광목천(廣目天)·다문천(多聞天)의 4천(四天)의 왕과 그 권속의 주처(住處)이고, 도리천은 수미산 꼭대기에 있고, 제석천을 중심으로 하여 사방에 각기 8천(天)이 있기 때문에 33천이라 한다. 야마천은 도리천으로부터 8만 유순(由旬)의 상공(上空)에 있다. 도솔천은 희족천(喜足天)이라 하는데, 이것은 자기가 받는 5욕락에 만족한 마음을 내는 까닭이다. 도솔천의 내원(內院)에는 보처보살(補處菩薩)로서 미륵(彌勒)이 설법을 하고 있고, 외원(外院)에는 천중(天衆)이 머문다. 화락천은 낙변화천(樂變化天)이라고도 하는데, 5욕의 경계를 스스로 변화하여 즐긴다. 타화자재천은 욕계의 꼭대기에 있는데, 다른 이로 하여금 자재하게 5욕 경계를 변화하게 한다. 마왕(魔王)의 궁전이 있기 때문에 제6천(天), 마천(魔天)이라고도 한다. 6천 가운데 사왕천은 수미산의 허리에 있고 도리천은 꼭대기에 있으므로 지거천(地居天)이라 부르고, 도솔천 등은 공중에 있으므로 공거천(空居天)이라 한다.

육위【六位】〔英 The six stages of Bodhisattva. development, i.e. 十信位, 十住位, 十廻向位, 十地位, 等覺位, 佛地位; these are from the older Hua-yen ching〕 ①보살이 수행하는 계위(階位)를 여섯으로 나눈 것. 십신위(十信位)·십주위(十住位)·십행위(十行位)·십회향위(十廻向位)·십지위(十地位)·불지위(佛地位) 등이다. ②심왕(心王; 마음의 본체)에 따라 일어나는 특수한 마음의 작용. 심소(心所; 마음작용)를 성질에 따라 6종으로 나눈 것. 대지법(大地法)·대선지법(大善地法)·대번뇌지법(大煩惱地法)·대불선지법(大不善地法)·소번뇌지법(小煩惱地法)·부정지법(不定地法) 등이다.

육인【六因】〔梵 sad-hetu, 英 The six causations of the 六位 six stages of Bodhisattva development〕 ①보살 수행의 계위(階位)를 십신(十信)·십주(十住)·십행(十行)·십회향(十廻向)·십지(十地)·등각(等覺)·묘각(妙覺) 등 7가지로 나누고, 그 중 최후의 묘각은 구경원만(究竟圓滿)한 불과(佛果)이며 앞의 6가지는 불과(佛果)에 이르는 수행의 인(因)이므로 육인(六因)이라 한다. ②능생(能生)의 원인을 6종으로 나눈 것. 곧 능작인(能作因)·구유인(俱有因)·동류인(同類因)·상응인(相應因)·

변행인(遍行因)·이숙인(異熟因) 등이다. ③한없는 옛적부터의 망상 습인(習因)을 6종으로 나눈 것. 곧 당유인(當有因)·상속인(相屬人)·상인(相因)·능작인(能作因)·현료인(顯了因)·관대인(觀待因) 등이다. ④인명삼지(因明三支) 중에서 제2의 인(因)을 6종으로 분별한 것. 2류는 생인(生因)·요인(了因)이고 거기에 각각 3종이 있다. 곧 언생인(言生因)·지생인(智生因)·의생인(義生因)·지료인(智了因)·언료인(言了因)·의료인(義了因).

육입【六入】〔梵 ṣaḍāyatana, 英 the six entrances, or locations, both the organ and the sensation-eye, ear, nose, tongue, body and mind〕 안(眼)·이(耳)·비(鼻)·설(舌)·신(身)·의(意)의 육근(六根)과 색(色)·성(聲)·향(香)·미(味)·촉(觸)·법(法)의 육경(六境)을 구역(舊譯)에서는 육입(六入), 신역(新譯)에서는 육처(六處)라고 한다. 이 육근·육경을 합하여 12입(入), 또는 12처(處)라 한다. 그 중에서 육경(六境)을 외육입(外六入), 육근(六根)을 내육입(內六入)이라 한다. 12연기 중의 육입(六入)은 내육입(內六入)이다. 육근·육경은 서로 거두어 들여 육식(六識)을 낸 것이므로 육입(六入)이라 한다.

육자대명왕진언【六字大明王眞言】 관세음보살 본심미묘(本心微妙) 육자대명왕진언(六字大明王眞言)이라고도 한다. 곧 '옴 마니 반메 훔(唵嘛呢叭彌吽; oṃ maṇi padme hūṃ)'을 가리킨다. 이 진언은 단 한 번을 외워도 62억 항하사 보살의 이름을 부르는 것과 맞먹는다고 한다.

육자염불【六字念佛】 나무아미타불(南無阿彌陀佛)의 여섯 자를 외우면서 하는 염불(念佛).

육재일【六齋日】〔英 The six monthly poṣadha, or fast days; the 8th, 14th, 15th, 23rd, 29th, and 30th〕 매달 8·14·15·23·29·30일의 6일. 이 6일은 사천왕(四天王)이 천하를 순행하면서 사람의 선악을 살피는 날. 또는 악귀(惡鬼)가 사람의 짬을 보는 날. 이날에는 사람마다 몸을 조심하고 마음을 깨끗이 하여 지계(持戒)하여야 한다고 함.

육적【六賊】〔英 The six cauras, or robbers, i.e. the six senses〕 안(眼)·이(耳)·비(鼻)·설(舌)·신(身)·의(意) 6근(六根)을 말함. 6근이 그 대상인 6경(六境)을 매개로 중생(衆生)이 깨달음에 이를 수 있는 공덕을 빼앗고 번뇌를 일으키게 하므로 도적에 비유하여 육적(六賊)이라 한다.

육조단경【六祖壇經】 육조대사법보단경(六祖大師法宝壇經)』, 『육조법보단경(六祖法宝壇經)』, 『육조단경(六祖壇經)』이라고도 한다. 1권. 중국 당(唐)의 선승인 육조혜능(六祖慧能, 638-713)의 법어집. 육조혜능은 '남종(南宗)의 개조'로서 보리달마(菩提達摩, ?-528)와 함께 이상적(理想的)인 선승상으로 추앙받고 있다.『육조단경』은 제자 법해(法海)가 편집한 혜능(慧能)의 언행록(言行錄)으로서 경전에 준하는 취급을 받았다. 그러나 근대에 이르러 돈황본(敦煌本)을 필두로 하는 제본(諸本; 1. 敦煌本; 南宗頓教最高大乘 摩訶般若波羅蜜經 六祖慧能大師於韶州大梵寺施法壇經兼受無相戒弟法海集記, 2. 宗宝本; 六祖大師法宝壇經, 3. 德異本; 高麗延祐本; 六祖大師法宝壇經, 4. 大乘寺本; 韶州普溪山壇祖師壇經 上·下, 5. 興聖寺本; 六祖壇記 上·下)의 발견에 의해 그 성립에 관해 중대한 의문이 제기되고 있다. 텍스트마다 명칭·내용·분량에 큰 차이가 있는데, 가장 오래된 돈황본조차 이미 수차에 이르는 증광(增廣)을 거친 후의 것으로 간주되고 있다. 게다가 돈황본에는 제자 중 하택신회(荷澤神會, 685-760)만을 특별시하려고 하는 기록이 보이며, 종종 신회의 저작인『단어(壇語)』·『신회어록(神會語錄)』등과 동일한 기록이 보이는 것에서 신회일파가 깊이 관계하여 증광한 것이 아닌가 생각된다.『육조단경』의 원초 형태에 대해서는 여러 가지 의견이 제시되고 있고, 혜능과의 관계를 부정하려고 하는 설도 있다. 따라서 이 책의 내용을 검토할 경우, 원(原) 단경(壇經), 신회파(神會派)에 의한 개편, 그 후의 개편의 3개로 나누어 생각할 필요가 있다. 원『육조단경』은 분량적으로는 돈황본의 몇분의 일 정도로 아주 간략한 것이었다고 생각되는데, 혜능의 사상을 직접 접하는 대단히 귀중한 자료이다. 그 내용은 계율을 깨달음의 경지에 의해 이해하려고 하는 일심계(一心戒)·무상계(無相戒)의 사상, 여래장 사상에 기초한 관심(觀心)·견성(見性)의 사상, 자력(自力)의 강조 등이다. 이것들은 기본적으로는 이미 신수(神秀, 606-706) 등의 소위 북종선(北宗禪)에 보였던 것으로, 혁신성을 인정하는 것은 곤란하다. 육조혜능의 제자인 하택신회(荷澤神會)파는 이 원『육조단경』을 손에 넣자, 자기들의 정통성을 주장하는 데에 이용하기 위해 대폭적인 개편을 행했다. 곧 신회(神會, 685-760)의 우월성을 나타내는 문구, 혹은 그의 예언을 써 넣었다. 또 전의설(傳依說)이나 조통설(祖統說)·전법게(傳法偈)·『금강반야경(金剛般若經)』의 전수라고 하는 남종(南宗)의 전통성을 확립하기 위해 신회나 자신들이 주장한 여러 가지 설을 삽입함과 동시에 '무념(無念)', '정혜불이(定慧不二)', '반야바라밀의 강조', '북종선 비판' 등 자파의 중심사상을 집어넣었다. 그리고『단경』자체의 권위를 강화하기 위해 '영남(嶺南)에서 전수되고 있는 비본(秘本)'으로서의 성격을 부가했다. 이것이 오늘날의 돈황본이다. 이러한 개편의 대부분은 혜능의 전기에 관련된 형태로 행해졌기 때문에『단경』은 결과적

ㅇ

으로 '혜능 일대의 언행록'이라는 성격을 띠게 되고, '남종의 초조'로서의 혜능상이 이것에 의해 확립되었다. 신회의 사상은 마조도일계(馬祖道一系)의 홍주종(洪州宗)에 의해 극복되었다. 『단경』은 똑같이 혜능을 초조로 숭배하는 그들에 의해 계승되고, 다시 그 입장에서 몇 번에 걸친 대폭적인 증보와 개편을 거쳐 오늘날 일반에 알려져 있는 덕이본(德異本) 『단경』이 완성, 유포되었던 것이다. 이와 같이 선종의 전개를 반영하면서 성장한 이 책은 성립을 달리하는 몇 개의 층이 중첩되어, 그 내용이나 구성 면에서 많은 문제를 가지고 있다. 그러나 그 형성과정 자체가 선종의 전개를 대변하고 있다고 하는 점에서 그 사료적 가치는 크고, 또 이 책에 의해 혜능의 정통성과 전통적 혜능상이 확립되었다는 것에서 역사적 의의가 대단히 크다. 특히 인도 대승경전의 사상과 언어 등을 중국적인 개념과 언어로 바꾸어서 표현, 정착시킨 점 등은 높이 평가해야 한다.

육조법보단경 【六祖法宝壇經】 육조단경 항목 참조.

육조혜능 【六祖慧能, 638-713】 중국 당 고종·중종 때의 선승. 선종(禪宗)의 제6조(祖). 육조대사(六祖大師)·조계대사(曹溪大師)라고 부른다. 혜능 항목 참조.

육종 【六宗】 〔英 The six school〕 종파. (1) 중국 진(陳)나라 때 기사사(耆闍寺)에 있던 안름(安廩)이 세운 교판(教判). 1. 인연종(因緣宗); 만유는 인연으로 생긴다고 말하는 소승 살바다부. 2. 가명종(假名宗); 만유는 이름뿐이고 실체가 없다고 말하는 소승 경량부. 3. 부진종(不眞宗); 모든 대승경에 통하여 만법은 환화(幻化)와 같다고 말하는 종파. 4. 진종(眞宗); 제법진공(眞空)의 이치를 말하는 종파. 5. 상종(常宗); 진리는 항상(恒常)하여 항하사 공덕이 있다고 말하는 종파. 6. 원종(圓宗); 법계(法界)가 자재하고 연기(緣起)가 무애(無碍)하여 덕용(德用)이 원만함을 말하는 화엄법문.

(2) 1. 유상종(有相宗), 2. 무상종(無相宗), 3. 정혜종(定慧宗), 4. 계행종(戒行宗), 5. 무득종(無得宗), 6. 적정종(寂靜宗)의 여섯 종파.

(3) 남도(南都)의 육종. 1. 삼론종(三論宗), 2. 성실종(成實宗), 3. 법상종, 4. 구사종(俱舍宗), 5. 화엄종(華嚴宗), 6. 율종(律宗).

(4) 소승이십부(小乘二十部) 중에 육종. 1. 아법구유종(我法俱有宗; 독자부·현주부·정량부·밀림산부·경량부·법상부), 2. 유법무아종(有法無我宗; 설일체유부·다문부·설산부·음광부), 3. 법무거래종(法無去來宗; 대중부·계윤부·제단산부·서산부·북산부·화지부·법장부), 4. 현통가유종(現通假有宗; 설가부), 5. 속망진실종(俗妄眞實宗; 설출세부), 6. 제법단명종(諸

法但名宗; 일설부) 등이다.

육종성【六種性】보살의 인행(因行)으로부터 과(果)에 이르는 행위종성(行爲種性)을 6위로 나눈 것. 1. 습종성(習種性); 십주위(十住位)로 공관(空觀)을 연습하여 견혹(見惑)·사혹(思惑)을 깨뜨리는 성(性). 2. 성종성(性種性); 십행위(十行位)로서 공(空)에 머물지 않고, 나아가 가성(假性)을 분별하는 성(性). 3. 도종성(道種性); 십회향위(十回向位)로서 중도(中道)의 묘관(妙觀)을 닦아 온갖 불법을 통달하는 성. 4. 성종성(聖種性); 십지위(十地位)로서 중도의 묘관에 의하여 무명(無明)의 일분을 깨뜨리고 성위(聖位)에 증입하는 성. 5. 등각성(等覺性); 다음의 묘각(妙覺)에 대하여 오직 한 등급의 차가 있을 뿐으로 전의 모든 위보다 나은 위. 6. 묘각성(妙覺性); 단증(斷證)이 끝나고 삼각(三覺)이 원만한 위없는 불과(佛果).

육즉【六卽】〔英 The six stages of Bodhisattva developments as defined in the T'ien-t'ai〕천태종(天台宗)에서 원교(圓敎)의 수도상 계위(階位)를 6단으로 나눈 것. 이 6단은 사람의 수행상에서 미오(迷悟)의 차별이 있음을 표시한 것뿐이고, 수행의 대상인 실상(實相)의 이치에서는 미(迷)·오(悟)가 둘이 아닌 것이므로 육즉(六卽)이라 한다. 1. 이즉(理卽); 불성진여(佛性眞如)를 갖추고서도 알지 못하여, 아무런 수행도 하지 않고 생사에 윤회(輪廻)하는 위(位). 2. 명자즉(名字卽); 일체가 모두 부처인 것을 교시(敎示)하였지만, 내 몸이 곧 부처라는 것을 이름으로만 아는 위(位). 3. 관행즉(觀行卽); 처음 관지(觀智)로 십승관법(十乘灌法)을 닦으면서, 겸행육도(兼行六度)와 정행육도(正行六度) 등의 수행으로써 조성(助成)하여 원묘(圓妙)한 이치와 상응하는 위(位). 4. 상사즉(相似卽); 수행의 공을 쌓아서 진지(眞智)와 비슷한 지혜를 내는 위(位). 원교 십신의 위에 해당. 5. 분진즉(分眞卽), 또는 분증즉(分證卽); 일분씩 무명(無明)을 파하고 일분씩 본유(本有)의 불성(佛性)을 증현(證顯)하는 위. 원교의 십주(十住)·십행(十行)·십회향(十回向)·십지(十地)·등각(等覺)의 41위(位)에 해당. 6. 구경즉(究竟卽); 본유의 불성 전부가 나타나, 끊을 혹(惑)도 없고 증(證)한 지혜도 없는 구경원만한 위(位). 묘각위(妙覺位)에 해당.

육즉불【六卽佛】〔英 Buddha in six forms〕천태종에서 부처님께 대하여 육즉(六卽)을 판단하는 것. 1. 이불(理佛); 이즉위(理卽位)의 부처. 삼악도의 중생신(衆生身)에 털끝만한 수선(修善)도 없고 불성(佛性)만을 갖춘 것. 2. 명자불(名字佛); 명자즉위(名字卽位)의 부처. 숙세의 복이 있는 인천(人天)들이 겨우 부처님의 명자만을 들은 것. 3. 관행불(觀行佛); 관행즉위(觀行卽位)의 부처. 4. 상사즉(相似

卽); 상사즉위(相似卽位)의 부처. 십신위(十信位)에서 방불하게 불리(佛理)를 증한 진정한 지해(知解)와 같은 것. 5. 분증불(分證佛); 분진즉위(分眞卽位)의 부처. 초주(初住)로부터 등각(等覺)에 이르기까지 점차로 일품의 무명을 끊고 1분의 중도(中道)를 증한 것. 6. 구경불(究竟佛); 구경즉위(究竟卽位)의 부처. 묘각위(妙覺位)에서 각도(覺道)를 구경(究竟)하는 것.

육진 【六塵】〔英 The six guṇas, qualities produced by the objects and organs of sense, i.e. sight, sound, smell, taste, touch, and idea〕 육경(六境). 곧 여섯 가지 대상으로서 색(色)·성(聲)·향(香)·미(味)·촉(觸)·법(法)의 육경(六境)을 말함. 육경은 육근(六根)을 통하여 접수되어 우리의 깨끗한 마음을 더럽히고 진성(眞性)을 흐리게 하므로 진(塵)이라 한다.

육창일원 【六窓一猿】〔英 Six windows and one monkey (climbing in and out), i.e. the six organs of sense and the active mind〕 눈·귀·코·혀·몸·뜻의 6근(六根)을 육창(六窓)에 비유하고, 심식(心識)을 한 마리의 원숭이에 비유한 것. 성실종(成實宗)과 같이 체일(体一)을 주장하는 학파에서 육창일원의 비유를 사용한다.

육처 【六處】〔梵 ṣaḍāyatana, 英 The six places, or abodes of perception or sensation〕 육입(六入)이라고도 한다. 십이인연(十二因緣)의 다섯 번째. 중생의 눈·귀·코·혀·몸·뜻의 육근(六根)을 구족하고 모태(母胎)에서 나오는 위치.

육천 【六天】〔英 The six-devalokas〕 육욕천(六欲天). 육계육천(六界六天). 곧 1. 사왕천(四王天), 2. 도리천(忉利天), 3. 야마천(夜摩天), 4. 도솔천(兜率天), 5. 화락천(化樂天), 6. 타화자재천(他化自在天)을 말한다.

육추 【六麤】〔英 The six 'coarser' stages arising from the 三細 or three finer stages which in turn are produced by original 無明, the unenlightened condition of ignorance〕 진여(眞如)가 근본무명의 망심에 의하여 처음으로 기동(機動)하는 시초를 무명업상(無明業相)이라 하고, 이에 따라 주관적인 심작용인 능견상(能見相)과 객관적 대상인 경계상(境界相)이 생기고, 이로부터 더욱 미망(迷妄)의 모양이 생기게 되었는데, 이 미망의 모양을 자세하게 밝힌 것이 육추(六麤; 여섯 가지 큰 번뇌망상)이다. 1. 지상(智相); 주관적 심작용인 능견상이 객관적 대상인 경계상을 반연하되 그 실성(實性)을 알지 못하고, 마음 밖에 다른 존재인 줄로 잘못 집착하고 시비선악의 판단을 내어 사랑하고 미워하는 생각에 사로잡히는 모양. 2. 상속상(相續相); 사랑하고 미워하는 망념이 상속하면서 좋은 것에는 즐거워하는 느낌을 일으키고, 미운 것에는 걱정하는 생각을 일으키어 그치지 않고 상속하는 모양. 3. 집취상(執聚相); 전상(前相)에 대한 즐겁고 걱정되는 느낌이 단순한 주관적 감정인 줄을 알지 못하고, 객관의 경계인 줄로만 믿어 대경(對境)에 깊이 집착하는 모양. 4. 계명자상(計名字相); 우리가 대경의 선악을 분별할 뿐만 아니라 이름을 붙이고, 그 이름에 집착하여 모든 번뇌를 내는 모양. 5. 기업상(起業相); 이름에 집착하게 되면 반드시 행위가 따르는 것. 이 집착하는 생각으로 짓는 언어와 동작을 기업상이라 한다. 6. 업계고상(業繫苦相); 언어 동작으로 지은 모든 업인(業因)에 속박되어 반드시 받게 되는 미(迷)의 고과(苦果). 『대승기신론』에 나옴.

육취 【六趣】〔英 The six directions of reincarnation〕 곧 육도(六道). 중생이 선악(善惡)의 업(業)에 따라 나아가는 곳을 천(天)·인(人)·아수라(阿修羅)·아귀(餓鬼)·축생(畜生)·지옥(地獄) 등의 6처로 나눈 것. 육도(六度)와 같은 말.

육칠능변계 【六七能遍計】 유식학에서, 8식 중에서 경계에 대하여 허망분별을 일으켜 아(我)라거나 법(法)이라고 집착하는 능변계(能遍計)의 뜻이 있는 것은 제6식과 제7식뿐이라고 하는 말. 제7식은 제8식의 견분(見分)을 반연하여 아집(我執)을 일으키고, 제6식은 온갖 법경(法境)에 대하여 아집(我執)·법집(法執)을 일으킨다. 그러나 전오식(前五識)과 제8식은 아집·법집이 없고 능변계하는 뜻도 없다고 호법(護法)은 말한다.

육현관 【六現觀】 유식론(唯識論)에서 눈앞의 경계를 분명하게 관하는 6종관(六種觀). 사현관(思現觀)·신현관(信現觀)·계현관(戒現觀)·현관지제현관(現觀智諸賢觀)·현관변지제현관(現觀辺智諸賢觀)·구경현관(究竟現觀) 등이다.

육혜 【六慧】〔英 The six kinds of wisdom〕 육혜법(六慧法)이라고도 한다. 보살(菩薩)의 계위(階位)에 따라서 그 지혜를 여섯 종류로 분류한 것. 1. 문혜(聞慧; 見聞에서 오는 것), 2. 사혜(思慧; 思惟에 의한 것), 3. 수혜(修慧; 修行에 의한 것), 4. 무상혜(無相慧; 諸法이 空無自性인 것을 깨닫는 데서 생기는 것), 5. 조적혜(照寂慧; 中道의 이치를 비추는 것), 6. 적조혜(寂照慧; 寂照와 定慧가 平等不二한 것이 되는 것)의 6종류임. 이들은 차례차례로 십주(十住)·십행(十行)·십회향(十廻向)·십지(十地)·등각(等覺)·묘각(妙覺)의 지혜임. 『영락본업경』 상(上)에 보인다.

육화경 【六和敬; ṣaṭ-sāmmicyaḥ】 보살이 중생과 화경(和敬)하며 중생과 같이하는데, 6종이 있다. 1. 동계화경(同戒和敬); 같이 「계품(戒品)」을 가지고 화동애경(和洞愛敬)하는 것. 2.

동견화경(同見和敬); 같은 견해에 주(住)하여 화동애경하는 것. 3. 동행화경(同行和敬); 같은 행(行)을 닦아 화동애경(和同愛敬)하는 것. 4. 신자화경(身慈和敬). 5. 구자화경(口慈和敬). 6. 의자화경(意慈和敬). 위의 신자화경과 구자화경 및 의자화경은 신(身)·구(口)·의(意)의 3업(三業)으로 대자(大慈)의 행(行)을 하여 화동애경(和同愛敬)하는 것이다.

윤회【輪廻】〔梵 saṃsāra, 西 ḥkhor ba, 英 the turning of the wheel, to revolve〕 사후세계에 대한 관심은 시대와 장소를 불문하고 전 인류의 공통적인 관심사다. 또 여러 가지 문화와 종교의례(宗教儀禮), 그리고 관념 등에서도 보인다. 윤회는 특히 인도에서 두드러진 발전을 보였다. 인간의 사후의 명운(命運)에 대해서는 이미 『리그베다』에 언급되었고, 이후 차츰 윤회설로 발전해 가는 자취를 살필 수 있다. 윤회사상은 힌두교의 중심관념으로서 인도문화에 큰 영향을 주고 있을 뿐만 아니라, 동남아시아 불교 여러 나라, 곧 중국·한국·일본에도 많은 영향을 끼쳤다. 윤회의 기본구조는 먼저 영혼의 존재를 전제로 한다. 영혼의 실존 여부는 단언할 수 없지만, 힌두교나 우파니샤드에서는 아트만이라고 하여 그것은 인간존재의 본질이고, 영원불변의 실체로서 육체는 죽어도 멸(滅)하는 일이 없다고 한다. 한편 인간의 행위〔karman〕, 즉 업(業)은 항상 후일〔내생〕에 영향을 미치는 잠재력(潛在力·業力)을 갖고 있다. 업력(業力)은 영혼이 관장하는 것으로 생각되어, 사람이 죽으면 영혼은 선악의 업에 따라서 다음 세계에 태어나게 된다. 행위는 반드시 업력(業力)을 발생하기 때문에, 비록 영혼이 업의 주관자이기는 해도 항상 업력(業力)의 지배 밑에 있고, 죽음〔死〕과 재생(再生)을 무한히 반복해 간다. 이것이 윤회(輪廻; saṃsāra)이다. 사후에 재생(再生)하는 세계는 안락한 세계인 천(天)과 고(苦)의 세계를 대표하는 지옥(地獄; naraka)이 있고, 인간 또는 각종의 동물로 태어난다고 하는 통속적 관념은 천상계·인간〔manusya〕계·지옥계·아귀계·축생〔動物; tiryañc〕계 등을 성립시켰다. 이 가운데 천(天)은 인간사회의 쾌락을 이상화(理想化)한 세계이다. 힌두교의 신들은 이 세계의 주인이다. 그러나 천계(天界)에서 편안히 지내야 할 업(業)이 끝나면 윤회를 거쳐 다른 세계로 재생(再生)하게 된다. 따라서 천(天)은 윤회의 일환(一環)이다. 지옥은 고통스러운 세계로 여러 문헌에 다양하게 묘사되어 있다. 업(業)의 발현(發現) 방법은 자업자득 및 업과(業果)의 필연성을 철칙(鐵則)으로 한다. 스스로 한 행위(業)의 영향은 언젠가는 반드시 나타난다. 금생이 아니면 내세(來世)나 그 이후에 나타난다. 이것을 역(逆)으로 보면, 현재 자기의 상황은 과거 전생의 업의 결과이다. 여기에 현실의 자기존재를 어떻게 평가할 것인가, 또 현실사회에서 어떻게 대처해야 할 것인가가 문제가 된다. 그 하나로서 업(業)·윤회설(輪廻說)은 좋은 업을 지으면 즐거운 결과가 오고〔善因樂果〕 악한 업을 지으면 나쁜 결과가 온다〔惡因苦果〕고 말해져서, 인과응보의 사고방식과 결부될 때 업·윤회설은 사회윤리를 지탱하는 한 근거로서 기능을 하였다. 그러나 다른 민간신앙적 여러 관념과 결부할 때, 위의 철칙의 적용은 지연되는 일도 있을 수 있다. 예컨대, 사자의례(死者儀禮)에 있어서 성직자를 초대하고, 보시하고, 의례(儀禮)를 행하여 공덕을 쌓고, 그것을 죽은 자의 영혼에 회향(廻向)하는 관습은 인도 이래 불교문화권에 널리 정착되었다. 사자(死者)가 갈 세계는 생전의 업에 의하여 결정되며, 다른 사람이 쌓은 공덕과는 무관하다. 그러나 사자의례(死者儀禮)란 사자(死者)가 내생에 보다 좋은 곳에 태어나게 하기 위한 기능도 가지고 있다. 공덕회향(功德廻向)은 업이론(業理論)과 모순하면서도 공존하고 있다. 한편 인도에서는 윤회는 곧 고(苦)의 연속이라고 인식하였는데, 이것은 윤회의 한 길인 현실의 세계가 고(苦)에 차 있다고 하는 인식과 겹쳐 있다. 따라서 고(苦)의 극복이란 궁극적으로는 종교적 불사(不死)를 얻어 윤회에서 벗어나는 것, 즉 해탈(解脫; vimukti; mokṣa; mukti)이라고 생각되었다. 여기에 윤회는 실존(實存) 단계의 종교사상 및 행법(行法)과 밀접하게 관계하게 되었다. 불교에서도 윤회사상을 채용하고, 천상·인간·축생·아귀·지옥의 5개의 윤회의 세계〔五道·五趣〕를 설한다. 후에 대승불교에서는 인간과 축생(畜生) 사이에 아수라가 추가되어 육도(六道; 六趣)윤회가 되어 일반에 유포되었다. 초기불교에서는 해탈자의 사후의 존재, 그리고 신체와 생명의 관계 여부에 대한 답을 무기(無記; 언급하지 않음)로써 물리치고, 해탈을 위해서는 무의미한 것으로 간주했다. 그러나 무아설에 있어서 업(業)의 소유자로서 윤회의 주체를 설명하는 것은 교리상에서 대단히 큰 문제가 되었다. 영혼의 상주(常住), 즉 아트만을 인정하지 않는 불교에서 사후의 행방을 떠맡는 존재에 대하여 여러 가지로 논의되었다. 상좌부(上座部)는 세의식(細意識), 대중부(大衆部)는 근본식(根本識; mūla-vijñāna), 독자부(犢子部)는 푸드갈라(pudgala), 경량부(經量部)는 일미온(一味蘊; eka-rasa skandha)을 세웠지만, 이것은 인식기능을 담당하는 식(識)에 그 의의가 강해져 갔던 것이고, 유식유가행파에서는 아뢰야식(阿賴耶識; ālayavijñāna)을 설정하기에 이르렀다. 설일체유부(說一切有部)에서는 윤회를 십이지연기(十二支緣起)에 의해 설명하고〔業

感緣起], 삼세양중인과설(三世兩重因果說)을 성립시켰다. 또 사유(死有)와 생유(生有) 사이에 '중유(中有; antarā-bhava)'의 존재를 두었는데, 이것은 최대 49일간 사자(死者)가 떠도는 상태이고, 중음(中陰)을 위한 천도재는 여기에 바탕한다. 티베트에 전하는 『티베트 死者의 書』가 서양에 소개되었는데, C. G. 융에 의해 적극적으로 평가되었다. 그러나 학계에서는 대체로 이 책은 조작된 책이라는 평가를 한다. 윤회와 해탈은 대립된 것으로 보이지만, 공(空)사상을 체계화한 용수(龍樹)는 양자에게는 어떠한 차별도 없고 집착에 의해 이것을 구별하고 있다고 설한다. 번뇌와 보리의 관계도 같아서, 대승불교에서는 모든 중생이 이와 같은 불지견(佛智見)을 얻을 수 있어서 '생사즉열반' '번뇌즉보리'라고 말해진다. 죽음 항목 참조.

율【律】〔梵 vinaya, 英 from vi-ni, to lead, train〕①계율. 불교의 계율. ②기율(紀律). 여러 사람의 행위의 표준이 될 만한 질서. ③형률(刑律). 범죄자를 처벌하는 법. 법률. 계율 항목 참조.

율사【律師】〔英 Master and teacher of the rules of the discipline〕①계율을 잘 지키고, 계율의 스승이 될 만한 고승. ②승강직(僧鋼職)의 하나. 승니(僧尼)의 잘못된 일을 검찰하는 승관(僧官)으로서, 정율사(正律師)와 권율사(權律師)의 두 가지가 있다.

율삼종【律三宗】중국 당·송(唐宋)시대의 사분율종(四分律宗)의 3파. 사분율종은 북위(北魏)의 법총(法聰)에 의하여 생기고, 그 후 도부(道覆)·혜광(慧光)·도운(道雲) 등이 서로 이어 당나라 때에 이르러 성행되었다. 도운(道雲)의 제자 도홍(道洪)·홍준(洪遵), 도홍의 법손(法孫)인 도선(道宣, 596-667)은 종남산에서 사분율종을 대성시켜 남산종(南山宗)이 되었다. 홍준의 법손인 법려(法礪, 569-635)는 상주 일광사에서 상부종(相部宗)을 창립하였고, 법려의 제자 회소(懷素, 624-697)는 서태원사의 동탑에 있으면서 새로 일가를 창립하여 동탑종(東塔宗)이 되었다. 그 후 778년〔태력 13〕에 3종(三宗)의 대덕을 모으고, 다른 학설을 절충하여 『칙첨정사분율소(勅僉定四分律疏)』 10권을 편집하였으나, 3종은 융합하지 못하고 송(宋)에 이르기까지 병존(竝存)했다. 그 가운데 남산종이 가장 성행하였고, 우리나라에 전한 것도 남산종이다.

율원【律院】율사(律寺)라고도 한다. 교원(敎院)·선원(禪院)에 대한 말. 오로지 계율을 학습하는 사찰. 율승(律僧)이 사는 사찰을 말함.

율의【律儀】〔梵 saṃvara, saṃvi, 英 Rules and ceremonies, an intuitive apprehension of which〕계율(戒律)을 말한다. '억제하는', '방지하

는' 등을 의미하는 이 말은 범어(梵語) 'saṃ-vṛ'에서 유래하는 명사의 번역어. 악(惡)을 억제하는 것을 의미하고, 선행(善行)을 말함. 몸을 규제하는 것. 원래 자이나교 등에서 사용된 말인데, 불교에서 채용한 것이다. 특히 서원을 세우고 반드시 선(善)을 이루려고 결의하는 경우에는 그것이 습관이 되는데〔無衣〕, 이것을 율의무표(律儀無表)라고 부른다.

율장【律藏】〔梵·巴 Vinaya-piṭaka, 英 The vinaya-piṭaka〕 경(經)·율(律)·론(論) 3장(藏)의 하나. 비나야장(毘奈耶藏)·비니장(毘尼藏)·조복장(調伏藏)이라고 한다. 경장(經藏)과 함께 붓다가 입멸하고 나서 바로 성립되었다고 한다. 율장은 출가(出家), 재가(在家)를 막론하고, 모든 불교도들이 생활에 있어 지켜야 할 계율과 교단의 규약 등을 집성한 것이다. 현존하는 것으로는, 상좌부의 팔리율(Pāli律)이 있고, 한역(漢譯)으로는 법장부의 사분율(四分律)·설일체유부의 십송율(十誦律)·화지부의 오분율(五分律)·대중부의 마하승기율(摩訶僧祇律)·근본설일체유부율(根本說一切有部律)의 다섯이 있고, 티베트어역에도 근본설일체유부율이 있다. 그 내용은 모두 대동소이한데, 대표적으로 팔리율의 조직을 보면 다음과 같다.

Ⅰ. 經分別(Suttavibhaṅga)
  比丘戒經分別(Mahāvibhaṅga)
  比丘尼戒經分別(Bhikkhunivibhaṅga)
Ⅱ. 犍度部(Khandhaka)
  大品(Mahāvagga, 10章)
  小品(Cullavagga, 12章)
Ⅲ. 付隨(Parivārapāṭha)

율종【律宗】〔英 The vinaya school〕 종파. 계율을 존숭·연구·수행하는 종파. 중국 동진시대에 『십송율』·『사분율』·『마하승기율』 등의 율전(律典)이 중국에 전래되어 번역되면서 율(律)에 대한 연구가 성하게 되었다. 북위시대에는 법총(法聰)이 『사분율』을 연구하여 사분율종(四分律宗)을 열었다. 이어서 지론종(地論宗)의 혜광(慧光)이 율종을 성하게 하였고, 그 계통을 받은 도선(道宣, 596-667)은 남산율종(南山律宗)을 열었고, 법려(法礪, 569-635)는 『사분율』을 연구하여 상부종(相部宗)을 개종하였으며, 법려의 제자인 회소(懷素, 624-697)는 법려의 『사분율소(四分律疏)』를 비판하여 『사분율신소(四分律新疏)』를 저술하고 동탑종(東塔宗)을 열었다. 남산종·상부종·동탑종의 3종 가운데 상부종과 동탑종은 완전히 쇠퇴하고, 오직 남산종만이 번영하여 송대까지 연면히 전하였다. 한국 율종의 초조는 신라의 자장(慈藏)이다. 근대의 계맥은 구암사의 백파(白坡, 1767-1852)로부터 전하는 일파와, 월출산 대은(大隱)이 지리산 칠불암에서 서응(瑞應)을 얻었다는 일파와, 팔공산 보담이 중국의 담자산 수운사 혜관율사에게 받아서 청화산 석교에게 전한 일파와, 능허(凌虛)가 중국 남경의 어떤 율사에게 계맥을 받아 성월(性月)에게 전한 구월산의 일파와, 통도사에서 자장율사를 멀리 이은 해담의 일파와, 오대산 월정사에서 자장율사를 멀리 이은 연파(蓮坡)의 일파와, 용연사의 만하(萬下)가 중국의 창도(昌濤)율사에게서 전수한 일파와, 장안사의 한파(漢坡)가 역시 창도율사에게서 전수한 일파와, 유점사의 영봉(靈峰)이 북경 염화사 덕명(德明)에게서 전수한 일파와, 법주사의 진하(震河)가 중국 영파부 천돈사 기선(奇禪)에게서 전수한 일파와, 보개산 월운(月運)이 북경 원광선사(圓廣禪寺) 경연(慶然)에게서 보살계를 전수한 일파가 있다.

은산철벽 【銀山鐵壁】 ① 은(銀)으로 만든 산과 철(鐵)로 쌓아 올린 벽. 도저히 뚫거나 통과할 수 없음을 말함. ② 화두를 참구하다가 더 이상 진전(進展)이 없는 상태. 막다른 상태.

음광부 【飮光部】 〔梵 kāśyapiya, 英 School of the Māhāsaṅ ghikāḥ〕 소승 20부파의 하나. 선세부(善歲部)라고도 함. 불멸(佛滅) 후 300년경 상좌부 계통의 설일체유부에서 나누어졌다. 교의(敎義)는 법유아무설(法有我無說)을 주장한다.

응공 【應供】 〔梵 Arhat, 英 Worthy of worship〕 ① 여래십호(如來十號) 가운데 하나. 여래는 온갖 번뇌를 끊고 지덕(智德)이 원만하여 인간계와 천상계의 모든 중생들로부터 당연히 공양을 받을 만하다〔應供〕는 뜻. ② 아라한(阿羅漢)의 다른 말. 아라한은 모든 번뇌를 끊고 복전(福田)이 청정하여 일체중생으로부터 공양을 받을 만하기 때문에 응공이라 한다.

응량기 【應量器】 범어(梵語) 'pātra〔발우〕'의 한역(漢譯). 발다라(鉢多羅)로 음역(音譯)되는 경우도 있음. 수행자의 식기·그릇이라는 뜻으로, 응기(應器)·발(鉢)·발우(鉢盂)라고도 한다.

응리원실종 【應理圓實宗】 〔英 A name of the Dharma-lakṣana school〕 종파. 법상종(法相宗)을 말한다. 이 종에서 말하는 교상(敎相)·법상(法相)·관심(觀心)이 다 진리에 순응하고 원만진실한 종지(宗旨)라는 뜻.

응병여약 【應病與藥】 병에 따라 적당한 약(藥)을 줌. 부처님이 미혹한 중생에게 상응한 교법을 베푼 데 비유한 것이다.

응보 【應報】 〔英 Corresponding retribution〕 선악(善惡)의 업에 응(應)하여 고락(苦樂)의 과보(果報)가 오는 것. 우리가 지은 선악의 행위에 따라 응당 받아야 할 고락의 과보.

응신 【應身】 〔梵 Nirmāṇa-kāya〕 화신(化身). 응신여래(應身如來)라고도 한다. 불(佛)의 삼신(三身; 法身·報身·應身=化身) 가운데 하나. 중생을 구제하기 위하여 여러 가지 모습을 취하여 나타난 불신(佛身)을 말한다. 또 한 색형(色形)에 나타난 상(相)을 말한다. 삼제(三諦)에서는 가제(假諦), 삼여시(三如是)에서는 여시상(如是相), 삼덕(三德)에서는 해탈(解脫)에 해당된다.

응화 【應化】〔梵 nirmita, 英 Nirmāṇa means formation, with Buddhists transformation, or incarnation〕 응현(應現). ①불·보살이 중생을 제도할 때에 중생의 여러 가지 근기에 따라 각기 상응하는 몸을 나타내어 교화하는 것. ②불기(佛紀)에 대한 옛 표현.

응화신 【應化身】〔英 Nirmāṇakāya, the Buddha incarnate, the transformation body, capable of assuming any form (for the propagation of Buddha-truth)〕 ①삼신(三身)의 하나인 응신(應身)과 화신(化身)의 합성어. 부처님의 진신으로부터 변현한 것. 근기에 맞추어 몸을 화현(化現)함. 사람들의 소질과 근기에 따라 나타난 불신(佛身). ②4신의 하나인 응신의 화신.

의결 【疑結】〔梵 vicikitsā-saṃyojana, 西 the tshom gyikun tu sbyor ba, 英 The bondage of doubt〕 9결(結)의 하나. 인과(因果) 등의 도리를 의심함. 결(結)은 결박의 뜻. 중생(衆生)은 도리를 의심하므로 정행(正行)을 닦지 않고, 살생·도둑질 등 악(惡)을 지어 생사(生死)의 고통을 불러오고, 또 삼계(三界)에 얽매어 벗어나지 못하고 있다.

의궤 【儀軌】〔梵 kalpa, tantra, 英 mode, style, manner〕 비밀의궤(秘密儀軌)의 약칭. 본래는 베다 등에서 제식(祭式)·의료(醫療)·대문(大文) 등 여러 가지에 관한 의무 수행상의 규칙을 의미했으나, 불교, 특히 밀교에서는 비밀단상(秘密壇上)의 밀인(密印)·염송(念誦)·공양(供養)·만다라 등의 일체의 궤칙(軌則)·의식(儀式)을 말하게 되었다. 또한 전화(轉化)하여 이들의 법칙을 적은 경전(經典)도 가리켰다. 이들의 의궤(儀軌)는 밀교의 실천부문 내지는 불교미술에 관한 근본 전적(典籍)이고, 밀부(密部)의 전적 612부(部) 961권〔≪大正新修大藏經≫〕의 대부분을 가리키고 있다.

의근 【意根】〔梵 manendriya, 英 The mind-sense, or indriya, the sixth of the senses〕 육근(六根) 가운데 여섯 번째인 의근(意根), 즉 의식을 말한다.

의단 【疑團】 화두에 대한 문제의식. 화두선(話頭禪)에서는 이것이 수행자의 의지(意志)를 격발(激發)시키는 계기가 된다고 한다. 즉 '왜', '왜일까?', '무엇일까?' 하고 의문을 가하는 것.

의로 【義路】 ①뜻으로 접근하여 깨치고자 하는 것. ②이치 속에 지니고 있는 차별적인 뜻. 땅은 굳어 만물(萬

物)을 싣고, 물은 습(濕)하여 만물을 적시고, 불은 뜨거워 만물을 익히고, 바람은 움직여 만물을 성장하게 하는 따위이다.

의리선【義理禪】경전이 설하는 교리에 의거하여 수행하는 선(禪). 이로(理路; 이치)·의로(義路; 뜻)를 찾아 행하는 선(禪)으로, 문자선(文字禪)·사구선(死句禪)이라고도 한다. 우리나라에서 의리선(義理禪)이란 말은 여말선초(麗末鮮初)에 쓰기 시작해, 근세에는 환성지안(喚醒志安, 1664-1729)의 『오종강요(五宗綱要)』에서 임제삼구(臨濟三句)에 넣어서 의리선을 생각하였고, 백파긍선(白坡亘璇, 1767-1852)은 선을 잘못 수행하는 것으로 보았다. 그러나 초의의순(草衣意恂, 1786-1866)은 의리당연(義理當然)한 선(禪)이 의리선(義理禪)이니, 이는 마땅히 거쳐야 할 것으로 보았다. 한편 중국에서는 여래선(如來禪)을 의리선이라고도 하는데, 경전의 가르침, 교리에 의거하여 수행하는 선이라는 뜻으로, 조사선에서 붙인 이름이다.

의발【衣鉢】①〔梵 pātra-cīvara, 英 one's garments and alms bowl〕삼의(三衣)와 발우(鉢盂). 수행자가 항상 지참하는 세 종류의 옷〔가사〕과 한 개의 식기. ②수행자가 가지고 다니는 도구 일체. ③전하여 교법(敎法)이라는 뜻. 종지(宗旨). 깊은 뜻. 특히 선종(禪宗)에서는 법(法)를 주고받는 것을 의발(衣鉢)을 전해 준다고 한다. 일반적으로 스승이 제자에게 깊은 뜻을 전해 후계자를 삼는 것으로도 사용된다. ④〔梵 patra-cīvara〕의발시자(衣鉢侍者; 주지의 의발 관리를 담당하는 시자)의 준말.

의상【義湘, 625-702】신라 때의 고승. 우리나라 화엄종의 개조. 속성은 김(金)씨. 신라의 계림부(鷄林府; 경주) 사람으로, 20세 되던 선덕여왕 13년〔644〕에 황복사(皇福寺)에서 승려가 되었다. 진덕여왕 4년〔650〕에 원효(元曉, 617-686)와 함께 당나라로 공부하러 가던 길에 요동에서 고구려의 순찰대에게 붙들려 실패했다. 그 뒤 다시 문무왕 원년〔661〕에 원효와 함께 당나라로 가는 도중에 원효는 무덤의 바가지에 담겨 있는 물을 마시고 깨달은 바가 있어 돌아왔으나, 그는 초지(初志)를 굽히지 않고 입당(入唐)을 결행(決行)하여 지엄(智儼, 602-668) 문하에 들어가 현수법장(賢首法藏, 643-712)과 함께 화엄(華嚴)을 배우고 문무왕 10년〔670〕에 귀국하였다. 의상이 당(唐)에 있을 당시 당(唐) 고종(高宗)에게 억류되어 있던 김인문(金仁問, 629-694)으로부터 고종의 동정(東征)에 관한 밀고를 듣고 서둘러서 귀국하여 그 정보를 주달(奏達)했다. 그는 그 당시 국정에 깊은 관심을 가지고 진언(進言)도 하였다. 의상은 문무왕 16년〔676〕에 왕명을 받들어 태백산 영주에 부석사를 창건하여 화엄일승(華嚴一乘)을 개연(開演)하였다. 이에 해동화엄종이 발상되었고, 그가 초조(初祖)가 된 것이다. 그의 저서로는 『입법계품초기(入法界品抄記)』·『대화엄십문간법관(大華嚴十門間法觀)』·『소아미타경의기(小阿彌陀經義記)』·『화엄일승법계도(華嚴一乘法界圖)』·『백화도량발원문(白花道場發願文)』 등이 있는데, 현존하는 것으로는 『화엄일승법계도』와 『백화도량발원문』뿐이다. 그의 문하(門下)에 오진(悟眞)·지통(智通)·표훈(表訓)·진정(眞定)·진장(眞藏)·도융(道融)·양원(良圓)·상원(相源)·능인(能仁)·의적(義寂) 등 10대덕(大德)이 있는데, 모두 각각 일승교의(一乘敎義)에 통달했다고 한다.

의상조사법성게 【義湘祖師法性偈】 줄여서 법성게(法性偈)라고도 한다. 신라의 의상(義湘, 625-702)이 당(唐)의 지엄(智儼)에게서 『화엄경』을 연구하여 그 뜻을 간추려서 게송으로 지은 시(詩). 법성게 항목 참조.

의생 【意生】〔梵·巴 manu-ja〕 ①뜻으로써 사량(思量)하는 작용(作用)을 말함. ②의성(意成)이라고도 한다. 오직 뜻〔意〕에만 의지하여 생(生)하는 것. ③마음뿐이라는 의미. ④인집(人執). 자재천외도(自在天外道)의 부류(部類). 사람은 사람에게서 생(生)한다고 생각하는 외도(外道).

의식 【意識】〔梵 manas-citta; mano-vijñāna, 西 yid kyi rnam (par) śes (pa), 英 the faculty of mind, one of the six vijñānas〕 ①제6식(第六識). 의근(意根)에 의한 식(識). 물심(物心)의 모든 현상을 전체적으로 식별하는 것이 그 성능(性能)이다. ②뜻에 의해 생기는 집착. 의식은 상속식(相續識)과 다르지 않지만, 상속식은 세(細), 의식(意識)은 추(麤)이다. 곧 상속상이 실제상 작용하는 것이 의식이다. ③〔梵 mano-dhatu〕 의식의 영역.

의언진여 【依言眞如】〔英 The bhūtatathatā in its expressible form, as distinguished from it as 離言 in expressible〕 진여(眞如)의 본체와 형상은 도저히 말이나 생각으로 미칠 수 없는 것이지만, 말을 빌려서 그 뜻을 나타내는 것을 의언진여(依言眞如)라고 함. 이언진여(離言眞如)에 상대되는 말이다. 『대승기신론』에 나오는 말.

의업 【意業】〔梵 mānas-karma, mānassaṃ karma, 巴 mano-kamma, 英 The function of mind or thought; one of the 三業 thought, word, deed〕 삼업(三業)의 하나. 뜻, 즉 생각으로 짓게 되는 업. 삼업 중 의업(意業)이 가장 중요한데, 선(善)한 생각을 하면 선업을 짓게 되고 악한 생각을 하면 악업을 짓기 때문이다. 신업(身業)과 구업(口業)도 의업(意業)에 따라 좌우된다. 의업을 잘 짓는 방법은 아만심을 내지 않고 탐·

진·치 삼독심(三毒心)을 내지 않는 것.

의적 【義寂】 ①신라 성덕왕(聖德王, 702-737 在位) 때 의상(義湘, 625-702) 문하의 10대덕(大德) 가운데 한 사람. 혹은 현장(玄奘, 602-664)의 문인이라고도 한다. 저서로는 『대열반경강목』 2권·『대열반경의기』·『대열반경운하계』·『법화경료간』 1권·『법화경영험기』·『성유식론미상경』·『유가의림』·『대무량수경소』·『관무량수경강요』 3권·『법화경총목』 1권·『백법론총술기』 3권·『금강반야경찬』 1권·『마명생론소』 1권이 있는데, 지금까지 전하는 것은 『범망경보살계본소』가 있다. ②〔919-987〕 중국 당나라 때 천태종의 중흥조(中興祖). 자는 상조(常照), 호는 나계존자(螺溪尊者), 속성은 호(胡), 온주 영가 사람. 12세에 출가하여 19세부터 회계의 청율사(淸律師)에게 3년 동안 『남산초(南山鈔)』를 배우고, 다음에 천태산에 들어가 청송(淸竦)에게 천태의 교관을 이어받았다. 당시 안록산의 난과 회창(會昌)의 법난(法難)을 만나 천태(天台)의 전적(典籍)이 태반이나 유실되었으므로, 한국과 일본에 사자를 파견하여 이를 구하고 연구하여 강학과 선전에 힘썼다. 또한 오월왕(吳越王)의 명으로 『법화경』을 강의하여 정광대사(淨光大師)라는 호와 자의(紫衣)를 받고, 955년에 전교원(傳敎院)의 개산조(開山祖)가 되었다.

의정 【依正】〔英 The two forms of karma resulting from one's past〕 의정이보(依正二報), 의보정보(依報正報)라고도 한다. 의보(依報)와 정보(正報) 모두 과보(果報)이다. 전세(前世)의 업(業)에 따라 받는 2종의 과보로, 의보(依報)는 신체가 의거(依居)하는 산하대지(山河大地)·의복·음식 등을 말하고, 정보(正報)는 오온(五蘊)이 화합하여 이룬 신체를 말한다.

의정 【疑情】 ①선에서는 의단(疑團)과 같은 뜻으로서, 화두에 대한 강한 의문〔참구〕을 뜻함. ②의심하는 마음. 의심하는 죄. 의심스러운 정(情).

의정불이문 【依正不二門】 천태종에서 세우는 십불이문(十不二門) 가운데 하나. 원교(圓敎)의 부처님이 나타낸 전삼교(前三敎)의 교주(敎主)와 구계(九界)에 응동(應同)하여 나타내는 몸을 정보(正報)라 하고, 적광정토(寂光淨土)로서 나타낸 동거토(同居土)·방편토(方便土)·실보토(實報土)를 의보(依報)라 함. 이 3토(土)·9계(界)의 의보·정보는 그 자체가 모두 적광토의 원불임을 말하는 부문(部門).

의지종 【義持宗】 신라 의상(義湘, 625-702) 계통의 화엄(華嚴)을 말한다. 의상(義湘)이 중국에 유학하고 있을 때, 그의 스승인 지엄(智儼, 602-668)이 수행의 성과를 인정하고 의상에게 '의지(義持)', 법장(法藏, 643-712)에게 '문지(文持)'라고 호(號)를 준 데서

의상 계통의 화엄을 의지종(義持宗)이라 한다. 또한 의상이 부석사(浮石寺)를 화엄의 근본도량으로 개창(開創)하고 화엄의 교의(敎義)를 선포하였으므로 부석종(浮石宗)이라고도 한다.

의천 【義天, 1055-1101】 고려 때 천태종의 개종자(開宗者). 성은 왕(王)씨, 이름은 후(煦), 자가 의천(義天), 시호는 대각국사(大覺國師). 고려 11대 문종의 넷째 왕자로, 11세에 출가하여 경덕(景德)국사 난원(爛圓)을 모시고 영통사에서 수업하였다. 1065년〔고려 문종 19〕 10월에는 불일사(佛日寺) 계단(戒壇)에서 구족계를 받고 학문에 전심(專心)하였다. 은사(恩師) 난원이 세상을 떠난 후 스승을 대신하여 강학(講學)하였고, 또 당시의 율종·법상(法相)·열반·법성(法性)·원융종 등의 학자를 모아 놓고 도를 논하였다. 문종 21년〔1067〕 13세 때 왕은 그를 우세승통(祐世僧統)으로 명하였다. 그 뒤 그는 더욱 깊이 연구하고 국외의 사정과 견문을 넓히고자 송(宋)나라에 건너갈 결심을 하였으나, 부왕(父王)이 허락하지 않으므로 그 뜻을 이루지 못했다. 중형(仲兄)인 선종(宣宗)이 즉위하였을 때도 도송(渡宋)의 뜻을 청하였으나 끝내 허락하지 않았다. 이에 의천은 선종 2년〔1085〕 4월에 왕과 모후 인예태후에게 글을 남기고 송(宋)에 건너가, 14개월간 머무는 동안 유성·정원·선총에게 화엄을, 종간에게 천태교학을, 원소택기에게는 율과 정토를, 종본·요원·회련에게는 선(禪)을, 길상에게 범학(梵學)을 각각 논강소통(論講疏通)하여 송의 여러 학문을 섭렵하였으며, 불전(佛典)을 주석(註釋)한 장소(章疏) 3천여 권을 구입하여 귀국하였다. 그는 귀국한 뒤 홍왕사 주지로 있으면서 후진을 양성하는 한편, 요·송 등지에서 수집한 4천여 권의 장소(章疏)와 국내에서 모은 고서(古書)를 간행코자 홍왕사에 교장도감을 두고 이들 경서(經書)를 간행하였다〔1090〕. 그 목록으로서 『신편제종교장총록(新編諸宗敎藏總錄)』 3권을 편집하였다. 그는 『원각경』과 규봉종밀(圭峰宗密, 780-841)의 소(疏)를 불교사상의 통일원리에 가장 이상적인 것이라 생각하고, 화엄종에 있는 삼관오교(三觀五敎)의 교관병수(敎觀幷修)를 가지고 천태종의 회삼귀일(會三歸一) 사상을 받아들여서 당시의 여러 종파를 융합하여 천태종(天台宗)을 개립(開立)하였다. 의천의 법을 이은 사람으로는, 광지(廣智)·현오(玄悟)·통소(通炤)·원각(圓覺)·원묘(圓妙)·정명(靜明)·무외(無畏)·의선(義旋)·행호(行乎)·조구(祖丘) 등이 있다.

의타기성 【依他起性】〔梵 paratantra-svabhāva, 西 gshan gyi dbaṅ-gi ṅo bo ñid, 英 Not having an independent nature, not a nature of its own, but constituted of elements〕 유식(唯識) 3성(性)의 하나. 자기의 원인만으로는 일어나기 어렵고, 반드시 다른 조건〔緣〕을 계기로 생기는 물(物)·심(心)의 모든 현상. 유식론에 의하면 백법(百法) 가운데 94법이 여기에 속한다. 색법(色法)은 인연(因緣)과 증상연(增上緣)에 의하여 생기고, 심법(心法)은 사연(四緣; 因緣·等無間緣·所緣緣·增上緣)에 의하여 생긴다고 한다.

의학종【依學宗】신심에 의해서 공부하는 것이 아니라 학(學)을 중심으로 하여 일어난 종파. 예컨대, 구사종·성실종과 같은 종파를 말한다.

이【離】①〔巴 veramaṇī〕 나쁜 행위를 끊는 것. ②〔梵 virati, parivarjana〕 나쁜 행위를 멀리하는 것. 제거하는 것. ③〔梵 viyoga〕 떠나 있는 것. ④〔梵 nirvāna, niḥsāra, 西 ṅes par ḥbyuṅ ba〕 세리(世離)라고도 번역됨. 열반(涅槃)을 뜻함. ⑤〔梵 niḥsaraṇa〕 16행상(行相)의 하나. 악에서 도망쳐 나가는 것.

이【理】〔梵 siddhānta, hetu, nidāna, pramāna, 英 Ruling principle, fundamental law, essential element; reason〕 사(事)에 상대되는 말로, 경험적 인식을 초월한 항상 변치 않는 보편평등(普遍平等)의 진여(眞如)를 말한다. 이(理)에 대하여 당대(唐代)의 화엄 학승들은 세계를 사법계(事法界; 형형색색의 현상세계)와 이법계(理法界; 청정한 본체의 세계를 가리킴)로 나누고, 동시에 '이(理)와 사(事)는 걸림이 없다.'는 명제를 제기하였다. "이(理)는 사(事)에 장애가 되지 않고, 순수하면서 항상 섞여 있다. 사(事)는 항상 이(理)를 보전하여, 섞여 있으면서도 순수하다. 이(理)와 사(事)는 자재(自在)하기 때문에 순수함〔純〕과 섞임〔雜〕에 서로 장애가 없다〔『華嚴義海百門』〕."고 하였다.

이각【二覺】〔英 The two enlightenments〕 ①본각(本覺)과 시각(始覺). 진여(眞如) 자신인 각체(覺體)를 말함. 체(體)는 동일한 진여이다. ②등각(等覺)과 묘각(妙覺). 대승보살의 계위(階位; 경지) 중에서 제51위는 등각이고, 제52는 묘각이다. ③자각(自覺)과 각타(覺他). 스스로 일체법의 진리를 깨닫는 것이 자각이고, 자각한 공덕으로 모든 법을 널리 말하여 일체중생을 깨닫게 하는 것은 각타이다. ④독각(獨覺)과 대각(大覺).

이견【二見】〔梵 anta-dvaya, dvaya-grāha, 英 two views〕 ①우주만물을 상대적으로 구별해서 그 구별에 집착된 견해. 곧 남녀·선악·죄복·염정·미추·시비·장단·흑백 등 모든 현상을 구별해서 보는 견해로서, 이견(二見)에 집착하면 평등의 진리를 보지 못한다. ②유견(有見)과 무견(無見). 유견은 유(有)에 집착하는 견해요, 무견은 무(無)에 집착하는 견해이다. ③단견(斷見)과 상견(常見). 단견은 세상만물은 하나도 영원히 존재하는 것이 없다고 보는 견해로 무견(無見)과 같은 것이요, 상견은 우주만물은 영원히 존재한다고 보는 견해로 유견(有見)과 같은 것이다. 이견(二見)은 모두 사견(邪見)이다.

이계과【離繫果】〔英 The Nirgrantha sect of naked devotes who abandoned all ties and forms〕 번뇌의 계박(繫縛)을 여읜 데서 얻는 택멸무위(擇滅無爲). 곧 열반의 진리. 이 진리는 불생불멸하는 것이므로 육인(六因) 사연(四緣)의 원인에 의해 나는 것이 아니요, 번뇌에 덮인 것을 성도(聖道)의 지력(智力)으로써 제해 버리고 얻은 과(果)이므로 이계과라고 하는 것이다.

이고득락【離苦得樂】 번뇌망상이나 인간세상의 온갖 고통에서 벗어나 즐거움을 얻는다는 말.

이공【二空】 ①아공(我空)과 법공(法空). 아공이란 중생은 5온이 화합한 것이므로 아(我)라고 할 실체가 없다는 것. 법공이란 5온의 자성(自性)도 공하다는 것. ②단공(但空)과 부단공(不但空). ③성공(性空)과 상공(相空).

이공관【二空觀】 ①무생관(無生觀)과 무상관(無相觀). 무생관(無生觀); 모든 존재〔諸法〕는 자성(自性)이 없고 대상〔相〕에 의하여 생(生)하므로, 비록 생겼어도 실유(實有)가 아닌 공(空)이라는 것. 스스로 생하지 않으므로 무생(無生)이라 한다. 무상관(無相觀); 성(性)은 체(體)가 없고, 상(相)은 곧 무상(無相)이다. 유상(有相)이라고 봄은 범부의 망정(妄情)이라는 것. ②인공(人空)과 아공(我空)의 이(理)를 사유하는 관법(觀法)을 말한다.

이과【二果】〔梵 sakṛdāgāmin, 英 The second 'fruit' of the four kinds of Hinayāna arhats, who have only once more to return to mortality〕 과보(果報)를 분별하여 2종으로 나눔. ①2인(因)에 대한 습과(習果)와 보과(報果). ②『아비담론』에 있는 것으로, 습기과(習氣果)와 보과(報果). 습기과는 등류과(等流果)이고, 보과는 이숙과(異熟果)이다. ③『화엄경소』에 있는 것으로, 의과(依果)와 정과(正果)이다. ④성문사과(聲聞四果)의 제2.

이광【二光】〔英 The dual lights〕 ①색광(色光)과 심광(心光). 색광(色光)은 신광(身光)이라고도 하는데, 불신(佛身)에서 발(發)하는 광명으로 눈으로 볼 수 있는 것이요, 심광(心光)은 불심(佛心)에서 발하는 광명으로 항상 중생을 비추어서 보호하는 것이다. 『왕생론(往生論)』의 주(註)에는 지혜광(智慧光)이라 한다. ②상광(常光)과 신통광(神通光). 상광은 모든 불신(佛身)에서 항상 발(發)하는 광명이다. 석가불의 광명과 아미타불의 무량한 광명을 말한다. 신통광은 제불(諸佛)이 중생을 대하여 신력(神力)으로 특별히 발하는 광명으로, 석가가『법화경』을 설할 때 동방의 만팔천토(萬八千土)를 비추었고, 아미타불이 발하는 신광(神光)이 월개문(月蓋門)에 이르는 것과 같다.

이교【二教】〔英 Dual division of Buddha's teaching〕①대승교(大乘教)·소승교(小乘教). ②점교(漸教)·돈교(頓教). ③현교(顯教)·밀교(密教). ④석가교·미륵교. ⑤반자교(半字教)·만자교(滿字教). ⑥권교(權教)·실교(實教). ⑦화교(化教)·제교(制教). ⑧굴곡교(屈曲教)·평도교(平道教). ⑨본교(本教)·말교(末教). ⑩동교일승(同教一乘)·별교일승(別教一乘). ⑪계내교(界內教)·계외교(界外教). ⑫대수교(大收教)·군습교(捃拾教). ⑬요의교(了義教)·불료의교(不了義教). ⑭성도교(聖道教)·정토교(淨土教) 등이다.

이구【理具】〔英 Wholly noumenal, or all things as aspects of the absolute〕 천태학에는 이구사조(理具事造)의 항목이 있는데, 법성(法性)의 이체(理體)가 스스로 삼천(三千)의 제법(諸法)을 갖추는 것을 이구(理具)라 하고, 연(緣)에 의하여 그때그때 만들어지는 것을 사조(事造)라 한다.

이구지【離垢地】〔梵 vimala bodhisattva-bhūmiḥ, 英 The second of the ten bodhisattva stages in which he overcomes all passion and impurity〕 보살수행위(菩薩修行位)의 십지(十地) 가운데 제2위(位)의 이름. 청정한 계행을 갖추고 번뇌를 여의었기 때문에 이렇게 말한다.『유식론(唯識論)』9에, "이구지(離垢地)는 구정시라(具淨尸羅)인데, 능기(能起)하는 미세(微細)한 훼범번뇌구(毁犯煩惱垢)를 멀리 여의기 때문이다." 라고 하였다.

이근【二根】〔英 The two 'roots', or natural powers〕 ①이근(利根)과 둔근(鈍根). 이근(利根)은 불도를 닦는데 자질·바탕이 예리한 자(者), 머리가 영리한 자이고, 둔근(鈍根)은 바탕이 둔약(鈍弱)한 자를 말한다. ②정근(正根)과 부근(扶根·浮根). 정근(正根)을 승의근(勝義根), 부근(扶根)을 부진근(扶塵根·浮塵根)이라고도 한다. 부진근은 아(我) 등의 소견(所見)이 미치는 혈육(血肉)이 이룬 오근(五根)이다. 이는 오직 정근(正根)의 의처(依處)가 되며, 다시는 식(識)을 발(發)하고 경(境)을 취(取)하는 용(用)이 없다. 정근(正根)은 청정미세(淸淨微細)한 색법(色法)이 되며, 범부와 이승(二乘)의 소견(所見)이 아니며, 현세의 소득(所得)도 아니다. 그러나 능히 발식(發識) 취경(取境)의 용(用)이 있으므로 비지(比知)함이 정근(正根)이 된다.

이륜【二輪】〔英 The two wheels of a cart compared by the T'ien-t'ai school to meditation and wisdom〕 ①수레의 두 바퀴를 정(定)과 혜(慧)에 비유함. ②식륜(食輪)과 법륜(法

輪). 법회에는 반드시 설법이 있는데, 설법을 곧 법륜(法輪)을 굴린다〔轉〕고 한다. 또한 반드시 제식(齊食)을 행할 때에는 법륜(法輪)에 인(因)함을 식륜(食輪)이라 한다. 또한 이 두 가지는 반드시 상속(相屬)되어, 전(轉)함이 마치 수레의 두 바퀴와 같으므로 이륜(二輪)이라 한다.

이묘【二妙】〔英 The dual 'marvel' of the Lotus sūtra〕 중국 수(隋)나라 때 지의(智顗, 538-597)가 지은 『법화현의(法華玄義)』에 있는 말. 『묘법연화경』이란 제호(題號)의 묘(妙)자를 풀이한 두 가지 묘(妙). 1. 상대묘(相待妙); 장교(藏敎)·통교(通敎)·별교(別敎)·원교(圓敎)에 대하여 추(麤)·묘(妙)를 판단하는 것. 『법화경』 이전의 경(經)들은 추법(麤法), 『법화경』은 묘법(妙法)이라 하고, 피차를 대비(對比)하여 이 경(經)이 묘(妙)하다고 판단한 것. 2. 절대묘(絶對妙); 『법화경』에서는 추(麤)가 곧 묘(妙)라고 회통(會通)하여 다른 경(經)을 인정하지 않고, 『법화경』만이 묘(妙)하다고 하는 것이다.

이문【二門】〔英 Two doors, entrances, schools, etc.〕 ①당(唐)의 도작(道綽, 562-645)이 세운 것으로, 성도문(聖道門)과 정토문(淨土門). ② 법상종과 화엄종에서 세운 것으로, 차전문(遮詮門)과 표전문(表詮門). ③ 관경산선의(觀經散善義)의 억지문(抑止門)과 섭취문(攝取門). ④『화엄경』의 항포문(行布門)과 원융문(圓融門). ⑤『법화경』의 적문(迹門)과 본문(本門). ⑥절복문(折伏門)과 섭수문(攝受門). ⑦성기문(性起門)과 연기문(緣起門). ⑧유전문(流轉門)과 환멸문(還滅門). ⑨진여문(眞如門)과 생멸문(生滅門). ⑩복덕문(福德門)과 지혜문(智慧門). ⑪계문(戒門)과 승문(乘門). ⑫비문(悲門)과 지문(智門). ⑬정문(定門)과 혜문(慧門) 등 여러 가지가 있다.

이백오십계【二百五十戒】〔英 The 250 commandments〕 비구(比丘)가 수지(受持)해야 할 계율. 곧 비구의 구족계(具足戒)를 말한다. 팔단(八段)으로 나눈다. 1. 4바라이(波羅夷), 2. 13승잔(僧殘), 3. 2부정(不定), 4. 30사타(捨墮), 5. 90단제(單提), 6. 4제사니(提舍尼), 7. 100중학(衆學), 8. 6멸쟁(滅諍) 등인데, 합하여 250계가 된다.

이범【二凡】〔英 The two external and internal, or ordinary ranks, 外凡 and 內凡〕 내범(內凡)과 외범(外凡). 소승(小乘)에서는 외범(外凡)에 7방편 중 삼현(三賢)을 배당하고, 내범(內凡)에 사선근(四善根)을 배당한다. 대승(大乘)에서는 외범에 십신위(十信位)를, 내범에 십주(十住)·십행(十行)·십회향(十廻向)을 배당한다.

이법계【理法界】〔英 One of the 四界, that of the common essence or dharmakāya of all beings〕 4법계(四法界)의 하나. 모든 법(法)의 차별을 일관(一貫)하여 존재한 체성(體性)

ㅇ

으로서 본체평등계(本體平等界)의 방면에서 이름한 우주. 화엄사상을 표현한 말 가운데 하나.

이부종륜론 【異部宗輪論】〔梵 samayabhe-davyūhacakra〕 인도의 세우(世友; Vasumitra)가 지은 것을 중국 당(唐)나라 때〔662〕 현장(玄奘, 602-664)이 번역함. 1권. 논서의 이름처럼 서로 다른 여러 부파의 종지(宗旨)를 주된 내용으로 하고 있다. 전체적으로는 설일체유부를 중심으로 하여 부파의 분열 역사와 각 파의 교리 내용에 대해서 서술하고 있다.

이분가 【二分家】 심식(心識)을 이분(二分)한 설. 유식학에서 우리가 인식하는 과정에 이분설(二分說)을 세운 난타(難陀; Nanda) 등의 일류파(一流派)를 말한다. 그 분설(分說)은 심성(心性)이 객관현상을 인식할 때, 먼저 본질과 비슷한 영상(影像)인 상분(相分; 所緣의 影像)과 이것을 인식하는 작용인 견분(見分; 能緣의 主觀作用)의 두 가지로 가르고, 이 두 가지 작용만으로 인식작용은 다 된다고 하는 유파(流派)를 말한다.

이불 【理佛】〔英 The fundamental or intrinsic Buddha, i.e. the Dharmakāya〕 ①법신(法身)의 다른 이름. 부처님의 삼신(三身) 중에서 보신(報身)·화신(化身)을 사불(事佛), 법신(法身)을 이불(理佛)이라 한다. ② 천태에서 세운 육즉불(六卽佛)의 하나. 이즉불(理卽佛)을 말한다. 일체중생에게 선천적으로 갖추어져 있는 진여(眞如)의 이성(理性). 이 이성이 나타나서 부처가 되는 것이므로 이불(理佛)이라 한다. 다만 법신의 이체(理體)를 갖추었을 뿐이고 공덕의 장엄이 없으므로 소법신(素法身)이라고도 한다.

이불란사 【伊佛蘭寺】 절 이름. 위치는 미상. 고구려 소수림왕(小獸林王) 5년〔375〕에 창건. 전진(前秦)에서 온 승려 아도(阿道)를 이곳에 머물게 했는데, 이것이 우리나라에 불법(佛法)이 전래된 시초라고 한다. 『삼국사기』 18, 고구려 소수림왕본기·『삼국유사(三國遺事)』 3, 흥법(興法) 순도조려(順道肇麗)·『해동고승전』 1, 석순도(釋順道) 등에 보인다.

이불성 【理佛性】〔英 The fundamental Buddha-nature in contrast with 行佛性 the Buddha-nature in action or development〕 법상종에서 중생에게 본래 갖추어져 있는 불성(佛性)을 말할 때, 그 소의(所依)의 체인 진여법성(眞如法性)의 묘리(妙理)를 말함. 이 이불성(理佛性)을 개발하는 행업(行業)을 행불성(行佛性)이라 한다. 이불성은 일체중생이 본래 갖춘 것이나, 행불성에는 성(成)과 불성(不成)이 있다.

이사 【理事】〔英 Noumena and phenomena, principle and practice, absolute and relative〕 이(理)와 사(事). 일반적으로는 이치〔본질〕와 현

상으로서 현상(現象), 차별적인 사상(事象), 사물을 사(事)라 하고, 그것과 부단히 관계하고 있는 보편적인 진리, 즉 평등의 본체를 이(理)라 한다. 다시 자세히 말하면, 원리·보편적 진리·도리(道理)·추상(抽象)·이법(理法)·실체(實體)·판단력·지식 등은 이(理)의 범주이고, 사물·특수·구체·현상·일 등은 사(事)의 범주이다. 『구사론(俱舍論)』 25권에서는 고집멸도(苦集滅道)의 사제(四諦), 즉 불교의 진리를 이(理)로 하고, 변천하기 쉬운 거짓된 현상을 사(事)로 보고 있다. 유식학에서는 원성실성(圓成實性)의 진여(眞如)를 이(理)라 생각하고, 의타기성(依他起性)의 사법(事法)을 사(事)로 하며, 이 두 가지는 부즉불리(不卽不離)의 관계에 있다고 한다. 곧 이(理)는 무위(無爲), 사(事)는 유위(有爲)라고 하는 구별이 있기 때문에 부즉(不卽)이고, 이(理)는 사(事)를 사(事)이게 하는 근거이기 때문에 불리(不離)이다. 그러나 사(事)와 이(理)가 융합하여 무애일체(無碍一體)가 된다고는 하지 않는다. 『대승기신론』에서는 이(理; 眞如)가 연(緣)에 따라서 사(事; 萬法)로서 현상한다고 설하고, 사즉리(事卽理) 이즉사(理卽事)라고 설하고 있다. 이(理)와 사(事)가 밀접한 대응관계에 두어지게 된 것은 『기신론』에서부터인 것으로 추정된다. 천태학에서는 적문(迹門)을 속제(俗諦)의 사(事), 본문(本門)을 진제(眞諦)의 이(理)로 하고, 장교(藏敎)를 계내(界內)의 사교(事敎), 통교(通敎)를 계내(界內)의 이교(理敎), 별교(別敎)를 계외(界外)의 사교(事敎), 원교(圓敎)를 계외(界外)의 이(理)라 하고, 관(觀)에는 사관(事觀)과 이관(理觀), 혹(惑)에는 미사(迷事)와 미리(迷理), 참회에는 사참(事懺)과 이참(理懺)이 있다고 한다. 이(理)와 사(事)의 문제를 가장 철학적으로 깊게 추구한 것은 화엄교학인데, 여기서는 이사무애(理事無碍)를 설했다. 곧 이(理)와 사(事)는 대립해 있지만, 도리어 이(理)와 사(事)가 서로 융합되어 걸림이 없이 원융하다고 설한다. 이것은 말하자면 동양적 변증법의 논리인데, 화엄철학에서는 다시 이사무애(理事無碍)를 넘어서 사사무애(事事無碍)를 설함에 이르렀다.

이사구밀【理事俱密】 진속(眞俗)이 일체(一體)라고 하는 이론과, 인상(人相) 등 구체적 의식(儀式)의 일들을 설하는 『대일경(大日經)』·『금강정경(金剛頂經)』 등의 소설(所說)에 대해서 말함. 태밀(台密)에서 이비밀교(理秘密敎)를 설하는 가운데 하나로, 이비밀(理秘密)의 대응어이다.

이사무애관【理事無碍觀】 화엄교학에서 세운 법계삼관(法界三觀)의 하나. 평등한 진체(眞體)가 이(理)가 되고 유위(有爲)의 형상(形相)이 사(事)가 된다. 이(理)는 물〔水〕과 같고, 사(事)는 물결〔波〕과 같다. 평등의 이(理)에 즉(卽)하면 만 가지 차별적인 사(事)가 있고, 만 가지 차별적인 사(事)에 즉(卽)하면 평등의 이(理)가 있다. 이와 같은 사리(事理)가 교철(交徹)하여, 진속(眞俗)이 원융(圓融)한 뜻을 관(觀)하는 것을 이사무애관(理事無碍觀)이라 한다.

이사무애법계 【理事無碍法界】 사법계(四法界)의 하나. 이것은 이법계(理法界)와 사법계(事法界)가 상즉불리(相卽不離)하는 관계에서, 서로 거리낌 없이 양립할 수 있는 관계를 말하는 것이다. 곧 이법계(理法界)는 사법계(事法界)가 아니면 그 진리의 활용성을 표현할 수 없는 것이요, 사법계는 이법계의 원리(原理)가 없이는 그 존재를 성립시킬 수 없는 처지에 있는 것이다. 이 양자의 관계는 마치 물과 물결과 같은 것이다. 천차만별의 현상은 차별의 현상 그대로 평등의 이체(理體)요, 평등의 일리(一理)는 이체(理體) 그대로가 곧 차별의 현상이다. 사(事)는 사(事) 그대로가 즉 이(理)이며, 사(事)의 사상(事象)과 이(理)의 실체가 따로 존재하는 것이 아니니, 이와 같이 이사(理事)의 관계는 융통무애한 것으로, 본체 즉 현상, 현상 즉 본체, 평등 즉 차별, 차별 즉 평등이 되는 것이다.

이사불이 【理事不二】 절대의 진리〔理〕와 차별 있는 현상계(現象界; 事)가 둘이면서 하나요, 하나이면서 둘이라고 하는 관계를 나타낸 것이다. 이사무애관 항목 참조.

이상 【二相】〔梵 dvi-lakṣaṇa, 英 The two forms, or characteristics, of the bhūtatathatā, universal and particular〕 ①『기신론』에 있는 지정상(智淨相)과 부사의업상(不思議業相). ②『기신론』에 있는 동상(同相)과 이상(異相). ③『지도론』에 있는 총상(總相)과 별상(別相). ④『종경록』에 있는 소연경상(所緣境相)과 능연식상(能緣識相).

이생 【離生】〔梵 anutpāda, niyāma, vibhāga-ja, 英 To leave the chain of rebirth〕 ①정성리생(正性離生)의 준말. 견도위(見道位)를 말한다. 생사(生死)를 여읜 것. 삼승인(三乘人)이 견도위에 들어가서 진리의 이치를 보고 견혹(見惑)을 끊어서 삼계(三界)의 생(生)을 길이 여의는 것을 정성이생(正性離生)이라 한다. ②낳는다고 하는 작용이 없는 것.

이생 【已生】〔梵 bhūta, 英 Become, the moment just come into existence, the present moment; being, existing〕 ①장차 생길 위치에 있던 것이 현재에 생기는 한 찰나. ②본유(本有)를 말한다. 중유(中有)의 중생(衆生)은 장차 생(生)을 받을 수 있는 찰나에 있기 때문에 구생(求生)이라 하고, 본유(本有)는 이미 소생(所生)한 것이기 때문에 이생(已生)이라 한다.

이생 【異生】〔梵 pṛthag-gaṇa; bālapṛthagjana〕 범부(凡夫; Bālapṛthagjana)의 다른 이름. 성자(聖者)와 다른 생류(生類). 범부가 육도(六道)를 윤회하여 여러 가지 다른 과보(果報)를 받고, 또한 범부의 여러 가지 변이(變異)로 사견(邪見)을 생(生)하여 악(惡)을 지으므로 이생(異生)이라 한다.

이수 【二受】〔英 The dual receptivity or karma of pleasure and pain, the physical and the menta, i.e. 身 and 心〕 신수(身受)와 심수(心受)를 말한다. 신수(身受)는 눈·귀 등의 오식(五識)이 받는 고수(苦受)·낙수(樂受)·사수(捨受)를 말하고, 심수(心受)는 의식(意識)이 받는 우수(憂受)·희수(喜受)·사수(捨受)를 말한다.

이숙 【異熟】〔梵 vipāka, 英 different when cooked, or matured〕 비파가(毘播伽)라 음역하고 과보(果報)라고도 번역한다. 과거의 선악에 의하여 얻는 과보의 총칭. 인(因; 원인)과는 달리〔異〕 맺어지는〔熟〕 과보. 즉 선인낙과(善因樂果) 악인악과(惡因惡果)가 아닌 정반대의 결과가 나오는 것. 이것에 대하여 세 가지 해석이 있다. 1. 이류숙(異類熟); 인(因)의 선(善)이나 악(惡)에 대하여 낙(樂)이나 고(苦)의 과(果)를 받았을 때에 고락(苦樂)은 비선비악(非善非惡)의 무기(無記)의 것이어서, 인(因)과는 유(類)를 달리하기 때문에 이숙(異熟)이라 한다. 2. 변이숙(變異熟); 과(果)는 인(因)이 변한 것이기 때문에 이숙(異熟)이라 한다. 3. 이시숙(異時熟); 과(果)는 인(因)이 이루어진 그 당세를 뛰어넘어 다음 생이나 이후 언제 결과가 나타나기 때문에 이숙이라 한다. 1.은 유식가(唯識家)에서, 2.는 경부(經部)에서, 3.은 유부(有部)에서 취하고 있다.

이숙과 【異熟果】〔梵 vipāka-phala, 英 Fruit ripening differently〕 선인선과(善因善果), 악인악과(惡人惡果)가 아닌 것. 즉 원인과는 다르게 나타나는 결과〔異熟果〕. 이숙 항목 참조.

이숙생 【異熟生】〔梵 vipāka-ja, 英 The six senses which are produced from the Ālaya-vijñāna〕 ①이숙인(異熟因)으로 생긴 것. 이숙과(異熟果). ②이숙(異熟)으로부터 생긴 것. 이는 『유식론』에서 제8식을 이숙(異熟) 또는 진이숙(眞異熟)이라 함에 대하여, 제8식으로부터 생긴 제6식의 이숙과(異熟果)인 부귀(富貴)·현우(賢愚)·미추(美醜) 등을 이숙생(異熟生)이라 한다.

이숙습기 【異熟習氣】 이숙과(異熟果)를 가져온 습기(習氣). 무기성(無記性)인 우리의 신체를 나게 한 선·악의 업종자(業種子)와 같은 것. 유식에서는 제6식으로 선악의 업을 지을 때에 그 업은 그대로 소멸하지 않고, 반드시 장래의 결과를 가져올 종자를 제8식에 훈습(熏習)하여 둔다고 한다. 이것은 역시 제8 이숙식(異熟識)을 불러오는 증상연(增上緣)이다.

이숙인【異熟因】〔梵 vipāka-hetu, 英 heterogeneous cause〕이숙(異熟)을 불러올 원인. 우리의 육체는 그 자체가 선(善)·악(惡)을 결정하기 어려우나, 이런 과보를 나게 한 원인은 선·악의 번뇌라고 하여 이것을 이숙인(異熟因)이라 한다.

이숙장【異熟障】자연의 과보(果報)는 불법(佛法)의 수행으로는 할 수 없는 경계(境界)임을 말한다. 삼악취(三惡趣), 또는 무상천(無想天)이 이숙장이다.

이승【二乘】〔梵 yāna-dvaya, śravaka-pratyekakabuddha, yānu dvitīyu, 英 The two vehicles conveying to the final goal〕불타(佛陀)의 2종류 교법(敎法). 승(乘; yāna)은 실어서 운반한다는 뜻. 사람을 실어 이상(理想)의 경지에 이르게 하는 교법을 말한다. 이승(二乘)은 ①일반적으로 성문승(聲聞乘)과 연각승(緣覺乘)을 말한다. 성문승은 성문(聲聞)을 위하여 설한 사제(四諦) 등의 법문(法門)이요, 연각승은 연각을 위하여 설한 12인연 등의 법문을 말한다. 또 ②대승(大乘)과 소승(小乘)을 말하기도 하고, ③천태에서는 삼승(三乘)과 일승(一乘)을 구별하여 2승이라고도 한다.

이승작불【二乘作佛】〔英 The Lotus Sūtra teaches that aravakas and pratyekas also become Buddhas〕이승(二乘; 聲聞·緣覺)이 부처가 된다는 말. 『법화경』 앞 14품(十四品; 迹門)의 중심사상. 이승의 수행자도 일승묘법(一乘妙法)에 의해 깨닫고 한결같이 성불한다는 것.

이시즉【異時卽】동시즉(同時卽)에 상대되는 말로서, 때를 달리하는 두 개가 본질적으로 일체(一體)인 것을 나타낸다. 예컨대, '십선(十善)을 닦으면, 곧 하늘에 태어난다.'라고 하는 경우이다.

이신이토【理身理土】〔英 The dharmakāya in the dharmakśetra, e.g. the spiritual Vairocana in the eternal light〕삼신(三身) 가운데 법신(法身)을 이신(理身)이라 하고, 법신이 주(住)하는 바의 토(土)를 이토(理土)라 한다. 『보현관경(普賢觀經)』에서는 비로자나(毘盧遮那; 理身) 상적광(常寂光; 理土)이라 하고, 『유식론(唯識論)』 십(十)에서는 자성신(自性身; 理身) 법성토(法性土; 理土)라고 한다.

이심전심【以心傳心】〔英 Direct transmission from mind to mind, as contrasted with the written word〕마음으로써 마음에 전함. 선종(禪宗)에서 스승과 제자 사이에 법을 전할 때에 면수(面受; 얼굴을 맞댐)하여 법(法)을 전하고, 문자(文字)나 언설(言說)에 의하지 않는 것. 이심전심은 선종의 종지(宗旨) 정립에 기초가 된다.

이십공【二十空】〔梵 Viṃśati śu-nyatāḥ〕『대열반경(大涅槃經)』에 나오는 20가지 공(空)으로, 내공(內空)·외공(外空)·내외공(內外空)·공공(空空)·대공(大空)·소공(小空)·승의공(勝義空)·유위공(有爲空)·무위공(無爲空)·필경공(畢竟空)·무제공(無際空)·산공(散空)·무변이공(無變異空)·본성공(本性空)·자상공(自相空)·공상공(共相空)·일체법공(一切法空)·불가득공(不可得空)·무성공(無性空)·자성공(自性空) 등을 말하고 있다.

이십구유【二十九有】중생(衆生)이 생하고 변하며 죽어 소멸하는 세계를 29가지로 나눈 것. 유(有)란 나고 죽는 과보가 존재하여 변하지 않는다는 뜻이다. 이십오유(二十五有; 4惡趣·4洲·4欲天·色界 7天·無色界 4天)에서 5나함천(那含天)을 벌려 무번천(無煩天)·무열천(無熱天)·선견천(善見天)·선현천(善現天)·색구경천(色究竟天)의 5천(天)으로 만들어서 29유(有)라고 한 것이다.

이십사불상응법【二十四不相應法】구사학에서 불상응법(不相應法; 물질도 아니고 정신도 아니며 심작용도 아니면서 그들과 교섭이 있는 법)을 열넷으로 나누고 실유(實有)한 것이라고 하는 데 대하여, 유식학에서는 스물넷으로 나누어 물질과 정신, 심작용(心作用)에 가립(假立)하는 가법(假法)이라 한다. 그것은 득(得)·명근(命根)·중동분(衆同分)·이생성(異生性)·무상정(無想定)·멸진정(滅盡定)·무상사(無想事)·명신(名身)·구신(句身)·문신(文身)·생(生)·로(老)·주(住)·무상(無常)·유전(流轉)·정이(定異)·상응(相應)·세속(勢速)·차제(次第)·방(方)·시(時)·수(數)·화합성(和合性)·불합성(不合性) 등이다.

이십오방편【二十五方便】〔英 T'ien-t'ai's twenty-five aids to meditation, v. 止觀〕천태에서 교리에 의거하여 수행하는 법을 방편과 정수(正修)로 나누고, 방편행(方便行)으로는 25방편을, 정수로는 십승관법(十乘觀法)을 말한다. 25방편이란, 오연(五緣)을 갖추고〔具五緣〕·오욕(五欲)을 꾸짖고〔訶五欲〕·오개(五蓋)를 버리고〔棄五蓋〕·오사(五事)를 고르고〔調五事〕·오법(五法)을 행함〔行五法〕을 말한다. 오연(五緣)이란 지계청정(持戒淸淨)·의식구족(衣食具足)·주처한정(住處閑靜)·식제진무(息諸塵務)·근선지식(近善知識)을 말하고, 오욕(五欲)이란 오근(五根)의 대상〔色·聲·香·味·觸〕이 되어 가의(可意)·가애(可愛)·가락(可樂)의 것으로 모든 욕망의 근원이 되는 것을 말하고, 오개(五蓋)란 탐(貪)·진(瞋)·수면(睡眠)·도회(掉悔)·의(疑)를, 오사(五事)는 심(心)·신(身)·식기(息氣)·면(眠)·식(食)을, 오법(五法)은 낙욕(樂欲)·정진(精進)·전념(專念)·교혜(巧惠)·일심(一心)을 말한다.

이십오유【二十五有】〔英 The twenty-five forms of existence〕 유(有)는 존재(存在)라는 뜻. 중생(衆生)이 나서 죽고 변하는 미(迷)의 존재를 25종으로 나눈 것. 1. 사악취(四惡趣; 지옥·아귀·축생·아수라), 2. 사주(四洲; 남섬부주·동승신주·서우화주·북구로주), 3. 육욕천(六欲天; 사왕천·도리천·야마천·도솔천·화락천·타화자재천), 4. 색계(色界; 초선천·범왕천·제2선천·제3선천·제4선천·무상천·5나함천), 5. 무색계(無色界; 공무변처천·식무변처천·무소유처천·비상비비상처천). 이를 줄여서 3계와 6도라 한다.

이십지【二十智】〔英 The twenty kinds of wisdom or knowledge as defined by t'ien-t'ai〕 천태학에서 사교(四教)에 약(約)하여 이십지(二十智)를 밝힌 것. 삼장교(三藏教)에 칠지(七智)가 있다. 1. 세지외(世智外), 2. 범지(凡智), 3. 내범지(內凡智), 4. 사과지(四果智), 5. 벽지불지(辟地佛智), 6. 보살지(菩薩智), 7. 불지(佛智)를 말한다. 또한 통교(通教)의 오지(五智)는, 8. 사과지(四果智), 9. 지불지(支佛智), 10. 입공(入空)의 보살지(菩薩智), 11. 출가(出假)의 보살지(菩薩智), 12. 불지(佛智)이며, 또한 별교(別教)의 오지(五智)는, 13. 십신지(十信智), 14. 주계향(住計向)의 삼십심지십지(三十心智十地), 15. 각지(覺智), 16. 불과지(佛果智)이다. 또한 원교(圓教)의 사지(四智)는, 17. 오품지(五品智), 18. 육근지(六根智), 19. 주행향지(住行向地)의 40심지(心智), 20. 불지(佛智)를 말한다.

이십팔부중【二十八部衆】〔英 The thousand hand Kuan-yin has twenty eight groups of 大仙衆 great ṛṣis or genii, under the direction of the 孔雀王 Peacock king Mayūrarāja〕 천수관음(千手觀音)을 따라다니는 선신(善神). 천수관음의 광대원만무애대비심대다라니 신주(神呪)를 송지(誦持)하는 이를 호위한다고 한다. 1. 밀적금강(密跡金剛), 2. 오추군다앙구시(烏芻君茶央俱尸), 3. 마혜습박라(摩醯濕縛羅), 4. 금비라다라(金毘羅陀羅), 5. 바루나(婆樓那), 6. 진다라(眞陀羅), 7. 마화라(摩和羅), 8. 구란단타(鳩蘭單吒), 9. 필바가라(畢婆迦羅), 10. 응덕(應德), 11. 범마삼발라(梵摩三鉢羅), 12. 염마라(炎摩羅), 13. 석왕삼십삼(釋王三十三), 14. 대변공덕천(大辯功德天), 15. 제두뢰타왕(提頭賴吒王), 16. 신모녀(神母女), 17. 비루륵차왕(毘樓勒叉王), 18. 비루박차왕(毘樓博叉王), 19. 비사문천왕(毘沙門天王), 20. 금색공작왕(金色孔雀王), 21. 이십팔부대선중(二十八部大仙衆), 22. 마니발다라(摩尼跋陀羅), 23. 산지대장(散脂大將), 24. 난타용왕(難陀龍王), 25. 아수라(阿修羅), 26. 수화뢰전신(水火雷電神), 27. 구반다왕(鳩槃茶王), 28. 비사사(毘舍闍) 등이다.

이십팔천【二十八天】〔英 The twenty-eight heavens, or devalokas〕불교에서 삼계(三界; 욕계·색계·무색계)의 모든 하늘(天)을 총칭할 때 28천이라 한다. 28천(天)은 욕계(欲界)의 6천(天), 색계(色界)의 18천(天), 무색계(無色界) 4천(天)을 합한 것이다.

이언진여【離言眞如】진여가 망념의 상(相)을 떨쳐 버리고 언설(言說)의 상(相)을 떨쳐 버린 것을 뜻함. 진여(眞如)의 법체(法體). 언어문자로 표현할 수 없는 진리의 본체(本體)를 말함.

이업【二業】〔英 Two classes of karma〕① 사업(思業)·사이업(思已業). ② 인업(引業)·만업(滿業). 총보(總報)를 끌어오는 업인(業因)을 인업(引業)이라 하고, 별보(別報)를 성만(成滿)하는 업인을 만업(滿業)이라 한다. ③ 심수업(心受業)·신수업(身受業). ④ 정업(定業)·부정업(不定業). ⑤ 정업(正業)·조업(助業).

이여【二如】〔英 There are various definitions of the two aspects of the 眞如 phūtatathatā〕2종의 진여(眞如). 이진여(二眞如)라고도 함. ① 수연진여(隨緣眞如)와 불변진여(不變眞如). ②이언진여(離言眞如)와 의언진여(依言眞如). ③공진여(空眞如)와 불공진여(不空眞如). ④유구진여(有垢眞如)와 무구진여(無垢眞如). ⑤ 안립진여(安立眞如)와 비안립진여(非安立眞如). 진여 항목 참조.

이왕【二王】〔英 The two guardian spirits represented on the temple gates〕불법(佛法)을 수호하는 금강신. 사문(寺門)의 양쪽에 상(像)을 만들어 둔다. 밀적금강(密跡金剛; vajirapāṇi)과 나라연금강(那羅延金剛). 『대보적경』과 『변역명의집』에는 법의태자(法意太子)의 화신(化身)이라고 한다. 『법화경』 등에 의하면 다문천(多聞天)과 지국천(持國天), 또는 지국천(持國天)과 증장천(增長天)이라고도 한다. 수호한다는 뜻으로는 『인왕경』에 따라 인왕(仁王)이라고도 쓴다.

이욕【離欲】〔梵 virajyate, virakta, 巴 virāga, 英 To leave, or be free from desire, or the passions〕탐욕(貪欲)과 음욕(婬欲)을 여읨. 『법화경』「보문품」에, "만약 어떤 중생이 음욕이 많으면, 항상 관세음보살을 염(念)하고 공경하면 문득 욕(欲)을 여읠 수 있다."라고 하였다.

이응신【二應身】〔英 The two meaning or teaching, partial and complete〕열응신(劣應身)과 승응신(勝應身). 천태학에서 사교(四教)에 제각기 부처를 말하여 장교(藏教)의 부처를 열응신(劣應身), 통교(通教)의 부처를 승응신(勝應身)이라고 한다.

이이합연【二二合緣】〔英 A method of meditation by coupling 法 with 身, 受, 心 respectively〕성문수행(聲聞修行)의 제7 계위〔3현·4선

ㅇ

근〕 중에서 삼현위(三賢位)의 제2위인 별상념처(別相念處)의 수행. 별상념처에서는 제1위의 오정심(五停心)으로써 번뇌심과(煩惱心過)가 일어나는 것을 쉬고, 그로 말미암아 생긴 지혜로써 신(身)·수(受)·심(心)·법(法)의 넷은 부정(不淨)·고(苦)·무상(無常)·무아(無我)인 줄로 관하는 것인데, 그 중에서 제4의 법과 다른 3과를 둘씩 합하여 관하는 것. 곧 법과 신, 법과 수, 법과 심을 합하여 관하는 때위이다.

이익【二益】〔英 The dual advantages or benefits〕 현익(現益)과 당익(當益). 2종의 이익으로 현(現)·래(來) 이세(二世)의 이익을 말한다. 진종(眞宗)에서 설하는 것으로, 정정(正定)과 멸도(滅度)의 2종의 이익을 말한다. 전자(前者)는 현익(現益)이 되어 믿음의 일념(一念)으로 정정취(正定聚)의 위(位)에 들어가 현생(現生) 10종의 이익을 받는 것이요, 후자는 당익(當益)으로 죽은 뒤에 정토(淨土)에 왕생(往生)하여 멸도(滅度)의 증득(証得)을 여는 것을 말한다.

이입【二入】〔英 The two ways of entering the truth〕 이입(理入)과 행입(行入). 중생이 자신에게 본질적으로 갖추어진 진성(眞性; 理)을 믿어 의심하지 않고 깨달아 들어가는 것을 이입(理入)이라 하고, 이(理)에 의하여 행(行)을 일으키고 행(行)에 의하여 이(理)에 드는 것을 행입(行入)이라 한다.

이입사행론【二入四行論】 중국 선종(禪宗)의 초조(初祖)인 달마(達磨, ?-528)는 도에 들어가는 길에 이입(理入)과 행입(行入)의 두 가지가 있다고 함. 모든 중생이 본질적〔理〕으로는 동일(同一)한 진성(眞性)이지만 객진(客塵; 번뇌)에 가려서 나타나지 못하므로, 객진망념을 버리고 진성에 돌아가기 위해서는 벽관(壁觀; 좌선)하게 되면 정적무위(靜寂無爲)케 된다. 이것을 이입(理入)의 길이라 하고, 이 이입(理入)에 입각해서 보원행(報寃行)·수연행(隨緣行)·무소구행(無所求行)·칭법행(稱法行)의 사행(四行)을 실천하는 것을 행입(行入)이라 한다. 이러한 이입사행론은 『능가경』의 복잡한 여래장사상을 생활 속의 강력한 실천강령으로 요약 제시한 것이다. 이 이론은 혜능(慧能, 638-713) 이후 선불교에 견성〔理入〕 성불〔行入〕 내지 오(悟)·수(修)의 사상적 원천을 이루었다.

이자삼점【伊字三點】 실담(悉曇) 문자 가운데 이(∴)자의 모양이 3점으로 이루어졌음을 말함. 둥근 원 속에 있다고 하여 '원이삼점(圓伊三點)'이라고도 한다. 3점은 가로도, 세로도 아닌 삼각관계를 이루고 있는데, 이것은 곧 삼즉일(三卽一)이요, 일즉삼(一卽三)이며, 불일불이(不一不異)이며, 비전비후(非前非後)를 말하는 것임. 또 『열반경』에서는 이 3점(三

點)은 법신·반야·해탈의 삼덕(三德)을 뜻하고, 그것은 곧 불일불이(不一不異)임을 나타낸 것이라고 한다.

이자현【李資玄, 1061-1125】 고려 숙종·예종 때의 학자, 거사. 한국선의 형성에 크게 기여함. 자는 진정(眞精), 호는 식암(息庵), 시호는 진락(眞樂), 본관은 인주(仁州). 순종 원년〔1083〕에 진사에 올라, 6년 후에는 대악서승(大樂署丞)이 되었으나 관직을 버리고 은거생활을 했다. 일찍이 『설봉어록』을 읽고 크게 깨달아, 여러 명산을 편력한 뒤 청평산으로 들어가 문수원(文殊院)에 머물렀다. 대장경을 탐독했으며, 특히 『수능엄경』에 의해 심인(心印)을 깨달았다. 예종 12년〔1117〕 8월 남경〔漢陽〕에서 왕을 배알하고, 왕명에 따라 삼각산 청량사에 머물면서 선리(禪理)의 자문을 받고 『심요(心要)』 1편을 봉증했다. 훗날 능엄강회를 열어 학자를 길렀다. 저서로는 『추화백락도시(追和百樂道詩)』·『남유시(南遊詩)』·『선기어록(禪機語錄)』·『포대송(布袋頌)』 등이 있고, 제자로는 정현(鼎賢)·권적(權適)·탄연(坦然) 등이 있었다.

이장삼법론【二藏三法論】 삼론종(三論宗)의 교판학설(敎判學說). 이장(二藏)은 성문장(聲聞藏)과 보살장(菩薩藏). 삼론종은 보살장에 속한다. 삼법륜(三法輪)은 근본법륜(根本法輪)·지말법륜(枝末法輪)·섭말귀본법륜(攝末歸本法輪). 근본법륜은 부처님이 성도(成道)하고 보살을 위하여 설한 일인일과(一因一果)의 『화엄경』의 교설을 말하고, 지말법륜은 화엄에 이르는 교설을 말하는데, 삼론종이 소의로 하는 『반야경』도 여기에 속한다. 회삼귀일(會三歸一)을 설하는 『법화경』의 법문도 섭말귀본법륜에 속한다.

이장의【二障義】 신라 때의 고승인 원효(元曉, 617-686)의 저서. 그는 이 책에서 회통하는 방법으로 현료문(顯了門)과 은밀문(隱密門) 두 문(門)을 설정하여, 신역계(新譯系)인 『유가사지론(瑜伽師地論)』 중심의 단혹설(斷惑說)과 구역계(舊譯系)인 『대승기신론』의 단혹설(斷惑說)을 한 체계 안에 묶었다. 그리고 아뢰야식연기를 설한 『유가사지론』 계통의 설은 현료문으로 하고, 진여연기(眞如緣起)를 설한 『대승기신론』 계통의 설은 은밀문으로 했는데, 현료문의 설도 은밀문의 설에 포섭되는 것이라 함으로써 양설을 모순 없이 화쟁시키고 있다.

이제설【二諦說】 두 가지의 제(諦; satya-dvaya)란 두 종류의 진리〔諦〕를 뜻한다. 즉 제일의제(第一義諦)와 세제(世諦), 승의제(勝義諦)와 세속제(世俗諦), 진제(眞諦)와 속제(俗諦)이다. 초기불교에서는 승의제(勝義諦; paramattha; paramārtha)와 세속제(世俗諦; sammuti; saṃvṛti)의 2종의 진리에 대하여 정리된 형태의 설명은

ㅇ

보이지 않는다. 그러나 초기경전에 이제적(二諦的) 사유방법은 곳에 따라 나타나고 있다. 그 경우 승의제란 궁극적 진실인 열반에 해당하고, 세속제란 언어표현 혹은 언어습관을 의미하는 'vohāra'의 동의어로 사용된 때가 많다. 승의와 세속을 이제설로서 발전시켜, 다시 그것을 일종의 교상판석(教相判釋)의 입장에서 원용(援用)하기에 이른 것은 아비달마불교 이후의 일이다. 아비달마불교에 있어서는 이제(二諦)의 사상을 계승하면서 그것을 인무아(人無我) 법유(法有)의 입장에서 일종의 교판(教判)으로서 전개하는 것이 특색이다. 『대비바사론』에 의하면 작자(作者)·수자(受者)는 세속유(世俗有)이고, 업(業)과 이숙(異熟)은 승의유(勝義有)라고 한다. 또 푸드갈라(pudgala; 補特伽羅)가 가(假)인 데 대하여, 색(色) 등의 오온(五蘊)은 실(實)이라 한다. 대승경전, 특히 『반야경』에서는 열반을 승의제, 언설(言說)을 세속제로 규정한 초기불교의 이제(二諦) 사상으로 회귀(回歸)함을 기도함과 동시에, 그것을 일종의 교판으로서도 원용하고 있는 아비달마불교를 발전적으로 계승하고 있다. 단지 아비달마불교와는 달리, 인(人)·법(法) 모두 무아(無我)라 하고, 오온에 대표되는 전통적인 여러 교설은 일체법(一切法)의 공성(空性)이라고 하는 승의(勝義)의 진리를 전하기 위한 방편설에 불과하다고 한다. 이러한 『반야경』의 이제설에 적지 않은 영향을 받고 일체법은 모두 공성〔一切法空性〕이라는 의미를 천명한 것이 용수(龍樹; Nāgārjuna, 150-250경)이다. 용수의 이제설은 중국에 와서는 길장(吉藏, 549-623)·승랑(僧朗) 등에 의하여 더욱 발전된다.

이제합명중도설【二諦合明中道說】 고구려의 삼론학(三論學) 고승인 승랑(僧朗)이 중도(中道)의 진리를 드러내는 방법으로 주장하는 학설. 그에 의하면, 진리는 세제(世諦)에만 있지도 않고, 진제(眞諦)에만 있지도 않으며, 세제와 진제가 아울러 있는 곳에도 있지 않으며, 또한 진속이제(眞俗二諦)를 떠나 있지도 않다고 한다. 이것을 3종 이제(二諦)와 관련시켜 보면, 제1은 유(有)를 세제(世諦)로 하고 무(無)를 진제(眞諦)로 하는 것, 제2는 이(二)를 세제(世諦)로 하고 불이(不二)를 진제(眞諦)로 하는 것, 제3은 이(二)와 불이(不二)를 세제(世諦)로 하고 비이(非二)와 비불이(非不二)를 진제(眞諦)로 하는 것이다. 제1은 유(有)에 집착하고 있는 범부의 유견(有見)을 파(破)하기 위하여 무(無)를 진제로 하는 것이요, 제2는 이승인(二乘人)의 공(空)에 떨어져 있는 병을 파(破)하기 위하여 불이(不二)를 진제로 하며, 제3은 다시 불이(不二)의 입장, 즉 유득보살(有得菩薩)의 입장을 파하기 위한 것이다. 이렇게 이제(二

諦)를 합명(合明)함으로써 중도에 이르는 것이다.

이조단비【二祖斷臂】〔英 The second patriarch in China 慧可 Hui-k'o of the 禪 Ch'an school who, to induce Bodhidharma to receive him, is said to have cut off his left arm in the snow in order to prove his firmness and determination〕 중국 수(隋)나라 때 승려로서 선종(禪宗)의 2조(祖)인 신광혜가(神光慧可, 487-593)가 달마(達磨, ?-536)의 제자가 된 이야기. 달마가 숭산 소림사에서 좌선하던 때에 눈이 오는 어느 날 밤에 혜가(慧可)가 도(道)를 구하려고 왔는데, 날이 샐 때까지 뜰에 서서 움직이지 아니하였다. 달마는 '보통 마음으로는 제불(諸佛)의 무상도(無上道)를 전하지 못하는 것이다.'라고 말하고 허락하지 않았다. 그리하여 혜가는 칼로 왼팔을 끊어 달마의 앞에 놓았다. 법을 위하여 몸을 버릴 신념을 드러낸 것이다. 그때서야 비로소 법기(法器)인 줄을 알고 제자로 삼았다 한다.

이종선과 삼종선의 대론【二種禪-三種禪-對論】조선 후기에 나타난 선(禪)에 관한 논쟁. 조선 후기에 백파긍선(白坡亘璇, 1767-1852)이 『선문수경(禪門手鏡)』을 지어 중국 선종(禪宗)의 오가(五家)와 경전의 구절까지도 조사선·여래선·의리선으로 나누어 구별하자, 이에 대해 당시 소장파 학승들이 반론을 제기한 데서 시작된 선 논쟁. 곧 백파긍선은 『임제록』의 제1구는 조사선의 도리를 가리키고, 제2구는 여래선, 그리고 제3구는 하근기인 의리선을 가리킨다고 해석했다. 또한 오가(五家) 중에서 임제종·운문종은 조사선으로 최상위에 놓고, 법안종·조동종은 여래선인 중간 위(位)에 놓고, 우두종(牛頭宗)·하택종(荷澤宗)·신수북종(神秀北宗)은 의리선의 위치로 격하시켰다. 그 밖에 경전구절을 해석하는 데까지 삼종선 분류를 확대시켜, 삼종선의 범주 속에 선(禪)과 교(敎)의 교설을 모두 모아 분류하고 정리해 도식까지 써서 체계화하였다. 이에 대해 초의의순(草衣意恂, 1786-1866)과 그의 문인 우담홍기(優曇洪基, 1822-1881)는 반론을 제기했다. 초의는 삼종선으로 선(禪)·교(敎)를 분류한 백파의 『선문수경』은 불교의 근본정신을 잘못 이끌 위험이 있다고 지적했다. 초의는 『사변만어(四辯漫語)』에서, 다만 인명(人名)으로는 조사선·여래선이라 하는 것이고, 법명(法名)으로는 격외선(格外禪)·의리선(義理禪)이라고 분류할 뿐이라 한다. 즉 조사선(祖師禪)은 부처님의 말씀〔語; 義理〕보다는 부처의 마음〔心〕을 더 중요시하지만, 그렇다고 백파처럼 부처의 말씀을 아주 하근기를 위한 의리선으로 폄하할 수 없다고 하는 것이 초의의 반론이다. 그래서 마음을 깨달아 언어를 초월하

ㅇ

면 교(敎)가 선(禪)으로 바뀌고, 언어에 막혀 마음이 미혹되면 거꾸로 선(禪)이 교(敎)로 변질된다고 말한다. 그리고 선과 교 사이에 질적 차별이 없는 것과 같이, 격외선과 의리선 사이에도 근본적인 질적 차별은 없다고 한다. 이 대론은 백파와 초의 당대에서 끝나지 않고, 백파의 제자 설두유형(雪竇有炯, 1824-1889)과 초의의 제자 우담홍기(優曇洪基, 1822-1881) 시대에까지 연장되었다.

이종성【二種性】〔英 Two kinds of seed-nature〕 ①유식종(唯識宗)에서 보살(菩薩)과 부정성(不定性)에 대하여 종성(種性)을 둘로 나눈 것. 본성주종성(本性住種性)과 습소성종성(習所成種性). 전자(前者)는 본래 있는 무루종자를 가리키고 후자(後者)는 훈습(熏習)에 의하여 자라는 무루의 종자를 가리킨다. ②성종성(聖種性)과 범부종성(凡夫種性). ③총성(總性)과 별성(別性). ④유성(有性)과 무성(無性).

이종자량【二種資糧】〔英 The two kinds of (spiritual) provender〕 불과(佛果)를 증득하려고 수행하는 것을 돕는 2종의 자량. 곧 복덕자량(福德資糧)과 지덕자량(智德資糧). 복덕자량은 보시하는 선행위(善行爲)를 철저하게 하여 불과(佛果)를 얻는 자량(資糧; 밑바탕)으로 삼는 것, 또는 지난 세상에 복덕을 닦았으므로 지금 재물이 풍부하고, 좋은 교법을 얻어 수행하여 증과(證果)에 도달할 자량을 삼는 것이요, 지덕자량은 지혜를 철저하게 닦아 불과(佛果)를 얻을 자량으로 삼는 것이다.

이종적정【二種寂靜】〔英 Two kinds of seclusion, or retirement from the world〕 신적정(身寂靜)과 심적정(心寂靜). 신적정(身寂靜)은 집착과 욕망을 버리고 모든 인연과 일을 끊고 고요한 곳에서 한가하게 살면서 정욕(情欲)을 멀리 여의고 일체 악행을 짓지 않는 것이고, 심적정(心寂靜)은 탐진치(貪瞋痴) 등을 모두 멀리 여의고 선정(禪定)을 닦아서 산란치 않으며 생각으로 모든 악행(惡行)을 짓지 않음을 말한다.

이즉【理卽】〔英 The underlying truth of all things is Buddha〕 이즉불(理卽佛). 천태에서 수행하는 위차(位次)의 제1. 아직 원교(圓敎)가 무엇인지 알지 못하는 이가 불성(佛性)·진여(眞如)의 이치를 갖추고도 이러한 줄을 알지 못하여 수행하지 아니하고 생사에 윤회하는 상태.

이지【理智】〔英 Principle and gnosis〕 이(理)는 소관(所觀)의 도리, 지(智)는 능관(能觀)의 지혜. 이 둘이 합함을 각오(覺悟)라 한다. 곧 이(理)에 의하여 지(智)를 내고, 지(智)에 의하여 이(理)를 나타낸다.

이지근【已知根】〔梵 ajnātavi-indriya, 英 The second of the 三無漏根〕 3무루근(無漏根)의 하나. 22근

(根)의 하나. 수도(修道)에서 일어나는 의근(意根)·낙근(樂根)·희근(喜根)·사근(捨根)·신근(信根)·근근(勤根)·염근(念根)·정근(定根)·혜근(慧根) 등 9종의 근(根). 이것은 이미 지혜로서 미(迷)·오(悟)·인(因)·과(果)의 도리를 다 안 수도위(修道位)에서 일어나는 것이다.

이집【二執】〔英 The two tenets, or attachment〕①아집(我執; 人執; ātma-grāha)과 법집(法執; Holding to things as realities). 아집은 아(我)를 실재하는 줄로 집착하는 소견이요, 법집은 물심(物心) 현상을 실재하는 것으로 잘못 알고 고집하는 것이다. ②증집(增執)과 감집(減執). 증집은 모든 법은 실로 있는 것이라 하여 유(有)에 치우친 집정(執情)이요, 감집은 모든 법(法)은 공무(空無)한 것이라 하여 무(無)에 치우친 집정(執情)이다.

이차돈【異次頓, 501-527】 신라 법흥왕 때의 순교자. 성은 박(朴). 거차돈(居次頓)·처도(處道)·염촉(厭觸)이라고도 썼다. 조부는 아진종(阿珍宗). 습보(習寶) 갈문왕(葛文王)의 아들. 아도(阿道)가 신라에 처음으로 불교를 전파하려 할 때 모든 신하들이 이를 반대하였는데, 오직 이차돈만이 불교의 봉행(奉行)을 주장하자 왕이 이차돈을 처형케 했다. 그는 죽을 때 '불법에 신(神)이 있다면 죽은 뒤 반드시 이변이 있을 것이다.'라고 예언하였는데, 드디어 목을 베어 버리니 피가 흰 젖빛으로 변화하여 솟구치므로, 모두 놀라고 감동하여 불교를 국가적으로 공인하게 되었다고 한다. 백률사(柏栗寺)의 석당(石幢)은 그의 명복을 빌기 위해 세워진 것이며, 그 곳에 그의 사실(史實)이 자세히 적혀 있다. 『삼국사기』 4권, 『삼국유사』 3권, 『해동고승전』 등에 나온다.

이참사참【理懺事懺】 마음, 즉 이치로 참회하는 방법을 이참(理懺)이라 하고, 예불(禮佛)·송경(誦經) 등의 행동으로 허물을 고백하여 참회하는 것을 사참(事懺)이라고 한다.

이처삼회【二處三會】〔英 The two places from which the Buddha is supposed to have preached the Lotus Sūtra〕『법화경』을 설한 장소와 회상(會上)의 수. 이처(二處)는 영산(靈山)과 허공(虛空). 이 2처 중에서 영산에서는 초회(初會) 종회(終會)를 설하고, 중간의 일회는 허공의 보탑(寶塔) 중에서 설한다. 『법화경』의 처음부터 「보탑품」 전반(前半)까지는 영산인 기사굴산에서 설하고, 「보탑품」 후반으로부터 「신력품」 끝까지는 허공의 다보탑 중에서 설하고, 「촉루품」 이하는 다보탑에서 나와서 영산의 본좌(本座)에 돌아가 설한다.

이취경【理趣經】 8세기 초기에 남인도에서 성립된 『반야경』 계통의 경전으로, 금강살타(金剛薩埵; vaira-sattva)가 깨달은 대탐염(大貪染) 삼매를 설한 것. 한역(漢譯)으로는 현장(玄奘, 602-664) 역(譯)인 『대반야경』 600권 가운데 제578권인 반야이취분(般若理趣分)과 보리류지(菩提流支; Bodhiruci) 역(譯)인 『실상반야경(實相般若經)』, 금강지(金剛智, 671-741) 역인 『이취반야경(理趣般若經)』, 불공(不空, 705-774) 역인 『반야이취경(般若理趣經)』, 시호(施護; Dānapāla) 역인 『변조반야경(遍照般若經)』, 법현(法賢) 역인 『이취광경(理趣廣經)』 등 6종이 있다. 내용은 각본(各本)이 다소 차이가 있다. 불공(不空, 705-774)이 번역한 『반야이취경』을 보면, 서(序)·정(正)·유통(流通)의 세 부분으로 나누어지고, 정분(正分)은 17단(段)으로 되어 있고, 각단(各段) 끝에 1자(字)의 진언(眞言)이 범자(梵字)로 표시되었다. 그 중 초단(初段)에서는 반야의 지혜인 대락(大樂; mahāsukha)을 설하고, 제2단 이하는 대일여래(大日如來)·8대보살·제천(諸天)을 설하며, 최후로 보살의 이타행(利他行)과 대승(大乘)을 찬탄하는 게(偈)를 설했다.

이통현【李通玄, 646-740】 중국 당나라 때 화엄학의 대가(大家). 키가 7척 2촌이며, 형상이 남달랐다고 한다. 고금의 학문을 연구하였는데, 특히 유교와 불교의 경전에 정통하였다. 719년〔개원 7〕 『신화엄경』을 가지고 태원우현(太原右縣)의 서남 동영향 대현촌에 이르러 고산노 댁의 옆방에 있으면서 논(論)을 지어 경을 해석하였다. 이렇게 3년 동안 마당에 나오지 않고 매일 대추 열 개와 숟가락만한 잣나무잎 떡 하나를 먹었으므로 사람들이 조백대사(棗栢大士)라 불렀다. 후에 남곡(南谷) 마(馬)씨의 고불당(古佛堂) 곁에 작은 토막을 짓고 단정히 연묵(宴默)하기 10년, 또 경론을 가지고 관개촌 한(韓)씨 집에 이르렀다. 도중에 경론을 호랑이의 등에 싣고 호랑이의 뒤를 따라 감중(龕中)에 들어가 여기서 『화엄론』 40권과 『결의(決疑)』 4권을 지었다고 한다. 그의 『화엄론』은 우리나라 지눌(知訥, 1158-1210)에게 영향을 주었고, 지눌은 『화엄론』 40권의 내용을 줄여 『화엄론절요』 3권을 지었다.

이판승·사판승【理判僧·事判僧】 조선시대에 불경(佛經) 연구와 참선에 전념하던 승려를 이판승이라고 하고, 사찰 운영 등 사무에 전념하던 승려를 사판승이라고 했음. 조선시대에는 억불정책 때문에 승려들이 천민 대우를 받았다. 국가에서는 이들에게 잡다한 노역을 시켰고, 이것을 견디지 못한 사찰은 황폐를 면하지 못하였다. 이와 같은 상황에서 수행에 전념하고자 하는 승려들 중에는 산속의 암자에 들어가 출가자의 길을 충실히 지키려는 사람이 많았다. 이들을 이판승이라고 한다. 이에 반하여 사찰에 남아 있던 다른 승려들은 사찰의 운영이나 집무를 보게 되는데, 이들을 사판승이라고 한다. 이(理)는 이치, 사(事)는 일을 뜻하고, '판(判)'은 성판(成判)으로서 '노력하다', '전념하다', '공부하다'라는 뜻.

이행 【易行】〔英 Easy progress, easy to do〕 ①난행(難行)의 상대적인 말. 타력(他力)으로 정토에 왕생하려는 것은 비교적 쉬운 수행방법의 하나인데, 이것을 이행(易行)이라고 함. ②이행도(易行道)의 약칭. 난행도(難行道)와 상대된다. 행하기 쉽고, 깨닫는 경계에 쉽게 도달할 수 있는 교법(敎法).

이행 【二行】〔英 Two classes of conduct; following wrong views〕 2종의 행(行). ①견행(見行)과 애행(愛行). 견행은 다른 이의 가르침을 따르지 않고 자기 소견대로 하려는 것이요, 애행은 유순하게 다른 이가 가르치는 말에 따르는 것이다. 또한 견행은 신견(身見) 등 5견·62견·96종의 나쁜 소견을 말하고, 또 견혹(見惑)을 통틀어 이름한 것이며, 애행은 사혹(思惑)을 말한 것이기도 하고, 또는 탐애(貪愛)만을 말하기도 한다. ②정행(正行)과 잡행(雜行). 정토왕생에 있어서 정행은 바른 행업을 말하고, 잡행은 5종 정행 이외의 모든 선한 행을 말한다.

이혹 【二惑】〔英 The two aspects of illusion〕 미혹의 장애를 두 가지로 나눈 것. ①견혹(見惑)과 수혹(修惑). 견혹은 견도위(見道位)에서 사제(四諦)의 이치를 볼 때에 끊는 번뇌요, 수혹은 세간 사물의 진상을 알지 못하는 데서 생기는 번뇌이다. ②계내혹(界內惑)과 계외혹(界外惑). 계내혹은 견혹과 사혹으로 삼계(三界) 안에 있는 사람만이 가지는 번뇌요, 계외혹은 진사혹(塵沙惑)과 무명혹(無明惑)으로, 이것은 삼계에는 물론 삼계 밖에도 있는 번뇌이므로 계외혹이라 한다. ③통혹(通惑)과 별혹(別惑). 통혹은 우주의 진리를 알지 못하는 미(迷)한 견혹(見惑)과 낱낱 사물의 진상을 알지 못하는 미한 수혹(修惑)으로서, 이 2혹은 삼승(三乘)이 공통으로 끊는 것이므로 통혹이라 한다. 별혹은 진사혹·무명혹을 말하는데, 따로 보살만이 끊는 번뇌이므로 별혹이라 한다. ④현행혹(現行惑)과 종자혹(種子惑). 현행혹은 현재 행하고 있는 번뇌장·소지장을 말하고, 종자혹은 근본무명(根本無明)을 말한다. ⑤구생기혹(俱生起惑)과 분별기혹(分別起惑). 구생기혹은 선천적으로 갖추고 있는 번뇌요, 분별기혹은 후천적으로 일어나는 번뇌를 말한다.

인 【印】〔梵 Mudrā, 英 seal, sign, symbole〕 표장(標章)이란 뜻. ①인계(印契)·인상(印相). 부처님의 자내증(自內証; 깨달음)의 덕을 표시하기 위하여 열 손가락으로 가지가지 모양을 만드는 표상. 다섯 손가락을 소지(小指)로부터 차례로 지(地)·수(水)·화(火)·풍(風)·공(空)에 배당하고, 왼손을 정(定), 오른손을 혜(慧)라 한다. ②불보살이 가지는 여러 가지 기구. 삼매야형(三昧耶形)이라고도 한다. 도검(刀劍)·윤(輪)·색(索)·저(杵) 등. ③교의(敎義)의 규범, 또는 표장(標章).

인【因】〔英 a cause, a reason, 梵 hetu, nimitta, pratitya, upādāya, kārana〕 인도철학에서는 두 가지 의미로 쓰이고 있다. 1. 인연(因緣) 혹은 인과(因果)의 인(因)의 뜻. 2. 인명(因明)의 오지작법(五支作法)·삼지작법(三支作法)의 인(因)의 뜻. 인연·인과의 인(因)은 결과를 생기(生起)시키는 내적(內的) 원인(原因), 만물이 생기는 가까운 원인이고, 인명(因明)에 있어서의 인(因)은 오지작법(五支作法)인 종(宗)·인(因)·유(喩)·합(合)·결(結)과 삼지작법(三支作法)인 종(宗)·인(因)·유(喩)에서의 인(因)으로, 이것은 종(宗)을 성립시키는 이유, 추론(推論)의 이유·근거이다.

인가【印可】〔英 Assuredly can, i.e. recognition of ability, or suitability〕 사장(師匠)이 제자의 득법(得法)이나 설법 등을 증명하고 허가(許可)하는 것. 『보행(輔行)』 7의 3에, "인(印)은 인가(印可)를 말하고, 가(可)는 칭가(稱可)를 말하는데, 사리(事理)가 딱 맞기 때문에 성심(聖心)이 허가(許可)하였다."라고 하였다.

인과【因果】〔梵 hetuphala, kāraṇakārya, 英 Cause and effect〕 인도철학의 명사. 불교의 명사. 인(因)과 과(果). 인(因)이란 원인(原因)이고 과(果)란 결과(結果)이다. 인과의 개념은 업설(業說)과 관련되어 있다. 업설·윤회설이나 제사학(祭祀學)에서 인과(因果)란 일종의 윤리적 요청에 따른 선인낙과(善因樂果)·악인고과(惡因苦果)라고 하는 인과응보의 원칙을 의미한다. 업설은 사람이 신(身)·구(口)·의(意)에 의하여 여러 가지 행위를 하면 그 선악에 응하여 일종의 잠세력(潛勢力)이 형성되어, 그것이 행위자에게 상응하는 과(果)를 가져온다고 하는 것이고, 윤회설은 업에 의하여 생(生)을 되풀이하지 않으면 안 된다고 하는 것이다. 이 인과응보이론은 인도 종교 일반에서 인정하는 보시(布施)·제사(祭祀)·공희(供犧)의 실행에 의한 현세이익(現世利益)·생천(生天) 등의 과보(果報)를 획득하는 근거이기도 하다. 일부의 사상가는 이것을 부정한다. 예컨대, 육사외도 가운데 푸라나 캇사파(Pūraṇa Kassapa)는 선인선과(善因善果)·악인악과(惡因惡果)를 인정하지 않고 도덕부정론을 주장한다. 또한 마칼리 고살라(Makkhali Gosāla, ?-B.C.392)는 일체 현상을 영혼(靈魂)·오대(五大; 地·水·火·風·空) 등의 12원자(原子)의 결합(結合)·유리(遊離)로 설명하지만, 그 결합은 무원인(無原因)이라고 하는 숙명론(宿命論)을 설한다. 또 아지타 케사캄발린(Ajita Kesakambalin)은 철저한 유물론(唯物論)의 입장에서 인간은 오대(五大)로 이루어진 것이며, 죽으면 다시 오대로 돌아가게 되는 것으로, 영혼도 존재하지 않는다고 말하여 윤회도 인과설도 인정하지 않는다.

인과불이문【因果不二門】천태교학의 십불이문(十不二門) 가운데 하나. 인(因)은 범부로부터 등각(等覺)보살까지를 말하고, 과(果)는 불과(佛果)를 말한다. 불과상(佛果上)의 만덕(萬德) 전체는 인(因) 가운데 본래부터 갖추어진 것으로서, 인위(因位)에 갖추어 있는 전부가 나타난 것이 곧 불과(佛果)이다. 인과에 대하여 조금도 차위증감(差違增減)을 인정치 않는 부문(部門)이다.

인과응보【因果應報】〔英 cause and effect in the moral realm have their corresponding relation, the denial of which destroys all moral responsibility〕선행(善行)은 행복을 초래하고 악행(惡行)은 불행을 초래한다는 사상. 널리 전 세계에 보이지만, 특히 불교에서는 현세뿐만 아니라 과거세나 미래세를 포함시키는 것이 특징이다. 인도에서는 불교뿐만 아니라 이미 힌두교 등에서도 업(業; karma)과 윤회(輪廻; saṃsāra)설은 널리 설해졌다. 곧 과거세의 행위에 의해서 현세가 결정되고, 현세의 행위에 의해서 내세가 결정된다. 이렇게 해서 영원히 윤회를 반복한다. 이 윤회의 고통으로부터 벗어나는 것이 해탈(解脫; vimukti)이다. 불교에서도 이 업과 윤회의 설이 수용되고 업에 의해서 중생이 윤회하는 영역을 5도(五道) 내지 6도(六道)라고 한다. 즉 지옥(地獄)·아귀(餓鬼)·축생(畜生)·아수라(阿修羅)·인간(人間)·천상(天上)〔五道는 阿修羅를 제외한 것〕이다. 다만 불(佛)의 깨달음의 세계는 이 인과응보의 영역을 초월한 곳에 있다고 생각한다. 그런데 수행에 의해서 깨달음에 도달할 수 없는 사람에게는 선행을 쌓아서 천(天)에 태어날 것을 권하고 있다〔生天〕. 대승불교에서 정토왕생(淨土往生)은 생천(生天)과 유사하지만, 인과응보에서 벗어난다고 하는 것이 다른 점이다. 불교가 중국에 처음 전해질 때 윤회의 관념을 가지고 있지 않았던 중국의 문화에서 인과응보설은 큰 충격을 주었다. 중국 고전에서는 『주역(周易)』 곤괘(坤卦) 「문언(文言)」 초육(初六)에, "선을 쌓은 집에는 훗날의 경사가 있다〔積善之家 必有餘慶〕."라고 하는 것처럼 집 단위에서 유사한 사상이 없는 것은 아니지만, 개인의 선악의 행위가 현세를 초월하여 행해진다는 것은 생각하지 못했다. 여기서 육조기(六朝期)에는 불교의 인과응보설을 둘러싸고 논쟁이 벌어졌다. 아울러 윤회주체로서의 정신이나 영혼과 같은 실체〔神〕를 인정하는가 아닌가에 대해서 논쟁이 벌어졌다. 그것을 신멸(神滅; 정신·영혼은 멸한다)·신불멸(神不滅) 논쟁이라고 한다. 이와 같이 여러 과정을 거치면서 불교의 인과응보설은 점차 수입되고 육조(六朝)에서 당대(唐代)에 걸쳐서 불교적인 소설의 테마가 되고, 나아가 도교(道敎)에도 들어가서 민중에 보급되기에 이르렀다.

인능변 과능변【因能變 果能變】유식설에서 전변(轉變; pariṇama; vikāra)을 설할 경우, 종자(種子)의 위(位)에 관한 전변을 인능변(因能變), 생긴 식체(識體)에 관한 전변을 과능변(果能變)이라 한다. 즉 인능변은 8식의 종자가 8식 자체를 현재에 전생(轉生)케 함을 말하고, 과능변은 종자에 대한 결과로서 8식이 각기 그 힘에 따라 각자의 상분(相分)·견분(見分)으로 변현하는 것을 말한다.

인도불교【印度佛敎】〔英 Indian Buddhism〕석존(釋尊)은 B.C.500년경에 인도 석가족의 정반왕(淨飯王)의 태자로 태어나 출가수도하여 깨달음을 얻었다. 사제(四諦)·팔정도(八正道)·삼법인(三法印)·십이인연(十二因緣) 등의 교설로써 80세를 일기로 세상을 떠날 때까지 45년간 중생을 교화했다. 불멸후(佛滅後) 4개월 후에는 그가 45년간에 걸쳐 설한 율(律)과 경(經)의 편찬을 보게 되었다. 교주 석가모니불은 세상을 떠났지만, 그 인격의 감화력은 그대로 율과 경 속에 보존되었고, 이 율과 경의 위력에 의하여 교단은 근 100여 년간 그 통일 상태를 유지하면서 내려왔다. 그러나 그 후 교단원들의 생활상의 문제와 교리에 관한 견해의 차이로 교단은 드디어 전통을 지키는 상좌부(上座部; Athavirāḥ)와 진보적 사상을 가진 대중부(大衆部; Mahāsaṃgha)라는 두 파〔根本二部〕로 분열되었다. 그 후 약 4, 5백 년 동안 이 두 파에서 지파(支派)가 분열·파생되었는데, 이 시대를 부파불교시대(部派佛敎時代)라고 부른다. 이 시대는 여러 가지 다른 교리를 낳은 시대로서 교리발전사상(敎理發展史上) 매우 중요한 시기이다. 그러나 이 부파불교가 성행하던 시대에 열자(劣者)는 자연 승자(勝者)에게 합류되어 승자만이 남게 되었다. 이것을 통칭 소승불교(小乘佛敎; Hinayāna)라고 하고, 이 시대를 소승불교시대라고 통칭한다. 소승불교의 대표적인 것은 실재론적(實在論的) 입장에 선 설일체유부(說一切有部; Sarvāstivādin)였다. 이 학파는 연구와 수도(修道)가 전문이었던 관계로 현실 사회에는 아무런 감화력도 주지 못하는 명목만의 불교였다. 종교로서의 힘을 잃은 소승불교로부터 재흥의 운동을 일으킨 것이 바로 대승불교(大乘佛敎; Mahāyāna)이다. 대승불교는 현실 사회를 직접 구제하기 위하여 끊임없는 종교적 활동을 전개하는 동시에, 사상적으로도 소승의 실재론 사상에 대립하는 공(空)·중도

(中道) 사상을 중심으로 하였다. 그 원전(原典)은 『반야경』 등이다. 이러한 대승사상의 고취자는 용수(龍樹, 약 150-250경)를 비롯한 그 계통의 학자들이다. 그 뒤를 이어 대승사상을 철학적으로 조직하는 데 큰 공로를 남긴 학승은 무착(無着, 310-390경)과 세친(世親, 약 320-400) 등이다. 용수와 무착의 학설을 계승하는 그 각 계통의 학파는 후세까지 끊임없는 영향을 끼치면서 내려왔는데, 특히 용수의 계통을 중관파(中觀派; Mādhyamakā; Mādhyamikā)라 하고, 무착·세친의 계통을 유가행파(瑜伽行派; Yogācāra; 유식)라고 불렀다. 이들은 교리사적(教理史的)으로 인도불교계의 최후를 장식한 학파들이다. 7·8세기에 이르러서는 바라문교의 영향을 받고 불교의 순수성을 잃은 밀교(密教)가 탄생하였다. 이때부터 인도의 불교는 철학적 발전을 이루지 못하게 된 것은 물론이고, 종교적으로도 쇠퇴기에 들어갔다.

인드라망 【Indrā網】 인타라망(因陀羅網)이라고도 한다. 제석천(帝釋天)의 궁전을 장엄하게 하고 있는 보배 그물. 인타라망 항목을 참조할 것.

인로왕보살 【引路王菩薩】 죽은 사람의 영혼을 접인(接引)하여 극락정토(極樂淨土)로 인도하는 보살.

인명 【因明】 〔梵 Hetu-vidyā, 英 the science of cause, logical reasoning, logic, with its syllogistic method of the proposition, the reason the example〕 고대 인도 논리학(論理學). 오명(五明; 內明·醫方明·因明·聲明·工巧明)의 하나. 인명은 불교에서 사용되는 말이고, 인도철학 일반에서는 정리(正理)·정리명(正理明)이라 한다. 인(因; hetu)은 원인·이유로서 논리학의 매개념(媒概念)에 해당하고, 명(明; vidyā)은 학(學)의 뜻으로, 인명(因明)은 이유를 밝혀서 논증을 행하는 학문, 매개념에 관한 학(學)이라는 뜻이다. 또한 인명의 형식에서는 꼭 단안(斷案)을 먼저 내고 전제(前提)를 후에 내기 때문에, 순수한 추리가 아니고 논증(論證)이다. 그러므로 인명(因明)은 일종의 방법론적 논리학이다. 인명에는 고인명(古因明)과 신인명(新因明)의 두 종류가 있다. 전자(前者)는 단안(斷案; 宗; pratijñā)·소전제(小前提; 因; hetu)·대전제(大前提; 喩; dṛṣṭāhta)·소전제(小前提; 合; upanaya)·단안(斷案; 結; nigamana)의 순서를 따른 오지작법(五支作法)에 의하고, 후자는 단안(斷案; 宗)·소전제(小前提; 因)·대전제(大前提; 喩)를 쓰는 삼지작법(三支作法)에 의한 논증이다. 고인명(古因明)은 정리학파(正理學派) 및 불교 가운데 진나(陳那; Dignāga, 480경-540경) 이전의 인명(因明)을 말하고, 신인명(新因明)은 진나(陳那) 및 그 이후의 인명을 가리키는데, 그 사이에는 다소 논리학적 성질도 달리

한다. 전자는 주로 비론법(比論法), 후자는 연역법(演繹法)에 기초한다. 신·고(新·古)의 구별도 불교에서 말하는 것이고, 인도 일반에는 통하지 않는다. 인명(因明)은 논증(論証)이기 때문에 직접 목적은 오타(悟他; parārtha)이고, 이것을 기초로 하여 현량(現量) 비량(比量) 등의 자오(自悟; Svārtha)의 방면도 연구하지만 자오(自悟)의 방면은 즉 추리(推理)의 연구에 해당한다.

인명론【因明論】 나머지 논부(論部)에 대하여 인명(因明)을 밝힌 논(論)을 인명론(因明論)이라 한다. 예컨대, 정리문론(正理門論), 팔정리론(八正理論) 등을 말한다. 인명(因明) 항목을 참조할 것.

인명입정리론【因明入正理論】〔梵 Nyāyapraveśa〕 인도의 샹카라스바민(Śaṅkarasvāmin; 商羯羅主)이 그의 스승인 진나(陳那; Dignāga, 480경-540경)의 논리사상을 매우 간결하게 계통을 세워 서술한 책. 진나가 창설한 신인명(新因明)의 골자를 논증, 그릇된 논증, 직접지각과 추리, 그릇된 직접지각과 그릇된 추리·논파(論破), 그릇된 논파의 6부로 분류하여 논하고 있다. 제1부에서는 신인명에 있어서의 특징적 추론 형식인 삼지작법(三支作法)에 관하여, 종(宗)·인(因)·유(喩)의 정의(定義)와 실례(實例)를 각각 들었는데, 특히 인(因)의 삼상(三相)의 거처를 통하여 추론의 정확을 얻을 수 있음을 밝히고 있다. 제2부에서는 논증의 오류에 대하여 33과(過)의 정의(定義)와 실례를 들고 있고, 제3·4부에서는 논증의 전제라 할 수 있는 지식 근거에 관해서 직접지각과 추리를 논하고, 그 과오의 경우를 밝히고 있다. 제5·6부에서는 상대의 주장을 논파할 경우에 옳은 효과를 거둘 경우와 논파가 불완전한 경우에 대해서 논한다. 현장에 의해서 한역되었다.

인무아【人無我】〔梵 pudgala-mairātmya, 英 Man as without ego, or permanent soul〕 오온(五蘊)이 화합하여서 이루어진 심신(心身)에는 상일주재(常一主宰)하는 자아(自我; 아트만)가 없다고 하는 말. 인공(人空), 아공(我空)과 같다.

인바라밀【忍波羅蜜】〔梵 kṣāntipāramitā, 英 Patience pāramitā〕 6바라밀의 하나. 10바라밀의 하나. 인도(忍度)라 번역. 갖가지 치욕을 받고도 복수하려는 마음이 없는 것. 즉 인내하여 마음을 안주(安住)하도록 하는 수행. 이것은 열반에 도달하는 수행 방법의 하나이므로 인바라밀이라고 한다.

인법구공【人法俱空】 ①인(人)과 법(法)이 다 공(空)이라는 것. 일체 유정류(有情類)를 인(人)이라 하고, 비유정류(非有情類)를 법(法)이라 하므로, 일체의 유정류와 비유정류는 고정된 실체가 없고 공무(空無)한 것을 말한다. ②아법이공(我法二空). 아공(我空)은 실아(實我)가 없는 것. 보통 우리가 나〔我〕라고 하는 것은 오온(五蘊)이 화합한 것으로 참으로 나〔我〕라 할 것이 없는 공무(空無)한 것을 말하고, 법공(法空)은 색(色)·심(心)의 모든 현상은 인연이 모여 생긴 가짜의 존재로서 실체가 없다는 것. 즉 만유의 체(體)가 공무(空無)한 것을 말한다.

인법무아【人法無我】〔梵 dharma-pudgala-nairātmya〕 인법구공(人法俱空)·인법이공(人法二空)·인무아(人無我)·법무아(法無我)와 같음.

인법이공【人法二空】 인공(人空)과 법공(法空)을 말한다. 『불성론(佛性論)』에 나온다. 인법구공과 같은 말. 해당 항목 참조.

인비인【人非人】〔英 A being resembling but not a human being, i.e. a kinnara〕 사람이라 할 수도, 축생이라 할 수도, 신이라 할 수도 없는 것. ①긴나라(Kiṃnara)의 별명. ②천(天)·용(龍) 등 8부중이 거느린 종속자(從屬者)의 총칭. ③사람과 사람 아닌 이를 일컬음.

인상【印相】〔梵 mudrā〕 상인(相印)·밀인(密印)이라고도 한다. 본래는 인(印)·인새(印璽)를 의미하는 말이지만, 밀교에 유입되어 그 실천의 중요한 한 부문이 되었다. 만다라 상의 제불보살, 천(天)이 나타내는 진리, 구제력을 표시하는 상징이고, 그 범부의 몸 그대로 불(佛)과 합일하는 밀교의 삼밀행(三密行) 가운데 신밀(身密)을 말한다. 기장(器杖), 연(蓮)이나 손으로 맺는 여러 가지 형태로 나타내는 유상(有相)의 인(印)과 어떠한 손으로 맺지 않는 무상(無相)의 인(印), 두 가지가 있다.

인아견【人我見】 오온(五蘊)이 화합한 신체에 대하여 상일주재(常一主宰)하는 아(我)가 있다고 생각하는 잘못된 견해. 아견(我見)이라고도 함.

인아상【人我相】 타인에 대해 자기를 주(主)로 간주하고 집착하는 마음이 강한 상태.

인악의소【仁岳義沼, 1746-1796】 조선 영·정조 때의 스님. 자는 자의(子宜), 호는 인악(仁岳). 달성 사람. 18세 때 달성 용연사에서 출가했다. 벽봉화상으로부터 『금강경』·『능엄경』 등을 배우고 다시 화엄학의 대가인 상언(尙彦, 1707-1791)에게서 화엄을 배웠다. 23세에 이르러 비금·팔공·계룡·불영산 등의 여러 명산을 다니면서 경을 강의했다. 51세로 입적하면서 경론의 많은 사기(私記)를 남겼다. 저서로는 『인악집(仁岳集)』·『원각경사기(圓覺經私記)』·『화엄경사기』·『금강경사기』·『선문염송사기』·『서장사기(書狀私記)』가 있다.

ㅇ

인연【因緣】〔梵 hetu-pratyaya, 巴 hetu-ppaccaya, 英 cause, causes〕 결과(結果)를 발생시키는 직접적·내적인 원인을 인(因)이라 하고, 간접적

·외적인 원인을 연(緣)이라 한다. 일체의 현상은 인(因)과 연(緣)이 결합하여 생멸을 되풀이한다고 한다. 예컨대, 식물의 종자는 인(因)이고 햇빛·흙·물 등은 연(緣)이다. 이 인(因)과 연(緣)이 결합하여 비로소 싹〔芽〕을 틔우는 것이다. 또 일체중생의 마음 속의 불성은 인(因)이고, 그것이 수행 등 연(緣)을 바탕하여 비로소 성불의 결과를 나타내는 것이다.

인연화합【因緣和合】〔梵 saṃniveśa〕 인(因)과 연(緣)이 결합하여 만유(萬有)가 성립한다는 것. 『구사론』, 『왕생요집』 등에 보인다.

인왕경【仁王經】 2본(本)이 있다. 구본(舊本)은 『불설인왕반야바라밀경』 2권. 구마라집(鳩摩羅什, 344-413) 번역. 신본(新本)은 『인왕호국반야바라밀다경』 2권. 당나라 불공(不空, 705-774) 번역. 반야경의 일종. 내용은 일체법은 다 공(空)하다는 이치를 설하고〔空觀品〕, 자리이타의 수행을 적고〔菩薩敎化品〕, 반야는 공유무애(空有無碍)함을 밝히고〔二諦品〕, 그 실용(實用)은 국가수호에 있음을 가르치고〔護國品〕, 청중의 감격, 봉지(奉持) 및 불(佛)의 장래에 대한 계언(誡言; 散華·受持·囑累諸品)을 설한 것이다. 부처님이 16국왕으로 하여금 각각 그 나라를 보호하고 편안케 하기 위해서는 반야바라밀을 수지(受持)해야 한다고 말한 것이 특징이다. 예부터 이 경과 『법화경』, 『금광명경』을 호국 3부경이라 한다. 주석으로는 천태지자(天台智者)의 『소(疏)』 5권, 길장의 『소』 3권이 있다.

인왕경도량【仁王經道場】 나라에 재난이 있을 때에 『인왕경(仁王經)』의 설법과 독경으로 재난을 물리치기 위하여 베푸는 법회. 인왕도량(仁王道場). 『고려사』 17, 의종세가(毅宗世家) 4년 동(冬) 10월 계묘삭(癸卯朔)에 보인다.

인왕도량【仁王道場】 인왕경도량(仁王經道場)이라고도 한다. 신라와 고려시대에 열렸던 불교의례.

[고려의 인왕도량] 고려의 인왕도량의 횟수는 115회인데, 현종(顯宗) 3년〔1012〕 5월에 첫 번째로 열렸고, 공민왕(恭愍王) 22년〔1373〕에 마지막으로 베풀어졌다. 보통 3년에 한 번씩 정기적으로 열리는 법회였으나, 국가에 침략이나 변재가 있으면 부정기적으로 열려 진호·비보에 대한 법회로 시설되었다. 인왕도량이 베풀어진 장소는 내전·회경전(會慶殿)·문덕전(文德殿)·선경전(宣慶殿) 등 왕궁이었다. 『인왕금광명경』은 호국신앙을 장려하는 철저한 국가 위주의 경전이며, 국왕이 나라를 다스릴 때도 항상 대승적 보살정신으로 하여야 함을 강조하고 있다. 『인왕금광명경』의 내용은 비구들을 위하여 설한 것이 아니고, 나라를 다스리는 치자(治者), 즉 왕에게 관한 사항이 많다. 그러므로 그 왕에 대한 부촉을 성실히 수행하기 위

하여 왕궁에서 인왕도량법회를 열었다. 특히 고려왕가에서 창건한 법왕사에서 주로 인왕도량이 베풀어졌는데, 호국사찰로 지었기 때문이다. 인왕도량이 가장 많이 베풀어진 때는 고려 고종(高宗, 1213-1259 在位) 때이다. 당시 고려는 몽골의 침입으로 국가의 흥망이 눈앞에 다가와 있었는데, 부처님의 힘으로 이를 격퇴시키기 위하여 고종 39년〔1252〕에서 40년까지 2년 사이에만도 도합 10회의 인왕도량이 베풀어졌다. 이로 미루어 보면, 얼마나 고려에서 국가의 안위를 위해 인왕도량에 정성을 기울였는지를 알 수 있다. 이 도량을 행할 때는 항상 반승(飯僧; 스님들께 공양)이 따르므로, 국가의 경제적 부담도 대단한 것이었다.

인왕반야경【仁王般若經】『인왕반야바라밀경』, 『인왕경』이라고도 한다. 인왕경 항목을 참조할 것.

인왕법회【仁王法會】〔英 the meeting of monks to chant the above incantations〕 인왕회(仁王會)라고도 한다. 조정에서 나라를 진호(鎭護)하려고 『인왕경』을 강찬(講贊)하는 법회(法會). 당(唐) 대종(代宗, 762-779 在位) 때 가뭄이 극심하여, 불공삼장(不空三藏)으로 하여금 그가 번역한 『인왕호국반야경』을 독경하여 비〔雨〕가 내리기를 기도한 것이 그 시초이다. 『인왕경』「호국품(護國品)」에, 만일 나라에 재난이 있으면, 백좌(百座)의 강좌(講座)를 마련하고 『인왕경』을 강찬(講贊)하면 재앙을 물리칠 수 있다고 하였다.

인욕【忍辱】〔梵 kṣānti, 英 forbearance; endurance; long suffering〕 6바라밀의 하나. 10바라밀의 하나. 온갖 모욕과 욕됨을 참고 원한을 일으키지 않는 것. 인욕행을 수지(修持)하면, 사람들의 마음속에 있는 분통함·원망·분노·노여움 등을 능히 잠재워서 공덕을 얻을 수 있다고 한다.

인욕바라밀【忍辱波羅蜜】〔梵 kṣānti-pāramita〕 인내의 완성. 인욕의 완성. 인바라밀(忍波羅蜜)과 같음. 갖가지 치욕을 받고도 복수하려는 마음이 없고, 마음을 평온하게 하는 수행. 인욕 항목 참조.

인위【忍位】〔英 The stage of patience〕 사선근(四善根)·사가행위(四加行位) 가운데 하나. ①소승의 제3위(位). 번뇌 중에서 다시 지혜로 나아가 사제(四諦)의 이치를 분명하게 이해하고 아는 자리. ②대승에서는 제십회향(第十廻向)의 만심(滿心)에서 사선근을 세우는 데 사정(四定; 明得定·明增定·因順定·無間定) 중의 인순정(因順定)에 의하여 사여실지관(四如實智觀)을 일으키고, 하인위(下忍位)에서는 취(取)한 바의 경계가 공(空)인 줄을 확실히 이해하고, 중인위(中忍位)에서는 능취(能取)의 식(識)도 공(空)인 것을 관하고, 상인위(上忍位)에서는 중인위(中忍位)에서 관

(觀)하던 능취의 식(識)이 공(空)한 것을 확실히 이해하고서, 다음의 무간정(無間定)에 들어간다.

인천 【人天】〔梵 nṛdeva, 英 Men and devas〕 육취(六趣; 육도)에서 인간계와 천상계의 중생을 말함.

인천교 【人天教】 중국 제(齊)나라 은사(隱士)인 유규(劉虯)가 분류한 5교〔人天教·有相教·無相教·同歸教·常住教〕 가운데 하나. 불타가 성도하고 나서 처음으로 트라푸샤(Trapuṣa)와 발리카(Bhallika) 두 상인(商人)을 위하여 5계와 중품(中品)의 10선(善)을 행하면 인간에 태어나고, 상품(上品)의 10선(善)을 행하면 천상에 태어난다고 가르친 교법(教法).

인타라 【因陀羅】〔梵 Indra, 英 originally a good of the atmosphere, i.e. thunder or rain〕 범어 인드라(Indra)의 음역(音譯). 신의 이름. 주(主)·천주(天主)·제(帝)라 번역. 하늘을 주재하고, 우레와 번개를 부리며, 지성으로 노래하는 찬가와 소마주(蘇摩酒)의 힘으로 말미암아 항상 마신(魔神) 'Vṛtra〔구름을 일으켜 비를 방해하는 신〕', 또는 아수라(阿修羅)와 싸운다고 한다. 불교에서는 도리천왕인 제석천(帝釋天)이라 한다.

인타라망 【因陀羅網】〔梵 Indrā-jala〕 제석천의 궁전을 장엄하고 있는 보배 그물. 그 낱낱의 그물코마다 보배 구슬〔寶珠〕을 달았고, 그 보주의 한 개 한 개마다 각각 다른 낱낱 보주의 영상(影像)을 나타내고 있고, 그 한 보주 안에 나타나 있는 일체 보주의 영상마다 또 다른 일체 보주의 영상이 나타나서 중중무진(重重無盡)하게 되었다고 한다. 화엄종에서는 이것을 모든 현상〔諸法〕이 융통무애(融通無碍)하여 상즉상입(相卽相入) 중중무진(重重無盡)의 관계임을 설하는 비유로 쓴다.

일광보살 【日光菩薩】 ①약사여래(藥師如來)의 좌우협사(左右脇士) 중 왼쪽에 모시는 보살. ②태장계 만다라 지장원 제9에 있는 보살.

일념 【一念】〔梵 kṣaṇa, 英 a thought〕 ①한결같이 꾸준한 생각. ②마음속 깊이 생각함. ③전심(專心)으로 염불하는 일. ④사물을 생각하는 극히 짧은 시간.

일념불생 【一念不生】〔英 Not a thought arising〕 모든 생각을 초월한 경지를 이르는 말. 청정극락을 구하려는 생각도, 부처가 되겠다는 생각까지도 다 초월해서 한 생각도 일어나지 않는 경지.

일념삼천 【一念三千】〔英 In one thought to survey or embrace the 3,000 worlds〕 우리의 미혹한 한 생각, 즉 일념(一念)에 3천 가지나 되는 세간상을 갖추고 있다는 뜻. 3천이라는 숫자는 화엄의 10계(十界)가 각각 10계를 갖추어 100계(界)가 되고 100계 각각에 『법화경』의 10여시(十如是)의 뜻이 있으므로 천(千)이 되고, 다시 『지도론』의 3세간을 곱하여 3천세간(三千世間)이 된다. 이와 같이 현상계의 모든 존재〔諸法〕는 3천 가지의 세간상을 갖추고 있다는 것이 일념삼천설이다. 이것은 화엄에서 말하는 작은 개자씨 속에 수미산이 들어간다고 하는 말과 일맥상통하며, 또 일즉다(一卽多)와도 상통한다. 천태교학의 근본 교의(敎義).

일다상용부동문【一多相容不同門】화엄의 교리인 십현문(十玄門) 가운데 하나. 만상을 일(一)과 다(多)로 나누고 그 사이에서 서로 포용해도 조금도 장애되지 않고, 그러면서도 개개의 자신은 개성, 특성을 잃지 않고 온전히 그 본성을 가진다는 것을 밝힌 부문. 이 속에 있는 존재는 일(一)이든 다(多)이든 관계없이 모두가 무자성(無自性)이며, 모두가 결정성(決定性)을 가질 수 없다. 중국 당(唐)의 법장(法藏, 643-712)이 지은 『화엄일승교의분제장(華嚴一乘敎義分齊章)』 4권에는, "일문(一門)을 좇아 들어가니 전인후과(前因後果)의 이사(理事; 平等界와 差別界)가 모두 일체법문(一切法門)이다. … 이 일(一) 속에 비록 다(多)가 있으나, 일(一)은 여전히 다(多)가 아니다. 다(多) 속에 있는 일(一)은 서로에게 대등하며, 똑같은 상위(上位)이다. … 이 일(一)과 다(多)는 비록 서로를 포함하나 자재무애하여 실체(實體)는 같지 않다."라고 하였다.

일대겁【一大劫】〔英 eka mahā-kalpa〕①일증겁(一增劫)이나 일감겁(一減劫)을 소겁(小劫)이라 하고, 일겁과 일감겁을 합하여 일중겁(一中劫)이라 한다. 세계의 성립으로부터 괴멸(壞滅)에 이르는 동안은 성(成)·주(住)·괴(壞)·공(空)의 4기(期)에 나누어 각각 20중겁을 지난다 하고, 합계 80중겁을 일대겁(一大劫)이라 한다. ②1증1감을 1소겁, 20소겁을 1중겁, 4중겁을 1대겁이라 한다.

일대사인연【一大事因緣】극히 중대한 인연이란 뜻. 부처님이 이 세상에 출현함은 수많은 중생을 교화하여 깨닫게 하기 위한 것이라는 것. 『법화경(法華經)』에 나오는 말로서, 삼승(三乘)으로 하여금 일불승(一佛乘)의 가르침을 알게 하기 위한 것.

일대장교【一大藏敎】엄청나게 큰 경전에서 설한 교법(敎法). 곧 불법(佛法) 전체를 말함.

일래과【一來果】〔梵 sakṛdāgāmin, 英 Only one more return to mortality〕성문(聲聞) 4과(果)의 하나. 사다함(斯陀含)이라 음역한다. 일래과(一來果)는 의역(意譯)이다. 욕계(欲界)의 수혹(修惑) 9품(品) 중 상 6품을 끊은 이가 얻는 증과(證果). 아직 나머지 3품의 번뇌가 있으므로, 그것을 끊기 위하여 인간과 천상에 각각 한 번씩 더 생(生)을 받은 후에야 열반을 성취할 수 있다. 곧 인간에서 이 과(果)를 얻으면 반드시 천상에 갔다가 다시 인간에 돌아와서 열반을 성취하고, 천상에서 이 과(果)를 얻으면 먼저 인간에 갔다가 다시 천상에 돌아와 열반의 증과를 얻는다. 이렇게 천상(天上)과 인간(人間)세계를 한 번씩 왕래하므로 일래과(一來果)라 한다.

일련【日蓮, 1222-1282】 일본 가마쿠라(鎌倉)시대의 고승. 일본불교 유심주의 철학자. 일련종(日蓮宗)의 개조(開祖). 시호는 입정대사(立正大師). 일본 안방국(安房國; 千葉縣) 동조향(東滲鄕)의 어촌에서 장관(莊官)의 아들로 태어나, 12세 때 그곳 천태사원(天台寺院)인 청징사(淸澄寺)에 가서 16세에 수계하였다. 처음 이름은 연장(蓮長)이었으나 뒤에 일련(日蓮)으로 고쳤다. 1242년에 『무량의경(無量義經)』을 공부하다가 석존 출세의 본뜻에 의심을 품고 히예산(比叡山)·삼정사(三井寺)·교토(京都)·나라(奈良)·고야산(高野山)으로 다니면서 각종의 교의(敎義)를 배우고, 다시 히예산에 돌아가 『법화경(法華經)』이 모든 경(經) 가운데 가장 뛰어나고 시기상응(時機相應)한 법(法)이라 자각하고, 1253년〔建長 5〕 청징산에서 아침 해를 향하여 '나무묘법연화경(南無妙法蓮華經)'을 높이 불렀다. 당국에 저촉되어 유형(流刑)을 두 번 받기도 하였다. 갑비(甲斐)의 신연산(身延山)을 개산(開山)하고 저술에 노력했다. 1282년〔弘安 5〕 신도의 청으로 무장지상(武藏地上)에 갔고, 그해에 61세로 입적하였다. 저서로는 『개목초(開目鈔)』·『관심본존초(觀心本尊鈔)』·『입정안국론(立正安國論)』 등 3백여 종이 있다.

[사상의 특징] 일련종은 '염불무간(念佛無間)·선천마(禪天魔)·진언망국(眞言亡國)·율국적(律國賊)'이라는 네 가지 격언으로 대표되는 것처럼, 타 종파에 대한 엄격한 절복(折伏) 정신으로 특징지을 수 있다. 그 근거는 『법화경(法華經)』을 말법시대에 유일한 구제의 길로서 절대시하는 입장에 있다. 법화지상주의는 천태종의 교리를 계승한 것이다. 그러나 단순히 『법화경』을 지고(至高)한 것으로 보지 않고, 다른 경전의 존재가치를 전면적으로 부정하는 것에 이른 점에 일련의 독자성이 보인다. 더구나 일련은 『법화경』 안에서도 종래 천태종에서 중시되어 왔던 '일승사상(一乘思想)'을 설하는 전반부분의 「적문(迹門)」이 아니라, '영원의 석존'을 설하는 후반부분의 「본문(本門)」에 주목하여, 그 구제원리를 응축한 제목만을 소리 내어 읽는다면 성불이 실현된다고 주장하였다. 일련이 시기상응(時機相應)의 법으로서 『법화경』을 선양한 배경에는, 당시를 기존의 불법이 그 효과를 상실한 말법의 '백법은몰(百法隱沒)' 시대로 파악한 그의 인식이 있었다. 이러한 시대 인식에 있어서 일련의 입장은 말법시대에 어

울리며, 또한 실현 가능한 이행(易行)으로서 염불을 주창했던 법연(法然, 1133-1212)이나 친란(親鸞, 1173-1262)과 공통되는 점이 있다. 다만 법연 등의 정토문도(淨土門徒)가 이 세상에서의 구제를 단념하고 내세 정토에 왕생하기를 의탁한 데 반해서, 일련의 특색은 정법을 널리 알리는 것에 의해 현실 그 자체를 변혁하여 이 세상에서 이상정토를 만들고자 했던 점에 있다. 덧붙여서 일련이 말법의 고난을 극복하는 '정법유포'와 '현실변혁'의 담당자로서 『법화경』에 설해진 '지통보살'을 정하여 자신과 그 문도를 그것에 비교한 것은, 다른 종파보다 더욱 강렬한 현세주의와 실천성을 각인하는 결과가 되었다. 일련에 있어서 과격한 절복정신과 현실변혁에의 만족 없는 관심은 뒤에 근대 일련주의자에 의해 계승되어, 그 행동을 지탱하는 원동력 역할을 가져오게 되었다.

[영향] 일련의 강렬한 개성에 의해 통합되어 있던 교단은 그의 사후 구심력을 잃어, '6노승(老僧)'이라 불리는 고제(高弟)들이 주재하는 소교단으로 나누어지고 다시 분열을 거듭하였다. 그 과정에서 일련종이 가지고 있던 현실비판이나 초속(超俗)의 측면은 바래지고, 현실긍정의 측면만이 비대화되었다. 그 결과, 경도정중(京都町衆)과 결부되거나 다른 종파의 승속(僧俗)과 공양수수(供養授受)를 엄하게 금지하지 않는 불수불시파(不受不施派)의 발흥이라는 일부 주목할 만한 현상도 보인 것이다. 일련종은 점차 사회 변혁의 에너지를 상실했다. 특히 오다 노부나카(織田信長)가 주재한 1579년의 '안토종론(安土宗論; 정토종과 일련종의 논쟁)'을 전기(轉機)로, 절복주의는 일련종 내부로부터 모습을 감추게 되었다. 일련종이 다시 사상적 생명력을 회복한 것은 근대 이후의 일이다. 특히 전중지학(田中智學)·본다일생(本多日生)에서 국수주의와 결합한 '일련주의 운동'은 소화(昭和) 전기의 내셔널리즘의 발흥 기운 안에서 중요한 역할을 이루었다. 다만 거기에서는 일련종이 본래 가지고 있던 보편주의와 그 입장으로부터 일본을 상대화하는 관점이 없어져 버린 점은 빠뜨릴 수가 없다. 또한 일련종은 근대에 들어와서 생겨난 신흥종교운동에 사상적인 기반을 제공했다. 영우회(靈友會)·입정교성회(立正佼成會)·창가학회(創價學會) 등 전후에 흥륭한 신종교 교단의 다수가 일련을 교조로 추앙하고 있다.

일련종【日蓮宗】 일본 가마쿠라(鎌倉) 시대에 일련(日蓮, 1222-1282)이 『법화경』·『무량의경(無量義經)』·『관보현보살행법경(觀普賢菩薩行法經)』의 3부(部) 10권(卷)을 소의경전(所依經典)으로 하여 개종한 종파. 천태교학(天台教學)을 근본으로 하여 제경(諸

經)을 통합한 법화일불승(法華一佛乘)을 주장하지만, 특히 말법구제(末法救濟)의 종교로서의 독자적인 특색을 발휘했다. 교(教)·기(機)·시(時)·국(國)·서(序)의 오강교판(五綱教判)을 조직하여 실천면에 있어서는 본문삼대비법(本門三大秘法)의 종지(宗旨)를 세웠다. 이사불이(理事不二)의 일념삼천(一念三千)을 근본으로 하지만, 특히 본문사(本門事)의 일념삼천을 주장하여 천태(天台)와 구별된다. 한편 법화 신앙자는 불(佛)로부터 부촉을 받아서 적극적으로 절복역화(折伏逆化)의 실천을 해야 할 보살이라고 설하여 불(佛)의 사명, 부촉을 강조했다. 그리고 일천사해 개귀묘법(一天四海 皆歸妙法)의 불국토 건설을 최후의 이상(理想)으로 했다. 일련 항목 참조.

일면불월면불 【日面佛月面佛】 중국 당(唐)나라 때의 선승인 마조(馬祖; 709-788)의 공안(公案). 마조가 몸이 몹시 불편하자 원주가 와서 문안드렸다. "화상(和尙)께서 요즈음 존후가 어떠하십니까?" 하니, 그는 "일면불(日面佛) 월면불(月面佛)이니라."라고 하였다는 데서 나온 말. 『불명경』에서는 일면불의 수명은 1800년이고, 월면불의 수명은 1일이라고 한다.

일백삼갈마 【一白三羯磨】〔英 One announcement, or reading, and three responses, or promises of performance〕 수계(授戒)의 작법(作法). 줄여서 백사(白四)·백사갈마(白四羯磨)라고도 한다. 백(白)이란 표백(表白)하는 것으로서, 대중(大衆)에게 자기가 수계(受戒)하였음을 표하는 것을 의미한다. 일백(一白)은 표백(表白)된 문자 읽기를 1차하는 것을 의미한다. 갈마(羯磨; 巴 kamma)란 수계작업(授戒作業)이며, 일종의 표백수계(表白受戒)의 문자이다. 표백(表白)된 문자를 최초로 읽었을 때 백(白)이라 칭한다. 이러한 표백(表白)이 완료된 후 갈마사(羯磨師)의 손 위에 갈마문(羯磨文)을 얹고서 연속하여 3회 소리 내어 낭송하는 것을 삼갈마(三羯磨)라 한다. 예를 들어 표백(表白)하기와 갈마문(羯磨文) 읽기를 모두 네 차례 하므로 백사(白四), 또는 백사갈마(白四羯磨)라 일컫는다.

일법계 【一法界】〔英 The bhūtatathatā considered in terms of mind and as a whole〕 진여(眞如)의 이체(理體)를 말한다. 일(一)은 절대(絶對)의 일(一), 법(法)은 우주의 만유(萬有), 계(界)는 체성·차별·인본(因本)의 세 뜻 가운데 제3 인본(因本)의 뜻이다. 곧 절대 유일한 우주만유 제법의 근본원인이란 말이다.

일본불교 【日本佛教】 일본의 불교는 538년〔日本 宣化 3〕 백제 성왕(聖王) 16년에 도장(道藏)이 불상과 경전을 가지고 일본에 건너가 성실종(成實宗)의 개조(開祖)가 된 때부터 시작되었다. 당시 백제는 일본과의 접촉이 빈번하여 관륵(觀勒)은 역법(曆法)을, 도림(道琳)·담혜(曇慧)·혜미(慧彌) 등은 일본에 건너가 불교와 문화에 크게 공헌하였다. 일본에 전한 불교는 여러 호족(豪族)들의 지지를 얻어 마침내 성덕태자(聖德太子, 574-622)가 불교장려책을 쓰게 됨으로써 공식적인 지위를 굳혔다. 나라(奈良)시대에는 불교가 국가와의 연관을 더욱 굳혀 국분사(國分寺)의 제도도 이 무렵의 산물이다. 이 시대에는 중국불교가 황금시대를 이룬 때였으므로, 그들의 여러 종지(宗旨)가 차례로 건너와 삼론(三論)·법상(法相)·성실(成實)·구사(俱舍)·율(律)·화엄(華嚴) 등 소위 남부 6종이 성립하였다. 헤이안(平安)시대에 이르러 불교는 천태(天台)·진언(眞言)의 2종이 중심이 되어 전개된다. 천태종(天台宗)의 최징(最澄, 767-822), 진언종(眞言宗)의 공해(空海, 744-835)는 모두 입당(入唐)하여 새로운 불법(佛法)을 구한 개조(開祖)들이다. 남부 6종은 이들 2개 종파의 발전에 따라 점차로 그 세력을 잃게 되었고, 특히 최징(最澄)이 대승계단(大乘戒壇)을 개설하고 그가 죽자 이것이 국가의 공인을 얻음으로써 결정적으로 남부종은 몰락되었다. 또한 헤이안불교는 귀족들의 열성적인 귀의와 보호를 받아 귀족불교라 일컬어졌는데, 귀족들은 절과 탑을 짓는 데 힘쓰는 한편, 기도와 법회를 자주 열어 그 권세를 자랑하였다. 한편 이렇게 귀족들과 깊은 관련을 갖게 된 승려들은 세속적 권위와 결탁하게 되었고, 절은 귀족으로부터 기부받은 토지를 지키기 위하여 승병(僧兵)을 두게 됨으로써 많은 폐단을 낳게 되는 근원이 되었다. 일본불교가 민중 속에 뿌리를 내리게 된 것은 가마쿠라(鎌倉)시대이다. 말법사상을 배경으로 일어난 정토종(淨土宗)이 오로지 아미타불의 명호를 외우는 일만이 정토왕생의 정정업(正定業)이라고 설하면서 급속히 교세를 넓히다가, 기성 종파의 반감을 사고 박해를 받게 되었다. 정토종을 확립한 원공(源空; 法然, 1133-1212)의 문하에는 많은 인재가 모여 여러 종파로 분리되었으나, 그 중에서도 가장 주목되는 것은 정토진종(淨土眞宗)을 세운 친란(親鸞, 1173-1262)이다. 그도 스승과 마찬가지로 유형에 처해졌으나, 그는 유형지에서 저술과 포교에 힘썼다. 한편 영서(榮西, 1141-1215)·도원(道元, 1200-1253) 등에 의하여 중국으로부터 전래된 선종(禪宗)은 계율에 엄격한 수양의 교법으로서 무사계급과 결부되어 발전하였다. 가마쿠라불교의 최후를 장식한 것은 일련종(日蓮宗)이다. 일련(日蓮, 1222-1282)은 처음으로 진언밀교(眞言密敎)를 배우고, 이어 천태(天台)를 배워 『법화경(法華經)』의 진리를 깨닫고 일련종을 개종(開宗)하였다. 이 종파는 천태 이외의 종파를 부정하는 도전적인 언동 때문에 자주 법난(法難)을 당했다. 그러나 후에 민중들 사이에 교세가 확장되어 지금은 진종(眞宗)과 나란히 큰 종파를 이루고 있다. 무로마치(室町)시대 이후 불교는 점차 생기를 잃게 되어, 도요토미 히데요시가 천하를 통일하자 완전히 무릎을 꿇었고, 에도(江戶)시대에는 정권의 도구로 타락하였다. 이렇게 침체·부패한 불교에 대하여 비난·배척의 운동도 자주 일어났으나, 메이지유신(明治維新) 이후 뜻있는 불교도들에 의하여 혁신의 기운도 높아지고 여러 종파의 부흥운동도 추진되어, 근대적 종교로서의 불교 발전이 이룩되게 되었다.

일불승【一佛乘】〔梵 eka-buddha-yāna, 英 The Mahāyāna, or one-Buddha vehicle, especially the teaching of the Lotus sūtra〕단 하나의 부처가 되는 실천법. 일승(一乘)과 같다. 진실한 가르침이란 유일하고, 그 가르침에 의해 모든 사람이 동일하게 부처가 된다고 하는 가르침을 말한다.

일상관【日想觀】〔英 Meditation on, and observing of the setting sun, the first of the sixteen meditations in the 觀無量壽經〕아미타불의 정토(淨土)에 태어나기 위한 16관법(觀法) 가운데 제1관(觀). 해가 지는 모습을 보고 서방의 극락정토를 생각하는 것을 일상관(日想觀)이라고 한다. 『관무량수경』에 나타난다.

일상삼매【一相三昧】〔英 a state of samādhi〕진여삼매(眞如三昧)·일행삼매(一行三昧)라고도 한다. 진여(眞如)의 세계는 평등하여 한결같고 차별이 없는 한 모양이라고 관하는 삼매(三昧).

일색일향무비중도【一色一香無非中道】〔英 An atom or an colour is a complete microcosmos of the 中道 middle way or golden mean〕색향중도(色香中道)라고 약칭한다. 천태학에서는 삼관(三觀)으로써 일체법을 관조하는데, '일색일향(一色一香)이 중도(中道) 아님이 없다.'는 것은 모두가 다 중도의 진리라는 것으로서, 철저한 깨달음의 표시 방식이다. 중도란 실상의 원리이며, 보편존재(普遍存在)이다. 곧 중도는 일초일화(一草一花; 一色一香)라는 평범한 사물이면서도 최고 진리인 중도(中道)로 충만되어 있다. 이는 천태의 원돈(圓頓)의 교리이다. 『마하지관(摩訶止觀)』 1권 상(上)에 이르기를, "원돈은 초연실상(初緣實相)과 조경즉중(造境卽中)에 있어서 진실 아닌 것이 없으며, 일념법계(一念法界)나 일색일향(一色一香)에 있어서 중도 아닌 것이 없다."라고 하였다. 이는 유정속세(有情俗世)와 중도진리(中道眞理)는 원융무애하다는 것을 현저하게 드러내는 의의를 갖는다. 곧 속세의 일물일사(一物一事)란 중도실상(中道實相)을 현현(顯現)하는 것이기 때문에 속세를 버릴 수 없다는 의미이다. 중도란 법성(法性), 진리이며, 자신은 다름 아닌 일체법을 갖추고, 일색일향(一色一香)을 포괄하는 존재이다. 따라서 일색일향(一色一香)은 중도일 뿐만 아니라 중도의 일부분이기도 하다.

일생과수【一生果遂】〔英 In this one life to accomplish the three stages for final entry〕아미타불의 48원(願) 중의 제20원(願)에, 부처님의 명호를 듣고 정토에 태어나겠다고 마음먹는 자에게는 반드시 그 원이 이룩되도록 한다고 했는데, 이 의미에 대해서 2가지 설이 있다. 1. 삼생과수(三生果遂)의 설. 세 번 바뀌 태어남으로써 마침내 이룩한다는 뜻이다. 곧 제1생〔과거 또는 현재의 生〕에 불명(佛名)을 듣고 마음먹고, 제2생〔현재 또는 미래의 生〕에 오로지 정성을 다하여 염불하여, 제3생〔미래 또는 來來世의 生〕에 마침내 왕생을 이룬다〔淨土宗의 說〕. 또한 제1생에 자력염불을 하여 제2생에 화토(化土)에 태어나고, 제3생에 보토(報土)에 태어난다〔眞宗의 一說〕고 한다. 2. 일생과수(一生果遂)의 설. 이 일생(一生)에 해낸다〔果遂〕는 뜻이다〔眞宗의 說〕. 곧 제행(諸行)을 버리고 염불로 돌아온 이 가운데 자기가 부르는 염불의 힘으로 왕생하려고 하는 제20원의 입장인 사람도 마침내 마음을 뒤집어서 타력염불의 신앙에 들어감에 의해서 일생에 보토(報土)에 왕생할 수 있다고 한다.

일생보처【一生補處】〔梵 Eka-jāti-prati-baddha, 英 a name for Maitreya, who is to be the next Buddha in this world〕일생(一生)만 지내면 부처님의 지위에 나아간다는 뜻. 등각(等覺)의 지위. 미륵보살 같은 이가 석존보다 먼저 입멸하여 도솔천궁에 나서 그 천상 목숨으로 4천 세〔인간의 55억 7천만 년〕를 지낸 뒤에 석가모니불을 대신하여 사바세계에 내려와서, 화림원(華林園)의 용화수(龍華樹) 아래서 성도(成道)한 다음 삼회(三會)의 설법으로 중생을 교화한다고 한다.

일설부【一說部】〔梵 Ekavyāvahārika, 英 One of the 20 Hinayāna school, a nominalistic school, which considered things as nominal, i.e. names without any underlying reality〕인도불교 초기의 종파. 소승 20부의 하나. 불멸(佛滅) 후 200년경 대중부에서 갈라져 나온 일파. 대중부에서는 모든 사물이 현재에만 실체가 있고 과거·미래에는 없다고 했으나, 그들은 실체가 있는 것은 하나도 없고, 오직 가명(假名)뿐이라고 주장하였다.

일성일체성【一成一切成】〔英 The Hua-yen doctrine that the law of the universal runs through the phenomenal, therefore a speck of

ㅇ

dust is a microcosmos] 한 사람의 성도(成道)는 곧 만인(萬人)의 성도이다. 한 일의 성취는 만사(萬事)가 모두 성취된 것과 같다. 이것은 화엄종(華嚴宗)의 사사무애사상(事事無礙思想)이 갖는 필연적인 결과이다. 이 속에 일인(一人)과 만인(萬人), 일사(一事)와 만사(萬事)는 모두 일체(一體)이며, 아무런 간격이 없다. 이들은 모두 비로자나불이 삼매 중에 중생의 소망을 받아들여 진리의 경지를 나타낸 것이다. 이들 사이에는 서로를 돕는 관계를 가지는데, 일(一)은 곧 일체(一切)이며, 일체는 곧 일(一)이다. 따라서 일성(一成)은 곧 일체성(一切成)이 된다.

일숙각 【一宿覺】 중국 당(唐)나라 때의 선승(禪僧)인 영가현각(永嘉玄覺, 647-713 在位)의 호(號). 영가현각이 육조 혜능(慧能)을 찾아가서 선문답을 했는데, 그의 말이 육조 혜능의 마음에 흡족하였다. 그래서 육조가 영가를 칭찬하면서 하룻밤만 자고 가라고 하여 깨쳤음을 인가하였다. 일숙각이란 영가현각이 하룻밤 자면서 오도(悟道) 인가를 받았다는 말이다.

일승 【一乘】 〔梵 Ekayāna, 英 One Yāna, the one yāna〕 ①일불승(一佛乘)이라고도 한다. 일체중생이 모두 성불한다는 견지에서 그 구제하는 교법이 하나뿐이고, 또 절대 진실한 것이라고 주장하는 것이 일승(一乘)이다. ②고구려 승려. 보장왕 때의 고승 보덕(普德)의 제자. 심정·대원 등과 함께 대원사를 창건하였다.

일승가 【一乘家】 〔英 The one-Vehicle family or sect, especially the T'ien-t'ai or Lotus School〕 성문(聲聞)·연각(緣覺)·보살(菩薩)의 삼종성(三種性)에 각각 생사(生死)의 미계(迷界)를 벗어나게 하는 교법(敎法)이 있다는 삼승(三乘) 쪽의 설에 대하여 일불승(一佛乘)의 교법을 말하는 종가(宗家)라는 뜻. 곧 천태·화엄의 종지(宗旨)를 말한다.

일승발원문 【一乘發願文】 신라의 의상(義湘, 625-702)이 쓴 것으로 알려진 화엄일승발원문(華嚴一乘發願文)을 가리킨다. 화엄일승발원문 항목 참조.

일승보살 【一乘菩薩】 일승(一乘; 佛)의 깨달음을 얻은 보살. 8지(八地) 이상의 보살을 말한다. 『화엄오교장』에 보인다.

일승사상 【一乘思想】 '모든 중생은 일불승(一佛乘)의 깨달음에 도달할 수 있다.'고 주장하는 사상. 삼승(三乘; 聲聞·緣覺·菩薩)을 비판하는 사상.

[원천(源泉)] 일승사상을 주장하는 대표적인 경전은 『법화경』·『승만경』·『반야경』·『열반경』 등이다. 특히 『법화경』이 대표적인데, 구마라집(鳩摩羅什, 344-413)이 번역한 『법화경』 1권 「방편품」에 나와 있는, "시방의 불국토 가운데 오직 일불승(一佛乘)만이 존재한다. 둘도, 셋도 없다."

라는 문구가 대표적으로 일승사상을 표명한다. 이 문장은, "성문이나 독각의 이승(二乘)도, 성문·독각·보살의 삼승(三乘)도 없다."라는 주장의 근거로서 이용되었다. 그러나 범어 원전의 의미는 '다만 일승(一乘)만이 있으며, 제이승(第二乘; 緣覺乘)과 제삼승(第三乘; 聲聞乘)은 없다.'라는 의미이다. 이 점은 중국 법상종의 초조(初祖)인 자은(慈恩) 규기(窺基, 632-682)의 『대승법원의림장(大乘法苑義林章)』 가운데서 이미 나타나고 있다. 이 일승사상은 삼승의 사상과 일찍부터 대립해 왔다. 또 『법화경』에서는 성불의 가능성이 없는 존재로서의 무성(無性), 즉 일천제(一闡提; Icchantika)의 존재를 인정한다. 이 성불의 가능성을 결정하는 원리로서 여래장(如來藏; tathagata-garbha), 또는 불성(佛性; Buddhatā)이라는 용어가 중요하게 여겨졌다. 또한 중국에서는 『법화경』에서 말하는 일불승(一佛乘)이 보살승(菩薩乘)과 같은가 다른가를 놓고 일승사상에 관한 이론(異論)이 발생하였다. 오직 하나만이 존재하는 절대적인 일승과 삼승을 통합하고 내포하는 일승과의 이해의 상위(相違)를 낳았던 것이다. 인도에서 성립한 경론 가운데 『법화경』·『열반경』·『화엄경』·『승만경』 등은 일승설(一乘說)을 지지하고, 『현양론(顯揚論)』·『대승장엄경론(大乘莊嚴經論)』·『유가사지론(瑜伽師地論)』 등은 삼승설(三乘說)을 지지한다. 특히 『대승입능가경』 2권에서는 성문승종성(聲聞乘種性)·연각승종성(緣覺乘種性)·여래승종성(如來乘種性)·부정종성(不定種性)·무종성(無種性) 등 중생을 다섯 가지의 성품으로 나누어, 성불할 가능성이 전혀 없는 존재를 인정하고 있다. 불성·불성론·불성논쟁 항목 참조.

일승원교 【一乘圓敎】 천태종의 개조 지의(智顗, 538-597)가 석존의 일대(一代) 가르침을 넷으로 분류한 것 가운데 하나이다. 일승원교(一乘圓敎)는 원만하고 완전한 묘리를 말한 『법화경(法華經)』을 말한다.

일식 【一識】〔英 One sense or perception〕 소승교의 성실종(成實宗) 및 경부(經部)에서 설한 내용. 중생에겐 오직 일식(一識)만이 있는데, 이 일식이 육근(六根)에 의하여 육경(六境)을 연(緣)한다는 것을, 『성실론』에서 설한 여섯 창문으로 들락거리는 한 원숭이의 비유로 설명되었다. 밀교에서도 또한 일식(一識)을 세웠는데, 중대(中台) 대일존(大日尊)의 법계체성지(法界體性智)가 바로 이것이다.

일실상 【一實相】〔英 The state of bhūtatathatā, above all differentiation, immutable〕 일체 제법의 근본 실상을 말함. 근본 실상은 단지 하나이기 때문에 일실상(一實相)이라 한다. 일(一)은 일(一)·이(二)·삼

(三)을 헤아리는 일(一)이 아니고, '근본(根本)'이라는 의미이다. 또 중도법성(中道法性)을 가리켜 일(一)이라 함. 실상(實相)이란 '있는 그대로의 모습', '본래의 모습'이라는 의미이다.

일심【一心】〔梵 bhutatathatas, 英 the universe as one mind, or a spiritual unity〕①만유(萬有)의 실체(實體)인 진여(眞如)의 다른 이름. 여러 가지 차별 있는 제현상(諸現象)은 모두 한 원리로부터 발생한 것이라 하는데, 그 한 원리〔一原理〕를 일심(一心)이라 한다. 『기신론』의 일심이문(一心二門)·『화엄경』의 삼계유일심(三界唯一心)·천태(天台)의 일심구십법계(一心具十法界) 등은 모두 유사한 사상이다. ②일반적으로 일심이라 할 때는 마음을 하나의 대상에 집중하는 것, 여러 사람의 마음을 합하는 것, 한결같은 마음을 뜻한다.

일심법계【一心法界】화엄종의 교의(教義). 제법(諸法)이 연기(緣起)하는 경우 통일적인 중심을 일심(一心)·진심(眞心)·견실심(堅實心)이라 부르는데, 그 일심이 법계(法界), 즉 삼라만상의 본질이며 진여(眞如)라는 설. 또한 종밀(宗密, 780-841)은 이 일심(一心)이 『능가경』, 『기신론』에서 말하는 일심(一心)과는 다르다는 것을 강조하고 있다.

일심삼관【一心三觀】〔英 also simultaneous vision of past, preseut, and future〕중국 천태종의 개조인 천태대사(天台大師) 지의(智顗, 538-597)가 세운 관심수행(觀心修行)의 방법 가운데 하나. 그는 자성(自性) 가운데 본래 갖추어져 있는 지혜를 개발하여, 삼지(三智; 一切智·道種智·一切種智)로 삼혹(三惑; 見思惑·塵沙惑·無明惑)을 끊고 삼덕(三德; 法身德·般若德·解脫德)을 갖추므로 일심삼관(一心三觀)으로 불과(佛果)를 증득하는 법을 세웠다. 일심삼관이란 일심(一心)을 대상으로 하여 공(空)·가(假)·중(中)의 삼제원융(三諦圓融)을 관하는 것이다.

일심이문론【一心二門論】『대승기신론』에서 중생의 일심(一心)에 두 가지 문〔二門〕이 있다고 하는 설. 이문(二門)이란 진여문(眞如門)과 생멸문(生滅門)을 말하는데, 진여문은 마음의 참된 그대로의 모습을 강조하는 중관(中觀)사상에, 생멸문은 마음의 변화하고 움직이는 면을 강조하는 유식(唯識)사상에 각각 해당함. 당시까지 대립해 오던 중관과 유식이 『대승기신론』에 이르러 일심(一心)에서 종합된다.

일여【一如】〔梵 tathata, 英 the true suchness or character〕①일(一)은 불이(不二)로 절대의 뜻이고, 여(如)는 범어 'tathata〔眞如〕'의 한역(漢譯)으로 불이(不異; 다르지 않음, 즉 같음)를 말한다. 실상(實相)과 같다. 여러 사물이 하나〔一〕라고 하는 도리를 말한다. 진여의 이(理). 유일무이(唯

一無二)의 진여. 만유에 두루 내재하는 근원적인 진여의 설명에 쓰인다. ②차별 없이 평등한 것. 완전히 하나가 되어 나눌 수 없는 모양.

일연【一然, 1206-1289】고려 원종·충렬왕 때의 고승. 성은 김(金)씨, 이름은 견명(見明), 자는 회연(晦然). 후에 일연(一然)으로 고쳤다. 호는 목암(睦庵)·무극(無極)·원경충조(圓經冲照), 시호는 보각(普覺)이다. 장산군(章山郡; 지금의 경북 경산)에서 태어나, 9세 때에 지금 광주(光州) 땅인 해양(海陽) 무량사(無量寺)에 가서 글공부를 하기 시작하여 14세 때에 가지산문(迦智山門)으로 출가해서 승려가 되고, 22세에 선불장(選佛場)에 나아가 상상과(上上科)에 급제하였으며, 삼중대사(三重大師)·선사·대선사 등으로 존칭되었다. 대장경낙성회(大藏經落成會) 맹주(盟主)를 거쳐 78세 때 국존으로 책봉되었다. 그 뒤 인각사(麟角寺)에서 여생을 보내다가 84세로 입적하였다. 그의 사상은 선(禪)으로서 교(敎)를 융섭하려는 지눌(知訥, 1158-1210)의 사상과 맥을 잇고 있다. 그의 저서 『삼국유사(三國遺事)』에는 민족적인 자주의식과 우리 것을 찾으려는 노력이 엿보인다. 그의 문하에는 법진(法珍)·혼구(混丘)·죽로(竹盧) 등이 있어서 그의 법을 이었다.

일원상【一圓相】하나의 원형(圓形). 완전원만(完全圓滿)의 뜻을 나타낸다. 곧 우주만상의 본체가 원명적정(圓明寂靜)하고 모든 형상을 초월하며, 모든 활동을 갖추고 있는 모습을 표시한 것.

일이【一異】〔梵 tattva-anyatva, tad eva, tad eva anyat, 英 Unity-cum-differentiation; monism and pluralism〕피차(彼此)가 똑같음을 일(一)이라 하고, 피차가 서로 다름을 이(異)라 한다. 일(一)이나 이(異)는 모두 한쪽에 치우친 견해이다. 『중론(中論)』「인연품(因緣品)」에, "불생(不生)이 또한 불멸(不滅)이요, 불상(不常)이 또한 부단(不斷)이요, 불일(不一)이 또한 불이(不異)요, 불래(不來)가 또한 불거(不去)다."라고 하였고, 『지도론(智度論)』 20권에 "모든 성인들이 아(我)라고 하는 아상(我相)을 파(破)해 버렸고, 일(一)이다 이(異)다 하는 생각을 멸해 버렸다."라고 하였다.

일일부작 일일불식【一日不作 一日不食】백장회해(百丈懷海, 720-814)가 작무(作務; 普請; 울력)도 역시 참선수행 그 자체라고 가르친 말. 백장선사가 연로(年老)함에도 불구하고 하루도 빠짐없이 울력에 나오자 그것을 그만두게 하려고 원주가 농기구를 감추었다. 그러자 백장은 울력만 그만둔 것이 아니라 공양〔식사〕까지 그만두었다. 이에 당황한 원주가 사죄하고 울력에 나오지 말 것을 간원하자, 백장은 "하루 일하지 않으면 하루 먹지 않는다〔一日不作 一日不食〕."고 대답했다. 작무를 좌선이나 참선 수행과 동일하게 보는 것으로서, 중국 선의 독특한 사상을 내포하고 있음.

일일시호일【日日是好日】운문문언(雲門文偃, 864-949)이 제시한 공안. 날마다 즐겁고 기쁜 날이라는 뜻. 일일시생일(日日是生日)과 같은 말.

일자관【一字關】일자선(一字禪)이라고도 한다. 참선자의 질문에 단지 한 글자로 뜻을 나타낸다든가 대답하는 것. 예컨대, '돌(咄)', '막(莫)', '이(咦)' 등. 운문문언(雲門文偃, 864-949)은 제자나 선(禪) 수행자들의 질문에 언제나 한 자〔一字〕로 대답하여서 질문자들을 개도(開導)하였다. 이것은 운문선(雲門禪)의 독특한 면이라 할 수 있다. 일자선 항목 참조.

일자불설【一字不說】한 글자, 한 마디도 설(說)하지 않았다는 뜻. 부처님이 49년 동안 많은 설법을 했지만 한 마디도 설한 것이 없다는 것은, 불법의 깨달음은 언설(言說)이나 문자(文字)를 빌려서 표현할 수 없다는 말.

일자선【一字禪】〔英 A cryptic single-word reply to a question, requiring meditation for its apprehension〕선불교에서 문답(問答)할 적에 다만 한 글자로 답하여 선(禪)의 깊은 뜻을 나타내는 것. '할(喝)'·'막(莫)'·'착(錯)'·'무(無)' 등. 주로 운문선사〔864-949〕가 많이 썼다. 일자관 항목 참조.

일전어【一轉語】〔英 A turning word; a fruitful word〕선종에서 수행인의 사고(思考)나 심기(心機)를 크게 바꾸어 주는 말. 전(轉)은 전환(轉換)·전신(轉身)·발전(撥轉)·전기(轉機)의 뜻. 예컨대, 화두의 하나인 백장야호(百丈野狐)에서 '불락인과(不落因果)'라 대답하고 5백 생을 여우의 몸을 받게 되었다. 그런데 백장선사의 '불매인과(不昧因果)'란 말에 큰 깨달음을 얻고 여우 몸을 벗게 되었다. 이런 경우에 '불매인과(不昧因果)'란 말이 일전어(一轉語)에 해당된다.

일주문【一柱門】기둥을 한 줄로 세운 문. 흔히 절 입구에 세우는데, 합천 해인사와 양산 통도사의 일주문이 유명하다. 불이문(不二門)이라고도 한다.

일중일체중【一中一切中】〔英 One being recognized as 'mean' then all is of 'the mean'〕천태종에 있는 일심삼관(一心三觀)의 관상법(觀想法). 공관(空觀)·가관(假觀)·중관(中觀)의 세 가지를 동시에 볼 수 있는 관법(觀法). 개념에 대한 집착에서 벗어나게 함과 동시에 개념에는 결정성(決定性)이 없음을 알게 한 것임. 일심삼관 항목 참조.

일즉십【一卽十】〔英 One is ten〕일(一) 그대로가 십(十)이라는 뜻. 1을 본수(本數)로 하므로 1을 여의고는 2 내지 10이 없다는 것이다. 이는 곧 1의 본수가 있음으로써 2 내지 10을 이루는 것이므로 1밖에 별체가 없다는 뜻이다. 이러한 의미로 『화엄경』에서는 하나의 티끌 가운데 일체 불토(佛土)를 포섭하고, 한 찰나 가운데 무량겁을 포섭하여 융통무애하다고 한다.

일지두선 【一指頭禪】〔英 The one fingertip contem-plation used by a certain monk to bring to another a conception of the universe〕 구지일지두선(俱胝一指頭禪)의 준말. 당(唐) 구지화상의 일지두에 천지만물이 다 포섭되어 있다는 말. 구지화상은 천룡화상(天龍和尙)이 손가락 하나 들어 보이는 것을 보고 도를 크게 깨친 후로는, 누구에게나 손가락 하나 드는 것으로 도를 가르쳤다. 구지화상이 입적하기 직전에 제자들에게 말하기를 "내가 천룡화상으로부터 일지두선(一指頭禪)을 배워 평생토록 썼으나, 결코 다함이 없었다."라고 하였다. 이로부터 구지선사의 일지두선이 선가에서 널리 알려지게 되었다. 일지선(一指禪)이라고도 한다.

일진법계 【一塵法界】〔英 The dharma realm of the one reality, i.e. of the bhūtatathatā, complete in a speck of dust as in a universe〕 하나의 작은 먼지 같은 것도 곧 그대로 청정법계라는 뜻. 하나가 곧 일체라고 하는 일즉일체(一卽一切)의 입장에서 보면 일진(一塵)을 떠나서 따로 우주가 존재하지 않는다는 것이다.

일천제 【一闡提】〔梵 Icchantika, 英 The state of meditation on the absolute〕 단선근(斷善根)·신불구족(信不具足)이라 번역한다. 성불할 바탕, 성불할 수 있는 성품이 없는 사람. 일천제란 대승불교에서 쓰는 말로서 '선근이 끊어진 사람', '믿음이 갖추어지지 못한 사람'이라는 뜻으로, 곧 대승불교의 가르침을 믿지 않는 사람, 불신(不信)하는 사람을 말한다. 믿지 않으면 깨달음을 성취할 수 없기 때문임. 여기에는 단선천제(斷善闡提)와 대비천제(大悲闡提) 2종이 있다. 단선천제는 본성이 성불할 수 없는 것이요, 대비천제는 보살이 대비심을 일으켜 일체중생을 모두 제도하기 위하여 일부러 예토(穢土)에 태어나서 활동하므로 성불할 시기가 없는 것이다.

일체개고 【一切皆苦】〔巴 Sabbe samkhara dukha〕 사법인(四法印), 곧 제행무상(諸行無常)·일체개고(一切皆苦)·제법무아(諸法無我)·열반적정(涅槃寂靜) 중의 하나. 삶 등 일체는 모두 괴롭고 고통스러운 것이라는 것. 일체는 유전생멸(流轉生滅)하여 무상(無常)이라는 것이다. 따라서 영원성·안정성에 사로잡히는 인간의 욕망을 충족시키지 못하는 것이 되고, 그러한 욕망을 가진 인간에게 일체는 모두 고(苦)라는 것이다. 그러나 일체는 한순간도 자기동일성을 가짐이 없이 변해 가기 때문에, '내 것'·'이것은 나〔我〕다.'라고 할 수 있는 것은 없다는 것이다. 이것을 명찰(明察)하여 사로잡힘이 없게 하고 번뇌로부터 떠날 때, 정안(靜安)하고 자유로운 경지가 열리기 때문이다. 이것이 붓다의 근본적 입장이고, 여기서 다시 여러 가지 교설이 전개되어 나온다. 일체개고는 인생에 대한 단순한 부정적인 견해가 아니라, 무아(無我)·연기(緣起)의 진실상을 알게 함으로써 아집(我執)을 벗어난 무애자재한 경지를 깨닫게 하는 것을 목적으로 하고 있다.

일체개공【一切皆空】 반야 계통의 모든 경론(經論)의 취지. 모든 존재〔諸法〕는 고정된 실체가 없으므로〔無自性〕 자기 것이라고 할 수 있는 것은 없다〔不可得〕는 것이다. 그 이유는 연기적인 존재이기 때문이라는 것이다. 그래서 인법구공(人法俱空)인데, 만약 공(空)에 집착한다면 공(空)도 다시 공하다고 추구해 가지 않으면 안된다. 이런 의미로 일체개공(一切皆空)이다. 팔불중도(八不中道) 제법실상(諸法實相)이 표출되어, 여래(如來)·법신(法身)·불성(佛性)·열반(涅槃)이 현전(現前)하여 활달자재한 주체실천(主體實踐)의 지평(地平)이 열리는 것이다. 진공묘유(眞空妙有)라는 것도 이것에 불과하다.

일체경【一切經】〔英 The tripiṭaka 大藏經 or 藏經, i.e. the whole of the Buddhist canon〕 모든 불교성전에 대한 총칭으로, 경(經)·율(律)·론(論) 및 그 문헌들에 대한 주석서도 모두 포괄한다. '일체경'이란 명칭은 수(隋)나라 이후에 생겼는데, 그 뜻은 석가께서 일생 동안 설한 것을 모두 집대성하였다는 말이다. 그래서 일대장경(一代藏經), 또는 대장경(大藏經)·장경(藏經)이라고도 한다. 일체경의 내용은 시대에 따라 가감되었다. 본래 그것은 석가께서 설하신 경전과 인도의 여러 논사(論師)들이 완성한 논서들인데, 이후에 후인들의 찬술이 더해졌다.

일체경음의【一切經音義】①중국 당대(唐代)의 승려인 혜림(慧琳, 737-820)이 지은 책. 100권. 『대반야경』에서 시작하여 소승기전(小乘記傳)에 이르기까지 거의 모든 불경(佛經)의 난해한 글자를 뽑아 성운(聲韻)을 변별하여 그 뜻을 분명하게 설명하였다. 『자림(字林)』·『자통(字通)』·『성류(聖類)』·『절운(切韻)』·『옥편(玉篇)』 및 여러 경전과 잡사(雜史)를 인용하였다. 일명 『대장음의(大藏音義)』·『혜림음의(慧琳音義)』라고도 한다. ②중국 당대(唐代)의 승려인 현응(玄應)이 지은 책. 25권. 대장경을 모아 그 음의(音義)를 해설하였다. 『현응음의(玄應音義)』라고도 한다. 한대(漢代)의 고운(古韻)을 인용하였으므로, 음운학(音韻學) 연구에 귀중한 자료로 평가한다.

일체법【一切法】〔梵 sarvadharma,

英 All-things〕 일체 만유를 모두 포섭하는 말. 일체제법(一切諸法)과 같은 말이다. 여기에는 유위법(有爲法)과 무위법(無爲法), 무진법(無盡法)이 모두 포함된다. 『삼십육부존경(三十六部尊經)』에, “일체법(一切法)의 본성(本性)이 모두 공(空)임을 관한다.”라고 하였다.

일체유심조【一切唯心造】 인간 세상의 모든 현상은 인간 마음이 움직임에 따라 형성된 것이라는 것. 인간의 길흉화복·흥망성쇠·희로애락 등이 다 밖으로부터 오는 것이 아니라, 인간의 마음이 움직여 그렇게 만든다는 것이다. 뿐만 아니라 아름답고 추한 것도 마음먹기에 달려 있고, 극락과 지옥도 마음이 만들어 낸 것으로서, 마음이 괴로우면 지옥이고 마음이 청정하면 그것이 극락이라는 것이다. 모든 것은 마음먹기 나름이라는 뜻.

일체종지【一切種智】〔梵 sarva-akara-jnata〕 일체 만법(萬法)의 별상(別相)을 낱낱이 정밀하게 아는 지혜. 부처님의 지혜. 모든 것의 개별성을 아는 지혜.

일체중생【一切衆生】〔梵 sarva-sattva, sarva-bhuta, 英 All sentient beings〕 ①이 우주 안에 있는 모든 생명. 생명 있는 모든 것. 생령(生靈). 일체 유정(有情). ②모든 사람. 전 인류. 깨치지 못한 범부 중생.

일체즉일【一切卽一】〔英 all is one〕 일즉일체(一卽一切)라고도 한다. 개체와 전체가 한데 섞여 있다〔相卽〕고 보는 견해. 전체 중에 하나의 개체가 있고, 또한 개체 중에 전체가 있다고 보아야 인생과 우주의 모든 문제를 바르게 볼 수 있다는 것.

일체지【一切智】〔梵 sarvajñā, 巴 Sabbanna, 英 perfect knowledge〕 일체 제법의 전체적인 모습〔總相〕을 개괄적으로 아는 지혜. 천태에서는 성문·연각의 지혜라 하고, 구사(俱舍)에서는 부처님의 지혜라 한다. 본래는 ‘전지(全知)한 이〔一切智者〕’라는 의미의 형용사. ‘전지자(全知者)’를 의미하는 명사로서, 유신론적(有神論的) 바라문교 제파(諸派)에서는 시바 등의 신격(神格)을 나타내는 형용구의 하나이다. 불교나 자이나교에서는 특히 개조인 고타마 붓다나 자이나교 마하비라의 인격을 형용하는 말로서 사용하고 있다. 이 경우 일체지는 개조(開祖)의 탁월한 지력(知力)으로 외경(畏敬)을 불러일으키게 하는 능력에 대한 존칭으로 여겨졌다. 후세에 불교나 자이나교에서 교의의 체계화가 진행되어 개조(開祖)가 초인화(超人化)됨과 동시에, 개조의 속성인 일체지(一切智)의 개념은 형이상학적 고찰의 대상으로 전화(轉化)된다. 나아가 인식론 논리학의 발전에 의해서 불교나 자이나교의 철학체계에 있어 중요한 위치를 차지하기에 이르렀다.

일체처【一切處】〔梵 sarvatra sarva-gata, 英 universal; a universal dhyāna〕①모든 곳. 어느 곳에서도 두루함. ②두루한 곳. 보이는 대상이 모든 장소에 두루하기 때문에 선정을 이렇게 말함.

일합상【一合相】〔梵 Pinda-graha, 英 An organism, a cosmos, or any combined form, e.g. a man, a world〕세계를 말한다. 여러 연(緣)으로 말미암아 미진(微塵)이 모여서 물질계를 조성하거나, 오온(五蘊)이 가화합(假和合)하여 사람이 되는 것들을 일합상이라 한다.

일행삼매【一行三昧】〔梵 Ekavyaha-samādhi, 英 A samādhi for realizing that the nature of all Buddhas is the same〕마음을 정(定)하고 하나의 행(行)에 전념(專念)하여 닦는 삼매(三昧). ①천태에서 말하는 4종 삼매의 하나. 천태에서는 초문(初門)의 지관행(止觀行)을 행주좌와(行住坐臥)에 따라서 넷으로 나누어 이것을 4종삼매라 한다. 즉 행주좌와 가운데 행주와(行住臥)의 셋은 정지시키고, 좌(坐)의 일행(一行)만으로 90일간 좌선입정(坐禪入定)하여, 법계(法界)의 평등한 이치를 관(觀)하는데, 이것을 상좌삼매(常坐三昧), 또는 일행삼매(一行三昧)라고도 한다. ②일상삼매(一相三昧)·진여삼매(眞如三昧). 법계는 모두 평등한 한 모양〔一相〕이라고 관하는 삼매를 말한다. 마음을 정(定)하고 진여법계(眞如法界)의 이치를 관하기 때문에 이(理)의 일행삼매라고도 한다. ③염불삼매(念佛三昧). 일심으로 염불하여 닦는 삼매를 말한다. 사(事)의 일행삼매라고도 한다.

일화개오엽【一花開五葉】중국 선종의 초조(初祖)인 달마(達磨, ?-536)의 전법게송(傳法偈頌) 가운데 있는 말. 그 내용은 "내가 이 땅 중국으로 건너온 뜻은〔吾本來玆土〕불법을 널리 펴서 어리석은 중생들을 제도하고자 함이다〔傳法救迷情〕. 큰 꽃 한 송이에 다섯 꽃잎이 피어나서〔一花開五葉〕, 그 열매 저절로 눈부시게 열리리라〔結果自然成〕."이다. 여기서 말하는 일화(一花)는 달마대사 스스로를 가리키는 말이다. 그리고 오엽(五葉)에는 두 가지 뜻이 있다. 하나는 선종의 다섯 분파인 위앙종·임제종·조동종·운문종·법안종을 의미한다고 보는 견해, 또 하나는 달마 이후의 혜가(慧可, 487-593)·승찬(僧璨, ?-606)·도신(道信, 581-651)·홍인(弘忍, 602-675)·혜능(慧能, 638-713)을 의미하는 것으로 보기도 한다. 한편 일화(一花)를 육조 혜능으로 보는 견해도 있다. 이 경우에 오엽(五葉)은 선가오종(禪家五宗)을 말한다.

임제록【臨濟錄】정확하게는 『진주임제선사어록(鎭州臨濟禪師語錄)』이다. 당(唐) 임제의현(臨濟義玄, ?-867)의 어록을 제자 삼성혜연(三聖慧然)이 편집한 것인데, 현행 유통본은

1120년〔宋 휘종 宣和 2〕에 송(宋)의 원각종연(圓覺宗演)이 다시 편집한 것과 관계가 있다. 의현은 산동성 출신으로 출가해서 경론을 배웠지만 만족하지 못하고, 선(禪)에 들어가 황벽희운(黃蘗希運, ?-850) 밑에서 대오(大悟)하여 그 법을 전했다. 그 후 하북(河北)에서 위세를 떨쳤던 번진(藩鎭) 왕씨(王氏)의 귀의를 받아 임제원(臨濟院)에 머물면서 많은 제자를 기르고 위부(魏府)에서 입적했다. 중국 선(禪)은 육조혜능(六祖慧能, 638-713)의 손제자에 해당하는 마조도일(馬祖道一, 709-788)에 의해 일체의 초월적 가치를 부정하고, 인간성 그 자체를 절대화하는 '대기대용선(大機大用禪)'으로 변모했는데, 그로부터 3대째에 해당하는 임제는 그것을 극한으로까지 밀고 나가 할(喝)이나 방(棒)을 많이 사용하는 행동적 선풍(禪風)을 펼쳤다. 그의 법통은 번성하여 이른바 '임제종'을 형성하고, 마침내는 선의 대부분을 차지하게 되었다. 『임제록』은 '어록의 왕'으로 불려 존숭되었는데, 크게 '상당어(上堂語)'·'시중(示衆)'·'감변(勘辨)'·'행록(行錄)'의 4부분으로 이루어져 있다. '상당어'에서는 제자들에 대한 교계(敎戒)와 그것을 계기로 한 문답을 모았고, '시중'은 강의의 기록으로 간절히 제자들을 가르치고 있다. '감변'은 조주종심(趙州從諗, 778-897)이나 용아거둔(龍牙居遁) 등의 이름 있는 선승과 문답한 기록이고, '행록'은 황벽 밑에서 깨달은 인연에서부터 그 회하에서의 수행과 제방행각, 그리고 천화〔입적〕에 이르는 일대기이다. 『임제록』에는 '일무위진인(一無爲眞人)'·'무의도인(無依道人)'·'무사(無事)한 것이 귀인(貴人)'·'처하는 곳마다 주인이 되면 서 있는 곳 모두가 진리〔隨處作主 立處皆眞〕'·'부처를 만나면 부처를 죽이고, 조사를 만나면 조사를 죽여라〔殺佛殺祖〕'·'삼승십이분교(三乘十二分敎)는 모두 이 더러움을 씻는 종이' 등의 명구(名句)가 보이고, 간결한 표현에 임제의 직절하고 확신에 찬 모습이 놀라울 정도이다. 본서는 어록 중의 백미로서, 선(禪)사상의 정점을 나타내는 저작이라 말할 수 있을 것이다.

임제삼구【臨濟三句】 임제의현이 학인(學人)을 제접(提接; 지도)할 때 사용하는 3가지 방법. 어떤 승려가 임제(臨濟, ?-867)에게 "어떤 것이 진불(眞佛)이며, 진법(眞法)이며, 진도(眞道)인지 화상께서 일러주소서."라고 하자, 임제가 말하기를 "불(佛)은 마음이 청정(淸淨)한 그것이고, 법(法)은 심광명(心光明)이 그것이고, 도(道)는 처처무애정광(處處無碍淨光)이 그것이니라. 셋은 곧 하나이다. 그러나 이것은 모두 이름뿐이고, 참으로 있는 것이 아니다. 진정한 도인은 잠깐도 마음이 (진여에서) 끊어지지 않느니라. 달마대사가 서천(西天)에서 오신 뒤부터 다만 남의 유혹을 받지 않을 사람을 찾으려 하였나니라. 나중에 2조(祖)를 만났는데, 한 마디에 알아 버리고 이전에 하던 공부가 쓸데없는 것인 줄을 알았느니라. 나의 오늘 소견은 부처님이나 조사와 다르지 않으니라. 제1구(句)에서 깨달으면 불조사(佛祖師)가 될 것이고, 제2구에서 깨달으면 인천(人天)의 스승이 될 것이고, 제3구에서 깨달으면 제 몸도 구제할 수 없느니라."고 하였다. 그러자 그 승려가 다시 "무엇이 제1구입니까?"라고 물었다. 임제는 "삼요(三要)의 인(印)을 찍고 떼니 빨간 점이 나타난다. 말을 하려고 머뭇거리기도 전에 이미 명백하게 나뉜다."라고 대답하였다. 다시 그 승려가 "어떤 것이 제2구입니까?"라고 묻자, 임제는 "근본지(根本智)인 문수보살이 어찌 무착의 물음을 용납하겠는가? 그러나 방편의 후득지가 일체를 끊는 근본지와 모순이 있겠느냐?"고 대답하였다. 이번에는 "어떤 것이 제3구입니까?"라고 묻자, 임제는 "무대에서 꼭두각시놀음을 보아라. 앉고 서는 것이 모두 속에 들어 있는 사람의 짓이니라."라고 말하였다. 또 말하기를 "종승(宗乘)을 말하는 데는 1구 가운데 3현문(玄門)을 구족하고, 1문 가운데 3요(要)를 구족하여, 권(權)도 있고, 실(實)도 있고, 조(照)도 있고, 용(用)도 있어야 하나니, 그대들은 어떻게 아는가?" 하였다. 이어 임제는 자신이 즐겨 쓰는 '할(喝)'을 4가지로 구분해서 설명하고 있는데, "어떤 때의 할은 금강왕보검(金剛王寶劍)과 같고, 어떤 할(喝)은 쭈그리고 앉은 사자와 같고, 어떤 할(喝)은 탐간영초(探竿影草)와 같고, 어떤 할(喝)은 할하는 작용을 하지 않느니라."라고 하였다.

임제의현【臨濟義玄, ?-867】 중국 당 선종·의종 때의 선승. 임제종의 개조(開祖). 속성은 형(邢). 조주남화(曹州南華) 사람. 어릴 때부터 총명하여 불교를 좋아하고 출가 후 여러 곳을 다니면서 경·율·론 삼장을 연구하다가 강서(江西) 황벽산 희운(希運, ?-850) 선사 법회에 가서 3년 동안 있었다. 그 뒤 대우(大愚)·영우(靈祐, 771-853)를 뵙고 다시 황벽산에 돌아와 희운의 인가를 받아 법을 이었다. 854년〔唐 宣宗 8〕 하북(河北) 진주성(鎭州城)의 동남 호타하반(滹沱河畔)에 임제원(臨濟院)을 건립하고 선법(禪法)을 크게 선양하여 따로 일가(一家)를 이루었다. 참다운 도를 배우는 사람이 되라고 주장함. 단도직입적이고 기봉준렬(機峰峻烈)한 방법으로 학인을 제접하였고, 사료간(四料簡)·사빈주(四賓主)·사조용(四照用) 등을 제출하여 원칙과 교학방법을 알게 하였다. 당(唐) 의종(懿宗) 함통(咸通) 8년에 대명부의 홍화사에서 입적했는데, 시호는 혜조선사(慧照禪師). 그의 법을 이은 제자로는 존장(存奘)·혜연(慧然)·지한(志閑) 등 22인이 있고, 저서로는 『진주임제혜조선사어록(鎭州臨濟慧照禪師語錄)』이 있다.

임제종【臨濟宗】 선종(禪宗)의 일파(一派). 중국 선종 5가7종(五家七宗) 가운데 하나. 혜능(慧能, 638-713)의 제자 남악회양(南嶽懷讓, 677-744) 아래의 제4세 임제의현(臨濟義玄, ?-867)이 개창함. 임제종은 임제의 6대 법손(法孫)인 석상초원(石霜楚圓, 986-1039)에 이르러 제자 황룡혜남(黃龍慧南, 1002-1069)의 황룡파(黃龍派)와 양기방회(楊岐方會, 992-1049)의 양기파(楊岐派)로 나뉘어서 그 문하에 많은 인재가 배출되었다. 송나라 때에는 그 종풍이 더욱 성하였고, 원(元)·명(明)에 이르기까지 상당히 번성하였다. 중국의 5가7종 가운데 가장 번성했는데, 지금도 중국·한국·일본에서 크게 활동하고 있다. 우리나라의 선종은 태고보우(太古普愚, 1301-1382)·나옹혜근(懶翁慧勤, 1320-1376) 등이 임제선을 받아 온 이후 임제선풍 일색으로 흘렀다. 그러나 하나의 종파로 발전한 적은 없었다.

입【入】〔梵·巴 āyatana, 梵 upāniksipta, pravis, 英 To enter, entry, entrance, come, begin to understand〕 ①진리를 깨닫는 것. 『대승의장(大乘義章)』 1권에, "증회(證會)를 이름하여 입(入)이라 한다."라고 하였다. ②사물을 이해하는 것. 『정영소(淨影疏)』에, "입(入)이란 해(解; 풀이함; 앎·깨달음)를 이른다."라고 하였다. ③6근(六根)과 6경(六境)이 서로 만나서 식(識)을 내는 것. 『마하지관(摩訶止觀)』 5권에, "입(入)이란 것은 섭입(涉入)이다."라고 하고 『대승의장』에는, "6근(六根)과 6진(六塵)이 서로 순입(順入)하는 것을 역시 입(入)이라 이름한다."라고 하고 있다.

입능가경【入楞伽經】〔梵 Laṅkavatara Sūtra〕 『능가경(楞伽經)』은 후기 대승방등부의 경전으로, 3종의 이역(異譯)이 있는데, 그 중에서 북위(北魏) 연창 2년〔513〕에 보리류지(菩提流支)가 번역한 10권을 『입능가경(入楞伽經)』이라고 한다. 능가경 항목을 참조할 것.

입멸【入滅】〔梵 parinirvṛta, 英 entering Nirvana; death of a saint〕 ①생사의 고통에서 벗어나 청정안락한 열반의 경지에 들어가는 것. 입(入)은 입적(入寂), 멸(滅)은 멸도(滅度)의 뜻이다. ②열반의 경지를 얻은 사람의 죽음. 입열반(入涅槃)이라고도 한다.

입방【入榜, 入房】 정식으로 거주(居住), 수행하는 것을 신청하는 것. 주로 하안거나 동안거 때 많이 신청한다. 우리나라에서는 방부(榜付) 혹은 '방부 들이다'라고 하는데 우리나라에서만 쓰고 있는 말로서 『선원청규』에는 없는 말이다. 『선원청규』에는 괘탑(掛搭)이라고 한다. 입방을 하면 가사와 발우 등 도구(道具) 일체를 의가(衣架, 옷걸이)나 벽에 걸어 두었던 데서 나온 말이다. 1903년 경 해인사 퇴설선원 하안거 방함록에도 괘탑이라고 썼다. 이것으로 보아 우리나라도 원래는 괘탑이라고 썼는데, 이후 '방부' 혹은 '방부 들이다'는 말이 생긴듯하다.

입법계 【入法界】 법계(法界; 진리의 세계)의 이치 속으로 깨달아 들어가는 것. 『화엄경』에서는 법계라 하고 『법화경』에서는 실상(實相)이라 함. 제법의 본래 참된 이치이며, 모든 부처가 깨달은 세계. 화엄에서는 삼처(三處)의 입법계(入法界)를 세웠는데, 하나는 상근(上根)의 보살이 초주(初住)의 위(位)에서 무명번뇌(無明煩惱)를 깨뜨리고 법계의 이치를 증득한 자리이고, 둘은 중근(中根)의 보살을 위해 세운 십회향(十廻向)의 자리이며, 셋은 하근(下根)의 보살을 위해 세운 초지(初地)의 자리이다.

입법계품 【入法界品】 『화엄경(華嚴經)』의 마지막 품(品). 선재동자가 남방으로 53선지식을 찾아다니면서 도(道)를 구하여 법계(法界; 진리)의 이치에 깨달아 들어간 것을 말한 품. 『60권화엄경』에서는 제44권 이후이고, 『80권화엄경』에서는 제61권 이후이다.

입불이법문 【入不二法門】 〔英 To enter the school of monism〕 『유마경』에 있는 법문. 모든 법이 둘이 아닌 도리에 증입(證入)하는 법문. 문수보살 등 32보살과 유마거사가 생멸불이(生滅不二)·수불수술이(受不受不二)·선악불이(善惡不二) 등 불이법문에 대하여 문답하고, 최후에 유마는 침묵으로 대답하였는데, 이것을 유마의 일묵〔維摩一默〕이라고 한다. 이 문답을 들은 5천 보살들은 모두 불이법문에 들어가 무생법인(無生法忍)을 얻었다.

입선 【入禪】 좌선삼매에 드는 것. 선방에서 좌선을 시작하는 것을 입선, 끝마치는 것을 방선(放禪)이라고 함.

입성종 【立性宗】 중국 수(隋)나라 때 정영사의 혜원(慧遠, 523-592)이 세운 4종교판 가운데 하나. 소승 가운데 근기가 얕은 사람을 대상으로 하는 것으로서, 제법(諸法)에는 각각 그 본체가 있다고 설한다. 그러나 본체가 있다고는 하지만, 모두 연(緣)에 따라서 생하는 것을 인정하기 때문에, 인도의 사상가가 자연의 본성을 인정하는 것과는 다르다. 아비달마불교가 여기에 해당한다.

입승 【立繩】 사찰에서 기강(紀綱)을 맡은 소임. 대중(大衆)의 잘잘못과 행동 등을 감독하는 소임.

입실 【入室】 학인〔수행승〕이 단독으로 방장이나 조실 등 선사의 방에 들어가서 참선 수행상의 문제나 공안·화두 등에 대해서 교시, 점검, 시험 등을 받는 것. 독참(獨參)이라고도 함.

입의분 【立義分】 하나의 논서(論書)에서 핵심부분, 또는 전체적인 개요, 대종(大宗)·대강(大綱). 이것을 제기하기 때문에 입(立)이라 한다. 따라서 입의(立義)는 총론(總論)에 해당된다.

입적 【立敵】 ①입론자(立論者)와 반대론자. ②인명(因明)의 삼지(三支)를 갖고 자기의 견해를 주장하는 입론자와, 그 입론자를 반대하는 반대론자를 말한다.

입전수수 【入鄽垂手】 선종(禪宗)에서 오도(悟道)의 극치를 말함. 복잡한 시장이나 거리로 들어가 손을 드리운다는 것. 중생 속으로 들어가 자유롭게 이타교화(利他教化)하는 방편을 뜻한다. 자리(自利)의 수행을 마치고 다시 중생을 교화하는 것이다. 중생이 오도(悟道)에 들어가는 순서를 소를 찾는 데 비유한 십우도(十牛圖) 가운데 맨 마지막 열 번째 그림이다.

입중관론 【入中觀論】 〔梵 Madhyamakāvatāra〕 찬드라키르티(Candrakirti; 月稱, 600경-650경)의 저작. 중관철학(中觀哲學)의 입문서. 『입중론(入中論)』이라고도 한다. 티베트에서만 전한다. 모든 사람들을 용수(龍樹, 150-250경)의 『중론(中論)』으로 오입(悟入)시키는 것을 목적으로 함. 대비심(大悲心)·불이(不二)의 지혜·보살심을 칭찬하고, 그것에 대해서 자세히 설명하고 있으며, 또 이제설(二諦說), 공(空)의 문제, 중관파(中觀派)와 유가행파(瑜伽行派)의 논쟁이 소개되어 있다. 『중론본송(中論本頌)』·『십지경(十地經)』·『능가경(楞伽經)』·『보운경(宝雲經)』·『보행왕정론(宝行王正論)』 등에서 많이 인용하고 있다.

입처개진 【立處皆眞】 있는 그 자리, 그곳이 모두 진성(眞性)·진리(眞理)라는 말. 깨달아서 도달한 경지가 성숙함을 말한 것이다.

ㅈ

자【慈】〔梵 maitri, 巴 mettā, 英 Affection, mercy〕 사무량심(四無量心; 慈·悲·喜·捨)의 하나. 성냄이 없는 것을 근본으로 하여 모든 중생에게 즐거움을 주는 것을 자(慈)라고 한다.

자각【自覺】〔梵 sva-prayātma-buddhi, pratyatma-adhigama, 巴 sayaṃ abhiññā, sayamabhiññaya, 英 consciousness; awakening; awareness〕 ①삼각(三覺: 自覺·覺他·覺行窮滿)의 하나. 부처님 자리(自利)의 덕. 스스로 깨달아 알지 못함이 없는 것. 중생이 자신의 미(迷)함을 돌이켜서 깨닫는 것. ②자기 자신의 위치·능력·가치·의무·사명 등을 스스로 깨닫는 것.

자경문【自警文】 고려 말기의 스님인 야운(野雲)이 지은 책. 1권 1책. 총 1,987자(字). 자기 자신을 경책(警策)하는 명구 잠언(箴言)으로, 1. 부드러운 옷과 맛있는 음식은 수용(受用)하지 말라, 2. 자기의 재물에 인색하지 말고 남의 물건에는 욕심을 내지 말라, 3. 많은 말을 하지 말며, 경망(輕妄)하게 움직이지 말라, 4. 어진 벗을 가까이하고 나쁜 벗은 사귀지 말라, 5. 삼경(三更) 이외에는 잠을 자지 말라, 6. 자기를 추켜올리거나, 다른 사람을 업신여기지 말라, 7. 재물과 여색(女色)을 보거든 반드시 정념(正念)으로 대처하라, 8. 일반 사회 사람들과 교제하여 다른 사람들이 욕하게 하지 말라, 9. 남의 허물을 말하지 말라, 10. 대중과 함께 생활하면서 마음씀씀이를 항상 평등하게 하라는 내용으로 되어 있다. 『계초심학입문(誡初心學入文)』과 『발심수행장(發心修行章)』과 함께 편집하여 『초발심자경문(初發心自警文)』이라 하는데, 강원(講院)에서 사미과(沙彌科)의 교재로 쓴다.

자과【子果】〔英 Seed and fruit; seed-produced fruit〕 자(子)는 종자. 종자가 낳은 과(果)를 자과(子果)라 하고, 과(果)가 낳는 종자를 과자(果子)라 한다. 오온(五蘊)의 과보는 과거의 번뇌가 낳은 과이므로 자과(子果)라 하는데, 소승의 아라한은 아직 이것을 끊지 못하고 무여열반에 들어가서야 영원히 없어진다. 한편 금생의 번뇌에 의한 미래의 보과(報果)를 과자(果子)라 하는데, 아라한은 내세의 과보가 없으므로 과자가 없다. 여래의 현재의 과보는 소승에게 자과가 있는 것과 같고, 후생의 과보와 후후(後後)의 과보가 없는 것은 마치 소승 아라한에게 과자가 없는 것과 같다.

자내소증【自內所證】〔梵 pratyātma-vedaniya〕 자기 내심의 깨달은 것.

자내증【自內証】〔英 Inner witness〕 자기 내심(內心)의 깨달음. 자기(自己) 내심(內心)의 증오(証悟). 자내소증과 같은 뜻.

자량【資糧】〔梵 saṃbhāra, nimitta, bhoga, 西 tshogs, 英 Supplies for body or soul, e.g. food, Imagiving, wisdom, etc.〕 자재(資財)와 식량(食糧). 보살 수행의 5위(五位; 資糧位·加行位·通達位·修習位·究竟位) 가운데 처음을 자량위(資糧位)라 한다. 보리(菩提)·열반(涅槃)에 이르기 위하여 여러 가지 선근공덕을 모은다는 뜻이다.

자력종【自力宗】 자력수행(自力修行)을 취지로 하여 가르치는 종파. 여러 종파들 가운데 정토종(淨土宗)과 유식학파(唯識學派)를 제외하면, 일반적으로 모두 자력수행을 강조하고 있다. 특히 선종(禪宗)이 대표적이다.

자륜관【字輪觀】 밀교에서 심장(心藏)인 심월륜(心月輪) 위에 글자를 자재하게 관하는 관법. 본존(本尊)의 의밀(意密)과 중생의 의밀이 일체무이(一體無二)라고 관하는 것. 먼저 법계정인(法界定印)이나 미타정인(彌陀定印)에 주(住)하여, 나의 심월륜(心月輪) 위에 아(阿)·바(縛)·라(羅)·하(賀)·카(佉)의 다섯 자가 우(右)로 돌아간다 하고, 명상하여 관한다. 관하는 방법은 아자(阿字) 제법본불생불가득(諸法本不生不可得)인 까닭에 바자(縛字) 자성언설불가득(自性言說不可得)이며, 바자 자성언설불가득인 까닭에 라자(羅字) 진구불가득(塵垢不可得)이며, 라자 진구불가득이므로 하자(賀字) 인업불가득(因業不可得)이며, 하자 인업불가득이므로 카자(佉字) 등허공불가득(等虛空不可得)이라 순관(順觀)하고, 다음 카자 등허공불가득이므로 인업불가득이며, 이렇게 하여 아자 제법본불생불가득이라 역관(逆觀)하여 드디어 아자본불생(阿字本不生)의 이(理)에 들어가는 것. 이것을 통관(通觀)이라 한다. 별관(別觀)이라 함은 본존의 소주(小呪)를 관하는 것과 본존의 종자를 관하는 것과 제존(諸尊)의 범명(梵名)을 관하는 것이 있다.

자리이타【自利利他】〔梵 ātma-hita parahita, 英 'self-profit profit others', i.e. the essential nature and work of a bodhisattva, to benefit himself and benefit others〕 성문(聲聞) 연각(緣覺)의 행(行)을 자리

ㅈ

(自利)라 하고, 제불보살의 행을 자리이타(自利利他)라 한다. 자리(自利; ātma-hitam)는 주로 자기를 위하여 수행하는 것이요, 이타(利他; para-hitam)는 다른 이를 위하여 행동하는 것이다. 이 자리이타를 완전하고 원만하게 수행한 이를 불타(佛陀)라 한다.

자무량심【慈無量心】〔梵 maitriap-rmāṇa, 巴 mettā-appamaññā〕 4무량심(四無量心; 慈·悲·喜·捨)의 하나. 성내지 않는 것을 바탕으로 하여 한량없는 중생에게 즐거움을 주려는 마음. 자기가 받는 낙(樂)을 타인도 받게 하도록 뜻을 두고, 먼저 친한 이부터 시작하여 널리 일체중생에게까지 미치게 하는 것.

자민류【慈愍流】중국 당(唐)나라 때의 승려인 자민삼장(慈愍三藏) 혜일(慧日, 680-748)이 전한 정토교(淨土敎)의 한 유파(流派). 702년〔당 사성 19〕 서역으로 가서 석학(碩學)들을 만나고, 다시 건타라국(犍陀羅國)에 가서 관음보살상에서 가르침을 받고 정토에 왕생하기를 구하였으며, 719년〔唐 玄宗 開元 7〕 장안(長安)에 돌아와서 받아 온 교(敎)를 넓혔다. 그 사상은 저서가 없어 다 알 수 없으나, 법조(法照, ?-821)가 지은 『오회법사찬(五會法事讚)』과 영명(永明, 904-975)이 지은 『만선동귀집(萬善同歸集)』에 있는 글로 보면, 선(禪)과 염불(念佛)과 계율(戒律)의 융합을 말한 듯하다.

자분【自分】①본래의 상태. 본연(本然)의 자세. ②자종인(自種因)을 뜻함. ③자기의 신분(身分)이라는 뜻인데, 수행자가 자신의 계위(階位)를 말하는 것. ④과(果), 그 자체. ⑤위(位)를 얻는 바. 위(位)에 이른 바. ⑥자기(自己). 나.

자비【慈悲】〔梵 maitri-karuṇa, 巴 mattā-karuṇā, 英 compassion and pity, merciful, compassionate〕 타자(他者)에 대해 불쌍히 여기는 마음. 측은지심을 나타내는 것이 본의(本義)이다. 특히 대승불교에서는 지혜와 병행하여 중심적인 개념이 된다.

[어원(語源)] 오늘날 '자비'는 한 개의 단어로 생각하지만, 인도로 거슬러 올라가면 '자(慈)'와 '비(悲)'가 각각 다른 원어로 분류된다. '자(慈)'의 원어는 '우(友)'를 의미하는 'mitra'에서 유래하는 범어 'maitri〔maitra〕', 팔리어 'metta'로서, '우정이나 친애의 생각'을 뜻한다. 한편 '비(悲)'의 원어는 'karuṇa'인데, '연민(憐愍), 동정(同情)'을 뜻한다. 단지 한역(漢譯)으로는 '자(慈)'나 '비(悲)'의 어느 한쪽의 원어만이 '자비'라고 한역되는 경우도 있어, 원어와 한역어가 반드시 일치하는 것은 아니다. '자비'에는 전통적으로 '발고여락(拔苦與樂)'이라는 뜻이 있지만, 이때의 '자(慈)'는 '편안함을 주는 것〔與樂〕', '비(悲)'는 '괴로움을 소멸해 주는 것〔拔苦〕'이라는 의미로 사용되는 경우가 많다.

[초기불교, 부파불교 문헌에 나타난 자비] 자비는 초기불교의 오래된 경전에 해당하는 문헌에서도 이미 나타난다. 예를 들면, "마치 외동아들을 둔 어머니가 신명을 다해 아이를 보호하듯이, 일체의 생명체에 대해서도 한량없는〔자애로운〕 마음을 일으키는 것, 또한 전 세계에 대해서도 한량없는 자애로운 마음을 일으키는 것"〔『숫타니파타』〕 등이다. 이러한 자비가 설해진 근거로서는, "어떤 사람도 자기보다 자신을 더 사랑하는 사람은 없다. 마찬가지로 타인들 역시 그들 스스로에게 있어 소중하다. 그러므로 타인을 해롭게 하지 말라〔『상윳타 니카야』〕."라는 초기불전의 교설이 특기할 만하다. 초기불전에서 '자(慈)'는 '비(悲)'와 상응하는데, 더구나 '희(喜; 기쁨)'와 '사(捨; 평정)'를 첨가하여 4덕(四德)으로 총칭한다. 이 4덕(四德)은 한정할 수 없는 것이기 때문에 사무량심(四無量心; catvāri-apramānacittāni)이라고도 부른다. 대승불교 이전에 자비는 불교도의 실천덕목의 하나로 규정되어, 다른 덕목과는 상대적으로 생각하는 경향이 뚜렷했다. 이에 비해 자비의 중심축을 부처〔佛〕 쪽에 두어, 인간에 대한 부처의 자비라는 의미에서 인간의 자비와는 비교가 될 수 없을 정도로 대단한 것이라는 의미가 부여되기도 했다. 이러한 측면에서의 자비는 사무량심(四無量心)의 자비 등과 구별되기 때문에 '대비〔mahā-karuṇa〕'라고 부르는데, 이미 『아비달마구사론(阿毘達磨俱舍論)』 등에 언급된다. 그런데 자비의 정신이나 4덕(四德) 등은 자이나교를 비롯한 인도 여러 학파에서도 설하고 있으므로, 불교만의 개념으로 볼 수는 없다.

[대승불교의 자비] 지금까지의 연구에서 대승불교는 독선적, 폐쇄적인 부파불교에 대한 비판 아래에서 흥기한 것으로 되어 있다. 이런 측면에 착안하면, 대승불교가 자비의 정신을 강조한 것은 수긍할 만하다. 사실 자비 정신의 구현 그것이 대승보살의 본질이라고 할 만큼, 자비는 일체 선행의 근본이 된다. 또한 부처〔佛〕의 본질은 자비, 그 자체와 다를 바가 없다는 표현도 보인다. 이와 같이 대승불교에서는 보살사상을 통해서 인간〔중생〕과 부처 쌍방에 대해 자비를 강조하고 있다. 그러나 한마디로 대승이라고 해도 입장에 따라 자비를 이해하는 방법은 차이가 난다. 예를 들면 요가행을 중시하는 요가파 등에서는 수많은 수행을 닦은 후에 자비가 작용한다고 생각하는 데 비해, 자비심이 있는 처음부터 불도수행이 가능하다고 하는 설도 『대지도론(大智度論)』 등에 자주 나타나는 점 등이 그 좋은 예이다. 자비를 이해하는 방법의 차이는 수도론(修道論) 등의 실천면을 고찰할 때에 보다 현실성을 가질 수가 있다. 또한 자비의 마음에 중

생연(衆生緣), 법연(法緣), 무연(無緣)의 3종의 구별이 있다는 것이 대승불전(大乘佛典)에서 자주 언급된다.

[밀교의 자비] 밀교의 주요 경전인 『대일경(大日經)』의 기본은 '보살심을 인(因; 씨앗)으로 하고, 대비(大悲)를 뿌리로 하며, 방편(方便)을 구경(究竟)으로 한다.'라는 가르침인데, 여기에서 방편은 대비(大悲)에 기초한 중생구제 활동이다. 이 이념을 도식화한 태장계만다라(胎藏界曼茶羅)는 부처〔佛〕의 자비를 기동력으로 하는 부처 세계의 무한한 확산을 표현한 것이다. 또한 일체중생에 대한 대비심(大悲心)은 밀교에서도 관법(觀法)을 닦을 때에 필수적인 것이다.

자비관【慈悲觀】〔梵 maitri-smṛti, 英 The compassion-contemplation, in which pity destroys resentment〕 오정심관(五停心觀)의 하나. 일체중생에 대한 자비심을 일으켜 성냄을 억누르고, 마음의 평온 곧 열반을 성취하기 위하여 닦는 수행법.

자비도량참법【慈悲道場懺法】 중국 양(梁)나라 때〔502-540〕 다수의 법사들에 의해서 편찬됨. 10권. 참회문 총서라 해도 좋을 만큼, 여러 경전들에 들어 있는 참회의 방법과 내용들을 일정한 체계로 엮어 냈다. 6세기에 양무제의 지시로 여러 학승들이 편찬한 것이다. 『자비수참법(慈悲修懺法)』과 함께 참법의 쌍벽을 이루고 있다. 우리나라에 들어온 것은 고려 고종 연간〔1213-1259〕 이전인 것으로 짐작된다.

자비희사【慈悲喜捨】〔梵 mahāmaitrī-mahākaruṇa-mahāmudita-mahopekṣa〕 사무량심(四無量心)이라고도 부른다. 자(慈)는 성냄이 없는 것을 바탕으로 한량없는 중생에게 즐거움을 주려는 마음. 비(悲)는 성냄이 없는 것을 바탕으로 남의 고통을 벗겨 주려는 마음. 희(喜)는 기쁜 마음으로 희사하는 것을 바탕으로 하여 다른 이로 하여금 고통을 여의고, 낙을 얻어 희열(喜悅)케 하려는 마음. 사(捨)는 무탐(無貪)을 바탕으로 하여 중생을 평등하게 보아, 원(怨)·친(親)의 구별을 두지 않으려는 마음이다. 『법화경(法華經)』「제바품(提婆品)」에 보인다.

자상【自相】〔梵 svātman, svarūpa, svalakṣana, satsvalakṣaṇataḥ, 英 individuality, particular, personal, as contrasted with 共相 general or common〕 ①공상(共相)의 상대적인 말로, 일체 법에서 다른 법과 공통하지 않고, 그 자체만이 가지는 체상(体相). 곧 불의 뜨거움, 물의 차가움 등과 같이 자신이 직접 대보고서야 비로소 알게 되고, 타인에게는 알려 줄 수 없는 것. ②제8 아뢰야식이 가진 3종의 상(相; 自相·果相·因相) 가운데 하나. 자상은 제8식 자체의 모습. 곧 모든 종자를 간직하고, 칠전식(七轉識)에 의하여 모든 종자를 훈장(熏藏)하여, 제7식에 집장(執藏)되는 것을 말한다.

자성【自性】〔英 own nature〕(1) prakṛti. 상키야학파의 25제(二十五諦) 가운데 하나. 만유(萬有)를 생성하는 물질적 근본원인.
(2) 산스크리트어 svabhāva의 번역. 본성(本性)과 같은 뜻. 일체 현상에는 각기 본래부터 갖추고 있는 고정불변의 독자적인 본성이 있는데, 이것을 자성(自性)이라 한다.

자성공【自性空】〔梵 prakṛti-śūnyatā, svabhā-śūnyatā〕본성(本性)이 공(空)인 것. 실체성(實体性)을 결여하고 있는 것. 대승불교의 공사상에서는 일체개공이라고 하여 모든 존재는 독자적인 자성(自性; 本性)이 없다고 함.

자성문정혜【自性門定慧】고려 때의 고승인 보조국사 지눌(知訥, 1158-1210)이 지은 『수심결』에 나오는 말. 돈오문(頓悟門)의 상근기가 닦는 정혜(定慧). 경계를 대하여 정(定)하되 정(定)한 모습이 없는 것이 자성정(自性定)이요, 지혜의 광명을 발하되 혜(慧)의 모습이 없는 것이 자성혜(自性慧)이다.

자성미타【自性彌陀】자신의 자성(自性; 본성)을 아미타불(阿彌陀佛)로 보는 것. 고려 때 고승인 태고보우(太古普愚, 1301-1382)가 낙암거사(樂庵居士)에게 염불의 요령을 말하면서, "아미타불은 범어인데, 한문으로는 무량수불(無量壽佛)이라 한다. 그리고 불(佛)도 범어인데, 한문으로는 각(覺)이라 한다. 사람들의 본성에 있는 큰 영각(靈覺)은 본래 생사가 없고, 예나 지금이나 신령하고 밝으며 깨끗하고 묘하며, 안락하고 자재한 것이니, 이것이 어찌 무량수불이 아니겠는가?" 라고 하여 자성미타를 나타내고 있다.

자성불【自性佛】우리의 자성이 곧 부처라는 뜻. 모든 사람은 본래부터 부처가 될 수 있는 성품을 갖고 있다는 뜻.

자성삼보【自性三宝】〔英 The triratna, each with its own characteristic, Buddha being wisdom 覺; the law correctness 正; and the order purity 淨〕자성(自性)에 갖추어진 불(佛)·법(法)·승(僧) 삼보(三宝). 삼보는 마음 밖에만 있는 것이 아니라, 각자의 자성 속에 다 갖추어져 있다. 자성의 불(佛)은 깨달음〔覺〕이고, 자성의 법(法)은 올바름〔正〕이며, 자성의 승(僧)은 청정〔淨〕이다. 그러므로 사람은 누구나 다 자성삼보를 갖추고 있는데, 이를 자가보장(自家宝藏)이라고 한다.

자성신【自性身】〔梵 dharma-kāya, svābhāvika, svabhāva-kāya〕①법상종에서 세우는 삼신(三身; 自性身·受用身·変化身) 가운데 하나. 법신(法身)과 같다. 『섭대승론』 하권(下巻)에

ㅈ

서는, "자성신(自性身)이란 곧 제불여래의 법신이다. 그것은 일체법에 있어 자재하며, 그들의 의지(依止)가 되기 때문이다."라고 하였다. ②진언밀교에서는 일체제법의 본체인 동시에 모든 부처님의 본불(本佛)인 대일여래(大日如來)를 말한다.

자성정혜 【自性定慧】 정(定)과 혜(慧)가 우리의 자성(自性)에서 떠나지 않음을 말한다. 『육조단경(六祖壇經)』에서, "심지(心地; 마음)가 그르지 않음을 자성계(自性戒)라 하고, 심지(心地)가 어리석지 않음을 자성혜(自性慧)라 하며, 심지(心地)가 어지럽지 않음을 자성정(自性定)이라 한다."라고 했다.

자성진언 【自性眞言】 정법계진언(淨法界眞言). 법계를 청정하게 하는 진언. 곧 마음을 청정하게 하는 진언. '옴 남'을 세 번 왼다. 이 말은 '귀의합니다.'라는 뜻인데, 자기 자신의 청정한 마음으로 돌아가고자 하는 것으로, 자기 자신이 본래의 자성으로 돌아가 성불하고자 하는 진언이다.

자성청정심 【自性淸淨心】〔梵 citta-prakṛti, prakṛti-pariśuddham citam〕 사람들이 본래 갖추고 있는 마음은 본래 청정하여 모든 더러움을 여읜 것이라는 것. 본래 청정한 마음. 무차별(無差別)의 본래심(本來心).

자수법락 【自受法樂】〔英 The dharma-delights a Buddha enjoys in the above state〕 자신이 깨달은 광대한 법락(法樂)을 스스로 향수(享受)하는 것. 부처님이 깨달음을 얻고 나서 2주-3주 동안 법락을 누렸다고 함. 『유식론』에서 타수용신(他受用身)과 변화신(變化身)은 외면적으로는 설법 교화하는 몸이지만, 자수용신(自受用身)은 안으로 광대한 법락을 향수하는 것으로, 이 법락은 무한한 즐거움이 있어 영원히 계속되는 것이라고 함. 진언종에서는 이 법락을 대일여래가 스스로 그 권속들에게 향하여 자내증(自內證)의 법을 설하는 낙(樂)이라고 한다.

자수용·자수용신 【自受用·自受用身】 스스로 수용한다는 뜻으로, 타수용(他受用)의 상대되는 말. 깨달음의 기쁨, 즉 법락을 스스로 향수하는 것. 자수용은 자리면(自利面)이고, 타수용은 이타면(利他面)으로, 다른 사람으로 하여금 그 법락을 향수하도록 하는 것. 신(身)은 몸체의 뜻으로 핵심을 뜻한다.

자수용삼매 【自受用三昧】 삼매왕삼매(三昧王三昧)·자증삼매(自證三昧)라고도 한다. 선종에서는 부처님과 조사들이 전하는 불조(佛祖)의 안목(眼目)이며, 보리(菩提)를 증득하는 묘한 방법이라고 함. 곧 좌선의 묘한 방법과 당체(當體)를 말한다. 이 삼매는 온 법계가 모두 이 자수용삼매(自受用三昧) 속으로 들어와서 남음이 없다. 이것은 모든 부처님과 조사(祖師)들의 경지로서 깨달은 이가 아니면 엿볼 수 없다.

자수용토【自受用土】〔英 The third of the four Buddha kṣetra or Buddha-domains that in which there is complete response to his teaching and powers〕수행에 따라 나타나는 완전무결한 열반의 세계. 스스로 법락을 받는 국토. 여래 스스로가 수용하는 땅으로, 광대하여 법계에 두루하고〔遍滿〕, 비록 보살이라고는 해도 물어 알 수가 없는 곳이라고 한다.

자심미타【自心彌陀】자기의 본래 마음이 곧 아미타불이라는 뜻. 아미타불이 십만 팔천 리 바깥 멀리 있는 것이 아니고, 자기 마음에 번뇌가 없는 청정심이 될 때가 곧 아미타불이다. 자성미타 항목을 참조할 것.

자심삼보설【自心三宝說】고려 말기의 고승인 나옹혜근(懶翁慧勤, 1320-1376)이 「정단육도보설(正旦六道普說)」에서 자심의 불(佛)·법(法)·승(僧)을 말하면서 자심삼보(自心三宝)에 귀의할 것을 설한 것. 자심의 삼보에 대하여 그는, "지금 분명히 깨달아 허명영묘(虛明靈妙)하며 천연으로서 조작이 없는 것이 바로 그대들의 불보(佛宝)요, 탐애를 아주 떠나 잡념이 생기지 않고 마음의 광명이 피어나 시방세계를 비추는 것이 바로 그대들의 법보(法宝)이며, 청정하여 더러움이 없고 한 생각도 생기지 않아 앞생각과 뒷생각이 모두 끊어지고 홀로 드러나서 당당한 것이 바로 그대들의 승보(僧宝)인 것"이라 하고, 이것이 참으로 귀의할 곳이며, 이것을 한 마음의 삼보라 한다고 설하고 있다.

자씨【慈氏】〔英 The compassionate one, Maitreya〕자씨보살(慈氏菩薩). 곧 미륵보살(彌勒菩薩; Maitreya). 이름은 아일다(阿逸多). 무승(無勝)·막승(莫勝)이라 번역한다. 미륵보살은 지금 도솔천에서 천인들을 교화하고 있는데, 석존 입멸 후 56억 7천만 년을 지나면 다시 이 사바세계에 출현하여, 화림원(華林園) 안의 용화수(龍華樹) 아래에서 성도(成道)한 다음, 3회의 설법으로써 모든 중생을 제도한다고 한다. 석존의 업적을 돕는다는 뜻으로 '보처(補處)의 미륵'이라고도 하는데, 현겁(賢劫) 천불의 제5불(佛)이다.

자아【自我】〔梵 ātman, 巴 attan, 獨 Ich, 羅 ego, 英 self, 佛 moi〕자아(自我)의 문제는 고래(古來)로부터 대단히 많이 논의되었다. 자아에 해당하는 범어 아트만(ātman)은 '영원불멸의 본질'이라는 의미를 가지고 있다. 따라서 인도 종교·철학에서 자아의 문제는 자기의 내부에 있는 영원불멸의 본질로서 논해지는 경향이 강하며, 서양에서와 같이 반성적 자기로서 논해진 것은 적다.

[3개의 고찰방식] 자아(自我)에는 크게 구별하면 3개의 고찰 방식이 있다. 1. '나'라는 관념·내 것이라는 관

념·말의 대상, 인식주체, 행위주체, 경험주체 등으로 생각하는 경우. 2. 절대적 정신원리·영혼·불사(不死)의 정신적 주체 등으로 생각하는 경우. 3. 자아의 존재 그것을 인정하지 않는 경우〔無我〕이다. 니야야학파와 바이세시카학파와 미맘사학파는 대개 1.의 생각에 따른다. 니야야학파는 자아를 12의 인식대상의 제일로 두고, 바이세시카학파는 9개의 실체의 하나로 헤아리며, 지식(知識)·낙(樂)·고(苦)·욕망·혐오·의지적 노력·선(善)·악(惡)이라는 성질을 가진 것이라고 생각한다. 미맘사학파는 자아를 그다지 문제 삼지 않았지만, 7세기의 쿠마리라 밧다가 베다의 교령(敎令)의 행위주체, 경험주체로서 규정하였다. 베단타학파와 상키야학파는 2.의 사고에 따른다. 이 두 학파에 의해서 '나'라는 관념·언어의 대상은 자아(自我)는 아니고, 내관(內官)이다. 베단타학파에 의하면, '나는 안다.'라고 할 때의 '나'는 불〔火〕과 동일시된 열철구(熱鐵球)에 관해서 '철(鐵)이 탄다.' 라고 말해지는 경우의 철(鐵)과 같이 잘못된 내관(內官)과 동일시된 자아에 지나지 않는다. 본래의 자아는 인식주체, 행위주체라고 생각하지 않고, 완전히 활동하지 않는 것이라고 생각하였다. 따라서 베단타학파나 상키야학파는 자기를 관계 짓는 기관(器官)·작용(作用)으로서 자아의식(自我意識; ahaṃkāra)을 인정한다. 지각한다든지 사고한다든지 하는 대상에 대해서 '나는 자격이 있다.', '나에게 능력이 있다.', '대상은 나를 위한 것이다.'라고 하는 것처럼 자기를 관계 짓는 것이다. 이 자아의식에 기초한 내관(內官)이 자아(自我)라고 생각된다. 불교는 3.의 생각에 따른다. 불교에서는 우리의 존재는 색수상행식(色受想行識)의 오온(五蘊)으로 구성된다고 규정하고, 이 오온에는 독자적·불변(不變)의 실체가 없으므로 자아란 없다는 것이다. 예컨대, 자동차란 축이나 바퀴 등의 부품이 집합된 이름에 지나지 않으며 관념만의 존재인 것처럼, 자아도 관념만의 존재로서, 그것에 대응하는 실체나 외계의 대상은 없다고 생각한다. 결국 우리가 경험하는 것 이외에, 영원불멸한 고정적인 자아가 있다고 인정하지 않는다. 이런 생각을 무아설(無我說)이라고 하는데, 자아만의 부정뿐만 아니라, 모든 것에 영원불멸의 본질은 없다고 부정한다. 이것을 바탕으로 불교에서는 나의 것〔自我〕, '나〔自我〕'라고 할 수 있는 것은 아무것도 없다〔無我〕고 한다.

[자아(自我)와 인식의 생기(生起)] 자아는 인식의 생기와 깊은 관련을 가진다. 니야야·바이세시카학파는 어떠한 인식이든 마나스와 자아의 접촉이 필요하다고 생각한다. 예컨대, 지각의 경우에는 대상과 감관의 접촉, 감관과 마나스의 접촉, 마나스와

자아의 접촉이라고 설명하는데, 감관이 파악한 대상의 정보가 마나스를 매개로 하여 자아에 전달된다. 한편 상키야학파나 베단타학파의 경우에는 내관이 감관(感官)을 통해서 밖으로 유출하고, 대상의 모양으로 변용(變容)하여 그 내관에 자아가 그림자를 드리운다고 본다. 상키야학파나 베단타학파에서는 자아를 무활동(無活動)의 것으로 생각하기 때문에 그것에 관한 설명방식은 특색이 있지만, 어쨌든 인식이나 경험을 가능하게 하는 것은 자아이다.

자아론【自我論】자아(自我)가 무엇인가 하는 문제는 누구나 반문하는 항상 근본적인 과제이다. 인도철학의 주제도 여기에서 비롯되었다. 현세적·물질적 존재로서만 자아를 규정한 유물론자, 혹은 '내가 본다.' 등의 일상적 의식(意識)에서 파악되는 '나'를 자아로 고찰한 바이세시카학파 등을 제외한다면, 인도사상에서의 자아는 단계적 혹은 구조적인 것이라고 할 수 있다. 또한 이른바 자아는 자아의 부정(否定)으로서의 절대아(絶對我) 혹은 무아(無我)와 불가분의 관계에서 파악되어 소아(小我)를 버리고 대아(大我)를 실현하라고 역설한다.

[우파니샤드의 아론(我論)] 인간 존재의 본질을 표시하는 개념이 베다에서는 생명·생기(生氣)·심(心) 등으로 표현되었는데, 브라흐마나 문헌에서는 아트만이라는 용어가 채택되었다. 이것도 원래는 호흡(呼吸)을 의미하는 말이었는데, 신체·자신·자기의 의미로 사용되었다. 또한 주체로서의 자기(自己), 자아의 의미를 지니게 됨으로써 절대시되게 되었다. 한편 세계의 근본원리, 절대자로서의 브라흐만이 역설됨과 동시에 아트만과 브라흐만이 동일하다고 주장되었다. 예컨대, 샨딜리야는 만유의 진리인 브라흐만이 심장의 내부에 존재하는 아트만인 것이며, 인간은 이 브라흐만을 염상(念想)해야 한다고 하였다. 그리고 웃달라카 아루니는 전일사상(全一思想)을 "너는 그것이다."라고 표현하였다. 야주나발키야는 이를 매우 상세히 논하였다. 그에 따르면 일상적으로 경험되는 인식주관으로서의 '나'와 인식대상과의 이원적(二元的) 대립은 궁극의 아트만의 주장에서는 부정되어야 한다는 것이다. 왜냐하면 일체가 아트만인 것이며, 아트만을 인식하였다면 일체를 알게 된 것으로, 아트만은 순수한 예지(叡智)이면서 인식의 주체이기 때문에 객체화할 수 없는 것이다. 따라서 아트만은 '이것이다.'라고 단정적으로 표현할 수 없는 것이라는 뜻에서 "(그것은) 아니다. 아니다."라고 부정으로만 표현될 수 있다. 이 아트만을 인식하였다면 일체가 아트만이 되며, 주관과 객관은 일체가 된다. 이것을 실현하기 위해서는 일체의 욕망을 버려야 할 것이라고 하였다. 여기서 통속

ㅈ

적인 자아의 관념이 부정되게 되는데, 의식되고 있는 나와 의식되지 않는 나의 관계는 『타이티리야 우파니샤드』에서 오장설(五藏說)로서 상세히 분석되고 있다.

[불교의 무아설(無我說)] 불교에서는 무아설을 주장하고 있는데, 우파니샤드의 아트만론과 밀접하게 관련되어 있다. 다만 불교는 일상적인 '나·나의 것'이라는 자아관념을 부정하는 데 역점을 두고, 사람이 무비판적으로 '나'·'나의 것'이라고 인식되고 있는 것은 진실한 자기가 될 수 없다고 하였다. 이 점은 우파니샤드의 "아니다. 아니다〔neti neti〕."와 통한다. 그러므로 무아설이라고 해도 허무론(虛無論)이 아니며, 그 목적은 자아에 대한 부정을 통하여 보다 진실한 자기의 실현을 목적으로 하고 있는 것이다. 불교의 아론(我論), 즉 진실한 자기에 대한 고찰은 두 방향에서 파악할 수 있다. 하나는 진실한 '나'가 아닌 것의 분석이다. 오온(五蘊)·십이처(十二處)·십팔계(十八界) 등은 경험적으로 파악할 수 있는 것 속에는 진실한 '나'가 없다는 것을 의미한다. 그럼에도 불구하고 현실의 '나'라는 의식이 존재하는 것이다. 이 부정할 수 없는 개인존재를 설명하기 위하여 설일체유부(說一切有部)에서는 개체의 상속, 경량부(經量部)에서는 일미온(一味蘊), 독자부(犢子部)에서는 비즉비리온(非卽非離蘊)의 나〔我; 푸드갈라〕를 상정하였으며, 유식설(唯識說)에서는 아뢰야식 등을 말했다. 그러나 어느 것이더라도 실체시(實体視)되는 일은 없다. 또 하나의 방향은 진실의 나를 어떻게 파악할 것인가 하는 것이다. 초기불교에서는 선정경험(禪定經驗)에서 즉자적(卽自的)으로 체득된 절대의 경지가 표명되었는데, 대승불교에서는 이것을 법성(法性)·진여(眞如)·여래장(如來藏)·대아(大我) 등의 명칭으로 부르고 있다.

[상키야파의 아론(我論)] 사상의 근본적 성격에서는 불교와 유사한 점이 많다. 참된 자기와 망집(妄執)으로서의 자기를 이원론의 입장에서 명확히 구별하여, 집착되고 있는 자아(自我)는 물질적 원리에 유래한 것이므로 부정되어야 할 대상이라고 역설하고 있다. 이와 같은 사상구조는 베단타파에서도 볼 수가 있다. 자아·무아 항목을 참조할 것.

자은대사 【慈恩大師】 중국 법상종의 창시자 규기(窺基, 632-682). 규기 항목 참조.

자은삼관 【慈恩三觀】 법상종에서는 사(事)·이(理)·미(迷)·오(悟) 등 일체법은 3종의 성질에서 벗어나지 않는다 하여, 변계소집성(遍計所執性)·의타기성(依他起性)·원성실성(圓成實性)을 세우고, 이 위에 유(有)·공(空)·중(中)의 세 가지 관찰을 한다. 곧 의타기성과 원성실성은 유(有)라 관하고, 변계소집성은 공(空)이라 관하는데, 일체법은 변계소집성이므로 실유(實有)가 아니고, 의타기성·원성실성이므로 공이 아니며, 따라서 비공(非空)·비유(非有)의 중도(中道)의 이치가 있다고 관한다. 여기에 삼성대망중도(三性對望中道)와 일법중도(一法中道)가 있다.

자은종 【慈恩宗】 중국 당나라 때의 승려인 현장(玄奘, 602-664) 및 규기(窺基, 632-682)가 세운 법상종(法相宗)의 별칭. 법상종의 제2조 규기를 자은대사(慈恩大師)라 하므로, 그 이름을 따서 자은종이라고 한 것이다.

자이나교 【Jaina敎; 耆那敎】〔英 Jainism, 獨 Jainismus, 佛 Jainisme〕 한역불전(漢譯佛典)에서는 니건외도(尼乾外道)·무계외도(無繫外道)·숙작인론(宿作因論) 등으로 불린다. 인도의 종교 가운데 하나. B.C.6-5세기경, 불교와 거의 같은 시대에 생겼으며, 개조(開祖)는 니간타 나타풋타(Nigantha Nātaputta)이다. 일반적으로 자이나교는 바이샬리(Vaiśali)의 호족(豪族)의 아들인 바르다마나(Vardhamāna, B.C.540- B.C.468)가 30세에 출가하여 42세에 성도(成道)한 이래 30년간 승자(勝者; jina)·대용(大勇; mahā-vira)으로서 설한 가르침이라고 하지만, 실은 바르다마나가 파르스바(Pārśva)가 창설한 니간타교에 입교하여 그 가르침을 개정(改正)한 것이라 한다. 자이나교는 특히 아힘사(ahiṃsā; 살아 있는 것을 해치지 않는 것; 不殺生)를 윤리상의 원리로 하여, 단식(斷食)이나 명상(瞑想) 등의 엄격한 고행과 금욕주의를 실천하는 것으로 알려져 있다. 불교와 마찬가지로 반베다·반바라문의 사상적 토양에서 출현하였지만, 인도를 벗어나 다른 지역으로 전승되지는 못하고, 오랫동안 아시아 대륙에서 그 명맥을 유지하였다. 주로 실천상의 차이에 근거해서 B.C.1세기에 '백의파(白衣派; Śvetambra)'와 '공의파(空衣派·裸行派; Digambara)'의 2파로 분열되었다. 여기에 지나(jina; 祖師)상(像)의 예배를 거부하는 중세복고주의(中世復古主義)의 흐름을 참작하여 스타나크바시(Sthanakvasi; 白衣派 소속) 등도 참가한 백의파는 서인도 지역에서 활동하고 있으며, 공의파는 남·중앙 인도를 중심으로 교단을 유지하면서 오늘날에 이르고 있다. 종교 인구는 260만 정도이고, 전인구의 0.5%를 차지하고 있다.

[교의의 개요] 초월적인 신과 우주의 근본원리〔브라흐만〕 등을 인정하지 않고, 일관되게 무신론적인 입장을 표방했던 종교로서, 그 사상적인 특징은 독자적인 다원적(多元的)인 실재론에 기초하여 존재의 다양성과 진리의 다면성(多面性; 상대주의)을 주장하는 점이다. 그 학설은 전통적으로 1. 영혼(靈魂), 2. 비영혼(非靈魂), 3. 유입(流入), 4. 속박(束縛), 5. 방

ㅈ

지(防止), 6. 제거(除去), 7. 해탈(解脫)의 7가지 원리로서 체계화할 수 있는데, 여기에 교의의 모든 것이 집약된다. 모든 존재물은 1. '영혼'과 2. '비영혼'으로 대별된다. 후자에는 운동의 조건, 정지의 조건, 공간, 물질의 4종류를 내세워 이들을 영혼과 합치시켜 '5가지 실재체(實在体)'라 부른다. 특히 시간도 일종의 실재로 본다.

[영혼과 비영혼] '영혼'은 감각·의식을 지닌 모든 것이며, 독립된 존재이다. 본래는 무형(無形)으로서 순수무구(純粹無垢)한 존재이지만 표면상 구별하여 해탈자(解脫者)와 윤회자(輪廻者)로 나눈다. 전자는 윤회의 세계를 초월한 완성자이고, 후자는 윤회의 세계에 존재하는 모든 생명체를 가리킨다. 후자는 감각기관의 수로써 대별하는데, 식물, 그리고 지(地)·수(水)·화(火)·대기(大氣)의 각각을 신체로 하는 것은 하나의 감관(感官; 촉각)만을 가진 부동(不動)의 존재, 인간이나 조수(鳥獸) 그 외는 감관(感官)을 2가지 이상 갖춘 가동(可動)의 존재〔trasa〕가 된다. 부동의 존재에는 생명체로서는 미분화 상태에 있는 최하등(最下等)의 미생물〔nigoda〕이 포함된다. '물질'은 존재를 구성하고 장소를 점유하는 실체로서 색(色)·성(聲)·향(香)·미(味)·가촉성(可觸性)을 속성으로 하는데, 이것 역시 무수히 존재한다. 그 분할 가능한 최소 단위를 '원자(原子; paramāṇu)'라고 한다. 자이나교는 인도에서 원자론(原子論)을 설한 최초의 학파이다. 선악의 행위에서 생하는 업(業; karman)도 물질의 일종이다. '운동의 조건'과 '정지의 조건'은 각각 사물의 운동과 정지를 매개로 하는 실체로서, 전자는 물고기의 운동에 반드시 필요한 물, 후자는 여행객의 휴식을 위한 나무그늘에 해당한다. '공간'은 어떤 것에 존재의 여지를 부여하는 실체로서 에테르에 비교할 만하다. 비록 '세계공간'과 '비세계공간'을 구별하지만 무한히 넓은 우주에 두루 가득하다.

[영혼과 업(業)] '영혼'에는 속성으로서 무한한 지혜·지각·위력·기쁨이 내재하지만, 현실적으로는 업(業) 때문에 오염되어 그 본성이 혼탁해진 상태이다. 그 오염의 과정은 다음과 같이 설명된다. 신체란 말과 의식의 활동에 의해서, 혹은 영혼 그 자체의 진동(振動; yoga)에 의해서 외계에 존재하는 물질의 미립자(微粒子)를 끌어당겨, 그것들이 업(業)으로 되어 영혼에 부착하거나 침입한 것이다. 그 현상이 3. '유입(流入)'이다. 그 현상을 야기하는 행위 가운데 가장 나쁜 것은 성냄·자만심·어리석음·탐욕의 4가지 종류의 오염된 감정으로서, 이것이 윤회를 야기하는 중대한 원인이다. 그러나 자이나교도가 가장 관심 있게 분석한 대상은 오히려 작용에 의해 생하고 유입에 의해 영혼으로 집약되는 업 그 자체로서, 이것과

대별하여 8종, 다시 분류시켜 148[혹은 158]종을 헤아리는 등 어떠한 업으로부터 어떠한 본성이 저해하는가, 어떠한 윤회의 생존형태에 추급되는 것에 대해서 치밀한 업이론이 구축되었다. 영혼에는 다양한 업이 축적되었지만, 그 질과 양에 의해서 도덕적 품위로서의 레시야(leśya)가 결정되고, 영혼에 비치는 색채 등이 나타난다. 이 관념은 아지비카교에서 채용하여 자이나교에서 발전시켰다. 영혼이 업물질과 연결되어 업으로 구성되는 신체가 형성되면서 본래의 상승성을 방해하는 윤회세계에 유치된다. 이 상태가 4. '속박'이다. 부착된 업물질은 비교적 장기간 그곳에 머물지만, 마침내 이에 상당하는 과보가 되어 나타나고 경험된 후에 소멸된다. 그러나 영혼은 다종다양한 업을 항상 작용하면서 이들의 지배를 받고 있기 때문에 새로운 업이 유입되는 것을 5. '방지'해야 하기 때문에 금욕을 지향하는 생활이 요구되고, 또한 과거의 업의 6. '제거' 때문에 단식 외에 고행의 실천이 필수적이다. 고행과 금욕으로부터 업과의 관계를 단절하는 것에 의해서만이 비로소 영혼이 정화되어, 윤회의 괴로움으로부터 벗어나 7. '해탈'에 이른다고 하는 것이 자이나교 학설의 개요이다.

[금욕(禁慾)의 윤리] 이와 같이 자이나교는 미시적(微視的)으로 세계를 관찰·분석하며 업·윤회의 메커니즘과 해탈에의 길을 설한 것이지만, 그 체계는 또한 예전부터 1. 올바른 신앙, 2. 올바른 지식, 3. 올바른 행위라고 하는 삼보(三寶; tri-ratna)의 형태로 집약되어 받들어졌다. 특히 단식의 고행이 중시되어, 독립적으로 내세우기도 한다. 수행생활에 관한 규정은 다양하지만, 그 기본은 출가를 위한 5가지의 대서계(大誓戒)로서 1. 불살생(不殺生), 2. 불망어(不妄語), 3. 부도적(不盜賊), 4. 불음(不淫), 5. 무소유(無所有)이다. 이것을 철저히 지키지 않는 재가자(在家者)는 같은 항목의 소서계(小誓戒)를 세우지만, 가능한 한 이것을 지키고 출가에 근접하려는 것이 이상(理想)이다. 특히 불살생(不殺生)과 무소유(無所有) 등의 서계(誓戒)·규율의 엄격함은 자이나교의 윤리를 특징짓는 하나의 기본 조건으로서, 출가자에게는 단식사(斷食死)도 용인되고, 또한 신도의 직업도 살생의 금기(禁忌)에 저해되는 직종에 한정된다. 금욕주의가 야기한 극단적인 관행과 신도의 특수화 등이 때로는 비판과 야유의 대상이 되었다. 그러나 이 종교를 붓다가 배척한 '고행의 종교'라고 하는 이미지만으로 파악한다면 그 본질을 오해하는 것이 된다. 자이나교의 금욕주의는 업·윤회의 사상에 기초하며, 그 중에서도 특히 윤회하는 생명체의 일체성, 상호간을 결합시키려는 신앙에서 요청된 윤리적 태도이다. 아힘사를 최고의 다르마로

하여 모든 생명체에 대해 넓은 윤리적인 고려(考慮)를 추구하는 이 종교도 또한 자비의 불교와 마찬가지로 자기유비(自己類比; ātmaupamya)의 윤리 원칙에서 비롯된 인도 정신문화의 정화(精華)의 하나로 간주된다. 고래(古來)로 자이나교도는 과학적으로 사고하여 인도의 수학과 천문학 등의 발전에 적지 않은 기여를 하였으며, 특히 생물학적인 지식의 집적(集積)은 오늘날의 생물 분류학의 시점에서도 괄목할 만한 것으로서, 에콜로지나 환경사상의 전개상에도 무시할 수 없는 존재가 되고 있다.

[자이나교의 경전] 백의파에 의하면 45부가 있는데, 『앙가〔肢〕』·『우브앙가〔副肢〕』·『파인나〔雜記〕』·『숫타〔戒律〕』 등의 구분으로 나눈다. 그 가운데 『앙가』의 내용을 보면, 1. 아야라〔고행생활을 강조함〕, 2. 수야가다〔신앙생활의 규정들〕, 3. 타나〔교의의 해설〕, 4. 사마바야〔타나의 계속〕, 5. 비야하판낫티〔교조의 생활과 업적〕, 6. 나야담마 가하오〔전설의 기록〕, 7. 우바사카 다사오〔신자 18인의 생애〕, 8. 안타가다 다사오〔고행자의 이야기〕, 9. 아눗타르바야 다사오〔해탈을 얻는 이야기〕, 10. 판하 바가라나임〔五戒와 德目〕, 11. 비바가 수야〔善業·惡業의 應報〕, 12. 디티바가 수야〔그 내용은 잃어버림〕 등이다.

자자 【自恣】〔梵 Pravāraṇa, 英 to follow one's own bent, the modern term being 隨意; it means the end of restraint, i.e. following the period of retreat〕 여름 안거〔夏安居〕 마지막 날에 안거를 보낸 전원이 모두 모여 잘못을 고백, 지적, 반성하는 모임. 서로 상대방에 대하여 본 것, 들은 것, 혹은 의심나는 점이 있으면 지적해 주고 스스로도 범계(犯戒) 등 잘못을 고백, 참회하는 행사. 원로부터 고백, 참회함.

자자일 【自恣日】〔英 The last day of the annual retreat〕 여름 안거 마지막 날. 『사분율』·『오분율』 등의 구율(舊律)에서는 7월 16일, 『십송율』·『근본설일체유부율』 등 신율(新律)에서는 8월 16일이 자자일이다.

자장 【慈藏】 신라 진덕여왕〔647-654 在位〕 때의 고승. 한국 율종(律宗)의 개조. 속성은 김(金)씨, 속명은 선종(善宗), 신라의 진골(眞骨) 소판무림(蘇判茂林)의 아들. 일찍이 양친을 여의고 세상사를 비관한 나머지, 몸을 산림(山林)에 숨겨 고골관(枯骨觀)을 닦았다. 선덕여왕이 태보(台輔)의 자리로 그를 불렀으나 나가지 않았다. 선덕왕 5년〔636〕 문인 승실(僧實) 등 10여 인을 거느리고 입당(入唐)하여, 청량산(淸凉山)에 들어가서 문수성상(文殊聖像)에 기도하였는데, 문수의 현령(現靈)에게서 가르침을 받고 불가사(佛袈裟)와 사리(舍利)를 전수받은 일이 있다. 또한 당(唐) 태종의 초빙을 받아 궁중에서 『화엄경』을 설하고, 계율학의 중심지인 종남산 운제사의 석실(石室)에서 3년간 수도하여 신계(神戒)를 받았다. 재당(在唐) 7년 만에 귀국하자, 선덕왕은 그를 맞이하여 대국통(大國統)으로 삼았다. 그는 승니(僧尼)의 기강을 바로잡고, 『섭대승론』과 『보살계본(菩薩戒本)』 등 대승경전을 설하기도 하고 율법(律法)을 정립하기도 하였다. 또한 호국불사(護國佛事)로서 황룡사 구층탑을 세우고, 불정골(佛頂骨)은 오대산에, 불가사는 통도사에, 불사리는 오대산·설악산·태백산·지리산 등 명산(名山)에 탑을 세워 모시고, 통도사에 계단(戒壇)을 모아 15일〔半月〕마다 설계(說戒)하였다. 자장에 있어서 계율사상과 같은 비중을 차지하고 있는 것은 화엄사상과 호국불교국가의 이념이다. 그의 저서로 『출관행법』·『사분율 갈마사기』·『십송율 목차기』·『아미타경소』·『아미타경의기』 등이 있었다고 하는데 전하지 않는다.

자재【自在】〔梵 vaśitā, vaśitva, Iśvara〕①자기가 원하는 대로, 마음먹은 대로, 생각한 대로 되는 경지. ②그 자신에 의해 존재하는 것. ③자유롭다. ④독립. ⑤인간이 원하는 것. 원하는 만큼. ⑥느긋한 심신의 작용. ⑦불·보살에 갖추어진 힘을 말함. ⑧모든 것을 자신의 의지에 따르게 하는 초자연적인 힘. 모든 현상의 요인을 제어하는 힘. ⑨주재신(主宰神). 우주를 지배하는 신. ⑩상키야학파에서 말하는 4가지 덕의 하나.

자재천【自在天】〔梵 maheśvara, Iśvara, 西 dbaṅ phyug, 英 a title of siva, king of the devas〕①원래는 인도 바라문교의 세계창조신을 말함. 불교에서 받아들인 후, 음역하여 마혜수라(摩醯首羅)천왕이라고 함. 삼목팔비(三目八臂), 백불(白拂)을 가지고 흰 소를 탄다고 전한다. ②욕계(欲界)의 꼭대기에 사는 타화자재천(他化自在天). ③자재천을 모시는 종교.

자재천궁【自在天宮】색계(色界)의 제4선(第四禪)에 있는 대자재천왕(大自在天王)의 궁전. 또는 욕계의 제6천인 타화자재천의 궁전. 『불본행집경(佛本行集經)』 60권, 『관무량수경』에 보인다. 자재천 항목 참조.

자증분【自証分】〔梵 saṃvitti, saṃvid〕①주관인 견분(見分)이 인식하는 일을 다시 확인하는 작용을 말한다. 자신을 인지하는 작용. ②호법(護法; Dharmapāla)의 유식설에 있어서 4분(分)의 하나. 지각적으로 증지(証知)하는 인식작용. 이것에 의해서 객관을 인식하는 주관 자체가 인식된다고 한다.

자증상【自增上】〔梵 ātma-adhipateya, 巴 attādhipateyya〕자기반성을 강력한 인(因)으로 하여 선(善)을 일으키며, 완벽한 성지(聖智)를 체득하여 열반을 얻는 데 정진하는 것을 말한다.

자증신【自証身】〔英 A title of Vairocana, his dharmakāya of self assurance, or realization, from which issues his retinue of proclaimers of the truth〕 이(理)·지(智)가 다르지 아니한 대일법신(大日法身)을 말함. 5종의 법신 가운데 법계신(法界身)이며, 4종의 법신 가운데는 자성신(自性身)이다. 이는 법계체성지(法界体性智)로 이루어진 것으로, 태장계(胎藏界)에 있어서는 팔엽중태(八葉中胎)의 대일(大日)이 되고, 금강계(金剛界)에 있어서는 일인회(一印會)의 대일(大日)이 된다. 밀교의 고의(古義)로 말하면, 이 자증신(自証身)은 자수법락(自受法樂)이 되어, 자심(自心)에서 유출한 내증(內証)의 모든 권속을 따라 늘 양부(兩部)의 대경(大經)을 설한다고 한다. 그 신의(新義)에 따라 말하면, 대일(大日)의 자증신(自証身)은 자리(自利)·이타(利他)의 두 가지 덕(德)을 갖추었는데, 그 이타의 덕에 의지하여, 자증회(自証會)에서 가지삼매에 스스로 머물며, 가지신(加持身)을 나타내고, 말세 중생을 위하여 양부대경(兩部大經)을 설한다고 한다.

자증일분설【自証一分說】인도 유식의 10대 논사(論師) 가운데 한 사람인 안혜(安慧; Sthiramati, 470-550경)가 『화엄경』의 삼계유일심사상(三界唯一心思想)에 입각하여, 오직 식(識)의 자증분(自証分)만이 존재하고 상분(相分)과 견분(見分)은 없다고 하는 설. 그에 의하면, 진견도(眞見道)의 무분별지(無分別智)에 있어서는 식체(識体)가 진여(眞如)와 화합하므로 능취(能取)와 소취(所取)의 망집(妄執)을 떠나게 되고, 따라서 후득지(後得智)에도 상분(相分)과 견분(見分)이 있을 수 없다는 것이다. 만약 상분과 견분의 실체를 인정한다면 일심(一心)의 자체 밖에서 별체(別体)의 실법(實法)을 인정하게 되므로, 엄밀한 의미에서는 만법유식(萬法唯識)이라는 진리가 성립되지 못하니, 자증분(自証分)만이 식체(識体)로서 영원히 실존한다는 것이다.

자타불이문【自他不二門】천태학의 관심십불이문(觀心十不二門) 가운데 하나. 염정불이문(染淨不二門)·의정불이문(依正不二門)과 함께 십묘(十妙) 중의 감응묘(感應妙)·신통묘(神通妙)를 해석한 부문. 자(自)는 중생 앞에 나타나는 부처, 타(他)는 부처의 교화를 받는 중생. 천태종의 교리에서 중생들의 한 생각, 즉 미(迷)한 마음에 3천의 제법(諸法)을 갖추었다 하므로, 자기의 한 생각에서 자타의 당체(當体)가 불이융묘(不二融妙)하다고 관하는 것.

자타카【Jataka】인도 불교문학의 한 장르. 붓다의 전생 이야기 모음집. 구성은 1. 현세(現世) 이야기〔현 시점에서 설하는 붓다의 과거세 이야기〕, 2. 과거세 이야기〔주요부분. 붓다가 부처가 되기 이전인 보살로 있을 때의 이야기], 3. 결말[과거세 이야기 속의 등장인물이 현재의 누구에게 해당하는가를 말하는 부문으로 인과관계를 명확히 함] 등의 3부분으로 되어 있는데, '본생경(本生經)'이라고 한역(漢譯)한다. 이 장르에 속하는 각각의 이야기도 자타카라 부르는데, 그 경우 '본생화(本生話)', '본생담(本生譚)'이라고 한다. 현존하는 최고, 그리고 최대의 자타카는 팔리어 성전(聖典) 가운데 소부경전(小部經典)에 속한다[南傳]. 한역 경전 가운데에는 현존하지 않고, 대장경 본연부(本緣部) 속에 있는 여러 경전 가운데 산발적으로 나타난다. 자타카가 성립된 때는 인도에 불교가 확장되고 붓다의 위대성이 강조되던 시기이다. 붓다의 위대성과 깨달음은 현세에서의 수행만으로 이루어진 것이 아니라, 여러 생(生)을 반복해서 선업(善業)을 쌓은 결과 이루어진 것으로 생각되었기 때문에, 점차 붓다의 전생(前生)에 관한 이야기로서 자타카가 만들어졌다. 이 때 중앙 인도의 민중 사이에 전해진 전설과 구비(口碑)가 많이 사용되었다고 한다. 그 때문에 자타카는 이솝 이야기의 원형으로서 인도 외의 세계의 문학과 연결된다. 그런데 자타카 가운데 과거세 이야기의 주인공에 '보살(菩薩)'이라는 명칭이 사용된 가장 오래된 예로는 기원 1세기경의 사적(事蹟)이 알려져 있다. 그 후 차츰 보시행(布施行)을 비롯한 엄격한 수행[捨身]에 전념하는 보살을 주인공으로 하는 자타카가 서북 인도를 중심으로 생겨나게 되었다[北傳]. 이것들은 보살에 대한 신앙을 만들고 대승불교 흥륭의 소지를 만드는 것에 적지 않은 영향을 주었다. 후세로 가면서 붓다 이외의 불제자(佛弟子)와 신자(信者), 그 밖의 인물을 주인공으로 한 범어(梵語)로 된 전세(前世) 이야기도 나타났다. 팔리어 불전(佛典)의 아바다나(Avadana) 계통을 계승한 것은 아바다나라고 부르는데, 마침내 자타카도 그 가운데 하나로 정리되어 장대한 장르가 되었다. 그것들은 붓다의 전설적인 생애의 기록인 불전문학(佛典文學)과 병행해서 설화의 보고(宝庫)가 되었다.

작마생【作麽生】[英 How? What? What are you doing] 중국 당(唐)·송(宋) 이후의 속어. 선종(禪宗)의 용어로, '어떻게', '어떤 방법으로', '글쎄 어떨까?', '도대체 뭘까?', '어찌하여', '왜?' 등의 의미이다. 공안(公案)에서 감동사(感動詞)로 사용되었다. 생(生)은 조사이다.

작의【作意】[梵 manaskāra, 英 cittotpāda; to have the thought arise, be aroused, be get the resolve, etc.] 선(善)·불선(不善)·무기(無記)의 일체 심왕(心王; 마음의 본체)에 따라 일어나는 마음의 작용. 마음을 일깨워서 바깥 대상을 향하여 발동케 하는 정신작용. 마음을 구체

적으로 활동시키고, 어느 일정한 대상으로 향하게 하는 작용이다. 오변행심소(五遍行心所)의 하나.

잡밀·순밀【雜密·純密】 초기 밀교사상에는 제존(諸尊)도 정리되어 있지 않았으나, 7세기 후반에 들어와서 『대일경(大日經)』과 『금강정경(金剛頂經)』이 성립하면서 밀교의 이론적 근거가 정비되어서, 밀교교리의 실천에 의한 성도(成道)가 강조되게 되었다. 이것을 순밀교(純密教)라 칭하고, 이 외의 것을 잡밀(雜密)이라고 하여 구별한다. 순밀(純密)은 금강승(金剛乘; vajrayāna)이라고도 한다.

잡보장경【雜宝藏經】 중국 원위(元魏) 때〔472〕 길가야(吉迦夜)·담요(曇曜) 번역. 10권. 『잡장경(雜藏經)』이라고 약칭하기도 한다. 갖가지 인연과 비유, 본생담 등을 여러 경전이나 다른 인연집에서 뽑아서 한데 모아 놓은 것이다. 총 121가지에 이르는 인연담들은 대개 부처님과 관련된 이야기들이다. 전체 내용은 효양편(孝養篇), 비방편(誹謗篇), 시행편(施行篇), 교화편(教化篇), 투쟁편(鬪諍篇) 등 다섯 부류로 나눌 수 있다. 대부분 이야기의 주제는 선인선과(善因善果), 악인악과(惡因惡果)의 도리가 엄밀하다는 데 있으며, 지금 받고 있는 화복(禍福)이 과거의 인연에서 비롯된다는 것이다.

잡비유경【雜譬喩經】 (1) 중국 후한(後漢) 때〔146-185〕 지루가참(支婁迦讖; Lokarakṣa)이 번역. 11가지의 비유담이 들어 있다. 인연 비유담을 모아 놓은 『잡비유경』, 『구잡비유경』 등과 거의 같은 유형의 이야기를 싣고 있다.
(2) 중국 후한(後漢) 때〔134-220〕 번역. 역자(譯者)는 미상(未詳). 29가지의 비유를 통해서, 보살이 중생들을 제도하여 불법으로 이끄는 인연 이야기 등을 담고 있다. 특히 이 경에 등장하는 여러 지명과 인명은 그 당시의 역사적·지리적 배경을 알게 해주는 중요한 소재가 되기도 한다.
(3) 중국 후한(後漢) 때〔384-417〕 도략(道略)이 편찬함. 1권. 39가지의 비유설화를 통해서, 불교를 믿고 수행해야 하는 이유가 어디에 있는지를 깨닫게 해주는 경이다.

잡아함경【雜阿含經】〔梵 Saṃyuktāgama, 巴 Samyuttanikāya〕 (1) 중국 유송(劉宋) 때〔A.D.435-467〕 구나발다라(求那跋陀羅; Guṇabhadra, 393-468) 번역. 50권. 4아함(阿含)의 하나이다. 이에 상당하는 팔리어 경전은 『상윳타 니카야』인데, 전체 다섯 품으로 나누어져 총 7,762개의 경(經)이 들어 있다. 이에 비해 한역본에는 총 1,362개 경이 수미(首尾)를 갖춘 경이며, 간단히 요약된 경들까지 더하면 총 1만 3천여 개에 이른다. 이와 같이 4아함경들 중에서 짧은 소경(小經)들이 가장 많이 들어 있는 경이 바로 『잡아함경』이다. 이러한 점은 『잡아함경』이 다른 『아함경』에 비하여 더 초기 형태의 경전이라고 추측할 수 있는 근거가 되기도 한다. 이 경전 곳곳에는 부처님의 초기교설과 함께 부처님을 비롯한 여러 제자들의 인간적인 면모가 드러나 있어서, 매우 깊은 인상과 감명을 주기도 한다. 또한 교설 내용 중에는 후대의 대승불교사상의 기초가 되었던 것들도 많이 발견된다. 전체 50권의 내용에 담겨 있는 각 품은 주요 내용을 요약하고 있다. 각 품의 이름은 오온품(五蘊品), 게품(偈品), 육입처품(六入處品), 연기품(緣起品), 성문품(聲聞品), 아육왕(阿育王)의 사적(事蹟), 성도품(聖道品), 불품(佛品) 등이다.

(2) 중국 오(吳) 또는 위(魏)나라 때〔A.D.222-280〕 번역. 번역자는 알려져 있지 않음. 1권. 부처님이 여러 곳에서 설한 법문들을 집성한 것으로서, 기초 교리와 교훈들을 설하고 있다. 이 불전(佛典)에는 27개의 경전이 소개되어 있는데, 그 중 17개의 경전은 『잡아함경』에서 발견되고, 13개의 경전은 '상응부'라고 번역되는 팔리어 『상윳타 니카야(*Saṃyutta nikaya*)』에서 발견된다. 아함경 항목 참조.

장【障】〔梵 Āvaraṇa, viprativandha, avṛti, avadya, vighna, 英 a screen, barricade, partition〕 '가린다.'·'막는다.'는 뜻. 세간이나 출세간(出世間)의 도(道)를 행함을 장애하는 번뇌.

장경각【藏經閣】 장경루(藏經樓)·장전(藏殿). ①대장경(大藏經)을 안치(安置)하고 있는 당사(堂舍). 중국에서는 주로 장경루라고 많이 씀. ②경상남도 합천(陜川) 해인사(海印寺)에 있는 팔만대장경판을 보존하고 있는 곳. 현재 건물은 조선조 세조(世祖) 때와 성종(成宗) 때에 다시 고친 것임. 판목을 오래도록 간수하기 위해서 빈틈없이 꼼꼼한 구조로 잘 구성되었다.

장경도량【藏經道場】 불경(佛經)을 신앙의 대상으로 삼아 공양하며 예경(禮敬)하는 의식. 『고려사』 5, 현종세가(顯宗世家) 20년 하(夏) 4월 경자(庚子)에 보인다.

장경회휘【章敬懷暉, 754-815】 중국 당(唐)나라 때의 선승. 성은 사(謝)씨. 시호는 대선교(大宣教) 선사. 복건성 천주(泉州) 사람으로, 정원(貞元) 초〔785〕에 홍주(洪州) 마조선사를 참례하여 깨달음을 얻었다. 원화(元和) 3년〔808〕에 헌종(憲宗)이 조칙을 내려 장경사(章敬寺) 비로자나원(毘盧遮那院)에 머물게 하였다.

장군죽비【將軍竹篦】 선원에서 사용하는 2m가량의 큰 죽비(竹篦)로서, 참선자가 졸거나 자세가 흐트러졌을 때 어깨를 쳐서 정신을 차리게 함. 또는 절의 큰 방 어간(御間) 문설주에 걸어 두고는 대중의 행좌(行坐)와 위열(位列)을 바르게 함. 세속에서 이것을 장군죽비라고 하는 것은 잘못된 말이다.

장명등【長明燈】①일체중생의 무명(無明)을 제거해 주는 불보살의 마음. 곧 지혜광명을 말함. 불보살의 지혜광명은 시방삼세를 통해서, 끊임없이 일체중생의 무명을 없애기 위해 불을 밝혀 준다는 뜻에서 장명등(長明燈)이라고 한다. ②〔英 an outdoor lantern; a garden lantern〕사찰에서는 법당 앞에, 세속에서는 대문 밖이나 처마 끝에 달아 두고, 밤새도록 불을 켜는 유리등.

장삼의【藏三義】제8 아뢰야식을 장식(藏識)이라 부르는데, 여기에는 세 가지 뜻이 있다. 1. 능장(能藏); 제8식이 능히 모든 만법의 종자를 수장(收藏)하고 있다. 2. 소장(所藏); 제8식이 전(前)7식을 위해서 각각의 종자를 훈(薰)하여 수장(收藏)하는 곳. 3. 집장(執藏); 제8식은 끊임없이 항상 상속하여 마치 상일주재(常一主宰)하는 실아(實我)와 비슷하므로 집착의 대상이 된다. 그래서 집장(執藏)이라고 함.

장아함경【長阿含經】〔梵 Dirghāgama-sūtra, 英 the long āgamas〕4아함의 하나. 22권. 후진(後秦)의 불타야사(佛陀耶舍; Buddhayaśas)와 축불염(竺佛念)이 함께 번역함. 4아함 가운데 비교적 장편의 경문을 모은 것이므로 『장아함경(長阿含經)』이라 한다. 4분(分) 30경(經)으로 되어 있으며, 사제(四諦)·십이인연(十二因緣)의 가르침을 말하고 있다. 제1분에서는 과거칠불과 석존의 열반 등을 밝히고, 제2분에서는 사성(四姓)의 평등, 미륵의 출현, 육방(六方)에 예배하는 것 등을 말하고, 제3분에서는 외도 바라문의 그릇된 뜻을 파하고, 제4분에서는 남섬부주·전륜성왕·지옥·아수라·사천왕·삼재(三災) 등을 설하고 있다. 아함경 항목 참조.

장좌불와【長坐不臥】밤이 되어도 눕지 않고 앉아서 수행 정진하는 것. 특히 선승(禪僧)들의 경우에는 몇 날, 또는 몇 달을 눕지도 않고 자지도 않으며 수행 정진하는 경우가 있다. 그러나 장좌불와(長坐不臥)도 마음을 깨치지 못하면 자칫 고행으로 끝나 버릴 우려가 있으며, 장좌불와를 가지고 마치 선수행, 또는 깨달음의 척도로 삼는 것은 특히 금물(禁物)이다.

장중론【掌中論】〔梵 Hastavala nāmaprakarana, 西 Cha-śas-kyi yan-lag ces-bya-babi rab-tu-byed pa〕인도의 유상유식파(有相唯識派)의 학자인 진나(陳那; Dignāga, 480경-540경)가 지은 유식입문서. 무착(無着; Asaṅga, 310-390경)의 『섭대승론(攝大乘論)』에 기초하여 간결하게 유가행파(瑜伽行派)의 학설을 정리한 것이다. 진제(眞諦; Paramārtha, 499-569)삼장은 『해권론(解捲論)』으로, 의정(義淨, 635-569)은 703년에 『장중론(掌中論)』으로 한역(漢譯)하였다. 1권. 우주만유의 제법은 우리의 심식(心識)이 변하여 나타

난 것에 지나지 아니함을 말하고 있다. 뱀·새끼·병·옷 등의 비유로써 해석하고 있다. 여섯 조목으로 되어 있는데, 각 조목마다 사구게(四句偈)를 들어서 맺었다.

장진해탈【障盡解脫】〔英 Salvation through the complete removal of the obstruction of illusion〕 중생의 본성이 본래 청정한 것을 성정해탈(性淨解脫)이라고 하는 데 비하여, 우리의 수행을 장애하는 번뇌를 모두 끊고 자유로운 경지에 이르는 것을 장진해탈이라고 한다.

장통별원【藏通別圓】〔英 piṭaka, interrelated, Differentiated, and complete, or All embracing〕 천태학에서 부처님이 설한 교의의 내용을 넷으로 나눈 것. 이것을 화법사교(化法四教)라고 한다. 1. 장교(藏教), 곧 삼장교(三藏教); 경·율·론 삼장으로 말한 소승교. 좁은 세계관에 의지하여 얕은 교리를 말하고, 분석해 보고서야 모든 것이 공(空)인 줄 아는 것. 2. 통교(通教); 앞뒤에 통하는 교(教)를 말한다. 성문·연각·보살이 함께 받는 교. 그 받는 사람의 영리하고 둔함에 따라서 깊고 묘하게 또는 얕고 하열하게 아는 것. 바탕이 하열한 사람이 이것을 얕게 알면 장교(藏教)와 같은 결과가 되고, 바탕이 뛰어난 사람이 깊고 묘하게 알면 뒤의 별교(別教)·원교(圓教)에 통하므로 통교(通教)라 한다. 세계관은 좁지만 이치를 밝힘이 깊어서 모든 것이 있는 그대로가 공(空)하다고 체달하는 체공(體空)을 근본 사상으로 한다. 3. 별교(別教); 다른 것과 같지 아니한 교(教)라는 말. 성문·연각의 교(教)와도 다르고 원교(圓教)와도 다르므로 별교(別教)라고 한다. 이 교는 넓은 세계관에 의지하였으나 이치가 얕아 격력차제(隔歷次第)의 차별관에서 벗어나지 못하고, 또 공(空)과 유(有)에 치우치지 않는 중도(中道)를 말하였으나 아직 융통무애한 이치에는 이르지 못한 교(教)이며, 단중(但中; 오로지 중도)을 근본 사상으로 한다. 4. 원교(圓教); 원만 완전한 교라는 말. 별교가 삼계(三界) 밖의 사교(事教)임에 대하여, 이것은 삼계 밖의 이교(理教)이다. 별교에서 유(有)와 공(空)의 대립은 진리가 아니라 하여 중도를 말한 것은 옳지만, 유(有)·공(空)에 대립한 중도를 세웠으므로 참된 중도가 아니다. 참된 실재는 만유를 여읜 것이 아니며, 만유 그대로가 공(空)이고 가(假)이며 중(中)이어서, 현상(現象)과 실재(實在), 이(理)와 오(悟), 번뇌와 보리 등의 사이에 서로 갖추고 서로 원융한 부단중(不但中)을 말하여, 가장 정돈된 현상, 곧 실재론이 그 교리이다. 대승교 가운데 지극한 묘리(妙理)를 말한 『법화경』을 말한 것이다.

재【齋】〔梵 upoṣadha, 巴 poṣadha, 英 To reverence; abstinence〕 신(身)·구(口)·의(意) 3업을 깨끗이 하

여 악업을 짓지 아니함을 뜻했는데, 이것이 변하여 밥〔飯〕·점심공양을 가리키는 말이 되었고, 또 법회 때 스님이나 속인들에게 음식을 대접함을 말하게 되었다. 특히 우리나라에서는 부처님께 공양하는 것을 재(齋)라 하였는데, 후세에는 성대하게 불공(佛供)하는 것을 재(齋)라 하게 되었다. 요사이는 죽은 이를 위하여 천도하는 법회를 재(齋)라고 한다. 중국철학에서는, 옛사람들이 제전(祭典)에 앞서 마음을 맑게 하고 몸을 깨끗이 하는 것을 재(齋)라고 하였다.

재가불자【在家佛子】출가하지 않고 집에 있으면서〔在家〕불법을 닦는 사람. 즉 신도를 가리킴.

재공양【財供養】①〔梵 āmiṣa-pratisaṃ-stāra, 巴 āmisa-paṭisanthāra〕의복·음식·의약 등의 물(物)을 다른 사람에게 베푸는 것. ②세간(世間)의 재보(財寶)로써 여러 보살에게 공양하는 것.

재시【財施】〔梵 āmiṣa-dāna, 英 Offerings or gifts of material goods〕의복·음식·논밭·집·보물 등의 재물〔물건〕을 다른 사람에게 베풀어 주는 것을 말함.

재조대장경【再雕大藏經】두 번째로 판각한 대장경이라는 뜻으로, 해인사에 소장되어 있는 팔만대장경을 말함. 몽골의 침입을 받아 강화도에 피난 중 그 화(禍)를 불력(佛力)으로 막아내고자 판각한 것임. 1236년〔고종 23〕강화도에 장경도감(藏經都監)을 설치하고 조조(雕造)에 착수, 1251년〔고종 38〕에 완성을 보았는데, 총 81,137매(枚)로, 경상남도 합천 해인사(海印寺)에 그 판목(板木)이 보관되어 있다. 첫 번째 판각한 대장경을 초조대장경(初彫大藏經)이라고 하는데, 판목(板木)은 현존하지 않고, 다만 인쇄본 일부가 국내와 일본 교토(京都) 남선사(南禪寺)와 대마도에 남아 있다.

적광토【寂光土】〔英 The land (of Buddhas) where is calm illumination〕상적광토(常寂光土)의 준말. 진리와 지혜가 일치된 각자(覺者)가 거주하는 세계. 곧 법신불의 세계.

적멸【寂滅】〔梵 upasanta, vyupaśama, nirvṛta, sānta, praśama, upasanti, 巴 vūpasama〕①열반(涅槃; Nirvāṇa)의 번역. 번뇌망상 등 잡념이 완전히 소멸되어 마음이 고요하고 평온한 상태. 생사(生死)하는 인(因)·과(果)를 멸하여, 다시는 미(迷)한 생사를 계속하지 않는 적정(寂靜)한 경지. ②고구려 승려. 보덕(普德)의 제자. 의융(義融)과 함께 진구사를 창건하였다.

적멸보궁【寂滅寶宮】불상 대신 부처님 진신사리를 모신 곳. 오대산 상원사·통도사·설악산 봉정암·정선 정암사·사자산 법흥사 등에 적멸보궁이 있다. 적멸보궁에는 불상을 전혀 모시고 있지 않음.

적멸위락【寂滅爲樂】적멸은 열반의 번역인데, 번뇌망상의 생멸 변화가 없는 적멸〔고요〕한 경지. 이것을 불교에서는 최고의 낙(樂)이라고 함. 즉 열반락을 말함.

적문개현【迹門開顯】천태에서는 『법화경(法華經)』의 앞 14품을 적문, 뒤의 14품을 본문(本門)이라고 함. 『법화경』 이전에 말한 삼승교(三乘敎)는 방편교(方便敎)이고, 『법화경』만 일승진실교(一乘眞實敎)로서 일승을 개현(開顯)하여 이에 들어가게 함을 말하는 것. 본문(本門)·본적이문(本迹二門) 항목 참조.

적문십묘【迹門十妙】중국 수(隋)나라 때 고승인 지의(智顗, 538-597)가 지은 『법화현의(法華玄義)』에서 『법화경』의 제목인 '묘법연화경(妙法蓮華經)'을 해석하는 가운데서, 묘(妙)자에 대한 해석에서 본(本)·적(迹) 2중의 10묘를 말한다. 이 적문의 10묘는 경(境)·지(智)·행(行)·위(位)·법(法)·감응(感應)·신통(神通)·설법(說法)·권속(眷屬)·이익(利益)에 대하여 말한 묘(妙)이다. 본적이문(本迹二門) 항목 참조.

적쇄쇄【赤灑灑】어떤 구속이나 집착도 없는 자유자재한 깨달음의 경지를 말한다. 적(赤)은 공(空)하다는 뜻이요, 쇄쇄(灑灑)는 청정하여 물들지 않는 것을 형용한 말이다.

적연부동【寂然不動】아주 고요하여 움직이지 아니함. 번뇌망상이 일어나지 않음.

적용담연【寂用湛然】〔英 Character (nirvāṇa-like) and function concomitant in the absolute and relative, in being and becoming, etc.〕 진여(眞如)의 이체(理體)는 유위(有爲)의 모든 모양〔諸相〕을 여의었으므로 적(寂)이라 하고, 세간(世間)과 출세간(出世間)의 선법(善法)을 생(生)하므로 용(用)이라 한다. 곧 『기신론』에서 설한 3대(三大) 중의 체(體)와 용(用)의 2대(二大)이다. 체(體)는 곧 용(用)이 되어, 체(體)와 함께 모두 상주(常住)하여 멸(滅)하지 않으므로 담연(湛然)이라 한다.

적육단【赤肉團】〔英 The red flesh clump, the heart〕 ①붉은 고기 덩어리라는 뜻으로, 심장(心臟)을 말한다. ②인간의 마음. 육단심(肉團心). ③육체.

적적성성【寂寂惺惺】지극히 고요하고〔寂寂〕 밝다〔惺惺〕는 뜻으로, 성성적적이라고도 한다. 성성(惺惺)은 분명함, 명료함, 깨어 있음을 뜻하고, 적적(寂寂)은 마음이 고요한 것을 뜻한다. ②영가현각(永嘉玄覺, 665-713)은, "적적한 가운데 성성함은 옳고, 적적한 가운데 무기(無記)는 그르며, 또는 성성한 가운데 적적함은 옳고, 성성한 가운데 망상은 그른 것이다." 라고 하였다. 그러므로 정신은 항상 적적한 가운데 성성(惺惺; 깨어 있는 것)해야 하고, 성성한 가운데 적적해

ㅈ

야 한다는 것이다. 너무 적적(寂寂; 마음이 고요한 것)하면 혼침(昏沈; 졸음)에 빠지게 되고, 성성하기만 하면 도거(掉擧; 망상)에 빠지게 되므로, 적적과 성성의 균형을 잘 잡아야 한다는 것이다. 일념미생전(一念未生前)의 자성본원(自性本源)에 있는 선(禪)의 진경(眞境)을 이름.

적정 【寂靜】〔梵 śama, sama-buddhi, śānti, 巴 sama, upasanta, 英 Tranquil concentration; contemplation in which disturbing illusion is eliminated〕 마음에 번뇌가 없고 몸에 괴로움이 없는 편안한 모양. 열반(涅槃; nirvāṇa)의 다른 이름.

적집설 【積集說】〔梵 ārambhavāda〕 우주는 다수의 극미(極微), 즉 원자(原子)의 결합에 의하여 이루어진다는 설. 처음에는 자이나교에 의해서 주장되었으나, 이것이 바이세시카학파에 의해서 자세히 조직되었고, 다시 니야야학파가 계승하였으며, 뒤에는 미맘사학파도 이를 수용하였다. 지성(地性; parthiva)·수성(水性; āpya)·화성(火性; taijasa)·풍성(風性; vāyaviya)의 4종의 원자가 무수히 존재하고, 처음 두 개의 원자가 결합하고 순차로 적집(積集)하여 세계가 생(生)한다고 한다. 이 경우에 유일한 세계인(世界因)을 인정하지 않기 때문에 인중무과론(因中無果論)을 주장한다. 이에 대하여 정통바라문 계통에서는 전변설(轉變說; pariṇāmavāda)을 취하는 일이 많다.

전광석화 【電光石火】 전광(電光)은 번갯불이고, 석화(石火)는 돌 부딪칠 때 반짝하는 것. 매우 빠름을 뜻함. 또한 시간이 극히 짧음을 일컬음. 무상한 것, 신속(迅速)한 것을 비유한 것이다.

전교부재 【轉敎付財】 천태 5시(時) 가운데 제4 반야시(般若時)에서 부처님이 다시 수보리(善須提; Subhūti) 등의 성문으로 하여금 대승보살에게 『반야경』을 대신 설법하게 한 것을 전교(傳敎)라 한다. 대승(大乘)의 깊고 묘한 이치는 본래 성문으로서는 알 수 있는 바가 아니지만, 부처님의 가피력에 의하여 다른 이에게 전해 주는 것이다. 부처님이 다시 전교케 한 까닭은 수보리로 하여금 스스로 대승의 묘리를 통달케 하기 위한 것으로, 재물을 다른 이에게 맡겨 주는 데 비유하여 부재(付財)라 한다.

전근 【轉根】 ①성문·연각의 근성(根性)이 바뀌어서 보살의 근성이 됨. ②〔英 To be transformed from, or transform, a female into a male〕 남근(男根)이 바뀌어 여근(女根)이 되거나, 여근이 변하여 남근이 되는 것. 곧 남자가 여자로 되고, 여자가 남자로 됨. 『십송율(十誦律)』·『대비바사론(大毘婆沙論)』 등에 나온다.

전단향 【旃檀香】〔英 Candana〕 향나무의 이름. 곧 단향(檀香)을 말한다. 『본초강목(本草綱目)』에서는, “단향

(檀香)에는 백단(白檀), 황단(黃檀), 자단(紫檀)이 있다."라고 하였다. 『유양잡조(酉陽雜俎)』에서는, "한 그루의 나무에 네 가지 향(香)이 있다. 뿌리를 전단(旃檀), 가지를 침향(沉香), 꽃을 계설(界說), 교(膠; 갖풀)를 훈륙(薰陸)이라 한다."라고 하였다.

전도【顚倒】〔梵 viparyāsa, 英 error, upside down, inverted〕 정상적인 도리를 어기고 바른 이치를 거역하는 것. 범부가 사리(事理)에 어두워서 거꾸로 진리를 비진리로, 비진리를 진리로 보는 것을 말함.

전등록【傳燈錄】『경덕전등록(景德傳燈錄)』의 약칭. 경덕전등록 항목을 참조할 것.

전륜성왕【轉輪聖王】〔梵 cakravartin-rāja〕 줄여서 전륜왕(轉輪王)·윤왕(輪王)이라고도 하고, 비행황제(飛行皇帝)라고도 한다. 수미산 4주(四洲)의 세계를 통솔하는 대왕. 이 왕은 몸에 32상(相)을 갖추었는데, 즉위할 때에는 하늘로부터 윤보(輪寶)를 감득(感得)하고, 이 윤보를 굴리면서 사방을 위엄으로 굴복케 하므로 전륜왕(轉輪王)이라 한다. 한편 공중으로 날아다니기 때문에 비행황제(飛行皇帝)라고도 한다. 증겁(增劫)에는 인간의 수명이 2만 세 이상에 이르면 이 왕이 세상에 나고, 감겁(減劫)에는 인간의 수명이 무량세에서 8만 세까지의 사이에 나타난다고 한다. 그 윤보에는 금(金)·은(銀)·동(銅)·철(鐵)의 4종이 있는데, 금륜왕(金輪王)은 수미(須彌) 4주(四洲)를, 은륜왕(銀輪王)은 동·서·남 3주(三洲)를, 동륜왕(銅輪王)은 동·남 2주(二洲)를, 철륜왕(鐵輪王)은 남섬부주의 1주(一洲)를 통치한다고 한다.

전리욕탐【全離欲貪】①완전히 탐욕을 여의었다는 뜻. ②욕(欲)은 욕계의 번뇌. 욕계 제9품의 수혹(修惑)과 색계(色界)·무색계(無色界) 칠지(七地; 9지 가운데서 욕계 5취 잡거지와 무색계의 제4천을 제한 것)의 수혹을 끊고 견도(見道)에 들어간 이는 불환향(不還向)이 되며, 견도 제16심(心) 때에 불환과(不還果; Anāgāmin; 阿那含)가 된다. 이것을 초월의 불환이라 하는데, 욕계의 번뇌를 모두 끊어 버렸다는 뜻에서 전리욕(全離欲)이라고도 한다.

전미개오【轉迷開悟】〔英 To reject the illusion of the trans-migrational worlds and enter into nirvāṇa enlightenment〕 미(迷)한 것을 전환시켜서 깨달음을 얻는 것. 삼계생사(三界生死)의 미(迷)를 버리고 열반(涅槃)의 깨달음에 도달하는 것. 번뇌의 미(迷)를 여의고 보리(菩提)를 증득(証得; 깨닫다)하는 것.

전법게송【傳法偈頌】 스승이 제자에게 법(法)을 전해 줄 때 써 주는 게송(偈頌). 선종의 조사들은 대개 입적을 앞두고 게송으로써 제자들에게 법(法)을 전해 준다.

전법륜【轉法輪】〔梵 Dharmapra dakṣina〕 불법(佛法)을 널리 펴는 것. 전륜성왕의 윤보(輪寶)가 굴러 일체 장애를 부수는 것처럼 불법(佛法)이 중생의 천만 가지 번뇌를 깨뜨려 없애 주므로 전법륜(轉法輪)이라 한다. 곧 석가모니불이 성도(成道)한 뒤에 사제(四諦)·팔정도(八正道) 등을 설한 것을 말한다.

전법륜상【轉法輪相】 팔상성도(八相成道)의 하나. 석존이 도(道)를 이룬 후 입멸에 이르기까지 일생 동안 설법한 모습을 이름.

전법륜인【轉法輪印】 설법인(說法印)이라고도 한다. 설법 교화의 표치(標幟). 두 손등을 엇갈리게 마주 대어 새끼손가락에서 집게손가락까지의 손가락 끝을 서로 엇갈리게 맞추고, 왼손의 엄지손가락을 밑으로 돌려 오른손바닥에서 오른손 엄지손가락과 끝이 마주 닿게 하는 것. 만약 손이 억세고 뻣뻣하여 제대로 되지 않는 사람은 오른손 새끼손가락과 넷째 손가락을 합하여 왼손 새끼손가락과 넷째 손가락을 합한 데에 엇갈리게 맞추어 마주 대고, 또 긴 손가락과 집게손가락도 이와 같이 합하여 서로 엇갈리게 맞추어도 무방하다. 부처님이 처음 녹야원에서 설법하던 때의 결인(結印)은 두 손을 각각 엄지손가락과 집게손가락 끝을 맞대고 왼손 새끼손가락 밑을 오른손의 손가락 맞댄 곳에 가져다 댄 것이었다고 한다.

전법정종기【傳法正宗記】 중국 송(宋)나라 때 잠자(潛子) 계숭(契嵩, 1007-1072)이 지음. 9권. 선종(禪宗)의 전법(傳法)의 차례를 기술한 책.

전변설【轉變說】〔梵 pariṇāmavāda〕 개전설(開展說)이라고도 한다. 전변(轉變)은 변화의 뜻으로서, 특히 남의 힘에 의해서가 아니라 자기 자신의 힘에 의하여 자기 자신 속에서 변화를 일으키는 것을 말한다. 이 전변설은 적집설(積集說)에 대립되는 사상으로, 인도 정통바라문의 사상에서는 인중유과론(因中有果論)의 입장에서 일(一)에서 다(多)로, 다시 다(多)가 일(一)로 귀일(歸一)한다는 이론을 내세우고 있다. 육파철학 가운데 상키야학파〔數論學派〕도 이 전변설을 채용하였고, 베단타학파의 라마누자(Rāmānuja, ?-1137)도 이 설을 주장한다. 대승불교의 유식파(唯識派)도 후기가 되면 식(識)의 전변(轉變)을 주장한다.

전생【前生】〔英 Former life or lives, 梵 pūrva-utpanna〕 현생(現生)에 태어나기 이전의 세상. 전세(前世; To return to this life), 과거세라고도 한다. 사람이 현생에 받는 모든 과보는 다 전생에 스스로 지은 것이라고 한다. 가까이 보면 전생이란 어제, 작년, 10년 전일 수도 있고, 한 시간 또는 1분 전일 수도 있다.

전세【轉世】〔英 To return to this life〕 전생(轉生)·윤회전생(輪廻轉

生). 티베트불교에서, 특정인의 영혼이 이 세상에서 다음 세상으로 옮겨가며 생사 윤회한다는 설. 이 설에 근거하여 특정 사원(寺院)의 지도자나 달라이라마 등 후계자를 정한다. 티베트에서는 고승〔림포체〕이 입적하면, 사원의 상층부에서는 점복(占卜)과 강신(降神) 등의 의식(儀式)을 통하여 활불(活佛)이 임종할 때에 출생한 어린 아이를 몇 명 찾아서, 그 가운데 한 사람의 영동(靈童)을 선정하여 전세자(轉世者)로 삼아 사중(寺中)에 영입해 종교적 지위를 계승시킨다. 전세자(轉世者)를 통칭하여 활불(活佛)이라고 한다.

전식 【轉識】〔西 ḥjug paḥi rnam par śes pa, 英 ①The seven stages of knowledge, other than the ālaya-vijñāna, of the 唯識論, ② pravṛtti-vijñāna; knowledge or mind being stirred, the external world enters into consciousness, the second of the five processes of mental evolution in the 起信論, ③Knowledge which transmutes the common knowledge of this transmigration world into Buddha-knowledge〕 ①유식학의 8식에서 제8 아뢰야식을 제외한 안(眼)·이(耳)·비(鼻)·설(舌)·신(身)·의(意)·말나(末那)의 7식을 지칭함. 이 7식은 제8식으로부터 전생변현(轉生變現)하는 식(識)이므로 전식(轉識)이라 한다. ②제8 아뢰야식의 다른 이름. 이 식(識)이 안식(眼識) 등의 여러 식을 전생하는 것이므로 전식(轉識)이라 한다. ③5식의 하나. 거울에 형상을 비추는 작용이 있는 것같이, 무명(無明)으로 생긴 업식(業識)은 다시 전(轉)하여 능견(能見) 초동(初動)하는 상(相)을 이루고, 여러 가지 경계에 대하여 반연하는 작용을 나타내므로 전식이라 한다. ④전식득지(轉識得知)의 줄임. 유루(有漏)의 팔식을 전하여 무루(無漏)의 팔식과 상응하는 사지(四智)를 얻는 것. 견도위(見道位)에 들어갈 때 제8식을 바꾸어 대원경지(大圓鏡智)를 얻고, 제7식을 바꾸어 평등성지(平等成智)를 얻고, 제6식을 바꾸어 묘관찰지(妙觀察智)를 얻고, 전5식을 바꾸어 성소작지(成所作智)를 얻는 것을 말한다.

전심법요 【傳心法要】 황벽희운(黃檗希運, ?-850)의 어록. 원제는 『황벽산단제선사전심법요(黃檗山斷際禪師傳心法要)』인데, 『전심법요』에 『완릉록(宛陵錄)』을 합본한 것을 말하기도 한다. 『단제선사전심법요』, 또는 『황벽선사전심법요』라고도 부른다. 배휴(裴休, 797-870)가 842년 종릉(鐘陵) 관찰사로 부임한 뒤 희운선사를 홍주(洪州) 용홍사로 모셔와 도를 물은 일이 있는데, 848년에도 완릉(宛陵) 관찰사로 일하며 희운선사를 개원사에 머물게 하고는 도를 물었다. 이때 받은 가르침을 적어 두었다가

857년에 간행한 것이 바로 이 책이다.

전오식【前五識】 유식에서 우리의 대경(對境)을 인식하는 마음작용을 8가지로 나눈 가운데서, 안식(眼識)·이식(耳識)·비식(鼻識)·설식(舌識)·신식(身識)의 5식을 총칭해서 전5식(前五識)이라 한다.

전의【轉依】〔梵 āśaraya-paravṛtti. 西 gnasgyur pa〕 전(轉)은 전사(轉捨)·전득(轉得)의 의미이고, 의(依)는 소의(所依)로 제8식을 말한다. 제8식은 의타기(依他起)한 것으로, 원성실성(圓成實性)의 열반을 본성(本性)으로 하고, 그 속에 번뇌장(煩惱障) 소지장(所知障)과 무루의 종자를 함장한 것이므로, 전사(轉捨)한 것은 번뇌장 소지장이고, 전득(轉得)한 것은 보리 열반(菩提涅槃)이다. 그리고 이것이 의지할 곳인 의(意)를 의(依)라 한다. 제8식 가운데 번뇌장을 전사하고, 그 실성인 열반을 전득하며, 소지장을 전사하고, 그 가운데 있는 무루의 진지(眞智)를 전득하는 것을 2전의(轉依)의 묘과(妙果)라 한다. 『섭대승론』 하권(下卷)에서는, "전의란 의타기성의 대치가 일어날 때 잡념분(雜念分)을 전사하여 청정분을 전득함을 말한다."라고 하였다.

전좌【典座】〔英 The verger who indicates the order of sitting, etc.〕 선원에서 대중의 음식 등 공양을 담당하는 소임. 즉 주방장. 본래는 『사분율』 등에서 말한 상좌(床座)·제회(諸會)·방(房)·의복(衣服)·화(華)·향(香)·과과(果蓏)·난수(煖水)·잡병식(雜餠食)의 9사(九事)를 맡은 소임. 이 가운데 상좌(床座)만을 들어서 다른 것을 총칭한 것임. 우리나라의 별좌와 같은 소임임.

절수【折水】 발우를 씻은 물. 공양 후에 발우를 씻은 물을 절수(折水) 또는 절수물이라고 한다. 처음 받는 물을 정수(淨水)라고 하는데, 공양 후에 이 정수로 발우를 씻어서 반(半)은 마시고 반은 버린다고 하여 절수라고 함. 이 물에도 공양물 일부가 있는데, 그 역시 시주물(施主物)로서 소홀히 할 수 없기 때문임. 우리나라에서는 흔히 이것을 천수물(千手-)이라고 하고, 그 물을 받는 통을 천수통(千手桶)이라고 하나, 절수(折水)·절수통(折水桶)의 와전이 확실함. 『칙수백장청규』 「대중장」, 『선림상기전』 20권 「기물류(器物類)」 하(下) 참조.

절요【節要】 보조지눌(普照知訥, 1158-1210)이 지은 『법집별행록절요병입사기(法集別行錄節要幷入私記)』의 약칭. 중국 규봉종밀(圭峰宗密, 780-841)과 하택(荷澤, 685-760) 등의 주장을 인용 비판하여 정혜쌍수(定慧雙修)를 말한 책이다. 법집별행록절요병입사기 항목 참조.

점교【漸敎】〔英 The gradual method of teaching by beginning with the Hinayāna and proceeding to the Mahāyāna〕 돈교(頓

敎)의 상대적인 말로, 처음에 소승을 설하고 뒤에 대승을 설하는 것과 같이, 얕은 데서 깊은 데로 차례차례로 설하는 교법을 말한다. 이교(二敎; 頓敎·漸敎)의 하나. 남중삼교(南中三敎; 漸敎·頓敎·不定敎)의 하나. 광통삼교(光通三敎; 漸敎·頓敎·圓敎) 중 점교는 미숙한 자를 위하여 먼저 무상(無常)을 설하고 뒤에 상(常)을 설하며, 먼저 공(空)을 설하고 뒤에 불공(不空)을 설하는데, 이처럼 차례로 설하는 것을 말한다. 천태의 삼교(三敎; 頓敎·漸敎·不定敎), 화의사교(化儀四敎), 팔교(八敎) 가운데 하나.

점돈이교설 【漸頓二敎說】 중생을 교화하는 방법으로, 점차 교화하는 점교설과 한꺼번에 교화하는 돈교설을 말함. 『능가경』 1권에, "여래가 중생의 마음에 있는 번뇌를 맑게 없애는 것도 이처럼 점차 맑게 하는 것이지, 한꺼번에 갑자기 되는 것이 아니다. 비유컨대, 도공이 그릇을 만들 때 점차 완성되는 것이지, 갑자기 완성되는 것이 아님과 같다.

점수 【漸修】 수행방법. 비록 본래의 성품이 부처와 다름이 없는 것을 깨달았지만, 오래된 습관·습기(習氣)는 한 번에 제거하기 어려우므로, 차츰차츰 단계를 밟아 올라가서 나중에 대각을 이루는 수행법으로서, 오랜 닦음을 점수(漸修)라 한다. 지눌(知訥, 1158-1210)은 이 점수를 어린애의 육근(六根)이 차츰차츰 성장하는 것에 비유한 바 있다.

점오 【漸悟】 점증(漸証)·점입(漸入)·점각(漸覺)·점료(漸了) 등으로 일컫기도 한다. 돈오(頓悟)의 상대적인 말로, 증오(證俉)하여 성불하는 일종의 차례와 방법이다. 그 뜻은 오랫동안 차례대로 수행단계를 밟아 닦아서 점차로 증오(證俉)하여 성불(成佛)할 수 있다는 것이다. 중국불교사에 있어서 동한(東漢)의 안세고(安世高) 일파의 소승 선학(禪學)에서는, 아라한 과위(果位)에 도달하는 데는 누세(累世)토록 수행하고 공덕을 쌓는 일이 필요하다고 생각하여 점오파(漸悟派)로 간주된다. 동진 남북조시대의 혜관(慧觀)은 『점오론(漸悟論)』을 지어, 점차로 오입(悟入)하여 성불할 것을 주장하였다. 나중에 유송(劉宋)의 승려인 담무성(曇無成)도 『명점론(明漸論)』을 지어, 점오(漸悟)의 도리를 밝혀 서술하였다. 수(隋)나라와 당(唐)나라 시기에 형성된 몇 개의 주요한 종파 가운데서는, 선종(禪宗)을 제외한 천태·화엄·삼론·법상의 종파가 모두 점수(漸修)를 주장하였다. 선종 내부에서는 북종(北宗)의 신수(神秀, 606-706)가 먼지를 제거한 뒤에야 깨끗함을 볼 수 있다〔拂塵看淨〕고 주장하여 점수파로 규정되고 있다.

점찰경 【占察經】 『점찰선악업보경(占察善惡業報經)』의 약칭. 수(隋)의 보제등(菩提燈)이 번역. 2권. 점찰선악업보경 항목을 참조할 것.

ㅈ

점찰법회【占察法會】『점찰경(占察經)』에 쓰인 내용에 의거하여 개최하는 의례. 『점찰경(占察經)』은 지장보살(地藏菩薩)의 설법을 주요내용으로 하고 있다. 지장보살이 나무쪽을 던져 길흉선악을 점하는 법과 참회하는 법을 말하고, 일실경계(一實境界)를 말하여 사리(事理)를 구비한 경이 『점찰경』이다. 점찰법회는 우리나라에서 최초로 원광(圓光, ?-630)에 의하여 가서사(嘉栖寺)에서 열렸다. 그 후 이 법회는 신라 경덕왕(景德王, 742-765 在位) 때의 율사(律師)였던 진표(眞表, 718-752)에 의하여 정착되었다. 진표의 점찰법회는 목륜(木輪)에 나온 점괘를 『점찰경』뿐만 아니라 189종의 간자(簡字)에 의거하여 풀이한다는 특성이 있다. 이 간자는 진표가 지장보살과 미륵보살에게서 받았다고 전한다.

점찰선악업보경【占察善惡業報經】줄여서 『점찰경(占察經)』이라고 한다. 중국 수(隋)나라 때 서역(西域) 사람인 보제등(菩提燈)이 번역. 2권. 지장보살이 나무쪽을 던져 길흉선악을 점(占)치는 법과 참회하는 법을 설함. 또 하나의 진실한 경계를 나타내어 사리(事理)가 구비됨을 보여 주었다. 그리고 중생의 본래 청정한 마음을 증장(增長)시켜야 함을 설하였다. 주석서로는 명(明)나라 때 지욱(智旭, 1596-1655)이 지은 『점찰경소(占察經疏)』 3권과 『점찰행법(占察行法)』 1권이 있다.

정【定】〔梵·巴 Samādhi, 英 To fix, settle〕 마음을 한곳에 정하여 움직이지 않고, 산란이 없는 정신작용 및 그 상태를 말한다. 산(散; viprakiṇa)의 상대적인 말. 계정혜(戒定慧) 삼학(三學) 가운데 하나. 정학(定學)이라고 한다. 선(禪)이라 번역하며, 삼매(三昧), 선정(禪定), 정려(靜慮)의 의미. 불도수행의 근본으로 되어 있다.

정【淨】〔梵·巴 Suddhi, Suddha, 英 vimala, clean, pure〕 ①깨끗한 것. 더러움이 없는 것. 망상이 일어나지 않는 것. ②정토를 의미함. 정토에 태어나는 행.

정각【正覺】〔梵 Saṁbodhi, 英 the wisdom or omniscience of a Buddha〕 정등각(正等覺)이라고 하는데, 음역(音譯)하여 삼보리(三菩提)라고도 한다. 바르고〔正〕 평등한〔等; 치우치지 않음〕 깨달음. 즉 올바른 진리.

정거천【淨居天】〔梵 śuddha-āvāsa〕 색계(色界)의 제4 선천(禪天). 불환과(不還果; 阿那含果)를 증득한 성인이 태어나는 하늘. 무번천(無煩天), 무열천(無熱天), 선현천(善現天), 선견천(善見天), 색구경천(色究竟天)의 다섯 하늘.

정견【正見】〔梵 Samayag-dṛṣṭi, 巴 Sammā diṭṭhi, 英 right views, understanding the four noble truth〕 팔정도(八正道)의 하나. 바른 견해.

즉 사성제의 진리, 중도의 이치를 정확하게 아는 것. 사회적으로 적용하면 모든 현상에 대하여 올바른 견해를 갖는 것임.

정관 【靜觀, 1533-1608】 조선시대 서산휴정(西山休靜, 1520-1604)의 제자 일선(一禪)의 호. 속성은 곽씨. 연산 사람. 서산에게 심법을 전해 받고, 선조 41년 덕유산에서 입적했다. 저서로는 『정관집(靜觀集)』이 있다.

정광여래 【定光如來】〔梵 Dipaṃkara〕 연등불(燃燈佛)·정광불(定光佛)이라고 한다. 아득한 옛날에 출현하여 세존에게 미래에 반드시 성불(成佛)하리라는 수기(受記; 예언)를 주었다는 부처님.

정념 【正念】〔梵 Saṃprajanya, pratismṛta, samyak-smṛti, 巴 Sammā-sati, 西 yan dag pahi dran pa, 英 right remembrance〕 팔정도(八正道)의 하나. 바른 마음 챙김. 즉 모든 현상을 있는 그대로 관찰하는 것. 무상한 것은 무상한 것으로, 진리는 진리로 있는 그대로 관찰하고, 달리 보지 않는 것. 알아차림.

정등각 【正等覺】〔梵 Samyak-sambodhi, samyak-saṃbuddha, 英 the perfect universal wisdom of a Buddha〕 정(正)은 바름을 뜻하고, 등(等)은 치우치지 않음이고, 각(覺)은 일체 제법(諸法)을 깨달아 아는 지혜이다. 그러므로 정등각(正等覺)은 바로 우주의 일체만상을 정확히 아는 지혜, 두루 깨달은 것을 뜻함. 정등정각(正等正覺)의 준말.

정등정각 【正等正覺】〔梵 Samyak-sambodhi, samyak-saṃbuddha, 英 the perfect universal wisdom of a Buddha〕 우주의 일체만상을 두루 정확하게 아는 지혜. 불(佛)의 무상(無上) 정지(正智)를 말함. 정등각 항목을 참조할 것.

정량부 【正量部】〔梵 Saṃmatiya, 英 The school of correct measures, or correct evaluation〕 소승 20부 가운데 하나. 불멸후 300년 중기에, 상좌부 가운데 한 계통인 독자부(犢子部)에서 갈려 나온 부파. 정량제자부(正量弟子部)·삼미저부(三彌底部)·일체소귀부(一切所貴部)라고도 한다. 이 부(部)에서 세운 것은 시비를 판정하여 그릇됨이 없다는 뜻. 그래서 정량부라 한다.

정려 【靜慮】 범어 드야나(dhyāna)의 번역. 선(禪)·선정(禪定). 인도에서 고래로 행해지는 정신수양 방법의 하나로, 마음을 하나로 집중하여 고요히 생각하는 것을 말한다. 칠종정명(七種定明)의 하나. 이 정려(靜慮)에 생정려(生靜慮)·정정려(定靜慮) 2종이 있다. 색계(色界)의 사선천(四禪天)에 나기 위하여 그 선정(禪定)을 닦는 것을 4종의 정정려(定靜慮)라 하고, 그 소생의 천처(天處)를 4종의 생정려(生靜慮)라 한다.

정력 【定力】〔梵 Samādhibala samādhi-prabhāva, 英 The power of abstract or ecstatic meditation, ability to over-come all disturbing thoughts, the fourth of the five bala 五力〕 선정의 힘. 산란한 마음을 쉬고 마음을 한곳에만 쏟는 힘. 『무량수경』 하(下)에서는, "정력선력(定力禪力)"이라고 하였다.

정명 【正命】〔梵 samyag-ājiva, jati, 巴 Sammā-ajiva, 西 yaṅ dag paḥi ḥtsho ba, 英 right livelihood, right life〕 팔정도(八正道)의 하나. 바른 생활수단. 즉 정당한 방법으로 생계를 유지하는 것. 사기, 뇌물수수, 폭리 등으로 생활하지 않는 것.

정반왕 【淨飯王】〔梵 Śuddhodana〕 숫도다나왕. 중인도(中印度) 가비라국의 임금. 석존(釋尊)의 아버지. 백정왕(白淨王)이라고도 한다.

정법안 【正法眼】 정법을 깨달은 지혜. 정법을 보는 눈. 진리를 볼 수 있는 지혜의 눈. 안(眼)은 지혜를 가리킨다.

정법안장 【正法眼藏】 (1) 청정법안(淸淨法眼)이라고 한다. 간직하고 있는 정법안. 정법을 보는 지혜. 선불교의 설인데, 선에서는 이로써 교외별전(敎外別傳)의 심인(心印)으로 하고 있다.

(2) 책 이름. ① 중국 송나라 때 간화선을 주창한 대혜종고(大慧宗杲, 1089-1163)의 저술. 제자(弟子)와의 문답을 1147년〔소흥 17〕 시자(侍者)인 충밀혜연(沖密慧然)이 6권으로 편집한 것인데, 고승(高僧)의 설법이 수록되어 있다. ② 일본 조동종의 개조(開祖)인 도원(道元, 1200-1253)이 찬술한 95권으로 된 책. 도원의 32세에서 54세까지 전후 23년간의 어록으로, 일상의 공부, 변도(辨道)·종문(宗門)의 규칙, 자기의 용심(用心)·고인(古人)의 행동 등이 자세히 쓰여 있다. 일본 조동종의 최고의 종전(宗典).

정법염처경 【正法念處經】〔梵 Saddharmasmṛtyupasthāna-Sūtra, 西 Ḥphags-pa dam-paḥi chos dran pa ñe-bar gshag-pa〕 중국 원위(元魏) 때〔539〕 반야류지(般若流支; Prajñāruci)의 번역. 70권. 육도(六道) 윤회의 원인을 설명하고, 올바른 사유에 의해 생사의 윤회에서 벗어날 것을 설한다. 전체 내용은 제1 십선도업품(十善道業品), 제2 생사품(生死品), 제3 지옥품(地獄品), 제4 아귀품(餓鬼品), 제5 축생품(畜生品), 제6 관천품(觀天品), 제7 신처품(身處品)으로 구성되어 있다. 제1품은 제1권에서 제2권에 이르고, 제2품은 제5권까지, 제3품은 제15권까지, 제4품은 제16권에서 제17권, 제5품은 제18권에서 제21권, 제6품은 제22권에서 제63권까지, 마지막 제7품은 제70권까지 해당한다.

정변각 【正遍覺】〔梵 Samyaksaṃbuddha〕 정변지(正遍知) 항목 참조.

정변지 【正徧知】〔梵 Samyak-saṃbuddha, Samyag-jñāna〕 부처님의 십호 가운데 하나. 정진도(正眞道). 등정각(等正覺)·등각(等覺)·정각(正覺)이라고 한다. 바르고 두루 아는 지혜. 부처님은 일체지(一切智)를 갖추어서 우주간의 모든 정신적 물질적 현상에 대하여 알지 못하는 것이 없다는 의미로서 정변지(正徧知)라고 한다.

정사【正思】①〔梵 arthacittana, prasanna, manas, yoniśo-manaskāra〕 팔정도의 하나. 정사유(正思惟)의 약칭. 정사유 항목 참조. ②고려의 승려. 남원 송림사에 있었다. 참지정사(參知政事) 정국검(鄭國儉)이 원천동을 지나다가 좌우의 암벽 위에 정사(正思)가 크게 "고불암전수(古佛岩前水) 애명부명인(哀鳴復鳴咽) 응한도인간(應恨到人間) 영여운산별(永與雲山別)"이라고 한 절구(絶句)를 써 놓은 것을 보고, 이튿날 양적중(梁積中)과 함께 찾아가서 벗을 맺었는데, 그 뒤부터 인물을 평론할 때마다 '정사(正思)는 승려 가운데 용'이라고 하였다.

정사유【正思惟】〔梵 samyak-saṁkalpa, 巴 sammā-saṃkappa, 西 yaṅdag paḥi rtog, 英 right thought and intent, the second of the 八正道〕 팔정도(八正道)의 하나. 바른 생각. 즉 악행, 악한 생각을 하지 않는 것. 바꾸어 설명하면 항상 착한 생각, 착한 마음을 갖는 것.

정상말【正像末】〔英 The three periods of correct law, semblance law, and decadence, or finality〕 정법(正法)과 상법(像法), 그리고 말법(末法)의 약칭. 삼시(三時)라고도 한다. 부처님의 입멸 후에 가르침이 행해지는 시기를 정법·상법·말법으로 나눈 것. 정법시(正法時)는 부처님의 가르침과 실천〔실행〕, 깨달음 이 세 가지가 모두 이루어지던 시기. 상법시(像法時)는 깨달음을 얻는 자는 없지만, 가르침과 그 실천〔실행〕 두 가지는 존재하여 정법시와 비슷한 시기로, 비슷한 불법이 행해지는 시기. 마지막으로 말법시(末法時)는 가르침만 있고 실천〔실행〕과 깨달음이 빠진 시기로 불교 쇠퇴의 시기.

정성【定性】〔梵 svabhāva, svabhāvya, 英 Fixed nature; settled mind〕 성문(聲聞)이나 연각(緣覺), 또는 보살(菩薩)이 될 만한 결정적 종자본성(種子本性)을 가진 이. 이와 반대로 두 가지나 세 가지 성(性)을 가진 것을 부정성(不定性)이라 한다.

정식【情識】 분별심·중생심.

정신【精神】〔希 pneuma, 羅 spiritus, 獨 Geist, 英 Spirit, 佛 esprit, 梵 ātman〕 엄밀히 말해서 정신에 해당하는 산스크리트어는 없다. 정신을 육체와 구분시킨 영혼으로 파악하면 'ātman'·'jiva', 마음과 의식으로 파악하면 'manas'·'buddhi'·'jñāna', 비물질적인 것으로 보

ㅈ

면 'ajada'·'cit'가 해당하지만, 어느 쪽도 충분하지는 않다. 일부 유물론자를 제외하고 인도에서는 인간을 구성하고 있는 요소로 정신적 원리를 드는 일이 많아서, 육체는 사후에 소멸해도 그 원리인 정신은 사라지지 않는다고 생각했다. 우파니샤드에서는 그것을 아트만이라고 부르는데, 개인원리·생명원리·자아·내재하는 힘 등을 의미한다. 베단타학파는 이 아트만을 우주의 원리인 브라흐만과 동일시하였다. 아트만은 순수정신이고, 실재하는 유일한 것으로서, 어떠한 작용·기능·활동도 갖지 않는다. 상키야학파는 정신적 원리를 푸루샤(puruṣa)라 한다. 아트만과 같이 푸루샤에도 작용은 없으며, 생사와 윤회, 해탈과는 관련이 없다. 푸루샤가 근본물질인 프라크리티를 관조함으로써, 통각(統覺)기능 등이 프라크리티에서 전개된다고 설명한다. 두 학파에 따르면 아트만과 푸루샤만이 정신으로 불릴 수 있는데, 이들은 결코 행위의 주체가 아니며 통각기능은 정신에 포함되지 않는다. 한편 니야야·바이세시카학파는 아트만을 지(地)·수(水)·화(火)·풍(風)·공간(空間)·시간(時間)·방각(方角)·마나스와 함께 실체의 하나로 헤아려, 최고 아트만과 지바 아트만의 두 종류로 인지했다. 전자는 신〔Iśvara〕을 의미하는 것으로서 유일하지만, 후자는 개개인의 육체에 따라 다른 것으로서 행위주체와 경험주체를 말한다. 이 학파에 의하면, 아트만은 지식·즐거움·고통·욕망·증오·노력·선(善)·악(惡) 등의 성질을 가진다. 불교에서는 정신적 원리를 세우지 않지만, 인간을 구성하는 오온(五蘊) 가운데 정신적 작용으로서 수(受)·상(想)·행(行)·식(識)을 포함한다. 정신적 원리의 인식방법으로는 추론이 일반적이나 심적지각(心的知覺; mānasapratyakṣa)을 드는 경우도 있다.

정심【正心】조선시대의 승려. 호는 벽계(碧溪). 금산 사람. 태고보우(太古普愚, 1301-1392)의 적손(嫡孫)인 구곡각운(龜谷覺雲)의 법을 이었는데, 명(明)나라에 가서 총통(摠統)화상의 법인(法印)을 전해 왔다. 태종이 불교를 억압하자, 머리를 기르고 황간 황악산에 들어가 고자동 물한리에 숨어 살았다. 뒤에 선(禪)은 벽송지엄(碧松智儼)에게, 교(敎)는 정련법준(淨蓮法俊)에게 전하였다.

정안【定眼】선정에 들어 정숙해지고 대상에 대하여 동요하지 않는 눈을 말함.

정어【正語】〔梵 samyagvāc, 巴 samma-vācā, 英 right speech〕①팔정도(八正道)의 하나. 망어(妄語)·사어(邪語) 등을 하지 않는 것. 고운 말을 사용하는 것. ②석존이 성도한 뒤에 처음으로 교화를 받은 5비구의 한 사람인 바부(婆敷).

정업【定業】〔英 Fixed karma, rebirth determined by the good or bad actions of the past〕 결정업(決定業)을 줄인 말. ①과거에 지은 업(業)에 의하여 당연히 현세에서 받게 되는 과보. ②과보를 받을 때가 정해진 정업(定業)으로, 현세에 업을 지어서 현세에 과보를 받는 것을 순현업(順現業), 현세에 업을 지어서 다음 생에 과보를 받는 것을 순생업(順生業), 현세에 업을 지어서 다음 생(生) 이후에 받는 것을 순후업(順後業)이라 한다.

정업【正業】〔梵 sammā-kammanta, samyak-karma-anta, 英 Right action〕 해탈(解脫)의 길인 팔정도(八正道)의 하나. 바른 행동. 즉 살생, 삿된 음행, 도둑질 등을 하지 않는 것.

정유리세계【淨琉璃世界】〔英 The pure crystal realm in the eastern region, the paradise of Yao shin 藥師 Buddha〕 약사여래(藥師如來; Bhaiṣajyaguru)의 정토. 정유리(淨琉璃; vaiḍūrya)는 유리와 같이 청정하다는 뜻. 정유리세계(淨琉璃世界)란 유리와 같이 청정한 국토라는 뜻. 『약사본원경(藥師本願經)』에 보인다.

정인【正因】〔英 The true or direct cause, as compared with 因緣 a contributory cause〕 ①연인(緣因)에 상대되는 말. 바로 물(物)·심(心) 제법(諸法)을 생(生)하는 인종(因種)을 말한다. 이것을 도와주는 힘을 연인(緣因)이라 한다. ②왕생 또는 성불하는 결과를 얻는 데 대하여, 정당한 씨앗〔因種〕이 되는 것.

정전백수자【庭前栢樹子】 선종(禪宗)의 화두 가운데 하나. 조주선사(趙州禪師, 778-897)에게 한 승(僧)이 와서 묻기를, "어떤 것이 조사가 서쪽에서 온 뜻입니까?"라고 하자 조주선사가 "뜰 앞에 있는 잣나무니라."라고 대답한 데서 유래된 화두이다.

정정【定靜】 마음이 안정되고 고요한 것. 정(定)이란 마음을 하나로 안정시켜 삼매(三昧)의 경지에서 흩어지지 않는 것이요, 정(靜)은 천만경계에 마음이 끌려가지 않는 것이다. 정정(定靜)에는 내정정(內定靜)과 외정정(外定靜)이 있는데, 내정정(內定靜)은 일이 없을 때 염불과 좌선 등으로 번뇌를 잠재워 온전한 근본정신을 양성하는 것이요, 외정정(外定靜)은 경계 속에서 대의(大義)로 취사(取捨)하여 정신을 요란하게 하는 마(魔)의 근원을 없애는 것이다.

정정【正定】〔梵 samyak-samādhi, 巴 sammā-samādhi, 西 yaṅ dag paḥi tiṅ ṅe ḥdsin, 英 right abstraction or concentration, so that the mind becomes vacant and receptive, the eight of the 八正道〕 팔정도(八正道)의 하나. 바른 집중. 바른 삼매. 즉 산란한 생각을 여의고, 네 단계의 선정수행〔사선정〕으로 마음의 평정에 이르는 것.

정정진【正精進】〔梵 samyag-vyāyāma, 巴 samma-vāyāma, 英 right effort, zeal, or progress, unintermitting perseverance〕 팔정도(八正道)의 하나. 바른 정진. 바른 노력. 즉 악행을 버리고 선행에 힘쓰는 것.

정정취【正定聚】〔梵 niyatu-rāṣi, samyaktva-niyāma-avakramaṇa〕 삼취(三聚; 正定聚·邪定聚·不定聚)의 하나. 이상과 같이 중생을 세 가지로 분류함. 정정취는 수도(修道)에 정진하여, 마침내는 불(佛)의 경지에 이를 수 있는 중생을 가리킨다. 이에 반하여 사정취(邪定聚)는 불법을 비방하고, 전혀 불도수행에 뜻이 없는 중생이고, 부정취(不定聚)는 정정취(正定聚)나 사정취(邪定聚) 중 그 어느 하나로 가늠하기 어려운 애매한 중생을 말한다.

정종분【正宗分】 경(經) 가운데서 주요한 내용이 설명된 부분을 말함. 곧 본론에 해당함.

정진【精進】〔梵 vyāyāma, utsaha, virya, 巴 viriya, pahāna, 英 diligence; assiduity; purification〕 ①범어(梵語) 'virya'의 음역. 노력, 부지런히 수행함을 뜻함. 소승 유부(有部) 75법의 하나. 대승백법(大乘百法)의 하나임. 육바라밀의 하나로서, 정진바라밀(精進波羅蜜)이라고 부른다. 불교도가 반드시 준수하여야 할 실천덕목의 하나이다. 불교교의에 따라 끊임없이 수행에 노력하고, 끊임없이 선(善)을 닦고 악(惡)을 끊어, 불교에서 요구하는 완선(完善)의 경지에 도달한다는 것. ②세속의 인연을 끊고, 재계(齋戒)하고, 소식(素食)하면서 불도(佛道)에 몸을 바치는 것.

정진바라밀다【精進波羅蜜多】〔梵 virya-pāramitā〕 6바라밀다·10바라밀다 가운데 하나. 정진(精進)에 의해 훌륭한 공덕(功德)을 몸에 익히는 것. 정진(精進) 항목 참조.

정토【淨土】〔梵 ksetra-pariśuddhi, kṣetra-pariśuddhi, 英 The Pure Land, or paradise of the west, presided over by Amitābha〕 본래의 의미는 불국토(佛國土)로서, 각자(覺者)가 된 불타(佛陀), 또는 각자(覺者)나 각자가 되기 위해 수행하고 있는 보살(菩薩)이 머무는 세계를 뜻함. 불국토는 번뇌가 없으므로 정토라고 함. 반대로 현재 우리가 살고 있는 이 세계는 예토(穢土)임. 아미타불의 서방극락정토·약사여래의 동방정유리세계·아촉불의 동방묘희세계(東方妙喜世界) 등이 불국정토이고, 미륵보살의 도솔천(兜率天)·관음보살의 보타락산(補陀落山) 등은 보살의 정토라고 불린다. 불(佛)의 정토는 이들 제불(諸佛)이 보살이었을 때 세운 서원에 의하여 만들어진 곳으로서, 모든 사람들을 그 불국토(佛國土)에 왕생(往生)시켜 구제하는 것을 목적으로 하고 있다. 한편 이와 같은 불국토

개념에 비하여, 인간이 살고 있는 이 세계가 곧 정토라고 하는 사고방식도 있다. 즉 사바즉적광토(娑婆卽寂光土)라 하는 사고방식인데, 그 예로는 석가모니불의 영산정토(靈山淨土)나 비로자나불의 연화장세계(蓮華藏世界) 등이 있다. 신라시대의 고승 원효는 유심정토(唯心淨土)라고 하여, 정토란 마음속에 있다고 했다. 즉 마음이 불안하고 괴로우면 그것이 바로 지옥이고, 마음이 평온하면 그것이 곧 극락정토이며 불국토라는 것이다. 이상과 같이, 같은 정토라는 말 가운데 여러 가지 정토가 포함되어 있지만, 정토교가 성행한 이후에는 정토라면 대개 아미타불의 서방극락정토를 뜻한다. 극락과 같은 말.

정토교【淨土敎】〔英 the Jeongto sect〕'정토(淨土)', 즉 사후(死後) 붓다의 청정한 국토에 태어나기를 소망하는 대승불교의 한 종파(宗派). 정토에는 여러 가지가 있지만, 일반적으로 정토교라고 하면 아미타불의 '극락정토(極樂淨土)'를 가리킨다. 따라서 정토교는 아미타불 신앙과 일치한다. 또한 사후 정토에 태어나는 것을 '왕생(往生; The future life, the life to which anyone is going; to go to be born in the Pure Land of Amitābha)'이라고 부른다. 정토에 해당하는 범어(梵語)의 원어는 없는데, 'buddhakṣetra〔佛國土〕'가 이에 일치하는 말이다.

[정토교의 성립] 초기불교에서는 과거칠불(過去七佛)은 인정하면서도 현재 여러 부처의 존재는 인정하지 않았다. 현재의 부처는 석가모니 부처님 한 분뿐이라는 개념이었다. 그러나 대승불교에서는 타방(他方)세계를 인정하고, 그 각각의 세계에도 부처님이 있으면서 현재에도 부단히 활동하고 있는 여러 부처를 상정하게 되었다. 서방극락세계에 머무는 아미타불은 동방의 아촉불과 함께 대승불교의 가장 이른 시기부터 신앙된 타방불(他方佛)이었다. 아미타불의 기원에 대해서는 인도 이외의 이란 쪽 문화의 영향 등이 있었다고 하는데, 분명하지는 않다. 현재 아미타불의 명칭에 대해서 범어 원전을 보면, 'Amitābha〔無量光〕'와 'Amitayus〔無量壽〕'라는 두 가지가 있다. 이것으로 보아 두 가지의 계통이 있었다고 생각되지만, 원래 하나의 원어에서 비롯된 것이 뒤에 두 가지로 나누어졌을 것으로 추정된다. 일반적으로 아미타불과 극락정토를 설하는 경전으로서 『(대)무량수경(大無量壽經)』·『관무량수경(觀無量壽經)』·『아미타경(阿彌陀經)』 3종류가 있는데, 이것을 정토삼부경(淨土三部經)이라고 한다. 이들 가운데 『무량수경』과 『아미타경』은 모두 그 성립 초기에 범어(梵語) 경전 이름이 'Sukāhvati-vyūha〔극락의 장엄〕'였다. 이 중 특히 『무량수경』의 다른 번역인 『대아미타경

ㅈ

(大阿彌陀經)』이 2, 3세기에 한역(漢譯)되었는데, 이것은 가장 이른 시기에 성립한 대승경전의 하나이다. 이 경전에는 아미타불이 과거세에 법장(法藏; Dharmākara)이라는 이름의 비구, 또는 보살이었고, '본원(本願; 誓願; praṇdhāna)'을 세워 수행을 성취하여 그 본원을 실현함으로써 현재 극락세계에서 중생을 구제하고 있다고 설하고 있다. 그때 세운 본원의 다름에 따라 24원(願)·48원·36원 등이 있는데, 이것은 시대에 따라 변천한 것으로 생각된다. 일반적으로 중국·한국·일본에서 사용하고 있는 것은 강승개(康僧鎧; Saṃghavarman)가 번역한 『무량수경』으로, 여기에서는 48원이 설명되고 있다. 아미타불의 본원에 의해 만들어진 극락정토는 원칙적으로 수행의 장(場)이지만, 실제적으로는 사후의 이상세계로서 신앙되는 측면이 강하다. 극락세계에 대한 왕생의 수단은 본원 중의 규정과 『무량수경』의 삼배단(三輩段)의 규정이 있다. 전자에 관해 중국 등에서 중시하는 것은 위역(魏譯)의 제18원이다. 여기에서는 "시방의 중생들이 지심(至心)으로 믿고, 우리 국토에 생(生)하기를 희망하며, 내지 열 번 생각〔十念〕한다. 만약 극락정토에 생(生)하지 못하면 정각(正覺)을 이루리라."는 서원이 나타나는데, 이와 비슷한 원(願)이 다른 본(本)에서도 보인다. 후자는 좀 복잡하지만, 그 가운데도 아미타불을 염(念)하고 있다. 염불(念佛)의 원어는 'buddha-anusmṛti', 'buddha-manasikāra'인데, 이것은 붓다를 사념(思念)하는 것을 말한다.

[정토교의 발전] 이와 같이 정토사상의 원형은 스스로의 수행에 의해 깨달음을 얻는다고 하는 원칙 이외에도, 아미타불의 본원의 힘으로 염불 등과 같은 비교적 쉬운 수행방법에 의해 왕생할 수 있다고 하여, 새로운 구제의 길을 개척한 것이었다. 이에 대해 염불을 대승의 삼매(三昧)의 실천행으로 취합하려는 경향이 나타났다. 이것이 '반야삼매(般若三昧; 現在諸佛悉在前立三昧)'이다. 이것은 아미타불을 사념(思念)함으로써 현재의 여러 부처가 행자(行者)의 면전(面前)에 나타난다고〔혹은 행자가 현재 諸佛의 면전에 서서〕 하는 것으로, 염불의 실천적인 면을 중시하는 것이었다. 이러한 경향의 전개상에는 중앙아시아에서 발전한 것으로 추정되는 행법(行法)인 '관불삼매(觀佛三昧)'가 있는데, 점차 붓다나 그의 정토를 관찰·관상(觀想)하는 방법이 수행방법으로 되었다. 『관무량수경』은 그러한 부류에 속한 것으로서 16관(觀), 곧 16단계를 추구해서, 극락정토와 아미타삼존(阿彌陀三尊; 아미타불과 관음, 勢至보살) 등을 관상하는 방법을 확립했다. 또한 16관의 마지막 3관은 구품단(九品段)이라고 불리는데, 상품상생(上品上生)부터 하품하생(下

品下生)까지의 9단계 왕생방법을 설하고 있다. 특히 하품(下品)의 3단계에는 악인(惡人)의 왕생과 '구칭염불(口稱念佛)'에 대해 설하고 있는데, 중국과 한국·일본에 커다란 영향을 끼쳤다.

[중국·한국·일본에서의 전개] 정토교는 인도에서도 매우 널리 퍼져 있을 뿐 아니라 티베트에까지도 알려졌지만, 독자적인 전개를 펼친 것은 주로 중국이나 한국·일본에서이다. 중국에서는 일찍이 여산(廬山)의 혜원(慧遠, 335-417)이 백련사(白蓮社)를 결성하여 염불을 행하였다. 중국 정토교의 주류는 염불삼매(念佛三昧)로서, 염불에 의해 견불(見佛)을 구하는 반주삼매(般舟三昧)나 『관무량수경』의 계통이 중시되었다. 천태(天台) 4종 삼매의 하나인 '상행삼매(常行三昧)'도 90일간의 염불에 의해 아미타불을 현시(顯示)해 간다는 것이다. 뒤에는 '선정일치(禪淨一致)' 혹은 '선정병수(禪淨竝修)'라고 하여 좌선과 염불을 병행하는 것이 널리 행해졌다. 한국에서 정토사상은 신라시대 원효·법위(法位)·현일(玄一)·경흥(憬興)·의적(義寂)·원측(圓測) 등이 배출되어 신라 정토교학의 전성기를 맞이하였다. 그러나 하나의 종파나 교단형성으로까지는 발전하지 아니하였다. 일본 정토교에 큰 영향을 끼친 것은 담란(曇鸞, 476-542)·도작(道綽, 562-645)·선도(善導, 613-681)이다. 이 계통은 『무량수경』과 『관무량수경』을 중시하였는데, 특히 『관무량수경』을 중심으로 하여 쉬운 실천행으로서 염불에 중점을 두었다. 특히 선도(善導)는 『관무량수경』에 독특한 해석을 가해, 범부(凡夫)로서도 가능한 구칭염불(口稱念佛)을 중심으로 한 염불을 설하여, 당(唐)나라 초기의 장안(長安)을 중심으로 널리 수용하게 되었다. 일본에서는 혜은(惠隱)이 명천황(明天皇) 12년〔640〕에 궁중에서 『무량수경』을 설한 것이 최초의 기록으로, 나라(奈良)시대에는 지광(智光) 등이 정토원생자(淨土願生者)로서 알려졌다. 헤이안(平安)시대에는 파인(巴仁)이 오대산(五台山) 법조계(法照系)의 염불을 전하여, 히예산(比叡山)의 상행삼매(常行三昧)를 시작으로 헤이안(平安) 중기에 공야(空也, 901-972)와 원신(源信, 942-1017) 등의 활동에 의해 정토교가 융성하게 되었다. 이 가운데서도 원신(源信)의 『왕생요집(往生要集)』은 처음으로 정토교를 체계적으로 설한 책으로서, 후대에 큰 영향을 미쳤다. 원정기(院政期)에는 양인(良忍, 1072-1132), 영관(永觀) 등이 두드러진 활동을 하였다. 더구나 헤이안(平安) 말부터 가마쿠라(鎌倉)시대에 걸쳐 법연(法然, 1133-1212)의 활동이 사회적으로도 큰 반향을 불러일으켰다. 법연(法然)은 '편의선도(便依善導)'를 주장하며, 선도(善導, 613-681)의 『관무량수경소(觀

無量壽經疏)』에 근거해 구칭염불(口稱念佛)을 설하고, 전수염불(傳修念佛)의 입장에서 염불 이외의 행위는 불필요한 것으로 간주하였는데, 이는 귀족으로부터 민중에 이르기까지 널리 수용되었다. 법연(法然)의 문하(門下)에서는 변장(弁長; 鎭西流)·정공(鉦空; 西山流)·신서(辛西; 一念義)·육관(陸寬; 多念義)·장서(長西; 諸行本願義)·친란(親鸞; 淨土眞宗) 등이 나와 여러 설로 나누어졌다. 처음에는 서산류(西山流) 등의 세력이 강했지만, 후에는 진서류(鎭西流)의 세력이 증대되었는데, 오늘날의 정토종은 그 흐름에 속한다. 친란은 법연 문하에서 일념의(一念義) 등의 급진파에 가까운 입장이었는데, 후에 관동(關東)으로 옮겨 '행(行)'보다는 '신(信)'에 중점을 둔 독자적인 입장을 주장하였다.

정토문【淨土文】1권 1책. 조선 숙종(肅宗) 때 성총(性聰, 1631-1700)이 엮음. 여러 경소(經疏)에서 격언(格言)을 발췌하여 엮은 책이다.

정토사상【淨土思想】정토왕생(淨土往生)을 주제로 전개된 대승불교의 사상. 정토는 불보살들이 사는 곳으로, 중생들이 사는 예토(穢土)의 상대적인 말이다. 곧 극락과 동의어. 정토는 예토와 달리 온갖 고통과 번뇌가 사라지고 즐거움과 청정함만이 존재하는 세계이다. 정토에는 아미타불이 거주한다는 서방극락정토, 약사불의 거주처인 동방정유리세계(東方淨琉璃世界), 미륵불의 거주처인 도솔천, 관음보살이 사는 보타락산(補陀落山) 등이 있다. 정토사상이 전개된 배경은, 보살정신에 바탕을 둔 이타행(利他行)에 대한 강조 때문이다. 곧 스스로 불법(佛法)을 깨달아 성불하기에는 능력이 부족한 중생들이, 자신들을 구제해 주리라 여기는 불보살들의 원력(願力)에 의지하여 정토에 왕생하기를 기원하는 신앙심을 기초로 한 것이다. 중생들에게 정토왕생은 곧 해탈과 동일한 것으로 여겨진다.

정토삼부경【淨土三部經】정토교(淨土敎)의 세 가지 근본경전인 『무량수경』·『관무량수경』·『아미타경』을 말한다.

정학녀【正學女】〔梵 śikṣamāṇa, 巴 sikkhamāna〕학계녀(學戒女)·학법녀(學法女)라고도 한다. 사미니〔尼僧〕로서 구족계(具足戒)를 받으려는 사람. 사미니로서 비구니에 이르는 18세에서 20세까지의 여승을 말한다. 이 동안에 사근본(四根本) 육법(六法) 등의 행법을 수련시켜 구족계를 받을 만한가를 시험하며, 아기를 가졌는지 여부를 시험한다. 정학녀의 기간은 2년. 식차마나(式叉摩那)를 번역한 말.

정행【淨行】〔梵 brahma-cārya, 西 tshaṅs par spyod pa〕청정(淸淨)하여 물들지 않은 행위. 깨끗한 행위. 범행(梵行)과 같은 뜻.

정향【定香】오분법신향(五分法身香)

의 하나. 선정(禪定)의 역량(力量). 선악 등의 여러 가지 대상에 대하여 조금도 마음이 동요하지 않는 것을 말한다.

정혜 【定慧】〔梵 prajñā malā, 西 śes rab dri med, 英 Meditation and wisdom〕 ①정신수양과 사리연구. 정(定)은 선정(禪定)으로서 정신수양을, 혜(慧)는 사리연구를 가리킨다. ②선정(禪定)과 지혜(智慧). 선정은 마음을 한곳에 머물게 하는 것이요, 지혜는 사리(事理)를 관조(觀照)하는 것이다. ③청정(淸淨)하고 염오(染汚)가 없는 지혜(智慧).

정혜결사 【定慧結社】 고려 신종 때의 고승인 지눌(知訥, 1158-1210)이 정(定)과 혜(慧)를 함께 닦자는 취지에서 조직한 결사운동(結社運動). 명종 18년〔1188〕 팔공산(八空山) 거조암(居祖庵)에서 정혜쌍수(定慧雙修) 습정균혜(習定均慧)할 동지와 더불어 정혜사(定慧社)라는 결사운동을 조직하였는데, 그 후 장소가 협소하여 순천 송광사(松廣寺)로 옮겼다. 나중에 이름을 수선사(修禪社)로 바꾸었다.

정혜결사문 【定慧結社文】 고려 신종 때의 고승인 지눌(知訥, 1158-1210)이 정혜결사(定慧結社)를 시작할 때 그 취지를 적은 글. 이 글에 의하면, 지눌은 고려 명종 12년〔1182〕에 당시 도읍인 개성 보제사(普濟寺)의 담선법회(談禪法會) 자리에서 동학(同學) 10여인과 정혜쌍수(定慧雙修)를 위한 결사를 주장했으나 실패하였고, 동왕 18년〔1188〕에 다시 정혜사(定慧社)를 발기하여 2년 뒤에 뜻을 이루었다고 한다. 이 글 속에서 지눌은 정(定)과 혜(慧)를 함께 닦는 것이 불도수행의 요체가 됨을 밝혀 자기의 소신을 명백히 하였다. 『보조법어』에 수록되어 있다.

정혜쌍수론 【定慧雙修論】 선정(禪定)과 지혜(智慧)를 함께 닦아야 한다는 논리. 고려의 지눌(知訥, 1158-1210)이 주장하는 이론. 정혜등지(定慧等持)라고도 한다. 정(定)이란 모든 반연을 끊고 마음을 고요하게 하여 적연불변(寂然不變)하는 것이며, 혜(慧)란 관조(觀照)의 공부로 인하여 지(知)가 분별이 없음을 말하는 것이다. 지눌은 수행의 방법으로 정혜(定慧)를 함께 닦아야 한다고 주장했다. 정혜쌍수(定慧雙修)는 적적(寂寂)과 성성(惺惺)에 편중하는 것을 다 경계(警戒)하고 이를 함께 닦게 하는 것으로, 곧 수(修)와 오(悟)의 병행(並行)이었다. 지눌은 정(定)이나 혜(慧) 하나에 떨어지는 것은 참다운 수행의 길이 아니라고 보았다. 지눌은 『정혜결사문』에서 규봉(圭峰, 780-841)의 『법집별행록』을 인용하면서, 성성적적(惺惺寂寂)한 심(心)이 상황에 따라 명칭은 다르지만 본질은 일관하고 있음을 지적했다. 따라서 수행의 묘도(妙道)는 성성적적, 적적성성의 정혜

(定慧)가 중심 강령이라고 보았다.

정혜원명 【定慧圓明】 정(定)과 혜(慧)가 모두 완전한 것. 선정(禪定)과 지혜(智慧)가 동시에 구족(具足)하여 충실·완전한 것.

제 【諦】〔梵 Satya, 巴 Sacca, 英 To judge, examine into, investigate, used in Buddhism for satya, a truth, a dogma, an axiom〕 참된 진리(眞理)를 말함. 중요한 것으로는 사제(四諦; 苦諦·集諦·滅諦·道諦), 이제(二諦; 眞諦와 俗諦, 第一義諦와 世俗諦, 勝義諦와 名言諦, 眞俗二諦), 삼제(三諦; 空諦·假諦·中諦) 등이 있다.

제경요집 【諸經要集】 중국 당(唐)나라 때〔657〕 도세(道世, ?-683)가 편찬함. 20권. 여러 가지 경(經)·율(律)·론(論)에서 중요한 문장들을 뽑아서 편집한 것. 대략 2백 종에 이르는 대소승(大小乘) 경전과 삼장(三藏)에서 뽑은 구절들 가운데에는 특히 선악업보(善惡業報)에 대한 구절들이 많다. 그런 까닭에 『선악업보론』이라고 불리기도 한다. 각 부의 이름은 제1 삼보부(三宝部), 제2 경탑부(敬塔部), 제3 섭념부(攝念部), 제4 입도부(入道部), 제5 패찬부(唄讚部), 제6 향등부(香燈部), 제7 수청부(受請部), 제8 수재부(受齋部), 제9 파재부(破齋部), 제10 부귀부(富貴部), 제11 빈천부(貧賤部), 제12 장도부(奬導部), 제13 보은부(報恩部), 제14 방생부(放生部), 제15 흥복부(興福部), 제16 택교부(擇交部), 제17 사신부(思愼部), 제18 육도부(六度部), 제19 업인부(業因部), 제20 욕개부(欲蓋部), 제21 사생부(四生部), 제22 수보부(受報部), 제23 십악부(十惡部), 제24 사위부(詐僞部), 제25 타만부(惰慢部), 제26 주육부(酒肉部), 제27 점상부(占相部), 제28 지옥부(地獄部), 제29 송종부(送終部), 제30 잡요부(雜要部) 등이다.

제9식 【第九識】 아마라식(阿摩羅識; Amala-vijñāna). 무구(無垢)·백정(白淨)·청정(淸淨)이라고 번역. 중국의 번역가 가운데서 신역가는 우주현상을 설명하면서 8식(識)을 들어, 제 8식 아뢰야(阿賴耶; Alaya)로써 미계(迷界)·오계(悟界)를 전개하는 근본이라 하므로, 제8식 이외에 따로 제9식을 인정하지 아니하고 정계(淨界)의 제8식을 아마라식이라 한다. 이에 비해 구역가에서는 이것을 따로 세워 제9식이라 하며, 아마라식이라 한다.

제다산부 【制多山部】〔梵 Jetaniya〕 소승 20부(部)의 하나. 불멸후(佛滅後) 200년경에 대중부(大衆部)에서 갈려 나온 일파. 파조(派祖)는 마하데바(摩訶提婆; Mahādeva). 제다산(制多山)에 살던 마하데바가 100년 앞서 활동했던 마하데바의 교의(敎義)를 이어서 대중부의 복고설(復古說)을 주장하였으므로, 이 일파를 제다산부(制多山部)라 한다. 그 주장은 대중부와 큰 차이가 없다. 현수(賢首, 643-712)는 이 부(部)를 법무거래종(法無

去來宗)에 소속시켰다.

제등행렬【提燈行列】부처님 탄생을 축하하는 뜻을 나타내려고, 여러 사람이 등(燈)을 들고 행렬(行列)을 지어 돌아다니는 것.

제바달다【提婆達多】〔梵 Devadatta〕 난타(難陀)의 동생. 석존(釋尊)의 사촌 동생. 석존이 성도한 뒤에 출가하여 제자가 되었다. 어려서부터 욕심과 질투심이 많아, 출가 전에도 싯달타태자〔석존〕와 여러 가지 일에서 경쟁하는 일이 많았다고 한다. 출가 후에는 부처님의 위세를 시기한 나머지 마갈타국의 아사세왕과 결탁하여 부처님을 없애고 스스로 새로운 부처님이 되려 했는데, 뜻을 이루지 못하자 마침내 5백 비구를 규합하여 따로 일파를 세웠다. 그 뒤 아사세왕이 그 당파에서 떠나고 5백 비구도 부처님에게 다시 돌아왔으므로, 제바는 고민하던 끝에 죽었다 한다. 이와 같이 제바달다는 부처님을 비방한 악인으로 알려져 있다. 그러나 근래 연구에 의하면, 제바달다는 당시 교단의 문제점을 지적함과 동시에 원칙을 주장했던 사람이라고 한다.

제법【諸法】〔梵 sarva-vastūni, bhāvāḥ, dharmaḥ, 英 all things; every dharma, law, thing, method, etc.〕 ①모든 존재를 뜻함. 우주 사이에 존재하는 유형·무형의 모든 사물. 우주만유·우주만법·삼라만상·천지만물 등을 뜻함. ②물질적〔物〕 정신적〔心〕 모든 현상.

제법개공【諸法皆空】〔英 All things being produced by causes and accessory conditions have no reality, a doctrine differently interpreted in different schools of Buddhism〕 일체개공(一切皆空)과 같은 뜻. 물질적〔物〕 정신적〔心〕 모든 현상〔諸法〕은 항존성(恒存性)이 없는 것으로서, 모두 공(空)으로 돌아간다는 뜻. 『아함경』 등 초기불교에서는 물·심 제법은 인연으로 생긴 것이므로, 인연이 흩어지면 실체가 없다〔無我空〕고 말함. 그 후 대승에서는 인연으로 생긴 것은 실재성을 가지지 못하므로, 그 물건 자체가 그대로 공(空)하다는 뜻으로 제법개공(諸法皆空)이라 한다. 초기불교의 무아(無我) 개념이 대승불교에 와서는 확대되어 자기만이 아니라 일체 모든 것이 다 공(空)이라고 하기에 이르렀다.

제법단명종【諸法但名宗】화엄종에서 말하는 10종의 제6. 미계(迷界)·오계(悟界)의 온갖 법이 다만 이름뿐이고 실체가 없다고 주장하는 일파. 20개 부파 가운데 일설부(一說部)가 이에 속한다.

제법무아【諸法無我】〔梵 niratmanah ṣarva-ḍharmah, 英 nothing has an ego, or is independent of the law of causation〕 삼법인(三法印)의 하나. 제법비아(諸法非我)라고도 한다. 제법(諸法)이란 모든 존재,

일체만법(一切萬法), 즉 물질적·정신적 모든 현상적 존재를 가리키는 것으로, 이러한 제법(諸法)에는 고정적인 실체(實体)가 없다는 것이 무아(無我)이다. 이 제법무아는 일체만유의 공간적 실재성(實在性)을 부정하는 것으로, 힌두교와 우파니샤드에서 주장하는 아트만(ātman; 自我), 즉 상주(常住)·유일(唯一)·주재성(主宰性)의 실아(實我)를 부정하는 것이 된다.

제법상즉자재문【諸法相卽自在門】 화엄종의 십현연기(十玄緣起) 가운데 제3연기. 만유제법은 그 자체가 모두 일체(一體)여서 서로 원융무애자재(圓融無碍自在)함을 말하는 한 부문. 하나가 곧 일체〔一卽一切〕이며 일체가 곧 하나〔一切卽一〕라는 것으로서, 모든 것이 분리되어 있는 것이 아니라 하나이며, 그러면서도 각각은 모두 무애자재하게 융화된다는 것.

제법실상【諸法實相】〔梵 tattvasya lakṣaṇa, 英 All things in their real aspect〕 모든 존재, 모든 현상의 진실한 모습. 제법(諸法)이란 모든 존재·현상을 말하고 실상(實相)이란 참으로 있는 그대로의 모습을 말하는데, 불교 일반에서는 진실한 이법(理法)·진여(眞如)·법성(法性) 등의 뜻으로 쓰인다. 『대지도론』 18권에서, "제법의 실상은 반야바라밀이다."라고 하고, 19권에서는, "제법실상에는 여러 가지 이름이 있다. 혹은 공(空)이라 말하고, 혹은 필경공(畢竟空)이라 말하고, 혹은 반야바라밀이라 하고, 혹은 아뇩다라삼먁삼보리라 부른다."고 하고 있다. 『사익경(思益經)』 2권에서는, "제법실상은 곧 열반이다."라고 하여 열반으로 제법실상을 파악하고 있다. 『유마경』에서는, "제법실상에 의하여 분명히 무상(無常)·고(苦)·공(空)·무아(無我)·적멸(寂滅)의 법(法)으로 삼는다."라고 한다. 또한 정토종에서는 미타(彌陀)의 명호(名号), 진언종은 아자불생(阿字不生), 법화종은 사종법계(四種法界), 법상종은 원성실성(圓成實性), 삼론종에서는 팔불중도(八不中道)가 제법실상이라고 하여, 각 종파에 따라서 달리 표현된다. 『법화경』 적문(迹門)에서는 「방편품(方便品)」 제2에서, 십여실상(十如實相)을 말하고 있고, 천태대사(天台大師, 538-597)는 십여실상을 바탕으로 마음에 갖추고 있는 삼천(三千; 理의 一念三千)을 세워서 실상(實相)으로 했다. 또한 『법화경』 본문(本門)에서는 본각본유(本覺本有)의 삼천(三千; 事의 一念三千)을 실상으로 하고 있다.

제법오위【諸法五位】〔英 The five orders of things〕 모든 법(法)을 세우는 데 있어, 구사론에서는 75법을, 성실종에서는 84법을, 대승 법상종에서는 100법을 세웠지만, 모두 5위(五位) 가운데 넣고 있다. 1. 색법(色法); 물질의 형체가 있는 것. 또는 물질로 인(因)을 삼아 발생하는 것. 2. 심법

(心法); 사물을 요식(了識)하는 것, 3. 심소법(心所法); 심법(心法)에 부수하여 일어난 것. 이는 심법이 소유한 법이기 때문에 심소법이라 함, 4. 불상응법(不相應法); 심법에 부수하지 않는 것, 5. 무위법(無爲法); 상주(常住)하여 인연으로부터 생한 것이 아닌 것 등이다.

제불 【諸佛】〔梵 buddhāḥ〕 여러 종류의 부처. 모든 부처〔佛〕.

제삼결집 【第三結集】 세 번째 경전 편찬회의. 불타 입멸 후 그 가르침이 없어짐을 막기 위해 각자 들은 것을 모으고 검토하여, 잘못된 것은 바로 하여 교법을 집성(集成)하는 사업을 결집(結集; saṃgiti)이라 한다. 불멸후 235년에, 아육왕(阿育王; Aśoka)의 보호 아래 제수(帝須)가 상좌(上座)가 되어 1천 명의 비구들이 파타리자성에 모여 삼장(三藏)을 확정한 것이 제3결집이다. 일천결집(一千結集)이라고도 한다.

제석 【帝釋】〔梵 Śakrodevendra, 英 sovereign Śakra; Indra〕 수미산의 꼭대기인 도리천(忉利天; Trā- yas- triṃśa)의 임금. 선견성(善見城)에 있으면서 사천왕과 32천을 통솔하고, 불법(佛法)과 불법에 귀의하는 사람을 보호하며, 아수라(阿修羅; Asura)의 군대를 정벌한다는 하늘 임금.

제석도량 【帝釋道場】 제석천을 신앙의 대상으로 하는 의식행사를 총칭하는 것. 제석천은 본래 인도의 무신(武神)인 인드라(Indra)가 불교에 수용되어 호법선신으로 발전한 것이다. 도리천에 살면서 불법과 불법에 귀의하는 사람을 보호하는 역할을 한다. 우리나라에서는 제석이 고대 농경사회의 토속신앙인 천신신앙(天神信仰)과 합쳐지면서 독립된 신앙으로 발전하였으나, 민간에서 제석은 재래의 토속신으로서의 신격과 기능은 사라지고 불교 호법신으로서의 신격과 기능만 가지게 되는 신중신앙(神衆信仰)의 대상이 되었다. 이후 기복과 발원의 목적으로 시작된 천신 숭배의 형태가 제석도량으로 정착하였다.

제석천 【帝釋天】〔梵 Śakrodevendra〕 수미산의 꼭대기 도리천의 임금. 제석 항목을 참조할 것.

제악막작 중선봉행 【諸惡莫作 衆善奉行】〔梵 sarva pāpasya akaraṇam, 英 To do no evil, to do only good〕 칠불통계게(七佛通戒偈)의 첫 구절. 모든 악은 짓지 말고 선(善)은 받들어 행하라는 것. 『열반경』 14권, 『증일아함경』 13권·44권에 나온다.

제6식 【第六識】 의식(意識). 의식은 안식(眼識)·이식(耳識)·비식(鼻識)·설식(舌識)·신식(身識)·의식(意識) 등의 6식(六識) 가운데 여섯 번째이므로 제6식이라 한다. 제6식은 물심(物心)의 모든 현상의 전체를 구별, 판단한다.

제6의식 【第六意識】 유식설에서 식(識)을 8종으로 나누는 가운데 제6번째인 의식(意識)을 말함. 전(前)의 오식(五識; 안·이·비·설·신)이 판단을 포함하지 않는 감각·지각인 것에 비해, 제6식은 지각 이후의 분별판단, 내지 소위 의식을 총칭한다. 단 제7식·제8식에 들어가는 무의식적인 식(識)과는 구별된다. 소승에 있어서도 제6의식의 의미는 동일하다.

제육천 【第六天】 타화자재천(他化自在天; Paranirmitavaśavartideva)을 말한다. 욕계(欲界) 육천(六天)의 여섯 번째로, 욕계에서 제일 높은 데에 있는 하늘. 욕계천의 임금인 마왕(魔王) 파순(波旬; Pāpiyas)이 있는 곳이다.

제이결집 【第二結集】 두 번째 경전 편찬회의. 불멸후 100년경에 야사(耶舍)의 발기(發起)로 장로(長老) 7백인이 비야리(毘耶離; vaiśāli)에 회합하여서, 계율에 관한 10가지의 다른 주장인 십사비법(十事非法)을 조사하여 바르게 한 것. 이것이 결집의 2번째이므로 제2결집이라고 하는데, 700명이 결집에 참여했다고 하여 7백결집이라고도 한다. 결집이란 경전 편찬을 위한 모임, 집회라는 뜻이다. 결집 항목 참조.

제일결집 【第一結集】 첫 번째 경전 편찬회의. 불타(佛陀) 입멸 후 그 가르침이 없어질까 걱정하여, 각자 들은 것을 모으고 검토하여 잘못된 것은 바로잡아서 교법(教法)을 편찬, 집성했던 사업을 결집(結集)이라고 함. 첫 번째 편찬회의를 제일결집이라고 한다. 부처님이 입멸하던 해에 마하가섭(摩訶迦葉; Mahakāśyapa)이 주관하여 왕사성 칠엽굴에서 5백 비구가 모여 결집했다고 한다. 이때에 경(經)·율(律) 2장(二藏)의 내용이 정해졌다. 5백 명이 결집했다고 하여 5백결집, 상좌(上佐)의 원로들이 결집했다고 하여 상좌결집이라고도 한다.

제일시교 【第一時教】 연월삼시교(年月三時教)의 하나. 유식종(唯識宗)에서 설한 연대의 차례를 따라 교법을 삼시(三時)로 나눈 것. 부처님이 보리수 아래에서 진리를 깨달은 뒤 처음 아함(阿含) 등을 설한 것.

제일의공 【第一義空】 〔梵 paramārtha, 西 don dam pastoṅ pa nid〕 대승(大乘)의 지극한 진리를 제일의공(第一義空)이라 한다. 소승은 무아(無我)에 집착한 나머지 공(空)에 빠져 있으나, 대승은 공(空)도 또한 공(空)한 것으로 파악하는 중도실상(中道實相)의 공(空)이므로 제일의공(第一義空)이라 한다.

제일의제 【第一義諦】 〔梵 paramātha-satya〕 이제(二諦; 世俗諦·第一義諦) 가운데 하나. 진제(眞諦)·성제(聖諦)·승의제(勝義諦)라고도 한다. 열반(涅槃)·진여(眞如)·실상(實相)·중도(中道)·법계(法界)·진공(眞空) 등 심묘(深妙)한 진리를 가리킨다. 제(諦)는 진리라는 뜻인데, 이 진리는 제법(諸法) 가운데 제일이라는 뜻이다.

제장순잡구덕문【諸藏純雜具德門】화엄종의 십현연기(十玄緣起)의 제7. 수행하는 데 일(一)·다(多)의 행이 서로 즉입(卽入)함을 말하는 한편, 순일(純一)한 행(行) 가운데 복잡한 행이 그대로 덕으로서 갖추어져 서로 구애받지 아니함을 말한다. 예컨대, 보시(布施)의 행 가운데 다른 일체의 행이 갖추어져 있다고 하는 것같이, 보시의 행이 곧 만행(萬行)이라는 뜻이다. 신십현(新十玄)에서 이것을 광협자재무애문(廣狹自在無碍門)이라 한 것은 현상인 사(事)에서 말한 것으로, 본체인 이(理)에는 관계가 없음을 보인 것이다.

제창【提唱】〔英 To mention, to deliver oral instruction, or the gist of a subject, as done in the Intuitional school〕①제강(提綱). ②선종(禪宗)에서 여러 조사(祖師)들이 지은 어록을 강의하는 것.

제칠식【第七識】말나식(末那識). 여러 식(識) 가운데 일곱 번째이므로 제7식이라 한다. 말나식〔manas〕을 의식(意識)이라고도 번역한다.

제팔식【第八識】아뢰야식(阿賴耶識; Ālaya vijñāna)의 별명(別名). 여러 식(識) 가운데 여덟째이므로 제8식이라고 한다.

제행무상【諸行無常】〔梵 Anityā bata saṃskārāh, 巴 Aniccā bata saṃkārā, 英 Whatever is phenomenal is impermanent〕불교 전반에 통하는 근본의(根本義)로, 삼법인(三法印)의 하나. 물질적〔物〕·정신적〔心〕인 모든 현상은 시시각각 변화하는 것으로, 영원한 것은 없다는 것. 인과(因果)의 관계로 생성된 모든 것은 변화한다는 교의(教義). 『열반경』 14에 나오는, "제행무상(諸行無常) 시생멸법(是生滅法) 생멸멸이(生滅滅已) 적멸위락(寂滅爲樂)"의 사구게(四句偈)를 제행무상게(諸行無常偈)라고 한다.

제호【醍醐】〔梵 maṇḍa, 巴 ghata, 英 a rich liquor skimmed from boiled butter; clarified butter〕옛날 인도에서는 우유로 만드는 것으로 다섯 가지가 있는데, 그 가운데 가장 정제(精製)하여 만든 것이 제호이다. 맛이 제일 좋고, 열병(熱病)에도 귀중한 약품으로 쓰인다. 불교에서는 제호를 불성(佛性)에 비유한다.

조계종【曹溪宗】본래 조계(曹溪)는 중국 선종(禪宗)의 6조인 혜능(慧能, 638-713)의 별호로, 혜능이 소주 부근의 조계산(曹溪山)에서 법을 닦아 조계라고 불린 데서 유래한다. 우리나라의 조계종은 신라 때부터 내려오던 구산선문(九山禪門)이 모두 조계 혜능의 종풍(宗風)을 계승하였으므로, 고려 때에 이르러 선종의 총칭으로 사용되었다. 1200년〔고려 신종 3〕 보조지눌(普照知訥, 1158-1210)이 승주군 송광산 길상사에서 정혜사를 창설하였는데, 희종이 즉위한 뒤 산 이름을 조계산, 절 이름을 수선사라 고친 뒤부터 조계종이라는 이름이 생겼다. 1212년〔康宗 1〕 고려 강종(康宗)이 조계산 수선사파를 조계종이라 하였으나, 어느 한 종〔一宗〕만이 독점한 것이 아니라 선종을 범칭한 것이었다. 근대에는 1941년 조선불교 총본산을 만들면서 선교양종(禪敎兩宗)이란 종명(宗名)을 고쳐 조선불교 조계종이라 하였다. 조계종은 오늘날 한국불교를 대표하는 가장 큰 종파이다.

조과도림 【鳥窠道林, 741-824】 중국 당(唐) 덕종·순종·헌종 때의 스님. 속성은 반(潘)씨, 자는 도림(道林). 9세에 출가하여 『화엄경(華嚴經)』·『기신론』을 배우며 선(禪)을 닦아 크게 깨쳤다. 항상 높은 소나무 위에서 좌선하기를 좋아했으므로 조과선사(鳥窠禪師)라 불렸다. 당시의 유명한 백낙천(白樂天, 772-846)이 조과선사를 찾아가, "선사께서 높은 나무 위에 올라 앉아 계시니 매우 위험하게 보입니다." 하니, 조과선사는 "나보다 태수(太守)가 더 위험하게 보이오."라고 하였다. 백낙천이 "나는 땅 위에서 있는데 무슨 위험이 있습니까?"라고 하자, 조과선사는 "태수의 마음은 항상 안정되지 못하고 경계에 따라 끌려 다니니, 어찌 나보다 더 위험하지 않겠소."라고 하였다. 이 대화에서 조과선사는 비록 땅 위에 있어도 마음이 안정되지 못하면 나무 위에 있는 것보다 더 위험함을 말하고 있다. 84세로 입적했으며, 시호는 원수(圓修)이다.

조당집 【祖堂集】 중국 후당(後唐) 때〔952〕 문등(文燈)이 지음. 20권. 선가(禪家) 고승들의 행적과 어록을 채록한 것으로, 스승이 제자에게 선법을 전한 선문답이 많이 실려 있다. 앞에 문등(文燈)의 서문과 목차가 있고, 제1권에는 과거칠불에서부터 제16조 라후라에 이르는 23대(代)까지, 제2권에서는 제17조 이하 제28조 보리달마를 거쳐 제33조 혜능(慧能)에 이르는 17대를 열거하고, 제3권은 법융(法融)에서 회양(懷讓)까지 전한다. 제4권에서 제13권까지는 희천(希遷)을 비롯한 96명의 행적이, 그리고 제14권에서 제20권까지는 회양(懷讓)과 마조(馬祖)를 비롯한 83명을 수록하고 있다. 전체적인 경향은 주로 남종선(南宗禪), 즉 후세의 5가(家) 계통을 위주로 한다. 그래서 우두(牛頭)나 신수(神秀)·하택(荷澤) 계통은 거의 언급하지 않았다. 이 책은 서지학적으로나 선종사(禪宗史)에 있어서 몇 가지 중요한 가치를 갖는다. 먼저 이 책은 고려대장경에만 수록되어 있는 유일한 판본이다. 또한 이 『조당집』에는 우리나라의 여러 선사(禪師)들에 대한 기록이 담겨 있어 우리나라 선종사에 관한 가장 오래된 사료라고 할 수 있다. 그리고 이 책은 전법(傳法)의 계보에 관해 중요한 단서를 제공한다는 데서 그 가치가 높이 인정된다.

조동선【曹洞禪】 조동종(曹洞宗)에서 전(傳)하는 선법(禪法)을 말한다. 이 종(宗)에서는 묵조선(默照禪)을 강조하고 있다. 조동종 항목 참조.

조동오위【曹洞五位】 중국 당(唐)나라 말기의 선승인 동산양개(洞山良价, 807-869)가 상(上)·중(中)·하(下)의 삼근기(三根機)를 널리 교화하기 위하여 정중편(正中偏)·편중정(偏中正)·정중래(正中來)·편중지(偏中至)·겸중도(兼中到) 등의 오위(五位)를 세워 설명한 것.

조동종【曹洞宗】〔英 a branch of the ch'an school, was founded by Tung-shan 洞山〕 중국 선종(禪宗)의 오가칠종(五家七宗) 가운데 하나. 조계혜능(曹溪慧能, 638-713)의 제자 청원행사(青原行思, ?-740)로부터 5세(五世) 법손(法孫)인 동산양개(洞山良价)와 그의 제자 운거도응(雲居道膺, ?-902)·조산본적(曹山本寂, 839-901) 등이 나와 일파를 형성했는데, 이 동산양개의 계통을 조동종이라 한다. 이 종(宗)의 선풍은 온건종밀(穩健綜密)한 것이 특징이다. 송대 천동사 굉지정각이 펼쳤던 묵조선도 이 계통이다. 우리나라에는 고려 중후기 때 들어왔으나 간화선에 밀려 정착하지 못하였다. 일본에서는 도원(道元)이 정응(貞應) 2년〔1223〕에 송(宋)에 가서, 12세 법손인 천동산(天童山)의 여정(如淨)에게 법을 받고, 안정(安貞) 원년〔1227〕에 일본으로 돌아와 건인사(建仁寺)에 있다가, 후에 산성(山城; 京都府) 심초(深草)에 홍성사(興聖寺)를 세워 좌선을 중심으로 하는 선법(禪法)을 설한 것이 그 시작이다. 특히 영산소근(瑩山紹瑾) 때에 가장 성(盛)했다. 현재는 도원이 개창한 영평사(永平寺)와 소근이 개창한 총지사(總持寺)가 본산(本山)으로 되어 있다.

조론【肇論】 중국 동진(東晋) 때 구마라집(鳩摩羅什, 344-413)의 수제자인 승조(僧肇, 383-414)가 지은 책. 노장사상에 조예가 깊었던 승조가 노장(老莊)의 어구(語句)를 사용하여 인도불교의 반야사상을 논술·해석한 것으로, 당시 중국인의 불교이해를 단적으로 보여 주는 책이다. 전체를 총괄하고 있는 「종본의(宗本義)」로 시작하여, 1. 물불천론(物不遷論), 2. 부진공론(不眞空論), 3. 반야무지론(般若無知論〔附〕劉遺民書間·答劉遺民書), 4. 열반무명론(涅槃無名論) 등 4편을 수록하고 있는데, 「종본의(宗本義)」와 「열반무명론(涅槃無名論)」은 후세 사람들의 위작으로 생각된다. 그러나 『출삼장기집(出三藏記集)』 등 육징(陸澄)의 법론목록(法論目錄)에서는 각각 독립된 논으로 게재되어 있다. 그러나 장안관정(章安灌頂, 561-632) 대사의 『대열반경현의(大涅槃經玄義)』에 『조론』이란 이름이 나타나면

ㅈ

서부터 양(梁)에서 진대(陳代)에 걸쳐 지금과 같은 체제로 정리되었다고 할 수 있다. 성립의 순서는 3. 2. 1. 4.의 차례이고, 「종본의(宗本義)」가 마지막으로 부가 되었다. 「반야무지론(般若無知論)」은 406년〔弘始 8〕경에 저술된 것이다. 반야에 대한 이단(異端)의 논이 분분할 때, 진(秦)나라에 구마라집이 와서 대승(大乘), 특히 용수(龍樹)의 중관불교의 경론을 번역하였는데, 승조는 가장 일찍부터 참가하였다. 이 『조론』은 반야의 진의(眞意)를 노장(老莊)의 어구를 사용하여 해석한 것으로 중국 사상계에 제공한 것이라고 할 수 있다. 또한 여산(廬山)의 혜원(慧遠, 334-416) 등과 함께 이 논을 열람한 유유민(劉遺民)이 승조에 대해 질문한 것과 이에 대한 승조의 답변이 「유유민서간(劉遺民書間)」과 나란히 「답유유민서(答劉遺民書)」로서 「반야무지론」에 부가되어 있다. 「물불천론」과 「부진공론」에 대한 찬술의 전후가 명확하지 않지만, 「물불천론」은 반야지혜의 입장에서는 일체의 것이 천류(遷流)하지 않는 것을 설했다. 「부진공론」은 만상(萬象)은 진(眞; 有)이 아니라 공(空)이라는 것을 명확히 한 것이다. 「열반무명론」은 열반이 언어로 표현될 수 없음을 후진(後秦) 황제 요흥(姚興)에게 교시(敎示)한 것이다. 총괄적인 서론으로 있는 「종본의(宗本義)」는 승조의 진작(眞作)인지 의심되지만, 적어도 구마라집의 가르침인 반야사상을 매우 잘 이해한 사람에 의해 저술된 것이라고 볼 수 있다. 『조론』은 그 후 중국인의 불교 속에 깊이 침투하여 중국불교사상사에 큰 영향을 끼쳤는데, 6세기 말 혜달(慧達)의 『조론소(肇論疏)』 등 20여 종의 주소(注疏)가 쓰였다. 이 책은 정토교의 개조 담란(曇鸞, 476-542)의 『왕생론주(往生論註)』 등에 영향을 주었고, 당대(唐代) 중기 이후 중국선의 형성이나 화엄사상의 전개에 중요한 역할을 하였다.

조사【祖師】〔英 A first teacher, or leader, founder of a school or sect〕 ①한 종파를 처음 세우고, 그 종지(宗旨)를 열어서 주장한 스님에 대한 존칭. 달마조사와 같은 경우. ②개산조사(開山祖師)의 준말. ③어떤 학파의 창시자.

조사관【祖師關】 역대 조사가 설치한 선(禪)의 관문(關門)으로, 1,700칙(則)의 고칙공안(古則公案)을 가리킨다. 조사의 경지에 들어가는 관문.

조사서래의【祖師西來意】 선종의 초조 달마(達摩, ?-528)가 양(梁) 대통원년(大通元年)에 인도에서 중국으로 와서 2조 혜가(慧可, 487-593)에게 전해 준 불법(佛法)의 참뜻이란 말. 곧 불법의 근본의(根本義), 선(禪)의 요체를 말한다. 이 말은 상투적으로 앞에 '여하(如何)'라는 말이 붙어서 '무엇이 선의 진수인가?'라는 말로 사용되고 있다.

조사선 【祖師禪】 보리달마(菩提達磨, ?-528)를 시조로 하는 선(禪)을 조사선이라 한다. 이 명칭이 생기게 된 것은 규봉종밀(圭峰宗密, 780-841)이 『선원제전집도서(禪源諸詮集都序)』에서 선(禪)을 분류하면서부터이다. 여기서는 선(禪)을 외도선(外道禪)·범부선(凡夫禪)·소승선(小乘禪)·대승선(大乘禪)·여래선(如來禪)의 5종으로 분류하고, 달마가 전한 선(禪)을 최상의 여래선이라고 했다. 규봉은 교선(教禪)의 일치와 융화의 입장에서 이렇게 분류, 주장했는데, 후세에 잘못하여 선(禪)이 주가 되는 선교일치(禪教一致)의 폐단에 빠지게 되었다. 그래서 여래선(如來禪) 위에 다시 조사선(祖師禪)이 있다는 것을 알려서, 여래선은 얻었지만 아직 조사선은 얻지 못했다는 등의 말이 나타났다. 조사선은 그 뿌리를 달마에 두고 있지만, 실제로는 6조 혜능으로부터 시작되며, 완성된 것은 혜능의 손제자 마조도일(馬祖道一) 때이다. 이후 마조의 제자 백장회해, 황벽희운, 임제의현 등이 나타나면서 전성기를 맞이했다. 역사적으로는 대혜종고(大慧宗杲, 1088-1163)의 간화선 성립 이전까지를 조사선이라 한다. 여래선은 여래, 즉 부처님이 말씀하신 경전에 의거하는 선이고, 조사선은 교외(教外)에 별전(別傳)하는 지극한 선(禪)이라는 것이다.

조산본적 【曹山本寂, 846-901】 중국 당나라 때의 선승. 조동종(曹洞宗) 창시자 가운데 한 사람. 속성은 황(黃). 천주(泉州) 포전(浦田; 지금의 복건성 보전) 사람. 어려서는 유학(儒學)을 배웠다. 19세에 출가하여 복주 복당현 영석산에 들어가 25세에 구족계를 받았다. 함통(860-874)의 초년에 동산(洞山)의 양개(良价, 807-869)에게 가서 은밀히 심인(心印)을 전수받았다. 후에 임천(臨川) 조산(曹山; 지금의 江西 宜黃에 있음)에 머물면서 설법하였는데, 양개(良价)의 오위군신(五位君臣)의 뜻과 요지를 발휘하고 즉상즉진(卽相卽眞)·환본원진(幻本元眞)·즉환즉현(卽幻卽顯) 등의 논리를 제시하였다. 세인들은 그를 조산본적(曹山本寂)이라 칭하였다. 시호는 원증선사(元証禪師). 일찍이 『해석동산오위현결(解釋洞山五位顯訣)』을 지었고, 『한산자시(寒山子詩)』를 주석하였다. 제자로는 조산혜하(曹山慧霞)·녹문처진(鹿門處眞) 등이 있다.

조선불교 【朝鮮佛教】 조선시대의 불교는 한마디로 말해서 배척과 억압을 당한 수난의 불교였다. 고려시대를 통하여 전성(全盛)했던 불교가 조선시대에 와서는 정반대의 상황에 처하게 되었다. 고려 말에도 척불(斥佛)의 상소를 올린 바 있었던 유생(儒生)들은 조선이 건국된 이후부터 본격적으로 불교를 배척하였는데, 정책적으로도 불교를 억눌렀다. 태조는 본래 개인적으로는 불교를 신봉하였고 불교 사업을 일으켜서 건국이념에도 불교적인 관점을 많이 반영했지만, 배불사상의 억센 시대적 조류를 어쩔 수 없었던 것이다. 불교 자체의 부패와 유생들의 척불(斥佛)은 태종이 즉위하면서부터 한층 더 거세어져 배불정책의 단행으로 이어졌다. 즉 태종 2년에 왕은 서운관(書雲觀)의 건의에 따라 도성 밖의 70사(寺)를 제외한 모든 사원(寺院) 토전(土田)의 조세(租稅)를 군자(軍資)에 소속케 하고, 노비를 제사(諸司)에 분속(分屬)시켰다. 또 동왕(同王) 5년에는 척불육조(斥佛六條)를 시행하였고, 조선 초에 11종(宗)이던 종파를 7종으로 통합하였다. 세종은 태종의 척불정책 이후 7종인 종파를 다시 조계종(曹溪宗)·천태종(天台宗)·총남종(摠南宗)의 3종(三宗)을 합하여 선종(禪宗)으로 하고, 화엄종(華嚴宗)·자은종(慈恩宗)·중신종(中神宗)·시흥종(始興宗)의 4종을 합하여 교종(敎宗)으로 하였는데, 이로써 선교양종(禪敎兩宗)이 되었다. 그리고 선교양종에 각각 18개사(寺) 도합 36개 사원을 남기고, 그 밖의 사원은 폐지해 버렸다. 세조는 수양대군으로 있을 때 공자와 석가의 도(道)에 대하여 그 우열을 언급하게 되었을 경우에, '석씨(釋氏)의 도(道)는 공씨(孔氏)보다 나을 뿐만 아니라 하늘과 땅과 같다.'고 했을 만큼 불교를 좋아하고, 잘 알고 있었다. 세종이 1447년에 소헌왕후(昭憲王后)의 명복을 빌기 위하여 아들 수양(首陽)에게 『석보상절(釋譜詳節)』을 짓게 하였다는 기록에서도 이러한 사실을 잘 알 수 있다. 실제로 세조(世祖)는 왕위에 오르자 호불정책을 썼는데, 그 뚜렷한 업적으로는 승려의 권익을 옹호하여 불교의 위치를 보장하였고, 사원중흥(寺院重興) 삼보숭봉(三寶崇奉) 등으로 불사(佛事)를 크게 일으켰으며, 불전(佛典)을 국역(國譯) 간행하여 유포시킨 것 등을 들 수 있다. 그러므로 세조는 조선시대를 통해 불교의 명맥을 유지하는 데 중대한 역할을 했다고 할 수 있다. 8대 예종은 즉위 원년〔1469〕에 도승법(度僧法)을 정하고 정전(丁錢)을 내게 한 후 도첩(度牒)을 지급하였다. 선교양종에서 3년마다 선시(選試)를 행하여 선종에서는 전등록과 염송(拈頌), 교종에서는 『화엄경』 「십지품」을 시험과목으로 하였다. 하지만 각각 30인(人)으로 제한하고, 사찰을 새로 짓는 것을 허락하지 않는 등 숭유억불정책의 기본적인 입장을 넘어서지는 않았다. 9대 성종(成宗)은 경사백가(經史百家)에 통했다고 자부했는데, 특히 성리학(性理學)에 깊은 관심을 가지고 있었기 때문에 유학 진흥에 노력하는 대신 불교를 탄압하기 시작하였다. 그는 백성들에게 상(喪)을 당하여 불승(佛僧)에 공제(供齊)하는 풍습을 엄금하는 한편, 불전공물(佛前供物)과

도성 내의 염불소(念佛所)를 폐지하고 창사(創寺)와 도승(度僧)을 금하였다. 또한 왕의 탄신일에 사원(寺院)에서 왕(王)의 수복(壽福)을 기축(祈祝)하던 것까지도 금하였다. 그래서 한때 승려의 수가 많이 줄어들었다. 10대 연산군의 치세(治世)는 불교의 암흑시대를 몰고 왔다. 연산군은 조모 인수태후(仁粹太后)가 죽자 삼각산(三角山)에 있는 장의사(藏義寺)의 불상을 들어내게 하고 승려들을 몰아내었다. 또 교종의 으뜸 사찰인 덕흥사(德興寺)의 불상을 파괴한 뒤 절을 관용(官用)으로 사용하는가 하면, 선종의 으뜸 사찰인 흥천사(興天寺)의 불상을 회암사(檜岩寺)로 옮겨 없애고, 원각사(圓覺寺)를 고쳐 기방(妓房)으로 삼기도 했다. 얼마 후 흥천(興天)·흥덕(興德) 두 절이 모두 화재를 입게 되자, 고려 때부터 내려오던 승과(僧科)마저 실행할 수 없게 되었다. 11대 중종(中宗)은 흥천사를 공공관청으로 사용하였으며, 또 유생들은 심지어 절의 사리각(舍利閣)에 불을 질렀다. 1507년〔중종 2년〕 승과를 폐지한 다음 원각사를 헐고 그 재목(材木)을 가인(家人)들에게 주어 버렸다. 또 경주의 어느 탑(塔) 주변에 동불(銅佛)이 있음을 알고 이를 파괴하여 무기를 만들도록 하였다. 13대 명종(明宗)이 즉위한 뒤 그의 모후(母后) 문정왕후(文定王后)의 섭정이 시작되었다. 문정왕후는 중종의 배불정책에도 불구하고 불교를 독신하여 승려의 권익을 옹호하려고 노력하였다. 그는 명종(明宗) 4년에 옛 정업원(淨業院)의 터에 인수궁(仁壽宮)을 영조(營造)하고, 동왕 5년 12월에는 선교양종(禪敎兩宗)을 다시 세웠다. 동왕 6년에는 양종승과(兩宗僧科)를 다시 세우고 승도첩(僧度牒)을 주고 설악산 백담사의 보우(普雨)를 맞이하여 불법을 크게 일으키고 봉은사(奉恩寺)에 선종을, 봉선사(奉先寺)에 교종을 두었고, 보우(普雨)를 판선종사도대선사(判禪宗事都大禪師) 봉은사 주지로 하고, 수진(守眞)은 판교종사도대교사(判敎宗事都大敎師) 봉선사 주지로 삼았으며, 승과(僧科)를 시행하여 인재를 선발하는 등 불교가 크게 진흥되었다. 그 결과 오랜만에 불교교단이 활기를 띠어 유능한 인물들이 많이 모여들었다. 서산대사(西山大師)도 명종 7년에 승과에 급제하여 대선(大選)이 되고 교종판사·선종판사를 역임한 바 있고, 사명당 유정(惟政)도 역시 그 후에 승과에 등용되었다. 이때 사방에서 보우(普雨) 타도의 상소가 빗발쳤는데, 성균관 유생들은 격렬하게 시위하였다. 그 후 동왕 20년 4월에 문정왕후가 세상을 떠나자 흥불사업(興佛事業)은 중도에서 꺾여, 동왕 21년에 양종(兩宗)과 승과가 폐지되고 도승법도 금지되었다. 그러나 15년간의 흥불사업은 교계(敎界)에 유능한 인물을 배출케 하여 불교의 명맥을 유지하고 국난(國難)을 구하는 역할을 하게 하였다. 즉 선조 25년〔1592〕 4월 임진왜란을 만나 영규(靈圭)·휴정(休靜)·유정(惟政)·처영(處英) 등이 의승병(義僧兵)을 조직하여 구국활동에 참여하였고, 인조(仁祖) 병자호란 때에는 각성(覺性)·명조(明照) 등이 많은 활약을 하여 구국뿐만 아니라 황폐하던 교계(敎界)에 새로운 기풍을 진작하여 쇠퇴일로의 불교를 겨우 다시 살리게 되었다. 조선의 억불정책에 의하여 승려는 사회적으로 가장 천한 사람〔賤人〕으로 대우받았다. 그리고 유역(油役)·지역(紙役)·혜피(鞋彼)·잡역(雜役) 등의 천대가 극심했다. 고종 32년〔1859〕에 승려의 입성금지령(入城禁止令)이 해제되었다. 이러한 조선불교가 그래도 한국불교의 전통을 견지한 것이 있다면, 그것은 삼국시대 이래로 면면히 내려온 호국사상과 통불교사상(通佛敎思想), 그리고 고려시대 이후의 선교겸수(禪敎兼修)의 경향이었다고 할 수 있다.

조선불교유신론 【朝鮮佛敎維新論】 한용운(韓龍雲, 1879-1944)이 31세 때인 1909년부터 쓰기 시작하여, 1910년에 백담사(百潭寺)에서 탈고하고, 1913년에 불교서관(佛敎書館)에서 간행하였다. 책머리에 서론이 있고, 그 다음부터 17장으로 나누어 불교 개혁에 관한 저자의 생각을 개진(開陳)하였는데, 대체로 1장에서 4장까지는 왜 조선불교가 개혁을 하지 않으면 안 되느냐 하는 근본 문제들을 언급하였고, 5장에서 17장까지는 개혁해야 할 사항을 구체적으로 열거하고 있는데, 끝에 가서 승려들도 결혼할 사람은 결혼하는 것이 시대적으로 합리적이라고 밝혔다.

조선불교통사 【朝鮮佛敎通史】 이능화(李能和, 1869-1945)가 지은 것으로, 우리나라 불교사에 대하여 서술한 책이다. 2권. 1918년 신문관에서 간행. 구성은 3편으로 되어 있는데, 상편(上篇)은 불화시처(佛化時處)로 편년체(編年體)에 의해 불화(佛化)의 요체(要諦)를 강(綱)으로 삼고, 기사(紀事)의 방계(傍系)를 목(目)으로 하여 조선불교의 뿌리를 밝혔다. 중편(中篇)은 삼보원류(三寶源流)로 여래(如來)의 응화(應化), 선교(禪敎)의 정통을 소상하게 서술했고, 하편(下篇)은 이백품제(二百品題)로 200여 개의 항목을 두어 기전체(紀傳體) 사건별로 자세하게 서술하고 있다. 이 책은 1600여 년의 한국불교의 흥기(興起)와 성쇠(盛衰)를 역력하게 증명하고 있다.

조신설화 【調信說話】 신라시대의 스님인 조신(調信)의 꿈에 얽힌 설화. 조신이라는 스님이 명주〔강릉〕 태수의 딸을 사모하여 그와 함께 살면서 자식까지 낳았으나, 끝내 행복을 누리지 못하고 가솔들이 모두 흩어지게 되었는데, 사실은 잠깐 사이의 꿈속의 일이었다는 것이다. 세상사가 모두 꿈임을 말해 주고 있는 설화.

조실【祖室】①조사(祖師)의 실내(室內)라는 뜻. 사가(師家)의 실내(室內)에 들어가 참구하여, 비로소 선(禪)의 묘지(妙旨)를 체득(體得)한다. ②조사당(祖師堂)·조당(祖堂)에서 나온 말. ③한국에서는 사가(師家)를 뜻한다.

조어장부【調御丈夫】〔梵 Puruṣa-damyasārathi〕 부처님 십호(十號) 가운데 하나. 부처님은 대자(大慈)·대비(大悲)·대지(大智)로서, 일체중생을 잘 조복제어(調伏制御)하고 교화하여 정도(正道)를 잃지 않게 하는 분이라는 뜻이다.

조업【助業】〔英 Auxiliary karma, i.e. deeds or works, e.g. reciting the sūtras about the Pure Land〕 정토교의 5정행(正行; 讀誦·觀察·禮拜·稱名·讚歎供養) 가운데 제4 칭명(稱名)을 극락정토에 왕생하는 정업(正業)이라 하고, 그 나머지는 이것을 돕는 행업(行業)이라는 뜻에서 조업이라고 한다.

조왕탱화【竈王幢畵】조왕(竈王; 부엌의 길흉을 판단하는 神)을 그린 탱화.

조원일적수【曹源一滴水】조계(曹溪) 육조혜능(六祖慧能, 638-713)을 원천(源泉)으로 하여, 그 근원에서 흘러나와 전개한 바른 불법(佛法; 一滴水)이란 뜻이다. 진실된 선(禪). 인간의 근원적 주체(主體)라는 뜻이다.

조주종심【趙州從諗, 778-897】중국 당나라 때의 선승. 속성은 학(郝)씨, 조주 학향(郝鄕) 사람. 조주(趙州)의 관음원에 있었으므로 조주(趙州)라고 한다. 남전보원(南泉普願, 748-834)의 법제자. 시호는 진제대사(眞際大師). 어려서 조주의 호통원(扈通院)에서 승려가 되었으나 계는 받지 않고, 지양에 남전을 찾아가 입실을 허락받았다. 숭악(嵩嶽)의 유리단(琉璃壇)에 가서 계를 받고, 남전에게 돌아왔다. 뒤에 대중이 청하여 조주 관음원에 있게 하니 이곳을 동원(東院)이라고도 하는데, 여기서 크게 도화(道化)를 떨치다가 120세로 입적했다. 조주무자(趙州無字)·조주삼전어(趙州三轉語)·조주사문(趙州四門) 등의 법어는 유명하다.

존숙【尊宿】〔西 bla ma〕 학문과 덕행이 뛰어나 남의 사표(師表)가 될 만한 스님, 또는 절의 주지를 가리키는 말. 존(尊)은 경어(敬語). 숙(宿)은 장로(長老). 수행력이 깊고 역량도 뛰어난 노승(老僧). 덕이 높은 고승에 대한 경칭.

존자【尊者】〔梵 Arya, 英 honourable one, a sage, a saint, an arhat〕 아리이(阿梨夷)라 음역하고, 성자(聖者)·현자(賢者)라고도 번역한다. 덕(德) 있는 이를 존중하고 공경하는 칭호.

존재【存在】〔希 eon, ousia, 羅 esse, 獨 Sein, 佛 être〕 인도에서는 존재의 탐구가 특히 철학의 일부분을 형성했

기 때문에, 존재에 관한 논의는 비존재, 무(無)의 문제와 결부해 대단히 활발하게 전개되었다. 존재를 나타내는 어휘도 풍부하지만, 중요한 것은 동사어근 √as〔있다〕·√bhū〔존재하다; 되다; 있다〕·√vṛt〔일어나다; 있다〕·√vas〔머무르다〕, 그리고 그것들의 파생어인 'sat'·'sattva'·'sattā'·'astitva'·'bhāva'·'vṛtti; castu'〔모두 어떤 의미로서의 존재, 존재물을 표시〕 등이 있고, 또 중요한 복합어로서는 'svabhāva〔자성; 자체존재〕' 등이 있다. 우주 개벽에 관해 생각한 베다의 시인들은 만유(萬有)의 시원(始原)을 '비유(非有; asat)'나 '유(有; sat)'에, 혹은 '유'·'비유'의 양쪽을 포섭하면서도 초월한 '어떤 유일물(唯一物)'·'시간'·'브라흐만' 등의 지고한 존재로 추구했다. 그런데 이때 '비유'란 단순한 허무가 아니라 여전히 무구별, 무한정의 혼돈에 가까운 것이다. 한편 '유'는 혼돈에 대한 질서로서 '진실'과도 연관된다. 그러나 원환적(圓環的) 시간〔세계는 生·住·滅을 반복함〕의 관념이 부상하면서 세계의 시원에 대한 관심은 희박해지고, 생멸·변화의 기저에 있는 불변의 실체나 구성 원리의 탐구로 이행한다. 우파니샤드의 철인 웃달라카 아루니(Uddālaka Arruṇi)의 '유(有)의 철학'에도 세계의 시원인 '유'는 만물에 내재하는 본질로서, 오히려 그 영원한 진실로 향한 회귀(回歸)·각성(覺醒)이 강조되었다. 이러한 해탈지향의 아포로테에는 존재가 충익·의식·환희 등과 융합하는데, 후에 베단타철학에서는 유(有)·지(知; 의식)·환희를 자체로 하는 브라흐만으로 정식화했다. 초기 베단타는 전개설로 일미(一味) 평등한 지고한 존재에서 다양한 현상계로 향한 전개를 설명하여 최고 존재와 현상계의 허망성을 강조하는 경향이 나타나는데〔가우다파다〕, 샹카라(Śaṅkara, 700-750)를 시작으로 하는 불이일원론자(不二一元論者)의 전통이 주류가 되었다. 그들은 브라흐만을 단지 참다운 실재라고 하며, 현상계·개아〔苦·미혹한 존재〕는 지고한 존재에 대한 각지(覺知)의 결여, 즉 무명(無明) 때문에 실재하는 것으로, 현전하는 세속적인 통념으로서의 존재로 머무르거나〔vyāvahārika-sattva〕, '유(有)라고도 무(無)라고도 규정할 수 없는 것'으로 생각했다. 이러한 계층적인 존재관은 불교에서 '실유(實有)'와 '가유(假有)' 혹은 '승의유(勝義有)'와 '세속유(世俗有)'로서 파악하는 방법과 잘 대응한다. 또한 언어일원론을 지향한 문법철학자 바르트리하리(Bhartṛhari)도 일상적인 언어의 표시 대상은 파생적인 존재 레벨에 있고, 참다운 실재인 브라흐만과는 구별된다고 한다〔upacāra-sattā mahā-sattā〕. 불교에서 계층적인 진리관〔二諦說〕과 계층적인 존재관이 밀접하게 연관되듯이, 자이나교에서는 상대적인 진리관을 결부시키는 다면적인 존재관이 있다. 원인 가운데 결과의 유무를 둘러싸고 상키야학파와 바이세시카학파의 논쟁은 존재·생성에 대한 양파의 사고방식의 차이점을 명확히 보여 준다. 상키야에 따르면 생성이란 미현현(未顯現) 상태에서 현행(顯行) 상태로의 이행이고, 일체의 현상은 자신의 프라크리티 내에 잠재적으로 있다. 모든 것을 복수의 존재 카테고리의 이합집산(離合集散)에 의해 설명함으로써 원인의 집합에서 새로운 개체가 생기한다고 생각했다. 바이세시카에 의하면 'A가 생기한다'.라고 하는 것은 'A가 sattā〔존재성〕와 결합한다.'고 하는 것이다. 그 결과로 'sattā'는 최상위의 보편이 된다. 그러나 'sattā'와 결합하기 이전에는 A가 존재하지 않기 때문에, 다른 학파에서는 sattā가 결합하는 상대는 무엇인가라고 하는 이론상의 난점을 비판하였다. 또한 보편과 결합된 것은 실체·속성·운동만으로, sattā는 다른 세 카테고리〔특수·보편·내속〕를 포괄할 수 없다. 여기에서 모든 카테고리를 포괄하는 존재개념으로서 'bhāva', 'astitva'가 주어진다. astitva는 무〔abhāva〕까지도 포함하는 극대화된 '존재'이다. 더욱이 이 외에 존재의 명확한 개념규정으로서는 '실재=목적으로 된 효과적인 작용을 하는 것=순간적 존재'〔다르마 키르티〕와 '현재시(現在時)와 결합되어 있는 것' 등이 있다.

졸도관【拙度觀】석공관(析空觀; 공을 분석하는 것)으로 작업(作業)의 뜻. 만유제법(萬有諸法)의 당체가 그대로 공(空)하다고 관하는 대승의 체공관(體空觀)을 교도관(巧度觀)이라고 하고, 인공(人空)에 증입(證入)하기 위해서는 극미찰나(極微刹那)에 이르기까지 석파(析破)하여야 하는 소승 삼장교(三藏敎)의 공관(空觀)을 졸도관(拙度觀), 석공관(析空觀)이라 한다.

종가입공관【從假入空觀】천태의 별교관법(別敎觀法)인 차제 3관의 하나. 줄여서 공관(空觀)·이제관(二諦觀)이라고도 한다. 미(迷)의 경계를 관파(觀破)하고, 일체개공의 이치에 들어가는 관법.

종경록【宗鏡錄】중국 당말 오대(五代)·송대(宋代) 때 불승(佛僧)인 영명(永明) 연수(延壽, 904-975)가 편찬한 책. 100권. 대승교의 경론 60부와 중국·인도 성현(聖賢) 3백 명의 저서를 비롯하여 선승(禪僧)의 어록·계율서·유서(儒書) 등을 널리 인용하고 방증(傍證)하여, 선에서 말하는, "마음 밖에 따로 부처가 없고〔心外無佛〕 온갖 것이 모두 법이다〔觸目皆法〕."라는 뜻을 말한 책. 원(元)나라 때 대장경에 편입되었다.

종공입가관【從空入假觀】천태종 별교의 관법인 차제 3관의 하나. 줄여서 가관(假觀)·평등관(平等觀)이라고도 한다. 보살이 단순한 공리(空理)에만 그치지 아니하고, 다시 나아가 중생 교화를 위하여 가유(假有)의 이치를 관하는 관법. 마치 병(病)도 알고 약(藥)도 알아서 병에 응하여 약을 먹게 하는 것과 같이, 이 관법을 닦는 결과로서 삼혹(三惑) 가운데 진사혹(塵沙惑)을 끊고, 삼지(三智) 가운데 도종지(道種智)를 얻는다.

종교【宗敎】〔英·佛·獨 religion, 羅 religio〕 ①인간의 정신문화양식 가운데 하나. 인간의 여러 가지 문제 중에서도 가장 기본적인 것에 관하여, 경험을 초월한 존재나 원리와 연결하여 의미를 부여하고, 그 힘을 빌려서 통상적으로는 해결이 불가능한 불안·죽음·고민 등을 해결하려고 한다. 초인간적인 위력을 인식하고, 이에 대한 외경(畏敬)이나 신뢰의 감정을 느끼며, 이를 인격화하고, 신앙·기원·예배를 통하여 안심입명·해탈·축복을 얻으려고 한다. ②인간 세상의 모든 가르침 중에서 가장 으뜸 되는 가르침. 인간을 인간답게 살아가도록 가르친다. 종교는 교조·교리·의식 행사 등에 따라 여러 가지 형태로 나누어진다. 인류사회에 있어서 종교의 기원은 매우 오래된 것으로 보이며, 그동안 질적 변천을 거쳤으나 오늘날까지도 인간의 내적 정신생활에 큰 영향을 미치고 있다.

종두【鐘頭】 선원총림에서 아침, 저녁 공양 때, 또는 예불 등을 할 때 종(鐘) 치는 일을 맡은 소임.

종무소【宗務所】 절의 사무를 맡아보는 곳.

종밀【宗密, 780-841】 중국 당(唐)나라 때 스님으로, 화엄종의 제5조(祖). 호(號)는 규봉(圭峰). 속성(俗姓)은 하(何)씨. 과주 서충〔지금의 사천성 순경부 서충현〕 사람. 화엄교학과 수선(修禪)을 다 같이 존중하여 교선일치(敎禪一致)를 주장했다. 또 불교·유교·도교의 3교융합의 논리적 기초를 확립하고, 『원각경(圓覺經)』을 토대로 하여 불교의례의 정비에 노력하였다. 종밀은 『원인론(原人論)』에서, 과거·현재·미래의 삼세(三世)에 걸쳐 인간의 존재방식을 마음의 문제를 중심으로 해명한 불교야말로 삼교(三敎) 가운데 가장 뛰어난 것이라고 높게 평가하는 한편, 유교·도교에 대해서도 한정된 범위 내에서의 진리를 설하고 그 의의를 인정한 체계 내에서 받아들인다. 그러한 종합은 종밀의 기본적인 자세를 이루는데, 교(敎)의 면에서도 화엄교학(華嚴敎學)을 수용하면서 『원각경』을 최고의 것으로 평가하여 천태(天台)·법상(法相)·삼론(三論)의 3종(宗)을 종합하였다. 선(禪)의 면에서는 남종계(南宗系)의 하택선(荷澤禪)을 최고로 간주하여 홍주(洪州)·우두(牛頭)·북종(北宗)의 삼종(三宗)을 종합하였으며, 나아가 교선일치(敎禪一致)를 주장하였다. 화엄종 제5조였지만, 종밀이 가장 존중한 것은 『원각경』이다. 『원각경』에 근거하여 참회멸죄와 좌선관법을 중심으로 불교의례를 확립하여 이후 중국불교에 커다란 영향을 미쳤다. 규봉종밀 항목도 참조.

종법【宗法】〔英 The thesis of a syllogism consisting of two terms, each of which has five different names〕 인명(因明)에서 입량(立量)한 삼지(三支)의 제1지로, 2구(二句)를 따라 이루어진 것. 또는 종체소립(宗體所立)이라 한다. 그 2구(二句)에 5종의 이명(異名)이 있다. 1. 전구(前句)는 자성(自性), 후구(後句)는 차별(差別)이라 함. 2. 전구는 유법(有法), 후구는 법(法)이라 함. 3. 전구는 소별(所別), 후구는 능별(能別)이라 함. 4. 전구는 전진(前陳), 후구는 후진(後陳)이라 함. 5. 전구는 종의(宗依), 후구도 또한 종의(宗依)라 함. 이 두 가지가 모두 종체(宗體)에 의한 것이다.

종승【宗乘】〔英 The vehicle of a sect, i.e. its essential tenets〕 각 종파에서 다른 종파의 교의를 여승(餘乘)이라 함에 대하여, 자기 종파의 교의를 종승(宗乘)이라 한다.

종요【宗要】〔英 The fundamental tenets of a sect; the important elements or main principle〕 ① 사물의 중요한 뜻. 종(宗)은 주(主)의 뜻이고, 요(要)는 의(義)의 뜻. 즉 핵심이 되는 내용. ②그 종교의 중요한 교리. 중심이 되는 교의.

종용록【從容錄】 종용암록(從容庵錄)이라고도 한다. 묵조선(默照禪) 계통의 공안집(公案集)으로 묵조선 사상을 단적으로 나타내는 책. 1223년의 작(作). 6권. 예부터 『벽암록』과 함께 선문(禪門)의 쌍벽이라 일컬어지고 있으나, 이 책은 조동종〔묵조선〕 계통의 선적(禪籍)이기 때문에 주로 조동종에서 중히 여기고 있다. 조동종의 굉지정각(宏智正覺, 1091-1157)이 선인(先人)의 증오(證悟)의 인연 등을 적은 고칙(古則) 공안(公案) 중에서 100칙(百則)을 가려 본칙(本則)으로 하고, 이들 본칙에 대하여 하나하나 게송(偈頌)으로 종지(宗旨)를 표현한 송고(頌古)를 가했는데, 그 후 만송행수(萬松行秀, 1166-1216)가 본칙의 착안점을 나타내고 있는 시중(示衆), 본칙이나 송고의 어구(語句)를 부분적으로 해설 단평(短評)한 착어(着語), 그리고 본칙 및 송고에 대한 전체적 해설인 평창(評唱)을 붙여서 담연거사(湛然居士) 종원(從源)에게 준 것이 이 책이다. 이 책의 생명은 만송행수의 착어와 평창에 있다.

종자【種子】〔梵 bīja, 英 seed, germ〕 본래는 식물의 씨〔種子〕를 의미하는 말인데, 흙 속에 묻혀 보이지 않는 종자에는 싹을 내는 가능력(可能力)이 있기 때문에 이것을 정신현상에 응용하여, 의식의 영역에 떠오르지는 않지만 모든 존재를 생(生)하는 가능력이 우리의 심층심리 속에 있다고 생각하여 그것을 종자라 했다. 종자를 비유적으로 사용한 용례는『아함경』에 있지만, 물심(物心)의 기원이라는 의미로서 사용된 것은 부파불교시대부터이다. 원래 화지부(化地部)의 사상이지만, 경량부를 거쳐 유가행파에서는 과거의 행위〔業〕 등의 잔영(殘影)을 정보로서 축적하는 작용이 있고, 이어서 다음의 행위 등을 생산하는 근원으로서 '종자설'이 확립된다. 유가행유식파(瑜伽行唯識派; 유식학)에서는, "종자란 아뢰야식 속에 있어 직접 결과를 생(生)하는 공능차별이다."라고 정의(定義)한다. 공능차별이란 '특수한 힘'이라는 의미이다. 따라서 종자란 아뢰야식 속에 있고, 스스로 결과를 생(生)하는 특수한 정신적 에너지를 의미한다. 구체적으로는 표층적(表層的)인 행위〔業〕, 즉 현행(現行)에 의하여 아뢰야식 안에 심어진다. 이 심어지는 과정을 훈습(熏習)이라 부르고, 심어진 잔기(殘氣)·기분(氣分)이란 점을 강조하여 종자를 습기(習氣; vāsanā)라고도 한다. 종자에는 찰나멸(刹那滅)·과구유(果俱有)·항수전(恒隨轉)·성결정(性決定)·대중연(待衆緣)·인자과(引自果)라는 6종의 조건을 갖추어야 한다. 종자는 주로 명언종자(名言種子)와 업종자(業種子), 본유종자(本有種子)와 신훈종자(新熏種子), 유루종자(有漏種子)와 무루종자(無漏種子) 등으로 나눈다. 밀교에서는 불보살의 각존(各尊)을 일자(一字)로 표시한 범자(梵字)를 가리켜 종자(種子)라 한다. 진언행자(眞言行者)는 이 일자(一字)를 관조하여 자륜관(字輪觀)을 한다.

종자식【種子識】〔英 the abode or seed-store of consciousness from which all phenomena spring, producing and reproducing momentary〕 아뢰야식을 말함. 만유(萬有)를 발현(發現)하는 원인이 될 종자(種子)를 가지고 있는 식(識)이라는 뜻. 종자 항목을 참조할 것.

종자육의【種子六義】 유식종에서는 모든 현상을 식(識)의 변현이라 하고, 그 원인이 되는 종자(種子)를 말하는데, 이때 종자는 6종의 조건을 갖추어야 한다. 1. 찰나멸(刹那滅); 결과를 내는 것은 반드시 찰나에 생멸 변화하여야 한다. 2. 과구유(果具有); 발생할 현상과 반드시 동시에 존재하며, 현전(現前)에 화합하여 떨어지지 않아야 한다. 3. 항수전(恒隨轉); 잠깐도 끊이지 않고 항상 일류 상속하여야 한다. 4. 성결정(性決定); 선(善)은 선한 현상, 악(惡)은 악한 현상을 발생하는 공능(功能)이 결정되어야 한다. 5. 대중연(待衆緣); 반드시 여러 가지의 인연이 화합할 때를 기다려 비로소 현상을 발생하는 것이어야 한다. 6. 인자과(引自果); 물(物)·심(心)이 각각 자과(自果)를 이끌어 내고, 다른 과는 발생치 아니함을 요한다.

종장【宗匠】〔英 The master workman of a sect who founded its doctrines〕 훌륭한 스승. 종사(宗師)가 법을 잘 설하여 후배들을 지도 양성하는 것이, 마치 훌륭한 장인(匠人)이 재료를 마음대로 다루어 좋은 물건을 만들어 내는 것과 같다는 데서 유래하는 말. 종사(宗師)·사가(師家)와 같음.

종정【宗正】 한 종파의 제일 높은 어른. 최고 통할자(統轄者).

종조【宗祖】〔英 The founder of a sect or school〕 한 종파의 개조(開祖). 한 종파를 세운 조사(祖師).

종지【宗旨】〔英 The main thesis, or ideas, e.g. of a text〕 ①한 종교나 종파에서 가장 근본이 되고 핵심이 되는 교의(教義)와 취지(趣旨). ②한 사람의 주의·사상·직업·취미·기호(嗜好) 등. ③선종에서는 불법의 근본 사상, 또는 수행의 근거를 말함.

종통설통【宗通說通】 선종에서 종지(宗旨)를 깊이 통달하는 것을 종통(宗通)이라 하고, 다른 사람을 위해 자유자재하게 설법 교화하는 것을 설통(說通)이라 한다. 스승이 된 사람은 이 양면을 구비해야 한다는 뜻으로, 자각각타(自覺覺他)·향상향하(向上向下)나 행해상응(行解相應) 등과 같은 뜻으로 사용된다.

종파【宗派】〔英 sects (of Buddhism)〕 ①같은 종교이면서도 그 주장하는 교의(教義)·행사·의식 등이 서로 달라서 생기는 분파. 선종·교종·염불종·화엄종·법화종 등과 같은 경우. ②지파(支派)에 대한 종가(宗家)의 계통.

종풍【宗風】〔英 The customs or traditions of a sect〕 ①한 종파의 가풍(家風). ②선승(禪僧)이 자기의 가르침을 설명할 때 독특한 법의 설명방식, 또는 지도방법 등을 말함. 가풍(家風)과 같음. ③자기 종파의 독자적·전통적인 가르침과 설법 방식·지도방식 등을 말함.

종학【宗學】〔英 The study or teaching of a sect〕 각 종파에서 각자의 교리에 관한 학문. 자기가 소속한 종파의 교리, 학문.

종헌【宗憲】(1) 한 종단이나 종파의 헌법, 규칙, 정관 등.

(2) 인명. 만암종헌(曼庵宗憲, 1876-1956). 근대 한국의 고승. 속성은 송(宋)씨. 법호는 만암(曼庵). 전북 고창 사람. 11세에 백양사 취운(翠雲)선사에게 출가하고, 16세에 구암사 박한영(朴漢永) 강백(講伯)과 운문암 환응(幻應) 강백에게 배웠다. 중앙불교전문학교〔지금의 동국대학교〕의 초대 교장을 역임하였고, 광주에 정광(淨光)학교를 설립하여 교장직을 겸임하였다. 또한 대한불교 조계종 제2대 종정으로 추대되어 8년간 재직하였다.

종회【宗會】 ①종단의 업무를 의논하기 위하여 종회의원들이 모여 회의하는 것. 국회(國會)와 같은 기능으로서 입법·심의기구임. ②종중(宗中)의 일을 의논하기 위하여 모이는 모임.

좌구【坐具】〔梵 niṣidana, 巴 nisidana, 英 an article for sitting on, said to be a cloth, or mat〕①앉고 누울 때 아래에 까는 길게 생긴 천. 지상의 식물·곤충 등으로부터 몸을 지키고, 삼의(三衣)나 침구의 더러움을 방지하기 위해 제정된 것으로 6물(物)의 하나. 이것은 세존이 성불(成佛)할 때에 깐 길상초(吉祥草)를 모방한 것이다. 삼의(三衣)에 준하여 화려한 것을 피해 만들 때에도 옛날 천을 중앙 또는 네 면 가장자리에 깔고 둘이 아닌 4중(重)으로 하는 등의 규정이 있다. 크기는 율전에 의해 차이는 있지만, 60×45센티미터 정도로 정해졌으나 나중에 점점 커진 것으로 보이며, 165×80센티미터의 치수 재는 법 등도 있다. 가죽은 허락되지 않았지만, 사슴가죽 등이 허락된 예도 있다. ②승려가 손에 들고 다니던 일종의 까는 물건. 오체투지(五體投地)의 불공을 드릴 때에 이것을 깔고 행한다.

좌단설두【坐斷舌頭】그 자리〔坐〕에서 모든 사람들의 논의(論議)나 주장, 말〔舌頭〕을 모두 제압, 단절(斷絶)시킨다는 뜻. 즉 깨달은 경지와 안목이 뛰어남을 말함. 최고 절대의 경지는 언설로 표시할 수 없기 때문이다.

좌도밀교【左道密教】남녀의 성적(性的)인 결합을 통하여 깨달음에 이른다고 하는 밀교의 한 파(派). 탄트라 종교의 영향을 받아서 성립되었는데, 이것을 좌도밀교라고 한다. 그 창시자는 인드라부티〔8세기〕라고 하는데, 9세기 이후 특히 성행하였다.

좌선【坐禪】〔巴 nisajjā, paṭisalliyati, 英 To sit in dhyāna〕선종(禪宗)의 수행방법 중의 하나. 범어(梵語) 'Dhyāna'의 음역인 선나(禪那)의 '나(那)'를 생략하고, 그 앞에 중국어 '좌(坐)'를 더한 용어이다. '정려(靜慮)'라고도 번역한다. 앉아서 수행하는 것. 앉아서 하는 선(禪). 넉넉한 옷을 입고 몸을 곧게 바로 앉아서, 반가부좌(半跏趺坐), 또는 결가부좌하고, 오른손은 왼발 위에, 왼손은 오른손 바닥 위에 놓고, 두 엄지 끝을 맞대어 배꼽 가까이 두고, 눈은 반쯤 뜬 채로, 숨은 코로 조용히 쉬면서, 호흡은 가늘게·길게·고르게·부드럽게 한다. 이때 마음으로는 화두(話頭)를 들기도 하고, 사려분별을 끊고 정신을 집중하여 무념무상의 경지에 드는 법을 쓰기도 한다. 좌선을 오래 하면, 마음의 평온을 얻는 것과 동시에 신체적으로는 기억력이 좋아지며, 인내력이 생겨나고, 병고(病苦)가 없어지며, 집착심이 없어지고, 육근동작에 순서를 얻으며, 얼굴이 윤활해지고, 사심(邪心)이 정심(正心)으로 변한다고 한다.

좌선삼매【坐禪三昧】좌선에 몰입하여 일체의 다른 분별이 끊어진 상태. 좌선일념의 경지. 좌선을 하면서 일체의 사량분별이 끊어지고, 경계도 나도 없고, 자기 자신까지도 완전히 잊어버린 상태. 좌선의 가장 궁극적인 경지.

좌선삼매경 【坐禪三昧經】 인도의 승가라찰(僧伽羅刹)이 지음. 구마라집(鳩摩羅什, 344-413) 번역. 2권. 『좌선삼매법문경(坐禪三昧法門經)』의 약칭. 『아란야습선법(阿蘭若習禪法)』·『보살선법경(菩薩禪法經)』·『선경(禪經)』·『선법요(禪法要)』라고도 한다. 대승(大乘)의 선관(禪觀)을 말하고 있는 경전이다.

좌우보처 【左右補處】 부처님을 모시는 두 보처보살을 말한다. 석가모니불의 좌보처는 문수보살, 우보처는 보현보살이다.

좌주 【座主】〔英 A chairman, president; the head of the monks; an abbot〕 선종(禪宗)에서 학문과 수행을 겸비하고 있는 스님을 가리키는데, 주로 경(經)·론(論)을 강(講)하는 스님을 가리킨다. 오늘날 강사(講師)와 같다.

좌탈입망 【坐脫立亡】 좌탈(坐脫)은 좌선(坐禪)한 채로 죽는 것이요, 입망(立亡)은 직립(直立)한 채로 서서 죽는 것을 뜻한다. 그러나 사실 이런 경우는 없고, 그 자리〔坐〕에서 또는 선〔立〕 채로 그 즉시 번뇌망상을 벗어버리고〔脫〕 없애 버리는 것〔亡〕을 가리킨다고 해석하는 것이 더 옳다.

죄 【罪】〔梵·巴 pāpa, 英 sin, that which is blameworthy and brings about bad karma, 獨 Sünde, 佛 péché, 希 hamartia, 羅 paccatum〕 법률이나 도덕의 규범으로 인정된 법칙에 어긋나는 부정행위. 종교적으로는 신(神)의 계시나 계율을 무시하고 이에 따르지 않는 불신앙의 태도. 죄의 관념은 사람의 종교의식 발달에 따라 변천해 왔는데, 처음에는 외면적·형식적으로 생각되던 것이 차차 그 내면적 의의가 강조되어 죄책(罪責)의 관념이 생기고, 아울러 속죄(贖罪)의 의식(儀式)이 요구되게 되었다. 불교에서 죄(罪)라는 것은 법성(法性; 眞理)에 반대하는 행위, 혹은 계율에 위반되는 행위를 의미한다. 불전(佛典)에는 성죄차죄(性罪遮罪)·바라이죄경구죄(波羅夷罪輕垢罪)·오무간죄(五無間罪) 등 죄의 종류에 따라서 여러 가지 설명이 있으며, 동시에 죄의 경중(輕重)에 대하여 논해지고 있다. 악한 행위는 인과응보의 원칙에 따라서 고(苦)의 과보(果報)를 받게 되는데, 그런 의미에서 '죄업(罪業)'이라고 불린다. 초기불교에서는 악한 행위는 자신의 번뇌에 의해서 자신이 지은 죄로, 그 죗값은 반드시 자신이 받는다〔自業自得〕고 한다. 죄의 관념은 냉엄한 자기 책임의 윤리적 성격을 지닌 것이다. 과거세에서 번뇌에 기초를 둔 선악(善惡)의 업(業)이 현세의 탄생을 결정하고, 현세에 따른 번뇌에 의해서 선악의 업이 쌓여, 그것이 미래세계의 생(生)을 결정한다고 하는 아비다르마의 업감연기(業感緣起) 사상이 성립하면서, 점차 죄업은 현실의 인간존재를 형성하는 것으로서 받아들이게 된다. 그리고 그것은 자기의 판단과 의지를 초월해 어쩔 수 없는 방법으로 자기 자신을 규정해 온 것을 깊이 응시하는 성찰을 길러간다. 확실히 죄업에 초점을 맞춘 구제의 가르침이 설명되는 정토교(淨土敎)에서는 가장 철저한 죄업의 자각 형태가 발견된다. 그러나 죄업의 관념은 자각의 장을 한 단계 벗어난다는 숙명론에 빠질 위험성을 항상 내포하고 있다.

죄성【罪性】〔英 A sinful nature〕 업력(業力)과 습관에 끌려 죄를 지을 수 있는 근본 성질. 사람의 본성은 선악시비(善惡是非) 염정미추(染淨美醜)가 없는 것이므로 죄성(罪性)도 텅 빈 것이지만, 경계 따라 습관과 업력에 끌려 죄성(罪性)이 나타나 온갖 죄업(罪業)을 짓게 된다.

죄업【罪業】〔梵 aśukla-karman, karma-āvarana, karma-abhisaṃakā, 英 That which sin does, its Karma, producing subsequent suffering〕 ①신(身)·구(口)·의(意) 삼업(三業)으로 저지른 죄(罪)될 만한 소행. ②죄의 과보. 지은 죄에 따라 훗날, 또는 내생에 받게 되는 과보.

주객불이【主客不二】 ①나와 대상이 둘이 아닌 것. 주관과 객관이 둘이 아닌 하나. 곧 일원(一圓)의 진리를 크게 깨친 마음의 경지〔心境〕. ②주객일체(主客一體). 주객일치(主客一致)의 경지.

주객일체【主客一體】 나와 나 밖의 대상이 서로 하나가 됨. 나의 마음과 사물이 하나로 되는 경지. 주관과 객관, 주체와 객체가 하나로 되는 것. 주객일치(主客一致)라고도 한다.

주겁【住劫】〔梵 vivartasthāyin-kalpa〕 사겁(四劫)의 하나. 세계가 성립되었다가 파괴되어 공(空)으로 돌아가는 동안의 오랜 시기를 넷으로 나눈 것 가운데 하나. 이 4겁은 모두 20중겁(中劫)으로 되었다. 주겁(住劫)은 세계가 성립된 뒤부터 머물러 있는 동안의 20중겁을 말한다. 처음의 1중겁은 인간의 수명이 무량세(無量歲)로부터 100년마다 1세씩을 감(減)하여 10세까지 이르는 동안이고, 제2중겁은 10세부터 100년마다 1세씩을 더하여 8만 4천 세에 이르고, 다시 100년마다 1세씩을 감하여 10세에 이르는 동안인데, 이렇게 제19중겁을 마치고 제20중겁에는 사람의 수명이 10세로부터 8만 4천 세까지의 동안, 또 사람의 수명이 10세 때가 되면 중생들이 서로 죽이고 나쁜 병이 유행하며 흉년이 드는 소삼재(小三災)의 고통을 만난다고 한다.

주굉【袾宏, 1536-1615】 중국 명(明)나라 신종(神宗) 때의 승려. 자는 불

혜(佛慧), 호는 연지(蓮池). 운서주굉 항목을 참조할 것.

주리반득【周利槃得】〔梵 Cūḍapanthaka, 英 little (or mean) path〕 부처님의 제자. 주리반특(周利槃特)·주리반특가(周利槃特迦)·주리반타가(周利槃陀伽)·주다반탁가(朱茶半託迦)·주나반특(周那槃特)이라고도 한다. 두 형제인데, 부모가 여행하다가 길가에서 맏아들을 낳고 반득이라 이름. 뒤에 또다시 길에서 둘째 아들을 낳아 주리반득이라고 이름하였다. 반득은 길, 주리반득은 작은 길이라는 뜻이다. 형은 총명하나 동생은 매우 어리석었다. 뒤에 부처님 제자가 되어 여러 제자들 가운데서 가장 어리석고 둔하였으나, 마침내 아라한과를 증득하였다. 『선견율비바사(善見律毘婆沙)』 제16권·『유부비나야(有部毘奈耶)』 제31권에 전기(傳記)가 있다.

주리반특【周利槃特】〔梵 Cūḍapanthaka, 英 little (or mean) path〕 부처님의 제자. 주리반득 항목을 참조할 것.

주반구족【主伴具足】 화엄종(華嚴宗)에서 설하는 법계연기(法界緣起)의 법(法)으로, 이것이 주(主)가 되면 그것은 짝이 되고, 그것이 주(主)가 되면 이것은 짝이 된다는 뜻. 이렇게 주반(主伴)이 구족하여 섭덕(攝德)이 무진(無盡)한 것. 십현문(十玄門) 가운데 제10문(門). 주반원명구덕문(主伴圓明具德門)을 말한다.

주반원명구덕문【主伴圓明具德門】 화엄 십현연기문(十玄緣起門)의 하나. 고십현(古十玄)의 유심회전선성문(唯心廻轉善成門)과 같다. 연기(緣起)하는 제법(諸法)은 홀로 일어나는 것이 아니며, 서로 원인이 되고 계기가 되어 이루므로, 한 법을 주(主)로 하면 다른 것은 모두 반(伴)이 되어서 주의 구덕(具德)이 되어 따르며, 또 다른 법 하나를 주(主)로 하면 먼저 주(主)가 되었던 것은 다시 반(伴) 가운데의 하나가 되는데, 이렇게 서로 주(主)가 되고 반(伴)이 되어 무애(無碍)하고 원융 구족한 법을 이룬다고 하는 것이다.

주불【主佛】 ①주세불(主世佛). 법당의 중앙에 봉안된 으뜸 되는 불상(佛像). 본존(本尊). ②염주의 큰 구슬에 들어 있는 부처님.

주실【籌室】 조실(祖室)과 같은 말. 인도 제4조 우바국다(Upagupta)존자가 많은 사람들을 교화, 제도하였는데, 한 사람을 제도할 때마다 방에 산가지 하나씩을 던져 둔 것이 높이와 너비가 6장(丈) 되는 방에 가득하였다고 한다. 이후 수행인을 교화 지도하는 조실화상을 주실이라 하게 되었다. 우리나라에서는 '조실'이라고 하는데, 1930년대엔 조실이라는 말 대신 '주실'이라는 말을 많이 썼다. 당시 선원의 결제방〔명단〕에는 주로 주실로 표기되어 있다.

주옹【周顒, ?-485】 중국 남조 송(宋)·

제(齊) 사이의 사람. 자는 언윤(彦倫). 여남(汝南) 안성(安城) 사람. 일찍이 송섬령(宋剡令)이 되고, 제(齊)에서는 중서랑(中書郎)을 지냈다. 그는 장융(張融, 444-497)이 도교(道敎)에 입각하여 도불일치설(道佛一致說)을 주장한 것에 대하여, 도불(道佛)은 양자가 특수하다고 하고 숭불억도(崇佛抑道)를 주장했는데, 불교학 가운데 반야학(般若學)을 주로 하였다. 또한 승랑에게 사사하여 『삼론종(三論宗)』을 지었는데, 여기서는 유교에 입각하여 유불일치설(儒佛一致說)을 주장하고 있다. 저서로는 『삼론종』 외에 『이장장사문론(離張長史門論)』·『중답장장사서(重答張長史書)』·『초성실론서(抄成實論序)』·『사성절운(四聲切韻)』·『주역론(周易論)』 30권 등이 있다.

주인공【主人公】〔英 the head; the master〕 ①주인(主人)에 대한 존칭. ②우리의 참마음에 비유한 것. 주인옹(主人翁)과 같은 뜻. 선에서는 때론 자각(自覺)의 의미로 쓰임.

주지【住地】법(法)을 생(生)하는 근본체(根本體)를 말한다. 주(住)는 소주(所住)요, 지(地)는 소생(所生)의 뜻이다. 번뇌가 생명 가운데 잠복하여 있어 잠시 나타나지 않는 것을 주지(住地)라 한다.

주지삼보【住持三寶】후세에 주지유전(住持流轉)하는 삼보(三寶). 이에 대승과 소승이 다르다. ①대승(大乘)에서는 다시 화용삼보(化用三寶)와 실덕삼보(實德三寶)로 나눈다. 화용삼보는 부처님의 대비(大悲)가 법계에 두루 미쳐 8상 성도하는 것을 화용의 주지불보(住持佛寶)라 하고, 기류(機類)에 응하여 말하는 교리가 널리 퍼져서 세상을 이익케 하는 것을 화용의 주지법보(法寶)라 하며, 그 교법대로 교화해서 성문·연각·보살이 되게 하는 것을 화용의 주지승보(僧寶)라 한다. 실덕삼보는 부처님의 법신이 상주불변함을 실덕의 주지불보, 법성(法性)이 항상한 것을 실덕의 주지법보, 부처님의 승행(僧行)이 없어지지 않는 것을 실덕의 주지승보라 한다. ②소승의 주지삼보란 흙으로 빚고 나무를 깎아 만든 등상이나 그림으로 그린 탱화를 주지불보, 종이에 글로 쓴 경전을 주지법보, 범부(凡夫) 모습의 비구(比丘)들을 주지승보라 한다.

죽림정사【竹林精舍】〔梵 Veṇuvana〕 고대 인도 왕사성 남쪽 가란타촌(迦蘭陀村)에 있었던 인도 최초의 승원(僧園). 죽원(竹園), 또는 죽림원(竹林園)이라고도 한다. 석가모니불이 대각성도한 초기에 가란타 장자가 희사한 대나무 밭에 빔비사라왕이 절을 지어 석가모니불에게 희사한 것이라고 전한다.

죽비【竹篦】스승이 수행승을 지도할 때 사용하는 도구. 길이 1척 5, 6촌 되는 대나무를 3분의 2쯤은 가운데를 타서 두 쪽으로 갈라지게 하고, 3분의

1은 그대로 두어 자루〔손잡이〕로 만든 것. 자루는 오른손에 쥐고, 갈라진 부분을 왼손바닥에 쳐서 소리를 내어 대중의 좌(坐)·립(立)을 지도한다. 또 발우 공양을 할 때도 죽비로 신호를 보낸다.

죽음 〔梵 moraṇa, mṛta, nāśa, 巴 maraṇa, maccu, 英 death, 獨 Tod, 佛 mort〕 죽음은 누구도 피할 수 없는 엄연한 사실이므로 고대부터 인도인의 주요한 관심사였다. 죽은 인간은 '죽을 수밖에 없는 존재〔martya〕'라는 호칭인데, '생명의 끝은 죽음'이라는 표현이 이것을 잘 드러낸다. 죽음은 신체의 소멸과 그 구성요소의 분산으로 확인할 수 있지만, 그 순간에 각개의 불멸하는 영혼, 즉 아트만(ātman)이 신체로부터 이탈한다고 생각하였다. 이 아트만이 이전의 신체로부터 다른 새로운 신체로 이전하는 것은 '나무 잎사귀 끝에 붙어 있는 곤충의 움직임' 등과 같은 비유들로 우파니샤드(Upaniṣad) 문헌에서 표현되고 있다. 다만 영혼(靈魂)의 유무(有無)를 문제 삼지 않는 불교에서는, 수명·체온·의식의 3개가 신체로부터 이탈한 순간을 죽음이라고 판정한다.

[재생(再生)과 인과사상(因果思想)] 베다(veda)성전에서는 사후(死後) 육체를 떠난 영혼이 최고천(最高天)에 있는 야마(yama)의 왕국에 도달하고 거기서 다시 완전한 신체를 얻는다고 생각하지만, 브라흐마나(Brahmaṇa)시대가 되면 재생(再生)해도 다시 죽는다고 하는 재사(再死)가 문제가 되어서 이 점을 두려워하게 되었다. 이 시대가 되면 천계(天界)에의 재생이 반드시 불사(不死)를 의미하지는 않게 되었다. 우파니샤드의 오화이도설(五火二道說)에서는 윤회(輪廻)와 업사상(業思想)의 결합이 이루어진다. 이 가운데 오화(五火)의 교설은 사후의 재생(再生) 과정을 순차적으로 설한 것인데, 신도(神道)와 조도(祖道)의 이도(二道)의 교설은 사후의 다른 2개의 길을 가르치는 것이다. 조도(祖道)는 지상(地上)에의 재생의 길이며, 신도(神道)는 브라흐만계(界)에의 재생, 즉 불사(不死)의 달성을 최종 목표로 한다. 그리고 내세에서 사후의 존재성이 현생(現生)에서의 행위〔業〕와 관련된다고 하는 인과사상(因果思想)이 명확하게 된다. 나아가 스므르티(smṛti; 聖典文學)·서사시(敍事詩)·푸라나 문헌에 이르면, 지옥(地獄; naraka; niraya)의 묘사가 다양하게 나타난다. 사자(死者)는 생전에 범한 악업 때문에 이 지옥의 고통을 받는다. 나아가 지옥의 지배자인 야마의 성격도 베다성전에 설해진 야마와는 크게 달라서, 징벌자로서의 염마(閻魔)로 묘사된다. 한편 선인낙과(善人樂果)·악인고과(惡因苦果)라는 인과응보의 사상을 강조하는 불교에서는, 초기부터 지옥이나 천계(天界)의 양상을 상세하게 기술하였다.

예컨대, 오도(五道)와, 그것에 아수라가 더해진 육도(六道)의 윤회사상이 체계화되었다. 그리고 이 윤회로부터 벗어나 재생(再生)하지 않는 것이 해탈·열반을 구하는 자의 목표가 되었다.

[윤회(輪廻)의 실체(實體)] 윤회의 실체를 상키야학파(sāṃkhya學派)에서는 세신(細身; sūkṣma-śarira)이라고 보았다. 이것은 부모에게서 태어난 육체적인 조신(粗身)과 다른데, 통각(統覺; buddhi)·자아의식(自我意識; ahaṅkāra)·의(意; manas)·10종의 외적기관(外的器官; 5종의 知覺器官과 5종의 行動器官)·다섯의 미세요소(微細要素; tanmātra) 등으로 이루어진 것이다. 또한 어디에도 속박되지 않고 움직이며 윤회하여 각종의 조신(粗身) 가운데 들어간다. 한편 샹카라(Saṅkara, 700-750)는 "개인으로서의 아트만은 윤회할 때, 주요생기(主要生氣)·기관(器官)·의(意)·무명(無明)·업(業)·전생(前生)에서의 지혜(智慧)·미세요소(微細要素)를 동반하고서, 하나의 신체로부터 다른 신체 가운데 옮겨간다."고 설하였다. 이것은 생유(生有; 살아 있는 순간), 본유(本有; 人生), 사유(死有; 죽는 순간)와 함께 사유(四有)를 형성하는데, 사유(死有)에서 생유(生有) 사이의 생존을 의미한다. 나아가 중유(中有; antarā-bhava)는 눈으로 보기 힘들 정도로 미세하며, 공중을 이동하고, 완전한 다섯의 감각기관을 가지고 있다고 생각했다.

준동함령【蠢動含靈】일체생물(一切生物)이란 뜻. 꿈틀거리는 모든 생명체.

줄탁동시【啐啄同時】닭이 병아리를 부화할 때에, 병아리가 달걀 속에서 태어나기 위해서 쪼아대는 것을 '줄(啐)'이라 하고, 어미 닭이 밖에서 쪼아 주는 것을 '탁(啄)'이라 한다. 줄과 탁이 동시에 이루어져서 결국 병아리가 달걀 속에서 나오게 된다. 여기에 비유해서 스승을 어미닭, 제자를 병아리라 하고, 스승의 지도와 제자의 노력이 서로 기(機)가 맞아 마침내 제자가 깨달음을 얻게 된다. 이를 줄탁동시(啐啄同時)라 한다.

중【中】〔梵 madhya, 英 Madhya, Middle, central, medium, the mean, within〕인도불교에서는 유(有)·무(無) 양쪽을 초월한 것을 말하고, 중국불교에서는 공(空)과 유(有)의 양변을 초월, 종합함을 나타낸다.

중【衆】〔巴 parisā, 英 all the many, a company of at least three〕①범어(梵語) 승가(僧伽; Saṃgha)를 번역한 말. 당(唐) 현장(玄奘, 602-664) 이전의 번역에서는 4인 이상의 화합중(和合衆)을 말한다. ②삼학(三學)에 통한 자들로서, 매일 등전(登殿; 불전에 올라감)하여 중경(衆經)을 독송하고 강의하는 자를 중주(衆主)라 하였다. 학덕이 뛰어난 자로부터 가르침을 받기 위해 수많은 학도들이 운집하였는데, 이들을 곧 중(衆)이라고 하였다. 수(隋) 문제(文帝) 개황(開皇) 12년〔592〕에 오중(五衆)의 제도가 설치되어, 장안 성내에 대론(大論)·강론(講論)·강률(講律)·열반(涅槃)·십지(十地)의 5종의 중(衆)이 성립하고 중주(衆主)가 취임하였고, 개황 20년〔600〕에는 25중(衆)이 설치되어 모두 관(官)의 재정지원에 의하여 불교교화를 담당하였다.

중간정【中間定】〔梵 Dhyānāntara-samādhi, 英 An intermediate dhyāna stage between to dhyāna-heavens〕 중간삼매(中間三昧)·중간정려(中間靜慮)·중간선(中間禪)이라고도 한다. 초선천(初禪天)과 2선천의 중간에 있는 정(定). 색계와 무색계에 통하여 8지(地)가 있고, 일지(一地)마다 각각 근분정(近分定)과 근본정(根本定)이 있다. 초선지(初禪地)의 근분정과 근본정에는 심(尋)과 사(伺)가 상응(相應)하고, 제2선지 이상에는 상응하지 않는다. 이 정(定)은 심(尋)의 추분별(麤分別)은 없고 사(伺)의 세(細)분별만이 남아 있어, 초선천보다는 높고 2선천보다는 못하므로 중간정(中間定)이라 한다. 이 중간정을 닦는 이는 초선천의 정상(頂上)에서 대범천왕(大梵天王)이 되어 항상 이 선정에 주(住)한다고 한다.

중경목록【衆經目錄】 한문 경전을 종류로 나눈 목록서(目錄書). ①7권. 594년〔隋 開皇 14〕에 법경(法經) 등 20인이 칙명을 받아 정리하여 기록한 것. 내용은 대승경·소승경·대승율·소승율·대승론·소승론·초록(抄錄)·전기(傳記)·저술(著述)의 구과(九科)로 나누고, 전(前) 6과를 다시 일역(一譯)·이역(異譯)·실역(失譯)·별생(別生)·의혹(疑惑)·위망(僞妄)의 여섯으로 나누며, 초록 이하를 서역성중(西域聖衆)·차방제덕(此方諸德)의 둘로 나누었다. 2,257부터 5,310권을 기록하였다. ②5권. 602년〔隋 仁壽 2〕에 대흥선사(大興禪寺)의 역경사문(譯經沙門)과 학사들이 칙명을 받고 만든 것. 단본(單本)·중번(重飜)·현성집전(賢聖集傳)·별생(別生)·의위(疑僞)·궐본(闕本)의 6종으로 나누고, 단본에 370부 1,786권, 중번에 277부 583권, 현성집전에 41부 164권을 적었다. ③5권. 663년〔唐 龍朔 3〕에 경애사에 명하여 일체 경을 쓰게 하고, 정태(靜泰)가 그 목록을 만든 것. 2,219부 6,994권을 적고 있다.

중관【中觀】〔英 Meditation on the Mean〕 편벽되고 삿된 미망(迷妄)을 여읜 법의 진실한 이치, 절대이성(絶對理性)을 관함. 유(有)·무(無)·단(斷)·상(常)에 치우치지 않는 '중(中)'의 관점. 진리를 볼 수 있는 가장 정확한 관점. 삼론에서는 제법이 불생불멸하며 무거무래(無去無來)한 것이라 관하는 것을 중관(中觀)이라 하고, 천태에서는 삼천(三千)의 제법(諸法)은 낱낱이 모두 절대(絶對)라고 관하는 것을 중관이라 한다. 더 자세한 설명은 중론(中論)·중관론·중관학파 항목 참조.

중관【重關】〔英 The grave barriers〕 선원(禪院)의 용어로, 중첩된 관문. 깨달음〔悟道〕에의 난관(難關)을 말한다.

중관론【中觀論】〔梵 Madhyamakakārikā, prāñnyāya-mūla-śastra-tikā〕 인도 나가르쥬나(Nāgārjuna; 龍樹, 150-250경)의 대표적인 저작. 『중론(中論)』이라 약칭한다. 반야경전에서 설하고 있는 '공(空)'의 의미를 처음 본격적으로 논한 책으로서, 중관파(中觀派) 및 유가행파(瑜伽行派; 유식학파)의 논사(論師)들에게 커다란 영향을 주었다. 한편 중국에서는 특히 삼론학파(三論學派)에서 용수(龍樹)의 저작인 『십이문론(十二門論)』과 아리야데바〔提婆〕의 저술인 『백론(百論)』과 함께 소의(所依)의 3대 논서의 하나로 중시되었다.

[저작의 명칭과 그 유래] 『중론』이라는 명칭은 청목(青目; Nilanetra)이 짓고 구마라집(鳩摩羅什, 344-413)이 역(譯)한 『중론』에 의해 알려졌는데, 이것은 청목(青目)의 주석 부분을 포함하여 총칭(總稱)한 것이다. 이후 중국에서는 『중관론』 혹은 『중론』이라는 이름으로 보급되었다. 인도에서도 중관파를 확립한 바바비베카〔490년경-570년경〕와 찬드라키르티〔600년경-650년경〕는 이 논서에 대해 각각의 주석을 남기고 있으며, 『중론』이란 이름으로 이 논서를 불렀다. 이 명칭은 이 책 제24장 「성제(聖諦)의 고찰」 제18게송에, "연기(緣起)를 우리는 공(空)이라고 부른다. 그러나 그것은 가명(假名)이며, 올바른 명칭은 바로 중도(中道)이다."라고 한 것에서 유래한다. 여기서 말하는 중도(中道)는, 나가르쥬나 자신이 "가전연에 대한 가르침에서 유(有)와 무(無)를 아시는 세존에 의해, 있다고 하는 것과 없다고 하는 것의 양자는 모두 부정되었다〔15.7〕."고 하듯이, 전통적인 견해를 표방한 '비유비무(非有非無)의 중도(中道)'를 설법하는 논서라고 하는 의미이다. 『중론』 가운데 '중도(中道)'라는 말이 나타나는 것은 단지 제24장 한곳뿐이며, 이 논서의 전체적인 성격에서 보자면, '공성론(空性論)' 혹은 '연기론(緣起論)'이라고 부를 수 있는 것과 상응하는 것이다. 그렇지만 청목(青目) 주(注)의 『중론』이 구마라집의 손에 의해 번역된 5세기 초두에는 '공(空)'의 설에 대한 불교 내외의 오해와 비판을 물리쳤는데, 인도에서도 『중론』이라고 하는 호칭이 이미 정착해 있었다고 추정된다. 그 후 6세기경부터 중관파(中觀派)라는 학파 의식이 고조되면서 『중론』이라는 명칭에는 중관파(中觀派)의 소의(所依)의 전적(典籍)이라고 하는 의미가 담겨 있으며, 나가르쥬나의 『육

십송여리론(六十頌如理論)』 등의 주요 작품부(作品部)에도 이 명칭이 적용된다. 이에 따라 종래의 『중론(中論)』은 찬드라키르티가 활약한 7세기에는 '여러 가지 많은 『중론』 가운데 근본이 되는 책'이라고 하는 의미에서 『근본중송(根本中頌)』으로 일컬어지거나, 『반야론(般若論)』 및 『근본반야론(根本般若論)』이라고 하는 명칭으로도 불리게 되었다.

[구성] 『중론』은 전체 27장 450송(頌)으로 구성된다. 주석 문헌에 따라 인용 게송의 순서나 수에는 다소 차이가 있다. 게송의 총수는 첫머리의 소위 '팔불게(八不偈)' 2게송을 포함하면 청목주(靑目注)는 445, 『무외론(無畏論)』·『불호주(佛護注)』·『반야등론(般若燈論)』는 447, 『프라산나파다』는 449이다. 각 장의 제목과 논 전체의 구성에 대한 이해에서도 각 주석 간에 미세한 차이가 나타난다. 『중론』의 첫머리 게송은, "불멸(不滅)·불생(不生)·부단(不斷)·불상(不常)·불일(不一)·불이(不異)·불거(不去)·불래(不來)로 희론(戱論; 언어적 다양성)을 그치고, 길상(吉祥)한 연기를 설한 정각자(正覺者)에게 설법자 가운데 가장 수승한 자로서 경의를 표한다."라고 한다. 총 27장으로 구성된 『중론』의 각 장은 '불생(不生)' 등의 8가지 부정구(否定句)로 등치(等値)된 연기라고 하는 도리를 해명하기 위해, 12연기(緣起)·12처(處; 감각과 대상)·5온(蘊)·18계(界; 요소)·생(生)·주(住)·멸(滅)·고(苦)·자성(自性; 본질)·속박과 해탈·업과 과보·자아·여래·사성제(四聖諦)·열반(涅槃) 등 전통적인 여러 교리와, 가는 것·불〔火〕과 땔감〔薪〕·시간·인과 등과 관련된 일반적인 테마를 각각 비판적으로 고찰하고 있다.

[사상] 〔무자성이공(無自性二空)〕. 『중론』은 초기의 반야경전에 설해진 공(空)의 입장에서, 전통교리인 다르마〔法〕 및 연기를 비판적으로 재해석한다. 그 가운데 특히 비판의 대상이 된 것은 정신 및 물질을 포함하는 구성요소로서의 다양한 다르마에 대하여, 다르마란 영원불변한 본질〔svabhāva; 自性〕을 가진 것이며, 작용의 유무 등에 따라서 미래·현재·과거의 다른 위상(位相)으로 구분된다는 설일체유부류(說一切有部流)의 해석이었다. 더욱이 나가르쥬나는 설일체유부가 '사연(四緣)', 즉 4종류의 연(緣; 원인·조건)의 설 등에 의해 정리한 다르마 상호간의 인과론과 본질의 항상성을 전제로 한 연기 해석을 특히 비판하였다. 나가르쥬나는 이미 다르마와 사물은 다른 것에 의존하여 생한 것이기 때문에, 애초 영원불멸한 본질을 결하고 있는〔無自性〕 즉 본질은 '공(空)'이라고 한다. 설일체유부가 해석한 연기를 유본질(有本質) 연기론이라고 한다면, 나가르쥬나가 설한 연기는 '무본질(無本質) 연기론'

이라고 할 수 있다. 나가르쥬나에 의하면, "무본질(無本質)로 있는 여러 사물은 존재성이 없는 것이기 때문에, '이것이 있을 때, 저것이 있다.'라고 하는 것은 결코 있을 수 없다〔1.10〕." 따라서 엄밀하게는 '이것이 있을 때, 저것이 있다.'라고 하는 연기의 정형구(定型句)에서 말해지는 '이것'이나 '저것'을 구별하는 본질적인 근거는 없다. 따라서 본질을 빠트리고 있기 때문에 존재성〔본질 그 자체로서 존재하는 것〕은 없고, 그렇기 때문에 '이것이 있을 때'라든가 '저것이 있다.'라고 하는 것은 본래 타당하다고 할 수 없는 것이다. 이와 같은 관점에서 말하자면 다르마와 사물이 '생한다.'라고 하는 표현은 어디까지나 관습적인 레벨에 따를 때만이 유의미한 것이 된다. 여기에서 한편 다르마와 사물의 본질을 인정할 때 과연 연기가 성립할 수 있을까? 이러한 물음에 대해서도, 나가르쥬나는 "본질이 존재하지 않는다면 세간은 다양한 상태를 결(缺)하고 생하는 것도 멸하는 것도 없는 상주부동(常住不動)한 것이 될 것이다〔24.38〕."라고 하며, 유본질(有本質)의 입장에서는 연기(緣起)라고 하는 사태 그 자체도 있을 수 없다는 것을 지적한다. 연기(緣起)나 생멸(生滅)이라는 사태가 성립되지 않는다면 '연기'와 '생멸'이라는 표현도 불가능한 것이다.

[이진리설(二眞理說)] "연기하는 어떠한 법도 존재하지 않기 때문에 공(空)하지 않은 어떠한 법도 존재할 수 없다〔24.19〕."라고 하듯이, 나가르쥬나는 '연기(緣起)'로 표현되는 사태 그 자체에 대해서는 부정하지 않는다. 부정하지는 않지만 『공칠십론주(空七十論註)』 가운데, "승의(勝義)에서는 '연기하는 모든 사물은 본질이 공(空)하다.'"라고 말하듯이, 나가르쥬나에 있어 승의적인 진리〔paramārthasatya〕란 연기(緣起)나 공(空)이라고 부르는 사태 그 자체〔다시 말해 그러한 사태를 있는 그대로 증득하는 것〕이다. '연기'를 비롯한 전통적인 여러 교리나 '공(空)'이라는 표현도 확실히 일반적인 관습에 따른 '(다른 것에) 의존된 가명(假名; upādāya prajñaptiḥ)'이다. "언어습관에 의하지 않으면 승의는 나타낼 수 없다. 승의에 도달하지 않으면 열반은 증득할 수 없다〔24.10〕."라고 하듯이 언어관습〔vyavahāra〕의 불가결한 유효성을 나가르쥬나는 인정한다. 말하자면 '연기=공'이라는 승의적인 진리로 이끄는 불가결한 형태로서 나가르쥬나는 세속진리〔saṃvṛtisatya〕의 영역으로서의 언어관습의 유효성을 말하는 것이다.

[해탈론(解脫論)] 이와 같이 『중론』은 이진리(二眞理)의 구별과 각각의 중요성을 설한다. 그렇기 때문에 그의 저작에서는 의식적인가 혹은 무의식적인가를 떠나서 연(緣)이 되

는 다르마〔法〕나 연(緣)에 의해 생하는 다르마가 가진 불변의 본질을 파악하는 데 무엇보다도 관심을 가진다. 이것은 앞에서 설하였듯이 다르마나 사물에서 불변의 본질을 보는 자는 연기(緣起)라고 하는 사태도 부정하는 것이 되며, "만약 공(空)하지 않다면 증득하지 못한 자가 증득하는 것도, 고뇌를 종식시키는 행위도, 모든 번뇌를 단멸(斷滅)하는 것도 또한 존재하지 않는 것이 된다〔24.39〕." 여기에서는 또한 사람이 사물의 본질을 고집하는 것은 이것저것을 분별하는 것과 표리일체(表裏一體)하는 것으로 그 배후에 있는 일상적인 희론·언어의 다양성이 그것을 조장하고 있다고 하는 인식이 있다. 나가르쥬나에 의하면 그러한 희론 및 분별은 해탈을 방해하는 근원적인 요인이다〔18.5〕. 그렇기 때문에 '해탈=열반'에 이르는 요체는 이러한 희론(戱論)을 적멸시켜 어떠한 분별도 넘어서는 데 있다. 따라서 열반에 대해서도 나가르쥬나는 윤회가 별개의 세계로서 분별할 만한 것은 아니며, "열반의 구극(究極), 그것은 윤회의 구극이다. 이들 양자 사이에는 어떠한 차이도 없다〔25. 20〕."라고 한다. 이것은 그가 『육십송여리론(六十頌如理論)』 가운데, "윤회적 생존을 올바로 아는 것이 열반이라 한다."라고 하는 등에서도 나타난다. 나가르쥬나의 이러한 열반관은 후에 '생사즉열반(生死卽涅槃)'의 정형구(定型句)로 되어, 이후 대승불교의 전개에 큰 영향을 주게 되었다.

중관학파 【中觀學派】〔梵 Mādhyamakā, Mādhyamikā〕 유가행파(瑜伽行派; yogācāra; 유식학파)와 함께 인도 대승불교의 2대 학파 가운데 하나. 대승불교의 최초의 논사로 불리는 나가르쥬나(Nāgārjuna; 龍樹, 150-250경)를 조사(祖師)로 하고, 초기의 대승경전을 대표하는 『반야경(般若經)』의 '공(空)'사상을 특히 중요시하면서 전개하였다. '중(中)을 배우는 사람'을 의미하는 이 학파명은 나가르쥬나의 주요저서인 『중론(中論; Mādhyamakā-śastra)』에서 유래하는데, 중관파의 학승들은 이 논서를 『근본중송(根本中頌; Mūlamādhyamakā)』이라고도 불러서 학파의 기본전적(典籍)으로 삼았다. 사상사적으로는 중관파를 초기·중기·후기의 3기로 나누는 것이 일반적이다.

[초기] 나가르쥬나와 그의 제자 아리야데바〔提婆; 聖天, 170경-270경〕는 중관파의 기초를 쌓은 2대 논사(論師)로 초기 중관파를 대표한다. 특히 나가르쥬나의 『중론』은 중관파에 있어 가장 중요한 전적(典籍)으로서, 다른 어떠한 경전보다도 많은 영향을 후세에 끼쳤다. 『중론』의 주요한 의도는 모든 것이 '공(空)'인 것, 즉 정신적·물질적인 구성요소와 그것에 의해 구성된 모든 것은 다른 것에 의존해서 일어나기 때문에 고유한 본질을

갖지 않는〔無自性〕 것이라고 하는 것을 논증하고 있다. 나가르쥬나에 의해 '공(空)'은 '무자성(無自性)'과 같은 것이 된다. 또한 "연기(緣起)를 우리는 '공(空)'이라 한다. 그것은 의존(依存)된 가명(假名)이며, 그것은 실로 중도(中道)이다〔『中論』 24.18〕."와 같이 '공(空)'은 연기(緣起)의 동의어이기도 하다. 『중론(中論)』의 서명(書名)은 모든 사물은 고유한 본질을 갖고 있지 않기 때문에 본래 있다고도 없다고도 할 수 없는 것을 의미하는 앞의 인용 구절에 있는 '중도(中道)'라는 말에 기초한다. 이 논서에는 나가르쥬나의 자주(自注)라고도 말해지는 『무외론(無畏論)』이 있고, 또한 이것과 내용적으로 일치하는 점이 많은 청목주(靑目注)의 『중론』〔漢譯만이 남아 있음〕과, 5세기경에 활약한 붓타팔리타〔佛護, 470경-540경〕의 주석서 『불호주(佛護注; 티베트어역만 남아 있음)』도 초기의 주석문헌으로서 중요하다. 『중론』에 대해서는 유가행파〔유식〕의 논사들도 적극적으로 주석서를 저술하였고, 아상가〔無着, 395경-470경〕의 『순중론(順中論)』도 그 가운데 하나이다. 아울러 『중론』과 함께 아리야데바의 『사백론(四百論)』도 역시 중관파에 있어서 뿐 아니라 유가행파에 속하는 호법(護法, 530-561)과 심지어 중국의 삼론학파(三論學派)에 대해서도 사상사적으로 큰 영향을 끼쳤다.

[중기] 중관파라는 명확한 학파의 의식을 갖게 된 것은 6세기 유가행파에 의한 유식(唯識; vijñāpti-mātratā)설을 반론(反論)하는 형태로서 '중관파'를 자칭(自稱)한 바바비베카〔淸辯, 490-570경〕에서부터이다. 그는 『중관심론(中觀心論)』과 『중론』의 주석서인 『반야등론(般若燈論)』에서 유가행파의 대표적인 교리의 하나인 삼성설(三性說)과 『십지경(十地經)』 등의 이른바 '삼계유심(三界唯心)'설에 대한 해석을 비판한다. 곧 유가행파에서 전통적으로 심불상응행법(心不相應行法)으로 분류해 온 '말〔名, 句, 文〕'과 그리고 색법(色法)으로 분류해 온 '음성〔聲〕'이라고 하는 '법(法)들'을 의타기성(依他起性; 다른 것에 의존하는 성질)이 아니라 변계소집성(遍計所執性; 構想分別된 성질)으로 생각하며, 의타기성인 '마음〔心〕'및 '마음의 작용〔心所〕'을 '공(空)'으로는 보지 않는 점을 비판한다. 나아가 원성실성(圓成實性; 완성된 성질)의 진여(眞如)도 '공(空)'이 아니라 실재한다고 생각하는 점을 격렬하게 비판했다. 또한 『십지경(十地經)』 등의 소위 '삼계유심'설은 외계대상(外界對象)의 존재를 부정하는 것이 아니라, 마음과는 다른 행위 주체와 함께 과보의 향수(享受) 주체의 존재를 부정하는 것으로서 이해해야 한다. 더군다나 바바비베카의 중관사상과 논증방법을 비판한 찬드라키

르티〔月稱; 600-650〕도 중관파로 자칭하면서, 유식설 및 디그나가〔陳那, 490-540〕의 논리학에 대해 적극적인 비판을 전개한다. 그는 주요 저서 『입중론(入中論)』과 『중론』의 주석서인 『프라산나파다〔청정한 말〕』 속에서 고유한 본질〔自性〕을 전제로 하는 논적(論敵)의 주장은 반드시 오류로 빠진다고 하는 나가르쥬나의 귀류논법을 정당한 논증법으로 보고서 자립적인 논증방법을 비판했다. 후대 티베트에서는 이러한 논증방식의 차이에 따라, 중관파가 디그나가의 논리학적인 방법을 '공(空)'의 논증으로 수용한 바바비베카로 대표되는 '자립논증파(自立論證派)'와 이런 태도를 비판한 찬드라키르티를 중심으로 하는 '귀류논증파(歸謬論證派)'로 분열하게 되었다고 한다.

[후기] 그 후 8세기가 되자 샨티데바〔690-750경〕, 즈냐나가르바〔700-760경〕, 나아가 산타라크쉬타〔寂護, 725-788경〕, 카마라쉬라〔蓮華戒, 740-797〕의 사제(師弟)가 활약했다. 그들 대부분은 바바비베카〔淸辯〕의 중관사상의 영향 하에 있었지만, 후기 중관파의 최대 특색은 많은 논사들이 어떠한 형태로 유가행파의 학설과 지식론을 스스로의 사상체계 속에 수용하려고 한 점이다. 샨티데바는 『입보살행론(入菩薩行論; 또는 『入菩提行論』)을 유려한 시문(詩文)에 의해 저술하고, 보리심·육바라밀 및 회향을 주요 테마로 하는 보살 수행도의 본연의 모습을 제시하였다. 즈냐나가르바는 『이제분별론(二諦分別論)』 속에서 현현(顯現)하는 것에 대해 공통하는 세속의 사물도, 효과적인 작용을 이루는 능력의 유무에 의해서 참과 거짓이 구별된다고 한다. 산타라크쉬타(Śāntarakṣita, 725-788경)는 후기 중관파를 대표하는 논사이다. 그는 『중관장엄론(中觀莊嚴論)』에서 물질〔色〕이든 인식〔識〕이든, 일체는 일(一)·다(多)의 어느 성질도 아니기 때문에 '무자성(無自性)'이라는 주장을 다양하고 자립적인 논증으로 전개하였다. 곧 다른 종교의 여러 가지 설, 비바사사설(毘婆沙師說)·경량부설(經量部說)·유형상식설(有形象識說)·무형상식설(無形象識說)의 각각을 차례차례로 부정하고, 일체가 '무자성(無自性)'이라고 하는 중관학설의 결론이 타당하다고 한다. 단지 이 책 속에서 산타라크쉬타는 유가행파에 의한 유식관을 세속에 있어 정당하다고 하며, 승의적(勝義的)인 진리의 '무자성(無自性)'을 이해시킨 후에도 유효하다고 인정하고 있다. 나아가 인식의 성립에 대해서도 디그나가 및 다르마키르티〔600-660경〕가 주장한 지(知)의 자기인식론(自己認識論)을 긍정했다. 이로 인하여 그는 그가 활약한 9세기 초에 이미 '유가행중관파(瑜伽行中觀派)'를 대표하는 논사로서 위치하게 되었다. 그의 제자인 카마라쉬라(Kamaraśila)는 삼예(bsam yas)의 종론(宗論)을 통해 티베트에 본격적으로 인도계의 불교가 전해지는 거점을 마련하게 되었다. 그 후 인도불교는 힌두교의 탄트리즘 영향으로 인해 점차 밀교화(密教化)되어 간다. 이러한 흐름 속에 10세기 후반 이래 프라즈냐카라마티와 쟈안타에 의해 찬드라키르티의 중관사상이 재평가를 받게 된다. 후기불교 전수시대에 티베트에서 스스로 자진해서 활약했던 아티샤(Atiśa, 982-1054)도 또한 찬드라키르티의 중관사상을 높이 평가함과 동시에 밀교를 전면적으로 받아들이고 있다. 주저(主著)인 『보리도등론(菩提道燈論)』 속에서 아티샤는 중관사상을 반야바라밀승(般若波羅蜜乘)으로서 비밀진언승(秘密眞言乘)의 하위에 두었다. 이러한 인도불교측의 사정에 호응하듯이 티베트에서도 11세기에는 쟈안타, 아티샤 및 티베트인 번역관(飜譯官) 니마타구 등의 손에 의해 찬드라키르티의 중관사상이 본격적으로 도입되기 시작했다. 그리고 이후의 티베트불교, 특히 쫑카파(Tson-kha-pa; 宗喀巴, 1357-1419)를 조상으로 하는 겔룩파에 있어 귀류논증파를 중관파의 정통으로 보는 전통이 형성되기에 이르렀다.

중국불교 【中國佛教】 중국에 불교가 전래된 것은 기원 전후이다. 전래 이후 불교는 중국인에게 신앙되고, 학문적으로도 연구가 진행됨과 동시에 교단(教團)으로서도 큰 세력을 차지해 왔다. 중국불교는 수당시대(隋唐時代)에 이르러 인도적 색채를 완전히 벗어나 독자적인 불교를 형성하기에 이르렀다. 중국불교라고 하는 것은 바로 이 시대에 성립한 중국불교 각 종(宗)을 의미하는 것으로, 중국인의 창조에 의한 불교를 의미한다. 인도에서 성립한 경전은 장소나 시대를 가리지 않고 역경승(譯經僧)에 의해서 한자(漢字)로 번역되었다. 중국의 불교인은 불타(佛陀)의 진의(眞意)를 참으로 나타낸 경전이 『법화경』, 혹은 『화엄경』이라고 확신하고, 이 경전을 중심으로 하여 다른 경전의 가치체계를 세우려고 하였다. 이것이 중국불교의 특색 가운데 하나인 교상판석(教相判釋)이다. 교상판석으로서는 천태종의 오시팔교(五時八教), 화엄종의 오교십종(五教十宗)이 대표적이다. 인도의 불교가 중국 사회에 받아들여지기 위해서는 현실주의적인 경향을 취하지 않으면 안 되었다. 불교가 민중에 침투하기 위해서는 민간신앙에 있어서도, 불교철학에 있어서도 이러한 경향은 현저하게 나타나 있다. 곧 중국에서는 대승불교의 보살 중에서도 특히 현세(現世)의 행복과 관계가 깊은 관세음보살이나 미륵보살에 관심을 가져, 그 신앙이 중국인의 종교생활에 깊이 침투되었다. 중국불교의 정화(精華)라고 불리는 천태(天台)나 화엄(華嚴)을 보면, 역시 그 철학 조직 가운데에 현실을 중시하는 경향이 두드러지게 나타난다. 천태종에서는 색향중도(色香中道)의 입장에서 현실 속에서 진리를 찾아내려고 하는 철학체계를 만들고, 이상즉현실(理想卽現實)·현실즉이상(現實卽理想)의 입장을 철저하게 견지하고 있다. 한편 화엄종에서는 현상의 배후에 있는 형이상학적 실체를 완전히 부정하고, 현실을 구성하고 있는 개물(個物) 그 속에 진리가 내재(內在)하고 있다는 것을 주장하고, 다시 그 현실의 개물(個物)의 원융상즉(圓融相卽)하고 있는 것을 설하였다. 이 이론을 실천적·행동적으로 전개시킨 것이 중국의 선종(禪宗)이었다. 중국불교도의 현실주의적 경향은 선종에 이르러 극점(極點)에 달했다고 할 수 있을 것이다. 중국불교가 최초로 전해진 것은 문헌상으로는 기원전 2년으로 되어 있지만, 실제로는 그보다 더 빠른 것으로 추정된다. 후한(後漢)시대에 이미 불상이 조성되었다는 사실이 최근 발견된 공망산(孔望山) 등의 석각상(石刻像)에 의해서 증명되기도 하였다. 전래된 불교는 노장사상(老莊思想)이나 신선사상(神仙思想)과 융합하면서 차츰 중국 사회에 수용되기에 이르렀다. 오호십육국(五胡十六國)시대에 도안(道安, 314-385)은 중국불교의 기초를 만들었다. 남북조(南北朝)시대에는 열반(涅槃)·성실(成實) 등의 제학파(諸學派)가 성립하고, 다시 수당(隋唐)시대에는 삼론(三論)·천태(天台)·삼계교(三階敎)·법상(法相)·화엄(華嚴)·율(律)·밀교(密敎)·선(禪)·정토(淨土) 등 여러 종파가 성립하였다. 송대(宋代) 이후에는 중국전통의 사상이나 종교와 융합하고 중국인의 정신생활 속에 깊이 침투하게 되었다. 천태종은 제법실상(諸法實相)을 설하고, 이 실상을 공(空)·가(假)·중(中) 삼제(三諦)의 논법에 의하여 밝히고 있다. 또한 일념삼천(一念三千)은 만유(萬有), 즉 모든 것이 서로 융즉(融卽)하고 있음을 설한 것이다. 실천적 방면에 대해서는 일심삼관(一心三觀)을 들 수 있다. 화엄종은 유심연기(唯心緣起)를 설한다. 천태종이 성구(性具; 현상계의 事象이나 사물은 모두 一念의 마음에 본래적으로 구비되어 있다는 것)를 설하는 데 대하여, 화엄종은 성기(性起; 일체 현상계의 事象과 사물은 모두 진실한 것으로서 진여가 그대로 나타난 것)를 설한다. 화엄종은 중중무진(重重無盡)의 법계연기(法界緣起)를 밝히기 위하여 십현연기(十玄緣起)와 육상원융(六相圓融)을 설한다. 삼론종(三論宗)의 교설(敎說)은 파사현정(破邪顯正)·진속이제(眞俗二諦)·팔불중도(八不中道)의 삼과(三科)에 의해서 주장된다. 삼론종에서는 법상종처럼 이치〔理〕와 경계(境界)의 이제(二諦)를 설하지 않고, 언교(言敎)의 이제(二諦)를 말한다. 법상종은 호법

(護法; Dharmapāla)의 『성유식론(成唯識論)』에 따라서 만법유식(萬法唯識)의 도리(道理)를 밝히고, 일체법(一切法)을 오위백법(五位百法)으로 분류한다. 심법(心法)은 전6식(前六識)과 제7 말나식(末那識)과 제8 아뢰야식(阿賴耶識)의 8식을 세워 만법불리식(萬法不離識=萬法唯識)을 명백히 한다. 또한 오성각별(五性各別)을 주장하고, 일체개성불(一切皆成佛)을 인정하지 않는다. 이것이 뒤에 개성불(皆成佛)을 주장하는 천태종과의 논쟁을 일으켰다. 선종(禪宗)은 불립문자(不立文字)·교외별전(教外別傳)·직지인심(直指人心)·견성성불(見性成佛)을 표방한다. 한편 중국 정토교(淨土教)를 대성시킨 사람은 선도(善導, 613-681)이다. 선도 문하의 특색은 구칭염불(口稱念佛)을 성립시킨 것, 아미타불을 보신(報身)으로 하고 극락정토를 보토(報土)로 한 것, 범부신(凡夫身)의 왕생(往生)을 본의(本意)로 한 것, 왕생을 칭명(稱名)의 수(數)에 의하여 정하지 않고 오히려 신심(信心)에 의한 것이라고 한 것 등이다.

중근기【中根機】①상근기(上根機)보다는 낮고 하근기(下根機)보다는 높은 보통의 근기. ②불법(佛法)을 수행하는 데 있어서 자세히 아는 것도 없고 또한 모르지도 아니하여, 항상 의심을 풀지 못하고 법과 스승을 저울질하는 근기. 법을 가벼이 알고 스승을 업신여기기 쉬우며, 모든 일에 철저한 발원과 독실한 성의가 없어 공부와 사업 간에 성공을 보기가 어렵다. 자기가 알고 있는 조그만 것에 교만하고 만족하여 상근기(上根機)로 뛰어오르기가 어려운데, 자칫하면 하근기(下根機)보다 못하여 성불(成佛)이 늦어지고, 한쪽에 국집되기 쉽다. ③특별히 뛰어나지도 특별히 모자라지도 않는 보통 사람의 근기.

중단【中壇】사찰에서 불교를 수호하는 신중(神衆)을 모신 단(壇)을 가리킴. 대웅전 내에서는 우측에 있다.

중도【中道】〔梵 madhyamā pratipat, 巴 majjhimā paṭipadā, 英 The 'mean' has various interpretations〕 대립하는 두 극단〔二邊〕을 버리고 치우침이 없는 바른 도〔正道〕라는 의미. 치우침이 없다는 것은 단지 사물의 중간이라고 하는 의미가 아니고, 대립과 집착의 두 극단〔二邊〕이 버려진 곳에 스스로 나타나게 되는 사고방식과 삶의 방식을 말한다. 이 말은 불교의 기본적 사고방식과 삶의 방식을 간단명료하게 표명한 중요한 술어로서, 이미 석존의 초기 설법인 『나마경(羅摩經)』·『전법륜경(轉法輪經)』 등에 나타난다. 거기서는 욕락(欲樂)에 몸을 맡긴다고 하는 것과 헛되이 고행으로 몸을 괴롭히는 것의 두 극단을 떠난 중도(中道)가 설해지고 있으며〔不苦不樂의 中道〕, 그 구체적 실천방법으로서 팔정도(八正

道)를 제시하고 있다. 『잡아함경(雜阿含經)』 등에서는 유(有)와 무(無), 단(斷)과 상(常)의 각각 두 극단적인 생각을 떠난 중도(中道)가 설해진다〔有無中道, 斷常中道〕. 그리고 12인연(因緣)을 관하는 것이 그것을 위한 실천방법으로 나타나고 있다. 아비달마불교에 있어 중도는 두드러진 발전은 보이지 않고 있다. 『성실론(成實論)』에서는 유무(有無)·단상(斷常)을 떠난 성중도(聖中道) 외에 세제중도(世諦中道)·진제중도(眞諦中道)·비진비속중도(非眞非俗中道)의 세 가지가 설해지고 있다. 대승불교의 『반야경(般若經)』에서는 모든 사상(事象)이나 개념(概念)이 집착의 대상이 되는 한에서는 버려져야 할 일변(一邊)이라고 생각하고〔보살·반야바라밀·佛·菩提마저도〕, 모든 이변(二邊)이 버려지는 것이 구극(究極)의 반야바라밀, 중도(中道)라고 하였다. 그 후 여러 학파에서도 중도(中道)의 이념(理念)은 여러 가지로 전개되어 있고, 학설의 풍부한 전개를 위하여 그 역할을 다한 것을 알 수 있다. 중관파(中觀派)의 대표인 용수(龍樹)는 『중론송(中論頌)』에서 모든 대립적인 그릇된 생각을 생멸(生滅)·단상(斷常)·일이(一異)·거래(去來)라는 네 가지 상대적인 이변(二邊)으로 정리하여, 그 모든 것을 부정해 버린 희론적멸(戱論寂滅)의 세계를 나타내는 팔불중도(八不中道)를 말하고 있고, 유가행파(瑜伽行派; 유식파)의 『해심밀경(解深密經)』에서는 삼성삼무성설(三性三無性說)에 따라 유(有)·공(空)·중도(中道)의 삼시(三時)의 교판(敎判)을 세워 유식설로서 중도요의(中道了義)의 가르침을 규정하였다. 중국에서는 삼론종(三論宗)의 길장(吉藏, 549-623)에 의해 3종의 중도〔俗諦中道·眞諦中道·二諦合明中道〕나 사중(四中; 對偏中·盡偏中·絶對中·成假中)의 설을 세우고 있으며, 천태(天台) 지의(智顗, 538-597)도 공(空)·가(假)·중(中)의 삼제설(三諦說)을 만들어 이후 불교에 깊은 영향을 주는 웅대한 세계관을 만들었다.

중도관【中道觀】중도(中道)는 편벽되고 삿된 미망(迷妄)을 여읜 법(法)의 실제적 이치인 절대이성(絶對理性)을 가리키는 것이다. 유식종에서는 유식(唯識)을, 삼론종에서는 팔불(八不)을, 천태종은 실상(實相)을, 화엄종은 법계(法界)를 중도라 하는 등 종파에 따라 다르다. 이 중도를 믿고, 이것을 직접 체험하기 위한 실천수행을 중도관(中道觀)이라 한다. 중도 항목 참조.

ㅈ

중도불성【中道佛性】중도가 곧 불성(佛性)이라는 말로서, 천태지의(天台智顗, 538-597)가 원교(圓敎) 체계 가운데 세운 극히 중요한 관념.

중도실상【中道實相】〔英 The reality of the 'mean' is neither 有 substance or existent, nor 空

void or non-existent, but a reality which is neither, or a mean between the two extremes of materialism and nihilism〕 우주만유의 진실한 체상(體相). 곧 편사미망(偏邪迷妄)을 여읜 절대이성(絶對理性)을 중도(中道)라 한다. 중도(中道)에 대한 해석은 각 종파에 따라 다른데, 중도실상이라는 말로 나타내는 뜻도 깊고 얕은 구별이 있다.

중도제일의제【中道第一義諦】곧 중제(中諦). 천태삼제(天台三諦)의 하나. 유(有)와 공(空), 또는 공(空)과 가(假)의 이변(二邊)을 부즉불리(不卽不離)하는 중정(中正) 절대(絶對)의 이(理)를 말한다.

중도종【中道宗】〔英 The third period of the Buddha's teaching〕 법상종(法相宗)에서 자기의 종(宗)이 으뜸 된다는 것을 주장하기 위하여, 불교를 유교(有敎)·공교(空敎)·중도교(中道敎)의 삼시교(三時敎)로 나누어 법상종을 중도종이라 한다. 곧 유(有)에도 치우치지 않고 공(空)에도 치우치지 않는 비유비무(非有非無)를 종지로 하고 있는 교(敎)라는 것이다.

중론【中論】용수(龍樹; Nāgārjuna)가 지은 책으로, 범어의 원명(原名)은 『중송(中頌; Madhyakakārikā)』인데, 흔히 『근본중송(根本中頌; Mūlamadhyakakārikā)』이라고 한다. 『반야경(般若經)』에 바탕을 둔 대승공관(大乘空觀)의 입장에서 불교의 연기설을 말한 책이다. '연(緣)의 관찰'로 시작되는 27장 449송(頌)〔漢譯은 445偈〕으로 되어 있다. 외교설(外敎說)과 부파불교의 교리를 비판하여 연기설을 고양(高揚)하고, 일체의 존재는 무자성(無自性)이고 공(空)이라고 주장하여 대승불교의 기본입장을 밝혔다. 제명(題名)의 중(中)이란 이 공론(空論)이 유(有)에도 치우치지 않고 무(無)에도 치우치지 않는 중도(中道)이며, 이것이야말로 불교의 근본입장이라고 하는 데서 나온 것으로, 역사적으로 말하면 초기불교 경전에서 석존이 고행과 쾌락주의의 길을 버리고 보리수 밑에서 선정(禪定)에 들어가 제법연기(諸法緣起)의 설을 정견(正見)하여 오도(悟道)의 길을 열었기 때문에, 불교는 불고불락(不苦不樂)의 중도임을 철학적으로 해명한 것이다. 교리 이외에 특히 주목할 만한 것은 그 상대방을 논파(論破)하는 변증형식이다. 이것을 '과오의 지적〔prasanga論法〕'이라고 하는데, 후세 불교논리학 형성에 큰 영향을 주었다. 『중론』은 인도불교에서 중관파(中觀派), 티베트불교에 있어서 쫑카파의 황모파(黃帽派), 중국불교에서 삼론종(三論宗) 형성에 큰 영향을 주었다. 더 자세한 것은 중관론 항목을 참조할 것.

중변분별론【中邊分別論】〔梵 Madhyāntavibhāga〕 마이트리야〔彌勒,

270경-350]의 작품으로 간주되는 본송(本頌)과 이에 대한 바수반두[世親, 320경-400경]의 주석 부분으로 된 유가행파의 논서(論書). 산스크리트본(本)이 현존하고, 티베트어 번역 및 2종류의 한역이 있다. 책 이름에 대한 설명은 산스크리트본의 제5장 제30게(偈) 이하에 나타나는데, 바수반두의 주(注)에 의하면 '중(中)' 즉 중립공정(中立公正)한 중도(中道), 그리고 '변(邊) 즉 양극단으로 치닫는 사고를 버리고 진여(眞如)로서의 중도를 실현하는 것에 있다. 논(論)의 구성은 산스크리트본의 첫 장에 의하면, 제1장 「상(相)」은 『유가사지론(瑜伽師地論)』 본지분(本地分) 보살지(菩薩地) 가운데 진실의품(眞實義品)에 보이는 공성(空性)을 이해하려 하는 연장선상에 있다. 특히 바수반두가 제1장 제1게(偈)를 주석하는 가운데 도입한 '남겨진 것[abaśiṣṭa]'이라는 표현은 『소공경(小空經)』에서 유래하는데, 원래는 A[森 등]라고 하는 장소에서 B[동물 등]라고 하는 것에 주목할 때, B가 공(空)하더라도 B 이외의 것이 있기 마련이고, 그것을 '남기는' 실재로 설명하는 소박하고 구체적인 내용으로, 유가행파에서는 공성(空性)의 참된 의미를 전하는 것으로서 이용할 뿐 실재론은 아니다. 가상세계에서는 파악하는 측도 파악되는 것도 공(空), 결국 무(無)이지만 두 가지 무(無)일지라도 가상세계를 만들어 내는 작용으로서의 허망분별(虛妄分別; 우리의 심적 활동 전체; 삼계의 마음) 자체는 '남겨지는 것'으로서 존재하는 것이다. 그리고 허망분별 자체가 이 두 개를 이탈하고 있는 상태를 공성(空性; śūnyatā)이라고 한다. 심지어 대상[가상세계]은 전혀 인정할 수 없기 때문에, 그 원인이 되는 허망분별 자체도 인정될 수 없다. 곧 양쪽 모두 실제로는 없는[入無相方便] 것이기 때문에, 최종적으로 그것이 공성(空性)의 참다운 모습이 되는 것이다. 여기서 주의해야 할 것은 이것이 단지 관념상의 이론으로 그치는 것이 아니라, 공성(空性)을 명상(瞑想)의 대상으로 하는 실천이론인 동시에 수행자가 자신의 망상을 완전히 배제한 단계에서 출현하는 진여(眞如)는 언어로 표현할 수 없다는 것이다. 제2장 「장해(障害)」는 진여, 공성을 깨달아 해탈하는데 장해가 되는 것이 무엇인가를 나타낸다. 요약하자면, 번뇌라고 하는 장해[煩惱障]로 일컬어질 만한 것을 가로막는 장해[所知障]에 수습된다. 제3장 「진실(眞實)」은 근본진실로서의 삼성설(三性說)을 종래의 고집멸도(苦集滅度)의 사성제(四聖諦)·오온(五蘊)·십팔계(十八界)·연기설(緣起說) 등을 정리해서 해석한다. 제4장 「대치(對治)의 수습(修習)과 단계(段階), 과(果)」로 깨달음에 이르기 위한 실천행에 의해 번뇌 등의 장해를 대치하고, 수습(修習)에 의해 향상하는 단계와 그 수행의 결과로서의 경지를 나타낸다〔한역에서는 각기 독립된 세 개의 장으로 구성된다〕. 제5장 「무상(無上)의 승(乘)」에서는 대승불교 최고의 가르침인 10바라밀의 실천 및 여기에서 현시(現示)된 사상을 나타내고 있다.

중봉【中峰, 1263-1323】 중국 원(元)나라 때의 스님. 이름은 명본(明本). 속성은 손(孫)씨. 항주 전당 사람. 어려서 입산하여 고봉원묘(高峰原妙, 1238-1295)를 찾아 심요(心要)를 묻고, 『금강경』을 공부하였다. 뒤에 샘물이 흘러나오는 것을 보고 활연히 깨쳤다. 고봉의 법을 받고는 일정하게 있는 곳 없이 배〔船〕 가운데 있기도 하고 암자에서 거주하기도 하였다. 1318년〔연우 5〕 인종이 귀의하여 금란가사와 불자원조광해선사(佛慈圓照廣奚禪師)의 호를 주었다. 나이 61세로 입적하였다. 뒤에 문종은 지각선사(智覺禪師), 순종은 보각선사(普覺禪師)라는 시호를 내렸다. 저서에는 『중봉광록(中峰廣錄)』 39권이 있다.

중생【衆生】〔梵 sattva, 西 sems can, 英 all the living, living beings〕 범어 삿트바(sattva)를 주로 중생이라고 번역하는데, 'prāṇin'·'jagat'·'loka'·'pudgala'·'jana'·'manuṣya'·'nṛ' 등도 중생이라고 번역한다. 삿트바(sattva)는, 'sat〔존재하고 있다〕'에 어미 'tva'를 붙인 말로서, 일반적으로 '살아 있는 것〔생명체〕', '살아가는 생명체'를 의미한다. 한역에서는 유(有; 존재하는 것)라고 번역하는데, '인간을 포함한 생명을 지닌 모든 존재'를 의미한다. 그 용례를 보면 '살아 있는 것〔생명체〕'이란 의미를 가지고 있으면서, 실제상 '인간'을 지시하는 경우도 적지 않다. 'prāṇin' 역시 유사한 복합적인 용법을 갖고 있지만, 단지 팔리어 'satta'에까지 소급해서 따져 볼 때, 그 '인간'의 의미는 어원적으로 베다어의 'satvam〔강한 사람; 戰士〕'과 연관된다고 할 수 있다. 속어(俗語) 루베루에서의 동형화(同形化)가 '인간'의 의미를 'sattva'에 부과시켜 그 양의성(兩儀性)이 생겼을 가능성도 있다. 일반적으로 바라문교나 자이나교도에서는 인간을 포함한 생명체를, 또한 각 개체를 표시하는 말로서 지바(jiva)라는 말을 자주 사용하였다. 그러나 불교에서는 집합적인 의미를 나타내는 경우에 한해서 삿트바(sattva)를 즐겨 사용하고, 하나의 인격적인 존재를 의미할 경우에는 푸드갈라(pudgala) 등을 사용하였다. 한어(漢語)에서 중생(衆生)이란 "반드시 죽는 것〔『禮記』 「祭義」〕", "인간〔人〕과 물(物)을 겸하여 말하는 것〔『孫希旦集解』〕" 등으로 정의(定義)한다. 그러나 불교에서의 '중생(衆生)'은 1. 중인(衆人)이 같이 생하는 의미〔『法華文句』〕, 2. 중다(衆多)의 것〔法〕이 화합에 의해 생하는 의미〔『大乘義

章』], 3. 중다(衆多)의 생사(生死)를 겪는 의미〔『般若燈論』〕 등으로 정의하는데, '생사유전(生死流轉)하는 다양한 생명체〔群生·群類〕'라는 의미 외에 특히 '인간(人間)'만을 한정하여 지칭하는 경우도 있다. '인간'을 나타내는 'jana'나 'manuṣya' 등의 말이 특히 중생(衆生)이라고 번역되는 것은 본래의 의미가 한역어(漢譯語) 가운데에 정착된 것임을 보여 주는 것이다.

[유정(有情)과 비정(非情)] 불교에서는 '삿트바(sattva)'라는 말을 예전부터 '마음이나 의식을 가진 것', '색(色) 등의 오온(五蘊)에 대한 욕망 등을 가진 것'이라고 해석하였으며, 여기에서 '유정(有情)'·'함식(含識)' 등과 같은 역어(譯語)도 생겨났다. '유정(有情)'은 현장(玄奘, 602-664)의 신역(新譯)이요, '중생(衆生)'은 구역(舊譯)이다. 생명체를 움직이는 것〔trasa; 동물 등〕과 움직이지 않는 것〔sthāvara; 식물 등〕으로 이분(二分)하는 고대 인도의 분류법을 일단 불교에서도 계승한 것이지만, '삿트바(sattva)'를 특히 '유정(有情)', '마음 있는 존재'라고 해석한 것은 실질적으로 생명체의 범주를 한정하여, 식물 등은 '비정(非情)'의 존재로 구분한 것이다. 예를 들면, 발생의 형태에서 생물을 나누어 4종의 분류법〔胎生·卵生·濕生·化生〕으로 나누는데, 여기에는 바라문교의 '아생(芽生; 수목 등)'을 비롯한 '화생(化生; 지옥의 생명체; 신들)'을 새로 분류하여 식물 일반을 배제시키고 있다. 그러한 생명체의 범위를 좁게 하려는 경향은 식물뿐만 아니라 다른 미세한 생명체에도 영혼〔생명〕의 내재(內在)를 인정하려는 자이나교와는 그 성격을 달리한다. 자이나교에도 불교의 '유정' 개념과 비슷한 정신작용〔manas〕을 갖고 있는 인간·조수(鳥獸) 등〔5가지 감관을 지닌 것〕에 한정해서 생각한다. 그러나 불교와는 달리 식물에도 어떠한 감각능력을 인정하고, 윤리적으로 배려할 만한 대상으로 취급한다. 불교에서는 『대승열반경(大乘涅槃經)』에, "일체중생(一切衆生) 실유불성(悉有佛性)"이라는 문장이 나온다. 이것은 불성(佛性)의 내재를 심(心)·의식(意識)을 지닌 유정에 한정하고 '비정(非情)'의 존재를 배제하는 것이다. 불교에서 중생의 개념은 아마 살생(殺生)의 금지와 성불(成佛)의 문제 등과 관련되어 그 개념이 좁아졌을 것이다. 그러나 꼭 '유정' 외에 생물의 존재를 일체 인정하지 않는 것은 아니고, 오히려 좁은 의미에서의 '유정'을 초월하여 역사적으로 매우 많은 의미의 변동이 있는 것이 실정이었다. 중국의 화엄·천태에서는 모든 존재가 사사무애(事事無碍)로 원융한다고 하는 세계관에 서서 불성(佛性)의 편만성(遍滿性)을 주장하고, 이것을 배경으로 하여 초목이나 흙 등 무정물도 모두 성불할 수 있다는

'초목국토 실개성불(草木國土 悉皆成佛)' 등의 사고도 생겼다. 한편 중국 선종의 조사(祖師) 중에는 불교의 전통적인 중생개념으로부터 벗어나서, 작은 생명체에도 자비로운 마음을 향해야 한다고 설하는 이도 있다.

중생상 【衆生相】〔梵 sattva saṃjñā〕『금강경』에 나오는 사상(四相)의 하나. 중생(衆生)들의 잘못된 소견으로서 불멸(不滅)의 생명체가 존재한다는 견해(見解). 아인사상 항목을 참조할 것.

중생세간 【衆生世間】〔英 The world of beings from Hades to Buddha-land〕 3종 세간의 하나. 세간(世間)이란 세(世)는 과거·현재·미래에 걸쳐 변천하는 것을 의미하고, 간(間)은 피차가 서로 간격하여 있는 것을 의미한다. 곧 부처님 이외의 온갖 중생은 오온(五蘊)으로 이루어져 함께 살면서 인간·천상·지옥 등으로 각각 차별되어 있으므로 중생세간이라 한다.

중생심 【衆生心】〔梵 sattva aśaya, mānā-sattva-citta〕 ①『대승기신론』에서는 보편적인 인간의 마음, 즉 중생심 속에는 진여(眞如)로 가는 길〔眞如門〕과 번뇌망상으로 생멸하는 생멸문(生滅門), 이와 같이 두 가지가 있다고 한다. 따라서 그 마음〔중생심〕을 깨달으면 진여문이고 미혹하면 생멸문이 된다. ②천태에서는 우리가 일상에 일으키는 미망(迷妄)한 마음을 말하는데, 이 마음에 법계 3천의 제법(諸法)이 갖추어져 있다고 한다. ③유식종에서는 아뢰야식을 말한다. ④일반적으로는 어리석은 중생들의 마음을 가리켜 중생심이라고 함.

중성점기 【衆聖點記】 고타마 붓다가 열반에 든 후, 율장을 전한 성자들이 매년 안거가 끝나면 일점(一點)을 기록하여 경과한 연수(年數)를 표시한 것. 부처님이 입적한 연대를 추정하는데 하나의 전거로 쓰였다. 중국 수(隋)나라의 비장방(費長芳)이 지은『역대삼보기(歷代三寶記)』에 의하면, 부처님이 입멸하던 해 7월 15일에 우바리 존자가 자자(自恣)를 마치고 한 점을 찍고, 해마다 이와 같이 하다가 타사구(馱寫拘)에게 전하고, 타사구는 또 수구(須俱)에게 전하여 나중에『선견율』을 번역한 승가발다라에게 전하였다. 승가발다라가 488년〔제 영명 6〕에 승의와 함께 광주 죽림사에서『선견비바사(善見毘婆沙)』를 번역하고, 함께 안거(安居)하다가 영명 7년 7월 15일에 자자를 마치고 또 한 점을 찍으니, 그때까지 975점이었다. 조백림(趙伯林)이 535년〔양 대동 1〕 여산에서 선행율사(善行律師) 홍도(弘度)를 만나 이 중성점기를 보고, 영명 7년부터 대동 9년까지를 헤아리니 불멸후 1028년이었고, 방(房; 삼장기의 저자)이 다시 대동 9년부터 수의 개황 17년까지 계산한즉 1082년이라 하였다 한다. 만약 이것을 의지한다면 부처님이 입멸하신 해는 B.C.485 병진(丙辰), 단기 1849년이니, 1997년까지는 2482년이 된다.

중신종 【中神宗】 조선 초기 불교 종파의 하나. 중도종(中道宗)과 신인종(神印宗)을 합한 종파. 1424년〔세조 6〕 불교를 선종과 교종으로 통합하면서 중신종·시흥종·자은종·화엄종의 4종(宗)을 합하여 교종으로 하고, 조계종·천태종·총남종의 3종을 합하여 선종(禪宗)으로 하였다.

중아함경 【中阿含經】〔梵 Madhyamāgama〕 중국 동진의 구담승가제바(瞿曇僧伽提婆)가 번역. 60권. 4아함의 하나. 내용이 길지도 짧지도 않은 중간 정도 되는 경전 222권을 모아 하나의 경으로 한 것. 사제(四諦)·십이인연(十二因緣) 등의 소승불교의 교리를 설한 것으로, 인연·비유와 부처와 제자들의 언행을 기록하였다. 칠법품(七法品)·업상응품(業相應品)·사리자상응품 등의 18품으로 되어 있는데, 승조(僧肇, 384-414)는 이것을 초(初)·소토성(小土城)·염(念)·분별(分別)·후(後)의 5송(頌)으로 나누었다. 다른 번역으로는 담마난제 번역의 『중아함경』 59권이 있고, 부분적 번역으로는 60여 부가 있다.

중유 【中有】〔梵 antarā-bhava, āntarā-bhavika-skandha, 英 intermeditate state of existence between death and reincarnation〕 중음(中陰)·중온(中蘊)이라고도 한다. 사유(四有)·칠유(七有)의 하나. 윤회전생(輪廻轉生)할 때에 이 생(生)을 끝내고 다음 생(生)을 받을 때까지의 중간 존재를 말한다. 극선(極善) 극악(極惡)한 것은 극락이나 천상〔극선인〕, 또는 삼악도〔극악인〕로 가게 되므로, 중유(中有)가 없이 바로 다음 생으로 옮겨진다고 한다. 유부(有部; 說一切有部)에서는 중유의 실존을 말하지만, 대중부·화지부(化地部) 등에서는 이에 반대하고, 그 유무에 관해서 여러 부파 사이에 많은 논쟁이 있었다. 그리고 중유(中有)의 기간에 대해서는 설마달다(設摩達多; Ksemadatta)는 최다일(最多日)이 49일이라 하였고, 세우(世友; Vasumitra)는 7일까지라 하였으며, 만약 생유(生有)를 얻지 못하면 중유(中有)에서 사생(死生)을 겪게 된다고 하였다. 그리고 대덕(大德; Bhadanta)은 기한 없이 생연(生緣)이 빠르고 늦음에 따라 결생(結生)된다고 하였다. 중유(中有)는 그 조직요소가 극히 미세하여 수론(數論)의 세신(細身; sūksmśarira) 설과 같아서, 보통 육안(肉眼)으로는 볼 수 없고, 성자(聖者)나 천안통(天眼通)을 얻은 자와 동류(同類)의 중유(中有)만이 서로 볼 수 있을 뿐이다. 중유(中有)의 업체(業體)는 극히 빨리 변전(變轉)하고, 산하대지(山河大地)의 장애 없이 시공(時空)을 초월하며, 따라서 중유(中有)의 안근(眼根)은 아무리 먼 곳이라도 잘 볼 수가 있어서 생처(生處)를 자재(自在)하게 구할 수가 있고, 인연이 서로 화합(和合)하면 곧 태내(胎內)에 탁생(托生)할 수 있다고 한다. 이 중유설은 무착(無着; Asaṅga, 310-390경) 시대에 와서 대승의 아뢰야식설(阿賴耶識說)과 깊은 관계를 맺게 된다.

중음【中陰】〔梵 antarābhava, 英 The inter-meditate existence between death and reincarnation, a stage varying from seven to forty-nine days, when the karma-body will certainly be reborn〕 중유(中有)라고도 한다. 사람이 죽은 뒤에 다음 생(生)을 받아 날 때까지의 칠칠일(七七日; 49일)까지를 중음(中陰)이라 한다. 극히 선(善)하거나 극히 악(惡)한 업을 지은 사람은 죽으면서 곧 다음 생(生)을 받으므로 중음이 없지만, 보통의 경우에는 이 중음으로 있을 동안에 다음 생의 과보가 결정된다고 한다. 『성실론(成實論)』에서는 유부(有部)의 중음사상(中陰思想)을 부인하고 있다.

중중무진【重重無盡】『화엄경』 금사자장(金師子章)에 따르면, 사방에 거울을 10개 만들어 놓고 중앙에 촛불을 놓으면 그 빛이 열 개의 거울에 반사된다. 그것이 또 다른 거울에 비춰져 겹겹이 서로 어울리며 비춰지는 것을 말함. 이처럼 서로 관계하면서 제한이 없는 것, 끝없이 관계하고 있는 것, 삼라만상이 중첩으로 융합되어 있어 구별할 수 없는 모양을 뜻한다.

중천세계【中千世界】〔英 A midd-ling chiliocosm〕 세계관의 하나. 수미산을 중심으로 그 사방을 둘러싸고 있는 구산팔해(九山八海)와 사대주(四大洲)를 1세계라 하고, 1세계를 1천 개 합한 것을 1소천세계라 하며, 1소천세계 1천 개 합한 것을 1중천세계, 1중천세계 1천 개를 합한 것이 1대천세계가 된다.

중품상생【中品上生】 구품왕생의 하나. 또는 중상품(中上品)이라고도 한다. 오계(五戒)·팔계(八戒) 등을 지키는 소승상선(小乘上善)의 범부(凡夫)가 죽을 때에 불보살의 내영(來迎)을 받고 정토에 왕생함. 구품연대 항목을 참조할 것.

중품중생【中品中生】 구품왕생의 하나. 또는 중중품(中中品)이라고도 한다. 구품연대 항목을 참조할 것.

중품하생【中品下生】 구품왕생의 하나. 또는 중하품(中下品)이라고도 한다. 구품연대 항목을 참조할 것.

중학법【衆學法】〔梵 saṃbalura śaikṣa-dharmāḥ, 巴 sekhiya dharmmā〕 이 법은 일조(一條)마다 여러 개의 조항이 있으므로 중학법이라고 한다. 이는 엄밀한 계율이라기보다는 오히려 행의작법(行義作法)인데, 벌칙은 보이지 않는다. 이를 위반하는 것이 돌길라(突吉羅; duṣkṛta)로, 고의로 범한 경우에는 한 사람 앞에서,

고의가 아니면 마음속으로 참회한다. 『사분율(四分律)』에 의하면 이에 100조(條)가 있다. 팔리율장에서는 75조로 되어 있다.

중합설【衆合說】〔梵 saṁghātavāda〕 불타(佛陀)의 근본적인 가르침에 근거한 학설로서, 모든 사물들은 무상(無常)한 제법(諸法; 모든 존재)의 협력과 화합에 의하여 조건적으로 발생한다는 것이며, 영원한 실체란 찾아볼 수 없다는 것이다. 승론철학(勝論哲學)의 원자설과 같이 세계에 대한 다원적(多元的) 견해이며, 인중무과론(因中無果論)을 주장하지만 승론(勝論; Vaiśesika-śāstra)과는 달리 인(因)의 영원성이나 실체성을 부정한다. 불교는 무상한 원자적 사건들만을 원인으로 본다. 영원한 실체를 부정하고 일체를 순간적인 제법(諸法)의 중합(衆合)과 연속으로 보는 불교의 입장은 인격(人格)의 연속성이나 업보(業報)의 현상을 설명하기 어렵다는 비판을 받았다.

중현【衆賢】범어(梵語) 'Saṃghabhadra〔僧伽跋陀羅〕'의 번역. 북인도 카슈미라국 사람. 살바다부(薩婆多部)의 『비바사(毘婆沙)』를 배웠는데, 세친(世親, 약 320-400경)이 『아비달마구사론(阿毘達磨俱舍論)』을 짓자, 이것을 12년간 연구한 뒤에 『구사박론(俱舍雹論; 순정리론)』을 지어 반박하고, 다시 세친을 만나 시비를 가리려고 중인도를 향하여 떠나는 도중 말져보라국 도성(都城) 부근에서 병들어 죽었다. 저서로는 『순정리론(順正理論)』 80권, 『아비달마현종론(阿毘達磨顯宗論)』 40권이 있다.

즉【卽】〔梵 anantram, samanantara, 英 To draw up to, or near, not two, i.e. identical; not separate; inseparable〕 『반야심경』에 나오는 "색즉시공(色卽是空) 공즉시색(空卽是色)"의 산스크리트 원문에 의하면, '색(色; 물질)은 곧〔다름 아닌〕 공성(空性)이고 공성(空性)이 바로 〔다름 아닌〕 색(色; 물질)이다.'라는 뜻. 한역 문헌에서 '즉(卽)'은 '그것이 곧 ○○이다.', '그것이 바로 ○○이다.' 라는 뜻으로, 동시성(同時性)이나 정의(定義)를 나타낸다. 또 '즉(卽)'은 중요한 무언가의 동일성(同一性)을 나타낸다. '색즉시공 공즉시색'과 같이 동일화되어 결국 불이(不二)를 가리키게 되었다는 점에 불교적 특색이 있다. 『유마경(維摩經)』의 「입불이법문품(入不二法門品)」에는 이와 같은 용례의 '즉(卽)'이 많이 나타난다. '일상즉시무상(一相卽是無相)', '무명실성즉시명(無明實性卽是明)', '불즉시법법즉시중(佛卽是法法卽是衆)' 등 『유마경』에서는 불이(不二)에 대하여 최종적으로 침묵으로 답하는데, 이런 역설적인 표현이 무엇을 의미하고 무엇을 목표로 한 것인가에 대해 세심한 주의를 기울여 고찰할 필요가 있을 것이다. 스즈키 다이세쓰(鈴木大

拙, 1870-1966)는 『금강반야경』의 "세계즉비세계(世界卽非世界), 시색세계(是色世界)"에서 '즉비(卽非)의 논리'를 발견하여, 동일률(同一律)이 떠나가지 않는 장소야말로 진실한 세계라고 본다. 중국에서 '즉(卽)'은 천태종과 병행하여 화엄종에 의한 '상즉(相卽)'의 논리로서 전개를 구축하는데, 공(空)·가(假)·중(中)의 상즉(相卽)과 일즉다(一卽多)·다즉일(多卽一) 등이 설명된다. '생사즉열반(生死卽涅槃)', '번뇌즉보리(煩惱卽菩提)' 등에서 '즉(卽)'도 같은 뜻이다.

즉사이중【卽事而中】천태지의(天台智顗, 538-597)가 제시한 것으로, 염오(染汚)의 사상(事相) 가운데 중도(中道)가 있다는 말. 『법화현의(法華玄義)』 2권 하(下)에 보인다.

즉사이진【卽事而眞】〔英 approximates to the same meaning that phenomena are identical with reality, e.g. water and wave〕법계 차별의 현상〔事〕과 절대 평등의 본체〔理〕는 본래 딴 물건이 아니고, 차별현상이 그대로 깊고 묘한 진리를 갖추고 있다는 것. 곧 어떠한 사물이든지 그대로 진리임을 말하는 것이다.

즉색종【卽色宗】중국 동진(東晋) 때의 반야학(般若學)의 육가칠종(六家七宗) 가운데 하나. 길장(吉藏, 549-623)의 『중론소(中論疏)』에서는 여기에 두 가지 의미가 있다고 하였는데, 첫째는 관내즉색의(關內卽色義)요, 둘째는 지도림(支道林)의 즉색유현론의(卽色游玄論義)이다. 진(陳)의 혜원(慧遠, 334-416)과 당(唐) 원강(元康)의 『조론소(肇論疏)』 등에서는 관내즉색의(關內卽色義)가 곧 지도림(支道林, 314-366)의 설이라고 생각하였다. 『조론(肇論)』 불진공론(不眞空論)에서는, 이 파(派)는 '색(色)이 색(色)이 아님을 밝힌 것'이라고 지적하였다. 곧 만물은 다만 명언(名言)의 개념일 뿐이고, 아울러 진실된 존재가 아니므로 허환(虛幻)하여 부실(不實)한 것이라고 보았던 것이다. 승조(僧肇, 384-414)는 이 설을 비판하여 "이것은 다만 색(色)이 스스로 색(色)이 아님을 말하였을 뿐, 색(色)이 색(色)이 아님을 깨닫지는 못하였다."라고 하였다. 곧 이 설은 다만 만물이 스스로 형성되는 것이 아니라는 인식에 도달했을 뿐이고, 물질현상 자체가 곧 비물질성의 것이라는 인식에는 도달하지 못했다는 것이다.

즉신성불【卽身成佛】〔英 the body is to become (consciously) Buddha by Yoga practices〕헤이안(平安)시대 초기에 개종(開宗)한 천태종과 진언종의 성불론(成佛論). 현재 이 몸 그대로 성불한다는 뜻. 이 양종(兩宗)의 종조인 최징(最澄, 767-822)과 공해(空海, 774-835)는 거의 때를 같이하여 자기 종파의 성불은 즉신성불(卽身成佛)이라는 것을 제창하였다. 곧 최징은 『법화수구(法華秀句)』 하권에 「즉신성불화도승(卽身成佛化導勝)」이라는 항목을 만들어, 중국 천태의 교학에 준하여 『법화경』「제바달다품」의 '용녀성불(龍女成佛)'에서 그 의의를 찾았다. 한편 공해(空海)는 『대일경(大日經)』·『금강정경(金剛頂經)』·『보리심론(菩提心論)』이라는 밀교의 경론에 기초하여 교리를 구축했고, 『즉신성불의(卽身成佛義)』라는 저서에서 결실을 맺고 있다. 『즉신성불의』에서는 독자적인 견지에서 육대(六大; 地·水·火·風·空·識)설을 도입한 것을 가장 큰 특색으로 한다. 그 후 천태종에서는 인소(燐昭)·안연(安然, 841-?)이라는 원인(圓仁)의 제자들과 천관(千觀)·원신(源信, 942-1017) 등의 학장(學匠)에 의해 최징(最澄, 767-822)의 설을 계승, 전개하는 찬술이 나타났다. 단 동시에 원인(圓仁, 794-864) 이후 천태밀교(天台密敎)의 융성에 따라, 일본천태의 즉신성불론은 밀교의 전적(典籍)과 천태교학의 통합을 모색하면서 전개되었다. 그 결과 태밀(台密)의 즉신성불론은 공해(空海)의 영향을 받았지만, 그 교의는 그 후 진언종의 학장(學匠)에 영향을 끼치기도 하였다.

즉심시불【卽心是佛】 즉심즉불(卽心卽佛)·시심즉불(是心卽佛)이라고도 한다. 우리의 마음〔心〕이 그대로 부처〔진리〕이고 불심(佛心)이라는 뜻. 따라서 그 마음을 깨달으면 그것이 곧 성불이라는 것. 이 사상은 『화엄경(華嚴經)』「십지품(十地品)」에서 처음 나왔는데, 선종(禪宗)에서 도입하여 실천철학의 뿌리가 되어 그 상투어(常套語)로 되었다.

즉심즉불【卽心卽佛】〔英 The identity of mind and Buddha, mind is Buddha, the highest doctrine of Mahāyāna〕 즉심시불(卽心是佛)과 같다. 이 마음이 곧 부처이며, 이 마음 밖에 따로 부처가 없다는 것.

즉유즉공【卽有卽空】〔英 All things, or phenomena, are identical with the void, or the noumenon〕 일체 모든 것〔有爲法〕은 그 자성(自性)이 본래 공(空)하다고 하지만, 비괴멸법(非壞滅法), 즉 불공(不空)이 된 뒤에야 비로소 공(空)하다고 할 수 있다는 것을 말한다. 『인왕경(仁王經)』 상권(上卷)에 나온다.

즉중【卽中】〔英 The via media is that which lies between or embraces both the 空 and the 假, i.e. the void, or noumenal, and the phenomenal〕 원교(圓敎)의 중제(中諦). 곧 공(空)·가(假)의 이제상즉(二諦相卽)의 중(中)이기 때문에 즉중(卽中)이라 한다. 이것은 별교(別敎)의 중제(中諦)와는 다르다.

증도가【證道歌】 중국 당(唐)나라 때의 선승 영가현각(永嘉玄覺, 647-713)이 깨달음의 내용을 운문체, 즉 시적(詩的)으로 표현한 것. 7언(言), 혹은 6언을 섞어서 266구(句) 1,114자

(字)로 되어 있다. 유려한 문체에 선(禪)의 진수(眞體)를 나타냈기 때문에 『참동계(參同契)』·『보경삼매(寶境三昧)』 등과 함께 널리 쓰이고 있다. 이 증도가를 언해한 것으로는 조선 성종 13년〔1482〕에 간행한 『증도가남명계송언해(證道歌南明繼頌諺解)』 2권이 있다.

증득【證得】〔梵 adhigama, prāti-sakṣat-kṛti, 西 thob par mṅon sum du bya ba, 英 To realize, to attain truth by personal experience〕 올바른 지혜로써 진리를 확실히 깨달아 얻는 것. 오득(悟得)·증오(證悟)라고도 한다. 진리의 본체를 확연히 깨달아 얻는 것. 진리의 본체는 사량분별로는 깨달을 수가 없고, 철저한 수행으로만 증득할 수 있다.

증상과【增上果】〔梵 Adhipati-phala〕 어떤 유위법(有爲法)이 생길 때에 자기 이외의 다른 일체법이 직접으로 힘을 주거나, 또는 방해하지 않거나 하여 도와주는 관계로 생기게 되는 것. 곧 다른 일체의 것이 능작인(能作因)이 되어서, 그 증상력(增上力)에 의해 생긴 결과를 말한다.

증명법사【證明法師】 법회나 불사 등이 여법함을 증명해 주는 고승. 증명이란 본래 세운 취지에 대하여 처음과 끝이 어긋남이 없음을 증언하는 것이고, 법사란 불법에 정통하여 모든 사람의 스승이 되는 고승을 말한다.

증상만【增上慢】〔梵·巴 adhimāna, 英 Arrogance, pride (of superior knowledge)〕 4만(慢)의 하나. 7만(慢)의 하나. 훌륭한 교법(敎法) 혹은 깨달음을 얻지 못하고서도 얻었다고 생각하여 자기가 잘난 체하는 거만함. 곧 자기 자신을 가치 이상으로 생각하는 것.

증상연【增上緣】〔梵 Adhipati-pratyaya, 巴 Ādhipateyya-paccaya, 英 The cause, condition, or organ of advance to a higher stage e.g. the eye as able to produce sight〕 사연(四緣)의 하나. 물심(物心)의 모든 현상(現象)이 생기(生起)하는 경우에 소극적으로 그 발생을 방해하지 않거나 적극적으로 힘을 주어서 발생을 돕는 작용을 말한다. 주인(主因)을 돕는 조인(助因)을 증상연(增上緣)이라 한다.

증오【證悟】〔英 Mystic insight; conviction by thinking, realization, to prove and ponder〕 해오(解悟)의 상대적인 말로, 올바른 지혜〔正智〕로써 진리를 증득〔깨달음〕한 것. 『승만보굴중본(勝鬘寶窟中本)』에, "정법(正法)을 섭수(攝受)하여 이(理)를 증오(證悟)한다."라고 하고, 『선원제전집도서(禪源諸詮集都序)』 상권에, "글자〔字〕를 알고 경(經)을 보아서는 증오(證悟)하지 못한다."라고 하였다.

증익【增益】〔西 sgro ḥdogs pa, 梵

pauṣṭika, vṛdhi, adhyāropa, 英 increasing, improving〕 4종 단법(檀法)의 하나. 자신이나 다른 이의 장수·복덕·번영 등을 기원하는 수법(修法). 세간의 쾌락을 얻는 복득증익(福得增益), 벼슬을 하게 되는 세력증익(勢力增益), 무병장수하는 연명증익(延命增益), 전륜성왕위를 얻는 실지증익(悉地增益)의 4종이 있다.

중일아함경【增一阿含經】〔梵 Ekottaragama-sūtra, 英 The āgama in which the sections each increase by one, e.g. the Aṅguttara Nikāya of the Hinayāna〕 4아함의 하나. 동진(東晋) 때〔397〕 구담승가제바(瞿曇僧伽提婆)가 번역. 50권. 일(一)에서 십(十)까지의 법문 수를 따라 편찬한 경전이다. 십념·오계·안반·삼보·사제·육중·8난·결금·대애도열반 등의 사항에 관하여 52품으로 말하고 있다.

중장천【增長天】〔梵 Virūḍhaka, 英 the Mahārāja of the southern quarter〕 사천왕(四天王)의 하나. 남방천왕(南方天王)이라고도 한다. 자기와 다른 이의 선근을 증진(增進)한다는 뜻. 수미산의 중턱 제4층의 남쪽 유리타(琉璃埵)에 있으면서 남방의 천주(天主)로 남섬부주를 수호하며, 구반다 등 무수한 귀신을 지배한다고 한다. 몸은 적육색(赤肉色)이고, 왼손은 주먹을 쥐어 허리에 대고, 오른손에는 칼을 들고 있는 형상이다.

중지부경전【增支部經典; Aṅguttara-nikāya】 5부 니카야(五部 nikāya) 가운데 앙굿타라 니카야(Aṅguttara-nikāya)를 말한다. 비교적 짧은 경(經)을 모은 것인데, 그 주제에 포함되어 있는 숫자〔두 종류의 죄가 주제이면 2〕에 의해서 분류하고, 숫자의 순서로 배열하였다. 초기불교의 여성관을 시사하는 『옥야녀경(玉耶女經)』 등이 포함되어 있다.

지【智】①〔巴 ñāṇa, 梵 jñāna, 英 knowledge, wisdom〕 이해. 지식. ②〔梵 jñāna〕 깨달음. 깨달은 부분의 지혜. ③〔梵 jñāna, 西 śes pa〕 완전히 아는 것. ④〔巴 paññā〕 지혜. 혜(慧). ⑤〔梵 prajñā〕 직관적 지식. ⑥〔巴 viññū〕 근본지와 분별지를 통달해서 사람과 법의 의의를 분별하는 능력의 모든 것을 가리키는데, 결국 분별적인 미집(迷執)의 근본이 되는 것을 말한다.

지객【知客】 선종 사원의 소임. 육두수(六頭首)의 제4위. 사찰에서 오고 가는 손님을 안내하는 일, 또는 그 일을 맡아서 하는 스님. 지빈(知賓).

지거천【地居天】〔英 Indra's heaven on the top of Sumeru, below the 空居天 heavens in space〕 오류천(五類天)의 하나. 육욕천(六欲天) 가운데 사천왕과 도리천의 두 가지로, 수미산에 거주하는 것을 지거천(地居天)이라 하고, 나머지 사천(四

天)은 공거천(空居天)이라 한다.

지견【知見】〔梵 jñāna-darśana, 西 ye śes mthoṅ ba, 英 to know, to know by seeing〕 사리(事理)를 잘 분별, 또는 증지(證知)하는 견해. 식견(識見). 안목.

지계【持戒】〔梵 śila, śilavrata, 巴 silava, silasaṃ-panno, 英 to keep the commandments, or rules〕 범어 'sila'의 의역(意譯). 청정(淸淨)이라 번역하기도 하는데, 간략히 '계(戒)'라고 칭한다. 불교도의 일상 수행의 준칙이면서 도덕실천 규범이기도 함. 정(定)·혜(慧)와 더불어 삼학(三學)이라 한다. 대승불교의 육바라밀 가운데 하나로서 시라바라밀(尸羅波羅蜜)이라 한다. 그 기본원칙은 '악(惡)을 그치게 하고, 선(善)을 따르게 한다.'는 것, 교의에 부합하지 않는 모든 사상과 언행을 금지함으로써 불교의 요구에 따라 생활하고 수행함. 『대지도론(大智度論)』 13권에서는 "지계(持戒)하는 사람은 하늘의 일을 얻을 수는 없지만, 파계하는 사람은 모든 것을 잃는다."라고 말하고 있다. 불교에서는 계율을 수지(受持)하는 것이 모든 죄악을 방지하고 모든 선법(善法)을 생기게 하는 근거라고 생각하고 있다. 따라서 지계(持戒)를 매우 중시하여, 불자들의 마음과 언행을 단속하고 신앙을 굳게 지키도록 보증하는 수단으로 삼는다.

지계바라밀【持戒波羅蜜】〔梵 śila-pāramitā, 英 One of the six pāramitās, morality, keeping the moral law〕 6바라밀의 하나. 계율을 지킴. 바라밀은 번역하여 도(度), 도피안(到彼岸)이라 한다. 중생세계인 이곳에서 열반의 저 언덕으로 건너가는 것을 말한다. 부처님이 제정한 계율은 그 수행하는 가운데 하나이므로 지계바라밀이라 한다.

지공【指空; Dhyānabhadra, 1289-1364】 인도 스님. 인도 마가다국 왕자로서, 출가하여 가섭(迦葉)으로부터 108전(傳)의 법을 얻은 108대(代) 법손(法孫). 8세에 나란타사 율현(律賢)에게 출가하고, 19세에 남인도 능가국 길상산 보명(普明)에게 참배하여 의발(衣鉢)을 전해 받은 뒤 서역을 떠나 중국에 와서 귀화했다. 1328년〔충숙왕 15〕 고려에 와서 금강산 법기도량(法起道場)을 참배, 7월에 연복정(延福亭)에서 계(戒)를 설한 다음 연경(燕京)으로 돌아가 법원사(法源寺)를 짓고 거기에 있었다. 우리나라 조계(曹溪)의 중흥조(中興祖)인 나옹혜근(懶翁慧勤, 1320-1376)도 지공의 지도로 법원사에서 2년간 수도하여 지공의 법을 이었다. 지공은 원(元) 지정(至正) 24년 귀화방장(貴化方丈)에서 입적했다.

지관【止觀】〔梵 śamatha-vipaśyanā, 英 When the physical organism is at rest it is called 止 chih, when the mind is seeing clearly it is called 觀 kuan〕 선정(禪定) 수행을 나타내는 말로서, 불교 내에서 성립한 독자적인 용어. 원시불교 초기에는 사용되지 않았고, 조금 뒤에 사용되게 되었다. 일반적으로 지(止; 梵 śamatha, 巴 samatha)란 '잠잠해지는 것', '정념(情念; 번뇌망상; 욕망; 분별심)을 버리는 것'을 의미한다. 정념을 버리고 마음〔心〕을 정(靜)하게 하는 선정의 수행을 말함. 관(觀; 梵 vipaśyana, 巴 vipassanā)이란 '바른 인식'을 의미하고, '자세히 관찰한다.'·'이 세계의 진실한 모습을 본다.'는 것을 말한다. 육바라밀(六波羅蜜)로 말하면, 제5 선바라밀(禪波羅蜜)이 지(止), 제6 반야바라밀(般若波羅蜜)이 관(觀)이다. 『대승기신론(大乘起信論)』은 이 둘을 합하여 지관문(止觀門)으로 하고, 수행의 오문(五門) 가운데 제5로 하고 있다. 불교사상(佛敎史上) 지관을 수행의 가장 효과 있는 방법으로 보고 구체적으로 응용하려고 한 사람은 천태지의(天台智顗, 538-597)이다. 지의에 의하면, 지관(止觀)이란 먼저 가장 기본적으로는 망념과 망상을 쉬게 하여 마음을 한곳으로 집중해서 동요 없는 마음을 확립시켜 번뇌를 보고, 그것을 멸각(滅却)시키며, 진리를 요지(了知)하고 그것에 통달시키려고 하는 실천적 태도를 말한다. 그런데 지의의 경우, 이러한 실천적 태도를 기본으로 하고, 그 위에 정연한 행(行)의 체계가 구상되어 있으며, 그 체계도 지관(止觀)이란 이름으로 불린다. 곧 지의에 있어서의 지관이란 오히려 이 체계를 나타내는 것이라고 생각하는 편이 좋다. 그는 원돈지관(圓頓止觀)·점차지관(漸次止觀)·부정지관(不定止觀)의 3종 지관을 교시(敎示)하지만, 사색의 추이로 보아 그의 결론적 입장이 나타나고 있는 것은 원돈지관이라 할 수 있다. 그런데 원돈지관의 체계는 방편행(方便行)과 정수행(正修行)의 수습(修習)을 기둥으로 하여 성립된다. 그는 방편행으로 25방편을, 정수행으로는 십승관법(十乘觀法)을 말한다. 이리하여 원돈지관(圓頓止觀)을 열어 보이는 제법(諸法)의 실상(實相)은 '공(空)이고, 가(假)이며, 중(中)'이라는 삼제원융(三諦圓融)에 도달하게 된다.

지관법문【止觀法門】 대승지관법문(大乘止觀法門)의 약칭. 중국 진나라의 남악혜사(南嶽慧思, 515-577)가 그 심요(心要)를 설하여 5문(門)을 세운 것. 4권. 5문은 1. 지관의지(止觀依止), 2. 지관경계(止觀境界), 3. 지관체장(止觀體狀), 4. 지관단득(止觀斷得), 5. 지관작용(止觀作用) 등이다.

지관종【止觀宗】〔英 another name for the T'ien-t'ai school〕 천태종의 다른 이름. 천태종은 지관행(止觀行)을 근본으로 삼고 수행하기 때문에 이렇게 일컫는다.

지관타좌【只管打坐】 지관타좌(祗管

打坐)라고도 쓴다. 여념을 떨쳐 버리고 오로지 좌선을 닦는 것. 지관(只管)은 오직 한 가지 일에만 열중한다는 의미이고, 지관(祇管)은 대나무 통으로 사물을 바라보듯이 일정한 초점에 시력(視力)을 집중시키는 것이요, 타좌(打坐)는 한결같이 잡념(雜念)을 버리고 좌선하는 것을 말한다.

지국천왕【持國天王】〔梵 Dhṛtarāṣṭra〕 4천왕의 하나. 수미산의 제4층급에 사는 동방천왕. 동주(東洲)를 수호한다. 건달바(健達婆)·부단나(富單那)의 두 신을 거느린다고 한다.

지권인【智拳印】 좌우의 손을 주먹 쥐어서 오른손 주먹으로 왼손의 집게손가락을 쥐는 인(印). 금강계의 대일여래가 만든 인(印)으로, 양손 모두 금강권(金剛拳)을 만들어 왼손의 집게손가락을 세워 오른손 손바닥 안에 넣는다. 오른손은 부처님, 왼손은 중생으로 번뇌즉보리(煩惱卽菩提)의 묘리(妙理)를 나타낸다.

지눌【知訥, 1158-1210】 고려 명종·신종·희종 때의 고승. 속성은 정(鄭)씨, 자호(自號)는 목우자(牧牛子)이며, 황해도 서흥 사람이다. 보조지눌 항목을 참조할 것.

지대방【-房】 절의 큰 방, 또는 선방 곁에 딸린 작은 방. 이부자리나 옷, 그리고 개인의 물품 따위를 두는 곳.

지둔도림【支遁道林, 314-366】 중국 동진(東晋) 때의 스님. 반야학파 6가(家)7종(宗) 중의 하나인 즉색종(卽色宗)의 주요 대표인물. 성은 관(關)씨. 자는 도림(道林). 흔히 지공(支公)·임공(林公)이라 한다. 진류(陳留; 河南省 陳留縣), 혹은 임려(林慮; 河南省 林縣) 사람. 집안은 대대로 불교를 신봉하였는데, 일찍이 대승반야학을 배워 『도행반야경』 및 『혜인삼매경(慧印三昧經)』을 가까이하다가, 깨친 바 있어 25세에 출가하였다. 후에 강소(江蘇)와 절강(浙江) 일대에서 불교활동을 하다가, 361년에 애제(哀帝)의 청으로 경도건강(京都健康; 지금의 南京)의 동안사(東安寺)에 머물면서 『도행반야경』을 강의하였다. 건강에 머물기 3년에, 그는 왕에게 상서하여 여요(余姚)의 오산(塢山; 절강성 여요현)으로 돌아갔으며, 병으로 인하여 동진의 태화(太和) 원년〔366〕 4월에 53세의 일기로 입적했다. 저서로는 『즉색유현론(卽色遊玄論)』·『성불변지론(聖不辨知論)』·『도행지귀(道行旨歸)』·『학도계(學道誡)』·『석몽론(釋矇論)』·『절오장(切悟章)』·『문한집(文翰集)』 등이 있다.

지론종【地論宗】 인도의 고승인 세친(世親; Vasubandhu, 320경-400경)이 지은 『십지경론(十地經論)』을 자파(自派)의 학설로 한 고종파(古宗派)를 말한다. 북위(北魏) 때에 『십지경론』이 중국에 번역되어서 인도의 무착(無着)·세친(世親)의 새로운 학설이 소개됨에 따라 『십지경론』을 중심으로 하는 학파를 낳고, 불교연구의 새로운 장을 열었다. 『십지경론』은 북위 선무제의 명으로 보리류지(菩提流支)·늑나마제(勒那摩提)·불타선다(佛陀扇多)가 함께 번역하기 시작하다가, 중도에 서로 의견을 달리하여 마침내 3본(本)의 번역이 나왔다. 그리고 지론종의 개조인 혜광(慧光, 468-537)이 3본을 비교 연구한 뒤, 특히 보리류지와 늑나마제의 뜻을 조화하여 하나로 만든 것이 현행의 『십지경론』 12권이다. 이로부터 혜광의 가르침을 받은 법상(法上, 495-580)·혜순(慧順)·도빙(道憑)·혜원(慧遠)·도신(道愼) 등의 영재(英才)들이 이 가르침을 펼쳤기 때문에, 이 파가 오래 전해져서 불교사상에 큰 영향을 주었다. 그러나 종(宗)으로서의 세력은 화엄종의 발흥과 더불어 점점 쇠하여 마침내 화엄종에 병합되었다. 이 종에서 8식을 세우는 것은 법상종과 같지만, 제8식을 무시무종(無始無終)의 진여(眞如)라 하고, 나머지 7식은 진여가 연(緣)을 따라서 진여 자체가 일곱의 망식(妄識)으로 나타나는 것이라 한다. 수행의 방법으로는 『십지론(十地論)』에서 말한 바를 따라 망(妄)을 없애고 진(眞)을 나타내는 것을 주로 삼는다.

지루가참【支婁迦讖; Lokarakṣa】지참(支讖)이라고도 한다. 중국 후한 때의 불경 번역가. 월지국 사람. 167년〔후한 영강 1〕중국 낙양에 와서 189년까지 불경 23부 67권을 번역하였다. 그가 번역한 『도행반야경(道行般若經)』은 대승공종(大乘空宗)의 반야학을 소개한 것이고, 『무량청정평등각경(無量淸淨平等覺經)』은 정토종(淨土宗) 경전 번역의 선구가 되었다.

지말무명【枝末無明】〔英 Branch and twig illusion, or ignorance in detail, contrasted with 根本無明 root, or radical ignorance〕근본무명(根本無明)의 상대적인 말. 『대승기신론』에서는, 중생이 일법계(一法界)의 이치를 깨닫지 못하여 홀연히 망념이 조금씩 움직이는 것을 근본무명(根本無明)이라 하고, 이 근본무명에 의하여 업상(業相)·능견상(能見相)·경계상(境界相)의 삼세(三細)가 일어나는 것을 지말무명(枝末無明)이라 한다. 또한 오주지(五住地) 중에서 제5의 무명이 주(住)하는 곳을 근본무명이라 하고, 전사주지(前四住地)에서 곧 견사(見思)하는 혹(惑)을 지말무명이라 한다.

지목행족【智目行足】불도를 수행하는 데에 중요한 두 가지, 곧 지혜(智慧)와 실천을 말한다. 우리가 걸어 다니는 데 필요한 눈과 발을 비유하여 지혜를 눈, 수행을 발이라 하였다. 천태종에서는 수행하는 사람의 뜻으로 해석하여, 부처님의 교법(敎法)의 도(道)를 밝히는 교문(敎門)을 지목(智目)이라 하고, 마음을 관하고 수행하여 얕은 데로부터 깊은 데에 이르고, 낮은 데로부터 높은 데에 올라가서

ㅈ

깨닫는 지혜를 발하는 관문(觀門)을 행족(行足)이라 한다. 이 두 가지를 갖추면 청량지(淸凉地)에 이른다고 한다.

지말번뇌【枝末煩惱】〔英 Branch and twig illusion, or ignorance in detail, contrasted with 根本無明 root, or radical ignorance〕 지말혹(枝末惑)이라고도 한다. 수번뇌(隨煩惱)를 말함. 근본번뇌에 종속하여 일어나는 번뇌. 오염된 마음의 작용.

지바라밀【地波羅蜜】 보살 수행 계위(階位)의 제4인 십지(十地; Daśabhūmi)에서 수행하는 행법(行法). 곧 10바라밀〔十勝行〕을 말한다.

지수화풍【地水火風】 곧 사대(四大)를 가리킨다. 사대 항목을 참조할 것.

지엄【智儼, 602-668】 중국 당나라 태종·고종 때의 화엄종의 제2조. 두순(杜順, 557-640)을 따라 출가하여 제경론(諸經論)을 배웠는데, 특히 지상사(至相寺)의 지정(智正)에게서 『화엄경(華嚴經)』을 배웠다. 고종의 비호 하에 『화엄경』과 『섭대승론』 연구에 힘을 쏟아 『화엄경수현기(華嚴經搜玄記)』·『화엄공목장(華嚴孔目章)』·『화엄오십요문답(華嚴五十要問答)』 등을 저술하였다. 두순의 관문(觀門)에 교리를 더해서 화엄종의 강격(綱格)을 정하여 화엄종 성립의 기초를 쌓았다. 그가 거주하던 절의 이름을 따서 지상대사(至相大師)·운화존자(雲華尊者) 등으로 불린다. 제자로는 의상(義湘, 625-702)·법장(法藏, 643-712) 등이 있다.

지옥【地獄】〔英 hell, 獨 Hölle, 佛 enfers, 羅 infernus, 梵·巴 Naraka, niraya〕 산스크리트어로는 나라카(naraka; 奈落·那落迦) 또는 니라야(niraya)라고 하는데, 대개 고통·고문(拷問)·가책(苛責)의 장소라는 뜻을 갖는다. 불교에서는 지옥을 3도(途)의 하나, 삼악도(三惡道)의 하나, 육취(六趣)의 하나로 들고 있는데, 중생들이 자기가 지은 죄업으로 말미암아 사후(死後)에 가서 나게 되는 지하의 감옥이다. 지옥도 각 경전에 따라 달리 나타나고 있으나, 『구사론(俱舍論)』에 의하면 남섬부주의 아래로 2만 유순을 지나서 무간지옥(無間地獄; 阿鼻地獄; avīci)이 있다. 길이·넓이·높이가 각 2만 유순이고, 위로 1만 9천 유순 가운데에 층층으로 대초열지옥(大焦熱地獄)·초열지옥(焦熱地獄)·대규환지옥(大叫喚地獄)·규환지옥(叫喚地獄)·중합지옥(衆合地獄)·흑승지옥(黑繩地獄)·등활지옥(等活地獄) 등이 있고, 이것을 무간지옥과 합하여 팔열지옥(八熱地獄)이라 한다. 이 팔열지옥의 각 지옥마다 사방에 네 문이 있고, 문 밖마다 4소지옥(小地獄)이 있어, 이것을 합하여 16유증지옥(遊增地獄)이라 한다. 팔열지옥까지를 모두 합하면 136지옥이 있다고 한다. 또한 팔열지옥 주위에 있는 알부타지옥(頞部陀地獄)·니랄부타지옥(尼剌部陀地獄)·알절타지옥(頞哳吒地獄)·확확파지옥(臛臛婆地獄)·호호파지옥(虎虎婆地獄)·올발라지옥(嗢鉢羅地獄)·발특마지옥(鉢特摩地獄)·마하발특마(摩訶鉢特摩地獄)의 팔한지옥(八寒地獄)을 근본지옥(根本地獄)이라 하고, 그 외의 것은 부지옥(副地獄)이라 한다. 이 지옥들은 염라대왕〔yama〕이 다스리는데, 지옥 중생들에게 여러 가지 고통을 준다고 한다. 한편 이런 지옥과는 달리 현재 우리가 사는 세계의 산이나 넓은 들에도 지옥이 있다는데, 이것을 고독지옥(孤獨地獄)이라 한다. 서양에서 일반으로 쓰이는 'hell'은 고대 게르만인들이 죽은 자의 나라라고 믿고 있던 곳의 이름으로, '헬'이라는 음산한 여신이 지배하고 있다고 생각되었는데, 기독교에서 특히 죄인을 처벌하는 장소로서 사용하게 되었다. 기독교에서 지옥을 의미하는 또 하나의 용어인 게헤나(gehenna)는 '힌놈(Hin-nom)의 골짜기'에서 유래된 말로, 이곳에는 죄인이나 동물의 시체가 던져져 그것을 불태우기 위한 불이 끊임없이 타고 있었으므로, 여기에서 악한 자가 형벌을 받는 곳이라는 생각이 나왔다. 또한 지옥(地獄)은 이슬람교 교의의 하나로서, '화옥(火獄)'이라고 일컫기도 한다. 중국의 도교(道敎)에서는 명부태산(冥府泰山)과 그 지배자로 태산부군(泰山府君)의 관념이 있었는데, 불교의 지옥관이 습합하여 명계(冥界)의 10인의 재판관이라는 시왕신앙(十王信仰)이나 그 수장(首長)으로서 염마왕(閻魔王) 신앙을 낳았다.

지옥도 【地獄道】 3악도·6도의 하나. 지옥의 고통을 받는 세계. 중생이 현세에서 악업을 지으면 사후에 지옥에 떨어져 고(苦)를 받는다고 한다. 이것을 과보(果報)라고 한다.

지욱 【智旭, 1599-1655】 중국 명(明) 희종·의종·영명왕 때의 스님. 호는 팔불도인(八不道人), 속성은 종(鍾), 처음 이름은 제명(際明), 우익(藕益)은 자(字)이다. 강소성 목독(木瀆) 사람으로, 처음에는 유교를 배워 『벽불론(闢佛論)』 수십 편을 지어서 불교를 공격했다. 그러나 그 후 『지장본원경』·『수능엄경』 등을 배운 뒤 출가할 생각을 내어, 1621년〔明 熹宗〕 감산덕청(憨山德淸, 1546-1623)의 문인 설령(雪嶺)에게 승려가 되었다. 운서사에서 『유식론』 강설을 듣고, 『수능엄경』의 종지와 모순됨을 의심하고 좌선을 공부하였는데, 불법에 두 길이 없음을 알았다. 그때에 계율이 쇠폐함을 보고 율을 일으키려는 뜻을 세우고, 먼저 『범망경』을 주해하기 위하여 천태학을 연구하였는데, 구화·온릉·장주 등지로 다니면서 천태종을 선양하면서 여러 경론을 주석하였다. 그가 주장하는 바는, "선(禪)은 불심(佛心)이고, 교(敎)는 불어(佛語)이며, 율(律)은 불행(佛行)이다. 이 3자가 구비되어야 비로소 완전한 불교가 된다."라는 것이었는데, 선(禪)·교(敎)·율(律) 삼학일원(三學一源), 결귀염불일행집지명호(結歸念佛一行執持名號)하여 염불삼매에 드는 데에 있었다. 그의 저서로는 『교관강요(敎觀綱要)』·『대승지관석요(大乘止觀釋要)』·『아미타경요게(阿彌陀經要偈)』·『능가경의소(楞伽經義疏)』·『점찰경의소(占察經義疏)』·『범망경합주(梵網經合註)』·『열장지진(閱藏知津)』·『사서우익해(四書藕益解)』·『주역선해(周易禪解)』·『천학초징(天學初徵)』·『천학재징(天學再徵)』 등이 있다.

지월 【指月】〔英 To indicate the hare cin the moon〕 부처의 교법(敎法)을 달〔月〕로 나타내고, 교법을 표현하고 기록한 경전은 손가락으로 비유한다. 이때 달은 목적지를 상징하고 손가락은 달을 가리키는 표시이다.

지월 【智月】〔梵 prajñā-candra, 英 knowledge bright as the moon〕 ①달에 비유된 지혜. 진언밀교에서는 맥관(脈管)을 말함. ②인도 승려. 유식종 10대 논사의 한 사람. 6세기 중엽 나란타사 호법(護法)의 제자. 『유식삼십송(唯識三十頌)』을 해석하였다. 야나전달라(若那戰達羅)라 음역(音譯).

지월록 【指月錄】 명나라 때〔1602〕 거사(居士)였던 나라연굴(那羅延窟)의 구여직반담(瞿汝稷盤談)이 저술한 책. 선종의 전등을 중심으로 쓴 불교의 통사(通史)로, 과거칠불에서 송나라 대혜종고(大慧宗杲, 1089-1163)에 이르는 선승에 대해 기술하였다. 청나라 때인 1679년에 낙독섭선(樂瀆攝先)이 이 책에 이어 『속지월록(續指月錄)』 21권을 저술하고, 목록 1권을 남겼다.

지위차 【地位次】 천태종 십승관법(十乘觀法)의 제8. 제7 대치조개(對治調開)에 의하여 아직 깨닫지 못하는 것은 수행의 차례를 알지 못하고 하위에 있으면서도 상위에 있는 듯이 교만한 마음을 내므로, 이제 그 점점 닦는 차례를 알게 하여 깨닫는 데 장애되는 교만한 마음을 없애는 것을 지위차(地位次)라 한다.

지의 【智顗, 538-597】〔英 Chih-i, founder of the T'ien-t'ai school〕 중국 수(隋)나라 때의 고승. 천태종(天台宗)의 개조(開祖). 천태지의(天台智顗) 항목 참조.

지장경 【地藏經】 『지장보살본원경』의 약칭. 『지장본원경』이라고도 한다. 당(唐)나라 때에 실차난타(實叉難陀, 652-710)가 번역. 2권. 지장보살이 갖가지 방편으로 육도 중생들을 교화하기 위해 노력하고, 죄를 짓고 고통 받는 중생들을 평등하게 해탈케 하려는 큰 서원을 세운 것을 13종으로 나누어 말한 경이다.

지장보살 【地藏菩薩】〔梵 Kṣitigarbha Bodhisattva] 일체중생을 지옥으로부터 모두 건지기 전에는 절대 성불하지 않겠다고 서원을 세운 보살. 지장은 범어로 ksitigarbha라고 한다. 'kṣiti'는 '땅'을 의미하고, 'garbha'는 태(胎)·자궁(子宮)이라고 번역되는데, 포장(包藏)한다는 의미이다. 곧 지장(地藏)은 대지(大地)와 같이 만유(萬有)의 모체이며, 만유를 평등하게 자라게 하고, 성취시키는 힘을 갖는다는 의미이다. 대지(大地)의 덕(德)을 의인화한 보살이다. 지장신앙은 중국 육조(六朝)시대 때부터 민간에 널리 신앙되었다. 관음신앙과 함께 우리나라에서도 널리 신앙되었다.

지장보살본원경【地藏菩薩本願經】지장경 항목 참조.

지장본원경【地藏本願經】지장경 항목 참조.

지장십륜경【地藏十輪經】『대승대집지장십륜경(大乘大集地藏十輪經)』의 약칭. 당(唐)나라 현장(玄奘, 602-664)이 번역. 10권. 지장보살의 공덕을 찬탄한 것. 부처님이 지장보살의 물음에 대답하여 10종의 불륜(佛輪)을 말하고 있다. 8품으로 되어 있다.

지장전【地藏殿】지장보살〔Kṣitigarbha Bodhisattva〕을 모신 곳.

지정각세간【智正覺世間】삼세간(三世間; 器世間·衆生世間·智正覺世間) 가운데 하나. 교화를 받는 중생〔衆生世間〕과 그들이 의지하고 사는 국토〔國土世間·器世間〕에 대하여, 능히 교화하는 불신(佛身)을 가리키는 말. 불(佛)은 대지혜를 갖추고 있어 치우친 견해를 여의고 세간과 출세간의 만법을 모두 알기 때문에 지정각세간(智正覺世間)이라 한다. 이 삼세간은 여래의 교화상에서 세운 것이다.

지해종도【知解宗徒】불법(佛法)이나 선에 대한 깊은 수행이 없이, 사량분별심과 세간의 일반적인 지식에 의해서 불교를 이해하려는 사람들.

지해종사【知解宗師】선이나 불법에 대한 실제적인 수행, 또는 깊은 수행을 통하여 반야지혜를 깨치지 못하고, 상식·지식·사량분별심으로 진리의 세계를 해석하려는 사람.

지혜【智慧】〔梵 prajñā, 西 paññā, 英 Jñāna as 智 knowledge and prajñā as 慧 discernment, i.e. knowledge of things and realization of truth〕산스크리트어 프라즈냐(prajñā)는 혜(慧)·명(明)·혜명(慧明)·극지(極智)라는 뜻인데, 반야(般若)·바야(波若)·발야(鉢若) 등으로 음역(音譯)한다. 알다〔知〕라는 동사 'jñā'에, '앞으로' 또는 '가다〔去〕'라는 뜻이 있는 접두어 'pra'를 붙인 동사의 명사형(名詞形)으로, 예지(叡智)·지식 등을 뜻한다. 그러나 불교에서는 '반야지혜'라고 하여 분석적 개념지(槪念知)를 벗어난 직접적인 심적 작용으로 진리를 있는 그대로 보는 것을 말한다. 이것을 직관지(直觀智)

라고 하는데, 곧 일체를 무아(無我)이며 공(空)으로 파악하는 지혜를 뜻한다. 지혜는 불교를 실천 수행한 결과이지만, 불교 실천의 기본 구조는 삼학(三學), 즉 계학(戒學)·정학(定學)·혜학(慧學)이다. 생활의 규범이 되는 계(戒)를 지키며, 선정(禪定)과 삼매(三昧)에 따라 마음을 수련하고, 그 수련에 따라 맑고 깨끗해진 마음으로 진리를 보는 지혜를 얻을 수 있다. 계학(戒學)은 정학(定學)의 준비이며, 정학(定學)은 혜학(慧學)의 조건·수단이다.

지혜바라밀【智慧波羅蜜】 반야바라밀(般若波羅蜜; prajñāpāramita)과 같다. 대승보살의 수행덕목인 6바라밀, 또는 10바라밀의 하나. 보살이 존재의 실상(實相)을 비쳐 보는 지혜로서, 번뇌의 이 언덕〔此岸〕을 건너 열반의 저 언덕〔彼岸〕에 도달한다는 뜻에서 반야바라밀〔지혜바라밀〕이라 한다. 이 지혜바라밀은 다른 바라밀보다도 그 비중이 크고, 다른 바라밀을 성립시키는 근거가 된다. 그러므로 『지도론』에서는, "지혜바라밀은 제불(諸佛)의 어머니이다. 부모 가운데 어머니의 공(功)이 가장 큰 것처럼 부처는 지혜〔반야〕를 어머니로 삼는다."라고 말하였다. 여기서 말하고 있는 어머니란 '바탕', '뿌리', '모체(母體)'라는 뜻이다.

직관【直觀】〔梵 pratibhā, 羅 intuition, intuitus, 英·佛 intuition, 獨 Intuition, Anschauung〕 일반적으로 판단·추리 등의 사유작용에 의하지 않고서도 대상의 전모(全貌)와 본질을 바로 파악하는 인식작용. 보거나 듣는 즉시 바로 깨닫는 것을 말한다. 범어 'pratibhā'는 동사로, '번쩍이다. 마음속에 (무엇이) 나타나다.'를 의미한다. 명사로서 술어적으로는 평상시의 인식으로는 이해할 수 없는 초월적인 진리와 미래의 일, 일상적인 말로는 표현 불가능한 '아름다움〔美〕' 등을 순간적으로 알아차리는 자발적인 마음의 작용을 의미한다. 베다성전은 이 신적인 능력을 갖춘 성선(聖仙)에 의해 듣게 된 계시라고 한다. 또한 시적(詩的) 영감을 가리킨다. 시인은 자신의 마음속에 생겨난 미적 경험〔라사〕을 언어로 표현하여 듣는 사람에게 전달하려고 하는데, 그러한 말을 만들어 내는 것이 바로 이 직관이다.

직심【直心】〔梵 bodhi-citta, 西 byaṅ chub kyi sems, 英 Straight forward, sincere, blunt〕 ①진리를 바르게 보는 마음. ②한결같은 마음. ③정직한 마음. 거짓 없는 마음.

직지심체요절【直指心體要節】 고려 말기의 고승인 백운경한(白雲景閑, 1299-1375)이 『전등록』을 참고하여 역대 불조(佛祖)의 게송·법어 등에서 선(禪)의 요체를 뽑아 엮은 책. 상하 2권. 『직지(直指)』·『직지심경(直指心經)』이라고도 한다. 1377년〔宣光 7〕 7

월에 청주(淸州) 교외(郊外)에 있던 흥덕사(興德寺) 주자시(鑄字施)에서 인쇄했는데, 하권(下卷)이 프랑스 국립도서관에 보관 중이다. 이 책은 독일의 구텐베르크(Gutenberg, 1400?-1468?)보다 80년 앞선 세계 최고(最古)의 금속활자 인쇄본이다. 한편 국립중앙도서관에는 1378년〔禑王 4〕에 인쇄된 목각본(木刻本)이 보관되어 있다.

직지인심 견성성불【直指人心 見性成佛】 인간의 마음이 곧 진리임을 직시하도록 하여 성불하게 한다는 뜻으로, 선종(禪宗)에서 그 종지(宗旨)를 나타내는 대표적인 말. 선종의 종지는 불립문자(不立文字) 교외별전(敎外別傳) 직지인심(直指人心) 견성성불(見性成佛)이라 한다. 참선하여 자기의 본성을 밝히면 본래의 면목이 나타나서, 마음 밖에 부처가 없고 자기 마음이 곧 부처인 줄을 아는 것을 말한다.

진【瞋】〔梵 Dveṣa, krodha, pratigha; 英 anger, ire, wrath, resentment〕 근본번뇌의 하나. 진에(瞋恚). 자기의 마음에 맞지 않는 대상에 대한 증오심으로 인하여 몸과 마음이 편안하지 않은 심리작용. 오개(五蓋)·십악(十惡)의 하나.

진각종【眞覺宗】 한국불교 종파 가운데 하나. 1947년 회당(悔堂) 손규상(孫珪祥)에 의하여 창종. 법신비로자나불을 교주로 하고 옴마니반메훔〔六字眞言〕을 신행(信行)으로 삼음. 법신불의 진리를 체득하여 즉신성불을 목적으로 하는 종파. 본부는 성북구 하월곡동에 있으며, 밀교 진언을 수행 연구함. 교육기관으로는 위덕대학 등이 있다.

진각혜심【眞覺慧諶, 1178-1234】 고려 고종 때의 고승. 속성은 최(崔)씨, 이름은 식(寔), 법명은 혜심(慧諶), 호는 무의자(無衣子), 시호는 진각국사(眞覺國師). 고려 신종(神宗) 4년〔1201〕에 유생(儒生)으로서 사마시(司馬試)에 급제하여 태학(太學)에 진학하였으나, 모친의 병환으로 집에 있으면서 불경(佛經)을 탐독하였다. 모친이 돌아가자 지리산으로 입산하였다. 그 후 조계산(曹溪山) 수선사(修禪社)로 가서 지눌(知訥, 1158-1210)의 제자가 되었다. 희종(熙宗) 6년〔1210〕에 지눌(知訥)이 입적하자, 왕명(王命)으로 보조국사의 뒤를 이어 조계산 수선사의 2세(世)가 되었고, 고종(高宗) 21년〔1234〕에 수선사에서 입적하였다. 혜심은 선종(禪宗)의 정통(正統)으로서, 그는 자신의 어록(語錄)에서 광심(狂心)을 쉰 곳〔歇處〕이 보리(菩提)요, 일체중생에게 여래(如來)의 지혜덕상(智慧德相)이 본래 갖추어져 있으되, 단지 망상의 집착으로 말미암아 중생이 깨닫지 못하는 것일 뿐이라고 하였다. 저서로는 『선문강요(禪門綱要)』 1권, 『선문염송(禪門拈頌)』 30권, 『진각어록』 1권,

『무의자시집(無衣子詩集)』 등이 있다.

진감선사 【眞鑑禪師, 774-850】 신라 문성왕(文聖王) 때의 고승. 속성은 최(崔)씨. 이름은 혜소(慧昭). 전주 금마(金馬) 사람. 804년〔성덕왕 3〕 당(唐)나라에 가서, 810년에는 숭산(崇山) 소림사(少林寺)에서 구족계를 받은 뒤, 종남산(終南山)에서 도를 닦았다. 830년에 귀국하여 지리산 화개곡(花開谷)에 옥천사(玉泉寺)를 짓고 육조(六祖)의 영당(影堂)을 세웠다. 최치원(崔致遠, 857-?)이 지은 비가 현재 하동 쌍계사(雙溪寺; 玉泉寺의 고친 이름)에 있다.

진견도 【眞見道】〔英 The realization of reality in the absolute as whole and undivided, one of the 見道位〕 보살수행의 5위(位) 중 가행위(加行位)에서 난법(煖法)·정법(頂法)·인법(忍法)·세제일법(世第一法)의 사선근(四善根)을 닦으며, 사심사관(四尋伺觀)·사여실지관(四如實智觀)을 합하여 번뇌를 끊은 직후에 진지(眞智)를 내어 진여(眞如)를 보는 것.

진공 【眞空】〔英 ①The absolute void, complete vacuity, said to be the nirvāṇa of the Hinayāna, ②The essence of the bhūtatathatā, as the 空眞如 of the 起信論, ③The void or immaterial as reality, as essential or substantial, the 非空之空 not-void void the ultimate reality, the highest Mahāyāna concept of true voidness, or of ultimate reality〕 ①완공(完空)의 상태. 모든 존재와 사물은 고정불변하는 실체가 없다는 공(空)의 관념 역시 공(空)이라는 뜻. ②공(空)하다는 관념마저 없어진 상태. ③진여(眞如)의 본체는 모든 모양과 상대성을 떠났으므로 진공(眞空)이라고 함.

진공관 【眞空觀】 화엄종 삼관(三觀; 眞空觀·理事無碍觀·周遍含容觀) 가운데 하나. ①모든 존재는 공무(空無)가 아닌 참으로 공〔眞空〕이라는 관점. 또는 진공의 이치를 관하는 관법(觀法). ②진여 평등한 이치가 삼라만상의 체성(體性)이며, 보편하고 항상한 존재임을 관하는 것.

진공묘유 【眞空妙有】〔英 The true void is the mysteriously existing〕 일체를 공(空)이라고 부정(否定)했을 때, 여러 가지 사물이 그대로 긍정(肯定)되는 것을 진공묘유(眞空妙有)라고 함. 또한 진리나 진여(眞如)가 일체의 망상과 집착을 떠난 모습을 진공(眞空)이라 하고, 상주불변(常住不變)하여 현실을 성립시키는 진실한 유(有; 實存)를 묘유(妙有)라 한다. 곧 본래 진실한 공(空)은 묘(妙)인 현실의 생성전개로 되는 것임을 말하는 것이다. 유식(唯識)에서 말하는 삼성(三性) 중 원성실성(圓成實性)에 갖추어져 있는 공(空)과 유(有)의 두 가지 뜻을 말하는데, 원성실성인 진여는 소승(小乘)에서 말하는 유(有)에 대한 상대적 공(空)이 아니고 아집(我執)·법집(法執)을 여읜 곳에 나타나는 묘리(妙理)이므로 진공(眞空)이라 한다. 그리고 그 체(體)는 생멸변화가 없는 상주불변하는 실재이므로 묘유(妙有)라고 한다.

진기약【陳棄藥】〔梵 pūtimukti-bhaiṣajya〕 부란약(腐爛藥)이라고도 한다. 남산(南山)의 구(舊) 율가(律家)에서는 대소변(大小便)이라고 하고, 신(新) 율가(律家)에서는 사람이 버린 의약(醫藥)이라 한다. 주로 소의 대소변을 약으로 사용하는 것이다.

진나【陳那; Dignāga, 400경-480경/480경-540경】 인도의 유식(唯識)·논리학승(論理學僧). 인도에 있어서 토론술(討論術)과 인식론의 두 가지 전통을 종합하고, 새로운 인도 논리학 체계를 만든 불교논리학자. 남인도의 칸치 근처에서 태어나 소승불교의 독자부(犢子部)에서 출가했지만, 그 교의에 만족하지 않고 독자부를 떠나 당시 불교학문의 중심지인 북인도의 나란타에서 대승불교의 유식사상〔일체의 사물은 마음의 작용이라고 하는 생각〕과 논리학을 배웠다고 한다. 바수반두(Vasubandhu; 世親, 320-400경)의 직계 제자였다고 하지만 불확실하다. 그러나 경량부적(經量部的) 경향과 유식사상의 영향을 강하게 받았다는 것은 부정할 수 없다.

[저작] 진나(陳那)는 20여 편이 있으나, 산스크리트 원전은 없어지고 티베트어역 혹은 한역(漢譯)만 현존한다. 논리학뿐만 아니라, 『반야경』·경량부·유식파 등의 각각의 학설을 음미 요약하는 소품이 많다. 예컨대, 『관소연론(觀所緣論)』에서는 소연(所緣; 인식대상)의 조건을 1. 인식의 원인이고, 2. 인식과 형상이 유사할 것을 규정하면서, 진실한 대상은 인식 내의 대상의 현현(顯現)이라고 하여, 유식파의 입장에서 결론짓고 있다. 그리고 문법학자 바르토하리의 『바캬바디아』에 의거해 『삼시(三時)의 고찰』이라는 시간론을 저술했다. 진나(陳那)의 궁극적인 입장은 유식사상(唯識思想)이지만, 인식론·논리학을 취급할 때에는 외부세계를 긍정하는 경량부의 입장을 주로 채용하고 있다. 존재론을 자세하게 논한 것은 아니지만, 그의 논리학이 전제로 하는 논의 공간은 바르토하리와 마찬가지로 바이세시카학파의 범주와 유사한 보편과 특수의 히에라르〔피라미드형의 계층조직〕에 의해 구성된다. 이런 의미에서 진나(陳那)는 어떠한 형이상학적 입장에 대해서도 개방된 논리학 구축을 목표로 하고 있었다고 말할 수 있다. 진나 최초의 본격적인 논리학 책은 바수반두의 논제를 모델로 한 『인명정리문론(因明正理門論)』으로, 인식론·논리학에 있어서 최종적인 입장은 『프라마나삼웃차야〔集量

論)』 자주(自注)로 집대성된다. 그 책은 1. 지각론, 2. 추리론, 3. 논증론, 4. 유례론(喩例論), 5. 아포하론, 6. 오난론(誤難論)의 6장으로 구성되어 있다. 1·2장은 인식론, 3·4·6장은 토론술의 전통을 계승하고, 5장은 문법학의 의미론의 계보로 이어진 것이다.

[지각(知覺)과 추리(推理)] 진나의 인식론에서는 지각과 추리라는 두 종류의 인식수단만을 인정하여, 각각 대상의 독자상(獨自相; 소〔牛〕 그 자체)과 일반상(一般相; 소〔牛〕의 성질)을 대상으로 한다. 지각은 대상에 관한 개념적 구상을 섞지 않은 순수한 직각(直覺)으로 정의하는데, 이것은 개념적 구상을 본질로 하는 추리와는 엄연히 구별된다. 개념지(槪念知)는 지각과 같이 대상〔牛〕을 있는 그대로 포착하는 것이 아니라, '타자(他者)의 부정', 즉 대상의 보집합(補集合)의 부정〔牛가 아닌 것〕을 매개로 하여 대상이 갖는 보편성〔牛性〕을 파악하는 부분적인 인식이다. 언어에 의한 인식도 개념적이다. 언어(言語)는 '타자의 부정'을 매개로 하여 의미를 전달하는 것인데, 진나(陳那)가 창설한 아포하론은 『집량론』 5장으로 상세히 설하고 있다. 그는 모든 인식은 인식 내의 대상의 현현을 인식 자체의 현현이 파악하는 '자기인식(自己認識; 自證; svasaṃvid)'이라고 주장하였다. 그의 영향을 받은 유식사상가 사이에서는 자기인식이 유식성(唯識性)과 등치(等値)되는 것처럼 보인다. 진나는 추리를 '자기를 위한 추리', 논증은 '다른 사람을 위한 추리'로 이름 붙여 토론술의 전통을 인식론 안에 넣었다. 추리는 '세 조건을 갖춘 증상(證相)에 의한 대상인식(對象認識)', 논증(論證)은 '스스로가 추리한 내용을 타인에게 알림'으로 정의된다. 인도 논리학에 대한 그의 최대의 공헌은 증상(證相)의 3조건 내에 수반(隨伴)과 배제(排除)를 나타내는 두 조건에 한정사(限定詞; eva)를 넣어 해독함으로써, 올바른 증상(證相; 煙)의 집합은 그것에 따라 추리되어야 하는 것〔火〕의 집합에 포섭되지 않으면 안 된다고 하는 변충관계(遍充關係)의 논리를 수립했던 것이다. 증상(證相)은 논증에 있어 '증인(證因)'으로 불린다. 증인이 동례군(同例群)·이례군(異例群)으로 수반·배제되는 9개의 유형을 하나하나 열거해서, 2개의 올바른 증인(證因)을 선발하는 '구구인설(九句因說)'도 진나가 창설하였다. 그의 논증식은 1. 주장·2. 증인·3. 유례(喩例)로 이루어진 '삼지작법(三支作法)'이므로, 니야야학파의 '오지작법(五支作法)' 중 4. 적합·5. 결론은 필요로 하지 않는다. 하지만 변충관계(遍充關係)가 제시하는 유례지(喩例支)는 관계사(關係詞)와 한정사(限定詞)를 사용해 정확하게 정식화하는 것이 요구된다. 마지막으로 토론술의 전통에서 거부되었던 오난(誤難)은

올바른 논증식의 주장·증인(證因)·유례(喩例)의 어떤 것에 대한 오해에 기초한 부당한 비난으로서, 진나의 논리학 안에 자리 잡았다. 진나의 새로운 논리학은 불교 내외에 영향을 미쳤는데, 그의 최대 후계자는 『프라마나삼웃차야』에 대한 비판적인 주석인 『프라마나바르티카』를 저술한 다르마키르티〔法稱〕이다.

진덕불공종【眞德不空宗】화엄종에서 세운 십종(十宗) 가운데 제8종(宗). 오교(五敎) 가운데 대승종교(大乘終敎)에 해당된다. 구체적으로는 『능가경(楞伽經)』·『기신론(起信論)』 등의 설을 가리키고 있다. 진여(眞如)는 무량무수한 덕을 갖춘 실재이며, 만유는 진여의 체(體)가 그대로 나타난 것이라고 설명하는 종(宗)이다.

진리불【眞理佛】마음 부처님·진리 부처님이라는 뜻. 다른 명칭으로는 법신, 법신불(法身佛)이라고 함. 진여(眞如)·법신(法身)·일원상의 진리는 곧 우리의 마음 부처님이요, 진리 부처님이라는 뜻. 등상불의 상대적인 말.

진묵일옥【震默一玉, 1563-1633】조선 광해군·인조 때의 고승. 호는 진묵(震默). 명종(明宗) 18년 전라도 만경(萬頃) 불거촌(佛居村)에서 나서, 7세에 전주 서방산 봉서사에 출가하고, 인조(仁祖) 11년에 72세로 입적했다. 그는 경전을 배울 때에는 한 번 보기만 하면 모두 외웠다고 하며, 봉곡 김동준(金東準)과 더불어 우의가 좋았다고 한다. 스스로 서산문파(西山門派)에 속한다고 하였으며, 일생 동안 명리(名利)에 초연하여 안선(安禪)·간경(看經)의 한도인(閑道人)으로 지냈다. 신비적인 많은 전설을 남기고 있어서 석가불의 소화신(小化身)이라고도 한다. 저서로는 『어록(語錄)』이 있다.

진산식【晋山式】새 주지가 처음으로 그 절에 들어가는 것을 진산(晋山)이라 하고, 이때 행하는 식을 진산식(晋山式)이라고 한다. 진산식(進山式)이라고도 쓴다. 오늘날 취임식과 같다.

진상【眞常】〔英 True and eternal; the eternal reality of Buddha-truth〕① 진실 상주하는 부처님의 법. 우리의 근본 마음. 자성(自性)·본성(本性)·본래면목. 항상 변하지 않는 도(道)를 비유함. ② 웅십력(熊十力, 1884-1968)의 용어. 절대적인 본체를 가리킴. "일체의 사물은 비록 천변만화(千變萬化)하나, 오직 본체가 환현(幻現)한 동상(動相)일 뿐이며, 동(動)하면 부동(不動)하여 체(體)와 용(用)은 둘이 아닌 것이니, 따라서 변역(變易) 가운데서 진상(眞常)을 보아야 한다〔『新唯識論』 超印中卷序言〕."고 생각하였다. "일체는 하나요, 하나는 곧 일체이다. 모든 변화에는 상법(常法)이 없으나, 실제로는 모두가 진상(眞常)을 꿰뚫어 체험한다〔『十力語要』 1권〕."고 제기하였다.

ㅈ

진성【眞性】〔梵 dharmata, 英 The true nature, the Buddha-nature〕①만물의 본체. 진여(眞如). ②자성(自性)·성품(性品)·본성(本性). ③인위적이 아닌 있는 그대로의 성질. 천부적인 성질. ④순진한 성질. ⑤중국 근대 사상가인 웅십력(熊十力, 1884-1968)의 용어. 곧 본심(本心). "우리의 진성(眞性)은 두루 천지만물의 본체가 되는 것이고, 천지만물의 본체는 곧 우리의 진성(眞性)이다〔『原儒』「緖言」〕.", "진(眞)으로써 우리 생(生)의 이(理)로 삼는 것을 진성(眞性)이라 하고, 그것을 가지고 내 몸을 주수(主手)함을 본심(本心)이라 한다〔『新唯識論』「明宗」〕."라고 하였다. 사람의 진성(眞性)은 본래 선천적으로 갖추어져 있는 것이니, 만약 소기(小己)에 미집(迷執)되거나 망습(妄習)으로 막히고 가리면 우주만물의 진원(眞源)을 알 수 없게 된다. 모름지기 존양내성(存養內省)하고 진성(眞性)을 확충하여야 비로소 심물불이(心物不二)와 천인합일(天人合一)의 경계(境界)에 도달할 수 있다고 하였다.

진속이제【眞俗二諦】진제(眞諦; paramārtha-satya; 勝義諦·第一義諦)와 속제(俗諦; saṁvṛtti-satya; 世俗諦·世諦). 제(諦)는 진리를 뜻함. (1) 진제; ①가장 궁극적인 진리. ②모든 존재의 본성은 공(空)하다는 진리. 일체는 공(空)이라는 진리. ③출세간의 진리. (2) 속제; ①세속적인 진리. ②상식적·일반적인 가치관. ③중생들의 생각, 관점.

진신【眞身】〔英 The true body, corpus of truth, dharmkāya, Buddha as absolute〕무상한 육체가 아닌 참된 몸. 또는 무상을 초월한 진실한 부처를 가리켜 일컫는 말. 진신불(眞身佛)이라고도 한다.『삼국유사(三國遺事)』3, 탑상(塔像) 대산월정사오류성중(臺山月精寺五類聖衆)에 나온다.

진신사리【眞身舍利】석가모니 부처의 몸에서 나온 사리(舍利). 사리는 한량없는 6바라밀 공덕으로 생기는 불골(佛骨)을 가리키는 말. 사리 항목을 참조할 것.

진심【眞心】〔梵 anākula, 英 sincerity; a true heart; earnest〕①이상적(理想的)인 사람이 가진 마음. ②대립을 초월한 마음. ③순정(純淨)의 진실심(眞實心). 거짓 없는 마음. 순일무잡(純一無雜)한 맑은 마음. 직심(直心). ④고려의 보조지눌(普照知訥, 1158-1210)은 진심(眞心)의 이명(異名)으로 경전에 나타나는 보리(菩提)·법계(法界)·여래(如來)·여여(如如)·열반(涅槃)·법신(法身)·진여(眞如)·불성(佛性)·총지(總持)·여래장(如來藏)과 조사문(祖師門)의 자기(自己)·묘심(妙心)·주인옹(主人翁)·무저발(無底鉢)·몰현금(沒絃琴)·무진등(無盡燈)·심인(心印)·심원(心源) 등을 들었고, 진심을 불성(佛性)의 당체(當

體), 일체법(一切法)의 현현가능적(現顯可能的) 근원체성(根源體性)으로 보았다.

진심 【瞋心】〔梵 pratigha, 西 she sdaṅgi sems, 英 A heart of anger〕 삼독심(三毒心)의 하나. 왈칵 화를 내는 마음. 자기의 마음에 맞지 않는 대상에 대하여 미워하고 분하게 여겨 몸과 마음을 편하지 못하게 하는 마음. 인내로써 정력(定力)을 쌓아야 화내는 마음을 잠재울 수 있다.

진심직설 【眞心直說】 고려의 선승인 보조지눌(普照知訥, 1158-1210)이 45세 때에 쓴 선(禪) 철학서. 『진심직설(眞心直說)』은 『수심결(修心訣)』과 함께 중국에 들어가서 명저로 유포되었던 우수한 저서로서 7,128자(字)에 이른다. 이 글이 국내에서 처음 간행된 연대는 알 수 없지만, 조선 정종 23년〔1899〕에 수관거사(水觀居士)가 청(淸)에서 원본을 가지고 와서 송광사판(松廣寺板)으로 간행한 것이 가장 오랜 판본이다. 이 『진심직설』은 불전(佛典)과 조사어록(祖師語錄) 가운데서 인생과 우주의 근본원리로 밝혀진 유심론(唯心論)·심성론(心性論)을 가장 간명하고 정밀하게 집약한 것으로서, 진심정신(眞心正信)·진심구명(眞心具名)·진심묘체(眞心妙體)·진심묘용(眞心妙用)·진심체용일이(眞心體用一異)·진심재미(眞心在迷)·진심식망(眞心息妄)·진심사의(眞心四儀)·진심소재(眞心所在)·진심출사(眞心出死)·진심정조(眞心正助)·진심공덕(眞心功德)·진심승공(眞心勝功)·진심무지(眞心無知)·진심소왕(眞心所往) 등 15장으로 나누어 설명하고 있다. 그런데 최근 이 책은 보조지눌의 저술이 아니라는 견해가 강하게 제시되었다.

진아 【眞我】〔梵 nirātmika, nairātmya-vādin, 英 The real or nirvāṇa ego, the transcendental ego. The ego as considered real by non-Buddhists〕 ①변치 않는 영원한 실체, 즉 자아(自我). ②본래 성품을 회복한 참된 나〔眞我〕. ③진정한 자기.

진언 【眞言】〔梵 mantra, 英 True words, words of Truth, the Words of the Tathāgata, Buddha-truth〕 본래 베다에 있어서 단순히 언어(言語)나 교설(敎說)을 의미하는 말이었으나, 우파니샤드·육파(六派)에 이르러서는 제신(諸神) 제사(祭事)에 관한 베다의 규정을 의미하게 되었다. 이것이 밀교(密敎)에 들어온 뒤부터는 음성(音聲), 그것이 단순한 진리(眞理)의 표현이 아니고 '진리 그것의 실질(實質)'이라고 하기에 이르렀다.

진언밀교 【眞言密敎】 일본 진언종(眞言宗)의 시조인 구카이(空海, 774-835)가 개종한 진언종파. 밀교는 여래의 비밀최오(秘密最奧)의 가르침이라는 뜻으로, 진언(眞言)을 밀교라 하고 그 외를 현교(顯敎)라 한다. 곧 진언종의 가르침은 응신(應身)의 석가불이 상대의 이해 능력에 따라 설명한 현교(顯敎)가 아니라, 법신(法身)의 대일여래(大日如來)가 그 깨달음의 내용을 스스로 돌이켜 생각하고 즐기기 위해 제시한 비밀의 가르침이라고 하는 것이다.

진언종【眞言宗】〔英 The True-word or Shingon sect〕 진언다라니종(眞言陀羅尼宗)이라고도 한다. 중국 13종(宗)의 하나이고, 일본 8종(宗)의 하나이다. 『대일경(大日經)』·『금강정경(金剛頂經)』에 의하여 성립된 인도 밀교(密敎)가 중국에 들어와, 선무외(善無畏, 637-735)·금강지(金剛智, 671-741)·불공(不空, 705-774) 등에 의하여 중국 진언종이 시작되었다. 우리나라에서는 신라 문무왕(文武王, 661-681 在位) 때 혜통(惠通)이 당에 가서 선무외(善無畏, 637-735)에게서 인결(印訣)을 얻어 가지고 664년〔문무왕 4〕에 돌아온 것이 진언종의 처음이다. 영묘사의 불가사의는 불공에게 받아 오고, 명랑도 당에 가서 신인(神印)을 얻어 가지고 돌아와 신인종을 세웠다. 신인종파의 광학(廣學)과 대연(大緣)은 고려 초기 개성에 현성사를 세워 밀교의 근본 도량으로 삼았으나 조선 초기에 없어졌다. 일본에서는 구카이(空海, 744-835)가 806년에 전하여 진언종을 세웠다. 대일법신(大日法身)의 신구의(身口意)의 삼밀(三密)은 우주의 진리 자체임과 동시에 그 가지력(加持力)에 의하여 우리의 삼밀(三密)과 상응하고, 우리는 이 육신 그대로 성불할 수 있다고 하는 것이 밀교의 교리이다. 구카이(空海)는 즉사이진(卽事而眞) 성자실상(聲字實相)의 입장에서 특히 구밀(口密)을 취하여 종명(宗名)으로 하고 그 체계를 세웠다. 따라서 그 교리는 『대일경』·『금강정경』 양부(兩部)의 대경(大經)을 중핵(中核)으로 하고, 『소실지(蘇悉地)』·『유기(瑜祇)』·『요략염송(要略念誦)』을 가하여 오부경(五部經)으로 한다. 또한 중국에서 성립한 『석마하연론(釋摩訶衍論)』·『보리심론(菩提心論)』·『대일경소(大日經疏)』·『금강정의결(金剛頂義訣)』과 구카이의 『즉신의(卽身義)』·『성자의(聲字義)』·『이교론(二敎論)』·『십주심론(十住心論)』 등도 종의형성(宗義形成)의 골자가 된다.

진언집【眞言集】 책 이름. 2권 1책. 조선 선조(宣祖) 2년〔1569〕에 설은(雪訔) 등이 간행. 『불정심다라니경(佛頂心陀羅尼經)』과 여러 가지 진언(眞言)을 한글·한문·범자(梵字)의 순으로 병기하여 중간한 책. 이 밖에 뒤에 중간된 것이 4종 전한다.

진에【瞋恚】〔梵 krodha, 巴 kodha〕 삼독심(三毒心)의 하나. 진심(瞋心)과 같은 말. 불쾌한 일에 대해 화를 내는 마음의 작용.

진여【眞如】〔梵 Bhūta-tathatā, tathatā-bhūmi〕 범어 타타타(tathatā)의 역어(譯語)로, 어의(語義)는 '있는 그대로', 또는 '모든 현상이 현재 있는 그대로가 참모습'이라는 뜻인데, 불교에서는 보편적 진리, 혹은 만유(萬有)의 본체의 의미로 사용하고 있다. 진여란 모든 차별상을 초월한 평등일미(平等一味)한 것이고, 사유(思惟)도 언어도 미치지 않는 것으로 된다. 끊임없이 생기(生起)하고, 여러 가지 변화해 가는 현상과 불일불이(不一不異)의 관계에 있으면서, 불변(不變)이고 진실한 있는 그대로의 모습, 이것을 진여(眞如)라 부른다. 그러나 이 말은 결코 형이상적인 추상개념이 아니고, 어디까지나 실증(實證)되어야 할 성질의 구체적 내용을 담고 있다. 바로 그 점에서 사유도 언어도 미치지 못하는 것이라 한다. 따라서 진여라고 하는 것은 진리의 대명사인 가명(假名)에 불과하고, 그 존재하고 있는 것의 다양한 측면에서 여러 가지 이름이 가능하다. 여러 표현 가운데 '본무(本無)'라는 말은 위진(魏晋)시대에 유행한 현학(玄學)에서 취한 역어(譯語)이다. 그 뒤 구마라집〔344-413〕은 여(如)·여여(如如)·대여(大如)라고 번역했고, 보리류지(菩提流支) 시대에는 진여라는 말을 많이 쓰게 되었는데, 현장(玄奘, 602-664)에 이르러 비로소 확정된 것 같다. 진여(眞如)란 말은 대승 이전에도 있었다. 『이부종륜론(異部宗輪論)』에 의하면, 부파불교의 한 파인 화지부(化地部)에서 구무위(九無爲)를 설하는 가운데 선법진여(善法眞如)·불선법진여(不善法眞如)·무기법진여(無記法眞如)·도지진여(道支眞如)·연기진여(緣起眞如)라고 하는 5종 진여를 들고 있다. 그러나 진여란 말이 중요한 개념으로 취급되어 전개된 것은 반야경전(般若經典)이다. 법(法)을 분석적·다원적으로 취급하는 아비달마불교의 관점에 대하여, 반야경전은 일체개공(一切皆空)의 입장에서 일체법(一切法)은 일미평등(一味平等)한 것으로서, 이것은 곧 여래(如來)의 내증(內證)의 세계라고 제기하고, 이것에 진여의 이름을 붙인 것이다. 따라서 이 경우의 진여는 여래의 상태와 밀접하게 관계하고 있는 것으로서, 쉽게 규정하기 어려운 성질의 것이 된다. 말하자면 불(佛)의 지혜의 빛에 의하여 비치는 세계 전체를 막연히 총칭한 것이라고 할 수 있는 것이다. 반야경전 이후 유식(唯識)이나 여래장(如來藏)에서도 진여란 말이 중시되어 많이 사용되지만, 같이 진여라 말하면서도 각각 사상적 입각지가 다름에 따라 그 의미 내용도 달리 나타난다. 그들은 진여의 말이 내포하고 있는 무상(無相)·평등(平等)·청정(淸淨) 등의 여러 가지 특성을 신장(伸長), 부연함으로써 그 전개를 이루었던 것이다. 예컨대, 『해심밀경(解深密經)』 3권에 7종 진여가 설해지는데, 여기에서는 개개의 개념과 결부되어 각기 의 진리성을 칭(稱)하는 것으로서 진여가 사용되고 있다. 『보성론(寶性論)』에서는 여래장·불성(佛性)을 유구진여(有垢眞如), 법신(法身)·보리(菩提)를 무구진여(無垢眞如)라 하여 각기 본성청정(本性淸淨)과 이구청정(離垢淸淨)으로 규정한다. 한편 『대승기신론』에서는 진여를 중생심(衆生心)의 본체라 하고, 영원불변의 상(相)에 있어서 파악되는 것으로 한다.

진여내훈 【眞如內薰】〔英 The internal perfuming or influence of the bhūtatathatā, or Buddha-spirituality〕 진여(眞如)의 법성(法性)은 내부(內部)로부터 감화〔薰〕되는 것이라는 뜻. 진여는 우리가 본래 갖추고 있는 자성청정심(自性淸淨心)으로, 제불(諸佛)의 법신(法身)이다. 이 법신은 안에서 그 망심(妄心)을 훈습(薰習)시키고, 제불(諸佛)의 보화이신(報化二身)의 교법을 드리워 밖으로부터의 망심(妄心)을 훈습시킨다. 이를 삼대(三大)에 짝하면 진여법신은 체(體)와 상(相) 이대(二大)가 되고, 보(報)·화(化) 이신(二身)은 용대(用大)가 된다. 이 내외(內外)의 이훈(二薰)에 의하여 중생은 점차 보리심을 생하는 것이다.

진여문 【眞如門】 『대승기신론』에서 말하는 두 문(門). 즉 진여문과 생멸문(生滅門). 진여문이란 일심(一心)의 본체인 진여(眞如)의 부문. 문(門)은 '길'·'방향'·'들어가는 문〔入門〕'이라는 뜻. 『기신론』에서는 "일심(一心)으로부터 2종의 문(門)이 있다. 무엇을 일러 이(二)라고 하는가? 하나는 심진여문(心眞如門)이요, 또 하나는 심생멸문(心生滅門)이다."라고 하였다. 생멸문이란 '미혹의 문'이다.

진여법계 【眞如法界】 동의어(同義語)인 진여(眞如)와 법계(法界)를 병칭한 것.

진여법성 【眞如法性】 동의어인 진여(眞如)와 법성(法性)을 병칭한 것. 진여, 법성 항목 참조.

진여법신 【眞如法身】〔英 The absolute as dharmakāya, or spiritual body, all embracing〕 진여(眞如)는 무량(無量)한 공덕(功德)을 갖추어 법신(法身) 그 자체로 되어 있는 것을 말한다. 진여와 법신은 동의어이다.

진여본각 【眞如本覺】 화엄종(華嚴宗)에서는 진여(眞如)와 본각(本覺)을 하나의 복합 개념으로 사용하여 해인삼매(海印三昧)의 세계를 설하고 있다. 해인삼매는 비로자나불의 삼매인데, 이 삼매 가운데 나타나는 것이 법계연기(法界緣起)의 경계이다. 진여(眞如)는 이 경계의 진리(眞理)이고, 본각(本覺)은 능동적 각체(覺體), 주체성이다. 이 복합 개념은 부처의 방면에서 나타나는데, 진리의 진여와 작위심(作爲心)이 작위(作爲)하여 주체성의 본각(本覺)에 합쳐져 하나가

된다.

진여불변 【眞如不變】 불변진여(不變眞如)와 같다. 진여가 생멸을 초월하고 있는 점을 일컫는다. 진여는 연(緣)을 따라서 만유(萬有)를 내기는 하지만, 그 본체는 시간과 공간을 초월하여 불생불멸하는 무위상주(無爲常住)한 것임.

진여불성 【眞如佛性】 동의어인 진여(眞如)와 불성(佛性)을 병칭한 것. 『대승기신론』에서 말하는 대표적 진상심(眞常心) 계통의 설법이다.

진여삼매 【眞如三昧】〔英 The meditation in which all phenomena are eliminated and the bhūtatathatā or absolute is realized〕 일행삼매(一行三昧)라고도 한다. 마음을 고요히 하고 진여 평등한 이치를 관(觀)하는 삼매.

진여실상 【眞如實相】〔英 The essential characteristic or mark of the bhūtatathatā〕 진여(眞如)와 실상(實相)이란 동체이명(同體異名)이다. 가제(假諦)의 묘유(妙有)에 결부시켜서는 실상(實相)이라 하고, 공제(空諦)의 일여(一如)에 결부시켜서는 진여(眞如)라고 한다. 이 둘의 '불이(不二)의 중도(中道)'를 법계(法界)라 한다. 그런데 진여에는 불변(不變)과 수연(隨緣)의 두 뜻이 있다. 한편 실상은 실제로 삼제(三際)의 총명(總名)이 되면, 진여실상은 함께 공(空)에도 가(假)에도 중(中)에도 통하게 된다.

진여연기론 【眞如緣起論】 『대승기신론』에서 주장하는 연기설(緣起說)로서 연기의 주체가 진여(眞如)라는 뜻. 아뢰야식 연기론의 난점(難点)을 극복하기 위하여 나온 것임. 아뢰야식 연기론에서는 업(業)의 종자(種子)가 저장되는 곳이 아뢰야식이고, 이런 종자가 다시 여러 가지 인연을 만나 우주만유를 생성(生成)·변현하는 것이라고 한다.

진인 【眞人】〔梵 arhat, 英 one who embodies the Truth, an arhat; a Buddha〕 아라한(阿羅漢)의 번역. 진리를 깨달은 사람이란 뜻. 보통은 아라한을 말하나, 부처님을 진인이라고도 한다.

진점겁 【塵點劫】〔英 A period of time as impossible of calculation as the atoms of a ground-up world, an attempt to define the infinite, v. Lotus sūtra 7 and 16〕 아주 오랜 시간을 표현하는 말. 『법화경(法華經)』에 삼천진점겁과 오백진점겁이 나온다. 삼천진점겁은 삼천대천세계를 모두 갈아서 먹물을 만들어서, 일천 국토를 지나갈 때마다 먼지같이 작은 한 방울을 떨어뜨려서 그 먹물이 다 없어졌을 때에, 그 지나온 국토를 모두 모아 부수어 티끌을 만들고, 그 티끌 하나를 1겁으로 세어 그 수효를 모두 계산한 수가 삼천진점겁이다. 오백진점겁은 5백 천만억 나유타 아승기(阿僧祇) 삼천 대천세계를 부수어 티끌을 만들고, 5백 천만 억 나유타 아승기 국토를 지날 때마다 티끌 하나씩을 떨어뜨려서 티끌이 다 없어졌을 때에 지나온 국토를 모두 모아 부수어 티끌을 만들고, 티끌 하나를 1겁으로 세어 그 수효를 모두 계산하는 것이 오백진점겁이다.

진제 【眞際】〔英 The region of reality, ultimate truth〕 진실제(眞實際). 제(際)는 궁극의 뜻. 오온(五蘊)의 제법(諸法)에 대한 객관적 미집(迷執)과 오온으로 조성된 아(我)에 대한 주관적 미집이 없어질 때에 나타나는 진여(眞如). 진언(眞言)의 궁극적 진리.

진제삼장 【眞諦三藏, 499-569】 인도의 고승. 중국 섭론종(攝論宗)의 개조(開祖). 진제〔Paramārtha; 波羅末陀〕는 서천축 우선니(優禪尼; ujjayani)국 출신으로, 양나라 무제가 부남국(扶南國)에 고승과 대승경전을 구하자, 그의 청에 응해 546년〔大同 12〕 남해에 당도하였고, 2년 후에 건강에 이르러 양무제와 접견하였다. 후경(侯景)의 난(亂)에 의해 세상이 어지러웠기 때문에, 부춘(富春)으로 가서 『십칠지론(十七地論)』 등의 번역에 종사하였다. 뒤이어 552년〔承聖 元年〕에 다시 건강으로 돌아와, 정관사(正觀寺)에서 원(願)선사 등 20여 명과 함께 『금광명경』을 번역하였으며, 554년에는 예장(豫章)으로 돌아와 각지로 유랑하였다. 562년〔天嘉 2〕 귀국길에 올랐으나, 바람에 밀려서 광주(廣州)에 상륙하였다. 이 때문에 귀국을 단념하고 『섭대승론(攝大乘論)』 등의 역출에 종사하였다. 569년에 병으로 입적했다. 제자로는 혜개(慧愷)·법태(法泰)·도니(道尼)·조비(曹毘) 등 10여 명이 있으며, 번역한 책은 64부 278권이나 된다.

진종 【眞宗】〔英 The true-sect or teaching, a term applied by each sect to its own teaching〕 (1) 진실한 종교. ①각기 자기가 믿는 종교를 말한다. ②『열반경』·『화엄경』 등과 같이 불성(佛性) 또는 일여(一如)한 법계(法界)의 이치를 말한 것.
(2) 친란(親鸞, 1173-1262)을 개조로 하는 일본불교 최대의 종파. 정토진종본원사파(淨土眞宗本願寺派; 西本願寺)·진종대곡파(眞宗大谷派; 東本願寺) 등 이른바 진종(眞宗) 10파(派)의 총칭. 신앙의 대상은 아미타불이고, 경전은 정토삼부경(淨土三部經; 『대무량수경』·『관무량수경』·『아미타경』)과 친란이 뽑은 칠조(七祖; 龍樹·世親·曇鸞·道綽·源信·源空)나 친란·연여(蓮如) 등이 찬술한 것을 소의성전(所依聖典)으로 하고 있다. 교의(敎義)는 나무아미타불(南無阿彌陀佛)의 여섯 자를 부름으로써 극락에 왕생한다고 한다.

집 【執】〔梵 upādāna, 英 Grah, grabh; graha. To seize, grasp, hold on to, maintain; obstinate〕

취(取)·취집(取執)이라고도 한다. 집착(執着)·집념(執念)·집심(執心) 등으로 번역한다. 대상에 고착(固着)하여 떨어지지 않는 마음 상태를 말한다. 집착하는 대상으로서는 물(物), 사상(思想), 이(理)에 맞지 않는 것을 좋아하는 것, 내 몸에 관한 것 등이 있다. 불교는 이와 같은 집착을 떠나서 자유의 경지〔涅槃〕에 이르도록 가르친다.

집금강신【執金剛神】〔梵 vajrapāṇi, vajradhara, 英 Any deva-holder of the vajra〕 금강수(金剛手)·야차(夜叉)·지금강(持金剛)·금강역사(金剛力士)라고도 한다. 불교의 수호신으로 손에 금강저(金剛杵)를 가진 신장(神將).

집기심【集起心】〔英 A term for citta, the mind, and for ālayavijñāna, as giving rise to the mass of things〕 제8식(第八識)인 아뢰야식을 가리킴. 원측(圓測, 613-696)은 제8식을 집기심(集起心), 제7식을 사량의(思量意), 그리고 6식(六識)을 요별식(了別識)이라고 하였다. 원측찬(圓測撰) 『해심밀경소(解深密經疏)』 3권에, "제8식을 이름하여 심(心)이라 한다. 제법(諸法)을 모아 제법(諸法)을 여러 가지로 일어나게 하기 때문이다."라고 하였다.

집장【執藏】 제8 아뢰야식을 뜻함. 아뢰야(阿賴耶; Ālaya)를 장(藏)이라 번역하는데, 장(藏)에는 능장(能藏)·소장(所藏)·집장(執藏)이라는 세 가지 뜻이 있다. 집장은 이 식(識)이 항상 끊임없이 상속(相續)하여 중생의 주체가 되므로, 제7 말나식(末那識)은 이것을 잘못 알고 참으로 아(我)가 있는 줄로 집착하는 것을 말한다. 이렇게 집착한다는 점에서 집장이라고 하는 것이다.

집착【執着】〔梵 abhiniveśa, abhilāṣa, abhineveśa-prativikalpa-saṃdhi, 英 To cling to things as real; used for abhiniveśa〕 어떤 사물에 고집하고 애착하는 것. 마음에 깊이 새겨 두고 잊지 않는 것. 대상에 고집하여 마음이 떨어지지 않는 것.

집취상【執取相】〔英 Retention of memories of past joys and sorrows as if they were realities and not illusions〕 삼세육추(三細六麤) 가운데 육추(六麤; 智相·相續相·執取相·計名字相·起業相·業繫苦相)의 제3추(麤). 앞의 상속상(相續相)에 의하여 생긴 고(苦)·락(樂)의 세계에 대하여 집착심을 일으키는 것. 나쁜 것은 굳이 버리려 하고 좋은 것은 굳이 가지려 하는 등의 집착으로 아욕(我欲)·아집(我執)이 깊어 가는 상태를 말한다.

징관【澄觀, 738-839】 중국 당(唐)나라 덕종·순종·헌종·목종·경종·문종 때의 학승(學僧). 화엄종의 제4조(祖). 현수법장(賢首法藏, 643-712)의 설을 받아서 화엄종의 교의(敎義)를 선양한 사람. 화엄에 한정되지 않고, 삼론종·천태종·선(禪)을 비롯하여 불교 이외의 학예에도 통하였다. 청량산(淸涼山)에 머물렀기 때문에 청량대사(淸涼大師)라고도 한다. 성(姓)은 하후씨(夏侯氏). 월주산음(越州山陰)에서 출생하여, 11세 때 패(霈)선사에게 사사(師事)하고, 14세에 출가하였다. 이후 성(醒)선사 및 담일(曇一)에게 계율을, 현벽(玄璧)에게 삼론종을, 법장과 법선(法詵)에게 『기신론』·화엄종을, 담연(湛然, 711-782)에게 천태종을, 유충(惟忠)과 도흠(道欽)에게 남종선(南宗禪)을, 혜운(慧雲)에게 북점선(北漸禪)을 배웠다. 현수(賢首, 643-712)가 입적한 뒤에 그의 제자인 혜원(慧苑)이 스승의 학설에 반하는 의논을 주장하므로, 이에 분개하여 전통적 종지(宗旨)가 아닌 것을 바로잡는 것으로 책무를 삼았다. 특히 오교(五教)의 교판을 확실히 하고 4종법계성기설(法界性起說)을 대성하였는데, 당시 극성하던 선종(禪宗)과의 융화를 꾀하여 교선일치(教禪一致)론의 기초를 만들었다. 저술에는 『반야경주소(般若經註疏)』 40권·『화엄경수소연의초(華嚴經隨疏演義鈔)』 90권·『화엄경강요(華嚴經綱要)』 3권·『화엄현담(華嚴玄談)』 9권·『법계현경(法界玄鏡)』 2권·『화엄약의(華嚴略義)』·『삼성원융관(三聖圓融觀)』 등이 있다. 제자로는 종밀(宗密, 780-841)·승예(僧叡)·보인(寶印)·적광(寂光) 등 100여 명이 있다.

쫑카파 【Tsoṅ-kha-pa; 宗喀巴, 1357-1419】 총카파라고도 읽는다. 티베트 불교 겔룩파(Dge lugs pa; 黃帽派; 黃教)의 개조. 티베트 북쪽 암도(Amdo) 사람. 즉 오늘날 중국 칭하이성(靑海省) 아무르 지방 출신. 아무르 지방의 총카 부락에서 태어났다고 하여 그 이름을 따서 '총카파'라고 한다. 법명은 로잔타크파. 7세에 출가하여 16세 때 스승을 찾아 중앙티베트로 가서 현교(顯教)를 연구하고, 다시 밀교의 깊은 뜻을 규명하기 위하여 타포산에 들어가 수행에 전념한 끝에 독자적인 밀교의 체계를 확립하였다. 그때까지 밀교의 타락현상은 심했는데, 그는 엄격한 계율로써 현교와 밀교를 융합한 신 종교운동을 전개하였다. 이것을 신(新) 황모파(黃帽派; 紅帽派)라고 한다. 1409년 간덴 대승원을 건립하여 황모파의 근본도량으로 삼았다. 저서로는 아티샤의 『보리도등론(菩提道燈論)』을 찬탄함과 동시에 깨달음에 이르는 길을 서술한 『보리도차제론(菩提道次第論; Lam rim)』과 『비밀도차제론(秘密道次第論)』 등 300여 종이 있다.

ㅊ

차견【遮遣】〔梵 pratikṣipati〕 제거해 버리는 것. 부정하는 것. 논파(論破)하는 것.

차계【遮戒】〔梵 prajnapti-sāvadya, 英 A secondary commandment, deriving from the mandate of Buddha, e.g. against drinking wine, as opposed to 性戒 a commandment based on the primary laws of human nature, e.g. against murder, etc.〕 불도(佛道)를 수행하는 사람에게만 금지하고, 세속 사람이나 수계(受戒)하지 않는 사람은 이를 범해도 죄가 되지 않는 계율. 예컨대, 불음주계(不飮酒戒) 같은 것.

차난【遮難】〔英 Tests for applicants for full orders〕 16차(遮)와 13난(難)을 말한다. 소승 율법(律法)에 그 사람이 구족계(具足戒)를 받을 그릇〔자격〕인지 아닌지를 가려서 구족계를 받게 하는데, 이것을 16차와 13난이라 한다. 차(遮; pratikṣipto buddhena)란 성품이 악한 것은 아니지만 구족계를 받는 데 적합하지 못하기 때문에 차지(遮止)하여 계를 받지 못하게 한다. 그래서 차(遮)라고 한다. 이에 비해서 난(難)이란 성품이 악할 경우 구족계를 받을 그릇〔자격〕이 못 되므로 난(難; Difficult)이라고 하는 것이다. 이 차난(遮難) 가운데 하나는 구족계를 받을 수 없으므로, 계(戒)를 받기 전에 먼저 계를 주는 교수사(敎授師)가 수계자(受戒者)를 향해 차난(遮難)이 있고 없음을 묻는다. 이 차난(遮難)의 수(數)는 후세에 와서 그 수가 점점 늘었으나, 남전(南傳)의 율서(律書)가 가장 적다. 『사분율행사초(四分律行事鈔)』에 16차·13난이 나온다.

차닉【遮匿】〔梵 chandaka, 巴 channa〕 흔히 찬타카라고 하는데, 한자로는 천탁가(闡鐸迦)라고도 음역한다. 고타마 싯다르타가 성을 넘어서 고행의 첫 길을 떠날 때에 흰 말 건척을 끌던 마부의 이름. 뒤에 출가하여 제자가 되었지만 말버릇이 나쁜 성미는 고치지 못하여 악구 차닉(遮匿)·악성 차닉이라 하였다. 부처님이 입멸하실 때에 아난에게 분부하여 묵빈법(默擯法)으로 대치(對治)하라고 한 것은 이

차닉을 말한 것이다. 나중에는 드디어 아라한과를 증득하였다.

차별【差別】①구별. 각각의 사물이 서로 다름. 차이가 남. ②각각의 사물이 특수성을 가짐.

차별세계【差別世界】천차만별, 형형색색으로 구별되고 차별되어 있는 현상세계. 형상 있는 세계. 인간이 살아가고 있는 현실세계.

차별연【差別緣】중생이 처음으로 대승(大乘)의 도(道)에 나아가려는 마음을 일으켜서 궁극의 깨달음을 성취하기에 이르기까지, 여러 불보살들이 중생의 근기와 취향에 따라 부처님의 모습을 보이거나 부처님의 법(法)을 생각하게 하거나 하는 외연(外緣)의 활동. 혹은 중생의 권속·부모·여러 친척이 되어 자애(慈愛)를 베풀고, 친구가 되어 책려(策勵)하며, 때론 원적(怨敵)이 되어 두렵게 하는 등 사섭법(四攝法)을 실천함으로써 중생을 교도(教導)하고, 기타 여러 가지 방편을 써서 중생을 교화하는 것을 말한다.

차수【叉手】〔英 The palms of the hands together with the fingers crossed forming ten〕총림에서 하는 예법의 하나. 중국의 공수(拱手)와 같다. 왼손을 위에, 오른손을 밑으로 하여 마주 잡아서 가슴에 대는 것. 또는 인도의 예법인 합장하는 것도 차수라고 한다. 이것은 두 손을 마주 대고 열 손가락을 약간 교차하는 것이다. 보통은 오른 다섯 손가락을 왼 다섯 손가락 위에 얹는다.

차안【此岸】피안(彼岸)에 상대되는 말. 인간이 사는 현실세계. 생사윤회하는 고통의 세계. 사바세계.

차어·표어【遮語·表語】차전(遮詮), 표전(表詮)과 같음. 차어(遮語)는 부정적인 표현, 표어(表語)는 긍정적인 표현을 가리킨다. 또는 차어는 간접적으로 빙 둘러서 표현하는 방식이고, 표어는 직접적인 표현방법을 말한다. 당(唐)의 종밀(宗密, 780-841)은 『선원제전집도서(禪源諸詮集都序)』에서, "예컨대, 모든 경전에서 본성의 이치를 표현할 때 '생기지도 않고 사라지지도 않는다. 더럽지도 않고, 깨끗하지도 않다. 성(性)도 아니고 상(相)도 아니다.'라는 형식〔부정적인 형식〕은 모두 차전(遮詮)이다. '신령스런 거울의 빛이 밝다. 맑고도 밝다. 또렷하고 고요하다.' 등〔긍정적인 형식〕처럼 말한다면 이들은 모두 표전(表詮)이다."라고 하였다. 차어·표어, 차전·표전은 부정적인 표현과 긍정적인 표현을 통하여 본질을 드러내는 표현방법이다.

차전【遮詮】부정적 표현을 통해서 본질을 드러내는 방법. 간접적으로 빙 둘러서 표현하는 방법. 예컨대, 공(空)을 설명할 적에, '아무것도 없다.'는 식의 표현을 말함. 이와 반대는 '텅 빔', '텅 비어 있다.'는 식의 직접적·긍정적 표현방법을 표전(表詮)이라고 함. 공종(空宗)에서는 흔히 차전방법을 사용한다.

착【着】〔梵 anupraveśa; abhiniveśa; avalamvin, 巴 anugiddha; 西 shugs gyur〕①마음이 바깥 경계나 사물에 끌려서 떨쳐 버리지 못하는 것. 애착·탐착·집착·편착 등. ②어세를 강하게 하는 조사(助詞)로서, 선서(禪書)에 많이 쓴다. ③부착(付着)한다, 부가(附加)한다는 뜻.

착【錯】〔梵 apramāda, 西 bag yod pa〕잘못. 틀림. 잘못함. 길을 잘못 감.

착어【着語】선원(禪院)에서 공안(公案)의 글귀 밑에 붙이는 짧은 평(評). 착어는 공안 참구(參究)에 큰 길잡이가 된다.

착의끽반【着衣喫飯】옷을 입거나 밥을 먹는다는 뜻. 곧 일상적인 생활을 가리키는 말이다.

찬드라키르티【Candrakīrti, 600경-650경】월칭(月稱). 『중론(中論)』 8대 주석가 가운데 한 명으로, 인도 중관귀류논증파(中觀歸謬論證派)의 대표적 인물. 주요 저작으로는 유일하게 산스크리트어로 존재하는 『중론』의 주석서인 『프라사나파다(Prasanapadā; 티베트어역도 현존함)』, 『십지경(十地經)』의 구성의 전형에 따라 그 자신의 중관사상(中觀思想)을 전개한 『입중론(入中論; Madhyamakāvatāra)』이 있다. 그 밖에 나가르쥬나〔龍樹〕의 『공칠십론(空七十論)』 및 『육십송여리론(六十頌如理論)』, 아리야데바(Āryadeva)의 『사백론(四百論)』에 대한 주석서, 『오온론(五蘊論; 완본으로는 티베트어역뿐임)』이 있다.

[사상과 특징] 찬드라키르티가 붓다팔리타〔佛護〕를 비판한 바바비베카〔淸辯〕자신의 논증식 불비(不備)를 지적한 것은 중관파(中觀派)의 역사상 중요한 사건이다. 찬드라키르티와 바바비베카 사상의 중요한 차이는 양자의 이제(二諦; 두 가지의 진리; 世俗諦와 勝義諦)에 대한 해석에 있다. 찬드라키르티는 세속제와 승의제는 격절(隔絶)되었다고 파악하고, 세속제의 주요한 요소인 언어활동〔예컨대, 논증식〕이 승의(勝義)에 관여한다는 것을 철저히 부정한다. 왜냐하면 승의는 언어를 통해서는 표현될 수 없는 것이라고 생각했기 때문이다. 한편 바바비베카는 세속제와 승의제는 그 사이에 중요한 영역이 있다고 보고, 그 영역을 언어활동으로서의 논증식 등을 이용해 승의에 관여할 수 있는 것이라고 생각했다. 또한 찬드라키르티는 중관론자(中觀論者)의 설을 부정할 때에 불가결하게 따르는 두 논자(論者)에게 공통하는 주장명제의 주어와 술어 등은 성립하지 않는다고 본 반면, 바바비베카는 그들 두 논자 사이에 성립할 수 있다고 보았다. 왜냐하면 대론자(對論者)가 인정하는 것에 근거해, 가언적 논증법(假言的 論證法)인 프라상가논법〔귀

류법〕이 찬드라키르티에게는 비중관론자의 설을 부정할 때의 유효한 수단이 되었기 때문이다. 인도에서 찬드라키르티 이후 샨티데바 등이 중관귀류논증파의 교설을 계승하였지만, 그 계보는 중관자립논증파(中觀自立論證派)의 그것과 비교해 볼 때 불명확한 부분이 많다. 이것을 반영하듯이 티베트불교의 전전기전승시대(前傳記傳承時代)에서는 찬드라키르티의 저작은 거의 나타나지 않고, 주로 중관자립논증파 사람들의 저작이 번역되었다. 그런데 후기 전승시대에는 아티샤 등의 영향도 있어, 찬드라키르티의 저작이 많은 사람들에 의해서 계속해서 번역되었다. 그 중에서 중관귀류논증파에 속하는 한 사람이 겔룩파의 기초를 놓은 쫑카파이다.

찬불게【讚佛偈】탄불게(歎佛偈)라고도 한다. 부처님의 덕을 찬탄한 게송(偈頌), 시구. 예컨대, 『불본행집경〔4권〕』에 석존이 과거세에서 불사불(弗沙佛)을 찬탄하여, "천상천하에 부처님과 같은 이가 없고, 시방에도 견줄 이가 없다. 세간의 모든 것을 내가 다 보아도 부처님 같은 이가 없다〔天上天下無如佛 十方世界亦無比 世間所有我盡見 一切無有如佛者〕."라고 하는 게(偈)를 말하며, 장래 성불(成佛)의 예언을 받은 것을 기록하고 있다. 『무량수경』 상(上)에, 아미타불이 법장비구(法藏比丘)였을 때 세자재왕불(世自在王佛)을 "광안외외(光顔巍巍)"라고 시작되는 게송으로써 찬탄했던 것을 기술한 바 있는데, 그것을 특히 찬불게(讚佛偈)라고 부른다.

찬제바라밀【羼提波羅蜜】〔梵 kṣānti-pāramita〕 인욕바라밀(忍辱波羅蜜)과 같음. 6바라밀의 하나. 갖가지 치욕을 받고도 복수하려는 마음이 없고 마음을 안주(安住)하도록 하는 수행. 인욕을 행하는 것은 번뇌의 바다를 건너 열반의 언덕에 이르는 방법 가운데 하나이며, 그런 수행을 '저 언덕에 이른다.'는 뜻에서 바라밀이라고 한다.

찬집백연경【撰集百緣經】〔梵 Pūrnapramukhāvadāna-śataka〕『백연경(百緣經)』이라고도 한다. 오(吳)의 지겸(支謙)이 번역. 10권. 100가지로 선악업과(善惡業果) 사실을 설명한 경(經)으로, 보살수기품(菩薩授記品)·보응수공양품(報應受供養品)·수기벽지불품(授記僻支佛品)·출생보살품(出生菩薩品)·아귀품(餓鬼品)·제천래하공양품(諸天來下供養品)·현화품(現化品)·비구니품(比丘尼品)·성문품(聲聞品)·제연품(諸緣品) 등 십품(十品)으로 나누고, 일품(一品)마다 각각 십연(十緣)으로 하여 백연(百緣)을 적고 있다.

찰간【刹竿】〔英 yaṣṭi. The flagpole of a monastery, surmounted by a gilt ball or pearl symbolical of Buddhism〕 절의 당탑(堂塔) 앞에 세워 두는 긴 장대. 설법이 있음을 표시

하기 위해 세우는 긴 장대로서, 설법 때 절의 문 앞에 이것을 세워서 깃발을 건다.

찰나【刹那】〔梵 kṣaṇa, 巴 khaṇa, 英 An indefinite space of time, a moment, an instant〕 순간·일념(一念)의 뜻. 가장 짧은 시간의 단위. 120찰나가 1달찰나(怛刹那), 60달찰나가 1납박(臘縛), 30납박이 1모호율다(牟呼栗多), 30모호율다가 1주야(晝夜)이므로 1찰나는 곧 75분의 1초가 된다.

찰나멸【刹那滅】〔梵 kṣaṇa-bhaṅga, kṣaṇika〕 찰나(刹那)는 순간을 뜻함. 찰나멸은 사물이 순간순간마다 변천해 가고 사라지는 것, 또는 매 순간 사라지는 사물을 말한다. '존재하는 모든 사물은 그대로 정지해 있지 않고 순간마다 변천해 간다〔諸行無常〕.'고 하는 것은 모든 사물에 대해 불교가 바라보는 관점이다.

찰나무상【刹那無常】〔英 not a moment is permanent, but passes through the stages of birth, stay, change, death〕 매 순간마다 무상의 연속. 찰나 사이에 생(生)·주(住)·이(異)·멸(滅)의 네 가지 모습〔四相〕이 전개되는 것. 즉 순간순간 전변(轉變)하여 무상(無常)한 것.

찰나생멸【刹那生滅】〔梵 kṣaṇabhaṅga, 英 All things are in continuous flow, born and destroyed every instant〕 한 찰나(刹那)의 짧은 시간 가운데 생겨났다가 사라지는 것〔生滅〕. 모든 것〔諸法〕이 찰나에 생(生)하고 찰나에 멸(滅)하여 전전상속(轉轉相續)함을 말한다.

찰나연기【刹那緣起】〔梵 kṣaṇikah … pratitya-samutpādaḥ〕 찰나(刹那) 사이의 행위에 십이인연(十二因緣)의 십이지(十二支)를 갖추고 있는 것.

찰제리【刹帝利】〔梵 kṣatriya, 英 The second, or warrior and ruling caste〕 인도 4성(姓) 계급의 하나인 크샤트리아〔왕족〕 계급. 토전주(土田主)라 번역한다. 전쟁에 종사하고, 관리가 되어 나라를 다스리는 종족. 또는 왕이 될 수 있으므로 왕족이라고도 한다.

찰중【察衆】 ①대중(大衆)의 허물을 자세히 살핌. 또는 그러한 책임을 맡은 사람. 총림의 소임 가운데 하나로서, 대중의 잘잘못을 살피는 직책.

참【懺】〔巴 hirimana, 梵 Kṣamayati, 英 to ask pardon; to seek forgiveness, patience or indulgence, Kṣamā meaning patience for bearance, tr. as 悔過 repentance, or regret for error〕 ①심왕(心王; 마음)에 따라 일어나는 정신작용의 하나. 『유식론』에서는 11선심소(善心所; 착한 마음작용)의 하나. 『구사론』에서는 대선지법(大善地法)의 하나. 죄를 범한 것을 부끄러워하는 마음으로서, 자신을 반성하는 행위.

②참마(懺摩; kṣama)의 줄임. 청허(請許)의 뜻. ③참법(懺法). 본보기.

참【慚】〔梵 hri, 巴 hirimana, 英 shame, ashamed〕 심왕(心王; 마음의 본체)에 따라 일어나는 정신작용의 하나. 수치(羞恥). 자신이 불완전한 것을 부끄럽게 생각하는 것. 자기가 범한 죄에 대하여 반성하고 부끄러워하는 마음. 소승의 설일체유부에서는 대선지법(大善地法)의 하나로, 유식설에서는 착한 마음작용의 하나로 취급하고 있다.

참괴【慙愧】〔梵 hry-apatrāpa, hri-vyapatrāpya, nairajya, apatrapa, ksipta-citta, 英 shame; humiliation〕 허물을 부끄러워하는 것. 참(慚)은 자기가 지은 죄를 스스로 부끄러워하는 것이요, 괴(愧)는 다른 사람들에게 부끄럽게 생각하는 것이다.

참구【參究】 참학구판(參學究辦)의 줄임말. 진리를 탐구함. 선에서 화두를 참구〔탐구; 집중〕하는 것. 즉 불법(佛法)을 체득하려고 노력함을 말한다.

참문【懺文】 죄를 참회하는 글.

참문【參問】 스승을 찾아가 진리, 도(道)를 묻는 것.

참배【參拜】 ①부처께 배례(拜禮)함. ②성지(聖地)나 사찰 등을 찾아가서 경의나 추모의 뜻을 나타내는 일.

참법【懺法】〔英 The mode of action, or ritual, at the confessional〕 경전을 읽어 죄장(罪障)을 참회하는 법회. 『법화경』으로 하는 것을 법화참법, 『아미타경』으로 하는 것을 아미타참법이라고 한다.

참선【參禪】〔英 To inquire, discuss, seek religious instruction〕 선(禪)을 참구(參究)한다는 뜻. 자기 스스로 좌선을 하거나, 스승을 찾아가서 지도를 받아 좌선하는 것.

참학【參學】 ①불도(佛道)를 닦아 궁구(窮究)하는 것. 한 스승 밑에 모여 불도를 배우는 것. 가르침을 배우며 수행하는 것. ②참학자(參學者). 수행자(修行者). ③일동이 모여서 가르침을 듣는 것. ④조선시대, 승과(僧科)의 소과(小科)에 합격한 승려에게 주던 칭호. 대과(大科)에 합격하면 대선(大選)이라는 초급 법계(法階)를 주었다.

참현【參玄】 현현미묘(玄玄微妙)한 이치를 구명(究明)하는 것. 깊게 수행(修行)하는 것.

참회【懺悔】〔梵 kṣama, kṣamyatām, kaukṛtya〕 지은 죄나 잘못을 뉘우치고 반성하는 것. 참(懺)은 범어(梵語) 'kṣama'를 음사(音寫)한 참마(懺摩)의 준말이고, 회(悔)는 그 의역어(意譯語)이다. 'kṣama'는 참고 견딘다는 의미인데, 자신의 죄를 다른 사람이 참아 주는 것과는 관련이 없다. 죄(罪)를 다른 사람에게 고(告)한다고 하는 의미의 'deśanā'라는 말도 참회라고 번역되는 경우가 있다. 참회는 석가 시대부터 중시되었다. 초기〔원시〕불교에서는 죄를 범한 경우, 그

즉시 참회함과 동시에 15일마다 포살(布薩; upavasatha; posadha)이라는 의식을 행하여 계율의 조문을 읽고서 죄를 고백하고 참회한다. 또한 1년에 한 번 하안거(夏安居) 마지막 날에 같이 공부하던 수행승들이 모여서, 서로 견(見; 보고)·문(聞; 듣고)·의(疑; 의문 나는 점) 삼사(三事)를 가지고 그동안 지은 죄를 고백하고 참회하는 자자(自恣) 의식이 행해졌다. 그 뒤 부파(部派)나 지역에 따라 참회의 방법·의미가 다양하게 변화해 갔다. 제교참(制教懺)과 죄악업(罪惡業)을 참회하는 화교참(化教懺)의 2종의 참회를 설하는데, 제교참(制教懺)은 4인 이상의 승려 앞에서 참회, 스승에 대한 참회, 본존(本尊)을 생각하는 참회의 3종으로 나누어진다. 『마하지관(摩訶止觀)』 2에서는 사참(事懺; 과거나 현재의 죄를 참회하는 일반적인 참회)과 이참(理懺; 자기의 마음은 본래 본성이 空寂하므로 자기의 마음에서 일어나는 一切罪業도 공적하다고 깨닫는 것) 등 2종의 참회를 설한다. 정토교(淨土教)에서는, "생각 생각마다 이름을 부르는 것은 항상 참회하는 길이다〔善導, 『般舟讚』〕."와 같이 참회가 칭명(稱名)과 일체화된 사상도 보인다. 또한 정토교에서 아미타불(阿彌陀佛)의 절대성의 인식과 자기의 불완전성이나 죄악성의 인식으로서의 참회는 신앙자의 내면에서는 동시에 상승적으로 진행하는 경우가 있어서, 기독교의 신앙구조와 유사점도 발견된다. 참회의 효용으로서는 수행자나 신앙자의 개인적인 차원에서는 범(犯)한 죄가 소멸되고 정화되는 것이 일반적이다. 가령 『대승열반경(大乘涅槃經)』에서는 명의(名醫)인 기파(耆婆)는 아버지를 죽인 아사세왕(阿闍世王; Ajātaśatra)에 대해서, "왕이시여, 만약 참회하여 부끄러워하는 마음을 품는다면 죄는 곧 소멸하고 청정하게 됩니다."라고 기술하여 참회를 장려하고 있다. 역으로, 죄를 범하고 참회하지 않고서 감추거나 숨기면 죄는 더욱 커지게 된다. 교단차원에서는 구성원이 죄의식에 민감하여 참회를 진행하는 것은 불교교단의 규율 유지라는 점에서도 중요한 기능을 담당한다고 할 수 있다. 참회의 의식이 진행될 때 부르는 참회문(懺悔文)은 종파(宗派)에 따라서 일정하지 않다. 일반적인 참회문은 『천수경』에 참회게와 십악참회(十惡懺悔)가 있다. 그리고 『화엄경』의 「보현행원품」에 "우리가 옛날부터 지은 여러 악업들은 모두 무시(無始)의 탐(貪)·진(瞋)·치(痴)에 의한 것이다. 신(身)·어(語)·의(意)에서 생(生)한 것이다. 일체를 우리는 지금 모두 참회한다."라는 참회문은 약참회(約懺悔)로서 일반적이다.

참회게【懺悔偈】 참회의 뜻을 요약한 게송. 『화엄경』「보현행원품」에 나와 있다. 사참게(事懺偈)는, "아석소조제

악업 개유무시탐진치 종신구의지소생 일체아금개참회(我昔所造諸惡業 皆由無始貪瞋痴 從身口意之所生 一切我今皆懺悔; 지나간 세상에 내 스스로가 지어 놓은 모든 악업은, 모두 다 비롯됨이 없는 탐·진·치 삼독심이 들어서 그렇게 했고, 몸과 입과 뜻의 삼업으로 지은 것이라, 내가 이제 지성으로 간절히 참회합니다)."이고, 이참게(理懺偈)는, "죄무자성종심기 심약멸시죄역망 죄망심멸양구공 시즉명위진참회(罪無自性從心起 心若滅時罪亦亡 罪亡心滅兩俱空 是卽名謂眞懺悔; 우리의 자성에는 원래 아무런 죄악이 없고 다만 분별심으로부터 일어난 것이라, 분별심이 없어지면 죄도 또한 없어진다. 죄도 없어지고 분별심도 잠자서 함께 텅 비어 버리면, 이를 가리켜 진실한 참회라 합니다)."이다. 이 참회게를 꾸준히 암송하면 마음이 청정해진다. 『천수경』 뒷부분에도 수록되어 있다.

참회문【懺悔文】 참회하고 죄를 없애기 위하여 읽는 글. 참회게 항목 참조.

채공【菜供】 사찰에서 반찬 만드는 일을 맡은 소임. 채두(菜頭).

채두【菜頭】 사원(寺院)에서 전좌(典座) 밑에서 부식물〔반찬〕의 조리를 맡은 소임. 채공과 같음.

처【處】〔梵 āyatana, sthāna, deśa, 西 skye mched, 巴 thāna, kasiṇa, 英 To dwell, abid; fix, decide, punish〕 삼과(三科; 5온·12처·18계)의 하나. 구역(舊譯)에서는 입(入)이라고 한다. 영어로는 지역〔region〕·영역〔sphere〕·장소〔place〕·위치〔position〕 등으로 번역한다. 마음이 6근(六根)과 6경(六境)으로 인하여 갖가지 작용을 일으키므로 처(處)라 한다. 육근(六根)과 육경(六境)의 십이법(十二法)을 십이처(十二處)라 한다.

처불퇴【處不退】〔英 Not to fall away from the status attained〕 정토문(淨土門) 4불퇴의 하나. 서방극락세계에 왕생한 사람은 다시 더러운 세계에 떨어지지 않는 것.

처비처【處非處】〔梵 sthāna-asthāna, 西 gnas daṅ gnas ma yin pa〕 유리(有理)와 무리(無理)를 뜻함. 처(處)는 이치에 맞는 것, 이(理)로서 당연한 것을 의미하며, 비처(非處)는 이치에 맞지 않는 것이다. 악(惡)에 의하여 악취(惡趣)에 떨어지는 것이 이(理) 즉 처(處)이고, 선취(善趣)에 태어난다고 주장하는 것은 무리(無理) 즉 비처(非處)라 한다.

처사【處士】〔英 a private citizen; a retired gentleman; a recluse〕 ①도(道)가 있는 선비로서 은거(隱居)하여 벼슬하지 않는 사람. 세파(世波)의 표면에 나서지 않고 조용히 초야(草野)에 파묻혀 사는 선비. ②불교를 믿는 재가 남성 신도.

처영【處英】 조선 선조(宣祖, 1567-1608 在位) 때의 스님. 호는 뇌묵(雷默). 휴정(休靜)의 제자. 선조 25년

〔1592〕 임진왜란 때 휴정의 격문(檄文)을 받고 호남(湖南)에서 승군(僧軍)을 일으킴. 권율(權慄, 1537-1599)의 군사를 따라 북상하여 평양·개성에서 공을 세웠으며, 선조 27년 권율의 명을 받아 남원(南原)의 교룡산성(蛟龍山城)을 수축하였다. 정조(正祖) 18년〔1794〕 왕명에 의하여 대흥사(大興寺)의 표충사(表忠祠), 묘향산(妙香山)의 수충사(酬忠祠)에 휴정(休靜, 1520-1604)·유정(惟政, 1544-1610)과 함께 진영(眞影)을 안치하였다.

천 【天】〔梵 Deva, 英 Heaven; the sky〕 범어 'Deva'의 음역(音譯). 광명·자연·청정·자재·최승 등의 뜻이 있다. ①인도에서 모든 신(神)을 총칭하는 말. 천지만물을 주재하는 이. 조물주(造物主), 상제(上帝) 등. ②인간세계보다 수승(殊勝)한 과보를 받는 좋은 곳으로 생각되었다. 초기불교에서는 현세에서 착한 행위를 하면 사후(死後)에 천계(天界)의 낙토(樂土)에 태어날 수 있다고 하는 인도의 전통적인 사고방식을 도입해서 사람들을 불교로 인도하려는 초보적인 가르침이었다. 그 후 불교의 교의 중에서 천(天)을 다양한 계층으로 구별하여 설하게 되었다. 불교에서 천(天)은 6도〔지옥·아귀·축생·아수라·인간계〔人〕·천(天)〕의 하나로서, 살아 있는 자는 해탈을 얻을 때까지 삼계육도(三界六道)를 윤회전생(輪廻轉生)한다고 한다. 또 삼계(三界)는 욕계(欲界; 욕망을 가진 자가 사는 세계)·색계(色界; 욕망은 초월했지만 형태를 가지는 사람이 사는 세계)·무색계(無色界; 욕망도 형태도 초월한 자가 사는 세계)로 이루어지고, 욕계(欲界)는 6개의 하늘, 색계에는 18개의 하늘, 무색계는 4개의 하늘이 삼계에 맞춰 28개의 하늘이 있다고 한다. 28개의 하늘은 욕계의 최하의 하늘〔四大王衆天〕에서 무색계의 최상의 하늘〔非想非非想天〕에 도달할 때까지 상하(上下)에 중층적(重層的)으로 나열되어 있고, 종교적으로 높은 경지에 도달한 사람일수록 위의 하늘에 산다고 한다. '천(天)'이라고 하는 단어는 범어의 'Deva〔神〕'의 의미와 'Svarga〔天界〕'의 의미가 합해진 것이다. 따라서 예컨대, 욕계의 밑에서 세 번째 하늘 야마천(夜摩天)은 야마(yama)라 하는 신이 사는 영역이라고 하는 동시에 그 신 자체를 의미한다. 중국불교에서는 인도의 신(神)을 '천(天)'으로 번역했다.

천도 【天道】〔英 Deva-gati, or Devasopāna〕 ①〔巴 cattāri devānam devapadāni〕 신들의 도. ②〔梵 svarga〕 육도(六道), 삼선도(三善道)의 하나. 욕계(欲界)·색계(色界)·무색계(無色界)의 3계에 사는 천인(天人)들을 이른다. 신들의 생존상태 또는 일월성신(日月星辰)·태양 등을 이르는 경우도 있다. ③인과응보의 그물은 하늘과 땅 사이에 온통 둘러쳐져 있어서, 어떠한 미세한 악이라도 과보가 있다고 하는 것. ④하늘의 도. 천연자연의 도. 천지를 지배하고 있는 이치. ⑤신위(神位), 천계적 창조, 신들의 생존영역.

천도재【薦度齋】명복을 빌고, 불보살에게 제사를 올려, 영가로 하여금 좋은 곳에 태어나도록 기원하는 의식. 흔히 49재라고 한다. 그러나 천도재는 죽은 지 오래된 영가를 위한 경우도 있고, 업장이 두터운 경우에는 두 번 또는 세 번을 올리는 경우도 있다. 천도재를 지내는 법사(法師)의 법력(法力)과 유가족 및 참석자들의 정성이 지극할수록 영가가 천도를 잘 받게 된다고 한다.

천동여정【天童如淨, 1163-1228】중국 송(宋)나라 때 조동종〔묵조선〕계통의 선승. 호는 장옹(長翁). 명주(明州; 절강성 寧波) 유(兪)씨. 천동산에 있었으므로 천동(天童)이라고도 한다. 남송 융흥 1년에 출생. 어려서 유학(儒學)을 배우고, 자라서 불법(佛法)을 배웠다. 19세에 교학(教學)을 버리고, 설두산(雪竇山)에 가서 지감(知鑑)을 만나 정전백수자(庭前柏樹子) 화두를 깨치고, 지감의 법을 이었다. 그 후 40년 동안 행각하면서 여러 선원(禪院)에서 공부했다. 정자사(淨慈寺)에 있다가 1224년〔가정 17〕왕명으로 천동산(天童山) 주지〔방장〕에 취임하여 자의(紫衣)를 받고, 1228년〔소정 2〕7월에 66세로 정자사에서 입적했다. 저서로는『여정선사어록(如淨禪師語錄)』2권이 있다. 일본 영평사(永平寺)의 도겐(道元)이 그의 제자이다.

천동정각【天童正覺, 1091-1157】굉지정각(宏智正覺)이라고도 한다. 중국 송(宋) 인종(仁宗) 때의 조동종(曹洞宗) 계통의 선승. 시호는 굉지(宏智)선사. 묵조선(默照禪)을 크게 발전시켰다. 천동정각의 일대 언교(言教)를 수록한 책으로는 그의 제자들이 지은『굉지광록(宏智廣錄)』9권이 있다. 더 자세한 것은 굉지정각 항목을 참조할 것.

천룡야차【天龍夜叉】천룡(天龍) 팔부중(八部衆) 가운데 세 부류, 즉 제천(諸天)과 용신(龍神), 그리고 야차(夜叉)를 말한다.

천룡팔부【天龍八部】〔英 Devas, nāgas, and others of the eight classes〕불법(佛法)을 수호하는 신장(神將)들을 총칭하여 가리키는 말. 용신팔부(龍神八部)라고도 한다. 천(天)·용(龍)·야차(夜叉)·아수라(阿修羅)·가루라(迦樓羅)·건달바(乾闥婆)·긴나라(緊拏羅)·마후라가(摩睺羅伽)의 8신. 이 가운데 천(天)과 용(龍)이 으뜸이므로 특히 천룡팔부(天龍八部)라 한다.

천백억화신【千百億化身】〔英 The Buddha Lokana seated on a lotus a thousand petals, each containing myriads of worlds; in each world a Śākyamuni seated under a bodhi tree, all such worlds attaining bodhi at the same instant〕 ①『화엄경(華嚴經)』에서 말하는 시교(始敎)의 부처. 부처님이 대승(大乘)의 시교를 설할 때에, 천백억의 세계에 여러 가지 색신(色身)을 나타내어 보살들을 교화·이익케 하고, 겸하여 이승(二乘)들도 교화함을 말한다. 이것은 중생(衆生)들의 보는 바가 각각 다르므로 천백억화신(千百億化身)이라 한다. 『범망경』에서는 노사나불(盧舍那佛; Vaicocana-buddha)이 천엽(千葉) 연화대에 앉고, 그 꽃잎마다 백억의 국토가 있으며, 그 국토마다 부처가 있어 보리수 밑에서 성도하여 법을 설한다고 한다. ②보리수 밑에서 성도(成道)하신 석가모니 부처님.

천변만화【千變萬化】①한없이 변화함. 각양각색으로 무궁하게 변화함. ②불보살의 대기대용(大機大用)이 무궁무진함. 또는 무궁무진한 조화를 부림.

천상【天上】〔梵 dyaus, svarga, 巴 saggo loko, 英 The heavens above〕①하늘의 세계. ②신들의 세계. ③하늘의 위.

천상천하 유아독존【天上天下 唯我獨尊】〔巴 aggo' ham asmi lokassa, 英 The first words attributed to Śākyamuni after his first seven steps when born from his mother's right side; "In the heavens above and (earth) beneath I alone am the honoured one"〕①이 우주 가운데 나보다 더 존귀한 존재는 없다는 뜻. 석가모니불이 탄생하자마자 한 손으로 하늘을, 또 한 손으로는 땅을 가리키고 일곱 걸음을 걸으며 '천상천하 유아독존'이라고 했다 한다. 석가모니불이 이 우주 가운데에서 가장 위대한 분이라는 뜻. ②인간의 성품이 우주 가운데 가장 존엄하다는 뜻. ③진리가 가장 고귀하다는 뜻.

천성광등록【天聖廣燈錄】중국 송(宋)나라 때 이준욱(李遵勖, 988-1038) 지음. 30권. 『선종광등록(禪宗廣燈錄)』, 『광등록』이라고도 한다. 1023년에서 1031년 사이에 지었음. 널리 선종(禪宗)의 전등법계(傳燈法系)를 열거하고, 각 사가(師家)의 기연어구(機緣語句)를 모아 편집하였다.

천수경【千手經】『천수천안관세음보살광대원만무애대비심다라니경(千手千眼觀世音菩薩廣大圓滿無碍大悲心陀羅尼經)』의 약명(略名). 우리나라에서 가장 많이 독송되는 경전의 하나. 불공천도재 등 각종 의식을 시작할 때 하는 염불문. 관세음보살의 광대한 자비심을 찬양하는 다라니경(陀羅尼經)으로서, 한역본은 당(唐) 가범달마(伽梵達磨)의 번역본 등 10여 종이 있다. 우리나라에서는 가범달마의 『천수천안관자재보살광대원만무애대비심다라니경』이 유통되고 있는데, 고려 중기부터 유통되기 시작하였고, 조선시대에는 크게 신봉되었다.

천수관음【千手觀音】〔梵 Sahasra-bhuja〕 정식으로는 천수천안관세음보살(千手千眼觀世音菩薩)이라고 하는데, 천안천비관세음(千眼千臂觀世音), 또는 대비관음(大悲觀音)이라고도 한다. 6관음의 제2관음. 온몸이 황금색, 27면(面). 천수(千手)·천안(千眼)이 있는 관음보살. 보통 천수상은 두 눈 두 손 밖에, 양쪽에 각각 20수(手)가 있고, 손바닥마다 한 눈이 있다. 이 40수는 자비로써 한 손마다 각기 25유(有)를 구제하므로 40×25는 천수가 되고, 눈도 천안이 된다. 이것은 일체중생을 제도하는 큰 작용이 있음을 나타낸 것이다. 특히 지옥의 고통을 해탈케 하여 모든 원을 성취케 한다고 한다.

천수다라니【千手陀羅尼】 대비심다라니(大悲心陀羅尼)·대비주(大悲呪)라고도 한다. 천수관음의 삼매를 표시하는 다라니. 이것은 가범달마가 번역한 『천수천안관세음보살광대원만무애대비심다라니경』에 있는 것으로, 모두 82구로 되어 있다. 이 주(呪)를 외우면 시방(十方)의 불·보살이 와서 증명하여 온갖 죄업이 소멸된다고 한다. 특히 밀종(密宗)·선종(禪宗)에서 많이 지송(持誦)한다.

천수물【千手-】 절에서 대중들이 발우공양을 할 때에 밥과 반찬을 돌리기 전에 먼저 받아 놓는 맑은 물. 공양을 마치면 이 물로 발우와 수저를 씻은 다음 한데 모아서 아귀(餓鬼)에게 베푼다. 대중방 천장에 천수주(千手呪)를 써 붙여 두어 천수물에 비치게 하면, 천수주의 위력이 그 물에 더해져서 아귀들이 먹고 고통을 쉴 수 있다고 한다. 그러나 종래의 이런 해석은 아무런 근거가 없다. 본래 절수(折水), 또는 절수물(折水-)인데, 이것이 와전되어 천수물이 된 듯하다. 『칙수백장청규』에도 발우를 씻은 물을 절수(折水)라고 할 뿐 천수물이라는 말은 없다. 절수(折水) 항목 참조.

천수통【千手桶】 절에서 스님들이 공양한 다음에 발우를 씻은 물을 거두는 '동이'라고 하나 근거가 없다. 원래는 절수통(折水桶)인데 와전된 듯하다. 절수(折水) 항목 참조.

천안【天眼】〔梵 divya cakṣus, 巴 dibha-cakkhu, 英 The deva-eye〕 초인적인 눈. 보통 보이지 않는 것이라도 보는 능력. 모든 것을 꿰뚫어 보는 능력. 신성한 눈. 신통을 얻은 눈. 모든 세계의 일들을 간파하는 작용. 신통력에 의해 모든 것을 간파하는 지혜의 기능. 흔히 천안통(天眼通)·천안명(天眼明)이라고 한다.

천안명【天眼明】〔英 One of the three enlight-enments〕 삼명(三明; 宿命明·天眼明·漏盡明)의 하나. 천안지작증명(天眼智作證明)의 약칭. 천안·천안통과 같음. 미래 세상에 대한 일을 훤히 아는 것.

천안통【天眼通】〔梵 divyaṃ cakṣus, 西 Ihaḥi mig〕 6통(六通; 天眼通·天耳通·他心通·宿命通·神足通·漏盡通)의 하나. 세상의 모든 일을 훤히 꿰뚫어 보는 지혜의 눈.

천여시 【千如是】〔英 The thousand 'suchnesses' or characteristics, a term of the T'ien-t'ai sect〕 천태종의 용어. 생략하여 천여(千如)라고도 함. 위로는 불계(佛界)로부터 아래로는 지옥계(地獄界)에 이르기까지 모두 십계(十界)이며, 십계는 또 십계의 각각을 갖추고 있으므로 곱하면 백계(百界)가 된다. 그 백계의 하나하나에 여시상(如是相) 등 10종의 여시(如是)를 갖추고 있으므로, 이것을 곱하여 천여시(千如是)라 한다.

천왕문 【天王門】 동·서·남·북의 사천왕(四天王; 동방의 地國天, 서방의 廣目天, 남방의 增長天, 북방의 多聞天)을 모신 문(門). 큰 절에는 대개 다 천왕문이 있다. 이것은 불법(佛法)을 수호(守護)하고, 밖에서 오는 사마(邪魔)를 방어하는 뜻으로 세운다.

천이백오십인 【千二百五十人】〔英 The 1200, i.e. the immediate disciples of Buddha's disciples, all former heretics converted to Buddha's truth〕 석존의 설법 자리에 참여한 제자들의 수(數). 모든 경(經)의 처음에 참석한 대중을 나타낼 때 이 수를 이용하고 있다. 그 내역은 일설에 의하면, 야사(yasa)의 무리가 50명, 우르벨라 캇사파(Urvela-kassapa)의 제자가 500여 명, 나디 캇사파(Nadi-kassapa)의 무리가 250여 명, 가야 캇사파(Gaya-kassapa)의 무리가 250명, 목갈라나(Mogallāna)의 무리가 200여 명, 이렇게 해서 모두 1,250명이라고 한다. 『과거현재인과경』 4권에 보인다.

천이통 【天耳通】〔梵 Divyaśrotra, 英 deva-ear, celestial ear〕 6신통(六神通)의 하나. 세간 일체의 좋고 나쁜 말, 멀고 가까운 말, 또 사람이나 사람 아닌 것들의 말까지 일체의 말소리를 다 들을 수 있는 자재한 작용. 어떠한 말이나 소리를 다 들을 수 있는 불가사의한 신통력.

천제 【闡提】〔梵 icchantika, 英 as unable to become Buddha〕 일천제(一闡提)·일천저가(一闡底柯)·일천제가(一闡提伽)·일전가(一顚迦) 등의 줄임말. 단선근(斷善根; 선근이 끊어진 사람)·신불구족(信不具足; 믿음이 완벽하지 못한 사람)이라 한다. 부처가 될 수 있다는 믿음〔信心〕을 갖추지 못한 사람, 깨달음을 성취할 수 있는 선근(善根)이 끊어진 사람을 말하는데, 그 까닭은 대승의 가르침을 믿지 않기 때문임. 천제는 부처가 될 수 없다는 것이 초기의 일반적인 주장이었으나 동진(東晋)의 축도생(竺道生, ?-434)은 천제도 성불(成佛)할 수 있다고 하였으며, 뒤에 『열반경』이 번역됨으로써 그의 주장이 경전 상으로 증명되었다. 일천제 항목 참조.

천중 【天衆】〔梵 divyāḥ kayāṇ, 英 The host of heaven, Brahma, Indra, an all their host〕 신(神)들의 무리. 제천(諸天). 천상계의 신들.

천지팔양신주경 【天地八陽神呪經】 팔양신주경, 또는 팔양경이라고도 한다. 중국 당(唐)나라 때 승려인 의정(義淨, 635-713)이 지은 『석교문(釋教文)』에 한글로 음을 달아 우리나라에서 간행한 책. 1권. 천지음양(天地陰陽)의 여덟 가지를 말하는데, 혼인·해산·장례 따위에 관한 미신적인 행을 타파하는 내용이다.

천진면목 【天眞面目】 우리의 본성(本性), 본래면목은 아무런 분별망상과 사량계교가 없고 천진난만, 천진무구하기 때문에 천진면목(天眞面目)이라 한다.

천진불 【天眞佛】〔英 The real or ultimate Buddha〕 법신불(法身佛)의 다른 이름. 법신(法身)은 천연의 진리이며 우주의 본체이므로 천진불(天眞佛)이라 한다.

천축 【天竺】〔英 India〕 중국에서 부르던 인도의 옛 이름. B.C.2000년경에 아리아족이 인도의 서북쪽인 중앙아시아로부터 남하하여 파미르고원을 넘어 지금의 인더스 평원에 들어서자 그 푸른 초원과 광활한 평원 및 양양한 강물을 보고 경탄하는 소리로 '신두'라고 외쳤다고 하는데, 이것을 천두(天豆)라 음역(音譯)한 것이 차차 천축(天竺)으로 바뀌었다.

천친 【天親; Vasubandhu】 세친(世親). 4·5세기경에 활동한 인도의 학승(學僧). 바수반두(婆藪槃豆). 자세한 것은 세친(世親)·바수반두 항목 참조.

천태교관 【天台教觀】 천태종(天台宗)의 교상(教相)과 관심(觀心)을 아울러 이르는 말.

천태교학 【天台教學】 『법화경』을 근본경전으로 하여 천태대사 지의(智顗, 538-597)에 의해 성립된 중국의 대표적인 불교교학. 그 계보는 멀리 인도의 용수(龍樹; Nāgārjuna, 150-250경)에서 비롯된다고 하는데, 북제(北齊)의 혜문(慧文), 남악혜사(南岳慧思, 515-577)를 거쳐 수(隋)의 지의(智顗)에 이르러 대성되었다. 지의의 손으로 이루어진 『법화현의(法華玄義)』·『법화문구(法華文句)』·『마하지관(摩訶止觀)』을 법화삼대부라고 하는데, 이 3대부(三大部)가 천태교학의 중요한 교의강요서(教義綱要書)이다. 천태교학의 특색은 실상론(實相論)이라고도 불리며, 이는 『법화경』에 역설된 '제법실상(諸法實相)'의 사상에 바탕을 두고 있다. 제법(諸法)이란 현실세계의 여러 현상으로서 존재하는 일체의 것을 가리키며, 실상이란 진실된 모습, 존재의 실상을 가리킨다. 곧 모든 존재는 그 근저(根柢)에 진실성이 있고, 바로 현실 속에 이상이 있다고 하는 현실의 절대적 긍정의 입장에 서 있으며, 그 실상의 진리를 나타내는 3면(三面)으로서 '삼제원융(三諦圓融)'이라는 것이 역설되고 있다. 3제(三諦; The tree dogmas)란 공(空)·가(假)·중(中)으로, 모든 것은 실체로서의 존재가 아니라 공(空)으로서의 존재이며, 또한 연(緣)에 의해 가(假)로 존재하는 가적(假的)인 것이며, 더욱이 공(空)이나 가(假)의 어느 일면으로서는 파악할 수 없는 사려분별(思慮分別)을 초월한 절대존재로서 '중(中)'을 주장했다. 일체의 것은 이처럼 삼제(三諦)의 면을 갖고 있으며, 더욱이 삼제(三諦)가 원융(圓融)한 곳에 그 자체의 진실성이 있다는 것이다. 이와 같은 존재의 진실성을 우주적으로 확대하면, 거기에는 모든 것이 서로 관계를 맺고 있는 우주관이 성립된다. 우주는 하나의 통일로 이루어져 있으며, 우주의 삼천법(三千法)도 모든 것은 일념(一念)에 갖추어져 있다는 '일념삼천(一念三千)'의 교설로 표현되는데, 그 사상을 관법(觀法)으로서 실천하는 길이 '일심삼관(一心三觀)'이다. 곧 일체 존재로서의 삼천, 삼제의 진리를 일상(日常)의 미혹된 마음 위에서 관찰하며, 그 미혹된 마음속에 삼천을 갖추고 즉공즉가즉중(卽空卽假卽中)에 있다고 보는 것이 이 관법(觀法)이다. 이처럼 천태교학에서는 이론〔教〕과 실천〔觀〕의 두 가지가 서로 어울려서 비로소 깨달음을 얻을 수 있다고 역설하고, 참다운 불교에서는 이 교관이문(教觀二門)이 갖추어져야 한다고 주장하여 독자적인 교학을 확립했다.

천태덕소【天台德韶, 891-972】 중국 법안종의 제2조. 성은 진(陳)씨. 처주(處州) 용천(龍泉) 사람. 15세에 출가하여 17세에 본주(本州) 용귀사(龍歸寺)에서 수업하고, 18세에 신주(信州) 개원사(開元寺)에 가서 만분계(滿分戒)를 받았다. 당(唐) 장종(莊宗) 동광중(同光中, 925)에 서주(舒州) 투자산(投子山) 대동(大同)에게 참알(參謁)하여 발심하고 각 산을 찾아다니다가 뒤에 임천(臨川) 청량문익(淸凉文益, 885-958)의 문하에 들어가 심요(心要)를 얻어 그 뒤를 이었다. 그 후 천태산에 돌아가 지의(智顗, 538-597)의 유적을 보고 감동하였는데, 지의(智顗)와 동성(同姓)이었으므로 그를 지의의 후신(後身)이라고 하였다고 한다. 972년〔宋 太祖 開寶 5〕에 82세로 입적하였다. 촉목보리(觸目菩提)·법법개진(法法皆眞)의 종지(宗旨)를 천명하였다. 그의 말 중에서, "도원동태허(道圓同太虛) 무흠무여(無欠無餘)", "법신무상(法身無相) 촉목무형(觸目無形) 반야무지(般若無知) 수연이조(隨緣而照)" 등이 유명하다.

천태사교의【天台四教儀】 고려 광종(光宗, 949-975 在位) 때 고승인 체관(諦觀, ?-970)이 지은 책. 1권. 이 책은 그가 손수 중국에 소지(所持)하고 갔던 『대본략록강요(大本略錄綱要)』에

ㅊ

의거하여 천태교(天台教)의 정통사상을 요약한 것이다. 체관은 천태학의 골자 및 요지를 교관이문(教觀二門)으로 보는데, 교문(教門)으로서는 오시팔교(五時八教)를 말하고, 관문(觀門)으로서는 25방편과 십승관법(十乘觀法)을 말하고 있다. 천태종 전통의 교의를 가장 적확하고 요령 있게 체계화했다는 점에서 후세에 끼친 영향이 크다.

천태사상【天台思想】중국 천태종의 제3조인 수(隋)나라 지의(智顗, 538-597)에 의해 완성되었으며, 이후 6조 담연(湛然, 711-782)과 송(宋)의 사명 지례(四明知禮, 960-1028)에 의해 발전·심화된 천태종의 교리 및 실천사상을 말한다. 화엄(華嚴)·선(禪) 등과 더불어 수당(隋唐) 이후의 중국불교 사상에서 차지하는 위치는 지극히 크다. 한국 천태사상에서는 주로 3가지 기초사상을 찾아낼 수 있는데, 그것은 원효(元曉, 617-686)의 『법화경종요(法華經宗要)』 상에서 본 일승원리(一乘原理), 체관(諦觀, ?-970)의 『천태사교의(天台四教儀)』 상에 나타난 교관(教觀)의 기초, 그리고 대각국사(大覺國師, 1055-1101)와 한국 천태사상 등이다. 일본에서는 최징(最澄, 767-822)이 전파한 이래 히에산(比叡山)을 중심으로 번창하였으며, 중세에는 본각사상(本覺思想)이 발전하기도 하였다. 뿐만 아니라, 가마쿠라(鎌倉)시대 신불교운동의 모태가 되는 등 일본불교에 미친 영향은 절대적이다.

[사상의 개요] 천태사상의 대성자(大成者) 지의(智顗)는 제2조 혜사(慧思, 515-577)보다 『반야경』·『대지도론(大智度論)』을 기반으로 하는 『법화경』 이해와 수선(修禪) 중심의 실천적 경향을 계승하였지만, 천태산에 은거한 이후 사색과 실천을 거듭하여 『법화경』을 중심으로 교리와 실천을 겸비한 천태사상을 구축했다. 교리〔教門〕 면에서는 법화지상주의(法華至上主義)에 입각해서 경(經)의 일승설(一乘說)에 따라 모든 교리와 교학을 통일하여, 석존의 일대설법(一代說法)을 형식〔化儀〕과 내용에 따른 심천(深淺)〔化法〕의 두 시점(視点)에서 돈(頓)·점(漸)·비밀(秘密)·부정(不定)인 사교(四教)와 장(藏)·통(通)·별(別)·원(圓)인 사교(四教)로 각각 장르별로 구분했다. 특히 화법(化法)의 사교(四教)에 의해 종래의 불교에서 중시되었던 『화엄경』과 『열반경』을 대신해서 『법화경』을 완전한 궁극의 가르침이라고 하는 교판(教判)을 확립하였다. 그는 경(經)이 설하는 제법실상(諸法實相)을 탐구하는 것이 수행자의 궁극적인 목표이며, 그것을 위해 『법화경』 「방편품(方便品)」의 십여시(十如是)에 착안해서 십계호구(十界互具)의 사상으로부터 일념삼천설(一念三千說)을 이끌어 냈다. 이 설은 중생의 한 생각, 즉 일념(一念)

에 3천이라는 수로 나타난 세계 일체의 현상사물이 본래적으로 갖추어져 있으며, 이것이 바로 제법(諸法)의 진실상이라고 하였다. 또한 그는 『중론』과 『영락경』·『인왕경』 등의 소설(所說)에 따라 종래의 이제설(二諦說)에서 공제(空諦)·가제(假諦)·중제(中諦)의 삼제설(三諦說)을 창시하고, 제법의 실상은 이 3종의 진리로써 나타낸다고 한다. 공제(空諦)라는 것은 일체의 존재가 존재의 근거를 가지고 있지 않은 무자성(無自性)=공(空)이라는 것이요, 가제(假諦)란 모든 존재는 존재의 근거를 가지고 있지 않지만 연기(緣起)에 의한 현상(現象)으로써 나타난다는 것이다. 중제(中諦)라는 것은 일체의 존재는 공(空)·가(假)라는 각각의 일면적인 존재방식이 아닌 양자의 지양적인 입장으로서의 중도(中道)라는 존재방식을 취한다고 하는 진리이다. 제법(諸法)은 이상과 같은 삼제(三諦)의 존재방식을 취하고 있지만, 제법의 실상은 공·가·중(空·假·中) 삼제(三諦)가 분리되어 있는 것이 아닌 즉공(卽空)·즉가(卽假)·즉중(卽中)으로서, 삼자(三者) 서로가 원융상즉(圓融相卽)한다는 원융의 삼제(三諦)를 설명하였다. 실천〔觀門〕 면에서 그 행법(行法)은 관심(觀心; 마음의 관찰)에 집약될 뿐만 아니라 교리와 완전히 일치한다. 다시 말해 제법실상의 이치를 관하여 체득〔觀得〕하는 것이 불성의 개현(開顯)이라 하고, 이것을 달성하기 위해 일념심(一念心)에 3천의 제법이 갖추어져 있다는 것을 체득하기 위한 관심(觀心)을 행하는 것이다. 앞에서 서술하였듯이, 제법의 실상은 공·가·중(空·假·中)의 삼제(三諦)가 원융상즉하기 때문에, 3천의 제법을 갖춘 자기의 일심(一心)으로 이 원융의 삼제를 관득하는 것에 의해 제법실상의 진리를 체득할 수 있는 것이다. 그 때문에 일심(一心)에 있어서 공제(空諦)를 관하여 체득〔觀得〕하는 공관(空觀), 가제(假諦)를 관득(觀得)하는 가관(假觀), 중제(中諦)를 관득하는 중관(中觀), 이 삼관(三觀)을 순서대로 하지 않고 동시에 행하는 관심법(觀心法)을 일심삼관(一心三觀)이라 하는데, 이 일심삼관의 관법(觀法)이 실상(實相) 체득의 근본이라고 한다. 앞에서와 같은 관심(觀心)의 실천법을 지의(智顗)는 구체적으로 지관(止觀)이라 부르고, 모든 선법(禪法)을 지관을 토대로 체계화시켜 『마하지관(摩訶止觀)』을 저술하여 수행자의 구체적인 행법(行法)을 자세히 기술하고 있다.

지의(智顗, 538-597) 이후 8세기 중엽 6조 담연(湛然, 711-782)까지는 천태 교단이 흔들리지 않았다. 하지만 담연에 이르러 화엄종의 청량징관(淸凉澄觀, 738-839)의 『화엄경』 우위설에 대항하기 위해 법화지상주의(法華至上主義)를 강력하게 내세워, 『법화경』은 화의(化儀)의 사교(四敎)와 화법

ㅊ

사교(化法四教)의 팔교(八教)를 초월한 별격(別格)의 경(經)이라고 하는 법화초팔설(法華超八說)을 제창하게 되었다. 또한 화엄종의 일체 현상계의 사상사물(事象事物)은 진심으로서의 진여(眞如)가 그대로 나타난 것이라는 성기설(性起說)에 대항하여, 일체의 사상사물은 일념(一念)의 마음에 본래적으로 구비되어 있다고 하는 성구설(性具說)을 강조하는 한편, 『금비론(金碑論)』을 지었다. 수연진여(隨緣眞如)란 본래 불변(不變)의 진여가 무명(無明)을 연(緣)으로 하여 생멸(生滅)의 사상(事象)을 나타내는 것을 말한다. 원래 일념삼천설(一念三千說)은 수행자의 관법(觀法)의 편리를 위해 '심구(心具)'를 말했던 것이었지만, 담연이 심구설(心具說)을 강조했기 때문에 천태교학도 유심적 경향을 띠게 되었다. 또한 그는 지의(智顗)의 『관음현의(觀音玄義)』에 설해진 여래성악설(如來性惡說; 여래도 본성으로서 악을 갖추고 있다는 주장)을 강조해 화엄종에 대항했는데, 이것은 뒤에 송(宋)의 사명지례(四明知禮, 960-1028)에 계승되어 더욱 강조되었다. 송(宋)에 이르러 천태교단은 화엄과 선(禪)의 영향을 받아 담연(湛然)이 강조한 심구설(心具說)을 한층 더 진행시킨 산외파(山外派)와, 지의(智顗) 이래의 심구(心具)를 끝까지 성구(性具)의 한 편법으로 간주하는 전통적인 교학을 지지하는 산가파(山家派)로 나누어져 격렬하게 싸웠고, 이로써 산가파와 산외파의 논쟁이 발생하였다. 산가파의 사명지례(四明知禮)는 산외파가 관심(觀心)의 대상인 일념심(一念心)을 진심(眞心)으로 간주하여 화엄종의 수연진여설(隨緣眞如說)에 기울어지는 것을 비판하고, 자신은 일념심(一念心)을 망심(妄心)으로서 산외파와 화엄종의 수연진여설(隨緣眞如說)을 구극원만(究極圓滿)한 원교(圓教)가 아닌, 가치적으로 한 단계 뒤떨어진 4교(教)의 제3의 별교(別教)로 치부함으로써 별리수연설(別理隨緣說)을 주장했다. 이 논쟁은 지의(智顗) 이래의 전통을 계승한 산가파가 우세하게 되어, 뒤에 중국 천태의 주류가 되었다.

[한국에서의 전개] 한국의 천태사상은 백제의 현광(玄光)이 혜사(慧思, 515-577)의 제자가 되어 법화삼매(法華三昧)의 도리를 증득했다는 말이 있고, 고구려의 파약(波若, 512-613)이 천태산(天台山)에 가서 지자대사(智者大師, 538-597)의 교관사상(教觀思想)을 듣고, 국청사(國淸寺)에서 여생을 마쳤다고 한다. 그 후 통일신라시대에 법융(法融)은 담연(湛然, 711-782)의 제자가 되어 정식으로 천태의 종통(宗統)을 받은 뒤 귀국하였다. 법융은 이응(理應)에게, 이응은 순영(純英)에게, 순영은 고려의 체관(諦觀, ?-970)에게 사자상승(師資相承)하였다. 또한 중국에 가지 않

은 원효(元曉, 617-686)도 천태사상의 원리인 『법화경』에 관한 연구를 많이 하였고, 고려 광종(光宗) 당시 체관(諦觀)은 중국의 의적(義寂, 919-987)이 있던 국청사(國淸寺)에서 여생을 마치면서 『천태사교의(天台四教儀)』를 남겼다. 그리고 의적(義寂)의 제자 의통(義通, 927-988)은 우리나라에 와서 천태(天台)의 정계(正系)를 계승하였지만, 대각국사 이전에는 천태가 독립된 종파를 이루지 못하였다. 그러다가 대각국사 의천(義天, 1055-1101)이 천태종을 개립(開立)하였고, 의천의 뒤를 이어 고려 후기에는 백련결사를 주도한 원묘요세(圓妙了世, 1153-1245)와 무외(無畏) 등이 서로 계승하였다. 조선조에 와서는 신조(神照)와 조구(祖丘)가 그 종통(宗統)을 이었다.

[일본에서의 전개] 천태삼대부(天台三大部; 『法華玄義』·『法華文句』·『摩訶止觀』) 등의 장·소(章·疏)는 감진(鑑眞, 688-763)에 의해 일본에 소개되었지만, 천태사상이 일본에 본격적으로 뿌리박은 것은 히예산을 개창하고 입당(入唐)해서 천태산에서 배웠던 최징(最澄, 767-822)에 의해서이다. 그는 화엄의 영향을 받아 담연의 제자인 도수(道邃)·행만(行滿)에게 유심론화(唯心論化)된 천태사상을 배운 뒤 밀교와 선(禪)을 가지고 돌아왔다. 최징은 일본 천태종 개창 이후에 법상종(法相宗)의 덕일(德一)과 일삼권실논쟁(一三權實論爭)이라 불리는 논쟁을 거의 6년에 걸쳐 벌였다. 덕일(德一)은 오성각별(五性各別)의 중생관(衆生觀)에 입각해서 삼승진실(三乘眞實) 일승방편(一乘方便)을 주장했는데, 이에 비해 최징은 일체중생(一切衆生) 실유불성(悉有佛性)의 입장에서 삼승방편(三乘方便) 일승진실(一乘眞實)을 주장하였다. 이 문제는 법상·천태 양종의 기본적 교리의 차이에서 유래한 것이기 때문에 양자의 논쟁에서 결말이 나지 않아 헤이안(平安) 중기까지 지속되었다. 최징 이후의 원인(圓仁, 794-864)·원진(圓珍, 814-891)에 의한 천태의 밀교화가 진행되고, 안연(安然, 841-?)에 이르러 천태밀교〔台密〕가 완성되었다. 이 히예산(比叡山) 천태의 밀교화 속에서 『대승기신론』에 기원을 둔 천태본각법문(天台本覺法門)이 홍기하였는데, 수연진여설(隨緣眞如說)을 기반으로 현실의 모든 사상(事象)을 진리의 현현이라고 하여 그 자체를 전적으로 긍정하는 사조(思潮)가 고대 말기부터 중세에 걸쳐 널리 퍼졌다. 이런 사조는 불교계뿐만 아니라 신도(神道)·문학·예능 등에도 영향을 미치게 되었다. 오늘날 이것을 본각사상(本覺思想)이라 부르지만, 안이한 현실긍정, 수행불요론(修行不要論) 등의 폐해를 초래하였다. 이러한 폐해의 극복은 히예산(比叡山)에서 공부한 도원(道元, 1200-1253)·법연

(法然)·친란(親鸞, 1173-1262)·일련(日蓮, 1222-1282) 등 가마쿠라(鎌倉) 신불교 조사(祖師)들의 공통과제가 되었다. 그 중에 일련(日蓮)은 재차 법화지상주의(法華至上主義) 입장을 취하고, 본문(本門) 중시의 시점에서 중국 천태사상을 비판적으로 계승하였다.

천태삼관【天台三觀】 천태종의 공관(空觀)·가관(假觀)·중관(中觀). 밝은 지혜로 공제(空諦)·가제(假諦)·중제(中諦)의 이치를 관하는 관법. 관하는 방법에 2종이 있다. 1. 차제삼관(次第三觀), 또는 격력불융(隔歷不融)의 삼관. 공간적으로는 공(空)은 공(空), 가(假)는 가(假), 중(中)은 중(中)으로 독립되어 서로 관계가 없고, 시간적으로는 이 이치를 증득하여 아는 과정에 차례를 세워서 관하는 방법. 곧 먼저 공제(空諦)의 이치를 관하여 견혹(見惑)·사혹(思惑)의 추혹(麤惑)과 정의(情意)의 미(迷)함을 끊어서 공지(空智)를 얻고, 다음에 가제(假諦)의 이치를 관하여 진사(塵沙)의 혹(惑)인 세혹(細惑)을 끊어서 가지(假智)를 얻고, 다시 나아가 중제(中諦)의 이치를 관하여 견사(見思)와 진사(塵沙)의 근본인 무명(無明)의 세혹(細惑)을 끊어서 중지(中智)를 얻는 것. 2. 일심삼관(一心三觀) 또는 불차제삼관(不次第三觀), 부종불횡(不縱不橫)의 삼관. 자기의 일념망심(一念妄心) 위에 삼제(三諦)를 따로따로 하지 않고 동시에 관하는 방법. 공제(空諦)·가제(假諦)·중제(中諦)는 서로 다른 것에 관계없는 단공(但空)·단가(但假)·단중(但中)이라 하지 않고, 이 셋이 서로 원융무애한 것이라 하여 공(空)에 즉하여 가(假)와 중(中)을 관하고, 가(假)에 즉(卽)하여 공(空)과 중(中)을 관하며, 중(中)에 즉하여 공(空)과 가(假)를 관하는 것.

천태삼대부【天台三大部】〔英 The three principal works of the T'ien-t'ai founder are called 天台三大部, i.e. 玄義 exposition of the deeper meaning of the Lotus; 文句 exposition of its text; and 止觀 meditation〕 천태종의 교리와 실천을 학습할 때에 중심적 근거로 삼는 3종의 주석서(註釋書). 『법화현의(法華玄義)』·『법화문구(法華文句)』·『마하지관(摩訶止觀)』의 3종, 각 10권이 그것이다. 모두 중국의 천태대사 지의(智顗, 538-597)의 강술(講述)을 문인 장안대사(章安大師) 관정(灌頂, 567-632)이 필록(筆錄)한 것이다. 『법화현의』는 천태지의의 58세 때의 강설로서, 『묘법연화경』이라고 하는 5자의 경제(經題)를 천태독자의 오중현의(五重玄義)라는 해석법으로 설명하고 있다. 『법화문구』는 50세 때의 강의인데, 『법화경』 8권의 자구(字句)의 해석이다. 한편 『마하지관』은 57세 때의 설법으로, 이상의 2부가 교리면을 설한 데 대하여, 이것은 실천면을 적은 것이다. 여기서는 특히 관심(觀心)의 수행법을 설하고 있다.

천태선【天台禪】 소위 선종(禪宗)이 발생하기 수세기 전에 천태(天台) 지자대사(智者大師, 538-597)는 모든 불교를 선(禪)이라는 한 글자로써 통일하고, 모든 수행(修行)을 좌선(坐禪)으로 요약하였다. 천태의 『초학좌선지관요문(初學坐禪止觀要門; 통칭 小止觀이라 함)』은 좌선에 관한 책으로는 처음 완성된 것이다. 이 책을 모범으로 하여 뒤에 중국·일본에서 좌선의(坐禪儀)에 관한 여러 종류가 생겨났다. 천태대사는 좌선을 만행(萬行)의 귀취(歸趣), 지관을 좌선의 내용이라 하였는데, 이를 설파한 것이 『마하지관(摩訶止觀)』이다. 대표적인 저서로는 『선문수증(禪門修證)』으로서, 여기서는 선(禪)이라는 한 자에 불교를 내포시키고 있다. 이들 저서에 실린 사상은 좌선이 불교의 수도에 있어서 가장 중요한 것이고, 지관(止觀)은 좌선하는 가운데 깨달아야 한다고 하였다. 곧 좌선의 사상적 내용을 구체적으로 명백히 한 것이 지관으로, 『선문수증』에 있어서의 선의 사상이 원숙해져서 『마하지관』과 같은 지관사상에 이르게 된 계기를 보여 주고 있다. 『마하지관』에서 지(止)는 염(念)을 법계(法界)에 매고 관(觀)은 염을 법계와 일치시킨다고 정의하고, 이를 합하여 지관(止觀)이라 하여 선의 사상적 내용을 합리적으로 해명하였다.

천태오시교【天台五時教】 천태종의 교판. 석가모니불의 설법을 시대별로 다섯으로 분별하여 설명한 것. 오시설 항목 참조.

천태지관【天台止觀】 ①천태대사(天台大師) 지의(智顗, 538-597)가 지은 『마하지관』 20권을 가리킴. 594년〔수 문제 開皇 14〕에 형주(荊州) 옥천사(玉泉寺)에서 강설한 것을 관정(灌頂)이 기록한 것이다. ②지관(止觀); 지(止)는 사마타이고 관(觀)은 비파사나. 지관(止觀) 항목 참조.

천태지의【天台智顗, 538-597】 중국 수(隋)나라 때의 고승. 천태종(天台宗)의 개조(開祖). 자는 덕안(德安), 호는 천태대사(天台大師)·지자대사(智者大師), 속성은 진(陳). 18세에 과원사(果願寺) 법서(法緖)의 문하에서 출가하여 혜광율사(慧曠律師)에게서 구족계를 받고, 후에 대현산(大賢山)에 들어가 『법화경』·『무량의경(無量義經)』·『보현관경(普賢觀經)』 등을 읽은 뒤, 다시 대소산(大蘇山)에 들어가 혜사(慧思, 515-577) 밑에서 수련하였다. 혜사는 지의의 그릇이 비범함을 알고 정성을 다하여 지도하였다. 이윽고 법화삼매를 증득하고, 홀연히 초선다라니(初旋陀羅尼)를 얻어 스승의 인가를 받았다. 진(陳) 광대(光大) 원년〔567〕에 그는 동학(同學)인 법희(法喜) 등 30여 인과 더불어 금릉으로 가서 와관사(瓦官寺)에 머물면서 『대지도론』·『차제선문』 등을 강설하였고, 태건(太建) 원년〔569〕에는 『법화현의』를 강의하였다. 그때 선제(宣帝)는 칙령을 내려 군신들로 하여금 청강케 하였다. 38세 때〔575〕에 혜변(慧辨) 등 20여 인과 더불어 천태산(天台山)으로 들어가 천태산 화정(華頂)에서 두타행을 하는 한편, 불롱(佛隴)에 들어가 고행수련을 하였는데, 그 사이에 수선사(修禪社)를 세웠다. 이처럼 천태산에 있었기 때문에 천태대사라 불렀다. 산에 머물기를 11년 만인 583년에, 진(陳)의 후주(後主)의 청에 의하여 48세 때 다시 금릉에 나아가 태극전에서 『대지도론』과 『인왕경』을 강의하고, 광택사(光宅寺)에서 『법화문구(法華文句)』를 강의하였다. 54세 때에 수(隋)의 진왕(晋王) 광(廣)의 부름에 응하여 그에게 보살계를 주고, 지자(智者)라는 호를 받았다. 후세에 지자대사라고 불리는 까닭은 여기에 있다. 뒤에 고향인 형주(荊州)로 돌아가 옥천사(玉泉寺)를 세우고, 595년〔개황 15〕에 천태산으로 돌아가 『유마경소(維摩經疏)』의 개치(改治)에 힘썼는데, 전후 3회에 걸쳐 진왕(晋王) 광(廣)에게 헌상(獻上)했다. 또한 교단의 생활 규칙〔入制法〕을 정하기도 했지만, 병을 얻어 진왕(晋王) 광(廣)의 초청에 의해 양주(揚州)로 내려가는 도중 석성사(石城寺)에서 597년 11월 24일 입적하였다.

[사상] 그의 교학 사상은 화정봉(華頂峯)의 두타(頭陀)를 경계(境界)로 하여 전후로 대별되지만, 일관해서 공통되는 것은 행(行)을 중시하는 실천불교의 성격과 철저한 공관(空觀)에 입각하여 실체론적 사고를 거부한 것이다. 전기에서는 『반야경』과 『대지도론』 등에 의해 반야(般若)의 공(空)의 실천적 체득을 향하고 선(禪) 바라밀이라고 하는 관점에서, 모든 실천행을 얕은 곳에서 깊은 곳으로 단계적으로 체계지어 『차제선문(次第禪門)』을 지었다. 그러나 화정봉(華頂峯)에서 불차제(不次第)의 돈각(頓覺; 단계를 거치지 않는 활연한 깨달음)의 체험을 경험하는 것에서부터 『법화경(法華經)』 지상주의(至上主義)에 입각하여 『법화경』 밑에 전 불교를 장(藏)·통(通)·별(別)·원(圓)의 4교로 통일하고, 또한 경(經)의 제법실상(諸法實相)에 착안하여 실상론(實相論)을 전개하여 공(空)·가(假)·중(中)의 삼제원융(三諦圓融), 일념삼천(一念三千) 등의 설로써 천태사상의 체계를 확립하였다. 또한 실상(實相)을 관득(觀得)하기 위해 종래의 선법(禪法)을 지관(止觀)의 행(行) 아래에서 체계를 잡고, 일심삼관(一心三觀)의 관심(觀心)의 행법(行法)을 창시하여 여기에 교리와 실천을 겸비한 장대한 통일불교를 수립하였다. 그의 저서로는 『법화문구(法華文句)』·『법

화현의(法華玄義)』·『마하지관(摩訶止觀)』의 천태삼대부(天台三大部) 외에 『관음현의』·『관음의소』·『금광명현의』·『금광명문구』·『관경소(觀經疏)』·오소부(五小部) 등 7종의 저서가 있다. 제자로는 지개(智鎧)·파약(波若)·법언(法彦)·지조(智璪)·지월(智越) 등이 있다.

천태종 【天台宗】〔英 The T'ien-t'ai, or Tendai, sect founded by 智顗 Chih-i〕 중국 수나라 때 천태대사(天台大師) 지의(智顗, 538-597)가 연 종파. 『법화경』을 소의경전으로 하기 때문에 법화종(法華宗)·천태법화종(天台法華宗)·천태원종(天台圓宗)이라고도 한다. 중국 13종(宗)의 하나. 지의의 선구자로서 북제의 혜문(慧文)과 진(陳)의 혜사(慧思, 515-577)가 있었다. 이들을 합하여 지의를 천태종 제3조로 하기도 한다. 지의는 『법화경』을 중심으로 하여 조직적으로 불교를 통일하고, 적극적으로 제법실상론(諸法實相論)을 주창하며, 불교철학의 심오한 체계를 세워 『법화문구(法華文句)』·『법화현의(法華玄義)』·『마하지관(摩訶止觀)』 등 법화삼대부(法華三大部)를 지어서 한 종파를 성립시켰다. 그 뒤에 장안(章安, 561-632)·지위(智威)·혜위(慧威)·현랑(玄朗, 673-754)·담연(湛然, 711-782) 등이 계승하였다. 담연은 삼대부의 주석을 지어, 당시 융성하던 법상종·화엄종·선종 등에 대항하여 천태종의 면목을 발양함으로써 중흥조(中興祖)가 되었다. 그 뒤에 도수(道邃)·광수(廣修)·물외(物外)·원수(元琇)·청송(清竦)·의적(義寂, 919-987) 등에 의해 계승되어 오다가, 오대(五代)의 전란으로 인하여 종전(宗典)이 흩어지고 세력이 약화되었다. 의적은 고려와 일본에서 종전(宗典)을 구해와 다시 종의(宗義)의 연구가 성행하게 하였다. 송나라 때에는 산가(山家)·산외(山外)의 두 파로 대립되었다. 산가(山家) 계통의 으뜸은 사명지례(四明知禮, 960-1028)인데, 그의 학풍은 천태종 본래의 사상인 물(物)·심(心)을 같이 취급하는 사상을 굳게 지키고, 현재의 자기를 여의지 않고 전체를 해결하는 데 치중하였다. 산외(山外) 계통은 원청(源淸)·종욱(宗昱)·지원(智圓)·종의(從義, 1042-1091)·인악(仁岳) 등이 이끌었는데, 그 학풍은 연기론(緣起論)에 반(返)하여 마음을 근본으로 삼아서 온갖 것을 해결하는 데 있었다. 중국에서는 명나라 때의 지욱(智旭, 1599-1655)이 종풍을 빛낸 것이 마지막이다. 우리나라의 천태종은 삼국시대 때 백제승(百濟僧) 현광(玄光)이 혜사(慧思, 515-577)의 제자가 되어 법화삼매의 도리를 증득했다는 말이 있다. 그리고 고구려승(高句麗僧) 파약(波若, 512-613)이 지의에게 천태교관을 처음 받았으며, 그 후 통일신라시대의 법융(法融)은 중국 천태종의 중흥조 담연의 제자가 되어 정식으로 천태의 종통을 받아 우리나라에 들어왔다. 법융은 이응(理應)에게, 이응은 순영(純英)에게, 순영은 고려의 체관(諦觀, ?-970)에게 전하였다. 고려 광종(光宗) 당시 체관은 중국의 의적(義寂, 919-987)이 있던 국청사에서 여생을 마쳤고, 의적의 제자 의통(義通)은 우리나라에 와서 천태의 정계(正系)를 계승하였으나, 의천(義天, 1055-1101) 이전에는 천태(天台)가 독립된 종파를 이루지 못하였다. 의천은 송(宋)에 가서 종지(宗旨)를 배우고 돌아와서 1097년〔고려 숙종 2〕 개성에 국청사를 세우고 천태교를 강설했는데, 이로써 천태종이 성립되었다. 그 문하에 덕린(德麟)·익종(翼宗)·경란(景蘭)·연묘(連妙) 등이 그 교법을 전하고, 남숭산〔인동 금오산〕·북숭산〔해주 수양산〕 등이 그 소속 도량이었다. 고려 중기 이후 천태종이 한때 침체되어 있을 때 요세(了世, 1153-1245)가 나와, 백련사를 중심으로 천태결사운동을 전개하여 천태종풍을 부흥시켰다. 그 후 원의 지배기에는 개성에 묘련사(妙蓮寺)가 창건되어, 백련사 계통과는 달리 중앙을 무대로 하는 천태운동이 일어나서 교계에 영향을 주기도 하였다. 고려 천태종은 천태소자종(天台疏字宗)과 천태법사종(天台法事宗)으로 나누어져 오다가, 조선조에 이르러서는 태종 7년〔1407〕에 조정에 의하여 하나의 천태종으로 합쳐졌고, 세종 6년〔1424〕에는 조계종·총남종과 함께 선종에 합쳐짐으로써 그 종명마저 잃고 말았다. 1960년대 충북 단양 구인사를 근본도량으로 다시 창종하여 오늘날에는 한국불교의 4대 종파 가운데 하나가 되었다.

철위산【鐵圍山】〔梵 Cakravāda, 英 The iron enclosing mountains supposed to encircle the earth forming the periphery of a world〕 9산의 하나. 경전에 나오는 가상의 산으로서, 금강산(金剛山)·금강위산(金剛圍山)·철륜위산(鐵輪圍山)이라고 번역한다. 지변산(地辺山)을 둘러싸고 있다. 9산 가운데 가장 밖에 있는 산. 지변산에서 36만 3천 2백 88유순, 또는 남섬부주의 남쪽 끝에서 3억 6만 6백 63유순 되는 곳에 있다 하는데, 전부가 철로 되었고, 높이와 넓이가 모두 3백 12유순이라 한다. 1유순(由旬; yojana)은 40리〔혹은 30리〕에 해당한다.

철환지옥【鐵丸地獄】 16유증(遊增) 지옥의 하나. 이 지옥에는 벌겋게 단 철환이 있는데, 옥졸이 죄인들로 하여금 그것을 잡게 하면 손발이 모두 타 버리며, 뜨거운 철환(鐵丸)이 비오듯이 뿌려 죄인의 머리로 들어가 발로 나온다 한다. 보시가 공덕이 없다 하며 다른 이가 보시하는 것을 훼방하면 이 지옥에 떨어진다고 한다.

첨【諂】〔梵 māya, 英 To flatter, fawn, cajole, sycophancy〕 심소(心

所; 마음의 본체)의 이름. 아첨하는 것. 소번뇌지법(小煩惱地法)의 하나, 이십수번뇌(二十隨煩惱)의 하나. 다른 사람에 대하여 속마음을 숨기고 겉으로 친애(親愛)하는 듯이 구는 거짓된 정신작용을 말한다.

청규【淸規】 선원〔선종 사원〕의 생활을 정한 규칙. 청규란 청정한 규칙이라는 뜻. 당(唐)나라 때 백장회해(百丈懷海, 720-814)가 처음으로 전해 오는 규율·규칙 등을 집대성하고 추가로 새롭게 보완, 제정하여 선종 사원〔총림〕의 청규로 시행하였다. 그 책을 『백장청규』라고 하는데, 이것을 계기로 선불교는 본격적으로 율종 사원의 더부살이에서 벗어나 독자적인 수행 공간, 즉 독립적인 선종 사원을 창건하게 된다. 또 이것을 계기로 선불교가 하나의 종파〔선종〕로 자리 잡게 되었다. 그 뒤에도 여러 선승들이 각기 그 절에서 시행할 규칙을 마련하고 모두 청규라 하였다. 본래는 불교용어였으나, 뒤에 도교(道敎)에서도 사용되었다. 백장청규·선원청규 항목 참조.

청변【淸辯; Bhāvaviveka, 490경-570경】 남인도의 대승불교 중관파에 속하는 학승. 바바비베카. 그는 남인도 마호나라(摩護那羅)의 최승(最勝) 왕족 출신으로서, 그 나라에서 출가하여 승호(僧護)에게서 용수(龍樹)의 중관학설을 배웠고, 일찍이 남방 50 가람(伽藍)의 주(主)가 되었다고 한다. 한역불전의 자료에 의하면, 그는 청목(靑目)의 학설을 계승하였다고 한다. 현장(玄奘, 602-664)은 『대당서역기(大唐西域記)』에서 그가 늘 수론(數論) 신도의 복장을 하고서 활동을 하였기 때문에 수론파와 모종의 관계가 있었을 것이라고 했다. 전(傳)에 의하면 만년에 타나갈린가국(馱那羯磔迦國)의 남산(南山)에서 입적하였다고 한다. 청변은 세속제(世俗諦)를 사세속제(邪世俗諦)와 실세속제(實世俗諦)로 나누어, 전자(前者)는 망견(妄見)에 의하여 나온 세속세계이고, 후자(後者)는 실제에 근본을 둔 세속세계라고 하였다. 그는 이 논증을 심외무경(心外無境)에 근거하여 경(境)은 극미(極微)로 말미암아 이루어진다고 함으로써 유가행파의 유식무경설(唯識無境說)을 반대하였다. 그는 속유진공(俗有眞空)을 주장하여 유가행파가 주장하는 삼성(三性; 遍計所執性·依他起性·圓成實性)은 세속제(世俗諦)로서 있는 것이라고 볼 수 있지만, 승의제(勝義諦)로서 보면 당연히 무(無)가 된다고 생각하였다. 청변이 유가행파와 행한 이 변론을 후세에 '공유지쟁(空有之爭)'이라고 불렀다. 방법론에서 청변은 상대방의 논설을 깨는 것〔破〕이든, 자기의 논설을 세우는 것〔立〕이든 상관없이 모두 자신의 입량(立量)에 상응하는 것이라 하였다. 곧 인명논식(因明論式)을 사용하여 선별한 적절한 비량(比量)을

'공(空)'이라고 나타내어 동시대 중관학자인 불호(佛護; Buddhapālita)의 다만 불립(不立)을 깨뜨리는 귀류논증법(歸謬論證法)을 반대하였고, 이로써 인명(因明)의 발전에 어느 정도 공헌을 하였다. 후세에 청변이 창립한 이 일파를 '자속파(自續派)'라 부르고, 불호가 창립한 일파를 '응성파(應成派)'라 불렀다. 청변의 저작으로는 『반야등론석(般若燈論釋)』·『중관심론(中觀心論)』·『대승장진론(大乘掌珍論)』·『이부종정석(異部宗精釋)』 등이 있다.

청신녀【淸信女】〔梵·巴 upāsikā〕 범어 'upāsikā〔優婆夷〕'의 번역. 칠중(七衆)의 하나. 삼보(三宝)에 귀의하여 5계를 받아 지키는 세속의 여자 신도.

청신사【淸信士】〔梵, 巴 upāsaka〕 범어 'upāska(優婆塞)'의 번역. 속가(俗家)에 있으면서 삼보(三宝)에 귀의하여 5계를 받아 지키는 남자 신도. 7중(七衆)의 하나. 청신남(淸信男)이라고도 한다.

청원행사【青原行思, ?-740】 중국 당(唐) 현종 때의 선승(禪僧). 육조혜능(六祖慧能, 638-713)의 제자. 속성은 유(劉)씨. 강서성 길안부(吉安府) 여릉현(廬陵縣) 출신. 시호는 홍제선자(弘濟禪者). 어려서 출가하여 깨친 바 있어, 조계(曹溪)에 가서 육조혜능의 인가를 받고 상수제자(上首弟子)가 되었다. 뒤에 그의 고향인 길주(吉州) 청원산(青原山) 정거사(靜居寺)에 있으면서 교화하였는데, 육조가 열반한 뒤에 학자들이 그곳에 많이 모였다. 당 현종(玄宗) 개원(開元) 28년〔740〕 12월에 입적하였다. 제자로는 남악회양(南嶽懷讓, 677-744)·석두희천(石頭希遷, 700-790) 등이 있다.

청익【請益】〔英 To ask for an increase, for more, for advancement, etc.〕 수행자가 자신을 유익되게 하기 위해, 정기적인 설법 외에 더 스승에게 가르침을 청하는 것. 주로 선종 사원에서 쓰는 용어임.

청정【淸淨】〔梵 śuddhā, 英 purity; immaculateness〕 ①죄업이나 번뇌의 더러움에서 벗어난 깨끗함. 청정에는 자성청정(自性淸淨)과 이구청정(離垢淸淨) 2종이 있다. ②계행(戒行)이 깨끗함. ③더럽거나 속되지 않고 맑고 깨끗함.

청정도론【淸淨道論; Visuddhimagga】 상좌부불교의 사상과 교리의 중요한 논(論)에 관한 연구서. 5세기경 각음(覺音; Buddhaghośa)이 지은 책. 경율론 삼장(三藏)과 의소(義疏) 가운데 정요(精要)라는 찬사를 받았다. 총 23품(品)의 논문으로, 순서에 맞추어 계(戒)·정(定)·혜(慧) 삼학(三學)의 요지를 논하고 있다. 1품에서 2품까지는 계(戒)의 정의(定義)·작용·종류 및 계를 지키는 각 항의 규정 등을 논하였고, 3품에서 13품까지는 정(定)의 정의·종류·선정 수행의 각종

방법·목적 및 얻게 되는 복덕 등을 논하였으며, 14품에서 23품까지는 혜(慧)의 정의·종류 및 수행방법 등을 논하였다. 그런데 이것은 『청정도론』의 핵심으로서, 정신과 물질 두 방면에서부터 사제(四諦)·오온(五蘊)·팔정도(八正道) 및 십이연기(十二緣起) 등의 기본이론에 이르기까지 상세히 밝힌 것이다. 상좌부불교철학 사상체계의 연구에 좋은 자료가 되고 있다.

청정법계【淸淨法界】〔英 The pure Buddha-truth (realm)〕 일체의 더러움과 속된 것이 없는 진리의 세계. 곧 허공법계(虛空法界). 인간세계는 온갖 더러움과 죄악이 가득 차 있으나, 진리의 세계인 허공법계는 더러운 것도 속된 것도 죄악도 없이 청정한 그대로이다. 마음이 자성청정심(自性淸淨心)이 되었을 때, 현실세계는 그대로 청정법계로 화한다.

청정법신【淸淨法身】더러움을 여읜 청정한 법신(法身)을 말함.

청정식【淸淨識】〔梵 amala-vijñāna, 英 Pure, uncontaminated knowledge〕 제9의 아마라식(阿摩羅識)의 구역(舊譯). 또는 무구식(無垢識)이라고도 한다. 수행에 의해 깨끗해진 마음. 더러움이 없어진 아뢰야식.

청허당집【淸虛堂集】서산대사 휴정(休靜, 1520-1604)의 시문(詩文)을 상좌인 종봉(鍾峰)이 모은 것. 4권. 광해군 4년〔1612〕에 상하 2권이 간행되었는데, 인조 8년〔1630〕에 제자 보진(葆眞)이 중간하였으며, 정조 이후에 다시 증보하여 4권으로 간행하였다.

청허휴정【淸虛休靜, 1520-1604】조선 명종·선조 때의 선승. 서산휴정 항목 참조.

체【体】〔梵 gātra, atmaka, priti-atmaka, 英 field, body, limbs; corpus, corporeal; the substance, the essentials 獨 korper, 佛 corps〕 일반적으로는 몸·신체·덩치·형태·상태·모습·본성·본질로서 작용의 근원, 용(用)에 대한 체(体), 체용(体用)의 체(体), 본체·실체 등의 뜻이다. 불법(佛法)에 있어서는 신체색질(身体色質)의 뜻과 본체(本体)·실체(實体)의 뜻, 그리고 용(用)에 대한 말로서, 일체의 용(用), 즉 활동의 근원이란 뜻으로 사용하고 있다.

체공관【體空觀】삼라만상(森羅萬象)의 존재가 그대로 공(空)하다고 보는 관법(觀法). 천태종(天台宗)에서 세운 통교(通敎)의 실천 방법.

체관【諦觀, ?-970】고려 광종 때 천태사상을 중국에 역수출(逆輸出)한 사람. 그는 당말 오대에 오월왕(吳越王) 전숙(錢俶)의 요청으로 천태교학을 가지고 중국에 갔는데, 그 뒤 송(宋)나라 의적(義寂, 919-987)의 문하에서 10년간 연구하다가 천태산에서 입적했다. 그의 저서 『천태사교의(天台四敎儀)』는 『법화경(法華經)』의 제법실상(諸法實相)·일념삼천(一念三千)의 철학사상의 요지를 표현할 뿐만 아니라, 지의(智顗, 538-597)가 남긴 『법화현의(法華玄義)』·『법화경문구(法華經文句)』·『마하지관(摩訶止觀)』 등 삼대부(三大部)의 요의(要義)와 『대본사교의(大本四敎儀)』의 요지를 간명하게 표현한 명저(名著)로, 한국·중국·일본 등지의 불교인들에게 널리 애독되고 있다.

체법 【體法】〔英 The universality of substance and the unreality of dharmas or phenomena〕 당체(當體) 그대로가 공(空)하다고 체달하여 진공(眞空)에 들어감. 천태(天台)에서 통교(通敎)의 사람은 장교(藏敎)의 사람처럼 모든 법(法)을 분석하여 비로소 공(空)이 된다는 석공(析空)을 따르는 것이 아니고, 당체(當體) 그대로가 공(空)하다고 체달하여 진공(眞空)에 들어가므로, 이것을 체법(體法)이라 한다.

체상용 【體相用】〔英 The three great fundamentals in the Awakening of Faith-substance, characteristics, function〕 ①우주의 근본 이치를 설명하는 말. 우주의 대(大) 곧 본체를 체(體)라 하고, 우주의 소(小) 곧 현상세계를 상(相)이라 하며, 조화 곧 유무(有無)를 용(用)이라 한다. 이를 우리의 마음에서 보면, 우리의 본래 마음이 체(體), 분별심이 상(相), 분별심이 일어났다 없어졌다 하는 것이 용(用)이 된다. ②기신론에서 말하는 것으로 우주의 본체를 체(體), 속성을 상(相), 작용을 용(用)이라 한다.

체색입공관 【體色入空觀】 줄여서 체공관(體空觀)이라고 하기도 한다. 석공관(析空觀)과 같이 사물(事物)을 분석(分析) 파쇄(破碎)하여 공(空)이라고 보는 것이 아니고, 사물을 그대로 전체적으로 공(空)이라고 관(觀)하는 것으로, 대승불교의 바른 공관(空觀), 통교(通敎)의 공관(空觀)을 말한다.

체성 【體性】〔梵 svabhāva, atmakatva, 英 the essential, or substantial nature of anything, self-substance〕 체(體)와 성(性). 체(體)는 본체(本體)·실질(實質)의 뜻이고, 성(性)은 그 체(體)가 가지는 불변(不變)의 성질을 말한다.

체성상용 【體性相用】 사물의 본질과 현상을 네 가지로 자세하게 설명하는 말. 사물의 본질을 체(體), 그 본질의 변하지 않는 성질을 성(性), 사물의 본질이 현상세계에서 여러 가지 형태로 나타나는 것을 상(相), 여러 가지 형태로 나타났다 없어졌다 하는 것을 용(用)이라 한다.

체외방편 【體外方便】 천태(天台)에서 세운 것으로, 원교(圓敎)에서 설한 방편은 체내방편(體內方便)이라 하고, 원교 이외의 다른 교(敎)에서 설하는 방편은 체외방편(體外方便)이라 한다.

체용 【體用】〔英 Substance or body, and function〕 사물의 본체(本

體)와 그 작용, 또는 원리와 현상을 말한다. 체용(體用)은 동양 전통철학의 사유형식 가운데 하나로서, 불교의 교리나 사상을 설명할 때에도 이 논법을 많이 사용한다.

체탈도첩【褫奪度牒】 산문출송(山門黜送)이라고도 한다. 출가 승려로서 큰 죄를 지은 자에게 승려의 자격을 박탈하고 절에서 내쫓는 제도. 먼저 대중회의를 열고 승단에서 쫓아내기로 결정한 후, 의발을 빼앗고, 도첩을 거두고, 승복을 벗겨 속복(俗服)을 입혀서 산문 밖으로 쫓아낸다.

초계비구【草繫比丘】 풀에 얽매인 비구라는 말. 옛날 인도에서 여러 명의 비구들이 길을 가다가 도둑을 만나 옷을 빼앗기고, 벗긴 채 풀에 묶였다. 비구들은 풀이 끊어지면 풀이 상하게 될 것을 염려하여 그대로 뜨거움과 배고픔을 참고 있었다. 이때 사냥 나왔던 임금이 이것을 보고 풀어준 뒤 그 연유를 듣고는 비구들의 행동에 감동하여 불교에 귀의하였다 한다. 금계(禁戒)의 중요함을 비유한 것임〔『賢愚經』〕.

초능변【初能變】 제8의 아뢰야식(阿賴耶識)을 말함. 모든 식(識)의 근본이 되기 때문임.

초도【超度】〔梵 tara〕 생전에 악업을 지으면 사후에 지옥에 떨어지고 아귀로 전락하여 여러 가지 고통을 받는다고 생각한다. 그러나 스님들이 경(經)을 외면서 배참(拜懺; 망자를 위해 대신해서 비는 것)하며 소식(素食)을 차려 공양하면, 죽은 영혼을 이끌어 구제시키고 고난에서 벗어나게 할 수 있다고 하는데, 이를 초도라 한다. 초도(超度)를 위해서 하는 송경(誦經) 배참(拜懺) 등 의식에 대하여 중국불교에서 행하는 중요한 것으로는 배참(拜懺), 방염구(放焰口), 시식회(施食會), 재화(齋化), 수륙법회(水陸法會), 우란분회(盂蘭盆會) 등이 있다.

초목성불【草木成佛】〔英 Even inanimate things, e.g. grass and trees, are Buddha, all being of the 一如 q.v., a T'ien-t'ai and Chên-yen (shingon) doctrine〕 초목(草木)도 성불(成佛)할 수 있다는 사상. 이 사상이 싹튼 것은 중국불교에서부터이다. 그리고 한국과 일본에서도 나타났다. 초목성불을 내세운 취지에는 초목에도 '불성(佛性)'을 인정한 점이다. 이것은 『열반경』의 "일체중생 실유불성(一切衆生 悉有佛性)"의 사상에 근거하고 있는데, 중생이라면 미물까지도 성불할 수 있고, 더 나아가서는 무정물인 초목도 가능하다는 것. 일체중생 실유불성을 확대한 것이다.

초발심【初發心】 처음으로 깨달음을 얻으려는 마음을 일으킨 것. 처음으로 불문(佛門)에 입문하려고 한 것.

초발심자경문【初發心自警文】 고려 때 고승인 지눌(知訥, 1158-1210)이 지은 『계초심학인문』과 신라 때 고승인 원효(元曉, 617-686)가 지은 『발심수행장』, 그리고 고려 후기 야운(野雲)이 지은 『자경문』을 합쳐서 한 권의 책으로 만든 것. 우리나라에서 처음으로 승려가 된 사미가 배우는 책이다.

초불월조【超佛越祖】 부처나 조사를 초월(超越)함. 불(佛)과 조사(祖師)의 권위(權威)에 사로잡히지 말라는 말로서, 살불살조(殺佛殺祖)와 같은 말임. 선종에서 즐겨 쓰는 말로서, 개념이나 사고에 집착하지 말라는 것이다.

초선경【初禪經】 석존이 사위국 기수급고독원에서 비구에게 전한 말씀. 『잡아함경』 38권에 실려 있다. 비구가 어떤 행위〔行〕나 형태〔形〕, 그리고 모양〔相〕으로 탐욕과 악한 법을 여의면, 악을 여읜 데서 오는 기쁨과 즐거움〔離生喜樂〕이 생겨 초선(初禪)을 완전히 갖추어 머물 것이라고 말했다.

초승기【初僧祇】〔英 The first of the three a saṃkhyeya or incalculable kalpas〕 보살의 수행기간을 3아승기겁으로 하고, 처음의 아승기를 초승기라 한다. 곧 십신(十信)·십주(十住)·십행(十行)·십회향(十廻向)을 초승기, 십지(十地) 가운데 초지(初地)부터 7지까지를 제2 아승기, 8지부터 십지까지를 제3 아승기라 한다.

초열지옥【焦熱地獄】〔梵 Tapana-naraka〕 8열지옥 가운데 하나. 살생·투도·사음·음주·망어를 범한 사람이 떨어지는 지옥. 뜨거운 철판 위에 눕혀서 벌겋게 단 철봉으로 치며, 큰 석쇠 위에 올려놓고 뜨거운 불로 지지며, 큰 쇠꼬챙이로 아래로부터 몸을 꿰어 불에 굽는 등의 고통을 받는다고 한다.

초월삼매【超越三昧】 보살이 위아래의 차례를 건너뛰어서 자유자재하게 출입하는 삼매. 선정에는 사선정(四禪定)·사무색정(四無色定)·멸진정(滅盡定) 등의 깊고 얕은 차례가 있고, 출입하는 것도 이 차례를 따르는 것이 원칙이다. 예를 들면 산란한 마음으로는 바로 4무색정에 들어갈 수 없고, 반드시 먼저 초선정에 들어가고 차례로 제4선에 들며, 그다음에 4무색의 초정(初定)에 드는 것이다. 그리고 정(定)에서 나올 때에도 반드시 거꾸로 차례차례로 나오게 된다. 그러나 불·보살은 이러한 차례를 따르지 않고, 산란한 마음에서 바로 멸진정에 들어가기도 하고, 또 멸진정에서 산란한 마음으로 바로 나오기도 한다. 이것을 초월삼매라 하는데, 이 삼매에는 초입삼매(超入三昧)와 초출삼매(超出三昧)가 있다.

초위【初位】〔英 The initial stage on the road to enlightenment〕 삼승(三乘)의 수행(修行)에 있어서 최초의 단계. 즉 성문위(聲聞位). 삼승(三乘)은 성문승(聲聞乘)·연각승(緣覺乘)·보살승(菩薩乘)을 가리키는데, 앞의 둘은 소승이고, 보살승은 대

승이다.

초의의순【艸衣意恂, 1786-1866】조선 순조·헌종·철종 때의 스님. 자는 중부(仲孚), 호는 초의(艸衣), 속성은 장(張)씨. 나주 삼향 사람으로 15세에 남평 운흥사(雲興寺) 벽봉민성(碧峰敏性)에게서 득도(得道)하고, 19세에 월출산에 올랐다가 마음이 열리는 경지에 이르렀다. 그는 불교학 이외에도 범자(梵字)를 익혔으며, 도교사상과 정약용의 뜻을 읽고 유서(儒書)를 배우는가 하면 시도(詩道)에도 능했다. 그는 홍석주(洪奭周, 1774-1842)·신위(申緯, 1769-1847)·김정희(金正喜, 1786-1856) 등과 금강산을 중심하여 명승지를 찾으면서 세상을 경험하였다. 그 후 두륜산 밑에 소암(小庵)을 짓고 일지암(一枝庵)이라 불렀는데, 이 일지암에서 40여 년간 홀로 지관(止觀)에 전력하였다. 그는 『선문사변만어(禪門四辨漫語)』를 지어, 백파긍선(白坡亘璇, 1767-1852)이 『선문수경(禪門手鏡)』에서 주장한 내용에 대하여 의리선(義理禪)·격외선(格外禪), 여래선(如來禪)·조사선(祖師禪), 살인검(殺人劍)·활인검(活人劍), 진공(眞空)·묘유(妙有)의 사변(四辨)으로써 이를 반박하였다. 81세로 일지암에서 입적했다. 저술로는 『선문사변만어』, 『초의집(艸衣集)』, 『동다송(東茶頌)』, 『다신전(茶神傳)』, 『다경(茶經)』 등이 있고, 제자로는 범해(梵海)가 두드러졌다 하겠다.

초일분【初日分】하루를 아침과 낮, 저녁으로 나눈 가운데 아침을 뜻함.

초입삼매【超入三昧】욕계(欲界)의 불선법(不善法)을 여의고 색계(色界)의 초선정(初禪定)에 들어가고, 초선정에서 나와 무색계(無色界)의 비유상비무상처정(非有想非無想處定)에 들어가며, 거기서 나와 멸수상정(滅受想定)에 들어간다. 거기서 다시 돌아와서 초선정에 들어가고, 초선정에서 나와 멸수상정에 들어가며, 멸수상정에서 2선정에, 2선정에서 또 멸수상정으로, 멸수상정에서 3선정에, 3선정에서 멸수상정으로 들어간다. 이렇게 하여 차례로 4선정·공처정(空處定)·식처정(識處定)·무소유처정(無所有處定)·비상비비상처정(非想非非想處定)을 경과하는 사이에 한 번씩 멸수상정에 들어간다. 이것이 여러 불·보살(佛菩薩)의 초입삼매(超入三昧)의 모양이다.

초전법륜【初轉法輪】처음으로 법륜을 굴림. 즉 부처님이 깨달음을 성취한 다음 처음으로 교진여 등 5명의 수행자들에게 가르침을 편 것을 말함. 성도(成道) 후 불타(佛陀)는 한동안 스스로 깨달음의 경지를 음미하고 있었으나, 얼마 후에 다른 사람들에게도 이러한 진리를 알려 주기 위하여 지난날 같이 고행했던 다섯 수행자들에게 베나레스 교외의 녹야원(鹿野苑)에서 중도의 진리를 설했다. 다섯 사람은 고행을 그만둔 불타를 경멸하였으나, 드디어 불타의 설법에 감화되었다. 이것을 초전법륜(初轉法輪)이라고 한다. 법륜(法輪)이란 법의 바퀴를 굴린다〔轉法輪〕는 뜻으로, 가르침〔법〕을 펴는 것을 말한다. 이 초전법륜에 의하여 불타의 제자인 5인의 비구(比丘)가 나타나게 되어, 처음으로 불(佛)·법(法)·승(僧)의 불교교단이 성립하게 되었다.

초조대장경【初雕大藏經】처음 판각〔彫〕한 대장경. 고려는 거란〔契丹〕의 침입을 받아 곤경에 처했을 때 불력(佛力)으로 외적을 물리치기 위하여 대장경 간행에 착수하였는데, 초조대장경은 현종(顯宗, 1009-1031 在位)부터 문종(文宗, 1046-1083 在位)에 걸쳐 완성된 것으로, 대구 부인사(符仁寺)에 도감(都監)을 두고 『대반야경』 600권, 『화엄경』, 『금광명경』, 『묘법연화경』 등 6천여 권을 조조(雕造; 판각)하였다. 이 초조대장경은 1232년〔고종 19〕 몽골의 침입을 받아 병화(兵火)로 없어졌는데, 그 인쇄본이 우리나라에 약 300권, 대마도에 600권, 일본 교토 남선사에 1,800여 권이 남아 있다. 그 후 두 번째로 판각한 것이 해인사에 있는 고려대장경이다. 그래서 이것〔고려대장경〕을 일명 재조대장경(再彫大藏經)이라고 한다.

초지【初地】십지(十地)의 첫 번째. 즉 환희지(歡喜地)를 말함.

초출삼매【初出三昧】초입삼매(初入三昧)의 상대적인 말. 멸수상정(滅受想定)에서 나와 산심(散心)에 들어가고, 산심에서 일어나 멸수상정에 들어가고, 거기서 또 돌아와서 산심에 들어간다. 거기서부터 비유상비무상처정(非有想非無想處定)에 들어가고, 산심(散心) 중에 머물며, 또다시 산심 중에 일어나 무소유처정(無所有處定)에 들어가는데, 이렇게 차례로 식처정(識處定)·공처정(空處定)·4선정·3선정·2선정·초선정을 지나는 동안에 한 번씩 산심 중에 들어가며, 최후에는 또 산심 가운데 머무르는데, 이것이 모든 불보살의 초출삼매의 모습이다.

초팔【超八】〔英 Surpassing the eight other schools, as does the teaching of the Lotus and Nirvāṇa sūtras〕 천태학에서 『법화경』, 『열반경』의 교법을 말함. 이 교법은 화의사교(化儀四教)·화법사교(化法四教)를 뛰어넘어 그 안에 8교를 포함한 깊고 묘한 가르침이므로 초팔(超八)이라 한다.

촉【觸】〔梵 sparśa, 英 To butt, strike against; contact〕 감각기관〔根〕과 인식대상〔境〕과 인식주체〔識〕의 3자가 결합할 때에 최초로 생기는 미세한 마음작용. 인식대상으로부터의 자극에 의해 감각기관에 변화가 생기고, 그 결과 고(苦), 락(樂)이라는 감수작용이 일어나는데, 구체적으로 고락의 감정이 생기기 이전에 감각기관의 변화에 감촉되어 그 변화를 인지하는 마음작용이다. 대지법(大地法)의 하나, 오경(五境)의 하나, 십이인연(十二因緣)의 하나, 오변행심소(五遍行心所)의 하나이다.

촉배관【觸背觀】송(宋)의 보각(宝覺) 선사가 수좌를 제접(提接)할 때마다 반드시 손을 들고 묻기를 "주먹이라 하면 촉(觸)이요, 주먹이라 하지 않으면 배(背)한다. 꼭 맞힐 사람이 없느냐?"라고 하였다. 그래서 총림에서는 이것을 두고 촉배관이라 불렀다. 중국 송나라 혜홍(惠洪)의 『냉재야화』에 실려 있다.

촉지인【觸地印】〔梵 Bhūmisparśa-mudrā〕 파마인(破魔印)·경발지신인(驚發地神印)이라고도 한다. 왼손은 주먹을 쥐어 배꼽 위에 대고, 오른손은 땅으로 드리우면서 손바닥을 안으로 향하여 다섯 손가락을 펴는 결인. 이 인상(印相)은 부처님이 보리수 아래서 성도하실 때에 지신(地神)을 깨우쳐 증명케 한 데서 말미암은 것이다.

총남종【總南宗】조선 초기의 불교 종파의 하나. 조선 태종 7년〔1407〕에 밀교 계통의 총지종(摠持宗)과 율종계통의 남산종(南山宗)을 합하여 총남종이라 하였는데, 세종 6년〔1424〕에 이 총남종은 선종에 통합되었다.

총림【叢林】〔梵 Vindhyavana, 英 A thickly populated monastery〕 숲이 많이 우거진 것에 비유해서 참선자들이 한곳에 많이 모여 수행하는 장소를 총림(叢林)이라 한다. 주로 규모가 큰 선종 사원·선사(禪寺)를 총림이라고 하는데, 선림(禪林)이라는 말과 같다. 현재 우리나라에서 총림은 규정상 선원·율원·강원을 갖추고 있어야 한다. 해인총림·조계총림〔송광사〕·영축총림〔통도사〕·고불총림〔백양사〕·덕숭총림〔수덕사〕 등이 있다.

총문유식【總門唯識】법상교학에서 우주의 모든 현상은 무릇 심식(心識)의 현상으로 나타난 것이라고 말하면서, 그 모양을 설명할 적에 총문유식·별문유식의 2종을 세운다. 이 총문유식은 불리문(不離門)의 유식이라고도 하니, 오위백법(五位百法)의 어느 하나라도 심식(心識)을 떠나서는 실재성(實在性)이 없다고 한다.

총보【總報】〔英 General karma determining the species, race, and country into which one is born〕 과보(果報)가 모두 합하여서 이루어진 인간·소·말 등을 말함. 이에 대하여 사람 중에도 빈·부·귀·천의 차별이 있는 것은 별보(別報)라고 한다.

총본산【總本山】일제 때 한국불교를 총괄하던 최고 종무기관(宗務機關). 1911년에 반포된 조선사찰령(朝鮮寺刹令)에 따라 종래 우리나라에 있던 모든 사찰을 31본산(本山)으로 구획하고, 그 최고 기관으로 서울 태고사(太古寺)에 총본산을 두었다. 여기에는 한 사람의 종정(宗正)을 두어 모든 불교 문제를 다스렸다.

총상【總相】〔梵 samanyalakṣana, matra, 英 Universal characteristics of all phenomena, in contrast with 別相 specific characteristics〕 ①『화엄경』의 육상(六相) 가운데 하나. 만유를 하나〔一體〕로 관찰하는 평등적 방면으로서, 우주 삼라만상 가운데 크게는 산과 물과 대지에서, 작게는 한 포기의 풀, 한 그루의 나무에 이르기까지 그 가운데 일체의 소질과 요소와 공덕을 포함하고 있음을 말한다. 가옥(家屋)을 예로 든다면, 가옥에는 기둥·서까래·기와 등 여러 가지 부문이 있지만, 그것들이 모여서 한 가옥을 이루고 있으므로 총체로서의 한 가옥으로 보는 것을 총상이라 한다. ②일체 유위법(有爲法)에는 총상과 별상(別相)이 있다. 무상(無常) 무아(無我)처럼 일체에 통하는 것을 총상이라 한다. 그리고 땅은 성질(性質)이 딱딱하면 견고한 속성〔堅相〕이 있고, 물〔水〕은 습상(濕相)이 있는 것과 같은 것은 별상(別相)이라 한다.

총원【總願】〔英 Universal vows common to all Buddhas, in contrast with 別願 specific vows〕 별원(別願)에 상대되는 말로, 총괄적인 소원. 불·보살의 사홍서원(四弘誓願)과 같은 것을 말한다.

총지【總持】〔梵 Dharani〕 다라니(陀羅尼)라 음역(音譯). 선(善)을 잃지 않고, 악을 일어나지 않게 하는 것. 염(念)과 정(定)과 혜(慧)를 체(體)로 한다. 총지(總持)에는 법총지(法總持)·의총지(義總持)·주총지(呪總持)·인총지(忍總持) 등 4종 총지가 있다.

총지종【摠持宗】 ①진언밀교(眞言密敎)의 일파. 신라 문무왕 때의 고승인 혜통(惠通)이 당(唐)에 가서 비법을 배우고 665년〔문무왕 5〕에 돌아와서 세운 종(宗). 우리나라 밀교의 처음. 이 종의 유명한 도량은 개성 총지사, 전주 주석원, 경주 신충 봉성사 등이다. ②고려 말 조선 초기에 있었던 종파. 신라 문무왕(文武王) 때 혜통(惠通)이 개종(開宗)한 것이라고도 하는데, 고려시대에는 지념업(持念業)으로 통칭되어 오다가 후기에 이르러 총지종이라는 종파 이름으로 정착된 것으로 추정된다. 조선 태종(太宗) 7년〔1407〕에 11종파를 폐합하여 7종파로 하였을 때 남산종(南山宗)과 합하여 총남종(摠南宗)이 되었다.

최눌【最訥, 1717-1790】 조선 영조·정조 때의 스님. 자는 이식(耳食). 호는 묵암(默庵). 흥양(興陽) 사람. 14세 때에 징광사에서 승려가 되고, 만리(萬里)에게서 구족계를 받았다. 19세에는 조계의 풍암세찰(楓岩世察)에게 경을 배우고, 호암(虎巖)·회암(晦巖)·용담(龍潭)·상월(霜月)을 찾아가 배웠으며, 명진(明眞)에게 선지(禪旨)를 얻었다. 7, 8년 동안 선(禪)과 교(敎)를 연구하여 통달하였으며, 『화엄경』

의 대의(大意)를 총괄하여 『화엄품목(華嚴品目)』 1편을 만들고, 또 4교의 행상(行相)을 모아 『제경문답반착회요(諸經問答盤着會要)』 1편을 만들었다. 그는 당시 연담유일(蓮潭有一, 1720-1799)과 더불어 불심(佛心)과 중생심이 일원(一元)이냐 하는 문제를 놓고 논쟁을 벌인 것으로 유명하다. 저술로는 『묵암집(默庵集)』 3권, 『화엄과도(華嚴科圖)』·『제교문답(諸教問答)』·『반착회요(盤着會要)』 각 1권이 있으며, 문하(門下)에는 봉암낙현(鳳巖樂賢)·성봉장언(聖峯莊彦)·설곡관혜(雪谷冠慧)·사월극원(沙月極願)·서암혜학(西庵慧學) 등이 있음.

최상승론 【最上乘論】 당(唐)나라 때 홍인(弘忍, 602-675)이 지은 책. 자기의 마음을 지키는 일을 수도(修道)의 요점이라고 설명한 것. 내제(內題)는 '범취성도오해진종수심요론(凡趣聖道悟解眞宗修心要論)'이다. 내용은 14개조의 문답에 의탁하여 자심(自心)의 본래청정·불생불멸·본사(本師)인 것과 중생과 불(佛)의 동체(同體)·12부경(十二部經)의 종(宗)·삼세제불(三世諸佛)의 조(祖)·무기심(無記心)·아소심멸(我所心滅)·진심(眞心)의 의의(意義) 등을 논하고 있다.

최상승선 【最上乘禪】 자기 마음〔自心〕이 본래 청정하여 번뇌가 없고, 무루지성(無漏智性)이 본래 구족하여 이 마음이 곧 부처와 다름이 없다는 이치를 깨닫고, 이 이치에 의하여 닦는 선(禪). 여래의 말씀, 즉 경전의 가르침을 따른다고 하여 여래선(如來禪)·여래청정선(如來淸淨禪)이라고도 함.

최징 【最澄, 767-822】 일본 천태종의 개조. 시호는 전교대사(傳敎大師). 근강국(近江國; 滋賀縣) 출신. 성은 삼진수(三津首). 14세에 근강(近江)의 행표(行表) 밑에 출가, 785년에는 히예산에 들어가 초암(草庵)을 짓고 각종(各宗)의 경론(經論)을 연구하였다. 일승사상(一乘思想)에 기울었는데, 조정의 신불교정책을 배경으로 하여 신교단을 설립하였다. 804년에는 구카이(空海, 744-835)와 함께 당(唐)으로 갔다가 다음해에 돌아왔다. 806년 천태법화종으로서 독립했다. 그래서 남도(南都)의 불교계와의 사이에 심한 논쟁이 일어났다. 특히 법상종 덕일(德一)과 벌인 삼일권실(三一權實)의 논쟁은 유명하다. 그러나 천태종이 남도(南都)의 불교계에 대하여 참된 자주성을 갖추려면, 남도승강(南都僧綱)에 의한 계단(戒壇)의 독점을 깨고 히예산에 천태종 독자의 계단을 설치할 필요가 있었다. 최징은 대승계단 독립의 운동을 위하여 생애를 바쳤지만, 인가가 난 것은 그가 입적한 뒤의 일이다. 저서로는 『현계론(顯戒論)』, 『현계론연기(顯戒論緣起)』 등이 있다.

최후신 【最後身】 〔梵 antima-deha, 巴 antima-sarira, 英 The final body〕 ①최후유(最後有)라고도 함.

최후의 신체라는 뜻. 생사의 세계에 있어서 최후의 생존. 아라한을 말함. 이미 아라한 위에 도달하여 이 세상에 다시 돌아오지 않기 때문에 이렇게 말한다. ②생사윤회를 반복하지 않는 사람. 즉 성자. ③이미 부처님의 자리에 올라 다시 이 세상으로 돌아오지 않는 위치. ④이 세상에서 깨달음을 얻어 다시 태어나지 않는 것. 보살에 대해 말함. ⑤다음에 태어날 때는 부처가 된다고 하는 위치. ⑥등각(等覺)보살의 위치.

최후십념【最後十念】〔英 To call on Amitābha ten times when dying〕 죽음에 임했을 때 염불(念佛)을 열 번 하는 것. 열 번이란 숫자에 구애되지 말고 지성으로 염(念)하라는 뜻이다.『관무량수경(觀無量壽經)』에서는, 어리석은 사람이라도 임종에 임하여 아미타불을 열 번 생각하는 사이에 80억겁(億劫)의 생사죄(生死罪)를 소멸시키고 극락에 왕생한다고 설하고 있다.『관무량수경』9품 가운데 하하품(下下品)에 나온다.

최후일념【最後一念】 사람이 죽기 직전에 갖는 최후의 한 생각. 일생 동안 많은 악업을 지었다 해도, 참회하고 최후일념을 착하게 가지면 내생에 선(善)한 결과를 받게 된다고 한다.

추선【追善】「英 have similar meaning〕 죽은 사람의 명복을 기원하는 불교의식. 즉 살아 있는 사람이 죽은 사람의 명복을 빌기 위해 추후(追後) 선한 일을 행하는 것. 일반적으로 죽은 후 7일마다 49일 탈상까지 추선이 행해지는데, 이 의식에 참여하는 대중들에게 경전이나 금전을 보시하는 것도 추선의 하나이다.

축도생【竺道生, ?-434】 중국 송(宋)나라 때의 스님. 속성은 위(魏)씨, 거록(鉅鹿) 사람. 어려서부터 영특하여 축법태(竺法汰, 320-387)를 스승으로 삼았는데, 15세에 벌써 강석(講席)에 올랐다. 융안 때〔397-401〕에 여산(廬山)에 들어가 혜원(慧遠, 334-416)에게서 7년 동안 공부하였고, 뒤에 혜예(慧叡)·혜엄(慧嚴)·혜관(慧觀) 등과 함께 장안에 가서 구마라집(鳩摩羅什, 344-413) 문하에 있었다. 409년 다시 청원사에 있으면서 왕홍(王弘)·범태(范泰)·안연(顔延) 등의 귀의를 받았다. 한편『열반경』이 전해지기 전에 천제(闡提)가 성불(成佛)한다는 말을 주장하여 세상 사람들을 놀라게 하였다. 원가 11년 여산에서 입적했다. 저서로는『이제론(二諦論)』,『불성당유론(佛性當有論)』,『불무정토론(佛無淨土論)』,『법신무색론(法身無色論)』,『응유연론(應有緣論)』,『니원경의소(泥洹經義疏)』,『소품반야경의소(小品般若經義疏)』 등이 있다.

축도잠【竺道潛, 286-374】 중국 동진(東晋) 때 강남(江南)의 청담(淸談)이나 현학적인 귀족불교의 발전에 큰 공헌을 한 스님. 자는 법심(法深). 동진 초기의 실력자 왕돈(王敦)의 동생.

18세에 출가하여 중주(中州)의 유원진(劉元眞)에게 사사하고, 24세 때 『법화경』·『대품반야경』을 강의하였는데, 언제나 5백 명의 청중이 있었다. 그는 영가(永嘉)의 난을 피하여 남쪽으로 건너갔다. 건강에서는 원제(元帝)와 명제(明帝)를 비롯하여 승상인 왕도(王導), 태위(太尉)인 유량(庾亮)의 존숭을 받았다. 명제와 왕도가 죽은 후 회계(會稽)의 섬산(剡山)에 30년 동안 은거하였는데, 이 사이 애제(哀帝)의 청에 따라 건강에 나와서 『방광반야경』을 강의하였다. 후에 간문제(簡文帝)의 귀의를 받았고 유담(劉惔)과도 교류를 맺었다. 손작(孫綽, 311경-368경)은 『도현론(道賢論)』에서 그를 죽림칠현의 한 사람인 유령(劉伶)에 비하고 있다.

축법란【竺法蘭】중인도(中印度)의 스님. 후한(後漢) 명제(明帝) 영평 10년〔67〕에 가섭마등(迦葉摩騰)과 함께 중국 낙양(洛陽)에 와서 불교를 크게 알렸다. 『사십이장경(四十二章經)』을 번역하였는데, 이것이 중국 역경(譯經)의 처음이다. 가섭마등이 죽은 뒤에는 특히 역경에 주력하였다. 『소불본행경(所佛本行經)』 등 5부 13권의 번역이 있다. 낙양에서 60여 세로 입적했다.

축법호【竺法護; Dharmarakṣa, 231-308】중국 서진(西晋) 때의 대표적인 번역승. 월지인의 후예(後裔)로서, 돈황(敦煌)에서 출생했기 때문에 세상에서는 월지보살·돈황보살이라고 존칭되었다. 8세에 출가하여 축고좌(竺高座)를 스승으로 모셨는데, 당시 서역에 방등경전이 많다는 말을 듣고 스스로 서역으로 가서 많은 범본을 얻었으며, 도중에서 역출하면서 돈황으로부터 장안으로 들어가 태시(泰始) 원년〔265〕부터 영가 2년〔308〕 78세로 입적하기까지 약 40년간 역경에 종사하였다. 그는 『광찬반야경(光讚般若經)』, 『정법화경(正法華經)』, 『무량청정평등각경(無量淸淨平等覺經)』, 『현겁경(賢劫經)』 등 154부 309권을 번역함으로써 중국불교에 기여한 바가 지대하였다. 문인으로는 축법승(竺法乘)·축숙란(竺叔蘭)·지민도(支敏度)·백원(帛遠) 등이 있다.

축생【畜生】〔梵 tiryag-yoni, 巴 tirachāna-gata, 英 a beast; a brute, a dumb animal〕육취(六趣)·십계(十界)의 하나. 성질이 우둔해서 인간에게 길러지고 양육되는 것. 소·말 등의 포유동물. 또는 새와 물고기 등도 여기에 속한다. 성질이 어리석어서 탐욕·음욕만을 가지고 부모·형제의 구별도 없으며, 비교적 즐거움은 적고 고통이 많은 생물(生物). 짐승. 동물.

축성법회【祝聖法會】고려시대 때 임금의 장수(長壽)를 축원하기 위하여 각 절에서 베풀던 법회. 주로 임금의 생일에 행하였다. 축수도량(祝壽道場)이라고도 한다.

축원문【祝願文】①부처에게 축원하는 뜻을 적은 글. ②신에게 소원을 비는 무가(巫歌). 성조(成造) 축원, 고사(告祀) 축원 따위.

출가【出家】〔梵 pravrajita, 英 to leave home and become a monk or nun〕 파폐니야(波吠儞野)라 음역(音譯)한다. 번뇌에 얽매인 속세의 생활을 버리고 성자의 생활에 들어감. 또는 출가한 사람을 가리킨다. 불타의 제자에는 출가(出家)와 재가자(在家者) 두 종류가 있다. 재가의 남성 신자를 우바새(優婆塞; upāsaka), 여성 신자를 우바이(優婆夷; upāsikā)라 한다. 또 출가한 남성 수행자를 비구(比丘), 출가한 여성 수행자를 비구니(比丘尼)라고 한다. 출가 수행자는 신자(信者)의 시물(施物)에 의해서 생활을 하면서 수행에 전념하였다.

출삼장기집【出三藏記集】중국 남조(南朝) 양(梁)나라 승우(僧祐, 444-518)가 편집한 것으로, 15권. 『승우록(僧祐錄)』이라고도 한다. 동한(東漢)에서 양(梁)에 이르기까지 번역된 경(經)·율(律)·론(論)의 연기(緣起)·목록(目錄)·서기(序記)·발문(跋文), 번역한 이의 전기(傳記) 등을 기록한 것으로, 경론의 목록으로는 가장 권위 있는 책인 동시에 역경사(譯經史)의 연구에 많은 자료를 제공하고 있다.

출세【出世】〔梵 upāda, naiśkarmya, 英 Appearance in the world; To leave the world; Beyond, or outside this world〕 ①불보살이 중생을 제도하기 위하여 사바세계로 나옴. 속세에 나가서 세상 사람들을 교화하는 것. ②세속을 버리고 불도(佛道) 수행에 들어감. ③입신양명하여 훌륭하게 됨. ④숨어 있던 사람이 세상에 나옴.

출세간【出世間】〔梵 loka-uttara, 巴 lokuttara, 英 To go out of the world〕 ①세간〔세속〕을 뛰어넘는다는 뜻으로, 번뇌망상과 미혹된 세간을 버리고 무위적멸(無爲寂滅)·해탈의 세계로 들어가는 것을 말함. ②티끌세상을 벗어남. 세상을 벗어나 불도 수행에 들어감.

출세간법【出世間法】〔梵 loka-uttara-dharma〕 세간〔세속〕을 벗어난 가르침이란 뜻으로 불교의 가르침, 불법(佛法)을 말함. 생사로부터 해탈하기 위하여 닦는 사제(四諦)·육바라밀 등의 법을 말함.

출세간지【出世間智】〔梵 loka-uttarajñāna〕 초세간적인 지혜. 삼지(三智)의 하나. 역사를 초월하여 언제나 진실한 지혜.

출요경【出曜經】〔梵 udānavarga, 西 ches-du brjod-paḥi tshoms〕 『출요론(出曜論)』이라고도 한다. 인도의 달마다라(達摩多羅)가 짓고, 동진(東晋) 때〔398-399〕 축불념(竺佛念)이 번역함. 30권. 계빈국의 승가발징(僧伽跋澄)이 범본(梵本) 경전을 가지고 장안에 와서 번역을 시작하였다.

발징(跋澄)은 범본을 읽고, 축불념은 중국말로 옮기고, 도억(道嶷)이 받아 쓰고 하여, 399년〔후한 홍시 1〕에 번역을 마쳤다. 출요(出曜)는 비유(譬喩)라는 뜻. 1부 34장(章). 불교의 중요한 뜻을 비유로 설명한 것이다.

출전진여【出纏眞如】〔英 The Unfettered, or free bhūtatathatā〕 재전진여(在纏眞如)와 상대되는 말. 전(纏)은 속박. 번뇌 속에 가려 있는 진여를 재전진여(在纏眞如)라 하고, 번뇌의 가림이 없어진 진여를 출전진여(出纏眞如)라 한다.

출정【出定】〔梵 vyutthāna, 英 To come out of the state of dhyāna〕 ①선정(禪定)에 들었다가 그만두고 자리에서 일어남. ②오랫동안 마음공부만 열중하다가 중생제도를 위해 세간으로 들어가는 것.

출진【出塵】〔英 To leave the dusty world of passion and delusion〕 ①세속생활의 삼독과 오욕의 경계를 벗어남. ②번뇌망상의 티끌에서 해탈함. ③세속을 버리고 출가 수도함. ④세속을 살면서도 항상 청정하여 뭇 사람들의 모범이 됨.

충담사【忠談師】 신라 35대 경덕왕〔742-765 在位〕 때의 스님으로, 향가(鄕歌)에 능하였다. 『삼국유사』에는 그가 지었다는 찬기파랑가(讚耆婆郎歌)와 안민가(安民歌)가 실려 있다. 찬기파랑가는 화랑인 기파랑(耆婆郎)을 찬미하기 위하여 지었고, 안민가(安民歌)는 경덕왕의 부름을 받고 귀정문(歸正門) 누각에서 왕을 맞이하여, 삼중(三重)·중구(重九)일에 미륵세존(彌勒世尊)에게 드리던 차를 끓여 왕에게 권하고 왕명을 받아 지었다고 한다.

취【取】〔梵 kleśa, upādāna, 巴 uggahaṇa, 西 ne bar len pa, ṅon moṅs pa, 英 To grasp, hold on to, held by, be attached to, lov.〕 12인연의 하나. 애(愛)에 따라 일어나는 집착. 또 애(愛)의 다른 이름. 번뇌의 총칭.

취결【取結】〔梵 parānarśa-saṃyojana, 西 mchog tu ḥdsin paḥi kun tu sbyor ba〕 ①번뇌의 다른 이름. ②견(見)과 견(見)의 소의(所依)인 육체를 최상으로 보는 견해와 계(戒)·금(禁) 및 그 양자 또는 그들의 소의(所依)인 육체를 청결한 것, 해탈한 것이라고 보는 견해를 합쳐서 취결(取結)이라 한다.

취모검【吹毛劍】〔英 Name of a sharp sword, or Excalibur, that would sever a falling feather; to blow hair or fur〕 칼날 위로 털을 불면 그 털이 금방 잘라져 버릴 정도로 예리한 명검. 깨달음의 지혜. 또는 부처님의 지혜를 비유하여 말한 것이다.

취상【取相】〔梵 āyāna, 英 The state of holding to the illusions of life as realities〕 대상의 형상(形相)에 집

착하여 버리지 않고, 생사와 열반의 대립상(對立相)에 잡혀 망견(妄見)을 낳는 것. 대상의 형상은 본래 비어 있어 진실한 것이 아니고, 단지 심식(心識)의 망구(妄構)이다.

취인가설론【取因假說論】인도의 진나(陳那; Dignāga, 480경-540경)가 지은 것을 중국 당(唐)나라 때〔A.D.703〕의정(義淨, 635-713)이 번역함. 1권. 만물이 어떤 원인에 의해서 임시로 성립한 것임을 설한다. 취인가설(取因假說)이란 인(因)을 취해서 방편으로 가립한다는 의미이다. 이와 같이 세속적으로 무엇이 존재한다는 것은 가설(假說)로서 그것들이 같다든지〔一性〕, 다르다든지〔異性〕, 또는 존재하지 않는다든지〔非有〕하는 데에 집착하지 않아야 한다고 설하고 있다. 취인가설(取因假說)에는 총취(總聚)·상속(相續)·분위차별(分位差別) 셋이 있다. 이 3위는 다만 임시로 세운 것으로서 일성(一性), 이성(異性) 혹은 무성(無性)이라고 말할 수 없으며, 그렇게 말하는 것은 오류이다. 이렇게 총설한 후 13송의 게송을 싣고 취인가설의 뜻을 자세히 해명한다.

치문【緇門】①치의(緇衣; 검은 옷)를 입는 승려의 일문(一門)이라는 뜻으로, 불문(佛門)을 말함. ②책 이름. 『치문경훈(緇門警訓)』의 약칭. 치문경훈 항목을 참조할 것.

치문경훈【緇門警訓】승가생활과 훈계를 적은 책. 10권. 이 책은 어느 한 사람이 한때에 지은 것이 아니라, 여러 시대 여러 사람의 손을 거쳐 만들어졌다. 최초의 것으로는 당말(唐末)에 이미 이룩된 『치림보훈(緇林宝訓)』〔1권, 저자 未詳〕이 있었다. 이를 토대로 하여 1313년〔元 仁宗 皇慶 2〕에 환주지현(幻住智賢)선사가 북송·양·진(晋)·수(隋)·당(唐)·송(宋)·명대(明代)에 이르기까지 명승 고덕의 유편(遺編)과 공경대부(公卿大夫)의 아고(雅誥)를 철집증보(掇輯增補)하여 『치문경훈(緇門警訓)』〔9권〕이라 이름을 고쳤다. 그 후 1470년〔明 憲宗 成和 6〕가화부(嘉禾府) 진여강사(眞如講寺)의 여근(如巹)이 다시 『치문경훈속집(緇門警訓續集)』1권을 증보하여 모두 10권으로 하고, 공곡경륭(空谷景隆)의 서(序)와 애은각준(崖隱覺濬)의 서(序)를 받고 다시 자서(自序)를 붙여 중간(重刊)한 것이 있다. 우리나라에는 1348년〔충목왕 4〕에 태고선사(太古禪師, 1301-1382)에 의하여 전입되었는데, 이로부터 30년 후인 1378년〔우왕 4〕에 명회(明會)와 도암(道庵)의 주선으로 각판유포(刻板流布)되었다. 그 후 조선시대에 이르러 백암성총(栢庵性聰, 1631-1700)이 1695년 지리산 쌍계사에서 상·중·하 3권으로 간행하였다.

치선병비요법【治禪病秘要法】중국 북량(北涼)의 저거경성(沮渠京聲)이 번역. 2권. 『치선병비요경(治禪病秘要

經)』·『선요비밀치병경(禪要秘密治病經)』·『치선병비요법경(治禪病秘要法經)』·『치선병비요(治禪病秘要)』라고도 한다. 선수행을 할 때에 심신(心身)이 갖가지 병폐를 발(發)하는 것을 설하여, 이것을 대치(對治)하는 방법을 설명한 것으로, 전부 12법(法)으로 되어 있다.

치심【痴心】〔西 gti mug gi sems, 英 An unenlightened mind, ignorance darkening the mind〕 삼독심(三毒心)의 하나. 어리석은 생각, 무지(無知)한 생각. 사리(事理)를 바르게 볼 줄 모르는 바보 같은 마음.

칙수백장청규【勅修百丈淸規】 칙수청규(勅修淸規)라고도 약칭함. 8권. 원(元)나라 지원(至元) 원년(元年)에 시작하여 4년〔1338〕에 완성됨. 백장산(百丈山) 동양덕휘선사(東陽德輝禪師)가 당대(唐代) 백장산 회해선사(懷海禪師, 720-814)가 지은 백장청규(百丈淸規)의 산일(散佚)을 모아서 지은 송대(宋代) 자각종색(慈覺宗賾)의 『선원청규(禪苑淸規)』, 그리고 함순청규(咸淳淸規)와 원대(元代)의 지대청규(至大淸規) 등 여러 청규를 고증하여 편찬한 청규임. 칙명에 의하여 『백장청규』의 모습을 복원했다고 하여 『칙수백장청규』라고 했으나, 백장선사가 제정한 청규와는 다른 부분이 많다. 그러나 한편으로는 현행 청규의 모습을 고증해 볼 수 있는 중요한 자료이기도 하다.

친란【親鸞, 1173-1262】 일본 가마쿠라(鎌倉)시대 초기의 스님. 정토진종(淨土眞宗)의 개조(開祖). 9세에 출가하여 청년시대를 히예산(比叡山)에서 수행했고, 1201년 29세 때 법연(法然, 1133-1212)에게 입문하여 전수염불(傳修念佛)의 신앙에 귀의했다. 당시 작공(綽空)이라 불렀으나 뒤에 선신(善信)으로 고쳤다. 1207년〔土御門 承元 1〕 조정으로부터 전수염불(傳修念佛)이 정지(停止)되어 법연을 비롯한 제자들이 유죄(流罪)에 처해졌는데, 친란도 월후국(越後國)에 유배되었다. 그때부터 호를 우독(愚禿), 이름을 친란이라 하고 비승(非僧) 비속(非俗)의 생활을 보냈다. 유배생활 4년 후 사면되었으나 그대로 월후국에 머물렀다. 그 사이 삼선위칙(三善爲則)의 딸 혜신니(惠信尼)와 결혼하였으며, 1214년〔順德 建保 2〕 처(妻)를 데리고 관동(關東)에 이주하여 포교와 저술을 했다. 이 스님이 일본 최초의 취처승이다. 그는 이후 적극적으로 결혼을 장려하여, 제자들은 물론 일본불교 각 종파가 거의 결혼하게 되었다. 1224년 『교행신증(敎行新證)』 6권을 지어 정토진종(淨土眞宗)을 열었고, 1262년〔龜山 弘長 2〕 12월 28일에 90세로 입적했다고 한다. 후에 명치천황으로부터 견진대사(見眞大師)라는 시호를 받았다. 저서로는 『교행신증』·『정토문류취초(淨土文類聚鈔)』·『정토화찬(淨土和讚)』 등이 있다.

친소연연【親所緣緣】유식학에서 마음의 대경(對境)을 소연(所緣; ālambana)이라 하고, 대경은 마음에 대한 연(緣)이 되어 심작용(心作用)을 일으키므로 소연연(所緣緣; alambanam; adhipatipratyaya)이라 한다. 이렇게 생각해 아는 마음의 작용인 견분(見分)에 대하여, 그의 직접 대경인 상분(相分)을 친소연연(親所緣緣)이라 한다.

칠각분【七覺分】〔梵 sapta-sambodhyangāni, 英 Seven characteristics of bodhi〕열반에 이르기 위하여 닦는 도행(道行)의 종류에 37종이 있는데, 그 가운데 제6. 칠보리분(七菩提分)·칠각지(七覺支)·칠각의(七覺意)·칠각(七覺)이라고도 한다. 불도(佛道)를 수행하는 데 있어서, 지혜로써 참되고 거짓된 것, 선하고 악한 것을 살펴서 골라내고 알아차리는 데 7종이 있다. 1. 택법각분(擇法覺分); 지혜로 모든 법을 살펴서 선한 것은 골라내고 악한 것은 버리는 것. 2. 정진각분(精進覺分); 여러 가지 수행을 할 때에 쓸데없는 고행은 그만두고, 바른 도에 전력하여 게으르지 않는 것. 3. 희각분(喜覺分); 참된 법을 얻어서 기뻐하는 것. 4. 제각분(除覺分); 그릇된 견해나 번뇌를 끊어 버릴 때에, 능히 참되고 거짓됨을 알아서 올바른 선근(善根)을 기르는 것. 5. 사각분(捨覺分); 바깥 경계에 집착하던 마음을 여읠 적에 거짓된 것, 참되지 못한 것을 추억하는 마음을 버리는 것. 6. 정각분(定覺分); 정(定)에 들어서 번뇌망상을 일으키지 않는 것. 7. 염각분(念覺分); 불도를 수행함에 있어서 잘 생각하여 정(定)·혜(慧)를 고르게 하는 것이다. 만일 마음이 혼침(昏沈)하면 택법각분(擇法覺分)·정진각분(精進覺分)·희각분(喜覺分)으로 마음을 일깨우고, 마음이 들떠서 흔들리면 제각분(除覺分)·사각분(捨覺分)·정각분(定覺分)으로 마음을 고요하게 한다.

칠각의【七覺意】칠각분(七覺分) 항목을 참조할 것.

칠각지【七覺支】칠각분(七覺分) 항목을 참조할 것.

칠난【七難】〔英 The seven calamities in the 仁王經 受持品〕7종의 어려움.『인왕경(仁王經)』에서는, 1. 일월(日月)이 도수(度數)를 잃는 어려움, 2. 성수(星宿)가 도수를 잃는 어려움, 3. 재화난(災火難), 4. 우수난(雨水難), 5. 악풍난(惡風難), 6. 항양난(亢陽難), 7. 악적난(惡賊難) 등을 칠난(七難)이라고 한다.『약사경(藥師經)』에서는, 1. 인민질역난(人民疾疫難), 2. 타국침핍난(他國侵逼難), 3. 자계반역난(自界叛逆難), 4. 성수변괴난(星宿變怪難), 5. 명부식난(明簿蝕難), 6. 비시풍우난(非時風雨難), 7. 과시풍우난(過時風雨難) 등을 들고 있다. 한편『관음의소(觀音義疏)』상(上)에서

는, 1. 화난(火難), 2. 수난(水難), 3. 나찰난(羅刹難), 4. 왕난(王難), 5. 귀난(鬼難), 6. 가쇄난(枷鎖難), 7. 원적난(怨敵難) 등을 들고 있다.

칠당가람【七堂伽藍】7종의 건물을 갖추고 있는 절. 각 종파마다 조금씩 다르다. ①선종의 7당; 불전(佛殿)·법당(法堂)·승당(僧堂)·고원(庫院; 庫裡; 廚庫)·산문(山門; 三門)·욕실(浴室; 宣明)·동사(東司; 東淨; 西淨). ②진언종의 7당; 오중탑(五重塔)·금당(金堂)·강당(講堂)·종루(鐘樓)·경장(經藏)·대문(大門)·중문(中門). ③당(唐)나라 양식의 7당; 보탑(寶塔)·불전(佛殿)·종루(鐘樓)·고루(鼓樓)·삼문(三門)·서방장(西方丈)·동방장(東方丈). ④천태종의 7당; 쌍륜당(雙輪堂)·중당(中堂)·강당(講堂)·계단당(戒壇堂)·상행당(常行堂)·법화당(法華堂)·문수루(文殊樓) 등이다.

칠대【七大】〔英 Earth, water, fire, wind, space, sight, and perception〕 색(色)·심(心) 등 모든 법(法)의 체성(體性)을 7종으로 나눈 것. 지대(地大)·수대(水大)·화대(火大)·풍대(風大)·공대(空大)·견대(見大)·식대(識大) 등이다.

칠대돈점【七對頓漸】중국 청량국사(淸凉國師) 징관(澄觀, 738-839)은 수행하는 문(門)으로 7가지를 밝혔는데, 돈오점수(頓悟漸修)·점수돈오(漸修頓悟)·점수점오(漸修漸悟)·돈오돈수(頓悟頓修)·돈수돈오(頓修頓悟)·수오일시(修悟一時)·구본일체(具本一切)가 그것이다. 돈오점수는 몰록 깨닫고〔인식하고〕 난 다음 차츰차츰 닦아 나가는 방법. 즉 자성(自性)이 본래 없는 이치를 인식한 다음 차츰차츰 수학해서 거기에 합일〔도달〕하는 것. 이것을 해오(解悟)라고 함. 점수돈오는 증오(證悟)로서 차츰차츰 닦아 올라가다가 어느 시점에 몰록 깨닫는 방법. 점수점오는 차츰차츰 닦고 차츰차츰 깨달아 가는 방법. 증오(證悟). 이상 세 가지는 점삼문(漸三門)으로 애써 수행하는 노수행문(勞修行門)이다. 다음으로 돈오돈수란 한 번에 몰록 깨닫고〔인식하고〕 난 다음 몰록 닦는 방법. 돈오란 확연돈오함을 뜻하고, 돈수는 점차적인 닦음을 거치지 않아도 한 번에 합도(合道)함을 가리킴. 돈수돈오(頓修頓悟)는 한 번에 몰록 닦고 몰록 깨닫는 것. 돈수돈오는 심성(心性)을 보아 깨닫는 것이니, 여기의 오(悟)는 증오(證悟)이다. 수오일시(修悟一時)는 닦음과 깨달음이 동시에 이루어지는 것. 수오일시는 무심히 관조(觀照)하는 것마저 놓아두는 정혜쌍운(定慧雙運)이다. 이상 3가지는 상근(上根)의 이지수행문(理知修行門)이다. 본구일체(本具一切)는 본래부터 갖추고 있다는 뜻으로, 본래 일체 불법(佛法)을 갖춘 것을 '돈(頓)'이라 하고, 일념에 모든 행(行)이 구족되어 있는 것을 '수(修)'라 함. 숙세인연을 통해 원숙해진 상상근기(上上根機)로서 사지현전(事智現前)함을 이른다.

칠루 【七漏】 7종의 번뇌. 1. 견루(見漏); 견도(見道)에서 끊는 여러 가지 사견(邪見). 2. 수루(修漏); 수도(修道)에서 끊는 탐(貪)·진(瞋)·치(痴) 등. 3. 근루(根漏); 오근(五根)에서 생기는 번뇌. 4. 악루(惡漏); 악한 일, 악한 법으로 생기는 번뇌. 5. 친근루(親近漏); 의복·음식·방사·의약 등을 가까이함으로써 생기는 번뇌. 6. 수루(受漏); 고(苦)·락(樂)·사(捨)의 3감각은 탐·진·치를 내므로 수루라 함. 7. 염루(念漏); 사념(邪念)은 번뇌를 내는 것이므로 염루라 한다. 수루와 염루는 번뇌의 원인이 되므로 루(漏)라 한다.

칠류 【七流】 성문(聲聞)의 계위(階位)에 대하여 번뇌를 끊는 깊고 얕은 정도에 따라 사향(四向; 須陀洹向·斯陀含向·阿那含向·阿羅漢向) 사과(四果; 須陀洹果·斯陀含果·阿那含果·阿羅漢果)로 나누고, 이 사과(四果)의 성자가 수행할 때에 끊는 번뇌를 7종으로 나눈 것. 1. 견제소멸류(見諦所滅流); 예류과(預流果; 수다원과)의 성자가 견도(見道)에 들어가면서 끊는 욕계의 견혹(見惑). 2. 수도소멸류(修道所滅流); 일래과(一來果; 사다함과)·불환과(不還果: 아나함과)의 성자가 수도(修道)에 들어가서 끊는 욕계의 사혹(思惑). 3. 원리소멸류(遠離所滅流); 아라한과의 성자가 사제(四諦)의 관(觀)으로 남음이 없이 끊는 견혹(見惑)·사혹(思惑). 4. 수사소멸류(數事所滅流); 아라한과의 성자가 오온·십이처·십팔계의 모든 법이 모두 공적한 것이라 관하여, 견혹·사혹을 끊고 삼계에 유전하는 고(苦)를 면하는 것. 5. 사소멸류(捨所滅流); 아라한과의 성자가 오온(五蘊) 등의 법이 공하다고 관(觀)하는 동시에 관하는 마음도 공하여 버리는 것. 6. 호소멸류(護所滅流); 아라한과의 성자가 이미 무학과(無學果)에 이르렀으나 물러나게 될까 두려운 마음으로 수호함으로써, 견혹·사혹의 습기(習氣)조차도 일어나지 못하도록 하는 것. 7. 제복소멸류(制伏所滅流); 아라한과의 성자가 몸이 아직 남아 있으므로, 견혹·사혹의 습기가 있는 것을 제복(制伏)하여 영구히 일어나지 못하도록 노력하는 것.

칠멸쟁 【七滅諍】〔梵 Saptādhikaraṇa-śamatha, 英 Seven rules given in the Vinaya for settling disputes among the monks〕 율종(律宗)에서 사쟁(四諍)을 일으켰을 적에, 칠멸(七滅)의 약으로 멸(滅)하는 것. 1. 현전비니(現前毘尼); 쟁론자를 대면케 하여 시비를 판단하는 율법. 2. 억념비니(憶念比尼); 다른 이가 범한 허물에 대하여 쟁론이 일어났을 때에, 다른 이들로 하여금 그 소행을 기억 증명케 하여 범하고 범치 않았음을 결정하는 율법. 3. 불치비니(不

痴毘尼); 비구가 미친병으로 범한 죄를 허물하지 않고, 병이 나은 뒤에 다시 범하지 아니함을 보고 불치갈마를 주어서, 계를 설할 때에 대중에 참석케 하는 율법. 4. 백언비니(白言毘尼); 죄를 지었을 때에, 스스로 지은 죄를 고백하여 쟁론을 그치게 하는 율법. 5. 다어비니(多語毘尼); 쟁론이 오래 계속될 때에 사라(舍羅)를 행하여 다수결로 결정하는 율법. 6. 죄처소비니(罪處所毘尼); 비구가 죄를 짓고 자백하지 않을 경우에 백사갈마(白四羯磨)로 벌을 주고, 자복(自服)하기를 기다려 해결하는 율법. 7. 초부지비니(草覆地毘尼); 비구들이 양편으로 갈려서 쟁론할 때에, 각각 상좌(上座)를 뽑아내 대표로 의견을 말하여 쟁론을 쉬게 하는 율법 등이다.

칠방편【七方便】〔英 The seven expedient; The seven vehicles〕 성자의 위〔見道〕에 들기 전의 삼현위(三賢位)와 사선근위(四善根位)의 일곱가지 위(位). ①소승(小乘)의 칠현위(七賢位). 견도(見道)의 성위(聖位)에 들어갈 준비시대이므로 칠방편이라 한다. ②천태학에서 『법화경』「약초유품(藥草喩品)」에 있는 3초(草) 2목(木)의 뜻으로 말하는 것. 인승(人乘)·천승(天乘)·성문승(聲聞乘)·연각승(緣覺乘)·장교(藏敎)·통교(通敎)·별교(別敎)의 보살승(菩薩乘) 등.

칠번공해【七番共解】중국 수(隋)나라 때 스님인 천태지의(天台智顗, 538-597)가 명(名)·체(體)·종(宗)·용(用)·교(敎)의 오중현의(五重玄義)를 해석하는 데 쓰던 규범. 1. 표장(標章); 이름을 표시하는 것. 2. 인증(引證); 경문을 인용하여 증거하는 것. 3. 생기(生起); 생겨나는 차례를 밝히는 것. 4. 개합(開合); 글의 내용을 여러가지로 해부하여 알기 쉽게 하는 것. 5. 요간(料簡); 묻고 답하는 형식으로 이치를 연구하는 것. 6. 관심(觀心); 실제로 관심 수행하는 것. 7. 회이(會異); 다른 견해를 해부하여 나와 남의 의견이 일치함을 보이는 것.

칠법【七法】〔英 The seven (unavoi dable) things〕 (1) 1. 선과 악의 구업(口業). 2. 선과 악의 신업(身業). 3. 무표업(無表業)의 선. 4. 무표업의 악. 5. 수용(受用)에서 생기는 공덕. 6. 수용에서 생기는 죄. 7. 사(思)를 말함. (2) 1. 자주 모이고 많이 모임. 2. 함께 일어서서 교단의 행사를 행함. 3. 제정된 가르침을 지킴. 4. 장로·지도사를 존경하고, 그 말을 들음. 5. 애욕(愛欲)을 만들지 않음. 6. 삼림(森林)에 거(居)함. 7. 홀로 정념(正念)에 머무르고, 동행자가 오면 마음 좋게 거(居)하게 함.

(3) 칠불퇴법(七佛退法)과 같음. 1. 자주 집회를 열고 많이 모임, 2. 함께 일어나서 해야 할 일을 함, 3. 예부터 전해 내려오는 법에 따라 행동함, 4. 고로(古老)를 존경하고 그 말을 들음, 5. 종족(宗族)의 부녀 동녀에게 폭력을

가하지 않음, 6. 영묘(靈廟)를 이전의 법에 따라 공양함, 7. 아라한을 보호하고 존경함 등이다.

칠보【七寶】〔梵 sapta-ratna, 巴 satta-ratana, 英 The seven treasures〕 7종의 보옥(寶玉). 『아미타경』에서는 금(金)·은(銀)·유리(琉璃)·파려(玻瓈)·차거(硨磲)·적주(赤珠)·마노(碼瑙)를 들고 있고, 『법화경』「보탑품(寶塔品)」에서는 파려 대신 매괴(玫瑰)를 들고 있다. 또한 금·은·유리·마노·차거·호박(琥珀)·산호(珊瑚)를 칠보라고 하는 경우도 있다.

칠불【七佛】〔英 The seven ancient Buddhas viz〕 과거의 7불(佛). 석존 이전에 나타난 6불, 즉 비바시불(毘婆尸佛; Vipassin)·시기불(尸棄佛; Sikhin)·비사부불(毘舍浮佛; Vessabhin)·구류손불(俱留孫佛; Koṇdañña)·구나함모니불(拘那含牟尼佛; Konāgamana)·가섭불(迦葉佛; Kassapa)에 석가모니불(釋迦牟尼佛)을 더하여 7불이라 한다. 이 가운데서 앞의 3불(三佛)을 과거장엄겁(過去莊嚴劫)의 삼불(三佛)이라 하고, 뒤의 4불을 현재현겁(現在賢劫)의 사불(四佛)이라 한다.

칠불통계게【七佛通戒偈】한 부처님만이 아니라 칠불(七佛)이 공통으로 금계(禁戒)의 근본으로 삼는 게문(偈文). "제악막작(諸惡莫作) 중선봉행(衆善奉行) 자정기의(自淨其意) 시제불교(是諸佛教)"의 사구게(四句偈)이다. 곧 "나쁜 짓은 하지 말고, 착한 일만 행하여서, 내 마음이 깨끗하면 이를 일러 불교라네."라는 뜻이다.

칠성【七星】〔英 Ursa major〕 ⑴ 북두칠성(北斗七星), 즉 탐랑(貪狼)·거문(巨門)·녹존(祿存)·문곡(文曲)·염정(廉貞)·무곡(武曲)·파군(破軍)의 일곱별을 말한다. 도교에서는 칠성이 인간의 길흉화복을 맡았다 하며, 이것이 곧 칠성여래·칠원성군(七元星君)이라 한다.

⑵ 칠정(七政). 즉 일(日)·월(月)·목성(木星)·화성(火星)·토성(土星)·금성(金星)·수성(水星)을 칠성이라 한다.

칠식【七識】법상교학(法相教學)에서 우리의 심식(心識)을 8종으로 나눈 가운데, 제7 말나식(末那識), 제6 의식(意識), 전5식(前五識)을 말한다. 또 제7 말나식(末那識; the seventh vijñana; manas)만을 말하기도 한다.

칠십오법【七十五法】〔英 The seventy five dharmas of the Abhidharma kośa〕 설일체유부(說一切有部), 또는 구사종(俱舍宗)에서 우주만유의 실체를 75의 요소(要素)로 분류한 것. 유위법(有爲法)으로 색법(色法) 11〔五根·五境·無表色〕, 심법(心法) 1, 심소유법(心所有法) 46〔大地法 10·大善地法 10·大煩惱地法 6·大不善地法 2·小煩惱地法 10·不定地法 8〕, 심불상응법(心不相應法) 14이고, 무위법(無爲法) 3〔虛空無爲·擇滅無爲·非擇滅

無爲〕 등이다.

칠엽굴【七葉窟】〔英 The crag at Rājagṛha on which the 'seven-leaf tree' grew, in the cave beneath which the first 'synod' is said to have been held after the Buddha's death, to recall and determine his teaching〕 필발라굴(畢鉢羅窟)이라고 음역. 중인도 마갈타국 왕사성 교외(郊外)에 있던 석굴(石窟). 석존이 입멸한 뒤 제1결집을 행한 곳이다.

칠유【七喩】〔英 The seven parables of the Lotus sūtra〕 일곱 가지의 비유. ①『법화경』에서는 화택유(火宅喩)·궁자유(窮子喩)·약초유(藥草喩)·화성유(化城喩)·의주유(衣珠喩)·계주유(髻珠喩)·의자유(醫子喩)의 일곱 가지 비유가 나오는데, 차례대로 「비유품(譬喩品)」·「신해품(信解品)」·「약초유품(藥草喩品)」·「화성유품(化城喩品)」·「수기품(授記品)」·「안락행품(安樂行品)」·「수량품(壽量品)」에 있다. ②『정명경(淨明經)』에서는 우물을 생사(生死), 코끼리는 무상(無常), 악룡은 악취(惡聚), 다섯 독사는 오온(五蘊), 썩은 넝쿨은 목숨, 두 마리의 쥐는 전 보름〔白月〕 후 보름〔黑月〕, 꿀방울은 오욕락(五慾樂)에 비유하고 있다. 그 줄거리는 옛날 어떤 죄인이 도망하였으므로, 왕이 사나운 코끼리를 시켜 쫓게 하였다. 죄인이 위급함을 피하기 위하여 마른 우물에 들어가다가 중간에서 썩은 넝쿨을 붙들었다. 밑에는 악한 용(龍)이 있고, 그 옆에는 다섯 마리 독사가 있고, 희고 검은 두 마리 쥐가 넝쿨을 갉아먹어 끊어지게 되었는데, 위에는 코끼리가 지키고 있다. 그런데도 머리 위에 나무가 하나 서 있어, 거기서 달콤한 꿀방울이 떨어져 입에 들어오자, 그 맛에 끌려 자기가 어려운 처지에 놓여 있는 것도 잊어버렸다는 것이다.

칠정【七情】〔英 The seven emotions〕 사람의 일곱 가지 감정과 심리상태를 가리킨다. 불교의 『석씨요람(釋氏要覽)』에서는 희(喜)·로(怒)·우(憂)·구(懼)·애(愛)·증(憎)·욕(欲)을 칠정으로 하고, 도교(道敎)에서는 희(喜)·로(怒)·애(哀)·락(樂)·애(愛)·오(惡)·욕(欲)을 칠정(七情)으로 하고, 유교(儒敎)의 경전인 『예기(禮記)』「예운(禮運)」에서는 희·로·애·구·애·오·욕을 칠정이라 한다.

칠조가사【七條袈裟】〔梵 uttarāsaṅga〕 울다라승(鬱多羅僧)이라 하는데, 상착의(上着衣)라고 번역한다. 삼의(三衣) 가운데 중의(中衣)를 말한다. 그 조수(條數)를 계산하여 칠조(七條)라 한다.

칠종【七宗】 일곱 종파. 고려 말에서 조선 초에 있던 조계종(曹溪宗)·천태종(天台宗)·총남종(摠南宗)·화엄종(華嚴宗)·중신종(中神宗)·시흥종(始興宗)·자은종(慈恩宗)의 일곱 종파를 말한다. 조선 세종(世宗, 1418-

1450 在位) 때 와서 불교 종파의 정리를 단행하여 앞의 3종을 선종(禪宗)으로, 뒤의 4종을 교종(敎宗)으로 통합하였다.

칠종부정【七種不淨】〔英 The seven kinds of uncleanness〕 불도(佛道)에 들어가는 데 방해되는, 우리 몸에 대한 집착을 떼기 위하여 방편(方便)으로 닦는 7종의 부정관(不淨觀). 1. 종자부정(種子不淨); 종자에 대한 부정관. 내적(內的)인 과거의 업번뇌(業煩惱)와 외인(外因)인 부모의 정혈(精血)이 모두 부정한 것. 2. 수생부정(受生不淨); 우리가 태(胎)에 드는 것은 부모 교합(交合)의 부정한 결과로 부정(父精)·모혈(母血)이 화합하여 된 것. 3. 주처부정(住處不淨); 열 달 동안 있던 태(胎)가 부정한 것. 4. 식담부정(食噉不淨); 태 안에서 받은 어머니 피가 부정한 것. 5. 초생부정(初生不淨); 태(胎)에서 처음 나올 때의 더러운 것. 6. 거체부정(擧體不淨); 몸 안에는 똥과 오줌 등의 더러운 것을 담고 있는 것. 7. 구경부정(究竟不淨); 죽으면 몸이 썩어서 부정한 것 등이다.

칠종생사【七種生死】〔英 The seven kinds of mortality, chiefly relating to bodhisattva incarnation〕 7종의 생사(生死). 1. 분단생사(分段生死); 미망세계(迷妄世界) 속의 범부(凡夫)의 생사(生死). 2. 유래생사(流來生死); 진리를 알지 못하고, 망(妄)에 따라 생사에 헤매는 중생유식(衆生有識)의 처음에 대하여 말하는 것. 3. 반출생사(反出生死); 발심수행의 결과 생사를 뛰어넘어 망(妄)을 등지는 처음에 대하여 말하는 것. 4. 방편생사(方便生死); 견혹(見惑)·수혹(修惑)을 끊고, 삼계에서 벗어나 열반에 들어간 이승(二乘)에 대하여 말하는 것. 5. 인연생사(因緣生死); 무루업(無漏業)을 인(因), 무명(無明)을 연(緣)으로 하여 태어나는 초지(初地) 이상의 보살에 대하여 말하는 것. 6. 유후생사(有後生死); 최후 일품(一品)의 무명을 남겨서 다시 한 번 변역(變易)생사를 받을 제십지(第十地)의 보살에 대하여 말하는 것. 7. 무유생사(無有生死); 번뇌를 끊고, 다시 후신(後身)을 받지 않는 등각보살에 대하여 말하는 것 등이다.

칠종어【七種語】〔英 Buddha's seven modes of discourse〕 불(佛)에게 있는 일곱 가지 말. 1. 인어(因語); 현재의 인(因) 가운데 미래의 과(果)를 설하는 것. 2. 과어(果語); 현재의 과(果) 가운데 과거의 인(因)을 설하는 것. 3. 인과어(因果語); 일사(一事)에 인(因)을 설하고 과(果)를 설하는 것. 4. 유어(喩語); 여래(如來)는 사자왕(師子王)이라 하는 것. 5. 불응설어(不應說語); 파사익왕을 위해 사방산(四方山)에서 온 녹모(鹿母)가 우바이가 되어 사라수(沙羅樹)에서 능히 8계(戒)를 받았으므로 인천(人天)의 낙(樂)을 받았다고 설하는 것. 6. 세유포어(世流布語); 세간(世間)을 따라 유포하는 말로 하는 것. 7. 여의어(如意語); 일체중생이 모두 불성(佛性)이 있다고 설하는 것 등이다.

칠중【七衆】〔英 The seven classes of disciples〕 불제자(佛弟子)를 7종으로 나눈 것. 1. 비구(比丘; Bhiksu), 2. 비구니(比丘尼; Bhikṣuṇi), 3. 식차마나(式叉摩那; Sikṣamānā), 4. 사미(沙彌; Śrāmaṇera), 5. 사미니(沙彌尼; Śrāmanerikā), 6. 우바새(優婆塞; Upāsaka), 7. 우바이(優婆夷; Ūpāsikā) 등인데, 앞의 5중(衆)은 출가중(出家衆), 뒤의 2중(衆)은 재가중(在家衆)이다.

칠진여【七眞如】〔英 The seven aspects of the bhūtatathatā〕 진여(眞如)는 본래 차별이 없고 평등한 것이지만, 다른 여러 가지 방면으로 보아 7종으로 나눈 것. 1. 유전진여(流轉眞如); 생멸변화하는 것들의 실성(實性)으로서의 진여. 2. 실상진여(實相眞如); 아집(我執)·법집(法執)을 끊은 자리에서 나타나는 진여. 3. 유식진여(唯識眞如); 유식의 실성(實性)으로서의 진여. 4. 안립진여(安立眞如); 사제(四諦) 가운데 고제(苦諦)의 실성(實性)으로서의 진여. 5. 사행진여(邪行眞如); 사제(四諦) 가운데 집제(集諦)의 실성으로서의 진여. 6. 청정진여(淸淨眞如); 사제(四諦) 가운데 멸제(滅諦)의 실성으로서의 진여. 7. 정행진여(正行眞如); 사제(四諦) 가운데 도제(道諦)의 실성(實性)으로서의 진여 등이다.

칠최승【七最勝】〔英 The seven perfections〕 보시(布施) 등 모든 행을 모두 바라밀다(婆羅蜜多; pāramitā)라고 부르자면 반드시 아래의 7가지를 갖추어야 한다는 것. 곧 1. 안주최승(安住最勝); 보살의 종성(種性)에 안주함. 2. 의지최승(依止最勝); 대보리심에 의지함. 3. 의과최승(意果最勝); 모든 유정들을 불쌍히 여김. 4. 사업최승(事業最勝); 한 가지 행(行)에만 그치지 않고 구족하게 모든 사업을 행함. 5. 교편최승(巧便最勝); 무상지(無相智)에 머물러 온갖 법이 환(幻)과 같음을 통달하여 집착을 여의는 것. 6. 회향최승(迴向最勝); 무상보리(無上菩提)에 회향함. 7. 청정최승(淸淨最勝); 번뇌장(煩惱障)·소지장(所知障)으로 인해 어지러워지지 않는 것 등. 이상의 7가지를 갖추지 못하면 바라밀다라고 할 수 없다는 뜻.

칠칠재【七七齋】〔英 Masses for the dead on every seventh day for seven times〕 사십구재(四十九齋)라고도 한다. 사람이 죽은 뒤 첫 7일에서부터 일곱 번째 7일까지의 동안에, 매 7일마다 죽은 이의 추선수복(追善修福)을 위하여 행하는 법회. 이 49일 동안을 중음(中陰) 또는 중유(中有)라 하는데, 극히 착하거나 극히 악한 이를 제하고는 보통은 다음 생(生)을 받을 때까지는 중음의 몸을 받게 되는 것이므로, 그 명복을 빌어서 좋은 곳에 태어나게 하려고 재(齋)를 행하는 불사(佛事)이다.

칠통【漆桶】①옻칠을 한 통. 옻을 담은 통. 즉 승려가 불법(佛法)에 대해 이해하는 능력이 결핍되어 있는 것을 비유한 것으로, '무안자(無眼子)'를 가리킨다. 또한 망상과 집착 때문에 불성(佛性)을 볼 수 없는 것을 말한다. ②선종에서 사리(事理)에 밝지 못하거나, 또는 종지(宗旨)를 알아차리지 못하는 사람을 꾸짖는 말.

칠통배【漆桶輩】옻칠을 담은 통처럼 캄캄하고 무지(無知)·무식한 사람, 또는 그러한 무리들. 망상(妄想)과 미집(迷執)이 가득 차 있어 불법(佛法)을 볼 수 없는 사람을 말한다.

칭명염불【稱名念佛】〔英 To invoke the (Buddha's) name, especially that of Amitābha〕 4종 염불의 하나. 염불을 해석하면, 염(念)은 마음으로 생각하고 입으로 부르는 데 통하고, 불(佛)은 불상(佛像)·불체(佛體)·불명(佛名)에 통하므로 4종으로 나눈다. 이 칭명염불(稱名念佛)은 입으로 부처님 명호(名號)를 부르면서 하는 염불을 말한다. 그 외에 정심(定心)염불과 산심(散心)염불, 소리의 크고 작음으로 나누는 대념(大念)·소념(小念), 한 부처님 명호만을 일컫는 칭명정행(稱名正行)과 여러 부처님의 명호를 일컫는 칭명잡행(稱名雜行)이 있다.

칭법행【稱法行】법성(法性)의 체(體)에 맞는 행법(行法). 공(空)의 진리 그 자체에 입각한 행동.

ㅋ

카르만【karman; 羯磨】①업(業). 카르마(karma)라고도 하며, 본래의 뜻은 단순히 행위를 의미한다. 이것을 인과관계(因果關係)와 결합시켜서, 전부터 존속하며 작용하는 잠재적인 일종의 힘, 즉 업(業)으로 보아 하나의 행위는 반드시 어떤 과보(果報)를 초래한다고 하여 인도 여러 사상에 큰 영향을 주었다. ②승려의 수계(受戒)의 의식(儀式), 참회(懺悔) 등의 작법(作法)을 말한다. ③갈마금강(羯磨金剛)의 약(略). 밀교(密教)에서 사용하는 법기(法器)의 이름.

카마라쉬라【Kamalaśīla; 蓮華戒, 740-797】인도 후기 대승불교 중관파의 대학장(大學匠). 산타라크쉬타〔725경-788경〕의 제자. 만년에 티베트의 초빙을 받아 중국계 선종을 비판하고 티베트에 인도불교를 정착시킨 역할을 했지만 암살에 의해 최후를 맞이했다고 전해지는 인물이다. 그 외 전기적(傳記的)인 사실은 불명(不明). 주요 저작은 인도철학 제파(諸派)의 존재론을 논파하고 불교 존재론의 우위를 논증한 산타라크쉬타의 『진실강요(眞實綱要)』 주석(註釋)과, 산타라크쉬타가 중관사상의 우위성을 논증한 『중관장엄론(中觀莊嚴論)』의 주석, 삼예의 『종론(宗論)』에서 자신의 주장을 종합한 『수습차제(修習次第; *Bhāvanākrama*)』, 그리고 자신의 중관사상을 서술한 『중관명론(中觀明論)』 등 4권의 책이 있다. 그의 입장은 후대 티베트의 문헌에서는 유가행중관자립논증파(瑜伽行中觀自立論證派)라 불린다. 유가행중관(瑜伽行中觀)이라고 하는 것은 일상적인 의식의 레벨에서는 '외계의 존재를 부정한다.'라는 유식사상을 승인하는 중관파(中觀派)를 가리킨다. 중관자립논증파(中觀自立論證派)라고 하는 것은 디그나가 및 다르마키르티가 확립한 논리학을 적극적으로 이용하여, 자신의 중심적 주장인 공성(空性)·무자성(無自性)을 논증하려는 입장을 말한다. 삼예의 『종론』 뒤에 종합된 『수습차제』에서는 좌선에 의한 무념무상(無念無想)의 경지만을 중시하는 선종을 비판하고, 불(佛)의 경지를 얻기 위해서는 우선 자비를 반복하여 명상하고, 그것에 의해서 온전한 생명을 가진 존재들을 구제하기 위해서 바른 깨달음을 얻으려고 하는 보리심을 발휘한 뒤 불도수행에 힘쓸 필요가 있다고 한다. 그 가운데 불도수행은 반야의 지혜를 얻는 것과 방편행(方便行)을 실천하는 것이며, 나아가서는 이 둘을 반드시 함께 닦지 않으면 안 된다. 특히 반야의 지혜를 얻기 위해서는 청문(聽聞)에 의해서 경전의 의미를 확인하고, 다음에 그것에 관해서 논리적 사색을 통해 진실의 의미만을 확정하고, 그 위에 정신을 집중하고 진실의 의미를 사색·명상하는 과정을 필요로 한다. 이 경우의 진실의 의미라고 하는 것은 모두 존재의 본질인 무실체성(無實體性; 無自性·空·無我)을 의미한다. 나아가 이것에 이어서 보살로서의 오랜 수행의 단계를 밟아야만 비로소 불(佛)의 경지에 이를 수가 있다고 한다.

카스트【caste】〔佛 caste, 獨 Kaste〕 봉쇄적 계급인 신분의 일종. 특히 인도에서의 신분을 말한다. 카스트라는 말은 포르투갈어인 카스타(casta)에서 유래한다. 15세기 말부터 유럽 각국은 직접 인도와 교역을 시작하였는데, 최초로 인도를 방문한 포르투갈인이 '자티'라고 부르는 인도 특유의 집단을 '가족'·'혈통'·'종족'을 의미하는 카스타라는 말로 불렀던 것이다. 일반적으로 카스트라고 하면 고대 인도에 있었던 바르나(varṇa)라고 부르는 4종의 계급〔四姓階級〕을 가리킨다. 네 개의 계급은 브라흐마나(brāhmaṇa; 바라문; 聖職者), 크샤트리야(kṣatriya; 찰제리; 王族·武士), 바이샤(vaiśya; 상인), 수드라(śūdra; 從僕)이다. 가장 높은 계급이 브라흐마나이고, 다음이 크샤트리야, 바이샤, 수드라이다. 같은 계급이 아니면 결혼하지 못하고, 식사에도 동석하지 못한다. 『마누법전』 등 힌두교 문헌의 규정에 의하면, 브라흐마나〔바라문〕의 직무는 베다성전의 교수와 학습, 자기와 남을 위한 제사(祭祀)를 수행하는 것, 보시를 행하고 또는 보시를 받는 것 등이다. 크샤트리야의 직무는 인민의 수호·보시·제사를 수행하는 것, 성전의 학습 등이다. 바이샤의 직무는 농업·목축·상업과 돈을 빌려주거나 제사를 행하는 것, 보시 등이다. 수드라의 직무는 상위(上位) 세 계급에 대한 봉사이다. 이 외에도 4종의 바르나 범주에 두었던 불가촉민(不可觸民)이 존재했다. 후대에 수드라의 지위가 점차 높아져 농민·직인(職人)의 직무를 담당하게 되자, 노예의 일은 불가촉민이 담당하게 되었다. 또한 바르나〔카스트〕 사이의 혼혈이 진행되어 수많은 새로운 계급이 발생하였는데, 그 종류는 무려 천여 가지나 된다고 한다. 4종의 바르나가 힌두교 사회의 큰 골격을 제시한 이론적 구분임에 대해, 현실사회에서 기능하고 있는 인도 특유의 내혼(內婚)에 의한 배타적 사회집단은 자티라고 부른다. 근현대 인도 전문가들이 카스트라고 하는 경우에는 이 자티를 가리키는 것이 일반적이다. 그러나 『마누법전』의 시기에는 바르나와 자티가 동의어적으로 사용되었다. 힌두교 정통파의 문헌은 4종의 바르나 구분을 인정하고 있지만, 불전(佛典)에서는 그것을 부정한다. 근대의 종교가인 라마난타나 카필라 등은 카스트를 부정한다. 현대 인도에서는 공화국 헌법에 의해 직업의 자유가 보장되고 있지만, 현실 사회생활을 하는 사람들은 아직도 복잡한 카스트의 악습에 얽매여 있다.

카필라 【Kapila】 B.C.4세기 내지 3세기경의 인도 상키야학파(Sāṃkhya學派)의 개조(開祖). 그의 생애에 관한 것은 불명. 이름은 『슈베타슈바타라 우파니샤드(Śvetāśvatara-upaniṣad, v.2)』에 처음으로 나타난다. 그의 학설 전체는 전혀 알려져 있지 않으나, 학파의 성립사정으로 미루어 보아 근본(根本) 물질원리로부터 차례로 몇 개의 원리가 유출(流出)되어 현상세계를 형성하고, 한편 이와 엄격히 구별되는 정신원리가 있다고 본 점이나 만유(萬有)는 덕(德)으로 이루어졌다고 생각한 점, 정신과 물질의 분리에 의하여 해탈이 얻어진다고 생각한 점 등은 모두 그에 의한 것이라고 한다.

칼파 【kalpa】 인도철학 용어. 겁(劫), 겁파(劫波) 등으로 음역(音譯)하고, 분별시분(分別時分)·장시(長時)·대시(大時)라고 번역한다. 가장 긴 시간을 말한다. 인도에서는 범천(梵天)의 하루〔1日〕를 말하는데, 이 하루는 인간계에서는 43,200만 년에 해당된다고 한다. 불교에서는 이 겁(劫) 해석에 개자겁(芥子劫)과 불석겁(拂石劫; 磐石劫) 2종이 있다고 한다. 개자겁은 사방 40리의 성 안에 개자를 가득 채우고 장수(長壽)하는 천인(天人)이 3년마다 한 알씩 집어내어, 그 전부가 없어질 때까지 걸리는 시간을 1겁이라 한다. 불석겁 또는 반석겁(磐石劫)이란 사방 40리의 큰 돌을 천인이 무게 3수(銖)되는 천의(天衣)를 입고 3년마다 한 번씩 스쳐, 그 돌이 다 닳아 없어질 때까지의 기간을 1겁이라고 한다.

코살라국 【Kośala國】 교살라(憍薩羅)·구살라(拘薩羅)·구사라(拘娑羅)·거살라(居薩羅)라고도 한다. 인도의 옛 왕국 이름. 가비라국 서쪽, 마갈타국의 북쪽에 위치한다. 지금의 오우드(oude) 지방이다. 바사닉왕의 영지였다.

코삼비 【Kausāmbī】 카우삼비라고도 한다. 붓다 시대 인도의 최대 도시 가운데 하나. 고대 인도의 16마하자나파다스 가운데 하나인 밧사의 수도였다. 코삼비와 관련된 불교기록에 따르면, 현명한 쿠숨바에 의해 점유된 곳 근처에 건설되었기 때문에 코삼비

ㅋ

라고 부르게 되었다고 하는데, 큰 마고사 나무〔코삼마루카〕가 도시 주위에 많이 자라기 때문에 코삼비라고 부르게 되었다고도 한다.

쾌 【快】〔梵·巴 Sukha, 英 Glad, joyful; quick, sharp〕 안락함. 기분이 좋은 것. 불쾌(不快)의 반대.

쿠시나가라 【Kuśinagara】〔巴 Kusi-nāra〕 중인도 옛 왕국의 이름. 비야리의 동북쪽에 있었음. 말라족(末羅族)이 여기에서 살았다. 석존이 이 나라 시뢰나벌저 강변의 사라(沙羅)나무 숲에서 입멸했다고 한다.

쿳다카 니카야 【Khuddaka-nikāya】 5부 니카야(五部 nikāya) 가운데 하나. 소부(小部)라고 번역한다. 4아함(阿含)이나 4부(部)에 포함되어 있지 않는 것을 위주로 하여, 운문의 비교적 짧은 경전을 모아 놓은 것이다. 아함경 항목, 니카야 항목 참조.

ㅌ

타계【他界】①자기에게 속해 있지 않은 다른 세계, 다른 세상. ②사람의 죽음을 이르는 말.

타계관【他界觀】인간이 통상적으로는 경험할 수 없는 '외부(外部)' 세계를 공간적으로 표상한 신화적 관념. 특히 사후(死後)의 세계와 밀접한 관계를 갖는데, 대표적인 것이 지옥과 천국으로, 양쪽 모두 인간이 죽은 후에 방문할 세계라고 한다.

타니대수【拖泥帶水】화니합수(和泥合水). 흙탕물을 뒤집어쓴다는 뜻으로, 이 속에는 두 가지 뜻이 있다. ①세속으로 들어가 중생을 구제하다. 중생을 교화하다. ②너무 설명을 많이 하다. 주로 ①의 뜻으로 많이 쓰인다.

타력【他力】〔梵 tantra, pāratantrya, 英 Another's strength〕타(他)의 힘. 자력(自力)에 상대되는 말. 불교수행자·신앙자의 개인적인 힘을 자력(自力)이라고 하는 데 대하여, 그 밖의 힘, 특히 불(佛)·보살의 힘을 빌리는 것을 타력(他力)이라고 하고, 그러한 신앙 즉 정토왕생신앙을 타력신앙이라고 한다. 정토교(淨土敎)의 전개에서 중요한 개념이다.

타력교【他力敎】〔英 a sect which believes in salvation by faith〕불보살 등의 타력에 의하여 성불(成佛), 또는 구제됨을 말하는 교(敎)를 타력교, 또는 타력종(他力宗)이라고 한다. 그 중에서도 특히 아미타불을 믿고 염불함으로써 극락정토에 왕생할 수 있다는 정토교(淨土敎)를 타력교라고 한다.

타력문【他力門】타력교(他力敎)·타력종(他力宗). 해당 항목 참조.

타력본원【他力本願】〔英 salvation by faith (through the benevolence of Amida Buddha)〕자기에 집착되지 않은 참된 소원. 중생을 극락으로 왕생시키는 아미타불의 원력.

타력염불【他力念佛】〔英 Trusting to and calling on the Buddha, especially Amitābha〕자신의 힘이 아닌 타(他)의 힘을 빌리기 위한 염불. 곧 아미타불을 불러서 왕생극락하고자 하는 것.

타력종【他力宗】〔英 Those who

trust to salvation by faith, contrasted with 自力宗 those who seek salvation by works, or by their own strength〕 자력종(自力宗)에 상대되는 말로, 타력왕생을 권하는 종파. 정토교(淨土教).

타성일편【打成一片】〔英 To knock all into one, bring things together, or into order〕 일체의 사량분별심을 버리고 천차만별·형형색색의 사물을 하나로 보는 것. 분별시비심을 넘어서서 평등심이 되는 것.

타수용신【他受用身】 자수용신(自受用身)에 상대되는 말로, 다른 이를 교화하기 위하여 이타(利他)의 편에서 활동하는 불신(佛身). 깨달아서 얻은 법락(法樂)을 자기가 수용하는 것을 자수용신이라고 하는 것에 비해, 다른 이로 하여금 그 법락을 수용케 하기 위하여 나타나는 불신(佛身)을 타수용신(他受用身)이라 한다. 이 타수용신은 부처님의 보신(報身)을 둘로 나눈 것 가운데 하나로, 초지(初地) 이상의 성인을 교화하기 위하여 나타내는 불신이라 한다.

타수용토【他受用土】〔英 That part of a Buddhakṣetra, or reward land of a Buddha, in which all beings receive and obey his truth〕 자수용토(自受用土)에 상대되는 말. 4토(土)의 하나. 타수용신(他受用身)이 있는 정토(淨土). 초지(初地) 이상의 성자로 하여금 대법락(大法樂)을 받고 수승한 행을 닦게 하기 위하여 가지가지로 장엄한 이타(利他)의 국토. 흔히 보토(報土)라 하는데, 이것을 화토(化土)에 붙여 해석하기도 한다.

타심통【他心通】 타심지통(他心智通; paracittajñāna)의 준말. 6신통(六神通)의 하나. 다른 이가 마음으로 생각하는 것을 모두 자유자재하게 아는 부사의(不思議)한 심력(心力)을 말한다.

타심지통【他心智通】〔梵 paracitta-jñāna〕 6신통의 하나. 타심통 항목 참조.

타화자재천【他化自在天】〔梵 para-nirmitavaśavarti deva〕 타화천(他化天)·제6천(天)이라고도 한다. 욕계(欲界)의 가장 높은 데에 있는 하늘. 욕계천의 임금인 마왕(魔王)이 있는 곳. 이 하늘은 남이 나타내는 낙사(樂事)를 자유로 자기의 쾌락으로 삼는 까닭에 타화자재천(他化自在天)이라 한다. 이 하늘의 남녀는 서로 마주 보는 것만으로 음행(淫行)이 만족하고, 아들을 낳으려는 생각만 내면 아들이 무릎 위에 나타난다고 한다. 이 하늘 사람의 키는 3리(里), 수명은 1만 6천 세. 이 하늘의 1주야는 인간의 1천 6백 년에 해당된다고 한다.

탁겁【濁劫】〔英 An impure kalpa, the kalpa of impurity, degenerate, corrupt〕 탁악(濁惡)한 시기(時期). 오탁(五濁) 중의 겁탁(劫濁)을 말함. 겁탁이란 사람의 수명이 줄어 30

세에 이르면 굶주림이 일어나고, 20세에 이르면 질병이 유행하고, 10세에 이르면 칼부림 전쟁이 일어나 세상이 어지럽다고 한다. 이렇게 여러 가지 재앙이 있는 시대를 겁탁(濁劫)이라 한다.

탁발【托鉢】〔英 An alms-bowl to carry it〕 걸식(乞食), 또는 행걸(行乞)이라고도 한다. 수행자가 손에 발우를 들고 경문(經文)을 외우며 집집마다 다니면서 공양을 요청하는 일. 탁발은 스님들이 가장 간단한 생활을 표방하는 동시에, 아집(我執)·아만(我慢)을 제거하고 보시하는 분의 복덕을 길러 주는 공덕이 있으므로 석존 당시부터 행해졌다.

탁사관【托事觀】 천태교학(天台教學)에서 말하는 삼종관법(三種觀法; 托事觀·附法觀·約行觀) 가운데 하나. 임의(任意)의 사물을 대상으로 하여 심원(深遠)한 이치를 관하는 것. 예컨대, 왕사성을 한 몸으로 간주하되, 왕(王)을 육식(六識) 심왕(心王), 사(舍)를 오음(五陰)으로 하여, 이 왕사성은 곧 공(空)·가(假)·중(中)이라고 관함과 같은 것이다.

탁사현법생해문【託事顯法生解門】 화엄교의(華嚴教義)인 십현문(十玄門)의 하나. 차별의 현상계〔事〕를 의지하여 진리〔法〕를 드러내서 사람으로 하여금 요해(了解)하는 지혜를 내게 한다는 뜻. 현상계의 사물 그대로가 진리라는 것을 보이는 한 방면이다.

탁생【托生】〔英 That to which birth is entrusted, as a womb, or a lotus in paradise〕 어머니의 태(胎)에 의탁하는 것. 형체가 구비되어 나는 것. 또 극락세계에서 연화(蓮華)에 의탁하여 나는 것을 말한다.

탄이초【歎異抄】 일본 가마쿠라(鎌倉)시대 초기의 승려인 친란(親鸞, 1173-1262) 생전(生前)의 가르침을 기록하면서, 그것에 근거하여 친란 사후(死後)에 나타난 이의(異義)를 비판한 저작으로, 1권으로 구성되어 있다. 작자에 관해서는 여러 가지 설이 있었는데, 근래에 와서 본문 중에 등장하는 상륙국하화전(常陸國河和田)의 유원(唯圓)이라고 하는 설이 정설(定說)로 받아들여지고 있다. 전체의 구성은 본문 18장(章)과 이른바 '탄이(歎異; 친란 본래의 믿음과는 다른 점을 탄식한다)'라고 하는 제명(題名)의 유래를 기록한 서문(序文)과 결론의 글로 이루어져 있다. 1장에서 10장까지는 친란의 법어(法語)를 듣고 쓰는 형태를 취한다. "가령 법연상인(法緣上人)으로 마음을 비웠으니 염불하고, 지옥에 떨어질지라도 결코 후회하지 않는다〔제2장〕.", "염불자(念佛者)는 무애(無碍)의 일도(一道)를 행한다〔제7장〕." 등 친란의 핵심이 되는 사상을 간결하고 알기 쉽게 설명한다. 후반의 8장에서는 유원(唯圓)이 동시대에 널리 퍼져 있던 여러 가지 이단 교설을 비판하고 있다. 학해(學解)의 중시, 현선정진(賢善精進), 즉신성불(卽身成佛)이라고 하는 8가지 항목의 이의(異意)를 들어 그것을 철저하게 하나하나 논파한다. 이와 같은 내용은 친란 사후의 사상적 상황을 탐구하는 데 있어 귀중한 실마리를 제공하는 자료이다. "미타(彌陀)의 오겁사유(五劫思惟)의 원(願)을 열심히 세우지 않는다면, (그런) 사람에게 친란 한 사람으로는 (구제가) 불가능하다."라는 유명한 말을 게재하면서 끝맺고 있는데, 이것은 친란의 신심(信心)과 신앙자의 신심이 하나로 되는 것을 바라는 마음에서 이 책을 저술한 뜻을 서술하고, '중요한 증문(証文)'을 뽑아 '목표'로서 본서(本書)에 덧붙임을 기록한 것이다. 이 '중요한 증문(証文)'이 무엇을 지시하는가에 대해서는 여러 설이 있다. 이 책은 에도(江戶)시대 이후 정토진종(淨土眞宗)의 종문(宗門) 내부에서는 잘 알려졌지만, 근대에 들어서 청택만지(淸澤滿之, 1863-1903) 등에 의해서 선양(宣揚)된 후에 일반인들에게 폭발적으로 보급되었다. 오늘날 유포(流布)된 친란상(親鸞像)의 대부분은 이 『탄이초』에 기초한 것이라고 해도 과언이 아니다.

탄지 【彈指】〔英 To snap the fingers-in assent, in joy, in warning; a measure of time equal to twenty winks〕 ①손가락으로 튕길 정도의 짧은 시간. 시간 단위. 20념(念)을 한 순간으로 하여 20순간을 1탄지(彈指)로 한다. 『구사론』 12권 1에 나온다. ②손가락으로 튕기는 것. 엄지와 식지로 소리를 내는 것. 손끝으로 튕김. ③부정탄지(不淨彈指)의 뜻. 동사(東司)로부터 나와 손을 씻거나 부정을 보고 들었을 때와 같은 경우, 이것을 제거하기 위해 손가락을 튕기는 것.

탄트라 【tantra】 원래 여신(女神)의 성력(性力)을 숭배하는 샤크티파의 이론과 숭배를 기록한 문헌으로, 보통 64종을 헤아리지만 때로는 192종을 말하는 때도 있어서 일정하지 않다. 탄트라 안에는 명칭만 전해지고 현존하지 않는 것도 많고, 그 성립연대도 각기 다르지만, 대체로 800년 이전의 것은 없다고 한다. 탄트라의 내용으로서는 대체로, 1. 이론적 교의(教義), 2. 요가, 3. 신전건립(神殿建立) 신상제작(神像製作), 4. 종교적 의식의 설명 및 규정의 4부로 되어 있는데, 마지막 부분이 대부분을 차지하고 있다. 불교에서는 보통 경전을 수트라(sūtra)라고 하는 데 대하여 밀교 경전을 탄트라(tantra)라고 한다. 대표적인 것이 『대일경(大日經)』·『금강정경(金剛頂經)』 등이다.

탄트라밀교 【Tantra密教】 대략 4세기에서 7세기까지의 밀교 이전 단계를 잡부밀교(雜部密教)라 하는데, 이것이 인도밀교의 제1기이다. 그 후 8세기 중엽까지의 『대일경』·『금강정경』으로 대표되는 순수밀교는 제2기인데, 이 순수밀교는 중국·한국·일본에 전파되었다. 그리고 8세기 후반부터는 밀교의 제3기 내지 말기가 시작되는데, 이것이 탄트라밀교의 성립이다. 이 무렵 인도에서는 힌두교와 자이나교를 포함하여 탄트리즘이란 새로운 종교문화의 물결이 밀어닥쳤다. 탄트라라고 하는 것은 힌두교의 쉬바파 가운데, 특히 성력(性力; 샤크티)을 숭배하는 집단의 문헌을 총칭하는 말이다. 5세기경부터 성행하던 여신숭배 과정을 거치면서 이들 여신은 점차 남신의 배필로 짝짓게 되는데, 그에 따라서 여신들의 활동 에너지〔샤크티〕는 남편인 남신의 기능을 대행하는 형식을 취한다. 철학적인 측면에서는 샤크티가 우주의 천계라든가, 개아(個我)에 대한 구제의 원동력이 되기도 했다. 탄트리즘에도 물론 여러 가지 흐름이 있으나, 요가행법을 통한 신비적 체험을 얻어서 절대자와 합일하는 경지에서 해탈을 구한다는 점에서는 동일하다. 특히 좌도파(左道派)에서는 육체와 관련하여 과학적이라고 할 만한 특별한 행법이 개발되었다. 예컨대, 인간의 몸에는 미묘한 신경들이 무수하게 많이 통해 있지만, 그 중에서도 몸의 중앙을 정수리에서 성기 및 항문을 연결하는 곳까지 달리고 있는 수숨나라는 신경과 그 좌우를 달리는 두 줄기의 신경이 중요하다고 한다. 그리고 이 두 줄기의 신경은 말단에 가서 중앙신경의 맨 아래에 위치한 고리〔바퀴; 차크라〕 부분과 접속되어 있다. 좌우 두 줄기의 주 신경은 '핑갈라'와 '이다'라고 하며, 이 밖에도 갖가지 상징적인 이름이 붙어 있다. 예컨대, 해와 달, 난자와 정자, 갠지스와 야무나 등이 그것인데, 그들은 모두 일상세계의 이원적 대립관념을 나타내고 있다. 인간세계는 차별과 대립의 세계로서 주관과 객관이 분리되어 있는데, 그것은 생기(生氣)가 두 줄기의 신경을 돌아다님으로써 성립되는 것이라고 한다. 이 같은 이원적인 대립이 요가행법에 의해서 통일이 되고, 좌우 양 신경의 합류점, 즉 중앙신경의 아래쪽에 그 생기가 집합하여 진정되었을 때 비로소 대립관념이 해소되어 불완전한 해탈이 이루어지는 것이다. 이때 중앙신경 하부의 차크라에서 뱀 모양을 한 쿤달리니 샤크티가 깨어나게 되는데, 깨어난 샤크티는 중앙신경의 도처에 산재해 있는 몇몇 고리를 통과하여 차례로 위쪽으로 올라가서, 마침내 일체의 대립이 해소된 완전한 해탈에 도달한다. 이것이 대략적인 힌두 탄트리즘의 사고방식이다. 불교에서도 '사하자(sahaja)'승(乘)은 탄트리즘과 거의 비슷한 관념과 행법을 이용했는데, 각 술어에는 불교의 교리와 사상이 원용되어 있다. 예컨대, 좌우 두 줄기의 신경은 각각 반야와 방편 내지 해와 달이라 불리는데, 이 반야와 방편으로 대표되는 작용이 중앙신경의 최하부에서 합일될 때 비로소 보리심이 생겨난다고 한다. 이는 전기(前期), 즉 순수밀교에 있어서의 보리심이 지혜와 자비 및 반야와 방편으로 분리되기 어려우며, 따라서 양자는 일치되어 있다는 사고를 계승하는 것이기는 하지만, 한 걸음 더 나아가서 보리심 자체를 불완전한[조잡한] 깨달음으로 받아들이고 있다. 이러한 견지에서 보면, 사하자승(sahaja乘)의 교리는 밀교 내부에서 진행된 실천적 사상의 변화와 발전의 자취를 잘 나타낸다고 할 수 있다. 여기서 일어난 보리심은 최하부의 것을 포함한 네 개의 차크라를 통과하면서 천천히 중앙신경을 상승하여, 제4의 차크라에 이르러 유무와 상대성을 떠난 무상의 깨달음에 도달한다. 이를 대락(大樂)이라고 한다. 또한 반야와 방편이라는 말로 대표되는 이원적인 대립관념을 하나로 융합하여, 보리심을 발생시키기 위한 의례로 남녀의 성교가 행해지기도 했다. 비속하고 외설적이며 부도덕하다는 비난을 받은 이 탄트리즘은 힌두교 탄트리즘의 좌도파로서 불교에도 침투했다. 온갖 오해와 억측을 불러일으켰으면서도, 이 탄트리즘이 고차적인 신비주의에 입각한 수행법이었음은 의심할 여지가 없다. 물론 그것이 해탈을 구하는 차원을 벗어나서 비속한 관습으로 전락된 상황도 있었을 것이다. 특히 유럽에서는 탄트리즘을 밀교의 전부로 보고 탄트릭한 밀교를 인도 밀교 그 자체로 보는 경향이 있었다. 그러나 탄트릭한 밀교는 엄연히 인도 밀교 제3기의 총칭으로 사용되어야 할 것이며, 따라서 이를 잡부밀교나 순수밀교에 대립시키는 것은 잘못된 것이다. 탄트릭한 밀교는 많은 민간신앙적 종교관념과 의례가 혼합되어 있으면서도 불교의 술어를 사용하고, 불교사상을 배경으로 하여 수도체계를 구성하고 있다. 물론 종교적 차원에서는 출세간적 신비체험을 설한 것이 유명하지만, 과연 탄트릭한 밀교를 신앙이나 교리적 측면에서 불교라는 이름으로 부를 수 있을지는 의문이다. 왜냐하면 이것은 기본적으로 힌두 탄트리즘과 동일한 구조를 보이고 있기 때문이다. 그러나 이런 신앙을 가지고 있었던 사람들도 스스로를 불교도로 자처하였다. 그러므로 이것은 인도에 있어서 불교 최후 단계를 나타냈다. 하지만 불교의 본질인 열반이나 출세간 차원의 관념 및 의례가 이러한 과정을 통하여 힌두 탄트리즘과 동질화되었을 때, 불교는 불교로서의 존재 이유를 상실하고 힌두 세계로 흡수될 수밖에 없었던 것이다.

탄트리즘 【Tantrism】 인도의 성력파(性力派). 시바(Śiva)신의 비(妃)인 두르가(Durgā)·칼리(Kālī)를 존숭한다. 그들은 영원한 최고실재(最高實在)를 시바라고 상정하고, 그 활동력을 성력(性力)이라고 보았다. 성력(性力)은 만유의 근원이다. 전 세계는 이 성력으로 말미암아 전개되었다. 그 신비적 영력(靈力)은 남녀관계에서도 인정되었다. 후대에 이르러서 이것은 의식주의적(儀式主義的) 경향을 띠었다. 칼리신에게 희생으로 짐승을 공양하는 의식·마법주(魔法呪)의 활용이 그것이다. 이들은 주로 인도사회의 하층계급에서 교세(教勢)를 갖고 발전하였다.

탈각【脫殼】 해탈(解脫)과 같다. 범부가 번뇌·망상의 속박에서 해탈하는 것이 마치 매미가 허물을 빠져나가는 것과 같음을 비유한 것이다.

탈혼귀【奪魂鬼】〔英 A demon that carries off the soul〕『시왕경(十王經)』에서 설한 삼귀(三鬼)의 하나. 사람이 장차 죽으려 할 때 찾아와서 혼(魂)을 뺏는 귀신이라 한다. 『시왕경』에, "염마법왕이 염마졸(閻魔卒)을 보내는데, 하나는 탈혼귀이고, 하나는 탈정귀(奪精鬼)이며, 또 하나는 박백귀(縛魄鬼)이다."라고 했다.

탐【貪】〔梵 tṛṣṇa, abhidhyā, 巴 rāga, 英 colouring, dyeing, tint, red; affection, passion〕 ①미혹한 생존의 근원으로서의 탐욕. 욕심. 탐하고 집착하는 것. 격렬한 욕망. ②삼독(三毒)의 하나. ③아비달마에서는 마음의 작용 중 부정지법(不定地法)의 하나. 마음에 꼭 맞는 대상을 욕구하는 것. ④욕심 부리는 자.

탐견【貪見】〔英 The illusions or false views caused by desire〕 십종견(十種見)의 하나. 자신의 마음에 드는 사물에 탐착(貪着)하여 일으키는 여러 망견(妄見)을 말함.

탐심【貪心】〔英 avarice; greed; rapacity〕 탐애(貪愛) 또는 탐착(貪着)이라고도 한다. 삼독심(三毒心)의 하나. 오욕경계에 물들어 지나치게 욕심내는 마음. 자기의 마음에 맞는 사람이나 일, 또는 물건을 애착하고 탐내어 만족할 줄 모르는 마음.

탐애【貪愛】〔梵 tṛṣṇa, sneha, 英 Desire, cupidity〕 탐욕의 다른 이름. 욕심. 탐하는 것을 좋아하는 것. 애착. 집착. 열애. 욕망.

탐욕【貪欲】〔梵 rāga, chanda-rāga, abhidhya, tṛṣṇa, 英 Desire for and love of (the things of this life)〕 삼독(三毒)의 하나. 또는 탐(貪)·탐애(貪愛)·탐착(貪着)이라고도 한다. 자기의 뜻에 맞는 일이나 물건을 애착하여 탐내고 만족할 줄을 모르는 것을 말함. 곧 세간의 색욕·재물욕 등을 탐내어 그칠 줄 모르는 욕심.

탐욕즉시도【貪欲卽是道】〔英 Desire is part of the universal law, and may be used for leading into the truth, a tenet of T'ien-t'ai〕 천태(天台)에서 세운 성악(性惡)의 법문. 탐욕은 비록 악(惡)하지만 법성(法性)의 실리(實理)를 갖추었으므로, 탐

E

욕을 익히는 이는 탐욕에 따라 법성(法性)을 보게 된다. 그래서 탐욕이 곧 도(道)라고 하는 것이다.

탐·진·치【貪瞋痴】〔梵 rāga-dveṣa-moha, 英 desire, anger, ignorance (or stupidity), the three poisons〕 삼독심(三毒心)을 말함. 탐욕심(貪欲心)·진에심(瞋恚心)·우치심(愚痴心). 탐욕심은 지나치게 탐하고 욕심내는 마음, 진에심은 자기의 마음에 맞지 않는 것에 대하여 증오하고 미워하는 마음, 우치심은 사리(事理)를 잘 모르는 어리석은 마음·무지(無知). 탐·진·치는 갖가지 번뇌를 일으키는 근원이고 모든 죄악의 뿌리이다. 그래서 삼독심(三毒心)이라고 한다.

탐착【貪着】〔梵 lolupa, parigardha, kṛpana, 巴 giddhā, giddhi-lobha, 英 The attachment of desire〕 탐욕심과 집착심. 지나치게 많이 구하여 결코 만족할 줄 모르는 것을 탐(貪)이라 하고, 탐하는 마음을 고집하여 버리지 않는 것을 착(着)이라 한다.

탐착【耽着】〔梵 gṛddhi, atyartha-adhyavasita, 英 the attachment of desire〕 욕심을 부려 집착하는 것. 욕심 부리는 것. 탐착(貪着)과 같음.

탑【塔】〔梵 stūpa, 巴 Thūpa, 英 tope; stūpa, a tumulus or mound〕 스투파. 정식으로는 탑파(塔婆)라고 음역(音譯)한다. 방분(方墳)·원총(圓塚)·귀종(歸宗)·고현(高顯)·취상(取象)이라 번역한다. 원래는 부처님 사리(舍利)를 묻고, 그 위에 돌이나 흙을 높이 쌓은 무덤 또는 묘(廟)를 가리킨다. 그리고 유골을 묻지 않고, 다만 특별한 영지(靈地)임을 표시하기 위해서나, 또는 그 덕을 흠모하여 은혜를 갚고 공양하는 뜻으로 세워진 것은 제저(制底)·지제(支提)·질저(質底)라 하여 탑과는 완연히 구별하였으나, 후세에는 두 가지를 혼동하게 되었다. 탑을 만드는 것은 옛적부터 행하여졌는데, 석존이 가섭불(迦葉佛)의 사리를 위하여 흙을 쌓아 탑을 만들었다 하며, 또 석존의 사리는 여덟 곳에 나누어 탑을 쌓았고, 2-3세기 무렵에는 아육왕이 8만 4천의 탑을 쌓았다고 한다. 이때의 탑은 반구(半球)형으로 쌓았고, 꼭대기에서 수직으로 구멍을 뚫어서 지평면에 이르게 하고, 그 밑바닥에 사리 등의 유물을 장치하고 주위에 예배하는 길을 만들고, 바깥에는 돌로 난간을 둘렀다. 후세에는 여러 가지 모양으로 변하여 복발탑(伏鉢塔)·옥탑(屋塔)·주탑(柱塔)·상륜탑(相輪塔)·무봉탑(無縫塔)·안탑(雁塔)·삼중탑(三重塔)·칠중탑(七重塔)·오륜탑(五輪塔)·감탑(龕塔) 등의 구조로 발달하였다. 만드는 재료에도 돌·벽돌·금속·나무 등 여러 가지이다. 특히 중국에서는 벽돌로 만든 전탑(塼塔), 우리나라에서는 석조탑(石造塔), 일본에는 목조탑(木造塔)이 특수하게 발달하였다.

탑묘 【塔廟】〔英 Pagodas and temples〕 탑(塔)은 범어(梵語) 'stūpa'의 음역(音譯)이요, 묘(廟)는 그 한역(漢譯)이다. 범어와 한문을 아울러 쓴 것.

탑파 【塔婆】 팔리어 thupa, thuba의 음역(音譯). 탑(塔)과 같은 뜻이다. 탑 항목을 참조할 것.

탕탕무애 【蕩蕩無碍】 어떠한 것에도 방해되지 않고, 언제나 사물에 따라 자유자재한 것. 걸리고 막힐 것 없이 해탈자재한 경지. 곧 이무애(理無碍) 사무애(事無碍)의 자유 해탈의 경지.

태고보우 【太古普愚, 1301-1382】 고려 충혜왕·충목왕·충정왕·공민왕 때의 고승으로, 한국 임제종의 초조(初祖). 초명(初名)은 보허(普虛), 호는 태고(太古), 시호는 원증(圓證), 속성은 홍(洪)씨, 홍주(洪州; 충남 홍성) 출신. 13세에 출가하여 회암사(檜巖寺)의 광지선사(廣智禪師)에게 득도하고, 19세 때에 만법귀일(萬法歸一)의 화두를 들기 시작해서, 33세 때에 성서(城西) 감로사에서 1차 깨달았다. 37세 때에는 불각사(佛脚寺)에 있으면서 『원각경』을 보고 "고요하여도 천만 가지로 나타나고, 움직여도 한 물건 없네. 없다, 없다. 이것이 무엇인가? 서리 온 뒤에는 국화가 무성하리."라고 말한 뒤 무(無)자 화두를 들었다. 개성의 전단원(栴檀園)에서 무자(無字)를 참구하다가, 38세 때 정월 7일 새벽에 또 크게 깨달았다. 충혜왕 복위(復位) 2년〔1341〕에 삼각산(三角山) 중흥사(重興寺)에 머무니 학자가 운집하였다고 한다. 그래서 절 동쪽 송림(松林)에 태고암(太古庵)을 세우고, 「태고암가(太古庵歌)」 1편을 지었다. 충목왕 2년〔1346〕에 원(元)에 가서 연경(燕京) 대관사(大觀寺)에 머물다가, 호주(湖州) 하무산(霞霧山) 천호암(天湖庵)에 이르러 임제종(臨濟宗) 제18대조(代祖)인 석옥청공(石屋淸珙, 1271-1351)을 참알(參謁)하고 자기의 증득한 바를 말하여 마침내 인가를 얻었다. 다음해 본국으로 돌아와 광주(廣州) 소설산(小雪山)에 있었다. 공민왕이 사신을 보내어 법을 묻고, 왕사(王師)로 삼아 광명사(廣明寺)에 원융부(圓融府)를 두고 9산(山)을 통합하여 1종(宗)을 만들게 하였으나, 뒤에 사퇴하고 소설산으로 돌아갔다. 보우는 소설산으로 돌아온 뒤에 봉암사(鳳巖寺)와 보림사(寶林寺) 주지(住持)로 있으면서 임제종지(臨濟宗旨)를 선양하다가 신돈〔?-1371〕의 참해를 입어 법주사(法住寺)에 숨었으며, 신돈이 죽자 국사(國師)가 되어 영원사(瑩原寺)에 있었다. 그 뒤 양산사(陽山寺)로 옮겼는데, 우왕은 다시 국사로 책봉하였다. 그의 사상에는 임제종지(臨濟宗旨)와 일의(一義) 사상 및 염불공안(念佛公案) 등이 나타나 있으며, 문하(門下)에는 혼수(混修)·찬영(粲英)·조이(祖異)

E

등 천 수백 명의 제자가 있었다. 저서로는 『태고어록』이 있다.

태고종【太古宗】 한국불교 종파 가운데 하나. 태고보우(太古普愚, 1301-1382)를 종조(宗祖)로 한다. 석가세존의 자각(自覺)·각타(覺他)·각행원만(覺行圓滿)의 교지(敎旨)를 체봉(體奉)하고 태고종조(太古宗祖)의 종풍(宗風)을 선양하며 전법도생(傳法度生)함을 종지(宗旨)로 한다. 법맥은 태고(太古)에서 환암혼수(幻庵混修, 1320-1392)·구곡각운(龜谷覺雲)·벽계정심(碧溪淨心)·벽송지엄(碧松智嚴, 1464-1534)·부용영관(芙蓉靈觀, 1485-1572)·청허휴정(淸虛休靜, 1520-1604), 또는 부휴선수(浮休善修, 1543-1615)로 상승(相承)된다고 하였다. 오늘날 태고종은 1970년 조계종에서 분리, 창종되었으며, 조계종이 독신승(獨身僧) 중심인 데 비해, 태고종은 대처(帶妻)를 허용한다는 점이 다르다.

태고화상어록【太古和尙語錄】 2권 1책. 고려 말 태고화상(太古和尙) 보우(普愚, 1301-1382)의 어록(語錄). 제자인 고화(古樺)가 편집. 태고암가(太古菴歌)·잡화삼매가(雜華三昧歌) 등의 가송(歌頌)과 법어(法語)·서장(書狀) 등을 수록하였다. 『태고집(太古集)』이라고도 함.

태내오위【胎內五位】〔英 The five periods of the child in the uterus〕 어머니의 태(胎)에 들어서부터 출생할 때까지의 266일간을 오위(五位)로 나눈 것. 1. 갈라람(羯邏藍); 태(胎)에 들어간 지 첫 7일간. 2. 알부담(頞部曇); 둘째 7일간. 3. 폐시(閉尸); 제3의 7일간. 4. 건남(健南); 제4의 7일간. 5. 발라사카(鉢羅奢佉); 제5의 7일부터 출생할 때까지. 갈라람은 응활(凝滑)·화합(和合), 알부담은 포결(皰結)·포(泡), 폐시는 육단(肉團)·혈육(血肉), 건남은 견육(堅肉), 발라사카는 지절(支節)이라 번역한다.

태외오위【胎外五位】〔梵 pañca jataavasthaḥ, 英 Ditto after birth, i.e. infancy, childhood, youth, middle age, old age〕 사람의 일생을 5위로 나눈 것. 1. 영해(嬰孩); 출생에서 6세, 2. 동자(童子); 7세에서 15세, 3. 소년(少年); 16세에서 30세, 4. 성년(成年); 31세에서 40세, 5. 노년(老年); 41세 이후를 말한다. 『구사론(俱舍論)』 15에 보인다.

태장계【胎藏界】〔梵 garbhakoṣadhātn, 英 The wombtreasury, the universal source from which all things are produced〕 대일여래(大日如來)의 이(理)의 평등을 나타내는 법문. 진언밀교(眞言密敎)에서 설하는 2종법문〔金剛界·胎藏界〕의 하나. 금강계(金剛界)의 상대적인 말. 태장(胎藏)이란 어머니의 태내(胎內)에 아이를 간직하고 보호 양육한다는 뜻이고, 계(界)란 신(身)·체(體)·차별(差別), 또는 지(持)·취집(聚集)의 뜻

이다. 태장에는 함장(含藏)과 섭지(攝持)라는 이의(二義)가 있다. 함장이란 세간의 미천한 여자의 몸에도 귀한 자식을 가지는 것과 같이, 중생의 추한 마음에도 본래 보리심(菩提心)을 함장하고 있는 것을 말한다. 섭지(攝持)란 귀한 자식이 성장하면 천하를 통어(統御)하는 덕을 가지는 것처럼, 중생도 교화하면 성불할 수 있는 종자(種子)를 섭지하고 있는 것을 말한다. 이 태장계를 그림으로 나타낸 것이 태장계만다라(胎藏界曼茶羅; 大悲胎藏生曼茶羅)이다. 이평등(理平等)을 나타내기 때문에 이만다라(理曼茶羅)라고도 한다. 중대(中台)에 대일여래가 정인(定印)을 맺어서 앉아 있고, 팔엽원(八葉院)에 4불(四佛)·4보살〔四菩薩; 普賢·文殊·彌勒·觀音〕이 연이어 있는 형상이다. 중앙의 중대팔엽원(中台八葉院)에서 최외원(最外院)까지 12대원(大院)으로 되어 있는데, 중대팔엽원의 불보살을 태장계의 팔엽구존(八葉九尊)이라 한다. 또한 금강계와 태장계 양계(兩界)를 사리인과(事理因果)에 짝한다면, 금강계를 사(事)·과(果), 태장계를 이(理)·인(因)으로 한다.

태장계만다라 【胎藏界曼茶羅】〔梵 Garbhaośadhātū-maṇḍala〕 양계(兩界) 만다라의 하나. 『대일경(大日經)』에 의거하여 중생이 본래부터 여래의 이성(理性)을 함장(含藏)하고 섭지(攝持)한 모양. 곧 대일여래의 이법신(理法身)을 그림으로 표현한 것. 인만다라(因曼茶羅), 이만다라(理曼茶羅)라고도 하고, 동방을 발인(發因)하는 위(位)로 하므로 동만다라(東曼茶羅), 이성의 청정함을 연화로 비유한 뜻에서는 연화만다라(蓮華曼茶羅)라고도 한다. 지금 일반적으로 전해지고 있는 것을 현도만다라(現圖曼茶羅)라 하며, 여기에는 13대원(大院)과 414존(尊)을 그렸다. 13원(院)은 중대팔엽원·변지원·연화부원·금강수원·지명원·서가원·지장원·허공장원·제개장원·문수원·소실지원·외금강부원·사대호원 등이다.

태현 【太賢】 신라 때의 학승. 대현(大賢)이라고도 한다. 신라 경덕왕(742-764 在位) 때 고승으로, 자호(自號)는 청구사문(靑丘沙門)이다. 다방면에 학식이 깊어, 교학의 연구와 많은 저술로서 당대의 대덕(大德)이었는데, 특히 유식학(唯識學)에 뛰어난 대가(大家)여서 중국인까지도 그 안목으로 삼았다 한다. 일설(一說)로는 그의 법계(法系)를 원측(圓測, 613-696)의 문손(門孫)으로 하고 있다. 저서에는 55여 부 120여 권이 있는데, 현존하는 것으로는 『약사본원경고적기(藥師本願經古迹記)』 2권, 『범망경고적기(梵網經古迹記)』 3권, 『보살계본종요(菩薩戒本宗要)』 1권, 『성유식론학기(成唯識論學記)』 8권, 『대승기신론내의략탐기(大乘起信論內義略探記)』 1권 등이 있다.

택멸 【擇滅】〔梵 pratisaṃkhyā-nirodha, 西 so sor brtags pas ḥgogs, 英 Nirvāna as a result of the above discrimination, the elimination of desire by means of mind and will〕 열반(涅槃)의 다른 이름. 열반은 지혜에 의해 간택(簡擇), 판정(判定)하고 그 힘으로 번뇌를 끊은 경지에서 나타나는 것이므로 택멸(擇滅)이라 한다.

탱화 【幀畵】〔英 an alter portrait of Buddha〕 우리나라 사원에서는 불·보살·선신(善神) 등을 그린 화폭(畵幅)을 말함. 예컨대, 불상(佛像) 배후의 그림을 후불탱화(後佛幀畵)라 한다.

테라바다 【Theravāda】 ①상좌(上座)라고 번역한다. 상좌(上座)에 앉은 사람이라는 뜻. 스님에 대한 2인칭의 경어. 장로(長老), 원로. 교단 중에서 수행을 쌓은 지도적 지위에 있는 사람. ②상좌부라고 할 때는 보수적인 한 파로, 남아시아 여러 나라에서 숭배되는 불교를 가리킨다.

토사가지 【土砂加持】〔英 The putting of earth on the grave 108 times by the shingon sect〕 밀교에서 심산유곡이나 바닷가와 같이 인적이 드문 곳에서 가져온 모래를 깨끗한 물에 씻고 햇볕에 쪼인 후, 깨끗한 그릇에 담아 밀단(密壇) 위에 놓고 광명진언법(光明眞言法)을 행하여 가지(加持)하는 법. 이렇게 가지한 모래를 죽은 이의 송장이나 무덤에 흩뿌리는데, 그 가지한 힘으로 광명신(光明身)을 얻고, 모든 죄보(罪報)를 면하여 극락세계에 왕생한다고 한다.

토지신 【土地神】〔英 The local guardian deity of the soil or locality deus loci〕 그 지역을 수호하는 신(神). 진수(眞守). 선종 사원에서는 토지당(土地堂)을 두고 호법신(護法神)과 함께 매월 공양을 한다. 『정법안장(正法眼藏)』에 보인다.

통교 【通敎】〔英 T'ien-t'ai classified Buddhist schools into four periods 藏, 通, 別 and 圓〕 성문·연각·보살의 삼승(三乘)에 함께 통하여 말해진 대승초문(大乘初門)의 교(敎). 천태대사(天台大師, 538-597)의 교판(敎判) 중 화법사교(化法四敎)의 제2. 방등부 반야부의 이시중(二時中)에 있어서 설했다. 인연즉공(因緣卽空), 무생사제(無生四諦)의 교(敎)를 말한다. 장교(藏敎)에 통하고 후에 별교(別敎)에도 통하기 때문에 통교라 한다. 통교의 보살에는 앞의 삼장교(三藏敎)와 같은 과(果)를 얻는 자와 다시 깊이 나아가 후의 별교(別敎), 원교(圓敎)의 이(理)를 깨치는 자가 있다. 통교의 뜻에는 인과개통(因果皆通)·인통과불통(因通果不通)·통별통원(通別通圓)의 3종이 있다. 이 통교에도 육도(六道)의 범부에 불성(佛性)이 있다고 설하지 않고, 성문, 연각, 보살이 각각 달리 성도(成道)한다고 설하기 때문에 권교(權敎)의 법문이며, 수행의 위(位)를 십지(十地)로서 설명한다.

통교사문 【通教四門】 통교는 비록 여환즉공(如幻卽空)의 뜻을 같이 배우지만, 4가지 관법이 있어 서로 같지 않다. 1. 유문(有門; 實門); 환(幻) 같은 것은 곧 공(空)이므로, 유(有)는 곧 공(空)이며, 공은 곧 유다. 지금 이 가운데 곧 공은 유라 하여 도(道)에 들어가는 것. 2. 공문(空門; 不實門); 곧 유(有)는 공(空)이라 하여 도(道)에 들어가는 것. 3. 역유역공문(亦有亦空門; 亦實亦不實門); 공(空)과 유(有)를 쌍조(雙照)하여 도(道)에 들어가는 것. 4. 비유비공문(非有非空門; 非實非不實門); 공(空)과 유(有)를 모두 막아서 도(道)에 들어가는 것 등이다.

통달보리심 【通達菩提心】〔英 To attain to the enlightened mind〕 오상성신(五相成身; 通達菩提心·修菩提心·成金剛心·証金剛心·佛身圓滿)의 하나. 현재 미망에 덮인 자기의 마음을 반성하여 본래부터 갖추고 있는 보리심이 있는 줄로 통달하는 것. 곧 자기의 본심이 깨끗하여 때가 없는 것을 이론적으로 깨달아 아는 것. 마음은 엷은 안개 속에 있는 달과 같은 것임을 관하는 것.

통명선 【通明禪】 통명관(通明觀)·통명관선(通明觀禪)이라고도 한다. 사선(四禪)·사무색(四無色)·멸진정(滅盡定)에서 신(身)·식(識)·심(心)의 3가지를 관하는 법. 이 법은 반드시 신(身)·식(識)·심(心)의 셋을 통관(通觀)하는 것이므로 통명(通明)이라 하고, 능히 육통(六通; 天眼通·天耳通·他心通·宿命通·神足通·漏盡通)·삼명(三明; 宿命明·天眼明·漏盡明)을 얻는 것이므로 통명선(通明禪)이라 한다.

통별염불 【通別念佛】 통염불(通念佛)과 별염불(別念佛)을 합해서 말한 것. 통염불은 삼세제불의 명호를 통칭하는 것이고, 별염불은 단지 일불(一佛)의 명호를 부르는 것을 말한다.

통별이서 【通別二序】〔英 The general and specific introduction to a sūtra〕 경전의 서문을 증신서(證信序)·발기서(發起序) 두 가지로 나눈 것. 증신서는 다른 모든 경전에도 통하므로 통서(通序)라 하고, 발기서는 그 한 경전에 한정되므로 별서(別序)라고 한다.

통신론 【通申論】 여러 경전의 뜻을 통틀어 모아서 서술한 논이란 뜻. 『섭대승론(攝大乘論)』·『유식론(唯識論)』·『중론(中論)』 등과 같이 여러 대승경의 뜻을 통틀어 말한 논(論)은 통신대승경론, 『아비담론』·『성실론』 등과 같이 소승경의 뜻을 통틀어 말한 논(論)은 통신소승경론이라 하고, 이런 것을 모두 통신론(通申論)이라 총칭한다.

통전장교 【通前藏敎】 천태종 화법사교(化法四敎)의 통교(通敎)는 사람이 영리하고 둔함을 따라 얕게도 깊게도 해석할 수 있는 교(敎)이다. 따라서 둔(鈍)한 근기(根機)가 얕게 해석하면 앞의 장교(藏敎)와 같은 결과를 얻게 되니, 이와 같이 통교가 앞의 장교(藏敎)에 통하는 것을 통전장교(通前藏敎)라 한다.

통혹【通惑】〔英 The two all pervading deluders 見 and 思 seeing and thinking wrongly, i.e. taking appearance for reality〕 우주의 진리를 알지 못하여 미(迷)한 견혹(見惑)과 하나하나의 사물의 진상(眞相)을 알지 못하여 미(迷)한 수혹(修惑)을 말함. 이혹(二惑)은 성문·연각·보살의 삼승(三乘)에서 함께 끊는 것이므로 통혹(通惑)이라 한다.

통후별원【通後別圓】천태종 화법사교(化法四敎) 가운데 통교(通敎)는 사람의 영리하고 둔함에 따라 얕게도 깊게도 해석할 수 있는 교(敎)이다. 따라서 영리한 근기(根機)가 깊게 해석하면 뒤의 별교(別敎)·원교(圓敎)와 같은 결과를 얻게 되니, 이와 같이 통교가 뒤의 별교·원교에 통하는 것을 통후별원(通後別圓)이라 한다.

퇴전【退轉】〔梵 punarāvartate, 巴 parihāyi, 英 To with draw and turn back, i.e. from any position attained〕 퇴타(退墮)·타락(墮落)이라고도 한다. 오랫동안 수행하여 얻은 경지를 잃고 그 아래 경지로 떨어지는 것을 퇴전(退轉)이라 한다.

투도【偸盜】〔英 steal, rob; one of the ten sins〕 오계(五戒) 중의 하나. 십악업(十惡業)의 하나. 남이 주지 않는 물건을 몰래 훔치는 것. 도둑질하는 것.

투란차【偸蘭遮】〔梵 sthūlātyaya, 巴 chullaccaya, 英 a great transgression, one of the major transgressions of a monk or nun〕 6취죄(聚罪)의 하나. 살투라(薩偸羅)·토라차(吐羅遮)라 음역(音譯)한다. 대죄(大罪)·추악·대장선도(大障善道)라 번역한다. 바라이죄(波羅夷罪)나 승잔죄(僧殘罪)에 이를 수 있는 죄를 말한다. 남자가 여자에게 가까이하면서 머리카락으로 머리카락을 서로 닿게 하거나, 손톱으로 손톱을 서로 닿게 하면 투란차를 범한 것이고, 손으로 머리카락이나 손톱을 닿게 하면 승잔죄가 된다. 이것은 선근을 끊고 악도에 떨어지게 되는 죄이다.

투자의청【投子義靑, 1032-1083】중국 송(宋)나라 때 조동종의 선승. 청사(靑社; 山東 靑州北) 이(李)씨. 7세에 묘상사(妙相寺)에 출가하여, 법상학(法相學)을 배우고 화엄학을 연구하였다. 후에 선문(禪門)의 여러 고승을 방문하다가 부산법원(浮山法遠)의 일깨움을 받고, 드디어 대양경현(大陽警玄)의 법을 이어 조동종 사람이 되었다. 뒤에 원통법수(圓通法秀)를 만나 여산의 혜일사에서 대장경을 열람, 1073년〔희령 6〕에 건주(建州)에 돌아와 백운산(白雲山) 해회사에 있었고, 1075년에는 투자산(投子山)으로 옮겼다가 송(宋) 원풍(元豐) 6년에 52세로 입적하였다. 저서로는 『투자의청선사어록(投子義青禪師語錄)』이 있다.

투쟁견고【鬪爭堅固】5종견고의 하나. 불멸후 제5의 500년을 말한다. 이때는 부처님이 가신 지 오래되어서 불교가 쇠퇴하게 되고, 비구들은 계율을 지키지 않고 싸움만을 일삼아 시비의 논쟁이 심하게 벌어지므로 투쟁견고(鬪爭堅固)라 하는데, 이런 시대를 투쟁견고시대라 한다.

투탈【透脫】벗어난다는 뜻. 깨달음. 해탈. 미혹에서 해탈하는 것.

티베트대장경【Tibet大藏經】서장대장경(西藏大藏經)이라고도 한다. 티베트는 송첸캄포(Sroh btsan sgam po, 581-649)왕 때 국위(國威)가 융성하여 632년에 톤미삼보타(Thon mi sam bhota)를 인도에 파견하였다. 톤미삼보타는 인도문자를 모방하여 티베트문자를 만들고, 범어(梵語) 문법에 따라 티베트어(語)의 문법을 만들었다. 그 덕분에 인도의 범어로 쓰인 불교문헌을 티베트어로 번역할 수 있게 되었다. 8세기 티송데첸(Khri sron lie btsan, 742-797)왕, 9세기 렐파첸(Ral pa can, 806-841) 시대에 번역작업이 활기를 띠었는데, 그래서 현재 티베트대장경에 포함된 것들 가운데 과반수가 이 시대에 번역되었다. 13세기 중에 거의 현재의 모양으로 갖추어졌고, 14세기에 부톤(Bu stion)이 이것을 크게 둘로 나누어 칸쥬(Bkaḥ ḥgyur; 甘殊爾)과 텐쥬(Bstan ḥgyur; 丹殊爾)로 편찬하였다. 전자(前者)는 경(經; 불타가 설한 가르침)과 율(律; 規則·戒律)을 수록하고, 후자(後者)는 논(論; 많은 학장들이 설한 경의 해석·논술)과 경(經)의 주석(註釋)·찬송(讚頌)이나 문법학·문학·역사·의학 등의 일반 논서(論書)도 포함시키고 있다. 가장 보편적으로 알려져 있는 판본(板本)에는 북경판(北京版)·데르게판(版)·나르탕판〔古版〕의 3종과 그 밖에 라사흠정판(欽定版) 등이 있는데, 어느 것이나 18세기에 된 것이다. 티베트어(語) 이외의 대장경에는 전해지지 않은 전적(典籍)이 다수 포함되어 있어서 산일(散佚)된 범어 원전의 복원을 위해 극히 중요하며, 불교연구에 꼭 필요한 자료이다.

티베트불교【Tibet佛教】기원(紀元) 7세기경부터 오늘에 이르기까지 티베트를 중심으로 전해진 대승불교를 말한다. 지금 유포하고 있는 지역은 중국의 티베트 자치구, 칭하이성(青海省)·쓰촨성(四川省) 일부, 몽골, 부탄, 네팔 산악부 및 카트만 분지, 다르질링과 다람살라 등 북인도 일부, 라다크 등이다. 불교 전승 이전부터 티베트 문화지역에 존재했었던 샤머니즘적 요소를 충분히 도입하는 한편, 인도 대승불교의 거의 전 내용을 도

입했다. 티베트에서는 전통적으로 티베트불교의 시기를 란다르마 파불(破佛)까지를 '전전기불교(前傳記佛教)'라고 구분하여 부르고, 후세에 부흥된 불교를 '후전기불교(後傳記佛教)'라고 불렀다. 지금은 전자(前者)를 '티베트 전기(前期)불교'라 하고, 후자를 '중기불교', 달라이 정권 확립 이후를 '후기불교'로 구분한다.

[전기] 6, 7세기의 인도 대승불교는 중관파(中觀派)와 유식파(唯識派) 철학을 성립시켜 인식론·논리학의 치밀한 체계를 구축해 왔지만 힌두교의 세력이 불교를 압도하였다. 특히 7세기 이후 불교 탄트리즘〔밀교〕이 대두하였는데, 이것은 종래의 불교가 변하지 않을 수 없음을 보여 주는 것이다. 티베트에 인도불교가 도입된 것은 이러한 상황이 있었기 때문이다. 인도 대륙에서 계속해서 세력을 상실했던 대승불교가 세력을 만회하기 위해 티베트에 많은 힘을 기울였다. 761년, 티송데첸왕은 불교를 국교로 결정하고 767년에 불교 도입을 위해 사절단을 당(唐)에 파견하는 한편, 인도로부터 학승을 초대하였다. 이 초대에 의해 770년대 당시 인도불교계의 유일한 석학인 산타라크쉬타〔寂護〕가 왔다. 그는 당시 대두되고 있었던 밀교에 대해서는 비판적이었으므로 티베트 왕실에는 비(非)밀교적 불교〔顯教〕를 천거하였다. 즉 공(空)사상을 인식론·논리학의 체계로 해석하고자 하는 현교적인 입장을 채용하였다. 779년 티베트에 있어 최초의 본격적 승원인 삼예승원(僧院)이 완성되었고, 6명의 티베트인이 수행승이 되었다. 이들이 티베트인 중 최초의 출가승으로 일컬어진다. 이후 불교 전적(典籍)의 본격적인 번역작업이 시작되었다. 산타라크쉬타는 티베트에 들어올 때 인도 밀교승 파드마삼바바〔蓮華生〕를 동반했다. 이 밀교승은 주술적 능력을 갖고 있어, 티베트에 이전부터 존재했던 샤머니즘적인 종교인 뵌교((Bön教)의 세력에 대항하는 소임을 맡게 된다. 그들을 조사(祖師)라고 하는 전통은 오늘날까지 티베트불교를 중심으로 광범위한 영역에 걸쳐 지속적으로 유지되고 있다. 이러한 전통은 밀교적 요소를 더 많이 보유하고 토착적 숭배 형태와도 결속력이 증대되었지만, 전체로서 하나의 종파나 교단으로서의 조직을 갖고 있는 것은 아니다. 이러한 전통을 총괄하여 '닝마파(Nying mapa; 古派)'라고 부른다. 티베트에서 불교는 처음에는 뵌교, 그다음에는 중국불교, 특히 그 중에서도 선불교(禪佛教)와 맞서야 했다. 786년 돈황이 티베트에 의해 함락되었을 때, 그곳에서 마하연화상(摩訶衍和尙)이 티베트에 초청되는데, 그는 '무념무상(無念無想)'을 강조했다. 그리하여 본래 무념무상이라면 수행은 필요 없다는 교의가 급속하게 세력을 얻었다. 이러한 불

교는 티베트 왕실로서는 위험한 것이었다. 그래서 794년 산타라크쉬타의 제자 카마라쉬라〔蓮華戒〕를 인도에서 초빙하여 마하연을 논파시켰다. 이에 따라 티베트불교의 방향이 정해지고 9세기 중엽까지는 인도불교, 특히 현교(顯教) 경전 대부분을 번역할 정도로 티베트불교의 세력은 강대한 것이 되었다. 그러나 841년 란다르마왕이 즉위하여 국가 재정의 피폐 등을 이유로 들어 불교탄압이 자행되는데, 불교는 이후 약 2세기간의 암흑시대를 맞이한다.

[중기] 11세기 초경에는 불교 부흥의 조짐이 나타나고 드디어 인도인 아티샤와 그의 제자인 티베트인 돔톤의 카담파, 티베트인 마르파의 카규파, 같은 티베트인 콘초겐포의 사캬파 등이 차례로 성립했다. 조금 늦은 11세기 말에는 남인도 출신의 빠탄빠산게가 시체파를 열었다. 카담파(Bka'gdams pa)는 불교의 수행체계에 주목했지만, 이 전통이 후의 쫑카파의 겔룩파에 큰 영향을 주었다. 이 파는 후에 겔룩파에 흡수된다. 카규파(bka'brgyud pa)의 창시자 마르파는 당시 인도의 밀교를 배워 귀국하여 교단을 조직한 것이 아니라 대처(帶妻)로서 수행하였다. 제자는 수행자로서 유명한 이라데바가 있다. 카규파를 교단으로 조직한 것은 밀라레파의 제자 감뽀빠이며 그의 제자로부터 카르마, 빡토우, 빠포로무의 여러 파가 빠구토파에서 다시 디쿤, 타쿠룬, 야산 등의 분파가 생겨났다. 카르마파, 도구파는 아직까지 현존한다. 카규파는 밀교적 명상을 중시한다. 사캬파의 창시자 콘시의 콘초겐포는 당시 인도에서 유행하던 '호금강(呼金剛)탄트라'를 배워 귀국하였다. 콘시의 혈통에는 우수한 인재가 배출되어 사캬파의 전성시대가 도래하였다. 콘초겐포의 자식 중에 호금강탄트라에 기초한 밀교적 요가의 시스템을 확립한 사첸이 있고, 그 조카 중에 티베트불교에 있어 인식론·논리학의 확립자인 사반이 있다. 1270년 몽골왕 때부터 티베트 전사의 지배를 받았던 사캬파는 14세기 중엽까지 권세를 누렸다. 15세기에는 콘시의 계통이 소위 분가에 맞서, 신가라고 할 수 있는 콘의 두 파가 생겨났다. 오늘날에도 사캬파의 전통은 티베트·서네팔·북인도 등에 남아 있다. 또한 14세기 전반에 활약했던 프톤은 티베트불교 이론과 실천의 체계를 확립한 인물로서 중요하다. 티베트 중기불교의 말기에 쫑카파가 나타나 겔룩파(Dgelugs pa)를 열었다. 그는 계율을 지키는 비구로서의 생활을 하며, 중관·유식의 현교적 논전 및 밀교 집회·승낙 등의 밀교 경전에 주석을 행했다. 니소마, 카구사카의 여러 파에 있어서는 성행위를 밀교 실천의 수단으로서 이용하는 점이 있었으나, 그와 같은 방법을 쫑카파는 인정하지 않고 밀

교의 실천체계를 정신화·내면화하는 것에 의해 현교와 밀교의 통일을 지향하였다. 이 쫑카파의 태도는 그 이후의 티베트불교의 기본적인 태도가 되었다. 그의 주요 저서로는 『보리도차제광론(菩提道次第廣論)』, 『비밀도차제론(秘密道次第論)』이 있다. 또 그의 학파는 카르마적모파(赤帽派)와 카르마흑모파(黑帽派)에 맞서 '황모파(黃帽派)'라고 칭해졌다. 그의 제자 중에 다푸마딘첸, 게르크베르산표, 겐돔도포 등이 있다.

[후기] 16세기 중엽 겔룩파의 소남갸초가 몽골의 알탄칸에게 '달라이라마' 존칭을 받으면서 달라이라마 제도가 제정되었다. 달라이라마는 겔룩파 총본산 간덴사(寺)의 주지가 되는 관습으로, 제5대 아왕 로상갸초는 1642년 달라이라마 정권을 확립시켜 이후 티베트 전 지역을 지배하게 되었다. 이 정권 수립 후 티베트불교는 후기에 들어간다. 후기에서는 달라이라마를 중심으로 하는 신권정치(神權政治)가 행해졌다. 교학적으로는 쫑카파를 능가하는 사람은 나타나지 않고 있다. 1959년의 동란에 의해 달라이라마 제14대 텐진갸초는 인도에 망명하고, 현재 그의 망명 정권은 북인도의 다람살라에 있다. 요즘에도 인도, 북미, 유럽 등 각 지역에서 티베트불교의 새로운 활동이 계속되고 있다.

ㅍ

파계【破戒】〔梵 duḥśila, śila-vipanna, saithilika; 巴 śila-vipatti, 西 tshul khrims ḥchal ba, 英 To break the commandments〕 한 번 계(戒)를 받은 사람이 몸·입·뜻의 삼업(三業)을 청정히 지키지 못하고 파계하는 것. 범계(犯戒)라고도 한다. 파계는 자기를 해롭게 하고, 나쁜 이름이 나며, 지혜 있는 이에게 꾸중을 듣고, 죽을 때에 후회되며, 죽어서는 악도에 떨어진다.

파드마삼바바【Padmasaṁbhava; 蓮華生】 티베트 라마(Rama)불교의 개조(開祖). 티베트에서는 구루 린포체〔名譽敎主〕라 한다. 북인도 오장나국(烏仗那國) 사람. 747년 티베트왕 티송데첸의 초청을 받고 티베트에 가서 티베트불교의 기초를 다졌다. 티베트에 머물면서 전후 수십 년 동안 훌륭한 사원을 창건했는데, 그 가운데 대표적인 사원은 산타라크쉬타와 함께 세운 삼예사원이다. 그는 항상 금강저(金剛杵)를 가지고 국내의 요물들을 제압하고, 뵌교(Bön敎)에서 말하는 금주설(禁呪說)을 깨뜨리고 불교를 찬양하였다. 이리하여 티베트 특유의 비밀교인 라마교를 대성시켰다. 그는 제자 25인으로 하여금 범본·한역본의 경전을 번역하게 하여 라마교의 대장경을 만들었다. 대표작으로는 유명한 『티베트 사자(死者)의 서(書)』가 있다.

파라미타【波羅未陀】〔梵 paramārtha〕 범어(梵語) 'paramārtha'의 음역(音譯)으로, 한역(漢譯)하면 제일의(第一義)인데, 최고의 진리, 공(空)의 이치를 뜻한다.

파립【破立】〔英 Refuting and establishing〕 차조(遮照)라고도 한다. 만법(萬法)을 파(破)하여 진공(眞空)의 이치를 나타내는 것을 파(破)라 하고, 만법의 연기(緣起)를 논하여 묘유(妙有)의 뜻을 나타내는 것을 입(立)이라 한다. 곧 이것은 공유(空有)의 이문(二門)이다. 삼론학(三論學)은 공문(空門)에 의하여 제법(諸法)을 파(破)하였고, 법상학(法相學)은 유문(有門)에 의하여 제법을 세웠다.

파법변【破法徧】 천태학에서 말하는 십승관법의 제4. 일심삼관(一心三觀)

의 지혜로써 모든 삿된 고집을 두루 파멸하는 것. 선교안심지관(善巧安心止觀)으로 깨닫지 못한 사람은 다시 이 관법을 닦는다.

파사현정【破邪顯正】〔英 To break, or disprove the false and make manifest the right〕 사도(邪道)를 파척(破斥)하고 정리(正理)를 나타냄. 모든 종파는 모두 파사현정을 종취(宗趣)로 삼고 있는데, 그 중에서도 특히 삼론종(三論宗)은 파사현정을 강조한다. 그들의 파척(破斥) 대상은 외도(外道)·비담(毘曇)·성실(成實)·대집(大執)이고, 현정(顯正)의 대상은 인정(人正)과 법정(法正)이다. 또 그들은 파사(破邪) 밖에 따로 현정(顯正)이 있는 것이 아니라, 파사하는 것이 그대로 현정이라고 주장한다.

파상종【破相宗】〔英 The sect established by Yung-ming 永明, Ching-ying 淨影, and Hui-yüan 慧遠, which held the unreality of all things〕 ①모든 법은 다 인연으로 생겼고, 인연으로 생긴 까닭에 자성(自性)이 없다. 그러므로 모든 법은 공(空)한 것이고, 그 공한 것도 역시 공(空)하다고 하여 유상(有相)과 공상(空相)을 함께 파(破)하는 것을 파상종이라 한다. 이것은 『반야경(般若經)』·『중론(中論)』 등에서 밝힌 종지이며, 화엄종 오교(五敎)의 시교(始敎) 중 공시교(空始敎)에 해당한다. ②모든 법은 아지랑이와 같아서 자성(自性)이 공한 것이므로 허망한 모양까지도 없는 것이다. 비유하면, 사람들이 먼 곳에 있는 아지랑이를 보고 물인 줄 알다가도 가까이 가서 보면 그 자성(自性)만 없는 것이 아니라 물의 모양도 없는 것과 같다. 대연(大衍)이 세운 4종 가운데 불진종(不眞宗)에 해당한다.

파성종【破性宗】 중국 수(隋)나라 때 정양사의 고승인 혜원(慧遠, 523-592)이 세운 4종 교판 가운데 하나. 소승 가운데 근기가 깊은 사람들에게 설해진 것으로서, 모든 사물과 현상, 존재는 임시적 존재이며 본체가 없다고 설한다. 그러므로 입성종(立性宗)에서 법(法)의 본체를 인정하는 것과는 다르다. 곧 이 입장에서는 법(法)이 본체는 없지만 임시 모습마저 없는 것은 아니다. 임시 모습의 실재성은 인정한다. 『성실론(成實論)』의 교설이 여기에 해당한다. 중국 제나라 대연사의 담은(曇隱)이 세운 사종(四宗; 因緣宗·假名宗·不眞宗·眞宗) 가운데 가명종(假名宗)에 해당된다.

파순【波旬】〔梵 pāpiyas, pāpiman, 巴 pāpimā〕 파비야(波卑夜)·파비연(波卑掾)·파비(播裨)라 음역하고, 살자(殺者)·악자(惡者)라 번역한다. 욕계 6천의 임금인 마왕의 이름. 항상 악한 뜻을 품고 나쁜 법을 만들어, 수도인의 마음을 요란하게 하고 사람의 혜명(慧命)을 끊는다고 한다. 당(唐)의 혜림(慧琳, 737-820)은 순(旬)은 현(晌)의 오기(誤記)라고 한다.

파유 【破有】〔英 To refute the belief in the reality of things〕 ①삼계의 생사를 뛰어넘음. 유(有)는 삼계의 생사를 말하는 것이다. ②유견(有見)을 파(破)함.

파자소암 【婆子燒庵】 선종의 이름난 화두의 하나. 노파가 암자를 불태워 버렸다는 말. 중국에 불심(佛心)이 깊은 노파가 있었다. 하루는 이 노파의 집에 참선 수행하는 젊은 스님 한 분이 찾아왔다. 노파는 이 스님을 깊이 존경하여, 조그마한 암자를 지어 드리고 정성껏 시봉하였다. 그 선승은 계행이 청정하고 좌선삼매를 얻었다. 노파는 자기의 젊고 예쁜 딸을 선승에게 보내어 수행의 경지를 시험해 보았다. 소녀가 암자를 찾아가 면벽 좌선하는 선승에게 아양을 떨며 유혹을 했다. 그러나 선승은 "마른 나무가 찬 바위에 의지하니 추운 겨울에도 불기운이 없다."라고 하면서 소녀의 유혹에 조금도 끌리지 않았다. 이 말을 들은 노파는, "내가 이십여 년 동안 속된 무리를 헛되이 공양했구나." 라고 하면서 암자를 불태워 버렸다는 화두이다.

파주 【把住】 파정(把定)이라고도 함. ①억누르다. 잡다. 파악함. ②수행자를 단련시키는 수단〔방법〕의 하나. 스승이 수행자를 가르칠 때, 수행자가 그때까지 마음에 품고 있던 사상·신념·견해 등 모든 것을 타파, 부정하여 수행자를 곤혹절망(困惑絶望)의 깊은 늪으로 몰아넣음으로써, 오히려 생생한 향상 진보의 결과를 가져다주려고 하는 것. 『임제록』에 보인다. 파주방행 항목을 참조할 것.

파주방행 【把住放行】 선종(禪宗)에서 수행자를 지도하는 방법. 파주(把住)는 억누른다는 뜻으로, 수행자가 너무 자만심이 많거나 지해(知解; 분별심)가 많으면 억눌러서 가라앉히는 것. 방행(放行)은 수행을 잘하고 있으므로 자유롭게 놔두는 것. 파주와 방행을 적절히 사용하여 수행자를 지도함. 일수일방(一收一放)이라고도 한다.

판교 【判敎】〔英 Division of the Buddha's teaching〕 교상판석(敎相判釋). 각 경전의 지위와 의의를 판별하거나 판정하는 것. 『법화현의(法華玄義)』 10에, "성인이 가르침을 펼침에 있어 각각 귀종(歸從)하는 데가 있지만, 그러나 제가(諸家)의 판교(判敎)는 하나가 아니다."라고 한다. 각 종파는 불교 내부의 다른 견해를 조화시키기 위해서 본파(本派)의 정통과 권위의 지위를 수립하고, 각 불경(佛經)에 대하여 형식에서 내용에 이르기까지 새로운 안배와 평가를 하였다. 이러한 방법은 인도의 불전(佛典)에서는 이미 운용되기 시작하였고, 중국에서는 대(大)·소승(小乘)의 불전이 동시에 유행되었기 때문에, 판교(判敎)는 각 종(宗)의 교의(敎義)에서 더욱 중요한 지위를 차지하였다. 중국에서 가장 먼저 각 경전에 대하여 판교(判敎)를 행한 이는 진(晋)·송(宋) 때의 혜관(慧觀)으로서, 전체의 불교를 이교오시(二教五時)로 나누었다. 남북조(南北朝) 때에는 이른바 남삼북칠(南三北七)이 있었다. 수(隋)·당(唐)에서는 각 종(宗)에 모두 판교(判敎)가 있었다. 예컨대, 천태종의 지의(智顗, 538-597)는 오시팔교(五時八教)로, 삼론종(三論宗)의 길장(吉藏, 549-623)은 이장삼법륜(二藏三法輪)으로, 법상종의 규기(窺基, 632-682)는 삼교(三教)로, 화엄종의 법장(法藏, 643-712)은 오교십종(五教十宗)으로, 정토종의 도작(道綽, 562-645)은 이문(二門)으로 나누고 있는 것 등이다.

판석 【判釋】〔英 To divide and explain sūtras〕 부처님 일대의 교법 내용을 판단하고, 그 뜻을 해석하여 대승·소승으로 나누며, 그 깊고 얕음을 따져서 체계를 세우는 것. 교상판석(教相判釋).

판차탄트라 【Pañcatantra】 고대 인도의 우화(寓話)를 모은 것으로, 작자(作者)와 연대는 미상(未詳). 원서명(原書名)은 '5장(章)으로 된 책'이라는 뜻. 여러 가지 꼴로 편집되었는데, 인도 각지는 물론 아시아·아프리카·유럽 여러 나라에 널리 유포되어 이야기 문학에 큰 영향을 끼쳤다. 여기에서 파생해서 64개 국어로 200편 이상의 텍스트가 있는 것으로 전한다. 인도의 옛 사본(寫本)으로는 남인도계의 카슈미르 및 네팔계(系)로 나뉜다. 현재 알려진 최고(最古)의 것은 카슈미르본(本)으로, 『탄트라캬이카(Tantrakhyāyika)』라고 불리는데, 그 성립은 4-5세기로 추정된다. 이 책의 대충 줄거리는, 먼저 신(神)들과 옛 정치학 대가(大家)들에게 경의를 표한 다음, 모든 정치학의 정요(精要)를 취하여 이 책을 저술한다는 말로 시작한다. 그리고 뒤이어서 남인도의 미히라로피아 도읍에 아말라샤리티라고 하는 왕(王)이 군림해 학문에 통달해 있었는데, 그의 3왕자(王子)는 학문을 도무지 배우려 하지 않았다. 그리하여 비쉬누샤르만이라고 하는 80세의 브라흐만이 6개월 안으로 왕자들에게 정치학을 가르치기 위해 5장(章)으로 된 이 책을 만들었다. 이와 같은 서장(序章)에서 시작하여 각 장(章)은 정치학 내지 처세술의 한 테마를 설명하기 위해 한 주제(主題)의 이야기를 중심으로 하는데, 그 이야기 도중에 딴 이야기도 삽입된다. 자료가 된 것은 옛 우화와 설화이다. 제1장은 친구의 이간(離間)을 주로 한다. 수왕(獸王) 사자를 받드는 두 마리의 대신(大臣) 승냥이가 사자와 소의 이간을 획책한다는 이야기를 본 줄거리로 하고, 왕과 대신의 관계 및 정치학의 원리를 가르친다. 제2장은 친구를 얻는 데 대한 가르침으로, 새들이 협력하여 사냥꾼의 그물을 뒤집어쓴 채 도망치는 이야기를 근간으로 하여, 비둘기·쥐·까마귀·거북이·사슴 사이의 우정을 말하여 약자들도 상호 부조함으로써 강적을 물리칠 수 있음을 가르친다. 제3장은 전쟁과 평화에 대한 정치학설을 가르치기 위하여, 사시(史詩) 『마하바라타(Mahābhārata)』에 있는 유명한 올빼미의 전쟁을 주제로 하여, 표범의 가죽을 쓴 노새와 소녀의 모습으로 변한 쥐의 신랑찾기 등 유명한 우화를 수록했다. 제4장과 제5장은 일반적인 처세훈(處世訓)으로, 이미 손에 넣은 것을 속아서 잃는 이야기〔악어와 원숭이 이야기 등〕, 또는 갓난아기를 죽였다는 오해를 받고 주인에게 피살된 족제비 이야기 등이 들어 있다. 이 책은 산스크리트문학의 기교에 익숙한 우수한 문학자의 손에 의해 작성된 것이 확실한데, 산문이나 운문이 모두 미문(美文)이다. 옛 자료 외에 저자가 새로 창작한 우화나 이야기도 들어 있는데, 일반민중보다도 왕후(王侯)의 자제를 대상으로 하여 정치학을 가르칠 목적이기 때문에 비슈누 신앙의 브라흐만교를 기조(基調)로 한다.

판치생모 【板齒生毛】 판치(板齒)는 판(板) 같은 이빨이라는 뜻으로 앞니 두 개를 뜻하고, 생모(生毛)는 털이 났다는 뜻. 곧 앞니에서 털이 났다는 말로서 침묵(沈默)·묵언(默言)을 뜻함.

팔각 【八覺】〔英 The eight persep-tions or thoughts〕 일체의 번뇌를 일으키는 여덟 가지의 나쁜 생각. 1. 욕각(欲覺; 탐욕), 2. 진각(瞋覺; 화내는 생각), 3. 뇌각(惱覺; 남을 해치려는 생각), 4. 친리각(親里覺; 고향친척들을 항상 생각하는 마음), 5. 국토각(國土覺; 나라의 평화를 생각하는 마음), 6. 불사각(不死覺; 부자가 재산 때문에 죽기 싫어하는 생각), 7. 족성각(族姓覺; 항상 문벌이 훌륭하다고 생각하는 것), 8. 경모각(輕侮覺; 자기의 재질을 믿고, 남을 업신여기는 생각) 등이다.

팔건도 【八犍度】〔英 The eight skandhas or sections of the Abhidharma〕 여러 가지 법문을 분류하여 8가지로 모은 것. 가전연(迦旃延; Kātyāyana)이 지은 『아비담팔건도론(阿毘曇八犍度論)』에 잡건도(雜犍度)·행건도(行犍度)·대건도(大犍度)·결사건도(結使犍度)·지건도(智犍度)·근건도(根犍度)·정건도(定犍度)·견건도(見犍度) 등 8건도를 들고 있다. 건도(犍度; skandhaka)는 취(聚)·적(積)·장(藏)·절(節)이라는 뜻이다.

팔경계 【八敬戒】〔英 The eight commands given by the Buddha to his foster-mother, i.e. aunt, when she was admitted to the order and which remain as commands to nuns〕 비구니가 지켜야 하는 여덟

가지 공경법(恭敬法). 8경법(八敬法)·8중법(八重法)·8존사법(八尊師法)·8불가월법(八不可越法)·8불가과법(八不可過法)이라고도 한다. 비구니로서 공경해야 할 8가지 조목은, 1. 백 세의 비구니라도 새로 비구계를 받은 비구를 보면 일어나 맞아 예배하고, 깨끗한 자리를 펴고 앉기를 청해야 한다. 2. 비구니는 비구를 흉보거나 꾸지람하지 못한다. 3. 비구니는 비구의 죄를 들어 그 허물을 말하지 못한다. 4. 식차마나는 이미 6법을 배웠으므로 대중 승려들을 따라서 대계(大戒) 받기를 구해야 한다. 5. 비구니가 승잔죄(僧殘罪)를 지었을 때에는 반드시 반달 내에 2부 대중이 있는 가운데서 참회해야 한다. 6. 비구니는 반달마다 비구 대중 가운데서 가르쳐 줄 사람을 구해야 한다. 7. 비구가 없는 곳에서 여름 안거를 하지 못한다. 8. 여름 안거를 마치면 마땅히 비구 대중 가운데 가서 자자(自恣)할 스님을 구해야 한다. 이상 8가지로서, 대부분 비구니는 비구를 받들고 공경하며 비구로부터 가르침을 받아야 한다는 내용이다.

팔경법 【八敬法】〔巴 aṭṭha garu-dhammā〕 비구니가 비구에게 대하여 지켜야 할 법. 팔경계 항목을 참조할 것.

팔고 【八苦】〔英 The eight distresses〕 중생들이 겪는 여덟 가지 고통. 1. 생고(生苦; 이 세상에 태어나는 데서 겪는 고통), 2. 노고(老苦; 늙어가는 데서 겪는 고통), 3. 병고(病苦; 병이 듦으로 인하여 겪는 고통), 4. 사고(死苦; 죽음을 맞이하는 과정에서 겪는 고통), 5. 애별리고(愛別離苦; 사랑하는 사람, 좋아하는 사람과 헤어져야 하는 데서 겪는 고통), 6. 원증회고(怨憎會苦; 미워하는 사람과 만나는 데서 겪는 고통), 7. 구부득고(求不得苦; 좋아하는 것을 갖고 싶어도 갖지 못하는 데서 겪는 고통), 8. 오음성고(五陰盛苦; 오온의 욕망이 치성한 데서 겪는 고통) 등이다.

팔공덕수 【八功德水】〔梵 aṣṭānga-upeta-ambhaḥ〕 8종의 공덕을 갖추고 있는 물. 8종의 공덕은 경(經)에 따라 다르다. ①『칭찬정토경』에서는 고요하고 깨끗함, 차고 맑은 것, 맛이 단 것, 입에 부드러운 것, 윤택한 것, 편안하고 화평한 것, 기갈 등의 한량없는 근심을 제거하는 것, 여러 근(根)을 장양하는 것 등을 들고 있다. ②『구사론(俱舍論)』에서는, 달고·차고·부드럽고·가볍고·깨끗하고·냄새가 없고·마실 때 목이 상하는 일이 없고·마시고 나서 배탈 나는 일이 없는 것 등을 들고 있다.

팔관재계 【八關齋戒】〔梵 Aṣṭānga-śila, 巴 Aṭthaṅgasila〕 팔재계(八齋戒)·팔계재(八戒齋)·팔계(八戒)·팔지재법(八支齋法)·팔소응리(八所應離)라고도 한다. 집에 있는 이가 하룻밤 하루 낮 동안 받아 지키는 계율.

1. 살생하지 말라, 2. 훔치지 말라, 3. 음행하지 말라, 4. 거짓말하지 말라, 5. 술을 먹지 말라, 6. 꽃다발을 쓰거나 향을 바르고 노래하며, 풍류 잡히지 말고 가서 구경하지 말라, 7. 높고 넓으며 크게 잘 꾸민 평상에 앉지 말라, 8. 때 아닌 때에 먹지 말라 등이다. 이 가운데 제8은 재(齋), 나머지 일곱은 계(戒)인데, 관(關)은 금지한다는 뜻이다.

팔관회【八關會】고려시대에 국가적으로 행해졌던 의식의 하나. 고려 태조 훈요십조(訓要十條) 가운데 제6조항에 나타나는데, 팔관회의 대상은 천령(天靈; 하느님)과 용신(龍神; 山川神靈)이었다. 음력 10월 또는 11월에 팔관회를 열었는데, 이날은 등불을 밝히고 술과 다과 등을 베풀며 음악과 가무 등으로 군신이 함께 즐겼고, 국가와 왕실의 태평을 기원하였다. 팔관회는 고려시대 국가의 최대 의식이었다.

팔구의【八句義】〔英 The eight fundamental principles, intuitional or relating to direct mental vision, of the Zen school〕 4언(言) 8구(句)로서 적절하게 선종(禪宗)의 중요한 뜻을 나타낸 글귀. '정법안장(正法眼藏)·열반묘심(涅槃妙心)·실상무상(實相無相)·미묘법문(微妙法門)·불립문자(不立文字)·교외별전(教外別傳)·직지인심(直指人心)·견성성불(見性成佛)' 등.

팔난【八難】〔英 The eight conditions in which it is difficult to see a Buddha or hear his dharma〕 ① 부처님을 보고 법을 듣는 데 8종의 장난(障難)이 있다. 재지옥난(在地獄難)·재축생난(在畜生難)·재아귀난(在餓鬼難)〔이 세 곳은 고통이 심해서 불법(佛法)을 듣지 못한다〕·재장수천난(在長壽天難)·재울단월난(在鬱單越難)〔이 두 곳은 즐거움이 너무 많아서 불법을 듣지 못한다〕·농맹음아난(聾盲瘖瘂難)·불전불후난(佛前佛後難). ②수계(受戒) 자자(自恣) 등을 행할 때 줄여서 간단히 함을 허락하는 8종의 어려운 일. 왕난(王難)·적난(賊難)·화난(火難)·수난(水難)·병난(病難)·인난(人難)·비인난(非人難)·독충난(毒蟲難) 등을 말한다.

팔대관음【八大觀音】〔英 The eight Shingon representations of Kuan-yin〕 진언종(眞言宗)에서 세운 8종의 관음. 1. 원만의원명왕보살(圓滿意願明王菩薩), 2. 백의자재(白衣自在), 3. 계라찰녀(髻羅刹女), 4. 사면관음(四面觀音), 5. 마두라찰(馬頭羅刹), 6. 비구지(毘俱胝), 7. 대세지(大勢至), 8. 다라관음(陀羅觀音) 등을 말한다. 『대본여의경(大本如意經)』에 나온다.

팔대용왕【八大龍王】『법화경』을 설하는 회좌(會座)에 참석한 호법(護法)의 선신(善神)으로 여겨지는 팔용왕(八龍王). 난타(難陀; Nanda)·발난타(跋難陀; Upananda)·사가라(沙迦羅;

Sagara; 海龍王)·화수길(和修吉; Vasuki; 九頭龍)·덕차가(德叉伽; Takṣaka; 視毒)·아나파달다(阿那波達多; Anavatapta; 無熱)·마나사(摩那斯; Manasa; 大力·慈心)·우파라(優波羅; Utpala; 靑蓮華)의 호칭. 『법화경』「서품(序品)」에 팔용왕으로서 이들이 소개되어 있다.

팔대인각【八大人覺】 대인팔념(大人八念)이라고도 한다. 보살·연각·성문 등의 역량(力量)이 큰 이들이 일으키는 8종의 생각. 1. 소욕각(少欲覺); 얻지 못한 5욕법 가운데서 널리 구하려 하지 않는 생각. 2. 지족각(知足覺); 이미 얻은 것만으로 만족함. 3. 원리각(遠離覺), 또는 적정각(寂靜覺); 세속의 번뇌를 여의고 적정한 곳을 좋아하는 생각. 4. 정진각(精進覺); 선법을 닦는 데 용맹정진하여 그치지 않는 생각. 5. 정념각(正念覺); 바른 이치를 일심으로 생각하고 다른 생각을 쉬지 않는 것. 6. 정정각(正定覺); 선정을 닦아 모든 어지러운 생각을 쉬고, 몸과 마음이 고요함을 얻어 삼매(三昧)가 앞에 나타나는 것. 7. 정혜각(正慧覺); 문혜(聞慧)·사혜(思慧)·수혜(修慧) 등을 닦아 참되고 바른 지혜가 발생하는 것. 8. 무희론각(無戱論覺); 쓸데없는 말을 멀리 여의고, 정어(正語)에 주하는 것 등이다.

팔대지옥【八大地獄】〔梵 aṣṭau mahānarakāḥ〕 팔열지옥(八熱地獄)이라고도 한다. 등활(等活)·흑승(黑繩)·중합(衆合)·호규(號叫)·규환(叫喚)·대규(大叫; 大叫喚)·염열(炎熱; 焦熱)·대열(大熱; 酷熱)·무간(無間)이라고 하는 8개의 지옥.

팔도【八倒】〔英 The eight upside views〕 범부와 소승 등이 미(迷)한 고집으로 바른 이치를 뒤바뀌게 아는 8종의 그릇된 견해. 유위생멸(有爲生滅)하는 법을 상(常)·락(樂)·아(我)·정(淨)하다고 고집하는 범부의 사도(四倒)와 무위열반(無爲涅槃)의 법을 무상(無常)·무락(無樂)·무아(無我)·부정(不淨)이라고 고집하는 이승(二乘)의 사도(四倒)를 합한 것.

팔륜【八輪】〔英 The eight wheel〕 팔정도(八正道)를 말한다. 수레바퀴에 바퀴살과 바퀴통, 바퀴테가 서로 도와 수레바퀴 하나가 성립하는 것처럼, 정견(正見)·정사(正思)·정정진(正精進)·정념(正念)의 넷은 바퀴살이 되고, 정어(正語)·정업(正業)·정명(正命)은 바퀴통이 되며, 정정(正定)은 바퀴테가 되어 서로 도와서 정도(正道)를 이룬다. 우리가 이것을 의지하여 열반의 저 언덕에 이를 수 있으므로 팔륜(八輪)이라 한다.

팔리어성전【Pāli語聖典】 고대 인도의 방언인 팔리어로 이루어진 불전. 초기불전, 원시불전〔경전〕은 대부분 거의 팔리어로 이루어져 있는데, 여러 경전 가운데서도 가장 원음〔친설〕에 가깝다. 다른 말로는 팔리어경전, 니카야(Nikāya; 部), 아함경(阿含經;

Āgama)이라고 하며, 소승경전(小乘經典)이라고도 한다. 경(經)·율(律)·론(論) 삼장이 모두 수록되어 있다. 팔리어는 본래 서부 인도의 속어였는데, 불타 입멸(入滅) 후 원시교단이 서인도로 확대됨에 따라 성전용어(聖典用語)로 되었으며, B.C.3세기경 아쇼카왕 시대에 마힌다에 의해서 스리랑카〔실론〕에 전해졌다. 이후에 이 전통은 미얀마·타이·크메르〔캄보디아〕 등 동남아시아의 여러 지역으로 퍼져 이른바 남방불교를 형성하였다. 이 계통을 상좌부(上座部)라고 하며, 부파불교 중에서 삼장(三藏)을 완전히 보존하고 있는 것은 팔리어로 쓴 것뿐이다. 또한 삼장 이외에도 시대에 따라서 많은 강요서(綱要書)·주석서·사서(史書) 등이 만들어졌는데, 이것들을 일괄하여 '장외(藏外)'라고 부른다. 아함경 항목 참조.

팔마 【八魔】〔英 The eight māras, or destroyers〕 중생(衆生)을 해롭게 하는 8종의 마(魔). 두 가지가 있다. ①번뇌마(煩惱魔; 탐욕 등의 번뇌가 몸과 마음을 어지럽게 하는 것)·온마(蘊魔; 5온이 화합하여 된 이 몸이 가지가지의 괴로움을 내는 것)·사마(死魔; 사는 사람의 혜명을 끊는 것)·천자마(天子魔; 제6천의 마왕이 사람의 선한 일을 방해하는 것)·무상마(無常魔)·무락마(無樂魔)·무아마(無我魔)·부정마(不淨魔)의 넷은 열반의 상(常)·락(樂)·아(我)·정(淨)의 사덕(四德)을 무상·무락·무아·부정이라고 잘못 아는 것이 마(魔)이다. ②분단생사(分段生死)와 변역생사(變易生死)에 각각 번뇌마(煩惱魔)·온마(蘊魔)·사마(死魔)·천자마(天子魔)의 4마가 있으므로 8마가 된다.

팔만대장경 【八萬大藏經】〔英 The Tripitaka Koreana (consisting of over eighty thousand blocks)〕 고려시대에 성립된 고려대장경(高麗大藏經)의 이칭(異稱). 판각된 판목(板木)의 숫자가 8만여 장〔81,258판〕이라고 하여 이렇게 부름. 또는 이 속에 8만 4천 가지의 법문이 수록되어 있다고 해서 이렇게 부른다고도 한다. 8만 4천이란 말은 인도에서 많은 수를 말할 때 흔히 사용한다. 중생의 번뇌수가 많다고 해서 8만 4천 번뇌라고도 하고, 이 번뇌를 대치(對治)하기 위하여 부처님의 법을 또한 8만 4천 법문이라 한다. 고려대장경 항목 참조.

팔만사천번뇌 【八萬四千煩惱】 팔만사천 진로(塵勞)·팔만 사천 병(病). 중생의 번뇌에 8만 4천이 있다는 것. 중생의 근본번뇌에 신견(身見)·변견(邊見)·사견(邪見)·견취견(見取見)·계금취견(戒禁取見)·탐욕(貪欲)·진에(瞋恚)·무명(無明)·만(慢)·의(疑)의 10수면(隨眠)이 있고, 이 낱낱 수면에 각각 다른 9수면이 있어서 방편이 된다. 한 수면이 주(主)가 되고 9수면이 조(助)가 되어 낱낱이 10수면을 갖추었으므로 백이 되고, 이것을 삼세(三世)에 배대(配對)하면 3백이 되고, 현재의 100은 시간이 극히 짧으므로 조(助)를 말하지 않으나, 과거와 미래의 100들은 각각 한 수면을 주로 하고, 다른 수면을 조로 하므로 합하여 2천이 되고, 현재의 백까지 합하면 2천 1백이 된다. 이것을 다탐(多貪)·다진(多瞋)·사각(思覺)·우치(愚痴)·착아(着我)의 다섯으로 잡아 각각 2천백이 있으므로 모두 1만 5백이 된다. 또한 이기(已起)의 1만 5백과 미기(未起)의 1만 5백을 합하면 2만 1천이 되는데, 탐(貪)·진(瞋)·치(痴)·등분(等分)의 4종에 각각 2만 1천이 있으므로 전부 합하여 8만 4천이 된다. 이 밖에도 여러 가지로 계산하는 방법이 있다.

팔만사천법문 【八萬四千法門】 팔만사천 교문(敎門)·팔만 사천 법장(法藏)이라고도 한다. 불타(佛陀)의 일대 교법을 통틀어 일컫는 말. 중생(衆生)에게 8만 4천의 번뇌가 있으므로, 이것을 대치(對治)하기 위하여 8만 4천의 법(法)을 말하였다고 한다.

팔망상 【八妄想】 8종의 망상. 1. 자성망상(自性妄想); 허황하게 고집하는 법이 각각 체성이 있어서 어지럽지 아니한 것. 2. 차별망상(差別妄想); 차별이 없는데 차별하는 망상. 3. 섭수적집망상(攝受積集妄想); 5온이 화합하여 일체중생을 이루었다고 고집하는 망상. 4. 아견망상(我見妄想); 내가 있다고 고집하여 주장하는 망상. 5. 아소망상(我所妄想); 나에게 딸린 물건들이 있다고 고집하는 망상. 6. 염망상(念妄想); 내가 좋아하는 경계를 사랑하는 망상. 7. 불념망상(不念妄想); 내가 좋아하지 않는 경계는 생각하지 않는 망상. 8. 염불념구상위망상(念不念俱相違妄想); 좋아하고 싫어하는 두 가지 경계에 대하여 생각하거나 생각하지 않는 것이 모두 이치에 어기는 망상.

팔미 【八味】 〔英 The eight savours of the Buddha's nirvāṇa〕 ①8종의 맛. 단맛·매운맛·짠맛·쓴맛·신맛·떫은맛·싱거운 맛·알 수 없는 맛〔不了味〕. ②불타(佛陀)가 얻은 대열반(大涅槃)의 8종 법미(法味). 상주(常住)·적멸(寂滅)·불로(不老)·불사(不死)·청정(淸淨)·허통(虛通)·부동(不動)·쾌락(快樂) 등이다.

팔복전 【八福田】 〔英 The eight fields for cultivating blessedness〕 ①공경·공양하며 자비로 보시하여 한량없는 복이 생기게 하는 8종의 밭. 부처님·성인·스님〔이 셋을 敬田〕·화상·아사리·아버지·어머니〔이 넷을 恩田〕·병든 사람〔悲田〕. ②복 받을 원인이 될 8종의 좋은 일. 먼 길에 우물을 파는 일, 나루에 다리를 놓는 일, 험한 길을 잘 닦는 일, 부모에게 효도하는 일, 스님에게 공양하는 일, 병든 사람을 간호하는 일, 재난 당한 이를 구제하는 일, 무차(無遮)대회를 열고 일체 고혼을 제도하는 일 등이다.

팔부중 【八部衆】〔英 The eight classes of supernatural beings in the lotus sūtra〕 팔부신중(八部神衆)이라고도 한다. 불법(佛法)을 수호하는 여덟 신장. 천(天)·용(龍)·야차(夜叉)·건달바(健達婆)·아수라(阿修羅)·가루라(迦樓羅)·긴나라(緊那羅)·마후라가(摩睺羅迦) 등이다.

팔불정관 【八不正觀】〔英 Meditation on the above eight negations〕 팔불중도(八不中道)의 관법(觀法). 모든 법(法)의 진상(眞相)은 불생(不生)·불멸(不滅)·불거(不去)·불래(不來)·불일(不一)·불이(不異)·부단(不斷)·불상(不常)하여, 유(有)를 여의지 않고 무(無)에 떨어지지 않는 중도(中道)이다. 그러나 중생은 이것을 잘못 알고 생(生)·멸(滅)·거(去)·래(來)·일(一)·이(異)·단(斷)·상(常)이라는 그릇된 고집을 일으키므로, 이것을 깨뜨리기 위하여 불생·불멸·불거·불래·불일·불이·부단·불상의 팔불(八不)의 정관(正觀)을 닦는 것을 말한다.

팔불중도 【八不中道】〔英 The eight negations of Nāgārjuna, founder of the Mādhyamika or Middle School 三論宗〕 팔불중관(八不中觀)·팔불정관(八不正觀)·무득정관(無得正觀)·무애중도(無碍中道)라고도 한다. 삼론종(三論宗)에서 생(生)·멸(滅)·상(常)·단(斷)·일(一)·이(異)·래(來)·거(去) 등 여덟 가지 미(迷)한 고집을 부정하는 데서 나타나는 중도(中道)의 이치를 말하는 것으로, 불생(不生)·불멸(不滅)·부단(不斷)·불상(不常)·불일(不一)·불이(不異)·불거(不去)·불래(不來)의 8개의 부정. 『중론(中論)』에서 최초로 설함. 용수(龍樹; Nāgārjuna)의 『중론(中論)』 관인연품(觀因緣品) 귀경게(歸敬偈)에는, "불생역불멸(不生亦不滅) 불상역부단(不常亦不斷) 불일역불이(不一亦不異) 불래역불거(不來亦不去) 능설시인연(能說是因緣) 선멸제희론(善滅諸戲論) 아계수례불(我稽首禮佛) 제설중제일(諸說中第一)"이라고 실려 있다. 삼론종(三論宗)에서는 궁극의 진리인 모습을 설시(說示)하고 있는데, 길장(吉藏, 549-623)은 이것을 "이는 곧 이지중도(二智中道)를 변별(辨別)하는 것이니, 불지(佛智)는 능히 팔불중도를 설하고 모든 희론(戲論)을 없애기 때문이다."라고 하였다. 여기서는 파사(破邪)가 곧 현정(顯正)이며, 모든 미집(迷執)을 철저하게 떨쳐 버린 곳에 중도실상(中道實相)이 분명하게 나타남을 말하였는데, 팔불즉중도(八不卽中道)라고도 한다. 팔불정관 항목 참조.

팔사 【八邪】〔英 The eight heterdox or improper practice〕 팔정도에 반대되는 것 여덟 가지. 곧 사견(邪見)·사사유(邪思惟)·사어(邪語)·사업(邪業)·사명(邪命)·사정진(邪精進)

·사념(邪念)·사정(邪正) 등이다.

팔상【八相】〔英 Eight aspects of the Buddha's life〕①석가모니 부처님의 생애를 탄생에서 열반〔입멸〕에 이르기까지 중요한 행적을 8장(八章; 八相)으로 나누어 설명한 것. 1. 도솔래의상(兜率來儀相); 도솔천에서 이 세상으로 내려오는 모습, 곧 잉태. 2. 비람강생상(毘藍降生相); 룸비니동산에서 탄생하는 모습. 3. 사문유관상(四門遊觀相); 동서남북 네 성문으로 나가서 세간상을 관찰하는 모습. 4. 유성출가상(踰城出家相); 성(城)을 넘어 출가 입산하는 모습. 5. 설산수도상(雪山修道相); 설산에서 수도하는 모습. 6. 수하항마상(樹下降魔相); 보리수 아래에서 마구니를 항복시키는 모습. 7. 녹원전법상(鹿苑轉法相); 녹야원에서 가르침을 펴는〔설법〕 모습. 8. 쌍림열반상(雙林涅槃相); 두 그루의 사라나무 사이에 몸을 기댄 채 열반하는 모습. 이상 8장면을 팔상(八相)이라고 하고, 그것을 그림으로 그린 것을 팔상도(八相圖)·팔상성도(八相成道)라고 한다. 속리산 법주사 팔상전이 그 그림을 모신 전각이다. ② 인상(人相)의 8가지. 곧 위(威)·후(厚)·청(淸)·고(苦)·고(孤)·박(縛)·악(惡)·속(俗) 등을 말한다.

팔상도【八相圖】부처님의 생애를 8장으로 그린 그림을 말함. 팔상(八相) 항목 참조.

팔선사상【八仙思想】고려 인종(仁宗) 때 묘청(妙淸, ?-1135)의 팔성(八聖) 사상을 말한다. 묘청은 서경(西京)의 임원역(林原驛)이 풍수지리설상으로 가장 길한 곳, 즉 대화세(大花勢)라고 해서, 궁(宮)을 그곳에 지으면 금(金)나라가 폐백을 가져오고 36국이 모두 신첩(臣妾)이 된다는 참언을 내세웠고, 그 참언에 근거해서 그곳에 팔성당(八聖堂)을 짓고, 그 안에 6가지 신앙대상, 즉 고유의 산신숭배와 불교·유교·도교·팔관(八關)·음양지리 등의 사상을 절충하여, 호국백두악태백선인실덕문수사리보살(護國白頭嶽太白仙人實德文殊師利菩薩) 등 팔성(八聖)을 모셨다. 특히 이 팔성에서 주목되는 것은, 불교의 본지수적설(本地垂跡說)에 의해 불본지(佛本地)에서 분신(分身)을 만들어 국가 융성의 이국신앙(利國信仰)을 꾀하고 있다는 점이다.

팔성도【八聖道】〔梵 āryāṣṭaṅgo mārgaḥ, 巴 aṭṭhangiko maggo〕팔정도(八正道)와 같음. 팔정도 항목을 참조할 것.

팔승처【八勝處】〔巴 aṭṭha abhibhā-yatanam, 英 The eight victorius stages or degrees, in meditation for overcoming desire or attachment to the world of sense〕팔해탈(八解脫)을 수행한 후, 관상(觀想)에 숙달하여 자유자재로 정(淨)·부정(不淨)의 경지를 관하는 것. 이것이 승지승견(勝地勝見)을 일으키는 의처

(依處)이므로 승처(勝處)라 한다. 내유색상관외색소승처(內有色想觀外色少勝處)·내유색상관외색다승처(內有色想觀外色多勝處)·내무색상관외색소승처(內無色想觀外色少勝處)·내무색상관외색다승처(內無色想觀外色多勝處)·내무색상관외색청승처(內無色想觀外色青勝處)·내무색상관외색황승처(內無色想觀外色黃勝處)·내무색상관외색적승처(內無色想觀外色赤勝處)·내무색상관외색백승처(內無色想觀外色白勝處) 등이다. 이 넷은 깨끗한 외색의 청·황·적·백의 색상(色相)에 관하여 법애(法愛)를 일으키지 않는다.

팔식 【八識】〔英 The eight parijñāna, or kinds of cognition, perception, or consciousness〕 법상종(法相宗) 등 대승유식가(大乘唯識家)에서 우리의 심식(心識)을 8종으로 구별한 것. 안(眼)·이(耳)·비(鼻)·설(舌)·신(身)·의(意)의 6식(六識)에 제7 말나식(末那識; manas)·제8 아뢰야식(阿賴耶識; Alaya vijñāna)을 더하여 8식으로 한다. 6식(六識)이란 6근(六根)이 6경(六境)과의 접촉을 통하여 발생하는 식별(識別)작용을 말한다. 말나식은 사량식(思量識)이라고도 하는데, 의식(意識) 속에서 끊임없이 활동을 계속하고 깊고 강하게 자아(自我)에 집착하는 마음작용을 말한다. 아뢰야식은 앞의 7가지 식(識)의 심층(深層)에 있는 식(識)으로서, 7식이 생(生)하는 기반이 되는 근본식을 말한다. 또한 아뢰야식은 염정(染淨)의 모든 것을 간직하고 있기 때문에 함장식(含藏識)이라고도 한다.

팔심 【八心】『대일경(大日經)』「주심품(住心品)」에 범부의 선심(善心)이 일어나는 상태를 초목의 종자에서 싹·줄기 등이 생기는 데 비유하여, 종자(種子)·아(芽)·포(抱)·엽(葉)·부화(孵化)·성과(成果)·수용종자(受用種子)·무외(無畏)의 팔심(八心)을 강조하고 있다. 이 팔심(八心)은 수행자가 되기 이전의 마음이고 세상의 선심(善心)이므로 순세인심(順世人心)이라고 한다. 이에 대해 수행자가 청명한 마음을 전개하는 과정에 대하여도 위세팔심(違世八心)을 내세운다. 1. 종자심(種子心); 범부가 절식(節食)·지재(持齋)의 마음이 생겨 수행하여 비로소 선업(善業)의 종자가 일어나는 자리. 2. 아종심(芽種心); 부모 친척 등에 대하여 보시하는 마음이 선업의 종자에서 싹이 나오는 자리. 3. 포종심(疱種心); 싹이 부풀어서 크게 되는 것같이 보시하는 마음이 친척 이외까지 파급되는 자리. 4. 엽종심(葉種心); 싹에서 잎사귀가 나오는 것처럼, 특히 가려서 덕행 있는 사람에게 공양하는 자리. 5. 부화심(敷華心); 꽃이 피어나는 것같이 보시하는 마음이 특히 사람과 세상의 모범이 될 만한 덕이 높은 사람에게 미치는 자리. 6. 성과심(成果

心); 과일이 열매가 맺혀서 성숙하는 것같이 친애하는 마음으로 보시가 행해지는 자리. 7. 수용종자심(受用種子心); 과일이 실제로 널리 퍼지는 것같이 계(戒)를 지켜 이익을 얻어 사후에 하늘나라에 태어나는 자리. 8. 영동심(嬰童心); 미혹의 세계에 살면서 두려움이 없고 소의(所依)를 얻는 최상의 자리이다. 『대일경』 1권에 보인다.

팔십종호 【八十種好】〔巴 asiti-anubyañjana, 英 The eighty notable physical characteristics of Buddha〕 팔십수형호(八十隨形好)의 약칭. 석가모니불의 몸에 갖추어진 잘생긴 80가지의 좋은 모양. 손톱이 좁고 길고 엷고 광택이 있는 것, 손가락 발가락이 둥글고 길고 보드랍고 마디가 나타나지 않는 것, 손과 발이 비슷하여 차별이 별로 없는 것 등 80가지이다.

팔십팔사 【八十八使】 사(使; anusaya)는 번뇌의 다른 이름. 삼계(三界)에 일어나는 견혹(見惑)을 세밀하게 구별한 것. 욕계의 고제(苦諦) 아래 신견(身見)·변견(辺見)·계금취견(戒禁取見)·견취견(見取見)·사견(邪見)·탐(貪)·진(瞋)·치(痴)·만(慢)·의(疑) 등 10가지〔十使〕가 있고, 집제(集諦)·멸제(滅諦) 아래에는 각각 신견·변견·계금취견의 셋을 제외한 7사(七使)와, 도제(道諦)에는 신견·변견을 제외한 팔사(八使)가 있어, 합하면 32사(使)가 된다. 또한 색계와 무색계의 사제(四諦)에는 욕계 사제의 각 사(使)에서 진사(瞋使)를 제한 나머지 28사가 있으므로, 모두 합하여 88사(使)가 된다.

팔십화엄 【八十華嚴】 중국 당(唐) 증성(證聖) 1년〔695〕에 실차난타(實叉難陀, 652-710)가 번역한 『80권화엄경(華嚴經)』을 말한다. 신역(新譯)에서는 당화엄(唐華嚴)이라고도 한다. 『60권화엄경』, 『40권화엄경』도 있다.

팔양경 【八陽經】 중국 당(唐)나라 때 스님인 의정(義淨, 635-713)이 지은 『석교문(釋教文)』에 한글로 음을 달아 우리나라에서 간행한 책. 천지팔양신주경, 팔양신주경이라고도 한다. 천지팔양신주경 항목을 참조할 것.

팔양신주경 【八陽神呪經】 천지팔양신주경 항목을 참조할 것.

팔열지옥 【八熱地獄】〔英 The eight great naraka, or hot hells〕 뜨거운 불길로 인하여 고통을 받게 되는 8종의 큰 지옥. 1. 등활지옥(等活地獄); 고통을 받아 죽었다가, 찬바람이 불어와서 살아나면 또다시 뜨거운 고통을 받는 지옥. 2. 흑승지옥(黑繩地獄); 뜨거운 쇠사슬로 몸과 팔다리를 묶어 놓고 큰 톱으로 끊는 지옥. 3. 중합지옥(衆合地獄); 여러 가지 고통을 주는 기구가 한꺼번에 닥쳐와서 몸을 핍박하여 해치는 지옥. 4. 규환지옥(叫喚地獄); 온갖 고통이 못 견디게 굴어 원망하는 슬픈 고함소리를 지르게 하는 지옥. 5. 대규환지옥(大叫喚

地獄); 지독한 고통에 못 견디어 통곡을 터뜨리게 되는 지옥. 6. 초열지옥(焦熱地獄); 뜨거운 불길이 몸을 둘러싸서 그 뜨거움을 견디기 어려운 지옥. 7. 대초열지옥(大焦熱地獄); 뜨거운 고통이 더욱 심한 지옥. 8. 무간지옥(無間地獄); 아비지옥(阿鼻地獄)이라고도 한다. 쉴 새 없이 고통을 받는 지옥 등이다.

팔음【八音】〔英 The eight tones of a Buddha's voice〕 부처님의 목소리에 8종류의 뛰어난 특징이 있는 것을 말함. 1. 극호음(極好音); 듣는 자로 하여금 불도(佛道)로 이끌어 넣는 묘한 음성. 2. 유연음(柔軟音); 부드럽고 온화한 음성. 3. 화적음(和適音); 조화 있는 부드럽고 우아한 음성. 4. 존혜음(尊慧音); 듣는 자로 하여금 체득시키는 음성. 5. 불여음(不女音); 남성적으로 외경심을 일으키게 하는 음성. 6. 불오음(不誤音); 듣는 자로 하여금 바른 견해를 갖게 하는 틀림없는 음성. 7. 심원음(深遠音); 심원한 도리를 깨닫게 하는 음성. 8. 불갈음(不竭音); 듣는 자로 하여금 힘이 다하는 일이 없이 깨닫게 하는 명료한 음성 등을 말한다.

팔인【八忍】〔英 The eight kṣānti〕 견도위(見道位)에서 삼계(三界) 사제(四諦)의 이치를 관(觀)하고, 이것을 인가인증(忍可印證)한 무루심(無漏心)을 말한다. 이 가운데서 욕계(欲界)의 사제(四諦)를 인가한 것을 법인(法忍), 색계(色界)·무색계(無色界)의 사제(四諦)를 인가한 것을 유인(類忍)이라고 한다. 이 인가인증은 지혜를 내는 인이 되는 것이므로, 팔인(八忍)은 팔지(八智)의 인(因)이다. 1. 고법인(苦法忍); 욕계의 고제(苦諦)를 관하여 생기는 무루심. 2. 고류인(苦類忍); 색계·무색계의 고제(苦諦)를 관하여 생기는 무루심. 3. 집법인(集法忍); 욕계의 집제(集諦)를 관하여 생긴 무루심. 4. 집류인(集類忍); 색계·무색계의 집제(集諦)를 관하여 생긴 무루심. 5. 멸법인(滅法忍); 욕계의 멸제(滅諦)를 관하여 생긴 무루심. 6. 멸류인(滅類忍); 색계·무색계의 멸제를 관하여 생긴 무루심. 7. 도법인(道法忍); 욕계의 도제(道諦)를 관하여 생긴 무루심. 8. 도류인(道類忍); 색계·무색계의 도제를 관하여 생긴 무루심 등이다.

팔일공능【八一功能】〔梵 aṣṭadharma-ekavṛttayaḥ〕『구사론(俱舍論)』에서는 유위법(有爲法)의 생멸에 있어서 생(生)·주(住)·이(異)·멸(滅)의 4가지는 각지 본법과 다른 삼본상(三本相)과 사수상(四隨相)과의 팔법(八法)으로 작용하고, 생생(生生)·주주(住住)·이이(異異)·멸멸(滅滅)의 사수상(四隨相)은 각기 단지 사본상(四本相)의 하나로만 작용하는 것을 표시하는 말.

팔장【八藏】 불타(佛陀)가 설한 법문을 8종으로 나눈 것. 1. 태화장(胎化

藏); 부처님이 태 안에서 화현(化現)하신 등의 일을 말한다. 2. 중음장(中陰藏); 죽은 뒤에 새로 태어나지 못한 중유(中有) 때의 일을 말한 『중음경(中陰經)』 등. 3. 마야연방등장(摩訶衍方等藏); 『화엄경(華嚴經)』·『법화경(法華經)』·『열반경(涅槃經)』 등의 대승경전. 4. 계율장(戒律藏); 부처님이 제정한 여러 가지 계품(戒品). 곧 오분율(五分律) 등. 5. 십주보살장(十住菩薩藏); 십지보살의 인행(因行)을 닦아 과(果)를 증득하는 법문을 말한 여러 대승경. 6. 잡장(雜藏); 이승(二乘)·삼승(三乘)·인천(人天) 등의 인행을 닦아 과(果)를 증득하는 것을 섞어 말한 것. 7. 금강장(金剛藏); 등각(等覺)보살의 금강유정(金剛喩定)의 모양을 말한 것. 8. 불장(佛藏); 일체 부처님께서 말씀하신 법문과 신통력으로 변화하여 중생들을 제도하신 등의 일을 말한다. 『보살처태경(菩薩處胎經)』에 나타나고 있다.

팔재계【八齋戒】팔관재계(八關齋戒)·팔지재법(八支齋法)이라고도 한다. 팔관재계 항목을 참조할 것.

팔정【八定】〔英 The eight degrees of fixed abstraction, i.e. the four dhyānas corresponding to the four divisions in the heavens of form and the four degrees of absolute fixed abstraction on the 空 or immaterial corresponding to the arūpadhātu, i.e. heavens of formlessness〕팔등지(八等至)라고도 한다. 색계의 사선정(四禪定)과 무색계의 사공정(四空定)을 말한다. 초선정(初禪定)·이선정(二禪定)·삼선정(三禪定)·사선정(四禪定)·공무변처정(空無辺處定)·식무변처정(識無辺處定)·무소유처정(無所有處定)·비상비비상처정(非想非非想處定) 등이다.

팔정도【八正道】〔梵 ārya-aṣṭāṅgo mārgo, 巴 ariyo aṭṭhaṅgiko maggo, 英 The eight right or correct ways〕팔성도(八聖道)·팔지정도(八支正道)·팔성도분(八聖道分)·팔정법(八正法)이라고도 한다. 부처님이 녹야원에서 최초로 설법한 가르침의 하나. 사제설(四諦說) 가운데 제4 도제(道諦)에 해당한다. 고(苦)의 멸(滅)을 실현하는 8가지 바른 방법, 즉 정견(正見)·정사(正思)·정어(正語)·정업(正業)·정명(正命)·정정진(正精進)·정념(正念)·정정(正定)이다. 정견(正見)은 바른 견해로서 사성제에 대한 정확한 인식을 뜻하고, 정사(正思)는 바른 생각으로서 악행, 악한 생각을 갖지 않는 것, 착한 생각을 하는 것이고, 정어(正語)는 바른 말로서 거짓말, 악담 등을 금하고 고운 말을 하는 것. 정업(正業)은 바른 행동으로서 살생, 삿된 음행, 도둑질 등을 하지 않는 것. 정명(正命)은 바른 생활수단으로서 정당한 방법으로 생계를 유지하는 것이고, 정정진(正精進)은 바른 정진으로서 악을 버리고 선행에 힘쓰는 것이고, 정념(正念)은 바른 마음 챙김으로서 모든 현상을 있는 그대로 관찰하는 것이고, 정정(正定)은 바른 집중으로서 네 단계의 선정 수행으로 평정에 이르는 것. 이 팔정도는 초기 불교의 가장 기본적인 수행방법이다. 팔정도는 후세의 수도론에 있어서는 37보리분법(菩提分法; 37覺支) 속에 들어 있고, 삼학(三學)에 짜 맞추면 정견(正見)과 정사(正思)는 혜(慧)에, 정어(正語)와 정업(正業)과 정명(正命)은 계(戒)에, 정념(正念)과 정정(正定)은 정(定)에 속하고, 정정진(正精進)은 삼학 모두에 공통하고 있다. 팔정도의 역(逆)을 팔사(八邪), 또는 팔사지(八邪支)라 한다. 팔정도는 사회 규범으로 원용해도 좋을 매우 훌륭한 가르침이다.

팔종 【八宗】 중국 법상종의 시조인 규기(窺基, 632-682)가 대승종·소승종을 통틀어 8종으로 종류를 나눈 것. 아법구유종(我法俱有宗)·유법무아종(有法無我宗)·법무거래종(法無去來宗)·현통가실종(現通假實宗)·속망진실종(俗妄眞實宗)·제법단명종(諸法但名宗)·승의개공종(勝義皆空宗)·응리원실종(應理圓實宗).

팔종보시 【八種布施】 〔英 Eight causes of giving〕 팔시(八施)·팔종시(八種施)라고도 한다. 재물을 남에게 보시하는 8종. 1. 수지시(隨至施); 나에게 가까이 다가오는 사람에게 보시하는 것. 2. 포외시(怖畏施); 재물이 없어지거나 못쓰게 될 것을 염려해서, 차라리 보시하여 잃어버리지 아니하려는 것. 3. 보은시(報恩施); 은혜를 갚기 위하여 보시하는 것. 4. 구보시(求報施); 지금 저 사람에게 보시하고, 다음에 그로부터 되돌려 받기를 마음에서 바라는 것. 5. 습선시(習先施); 선대(先代)의 부모로부터 배워 보시하는 것. 6. 희천시(希天施); 하늘에 나기를 바라는 마음에서 보시하는 것. 7. 요명시(要名施); 좋은 소문이 나기를 바라는 마음에서 보시하는 것. 8. 위장엄심등시(爲莊嚴心等施); 마음을 잘 장엄하여 아끼는 마음을 없애고, 정(定)을 얻어서 열반의 즐거움을 얻기 위해서 보시하는 것 등이다.

팔중 【八衆】 ⑴ 1. 비구(比丘), 2. 비구니(比丘尼), 3. 식차마나(式叉魔那), 4. 사미(沙彌), 5. 사미니(沙彌尼), 6. 우바새(優婆塞), 7. 우바이(優婆夷), 8. 근주(近住) 등이다.

⑵ 인도철학에서 말하는 8가지 생존하는 무리. 1. 찰리(刹利; 巴 Khattiya), 2. 바라문(婆羅門; 巴 Brahmaṇ Samaṇa), 3. 거사(居士; 巴 Gahapati), 4. 사문(沙門; 巴 Samana), 5. 사천왕(四天王; 巴 Cātumahārājika), 6. 도리천(忉利天; 巴 Tavatimsa), 7. 마(魔; 巴 Māra), 8. 범(梵·巴 Brahma).

팔천송반야경 【八千頌般若經】 반야경전은 종류가 많은데, 그 중에서 가장 먼저 성립된 것이 『팔천송반야경』이다. 반야경전은 일반적으로 게송의 형식이 아니라 산문의 형식으로 되어 있지만, 32음절을 1송으로 보아 이름을 붙이기도 했는데, 8천송이라고 하는 것은 그 길이가 8천 게송의 분량이라는 뜻이다. 이 책의 한역본으로는 시호(施護; Dānapāla)가 번역한 『불설불모출생삼법장(佛說佛母出生三法藏) 반야바라밀다경〔25권〕』, 구마라집(鳩摩羅什, 344-413)이 번역한 『소품(小品) 반야바라밀다경〔10권〕』, 지루가참(支婁迦讖; Lokarakṣa)이 번역한 『도행반야경〔10권〕』 등이 있다. 이것을 기초로 『마하반야바라밀경〔27권; 대품반야경〕』과 『대반야바라밀다경〔600권, 대반야경〕』 등이 이루어졌다고 한다.

팔풍 【八風】〔英 The eight winds, or influences which fan the passions〕 팔법(八法). 이(利; 이익)·쇠(衰; 손실)·훼(毁; 뒤에서 비난, 험담하는 것)·예(譽; 뒤에서 칭찬하는 것)·칭(稱; 면전에서 칭찬하는 것)·기(譏; 면전에서 비난하는 것)·고(苦)·락(樂)의 8종인데, 사순(四順; 利·譽·稱·樂)과 사위(四違; 衰·毁·譏·苦)로 나눈다. 일체중생은 사순(四順)을 좋아하고 사위(四違)를 싫어한다. 이 여덟 가지는 마음을 흔들어 놓기 때문에 팔풍(八風)이라 한다.

팔한지옥 【八寒地獄】〔英 The eight cold narakas, or hells〕 한랭으로 고통 받게 하는 지옥을 8종류로 센 것. 팔열지옥(八熱地獄)의 반대. 1. 알부타(頞部陀), 2. 니뢰부타(尼賴部陀), 3. 알찰타(頞哳陀), 4. 확확파(嚯嚯婆), 5. 호호파(虎虎婆), 6. 올발라(嗢鉢羅), 7. 발특마운홍련(鉢特摩云紅蓮), 8. 마하발특마차운대홍련(摩訶鉢特摩此云大紅蓮) 등이다.

팔해탈 【八解脫】〔梵 Aṣṭa-vimokṣa〕 팔배사(八背捨)라고도 한다. 8종의 관념. 이 관념에 의하여 오욕(五欲)을 등지고 탐하여 고집하는 마음을 버리기 때문에 배사(背捨)라고 한다. 또 이것으로써 삼계(三界)의 번뇌를 끊고 아라한과를 증득하므로 해탈(解脫)이라고도 한다. 1. 내유색상관외색해탈(內有色想觀外色解脫); 안으로 색욕(色欲)을 탐하는 생각이 있으므로, 이 탐심을 없애기 위하여 밖의 부정인 퍼렇게 어혈 든 빛 등을 관하여 탐심을 일어나지 못하게 하는 것. 2. 내무색상관외색해탈(內無色想觀外色解脫); 안으로 색욕을 탐내는 생각은 이미 없어졌으나, 이것을 더욱 굳게 하기 위하여 밖의 부정한 퍼렇게 어혈 든 빛 등을 관하여 탐심을 다시 일으키지 않게 하는 것. 3. 정해탈신작증구족주(淨解脫身作證具足住); 깨끗한 색을 관하여 탐심을 일으키지 못하게 함을 정해탈(淨解脫)이라 하고, 이 정해탈을 몸 안에 증득하여 구족원만(具足圓滿)하며 정(定)에 들어 있음을 신작증구족주(身作證具足住)라 한다.

4. 공무변처해탈(空無辺處解脫). 5. 식무변처해탈(識無辺處解脫). 6. 무소유처해탈(無所有處解脫). 7. 비상비비상처해탈(非想非非想處解脫); 이 넷은 각각 능히 그 아랫자리의 탐심을 버리므로 해탈이라 한다. 8. 멸수상정해탈신작증구족주(滅受想定解脫身作證具足住); 이것은 멸진정(滅盡定)이니, 멸진정은 수(受)·상(想) 등의 마음을 싫어하여 길이 무심(無心)에 머물므로 해탈이라 한다.

패다라 【貝多羅】〔梵 pattra〕 패다라엽(貝多羅葉), 패엽(貝葉)이라고도 함. 타라(tala; 多羅樹)의 잎으로, 고대 인도에서는 이것을 종이 대신 사용했는데, 이 위에 침〔철필〕으로 경문을 새겨 책으로 보존하였다. 종려잎과 닮아 폭 7-8센티, 길이 60센티 정도로 질이 딱딱하고 조밀하다.

편단우견 【偏袒右肩】 오른쪽 옷소매를 벗고 오른쪽 어깨를 드러내는 것. 고대 인도의 예법 가운데 하나. 이것은 자진하여 상대편에게 시중을 들겠다는 뜻을 표시하는 것이라고 한다.

편소정 【偏小情】〔英 The partial or narrower Hinayāna idea that thought the ego is unreal, things are real〕 상일주재(常一主宰)의 뜻을 가지고 있는 아(我)는 공무(空無)하다는 것. 아공(我空)의 한쪽만 알고, 모든 법(法)의 체성(体性)이 공(空)하다는 법공(法空)은 알지 못하는 소승(小乘)의 얕은 견해.

편집 【偏執】〔英 To hold firmly to a one-sided and minor teaching of the Buddha during the first twelve years of his ministry〕 편견(偏見)과 편심(偏心)으로 인해 한쪽에만 치우쳐 다른 것은 돌아보지도 않고, 남의 말은 듣지도 않으며, 자기의 견해만을 옳다고 고집하거나, 자기가 하는 일만이 가장 중요하다고 고집하는 것.

편화신불 【偏化身佛】 ①진리 전체를 받지 못하고 진리의 일부분만을 받은 화신불. 진리 그대로를 받아 화현(化現)한 불보살을 정화신불(正化身佛)이라 하는 데 대해서, 진리 그대로를 다 받지 못한 중생을 편화신불(偏化身佛)이라 한다. ②마음이 청정하고 바를 때가 정화신불이요, 삿되고 어두울 때가 편화신불이다.

평등공양 【平等供養】 지위고하나 빈부귀천을 따지지 않고 누구에게나 똑같은 음식, 똑같은 양(量)으로 똑같이 공양, 대접하는 것. 『고금석림(古今釋林)』 28권, 동한역어(東韓譯語) 석식(釋食)에 보인다.

평등법신 【平等法身】〔英 Universalized dharmakāya〕 팔지(八地) 이상의 보살을 말하는 것. 8지 이상의 보살은 적멸 평등한 진여법성(眞如法性)을 증득하였으므로 평등법신(平等法身)이라 한다.

평등성지 【平等性智】〔梵 Samatā-jñāna, 英 The wisdom of rising

above such distinctions as I and Thou, meum and tuum, thus being ride of the ego idea, and wisdom in regard to all things equally and universally. cf. 五智〕 사지(四智)의 하나. 제7식이 발전하여 얻은 지혜로서, 통달위(通達位)에서 그 일부분을 증득하고, 불과(佛果)에 이르러 모두〔全分〕를 증득한다. 일체 모든 법(法)과 자기나 다른 유정들을 반연(攀緣)하여, 평등일여(平等一如)한 이성(理性)을 관함으로써 너와 나라고 하는 차별심을 여의어 대자대비심을 일으키며, 중생을 위하여 가지가지로 교화하여 이익케 하는 지혜.

평산처림 【平山處林, 1279-1361】 중국 선종의 제30조(祖). 항주(杭州) 인화현(仁和縣) 사람. 성은 왕(王)씨. 12세 때 예읍(禮邑) 광엄사(廣嚴寺) 광수(廣修)에게 출가하였으며, 17세 때 비구계를 받고 제방으로 행각(行脚)하다가 급암종신(及庵宗信)을 친견하였다. 그 뒤에 임제종의 제18대조인 석옥청공(石屋淸珙, 1271-1351)의 법을 이어받아 그의 제자가 되었다. 시호는 보혜성오선사(普慧性悟禪師)이다.

평상심 【平常心】 항상된 마음. 차별과 사량계교가 없고, 분별과 번뇌망상이 없는 마음으로서, 곧 깨달은 자의 마음, 불보살의 마음을 뜻한다. 조주(趙州, 778-897)선사가 그의 스승인 남전보원(南泉普願, 748-834)에게 "무엇이 도(道)입니까?" 하고 물었을 때, "평상심이 곧 도이다."라고 하였다.

평상심시도 【平常心是道】 항상 평상심(平常心)을 유지하는 것이 곧 도(道; 진리) 라는 뜻. 중국 당(唐)나라 때 조주선사(趙州禪師, 778-897)가 그의 스승인 남전보원(南泉普願, 748-834)선사에게 "무엇이 도(道)입니까?" 하고 묻자, "평상심이 곧 도이니라."라고 대답했다. 또한 마조(馬祖, 709-788)는 "도(道; 佛法)를 알고자 한다면 평상심(平常心)이 바로 도(道)이다."라고 하였다. 이어 그는 "평상심이란 무조작(無造作)·무시비(無是非)·무취사(無取捨)·무단상(無斷常)·무범성(無凡聖)이다."라고 하였다. 곧 평상심이란 인위적인 조작이나 시비가 없는 마음, 취사선택이 없는 마음, 단(斷)·상(常)이 없는 마음, 차별심과 분별심 등 번뇌망상이 없는 마음을 뜻한다.

평창 【評唱】 평설(評說)·평석(評釋). 고인(古人)이나 옛 선승들의 고칙(古則)·공안(公案) 등에 대하여 비평을 가함과 동시에 제창(提唱; 강의)하는 것.

폐권입실 【廢權入實】〔英 To set aside the temporary and establish the real and permanent〕 천태학에서 연꽃의 꽃잎이 떨어지면 연실이 나타나는 것같이, 권교(權敎)인 삼승교(三乘敎)를 폐(廢)하면 일승(一乘)의 실교(實敎)가 나타나서 성립된다고 하는 것.

폐불【廢佛】중국에서 있었던 불교탄압을 말한다. 일반적으로 말하자면, 사원·불당·불상·경서를 파괴하고 승려와 니승(尼僧)을 환속시키며 그들이 소유하고 있는 장원(莊園)과 노비를 국가가 몰수하는 것을 말한다. 중국불교사상에는 4번의 큰 폐불사건이 있었는데, 이를 '삼무일종(三武一宗)'의 법난(法難)이라고 부른다. 삼무(三武)는 북위(北魏)의 태무제(太武帝), 북주(北周)의 무제(武帝), 당(唐)의 무종(武宗)을 말하며, 일종(一宗)은 후주(後周)의 세종(世宗)을 가리킨다. 폐불을 단행하게 된 이유에는 여러 가지가 있겠지만, 표면적으로는 유·불·도 삼교(三敎) 특히 불교와 도교 양교의 대립항쟁의 형태를 취하고 있다. 그러나 이와 같은 대립을 이용하여 그것을 결정적인 단계로까지 이끌어 간 것은 역시 정치적·경제적 요인이었다. 이러한 의미에서 본다면, 당시의 지배자는 폐불을 단행함으로써 스스로의 정치적 위기를 벗어날 수 있었다고 할 수 있다. 물론 교단 쪽에도 폐불을 유발할 만한 조건이 갖춰져 있었다. 세금과 노역(勞役)을 피하기 위하여 출가한 많은 인구는 이를 감당해야 할 정부의 재정을 위협하고, 또한 그들의 타락과 비행이 극심했기 때문이다.

폐적현본【廢迹顯本】〔英 To set aside the temporal life and reveal the fundamental eternal life〕본문법화(本門法華) 십중현본(十重顯本)의 제이근적설(第二近迹說)을 폐(廢)하고, 성불(成佛)을 실성(實成)의 교(敎)로 삼은 것. 이 문(門)에 「방편품(方便品)」에서는 처음 도량(道場)에 앉았다 하고, 「화성유품(化城喩品)」에서는 사바가 아뇩보리(阿耨菩提)를 성취하였다 하고, 「인기품(人記品)」에서는 공왕불소(空王佛所)에서 아뇩보리심(阿耨菩提心)을 발(發)하여 교(敎)를 폐(癈)하였다고 한다.

포단【蒲團】①좌선(坐禪)할 때 쓰는 방석. ②부들 풀로 만든 둥근 방석. ③요의 딴 이름.

포대화상【布袋和尙】〔Pu-tai Ho-shang, ?-916〕중국 오대(五代) 후량(後梁)의 스님. 이름은 계차(契此), 호는 장정자(長汀子). 명주(明州) 봉화(奉化; 지금의 절강성) 사람. 방랑의 형색을 띠고 그 행장은 흡사 광인(狂人)과 같았다. 전하는 말에 의하면, 그는 항상 하나의 무명자루〔布袋〕를 등에 지고 지팡이에 의지하여 성내(城內)에 나타났으며, 물건을 본 즉시 구걸하였으므로 그 이름이 되었다. 노래를 지어, "만법이 어찌 다르며 마음이 어찌 다른가. 어찌하여 다시 노고를 써 경(經)의 뜻을 찾고자 하는가." 등의 구절이 있었다 한다. 916년〔梁 정명 2〕3월에 명주(明州) 악림사(岳林寺) 동쪽 행랑 밑 반석에 단정히 앉아서 "미륵진미륵 분신백천억 시시

시시인 시인자불식(彌勒眞彌勒 分身百千億 時時示時人 時人自不識)"이라는 게송을 남기고 입적했다. 그때 사람들은 포대화상을 미륵보살의 화현이라 하여, 그 모양을 그려서 존경하여 받드는 사람이 많았다고 한다.

포살【布薩】〔梵 upavasatha, poṣadha, 巴 uposatha〕①승가에서 보름마다 한 번씩, 즉 15일과 29일〔또는 30일〕에 수행승들이 모여『범망경』등 율장〔戒經〕을 독송·공부함과 동시에, 선(善)을 기르고 악을 없애는 의식. ②재가자는 육재일(六齋日, 8, 14, 15, 23, 29, 30일)에 불살생 등 팔계(八戒)를 지니며, 선을 기르고 악을 없애는 의식.

포살건도【布薩犍度】〔梵 Poṣadha-khaṇḍa〕율(律) 가운데 포살(布薩)의 의식방법을 설명한 편장(篇章)의 이름.『사분율(四分律)』에서는 설계건도(說戒犍度)라고 한다.

포외【怖畏】〔梵 bhaya, uttrārsa, trasana〕두려움. 두려워하는 것.『화엄경』34권에는, 진리를 깨닫지 못한 중생에게는 생활의 불안, 명예를 잃는 불안, 목숨이 끊어지는 불안, 지옥 등의 악취에 떨어지는 불안, 자신이 없어 대중 앞에 나가는 것을 두려워하는 것 등 다섯 가지 두려움〔공포〕이 있다고 했다. 이것을 여의는 것을 5이포외(離怖畏)라 한다.

포외시【怖畏施】〔梵 bhayadāna, 英 Almsgiving to remove off one's fears〕8종의 보시 가운데 하나. 재난이 일어날 것을 두려워한 나머지 이것을 가라앉히려고 보시하는 것. 또한 재물이 없어지거나 못쓰게 될 것을 걱정하여, 차라리 남에게 주는 것만 못하다고 생각하여 보시하는 것.

표백【表白】〔英 To explain, expound, clear up〕①일을 나타내어 사람들에게 고(告)하는 것이라는 뜻. ②법회나 수법의 처음에 그 취지를 삼보(三宝), 또는 회중에게 고(告)하는 것. 부처님께 아뢰는 것. 진언종(眞言宗) 등의 의식(儀式)이라고 한다. ③선종에서 제문(祭文)·회향문(廻向文) 등을 읽는 소임. 지금은 유나(維那)가 이 일을 맡고 있으나, 예전에는 이 소임이 따로 있었다.

표색【表色】〔英 Active expreeion, as walking, sitting, taking, refusing, bending, stretching etc.〕작색(作色)이라고도 한다. 3종 색(色)의 하나. 색(色)은 능히 볼 수 있다는 뜻. 남에게 뚜렷이 나타내어 보일 수 있는 우리의 모든 동작·행동.

표업【表業】〔梵 vijñapta〕외부로 드러내는 행위, 밖으로 드러내는 행위로서 타인에게 보이고자 하는 것. 표(表)는 표시의 뜻. 즉 몸〔身〕으로 행동하고 입〔口〕으로 말하는 것. 이것은 밖으로 표출되므로 표업(表業)이라 한다.

표원【表員】신라시대의 스님. 그의 저술로 신라 때 스님이라는 것을 알 수 있을 뿐, 자세한 행적은 알 수 없다. 저술로는 『화엄경문의요결문답(華嚴經文義要決問答)』 4권, 『화엄경요의문답(華嚴經要義問答)』 3권이 있었다고 하는데, 『화엄경요의문답』은 전하지 않는다.

표의명언종자 【表義名言種子】 명언(名言)종자 가운데서 자기나 다른 것의 명언(名言)을 의지하여 모든 법의 체를 나타내고, 마음에 그 상분(相分)을 변해 나타내어 그 종자를 제8 아뢰야식의 자체에 훈습(熏習)하는 것. 곧 일체법의 어언음성(語言音聲) 등의 명언(名言)으로 전하여 훈습하는 종자. 현경명언종자(顯境名言種子)에 상대된다.

표전 【表詮】〔英 Positive or open exposition〕 차전(遮詮)의 상대적인 말. 언어로써 사리(事理)를 표현할 때, 직접적·긍정적으로 표현·서술하여 대상 자체의 진의(眞義)·본질·속성을 나타냄을 가리킨다. 즉 간접적·부정적 표현방법이 아닌 직접적인 표현방법. 예를 들면, 소금을 말할 때 '짜다'고 하는 것과 같은 방법이다. 반면 '싱겁지 않다'는 차전이 된다. 화엄학에서는 표전(表詮)을 표덕(表德)이라고도 부른다.

표훈 【表訓】 신라 경덕왕(景德王) 때의 스님. 의상(義湘, 625-702)의 10대 제자 가운데 한 사람. 신라 경덕왕 10년〔751〕 김대성이 불국사와 석굴암을 짓고 표훈·신림(神琳) 두 스님을 청하여 있게 하였다 한다. 또 의상이 현수(賢首)의 저술인 『탐현기(探玄記)』 20권을, 제자 진정(眞定)·상원(相圓)·양원(亮元)과 함께 각 5권씩 나누어 강의하게 하였는데, 표훈에게도 같은 역할을 시켰다고 한다. 『화엄경문의요결문답(華嚴經文義要訣問答)』이 그의 저서라는 설이 있다.

푸드갈라 【pudgala; 補特伽羅】 구역(舊譯)으로는 인(人) 또는 중생(衆生), 신역(新譯)으로는 삭취취(數取趣)라 한다. 삭(數)은 자주·여러 번의 뜻인데, 중생은 번뇌와 업(業)에 의하여 자주 육취(六趣)에 왕래하므로 삭취취(數取趣)라 한다. 푸드갈라는 부파불교 가운데 독자부의 이론인데, 비즉비리온(非卽非離蘊; 5온과 卽結된 것도 아니고, 그렇다고 5온과 떨어진 것도 아닌 것)으로서 윤회(輪廻)의 주체(主体)가 된다고 한다. 푸드갈라의 특징은 1. 제의(諦義)와 승의(勝義)에 의지(依止)하고, 2. 색(色)·수(受)·상(想)·행(行)·식(識)의 오온(五蘊)과 동일(同一)하지 않으며, 3. 유연(有緣)·무연(無緣)·유위(有爲)·무상(無常)·상주(常住)·유상(有相)·무상(無相) 등에 편재(偏在)하지 않고, 4. 색계(色界)의 푸드갈라는 유색(有色)이고, 무색계(無色界)의 푸드갈라는 무색(無色)이며, 색계(色界)에서 입몰(入沒)하면 무색계(無色界)에 가서 난다.

풍 【風】〔梵 vāyu, 英 Wind, air〕 ① 〔梵 vāyu, 西 rluṇ〕 사대(四大)의 하

나. 바람의 원소. 동(動)을 본성으로 하고 물(物)을 성장케 하는 바탕. ②〔巴 vāta, vāyu〕 대지의 아래 수륜(水輪) 밑에 있는 풍륜(風輪). ③〔梵 vāta〕 신체의 삼액질(三液質)의 하나. 다른 두 개는 열(熱)과 담(痰)임. ④바이세시카철학에서 설하는 실체의 제4. 촉(觸)을 가진 것.

풍담의심【楓潭義諶, 1592-1665】 조선 인조·효종·현종 때의 스님. 청허(淸虛, 1520-1604)의 문손(門孫)으로, 편양파(鞭羊派)에 속하는 사람. 속성은 류(柳)씨, 호는 풍담(楓潭), 통진(通津) 사람. 16세에 출가하여 성순(性淳)에게 득도하고 원철(圓徹)에게 배웠으며, 나중에 편양언기(鞭羊彦機, 1581-1644)에게 입실(入室)하여 제자가 되었다. 그 뒤 청허(淸虛) 문하의 장로(長老)인 소요(逍遙, 1562-1649)·기암(奇巖) 등의 가르침을 받았다. 금강산·보개산 등에서 『화엄경』 등 대승경을 연구하여, 그 음석(音釋)을 지어 후진을 가르치고 많은 사람을 깨우쳤다. 제자로는 상봉정원(霜峰淨源)·월담설제(月潭雪霽)·월저도안(月渚道安)·기영서운(奇影瑞雲)·영허찬영(映虛贊映)·송계원휘(松溪圓輝) 등이 있다.

풍재【風災】〔英 The calamity of destruction by wind at the end of the third period of destruction of a world〕 삼재(三災)의 하나. 성(成)·주(住)·괴(壞)·공(空)의 사겁(四劫) 중 괴겁(壞劫)의 끝에 일어나서 세계를 쓸어버리는 대폭풍의 재난. 밑으로는 무간지옥으로부터 위로는 세계의 제3선천까지 쓸어 없애 버린다고 한다. 이것이 삼재(三災) 가운데 가장 해(害)가 크다.

피동분【彼同分】〔梵 tat-sabhaga〕 육근(六根)·육경(六境)·육식(六識) 셋이 어울리지 않기 때문에 업(業)을 짓지 않음을 말함. 동분(同分; 根·境·識; 셋이 서로 어울려서 자기의 業을 이루는 것)은 아니지만 동분과 종류가 일부분 같으므로 피동분(彼同分)이라 한다.

피안【彼岸】〔梵 pāramāthika, 巴 pārimaṃ tiraṃ, paraṃ gachati, 英 yonder shore, i.e. nirvāṇa〕 현실의 세계를 차안(此岸)이라고 하는 데 대하여, 열반(涅槃)의 세계를 피안(彼岸)이라 한다. 도피안(到彼岸; pāramitā)은 번뇌에 얽매인 고통의 세계를 건너서 이상경(理想境)인 열반의 저 언덕에 도달하는 것을 말한다.

필경공【畢竟空】〔梵 atyanta-śunyata, 西 mthaḥ las ḥdas stoṅ pa ñid, 英 Fundamentally unreal, immaterial or void〕 18공(空; 內空·外空·內外空·空空·大空·第一義空·有爲空·無爲空·畢竟空·無始空·散空·性空·自相空·諸法空·不可得空·無法空·有法空·無法有法空) 가운데 하나. 허망한 견해를 깨뜨리기 위하여 이상(理想)을 공(空)이라 한다. 그러나 이

공(空)은 유(有)에 대하는 단공(單空)이 아니고, 우리가 생각하는 것과 같은 상대적인 공을 다시 공한 절대 부정의 공(空)이다. 일체의 공까지도 공하였다고 하는 것이 필경공(畢竟空)이다.

필정구【必定句】〔西 ṅes paḥi gshi〕십연생구(十緣生句)가 마음의 실상인(實相印)인 것을 바꿀 수 없는 것을 필정(必定)이라고 하며, 구(句)란 안주(安住)하는 곳이란 뜻이다. 『대일경(大日經)』「주심품(住心品)」에 보인다.

ㅎ

하계【下界】〔英 The lower, or human world 人界〕 욕계(欲界; kāmadhātu)를 말함. 천상계(天上界)와 상대되는 말로, 인계(人界)를 뜻한다.

하근기【下根機】 불도(佛道)를 닦는 사람으로서 하등(下等) 정도의 자질(資質)에 해당되는 사람. 법연(法緣)에 부족하고 지행(知行)이 불충분하며, 수행상 좀처럼 효과〔결실〕가 나타나지 않는 것.

하마선【蝦蟆禪】 두꺼비가 한갓 뛰는 것만 알고 다른 활동은 모르는 것처럼, 수행자가 한쪽만 고집하고 자유로운 지혜가 없는 것을 꾸짖는 말. 나뭇잎에 앉아 있는 두꺼비 모양이 좌선하는 것과 비슷하므로 하마선(蝦蟆禪)이라 이름을 붙였다. 진리를 터득하지 못하고 두꺼비처럼 가만히 앉아 있기만 하는 선(禪).

하방【下棒】〔英 To lay on the cudgel, beat〕 선종(禪宗)에서 문답할 때에 제자가 분별심을 내면 스승이나 선승이 주장자로 학인을 때리는 것.

하배관【下輩觀】〔英 A meditation of the Amitābha sect on the 下品〕 삼배관(三輩觀)의 하나. 『관무량수경(觀無量壽經)』에서 설한 16관 중 하(下)의 삼관(三觀)은 9품(品)의 왕생인(往生人)을 관하며, 그 하(下)의 삼품(三品)을 관하는 것을 하배관(下輩觀)이라 한다.

하안거【夏安居】〔英 The period of the summer retreat for meditation, known as varṣās, the rains〕 우안거(雨安居)·좌하(坐夏)·하좌(夏坐)·하행(夏行)·하롱(夏籠)이라고도 한다. 출가 수행승이 음력 4월 15일부터 7월 14일까지〔90일간〕 여름 장마철에는 외출하지 않고 한곳에 정주(定住)하여 수행 정진하는 기간. 인도에는 여름철 몬순기가 되면 우기(雨期)가 시작된다. 비가 오면 저지대가 모두 잠기게 되고, 동시에 개미 등 모든 곤충들은 고지대로 이동하는데, 이때 수행자들이 다니게 되면 살생하게 되므로 한곳에 정주(定住)하여 수행에 전념케 한 것이다. 또 이때는 위험하기 때문이기도 함. 이 기간을 결제(結制)라고 한다. 겨울은 동안거(冬

安居)로서 음력 10월 15일부터 다음 해 1월 14일까지임. 동안거는 중국에서 시작되었다.

하종 【下種】〔英 To sow the seed〕 삼익(三益)의 하나. 천태학에서 세운 종(種)·숙(熟)·탈(脫)의 삼시(三時) 가운데 제1. 아주 오랜 옛적에 부처님의 말씀을 듣고 일승(一乘)의 종자(種子)를 심은 것을 말한다. 곧 불(佛)이 중생의 심전(心田)에 성불할 종자를 심은 것. 천태종에서 원교(圓教)의 교법을 듣고 원만한 지혜를 내어 무명(無明)을 깨뜨릴 수 있는 공용(功用)을 제8 아뢰야식에 심는 것을 말한다.

하지 【下地】〔英 The lower regions of the 九地〕 ①〔梵 adhara-svabhūmi〕 수행자의 신식(身識)이 대상이 있는 경지보다 아래에 존재하는 것. ②삼계(三界)를 구지(九地)로 나누어 경계가 뒤떨어진 것을 하지(下地)라 하고, 뛰어난 것을 상지(上地)라 한다. ③〔梵 adho-bhūmi, adho-bhūmika〕 보살의 계위(階位)에 십지(十地)가 있고, 그 낮은 쪽의 지(地)를 말함. ④천상(天上)의 반대. 지상계.

하택신회 【荷澤神會, 685-760】 중국 당(唐) 현종(玄宗) 때의 선승. 하택종(荷澤宗)의 개조(開祖). 속성은 고(高)씨. 유교와 노장에 통달했다. 14세에 입산하여 조계(曹溪)에서 육조혜능(六祖慧能, 638-713)을 만나 돈오법문(頓悟法門)을 전수받았다. 후에 용흥사(龍興寺)에 머물면서 남종(南宗)의 선풍을 드높였다. 나중에 하택사(荷澤寺)로 옮겨 신수(神秀, ?-706)의 북종(北宗)을 공격하였다. 저서로는 『현종기(顯宗記)』와 돈황본 『신회어록(神會語錄)』 등이 있고, 제자에는 법여(法如)·무명(無名)·유충(惟忠) 등 18인이 있었다고 하는데, 이 계통을 하택종이라 한다.

하택종 【荷澤宗】 중국 당(唐)나라 때의 선승인 하택신회(荷澤神會, 685-760)를 시조로 하는 중국 선종의 일파. 신회(神會)는 처음에 대통신수(大通神秀)의 가르침을 받고, 조계(曹溪)에 이르러 혜능(慧能)의 문하에 들어가 법을 전수받았다. 그 후 낙양 하택사에 머무르면서 서천동토(西天東土)의 열조(列祖)를 정(定)하고, 육조혜능(六祖慧能, 638-713)의 진당(眞堂)을 세우고 신수(神秀, 606-706) 등의 북종선(北宗禪)을 배척하였는데, 혜능의 선(禪)이 정계(正系)라고 주장하였다.

하품상생 【下品上生】〔英 The highst of the three lowest classes who enter the Pure Land of Amitābha〕 하상품(下上品)이라고도 한다. 구품왕생(九品往生)의 하나. 구품연대 항목을 참조할 것.

하품중생 【下品中生】〔英 The middle class consists of those who have broken all the commandments, even stolen from monks and abused the law〕 하중품(下中

品)이라고도 한다. 구품왕생(九品往生)의 하나. 구품연대 항목을 참조할 것.

하품하생【下品下生】〔英 The lowest class, because of their sins, should have fallen into the lowest gati, but by involking the name of Amitābha〕 하하품(下下品)이라고도 한다. 구품왕생(九品往生)의 하나. 구품연대 항목을 참조할 것.

하화중생【下化衆生】〔英 Below, to transform all beings〕 대승 보살의 마음. 아래로는 중생을 교화하는 것. 보살의 마음은 위로는 보리(菩提)를 구하고, 아래로는 중생을 교화하는 것이다. 이를 상구보리 하화중생(上求菩提 下化衆生)이라 한다.

학무학【學無學】〔梵 śaikṣa-aśaikṣa, 英 One who is still learning, and one who has attained〕 진리를 연구하여 망혹(妄惑)을 끊는 것을 학(學)이라 하고, 망혹(妄惑)이 다〔盡〕하여 다시 수학(修學)할 것이 없는 것을 무학(無學)이라 한다. 소승의 성문사과(聲聞四果) 가운데 전(前) 삼과(三果;수다원과·사다함과·아나함과)는 학(學)이라 하고, 아라한과는 무학(無學)이라 한다. 대승에서는 보살의 십지(十地)를 학(學)이라 하고, 불과(佛果)를 무학(無學)이라 한다. 학(學)이란 유학(有學)과 같은 말로서 더 수행해야 할 것이 있다는 뜻이고, 무학(無學)은 더 배울 것, 더 수행할 것이 없다는 뜻이다.

학인【學人】〔梵 śaikṣa, sacchiṣya, 西 sloh ma dam pa〕 ①선방(禪房)에서 참선 수행하는 사람. ②대도정법(大道正法)을 배우는 사람. ③학자나 문필가가 아호로 쓰는 말.

학조【學祖】 조선 전기의 스님으로, 금강산 유점사를 중창한 사람. 호는 등곡(燈谷)·황악산인(黃岳山人). 세조(世祖, 1455-1468 在位) 때 고승들과 함께 경전을 국역 간행하였으며, 1464년〔세조 10〕 속리산 복천사(福泉寺)에서 왕을 모시고 혜각신미(慧覺信眉)·학열(學悅) 등과 함께 대법회를 열었다. 1467년〔세조 13〕 왕명으로 금강산 유점사의 중창을 시작했으며, 1487년〔성종 18〕 정희왕후(貞喜王后)의 명으로 해인사의 ≪대장경≫ 판각을 중창하였다. 1500년〔연산군 6〕 신비(愼妃)의 명으로, 해인사의 ≪대장경≫ 3부를 간인(刊印)하고 그 발문을 썼으며, 『남명집(南明集)』을 언해했다. 1520년〔중종 15〕 왕명으로 다시 해인사의 ≪대장경≫ 15부를 간인(刊印)하였다.

학파불교【學派佛敎】 불교 교리를 학문적으로 연구·주석·해석하여 조직 체계화하고, 다른 학파에 대해서 자기 학파의 우월성·정통성을 주장하려고 하는 입장에 서 있는 불교를 '학파불교'라고 한다. 초기불교시대에 석존은 형이상학적·철학적 문제를 논하는 것을 희론(戱論; prapañca)이라 하여 배척하였다. 그 대신 인생에서 고(苦)로부터 해탈(解脫)하는 것을 지향하는 실천도 속에 불교의 본의가 있다고 보았고, 단순히 이론을 위한 이론을 전혀 문제 삼지 않았기 때문이다. 석존이 멸한 후 불설(佛說)에 대한 해석의 차이에서 부파(部派)로 분열되자, 아비달마(阿毘達磨; abhidarma)라고 불리는 주석연구(註釋研究)가 발달하여 학문적 연구가 양성되었다. 또한 초기의 대승불교에서는 실천면이 강조되었지만, 차차 교리의 학문적 연구로 이행하여 중관파(中觀派; Mādhyamikā)·유가행파(瑜伽行派; Yogācara)라고 하는 2대 학파가 성립되었다. 중국에서는 각기 전역(傳譯)된 경론(經論)을 연구하는 학파적인 종파로서 비담(毘曇)·성실(成實)·열반(涅槃)·지론(地論)·섭론(攝論)·삼론(三論)·화엄(華嚴)·법상(法相) 등이 일어났다.

한【恨】〔梵 upanāha, 英 heartburnings; a bitter feeling〕 심소(心所)의 이름. 75법(法)의 하나. 백법(百法)의 하나. 결원번뇌(結怨煩惱)의 정신작용을 가리킨다. 『구사론(俱舍論)』 21에, "한(恨)이란 분(忿)에 소연(所緣)하는 일 가운데 자주 심사(尋思)하여 원(怨)을 맺어서 버리지 않는 것이다."라고 했다.

한국불교【韓國佛敎】 한국불교를 인도·중국불교의 연장선에서 보는 경향이 있다. 그러나 한국불교는 인도나 중국불교의 단순한 연장이나 퇴화가 아니다. 인도에서 일어난 불교가 중국에 전해지자 중국의 고유한 문화와 풍토 속에서 독특한 중국불교가 형성된 것처럼, 그 중국불교가 다시 우리 민족문화권에 들어와서는 우리 민족사회 안에서 독특하게 전개된 것이 한국불교이다. 따라서 한국불교는 세계불교의 일환이면서 인도나 중국 또는 일본 등 여러 나라 불교와 엄연히 구별되는 독자적인 성격을 지니고 있다. 인도불교가 서론적(序論的)이고, 중국불교가 각론적(各論的)이라면, 한국불교는 결론적(結論的)이라 할 수 있다. 불교는 고구려에 먼저 들어왔다. 고구려는 그 국경이 북부중국과 연접하여 중국의 문물과 쉽사리 접촉할 수 있었다. 그래서 16대 고국원왕〔331-371 재위〕 때에는 이미 적지 않은 신자와 불승(佛僧)이 있었던 것으로 추정된다. 그러나 불교가 우리나라에 처음 공식적으로 들어온 것은 고구려 17대 소수림왕 2년〔372〕이다. 이해 전진(前秦)의 왕(王) 부견이 사신과 불승 순도(順道) 편에 불상과 불경을 보낸 것이 우리나라 불교전래의 시작이다. 고구려 초전불교(初傳佛敎)의 성격은 소승불교의 영향도 없지 않았지만, 그보다는 대승불교의 영향을 크게 입었을 것으로 생각된다. 고구려의 불교학자들이 거의 대부분 외국에서 경교(經敎)를 연구하고 또 활약했기 때문에, 실제 고구려

불교의 교학사상에 대해서는 정확하게 알 수 없다. 다만 문헌에 보이는 사실(史實)을 통하여 그 연구경향을 추측해 본다면, 그들은 삼론공종(三論空宗) 계통을 많이 연구하였고, 이 이외에도 설일체유부·천태교관·열반경·선관(禪觀)·십지론(十地論)·지도론(智度論)·지지론(地持論)·금강반야론에 관해 연구하였다. 한편 인왕경(仁王經)의 호국사상과 팔관재의(八關齋儀)의 실수(實修) 등이 있었다. 『삼국사기』「고구려본기」 고국양왕 9년조를 보면, "왕은 하교(下敎)하여 불법(佛法)을 숭신(崇信)하여 복을 구하게 하였다."고 한다. 숭신불법구복(崇信佛法求福)이라는 하교(下敎)를 통해서 당시 국왕을 비롯한 백성들의 불교관을 엿볼 수 있다. 그들은 온 백성들이 불법을 믿어서 행복하게 살려고 하는 구복신앙(求福信仰)을 처음부터 가지고 있었던 것이다. 백제는 15대 침류왕 원년〔384〕에 처음으로 불교가 들어온 이래 약 140년간은 숭신구복불교(崇信求福佛敎)의 흔적을 보이지만, 부여 천도 후 성왕(聖王, 523-554 在位)이 불교를 장려한 이후부터는 계율 중심의 경향을 나타내기 시작하였다. 이와 같은 경향은 그 후 백제불교의 한 특징을 이루었다. 계율 중심의 백제불교는 신앙적인 면에서 보면 관음신앙과 미륵신앙 등의 불보살에 대한 신앙과 사경공덕신앙(寫經功德信仰) 및 영혼천도의 공덕신앙이 행해졌다. 그리고 교학(敎學) 방면에서는 계율학을 비롯하여 열반경(涅槃經)·삼론(三論)·법화(法華)·성실론(成實論)의 연구가 있었다. 그런데 백제불교신앙에 대해서 유의해서 살펴보아야 할 것은 첫째, 신라불교에서 찾아볼 수 있는 호국적 행사불교의 흔적을 찾아볼 수 없다는 점, 둘째, 경전내용에 가장 충실한 신앙이 행해졌다는 점, 셋째, 국가적 행사불교를 통한 호국불교신앙이라기보다는 국민 각자의 개개인이 실천하고 생활화하는 바탕을 가진 신앙으로, 국가는 이를 장려하고 보호함으로써 불교적 윤리규범에 의한 사회체제를 형성하려 했다는 점이다. 신라에서는 19대 눌지왕〔417-458 在位〕때 불교가 일부 민간에 전래되었는데, 국가가 공인하게 된 것은 23대 법흥왕 15년〔528〕이다. 법흥왕이 불법에 관심을 갖게 된 것은 국가의 대도(大道)를 일으키려고 했기 때문이다. 그는 당시에 국가대도와 진리의 교법(敎法)으로서의 국가적 이념이나 국민의 정신적 지주가 정비되어 있지 않아서 일반 서민은 안심입명(安心立命)의 자리를 찾지 못하여 정신적으로나 생활면에서 즐거움과 안정이 없다고 생각하였다. 그래서 정사(政事) 틈틈이 불법(佛法)에 뜻을 두었고, 창생을 위하여 복을 닦고 죄를 멸하게 하는 곳을 만들기 원했는데, 이 수복멸죄지처(修福滅罪之處)를 불교에서

구했다. 그러나 신라불교는 공인(公認) 후 처음부터 어떤 개인의 안심입명이나 신앙을 지향한 것이 아니라 흥국이민(興國利民)의 이념을 실현하기 위한 것으로 인식되었다. 이렇게 국가적 의의를 부여하면서 신라불교는 거국적으로 신앙되었다. 법흥왕(法興王, 514-540 在位)의 뒤를 이은 진흥왕(眞興王, 540-576 在位)도 흥법이념(興法理念)을 잘 이어받아 흥국이민의 국가적 이념에 부응하였다. 불교는 국가적 목적에 적응하여 호국사상(護國思想)과 불연국토사상(佛緣國土思想)을 가지게 되었다. 신라불교의 교학적인 측면을 살펴보면, 보덕(普德)에 의하여 창시된 열반종(涅槃宗)과 자장(慈藏)을 시조(始祖)로 하는 계율종(戒律宗)과 원효(元曉, 617-686)가 창시한 법성종(法性宗; 海東宗), 그리고 의상(義湘, 625-702)의 화엄종(華嚴宗)과 진표(眞表, 718-752)의 법상종(法相宗)이 오교(五教)로서 널리 퍼졌는데, 이 중에서도 특히 화엄종과 법성종이 가장 영향력이 있었다. 또 당나라에 들어가 유식(唯識)사상을 널리 선양한 원측(圓測, 613-696)도 유명하였다. 신라에서는 제35대 경덕왕(景德王, 742-765 在位)에 이르기까지 성행했던 교학불교가 차츰 침체되어서 신라 하대에는 중국으로부터 새로운 풍조인 선불교(禪佛教)가 들어와 다시 생기를 불어넣게 된다. 신라에 선법(禪法)을 가장 먼저 전한 이는 27대 선덕왕 때 사람으로 추정되는 법랑(法朗)이다. 그는 중국 선종의 4조(祖) 도신(道信, 581-651)의 선풍(禪風)을 이어받았고, 그 뒤 신행(神行, 704-779)은 법랑의 선풍과 신수(神秀, 606-706)의 북종선(北宗禪) 선풍을 이어받았다. 신행(神行)에 의하여 전래된 북종선은 그 뒤 준범(遵範)에게 전해져 혜은(惠隱)을 거쳐 도헌(道憲, 824-882)에 이르렀는데, 도헌은 혜능(慧能, 638-713)의 남종선(南宗禪)을 배워 온 진감국사(眞鑑國師) 혜소(慧昭, 774-850)의 법을 이었다는 기록도 있다. 이것으로 보건대, 우리나라에서 북종선은 뒤에 들어온 혜능의 남종선에 의하여 자취를 감춘 것 같다. 우리나라 남종선의 첫 전법자(傳法者)는 도의(道義)이다. 그는 784년〔宣德王 5〕에 당(唐)으로 가서 남악회양계(南嶽懷讓系)인 마조도일(馬祖道一, 709-788)의 고제(高弟) 서당지장(西堂智藏, 735-814)의 선법을 전승해 왔다. 서당(西堂)의 선은 도의의 가지산(迦智山), 홍척(洪陟, 817-893)의 실상산(實相山), 혜철(惠哲, 785-861)의 동리산(桐裏山) 등 호남(湖南)에서 진작되었고, 마조(馬祖)의 문인(門人) 마곡보철(麻谷寶徹)의 선법(禪法)은 무염(無染, 801-888)의 성주산(聖住山), 마조(馬祖)의 문인 장경회휘(章敬懷暉, ?-815)의 선은 봉림산(鳳林山)의 현욱(玄昱, 787-869)이 이어받아 호서(湖西)에서 그 선풍을 떨치고 있었다. 한편 도윤(道允, 798-868)도 마조의 문인 남전보원(南泉普願, 748-834)의 선법을 받아 쌍봉사에서 그 종풍을 떨쳤고, 그의 제자 절중(折中, 826-900)이 사승(師承)하여 헌강왕 때 사자산사(獅子山寺)를 세우고, 사자산파(獅子山派)를 이루어 문풍(門風)을 날렸다. 범일(梵日, 810-889)은 홍덕왕 6년〔831〕에 입당(入唐)하여 마조의 문인 염관제안(鹽官齊安, ?-842)의 법을 얻고, 문성왕 9년〔847〕에 귀국하여 굴산사(崛山寺)를 세우고, 여기서 종풍을 크게 떨쳤다. 범일 문하에는 많은 제자가 있었는데, 그 중에서도 낭원개청(朗圓開淸)·낭공행적(朗空行寂) 등 십성(十聖)이 나와 사굴산파(闍崛山派)를 이루었는데, 이 파가 매우 성하였다. 그리고 요오선사(了悟禪師) 순지(順之)도 헌안왕 2년〔858〕에 입당하여 마조의 문인 백장회해(百丈懷海, 720-814)의 법손(法孫) 앙산혜적(仰山慧寂, 815-891)의 위앙종풍을 체득하고 돌아와 오관산 용엄사(龍嚴寺; 瑞雲寺)에서 선풍을 날렸고, 도헌(道憲, 824-882)은 헌강왕 때 마조의 문인 혜소(慧昭, 774-850)로부터 창주신감(滄州神鑑)의 선을 받아 와서 희양산(羲陽山) 봉림산문을 개창하였다. 고려는 태조 왕건이 불력(佛力)에 의하여 나라를 세웠다고 믿었을 뿐 아니라, 후대의 왕들로 하여금 훈요십조(訓要十條)를 신봉하도록 하였다. 태조의 이런 신불호교정신(信佛護教精神)은 그 뒤의 역대왕에게도 이어졌다. 특색은 진호국가(鎭護國家)와 비보산천(裨補山川)의 신불사상(信佛思想)이다. 고려시대의 불교는 대각국사(大覺國師, 1055-1101) 이전에는 계율종·법상종·열반종·법성종·원융종·선적종(禪寂宗)의 6종파〔5教宗과 禪寂宗〕가 존재했다. 대각국사 이후에는 남산〔계율〕종·자은〔법상〕종·중도종·화엄〔원융〕종·시홍종의 5교종과 조계〔선적〕종 그리고 천태종을 합쳐서 7종파로 되었다. 교종을 보면, 신라 말부터 갑자기 성하기 시작한 선(禪)의 영향으로 쇠퇴한 점이 없지는 않지만, 화엄교학만은 여전히 그 세력을 잃지 않고 있었다. 그리고 법상종은 그 계통을 잘 알 수 없으나, 정현(鼎賢, 972-1054)·해린(海麟, 984-1067)·혜영(惠永)·미수(彌授, 1246-1327)·해원(海圓, 1262-1340) 같은 학장(學匠)이 두각을 나타냈다. 이 밖에 법성종·계율종·열반종·시홍종 등은 종명(宗名)만 보일 뿐, 그 활동상은 거의 알 수 없다. 천태종은 중국에서 창종(創宗)된 것으로서 교종의 하나였지만, 고려 숙종 2년〔1097〕에 대각국사가 국청사(國淸寺) 주지가 되어 천태교관을 개강(開講)한 뒤부터 개립(開立)된 이래 선종의 하나로 취급되었다. 대각국사〔1055-1101〕 이후 교웅(教雄, 1064-1138)·덕소(德素, ?-1174)·요세(了世, 1153-1245)·천인

(天因, 1205-1248) 등 많은 고승이 배출되어, 교관(教觀)을 계승하고 종풍을 떨쳤다. 조계종은 혜능의 남종선이 신라 말과 고려 초에 크게 융성하여 구산문파(九山門派)를 형성하였다. 선적종(禪寂宗)으로 통칭되어 왔는데, 언제부터 조계종이란 명칭이 사용되었는지는 확실치 않다. 조계종지(曹溪宗旨)가 성립된 것은 보조국사 지눌(知訥, 1158-1210)부터이다. 그는 화엄·천태·선학(禪學) 등을 정혜쌍수(定慧雙修)로서 포괄하고 그 위에 돈오점수(頓悟漸修)를 제창하여, 조계산 수선사(修禪社)를 창설하고 종풍을 수립했다. 그 뒤 혜심(慧諶, 1177-1234)·혼원(混元, 1215-1286)·충지(冲止, 1226-1292)·만항(萬恒, 1249-1319)·혼구(混丘, 1250-1322)·복구(復丘, 1270-1355) 등의 선장(禪匠)이 나왔다. 고려 말에 이르러서는 승단(僧團)이 부패하고 승려가 타락하여 배불론(排佛論)이 대두되었다. 고려 말에 태고보우(太古普愚, 1301-1382)에 의하여 9산선문 등 각 종파를 통합하고자 공민왕에게 진언하여 원융부(圓融府)를 설치한 뒤 노력했으나 결실을 보지 못하였다. 조선시대의 불교는 한마디로 배척과 억압을 당한 수난의 불교였다. 태조는 비록 개인적으로는 불교를 신봉하고 불교사업을 일으켜 건국이념에 반영시켰으나, 배불사상의 억센 시대적 조류를 어쩔 수 없었다. 불교 자체의 부패와 유생(儒生)들의 척불(斥佛) 때문에 태종은 즉위하면서부터 정치적으로 배불정책을 더욱 강화하였다. 그리하여 조선 초에 11종(宗)이던 종파를 7종으로 통합하였다. 세종은 태종의 척불책(斥佛策) 이후 7종인 종파를 다시 정비하여 조계종·천태종·총남종의 3종을 합하여 선종으로 하고, 화엄종·자은종·중신종(中神宗)·시흥종(始興宗)의 4종을 합하여 교종으로 하여 선교양종(禪教兩宗)으로 통합하고, 각각 18개의 절만 남기고 그 밖의 사원은 폐지해 버렸다. 세조는 왕위에 오르면서 호불정책(好佛政策)을 폈는데, 승려의 권익을 옹호하여 불교의 위치를 보강하였고, 사원중흥(寺院中興)·삼보숭봉(三寶崇奉) 등으로 불사(佛事)를 크게 일으켰으며, 불전(佛典)을 국역(國譯) 간행하여 유포시켰다. 이와 같은 사실은 조선시대를 통해 불교의 명맥을 유지하는데 중대한 역할을 하였다. 그 뒤 예종과 성종의 치세(治世)를 거치는 동안 불교는 많은 제약을 받았으며, 특히 연산군에 이르러서는 탄압이 극도에 달하였다. 그러나 13대 명종이 즉위한 뒤 그의 모후(母后) 문정왕후의 섭정 기간인 15년간은 흥불사업(興佛事業)이 계속되어 휴정(休靜, 1520-1604)·유정(惟政, 1544-1610) 등 많은 인물이 배출되었다. 그러나 문정왕후가 죽은 후, 조선조 말 고종 32년〔1895〕에 승려의 도성출입금지령(都

城出入禁止令)이 해제될 때까지 승려들은 많은 천대를 받았다. 오늘날 한국불교는 신도 수 1,200만 명으로서 가장 큰 종교로 활동하고 있다.

한산【寒山】 중국 당(唐)나라 때의 선승. 천태(天台) 당흥현(唐興縣)의 천태산(天台山) 국청사(國淸寺) 뒤에 있던 한암(寒巖)의 깊은 굴속에 있었으므로 한산(寒山)이라 한다. 몸은 바싹 마르고 보기에 미친 사람 비슷한 짓을 했는데, 국청사에 와서 습득(拾得)과 함께 대중이 먹고 남은 밥을 얻어서 대통에 넣어 가지고 한암의 굴속에 들어가서 먹었다. 행동은 그러했지만, 말은 불도(佛道)의 이치에 맞았고, 시를 잘 지었다. 어느 날 태주자사(台州刺史) 여구윤(閭丘胤)이 한암굴을 찾아가 약과 옷 등을 주었더니, 한산은 큰 소리로, "도적놈아! 도적놈아! 어서 물러가라!" 하면서 굴속으로 깊이 들어간 뒤로는 소식을 알 수 없었다고 한다. 당시 사람들은 국청사에 살던 풍간(豊干)·습득(拾得)과 한산(寒山)을 삼성(三聖)이라 불렀고, 한산을 문수보살, 습득을 보현보살, 풍간을 아미타불의 화현(化現)이라 했다. 『한산시집(寒山詩集)』이 있다.

한암중원【漢巖重遠, 1876-1951】 근대의 고승. 속성은 방(方)씨. 강원도 화천에서 태어남. 1897년 22세 때 금강산(金剛山) 장안사(長安寺)로 출가하여 금월행름(錦月行凜)에게 수계, 득도하였다. 1899년 여름 결제 때 금강산 신계사 보운강회에서 보조지눌의 「수심결」을 읽다가 크게 느낀 바가 있었다. 해제 후 성주 청암사(靑巖寺)로 가서 경허성우(鏡虛惺牛)의 『금강경』 법문을 듣고 1차 깨달음을 얻었다. 1903년 해인사 퇴설선원에서 경허화상의 지도 하에 좌선 도중 다시 깨달음을 얻고는 오도송을 지었다. 하안거 해제일 경허화상은 개심(開心)의 경지를 넘었다고 정식으로 인가하였다. 1904년 양산 통도사(通度寺) 내원선원(內院禪院) 조실로 추대되었고, 1910년 묘향산 내원암과 금선대에 머물렀다. 1911년에는 평남 맹산군(孟山郡)의 우두암(牛頭庵)에서 안거를 보냈고, 1912년 우두암에서 동안거 중 부엌에서 불을 붙이다가 홀연히 다시 깨달았다. 1921-22년 건봉사 만일선원 조실로 추대되었다. 서울 봉은사(奉恩寺) 조실로 있다가 1925년 해제 후 오대산(五臺山) 상원사(上院寺)로 들어가 27년 동안 두문불출하고 종풍을 선양하였다. 1929년 조선불교 선교(禪敎) 양종(兩宗) 7인 교정(敎正)의 한 사람으로 추대되었고, 1935년에는 조선불교 선종(禪宗) 종정에 추대되었으며, 1941년 조선불교 조계종 초대 종정에 추대되었다. 1948년 조선불교 교정〔종정〕을 역임하였다. 그의 선사상은 여타 선승과 같이 간화선이었으나, 간화선 일변도가 아닌 조사선 사상에 가깝다고 할 수 있다. 선승이었지만 선(禪)에 치우치지 않고 계(戒)·정(定)·혜(慧) 삼학을 균수(均修)해야 함을 강조하였고, 정혜쌍수(定慧雙修)를 정도(正道)로 삼았다. 보조지눌(普照知訥)의 영향을 크게 받았으며, 돈오돈수(頓悟頓修)보다는 돈오점수(頓悟漸修)를 주장하였다. 이치로는 돈오돈수가 가능하지만, 수행자가 범부중생이므로 돈오점수를 택하는 것이 옳다〔理卽頓悟 事要漸修〕는 것이었다. 보편적인 중생의 입장을 생각한 것이다. 저서로는 『일발록(一鉢錄)』이 있으나 전해지지 않음. 1990년 명정(明正)이 편역한 『한암집(漢巖集)』이 간행되었고, 1995년 문도들에 의하여 『한암일발록』이 간행되었다.

한용운 【韓龍雲, 1879-1944】 독립운동가·시인·스님. 자는 정옥(貞玉). 어릴 때 이름은 유천(裕天), 계명(戒名)은 봉완(奉琓), 호는 만해(萬海), 본관은 청주(淸州). 홍성(洪城) 출신. 한응준(韓應俊)의 차남으로 태어나, 서당에서 한학(漢學)을 배웠다. 동학란 이후 의병활동에 부모와 형이 관련되어 관가에 끌려가 피살된 후, 1896년〔건양 1〕에 동학혁명에 참가하였지만 실패하고 설악산 오세암에 피신하였다. 1905년〔광무 9〕 인제 백담사에서 승려가 된 뒤, 원산을 거쳐 시베리아에서 수년 동안 방랑생활을 한 후 석왕사에서 참선을 하였다. 1908년〔융희 2〕 일본에 가서 신문명(新文明)을 시찰하고 유학중이던 최린(崔麟) 등과 사귄 후 귀국하여, 1910년 백담사에서 『조선불교유신론』을 탈고하였다. 1910년 나라가 일본에 병탄되자, 만주로 망명하여 독립군 훈련장을 찾아다니며 그들에게 독립사상을 고취시켰다. 그 뒤 친일파 이회광(李晦光) 등이 한국불교를 일본불교에 예속시키려 하자, 송광사·범어사 등에서 동지들과 승려궐기대회를 열어 그 기도를 분쇄하였다. 1913년에는 통도사에서 『불교대전』을 편찬하고 동지들과 불교학무원(佛敎學務院)을 창설하였고, 1918년에는 서울에서 잡지 『유심(唯心)』을 발간했다. 1919년 3·1운동 당시 불교계를 대표하여 민족대표 33인의 한 사람으로 독립선언서와 공약삼장(公約三章)을 만들었다. 3년형을 선고받고 복역 중에 『조선독립의 서(書)』를 집필하였다. 1922년 출옥한 후 1924년까지 조선불교청년회 총재에 취임, 1925년 『님의 침묵』을 발간하였다. 1927년 신간회(新幹會) 발기에 참가하여 경성지부장을 겸하였고, 조선불교청년회를 조선불교청년동맹으로 개칭하여 불교를 통한 청년운동을 강화했다. 1930년 월간지 『불교』의 편집 겸 발행인으로서 불교언론에도 기여했다. 1937년 만당사건(卍黨事件)의 배후조종자로 지목되어 일제 경찰의 시달림을 받았으며, 일제말기의 발악적인 회유협박에도 불구하고 의연히 꿋꿋한 자세를 지키다가 광복 1년 전인 1944년 입적했다. 그의 사상은 현상(現象)의 법신관(法身觀)으로, 색즉시공(色卽是空) 공즉시색(空卽是色)의 제법실상(諸法實相)의 도리를 강조한다. 또 선관(禪觀)에 있어서는 일념회광(一念廻光)하여 견자본성(見自本性)한다는 각(覺)을 존중하는 선가(禪家)의 기본입장을 전제하고, 활선(活禪)을 강조했다.

할【喝】〔英 To shout, bawl, call, scold〕 ① 고함 소리. 즉 선(禪)에서 말이나 글로써 표현할 수 없는 도리를 표현할 때 사용함. 그 밖에 수행자가 망상이나 분별심에 크게 빠져 있을 때도 나무라는 소리, 질타하는 뜻으로 사용한다. 중국의 임제선사(臨濟禪師, ?-867)가 많이 사용하였으며, 방(棒)과 함께 선불교의 특성으로 불린다. ②사견(邪見)이나 망상(妄想)을 꾸짖어 반성하게 하는 소리. 방(棒)·할(喝) 항목 참조.

함장식【含藏識】 제8 아뢰야식을 말함. 선악의 모든 결과를 함장(含藏)·간직하고 있기 때문에 이렇게 말한다.

함중교【含中敎】〔英 A T'ien-t'ai term for the 通敎 which was midway between or interrelated with Hinayāna and Māhāyāna〕 천태 4교 가운데 통교(通敎)를 말한다. 통교는 공(空)한 이치를 포함하고 있는 교이므로 함중교(含中敎)라고 한다.

함허득통【涵虛得通, 1376-1433】 조선 초기 때의 스님. 법명은 기화(己和), 수이(守伊), 호는 득통(得通), 당호는 함허(涵虛). 어려서 성균관에 입학하여 특히 『역경(易經)』을 열심히 읽었다. 21세 때, 성균관 친구의 죽음을 계기로 관악산 의상암에서 삭발하고 다음에 회암사(檜巖寺)로 가서 무학대사(無學大師, 1327-1405)를 친견해 수제자가 되었다. 그는 9년간의 운수(雲水) 생활 끝에 대오(大悟)했다. 그 후 『반야경』과 『금강경오가해(金剛經五家解)』 등을 강의했으며, 세종의 부름으로 대비를 천도하는 법회를 주관하기도 했다. 그는 선승으로서는 특이하게 교학에 관한 저작을 많이 남겨 『원각경소(圓覺經疏)』·『금강경오가해설의(金剛經五家解說誼)』·『현정론(顯正論)』·『반야참문(般若懺文)』 등을 지었다. 그는 조선 전기의 주요한 학승으로, 한국불교의 특징이라 할 수 있는 종합적 접근법, 즉 모가 나지 않게 종교적 갈등을 해소시키려는 경향을 뚜렷이 나타내는 스님이다. 그리고 조선 초기 신유가(新儒家) 학자와 관리 등의 배불론에 대해 최초로 호불론(護佛論)을 개진했다. 또한 유·불·도 삼교일치론(三敎一致論)을 주장하였다. 우선 그는 불교 옹호론이라 할 수 있는 『현정론』을 발표하여 척불론자의 논지를 조목별로 비판하는데, 불교의 교리에 유가적 용어를 사용하면서 불교가 유가의 덕목과 배치되지 않는다는 점을 강조했다. 유·불·도 삼교에 대해서도 같은 점과 다른 점을 논하면서 그 가르침이 서로 꼭 들어맞는다고 보는데, 그 기본적인 태도는 '진리는 하나인데, 그것이 여러 가지로 말해진다.'는 것이다. 이같이 다양한 종교사상을 하나로 융화하려는 절충적 경향은 중국에서도 불교를 배척할 때마다 그에 대한 대응으로 등장해 왔다. 그는 나옹혜근(慧勤, 1320-1376)과 무학자초(自超, 1327-1405) 등의 법계를 계승하여 당시 조선 선종계를 대표하는 선승이자, 빗발치는 배불론에 대해 유가와 불교가 융화될 수 있다는 이론적 근거를 제시한 선승이었다. 그러나 한편 염불이나 정토신앙 등의 타력신앙을 방편이라는 이름 아래 시인하고 염불(念佛)·미타신앙의 찬(讚)까지 저술해 선풍(禪風)을 흐리게 한 점도 있다.

합장【合掌】〔梵 Añjalikarma, 英 To bring the ten fingers or two palms together〕 두 손바닥을 합하여 마음이 한결같음을 나타내는 것. 인도 경례법의 일종. 그 모양은 여러 가지가 있다. 보통은 두 손바닥과 열 손가락을 합하는 것인데, 손가락만을 합하고 손바닥을 합하지 않는 것은 마음이 거만하고 생각이 흩어졌기 때문이라 하여 꺼린다. 밀교에서는 두 손을 합하는 것은 정혜상응(定慧相應) 이지불이(理智不二)를 나타내는 것이라 하여, 그 공덕이 광대 무량하다고 한다.

합중지【合中知】 6근(六根)이 대경(對境; 대상)과의 직접적인 접촉을 통하여 지각이 생기는 것을 합중지(合中知)라고 한다. 비(鼻)·설(舌)·신(身)의 지각(知覺)으로서, 코는 냄새에 닿아야 좋고 나쁨을 알고, 혀는 맛에 닿아서야 달고 씀을 알고, 몸은 촉경(觸境)에 맞닿아야 차고 더움을 안다. 그러나 안근(眼根)은 색경(色境)과 사이를 두고 떨어져야 알기 때문에 이중지(離中知)라 한다.

항마【降魔】〔梵 māra-jaya, māra-vijaya, māra-abhibhu, 西 bdud zil gyis gnon, 英 To overcome demons〕 악마 퇴치. 악마의 유혹을 극복한 것. 불전(佛典)에 의하면, 석존이 깨달음을 이루려고 보리수 아래에 앉아 있을 때 여러 악마가 나타나 유혹·협박하면서 깨달음을 방해하였으나, 석존은 하나하나 물리쳤다. 이것을 항마(降魔)라고 한다. 여기서 말하는 '마(魔)'란 사실 실존하는 것이 아니라, 자신의 마음속의 갈등, 번민 등을 표현한 것이다.

항마좌【降魔坐】 결가부좌하고 오른 다리로 왼쪽 발목을 누르고, 다음으로 왼발로 오른 발목을 누르고 앉은 자세. 길상좌(吉祥坐)의 상대말.

항전【恒轉】 법상종(法相宗)에서 아뢰야식의 영원한 운동을 가리킴.

항포문【行布門】 차제항포문(次第行布門)의 줄인 말. 화엄학에서 수행하는 단계에 십주(十住)·십행(十行)·십회향(十廻向)·십지(十地) 등을 세워서, 이 단계를 지나서 마지막의 이상경(理想境)인 불지(佛地)에 이른다고 보는 관찰방법.

항하【恒河; Gaṅga】①갠지스강. 인도 북동부에 있는 강. 히말라야산맥에서 시작하여 힌두스탄 평원을 동쪽으로 흘러 벵골만으로 들어간다. 하류지역은 기름진 삼각주를 형성하고 있다. 길이는 3천 km. 인도교(印度教; 힌두교)에서는 성하(聖河)로 간주하는데, 불교에서도 복수(福水)로 간주한다. ②인도 힌두교의 여신명(女神名)으로서, 히말라야산의 여인으로 전해진다.

항하사【恒河沙】갠지스강의 모래. 갠지스강에 있는 무수한 모래와 같이 셀 수 없는 모양을 말함. 갠지스강의 모래 수만큼 많음을 비유. 무수한 것을 비유하는 말. 줄여서 항사(恒沙)라고도 한다.

해【解】〔英 To unloose, let go, release, unite, disentangle, explain, expound〕①자의(字意)를 소통시켜 경전(經典)의 의미를 드러내는 것. 해의(解誼)·해고(解詁)라고도 한다. 또 해고(解詁)는 해고(解故)와 통용된다. ②〔梵 adhyavasāya〕확실히 아는 것. ③〔梵 vyākhyā〕해석. ④〔梵 mokṣa, 巴 mokkha〕해탈.

해【害】①〔梵 vihiṃsā, 西 Rnam-(par)htsche, 英 hurt, harm, injure〕소번뇌지법(小煩惱地法)의 하나. 20수번뇌(隨煩惱)의 하나. 남을 해치며 꾸짖는 정신작용을 말한다. ②상해(傷害). 생물을 손상케 하는 것. ③해의(害意). 생물에게 위해(危害)를 가하는 것을 기쁘게 여기는 마음의 작용을 말한다.

해경십불【解境十佛】〔英 All existence discriminated as ten forms of Buddha〕화엄종에서 진실한 지해(智解)로 법계(法界)를 볼 때 만유(萬有)가 모두 불신(佛身)이라고 해서 10종으로 나눈 것. 즉 중생신(衆生身)·국토신(國土身)·업보신(業報身)·성문신(聲聞身)·연각신(緣覺身)·보살신(菩薩身)·여래신(如來身)·지신(智身)·법신(法身)·허공신(虛空身)을 말한다.

해공【解空】〔英 To apprehend, or interpret the immateriality of all things〕만유제법(萬有諸法)이 공(空)하다는 이치를 깨달음.

해공제일【解空第一】공(空)의 이치를 깨닫는 데 제일이라는 뜻으로, 석존의 10대 제자 중 수보리(須菩提; subhūti)를 가리키는 말.

해동고승전【海東高僧傳】고려 고종(高宗, 1213-1259 在位) 때의 스님인 각훈(覺訓)이 지음. 오관산(五冠山) 영통사(靈通寺) 주지로 있을 때, 고종 2년〔1215〕왕명에 의하여 저술하였다. 이 책은 세상에 알려져 있지 않다가, 일제시대 때 이회광(李晦光)에 의

하여 성주(星州) 어느 사찰에서 그 사본이 발견되면서 세상에 빛을 보게 되었다. 본래 부피가 상당했을 것으로 추측되나, 발견된 것은 첫 부분인 유통(流通) 1지(之) 2인 1권과 유통 1지(之) 1인 2권뿐이다. 여기에는 순도(順道)·의연(義淵)·담시(曇始)·마라난타(摩羅難陀) 등 통일신라 이전의 고승(高僧) 30여 명의 전기를 싣고 있다. 『삼국유사(三國遺事)』에는 승전(僧傳)·해동승전(海東僧傳)·고승전(高僧傳) 등의 이름으로 인용되어 있다.

해만계【懈慢界】〔英 A country that lies between this world and the Western paradise〕『보살처태경(菩薩處胎經)』에 의하면, 남섬부주의 서쪽 12억 나유타, 극락세계에 이르는 중도에 있는 세계이다. 이 나라에 사는 사람은 그 나라의 쾌락에 탐착하여 게으르고 교만한 마음을 일으키고, 다시 나아가 극락정토에 나지 못하므로 해만계(懈慢界)라 한다. 아미타불을 믿는 마음이 얕고 덕이 적은 사람은 이곳에 난다고 한다.

해만성불【解滿成佛】 해행지(解行地)에 의하여 법성(法性)을 깊이 요해(了解)하고, 생사(生死)의 생각을 일으키지 아니하며, 열반(涅槃)의 생각도 일으키지 아니하고, 무서운 마음도, 좋아하는 마음도 내지 아니하는 것.

해섭문【該攝門】 분상문(分相門)의 반대. 화엄종의 용어. 구별한 것을 함께 집어넣는 것. 통괄하는 것. 해섭(該攝)은 차별을 초월해서 모든 것을 포괄한다는 의미로, 화엄(華嚴)의 일승도(一乘道) 가운데 다른 삼승(三乘)을 포함시켜 논(論)하는 입장.

해심밀경【解深密經】〔梵 saṃdhi-nirmocana-sūtra〕 유식사상을 설한 경전. 이 경은 불설(佛說)의 형식을 취하고 있으나, 실제로는 3세기 후반경에 성립된 것으로 본다. 표제인 '심밀(深密; saṃdhi)'이라는 말로도 알 수 있듯이 직접적으로 표명되지 않은 의의(意義)나 함의(含意)를 새롭게 '해명한다〔解; nirmocana〕.'라는 의미이다. 이제까지 설해진 교설(教說)에서 불(佛)이 본래 의도한 것을 찾아내어야 한다는 기치 아래, 『해심밀경(解深密經)』이 새로운 해석으로 제시한 것이 유식사상이다. 범어(梵語) 원본은 현존하지 않고, 한역(漢譯)으로서 보리류지(菩提流支; Bodhiruci)가 번역한 『심밀해탈경(深密解脫經)』과 현장(玄奘, 602-664)이 번역한 『해심밀경』이 있고, 티베트어역(譯)이 있다. 현장이 번역한 『해심밀경』의 전체는 8장으로 구성되어 있다. 이 가운데 제3장에서는 인간의 인식기능을 제시한 것이다. 여기서 거의 같은 의미라고 생각되는 심(心)·의(意)·식(識)이라는 말에는 사실 아뢰야식의 존재가 함의되어 있다고 주장한다. 또한 제4장에서 삼성설(三性說)을 제시하고, 이어서 제5장에서 『반야경』 등이 설한 일체법 개무자성(一切法 皆無自性)이라는 공사상(空思想)은 이 삼성설(三性說)에 의한 해석을 의도한 것이라고 하고, 삼성(三性)의 변계소집성(遍計所執性)·의타기성(依他起性)·원성실성(圓成實性)이 각각 고유의 특징을 결(缺)하고 있는 상무자성(相無自性), 저절로 생(生)한 것이 아닌 것이라는 생무자성(生無自性), 최고의 진실 그 자체인 승의무자성(勝義無自性)이라고 하는 삼무성설(三無性說)을 함께 설하고 있다. 제5장의 말미(末尾)에는 붓다에 의해 설해지지 않았던 가르침을 이와 같이 분명하게 하는 것이 가능한 것은 이제까지의 성문승(聲聞乘; 부파불교)·대승(大乘; 中觀派)을 넘어선 가장 뛰어난 일체승(一切乘)이기 때문에 가능하다고 자설(自說)을 격상시켰다. 이것이 '해심밀(解深密)'의 실제이다. 아뢰야식설·삼성설에 제6장에서 설해진 명상(冥想) 중에 의식에 나타나는 것은 단순한 표상에 지나지 않는다는 것을 체득한 '유식관(唯識觀)'을 더하여, 『해심밀경』에는 유식사상의 중심이 되는 교의가 모두 설해져 있어, 유식사상의 형성에 극히 큰 역할을 담당하였다. 제1장을 제외한 전문(全文)이 『유가사지론(瑜伽師地論)』「섭결택분(攝決擇分)」에 기술되어 있다. 『섭대승론(攝大乘論)』·『성유식론(成唯識論)』 등의 주요한 논전(論典)에 인용되고 있다. 이 경(經)의 주석서로는 원측(圓測, 613-696)의 『해심밀경소(解深密經疏)』 10권, 원효(元曉, 617-686)의 『해심밀경소』 3권, 덕룡(德龍)의 『해심밀경강찬(解深密經講贊)』 7권, 영인(影印)의 『해심밀경소』 11권 등이 있다. 『해심밀경』은 법상종(法相宗)의 근본경전으로 쓰인다.

해오 【解悟】〔英 Release and awareness〕 요해각오(了解覺悟)의 준말로, 도리(道理)를 깨달아 아는 것을 말한다. 『원각경대소(圓覺經大疏)』 상권에, "먼저 깨닫고 뒤에 닦는 것〔先悟後修〕을 해오(解悟)라 하고, 먼저 닦고 뒤에 깨닫는 것〔先修後悟〕을 증오(証悟)라 한다."라고 했고, 『종경록(宗鏡錄)』 36권에, "만약 깨달음으로 인하여 닦는다면 이는 곧 해오(解悟)요, 닦음으로 인하여 깨닫는다면 이는 곧 증오(証悟)이다."라고 했다.

해인 【海印】〔英 The ocean symbol, indicating the vastness of the meditation of the Buddha, the vision of all things〕 부처〔佛〕가 얻은 삼매(三昧)를 가리킨다. 대해중(大海中)에서 일체의 사물을 인상(印象)함과 같이, 맑고 청정한 불(佛)의 지혜바다〔智海〕로 일체(一切)의 법(法)을 인현(印顯)하는 것. 진여(眞如)의 본각(本覺).

해인삼매 【海印三昧】〔梵 sāgara-mudrā-samādhi〕 『화엄경』·『대집경(大集經)』에서 설한 삼매. 석존이 『화엄경』을 설할 때에 들어간 삼매를 말한다. 해인정(海印定), 대해인삼매(大海印三昧)라고도 한다. 삼매란 마음을 한곳에 집중하여 마음의 산란(散亂)함이 없게 하는 것. 보살이 이 해인삼매를 얻으면, 대해(大海)의 풍파(風波)가 고요할 때에 일체의 사물의 상(像)이 바다 가운데 비치는 것처럼, 일체중생의 심행(心行)을 자기의 마음에 똑똑히 비춰서 알 수가 있다고 한다.

해제【解制】사찰에서 하안거(夏安居), 또는 동안거(冬安居)를 마치는 것.

해탈【解脫】〔梵 mokṣa. mukti, vimukti, 西 mokkha, mutti, vimutti, 英 loosing, release, deliverance, liberation, setting free … emancipation〕 인도사상의 주조류(主潮流)에서는 고통으로 가득 찬 윤회(輪廻; saṃsāra)로부터 단호하게 벗어나서 두 번 다시 생존의 세계에 이르지 않는 것을 목적으로 삼는다. 이것이 바로 해탈이다. 모든 욕망이 소멸하였다는 점에서는 번뇌의 속박에서 벗어난 열반(涅槃; 번뇌가 소멸됨)과 같은 의미이다. 우파니샤드철학에서는 브라흐만과 아트만의 본질을 깨닫고 범아일여(梵我一如)의 진리를 직관하여 브라흐만 그것과 합일하는 것이 해탈의 궁극적인 목표이다. 해탈에 이르는 방법은 신체·감각기관·욕망을 컨트롤하여 명상〔요가〕으로 심신을 통일하고, 브라흐만과 아트만에 오로지 집중하는 것이다. 고(古)우파니샤드〔기원전 600년경〕에서 정립된 업(業)으로부터 해탈하는 고찰방식은 이후 인도사상에 커다란 영향을 미쳤다. 『마누법전』〔기원전 200년경에서 기원후 200년경〕이나 서사시 『마하바라타』 성립 시대〔4세기경〕에는 이미 한 생애의 목적으로서의 세속적인 3대 가치, 다르마〔法〕·아르따〔利益〕·까마〔愛〕와 함께 출가의 최고 가치로서의 해탈이 사회적 콘센서스를 얻기에 이른다.

[자이나교의 해탈] 자이나교에서는 사람이 행위〔業〕를 하면, 영혼에 미세한 물질이 계속해서 부착하여 업(業)이 된다고 한다. 그러면 영혼은 자유를 속박당하고, 지옥·아귀·축생·인간·신(神)들의 상태를 계속해서 윤회(輪廻)한다. 여기서 수행자는 고행〔tapas〕에 의해서 이전의 업(業)을 정지시킴과 동시에 새로운 업(業)의 침입을 막는다. 그렇게 하면 영혼에 부착되어 있는 미세한 물질은 영혼으로부터 떠나서 소멸하며, 영혼은 해방된 상태로 되어 해탈이 달성된다. 자이나교설(教說)의 발전과 함께 이 소박한 해탈론은 이원론적 해탈론으로 바뀐다. 신체가 죽으면서 신체에서 이탈한 영혼은 신속하게 상승해서 세계를 떠나 비세계(非世界)에 도달하는데, 이로써 열반의 경지를 얻고서 참된 해탈을 완성한다. 그러므로 참된 해탈을 위해서 수행자는 몸을 가볍게 하는 데 전념하고, 깊은 명상과

음식을 끊고서 굶주려 죽는 것을 명예롭게 생각하는 사고방식이 발생하기에 이르렀다.

[불교의 해탈] 초기불교에서는 자이나교처럼, 윤회의 고통으로부터 자유롭게 되기 위해서 소욕지족(少欲知足)의 출가수행을 실천하였다. 윤회의 근본원인인 욕망·무지(無知)로부터 벗어난 깨달음을 각각 심해탈(心解脫)과 혜해탈(慧解脫) 등으로 구분한다. 이를 통해서 지혜와 선정을 동시에 갖춘 수행자를 지향하였다. 사실 고집멸도(苦集滅度)의 사성제(四聖諦; 四諦; 곧 네 개의 밝은 진리)는 의학(醫學)의 네 가지 패러다임, 즉 병의 증상·병의 원인·회복·치료법에서 유래한다. 세 번째의 멸제(滅諦)는 번뇌의 속박으로부터 자유롭게 된 깨달음의 경지이다. 이 위없는 편안한 상태가 바로 열반의 경지이다. 네 번째 도제(道諦)는 팔정도(八正道; 깨달음을 위한 8가지의 실천)에 의해서 고통으로부터 해방을 도모하는 실천이다. 번뇌도 깨달음도 '존재'로서 실체적으로 파악하려는 부파불교(部派佛教)의 해탈 해석을 넘어서, 대승불교에서는 깨달음 그 자체를 공(空)이라고 파악한다. 즉 대승불교에서는 미혹함이나 깨달음, 윤회나 해탈도 모두 실체가 없다는 것이다. 다만 인간의 고통은 아뢰야식에 의해서 이미 지화된 환영(幻影)에 구속되어 있기 때문에 생긴다고 한다. 그래서 명상의 실천에 의해서 깨닫고 나아가 다른 사람의 구제를 지향할 것을 주장한다.

[그 외 다른 학파들의 해탈론] 정통 바라문철학의 여러 학파들〔베단타, 상키야, 요가, 니야야, 바이세시카〕은 바른 지혜의 획득에 의한 해탈, 미맘사학파의 제사 행위의 과보(果報)에 의한 해탈, 최고신(最高神)을 관상(觀想)하고 제사를 집행하는 지행(知行)의 통일에 의한 출가의 해탈을 주장한다. 뿐만 아니라, 신(神)을 향한 한결같은 신앙〔bhakti〕·절대적인 귀의〔prapatti〕·본무(本務; sva-dharma)에 매진하는 것에 의한 재가자(在家者)들을 위한 해탈과 구제를 힌두교의 여러 종교에서 설한다. 해탈 후의 포교(布教), 구제활동 등의 사회적 공헌의 중시, 자신의 해탈의 완성을 다른 유정(有情; 중생) 전체가 해탈을 이룰 때까지 미루는 이타적(利他的) 사고방식도 등장한다.

해탈신【解脫身】〔梵 vimukti-kāya, 英 The body of liberation, the body of Buddha released from kleśa〕 삼불신(三佛身)의 하나. 불신(佛身)은 번뇌의 속박에서 벗어나서 자유자재한 몸이 되었기 때문에 해탈신(解脫身)이라 한다. 이 해탈에는 유위해탈(有爲解脫)과 무위해탈(無爲解脫)의 2종이 있다.

해탈지견【解脫知見】〔梵 vimukti-jñāna, 英 The knowledge and experience of nirvāṇa〕 ①나 자신이 해탈하였음을 확인하는 지혜. 자기 혼자서 스스로 해탈함을 확인하는 일. 해탈했다는 자각(自覺). ②오분법신(五分法身)의 제5. 계(戒)로부터 정(定)이 생(生)하고, 정(定)에 의하여 지혜(智慧)를 얻고, 지혜로써 해탈에 도달하며, 해탈에 의하여 해탈지견(解脫知見)을 얻게 된다. ③해탈의 지혜. ④번뇌로부터 해방의 기쁨에 젖는 것. 해방된 마음의 평안(平安)함을 아는 일. ⑤해탈에 있어 지(智)와 견(見)의 역할.

해태【懈怠】〔梵 Kauśidya, 英 idleness; laziness; indolence〕 게으름. 좋은 일을 당하여도 게을러서 용감하지 못함. 나태(懶怠)와 같은 뜻이다.

해행【解行】〔英 Interpretation and conduct〕 지해(知解)와 수행(修行)을 아울러 일컫는 말. 인식적 부문, 곧 수행하는 사람이 지혜의 힘에 의하여 이론과 교의(教義)를 요해(了解)하는 것을 해(解) 또는 해문(解門)이라 한다. 이에 비해서 실천적 부문, 곧 그 요해한 것을 몸소 실천에 옮기는 것을 행(行) 또는 행문(行門)이라 한다. 이 해(解)와 행(行)은 수행하는 이가 반드시 갖추어야 할 것이므로, 예부터 해(解)를 눈〔目〕에, 행(行)을 발〔足〕에 비유한다. 바른길을 걸어가려면 눈과 발이 서로 떨어지지 않고 반드시 함께하여야 하므로 지목행족(智目行足)이라 한다.

행【行】〔梵 gamana; saṃskārāḥ, 巴 kammāni; saṅkhāra, 西 ḥgro, 英 Go; act; do; perform; action; conduct; the deed; functioning〕 ①교(教)에 의하여 세워진 행법(行法). 수행(修行). 교(教)·증(證)에 상대되는 말. ②일체의 변천하는 존재. 일체의 유위법, 유위천류(有爲遷流)의 뜻을 말한다. 즉 유위(有爲)의 법(法)은 여러 가지 인연에 의하여 조작되고 변천·유전(流轉)하기 때문에 행(行)이라 한다. ③십이인연(十二因緣; 無明·行·識·名色·六處·觸·受·愛·取·有·生·老死)의 하나. 과거세(過去世)의 번뇌에 의하여 만들어진 선악(善惡) 일체의 행위를 말한다. ④사위의(四威儀; 行·住·坐·臥)의 하나. ⑤업(業)의 뜻. 현재의 과(果)를 가져오게 한, 과거에 있어서 신구의(身口意)의 인(因)을 말한다. ⑥대승 보살의 위(位). 별교(別教)에서 설하는 보살의 52위(位)의 제3을 십행(十行)이라 한다.

행각【行脚】〔英 A wandering monk〕 ①선종(禪宗)의 승려가 수행하기 위하여 여러 지방을 돌아다님. 만행(萬行)과 동의어. ②어떤 목적을 달성하기 위하여 여기저기 돌아다님.

행각승【行脚僧】 만행(萬行)하는 스님을 말함.

행경십불【行境十佛】 화엄종에서 수행한 결과로 깨달아 얻는 불신(佛身)의 경계를 10종으로 나눈 것. 1. 정각불(正覺佛), 또는 무착불(無着佛), 2.

원불(願佛), 3. 업보불(業報佛), 4. 주지불(住持佛), 5. 화불(化佛), 6. 법계불(法界佛), 7. 심불(心佛), 8. 삼매불(三昧佛), 9. 성불(性佛), 10. 여의불(如意佛) 등이다.

행과【行果】〔英 Deed and result; the inevitable sequence of act and its effect〕 행업(行業)과 과보(果報). 수행과 그것으로 인하여 불러오는 과보. 과보는 반드시 그 행업의 인(因)에 의하여 이뤄지기 때문에 행과(行果)라 한다.

행만성불【行滿成佛】 등각보살지(等覺菩薩地)에서 능히 일체의 혹장(惑障)을 없애고 무명(無明)이 다함을 말하는 것.

행묘【行妙】 천태학에서 말하는 적문십묘(迹門十妙)의 하나. 지묘(智妙)와 경묘(境妙)에 의해 행하는 수행. 지(智)는 모두 묘(妙)에 있으며, 수행 또한 묘(妙)에 있기 때문이라 한다.

행법【行法】 ①간다〔梵 i〕라는 방식. ②수행의 방법. ③밀교에서는 수법·밀법과 같은 뜻으로 사용됨. 사종행법(四種行法; 十八道의 행법·胎藏界의 행법·金剛界의 行法·護摩의 行法)을 말함. 또한 사도가행(四度加行)이라고도 함.

행사초【行事鈔】『사분율산번보궐행사초(四分律刪繁補闕行事鈔)』의 약칭(略稱). 12권. 남산도선(南山道宣, 596-667) 지음. 이 밖에 계소(戒疏)와 업소(業疏)를 더하여 율(律)의 3대부라 일컫는다. 1부 12권을 30편으로 나누어서, 첫 12편에서는 율승(律僧)의 행사를 설명하고, 다음 4편에서는 전정불범(專精不犯)·범이능회(犯已能悔) 등의 계체를 말하며, 끝으로 14편에서는 삼의(三衣)·사약(四藥)·발기(鉢器)·두타(頭陀) 등의 일용에 필요한 일들을 간결하게 가르치고 있다. 주석서에는 지홍(志鴻)의 『수현록(搜玄錄)』 12권, 경소(景霄)의 『간정기(簡正記)』 17권, 원조(元照, 1048-1116)의 『자지기(資持記)』 17권 등 60여 부가 있다.

행선축원【行禪祝願】 예불(禮佛) 때, 부처께 나라와 백성이 평안하기를 기원하고 구도와 중생 교화를 위하여 끝없이 정진할 것을 다짐하는 일.

행업【行業】〔英 That which is done, the activities of thought, word, or deed; moral action. 梵 karma-abhisaṃskāra〕 고락(苦樂)의 과보를 받게 될 선악의 행위. 곧 몸·입·뜻으로 나타내는 동작. 육근동작을 말한다.

행온【行蘊】〔梵 saṃskāra-skandha, 英 The fourth of the five skandhas, saṁskāra, action which inevitably passes on its effects〕 행(行)의 취집(聚集)이란 뜻. 인연에 의하여 만들어지고 시간적으로 변화하는 것을 종류대로 모아서 한 뭉치를 이룬 것. 유위법. 곧 오온(五蘊)은 모두 이 뜻이 있으며, 행온 가운데는 다

른 4온보다 이 조작(造作) 천류(遷流)하는 행의 뜻을 많이 가지고 있으므로 특히 행온(行蘊)이라 한다. 설일체유부(說一切有部)에서는 46심소(心所)에서 수(受)·상(想)을 제한 44와 불상응법(不相應法) 14를 합한 58법(法)을 총칭하여 행온이라 한다.

행원【行願】〔英 Action and vow; act and vow, resolve or intention〕①구제(救濟)라는 이타(利他)의 원(願)과 그 실천수행. 신행(身行)과 심원(心願). ②일을 이루게 하는 원(願). 행(行)에 대한 서원(誓願). ③대자비심(大慈悲心). 타인을 해탈시키려는 마음. ④원행(願行)이라고도 한다. 칭명염불과 정토왕생을 원하는 마음.

행자【行者】〔英 An abbot's attendant〕①대도정법(大道正法)을 수행하는 사람. 초기불교의 비구〔bhikyhu〕를 말함. ②아직 출가 수행자가 되지 않고서 절에 있으면서 불법을 닦거나 절의 일을 돕고 있는 사람. 행자 과정을 거쳐 계를 받아 정식으로 출가 수행자가 된다. ③고행(苦行)을 수련하는 사람. ④염불(念佛)에 열중하는 사람. 염불행자.

행주좌와【行住坐臥】〔梵 caṅkramati tiṣṭhati niṣigati sayyāṃ kalpayati, 英 walking, standing, sitting, lying-in every state〕행(行)은 걷는 것, 주(住)는 머무는 것, 좌(坐)는 앉는 것, 와(臥)는 눕는 것. 이 네 가지를 사위의(四威儀)라고 한다. 인간의 일상생활 또는 기거동작(起居動作)을 말함. 여기에는 두 가지 뜻이 있다. ①인간행동의 전체를 말함. 일상행동. ②시작과 끝. 부단. 평상시. 어떠할 때라도.

행증불교【行證佛敎】스스로의 몸과 마음을 다하여 수행하며, 석존이 체득한 깨달음의 경지(境地)를 자기 자신에게 실현하기를 지향(志向)하는 불교를 행증불교(行證佛敎)라 한다. 학문불교가 불교를 객관적 연구대상으로 하여 자기의 밖에 놓는 데 대하여, 행증불교는 불교가 지향하는 깨달음을 주체적으로 자기 인격 위에 실현하고자 하는 실천불교의 입장이다. 이 수행도(修行道)에 관해서 초기불교 이래 여러 가지 실천도가 역설되었고, 그 결과 다른 종교에서는 볼 수 없을 만큼 많은 수행규정이 만들어졌다. 즉 석존은 출가 수행자가 실천해야 할 길로서 계(戒)·정(定)·혜(慧)의 삼학(三學)이나 팔정도(八正道)를 역설하고, 대승불교에서는 보살의 실천도로서의 6바라밀을 역설하였다. 한편 인도에서는 대승의 유가행(瑜伽行)이나 밀교의 수법(修法)이 설법되었으나, 불교가 중국으로 전해지자 중국인의 실천적 성격과 연결되어 좌선이나 지관(止觀)·관법(觀法)이나 염불(念佛) 등을 근본행(根本行)으로 하는 불교가 성하게 되었다.

향【香】〔西, dri, 英 Gandha, Fragrance, incense, the sense of smell〕 공품(供品). 신향(信香)이라고도 한다. 향을 태우면 신령과 통할 수 있다고 한다. 향은 나무제품으로, 오행(五行)의 목(木), 오방(五方)의 동(東), 오색(五色)의 청(青), 오장(五臟)의 간(肝)을 대표한다. 상향(上香)은 재초(齋醮)에 있어 가장 기본적인 의식(儀式)이다. 여러 천(天)에 바치는 향의 이름으로는 반혼향(返魂香)·반생향(返生香)·묘통진향(妙洞眞香)·천보향(天寶香)·소합향(蘇合香)·영곡향(嬰谷香)·칠보향(七寶香) 등이 있다. 불교경전에는 향기가 가장 아름다운 전단향이라는 향명(香名)이 자주 나온다. 불교에서도 정성의 표시로 향을 많이 사용한다. 향을 올리는 것을 향공양(香供養)이라고 한다.

향상일로 【向上一路】 선문(禪門)의 극처(極處)를 향상(向上)의 일로(一路)라 한다.

허 【虛】〔梵 mṛṣā, 英 Empty, vacant; unreal, unsubstantial, untrue; space〕 실(實)에 대립되는 개념. 유(有)의 반대개념인 무(無)와는 성격이 다르지만 일정 정도 연관성이 있다.

허공 【虛空】〔梵 ākāśa, vyoman, antarikṣa, 英 empty, void, space; in the sense of space or the ether; the sky〕 공간(空間)과 같은 것이지만, 일반적으로는 공간에 편만(遍滿)하는 어떤 것으로 생각한다. 즉 '가득함'을 뜻하는데, 때로는 허공처럼 확트인 것, 맑은 것, 구름 한 점 없는 상태, 텅 비어 아무것도 없는 상태를 나타내기도 한다.

허공무위 【虛空無爲】〔梵 Ākāśa, 英 one of the asaṁsk ṛta dharmas, passive void or space〕 ①3무위(三無爲; 虛空無爲·擇滅無爲·非擇滅無爲)의 하나. 허공은 온갖 곳에 두루 가득하지만 다른 것을 장애하지 않고, 다른 것에 장애되지도 않으므로 무위(無爲)라 한다. 이 허공이 무위이므로, 만물은 각각 제자리를 얻어서 질서정연하고 어지럽지 않아 존재할 수 있다. ②6무위의 하나. 진여(眞如)를 말한다. 모든 장애를 여읜 곳에 나타나는 것이므로 허공무위(虛空無爲)라 한다.

허공유 【虛空喩】〔梵 ākāśaa-dṛṣṭānta, akaśa-upamatā〕 허공의 비유. 대승공십유법(大乘空十喩法)의 하나. 『지도론』 6에, "허공이라고 하는 것은 다만 이름만 있고 실체(實体)는 없는 것이다. 허공은 볼 수 있는 것이 아니요, 멀리서 볼 수밖에 없으므로 안광(眼光)을 돌림에 따라서 색(色)이 보인다. 모든 법도 또한 이와 같다. 공(空)은 소유한 것이 없는데, 사람들이 무루(無漏)의 실다운 지혜를 멀리하기 때문에, 실상(實相)을 버리고, 나와 너, 남과 여, 그리고 가옥과 성곽 등 갖가지 잡물(雜物)을 보고 마음에 집착을 한다."라고 하였다.

허공장 【虛空藏】〔梵 Ākāśagarbha, Gaganagañja, 英 the central bodhisattva in the court of space in the garbhadhātu group〕 보살의 이름. 이 보살의 지혜와 자비가 광대무변한 것이 마치 허공을 창고〔藏〕로 한 것과 같으므로 이렇게 부르기도 한다. 만다라에서는 태장계(胎藏界) 허공장원(虛空藏院)의 주존(主尊)이다. 또한 석가원의 일존이다.

허공화 【虛空華】〔梵 akaśa-puspa, kha-puṣpa, 西 ḥkhrul pa, 英 spots before the eyes〕 허공에 피어나는 꽃이라는 뜻으로, 눈병 난 사람이 사실은 존재하지 않는데도 있는 것으로 잘못 보는 것을 비유하는 말. 눈병 난 사람이 허공에 꽃과 같은 것이 어른거리는 것을 보게 되니, 이것을 허공화라 한다. 이처럼 사물(事物)의 실체가 없는 것을 비유한 말이다.

허망견 【虛妄見】 ①허망한 것을 진실이라고 잘못 생각하는 것. ②〔梵 kha-pada〕 허공을 집착하는 견해. ③〔梵 pratibhāsa〕 현현(顯現)과 같음.

허망분별 【虛妄分別】〔梵 abhūta-parikalpa〕 헛되게 제 마음대로 분별하는 것. 헛되이 잘못 사량(思量)하는 것. 진상(眞相)을 잘못 분별하는 것.

허무신 【虛無身】〔英 The immaterial Buddha-body, the spirit free from all limitations〕 ①부처님의 몸이 융통 자재하여 일체를 여읜 것이 그림자와 같으므로 허무신(虛無身)이라 일컫는다. ②극락정토의 성인들은 그 용모가 단정하고 세간을 초월하여 얼굴이 미묘하며, 천상 사람도 인간도 아니어서 열반〔虛無〕의 묘한 이치에 계합하므로 허무신이라 한다.

헌식 【獻食】 부처님께 사시에 공양을 올린 후, 또는 대중이 식사할 때에 생반(生飯)을 조금씩 떠서 한데 모아 아귀(餓鬼)에게 주는 일.

험래과 【驗來果】 죽는 모양에 따라 그 사람이 내세(來世)에 받을 과보를 미리 증험(證驗)하는 것. 선(善)한 일을 한 사람이 죽을 때에, 아래로부터 차가워져서 배꼽에 이르고, 그 이상은 따뜻한 채로 숨이 끊어지면 인계(人界)에 난다. 한편 아래로부터 차가워져서 머리까지 이르러 정수리가 따뜻한 채로 숨이 끊어지는 사람은 천상계(天上界)에 난다. 악(惡)한 일을 한 사람은 위로부터 차가워져서 배꼽에 이르는데, 이때 허리 밑으로는 따뜻한 채 숨이 끊어지는 사람은 아귀도(餓鬼道)에 난다. 또한 위로부터 차가워져서 무릎까지 이르러, 무릎부터 아래는 따뜻한 채 숨이 끊어지는 사람은 축생계(畜生界)에 난다. 또 머리에서 발까지 차가워져서 발바닥만 따뜻한 채 숨이 끊어지는 사람은 지옥도(地獄道)에 난다고 한다. 무학위(無學位)의 성인(聖人)이 열반에 들 때는 심장과 정수리가 모두 따뜻하다고 한다.

현 【現】〔英 Appear, apparent; manifest, visible; now; present; ready〕 ①〔梵 paridipitaṃbhavati〕 나타내는 것. ②〔梵 praviṣkaroti〕 감정을 나타내는 것. ③현량(現量; pratyakṣa)의 준말. ④〔梵 vartamāna〕 현재(現在). ⑤〔梵 madhyama〕 현세의 업(業). ⑥현세〔vartamāna〕의 줄임. ⑦〔梵 abhimukhya, udaya〕 현행.

현가【顯加】 부처님이 화엄회상(華嚴會上)에서 보살에게 신력(神力)을 주어서 설법하게 한 것. 명가(冥加)와 현가(顯加)의 2가(加)가 있다. 불(佛)께서 몸소〔身業〕 보살의 이마를 만지고, 입〔口業〕으로 설법을 권하며, 뜻〔意業〕으로 지(智)를 준 것은 현가(顯加)라 한다. 이에 비해, 의업(意業)으로 지(智)만 주는 것을 명가(冥加)라 한다. 대개 신(身)과 구(口)의 이업(二業)의 가피는 드러나서 볼 수 있으므로 현가(顯加)라 하고, 의업(意業)의 가피는 명연(冥然)하여 볼 수 없으므로 명가(冥加)라 한다.

현겁【賢劫】〔梵 bhadrakalpa〕 과거의 주겁(住劫)을 장엄겁(莊嚴劫)이라 하고, 미래의 주겁을 성수겁(星宿劫)이라 하며, 현재의 주겁을 현겁(賢劫)이라 한다. 현재의 주겁(住劫) 20증감(增減) 가운데 천불(千佛)이 출세(出世)하므로 칭찬하여 현겁(賢劫)이라 한다.

현겁【現劫】 현겁(賢劫)과 같음. 현겁(賢劫; Bhadrakalpa) 항목을 참조할 것.

현관【現觀】〔英 Insight into, or meditation on, immediate presentations〕 눈앞에 나타나 있는 경계(境界)를 밝게 관하는 것. ①정식으로는 성제현관(聖諦現觀)이라고 하는데, 견도십륙심(見道十六心)의 지위에서 현전(現前)한 사제(四諦)의 이치를 균등하게 관하는 것이다. 여기에는 견현관(見現觀)·연현관(緣現觀)·사현관(事現觀)의 3종이 있다. ②유루(有漏)·무루(無漏)의 지혜로 분명하게 앞에 있는 경계를 관하며, 이것을 도와서 물러나지 않게 하는 것이다. 여기에는 사현관(思現觀)·신현관(信現觀)·계현관(戒現觀)·현관지제현관(現觀智諦現觀)·현관변지제현관(現觀邊智諦現觀)·구경현관(究竟現觀) 등 6종이 있다.

현교【顯教】〔英 The open, or general teaching〕 확연히 드러나서 누구나 알 수 있는 가르침. 감추거나 비밀스러운 것이 없는 가르침. 밀교(密教)의 상대적인 말로, 부처〔佛〕가 중생의 근기를 알고, 그에 맞추어 드러나게 말한 가르침을 말한다. 그 교리는 보편적인 가르침으로서 간략하여 누구나 알 수 있다. 법상종·삼론종·천태종·정토종 등, 밀교 이외의 모든 불교와 종파가 현교에 속한다. 그리고 밀교 안에서도 또 현교와 비밀교로 나누기도 한다.

현교십중계【顯教十重戒】 현교 가운데도 깊고 얕은 두 가지가 있다. ①깊은 것은 『천발경(千鉢經)』에서 설하는 십중(十重)이다. 이것은 오직 심성(心性)에만 결부하여 실상의 이(理)가 십중이 된다고 설하고, 그 계상(戒相)을 설함에 분별하지 아니한 것이다. 그 계상(戒相)은 곧 『범망경』에서 설한 십중계(十重戒)를 말한다. ②얕은 것은 곧 『범망경』에서 설한 십무진장계(十無盡藏戒)이다. 이 계상(戒相)도 비록 10종이 되지만, 이 가운데 법계일체(法界一切)의 계(戒)를 갖추므로 무진장계라 하며, 48의 경계(輕戒)에 상대적인 것이므로 중계(重戒)라고도 한다. 만약 이를 범하면 바라이죄(波羅夷罪)를 얻게 된다. 1. 살계(殺戒), 2. 도계(盜戒), 3. 음계(婬戒), 4. 망어계(妄語戒), 5. 고주계(枯酒戒), 6. 설사중과계(說四衆過戒), 7. 자찬훼타계(自讚毁他戒), 8. 간석가훼계(慳惜加毁戒), 9. 진심불수회계(瞋心不受悔戒), 10. 방삼보계(謗三寶戒) 등을 말한다.

현등각 【現等覺】〔梵 abhisaṃbodhi〕 사물을 있는 그대로 보는 깨달음. 바르고 완전한 깨달음. 참으로 완전한 깨달음. 정지(淨智)에 눈뜬 무상(無上)의 깨달음.

현로비밀이교 【顯露秘密二敎】 천태종에서 하는 말로, 진언종의 현밀이교(顯密二敎)와는 다르다. 진언종의 현밀이교는 교법(敎法)에 따라 헤아리는 것이며, 이것은 설법의 의식상(儀式上)에서 말하는 것이다. 천태종에서 세운 화의사교(化儀四敎) 중에 비밀교(秘密敎)가 있고, 이것에 대하여 다른 화의삼교(化儀三敎)가 있어 돈(頓)과 점(漸)이 정해져 있지 않은 것을 현밀교(顯密敎)라 한다. 여래가 부사의(不思議)한 힘으로 은밀히 그 기류(機類)를 교화하여 자기 외에 타인은 알지 못하게 하는 것을 비밀교라 하고, 공개하여 자기와 타인과 일반이 알게 하는 것을 현로교(顯露敎)라 한다.

현밀 【顯密】〔英 Exoteric and esoteric〕 현교(顯敎)와 밀교(密敎). 곧 확연히 드러나서 감추거나 비밀스러운 것이 없는 가르침〔顯露〕과 비밀스러운 가르침〔密敎〕의 줄임말. 진언종에서는 불교 전체를 현교와 밀교로 나누어 진언종을 밀교로 규정하고, 다른 모든 종파를 현교로 규정하였다.

현법가실설 【現法假實說】 대중부(大衆部) 가운데 설가부(說假部; prajñāptivādinaḥ)에서 주장하는 이론. 과거와 미래의 법체(法體)가 없는 동시에, 현재의 법체도 가유(假有)한 것이 있고 실유(實有)한 것도 있다는 설.

현사사비 【玄沙師備, 835-908】 중국 당(唐)나라 때의 선승. 설봉의존(雪峰義存, 821-908)의 제자. 복주(福州) 민현(閩縣) 사람. 성(姓)은 사(謝)씨, 이름은 사비(師備)·미일(未一), 호(號)는 현사(玄沙). 어릴 때 남태강(南台江)에서 고기 잡는 업을 하다가, 30세에 부용영천선사(芙蓉靈川禪師)에게 낙발(落髮)하고, 예장(豫章) 개원사(開元寺)의 도현율사(道玄律師)로부터 구족계를 받았다. 『능엄경』을 보다가 크게 깨치고, 설봉의존(雪峰義存)을 섬겨 인가를 받은 뒤에, 매계(梅溪)의 보응원(普應院)에서 교화를 하다가 복주(福州)의 현사원(玄沙院)으로 옮겼다. 후량(後粱) 태조(太祖) 개평(開平) 2년〔908〕 11월 27일에 세수 74세, 법랍 44세로 입적하였다. 저서로는 『현사어록(玄沙語錄)』, 『현사광록(玄沙廣錄)』 3권이 있고, 제자로는 나한계침(羅漢桂琛)·천룡중기(天龍重機)·안국범구(安國梵球) 등이 있다.

현상【現相】〔英 Manifest forms〕『대승기신론(大乘起信論)』에서 설한 삼세(三細; 業相·轉相·現相)의 하나. 삼세(三細) 가운데 제2의 전상(轉相)으로부터 일체의 경계상(境界相)을 나타낸 것. 『대승기신론』에서는 '현상(現相)'이라 하였다. 5식(識) 가운데 현식(現識)이요, 육염심(六染心) 가운데 현색(現色)이 서로 응염(應染)치 않은 것이다. 즉 주관(主觀)의 견조(見照)하는 작용인 능견상(能見相)이 일어나면, 반드시 이에 대한 객관(客觀)의 경계상(境界相)이 나타나게 된다. 이것을 현상(現相)이라고 한다.

현성공안【現成公案】현재에 이루어진 공안(公案)이라는 뜻. 현성(現成)이란 모든 현상의 있는 그대로의 모습을 말한다. 이것이 모두 공안이 된다는 뜻.

현성위【賢聖位】삼현(三賢; 十住·十行·十迴向)과 십성(十聖; 初地부터 제10地까지의 보살의 位)을 의미함.

현수【賢首, 643-712】중국 당(唐) 고종·중종 때의 스님으로, 화엄종의 제3조. 호는 향상(香象), 이름은 법장(法藏), 속성은 강(康)씨. 17세에 태백산에 들어가 수년 동안 경론(經論)을 연구하고, 다시 낙양 운화사에서 지엄(智儼, 602-668)에게 『화엄경』을 배웠다. 26세 때 지엄이 입적하자, 그 법을 깊이 수호하였다. 28세에 칙명으로 승려가 되어 여러 번 『화엄경』을 강의했으며, 53세 때에 인도승(印度僧) 실차난타(實叉難陀, 652-710)가 우전국에서 695년 『화엄경』 범본(梵本)을 가지고 와서 번역할 때에 그 필수(筆受)를 맡아 5년 만에 마치니, 이것이 『80화엄경(八十華嚴經)』이다. 699년 측천무후(則天武后, 684-704 在位)의 청으로 불수기사(寺)에서 새로 번역된 『화엄경』을 강의할 때 현수(賢首)라는 호를 받았는데, 이후 무후(武后)의 신임이 두터웠다. 『화엄오교장』 등을 저술하여 화엄의 교리를 크게 밝히고, 화엄종의 조직적 체계를 이루어 놓았다. 당(唐) 선천 1년 11월 장안 대천복사에서 70세로 입적했다. 저서에 『화엄경탐현기(華嚴經探玄記)』 20권, 『화엄오교장(華嚴五教章)』 3권, 『화엄경지귀(華嚴經旨歸)』, 『유심법계기(遊心法界記)』, 『금사자장(金師子章)』, 『망진환원관(妄盡還源觀)』, 『기신론의기(起信論義記)』 등이 있다.

현수종【賢首宗】〔英 Hsien shou Tsung〕 화엄종(華嚴宗). 화엄종의 실제 창시자인 법장(法藏, 643-712)이 측천무후(則天武后, 684-704 在位)에게서 '현수국사(賢首國師)'라는 칭호를 하사받았으므로 화엄종을 현수종(賢首宗)이라고 불렀다.

현시【顯示】〔獨 präsentation, 梵 udbhavitam bhavati, prakāśa, pradarśita, 英 To reveal, indicate〕 대상(對象)이 의식(意識), 체험에 대하여 숨김없이 나타내는 현재성(現在性; präsenz)을 가지는 것. 사념(思念; manasi-kurute; saṃkalpa)에 대하여 현시(顯示)는 수동적 체험이다. 본성상 현시체험(顯示體驗)으로 되는 것은 표상(表象)이지만, 판단(判斷)·감정(感情)에도 그것이 대상에 관한 한 표상을 매개로 하여 현시가 인정된다. 표상의 현시에 있어서는 표상체험에 이타적인 것이 현시되기 때문에 이것을 이타현시(異他顯示; Fremdpräsentation)라 한다. 한편 내부지각(內部知覺)에서는 체험 스스로가 현시되기 때문에 이것을 자기현시(自己顯示; Selbstpräsentation)라고 한다. 뒤의 경우는 십전상태(十全狀態; Adäquatheit)인데, 체험의 내용과 대상과는 완전히 일치하여 자증적(自証的) 확실성이 얻어진다.

현식【現識】〔英 Direct knowledge, manifesting wisdom〕 ①〔梵 khyātivijñāna〕 경계를 나타내는 식(識)이란 뜻. 아뢰야식이 객관 세계의 모든 현상을 나타냄을 말한다. ②현행(現行)하는 식(識)이란 뜻. 아뢰야식 가운데에 들어 있는 종자에서 발현(發現)하는 이숙식(異熟識)과 능훈식(能熏識)을 말한다.

현식【顯識】〔英 Manifest, revealing, or open knowledge, the store of knowledge where all is revealed both good and bed, a name for the ālaya-vijñāna〕 아뢰야식의 다른 이름. 아뢰야식은 일체 선악의 종자(種子)를 함장(含藏)하고, 능히 일체의 경계를 현현(顯現)하기 때문에 현식(顯識)이라 한다.

현실종【顯實宗】 중국 수(隋)나라 때 정양사의 고승인 혜원(慧遠, 523-592)이 세운 4종 교판 가운데 하나. 대승 가운데 근기가 깊은 사람들에게 설하는 것으로서, 제법(諸法)은 미망의 마음이 있기 때문에 존재한다고 한다. 그러나 미망의 마음 그 자체에는 본체가 없기 때문에, 그것이 일어나는 것은 반드시 진실한 것에 의해서이다. 여기서 진실한 것이란 여래장성(如來藏性), 즉 불성(佛性)을 말한다. 수없이 많은 불법은 본질을 같이하면서 연(緣)에 따라서 집합된 것으로서, 그 본질에서 떠나지 않고 벗어나지 않으며, 단절되지 않고 달리하지 않는다. 이 진실한 것이 연기해서 생사의 세계와 열반의 세계를 만들어 가는 것이다. 진실한 것을 근거로 하고 있기 때문에 만법에서 어느 하나를 취해도 진실되지 않은 것이 없다. 이와 같이 진실의 본성을 밝히기 때문에 진종(眞宗)이라고 한다. 여래장사상이 바로 여기에 속한다.

현우경【賢愚經】 중국 위(魏)나라 혜각(慧覺) 등이 번역. 13권. 『현우인연경(賢愚因緣經)』이라고도 한다. 송(宋) 문제(文帝, 424-452 在位) 때 혜각(慧覺)·담학(曇學)·위덕(威德) 등 8인(人)이 우전국(于闐國)에 가서 대사(大寺)에서 여러 법사(法師)들이 경(經)과 논(論)을 강의하는 것을 듣고, 뒤에 고창군(高昌郡)에 돌아가 각기 그 전해 들은 바를 번역하여 송(宋) 원가(元嘉) 22년〔445〕에 이것을 모두 모아 엮은 것이다. 69품(品)으로 나누어 성현(聖賢)과 범부(凡夫)의 인과사적(因果事蹟)을 말하여 지악작선(止惡作善)하도록 권함으로써 불교를 믿는 기회와 인연을 짓고 있다.

현욱【玄昱, 787-869】 신라 경문왕(景文王) 때 봉림산파(鳳林山派) 개산조(開山祖). 속성은 김(金)씨. 염균(廉均)의 아들. 동명(東溟) 사람. 헌덕왕 16년〔824〕에 입당(入唐)하여 마조(馬祖)의 제자 장경회휘(章敬懷暉, ?-815)에게 법을 얻었다. 희강왕(僖康王) 2년〔837〕에 귀국하여 처음에는 남악(南岳) 실상사(實相寺)에 안거(安居)하다가, 문성왕 2년〔846〕에 혜목산(慧目山) 고달사(高達寺)로 옮겨 가르침을 폈다. 민애왕·신무왕·헌안왕·경문왕 등의 귀의를 받고 크게 선풍을 떨치다가 경문왕 9년〔869〕에 82세로 입적했다. 그의 제자 진경심희(眞鏡審希, 854-923)가 봉림사(鳳林寺)를 세워 선풍을 크게 날림으로써 봉림산의 선맥(禪脈)을 이루게 되었다. 『조당집(祖堂集)』에 나온다.

현의【玄義】〔英 The deep meaning; the meaning of the profound〕 유현(幽玄)한 의리(義理; 뜻). 경론(經論)을 해석하는 데 있어서, 문구(文句) 해석에 앞서 서론으로서 그 내용을 몇 줄에 걸쳐 개괄하여 서술하는 것. 지의(智顗, 538-597)는 『법화경(法華經)』·『금광명경(金光明經)』 등을 해석함에 명(名; 題目 蓮華)·체(體; 實體 如如의 實相)·교(敎; 敎判 無上醍醐)의 오중현의(五重玄義)에 의하여, 『범망경』 등에서는 석명(釋名)·출체(出體)·요간(料簡)의 삼중현의(三重玄義)에 의하여 각각 그 뜻을 서설(序說)하고 있다. 길장(吉藏, 549-623)의 『삼론현의(三論玄義)』에서는 파사(破邪)와 현정(顯正), 선도(善導, 613-681)의 『현의분(玄義分)』에서는 칠문현의(七門玄義)로써 하고 있는 것이 바로 그 예(例)이다.

현장【玄奘, 602-664】 중국 당(唐)나라 태종(太宗)·고종(高宗) 때의 스님. 당대(唐代)의 대번역승(大飜譯僧). 서

역·인도의 여행가. 많은 경전을 번역한 것으로 유명. 성은 진(陳)씨, 속명은 위(褘). 하남성 진류(陳留)에서 출생하여, 12세에 낙양(洛陽) 정토사(淨土寺)에서 출가하였다. 이후 여러 학승에게 나아가 공부했는데, 『열반경』은 혜경(慧景)으로부터, 『섭론(攝論)』은 엄법사(嚴法師)·도기(道基)·보천(寶遷)·법상(法常)·승변(僧辨)으로부터, 『비담(毘曇)』은 도기·보천으로부터, 『발지론(發智論)』은 진법사(震法師)로부터, 『성실론』은 도심(道深)으로부터, 『구사론』은 도악(道岳)으로부터 배웠다. 그러나 이들의 말이 서로 모순되므로, 서역의 승려에게 직접 들어 그 의심을 해결하기 위하여 629년〔당 정관 3〕 29세에 뜻을 결정하고 혼자서 길을 떠나, 고창(高昌) 구자국(龜玆國) 등을 지나서 총령을 넘어 인도에 들어가 여러 곳의 성적(聖蹟)을 두루 참배하고, 고승대덕을 찾아서 불교와 아울러 학문 예술을 연구하였다. 특히 나란타사(那爛陀寺)의 계현(戒賢; Śilabhadra, 520-645)에게서 『유가(瑜伽)』·『순정(順正)』·『인명(因明)』·『구사(俱舍)』 등을 5년 동안 학습하였다. 마침내 인도 전체를 답사하고, 우전(于闐)의 여러 나라를 지나서, 645년〔貞觀 19년 正月〕에 장안(長安)으로 돌아왔다. 인도를 순례한 지 17년, 견문(見聞)한 나라는 130국이고, 가지고 온 불사리(佛舍利) 150립(粒)·불상(佛像) 8·대승경(大乘經) 224·대승론(大乘論) 192·각부의 삼장(三藏) 92·인론(因論) 36·성론(聲論) 12 등 520질 657부를 모두 홍복사(弘福寺)에 안치했다. 태종은 현장의 귀국을 매우 기뻐하며 그를 극진히 대했다. 정관 20년 7월 인도 순례 견문기인 『대당서역기(大唐西域記)』를 저술하여 태종에게 올렸다. 현장은 제종(諸種)의 학예에 통하였는데, 특히 유식(唯識)·구사(俱舍)·인명(因明)을 홍통(弘通)하는 데 힘썼다. 그 역서(譯書)는 『유가론』·『대반야경』·『해심밀경』·『섭대승론』·『섭대승론석』·『구사론』·『성유식론』·『바사론(婆娑論)』 등 75부 1,335권이다. 이 가운데 유식계 경론에 관해서는 『성유식론』을 중심으로 고제(高弟)인 자은대사(慈恩大師) 규기(窺基, 632-682)에 의해서 법상종(法相宗)이 개창(開創)되었다. 『대당서역기』는 제자인 혜립(慧立)과 언종(彦宗)에 의한 『대당대자은사삼장법사전』과 함께 당시의 서역 인도를 알 수 있는 귀중한 문헌이다. 당 인덕 1년 2월에 63세로 대자은사에서 입적했다.

현재유체 과미무체【現在有體 過未無體】 경량부(經量部)의 주장. 일체의 법은 현재에서만 실재(實在)하고, 과거나 미래에서는 실재하지 않는다고 하는 주장. 곧 과거는 이미 지나갔으므로 자취가 없고, 미래는 아직 오지 않았으므로, 오직 현재에서만 모든 법이 있다고 하는 것.

현전승가【現前僧伽】5인(人)에서 20인(人) 정도의 수행승(修行僧) 집단(集團).

현전승물【現前僧物】현재 어느 교단에 공양된 것. 시주에게서 동일한 구역 내에 있는 비구·비구니에게 베풀어진 옷·음식 등의 생활물자로, 모두 교단에 귀속한 공유물. 승려의 소지품. 현재 승려에게 나누는 음식물 등을 말한다.

현정론【顯正論】조선 초기의 스님인 함허득통(涵虛得通, 1376-1433)의 저술로 추정. 『현정론』은 조선 초 배불적인 분위기 속에서 불교와 유교의 대립적 관계에 대하여, 불교적 입장에서 유교와의 화해와 절충을 모색한 책. 예컨대, 유교의 오상(五常; 인의예지신)은 불교의 오계(五戒)와 같다는 것이다. 즉 불교의 불살생(不殺生)은 유교의 인(仁)과 같고, 불투도(不偸盜)는 의(義)와 같고, 불사음(不邪婬)은 예(禮)와 같고, 불음주(不飮酒)는 지(智)와 같고, 불망어(不妄語)는 신(信)과 같다는 것이다. 유교에서는 사람을 다스릴 때는 덕행(德行)보다 정사(政事)나 형벌로써 하는 것이 효과적이라고 하였으나 불교에서는 덕(德)과 예(禮), 그리고 인과법으로써 가르친다. 정형적(定型的)인 교육은 면전(面前)에서만 따르지만, 인과법은 말하지 않아도 믿고 이루며 심복(心腹)이 가능하다는 것이다. 따라서 세상 사람들은 각기 달라서 심복(心腹)으로 지도할 자가 있고, 상벌로 지도할 자가 있다. 그러므로 결국은 불교나 유교는 둘 다 필요하다는 것이다. 숭유억불시대에 유불(儒佛)의 공존을 주장함과 동시에 유생들을 설득하는 한편, 불교의 장점을 알리는 데 주력한 책이다.

현통가실종【現通假實宗】화엄종의 현수법장(賢首法藏, 643-712)이 석존 일대의 교설을 10종(十宗)으로 나눈 것 가운데 하나로, 만법은 현재에만 존재하고, 과거와 미래에는 공무(空無)하다고 하는 법무거래종(法無去來宗)에서 한 걸음 나아가, 현재에도 실유(實有)와 가유(假有)의 2종이 있다고 말하는 종파. 소승(小乘) 가운데 설가부(說假部)가 여기에 속한다.

현행【現行】〔英 Now going, or proceeding〕 유식학의 용어. ①우주를 개발하는 근본 마음, 곧 우리 마음의 주재(主宰)라고 할 제8 아뢰야식이 갖추고 있는 마음의 세력, 또는 마음의 작용을 종자(種子; bīja)라 하고, 이 종자가 일체만상을 개발(開發)하는 것을 현행(現行)이라 한다. ②현행법(現行法)의 준말. 현행법이란 유식종에서 제8 아뢰야식 가운데 숨어 있는 종자로부터 개발하는 물질적〔物〕·정신적〔心〕인 모든 법(法; dharma; 현상)을 말한다.

협사【脇士】〔英 Bodhisattvas or other images on either side of a Buddha〕 부처님을 좌우에서 모시고

있는 보살. 관음보살과 대세지보살은 아미타불의 협사(脇士), 일광보살과 월광보살은 약사여래의 협사, 문수보살과 보현보살은 석가모니불의 협사라 한다. 소승에서는 대가섭과 아난을 석가모니불의 협사라 한다. 협시(脇侍)·협립(脇立)이라고도 한다.

협시보살【脇侍菩薩】〔英 Bodhisattvas or other images on either side of a Buddha〕 부처님을 좌우에서 모시고 있는 보살. 협사와 같음.

혜【慧】〔梵 prajñā, jñāna, 英 Wisdom, discernment〕 ①사리(事理)를 분별하고 결정하여 의혹을 끊는 작용. 사리에 통달하는 작용. 지혜(智慧)라 할 때, 유위(有爲)의 사상(事相)에 통달하는 것은 지(智)이고, 무위(無爲)의 공리(空理)에 통달하는 것은 혜(慧)이다. ②계(戒)·정(定)·혜(慧) 삼학(三學) 가운데 하나. 불도 수행의 중요한 실천규범으로 되어 있다. 선정삼매에 들어 진정된 마음으로 진실한 법리(法理)를 달관하려고 하는 것. ③오분법신(五分法身; 戒·定·慧·解脫·解脫知見)의 하나. ④대지법(大地法; 受·想·思·觸·慧·念·作意·勝解·三摩地)의 하나. ⑤상키야학파에서 말하는 네 가지 덕〔法·智慧·離欲·自在〕 가운데 하나.

혜가【慧可, 487-593】 중국 남북조시대 수(隋)나라 때의 스님. 선종 제2조. 속성은 희(姬), 초명은 신광(神光)·승가(僧可). 낙양(洛陽) 호로(虎牢) 사람. 향산(香山)의 보정선사(寶靜禪師)에 의해 승려가 되어 여러 곳으로 다니면서 불교와 유교를 배우고, 32세에 향산에 돌아와 8년간 수선(修禪)하였다. 40세에 숭산 소림사로 보리달마(菩提達磨, ?-536)를 찾아가 제자가 되었는데, 이름을 혜가(慧可)로 고치고 6년간 수행했다. 달마가 입적한 후 혜가에게 귀의하는 사람이 많아 설법함이 30여 년 계속되었다. 그러나 시기하는 자도 많아서 승려인 변화(辨和)의 참소로 수(隋) 문제(文帝) 개황(開皇) 13년〔593〕 적중간(翟仲侃)에 의해서 처형되었다. 552년 승찬(僧璨, ?-606)에게 법을 전하였다. 시호는 정종보각대사(正宗普覺大師).

혜능【慧能, 638-713】 중국 당 고종·중종 때의 선승. 선종(禪宗)의 제6조. 육조대사(六祖大師)·조계대사(曹溪大師)라고 부른다. 남해(南海) 신흥(新興) 사람. 성(姓)은 노(盧)씨. 어려서 아버지를 여의고, 땔나무를 팔아 어머니를 봉양했다. 어느 날 장터에서 『금강경』을 읽는 것을 듣고 느끼는 바가 있어 기주 황매현의 동선사(東禪寺)로 가서, 선종의 제5조 홍인(弘忍, 602-675)을 찾아 그 제자가 되었다. 얼마 되지 않아서 홍인은 7백 인의 제자들에게 각기의 깨친 경지를 게송〔시구〕으로서 나타내게 하고, 이 중 가장 뛰어난 사람에게 의발(衣鉢)과 법(法)을 전해 주려 하였다. 혜능은 홍인의 상수(上首)제자인 신수(神秀,

606-706)를 물리치고 홍인으로부터 법을 받았다. 후에 신수는 호북(湖北) 하남(河南) 방면에서 선법(禪法)을 펴고 혜능은 광동(廣東) 방면에서 폈기 때문에 중국 선종에 남북 양파의 분파가 생기게 되었다. 후에 조계(曹溪) 보림사(寶林寺)로 옮겨서 법을 설하고, 명성이 높아져 당(唐)의 측천무후나 중종(中宗)이 수도(首都)로 올라오도록 청하였지만 병을 핑계로 응하지 않고, 제자 양성에 힘썼다. 제자로 40여 인이 있었다고 하는데, 그 가운데서 남악회양·청원행사·남양혜충·영가현각·하택신회 등이 유명하다.

혜사【慧思, 515-577】중국 천태종의 제2조. 남악대사(南岳大師)라고 부른다. 남악혜사 항목을 참조할 것.

혜심【慧諶, 1177-1234】고려 희종·강종·고종 때의 선승. 속성은 최(崔)씨, 이름은 식(寔), 자는 영을(永乙), 호는 무의자(無衣子), 시호는 진각국사(眞覺國師). 진각혜심 항목을 참조할 것.

혜안【慧眼】〔英 The wisdom eye that sees all things as unreal〕오안(五眼; 肉眼·天眼·慧眼·法眼·佛眼) 가운데 하나. 우주의 진리를 밝게 보는 눈. 곧 만유의 모든 현상은 공(空)·무상(無相)·무작(無作)·무생(無生)·무멸(無滅)하다고 보아, 모든 집착을 여의고 차별의 현상계를 보지 않는 지혜.

혜원【慧遠】(1)〔334-416〕중국 동진(東晋)시대의 스님. 여산(廬山)의 혜원(慧遠)으로 알려져 있다. 속성은 가(賈)씨. 안문루번현(雁門樓煩縣; 지금의 山西省)에서 태어났다. 21세에 도안(道安, 314-385)을 사사(師事)하여 『반야경』을 배웠다. 형주(荊州) 상명사(上明寺)를 거쳐서 여산으로 들어가, 384년까지 동림사(東林寺)에 머물렀다. 여산을 떠나지 않고 그곳에서 계율을 지키며 수행하였고, 여산교단(廬山教團)의 영수(領袖)로서 많은 승속(僧俗)들을 교화시켰다. 중국 정토교(淨土教)의 개조이다. 402년에 반야대(般若台)의 아미타불상 앞에 예배하고, 사방원생(四方願生)을 염원하였다. 그 뒤 유유민(劉遺民) 등 동지 123명과 함께 백련사(白蓮社)라는 염불결사(念佛結社)를 결성하였다. 문하(門下)의 도생(道生)·불타야사(佛陀耶舍)·송병(宋炳) 등 혜원의 동지들을 동림십팔현(東林十八賢)이라 부른다. 혜원은 승가제바(僧伽提婆; Saṃgha-deva; 衆天)에게 『아비담심론(阿毘曇心論)』을, 불타발타라(佛馱跋陀羅, 359-429)에게 여산의 선경(禪經)이라 불리는 『달마다라선경(達磨多羅禪經)』을 역출(譯出)하도록 부탁했다. 또한 구마라집(鳩摩羅什, 344-413)이 번역한 『대지도론(大智度論)』 등 용수(龍樹, 150-250경)의 중관철학(中觀哲學)을 설한 경론(經論)을 연구하여, 구마라집이 잘못 생각한 대승공관(大乘空觀)의 요의(要義)를 바로잡았다. 현존하고 있는 문답을 보면, 여산의 혜원을 중심으로 한 교단은, 대승중관철학을 전면에 둔 장안(長安)의 구마라집의 교단과는 불교에 대한 이해를 달리한다. 즉 대승불교와 소승불교의 차이에 대해 견해를 달리하고 있다. 법신(法身)의 문제나 대승·소승의 상위(相違) 등 두 사람의 불교교의학(佛敎敎義學)에 대한 문답은 『대승대의장(大乘大義章)』에 남아 있다. 혜원은 동진(東晋)의 환현(桓玄)과, 사문(沙門)은 군주를 숭배해야 하는가 아니면 숭배해서는 안 되는가 하는 문제에 대한 논쟁을 벌인다. 환현이 출가 수행자인 사문도 속세의 장(長)인 왕(王)에게 예를 표해야 한다고 주장한 데 반해, 혜원은 『사문불경왕자론(沙門不敬王者論; 『弘明集』에 수록되어 있음)에서 출가법과 세간법의 다른 점을 분명히 하여 '사문은 왕에게 예를 표할 필요가 없다.'고 주장하였다. 북조(北朝)에서는 불교가 국가 관리의 중심역할을 맡고 있었지만, 혜원의 『사문불경왕자론(沙門不敬王者論)』은 후세의 출가 수행자들에게 정치 권력자들과의 관계를 어떻게 해야 하는 것인가를 보여 준 전범(典範)이라고 할 수 있다. 또한 혜원은 신멸(神滅)·신불멸(神不滅) 논쟁(論爭)을 본격적으로 전개했다. 『사문불경왕자론(沙門不敬王者論)』 제5편의 '형진신불멸(形盡神不滅; 육체는 사라지지만 정신, 즉 영혼은 불멸하다)'의 장(章)에서 신멸론자(神滅論者)의 물음에 답하여 형체로부터 떠난 정신(精神; 영혼)의 존재와 전생(轉生)·윤회(輪廻)가 사실이라는 것을 주장했다. 신멸론(神滅論)은 『장자(莊子)』의 "사람이 태어나는 것은 바로 기(氣)의 모임이며, 기의 모임은 곧 생명이고, 기의 흩어짐은 곧 죽음이다."라는 말에 근거하고 있지만, 혜원도 『역경(易經)』「설괘전(說卦傳)」의 "신(神)이라고 하는 것은 만물에 묘(妙)하게 편재(遍在)하고 있음을 말한 것이다."와 『장자』「대종사편(大宗師篇)」 등 중국 고전을 인용하여 반박하고 신불멸론을 주장했다. 혜원의 신불멸(神不滅)의 주장은 구마라집이 설한 대승중관(大乘中觀)의 공사상(空思想)과는 다르다고 할 수 있다. 혜원의 저작으로는 그 외에 『삼보론(三寶論)』·『조복론(祖服論)』·『명보론(明報論)』 등이 있다.

⑵ 〔523-592〕 중국 수나라 때 정영사 스님. 돈황(燉煌) 사람. 성은 이(李)씨. 13세에 택주(澤州) 동산 고현곡사에서 출가하여 승사(僧思)에게 교를 배우고, 16세에 담(湛)·대은(大隱)·광통(光統) 등의 여러 율사(律師)에게 삼장을 배웠다. 북주의 무제가 불교를 폐지하라는 칙명을 내렸을 때 이에 반대하였다. 그 후 수(隋) 문제(文帝)가 불교를 재흥(再興)하면서 천하의 육대덕(六大德) 가운데 한 사람으로 손꼽혔고, 종종 궁중에서 강의도 하였다. 정영사(淨影寺)를 세워 그곳

에 머물면서 강설과 번역에 종사하다가 70세에 입적했다. 저서로는 『지지소(地持疏)』 5권·『십지소(十地疏)』 10권·『화엄소(華嚴疏)』 7권·『대승의장(大乘義章)』 14권·『무량수경소』 2권·『관무량수경소』 2권 등이 있다.

혜일【慧日】(1)〔680-748〕 중국 당나라 때의 정토교(淨土敎) 자민류(慈愍流)의 개조. 청주(靑州) 동래군(東萊郡) 사람으로, 어렸을 때 의정(義淨, 635-713)삼장이 인도에서 돌아온 데 자극되어 입축구법(入竺求法)을 지원하였는데, 장안 2년〔702〕 남해에서 인도로 건너가 제국(諸國)의 명승(名僧)을 역방(歷訪)하여 법을 구하고, 북천축(北天竺)에서 관음상에 기도하여 정토(淨土)의 법문을 전수받은 다음, 개원 7년〔719〕에 장안에 돌아와서 부처님의 진영(眞影)과 범본(梵本) 경전을 나라에 바치니, 현종이 자민(慈愍)삼장이라는 호를 주었다. 그의 입축구법(入竺求法)은 전후 18년에 걸쳤는데, 귀국 후에는 『왕생정토집(往生淨土集; 자비집)』을 저술하여 오로지 정토신앙을 펴는 데 진력하였다. (2)〔1272-1340〕 중국 원나라 때 조동종 선승. 호는 동명(東明). 명주(明州) 정해(定海) 사람. 9세에 봉화 대동사에 들어가 13세에 승려가 되었다. 천녕사 직옹덕거(直翁德擧)를 섬겨 깨달음을 얻고, 뒤에 그의 법을 이었다. 1309년〔원 지대 2〕 34세 때 일본에 건너가서 1340년 그곳에서 입적했다. (3) 부처님의 지혜를 햇빛에 비유한 것. ①태양과 같은 지혜. ②아미타불의 지혜의 밝음을 태양에 비유한 것.

혜적【慧寂, 807-883】 중국 당(唐)나라 선종·의종·희종 때의 선승. 위앙종(潙仰宗)의 창시자 가운데 한 사람. 앙산혜적 항목 참조.

혜철【惠哲·慧徹, 785-861】 신라 문성왕(文聖王) 때의 선승으로, 동리산문(桐裡山門)의 개조(開祖). 속성은 박(朴)씨, 자는 체공(體空)·법보(法寶), 시호는 적인(寂忍), 탑호는 조륜청정(照輪淸淨). 경주 사람. 15세〔소성왕 1〕에 출가하여, 처음에는 부석사(浮石寺)에서 『화엄경(華嚴經)』을 배웠다. 814년〔헌덕왕 6〕 당(唐)으로 가서 서당지장(西堂智藏, 735-814)에게 법(法)을 얻고, 839년〔문성왕 1〕에 귀국했다. 귀국한 후 동리산〔全南 谷城郡 竹谷面〕 태안사(泰安寺)에서 도화(道化)에 힘쓰다가, 861년〔경문왕 1〕에 77세로 세상을 떠났다. 그를 동리산화상(和尙)이라 하는데, 그 문하에 도선(道詵) 등 수백 명의 제자가 있어서 문풍(門風)을 드날렸다. 『조선불교통사(朝鮮佛敎通史)』에 나온다.

혜초【慧超, 704-787】〔英 Hui-ch'ao, a monk who travelled in India〕 신라 효성왕(孝成王) 때의 스님. 혜초(惠超)라고도 쓴다. 일찍이 당나라에 가서 719년〔성덕왕 18〕 남인도의 밀교승(密敎僧) 금강지(金剛智, 671-741)의 제자가 된 후, 그의 권유로 인

도의 성적(聖蹟)을 순례하고, 727년 경 당나라 장안(長安)으로 돌아왔다. 733년〔당 현종 21〕 장안 천복사(薦福寺)에서 금강지와 함께 『대승유가금강성해만주실리천비천발대교왕경(大乘瑜伽金剛性海曼珠實利千臂千鉢大敎王經)』이라는 밀교경전을 연구, 740년〔현종 28〕 한역(漢譯)에 착수했으나, 금강지가 입적하자 중단하였다. 오대산 건원보제사(乾元普提寺)에 들어가서 여생을 보냈는데, 그의 인도기행문인 『왕오천축국전(往五天竺國傳)』 3권 중 2권이 1908년 펠리오(Pelliot)에 의해 돈황(燉煌) 명사산(鳴沙山) 천불동(千佛洞)에서 발견되어 동서교섭사 연구에 귀중한 자료로 평가되고 있다.

혜충 【慧忠, ?-775】 중국 당(唐) 현종·숙종·대종 때의 선승. 남양혜충 항목 참조.

혜해탈 【慧解脫】〔英 The escape by, or into wisdom, i.e. of the arhat who overcomes the hindrances to wisdom, on insight, but not the practical side of abstraction, etc.; better able to understand than to do〕 줄여서 혜탈(慧脫)이라 한다. 아라한(阿羅漢)의 하나. 번뇌의 더러움이 없는 진지(眞智)로서, 번뇌의 장애를 끊고 얻은 경지.

호마 【護摩】〔梵 Homa〕 화제사법(火祭祀法)이라 번역한다. 본래 불〔火〕을 신(神)의 입이라고 생각하고, 불에 공물(供物)을 던지면 신(神)이 흠향하고, 사람에게 복(福)을 준다고 하는 생각은 멀리 베다시대부터 인도 바라문 사이에 행해지고 있었다. 불교는 처음에 이와 같은 생각을 배척하였으나, 8-9세기 이후 밀교화하면서 차츰 이것을 받아들였다. 처음에는 보조의식(補助儀式)에 지나지 않았던 것이 중국에 들어온 후로는 차츰 고도(高度)의 종교적 의식이 추가되었다. 즉 불로 유목(遊牧)을 태우고, 진리의 불로 번뇌의 나무를 태운다고 생각한 것이다. 그때에는 본존(本尊)·노(爐)·행자(行者)의 신구의(身口意)의 삼밀행(三密行)이 감응하여 일체가 깨끗해진다고 한다. 이러한 유형적(有形的) 의식을 외호마(外護摩)라고 하는 데 비해, 관념만으로 행하는 것을 내호마(內護摩)라고 한다.

호설편편 【好雪片片】 선종(禪宗)의 공안(公案). 중국 당(唐)나라 때에 방거사(龐居士, ?-808)가 약산유엄(藥山惟儼)화상에게 하직인사를 하자 약산화상은 선승 10여 인으로 하여금 산문 밖까지 전송하게 했다. 방거사가 마침 펄펄 내리는 눈을 가리키면서 "좋은 눈이로다〔好雪〕! 하얀 눈송이 송이마다 딴 곳에 떨어지지 않네."라고 하자, 모든 선객들이 일제히 "어디에 떨어집니까?" 하고 물었다. 거사가 손뼉을 한 번 치자 선객들이 말하기를, "거사도 소홀히 하지 마시오." 그러자 방거사는 "수좌님들, 그러고서도 선객이라 하니, 염라대왕이 그냥 놔두지 않을 거야."라고 하였다. 이에 "그럼 거사는 어떻게 하려오." 하자, 방거사가 또 한 번 손뼉을 치면서, "눈을 떴어도 소경 같고, 입으로 말하나 벙어리 같으이."라고 하였다고 한다.

혹【惑】〔梵 kleśa, kleśa-avaraṇa, vipakṣa, 西 ñon moṅs pa, 英 Moha, Illusion, doubt, unbelief〕 깨달음을 장애하는 근본번뇌. 증오(証悟)와 반대되는 말. 번뇌는 우리의 마음을 의혹(疑惑)하는 것이므로 혹(惑)이라 한다.

혹업고【惑業苦】〔英 Illusion, accordant action, and suffering〕 미(迷)의 인과관계를 나타내는 말. 탐(貪)·진(瞋)·치(痴) 등의 번뇌는 혹(惑), 이 혹(惑)에 의하여 선(善)·악(惡)의 행위를 짓는 것은 업(業), 이 업에 의해 받게 되는 생사(生死)는 고과(苦果)이다. 이것을 삼도(三道)라 한다.

혼침【惛沈】〔梵 styāna, 英 Sunk in stupor〕 75법, 또는 100법의 하나. 심소(心所)의 이름. 마음으로 하여금 어둡고 답답하게 하는 정신작용. 선종에서는 좌선 중에 졸음이 오는 것, 정신이 흐리멍덩한 것을 뜻함.

홍경삼궤【弘經三軌】『법화경』「법사품(法師品)」에 경전을 널리 설하는 방법에 대하여, "만약 선남자(善男子) 선여인(善女人)이 있어서 여래(如來) 입멸(入滅) 후에 사부대중(四部大衆)을 위하여 이 『법화경』을 설하고자 한다면 어떻게 설하여야 하는가. 이것은 선남자와 선여인이 여래(如來)의 실(室)에 들어가서, 여래의 옷〔衣〕을 입고 여래의 좌(座)에 앉아서, 이에 사중(四衆)을 위하여 이 경을 널리 설하여야 한다. 여래실(如來室)이란 일체중생 가운데 대자비심이요, 여래의(如來衣)란 것은 부드럽고 온화한 인욕(忍辱)의 마음이요, 여래좌(如來座)란 일체(一切)의 법공(法空)이 이것이다."라고 하였다. 교법(教法)을 널리 펼 때에 3종 궤범(軌範)으로서 기준을 삼아야 되는데, 대자비심으로써 실(室)로 하고, 유화인욕(柔和忍辱)으로써 의(衣)로 하고, 일체법공(一切法空)으로써 좌(座)로 하는 것이다.

홍명집【弘明集】 중국 남조(南朝) 때 양(梁)나라 승우(僧祐, 444-518)가 엮은 육조시대(六朝時代)의 호교론집(護教論集). 승우의 『출삼장기집(出三藏記集)』에서는 10권 32편(篇)이라고 하지만, 그 뒤 보충하여 14권 57편이 되었다. 승우의 자서(自序)에도 14권이라 한다. 유교(儒教)·도교(道教)에 대한 불교의 입장을 밝히기 위해서 도속(道俗)에 의한 불교전래 이후 고금(古今)의 좋은 내용들을 엄선해서 모아 놓은 것으로, 당(唐)나라 때 도선(道宣, 596-667)의 『광홍명집(廣弘明集)』과 함께 유(儒)·불(佛)·도(道) 3교의 교섭사(交涉史)를 알게 하는 데 중요한 사료(史料)이다. 1권에서는 후한(後漢) 모자(牟子)의 『이혹론(理惑論)』을 수록하고 원시도교와 신선가에 대한 비판, 유불(儒佛)의 일치, 삭발, 출가의 문제, 생사관, 이화논쟁(夷華論爭; 중국과 인도의 문화의 우열논쟁) 등 불교와 중국 고유 사상의 상극(相克)을 밝히고 있다. 2권에는 종병(宗炳, 375-443)의 『명불론(明佛論)』이 실려 있는데, 여기서 논해지고 있는 신멸(神滅; 영혼은 멸함) 신불멸론(神不滅論)은 『홍명집』에 있어서 하나의 주제이다. 신멸(神滅)을 주장하는 하승천(何承天, 370-447)에게 종병(宗炳)이 보낸 「난백흑론(難白黑論)」, 나군장(羅君章)의 「갱생론(更生論)」, 정도자(鄭道子)의 「신불멸론(神不滅論)」, 소침(蕭琛, 478-529)의 「난신멸론(難神滅論)」 등은 신불멸(神不滅)의 입장에 서서 불교측을 옹호한 것이다. 3권의 「유도론(喩道論)」은 노장사상(老莊思想)을 매개로 하여, "주공(周公)은 곧 불(佛)이고, 불(佛)은 곧 주공(周公)"이라 하여 유불(儒佛)의 일치를 설하고 있다. 5권에 실려 있는 혜원(慧遠, 334-416)의 「단복론(袒服論)」은 중국과 불교의 풍속을 나름대로 논의했다. 6권의 사진지(謝鎭之)의 「석이하론(析夷夏論)」은 중국 고래(古來)의 도교가 인도에서 전해진 불교보다 우월하다고 설한 고도사(顧道士)의 「이하론(夷夏論)」을 반박한 것이다. 12권의 혜원(慧遠)의 「사문불경왕자론(沙門不敬王者論)」은 출가의 법(法)인 불교가 속권(俗權)인 국가권력보다 우월하다는 것을 주장함과 동시에 신불멸론(神不滅論)도 설해져 있다. 13권의 「봉법요(奉法要)」는 동진(東晋)의 환온(桓溫)에 사용된 치초(郗超)가 자신의 죄과(罪過)를 반성하고 재가불교자로서의 실천을 기술한 것이다. 한편 당(唐) 도선(道宣, 596-667)의 『광홍명집(廣弘明集)』 30권은 『홍명집(弘明集)』에 빠져 있는 것과 양(梁) 이후의 불교의 호법론(護法論) 등을 수록하고 있다. 귀정(歸正)·변혹(辨惑)·불덕(佛德)·법의(法義)·승행(僧行)·자제(慈濟)·계공(戒功)·계복(啓福)·회죄(悔罪)·통귀(統歸)의 10편으로 구성되며, 230여 조를 수록하고 있다. 8권에 있는 요(姚)의 도안(道安, 314-385)의 「이교론(二教論)」은 도교가 유교에 속한다고 하는 것을 배제하고, 외교(外教)의 유교(儒教)와 내교(內教)의 불교의 중요성, 나아가서는 불교의 우월을 설한 내용이다. 8권의 「파사론(破邪論)」과 9권의 「변정론십유구잠편(辨正論十喩九箴篇)」은 당(唐) 태사령(太史令) 부혁(傅奕, 555-639)이 고종(高宗)에게 절과 승니(僧尼)의 삭감을 주상(奏上)한 것으로 불도논쟁(佛道論爭)에 해당하는데, 이것은 법림(法琳, 572-640)이 도교를 논한 것이다. 9권의 견란(甄鸞)에 의해 작성된 「소도론(笑道論)」은 도교를 논란, 매도하는 내용이었기 때문에 유도불(儒道佛) 삼교(三敎)의 일치를 주장하는 북주(北周)의 무제(武帝)에 의해 군신(群臣)의 면전에서 불태워졌다. 18권의 사령운(謝靈運)의 「변종론(辨宗論)」은 도생(道生, 355-434)의 돈오설(頓悟說)을 계승한 것이며, 22권의 심약(沈約, 441-513)의 「난범신신멸의(難范愼神滅義)」는 육조(六朝)를 통해서 논해진 일련의 신멸신불멸논쟁(神滅神不滅論爭)과 관련 있는 것이다. 22권에는 현장삼장에 주어진 당 현종의 「삼장성교서(三藏聖教序)」 등이 있고, 23권에는 승조에 의한 「구마라집법사뢰(鳩摩羅什法師誄)」를 수록하고 있다. 26권의 「단주육문(斷酒肉文)」은 불교에 깊이 귀의한 양(梁) 무제의 재가불교자로서의 의지를 표현한 것이고, 29권의 「정업부(淨業賦)」는 불교자로서의 심정을 토로한 것이다.

홍인【弘忍, 602-675】 중국 당(唐) 태종·고종 때의 선승(禪僧). 중국 선종(禪宗)의 제5조(祖). 시호는 대만선사(大滿禪師). 속성은 주(周)씨. 기주(蘄州) 황매현(黃梅縣; 지금의 湖北) 사람으로, 제4조 도신(道信, 581-651)을 만나 법을 얻은 후, 황매(黃梅) 쌍봉산(雙峰山) 동산사(東山寺)에 머물면서 선풍(禪風)을 날렸다. 그의 법문을 동산법문(東山法門)이라 한다. 659년 고종이 그를 불렀으나, 산을 나가지 않았다. 홍인의 저작은 아직까지 발견되지 않았지만, 『능가사자기(楞伽師資記)』와 『종경록(宗鏡錄)』 등의 책 곳곳에 그의 법어가 수록되어 있다. 전하는 바에 의하면 『최상승론(最上乘論)』을 지었다고 하나, 학자들 중 상당수가 의문시하고 있다. 제자로는 신수(神秀, 606-706)·혜능(慧能, 638-713)·혜안(慧安)·지선(智詵)·의방(義方)·현색(玄賾) 등이 있다. 그 가운데 혜능은 선종의 실제적인 중흥자가 되어 남방에서 법을 열고 신수는 북방에 선법을 전함으로써 남돈북점(南頓北漸) 두 계통의 최고 지도자가 되었는데, 영향은 매우 컸다.

홍주종【洪州宗】 선종의 한 문류. 육조혜능(六朝慧能, 638-713)의 제자 남악회양(南岳懷讓, 677-744)에게 사법한 마조도일(馬祖道一, 709-788) 계통의 선(禪)을 홍주종(洪州宗)이라 부른다. 마조가 홍주(洪州)에서 법을 펼쳤기 때문에 그 문하를 홍주종이라고 한다. 마조도일의 제자에 백장회해(百丈懷海, 720-814)가 있는데, 그는 백장청규(百丈淸規)를 제정하고 선원의 제법식(諸法式)을 정하였다. 백장의 제자 가운데 위산영우(潙山靈祐, 771-853)와 황벽희운(黃檗希運, ?-850)이 유명하다. 선의 한 계통일 뿐, 종파를 형성한 것은 아님.

홍척【洪陟, 817-893】 신라 홍덕왕(興德王) 때의 구산문(九山門) 가운데 실상산문(實相山門)을 연 사람. 남한조사(南漢祖師). 시호는 증각(証覺), 탑호(塔號)는 응료(凝蓼). 일찍이 입당(入唐)하여 서당지장(西堂智藏, 735-814) 문하에서 법을 얻고, 흥덕왕 원년〔826〕에 귀국하여 지리산 실상사(實相寺)를 창건하고, 무수무증(無修無証)을 내세우는 마조(馬祖, 709-788)의 선풍(禪風)을 크게 일으켜, 편운(片雲)·수철(秀徹) 등 천여 명의 제자를 두었다. 흥덕왕(興德王)과 선강태자(宣康太子)도 그에게 귀의했다.

화광동진 【和光同塵】 ⑴〔英 (the life of a wise man) mingling with the world by hiding the light of his wisdom and sirtue〕 자기의 재덕(才德)을 겸손하게 감추고 드러내지 않는 일.

⑵〔英 (the state of Buddhas and bodhisattvas) concealing their glory and mingling among the living beings on earth for the purpose of saving the souls of the latter〕 불·보살이나 선지식이 중생을 구제하기 위하여 번뇌오탁(煩惱汚濁)의 세속에 섞여서 중생들로 하여금 인연을 맺게 하고, 마침내 불법(佛法)으로 끌어들이는 것.

화교 【化敎】 인과(因果)의 도리(道理), 정사(正邪)의 차별 등을 말하여 범부의 미망을 깨뜨리고, 진지(眞智)를 일으키게 하는 가르침. 화교는 경·론에서 말한 선정과 지혜를 주로 한다. 여기에 성공교(性空敎)·상공교(相空敎)·유식교(唯識敎)의 3교가 있다.

화두 【話頭】〔英 a topic〔subject〕(of the conversation)〕 ①선문(禪門)에서 종장(宗匠)이 참선자들에게 제시하여 참구하게 하는 일단의 문제. 조사(祖師)들이 수행자들에게 제시하여 지혜를 연마하도록 하는 문목(問目). 공안(公案)·고칙(古則). ②선문답 가운데 선사(禪師)의 답어(答語)나 핵심어. 화두(話頭)의 어의(語義). '화(話)'는 '말'·'대화'를 가리키고 '두(頭)'는 어조사. 고(古) 선지식이나 조사(祖師)들이 나눈 대화 즉 선문답을 뜻하는데, 다른 말로는 고칙(古則), 또는 공안(公案)이라고 한다. 공안과 화두는 같은 말이다. 그러나 좀 더 엄격하게 구분한다면, 공안은 선문답 전체를 가리키고, 화두는 그 가운데 핵심어나 선사의 답어를 가리킨다. 고칙(古則)·공안 가운데서 답어나 핵심어를 뽑아서 처음으로 화두라고 명명하여 참선자들로 하여금 참구하게 한 선승은 오조법연(五祖法演, ?-1104)이고, 그 뒤를 이어 이것을 하나의 수행법으로 체계화하여 대성시킨 이는 간화선의 주창자 대혜종고(大慧宗杲, 1089-1163)이다.

화락천 【化樂天】〔梵 Nirmanarataya〕 육욕천(六欲天)의 제5. 도솔천 위에 있고, 타화자재천 아래에 있다. 인간의 8백 세가 하루 낮, 하룻밤이고, 몸의 길이는 8유순(由旬)이며, 몸에 항상 빛이 있고, 서로를 향해 웃으면 곧 성교(性交)의 목적이 이루어지며, 아이는 남녀의 무릎 위에서 화생(化生)한다. 처음 태어났을 때의 모습은 인간 12세의 동자(童子)와 같다.

화법【化法】〔英 Instruction in the Buddhist principles, as 化儀 is in practice〕 화도(化導)하는 법문(法門)임. 천태(天台)에서 석가(釋迦)의 일대교(一代教)를 분류하여 화의(化儀)와 화법(化法)이라고 했는데, 각각 사교(四教)를 세웠다.

화법사교【化法四教】 천태지의(天台智顗, 538-597)가 세운 천태종(天台宗)의 교판(教判)으로, 『천태사교의(天台四教儀)』·『화엄오교장(華嚴五教章)』 등에 나와 있다. 석존의 일생의 가르침을 교리내용에 따라 장교(藏教)·통교(通教)·별교(別教)·원교(圓教)의 넷으로 분류한 것. 1. 장교(藏教)는 삼장교(三藏教), 곧 경·율·론 3장으로 말한 소승교인데, 좁은 세계관에 의지하여 얕은 교리를 말하고, 분석해 보고서야 모든 것이 공(空)인 줄 아는 석공(析空)을 근본사상으로 하는 교. 2. 통교(通教)는 성문·연각·보살이 함께 받는 교. 그 받는 사람의 영리하고 둔함에 따라서 깊고 묘하게, 또는 얕고 하열(下劣)하게 아는 교. 근기가 하열한 사람이 이것을 얕게 알면 앞의 장교와 같은 결과가 되고, 근기가 수승한 사람이 깊고 묘하게 알면 뒤의 별교·원교에 통하므로 통교라 한다. 세계관은 좁지만 이치를 밝힘이 깊어서, 모든 것이 있는 그대로가 공(空)하다고 체달하는 체공(體空)을 근본사상으로 한다. 3. 별교(別教)는 성문·연각의 교와도 다르고 원교와도 같지 아니하므로 별교라 한다. 이 교는 넓은 세계관에 의지하였으나 이치가 얕아 격력차제(隔歷次第)의 차별관에서 벗어나지 못하고, 또 공(空)과 유(有)에 치우치지 않는 중도(中道)를 말하였으나 아직 융통무애(融通無碍)한 이치에는 이르지 못한 교이며, 단중(但中)을 근본사상으로 한다. 4. 원교(圓教)는 원만 완전한 묘리를 말한 『법화경(法華經)』을 말한다.

화불【化佛】〔梵 nairmāṇika-buddha, nirmita-buddha, 英 an incarnate, or metamorphosed Buddha〕 ①불·보살 등이 신통력으로 화작(化作)한 부처님의 형태. 임시로 모습을 나타낸 부처님. 중생의 자질이나 능력에 따라 여러 가지 모습으로 나타난 부처님의 신체. ②화엄종에서는 행경십불(行境十佛)의 하나로 들고 있다. ③정토교에서는 진불(眞佛)에 대한 화불(化佛)을 말함. 즉 각각의 신앙안(信仰眼)에 따라, 중생의 염원에 따라, 각각의 구도의 상으로 나타나는 부처님을 말한다.

화생【化生】〔梵 Āupapādaka, Aupapāduka, 英 Direct metamorphosis, or birth by transformation, one of the 四生〕 ①사생(四生; catasro-yonayaḥ; 胎生·卵生·濕生·

化生)의 하나. 자연발생적으로 생긴 생물, 미생물, 또는 곤충 등. ②극락왕생하는 2종〔胎生·化生〕 가운데 하나. 불지(佛智)를 믿는 사람이 9품의 행업에 따라 정토에 있는 칠보연화 속에 나서, 지혜와 광명과 몸이 모두 보살과 같이 되는 것을 화생(化生)이라 한다.

화성유 【化城喩】 법화칠유(法華七喩) 가운데 하나. 『법화경』「화성유품(化城喩品)」에 의하면, 험한 길을 지나 목적지로 향하는 대상(隊商)의 지도자가 지쳐서 되돌아가려고 하는 대원들에게 도중에 환상의 성(城)을 만들어 그것을 보여 주고 피곤함을 달래어 진짜 목적지로 향해 간다는 것에 비유하였다. 소승의 깨달음은 대승의 『법화경』의 깨달음에 이르기 위한 방편이라는 것을 비유적으로 말한 것이다.

화신불 【化身佛】 화신 항목 참조.

화신 【化身】〔梵 Nirmāṇa-kāya〕 부처님의 삼신(三身)인 법신(法身)·보신(報身)·화신(化身) 가운데 하나. 변화신(變化身). 중생을 구제·교화하기 위하여 여러 가지 형체로 모습을 나타내는 것. 진리가 법신이라면 그 진리를 성취하기 위하여 수행하는 것은 보신이고, 그 진리를 깨달은 이가 화신이다. 그래서 대승불교에서는 석가모니 부처님을 화신, 화신불이라고 한다. 중생을 교화하기 위하여 오신 부처님. 관세음보살의 33신(身)이나 십일면관음(十一面觀音) 등도 화신이다.

화엄경 【華嚴經】〔梵 Buddha-avataṁsaka-nāma-mahāvaipūlya-sūtra〕 대승불교의 중요한 경전. 구체적인 경명은 대방광불화엄경(大方廣佛華嚴經). 광대하고 넓은 불(佛)의 세계, 깨달음의 세계를 잘 장엄된 화단에 비유한 것임. 이 경(經)은 동진 때 불타발타라(Buddhabhadra, 359-429)가 번역한 『60권화엄경』과 측천무후 때에 우전국 삼장 실차난다(實叉難陀, 652-710)가 번역한 『80권화엄경』이 있는데, 내용은 동일하다. 또 숭복사에서 반야삼장이 「입법계품」만 번역한 『40권화엄경』도 있다. 『화엄경』의 구성은 60화엄이 34품(品)으로 되어 있고, 80화엄이 39품(品)으로 되어 있다. 40화엄은 「입법계품」 하나이다. 이 경은 처음부터 이렇게 완전하게 결집된 것이 아니고, 각 품이 독립된 경으로 따로 성립된 것을 뒤에 집대성한 것이다. 학자들은 경의 성립은 대략 4세기경, 결집된 장소는 중앙아시아로 추정한다. 각 품(品) 중에서 가장 오래된 경전은 독립된 경으로 『십지경(十地經)』에 해당되는 「십지품(十地品)」이며, 성립연대는 1세기에서 2세기경으로 추정한다. 범어(梵語) 원전이 남아 있는 부분은 이 「십지품」과 「입법계품(入法界品)」이다. 이 경은 부처님께서 깨달은 내용을 그대로 표명한 경전이다. 60화엄에 의하면, 일곱 곳에서 여덟 번 집회하고 설한 내용은 34품으로 나뉘어 있다. 첫째 모임은 적멸도량(寂滅道場)에서, 둘째 모임은 보광법당(普光法堂)으로 지상에서 이루어졌다. 셋째 모임은 도리천(忉利天)에서, 넷째는 야마천궁(夜摩天宮)에서, 다섯째는 도솔천궁(兜率天宮)에서, 여섯째는 타화자재천궁(他化自在天宮)에서 이루어졌는데, 모두가 천상의 모임이다. 설법이 진행되면서 모임의 자리가 점차로 상승하고 있음을 알 수 있다. 일곱째 모임은 다시 지상으로 내려와 보광법당(普光法堂)에서 이루어졌고, 여덟째도 역시 지상의 서다림(逝多林), 즉 기원정사에서 이루어졌다. 이와 같이 설법의 장소가 점차 상승했다가 다시 지상으로 내려오는 구성은 그 설법의 내용과 부처님의 교화의 뜻을 표징하고 있으며, 특히 다시 지상으로 내려와서 귀결하는 구성은 불교의 목적이 지상의 오늘에 있음을 시사하는 것으로, 그 구성 자체가 깊은 의미를 지닌다. 첫째 모임에서는 부처님께서 마갈타국에서 깨달음을 얻은 것으로부터 시작한다. 그때 부처님께서는 이 경의 교주인 비로자나불과 일체가 되어 있다. 그리하여 수많은 보살들은 한 사람 한 사람 일어나서 부처님을 칭찬한다. 둘째 모임에서는 부처님께서 첫째 모임의 자리를 보광법당의 사자좌로 옮긴다. 이곳에서 문수보살은 네 가지 진리, 즉 고집멸도의 사제를 설하고, 열 사람의 보살이 각각 열 가지의 깊은 법을 설한다. 셋째 모임에서는 설법의 장소를 천상으로 옮긴다. 이 모임에서는 십주(十住)의 법이 설해진다. 그리고 넷째 모임에서는 십행(十行)이 설해지고, 다섯째는 십회향(十廻向)이, 여섯째는 십지(十地)의 법이 설해지고 있다. 이 여섯째 모임에서 설해진 「십지품(十地品)」은 앞에서도 말한 바와 같이 범어 원전이 전해지고 있는데, 경의 이름이 '십지(十地)의 지배자〔*Daśabhūmisvaro nāma mahāyāna sūtra*〕'이다. 이 십지는 보살의 수행을 열 가지 단계로 나누어 단계적으로 설한 것이다. 이 부분은 『화엄경』 안에서 극히 중요한 부분이다. 그리고 다시 지상의 모임으로 돌아온 일곱째 모임에서는 지금까지 설한 것을 요약해서 설하고 있으며, 여덟째 모임에서는 「입법계품」을 설하고 있는데, 「입법계품」의 범어 원전은 '*Gaṇḍavyūha-sūtra*'이다. 이 품은 선재(善財; Sudhana)라고 하는 동자가 53인의 선지식을 만나 구도하는 대승정신의 면모를 보여 주고 있다. 『60권화엄경』의 주석서로는 중국 현수법장(賢首法藏, 643-712)의 『화엄경탐현기(華嚴經探玄記)』와 『공목장(孔目章)』이 있고, 『십지경』에 대해서는 인도 세친(世親, 약 320-400)의 『십지경론(十地經論)』이 있다. 『80권화엄경』의 주석서로는 청량징관이 지은 『화엄경소초(華嚴經疏鈔)』가 있다. 『화엄경』을 네 개의 과목으로 보면, 첫째, 결과〔果〕를 들어 낙(樂)을 전하여 신심을 내게 하는 것〔擧果勸樂生信分〕, 둘째, 인(因)을 닦아 과(果)에 합하게 하여 깨닫는 것〔修因契果生解分〕, 셋째, 법(法)을 알아 닦아 나아가 행을 이루는 것〔托法進修成行分〕, 넷째, 사람에 의하여 증입하여 덕을 이루는 것〔依人証入成德分〕으로 되어 있는데, 이것은 신해행증(信解行証)을 말한다.

화엄경문의요결문답【華嚴經文義要決問答】4권 1책. 신라시대의 고승 표원(表員) 지음. 『화엄경(華嚴經)』의 요의(要義)를 문답형식으로 간추려서 엮은 책.

화엄경소【華嚴經疏】60권. 정식으로는 『대방광불화엄경소(大方廣佛華嚴經疏)』. 중국 당나라 때 청량징관(淸凉澄觀, 738-839)이 저술한 책으로, 『80권화엄경』에 대하여 해석한 것. 『청량소(淸凉疏)』·『화엄대소(華嚴大疏)』라고도 한다.

화엄경수소연의초【華嚴經隨疏演義鈔】90권. 정식으로는 『대방광불화엄경수소연의초(大方廣佛華嚴經隨疏演義鈔)』라고 한다. 당나라의 징관(澄觀, 738-839)이 지은 것으로, 『80권화엄경』을 풀이한 『화엄경소(華嚴經疏)』에 대하여 다시 자세하게 풀이한 것이다. 『화엄경소』와 이 책을 합칭하여 『화엄경대소초(華嚴經大疏鈔)』, 『대소초(大疏鈔)』, 또는 『청량소초(淸凉疏鈔)』라고 한다.

화엄경탐현기【華嚴經探玄記】중국 당나라 때 화엄학승인 현수(賢首, 643-712)가 지음. 20권. 줄여서 『탐현기』라고도 한다. 동진(東晋)의 불타발타라(佛馱跋陀羅; 覺賢)가 번역한 『60권화엄경』을 해석한 것이다. 제1권은 문전현의(門前玄義)라 하여 9문으로 나누어 이 경의 요의(要義)를 가지가지 방면으로 개론한 것인데, 1. 교가 일어난 연유, 2. 장부(藏部)의 소섭(所攝), 3. 입교의 차별, 4. 소피(所被)의 기(機), 5. 능전(能詮)의 교체(敎體), 6. 소전(所詮)의 종취(宗趣), 7. 구석제목(具釋題目), 8. 부류의 전역, 9. 문의의 분제(分齊) 등이다. 제2권 이하는 수문해석(隨文解釋)이라 하여 경문을 따라 차례로 해석하고 있다.

화엄론【華嚴論】중국 당(唐)나라 때 화엄학의 대가인 이통현(李通玄, 646-740)이 지음. 40권. 『화엄경』에 대한 해설서로서, 자구(字句) 해석보다는 한 단락 한 단락에 대한 대의(大義) 중심의 해설서이다. 이 『화엄론』을 축약한 것이 보조지눌의 『화엄론절요』이다. 또 이 『화엄론』은 지눌의 원돈신해문(圓頓信解門)의 사상적 기초가 되었다.

화엄론절요【華嚴論節要】고려의 보조지눌(普照知訥, 1158-1210)이 지음. 3권. 이통현(李通玄, 646-740)의 『화엄론』 40권의 내용을 요약한 책.

화엄법계【華嚴法界】『화엄경』의 진리, 『화엄경』의 세계관. 『화엄경』에서 인식하고 있는 세계관. 시종일관 우주의 본체, 곧 법계의 이치를 밝혔으므로 이것을 화엄법계(華嚴法界)라 한다. 『화엄경』에서는 법계를 사법계(事法界)·이법계(理法界)·이사무애법계(理事無碍法界)·사사무애법계(事事無碍法界)의 네 가지 법계〔四法界〕로 나누어 설명하고 있다. 이 가운데서 제1의 사법계(事法界)를 제외한 다른 3법계에서 차례로 진공절상관(眞空絶相觀)·이사무애관(理事無碍觀)·주변함용관(周遍含容觀)의 3종 관법(觀法)을 세우니, 이것이 화엄법계의 3관이다. 화엄종 수행자가 이 관법을 점차로 닦아서 사사무애법계의 경지까지 들어가는 것으로 극칙(極則)을 삼는다.

화엄사상【華嚴思想】대승경전인 『화엄경』에 기초해서 동아시아에서 형성된 사상을 말한다. 화엄종의 학승들이 만든 체계적 사상. 즉 화엄교학이 그 중심을 이룬다.

[화엄종 성립 이전] 화엄사상의 본격적인 형성은 영초(永初) 2년〔421〕에 『60화엄경』이 한역되면서 시작된다. 그 시초는 『화엄경』을 번역할 때 필수(筆修)의 역할을 담당했던 유송(劉宋)의 법업(法業)이 지은 『화엄경지귀(華嚴經旨歸)』 2권이다. 그 후 남북조시대와 수대(隋代)에 걸쳐 『화엄경』을 강의하거나 주석한 이들이 적지 않지만, 당시 화엄사상의 실정을 엿볼 수 있는 것은 극히 한정되어 있다. 그러나 여러 교관 가운데 『화엄경』이 돈교(頓教)나 원교(圓教) 등으로 구분되어 항상 높은 지위를 차지하고 있는 점, 학파·종파를 불문하고 실천론·존재론의 양면에 걸쳐서 뛰어난 많은 불교학자들의 사상 형성에 깊은 영향을 주고 있는 점, 그리고 북위(北魏) 영변(靈弁, 477-522)의 『화엄경론(華嚴經論)』 100권의 잔존하는 문헌 가운데 일(一)과 다(多)의 상즉(相卽) 사상이 상당히 면밀하게 설해져 있는 것을 보면 그 성숙도는 상당히 높은 것임을 추측할 수 있다.

[화엄교학(華嚴教學)의 형성과 전개] 중국 화엄종은 초조(初祖) 두순(杜順, 557-640)으로부터 시작하여 제2조 지엄(智儼, 602-608), 제3조 법장(法藏, 643-712), 제4조 징관(澄觀, 738-839), 제5조 종밀(宗密, 780-841)로 계승되었는데, 이 과정에서 화엄교학이 완성되었다. 그러나 초조 두순에서 제5조 종밀까지 이어진 화엄교학을 획일적인 것으로 파악할 수는 없다. 특히 제5조 종밀의 경우는 『원각경(圓覺經)』을 근거로 하는 선사상적 경향을 볼 수 있기 때문이다. 다만 초조에서 제5조로 이어지는 화엄교학의 완성과 변천에 대한 각각의 대표적인 교의를 제시한다면, 법장(法藏)의 십현문(十玄門)과 징관(澄觀)의 사법계(四法界)가 그것에 해당한

다. 또한 당(唐)나라 초기에는 법장의 교학에 대립하면서 '불광관(佛光觀)'이라고 불리는 관법을 창도하고 지(智)의 근원성을 선창한 『화엄경』의 연구자 이통현(李通玄, 646-740)이 등장한다. 그의 사상은 후대에는 화엄교학 이상으로 동아시아에 넓고 깊게 영향을 미쳤다. 그런데 법장이 최종적으로 완성한 십현문(十玄門)은 『화엄경탐현기(華嚴經探玄記)』에도 보인다. 십현문이란, 1. 동시구족상응문(同時具足相應門), 2. 광협자재무애문(廣狹自在無碍門), 3. 일다상용부동문(一多相容不同門), 4. 제법상즉자재문(諸法相卽自在門), 5. 은밀현료구성문(隱密顯了俱成門), 6. 미세상용안립문(微細相容安立門), 7. 인타라망법문(因陀羅網法門), 8. 탁사현법생해문(託事顯法生解門), 9. 십세격법이성문(十世隔法異成門), 10. 주반원명구덕문(主伴圓明具德門)이다. 이 십문(十門)은 그의 초기 주저(主著)인 『화엄경오교장』에서 모든 사상이 근원적인 진실한 마음의 작용이라는 것을 표현한 '유심회전선성문(唯心廻轉善成門)'을 제거하는 등의 수정을 가하여 완성된 것으로, 연기적으로 성립한 일체의 현상적 존재는 완전하고 자재하며, 게다가 다른 하나하나의 존재와 끝없이 일체적이라는 것을 여러 각도에서 밝히고 있다. 다음에 징관(澄觀)의 사법계(四法界)는 화엄교학의 관점에서 존재의 세계, 존재방식을 사법계(事法界; 事象의 世界)·이법계(理法界; 진리의 세계)·이사무애법계(理事無碍法界; 진리와 事象이 방해되지 않고 교류하며 융합하는 세계)·사사무애법계(事事無碍法界; 事象과 事象이 방해되지 않고 교류하며 융합하는 세계)의 4종으로 구별하여 정립한 것으로, 일반적으로는 '4'가 구극적인 진실한 세계의 존재방식을 표명하고 있는 것으로 말한다. 그러나 이 교설은 단순히 세계관을 얕은 것으로부터 깊은 것에까지 순서대로 병렬한 것은 아니다. 본질적으로는 오히려 법장의 일종의 현상(現狀)절대론에 대한 반성에 기초해서 세운 것이다. 징관에게는 근본적인 이(理)의 존재, 혹은 일진법계(一眞法界)의 존재가 항상 의식되고 있었다는 것을 잊어서는 안 된다. 종밀 시대 이후 중국불교는 이제까지의 분립(分立)에서 종합(綜合)으로 방향을 전환한다. 그 자신이 교학〔화엄〕불교와 선불교의 통합이라는 형태로 이 흐름을 확실하게 하려는 입장을 세우지만, 그러나 그러한 이유로 중국에서는 화엄교학도 계속적인 발전을 이루지 못하게 되었다. 그 현저한 특징은 제종(諸宗)의 교리 융화가 진행되는 과정에서 선자(禪者)나 염불자(念佛者)의 실천적 사유를 배양하고 그들의 사상 표명에 풍부한 소재를 제공한 점이다.

[한국의 화엄사상] 한국 화엄사상

은 지엄(智儼)으로부터『화엄경』을 배우고 돌아온 의상(義湘, 625-702)에 의해서 전개된다. 그는 십전(十錢)의 비유를 사용하여 깊은 연기의 세계를 개시(開示)하는 등, 동문(同門)인 법장(法藏)에 비해 더욱 분명하며 주체적인 화엄교학을 만들었다. 또 독자적으로 넓은 불교연구를 진행하여 여러 교설(敎說)의 융화와 통합을 시도함과 동시에 스스로『화엄경』에 설해진 무애의 삶의 방식을 이상으로 한 원효(元曉, 617-686)에 의해서 그 차원이 한층 높아졌다. 고려시대에 오면 균여(均如, 923-973)가 나와서 많은 화엄종 문헌에 상세한 주석을 가하는 한편, 보현십원가를 지어『화엄경』의 가르침을 향가(鄕歌)로써 노래하여 민중에 보급시켰다. 또한 그로부터 약 200년 뒤에 등장한 지눌(知訥, 1158-1210)은 이통현(李通玄)의 화엄사상 등에 큰 영향을 받고서 선교일치적(禪敎一致的)인 조계종을 열었다. 이 조계종은 현대에 이르기까지 한국 전통불교의 주류를 차지하고 있다.

[일본의 화엄사상] 일본에 처음으로『화엄경』이 전해진 것은 천평(天平) 8년〔736〕인 것으로 추정한다. 그 4년 뒤 신라승 심상(審祥, ?-740)이 도일(渡日)하여『화엄경』강의를 행하였다. 화엄사상이 한층 광범위하게 확장한 것은 국분사제(國分寺制)의 창설을 배경으로 수행된 성무천황(聖武天皇)의 발원에 의한 대불(大佛), 즉『화엄경』의 교주인 노사나불(盧舍那佛)의 조상과 그 개안공양(開眼供養, 752)이다. 그러나『화엄경』과 화엄사상의 학문적인 연구는 그다지 진전되지 못했다. 주목할 만한 것으로는 헤이안(平安) 초기에 구카이(空海, 774-835)가 전불교(全佛敎)를 심(心)의 발전단계라고 말할 수 있는 '십주심(十住心)'에 배당 분류할 때, 최고의 단계인 진언불교(眞言佛敎) 다음 단계로 화엄사상을 설정했다는 것, 가마쿠라(鎌倉)시대에 고변(高弁; 明惠, 1173-1232)이 밀교를 조직하면서 이통현(李通玄, 646-740)의 사상을 도입하여 서민적인 화엄사상을 제창했다는 것, 응연(凝然, 1240-1321)이 발군의 박식과 정밀한 사고력으로 동대사계(東大寺系)의 일본 화엄학을 확립한 것 등이다. 그러나 일본의 정신풍토에 대한 화엄사상의 영향은 법화사상 등과 비교하면 그다지 크지 않았다고 할 수 있다.

화엄시【華嚴時】〔英 The first of the 'five periods' as defined by T'ien-t'ai, according to which school this sūtra was delivered by Śākyamuni immediately after his enlightenment〕 오시(五時)의 하나. 천태 오시교판에서 부처님이 성도(成道)한 뒤 처음으로 21일 동안『화엄경』을 설했다고 함. 이것을 화엄시라고 함. 이때 부처님은 원교(圓敎)에

별교(別教)를 겸하여 자신이 증득한 이취(理趣)가 깊은 법 그대로를 설하였다고 한다.

화엄오교장 【華嚴五教章】 중국 당(唐)나라 때 화엄교학의 대성자인 현수법장(賢首法藏, 643-712)의 초기 저서. 화엄교학을 대표하는 이론서로, 중국·한국·일본에서 존중되었다. 『화엄일승교의분제장(華嚴一乘教義分齊章)』·『화엄일승교의분제의(華嚴一乘教義分齊義)』·『화엄교분기(華嚴教分記)』·『일승교분기(一乘教分記)』 등의 호칭이 있다. 『화엄오교장(華嚴五教章)』은 통칭이다. 천평(天平) 연간에 일본에 전해진 판(版)은 상중하 3권으로 '화본(和本)'이라고 불린다. 조송(趙宋)의 주석자들이 사용한 것으로, 일본에서는 치승(治承) 연간에 전해진 판이 4권 있는데 '송본(宋本)'이라 부른다. 장의 배열이나 자구(字句)에 있어 두 본(本)은 조금 다르다. 또한 법장(法藏, 643-712)이 형제자(兄弟子)라고 부른 의상(義湘, 625-702)에게 정정(訂正)하기를 청하자 의상이 장(章)의 순서를 고친 것이 '연본(錬本)'인데, 고려의 균여(均如, 923-973)는 이것에 대해 주석을 하고 있다. 본서는 대승·소승의 교의와 그것에 기초한 중국의 여러 스승의 해석을 소승교·대승시교·대승종교·돈교·원교의 5교로 분류하여 각 교의(教義)의 특색과 『화엄경(華嚴經)』 교의와의 다른 점을 분명히 했다. 『화엄경』에 관해서는 모든 사람이 성불할 수 있다고 설하는 일승(一乘)의 경전 중에서도 가장 뛰어난 별교일승(別教一乘)의 경전이라고 규정함과 동시에, 모든 가르침을 포괄하는 원교(圓教)로서의 위치를 차지하고 있음을 논하고 있다. 단순히 『화엄경』은 일즉일체(一卽一切)를 강조하여 설할 뿐만 아니라, 하나 속에 모든 것이 포함되고 모든 것 속에 각각의 하나가 발현되며, 또한 모든 것 속에 발현되는 각각의 하나하나에 다시 모든 것이 포함되는 중중무진(重重無盡)의 존재방식을 지적하고, 그렇게 무애(無碍)한 존재방식이 어떻게 가능한지를 유식사상 등을 원용하여 이론적으로 해명하려고 하는 점에 특징이 있다. 제1장에서는 별교일승(別教一乘)과 동교일승(同教一乘)을 밝히고, 제2장에서는 일승(一乘)과 삼승(三乘)의 차별을 나타냈고, 제3장에서는 예부터의 10가(家) 교판(教判)을 들고, 제4장에서는 오교십종(五教十宗)의 교판을 말했으며, 제5, 6, 7, 8의 4장은 일승과 삼승의 관계를 여러 가지 관점에서 관찰한 것이고, 제9장은 중권(中卷) 전체에 이르며, 9문(門)으로 나뉘었다. 첫째는 진실성(眞實性)·의타성(依他性)·분별성(分別性)의 삼성동일제(三性同一際)를 논증하고, 둘째는 『섭대승론』의 종자육의(種子六義)를 개조하여 연기인문(緣起因門)의 육의(六義)를 이루고, 셋째는 법계연기(法界緣

起)인 십현연기 무애법문(十玄緣起無礙法門)을 상설(詳說), 넷째는 연기의 제법(諸法)이 원융무애인 이론의 육상원융(六相圓融)을 말한 것이다. 제10장은 하권(下卷) 전체에 이르는데, 10문(門)으로 구성되어 있다. 여기서는 실천에 관한 문제들을 오교(五敎)로 나누어 구명(究明)하고, 이로써 화엄원교(華嚴圓敎)의 입장을 밝히고 있다. 1은 심의식론(心意識論), 2는 성불(成佛)의 가능성에 관한 종성론(種性論), 3·4·5는 수행의 위계(位階)·시간적 규정, 의신(依身)의 문제, 6은 단혹론(斷惑論), 7은 이승(二乘)의 회심(回心), 8은 화신론(化身論), 9는 불토론(佛土論), 10은 불신(佛身)의 수(數) 문제이다.

화엄일승 【華嚴一乘】〔英 The one Hua-yen yāna, or vehicle, for bringing all to Buddhahood〕 일체 중생이 오직 하나의 진리에 의하여 성불하는 것을 일승(一乘)이라 한다. 『법화경』에서 이 뜻을 설할 때에는 법화일승(法華一乘)이라 하고, 『화엄경』에서는 화엄일승(華嚴一乘)이라고 한다.

화엄일승발원문 【華嚴一乘發願文】 신라 의상(義湘, 625-702)의 저작. 일승발원문(一乘發願文)이라고도 한다. 1350년〔고려 충정왕 2〕에 필사(筆寫)된 『화엄경』 1권의 말미에 수록되어 있던 것을 최근에 찾아낸 것이다. 7언 20구 140자에 불과하지만, 의상의 화엄사상이나 수행관과 관련된 내용을 담고 있다고 평가받는다. 『화엄일승법계도』의 내용과 상당 부분 통한다고 평가받으므로 의상의 저작이라는 데 별다른 이견이 없다. 발원문이라는 제목 자체에서도 드러나듯이 수행에 대한 의지를 부처님 앞에서 다짐하고, 아울러 성불에 대한 염원을 간절히 기원하고 있는 내용으로 이루어져 있다.

화엄일승법계도 【華嚴一乘法界圖】 법계도(法界圖)·화엄일승법계도장(華嚴一乘法界圖章)·화엄법계도(華嚴法界圖)·일승법계도(一乘法界圖)·법계도장(法界圖章)·법성도(法性圖)·해인도(海印圖)라고도 한다. 우리나라 화엄종의 개조인 의상(義湘, 625-702)이 당(唐)에 있을 때인 661년에 지상사(至相寺)에서 『화엄경』의 핵심을 요약한 것으로, 7언(言) 30구(句) 210자(字)의 게(偈)를 54각인도(角印圖) 모양으로 지은 것이다. 법성원융무이상(法性圓融無二相)의 법(法)자로부터 시작해서 구래부동명위불(舊來不動名爲佛)의 불(佛)자로 끝나는데, 거기에 중생수기득이익(衆生隨器得利益)의 중(衆)자를 넣어 불법승(佛法僧) 삼보(三寶)가 구족되어 화엄의 일승교해(一乘敎海)에 법계장엄상(法界莊嚴相)이 일시(一時)에 드러나는 해인삼매경(海印三昧境)을 여실히 그려냈다.

화엄종 【華嚴宗】〔英 The Hua-yen

(kegon) school, whose foundation work is the Avataṁsaka-sūtra〕 중국 13종의 하나. 한국 오교양종의 하나. 일본 남도(南都) 6종의 하나. 중국불교 중에서 가장 철학적인 학파. 『화엄경』을 근거로 종파를 세웠으므로 화엄종이라 한다. 화엄종은 북지(北地)에서 발달한 지론종(地論宗)이나 섭론종(攝論宗)의 학설을 넘어서, 현장(玄奘, 602-664) 소전(所傳)의 유식불교의 자극을 받아 성립했다. 중국에서는 두순(杜順; 始立宗名)을 초조로 하여, 지엄(智儼; 親信觀法)→법장(法藏; 開宗判敎)→징관(澄觀; 廣造疏鈔)→규봉종밀(圭峰宗密; 兼揚禪風) 등으로 이어지는데, 당(唐)나라 측천무후(則天武后) 때 대성(大成)하였다. 그 대성자는 제3조인 현수법장(賢首法藏, 643-712)이다. 법장 학문의 특징은 천태→삼론 등의 제법실상(諸法實相)을 설하는 입장과 법상종(法相宗; 唯識學)의 유심(唯心)을 강조하는 입장을 통일융합한 점에 있다. 통틀어 말하자면 화엄종의 교설은 유심연기(唯心緣起)의 법문을 기초로 하는 성기(性起)의 설이다. 먼저 중중무진(重重無盡)의 법계연기(法界緣起)를 밝히기 위하여 십현연기(十玄緣起)와 육상원융(六相圓融)을 설한다. 실천적으로는 일미진(一微塵) 가운데 삼천대천세계를 펼치는 경계(境界), 삼라만상이 일시에 나타나는 경계가 체험되고 연화장세계(蓮華藏世界), 즉 무한의 대립과 동일(同一)이 조화 통일된 약동감이 넘치는 절대적 대긍정의 세계가 현출(現出)한다. 또 화엄의 여러 이론의 근간이 되어 있는 논리는 모순의 논리이고, 화엄의 이 모순의 논리는 이른바 동양적 모순론의 극치를 나타내고 있는 것이다. 한국에 있어서의 화엄종은 신라시대의 원효(元曉, 617-686)를 초조로 하는 해동종(海東宗)과 당나라에 가서 지엄(智儼)의 법을 이어 신라에 돌아와 화엄종의 초조가 된 의상(義湘, 625-702)의 해동 화엄종이 있다. 의상의 제자로는 오진(悟眞)·의적(義寂) 등 십철(十哲)이 있고, 그 밖에도 화엄종의 인물로 명효(明皛)·견등지(見登之)·심상(審祥) 등이 있다. 특히 심상(審祥, ?-742)은 740년〔天平 12〕 일본에 건너가 일본 화엄종의 초조(初祖)가 되었다.

화엄현담【華嚴玄談】중국 당(唐)나라의 징관(澄觀, ?-839)이 지은 책. 9권. 『대방광불화엄경소연의초(大方廣佛華嚴經疏演義鈔)』·『화엄경소초현담(華嚴經疏鈔玄談)』·『청량현담(淸凉玄談)』·『화엄현담(華嚴懸談)』이라고도 한다. 『화엄경수소연의초(華嚴經隨疏演義鈔)』 가운데 화엄 개설(槪說)에 관한 부분을 추려내어 모은 책. 교기인연(敎起因緣)·장교소섭(藏敎所攝)·의리분제(義理分齊)·교소피기(敎所被機)·교체심천(敎體深淺)·종취통국(宗趣通局)·부류품회(部類品

會)·전역감통(傳譯感通)·총석경제(總釋經題)·별해문의(別解文義) 등 10부문으로 나누어 서술하고 있다.

화연【化緣】〔英 The cause of a Buddha's or bodhisattva's coming to the world, i.e. the transformation of the living〕 ①교화하는 인연. 불보살이 이 세상에 출현하는 것은 교화할 인연이 있는 까닭임. 이 화연(化緣)이 다하면 열반(涅槃)한다고 한다. ②화익(化益)의 기연(機緣). 교화할 중생의 기연이니, 불보살은 중생의 근기가 익숙하여 그 교화의 이익을 받을 수 있게 되기를 기다려서, 이것을 인연으로 하여 교화하므로 그 근기를 화연(化緣)이라 한다. ③거리에 나가서 여러 사람에게 물건을 얻어서, 한편으로는 속인(俗人)들에게 인연을 맺으며 법을 말하고, 한편으로는 절에서 쓸 비용을 마련하는 승려. 곧 가방화주(街坊化主).

화의사교【化儀四教】〔英 four modes of conversion or enlightenment〕 중국 수(隋)나라 때 천태종의 개조인 천태대사(天台大師, 538-597)가 『법화문구(法華文句)』 가운데서 불(佛)의 가르침을 돈교(頓教)·점교(漸教)·비밀교(秘密教)·부정교(不定教)의 넷으로 분류한 것. 1. 돈교는 일정한 차례에 의지하지 않고 한꺼번에 몰록 깨달아 해탈함을 얻는 교. 부처님이 성도한 직후에 설한 『화엄경』을 말한다. 2. 점교는 정칙(正則)으로 점점 차례를 밟아 설한 교. 『아함경』·『방등경』·『반야경』의 차례로 『법화경』·『열반경』에 이르는 교설을 말한다. 3. 비밀교는 상대의 성질·지식 등이 일정치 않으므로 평등하게 그 요구에 응하기 위하여, 듣는 사람들이 제각기 자기 나름대로 이해할 수 있는 가르침. 이러한 경우에 듣는 사람들은 서로 다르게 알아듣고 있는 줄을 알지 못한다. 4. 부정교는 듣는 이들이 그 지식의 정도에 따라 같은 서법을 가지가지로 알아듣고 있다는 교. 듣는 사람들은 제각기 알고 있으나, 그 각각 다르게 알고 있는 내용은 서로 알지 못하는 것이 부정교의 특색이다.

화장세계【華藏世界】〔英 The lotus-store, or lotus-world, the Pure Land of Vairocana〕 ①『화엄경(華嚴經)』「화장세계품(華藏世界品)」에서 설하는 세계. 화엄장엄세계해(華嚴莊嚴世界海)·화장세계해(華藏世界海)·화장장엄장구세계해(華藏莊嚴裝具世界海)·연화장세계(蓮華藏世界)·연화장장엄세계해(蓮華藏莊嚴世界海)·묘화포지태장장엄세계(妙華布地胎藏莊嚴世界)·십련화장장엄세계해(十蓮華藏莊嚴世界海)·십련화장세계·십련화장(十蓮華藏)이라고도 한다. ②『범망경』에서 설한 연화대장세계해(蓮華台藏世界海)·연화대장세계(蓮華台藏世界)·연화해장세계(蓮華海藏世界)를 말한다. 등정각(等正覺)

을 이룬 비로사나불은 연화대장세계해에 머물고, 그 대(台)의 주변에 천엽(千葉)이 있다. 일엽(一葉)은 각 일계(一界)이다. 비로사나는 천(千)의 석존으로 화하여 천의 세계에 의하는데, 다시 일엽의 세계에 대하여 백억의 수미산, 백억의 일월(日月), 백억(百億)의 사천하(四天下), 백억의 남염부제(南閻浮提), 백억의 석존이 있고, 백억의 보리수 밑에서 설법하고 있다. 천화상(千花上)의 불(佛)은 비로사나의 화신(化身)이고, 천백억(千百億)의 석존은 천(千)의 석존의 화신(化身)이라 한다. 『화엄경탐현기』 3권에서는 유일계(唯一界)를 설하는 점에서 『화엄경』의 화장세계와 다르다. ③정토교(淨土教)에서는 미타(彌陀)의 극락정토를 말한다. ④밀교(密教)에서는 『대일경』의 입장에서 미타보신(彌陀報身; 加持身), 대일자성법신(大日自性法身; 本地身), 중생(衆生; 行者身)의 주처(住處)를 연화장세계라 하고 있다.

화쟁사상 【和諍思想】 화쟁(和諍)이란 넓은 의미로는, 원효(元曉, 617-686) 이후 한국불교에서 전통적으로 계승되어 이어온 화회(和會)·회통(會通)의 논리체계를 말한다. 그래서 일반적으로 화쟁사상이라고 하는 경우는 원효의 화쟁(和諍)을 가리킨다. 화쟁의 사상적 특징은 원효의 저술에 있어서 일관된 논지(論旨)로 나타난다. 그의 저술 가운데 『십문화쟁론(十門和諍論)』과 『이장의(二障義)』에서 단적(端的)으로 살펴보면, 『십문화쟁론』에서는 여러 이설(異說)을 십문(十門)으로 모아 정리·회통함으로써 일승불교(一乘佛教)의 건설을 위한 논리적 근거를 제시하였다. 『이장의』에서는 회통하는 방법으로 현료문(顯了門)과 은밀문(隱密門) 두 문(門)을 설정하여 신역계(新譯系)인 『유가사지론(瑜伽師地論)』 중심의 단혹설(斷惑說)과 구역계(舊譯系)인 『대승기신론』 중심의 단혹설을 서로 한 체계 안에 묶었는데, 그 방식은 아뢰야식 연기를 설한 유가사지론계(瑜伽師地論系)의 설은 현료문으로 하고, 진여연기를 설한 대승기신론계(大乘起信論系)의 설은 은밀문으로 하되, 현료문의 설도 은밀문의 설에 포섭되는 것이라 함으로써 화쟁시켰다. 이 화쟁논리는 단순히 종(宗)의 개합(開合)만 보지 아니하고 사상의 입파(立破)와 여탈(與奪), 동이(同異)와 유무(有無), 이변비중(離邊非中) 등이 모두 평등하여 중도적(中道的)인 원리 안에서 기점으로 한 다양한 세계를 인정하며, 다양한 현실이 동일한 진리 안에서 회통하도록 하는 것이었다. 『동문선(東文選)』에서는, "유파(流派)들의 모순상쟁이 오랫동안 계속되다가 원효가 나타나서 백가(百家)의 이쟁(異諍)을 화합하여 서로 다른 견해를 귀일(歸一)시켰다."라고 하였다.

화주【化主】〔英 The lord of transformation, or conversion, i.e. Buddha〕 ①세상을 교화하는 주인. 곧 부처님을 말한다. ②가방화주(街坊化主)·가방(街坊)·공양주(供養主). 거리에 나가서 여러 사람에게 시물(施物)을 얻으면서 사람들로 하여금 법연(法緣)을 맺도록 하는 동시에, 그 절에서 쓰는 비용을 구해 오는 스님.

화지부【化地部】〔梵 mahīśāsakah〕 소승(小乘) 20부의 하나. 불멸후(佛滅後) 300년경에 상좌부 중 설일체유부에서 나온 일파. 이 파의 초조는 불가기(不可棄)라고 한다. 불가기는 본래 국왕이었으나, 왕의 자리를 버리고 출가하여 유부(有部)에 들어가서 불법(佛法)을 넓히다가, 뒤에 다른 일파를 세웠다. 이 부파의 이름은 개조가 국왕이었다는 데서 나왔으니, 국왕은 국토, 곧 지(地)를 화(化)하는 사람이라는 뜻으로 이렇게 불렀다. 교리는 대중부(大衆部)와 거의 같다. 현재유체 과거무체설(現在有體 過去無體說)을 세우고, 견도(見道)에서 공무아(空無我)의 행상(行相)으로써 사제(四諦)를 일시에 현관(現觀)함을 말하며, 중유(中有)를 부정하고 5식(識)에 잡염(雜染)의 힘이 있다고 하며, 구무위(九無爲)를 세워서 예류과퇴(預流果退)·나한과불퇴(羅漢果不退)를 말한다. 현수(賢首, 643-712)는 이 부파를 법무거래종(法無去來宗)에 넣고 있다.

화탕지옥【火湯地獄】〔英 The hell of liquid fire〕 확탕지옥(鑊湯地獄)이 바른 표기이다. 확탕(鑊湯)에 삶아지는 지옥. 솥에 삶기는 고통을 받는 지옥. 넓이 40유순(由旬) 되는 18개의 큰 솥이 있어, 5백 나찰(羅刹)들이 불을 때면 솥 안에 있는 끓는 쇳물이 튀어서 불꽃이 되고, 이것이 화륜(火輪)이 되어서 다시 솥으로 들어간다고 한다. 계(戒)를 파(破)한 이, 중생을 죽여 고기를 먹은 이, 산과 들에 불을 질러 많은 생류(生類)를 상하게 한 이, 중생을 태워 죽인 이는 죽어서 이 솥에 삶기는 고통을 받는데, 이 과보(果報)가 다하면 축생(畜生)으로 태어나지만, 8천만 세를 지나야 겨우 사람의 몸을 받게 되고, 그렇게 되더라도 병(病)이 많고 수명이 짧다고 한다.

화택【火宅】〔梵 adiptāgāra, 英 The parable of the burning house〕 번뇌와 고통에 찬 이 세상을 불타고 있는 집에 비유하여 말한 것. 미망(迷妄)의 세계. 법화칠유(法華七喩)의 하나.

화토【化土】〔英 It is any land or realm whose inhabitants are subject to reincarnation; any land which a Buddha is converting, or one in which is the transformed body of a Buddha〕 ①부처님이 교화를 위해 임시로 나타난 국토. 삼토(三土), 또는 사토(四土)의 하나. ②중생의 소질이나 능력에 적합하도록 변

화하여 나타난 국토. 아미타불이 정토에 왕생하는 자 중에서 진실한 불국토를 보는 능력이 없는 자를 위해 방편을 갖고 임시로 나타낸 국토를 방편화토(方便化土)라 한다.

화합성【和合性】〔梵 sāmagri〕 유식설에서 말하는 24불상응법(不相應法) 가운데 하나. 모든 인과관계를 성립시킨 것에 필수적인 인연들의 집합·결합을 말함.

화합식【和合識】 깨달음과 미망(迷妄)의 근원으로서의 아뢰야식을 가리킨다. 진(眞)과 망(妄)이 구별되지 않는 의식(意識)의 근저(根底)로, 이 식(識)은 진(眞)·망(妄) 어느 방향으로도 전개할 수 있는 가능성을 지닌 것으로 존재한다.

화합중【和合衆】〔巴 saṅghādisesa, samagga-saṅgha〕 화합승(和合僧)이라고도 한다. 하나의 목적을 향해 협력해 나아가는 사람들의 무리. 그 성원은 다섯 명 이상으로 한다. 불교 교단, 불교 승가를 화합중이라고 한다.

화행이교【化行二教】〔英 The two lines of teaching i.e. in the elements, for conversion and admission, and 行教 or 制教 in the practices and moral duties especially for the order, as represented in the Vinaya〕 화제이교(化制二教)와 같음. 화교(化教)와 행교(行教)를 말한다. 율종(律宗)에서 부처님의 일대교설을 2종으로 분류하는 것. 일반적으로 인과(因果)의 도리, 옳고 그른 차별을 알게 하는 교법을 화교(化教)라 하고, 특히 불제자가 지켜야 할 계율을 밝힌 것을 행교(行教), 또는 제교(制教)라 한다.

확연무성【廓然無聖】 확 트여 성(聖)스러움 같은 것이 없다는 뜻. 대오(大悟)의 경지에는 성(聖)과 속(俗)이라고 하는 상대적·대립적인 생각이 전혀 없다고 하는 것.

환【幻】〔梵 māya, 西 sgyu ma, 英 Illusion, hallucination, a conjurer's trick, jugglery〕 없다가 갑자기 나타나는 일종의 영상(影像)을 말한다. 여러 가지 인연이 모여서 생긴 것으로, 실체도 자성(自性)도 없고 이름만 있는 것에 비유한다. 또 화(化)와 거의 같은 뜻이므로 환화(幻化), 꿈과 비슷하므로 환몽(幻夢)이라고도 한다. 무(無)에서 유(有)를 내어 사람들을 현혹케 하는 법을 환술(幻術), 그 술법을 행하는 사람을 환사(幻師)라 한다.

환멸【還滅】〔梵 nirvṛtti, 英 To return to nirvāṇa and escape from the backward flow to transmigration〕 적멸〔열반〕로 되돌아간다는 뜻. 각성(覺性)의 근원에 돌아가서 적멸(寂滅)한 이치를 깨달음. 생사(生死)를 초월함. 번뇌를 없애고 열반에 들어감.

환멸문【還滅門】 유전문(流轉門)의 상

대적인 말로, 적멸(寂滅)로 돌아가는 문(門)이란 뜻. 수행한 공덕으로 말미암아 번뇌가 부침하는 생사(生死)의 고통에서 벗어나 열반의 본원으로 향하는 부문을 말한다. 『기신론』에서는 각(覺)의 면에서 정연기(淨緣起)의 환멸문(還滅門)을 설하였다.

환문 【還門】〔英 One of the six 妙門〕 육묘문(六妙門)의 하나. 마음을 돌이켜서 관찰하는 마음을 반조(返照)하는 것. 수행자가 관법(觀法)을 닦으면서도 오히려 진지(眞智)를 일으키지 못할 때에, 돌이켜서 관찰하는 마음을 관하여 이 마음이 허망하여 실체가 없는 것인 줄로 알면, 그곳에 진지(眞智)가 저절로 나타나게 된다. 이것을 환문(還門)이라 한다.

환생 【還生】〔英 To return to life; to be reborn in this world〕 ①미혹한 세계에 다시 태어나는 것. ②파계(破戒)한 사람이 참회해서 다시 수계(受戒)하는 것.

환속 【還俗】〔英 To return to lay life, leave the monastic order〕 귀속(歸俗)이라고도 한다. 출가(出家)한 사람이 다시 속세(俗世)로 돌아가는 것. 스님이 다시 머리를 기르고 속세인이 되는 것.

환화 【幻化】〔梵 naṭaka, māyādivat〕 ①환(幻)과 화(化). 실체가 없는 것을 있는 것같이 환술(幻術)로 만들어 내는 것을 말한다. 환(幻)은 환술(幻術)하는 사람이 만든 것이고, 화(化)는 불·보살의 신통력으로 변화한 것이다. ②환(幻)이 곧 화(化)다. 환술(幻術)하는 사람이 변화시켜 만든 것. ③우주 만물이 환상과 같이 변화하는 일.

환희지 【歡喜地】〔梵 pramuditā-bhūmi, 英 The bodhisattva's stage of joy〕 보살의 수행계위(修行階位)인 52위(位) 가운데 십지(十地)의 초위(初位)를 이름. 보살이 일대아승기겁(一大阿僧祇劫) 동안 수행하여 처음 미혹을 끊고 이치의 일부분을 증득하여 대환희의 지위(地位)를 이룬 경지이다. 이로부터 10지(地) 사이에서 이대아승기겁(二大阿僧祇劫)을 겪은 뒤에 성불한다. 이 환희지에 이르면 진여(眞如)의 이치를 증득하여 성인(聖人)의 지위에 올라, 다시는 물러나지 않고 자리이타(自利利他)의 행을 이루어서 마음에 기뻐함이 많다는 뜻으로 이렇게 부른다.

환희천 【歡喜天】〔梵 Gaṇapati, Gaṇeśa, 英 The joyful devas, or devas of pleasure〕 대성환희자재천(大聖歡喜自在天)의 약어. 대성환희천(大聖歡喜天)·성천(聖天)·천존(天尊)이라고도 한다. 원래 인도 신화에서는 군주의 뜻. 불교에서는 대자재천의 자(子), 위타천의 형제로 되었다. 형상에는 상두인신(象頭人身)의 단신(單身)과 쌍신(雙身; 夫天은 象頭, 婦天은 猪頭도 있음)이 있다. 쌍신은 부부가 껴안은 상(像)이 있어, 재보(財寶)·화합의 신(神)으로 되어 수상매(水商賣)의 존신(尊信)이 두텁고, 민간신앙이 성하고 있다.

활구·사구【活句死句】선어(禪語)에 활구(活句)와 사구(死句)가 있는데, 활구란 의로(意路; 논리와 사량분별)가 통하지 않고 언어 자체가 풀이나 해석이 불가능한 선어를 말하고, 사구란 의로가 통하고 논리적 풀이나 해석이 가능한 선어를 말한다. 또 언어문자로 해석할 수 없는 말을 활구라고 하고, 해석 가능한 말을 사구라고 한다.

활발발지【活鱍鱍地】물고기가 기세좋게 뛰는 것같이 싱싱한 것. 선자(禪者)의 활동이 매우 발랄하여 활기에 가득 차 있는 모양을 형용한 것. 무집착의 모습을 표현한 것임.

활불【活佛】〔英 A living Buddha, i.e. a reincarnation Buddha, e.g. Hutuku, Dalai Lama, etc.〕살아 있는 부처. 생불(生佛). 부처의 인격을 갖추어 시장바닥에서 중생제도에 노력하는 사람. 또는 자비심이 많은 사람을 일컫는 말. 산 부처.

활살자재【活殺自在】중생을 자유자재로 살리기도 하고 죽이기도 하는 불보살의 큰 능력을 일컫는 말. 활인도(活人刀)와 살인검(殺人劍)을 마음대로 휘둘러서, 수행자의 마음을 죽이기도 하고 살리기도 하는 대기대용의 능력을 말한다. 여기서 죽인다는 것은 번뇌망상과 분별심을 죽인다는 뜻으로, 역설적으로 더 크게 살린다는 뜻이다.

활인검【活人劍】살인도(殺人刀)에 상대됨. 진성(眞性)을 부활시키는 기용(機用). 검(劍)은 지혜(智慧)를 의미한다. 살인도활인검 항목 참조.

황룡사구층탑【黃龍寺九層塔】경상북도 경주시 구황동(九黃洞)에 있었던 황룡사의 구층탑. 선덕왕 14년〔645〕에 세운 목탑(木塔)으로, 1층은 일본(日本), 2층은 중화(中華), 3층은 오월(吳越), 4층은 탁라(托羅), 5층은 응유(鷹遊), 6층은 말갈(靺鞨), 7층은 단국(丹國), 8층은 여적(女狄), 9층은 예맥(濊貊)을 상징하는데, 이는 이들 나라가 항복하거나 조공하기를 바라는 뜻을 담고 있다고 한다. 고려 고종 25년〔1238〕에 몽골군의 침입으로 소실되었다. 『삼국유사(三國遺事)』 3권, 탑상(塔像) 황룡사구층탑에 나온다.

황룡파【黃龍派】중국 선종(禪宗) 7종(宗)의 하나. 임제종의 일파. 북송(北宋) 때 임제종 제7조 자명초원(慈明楚圓, 986-1039)의 제자인 황룡혜남(黃龍慧南, 1002-1069)이 송(宋) 경우 3년〔1036〕 융흥부(隆興府)의 황룡사(黃龍寺)에 있으면서 승속(僧俗)에게 선지(禪旨)를 선양하여 드디어 일파를 이루게 되었는데, 170년쯤 뒤에 쇠멸하였다.

황룡혜남【黃龍慧南, 1002-1069】중국 북송(北宋) 인종(仁宗) 때의 선승. 임제종 황룡파(黃龍派)의 창시자. 속성은 장(章)씨. 신주(信州) 옥산(玉山;

지금은 江西省에 속함) 사람. 11세 때 회옥산(懷玉産; 지금의 강서성 옥산현 소재) 정수원(定水院)에서 출가하였다. 19세 때 구족계를 받았으며, 35세 때 담주(潭州; 지금의 湖南省 長沙에 所在)로 가서 석상초원(石霜楚圓, 986-1039)을 뵈었다. 뒤에 동안(同安; 지금의 福建省 同安)의 숭승선원(崇勝禪院)으로 가서 법(法)을 깨우쳤다. 곧이어 여산(廬山) 귀종사(歸宗寺), 균주(筠州; 지금의 江西省 高安 소재) 황벽산으로 가서 수행자들에게 법을 열어 보였다. 뒤에 융홍(隆興) 황룡산(黃龍山; 지금은 江西省 南昌에 속함)에서 선종(禪宗)을 진흥시켰는데, 법회 모임이 대단히 융성하였기 때문에 '황룡혜남(黃龍慧南)'이라고 불렸다. 임제종의 "눈길 닿는 것이 모두 진(眞)이다."라는 선풍(禪風)을 밝혔다. 그 설교 방식은 항상 "사람마다 모두 연(緣)을 낳는데, 상좌(上座; 文殊菩薩 또는 賓頭盧尊者)가 낳은 연(緣)은 어디에 있는가?", "나의 손은 왜 불(佛)의 손과 비슷한가?", "나의 다리는 왜 나귀와 비슷한가?"라는 세 가지 말로 배우는 사람들에게 질문했기 때문에 '황룡삼관(黃龍三關; 『五燈會元』 17권)'이라고도 불렀다. 시호(諡號)는 보각선사(普覺禪師)이고, 그 법통을 황룡파(黃龍派)라고 한다. 저서로는 『황룡혜남선사어록(黃龍慧南禪師語錄)』, 『황룡혜남선사어록속보(黃龍慧南禪師語錄續補)』 등이 알려졌다. 법을 이어받은 제자로는 극문(克文)·단심(祖心)·상총(常總) 등이 있다.

황면노자【黃面老子】 선종(禪宗)에서는 석가모니를 이렇게 부른다. 석가모니 부처님의 몸이 황금빛이므로 황면노자·황면구담(黃面瞿曇)이라 한다.

황벽종【黃檗宗】 중국 선종(禪宗)의 하나. 당나라 때 복건성 복주부 복청현의 서쪽 20리(里)에 있는 황벽산(黃檗山)에 주석(住錫)하던 희운(希運, ?-850)선사가 개산(開山)한 종파. 황벽종이란 이름은 황벽산의 산(山) 이름에서 딴 것임. 당(唐) 정원(貞元) 5년〔789〕에 정간(正幹)선사가 육조혜능의 법을 전하여 이 산(山)을 개창했는데, 황벽희운선사가 여기에 주석하여 크게 법도(法道)를 떨쳐 드디어 이름이 드러나게 되었다. 희운선사가 입적한 뒤에는 임제의현(臨濟義玄, ?-867)의 법손(法孫)이 크게 성하였다. 그 뒤 황벽의 도량은 임제의 종풍과 더불어 똑같이 성쇠를 같이하여, 송(宋)나라에서는 융성하다가 원(元)나라에서는 황폐하였다. 명나라 때에 와서 다시 일어났는데, 숭정(崇禎) 9년〔1636〕에 은원(隱元, 1592-1673)선사가 이 산에 주석하여 황벽의 옛 가르침을 중흥시켰다. 우리나라에는 황벽의 선사상은 전해졌으나 하나의 종파로 발전하지는 않았다. 그러나 일본에서는 선종(禪宗) 3파〔臨濟·曹洞·黃檗〕 가운데 하나이다. 그 개조(開祖)는 중국 황벽산 만복사(萬福寺) 출신인 은원(隱元)으로서, 그는 1654년〔承應 3〕에 일본으로 건너가 1661년〔寬文 1〕 우치(宇治)에 만복사를 세워 개산(開山)하였다. 13대 축암(竺菴)에 이르기까지 중국 황벽종의 선승을 청하여 주지(住持)로 삼았다. 임제종의 흐름을 따르지만 명말(明末) 염불선(念佛禪)의 경향을 띠고 있다. 송경(誦經)도 당시 중국음을 썼는데, 중국풍(中國風)의 회화시문(繪畵詩文)의 전파에도 기여하였다. 2대째의 목암(木菴)의 문하인 철안도광(鐵眼道光)은 1678년〔延宝 6〕에 대장경 6,770권을 번각(飜刻)하였다. 보통 황벽판(黃檗版) 또는 철안판(鐵眼版)이라고 한 것이 그것이다. 1740년〔元文 5〕 14대 용통(龍統)에 이르러 비로소 일본승이 주지가 되었는데, 그 후 21대 대성(大成)에 이르기까지 일승(日僧), 청승(淸僧)이 차례로 주지를 역임하였지만, 22대 격종(格宗)에 이르러서 청승(淸僧)의 주지는 없게 되었다.

황벽희운【黃檗希運, ?-850】 중국 당(唐) 경종·문종·무종·선종 때의 선승. 남악하(南嶽下) 3세(世). 황벽산에 머물렀기 때문에 단순히 황벽(黃檗)이라고도 한다. 시호는 단제(斷際). 복주(福州) 민현(閩縣) 사람. 키가 7척(七尺), 액육주상(額肉珠狀)을 하고 있기 때문에 육주(肉州)라 호(號)한다. 어려서 홍주(洪州) 황벽산에 출가하고, 천태산과 경사(京師)에서 배우다가, 뒤에 백장회해(百丈懷海, 720-814)를 찾아가서 심요(心要)를 깨치고 황벽산에 머물면서 천여 명의 문하를 이끌었다. 848년 상국(相國) 배휴(裵休, 797-870)의 청으로 완릉(宛陵)의 개원사(開元寺)에 머물렀다. 그는 자심즉불(自心卽佛), 일심(一心)을 깨치는 것 외에 다른 법이 없다고 설하고, 선풍을 크게 날렸다. 저서로는 『전법심요(傳法心要)』·『어록(語錄)』 등이 있다.

회【悔】〔梵 kankṛthya, 西 ḥgyod pa, 英 Regret, repent〕 자기 행위를 후회하는 것. 심소(心所)의 이름으로, 부정지법의 하나. 나쁜 일을 하였다고 후회함.

회광반조【廻光返照】〔英 To turn the light inwards on oneself, concern oneself with one's own duty with one's own duty〕 선종(禪宗)의 용어. 언어 문자에 의지하지 않고 자기를 회고반성(回顧反省)하여 바로 심성을 비추어 보는 것.

회산주부【灰山住部】〔英 Sect of the Limestone hill dwellers〕 소승 20부 가운데 하나. 계윤부(鷄胤部)와 같음. 불멸(佛滅) 후 2백년에 대중부(大衆部)에서 갈라져 나온 일파이다.

회삼귀일【會三歸一】〔英 To unite the three vehicles in one, as in the Lotus sūtra〕 천태종 및 『법화경』의 용어. 진실한 가르침〔實敎〕에 들어가게 하는 방편 수단으로 먼저 삼승(三乘)의 가르침을 보이고, 그다

음 진실한 가르침〔實敎〕인 일승(一乘)에 들어가게 한다는 뜻. 삼승은 성문(聲聞)·연각(緣覺)·보살(菩薩)이고, 일승은 불일승(佛一乘)을 말한다. 일불승을 설하기 이전에 먼저 삼승을 설하여 일불승으로 귀의하도록 했다는 것〔會三歸一〕으로 『법화경』 사상을 나타내는 말임. 즉 성문을 구하는 자에게는 성문의 가르침〔聲聞乘〕을, 연각을 구하는 자에게는 연각의 가르침〔緣覺乘〕을, 보살을 구하는 자를 위해서는 보살의 가르침〔菩薩乘〕을 설했는데, 『법화경』에 이르러 이러한 방편설을 버리고 일불승(一佛乘)을 설한 것을 말함.

회심【廻心】〔英 To turn the mind or heart towards (Mahāyāna)〕 ①마음을 넓히는 것. 자력의 마음을 버리고 본원타력(本願他力)을 믿는 것. 지금까지 잡행잡선(雜行雜善)에 생각이 빠졌으나, 마음을 넓혀 아미타불(阿彌陀佛)을 숭배하고 믿는 것. ②회심, 참회의 뜻. 죄를 참회하여 마음을 좋은 방향으로 돌리는 것. ③회심향대(廻心向大)의 뜻. 소승(小乘)에 집착한 마음을 대승(大乘)으로 돌리는 것. ④자력(自力)의 집착심을 넓혀서 타력(他力)의 신앙에 귀의하는 것.

회심【回心】〔英·佛 conversion, 獨 Konversion〕 ①자기의 죄과(罪過)를 참회하는 것. 사악한 자신을 다시 반성하여 불도(佛道)에 귀의하는 것. 스스로를 참회하여 신앙에 들어가는 것. ②신앙을 바꾸는 것. 일반적으로는 세속적인 욕망을 추구하여 비뚤어진 방향으로 향한 마음을 고쳐먹어 종교의 세계로 마음을 돌리는 것. ③정토교에서는 자력의 마음을 가지고 염불의 가르침을 믿는다는 것. ④사악한 마음을 청정한 깨달음으로 향하는 것. 또한 소승의 마음을 대승의 마음으로 돌리는 것. ⑤죄를 범한 사람이 자신의 죄를 참회하고, 선량한 사람으로서 다시 바르게 된다는 것.

회심곡【回心曲】 조선 중기에 서산대사 휴정(休靜, 1520-1604)이 지은 노래. 회심곡(懷心曲)이라고도 한다. 1776년〔영조 52〕에 간행하였다. 내용은 석가여래의 공덕으로 이승에서 살다가 죽은 뒤에는 명부〔염라〕에서 재판을 받아 선인(善人)은 극락에, 악인(惡人)은 지옥에 태어난다는 것이다. 불교의 이치와 인생의 무상함을 쉽게 노래로 부르게 한 것이다.

회양【懷讓, 677-744】 중국 당(唐)나라 때의 선승. 남악회양 항목 참조.

회자정리【會者定離】 만났던 사람은 언젠가는 반드시 헤어진다고 하는 것. 생자필멸(生者必滅)과 같은 것. 세상의 무상함을 나타내는 말.

회쟁론【廻諍論】 용수(龍樹; Nāgārjuna, 150-250)가 짓고 후위(後魏)의 비목지선(毘木智仙) 등이 번역한 책. 1권. 먼저 외도(外道)들은 '일체의 법(法)은 체(體)가 없고, 언어 역시 체(體)가 없다 하니, 어떻게 일체법(一

切法)의 어지러움을 물리치겠는가?' 함을 기술하고, 다음에 바른 뜻을 기술하여 '일체법이란 것이 모두 인연으로 생기고, 언어 역시 인연으로 생김을 말하여 똑같이 체(體)가 없다면 환인(幻人)으로 돌아감과 같다.'라고 하였다.

회주【會主】 법회(法會)를 주관하는 법사(法師)를 일컬음.

회창법난【會昌法難】 중국 당(唐) 무종(武宗) 회창년중(會昌年中, 841-848)에 일어난 폐불(廢佛)사건을 말한다. 무종은 원래 도교(道敎)를 깊이 신봉하였다. 문종(文宗)의 뒤를 이어 제위(帝位)에 오르자, 회창원년(會昌元年, 841) 9월에 도사(道士) 조귀진(趙歸眞) 등 81인(人)을 궁궐로 불러 삼전(三殿)에서 금록도수(金籙道修)를 닦게 하였고, 10월에는 임금이 삼전(三殿)에 행차하여 구선현단(究仙玄壇)에 올라 친히 법록(法籙)을 받았다. 이어 본격적으로 불교를 탄압하기 시작했는데, 3년 3월에는 조칙을 내려 천하의 사원과 승니(僧尼)를 조사토록 했다. 그 결과 사원이 4만 4천 6백 개이며, 승려는 26만 9천여 명이었다. 5월에 조칙을 내려 상도(上都)와 동도(東都)에 각각 4곳을 남겨 승려 각 30명을 머물게 하고, 천하 주군(州郡)에 절 각 1개소를 남기되 상사(上寺; 큰 절)에는 28명, 중사(中寺)에는 10명, 하사(下寺)에는 5명을 머물게 하였다. 그 나머지는 다 환속시키고, 절을 헐었으며, 종(鐘)이나 불상 등은 녹여서 주전(鑄錢)토록 하였다. 이상과 같이 그해 8월에 조칙을 내려 폐불(廢佛)을 단행한 것을 회창법난이라고 한다. 이 사건으로 인하여 당시 사찰 24,600개 중에서 2만 개를 헐고, 승려 26만 명 중에서 20만 명을 환속시켰다. 선종과 정토종만 피해가 적었고, 기타 천태·화엄·법상종 등은 90% 사라졌다.

회통【會通】〔英 To compare and adjust; compound; bring into agreement; solve and unify conflicting ideas〕 서로 모순되는 여러 주장을 모아 통석(通釋)하는 것을 이르는 말. '화회소통(和會疏通)'을 의미한다. '회통'은 한국불교의 특성을 가리키는 말로서 특히 중요하다. 한국불교의 성격을 처음으로 '회통'이라고 규정한 것은 육당(六堂) 최남선(崔南善, 1890-1957)이다. 그는 「조선불교-동방문화 사상에 있는 그 지위」라는 논문에서 한국불교의 진정한 자랑과 독특한 지위를 회통적 성격으로 파악하였다. 그 후 한국불교의 회통성은 불교 내적으로는 불교종파 간의 사상적인 대립 및 선교(禪敎)의 대립을 화해 회통시키고, 외적으로는 유교(儒敎)와 도교(道敎)의 대립을 화해시키려는 노력으로 이해되었다. 선교회통(禪敎會通), 삼교회통(三敎會通) 등이 그것이다. 한국불교에서 회통사상의 대표적인 인물로는 원효(元曉, 617-

686), 지눌(知訥, 1158-1210), 의천(義天, 1055-1101), 함허(涵虛, 1376-1433), 휴정(休靜, 1520-1604) 등을 들 수 있다.

회향【廻向】〔梵 pariṅāma, pariṅāmana〕 회전취향(廻轉趣向)이란 뜻으로, 자기가 닦은 공덕(功德)을 남에게 돌려서 자타(自他)가 함께 깨달음을 성취하게 하는 것. 대승불교의 보살사상의 하나. 선행(善行)을 돌려 중생의 극락왕생에 이바지한다는 것이며, 미타(彌陀)의 공덕을 돌려 중생의 왕생극락에 이바지한다는 것.『대승의장(大乘義章)』에서는, 자기가 지은 선근공덕을 다른 중생에게 회향하여 이익을 주려는 중생회향(衆生廻向), 그리고 자기가 지은 온갖 선근을 회향하여 보리(菩提; 깨달음)의 과덕(果德)을 얻으려고 취구(趣求)하는 보리회향(菩提廻向)과 자기가 닦은 선근공덕으로 무위적정한 열반을 구하는 실제회향(實際廻向)을 말하고 있다. 중국에 전개된 정토교(淨土敎)에서는 독특한 회향관(廻向觀)이 보인다. 중국 수(隋)나라 때의 담란(曇鸞, 476-542)은『정토론주(淨土論註)』에서 '왕생(往生)과 환상(還相)'의 2회향을 세운다. 전자는 자기의 공덕을 일체중생에게 되돌려 함께 아미타불의 정토에 왕생하려는 염원이고, 후자는 정토에 왕생한 뒤에 다시 한 번 우리가 머무는 사바세계로 되돌려 일체중생을 불도(佛道)로 향하게 하기 위한 교화를 행한다.

회향발원문【廻向發願文】 자기가 닦은 선근공덕(善根功德)을 돌려 정토(淨土)에 왕생하고자 하는 발원의 글.

효공사교【曉公四敎】 신라의 원효(元曉, 617-686)가 부처님의 일대교법을 판단하여 4교(敎)로 나눈 것. 1. 삼승별교(三乘別敎);『사제경(四諦經)』·『연기경(緣起經)』과 같이 성문·연각·보살의 삼승(三乘)이 같이 배우는 것. 그 가운데 이승(二乘)은 또한 법공(法空)을 밝혀 보살과 다르므로 삼승별교라 한다. 2. 삼승통교(三乘通敎);『반야경(般若經)』·『해심밀경(解深密經)』 등이 성문·연각·보살의 삼승이 같이 배우는 것으로, 그 가운데 모두 이공(二空)을 설했으므로 삼승통교라 한다. 3. 일승분교(一乘分敎);『범망경(梵網經)』과 같이 보살은 이승(二乘)과 같이 배우지 아니하여 일승(一乘)이 된다. 그 가운데 법(法)의 주변(周徧)·원융(圓融)함을 나타내지 못하므로 분교(分敎)라 한다. 4. 일승만교(一乘滿敎);『화엄경』 등은 법계(法界)의 이치를 갖추어서 밝혔으므로 일승만교라 한다.

후득지【後得智】〔英 Detailed, or arising from 根本智 fundamental knowledge〕 근본지(根本智)에 의하여 진리를 깨달은 뒤에, 다시 분별하는 얕은 지혜를 일으켜서 의타기성(依他起性)의 속사(俗事)를 요지(了知)하는 지혜. 수행과 경험, 노력에 의

하여 얻어지는 지혜. 『섭대승론석(攝大乘論釋)』 12에, "근본지는 비심(非心)과 비비심(非非心)에 의하고 후득지는 지심(止心)에 의하므로, 이지(二智)가 경(境)에서 다름이 있다. 근본지는 경(境)을 취하지 않음이 경지(境智)와 다름이 없기 때문이며, 후득지(後得智)는 경(境)을 취하여 경지(境智)와 다름이 있기 때문이다. 근본지는 경(境)을 연(緣)하지 않음이 눈을 감은 것과 같고, 후득지는 경(境)을 연(緣)함이 눈을 뜬 것과 같다."라고 했다.

후불탱화【後佛幀畵】 불상(佛像) 뒷면에 그려 모시는 탱화.

후산외【後山外】 중국 천태종의 사명지례(四明知禮, 960-1028) 계통의 방계를 모두 이렇게 부른다. 오은(晤恩)·원청(源淸) 등의 전산외(前山外)에 대하여 후산외(後山外)라 한다. 정각인악(淨覺仁岳)·신지종의(神智從義)처럼 지례(知禮)의 법손(法孫)이면서도 그 주장을 어기고 도리어 전산외(前山外)의 주장과 같이하는 파(派)를 말한다.

후생【後生】〔英 The after condition of rebirth; later born, youth〕 ①내세(來世). 후세(後世). 미래세(未來世). 다음 세상. 사후(死後). 사후의 세계. 전생(前生)에 대해, 사후 다시 태어나는 것을 말함. ②후세의 사람들. 후배. 후학. 자신보다 나이가 어린 사람. 연령이 낮은 사람.

후오백세【後五百歲】〔英 The pratirūpaka 像法 symbol, formal, or image period, to begin 500 years after the nirvāṇa〕 ①상법(像法)의 시기를 말함. 정법(正法)이 500년 계속된 후에 상법(像法)이 500년 계속된다고 한다. 석존이 입멸하고 나서 500년 후. ②『대집경』에서 설하는 5종의 500년 후, 제5의 500년 투쟁견고(鬪爭堅固)의 시대를 말한다.

훈【熏】〔梵 vāsanā, bhāvita, 英 To smoke, fumigate, cense, perfume, exhale; fog, becloud〕 마치 향(香)이 옷에 스며드는 것같이, 선(善)이 악을 훈습하는 것. 사람이 신(身)·구(口)·의(意)로 하는 선악(善惡)의 언어·동작 또는 생각 등이 그냥 없어지지 않고, 어떠한 인상(印象)이나 세력이 되어 자기의 마음을 훈습하는 것.

훈습【薰習】〔梵 vāsanā, 英 Fumigation, influence, 'perfuming'; defilling, the inter-perfuming of bhūtatathata; v. 眞如, of ignorance, of the empirical mind, and of empirical world〕 마치 향(香)이 옷에 배어드는 것과 같이, 어느 것이 다른 것에 그 영향을 주는 것. ①유식설에서는 심신(心身)에 있어서의 작용〔七轉現行〕이 그 인상(印象)의 힘〔習氣·種子〕을 심체(心體)인 아뢰야식에 남겨 둔 그 세력을 말한다. ②『기신론』에서는 무명(無明)이 진여(眞如)를 훈습하여 미계(迷界)를 현상

(現象)하고, 반대로 진여가 무명을 훈습하여 오계(悟界)를 발현(發現)한다고 한다. 이것을 염정호훈설(染淨互熏說)이라 한다.

훔【吽】①〔梵 hūm, 英 Translit. for Hūṁ, which is interpreted as the bodhi, or omniscience, of all Buddhas〕 이 글자는 제천(諸天)의 모든 종자(種子) 아(阿), 하(賀), 오(汚), 마(磨)의 네 글자가 모여 된 것으로, 일체 여래(如來)의 보리심(菩提心)의 뜻이다. ②후(吼)자와 같은 뜻으로, 성난 소리, 또는 소가 우는 소리이니 훔훔(吽吽)이라 하기도 한다. ③'음'이라고도 한다. 원래 소의 울음소리에서 나와서 예부터 베다의식 중의 모든 진언(眞言)에 사용되었는데, 의혹, 승낙, 분노, 공포 등의 뜻이 있다고 해서 'phat'와 함께 항복의 진언의 끝에 붙이는 음(音)이다. 밀교에서는 최파(摧破)·공포(恐怖) 등의 소리라 하여, 금강부(金剛部) 통종자(通種子)로 한다.

휴헐【休歇】①휴(休)나 헐(歇)은 지(止), 또는 식(息)의 의미이다. 그치는 것. 멈추는 것. 밖으로 치닫는 마음을 쉬는 것. ②대안심처(大安心處)에 안주하는 것. 제연(諸緣)을 여의고 휴식(休息)하는 것을 말한다.

흑【黑】①〔梵·巴 kala, kṛṣṇa〕 검은 것. ②암흑의 의미인데, 비유적으로 심적 암흑, 곧 무지(無智), 의심을 나타낸다. ③흑업(黑業)의 약칭. 악행(惡行), 불선업(不善業)을 의미함. 곧 악(惡)을 가리킨다.

흑백업【黑白業】악업(惡業)과 선업(善業). 선악을 색(色)으로 나타낸 것이다. 선(善)은 백(白), 악은 흑(黑).

흑천【黑天】①〔梵 mahakala, 英 the black deva, a title of Śiva, the fierce Rudra, a black or dark-blue deity with eight arms and three eyes〕 대흑천신(大黑天神)으로, 대자재천(大自在天)의 권속이다. 본명은 루드라(Rudra), 포악(暴惡)이라 번역한다. 별명은 마하가라(摩訶迦羅), 대흑(大黑)으로 번역한다. ②〔梵 kṛṣṇa〕 힌두교에서 숭배하는 신 가운데 하나. 비슈누의 여덟 번째 화신. 『마하바라타』에서는 그가 아르쥬나(Arjuna)의 마부이면서 모사(謀士)로서, 지모(智謀)가 뛰어난 영웅으로 등장한다. 『박가범가(薄伽梵歌)』에서는 최고의 우주정신으로 불린다. 흑천의 형상은 인도의 민간문학, 그림·음악 등의 예술 중에서 일반적으로 나타나고 있다.

흑흑업【黑黑業】4업의 하나. 욕계(欲界)의 악업은 업의 성질도 좋지 못할 뿐 아니라 받는 과보도 나쁜 과이므로, 거듭하여 흑흑업(黑黑業)이라 한다.

희【喜】①〔梵 priti, ānand, 巴 piti, 英 Joy; glad; delighted rejoice, to like〕 기뻐함. ②〔梵 mandi, 巴 nandi〕 방황하는 생존의 근원으로서, 맹목적 기쁨. ③타인의 즐거움을 기뻐하는

것. ④〔梵 premani〕 진언밀교에서 말하는 32종의 맥관(脈管) 중의 하나. ⑤〔梵 sahva〕 상키야철학에 있어서 근본원질(根本原質)의 3개 구성요소 가운데 하나. 순질(純質). ⑥〔梵 tuṣṭi〕 상키야철학에서 말하는 희열·만족. 이것에는 9종이 있다.

희랑【希朗】 신라 헌강왕(憲康王, 875-886 在位) 때 화엄학(華嚴學)의 2대(二大) 학장(學匠) 가운데 한 사람. 헌강왕 때 해인사에 있으면서 최치원(崔致遠, 857-?)과 시문으로 사귀었고, 뒤에 고려 태조 왕건(王建)의 귀의를 받았다. 『화엄경』에 정통하였는데, 관혜(觀惠)의 북산(北山)에 대하여 남악(南岳)의 일파를 세웠다. 그의 화엄사상은 의상(義湘) 계통의 사상이었다. 그의 본상(本像)이 합천 해인사에 전한다.

희론【戱論】〔梵 prapañca, 英 Sophistry; meaningless argument; frivolous or unreal discourse〕 범어 'prapañca'의 어의(語義)는 확장·전개·현상·표시·어리석은 대화 등인데, 인도철학의 용어로서는 현상계(現象界)의 일을 말한다. 그리고 불교용어로 이해되고 있는 것으로는 무의미·무익(無益)한 희롱(戱弄)의 담론(談論)·의론(議論)이다. 여기에는 사물에 집착하는 미(迷)한 마음으로 하는 가지가지 옳지 못한 언론(言論)인 애론(愛論), 그리고 여러 가지 치우친 소견으로 하는 의론(議論)인 견론(見論) 등 2종이 있다. 나가르쥬나(Nāgārjuna; 龍樹, 150-250경)는 『중론(中論)』의 귀경게(歸敬偈)에서, 희론을 끊고 길상한 연기를 설하신 부처님께 경례(敬禮)한다고 설하였다. 그리고 업과 번뇌는 분별에 의하여 생기지만, 희론은 공성(空性)에 의하여 멸한다고 설하였다. 주석가들에 따르면, 남자는 아름다운 아가씨를 보고서 그것을 대상으로 희론에 의한 탐욕을 일으키고, 그것에 의하여 분별하게 되어 '나'·'나의 것'이라는 집착에 의한 번뇌가 생기지만, 반대로 공성(空性)에 의하여 희론은 떠나고, 희론이 떠난 것에 의해서 분별이 사라진다고 한다. 곧 분별이 소멸됨으로써 번뇌가 소멸하게 된다. 희론은 또한 아는 것·알게 하는 것·말하는 것·말해지는 것·행위자·행위대상·도구·작용·손(損)·득(得)·고락·명예·불명예·남·여 등의 다양한 존재방식을 가지고 있다고 말한다. 이처럼 우선 희론이라고 하는 것은 사물을 대상으로서 인식하는 것이라고 말할 수 있다. 게다가 그 인식은 자기와 상대방이라고 하는 다성(多性)에의 분열을 포함하고 있다. 이 의미에서 희론은 때로 분별과 같은 의미로 사용되기도 한다. 또한 희론은 베단타의 불이일원론(不二一元論)에서도 절대 불이(不二)의 지각 아래 부정되어야 할 다원(多元)의 현상세계를 의미하는 말로서 사용되기도 한다.

희양산파【曦陽山派】신라 때 선불교의 한 종파. 선종(禪宗) 구산선문(九山禪門)의 하나로, 경문왕(景文王, 861-875 在位) 때 도헌(道憲, 824-882)이 개창한 선문. 그는 혜소(慧昭, 774-850)의 제자로서, 문경 희양산 봉암사에서 선문을 열었다. 도헌의 선풍은 혜소한테서 이어받은 남종선(南宗禪)만 아니라, 4조 도신(道信)의 선과 신수(神秀, 606-706)의 북종선(北宗禪)을 아울러 이은 혜은(惠隱)에게서도 그 선풍을 이었다. 그러므로 다른 산파(山派)와는 그 경향이 다르다고 할 수 있다.

희유【希有】〔梵 adbhuta, ascarya, 英 extra ordinary, rare, uncommon, few〕흔하지 않고 매우 드문 것. 매우 희귀한 것. 고맙고도 드물게 있는 것이라는 뜻이다. 희유인(希有人)이라 하면 염불하는 사람을 칭찬하는 말인데, 염불하여 극락정토에 왕생한다고 믿는 것이 매우 어려운 일인데도 이것을 믿고 염불하므로 희유인이라 한다.

힌두교【Hindu教】인도에서 성립하고 발전한 종교의 하나. 신바라문교(新婆羅門教)라고 일컫기도 한다. 힌두교는 인도의 종교라는 의미이므로 넓은 의미로서는 불교나 자이나교 등을 포함하는 경우도 있지만, 일반적으로는 베다라고 하는 성전을 신봉하는 바라문교가 민간신앙과 결합하여 성립한 것을 말한다. 즉 인도에서 불교가 흥왕한 뒤 인도를 통일한 굽타왕조 때〔4-5세기〕『베다』·『브라흐마나』·『우파니샤드』 등을 기초로 한 바라문교의 사상을 고치고 변경하여 인도의 고유한 민속신앙과 결합하여 발전한 것이 힌두교이다. 인도 총인구의 83%가 힌두교도이다. 힌두교의 성전으로서는 『베다성전』, 2대 서사시〔『라마야나』·『마하바라타』〕, 『푸라나성전』, 『마누법전』이 있고, 나아가 비슈누파나 시바파의 성전 등이 있다. 실리(實利)를 설한 『실리론(實利論)』, 향락을 설한 『성애론(性愛論)』과 여러 학파의 철학 문헌 등도 힌두교 관련 문헌으로서 중요하다. 인도인은 브라흐만과 비슈누, 시바 세 신을 존숭한다. 브라흐만은 유일신(唯一神)인 동시에 우주 창조신으로 섬겼으며, 비슈누신은 천계(天界)의 가장 높은 곳에서 모든 세계를 두루 비추고 죽은 사람의 영혼을 낙원으로 인도하는 신이라고 믿었다. 시바는 자재천(自在天) 또는 대자재천(大自在天)이라고도 하는데, 한 얼굴에 세 개의 눈과 네 개의 손을 붙여 표시한다. 이 신은 성기숭배와 연결하여 경배를 받는 일도 많다. 인도의 3대 신으로 존숭되는 브라흐만은 우주 창조의 신이요, 비슈누는 우주 섭리의 신이요, 시바는 우주 파괴의 신이라 한다. 현재에도 힌두교 가운데 큰 교파로 비슈누파와 시바파가 있다. 비슈누파로서는 바가바드파가 유명하고,

시바파로서는 시밀의 시바파, 남인도의 시바성전파, 비슈바타파, 샤크파가 유력하다. 이 힌두교는 범신론, 다신론, 유신론, 무신론 등 모든 종교적 신념이 포함되어 있다. 어떤 의미에서 힌두교는 마술과 미신적인 정령숭배(精靈崇拜)를 비롯하여 고매하고 추상적이며 철학적인 체계에 이르기까지 각양각색의 종교적 경향을 한데 묶은 종교라고 해도 과언이 아닐 것이다. 힌두교는 원시적인 경배를 통해서, 요가를 통해서, 인간의 참된 자아를 추구하는 종교라고 하는 것이 아마도 가장 적절한 표현일 것이다. 영원한 삶의 반복에 기초를 두고 힌두교인은 어떠한 방법으로든지 신과 결합하는 것을 목적으로 하고 있다. 힌두교의 윤리사상은 선악(善惡)에는 인과(因果)가 있고 인생에는 윤회(輪廻)가 있다는 설을 주장한다. 생사(生死)와 고난(苦難)이 순환하는 과정을 거치는 데에는 반드시 일정한 고행(苦行)을 통해야 비로소 해탈(解脫)을 얻을 수 있다고 한다. 그리고 우주의 원리, 우주의 주재자로서 브라흐만이 있고, 개인의 원리, 개인의 주재자로서 아트만이 있는데, 이 둘은 불사(不死), 불멸(不滅)의 존재로서 영혼과 같은 개념이다. 이 둘의 합일을 통하여 윤회로부터 벗어나 해탈하는데, 그것을 범아일여(梵我一如)라고 한다.

편저자: 김승동(金勝東)

1940년 밀양(密陽)에서 출생.
법명(法名)은 승환(承煥). 법호(法號)는 선산(鮮山).
부산대학교 대학원 철학과 석사과정 수료.
부산대학교 한국민족문화연구소 소장 역임.
부산대학교 인문학연구소 소장 역임.
대동철학회 회장 역임.
(현)부산대학교 인문대학 명예교수.

〔**주요 저서**〕
『도교사상사전』, 부산대학교 출판부, 1996.
『易思想辭典』, 부산대학교 출판부, 1998.
『한국철학사』, 부산대학교 출판부, 1999.
『佛敎·印度思想辭典』, 부산대학교 출판부, 2001.
『儒敎·中國思想辭典』, 부산대학교 출판부, 2003.

콘사이스판 불교사전

초판 1쇄 발행 | 2011년 5월 15일
초판 5쇄 발행 | 2015년 1월 30일

편저자 | 김승동
발행자 | 윤재승
발행처 | 민족사

출판등록 | 1980년 5월 9일(등록 제1-149호)
주소 | 서울시 종로구 삼봉로 81 두산위브파빌리온 1131호
전화 | (02)732-2403~4 팩스 | (02)739-7565
홈페이지 | www.minjoksa.org E-mail | minjoksa@chol.com

ISBN 978-89-7009-532-5 03220

값 45,000원